中国
社会治安综合治理
年鉴
2003

中国长安出版社

2003年8月22日，胡锦涛同志参观全国“严打”整治斗争成果展。胡锦涛同志在参观时指出：要继续贯彻“打防结合，预防为主”的方针，建立健全社会治安防控体系，认真落实社会治安综合治理的各项措施，为改革发展稳定创造良好的社会环境，为实现国家长治久安和保证人民群众安居乐业，做出新的更大的贡献。

温家宝同志参观全国“严打”整治斗争成果展。

曾庆红同志参观全国“严打”整治斗争成果展。

罗干同志参观全国“严打”整治斗争成果展。

2003年7月29日至8月25日，全国“严打”整治斗争成果展在中国国家博物馆隆重举行。罗干、刘淇、周永康、顾秀莲、肖扬和贾春旺等领导同志出席开幕式，中央政法委秘书长王胜俊主持开幕式。

全国“严打”整治斗争成果展主题屏风。

社会各界踊跃参观全国“严打”整治斗争成果展。

2003年9月24日，全国社会治安综合治理工作会议在江西省南昌市召开。

罗干同志出席全国社会治安综合治理工作会议并发表重要讲话。

周永康同志主持会议并作总结讲话。

2003年10月30日，2002年度全国社会治安综合治理好新闻奖颁奖会在京举行。全国人大常委会副委员长、中央综治委副主任顾秀莲出席颁奖会并讲话。

2003年11月22日，周永康同志会见全国见义勇为先进分子，并代表党中央、国务院对获得荣誉称号的全体同志表示祝贺。

2003年11月22日，中宣部、中央综治委、公安部、中华见义勇为基金会与中央电视台联合在京举行“百姓英雄——第八届全国见义勇为先进分子评选揭晓颁奖仪式”，北京臧志义等12名英雄荣获“全国见义勇为先进分子”称号。

中央政法委副秘书长、中央综治办主任、中华见义勇为基金会常务副会长陈冀平和全国见义勇为先进分子接受访谈。

2003年7月18日，中央社会治安综合治理委员会召开第二次全体会议。罗干同志出席会议并作重要讲话。

2003年11月12日，中央社会治安综合治理委员会召开第三次全体会议，罗干同志主持会议并讲话。

2003年7月18日至27日，省、区、市综治办主任研究班在北京举行。

2003年1月31日，罗干、周永康同志在中央政法委机关领导的陪同下视察中国长安出版社。

周永康同志在中央政法委秘书长王胜俊、副秘书长周本顺的陪同下视察中国长安出版社。

2003年8月，中国长安出版社在青海省西宁市召开全国《中国社会治安综合治理年鉴》发行工作会议。中央政法委副秘书长、中央综治办主任陈冀平出席会议并讲话。

2003年中国长安出版社参加全国图书订货会。

徐龙刚　刘军纳　宝　华
居　扬　王建军　　摄

前　言

2003年，在党中央、国务院和各级党委、政府的领导下，各级社会治安综合治理组织以“三个代表”重要思想为指导，深入贯彻落实党的十六大精神，紧紧围绕党的中心工作，组织协调各成员单位，深入开展“严打”整治斗争，排查整治治安混乱地区和突出的治安问题，大力加强治安防范，排查调处矛盾纠纷，开展基层安全创建活动，加强基层基础建设，进一步增强了群众安全感，为维护改革发展稳定大局作出了应有的贡献。

2003年初，中央综治办发出关于开展排查整治治安混乱地区和突出治安问题活动的通知，各地各有关部门迅速行动，排查出一大批治安混乱的地区和突出的治安问题，采取有效措施进行重点整治，改变了治安面貌。2003年9月，中央综治委在江西南昌市召开全国社会治安综合治理工作会议，总结推广各地各有关部门加强治安防范工作的经验，对进一步加强治安防控体系建设作出了部署。许多地方结合实际制定了治安防范工作规划，提出了具体措施和要求，并通过深化基层安全创建活动推动治安防控体系建设。中央综治委先后与中央组织部、建设部、民政部、教育部、共青团中央、中央编办、总参动员部等部门，就贯彻落实党中央、国务院《关于进一步加强社会治安综合治理的意见》联合下发文件，进一步明确有关部门参与综治工作的职责任务，制定了具体工作措施。各有关部门充分发挥职能作用，积极参与社会治安综合治理，促进了齐抓共管局面的形成。面对上半年突如其来的“非典”疫情，各级综治组织发挥群防群治优势，严密社会管理和防范，在抗击“非典”斗争和维护社会稳定工作中作出了积极贡献。在中央综治委有关成员单位和各地的大力支持和积极参与下，中央政法委、中央综治委成功举办了全国“严打”整治斗争成果展览，集中展示了两年来“严打”整治斗争取得的成果和经验，引起了强烈的社会反响。

本卷《中国社会治安综合治理年鉴》收载了2003年全国社会治安综合治理工作的主要内容，比较全面地反映了一年来中央社会治安综合治理委员会有关成员单位参与社会治安综合治理工作和各地开展社会治安综合治理工作的情况。中央社会治安综合治理委员会有关成员单位和各省（区、市）党委政法委、综治委（办）对本卷的编撰工作给予了大力支持和协助，在此，谨表诚挚谢意！

编　者

2004年10月20日

《中国社会治安综合治理年鉴》
编辑委员会

《中国社会治安综合治理年鉴》
编辑部编辑人员

《中国社会治安综合治理年鉴》编辑部特约编辑

范　军	王　健	闫正国	李增贵
郑佳玫	徐镇韬	李文戈	杨忠军
吉宝荣	李三顺	牛金志	朱益军
柯建民	陆　军	李立新	翟中锋
孙本立	黄仕明	陈　岭	金　雷
雷锦华	蓝平生	侯建民	倪洪亮
郭　宇	韩　俊	马远武	王本成
张茂青	李　洋	刘树炜	赵小宁
景建中	丁筱玲	丁顺生	李　晓
元　明	孙长忠	刘宪国	程振华
李晓勇	孙海波	胡晓春	闫　宏
吴学华	王永峰		

目　录

一、2003年全国社会治安综合治理工作概况

二、中央社会治安综合治理工作要点

三、中央社会治安综合治理委员会文件

四、中央社会治安综合治理委员会的重要会议

（一）全国社会治安综合治理工作会议

（二）中央社会治安综合治理委员会全体会议

（三）全国创建安全文明铁道线活动经验交流会暨先进表彰会

（四）纪念毛泽东同志批示“枫桥经验”40 周年暨创新“枫桥经验”大会

五、中央社会治安综合治理委员会办公室的主要文件

六、社会治安综合治理宣传工作情况

七、预防青少年违法犯罪工作

八、铁路护路联防工作

九、刑释解教人员安置帮教工作

十、学校及周边治安综合治理工作

十一、中央社会治安综合治理委员会成员单位参与社会治安综合治理工作情况

天津市

河北省

山西省

内蒙古自治区

辽宁省

吉林省

黑龙江省

上海市

江苏省

浙江省

安徽省

福建省

江西省

山东省

河南省

湖北省

湖南省

广东省

广西壮族自治区

海南省

重庆市

四川省

贵州省

云南省

宁夏回族自治区

新疆维吾尔自治区

新疆生产建设兵团

一、2003 年全国社会治安综合治理工作概况

2003 年全国社会治安综合治理工作概况

2003 年，各级社会治安综合治理组织在“三个代表”重要思想的指引下，深入贯彻落实党的十六大精神，紧紧围绕党的中心工作，组织协调各成员单位，全力做好维护社会稳定和社会治安工作，深入开展“严打”整治斗争，排查整治治安混乱地区和突出的治安问题，大力加强治安防范，排查调处矛盾纠纷，开展基层安全创建活动，加强基层基础建设，进一步增强了群众安全感，为维护改革发展稳定大局作出了应有的贡献。2003 年 11 月，中央综治委委托国家统计局在全国 31 个省（区、市）同时开展了“公众安全感问卷调查”，结果显示，群众对当前社会治安感到“安全”和“基本安全”的合计超过 90%。

一、深入开展“严打”整治斗争，排查整治治安混乱地区和突出的治安问题

2003 年 1 月，中央综治办发出了《关于开展排查整治治安混乱地区和突出治安问题活动的通知》。各地各有关部门迅速行动起来，排查出一大批治安混乱的地区和突出的治安问题，采取有效措施改变治安混乱地区的面貌。对已经整治过的地区、场所进行“回头看”，对尚未改变面貌的，有针对性地加大整治力度。同时，把重点治乱与基层党建工作、基层政权建设结合起来，把解决治安问题同解决群众生产生活的实际困难和问题结合起来，取得了明显成效。黑龙江、山西等地开展了整治枪支弹药和易燃易爆物品的专项行动，消除了一批重大治安隐患；集中整治文化娱乐和饮食服务场所，遏制了“黄赌毒”发展蔓延的势头；集中整治治安问题较多的学校、机关、厂矿等企事业单位，使这些地方的治安秩序明显好转。江西省排查出治安乱点 424 个和治安秩序不好的 9018 个场所、5721 个部位，通过重点整治，大都改变了治安面貌。北京等地对重点地区实行挂账督办，大部分重点地区通过整治，刑事案件下降，治安案件减少，群众安全感增强。吉林省通过下达《整改通知书》，排除和整改涉及学校的安全隐患 486 处，破获涉校治安案件 523 起，打掉 16 个黑恶势力团伙，清理和取缔一批离校园不足 200 米的网吧和非法经营的网吧、“三厅”和无照经营的场所。2003 年，各级社会治安综合治理部门共组织排查出治安混乱地区 15616 个，通过整治，治安面貌明显改观的 13602 个，占 87.1%。

各地铁路护路联防组织集中整治铁路治安重点地区，打掉了一批涉路违法犯罪分子，依法清理和取缔了铁道周边的非法收购站点，清理了铁道周边的非法出租房屋，一些铁路重点区段的治安面貌明显改观。辽宁、山西、河北、安徽、湖北等 9 省区货盗案件明显下降，货赔减少。针对盗抢、破坏油气资源的刑事犯罪活动日益猖獗的问题，2003 年 6 月，公安部、国家发改委、监察部、国土资源部、国有资产监督管理委员会、国家质监总局、国家环保总局、国家安全生产监督管理局等部门部署开展整治油气田及输油气管道生产治安秩序专项行动，各地各有关部门密切配合，严厉打击盗

抢、破坏国家油气资源及生产设施，破坏石油生产经营秩序等违法犯罪活动，破获了一批涉油案件，严惩了一批违法犯罪分子。

各地各有关部门深入开展"打黄""打非"集中行动和专项治理，加强出版物市场日常监管，取得了新的成效。全国"扫黄"办会同海关、公安等部门，组织协调各地坚决封堵海上走私通道，截缴大批量的走私光盘，加强运输管理和市场缉私，打掉制黄贩黄、走私犯罪团伙并摧毁其境内储运窝点和销售网络，严惩走私犯罪分子。8月12日，海关总署、新闻出版总署和全国"扫黄""打非"工作小组办公室在广东省汕尾市主会场公开销毁2600万张走私盗版光盘；其他各省、区、市设立分会场，共销毁走私盗版光盘4200多万张。

二、大力加强治安防范，构筑社会治安防控体系

各地认真贯彻"打防结合、预防为主"的方针，大力加强治安防范工作，在深入开展基层安全创建活动的基础上，建立健全治安防控体系，努力提高基层预防、控制、打击犯罪的能力。2003年9月，中央综治委在南昌市召开全国社会治安综合治理工作会议，总结推广各地、各有关部门加强治安防范工作的经验，对进一步加强治安防控体系建设作出了部署。许多地方结合实际制定了治安防范工作规划，提出了加强治安防范工作的措施和要求。江苏、湖北、山东、黑龙江、陕西等省作出了在全省范围内开展建设平安省或安全省活动的决定。山西省、河南省提出了争创"全国综治先进省"的工作目标。北京市出台了《关于进一步加强首都社会治安防范工作的若干意见》，提出逐步建立以社会治安监测评估体系、社会管理控制体系、新型社区治安防范体系、街面动态防控体系和社会治安保障体系等五大体系为主要内容的社会治安管理长效机制。天津市制定了《社会治安防控体系建设三年规划》，并提请市人大制定了《天津市社会治安防范条例》。广东省提出了建立覆盖全省的治安防控网络三年规划。河北、上海、湖南、广西等省(区、市)党委、政府就进一步加强社会治安防范、落实综合治理的各项措施提出了意见。

各地认真做好刑释解教人员安置帮教工作，按照"帮教社会化、就业市场化、管理信息化、工作职责法制化"的要求，狠抓各项措施的落实。首先，加强对刑释解教人员的衔接管理工作，特别是对出狱(所)后直接流散于社会、不落户或人户分离的刑释解教人员加强查找，减少刑释解教人员的脱管漏管。江西省采取户籍地和居住地"双列管、两头包"的办法，对刑释解教人员逐一建档立卡，实行规范管理。监狱、劳教所与公安、司法行政机关加强衔接，做到刑释解教前有预告，出监(所)时发通知，回归住地后有反馈。第二，动员和组织社会各方面的力量参与帮教工作，广泛开展志愿者活动，发挥社区管理的功能，开展刑释解教人员的社区教育活动。第三，积极引导、扶持刑释解教人员就业。中央综治委会同司法部、公安部、劳动和社会保障部、民政部、财政部、国家税务总局、国家工商行政管理总局制定了《关于进一步做好刑释解教人员促进就业和社会保障工作的意见》。湖南省、海南省、沈阳市等地出台规范性文件，制定了扶持刑释解教人员就业的优惠政策。安徽、湖北等地对服刑、在教人员开展多种职业技能培训，增强他们刑释解教后就业谋生的能力。

北京、广东等许多地方在流动人口治安管理工作中加强出租房屋管理，建立房屋租赁治安管理站和暂住人口管理信息系统，从源头上了解和掌握流动人口状况，及时发现和打击流窜犯罪活动。广州市按每120间出租屋配一名协管员的标准，组建了6000多人的专职管理队伍，依法加强对出租屋的管理。2003年10月，中央综治办就《城市生活无着的流浪乞讨人员救助管理办法》实施以来城市的治安管理情况作了调查，召集部分城市综治办主任进行座谈，认真分析城市治安工作中出现的新情况、新问题，提出要充分运用现有的法律法规管好城市治安，支持公安干警依法行使治安管理职责，坚决打击组织、唆使流浪乞讨的"幕后人"，依法严惩诱骗、胁迫儿童乞讨者，有关部门共同做好流浪乞讨人员救助管理等工作建议。

预防青少年违法犯罪工作取得积极成效。2003年3月至4月，中央综治委预防青少年违法犯罪工作领导小组办公室、团中央会同最高法院、最高检察院、教育部、司法部、民政部、建设部、文化部、新闻出版总署等部门组成5个工作组，赴15个省、区、市检查预防青少年违法犯罪工作及"青少年违法犯罪社区预防计划”的落实情况。全国各地创建“社区青少年法律学校”3000多所，培训青少年300多万人次。在全国各地确定了50个“青少年违法犯罪社区预防计划”试点街道，探索社区预防工作的经验。2003年6月25日，中央综治办、团中央、国家禁毒委、民政部等有关单位联合举办了“青少年禁毒教育网开通仪式暨网上禁毒论坛”，利用互联网对青少年进行禁毒教育。各地开展整治淫秽卡通画册和不健康“口袋本”图书专项行动，推进“安全放心网吧”创建活动，改善青少年的上网环境。上海、甘肃等地加强对社区闲散青少年的管理，河南省积极实施“青少年违法犯罪社区预防计划”，河北等地建立青少年事务工作站、社区青少年教育培训中心，取得了积极的成果，一些地方的青少年违法犯罪状况明显好转，“零犯罪”社区、“零犯罪”学校逐步增多。

各地公安机关大力推行警务制度改革，全面实施社区警务战略，精简机关，充实基层，从“一区一警”发展到“一区多警”，把街头巡逻与社区警务有机结合起来，提高群众见警率，增强社会治安控制力。湖南省推行社区警务战略，强化治安防控网络建设，全省已建立社区警务室2077个，占应建数的80.5%。河北省建立社区警务室、居委会、物业管理站“三位一体”的社区安全管理和警民联动、24小时巡逻的防范模式，民警深入社区开展防范工作，为群众办实事办好事，群众对公安队伍的满意率上升。

各地通过基层创安活动推动防控体系建设。江西在全省城乡深入推进综治进社区、进企业、进校园、进市场、进村庄，在基层设立综治室。山东省广泛实施“平安社区”工程。新疆自治区注重解决城市建设与社区建设不同步的问题，完善社区功能，强化社区基层组织建设。黑龙江等地积极探索市场经济条件下社区治安联防的新路子，推出了以“保安保平安、保险避风险”为主要内容的“双保”有偿服务新举措，取得了良好的社会效益。

三、广泛开展矛盾纠纷排查调处工作，建立健全工作机制

各级综治组织把矛盾纠纷排查调处作为重要的基础性工作来抓，全力维护社会稳定。浙江省认真总结推广“枫桥经验”，健全网络抓预警、突出重点细排查、完善制度重调处、强化职能严督查、规范工作求实效，使大量矛盾纠纷化解在基层，消除在初发阶段。11月25日，中央综治委与浙江省委联合召开了“纪念毛泽东同志批示‘枫桥经验’40周年暨创新‘枫桥经验’大会”，罗干同志出席会议并发表重要讲话，强调要认真总结和不断深化“枫桥经验”，进一步做好新时期的矛盾纠纷排查调处工作，切实维护社会安定团结。山西、河北、浙江、河南、湖北、湖南、广东等地建立了各级党委政府负总责、综治机构组织协调、各有关部门、单位密切配合的工作体系，形成了矛盾纠纷排查调处的通报制度、零报告、归口办理制度、领导包案制度、挂牌督办制度、排查调处考核制度等。为推进这一工作，各地认真总结经验，推出了一些好典型。中央综治委陆续推广了山西省长治市把矛盾纠纷排查调处工作经常化、制度化、规范化；江西省兴国县组建维护稳定信息督查员队伍；江苏省南通市在乡镇建立矛盾纠纷排查调处新机制等经验，并针对一些影响稳定的突出问题，推广了鞍钢做好分流并轨职工工作，天津妥善解决城市拆迁问题等经验。辽宁省连续两年开展了以化解人民内部矛盾为主要目标的“安定工程”，以“息访罢诉”为核心，以解决问题为标准，对长期进京到省上访的疑难积案进行了专项整治，全省确定了10万个公益岗位，用来安置下岗职工，并从中抽出1万个岗位，组建治安防范队伍。山西省召开了全省政法系统涉法信访工作现场会，推广忻州中级法院“阳光执法、挂牌结案”等经验。许多地方充分发挥基层人民调解组织“第一道防线”的作用，及时了解和掌握一些事关群众利益的实际问题，排查化解了大量的矛盾纠纷。2003年上半年，湖南省各级民调组织共调处各类民间纠纷16万多起，防止民间纠纷激化7000多起，制止群体性上访和械斗2700多起。许多地区通过加强矛盾纠纷排查调处工作，“民转刑”案件控制率达到80%以上，许多群体性事件化解在萌芽状态。2003年，全国各地共排查出矛盾纠纷154.8万多起，调处、化解了142.6万余起，调处成功率为92.1%。

四、进一步加大督查力度，落实综合治理领导责任制

2003年7月，中央综治委、中央组织部下发了《关于党委组织部门在参与社会治安综合治理工作中进一步发挥好职能作用的意见》，要求把党政领导干部抓社会治安综合治理工作的能力和实绩列为干部考核的重要内容，并把考核结果作为向党委提出干部任免奖惩建议的重要依据，与晋职晋级和奖惩直接挂钩。中央综治办对发生在河南省平舆县的“11·12系列杀人案”，发生在深圳市布吉镇的马勇、段智群杀害外地求职女青年系列案件，分别向河南省综治委、广东省综治委下达了督查通知。河南省五部委召开联席会议，决定对平舆县进行责任查究。11月26日，驻马店市五部委对平舆县实行了综合治理一票否决，并免去了平舆县公安局长、教体局长、文化局长等5名领导干部的职务。河南省要求进一步健全社会治安综合治理责任体系，特别要强化领导责任制，实行治安问题首长问责制，对因工作不力发生重大社会治安问题的，要像查究生产安全事故责任一样追究领导责任，严肃处理。各地通过建立和完善激励约束机制、监督查究制等，使社会治安综合治理领导责任制、目标管理责任制、一票否决权制和领导责任查究制更加完善。安徽省综治委、省纪委、省委组织部、人事厅、监察厅制定下发了《关于领导干部履行社会治安综合治理职责考核与奖惩暂行规定》，对全省市、县（市、区）、乡镇（街道）党政主要领导干部、分管领导干部和各级综治委成员单位的主要领导干部、分管领导干部进行综治工作实绩考核。山东省决定，严格落实维护稳定工作领导责任制，把维护稳定工作作为考核各级党政领导干部驾驭全局、执政能力的重要指标，纳入干部考核的总体部署，要一级对一级负责，一级督促一级落实，对因工作不力发生影响稳定重大问题的坚决追究有关领导的责任。湖北、江西、广西等地把党政领导干部抓综合治理的情况纳入任期目标考核之中，促进了领导责任制的落实。广西北海市制定下发了《选拔任用县处级领导干部工作程序》，规定将“社会治安综合治理工作情况证明材料”作为推荐人选呈报的必备材料，从程序上保证把领导干部抓综治工作的成绩与晋职、晋级挂钩。江西省综治委将各市和省直单位的年度综治工作任务，以下责任书的形式落实到责任人肩上，要求逐级建立综治责任人政绩档案，实行领导干部综治工作述职制度和综治委成员单位履行综治职责报告制度，将综治工作成效与领导干部的政绩考核、奖惩和任用挂钩。省综治委派出8个考评组，对各设区市和综治责任单位进行考评，客观评价各市、各部门的综治工作成效。黑龙江省对因治安灾害和生产事故、单位内部被盗、被抢和存在严重黑恶势力犯罪、治安秩序不好的24个单位实行了一票否决。各地党政领导对维护社会稳定和治安综合治理工作更加重视，形成了党政主要领导亲自抓、分管领导具体抓、有关领导共同抓的格局，促进了综合治理各项措施的落实。

五、有关部门充分发挥职能作用，建立完善齐抓共管的工作机制

各有关部门充分发挥职能作用，积极参与社会治安综合治理，为维护社会稳定做出了贡献。一是在总结多年经验的基础上，制定了落实党中央、国务院《关于进一步加强社会治安综合治理的意见》的具体措施。中央综治委先后与中共中央组织部、建设部、民政部、教育部、共青团中共、中央机构编制委员会办公室、总参动员部等部门就落实党中央、国务院的《意见》联合下发文件，进一步明确有关部门参与综治工作的职责任务，制定了具体的工作措施。司法部制定了《关于加强社会治安综合治理工作的实施意见》，中央综治办转发各地。上述文件下发后引起了积极的社会反响，各地各有关部门结合实际纷纷制定相应的具体措施，积极参与社会治安综合治理工作，促进了齐抓共管局面的形成。二是密切配合开展多种活动，落实综治工作措施。中央综治委、最高人民法院、最高人民检察院、公安部、教育部、司法部联合制定了《关于规范兼职法制副校长职责和选聘管理工作的意见》。中央综治办、中央文明办、司法部、民政部、建设部等部门共同开展了“法律进社区”活动，向全国综治工作先进地区、单位赠送了一批《社区法律丛书》。2003年5月，中央综治办、中央文明办、国家禁毒委联合发出《关于深入开展创建“无毒社区”、“无毒村”工作的通知》，各地进一步加大对毒品问题的整治力度，以整治吸毒千人以上县（市、区）为突破口，推动“无毒社区”、“无毒村”的创建工作。2003年9月，全国妇联、国家禁毒办、中央综治办联合发出《关于进一步开展“不让毒品进我家”活动的意见》，各地以社区、乡村为重点，以家庭为依托开展了创建活动，涌现出一批“无毒社区”、“无毒村”。2003年9月，共青团中央、中央综治办会同最高人民法院、最高人民检察院、公安部、司法部、财政部、卫生部、中国人民银行、海关总署、国家税务总局、国家工商行政管理总局、武警总部联合开展了第四届“中国杰出(优秀)青年卫士”评选表彰活动,弘扬了社会正气。2003 年 10 月,中央综治办会同中央纪委、中央办公厅、中组部、中宣部、中央政策研究室、最高人民法院、最高人民检察院、公安部、司法部、民政部、国家计生委、劳动和社会保障部、铁道部、交通部、教育部、建设部、国家工商总局、中国人民银行、中国保监会、新闻出版总署、中央机构编制办公室、共青团中央、全国妇联、总参动员部等单位选派干部组成 8 个检查组,到辽宁、浙江、湖北、湖南、广西、海南、贵州、陕西等 8 个省(区)检查治安防控体系建设等情况,进一步督促综治工作的落实。三是各级综治委充分发挥各专门工作小组的作用,做好各项工作。中央综治委调整、充实了五个专项工作领导小组的力量,各专项工作小组部署开展了一系列的活动。2003 年 2 月,中央综治委铁路护路联防工作领导小组在长沙市召开了“全国创建安全文明铁道线活动经验交流会暨先进表彰会”,进一步推动护路联防工作的开展。2003 年 7 月,中央综治委学校及周边治安综合治理工作领导小组办公室会同公安部、教育部等部门组成调研组,分赴上海、江苏、四川、重庆、云南等地,了解安全文明校园创建活动情况,推动校园及周边治安综合治理工作的开展。各地、各有关部门对校园及周边地区的一些“老大难”问题进行整治,打击违法犯罪,整顿治安秩序,收到了较好的效果。湖北省关闭了武汉市一些高校周边 500 米范围内的网吧 437 家,对违规经营的网吧进行了查处。武汉大学、武汉理工大学等高校先后拆除了校园及周边违章建筑 2000 多平方米,修建围墙 400 多米,清理校内违规出租房屋 200 多套,改善了校园及周边治安环境。各地普遍开展“警校共建”活动,公安部门派警驻校、设立治安执勤岗,成立巡逻队,震慑和打击了违法犯罪分子。四是许多地方的综治委实行了委员联系点制度、成员单位述职制度等,促进了各有关部门齐抓共管。湖北、山西等省综治委建立了委员联系点制度,每位委员联系一个县,不仅使综治委委员了解了基层的情况,而且促进了基层综治工作的开展。

六、各级综治组织发挥群防群治优势,在抗击“非典”斗争中作出了应有的贡献

2003 年 4 月 24 日,经罗干同志审批,中央综治办发出《关于积极参与非典型肺炎防控工作的通知》。各地综治组织在各级党委、政府的统一领导下,坚决贯彻落实中央关于防治非典型肺炎的一系列重大决策和部署,充分发挥社会治安综合治理齐抓共管、群防群治组织覆盖面广、基层治安信息网络健全的优势,组织动员基层群防群治队伍和人民群众参与抗击“非典”的斗争,严密社会管理和防范,在防控“非典”斗争和维护社会稳定工作中做出了应有的贡献。首都综治办根据北京市委的要求,成立了非典防控工作督查组,负责督查区县的非典防控工作。北京市各区县综治委、办成立了领导小组和督导工作小组。首都综治办与北京市公安局联合开展了“不让非典进社区,不让非典进我家”活动,动员社区群众和群防群治组织积极投入抗击“非典”的斗争,开展创建“零非典社区”、“零非典单位”、“零非典村庄”活动。基层单位各自为战,分兵把口,严防疫情扩散。许多地方组织基层治保会、调解会、治安信息员、看楼护院队等深入楼院、居民家庭开展疫情的摸底调查,凡是有发热等相关症状的家庭和人员,全部登记造册,确保无一漏查、无一漏报、无一漏治。北京、山西、内蒙古、四川、贵州等地综治委流动人口治安管理工作领导小组及其办公室组织协调公安、建设等有关部门,一方面加大对建筑工地、出租房屋等外来人口落脚点的管理力度,督促用工单位做好外来人员的防疫工作,严禁将患病的农民工推向社会或遣返回乡;另一方面,及时了解和掌握返回本地的外出人员的健康状况,开展预防和监控工作,严防因人口流动导致疫情的蔓延。一些地区把“非典”防控工作纳入社会治安综合治理整体联动防范工程建设中,启动综合治理整体联动防范网络,发挥社区群防群治骨干力量的作用,采取有针对性的预防和控制措施,及时准确地给卫生、防疫部门提供社区内的疫情信息,使许多地区没出现疫情,构筑起防控“非典”的坚固防线。针对“非典”疫情来势凶猛、群众心理恐慌的情况,各地利用基层综治宣传教育队伍和综治宣传阵地开展宣传,使广大群众破除迷信、不信谣不传谣,增强自我防护意识,消除恐慌心理,稳定了人心。许多地方和基层的综治组织加大了防治“非典”期间的矛盾纠纷排查调处工作力度，及时妥善处理了一批因“非典”疫情引发的矛盾纠纷，维护了抗击“非典”期间的社会稳定。河北、山西、内蒙古、河南、山东、黑龙江、湖南、四川等地加强社会面的控制，严厉打击与防治“非典”有关的违法犯罪活动，依法严惩借“非典”疫情制造谣言、煽动闹事、哄抬物价、制售假冒伪劣药品和趁机盗窃、抢劫、抢夺的违法犯罪分子。

七、狠抓综治机构自身建设，加强综合治理基层基础工作

一是加强各级综治干部的培训，不断提高综治工作水平。2003 年 7 月，中央综治办在北京举办了省(区、市)综治办主任研究班，研究班以“三个代表”重要思想和党的十六大精神为指导，认真总结了近年来综治工作经验，分析综治工作面临的新形势，专题研讨了治安防控体系建设、流动人口治安管理、刑释解教人员安置帮教、预防青少年犯罪、落实综治领导责任制等有关问题，提出了需要解决的问题及对策。中央综治委在征求各地意见的基础上，制定了《省、自治区、直辖市社会治安综合治理考核评比标准》，使综合治理考核评比工作进一步科学化、规范化。各地也加大了综治干部培训和综治工作考核的力度。

二是进一步理顺综治机构，规范综治组织的职能。各地党委、政府认真贯彻中央有关文件精神，进一步加强综治委、办的自身建设。福建、湖北、江西、江苏等省对各级综治委、办的机构编制、规格作了明确规定。福建省为增强综治机构的权威，决定省委书记任综治委主任，省长、分管副书记等为副主任。许多地方进一步理顺了综治办的机构规格，明确了综治办的职能，使其更好地发挥作用。2003 年初，中央综治办对辽宁、山东等地基层综治工作进行了调研，在此基础上与中央编办共同制定了《关于加强乡镇、街道社会治安综合治理基层组织建设的若干意见》。各地大力加强以党支部为核心的基层组织建设，不断充实和加强基层综治组织，健全、完善乡镇(街道)综治委、办，党委书记、副书记分别担任综治委和综治办主任，并配备了专职干部。各地在加强基层基础建设的同时，重视加强基层派出所、人民法庭、司法所建设，充分发挥基层政法组织在维护社会稳定中的重要作用。

三是狠抓群防群治队伍建设。河北、山西、黑龙江、吉林、辽宁、湖北、湖南、河南、江西、广东、广西等省(区)制定了规范性文件，就加强基层综治组织和群防群治组织建设、保障综治工作经费和群防群治工作经费提出了明确的要求。各地重视治安防范经费的投入，舍得花钱买平安。河南省决定将综治办各项事业费和公安政法机关用于治安防范工作的基础设施建设、基本装备购置所需经费纳入财政预算，并向基层倾斜，补贴财政困难地区。湖南省决定将综治工作专项经费列入财政预算，省、市按总人口数人均 0.1 元的标准，县(市、区)按总人口数人均 0.15～0.20 元的标准，确定综治工作专项经费的基数，列入同级财政预算，逐年增加。吉林、江西、湖北等地加大治安防范的经费投入，把综治专项经费或群防群治经费按人均不等的标准列人年度财政预算，解决了长期困扰综治工作的难点问题，保障了群防群治工作的开展。

八、加大综治工作宣传力度，广泛动员群众参与社会治安综合治理

一是组织实施了“严打”整治斗争的宣传。约请一批地方党政主要负责同志撰写了关于“严打”整治斗争的署名文章，在长安杂志、法制日报等媒体刊发。约请中央主要新闻单位就深化“严打”整治斗争、巩固“严打”整治斗争成果编发了一批重要稿件。人民日报刊发了中央政法委、中央综治委关于表彰全国“严打”整治斗争先进集体和先进个人的决定及受表彰的单位和个人的名单，中央有关新闻单位刊发了一批先进集体、先进个人的事迹。二是成功举办了全国“严打”整治斗争成果展览。2003 年 7 月 29 日至 8 月 25 日，由中央政法委、中央综治委主办，最高人民法院、最高人民检察院、公安部、国家安全部、司法部、财政部、国家工商总局、团中央、解放军总政治部、武警总部和北京市委政法委、首都综治委等 12 个单位协办的全国“严打”整治斗争成果展在北京举行，展览集中展示了两年来“严打”整治斗争取得的成果和经验，胡锦涛、温家宝、曾庆红、罗干等党和国家领导人参观了展览，对展览工作给予了充分的肯定。此次展览共接待社会各界参观群众 30 余万人次，得到了广大政法干警和人民群众的好评。为办好这次展览，各地、各有关部门积极报送照片资料 4 万余幅，音像制品 1000 余件，实物 2000 余件。展览结束后，中央综治办将展览的主要内容制成展板、挂图、画册和光盘发给各地，为基层开展宣传创造了条件。三是积极配合政法、综治工作重要会议、活动开展宣传。为配合全国社会治安综合治理工作会议的召开，中央主要新闻单位派出记者深入基层采访，人民日报、法制日报、长安杂志等报刊开辟专栏，介绍、推广各地建设治安防控体系的典型经验。中央综治委召开的重要会议，中央主要新闻媒体都及时进行了报道。四是策划、组织了政法部门、综治组织参与抗击“非典”斗争的宣传报道。其中一些稿件获得了中宣部的表彰、奖励，为防治“非典”工作营造了有利的舆论氛围。五是完成了 2002 年度社会治安综合治理好新闻奖的评定、颁奖工作。共评出获奖作品 178 个，评出好新闻组织奖 16 个。六是加强对长安杂志社、长安出版社的管理，完成了报刊治理整顿的任务。中央综治办完成了《中国社会治安综合治理年鉴》(2001 - 2002 年卷)的组稿、编辑、出版工作，编辑出版了《社会治安防范的策略与实践》(第二辑)，编写了综治干部培训教材。大力支持中小学法制副校长队伍建设，向全国国家级贫困县的中小学法制副校长赠阅了半年的《长安》杂志。中央综治办、中华见义勇为基金会会同中宣部、公安部、中央电视台举行了“百姓英雄——第八次全国人民群众见义勇为先进分子评选揭晓颁奖仪式”。

从总体上看，2003 年社会治安综合治理工作取得了新的进展，严重刑事犯罪案件大幅度上升的势头得到遏制，一些治安混乱的地区和突出的治安问题得到整治，群众的安全感有所增强。但是，由于滋生和诱发犯罪的因素还大量存在，社会治安的基础还不牢固，社会治安形势不容乐观。刑事犯罪案件的数量很大，恶性案件时有发生，侵财性案件居高不下，犯罪的组织化、暴力化、智能化突出。“两抢”案件和其他侵财案件仍处于高发势头。一些治安混乱地区和突出的治安问题尚未得到有效整治。矛盾纠纷和群体性事件增多。随着改革开放的深化和市场经济的发展，社会治安综合治理面临不少新情况、新问题，如刑释解教人员安置工作难度增大；流动人口治安管理缺乏相应的法律依据和管理办法；非公有制企业的综治工作如何引导还有待进一步探索等。

综治工作本身也存在一些薄弱环节和问题：有些地方的党政领导对社会治安综合治理工作没有真正重视起来，存在“一手硬、一手软”的现象，社会治安综合治理领导责任制不够落实；有的地方重打轻防，治安防范措施落实不到位，重大、恶性案件时有发生，多发性案件居高不下。不少地方基层基础工作薄弱，基层综治机构不健全，工作无人抓、无力抓、不会抓；一些地方依然是政法部门唱“独角戏”，各有关部门齐抓共管的局面尚未形成；一些地方综治宣传工作薄弱，对典型经验宣传、推广的力度不够，组织发动群众不够充分；社会治安综合治理的法律、法规有待于进一步完善。

二、中央社会治安综合治理工作要点

2003 年全国社会治安综合治理工作要点

2003 年全国社会治安综合治理工作，要紧紧围绕贯彻党的十六大精神，高举邓小平理论伟大旗帜，以“三个代表”重要思想为指导，深入贯彻落实《中共中央、国务院关于进一步加强社会治安综合治理的意见》，坚持“打防结合，预防为主”的方针，在继续开展“严打”整治斗争的同时，大力加强社会治安防范和管理，构筑社会治安防控体系，深入排查调处矛盾纠纷，加强基层组织建设和制度建设，全力维护社会稳定，为全面建设小康社会创造良好的社会治安环境。

一、坚定不移地坚持“严打”方针，深入持久开展“严打”整治斗争

各地要认真总结和自查“严打”整治工作中的薄弱环节和问题，建立和完善公众安全感测评机制，科学评估当地的社会治安形势，有针对性地部署当地的“严打”整治斗争；要继续严厉打击黑恶势力犯罪、严重暴力犯罪和抢劫、抢夺、盗窃等多发性犯罪；因地制宜地开展破大案、打现行、挖团伙、追逃犯、治爆缉枪等专项斗争。严厉打击、防范暴力恐怖活动和制贩毒品的违法犯罪活动，严厉打击非法生产、销售、使用剧毒物品的违法犯罪活动，铲除“黄、赌、毒”等社会丑恶现象，继续推进“打黄”、“打非”斗争。要把整顿和规范市场经济秩序的各种专项行动与“严打”整治斗争结合起来，突出工作重点，侦破大案要案，依法严惩走私、金融诈骗、虚开增值税专用发票等破坏社会主义市场经济秩序的各种经济犯罪活动。积极开展同“法轮功”等邪教组织的斗争，依法严厉打击其违法犯罪活动。

坚持不懈地排查整治治安混乱地区和突出的治安问题。对治安秩序混乱、社会丑恶现象严重的地区、场所、部位，要实行挂牌督办，明确责任单位，采取有效措施，限期改变面貌。要加大对铁路和交通沿线、大中型企业周边地区、学校及其周边地区治安问题的专项治理及督查力度，查找存在问题的根源，建立长效管理机制，巩固“严打”整治斗争的成果。中央综治委将在适当时候对各地“严打”整治情况进行检查督导。

二、进一步加强治安防范工作，建立和完善社会治安防控体系

认真贯彻落实中共中央办公厅、国务院办公厅转发的《中央综治委关于加强社会治安防范工作的意见》，在坚持开展“严打”整治斗争的同时，大力加强治安防范工作。要在党委、政府直接领导下，由社会治安综合治理组织统一协调，以公安部门为骨干，以群防群治力量为依托，以社会面、居民区和单位内部的防范工作为基础，以案件多发的人群、区域、行业、时段为重点，在直辖市、地级市城区或以县(市)为单位，建立完善人防、物防、技防结合、专群结合的社会治安防控体系，增强全社会预防和控制犯罪的能力。大力推进公安警务制度改革，优化警力资源配置，加强社区警务工作，建立健全快速反应机制。在合理划分警务区、建立社区警务室的基础上，科学配置警力，做到警力向基层倾斜、集中，把工作重点放在管理、防范、服务上来，进一步密切警民关系。在农村地区积极探索派出所警务运作机制，逐步推广民警驻村制、巡访制、包片制等警务制度。要适应城市社区建设的发展，将社区治安防范与社区建设同规划、同部署，落实人防、物防和技防措施。要建立多种形式的群防群治组织，大力发展保安服务业，加强保安队伍建设，充分发挥民兵在维护治安工作中的作用，完善新形势下群防群治的组织形式、工作机制和经费保障机制。要加强对城市主要干道、重点部位及易发案地区的治安控制工作。加大单位内部的治安防控和对重点地区、要害部位、公共复杂场所、特种行业、枪支弹药和爆炸、剧毒、放射性等危险物品的监管力度，严格落实安全管理责任，确保安全管理工作落到实处。深入开展对网吧、游戏厅、歌舞厅等文化娱乐场所的消防安全等专项治理工作。加强对互联网的安全管理，创造良好的网上舆论环境。进一步加强对流动人口的管理、服务工作，深化“千校百万”培训，提高进城务工人员的法律意识和综合素质。通过完善法规、规章，完善流动人口管理经费保障机制，加强对实有人口和出租房屋的有效管理，落实出租人(单位)、承租人(单位)、管理机构等的责任。采取有效措施，严密防范“法轮功”等邪教组织的捣乱破坏活动。继续做好服刑、劳教人员刑满释放和解除劳教时的衔接、排查、帮教工作，建立刑释解教人员信息管理系统，重点做好有重新违法犯罪倾向的刑释解教人员的帮教、管控工作，抓好“法轮功”类刑释解教人员的后续帮教工作。充分发挥社区基层组织、过渡性安置企业、社会志愿者的作用，加强对刑释解教人员的职业指导和技术培训，关心并引导、扶持刑释解教人员就业，预防和减少重新违法犯罪。加强对社区闲散青少年、有轻微违法行为青少年的教育和管理，推动《青少年违法犯罪社区预防计划》的实施。加强工读学校、流浪少年儿童救助保护中心的建设，把预防青少年违法犯罪工作落到实处。深化安全文明校园创建活动，优化青少年健康成长的社会环境。中央综治委将在适当时候召开一次社会治安防控体系建设经验交流会，推动这项工作的深入开展。

三、深入开展矛盾纠纷排查调处工作

矛盾纠纷排查调处是乡镇、街道综治委、办的一项重要的基础性工作。要进一步健全矛盾纠纷排查调处工作机制，坚持定期排查、通报、部门归口调处、领导包案调处、督查督办等工作制度，及时上报工作情况，防止敷衍推诿、酿成大事。要重点排查调处可能引发群体性事件和可能转化成刑事案件的矛盾纠纷，按照“预防为主、教育疏导、依法处理、防止激化”的原则，把人民调解、行政调解、司法调解紧密结合起来，将工作重心放在最基层，抓早抓小抓苗头。要按照中共中央办公厅、国务院办公厅转发的《最高人民法院、司法部关于进一步加强新时期人民调解工作的意见》，大力加强人民调解组织建设，充分发挥调解组织的作用，努力推动新时期人民调解工作的改革与发展，要继续按照“属地管理”和“谁主管，谁负责”的原则，实行分级管理、归口调处的制度，充分发挥各级党委、政府和各部门在矛盾纠纷排查调处中的作用。基层综治委、办要认真做好组织协调工作，注意发挥公安派出所、人民法庭、司法所等基层组织的作用，协助党委、政府做好化解矛盾、维护稳定的工作。要严格执行责任制，因未及时排查调处矛盾纠纷而导致发生影响社会稳定重大问题的，要追究有关地方和单位责任人的责任。

四、深化基层安全创建活动

各地要积极探索基层安全创建活动的检查、考核与评估指标体系建设，结合地区、行业特点，加强分类指导，提高基层安全创建活动的质量。要加强群防群治队伍和治保会、调解会、治安信息员队伍建设，制订和完善联防工作和联防队伍管理、外来人员及出租房屋管理、刑释解教人员信息管理等规章制度。大力推进“法律进社区”工作，促进社会治安综合治理各项措施在社区的落实，更好地动员社区群众积极参与综合治理工作。充分发挥物业管理在维护治安秩序方面的作用。加强对公共复杂场所、繁华商业区、城乡结合部、大杂院等治安问题多、工作难度大地区的安全创建工作。深入开展企地共建活动和创建安全文明铁道线、平安大道、安全文明校园、无毒社区、安全文明渔场等活动。做好学校兼职法制副校长的配备和培训工作，建立健全有关工作制度，充分发挥他们在学校及其周边地区治安综合治理中的作用。各地要结合实际积极探索多种形式的安全创建活动，推动三资企业、民营企业、个体私营企业的安全创建工作。把基层安全创建和其他群众性创建活动紧密结合起来，注重实效，为群众办好事、实事，要尽可能地利用科技手段，努力提高安全创建工作的科技含量。

五、强化社会治安综合治理基层组织建设

进一步明确乡镇、街道综治委、办的职责任务，规范工作机制，确保基层综治工作有人抓、有人管、有人干。要按照“属地管理”的原则，吸收辖区内由上级部门管理的单位参加综治委工作。各地要对县(市、区)、乡镇(街道)综治办的机构设置和人员编制的落实情况进行检查和督导，充实力量，增加投入，改善装备，使之更好地发挥作用。要加强对社区治保、联防队伍，调解、帮教队伍，外来人口协管员以及兼职法制副校长等基层综治工作队伍的管理和教育。要积极探索村委、社区居委会综治组织的有效运作方式和工作制度，推广建立社区综治室、选派综治特派员等行之有效的经验。重视提高综治干部的组织协调和依法办事的能力，加强综治干部培训，按照人员精干、思路明确、工作高效的要求，建设一支高素质的基层综治干部队伍。加强治保会、调解会建设，推动《治安保卫委员会组织条例》、《人民调解委员会条例》和《保安服务业管理条例》的修订。

六、深入落实社会治安综合治理领导责任制

要认真总结落实社会治安综合治理责任制的经验，制订更为科学合理的检查考核标准，切实做到把各级党政领导干部抓社会治安综合治理工作的实绩作为干部考核的一项重要内容，并作为干部晋职晋级、奖惩的重要依据；要按照奖励的有关规定，建立完善对在社会治安综合治理工作中成绩卓著、贡献突出的地方、部门的党政主要领导和主管领导干部给予嘉奖的工作制度；要坚持综治、纪检、组织、人事、监察部门联席会议制度和情况通报制度。按照“谁主管，谁负责”的原则，进一步完善社会治安综合治理目标管理责任制，建立健全督查制度，对县级以上的地区要加大督查的力度，对县级以下的基层单位要加大领导责任查究和一票否决的力度。对那些综治工作薄弱、治安秩序混乱、评比排在末位的地区、部门和单位，可以采取挂牌、通报等警示方式，加强督促指导。对发生严重危害社会稳定、造成恶劣影响的重大问题的地方，上级综治委、主管部门必须严肃追究这些地区、部门和单位领导的责任直至作出组织调整。

七、进一步加强社会治安综合治理的宣传和理论研究工作

宣传党的十六大提出的社会治安综合治理的方针、任务，宣传推广各地综合治理工作的典型经验，宣传有关部门积极参与综治工作、齐抓共管的典型经验，动员广大群众积极参与，为社会治安综合治理创造良好的舆论氛围。充分发挥电视、广播、报刊、互联网等大众传播媒介在综合治理宣传中的作用，组织开展社会治安综合治理的系列宣传报道。配合“法律进社区”工作，编辑出版适合社区工作需要、与群众生活紧密相关的法律知识读本。中央综治委、中央政法委将举办“严打”整治斗争成果展览，鼓舞士气，教育群众，震慑犯罪。要切实加强对法制类报刊的管理，提高报刊质量，注重社会效果。继续开展“社会治安综合治理好新闻奖”评选活动。深入开展社会治安综合治理理论研究工作，动员政法、综治工作部门的同志和学术界的专家学者共同努力，大兴调查研究之风，总结综治工作的成功经验，研究综治工作面临的新情况、新问题，探讨综治工作的对策和规律，增强工作的预见性和主动性，推动社会治安综合治理的规范化、法制化建设。

三、中央社会治安综合治理委员会文件

中央社会治安综合治理委员会关于调整中央社会治安综合治理委员会委员的通知

（2003 年 1 月 17 日）

各省、自治区、直辖市社会治安综合治理委员会，新疆生产建设兵团社会治安综合治理委员会，中央社会治安综合治理委员会各成员单位：

中共中央通知（中委〔2003〕2 号、中委〔2003〕4 号）：中央决定周永康同志任中央社会治安综合治理委员会副主任；批准张树田（解放军总政治部副主任）、张春贤（交通部部长）、李景田（中组部副部长）、王晓翔（中央 610 办公室副主任）、罗锋（公安部副部长）、吴定富（中国保险监督管理委员会主席）同志任中央社会治安综合治理委员会委员，免去唐天标、黄镇东、孙晓群、马永伟同志的中央社会治安综合治理委员会委员职务。

增加中央 610 办公室为中央综治委成员单位。

中央社会治安综合治理委员会关于印发《2002 年全国社会治安形势分析报告》的通知

（2003 年 3 月 14 日）

各省、自治区、直辖市社会治安综合治理委员会，新疆生产建设兵团社会治安综合治理委员会，中央社会治安综合治理委员会各成员单位：

现将《2002 年全国社会治安形势分析报告》印发给你们，请结合实际情况，坚持“打防结合，预防为主”，坚持“严打”方针，进一步加强社会治安工作，全面落实综合治理各项措施，确保社会治安秩序长期稳定。

2002年全国社会治安形势分析报告

2002年,在党中央、国务院的领导下,各地区和有关部门认真贯彻落实党的十六大精神,以"三个代表"重要思想为指导,坚持"打防结合,预防为主"的方针,继续深入开展"严打"整治斗争,着力解决严重影响社会治安的突出问题,大力加强治安防范,全力落实社会治安综合治理各项措施,有力地维护了社会稳定。

一、"严打"整治斗争取得明显成效,社会治安综合治理措施逐步落实

(一)刑事案件立案数下降,人民群众的安全感增强。2002年全国公安机关共立刑事案件433.7万起,比2001年下降2.8%。整体而言,刑事犯罪活动造成的社会危害减轻,全年共造成22.1万人受伤、299.2亿元财产损失,同比分别下降4.2%、21.5%。爆炸、杀人、盗窃等案件下降,其中爆炸案件下降29.5%。河北、甘肃、天津、内蒙古、青海、四川、吉林、宁夏、北京、广东、湖北、重庆、贵州、云南、浙江、上海、辽宁、江苏、福建、西藏、黑龙江、安徽、山东、江西等24个省(区、市)刑事案件立案数比上一年下降,其中,河北省下降幅度最大,为14.4%。也有些地方不仅刑事案件立案数下降,公安机关接报警案件也整体下降,表明刑事案件立案数下降的可信度较高,如云南省公安机关接各类报警233.7万起,同比减少4.5%,其中违法犯罪报警32万起,同比减少6%。

北京、天津、河北、山西、上海、江苏、安徽、福建、江西、河南、四川、云南、陕西、甘肃等20个省(区、市)开展了群众安全感调查,结果显示,群众的安全感普遍增强,对社会治安的满意率在2001年的基础上,又有不同程度的提高。据国家统计局在31个省(区、市)对101988人进行群众安全感问卷调查显示,群众认为当前社会治安环境"很安全"、"安全"、"基本安全"的占84.1%,比2001年增加了2.7个百分点,92.4%的人认为所在区、县社会治安状况"很好"、"较好"、"一般",认为"严打"整治斗争成效很大、较大的占50.7%,甘肃省91.4%的人认为"严打"整治斗争取得了明显成效。

(二)"打黑除恶"斗争取得重大战果。开展"打黑除恶"斗争以来,全国公安机关共查获黑社会性质组织553个,抓获成员1.3万名;查获恶势力犯罪团伙1.1万个,抓获成员6.2万名。2001年4月至2002年,检察机关共批捕黑社会性质组织犯罪案件897件3402人,起诉572件4345人;查办充当黑恶势力后台和"保护伞"的职务犯罪案件454件528人。截止2003年1月,全国法院受理一审涉及黑社会性质组织案件482件5259人,判决生效1527人,其中判处五年徒刑以上的占52.72%。

(三)对违法犯罪活动的打击力度加大。2002年,全国公安机关破获刑事案件245.4万起,比2001年增加1.8%。查处违反治安管理的违法人员727.6万人,同比上升1.2%。全国检察机关共受理提请审查批捕刑事案件559146件848833人,批准逮捕512540件765899人,同比分别下降5.6%、7%;但受理移送审查起诉案件640407件973990人,提起公诉561579件829530人,同比分别上升2.9%、1.5%。全国法院新收刑事一审案件631336件,同比上升0.37%,审结628549件,同比上升0.76%,宣告无罪人数同比下降25.19%。在刑事案件下降的情况下,侦查、起诉、审判各个环节的工作力度都有所加大。

(四)社会主义市场经济秩序好转。2002年,各地区和有关部门继续整顿和规范市场经济秩序,严厉打击经济犯罪活动。全国公安机关立破坏社会主义市场经济秩序类案件7.1万起,比2001年减少1.5万起,下降17.1%,涉案价值835.9亿元,下降13.9%。近几年来破坏社会主义市场经济秩序案件及其涉案价值首次大幅度下降。破获破坏社会主义市场经济秩序案件6.2万起,挽回经济损失187亿元。检察机关批捕破坏市场经济秩序的案件13974件21787人,分别下降

16.1%、16.2%。开展整顿和规范市场经济秩序工作以来，公安机关共破获破坏社会主义市场经济秩序案件15.7万起，挽回经济损失382亿多元。

（五）一大批治安混乱地区得到有效整治。2002年，各级公安机关整治治安混乱的地区和场所103.1万个；各级社会治安综合治理部门组织排查出突出的治安混乱地区和部位42549个，组织协调有关部门进行了有效整治，治安面貌明显改观的40032个，占94%。开展“严打”整治斗争以来，各级社会治安综合治理部门共组织排查出治安混乱地区和部位60735个，通过整治，51884个已经改变了治安面貌，占85%。各地普遍开展了学校、企业、铁路周边地区治安整治，取得了明显成效。陕西省群众安全感调查表明，72.3%的师生认为学校所在地社会治安状况有所好转，71%的国有企业职工、74.4%的非公有制经济组织人员认为所在地区社会治安状况有明显好转。

（六）一大批矛盾纠纷得到及时化解，消除了大量不安定因素。2002年，各级人民调解组织调解各类矛盾纠纷近500万起；各级社会治安综合治理部门组织排查出突出的矛盾纠纷84.9万余起，调处成功73.1万余起，占86%。开展“严打”整治斗争以来，各级社会治安综合治理部门共组织排查出突出的矛盾纠纷152.1万起，调处成功132.1万起，占86.9%。

（七）社会治安防范进一步加强。各地继续深入开展形式多样的基层安全创建活动，加强社区警务建设，采取有效措施，把社会治安综合治理措施落实到基层单位，取得了积极效果。2002年，全国公安机关共立盗窃案件286.2万起，下降2.2%，发生在居民区的盗窃案件下降2.4%，发生在居民住宅的抢夺案件大幅度下降，共立案8014起，下降27%。重庆市发生在居民住宅的抢劫案件下降21.2%，入室盗窃案件下降17.5%。国家统计局调查显示，群众最担心在住宅周围受到不法侵害的17.5%，下降1个百分点。刑满释放解除劳教人员安置帮教工作、预防青少年违法犯罪工作取得明显成效，全国公安机关共抓获重新违法犯罪人员9.1万名，比2001年下降3.5%，抓获青少年作案人员65.1万名，同比下降2.7%。

二、影响社会治安的突出问题

在我国改革开放不断深化的形势下，社会治安工作的新情况、新问题不断出现，各种问题和矛盾增多，影响社会治安的消极因素仍大量存在。

（一）各种敌对势力的破坏活动加剧。境外敌对势力加紧对我进行反动宣传、渗透和破坏活动。达赖集团通过各种渠道进行“藏独”宣传和渗透分裂。新疆民族分裂势力、宗教极端势力和暴力恐怖势力调整策略，整合组织，伺机进行暴力恐怖活动，国际宗教极端组织“伊扎布特”在新疆蔓延，并向内地渗透，成为影响社会稳定的一大隐患。“法轮功”邪教组织不断变换手法，滋事捣乱，进行破坏和犯罪活动。邪教组织“实际神（东方闪电）”在一些地方继续蔓延，“门徒会”死灰复燃，并出现了由农村向城市发展，暴力胁迫群众入教的新动向。一些地方境外宗教渗透和非法宗教活动严重。

（二）群体性事件大量增多，严重影响社会稳定。据公安部统计，2002年，全国共发生各类群体性事件5.1万起，参与人数288.1万人次，分别比2001年上升18.9%、12.4%，涉及农民、下岗职工、在岗职工、城镇居民、离退休人员、个体摊贩、教师、学生等各方面人员，其中农民占26.3%、下岗职工占18.6%。引发群体性事件的原因主要有：工资、福利待遇等基本生活费问题，占29.5%；征地搬迁及补偿款等问题，占14%；企业改组、改制、兼并、破产问题，占10%；民间纠纷问题，占4.8%；对有关政策不满问题，占3.2%；集资、股票问题，占2.6%；腐败官僚主义、环境污染问题等。在市场经济新形势下，一些涉及群众切身利益的重大矛盾纠纷调处难度增大，调处成功率低，江苏省排查出重大矛盾纠纷335起，调处成功172起，占51.3%，云南省排查出2713起，调处成功1451起，占53%。

（三）一些重大、恶性案件和治安、安全事故时有发生，严重影响群众安全感。经过“严打”整治，虽然爆炸、投毒、杀人案件有较大幅度下降，但一些恶性杀人、爆炸、投毒案件时有发生，抢劫银行及其他金融机构的案件频发，在一定地区、一定时期引起群众不安。各类治安、安全事故呈高发态势，2002年，全国共发生交通事故77.3万起，造成10.9万人死亡，分别上升2.4%、3.1%；共发生火灾事故25.8万起，造成2293人死亡，分别上升19.2%、2.5%；共发生重大责任事故、劳动安全事故、工程安全事故1255起，造成2488人死亡，分别上升1.5%、11.2%。国家统计局的调查显示,群众认为交通事故最影响安全感的占21.5%,上升1.5个百分点,认为火灾最影响安全感的占4.3%,上升0.4个百分点。治安案件上升幅度较大,对群众的安全感有较大的负面影响。全国公安机关受理治安案件623.2万起,同比上升9.1%。陕西省在调查"您认为下列(1.刑事案件,2.治安案件,3.黄赌毒,4.黑恶势力)哪些影响您所在市县区的社会治安"中,46.6%的群众选择了治安案件,所占比例最高。

(四)公共场所、交通线路的治安问题比较严重。2002年,全国公安机关共立抢劫案件35.5万起,比2001年上升0.8%,其中发生在广场、街道的占26%,上升2.1%,发生在公路的占20.4%,上升12.3%;共立抢夺案件19.7%万起,比2001年上升7.6%,其中发生在广场、街道的占39.9%,上升35.6%,发生在商业场所的上升16.9%,发生在车站、码头的上升2.3%,发生在公路的上升0.4%。国家统计局群众安全感调查显示,群众最担心在繁华街区受到不法侵害的5.9%,上升0.3个百分点;最担心在商场或集贸市场受到不法侵害的占16.3%,上升0.5个百分点。

(五)侵犯财产犯罪突出。2002年,全国公安机关共立侵犯财产案件368.5万起,虽略有下降,但所占比例仍然很高,约占刑事案件总数的85%,其中盗窃案件286.2万起,约占刑事案件总数的66%。侵犯财产犯罪决定了刑事案件的基本走势。无业人员犯罪逐年上升,成为影响社会治安的突出问题,1998年以来,检察机关批准逮捕的犯罪嫌疑人中,无业人员分别占22%、24%、25.1%、26.7%、28.6%。

三、进一步加强社会治安工作的建议

从2002年的情况看,"严打"整治斗争取得了决定性胜利,社会治安形势开始向好的方向转变。但是,一些地方刑事案件仍呈上升趋势,有的地方社会治安仍然不好。当前和今后一个时期,要按照党的十六大的要求,坚持"打防结合,预防为主",坚持"严打"方针,进一步加强社会治安工作,切实落实社会治安综合治理措施,确保社会治安秩序的长期稳定。

(一)继续坚持"严打"方针,始终保持对刑事犯罪活动的高压态势。要采取有效措施,巩固"严打"整治斗争成果,防止治安形势出现反复,努力保持社会治安的长期稳定。在思想认识上,要充分认识"严打"方针的重要性和必要性,自觉地长期坚持,毫不动摇。在工作机制上,要研究建立、健全贯彻"严打"方针的日常工作机制,在侦查、起诉、审判等各个环节体现好"严打"方针,落实到日常工作中。在工作部署上,要从实际出发,因地制宜,哪个地方治安不好,就重点整治哪个地方;什么治安问题严重,就重点解决什么问题;什么犯罪活动突出,就重点打击什么犯罪,增强工作部署的科学性、针对性和实效性。在工作方式上,要根据当地当时的治安形势,采取灵活多样的形式,集中行动和专项治理整顿相结合,定期排查整治治安混乱的地区和突出治安问题,充分发动各部门、社会各方面和广大人民群众积极参与,共同维护社会治安。

(二)积极排查调处矛盾纠纷,及时化解不安定因素。各级社会治安综合治理委员会及其办公室尤其是乡镇、街道社会治安综合治理委员会及其办公室,要充分发挥职能作用,积极组织开展矛盾纠纷排查调处活动,做到经常化、制度化。司法、行政、公安、法院等部门要结合自身业务,有效地开展人民调解、行政调解和司法调解工作,消除和缓解矛盾纠纷。各有关部门要认真履行职责,积极做好本部门内部矛盾纠纷的排查调处工作。对排查出来的矛盾纠纷,要实行归口负责,提高矛盾纠纷调处的成功率。特别要发挥好村(居)委会和调解、治保组织的作用,把矛盾纠纷化解在基层、化解在内部、解决在萌芽状态。要妥善处置群体性事件,防止和减少因处置不当而激化矛盾,影响社会稳定。

(三)大力推进社会治安防控体系建设,加强社会治安管理。各地要在党委、政府的统一领导下,加强社会治安防控体系建设,增强预防和控制违法犯罪的能力。完善快速反应机制,加强巡警建设,强化社会面的治安防范和控制。加强群防群治队伍建设,完善新形势下群防群治的组织形式、工作机制和经费保障机制,发动社会各方面力量参与治安防范。强化人口管理,按照现居住地管理的原则,把辖区内的实有人口全部纳入管理范围。特别要加强对流动人口、有可能重新违法犯罪的刑满释放解除劳教人员、社会闲散青少年的教育管理。切实落实就业、再就业、社会保障和减轻农民负担等各项政策，加强对失业人员、下岗人员的教育、服务工作，保障下岗职工、失业人员、企业离退休人员和其他社会保障对象的生活，实现“应保尽保”，避免产生影响社会稳定的因素。加强对印刷、刻字、废旧物品收购、信托寄卖、旅馆业等特种行业和出租房屋、网吧、娱乐场所的管理，加强对城乡结合部、公共复杂场所、地下空间等重点地区和要害部位的治安防范，扫除藏污纳垢现象，减少治安隐患。加强对枪支弹药、易燃易爆物品、有毒有害物品的管理，严格落实责任制，防止丢失、流散到社会，造成安全隐患。积极研究应对不断出现的新的违法犯罪形式，提出相应对策，加强有关管理工作。

（四）深入开展基层安全创建活动，强化社会治安综合治理基层基础建设。各地开展的各种形式的基层安全创建活动成效越来越明显，盗窃、抢夺案件下降，社区环境更加安全，群众在社区的安全感增强。据天津市调查，“创安活动群众知晓率”达到46.6%，是历次调查中最高的，说明基层安全创建活动正在深入。要进一步加大基层安全创建活动的力度，广泛宣传发动，组织动员广大群众积极参与，增强创建活动的实效。切实加强基层基础建设，大力推进以党支部为核心的基层组织建设，搞好乡镇（街道）综治办建设，规范其工作职责，同时，切实加强公安派出所、人民法庭、司法所等基层政法组织和村（居）委会及治保会、调解会等群众组织建设，确保社会治安综合治理工作在基层有人抓、有人管，把社会治安综合治理工作措施落到实处。

中央社会治安综合治理委员会
认真贯彻落实中央领导同志批示精神
进一步加强社会治安综合治理工作

（2003年4月2日）

各省、自治区、直辖市社会治安综合治理委员会，新疆生产建设兵团社会治安综合治理委员会，中央社会治安综合治理委员会各成员单位：

最近，中央领导同志对中央综治委几个专项工作领导（协调）小组办公室报送的工作报告作出了批示。2003年3月5日，中共中央政治局常委、中央社会治安综合治理委员会主任罗干同志在中央综治委预防青少年违法犯罪工作领导小组办公室报送的《预防青少年违法犯罪工作情况报告》上批示：“同意2003年的工作意见。过去的一年在这方面做了大量工作”。3月13日，罗干同志在中央综治委刑释解教人员安置帮教工作协调小组办公室报送的《关于刑满释放、解除劳教人员安置帮教工作的情况汇报》上批示：“将符合条件的刑释解教人员纳入低保范围是一项好措施”。

2003年2月14日，中共中央政治局委员、书记处书记、中央综治委副主任周永康同志在中央综治委学校及周边治安综合治理工作领导小组办公室报送的《关于学校及周边治安综合治理工作情况的报告》上批示：“根据最近几起交通事故造成的师生集会，再增加校园区的城市交通管理的内容”。2月22日，周永康同志在中央综治委流动人口治安管理工作领导小组办公室报送的《关于流动人口治安管理工作的情况报告》上批示：“近6000万人口的流动，如何做到既关心好这些人民群众的利益，又能有序地管理，这是一篇大文章，需要多方配合，通过基础较好的城市，总结典型示范加以推动”。3月18日，周永康同志在《关于刑满释放、解除劳教人员安置帮教工作的情况汇报》上批示：“同意作的分析及提出的各项措施。

刑释解教人员的安置帮教工作，是当前社会管理的一项重要任务，需要各级政府、社会各界都重视并给予认真关注。首先认识上不能歧视，其次工作上要给予特殊的关照。这应是我们社会主义制度优越性的具体体现”。

各地区和有关部门要认真学习贯彻罗干、周永康同志的重要批示，深刻领会精神实质，推动社会治安综合治理各项措施的落实，力求取得更好的社会效果。要认真总结经验，特别是找出目前工作中存在的问题及其原因，采取有效措施，切实加以解决。

中央综治委各专项工作领导(协调)小组要抓紧落实中央领导同志的重要批示精神，充分发挥组织、协调、督促、指导的职能作用，狠抓各项工作措施的落实。各级社会治安综合治理委员会及其专项工作领导(协调)小组要紧密结合当地实际，认真落实今年的工作要点，同时要按照中央领导同志的重要批示精神，研究制定具体的工作措施，解决存在的困难和问题。

中央社会治安综合治理委员会
关于中央社会治安综合治理委员会
组成人员的通知

(2003年4月11日)

各省、自治区、直辖市社会治安综合治理委员会，新疆生产建设兵团社会治安综合治理委员会，中央社会治安综合治理委员会各成员单位：

中共中央2003年3月27日发出通知(中委〔2003〕103号)，决定中央社会治安综合治理委员会由以下人员组成：

主　任　罗　干

副主任　周永康

顾秀莲(女)全国人大常委会副委员长

肖　扬　最高人民法院院长

贾春旺　最高人民检察院检察长

委　员　许永跃　国家安全部部长

张福森　司法部部长

张树田　解放军总政治部副主任

王胜俊　中央政法委秘书长

李至伦　中纪委副书记、监察部部长

李学举　民政部部长

金人庆　财政部部长

张柏林　人事部部长

刘志军　铁道部部长

张春贤　交通部部长

王旭东　信息产业部部长

孙家正　文化部部长

张维庆　国家人口和计划生育委员会主任

牟新生　海关总署署长

杨元元　民航总局局长

王众孚　国家工商行政管理总局局长

石宗源　新闻出版总署署长

吴定富　中国保险监督管理委员会主席

周　强　共青团中央书记处第一书记

吴双战　武警总部司令员

李景田　中组部副部长

胡振民　中宣部副部长

陈冀平　中央政法委副秘书长、中央综治办主任

张　耕　中央政法委副秘书长

王景荣　中央政法委副秘书长

王晓翔　国务院防范和处理邪教问题办公室副主任

徐绍史　国务院副秘书长

王巨禄　　全国政协常务副秘书长
董　力　　全国总工会书记处书记
华福周(女)全国妇联副主席
袁贵仁　　教育部副部长
罗　锋　　公安部副部长
张小建　　劳动和社会保障部副部长
刘志峰　　建设部副部长
王陇德　　卫生部副部长
史纪良　　中国银行业监督管理委员会副主席
张海涛　　广播电影电视总局副局长
何光玮　　国家旅游局局长
李　光　　解放军总政保卫部部长
范晓光　　解放军总参动员部部长

中央社会治安综合治理委员会关于调整中央社会治安综合治理委员会委员的通知

(2003年6月23日)

各省、自治区、直辖市社会治安综合治理委员会，新疆生产建设兵团社会治安综合治理委员会，中央社会治安综合治理委员会各成员单位：

中共中央通知(中委[2003]245号)：中央批准白景富(公安部副部长)、李若谷(中国人民银行副行长)同志任中央社会治安综合治理委员会委员，免去罗锋、史纪良同志的中央社会治安综合治理委员会委员职务。

中央社会治安综合治理委员会关于印发《两年来社会治安综合治理工作情况》、《各地综治组织参与防治“非典”斗争的情况》的通知

(2003年7月23日)

各省、自治区、直辖市社会治安综合治理委员会，新疆生产建设兵团社会治安综合治理委员会，中央社会治安综合治理委员会各成员单位：

2003年7月18日，中央综治委召开2003年第二次全体会议，中央综治办汇报了两年来社会治安综合治理工作情况和各地综治组织参与防治“非典”斗争情况。现将《两年来社会治安综合治理工作情况》、《各地综治组织参与防治“非典”斗争的情况》印发给你们。

两年来社会治安综合治理工作情况

一、广泛深入地排查整治治安混乱地区和突出的治安问题，改变了一些地区治安混乱的面貌

一是各地把排查整治工作作为开展“严打”整治斗争的一项重要措施，自下而上地展开了拉网式的排查。2001 年初，中央综治委发出《关于开展排查治安混乱地区和突出治安问题的通知》后，各地、各部门把排查工作作为增强“严打”整治斗争实效的具体措施来抓，切实加强对这项工作的领导，许多地方成立了专门的领导小组，制定具体的工作方案，建立排查和整治工作机制，坚持全面排查与重点排查相结合，加大整治力度。北京、山西、河北、黑龙江、吉林、辽宁、山东、河南、上海、湖北、四川等一些地方的党政领导亲自带队检查排查整治工作，指导排查整治工作顺利进行。为摸清治安混乱地区和突出治安问题的底数，各地从村(居)委会、乡镇(街)道、企事业单位、学校等基层单位开始排查，做到纵到底、横到边，乡不漏村、村不漏户，不留空档、死角。黑龙江省共抽调 10365 名干部组成 368 个排查小组，对全省 134 个县(区)、3671 个乡镇街道、16453 个行政村、22564 个企业、47133 个公共场所逐个进行排查；对各地确定重点治理的 112 个区域、92 个街道、23 个乡镇、223 个行政村、369 个企业进行重点排查；暗访了 81 个重点治理的公共复杂场所；召开 348 个座谈会，通过问卷调查了 12800 名群众。山东省从党政机关和政法部门抽调干部 36465 人，组成 1800 个工作组，进驻治安混乱地区和治安问题突出的单位，展开了拉网式的排查，要求县、乡两级从村(居)委会、乡镇(街道)、厂矿企事业单位、学校等基层单位入手，自下而上地逐级排查，全省共排查了 2444 个乡镇、街道，2600 多个大中型厂矿企业，重点部位 23000 多个，学校 3 万余所。

二是实行滚动排查、滚动整治，巩固和深化排查整治的成果。各地一方面认真做好已排查出的治安乱点的整治工作，进一步强化经常性的管理，制定长效管理措施，落实日常管理的部门和责任人，做到整治一处、巩固一处、安定一处；另一方面继续排查新产生的或已经整治又出现反复的治安混乱地区和突出治安问题，深入分析造成治安混乱的原因，研究提出解决问题的办法和对策，尽快改变治安面貌。北京市在排查整治之初，排查出 77 处治安重点地区，经过滚动排查、滚动整治，有 59 处改变了面貌。2002 年又排查确定了 26 处治安重点地区进行整治。在“严打”整治验收中，全市有 103 处治安重点地区群众满意率达到 92%。为扩大整治成果，北京市成立了专门办公室，对治安、安全隐患严重的防空洞等地下空间开展了排查和专项治理，进一步消灭治安防范的死角。浙江省综治委、政法委下发了《关于省级重点地区巩固整治成果　进一步健全长效防范机制的通知》，对巩固重点整治成果提出了具体措施和要求，使排查整治工作做到制度化、规范化。

三是实行挂牌督办，落实整治责任。北京、河北、山西、黑龙江、河南等许多地方对排查出来的治安混乱地区实行党政领导和有关政法机关“双挂账”、“挂牌督办”、“责任倒查”等制度和措施，明确了党政领导和有关政法部门的责任。各级党政领导以改变治安面貌和解决突出治安问题为己任，各有关部门积极参与，联手整治，开展了一系列专项整治斗争，形成整治工作的合力和齐抓共管的局面。北京市各区县与街道、乡镇签订责任书，实行双挂账，将任务层层分解到人，把工作措施落实到基层，并根据“严打”整治斗争的实际情况，实行案件倒查制度，要求“围绕案件找问题，围绕问题查原因，围绕原因追责任”，坚持“责任不查清的不放过，对责任人没有做出相应处理的不放过，隐患不消除的不放过，漏洞没有堵塞的不放过”。山东、江西、湖北、湖南、广西等地将整治任务层层分解，签订责任状，把整治责任落实到部门、单位和责任人身上。对综治工作抓得不力的地区和单位，下发限期整改通知书或进行黄牌警告，对在整治中又发生严重问题或被黄牌警告后整治工作仍然进展缓慢的，实行一票否决，严肃查究有关领导的责任。山东省对506个因防范责任不落实、整治工作不力、出现被盗案件的单位进行了责任查究；对587名负有领导责任和直接责任的干部给予了党政、政纪处分或经济处罚；对341个单位给予黄牌警告；有841个单位和24名责任人被一票否决。在这次整治工作中，山东省有1380个治安混乱村庄实现了由乱到治的转变，整治合格率达到90%，有689个重点部位改变了治安混乱面貌，整治合格率达到80%。整治期间，全省刑事案件升幅同比减少了45个百分点。

四是各部门齐抓共管，形成整治工作的合力。在这次排查整治工作中，有关部门各负其责，密切配合，齐抓共管，针对存在的突出问题，适时组织集中整治行动。公安、工商、文化、城建等部门密切配合，对高校周边的一些商业摊点、游戏厅、录像厅、歌舞厅、网吧进行清理整顿。公安、工商、经贸委等部门开展企业及周边地区的专项治安整顿，对各类废旧物品收购站(点)进行了清理整顿，依法取缔了一批无证经营的收购站(点)，拔掉了一批从事非法收购的“钉子户”。公安、铁路、人武部门联合作战，针对多发性的摆放路障、拆盗铁路设施器材、击打列车、盗窃和抢劫旅客财物、盗窃运输物资等违法犯罪问题，开展集中整治，打掉了一批违法犯罪分子，清理和取缔了铁路周边的非法收购站(点)，堵塞了销赃渠道。黑龙江、江苏、福建、江西、山东、河南、湖南、广西、贵州、云南、陕西、新疆12个省区铁路治安重点区段全部改变了面貌；四川、河北、吉林、湖北4省铁路治安重点区段整好率在80%以上。辽宁、山西、河北、安徽、福建、山东、湖北、新疆、云南等9省区铁路货盗案件下降幅度较大。四川、河南、湖北、广西、云南等9个省区市铁路货赔减少。在集中整治的基础上，各有关部门建立和完善长效管理机制，使重点地区的治安管理工作向经常化、制度化、规范化方向发展，进一步巩固整治工作的成果。

2002年，中央综治委、中央政法委会同30个中央和国家机关，派出9个检查组和7个调查组，对16个省(区、市)开展“严打”整治斗争和社会治安综合治理的情况进行了检查和调研，部署开展了“严打”整治斗争阶段性自查督查活动和对学校、企业、铁路及周边地区治安整治工作的自查督查活动，推进了“严打”整治斗争的深入开展。2002年6月，中央综治办会同25个中央综治委成员单位组成9个检查组，到北京等9个省(区、市)检查“严打”整治工作的落实情况，进一步督促排查整治工作的落实。

2001年，各地共排查出18186个治安混乱地区和部位，经过整治，已改变面貌或初见成效的治安混乱地区和部位共11852个，占排查总数的65.1%。2002年，各地又排查出治安混乱地区6817个，加上前年尚未改变面貌的，共计10355个；经整治现已改变面貌或初见成效的有6221个，占60.1%。

二、大力加强基层基础建设，努力做好治安防范工作

在“严打”整治斗争中，各地深入贯彻“打防结合，预防为主”的方针和党中央、国务院《关于进一步加强社会治安综合治理的意见》(以下简称《意见》)，大力加强基层基础建设，切实解决一些深层次的社会治安问题，狠抓治安防范措施的落实，为实现“严打”整治斗争的目标、维护社会长治久安奠定了基础。

(一)加强基层政法、综治组织和群防群治队伍建设，把治安防范措施真正落实到基层。河北、山西、黑龙江、吉林、辽宁、安徽、浙江、湖北、湖南、江西、宁夏、甘肃等地进一步加强县(市)和乡镇、街道综治办建设，加强公安派出所、人民法庭、司法所等基层政法组织建设，在乡镇、社区调整中，推进以党支部为核心的基层组织建设，加强调委会、治保会和群防群治组织的建设。为贯彻落实党中央、国务院的《意见》精神，河北省委、省政府制定了《关于加强社会治安综合治理的若干意见》，对加强基层基础工作做出明确规定。全省各地乡镇、街道建立健全了综治委、办，配备了专职干部，普遍调整充实了村(居)委会、治保会、调委会，居委会人员的素质明显提高，居委会工作条件有了较大改善。各地普遍建立了社区警务室(站)，大部分地区落实了一区一警，有的还实现了一区多警。石家庄市吸取靳如超爆炸案的教训，市委、市政府制定了《关于加强社会治安综合治理基层基础工作的实施意见》，明确要求乡镇、街道综治办要单设，并配备一定数量的专职工作人员，居委会人员的工资和办公经费由政府财政承担。

在全市国有企业下岗职工组建一支2600人的社区治安巡防队。社区治安巡防队员的工资采取由市政府从再就业资金中将下岗职工生活费按月拨到各区财政，各区财政再给适当补贴的办法解决。为进一步解决好基层综治工作“有人干事，有力干事”的问题，2001年10月，江苏省委作出了进一步加强乡镇、街道社会治安综合治理组织建设的决定。省编委、人事厅、财政厅下文，要求配齐配强综治专职干部，明确编制和待遇问题。吉林、江西、海南、宁夏、甘肃等地由省(区)综治办会同省(区)财政厅、编办、物价局联合下文，明确规定综治工作经费可根据省、市、县不同的标准，列入各级财政预算。山东省委、省政府转发了省综治委《关于重心下移　强化基层　落实责任　为加快发展营造和谐稳定社会环境的意见》。江西省委、省政府决定，在机构改革中保留并加强乡镇综治办，乡镇(街道)综治委主任由分管副书记担任，配专职副主任和专职人员。同时决定，省、设区市按总人口数人均0.1元的标准，县(市、区)按总人口数人均0.15元至0.2元标准，列入同级财政预算，解决综治工作经费问题。天津、河北、山西、内蒙古、黑龙江、吉林、安徽、河南、重庆、江西、湖南、湖北、陕西、宁夏、甘肃、新疆等地加强多种形式的群防群治组织建设，建立以城市社区警民治安联防队、农村警民联系点、联户联防等为特色的群防群治网络，发挥群防群治组织在维护社会治安工作中的作用。

(二)大力加强各方面的治安防范工作，预防和减少违法犯罪。2002年4月，中央综治委在上海召开了全国社会治安综合治理工作会议，总结推广各地开展“严打”整治斗争和治安防范工作的经验，进一步部署做好治安防范工作。中央综治办在深入调研和广泛征求有关部门意见的基础上，起草了加强社会治安防范工作的意见。2002年11月，中办、国办转发了《中央综治委关于加强社会治安防范工作的意见》。各地认真贯彻全国社会治安综合治理工作会议精神，在新形势下大力加强治安防范工作，探索建立覆盖全社会的治安防控体系。

一是构建警民联防、专群结合的群防群治网络。各地在治安防控体系建设中，构建以“110”、派出所民警和巡警为骨干，以社会面、居民区和内部单位防范为基础，专群结合的群防群治控制网络，努力提高快速反应和有效处置能力，最大限度地发动社会各方面力量参与治安防范工作，努力提高全社会治安防控水平。江西省在城乡组建了社区保安、治安巡防、治安信息员、综治特派员、治安志愿者和看楼护院六支队伍，构建行政区域周边、交通要道、要害部位、街道社区、居民楼院和内部单位的六道防线为基本框架的治安防控体系，减少了可防性案件的发生。四川省委、省政府启动社会治安防范整体联动工程，各有关部门制定了参与治安防范工作的具体措施，有力地促进了治安防控体系的建立。

二是建立和完善矛盾纠纷排查调处工作机制，化解了一大批矛盾纠纷。各地把加强矛盾纠纷排查调处，正确处理新形势下人民内部矛盾作为“严打”整治斗争的一项重要工作来抓，形成了通报制度(包括零报告制度)、归口办理制度、领导包案和挂牌督办制度及排查调处考核制度等。乡镇、街道综治办把矛盾纠纷排查调处、妥善处理群体性事件作为一项重要的基础性工作来抓，以村(居)调委会为纽带、村(居)民小组民调信息员为基础，发挥人民调解组织第一道防线的作用，及时了解、掌握事关群众切身利益的实际问题，化解矛盾纠纷。山西、天津、浙江、甘肃等地建立健全预警预测、排查调处、情况报送、领导包案、督查督办、应急处置等制度，促进排查调处工作的制度化、规范化。最高人民法院与司法部联合召开了全国人民调解工作会议，制定了《关于进一步加强新时期人民调解工作的意见》，由中办、国办转发。各地把人民调解、行政调解与司法调解紧密结合，把经常性排查调处与集中排查调处相结合，重点排查化解可能引发重大恶性刑事案件和大规模群体性事件的矛盾纠纷。辽宁省实施了“安定工程”，吉林等地组织开展了大规模的“影响社会稳定问题排查调处活动”，重点排查化解企业改制、职工下岗等引发的不稳定因素。湖北、湖南、山东、安徽、广西等地充分发挥基层人民调解组织的作用，加大对易激化为刑事案件的民间纠纷的排查化解力度。据统计，2002年全国各地共排查出矛盾纠纷84.9万多起，调处、化解了73.1万多起，调处成功率为86%。通过排查调处工作，许多地区“民转刑”案件控制率达到80%以上，一大批群体性事件被化解在萌芽状态。

三是把治安管理和社会服务有机结合起来，预防和减少违法犯罪。各级综治委流动人口治安管理工作领导小组及办公室协调有关部门摸清了外来人员的底数和基本情况，积极为外来人员服务，维护外来务工人员的合法权益。各地继续开展"千校百万"进城务工青年培训和维权岗活动，加强出租房屋的管理，建立房屋租赁服务站和外来人员管理信息系统，发现和抓获了一批混杂在流动人口中的负案在逃人员。各地对近几年回归社会的刑释解教人员进行了集中排查和登记造册，摸清了底数，建立多种形式的帮教小组，积极探索新形势下安置帮教的措施，制定安置工作的优惠政策措施，解决安置帮教工作中的一些难点问题。中央综治委及各地综治委先后建立了预防青少年犯罪工作领导小组和学校及周边治安综合治理工作领导小组。河北等地建立了青少年事务工作站、社区青少年教育培训中心、闲散青少年集中教育中心。天津市制定了中小学校法制副校长的管理办法，充分发挥法制副校长的作用，进一步加强在校学生的法制教育。天津等一些地方还从教育系统抽调一批教师，分派到街道、社区，从事社区青少年教育工作。各地着力构建社会治安形势评估、打击整治、管理控制、物防技防、责任保障、疏导化解、安全创建等工作体系，健全和完善治安防范管理机制。在"严打"整治斗争中，各级政法、综治、宣传、文化等部门采取多种形式，广泛开展宣传教育和思想发动。2002年8月，在南京市举行的见义勇为专题文艺晚会在中央电视台播出，调动了广大群众参与"严打"整治斗争的积极性，涌现出许多见义勇为的先进人物。

综上所述，两年来的"严打"整治斗争实现了预期的目标，社会治安综合治理取得了明显成效，全国刑事发案总量有所下降，一些治安乱点和突出治安问题得到整治，人民群众安全感增强。但是，由于滋生和诱发犯罪的因素仍然存在，社会治安的基础还不牢固，工作稍有松懈，就有可能出现反弹。从今年上半年的社会治安形势来看，全国公安机关共立刑事案件189.38万起，与2002年上半年刑事立案相比下降2.8%。盗窃机动车、入室盗窃、扒窃案件有不同程度的下降，抢夺案件同比上升3.7%。今年上半年刑事案件发案下降有"非典"疫情的影响。一些地方反映，"非典"疫情解除后，刑事犯罪活动有所抬头，特别是抢劫、抢夺、盗窃等严重影响群众安全感的案件仍然多发，一些潜藏较深的累犯、惯犯等职业犯罪分子并没有停止违法犯罪活动，他们的作案手段更加隐蔽，增大了打击处理难度。同时，一些地方已排查出来的治安混乱地区和突出治安问题尚未得到有效整治，而又出现新的治安混乱地区，影响群众的安全感。国务院公布了《城市生活无着的流浪乞讨人员救助管理办法》后，在流动人员管理和打击混杂其间的流窜犯罪人员工作上出现了一些新情况、新问题，需要及时研究解决。一些地方对预防犯罪工作认识不足，管理防范措施落实不到位，群防群治工作存在许多薄弱环节和漏洞。少数地方基层组织软弱涣散，基础工作不扎实，特别是乡镇一级综治机构不健全，缺乏必要的经费保障，工作无人抓、无力抓、不会抓的问题仍比较突出。

为了进一步贯彻落实中央关于进一步加强社会治安综合治理工作的要求，各级社会治安综合治理组织当前要努力做好以下几项工作：

一是深入学习贯彻"三个代表"重要思想，认真总结两年来在"严打"整治斗争中开展综治工作的经验。要找出思想认识和实际工作中存在的不足，着力解决影响人民群众安全感的突出的治安问题，坚持"严打"方针不动摇，依法严厉打击严重危害社会治安的刑事犯罪活动，消除治安隐患。

二是进一步加强治安防范工作，大力推进社会治安防控体系建设。认真贯彻落实中办、国办转发的《中央综治委关于加强社会治安防范工作的意见》，在坚持"严打"方针的同时，把工作的着力点放在治安防范上，建立、完善人防物防技防结合、专群结合的社会治安防控体系，增强全社会预防和控制犯罪的能力。建议今年下半年召开一次全国社会治安综合治理工作会议，总结推广各地治安防范工作的经验，推动治安防控体系的建设。

三是坚持排查整治治安混乱地区和突出的治安问题，排查调处矛盾纠纷。做好基层安全创建活动的检查、考核工作，建立科学的评估指标体系，深化基层安全创建活动。

四是大力加强基层基础建设。进一步加强基层综治组织建设，做到层层有人抓、有人管，把维护社会稳定的责任真正落实到乡镇(街道)、村(居)委会,落实到具体单位和具体人,提高基层的管理和控制能力,把影响稳定的因素解决在基层、内部和萌芽状态。

各地综治组织参与防治“非典”斗争的情况

在防治“非典”斗争中,各级社会治安综合治理组织在党中央、国务院和各级党委、政府的领导下,积极配合有关部门,充分发挥社会治安综合治理齐抓共管、群防群治组织覆盖面广、基层信息网络健全的优势,动员基层群防群治队伍和人民群众积极参与这场斗争,严密社会管理和防范,为抗击“非典”和维护社会稳定做出了应有的贡献。

一、充分发挥基层综治组织的作用,构筑防控“非典”的防线

今年4月24日,中央综治办发出《关于积极参与非典型肺炎防控工作的通知》,要求各地综治组织把防控非典型肺炎作为当前的一项重大任务抓紧抓好,积极协助有关部门,依靠基层群众和群防群治组织,群策群力,群防群控,严密构筑抵御病毒、抗击疫情的防线,切实维护好社会稳定。各地认真贯彻《通知》精神,千方百计做好防控工作。首都综治办根据北京市委的要求,成立了疾病防控工作督查组,负责督查区县的疾病防控工作。北京市各区县综治委、办成立了领导小组和督导工作小组,认真贯彻落实防控“非典”的各项措施。首都综治办与北京市公安局联合开展了“不让非典进社区,不让非典进我家”活动,动员基层群防群治组织积极投入抗击“非典”的斗争。各地以村、居委会为依托,广泛发动机关、团体、企事业单位和社区基层组织及群众,开展创建“零非典社区”、“零非典单位”、“零非典村庄”活动,基层单位各自为战,分兵把口,切实看好自己的门,管好自己的人,办好自己的事,严防疫情扩散。许多地方组织治保员、调解员、治安信息员、看楼护院队等,深入楼院和居民家庭开展疫情的摸底调查,凡是有发热等相关症状的家庭和人员,全部登记造册,确保无一漏查、无一漏报、无一漏治。自4月中旬以来,各级综治部门协助有关部门对一些疫情重点区域和密切接触者采取了封闭隔离措施,协助卫生部门查找出走的非典病人、疑似病人和密切接触者。一些地区把“非典”防控工作纳入正在开展的治安防范工程体系建设中,启动综合治理整体联动防范网络,调动各种治安防范力量参与防控“非典”工作。内蒙古自治区各级综治组织发动社区综治骨干力量,构建防治工作信息报告网络,及时准确地向防疫部门提供社区内的疫情信息。内蒙古各地通过深入开展“党员、干部带头抗击非典”活动,充分发挥社区党组织、党员和干部在防治“非典”斗争中的战斗保垒作用、模范带头作用,许多社区每个党员负责联系几户居民,保证不出现疫情,及时发现外来人员和外出归来人员,采取针对性的预防和控制措施,使许多地区没出现疫情。河南省抓住农村“村村设防抗击非典”的有利时机,大力加强农村治安防范工作,在抗击“非典”工作中把防范形式、防范机制、防范队伍进一步规范化。全省各地通过增强治安防控能力,不仅加大了对“非典”的防控力度,刑事案件、治安案件、交通事故、火灾事故也明显下降。各地综治组织通过发挥群防群治组织的作用,使构筑防治“非典”的坚强防线有了一个坚实的基础。

二、加强对人员流动的管理,阻断非典疫情的传播

抗击非典斗争开始后,北京市把掌握人口流动情况做为基层群防群治组织防控工作的重点,各区县迅速启动社会治安综合治理四级网络即街道、社区、居民片、院(楼门)工作网络,层层都有责任制,一级对一级负责,防止疫情扩散。安徽省阜阳市综治部门针对全市外出务工人员近160万,每天有近2万人从广东、北京等地返乡的情况,把加强外出务工人员的管理作为防控工作的重点来抓,切实堵住“非典”传播渠道。市、县、乡、村四级综治组织对全市外出务工人员进行了一次全面排查,建立健全外出务工人员档案,摸清外出务工人员的务工地点、联络方式、健康状况，并采取发信件、打电话、亲友转告等办法，劝告在外地的人员安心务工，在“非典”疫情未解除期间不要返乡。为应对大量外出务工人员返乡给社会治安和防控“非典”工作带来新的情况和问题，一些地方综治委下发文件，进一步部署防控外出务工人员返乡工作，明确了责任，以确保社会稳定和防止疫情向农村蔓延，有效地切断了“非典”从流动人口中输入的途径。北京、山西、内蒙古、四川、贵州等地各级综治委流动人口治安管理工作领导小组及其办公室，组织协调公安、建设等有关部门，一方面对建筑工地、出租房屋等外来人口落脚点调查摸底，加强对城市建筑工地的监控和检查，强化用工单位的职责，督促用工单位做好外来人员的防疫工作，严禁将患病的农民工推向社会或遣返回乡，严防因人口流动而导致疫情的蔓延；另一方面采取措施了解和掌握返回本地外出人员的健康状况，积极开展预防和监控。积极配合卫生、防疫、交通部门加强对主要交通道口进出车辆、人员进行检查登记，对发现的非典患者和疑似病人，采取果断措施，就地隔离和观察，防止疫情扩散和蔓延。疫情趋缓之后，各地综治组织针对外来人员开始大量流动的情况，继续抓紧防控“非典”疫情工作，加强对外来人员的管理和防控工作，落实各项防范措施。

三、充分发挥群防群治联防作用，防止疫情向农村蔓延

非典疫情发性后，各地针对进城务工经商人员大批返乡的情况，把做好农村疫情防治工作摆上突出位置，动员群防群治力量看守乡村路口，盘查、登记外来人员，检测体温，防止非典病人、疑似病人进村，确保疫情不在农村传播。黑龙江省各级综治组织以“154”工程和“十户义务联防”为基础，构建防控网络，修订村规民约，规定未经检疫的外来人员不准进村、劝阻外出务工人员暂不返乡，使农村防控“非典”工作有了制度依据和监督保障。黑龙江省农村十户联防组和民兵义务巡逻组织积极投入防控“非典”斗争，全省33万余名治安联防员活跃在每个村屯防控“非典”的前沿阵地，利用十户联防距离近、情况熟等便利条件，对联防区域内的外出返乡人员实行监控。山东等地发动农民在自愿的基础上每十户组成一个联防组，签订了“十户联防”防控“非典”促稳定责任书，把责任落实到农户和个人。各联防组对外出务工、经商、上学的人员全部登记，劝阻暂缓返乡，对已返乡人员协助乡镇落实隔离观察措施；对联防组的农户，注意观察有无发病症状，一旦发现及时上报，有效防止“非典”疫情向农村传播。

四、开展宣传、教育、引导工作，增强群众战胜“非典”的信心

各地综治组织充分利用基层综治宣传教育队伍和综治宣传阵地的作用，利用宣传墙、黑板报等形式，开展防治“非典”知识和《传染病防治法》的宣传。北京等地综治机构发动基层综治干部、社区群防群治队伍，深入群众，宣传党和政府防治“非典”工作的方针政策，表明党和政府战胜“非典”的决心和信心，宣传《传染病防治法》、《突发公共卫生事件应急条例》等相关法律法规，宣传防治“非典”的知识，使群众既掌握政策、了解法律，又掌握防治“非典”的基本方法。通过开展法制宣传，使广大群众破除迷信，不信谣不传谣，增强群众的自我防护意识，消除恐慌心理，稳定人心，切实维护了正常的生产、生活秩序。

五、认真做好抗击“非典”斗争中的矛盾纠纷排查调处工作

各地综治组织针对一些地方相继发生部分群众因对设立隔离区不满而冲击施工现场，或因设置公路检查站、阻碍交通而引发的群体性事件，加强了防治“非典”期间的矛盾纠纷排查调处工作，及时妥善处理了一批因“非典”疫情引发的矛盾纠纷，维护社会稳定。5月11日，山西省阳泉市平定县冠山镇王家庄村近千名村民因拒绝在该村附近建设非典医用污物填埋池，集体围攻施工人员的事件发生后，省委政法委、省综治办及时派出工作组，协助阳泉市开展工作，使这一事件很快得到妥善处理。4月29日，四川省乐山市九峰山镇的部分农民听信传言，说位于九峰山镇的大渡河医院将定为“非典”定点医院，于是将公路阻塞。乐山市综治委主要领导接报后迅速组织力量赶到现场，经过耐心细致地说服教育和解释工作，及时疏散了群众，恢复了交通秩序，并对煽动闹事的违法人员进行了治安处罚，很快平息了事态。自4月中旬以来，山西省各级综治组织共排查因“非典”引发的矛盾纠纷40起，协助党委、政府妥善处置群体性事件12起，拦路堵车事件12起。河南省通过采取有力措施，4月以来全省各地发生的与非典有关的14起群体性事件全部得到了及时妥善处置，维护了抗击“非典”期间社会的稳定。

六、加大社会面控制力度，严厉打击借“非典”疫情实施的各种违法犯罪活动

针对“非典”疫情期间社会治安和稳定工作出现的新情况、新问题，各地综治组织协调各有关部门、群防群治组织加大社会面的控制，切实维护社会稳定。黑龙江省组织民警10万余人，保安员、治安员、流动人口协管员28万余人，加强对城市主要街道、社区、繁华场所、城乡结合部等重点部位、交通要道的巡逻检查，一方面防范和打击现行违法犯罪活动，一方面发现和控制“非典”疑似人员，共排查了过往人员83余万人。河北省各地全面启动“三道防线”，构筑防治“非典”的外围屏障，在国道、重要大桥及城市主要出入口，重点火车站、重点部位，主要交通道口等设立检查站点，防止漏查、漏检人员进入市区。各地充分发挥民兵组织在维护社会治安工作中的作用，以民兵连(排)为单位，组建民兵治安联防队、巡逻小分队，昼夜巡查，广泛开展护厂、护路、护村等群防群治活动，配合公安机关加强社会面的治安管理和控制，打击造谣惑众、寻衅滋事、扰乱秩序等违法犯罪活动，在维护社会稳定工作中发挥了重要作用。据统计，全国共组建民兵治安联防队12万多个，动用民兵预备役人员130多万人，协助公安机关处理治安案件1430多起。山西、河北、内蒙古、河南、湖南、四川等地综治委针对影响社会治安的突出问题，严格社会面的控制，确保抗击“非典”期间本地区治安大局的稳定。一是严厉打击与防治“非典”有关的违法犯罪活动。依法严惩借“非典”疫情蓄意制造谣言、煽动群众闹事，哄抬物价，生产销售假冒伪劣药品和趁机盗窃、抢劫、抢夺的违法犯罪分子。山西省自4月中旬以来，围绕“非典”防治工作，出动警力21556人次，查处造谣惑众案件32起，侦破制售假冒伪劣药品和“非典”防护用品案9起，哄抬物价案81起。二是组织协调有关部门加强对各类市场主体和交易行为的监督。对超市、集贸市场等场所加强检查，对生产、销售假冒伪劣商品的从严查处，对制假售假窝点坚决取缔，严格检查药品、医疗器械、消毒用品等生产销售企业的资质和经营行为，对无照从事相关商品生产经营的坚决查处和取缔。截止目前，河南省共查处扰乱社会秩序、哄抬物价、制假售假、造谣惑众等案件434起，抓获违法犯罪嫌疑人员525人，其中刑事拘留76人，治安拘留262人。

抗击非典型肺炎的斗争锻炼了基层群防群治队伍，群防群治队伍经受住了这场斗争的严峻考验。基层群防群治队伍每日、每时都需要发挥作用，是活跃在最基层的维护稳定、维护社会治安的重要力量，在特殊时期是党和政府处理社会突发事件、应对自然灾害的一支重要力量。各级党委、政府应高度重视群防群治队伍的建设。

中央社会治安综合治理委员会关于中央综治委刑释解教人员安置帮教工作协调小组更名和调整成员的通知

（2003年7月31日）

各省、自治区、直辖市社会治安综合治理委员会，新疆生产建设兵团社会治安综合治理委员会，中央社会治安综合治理委员会各成员单位：

经中央综治委领导同志同意，中央综治委刑释解教人员安置帮教工作协调小组更名为中央综治委刑释解教人员安置帮教工作领导小组，增加财政部、国家税务总局和中国人民银行为领导小组成员单位。调整后的中央综治委刑释解教人员安置帮教工作领导小组组成人员如下：

组　长：张福森

副组长：陈冀平

白景富(公安部副部长)

段正坤(司法部副部长)

成　员：张小建(劳动和社会保障部副部长)

李宝库(民政部副部长)

李若谷(中国人民银行副行长)

李　勇(财政部部长助理)

杨树德(国家工商行政管理总局副局长)

郝昭成(国家税务总局副局长)

赵　勇(共青团中央书记处书记)

莫文秀(全国妇联书记处书记)

特此通知。

中央社会治安综合治理委员会通知

(2003 年 8 月 1 日)

中央和国家机关各部委、各人民团体：

中央政法委员会、中央社会治安综合治理委员会主办，最高人民法院、最高人民检察院、公安部、国家安全部、司法部、财政部、国家工商行政管理总局、共青团中央、解放军总政治部、武警总部、北京市委政法委员会、首都社会治安综合治理委员会协办的全国“严打”整治斗争成果展，已于2003 年 7 月 29 日上午举行了开幕式，中共中央政治局常委、中央综治委主任罗干，中共中央政治局委员、北京市委书记刘淇，中共中央政治局委员、中央综治委副主任周永康，全国人大常委会副委员长、中央综治委副主任顾秀莲，中央综治委副主任、最高人民法院院长肖扬，中央综治委副主任、最高人民检察院检察长贾春旺，中央有关部门、解放军总政治部和北京市委有关部门负责同志出席了开幕式并参观了展览。该展览展期至 8 月 25 日结束。举办这次全国“严打”整治斗争成果展，旨在展示党中央、国务院高度重视，各级党委、政府周密部署，有关部门齐抓共管，政法干警英勇奋战，人民群众积极参与“严打”整治斗争的情景和取得的成果；震慑犯罪分子，鼓舞人民群众同犯罪分子作斗争的信心和勇气；展示社会治安综合治理取得的新成效，贯彻“打防结合，预防为主”方针，为全面建设小康社会创造更加良好的社会治安环境。

这次展览，展出了各成员单位、各地按照中央统一部署积极参与“严打”整治斗争的近千幅照片和实物，观众可以亲临其境参与科技防范的各种演示。为保证展览有序进行，展出期间，特邀请中央、国家机关各部门集体组织观看。

中央社会治安综合治理委员会关于中央综治委铁路护路联防工作小组更名和调整成员的通知

(2003年8月15日)

各省、自治区、直辖市社会治安综合治理委员会,新疆生产建设兵团社会治安综合治理委员会,中央社会治安综合治理委员会各成员单位:

经中央综治委领导同志同意,中央综治委铁路护路联防工作小组更名为中央综治委铁路护路联防工作领导小组。原中央综治委铁路护路联防工作小组部分组成人员因工作变动进行了调整。调整后的中央综治委铁路护路联防工作领导小组组成人员如下:

组　长:刘志军(中央综治委委员、铁道部部长)

成　员:陈冀平(中央综治委委员、中央综治办主任)

白景富(中央综治委委员、公安部副部长)

范晓光(中央综治委委员、总参动员部部长)

特此通知。

中央社会治安综合治理委员会关于调整中央综治委预防青少年违法犯罪工作领导小组组成人员的通知

(2003年8月15日)

各省、自治区、直辖市社会治安综合治理委员会,新疆生产建设兵团社会治安综合治理委员会,中央社会治安综合治理委员会各成员单位:

经中央综治委领导同志同意,中央综治委预防青少年违法犯罪工作领导小组部分组成人员因工作变动,需要进行适当调整。调整后的中央综治委预防青少年违法犯罪工作领导小组组成人员如下:

组　长:顾秀莲　全国人大常委会副委员长、中央综治委副主任

副组长:周　强　共青团中央书记处第一书记

陈冀平　中央政法委副秘书长、中央综治办主任

王　湛　教育部副部长

成　员:沈德咏　最高人民法院副院长

孙　谦　最高人民检察院副检察长

白景富　公安部副部长

胡泽君　司法部副部长

李宝库　民政部副部长

李　勇　财政部党组成员、部长助理

刘志峰　建设部副部长

常克仁　文化部党组成员、纪检组组长

王莉莉　广播电影电视总局党组成员、纪检组组长

桂晓风　新闻出版总署副署长
冯晓增　中国保监会副主席
杨　兵　共青团中央书记处书记
莫文秀　全国妇联书记处书记

办公室主任由杨岳同志兼任。

特此通知。

中央社会治安综合治理委员会关于印发《省、自治区、直辖市社会治安综合治理工作考核评比标准》的通知

（2003年9月1日）

各省、自治区、直辖市社会治安综合治理委员会，新疆生产建设兵团社会治安综合治理委员会，中央社会治安综合治理委员会各成员单位：

《省、自治区、直辖市社会治安综合治理工作考核评比标准》，已多次征求各地、各有关部门的意见，并经中央综治委领导同志同意，现印发给你们，结合本地区、本部门实际，认真贯彻落实。

省、自治区、直辖市社会治安综合治理工作考核评比标准

为了进一步改进社会治安综合治理的检查考评办法，完善综治工作考核评比机制，建立科学合理的综治工作评估体系，特制订省、自治区、直辖市社会治安综合治理工作考核评比标准。

一、综治工作状况及效果(标准分:34分)

(一)各地公众安全感调查结果

依据国家统计局开展公众安全感问卷调查群众对社会治安满意和基本满意的百分率打分，最高分为10分。

(二)开展“严打”专项斗争、专项整治工作情况及效果

始终保持对各种严重刑事犯罪活动的高压态势，建立“严打”整治的经常性工作机制，增强“严打”整治工作的能力。由公安部根据各地开展打击犯罪专项斗争、专项整治工作情况及其实际效果进行评估，分为优、良、差三档，优得3分，良得2分，差不得分。

(三)治安混乱地区排查和矛盾纠纷排查工作情况及效果

1. 定期排查整治治安混乱地区和突出的治安问题，整治效果明显，省级综治办每半年将排查和整治结果汇总上报中央综治办，最高分为4分。

2. 建立矛盾纠纷排查调处工作机制，定期开展排查，效果好的，并能按要求上报情况，最高分为4分。

(四)开展治安防控体系建设、基层安全创建工作情况及效果

1. 贯彻落实《中共中央、国务院关于进一步加强社会治安综合治理的意见》，建立群防群治经费保障机制，制订了规范性文件或有明确规定的，得3分。

2. 开展治安防控体系建设、基层安全创建工

作，酌情得分，最高为5分。

（五）综治工作创出新经验

贯彻中央提出的工作要求，结合当地实际情况，创造性地开展综治工作，成效突出，其经验得到中央综治委肯定、在全国推广的，酌情得分，最高为5分。

（六）发生严重影响社会稳定的治安案（事）件被查究或督查

发生严重危害社会稳定、造成恶劣影响的重大刑事案件、治安灾害事故、重大群体性事件，被中央综治委下达《重大问题领导责任查究通知书》的，减3分；被中央综治委进行督查的，减1分；未按规定上报查究结果的，减1分。

二、各专门工作小组建设及其工作情况（标准分：13分）

流动人口治安管理，刑释解教人员安置帮教，铁路护路联防，预防青少年违法犯罪，学校及周边治安综合治理等各专项工作，主要从组织健全、经常开展活动或组织专项行动、取得实际效果等方面进行考核。

各专项工作的考核由中央综治委各专门工作领导小组办公室制订考核标准，并根据各地的工作情况和取得的效果进行评估确定。流动人口治安管理、刑释解教人员安置帮教、预防青少年违法犯罪工作优秀的，各得3分，良好的，各得2分。铁路护路联防、学校及周边治安综合治理工作优秀的，各得2分，良好的，各得1分。

三、综合治理制度建设情况（标准分：26分）

（一）坚持综治委会议制度和五部委联席会议制度

1. 省级综治委坚持例会制度，每年召开全体会议3次以上的，得3分。

2. 成员单位参与综治工作有具体制度、形成考核激励机制，每年召开五部委联席会议的，得2分。

（二）落实综合治理领导责任制、目标管理责任制、重大问题责任查究制、一票否决权制的情况

1. 综合治理领导责任制、目标管理责任制、重大问题责任查究制、一票否决权制等工作制度健全的，得3分。

2. 省（自治区、直辖市）党政领导同各市（地）、各部门签订综合治理责任书（状）的，得2分。

3. 五部委对发生的重大问题进行责任查究、实施一票否决权制效果好的，得2分。

4. 对综治工作成绩突出的党政领导进行表彰、嘉奖的，得1分。

（三）健全综治工作检查督导制度

建立综治工作检查督导制度，每年开展综治工作检查，检查情况及时报中央综治办的，得3分。

（四）治安形势分析和公众安全感调查制度

1. 每年开展两次治安形势分析，分析认真、报告质量好，有关报表填报齐全并及时上报的，得2分。

2. 每年开展一次公众安全感调查，及时上报调查报告的，得1分。

（五）建立综治工作经费保障机制

1. 按照《中共中央、国务院关于进一步加强社会治安综合治理的意见》中关于"各级政府在安排财政预算时，对社会治安综合治理经费要予以保证"的要求，建立省、市、县三级综治经费保障机制的，得3分。

2. 基本保障综治业务经费需要的，得1分。

（六）综治干部定期培训制度

建立综治干部定期培训制度，培训工作效果好的，得3分。

四、综合治理组织建设情况（标准分：11分）

（一）按照中办[1995]28号文件要求配备各级综治办主任的，得3分。

（二）省级综治办内设机构健全、人员到位，能适应工作需要、发挥应有职能作用的，得3分。

（三）省（自治区、直辖市）出台文件要求加强乡镇、街道综治办机构建设，且落实情况较好的，得3分。

（四）乡镇、街道综治办配备专抓副职和专职工作人员的，得2分。

五、落实中央综治委、办部署工作的情况（标准分：16分）

（一）认真完成中央综治委、办下达的各项工作任务的，得10分。

（二）每年开展综治宣传月活动的，得1分。

（三）积极组织、开展综合治理好新闻评选并按时上报评选作品的，得1分。

（四）省（自治区、直辖市）电视台、广播电台、报刊开设综合治理、法制宣传栏，日常宣传效果好，并及时上报宣传情况的，得3分。

（五）设立见义勇为奖励基金，及时进行评选表彰活动的，得1分。

中央社会治安综合治理委员会 中央机构编制委员会办公室 关于印发《关于加强乡镇、街道社会治安综合治理基层组织建设的若干意见》的通知

（2003年10月20日）

各省、自治区、直辖市社会治安综合治理委员会、机构编制委员会办公室，新疆生产建设兵团社会治安综合治理委员会、机构编制委员会办公室，中央社会治安综合治理委员会各成员单位：

现将《关于加强乡镇、街道社会治安综合治理基层组织建设的若干意见》印发给你们，请结合实际情况，认真贯彻落实。

关于加强乡镇、街道社会治安综合治理基层组织建设的若干意见

为了进一步贯彻"打防结合、预防为主"的方针，加强社会治安防范工作，建设社会治安防控体系，落实社会治安综合治理的各项措施，必须大力加强乡镇、街道社会治安综合治理基层组织建设。为此，特提出以下意见。

一、进一步加强乡镇、街道社会治安综合治理的组织建设

乡镇、街道社会治安综合治理委员会及其办公室（以下简称综治委、办）是乡镇、街道党（工）委和政府（办事处）领导社会治安综合治理工作的参谋和助手。各级党委、政府特别是县级党委、政府要切实加强对乡镇、街道社会治安综合治理工作的领导，加强乡镇、街道综治委、办的建设，充分发挥它们在维护社会稳定和社会治安方面的组织、协调作用。通过乡镇、街道综治委、办协调各有关部门齐抓共管，整合各方面的力量，共同解决影响社会稳定和社会治安的突出问题，建立健全社会治安防控体系，落实社会治安综合治理的各项措施，维护良好的社会治安秩序。

要按照"属地管理"的原则，进一步健全完善乡镇、街道社会治安综合治理委员会。委员会不仅要有县（市、区）政法部门、行政执法部门派驻机构和乡镇、街道有关部门的负责人参加，辖区内一些主要的企事业单位也要派有关负责人参加。为增强乡镇、街道社会治安综合治理委员会在维护稳定、维护社会治安工作中的组织、协调力度，委员会主任应由乡镇、街道党（工）委、政府（办事处）的主要领导担任。乡镇、街道社会治安综合治理

委员会办公室主任应由党(工)委副书记担任,办公室要配齐、配强专职干部,确保这项工作有人抓、有人管。公安派出所所长、司法所所长、人民武装部部长等可兼任副主任。要建立健全乡镇、街道综治委、办的各项工作制度,完善工作机制,加强干部的教育培训,提高干部素质。当地政府在安排财政预算时,对乡镇、街道社会治安综合治理的经费要予以保证,并随着经济、社会的发展逐步增加,使乡镇、街道社会治安综合治理工作正常开展。

二、充分发挥乡镇、街道社会治安综合治理委员会及其办公室的职能作用

乡镇、街道综治委、办应在以下几方面的工作中充分发挥自身的职能作用:

(一)认真分析社会治安形势,有针对性地加强社会治安综合治理工作。及时排查治安混乱地区和突出治安问题,组织、协调有关部门开展"严打"整治专项斗争和治理整顿工作。对治安混乱地区和突出治安问题要坚持滚动排查、滚动治理,要明确责任,专人负责,挂牌督办,限期解决。对整治后又出现反复的地区和治安问题,要认真分析原因,有针对性地采取措施,协调有关部门加大工作力度,巩固整治的成效。要有效解决群众关注的热点、难点问题,增强群众的安全感。充分发动辖区内的广大群众和社会力量积极参与"严打"整治和治理整顿。

(二)要按照中办、国办转发的《中央社会治安综合治理委员会关于进一步加强矛盾纠纷排查调处工作的意见》(中办发[2000]17号)精神,认真排查矛盾纠纷,指导和督促有关部门充分发挥人民调解、行政调解、司法调解的作用,积极开展调处工作,努力把矛盾纠纷化解在基层,化解在萌芽状态。要进一步明确各有关部门的职责任务,健全矛盾纠纷排查调处工作机制。要特别注意排查调处可能影响社会稳定的重大矛盾纠纷,预防和减少群体性事件的发生。

(三)深入开展基层安全创建活动。积极组织、协调公安派出所、人民法庭、司法所等基层政法部门参与创建工作。在城市社区建设中健全社区综治组织,挖掘社区资源,因地制宜地搞好基层安全创建活动。进一步拓宽社区安全创建活动的内容,把社区管理、社区教育、社区服务和社区防范紧密结合起来,提高社区的整体防范水平。指导辖区内的企事业单位开展安全创建和综合治理工作,落实治安防范措施,参与社会治安防控体系建设。大力协助公安机关开展警务制度改革,使其与基层安全创建活动紧密结合起来,使责任区民警在做好日常治安防范工作的同时,能切实搞好基层安全创建活动。要协调司法所、共青团、妇联等有关部门开展法制宣传教育,做好法制副校长、综治特派员、社区从事青少年教育的教师的选派和管理工作,充分发挥社区志愿者在基层安全创建活动中的重要作用。指导、配合有关部门做好辖区内的铁路、公路、航道和要害部位、特种行业的安全防范工作,以及对枪支弹药、爆炸物品、有毒有害物品的管理工作。

(四)着力解决影响社会治安的深层次问题。要组织、协调有关部门和单位落实社会治安综合治理的防范、教育、管理、建设、改造的各项措施,预防违法犯罪。做好流动人口管理服务、预防青少年违法犯罪、刑满释放解除劳教人员安置帮教、"扫黄打非"等项工作,协助有关部门做好吸毒人员和受邪教影响人员的帮教工作,不断增强工作效果,减少影响社会治安的不安定因素,提高治安防控能力。

(五)推动有关部门加强对公安派出所、人民法庭、司法所等基层政法组织及村(居)委会、治保会、调委会等基层组织的建设,加强教育培训,提高人员素质。认真落实上级政法委、综治办的工作部署,不仅要使基层政法组织充分发挥职能作用,还要使他们互相协助、互相配合,形成工作的合力。

(六)检查辖区内各部门、各单位的综合治理工作,对工作成效明显的进行表彰奖励,总结推广他们的经验;对存在问题的提出整改意见,督促他们进行整改;对发生严重危害社会稳定的重大问题的,要协助上级综治委、办进行调查,并严格实施领导责任查究和社会治安综合治理一票否决。

三、加强群防群治队伍建设,充分发挥群防群治队伍的作用

要完善新形势下群防群治的组织形式、工作机制和经费保障机制,组织发动社会各方面的力量参与治安防范。要广泛宣传"维护治安人人有责"的观念,宣传治安防范知识,引导广大群众制订乡规民约、村规民约、居民守则等，组织开展各种形式的治安防范活动。各地可把群防群治工作与再就业、社会保障工作结合起来，从实际出发组建多种形式的专职群防群治队伍，在党委、政府的领导下，由社会治安综合治理机构组织协调，在公安机关的指导下开展工作。专职群防群治队伍必须健全管理制度，从队伍的职责任务到队员的招聘录用、教育训练、值勤备勤、奖励惩处等都要作出明确规定，严格管理。

进一步发挥民兵组织在维护社会治安工作中的作用。各地人民武装部门应从实际出发，采取多种形式组织民兵参与社会治安综合治理，开展治安防范工作。乡镇、街道人民武装部是乡镇、街道社会治安综合治理委员会的成员单位，应积极主动地组织民兵参与各项综治工作，根据需要，可成建制组织民兵参加社会治安综合治理，完成应急任务。

加强和规范保安服务队伍。保安服务业要逐步规范化、法制化。公安机关应加强对保安服务业的行业管理和业务指导，督促保安服务公司加强对保安员的教育、训练和管理，完善各项管理制度，规范保安服务行为，切实提高服务质量，合理解决保安员在医疗、伤残、养老等方面的社会保障问题，解除他们的后顾之忧，保持队伍的稳定。

要按照《中共中央、国务院关于进一步加强社会治安综合治理的意见》的要求，多渠道地筹集群防群治工作经费。各级政府要正确处理改革、发展、稳定的关系，加大对群防群治工作的投入。此外，应按照"谁受益、谁出资"和"取之于民、用之于民"的原则，由受益单位和群众个人适当投入一定的人力、物力和财力，保证群防群治工作的正常开展。

四、严格实行责任制，建立完善考评机制

县(市、区)和乡镇、街道两级党(工)委、政府(办事处)对加强乡镇、街道社会治安综合治理基层组织建设负有重要的责任。要严格实行责任制，把乡镇、街道社会治安综合治理基层组织建设的情况作为县(市、区)和乡镇、街道党政主要领导、分管领导干部政绩考核的重要内容，加强检查与考评。各地应结合实际制订科学合理的考评标准，把工作任务、工作实效和责任人的奖惩紧密结合起来，做到考评更科学，督查有结果，追究有实效。对乡镇、街道综治组织建设薄弱、工作不力的地方，要加强督促检查，促进社会治安综合治理各项工作措施的落实。

中央社会治安综合治理委员会
关于调整中央综治委流动人口治安管理
工作领导小组组成人员的通知

(2003年11月17日)

各省、自治区、直辖市社会治安综合治理委员会，新疆生产建设兵团社会治安综合治理委员会，中央社会治安综合治理委员会各成员单位：

经中央综治委领导同志同意，中央综治委流动人口治安管理工作领导小组组成人员因工作变动，进行了适当调整。调整后的中央综治委流动人口治安管理工作领导小组组成人员如下：

组　长：白景富　中央综治委委员、公安部副部长、党委副书记

副组长：陈冀平　中央综治委委员、中央政法委副秘书长、中央综治办主任

张小建　中央综治委委员、劳动和社会保障部副部长

成　员：李景田　中央综治委委员、中央组织部副

部长
刘志峰　中央综治委委员、建设部副部长
李宝库　民政部副部长
胡泽君　司法部副部长
廖晓军　财政部副部长
胡亚东　铁道部副部长
洪善祥　交通部副部长
范小建　农业部副部长
赵炳礼　国家人口和计划生育委员会副主任
甘国屏　国家工商行政管理总局副局长
莫文秀　全国妇联副主席、书记处书记
杨　岳　共青团中央书记处书记
武冬立　公安部治安管理局局长

中央综治委流动人口治安管理工作领导小组下设办公室。办公室主任由武冬立同志兼任。

特此通知。

中央社会治安综合治理委员会 最高人民法院 最高人民检察院 公安部 教育部 司法部 关于规范兼职法制副校长职责和选聘管理工作的意见

（2003年11月14日）

各省、自治区、直辖市社会治安综合治理委员会、高级人民法院、人民检察院、公安厅（局）、教育厅（教委）、司法厅（局），新疆生产建设兵团社会治安综合治理委员会、人民法院、人民检察院、公安局、教委、司法局：

近年来，许多地方从基层政法部门选派干警到中小学校任兼职法制副校长（以下简称兼职法制副校长），参与中小学校的法制宣传教育和校园及周边治安综合治理工作。兼职法制副校长制度的建立，对于增强青少年学生的遵纪守法意识，提高自我保护能力，维护在校学生的合法权益，维护学校及周边地区的治安秩序，预防和减少青少年违法犯罪，发挥了积极的作用。为进一步规范和完善兼职法制副校长的职责任务和选聘、管理工作，推进中小学生的法制教育工作，特提出以下意见。

一、兼职法制副校长的任职条件

兼职法制副校长，从法院、检察院、公安、司法行政等政法部门中选聘，其基本条件是：

（一）政治素质好，品德优秀，作风正派，热心青少年法制教育工作。

（二）熟悉法律知识，从事政法工作两年以上，具有较强的语言表达能力和组织协调能力。

（三）小学兼职法制副校长应具有高中以上学历；普通中学（含民办学校）、中等专业学校、技术学校、职业高级中学的兼职法制副校长应具有大专以上学历。

（四）身体健康，能坚持正常工作。

二、兼职法制副校长的选聘

普通中小学校(含民办学校)、中等专业学校、技术学校、职业高级中学都应选聘兼职法制副校长。

按照属地管理原则,县(市、区)综治委、办组织政法各部门按照任职条件推荐兼职法制副校长人选,会同教育部门进行审核(中等专业学校、技术学校的兼职法制副校长人选会同学校的上级主管部门审核)。确定人选后,由教育行政部门或学校聘任。兼职法制副校长任期一般为三年,可连续聘任。如兼职法制副校长任期内工作变动或原任人选不适合做此项工作,可进行调整。兼职法制副校长不占学校领导职数和人员编制。

三、兼职法制副校长的职责

兼职法制副校长接受学校所在地乡镇、街道综治委、办的指导,在中小学校党组织和校长的领导下开展工作。主要职责是:

(一)参与制订学校法制教育规划、计划,协助学校开设法制教育课程,做到教学计划、教材、课时、师资“四落实”,根据治安形势变化,联系学校实际,结合学生特点,实施有针对性的法制教育。

(二)协助学校加强内部安全防范工作,健全、完善规章制度,落实各项防范措施,消除安全隐患,开展创建安全文明校园、无毒校园等活动。对有不良行为和严重不良行为的学生,要做好教育、转化工作,要协调学校、家长、社区签订帮教协议,落实帮教措施。

(三)了解掌握学校周边地区治安动向,及时向当地综治办报告,提出开展学校周边治安秩序整治的工作建议,并积极参与组织开展学校周边治安秩序整治,建立长效工作机制,维护学校周边地区的治安秩序。

(四)配合政法部门妥善处理在校教师、学生违法犯罪案件,严肃查处侵害师生合法权益和滋扰校园的案件。对校园内发生的严重违纪问题,督促学校根据校规校纪妥善处理,维护学校正常的教学、生活秩序。

(五)协助学校沟通与社区、家庭及社会有关方面的联系,促进学校、家庭、社区“三位一体”法制教育机制的完善。

(六)按照学校所在地乡镇、街道综治委、办的工作要求,会同学校有关部门落实各项综合治理工作措施。

四、兼职法制副校长的管理

(一)司法行政部门要会同综治、教育行政、公安等部门组织兼职法制副校长的业务培训,帮助、指导他们开展法制宣传教育工作,及时发现、培养典型,交流推广经验,适时组织评选表彰先进。

(二)教育行政部门要把兼职法制副校长的工作情况作为评估学校整体工作的一项内容,配合有关部门做好兼职法制副校长的选聘、培训、管理、考核、表彰工作。

(三)政法各部门要支持本单位派出的兼职法制副校长的工作,帮助他们解决工作中的困难,督促他们定期到学校开展工作。要根据学校所在地乡镇、街道综治委、办反馈的情况,掌握兼职法制副校长开展工作的情况,作为考核其工作、晋职、晋级和立功受奖的依据之一。

(四)学校要为兼职法制副校长开展工作提供必要条件,主动介绍学生违法犯罪倾向性的问题及有关情况;涉及到学生法制教育的重要会议、活动,应事先与兼职法制副校长协商并通知其参加。学校每年要为兼职法制副校长作一次工作鉴定,并建立兼职法制副校长工作档案。

(五)乡镇(街道)综治委、办负责对法制副校长工作的日常指导,有关会议要邀请兼职法制副校长参加,每学年末要听取兼职法制副校长的述职报告。在定期了解兼职法制副校长的工作情况及其所在学校反映的基础上,加强日常考核,并将有关情况向派出单位反馈。

(六)兼职法制副校长的工作情况及效果要纳入县(市、区)、乡镇(街道)社会治安综合治理目标责任书进行考核。各级综治委、办要组织推动有关部门落实职责,协调配合,强化日常管理,形成整体合力。

四、中央社会治安综合治理委员会的重要会议

(一)全国社会治安综合治理工作会议

2003年全国社会治安综合治理工作会议

经中央领导同志批准,中央社会治安综合治理委员会于2003年9月24日至27日在江西召开全国社会治安综合治理工作会议。会议以党的十六大精神和"三个代表"重要思想为指导,认真贯彻落实中共中央、国务院《关于进一步加强社会治安综合治理的意见》和中办、国办转发的《中央综治委关于加强社会治安防范工作的意见》,总结交流去年"上海会议"以来加强治安防范工作的经验,对构建社会治安防控体系作出部署,推动社会治安综合治理各项措施的落实,为实现党的十六大提出的奋斗目标,全面建设小康社会,营造安全稳定的社会治安环境。中央社会治安综合治理委员会委员;各省、自治区、直辖市及新疆生产建设兵团党委主管社会治安综合治理工作的副书记,政法委书记,综治办主任,公安厅(局)长各1人;各省会城市(自治区首府)、大连、宁波、厦门、青岛、深圳市党委主管社会治安综合治理工作的副书记各1人参加会议。

中央社会治安综合治理委员会关于印发罗干、周永康同志在全国社会治安综合治理工作会议上的讲话的通知

(2003年10月8日)

各省、自治区、直辖市社会治安综合治理委员会,新疆生产建设兵团社会治安综合治理委员会,中央社会治安综合治理委员会各成员单位:

现将罗干、周永康同志在全国社会治安综合治理工作会议上的讲话印发给你们,请结合实际情况,认真贯彻落实。

罗干同志在全国社会治安综合治理工作会议上的讲话

（2003年9月24日）

这次会议是在全党全国兴起学习贯彻“三个代表”重要思想新高潮的形势下召开的。会议的主要任务是，以“三个代表”重要思想和党的十六大精神为指导，深入贯彻《中共中央、国务院关于进一步加强社会治安综合治理的意见》，总结交流治安防范工作经验，大力推进社会治安防控体系建设，全面落实社会治安综合治理各项措施，努力开创社会治安综合治理工作的新局面。

一、全面分析当前的社会治安形势，深刻认识加强社会治安防控体系建设的重要性

“打防结合、预防为主”是党中央在全面总结社会治安综合治理工作经验的基础上提出的重要方针。2001年，中共中央、国务院下发了《关于进一步加强社会治安综合治理的意见》，对加强新形势下的社会治安综合治理工作提出了总体思路和具体要求。去年4月在上海召开的全国社会治安综合治理工作会议，专门部署了治安防范工作。中办、国办转发了《中央社会治安综合治理委员会关于加强社会治安防范工作的意见》，对加强治安防范，建立长期有效的治安防范工作机制，维护治安秩序的长期稳定，作出了具体部署。前不久，胡锦涛总书记在参观全国“严打”整治斗争成果展时指出，要继续贯彻“打防结合、预防为主”方针，建立健全社会治安防控体系，认真落实社会治安综合治理的各项措施，为改革发展稳定创造良好的社会环境，为实现国家长治久安和保证人民群众安居乐业，作出新的更大的贡献。中央的决策部署和胡锦涛同志的重要指示，为进一步做好治安防范工作指明了方向。

近年来，各地区、各有关部门认真贯彻落实中央的精神，进一步加大治安防范工作力度，创造了许多行之有效的经验。这次会上印发了两个《汇编》，一个汇集了各地制定的有关治安防控体系建设的规范性文件；一个汇集了各地的典型经验。另外，会议还印发了30多份经验交流材料。从这些材料中可以看到，各地区、各有关部门做了大量的工作：一是各级党委、政府对治安防范工作越来越重视，切实加强了领导。许多地方结合实际制定了治安防范工作规划，提出了加强治安防范工作的措施和要求。刚才，孟建柱同志和江西省综治委介绍了他们的经验，江西省委、省政府作出了《关于进一步加强新形势下社会治安综合治理工作的意见》，对社会治安综合治理机构设置、人员配备、工作经费保障等提出了明确要求，采取有效措施，加强群防群治队伍规范化建设，完善工作制度和机制，取得了很好效果。江苏省委作出了从2003年到2005年在全省范围内开展“建设平安江苏，创建最安全地区”活动的决定，上海、河北、湖北等省（市）委、政府就进一步加强社会治安防范、落实社会治安综合治理的各项工作措施提出了意见。福建省委、省政府制定了社会治安综合治理纲要，对治安防范工作作出了规划。二是大力加强社会治安综合治理基层基础建设，初步建立了有效的工作网络和治安防控体系。山东省提出“坚持工作重心下移，强化基层基础工作，严格落实责任制，一级对一级负责”，促进了综合治理措施在基层的落实。四川省以县（市、区）为单位，开展了社会治安综合治理整体联动防范工作。黑龙江省哈尔滨市实施了警民打防工程。各级公安机关积极推进社区警务建设，加强对社会面的防控。各有关部门密切配合，共同做好预防青少年违法犯罪、流动人口管理服务、刑释解教人员安置帮教、矛盾纠纷排查调处等项工作，治安防范的效果逐步显现。三是群防群治工作得到加强。各地区和有关部门在群防群治工作中不断创新工作思路和工作机制，健全工作制度，加强各种形式的群防群治队伍建设。内蒙古等地结合牧区的实际，建立了“草原110”，实行军警民联防，发挥了群防群治的优势。沿海地区普遍建立了适合海上特点的治安防控体系，维护了渔场的治安稳定。有些地方还创造了综治协会、治安中心户长等有效的群防群治工作形式，建立了维护稳定信息督查员、综治信息员、治安信息员队伍，在治安防范工作中发挥了积极作用。一些地方根据不同地区的不同特点，建立了相应的群防群治工作机制，形成了有效的工作网络。在今年防控非典型肺炎的斗争中，各地群防群治队伍发挥了重要的作用。四是重视科学技术在治安防范工作中的运用，建立治安防范的保障机制。各地不仅加强了人防、物防措施，而且大力开展科技防范，提高了防范能力。北京等地开展“科技创安”活动，增加了治安防范工作的科技含量，有效地预防和减少了违法犯罪案件的发生。各地积极探索社会主义市场经济条件下治安防范的经费保障机制，多渠道筹集治安防范工作经费，规范经费保障工作。这次会上推广的经验，充分反映了近年来各地治安防范工作的主要成果，各地区各部门要认真学习借鉴，并结合本地区本部门的实际，提出相应的工作措施，进一步推进治安防范工作。

当前，我国社会治安形势总体稳定，人民群众对社会治安的满意程度提高。但是，治安形势仍然不容乐观，社会治安的基础还不够稳固，稍有松懈，治安状况就可能出现反复。社会主义市场经济深入发展，依法治理工作不断推进，社会信息化建设加快，原有的一些治安管理方式、方法已经不适应新形势的要求，执法观念也有待进一步转变。由于我国正处在一个快速发展的社会转型期，利益格局不断调整，社会矛盾错综复杂，影响社会治安和社会稳定的因素增多，一些地方人民内部矛盾引发的群体性事件增加。影响社会治安的一些深层次问题，如失业、社会丑恶现象、法制观念淡薄等，都还没有得到有效的解决。在治安防范工作中，有些地方和部门还没有真正从思想观念、工作部署、力量配置、考核奖惩机制等方面予以足够重视，防范意识不够强，工作措施不落实，齐抓共管和群众积极参与的局面尚未形成。目前，一些地方的刑事案件呈上升趋势，有些地方上升的幅度还比较大。对此，各级党委、政府一定要有忧患意识，认真分析社会治安形势，从实践“三个代表”重要思想的高度，深刻认识加强社会治安防控体系建设的重大意义，不断提高工作的责任感和主动性。

建立社会治安防控体系，维护良好的社会治安秩序，是贯彻落实“三个代表”重要思想的具体体现，关系到改革开放和经济建设的顺利进行，关系到人民群众的安居乐业。“三个代表”重要思想的本质是立党为公，执政为民。实现人民的愿望，满足人民的需要，维护人民的利益，是“三个代表”重要思想的根本出发点和落脚点。只有依法严厉打击各种犯罪活动，有效地预防和减少犯罪，才能保障广大人民群众的人身和财产安全，实现好、维护好广大人民群众的根本利益，才能把“三个代表”重要思想的要求真正落到实处。

建立社会治安防控体系，是巩固“严打”整治斗争成果、实现社会长治久安的需要。在刚刚结束的为期两年的“严打”整治斗争中，各地区和有关部门在党中央、国务院的领导下，以“打黑除恶”为重点，依法严厉打击各种严重犯罪活动，认真排查整治治安混乱地区和突出治安问题，大力加强基层基础建设，加强管理和教育，实现了党中央提出的两年内社会治安取得新的明显进步的目标。“严打”整治斗争的成果来之不易。要巩固“严打”整治斗争的成果，必须在坚持“严打”方针、建立“严打”经常性工作机制的同时，构筑社会治安防控体系，大力加强治安防范，着力解决影响社会治安的深层次问题，切实做好各方面的管理工作，把更多的力量和时间用在治安防范上，增强社会治安防控能力，预防和减少违法犯罪，保持社会治安的长期稳定。

建立社会治安防控体系，是完成党的十六大提出的各项任务，实现全面建设小康社会宏伟目标的需要。党的十六大提出了全面建设小康社会的宏伟目标。良好的社会秩序，安定的生活环境，是深化改革、加快发展、实现经济、社会全面进步的前提条件。维护良好的社会秩序，既是全面建设小康社会的奋斗目标，又是实现全面建设小康社会宏伟目标的保障。加强社会治安防控体系建设，落实社会治安综合治理的各项措施，才能保持社会的和谐稳定，维护国家的长治久安，巩固党的执政地位，实现全面建设小康社会的宏伟目标。

二、大力推进社会治安防控体系建设，认真落实治安防范各项措施

建立社会治安防控体系，就是要充分发挥社会治安综合治理优势，整合社会各方面的力量，动员广大群众，在城乡整个地域范围内，全面落实治安防范措施，构筑预防违法犯罪活动的社会网络，形成全方位、全时空、多层次，集打击、防范、控制一体化的工作机制，并使之规范化、制度化。对此，去年中办、国办转发的《中央社会治安综合治理委员会关于加强社会治安防范工作的意见》已经作出了具体部署，要狠抓落实。在这里，我再强调以下几个方面的工作：

（一）充分发挥公安机关在社会治安防控体系建设中的骨干作用。公安机关在社会治安防控体系建设中负有重要职责。加强治安防范，公安工作是基础，公安机关是骨干。各级公安机关要切实转变观念，做到严格执法，从严治警，按照胡锦涛同志提出的人民公安为人民的要求，树立执法为民的观念，增强服务意识，改进治安管理方式，更好地为广大群众服务，为改革开放和经济建设服务。要毫不动摇地坚持“严打”方针，改进“严打”的方式，建立“严打”的经常性工作机制，增强“严打”整治斗争的实效性。要根据“严打”整治斗争中暴露出来的问题，督促有关单位认真整改，堵塞治安防范工作漏洞。正在全国开展的警务制度改革已经取得了积极的成果，要继续深化这项改革，优化警力配置，全面实施社区警务战略，管好社区实有人口，强化社会面的治安控制，完善快速反应机制。要根据各地区的不同特点，有针对性地采取措施，加强治安防控。要重点加强对容易发生治安问题的地区、部位、时段、行业和人群的管理，预防和减少违法犯罪活动。树立“警力有限，民力无穷”的观念，坚持群众路线，密切警民关系，切实加强对群防群治组织的业务指导和管理。

（二）深入发动社会各方面的力量参与社会治安防控体系建设。社会治安防控体系涉及到社会的各个方面，必须在各级党委、政府的统一领导下，社会治安综合治理机构组织协调，有关部门密切配合，广大群众积极参与，才有可能全面落实治安防范的各项措施，逐步建立起有效的治安防控体系。党政机关、社会团体、企事业单位都要采取有效措施，看好自己的门，管好自己的人，加强内部安全保卫工作，消除治安隐患。同时，各有关部门要充分发挥职能作用，积极参与全社会的治安防控体系建设，互相配合，齐抓共管，发挥综合治理的优势，解决一些影响社会治安的突出问题。在这次会议上，公安部、司法部、民政部、教育部、铁道部、团中央等有关部门的负责同志将就本部门、本系统加强治安防控体系建设提出工作意见，希望认真抓好贯彻落实。

（三）大力加强群防群治工作。建立社会治安防控体系，关键是要把广大群众的积极性调动起来，实行群防群治。要通过各种方式大力宣传群防群治工作的重要意义，宣传维护治安人人有责，动员广大群众自觉参与社会治安防控体系建设，组织开展各种形式的义务治安联防活动。要积极探索社会主义市场经济条件下群防群治工作的组织形式、工作机制和经费保障机制，鼓励各地因地制宜地开展群防群治工作。近年来，一些地方把群防群治工作与促进就业、再就业结合起来，吸纳一部分下岗失业人员参加群防群治工作，取得了积极的成效。这种做法值得借鉴。各地要切实加强对保安服务公司、专职治安联防队伍的教育和管理，建立健全规章制度，拓展服务范围，提高服务质量，充分发挥保安服务公司、专职群防群治队伍在加强治安防范、建设治安防控体系中的作用。

（四）强化基层基础工作。基层基础工作是治安防控体系建设的重点。当前，特别要注意加强乡镇、街道和居（村）委会的治安防范工作。各级党委政府，尤其是市、县级党委政府要切实加强对乡镇、街道社会治安综合治理工作的领导，加强乡镇、街道社会治安综合治理组织的建设，充分发挥其维护社会治安的作用。乡镇、街道社会治安综合治理机构要当好党委、政府的参谋、助手，加强组织协调，进一步整合基层政法部门和其他有关部门的力量，加强居（村）委会和治保会、调委会等基层组织建设，落实社会治安防控体系建设的各项措施。

要认真分析社会治安形势，及时排查治安混乱地区和突出治安问题，组织有关部门开展治理整顿。认真排查调处矛盾纠纷，增强排查调处工作效果，预防和减少治安、刑事案件和群体性事件的发生。认真落实预防青少年违法犯罪、流动人口管理服务、刑满释放解除劳教人员安置帮教等工作措施，组织协调有关部门做好吸毒人员的帮教工作，努力减少影响社会治安的因素，提高治安防控能力。

（五）继续深入开展基层安全创建活动。基层安全创建活动是落实社会治安防范措施的有效载体。要继续推动各种形式的基层安全创建活动深入开展，以此促进社会治安防控体系建设。要把治安问题多、工作难度大的地方作为创安工作的重点，扩大创安活动的覆盖面。要不断丰富基层创安活动的内容，把加强治安防范同方便群众紧密结合起来，为社区群众多办实事，使群众真正认识到加强治安防范事关自己的切身利益，真心实意地支持、参与治安防范工作。

社会治安防控体系建设要做到“三个结合”：一是要和城市建设紧密结合起来，把治安防控设施作为城市基础设施的组成部分，做到同规划、同落实。二是要和社区建设紧密结合起来，健全社区综治组织，整合社区治安资源，提高社区的整体防范水平。三是要和社会主义精神文明建设紧密结合起来，增强群众的道德法制观念和治安防范意识，大力弘扬见义勇为精神，形成维护治安人人有责的社会氛围。

三、加强组织领导，认真抓好落实，努力开创社会治安综合治理工作的新局面

加强社会治安防控体系建设，关键在于各级党政领导的重视，特别是各级党政主要领导要提高认识，切实加强组织领导。这两年，江西的社会治安综合治理工作之所以能取得明确进步，正由于江西省委、省政府高度重视，特别是党政主要领导亲自过问，采取有力措施，实实在在地解决了工作中存在的一些突出的困难和问题。江西能办得到的事，其他地方经过努力也一定可以办得到。各级党委政府和各有关部门的主要领导要把治安防控体系建设摆上重要位置，结合实际作出全面的工作部署，解决治安防范工作中存在的困难和问题，推动各有关部门齐抓共管，促进社会治安防控体系建设的深入开展。

社会治安防控体系建设重在落实。加强社会治安防控体系建设，推进社会治安综合治理工作的方针政策、目标任务都很明确，关键是要抓好落实。各地区、各部门要进一步健全和完善社会治安综合治理的各项制度，加强社会治安综合治理工作的规范化、制度化建设。要把社会治安防控体系建设作为社会治安综合治理领导责任制的重要内容，明确党政领导和各有关部门的责任，建立激励制约机制，加大督促检查力度，推动社会治安防控体系建设深入开展。特别要加强对乡镇、街道开展治安防控体系建设，落实社会治安综合治理措施的检查和考评，以增强责任感，促进工作措施的落实。

政法、综治队伍是落实治安防范措施的主体，加强社会治安防控体系建设，必须要有一支素质高、战斗力强的政法、综治队伍。各地要按照党的十六大的要求，切实加强政法、综治队伍建设。对此，中央政法委员会已作了部署。要进一步兴起学习贯彻“三个代表”重要思想新高潮，深入开展以“公正执法树形象”为主要内容的集中教育活动，重点解决执法不公和纪律作风方面存在的问题，真正做到政治坚定，业务精通，作风优良，执法公正，在全社会树立政法队伍的良好形象，使政法队伍不断适应新形势的要求，更好地完成各项工作任务。各级党委、政府要高度重视政法、综治队伍建设，采取有效措施，解决队伍建设中存在的困难和问题。要加强社会治安综合治理机构特别是乡镇、街道社会治安综合治理机构建设，配强工作人员，确保社会治安防控体系建设在基层有人抓，确保各项工作措施真正落实到基层。

社会治安防控体系建设是一项长期的工作，各地要从实际出发，科学制定治安防控体系建设规划，有步骤、分阶段地予以实施。特别要根据治安形势的发展变化，适时调整工作部署，增强工作措施的针对性，增强治安防控的实效。

推进社会治安防控体系建设必须坚持解放思想、实事求是、与时俱进，不断开拓创新。当前，社会治安工作出现了许多新情况、新问题。例如，信息化的快速发展给社会治安带来了一些负面影响，如何加强这方面的管理；非公有制企业的综治工作如何推动；在就业形势严峻的情况下，如何做好刑满释放解除劳教人员的安置帮教工作，如何做好闲散青少年的教育管理工作；收容遣送办法废止后，对城市中流浪乞讨、无业可就的外来人员如何管理等等。对这些问题，要在实践中积极探索有效的解决办法。北京、上海等地开展的社区矫正试点活动，就是很好的探索和创新，要注意总结经验,及时加以推广,努力探索市场经济条件下治安防范工作的新路子。

最后,我再强调一下国庆节和十六届三中全会前后的社会治安工作。今年国庆节长假期间,风景旅游区、交通运输等部门将迎来旅游客流的高峰,商业、服务业面对着一个巨大的商机。今年十月,中央将召开三中全会,这是一次十分重要的会议。各级党政领导要高度重视,各有关部门要以高度的政治责任感,扎扎实实地做好国庆节前后、三中全会期间的安全保卫工作,全面落实各项治安防范措施。要严格实行责任制,层层抓落实,主要领导亲自检查,务必消除各种治安隐患,维护社会稳定。

同志们,让我们在以胡锦涛同志为总书记的党中央领导下,全面贯彻"三个代表"重要思想,认真落实党的十六大精神,扎扎实实做好治安防范工作,大力推进社会治安防控体系建设,为改革开放和现代化建设创造良好的社会治安环境。

周永康同志在全国社会治安综合治理工作会议上的讲话

(2003 年 9 月 25 日)

这次全国社会治安综合治理工作会议,是政法、综治战线贯彻落实"三个代表"重要思想和党的十六大精神的一次重要会议。会议开始时,罗干同志作了重要讲话,全面分析了当前社会治安形势,深刻阐述了加强新形势下治安防范工作的重要意义,对全面推进治安防控体系建设,落实社会治安综合治理各项措施,提出了要求。罗干同志的重要讲话,对我们进一步提高认识,统一思想,明确思路,不断加大治安防范力度,做好社会治安综合治理工作,具有重要的指导意义。各地区各部门一定要认真学习贯彻,全面抓好落实。

这次会议在江西召开,江西省委、省政府做了大量工作,孟建柱同志介绍的情况和省综治委的发言,充分体现了江西省委、省政府对社会治安综合治理工作的高度重视,他们的经验值得我们认真学习借鉴。各地为这次会议的召开做了充分的准备,总结上报了许多经验。为了推广这些经验,会议印发了两个《汇编》。在这次会上有 25 位同志发言,介绍了各地创造的经验,由于时间关系,还有一些同志不能在会上发言了。希望大家认真看看这些材料,结合各自实际,借鉴其中的一些好做法,以推动自己的工作。与会同志还将实地考察南昌市加强治安防范工作的做法。刚才,公安部、司法部、教育部、铁道部、民政部、团中央的负责同志对本系统加强治安防控体系建设,落实社会治安综合治理措施,提出了明确要求,都很有针对性,我都赞成。大家反映,这次会议既是一次现场经验交流会,也是一次鼓劲、务实的工作部署会,时间虽短,收获不小。

一是进一步提高了认识,统一了思想。与会同志进一步认识到,坚持"打防结合,预防为主",大力加强治安防范,建立健全治安防控体系,最大限度地预防和减少违法犯罪,是新时期社会治安工作的内在要求,是巩固"严打"整治斗争成果、促进社会治安良性发展的重要措施。切实加强治安防范,落实社会治安综合治理各项措施,建立和保持良好的社会治安秩序,事关千家万户的安宁、国家的长治久安和人民群众的根本利益,是贯彻落实"三个代表"重要思想和十六大精神的具体体现。大家认为,在坚持"严打"方针、探索建立"严打"经常性工作机制的同时,要切实把治安防范工作放到更加突出的位置,大力推动治安防控体系建设,保持社会治安秩序的长期稳定。

二是进一步认清了形势,明确了任务。与会同志认为,经过两年多的"严打"整治斗争,社会治安取得新的明显进步,我国社会治安大局稳定,人民群众的安全感增强。但是,目前的治安形势仍不容乐观,引发治安问题的因素还很多,不少地方基层的治安防范工作薄弱,综合治理措施不落实。对此,应有清醒的认识,不能有丝毫的麻痹和懈怠。要在继续坚持依法严厉打击各种严重刑事犯罪的同时,下大力气做好治安防范工作,最大限度地预防和减少违法犯罪。

三是进一步开阔了思路,增强了信心。与会同志反映,这次会议开得很及时,表明中央对加强社会治安防范工作高度重视,罗干同志的重要讲话指明了当前治安防控体系建设的工作重点,会议总结交流的经验对解决工作中存在的突出问题很有启发。大家相信,只要认真贯彻落实这次会议的精神,结合实际学习推广各地的好经验,真抓实干,把中央关于加强社会治安防范工作的一系列方针政策和各项措施落实到实处,就一定能在现有的基础上,进一步构建起覆盖全社会的、严密的治安防控体系,开创社会治安综合治理工作的新局面。

下面,我就学习贯彻罗干同志重要讲话和这次会议精神再强调几点。

一、正确认识当前的治安形势,增强做好社会治安工作的责任感

经过两年的"严打"整治斗争,刑事案件大幅度上升的势头得到了有效遏制,一些治安混乱地区的面貌明显改观,预防和控制违法犯罪的能力有所提高,人民群众的安全感进一步增强,治安大局稳定。但是,必须清醒地看到,社会治安形势还十分严峻,影响社会治安和社会稳定的因素仍大量存在。随着社会主义市场经济的发展,新旧体制交替过程中的矛盾更加复杂,社会治安工作中原有的一些管理办法、措施、法律法规有的已经不适应了,新的办法亟待进一步完善。人口的大流动、就业再就业问题的突出等给社会带来了巨大压力。一些地区"黄赌毒"等社会丑恶现象的普遍存在,也使社会治安面临着艰巨任务。城市建设的发展、交通条件的改善、信息网络技术的普及,使社会治安管理和防范面临着许多新问题。最近,一些地方的刑事发案上升,一些影响恶劣的大要案件时有发生;因人民内部矛盾引发的群体性事件大幅增加。这些情况应当引起我们的警觉。我们要以高度的政治责任感,振奋精神,兢兢业业地做好各项工作。一方面,要毫不动摇地坚持"严打"方针,因地制宜、有针对性地开展"严打"整治斗争,严厉打击严重危害社会治安的刑事犯罪活动,稳定社会治安的大局;另一方面,要真正做到"打防结合、预防为主",落实治安防范的各项措施,构筑社会治安防控体系,预防和减少违法犯罪,为改革开放和经济建设创造良好的社会环境。

二、坚持专群结合,齐抓共管

建设治安防控体系,涉及到社会治安综合治理的诸多工作环节,需要各有关部门齐抓共管,落实教育、管理、服务、建设等各项措施;必须充分发动群众,坚持专群结合,开展群防群治。各级社会治安综合治理委员会要在党委、政府的领导下,加强组织协调,整合各种社会资源,既要充分发挥政法、公安机关的作用,又要协调各有关部门充分发挥其在综合治理方面的职能作用,互相配合,形成整体合力。要进一步完善群防群治的工作机制,解决群防群治工作中的困难和问题,充分尊重广大群众的创造性,因地制宜地开展各种形式的群防群治工作。要牢固树立群众观念,坚持执法为民,端正执法思想,增强服务意识,把防范、管理与服务、教育紧密结合起来,通过为群众办实事、办好事调动起广大群众参与治安防范的积极性,为建设治安防控体系奠定坚实的基础。

三、下大力气抓基层、打基础

治安防控体系建设的重点在基层。近年来,各地通过开展基层安全创建活动,强化了基层组织建设和基础工作。但对此不能估计过高,不少地方仍然存在工作无人抓、无力抓、不会抓、不敢抓的问题。各地各部门要通过加强治安防控体系建设,进一步深化基层安全创建活动,强化基层基础工作。特别要切实加强乡镇、街道综合治理组织建设,配齐配强工作人员,充分发挥其在基层维护社会稳定和社会治安的组织、协调作用。要把解决影响社会治安的难点问题作为重要的基础性工作,狠抓各项工作措施的落实。

四、加强法制建设,努力实现规范化、制度化、法制化管理

加强规范化、制度化、法制化建设,是治安防控体系建设持之以恒、健康发展的重要保证。近年来,各地在加强社会治安防范工作中提出了许多工作意见和措施,出台了不少规范性文件,制定了一些规章制度。这次提交会上征求意见的《关于加强乡镇、街道社会治安综合治理基层组织建设的若干意见》,规范了乡镇、街道综合治理组织的职能,明确了任务,经过讨论修改下发后,必将进一步促进基层的社会治安综合治理工作。各地也要在不断总结经验的基础上,不断完善治安防范工作的规章制度、地方性法规,使之逐步纳入法制化的轨道,减少工作的随意性,增强实效性。一方面,要依法严厉打击各种严重刑事犯罪活动;另一方面,要大力维护广大群众的合法权益,在治安防范和管理工作中牢固树立法治意识,严格依法办事、依法行政。

五、切实加强领导,落实责任

各地经验表明,加强治安防范工作,领导是关键,责任制是保证。只有各地各部门的党政领导,特别是主要领导高度重视,把社会治安工作的重点真正转移到加强治安防范上来,才能加快推进治安防控体系的建设。地方各级党委、政府和各有关部门要从认真贯彻落实"三个代表"重要思想和十六大精神的高度,充分认识加强治安防控体系建设的重要性和紧迫性,切实解决"重打轻防"问题,牢固树立"打防结合、预防为主"的思想,把治安防控体系建设摆上重要议事日程。要深入贯彻落实中共中央、国务院《关于进一步加强社会治安综合治理的意见》,认真实施中办、国办转发的中央综治委《关于加强社会治安防范工作的意见》,按照这次会议的要求,切实加强对这项工作的组织领导,研究解决工作中遇到的困难和问题,加大检查督促力度,完善责任查究和奖惩机制,把治安防范的领导责任、部门责任和单位责任真正落到实处。

最后,根据罗干同志的要求,我着重强调一下当前维护社会稳定的问题。

当前,我国经济保持持续发展的良好势头,政治形势也是好的,社会大局稳定,人民生活进一步得到改善。同时,当前社会稳定方面还存在不少问题,要增强忧患意识,保持清醒的政治头脑。国际上,西方敌对势力对我分化、西化的图谋不会改变,国际恐怖活动出现了新的动向,我国周边国家的民族、宗教冲突不断,境内外敌对势力对我的渗透破坏活动从未停止。在国内,随着经济、社会的发展和改革开放的深化,新的社会矛盾不断出现,要真正实现长治久安还需要长期的、艰苦的努力。今年七八月份以来,群体性集中进京、进省上访人数剧增。归纳起来,导致群体性事件的因素主要有五方面。一是企业改制过程中产生的问题,职工下岗特别是企业军转干部集体上访问题比较突出;二是农村占地导致失去土地的农民为了生计和赔偿问题而集体上访;三是城市拆迁过程中产生的问题;四是司法不公问题;五是干部腐败、干部作风等问题。根据纪检、监察、信访等有关部门的统计分析,上访群众反映的问题多数是应当给予解决的。大多数问题是所在单位、基层经过努力可以解决的。这反映出一些地方对群众不负责、推诿扯皮、敷衍塞责,最终导致解决问题的成本巨大,积重难返,有40%的人重复上访。这里我重点讲一下集中解决好企业军转干部上访问题。首先要解决认识问题,我们要把这些同志作为特殊群体看待,他们曾为国防建设和企业的经济发展做出贡献,现在许多人确有困难。一些地方对中央82号文件落实不力,导致一部分上访。对此,要专题研究,既要解决实际问题,为他们解决生活中的困难,也要解决思想认识问题。中央将下发落实82号文件的意见,各地也要拿出具体办法,切实解决这方面的经费保障问题。各级党组织要充分发挥作用,加强思想政治工作和法制教育。党的十六大报告指出,我们党的最大政治优势是密切联系群众,党执政后的最大危险是脱离群众。对当前存在的大量人民内部矛盾问题,各级领导干部特别是基层干部要提高做群众工作的水平,怀着深厚的感情去做好这部分群众的工作。要从源头上解决问题,绝不能上下推诿,导致矛盾激化。要区别不同情况,分别解决,对于合理合法的要求要限时解决,对一时解决不了的,也要解释清楚,并努力逐步给予解决;对无理取闹、提出过高要求、甚至违法的要依纪依法严肃处理。各级党政主要领导要亲自动手、做出样子,抓好一两个典型,一抓到底。

近期一些地方社会治安出现了一些新情况、新问题。一是取消收容遣送办法后,一些大中城市的治安秩序出现了反复,强讨、强要的问题突出。各地要根据《治安管理处罚条例》有关规定,依法管理,狠抓落实。二是一些地方堵路、堵火车问题突出,要认真做好矛盾纠纷排查调处工作,采取切实有效的措施把问题解决在萌芽状态，保持交通畅通。三是互联网上的不良信息增多，问题突出。要加强管理和监控，同时利用互联网进行正面的宣传。四是一些地方爆炸、投毒等恶性案件增多。要加强社会面控制，随时掌握动向，加强情报信息工作，充分发挥基层信息员、群防群治队伍的作用，加强对易燃易爆和有毒有害物品的管理，严防恶性案件的发生。

同志们，加强社会治安防范，建设社会治安防控体系，维护社会稳定的任务艰巨，意义重大。让我们在以胡锦涛同志为总书记的党中央领导下，以"三个代表"重要思想和十六大精神为指导，同心同德，再接再厉，认真做好各项社会治安工作，为全面建设小康社会创造良好的社会治安环境！

中央社会治安综合治理委员会关于印发孟建柱、李学举、周强、白景富、范方平、王湛、胡亚东同志在全国社会治安综合治理工作会议上的讲话(摘要)的通知

(2003年10月31日)

各省、自治区、直辖市社会治安综合治理委员会，新疆生产建设兵团社会治安综合治理委员会，中央社会治安综合治理委员会各成员单位：

现将中共江西省委书记孟建柱，中央综治委委员、民政部部长李学举，中央综治委委员、共青团中央书记处第一书记周强，中央综治委委员、公安部副部长白景富，司法部副部长范方平，教育部副部长王湛，铁道部副部长胡亚东同志在全国社会治安综合治理工作会议上的讲话(摘要)印发给你们，请结合实际情况，认真学习贯彻。

中共江西省委书记孟建柱同志的讲话(摘要)

一、提高认识，从全局和战略的高度，把社会治安综合治理工作摆上重要位置

江西要加快发展，保持较快的增长速度，就必须深化机制、体制的创新，加大开放的力度，实施工业化、城镇化战略，但这也会引起原有利益格局的调整，流动人口的大量增加，社会矛盾的增多和社会治安工作难度的增大。因此，在解放思想、加快发展的进程中，能不能正确处理好改革、发展、稳定的关系，妥善解决、处理社会治安工作中出现的新情况、新问题、新矛盾，创造一个有利于发展的安全稳定的社会环境，是对我们各级党委领导水平、执政能力的严峻考验。我们逐步在全省干部中形成一个共识：环境是加快发展最大的品牌，治安环境是加快发展的第一环境。稳定是第一位的，没有稳定的环境什么事也干不成。我们坚持在战略上，以发展为目标，以改革促发展，以发展保稳定；在实际操作上，始终把稳定放在首位，在社会稳定中推进改革发展，在改革发展中维护社会稳定。

我们要求全省各级党政领导干部从全局和战

略的高度，按照“三个代表”的要求，把加强社会治安综合治理摆到改革、发展、稳定的大局中来研究，摆到依法治国、建设社会主义法治国家的总体要求中来考虑，摆到全面建设小康社会、实现江西崛起的大目标中来谋划，以对党对国家对人民高度负责的责任感，将这项工作时刻记在心上，牢牢抓在手上，紧抓不放，常抓不懈。

二、注重协调、调动方方面面的积极性，形成齐抓共管社会治安综合治理整体工作的合力

搞好社会治安是一项社会系统工程，是全党全社会的共同职责。做好这项工作，必须充分发挥党的政治优势，把社会方方面面的积极性充分调动起来。能不能形成各方参与、齐抓共管的合力，关键在党政领导对这个问题的认识及工作的协调力度。

我们把排查调处矛盾纠纷作为维护稳定的一项基础性工作来抓，实行了省属部门和市、县党政领导直接接待群众来访制度，明确了22个省属部门的责任。这些部门充分发挥职能优势，既各负其责，又协调配合，把大量的矛盾纠纷化解在萌芽状态。

我们在全省组建维稳信息督查员队伍。组织部门会同政法委共同做好信息督查员的选调工作。人事和财政部门在不增加编制、经费的前提下，将维稳信息督查员的行政关系、工资关系和办公经费统一划归政法委管理，形成了覆盖全省城乡的维稳信息督查网络。

我们从社保、低保、申请社会救济等方面，为刑释解教人员安置提供方便。同时，按照“就业市场化”的思路，做好刑释解教人员就业与再就业工作。

我们在全省实施以提高青少年道德修养为主要内容的免疫工程；以“除暴、治乱、扫丑、清障”为主要内容的净化工程；以维护青少年合法权益为主要内容的爱心工程；以加强青少年爱国主义教育、法制教育为主要内容的基地工程；以开展“遵纪守法户”、“五好家庭户”、“十星户”等评选活动为主要内容的细胞工程。通过实施这五项工程，全省25岁以下青少年违法犯罪人数占违法犯罪总人数的比例由原来的68.2%，下降到现在的51.2%。

我们在全省境内铁路各站发送的货物中，按每吨0.3元的标准收取铁路护路联防经费。组建了近500人的专职护路联防队，与地方群防群治队伍相配合，开展创建安全文明铁道线活动，境内铁路今年发生的刑事案件、治安案件和各类事故明显减少。

三、加强领导，着力解决难题，充分发挥政法机关和综治机构职能作用

去年省委进一步明确，省委政法委协助省委组织部管理省政法部门副厅级以上领导干部及厅级后备干部，包括对干部的推荐提出，并与组织部门共同进行考察和加强日常管理；省政法部门处级干部在报省委组织部备案的同时，报省委政法委备案；政法部门一把手的推荐提出由过去“条块结合、以块为主”改为“条块结合、以条为主”，并征求政法委的意见。这样，进一步强化了政法委的职能，使政法委管事与管人统一起来，有利于政法委加强对政法工作的领导和协调。

我们明确省、市、县三级综治办分别为正厅级、正处级、正科级，主任由同级党委政法委副书记兼任，配备专职副主任，并充实工作力量。同时，明确所有乡镇（街道）设立综治办，并配备3至5名专职干部，确保了综治工作在基层有人抓，有人管，能落实。

我们对全省市、县（区）公安局长全部进行了异地交流，市、县（区）公安局长进同级党委常委班子或高配。公安派出所长也进了乡镇党委和街道党工委班子。

我们明确规定省、市按总人口数人均0.1元的标准，县（区）按总人口数人均0.15元至0.20元的标准，将综治工作经费列入同级财政预算。

为强化综治机构的权威，我们把握四条：一是多支持。省委、省政府多次听取综治工作汇报，及时研究解决综治工作中的重大问题，主要领导亲自部署综治重大工作，对综治机构部署的重大活动给予大力支持。二是压担子。涉及社会治安、安全稳定方面的重大工作，交由综治机构组织、协调和处理，让综治机构在复杂环境下以工作实绩提高威信。三是给权力。赋予综治机构对综治工作的协调指导权、检查督促权、考核评比权和一票否决权，并在省人大通过的《社会治安综合治理条件》中作出明确规定。四是做后盾。在综治机构实施限期整改、黄牌警告、一票否决和查究领导责任时，理直气壮做坚强后盾，为综治机构撑腰壮胆。这些年来，我省各级综治机构的职能作用发挥是好的，为加强社会治安综合治理，维护社会稳定，加快改革发展，作出了积极努力和重要贡献。

民政部部长李学举同志的讲话(摘要)

一、加强城乡群众性自治组织建设，增强群防群治能力，积极参与构建基层社会治安防控网络

在农村，我们将在继续推进村民自治，全面实行民主选举、民主决策、民主管理、民主监督的工作基础上，把推进村务公开民主管理作为重点。通过村务公开，把选人、议事、监督的权力真正掌握在广大农民群众手中，充分发挥他们参与民主管理和社会治安综合治理的积极性和创造性，进一步密切党群、干群联系，及时化解农村社会矛盾，维护农村的社会稳定。

在城市，我们将继续以社区居委会建设为重点，大力推进社区建设，加快发展社区服务，努力拓宽社区再就业渠道。民政部门将按照十六大提出的要求，加强居委会建设，提高居民的参与意识和自治意识，培育社区专职工作者队伍和志愿者队伍，拓展社区服务网络，拓宽社区再就业渠道，建立以居委会为主导、专职工作人员为骨干、用人单位和下岗失业人员为对象的社区再就业工作机制，尤其要帮助低保对象通过就业和再就业解决生活困难。民政部门还将协助有关部门，搞好社区警务建设，完善社区治保组织，深入开展创建安全社区、无毒社区和法律进社区等活动，实行群防群治，构筑基层社会治安防控网络。同时，做好刑满释放解除劳教人员的安置帮教、流动人口的管理和服务、预防青少年违法犯罪等工作。

二、切实做好城乡困难群体的社会救助工作，保障人民群众的基本生活权益

一是在“城市低保”现有工作基础上有针对性地解决突出问题。截至7月底，全国低保人数达到2183.8万人、891万户，比2002年底增加了119万人。下一步，我们将按照“应保尽保、分类施保、社会发放、信息管理”的要求，进一步落实按“实际收入”核算的政策，研究解决农垦、森工系统困难职工家庭“低保”问题，强化“低保对象有进有出、补助水平有高有低”的动态管理机制，切实做到应保尽保。同时，研究制定对低保家庭分类救助的办法，对重病重残等有特殊困难的家庭适当提高补助标准。对回到城市的刑满释放、解除劳教人员，符合低保条件的，要尽快办理低保手续，发放低保金。

二是做好农村社会救济和救灾工作。重点是做好五保供养、特困救助、灾民救济。民政部将在摸清情况的基础上，进一步研究建立农村五保供养的长效机制，从根本上、长远上解决农村五保问题的措施。对于农村特困救助对象，我们坚持按照政府救济、社会互助、子女赡养、稳定土地政策的原则，进一步完善制度，加强规范，切实保证他们的基本生活。

三、做好城市生活无着的流浪乞讨人员的救助管理以及专项社会事务管理工作，维护社会稳定

民政部于8月中旬派出五个工作组分别到16个省(市、区)，实地检查了40个救助管理站的工作。情况表明，在各地党政领导高度重视、有关部门密切配合、广大群众大力支持下，各地救助工作进展比较顺利，目前救助对象已达38314人。对于各地在实施救助中存在的救助对象甄别难，受助人员返家难等问题，各级民政部门将深入研究，在实践中不断予以完善。下一步，民政部门要继续加强救助管理站的建设和管理，加强工作人员教育、管理和业务培训，指导地方制定规章制度，积极争取地方财政和有关部门的大力支持和配合，切实做好城市生活无着的流浪乞讨人员救助管理工作。

共青团中央书记处第一书记周强同志的讲话(摘要)

一、坚持不懈地抓好青少年的理想信念和道德法制教育工作,切实构筑起抵御违法犯罪的思想防线

一是继续开展理想信念教育。二是发扬实践育人的传统,广泛开展多种形式的精神文明创建活动。三是深入宣传贯彻《未成年人保护法》和《预防未成年人犯罪法》。依托各类青少年法制教育阵地,开展法制宣传教育活动,通过创建社区青少年法律学校,组织动员中小学校法制副校长和青年志愿者深入社区开展模拟法庭、法制讲座等活动,帮助青少年学法、懂法、守法,不断增强法律意识。

二、积极优化青少年成长环境,进一步减少青少年违法犯罪诱因

一是继续开展"青少年维权岗在行动",充分发挥各职能部门的作用,一手抓打击,一手抓建设。配合有关部门对非法"口袋本"图书、光盘、网吧开展专项整治行动,净化文化环境。联合有关部门,深化"青少年安全放心网吧"创建活动,尝试推动"阳光网吧"建设,建立适合青少年特点的网络阵地。二是深入开展社区青少年远离毒品行动,从源头上遏制毒品对青少年的危害。

三、深入实施社区预防计划,积极构建青少年违法犯罪基层防控体系

一是做好社区青少年摸底排查工作。通过建立一支专兼职相结合的社工队伍,及时了解青少年动态,认真排查青少年中存在的不稳定因素,正确处理青少年反映的各种问题,努力把矛盾和问题化解在萌芽状态。二是抓好社区预防计划的实施试点工作。通过制定工作标准,量化工作指标,加强跟踪指导和督导检查,落实教育、管理和服务的各项措施,探索经验,形成示范。三是大力推进城市和农村青年中心建设。通过加强基层团组织建设,积极探索以乡镇、街道团组织为核心,运用现代化信息网络和各种有效手段联系和服务青少年区域性非盈利组织,为社区预防工作搭建平台,提供阵地。

四、加强对重点青少年群体的教育和管理,切实增强预防工作的针对性和实效性

一是针对闲散青少年的教育和管理,要有针对性地制定措施,探索建立全国及区域性闲散青少年管理系统。二是针对困难青少年,尤其是进城务工青年、下岗青工群体,要通过实施"千校百万"培训和再就业工程,加大职业培训力度,为他们提供实实在在的帮助。三是针对刑释解教等失足青少年群体,要按照教育、感化、挽救的方针,动员青年志愿者开展"一助一"、"多助一"结对帮教活动。

五、深入开展青年志愿者筑城行动,动员组织广大青年积极参与社会治安防范工作

一是动员组织更多的青年志愿者参与筑城行动。要充分利用报刊、影视和网络等新闻媒体,加强对青年志愿者筑城行动的宣传,对典型人物和先进事迹进行深入报道,营造良好的舆论氛围。二是积极探索青年志愿者参与社会治安防范的有效形式。要组织青年志愿者在青少年禁毒、校园周边环境综合治理、清理整顿非法"网吧"和不健康"口袋本"图书等方面发挥积极作用,不断拓展青年志愿者参与维护社会治安的领域和范围。三是进一步加强对青年志愿者的培训。要加强对参与筑城行动青年志愿者的法制教育,要求他们依法开展社会治安防范工作;要强化岗前培训,培养青年志愿者工作水平和自我保护能力;要通过颁发证书、授旗等形式,增强他们的归属感和责任感。

公安部副部长白景富同志的讲话(摘要)

一、切实提高对社会治安防控体系建设工作重要性的认识,作为牵动公安工作全局的一件大事来抓

加强社会治安防控体系建设是实践“三个代表”重要思想,坚持立党为公、执法为民的重要举措,对于进一步强化治安防控工作,从源头上消除产生各种违法犯罪的消极因素,维护社会稳定,实现长治久安,保障广大人民群众安居乐业,具有重要意义。同时,也是走出打击、下降、反弹,再打击、再下降、再反弹这种治安状态的治本之策。因此,要进一步提高认识,加强领导,大力加强社会治安防控体系建设,全面提高治安防范、管理和打击能力。

二、毫不动摇地坚持“严打”方针,始终保持对刑事犯罪活动的高压态势

当前社会治安基础还比较脆弱,重大恶性案件时有发生,一些黑恶势力还没有被彻底铲除,少数地方社会治安秩序还比较混乱,人民群众还缺乏安全感。公安机关必须长期坚持“严打”方针,依法严厉打击各种严重刑事犯罪活动,对这一点,不能有丝毫动摇。

三、充分运用法律武器,加强社会治安管理

各级公安机关要针对当前治安管理工作中存在的突出问题,加强调查研究,把治安管理纳入法制化、规范化的轨道,做到既要保障公民合法权益,又要依法严格管理。当前,特别要强调充分运用现有的法律武器,加强对流动人口、公共复杂场所、特种行业、危险物品的管理,对各种违法犯罪活动和社会丑恶现象,更坚决依法查处。对于在党政机关、公共场所、铁路、公路和要害部位无理取闹、寻衅滋事,扰乱正常工作、生活、教学、科研秩序的违法犯罪人员,要坚决依法处理,维护良好的治安秩序。

四、以派出所建设为重点,大力加强公安基层基础工作

派出所是集防范、管理、打击、服务等多种职能于一体的基层实战单位。派出所工作做好了,公安工作的根基就牢固,社会治安防控体系建设也具备了好的基础。全国公安机关正在进行精简机关,充实基层工作,逐步实现工作重心下移、警力下沉,加强基层、服务基层的良好局面。

五、深入开展社区警务建设,进一步强化人口管理工作

各地公安机关要以社区为依托,优化警力配置,建立起新型社区警务工作机制。要重点加强社区警务室建设,配齐配强社区民警,解决好社区民警“下不去、看不见、呆不住”的问题。社区警务工作要坚持以人为本的理念,加强以人口管理和服务为重点的基层基础工作。要加强对刑释解教人员、不良青少年、无业可就的城市暂住人口的管理工作,化消极因素为积极因素。

六、加强矛盾纠纷排查调处工作,妥善处置群体性事件

公安机关要在党委、政府的统一领导下,配合有关部门,积极参与人民内部矛盾的排查调处工作。要特别关注困难地区、困难企业和特殊群体,密切关注他们的切身利益,及时掌握不安定因素和闹事苗头。向党委、政府和有关部门提出意见和建议,千方百计地做好矛盾的缓解、化解工作,努力把问题解决在内部、解决在基层、解决在萌芽状态。要针对不同性质、不同规模的群体事件,进一步完善各类预案,努力提高快速反应能力和现场处置能力。对于阻断铁路、公路交通、围攻冲击党政机关等严重影响社会稳定的重大事件,要采取坚决果断措施,迅速平息事态。要坚决打击境内外敌对势力和别有用心的人插手、利用群体性事件煽动闹事,制造事端的行为。对在群体性事件中形成的自发组织,要会同有关部门劝其解散;对拒不解散的,要坚决依法取缔。要执行重大情况及时请示报告制度,既要防止因处置失当而激化矛盾、扩大事端,又要防止警力当用不用而错失处置良机。

七、坚持从严治警，大力加强公安队伍建设

在社会治安防控体系建设中，各级公安机关要高度重视队伍建设和管理工作，坚持两手抓，两手都要硬。按照从严治警的要求，进一步转变执法观念，树立执法为民思想，努力提高公安队伍的整体素质和执法水平。从群众最需要的地方做起，从群众反映最强烈的问题抓起，从群众最不满意的地方改起。通过不断加强公安队伍建设，积极推进社会治安防控体系的建设。

司法部副部长范方平同志的讲话（摘要）

一、进一步研究探索监狱、劳教工作规律，推动建立完善“严打”经常性工作机制建设

我们将继续推进监狱工作法制化、科学化、社会化建设，要求各地监狱牢固树立以教育改造人为中心的观念、依法治监的观念、公正文明执法的观念、科学管理的观念和改革创新的观念，推进刑罚执行工作、教育改造工作和监督工作的法制化，使监狱的一切执法环节、执法行为都于法有据，都能依法办事；总结继承行之有效的教育改造方法，探索新的教育改造手段，增强教育改造的科学性、针对性和有效性；坚持以我为主，充分借助社会力量，利用社会资源，建立多角度、多层次、多方位的帮教体系，进一步提高教育改造质量，增强罪犯刑满后适应社会的能力。继续抓好劳教创办特色的试点工作，要求劳教场所在管理方面，分别采取封闭、半开放、开放三种不同的管理方法，体现依法、严格、科学、文明的原则；在教育方面，突出法制教育和职业技术教育，增强教育工作的科学性和有效性；在劳动方面，强调矫正和习艺特征，使劳教人员在劳动中达到矫正恶习、学习生产技能的实际效果；在场所设施建设方面，要有利于劳教人员的身心健康，创造良好的育人环境。

二、加强人民调解工作，充分发挥社会治安第一道防线的作用

要继续加强对重点部位、重点人群的排查，及时发现纠纷隐患和苗头，及时化解、努力防止因民间纠纷激化引起自杀事件、刑事案件、群体性械斗和群体性上访。要进一步深化人民调解制度改革，注意调解组织的民间性、自治性；进一步规范人民调解书协议，使人民调解更好地与诉讼制度衔接。当前，要把司法助理员和人民调解员的培训工作放在重要位置，这是人民调解的一项基础性工作。

三、采取切实措施，做好新时期的安置帮教工作

一要改进和加强对刑释解教人员的衔接管理工作，重点加强对刑释解教人员出狱（所）后直接流散于社会、不落户或人户分离以及“三假”人员的查找，最大限度地减少刑释解教人员的脱管漏管。二要积极动员和组织社会各方面的力量参与帮教工作。三要积极引导、扶持刑释解教人员就业。监狱、劳教所要和劳动保障部门加强联系，坚持联合开展多种职业技能培训的有效做法，增强刑释解教人员刑释解教后就业谋生的能力。对生活困难，家庭收入低于当地最低生活保障水平的刑释解教人员，要按有关规定，将其纳入低保范围，实行社会救助。四要加快刑释解教人员信息管理系统建设。五要分工协作，密切配合。各地司法行政机关要加强与综治、公安、民政、劳动和社会保障、财政、税务、工商行政管理、银行系统、共青团、妇联等安置帮教有关部门的联系和沟通，认真履行职责，共同做好安置帮教工作。

四、深入开展普法，依法治理，为社会治安综合治理创造良好的法制环境

一要加强重点法律法规的宣传。要把社会治安综合治理方面的法律法规，作为宣传教育的重点内容，广泛开展宪法、刑法、刑事诉讼法、治安管理处罚条例等与维护社会治安密切相关的法律法规的宣传教育。二要坚持法制教育与法制实践相结合。进一步推进地方、行业、基层依法治理，尤其要抓好农村和城市社区等基层的依法治理工作。

五、加强法律服务和法律援助工作,促进社会治安秩序的不断优化

司法部将努力解决普通群众打官司难的问题,也就是让普通群众请得到、请得起,信得过律师。所谓"请得到",就是保证普通群众身边有律师。为此,在继续大力发展律师队伍,增加律师从业人数的同时,要对律师队伍进行布局调整,逐步改变在大中城市过分集中而在小城镇和广大农村地区稀缺的问题。所谓"请得起",就是法律服务收费要与当地的社会经济发展和群众的生活水平相适应。要解决这个问题,除了对广大律师进行职业道德教育,唤起和强化律师的社会责任感之外,重要的是要通过调整和丰富律师队伍的结构和层次,形成不同标的、不同性质、不同难度的案件都有相应的律师承担和提供法律服务的格局。所谓"信得过",就是要让普通群众相信我们提供的法律服务能够解决问题,维护他们的权益。

教育部副部长王湛同志的讲话(摘要)

一、进一步统一思想,提高认识,在狠抓落实上下工夫

各级党委和政府以及各类学校都要继续按照中央的统一部署,坚决防止和克服麻痹松懈、厌战情绪,始终以强烈的政治责任感和历史使命感,全力维护学校及其周边地区的治安秩序,切实完成综治工作的各项任务。

二、进一步增强统一指挥,协同作战的能力

要认真落实中央综治委学校及周边治安综合治理工作领导小组的工作部署和要求,在各省领导小组的统一指挥下,增强协调综治、教育、公安、工商、文化、建设、司法行政、新闻出版、通讯管理、共青团、未保办等有关部门的能力,充分发挥各部门的职能作用。要建立良好的沟通、协调和联络机制,落实责任制,做到岗位落实、人员到位,使各级部门在综治工作中积极参与、负起责任,协同作战,形成合力。

三、常抓不懈,常抓常新,积极探索和研究综治工作的长效机制

当务之急,亟需深入研究如何在集中整治之后实现长效治理的措施。要注意总结和推广好的经验和做法,在关键时候要舍得牺牲眼前的经济利益,从大局出发,以全局利益和最大多数人的利益为重,把校园周边治安秩序综合治理的长治久安、长效管理的机制落到实处。

四、继续强化思想政治工作,加强基层政工队伍建设,建立牢固的基层阵线

加强对青少年学生的正确引导,引导学生正确认识各种社会现象,自觉抵制各种不良影响,保持思想稳定,从而保证学校的稳定。着力抓好思想道德教育,培养学生的爱国意识、守法用法意识、交通安全意识,自我保护意识,预防和减少违法犯罪行为。努力加强校园文化建设,塑造良好的文化氛围。以高度的政治责任感关心师生员工的生活和疾苦,积极采取措施,解决好师生切身利益有关的困难和问题,把矛盾解决在基层,解决在校内。

五、加大投入,完善机制,全面推进安全文明校园创建活动

进一步规范安全文明校园创建活动标准,做好创建活动的组织、实施、检查、指导工作,提高创建活动的质量。各地综治委对学校及周边治安综合治理工作领导小组要做好定期考核、验收工作。教育部门和学校要将此项工作列入计划之中,以工程立项的形式,投入专项经费,实施安全文明校园示范校试点,以点带面推动创建活动全面深入开展。

六、继续推广和完善兼职法制副校长和法制辅导员制度,加强中小学法制教育

进一步加大对中小学生的普法教育宣传力度,继续推广和完善兼职法制副校长和法制辅导员制度,把法制教育纳入学校教育教学工作的重要组成部分。充分发挥兼职法制副校长和法制辅导员的作用,协助学校开展法制教育和校园周边治安综合治理工作。要编写统一教材，加强对法制副校长和法制辅导员的培训和必要的考核，明确岗位职责，努力提高他们的政治业务素质。

七、加强工读学校对预防青少年违法犯罪的重要作用

首先要大力加强重点地区工读学校建设，解决学生有学上，有书读的问题。其次，重点解决中西部地区现有的困难较大工读学校的生存、发展问题，帮助这些学校改善办学条件，理顺管理机制，摆脱困境。巩固和发展现有工读学校的同时，指导各地合理规划工读学校的建设和布局，积极加强工读学校的管理与改革，促进工读学校与当前经济社会的协调发展，使工读学校逐步符合当前预防青少年违法犯罪形势的要求。

铁道部副部长胡亚东同志的讲话（摘要）

近几年来，各省、自治区、直辖市综治委进一步加大了铁路护路联防工作的力度，目前铁路护路联防工作出现了以下可喜的特点：

一是领导明显加强

各省区市综治委把铁路护路联防工作摆到了重要议事日程，作为为经济建设这个中心服务和搞好当地社会治安综合治理工作的一项重要任务来抓，有许多省区市主要领导亲自听取铁路护路联防工作的情况汇报；各级综治委铁路护路联防领导小组经常研究部署护路工作，许多领导同志深入基层检查指导护路工作，帮助解决一些实际问题。

二是整治工作力度不断加大

近几年，各地都把整治治安混乱的铁路区段作为重要工作，紧抓不放，有效地维护了铁路沿线治安大局的稳定。一批治安重点区段如天兰线、焦枝线、宝中线、大秦线和孟源三角区等经过整治，治安由乱到稳，没有出现大的反复。衡阳和大小凉山一带虽然出了一些问题，但整治工作一直没有间断，形势也向好的方面发展。许多地方都能够结合本地区铁路治安的实际，开展集中整治活动，加大整治工作力度，使盗抢铁路运输物资和破坏铁路设备的犯罪活动得到一定程度的遏制。

三是宣传教育工作深入进行

沿线群众爱路护路意识普遍增强。在群众的支持、参与下，长期困扰铁路治安、威胁列车行使安全的一大批问题得到了有效地解决。此外，护路队员和广大群众积极主动地协助公安机关查处了大批直接危及行车安全的治安案件，尤其是危害性很大的关、提、击、摆、拆案件，防止了不少行车事故，特别是旅客列车事故。

四是护路队伍、经费管理等自身建设进一步加强

几年来，各地加强了护路联防队伍建设，使护路队伍的素质有明显的提高，既明确了任务，又落实责任，并为他们提供必要的工作条件，保证其充分发挥作用。在护路经费管理方面，各地都健全了各项管理制度，完善监督机制，严肃纪律，使经费管理工作逐步走向规范，确保了不出大的问题。目前，全国27个省、自治区、直辖市开展了这项工作，有4万多名专职护路队员在4万公里的铁道线上巡逻值勤，守护里程占全国已运营铁路里程的五分之三。

两年多来，各地认真贯彻“太原会议”和“长沙会议”的精神，自觉把铁路治安纳入社会治安综合治理总体部署，路、地、军各方紧密配合，以创建安全文明铁道线活动为载体，构建打、防、控一体化体系，有力地推动了铁路护路联防工作的深化，确保了铁路大动脉的安全畅通，为促进国民经济和社会发展做出了积极贡献。

下步铁路护路联防工作的意见及建议：

当前和今后一个时期，仍然要把创建安全文明铁道线活动，纳入中央“严打”整治斗争总体部署和全社会治安综合治理总体规划当中，继续贯彻落实“长沙会议”精神，把创建工作不断引向深入。基本目标是，完善打、防、控一体化体系，防范能力明显增强，可防性案件基本控制，防止因治安问题导致行车事故。

采取的主要措施：

一是进一步把铁路护路联防工作摆上重要议程。按照“属地管理”和“谁主管谁负责”的原则，强化铁路沿线各级领导保一线平安的政治责任感。要加强对创建工作的检查考核，及时总结交流好的经验，认真分析和解决存在的问题，不断提高创建工作的质量和水平。

二是进一步落实整建结合的工作方针。必须做到整建结合，下功夫建立健全铁路治安管理机制，建立和完善领导责任制、包保责任制、部门责任制和相应的考核、奖惩办法，使铁路治安进入科学化管理的状态。

三是进一步增强护路联防工作的针对性和实效性。东北地区要以防止群体性卧轨拦车事件为重点，西北地区要以防范爆炸破坏铁路犯罪为重点，西南地区要以防止货盗和掀盗铁路运输物资为重点，中南和华东地区要以防范五类（关、提、拔、摆、拆）案件为重点。通过解决这些突出的治安问题，提高创建工作的效果。

四是进一步加强护路队伍建设和护路经费管理。要把好护路人员的招聘关、培训关、使用关，同时注意解决他们在工作、生活中遇到的实际问题。要建立严格、有效的制度，切实管好、用好护路经费。

五是进一步增强路、地、军共同抓好护路联防工作的整体合力。坚持在地方党委、政府统一领导下开展护路联防工作，铁路部门要及时主动汇报工作，路、地、军密切协作，分工负责，共同把铁路护路联防工作提高到新水平。

（二）中央社会治安综合治理委员会全体会议

中央社会治安综合治理委员会关于印发《罗干同志在中央社会治安综合治理委员会2003年第一次全体会议上的讲话》的通知

（2003年1月15日）

各省、自治区、直辖市社会治安综合治理委员会，新疆生产建设兵团社会治安综合治理委员会，中央社会治安综合治理委员会各成员单位：

现将《罗干同志在中央社会治安综合治理委员会2003年第一次全体会议上的讲话》印发给你们，请结合实际情况，认真贯彻落实。

罗干同志在中央社会治安综合治理委员会2003年第一次全体会议上的讲话

（2003年1月13日）

同志们：

我们这次会议是在党的十六大后召开的第一次全体会议，会议主要是贯彻落实十六大精神，部署今年的社会治安综合治理工作。刚才，办公室汇报了2002年社会治安综合治理工作情况，公安部汇报了当前的社会治安情况，大家对《2003年全国社会治安综合治理工作要点》进行了认真审议。办公室要根据大家的意见抓紧修改，尽快下发执行。

从刚才公安部汇报的情况看，应该说当前社会治安形势是稳定的，特别是2001年中央召开全国社会治安工作会议，部署了为期两年的“严打”整治斗争，党中央、国务院下发了《关于进一步加强社会治安综合治理的意见》，经过各地、各部门的努力，目前“严打”整治斗争取得了明显成效，刑事案件大幅度上升的势头得到遏制，一些治安乱点和突出治安问题得到整治，人民群众的安全感增强。但是，我们必须清醒地看到当前的治安形势仍然严峻，引发治安问题的消极因素仍然大量存在，滋生违法犯罪的一些深层次问题尚未解决，我们在教育和管理等工作中还有不少薄弱环节，社会治安综合治理的各项措施还没有完全落实，“严打”整治斗争的成果还不巩固。因此，对治安形势切不可盲目乐观。必须增强忧患意识，居安思危，用十六大精神统领社会治安综合治理工作，按照胡锦涛总书记最近在西柏坡学习考察时提出的要求，务必使同志们继续保持谦虚谨慎、不骄不躁的作风，务必使同志们继续保持艰苦奋斗的作风，扎扎实实地做好社会治安综合治理工作。

对今年的工作要点我都赞成，我再着重强调以下几点：

一、认真学习贯彻党的十六大精神，用“三个代表”重要思想指导社会治安综合治理工作

党的十六大是我们党在新世纪召开的第一次全国代表大会，是我们党在开始实施社会主义现代化建设第三步战略部署的新形势下召开的一次十分重要的会议。十六大科学总结了改革开放以来特别是十三届四中全会以来党带领人民建设中国特色社会主义的基本经验，把“三个代表”重要思想同马克思列宁主义、毛泽东思想、邓小平理论一起确立为党的指导思想，对改革开放和社会主义现代化建设作了全面部署。十六大报告肯定了社会治安综合治理取得的新成效，对今后的工作提出了新的要求。当前和今后一个时期我们首要的政治任务，是把十六大精神学习好、贯彻好，用十六大精神指导社会治安综合治理工作。

学习贯彻党的十六大精神，要牢牢把握“三个代表”重要思想这个灵魂，牢固树立“三个代表”重要思想在社会治安综合治理工作中的指导地位。要结合综治工作的实际，深刻学习领会“三个代表”重要思想的科学内涵和精神实质。实践证明，实行社会治安综合治理是“三个代表”重要思想的具体体现。加强社会治安综合治理，防范和打击各种违法犯罪活动，维护良好的社会治安秩序和市场经济秩序，必将推动先进生产力的发展；加强法制教育和道德教育，增强公民的道德法制意识，弘扬社会正气，开展“扫黄打非”斗争，扫除各种社会丑恶现象，必将促进先进文化的传播；认真落实社会治安综合治理的各项措施，最大限度地预防和减少违法犯罪，排查调处各种矛盾纠纷，维护社会稳定，必将会使广大人民群众安居乐业，过上更加富足、安康的生活，有效地维护最广大人民群众的根本利益。社会治安综合治理之所以能得到社会各界和广大人民群众的拥护、支持，能在治安形势错综复杂的情况下取得新成效，就是因为它充分体现了“三个代表”重要思想。在全面建设小康社会的新形势下，我们要努力实践“三个代表”重要思想，进一步加强社会治安综合治理，有效地解决社会治安问题。

学习贯彻党的十六大精神，要深刻理解十六大提出的社会治安综合治理的任务和要求，把各项工作任务落到实处。十六大报告再次强调了“打防结合、预防为主”的方针。这一方针是社会治安综合治理工作中一个长远的、带根本性的方针。各级党委、政府的领导同志一定要真正做到在思想观念、工作重点、力量配置、经费投入、工作机制、实绩考评等方面全面体现和落实“打防结合、预防为主”的要求，尽可能地预防和减少违法犯罪，维护社会稳定，维护广大人民群众的根本利益。要结合实际认真总结社会治安综合治理工作的成功经验。十多年来，各地、各部门认真贯彻中央关于加强社会治安综合治理的一系列指示精神，在坚持“严打”方针的同时，动员社会各方面力量齐抓共管，大力加强治安防范工作，深入开展基层安全创建活动，不断加强社会治安综合治理基层基础建设，全面落实社会治安综合治理的各项工作措施，有力地维护了社会稳定。对行之有效的工作经验要坚持和发展，对不适应改革和发展要求的要勇于突破和创新，不断地提高社会治安综合治理的水平和实效。

二、充分发挥齐抓共管的优势，动员各有关部门、社会各方力量积极参与社会治安综合治理

社会治安综合治理是一项复杂的社会系统工程，运用了政治的、经济的、行政的、法律的、文化的、教育的等多种手段，涉及到打击、防范、教育、管理、建设、改造等各处环节，涉及到各有关部门。因此，社会治安综合治理工作必须在各级党委、政府的统一领导下，有关部门充分发挥各自的职能作用，动员广大人民群众积极参与，协同配合，实现齐抓共管。近年来，针对一些突出的社会治安问题，开展了刑释解教人员安置帮教，流动人口管理，预防青少年违法犯罪，铁路沿线、企业和学校周边治安环境整治等项工作，各有关部门密切配合，取得了良好的效果。全国政法工作会议提出今年要在坚持“严打”方针、深化“严打”整治斗争的同时，建立健全社会治安防控体系，增强预防和控制犯罪的能力。建立社会治安防控体系，各有关部门要增强大局意识，倍加重视维护社会稳定工作，充分发挥自身的职能作用，积极参与综合治理，做到“管好自己的人，看好自己的门，办好自己的事”，落实社会治安综合治理的各项措施。

动员广大群众积极参与社会治安综合治理，是我们党的政治优势的具体体现，也是社会治安综合治理取之不竭的力量源泉。要大力推进各种形式的基层安全创建活动，深入开展企业地方共建安全社区和创建安全文明铁道线、平安大道、安全文明校园、无毒社区、安全文明渔场等工作，不断提高创建质量。开展“法律进社区”活动，落实社会治安综合治理的各项措施，解决当地突出的治安问题，尽可能地预防和减少刑事犯罪案件、特别是影响群众生命财产安全的多发性刑事犯罪案件的发生，为人民群众办好事、办实事，使群众感受到创建活动的实效，从而更加自觉地参与社会治安综合治理。

要进一步探索社会主义市场经济条件下开展群防群治工作的方式和途径，对行之有效的要及时总结推广，并使之规范化、制度化。加大宣传力度，大力弘扬无私奉献、见义勇为的精神，倡导维护治安人人有责的社会风气，形成全民参与社会治安综合治理的舆论氛围。充分发挥社区中党员、团员、民兵、治保积极分子特别是离退休干部职工、社会志愿者和物业管理机构等的作用，共同做好预防犯罪的工作，维护社区治安。要继续发展和规范保安服务业，加强对保安队伍的培训，使之成为维护社会治安的一支重要力量。一些地方从下岗职工中招聘人员组建社区保安队伍，既充实了治安防范力量，又解决了一部分下岗职工的再就业问题，这种做法值得借鉴。

三、加强基层基础建设，狠抓综合治理各项措施的落实

社会治安综合治理工作重在落实、重在实效。只有把各项措施扎扎实实地落实到城乡基层单位，社会治安综合治理工作才能取得实效。各级综治干部要进一步改进工作作风，深入基层，深入群众，开展调查研究，正确分析当地的社会治安形势，认真排查社会治安的突出问题和治安混乱的地区，找出存在问题的原因，发现工作中的薄弱环节，有针对性地采取措施加以解决。

要把工作的重点放到基层，切实加强基层基础建设，真正做到社会治安综合治理工作在基层有人抓、有人管。要加强对综治干部、特别是基层综治干部的教育培训工作，提高他们的政治业务素质。各级党委、政府要高度重视社会治安综合治理基层基础工作，加强基层综治机构建设，从人员、经费等方面给予支持，确保基层综治工作的顺利开展。

严格实行社会治安综合治理责任制，是落实综合治理各项工作措施的基础。要把工作情况、工作实效和责任人的奖惩紧密结合起来。对工作措施落实得好、社会效果明显的，要予以表彰奖励；对工作措施不落实、治安秩序混乱的地方要予以批评，追究有关领导干部的责任。要进一步健全和完善督查制度，对发生严重影响社会稳定重大问题的地方实施领导责任查究，对社会治安综合治理工作不力、治安问题多的地方要加强督促检查。

四、切实做好春节和“两会”期间的安全保卫工作

最近，中央政法委发出通知，要求做好元旦、春节和“两会”期间的安全保卫工作。各地区和各有关部门要认真抓好贯彻落实。各级党委、政府要高度重视社会稳定工作，把关心群众生活、特别是困难群众的生活作为一件事关全局的大事来抓，深入基层，深入群众，了解群众要求，关心群众疾苦，帮助群众解决困难。各有关部门要高度重视克扣和拖欠民工工资的问题，认真加以解决。这个问题解决不好，很容易引发矛盾纠纷。要认真排查调处矛盾纠纷，及时有效化解不安定因素，防止民间矛盾纠纷激化引发刑事案件，防止发生群体性事件。加强治安防范和安全保卫工作，落实各项防范工作措施，减少治安隐患。特别要加强枪支弹药、易燃易爆、剧毒物品等危险物品的管理，加强对公共活动场所的安全检查，防止发生重大治安灾害事故。严厉打击盗窃、抢劫、抢夺及“车匪路霸”等严重影响人民群众人身和财产安全的多发性犯罪活动，保持良好的社会治安秩序。严密防范各种恐怖活动，防止发生投毒、爆炸等群死群伤的恶性刑事案件。严防“法轮功”等邪教组织的破坏活动，确保广大人民群众过一个喜庆、安全、祥和的新春佳节。

同志们，今年是贯彻落实党的十六大战略部署的第一年，改革发展和维护稳定的任务光荣而艰巨。让我们在以胡锦涛同志为总书记的党中央领导下，以邓小平理论和“三个代表”重要思想为指导，更加扎实地做好各项工作，为全面建设小康社会，推进中国特色社会主义建设事业创造良好的社会环境。

新春佳节即将到来，借此机会，我向全国公安民警、武警官兵，向长年辛勤工作在政法和社会治安综合治理战线上的同志们拜个早年，祝大家新春愉快，工作顺利，阖家幸福！

中央社会治安综合治理委员会关于印发《罗干同志在中央社会治安综合治理委员会2003年第二次全体会议上的讲话》的通知

（2003年7月22日）

各省、自治区、直辖市社会治安综合治理委员会，新疆生产建设兵团社会治安综合治理委员会，中央社会治安综合治理委员会各成员单位：

现将《罗干同志在中央社会治安综合治理委员会2003年第二次全体会议上的讲话》印发给你们，请结合实际情况，认真贯彻落实。

罗干同志在中央社会治安综合治理委员会2003年第二次全体会议上的讲话

（2003年7月18日）

同志们：

今天的会议，听取了办公室和北京市关于"严打"整治斗争和社会治安综合治理组织参与防控非典型肺炎工作情况的汇报，中组部、建设部就充分发挥本部门的职能作用，进一步加强社会治安综合治理工作发表了意见，我都同意。下面，我讲三点意见。

一、用十六大精神和"三个代表"重要思想统领社会治安综合治理工作

当前，一个学习贯彻"三个代表"重要思想的新高潮正在全国兴起。7月1日，胡锦涛总书记发表重要讲话，深刻阐述了兴起学习贯彻"三个代表"重要思想高潮的重大意义，对学习贯彻"三个代表"重要思想提出了新的要求。胡锦涛同志在讲话中深刻指出，"三个代表"重要思想是新世纪新阶段全党全国人民继往开来、与时俱进，实现全面建设小康社会宏伟目标的根本指针，是全党全国人民在新世纪、新阶段继续团结奋斗的共同思想基础。要求牢固确立"三个代表"重要思想在全党一切工作中的指导地位，自觉用"三个代表"重要思想指导自己的思想和行动。我们要按照党中央和胡锦涛总书记的要求，把兴起学习贯彻"三个代表"重要思想新高潮作为首要的政治任务，结合社会治安综合治理工作实际，增强实践"三个代表"重要思想的自觉性和坚定性，用十六大精神和"三个代表"重要思想统领社会治安综合治理工作，把"三个代表"重要思想贯彻到社会治安综合治理各方面工作中去，努力开创社会治安综合治理的新局面。

"三个代表"重要思想的本质是立党为公，执政为民。党中央批准印发的《"三个代表"重要思想学习纲要》中强调"坚持打防结合、预防为主，加强社会治安综合治理"，这是"三个代表"重要思想在维护社会稳定、维护社会治安方面的具体表现。"打防结合，预防为主"，加强社会治安综合治理，是对多年来社会稳定和社会治安工作的科学总结，体现了立党为公，执政为民的思想，得到了广大群众的拥护和支持。实践证明，在坚持"严打"方针的同时，大力加强治安防范，落实社会治安综合治理各项措施，可以有效地预防和减少违法犯罪，维护良好的社会治安秩序，为经济发展创造稳定的社会环境，实现好、维护好广大人民群众的根本利益。我们要从学习贯彻"三个代表"重要思想的高度，认真贯彻落实"打防结合，预防为主"方针，切实加强社会治安综合治理，把思想观念、工作重点、力量配置、经费投入、考核奖惩机制等真正落到"预防为主"上来。要调动全社会的力量，共同参与社会治安综合治理，齐抓共管，从"打击、防范、教育、管理、建设、改造"等各个环节做好预防和减少违法犯罪的工作，更好地维护社会稳定和社会治安，更好地为全面建设小康社会服务。

二、认真总结"严打"整治斗争的经验，进一步加强社会治安综合治理工作

2001年4月，党中央在全国部署开展了"严打"整治斗争。两年来，各地区和有关部门在党中央、国务院和各级党委、政府的领导下，动员广大群众积极参与，充分发挥有关部门的职能作用，深入开展"严打"整治斗争，实现了党中央提出的两年内社会治安取得新的明显进步的目标。最近，中央政法委和中央综治委召开电视电话会议，对"严打"整治斗争进行了总结表彰，提出了下一步工作意见，我们要抓好落实。在这次"严打"整治和前段时间抗击非典型肺炎的斗争中，各级社会治安综合治理组织做了大量的工作，积累了许多宝贵的经验，有许多好的做法，今后要继续坚持下去。

一是认真排查治安混乱地区和突出的治安问题,增强“严打”整治斗争的针对性和实效性。近几年来,各级综治组织定期开展治安形势分析,为党委、政府部署社会治安工作提供了依据。在这次“严打”整治斗争中,各地按照中央综治委的要求,自下而上地逐级排查治安混乱地区和突出的治安问题,查清治安乱点的成因,抓住问题的“症结”,制定有针对性的工作措施,大大增强了“严打”整治斗争的实效性。

二是把“严打”斗争同重点整治、专项治理紧密结合起来,丰富了“严打”斗争的方式和手段。各地在这次“严打”整治斗争中,一方面依法严厉打击各种刑事犯罪活动,狠抓破大案、追逃犯;另一方面充分发挥综合治理的优势,依靠有关部门大力加强各方面的社会管理,开展各种形式的重点治理、专项整治工作,扭转了一大批治安乱点的面貌,解决了一些多年没有解决的突出的治安问题。中央综治委部署的对学校周边、企业周边、铁路沿线治安问题的整治工作,取得了明显的成效。

三是大力加强基层基础建设,强化治安防范措施。各地认真贯彻《中共中央、国务院关于进一步加强社会治安综合治理的意见》和中办、国办转发的中央综治委《关于加强社会治安防范工作的意见》,在“严打”整治斗争中加强基层政法、综治组织和群防群治队伍建设,形成了有效的工作网络和防控体系。通过深入开展基层安全创建活动,全面加强新形势下的社会治安防范工作,一些事关社会治安深层次问题的工作,如预防青少年违法犯罪、流动人口管理服务、刑释解教人员安置帮教、矛盾纠纷排查调处等,得到了不同程度的加强,治安防范工作的效果逐步显现。各地群防群治组织在防治非典型肺炎斗争中,发挥自身的优势,做出了应有的贡献。

四是明确各级党政领导的责任,严格实行责任制。不少地方对排查出来的治安混乱地区和突出的治安问题,明确党政领导和有关部门的整治责任,实行党政领导和有关部门“双挂账”的办法,把整治的责任压到党政领导和有关部门的肩上,把整治任务落实到具体单位、具体人,加大了治理整顿的力度,改变了过去公安机关唱“独角戏”的状况。有些地方对一些重大案件实行倒查制,追查导致案件发生的原因,追究有关人员的责任。严格实行责任制,是这次“严打”整治斗争取得胜利的重要原因之一。

五是推动综治工作的规范化建设,进一步完善工作机制。两年的“严打”整治斗争为深化各项综治工作创造难得的机遇。各地在“严打”整治斗争中先后制定、实施了一批综治工作的规范性文件,将多年来综治工作的成功经验规范化、制度化,并针对新的情况和问题提出了对策措施,为今后综治工作的进一步深化奠定了基础。

“严打”整治斗争中积累的丰富经验来之不易,要很好地坚持、完善和发展。同时,要认真查找存在的问题,找出工作的薄弱环节,认真整改,从而巩固“严打”整治斗争的成果,落实社会治安综合治理的各项措施,确保社会治安秩序的长期稳定。

三、与时俱进,改革创新,不断推动社会治安综合治理工作深入开展

经过两年的“严打”整治斗争,我国社会治安大局稳定,总的形势是好的。但是,当前的治安形势仍不容乐观,特别是非典型肺炎疫情过后,各种刑事犯罪又有上升的苗头。要继续坚持“严打”方针,始终保持对犯罪的高压态势,采取有效措施,巩固“严打”整治斗争成果,防止治安形势出现反复。各地区、各有关部门要采取有力措施,防止各种违法犯罪案件上升,保持良好的社会治安秩序。

在新的形势下加强社会治安综合治理,必须坚持解放思想、实事求是、与时俱进,不断开拓创新,使社会治安综合治理的各项措施适应新形势的要求,适应社会发展的需要。要坚持立党为公,执政为民,不断加强和改进社会治安综合治理工作。要坚持以人为本,始终把管理和服务、教育相结合,增强服务意识,拓展服务领域,提高服务质量。在流动人口管理工作中,一方面要依照法律法规加强管理;另一方面要增强服务意识,服务进城务工经商人员,方便进城务工经商人员,保护进城务工经商人员的合法权益。要通过开展“千校百万”进城务工青年培训和“青少年维护权岗”活动,引导、教育进城务工经商人员。最近,一些地方发生了有关部门工作人员侵犯群众合法权益,甚至打死打伤群众的恶性事件,造成了极坏的社会影响。对这类事件,要认真总结经验教训,举一反三,采取有效措施切实加以解决。有关执法部门要牢固树立群众观点，转变执法观念，增强服务意识和依法办事的意识，进一步健全工作制度，改进各项管理工作。

今年社会治安综合治理工作的重点是大力推进社会治安防控体系建设，加强社会治安防范工作，最大限度地预防和减少违法犯罪。各级社会治安综合治理组织要认真分析治安形势，积极主动地应对社会治安方面出现的新情况新问题，及时提出相应对策，加强有关管理工作。要大力加强群防群治队伍建设，开展群防群治工作，组织发动社会各方面的力量参与治安防范，进一步完善新形势下群防群治的组织形式、工作机制和经费保障机制，充分尊重广大群众的创造性，鼓励各地积极探索，因地制宜地开展群防群治工作。要加强对治安联防队、保安队伍的管理，建章立制，保证他们在规定的职责范围内开展工作，更好地发挥其积极作用。

我国非典型肺炎疫情解除后，各种矛盾纠纷引发的上访、群体性事件增多。各地、各有关部门要认真履行职责，做好矛盾纠纷排查调处工作，不断增强工作效果，积极化解矛盾纠纷，维护社会稳定。司法行政、公安、法院等部门要结合自身业务，加强调解工作。对排查出来的矛盾纠纷，要实行归口负责，提高矛盾纠纷调处的成功率。特别要发挥好村(居)委会和调解、治保组织的作用，把矛盾纠纷化解在基层、化解在内部，解决在萌芽状态。要妥善处置群体性事件，防止和减少因处置不当而激化矛盾，影响社会稳定。

同志们，今年维护社会治安、维护社会稳定的任务十分繁重。我们要在党的十六大精神和“三个代表”重要思想的指引下，紧密团结在以胡锦涛同志为总书记的党中央周围，努力做好社会治安综合治理的各项工作，为改革、发展、稳定作出应有的贡献。

中央社会治安综合治理委员会关于印发《罗干同志在中央社会治安综合治理委员会2003年第三次全体会议上的讲话》的通知

(2003年11月13日)

各省、自治区、直辖市社会治安综合治理委员会，新疆生产建设兵团社会治安综合治理委员会，中央社会治安综合治理委员会各成员单位：

现将《罗干同志在中央社会治安综合治理委员会2003年第三次全体会议上的讲话》印发给你们，请结合实际情况，认真贯彻落实。

罗干同志在中央社会治安综合治理委员会2003年第三次全体会议上的讲话

（2003年11月12日）

今天的会议，听取了中央综治委刑释解教人员安置帮教工作领导小组的工作汇报、中央综治委赴湖北等八省区检查组的报告和中央综治办关于收容遣送措施取消后部分城市社会治安管理工作的情况汇报，审议了中央综治委、司法部等八部门提出的《关于进一步加强刑满释放、解除劳教人员安置就业和社会保障工作的意见》，大家提出了一些很好的意见和建议，希望有关部门认真研究，做好相关的各项工作。

前不久，党的十六届三中全会胜利闭幕。这是在全党兴起学习贯彻“三个代表”重要思想新高潮，全国各族人民沿着党的十六大指引的方向全面建设小康社会的历史进程中召开的重要会议，对于全面推进我国改革开放和社会主义现代化建设，把中国特色社会主义伟大事业继续推向前进，具有重大的现实意义和深远的历史意义。胡锦涛同志所作的工作报告和重要讲话，进一步指明了党和国家在新形势下全面建设小康社会的前进方向。全会通过的《中共中央关于完善社会主义市场经济体制若干问题的决定》，是进一步深化经济体制改革，促进经济和社会全面发展的纲领性文件。胡锦涛同志在讲话中对加强社会治安综合治理，认真排查调处矛盾纠纷，正确处理人民内部矛盾，维护社会治安和社会稳定，提出了明确要求。我们要以“三个代表”重要思想和十六大精神为指导，认真学习贯彻十六届三中全会精神，坚决贯彻落实胡锦涛同志关于切实维护社会安定团结的重要指示，把思想认识统一到全会精神上来，切实增强忧患意识和政治意识，主动适应新形势、新任务的要求，全力维护安定团结的政治局面，深入推进社会治安综合治理，为完善社会主义市场经济体制，促进改革开放和社会主义现代化建设事业的顺利进行，创造更加和谐稳定的社会环境。

这里，我再强调几点意见。

一、突出重点，狠抓落实，大力推进社会治安防控体系建设

今年9月中央综治委召开“南昌会议”，总结交流了各地加强治安防范工作的经验，对大力推进社会治安防控体系建设，全面落实社会治安综合治理各项措施，作出了具体部署。目前，各地、各部门正在结合实际，认真学习借鉴会议推出的好经验、好做法，采取具体措施落实会议精神，构建社会治安防控体系的工作势头很好。胡锦涛同志在十六届三中全会上的重要讲话中指出，要坚持“打防结合、预防为主”的方针，大力加强治安防范，深入推进社会治安综合治理，建立贯彻“严打”方针的经常性工作机制，坚决打击各种刑事犯罪活动。我们要以贯彻落实十六届三中全会精神为契机，狠抓社会治安防控体系建设各项措施的落实，进一步增强社会治安防控能力。

当前，推进社会治安防控体系建设必须重点抓好两个方面的工作，一是大力加强社会治安综合治理的基层基础建设，二是各有关部门要围绕治安防范各司其职、密切配合、齐抓共管。最近，中央综治委与中央编办联合下发的《关于加强乡镇、街道社会治安综合治理基层组织建设的若干意见》，进一步规范了乡镇（街道）综合治理组织的机构设置，明确了职责、任务。各地、各部门要从实际出发抓好落实，采取有力措施，搞好乡镇（街道）综治委、办的建设，着力解决好社会治安防控体系建设在基层有人抓、有人管、有人组织协调的问题，使各项治安防范和综合治理措施落实到基层。要加强群防群治队伍建设，组织发动社会各方面力量参与治安防范，进一步深化基层安全创建活动，强化各项基础工作，为建立社会治安防控体系夯实根基。各有关部门要在加强内部治安防范的同时，在党委政府的统一领导和综治委的组织协调下，充分发挥职能作用，积极参与全社会的治安防控体系建设，在社会治安综合治理的各个工作环节上，互相配合，密切协作，整合资源，共同解决影响社会治安的深层次问题，为构建覆盖全社会的社会治安防控体系尽责出力。

最近，许多地方都在组织社会治安综合治理工作检查考评。中央综治委也印发了《省、自治区、直辖市社会治安综合治理工作考核评比标准》，还对湖北等8个省区的社会治安综合治理工作进行了检查。各级综治委、办要深入基层，深入实际，充分听取群众意见，了解和掌握群众关心的治安热点、难点问题，虚心听取基层干部、群众对改进工作的意见和建议，认真查找工作中存在的突出问题和薄弱环节，认真分析产生问题的原因和症结所在，采取有力措施，加大整改力度，增强工作的针对性和实效性。要进一步改进综合治理工作检查考评办法，克服形式主义，防止做表面文章，通过开展扎扎实实的检查考评，掌握真实情况，明确责任，兑现奖惩，推动社会治安防控体系建设和综合治理各项措施的落实。

二、齐抓共管，开拓创新，着力解决影响社会治安的突出问题

经过两年的严打整治斗争，社会治安取得了新的明显进步，预防和控制违法犯罪的能力有所提高，刑事案件大幅上升的势头得到有效遏制，群众的安全感增强。但是，社会治安形势仍不容乐观，特别是一些影响社会治安的突出问题值得重视，有待进一步解决。张福森同志刚才介绍的刑释解教人员安置帮教工作情况表明，刑释解教人员重新违法犯罪，就是长期以来严重影响社会治安、困扰社会治安综合治理的突出问题之一。多年来，各地、各有关部门健全工作网络，创新工作思路，制订优惠政策，进行就业指导和扶持，通过家庭、社会各方面的配合，认真对刑释解教人员进行帮教，做了大量卓有成效的工作，对化解社会矛盾，保持社会治安长期稳定起到了积极作用。但是，目前这项工作还存在一些问题、面临不少困难，尤其是在就业、再就业压力加大，社会保障体系尚不完善的情况下，工作难度增大，刑释解教人员重新违法犯罪的问题仍十分突出。各级党委、政府和各有部门必须予以足够重视，充分认识做好刑释解教人员安置就业和社会保障工作的特殊性、重要性，采取切实可行的措施，宣传动员社会各方面力量关心、支持这项工作。既要深入细致地做好刑释解教人员的思想工作，关心、了解他们的思想动向，真心实意地帮助他们解决思想问题和实际困难；又要更新观念，积极探索适应国家就业政策和社会保障工作发展的新途径，不断拓宽渠道，采取积极的政策措施，切实解决他们的生活出路。这次提交审议的《关于进一步加强刑满释放、解除劳教人员安置就业和社会保障工作的意见》，就是各有关部门切实履行职责，充分发挥职能作用，密切协作配合，为刑释解教人员办实事、预防和减少重新违法犯罪的重要举措，从政策上体现了党和政府对这项工作的关心、重视和支持，会后要尽快修改下发，并抓好落实。

刚才，办公室汇报了关于收容遣送制度取消后部分城市治安管理工作的情况。对目前这项工作中存在的问题和各地提出的一些工作建议，有关部门要认真加以研究，对由此而产生的影响社会治安的新情况、新问题，要认真进行梳理，查清问题产生的原因，有针对性地采取措施加强管理。各级公安机关和有关的行政执法部门要充分运用现有的法律法规，严格执法，对社会治安加强管理，一方面要依法打击各种违法犯罪活动，同时要通过加强队伍建设，提高执法能力和水平。公安部已下发了关于当前依法加强社会治安管理的通知，一些地方按照通知精神开展工作，已见成效，各地要认真贯彻执行。要进一步完善、制定有关法律、法规，确保治安管理工作不留空白、有法可依。加强治安管理首先要在思想上树立依法治理的思想观念，我们的工作措施、方法都要与时俱进，适应新形势的要求，对那些已不适应形势要求的法律法规和管理办法，要在充分调研的基础上认真加以修订、完善和改进，以使管理更有效，更符合实际，真正做到严格依法管理，依法行政，不断增强工作的主动性和实效性。公安、民政、城管、工商、交通、铁路等有关部门要充分发挥职能作用，加强协调配合，认真研究取消对流浪乞讨人员收容遣送后的城市治安管理遇到的问题，齐抓共管，共同加以解决。

目前，虽然总体上社会治安基本稳定，但在一些城市一段时期刑事发案增多，“双抢”、盗窃案件上升幅度较大，绑架案件也时有发生，影响群众的安全感。各地各部门要继续认真排查治安混乱地区和突出治安问题，毫不动摇地坚持“严打”方针，集中力量开展专项整治行动，什么犯罪严重，就依法严厉打击什么犯罪；哪里治安问题突出，就重点整治哪里，坚决遏制刑事案件不断发生的势头，限期改变治安面貌。要认真查清产生治安问题的原因和工作中的薄弱环节，在教育、管理等方面加大力度，进一步加强治安防范，巩固“严打”整治斗争的成果，切实维护广大人民群众的生命财产安全。

三、深入基层，深入群众，认真做好矛盾纠纷排查调处工作

必须看到，当前影响社会稳定的因素依然大量存在，由人民内部矛盾引起的群体性事件相当突出，维护社会稳定的任务十分繁重。胡锦涛总书记在党的十六届三中全会上的重要讲话中强调：“要认真开展经常性的矛盾纠纷排查调处工作，及时发现可能引发群体性事件的苗头性、倾向性问题，努力把不稳定因素解决在基层，解决在内部，解决在萌芽状态。”各地、各部门要认真学习贯彻胡锦涛总书记的重要指示，贯彻落实“三个代表”重要思想，从党和国家工作的大局、维护和实现广大人民群众的根本利益出发，扎扎实实地做好矛盾纠纷排查调处工作，确保社会稳定。

人民内部矛盾多数是由涉及群众切身利益的问题引起的。从这次社会治安综合治理检查的情况看，近期由人民内部矛盾纠纷引发的群体性事件呈上升趋势，因拖欠工资福利、征地拆迁、企业改制破产等问题导致的群体性事件比较突出。因此，做好矛盾纠纷排查调处工作，必须紧紧围绕改革发展稳定的大局，针对影响社会稳定的主要问题，突出重点，积极探索从源头上解决问题，把解决涉及群众切身利益的实际问题作为排查调处矛盾纠纷的关键。各地、各有关部门要坚持把维护和发展人民群众的根本利益作为一切改革的出发点和落脚点，把不断改善人民生活作为处理改革发展稳定关系的重要结合点。地方各级综治委、办要按照中办、国办转发的中央综治委《关于进一步加强矛盾纠纷排查调处工作的意见》要求，密切关注本地区改革、发展的形势，对那些事关人民群众切身利益、涉及到社会稳定和社会治安的改革措施或工作措施，要深入研究措施出台后可能产生的社会矛盾，预测可能引发影响社会稳定的问题，密切注视实施过程中出现的重要情况，及时向党委、政府及有关部门提出工作建议。各级综治委、办尤其是乡镇(街道)综治委、办要把排查调处矛盾纠纷作为一项重要的基础性工作，坚持不懈地抓紧抓好，重点排查化解那些可能导致重大恶性刑事案件和可能引发群体性事件的矛盾纠纷。对这些矛盾纠纷，要坚持“及时排查、各负其责、工作在前、预防为主”的工作原则，尽可能及时化解，避免酿成事端。要把耐心做好深入细致的思想政治工作，与正确运用经济、行政和法律等手段解决实际问题相结合，真心实意地为群众排忧解难。要通过人民调解、行政调解、司法调解等方式，坚持抓早抓小抓苗头，坚持依法办事，坚持按政策办事，坚决维护群众的合法权益，化解各种矛盾纠纷，维护社会稳定。

同志们，让我们在以胡锦涛同志为总书记的党中央领导下，以“三个代表”重要思想和党的十六大精神为指导，认真贯彻落实十六届三中全会精神，与时俱进，开拓创新，大力推进社会治安防控体系建设，全力维护社会稳定，为全面建设小康社会创造良好的社会环境。

(三)全国创建安全文明铁道线活动经验交流会暨先进表彰会

中央社会治安综合治理委员会关于印发《韩杼滨同志在全国创建安全文明铁道线活动经验交流会暨先进表彰会上的讲话》的通知

(2003年3月4日)

各省、自治区、直辖市社会治安综合治理委员会,新疆生产建设兵团社会治安综合治理委员会,中央社会治安综合治理委员会各成员单位:

2003年2月21日,中央社会治安综合委员会、铁道部、公安部、总参动员部在湖南省长沙市召开了“全国创建安全文明铁道线活动经验交流会暨先进表彰会”。现将中央综治委副主任韩杼滨同志在这次会议上的讲话印发你们,请结合实际情况贯彻落实。

韩杼滨同志在全国创建安全文明铁道线活动经验交流会暨先进表彰会上的讲话

(2003年2月21日)

同志们:

首先,我代表中央社会治安综合治理委员会,向这次受到表彰的全国铁路护路联防工作先进集体和先进工作者表示热烈的祝贺,并通过你们向辛勤工作在铁路护路联防战线上的全体同志表示亲切的慰问和崇高的敬意!

这次受表彰的先进集体和先进工作者是铁路护路联防战线的杰出代表。他们忠于职守,无私奉献,在铁路护路联防工作中付出了艰辛的努力,做了大量卓有成效的工作,创造出了许多扎实可行的新鲜经验。各地都要以这次表彰活动为契机,大张旗鼓地宣传他们的事迹,弘扬他们的精神,推广他们的经验,更广泛深入地动员各有关部门、有关方面和广大人民群众投入到铁路护路联防工作中来,使这项工作取得新的更大的成本。

下面,我讲几点意见:

一、铁路护路联防工作为维护铁路治安，确保铁路安全畅通作出了突出贡献

这次会议是先进表彰会，同时又是一个经验交流会，是对十年来铁路护路联防工作的一次总结，也是对新时期铁路护路联防工作的动员和部署。1992年，中央社会治安综合治理委员会在衡阳市召开了“全国整顿铁路治安重点区段座谈会”，推广湖南省衡耒铁路区段由乱到治的经验，研究加强铁路治安工作的措施。1993年，又在贵阳市召开了“全国铁路护路联防工作现场会”，推广贵州省民兵护路的经验。此后，铁路护路联防工作在全国普遍推开，迅速发展，成为社会治安综合治理工作的一条重要战线。1994年中央社会治安综合治理委员会成立了铁路护路联防工作小组，加强了对这一工作的指导和协调，有力地推动了这一工作的开展。截至目前，全国已有27个省、自治区、直辖市开展了铁路护路联防工作，专职护路队员和护路民兵已发展到4万多人；护路里程达5万多公里。

十年来，铁路护路联防工作在实践中不断发展创新，取得了多方面的成效。一是维护了铁路治安的持续稳定。通过加强对铁路治安问题的综合治理，盗窃铁路运输物资、拆盗铁路器材、破坏铁路设施等危害铁路运输安全的违法犯罪活动受到有力的打击，铁路沿线地区治安防范能力明显增强，涉路刑事案件和治安案件得到有效遏制，许多地方的货赔损失大幅度下降。二是确保了铁路大动脉的安全畅通。通过持续不断地开展创建安全文明铁道线活动，铁路沿线地区广大人民群众爱路护路观念和安全意识进一步增强，保证铁路安全畅通的责任和措施更加落实，摆放路障、牲畜上道、石击列车等影响行车安全的问题得到了有效的预防和解决。三是密切了路地关系，促进了铁路沿线地区的稳定和发展。通过开展铁路护路联防工作，铁道部门和地方党委政府及有关部门之间建立了良好的协作关系，形成了有效的工作机制，地方积极支持铁路建设，铁道部门努力帮助地方解决发展中的困难，路地携手，化解了路地之间的许多矛盾纠纷，解决了经济建设、社会发展中的不少难题。总之，铁路护路联防工作不仅为维护铁路治安稳定，确保铁路安全畅通做出了突出贡献，而且对推动铁路沿线地区的经济发展、社会进步起到了积极的作用。

二、铁路护路联防工作的基本经验

十年来的实践，提高了我们对维护护铁路治安重要性的认识，加深了对社会治安综合治理必要性的理解，找到了解决铁路治安问题的根本途径，积累了丰富的工作经验。

（一）必须站在为经济建设服务的高度，深刻认识做好铁路护路联防工作的重要性。铁路是国民经济的大动脉。确保铁路的安全畅通是整个国家特别是铁路沿线地区经济发展、社会进步的必要条件。开展铁路护路联防工作对于预防和解决危害铁路治安问题，确保铁路的安全畅通，使铁路更好地为改革开放和经济建设服务，具有重要意义。深刻认识这一点，是做好铁路护路联防工作的前提。

（二）必须把保一线平安与保一方平安紧密结合。维护铁路治安是铁路沿线地区党委、政府、军事机关和铁道部门的共同责任。要落实这一责任，必须把维护铁路治安作为保一方平安的重要内容，纳入地方党委、政府的工作目标，与领导干部的工作考核直接挂钩；必须把铁路护路联防工作纳入当地社会治安综合治理的总体规划，作为基层安全创建的重要内容，同部署、同检查、同考核、同奖惩。必须严格实行铁路护路工作责任制，把维护铁路治安的责任落实到铁路沿线党委、政府、基层组织和人民群众肩上。

（三）必须坚持打防结合，综合治理。铁路治安问题是社会诸多矛盾和消极因素的综合反映，要从根本上解决铁路治安问题，必须多管齐下，综合治理。要依法严厉打击危害铁路治安的严重刑事犯罪活动，及时整治治安问题突出的铁路重点区段，同时，做好“防范、教育、管理、建设、改造”等各项工作，努力从根本上预防和减少违法犯罪，提高铁路沿线的治安工作水平。

（四）必须加强路地协作，齐抓共管。维护铁路治安的工作涉及路地双方，诸多部门，必须理顺关系，形成合力。要按照社会治安综合治理“属地管理”原则，由地方党委、政府统一领导，社会治安综合治理委员会组织协调，铁道部门和公安机关、军事机关各司其职，密切配合，建立健全铁路护路联防组织体系和工作机制，组织铁路护路联防专职队伍，坚持专门工作与群众路线相结合，充分调动铁路沿线地区基层组织和广大人民群众的积极性，使铁路护路联防工作在各个层面上都有人抓，有人干。

(五)必须把履行义务和有偿服务相结合。在发展社会主义市场经济新形势下开展铁路护路联防工作，一方面要强化责任意识，对铁路沿线各级党委政府、基层组织和广大人民群众，要大力宣传“维护铁路治安人人有责”的权力义务观念，提倡无私奉献精神，并通过与工作成绩挂钩给予政治荣誉、精神鼓励等措施，调动他们履行义务，恪尽职守的积极性。另一方面，为确保铁路护路联防工作的正常运行，必须提供必要的经费保障。采取适当从铁路运费中提一点、当地政府支持一点、铁路沿线乡镇补贴一点的办法筹集护路经费，主要用于专职护路队伍的开支和沿线基层组织、有关部门和人民群众开展护路工作的补贴。

以上五条，是十年来各地在铁路护路联防工作实践中创造和总结出来的基本经验，是铁路护路联防工作和社会治安综合治理工作的宝贵财富，我们必须毫不动摇地坚持，并在实践中不断发展创新。

三、认真贯彻落实十六大精神，努力开创铁路护路联防工作的新局面

党的十六大提出了全面建设小康社会的奋斗目标，同时，为了保证这一目标的实现，对维护社会稳定提出了新的更高的要求。铁路护路联防工作，必须认真贯彻十六大精神，以“三个代表”重要思想为指导，进一步落实各项工作措施，切实维护好铁路治安的持续稳定，为全面建设小康社会作出应有的贡献。

(一)进一步认清形势，明确任务，确保铁路的安全畅通。确保铁路这条大动脉的安全畅通，对于全面建设小康社会具有重要的意义。当前，铁路治安形势总体上是稳定的，但是，由于经济、社会发展不平衡等诸多原因，在一些铁路区段治安问题仍然比较严重，而且要从根本上解决铁路治安问题，还需要一个相当长的过程。因此，各级党委、政府和综治委要进一步认清形势，把维护铁路治安做为一项长期重要任务切实摆上议事日程，加强领导，注意研究并解决护路联防工作中出现的新情况、新问题。要继续严厉打击各种涉路违法犯罪活动，遏制涉路案件的上升势头。加强铁路沿线治安隐患的排查工作，加大重点整治工作力度。要把铁路沿线治安隐患排查作为一项经常性的工作任务，抓紧抓好。对铁路沿线相对混乱或问题较多的地方，要继续结合严打整治斗争，采取强有力的整治措施，实现沿线治安秩序的明显好转。各级铁路护路联防组织要增强做好护路联防工作的政治责任感和紧迫感，在党委、政府的统一领导下，认真贯彻落实铁路沿线治安综合治理的各项措施，确保铁路的安全畅通。

(二)深入开展创建安全文明铁道线活动，推动铁路护路联防工作各项措施的落实。开展创建安全文明铁道线活动是护路联防工作的一项创举，各地通过开展创建安全文明铁道线活动，充分发挥铁路护路联防队伍的优势，带动基层其他创安工作的顺利进行，有力地促进社会治安综合治理各项措施在基层的落实。这两年各地开展创建活动的实践证明，要想保证铁路一条线的平安，必须要有一方平安做基础，只有一方平安了，一线平安才有可靠的保证。创建安全文明铁道线是基层创安工作的一个重要组成部分，开展创建安全文明铁道线活动必须把各项工作内容与乡镇、基层单位、社区的创建活动融为一体，在铁路沿线地区全面落实社会治安综合治理各项措施。开展创建安全文明铁道线活动要紧密联系形势和任务，突出重点，抓好落实。当前特别要与严打整治斗争紧密结合，工作的重点是排查和整治铁路治安重点区段，协调有关部门打击各种涉路违法犯罪活动，落实护路承包责任制，组织发动广大群众参与护路联防工作。创建安全文明铁道线活动是一项长期而又艰巨的任务，要以确保铁路安全畅通为主要目标，以实际成效为检验工作的唯一标准。一个地方创建工作的好坏，主要看破坏铁路设施、盗窃铁路运输物资的犯罪活动是否得到有效遏制，道口肇事、牲畜上路和设置障碍等治安问题是否明显减少，卧轨拦车、冲击铁路事件是否得到有效预防、妥善处理，广大人民群众的安全感是否增强，铁路治安的长效工作机制是否建立健全。

(三)加强领导，密切合作，充分发挥铁路护路防防组织的职能作用。各级党委、政府要进一步加强对铁路护路联防工作的领导，理顺工作关系，调动一切积极因素，帮助解决护路工作中的实际问题，引导护路联防工作始终沿着健康的轨道发展。护路联防工作深入发展的关键在于路地各部门能否做到密切配合、团结协作,形成合力。各级综治委及铁路护路联防组织要加强组织协调,建立健全联席会议、情况通报等各项工作制度,使护路联防工作做到有的放矢、有章可循。铁路沿线的乡镇综治办,要把铁路护路联防作为一项重要工作,加强指导和协调,认真抓好护路联防队伍的建设。维护铁路治安稳定需要社会各方面力量的广泛关注和积极参与,特别是铁道部门和公安机关、军事机关要进一步明确自己在护路联防工作中的职责任务。铁道部门一方面要想方设法为铁路沿线基层组织和广大群众办实事、办好事,为他们排忧解难,一方面要积极主动向各级护路联防组织通报铁路治安形势,重大涉路案事件情况。各级公安机关要一如既往地加强与铁路公安机关的合作,采取果断措施,坚决打击各种涉路违法犯罪活动。各级人武部门要加强对护路民兵的指导,提高护路民兵政治和业务素质,继续有效地发挥民兵在护路联防工作中的骨干作用。各级综治委、办要把维护铁路治安工作作为一项重要工作来抓,在护路联防工作中充分发挥应有的组织和协调作用。各级护路联防组织特别要注意发挥群众路线的优势,发动群众,依靠群众,运用政治、经济等有效方法,调动和保护广大护路联防队员、护路民兵及群众的爱路护路工作热情,推进铁路治安工作的社会化进程。

同志们,让我们在以胡锦涛同志为总书记的党中央领导下,高举邓小平理论的伟大旗帜,全面贯彻"三个代表"重要思想,按照这次会议的部署和要求,团结奋斗,扎实工作,努力开创铁路护路联防工作的新局面。

(四)纪念毛泽东同志批示"枫桥经验"40周年暨创新"枫桥经验"大会

中央社会治安综合治理委员会关于印发《罗干同志在纪念毛泽东同志批示"枫桥经验"40周年暨创新"枫桥经验"大会上的讲话》的通知

(2003年12月1日)

各省、自治区、直辖市社会治安综合治理委员会,新疆生产建设兵团社会治安综合治理委员会,中央社会治安综合治理委员会各成员单位:

2003年11月25日,中央综治委和浙江省委在浙江诸暨召开了纪念毛泽东同志批示"枫桥经验"40周年暨创新"枫桥经验"大会,中共中央政治局常委、中央综治委主任罗干同志出席会议并作重要讲话。现将罗干同志在大会上的讲话印发给你们,请结合实际情况,认真贯彻落实。

罗干同志在纪念毛泽东同志批示“枫桥经验”40周年暨创新“枫桥经验”大会上的讲话

（2003年11月25日）

同志们：

今天，中央综治委和浙江省委联合召开纪念毛泽东同志批示“枫桥经验”40周年暨创新“枫桥经验”大会，我代表党中央、国务院向大会表示热烈的祝贺，向创造和不断发展“枫桥经验”的浙江省广大干部群众致以亲切的问候！

1963年，毛泽东同志在浙江枫桥创造的“发动和依靠群众，坚持矛盾不上交，就地解决，实现捕人少、治安好”的经验材料上批示：“要各地仿效，经过试点，推广去做”。从此，“枫桥经验”成为全国政法战线的一面旗帜。今天，我们在这里召开大会，隆重纪念毛泽东同志批示“枫桥经验”40周年，研究进一步创新发展“枫桥经验”，这是政法、综治战线学习贯彻“三个代表”重要思想、深入贯彻落实党的十六大和十六届三中全会精神的具体措施，对于维护社会稳定和建立良好的社会治安秩序，有着十分重要的意义。

一、深刻认识“枫桥经验”的历史意义和时代特征

“枫桥经验”是浙江省广大干部群众创造的根据不同时期的社会特点，就地解决矛盾纠纷，最大限度地把问题解决在基层、化解在萌芽状态，维护社会治安、维护社会稳定的经验。“枫桥经验”充分发挥党的政治优势，依靠人民群众，化解消极因素，解决社会矛盾，是我们党依靠群众的优良传统在新形势下的继承和发扬。改革开放以来，“枫桥经验”始终坚持“一个中心，两个基本点”的基本路线不动摇，坚持“两手抓，两手都要硬”的方针不动摇，紧紧围绕为经济建设服务这个大局，正确处理改革发展稳定的关系，高度重视维护社会稳定工作，实现经济与社会协调发展，是邓小平理论的具体应用。“枫桥经验”致力于创造安全稳定的社会环境，让老百姓安居乐业，减少矛盾纠纷，维护良好的社会治安秩序，促进经济发展，实践了党的根本宗旨，体现了最广大人民群众的根本利益，是“三个代表”重要思想的具体体现。“枫桥经验”注重发挥基层组织的作用，加强教育和管理，立足于预防，从源头上减少矛盾纠纷，减少治安问题，体现了“打防结合、预防为主”的方针，体现了社会治安综合治理的基本精神。

近些年来，浙江在全省推广“枫桥经验”，经过全省人民群众不断丰富发展，使它更加适应改革开放和全面建设小康社会的新形势，全省保持了经济快速发展，社会和谐稳定。因此，在全党兴起学习贯彻“三个代表”重要思想新高潮，深入贯彻落实党的十六大和十六届三中全会精神的形势下，要认真学习推广“枫桥经验”，正确处理改革、发展、稳定的关系，进一步做好维护社会治安和社会稳定工作。

二、认真总结推广“枫桥经验”，正确处理人民内部矛盾

当前，我国经济发展，政治稳定，民族团结，社会进步，综合国力不断提高，各项事业兴旺发达，人民生活进一步得到改善，全党全国各族人民正向全面建设小康社会的宏伟目标迈进，总体形势很好。但是，随着改革的深化、开放的扩大、体制的转换和利益格局的不断调整，产生了一些新的问题和矛盾。特别是在一些地方因人民内部矛盾引发的群体性事件增多，成为影响社会稳定的重要因素。

党的十六届三中全会特别强调要正确处理人民内部矛盾，妥善处置群体性事件。胡锦涛总书记为此多次做出重要指示。正确处理新形势下的人民内部矛盾，及时消除和化解各种不稳定因素，事关改革、发展、稳定大局，事关维护人民群众的根本利益，事关国家的长治久安，是各级党委、政府面临的一个新的重大课题和重大政治任务。各级党委、政府必须从实践“三个代表”重要思想的高度，充分认识正确处理新形势下人民内部矛盾的极端重要性和紧迫性，切实增强政治意识、大局意识和责任意识，把正确处理人民矛盾作为维护社会稳定的基础性工作和重要环节来抓。

正确处理人民内部矛盾，必须牢固树立立党为公、执政为民的思想，坚持权为民所用、情为民所系、利为民所谋，为群众诚心诚意办实事，尽心尽力解难事，坚持不懈做好事。坚决贯彻党的方针政策，及时有效地解决群众的实际问题和困难，切实把党的政策落到实处，防止因政策执行不力引发矛盾纠纷。对涉及群众切身利益的事情，一定要认真解决，绝不能麻木不仁，久拖不决，更不能方法简单，作风粗暴，导致矛盾激化。要通过深入细致的思想政治工作，理顺群众情绪，化解矛盾纠纷，使具体的改革措施为广大群众所理解、所拥护。要顺应广大群众日益增强的参与社会事务的愿望和要求，加强基层民主政治建设，创造浓厚的民主法治氛围，畅通社情民意表达渠道，促进社会稳定和经济发展。大力推进依法治国方略，坚持依法治国方略，坚持依法治国和以德治国相结合，提高广大干部群众的法制观念，教育干部群众自觉依法办事，引导群众通过正常法律程序解决矛盾，维护自己的合法权益。

“枫桥经验”在正确处理人民内部矛盾方面，注重加强基层基础工作，狠抓落实责任制，努力做到组织建设走在工作前，预测工作走在预防前，预防工作走在调解前，调解工作走在激化前，在抓源头治理上下功夫，做到堵疏结合、标本兼治，为正确处理人民矛盾，预防和化解各类矛盾纠纷，维护稳定，提供了很好的经验。各级党委、政府要认真学习“枫桥经验”，进一步明确工作思路，健全矛盾纠纷排查调处工作机制，形成“党政挂帅，综治协调，部门联动，各方参与”的工作格局。要深入群众，发动群众，依靠群众，坚持抓早、抓小、抓苗头，把问题处理在萌芽状态。像“枫桥经验”那样，做到“预警在先，苗头问题早消化；教育在先，重点对象早转化；控制在先，敏感时期早防范；调解在先，矛盾纠纷早处理”，切实做好矛盾纠纷排查调处工作。

三、进一步发展“枫桥经验”，深化社会治安综合治理

几十年来，“枫桥经验”之所以经久不衰，至今仍充满生机活力，始终在维护社会治安和社会稳定中发挥着重要的作用，关键是它来自实践，与时俱时，不断创新。“枫桥经验”积极探索社会主义市场经济条件下群防群治的组织形式、管理体制和保障方法，在新形势下充分发挥专群结合的优势；大力加强基层政法、综治组织建设，夯实各项基础工作；不断改进教育和管理的办法，最大限度地调动积极因素，探索在非公有制经济组织开展安全创建活动等，都体现了创新精神，为在新形势下深化社会治安综合治理提供了新经验。学习推广“枫桥经验”，要深刻领会其精神实质，从当地的实际出发，求实创新。前不久，中央社会治安综合治理委员会在南昌召开了全国社会治安综合治理工作会议，要求大力加强社会治安防控体系建设，推动社会治安防范措施的落实，维护良好的社会治安秩序。加强社会治安防控体系建设，必须最大限度地调动一切积极因素，必须充分发动和依靠广大人民群众，必须大力加强基层基础工作，把各项工作措施真正落实到基层。各级党委、政府要按照“三个代表”重要思想的要求，坚持“打防结合、预防为主”的方针，充分运用“枫桥经验”的基本精神，积极探索社会治安防控体系建设的新思路、新方法，因地制宜地采取各种有效措施，建立健全治安防控体系，加强预防和减少违法犯罪工作，全面推进社会治安综合治理，促进社会治安良性发展。

同志们，让我们在以胡锦涛同志为总书记的党中央领导下，努力实践“三个代表”重要思想，认真贯彻党的十六大和十六届三中全会精神，大力学习推广“枫桥经验”，不断创新发展“枫桥经验”，切实做好社会治安综合治理各项工作，为全面建设小康社会创造良好的社会治安环境。

五、中央社会治安综合治理委员会办公室的主要文件

中央社会治安综合治理委员会办公室关于开展排查整治治安混乱地区和突出治安问题活动的通知

（2003 年 1 月 21 日）

各省、自治区、直辖市社会治安综合治理委员会办公室，新疆生产建设兵团社会治安综合治理委员会办公室：

排查整治治安混乱地区和突出治安问题，是社会治安综合治理的一项基础性工作。近年来，各地认真开展这一工作，取得了积极效果，一大批治安混乱的地区和突出治安问题得到了有效整治，有力地推动了“严打”整治斗争，促进了社会治安秩序的稳定。因此，各地要结合“严打”整治斗争总结，继续深入开展这一工作，把它作为巩固“严打”整治斗争成果，推动各有关部门和广大群众参与社会治安综合治理的重要工作，认真抓好。

一、各地要对去年排查出来的治安混乱地区和突出治安问题加强检查督促。对已经整治好的地区和问题，要采取有效措施，巩固整治成果，防止出现反复。对尚未改变面貌的，要查清原因，明确责任，限期整治。要严格实行社会治安综合治理责任制，工作措施扎实、成效显著的，要予以表彰奖励；工作措施不落实，治安秩序混乱、治安问题严重的，要追究领导和有关人员的责任。

二、各地要在总结经验的基础上，进一步完善排查整治治安混乱地区和突出治安问题的工作制度，在坚持经常性排查的同时，针对突出问题，定期开展集中排查。建立健全工作机制，明确有关部门的责任，齐抓共管，形成解决问题的合力。加强分类指导，区域性排查和行业性排查相结合。健全排查整治信息报告制度，及时反映有关工作情况。

三、各级社会治安综合治理委员会及其办公室要认真做好组织协调和检查督促工作，近期开展一次集中排查，对治安混乱地区迅速组织力量进行整治，以确保春节和“两会”的安全。各省（区、市）综治办要随时掌握本地区的排查整治情况，加强分析研究和工作指导，并于每年 2 月上旬将上一年的排查整治情况专报中央综治办。

中央社会治安综合治理委员会办公室关于积极参与非典型肺炎防控工作的通知

（2003年4月24日）

各省、自治区、直辖市社会治安综合治理委员会，新疆生产建设兵团社会治安综合治理委员会：

当前，我国部分地区发生了非典型肺炎疫情，在党中央、国务院的领导下，一场防治非典型肺炎斗争正在全国开展。加强非典型肺炎的预防、治疗和控制工作，关系到广大人民群众的身体健康和生命安全，关系到改革发展稳定的大局，关系到国家利益和我国国际形象。各级社会治安综合治理委员会及办公室要迅速行动起来，充分发挥综合治理齐抓共管、基层工作网络健全、群防群治参与面广的优势，在党委、政府的统一领导下，贯彻落实中央关于防治非典型肺炎工作的一系列决策和工作部署，切实把防治非典型肺炎工作作为当前一项重大任务抓紧抓好。

一、各级社会治安综合治理委员会及其办公室，特别是乡镇、街道综治委、办和村（居）委会的综治组织，要积极协助党委、政府，配合医疗卫生部门，千方百计做好非典型肺炎的防治工作。要充分调动社会治安综合治理工作网络、信息网络，发挥基层综治组织和群防群治队伍的作用，密切注意和掌握社情，了解群众健康状况，发现疫情和可疑情况，要及时报告当地党委、政府和卫生部门。

二、进一步加强对流动人口的管理和服务，有效防止因人口流动造成非典型肺炎的跨地区传播。各级综治委流动人口管理办公室和协管员队伍，要密切掌握人口流动情况，特别要随时掌握有疫情发生的地方和单位的人员流动情况。流出地要认真了解返回本地的外出人员的健康情况。流入地对宾馆、招待所、出租屋等外来人员落脚点要加强疫情监测，要督促出租房屋的房主、房客共同做好卫生、防疫工作，会同卫生、防疫等部门定期进行检查。使用外来务工人员的单位，既要管好自己的人，防止本单位干部职工得病，又要对外来务工人员加强防病宣传，落实防病措施，发现非典型肺炎疑似病人，及时送指定医院诊治。

三、充分发挥基层法制宣传教育队伍和宣传阵地的作用。搞好防治非典型肺炎的宣传，落实各种防疫措施，积极为群众提供防疫服务。

四、密切注意社会动向，切实维护社会稳定。对借疫情哄抬物价、造谣惑众、煽动闹事的，有关部门要采取有力措施及时进行处置。对借疫情制假骗财、趁乱打劫、盗窃、哄抢等违法犯罪行为，要依法予以严厉打击。

中央社会治安综合治理委员会办公室关于聘任刘怀北等同志为中央综治委特邀巡视员的通知

（2003 年 10 月 27 日）

各省、自治区、直辖市社会治安综合治理委员会办公室：

经中央综治委领导同志批准，决定聘任内蒙古自治区党委政法委原副书记、综治办原主任刘怀北，湖南省委政法委原副书记、综治办原主任罗德文，甘肃省委政法委原副书记、综治办原主任张忠，中央政法委队伍建设指导室原巡视员董聚法同志为中央综治委特邀巡视员。

特此通知。

中央社会治安综合治理委员会办公室关于印发张福森同志在中央综治委第三次全体会议上讲话的通知

（2003 年 11 月 18 日）

各省、自治区、直辖市社会治安综合治理委员会，中央社会治安综合治理委员会各成员单位，新疆生产建设兵团社会治安综合治理委员会：

现将中央综治委刑释解教人员安置帮教工作领导小组组长张福森同志在中央综治委第三次全体会议上《关于刑释解教人员安置帮教工作情况的汇报》印发给你们，请结合实际情况，认真贯彻落实。

关于刑释解教人员安置帮教工作情况的汇报

中央综治委刑释解教人员安置帮教工作领导小组组长　张福森

一、关于近年来安置帮教工作基本情况

在党中央、国务院和各级党委、政府的高度重视下，在全国各级安置帮教工作机构和有关部门的共同努力下，近年来全国刑释解教人员安置帮教工作取得了一定成绩。主要表现在以下几个方面：

（一）安置帮教工作机构进一步建立健全。目前，全国已经形成了中央、省、地、县、乡、村六级安置帮教工作网络，建立了由党委、政府领导，综治部门协调，公安、司法行政、民政、劳动和社会保障、工商、妇联、共青团等部门分工协作，动员组织社会力量共同参与的工作机制。全国31个省（区、市）和新疆生产建设兵团、358个地（市、州）、2877个县（市）、近4万个乡镇（街道、社区）成立了安置帮教领导小组和工作机构。近期，经中央领导同志批准，中央综治委刑释解教人员安置帮教工作协调小组更名为领导小组，增加财政部、国家税务总局和中国人民银行为领导小组成员单位，进一步充实了领导小组的力量，加强了对这项工作的领导和协调力度。

（二）着力解决刑释解教人员底数不清的问题。2001年，中央综治委下发了《关于在"严打"整治斗争中加强刑释解教人员排查和管理工作的实施方案》，决定在全国范围内对近三年来刑释解教人员进行集中排查。各级安置帮教工作部门按照实施方案的要求，狠抓落实，周密部署，相互配合，基本摸清了底数，落实了对重点对象的管控。2002、2003年，各地对排查工作进行了"回头看"，对于排查措施不落实、工作不到位的进行了补课。特别是对去向不明的刑释解教人员进行查找，千方百计了解和掌握去向和现住址，有针对性、有重点地加强管控措施。北京、上海、福建、山东、江苏、云南、河北、广东、四川、湖北、陕西、宁夏、新疆等十多个省（市、区）每年都对排查工作作出专门部署。通过开展排查工作，及时掌握了刑释解教人员的底数，确定了一批重点管控对象，发现不少破案线索，有力地配合了"严打"整治斗争。

（三）加强了建章立制工作。近年来，各地注重加强安置帮教工作制度化建设，不断提高安置帮教工作规范化水平。浙江省政府专门下发了《浙江省归正人员安置帮教工作办法》。山西、河北、四川、重庆、宁夏、辽宁、吉林、贵州、湖南、山东、江苏等省（区、市）相继出台了关于进一步加强刑释解教人员安置帮教工作的意见或实施细则。湖北、广西、江西、浙江、云南、安徽、四川、海南等八省（市、区），针对农村和城镇刑释解教人员的不同情况，出台了相应的安置优惠政策。湖北省还在充分调研论证基础上，向省人大提交了《湖北省安置刑满释放、解除劳教人员规定》，现已纳入省人大五年立法规划项目。

（四）研究探索安置帮教工作的新思路。针对近年来社会管理体制、组织结构、利益关系，以及人们价值观念、生活方式、活动区域等变化对安置帮教各项工作产生的影响，努力探索新形势下安置帮教工作特点和规律，在总结多年来各地创造的丰富实践经验基础上，提出了新时期安置帮教工作的新思路，也就是要形成以政府为主导、社会各方面力量共同参与的工作格局，逐步实现帮教社会化、就业市场化、管理信息化、工作职责规范化。

二、关于当前安置帮教工作中存在的困难和问题

目前，刑释解教人员安置帮教工作总体发展势头良好，但还存在着不少困难和问题。主要有

以下几个方面：

（一）刑释解教人员重新违法犯罪问题比较突出。我国目前每年刑满释放人员有30多万，解除劳教人员约10多万，今后几年还有增多的趋势。安置帮教的任务重、难度大。绝大多数刑释解教人员经过教育改造，有重新做人的良好愿望，但他们心理比较脆弱，思想不够稳定，回归社会后如果得不到及时帮教和妥善安置，极有可能再次走上违法犯罪道路。刑释解教人员一旦重新违法犯罪，往往手段更加残忍，社会危害性更大，破案难度加大。近年来，各地发生的一些重大、恶性事件，相当一部分都是刑释解教人员所为。公安机关打掉的一些黑恶势力犯罪团伙的重要成员，也有相当比例为刑释解教人员。刑释解教人员在犯罪人群中的比重逐年增加，特别是在有组织犯罪、流窜犯罪、带黑社会性质犯罪以及恶性刑事案件中更为突出。据统计，近几年，全国公安机关抓获的刑事犯罪嫌疑人中，刑释解教人员从事杀人、爆炸、抢劫、绑架、强奸、贩毒等恶性案件及重大侵财犯罪的占到80%以上。

（二）刑释解教人员的管控和安置的难度日趋加大。随着流动人口的增多和城市建设的发展，人户分离现象日益突出，相当数量的刑释解教人员出狱（所）后直接流散于社会，不落户或人户分离，加之假姓名、假身份、假地址现象的存在，增大了衔接工作的难度，导致各地公安部门和安置帮教组织难以对其实施有效管控，漏管失控问题日益突出。据2001年排查统计，全国1999年至2001年三年回归社会的刑释解教人员总共有112万，其中有8万人不知去向。2002年，刑释解教48.5万人，其中约30%的人因外出务工、人户分离未被纳入安置帮教范围。当前，就业竞争激烈，加之社会对那些文化素质低、缺乏专业技能的刑释解教人员还存在一定的偏见和歧视，这些人员的就业难度更大，生活缺乏保障，甚至影响其婚姻、家庭的稳定，极易造成一些思想不稳定、恶习较深的人员重新违法犯罪、报复社会。

（三）社会对安置帮教工作缺乏足够的重视与关注。当前，社会对刑释解教人员这类特殊群体还存在一定的偏见或歧视，甚至有的党政领导干部对安置帮教工作的重要性也缺乏足够的重视，有关加强安置帮教工作的要求和各项措施在有的地方，特别是基层难以落实到位，安置帮教力量薄弱，投入不足，基层组织和工作网络不健全，群众没有发动起来，一些地方存在无人抓、无人管的情况，影响了安置帮教工作的开展。

三、关于下一步工作打算

为进一步做好新形势下的刑释解教人员安置帮教工作，今后一个时期要着力抓好以下几方面的工作：

（一）切实加强对安置帮教工作的组织领导。各级安置帮教工作部门要积极争取党政领导的重视和支持，要把刑释解教人员安置帮教工作纳入社会治安综合治理领导责任制，摆上重要议事日程。各级综治委（办）应充分发挥组织、协调、督促、检查的职能，切实加强对安置帮教工作的领导。司法行政、公安、民政、劳动和社会保障、财政、税务、工商行政管理、共青团、妇联等有关部门应当认真履行各自职能，分工协作，相互配合，共同做好这项工作。各地要把安置帮教工作实绩作为社会治安综合治理考核的一项重要内容，完善激励制约机制。进一步加强各级安置帮教工作领导协调机构、办事机构，特别是基层安置帮教工作机构的建设，充实领导力量和必要人员，完善衔接制度、户籍所在地和现住地情况通报制度、异地协查制度等，形成齐抓共管、密切协作的良性运行机制。

（二）改进和加强对刑释解教人员的衔接管控工作。要继续贯彻落实中央四部委《关于进一步做好服刑、在教人员刑满释放、解除劳教时衔接工作的意见》。监狱、劳教所、看守所、拘役所要在服刑、在教人员刑释解教前及时准确地填写、寄发通知书。基层公安部门应按照有关规定及时办理刑释解教人员的落户手续，加强对刑释解教人员出狱（所）后直接流散于社会、不落户或人户分离，以及假姓名、假身份、假地址人员的查找，最大限度地减少刑释解教人员的脱管漏管。按照属地管理原则，刑释解教人员现住地的有关部门应负责做好安置帮教工作，原户口所在地的公安机关、安置帮教办公室要将有关情况及时通报现住地的公安机关、安置帮教办公室。乡镇、街道安置帮教办公室要及时建立刑释解教人员管理档案，逐一落实帮教力量，进一步完善刑释解教人员定期走访谈话制度、信息报告制度和委托现住地有关部门帮教制度。外出务工的刑释解教人员应当由用工单位和居住地的安置帮教组织负责落实帮教措施，异地从事个体经营的刑释解教人员由当地市场管理机构、个体劳动者协会指定人员负责帮教。同时，要加快刑释解教人员信息管理系统建设，利用计算机网络技术强化对刑释解教人员的衔接和管控工作。

（三）积极引导、扶持刑释解教人员就业。监狱、劳教所要切实加强对服刑、在教人员的职业技能教育培训，使其掌握一技之长，增强刑释解教后就业谋生的本领。监狱、劳教所还可以和社会院校、职教部门联合办学，使狱所内教育与社会教育相衔接。劳动和社会保障部门应当将社会职业技能教育培训范围扩展到刑释解教人员，与社会相关资质考试并轨。要充分发挥社区居委会、村委会的作用，充分利用社区各种资源，健全安置帮教组织网络，落实帮教措施，在社区服务中尽可能吸纳刑释解教人员就业。街道和社区的劳动就业服务组织要把为刑释解教人员提供就业指导和服务纳入工作范围。对符合“低保”条件的刑释解教人员，及时纳入低保范围，按国家的有关政策实行救助。要继续在城镇地区建立、扶持一批过渡性安置企业，重点解决无家可归、无亲可投、无业可就的刑释解教人员和有重新违法犯罪倾向的刑释解教人员的过渡性安置问题，并切实加强管控，尽可能减少这些人员对社会治安的危害。对农村籍的刑释解教人员，应当及时落实责任田、划分住房宅基地，刑释解教人员原承包的土地被征用的，应给予土地补偿费，不得随意克扣或取消。对符合“五保”或社会救济条件的刑释解教人员，应落实其待遇。对有劳动能力的刑释解教人员，可帮助和引导他们在乡镇企业就业或参加集体外出务工等。

中央对刑释解教人员就业问题非常重视，罗干、周永康等中央领导同志曾做出重要批示。今年，中央综治委、司法部、公安部、劳动和社会保障部、民政部、财政部、国家税务总局、国家工商行政管理总局等八部（委、局）安置帮教领导小组成员单位，经过深入调研，充分论证，根据国家有关法律、法规和政策规定，制定了《关于进一步加强刑释解教人员安置就业和社会保障工作的意见》（征求意见稿）。这个征求意见稿已经在今年9月份在江西召开的“全国社会治安综合治理工作会议”征求了与会代表的意见。这次会议再次提交各位领导审议，进一步提出修改意见，会后准备下发各地执行。

（四）动员和组织社会各方面的力量参与安置帮教工作。各地要在坚持以往行之有效的安置帮教措施的同时，积极探索在新形势下运用社会资源参与安置帮教工作的新措施、新方法。在社区建设中要充分发挥村、居委会的作用，健全安置帮教网络，落实安置帮教工作措施。工会、共青团、妇联组织和关心下一代协会等社会团体应积极组织开展志愿者活动，动员职工、团员、青年、妇女、离退休干部职工以“一助一”、“多助一”等形式参与对刑释解教人员的帮教工作，并将帮教工作与青少年保护、创建文明家庭，科教、文体、法律、卫生“四进社区”等工作有机结合起来。各地在开展公民道德教育活动中，要采取有针对性的措施，把对刑释解教人员的道德、法制教育作为一个重点。要充分发挥村民自治和社区管理的功能，因人而异、因地制宜地开展多种形式的教育活动，不断增强安置帮教工作的实效，把这项工作纳入基层安全创建和精神文明建设活动之中。社会科学研究部门、相关协会学会、高等院校应当加强对刑释解教人员这一社会群体的研究，加强对新形势下安置帮教工作规律的研究，以增强安置帮教工作的主动性、预见性。各地要充分利用报刊、电视、广播、网络等大众传播媒介，通过组织报告团、文艺表演、影视制作等多种形式，大力宣传做好安置帮教工作的重要意义，宣传从事安置帮教工作贡献突出的先进典型和那些走上正路、勤劳致富的刑释解教人员的典型。及时表彰具有典型示范作用的安置帮教工作先进集体和个人，不断提高各级党政领导、广大群众及社会各界对这项工作重要性的认识，形成良好的社会舆论氛围，使安置帮教工作得到全社会的关注、理解和支持，为进一步加强安置帮教工作创造良好的社会环境。

中央社会治安综合治理委员会办公室印发《关于取消收容遣送制度后部分城市治安管理情况的报告》的通知

(2003 年 11 月 21 日)

各省、自治区、直辖市社会治安综合治理委员会办公室,新疆生产建设兵团社会治安综合治理委员会办公室:

最近,中央综治办就实施《城市生活无着的流浪乞讨人员救助管理办法》以来部分城市的社会治安情况进行了调研,根据各地的情况和建议汇总了一个报告。现将报告印发给你们,供参阅。请注意研究目前城市治安管理工作中出现的新情况、新问题,协调、配合有关部门采取措施,加强治安管理,维护社会稳定。

关于取消收容遣送制度后部分城市治安管理情况的报告

最近,中央综治办就实施《城市生活无着的流浪乞讨人员救助管理办法》(以下简称《救助管理办法》)以来城市的社会治安情况作了调查,并召集部分城市综治办主任就此问题进行了座谈。现将情况报告如下:

一、总体情况

自 8 月 1 日《救助管理办法》实施以来,总的看,全国社会治安状况比较平稳,但在一些地方,特别是地处经济发达地区、交通要道的一些大中城市外来人口大量增加,城市管理、治安管理压力增大,治安问题增多,刑事案件、治安案件出现反弹,街头“双抢”案件上升。据公安机关统计,今年 7—8 月,全国共立抢夺案件 4.7 万起,同比上升 18.2%;立盗窃案件 50.8 万起,同比上升 4.5%。9 月份上海市共立各类刑事案件 10018 起,治安案件 21251 起,而上半年的月平均数分别为 8019 起和 15428 起,9 月份与上半年的月平均数相比较,刑事案件立案数上升 24.93%,治安案件上升了 37.74%,“双抢”案件比去年同期上升 10.29%。深圳市 8 月份以来,“双抢”和盗窃案件急剧上升,“双抢”案件 8 月份比 7 月份上升 115%,9 月份比 8 月份上升 9%,“盗窃”案件 8 月份比 7 月份上升 113.8%,9 月份比 8 月份上升 4%。

这些案件的增多,不能都归咎于流浪乞讨人员,但与《救助管理办法》实施后,在某些方面疏于管理或管理出现空白有关。《救助管理办法实施细则》规定了“城市生活无着的流浪乞讨人员”的四个条件,但目前真正符合这些条件的只占少数,多数流浪乞讨人员是以此为职业,他们在原户籍所在地并不是无法生存,到城市来是为了挣更多的钱,他们有的务工不着,有的根本不愿务工,想通过乞讨轻轻松松地挣钱。据了解,上海、深圳等地的流浪乞讨人员平均每人每天乞讨可得 100 多元。因此,这些人不可能去救助站接受救助。即使是符合救助条件的流浪乞讨人员,大多数也不愿意主动去救助站接受救助。北京市 8 月 21 日至23日开展的集中救助活动中，仅在城八区范围内就发现流浪乞讨人员2014人，这些人多数不属于"生活无着"的救助对象。8月1日以来，深圳市城管部门共向1783名流浪乞讨人员发放了救助告知书，进行了大量的说服劝导工作，并安排专门车辆运送前往救助站，但绝大多数流浪乞讨人员不愿接受救助，两个月来愿意接受救助的仅11人，其中符合救助条件的仅4人。9月27、28日两天，上海市开展了集中告知、引导、护送救助活动，共救助610人，自愿进站的只有27人，占4.4%，其余均为护送进站。

城市中的流浪乞讨人员一般文化素质低下、法制观念薄弱，有不少是好逸恶劳、品质恶劣的懒汉、二流子，这些人成为社会治安的一大隐患。有些流浪乞讨人员在繁华地区、公共场所阻拦车辆、拦住行人强讨强要，有的以卖唱、卖艺、卖花、擦车等形式强讨强要；有的借乞讨之名坑蒙拐骗，甚至雇用残疾人、儿童出面行乞；有些聚集成伙争地乞讨，划分"势力范围"；许多流浪乞讨人员露宿街头、过街地道、火车站、街头绿地，不仅有碍市容，而且影响治安，极大地干扰了正常的城市管理。

由于取消了收容遣送制度，以往借助收容手段查处控制的轻微违法犯罪问题出现反弹。如"票贩子"、"号贩子"、手机贩子，卖假发票、假证件者，算命看相者等，单纯依靠工商管理措施打击力度不够；又如对其行为不够行政处罚或治安处罚标准的"站街女"、"发廊妹"及在歌舞厅内从事有偿陪侍的人员，对结伙扒窃、抢夺的不能给予治安处罚的流浪儿童，公安机关缺乏有效的打击和管理控制手段。

在流浪乞讨人员管理工作中有关地区、部门尚未形成合力。尤其是对一些流浪乞讨的危重病人（有的自称有艾滋病），救助站和医院都不愿管。一些未成年的流浪乞讨人员，即使知道其家庭的地址，通知其亲属后多数都不来接回，救助站毫无办法。

收容遣送制度废除后，一些地方公安机关和民警思想认识没有及时跟上，有的干警不愿管，不敢管，有的不知如何管，对轻微违法犯罪行为也束手无策，在一定程度上减弱了治安管理的力度。今年7—8月，全国治安案件发现受理数、查处数、查处违法人员同比均有不同程度的下降，这种倾向应引起高度重视。

二、工作建议

（一）公安机关要充分运用现有的法律法规管理社会治安，严格执法。城市流浪乞讨人员管理办法改变之后，公安机关维护治安的任务不是减轻而是加重了。当前，大中城市社会面上出现的轻微违法行为，许多都有相应的法律规定。各级公安机关要加强队伍建设，坚持严格执法，理直气壮地依照法律法规的规定，加强治安管理，提高执法水平。要按照《公安部关于当前依法加强社会治安管理的通知》（公通字[2003]52号）精神，采取切实有效措施加强防范控制，打击各种违法犯罪活动。如：深圳市对于在城市主要道路上采取擦车行乞的人，由公安机关依照《深圳经济特区道路交通管理处罚条例》根据不同情况予以治安处罚；对于操纵、唆使、诱骗未成年人在交通要道擦车、卖花、派发色情卡片等的幕后人，由公安机关依照《中华人民共和国治安管理处罚条例》的有关规定予以严惩。深圳市公安机关认真研究流浪乞讨人员的活动规律，加强路面治安管理，加强路面巡逻，注意发现可疑人员，阻吓违法犯罪活动的发生。交管部门对违反道路交通秩序管理规定的未成年人员，立即带离现场，对已满14岁不满18岁的依法予以处罚，14岁以下的予以训诫，有监护人的责令监护人加强教育管理。

（二）完善、制定有关法律法规，确保治安管理工作有法可依。《救助管理办法》的对象是城市中生活无着的流浪乞讨人员，但对绝大多数并非生活无着，而是以乞讨为职业的流浪乞讨人员必须加强管理。必须尽快出台相关的法规，依法进行管理。如果允许乞讨为职业，也应对乞讨行为加以限制，也要有部门对乞讨人员进行管理，比如：应当明确禁止在党政军机关、车站、码头等重要部门、公共场所及商业繁华地区乞讨等。根据《未成年人保护法》有关规定，要制订未成年的流浪乞讨人员特别是有偷、抢行为的未成年流浪乞讨人员的收容教养办法。对流浪的精神病人应予以强制救助并规范救助办法等。

上海市以市民政局和公安局名义发出加强对流浪乞讨人员救助管理的公告，禁止在特定的场所乞讨，禁止以非正当的方式乞讨，禁止未成年人乞讨，禁止雇佣、教唆、利诱、强迫未成年人乞讨，对具有上述行为的，依据治安管理处罚条例及未成年人保护法等有关规定予以处理。但这种公告不等于法规，有的规定缺乏法律依据，不能依法管理，还会出现问题。

（三）坚决打击组织、唆使流浪乞讨的“幕后人”，对诱骗、胁迫儿童乞讨的要依法予以严惩。要从严从重处理幕后操纵者、组织者，该拘留的拘留，该劳教的劳教，绝不姑息。对流浪乞讨人员中的未成年人和智障人员可视作自愿求助对象，分别直接护送至少年儿童保护中心或救助管理站，依照有关法律规章分别进行集中收容、教育、抚养。要严密甄别混杂在流浪乞讨人员中的负案在逃人员和违法犯罪分子，充分利用特情耳目等各种工作手段，加强侦查破案工作。一些地方提出建立城市生活无着的流浪乞讨人员的电脑信息库，结合社会流动人口管理制度，对流浪乞讨人员进行动态管理，以全面掌握这部分人口的基本信息。加强对主要景区和繁华商业街区以及重要公共交通集散地的巡罗与查防，消除各种治安盲点、死角，以减少违法犯罪分子的作案机会。

（四）加大宣传力度，新闻媒体要大力支持、保护基层干警依法行使治安管理职责，维护公安干警的良好形象。新闻媒体要大力宣传政府在救助流浪乞讨人员方面所采取的措施及其成效，坚决支持公安等执法部门依法管理、依法维护城市治安的举措；宣传公安等执法部门加强队伍建设、严格执法和公安干警为维护社会治安不怕牺牲、勇于奉献的精神。宣传城市管理、治安管理等有关法规。揭露一些人拦路强讨强要给市民造成的侵害；揭露一些人利用未成年人、残疾人行乞，从中盘剥渔利的违法行为，使广大市民理解、支持公安干警所采取的治安管理措施。

（五）各有关部门充分发挥职能作用，共同做好流浪乞讨人员救助管理工作。对群众反映强烈的在公共场所强讨强要、在交通路口拦截车辆乞讨、露宿街头或地下通道等公共场所问题，政府应协调城管、公安、民政等有关部门共同解决。对影响城市治安管理的新问题要进行梳理，逐项确定管理的主要部门。有些地方建议组建一支以民政部门为主，公安、城管、卫生等部门参加的综合救助队伍，专门负责对城市中生活无着的流浪乞讨人员进行及时救助，以适应城市管理和治安管理的需要。

一些地方建议，对流浪的“武疯子”、“丑疯子”和精神病人由卫生部门负责收治，公安、城管等部门发现后护送到定点医院救治，对残疾流浪乞讨人员，民政部门应强制救助。一些地方建议发挥残疾人基金会、老年人救助服务社等社团、民间组织的作用，开展保护性救助服务。一些地方建议在远郊区设立专门接收呆傻流浪人员的救助站，对其实行长期救助，对流浪乞讨的精神病人统一实施医疗救助，防止他们流落社会遭受不法侵害，或对社会造成危害。一些地方建议流浪的精神病人、危重病人等的救治工作由民政部门设立专门医院来承担，减少部门之间因职责不清或操作性问题导致互相推诿扯皮。北京市东城区等地建立了由公安、城管、民政等部门人员组成的巡逻救助队伍，由城管部门组织车辆负责重点地区的日常巡逻和救助。公安分局调整警力部署，加大对社会面的巡逻控制力度，对王府井、北京火车站等重要公共场所和部位实行24小时监控，对乞讨索要、散发小广告、无照游商等问题加强了控制。

一些地方提出，民政部门是救助管理的主体，要主动做好对不愿来救助站的生活无着的流浪乞讨人员的劝导工作，不能只强调来去自愿。目前，多数救助站被救助人员很少，如：广东省挂牌运作的45个救助站，8月1日至9月30日，全省共接待求助人员5098人，经过询问和甄别，实际救助3956人，每个站日平均救助人数仅为1.6人，拥有260张床位的广州救助站日均只有1.07人。类似情况在北京、沈阳、西安、海口等地都不同程度的存在。

有的地方建议，对一些因被盗、被骗等陷入困境又无力返乡的外来人员，还有一些因长期找不到工作、钱财用尽而流落街头的外来人员，虽无流浪乞讨行为，也应给予救助，预防和减少违法犯罪活动。

不少地方提出，要及时收治患有传染病的流浪乞讨人员，特别是防范“非典”又提到日程时，卫生部门应积极配合民政、公安等部门做好救助工作，应指定专门医院救助治疗生活无着的流浪乞讨人员中的病人。

建议立即建立、完善救助工作地区间协作机制，要强调流出地政府确保流浪乞讨人员“接回”

渠道畅通,认真做好本地户籍流浪乞讨人员、精神病人的救助工作,避免他们在大城市大量聚集和滞留。对流出地拒不接回的,应给予通报批评。

从发展的趋势看,应组织公安、民政、城管等部门研究制订对当前社会上大量存在的职业乞讨者的管理措施,遏制职业乞讨者队伍不断扩大的趋势,制定救助管理工作长期规划。可建立公安"110"、民政救助站、城管及卫生等职能部门之间的联动机制,进一步加强救助工作中的协调与配合。

中央社会治安综合治理委员会办公室关于天津市在城市建设中处理好拆迁问题的经验报告

(2003年12月9日)

天津市综治办认真总结在城市拆迁改造工作中积极化解矛盾纠纷,发挥综合治理的优势,维护社会稳定的经验。现将天津市的主要做法汇报如下:

今年以来,天津市委、市政府在开展危旧房屋改造、海河综合开发、市政基础设施建设等重点工程中,高度重视拆迁过程中引发的矛盾纠纷,维护群众利益,妥善解决中低收入群众,特别是孤、残、病等特困群众的实际困难,有效维护了社会稳定。截止9月底,全市拆迁房屋345万建筑平方米,近10万户拆迁居民改善了住宅条件。全市拆迁上访率仅为0.5%,没有发生一起恶性事件。

一、健全完善相关政策规定,依法规范拆迁行为

为认真贯彻《国务院城市房屋拆迁管理条例》,天津市制定了《天津市城市房屋拆迁管理规定》、《天津市房屋拆迁单位管理暂行办法》等10多个配套文件,制定了《天津市房屋拆迁补偿安置协议》等13种示范文本。这些配套文件、示范文本的颁布和实施,促进了房屋拆迁管理规范化,增加了透明度。按照"依法拆迁、以情拆迁、文明拆迁"的工作原则,补充完善了拆迁公示、信访服务、投诉举报、监督检查、拆迁诚信、一站式服务等6项制度。市政府要求各级房屋拆迁管理部门在拆迁工作中做到五个前移:一是要件审查工作前移,从严审批房屋拆迁许可证。二是补偿安置资金监管工作前移,保证安置资金落实到位。三是拆迁评估市场准入制度前移,从全市房地产评估机构中选择资质等级高、社会信用好的单位承担房屋拆迁评估工作。四是房屋拆迁管理工作前移,坚持用程序规范拆迁行为。五是培训工作前移,组织全市房屋拆迁管理部门、拆迁单位工作人员定期学习拆迁法规,提高工作水平,保证拆迁政策法规的正确执行。

二、发挥四级矛盾纠纷调解网络的作用,积极疏导化解矛盾

年初,围绕全市重点工程的建设,市综治委把海河开发、地铁工程等11个建设项目周边地区列为市级重点整治对象,把涉及拆迁过程中的矛盾纠纷排查调处效果作为检验工作的重要标准,制定周密工作方案,加强督促检查和过程管理,不断推进工作的深入。同时,注意发挥市、区(县)、街道(乡镇)、居(村)委会四级矛盾纠纷排查调处组织的作用,层层做好排查调处工作,有效地把问题化解在基层,理顺群众情绪,疏导、化解矛盾。今年1至10月,全市共排查出拆迁中易引发群体性事件的重大纠纷91件,成功调处了69件。

三、综治、政法部门充分发挥作用,积极提供法律服务和保障

一是健全维护稳定工作机制,狠抓责任落实,确保各项保障措施及时到位。各区以及各拆迁片均建立拆迁工程指挥部,建委、房管、纪检、综治办、维稳办、法制办、信访办、公安、法院、司法行政、民政等部门为成员单位。各职能部门实行一把手负总责，分管领导具体负责的维护稳定工作责任制，做到总体部署有要求，具体工作有人抓，发生问题有牵头部门解决。二是坚持预防为主，超前防范，把各种不稳定因素化解在基层。各区在拆迁正式开始以前，召开有各有关单位和部门参加的专门会议，全面分析拆迁地区情况，排查影响拆迁工作的各类问题和不稳定因素，研究制定工作措施和预案，做到预警在前、预控在前、开展工作在前。在拆迁过程中，实施停水、停电、停气、切改市政设施以及强迁等重大行动前，都要召开形势分析会，排查隐患，分工负责，深入开展矛盾纠纷排查调处工作，为顺利拆迁扫清障碍。为增强拆迁工作的透明度，做到公正、公开、公平，广泛利用新闻媒体、公示栏，把拆迁工作的相关法规及拆迁政策向拆迁户广泛宣传，做到家喻户晓、人人皆知。各拆迁片普遍设立了信访接待站及法律咨询站，由区领导带领有关部门负责人接待法律咨询和群众投诉，同时建立领导接待日制度、走访制度、难点问题多部门联合办公制度，为群众答疑解惑、排忧解难，最大限度地取得群众的理解和支持。据统计，市内六区各拆迁片涉及的拆迁户经过动员，主动搬迁占95%以上。三是综治、政法部门各负其职，协同作战，共同做好拆迁的服务和保障工作。区综治办协调有关部门从整治拆迁片及周边治安环境入手，严厉打击借拆迁之机敲诈拆迁补偿费的违法犯罪行为，加强流动人口管理，整治治安隐患，加强巡罗守护，有效地维护了拆迁片的治安秩序。公安部门加大对各拆迁片的警力投入，制止违法行为，保证拆迁现场秩序井然。法院加大依法强制执行的力度，积极做好涉诉案件的调查和审判。公证部门和律师事务所提前介入，搞好拆迁现场公证和鉴证工作，帮助群众理顺拆迁中的民事法律关系。在拆迁中加强对重点人的控制，密切掌握动态信息，将矛盾解决在萌芽状态。对已经上访、堵路的群众，开展疏导、劝解工作，缓解群众的情绪。对个别借机煽动群众闹事的分子，坚决进行查处，维护了拆迁秩序和社会稳定。

四、动员社会力量救助弱势群体，妥善做好安置工作

一是定购存量住房转为廉租房。由市住房保障部门利用专项资金，在市场上收购区位、价格、户型适中的“二手”住房，把一部分普通商品房转为廉租住房，向最低收入家庭出租、出售。对拆迁量大、特困户较多的南开区等拆迁难点地区，市房管局按低于成本价30%的价格，向275户拆迁特困居民提供房屋，共补贴资金482万元。二是规范和培育二手房交易市场。提供更多的房源信息和服务，举办形式多样的二手房交易会，为群众提供更多的房源，让拆迁户选购合适的住房。今年以来，先后举办17次房屋交易会，解决了7238户拆迁住房安置问题。三是开展“情系百姓特惠售房”和向特困群众献爱心活动。组织开发、中介企业向拆迁居民定向销售微利房，筛选出6000套质量优良、配套齐全、户型价位适中的商品房以及近4000套二手房房源信息，供群众选择。红桥区筹集救助款近千万元，救助困难拆迁群众2000余户。河北区组织筹办了多次房交会和专门为特困户筹办的“倾情特困群众房产交易会”，对特殊困难的群众采取“特事特办”的方式加以解决。四是妥善安置鳏寡孤老人员。由民政部门将孤老户的住房和生活问题一并解决。把房屋拆迁补偿费按月交养老金。河东区拆迁办通过与老人商议，包老人送到敬老院，经过公证由敬老院负责老人的生活，以拆迁补偿费作养老金，为老人养老送终。

六、社会治安综合治理宣传工作情况

中央社会治安综合治理委员会 中华全国新闻工作者协会 关于开展2002年度全国社会治安综合治理好新闻奖评选活动的通知

（2003年2月10日）

各省、自治区、直辖市社会治安综合治理委员会办公室、新闻工作者协会，新疆生产建设兵团社会治安综合治理委员会办公室、新闻工作者协会，中央社会治安综合治理委员会各成员单位，中央有关新闻单位：

由中央社会治安综合治理委员会与中华全国新闻工作者协会共同举办的全国社会治安综合治理好新闻奖，是经中宣部批准设立的全国性法制新闻类大奖。评选活动开展10年来，在各地和中央综治委各成员单位、中央新闻单位的大力支持下，工作更加规范，参评作品逐年增多，质量不断提高，社会影响日益扩大，有力地推动了社会治安综合治理宣传工作的深入开展。

2002年度全国社会治安综合治理好新闻奖评活动即将开始，请各地综治委、办会同新闻工作者协会和有关单位，严格按照“2002年度全国社会治安综合治理好新闻奖评选办法”及有关规定的要求，认真组织好初评工作，按时将高质量的参评作品寄送指定地点。请各中央新闻单位积极组织本单位开展社会治安综合治理好新闻奖的初评、选送工作。请各地新闻工作者协会大力支持、配合，共同完成这次评选活动。对组织工作认真、选送作品质量高、获奖作品多的地方和单位，将予以表彰奖励。

中央社会治安综合治理委员会关于印发《顾秀莲同志在2002年度全国社会治安综合治理好新闻奖颁奖会上的讲话》的通知

（2003年11月6日）

各省、自治区、直辖市社会治安综合治理委员会、新闻工作者协会，新疆生产建设兵团社会治安综合治理委员会，中央和国家机关有关部门，各人民团体，中央新闻单位：

由中央社会治安综合治理委员会与中华全国新闻工作者协会联合举办的2002年度全国社会治安综合治理好新闻奖评选活动已经圆满结束。2003年10月30日在北京举行了隆重的颁奖仪式，全国人大常委会副委员长、中央社会治安综合治理委员会副主任顾秀莲出席会议并讲话。现将顾秀莲同志的讲话印发给你们。请结合实际情况，认真贯彻执行，进一步加大社会治安综合治理的宣传力度，推动综合治理各项工作措施的落实。

顾秀莲同志在2002年度全国社会治安综合治理好新闻奖颁奖会上的讲话

（2003年10月30日）

同志们：

在全党兴起学习“三个代表”重要思想新高潮，贯彻落实党的十六届三中全会精神之际，中央社会治安综合治理委员会、中华全国新闻工作者协会今天在这里隆重举行颁奖会，为2002年度全国社会治安综合治理好新闻奖的获奖者颁奖，很有意义。我代表中央社会治安综合治理委员会、中华全国新闻工作者协会，向获奖的单位和个人表示热烈的祝贺！向长期以来为社会治安综合治理新闻宣传工作作出不懈努力的宣传部门、新闻单位的同志们表示衷心的感谢！

一年一度的全国社会治安综合治理好新闻奖，作为全国法制新闻类大奖，在各地和中央综治委成员单位、中央新闻单位的大力支持和积极参与下，迄今已经成功地举办了十届。本届全国社会治安综合治理好新闻奖评选活动更加规范，参评单位和地区广泛，作品质量较高，尤其是边远地区选送的作品质量有了较大的提高。这些情况表明，全国社会治安综合治理好新闻奖的影响越来越大，各地和各新闻单位对社会治安综合治理宣传工作越来越重视，好新闻奖评选工作和新闻宣传工作已成为社会治安综合治理工作的一项重要内容，取得了可喜的成绩。这次评选出的178件获奖作品，是去年社会治安综合治理新闻宣传优秀作品的代表，反映了去年综合治理宣传工作取得的成绩，凝聚了广大新闻工作者的心血。

下面，我就进一步加强社会治安综合治理宣传工作讲几点意见。

一、从实践"三个代表"重要思想的高度，充分认识加强社会治安综合治理宣传工作的重要性

加强社会治安综合治理，是解决我国社会治安问题的根本出路，是实践"三个代表"重要思想、建立和保持良好的治安秩序的战略措施。对社会治安实行综合治理，就是要围绕改革发展稳定的大局，通过排查调处各种矛盾纠纷，预防和减少群体性事件，维护社会稳定；依法严厉打击各种违法犯罪活动，维护社会治安和市场经济秩序，为经济发展创造良好的社会环境，推动先进生产力的发展；通过加强法制教育和道德教育，扫除各种社会丑恶现象，抵制腐朽思想文化，不断铲除其滋生的土壤，促进先进文化的传播；通过加强治安防范，最大限度地预防和减少违法犯罪，保障广大人民群众安居乐业，维护广大群众的根本利益。

党和国家高度重视社会治安综合治理工作。党的十六大对这些年来的社会治安综合治理工作作了充分肯定，同时又从全面建设小康社会的宏伟目标的高度，再次明确提出了坚持打防结合、预防为主，落实社会治安综合治理各项措施。在党的十六届三中全会上，胡锦涛总书记又强调了深入推进社会治安综合治理的任务和要求。各地、各部门贯彻落实《中共中央、国务院关于进一步加强社会治安综合治理的意见》，认真执行中央关于社会治安综合治理的方针、政策，全面开展社会治安综合治理工作，着力解决影响社会治安的突出问题，取得了积极的效果，积累了成功的经验，对维护社会稳定、促进经济发展和社会进步起到了重要作用。实践证明，维护良好的社会秩序，既是全面建设小康社会的奋斗目标，又是实现全面建设小康社会宏伟目标的重要保障。全面落实社会治安综合治理各项措施，保持社会的和谐稳定，维护国家的长治久安，保障人民群众安居乐业，是贯彻落实"三个代表"重要思想和党的十六大精神的具体体现和内在要求。

社会治安综合治理宣传工作，是党的宣传思想工作的一个重要方面，也是社会治安综合治理工作的重要组成部分。社会治安综合治理是一项社会系统工程，需要动员全党、全社会各方面力量和广大人民群众共同参与，齐抓共管。要通过加强宣传工作，把党和政府为维护社会稳定和解决社会治安问题所采取的方针、政策、措施和工作进展情况，及时、准确地告诉群众，以争取社会监督、群众支持，调动社会各方面和广大群众参与社会治安综合治理、维护社会稳定的积极性，把党和政府关于社会治安工作的决策、部署变为各有关部门和广大群众的自觉行动，把各地社会治安综合治理工作的好做法总结提升为普遍性的成功经验，推动这项工作广泛深入地开展。

十多年来，社会治安综合治理工作取得了显著成效，这既是党和政府高度重视、正确领导和全社会积极参与、共同努力的结果，也是新闻宣传部门和广大新闻工作者大力支持、辛勤工作、积极推动的结果，新闻宣传和理论研究工作的不断加强，为社会治安综合治理工作的深入开展营造了良好的舆论氛围，提供了有力的舆论支持和理论依据。

二、把握导向，突出重点，切实增强社会治安综合治理宣传工作的时效性、针对性和吸引力、感召力

社会治安综合治理工作既有较强的政策性，更具广泛的社会性和群众性。加强社会治安综合治理宣传舆论工作，要坚持把体现党的意志同反映人民心声结合起来，坚持团结稳定鼓劲、正面宣传为主的方针，坚持正确的政治方向和舆论导向，提倡多样化，努力做到贴近实际、贴近生活、贴近群众，切实增强时效性、针对性和吸引力、感召力。要通过有声有色的新闻宣传报道，体现党和政府对社会稳定的高度重视和解决社会治安问题的决心，鼓舞政法、综合治理战线的斗志，增强广大群众对整治社会治安秩序和保持社会稳定的信心，动员社会各界积极支持和参与社会治安综合治理、维护社会稳定。

社会治安综合治理工作涉及面广，内容丰富，新闻宣传报道要突出重点，注重实效。要积极宣传党中央、国务院对社会治安综合治理工作的一系列重要指示和重大决策、部署；宣传党的十六大和十六届三中全会提出的关于社会治安综合治理的任务和要求，牢固树立"三个代表"重要思想在社会治安综合治理工作中的指导地位；宣传各地区、各部门贯彻落实中共中央、国务院《关于加强社会治安综合治理的决定》和《关于进一步加强社会治安综合治理的意见》。上个月，在南昌市召开的全国社会治安综合治理工作会议对建立健全社会治安防控体系，落实社会治安综合治理各项措施，作了部署，同时总结交流和推出了一大批好经验、好做法。对此，要加大宣传力度，深入宣传坚持打防结合、预防为主，加强治安防范的重要意义，大力宣传各地、各部门推进治安防控体系建设的生动实践和成功经验，重点报道开展群防群治、弘扬见义勇为精神的先进典型事迹，褒扬社会治安综合治理战线上涌现出的先进人物。要继续深入宣传各地、各部门严格实行社会治安综合治理责任制，深化"严打"整治斗争，开展矛盾纠纷排查调处、预防青少年违法犯罪，加强流动人口管理服务、铁路护路联防、刑释解教人员安置帮教和企业、学校及其周边治安综合治理，推进基层安全创建和"法律进社区"等项工作中的好做法、好经验，为推动社会治安综合治理各项措施的落实营造良好的舆论环境。

三、加强组织领导和协调配合，努力开创社会治安综合治理宣传工作新局面

搞好社会治安综合治理宣传工作，既是宣传部门和新闻单位的一项重要任务，也是政法、综合治理部门的一个重要职责。各级党委宣传部门要把这项工作列入重要议事日程，纳入宣传报道计划，提出具体要求，加强组织协调，认真检查、指导和协调有关部门、新闻单位抓好宣传方案的落实。各级政法、综合治理部门要加强对社会治安综合治理宣传工作的组织领导，加强本部门、本系统宣传队伍和宣传阵地建设；同时，要加强与党委宣传部门和各新闻、文化、出版单位的联系，密切配合，形成宣传合力和宣传声势。尤其是各地综治委办要从机构、人员和工作机制等方面加强宣传工作的力量，做到专人分管、专人负责，建立健全与宣传部门和新闻单位协调配合的宣传工作机制。各新闻单位要加大社会治安综合治理宣传报道的力度，增强主动性，组织广大新闻工作者深入社会治安综合治理工作第一线，抓住群众关心的治安热点、难点问题，创作出有深度、有力度的好作品。社会治安综合治理宣传，每年都要形成几个集中宣传的高潮，同时又要做到长流水、不断线，把集中宣传与经常性宣传很好地结合起来。要发挥各种新闻媒体的特长，特别要充分发挥党报党刊等主流媒体的主阵地作用，充分利用电视、广播、互联网等现代化的传播媒介开展正面宣传，采用群众喜闻乐见的形式，加强和改进宣传报道形式，力求实效，努力提高社会治安综合治理宣传工作的水平。

同志们，经过为期两年的"严打"整治斗争，社会治安取得了明显进步，治安大局稳定，人民群众的安全感增强。但当前社会治安形势仍不容乐观，出现了不少新情况、新问题，社会治安综合治理工作面临的任务十分艰巨、繁重。因此，要认真开展调查研究，积极进行社会治安综合治理的理论探索，进一步加强社会治安综合治理宣传工作。希望各级新闻宣传部门和广大新闻工作者，一如既往地重视和支持社会治安综合治理工作，以"三个代表"重要思想和党的十六大精神为指导，及时宣传报道工作进展情况，大力推广先进典型，充分反映基层干部群众的意见和要求，多出精品，为推动社会治安综合治理工作深入开展，保持良好的社会治安秩序，做出新的贡献。

附一：

2002年度全国社会治安综合治理好新闻奖评选工作概况

2003年2月，中央社会治安综合治理委员会和中华全国新闻工作者协会联合下发了《关于开展2002年度全国社会治安综合治理好新闻奖评选活动的通知》。各地和中央新闻单位及部分中央综治委成员单位按照《通知》要求，高度重视，结合本地区、本部门的实际，本着客观、公正、合理、优良的原则，认真开展初评工作，推荐了一大批质量较高的参评作用。据统计，全国综治好新闻奖评选办公室共收到全国31个省、自治区、直辖市和新疆生产建设兵团、15家中央新闻单位及中央综治委成员单位报送的参评作品661件，其中报刊作品350件，电视作品125件，广播作品94件，摄影作品92件。

2003年8月29日至9月4日，全国综治好新闻奖评选办公室邀请中央新闻单位和中央综治委成员单位的有关专家，对参评作品进行了复评。10月20日，全国综治好新闻奖评选委员会进行了定评，共评出获奖作品178个，其中特别奖作品1个(报刊)；一等奖作品22个(报刊10个，电视8个，广播4个)；二等奖作品47个(报刊25个，电视13个，广播9个)；三等奖作品97个(报刊57个，电视20个，广播20个)；优秀奖12个(图片)。此外，评出好新闻组织奖16个。

这次评选工作的主要情况如下：

一、高度重视，精心组织，评选工作更加规范

各地和各有关单位对这次评选活动高度重视，参评热情进一步提高，评选工作更加规范。北京、河北、天津、山西、陕西、吉林、黑龙江、上海、江苏、浙江、福建、山东、广东、江西、河南、湖北、新疆等地成立了由综治办、党委宣传部、新闻工作者协会和主要新闻单位的负责人、专家组成的评委会，下设了专门评选办公室，精心组织，认真评选，严格把关，广泛动员。有的地市除下发通知外，还采取“走出去、请进来”的方法，有针对性地开展工作。河北、山西、陕西、吉林、黑龙江、浙江、福建、江西等地将评选工作纳入综合治理目标考核和综治宣传工作的重要内容，并拨出专项经费，保证了评选活动的顺利开展。北京市在评选活动中，克服了因防“非典”斗争带来的困难，没有影响评选工作进度，没有降低评选标准，继续保持了推荐作品质量较高的势头。天津市综治委和记协坚持每年对获奖作者除颁发获奖证书和奖金外，还发专函通知其所在单位的组织人事部门，作为获奖者评选先进、晋职晋级的重要条件，一批获奖作者由此受益。福建省为了确保把好的作品推荐上来，还加强了与新闻单位的沟通，主动上门征集好作品，确保了推荐作品的质量。黑龙江省在评选中做到了“三严格”：一是严格筛选，坚持高标准；二是严格程序，工作进一步规范；三是严格制度，确保公正合理。中央新闻单位和有关部门对这次评选活动也非常重视，新华社、人民日报、中央人民广播电台、中央电视台、法制日报、中国青年报、中国日报等新闻单位和公安部、最高人民检察院、最高人民法院、铁道部、海关总署、解放军总政治部、全国妇联、团中央等中央综治委成员单位也积极选送了参评作品。

二、获奖作品主题鲜明，内容丰富，质量明显提高

(一)重点突出，紧密围绕综治工作的中心。本届获奖作品大多紧扣社会治安综合治理的重点工作和群众关注的治安难点、热点问题，围绕去年“严打”整治斗争和综治工作的重大事件，密切联系各地实际，宣传党中央、国务院关于加强社会治安工作的重大决策和部署，报道各地、各有关部门及广大人民群众积极开展、参与综合治理工作的好经验、好做法。如报刊特等奖作品《社会治安防范的两大着力点》,紧扣去年全国社会治安综合治理工作会议精神的主题,指出在做好社会治安综合治理各项基础性工作的同时,要结合当前的治安形势,突出两个工作重点,此篇文章主题鲜明、内容表达准确,发挥了重要的舆论导向作用。报刊一等奖《经历风雨展新颜》,反映了石家庄"3.16"爆炸案后,狠抓基层基础建设,加强重点部位和爆炸物品管理,落实防控措施的做法。文章条理清楚、说评并重,有较强的指导和借鉴作用。电视一等奖《上海构筑社会治安防范体系建设》反映了上海市加强社会治安防范工作,提出并实行社会治安"网格化"管理,街头多发性案件明显下降的经验,此报道在社会上产生了积极的影响,对加强治安防范工作起到了很好的示范作用。广播系列报道《忠诚》,配合党的十六大的召开,歌颂了政法战线上十五位英模人物,在社会上特别是政法系统产生了积极的影响,营造了"学习英模先进事迹、争当合格政法干警"的良好舆论氛围。电视专题《变味"网吧"》,广播系列报道《重点整治成效大,百年老街换新颜》,消息《京城净化地下空间》等,都是围绕群众关注的治安热点、难点问题进行宣传报道,导向正确,贴近群众,贴近生活。

(二)突出新闻性,讲求艺术性。许多获奖作品既有深刻的思想内涵,又有较强的艺术表现;既遵循了新闻宣传的规律,又有较强的艺术感染力和震撼力。如广播一等奖作品《家庭暴力——不再隐瞒的话题》,选题有较强的针对性,报道以家庭暴力为话题,受害人出场、执法人员参与、群众讨论、专家评说,现场感强,节目内容有深度,制作精良,有很强的说服力和感染力。摄影作品《"金三角"禁毒的承诺》,则用一幅幅生动的画面再现了我国警方与国外警方通力合作铲除毒品的决心,反映了广大公安民警勇于献身、英勇果敢的大无畏精神,同时作品也处处体现着作者较高的业务素质和良好敬业精神。

(三)内容丰富,题材广泛。这次获奖作品选题涉及社会治安综合治理各个方面的工作,特别是围绕全国开展的"严打"整治斗争,从不同侧面体现了政法、综治战线火热的工作场景,体现了广大人民群众积极参与"严打"整治斗争的满腔热情。有的作品紧紧围绕综治工作的中心,反映贯彻"打防结合、预防为主"的方针,为综治各项工作的开展起了积极的推动作用;有的作品虽然选择的只是综治工作的一个侧面,但立意深刻、报道深入,给人带来很多启示。这次获奖作者既有来自中央主要新闻单位的,也有来自省(区、市)级新闻单位的,还有许多来自市(地)甚至县级基层单位的。同时,我们也欣喜地看到,西部相对经济落后地区的获奖作品比例有所加大,不乏有一二等奖。这表明社会治安综合治理工作在全国各地普遍开展并深入推进,综治好新闻的知名度进一步提高,综治宣传工作得到普遍重视。

三、这次评选工作及参评作品中存在的问题

(一)个别地区和单位对评选工作重视不够,没有把评选工作看作综治工作的重要组成部分,没有确定专人负责,工作没力度。主要体现在报送作品种类缺、数量少、质量差,报送材料不规范。

(二)有些参评作品不符合评选《通知》要求。如一些报刊作品文字过长,有些电视、广播作品时间超长;有的录像带质量差,或有声无影,或有影无声,或图像、声音模糊不清;有的录音、录像带一盘含有多个节目,没有起始标志,制作粗糙,给评选工作带来很多不便。这些问题在去年下发的文件已经指出,但个别地方和单位还是没有严格遵守评选标准,今后对不按标准和要求选送的作品,一律取消参评资格。

(三)有的地方和单位参评作品题材单一、内容单一,体现打击的作品多,注重防范的作品少;长篇大论的通讯多,短小精悍的消息、言论少。有的选题较好,但内容挖掘不深,表达不准确。

针对以上问题,专家和评委们建议在今后的评选工作中,还要进一步严格规范评选程序,统一标准;为了鼓励紧密结合综治工作的重头稿件参评,调动作者积极性,建议增设"特别奖";对近年来组织参评工作较好、获奖作品较多的地方和单位的经验进行总结,推广他们的好做法和经验;举办政法、综治宣传干部培训班,不断提高政法、综治宣传干部的业务素质。

根据各地和各有关新闻单位组织开展本届综治好新闻奖评选活动和开展日常综治宣传工作的情况,以及获奖作品的质量、数量等情况,评选出北京、广东、黑龙江、福建、江西、西藏6个省(区、市)综治办和铁道部综治办、海关总署新闻办公室、解放军总政治部宣传局及新华社国内新闻编辑部、人民日报国内部、中央电视台研究室、法制日报政法部、人民公安报社、检察日报社、人民法院报社等7个新闻单位，获2002年度全国综治好新闻奖组织奖。

全国社会治安综合治理好新闻奖评选办公室
2003年10月20日

附二：

2002年度全国社会治安综合治理好新闻奖获奖名单

（共178篇）

报刊类（93篇）

特别奖（1篇）

体裁	作品题目	作者	刊播单位	推荐单位
通讯	社会治安防范的两大着力点	于滨	了望杂志	新华社国内部

一等奖（10篇）

体裁	作品题目	作者	刊播单位	推荐单位
消息	我国将逐步建立新型治安防范网络	王雷鸣	新华社	新华社国内部
通讯	长治久安的金字塔	徐庭盛　刘晖	闽北日报	福建省综治办
通讯	京城净化地下空间	肖雯慧	北京日报	首都综治办
通讯	上海将全面推行社区矫治工作	刘建	法制日报	法制日报社
通讯	“治安预报”飞入寻常百姓家	詹肖冰　童新文	人民公安报	人民公安报社
消息	居民家门口安宁了	蒋德　冯强　杨维斌	法制日报	法制日报社
通讯	卧底三元里　这回是惊喜	闫修彦　梁克毅　黄熹　罗焕良	羊城晚报	广东省综治办
通讯	经风历雨展新颜	要建春	长安杂志	长安杂志社
言论	从一幅标语说起	裴智通	人民日报	人民日报社
通讯	“贼村”帽子摘掉了	郑勋　张仁平　张金文	检察日报	检察日报社

二等奖(25 篇)

体裁	作品题目	作者	刊播单位	推荐单位
通讯	共同维护安全稳定	王东海　肖光元　武景生	解放军报	解放军报社
评论	扶正祛邪　确保公共安全	刘文宁	工人日报	工人日报社
消息	山东建起立体治安防控体系	毛磊	人民日报	人民日报社
通讯	外来务工:规范有序纳百川	翟惠敏	法制日报	法制日报社
通讯	春风又绿江南岸	陈劲松　范蔚萱　陈旭	长安杂志	长安杂志社
消息	“零点计划”打拐到源头	张峰	中国日报	中国日报社
通讯	让“归正人员”不再走歪路	刘继纯	检察日报	检察日报社
评论	盛赞城管吃皇粮	杨亮庆	中国青年报	中国青年报社
消息	“联合舰队”打造无家暴社区	沈莹	中国妇女报	中国妇女报社
消息	刑释解教人员改称归正人员	傅丕毅　朱立毅	新华社浙江分社	浙江省综治办
通讯	双城市万隆乡赌场“生意”红火	金鑫	黑龙江法制报	黑龙江省综治办
通讯	俄杰塘旧貌换了新颜	洪冰　王允浩	西藏商报	西藏自治区综治办
通讯	“联户联防”构建农村防护网	刘春幗　周雨	重庆日报	重庆市综治办
通讯	用真情打造的“蓝天”	张发贵	法制生活报	贵州省综治办
系列报道	震山一吼唱太平	李峻峰　黄奇向　李长江　欧凯	广西政法报	广西自治区综治办
通讯	小小《告知单》责任重于山	王昕　孙湘茹	天津政法报	天津市综治办
通讯	社区警务室莫唱“空城计”	苏峰	宁夏日报	宁夏自治区综治办
通讯	“红领巾提案”提醒更多关爱	沈峥嵘	新华日报	江苏省综治办
消息	好治安就是无价招牌	张晓　陆福田　李筱春	深圳法制报	广东省综治办
通讯	市中区活跃着 18000 名矛盾纠纷排查信息员	季耀昆	济南日报	山东省综治办
消息	治安防范与再就业双赢	高国垒	上海法治报	上海市综治办
通讯	生活在上海　安全	陈瑜　陈斌	解放日报	上海市综治办
系列报道	关注城市外来人口与社会治安	古孟冬　张哲	河北法制报	河北省综治办
消息	双辽治安联防走向市场	张辉　赵联洗	吉林日报	吉林省综治办
消息	沙洋首创综治协会促农村稳定	杜泽华　全昌国	湖北法制报	湖北省综治办

三等奖(57 篇)

体裁	作品题目	作者	刊播单位	推荐单位
通讯	“平安大道”的守护神	朱大强	中国新闻社	中国新闻社
专题	同窗竟成杀手	杜立　田如瑞	中国中学生报	共青团中央

续表

体裁	作品题目	作者	刊播单位	推荐单位
消息	“网吧”纵火少年的家庭悲剧	刘畅　蒋薇	中国青年报	中国青年报社
通讯	休闲市场不安分犯罪增多须整顿	袁正兵	检察日报	检察日报社
述评	有害的“口袋书”	吕诺	新华社	新华社国内部
通讯	追捕光盘走私大鳄	孙海波	中国国门时报	海关总署办公厅
通讯	法制主任进村来	郑宗昌	人民公安报	人民公安报社
消息	某炮团创建“军营110”效益明显	武峥嵘　岳转久	解放军报	解放军报社
通讯	人民法院参与综治的有益探索	张景义	人民法院报	人民法院报社
通讯	“综治”进社区措施真不少	周衍军　田水平	社区杂志	民政部新闻办
通讯	营造长江鄂西段的良好环境	丁山　严冬　袁向阳　靳晖	中国水运报	交通部综治办
通讯	他把父亲送进了监狱	苏伦军	中国武警杂志	解放军总政治部
通讯	八昼夜摧毁京郊两个制售假证犯罪团伙	艾安军	科技日报	铁道部综治办
消息	科技创安走入京城平房老区	宝华　李俊杰	长安杂志	长安杂志社
通讯	隐患岂能随意推向社会	刘国航	法制日报	法制日报社
通讯	法制:走近少年与家庭	张涛	人民日报	人民日报社
通讯	三层防护确保社区安全	黄日飞　陈立雄　麦立源	人民日报	广东省综治办
通讯	豁出性命打黑除恶	慕海燕	新晚报	黑龙江省综治办
评论	“破窗理论”与“蝴蝶效应”	杨大德	贵州日报	贵州省综治办
通讯	她心中有一团不熄的火	胡临雪	广西政法报	广西自治区综治办
通讯	社区防范大有可为	陈伟　赵玉伟	天津政法报	天津市综治办

续表

体裁	作品题目	作者	刊播单位	推荐单位
通讯	公安厅长周末暗访记	连小芳　王玮　贾红霞	宁夏日报	宁夏自治区综治办
系列报道	记者行动，为了孩子——校园周边环境综合治理系列报道	于森	盘锦日报	辽宁省综治办
评论	努力建立社会治安综合治理长效机制	王国成　杜立波	抚顺日报	辽宁省综治办
通讯	雨后好个艳阳天	王立华　曾伟明	内蒙古日报	内蒙古自治区综治办
通讯	专群结合　独辟蹊径	马宏图　阙爱民　吉耀琮	河南日报	河南省综治办
通讯	我不能让歹徒再害别人	段君伟	河南法制报	河南省综治办
通讯	大余社会治安员走千家入万户	钟小刚　董书东	赣南日报	江西省综治办
言论	实现长治久安的根本举措	牛锦江	甘肃法制报	甘肃省综治办
消息	泗洪老百姓常给民警发“短信”	曹崇文	宿迁日报	江苏省综治办
通讯	边界夜鹰	彭金安　张波　熊云武	常德日报	湖南省综治办
通讯	“黑脸”代表唱响人间正气	刘少一　王渊渊　马攸胜	法制日报	湖南省综治办
通讯	弹丸小镇构筑综治桥头堡	丁家发	法制导刊杂志	安徽省综治办
通讯	社区里的金色盾牌	吴晓征	安徽日报	安徽省综治办
通讯	义务抓扒数十年	邹英	内江日报	四川省综治办
通讯	“棒棒军”打造良好治安环境	陶绍刚　王军	凉山日报	四川省综治办
消息	海南创建无毒岛成效显著	涧枫	海南特区法制报	海南省综治办
通讯	从罚款额的下降看变化	刘权寿　肖元	西部法制报	陕西省综治办
言论	质问“长期以来”	杨培忠	山西工人报	山西省综治办
通讯	让“毒魔”无处遁身	刘培现	大同日报	山西省综治办

续表

体裁	作品题目	作者	刊播单位	推荐单位
通讯	建设一个舒适美好的家	东国武	青海法制报	青海省综治办
系列报道	“禁毒之剑”火炬开始接力传递	潘从武　张军戈	新疆法制报	新疆自治区综治办
消息	警情预报保一方平安	杨建光　高森林	昌吉日报	新疆自治区综治办
系列报道	“7·18”英雄群体系列报道	李春光　王德高　蓝峰	齐鲁晚报	山东省综治办人民
新闻调查	云南:开辟农场式戒毒“试验田”	施晓焰　唐楠　何劲光　安玲	人民公安报	云南省综治办
通讯	奔向黎明的列车	李春	曲靖日报	云南省综治办
消息	“康仕达”三改围墙	史诗　杜一岳	浙江法制报	浙江省综治办
通讯	14义士挺身捍卫公德	孔令泉　潘仙德	浙江工人日报	浙江省综治办
通讯	荡涤心灵的污垢	倪国和	文汇报	上海市综治办
言论	别样儿的“治病救人”	郑殿兴	人民日报	首都综治办
通讯	“案情之”在大墙内穿越	刘晓玲　参秀东　付建国	北京青年报	首都综治办
通讯	告知书为未成年人“开小灶”	周刚　时宝哲	检察日报	河北省综治办
系列报道	厦门外来人口报告	赵琳	厦门日报	福建省综治办
通讯	刀尖下的抉择　预防与挽救	晓平　晓军　宗云　世旺　刘见闻	福建日报	福建省综治办
通讯	护路阿拉山口	周常乐　付凤喜　窦风华	中国国防报	新疆兵团综治办
通讯	三重境界创“无盗”	周敬　曾舟记　朱素芳　张家国	长江日报	湖北省综治办

电视类(共41篇)

一等奖(8篇)

体裁	作品题目	作者	刊播单位	推荐单位
专题	上海构筑社会治安防范体系建设稳定安全文明的城市	陈雷 陈曦 章猛	中央电视台	中央电视台新闻中心
专题	豪宅里的秘密	陈仲雄 刘毅鹏 南智慧 李明晋	中央电视台	海关总署办公厅
专题	变味"网吧"	李春妍 毛云李	中央电视台	中央电视台广经中心
消息	广东东莞樟木头镇色情表演不堪入目	陈杰 武伟 陈雷 孟立为 奚丹霓 肖柏青	中央电视台	中央电视台新闻中心
专题	消防勇士降烈火 出生入死见忠诚	陆伟 朱勇 陈谨	上海东方电视台	上海市综治办
消息	茶亭飘散"普法"香	王晶 孙强华 马燕	北京电视台	首都综治办
专题	信用卡诈骗案侦破记(上、下)	曾东进	厦门电视台	福建省综治办
专题	孩子你在哪里——小东科被拐案追踪	朱晨阳 陶伟	青岛电视台	山东省综治办

二等奖(13篇)

体裁	作品题目	作者	刊播单位	推荐单位
专题	让假学生证无处可逃	王旭红	北京电视台	铁道部综治办
专题	天津:一声讯台"黄毒"暗涌淫秽信息毒害青少年	吴闯	中央电视台	中央电视台新闻中心
专题	斩断毒品交易的黑手	李亚 徐磊 丁勇 黄新风	安徽电视台	安徽省综治办
专题	韩雅琴和她的106个孩子	王泽红 任贵珍	山西电视台	山西省综治办
专题	生死一线间	鲍国安 刘晔 张超	新疆电视台	新疆自治区综治办
专题	木康人的故事	朱惠萍 孟和	中央电视台	云南省综治办
专题	牵手三十年	冯基宇 闫琦	天津电视台	天津市综治办
专题	寻找回来的世界	戴贞健 胡永辉 吴斌 袁汉清	贵州电视台	贵州省综治办
专题	透视江西"第一毒品案"	范宁洪 熊竟成 陈大建	江西电视台	江西省综治办
系列报道	流浪吸毒少年——阿强	毛庆泽 曹军 杨慧妍 郑叶旭 巫长江	南方电视台	广东省综治办
专题	平凡英雄	刘雪峰 许凯	柳州电视台	广西自治区综治办
专题	"6.26"国际禁毒日特别节目	关若山 徐滔 国培源	北京电视台	首都综治办
专题	追缉	陈勇	福州电视台	福建省综治办

三等奖(20篇)

体裁	作品题目	作者	刊播单位	推荐单位
专题	“蒸发”的货船	朱春山	南京电视台	交通部综治办
专题	英雄鲁洋	沈国龙　徐正	中央电视台	解放军政治部
专题	圆梦	秦平生　杨盛　唐群星	永州电视台	湖南省综治办
评论	警民联防打“双抢”	许道明　古兵　轩峻　王小娟	河南电视台	河南省综治办
专题	莫让“网吧”“网住”青少年	葛云平	南通电视台	江苏省综治办
专题	伸向藏羚羊的另一只黑手	王如山　马慰　郭骥　沙萍萍　陈荣庆　古城　王黛燕	青海电视台	青海省综治办
专题	依法治村在合黎	王娟　韩羽　典琰	甘肃电视台	甘肃省综治办
消息	咸阳两万多名中心户长构筑农村治安屏障	陈静	陕西电视台	陕西省综治办
评论	有困难找民警	马国军　刘华　王平善	内蒙古卫视	内蒙古自治区综治办
系列报道	打工妹维权路还长	张维刚　郁秋水　叶帅　刘欣	山东电视台	山东省综治办
专题	网上交友的陷井	马晓霞	上海电视台	上海市综治办
专题	万里追踪公园“恶魔”	高利生　王志民	中央电视台	辽宁省综治办
专题	真相	董健　魏伟　姚冬梅　丁胜强	黑龙江电视台	黑龙江省综治办
专题	为了法律的尊严	胡冬梅　沈世君　勉彩玲　李岩	银川电视台	宁夏自治区综治办
专题	构筑农村治安防范大堤	谷川	泸州电视台	四川省综治办
专题	关注青少年犯罪	温建志　夏中南	河北电视台	河北省综治办
系列报道	帕里故事	日喀则边防支队宣传科	西藏电视台	西藏自治区综治办
专题	选择	庄谦宇　林立　王岩　岳鹏　严磊　姜祖林	吉林电视台	吉林省综治办
专题	护幼岗上	刘敏　陆维斌　张洪斌	石河子电视台	新疆兵团综治办
专题	勇者无畏	程晓琴　吴斌　余浩　孙宁川	孝感电视台	湖北省综治办

广播类(共32篇)

一等奖(4篇)

体裁	作品题目	作者	刊播单位	推荐单位
系列报道	忠诚	李子顺　刘天思　孙莹	中央人民广播电台	中央人民广播电台
专题	家庭暴力——不再隐瞒的话题	殷爱茹　何芸	福建人民广播电台	福建省综治办
系列报道	重典治乱成效大　百年老街焕新颜	吴铭东	广州人民广播电台	广东省综治办
专题	英雄应该无悔	江南	包头人民广播电台	内蒙古自治区综治办

二等奖(8篇)

体裁	作品题目	作者	刊播单位	推荐单位
专题	申陈村45年纠纷不出村的“奥妙”	王亮　吕艳明　杨松昌　魏传杰　于运永	莱芜人民广播电台	山东省综治办
专题	电台直播间布网　协助警方抓骗子	李皎　肖鹏　施晓东　亓欣莉	黑龙江人民广播电台	黑龙江综治办
专题	“网格化”网罗上海安宁	袁晖　路军　费荣　保工　房杰　许慎　高源　钟书	上海人民广播电台	上海市综治办
专题	为了长治久安	程普　钟志荣　杨盛海	江西人民广播电台	江西省综治办
专题	浪子们的韩妈妈	司燕红	山西人民广播电台	山西省综治办
连续报道	小东母子状告黄色信息台	马平分　张丽英　李文刚	天津人民广播电台	天津市综治办
专题	他用生命为警徽增光	李涛	成都人民广播电台	四川省综治办
专题	俩歹徒午夜强抢出租车众的哥配合电波擒顽凶	吴月	吉林市经济广播电台	吉林省综治办

三等奖(20篇)

体裁	作品题目	作者	刊播单位	推荐单位
系列报道	用生命向党旗宣誓	张春华	宁夏人民广播电台	宁夏自治区综治办
通讯	新生	江明安　李莉　朱力平　丁麟生	安徽人民广播电台	安徽省综治办
专题	为了人民的安宁	谭淑惠　刘志　田建伟	中央人民广播电台	解放军总政治部
专题	触“网”	王海燕　王永全	河北人民广播电台	河北省综治办
专题	关注青少年犯罪	龙海波	奎屯人民广播电台	新疆自治区综治办
消息	让他们过个好年是我们最大的愿望	叶敏	鄞州人民广播电台	浙江省综治办
消息	一张提示卡　一道安全防线	曹惠茹　王灵萍	天水人民广播电台	甘肃省综治办
消息	劳务纠纷问题多　依法介入终有果	黄平	铜仁地区人民广播电台	贵州省综治办
专题	网络传销　一个“迷人”的陷阱	李萍　孙屹东	张家港人民广播电台	江苏省综治办
专题	联防网络　疏而不漏	韦玉文	桂林人民广播电台	广西自治区综治办
述萍	道德的魅力	刘鉴　晏兆翔　程团卫	陕西人民广播电台	陕西省综治办
消息	赤诚为民谱华章	肖洒　崔晓东　汪娜　王萍	河南人民广播电台	河南省综治办
消息	“小红宝”涉黑犯罪团伙被一举摧毁	周小君　封旭明	邵阳人民广播电台	湖南省综治办
专题	市公安局首次举行“警察开放日”	郑建明	北京人民广播电台	首都综治办
专题	“中大奖”的骗局	李宗涛	福建人民广播电台	福建省综治办
专题	监舍里　开了一所心理医院	赵宝玲　郭岚	中国国际广播电台	吉林省综治办
专题	爱心育英	宋晓玲　丁玲	新疆人民广播电台	新疆兵团综治办
通讯	“方文模式”情暖暂住人家	潘文莉　鲁俊	湖北人民广播电台	湖北省综治办
消息	“土警察”发挥大作用	王妍　王凤	本溪人民广播电台	辽宁省综治办
专题	禁毒英雄的家乡再树禁毒大旗	李子红　谭英	德宏人民广播电台	云南省综治办

图片类

优秀奖(共12篇)

体裁	作品题目	作者	刊播单位	推荐单位
新闻图片	“金三角”禁毒的承诺	居扬　马志恒	法制日报	法制日报社
新闻图片	2002年打拐第一案	郑杰　马海涛　郑建华	福建日报	福建省综治办
新闻图片	繁华商业街综治力度大	陈扬	长安杂志	长安杂志社
新闻图片	民女获救　英雄失母	燕平	江西日报	江西省综治办
新闻图片	小四川你在哪里	王建军	法制日报	首都综治办
新闻图片	治安承包第一人	陈进	齐鲁周刊	山东省综治办
新闻图片	横扫“地下网吧”	易剑	广东公安报	广东省综治办
新闻图片	大人赌博传染孩子　学生参赌触目惊心	韦日金	广西政法报	广西自治区综治办
新闻图片	长安九号出发	王钟浩	山西工人报	山西省综治办
新闻图片	浪子新生	林朝晖	信息日报	江西省综治办
新闻图片	利城警民冒死夺刀	殷朝明　廖新文	新疆法制报	新疆自治区综治办
新闻图片	铲除城市毒瘤	刘大庆	法制日报	法制日报社

附三：

2002年度全国社会治安综合治理好新闻奖组织奖名单

新华通讯社国内新闻编辑部
人民日报社国内政治部
中央电视台研究室
法制日报社政法部
人民公安报社
人民法院报社

检察日报社
铁道部综治办
海关总署办公厅
解放军总政治部宣传局
福建省社会治安综合治理委员会办公室
首都社会治安综合治理委员会办公室
广东省社会治安综合治理委员会办公室
黑龙江省社会治安综合治理委员会办公室
江西省社会治安综合治理委员会办公室
西藏自治区社会治安综合治理委员会办公室

中央社会治安综合治理委员会办公室关于表彰长安杂志社2002年度优秀特约记者的决定

(2003年3月26日)

各省、自治区、直辖市社会治安综合治理委员会办公室,新疆生产建设兵团社会治安综合治理委员会办公室:

2002年,长安杂志特约记者王福明、吴金星、陈旭、杨文杰、蓝平生、朱时顺、李玉清、张茂青等8名同志,积极履行特约记者职责,撰写了许多舆论导向正确、工作指导性强、内容丰富、贴近基层、质量较高的新闻报道,并组织了大量稿件,为发挥长安杂志政法、综治宣传主阵地、主渠道作用,做好政法、综治宣传工作做出了贡献。为此,中央综治办和长安杂志社决定对上述8名优秀特约记者予以表彰。

长安杂志特约记者刘永生、汪宗兴、王彪、景建中、马琪等5位同志,尽职尽责,也撰写了多篇报道,组织了不少稿件,为政法、综治宣传工作做出了较大成绩。在此,对这5名特约记者予以表扬。

希望受到表彰和表扬的同志继续坚持"两个务必",发扬成绩,再接再厉,进一步扎实做好政法、综治宣传工作,为贯彻落实党的十六大精神,全面建设小康社会,开创中国特色社会主义事业新局面而努力。

中央社会治安综合治理委员会办公室关于向国家级贫困县赠送《社会治安综合治理年鉴》的通知

(2003年5月19日)

各省、自治区、直辖市社会治安综合治理委员会办公室:

《中国社会治安综合治理年鉴》是全国社会治安综合治理工作的资料汇编,该书汇集了关于社会治安综合治理的政策规定、工作部署和典型经验,是各级社会治安综合治理机构必备重要工具书。为更好地发挥《年鉴》对社会治安综合治理工作的指导、促进作用,切实支持贫困地区更好地开展社会治安综合治理工作，中央综治办决定，向全国国家级贫困县赠送《中国社会治安综合治理年鉴》(1999年—2000年卷)，每县各一套。长安出版社将于近期把《年鉴》寄送相关省(区、市)综治办，请你们收到后，尽快将书分送本省(区、市)各个国家级贫困县综治办。(赠书分配表附后)

附：赠书分配表

赠书分配表

河北省39套，山西省35套，内蒙古31套，吉林省8套，黑龙江14套，安徽省19套，江西省21套，河南省31套，湖北省25套，湖南省20套，广西区28套，海南省5套，四川省36套，重庆市14套，贵州省50套，云南省73套，陕西省50套，甘肃省43套，青海省15套，宁夏区8套，新疆区27套，西藏区77套。

中央社会治安综合治理委员会办公室关于赠送全国“严打”整治斗争成果展览展板和挂图的通知

(2003年10月9日)

各省、自治区、直辖市社会治安综合治理委员会办公室，新疆生产建设兵团社会治安综合治理委员会办公室：

2003年7月29日至8月25日，全国“严打”整治斗争成果展在北京成功举办。展览集中展示了2001年4月以来，在党中央、国务院和各级党委、政府的领导下，政法部门充分发挥职能作用，政法干警英勇奋战、无私奉献，广大群众和社会各界积极参与，开展“严打”整治斗争取得的成果和经验。展览期间，胡锦涛、温家宝、曾庆红、罗干等党和国家领导人参观了展览，并对展览工作给予了充分的肯定。此次展览共接待社会各界参观群众30余万人次，得到了广大政法干警和人民群众的好评。

为扩大此次展览的宣传效果，中央政法委、中央综治办领导研究决定，制作全国“严打”整治斗争成果展标准展板，赠发各省(区)市。同时，设计制作了展览挂图，赠发省、地(市)县三级综治办，省级综治办十套，地(市)级综治办五套，县级综治办一套。请各地在收到展板和挂图后，及时制订巡回展览的工作方案，组织好在当地的巡展工作。

七、预防青少年违法犯罪工作

中央综治委预防青少年违法犯罪工作领导小组关于印发《中央综治委预防青少年违法犯罪工作领导小组2003年工作要点》的通知

（2003年3月5日）

各省、自治区、直辖市预防青少年违法犯罪工作领导小组及办公室、综治办、教育厅（教委）、团委，新疆生产建设兵团预防青少年违法犯罪工作领导小组及办公室、综治办、教委：

《中央综治委预防青少年违法犯罪工作领导小组2003年工作要点》已经中央综治委预防青少年违法犯罪工作领导小组全体会议审议通过，现印发给你们，请结合实际情况，认真贯彻执行。

中央综治委预防青少年违法犯罪工作领导小组2003年工作要点

2003年全国预防青少年违法犯罪工作要继续以邓小平理论和“三个代表”重要思想为指导，深入贯彻党的十六大精神和中共中央办公厅、国务院办公厅转发的《中央社会治安综合治理委员会关于进一步加强预防青少年违法犯罪工作的意见》，立足社区，抓基层，抓深化，抓落实，突出重点，稳步推进，努力把预防青少年违法犯罪工作提高到一个新的水平。

一、立足社区，实施《青少年违法犯罪社区预防计划》，推动预防青少年违法犯罪工作在基层全面展开

2003年是实施《青少年违法犯罪社区预防计划》的第一年，也是计划能否取得实效的关键一年。为了推动社区预防计划的落实，要重点做好以下工作：（一）在全国范围内选择30—50个典型社区作为试点，给予一定的物质和政策支持，探索在社区中开展预防工作、落实社区预防计划的成功模式。（二）加强面向全社会的宣传，凝聚社会共识，动员各方面力量支持并参与预防青少年违法犯罪工作，为社区预防计划的实施营造良好的社会环境。（三）适当时候召开现场推进会，总结并推广试点社区的先进经验，推动《青少年违法犯罪社区预防计划》在全国的实施。

二、进一步加强青少年法制教育，增强青少年

的法律意识和自律自护能力

各地各部门要继续加大青少年法制教育力度，根据具体情况开展形式多样、有针对性的活动。(一)继续深化社区“青少年法律学校”创建活动，进一步加强青少年法制教育基地建设。通过整合优秀“青少年维权岗”等社会力量，进一步扩大社区“青少年法律学校”的创建规模，争取做到让每名青少年都可以在社区中方便地接受法制教育和法律服务；以评选出的示范学校为标准，加强青少年法律学校的规范化建设；在社区中青少年相对集中的时段里，特别是寒暑假期间，重点开展形式多样的法制教育活动，通过举办“法制课堂”、“模拟法庭”、“法制夏(冬)令营”等活动，增强青少年的法律意识。(二)促进学校教育、家庭教育和社会教育的结合，扩大青少年法制教育的覆盖面。要根据青少年学习时间和空间分布的特点，对每个环节都给予有效的引导，进行系统的法制宣传教育。要加大资源整合力度，发挥整体效应。(三)开展自护教育，提高青少年自我保护的能力。针对青少年学习生活的具体环境和特点，采取形式多样、易于掌握的方式，向青少年传授必要的自护知识，增强他们防范被侵害的能力。

三、抓住危害青少年健康成长的突出问题，继续推动几项重点工作的持续开展

各地要继续对危害青少年身心健康的突出问题进行重点整治，减少影响青少年健康成长的负面因素，优化青少年成长环境。(一)深入推进“社区青少年远离毒品”行动。一是抓住重点人群，进一步加强中小学生毒品预防教育工作，针对中学生，尤其是初中二年级学生，开展形式多样的毒品预防教育；二是抓住重点地区，尤其是毒品泛滥情况比较严重的地区开展持之以恒的禁毒、防毒教育，增强青少年的拒毒防毒意识；三是抓住重点时间，尤其要在“6·26”国际禁毒日期间，开展全国规模的“社区青少年远离毒品”宣传教育活动，在全社会掀起禁毒宣传的高潮。(二)配合有关部门继续开展有害卡通画册和淫秽“口袋本”图书专项整治行动。一方面，要积极配合“学校及周边治安综合治理工作领导小组”的工作，联合新闻出版管理等部门继续开展打击有害卡通画册和淫秽“口袋本”图书行动，净化青少年文化市场；另一方面，要组织编写或推荐一批内容健康、适合青少年阅读的“口袋本”图书，通过各种渠道，积极开展向社区青少年赠书活动，丰富广大青少年的社区文化生活。(三)继续推进“安全放心网吧”创建活动，改善青少年的上网环境。要配合文化、公安、工商等部门大力开展“网吧”整治工作，把工作重点从城市延伸到农村，严禁“网吧”等互联网上网服务营业场所接纳未成年人，广泛建立义务监督员队伍，充分发挥“青少年维权岗”作用，监督“网吧”规范经营”；加强社区中网络活动阵地的建设，广泛设立青少年网络教室，由社区或其他组织进行规范管理，为青少年提供健康、安全的上网服务；要继续广泛宣传《全国青少年网络文明公约》，对青少年进行网络观教育，倡导广大青少年文明上网；根据网吧管理的新规定，积极探索相应的工作方法，深化“安全放心网吧”创建活动，大力净化网络环境。(四)加强各地工读学校建设，通过教育挽救具有严重不良行为的学生。

四、继续推进预防青少年违法犯罪的机构和机制建设，抓好各项工作措施的落实

各级预防青少年违法犯罪工作领导小组要加强机构和机制建设，夯实基础，抓好各项工作的落实。(一)继续推进预防青少年违法犯罪的机构和机制建设。各地要积极争取党委、政府的重视和支持，尽快成立省、市、县三级预防青少年违法犯罪工作领导小组，明确各成员单位的职责和任务，量化各项工作指标，充分发挥职能作用。要通过落实领导责任制、部门责任制和岗位责任制，把预防青少年违法犯罪工作纳入社会治安综合治理目标管理责任制，同部署，同落实，同检查。(二)加强检查和评比表彰工作。要组织联合检查组，对部分地区开展预防青少年违法犯罪工作以及实施《青少年违法犯罪社区预防计划》的情况进行检查，及时发现各地的先进经验和不足。在各地积极开展预防工作的基础上，召开预防青少年违法犯罪工作经验交流会，表彰一批先进典型，推广一批先进经验，促进预防青少年违法犯罪工作的深入开展。

五、加强调查研究和理论研究，探索预防青少年违法犯罪的工作规律

各级预防青少年违法犯罪工作领导小组要加强调查研究和理论研究，积极探索预防青少年违法犯罪工作的规律。(一)要针对影响青少年健康成长的社会问题进行调研。今年拟就"流浪儿童的救助与保护"、"未成年人监护责任履行的社会干预"两个专题进行研究,掌握情况,提出对策和建议。(二)在实施《青少年违法犯罪社区预防计划》中,要及时总结各试点社区的做法和经验,并委托研究机构做专题研究报告,各地也要配合《青少年违法犯罪社区预防计划》的实施,做好跟踪研究工作。(三)加强对预防青少年违法犯罪工作机制的研究,调动各部门、各方面积极性,形成齐抓共管的工作局面。(四)开展青少年违法犯罪个案研究,及时总结正反两方面的经验和教训,为工作决策提供参考。(五)配合青少年法律研究会,组织青少年法律理论研究,为预防青少年违法犯罪工作奠定基础。

中央综治委预防青少年违法犯罪工作领导小组2003年工作总结

2003年,在中央综治委的领导下,各地、各部门以邓小平理论和"三个代表"重要思想为指导,深入贯彻全国社会治安综合治理工作会议和全国政法工作会议精神,团结协作,齐抓共管,全国预防青少年违法犯罪工作呈现稳步推进的良好局面。

一、加大对各地预防青少年违法犯罪工作的督查力度,推动"青少年违法犯罪社区预防计划"的实施

2003年3月至4月,中央综治办、最高人民法院、最高人民检察院、教育部、司法部、民政部、建设部、文化部、新闻出版总署、全国妇联、团中央等部门选派干部组成5个工作组,赴15个省、自治区、直辖市,就各地预防青少年违法犯罪工作及"青少年违法犯罪社区预防计划"的落实情况进行了检查和督导,其他地方进行了自查。下半年,中央综治委预防青少年违法犯罪工作领导小组办公室对北京、上海、吉林、福建、广东等省、市"青少年违法犯罪社区预防计划"试点街道、社区开展预防青少年违法犯罪工作进行了检查,其他试点单位进行了自查。通过检查,基本了解了基层预防青少年违法犯罪工作的情况,帮助基层优化了工作环境,促进了各项工作措施的落实。检查结果表明,地方各级党政领导加强对预防工作的领导,预防青少年违法犯罪工作取得了积极成效。一些地方的青少年违法犯罪状况明显好转,"零犯罪"社区、"无犯罪"学校逐步增多。其中,北京市在推动预防青少年违法犯罪工作法律体系的完善、上海市在加强对社区闲散青少年的管理、江苏省在预防青少年违法犯罪工作新的指标体系的确立、河南省在积极推进"青少年违法犯罪社区预防计划"的实施、甘肃省在加强对预防青少年违法犯罪工作的领导等方面取得了明显成效,积累了初步经验。

二、加大青少年法制教育的力度,增强法制教育的实效性

各地各部门结合实际开展了形式多样、富有针对性的法制宣传教育活动。一是各地继续开展创建"社区青少年法律学校"活动。截止目前,全国已建立社区青少年法律学校3000多所,培训青少年300多万人次。公安部、国家禁毒办还为其中100所重点联系的法律学校配备了教学器材和设备。社区青少年法律学校日益成为青少年法制教育的基地和平台。二是各地普遍采用模拟法庭、现身说法报告会、自护教育、网络媒体宣传等形式,让青少年在体验中受到了法制教育。三是青少年法制教育骨干队伍逐步形成。各地公、检、法、司等系统配合教育部门,加强了法制副校长的配备工作。目前,全国已有80%以上的中小学校配备了法制副校长,成为政法部门开展中小学生法制教育的骨干力量。天津、甘肃等地预防办还牵头制定了《法制副校长管理办法》,进一步规范了全省中小学校法制副校长的配备、培训和管理。预防办监制推出了大型青少年法制教育片《与法同行》、《预防未成年人犯罪法卡通读本——小新多多和律师阿姨》等图书影视作品，丰富了青少年法制教育的形式和内容。

三、加大整治力度，积极营造有利于青少年健康成长的社会环境

围绕营造有利于青少年健康成长的社会环境，主要开展了三项工作：一是深入实施“社区青少年远离毒品”行动。各地积极响应，在“6·26”国际禁毒日期间达到高潮。6月25日，预防办、团中央、国家禁毒委、中央综治办、民政部、中共北京市委、北京团市委等有关单位联合举行了“青少年禁毒教育网开通仪式暨网上禁毒论坛”，进行网上在线交流。二是对“淫秽卡通画册和不健康‘口袋本’图书开展专项整治行动”，联合有关部门开展“青少年维权岗在行动”，针对重点问题严厉打击。全国“扫黄”“打非”工作小组负责组织的“2003年中国销毁走私盗版光盘大行动”共销毁走私盗版光盘4200万张。各地团组织会同有关部门开展“新世纪读书计划”活动，培养青少年读好书，自觉远离不健康“口袋书”。预防办向社区青少年法律学校赠送了一批健康向上的“口袋书”，丰富了广大社区青少年的文化生活。三是预防办会同有关部门广泛宣传《全国青少年网络文明公约》，推进“安全放心网吧”创建活动，改善青少年的上网环境。吉林省长春市充分利用教育系统的网络资源优势，在部分中小学开办了“新阳光网室”，受到了社会的支持、家长的认可和学生的欢迎。

四、加强基层基础工作，探索建立青少年违法犯罪社区预防体系

为推动《青少年违法犯罪社区预防计划》的落实，重点做了以下几项工作：一是中央综治委预防青少年违法犯罪工作领导小组制定了《中央综治委预防青少年违法犯罪工作领导小组成员单位关于实施“青少年违法犯罪社区预防计划”的职责分工》，推动基层预防青少年违法犯罪工作的齐抓共管。预防办确立了全国50个“青少年违法犯罪社区预防计划”试点街道（社区），分别落实到各成员单位和有关部门作为长期联系工作点，对这些试点进行跟踪指导。二是中央综治委预防办在2003年10月专门举办了“青少年违法犯罪社区预防计划”实施工作培训班，对来自全国50个试点街道、社区以及各省及部分城区从事预防青少年违法犯罪工作的负责同志进行了政策理论和业务知识的培训。三是积极探索基层预防青少年违法犯罪工作的有效方法。湖北省宜昌市制定了《“青少年违法犯罪社区预防计划”实施方案》，确立试点，以未成年人为重点，立足教育、保护和预防，逐步推进社区预防计划的实施。四是各地专兼职的社区预防工作队伍不断壮大。武汉市选派一批政法战线的老同志，到社区做社区青少年工作特派员。上海市通过政府出资购买服务的方式在全市社区建立了一支青少年事务社工队伍，成为社区预防青少年违法犯罪工作的重要力量。此外，许多地方在关心下一代工作委员会的倡导下，离退休老干部、老教师在社区内积极发挥作用。社区青年志愿者队伍在各地成为社区志愿服务的重要力量。

五、深入开展调查研究，探索预防工作的新途径、新方法

中央综治委预防青少年违法犯罪工作领导小组办公室委托中国青少年研究中心，对当前未成年人家庭保护的基本情况、存在的主要问题及对策进行了历时一年的研究，取得了大量第一手材料并形成了有价值的研究成果，完成了《家庭抚养和监护未成年人责任履行的社会干预研究报告》，为有针对性地开展预防青少年违法犯罪工作提供了决策依据。预防办对上海市加强社区闲散青少年管理、开发社区闲散青少年信息管理系统进行了调研。

各地从实际情况出发，开展了一系列调研活动。上海市社区闲散青少年工作联席会议办公室在全市范围内开展了社区闲散青少年状况普查工作。在普查基础上，制定了社区闲散青少年“一人一卡”分类管理办法，编写了《上海市社区（闲散）青少年服务手册》；江苏省综治委预防办联合江苏省社会科学院对江苏省青少年违法犯罪的现状、特征、原因及对策进行了调研，完成了《江苏省青少年违法犯罪状况及预防工作对策研究》，得到了省委领导同志的肯定；浙江省预防青少年违法犯罪工作领导小组联合有关部门，邀请有关专家学者开展了《浙江省青少年权益社会化保护体系研究》，对今后做好未成年人保护和预防青少年违法犯罪工作起到了积极的推动作用。山东、天津等省、市围绕青少年违法犯罪问题开展了调研工作，并取得了丰硕成果。

六、各部门认真履行职责，做了大量工作

在中央综治委的领导下，领导小组各成员单位卓有成效地开展预防工作。最高人民法院继续加强对各级法院少年法庭审判工作的指导、检查和监督，加强了少年法庭业务研究和培训工作，组织全国法院开展了对2000年至2002年全国未成年人犯罪的工作调研，并撰写《2000—2002年中国未成年人犯罪状况、原因及对策分析研究报告》。最高人民检察院对《中央综治委预防青少年违法犯罪工作领导小组2003年工作要点》和高检院在实施《青少年违法犯罪社区预防计划》中的职责分工以高检院办公厅的名义进行了转发，并要求各级检察院重点对2002年以来，依法不按犯罪处理，不捕、不诉的未成年人进行一次集中回访考察，并于年底之前将回访考察情况报高检院。公安部统一部署各级公安机关认真整治中小学校园及周边的治安环境，严厉打击侵害青少年权益的违法犯罪活动，继续选派优秀民警到辖区中小学担任法制副校长和校外辅导员，开展"怎样当好法制副校长"征文评选活动，与有关部门一道共同做好辖区内青少年的思想、道德、法制和预防犯罪教育，并做好犯罪青少年的帮教工作。司法部结合"四五"普法规划，会同教育部、中央综治办、团中央认真实施《关于加强青少年学生法制教育工作的若干意见》，加强了青少年法制教育科学化、制度化、规范化建设，同时对各地青少年法制教育的落实情况进行督促和检查。教育部进一步加强了对学生的法制教育，制定颁发了初中《思想品德课程标准》，在课程中加大了法制教育内容；制定颁发《毒品预防专题教学大纲》，从2003年春季开学起，在中小学开设毒品预防专题教育课。与国家禁毒办共同在全国选择100所中学为禁毒教育示范校，并在"6·26"国际禁毒日期间，编制了8万套《中学生禁毒教育挂图》，赠送给全国的中学开展毒品预防教育；继续加强校园及周边环境治安综合治理工作，分组对云南、四川、重庆等地校园周边环境治理和工读学校建设进行调研，并就落实人大有关加强工读教育的意见，积极与有关部门进行政策研究。民政部在流浪儿童的救助和保护、推进城市社区建设方面做了大量的工作。建设部继续抓好外来施工队伍的教育和管理，加强了进城务工青年的法制教育和技能培训，在加强小区物业化管理、为青少年提供健康的社区环境等方面进行了有益的探索。财政部为预防青少年违法犯罪工作增加了专项经费，为"口袋书"整治、"安全放心网吧"创建等专项工作的开展提供了经费保障，优化了工作环境。文化部开展了《互联网上网服务营业场所管理条例》专项执法活动，在中小学生暑假期间查处了一批顶风违法经营的"网吧"，"网吧"过多过滥、违法接纳未成年人、超时营业等突出现象基本得到制止。同时，通过市场机制规范网吧经营，促进和规范互联网上网服务营业场所连锁经营，力争让规模化、连锁化、专业化、品牌化的连锁主题网吧逐步成为市场主流，通过市场竞争进一步淘汰小散乱差的网吧，在社会上树立起网吧等互联网上网服务营业场所的文明、健康的良好形象。广电总局协调有关广播影视媒体，增加法制栏目，延长播出时间，加强了有关预防工作的报道。新闻出版总署牵头开展了非法"口袋本"专项整治行动，全国共查处涉及有害卡通画册和淫秽"口袋本"的非法出版案件6892起，查缴有害卡通画册和淫秽"口袋本"图书304.4万册。团中央继续深化优秀"青少年维权岗"创建活动，创建部门由11个增加到14个，共同制定了创建评比和表彰奖励办法，制度化建设进一步加强。各级妇联组织大力实施"中国少年儿童安全健康成长计划"，开展"不让毒品进我家"活动，广泛建立"家长学校"，帮助少年儿童"远离失学、远离疾病、远离犯罪、远离伤害"。其他领导小组成员单位也在预防青少年犯罪方面做了大量的工作。

总之，在各成员单位和各地的共同努力下，2003年全国预防青少年违法犯罪工作呈现整体稳步推进的良好局面，初步形成了互相配合、齐抓共管的工作机制。

认真贯彻落实中央领导同志重要批示进一步做好预防青少年违法犯罪工作

（2003年8月4日）

各省、自治区、直辖市预防青少年违法犯罪工作领导小组及办公室、综治办、教育厅(教委)、团委，新疆生产建设兵团预防青少年违法犯罪工作领导小组及办公室、综治办、教委、团委：

为深入贯彻《中华人民共和国未成年人保护法》和《中华人民共和国未成年人犯罪法》，贯彻落实罗干同志在全国执法工作会议上的讲话精神，推动各地预防青少年违法犯罪工作的开展，2003年3月至4月，中央综治委预防青少年违法犯罪工作领导小组办公室首次组织9个部门，分成5个工作组，对15个省、自治区、直辖市，就各地预防青少年违法犯罪工作以及“青少年违法犯罪社区预防计划”等工作措施落实情况进行了检查和督导，并于检查之后撰写了《关于对全国预防青少年违法犯罪工作检查情况的报告》。

2003年6月26日，中央政治局委员、中央综治委副主任周永康同志在《关于对全国预防青少年违法犯罪工作检查情况的报告》上批示“预防青少年违法犯罪工作十分重要，报告反映了目前各地的工作情况，望能总结典型经验，特别是充分发挥基层主阵地的作用，应是重点。同时社会各方面同心协力、齐抓共管才能见到好效果。”

各地要认真学习贯彻周永康同志的重要批示，深刻领会精神实质，推动“青少年违法犯罪社区预防计划”等项工作措施的落实。各级预防青少年违法犯罪工作领导小组要按照周永康同志的重要批示精神，结合当地实际，及时总结工作经验，发挥各相关部门的职能作用，共同做好预防青少年违法犯罪工作。

关于对全国预防青少年违法犯罪工作检查情况的报告

为深入贯彻《中华人民共和国未成年人保护法》和《中华人民共和国预防未成年人犯罪法》(以下使用简称)，贯彻落实罗干同志在全国政法工作会议上的讲话精神，推动各地预防青少年违法犯罪工作的开展，3月20日至4月20日，中央综治委预防青少年违法犯罪工作领导小组办公室首次组织中央综治办、最高人民法院、最高人民检察院、教育部、司法部、建设部、文化部、新闻出版总署、团中央等部门，分成五个工作组，赴黑龙江、吉林、辽宁、内蒙古、宁夏、陕西、山东、上海、浙江、江苏、湖北、江西、重庆、广西、云南15个省、自治区、直辖市，就各地预防青少年违法犯罪工作以及“青少年违法犯罪社区预防计划”等工作措施落实情况进行了检查和督导。其余各省、自治区、直辖市也分别进行了自查。检查组通过听取汇报、召开座谈会、实地考察等形式，共检查走访了38个地市、53个县区、60个街道社区、29所中小学校和38个基层单位，了解了基层有关预防青少年违法犯罪工作的一些基本情况、典型经验以及潜在问题。现将有关情况报告如下：

一、各地预防青少年违法犯罪工作的基本情况

总体来看，2000年全国预防青少年违法犯罪工作经验交流会之后，尤其是中央综治委成立专门工作机构以来，地方各级党政和各有关部门进一步加强对预防青少年违法犯罪工作的领导，社会各界参与热情明显提高，各项工作措施逐步落实，初步形成了齐抓共管工作局面。2002年9月由中央综治委预防青少年违法犯罪工作领导小组研究通过的“青少年违法犯罪社区预防计划”，在各地实施过程中得到了普遍认可和支持。各地、各有关部门围绕解决影响青少年成长的突出问题，有效预防和减少青少年违法犯罪，发挥自身优势和特点，创造性地开展工作，预防青少年违法犯罪工作取得了积极成效。这次检查15个省市区的统计数据表明，2002年与2001年相比，未成年人犯罪增长率由0.58%下降到0.29%，一些地方的青少年违法犯罪状况明显好转，“零犯罪”社区、“无犯罪”学校逐步增多，各地预防青少年违法犯罪工作取得了长足进展，具体体现在以下几个方面：

（一）工作体系初步形成。目前，全国已有28个省、自治区、直辖市，75%以上的市地及相当一部分县区、街道和社区成立了专门领导机构和相应工作机构，从中央到地方的预防青少年违法犯罪工作体系基本建立，齐抓共管格局初步形成，制度化建设不断完善。一是加大了领导力度。一些省市区由分管政法工作的党委副书记或政法委书记担任领导小组组长，在城区街道，大部分是由党委或行政主要负责同志担任领导。上海市还专门建立了由市委、市政府分管领导为召集人的社区青少年工作联席会议制度。二是扩大了部门参与面。在参照中央综治委预防青少年违法犯罪工作领导小组组成模式的基础上，山东、江苏等许多省份还将劳动和社会保障、工商行政管理、质量与技术监督等部门纳入成员单位，进一步加强了预防工作的力量，扩大了工作覆盖面。三是加强了协调配合。各地积极探索，建立了多种协调联动的工作机制。南宁等地推行优秀“青少年维权岗”联合执法模式，通过发挥市青少年维权中心的牵头作用，以110报警信息网络为纽带，以各基层单位为案件受理终端，以争创优秀“青少年维权岗”为激励措施，在明确职责任务的基础上，构建起预防工作的联动体系，增强了部门间的协调配合。四是纳入了地方综治考核体系。一些地方已将预防青少年违法犯罪工作纳入当地综治工作考评体系，做到与综治其他工作“同部署、同落实、同检查、同奖惩”，有的还采取一票否决制，从制度层面上促进了齐抓共管局面的形成和各项措施的落实。天津明确规定预防青少年违法犯罪工作在当地综治工作百分考核中占6分。

（二）法制教育的实效性不断增强。为解决青少年法制教育形式陈旧，效果不明显的问题，各地注重在普法形式创新上下功夫，在增强感染力上花力气，使普法工作出现了一些新的特点。一是形式日益多样化。各地普遍开展的模拟法庭、现身说法报告会等活动，形式新颖，富有感染力，让青少年在体验中受到了法制教育。内蒙古宁城县八肯中乡还将学生自编自演的“模拟法庭”搬进城乡大集，既丰富了城乡居民文化生活，又使青少年和当地群众接受了教育。二是针对性不断增强。根据青少年的身心特点和经常遇到的法律问题，各地有针对性地开展法制教育。例如，面向小学生，很多地方将法律知识编进“口袋书”、融进“小故事”，南京市拍摄了“法律小博士”电视动画片等。三是青少年法制教育骨干队伍逐步形成。各地公、检、法、司等系统配合教育部门，加强了法制副校长的配备工作。目前，全国已有80%以上的中小学校配备了法制副校长，成为政法部门开展中小学生法制教育的骨干力量。甘肃省预防办还牵头制定了《法制副校长管理办法》，进一步规范了全省中小学校法制副校长的配备、培训和管理。四是社区教育阵地建设得到加强。目前，各地建立了一大批社区青少年法律学校、社区家庭学校、社区青少年服务中心、青少年法制教育基地等阵地，立足社区，开展形式多样的青少年法制教育活动。

（三）青少年成长的社会环境得到进一步优化。针对容易诱发青少年违法犯罪的突出社会问题，各地普遍开展了专项治理整顿，同时注重正面疏导。一是积极开展环境治理整顿。对校园周边不良“网吧”，不健康“口袋本”图书等淫秽色情出版物、音像制品,以大欺小的校园暴力问题开展专项整治行动。山东有关部门联合开展的“让未成年人远离‘三厅一台’”(电子游戏厅、歌舞厅、录像厅和电话信息台)活动,通过富有声势的宣传,争取社会的广泛支持,取得了明显的效果,仅电子游戏厅一项就压减了93.6%;二是在治理中搞建设。上海市为加强对“网吧”的管理和科学引导,实施“东方网点”工程,通过政府推进、社会参与、企业运作的形式,采取统一信道接入、统一管理平台、统一组织方式,不仅较好地解决了“网吧”经营中存在的突出问题,也给青少年营造了一个文明健康的网络学习平台。

(四)预防工作的重点进一步明确。围绕构建青少年违法犯罪社区预防控制体系,各地进一步加强了基层基础性工作,认真做好工作机构、队伍、机制和阵地等方面的建设。同时,着力加强青少年违法犯罪的高危群体——闲散青少年的教育和管理,通过认真摸底调查,分类建档立卡,做到底数清、情况明,进而有针对性采取帮教措施,在一定程度上减少了这一重点群体的违法犯罪行为。2002年,上海市对社区青少年状况进行了全面普查,建立了社区闲散青少年管理系统,重点在社区层面对全市63000名闲散青少年实行“一人一卡”管理,以制度的形式将特殊群体的信息采集和数据维护进行了规范。在此基础上,以社区青少年服务中心、“东方网点”等阵地为依托,建立社区青少年管理责任制,通过结对帮教、心理咨询、法律服务、技能培训、就业扶持和经济援助等形式,实现了社区、家庭和学校之间教育、管理和服务的有效对接,使这一群体的违法犯罪问题在社区层面逐步得到解决。以杨浦区的统计为例,2002年该区犯罪群体中青少年违法犯罪率比2003年同期下降了15.4%。

(五)专兼职的社区预防工作队伍不断壮大。一是社区专职队伍有所加强。如上海市由政府出资,在全市社区专门建立了一支青少年事务社工队伍,经过正式培训后上岗,其服务意识和专业素质相对较高,成为社区预防青少年违法犯罪工作的重要工作力量。二是社区青少年的志愿者服务队伍在不断壮大。这些志愿者的组成大多是一些热心青少年工作的离退休老干部、社区居民、学生家长、团员青年、民警和教师等等,他们积极协助社区专职队伍开展青少年文化教育、法制宣传、结对帮教等工作。武汉市为加强基层预防青少年违法犯罪工作力量,选派一批政法战线上年龄偏大、不宜在一线工作,但尚未到退休年龄的老同志,到社区做社区青少年工作特派员,工资由原单位照发。这些同志有经验、有能力,熟悉政法工作,责任心强,在街道社区的预防帮教中发挥了重要作用。此外,许多地方在关心下一代工作委员会的倡导下,离退休老干部、老教师在社区内发挥的作用也非常明显。青年志愿者队伍在各地已成为社区志愿服务的重要力量,发挥着积极作用。

虽然预防青少年违法犯罪工作取得了一定成效,但是,青少年违法犯罪是一个复杂的、长期的社会问题。通过检查,我们发现,当前青少年违法犯罪的形势依然十分严峻,一些突出问题值得关注。一是闲散青少年群体的违法犯罪状况日益突出。因失学、失业、失管而处于闲散状态的青少年极易受到社会不良因素的影响而违法犯罪。检查表明,闲散青少年已成为当前青少年违法犯罪的主体。据我们对2361名未成年人犯的调查,闲散未成年人犯为1445人,占61.2%。二是14周岁至16周岁未成年人违法犯罪状况值得关注。在违法犯罪青少年中,虽然未成年人所占比例不高,但是,近几年14至16周岁所占比例逐年上升。据最高人民法院统计,1999年至2002年,14周岁至16周岁未成年人在全部未成年人违法犯罪中所占比例分别为11.42%、12.21%、14.62%、15.31%。针对这一年龄段,加强预防教育工作尤为必要。三是因互联网引发的青少年违法犯罪呈快速上升趋势。互联网是一把“双刃剑”,在为青少年的成长带来广阔空间的同时,不良的网络环境也成为影响青少年健康成长的突出问题。当前,一些“黑网吧”转移到城乡结合部和居民区,地点更为隐蔽,纵容未成年人浏览色情、反动等不良信息,沉溺暴力网络游戏、流于低级庸俗的网上聊天。一些青少年为获取上网费以大欺小,勒索抢劫甚至杀害亲人。一些青少年以“黑客”为荣,侵犯他人网站,盗取信息,传播反动书籍、色情图片,给社会造成危害。据统计,与互联网有关的未成年人犯罪在未成年人犯罪总数中所占比率已由2000年的4.1%上升到2003年1月至3月的25.1%。

通过检查,我们发现在预防青少年违法犯罪工作中还存在一些薄弱环节。在机构建设上,截止今年6月份,全国还有三个省和一些地市没有成立预防青少年违法犯罪工作领导机构,人员、经费没有落实。在工作措施上,有些地方重视不够,协调不力,工作浮在面上,存在"以文件落实文件"、"以会议落实会议"的现象,基层工作队伍和阵地没有建立,对重点青少年群体底数不清,教育引导、矫治帮教、环境优化等工作没有深入开展。

二、对策与建议

青少年违法犯罪问题是社会问题的综合反映,是社会发展中各种问题的折射,受就业、教育、社会风气、社区发展等多种社会因素的影响。因此,预防青少年违法犯罪工作是一项复杂的社会系统工程。这次检查充分表明:只有深入研究预防青少年违法犯罪工作的特点和规律,树立密切配合、协同作战的"大预防"观念,按照"干预早、网络全、措施实"的工作思路,着眼基层,各司其职,齐抓共管,才能使青少年违法犯罪问题标本兼治,收到实效。为此,提出以下几点建议:

(一)进一步把工作措施落实到基层。预防青少年违法犯罪工作的对象在基层,基层的工作状况,直接决定着这项工作的成效。只有把着力点放到基层,把措施落实到基层,预防工作才能收到实效。中央综治委预防青少年违法犯罪工作领导小组成立以来,制定了一系列工作措施,特别是着眼于加强基层工作,2002年开始实施《青少年违法犯罪社区预防计划》。但是,从这次检查的情况来看,各项工作措施在基层还没有得到普遍落实。当前,应按照中央综治委预防青少年违法犯罪工作领导小组2003年会议要求,继续推动省和市区一级领导机构的建设。在基层工作中,重点推进"青少年违法犯罪社区预防计划"的实施,充分调动基层单位和社区群众的参与力度,通过建立基层领导和工作机构,明确工作主体和责任主体,在街道和社区层面发挥出党政的牵头作用;通过动员组织青年志愿者、社区民警、社工、离退休老同志参与这项工作,完善并不断壮大基层工作队伍;通过深入开展调研,及时了解和研究新情况、新问题,总结好的做法和经验,掌握社区青少年的动态信息,推动预防青少年违法犯罪工作各项措施落到基层,实现家庭、学校和社会的预防工作在社区整合。

(二)加强闲散青少年的教育和管理。2002年12月,罗干同志在全国政法工作会议上明确要求:"做好闲散青少年和有轻微违法犯罪行为青少年的教育管理工作,积极预防和减少犯罪。"从这次检查情况来看,闲散青少年问题比较突出,已经成为当前青少年违法犯罪的重点群体。做好这个群体的工作,就能在很大程度上遏制青少年违法犯罪的发生。近年来,上海市在闲散青少年的教育、管理和服务方面进行了积极探索,成效显著。建议推广上海市闲散青少年的管理经验,由中央综治委预防青少年违法犯罪工作领导小组牵头,建立全国闲散青少年的网络管理系统。建立统一系统,有利于全国掌握闲散青少年的动态,有利于系统分析闲散青少年的状况,有利于组织协调有关部门齐抓共管,综合治理。在管理系统的建设方面,可以考虑由中央和地方财政共同拨款支持,依托计算机网络,以市区一级领导小组办公室为单位,以街道社区为终端,建立社区工作阵地,配备专门人员,构建横向联络各个成员单位,纵向贯及各个街道社区的网络系统,通过摸底排查、建档立卡等措施,掌握闲散青少年的底数,分别成因,根据不同的情况,协调有关成员单位,有针对性地采取措施,上下联网,部门互动,在生活上解困,学习上帮助,行为上纠偏,就业上扶持,把违法犯罪的倾向和行为消除在萌芽状态,从根本上扭转闲散青少年违法犯罪比例居高不下的状况。

(三)强化基层工作依托,推进社区青少年活动阵地建设。城市社区青少年活动阵地建设是做好预防青少年违法犯罪工作的重要保障。当前,青少年自由支配时间增多,而与之相矛盾的是青少年能够就近就便参加活动的场所严重不足。如果不提供足够的青少年健康活动场所,必然会给那些非法"网吧"等容易诱发青少年违法犯罪的场所以可乘之机。应当运用行政的、市场的、社会的多种手段,推动青少年校外教育和活动阵地建设。当前,应当发挥政府的主导作用,进一步加大资金投入度,在全国特别是中西部地区广泛建立青少年能够就近就便参加活动的社区阵地。从各地的情况来看,共青团组织近年来建立的社区青年中心,为青少年提供法律援助、就业咨询、技能培训、安置帮教等综合服务,取得了积极成效。建议进一步加强社区青年中心建设，并拓展功能，使之承担预防青少年违法犯罪工作职能，开展青少年轻微违法犯罪行为矫治、流浪儿童援助等工作，特别是要承担起街道社区闲散青少年管理的职能，把闲散青少年管理系统、跟踪帮教服务网络、社区矫治工作队伍设在青年中心，发挥基层预防青少年违法犯罪工作主阵地的作用。在建设方面，可以考虑在现行的体育和福利彩票收入中设立的青少年校外教育阵地建设经费中划拨一定比例专门用于社区青年中心建设，按照“先示范、后推广”的原则，抓好试点，总结经验，待条件成熟时，采用社会化运作方式，逐步扩大建设规模，力争用3至5年的时间，在全国每个街道社区建立一所多功能的青年中心，夯实预防青少年违法犯罪基层工作基础。

（四）着力解决影响青少年成长的突出问题。从检查的情况来看，一些地区和领域存在道德失范，淫秽色情的文化垃圾屡禁不止的问题，导致部分青少年思想道德观念受到冲击，人生观、价值观发生扭曲，贪图享乐和不劳而获，成为诱发青少年违法犯罪的根源。当前，一方面，应当针对容易诱发青少年违法犯罪的社会问题，继续组织有关部门深入持久地进行专项治理整顿，对重点地区、重点问题进行查处，着眼长远，建立举报预警、联合打击、综合防范的工作模式。另一方面，应当建立网站、网络游戏、网络聊天室的分级制度，禁止未成年人浏览成人网站内容，防止沉溺暴力网络游戏以及参与不道德网络聊天，保护青少年的身心健康。

（五）完善监护制度，做好特殊青少年群体的预防工作。有效的监护和防范，是保障未成年人远离犯罪、健康成长的根本措施，尤其对有不良行为和严重不良行为青少年、闲散青少年以及流浪儿童等特殊的青少年群体，完善的监护制度对预防青少年违法犯罪具有重要意义。一是加强家庭监护制度。通过家庭立法，对哪些人能做监护人、孩子受到伤害后监护人应当承担哪些责任、夫妻离婚后怎样保证监护制度的实施等问题作出具体规定。二是完善学校监护代理制度。监护人把自己监护职责中的一部分委托给学校，学校因为监护不当或者自身过错导致学生权益受到侵害甚至引发违法犯罪的问题，要承担相应的法律责任。三是建立国家监护制度。国家应当确定专门部门行使保障未成年人权益和预防犯罪的监护职能，同时，推广湖北武汉等地的经验，对于失去监护的未成年人，利用工读学校、流浪儿童救助中心、社区青少年服务中心等机构，及时采取监护措施，保护他们健康成长。

（六）着眼长远，探索建立长效工作机制。预防青少年违法犯罪是一项长期工作，要根据新形势和新问题，不断研究规律，总结经验，积极探索建立能够长期坚持的、稳定的长效工作机制。一是加强青少年立法。适时修改《未成年人保护法》的有关条文，推动各地制定《预防未成年人犯罪法》实施细则或实施办法，为预防青少年违法犯罪工作提供充分的法律保障。二是建立协调联动的工作机制。组织有关部门对影响青少年健康成长的问题齐抓共管，进行综合治理；尤其是要动员基层有关部门和人员，立足社区，共同解决好苗头性和倾向性的问题。三是调动广大群众的参与程度。发挥大众传媒的作用，加强舆论宣传，唤起广大群众的责任意识和参与意识，实现群防群治。四是加强监督考核。推广天津等地的经验，把预防青少年违法犯罪工作纳入到各地社会治安综合治理的考评体系。五是完善保障措施。针对有些地方还缺乏一定的经费保障，在办公场所、人员编制上还存在困难等问题，建议各地党政领导给予重视和支持，在经费和政策方面给予倾斜，保证预防青少年违法犯罪工作顺利开展。

中央综治委预防青少年违法犯罪工作领导小组关于印发《中央综治委预防青少年违法犯罪工作领导小组成员单位关于实施“青少年违法犯罪社区预防计划”的职责分工》的通知

（2003年6月20日）

中央综治委预防青少年违法犯罪工作领导小组各成员单位，各省、自治区、直辖市预防青少年违法犯罪工作领导小组及办公室、综治办、教育厅（教委）、团委，新疆建设兵团预防青少年违法犯罪工作领导小组及办公室、综治办、教委、团委：

为进一步推进“青少年违法犯罪社区预防计划”的深入实施，现将《中央综治委预防青少年违法犯罪工作领导小组成员单位关于实施“青少年违法犯罪社区预防计划”的职责分工》印发给你们，请各有关成员单位认真执行，各地结合自身实际，参照执行。

中央综治委预防青少年违法犯罪工作领导小组成员单位关于实施“青少年违法犯罪社区预防计划”的职责分工

为充分发挥中央综治委预防青少年违法犯罪工作领导小组各成员单位的职能作用，做到各司其职，协同配合，形成对社区青少年工作齐抓共管的工作格局，根据《中华人民共和国未成年人保护法》、《中华人民共和国预防未成年人犯罪法》以及《中央综治委预防青少年违法犯罪工作领导小组成员单位主要任务》（综治委预青领字〔2001〕3号）和《关于实施“青少年违法犯罪社区预防计划”的意见》（综治委预青联发〔2002〕1号）等有关规定，现将各成员单位在实施“青少年违法犯罪社区预防计划”工作中的职责分工做如下规定：

教育部：学校的教育资源要向社区延伸，通过开放场地、提供师资等方式为社区青少年服务，满足青少年成长成才的需要；严格控制中小学生辍学、退学；学校教育与社区教育相结合，开展丰富多彩的课外教育和课余文化活动；中小学校要与社区建立信息沟通机制，建立社区评价与学校评价的结合机制，相互配合，针对有不良行为和严重不良行为的学生，加强协管力度；办好工读学校，加强对有严重不良行为学生的教育、矫治和管理；各级各类学校要支持社区事务，积极参与街道预防青少年违法犯罪工作领导小组和社区预防青少年违法犯罪工作联席会议的工作。

最高人民法院：充分发挥审判职能，严厉惩处侵害青少年人身、财产安全等各类犯罪；在审判工作中，充分考虑青少年的身心特点，切实维护青少年的合法权益；做好社区青少年违法犯罪案件审理后的回访和考察工作，预防和减少重新犯罪；邀请热心未成年人教育、矫治工作并具有青少年工作经验及相关法律知识的人民陪审员参与案件的审理及未成年犯罪的帮教工作;及时统计和分析青少年违法犯罪案件的数量和特点,提出相应的对策和建议,定期汇总至中央综治委预防青少年违法犯罪工作领导小组办公室;积极参与学校、社区青少年法制教育工作。

最高人民检察院:履行检察职责,进一步做好青少年违法犯罪案件的检察工作,严厉打击危害青少年合法权益的犯罪行为;在处理青少年违法犯罪案件中,贯彻“教育、感化、挽救”的方针和“教育为主、惩罚为辅”的原则,切实维护青少年的合法权益;积极开展对违法犯罪青少年和社区闲散青少年的帮教工作,对依法不按犯罪处理,不捕、不诉、缓刑的未成年人做好回访考察和帮教工作,预防和减少重新犯罪;及时统计和分析青少年违法犯罪案件的数量和特点,提出相应的对策和建议,定期汇总至中央综治委预防青少年违法犯罪工作领导小组办公室;积极参与学校、社区青少年法制教育工作。

公安部:严厉打击侵害青少年合法权益的违法犯罪活动;严格按照有关法律规定办理青少年违法犯罪案件;定期排查学校及其周边的治安隐患,会同有关部门,整治校园及周边环境、校园侵害和突出的治安问题;会同有关部门健全和完善与中小学校固定的联系制度、法制副校长及辅导员制度,深入开展法制教育和预防犯罪活动;联合有关部门加强对各种娱乐场所、电子信息产品和计算机网络的监管,及时消除不利于青少年成长的不良因素;加强对看守所、拘留所、戒毒所、收教所等羁押青少年的监管、教育和改造工作;加强社区警务建设,以社区青少年群体为工作重点,依法加强对监外执行、缓刑、管制青少年的监督、管理和帮教;配合基层组织和单位,加强对刑满释放、解除劳教和有轻微违法行为青少年的帮教和安置工作;分析青少年违法犯罪的特点,研究对策,报中央综治委预防青少年违法犯罪工作领导小组办公室。

司法部:充分发挥职能作用,尤其是司法所的作用,将社区青少年作为“四五”普法的重点对象,做好青少年法制宣传教育的动员和组织工作;加强青少年法制教育基地建设,开展适合青少年特点、便于青少年参与的模拟法庭、法律知识竞赛等法制实践教育活动,帮助青少年在实践中掌握法律知识,增强法制观念;会同有关部门继续做好法制副校长的配备工作,积极参与街道预防青少年违法犯罪工作领导小组和社区预防青少年违法犯罪工作联席会议的工作;逐步深化律师、公证、基层法律服务、法律援助等各项法律服务工作,为社区青少年排忧解难,维护其合法权益;加强与社区的配合,认真做好刑满释放人员和解除劳教人员的安置帮教工作;认真贯彻监狱和劳教工作方针,努力提高对青少年罪犯和劳教人员的教育改造质量。

建设部:根据“青少年违法犯罪社区预防计划”的要求,将社区青少年活动场所列入城市规划;完善对建设系统进城务工青年的管理和服务,保障进城务工青年的合法权益;加强对建设系统进城务工青年的安全技能培训,推动文明施工;加强法制教育,提高进城务工青年的守法意识和维护自身合法权益的能力。

民政部:加强社区居民委员会建设,充分发挥群众自治组织在社区青少年教育管理方面的作用;社区居委会要掌握辖区内青少年就学、就业情况,对有不良行为的青少年,督促其父母或其他监护人进行有效的教育和管理,对于履行教育义务或监护职责有问题的家庭和有不良行为或严重不良行为的未成年人要建立档案卡;组织热心青少年工作的志愿人员做好有不良行为、轻微违法犯罪行为、判处非监禁刑、缓刑和假释青少年的帮教工作,增强社区对青少年违法犯罪的预防和控制能力;切实落实各项社会救助政策和社会帮困措施,加强社区内特困青少年及其家庭的救助工作;加强社区精神文明建设,协调社区内各单位的现有资源,开展文化、技能培训和心理咨询等活动,营造健康向上的社区氛围;加强社区青少年活动阵地的建设;对于辍学、失学和学习有困难的青少年,街道和社区要积极整合社会资源设立助学金,同时开展志愿者家教辅导、学习方法讲座、技能培训等活动,使他们在学习和就业方面得到帮助、指导;做好流浪青少年的工作,办好流浪儿童保护救助中心,加强对流浪儿童的教育和不良行为的矫治工作。

财政部:根据预防青少年违法犯罪工作的需

要，对“青少年违法犯罪社区预防计划”的重点活动给予必要的经费支持。

文化部：加强公益性社区文化设施的建设和管理，组织开展健康有益的文化教育活动，丰富青少年文化生活，营造文明健康的社区氛围；加大对网吧、歌舞厅、游戏机房等文化娱乐场所的监督检查，净化社区环境；建立评价、推荐、奖励优秀青少年文学、影视作品的机制，优化青少年成长的社会文化环境。

广播电影电视总局：统筹指导各级广播影视机构，广泛深入地开展社会主义思想、道德、法制宣传教育；协调各级电台、电视台，加大对“青少年违法犯罪社区预防计划”的宣传力度，积极宣传社区青少年工作和预防青少年违法犯罪工作的先进典型；认真抓好广播影视青少年节目、栏目的制作播出工作，坚决制止各种非法、淫秽、色情、暴力、封建迷信节目的制作和播放，减少诱发青少年违法犯罪的因素。

新闻出版总署：严格监督管理报纸、期刊、图书、音像制品、电子出版物的出版、印制或复制、发行和进口；加强对出版物市场的管理，特别要加强对校园周边出版物市场的清理整顿，依法严厉查处非法出版活动；坚持取缔非法出版物，加大“扫黄”“打非”工作的力度；组织出版健康有益、丰富多彩、社区青少年喜闻乐见的出版物；协调本系统资源，积极支持社区青少年图书阵地建设。

共青团中央：认真履行中央综治委预防青少年违法犯罪工作领导小组办公室的职责，协调各有关部门，积极推进“青少年违法犯罪社区预防计划”；负责开展社区青少年教育管理和服务工作的调查研究；策划组织针对社区青少年的主题教育宣传活动，加强理想、道德、纪律和法制教育，提高青少年的综合素质；树立和宣传青少年的先进典型，促进社区青少年健康成长；深入宣传贯彻《未成年人保护法》和《预防未成年人犯罪法》，营造维护青少年合法权益、预防青少年违法犯罪的社会氛围；充分发挥基层共青团组织和青年志愿者队伍的作用，广泛开展社区青少年帮困助学活动；深入开展创建优秀“青少年维权岗”活动，维护青少年的合法权益；将社区青少年教育管理工作的成效纳入各级共青团组织的年度考核体系。

全国妇联：深入社区，面向家庭，配合协调有关部门，深入贯彻《未成年人保护法》、《预防未成年人犯罪法》等法律法规，提高青少年、家长以及广大群众依法维护青少年合法权益的法律意识，营造预防青少年违法犯罪的良好社会氛围；发挥妇联组织联系妇女、熟悉妇女特点及需求的优势，参与调解和疏导婚姻家庭纠纷，推动“五好文明家庭”建设，促进家庭预防、学校预防、社区预防的有机结合；通过家长学校等形式的教育培训，提高家长素质，尤其是要提高单亲、离异、自身有劣迹家长的素质，发挥家长特别是母亲在家庭教育和预防中的特殊作用；积极开展“小公民”道德建设计划活动，引导帮助儿童积极参与社区道德实践活动，从小培养良好的道德行为习惯。

中国保监会：针对青少年的特点和实际需要，引导保险公司研究、开发、推广、宣传新的险种；监督保险公司正常理赔青少年及其家庭的涉险案件，以鼓励和支持青少年与违法犯罪分子做斗争；协调保险行业资源，对有特殊困难的青少年予以资助。

中央综治委预防青少年违法犯罪工作领导小组办公室：承担日常工作，负责“青少年违法犯罪社区预防计划”的整体推进和协调；开展社区青少年教育管理工作的情况调查和理论研究；组织落实试点社区；推动青少年法律研究；加强督促和检查，总结、推广社区青少年教育管理工作的先进经验，树立、表彰典型。

中央综治委预防青少年违法犯罪工作领导小组关于印发《顾秀莲同志在中央综治委预防青少年违法犯罪工作领导小组2003年第二次全体会议的讲话》的通知

(2003年9月30日)

中央综治委预防青少年违法犯罪工作领导小组各成员单位,各省、自治区、直辖市预防青少年违法犯罪工作领导小组及办公室、综治办、教育厅(教委)、团委,新疆建设兵团预防青少年违法犯罪工作领导小组及办公室、综治办、教委、团委:

中央综治委预防青少年违法犯罪工作领导小组于9月22日在北京市召开了2003年第二次全体会议,会上,全国人大常委会副委员长、中央综治委副主任、中央综治委预防青少年违法犯罪工作领导小组组长顾秀莲同志作了重要讲话。现将顾秀莲同志的讲话印发给你们,请结合实际情况,认真贯彻执行。

着眼基层　狠抓落实
推动预防青少年违法犯罪工作再上新台阶

全国人大常委会副委员长　中央综治委副主任　顾秀莲

同志们:

刚才,杨岳同志代表办公室对上半年的工作情况和下半年的工作计划作了汇报,各部门都积极发表了意见,特别是来自甘肃、河南、上海的同志做了很好的发言。同志们的发言有总结、有经验,也有问题和措施,以及今后的打算,我认为大家讲得都很好且全面,一些经验值得借鉴。

今年上半年,中央综治委预防青少年违法犯罪工作领导小组办公室对15个省、自治区、直辖市的预防青少年违法犯罪工作进行了检查和督导。7月份,全国人大常委会对贯彻实施《中华人民共和国未成年人保护法》和《中华人民共和国预防未成年人犯罪法》的情况,进行了执法检查,并在十届四次全国人大常委会上进行了专题报告。通过检查和调研,我们对全国预防青少年违法犯罪工作情况,有了进一步的了解和掌握。应该说,党委政府对青少年的健康成长是很重视的,对预防青少年违法犯罪工作还是很支持的,各地做了大量工作,取得了新的成效,但也还存在着一些严峻的问题。因此,今天我们召开这个会议,对上半年工作进行总结,对下一阶段的工作进行研究部署,非常必要。刚才,杨岳同志代表办公室对下半年的工作所作的部署,希望大家结合实际,认真贯彻落实。

借此机会,我讲几点意见。

一、预防青少年违法犯罪工作领导小组成立

以来,各部门做了大量工作

2001 年 1 月,在党中央、国务院的亲切关怀下,中央综治委成立预防青少年违法犯罪工作领导小组,进一步加强了对预防青少年违法犯罪工作的领导。两年多来,在九届全国人大常委会副委员长曹志同志的领导下,各成员单位围绕中心任务,认真履行职责,密切配合,卓有成效地开展工作,预防青少年违法犯罪工作取得了明显成效。一是推动了省、市两级领导机构和工作机构的建设。目前,全国已有 28 个省、自治区、直辖市,75%以上的地市及相当一部分县区、街道和社区,成立了预防青少年违法犯罪工作领导机构和工作机构,党政牵头、社会各界积极参与的工作格局初步形成。二是注重调研。多次针对影响青少年健康成长的突出问题开展专题调研,形成了多项调研成果,为中央和有关部门决策提供了科学依据。三是集中整治危害青少年成长的不良现象。开展了清理整顿非法"网吧"、不健康"口袋本"图书、淫秽卡通画册和毒品的专项行动,进一步净化了青少年成长的社会环境。四是推动了各项工作向基层延伸。2002 年,领导小组制定实施了"青少年违法犯罪社区预防计划",着力把各项工作措施落实到基层,落实到社区。通过各地、各部门的共同努力,预防青少年违法犯罪工作呈现出良好的发展态势。

二、当前预防青少年违法犯罪工作面临的形势依然十分严峻

虽然经过前一阶段努力,预防青少年违法犯罪工作取得了明显成效,但是,我们也应该清醒地看到,当前,这项工作面临的形势依然十分严峻,必须引起我们的高度重视。

一是未成年人失学、辍学问题在一些地方还十分突出。一些地区,因经济贫困、教学缺乏吸引力以及受到新的"读书无用论"影响,未成年人受教育权得不到保障,特别是外来人员子女受教育问题依然是九年义务教育的薄弱环节,他们中大多数人失学、辍学后处于失管状态,成为闲散青少年,极易受到社会不良因素的影响而违法犯罪。

二是社会环境中还存在多种诱发青少年违法犯罪的不良现象。一些地区黑"网吧"死灰复燃,"网吧"超时营业、接纳未成年人、逃避监管现象仍不同程度存在;含有反动、色情、迷信等内容的走私盗版音像制品活动猖獗;以中小学生为读者对象的有害卡通画册和淫秽"口袋本"图书屡禁不止;淫秽色情表演、违规经营歌舞厅和录像厅在一些地方没有得到有效控制。这些都成为引发青少年违法犯罪的重要社会诱因。

三是未成年人违法犯罪问题日趋突出。据统计,1998 年至 2002 年,全国法院审判未成年犯分别为 33612 人、40014 人、41709 人、49883 人,呈逐年上升趋势。未成年人犯占全部刑事犯罪的比例也由 1998 年的 6.36%上升到 2002 年的 7.13%。此外,未成年人团伙犯罪和暴力化突出,团伙犯罪甚至占未成年人犯罪的 70%以上。

四是工作措施的落实还存在一些薄弱环节。一些地方还存在"一手硬、一手软"、"重打击、轻预防"的认识,致使各项措施落实不到基层,工作难以全面展开,青少年违法犯罪的增长势头不能得到有效遏制。

三、齐心协力,狠抓落实,推动预防青少年违法犯罪工作再上新台阶

青少年是国家的未来,民族的希望。青少年的健康成长,关系到国家改革发展稳定大局,关系到民族的兴衰存亡。积极做好预防青少年违法犯罪工作,不仅是确保青少年健康成长的现实需要,也是贯彻实施"三个代表"重要思想的具体体现,各地各部门责无旁贷。我们要充分认识到,预防青少年违法犯罪工作是一项复杂的社会系统工程,也是一项长期的艰巨任务。我们只有切实增强责任感和使命感,树立打持久战的思想观念,花大力气,狠抓各项工作措施的落实,才能把这项工作抓出实效。在这里,我就今后工作着重强调几点。

第一,要深入贯彻实施未成年人保护法和预防未成年人犯罪法。这两部法律是我们开展预防青少年违法犯罪工作的重要依据。预防工作的成效如何,在很大程度上取决于法律的各项规定能否落到实处。因此,我们要通过多种途径,积极推动两部法律的贯彻实施。一是要通过多种形式宣传法律,提高全社会对贯彻实施"两法"重大意义的认识,使这两部法律家喻户晓,深入人心;特别是要针对青少年的身心特点,采取生动活泼的形式,开展青少年法制教育,帮助青少年学法、懂法、守法、用法。二是各部门要按照这两部法律的有关规定,认真履行法律义务,履行工作职责,推动这两部法律的深入实施。三是各地要在认真贯彻实施这两部法律的基础上,结合本地实际,研究具体的实施细则,特别是预防未成年人犯罪法实施细则,从而进一步推动这两部法律在基层实施好,落实好。

第二,要进一步加强预防青少年违法犯罪基层基础工作。基础不牢,地动山摇。只有把工作措施落实到基层,预防青少年违法犯罪工作才能收到实效。一是要解决好“事情有人做”的问题。抓好基层工作机构和队伍建设,明确责任主体和工作主体,动员组织专职社工、社区民警、青年志愿者、离退休老同志参与这项工作,逐步建立专兼职相结合社区工作队伍。二是要抓住重点群体,加强闲散青少年的教育和管理。通过摸底排查、建档立卡等措施,掌握闲散青少年的状况,在行为上纠偏,生活上帮困,学习上帮助,就业上扶持,探索建立全国闲散青少年管理信息系统。三是要加强监督考核,把预防青少年违法犯罪工作纳入到基层社会治安综合治理的考评体系之中,严格实行奖励和责任追究制度。

第三,要大力推进校外青少年活动阵地的建设。社区青少年活动阵地建设是做好预防青少年违法犯罪工作的重要环节。当前,中小学生自由支配时间增多,迫切需要能够就近就便参加活动的场所。如果我们不能提供足够的健康场所,必然会给那些非法“网吧”等不良场所以可乘之机。因此,必须进一步加强青少年活动场所的建设。一方面,要充分利用现有的博物馆、图书馆、文化馆、展览馆、科技馆等场所,延长开放时间,按照未成年人保护法的规定,向未成年人优惠开放,满足中小学生的校外活动需求。另一方面,要运用行政的、市场的、社会的多种手段,推动青少年校外活动阵地建设,发挥政府的主导作用,进一步加大资金投入力度,在全国特别是中西部地区广泛建立青少年能够就近就便参加活动的社区阵地。要适应互联网迅猛发展的新形势,在学校和社区广泛建设适合未成年人的公益性互联网上网服务场所,满足未成年人的上网需求。

第四,要进一步净化文化环境,减少青少年违法犯罪的社会诱因。不良的文化环境是引发青少年违法犯罪的温床,必须下决心清理整治。一方面,要加大联合打击力度,开展专项整治行动。针对非法“网吧”、不健康“口袋本”图书、违规经营电子游戏厅、录像厅和歌舞厅等危害青少年健康成长的突出问题开展联合行动,政法机关和行政执法部门要采取有力措施,密切配合,严厉打击。另一方面,要开展经常性的监督。通过设立举报热线、成立监督员队伍,建立监督、举报和快速受理机制,把不良的社会现象消除在萌芽状态。

第五,各部门要加大工作力度,齐抓共管,形成合力。青少年违法犯罪是一个综合性的社会问题,需要各级党委政府的高度重视,需要各有关部门的共同努力,集中优势,形成合力。一方面,各部门要认真履行预防青少年违法犯罪的工作职责,发挥自身优势,围绕重点工作,采取有效措施,每年扎扎实实办一两件实事。办公室要加强与各部门的联系,及时沟通信息,做好服务工作。另一方面,要加强对基层工作的指导,建立与基层的联系制度。当前,领导小组正在推动实施“青少年违法犯罪社区预防计划”,办公室在全国确立了50个试点街道社区。各部门要主动联系3至5个试点街道社区,结合本部门工作,加强检查和指导,抓好试点,总结经验,形成示范,在全国推广。一定要把工作落在实处。

同志们,预防青少年违法犯罪工作意义深远,责任重大,让我们紧密团结在以胡锦涛同志为总书记的党中央周围,以邓小平理论和“三个代表”重要思想为指导,与时俱进,开拓创新,扎实工作,为把预防青少年违法犯罪工作进一步推向深入,实现全面建设小康社会的奋斗目标作出更大的贡献!

八、铁路护路联防工作

中央综治委铁路护路联防工作领导小组关于印发《2003年全国铁路护路联防工作要点》的通知

（2003年1月21日）

各省、自治区、直辖市社会治安综合治理委员会铁路护路联防工作领导小组：

现将《2003年全国铁路护路联防工作要点》印发给你们，请结合本地区的实际，认真贯彻落实。

2003年全国铁路护路联防工作要点

2003年全国铁路护路联防工作要认真贯彻党的十六大精神，以"三个代表"重要思想为指导，紧紧围绕为全面建设小康社会创造良好社会环境这个中心任务，进一步落实"打防结合，预防为主"的方针，大力推进安全文明铁道线建设，深入解决铁路治安问题，充分发挥护路联防组织的职能作用，健全完善工作机制，切实维护铁路治安的持续稳定，开创铁路护路联防工作新局面。

一、进一步加大工作力度，切实遏制各种危害铁路治安的突出问题

各级铁路护路联防领导小组要认真组织协调公安、铁路等有关部门和铁路沿线基层组织，严厉打击盗窃铁路运输物资、拆盗铁路器材、破坏铁路设施等危害铁路运输安全的违法犯罪行为，及时解决摆放路障、牲畜上道等影响行车安全的问题，积极协助党委、政府预防和处置拦截列车的群体性事件。深入开展铁路沿线治安问题的排查工作，继续抓好重点区段的集中整治。要尽快建立健全治安情况通报制度，准确掌握铁路治安动向，及时发现工作中的薄弱环节。各铁路公安局每季度要向有关省（区、市）护路办通报本辖区的铁路治安情况；中央护路办每半年向各省（区、市）铁路护路联防领导小组及其办公室，通报全国铁路治安情况。

二、大力加强铁路护路联防工作机制建设，狠抓各项治本措施的落实

今后一个时期的创建安全文明铁道线活动，要在有效遏制铁路治安问题的前提下，把着力点逐步转移到建立和完善护路联防的长效机制上来。要切实把铁路护路联防工作纳入当地社会治安综合治理工作之中，真正做到同部署、同检查、同考核、同奖惩。要严格实行铁路护路联防责任制，在铁路沿线层层签订责任书，把维护铁路治安的责任真正落实到铁路沿线党委、政府、基层组织和人民群众的肩上。要深入进行爱路护路宣传教育，增强广大干部、群众、中小学生维护铁路治安的责任意识和安全意识。要加强物防、技防设施建设，提高预防和发现违法犯罪活动的能力。要继续加强对铁路沿线地区废旧物品回收站（点）和暂住人口的管理，深入开展铁路沿线地区的治安整治。要进一步密切路地、军地关系，加强协作配合，把车站、货场的治安保卫工作和铁路沿线的护路联防工作紧密衔接、融为一体，提高工作的整体效益。要建立健全责任查究等必要的工作制度，制定铁路护路联防工作考核办法，使铁路护路联防工作更加科学化、规范化。

三、加强教育培训，提高铁路护路联防队伍的政治业务素质

各级铁路护路联防组织和专兼职铁路护路联防队伍，要用十六大精神特别是“三个代表”重要思想武装头脑，增强做好铁路护路联防工作的使命感和责任感。紧密结合中央综治委“全国创建安全文明铁道线活动经验交流会暨先进表彰会”，大力宣传铁路护路联防工作中涌现出的先进典型，弘扬正气，营造学先进、赶先进的良好氛围。各级护路办要会同公安机关和人武部门进一步加强对专兼职护路队员和铁路沿线基层组织负责人的业务培训，使他们了解铁路治安形势及突出治安问题，熟悉必要的法律知识和铁路安全常识，明确职责任务，掌握开展铁路护路联防工作的思路和方法。各级军事机关和人武部门要按照总参的统一部署和要求，加强护路民兵的教育培训和管理，进一步提高护路民兵思想和业务素质。中央护路办要在认真总结各地经验的基础上，编写《铁路护路联防工作教材》。

四、严格管理和科学使用铁路护路联防经费

各级铁路护路组织要严格执行《全国铁路护路联防经费管理暂行规定》，进一步加强对铁路护路联防经费的管理。要按照有关规定严格进行审计，对审计中发现的问题必须认真整改。中央护路办对这个《规定》的贯彻落实情况要进行监督、检查。铁路护路联防经费要根据工作形势的变化和完成任务的需要进行相应的调整，优先考虑和重点使用于重点区段和沿线治安问题较多的地区。在经费安排上，既要保障铁路护路专职队伍所必需的费用；又要从综合治理的角度统筹安排，对开展铁路护路联防工作扎实有效的沿线基层组织、有关部门，要给予一定的经费补贴，以调动和保护他们参与铁路护路联防工作的积极性。

五、加强各级护路办建设，提高协调能力和工作效率

各省（区、市）护路办要配强人员，健全制度。开拓进取，奋发有为，切实承担起具体组织、指导，督促护路联防工作落实的重任。各级护路办工作人员特别是护路办主任，一定要学会做综合治理工作，在理顺各方面关系，调动有关部门和铁路沿线地区基层组织、广大人民群众参与铁路护路联防工作积极性上下功夫。各级护路办要转变作风，深入实际，准确掌握情况，认真研究问题，及时提供对策，当好党委、政府和综治委维护铁路治安的参谋助手。各级护路办要健全完善并严格执行工作制度，对上级护路办部署的工作、交办的事项，要保质保量，及时完成；对本级护路联防领导小组下达的任务，要认真督促落实。

中央综治委铁路护路联防工作领导小组关于做好护路联防队伍防治非典工作的通知

（2003年4月28日）

各省、自治区、直辖市社会治安综合治理委员会铁路护路联防工作领导小组：

为了认真贯彻落实党中央、国务院关于做好非典型肺炎防治工作的一系列批示精神，进一步做好铁路护路联防队伍非典型肺炎的防治工作，切实保护广大护路干部、护路联防队员、护路民兵的身体健康，保障护路联防工作的顺利进行，现就有关事项通知如下：

一、高度重视，切实把防治非典型肺炎工作作为当前的一项重大任务来抓

做好非典型肺炎的防治工作，直接关系到广大人民群众的身体健康和生命安全，直接关系到我国改革发展稳定的大局，直接关系到我国的国家利益和国际形象，是对各级领导干部应对突发事件、驾驭复杂局面的一次严峻考验。各级综治委铁路护路联防领导小组及办公室要充分认识到做好非典型肺炎防治工作的重大意义，一定要把思想认识统一到党中央、国务院的一系列决策和部署上来，本着对广大铁路护路联防队员高度负责、对护路联防工作高度负责、对党和人民群众高度负责的精神，周密部署，加强领导，狠抓落实，认真做好相关防治工作。各级铁路护路联防办公室要加强对本地铁路护路联防组织防治工作的指导和督促，抓好各项防治工作措施的落实。

二、加强教育和管理，切实落实预防措施

各地铁路护路联防组织，要在当地党委、政府的统一领导下，广泛深入地向广大护路队员进行非典型肺炎防治知识的宣传教育，提高广大队员的自我保护能力，消除不必要的疑虑。无论是已经发现疫情的地区还是没有发现疫情的地区，都要切实加强对疫情的预防和监测，做到早发现、早报告、早隔离、早治疗。要加强对护路队员健康状况的了解，对发现的非典型肺炎患者和疑似人员，要采取坚决果断措施，立即就地隔离治疗和观察，并及时向有关防疫部门报告，防止造成疫情扩散和蔓延，同时要做好本人及其家属的思想工作，帮助解决实际困难和问题。各级铁路护路联防工作领导小组办公室要对防治工作给予一定的投入，给护路队员购置口罩、手套、眼镜、消毒水等防护物品，对护路队员居住比较集中，通风条件差的地方，要加强消毒，提供必要的防范条件，增强广大护路队员的免疫力，减少疾病发生的可能。

三、坚守岗位，做好维护铁路治安的各项工作

在抓好非典型肺炎防治工作的同时，要继续认真抓好铁路护路联防工作各项措施的落实，进一步加大工作力度，深入开展铁路护路联防工作和创建安全文明铁道线活动，全力维护铁路治安稳定，确保铁道大动脉的安全畅通。各级护路办要切实转变工作作风，深入一线，靠前指挥，进一步加大督促检查力度，确保各项护路联防工作到位，为维护铁路治安和夺取防治非典型肺炎工作的胜利作出积极的贡献。

2003年全国铁路护路联防工作情况

2003年，全国铁路护路联防工作以党的十六大精神和“三个代表”重要思想为指导，围绕中心，服务大局，确保铁路安全畅通为基本工作目标，以“长沙会议”精神为动力，继续大力推进安全文明铁道线建设，在抓落实、求实效上下功夫，着力解决铁路沿线突出治安问题，充分发挥护路联防队伍的巡逻守护作用，强化铁路沿线治安防控能力，增强各级护路办的职能作用，把铁路护路联防工作提高到新的水平。

一、主要工作和成效

（一）动员全国铁路护路联防队员投入抗击“非典”的斗争，坚守工作岗位，维护铁路护路联防工作正常运行。根据党中央和国务院抗击“非典”的部署，中央综治委铁路护路联防工作小组及时地向全国铁路护路联防组织发出了《中央综治委铁路护路联防工作小组关于做好护路联防队伍防治非典工作的通知》。各级护路组织认真贯彻这个通知精神，一手抓护路联防队伍自身的防范，提供必要的条件，防止非典感染，并向农村开展抗击“非典”的宣传教育工作；一手抓执勤纪律，忠于职守，确保铁路治安秩序的稳定和保护抗击“非典”物资运输的安全。通过与地方有关部门的密切配合,确保了全国43000名护路联防队员无一人感染非典,维护了铁路护路联防工作的正常开展,并为防范"非典"向农村蔓延作出了积极的贡献。

(二)组织召开了全国铁路创建安全文明铁道线活动总结表彰大会,进一步推动创建工作深入开展。针对山西省"太原会议"之后,全国铁路开展创建安全文明铁道线活动已两年之久,需要进一步引向深入,中央综治委铁路护路联防工作小组在长沙召开创建活动总结暨表彰大会。各地认真贯彻落实这次会议精神,呈现出主要特点是:对创建活动进行了再动员、再部署。许多省(区、市)主要领导亲自发表讲话,作动员部署;进一步营造了创建活动的浓厚氛围。各省(区、市)都表彰了一批先进,调动创建活动的积极性。不少省(区)结合学习兄弟单位的经验,针对本地区铁路的实际情况,重新修定了创建工作的方案,提出了新的奋斗目标,进一步加大了创建工作的力度。如山西省针对晋南、晋西、晋东铁路线路多、运量大,提出了"营造平安三晋示范带"的创建方案,采取各种有效措施,率先建成安全文明铁道线。辽宁省对长大线、沈山线、秦沈线三条干线实施构建安全屏障线的目标,并相配套制定了考核办法及奖惩制度。云南省在创建活动中,按照社会治安综合治理"属地管理"和"谁主管谁负责"的原则,建立了创建活动领导责任制并采取风险抵押的办法,促使各地真抓实创,推进创建活动向纵深发展。黑龙江省提出了"安全、务实、创新、规范"新的创建方案,全面推进创建工作深入发展。广西自治区把创建活动纳入地方构建治安防控体系的总体规划,下发了《关于进一步加强铁路护路联防工作的实施意见》、《维护铁路治安稳定责任追究制的若干规定》、《防范处置铁路沿线治安事件预案》,确保铁路护路联防责任制的落实。新疆自治区在创建活动中不断提高护路民兵的素质。在地方党委、政府的坚强领导下,军事机关高度负责,对全区护路民兵提高军事化管理水平,使全区的护路民兵思想、作风、技能过硬,具有较强的战斗力,成为打击犯罪、对敌斗争的威慑力量。使全区护路民兵执行巡逻守护的路段,实现了无哄抢运输物资事件、无重大治安灾害事故、无爆炸破坏铁路案件;石击列车、围车叫卖、路外伤亡事故明显减少;盗窃铁路器材、割盗铁路通信线路、危及铁路行车安全的治安案件明显下降的"三无、三减少、三下降"的可喜成绩。与此同时,扶持民兵开展以劳养护活动。到目前,共开荒种地1100余亩、种植各种蔬菜30万余公斤、生产棉花、玉米、向日葵5万多公斤,养猪、鸭、兔等家禽11000余只,其他副业收入累计达300余万元,对艰苦的地区护路民兵起到拴心留人的作用。湖南省在"长沙会议"之后,护路联防工作又有新的发展,工作重点转移到全面构建铁路沿线治安防控体系上来,建立两个层面的护路联防格局,一个层面是线路上有一支素质过硬的专职护路联防队员执行巡逻守护任务;另一个层面是铁路沿线每个乡村建立义务护路队,实行治安包保责任制,护路与护村相结合,实行同考核、同奖惩,形成了双层保障体系。江西省将创建工作的着力点放到基层,以村为基础,分段定责,建立竞赛机制、考评机制和激励机制,依靠基础取胜。同时,对重点站场、隧道逐步实行电子监控,走精兵护路、科技保安,人技结合的路子。江苏省对全省辖区内县以上单位的创建活动全部纳入当地社会治安综合治理考核之中,占地方综治工作5至7分,变压力为动力,促进创建措施的落实。浙江省绍兴柯桥轻纺城年交易量达4000多亿元,他们认为要想富保铁路,主动拨款10多万元给铁路修建防护栏,确保物质和人身安全。该省义乌市是全国小商品批发市场,为了确保安全,市政府拨出35万元给铁路安装防护栏。这两个市原来都是路外伤亡多发区,2003年以来一起没有发生。青海省对铁路沿线广泛地开展创"模范村、光荣户"活动,把创建活动搞得有声有色。河北省针对境内铁路干线多、提速路段多,各级护路干部牢固树立大局意识、政治意识,以扎实的工作作风换取护路效果,全年大部分时间沉在一线,深入指导创建活动,重要时期,与护路联防队员同生活、同学习、同巡逻,特别是对重点区段,一起和护路队员死看死守,确保万无一失。

(三)进一步加大重点整治的力度,有效遏制危害铁路治安的突出问题。各地护路联防组织紧密配合严打整治斗争,协助公安机关严厉打击各种刑事犯罪,与此同时,着重在加强铁路沿线治安防范工作上下功夫。一是对2002年中央护路办挂牌整治的全国铁路6个治安重点区段(成昆线:尼日站至永郎站、京广线:孟庙站至广水站、陇海线:华山站至三门峡站、湘黔线:玉屏站至凯里站、成渝线:内江站至隆昌、鹰厦线:邵武站至漳平站),继续加大力度,督促整治工作,防止治安问题反复,遏制案件上升。从而使这6个重点区段的治安状况趋于稳定。二是集中清理整顿铁路沿线和站场的治安秩序,由护路办牵头,组织政法、综治、工商、民政、教育、城管等有关部门,联合行动,清理了铁路周边一批盲流人员,取缔和查处了一批非法废旧金属收购点(站)以及小冶炼厂、小炼油厂、私建乱搭窝棚等,净化铁路周边治安环境。仅据山西、河南、广东、甘肃、贵州、云南、陕西、湖北、安徽省、广西、宁夏、内蒙古自治区,上海市统计,共清理盲流人员24000多人、取缔非法收购点1700多个,小冶炼厂、小炼油厂860多个,私搭乱建窝棚780多处,从源头上消除拆盗铁路器材案件的发生。河南省清查中还收缴了16公斤炸药、导火索29米,消除了重大隐患。山西省对全省境内开展因道口问题影响铁路稳定的"大排查、大调处"活动。解决了一批矛盾纠纷,维护了铁路稳定,得到了铁道部部长、中央综治委铁路护路联防工作领导小组组长刘志军的充分肯定。三是对各省(区、市)在摸排铁路治安的基础上,所确定的重点整治区段,中央护路办建立了台账,跟踪督促整治工作的开展,尽快取得效果,改变治安面貌。此外,根据各地铁路治安的不同特点,确立了铁路护路联防工作的侧重点。即:东三省以防范群体性拦截列车、冲击铁路事件为主;西南地区以遏制货盗案件为主;华东和中南地区以打击和防范爆炸、破坏铁路犯罪为主。通过针对不同的特点、采取不同的手段,投入不同的力量,使铁路护路联防工作取得更加明显的效果。

(四)大张旗鼓开展爱路护路宣传教育活动,努力增强铁路沿线群众法制观念、爱路护路意识。各地结合创建活动,掀起了更大声势的爱路护路宣传教育活动。出动了大量的人力、警力、车辆,深入到铁路沿线村庄、机关、学校宣讲《铁路法》、《铁路常识》以及有关的法律、法规。除此之外,运用各种宣传媒体和宣传工具,宣传维护铁路治安的重要性,爱路护路先进事迹,创建活动的重大意义,播放录像片、领导讲话,巡回展出正反两个方面的案例,印发宣传资料、画册、图片,制作固定宣传、标语牌等。广西自治区、贵州、云南、江西省等对铁路重点地区或案件多发区,组织万人签字仪式,营造了爱路护路的浓厚氛围。据不完全统计,全国27个省(区、市)共开展宣讲34000多场次,印发宣传资料120000多份,制作护路录像片、影碟198000多套。宣传教育的深度和广度都超过了历史其他时期。

(五)进一步建立和完善工作机制,提高铁路护路联防工作管理水平。各地都非常重视建立长效机制,对铁路护路联防工作实行制度化、规范化管理。到目前,全国27个省(区、市)把铁路护路联防工作纳入了社会治安综合治理工作总体规划之中,与当地社会治安综合治理工作同部署、同要求、同考核、同奖惩。普遍建立健全了领导责任制、分工负责制、包保责任制,责任追究制,把护路联防工作的实绩作为考核领导干部政绩的重要内容之一,并与领导者提职提级挂钩,与单位的政治荣誉,经济利益挂钩。许多单位还相应地建立了激励机制。建立了对护路联防队员(民兵)四优先的规定,即:每年征兵必须优先从优秀护路联防队员中挑选,乡村提干优先从优秀护路联防队员(民兵)中选拔,选拔民兵干部优先安排优秀护路联防队员(民兵),评选劳模给护路干部和护路联防队员一定的指标等。通过这些激励机制,有效地调动了广大护路干部和护联防队员的积极性,使他们感到护路工作有干头、有奔头。还有不少省(区)对各级护路办下了正式编制,与政府机关干部一样正常提职提级,表现,突出的同样得到重用。

(六)进一步加强护路经费管理,保障铁路联防工作健康发展。各地根据中央综治委铁路护路联防工作小组下发的《加强铁路护路联防经费管理的暂行规定》,大都结合本地区护路经费的实际情况,制定了具体的严格管理办法。进一步明确护路经费管理、使用的程序、制度和有关纪律,从根本上防范违反财政纪律问题的发生。通过审计部门反映情况来看,各省(区、市)对护路经费的使用较好地坚持了年初预算制度,日常使用一枝笔制度,年终审计制度,严格把握了三个环节,总体上情况较好。

(七)编写了铁路护路联防工作手册,为教育培训护路干部和队伍提供了教材。中央护路办对十几年来铁路护路联防工作的经验进行了认真的总结,在此基础上,编写了《铁路护路联防工作手册》。这本手册系统地阐述了铁路护路联防工作的性质、任务、指导思想和工作方法;规范了铁路护路联防工作组织领导、队伍建设、经费管理、爱路护路宣传及考核标准;具体解释了铁路护路联防队员必备的条件、技能及培训方案;收录了有关法规、法律,以及历次铁路护路联防工作重要会议的文件和纪要,是一本比较完整、理论性、操作性、指导性较强的铁路护路联防工作教材。陈冀平同志提写了书名,刘志军同志写了序言。

(八)进一步加强护路办自身建设,充分发挥职能作用。各省(区、市)按照中央护路办的要求,普遍加强了三个方面的建设。一是提高政治思想素质。采取轮训的方法,组织学习邓小平有关理论、党的十六大和十六届三中全会精神,以及"三个代表"重要思想,增强事业心和政治责任感。二是提高业务水平和组织协调能力。利用集中学习和自学的方法,规定业务学习的内容,并在一定的时间,交流学习体会。据了解,有相当一批护路干部,组织能力、协调能力、宣传能力、文字能力有了明显提高。三是抓工作作风的转变。针对铁路护路联防工作点多、面广,必须从扎实的工作作风中出效果。各地把转变干部的工作作风作为重要环节来抓。有的采取了"三定一率"的方法促进干部工作作风的转变。即:定包保路段,定下基层时数,定情况反映质量,累计解决问题率。并把三定一率作为考核干部的依据。通过三定一率,有效促进了干部作风的转变,较好地发挥了护路办的职能作用。

2003年全国铁路护路联防工作在严打整治斗争大气候的影响下,在"长沙会议"精神的推动下,又有新的发展,新的成效:

一是各地护路组织协助公安机关,破获了一批刑事案件,打掉一批货盗团伙,据统计,共协破刑事案件16047起,货盗案件3900起,抓获犯罪嫌疑人14382人,打掉犯罪团伙538个,成员2180多名。各地护路队员都较好地发挥了作用,成为公安机关重要的辅助力量。如广西自治区,针对南昆线辖区内治安问题比较突出,护路联防队员紧密配合民警,辗转广西、贵州15个县市区,开展伏击守候,一举破获了盗窃、破坏铁路设施案件76起,打掉了6个犯罪团伙,抓获犯罪嫌疑人32名。云南省护路联防协助公安机关破获刑事案件663起,查处治安案件3837起,参与抢险28次。

二是协助查处治安案件112000起,其中危行案件7320多起了,没有因发生治安案件导致列车颠覆或脱轨。除此之外,还排除了一些险情,消除了一批隐患。如内蒙古自治区2003年全区共发生"五类"案件165起,同比下降了32.7%,货盗案件924起,同比下降了41.8%,拆盗案件77起,同比下降了7.4%。

三是一批重点区段治安面貌有所改变。河南省京广线孟庙至广水,陇海线三门峡西至华山两个重点区段,突出治安问题基本解决,实现了由乱到治,由治趋稳的预期目标。成渝线内江站至隆昌站达到了发案少,治安稳。四川省凉山州境内成昆线大部分区段货盗案件有所下降,货赔有所减少。对于一个多年来老大难的地区能够取得这样的成绩,说明路地紧密配合,下了很大的功夫。江西省九江县秀峰村(含三个自然村)他们称之为与铁路线是"零距离"。京九线开通后,每年都要发生数起路外伤亡事故,造成耕牛和人员伤亡,最多的一次,撞死5人。通过开展创建活动,今年实现了"五无"可喜现象。即无人员伤亡、无耕牛上路、无道口肇事、无群体性事件、无涉路刑事案件。

四是全国铁路货赔量在每年逐步减少的情形下继续有所减少。河南省2003年货赔205.37万元,比2002年同期465.41万元,减少260.04万元,下降了55.87%。贵州省2003年货赔22万元,比2002年同期28万元下降了21%。

中央综治委铁路护路联防工作小组关于印发刘志军等同志在全国创建安全文明铁道线经验交流会暨表彰会上的讲话的通知

(2003年3月5日)

各省、自治区、直辖市社会治安综合治理委员会铁路护路联防工作领导小组:

现将刘志军等同志在全国创建安全文明铁道线经验交流会暨表彰会上的讲话印发给你们。请结合本地的实际贯彻落实。

刘志军同志的讲话

各位领导、同志们:

这次全国创建安全文明铁道线经验交流会暨表彰会是在全党、全国人民深入贯彻落实"三个代表"重要思想和党的"十六大"精神、全面建设小康社会的新形势下,中央综治委铁路护路联防工作小组主持召开的一次重要会议。会议的主要任务是,总结交流三年来创建安全文明铁道线活动的成绩和经验,对创建工作进行再动员、再部署,与时俱进,开拓创新,把铁路护路联防工作提高到新水平。中央综治委副主任韩杼滨同志对创建安全文明铁道线工作高度重视,今天亲临会议指导,并作了重要讲话。韩杼滨同志的讲话充分肯定了开展铁路护路联防工作的重要意义,深刻总结了开展护路联防工作的基本经验,对开创铁路护路联防工作的新局面提出了明确要求,韩杼滨同志的重要讲话对于进一步做好护路联防工作、开展好安全文明铁道线创建活动具有重要的指导意义,我们要认真贯彻落实。会上交流了湖南等12个省创建工作的经验,大家要认真学习借鉴。会上还表彰了126名先进集体和159名先进工作者。这次会议主题鲜明、内容重要、经验丰富,必将对全国蓬勃开展的创建活动产生巨大的推动作用,必将进一步深化铁路护路联防工作。

在这里,我代表中央综治委铁路护路联防工作小组,向各省、自治区、直辖市领导以及在座的各位同志,对铁路护路联防工作的高度重视和大力支持表示崇高的敬意,向受到表彰的先进集体和先进工作者表示热烈的祝贺!并通过你们,向战斗在第一线的广大护路干部,全体护路队员(民兵)、公安干警、人民解放军、武警官兵,致以亲切的问候!借此机会,我代表铁道部向一贯关心、支持铁路工作的中央综治委,公安部,总参动员部,各省市自治区党委、政府表示衷心的感谢!下面,我受中央综治委铁路护路联防工作小组的委托汇报工作,主要讲三个问题:

一、深入贯彻"太原会议"精神,三年来全国创建安全文明铁道线工作取得了显著成绩

2000年6月,中央综治委铁路护路联防工作小组在太原召开了创建安全文明铁道线活动经验交流会。提出了铁路治安走社会化管理的路子,对创建活动作了全面的部署。三年来,各省(区、市)深入贯彻落实"太原会议"精神,按照中央综治委铁路护路联防工作小组的要求，统一思想，加强领导，做了大量卓有成效的工作。

一是进一步统一思想，提高认识。各省（区、市）普遍认识到，中央综治委铁路护路联防工作小组作出开展创建安全文明铁道线活动的决定，明确了铁路沿线治安由整顿治理向科学化管理发展的方向，符合我国铁路治安工作的实际，是新形势下把铁路护路联防工作引向深入的有效载体，是使铁路治安逐渐步入有序可控、长治久安轨道的有效机制。开展创建安全文明铁道线活动，不仅是维护铁路治安稳定、确保铁路安全畅通的重大举措，而且对推动铁路沿线地区的经济发展、社会稳定起到积极的作用。

二是主要领导亲自上手，加大对创建活动的领导力度。许多省（区、市）领导把创建活动列入了重要工作议程，加强了组织领导。山西省委常委、政法委书记杜玉林同志在全面调研了铁路沿线治安情况的基础上，要求把本省创建安全文明铁道走廊的活动作为有效形式，推动安全文明铁道线工作深入发展。广西自治区党委副书记、铁路护路联防领导小组组长陆兵同志，经常深入到铁路沿线检查创建工作情况，促进了创建工作的深入。云南省委政法委副书记，省铁路护路联防领导小组组长徐振华，坚持一年两次对全省范围内的铁路治安和创建活动进行调研，针对发现的问题，进行指导。浙江省的领导积极推广海宁市对铁路治安实行社会化管理的做法，要求全省构建铁路治安社会化管理的新格局。陕西省以西延线创建安全文明铁道走廊为示范线，辐射其他线路。江西省下决心解决了护路经费，迅速在京九铁路开展创建安全文明铁道线活动。甘肃、湖北、福建、广东、江苏、安徽、青海、宁夏、重庆等省（区、市）还把创建活动纳入到严打整治斗争总体部署中，一并推进，一并考核。由于各省（区、市）党委、政府把铁路护路联防工作纳入当地社会治安综合治理的总体规划，作为重要工作内容，实行了同部署、同检查、同考核、同奖惩，有力地促进了创建活动的开展。到目前，全国已有27个省（区、市）开展了创建活动。

三是创造性地开展工作，推动创建工作不断深化。各地在创建活动中，紧密结合本地铁路治安的实际情况，认真落实以“一方平安”保“一线平安”的要求，创造性地开展创建活动，采取了许多新的举措。湖南省护路联防工作创造出组织联网、部门联动、路地联治、专群联防、社会联管的新鲜经验，衡耒段治安整治成果得到巩固，并取得新的成效，对全国创建工作具有重要的指导意义。四川省整建结合，深化创建活动，一方面对凉山州铁路治安重点区段，以严打开路，重点治乱。另一方面建立防控机制，在铁路沿线大力开展创建“双文明”村活动和建立十户联保责任制，形成了村民相互监督、相互制约、责任连带、自我教育、自我管理的新格局。山西省在铁路两侧创建安全文明走廊，构建安全文明铁道线，既确保了铁路安全畅通，又促进了铁路沿线乡（镇）村社区的文明建设。云南省和辽宁省深入开展铁路沿线群众的宣传教育活动，对铁路沿线乡、村干部进行普遍轮训，向村民播放《铁路法》、铁路基本常识的光盘，增强了群众维护铁路治安的自觉性。广西自治区各级政府对铁路沿线治安采取落实承包责任制的办法，做到了措施过硬，考核过硬，奖惩过硬。山东省以建设达标线为动力，推动创建工作深入发展，使护路联防工作做到了队伍执勤标准化、内务管理军营化，设施装备配套化，规章制度规范化、实绩考核定期化。湖南、河南、河北、黑龙江、青海和新疆、内蒙古等省、区军事机关参与铁路护路联防工作，狠抓护路民兵正规化建设，全面提高护路民兵的素质和执勤能力。黑龙江省护路办努力提高自身素质，充分发挥职能作用。广东省创建活动严在抓达标、硬在实绩考核，用好护路奖金，充分调动铁路沿线乡（镇）村领导和群众的积极性，促进各项护路措施的落实。河北省充分运用社会治安综合治理的优势，把工作的着力点放在县、乡两级，充分发挥护路联防前沿阵地的作用，较好地维护了全国铁路京广、京山、京沪、京九四大干线龙头的治安稳定。

四是加大经费投入，努力提高科技防范水平和能力。各省（区、市）在创建活动中，对铁路主要站、场、桥梁和隧道安装了高倍探照灯、望远镜、探测仪和电子监控设施。如新疆阿拉山口隧道群24个洞口都安装了电子监控仪和通讯设备，24小时所有行人都在严密监控之下，有效地保证了安全。北京铁路局5个分局的主要货场、编组场和客运站都安装了电视监控设施，有力地防范了案件的发生。大部分省(区、市)还对护路队员的装备进行了改善,配备了对讲机,有的省(区)护路岗楼电话与公安机关“110”联网,明显提高了护路队伍的快速反应能力。

由于各省(区、市)做了大量扎扎实实的工作,三年来,创建安全文明铁道线活动取得了显著成效。

1.建成一批安全文明路段,维护了铁路治安总体的稳定。到目前,全国已建成安全文明路段810个。这些路段治安防范体系比较健全完善,铁路沿线治安秩序基本上步入了有序可控的状态,没有因治安问题影响运输安全,有力地保障了铁路四次大提速的顺利实施。

2.协助公安机关破获和查处了一大批刑事案件和治安案件,有效防范和打击了危害铁路安全的各种犯罪。据不完全统计,2000年以来,共协破刑事案件41140起,制止摆放路障8446起,制止石击列车7196起,防止破坏铁路设施1318起,协助调处矛盾纠纷3836起,阻止了大量人员上道和牲畜上道,防止行车事故5352起,提高了行车安全保障程度。

3.治安重点区段面貌明显改观。2001年中央护路办挂牌督办的全国铁路6个重点区段,治安面貌都有了明显改善,凉山州地区遏制了因治安问题导致行车事故的发生;过去十分猖獗的盗窃运输物资、拆盗铁路设施的案件明显下降,货赔金额大幅度下降。河南省漯河至孟庙区段,2002年杜绝了刑事案件和危及行车安全的治安案件的发生。贵州省凯里至玉屏区段,2002年刑事案件下降了12.9%、危及行车安全的五类案件下降了82.9%、货盗破封车辆数下降了60%、货赔下降了28%。福建省境内邵武至漳平区段,基本处于治安平稳状态。此外,27个省(区、市)自己确定的74个铁路治安重点区段,通过集中整治,治安面貌也有不同程度的改观。

4.铁路沿线治安环境进一步得到改善。各省(区、市)护路组织把整治铁路周边治安环境作为保障行车安全重要方面来抓,组织政法、公安、民政、工商、教委等有关部门联合开展整治活动,取得了明显效果。上海、广州、北京等城市拆除铁路沿线私搭乱建的窝棚,清理了一批“三无”人员,净化铁路周边环境。各地在清理整顿铁路沿线治安中,取缔了一大批小收购站、小冶炼厂、小烘炉,从源头切断犯罪分子的销赃渠道。

二、路、地、军密切配合,十年来铁路护路联防工作积累了丰富的经验

自1993年中央综治委“贵阳会议”以来,全国铁路护路联防工作历经了十年的发展,活动不断深入、范围不断扩大、成绩也日益显现。截至目前,全国开展铁路护路联防工作的27个省(区、市),共有专职护路联防队员43000多名,护路里程达56000多公里,占全国铁路运营里程的70%。十年来,护路联防工作在保卫铁路运输安全畅通的工作中功不可没,取得的成绩是多方面的,其重要意义主要表现在:

一是坚持了属地管理的原则,实现了以“一方平安”保“一线平安”。通过护路联防工作,各级党委、政府进一步明确了维护铁路沿线治安,必须在地方党委、政府的统一领导下,动员各方面的有关力量共同参与,执行“属地管理”的原则,打破了铁路治安管理旧有的格局。

二是坚持综合治理的方针,实现了齐抓共管。在各级综治委的直接领导和协调之下,运用综合治理的手段,整治铁路治安,严厉打击各种犯罪,组成专职队伍在铁路线上巡逻守护,铁路沿线乡(镇)、村实行治安承包责任制,从而在整体上强化了维护铁路治安的力量。

三是建立逐级负责制,实现了规范化管理。通过护路联防工作,建立健全了各项责任制,其中包括逐级负责制、领导责任制、有关部门责任制以及责任追究制,使铁路治安工作逐步进入了制度化管理状态。

四是广泛发动依靠群众,实现了群防群治。每年路、地、军配合,组织了强大的宣传力量,采取了各种有效的形式,广泛深入地对铁路沿线群众开展《铁路法》、铁路常识和有关法律法规的宣传教育,广大铁路沿线群众爱路护路意识明显增强。

总结十年来全国铁路护路联防工作的成功实践,我们认为,有以下几个方面的成功经验。

1.思想认识不断深化,是加强铁路护路联防工作的前提条件。十年来,各级领导对铁路护路联防工作重要性的认识不断加深。普遍认识到,维护铁路治安稳定,确保安全畅通,是贯彻落实“三个代表”重要思想的具体体现,是维护社会稳定的重要举措。这为把铁路护路联防工作摆上重要位置,奠定了坚实的思想基础。

2.加强领导,是铁路护路联防工作深入发展的重要保证。护路联防工作涉及到方方面面,困难多,难度大。只有主要领导重视,有关负责同志加强领导,工作才能顺利开展,各方面的问题才能迎刃而解,活动才能取得成效。

3.建设一支高素质的护路联防队伍,是提高护路效果的重要基础。从全国铁路护路联防工作实际情况来看,哪个省的护路联防队伍思想过硬、作风过硬、技能过硬,护路效果就好。目前全国聘用的专职护路联防队员数量多,投入的经费大,只有切实加强护路联防队伍的素质建设,才能发挥应有的作用。

4.整建结合,齐头并进,是深化铁路护路联防工作的有效途径。全国铁路治安重点区段整治效果明显,并得到较好的巩固,一方面,是因为我们针对目前我国铁路治安的复杂情况,深入开展严打整治斗争,并始终保持了高压态势;另一方面,在坚持严打的同时,强化了科学管理,大力开展了创建安全文明铁道线活动,做到整建结合,两者并举。事实使我们认识到,这是维护铁路治安的有效方法。

5.建立长效机制,是铁路治安实现"长治久安"的关键所在。十年来的铁路护路联防工作特别是三年来创建安全文明铁道线活动的事实表明,健全完善铁路护路联防工作机制,在铁路沿线构筑打、防、控结合的体系,是有效维护铁路治安持续稳定,逐步实现长治久安目标的治本之策。

三、认清新形势,采取新举措,把创建安全文明铁道线活动不断推向深入

当前,全党、全国人民正在全面贯彻落实"三个代表"重要思想和党的十六大精神,积极投身全面建设小康社会之中。铁路作为国家的重要基础设施、国民经济的大动脉和大众化交通工具,在国民经济和社会发展中具有十分重要的地位和作用。能否保证铁路安全畅通,事关广大人民群众的生命财产安全,事关社会稳定,事关全面建设小康社会大局。在新的形势下,我们要看到,铁路治安形势仍然比较严峻,对铁路运输安全构成很大威胁。当前铁路治安问题主要表现在以下几个方面:

一是各种敌对势力对铁路的渗透破坏活动将明显增多。西方敌对势力亡我之心不死,加紧对我国进行渗透破坏。很多情况表明,国内外敌对势力把铁路作为破坏的目标之一,图谋实施破坏活动。"法轮功"邪教组织捣乱、破坏活动手法和方式越来越隐蔽,暴力化、极端化倾向日趋明显。恐怖暴力破坏活动对铁路安全是一种严重的威胁,预防和打击恐怖暴力活动的任务日趋繁重。受国际因素的影响,"疆独"、"藏独"等民族分裂势力、宗教极端势力也随时可能制造事端和进行破坏活动。

二是部分刑事犯罪活动依然十分严重。铁路治安稳定的基础还比较薄弱,危害行车安全的重大案件时有发生。2002年,全国铁路共发生刑事案件94779起。其中发生破坏铁路设施案件252起,破坏铁路通信设备170起,比上年度分别上升13.7%和7.6%。其中有7起明显是以颠覆列车为目的进行的破坏。盗抢运输物资和旅客财物、拆盗铁路器材设施等多发性犯罪居高不下,因治安问题造成行车事故仍有发生,重大火灾、爆炸、危险品丢失、被盗等重大隐患依然存在,随时有可能发生严重危害。

三是危及行车的治安案件仍很突出。据统计,2002年,全国铁路共发生危及行车治安案件2526起。摆放路障、石击列车、耕牛上道、机动车辆强行通过平交道口以及关闭折角塞门、提拉车钩等时有发生。

四是由各种矛盾引发的群体性事件增多。2002年全国共发生卧轨拦车事件59起,比上年同期增加了17起;累计中断行车319小时30分,比上年同期增长了43.6%;影响客货列车运行197列,比上年同期增长了40.5%;参与卧轨拦车人员达17968人,比上年同期增长了33.5%。

面对复杂的治安形势,目前铁路护路联防工作还存在一些不适应的问题,主要是工作发展不平衡。有的地区路、地配合不够紧密,铁路部门向地方党委、政府及有关部门汇报不够。个别地区工作流于形式,作风不够深入,创建工作进展不大。有的地区护路队伍素质不高,职能作用发挥不够好,甚至发生护路联防队员监守自盗的问题。有的地区在护路联防经费的管理使用上也存在一些问题。对这些问题,我们必须高度重视,采取有效措施，认真加以解决。

下面，我代表中央综治委铁路护路联防工作小组对下一阶段创建安全文明铁道线活动讲几点意见，供大家参考。

当前和今后一个时期创建安全文明铁道线活动总的指导思想是，高举邓小平理论伟大旗帜，全面贯彻“三个代表”重要思想和“十六大”精神，进一步认清形势，加强领导，强化基础，建立机制，创新方法，增强合力，坚定不移地把创建安全文明铁道线活动推向深入，取得更加显著的成效，为确保铁路运输安全畅通和社会稳定作出新的贡献。

基本目标是，完善打、防、控一体化体系，防范能力明显增强，可防性案件基本控制，防止因治安问题导致行车事故。

1.吸取有益经验，把创建安全文明铁道线活动推向深入。这次会议上许多单位都介绍了很好的经验，对今后进一步做好创建工作具有很强的指导意义。特别是湖南省护路联防工作的经验为我们提供了有益的借鉴。他们的可贵之处是，在护路联防工作中，各级主要领导十年如一日，始终不渝地把铁路护路联防工作摆在重要位置，不断给各级护路组织和护路干部注入精神动力和给予及时指导。始终坚持“重在落实、贵在机制、功在基础、强在领导”的基本思路。他们把各项护路联防措施落实到了乡村和居委会，建立完善的工作机制。建议各省(区、市)认真学习湖南省和其他各地的好经验，认真分析本地区创建活动的情况，结合实际，有针对性地制定和修改创建措施，确保本地区创建目标的实现。

2.进一步深化认识，真抓实创。大家普遍认为，中央综治委铁路护路联防工作小组作出创建安全文明铁道线活动的部署，意义重大，是推动铁路护路联防工作不断深化的重要载体。要想把这一活动不断引向深入，首要的是进一步深化认识，真抓实创。维护铁路治安稳定，确保铁路安全畅通，是贯彻“三个代表”重要思想的具体体现。铁路治安稳定，运输安全畅通，是铁路发展先进生产力、传播先进文化、维护广大旅客货主利益的重要保证。希望各单位站在讲政治、讲大局的高度，切实提高对铁路治安工作重要性的认识，真正把铁路护路联防工作当作一项重要工作来抓，保证创建工作做到真抓实创。

3.整建结合，讲究实效。根据我国社会治安情况，在一定时期内铁路严打整治斗争丝毫不能放松，必须保持高压的态势，打出声威，以足够的力度，震慑各种犯罪。但是，仅靠打击是不够的，只有全面提高防范能力，把各种犯罪控制在发案之前，把潜在的问题解决在萌芽状态，才能有效地减少案件的发生。要做到整建的有机结合，注意防止只重视严打，不重视创建防范体系的倾向，或只重视创建，不重视严打的倾向。要切实把创建工作抓实、抓细、落实到位。要紧紧抓住创建工作的核心内容，下功夫建立健全铁路治安管理机制，建立和完善领导责任制、包保责任制、部门责任制和相应的考核、奖惩办法，使铁路治安的防范工作落在日常管理之中，发挥科学管理机制的保障作用。

4.提高护路队伍的素质，加强护路经费管理。建设一支思想过硬、作风过硬、技能过硬的专职护路联防队伍，是搞好铁路护路联防工作的重要保证。搞好队伍建设必须把好“三关”，即招聘关、培训关、使用关。同时，也要注意解决这支队伍的生活、工作困难，为他们安心工作创造良好的条件。管好、用好护路经费是保护铁路护路联防工作健康发展的重要条件，对护路经费的管理使用，各单位要高度负责，依靠有效制度，加强管理，切实管好用好，决不能出现问题。

5.进一步增强路、地、军的合力，发挥整体功能的优势。路、地、军联手共建是维护铁路治安稳定的重要举措。铁路部门一定要及时主动地向地方党委、政府汇报铁路治安情况，请示工作。坚持在地方党委、政府的统一领导下，路、地、军密切协作，分工负责，共同努力把铁路护路联防工作提高到新水平，开创铁路治安的良好局面。

6.进一步加强对创建工作的组织领导，保证各项工作落实到位。创建工作的成败在领导。有关领导要把保一线平安作为重要职责。各级护路干部要深入到创建工作实际中去，加强调查研究，掌握第一手情况，面对面地指导工作。尤其铁路部门领导干部，一定要高度重视创建活动，对创建活动的深入开展进行认真研究思考，提出可行的建议，积极争取地方党委和政府的领导和支持。要以从严务实的精神，加强对铁路单位创建工作情况的检查考核，对成效突出的，及时进行表扬；

对好的经验，及时总结交流；对存在的问题，认真分析整改；对工作不力、问题突出的，要给予批评，帮助整改。

各位领导、同志们，让我们紧密团结在胡锦涛同志为总书记的党中央周围，高举邓小平理论伟大旗帜，全面贯彻“三个代表”重要思想，按照这次会议的部署，进一步深化认识，加强领导，团结协作，扎实工作，把创建安全文明铁道线活动不断推向深入，努力开创铁路护路联防工作的新局面。

陈冀平同志的讲话

同志们：

这次会议是经中央综治委领导批准召开的一次重要会议。与会同志一致认为，这次会议隆重热烈、充实紧凑，开得很好，对铁路护路联防工作是一个强有力的推动。特别是韩杼滨同志的讲话，承前启后，继往开来，以十六大精神为指导，对十年来的铁路护路联防工作进行了科学的总结，对今后的工作提出了新的更高的要求，具有很强的指导意义。我们一定要把这次会议精神领会好、贯彻好，扎扎实实地做好铁路护路联防工作，确保铁路这条经济大动脉安全畅通，以实际行动为建设小康社会这个中心任务服务。

一、要倍加珍惜来之不易的大好形势

十年来，铁路护路联防工作蓬勃发展，在维护社会政治稳定、维护铁路沿线治安稳定、保障和促进现代化建设方面发挥了重要的作用。80 年代中期，铁路治安形势严峻，抢劫旅客财物、盗抢货运物资的违法犯罪活动十分猖獗，中央领导同志经常可以看到这方面的情况反映。经过开展铁路护路联防工作，铁路治安面貌发生了很大的变化，这方面的成效刚才刘志军同志已向大家作了通报，我不再重复。在现阶段诱发犯罪因素大量增多，社会矛盾比较复杂的情况下，实现铁路治安的好转很不容易，各级党委、政府和有关部门、广大人民群众都付出了艰辛的努力，所以我们要倍加珍惜来之不易的大好形势，下大力气巩固这一大好形势。要做到这一点，必须认真总结经验，从以往的成功做法中提炼出今后工作中必须坚持的基本原则。这次会上交流的经验很丰富，都具有很强的指导意义。我认为最重要的有三点：首先是各级党委、政府的高度重视，广大人民群众的积极参与。各级党委、政府的重视和支持，是铁路护路联防工作赖以存在、发展的前提和基础。发动群众、依靠群众是铁路护路联防工作生命力之所在。二是路地、军地齐抓共管，密切配合。只有充分发挥各自的职能作用，综合运用多种手段，才能形成维护铁路治安的强大力量，才能取得多方面的综合效益。三是要有切实的经费保障。铁路护路联防工作如果没有经费保障就难以存在和发展。现在是市场经济，维护铁路治安工作也要运用市场经济的手段才能取得实际的效果。组织专业队伍护路要有经费，宣传教育群众要有经费，加强物防、技防设施建设要有经费，调动和保护沿线基层组织和人民群众维护铁路治安的积极性，也需要一定的经费支持。没有经济这个杠杆，许多事情办不成、办不好。过去有人提出要取消铁路护路经费，这从减轻货主负担的角度看或许有一定的道理，但从维护社会稳定的大局看就不太合适。如果今天取消了铁路护路联防经费，明天护路队伍就无法开展工作。铁路护路联防经费之所以能够保留下来，首先是工作有实效，此外就是经费管理没出问题，体现了取之于民、用之于民。

二、认真做好宣传发动工作，努力提高群众的爱路护路意识

各级铁路护路联防组织要在宣传教育群众方面多做工作。如果护路工作只是停留在巡逻守候阶段，工作就不会深入发展。要贯彻“十五大”、“十六大”提出的“打防结合，预防为主”的方针，在解决深层次问题上做文章。刚才我听到四川省、河北省介绍的经验，他们以中小学生为宣传对象，开展爱护铁路“从我做起”的教育活动，就是从深层次解决问题的做法。防范工作主要靠教育。忽视教育，不从思想观念、公民素质这些根本方面入手，违法犯罪问题就难以彻底解决，就会打不胜打，防不胜防。所以，各级铁路护路联防组织加强对广大群众特别是边远地区的群众、小学生的爱路护路宣传教育是十分必要的。在创建安全文明铁道线活动中，要特别重视深入进行爱路护路宣传教育，基层护路办，乡、镇街道综治办、派出所、人武部门尤其要做好这项工作。同时，要认真开展对矛盾纠纷、治安隐患的排查工作，及时掌握辖区内哪些人可能对铁路造成危害，对治安造成危害。如果把这些情况了解清楚，并把问题解决好了，把事故和隐患消灭在萌芽状态，就等于筑起了一道堤坝，就会有效地预防和减少危害铁路治安的违法犯罪活动。

三、铁路护路联防工作要坚持实行综合治理领导责任制

铁路护路联防是社会治安综合治理一项重要的工作，要把各项护路联防措施落到实处，坚持实行责任制很重要。各级综治委，特别是乡镇街道的综治办在护路联防工作中，一定要认真贯彻落实综合治理的责任制，对部门的责任、领导的责任包括护路队员的责任都要规定清楚，对不履行责任造成严重后果的，要毫不犹豫地实行一票否决。护路联防工作要取得实效，必须落实责任，如果责任不落实，其他措施就难以落实。中央综治办正在与中央组织部协商，就进一步落实综合治理领导责任制提出一些更加具有操作性的方法。

这次会议介绍的经验都非常好，希望大家回去后认真要学习借鉴这些先进经验，通过这次会议使铁路护路联防工作特别是创建安全文明铁道线工作上一个新的台阶。对这次会议精神，特别是韩杼滨同志、刘志军同志、罗锋同志、范晓光同志的讲话，要认真学习贯彻，并及时向当地党委政府领导同志汇报。全国“两会”即将召开，铁路护路联防任务非常繁重，希望铁路沿线的各级护路联防组织特别是铁路护路队员，一定要尽职尽责，辛苦一点，腿勤一点，眼睛瞪大一点，在铁路线上多走几次，多看几遍，绝对不要让敌对势力搞破坏得逞，决不要发生铁路、桥梁爆炸等重大案件。

罗锋同志的讲话

同志们：

这次中央社会治安综合治理委员会会同铁道部、公安部、总参动员部联合召开全国创建安全文明铁道线活动经验交流会暨先进表彰会，总结近年来联合开展铁路创安和护路联防的各项工作，表彰工作中涌现的先进集体和先进个人，部署下步工作，对于进一步做好维护铁路治安稳定工作，具有非常重要的意义。下面，我就公安机关积极参与和做好创建安全文明铁道线、维护铁路治安工作讲几点意见：

一、确认识当前社会治安面临的形势

近年来，各地公安机关在党委、政府的统一领导下，始终把维护稳定置于各项工作的首位，通过严厉打击各种刑事犯罪活动，强化治安管理，维护了全国治安形势的总体稳定，特别是圆满完成了十六大的安全保卫工作。目前，“两会”召开在即，在充分肯定成绩、看到有利因素的同时，我们还必须清醒地认识到，当前影响社会政治稳定和治安稳定，影响“两会”在京顺利召开的不安定因素仍然大量存在：一是境内外敌对势力加紧对我进行渗透、颠覆和破坏活动。当前，以美国为首的西方敌对势力对我实施“西化”、“分化”的战略图谋进一步发展，他们通过各种方式加紧向我要害部门渗透，对我进行情报窃密和策反、捣乱活动。李洪志及其“法轮功”邪教组织在以美国为首的西方敌对势力的纵容、支持下，不断策划、组织境内外“法轮功”人员利用各种手段进行反动宣传和捣乱、破坏，企图与我长期对抗。二是境内外暴力恐怖活动日益突出，反恐怖斗争面临较大压力。自美国“9·11”事件后，国际恐怖事件多发，如印尼的巴厘岛爆炸、莫斯科的劫持人质事件等。新疆境内外民族分裂势力、宗教极端势力和暴力恐怖势力是我国面临的主要恐怖主义威胁。达赖集团也极力策划在西藏和其他藏区进行暴力恐怖活动。近期,有情报表明,恐怖分子还准备对我重要输气、输电管线进行破坏。特别是当前美国对伊拉克的战争一触即发,一旦战争打响,境外恐怖组织可能派人在我国境内发动针对美国及其盟国公民和驻华机构的袭击。三是由各种社会矛盾和热点问题引发的群体性事件大量增加。2002年,全国发生群体性事件的起数和参与人数,比2001年分别上升了18.9%和12.4%。近期,全国发生多起规模较大的群体性事件,一些外地群众也因各种原因进京上访滋事,向党和政府施压。四是重大刑事案件和治安灾害事故不断发生,社会治安形势不容乐观。尽管全国范围内的严打整治斗争取得了重大成效,但是当前诱发、滋生犯罪的因素仍大量存在,刑事犯罪仍呈高发态势,重大治安灾害事故时有发生,给社会治安稳定和人民群众生命财产安全造成极大冲击。仅今年春节期间,公安部指挥中心就接报重大刑事案件50起,造成47人死亡,71人受伤,比去年同期分别上升228%、88%和120%;接报群死群伤重特大事故18起,死亡104人,伤211人。2月2日,黑龙江省哈尔滨市天潭酒店发生特大火灾事故,虽经公安消防官兵全力灭火,220余名被困人员被抢救疏散,但仍造成33人死亡,10人受伤的严重后果。

以上情况表明,目前我们面临的治安形势仍然相当严峻,各级公安机关特别是领导同志一定要保持清醒的头脑,做好克服各种困难、迎接各种挑战、确保"两会"安全的充分准备。

二、积极参加创建安全文明铁道线工作,严厉打击危害铁路治安秩序的各类违法犯罪活动

多年来,各级公安机关一直积极支持铁路创安、护路联防工作,在整治铁路重点区段治安秩序、打击破坏铁路设施、危害铁路运输安全、盗抢铁路运输物资等违法犯罪活动方面做了大量工作,有效地维护了铁路大动脉的安全畅通。这次会议后,各地要继续发扬成绩,以"十六大"精神为指针,充分发挥职能作用,继续支持、积极参与做好创建安全文明铁道线的相关工作;同时,各地在工作中要注意立足本职,突出工作重点,大力组织开展铁路沿线治安秩序整治工作。地方和铁路公安机关要结合本地区和部门实际,摸排确定违法犯罪活动突出、群众反映强烈的重点地区和路段,重点打击盗窃、破坏铁路设施、危及行车安全和侵害旅客生命、财产安全的刑事犯罪活动。在不断加大打击力度的同时,要继续抓好各项公安基层基础工作,严格枪支、弹药和民用爆炸物品的治安管理,加强流动人口管理工作,强化阵地控制,从社会面上预防和消除影响铁路安全的各种重大隐患。要结合当前正在开展的深化派出所改革,创建安全文明社区活动,加强对铁路沿线地区的安全防范工作,并将其作为社会治安综合治理工作的一项重要内容纳入年度考评。

三、积极预防、妥善处置群体性冲击铁路、拦截列车事件

当前,因各类社会矛盾引发的冲击铁路的群体性事件明显增多,严重干扰了铁路运输和生产秩序。据统计,2002年各地共发生群体性卧轨拦车事件59起,较上年增长40.5%,累计造成铁路中断行车319小时,影响客货列车运行197列。2002年9月12日,广西宜州市4000余名蔗农因甘蔗、蚕茧收购价格等问题,聚众阻断黔桂铁路,并冲击、打砸市委、市政府,砸毁机动车25辆,造成12列客货列车中断行使,影响极为恶劣。铁路治安与地方社会治安秩序紧密相连,铁路一旦中断,就会引起连锁反应,对经济建设和地方社会稳定的影响相当大。对此,各地公安机关要引起足够重视,并充分发挥基层公安机关接触社会面广、联系群众密切的优势,强化情报信息工作,密切关注各类群体性事件的动态,对有冲击铁路、车站的闹事苗头和迹象,要在当地党委、政府的统一领导下,积极配合铁路等有关部门,采取有效措施,做好矛盾的缓解、化解工作和群众的教育疏导工作,努力把各种矛盾和问题解决在内部、解决在基层、解决在初始状态;同时,要研究制定切实可行的处置工作预案,对发生的聚众冲击铁路、拦截列车等事件,要按照公安部关于处置群体性事件的有关工作要求,把握最佳时机,及时、妥善处置,防止事态扩大。

同志们,开展创建安全文明铁道线活动是保障铁路安全畅通、维护铁路治安秩序的一个好形式。目前,铁路创安工作尚处于发展阶段,铁路治安工作面临的任务还十分繁重。各级公安机关要以邓小平理论和"三个代表"重要思想为指导,认真学习贯彻党的十六大精神，充分发挥职能作用与护路联防各成员单位一道，共同努力，维护好铁路沿线的治安秩序，为保障经济大动脉的安全畅通，为全面建设小康社会，加快推进社会主义现代化创造一个稳定和谐的社会环境。

范晓光同志的讲话

同志们：

在全国军民深入学习和贯彻党的十六大精神，以“三个代表”重要思想为指导，满怀信心地全面建设小康社会，加快推进社会主义现代化建设的新形势下，“全国创建安全文明铁道线活动经验交流会暨先进表彰会”在湖南长沙举行，这是一次很重要的会议。开好这次会议，对于贯彻落实党的十六大精神，搞好社会治安综合治理，进一步加强铁路治安整治，促进社会治安的稳定和国民经济的发展，有着十分重要的意义。刚才几位领导的讲话，进一步明确了工作目标，提出了具体要求。下午，有关单位还要介绍先进经验。这次会议是我们军队同志向地方同志学习的一次极好机会。在此，我代表总参领导和军队参加会议的全体同志，对会议的召开和受到表彰的先进集体和先进工作者，表示热烈的祝贺！并借此机会，向长期关心支持民兵预备役工作的各级地方党委、政府表示衷心的感谢！

关于组织民兵参加铁路护路联防工作的任务，我们已在2001年下发的《关于进一步组织民兵参加铁路护路联防工作的通知》（参动字第15号）中进行了明确，在这里，我就省军区系统进一步组织好民兵开展护路联防，维护铁路治安的问题，讲几点意见。

一、统一思想、提高认识、增强抓好民兵护路联防工作的责任感

党的十六大强调指出，完成改革和发展的繁重任务，必须保持长期和稳定的社会环境。坚持打防结合、预防为主，落实社会治安综合治理的各项措施，改进社会管理，保持良好的社会秩序。民兵是我国“三结合”武装力量的重要组成部分，是保卫国防、维护稳定的一支重要力量。党中央、国务院、中央军委高度重视民兵建设。前不久，中央专门下发了9号文件，对我国民兵建设的指导思想与原则、改革的主要内容与目标，都做出了明确的规定，是当前和今后一个时期民兵建设和国防后备力量建设的一个重要指导性文件。组织民兵配合公安部门维护社会治安，是《国防法》、《兵役法》赋予民兵的光荣职责，也是民兵工作的一项重要任务。铁路是国民经济的大动脉，铁路治安是整个社会治安的一个重要方面，铁路治安秩序的好坏直接影响到社会的稳定，关系到贯彻十六大精神，全面建设小康社会宏伟目标能否顺利实现的重大问题。目前全国开展铁路护路工作的27个省（区、市）中，已有19个省军区（警备区）组织民兵参加了铁路护路联防工作，参加护路联防民兵达20000余人，护路里程达10000余公里。广大民兵在万里铁路沿线巡逻执勤，守护重要桥梁、隧道，配合有关部门维护铁路治安秩序，打击偷盗和破坏铁路设施的犯罪活动，为确保铁路的安全畅通和治安稳定做出了应有的贡献。同时，我们也应该看到，当前全国铁路治安形势依然十分严峻，影响稳定的因素增多，我们民兵执行护路工作面临的形势更加复杂，任务更加艰巨，地位更加重要。我们一定要始终牢记肩负的历史使命，从贯彻落实“三个代表”要求的政治高度，充分认清组织民兵参加铁路护路联防工作的重要性，切实增强抓好民兵护路联防工作的责任感。各级军事机关和人武部门要进一步统一思想、提高认识，从国家改革、发展、稳定的大局出发，把组织民兵参加铁路护路联防作为一项重要职责，列入议事日程，在各地党委、政府的领导下，按照中央综治委的部署和要求，采取积极有效措施，切实把组织民兵参加铁路护路联防工作抓好。

二、掌握政策、摆正位置、加强对民兵护路联防工作的领导

组织民兵参加铁路护路联防，要以党中央、国务院、中央军委关于组织民兵参加维护社会治安的方针、原则和要求为指导，以《国防法》、《兵役法》和《民兵工作条例》为依据，充分发挥民兵组织严密，素质较高，人数众多，分布面广的优势，在地方党委、政府和上级军事机关的统一领导下，在各级综治委的指导协调下，由人武部门组织指挥，配合铁路、公安部门行动。正确处理人武部门与铁路、公安部门的关系，民兵护路队伍与其他护路队伍的关系，民兵脱产护路与义务护路的关系，民兵护路分队建设与其他民兵组织建设的关系。密切与铁路、公安部门的联系，保证民兵铁路联防工作的健康发展。各级人武部门要摆正位置，当好配角，演好配角。但是，当好配角，在工作上要积极主动；演好配角，在行动上要坚持高标准。我们省军区系统在组织民兵参加铁路护路联防工作中，必须认真贯彻中央关于组织民兵参加维护社会治安的指示要求，严格按照中共中央办公厅、国务院办公厅、中央军委办公厅转发总参谋部《关于进一步做好组织民兵配合公安部门维护社会治安工作的意见》（中办发〔1990〕12号）和国务院办公厅、中央军委办公厅关于印发《民兵战备工作规定》的通知（国办发〔1999〕36号）的规定和要求执行。各级人武部门要加强对民兵护路联防工作的领导，特别是要组织他们学习有关法律，做到认真学法、文明执法。执勤中遇到具体问题时，要严格按照国家的有关法律、法规执行。

三、建章立制、严格要求、努力提高民兵护路联防队伍的执勤能力

各级人武部门作为当地军事指挥机关，要认真履行职责，切实抓好铁路护路民兵的组织建设、政治教育、执勤训练和管理工作，确保执勤民兵政治可靠，思想纯洁，素质较高。组织民兵护路联防，点多线长，情况复杂，必须建立相应制度，严格进行管理。有关省军区（警备区）要依据相关法规，根据民兵所担负的任务和本地区的实际情况，进一步修改和制定各级和各个部门的工作职责，建立健全各项规章制度和管理办法。要定期对执勤民兵进行组织整顿，发现不合格的要及时调整；要坚持对执勤民兵进行政治教育，做好经常性的思想工作，教育他们发扬吃苦耐劳、乐于奉献的精神，为铁路治安形势的根本好转做出贡献；要加强执勤民兵的业务训练，使他们熟悉各项规定和情况处置办法，不断提高执行任务的能力；要切实关心他们的生活，解决好执勤民兵的经费保障和报酬，保证他们以饱满的热情投身于铁路护路联防工作；要加强对执勤民兵的管理，教育执勤民兵遵纪守法，照章办事，恪尽职守，文明执勤，严防各类事故的发生。通过各级的努力，把我们的民兵铁路护路联防队建成一支组织健全、政治合格、纪律严明、素质良好、文明执勤的过硬队伍。

同志们，民兵参加铁路护路联防，是国家法律赋予的任务，是一项光荣的使命。各级军区和人武部门，一定要高举邓小平理论伟大旗帜，以十六大精神为指导，按照这次会议的部署和要求，开拓进取，不辱使命，扎实工作，把组织民兵参加铁路护路联防这项工作做好，为维护社会治安持续稳定做出新的贡献！

九、刑释解教人员安置帮教工作

中央综治委刑释解教人员安置帮教工作协调小组关于印发《2003年刑满释放解除劳教人员安置帮教工作要点》的通知

（2003年3月5日）

各省、自治区、直辖市社会治安综合治理委员会刑释解教人员安置帮教工作协调小组及办公室，新疆生产建设兵团社会治安综合治理委员会刑释解教人员安置帮教工作协调小组及办公室，中央各有关部门：

现将《2003年刑满释放解除劳教人员安置帮教工作要点》印发给你们，请结合本地实际情况认真贯彻执行。

2003年刑满释放解除劳教人员安置帮教工作要点

2003年，刑满释放解除劳教人员安置帮教工作要认真贯彻党的十六大精神，以邓小平理论和"三个代表"重要思想为指导，进一步贯彻落实中共中央、国务院《关于进一步加强社会治安综合治理的意见》和2003年全国社会治安综合治理工作要点，按照"帮教社会化、就业市场化、工作职责法治化"的工作思路，认真做好刑释解教人员的衔接管控工作，积极引导和扶持刑释解教人员就业，动员社会各方面力量共同参与安置帮教工作，形成各有关部门分工负责、齐抓共管的良性工作机制。要深入调查研究安置帮教工作中出现的新情况新问题，与时俱进，勇于探索，实现新突破，开创新局面，努力预防和减少重新违法犯罪，维护社会政治稳定。

一、改进和加强对刑释解教人员的衔接管控工作

认真落实中央四部委《关于进一步做好服刑、在教人员刑满释放、解除劳教时衔接工作的意见》，监狱、劳教所、看守所、拘役所要在服刑、在教人员刑释解教前及时准确地填写、寄发通知书。2003年3月底之前，各省（区、市）监狱局、劳教局、公安厅（局）监管处要将2002年的刑释解教人员名单全部汇总，通报省（区、市）公安厅（局）、安置帮教工作办公室。基层公安派出所、安置帮教办公室要对去年刑满释放解除劳教的人员进行一次全面的排查，对去向不明的刑释解教人员，派出所应记录在案，并报区（县）、市公安机关。对已纳入视线的，要逐一建档建账。特别要注意发现和查清混杂在外来人口中的外地籍的刑释解教人员以及未回本地报到、落户的本地籍的刑释解教人员的情况，了解和掌握其去向，加强户籍所在地和现住地安置帮教部门和公安机关的沟通，切实掌握其底数和动态情况。

基层公安部门要按照有关规定及时办理刑释解教人员的落户手续，加强对刑释解教人员出狱(所)后直接流散于社会、不落户或人户分离以及“三假”(假姓名、假身份、假地址)人员的查找，最大限度地减少刑释解教人员的脱管漏管；按照属地管理原则，刑释解教人员现住地的有关部门要负责做好安置帮教工作，原户口所在地的公安机关、安置帮教办公室应将有关情况及时通报现住地的公安机关、安置帮教办公室；乡镇、街道安置帮教办公室要及时建立刑释解教人员管理档案，逐一落实帮教力量，进一步完善刑释解教人员定期走访谈话制度、信息报告制度和委托现住地有关部门帮教制度；外出务工的刑释解教人员由用工单位和居住地的安置帮教组织负责落实帮教措施，异地从事个体经营的刑释解教人员由当地市场管理机构、个体劳动者协会指定人员负责帮教。

乡镇、街道安置帮教办公室要会同公安派出所等有关部门，根据刑释解教人员的前科性质、在监所表现、回归后去向、就业情况、社会关系和现实表现等因素，对有重新违法犯罪倾向的刑释解教人员列为安置帮教工作的重点对象。对重点对象，要动员其家属将其接回，安置帮教各工作部门要采取措施，加强管控，做到不脱管、不失控。

加快建设刑释解教人员信息管理系统，年内完成软件的研制、发放及各试点省(区、市)的数据库建设，利用计算机网络技术强化对刑释解教人员的衔接和管控工作。

二、积极引导、扶持刑释解教人员就业

监狱、劳教所要不断提高改造质量，加强对服刑、在教人员的职业技能教育培训，使其掌握一技之长，增强刑释解教后就业谋生的本领。同时要让他们掌握一些应知应会的就业常识，如失业、就业应办理哪些手续，到什么部门办理等。监狱、劳教所可与社会院校、职教部门联合办学，使狱内教育与社会教育相衔接。劳动和社会保障部门要将社会职业技能教育培训范围扩展到刑释解教人员，与社会相关资质考试并轨，对符合条件的刑释解教人员，经考核合格并实现再就业后，可根据有关规定减免培训费用。民政部门要充分发挥社区居委会、村委会的作用，充分利用社区各种资源，健全安置帮教组织网络，落实帮教措施，在社区服务中尽可能吸纳刑释解教人员就业。要不断探索总结安置帮教工作的新方法，增强安置帮教效果。

对居住在城市的刑释解教人员，特别是那些素质低、无一技之长，就业困难的，实施重点就业服务，帮助他们自谋职业、自主创业。街道和社区的劳动就业服务组织应把为刑释解教人员就业提供指导和服务纳入工作范围。各地民政部门对符合“低保”条件的刑释解教人员，要及时将其纳入低保范围，按国家的有关政策实行救助。

各地要创造条件，继续在城镇地区建立、扶持一批过渡性安置企业，重点解决无家可归、无亲可投、无业可就的刑释解教人员和有重新违法犯罪倾向的刑释解教人员的过渡性安置问题，并切实加强管控，尽可能减少这些人员对社会治安的危害。

对农村籍的刑释解教人员要及时落实责任田、划分住房宅基地。刑释解教人员原承包的土地被征用的，应给予土地补偿费，不得随意克扣或取消。对符合“五保”或社会救济条件的刑释解教人员，应落实其待遇。对有劳动能力的刑释解教人员，可帮助和引导他们在乡镇企业就业或参加集体外出务工等。

推广安徽、青岛等地的经验和做法，各级政府及其有关部门要结合本地实际制定相应安置工作优惠政策措施。中央综治委刑释解教人员安置帮教工作协调小组将会同有关部门制定进一步加强刑释解教人员安置就业和社会保障工作的意见。

三、动员和组织广大群众、社会各界积极参与安置帮教工作

工会、共青团、妇联组织和其他社会团体要积极组织开展志愿者活动，动员职工、团员、青年、妇女、离退休干部职工以“一助一”、“多助一”等形式参与对刑释解教人员的帮教工作。将安置帮教工作与青少年保护、妇女合法权益保护、创建文明家庭、“法律进社区”、基层安全创建等工作有机结合起来。在开展公民道德教育活动中，要采取有针对性的措施，把对刑释解教人员的道德、法制教育作为一个重点。充分利用报刊、电视、广播、网络等大众传播媒介，通过组织报告团、文艺表演、影视制作等多种形式，大力宣传做好安置帮教工作的重要意义，宣传从事安置帮教工作贡献突出的先进典型和那些走上正路、勤劳致富的刑释解教人员的典型，形成良好的社会舆论氛围，使安置帮教工作得到全社会的关注、理解和支持。

中央综治委刑释解教人员安置帮教工作协调小组将在今年适当时候召开安置帮教工作经验交流会，总结交流各地在安置帮教工作中的经验和做法，表彰1999—2002年度全国刑释解教人员安置帮教工作先进集体和先进个人，推动安置帮教工作的深入开展。

四、加强领导，推动安置帮教工作的深入开展

各级党委、政府要充分认识做好安置帮教工作的重要意义，把刑释解教人员安置帮教工作作为预防和减少违法犯罪、维护社会稳定的一项重要工作纳入社会治安综合治理领导责任制，摆上议事日程。要研究和解决面临的一些实际问题，特别是在就业压力比较大的情况下，如何引导、扶持刑释解教人员就业和实施社会保障等问题。积极探索帮教社会化、就业市场化、管理信息化、工作规范化的具体措施。各级综治委、办要充分发挥组织、协调、督促、检查的职能，切实加强对安置帮教工作的领导，注意总结典型经验，加强工作指导。司法行政、公安、民政、劳动和社会保障、工商行政管理、共青团、妇联等有关部门应认真履行各自职能，分工协作，相互配合，共同做好这项工作。各地要把安置帮教工作实绩作为社会治安综合治理考核的一项重要内容，完善激励制约机制。

进一步加强各级安置帮教工作领导协调机构、办事机构，特别是基层安置帮教工作机构的建设，充实领导力量和必要人员，完善衔接制度、户籍所在地和现住地情况通报制度、异地协查制度等，形成齐抓共管、密切协作的良性运行机制。

中央综治委刑释解教人员安置帮教工作协调小组办公室将会同有关部门，在今年适当时候对各地的刑释解教人员衔接、排查、重点管控、就业情况进行检查。各省(区、市)和市(地、州)也要进行检查，找出存在问题和薄弱环节，有针对性地采取措施予以改进。

2003年刑释解教人员安置帮教工作概况

一、积极争取中央领导和各级党政领导同志对安置帮教工作的重视和支持

2003年，中央综治委刑释解教人员安置帮教工作领导小组向中央领导同志提交了《关于刑满释放解除劳教人员安置帮教工作的情况汇报》，得到了中央领导同志的高度重视。罗干、周永康同志作出了专门批示。罗干同志批示：将符合条件的刑释解教人员纳入低保范围是一项好措施。周永康同志批示：同意作的分析及提出的各项措施。刑释解教人员的安置帮教工作，是当前社会管理的一项重要任务，需要各级政府、社会各界都重视并给予认真关注，首先认识上不能歧视，其次工作上要给予特殊关照。这应是我们社会主义制度优越性的具体体现。周永康同志在湖北省七部门联合出台的刑释解教人员安置优惠政策上作出批示：湖北省采取措施，切实解决刑释解教人员的就业安置问题，这是一项德政，十分有利于社会的稳定。事实上，这部分人是最需要得到社会的关心，应当推进此项工作。中央政治局委员、上海市委书记陈良宇同志在上海市一刑满释放人员的来信中作出重要批示；安徽省委副书记王昭耀同志在安徽省刑释解教人员安置帮教工作协调小组《关于中央综治委检查组来我省检查刑释解教人员安置帮教工作情况的报告》上作出批示；四川省委常委、政法委书记欧泽高同志视察亲情帮教可视电话探视点开通仪式。全国人大代表、政协委员对刑释解教人员安置帮教工作提出8条建议议案，中央综治委刑释解教人员安置帮教工作领导小组办公室对此进行了答复。

二、各有关部门认真履行职责，不断开拓创新，安置帮教工作取得明显成效

监狱、劳教部门从源头上做好安置帮教工作，积极探索对罪犯、在教人员的分类改造和社会化帮教的新路子，大力开展职业技术教育，保证服刑、在教人员掌握一至两门实用技术，以适应回归社会后谋生就业的需要。加强出监所教育，对余刑三个月的服刑人员集中关押，进行回归社会教育。及时寄发衔接通知书，做好服刑、在教人员的回归社会准备工作。公安、基层司法行政等工作部门加强对刑释解教人员的排查清理和衔接工作，采取有效措施，落实衔接制度，加强对有重新违法犯罪倾向人员的监督管理。公安派出所、司法所、居委会、村委会等基层组织落实重点帮教力量，积极探索和完善对重点对象实施防范控制的措施和办法。北京、上海、福建、山东、江苏、云南、河北、广东、四川、湖北、陕西、宁夏、新疆等十多个省(市、区)对排查工作作出专门部署。各地民政部门采取各种措施，将生活困难、家庭收入低于当地最低生活保障水平的城镇刑释解教人员纳入低保范围，发放最低生活保障金。有的地方把刑释解教人员纳入基层扶贫帮扶工程和工作计划，在生活、就业、资金和生产技术等方面给予扶持，帮助他们尽快自食其力，脱贫致富。劳动和社会保障、工商等部门尊重刑释解教人员的就业权利，并将其作为就业的特殊群体，提供重点的就业服务和帮助，尤其是根据自身特点，在引导自谋职业、基地安置就业、劳务派遣等方面下功夫，促进其尽快实现再就业。2003 年以来，各地积极探索新形势下刑释解教人员安置工作的新政策和新方法，继云南、安徽、四川、河北等省(市、区)出台刑释解教人员安置优惠政策后，湖北、广西、江西、浙江、海南等省(区)也出台了刑释解教人员安置优惠政策。各省针对农村和城镇刑释解教人员的不同情况，制定了相应的政策。对农村籍的刑释解教人员，要求各地及时落实责任田，在其承包土地未落实前，可根据条件享受基层政府临时社会救济。对城市籍的刑释解教人员符合“三无”人员条件、社会救济条件和最低生活保障标准的，按规定落实安置政策。对从事个体经营的刑释解教人员(一些特殊行业除外)和新办的劳动就业服务企业，当年安置城镇待业人员(包括刑释解教人员)超过一定比例可按比例减免有关税费。对已参加失业保险和基本养老保险的刑释解教人员的续保等作出了具体规定。对刑释解教人员安置帮教工作机构所需经费，要求各级财政适当给予支持。工会、共青团、妇联组织和其他社会团体要动员职工、团员、青年、妇女、离退休干部职工以“一助一”、“多助一”等形式参与对刑释解教人员的帮教工作。将安置帮教工作与青少年保护、妇女合法权益保护、创建文明家庭、“法律进社区”、基层安全创建等工作有机结合起来，取得了良好的成效。

中央综治委刑释解教人员安置帮教工作领导小组召开安置帮教工作表彰大会，总结交流各地在安置帮教工作中的经验和做法，表彰了 1999—2002 年度全国刑释解教人员安置帮教工作先进集体和先进个人，进一步推动了安置帮教工作的深入开展。

三、深入基层，调查研究，解决安置帮教工作中的困难和问题

四川省由司法厅主管厅长带队，进行专项调研，在此基础上出台了《关于进一步加强社区安置帮教工作的意见》、《关于全面开通亲情帮教可视电话热线有关事项的通知》和《关于进一步切实加强对“法轮功”类刑释解教人员安置帮教工作的通知》等。黑龙江、江苏省召开了安置帮教理论研讨会；广东省召开名为“诸葛亮会”的调研工作会议；云南省安置帮教工作部门组成联合调研组，分赴各地调研后，提交了对工作有指导价值的调研报告；湖北省在充分调研论证的基础上，向省人大提交了《湖北省安置刑满释放、解除劳教人员规定》，现已纳入省人大五年立法规划项目；陕西省在安置帮教工作要点中，重点部署安置帮教的理论研究工作；中国回归社会学专业委员会将“帮教社会化、安置市场化”课题列为司法部部级课题。中央综治委刑释解教人员安置帮教工作领导小组有关部门组成联合调研组于 3 月赴云南、安徽两省进行了为期 12 天的调研，考察了两省 5 个地(市、州)、5 个县(市、区)、7 个乡镇(街道、社区)、两个监狱、两个劳教所、6 个司法所、两个公安派出所、3 个村居委会和有关安置帮教实体，召开了不同层次座谈会 12 次，基本掌握了两省的安置帮教工作各个方面的情况。在充分调研的基础上，中央综治委等八部委局制定了《关于进一步做好刑释解教人员促进就业和社会保障工作的意见》，现已印发各地。

十、学校及周边治安综合治理工作

关于印发《中央综治委学校及周边治安综合治理工作领导小组2003年第一次全体会议纪要》和《2003年全国学校及周边治安综合治理工作要点》的通知

（2003年2月25日）

各省、自治区、直辖市综治委学校及周边治安综合治理工作领导小组：

现将《中央综治委学校及周边治安综合治理工作领导小组2003年第一次全体会议纪要》和《2003年全国学校及周边治安综合治理工作要点》印发给你们，请结合实际情况，认真贯彻落实。

附件一：

2003年全国学校及周边治安综合治理工作要点

2003年全国学校及周边治安综合治理工作要以“三个代表”重要思想为指导，认真贯彻落实党的十六大精神，按照《中共中央国务院关于进一步加强社会治安综合治理的意见》有关要求，巩固集中整治学校及周边治安秩序专项行动成果，以深化安全文明校园创建活动为重点，切实落实学校及周边治安综合治理工作措施，建立健全长效管理机制，维护学校及周边地区治安，为学校教学、科研和生活秩序创造良好的治安环境。

一、进一步加强对学校及周边治安整治工作的领导，明确职责，建立健全维护学校及周边治安秩序的长效工作机制

各省、自治区、直辖市综治委学校及周边治安综合治理工作领导小组要按照《中央综治委学校及周边治安综合治理工作领导小组第一次全体会议纪要》要求，加大对学校及周边治安综合治理工作的领导力度，建立健全维护学校及周边治安秩序的长效工作机制。

——建立健全各地领导小组工作会议制度或领导小组办公室例会制度，加强各地各相关部门之间的联系与沟通，保证各项工作渠道畅通。至少召开两次会议，研究解决维护学校治安、稳定工作中的问题，及时了解本地区治理工作中存在的难点、重点问题，必要时向当地党委、政府报告。

——进一步加大工作监督检查力度。要根据本地区存在的问题组织 1－2 次检查，并将检查结果及时上报中央综治委学校及周边治安综合治理工作领导小组。少数没有成立组织机构的地方，要尽快成立相应的工作组织机构，落实财力、人力保障机制，制订和完善有关规章制度，切实加强对学校及周边治安综合治理工作的领导。

各有关部门要按照中央综治委《各有关部门在学校及周边治安综合治理工作中的职责任务》要求，切实贯彻"打防结合，预防为主"的方针，在当地党委、政府的领导下各司其职，加强协作，密切配合，真正形成齐抓共管的合力。

二、继续推进学校及周边治安秩序整治工作的深入开展

各地要在巩固 2002 年专项行动治理成果的基础上，继续深入持久地开展集中整治学校及周边治安秩序专项行动。

——要在开学前，进一步加大对校园及周边治安秩序的整治力度。各地要根据实际情况，针对存在的问题，进行一次校园及周边治安秩序的集中清理整治。在新的学期为师生营造安全、良好的学习、生活和工作环境，因地制宜地进一步加强学校及周边治安秩序整治工作。

——要及时调整工作部署和方法，加强影响校园及周边治安因素和苗头的排查，采取灵活多样的行动方式，增强整治工作的实效。本着"什么问题突出就整治什么问题，什么问题反复就整治什么问题"的原则，地方派出所对辖区学校实行包干责任制，在重点学校周边增派警力，加强巡逻，加强对校园及周边交通秩序的管理，有效预防和减少交通事故的发生，继续严厉打击盗窃、敲诈、抢劫师生财物，侵害师生人身权利的各类违法犯罪活动和校园及周边地区存在的流氓团伙、黑恶势力。

——认真贯彻落实《互联网上网服务营业场所管理条例》的各项要求，把严格执行"中、小学校周围 200 米范围内和居民住宅楼(院)内不得设立互联网上网服务营业场所"、"互联网上网服务营业场所经营单位不得接纳未成年人进入营业场所"和"互联网上网服务营业场所每日营业时间限于 8 时至 24 时"等规定作为互联网上网服务营业场所清理整治工作重点，进一步规范互联网上网服务营业场所的经营和管理。大力宣传《青少年网络文明公约》，保护少年儿童上网安全，抵制各种不良信息对少年儿童的侵害。制定高校校园内互联网上网服务场所的管理规定，加强对高校校园内的互联网上网服务场所的规范和管理。

——坚决取缔和清理整顿校园及周边地区非法经营的电子游戏厅、录像厅、歌舞厅、音像书刊点和违章建筑，无证经营的摊点以及出租房屋等，有效制止有害卡通画册和淫秽"口袋本"图书在青少年学生中传播。

——要加强社区与中小学校的联系，在社区社会治安综合治理中充分考虑中小学校及周边治安综合治理工作的要求，建立青少年学生社区参与综合评价系统，把学校评价与社区评价有机结合起来，实现家庭、学校、社区教育管理的有效衔接。

——继续整顿校园及周边的交通秩序，减少交通事故和人员伤亡。继续深化"少年儿童平安回家"活动，进一步推广"小黄帽"和"让"字牌，开通安全通道；普遍开展以学习自护知识，培养自护能力为主题的教育活动。

——建立学校内部及周边安全大检查制度，督促整改各类安全隐患，杜绝火灾、建筑物倒塌和食物中毒等各类安全事故的发生。要重视对分校区、校外学生公寓和大学园区的管理，建立健全各项制度，落实治安管理责任，建立快速反应和高效的协调机制，确保安全稳定。

各地对学校及周边治安秩序混乱的地区，要挂牌督办，组织力量限期改变面貌。对整治后又出现反复的地区和治安问题，要有针对性地采取措施，加大督导和检查的力度，强化整治措施，切实提高整治的质量。对一些校园及周边集中整治工作不到位、治安问题仍然较为突出、师生反映强烈的地方，中央综治委学校及周边治安综合治理工作领导小组办公室要进行督办，必要时要通报批评。各地要立足基层，夯实基础，建立健全学校及周边治安管理和防范机制，确保整治工作的成果，努力实现校园及周边治安环境有明显改观、师生的安全感有明显增强的目标。

三、深入开展安全文明校园创建活动

各级各类学校要深入开展安全文明校园创建活动,要把安全文明校园创建活动作为巩固集中整治成果、深化学校治安综合治理的一项重要举措,作为建立长效管理机制的一个有效的载体来抓。安全文明校园创建活动是2003年和今后一个时期内校园及周边治安秩序综合治理工作的重点。

——中央综治委学校及周边治安综合治理工作领导小组办公室组织有关部门起草制定《关于深入开展安全文明校园创建活动的意见》(以下简称《意见》),进一步规范创建活动标准,做好创建活动的组织、实施、检查和指导工作,提高创建活动的质量,以点带面地推动创建活动向深入开展。

——各省、自治区、直辖市综治委学校及周边治安综合治理工作领导小组要根据《意见》的要求,推动各级各类学校安全文明校园创建活动的开展,并按照《意见》标准,进行考核、验收,建立一批"安全文明校园创建活动示范(试点)学校"。要通过创建活动的开展,使师生的法制观念普遍得到增强,校内安全防范机制进一步完善,安全隐患明显减少,学校及周边治安状况有显著改善。

四、加强青少年学生法制教育,继续推广和完善兼职法制副校长和法制辅导员制度

各地要进一步加大对青少年学生的普法教育宣传力度,继续推广和完善在中小学推行兼职法制副校长和法制辅导员制度,把法制教育纳入学校教育教学工作的重要组成部分。

——各地要贯彻落实教育部、司法部、中央综治办、共青团中央《关于加强青少年学生法制教育工作的若干意见》精神,加强中小学生普法宣传教育工作,充分发挥兼职法制副校长的作用,协助学校开展法制教育和校园周边治安综合治理工作,全面提高中小学生普法知识水平,增强法制意识。要加强对学生家长的法制教育和宣传,明确家长作为未成年人第一法定监护人的责任,不得把本应由家长承担的对未成年人的教育保护责任推向学校和社会。

——把加强工读学校建设作为中小学生普法教育的一项重点工作,由各地综治部门牵头,组织调研;教育部在调研的基础上,研究加强和改进工读学校工作的意见。

——法制副校长和法制辅导员要参加研究制定法制教育计划,并针对学生特点,每学年开展不少于两次生动形象的法制教育活动,培养青少年学生树立正确的人生观、道德观、法制观,使校园法制教育真正收到实效。

——各地政法部门要把政法干警中业务精、能力强、热心于青少年学生法制教育事业的干警选聘为法制副校长,对取得突出成绩的要给予表彰和奖励。要组织编写统一的培训教材,对法制副校长和法制辅导员进行培训和必要的考核,明确岗位职责,努力提高政治业务素质。

五、总结推广典型经验,健全和完善奖励与责任追究机制

中央综治委学校及周边治安秩序综合治理工作领导小组将在适当时候召开全国电视电话会议,结合各地各部门学校及周边治安综合治理工作,认真分析存在的主要问题,总结成功经验,推广先进典型,宣传先进事迹,对进一步加强学校及周边治安综合治理工作作出新的部署,进一步深化创建安全文明校园活动,推动全国学校及周边治安综合治理工作的开展。有关部门也要就参与学校及周边治安综合治理工作的有关情况进行总结,并作出新的部署。

——各地要认真进行总结,对于综合治理工作得力、防范工作扎实、学校及周边长期不发生治安问题的地区和单位,要进行宣传表彰,对治安责任人和主要责任人应给予必要的奖励。要大力宣传推广在基层学校及周边治安综合治理工作中创造的新鲜经验,大力宣传有关部门积极参与、密切配合、齐抓共管的成功经验,动员各有关部门积极参与学校及周边治安综合治理工作。

——要按照"谁主管、谁负责"的原则,进一步完善责任制和责任追究制,增强各部门各单位履行自己职责、参与学校及周边治理的责任感。

——要形成有效的监督机制,推动学校及周边治安综合治理措施真正得到落实。各地要加大督查的力度,对因领导不重视、责任不到位、防范措施不落实,导致本地区学校及周边发生重大案(事)件或造成治安秩序混乱的,要追究有关人员的责任,实行社会治安综合治理"一票否决"。学校法定代表人或主要责任人要对单位的人身、财产安全负责，对因管理不善、失职渎职给单位财产造成严重损失的，要追究法定代表人或主要负责人的责任。

附件二：

中央综治委学校及周边治安综合治理工作领导小组2003年第一次全体会议纪要

中央综治委学校及周边治安综合治理工作领导小组2003年第一次全体会议于2003年1月24日在北京召开。领导小组组长、中央政法委秘书长王胜俊同志在会上讲话。会议总结了2002年全国学校及周边治安综合治理工作情况，分析了当前学校及周边治安综合治理面临的形势，研究部署了2003年全国学校及周边治安综合治理工作。会议由领导小组副组长、中央政法委副秘书长、中央综治办主任陈冀平同志主持，领导小组副组长、教育部副部长袁贵仁同志通报了2002年全国学校及周边治安综合治理工作情况及2003年工作安排，领导小组副组长、公安部副部长罗锋同志通报了2002年全国学校及周边治安集中整治情况，文化部副部长孟晓驷、国家工商管理总局副局长杨树德同志分别通报了2002年取缔和清理整顿校园及周边"网吧"、电子游戏厅情况和加强学校及周边文化娱乐和服务业市场监管情况，司法部副部长胡泽君、建设部纪检组长姚兵、团中央书记处书记杨岳出席会议并发言。

会议认为，2002年，在各级党委、政府的领导下，各级综治委学校及周边治安综合治理工作领导小组以"三个代表"重要思想为指导，团结协作，齐抓共管，深入开展集中整治专项行动，积极探索学校及周边治安综合治理的长效管理机制，推进社会治安综合治理各项措施的落实，学校及周边地区的治安秩序明显改观，维护了学校教学、科研、生活的正常秩序，为党的十六大的胜利召开创造了良好的环境。中央综治委学校及周边治安综合治理工作领导小组成立以来，各地结合实际，成立相应的组织机构，建立财力、人力保障机制，制订和完善有关规章制度，切实加强对当地学校及周边治安综合治理工作的领导，截至目前，已有28个省、区、市综治委相继成立了由综治部门牵头、有关部门参与的学校及周边治安综合治理工作领导小组，积极探索建立完善的长效工作机制；各地高度重视学校及周边地区治安秩序集中整治工作，把它作为"严打"整治斗争的重要内容，在当地党委政府领导下，教育、公安、工商、文化、城建等各个部门分工负责、团结协作，认真调查摸排，及时掌握情况，突出整治重点，下大力解决了一大批学校及周边地区的突出治安问题，整治了一大批学校及周边治安混乱的地区和场所，依法惩处了一些危害师生人身及财产安全的抢劫、伤害、流氓滋事等违法犯罪分子，影响学校和周边的治安问题得到遏制，治安秩序有所好转，师生的安全感有所增强。

会议认为，随着经济和社会的发展，学校及周边地区治安管理出现了许多新情况、新问题，影响学校及周边治安的因素依然大量存在，且呈现出多样化、复杂化的趋势。少数地方对整治工作的长期性认识不足，没有形成整治工作的合力；涉及学校师生的治安事端仍然频繁发生，一些恶性暴力犯罪案件开始进入校园，师生反应强烈；学校及周边治安综合治理虽取得一定成效，但巩固难、反复性大，一些地方的治安隐患和治安难点还没有得到彻底解决。学校及周边治安综合治理工作的任务仍十分繁重。

会议要求，各级党委政府要进一步提高对学校治安综合治理工作重要性的认识，把维护学校及周边治安秩序作为全面贯彻"三个代表"重要思想，维护社会稳定，维护广大师生根本利益的大事来抓，从讲政治、讲大局、讲稳定的高度，增强做好这项工作的紧迫感、责任感。要深刻理解十六大报告再次强调的"打防结合、预防为主"的方针,这是社会治安综合治理工作中一个长远的、带根本性的指导方针,各级党委、政府和各个部门都必须把认识统一到这一方针上来,加强领导,把治安防范工作真正摆上党委、政府及各有关部门的重要议事日程,真正为学校创造一个良好的社会治安环境。

会议指出,学校及周边治安问题比较敏感,治理难度大,反复性强,不可能一劳永逸,必须坚持不懈,持之以恒,长期抓下去。各地要积极探索学校及周边治安综合治理的长效管理机制,在建立组织的基础上,要明确工作责任和工作目标,建立工作制度,加强滚动排查、定期排查,及时发现影响学校及周边治安的因素,将问题解决在未发状态。各地各有关部门要按照中央综治委《各有关部门在学校及周边治安综合治理工作中的职责任务》要求,增强责任意识,加强协作,密切配合,真正形成齐抓共管的合力。要认真落实社会治安综合治理领导责任制,对在工作中做出突出贡献的单位和个人要进行表彰、奖励。对因领导不重视,责任不到位,防范措施不落实,致使学校及周边发生重大治安案件和重大群体事件的,要追究相关或直接责任人的责任。

会议提出,创建安全文明校园活动是巩固集中整治成果,深化学校治安综合治理的一项重要举措,学校作为创建工作的主体,对于学校及周边的治安问题,要真正重视起来,抓好自身建设,积极主动地维护好学校及周边的治安。对于一些难以解决的问题,要及时与当地加强协调,争取支持,共同解决。学校要加强对青年学生的法制教育和管理工作,要选好配强学校保卫工作队伍,加强学校的内部保卫工作。

会议研究部署了2003年全国学校及周边治安综合治理工作。强调一是进一步加强对学校及周边治安整治工作的领导,明确职责,建立健全维护学校及周边治安秩序的长效工作机制。已经成立领导小组的地方,要认真落实职责任务,建立健全领导小组工作会议制度或领导小组办公室例会制度,及时研究解决维护学校治安、稳定工作中的问题,同时加大工作监督检查力度。对于没有成立组织机构的少数地方,要督促尽快成立相应的工作组织机构。要健全和完善奖励和责任追究机制,认真开展总结和宣传表彰工作,进一步完善责任制和责任追究制,增强各部门各单位履行职责、参与学校及周边治理的责任意识。二是继续推进学校及周边治安秩序整治工作的深入开展。各地要本着"什么问题突出就整治什么问题,什么问题反复就整治什么问题"的原则,继续严厉打击侵害师生人身权利的各类违法犯罪活动,坚决取缔和清理整顿校园及周边地区非法经营的营业场所及出租房屋,有效制止有害卡通画册和淫秽"口袋本"图书在青少年学生中传播,继续整顿校园及周边的交通秩序,加强对校园及周边交通秩序的管理,深入开展学校内部及周边安全大检查。要加强分校区、校外学生公寓和大学园区的管理,建立快速反应和高效的协调机制,确保安全稳定。对一些校园及周边集中整治工作不到位,治安问题仍然较为突出,师生反映强烈的地方,要进行挂牌督办。三是深入开展安全文明校园创建活动。中央综治委学校及周边治安综合治理工作领导小组有关部门拟研究制定《关于深入开展安全文明校园活动的意见》,进一步规范创建活动标准,做好创建活动的组织、实施、检查、指导工作,提高创建活动的质量。各省、区、市综治委学校及周边治安综合治理工作领导小组要按照《意见》标准,进行考核、验收。四是加强青少年学生法制教育,继续推广和完善中小学校兼职法制副校长和法制辅导员制度。各地要进一步加大对青少年学生的普法教育宣传力度,继续推广和完善兼职法制副校长和法制辅导员制度,把法制教育纳入学校教育教学工作的重要组成部分。要制定统一教材,加强对法制副校长和法制辅导员的培训和必要的考核,明确岗位职责,努力提高政治业务素质。要把加强工读学校建设作为青少年普法教育的一项重点工作,在调研的基础上,研究加强和改进工读学校的意见。

会议强调,党的十六大对做好教育工作、维护社会稳定、加强社会治安综合治理工作提出了新的要求,对维护社会治安工作提出了更高的目标。各地要把维护学校及周边治安秩序作为维护社会治安的重要组成部分,认真贯彻落实中央综治委2003年第一次全体会议精神,按照《2003年全国学校及周边社会治安综合治理工作要点》的要求,科学判断形势,认真谋划工作思路,制定切实可行措施，艰苦奋斗，扎实工作，开创学校及周边治安综合治理工作的新局面，为全面建设小康社会创造良好的社会环境。

王胜俊同志在中央综治委学校及周边治安综合治理工作领导小组2003年第一次全体会议上的讲话

（根据录音整理，未经本人审阅）

我们这次会议是以党的十六大精神和“三个代表”重要思想为指导，总结分析去年领导小组成立以来的工作，研究部署今年学校及周边治安管理、治安整顿等方面的工作。刚才，几位领导同志的发言都很好，很全面，很符合实际，而且对今后的工作都提出了很好的意见。刚才冀平同志已讲过，大家对《2003年工作要点》有什么意见，可以提出来，再做进一步的修改，要力求使《要点》具有指导性和可操作性，发挥它的作用。我和大家有同感，去年7月领导小组成立以来，学校及周边治安状况有了很大的改善。领导小组成立后，办公室设在教育部，教育部的同志工作非常积极主动，去年和中央综治办的同志一道，派了几个组下去检查、督导。从目前情况看，各个省（区、市）都逐步建立健全了相应的组织并对开展这项工作都有了一定的设想，而且根据领导小组提出的工作意见，很多地方都开展了工作，取得了积极的成效。无论是学校内部的管理，还是周边治安的整顿；无论是打击刑事犯罪还是各项防范措施的建立和落实，都取得了很明显的成效。总的看，开局是好的，成绩是大的，应当给予充分的肯定。刚才，各位领导对下一步的工作提出了很多很好的意见，我都完全赞成。从刚才大家讲的情况来看，归纳起来主要体现在四个方面：

一、必须统一认识，加强领导

党的十六大进一步强调了对治安问题要“打防结合，预防为主”，就是说贯彻落实十六大精神，必须在社会治安的实际工作中真正体现“预防为主”，刚才司法部胡泽君同志讲过了，这是治本的措施。如果说仅仅是处理个案，游行的去处理游行，犯罪的去处理犯罪，那里发生了治安事件就处理治安事件（象“蓝极速”网吧之类的治安事件等等），难以从根本上解决问题。但是对于这一点，各级党委、政府和各个部门都必须把认识统一到十六大提出的“打防结合，预防为主”这一方针上来，都必须把治安防范工作真正地摆上党委、政府和部门的重要工作议事日程。所以，从这个意义上讲，我感到差距还比较大。总的看，现在是讲得多，文件多，会议开得多，真正落实的功夫不多，或者说落实得很不够。如果说要提高认识的话，那我们首先要认识这个工作的重要性。实际上我们讲贯彻落实“三个代表”，必须在实际工作中体现。不能把“三个代表”重要思想变成口号，大家开会都喊一喊，都是要落实到具体的工作中去体现出来，这才叫贯彻“三个代表”，这才叫落实“三个代表”。这个作为各级党委、政府、部门，都责无旁贷。另外，我们感到，学校及周边的治安工作很重要，大家也都讲了。学校是教书育人的地方。如果没有好的治安状况和治安环境，那么教学工作就很难顺利地进行。另外，学校也很敏感。刚才袁部长举了很多例子，大家可能都知道，特别是罗部长都亲自参与处理过许多重大事件。我上次也说了，有些问题在社会上发生了，不会产生很大的影响，包括交通事故，每天都会发生很多起，一般来说在我们这么大的国家是难以避免的，当然我们并不希望发生。但是在学校里发生就比较敏感。为什么中央综治委下面还要专门成立一个学校及周边治安综合治理工作领导小组呢，就是因为它的重要性、敏感性。这样的例子太多了，前几年西安市发生了一起交通事故，几乎影响了整个西安市的社会稳定，这次合肥工大和其它一些地方的例子也是这样。社会上发生一些杀人的刑事案件，这在社会上影响不会很大，但学校里发生一起，就不得了。北大前年发生的案件，到现在还没有破。破一个案，又谈何容易！因此，学校及周边的问题很多，这个也要求我们要提高认识。这个问题刚才袁部长分析了有五六个方面的情况，问题的确很多，而且学校及周边治安问题解决的难度很大。如果说没有社会各方面的配合，没有学校积极主动的工作，有些问题就比较难以解决。另外，学校及周边治安问题解决的反复性比较大。抓一阵，可能会好一些，略微放松，马上就会出现反复。现在就有些反弹了。所以，从许多情况来看，从我们贯彻十六大、实践“三个代表”、从学校及周边治安的重要性等来看，敏感性，问题多，难度大，反复性大，这许多方面来看，都必须提高认识，加强领导，切实贯彻“预防为主”的方针，进一步落实各项防范措施，真正为学校创造一个良好的社会治安环境。

二、必须坚持不懈，持之以恒，长期抓下去

正因为反复性大，学校的治安问题，不可能一劳永逸，不可能毕其功于一役，必须坚持不懈，我们抓了一阵子，肯定有成果。如果略微有所放松，就会出现反复。现在大量的问题并没有从根本上加以解决，如果不长期抓下去，就不可能解决实际问题。再者，老的问题解决了，新的问题又出现了，如果不长期坚持抓，怎么能行呢？而且现在治安问题就象其他社会问题一样，我们也遇到很多过去我们所没有遇到过的新的治安问题。象这些问题，如果不认真研究，认真对待，认真寻求解决的办法，都是难以解决的。所以，必须要持之以恒。这里有两点要强调一下：一是怎样才能持之以恒？就是要建立一个比较稳定的机制。我们成立这样一个领导小组，这算一个上层领导机制。我们要求学校及周边成立一个综合治理组织，目的也是意图形成这样一个机制。机制不仅是一种组织形势，更重要的是要开展活动。要有工作责任，要有工作制度，要有工作目标，要有人牵头，要明确各方面的职责。如果没有这些东西，想起来抓一次，哪个人提议开一次会就抓一次，这样就效果甚微，不能达到解决问题的目的。建立机制，还有一个，就是要及时排查问题，及时解决问题。刚才讲了，老的问题解决了，更何况老的问题有的并没有完全解决，甚至有的问题根本就没有解决。还有很多地方，我主观地猜测还是雷声大雨点小，讲得厉害，真正解决多少问题就很难讲了。老的问题解决了，新的问题又出来了，要不断地进行排查，这个也要形成机制。我们对全社会的社会治安，这两年开展“严打整治”，就是要滚动排查、定期排查，要形成机制，发现影响社会治安的因素、苗头，就要解决，要化解因素、苗头，要解决在未发状态。学校内部也好，学校周边也好，有些问题摆在那里，谁都知道，如果不解决，总有哪一天要出问题，往往就是因为那些“总有哪一天要出问题”的问题，没有及时解决就出了问题。所以，要坚持不懈，持之以恒。这里最重要的是形成机制，使机制正常运行，解决问题。

三、必须相互配合，各负其责

这里需要强调的是，社会治安问题本身就是社会各种消极因素的综合反映，它包括人的思想道德素质、社会主义精神文明的程度，社会各方面的管理水平，所有这些方面造成的后果。学校及周边的治安问题也是这样，必须靠各个部门、社会各方面齐抓共管、综合治理。需要强调的是，各个部门必须明确职责，教育部门什么责任、学校自己什么责任、其它部门各自什么责任，这些要进一步明确。我们已经有了这些规定，有了这些规定还不行，要增强责任意识，根据规定的责任履行自己的职责，及时地、正确地履行职责。另外，现在看来，规定责任也容易，最大的问题是不履行职责怎么办。冀平同志主持中央综治办工作几年来，想了很多办法，其中就是中央五部委联合下发的几个责任追究的文件。我们对重大事件，对因工作不负责任，而造成重大治安案件和重大群体事件的地方，要追究相关领导、相关部门或直接责任人的责任。现在的问题是没有追究责任这一条，说了也白说。对“蓝极速”网吧的处理，还不错，对政法委、公安局等相关部门都进行了追究，有的进行了处分。有的地方发生重大治安灾害事故，有的地方自觉地进行了追究，但是有的并不自觉，我们中央综治委、中央综治办也曾经给几个地方下过通知。如果没有责任追究，谁都可以不负责任的话,我们党委、政府的职责就很难履行。下一步还要继续研究、继续商量,一个地方的党委书记也好,行政首长也好,副书记也好,治安抓得好不好,要将社会治安也作为他的责任目标进行考核。现在这个工作开始做了,但还做得很不够,不容易做起来。另外,考核还要与他的包括使用、奖惩情况有所联系。装进档案袋,已经解决了,但还要进行联系。现在有的地方发生了重大治安灾害事故,同样是研究给他提拔,这就说明这个地方没有把社会治安问题真正纳入目标管理之中。对此,我们发现了,给他提醒,再提拔就不行了。责任追究的问题是相当重要的。回过头来,责任追究是一个方面,工作做得好的,该表彰的表彰,该晋级的晋级,该使用的使用。我们在这方面今后也要多做工作。

四、学校必须抓好自身,积极主动地搞好自身的社会治安工作

创建安全文明校园,学校是创建工作的主体。别人去指导、去督促,是外因。如果学校积极主动,外因可以起点作用,学校如果没有积极主动的精神,外因就起不了作用。现在学校首先要积极主动地抓好自身的工作。维护好学校的治安,包括维护好周边的治安,学校都责无旁贷,不能说这是别人的责任。再一个就是要主动,有些问题,学校解决起来有一定的难度,那就要积极主动地与地方联系,争取他们的支持,进一步解决好问题。另外,各级各类学校改革开放以来与时俱进,都有很大的发展,在改革、管理等方面都采取了很多新的措施。但确实还是要加强管理和教育,包括法制教育等等。学校的内保工作非常重要。保卫处(科)里的人员要配强、配齐,素质要高。过去在省里工作的时候去大学检查安全保卫工作,如果学校保卫处重视的,配的力量就比较好,而且善于进行社会活动,善于与周边的公安分局的联系、与周边群众的联系,他们能做很多治安联防的工作。所以说,学校的内保工作对学校很重要。学校领导即使很重视,也不可能天天去抓治安工作,因此要把这个部门建设好。

刚才大家说的意见都很好,会议结束后整理一个纪要,对学校及周边的治安能起到一定的指导作用。对学校及周边的治安工作,我们对前景充满信心。我们有党中央、国务院及李岚清、罗干等领导同志的高度重视,(学校出了一些问题,岚清、罗干等领导同志都亲自批示),有教育部领导这么重视、这么积极工作,有各个部门的大力配合和支持,我们充满信心,学校及周边的治安状况一定会越来越好。

在中央综治委学校及周边治安综合治理工作领导小组2003年第一次全体会议上的发言

教育部副部长　袁贵仁

(2003年1月24日)

再过一个星期春节将至,借此机会,我谨代表教育部,向大家致以新年的祝贺!学校及周边治安综合治理工作是大家协同配合、共同完成的工作,受益的是我们教育战线。我向长期以来对教育事业给予大力支持的中央综治办、公安部、司法部、文化部、信息产业部、建设部、新闻出版总署、国家工商总局和共青团中央,表示衷心的感谢!

这次中央综治委学校及周边治安综合治理工作领导小组2003年第一次全体会议,是领导小组成立以来召开的第二次会议。上次领导小组会议是在全面做好各项工作,迎接党的十六大胜利召开的形势下召开的一次会议,而今天召开的这次会议，是在全党和全国人民认真学习贯彻党的十六大精神，全面建设小康社会，加快推进社会主义现代化建设的新形势下召开的一次会议。1月13日，中央综治委召开2003年第一次全体会议，审议通过了《2003年全国社会治安综合治理工作要点》，罗干同志在会上做了重要讲话。罗干同志的重要讲话和《2003年全国社会治安综合治理工作要点》对今年学校及周边治安综合治理工作都提出了具体要求。我们这次会议将总结过去一年的工作，分析目前面临的形势，认真学习贯彻罗干同志重要讲话精神，积极落实《2003年全国社会治安综合治理工作要点》，全面部署2003年学校及周边治安综合治理工作。

等一会，胜俊同志要作重要讲话。下面，我简要汇报一下2002年开展全国学校及周边治安综合治理工作的有关情况，并就做好2003年工作讲几点想法。

一、2002年开展学校及周边治安综合治理工作情况

2002年，在中央综治委的领导下，中央综治委学校及周边治安综合治理工作领导小组及各地综治委学校及周边治安综合治理工作领导小组以“三个代表”重要思想为指导，团结协作，齐抓共管，大力开展集中整治专项行动，积极探索学校及周边治安综合治理的长效管理机制，推进了社会治安综合治理各项措施的落实，学校及周边地区的治安秩序明显改观，维护了学校教学、科研、生活的正常秩序，为党的十六大的胜利召开创造了良好的环境。

1. 成立机构，切实加强对学校及周边治安综合治理工作的领导。

2002年7月23日，中央政法委批准成立由中央综治委等十个部门组成的学校及周边治安综合治理工作领导小组，办公室设在教育部。这充分体现了党中央、国务院对教育工作的高度重视，也体现了中央政法委和国务院有关部门对教育事业的大力支持。领导小组的成立在教育战线产生了很大的反响，学校及周边地区治安综合治理工作得到了极大的加强。

各地结合实际，相继成立相应的组织机构，切实加强对当地学校及周边治安综合治理工作的领导。截至目前，除广东、四川、贵州、新疆生产建设兵团外，其他28个省、区、市综治委相继成立了由综治部门牵头、有关部门参与的学校及周边治安综合治理工作领导小组，办公室一般设在各地教育部门。各地公安机关还在内部成立了由治安、文保、交通、消防、计算机监察等部门负责同志参加的领导小组，组织协调各警种、各单位参加整治行动。宁夏回族自治区高度重视学校及周边治安综合治理工作，成立了由自治区党委副书记、自治区政府常务副主席、自治区政法委书记为组长的全区整治校园及周边治安秩序专项行动领导小组，各市、县(区)也成立了相应的领导小组。湖北省成立了由省委副书记、副省长、省委政法委书记任组长的省综治委学校及周边治安综合治理暨安全文明创建工作领导小组，办公室主任由省教育工委副书记担任。

2. 部署集中整治专项行动，为党的十六大胜利召开创造良好的环境。

8月22日，领导小组召开第一次全体会议，审议通过了《关于开展集中整治校园及周边治安秩序专项行动的通知》(教电[2002]265号，以下简称《通知》)，决定从9月至10月，由10个部门共同开展为期两个月的校园及周边地区治安秩序集中整治专项行动，为党的十六大胜利召开创造良好的社会治安环境。《通知》确定了专项行动的四项工作重点：一是严厉打击盗窃、敲诈、抢劫师生财物，侵害师生人身权利的各类违法犯罪活动和校园及周边地区存在的流氓团伙、黑恶势力。二是坚决取缔和清理整顿校园及周边地区非法经营的网吧、电子游戏厅、录像厅、歌舞厅、音像书刊点和违章建筑、无证经营的饮食、食品、生活日用品摊点以及出租房屋等。三是整顿校园及周边的交通秩序，减少交通事故和人员伤亡。四是对学校内部进行安全大检查，督促整改各类不安全隐患，杜绝火灾、建筑物倒塌和食物中毒等各类安全事故的发生。要求各地结合本地实际，本着“什么问题突出就整治什么问题”的原则，确定整治工作重点，因地制宜地开展专项整治工作。

各地高度重视学校及周边地区治安秩序集中整治工作，把它作为“严打”整治斗争的重要内容，在当地党委政府领导下，教育、公安等各个部门分工负责、团结协作。这次专项行动措施实、行动快、力度大，成效显著。影响学校和周边的治安问题得到遏制，治安秩序有所好转，师生的安全感有所增强。各地工作主要有以下两个特点：一是认真调查摸排，及时掌握情况。湖北、江苏、福建、云南省对全省各级各类学校及周边治安秩序中存在的问题进行了"拉网式"的全面排查。经过排查、摸底，发现、掌握了一些影响学校治安秩序的突出问题，并对摸底调查的数据和结果进行系统分析研究，为集中整治提供了明确的出击方向，增强了集中整治行动的针对性和实效性。二是突出整治重点，加大打击力度。为使整治工作落到实处，一些地方实行一校一案，一个突出问题一案，落实责任，挂牌督办。各地公安机关结合严打整治斗争，采取设立专案、组织会战、挂牌督战等措施，组织优势警力，加大对侵犯师生人身、财产权力的违法犯罪活动的打击力度，有效地打击了违法犯罪分子的嚣张气焰，增强了广大师生的安全感。浙江省公安机关在校园及周边地区治安秩序整治中，共破获各类刑事、治安案件1732起，抓获违法犯罪嫌疑人1465，其中批准逮捕和刑拘298人，治安处罚1110人。湖北省共破获各类涉校案件2294起，其中刑事案件778起，治安案件1516起，查处违法犯罪嫌疑人2037名，打掉犯罪团伙60个。四川省破获了一批有影响的侵害师生人身权利的案件，先后打掉了成都的"幺儿帮"和资阳的"十三太郎"、"龙之帮"等9个侵害师生人身权利的流氓团伙。

3. 充分发挥职能部门作用，净化学校周边治安环境。

根据领导小组第一次会议精神，8月29日，中央综治委印发《各有关部门在学校及周边治安综合治理工作中的职责任务》，明确了各有关部门职责，强调各司其责，团结协作，真正形成齐抓共管的合力。各有关部门按照中央综治委的要求，积极配合集中整治专项行动，制定切实可行的措施，有力地推动了学校及周边治安综合治理工作。公安部起草了《关于开展集中整治校园及周边治安秩序专项行动的通知》，经领导小组审议下发；会同教育部联合下发了《关于加强高校安全保卫工作的通知》，对校园及周边治安整治工作提出要求并做了部署；参加对各地整治工作情况的检查，督促各地公安机关认真落实清理整治工作，并及时总结整治工作经验和成果，在《公安部情况反映》上刊载。司法部会同教育部、中央综治办和团中央，下发了《教育部　司法部　中央综治办　共青团中央关于加强青少年学生法制教育工作的若干意见》，印发了陈至立、张福森、陈冀平同志在全国青少年学生法制教育电视电话会议上的讲话，进一步推进了青少年学生法制教育工作的科学化、制度化、规范化建设。11月13日，文化部以明传电报的形式通知各地开展《互联网上网服务营业场所管理条例》宣传周和专项执法活动。为解决"网吧"违法接纳未成年人、超时营业等突出问题，许多地区的文化行政部门都开展了声势浩大的"零点行动"，查处了一批顶风违法经营的"网吧"。目前，"网吧"过多过滥、违规经营的势头基本得到抑制，未成年人进入的现象基本得到制止，"黑网吧"和中小学校周围200米内的"网吧"基本得到清除，全国"网吧"总量由整顿前的近20万家压减到11万家。文化部对电子游戏经营场所的管理继续保持高压态势，打地下、打反弹、打转移，巩固了以往专项治理的成果，目前全国电子游戏经营场所已由最多时的10余家压减到2万家。信息产业部要求全国通信管理部门积极配合有关部门对各地校园及周边的网吧进行整治。建设部要求规化、设计、施工单位切实强化对学校及周边工程建设的安全质量监管工作，严肃查处建筑物倒塌等重大安全事故；城市公共交通等市政公用单位要加强对学校及周边的安全防范工作，严防安全事故的发生。国家新闻出版总署6月18日联合有关部门下发通知，于7－10月在全国开展了有害卡通画册和淫秽"口袋本"图书专项整治行动，全国共查处涉及有害卡通画册和淫秽"口袋本"的非法出版案件6892起，查缴有害卡通画册和淫秽"口袋本"304.4万册。8月6日联合有关部门下发通知，于8－10月底在全国开展了对盗版教材、辅导读物的专项治理行动，依法查处非法印刷、发行盗版教材和辅导读物案件2374起，收缴各类盗版教材和辅导读物1024.09万册。国家工商行政管理总局查获非法图书560万件，非法音像制品和电子出版物1256万盘，淫秽和色情图书109万余册，淫秽和色情音像制品近238万盘。在共青团中央的部署安排下，各级共青团、少先队组织围绕增强青少年学生的法律意识，联合有关部门组织开展了青少年法律学校"暑期社区行"活动，通过举办法律课堂、普法夏令营、评选优秀法制教育辅导员和学法用法好少年等一系列活动，进一步深化了法制教育。围绕增强青少年学生的自护能力，大力开展各种形式的青少年自我保护教育活动，并对一些影响中小学生健康成长的如“口袋书”等“热点”和“焦点”问题进行调查研究和深入剖析，为有关部门制定对策提供了依据。学校各级团、队组织动员广大学生积极参与“安全文明校园”创建活动，通过开展各种主题教育活动、道德实践活动和丰富多彩的校园文化建设，督促青少年自觉遵守校规校纪，维护校园安全。

各地认真落实中央综治委学校及周边治安综合治理工作领导小组的工作部署和要求，公安、工商、文化、城建等部门密切配合，联合作战，清理了一批长期困扰高校的周边摊点以及有害学生身心健康的电子游戏厅、录像厅、歌舞厅和“网吧”。山东省在整治期间共清理、取缔乱设摊点6200余个，其中学校周边200米以内的录像厅、“网吧”已基本得到清理。黑龙江省共取缔“三厅一室”306个，“网吧”438家，拆除违章建筑10235平方米；广东省汕尾市拆除学校周边违章建筑4500多平方米，清理校园周边地区出租房屋700多间。上海市在校园周边共查缴各类非法图书41760册，非法音像制品和电子出版物121764盘，收缴有害卡通画册和淫秽“口袋本”15875册。北京市东城区着重抓好对校园周边“四黑”（黑网吧、黑洗浴、黑发廊、黑娱乐场所）和“六小”（小旅店、小餐馆、小商店、小歌厅、小酒吧、小发廊）场所的集中整治工作。此外，各地也加强了对在校学生的法制宣传教育，宁夏自治区司法厅和教育厅联合发文，对司法行政、教育部门承担的对在校学生法制宣传教育和校园周边“法律进社区”工作提出实施意见，强调各级司法行政部门要与教育部门一起加强对在校学生的法制宣传和教育。

4. 加强督促检查，进一步巩固集中整治专项行动成果。

为巩固专项整治成果，10月17日，中央综治办发出通知，要求各地就学校、企业、铁路周边地区治安整治工作开展自查督查。为落实中央综治办通知精神，督促落实整治校园及周边治安秩序专项行动，集中解决好影响校园及周边治安秩序的突出问题，10月16日，领导小组办公室下发《关于督促落实校园及周边治安秩序集中整治工作的通知》（综治委学校治安办2002[1]号）。要求各地、各部门和各级各类学校要结合实际认真部署整治工作，并落实各项措施；各有关部门要在各地党委、政府的统一领导下，按照工作分工，各负其责，加强协作，密切配合，形成齐抓共管的合力；同时要重视和做好专项行动的信息上报和情况通报工作。10月11日，领导小组派出4个联合检查组，分别对北京、江苏、福建、云南、四川、湖北、广东等地校园及周边治安秩序专项治理工作进行了检查。检查小组听取了各地的情况汇报，实地查看了部分高校周边环境及治安情况，并就专项治理工作的有关问题同各地领导小组的同志交换了意见。根据各地上报的情况和4个检查组的检查反馈意见，领导小组办公室编发了8期《简报》，及时反映各地工作进程、工作做法及取得的经验。

各级综治委学校及周边综合治理领导小组也分别组织公安、教育等部门，对整治工作进行检查，有力地推动了整治行动向纵深开展。湖北省领导小组办公室成立了由有关部门参加的整治工作督查专班，对武汉市17所高校整治工作进行了检查督导，并将检查情况和整治意见及时进行反馈；河南省组织检查组分赴各地进行检查督导，有力地推动了校园及周边整治行动的深入开展。

5. 落实防范措施，建立维护学校及周边治安秩序的长效工作机制。

领导小组于8月29日印发《中央综治委学校及周边治安综合治理工作领导小组第一次全体会议纪要》（综治委学校治安组2002[1]号），强调指出，各地要建立财力、人力保障机制，制订和完善有关规章制度，调动各方面积极性，形成基层党委政府、学校、有关单位齐抓共管的局面。同时强调要认真落实社会治安综合治理领导责任制，落实“谁主管、谁负责”的原则。对在工作中做出突出贡献的单位和个人要进行表彰、奖励。凡因领导不重视，责任不到位，防范措施不落实，致使学校及周边发生重大案（事）件或造成治安混乱的，要追究有关人员的责任。要形成有效的监督机制，推动学校及周边治安综合治理措施真正得到落实，逐步建立起比较完善的长效工作机制。

各地在加强集中整治的同时，着眼于建立长效工作机制，巩固整治成果。针对学校及周边地区治安存在的隐患和薄弱环节,许多地方制定了相应的防范措施,及时整改和消除不安全隐患,强调坚持边整边建,整建结合,通过重点问题的解决带动一个学校、一个地区的治安面貌的改善。内蒙古自治区近日下发《学校及周边环境治理工作标准》,明确各有关部门在学校及周边环境治理中的职责,进一步规范治理工作标准,强调落实学校及周边环境整治工作的领导责任制。湖北省学校及周边治安综合治理暨安全文明校园创建工作领导小组要求全省各地把专项整治行动与综治工作有机结合起来,与行业、门店设置规划及许可、管理有机结合起来,力求学校周边环境管理制度化、规范化。浙江省针对全省五大高教园区地处城乡结合部,高校集中,流动人员较多,周边治安环境复杂,要求有关市要积极探索加强园区治安综合治理的有效途径和方式,进一步明确责任、建立协调机制、加强园区治安管理力度,建立涉及多所学校的突发事件处置机制,通过校校联建、校地共建,提高园区治安综合治理工作水平。

二、当前学校及周边治安环境存在的主要问题

当前,学校及周边治安形势总体是好的。但是,影响学校及周边治安的因素依然大量存在,且呈现出多样化、复杂化的趋势;从学校本身的情况看,随着教育事业的不断发展,高等教育体制和高校内部管理体制改革的不断深入,影响学校及周边治安的因素呈现一些新的特点。主要有以下几个方面:

1. 少数地方对整治工作的长期性认识不足,没有形成整治工作的合力。

各地整治工作虽然取得了明显效果,但是在工作中还存在一些值得注意的问题,主要是少数地方的领导对整治工作的长期性认识不足、重视不够,有关部门责任不明确,没有充分发挥各部门的职能作用,沟通、协调和联络机制不健全,工作措施不落实,难以形成整治工作的合力。在检查中我们了解到,有的省没有成立由各有关部门联合组成的专门的领导小组,只由省公安厅及各市公安机关成立了清理整治领导小组,没有形成工作合力。

2. 涉及学校师生的治安事端仍然频繁发生,恶性暴力犯罪案件开始进入校园。

发生在学校和针对师生的治安案件类型涉及伤害、强奸,打架斗殴和抢劫、绑架、凶杀等。根据各地教育部门上报的材料统计,2002年高校发生治安事端104起,比2001年增长22.4%。一些带有黑社会性质的恶性案件开始进入校园,虽然这类案件所占比例不是很大,但因直接威胁和伤害师生的人身安全,师生反应强烈。学校是青少年学生集中的地方,为全社会和广大家长所关注,对治安问题十分敏感,如得不到及时处理,容易激化为群体性事件,甚至引发政治性事端。

3. 校园及周边治安综合治理虽取得一定成效,但巩固难、反复性大。

学校及周边治安综合治理工作具有政策性强、涉及面广、利益矛盾多、清理难度大等特点,很多问题又都是多年积累而成,通过短期的集中整治实现彻底根治不太容易。有些问题虽经整治有所好转,但整治后因防范管理措施不落实,长效管理机制没有建立,往往出现反弹,影响了整治成果的巩固。目前,在有的地方,校园周边不健康的文化娱乐场所和违法、违章经营及占道经营摊点等又有所抬头,有的中小学校园周边的治安秩序仍比较复杂,少数位于城乡结合部的学校周边治安状况还有恶化趋势,需要进一步加以整治。

4. 教育事业的改革发展对学校及周边治安综合治理提出了新的要求。

随着学校与社会联系的进一步密切、办学模式的多样化和办学规模的扩大,外来人口和流动人员大幅度上升,机动车流量明显增大,管理工作更加复杂。随着高校后勤社会化改革的推进,一些高校在校外建立了学生公寓,有的地方兴建了大学城或高教园区,这些公寓和园区的周边环境比较复杂,也是治安管理的薄弱地方,容易发生治安和安全问题。此外,一些高校在加快发展和建设过程中,基建规模不断扩大,由于征地与施工等原因,与周边单位或居民发生矛盾和冲突,造成校内师生群体性聚集的事端时有发生。

5. 对工读学生教育的有关法律法规需要进一步完善。

有关不良行为学生的教育问题,虽已有各种文件或法规做出了具体规定,但没有具体保障措施,执行难的问题依然存在。在北京检查时我们了解到,目前北京市规定有不良行为学生进入工读学校必须满足“学生本人同意，学生家长同意，学生所在学校同意”的“三同意”原则。但每个区县都有一些应该送工读学校的学生因家长或学生本人不愿到工读学校就读的原因未能入校。“蓝极速”网吧火灾事件后，北京市对全市问题少年进行了摸排，共有403名，但至今只有极少数进入了工读学校，许多还漂在社会上，如不能彻底解决，将对社会治安带来隐患。此外，对极少部分有严重不良行为的学生进行禁假强化教育以及对学生进行安全检查，缺乏法律依据。为防止极少部分有严重不良行为的学生对社会造成危害，学校规定对此类学生在一定时期内进行禁假强化教育和管理；鉴于部分学生经常将一些管制刀具、炸药、淫秽读物等带进学校，为保障师生安全，学校在学生入校和放假归校时进行安全检查。但是，上述两项措施没有相应的法律依据，一些学生、家长和社会媒体认为这些措施侵害学生人身自由权，一旦家长上告，学校将处于不利境地。

三、2003年学校及周边治安综合治理主要工作

根据中央综治委领导的意见，在中央综治办具体领导下，中央综治委学校及周边治安综合治理工作领导小组办公室拟定2003年全国学校及周边治安综合治理工作要点。主要有以下几个方面的考虑：

1. 进一步加强对学校及周边治安整治工作的领导，明确职责，建立健全维护学校及周边治安秩序的长效工作机制。

加强领导，建立健全维护学校及周边治安秩序的长效工作机制，是做好学校及周边治安综合治理工作的有力保障。去年中央综治委学校及周边治安综合治理工作领导小组成立后，各省、市、区综治委也成立了相应的组织机构，落实财力、人力保障机制，制订和完善有关规章制度。今年，主要做好以下三方面工作：一是对于已经成立的各地领导小组，强调要认真落实职责任务，建立健全领导小组工作会议制度或领导小组办公室例会制度，至少召开两次会议，及时研究解决维护学校治安稳定工作中的问题，同时加大工作监督检查力度，至少进行1－2次检查和督导。二是对于没有成立组织机构的少数地方，督促尽快成立相应的工作组织机构。三是健全和完善奖励和责任追究机制。中央综治委学校及周边治安综合治理工作领导小组将在适当时候召开电视电话会议，总结成功经验，推广先进典型，对进一步加强学校及周边治安综合治理工作作出新的部署。要求各地也要认真开展总结和宣传表彰工作，进一步完善责任制和责任追究制，增强各部门各单位履行职责、参与学校及周边治理的责任意识。

2. 继续推进学校及周边治安秩序整治工作的深入开展。

本着“什么问题突出就整治什么问题，什么问题反复就整治什么问题”的原则，继续严厉打击侵害师生人身权利的各类违法犯罪活动，坚决取缔和清理整顿校园及周边地区非法经营的营业场所及出租房屋，有效制止有害卡通画册和淫秽“口袋本”图书在青少年学生中传播，继续整顿校园及周边的交通秩序，深入开展学校内部及周边安全大检查。此外，要加强分校区、校外学生公寓和大学园区的管理，建立快速反应和高效的协调机制，确保安全稳定。对一些校园及周边集中整治工作不到位，治安问题仍然较为突出，师生反映强烈的地方，中央综治委学校及周边治安综合治理工作领导小组办公室必要时进行通报批评。

3. 深入开展安全文明校园创建活动。

中央综治委学校及周边治安综合治理工作领导小组办公室拟研究制定《关于深入开展安全文明校园活动的意见》，进一步规范创建活动标准，做好创建活动的组织、实施、检查、指导工作，提高创建活动的质量。各省、区、市综治委学校及周边治安综合治理工作领导小组按照《意见》标准，进行考核、验收。目前，我部正在制定的《2003－2007年教育振兴行动计划》中，也将把这项工作列入计划之中，以工程立项的形式，投入专项经费，实施安全文明校园示范校试点，以点带面地推动创建活动向深入开展。

4. 加强中小学法制教育，继续推广和完善兼职法制副校长和法制辅导员制度。

进一步加大对中小学学生的普法教育宣传力度，继续推广和完善兼职法制副校长和法制辅导员制度，把法制教育纳入学校教育教学工作的重要组成部分。充分发挥兼职法制副校长的作用，协助学校开展法制教育和校园周边治安综合治理工作。要制定统一教材，加强对法制副校长和法制辅导员的培训和必要的考核，明确岗位职责，努力提高政治业务素质。把加强工读学校建设作为中小学生普法教育的一项重点工作，在调研的基础上，研究加强和改进工读学校的意见。

今年是贯彻落实党的十六大各项战略部署的第一年。十六大报告提出了全面建设小康社会的目标，对学校及周边治安综合治理工作赋予了更加重要的责任。我们要认真贯彻落实罗干同志在中央综治委2003年第一次全体会议上的重要讲话精神，按照中央综治委《2003年全国社会治安综合治理工作要点》的总体要求，科学判断形势，谋划工作思路，制定切实措施，艰苦奋斗，扎实工作，开创学校及周边治安综合治理工作的新局面，为全面建设小康社会创造良好的社会环境。

认真履行职责，全力维护学校及周边治安秩序

公安部副部长　罗　锋

（2003年1月24日）

根据中央综治委学校及周边治安秩序综合治理领导小组的统一部署，9至10月份，全国公安机关积极参与了为期两个月的集中整治校园及周边治安秩序专项行动。行动中，各地公安机关在当地党委、政府和公安部的统一领导下，充分发挥职能作用，严厉打击侵害师生人身和财产安全的各类违法犯罪活动，积极会同教育、工商、建设、文化等部门深入开展联合整治行动，有效维护了学校良好的治安秩序，为“十六大”的胜利召开创造了良好的治安环境。据北京、辽宁、吉林、浙江、安徽、江西、山东、河南、湖南、广东、海南、四川、云南、宁夏等14个省、自治区、直辖市公安机关统计，行动期间共出动警力25.4万人次，检查学校103345所，整改校内安全隐患21632处，检查校园周边娱乐场所和网吧92623家，其中取缔10215家，整改隐患32931处，破获侵犯师生人身财产权利的刑事案件5308起，治安案件12406起，抓获违法犯罪嫌疑人21269名，其中采取刑事强制措施或刑事处罚4652人，治安处罚15808人，破获犯罪团伙508个。通过整治行动，使校园及周边地区的治安秩序明显改观，广大师生的安全感明显增强。下面我把整治工作的情况汇报如下：

一、各级公安机关高度重视，层层落实责任

中央综治委学校及周边治安综合治理工作领导小组部署开展专项整治行动后，各级公安机关领导对整治行动非常重视，立即抓住这一契机，部署整治行动。天津市公安局党委书记、局长肖凤祥、浙江省省委常委、公安厅长俞国行、河南省公安厅长张程锋、湖南省委常委、省政法委书记、公安厅长周本顺等领导作出重要指示，要求各地公安机关从为“十六大”胜利召开创造良好社会治安环境的高度出发，结合正在开展的打击“两抢”犯罪专项斗争，主动会同有关部门抓好整治工作。各地公安机关除积极参加由综治、公安、教育、司法、文化、建设、新闻出版等部门组成的省、市级整治行动领导小组外，还在公安机关内部成立了由治安、文保、交通、消防、计算机监察等部门负责同志参加的领导小组，组织协调各警种、各单位参加整治行动。各地公安机关认真制定整治行动方案，并把维护校园安全责任制分解到基层科、所、队，落实到人，一级抓一级，层层抓落实。福建省公安厅领导召集治安、交警、边防、消防、国保、刑侦、禁毒、网络监察等部门召开会议，要求全省公安机关各部门既要各司其职，又要密切配合，确保公安机关的职能作用得到充分发挥。河南省有关市局机关与各县、区公安分局、派出所层层签订了治安承包责任书，局领导分片包校，把任务分解到各个责任区民警，并严格规定，凡因整治不力，工

作失误，致使整治工作不落实造成严重后果的，一律追究责任。

二、广泛开展宣传教育，营造良好的整治工作氛围

各地公安机关针对整治行动政策性强、牵涉面广、易引发不安定因素的特点，坚持以宣传开道，通过多种形式大力宣传整治行动的重要意义，表明党委、政府和公安机关在整治校园及周边地区治安秩序方面的坚定决心，争取社会各界包括学校周边经营业主的理解和支持，营造了良好的整治氛围。一是积极与各新闻单位进行合作，通过新闻媒体进行广泛宣传。湖北省、四川省、云南等省公安机关会同有关部门在广播、电视、报纸等媒体上，通过开设专栏、开办专版，刊发领导讲话、进行全程跟踪报道等多种形式，及时报道各地整治工作动态，对典型案例予以曝光，争取社会各界和广大群众的理解和支持。二是印发、悬挂、张贴各类宣传材料，让广大市民理解、关注和支持整治行动。河南省印发宣传材料23000份，张贴标语3100条，布置宣传栏250个。三是加强对广大师生的安全、法制宣传教育，增强其法制意识和自我保护能力。海南省在整治行动期间派出1100名民警深入中小学举办法制讲座2540场次，受教育师生达162700人次。广东省深圳市开展“一校一警”的警校共建活动，由派出所领导和社区民警担任全市494所中小学的法制副校长和法制辅导员，做到“五有”(有计划、有制度、有责任、有措施、有实效)和“四到位”(人员到位、时间到位、工作到位、待遇到位)。四是开展对整治对象的宣传攻势，争取其理解和配合整治行动。江苏省在整治行动开展前给学校周边各经营单位、流动摊点发放《给工商户的一封公开信》，组织有关工作人员与校园周边经营业主进行面对面的解释、沟通和劝导，争取校园周边工商经营户对整治工作的配合和支持。

三、严厉打击侵犯师生人身、财产安全的违法犯罪

各级公安机关结合正在开展的严打整治斗争，组织优势警力，加大对侵犯师生人身、财产权利的违法犯罪活动，特别是对教唆、引诱青少年犯罪和各类犯罪团伙的打击力度，有效地打击了违法犯罪分子的嚣张气焰，增强了广大师生的安全感。一是破获了一批以广大师生为目标的犯罪团伙。浙江省公安机关破获了一个多次敲诈学生的敲诈团伙，抓获了以杜巍为首的团伙成员5名，破获各类抢劫案件20余起。昆明市公安局先后三次组织开展打击危害师生安全违法犯罪活动的破案会战行动，破获治安、刑事案件100余起，抓获各类犯罪嫌疑人200余名，打掉抢劫、敲诈学生的“拔毛”团伙10个30余人，社会各界和广大师生对此给予了充分肯定。二是对整治行动期间顶风作案的犯罪活动坚持严厉打击、快侦快破。9月29日，福建省福清市一中初一学生陈俊明(男，13岁)失踪，福建省公安厅刑警总队将此案挂牌督办。10月9日，福清市公安机关抓获了绑架杀害当事人并向其家属勒索的5名犯罪嫌疑人(均为14—15岁的中学生)，缴获了“六四”式子弹、IC卡等作案工具。

四、开展安全大检查，及时整改治安隐患

各地公安机关在加大打击违法犯罪力度的同时，与有关部门密切配合，深入学校及周边开展安全大检查。一是会同教育部门对各类学校进行安全大检查，督促学校认真做好校园内部的整治工作。天津市公安机关在整治行动期间深入各重点学校进行安全大检查，发现隐患594个，下达隐患整改落实了整改通知书251处。福建省公安消防部门组织了687个检查组，对16479家学校进行了摸底调查，对去年专项治理后遗留的火灾隐患1154处进行了整治，消除了554处，整改率82.8%。江西省宜丰县公安机关查处了1起在校园内非法储存、销售爆竹案，缴获爆竹24万响，及时消除了事故隐患。二是配合文化、工商、通信管理、新闻出版、教育等部门清理整顿校园周边的文化娱乐场所，取缔非法经营的网吧、电子游戏机室、录像室、台球室、卡拉OK厅、舞厅和书报刊、音像制品零售出租摊点。北京市公安局在整治行动期间共出动警力12000余人次，其它治保力量9800余人次，检查出租房屋9069间，会同有关部门清理取缔校园周边无照摊点831处，取缔无照经营的娱乐场所107家，清理整顿非法路边市场35处，拆除违章建筑1250平方米，清理外来人口18213余人，收缴非法出版物3400件，捣毁赌博机3台，收缴淫秽光盘1000余张。三是配合建设、工商、卫生等部门清理、取缔非法经营的服务场所和占道经营的游商摊贩,拆除校园周边各类违章建筑。湖北省武汉市由区委、区政府领导带队成立了由教育、工商、卫生、文化等部门组成的9个整治专班,驻点包校整治。本着“谁主管谁负责,谁审批谁负责,谁发证谁负责”的原则,把17所高校的94个突出问题的整治责任一一落实到有关单位和个人,做到问题不解决专班不撤,学校不在整治意见书上签字专班不撤。

五、标本兼治,建立长效管理机制。

各地公安机关在开展整治工作的同时,注重积极探索建立校园及周边治安秩序综合治理的长效管理机制。一是各地公安机关在学校周边增派警力巡逻,对学校师生的报警、求助迅速出警,切实保障学校师生的合法权益。二是督促学校建立健全各项安全保卫规章制度,落实各项工作措施。河南省公安机关指导学校建立健全治安保卫责任制,分解落实学校内部保卫制度和安全防范措施。辖区派出所与学校保卫部门密切配合,建立校地联防工作责任制。积极开展警民共建安全文明校园活动。推广了向中小学生发放警民联系卡的做法,在学校周边增设民警提示牌6500多个、举报箱1000余个、治安岗亭950个。选派了1000余名政治、法律素质高的民警担任学校校外法制辅导员,加强法制教育。在学生上学、放学的时间段内增派警力疏导交通、维护秩序。江西省部分市县公安机关督促指导各级教委和学校设立保卫组织,对规模较大的学校,还将保卫机构延伸到学生会和各年级,形成了比较完整的治安保卫组织网络。三是在整治行动中不断总结探索校园周边治安管理的新思路。江苏省公安机关在这次专项工作中坚持边整边建,整建结合,摸索出通过解决重点问题带动一个学校、一个地区的治安面貌的改善的经验做法,并将其固定为校园及周边地区治安综合治理的基本工作方式。

虽然各级和各地公安机关在2002年学校及周边治安整治专项行动中取得了一定成绩,但我们也清醒看到,学校及周边的治安问题反复性强,有关工作稍有松懈,治安问题就会出现“回潮”和“反弹”,类似今年安徽省合肥工业大学发生的因交通事故引发的大学生上访堵路事件等均应引起我们的高度重视。这次会议后,我们将督促各地公安机关,认真贯彻落实会议精神,充分发挥职能作用,狠抓各项措施的落实,为维护学校及周边的治安稳定,为广大师生创造良好的学习、生活和工作环境作出我们应有的贡献。

在中央综治委学校及周边治安综合治理工作领导小组2003年第一次会议上的发言

文化部副部长　孟晓驷

(2003年1月24日)

同志们:

中央综治委学校及周边治安综合治理工作领导小组今天召开2003年第一次会议,刚才教育部袁贵仁同志和公安部罗锋同志的讲话我完全赞同。下面我着重介绍文化部2002年在学校及周边治安集中整治工作中的情况。

2002年8月,中央综治委学校及周边治安综合治理工作领导小组《关于开展集中整治校园及周边治安秩序专项行动的通知》印发后,根据领导小组的分工,文化部主要是负责对校园及周边地区的“网吧”、电子游戏厅、录像厅、歌舞厅、音像制品经营场所进行清理整治。文化部对此非常重视,要求各地结合整顿和规范文化市场秩序工作,认真开展对校园及周边地区的文化经营场所的清理整治,加大对校园及周边地区的文化市场的管理力度,为党的十六大召开创造良好的文化市场环境。

一

在此次专项整治工作中,文化部重点开展了对问题突出、社会反响强烈的“网吧”等互联网上网服务营业场所的治理工作,取得了明显成效,得到党中央国务院领导的肯定。具体做法如下:

1.加强立法立规,规范“网吧’等互联网上网服务营业场所经营秩序。2002年初,“网吧”问题突出,社会反响强烈,主要表现为:“网吧”等互联网上网服务营业场所过多过滥,一些地方监督管理不力,出现了大量违法违规经营现象,经营秩序混乱,安全隐患突出,严重危害了广大人民群众特别是青少年的身心健康以致生命安全,扰乱了社会治安秩序。6月16日凌晨,北京市海淀区无证经营的“蓝极速网吧”发生恶性纵火案,致使25人死亡、12人烧伤,其中多数是青年学生,造成极为恶劣的社会影响,使“网吧”问题到了非彻底治理不可的地步。为深入整顿文化市场秩序,切实加强对“网吧”等互联网上网服务营业场所的管理,经国务院同意,文化部、公安部、信息产业部、国家工商行政管理总局于2002年6月29日印发了《关于开展“网吧”等互联网上网服务营业场所专项治理的通知》(文市发[2002]24号),部署了2002年7月1日至8月31日,在全国集中开展对“网吧”等互联网上网服务营业场所的专项治理。专项治理工作由文化部牵头,会同公安部、信息产业部、国家工商行政管理总局部署组织进行。2002年9月29日,朱镕基总理签署第363号国务院令公布了《互联网上网服务营业场所管理条例》(以下简称《条例》)。文化部于2002年10月11日发出了《关于贯彻〈互联网上网服务营业场所管理条例〉的通知》(文市发[2002]46号),决定将专项治理延期至2002年12月31日,并要求各地将专项治理工作与宣传贯彻《条例》结合起来。

在各级党委、政府的高度重视下,在文化、公安、工商、通信管理等部门的密切协作下,通过半年多的努力,“网吧”等互联网上网服务营业场所专项治理工作取得了明显成效。从根本上扭转了“网吧”市场的失控局面,“网吧”过多过滥、违规经营的势头基本得到遏制,未成年人进入的现象基本得到制止,“黑网吧”基本得到清除。

2.提高准入标准,重拳打击违法经营。各地文化行政部门与电信行政部门进行“网吧”管理职能移交后,迅速开展了大规模调查摸底,在摸清底数的基础上,对违规经营场所关闭取缔或切断互联网接入。同时,还迁移、关闭了一批在中小学校周围200米以内和居民楼(院)内的“网吧”。根据文化部的要求,各地按照《条例》规定的设立互联网上网服务营业场所的条件和从严审批、控制总量、合理布局、优化结构的原则,严格进行重新审核登记。根据《条例》的有关规定,文化部对互联网上网服务营业场所的计算机设备台数和单机面积做了具体规定,通过提高准入标准,淘汰了一批不符合规定条件的小散乱差的“网吧”。同时,明确要求各级文化行政部门以解决未成年人禁入为工作重点,向社会各界大力宣传《条例》关于“互联网上网服务营业场所经营单位不得接纳未成年人进入营业场所”的规定,并按照《条例》的规定严厉查处接纳未成年人上网的“网吧”等互联网上网服务营业场所。对接纳未成年人上网造成恶劣影响的或连续三次接纳未成年人上网的,责令停业整顿,直至吊销《网络文化经营许可证》。经过治理,全国“网吧”等互联网上网服务营业场所总量由专项治理前的近20万家压减到专项治理后的11万家。

各地在专项治理工作中,严打严控,重拳出击。时任北京市市长刘淇亲自到朝阳区的两家“网吧”检查专项治理的情况。重庆市委副书记邢元敏、四川省副省长李进分别带队检查了重庆、成都的部分“网吧”。北京市在专项治理期间,全市共出动执法人员104589人次,检查“网吧”34559家次,擅自设立的2033家“黑网吧”已经全部取缔,没收电脑设备2086台,暂扣电脑设备8757台。浙江省在专项治理期间共出动执法人员29212人次,检查“网吧”19802家次,取缔了1802家无证照经营的“黑网吧”,没收电脑设备6507台。湖北省在专项治理期间取缔、关闭了非法“网吧”1800余家,查处违法经营的“网吧”2300余家,暂扣电脑设备12300余台。湖南省在专项治理期间,出动执法人员77058人次,检查“网吧”11205家次,取缔“黑网吧”795家,查处违法经营的“网吧”3813家,责令停业整顿1471家。各地文化行政部门对中小学校周围200米内的“网吧”限期迁移,逾期不迁移的,责令停止经营。同时,在“网吧”重新审核登记工作中严格把关,逐一实地测量,对位于中小学校周围200米内的网吧一律不予重新审核登记。

国务院《互联网上网服务营业场所管理条例》11月15日生效后,为解决违法接纳未成年人、超时营业等突出问题,许多地区的文化行政部门又开展了声势浩大的“零点行动”,文化市场管理人员经常是深夜冒着严寒逐一上门巡查,查处了一批顶风违法经营的“网吧”。浙江省在“零点行动”中共检查“网吧”6432家,其中查获有接纳未成年人的230家,违反规定营业时间的242家,对393家场所按《条例》实施了处罚,依法取缔关闭27家。山东省的“零点行动”检查“网吧”6320家,查处违法经营“网吧”759家。辽宁省的“零点行动”检查“网吧”2664家,查处违法经营“网吧”627家。各地新闻媒体都对“零点行动”做了充分报道,教育和震摄了违法经营者,也使社会各界感受到文化行政部门管理“网吧”的决心和力度。

3.采用多种形式,切实做好宣传和舆论引导工作。为创造良好的社会氛围,营造全社会共同关注的局面,各地在专项治理工作中,广泛发动社会舆论,充分利用新闻媒体的作用,采用了多种形式,切实做好宣传和舆论引导工作。文化部要求各地文化行政部门充分发动学校、家长以及社会各界共同担负起帮助教育青少年的社会责任。各地可以聘请学生家长、老师和热心教育的社会各界人士作为义务监督员,监督“网吧”等互联网上网服务营业场所的经营行为,杜绝未成年人进入“网吧”等互联网上网服务营业场所。提倡中小学生在老师、家长或监护人的指导下在学校、图书馆等单位内部附设的非营业性互联网上网服务场所上网。在新闻媒体、“网吧”经营场所、中小学校公布举报电话、举报信箱,广泛发动人民群众参与,形成全社会共同抵制、打击违法违规经营“网吧”等互联网上网服务营业场所的良好氛围。北京市还颁布了《北京市举报网吧等互联网上网服务营业场所违法行为奖励办法》(试行),鼓励公众举报“网吧”违法活动,加强社会监督,保障互联网上网服务营业场所经营管理秩序。

《条例》颁布后,文化部办公厅以明传电报的形式向各地发出了《关于开展〈互联网上网服务营业场所管理条例〉宣传周和专项执法活动的通知》(文明电字(2002)13号)。在宣传周期间,全国各地文化行政部门在公安、工商、电信等部门的支持下,在街头、广场、社区、学校和“网吧”等互联网上网服务营业场所广泛开展宣传活动,公布举报电话、开展问卷调查、法制咨询等活动。各地文化行政部门还联合教育行政部门和学校、共青团、妇联等单位开展面向广大中小学生的宣传活动。11月15日,陕西省举办了声势浩大的“未成年人告别‘网吧’大行动”,数千名中小学生参加了活动。11月19日,山东省暨济南市在济南泉城广场举行了宣传周和专项执法活动启动仪式,部分互联网上网服务营业场所经营单位、新闻媒体、各界群众三千多人参加了启动仪式。安徽省各级文化行政部门积极组织、全面开展了宣传活动。如黄山市举办了中小学生告别“网吧”签名仪式,市文化局在现场聘请了教师、家长代表作为“网吧”管理社会监督员。六安市举行了市直万名学生远离“网吧”的签字仪式,并在市中心展示了有近两万名学生签名的一千多米的横幅。陕西省副省长潘连生、山东省副省长蔡秋芳亲自参加了当地的宣传活动。

通过宣传活动,努力使广大“网吧”经营者了解从事“网吧”经营应承担的责任和义务,自觉守法经营;努力使广大中小学生等未成年人了解“网吧”不得接纳未成年人,坚决远离“网吧”;努力使广大人民群众自觉文明上网,共同监督“网吧”经营行为,从而逐步形成全社会共同抵制、监督、举报、打击违法违规经营“网吧”的良好氛围。各地普遍反映,此次宣传周活动社会各界广泛关注,反响强烈,是近年来文化市场专项治理中宣传形式最多样,执法工作最深入,社会效果最明显的一次。

4,巩固专项治理工作的成果,形成文明上网的道德规范和舆论环境。文化部将以贯彻《条例》为契机,巩固专项治理工作的成果,坚持从严管理、从严审批、从严控制总量、从严厉打击违法经营的原则,加强对网吧等互联网上网服务营业场所的宏观调控和行政执法力度,坚决防止“黑网吧"的回潮。实行日常检查、突击检查与技术监控相结合,坚决防止重审批轻管理的倾向。同时,还要促进和规范互联网上网服务营业场所连锁经营,力争让规模化、连锁化、专业化、品牌化的连锁主题"网吧"逐步占据市场主流,通过市场竞争进一步淘汰掉小散乱差的"网吧",在社会上树立起"网吧"等互联网上网服务营业场所的文明、健康的良好形象。同时,不断拓展"网吧"的服务功能,提升文化品位,促进文化建设与高新科技的结合,逐步把"网吧"等互联网上网服务营业场所发展成为功能丰富多彩、内容健康有益的数字文化家园。文化部将按照"统筹规划,分步实施;全国联网,分级监控;功能完备,标准统一"的原则,组织开发、安装互联网上网服务营业场所计算机经营管理系统,进而建立健全网络文化市场计算机管理系统,形成统一、高效、便捷的网络文化市场管理平台,提高管理工作的科技含量和管理效能。文化部将联合社会各界,大力推进网络文明活动,形成文明上网的道德规范和舆论环境。加强对上网消费者的引导,努力使上网消费者自觉遵守社会公德,开展文明、健康的上网活动。积极倡导未成年人在学校、图书馆等单位内部附设的非营业性互联网上网服务场所上网,充分发掘和利用学校、图书馆等公益性互联网上网服务资源,向中小学生、社区群众和特定群体开放,组织开展上网培训,拓展青少年教育空间,发挥互联网上网学习等功能,把社会效益放在首位,树立良好社会形象,满足群众多层次、多样化的需求,并对这类场所进行统一规范管理。

二

2002年,文化部对电子游戏经营场所的管理继续保持高压态势,打地下、打反弹、打转移,巩固了以往专项治理的成果,目前全国电子游戏经营场所已由最多时的10余家压减到2万家。文化部还继续巩固娱乐场所专项治理的成果,初步改变了歌舞娱乐场所过多过滥的状况,有力地抑制了色情陪侍活动。文化部开展了录像放映场所的重新审核登记工作,继续压缩录像放映场所总量。通过这些工作,为学校及周边地区创造一个良好的文化市场环境。

同志们,开展学校及周边地区治安综合治理,整顿和规范学校及周边地区文化市场秩序,切实解决广大师生广泛关注的突出问题,促进社会主义精神文明建设,是一项复杂而又艰巨的任务,也是我们义不容辞、责无旁贷的神圣使命。2003年,文化部一定会进一步加强领导,深入推进学校及周边地区文化市场整顿和规范工作,为广大师生创造一个健康、文明、有序的文化市场环境,为社会主义精神文明建设作出应有的贡献。

在中央综治委学校及周边治安综合治理工作领导小组2003年第一次会议上的讲话

国家工商行政管理总局副局长　杨树德

(2003年1月24日)

2002年,工商行政管理系统以江泽民同志"三个代表"重要思想为指导,认真贯彻中共中央《关于加强社会治安综合治理的决定》,在中治委和学校及周边治安综合治理工作领导小组的组织协调下,充分发挥工商行政管理职能作用,积极参与学校及周边治安的综合治理,主要作了以下几个方面的工作:

一、严把娱乐服务场所市场准入关

工商行政管理部门与其他部门配合，加强娱乐服务场所总量控制，停止审批新的歌舞娱乐、录像放映、游戏厅等服务场所；对申请设置网吧和其他可能影响教学秩序和师生身心健康的经营项目，一律凭有关部门的行政许可并按工商登记要求的条件，从严审批登记；对不具备经营资格、超范围经营以及内部规章制度不健全、管理混乱的娱乐服务场所，限期停业整顿；对违法经营的娱乐服务场所，依法吊销营业执照。这些工作的开展，对净化学校及周边环境起到了积极的作用。

二、加强对学校及周边文化娱乐场所的监管

工商行政管理部门与有关部门密切配合，强化对学校及周边文化娱乐场所的日常监督管理。配合有关部门对互联网上网营业服务场所及其他娱乐服务场所的营业时间依法严格管理，对违法接纳未成年人进入的互联网上网服务营业场所和歌舞娱乐场所，依法吊销营业执照。此外，还配合有关部门对"网吧"服务内容进行检查，查出各类互联网有害信息180多万条。通过对学校及周边娱乐服务场所的整顿及对娱乐服务场所经营行为的监督管理，减少了这些娱乐服务场所对学生学习产生的负面影响。

三、深入开展"扫黄"、"打非"工作

全国工商行政管理系统认真落实中办、国办转发的《2002年"扫黄"、"打非"行动方案》，一年来先后出动检查人员近84万人次，查缴非法图书560万件，非法音像制品和电子出版物1256万盘，政治性非法出版物46万件，"法轮功"出版物20多万件，淫秽和色情图书109万余册，淫秽色情音像制品近38万盘。通过清理不良文化现象，扫除了一部分"文化垃圾"，为学生学习生活以及健康成长创造了良好的社会环境。

四、规范和整顿学校及周边经营单位的经营行为

一是与卫生等部门配合，对学校及周边的餐饮业进行规范，对违反食品卫生管理法规、掺杂使假、骗买骗卖以及出售变质食品的违法行为进行监督和处罚，保障师生的合法权益和消费安全；二是加强对学校及周边集贸市场和商业摊点的管理，加强对经营者的法制教育，督促其遵纪守法，文明经营。对违法经营，损害师生利益的经营者，依法进行严肃处理，为学生学习创造良好的外部环境。三是配合学校对校内的三产企业及学校房屋出租经商办企业进行管理，要求不得从事扰乱学校教学秩序的经营活动。此外，工商行政管理机关还会同有关部门，坚决查处取缔学校及周边的无照经营活动。

对学校及周边治安进行综合治理，是一件关系到社会稳定和学生健康成长的大事。各级工商行政管理机关要进一步贯彻落实十六大精神和"三个代表"重要思想，积极发挥职能作用，与有关部门一起，共同做好学校及周边地区的环境整治工作，为广大师生创造一个良好的学习、工作和生活环境。

中央综治委学校及周边治安综合治理工作领导小组召开2003年第一次全体会议

1月24日，中央综治委学校及周边治安综合治理工作领导小组2003年第一次全体会议在北京召开。领导小组组长、中央政法委秘书长王胜俊同志出席会议并讲话。会议由领导小组副组长、中央政法委副秘书长、中央综治办主任陈冀平同志主持。教育部副部长袁贵仁、公安部副部长罗锋、司法部副部长胡泽君、文化部副部长孟晓驷、信息产业部副部长张春江、建设部纪检组长姚兵、国家工商管理总局副局长杨树德、共青团中央书记处书记杨岳及有关部门负责人出席了会议。

会议以贯彻落实十六大精神为主题，总结了2002年学校及周边治安综合治理工作，分析了2003年学校及周边治安所面临的形势，并按照中央综治委2003年第一次全体会议的有关要求，审议并通过了《2003年全国学校及周边治安综合治理工作要点》,对2003年学校及周边治安综合治理工作做了全面部署。

王胜俊同志在讲话中指出,去年7月中央综治委学校及周边治安综合治理工作领导小组成立以来,各地迅速成立了领导小组,有关部门密切配合,积极参与了去年9月至10月在全国范围内开展的集中整治学校及周边治安秩序专项行动,形成了协调一致、齐抓共管的工作合力。整治中,各地注重突出重点,加强监督,加大打击整治力度,整治了一大批学校及周边治安混乱的地区和场所,依法惩处了一些危害师生人身安全及财产安全的抢劫、伤害、流氓滋事等违法犯罪分子,学校及周边的治安秩序大为好转,师生的安全感有所增强。

在谈到当前形势时,王胜俊同志指出,总的来看,当前学校及周边治安综合治理工作开展的势头很好,取得了明显成效。但是,必须清醒地看到当前学校及周边的治安形势仍然严峻,引发校园及周边地区治安问题的消极因素仍然大量存在,侵害学校师生人身及财产安全的治安、刑事案件时有发生,学校及周边治安综合治理工作的任务仍十分繁重。因此,要增强忧患意识,进一步统一思想,明确工作任务,倍加团结,倍加努力,扎扎实实地落实学校及周边治安综合治理工作的措施。

王胜俊同志要求,要认真贯彻落实党的十六大精神,准确把握"三个代表"重要思想的科学内涵和精神实质。要从维护广大师生的根本利益,培养中国特色社会主义事业接班人的高度,以高度的政治责任感和脚踏实地的工作作风,做好学校及周边治安综合治理工作。要进一步突出工作重点,增强学校及周边治安综合治理的针对性、实效性。要把整治学校及周边治安秩序作为一项长期的工作常抓不懈,本着"什么问题突出就整治什么问题,什么问题反复就整治什么问题"的原则,注重研究新情况新问题继续推进学校及周边治安秩序整治工作的深入开展。他还强调,要加强协调,多方配合,在齐抓共管上下功夫。要按照罗干同志在中央综治委2003年第一次全体会议上讲话要求,切实增强大局意识,高度重视维护学校稳定,加强协作,密切配合,建立健全部门之间的协调配合制度,加强调查研究,真正把加强学校及周边治安综合治理工作措施落到实处。

王胜俊同志指出,要把开展安全文明校园创建活动作为学校及周边治安综合治理工作措施的一项重要举措,作为广泛发动广大师生和有关部门参与学校治安综合治理工作的重要载体,作为扎实推进学校校园安全文明建设,促进教学、科研工作的有效手段。要进 步规范创建活动标准,做好创建活动的组织、检查、指导工作,把安全创建活动同解决学校师生普遍关心的实际问题紧密结合,务求实效。同时,结合开展安全文明校园创建活动,进一步加大对大、中、小学生的法制教育力度,增强青少年的遵纪守法意识,加强青少年自我保护能力,并以此推动校园安全文明创建活动向纵深开展。

王胜俊同志强调,十六大报告对做好教育工作、维护社会稳定、加强社会治安综合治理工作提出了新的要求,对维护社会治安工作提出了更高的目标,要把维护学校及周边治安秩序作为维护社会治安的重要组成部分,科学规划工作思路,制定切实可行的措施,艰苦奋斗,扎实工作,努力开创学校及周边治安综合治理工作的新局面,为全面建设小康社会创造良好的社会环境。

会上,领导小组副组长、教育部副部长袁贵仁同志通报了2002年学校及周边治安综合治理工作情况及2003年工作安排。公安部副部长罗锋同志通报了2002年学校及周边治安集中整治情况,文化部副部长孟晓驷同志通报了2002年取缔和清理整顿校园及周边网吧、电子游戏厅情况,国家工商管理总局副局长杨树德同志通报了2002年加强学校及周边文化娱乐和服务业市场监管情况。

2003年学校及周边治安综合治理工作情况

2003年，各地综治委学校及周边治安综合治理工作领导小组按照《2003年全国学校及周边治安综合治理工作要点》的要求，周密部署，采取措施，进一步加大综合治理工作力度，维护学校及周边地区稳定，基本实现了校园及周边治安环境有明显改观，育人环境得到进一步优化，师生安全感有明显增强的目标。

一、学校及周边治安综合治理主要工作情况

一是进一步加强领导，把校园及周边治安综合治理工作纳入地方综治工作日程，确保治理工作的顺利开展。各地从维护稳定、营造良好育人环境出发，明确指导思想、任务目标，突出重点，开展集中整治。截至目前，全国31个省（区、市）都建立了学校及周边治安综合治理工作机构。在工作中，各级领导深入一线，现场办公，促使一些疑难问题得到迅速解决。湖北省委省政府多次召开专门会议，研究部署学校及周边环境整治工作，极大推动了全省学校及周边治安综合治理工作的深入开展。武汉市对在汉高校特别是省部共建学校周边环境问题进一步细化，制定和印发了《武汉地区部分高校周边环境整治责任分工表》，逐校逐个问题落实整治目标要求和责任单位。

二是各职能部门密切配合，齐抓共管，形成合力。在中央综治委学校及周边治安综合治理工作领导小组的统一领导和协调下，各地教育、公安、司法、文化、建设、工商、信息产业、新闻出版和共青团等部门明确职责，密切配合，齐抓共管，有力地推动了工作全面深入开展。中央综治委、教育部《关于教育系统进一步参与社会治安综合治理工作的通知》，对充分发挥教育部门在社会治安综合治理中的职能作用提出明确要求。各地教育部门和学校按照《通知》要求，加强对师生员工的道德、法制教育，强化对在校学生的管理；积极推动安全文明校园创建活动，落实各项治安防范措施；进一步推广和完善中小学校兼职法制副校长（法制辅导员）制度，切实加强青少年学生校外活动场所和各类法制教育基地的建设和维护工作。公安部于2003年初下发的《关于切实加强高校及周边安全保卫工作的通知》，进一步明确了整治高校及周边治安、交通秩序的各项工作措施和要求。各地公安系统深入开展学校及周边治安秩序集中整治，严厉打击侵害师生人身和财产安全的各类违法犯罪活动，铲除了一批在学校及周边作案的犯罪分子。不断加大中小学生法制教育的力度，在全国公安系统开展了"怎样当好法制副校长"的征文活动，并编写《民警叔叔谈安全》一书，增强广大中小学生的法制意识，提高自我防范、保护的能力。司法部认真抓好中央综治委、最高人民法院、最高人民检察院、公安部、教育部、司法部等部门联合下发的《关于加强青少年学生法制教育工作的若干意见》的贯彻落实，深入检查督促，要求各地做到计划、课时、教材和师资四落实，努力推动法制课进课堂。上海市要求领导小组各成员单位做到"四明确"，即明确成员单位和职责任务、明确日常工作负责同志和联络员、明确工作经费和重点环节、明确年度工作项目和推进计划。

三是突出重点，集中整治，确保工作质量。2003年年初，各地普遍对本地学校及周边治安综合治理情况进行调查摸排，掌握情况，分析问题，展开专项治理和集中整治，措施实、行动快、力度大，成效明显。吉林、安徽等省在认真调查摸排的基础上，要求逐个学校、逐个问题落实整治措施，做到该打击的严厉打击，该取缔的坚决取缔，该查封的坚决查封，该拆除的坚决拆除，在全省范围开展了大规模集中整治专项活动。海南省在专项整治过程中，采取集中统一行动与分片整治相结合，全面清查与重点整治相结合，加强校园管理与学校周边治安秩序整治相结合，对全省大中小学校及周边治安问题集中整治。抗击非典期间，各地抓住机遇，紧急动员，大力开展学校及周边治安环境综合治理，确保了校园安全、人心安定、学校稳定，成效明显。北京市、上海市等地教育部门和一批高校下决心解决了一些老大难问题。湖北省为有效预防和控制非典在校园及周边的传播和蔓延,关闭了武汉有关高校周边500米范围内的网吧437家,拆除了校园及周边违章建筑,极大改善了校园及周边治安环境。

四是积极推进高校治安防控体系建设,进一步加强基层基础工作。各地坚持把构建校园治安防控体系、加强基层基础工作作为搞好学校及周边治安综合治理工作的一项根本性措施来抓,不断完善安全文明校园创建、兼职法制副校长建设、校园网络信息安全建设等基层基础性工作,努力形成学校治安综合治理工作群防群治、齐抓共管的良好局面。江西省在华东交通大学进行了“校园110”综合服务体系建设试点工作,总结推广经验,推进全省校园治安防控体系建设。浙江省在高校集中地区和高教园区建立管委会,协调园区内校际间、学校与当地政府间的事务,确保园区稳定,同时建立了全省高校技术防范试行标准,明确要求校园重点要害部位必须建设技术防范设施,提高快速反应能力。山西省综治委、教育厅印发《关于开展“净化育人环境、创建平安校园”活动的意见》,要求各级各类学校开展安全文明校园创建活动,把它作为巩固集中整治成果、深化学校治安综合治理的一项重要举措和长效管理机制。山东省注重基层群防群治组织建设,成立了治保会、社区委员会、大学生自律委员会、大学生文明纠察队、义务消防队等群众性组织,并充分发挥这些组织在学校治安综合治理工作中的积极作用。

五是加强调查研究,推动学校及周边治安综合治理工作深入开展。2003年7月,根据中央综治委领导意见精神,中央综治办有关部门负责人带队,小组办各成员单位组成联合调研组,分赴上海、江苏、四川、重庆、云南等地,了解安全文明校园创建活动情况,推动校园及周边治安综合治理工作的开展。调研组听取了各地的情况,实地查看了部分高校周边环境,并就进一步深化工作有关问题同各地领导小组的同志交换了意见。根据要求,去年各地各级综治委学校及周边综合治理领导小组也普遍进行了调研,有力地推动了工作向纵深开展。四川省政府领导带领省综治办、教育厅、公安厅等部门领导和负责人深入高校开展调研,出台了《关于进一步在高等学校落实配备保安人员的意见》,在该省高校推行聘用专业保安制度。

二、当前学校及周边治安综合治理工作存在的主要问题

学校及周边治安综合治理工作成效显著,但巩固和发展已有成果的任务依然艰巨。当前,影响学校及周边治安的因素大量存在,且呈现出多样化、复杂化的特点,一些深层次问题还需进一步研究和解决,许多工作措施有待进一步落实。

一是少数地方对综治工作的长期性、复杂性、艰巨性认识不足,还没有很好地形成工作合力。少数地方的领导对学校及周边治安综合治理工作的长期性、复杂性、艰巨性认识不足、重视不够,有关部门责任不明确,沟通、协调和联络机制不健全,工作措施不落实,难以形成工作合力。湖北省反映,一些基层和部门领导对整治工作在思想上还认识不够,过多地考虑局部利益和自身利益,对整治工作不理解,不配合和甚至不支持。

二是涉及学校师生的治安事端仍然频繁发生,部分地区甚至出现恶性暴力犯罪案件。据辽宁省调查统计,2003年69所高校发生刑事治安案件1135起,其中60所高校刑事治安案件发生率比上年上升了17.6%。虽然这类案件所占比例不是很大,但因直接威胁和伤害师生的人身安全,师生反应强烈。

三是学校及周边治安综合治理虽取得一定成效,但巩固难、反复性大。学校及周边治安综合治理工作具有政策性强、涉及面广、利益矛盾多、清理难度大等特点,很多问题又都是多年积累形成的,通过短期集中整治在一定范围和时间内可以取得一定的效果,但要实现彻底根治仍需要大量艰苦深入的工作。目前,学校及周边治安还存在不少隐患和不稳定因素。少数位于城乡结合部的学校周边治安状况比较复杂,部分学校因为危房、设备老化、管理不善而导致的火灾、中毒等伤亡事件时有发生。由于土地、经济纠纷、建筑、交通等问题,一些学校与周边居民之间的矛盾冲突不断。此外,网络不良信息已成为诱发师生情绪、影响校园稳定的重要因素。四川省反映,近来部分学校周边网吧又有卷土重来之势,且发展势头迅猛。学生逃课上网、旷课上网、通宵上网现象严重,网吧还常常引发违法犯罪案件。

四是教育事业的改革发展对学校及周边治安综合治理提出了新的要求。随着学校办学规模的扩大和办学模式的多样化，校园人口密度加大，外来人口和流动人员大幅度上升，机动车流量明显增大，管理工作更加复杂。一些高校在校外建立学生公寓，有的地方兴建大学城或高教园区，出现了一校多区和多校一区的等新情况，对校园及周边治安综合治理工作提出一系列新问题和新要求。2003年因开发商基础设施建设严重滞后，物业管理部门服务质量低劣而引发了多起学生聚集事件。

十一、中央社会治安综合治理委员会成员单位参与社会治安综合治理工作情况

中纪委　监察部

2003年全国纪检监察机关参与社会治安综合治理工作概况

纪检监察机关是社会治安综合治理委员会的成员单位，2003年，全国纪检监察机关在各级党委、政府的领导下，坚持以十六大精神和"三个代表"重要思想为指导，深化认识，加强领导，认真贯彻《中共中央、国务院关于进一步加强社会治安综合治理的意见》和《中央综治委、中央纪委、中央组织部、人事部、监察部关于实行社会治安综合治理领导责任制的若干规定》，按照全国社会治安综合治理工作会议的要求，充分发挥职能作用，积极参与社会治安综合治理工作，推动了社会治安综合治理各项措施的落实，为维护政治稳定和促进经济发展提供了有力的政治和纪律保证。

一、深化认识，加强领导，积极建立和落实社会治安工作的协调和监督检查机制

各级纪检监察机关高度重视社会治安综合治理工作，自觉把促进社会治安，维护群众利益，创造稳定和谐的社会环境，作为工作的指导思想和重要原则，增强了保一方平安的政治责任感和自觉性。

目前，全国各省、区、市纪检检察机关都有领导同志参与社会治安综合治理委员会工作，有的还担任综治委的领导工作。广东省委副书记、纪委书记王华元，广西自治区委副书记、纪委书记马铁山，山东省委副书记、纪委书记金银焕都分管全省的政法、综治工作。王华元同志对凡是发生可能影响稳定的重大事故和事件，都亲自到现场组织指挥进行处理，多次面对面地与群众对话，使一些问题得以妥善解决。福建、山东、河南等省纪委都确定一名领导同志作为省综治委领导小组成员。为加强机关内部的综治工作，湖北、四川、宁夏、青海等省纪委确定一名副书记作为委厅机关综治工作领导小组的组长，并确定负责综治日常工作的部门，明确了专门联络员，从组织措施上确保了综治工作的顺利开展。

各级纪检监察机关还积极建章立制，构建社会治安协调和督促检查机制。广东省纪委构建了由联席会议制、检查考评制、一票否决制等制度构成的综治工作监督检查机制。天津市纪委加强了与综治、组织、人事部门的配合和协调，建立联席会议制度，重大社会治安案件和重要情况通报制度，以及各项工作检查制度，形成各部门齐抓共管的工作机制。

二、充分发挥职能作用，积极参与社会治安综合治理工作

（一）积极参与社会治安综合治理监督检查工作，促进了综治工作的有效开展

各级纪检监察机关按照中央关于社会治安综合治理工作的要求，定期参加综治委的联席会议和有关工作会议，积极参加各类评比检查工作，共同研究综合治理工作，加强对各级党委、政府及有关部门贯彻执行社会治安综合治理方针、政策、规定、决定情况的监督检查，对检查中发现的问题，按照自己的职责分工及时予以纠正和处理。另外，加强对社会治安综合治理责任制贯彻落实情况的监督检查。各级纪检监察机构对发生严重危害社会稳定的重大刑事案件、治安灾害事故、重大群体性事件的地方和单位，实施社会治安一票否决，并给予责任人相应的党政纪处分。

（二）发挥信访工作在综治工作中的窗口作用，把影响社会稳定的矛盾和问题尽量化解在萌芽状态

在深化改革的进程中，新旧体制比较突出，社会热点问题相对集中，加之一些信访、维护群众利益问题长期得不到解决，群众上访的事件逐渐上升，已经成为影响社会稳定的突出问题。群众来信来访是反映社会矛盾和问题的主要渠道，各级纪检监察机关认真受理群众来信来访，把化解社会矛盾，密切党群、干群关系，切实维护群众的合法权益和社会稳定问题作为一项重点工作来抓。重点解决群众越级上访、集体上访和上访老户的问题。辽宁省委副书记、纪委书记王唯众亲自接待一些重要上访，化解矛盾，作好止访工作。黑龙江省纪委出台了信访举报10条便民利民措施，还确定了委厅领导接待日，负责接待处理典型访和集体访工作。江苏省纪委及时发出通知，排出重点上访人员240人，制定有力措施，明确责任人员，有效保证了两会、国庆以及十六届三中全会期间无人到中央纪委上访。内蒙古自治区进一步完善信访举报目标化管理，对来访群众和交办要结果信访案件中署实名的举报人，实行了调查处理情况回复制度。

（三）加强纠风和执法监察工作，着力解决群众反映强烈的突出问题

各级纪检监察机关加强纠风和执法监察工作，认真纠正发生在群众身边、严重损害群众切身利益的突出问题，解决了一批群众关心、企业关注、基层反映强烈的问题，进一步营造社会治安综合治理的良好氛围。

目前，治理教育乱收费工作取得阶段性成效，纠正医药购销中不正之风工作深入开展，减轻农民负担工作进一步巩固，民主评议行风工作广泛开展。广东省全面实行中小学教育收费“一费制”，减轻学生负担11.35亿元，保证了103万名贫困家庭子女义务教育阶段免费上学。江苏省98%的县级以上政府和国有企业开办的非营利性医疗机构实行药品集中招标采购，让利于患者5亿多元。甘肃省开展了对涉农收费项目和面向农民工收费项目的专项清理，减轻农民负担5498万元。黑龙江省纠风办与省电台联合开办“行风热线”专题节目，目前“行风热线”已播出42期，共受理群众反映问题1700多件，办结1500多件。宁夏自治区对全区44个行政机关、司法机关、行政执法部门和窗口行业进行公开评议。江西省从2003年开始对省直49个部门开展了为期3年的政务环境评议评价活动。通过民主评议行风活动，提高了政府机关及公务员勤政廉政、依法行政的意识，有力地推动了政府职能部门行风的好转。

各级纪检监察机关还加强了对经营性土地使用权招标拍卖及挂牌出让、扶贫资金管理使用、重大工程建设项目、政府采购等方面的执法监察。江西省2003年开展执法监察项目1043项，查处违纪违法案件642件，查处违纪违法金额1.4亿元，挽回经济损失近5000万元。辽宁省通过执法监察发现案件线索1185件，立案1043件，涉及违法金额3.53亿元，收缴违纪违法款物6229万元，挽回和避免经济损失2.7亿元。

（四）加大案件查处力度，努力消除因腐败带来的社会不稳定因素

查办案件是纪检监察机关严肃执纪的中心环节，也是维护社会稳定的重要举措。各级纪检监察机关集中力量，严肃查处了一批党员领导干部给黑社会充当“保护伞”参与“黄赌毒”等直接危害社会治安的案件，严肃查处损害群众利益的案件，并加强了对发生重大安全责任事故、重大社会治安案件、重大群体性事件的地方和部门党政领导进行责任追究力度。

各级纪检监察机关根据中央和地方关于深入开展“打黑除恶”专项斗争和“严打”整治斗争的部署，与司法机关紧密配合，加大对党员领导干部充当黑社会“保护伞”，以及党员及工作人员参与“黄

赌毒”等直接危害社会治安的案件的打击力度。山西省成功突破一批涉“黑”案件，挖出晋城市委原常委、组织部长张来喜等一批隐藏在党政机关为黑恶势力充当“保护伞”的腐败分子。广东省共查处党员干部涉及“黄赌毒”的案件524件，给予党政纪处分544人。广西自治区查处党员干部涉及“黄赌毒”案件共859件。福建省立案查处涉及“黄赌毒”党员干部共883人。湖南省共查处参与地下“六合彩”赌博活动的党员干部153名，给予开除党籍处分34人，给予留党察看处分30人。

各级纪检监察机关还严肃查处了侵害群众切身利益的案件。重点查处了领导干部失职渎职造成国有资产严重流失、增加农民负担、教育乱收费、以及公路“三乱”方面的案件。山西省查处了太原市天龙集团股票案、运城在企业改制中造成国有企业低价拍卖案。山东省共查处涉农案件1041件，给予党政纪处分305人；查处教育乱收费案件403人，涉及金额2638万元，给予94人纪律处分或组织处理。广东省查处涉及农民负担案(事)件128件，公路“三乱”案件264件，给予党政纪处分共62人。

各级纪检监察机关会同有关部门，认真参与重特大安全事故的查处工作。据统计，2003年全国各级纪检监察机关共查处重(特)大责任事故1272起，已结案处理1051起，给予党政纪处分3589人，其中地(厅)级干部17人，县(处)级干部322人，科级及科以下干部2305人，其他人员945人；移交司法机关614人。中央纪委、监察部全年共参加特大事故调查16起。截至目前，已结案处理贵州水城矿务局木冲沟煤矿“2·24”特大瓦斯爆炸事故，山西省吕梁地区孝义市孟南庄煤矿“3·22”特大瓦斯爆炸事故等特大事故18起，给予党政纪处分257人，其中省(部)级干部1人，地(厅)级干部30人，县(处)级干部86人；移交司法机关处理87人。山西省纪委参与查处繁峙县义兴寨金矿爆炸事故、盂县西潘乡煤矿特大瓦斯爆炸事故等8起重特大事故。广东省纪委参与查处了饶平“4·28”翻车事故、河源“6·6”翻车事故，乐昌“6·14”煤矿跑车事故等7起特大安全责任事故。各级纪检监察机关还按照中央综治委等五部委《关于实行社会治安综合治理领导责任制若干规定》的要求，对发生重大安全责任事故、重大社会治安案件、重大群体性事件的地方和部门，依纪依法追究领导责任。河南省对平舆“11·12”特大系列杀人案进行了领导干部责任追究，共有包括1名厅级干部、7名县处级干部在内的23名责任人被给予党政纪处分。广东省纪委对在社会治安综合治理工作中失职渎职的441名党政领导干部进行了责任追究，其中包括在孙志刚案中负有领导责任的广州市公安局副局长、民政局副局长等15名干部被追究责任；在“日本人珠海集体嫖娼的恶性事件”中负有责任的珠海公安局副局长等14名责任人受到党政纪处分。四川省达州市纪委对达县校园系列抢劫、强奸案的11个责任单位给予了“一票否决”和限期整改，给予45名责任人党政纪处分。浙江省纪委对温州市“法轮功”分子投毒导致17名乞丐中毒死亡案中存在失职行为的有关负责人进行了责任追究。

三、积极参与防治“非典”和抗洪抢险斗争，保证政令畅通和社会稳定

2003年，面对严峻的“非典”疫情，全国各级纪检监察机关认真贯彻中央和地方各级政府的统一部署，严明纪律要求，制定关于防治“非典”期间违纪行为的处理意见，为从严从快处理“非典”防治工作存在的玩忽职守、失职渎职等行为提供了政策依据。各级纪检监察部门认真履行纪律检查和行政监察两项职能，派出执法监察组开展对重点部门的督促检查，及时通报违纪违规的典型案件，保证了抗击“非典”斗争的顺利开展，维护了政令畅通和社会的稳定。在“非典”防治工作中，安徽省共查处非典防治工作中的违规违纪案件593件，涉及919人，给予党政纪处分654人。山东省对违纪违法的461人给予党政纪处分或组织处理。内蒙古自治区共查处违纪违规人员299人，对其中的170人给予党政纪处分。河北省共查处320件，处分457人。

2003年，我国淮河流域发生严重的洪涝灾害，沿淮的安徽、河南、江苏等的纪检监察机关参加抗洪抢险斗争，认真监督检查，对擅离职守、临阵退缩、失职渎职、挪用救灾款物的党员干部给予严肃查处，有力地保障了抗洪救灾工作的顺利开展。

四、严格落实部门责任制，做好本部门本系统的综治工作

2003年，各级纪检监察部门按照“谁主管、谁负责”的原则，严格落实部门责任制，“看好自家门，管好自家人”，采取切实措施，及时排查和消除可能出现的不安定因素，认真做好本部门、本系统的综合治理工作。

认真抓好安全防范教育工作。各级纪检监察机关都注意在召开会议、组织学习过程中，强调机关安全管理防范工作，在全体干部职工中进行消防观念和保密观念的教育。突出重点，要求重点涉密人员和办案人员严格遵守机关安全和保密制度的各项规定，开展警示教育，从反面案例中吸取教训，防患于未然。

积极购置安全保卫设施，建立健全相关制度。各级纪检监察机关积极购置保险柜、灭火器、自动报警系统等安全保卫器材。认真制定完善各项制度，如建立健全节假日干部值班和委厅领导总带班制度，计算机安全保密制度、机动车辆出入发牌制度，通过制度建设保证本单位治安问题早发现、早报告、早处理。

狠抓督促检查，落实机关的各项综合治理目标，各级纪检监察机关切实加强了办公楼和宿舍楼的治安安全管理工作，经常督促检查，落实各项安全防范措施。严格执行日常值班制度、来人来访登记制度，督促各部门管好自己的人，看好自己的门，办好自己的事。

总之，2003年全国纪检监察机关在参与社会治安综合治理中，做了许多工作，取得了明显的成绩，当然我们也清醒地看到我们的工作还存在一些不足。社会治安综合治理工作是一项艰巨复杂的系统工程，任重而道远，各级纪检监察机关要认真分析治安形势，积极主动地应对社会治安方面出现的新情况新问题，及时提出相应对策，积极参与，长抓不懈，为全面落实社会治安综合治理的各项任务，为维护社会稳定，促进经济发展作出新的更大的贡献！

扬中市纪委发挥职能作用
积极参与社会治安综合治理工作

近年来，江苏省扬中市纪检监察机关注重发挥职能作用，主动参与和配合社会治安综合治理工作，严厉打击违法违纪行为，较好地维护了社会稳定。

一、强化认识，落实责任

该市纪检监察机关紧紧围绕自身职责，积极研究和探讨参与综治工作的具体思路，制定下发了《关于纪检监察机关认真履行成员单位职责，积极参与和配合社会治安综合治理工作的意见》，明确工作要求，量化各项指标，强化领导责任，并将其作为党风廉政建设和反腐败工作的一个重要组成部分，纳入全年工作的总体安排，实行同部署、同检查、同考核。

二、着眼大局，强化职能

一是抓信访，全力化解不稳定因素。建立和完善市、镇、村、组四级信访网络，及时掌握信访信息，把矛盾解决在基层。同时，积极尝试将纪检监察信访工作引进社区和非公有制企业，逐步消灭信访组织空白区。不断畅通信访渠道，充分发挥直查快办的优势，认真快速办理每一件信访，做到事事有交待。全市连续九年无一起集体越级上访事件。二是抓执纪，努力净化政治和社会环境。在执纪办案中，对严重影响社会稳定、严重违反社会管理秩序，以及严重破坏安定团结政治局面的案件，从重从快查处。如按照中央五部委《关于对发生严重危害社会稳定重大问题的地方实施领导责任查究的通知》精神，先后对西来桥爆竹厂爆炸、建筑施工安全、江堤护坡工程质量等重大恶性事故，及时参与调查处理，并追究相关人员的纪律责任。此外，还积极协助开展清理企业拖欠公款、清理农村合作基金会、化解村级债务、解剖非正常亏损企业、城市拆除违章建筑等全局性的工作，及时出台纪律规定，重点对其中涉及有关问题的党员干部进行教育、监督和查处，有效地促进了各项工作的顺利开展。三是抓纠风，努力维护党和政府的形象。在参与配合综治工作中，把工作的重点放在加强机关作风建设上，通过纠正部门和行业不正之风，提升机关效能，减少各种不稳定的诱因。进一步加大效能监察的力度，通过受理效能投诉，及时解决机关存在的一些不廉不勤问题。同时与市广播电台联合开通“行风热线”栏目，安排部门领导走进直播室，宣传政策法规，解答群众咨询，受理群众投诉，限时办结反馈。这两年时间，共接听“热线”电话4200余个，解决和答复率达97.8%，取得了较好的社会效果。

三、积极参与，履行职责

近年来，该市纪检监察机关积极参与综治委组织的各项活动，参与讨论、研究、出台了一系列制度规定，注重加强与政法委、公安、检察、信访、组织人事等部门的联系和沟通，认真分析、排查和研究社会不安定因素，及早采取措施，防患于未然。在处理实际问题时，注重发挥组织协调的优势。去年以来，部分原安排到企业的军转干部多次到市政府上访，要求解决再就业和待遇不公问题。对此，市纪委积极牵头商讨对策。一方面，会同市综治办、组织部、公安局领导重点做好个别组织上访的骨干人员的思想政治工作，并召开企业军转干部代表座谈会，宣传政策，稳定人心。另一方面，积极与组织人事、劳动及经济主管部门协调，解决军转干部再就业及其子女就业、家庭生活困难等实际问题。目前全市40余名企业军转干部情绪比较稳定，没有一起越级上访。通过认真履行综治成员单位的职责，推动了综治工作的深入开展。该市综治工作已连续11次受到省委、省政府的表彰，该市纪委也被省纪委确定为纪检监察机关参与配合综治工作的联系点。

最高人民法院

2003年全国审判机关参与社会治安综合治理工作的情况

2003年，最高人民法院和全国各级人民法院在以胡锦涛同志为总书记的党中央领导下，在全国人大和地方各级人大及其常委会的监督下，坚持以邓小平理论和“三个代表”重要思想为指导，认真履行宪法和法律赋予的职责，坚持以审判工作为中心，充分发挥人民法院的职能作用，采取多种措施，全面参与社会治安综合治理，积极落实“打击与防范并举，治标和治本兼顾”的方针，不断加强基层基础建设，努力探索人民法院参与社会治安综合治理的新路子，为促进社会治安综合治理做出了应有的贡献。

一、提高认识，正确处理审判工作与综治工作之间的关系

社会治安综合治理事关社会稳定和人民安居乐业，需要全社会共同参与。打击和预防犯罪，化解矛盾纠纷，维护社会稳定，是人民法院义不容辞的职责。全国各级法院对此十分重视，坚持“一手抓审判，一手抓综治”，始终把综治工作摆在重要位置上，做到综治工作与审判工作同部署、同落实，要求各级法院在工作忙时不忘综治，任务重时不挤综治，治安好时不放松综治，切实抓紧抓好这一工作。各级法院认真落实综治工作要求，把积极参与社会治安综合治理工作摆上议事日程，做到审判与综治有机结合，通过充分发挥审判职能作用，服务于维护社会稳定大局。

二、立足审判，积极参与社会治安综合治理工作

人民法院作为国家审判机关，参与社会治安

综合治理工作的方式主要是依法及时审理、执行好每一起案件。2003年,全国法院共受理各类案件5787130件,审结5795076件(含上年旧存)。最高人民法院共审结民事和行政二审、死刑复核、审判监督等案件3587件。

(一)严厉打击犯罪,全力维护社会稳定。2003年,全国法院共受理刑事一审案件632605件,审结634953件(含上年旧存)。全国法院坚持把维护社会稳定作为首要政治任务,把"严打"作为参与社会治安综合治理的首要环节。一是突出打击重点,明确严惩对象。坚决贯彻依法从重从快的方针,始终保持对黑社会性质组织犯罪、爆炸、杀人、抢劫、绑架、重大盗窃及贩毒等严重危害社会治安犯罪的高压态势。审结杀人、抢劫、绑架等严重暴力犯罪、黑社会性质组织犯罪和盗窃等多发性严重刑事犯罪案件238949件,重刑率45.56%。严惩金融诈骗、侵占国有资产等严重危害市场经济秩序犯罪,审结偷税骗税、金融诈骗、贩卖假币、制售假冒伪劣商品等破坏市场经济秩序犯罪案件14775件,4030名罪犯被判处五年有期徒刑以上刑罚,对维护市场经济秩序发挥了积极作用。严厉打击贪污贿赂和渎职等职务犯罪,审结职务犯罪案件22986件,判处五年有期徒刑以上刑罚的罪犯3830人,推动了反腐败斗争的深入进行。二是严格依法办案,惩罚犯罪与保障人权并重。坚持罪刑法定和适用法律面前人人平等的原则,坚持打击犯罪与保障人权并重,严把案件的事实关、证据关、程序关、适用法律关,做到有罪则判,无罪放人,不枉不纵,确保无罪的人不受刑事追究,充分体现宽严相济、罚当其罪的立法精神。全国法院全年对4835名刑事被告人依法宣告无罪。

(二)认真审理好未成年人犯罪案件。为加强未成年人刑事审判工作,2003年5月最高人民法院对少年法庭指导小组进行了重新调整和充实。目前,全国各高级人民法院也都按照最高人民法院的工作要求,相继设立了少年法庭指导小组。全国法院共建立了2420个少年法庭,没有成立少年法庭的法院,也指定专人审理未成年人刑事案件,基本做到了所有未成年人刑事案件均由少年法庭审理。全国法院在办理未成年人犯罪案件时,始终坚持四个原则,即坚持依法充分保障未成年人诉讼权利的原则;坚持"寓教于审、惩教结合"的原则;坚持对未成年罪犯刑罚个别化原则;坚持以审判为中心,拓展少年法庭影响的原则,取得了良好的法律效果和社会效果。

(三)加强民商事案件调解工作,妥善化解矛盾纠纷。在抓好刑事审判工作的同时,全国法院充分发挥民事审判的职能作用,积极运用司法手段,妥善处理市场经济条件下各种社会矛盾引起的纠纷。2003年,全国法院共审结一审民事案件1416168件,诉讼标的金额6851.7亿元。全国法院在审判工作中强化诉讼调解功能,坚持庭前、庭审和庭后调解相结合,坚持过错责任与社会责任相统一,坚持合法自愿和互谅互让相协调,因案而异,采取灵活多样的方式,不断强化诉讼调解。2003年,全国民事案件调解率达到29.94%,其中婚姻家庭、继承案件纠纷调解率达到43.58%。通过发挥民事审判职能作用,促进了经济发展和社会的安定团结。

(四)注重生效裁判的执行,维护社会稳定。加大执行工作力度,积极探索和尝试新的执行方法,加大对拒不履行义务的债务人的制裁力度,切实维护好、实现好申请执行人的合法权益。2003年,全国法院共受理各类执行案件2289566件,执结2343868件(含上年旧存),执结率85.93%。讲究执行方法和执行艺术,对容易引发矛盾的执行案件,认真进行研究,制定工作预案,并采取灵活多样的执行方式,防止因执行措施不当导致当事人的过激行为。对涉及面广、影响大的生效裁判的执行和非诉行政案件的执行,贯彻积极、慎重、稳妥的方针,多作矛盾化解工作,多方争取支持,确保取得良好的执行效果。依法制裁暴力抗法事件。加强监督制约,纠正执行错误,提高执行工作水平。

三、拓展参与社会治安综合治理的有效途径

(一)完善司法救助制度,保障经济确有困难的群众平等参与诉讼。根据实际情况,扩大司法救助范围,完善司法救助方法。全国法院2003年实施司法救助的案件22.8万件,决定减、缓、免交诉讼费10.57亿元。特别是对进城务工人员的劳务纠纷案件提供司法救助,实行快立案、快审理、快执行,使他们尽快拿到应得报酬,2003年共办结劳务合同纠纷、追索劳动报酬等案件137656

件,涉案标的金额37亿元。

(二)开展法制宣传,注重法制教育。近年来,全国法院十分重视法制宣传教育工作,各级法院领导要求干警不仅要做解决各类纠纷的"裁判员",消除不安定因素的"消防员",更要做社会主义法制的"宣传员",通过加强法制宣传教育,增强人民群众的法制观念和防范意识。一是坚持公开审判,以案讲法,使法庭成为法制宣传的课堂。二是积极利用新闻媒介进行法制宣传。在电视、广播、报纸等媒体开设专栏,抓住社会关注的热点和焦点,以案讲法,深受广大群众喜爱,产生了较好的社会反响。三是开辟法制宣传教育展览,全国多数法院开设了法制宣传橱窗,采用典型案例,介绍法律常识,开展生动活泼、形象直观的宣传教育,营造一个多载体、多形式的法制宣传教育局面。四是积极开展司法建议。针对审判中发现的犯罪线索、治安隐患和有关单位管理制度上存在的问题,积极提出司法建议,有相当一部分已被有关部门采纳,扩大了办案的社会效果。

(三)加强信访接待工作,落实司法为民措施。为方便当事人诉讼,切实解决"告状难""申诉难"问题,最高人民法院建立了涉诉信访摘报制度,关注申诉来访中的热点问题。改善接访立案条件,为当事人提供良好的诉讼环境;改变审判作风,进一步克服"门难进、脸难看、事难办"的状况;最高人民法院还制定了《人民法院民事诉讼风险提示书》,加强对当事人的诉讼引导。全国法院共处理涉诉信访397万件(人)次。

最高人民法院
关于印发《关于落实23项司法为民具体措施的指导意见》的通知

(2003年12月2日)

各省、自治区、直辖市高级人民法院,解放军军事法院,新疆维吾尔自治区高级人民法院生产建设兵团分院:

今年八月,最高人民法院在全国高级法院院长座谈会上提出了23项司法为民具体措施后,全国各级人民法院紧密结合实际,针对人民群众反映强烈的焦点、热点问题,针对司法大检查中查摆出来的问题,制定本院落实司法为民,扎扎实实为人民群众办实事的具体措施。司法为民重点在"司法",本质在"为民",为了在司法实践中进一步丰富和发展司法为民的思想,正确把握司法与为民的内在联系,处理好严格司法与文明司法的关系,处理好认真贯彻执行体现最广大人民根本利益的法律与依法满足诉讼当事人的合法要求的关系,确保23项司法为民具体措施施行的整体效果,最高人民法院制定了《关于落实23项司法为民具体措施的指导意见》,请结合本地实际情况贯彻执行。在实施过程中有什么经验和问题,请及时报告最高人民法院办公厅。

最高人民法院关于落实23项司法为民具体措施的指导意见

一、认真做好群众来信来访和申诉接访工作，限时回复人民群众申诉来信来访

各级人民法院要不断提高办信接访人员对信访工作重要性的认识，做好群众申诉来信来访工作。做到来访有人接谈、来信有回音、申诉有结果，确保人民群众依法行使诉讼权利。

来信、来访全部登记、建档，有条件的法院应将来信及来访纳入计算机管理，以便于登记、分类和查询。对于非诉讼信件及来访，根据所反映问题的类别及其主管机关，按照归口管理的原则，告知当事人向有关部门反映。对于诉讼来信、来访，根据最高人民法院《关于规范人民法院再审立案的若干意见(试行)》的规定，按照分级负责管理的原则办理。符合立案条件的，予以立案审查，并告知来信、来访人等待处理结果；虽然符合立案条件，但缺少申诉材料或法律文书的，应告知来信、来访人需补齐的材料；不符合立案条件的，告知当事人不予立案。

对于来信、来访所反映的问题需要及时解决的，应在转处信件或接访的三日内，回复或告知当事人。对于一般来信、来访，应在转处信件或接访的十日内，回复或告知当事人。下级人民法院应当认真处理上级人民法院关于当事人来信来访的答复，不得推诿或敷衍了事。

二、对来信来访和申诉进行摘报，及时反映和解决群众关注的焦点热点问题

摘报工作是申诉信访工作的重要环节。各级人民法院信访工作人员要及时反映重大、紧急来信来访，防止矛盾激化，切实维护群众合法权益。

摘报的内容包括：非诉讼来信、来访涉及有关组织、部门违反法律或者有关规定，问题较严重或者反映较强烈的；诉讼来信、来访涉及法院领导、法官徇私舞弊、枉法裁判的；其他有代表性的焦点和热点问题。摘报应当有真实的来信人姓名、有具体的来信内容、有准确的来信地址。

摘报件要及时报送本院领导，根据情况，可批转有关组织、部门或者层报上级法院并通报有关法院。要及时查处和解决摘报反映的问题。及时了解问题或案件处理的进展情况。对领导批示查报结果的问题或案件，要及时向领导汇报，必要时，可将结果回复当事人。

三、加强接访场所的硬件建设，改善接访条件

加强接访场所的硬件建设，是人民法院整体建设的组成部分，直接服务于人民群众，便民、利民，体现司法文明。各级人民法院接待申诉来访应当在专门的场所进行，有条件的法院可以建造信访接待室。接待场所内应备有相应文具、桌椅供申诉来访群众使用，并应具备其他必须具备的附属设施，如洗手间、饮水设备等，体现司法活动的人文关怀。接访场所要经常加强安全检查，有条件的法院可以使用安检、防爆、监控等设备，保障接访场所及人员安全，保证接访工作顺利进行。

四、依法及时审查申诉和再审请求，符合立案条件的及时立案

各级人民法院要依法及时审查申诉和再审请求，符合立案条件的及时立案，以保障当事人的诉讼权利，进一步规范办理申诉案件的工作程序。

当事人申诉和申请再审案件的范围：本院作出的终审裁判，符合再审立案条件的；下一级法院复查驳回或者再审改判，符合再审立案条件的；本院认为应由本院再审的。依法不予再审立案的，应充分说明理由，妥善做好当事人息诉工作。

办理当事人申诉和申请再审的机构及程序：立案庭信访部门为受理当事人申诉和申请再审的机构。当事人直接递交申诉和申请再审材料，接谈人员经审查符合前述规定，应在收取材料后及时转立案登记部门予以立案。当事人邮寄申诉和申请再审材料，办信人员经审查符合前述规定，应在留取材料后及时转立案登记部门予以立案；经审查不符合前述规定的，应区分不同情况及时函复告知当事人。立案登记部门收到信访部门转来的申诉和申请再审材料，应当按照规定时间登记立案，及时转交相关审判庭或立案庭依法审查，决定案件是否进入再审程序，并告知申诉人。

五、各级人民法院要及时清理未审结的案件

各级人民法院应当查明积案原因，对严重超审限的案件予以高度重视。要组织办案人员，明确结案时间，采取各种有效措施清理积案。在清理积案的过程中，要经常检查、督促案件承办法官在规定的期限内结案，按时完成积案清理任务，杜绝边清边超等现象。进一步健全和完善审限管理制度，不能违法办案，不能违反法定程序办案。

六、建立和完善民事案件繁简分流机制，减轻涉诉群众讼累

各级人民法院要严格执行最高人民法院《关于适用简易程序审理民事案件的若干规定》，依法高效、快捷地审理民事案件，提高诉讼效率。对简单的民事案件适用简易程序速裁，减轻涉诉群众的讼累。要规范简易程序的操作规程，方便当事人诉讼，充分保护当事人的诉讼权利。要尊重当事人的程序选择权，充分体现诉讼民主和当事人意思自治的原则，合理配置司法资源，全面提高司法效率，建立和完善公正高效的审判运行机制。

七、规范法院诉讼调解工作，提高诉讼效率与质量

各级人民法院要进一步健全和规范诉讼调解程序，充分发挥调解解决纠纷的优势，切实保障当事人的诉讼权利。法院应当提供适当的场所为当事人调解创造良好环境。诉讼调解以当事人自愿为原则，不得强制调解，不得以判压调，也不得以调解拖延办案。诉讼调解应当严格按照法律规定的程序进行，调解协议内容应当合法，不得违反法律、行政法规的禁止性规定，不得侵害国家、社会公共利益或者他人的合法权益。民事诉讼过程中，调解可以在任何一个阶段进行，法院不得以调审分离拒绝当事人进行调解的正当请求。人民法院可以邀请人民陪审员以及其他具有专门知识或者特定社会经验，有利于调解的组织或者人员协助调解工作。当事人达成的调解协议，超出当事人诉讼请求范围的，只要不违反法律、行政法规的禁止性规定，不侵害国家、社会公共利益或者他人合法权益，人民法院审查后可以依据调解协议内容制作调解书。

八、推进人民法庭便民建设，通过巡回流动办案等方式审理涉及消费者、旅游者权益等案件

基层人民法庭可以根据本地实际情况，在旅游风景区、集贸市场等涉及旅游者、消费者合法权益及其他事关人民群众切身利益的纠纷易发地点，定期或不定期地巡回流动办案，就地立案、就地审理，当即调解、当庭结案。要努力提高当庭结案率，及时化解社会矛盾纠纷，依法保护当事人合法权益，提高法制宣传教育的实效，维护正常的市场秩序。

九、对涉诉群众在民事、行政诉讼中的诉讼权利和义务以及申请执行等行为进行指导，使群众正确适用法律保护自身权益

加强对当事人的诉讼指导，是方便群众诉讼，充分保障当事人正确行使诉讼权利的重要措施。各级人民法院要印制诉讼费收费标准、案件审理期限、举证规则、诉讼风险等诉讼指导宣传材料，依法告知当事人的诉讼权利和义务，以及诉讼中所必需的文书格式、要求等。要告知法院内部审判机构设置、职责分工等情况，方便当事人参与诉讼活动。要严格依照程序法的有关规定，杜绝借指导、提供咨询等名义，不当干涉当事人行使诉讼权利。

十、向涉诉群众提示诉讼请求不当、丧失诉讼时效、举证超过时限、拒不执行等方面的法律风险，减少涉诉群众不必要的损失

各级人民法院要通过法律风险提示，指导涉诉群众避免因不清楚涉诉的法律风险而产生的损失，保护涉诉群众的利益。法律风险提示适用于刑事、民事、行政等各类案件。适用于诉讼的立案、审判、审判监督、执行等各个阶段。适用于各级人民法院，包括普通法院和各类专门法院。法律风险提示应当向涉诉群众明确提示有关诉讼的主要法律法规、司法解释的规定；提示可能存在的诉讼请求不当、丧失诉讼时效、举证超过时限、拒不执行等方面的法律风险以及可能的法律后果。

各级人民法院应当在立案大厅等便于群众查阅的场所公示、配置法律风险提示书，必要时，相关诉讼阶段的承办人员应当对案件当事人提示相关诉讼阶段可能存在的法律风险。法律风险提示必须严格以法律、司法解释、有关文件规定为依据。

十一、严格执行刑事诉讼法，切实纠防超期羁押，保障被告人合法权益

各级人民法院要按照最高人民法院、最高人民检察院、公安部《关于严格执行刑事诉讼法，切实纠防超期羁押的通知》的要求，严格依照刑事诉讼法的规定审判案件，有罪依法判刑，无罪依法放人，杜绝对被告人超期羁押现象。对于确实因客观原因无法结案的，要依法及时变更强制措施，并将变更强制措施的情况及时通报公安机关、检察机关。对于事实不清、证据不足，不能认定被告人有罪的，要坚决依法宣告无罪，避免出现反复发回重审，导致被告人超期羁押的情况。

各级人民法院要坚持清理超审限案件周报制度，最高人民法院要定期将各地超审限案件清理情况予以通报。对于故意违反审限制度规定，造成案件超审限，导致被告人超期羁押的，要按照有关规定，追究有关人员的责任；构成犯罪的，依法追究刑事责任。

十二、加强对进城务工人员维护自身合法权益案件的审判，制裁职业中介机构欺诈行为和用工单位拖欠工资行为

保障进城务工人员的合法权益，促进劳动用工制度的完善，维护劳动市场的正常秩序，事关增加农民收入和维护城市稳定。各级人民法院对于属于劳动法调整范围的劳动争议纠纷案件，要依法快立案、快审判、快执行，及时保护当事人的合法权益。对于不属于劳动法调整范围的务工人员与用工单位之间依法应当由人民法院管辖的民事纠纷，要及时受理，并在准确界定民事法律关系的基础上作出公正裁判。人民法院在审判过程中，发现职业中介机构存在欺诈或者用人单位拖欠工资的违法行为，要积极向有关部门提出司法建议，予以制裁。

十三、依法审理行政案件，为行政机关整治地区封锁和部门行业垄断行为提供司法保障

各级人民法院要依法保护公民、法人和其他组织的诉权，促进行政机关依法行政，克服地方保护主义。对涉及行政机关整治地区封锁和部门行业垄断的案件加快审理，及时结案，防止违法行为者利用诉讼程序阻挠行政机关依法行政。

各级人民法院受理涉及地区封锁和行业垄断的重大案件，应当及时向当地党委和人大报告，与当地政府沟通，争取支持。对于被诉具体行政行为依据的规范性文件，只要违反国家法律法规的有关规定，人民法院在审理行政案件时不予适用。在审理案件过程中，发现行政机关在整治地区封锁和部门行业垄断中有违法行为或者不规范的行为，在依法裁判的同时要及时向有关部门提出司法建议。

十四、切实执行诉讼费减、免、缓制度，确保经济确有困难的当事人打得起官司

人民法院对经济确有困难的当事人予以司法救助，可以确保当事人依法平等行使诉讼权利，平等享有国家司法资源，体现社会主义司法制度优越性，维护当事人的合法权益。

各级人民法院要按照《关于对确有困难的当事人予以司法救助的规定》，对于符合救助条件的当事人切实给予救助。凡是由司法行政部门已给予法律援助的，人民法院也应给予司法救助。要严格掌握救助标准，严格审批程序，既要保证经济确有困难的当事人得到救助，又要防止随意降低标准，杜绝不属救助对象的当事人得到救助，严禁借司法救助搞不正之风，确保司法救助真正发挥作用。

十五、依法提供法律援助，保障当事人诉讼权利，维护司法公正

在诉讼过程中保障经济困难的公民获得必要的法律援助，能够充分行使诉讼权利，是人民法院必须履行的职责。对于被告人是盲、聋、哑人或者限制行为能力的人，开庭审理时不满18周岁的未成年人，可能被判处死刑的人，没有委托辩护人的，人民法院应当为其指定辩护人。对于被告人符合当地政府规定的经济困难标准或者本人确无经济来源的，被告人家庭经济状况无法查明，且其家属经多次劝说仍不愿为其承担辩护律师费用或者共同犯罪案件中其他被告人已委托辩护人的，被告人具有外国国籍的，案件有重大社会影响的，在没有委托辩护人的情形下，人民法院认为起诉意见和移送的案件证据材料可能影响正确定罪量刑的，可以为其指定辩护人。

人民法院对于法律援助机构决定提供法律援

助的民事案件，经审查认为符合司法救助条件的，可以先行对受援人作出缓收案件受理费及其他诉讼费的司法救助决定，待案件审结后再根据案件的具体情况决定对受法律援助当事人一方诉讼费的减免。

十六、建立保护债权人利益的执行收费制度

各级人民法院要规范执行收费，严禁各地自行提高收费标准，坚决杜绝执行乱收费，减轻当事人的负担。申请执行时不预交执行费，待执行款项到位后扣除。执行中的实际支出费由申请执行人预交，但应在每次需要实际支出费用时预交，而不是执行立案时预交。实际支出费应当按照《人民法院诉讼收费办法补充规定》第二条第二款的规定收取，不得变相增加收费项目或者改变收费标准。要规范执行费用的支出手续，支出项目必须有相关的票据存档备查。结案时，执行人员应当出具费用结算书和有关凭证，由申请执行人和被执行人确认。当事人对执行费用的数额和计算方法有异议的，可以向执行法院申请复议。申请执行人民法院发放债权凭证的，不再收取申请执行费。

十七、加强对人民调解组织的指导，提高人民调解工作质量

加强对人民调解组织的指导，提高人民调解工作的质量，是多渠道解决矛盾纠纷的一个重要环节。人民法院要按照最高人民法院、司法部《关于进一步加强新时期人民调解工作的意见》和最高人民法院《关于审理涉及人民调解协议的若干规定》的精神，加强对新情况、新问题的调查研究，进一步研究完善衔接诉讼调解和人民调解的工作方式，注意引导群众重视人民调解的作用，积极以简捷经济的方式化解矛盾纠纷。要积极配合当地司法行政部门，采取多种方式、多种途径，对人民调解员进行业务培训，提高人民调解员的法律知识水平和调解纠纷的技巧。

基层人民法院及其人民法庭可以配合司法行政部门，以举办培训班、座谈会等方式对人民调解员进行培训，或者组织旁听案件审判，把指导人民调解的工作具体化，不断提高人民调解工作的水平。

十八、进一步加强少年法庭建设，保护未成年人的合法权益

各级人民法院要进一步加强未成年人案件审判工作，保护涉案未成年人的合法权益，确保未成年人刑事案件的审判取得良好法律效果和社会效果。要按照最高人民法院《关于审理未成年人刑事案件的若干规定》第六条规定的要求，结合本地具体情况，尽快建立少年法庭或者确定专人办理未成年人刑事案件。要将少年法庭工作列为人民法院重要日常工作之一。对少年法庭工作遇到的困难和问题应及时加以研究解决，确保少年法庭工作正常开展。

开庭审理未成年人刑事案件，应当通知其法定代理人出庭，并保障法定代理人充分行使诉讼权利。开庭审理前，必须就开庭程序等事项向未成年被告人做详细介绍。开庭审理时应当充分听取未成年被告人对被指控事实、证据及对自己行为性质的意见，保障未成年被告人行使各项诉讼权利。对不构成犯罪的未成年人应当宣告无罪并当庭释放。对构成犯罪的未成年人应当依法从轻、减轻处罚。审判未成年人案件，不得对外公开未成年被告人的姓名、住址、肖像及其他可能推断出该未成年人情况的各种资料。未成年证人一般可不出庭作证。少年法庭开展工作必须立足审判，以审判为中心适度延伸，要遵循法制原则开展各项探索和制度创新。

十九、加强对妇女、儿童人身权益的保护，依法审判家庭暴力引起的刑事和民事案件

各级人民法院要充分发挥审判职能作用，加大对家庭暴力引起的侵犯妇女儿童合法权益犯罪的打击惩处力度。要及时受理因家庭暴力引起的婚姻家庭民事案件，防止矛盾纠纷激化。在审理涉及婚姻家庭、赡养、继承、抚养、扶养、收养等民事案件时，对家庭暴力的受侵害方的合法权益，要依法充分予以保护和照顾。

二十、加强对涉农案件的审理，打击和制裁坑农、害农行为，保护农民权益

各级人民法院要通过加强对涉农案件的审理，打击和制裁坑农、害农行为，坚持保护农村集体经济组织利益和保护农民利益的完整统一，保障和稳定党的农村政策，依法促进农业和农村经济的发展。要依法及时审理涉及“乱收费、乱罚款、乱摊派”的行政案件，减轻农民负担。依法审理农村山林、土地承包合同纠纷案件。依法保护土地承包关系，鼓励延长土地承包，制止随意提高土地承包费和收回土地高价发包等行为，保障国家土地政策的连续性。要审理好农副产品买卖合同纠纷案件，从维护合同的法律效力出发，依法制裁随意侵犯农民合法权益的行为。及时审理生产销售假冒伪劣种子、化肥、农药等坑农害农案件，充分保护农民的合法权益。

二十一、规范司法解释制定程序，确保法律正确实施

各级人民法院要及时总结审判经验，提出司法解释立项建议。对于关系人民群众切身利益的司法解释在发布前，应当采取座谈会、听证会等多种形式，听取方方面面的意见。也可以将司法解释草案在人民法院报、中国法院网等全国性新闻媒体、网络上登载，广泛征求各有关单位和人员的意见。在起草司法解释过程中，应当进行深入的调查研究工作，广泛听取各级人民法院及审判人员的意见，特别是中级人民法院和基层人民法院的意见，增强司法解释制定工作的民主性和透明度，提高司法解释的质量。

二十二、全面落实公开审判制度，方便人民群众旁听案件审判

要认真贯彻最高人民法院《关于严格执行公开审判制度的若干规定》的要求，切实落实公开审判制度。人民法院要把树立司法文明形象和提升司法权威结合起来，使人民群众进一步增强对司法工作的信任和支持。

人民法院公开审判的案件，应当在开庭三日前公告当事人姓名、案由和开庭的时间、地点，群众可凭身份证领取旁听证旁听案件审理。要依照相关规定规范旁听证的发放条件和发放办法。严肃法庭纪律，保持审判人员的良好形象，体现司法文明和司法权威。判决必须公开宣告，继续完善公开宣判和判决公开的形式。加强人民法院的审判法庭建设，改善工作条件，尽最大可能方便人民群众旁听审判。

二十三、加强法官职业行为约束，规范法官和律师在诉讼活动中的关系，确保司法公正

加强对法官和律师在诉讼活动中的职业行为约束，可以有效防止和消除当事人及社会公众对司法公正产生或者可能产生的猜疑。法官应当严格依法办案，自觉抵制案件当事人及其委托的律师利用各种社会关系，以各种方式对案件的审理施加不正当的影响，严格依法办案。法官不得在非工作时间、非工作场所私下会见案件一方当事人及其律师。法官不得违反规定为案件当事人推荐、介绍律师作为其代理人、辩护人，不得为律师介绍代理、辩护等法律服务业务。对于法官有妨碍司法公正行为的，有关人民法院应当视其情节，按照有关法律、法规或规定给予处罚；构成犯罪的，依法追究刑事责任。

最高人民检察院

2003年全国检察机关参加社会治安综合治理工作情况

2003年，全国各级检察机关以邓小平理论和“三个代表”重要思想为指导，在党中央和地方各级党委的统一领导下，紧紧围绕强化法律监督、维护公平正义，全面履行检察职责，继续坚持“严打”方针，与公安、法院等部门密切配合，加大工作力度，依法打击了一大批严重刑事犯罪分子，对治安混乱地区、突出的治安问题集中进行重点整治，取得了新的成果。

一、提高思想认识，切实加强领导

各级检察机关充分认识检察机关在社会治安

综合治理工作中肩负的重大责任，把这项工作摆上重要议事日程，切实落实党的十六大报告中强调的“打防结合、预防为主”的方针，认真做好检察环节的社会治安综合治理工作，全力维护社会稳定。年初，根据罗干同志在中央社会治安综合治理委员会2003年第一次全体会议上的讲话精神和《2003年全国社会治安综合治理工作要点》，高检院下发了《关于2003年检察机关社会治安综合治理工作的意见》，对检察机关加强社会治安综合治理工作提出明确要求。根据中央政法委政法办[2003]16号通知的精神，高检院部署各地检察机关就建立健全贯彻“严打”方针经常性工作机制开展了专题调研，于8月份形成调研报告报中央政法委。

二、坚持“严打”方针，依法严厉打击严重刑事犯罪活动

各级检察机关始终把维护社会稳定作为首要任务，在胜利完成两年为期的“严打”整治斗争任务的基础上，认真总结经验，继续坚持“严打”方针，切实履行批捕、起诉等职责，与公安、法院等部门密切配合，加大对严重刑事犯罪的打击力度，依法严厉打击“三股势力”等危害国家安全的犯罪，坚决与“法轮功”等邪教组织犯罪作斗争，突出打击黑恶势力犯罪、严重暴力犯罪、多发性犯罪等严重危害社会治安的刑事犯罪。共受理公安、国家安全机关提请审查批捕刑事案件550478件825878人，经审查，批准逮捕505732件748756人；受理移送审查起诉案件663199件994650人，经审查，提起公诉560978件819216人。有关地方的检察机关及时批捕、起诉了震惊全国的辽宁沈阳“1·18”持枪爆炸抢劫银行案、河南驻马店市平舆县农民黄勇杀死17名无辜青少年的恶性案件等，使犯罪分子受到法律的严惩。坚持定期分析社会治安形势，有针对性地提出综合整治的建议，并配合有关部门开展对治安混乱地区和突出治安问题的集中整治和专项治理。认真总结和运用“严打”整治斗争以来积累的有效经验，从统一执法思想、坚定不移地坚持“严打”方针，与时俱进、认真贯彻宽严相济的刑事政策，及时准确地分析评估治安形势，建立科学的工作决策机制，加强与其他政法部门的配合和制约、提高诉讼效率，预防犯罪发生、努力化解社会矛盾，努力建设高素质专业化检察队伍、切实解决经费保障问题等七个方面，探索建立健全贯彻“严打”方针的经常性工作机制，巩固社会治安取得明显好转的成果。特别是坚持惩办与宽大相结合，把打击重点始终指向严重危害社会治安和人民群众安全感的犯罪活动，对轻微犯罪人员实行轻缓的刑事政策，该从轻的依法从轻处理，依法适用不批捕、不起诉等法律规定，有效化解社会矛盾，减少社会对立面。

三、认真贯彻中央关于整顿和规范市场经济秩序的部署，加大对破坏社会主义市场经济秩序犯罪的打击力度

各级检察机关充分发挥职能作用，重点打击走私、偷税骗税、金融诈骗、洗钱、侵犯知识产权、制售假冒伪劣产品的犯罪活动，共批捕破坏社会主义市场经济秩序犯罪案件5884件9008人。加强对重大经济犯罪案件的督办工作，逐件落实责任制，集中力量，保证了依法快捕快诉。积极配合有关部门开展了食品、药品、农资，以及房地产市场、汽车市场、建材市场、通信产品和服务市场、价格秩序以及油气田和输油气管道生产治安秩序等专项整治行动。对专项整治中发现的经济犯罪，依法予以严厉打击。在抗击“非典”的斗争中，积极配合有关部门开展防治和打击相关犯罪的工作。高检院下发了《关于进一步做好参与整顿规范市场经济秩序和依法打击与防治“非典”相关的犯罪工作的紧急通知》，会同高法院制定了有关司法解释。检察机关依法严厉打击借防治“非典”之机制售假冒伪劣医药用品，哄抬物价、牟取暴利，编造、传播恐怖信息等犯罪活动，仅5、6两个月，就批准逮捕涉“非典”犯罪案件312件649人，同时对在“非典”防治工作中有关国家机关工作人员严重失职、渎职，造成疫情扩散等严重后果，构成犯罪的，及时立案查办，保障了防治“非典”工作的顺利进行。注意研究经济犯罪的新特点，加强对新型犯罪的打击，依法打击跨地区、跨国境的经济犯罪活动。为适应入世之后对知识产权保护的新要求，高检院与公安部共同举办了2003年知识产权刑事保护论坛，研究加大对侵犯知识产权犯罪打击力度的具体措施。

四、以保证社会公平和正义为目标，推动诉讼监督工作的深入开展

针对侦查、审判、刑罚执行活动中执法违法、司法不公的突出问题，各级检察机关不断加大监督力度，仅监督公安机关立案数就达22001件，比上年上升了5%。在不放松经常性监督工作的同时，抓住诉讼活动中的突出违法问题和监督工作的薄弱环节，集中开展了清理纠正超期羁押、经济犯罪立案监督、清理服刑人员申诉、清理群众来信来访积案等专项监督活动，进一步增强了监督效果。高检院会同高法院、公安部联合下发了《关于严格执行刑诉法，切实纠防超期羁押的通知》，保障了清理工作顺利进行，共清理纠正超期羁押21993人，各个诉讼环节超期羁押现象大大减少，检察机关基本实现了无超期羁押的目标。高检院还制定了《在检察工作中防止和纠正超期羁押的若干规定》，初步建立了防止和纠正超期羁押的长效机制。为配合整顿和规范市场经济秩序的深入开展，有效地防止和纠正一些地方对经济犯罪打击不力的现象，高检院组织开展了经济犯罪立案监督专项行动。检察机关充分发挥法律监督职能，督促公安机关加大对各类严重破坏社会主义市场经济秩序犯罪的打击力度，共监督公安机关立案查办破坏市场经济秩序犯罪案件1471件。为解决一些地方行政执法机关不及时向公安机关移送经济犯罪案件，甚至“以罚代刑”的问题，高检院与中央有关行政执法机关共商建立行政执法与刑事执法相衔接工作机制的措施。检察机关主动加强与行政执法机关的联系，建立各个层次的联席会议制度，经常性地相互通报情况，并抓住影响当地市场经济秩序的最突出问题，建议行政执法机关及时移送经济犯罪案件，对其中涉及的职务犯罪坚决查办。有多个省级检察院、一批市级检察院和基层检察院与当地行政执法机关签订了加强配合的文件，推动了司法机关与行政执法机关的联系和配合，进一步形成了打击经济犯罪的合力。

五、积极参加社会治安防控体系建设和矛盾纠纷排查调处工作，积极化解社会矛盾

各级检察机关坚持“打防结合，预防为主”的方针，认真研究新形势下检察机关参加社会治安综合治理工作的新途径、新方法，积极参与社会治安防控体系建设、矛盾纠纷排查调处工作和社区矫正的试点工作。针对7、8月份以来部分地区群众进京上访大幅度增多的情况，检察机关坚决贯彻中央指示，迅速行动，高检院专门召开会议研究涉法案件的上访问题，各级检察长带头接待来访群众，直接批办和督促检查各项措施的落实。检察机关加强了控告申诉检察工作，加大了对上访申诉案件的排查清理力度，落实首办责任制，切实把问题解决在基层，维护群众切身利益，努力减少重复来信和越级上访。对群众来信来访中可能出现影响社会稳定问题的重大案件，特别是涉及检察机关的案件，领导同志亲自督办，及时处理。认真对待和重点做好集体访、告急访、上访老户特别是有进京上访苗头人员的工作，对重点上访案件实行责任制，盯着办、定人办、限时办，依法妥善解决了一批上访群众反映的问题，为维护中央和国家机关的正常工作秩序、保障首都社会稳定发挥了积极作用。同时，对插手群体性事件的敌对势力，策划、组织、指挥闹事的敌对分子，以及借机打砸抢的犯罪分子，抓住时机，毫不留情地依法严厉打击。检察机关还结合办案情况，认真分析治安防范工作存在的漏洞和薄弱环节，及时发出检察建议，推动有关部门和单位建立健全社会治安防控体系，增强预防和控制犯罪的能力。积极参与基层安全文明创建活动，进一步加强法制宣传教育工作。辽宁省检察机关开展了综合治理进乡村、企业活动，河北省检察机关开展了“送法进企”、“送法进村”等活动，有力地维护了企业、农村和社会稳定。积极参与对流动人口、刑释解教人员、青少年等特殊群体的教育管理工作。特别是按照《人民检察院办理未成年人刑事案件的规定》，加强未成年人犯罪检察工作，与有关部门密切配合，落实预防青少年违法犯罪的工作措施，开展了未成年人犯罪案件公诉改革试点工作和争创“青少年维权岗”活动。为认真执行对涉嫌犯罪的未成年人区别对待的刑事政策，检察机关坚持少捕少诉，即可捕可不捕的不捕、可诉可不诉的不予起诉。对依法不按犯罪处理、不捕、不诉、缓刑的未成年人做好回访考察和帮教矫治工作，及时掌握其动态，发现苗头性问题及时向有关方面联系通报，共同做好后续帮教工作，以防微杜渐，预防和减少青少年重新犯罪。高检院组织开展了对2002年以来依法不按犯罪处理，不捕、不诉的未成年人的集中回访考察。回访考察表明，检察机关在办理未成年人犯罪案件中，深入贯彻“教育、感化、挽救”的方针和“教育为主、惩罚为辅”的基本原则，从有利于维护社会稳定和促进社区青少年健康成长的高度出发，积极探索构建参与社区青少年教育、管理工作的各项制度，对不捕、不诉未成年人落实有效的帮教措施，使其悔罪表现明显、重犯比例下降、就学就业观念增强，取得了较好的法律效果和社会效果。

公　安　部

2003年公安机关参与社会治安综合治理工作情况

2003年，全国公安机关在党中央、国务院和地方各级党委、政府的领导下，以“三个代表”重要思想统领公安工作，全面贯彻党的十六大、十六届三中全会和中央领导同志关于公安工作的重要指示精神，按照中央综治委的部署和要求，坚持“打防结合，预防为主”的方针，深入开展严打整治斗争，始终保持对各种违法犯罪活动的高压态势，不断加强社会治安防范和管理工作，积极推动社会治安防控体系建设，进一步加强和改进公安行政管理工作，有效地维护了社会治安的持续稳定。

一、深入开展严打整治斗争

2003年，全国公安机关继续坚持严打方针，始终保持对刑事犯罪活动的高压态势，组织开展了一系列严打整治行动。全年，全国公安机关共立刑事案件439.4万起，与2002年基本持平，刑事案件大幅度上升的势头得到初步遏制；爆炸、投放危险物质、放火、杀人、抢劫等重大恶性刑事案件明显减少；一些治安比较混乱的地区、场所、部位的治安面貌明显改观，人民群众的安全感进一步增强。从国家统计局2003年在全国987个县（市）、3729个乡（镇）进行的群众安全感抽样调查来看，在10万名被抽查的群众中，认为安全和基本安全的占91.2%，比2002年上升7.1个百分点。

一是加大了对大要案件的侦破力度。全年，全国公安机关共侦破刑事案件234.1万起。辽宁省沈阳市“1·18”持枪爆炸抢劫运钞车案、“2·25”清华北大餐厅爆炸案、“3·12”路透社驻北京记者站爆炸劫持人质案、澳门“4·18”抢劫杀害泰国华人总商会会长案、“5·16”王坚章特大跨国贩毒集团案、四川省南部县“6·5”高考试卷被盗案、上海市“6·23”杀害台商案、豫冀鲁皖杨新海杀人抢劫强奸系列案、河南省平舆县黄勇杀人系列案和广东省深圳市马勇、段智群杀害外地求职女青年系列案等一大批重大恶性案件被成功侦破，有力地打击了犯罪分子的嚣张气焰。

二是组织开展了“指纹破案会战”。2003年7月至12月，公安部组织全国公安机关开展了为期6个月的“指纹破案会战”，取得了显著战果，截至2003年12月16日，各省（自治区、直辖市）公安机关共破获跨省（自治区、直辖市）刑事案件1.1万起。

三是组织开展了整治油气田及输油气管道生产治安秩序专项行动。2003年7月下旬至12月上旬，按照国务院的统一部署，公安部会同国家发展和改革委员会等7个部、委、局，组织22个省（自治区、直辖市）开展了整治油气田及输油气管道生产治安秩序专项行动。期间，全国公安机关共整治涉油重点地区127个，破获涉油刑事案件1955起，打掉涉油犯罪团伙213个，抓获犯罪嫌疑人1700多名。通过开展专项行动，一些油区的涉油案件大幅度下降，石油管道企业生产经营的外部治安环境得到了明显改善。

四是组织开展了打击盗窃破坏电力设备、窃电犯罪专项行动。针对部分地区盗窃、破坏电力设备、窃电等违法犯罪活动突出的情况，公安部组织河北、山西、江苏、浙江、安徽等15个重点省、自治区公安机关，从2003年9月中旬至2003年年底，开展了打击盗窃、破坏电力设备、窃电犯罪专项行动。期间，各级公安机关共破获涉电刑事案件9531起，抓获犯罪嫌疑人5000多名，有效地净化了电力、电信周边地区特别是重点地区、重点路段周边的治安环境。

五是积极参加了整顿和规范市场经济秩序工作。按照国务院的统一部署，全国公安机关与有关部门密切配合，继续深入开展整顿和规范市场经济秩序工作，先后组织开展了打击制售假冒伪劣商品、偷税漏税、金融诈骗、证券犯罪、侵吞国有资产、非法经营等经济犯罪活动的专项行动，并积极参与打击走私犯罪专项斗争及联合行动，维护了社会主义市场经济的法制秩序。2003年，全国公安机关共破获破坏社会主义市场经济秩序犯罪案件5.6万起，为国家和人民挽回经济损失119.4亿元。

六是全面推进禁毒斗争。公安部组织有关地方公安机关开展了打击"金三角"毒品入境和跨区域贩毒犯罪活动专项行动、打击制贩和跨国走私苯丙胺类毒品犯罪专项行动以及省际交界处禁种铲毒联合行动，加强了堵源截流和对毒品危害严重地区的重点整治工作，深入开展了对青少年、吸毒高危人群的毒品预防宣传教育工作。2003年，全国公安机关共破获毒品犯罪案件9.4万起，缴获海洛因9535.8公斤。

二、大力加强治安管理和防范工作

2003年，各级公安机关坚持"打防结合，预防为主"的方针，切实加强了社会治安管理和防范工作，大力推进社会治安防控体系建设，积极探索建立覆盖全社会的治安防控机制和防范网络，进一步提高了对社会治安的控制能力。

一是组织开展了对社会治安突出问题的专项整治行动。2003年，全国公安机关组织开展了一系列专项整治行动，进一步强化治安管理的各项措施，有效预防和打击了各种违法犯罪活动。为加大查禁社会丑恶现象的力度，全国公安机关坚持不懈地开展歌舞娱乐服务场所秩序专项治理，严肃查处利用"六合彩"等非法彩票进行赌博的案件，严厉打击侵权盗版、制贩传播淫秽物品的违法犯罪活动，全年共查获侵权盗版、制黄贩黄案件3.5万起，收缴淫秽书刊9.5万册、淫秽光盘114.8万张，查获非法光盘生产线34条。为加强枪支弹药和爆炸物品等危险品管理，公安机关积极开展清理超范围配枪专项工作，大力推进雷管编号管理和民用爆炸物品信息系统建设。通过开展清理超范围配枪专项工作，限期追回了重点地区的超配枪支，并针对部分地区枪支被盗、被抢案件多发的情况，采取切实有效措施，进一步堵塞管理漏洞，严密防范了枪支被盗、被抢等涉枪案件的发生。为严厉打击非法制贩"毒鼠强"等禁用剧毒化学品的违法犯罪活动，各级公安机关积极会同有关部门，组织开展了"毒鼠强"等禁用剧毒化学品专项整治工作，共破获"毒鼠强"案件3485起，捣毁非法生产、制造"毒鼠强"的地下工厂16家，收缴"毒鼠强"1.3万公斤。为维护学校及周边良好的治安环境，各地公安机关会同文化、城建、工商等部门，深入开展了学校及周边治安秩序专项整治行动，依法取缔了一大批学校周边非法经营的网吧和歌舞厅、录像厅等娱乐场所，查禁收缴了一大批非法出版物、音像制品和电子出版物，有效地净化了学校及周边治安环境。据不完全统计，整治期间，各地公安机关共出动警力72.8万人次，检查学校30万余所，整改校内安全隐患5万余处，检查校园周边娱乐场所和网吧9万余家，收缴淫秽、盗版书刊和音像制品10万余册。各地公安机关坚持标本兼治，积极探索建立校园及周边治安秩序综合治理的长效管理机制。开展了"如何当好法制副校长"征文活动，进一步规范了民警担任校外法制辅导员制度，编辑出版了《警察叔叔说安全》等书籍，并通过开设法制课、举办安全教育讲座、现场咨询等形式，切实提高广大中小学生的法制意识和自我防范、保护的能力。

二是依法加强了社会治安管理工作。2003年，针对非典疫情得到有效控制和收容遣送制度取消以后社会面上出现的一些新情况、新问题，各级公安机关进一步加大工作力度，依法加强社会面治安管理，收到了良好的社会效果。针对一些大中城市社会面上影响城市形象和社会治安秩序的问题有所增多的情况，公安部及时下发了《关于切实做好当前维护社会治安稳定工作的通知》、《关于当前依法加强社会面治安管理的通知》，部署各地公安机关充分运用法律法规，采取切实有效措施，及时果断地打击各种违法犯罪活动，并积极配合民政、城管、卫生等部门做好城市生活无着的流浪乞讨人员的救助工作，切实维护人民群众正常的工作、生活秩序和社会秩序。自 2003 年 8 月 1 日以来，各地公安机关共协助民政部门救助流浪乞讨人员 8 万余人。通过各级公安机关的共同努力，大中城市社会面治安秩序明显好转。与此同时，各地公安机关切实加强了实有人口管理，及时掌握可能有危害社会治安行为人员的活动情况，提高了打击违法犯罪的针对性和准确性；进一步加强了对城乡结合部、公共复杂场所、出租屋、金融网点、地下空间等重点地区和要害部位的治安管理和防范工作，全年共清查出租房屋 1200 余万户，新办理出租登记 300 余万份，签订治安责任书 260 余万份，取缔非法出租房屋 20 万余户，减少了社会治安隐患。

三是积极推进社会治安防控体系建设。2003 年，各级公安机关围绕“发案少、秩序好、社会稳定、群众满意”的总目标，积极优化警力资源配置，科学调整警力布局，完善警务机制，改革勤务模式，强化社会面治安巡逻、控制，有效预防、控制了街头抢劫、抢夺等违法犯罪活动的发生。紧紧围绕实施社区警务战略，大力加强基层基础工作，入室盗窃、抢劫等影响群众安全感的违法犯罪案件明显减少。以落实安全责任制为核心，切实加强对内部单位治安保卫工作的检查、指导和监督，认真落实人防、物防、技防等各项防控措施，进一步增强了内部单位的治安防控能力。各地公安机关还充分挖掘和利用社会资源，紧紧依靠基层党组织，发动和组织广大人民群众参与维护社会治安，群防群治力量得到进一步的发展壮大。

三、不断改进和加强公安行政管理工作

2003 年，全国公安机关以实施公安部 30 项便民利民措施为契机，进一步改进和加强了公安行政管理工作。

一是加强了消防管理工作。全国公安机关组织开展了人员密集场所消防安全疏散通道、安全出口专项治理，督促整改了一批火灾隐患。积极推进消防工作社会化，着力提高各单位和群众的消防安全意识和自防自救能力。2003 年，全国公安消防部门共参加灭火和抢险救援 40.2 万次，救助遇险人员 1.4 万名，抢救、保护财产 240 多亿元，比 2002 年分别上升 6.6%、186.7%、84.6%。火灾事故稳中有降，全国共发生火灾事故 25.5 万起，比 2002 年下降 1.4%。

二是加强了道路交通管理工作。全国公安机关按照国务院的统一部署，开展了以预防道路交通事故为重点的道路交通安全专项整治工作，继续深入实施“畅通工程”和创建“平安大道”活动，有效地遏制了重特大道路交通事故大幅度上升的势头。2003 年，全国发生道路交通事故 66.8 万起，造成 49.4 万人受伤、10.4 万人死亡，比 2002 年分别下降 13.7%、12.1%、4.6%。

三是加强了户政管理工作。全国公安机关积极稳妥地推进户籍管理制度改革，进一步提高了户政管理水平。针对“农业户口”和“非农业户口”划分给户口管理带来的一些问题，积极探索、建立新型的户口登记制度。河北、湖北、湖南、重庆、四川等地公安机关建立了以城乡统一的户口登记管理制度为主要内容的户口登记管理制度，在社会上引起了良好反响。为充分吸取广东“孙志刚事件”的教训，各地公安机关对近年来流动人口管理工作中存在的问题进行了认真梳理和深刻反思，从善待、服务流动人口出发，积极探索流动人口管理的新办法，依法保障进城务工就业农民的合法权益，严厉打击侵犯流动人口合法权益的违法犯罪活动，有效防止了侵害群众合法权益事件的发生。2003 年，各地公安机关继续积极配合共青团、建设、劳动和社会保障等部门深入开展进城务工青年培训活动，共建立进城务工青年培训学校 3200 多所，培训进城务工青年 3000 余万人。各地公安机关还与劳动和社会保障、建设、工商行政管理等部门积极配合，联合组织开展了经常性的劳动力市场秩序清理整治，共取缔非法劳务中介组织 1200 多家。此外，各地公安机关进一步加强了流动人口管理规范化建设，充实了协管员队伍，健全完善了管理网络，提高了管理、服务水平。

四是加强了边防和出入境管理工作。全国公安机关按照国务院和公安部的统一部署，组织开展了打击边境地区违法犯罪活动暨反偷渡专项行动。2003 年，共查获偷渡案件 1054 起，抓获偷渡活动的组织者、运送者 645 名。进一步加强了出入境检查工作，严厉打击非法出入境、非法移民活动。积极改革护照申领工作，在部分大中城市实行按需申领护照。2003 年，全国公安出入境管理部门批准我国公民因私出国出境 969.9 万人次，比2002年上升13.4%。全国公安边防出入境管理部门共检查出入境人员25506万人次、交通运输工具2137万辆(架、艘、列)次。

四、扎扎实实地开展刑释解教人员安置帮教工作

2003年,公安机关进一步发挥自身在社会帮教方面的作用,扎实开展刑释解教人员安置帮教工作,取得了一定成效。

一是全面准确掌握辖区刑释解教人员的基本情况。各地公安机关加强了与基层综治部门和监狱、劳教所等单位的联系协作,建立了预报制度和跟踪调查制度,不断改进落实衔接工作,对"三假"(假姓名、假身份、假地址)人员和未回户籍所在地报到落户的人员,逐一登记造册,并及时向综治部门、监狱和劳教所沟通反馈情况。同时,建立健全日常排查工作机制,严格落实协查通报制度,从人户分离、暂住人口中查找流散在社会上的刑释解教人员,尽可能减少漏管失控。在此基础上,完善报到登记制度,加强信息采集录入工作,及时建档立卡,做到底数清、情况明,为进一步做好安置帮教工作打下了良好基础。

二是强化对刑释解教人员的管理。各地公安机关特别是派出所把加强对刑释解教人员的管理工作列为民警的重要职责,明确任务、措施和要求,狠抓落实。派出所民警充分利用社区各种资源,会同基层组织,依托群众及家属,成立帮教组织,健全管控制度,落实管控措施,实现了动态管理。许多地方根据刑释解教人员的前科性质、在监所表现、就业和生活情况及社会关系、现实表现等,将有重新违法犯罪倾向的列为重点对象进行管理控制,并把刑释解教人员作为基层矛盾纠纷排查调处工作的重点,及时发现、化解涉及刑释解教人员的一些矛盾和纠纷,预防和减少了刑释解教人员的违法犯罪活动。一些地方公安机关还对建立刑释解教人员信息管理系统进行了有益尝试,积极探索创新对刑释解教人员进行管理控制的新办法。四川、上海等地对刑释解教人员的有关情况和信息基本做到了计算机管理、区域间网络传送,提高了工作效率。

三是强化对刑释解教人员的帮助和教育。各地公安机关紧紧依靠基层组织,积极协调配合有关部门,动员组织治安积极分子、刑释解教人员家属等社会各方面力量,因人施教,有针对性地开展了帮教活动。一些派出所还把教育管理与帮助解决实际困难结合起来,积极协调有关部门和单位,帮助辖区内的刑释解教人员解决就业、就学和生活中面临的实际困难和问题。按照公安部和共青团中央的要求,各地公安机关积极会同共青团组织开展了"维护社会治安志愿者筑城行动",一些维护社会治安志愿者加入到刑释解教人员安置帮教工作中来,拓宽了安置帮教工作的路子,丰富了安置帮教工作的形式,取得了"帮""教"相长的效果。

司 法 部

法制宣传工作

一、积极宣传党的十六大精神和十六届三中全会精神

(一)具体筹备了中央政治局第八次集体学习法制专题。邀请中国社会科学院和上海复旦大学的专家学者组成课题组,由社科院李林教授和复旦大学林尚立教授共同为中央政治局作了题为《坚持依法治国,建设社会主义政治文明》的讲解。

(二)加强宪法的学习宣传工作。下发了《关于认真学习贯彻胡锦涛同志重要讲话精神,进一步深入学习宣传〈中华人民共和国宪法〉的通知》,要求采取多种形式,确保宪法学习宣传工作落到实处;在人民大会堂联合举办了中央各部门参加的学习宪法报告会，掀起了学习宣传宪法的新高潮。

二、围绕党和国家的中心工作开展法制宣传教育，努力为经济发展营造良好的法治环境

(一)加强税法宣传工作。召开了中宣部、司法部、国家税务总局关于全国加强税法宣传工作电视电话会议；与税务总局召开贯彻税法高层研讨会；联合下发了有关加强税法宣传的通知；在全国组织了税法知识竞赛，有力地促进了税收法律知识在全社会的普及。

(二)召开司法部、农业部关于农业法等三部法律学习贯彻座谈会。会议要求深入学习贯彻农业法、草原法和农村土地承包法三部法律，以推进农业依法行政、加快农村小康社会建设和保护农民权益。两部门共同举办了“农业三法”的知识竞赛。在湖北秭归主会场及河北、山西、吉林、内蒙古、云南等省区分会场同时举办了“农业三法”下乡启动仪式，拉开了全国“农业三法”下乡活动的序幕。

(三)积极参与整顿和规范市场经济秩序工作。与全国整顿和规范市场经济秩序办公室等5部门联合制定了《关于在全社会开展诚信教育的意见》；分别与国家质检总局、国家海关总署、国家统计局联合开展了《产品质量法》、《海关法》、《统计法》等知识竞赛活动；与国家环保局等六部门联合开展了清理整顿不法排污企业、保障群众健康的宣传活动，并与有关部门联合组成督查组，赴贵州、云南等地检查清理整顿工作情况，推动了各地的整改工作。

(四)与共青团中央、文化部共同组成督查组，对云南、广西贯彻落实《未成年人保护法》和《预防未成年人犯罪法》的情况进行督促检查。

(五)配合《行政许可法》的出台，贯彻国务院通知精神，及时下发了学习宣传《行政许可法》的通知，并与中华全国律师函授中心合作，利用远程卫星教育系统举办了两场覆盖全国各省(区、市)的法制讲座。司法部分别与国家国防教育办公室、中国红十字总会等举办了《国防教育法》和《中国红十字法》知识竞赛和座谈会，促进了两法在全社会的贯彻实施。

三、突发重大事件中充分发挥法制宣传职能作用，加强防治非典型肺炎的法制宣传工作

(一)加强对全国防治非典型肺炎法制宣传工作的指导。4月司法部与中宣部、卫生部联合下发《关于加强〈中华人民共和国传染病防治法〉等法律法规宣传工作的通知》；司法部、全国普法办联合下发《关于在防治非典型肺炎工作中进一步加强〈价格法〉、〈食品卫生法〉等相关法律法规宣传工作的通知》；召开“全国加强农村防治非典型肺炎法制宣传工作电视电话会议”，对加强防治非典型肺炎中的法制宣传工作进行了部署。

(二)紧急编写、印发防治非典型肺炎法制宣传资料。与中宣部有关部门组织编写了《学习贯彻〈传染病防治法〉，依法防治非典型肺炎基本知识》；组织编写了《防治非典型肺炎，认真贯彻〈价格法〉、〈食品卫生法〉基本知识问答》；组织编写了防治非典型肺炎宣传挂图等宣传资料。这些资料共5种229万册(份)，分别免费发送全国各地司法行政机关和近70万个农村村委会进行学习宣传。

(三)积极运用网络等传媒手段，开展多种形式的防治非典型肺炎法制宣传。5月27日，与中宣部、卫生部有关部门联合举办了学习贯彻《突发公共卫生事件应急条例》等法律法规网上座谈会。中国普法网还开办了有关依法防治非典型肺炎的专栏。

四、加强法制宣传教育，提高全体公民尤其是国家公职人员法律素质和依法办事能力

(一)坚持法制宣传与道德教育相结合，努力提高公民的法律意识和道德观念。农村各地普遍开展了“送法下乡”活动，通过法律集市、法制文艺演出、法律咨询、模拟法庭等农民喜闻乐见的形式，把法律送进农家和田间地头。

(二)突出重点对象，加强法制宣传教育的针对性和实效性。各地、各部门根据司法部与中组部、中宣部下发的《关于加强领导干部学法用法工作的若干意见》以及全国领导干部学法用法工作电视电话会议精神，对领导干部学法进行了安排部署，普遍建立了领导干部法制讲座、培训、考试考核以及法律知识任职资格等多项制度。如吉林省建立和实行了领导干部法律知识考试考核和任职资格制度；青海省要求拟提任县处级以上领导干部的人员，必须首先取得法律知识任职资格。贵州全省统一组织领导干部法律知识大考核。福建、辽宁等省成立了省政府法律顾问团,聘请法学专家或律师担任政府法律顾问。

根据司法部与中宣部、人事部下发的《关于在全国公务员中开展学法用法和进行依法行政培训的意见》的要求,广泛开展了公务员依法行政培训班、专题讲座、法律知识竞赛、法律知识考试等活动,如天津、河北、上海等地开展了大规模的干部学法考试工作。继续深入贯彻落实司法部与教育部、中央综治办、团中央出台的《关于加强青少年学生法制教育工作的若干意见》的要求,努力在计划、教材、课时、师资"四落实"上狠下功夫,逐步实现青少年尤其是在校学生法制教育工作的规范化、制度化。与中央综治办开展了法制副校长的调研活动,出台了《关于规范兼职法制副校长职责和选聘管理工作的意见》,落实法制副校长的职责和任职资格,进一步推动该项工作的开展。

五、坚持贯彻抓基层、打基础原则,狠抓农村和社区普法依法治理工作不放松

(一)进一步加强农村普法依法治理工作。按照十六大关于扩大基层民主的要求,司法部、民政部联合下发了《关于进一步加强农村基层民主法制建设的意见》;召开了全国农村基层民主法制建设电视电话会议;在全国开展了争创"民主法治示范村"活动;编发了《农村基层民主法制建设讲话》,有力地指导了民主法治示范村的创建活动,促进了农村基层民主法制建设。

(二)推动城市社区普法依法治理取得实效。司法部、全国普法办、中央文明办、中央综治办联合下发了《全国"法律进社区"活动工作方案》,在全国开展了"法律进社区"系列活动。多数社区基本做到了"四个一",即有一支法制宣传志愿者队伍、有一个法制宣传栏、有一套法律图书、每个季度上一堂法制课。在北京、天津、重庆、湖北、云南等地一些社区还开设"法律门诊"、"法律茶亭"、"法制宣传站",采取法制故事演讲、法制讲座、市民法律学校、法制宣传大篷车等形式,使法制宣传工作更加符合"三贴近"的要求。

六、注重创新法制宣传形式,努力增强法制宣传教育的社会效果

(一)加大了对电视法制宣传的指导力度。与中宣部、国家广电总局联合召开首次"全国电视法制宣传工作座谈会",指导和推进电视法制宣传工作的深入开展;制定了《司法部法制题材电影电视剧本的审查办法》,对十几部电影电视片进行了审查,特别是审查和组织播出了电视连续剧《生命无罪》,受到了有关部门和社会的好评。

(二)拓展了报刊、广播、影视等媒体法制宣传渠道。在全国各地法制栏目、法制频道不断创办的同时,全国普法办与法制日报影视中心、中央教育电视台三台合作,创办了《法治播报》栏目,在每天的黄金时段播出,全国近百家电视台也同期播出。成功完成了第七届全国法制电视节(剧)目"金剑奖"和第十六届(2002 年度)全国法制好新闻的评选工作,为促进法制报刊、文艺工作繁荣发展发挥积极的引导作用。

(三)积极推进网络法制宣传。"中国普法网"继续开辟新的专题专栏,并成功举办了全年的网上法律知识竞赛和征文活动。全国不少地方和部门也办了法制宣传教育网站或网页,成为民众学习法律知识、查阅法律资料的重要渠道。如上海"东方法治网"开办一年来点击量已达 522 万多次。

(四)开拓了对外法制宣传新领域。先后在北京周报(英文版)、人民日报(海外版)、中国日报等外宣媒体开办了系列介绍我国法制建设成就的专栏,全面介绍我国在立法、执法、司法、法律监督、法制宣传教育方面的成就和举措。与中国国际广播电台合作开办了对外法制英语专栏"中国法制",向国外受众介绍我国法制建设情况。

(五)继续做好"12·4"全国法制宣传日宣传活动,搭建法制宣传工作的重要平台。中宣部、司法部联合下发了《关于开展 2003 年"12·4"全国法制宣传日宣传活动的通知》,对全国的宣传活动进行了认真部署。中宣部、全国人大法工委、司法部联合召开了"12·4"全国法制宣传日高层座谈会;人民日报、光明日报等中央各大报刊开展了"12·4"法制宣传日征文活动;中宣部宣教局、司法部法制宣传司与中央电视台联合制作播出了《法治的力量——"12·4"全国法制宣传日特别晚会》;全国普法办组织举办了"12·4"全国法制宣传日书画大赛,中国普法网举办了网上座谈会、律师网上说法等一系列"12·4"法制宣传活动。

人民调解工作

2003年，全国各级司法行政机关深入贯彻中办、国办批转的《最高人民法院、司法部关于进一步加强新时期人民调解工作的意见》、最高人民法院《关于审理涉及人民调解协议的民事案件的若干规定》和司法部《人民调解工作若干规定》文件精神，取得显著成效。截止2003年底，全国26个省(区、市)的党委、政府组织召开了人民调解工作会议，19个省(区、市)委、政府下发了加强新时期人民调解工作的文件，湖北省出台了加强新时期人民调解工作的地方规章，福建省委省政府把加强人民调解工作列人政府2003年为民办实事项目。

一、组织建设进一步加强

各地按照“五有”、“四落实”的标准，全面整顿村(居)调委会，进一步健全人民调解委员会。据不完全统计，2003年，全国共整顿人民调解组织37万个，撤换、改选调解人员400多万人，分别占调解组织总数的41%和50%。大力加强乡镇、街道人民调解委员会建设，全国已建立乡镇、街道人民调解委员会4万多个，专门调解场所3万多个，分别占全国乡镇街道总数的93%和74%。积极探索建立区域性、行业性人民调解组织，一些地方在消费者协会、残疾人联合会、集贸市场、经济开发区、物业管理小区、房地产开发区等行业和地区建立了人民调解委员会。

二、培训工作得到进一步加强

各级司法行政机关按照司法部下发的《关于加强人民调解员队伍培训工作的意见》要求，立足当前、着眼长远，统一规划、分级实施，大力加强岗位培训、年度培训和示范培训。已有29个省(区、市)司法厅(局)组织开展了示范培训、岗位培训和素质培训，其中北京、上海、江苏等8省(市)在培训基础上实行考试、考核和持证上岗制度。全国接受培训的调解员已达350万人。

三、调解工作规范化建设进一步加强

根据《国务院关于国家行政机关和企业事业单位社会团体印章管理的规定》，司法部制定了人民调解委员会印章模式，统一了人民调解委员会印章。制发了人民调解文书格式，规范了纠纷登记、调解笔录、调解协议书，对人民调解文书档案管理提出明确要求。为了提高人民调解工作的社会公信力，各地将调解人员名单，调解范围、原则、效力，工作程序、制度与纪律，当事人的权利与义务以及调解场所秩序等制成统一牌匾挂在调解场所，接受群众监督。各地还积极建立和完善人民调解委员会的学习、例会、统计、排查、信息反馈、回访等各项工作制度。目前，已有北京、天津、河北等19个省(区、市)实现了人民调解委员会标牌、印章、标志、徽章、程序、文书“六统一”。

四、化解矛盾纠纷能力进一步强化

全国广大人民调解员积极调解婚姻、家庭、邻里、损害赔偿、房屋宅基地以及生产经营等常见性、多发性民间纠纷，同时结合当地经济社会发展的特点，主动介入社会难点、热点纠纷的调解，调解范围已从传统纠纷发展到村务管理、农民负担、计划生育、土地承包及流转、征地拆迁和补偿、施工扰民、下岗待岗、劳动争议、交通肇事、医患纠纷等诸多方面。依法制作人民调解协议书，严格回访制度，提高了人民调解协议的履行率，工作效能明显增强。特别是“非典”期间，广大人民调解员按照司法部《关于在非典型肺炎防治工作中充分发挥人民调解组织作用，维护社会稳定的通知》的要求，及时排查、依法妥善调处因非典型肺炎疫情引发的各种纠纷，包括因强制隔离等措施引发的群体性纠纷和因患病引发的医患纠纷、医疗费纠纷和劳动纠纷等，同时当好防治“非典”工作的宣传员和信息报告员，为取得“非典”防治工作的胜利做出了贡献。1—9月，全国人民调解组织共调解各类民间纠纷400多万件，其中公民与公民之间的矛盾纠纷350万多件，公民与法人及社会组织之间的矛盾纠纷48万件，调解成功率95%。纠纷当事人自觉履行调解协议280万件，履行率为70%。有21651份调解协议因当事人反悔或者不履行起诉到法院，18895份得到法院支持。

五、宣传力度进一步加强

利用各种宣传媒体大力宣传人民调解制度。2003年12月4日，借全国法制宣传日之机，专门安排全国十大法治新闻人物——山西省人民调解员龙小霞出席中央电视台的专题晚会现场，与政法战线的模范人物同台向全国人民讲述她开展人民调解工作的事迹。与中央电视台联合制作人民调解专题节目，请著名学者论谈新时期人民调解工作的重要意义和发展前景。

六、人民法院指导力度进一步加强

一些人民法院与司法行政机关建立了联系制度，加强人民调解工作情况与问题的沟通、交流和研究。一些基层人民法院和司法行政机关共同组织建立了人民调解指导队伍，定期深入到调解委员会指导调解工作。一些基层人民法院及其派出人民法庭主动与司法行政机关协商，就判决确认调解协议无效或者变更、撤销调解协议建立了通报制度，一些法院通过讲课、传授调解技巧、组织调解人员到法院实习、旁听审判、担任人民陪审员等方式加强对调解人员的业务培训，指导力度、手段不断丰富，指导职责得到进一步落实。

七、各级党委政府对人民调解工作的重视程度进一步加强

许多地区党委政府把人民调解工作摆上重要位置，列入议事日程，与其他工作同安排、同部署；许多地区党政领导深入基层调研人民调解工作，对人民调解工作的改革与发展作出重要指示；许多地区党委政府在财力十分紧张的情况下，拨出专款用于人民调解员的培训，印发人民调解文书格式；许多地区党委政府重奖在人民调解工作中作出突出贡献的人民调解委员会和人民调解员。

2003年，通过整顿、调整、改革、创新，全国人民调解委员会总数为87万个，调解人员680万人。调解纠纷570多万件，其中村居等人民调解委员会调解450多万件，乡镇、街道调解委员会调解111多万件。防止矛盾纠纷激化13.9万件，其中防止自杀19110件，涉及25461人；防止民转刑45895件，涉及126372人；防止群众性械斗32197件，防止群体性上访41518起，涉及1166417人。

基层司法所工作

2003年，在司法行政机关的积极努力下，各地进一步落实《市县乡司法行政机关机构改革座谈会纪要》精神，推动司法所建设工作朝着规范有序的目标迈进。

一、司法所机构建设有新的进展

各地继续贯彻中编办、司法部《座谈会纪要》精神，积极争取党政领导重视，大力巩固和加强司法所组织机构。安徽省司法厅争取到省委下发《关于全省司法所建设和监狱布局调整有关问题会议纪要》，明确乡镇（街道）司法所作为县（市、区）司法局的派出机构，要求已设立司法所的，要进一步巩固、规范和提高，更好地发挥作用；未设立的地方，应抓紧建立，单独设立有困难的，可综合性设立司法所。湖北省司法厅会同省委组织部、省委政法委、省机构编制委员会办公室、人事厅、财政厅下发《关于进一步加强全省司法所建设的意见》，提出要进一步建立健全司法所机构，理顺司法所管理体制，将司法所干部纳入公务员管理，司法所长的职级待遇比照乡镇（街道）派出所长、法庭庭长的职级待遇落实。截止目前，全国已有25个省（区、市）通过不同方式，明确了司法所机构编制问题，使司法所得到进一步巩固和发展。

二、司法所规范化建设得到加强

各地结合实际，制定了加强司法所规范化建设的实施意见和方案，采取切实有效的措施，加强指导监督，继续从组织机构、干部队伍、业务工作、基础设施等方面全面加强司法所建设，取得了明显成效。北京市在岗司法助理员中法律大专以上文化程度占到了90%，35岁以下占到44%，司法所队伍知识结构和年龄结构得到显著改善。目前，全国司法所工作人员中大专以上文化程度也达到了50%以上。广东、广西、贵州、安徽、江西等省先后争取到省财政专项资金支持，重点加强司法所办公用房建设。安徽省还率先在全国解决了提高本省司法助理员岗位津贴标准问题，改善了司法助理员生活待遇。与此同时，各地普遍加强了教育培训，积极开展基本素质教育和岗位练兵活动，提高了司法所工作人员的政治、业务素质，增强了他们执政为民、服务基层的意识和本领；继续强化了内部管理，建立健全各项规章制度，实行司法所规范化目标考核，促进了司法所制度化、规范化建设。

三、司法所职能作用的发挥，受到党政领导和社会各界的肯定

2003年上半年，司法部与中国残联开展了主要面向基层司法所的第二批"残疾人维权岗"命名活动，"非典"时期，又对发挥司法所职能作用作出了部署。广大基层司法所紧紧围绕当地中心工作，依靠和发挥法律服务、法制宣传教育和法律保障的职能优势，投入到改革发展稳定第一线。2003年，各地司法所共直接调处民间纠纷111万件；协助调委会调解民间纠纷70.9万件，宣讲法律近41万场次，受教育人数约2.67亿人次；制止群体性上访6.1万人次；制止群体性械斗3.7万次；协助基层人民政府审查、修改、制定各种行政文件、规章和村民自治章程等规范性文件7.7万件，参加行政执法检查9.4万人次；为基层人民政府依法行政提出法律建议11.7万条，其中被采纳9万条；参与基层统一组织的"严打"和专项治理工作近29万人次。

刑释解教人员安置帮教工作

一、积极争取中央及各级党政领导对安置帮教工作的重视和支持

2003年，中央综治委刑释解教人员安置帮教工作领导小组向中央领导同志提交了《关于刑满释放解除劳教人员安置帮教工作的情况汇报》，得到了中央领导同志的高度重视。罗干、周永康同志作出了专门批示。各省市安置帮教工作部门及时传达贯彻中央领导同志的批示精神，通过工作汇报、召开安置帮教工作会议、由党政领导担任安置帮教协调（领导）小组负责人等形式，积极争取当地党委政府对安置帮教工作的重视和支持。中央政治局委员、上海市委书记陈良宇同志在上海市一刑满释放人员的来信中作出重要批示；安徽省委副书记王昭耀同志在安徽省刑释解教人员安置帮教工作协调小组《关于中央综治委检查组来我省检查刑释解教人员安置帮教工作情况的报告》上作出批示；四川省委常委、政法委书记欧泽高同志视察亲情帮教可视电话探视点开通仪式。安置帮教工作得到了全国人大、政协委员的关注，中央综治委安置帮教工作领导小组办公室对全国人大和政协的8条建议案进行了答复。

二、各有关部门认真履行职责，不断开拓创新，安置帮教工作取得明显成效

监狱、劳教部门从源头上做好安置帮教工作，积极探索对罪犯、在教人员的分类改造和社会化帮教的新路子，大力开展职业技术教育，保证服刑、在教人员掌握一至两门实用技术，以适应回归社会后谋生就业的需要。加强出监所教育，对余刑3个月的服刑人员集中关押，进行回归社会教育。及时寄发衔接通知书，做好服刑、在教人员的回归社会准备工作。公安、基层司法行政等工作部门加强对刑释解教人员的排查清理和衔接工作，采取有效措施，落实衔接制度，加强对有重新违法犯罪倾向人员的监督管理。公安派出所、司法所、居委会、村委会等基层组织落实重点帮教力量，积极探索和完善对重点对象实施防范控制的措施和办法。北京、上海、福建、山东、江苏、云南、河北、广东、四川、湖北、陕西、宁夏、新疆等10多个省（市、区）对排查工作作出专门部署。

各地民政部门采取各种措施，将生活困难、家庭收入低于当地最低生活保障水平的城镇刑释解教人员纳入低保范围，发放最低生活保障金。有的地方把刑释解教人员纳入基层扶贫帮扶工程和工作计划，在生活、就业、资金和生产技术等方面给予扶持,帮助他们尽快自食其力,脱贫致富。劳动和社会保障、工商等部门尊重刑释解教人员的就业权利,并将其作为就业的特殊群体,提供重点的就业服务和帮助,尤其是根据自身特点,在引导自谋职业、基地安置就业、劳务派遣等方面下功夫,促进其尽快实现再就业。

2003年,各地积极探索新形势下刑释解教人员安置工作的新政策和新方法,继云南、安徽、四川、河北等省(市、区)出台刑释解教人员安置优惠政策后,湖北、广西、江西、浙江、海南等省(区)出台了刑释解教人员安置优惠政策。各省针对农村和城镇刑释解教人员的不同情况,制定了相应的政策。对农村籍的刑释解教人员,要求各地及时落实责任田,在其承包土地未落实前,可根据条件享受基层政府临时社会救济。对城市籍的刑释解教人员符合"三无"人员条件、社会救济条件和最低生活保障标准的按规定落实安置政策。对从事个体经营的刑释解教人员(一些特殊行业除外)和新办的劳动就业服务企业,当年安置城镇待业人员(包括刑释解教人员)超过一定比例可按比例减免有关税费。对已参加失业保险和基本养老保险的刑释解教人员的续保等作出了具体规定。对刑释解教人员安置帮教工作机构所需经费,要求各级财政适当给予支持。

工会、共青团、妇联组织和其他社会团体动员职工、团员、青年、妇女、离退休干部职工以"一助一"、"多助一"等形式参与对刑释解教人员的帮教工作。将安置帮教工作与青少年保护、妇女合法权益保护、创建文明家庭、"法律进社区"、基层安全创建等工作有机结合起来,取得了良好的成效。中央综治委刑释解教人员安置帮教工作领导小组召开安置帮教工作表彰大会,总结交流各地在安置帮教工作中的经验和做法,表彰1999—2002年度全国刑释解教人员安置帮教工作先进集体和先进个人,进一步推动了安置帮教工作的深入开展。

三、深入基层,调查研究,解决安置帮教工作中的困难和问题

四川省由司法厅主管厅长带队,进行专项调研,在此基础上出台了《关于进一步加强社区安置帮教工作的意见》、《关于全面开通亲情帮教可视电话热线有关事项的通知》和《关于进一步切实加强对"法轮功"类刑释解教人员安置帮教工作的通知》等。黑龙江、江苏省召开了安置帮教理论研讨会;广东省召开名为"诸葛亮会"的调研工作会议;云南省安置帮教工作部门组成联合调研组,分赴各地调研后,提交对工作有指导价值的调研报告;湖北省在充分调研论证基础上,向省人大提交了《湖北省安置刑满释放、解除劳教人员规定》,现已纳入省人大五年立法规划项目;陕西省在安置帮教工作要点中,重点部署安置帮教研究工作;中国回归社会学专业委员会将"帮教社会化、安置市场化"课题列为司法部部级课题。中央综治委刑释解教人员安置帮教有关部门组成联合调研组于3月赴云南、安徽两省进行调研,考察了两省5个地(市、州)、5个县(市、区)、7个乡镇(街道、社区)、两个监狱、两个劳教所、6个司法所、两个公安派出所、3个村居委会和有关安置帮教实体,召开了不同层次座谈会12次,基本掌握了两省的安置帮教工作各个方面的情况。在充分调研基础上,中央综治委等八部委局制定了《关于进一步做好刑释解教人员促进就业和社会保障工作的意见》,现已印发各地。

社区矫正试点工作

社区矫正是与监禁矫正相对的行刑方式,是指将符合社区矫正条件的罪犯置于社区内,由专门的国家机关在相关社会团体和民间组织以及社会志愿者的协助下,在判决、裁定或决定确定的期限内,矫正其犯罪心理和行为恶习,并促进其顺利回归社会的非监禁刑罚执行活动。2003年7月10日,最高人民法院、最高人民检察院、公安部、司法部联合下发了《关于开展社区矫正试点工作的通知》(以下简称《通知》),成立了由院部级领导组成的部级协调会。9月,“两院两部”又联合召开了全国社区矫正试点工作会议。北京、上海、天津、江苏、浙江和山东等6个试点省(市),认真贯彻《通知》和试点工作会议精神,在各级党委和政府的领导下,扎扎实实开展工作,社区矫正试点工作取得了较大进展。截至目前,社区矫正试点工作已在试点省市的26个区(市)、310个街道(乡镇)展开,试点地区的基层司法行政部门共接收、管理社区服刑人员4762人,其中:管制50人,缓刑2690人,假释610人,暂予监外执行184人,剥夺政治权利1228人。

一、积极争取各级党委、政府的重视和支持,密切与相关部门协调配合,建立健全社区矫正工作机制

为加强对试点工作的组织领导,各试点省(市)成立了由省(市)政法委书记或主管政法工作的副省长牵头,法院、检察院、公安局、司法局、民政局、劳动和社会保障局等相关部门负责人参加的社区矫正工作领导小组,并在省(市)司法厅(局)设立了社区矫正工作办公室,具体负责试点工作的组织实施。上海将社区矫正试点工作纳入了“预防和减少犯罪工作体系”,并在市司法局下设了“上海市社区矫正工作办公室”,具体负责社区矫正试点的组织实施工作。比照省级社区矫正组织的模式,开展试点的各地市、区县、街道也都分别建立了相应的组织机构,负责本地区的社区矫正试点工作。

根据“两院两部”的《通知》精神,各街道(乡镇)的基层司法所具体承担了社区服刑人员的监督管理工作。为强化社区矫正工作,部分地区还抽调了监狱和劳教人民警察协助基层司法所工作。与此同时,各级司法行政机关充分发挥社会力量的作用,招募专家、学者、离退休人员、高等院校学生等社会志愿者,组建社区矫正社会志愿者队伍,参与到社区矫正工作中来。上海还招聘了“社工人员”,专门协助司法所开展对社区服刑人员的教育扶助等工作。

人民法院、人民检察院、公安等相关部门在社区服刑人员的法律文书送达、人员接收、监督管理、法律适用、生活保障等方面,与基层司法所紧密配合,从而初步建立起了在各级党委政府领导下的,司法行政机关组织实施,法院、检察院、公安局等相关部门紧密配合,以基层司法所为主,社会力量广泛参与的社区矫正工作机制,确保了社区矫正试点工作的规范有序进行。

二、加强制度建设,确保社区矫正试点工作依法规范进行

为确保社区矫正试点工作的依法规范进行,各试点省(市)的司法行政部门,大力加强社区矫正的规范化和制度化建设,建立了社区矫正工作例会制度、请示报告、培训、信息报送、统计档案管理及内部监督等项工作制度。共出台了30余个关于社区矫正试点工作的规范性文件,对与法院、公安机关的工作衔接、社区服刑人员的接收、社区服刑人员的监督管理教育、社区服刑人员的考核奖惩以及社区服刑人员服刑期满等各个环节,都做了具体的规定。如北京制定了《北京市社区矫正工作实施细则(试行)》、《北京市社区矫正对象接收工作衔接规定(试行)》,上海市制定了《社区服刑人员日常行为奖惩规定(试行)》,江苏省制定了《江苏省社区矫正工作流程(试行)》等,初步形成了较规范的社区矫正工作流程。这些具体的规定严格限定在与现行法律、法规和公安机关相关管理规定的框架内,确保对社区服刑人员监督管理制度的延续性。

人民法院、公安机关等相关部门,大力加强了社区矫正的制度化、规范化建设,积极支持和配合司法行政部门的工作。如北京市公安局下发了《关于做好社区矫正试点工作有关问题的通知》,试点地区人民法院则在判决前向社区服刑人员讲明法律义务,签订保证书,强化了社区矫正的刑罚执行效力。上海市公安局下发了《公安派出所社区矫正工作规范(试行)》,上海市高级人民法院下发了《上海法院参与社区矫正工作的若干意见》,上海市人民检察院制定了《上海检察机关参与社区矫正工作试行办法》。

三、采取多种形式,加强对社区服刑人员的教育矫正,不断提高教育矫正质量

一是进一步加强对社区服刑人员的监督管理,要求社区服刑人员遵守报到、迁居、外出请销假、公益劳动、集体活动等各项管理制度,从行动上强化其自律意识,培养他们的遵纪守法观念。二是加强思想教育,通过集体教育、个别教育、组织参加社会活动等多种形式，不断提高他们的悔罪意识、公德意识和自新意识，转变他们的思想和观念。三是按照“符合公共利益，社区服刑人员力所能及，便于监督检查，可操作性强”的原则，组织他们参加必要的公益劳动，增强他们的社会责任感。公益劳动的项目主要是打扫公共卫生、扶助孤寡老人等等。有的地区还专门建立了公益劳动基地，如北京的“新生林”等。四是充分利用社会力量，对社区服刑人员开展心理咨询活动，帮助他们解决心理上存在的问题，实施心理矫正。如北京东城区组建了由区属医院专职医师组成的社区心理矫治队伍，设立专门的矫正室，开展心理咨询和矫正工作。五是积极协调民政、劳动和社会保障等相关部门，帮助社区服刑人员解决生活及就业等方面遇到的困难。

在教育矫正工作中，各试点地区十分注重个性化教育。北京和上海等地都建立了个案矫正制度，司法所在认真了解分析社区服刑人员的犯罪原因、主要生活经历、家庭及社会背景的基础上，针对他们不同的犯罪类型、心理特点、年龄特征和生活状况，制定出有针对性的矫正方案，一人一案，并根据情况的变化随时进行调整。同时，司法行政机关充分运用社会力量和社会资源，加强对社区服刑人员的教育矫正工作，如上海市成立了“新航社区服务中心”，该中心为民办非企业单位性质，根据市社区矫正工作办公室设定的总体工作目标，依据有关法律、法规及其章程的规定，组织社会工作者参与社区矫正工作。北京市东城区与“北京惠泽人咨询服务中心”签订协议，由该中心立项，组织专家对社区矫正工作进行系统研究，并组织专家和社会志愿者，协助司法所开展个案心理矫正。

四、加强理论研究，不断丰富和完善社区矫正工作

司法部成立了社区矫正工作专家小组，从法学理论上对社区矫正工作给予指导和支持。各试点省市也分别成立了由本地区法学专家组成的专家小组，加强对社区矫正工作的理论研究。与此同时，还注重开展社区矫正工作的理论交流。2003 年 11 月，司法部在广东主办了“中国—芬兰监狱管理与社区矫正研讨会”。2003 年底，上海市邀请部分法学界人士和社区矫正试点省市的代表，举行了社区矫正工作理论研讨会。

司法部关于加强社会治安综合治理工作的实施意见

（2003 年 10 月 13 日）

各省、自治区、直辖市司法厅（局），新疆生产建设兵团司法局、监狱局：

为了贯彻落实《中共中央、国务院关于进一步加强社会治安综合治理的意见》（中发［2001］14 号）、《中央社会治安综合治理委员会关于加强社会治安防范工作的意见》（中办发［2002］26 号），以及 2003 年 9 月全国社会治安综合治理工作会议精神，现就全国司法行政系统加强社会治安综合治理工作提出如下实施意见。

一、毫不动摇地坚持“严打”方针，推动“严打”经常性工作机制的建设

1. 监狱、劳教场所要依法及时完成收押、收容任务。积极配合各地因地制宜开展的“严打”整治斗争，采取多种措施，确保新收押罪犯和新收容劳教人员能够依法及时入监、入所。

2. 严格安全防范措施。认真落实各项安全制度，消除安全隐患。掌握狱所情况动态，制定处置突发事件预案。严厉打击狱所内违法犯罪活动，深挖余罪。严格执行安全生产责任制和生产事故行政追究制度，防止监所发生生产安全事故。

建立人防、物防、技防相结合的安全防范体系，研究探索确保监所安全稳定的长效机制。

3. 积极推进监狱工作法制化、科学化、社会化建设。根据监狱工作规律，以法制化、科学化、社会化建设为载体，探索教育改造的方式方法，进一步提高教育改造质量。

4. 继续抓好劳教创办特色的试点工作。劳教场所要在管理、教育、劳动、场所设施建设等方面采取措施，努力提高教育挽救质量。

5. 大力开展狱所务公开活动。充分保证狱所内罪犯、劳教人员及其亲属知情权、建议权，加大社会对监狱、劳教执法工作的监督力度，确保严格执法、公正司法。

二、加强人民调解工作，充分发挥社会治安第一道防线的作用

6. 抓好人民调解三个规范性文件的落实。认真学习贯彻落实中办、国办转发的《最高人民法院、司法部关于进一步加强新时期人民调解工作的意见》、最高人民法院《关于审理涉及人民调解协议的民事案件的若干规定》和司法部《人民调解工作若干规定》，在狠抓落实上下功夫。

7. 进一步做好矛盾纠纷排查调处工作。健全工作制度，完善工作机制，坚持定期排查和日常排查结合，努力把问题解决在萌芽状态，防止矛盾激化，减少"民转刑"案件。同时要注意把握好界限，避免将人民调解运用于刑事案件、治安案件和行政纠纷的处理。

8. 加强分类指导。针对城市和农村，发达地区和欠发达地区，村居、企业人民调解组织和乡镇、街道人民调解组织的不同情况，采取不同的指导方法，总结不同类型的经验，树立不同的典型，推动工作不断发展。

9. 加强人民调解组织建设。2003 年底前，争取全国 70% 的乡镇、街道建立人民调解委员会；2004 年，所有乡镇、街道全部建立健全人民调解委员会。要对现有人民调解组织进行规范，达到名称、印章、标识、程序、文书"五统一"。积极发展区域性、行业性的人民调解组织，延伸人民调解工作触角。加强与人民法院的合作，建立工作联系、错案告知和业务指导等制度。

10. 建立一支高素质的调解队伍。调整、充实现有的调解人员，把真正懂法律、懂政策，热爱人民调解工作的同志选聘到人民调解队伍。认真落实《司法部关于加强人民调解员培训工作的意见》，进一步提高调解率、调解成功率和协议履行率。

三、按照"帮教社会化、就业市场化、管理信息化、工作职责法制化"的要求，做好新时期的安置帮教工作

11. 改进和加强对刑释解教人员的衔接管理工作。按照中央四部委《关于进一步做好服刑、在教人员刑满释放、解除劳教时衔接工作的意见》，重点加强对刑释解教人员出狱(所)后直接流散于社会、不落户或人户分离以及"三假"(假姓名、假身份、假地址)人员的查找，最大限度地减少刑释解教人员的脱管漏管，逐一落实帮教力量。

12. 积极动员和组织社会各方面的力量参与帮教工作。在坚持以往行之有效的帮教措施的同时，广泛开展志愿者活动，采取多种形式，帮助教育刑释解教人员，并使安置帮教工作与青少年保护、创建文明家庭等工作结合起来。发挥社区管理的功能，结合实际开展刑释解教人员的社区教育活动。

13. 积极引导、扶持刑释解教人员就业。监狱、劳教所要和劳动保障等部门加强联系，坚持联合开展多种职业技能培训的有效做法，增强刑释解教人员就业谋生的能力。加大宣传力度，消除社会上对刑释解教人员的偏见和就业歧视，鼓励企业或其他经济组织安置刑释解教人员。在帮助和引导刑释解教人员依靠自身努力实现就业的同时，积极配合有关部门，制定政策措施，使他们获得就业岗位和落实社会保障。

14. 推进刑释解教人员信息管理系统建设。加快管理软件的研制开发以及各试点省(区、市)的数据库建设，利用计算机网络技术强化对刑释解教人员的衔接和管理工作，提高刑释解教人员管理工作信息化水平。

15. 分工协作，密切配合。各地司法行政机关要加强与综治、公安、民政、劳动和社会保障、财政、税务、工商、银行、共青团、妇联等有关部门的沟通，共同做好安置帮教工作。

四、深入开展普法依法治理，为社会治安综合治理创造良好的法制环境

16. 进一步加强对有关"严打"整治斗争方面

的法律法规的宣传。继续宣传“严打”整治方针，积极开展形式多样的法制宣传，努力提高公民的防范意识、维权意识和与犯罪行为作斗争的意识。大力宣传全国“严打”整治斗争的胜利成果，增强人民群众对社会治安的信心。

17. 继续加强对整顿和规范市场经济秩序方面的法律法规的宣传。特别要紧紧围绕严厉打击各种制售假冒伪劣商品、严重危害人民生命健康的违法活动，围绕整顿和规范建筑市场、文化市场、金融市场、财税秩序和旅游市场秩序等重点工作开展法制宣传。

18. 认真组织开展农村和社区普法依法治理工作。针对农村特点，积极开展“民主法治示范村”创建活动，采取以案释法、法制文艺宣传等形式，不断提高农村群众的法律意识和法律素质。广泛开展“法律进社区”活动，提高居民自我教育、自我服务、自我管理、自我约束的能力，努力建设文明祥和的新型社区。

19. 加强对青少年的法制宣传教育。认真抓好教育部、司法部、中央综治办、团中央联合下发的《关于加强青少年学生法制教育工作的若干意见》的贯彻落实，深入开展检查督促，及时总结经验。

五、加强法律服务和法律援助工作，促进社会治安秩序的不断优化

20. 进一步加强对律师刑事辩护工作的指导和监督。教育广大律师严格遵守职业道德和执业纪律，既要对当事人负责，又要对社会负责、对法律负责，确保刑事辩护工作特别是重大、特大、恶性案件辩护工作的政治效果、法律效果和社会效果的统一，以促进司法机关准确运用法律，及时有力地打击各种刑事犯罪。

21. 努力解决普通群众打官司难的问题。大力发展律师队伍，增加律师从业人数，同时对律师队伍进行布局调整，逐步改变在大中城市过份集中而在小城镇和广大农村地区稀缺的问题。要通过调整和丰富律师队伍的结构和层次，形成不同标的、不同性质、不同难度的案件都有相应的律师承担和提供法律服务的格局。不断加强培训、加强管理，提高律师的业务素质和职业道德素质，积极为人民群众提供优质周到的法律服务。

22. 大力推进法律援助工作。认真贯彻落实国务院颁布的《法律援助条例》和 2003 年 8 月底全国法律援助工作会议精神，以及《司法部关于贯彻落实〈法律援助条例〉促进和规范法律援助工作的意见》，细化各项措施，努力为困难群众提供优质便捷的法律服务。

六、积极开展社区矫正试点工作，不断完善我国刑罚执行制度

23. 保证试点工作依法规范、积极稳妥地进行。按照我国刑法、刑事诉讼法等法律法规的要求，做到在现行法律制度框架内开展试点工作。根据有关法律法规的规定，结合试点工作的实际，制定相应的规章制度，并在实践中不断加以完善。

24. 建立和完善基层社区矫正工作制度和运行机制。规范送达、接收、登记、建档、制定矫正个案、监护、考核、奖惩等工作程序，使各个环节的工作有章可循。建立例会、请示报告、档案管理、学习培训、信息宣传、检查监督等各项工作制度，保证社区矫正试点工作有序进行。根据矫正对象的不同特点，制定有针对性的教育改造方案，突出教育改造的针对性与实际效果，提高矫正质量。

25.进一步加强司法所建设。街道、乡镇司法所作为基层社区矫正工作的日常工作机构，必须大力加强组织建设、制度建设、业务建设和作风建设。尤其要定期进行业务培训，使司法所人员熟悉社区矫正工作的法律、法规和政策，熟练掌握工作程序、制度、方法和技能，能够胜任开展社区矫正工作。

26. 加强对社区矫正试点工作的组织和领导。争取当地党委、政府的支持，妥善解决试点过程中遇到的人力、物力、财力等方面的实际困难。充分发挥社区矫正试点工作协调会议制度的作用，研究解决社区矫正试点工作中的重大问题。基层司法所要和公安派出所密切配合，加强同工会、共青团、妇联等社会团体和社区居委会、村委会等基层群众自治组织，以及矫正对象所在单位、家庭、邻里等方面的联系，广泛吸纳社会自愿者，共同做好社区矫正工作。

27. 非试点省份要加强对社区矫正工作的研究。认真学习《最高人民法院、最高人民检察院、公安部、司法部关于开展社区矫正试点工作的通知》，把握法律政策界线，积极创造条件，为下一步开展社区矫正工作做好准备。

七、加强对社会治安综合治理工作的领导，狠抓工作落实

28. 认真落实领导责任制。各地各单位一把手要站在实践“三个代表”重要思想的高度，进一步增强政治意识、大局意识和责任意识，严格落实社会治安综合治理目标责任制和一票否决制等制度，一把手真正负起“第一责任人”的责任，分管领导负起“直接责任人”的责任，对本单位发生严重危害社会稳定和社会治安问题的，坚决追究领导责任。

29. 切实转变工作作风。各级司法行政机关的领导同志一定要深入基层，深入实际，加强调查研究，注意把握当前综合治理工作中不断出现的新情况、新问题，不断解决好工作中存在的突出矛盾。

30. 抓好落实工作。各地司法厅(局)要从本地实际情况出发，提出加强社会治安综合治理工作的具体意见和措施，并认真加以贯彻落实。

范方平同志在全国社会治安综合治理工作会议上的讲话

（2003 年 9 月 27 日）

这次全国社会治安综合治理工作会议，是在全党兴起学习贯彻“三个代表”重要思想新高潮形势下召开的一次重要会议，对于推动社会治安综合治理各项措施的落实，为全面建设小康社会营造安全稳定的社会治安环境，具有十分重要的意义。我们一定认真学习、深刻领会中央领导同志在这次会议上的讲话精神，全面落实这次会议的部署。

去年以来，全国司法行政系统按照中央政法委和中央综治委的要求和部署，认真贯彻“上海会议”精神，狠抓各项措施的落实。全国监狱、劳教机关在普遍超负荷收押收容的情况下，充分挖掘内部潜力，切实做到对新投送罪犯和劳教人员随送随收，并且进一步落实了监管安全和生产安全措施。去年，全国监狱罪犯脱逃数比上年同期下降 43.24%，劳教人员逃跑率比上年同期下降 50%，在安全生产方面也没有出现大的问题。各地按照“四五”普法规划以及《关于进一步加强社会治安综合治理的意见》和《关于加强社会治安防范工作的意见》要求，加大对“严打”整治斗争、整顿和规范市场经济秩序等方面法律法规的宣传力度。在广大农村和社区，普遍开展了形势多样、丰富多彩的法律宣传活动。充分发挥人民调解组织的作用，积极排查和化解矛盾纠纷，防止矛盾纠纷激化。据统计，去年各级人民调解组织共调解各类矛盾纠纷达 500 万件。2002 年以来，各地在前一年对刑释解教人员排查摸底的基础上，又对排查工作进行了“回头看”，有针对性、有重点地加强管理措施，同时积极为刑释解教人员就业创造条件。各级司法行政机关切实加强对律师辨护工作的指导。去年全国律师共办理刑事辩护案件 26 万多件。广大律师还积极承办法律援助案件和参与信访接待工作。

虽然司法行政系统在社会治安综合治理工作中取得了一定成绩，但目前也面临不少问题。主要表现在以下三个方面：一是监管安全压力增大。目前，全国监狱系统在押罪犯已超过 154 万人，超押现象比较突出。罪犯构成日趋复杂，改造难度逐步加大。二是劳教工作面临新的形势。具体表现为“六多一强”，即吸毒劳教人员和艾滋病毒感染者增多；“法轮功”劳教人员中顽固沉淀分子增多；多进宫人员增多；“三类”人员增多；负案在教人员增多；流窜作案人员增多；抗改性强。三是基层工作的任务日趋繁重。当前，民间纠纷总量不断增长，矛盾冲突日益加剧，一些民间纠纷转化为自杀、恶性犯罪、群体性事件。刑释解教人员重新违法犯罪问题比较突出。随着流动人口的增多和城市建设的发展，人户分离现象日益突出，对刑释解教人员的管控和安置难度加大。

根据社会治安面临的新形势、新任务，下一步，司法行政系统将着重抓好以下几个方面的工作：

一、进一步研究探索监狱、劳教工作规律，推动建立完善“严打”经常性工作机制建设

监狱、劳教系统在推进“严打”经常性工作机制建设中，一项重要任务就是要根据监狱劳教工作规律，在提高教育改造和教育挽救质量上下功夫，最大限度地减少重新违法犯罪率。我们将按照去年底全国司法厅(局)长会议的部署，继续推进监狱工作法制化、科学化、社会化建设，要求各地监狱牢固树立以教育改造人为中心的观念、依法治监的观念、公正文明执法的观念、科学管理的观念和改革创新的观念，推进刑罚执行工作、教育改造工作和监督工作的法制化，使监狱的一切执法环节、执法行为都于法有据；总结继承行之有效的教育改造方法，探索新的教育改造手段，增强教育改造的科学性、针对性和有效性；坚持以我为主，充分借助社会力量，利用社会资源，建立多角度、多层次、多方位的帮教体系，进一步提高教育改造质量，增强罪犯刑满后适应社会的能力。继续抓好劳教创办特色的试点工作，要求劳教场所在管理方面，分别采取封闭、半开放、开放三种不同的管理方法，体现依法、严格、科学、文明的原则；在教育方面，突出法制教育和职业技术教育，增强教育工作的科学性和有效性；在劳动方面，强调矫正和习艺特征，使劳教人员在劳动中达到矫正恶习、学习生产技能的实际效果；在场所设施建设方面，要有利于劳教人员的身心健康，创造良好的育人环境。

二、加强人民调解工作，充分发挥社会治安第一道防线的作用

关于人民调解工作，总的要求是要认真落实中办、国办、最高人民法院、司法部关于人民调解工作的三个规范性文件和去年全国人民调解工作会议精神，以及今年6月25日召开的全国人民调解工作电视电话会议精神。要继续加强对重点部位、重点人群的排查，及时发现纠纷隐患和苗头，及时化解，努力防止因民间纠纷激化引起自杀事件、刑事案件、群体性械斗和群体性上访。要进一步深化人民调解制度改革，注意调解组织的民间性、自治性；进一步规范人民调解协议，使人民调解更好地与诉讼制度衔接。当前，要把司法助理员和人民调解员的培训工作放在重要位置，这是人民调解的一项基础性工作。司法部已经制定人民调解员培训方案，正在抓紧落实。

三、采取切实措施，做好新时期的安置帮教工作

各地要认真落实去年太原会议上提出的“帮教社会化、就业市场化、管理信息化、工作职责法制化”的新时期安置帮教工作要求，狠抓落实。具体来说，要做好五个方面工作：一是按照中央四部委《关于进一步做好服刑、在教人员刑满释放、解除劳教时衔接工作的意见》，重点加强对刑释解教人员出狱(所)后直接流散于社会、不落户或人户分离以及“三假”(假姓名、假身份、假地址)人员的查找，最大限度地减少刑释解教人员的脱管漏管。二是积极动员和组织社会各方面的力量参与帮教工作，广泛开展志愿者活动，并使安置帮教工作与青少年保护、创建文明家庭和文明社区等工作结合起来。三是积极引导、扶持刑释解教人员就业。中央综治委刑释解教人员安置帮教协调小组将会同有关部门制定进一步加强刑释解教人员安置就业和社会保障工作的意见。各地要按照意见的要求，认真做好有关政策的落实工作。四是加快刑释解教人员信息管理系统建设，完成软件的研制、发放及各试点省(区、市)的数据库建设，利用计算机网络技术强化对刑释解教人员的衔接和管理工作，提高刑释解教人员管理工作信息化水平。五是各地司法行政机关要与综治、公安、民政、劳动和社会保障、工商行政管理、共青团、妇联等安置帮教有关部门密切配合，认真履行职责，共同做好安置帮教工作。

四、深入开展普法依法治理，为社会治安综合治理创造良好的法制环境

普法依法治理对于提高公民的法律素质，优化社会环境，预防、打击违法犯罪有着重要的作用，是加强社会治安综合治理的基础性工作。当前，要继续做好两个方面的工作：一要加强重点法律法规的宣传。除了加强对重点普法对象的法制宣传以外，要把社会治安综合治理方面的法律法规,作为宣传教育的重点内容,广泛开展宪法、刑法、刑事诉讼法、治安管理处罚条例等与维护社会治安密切相关的法律法规的宣传教育。二要坚持法制教育与法制实践相结合。进一步推进地方、行业、基层依法治理工作,尤其要抓好农村和城市社区的依法治理工作。在农村,我们将抓好《司法部、民政部关于开展"民主法治示范村"创建活动的通知》的落实,进一步促进基层民主法制建设。在社区,我们将继续要求各地司法行政机关认真贯彻落实去年6月《中央文明办、中央综治办、司法部、全国普法办关于〈印发"法律服务进社区"活动工作方案>的通知》,以及去年8月在上海召开的加强大中城市社区法律服务工作座谈会精神,继续开展"法律进社区"活动,夯实社区法制基础。

五、加强法律服务和法律援助工作,促进社会治安秩序的不断优化

随着我国经济和社会的迅速发展,各种社会矛盾和纠纷随之增多,人民群众迫切需要我们的律师、公证员和基层法律服务工作者提供方便和优质的法律服务,以维护他们的合法权益。当前,普通群众有几难,其中一难就是告状无门、打官司难,这在一定程度上导致了矛盾激化。司法部将认真研究,采取措施,努力解决普通群众打官司难的问题,也就是让普通群众请得到、请得起、信得过律师。所谓"请得到"就是保证普通群众身边有律师。为此,在继续大力发展律师队伍,在增加律师从业人数的同时,要对律师队伍进行布局调整,逐步改变在大中城市过份集中而在小城镇和广大农村地区稀缺的问题。所谓"请得起",就是法律服务收费要与当地的社会经济发展和群众的生活水平相适应。要解决这个问题,除了对广大律师进行职业道德教育,唤起和强化律师的社会责任感之外,重要的是要通过调整和丰富律师队伍的结构和层次,形成不同标的、不同性质、不同难度的案件都有相应的律师承担和提供法律服务的格局。所谓"信得过",就是要让普通群众相信我们提供的法律服务能够解决问题,维护他们的权益。这需要不断加强培训、加强管理,提高律师自身的业务素质和职业道德素质,为人民群众提供优质、周到的法律服务。对困难群众来讲,要解决打官司难的问题,主要依靠法律援助制度。今年8月底,围绕贯彻落实国务院出台的《法律援助条例》,司法部已在杭州召开会议,专门做出部署。

六、积极开展社区矫正试点工作,不断完善我国刑罚执行制度

今年7月,最高人民法院、最高人民检察院、公安部、司法部联合印发了《关于开展社区矫正试点工作的通知》,明确了社区矫正适用范围、任务、有关部门职责以及组织领导等。司法行政机关作为开展社区矫正试点工作的牵头单位,将按照《通知》要求,切实履行职责,完善工作措施,在总结试点经验的基础上,适时扩大试点范围。

社会治安综合治理关系到党的执政地位的巩固,关系到国家的长治久安和人民的安居乐业。我们决心在以胡锦涛同志为总书记的党中央领导下,认真学习贯彻"三个代表"重要思想,按照中央领导同志的要求和这次会议的部署,真抓实干、开拓进取,为全面建设小康社会做出新的更大的贡献。

司法部关于加强人民调解员培训工作的意见

(2003年7月8日)

各省、自治区、直辖市司法厅(局),新疆生产建设兵团司法局:

为进一步加强人民调解员队伍建设,充分发挥人民调解工作的职能作用,现对人民调解员的培训工作提出以下意见。

一、充分认识加强人民调解员培训工作的意义

加强人民调解员的培训工作，是深入贯彻落实中办、国办转发的《最高人民法院、司法部关于进一步加强新时期人民调解工作的意见》(中办发[2002]23号文件)、最高人民法院《关于审理涉及人民调解协议的民事案件的若干规定》和司法部《人民调解工作若干规定》，改革和加强新时期人民调解工作的重要举措。目前，人民调解员的文化程度、法律政策水平和调解技能普遍难以适应新形势下人民调解工作的需要。只有大力提高人民调解员的素质，培养和造就一支懂法律、懂政策、热爱人民调解工作、熟悉调解工作程序和方法的人民调解员队伍，才能保证人民调解工作的质量和社会公信力，推动人民调解工作健康、顺利地发展，充分发挥人民调解制度在维护社会稳定中的重要作用。各级司法行政机关一定要充分认识加强人民调解员培训工作的重要性和紧迫性，切实把这项工作摆上重要位置，常抓不懈，抓出成效。

二、人民调解员培训工作的指导思想和工作目标

人民调解员培训工作，要以邓小平理论和“三个代表”重要思想为指导，认真贯彻落实中办发[2002]23号文件关于进一步加强新时期人民调解工作的意见，适应维护社会稳定大局的需要，坚持立足当前、着眼长远、统一规划、分级实施的工作思路，逐步实现人民调解员培训工作的制度化和规范化，努力培养和造就一支高素质的人民调解员队伍。

当前和今后一个时期人民调解员培训工作的目标是：力争一年内使广大人民调解员能够了解中央关于加强人民调解工作的精神，明确人民调解工作改革的任务和要求，掌握人民调解的基本程序和方法，规范制作人民调解协议书；三年内使广大人民调解员普遍掌握调解一般民间纠纷常用的法律政策知识，其中乡镇、街道、企业事业单位、区域性、行业性调解组织的调解员能够较熟练地运用法律知识调解疑难、复杂的民间纠纷；五年内建立一支熟悉人民调解制度、较系统地掌握与调解民间纠纷有关的法律、法规和政策，熟练并灵活运用人民调解程序与方法，及时、优质、规范地调解民间纠纷的人民调解员队伍。

三、人民调解员培训的方式与分工

建立人民调解员岗位培训制度。岗位培训是人民调解员的任职培训，新选聘的人民调解员，必须经过岗位培训合格。岗位培训的主要任务是帮助新选聘的人民调解员学习、掌握人民调解工作有关的法律、法规、规章和政策，了解人民调解工作制度、工作程序和方法，初步具备开展人民调解工作的业务素质。岗位培训应当集中进行，时间一般不少于5天。

积极开展人民调解员年度培训。年度培训是对在岗人民调解员进行的知识更新和技能强化培训，主要任务是帮助人民调解员及时了解有关人民调解工作的新法规、新政策，把握人民调解工作的新形势、新要求，交流人民调解工作的新经验、新做法，强化调解方法和技能训练，不断适应人民调解工作发展的需要。年度培训一般累计不少于10天。

岗位培训、年度培训由县(市、区)和地区(市、州、盟)司法行政机关组织开展。地区(市、州、盟)司法局(处)主要负责培训辖区内大中型企业、区域性、行业性、乡镇、街道人民调解委员会主任、骨干调解员；县(市、区)司法局主要负责培训辖区内人民调解委员会主任、骨干调解员，指导和组织司法所培训辖区内人民调解员。培训后，组织培训的司法行政机关应当对参训人员进行考试或者考核。成绩合格的，由司法行政机关颁发证书并做出评定，作为人民调解员评比及奖励的重要依据；成绩不合格的应继续培训并补考，补考仍不合格的，应建议原选举聘任单位予以撤换。

为了从组织方式、培训方法、学习内容等方面为基层提供模式和样板，省(自治区、直辖市)司法厅(局)可以组织开展示范性培训。示范性培训的主要任务是学习、理解新颁布的有关人民调解工作的规范性文件，研究、探索人民调解员培训工作规律，总结、交流培训工作经验，为各地开展培训工作培养师资和骨干，其培训对象主要是各级司法行政机关人民调解管理干部、模范人民调解员代表。示范培训一般每年举行一次，具体安排由省(自治区、直辖市)司法厅(局)根据本地人民调解工作发展与实际需要确定。

四、人民调解员培训的内容与方法

人民调解员培训的主要内容是：人民调解组织的性质、任务、工作原则；人民调解组织的设置和组成、人民调解员的条件和选任办法；人民调解工作制度、工作程序、基本方法和调解技巧；人民调解员职业道德和工作纪律。调解常见、多发或疑难民间纠纷所依据的法律、法规、规章和有关政策知识等。

为统一培训标准，规范培训内容，司法部将制定下发《人民调解员培训大纲》，并根据《人民调解员培训大纲》组织编发全国统一的培训教材。各地应当按照培训大纲要求，广泛发动和组织各级、各方面的力量，开展多渠道、多层次的培训工作。要从实际出发，采取各种形式开展培训工作，既可以举办培训班，也可以采取以会代训、研讨交流、实地考察、现场观摩、参与法院审判实践等形式开展培训。

五、加强领导，保障人民调解员培训工作的顺利开展

各省（自治区、直辖市）司法厅（局）应当根据本《意见》，结合本地实际，尽快制定本地区开展人民调解培训工作的总体规划和实施意见。要建立健全各项培训工作制度，加强督促、检查，确保培训落实，收到实效。要与人民法院密切配合，共同开展培训工作，提高培训质量和效果。要认真总结、推广培训工作经验，及时发现、解决培训工作中的问题，加强对基层培训工作的指导。

人民调解员队伍数量大、分布广、文化基础差，培训任务十分繁重。为此，要坚持培训工作重心下移，主要依靠县（市、区）司法行政机关及广大基层司法所，充分发挥他们在培训方面的职能和作用。要把人民调解员培训工作开展的情况和效果，作为考核县（市、区）司法行政机关和司法所工作的一个重要标准，促使县（市、区）司法行政机关和司法所切实负起培训责任。

多渠道筹集培训经费，保障培训工作顺利开展。依据司法部、财政部《关于修订〈司法业务费开支范围的规定〉的通知》（[85]司发计字第384号）中关于人民调解培训经费的规定，积极协调争取财政部门落实并不断增加人民调解培训工作经费。要在现有工作经费中，尽可能做出调剂，加大培训投入。要主动争取各级党委政府的支持，解决人民调解委员会工作经费和人民调解员补贴经费，为广大人民调解员参加培训、学习提供条件。

民　政　部

2003年民政部参与社会治安综合治理工作概况

2003年，民政部认真贯彻落实中央综治委的工作部署，积极参与社会治安综合治理工作，努力发挥民政部门的职能作用，促进和维护了社会稳定。

一、全面推进城市社区建设，积极参与社区社会治安综合治理工作，构筑基层社区治安防控网络

城市社区是城市社会管理的基础，也是社会稳定的基础。2003年，各级民政部门按照十六大关于“完善城市居民自治，建设管理有序、文明祥和的新型社区”的要求，继续深入贯彻中办发〔2000〕23号文件精神，全面推进城市社区建设，同时，积极参与社区社会治安综合治理工作，构筑基层社区治安防控网络。一是加强社区居委会建设，培育社区专职工作者队伍和志愿者队伍，为社区各项工作特别是社会治安综合治理工作提供坚强的组织保障。改革了社区居委会干部制度，采取向社会公开招聘的办法，通过民主选举、竞争上岗，提高社区居委会干部的素质，形成了一支年轻化、知识化、职业化的社区工作者队伍。同时，大力发展社区志愿者队伍，召开了全国优秀社区工作者表彰会议和优秀社区志愿者表彰会议，大力宣传全国优秀社区工作者的先进事迹，促进社区干部队伍的建设。在社区的社会治安综合治理工作中，社区居委会运用自身优势，按照建设管理有序、治安良好、人际关系和谐的社区建设的总体目标,及时发现和掌握社区各种不安定因素,及时化解各种矛盾和隐患,把问题消灭在萌芽状态。二是提高居民的参与意识和自治意识,积极配合有关部门,开展基层安全创建活动。在创建安全社区、"无毒社区"等活动中,社区居委会积极投入到预防青少年违法犯罪、查禁黄赌毒、民事调解,以及对刑释解教人员、流动人口的管理等工作之中去,把各部门、企业和事业单位的力量聚集到社区,为社区治安综合治理工作搭建了平台。无锡市惠山区10个镇、134个行政村(社区)均开展了"无毒社区"活动,覆盖率达100%。黑龙江省已命名了69个"无毒社区"先进单位,五大连池市已被列入全国"无毒社区"建设示范单位。各地还积极组织开展了"万家社区读书活动",配合搞好卫生、科技、教育、法律进社区,丰富社区活动内容,提高社区文明程度,为创造文明祥和的社区环境发挥了重要的作用。三是拓展社区服务网络,拓展社区再就业渠道,促进社区再就业工作,为从根本上解决城市困难群众的基本生活问题创造条件。下发了关于进一步做好社区再就业工作的通知,要求各地大力发展社区服务,积极拓宽服务领域,创新服务形式,创办服务实体,开发就业岗位,帮助下岗失业人员和困难群众在社区就业和再就业。2003年北京市开发社区就业岗位9.78万个,吉林省通过社区安排下岗职工就业、再就业的人数超过了下岗职工的一半。社区建设的发展,构筑了基层社区治安防控网络,充分发挥基层组织的自我教育、自我管理、自我服务的作用,有利于从基层和源头上缓解社会纠纷和社会矛盾,维护城市的社会稳定。

二、加强农村基层民主政治建设,维护农村稳定

2003年,按照党的十六大提出的"完善村民自治,健全村党组织领导的充满活力的村民自治机制"的要求,农村村民自治工作以制度建设为重点,在继续做好村委会换届选举工作的同时,加大推进全国村务公开工作的力度,推进农村民主决策、民主管理、民主监督。2003年天津、河北、内蒙古、福建、江西和陕西6个省进行了村委会换届选举工作。从各地进行情况看,农民参选热情高涨,平均参选率在80%以上,村委会干部素质明显提高,选举程序日趋规范。为进一步健全村民自制机制,把民主选举、民主决策、民主管理、民主监督落到实处,成立了由民政部牵头,中纪委、中组部等8个部门组成的全国村务公开协调小组,组织对全国村务公开情况进行了全面深入的调查研究,召开了全国村务公开电视电话会议,明确了相关部门责任,建立了沟通协调机制,初步形成了齐抓共管的局面。各地着重抓好规范公开内容,规范公开程序,强化监督机制等工作,保证了村务公开的有效性。据调查,全国90%以上的村都建立了村务公开栏,把涉及农民利益的村务、财务和政务及时向群众公开,比较规范的村占30%以上。通过村务公开,把选人、议事、监督的权力真正掌握在广大农民群众手中,充分发挥他们参与民主管理的积极性和创造性,进一步密切党群、干群联系,及时化解农村社会矛盾,村务公开工作被群众称之为"阳光工程"、"民心工程"。

三、全力做好救灾工作,保障灾区群众的基本生活,维护灾区稳定

2003年,我国地震、洪涝、干旱等自然灾害发生频繁,部分地区重复受灾,给灾区群众的生产和生活造成了严重困难。各级民政部门把救灾工作作为第一要任,把维护灾区群众的利益作为第一要求,加强灾害紧急救援机制的建设,推进地方各级建立健全救灾应急预案,建立健全救灾应急资金和物资拨付制度,完善各级救灾物资储备系统,切实保证灾害发生后灾区紧急抢救、转移安置等工作的有效开展。民政部多次启动了救灾应急机制,先后向18个省份派出62个工作组,检查指导救灾、灾后恢复重建和冬春受灾群众生活安排工作。全年共计下拨救灾资金40.5亿元,先后安排应急救灾款3亿多元,其中云南大姚地震、甘肃张掖地震的救灾应急资金在灾害发生后24小时内安排到位,有效帮助灾区群众解决紧急抢救、转移安置等方面的燃眉之急。紧急调拨救灾帐篷13万多顶。针对部分省份受灾较重的情况,及时调整了跨省对口支援方案,加大了对重灾区的支持力度,妥善解决了受灾群众吃、穿、住、治等方面的生活困难,同时,各地通过开展救灾捐赠和经常性社会捐助活动,缓解灾区、贫困地区群众的生活困难。为解决灾区群众过冬衣被比较紧缺的情况,10月份在全国范围内开展了以"冬衣暖人心"为主题的经常性社会捐赠活动。截止2003年10月底，各级民政部门共接收社会捐赠资金20.8亿元，募集衣被7581万件，保证了灾区群众安全过冬。

四、不断完善城市居民最低生活保障制度，积极探索多种社会救助形式，保障城乡困难群众的基本生活

城乡困难群众的基本生活问题是影响社会稳定的重要方面。2003年，各级民政部门坚持“以民为本，为民解困”的宗旨，进一步完善城市居民最低生活保障制度，积极探索农村特困户救助、五保供养、医疗救助等多种社会救济形式，切实保障城乡困难群众的基本生活。

城市居民最低生活保障工作是直接关系困难群众基本生活的一项重要工作。各级民政部门认真落实按“实际收入”核算的政策，积极探索“分类施保”的办法，加强了低保金发放的监督管理，对符合条件的困难人员，基本上实现了动态管理下的应保尽保。2003年，我国共保障城市低保对象2234.8万人，925万户，比去年同期增加181.4万人，增长8.8%。全年累计支出低保资金153亿元，比去年同期增长40.4亿元，增长率为35.9%。全国人均低保支出水平为每人每月59元，比去年人均补差52元的标准提高了13.5个百分点。对于符合低保条件的刑满释放、解除劳教人员、吸毒人员家庭，民政部门尽快为他们办理低保手续，发放低保金，切实保障他们的基本生活。

为保障农村大病、重残、缺少劳动能力等造成生活常年困难的群众，组织全国民政系统对农村贫困户进行了全面排查，摸清了底数，并建立了农村特困户定期定量救济制度。截至2003年年底，有792.5万人，410万户农村人口享受农村定期救济，保证了这些农村特困户的基本生活。同时，针对农村五保供养情况，组织开展了大规模深入调研，提出了完善农村五保供养工作的措施和意见。为解决农村困难群众的医疗难的问题，启动了农村医疗救助工作，下发了《民政部卫生部财政部关于实施农村医疗救助制度的意见》，下拨3亿元中央专项补助，缓解农村贫困家庭难以支付医疗费用的困难，为提高农村贫困家庭的健康水平，维护农村社会的稳定起到重要作用。

经常性社会捐助活动广泛深入的开展，为有效缓解灾区、贫困地区群众的生活问题发挥了重要的作用。截至2003年底，全国各地建立社会捐赠接收站、点2.6万个。全年共接受社会捐赠款物计49.67亿元，衣被8020万件，共有3692.1万人次受益。2003年首次表彰了208个全国性社会捐助先进单位和个人，授予了“爱心捐助奖”，进一步激发了社会各界参与社会捐助的积极性。各地还建立了“社会慈善超市”、“扶贫超市”、“爱心超市”等社会救助新模式，发动居民就地就近捐助，取得了很好的社会效果。

五、做好城市生活无着的流浪乞讨人员救助管理工作，维护城市的社会稳定

2003年8月1日，我国正式实施了《城市生活无着的流浪乞讨人员救助管理办法》，按照自愿受助、无偿救助为原则，对城市生活无着的流浪乞讨人员进行救助管理，这对于保障城市流浪乞讨人员的基本生活权益，维护城市的稳定具有重要意义。各级民政部门认真贯彻国务院的决策，召开了专门会议进行部署，加强了政策培训、清理收容遣送法规、抓好救助管理建章立制等项工作。为狠抓新“办法”的落实，民政部派出工作组对各地工作情况进行督促检查，并建立信息统计报送制度，及时统计和掌握全国救助管理工作进展情况及存在的主要问题。截至2003年底，全国共建救助管理站929个，都已正常开展工作。从8月1日到11月30日，全国共有172001人求助，经甄别后实行救助139373人，受助率81.03%。新救助管理办法的实施，受到了社会的普遍关注和广大群众的热烈拥护，产生了良好的社会反响。

六、做好拥军优抚安置工作，促进军队建设，维护社会稳定

做好新形势下的拥军优属工作，既是巩固国防、支持军队现代化建设的需要，也是保持社会稳定、推进精神文明建设的需要。2003年，优抚安置工作狠抓了政策调整和改革探索，完成了《军人抚恤优待条例》的修订，进一步提高了重点优抚对象的抚恤补助标准，中央财政安排抚恤补助经费36.6亿元，比上年增加5亿元，平均增幅18%；有19个省建立了抚恤补助标准自然增长机制，基本解决优抚对象医疗难和特殊优抚对象的生活难问题，提高了优抚对象的生活水平。针对退役士兵安置难的问题，大力推进退役士兵安置改革，进一步明确了安排工作与自谋职业相结合的安置办法，从工商、税务、就业、入学等方面对退役士兵自谋职业的优惠政策进行研究和规范，与财政部等8个部门联合草拟了城镇退役士兵自谋职业优惠政策。20多个省市颁发了鼓励城镇退役士兵自谋职业的文件，推行安置改革的县（市）超过1000个，促进部队的稳定。截至2003年底，基本完成了年度安置任务，保障了绝大多数退役士兵的权益，军队离退休干部的政治、生活待遇得到了落实。同时，深入开展了创建双拥模范城（县）的活动，促进军政军民团结，为国家改革发展稳定发挥了重要作用。

七、加强民间组织管理，强化行政区域界线管理，维护改革发展稳定大局

加强对社会团体和民办非事业单位的管理，集中完成了近6000个社团分支机构和代表机构的复查登记，全年依法办理全国性社团登记24个，变更登记400多个；分支机构登记500多个；民办非企业单位登记7个。配合有关部门加强民间组织党建工作，修订、完善了社会团体、民办非企业单位登记管理和基金会管理等方面的法规政策文件，同时，严格年度检查制度，处罚了一批有违规行为的社团，加强依法监管，促进民间组织健康发展，充分发挥了民间组织的桥梁纽带作用。

深入贯彻落实国务院《行政区域界线管理条例》，启动省、县两级行政区域界线联检工作，联合检查了22条省界和1000多条县界，巩固了勘界成果，强化了界线管理，增强了基层政府和群众依法守界和依法治界的观念，消除了边界地区存在的不稳定因素，对促进边界地区的社会稳定和经济发展，发挥了积极的促进作用。

中央社会治安综合治理委员会　民政部关于民政部门进一步加强社会治安综合治理工作的意见

（2003年9月12日）

各省、自治区、直辖市社会治安综合治理委员会办公室、民政厅（局），计划单列市和新疆生产建设兵团社会治安综合治理委员会办公室、民政局：

多年来，各级民政部门认真贯彻中央关于加强社会治安综合治理的一系列指示精神，从自身职能出发，积极参与社会治安综合治理，为维护社会稳定和良好的治安秩序做出了贡献。为了深入贯彻党的十六大精神，落实《中共中央、国务院关于进一步加强社会治安综合治理的意见》，充分发挥民政部门在社会治安综合治理中的职能作用，特提出以下意见。

一、进一步提高认识，增强做好社会治安综合治理工作的责任感

民政部门是各级社会治安综合治理委员会的成员单位，所承担的许多工作与社会治安综合治理、维护社会稳定密切相关。各级民政部门要进一步增强政权意识和大局观念，增强做好社会治安综合治理的责任感和使命感，认真做好民政部门自身的治安综合治理工作，管好自己的人，办好自己的事，同时，充分发挥自身的职能作用，积极参与社会治安综合治理，共同落实综合治理的各项措施。

二、大力加强基层政权建设

加强乡镇人民政府、街道办事处的建设，指导乡镇人民政府、街道办事处做好辖区治安综合治理工作，充实乡镇、街道综治工作的领导力量，健全乡镇、街道的综治工作机构，落实综治工作的各项措施，确保一方平安。

三、加强村民委员会、居民委员会的建设，深化基层安全创建活动

贯彻落实《中华人民共和国村民委员会组织法》和《中华人民共和国居民委员会组织法》，加强村民委员会、居民委员会的建设，搞好干部培训，落实干部的工作补贴、办公场所、活动经费，充分发挥村(居)民委员会及其下属委员会在社会治安综合治理中的作用。积极推进城市社区建设，把社区服务、社区教育、社区文化、社区治安等工作紧密结合起来。深入开展创建安全社区、安全村寨、无毒社区和法律进社区等项活动，把流动人口管理和服务、预防青少年违法犯罪、刑满释放解除劳教人员安置帮教等各项工作措施落到实处。

四、做好城市生活无着的流浪乞讨人员的救助管理工作

按照国务院制定的《城市生活无着的流浪乞讨人员救助管理办法》，加强流浪乞讨人员救助站的建设和管理，争取各级财政、人事等有关部门落实好救助工作保障经费，充实必要的工作人员，并加强教育、监督和职业培训。救助站对属于救助对象的求助人员应及时提供救助，保障其基本生活权益，劝导受助人员返回其住所地或者所在单位，减少城市治安的隐患。根据需要，在大中城市建立流浪儿童救助保护中心，切实做好对城市中的流浪儿童的救助保护工作。

五、做好城市低保工作

对城市中符合低保条件的人员，要及时纳入低保范围，做到应保尽保，以避免一些人因生活无着而走上违法犯罪道路。对回到城市的刑满释放、解除劳教人员，符合低保条件的，要尽快办理低保手续，发放低保金。

六、做好婚姻登记和收养子女登记工作

依照法律规定办理婚姻登记手续，严格执行婚姻登记程序，促进平等、和睦的婚姻、家庭关系的建立，维护婚姻当事人的合法权益，维护社会稳定。依照法律规定办理收养登记，监督收养组织的活动，维护当事人的合法权益。

七、积极调处边界争议

按照国务院《行政区域界线管理条例》的要求，切实加强行政区域界线管理工作，进一步加大工作力度，尽力减少因对行政区域界线实地位置认定不一致引发的争议。对因行政区域界线实地位置认定不一致引发的争议，要及时依法调处，防止恶性械斗事件的发生。同时要积极协助有关部门做好边界地区资源的处理，减少社会不安定因素。

八、加强社团管理

加强对社会团体和民办非企业单位的管理，充分发挥其桥梁纽带作用，化解社会矛盾，促进社会稳定。

九、做好救灾工作，维护灾区社会稳定

对发生洪涝、干旱、台风、地震、泥石流、滑坡、雪灾等自然灾害的地区，尽快发放救灾资金和物资，做好灾民的生活救助工作，减轻灾害造成的损失，恢复正常的生产、生活秩序。

在全国社会治安综合治理工作会议上的发言

民政部部长　李学举

这次全国社会治安综合治理工作会议，对于构建社会治安防控体系工作，推动社会治安综合治理各项措施的落实，为全面建设小康社会创造更加良好的社会环境，具有重要意义。民政部作为中央社会治安综合治理委员会的成员单位，要在中央综治委的统一部署下，充分发挥民政部门的职能作用，着重抓好以下几项工作：

一、加强城乡群众性自治组织建设，增强群防群治能力，积极参与构建基层社会治安防控网络

做好社会治安综合治理工作，必须依靠广大人民群众，广泛动员和组织他们积极参与维护社会治安工作，发挥群防群治作用，构建起全社会治安防控体系。农村村委会、城市社区居委会作为基层群众性自治组织，在广泛发动、严密组织、靠前指挥等方面具有重要作用,是建立和完善全社会治安防控体系的基础。民政部门作为城乡基层群众性自治组织建设的职能部门,要通过加强农村村委会和城市社区居委会的建设指导和促进村(居)委会积极参与社会治安综合治理,维护基层的社会稳定。

在农村,我们将在继续推进村民自治,全国实行民主选举、民主决策、民主管理、民主监督工作基础上,把推进村务公开民主管理作为重点。当前,由于一些村委会选举、村级财务等方面不公开或假公开,造成大量的群众上访,且多为集体上访,形成了社会不稳定因素。为进一步加强对村务公开工作的领导,前不久,成立了由民政部牵头的"全国村务公开协调小组",并召开了协调工作小组全体会议和全国村务公开工作电视电话会议,对建立各级协调,明确责任,扎实推进村务公开民主管理工作提出了要求。我们将进一步调整充实村务公开的内容,规范村务公开的程序,完善与村务公开密切相关的其他民主制度,强化监督约束机制。通过村务公开,把选人、议事、监督的权力真正掌握在广大农民群众手中,充分发挥他们参与民主管理和社会治安综合治理的积极性和创造性,进一步密切党群、干群联系,及时化解农村社会矛盾,维护农村的社会稳定。

在城市,我们将继续以社区居委会建设为重点,大力推进社区建设,加快发展社区服务,努力拓宽社区再就业渠道。当前城市社会矛盾、问题较多,城市社会弱势群体生活困难、失业人员数量增加、青少年犯罪率上升等问题都影响着社会稳定。因此,加强以社区居委会为重点的城市基层组织建设,强化城市基层管理,将城市社区的各种矛盾和问题解决在基层,解决在社区,将各种不稳定因素解决在萌芽状态,对于保持城市社会稳定有着重要作用。民政部门将按照十六大关于"完善城市居民自治,建设管理有序、文明祥和的新型社区"的要求,继续深入贯彻中办发〔2000〕23号文件精神,加强社区居委会建设,提高居民的参与意识和自治意识,培育社区专职工作者队伍和志愿者队伍,拓展社区服务网络,拓宽社区再就业渠道,建立以社区居委会为主导、专职工作人员为骨干、用人单位和下岗失业人员为对象的社区再就业工作机制,尤其要帮助低保对象通过就业和再就业解决自己的生活困难。这对于逐步解决下岗、失业人员的生活困难,化解社会矛盾必将起到积极作用。同时,民政部门还将协助有关部门,搞好社区警务建设,完善社区治保组织,深入开展创建安全社区、无毒社区和法律进社区等活动,实行群防群治,构筑基层社会治安防控网络。同时,做好刑满释放解除劳教人员的安置帮教、流动人口的管理和服务、预防青少年违法犯罪等工作。通过这些措施,将社会治安防范工作落实到基层,落到实处,维护城市的社会稳定。

二、切实做好城乡困难群众的社会救助工作,保障人民群众的基本生活权益

维护群众利益,保障困难群众的基本生活是民政工作的基本出发点和落脚点,也是直接关系到社会稳定的重要工作。我们将采取更加有力的措施保障困难群众的基本生活。

一是在"城市低保"现有工作基础上有针对性地解决突出问题。截至7月底,全国低保人数达到2183.8万人、891万户,比2002年底增加了119万人。各地加大了资金投入,强化了规范化管理,完善了最低保障金的申请、审批、发放和监督程序,做到"专户管理、专款专用,及时拨付,足额发放"。下一步,我们将按照"应保尽保、分类施保、社会发放、信息管理"的原则,进一步落实按"实际收入"核算的政策,研究解决农垦、森工系统困难职工家庭"低保"问题,强化"低保对象有进有出、补助水平有高有低"的动态管理机制,切实做到应保尽保。同时,研究制定对低保家庭分类救助的办法,对重病重残等有特殊困难的家庭适当提出补助标准。对回到城市的刑满释放、解除劳教人员,符合低保条件的,要尽快办理低保手续,发放低保金,以避免一些人因生活无着而重新走上违法犯罪道路。

二是做好农村社会救济和救灾工作。重点是做好五保供养、特困救助、灾民救济。我国现有农村社会救济对象2288.6万人,其中,农村需要给予五保供养的570.3万人,而已得到供养的296.8万人。农村五保对象是农村最困难、最弱势的群体,保障这些特困人员的基本生活,对于维护农村稳定具有重要的作用。我部上半年对农村五保供养问题进行了专门研究,近期即将开展对农村五保供养工作的调研。在摸清情况的基础上,将进一步研究建立农村五保供养的长效机制，从根本上、长远上解决农村五保问题的措施。对于农村特困救助对象，我们坚持按照政府救济、社会互助、子女赡养、稳定土地政策的原则，进一步完善制度，加强规范，切实保证他们的基本生活。今年我国安徽、江苏、河南、陕西、四川、湖北等地部分地区发生了较为严重的洪涝灾害，新疆、云南、内蒙古等地发生地震，广东、广西、海南、浙江等地遭受台风袭击。面对严重自然灾害，我部全力以赴做好救灾工作，及时掌握各地受灾情况，派出工作组赴灾区指导救灾。我部已会同财政部及时下拨了中央救灾资金20亿元，紧急动用了救灾专用帐篷14万顶，帮助各地紧急转移安置灾民，保障了受灾群众有饭吃、有水喝、有衣穿、有地方住、有必要的医疗救治，促进了灾区社会稳定。当前，新灾救济和灾后重建任务仍然十分艰巨，民政部门要积极帮助灾区群众开展恢复重建，确保受灾群众的衣、食、住、医，确保灾区的人心稳定，避免出现大规模外流情况。同时，继续深入地开展经常性社会捐助工作，规范社会捐助款物的接收、管理和发放工作，推动社会捐助工作健康蓬勃发展，为解决困难群众的生活发挥更大的作用。

三、做好城市生活无着的流浪乞讨人员的救助管理以及专项社会事务管理工作，维护社会稳定

按照国务院颁布的《城市生活无着的流浪乞讨人员救助管理办法》及民政部颁布的《实施细则》的要求，从今年8月1日开始，民政部门按照自愿受助、无偿救助的原则，对城市生活无着的流浪乞讨人员实施救助。做好这项工作，对于保障城市生活无着的流浪乞讨人员的基本生活权益，维护社会稳定，具有十分重要的意义。为了深入了解一个多月来各地贯彻执行新办法的实际情况，我部于8月中旬派出五个工作组分别到16个省（市、区），实地检查了40个救助管理站的工作。情况表明，在各地党政领导高度重视、有关部门密切配合、广大群众大力支持下，各地救助工作进展比较顺利，目前救助对象已达38314人。对于各地在实施救助中存在的救助对象甄别难，受助人员返家难等问题，各级民政部门将深入研究，在实践中不断予以完善。下一步，民政部门要继续加强救助管理站的建设和管理，加强工作人员教育、管理和业务培训，指导地方制定规章制度，积极争取地方财政和有关部门的大力支持和配合，切实做好城市生活无着的流浪乞讨人员救助管理工作。

民政部门所负责管理的其他专项社会事务工作，都直接或间接地与社会治安、社会稳定密切相关。因此，我们要树立大局意识，责任意识，切实做好工作。在民间组织管理方面，我们要继续坚持培育发展和监督管理并重的方针，充分发挥社会团体和民办非企业单位在社会管理中的桥梁纽带和积极作用，要坚决查处一切非法和违法的民间组织，会同有关部门加大对非法民间组织及民间组织非法活动的打击力度。对政治性和特定群体类组织，一经发现，立即向党委、政府报告并提出妥善处理意见，及时采取有力措施，把问题解决在萌芽状态。要继续加大行政区域界线管理工作的力度，对出现的问题要及时依法调处，尽量减少因对行政区域界线实地位置认定不一致引发的争议，防止恶性械斗事件的发生。同时要积极协助有关部门做好边界地区资源纠纷问题的处理，减少社会不安定因素。

同志们，这次会议非常重要，会后，我们将认真学习、贯彻中央领导的重要讲话和这次会议的精神，结合民政部门的工作实际，进一步制定和完善工作措施，发挥民政部门的职能作用，切实做好有关社会治安综合治理工作，为国家长治久安和人民群众安居乐业做出我们应有的贡献。

教 育 部

2003年学校及周边治安综合治理工作概况

2003年，教育部认真落实社会治安综合治理的各项措施，充分发挥中央综治委学校及周边治安综合治理工作领导小组职能作用，与有关部门密切合作，全力做好学校及周边治安综合治理工作。各地教育部门在当地党委、政府的领导下，在各有关部门的配合和支持下，大力整治校园及周边环境，基本实现了校园及周边治安环境有明显改观，育人环境得到进一步优化，师生安全感有明显增强的目标，保障了教育改革和学校各项事业的顺利发展。

1月16日，教育部办公厅、共青团中央办公厅、全国妇联办公厅、全国少工委办公室联合发出《关于做好2003年全国中小学生安全教育日主题活动及中小学安全工作的通知》，要求各地抓住全社会高度重视安全工作的大好机遇，围绕建立中小学、幼儿园安全工作长效机制问题，深入探讨研究，加强安全工作的基本建设，加快其制度化、法制化的进程，努力使中小学、幼儿园安全工作进入新阶段，达到新水平。《通知》确定2003年全国中小学生安全教育日(3月31日)主题为“大力提高中小学生及幼儿的自我保护意识和能力”，要求各地届时围绕这一主题开展好安全教育日活动并以此做好全年工作。

1月24日，中央综治委学校及周边治安综合治理工作领导小组2003年第一次全体会议在京召开。会议总结了2002年全国学校及周边治安综合治理工作情况，分析了当前学校及周边治安综合治理面临的形势，研究部署了2003年全国学校及周边治安综合治理工作。教育部副部长、领导小组副组长袁贵仁在会上通报了2002年教育部门开展学校及周边治安综合治理工作的情况和当前学校及周边治安环境存在的主要问题，并对2003年教育部门的主要工作进行了部署：一是进一步加强对学校及周边治安整治工作的领导，明确职责，建立健全维护学校及周边治安秩序的长效工作机制。二是继续推进学校及周边治安秩序整治工作的深入开展。三是深入开展安全文明校园创建活动。四是加强中小学法制教育，继续推广和完善兼职法制副校长和法制辅导员制度。会后于2月20日印发了《中央综治委学校及周边治安综合治理工作领导小组2003年第一次全体会议纪要》和《2003年全国学校及周边治安综合治理工作要点》(中央综治委学校治安组[2003]1号)。

6月26日，国家禁毒委、中央综治委、教育部、团中央在北京第35中学联合举行《中学生禁毒预防教育挂图》暨宣传设备赠送仪式。中共中央政治局委员、书记处书记、国务委员、国家禁毒委主任周永康，中共中央政治局委员、北京市委书记刘淇以及教育部部长周济、副部长王湛等出席了赠送仪式。周济在讲话中强调，要加强对学校毒品预防教育工作的领导和指导，积极探索毒品预防教育的有效途径和方法，不断总结开展毒品预防教育的成功经验，推动学校毒品预防教育工作上一个新台阶。为进一步加强对中小学生毒品预防教育的工作，教育部与有关部门密切合作，采取了一系列的新举措：一是与国家禁毒委、中央综治办、共青团中央联合下发了《关于进一步加强中小学生毒品预防教育工作的通知》，要求从2003年开始，从小学五年级至高中二年级，每学年安排两课时的时间，专门用于毒品预防教育。二是颁发了《中小学毒品预防专题教育大纲》；组织专家编写了《中学生毒品预防教育挂图》，制作了中小学毒品预防专题教育教师培训的电视节目。三是在全国选择了100所中学，作为中学生毒品预防教育活动示范学校。

7月2日—24日，按照《2003年全国学校及周边治安综合治理工作要点》的有关要求，为进一步了解各地学校及周边治安综合治理情况，加强工作研究，中央综治委学校及周边治安综合治理工作领导小组派出联合调研组，分赴北京、上海、江苏、云南、重庆、四川等地进行了调研和督查。调研组听取了各地教育厅(教委)关于校园及周边治安综合治理工作的情况汇报，实地查看了部分高校周边环境及治安情况，并就安全文明校园创建，分校区、校外公寓、高教园区治安管理，中小学法制教育，工读学校教育等工作同各地学校及周边治安综合治理工作领导小组的同志交换了意见。

8月13日，共青团中央、教育部发出《关于在全国教育系统开展创建优秀“青少年维权岗”活动的通知》。决定在全国幼儿园、中小学校、职业技术学校、中等专科学校、青少年教育研究机构等基层单位开展创建优秀“青少年维权岗”活动，以切实维护青少年的合法权益，预防和减少青少年违法犯罪，营造有利于青少年健康成长的良好社会环境。《通知》对创建活动的目的和意义、内容和方式、条件和标准、措施和要求等作出了具体规定，并成立了全国教育系统创建优秀“青少年维权岗”活动领导小组，教育部副部长王湛担任组长。

8月18日，教育部办公厅发出《关于征集学校及周边治安综合治理工作经验交流材料的通知》(教电[2003]358号)，要求各地总结近年来在校园及周边治安综合治理工作中取得的成绩和积累的典型经验，结合当前面临的形势和工作中存在的困难和问题，提出下一步工作措施和建议。

8月29日，卫生部、教育部、农业部、公安部、国家质检总局、国家工商总局发出了《关于汲取海城豆奶中毒事件教训进一步加强学校食品卫生安全工作的通知》(卫法监发〔2003〕246号)。要求各地教育、卫生、农业、公安、质检、工商等部门认真汲取海城豆奶中毒事件的教训，在各自职责范围内，针对学校卫生安全中存在的薄弱环节，采取针对性措施，切实解决在学校食品卫生安全管理、学校周边环境治理、学校集体供餐企业监管等方面存在的问题。教育行政主管部门要督促学校进一步落实有关学校食品卫生安全的管理措施，加强学校食堂卫生与安全管理，严格落实国家有关学生饮用奶、豆奶管理的各项政策、规定，杜绝不符合规定要求的学生奶、豆奶进校。要健全制度，做好学校突发中毒事件应急处理和报告工作。要严肃纪律，坚决制止有令不行、失职渎职行为。对责任不落实、检查走过场，甚至借为学生服务之名谋取个人或部门利益的行为，要严厉追究当事人和政府相关部门主要领导的责任。

9月9日，中央综治委、教育部发出《关于教育系统进一步参与社会治安综合治理工作的通知》(教社政[2003]8号)，要求充分发挥教育行政部门在社会治安综合治理中的职能作用，形成全社会齐抓共管的局面，并就教育系统进一步参与社会治安综合治理工作作出具体部署：一是加强对师生员工的道德、法制教育，强化对在校学生的管理。二是推动安全文明校园创建活动，落实各项治安防范措施。三是健全和完善学校及周边地区治安综合治理工作机制。四是推广和完善中小学校兼职法制副校长(法制辅导员)制度，充分发挥法制副校长的作用。五是加强对各级各类学校的管理，规范办学行为。六是努力办好工读学校，做好对有严重不良行为学生的教育、转化工作。七是加强青少年学生校外活动场所和各类法制教育基地的建设和维护。

9月25日—27日，中央综治委在江西召开全国社会治安综合治理工作会议。教育部副部长王湛在会上就教育系统开展学校及周边治安综合治理工作的有关情况以及下一步工作安排作了发言。要求各地教育部门在加强校园及周边环境集中整治的同时，着眼于探索工作的新思路、新方法，不断增强解决新问题、新情况的能力，建立起学校及周边治安综合治理的长效机制。各地在深化青少年学生法制教育，预防青少年违法犯罪的基础上，要大力推进中小学校聘请兼职法制副校长的工作。要加强新形势下青少年的思想教育工作，在学生的思想上、心理上建立一道安全防线。

11月24日，中央综治委、最高人民法院、最高人民检察院、公安部、教育部、司法部联合发出了《关于规范兼职法制副校长职责和选聘管理工作的意见》(综治委[2003]25号)，肯定了从基层政法部门选派干警到中小学校任兼职法制副校长，参与中小学校的法制宣传教育和校园及周边治安综合治理工作这一做法，并对进一步规范和完善兼职法制副校长的职责任务和选聘、管理工作，推进中小学生的法制教育工作提出了意见。

12月10日,教育部召开学校安全工作网络视频会议。教育部党组书记、部长周济在会上强调,各地教育行政部门和各级各类学校要提高认识,加强管理,排除隐患,以对学生极端负责的精神做好学校安全工作。一是建立和健全学校安全工作责任制和责任追究制,明确"一把手"责任制度,把学校安全工作成绩作为考核学校工作状况的基本因素,定期对学校安全工作进行检查、实施整改。二要下大气力全面提高安全工作管理水平和应急能力,分析安全工作中存在的薄弱环节,排查安全隐患。三要把安全教育纳入到学校正常的教育教学内容之中,全面培养学生的安全意识,提高学生的综合素质。教育部党组副书记、副部长张保庆主持了会议。教育部副部长赵沁平、部长助理郑树山出席了会议。北京市教委、电子科技大学在会上介绍了学校安全工作经验。各省自治区、直辖市教育厅及教育部直属高校的负责同志在分会场参加了会议。

中央社会治安综合治理委员会　教育部关于教育系统进一步参与社会治安综合治理工作的通知

各省、自治区、直辖市社会治安综合治理委员会、教育厅(教委),新疆生产建设兵团社会治安综合治理委员会、教委:

近年来,各级教育行政部门积极开展社会治安综合治理工作,落实综合治理的各项措施,学校及周边地区治安秩序好转,为广大师生创造了良好的教书育人环境,为维护社会稳定做出了贡献。随着经济和社会的发展,教育系统的治安综合治理工作出现了许多新情况,学校及周边地区引发治安问题的因素增多,侵害师生人身安全和合法权益的治安事件、在校学生及教职员工中的违法犯罪案件时有发生,学校及周边地区治安综合治理的任务十分繁重。为了深入贯彻党的十六大精神,全面实践"三个代表"重要思想,贯彻落实《中共中央国务院关于进一步加强社会治安综合治理的意见》,充分发挥教育行政部门在社会治安综合治理中的职能作用,形成全社会齐抓共管的局面,现就教育系统进一步参与社会治安综合治理工作通知如下:

一、加强对师生员工的道德、法制教育,强化对在校学生的管理

各级教育行政部门要把培养社会主义现代化事业的合格建设者和接班人作为学校的根本任务,加强对师生员工的思想政治工作和道德、法制教育,使法律知识成为各级各类学校重要的课程内容。学校课堂是对青少年学生进行法制教育的主渠道。要贯彻落实教育部、司法部、中央综治办、共青团中央《关于加强青少年学生法制教育工作的若干意见》精神,进一步加大青少年学生法制教育工作力度。根据不同学龄阶段学生的生理、心理特点和接受能力,有针对性地开展法制教育,将法制教育纳入教学计划,做到教学计划、教材、课时、师资"四落实",确保在九年义务教育阶段完成对青少年学生普及基本法律知识的任务。小学要对学生进行法律启蒙教育和自护教育,运用生动、形象的教学方式,向学生普及有关法律的基本常识,增强自护意识和能力。中学法制教育要着重进行遵纪守法教育,进行预防未成年人犯罪教育,增强法制观念,提高自我约束、自我保护能力,预防和减少违法犯罪行为。在中等职业学校、技工学校推行法律课程考试制度,对考试合格并能遵纪守法的学生发给普法合格证书。高等学校要加强邓小平理论和"三个代表"重要思想的教育,加强党的基本路线教育和爱国主义、集体主义、社会主义思想教育。按照中宣部、教育部有关"两课"设置的规定组织开设法律课程,使学生牢固树立宪法意识、权利义务意识和依法办事意识。在提高法制课教学质量的同时，注重法制教育内容向其它学科的教学过程渗透，积极开辟第二课堂，组织开展生动活泼、寓教于乐的法制实践活动，提高法制教育实效。

加强对在校学生的学籍管理和日常行为的教育管理，建立和完善在校学生的品行评估、记录制度。加强在校学生党、团组织的建设，正确引导学生会和各种学生社团的活动，提高学生自我教育、自我管理的能力。争取社会各界和学生家长的支持、配合，做好不良行为学生的教育转化工作。积极帮助家庭经济困难的学生完成学业，减少因家庭经济困难造成的流失生、辍学生。

二、推动安全文明校园创建活动，落实各项治安防范措施

坚持“预防为主，整建结合，重在建设”的原则，推动各级各类学校深入开展各种形式的安全文明校园创建活动，明确学校党政领导的责任，建立安全保卫工作领导组织，充实校内安全保卫力量，健全安全保卫工作的各项规章制度，落实各项安全防范措施。特别是要加强对学生宿舍、食堂、校门、教学楼、图书馆、实验室等重点部位的管理和治安防范，严密防范群死群伤事件和各种违法犯罪案件的发生，确保学校正常的教学、生活秩序，确保师生的人身财产安全。可组织高校青年学生自愿参与维护学校治安的工作。加强学校德育和校园文化建设。各地教育部门要会同有关部门制定安全文明校园的创建标准，做好创建活动的组织、指导、检查、评比工作。

三、健全和完善学校及周边地区治安综合治理工作机制

各级各类学校所在地的党委、政府要高度重视学校及周边地区的治安稳定工作，把学校及周边地区治安综合治理工作摆上重要位置，切实加强领导，为青少年学生的健康成长创造一个良好的社会环境。各地综治委应根据工作需要成立学校及周边治安综合治理工作领导小组，充分发挥领导小组成员单位的职能作用，形成齐抓共管的合力。市、县(区)综治委、办对学校及周边地区的治安情况要定期进行排查，对治安秩序混乱的学校周边地区，要及时组织有关部门进行整治，限期改变面貌。对整治后又出现反复的地区和治安问题，要加大督促检查力度，提高整治质量，巩固整治成果。对校园及周边地区集中整治工作不到位、治安问题仍然突出、师生反映强烈的地方，要挂牌督办，必要时要通报批评并追究有关责任人的责任。要按照“谁主管、谁负责”和“属地管理”的原则，进一步完善和强化学校及周边治安综合治理工作责任制和责任追究制。

四、推广和完善中小学校兼职法制副校长(法制辅导员)制度，充分发挥法制副校长的作用

各地普通中小学(含民办学校)、中等职业学校都应尽可能地配备兼职法制副校长或法制辅导员。各地综治办要协调政法部门推荐一批政治素质强、思想作风好、热心青少年教育事业的优秀干警担任中小学校兼职法制副校长或法制辅导员。法制副校长或法制辅导员要参加学校所在地的基层综治委的工作，密切中小学校与当地综治委的联系，积极支持中小学校开展校园及周边地区治安综合治理工作，结合学生特点开展法制教育，督促学校落实各项治安防范措施，帮助解决学生被侵害、被欺侮的问题。兼职法制副校长的工作情况要纳入各地社会治安综合治理目标考核的内容，强化日常管理。教育行政部门要把兼职法制副校长的工作情况作为评估学校整体工作的一项内容，会同有关部门做好兼职法制副校长的任命、培训、管理、考核工作，为兼职法制副校长开展工作创造必要的条件。

五、加强对各级各类学校的管理，规范办学行为

切实履行教育行政部门的行政管理职能，加强对各级各类学校的管理和监督，合理确定学校的专业设置和招生规模，有计划地改善学校的教学科研、生活服务设施，改善师生的教学、生活条件。对社会力量办学要加强管理，依法严格审核办学申请人的资质及相关条件，做好办学申请的审批工作，确保办学质量。及时查处违法、欺诈的办学行为，防止侵害学生合法权益的事件发生。妥善解决进城务工就业农民子女接受义务教育问题。

六、努力办好工读学校，做好对有严重不良行为学生的教育、转化工作

大中城市至少应建有一所以上的工读学校，所需经费应由政府财政解决。各地教育行政部门要会同公安、司法行政等部门加强工读学校的建设，提高办学质量。要加强对工读学生的品德、法制教育和心理、行为矫治工作，严格校内管理，提高工读学生的遵纪守法观念。教育行政部门要将对有严重不良行为学生的教育、转化工作作为考核学校和教师工作的一个重要指标。教育、公安部门要落实对有不良行为学生的帮教责任制，建立健全扎实有效的帮教工作机制。校长、教师、学校保卫部门、共青团组织和学生家长要各负其责，互相配合，形成有利于工读学生转化的氛围。工读学校可根据社会需求适当调整课程设置，加强职业技能教育，以增强学生的就业竞争能力，疏通就业渠道。

七、加强青少年学生校外活动场所和各类法制教育基地的建设和维护

各地要贯彻落实《中共中央办公厅国务院办公厅关于加强青少年学生活动场所建设和管理工作的通知》，建立健全青少年学生校外活动场所建设、维护、管理机制和制度，建立对青少年学生校外活动场所建设及管理的督导、评估制度，指导各地青少年学生校外活动场所的健康运行。

继续加强、完善各级各类法制教育基地（中心）的建设，利用少年法庭、少管所、戒毒所、监狱、劳教所、法律援助中心、青少年宫等社会资源，在全国地市以上单位或有条件的县（市、区）创建一批综合性、常设性、功能齐全的法制教育基地。要坚持建设和管理并重，加强指导与交流，制定规范性标准，加强法制教育基地的硬件设施和软件建设。

坚持校内教育与校外教育相结合，巩固学校法制教育的效果。各地在基层安全创建和“法律进社区”、“送法下乡”等活动中，要把对青少年学生进行道德法制教育作为农村基层和城市社区建设的一项重要工作，大力加强青少年法律学校建设。在农村基层结合开办“家长学校”等活动，使家长参与到法律知识的学习和教育中，增强家庭教育的效果。在社区可结合青少年维权岗等活动，提高青少年参与法制教育和法制实践的积极性，建立青少年学生社区参与综合评价系统，把学校评价与社区评价有机结合起来，形成家庭、学校、社区“三位一体”的教育管理机制，在全社会营造有利于青少年学生道德法制教育的良好环境。

文 化 部

2003 年文化部参与社会治安综合治理工作概况

2003 年，文化部坚持以党的十六大、十六届三中全会精神为指导，积极贯彻全国宣传思想工作会议和中央综治委相关会议精神，以繁荣和发展为主题，积极稳妥地推进文化市场产业结构调整；坚持继续整顿和规范市场秩序，创造性地开展文化市场管理工作，取得了显著成效。

一、加强文化市场法制建设，推进文化市场管理机制创新

（一）发布《文化市场发展纲要》，制定文化市场中长期发展规划

在总结 20 年来文化市场发展和管理经验的基础上，文化部认真研究文化市场发展现状，分析文化市场发展的趋势，于 2003 年 2 月发布了《2003－2010 年文化市场发展纲要》。《纲要》的中心思想，是按照邓小平理论和“三个代表”的要求，为先进文化的传播和建设营造良好的市场环境，借鉴发达国家走过的成功道路和我国文化市场二十多年的管理经验教训，就健全文化市场体制，完善文化市场管理机制提出框架思路。《纲要》还根据文化市场各门类的实际情况，提出了相应的分类发展目标。《纲要》要求各级文化行政部门按照一手抓繁荣，一手抓管理的方针，发展文化产业，繁荣文化市场，力争到 2010 年，初步建成一个市场门类齐全、结构合理，供求关系均衡，政府调控与市

场机制相结合，统一、开放、竞争、有序的社会主义文化市场体系。

(二)整合互联网上网服务营业场所，加强互联网文化管理

4月22日，文化部下发了《关于加强互联网上网服务营业场所管理条例连锁经营管理的通知》，要求，在严格控制总量的前提下，全国性连锁网吧原则上不超过10家，每个省审批设立的连锁企业不超过3家，同时在城市和有条件的农村地区停止审批非连锁网吧。这一政策的出台引起了广泛的社会反响，世界主要传媒、中国主要媒体都给予了全面深入而又充分肯定的报道。6月5日文化部发布通告，批准中国联通等10家单位从事互联网上网服务营业场所连锁经营业务，力争通过几年的努力让连锁主题网吧占据市场主流。目前，上海、浙江、四川等地在省文化行政部门的宏观调控下，连锁网吧的推广工作进展比较顺利，浙江省共发展网吧连锁门店376家，其中直营连锁65家，加盟连锁197家，整合改造114家。

5月10日，文化部发布了《互联网文化管理暂行规定》，规定按照中央有关文件的要求，对于利用互联网从事文化经营活动的单位实行许可证管理。7月，文化部又发布了《关于实施〈互联网文化管理暂行规定〉有关问题的通知》，对于申请设立互联网文化单位的条件和审批程序作了明确规定。《规定》和《通知》的出台标志着国家建立了对互联网文化管理的规章制度，实现了互联网文化发展有章可循，互联网文化管理有法可依。到12月底，共有中国电信、中国铁通、新浪、搜狐、金山、方正、盛大、长城宽带等70多家企业申领了《网络文化经营许可证》，引起了良好的社会反响。

(三)加强和改进娱乐场所管理，积极推广先进的演出管理经验

为促进歌舞娱乐业的有序繁荣和健康发展，规范歌舞娱乐场所经营秩序，切实解决歌舞娱乐场所存在的突出问题，文化部于11月发布了《文化部关于进一步加强和改进歌舞娱乐场所管理的通知》，根据歌舞娱乐场所的现状和发展要求，积极推广自助消费的量贩式歌舞娱乐场所，鼓励娱乐企业走超市化、规模化、品牌化和连锁经营道路，引导娱乐场所向商业区、旅游区发展。鼓励经营者积极采用高新技术改进传统娱乐形式，引进开发新的娱乐品种，建设现代化的娱乐产业。《通知》同时要求加强对歌舞娱乐场所播放节目的审查、监督和引导，严厉打击娱乐场所中存在的赌博、吸毒、贩毒及盈利性陪侍等违法违规行为。通知发布后，新华社、中央电视台都进行了报导。北京、上海、浙江、湖南、四川、深圳等地结合本地实际，采取了一系列有效措施，促进歌舞娱乐业的繁荣健康发展。2003年底北京市文化局组织了全市歌舞娱乐场所节目展演活动，推出了一批内容清新、形式活泼的演艺节目和具有一定实力，深受消费者欢迎的歌手和节目主持人，在社会上引起了良好反映。

针对歌舞娱乐场所噪音扰民，网吧开在学校门口，引起群众不满的问题，文化部根据《娱乐场所管理条例》和《互联网上网服务营业场所管理条例》的有关规定，制定了《公众聚集文化经营场所审核公示暂行办法》，从2003年9月1日起，对于申办歌舞娱乐场所、游艺娱乐场所和网吧等公众聚集的文化经营场所，县级以上文化行政部门需将有关情况在一定范围和时限内向社会公开发布，根据社会公众的反映，按照有关法律法规来进行审核，批准设立与否。《暂行办法》明确了公众聚集文化经营场所申办程序，对于规范场所经营行为，维护公民合法权益，发挥社会监督起到了良好作用。

二、整顿和规范文化市场秩序，逐步优化文化市场环境

(一)大力打击盗版、走私光盘，进口MP3、MP4等非法音像制品，积极扶持民族音像、电影产业

各地文化市场行政执法部门继续保持了前两年对违法经营活动的高压打击态势。2月22日，四川省、成都市文化、公安联合破获城隍庙附近15个非法仓库，当场收缴各类违法音像制品113万余张(盒)，彻底摧毁了成都市乃至四川省几个特大盗版经营网络。7月15日，辽宁省文化厅、沈阳市公安局联合破获4个非法仓库，查获盗版音像制品58万盘(盒)，案值200多万元，犯罪嫌疑人被刑事拘留，非法经营店铺、仓库和房屋被依法查封。此外，上海、江苏、山东、广东、湖北等省市连续组织整治行动，查处了一批有影响的大案要案，打掉了一些长期经营盗版的非法仓库，收缴

了大量违法音像制品。其中，广东1至8月份查缴各类非法光盘9000多万张，端掉非法光盘生产线20条；广州市文化局仅上半年就出动执法人员7839人次，检查音像店2119家次，截至10月底已收缴违法音像制品6000多万张。文化部直接参与在成都、石家庄、昆明等地执法收缴行动，收缴非法音像制品150余万张。针对音像市场中违法经营活动又出现了新的动向，刻录碟、烫码碟、无码碟、进口MP3、MP4等非法音像制品大量出现，严重扰乱了音像市场经营秩序，破坏了公平竞争的市场环境，根据市场发展形势和要求，2003年9月，文化部及时下发了《文化部关于严厉打击刻录碟、烫码碟、无码碟、进口MP3、MP4等非法音像制品的通知》，明确了各类非法音像制品的主要特征，公布了重点查缴目录，指导各地文化行政部门严密关注市场动向，集中力量，坚决打击，有效遏制了这一新形式的违法经营活动蔓延的势头。

打击盗版是扶持民族音像产业的必要条件。2002年底，广东两家民营公司以1780万元的高价购得国产电影《英雄》大陆地区VCD、DVD的版权，鉴于该片音像制品的出版发行滞后于影院公映，文化部尝试新的工作思路，变市场收缴为高压监控，让盗版音像制品不敢露头。为此，文化部将预防和严厉打击《英雄》及其他上影电影的音像制品作为元旦春节期间文化市场的监管重点，保证了正版《英雄》的顺利出版发行。全国除少数地方出现少量电脑刻制的枪碟外，基本上没有发现通过生产线制作的盗版《英雄》。经过各级文化市场管理和稽查队的努力，《英雄》影片放映和音像制品的发行取得了很好的成绩，成为2003年中国电影和音像界发行放映的典型案例。

(二)严厉打击非法演出活动，促进演出市场健康发展

2003年，一些单位未经批准，擅自邀请港台明星去内地演出的现象时有发生，文化部采取积极措施，与地方文化行政部门一起先后查处了四川大英县、达州市非法接纳港台明星演出，安徽省芜湖市非法组织任达华歌迷见面会，新疆自治区巴州违规邀请高明骏演出，宁夏自治区非法邀请陈慧琳、郎正宵参加国际摩托旅游节文艺晚会等非法演出活动，狠刹了各地擅自邀请涉外演出团体和个人非法演出的不良风气。

近年来，农村演出市场逐步活跃。但是，一些非法演出团体利用农村庙会、物资交流会进行低级、庸俗甚至色情淫秽表演招揽观众，败坏了社会风气，扰乱了演出市场秩序，影响极坏。各级文化行政部门高度重视，山东、河北、内蒙等区省先后下发了关于加强农村演出市场管理的通知，就净化农村演出市场提出了具体要求。2003年3月13日，文化部联合河南省文化行政管理部门查处了在周口市淮阳县羲皇故都朝祖会和项城市鬼修城庙会期间从事低俗下流、色情淫秽表演的大蓬演出团体，没收了“黑玫瑰歌舞团”、“中原大百花艺术团”、“明星歌舞团”等团体的非法演出器材，当地公安机关行政拘留了组织、参与色情淫秽表演人员10多人。内蒙古文化行政管理部门于9月查处了固阳县大蓬色情表演事件，扣留了三个大蓬的全部设备，当地政府追究责任单位和相关责任人的责任。山东省先后查处了济宁、枣庄、泰安、德州等地的非法演出团体。云南省文化市场稽查队于7月两次赴曲靖市查处了峰源影视厅经营脱衣舞活动，严肃处理了有关责任人，并在全省作了通报。在非典防治工作最为紧张的时期，非法演出团体仍在一些大中城市的城乡结合部以及农村集镇四处流动演出，从事色情淫秽表演，扰乱市场秩序、败坏社会风气。为维护演出市场秩序，切断非典在演出市场传播途径，切实保障人民群众的身心健康和生命安全，文化部于2003年5月20日发布了《关于坚决取缔非法演出团体、严厉打击色情淫秽表演活动的紧急通知》，就如何加强演出市场特别是农村流动性演出活动的管理提出了明确要求。

(三)建立网吧技术监控体系，加强对网吧等互联网上网服务营业场所的行政执法力度

为落实《互联网上网服务营业场所管理条例》关于“互联网上网服务营业场所经营单位应当实施经营管理技术措施”的规定，2002年11月文化部发布了《互联网上网服务营业场所计算机经营管理系统技术规范》及其实施意见，要求全国各地安装互联网上网服务营业场所计算机经营管理系统，以科技手段管理网吧。文化部按照统筹规划、分布实施，全国联网、分级管理，功能完备、标准统一的原则，坚持“全国统一一个标准，全省统一一个软件”，尽快建设中央、省、地、县四级信息管理

平台，形成全国网吧等互联网上网服务营业场所远程计算机管理体系，实现对网吧等互联网上网服务营业场所上网服务的全程实时管理。为了保证网吧监控系统建设的科学性和权威性，文化部委托清华大学实施对网吧监控软件的检测认证工作，截止到8月底，已有23家软件企业的16种软件产品通过检测，目前，网吧监管系统的安装正在有条不紊地进行，广西、四川、湖北、广东、浙江、河北、江西等省已安装完毕。这个系统能够通过技术手段对上网人员进行身份登记，防止未成年人进入网吧，还能够对网吧进入网页进行检查，对网吧运营不良文化产品进行监管和处罚。2003年3月，针对损害中华民族感情的电脑游戏《将军3—命令与征服》，文化部专门下发了查处通知，广东等地利用网吧技术监控系统在网吧里对其进行了有效监督和查处，取得了良好的效果。

继2002年网吧等互联网上网服务营业场所专项治理工作取得阶段性成果以后，文化部继续坚持从严控制总量、从严打击违法经营的原则，加强对网吧等互联网上网服务营业场所的宏观调控和行政执法力度，针对城市网吧由于管理严格而向郊区和农村转移的苗头，文化部把工作重点延伸到农村，借鉴在城市整顿的经验，努力管好郊区和农村网吧等互联网上网服务营业场所。2003年暑假期间，针对“非典”过后一些地方网吧等互联网上网服务营业场所接纳未成年人现象有所回潮的现象，文化部部署了“暑期专项行动”，要求各地按照《互联网上网服务营业场所管理条例》规定的条件，严格进行重新审核登记，通过提高准入条件，淘汰不符合规定条件的小散乱差的网吧，对在中小学校园周围200米范围内的网吧，一律停止营业或强制搬迁。并落实入场登记制度、场地巡查制度，严查未成年人进入现象，加强网络文化市场管理。大连市在暑期专项治理期间，共出动1166人次，检查网吧2611家，查处269家。湖北省取缔、关闭非法网吧2200余家，迁移中小学周边200米内网吧700余家。青岛市出动检查人员2230人次，查扣电脑主机398台。广东省文化厅于6月底专门发布了《关于禁止未成年人进入营业性网吧、游戏机室活动的通知》，严格禁止未成年人进入网吧和游戏机房。山西聘请了150名人大代表、政协委员、教师、家长等社会各界热心人士和新闻媒体作为网吧义务监督员，发动社会力量监管文化市场。山西还发起了“山西绿色网络生活”大型综合活动及“世纪风采大学生建设网上文明”系列活动，参加人数达2.5万人。

（四）打击电子游戏违规经营行为

针对电子游戏机违规经营有所抬头的现象，各级文化市场管理部门一方面打击电子游戏经营场所无证经营行为，坚决取缔非法电子游戏经营活动；另一方面配合公安部门查处发生在电子游戏经营场所的赌博等违规、违法行为。在文化部的直接关注和督促下，辽宁省文化部门和葫芦岛市文化部门一起对葫芦岛市电子游戏机泛滥的问题进行了集中整治，一次性销毁了赌博游戏机400多台。在中央电视台“焦点访谈”曝光荆州市部分电子游戏经营场所组织、接纳赌博活动后，湖北省文化行政部门当即与公安部门组成调查组赴荆州进行督办查处，并向全省发出通报。大连市下发了《大连市电子游戏机经营场所专项治理方案》，重点查处电子游戏机经营场所提供和摆放具有博彩性电子游戏机的违法经营活动。重庆市查处电子游戏经营场所43家，销毁赌博机78台，暂扣带赌博功能游戏机电路板165块。湖南把电子游戏经营场所治理重点放在打地下、打转移、打反弹上，共收缴电子游戏机667台，电路板1900多块，取缔违法经营场所167家，有力地打击了违法违规经营行为，巩固了电子游戏经营场所专项治理成果。

（五）积极做好文化经营场所“非典”防治工作

文化部积极应对非典疫情，制定了一系列的文化市场应急机制，要求各地文化行政部门把预防非典作为当前的首要工作来完成。各地文化行政部门高度重视，制定了预防非典工作预案，坚持每日对场所进行巡查，指定专门小组或专人包区、包片、包场所进行预防。非典期间，辽宁省共检查场所52370余家次，处罚非法接纳未成年人的经营场所1832家，处罚不按要求通风、消毒、量体温的经营场所747家次。山东省下发了《关于对全省文化市场经营单位做好非典型肺炎防治工作的紧急通知》，指导网吧、电子游戏、歌舞娱乐等文化经营场所做好场所卫生、消毒预防工作，共出动检查人员20万人次，检查各类文化经营场所51274处，对不符合条件的场所坚决取缔。山西省下发了《关于严格防治非典型肺炎并认真加强文化市场管理工作的紧急通知》,采取公布举报投诉电话和对重点地区、重点行业、重点场所进行重点监控等有效措施做好文化市场公共聚集场所的安全卫生工作。在非典防治期间,文化部与各地保持密切联系,各地及时将防非典的工作情况向我部通报,由于措施得当,在文化经营场所没有出现非典疫情,取得了防治非典工作的胜利。

(六)开展法制宣传活动,为学校及周边治安综合治理创造良好舆论环境

文化部开展了第五届文化市场法制宣传活动,全国各地文化行政部门在全社会进行了广泛深入的法制宣传,引导和推动守法经营,提高民众知识产权保护意识。广西各地共印制了73000多份宣传材料,组织执法人员和经营业主进行学习培训。宁夏全区共设立宣传点40多个,举办大型宣传活动20多场次,出动人员900多人次,发放宣传材料3万余份。河南省销毁非法音像制品160余万张,并采用标语、板报、咨询台、散发宣传材料等方式广泛宣传文化市场法律法规,各地新闻媒体也进行了广泛报道。文化部提出"把盗版者送上法庭"的口号,要求各地加大打击力度,把一批从事走私盗版的违法经营者送上法庭,运用刑法制裁音像领域的违法犯罪分子。北京、上海、浙江、福建、四川、湖南等地相继以非法经营罪、贩卖淫秽物品罪等罪名审结了100多起刑事案件,产生了巨大的威慑力。

文化部还举办了"中凯杯"全国文化市场法制知识竞赛活动,竞赛试题同时在中华文化信息网、中国音像电影网、中国文化报上刊登,共收到答题卷16143份。此次竞赛,参与的有文化市场管理人员、文化市场稽查队员,解放军战士、公司职员、打工者、大学生、离退休人员等,参与面十分广泛,充分表明社会各界关注文化市场的发展,也让全社会深入了解文化市场的法律法规。

文化部关于加强互联网上网服务营业场所连锁经营管理的通知

(2003年4月22日)

各省、自治区、直辖市文化厅(局),新疆生产建设兵团文化局:

为深入贯彻《互联网上网服务营业场所管理条例》,整顿和规范网络文化市场,根据《国务院办公厅转发国务院体改办国家经贸委关于促进连锁经营发展若干意见的通知》(国办发[2002]49号)精神,现就互联网上网服务营业场所连锁经营管理有关问题通知如下:

一、促进和规范互联网上网服务营业场所连锁经营,是加强对网吧等互联网上网服务营业场所管理,规范互联网上网服务经营活动的重要措施。各地文化行政部门一方面要继续坚持从严审批、从严管理、从严控制总量、从严打击违法经营的原则,合理布局、优化结构,加强对网吧等互联网上网服务营业场所的宏观调控和行政执法力度,探索长效管理机制,落实经营管理技术措施;另一方面要加强对现有网吧的正面引导和改造提高,通过促进和规范互联网上网服务营业场所连锁经营,力争让规模化、连锁化、主题化、品牌化的网吧等互联网上网服务营业场所逐步占据市场主流,在社会上树立起网吧等互联网上网服务营业场所文明、健康的良好形象。

二、本通知所称的互联网上网服务营业场所连锁经营,是指若干互联网上网服务营业场所在连锁经营企业总部的统一管理下,严格按照连锁经营的组织规范,统一经营方针、统一服务规范、统一形象标识、统一营业场所风格,并且统一上网首页和统一计算机远程管理的经营组织形式,主

要包括直营连锁和特许(或称加盟)连锁两种组织形式。连锁经营企业对直营连锁门店的控股比例不得低于51%。不符合上述要求的,不得以连锁名义从事经营活动。

三、文化部负责全国性和跨省(自治区、直辖市)连锁经营的互联网上网服务营业场所连锁经营企业的审批;省、自治区、直辖市文化行政部门负责审批在本行政辖区内从事连锁经营的互联网上网服务营业场所连锁经营企业的审批,并报文化部备案。各省、自治区、直辖市文化行政部门要对互联网上网服务营业场所连锁经营企业及其连锁门店的数量和布局进行合理规划,既要防止独家垄断,又要避免恶性竞争。每个省(自治区、直辖市)审批设立的互联网上网服务营业场所连锁经营企业不超过3家,全国性互联网上网服务营业场所连锁经营企业原则上不超过10家。要在严格控制总量的前提下优先审批互联网上网服务营业场所连锁经营企业的直营连锁门店,从严审批新设立的特许连锁门店,鼓励和支持互联网上网服务营业场所连锁经营企业在商业自愿的原则下收购、兼并、联合、重组、参股、控股现有的互联网上网服务营业场所经营单位。今后要在城市和有条件的农村地区停止审批非连锁经营的互联网上网服务营业场所。

四、申请设立互联网上网服务营业场所连锁经营企业应当符合《互联网上网服务营业场所管理条例》和国家有关规定,并具备下列条件:

(一)有企业的名称、住所、组织机构和章程;

(二)在一个省(自治区、直辖市)内从事连锁经营的,注册资本(金)或出资不得少于1000万元;从事全国性和跨省(自治区直辖市)连锁经营的,注册资本(金)或出资不得少于5000万元;

(三)有与其连锁经营活动相适应并取得从业资格的经营管理人员、专业技术人员;

(四)在一个省(自治区、直辖市)内从事连锁经营的,应当有不少于10家直营连锁门店;从事全国性和跨省(自治区、直辖市)连锁经营的,应当在不少于两个省(自治区、直辖市)内拥有不少于20家直营连锁门店;

(五)直营连锁门店不得少于连锁门店总量的10%;从事特许经营活动应当依法签定特许经营合同;

(六)具有与其连锁经营活动相适应并符合连锁经营规范的经营管理体系和向连锁门店提供长期经营指导的能力;

(七)拥有统一的上网首页和对连锁门店统一实施的计算机远程管理系统;

(八)法律法规和文化部规定的其他条件。

五、申请设立互联网上网服务营业场所连锁经营的企业应当提供以下文件:

(一)名称预先核准通知书或营业执照和章程;

(二)法定代表人或主要负责人的身份证明等有关证明材料,主要经营管理人员、专业技术人员的从业资格等有关证明材料;

(三)资金信用证明和符合本通知第四条规定数量的营业场所产权证明或租赁意向书;

(四)符合连锁经营规范的筹建方案;

(五)符合国家法律法规规定的连锁经营管理制度及特许连锁门店的加盟章程;

(六)作为统一上网首页的合作网站合作意向书或者自建网站的筹建方案;

(七)统一计算机远程管理系统的筹建方案;

(八)需要提交的其他文件。

六、文化部或省、自治区、直辖市文化行政部门收到互联网上网服务营业场所连锁经营企业设立申请后,经审查符合条件的,发给同意筹建的批准文件。申请人完成筹建后,应当持符合本通知第四条规定数量的连锁门店《网络文化经营许可证》复印件、直营连锁门店的直营证明材料和特许连锁门店的特许经营协议书(合同)等证明材料向文化行政部门申请最终审核。文化行政部门经实地检查并审核合格的,发给《网络文化经营许可证》;经审查不符合条件的,应当向申请人说明理由。

七、互联网上网服务营业场所连锁经营企业设立连锁门店应当取得当地县(区)级以上文化行政部门的书面同意,并按照《互联网上网服务营业场所管理条例》的有关规定单独办理《网络文化经营许可证》。已经依法办理《网络文化经营许可证》的连锁门店应当办理变更登记手续。各省《自治区、直辖市》文化行政部门应当支持全国性或跨省(自治区、直辖市)连锁经营企业于一年以内在本行政区内设立不少于10家连锁门店。

八、互联网上网服务营业场所连锁经营企业

及其连锁门店应当自觉接受当地文化行政部门的日常监督管理。凡连锁门店受到停业整顿以上行政处罚的，当地文化行政部门应当将处罚决定逐级上报至连锁经营企业发证部门备案。一年以内累计受到两次以上停业整顿以上行政处罚的特许连锁门店，连锁经营企业应当终止与该门店的特许经营关系；一年以内3%以上连锁门店受到停业整顿以上行政处罚的，发证部门应当责令连锁经营企业进行整改；一年以内3%以上连锁门店被吊销《网络文化经营许可证》的，取消连锁经营企业的连锁经营资格。

九、文化行政部门要对网吧等互联网上网服务营业场所、连锁经营企业及其分支机构实行年审制度。要加强对互联网上网服务营业场所连锁经营企业的指导，积极引导连锁经营企业提高经营管理水平，按照连锁经营标准化、专业化的要求，逐步建立起完善的经营管理体系和服务标准，坚决杜绝假连锁现象。积极引导连锁经营企业加强互联网文化建设，不断拓展增值服务项目，开发主题鲜明、特色突出的互联网文化内容和增值服务功能，为上网消费者提供丰富多彩、健康有益的衍生文化产品和增值服务项目。要充分发挥连锁经营企业在行业协会中的骨干作用和示范作用，努力促进行业自律。

文化部办公厅关于坚决取缔非法演出团体严厉打击色情淫秽表演活动的紧急通知

(2003年5月20日)

各省、自治区、直辖市文化厅(局)，新疆生产建设兵团文化局：

在当前举国上下同心协力抗击非典型性肺炎的特殊时期，一些大中城市的城乡结合部以及农村集镇，有极少数非法演出团体置大局于不顾，四处流动演出，甚至明目张胆地从事色情、淫秽表演，扰乱了演出市场秩序，败坏了社会风气，严重干扰了非典型性肺炎的防治工作。为维护演出市场秩序，切断非典型性肺炎在演出市场的传播途径，切实保障人民群众的身心健康和生命安全，现就有关事项通知如下：

一、要从学习和实践“三个代表”重要思想的高度，进一步加强演出市场的管理。特别是在当前抗击非典型性肺炎的特殊时期，各级文化行政部门一定要把加强演出市场管理与非典型性肺炎的防治工作有机结合起来，积极完善各项工作制度，坚决落实管理责任，在保障演出市场健康发展的同时，切实有效地阻断非典型性肺炎在各类演出场所的传播途径，为我国改革开放和现代化建设创造良好的文化环境。

二、要进一步加大执法力度，严厉打击和取缔色情、淫秽表演等各类非法演出活动。严禁任何单位或个人在各类演出场所及公园、广场、街道、宾馆、饭店、商场等公共场所组织或从事含有色情、淫秽等违法内容的表演活动，对各类非法演出活动，要坚决依法予以取缔，并追究有关人员的责任，违反治安管理规定或构成犯罪的，移交公安司法部门处理。

三、县级以上文化行政部门要严格按照《营业性演出管理条例》及其实施细则的有关规定，切实加强对各类演出团体及演员个人《营业性演出许可证》的发放工作，坚决杜绝借发证乱收费或只发证不管理的不正之风。对持有演出证的演出团体和演员个人从事色情、淫秽表演或参与其他违法演出活动的，要追究发证机关及其主要负责人的责任。

自本通知下发之日起，县级以上文化行政部门在发放各类演出证(含2003年年检换证)时，必须在演出证上注明发证机关的联系电话及经办人的姓名。从2004年起，各级文化行政部门在对各类演出活动进行审核时,凡演出证没有注明发证机关联系电话及经办人姓名的,一律视为无证经营。

四、各级文化行政部门要切实加强对各类流动性演出活动的管理,特别是对外来演出团体,要严格审核其演出节目内容、演出证及相关手续。对于演出证照不全或演出节目内容违反国家规定的,不予核准演出。

五、为进一步加强非典型性肺炎的防控工作,目前发现疫情的地区,要暂停审批在影剧院、体育场馆等公众聚集场所举办的各类演出活动,停止审批跨区域的流动性演出活动。对擅自举办的演出活动,要坚决予以取缔;对擅自接纳演出活动的场所,一律停业整顿,并追究有关责任人的责任。要加强对演出市场的巡查力度,对因措施不力或失职、失察,造成非典型性肺炎防治工作中出现重大责任事故的,要追究有关管理部门主要负责人及直接责任人员的责任。

六、要建立健全演出市场监督举报制度,建立和完善文化行政部门和社会各界共同组成的演出市场监督体系,加强对各类演出活动的日常监督管理。各级文化行政部门要向社会公布文化市场监督举报电话,对群众举报的色情、淫秽表演等非法表演活动,必须在最短时间采取最果断的措施坚决予以制止和取缔。

七、各级文化行政部门的稽查管理人员,在公众聚集的演出场所巡查或者查处各类非法演出活动时,应当按照当地卫生防疫部门的要求,认真做好自身的卫生防护工作,防止非典型性肺炎可能造成的感染,切实保障文化市场稽查管理人员的身体健康。

特此通知。

文化部、公安部、国家工商行政管理总局关于制止在公众聚集场所裸体的人体彩绘表演活动的通知

(2003年9月30日)

近年来,一些生产厂家、商店、娱乐场所和个人为了吸引公众的注意力,促销产品,提高知名度,或以“人体彩绘”为广告手段,或以“人体彩绘”为经营内容,纷纷在商场、广场、公园、展览会、展销会等公众聚集场所,打着“人体彩绘艺术”的幌子,公然组织裸体的人体彩绘活动。这种行为不仅完全与艺术相背离,而且亵渎人性尊严,败坏社会公德,扰乱社会秩序,已造成恶劣的社会影响。为制止此类行为的蔓延,特作如下通知:

一、禁止任何单位和个人在商场、广场、公园、展览会、展销会、娱乐演出场所、公共文化设施等公共场所进行裸体的人体彩绘活动,违者依法查处。

二、严禁利用未成年人进行裸体的人体彩绘活动。违者依照有关法律、法规从重处罚。

三、在娱乐演出场所,或者在影剧院、美术院、文化馆、图书馆、博物馆等公共文化设施内组织裸体的人体彩绘活动的,由文化行政部门予以制止,并依法予以处罚。

四、严禁任何单位和个人以裸体、半裸体、三点着装等形式的人体为媒介发布广告。违者由工商行政管理部门予以制止,并依法予以处罚。

五、以“人体彩绘”为名,组织淫秽表演的,由公安机关依法查处。

拒绝、阻碍文化、工商等行政主管部门依法执行职务的,由公安机关依法予以处罚;构成犯罪的,依法追究其刑事责任。

六、文化行政部门和新闻单位要引导公众提高对艺术的鉴别能力和欣赏能力,自觉抵制以所谓“人体彩绘艺术”的名义进行的违法行为。

建设部

切实解决关系群众切身利益突出问题 做好建设系统社会治安综合治理工作

建设系统职工人数多、涉及行业多、影响稳定的因素多,搞好建设系统社会治安综合治理任务很重。2003年,建设部根据党中央、国务院领导同志的指示,按照中央综治委的部署和要求,认真排查影响社会稳定的隐患,认真分析群众来信来访的情况,把纠正城镇房屋拆迁中损害群众利益问题和清理拖欠工程款及农民工工资问题作为工作重点,促进了建设系统社会治安综合治理工作的深入开展。

一、认真排查,突出重点

近年来,我国城镇化进程逐步加快,城镇建设步伐不断加快,在城镇建设发展过程中出现了一些突出问题。一些地方急于求成,城镇建设规模过大、标准过高、实施过急,政绩工程过多,脱离了当地的社会经济发展水平和居民经济心理承受能力。由于资金不到位,用行政手段干预工程招投标和房屋拆迁活动,出现了拖欠工程款和农民工工资、压低房屋补偿安置标准及野蛮拆迁等问题,直接损害了群众的切身利益,引发了一系列群体性事件,影响了社会安定团结的政治局面,引起了党中央、国务院的高度重视。

为此,建设部党组组织了10多次专项分析排查。认识到,城镇房屋拆迁中损害群众利益问题和拖欠工程款及农民工工资问题是建设系统当前一段时期影响社会稳定最突出的问题。据统计,截止2003年底,全国累计拖欠工程款3670亿元,其中竣工工程拖欠2147亿元;拖欠农民工工资320.9亿元。部分施工企业债务沉重,有一些因拖欠而造成工资支付困难或者破产;一些农民工因工资被长期拖欠而生活困难,采取过激行为,矛盾日益突出。在房屋拆迁中,由于拆迁评估不规范、人为降低拆迁补偿标准或拖欠补偿资金,甚至滥用行政强制手段干预房屋拆迁,导致一些地方对群众反映的问题久拖不决、被拆迁人合法权益得不到保护,使群众上访大幅增加。

二、统一思想,明确目标

为解决上述两个问题,建设部党组认真学习党中央、国务院领导的一系列指示精神,多次召开系统内的专题工作会议,深入调查研究,制定解决问题的具体措施。部党组认为,房屋拆迁中损害群众利益问题,以及拖欠工程款和农民工工资问题,严重影响社会稳定,是建设系统做好社会治安综合治理工作的重点。建设部要求,各级建设行政主管部门要充分认识搞好这两项工作的极端重要性,从社会经济发展全局的高度,用科学的发展观来指导房屋拆迁管理、清理拖欠工程款和农民工工资工作,统筹兼顾,决不能以损害被拆迁居民及农民工合法权益的方式搞建设;坚持正确的政绩观,遵循科学规律,以人为本,决不能以影响社会安定团结来换取本届政府城市建设的政绩。

在提高认识的基础上,建设部党组明确了工作目标:到2004年6月底之前,各省(区、市)城市房屋拆迁补偿的政策法规基本完善,房屋拆迁管理的制度基本健全;通过采取针对性措施,确保2004年内城市房屋拆迁中的群体性上访、越级上访事件明显下降,拆迁中的恶性事故基本杜绝;到2005年底,房屋拆迁中的历史遗留问题得到基本解决。清理拖欠工程款和农民工工资的目标是,确保于2004年6月底完成2003年当年拖欠的农民工工资,2005年春节前完成2003年以前拖欠农民工工资的清偿任务,2006年底以前基本解决拖欠工程款。其中,地方政府投资工程要带头清欠,政府投资工程拖欠工程款要在2005年年底前解决,中央本级预算拨款的工程拖欠工程款要在2004年底前解决;2004年以后竣工的和今年新开工的项目,不允许再产生新的拖欠。

三、标本兼治,纠正拆迁中损害群众利益问题

一是强化城乡规划监督管理,控制城镇房屋拆迁规模。城镇房屋拆迁计划必须符合城市总体规划、控制性详细规划和建设规划,以及历史文化名城和街区保护规划。严格控制拆迁面积,凡拆迁矛盾和纠纷集中的地区,除保证能源、水利、城市重大公共设施等重点建设项目,以及重大社会发展项目、危房改造、经济适用住房和廉租房项目之外,一律停止拆迁,集中力量解决遗留问题。

二是完善政策法规,规范行政执法行为。督促各地尽快修订和完善地方性法规、规章、政策。政府有关部门所属的拆迁公司,必须全部脱钩。建立行政执法责任制、执法过错追究制和评议考核制,严格执行行政赔偿制度。严格房屋拆迁审批程序和审批管理行为,严禁将拆迁许可审批权下放。政府行政机关不得干预或强行确定拆迁补偿标准,以及直接参与和干预应由拆迁人承担的拆迁活动。

三是加强市场监管,规范拆迁程序。加强对拆迁单位的资格管理,严格市场准入。依法查处房屋拆迁中的违法违规行为,加大对违规企业的市场清出力度。加强对拆迁补偿资金的监管,确保拆迁补偿资金及时足额发放到位,坚决纠正不按评估价格补偿、擅自降低拆迁补偿标准现象。全面推行拆迁估价结果公示、行政裁决听证和行政强制拆迁听证等制度。严禁采取野蛮手段强迫被拆迁居民搬迁。

四是进一步加大行政督查力度。对拆迁项目和拆迁纠纷案件进行全面清理,坚持"三个不放过":拆迁问题没有查实的不放过,拆迁纠纷没有处理的不放过,拆迁补偿不到位的不放过。对在拆迁中连续发生严重损害群众利益导致恶性事件的部门和地区,要追究领导者和直接责任人的责任。

五是切实做好拆迁信访工作,维护社会稳定。建立信访工作责任制,尤其要建立和完善初信访责任制以及拆迁纠纷矛盾排查调处机制,及时解决群众反映的问题和合理要求,把矛盾解决在当地、基层和萌芽状态。要充分考虑被拆迁居民的实际需求和支付能力,加强经济适用住房建设管理和廉租住房制度建设,保证弱势群体基本住房需要。

四、强化体制机制建设,维护农民工合法权益

一是完善农民工工资支付办法,健全监管制度。配合劳动保障部,研究制定《关于规范建筑业农民工劳动合同和工资支付的意见》,推广按工程进度按月或季度支付工资的方式。建立有效的监管体系,监控农民工工资支付情况。研究制定建筑劳务企业税收政策,引导建筑劳务队伍组建法人形式的劳务企业;房屋建筑和市政基础设施工程施工分包,必须使用有资质劳务企业。强化劳动合同管理,健全协调劳动关系三方制度,督促企业与农民工签订劳动合同。建立拖欠农民工工资投诉举报制度,完善农民工法律援助制度。加强农民工的技能培训和安全教育,增强农民工自身的维权能力。

二是防止形成新的拖欠工程款,从源头上解决拖欠农民工工资问题。加强投资市场监管,积极推行业主工程款支付担保,确保工程款的支付。加强研究制定政府投资项目"代建制",推行国库集中支付制度,加强付款监管。建立健全社会信用体系,配合有关金融机构,对有违约失信行为的企业,在贷款数额、期限、利率等方面给予限制。按照全国人大和国务院的要求,抓紧修订《建筑法》,增加规范和监督业主行为的条款,加大对拖欠工程款的处罚力度。

在党中央、国务院的领导下,经过一年多的努力,全国纠正城镇房屋拆迁中损害群众利益问题和清理拖欠工程款及农民工工资问题取得了初步成效。基本完成解决2003年当年拖欠农民工工资的任务。城镇房屋拆迁管理的法律法规逐步完善,多数地区城镇房屋拆迁矛盾有所缓解,损害被拆迁人合法权益问题得到初步遏制。

建立法律援助制度 维护外来务工青年合法权益

北京市外地施工人员法律援助工作站

党中央国务院把改善农村富裕劳动力转移就业的环境,作为解决“三农”问题的重大战略举措。目前我国农村劳动力4.85亿人,富裕劳动力大约在1.5亿左右,到2010年,全国农村新增劳动力约4900万人,年均增长600多万人次。加快农村富裕劳动力转移就业,是不断增加农民收入的需要,也是统筹城乡经济社会发展、全面建设小康社会的需要。

北京城市建设规模近几年来已经达到年开复工1亿平方米,建筑施工用工需求吸纳的农村劳动力每年在100万人左右。北京城市建设的发展和人民的生活环境的改善,都浸透着来自于全国80多万外来施工人员,特别是占90%以上务工青年们的心血。他们已经成为首都建成现代化国际大都市的生力军。但是,由于建筑市场发育不完善,拖欠工程款问题比较严重,拖欠农民工工资的问题也越来越突出。2002年,北京地区曾接连发生多起极端和群体性事件,很多青年农民工因为不懂法而参与到这些事件中,在损害了首都社会安定的同时也对自身的发展造成了不良影响。

因此,北京市建委围绕改善农村劳动力就业环境大胆创新,提出了为青年民工弱势群体搭建维权体系、将“法律援助制度”引入行业管理的工作思路,在中央综治委、国家建设部、团中央和北京市政法委的直接关心和指导下,在北京市司法局的密切配合下,于2003年1月16日成立了全国首家、专门为外来务工青年提供法律援助服务的机构——“北京市外地施工人员法律援助工作站”。

经过一年多的探索,我们在建筑业成立法律援助站主要做了以下几个方面的工作。一是贯彻了党的十六大精神和“三个代表”重要思想、响应党中央“帮助困难群众解决实际问题”,在切实为外来务工青年办实事方面,体现了党和国家对基层人民群众的关怀和社会主义制度的优越性;二是在依法维护自身合法权益方面,能引导、帮助外来务工青年,以正当、合法的途径解决争议纠纷,形成运用法律手段解决劳动工资纠纷的正常秩序,使农民工通过法律渠道而不是采取过激行为,依法解决劳动纠纷,维护建筑业广大务工青年的正当权益;三是在法制宣传方面,不断提高建筑业外来务工青年的法律意识,进而推进“依法治国”方略的实施和“十六大”报告中提出的民主法制建设工作。法律援助站设在北京市建委建筑业管理服务中心,由管理中心的工作人员负责日常的来访接待、咨询、非诉讼调解和法制宣传等工作。我们的具体做法是:

一、宣传法律常识,提高务工青年合法务工、依法维权的意识

让每一位来过援助站的务工青年们都成为政策法规的遵守者、维护者和宣传者,是我们的首要工作目标。为此,法律援助站充分发挥法制宣传教育的前沿窗口作用,时刻注重宣法普法。按照“四五普法”工作要求,结合外来务工青年的具体情况,以案说法,在维护外施青年合法权益的同时,教育其合法务工、依法维权。如四川籍外施青年龚东生因一年多未拿到工钱,曾手持剪刀到援助站申请援助,称问题得不到解决就不走了,把命也搁这儿了。对此,援助站人员主动与其促膝谈心,耐心细致地说服、感化他,告知其过激行为对问题的解决毫无帮助,反而害人害己,只有按照相关法律法规规定来办,才是解决问题的根本方式。通过以情动人、以理服人,不仅解决了具体问题,又进行了法制教育。这种法制教育的结果不仅是对一位来访人的个体教育，实际也是对与他有关联的亲戚、朋友和同乡人、工友间的教育，从而使更多的外施青年民工们了解了北京市相关管理规定，主动与所属企业签订劳动合同、要求企业为其办理合法务工手续，为避免劳资纠纷打下了良好的基础。

二、发挥行业管理优势，加强行政调解工作，确保行业稳定

建筑业是行业专业性最为突出的产业之一，北京市建委充分考虑这一因素，一方面选配了既具有律师资格、又有建筑业管理经验的人员开展法律援助工作；同时，发挥建委对外施企业十多年的管理优势，借助已搭建的工作体系，多方联动，专业、迅捷地调处劳动和经济纠纷。

依托行业管理优势来解决务工人员与企业间的纠纷，能够最大限度地用最短的时间解决外来务工青年的燃眉之急。我们考虑到所有的经济纠纷都引导通过法律途径解决是不现实的，一方面法律程序时间长，工人们索要工资等不得；同时，较长的维权时限对稳定不利。在此情况下，首先，法律援助站依托行业管理优势，建立了北京市各区(县)建委、各省驻京建管处、北京市九大施工总承包企业参加的法律援助工作体系；同时，以行政调解的方式，及时、稳妥、高效地调处纠纷双方的争议，化解矛盾纠纷，确保社会稳定。如辽宁朝阳一建在304医院项目中拖欠50余名青年工人工资一年之久，因该企业已不在京施工，造成他们无处追索工资，工人情绪极不稳定，随时可能发生极端事件，援助站即通过该项目总承包企业，与在辽宁的该公司取得联系，由该公司紧急指派的委托代理人参加了由援助站人员主持、施工总承包企业和工人代表参加的调解会，3个小时的调解落实了工人工资支付的方案，解决了不安定隐患。

三、实施法律援助，为弱势群体提供司法救济

法律援助站的成立为外来务工青年寻求法律途径维权提供了救济保障。2003年春节前，因业主北京巨安金润房地产公司和总承包北京国贸成工程公司，拖欠安徽马鞍山三建500余名青年民工近两年的劳务费530万元，经调解无效后，青年民工们群情激愤，要与欠债人共存亡。在我们多方做工作并承诺提供法律援助维护合法权益的情况下，马鞍山三建自筹路费50万元安置了部分青年民工回乡过年。春节后，我们将此纠纷作为特例申请了法律援助，由精通建筑行业知识的律师代理该诉讼，法院系统也开通了“绿色通道”从快审理。该案从7月31日一审立案审理、判决至二审终审判决，马鞍山500多青年民工终于拿到了自己的工资，满怀喜悦地返乡过年。马鞍山500多青年民工因为拿起法律武器维护权益被中央电视台“今日说法”栏目授予了“2003年度十大法制人物”称号，该案也被评为年度北京市“最具影响力的法律援助案件”之一，芬兰国家电视台也专程前来采访、报道。

四、依法工作，耐心细致，全心全意做好服务工作

因一年或多年的劳动成果不能得到兑现的外施民工，来到法律援助站时，因年轻气盛其情绪往往非常激动，工作中稍有不慎，就可能激化矛盾，酿成恶性事件。这就要求工作人员要有充分的爱心、同情心和耐心细致的工作态度，使他们认同、认可我们并接受援助站的调解意见和法律建议。2004年春节前，援助站平均每天都要接待300多人，工作时间长达12、3个小时，工作人员完全处在一种高度紧张的工作状态之中，但他们以一种忘我的奉献精神，细致解答每一个问题，耐心接听每一个咨询电话，平息工人的激动情绪，处理每一起突发事件，工作到凌晨甚至通宵。正是这种工作精神，援助站得到了外来务工青年的信任并获得了他们的赞誉，也为援助站的生存和发展奠定了坚实的基础。

当“非典”疫情肆虐京城大地时，我们积极响应党和政府的号召，开展了“依法防治非典　共建美好家园　外施人员法律知识宣传手册”赠书仪式活动，向外施青年们现场赠送了紧急印制的5万册法律法规宣传资料和卫生防护用品，鼓励他们利用工地封闭期间，学习有关的法律常识，安心在京务工。在此期间，我们还通过咨询电话解答涉及“非典”的相关法律、法规问题101例。对于受理投诉纠纷中反映出的问题，我们以“非典案例”的形式，登载在“建设市场报”专门开辟的“法眼专栏”，一方面宣传法律、法规知识；同时教育、警示企业和外来务工青年们依法务工、诚信守约。

作为北京市建委为维护青年民工合法权益建立的第一站,在成立的15个月中共接待来访6368人次,涉及人员达6.8万人,已为434例中的13020人解决工资2131.6万元;其余682例通过提供法律咨询予以有效疏导;我们还受理了劳务合同争议纠纷84例,涉及争议金额8097.95万元,均已全部协调解决。此外,马鞍山三建法律援助案件获得胜诉,在社会上引起了强烈的反响;通过开通的"法律咨询热线",为企业、个人解答咨询10338例;接待公、检、法、律师查询1973例;办理信访函件的核查和回复83件。

目前,法律援助工作站已专门辟出近400平方米的场所作为接待外施民工民访、解决争议纠纷的窗口,将吸纳社会法律援助的律师共同参与,为提高外来务工青年的法律素质,进一步开展好对外来务工青年的法律咨询、普法教育工作而不懈努力。

国家计划生育委员会

统一思想　加强部门协调
切实做好流动人口计划生育综合治理工作

人口和计划生育部门在中央综治委的直接指导下,按照国办《关于做好进城务工就业管理和服务工作的通知》(国办发[2003]1号文)精神,坚持以人为本的科学发展观,树立服从服务于经济建设的全局意识,结合本部门实际,加强与相关部门的信息沟通和协作配合,把加强流动人口计划生育综合治理作为人口和计划生育工作的重要内容和强化基层基础建设的重要措施,积极探索综合治理流动人口计划生育的工作机制和工作方法。

一、统一思想,进一步提高对做好流动人口管理和服务工作的认识

随着流动人口特别是进城务工就业农民的大量增多,做好流动人口管理和服务工作,不仅有利于促进国民经济持续快速健康发展,而且有利于维护城乡社会稳定。切实加强流动人口计划生育综合管理和服务,对农村劳动力的平稳有序转移,维护社会治安秩序;对统筹城乡协调发展,稳定我国低生育水平;对实现全面建设小康社会战略目标创造良好的人口环境都具有十分重要的意义。各级人口和计划生育部门基于对流动人口管理的正确认识,在流动人口计划生育管理和服务工作中,注重加强与公安、民政、工商、劳动和社会保障、卫生及建设等部门的密切配合,努力适应新形势的要求,坚持改革与创新,加快流动人口计划生育工作思路和工作方法的"两个转变",即由被动控制型管理向主动服务型管理转变,由单一管理型向综合治理型转变,不断探索和完善流动人口计划生育管理的新模式和新方法,逐步探索和建立政府牵头、社会参与、部门配合、属地管理、政策推动、社区服务的流动人口计划生育综合治理工作机制。

流动人口计划生育综合治理的管理制度由"一证先行,无证否办"、"一证管多证"逐步发展到公安等部门"有证验证,无证通告信息"的流动人口基础信息多部门共享等多种管理方式并存。流动(暂住)人口治安管理由公安派出所流动(暂住)人口管理站行使治安管理职能,逐步发展为依托社区,组建流动人口管理服务中心,流动人口计划生育工作已作为其中的一项重要职能在基层得到落实。

很多省(区、市)党委和政府将流动人口计划生育管理作为流动人口管理的重要组成部分,纳入到本省(区、市)社会治安和经济发展总体规划中,并做到有机的结合。一些流动人口较为集中的省份,如安徽、江西、河南、四川等省把农业产业结构的调整,发展劳务经济、转移农村剩余劳动力与流动人口计划生育工作紧密结合起来,加强领导,统筹规划,为农民进城务工经商创造便利条件。重庆市将流动人口计划生育管理与三峡移民工作结合起来,努力做好移民中流动人口的管理和服务工作。河南等省为鼓励农民进城务工经商,放宽户口迁移政策,降低城镇入户门槛,明确迁移人口的生育政策,为加快户籍制度改革,推进城市化进程创造良好的人口和社会环境。

二、加强部门协调,切实加大流动人口计划生育综合治理工作力度

(一)成立了流动人口(治安管理)综合治理和计划生育工作领导小组。绝大多数省(区、市)都成立了流动人口(治安管理)综合治理工作领导小组,加强领导,统筹协调,明确各相关部门对流动人口计划生育管理和社会治安的工作职责,并将流动人口计划生育和社会治安共同纳入政府目标管理责任制,由政府与各相关部门签订目标管理责任状,把"一票否决"落到实处。广东、浙江、福建、河南、湖北等流入、流出人口大省的各级政府均成立了流动人口综合治理领导(协调)小组。人口和计划生育部门作为成员单位积极参与,在各级党委、政府统一领导下,把流动人口计划生育管理与社会治安综合治理紧密结合起来,定期召开联席会议,互通信息,及时协商和解决流动人口管理中存在的困难和问题。各地结合推行警务责任制,利用社区警务室、社区居委会和群防群治组织、流动人口协管员协同计划生育部门开展工作。同时,加强出租房屋管理,强化社区治安防范和流动人口工作。如河南省郑州市实行"旅栈式"管理模式,将流动人口计划生育管理纳入社会治安防范体系,建立房屋租赁治安管理秩序,实行流动人口基础信息公安和人口计划生育部门共享。有的地方还积极协调相关部门,营造有利于计划生育工作的政策环境。

(二)整合社会管理职能,合理利用社会资源,构建流动人口综合治理平台。为实现各部门齐抓共管,共同为流动人口提供全方位的管理和服务,大多数省(区、市)在城市街道和农村乡镇建立流动人口综合治理服务中心,联合公安、民政、劳动和社会保障、房管、工商、人口计生等行政管理部门,实行合署办公(一站式办公)、一条龙服务的工作模式。如河北、辽宁、河南、广东、福建、宁波、武汉等地整合社会管理职能,搭建管理与服务一体的办公平台,对流动人口及出租房屋管理实行"一条龙"服务,做到各部门在工作上互相配合、管理上联合执法、信息上互通共享、办证上合署办公,为流动人口提供高效便捷服务,初步形成了多部门通力合作的工作格局。

(三)实行社区居民自治,将流动人口计划生育工作融入社区管理与服务工作中。许多省(区、市)在加强城市社区建设中,做到公安、教育、卫生、文化、计划生育等进社区,将流动人口计划生育工作纳入社区管理与服务工作中,采取有效措施,落实以现居住地管理为主的流动人口计划生育管理原则。一是将计划生育工作纳入《社区居民自治章程》,实行社区居民自治;二是建立社区计划生育协会,设置社区楼、院计划生育信息员、楼(门)组长,开展计划生育日常宣传服务工作;三是实行计划生育公示制度,依靠社区居民对计划生育部门和流动人口进行监督;四是借助社区再就业服务中心、文化活动室等设施,并充分发挥计划生育技术服务机构和社区初级保健站的作用,为流动人口开展计划生育政策宣传、生殖保健技术服务和生产生活技能培训。五是在地方政府的支持下,在街道成立计划生育协管员队伍,切实加强基层基础工作。

(四)联合相关部门,加强流动人口的清理清查工作。很多地方如河南、重庆等地人口计生、公安部门每年都联合开展清理清查流动(暂住)人口及出租房屋专项治理活动,特别是对一些城郊结合部、出租房屋等计划生育和社会治安问题较为突出的地方,实行重点清查;结合流动人口登记管理,规范生育秩序,依法整治社会治安,严厉打击违法犯罪活动。福建省人口计生部门与公安、劳动保障部门密切配合,联合对城乡结合部、建筑工地、高层公寓等进行重点清理整治。重庆市人口计生部门对城九区的流动商贩、务工人员、出租房屋及租用人员进行"逐门逐户"的清理,共清理"三无人员"465人,并将有关情况及时通报给市、区、县综合治理办公室。2003年重庆市人口计生部门和公安部门共清理假《流动人口婚育证明》(以下简称《婚育证明》)560份,无效《居民身份证》853份,过期《暂住证》598份,进一步规范了流动人口的管理秩序。

许多地方人口计生部门主动为流动人口办理《婚育证明》,把强化《婚育证明》管理,作为流动人口计划生育管理与服务的源头来抓。如河北、安徽、江西、河南、山东、重庆等流出人口大省,通过办证查证,及时掌握流动人口流向,开展宣传教育、落实避孕节育措施。

(五)积极探索流动人口计划生育"双向管理"的有效途径。多数流出、流入人口大省都相互签订了"计划生育双向管理协议书",制定"双向管理"工作制度,及时互通信息,定期召开联系会议,共同研究解决工作中出现的问题。如户籍地与现居住地共同商定孕检定点机构;在流动人口较集中的现居住地成立流动人口党支部、流动人口计划生育协会,发挥流动人口中党员的先锋模范作用和计生协会群众自治组织自我教育、自我管理和自我服务的作用;有的地方还结合"婚育新风进万家"活动,大力宣传流动人口少生快富的典型,教育和影响流动人口自觉实行计划生育。

三、人口和计划生育部门坚持以人为本的科学发展观,创新和完善流动人口计划生育管理和服务机制

(一)修改和完善有关流动人口计划生育管理规定。为解决各地在流动人口计划生育工作中遇到的突出问题,2003年国家人口计生委制定下发了《流动人口计划生育管理服务工作若干规定》,进一步明确流动人口已婚育龄妇女是流动人口计划生育管理服务的重点;明确和加强现居住地和户籍地人口和计划生育部门的工作职责以及因婚姻事实迁入城市人员生育政策的适用及审批等有关规定;出台了《婚育证明》的便民服务措施。这些政策措施的制定和实施,较好地体现了对流动人口完善管理,突出服务的工作要求,促进流动人口计划生育管理服务机制的改革与创新。

(二)积极探索综合治理流动人口计划生育的新路子。针对当前相关部门改革政策措施出台,流动人口计划生育综合治理难的实际状况,2003年在中央综治委的支持下,国家人口计生委会同公安部、民政部、劳动和社会保障部、建设部、卫生部及国家工商总局等部门联合下发了《关于进一步做好流动人口计划生育工作的意见》,对加强流动人口管理的政策协调,健全流动人口综合治理的工作制度,满足流动人口计划生育服务需求等方面都作出规定。

(三)加强信息管理手段,建立信息共享机制,提高工作效率。2003年7月国家人口计生委针对多年来现居住地和户籍地"两地"流动人口计划生育信息交流不畅这一突出问题,在全国建立省际间流动人口计划生育信息交换平台,作为实现流动人口计划生育管理机制创新的突破口,加快了户籍地与现居住地计划生育信息反馈的速度,提高了信息交换的准确性。

河南省利用流动人口计划生育信息与公安部门户籍人口、暂住人口信息对接,实现信息查询的自动化,提高了计划生育管理和社会治安整治的工作效率。重庆市人口和计生领导小组决定,各级人口和计划生育部门主动与公安等部门定期进行流动人口信息交换。2003年该市人口计生系统为公安机构提供信息16.56万件。"非典"期间,为市综治委及时提供了有关流动人口返乡数据。福建龙岩市公安部门多次利用计划生育信息网络破获案件。

(四)注重维护流动人口实行计划生育的合法权益。各级人口和计生部门及其工作人员按照"三个代表"要求,在加强计划生育规范化管理的同时,强化服务,严格禁止并认真查处户籍地以任何名义在流动人口现居住地设立孕检站点、乱收费以及强令流动人口已婚育龄妇女返乡孕检的做法;通过人民来信来访和维权热线,认真督促和查处违法侵权案件,把维护流动人口计划生育合法权益作为提高管理和服务质量的重要方面。各地采取有效措施,广泛开展普法宣传,维护流动人口的知情权;落实村(居)自治,维护流动人口的参与权;成立计划生育协会或组织志愿者队伍,维护流动人口的监督权;调动各种社会资源提供服务,维护流动人口的发展权;努力推行计划生育优质服务,确保流动人口在现居住地享有国家规定的各项计划生育技术服务,维护流动人口的生殖健康权。

一些地方如河北、浙江、山东、湖北、福建等地人口计生部门,配合有关部门或社区建立流动人口公寓,成立外来人口子女学校,为流动人口计划生育家庭居住、就业和子女入学、入托提供便利。广东珠海市人口计生部门还积极协调相关部门，营造有利于计划生育的政策环境，对独生子女家庭予以优先优惠，使流动人口享受与户籍人口的同等待遇。

共青团中央

2003年共青团参与社会治安综合治理工作概况

2003年各级共青团组织以全国社会治安综合治理工作会议和全国政法工作会议精神为指导，按照中央综治委的要求，充分发挥自身优势，整合社会资源，全方位、多角度地参与社会治安综合治理工作。

一、深入开展青少年法制教育，加强青少年法制建设

1. 开展多种形式的青少年法制教育。各地团组织依托社区、学校、执法职能部门、企业以及青少年宫等青少年活动阵地建立社区青少年法律学校，把“青少年法律学校”作为推进青少年法制教育的主要阵地。聘请专业人士组成志愿讲师队伍，培训青少年法制骨干，使他们掌握必要的法律知识和技能。通过到少年法庭、律师事务所、少年犯管教所、看守所、戒毒所、劳教所等单位观摩体验，组织罪错青少年进行现身说法，组织青少年开展模拟法庭、情景训练等活动，在法律实践中帮助青少年深刻理解法律；通过青少年法制骨干为自己的青少年伙伴讲法律故事，传授法律自护技巧、举办法律讨论会、案例分析会等，在同伴教育中不断增强青少年的法律意识。

2. 加强青少年法学研究。共青团中央依托中国法学会成立了“中国法学会青少年法律研究会”，该会由从事青少年法律研究与实践的法学工作者和法律工作者组成，开展青少年法律的理论研究和实践活动。各省、自治区、直辖市团委在继续做好青年法律工作者协会的工作基础上，积极推动成立省级“法学会青少年法律研究会”。各级“青少年法律研究会”和青年法律工作者协会团结凝聚了青少年法学工作者和法律工作者，建设了稳定的高素质的法制宣传教育队伍。2003年1月9日，中国法学会青少年法律研究会举办了“中国青少年法律研究论坛”，来自全国各地的青少年法学研究和实践领域的专家、学者探讨了青少年法律和公共政策框架等方面的理论问题、政策问题、实践中的热点和难点问题，交流了工作中的方法和经验，为进一步开展青少年法律研究工作打下了良好的理论基础，明确了研究发展方向。

二、开展预防青少年违法犯罪工作调研，推动实施“青少年违法犯罪社区预防计划”

1. 积极开展调研。为深入贯彻《中华人民共和国未成年人保护法》和《中华人民共和国预防未成年人犯罪法》，贯彻落实罗干同志在全国政法工作会议上的讲话精神，推动各地预防青少年违法犯罪工作的开展，2003年3月20日至4月20日，共青团中央会同中央综治委预防青少年违法犯罪工作领导小组、最高人民法院、最高人民检察院、教育部、司法部、民政部、建设部、文化部、新闻出版总署等部门分成五个工作组，赴黑龙江、吉林、辽宁、内蒙古、宁夏、陕西、山东、上海、浙江、江苏、湖北、江西、重庆、广西、云南15个省、自治区、直辖市，就各地预防青少年违法犯罪工作以及“青少年违法犯罪社区预防计划”等工作措施落实情况进行了调查，考察走访了38个地市、53个县区、60个街道社区、29所中小学校和38个基层单位，了解了基层有关预防青少年违法犯罪工作的一些基本情况、典型经验以及潜在问题并形成了调研报告。

2. 推动实施“青少年违法犯罪社区预防计划”。各级团组织积极发挥预防青少年违法犯罪领导小组办公室职能作用,组织协调各成员单位深入实施“青少年违法犯罪社区预防计划”。在各级党委政府的高度重视和社会各界的大力支持下,各地以“三个代表”重要思想为指导,认真实施《中华人民共和国未成年人保护法》和《中华人民共和国预防未成年人犯罪法》,深入贯彻《中央社会治安综合治理委员会关于进一步加强预防青少年违法犯罪工作的意见》,从本地区的实际和青少年的特点出发,从社区青少年的教育、管理和服务等具体事情做起,制定了详细的社区预防青少年违法犯罪工作计划,建立了有效的预防工作机制。为进一步推动“青少年违法犯罪社区预防计划”深入持久地进行,中央综治委预防青少年违法犯罪工作领导小组办公室根据《关于实施“青少年违法犯罪社区预防计划”的通知》的有关要求,在各地“青少年违法犯罪社区预防计划”实施试点单位申报材料的基础上,经过认真研究,确定了北京市西城区福绥境街道等50个街道(社区)为全国“青少年违法犯罪社区预防计划”实施试点单位。这些试点单位广泛动员社会力量,整合社区资源,加强青少年教育,完善青少年管理,服务青少年发展需求,为“青少年违法犯罪社区预防计划”的实施提供了典型经验。

三、进一步深化创建优秀“青少年维权岗”活动,努力优化青少年成长的社会环境

1. 健全创建活动相关制度。通过联查、抽查、自查等方式,督促各地落实《全国优秀“青少年维权岗”创建、评比、表彰、考核及管理办法》和司法行政系统优秀“青少年维权岗”职责与奖励办法,尽快出台其余各系统优秀“青少年维权岗”职责与奖励办法、实施细则、评比表彰、检查考核的具体标准等相关制度。

2. 完善创建活动各项机制。着重完善创建活动动态管理机制,对优秀“青少年维权岗”单位不搞“终身制”,继续分级对优秀“青少年维权岗”单位经常性地组织抽查,阶段性地检查,并逐步引入社会化的考评办法,让群众参与考评,优胜劣汰。建立激励机制,推动各部门制定并落实各项表彰奖励的制度、措施。建立区域联动机制,广泛建立各级青少年权益保护协调中心,配备受理和处置青少年权益事务的工作人员,设立维权热线电话,实行联席会议制度。进一步完善监督机制,建立监督员队伍,明确监督员岗位职责,设立监督举报电话和信箱,并通过定期在报纸、电视、网络等媒体上公示优秀“青少年维权岗”单位名称、联系人、电话和工作职责等多种形式,便于投诉和监督,形成良性监督机制。

3. 拓宽创建活动覆盖行业与范围。2003年团中央又联合教育、建设、民政等部委开展创建工作,继续扩大“青少年维权岗”的创建规模,拓展维权领域。针对地市和区县一级创建活动开展不平衡的情况,在纵向上推动创建活动向基层延伸,特别是中西部地区,加大创建活动力度,在市、区、县一级培育出更多的维权实体,使维权工作的覆盖面更广。针对家长虐待子女、青少年吸毒、贫困家庭子女入学困难等社会问题,推动“青少年维权岗”单位拓展职能,进一步延伸工作手臂,深入社区和家庭,与预防青少年违法犯罪工作相结合,着力解决新时期社区生活中出现的青少年权益保护问题,使青少年权益保护工作走向深化。

4. 构建社会化维权服务网络。以省市一级青少年维权中心为枢纽,以区、街、社区青少年维权岗、站、点为终端,以行业为纵线、以地区为横线,形成纵横交错、区域联动、行业联动的立体维权网络。通过推行联席会议制度、设立维权热线电话、开办青少年权益保护网站,建立健全青少年维权工作接待咨询制度、维权岗单位驻社区活动制度、值班制度、档案管理制度等,形成基本工作流程,依托优秀“青少年维权岗”,广泛开展维权服务、法制教育、安置帮教等工作,建立规范、有效的运转机制。

5. 加大表彰宣传力度。共青团中央联合中央综治办、最高人民法院、最高人民检察院、公安部、司法部、劳动和社会保障部、国家广播电影电视总局等参与创建的部门,共同开展对“优秀青少年维权岗”集体、创建活动先进个人和突出贡献奖的评选表彰活动,对各部门青少年维权工作的先进基层单位以及几年来为创建活动作出突出贡献的先进个人进行表彰,并大张旗鼓地进行宣传,扩大维权工作在社会上的影响。

四、深入开展青少年自护教育,增强青少年自我保护的意识和能力

1. 加强基础建设。一是推动各地广泛建立自护学校。依托优秀“青少年维权岗”、青少年宫、社区青少年活动中心以及各种青少年校外活动场所，尝试建立一批规范的青少年自护教育阵地。利用互联网建立网上自护学校，组织中小学生开展生动活泼的网络教育活动，培养法制观念和网络道德意识，自觉远离网吧，安全文明上网。开设自护训练室，定期在训练室开展多种形式的自护宣传教育活动，使青少年学会更好地运用法律武器维护自身权益，帮助青少年正确认识和对待成长中遇到的各种心理、生理问题，增强青少年防灾避险的意识和技能。二是建立青少年自护教育师资队伍。聘请优秀“青少年维权岗”单位工作人员担任自护辅导员，结合工作实际，讲授青少年自护知识和技能。聘请律师志愿者等法律工作者担任自护辅导员，教育青少年依法维权的基本方法。聘请有关青少年生理、心理、安全、自救等方面的专家，为青少年开展相关方面的自护教育。三是编写和制作青少年自护教育书籍、制品。团中央权益部策划出版《展开生命的翅膀——中小学生自护手册》、《青少年预防艾滋病——自我保护掌中宝》，各地团组织也组织有关专家编写了一系列针对性强、实用性强的自护教材、自护书籍。团中央权益部联合有关部门监制推出以青少年自护教育为题材的系列影视、音像作品，如与中央综治委预防办监制拍摄了我国首部以青少年自护为主题的二十集电视连续剧《自护智多星》等影视作品，丰富了青少年自护教育的形式和内容。

2. 创新活动方式，丰富活动内容。一是集中开办自护营和培训班。针对不同年龄阶段青少年生理、心理状况及不同地区的环境特点，利用寒暑假和节假日开办自护营或培训班，采取专家授课、录像观摩、模拟情景训练等多种方式，集中向青少年教授自我保护的基础知识和基本技能。如北京团市委在“星光青春自护训练营”的基础上，又推出了“双休日”自护营、“亲子自护营”和“让青春不再朦胧——中学生性教育”等专题自护营，在青少年中广泛开展“认识社会、拒绝诱惑、远离危险、防范侵害”等方面的教育和训练，逐渐形成了青少年安全教育的品牌工程。二是广泛开展自护知识、技能比赛。团中央权益部与中央综治委预防青少年违法犯罪领导小组办公室、公安部消防局、中青网等部门联合举办“青少年防火自护 flash 大赛”，在青少年中普及安全防火自护知识，学会火场逃生自救的办法。各地团组织也积极组织中小学生开展讲座、征文、绘画比赛等生动活泼、形式多样的自护知识、技能比赛，并通过电视台等新闻媒体进行宣传，在全社会形成重视青少年权益保护，关心青少年健康成长的良好氛围。三是采取社会化方式开展自护教育。广泛利用各种机构、设施为青少年开展自护教育，通过现有的与青少年密切相关的研究机构、青少年宫、青少年维权中心、法律服务中心、心理咨询站为青少年提供法律、心理等方面的咨询和各种技能训练。

五、深化“进城务工青年发展计划”，为进城务工青年提供切实有效的服务

1. 加大培训力度，提高进城务工青年素质。团中央联合有关部门继续深化“千校百万”进城务工青年培训计划，对进城务工青年开展了政策法规、文化知识、基本职业技能、权益保护、劳动安全、计划生育和卫生常识等方面的培训。各地在工作中积极把社会培训机构纳入“千校百万”进城务工青年培训学校的范围，引导他们为进城务工青年提供优质、实用的服务，指导进城务工青年就业。团中央还通过“打工青年发展网”，向进城务工青年提供了近 3 万条就业信息，促进进城务工青年的有序流动。

2. 开展维权工作，把权益保护工作落到实处。各地团组织深入到进城务工青年群体中，倾听他们的呼声，了解他们的需求。有些地方的团组织还在进城务工青年团支部中设立了维权委员，通过维权委员反映进城务工青年的权益保护需求，普及维权常识。各级团组织依托全国优秀“青少年维权岗”和各省级优秀“青少年维权岗”，动员社会力量积极维护进城务工青年合法权益，并在进城务工青年相对集中的区域建立维权站、点，为进城务工青年发放维权服务卡，普及法律知识和外出务工常识、提供法律咨询和援助。全国共发放维权服务卡 500 多万张。各地建立与完善共青团劳动保障法律监督员队伍，积极配合当地劳动保障部门开展维护进城务工青年合法权益的各项工作，大力宣传劳动保障法律法规和国家劳动保障政策，配合劳动保障部门督促用工单位按规定签订劳动用工合同，在工作时间、生产安全、医疗保险、基本生活条件等方面为进城务工青年提供合理保障。

3. 培育打工文化,丰富进城务工青年精神文化生活。各地团组织组织青年志愿者和进城务工青年文艺骨干深入社区、企业开展“大家乐”等丰富多彩的群众性文化活动,丰富进城务工青年的精神文化生活,用先进的打工文化塑造和影响当代进城务工青年。广州开发区员工大厦为8000名进城务工青年配备了乒乓球室、篮球场、卡拉OK厅等,务工青年们自己办的《金雁报》成为大家心灵交流的桥梁,团总支指导成立了广播站、电影放映队、青年文化广场、青年志愿者服务队等,开展了外来工形象设计大赛、书法摄影比赛等,电工、美工、英语培训和法制教育深受青年欢迎,积极向上成为员工楼青年的主旋律。

4. 鼓励返乡创业,开展“把文明带回家”活动。为鼓励广大进城务工青年在开阔视野、积累资金、掌握技能后投身家乡建设,各地团组织积极争取政策支持,提供创业信息,帮助外出务工青年了解家乡的变化,号召广大进城务工青年把打工过程中学到的科学文化知识、创业致富技能和文明生活习惯带回家乡,架起城乡之间传播文明的桥梁。

5. 突出具体服务,为进城务工青年办实事办好事。各地团组织开展了“平安打工”、“三送一助”(“送知识、送文化、送健康、助安全”)、送温暖等主题活动,把党和政府的关心和爱护送到进城务工青年身边。每逢重大节假日,各地团组织积极开展为进城务工青年送温暖活动,通过开展同吃年夜饭、组织服务进城务工青年专列、赠送IP电话卡、维权服务卡、文化娱乐卡,组织慰问演出,组织卫生系统志愿者为他们免费体检,组织青年志愿者在火车站提供服务等方式,向进城务工青年提供物质和精神上的帮助和支持。在抗击“非典”期间,北京城建集团团委开展了“送爱心到工地”活动,给各工地送了大批信纸、信封和邮票。团委还聘请了理发师、裁缝、修鞋匠,组成服务小分队,送爱心到工地。各青年突击队项目经理部除做好消毒等工作外,还为进城务工青年免费提供2部长途电话,保证他们不出工地就能和家里保持热线联系。在团组织的带动下,奋战在北京重点工程建设工地的9支在京施工企业青年突击队联合举行誓师大会,发出了《坚定信心,拼搏奉献——为抗击非典和首都建设贡献青春和力量》的倡议,号召在京务工创业的青年们顾全大局,稳定队伍,坚守岗位促生产,抗击非典做贡献。

六、全面深化“青年文明社区”创建活动,促进社区新型人际环境的形成

1. 深化开展“青年文明社区大家乐”活动和“科学文明健康”——社区青年文化节活动。各地团组织以“科学文明健康”为主题,以大家乐舞台、广场、楼道等为载体,以“青年文明社区”大家乐活动为主要形式,通过社区青少年和广大居民自编、自演、自娱、自乐的方式,使社区大家乐舞台成为了社区开展丰富多采的文化、艺术、体育、科普活动的最重要、最有效的载体。7月以来,各地陆续开展了社区青年文化节优秀节目汇演,为团的十五大的召开营造良好的氛围。12月在福建召开了社区青年文化建设暨“科学文明健康”——社区青年文化节组织奖、创新奖表彰大会。

2. 以“青年文明社区”为平台,开展社区抗击“非典”活动。在抗击“非典”的斗争中,全国各级组织认真贯彻落实党中央、国务院指示精神,按照团中央的统一部署,以社区为单位,动员全国各级“青年文明社区”广大团干部、社区青年志愿者和社区青少年运用社区青少年法律学校、社区宣传栏、“大家乐”广场等阵地,向广大群众宣传抗击“非典”知识、派发抗击“非典”宣传物品、药品,社区青年志愿者上门入户,消除社区卫生死色、整治社会环境,得到了社区居民和各级党政领导的高度评价。

3. 开展“青年文明社区”示范城(区)创建活动,推动“青年文明社区”活动不断拓展和深化。确定了61个全国“青年文明社区”示范城(区)创建单位,在此基础上,进一步总结全国各地“青年文明社区”创建活动案例,汇编出版《社区青春行》一书,并下发至省级团委和有关部门。树立了一批创建“青年文明社区”的先进城区典型,充分发挥典型引路、以点带面的作用,对各地的“青年文明社区”创建活动进行直接有效的指导,进而推动全国“青年文明社区”创建活动在各级城市的发展。

4. 在创建“青年文明社区”活动中开展“校园文化进社区”系列活动。与全国学联下发《关于组织开展“校园文化进社区”系列活动的通知》,开展“校园文化进社区”系列活动,具体活动内容有开展社区文艺演出;深入社区宣传先进文化;扶持社区青年社团;参与社区文化阵地共建等。

5. 大力推进城市青年中心试点建设。9月,下发《全国城市青年中心建设试点工作方案》,指导、部署全国城市青年中心试点建设工作,并确定浙江杭州市、上海长宁区、北京朝阳区、吉林四平市为全国城市青年中心第一批试点。成立由社会学、管理学、法学、美学、青少年思想教育等方面的专家、教授组成的全国城市青年中心建设专家指导小组,于10月15日举行了专家研讨会,加强对城市青年中心建设理论研究,指导青年中心建设。10月24日至25日召开全国城市青年中心建设工作会,总结城市青年中心试点建设经验成果,部署全国城市青年中心建设。10月24日至27日举办了全国城市青年中心建设培训班,通过培训工作提高了对基层社区共青团工作者的理论水平,加强了对具体工作的指导。

七、从影响青少年成长的突出问题入手,开展专项行动

1. 进一步深化"社区青少年远离毒品行动"。各地以"社区青少年远离毒品行动"为载体,依托青少年法律学校、知心家庭学校、进城务工青年培训学校等活动阵地,充分利用影视、广播、报刊图书等宣传手段,在社区开展全方位、多层次、多形式的禁毒宣传,营造了良好的禁毒氛围。6月,团中央社区和维护青少年权益部、国家禁毒委办公室联合中青网建立了以"认识社会、拒绝诱惑、远离毒品、防范侵害"为主题的"青少年远离毒品"网站(jindu.cycnet.com)。网站内设法律法规、专家咨询、禁毒知识、禁毒论坛等10余个子栏目,开通以来,深受广大青少年的欢迎,到2003年底,网站访问量已达14万人次,取得了良好的宣传效应和社会效益。

2. 在青少年群体中开展预防艾滋病活动。一是开展了"青春红丝带"——青少年预防艾滋病健康教育、用红丝带装点校园、青少年心系红丝带爱心倡议、童心红丝带等多项全国性的大型活动。邀请濮存昕、刘孜作客中青网,与青少年网友进行防治艾滋病的网络交流。各地团组织举办培训班、街头宣传咨询、体育比赛、文艺演出250多场次,发放宣传材料26种,达110多万份。二是积极参与澳大利亚国际发展署/世界银行卫IX项目非政府组织参与艾滋病防治合作项目。组织"千校百万"进城务工青年培训计划——流动青年群体预防艾滋病健康教育项目,督导福建、山西、广西艾滋病防治项目的实施。三是开展"青春红丝带"行动创新奖评选活动,对北京团市委权益部等23个青少年防治艾滋病工作突出的单位进行了表彰。四是由中国少年儿童出版总社开展了中国少年儿童艾滋病知识及态度调查,共发放问卷2万多份,初步掌握了我国少年儿童对艾滋病的了解情况。

八、树立一批维护社会治安稳定的先进典型

为弘扬正气,表彰先进,激励广大青年投身建设社会主义法治国家的伟大事业,共青团中央、中央社会治安综合治理委员会办公室、最高人民法院、最高人民检察院、公安部、司法部、财政部、卫生部、中国人民银行、海关总署、国家税务总局、国家工商行政管理总局、中国人民武装警察部队联合在全国开展了第四届"中国杰出(优秀)青年卫士"评选活动,评选出11名同志第四届"中国杰出青年卫士",114名同志第四届"中国优秀青年卫士"。2003年1月,中共中央政治局常委罗干在人民大会堂亲切接见了第四届"中国杰出(优秀)青年卫士"代表并与大家合影留念。10月,共青团中央、最高人民检察院追授广西壮族自治区玉林市检察院陈革同志"中国杰出青年卫士"荣誉称号,并在广西壮族自治区召开表彰大会。

共青团中央 中央社会治安综合治理委员会办公室 最高人民法院 最高人民检察院 公安部 司法部 财政部 卫生部 中国人民银行 海关总署 国家税务总局 国家工商行政管理总局 中国人民武装警察部队 关于开展第四届“中国杰出(优秀)青年卫士”评选活动的通知

(2003年9月8日)

各省、自治区、直辖市团委,社会治安综合治理委员会办公室,高级人民法院,人民检察院,公安厅(局),司法厅(局),财政厅(局),卫生厅(局),人民银行,海关,国家税务总局,地方税务局,工商行政管理局,武装各部队,全国铁道团委,全国民航团委:

为深入学习贯彻十六大精神和“三个代表”重要思想,进一步树立和宣传新时期在政法机关、行政执法和经济监督管理、卫生部门中,涌现出来的优秀青年典型,展示当代青年的精神风貌,共青团中央、中央社会治安综合治理委员会办公室、最高人民法院、最高人民检察院、公安部、司法部、财政部、卫生部、中国人民银行、海关总署、国家税务总局、国家工商行政管理总局、武装部队总部决定,联合在全国开展第四届“中国杰出(优秀)青年卫士”评选活动。现将有关事宜通知如下。

二、评选活动的组织领导

由13个主办单位的负责同志组成第四届“中国杰出(优秀)青年卫士”评选活动组织委员会,负责本次评选活动的组织领导和评审工作。组委会办公室设在团中央社区和维护青少年权益部,具体负责评选活动的日常工作。

二、评选范围及标准

(一)本次活动的评选范围

年龄在40周岁以下(1963年12月31日出生),在严厉打击违法犯罪,整顿和规范市场经济秩序,加强社会治安综合治理和抗击“非典”等重大事件中为捍卫法律尊严,维护国家和集体利益,保障人民群众生命财产安全做出突出成绩的政法、行政执法、财政金融、卫生战线的优秀青年。曾获“中国杰出青年卫士”荣誉的,不再参加本届评选;曾获“中国优秀青年卫士”荣誉的,经推荐可以作为本届“中国杰出青年卫士”候选人参加评选。

本次活动将评选出10名“中国杰出青年卫士”,100名“中国优秀青年卫士”。

(二)"中国杰出(优秀)青年卫士"的评选标准

1. 认真学习马列主义、毛泽东思想、邓小平理论和"三个代表"重要思想,坚决执行党的路线、方针、政策,模范执行国家法律法规和有关政策,积极投身改革开放和社会主义现代化建设事业。

2. 忠于职守,爱岗敬业,在非常时期,关键时刻挺身而出,出色完成各项工作任务,在本职岗位上有突出贡献。

3. 积极参与社会治安综合治理工作,坚持原则,廉洁自律,作风正派,勇于维护法律尊严与社会正义,有良好的社会声誉。

4. 秉公执法,无私无畏,在清除社会丑恶现象,严厉打击违法犯罪,保卫国家安全,维护社会稳定,保护人民群众生命财产安全方面有突出表现。

5. 严格履行监督职能,努力维护财经纪律,为促进经济、社会发展和建立、维护社会主义市场经济秩序作出突出贡献。

武警部队参照以上标准,重点推荐本系统在参与地方社会治安综合治理,为保护国家财产和人民群众生命财产安全见义勇为、无私无畏的先进人物。

三、评选办法

候选人的产生采取系统推荐、地方推荐和社会推荐相结合的办法。

系统推荐:评选活动组织委员会成员单位对全国范围内本系统的先进模范人物,经过认真考核后,向组委会推荐。

地方推荐:有条件的地方可相应成立本地评选活动组织机构,开展省级评选活动。各省级团委负责日常工作,按照评选标准和条件,推荐参评人选,并由各系统省级主管部门和省级团委共同签署意见,向组委会办公室上报。

社会推荐:评选活动的消息向社会正式公布后,社会各界人士可以直接向组委会办公室推荐人选,组委会委托有关部门考核合格后,列入候选人名单。

组委会办公室对上报材料提出初评意见,并将初评出的"中国杰出青年卫士"候选人事迹材料在有关新闻媒体上公示,接受社会监督,最后由评选活动组委会统一审核,确定受表彰人员。

四、工作要求

接此通知后,各有关单位应组织专门力量,积极做好候选人的推荐工作。各省、自治区、直辖市团委和各系统要以严肃认真的工作态度,按照实事求是的原则,深入调查研究,广泛听取意见,把最优秀、最具代表性的青年向上级组织推荐。各省、自治区、直辖市团委和各系统要在基层组织推荐的基础上,坚持标准,认真研究,做好考核和审查工作,严把质量关,按照分配名额于10月20日前将推荐的候选人名单、推荐表和候选人事迹材料(2000字左右)及候选人事迹材料简介(500字左右)一式三份寄送到组委会办公室。

组委会办公室通讯地址:北京前门东大街10号团中央社区和维护青少年权益部;邮编:100051;电话:(010)85212136,85212148。

附件：

第四届"中国杰出(优秀)青年卫士"评选活动组织委员会名单

委　员

陈冀平　中共中央政法委副秘书长、中央社会治安综合治理委员会办公室主任

杨　岳　共青团中央书记处书记

苏泽林　最高人民法院党组成员、政治部主任

张常韧　最高人民检察院党组成员、政治部主任

孙明山　公安部党委委员、政治部主任

张苏军　司法部党组成员、政治部主任

廖晓军　财政部党组成员、副部长

高　强　卫生部党组书记、常务副部长

甄　朴　海关总署党组成员、政治部主任

钱冠林　国家税务总局党组副书记、副局长

刘玉亭　国家工商行政管理总局副局长

祖书勤　武警总部政治部副主任

办公室成员

季　勤　中央社会治安综合治理委员会办公室协调室副主任

刘滨海　最高人民法院政治部宣传教育部常务副部长

张本才　最高人民检察院政治部宣传部部长

胡增印　共青团中央社区和维护青少年权益部部长

王英斌　公安部政治部宣传局助理巡视员

李　刚　司法部政治部副主任

俞二牛　财政部人事教育司司长

秦小明　卫生部直属机关党委常务副书记

李　龙　中国人民银行保卫局局长

张华民　海关总署思想政治工作办公室副主任

董志林　国家税务总局人事司司长

刘士国　国家工商行政管理总局人事教育司副司长

胡学庆　武警总部政治部组织部副部长

胡尹庐　共青团中央社区和维护青少年权益部副部长

联络员

窦朝晖　中央社会治安综合治理委员会办公室协调室助理调研员

韩振忠　最高人民法院政治部宣传教育部副部长

魏夫俊　最高人民检察院政治部宣传部正处级检察员

姜少武　公安部政治部宣传局思想政治工作处副处长

崔建管　司法部政治部组织处处长

徐　向　财政部人事教育司综合处副处长

鹿文媛　卫生部直属机关团委副书记

王沪鸣　中国人民银行保卫局综合处处长

张习武　海关总署政工办政工处调研员

刘艳霞　国家税务总局人事司基层工作处副处长

张忠和　国家工商行政管理总局人事教育司考核任免处副处长

张忠林　武警总部政治部组织部青年处处长

褚　峰　共青团中央社区和维护青少年权益部法制工作处副处长

共青团中央
中央社会治安综合治理委员会办公室
最高人民法院　最高人民检察院
公安部　司法部　财政部　卫生部
中国人民银行　海关总署
国家税务总局
国家工商行政管理总局
中国人民武装警察部队
关于表彰第四届“中国杰出(优秀)青年卫士”的决定

(200 年 12 月 29 日)

近年来,在加强社会治安、整顿和规范社会主义市场经济秩序以及 2003 年抗击“非典”的斗争中,涌现出一大批为维护社会稳定、保卫国家利益和人民群众生命财产安全作出突出贡献的优秀青年。为弘扬正气,表彰先进,激励广大青年投身建设社会主义法治国家的伟大事业,共青团中央、中央社会治安综合治理委员会办公室、最高人民法院、最高人民检察院、公安部、财政部、卫生部、中国人民银行、海关总署、国家税务总局、国家工商行政管理总局、中国人民武装警察部队联合在全国开展了第四届“中国杰出(优秀)青年卫士”评选活动。经过严肃认真的评选,决定授予张晓红等 11 名同志第四届“中国杰出青年卫士”称号,授予于琬河等 114 名同志第四届“中国优秀青年卫士”称号。

我们号召广大青年向杰出(优秀)青年卫士学习。学习他们热爱祖国、服务人民、无私奉献、不怕牺牲的精神;学习他们忠于职守、秉公执法、不畏艰险、勇于创新的工作态度;学习他们清正廉洁、兢兢业业、大公无私、勤奋好学的优良品德。希望广大青年能够以杰出(优秀)青年卫士为榜样,认真学习邓小平理论,深入贯彻党的十六大和十六届三中全会精神,积极实践“三个代表”重要思想,全面提高自身素质,在社会主义物质文明、政治文明、精神文明建设中发挥主力军和生力军作用,为建设有中国特色社会主义伟大事业而贡献青春、智慧和力量。希望受到表彰的青年卫士珍惜荣誉,再接再厉,开拓进取,努力奋斗,为祖国的安宁和人民的幸福再创佳绩、再立新功。

第四届“中国杰出青年卫士”名单

(11人)

张晓红　黑龙江省齐齐哈尔市龙江县人民法院执行局副局长

曹运革　江西省南昌市人民检察院反贪污贿赂局副局长

黄善华　广西壮族自治区贵港市公安局港南分局副局长

陈　月(女)　四川省女子监狱六监区科员

叶向阳　湖北省枣阳市七方镇财政所农税专管员

李凤珍(女)　中日友好医院护师

滕　峰(女)　中国农业银行广西壮族自治区南宁市民族支行朝阳分理处坐班主任

洪　峰　南京海关缉私局直属队中队长

张云峰(白族)　湖南省张家界市桑植县地方税务局稽查局局长

于雪梅(女)　黑龙江省大庆市工商局企业登记监管科副主任科员

杨厚强　武警新疆生产建设兵团指挥部七支队四中队班长

全国妇联

2003年全国妇联参与社会治安综合治理工作情况

2002年4月,中央在上海召开了全国社会治安综合治理工作会议,这次会议深入贯彻落实了江泽民总书记关于做好社会治安工作的重要指示和2001年全国社会治安工作会议、全国社会治安综合治理工作会议精神以及《中共中央、国务院关于进一步加强社会治安综合治理的意见》,总结交流了治安防范工作经验,研究解决存在的突出问题,对全面加强新形势下的治安防范工作进行了部署,提出了巩固“严打”整治斗争的成果,努力实现两年内社会治安取得新的明显进步的目标。

全国妇联认真学习、贯彻这次会议精神,进一步提高了对“打防结合、预防为主”方针重要性的认识,认真发挥妇联组织在社会治安综合治理中的作用,积极维护了社会的安定团结。一年来,我们主要做了以下几项工作:

一、大力推进社会化维权机制建设

1. 参与立法,促进维护妇女儿童合法权益有关政策的完善。妇联组织认真行使民主参与,民主管理、民主监督的重要职责,努力推进建立与完善法制体系,提出立法建议,参与执法检查。在《婚姻法》修改过程中,全国妇联提出了“在法律中明确对子女的探视权”等5项建议,使《婚姻法》及其司法解释更好地体现保障少年儿童在家庭中合法权益的原则。在刑法修正案征求意见的工作中,全国妇联向全国人大法工委提出在刑法中确定“非法使用童工罪”的建议,得到重视和采纳。根据当前形势发展的变化,全国妇联认真反映基层情况,提出维护妇女土地承包权的立法建议,积极影响新出台的国家《土地承包法》作出有利于维护妇女群众权益,促进安定团结的法律规定。最近,全国妇联召开了《中华人民共和国妇女权益保障法》修改研讨会,100多专家、学者、社会工作者、妇女干部就《妇女法》的进一步完善提出了许多宝贵意见。家庭暴力是社会稳定的一大公害,全国妇联和各级妇女组织多次向"两会"提交议案和论证报告,在全社会的努力下,目前,全国有10来个省、自治区、直辖市制定了省一级的有关预防和制止家庭暴力的综合性地方法规和政策,有30多个地、市颁布了有关文件。

2. 整合资源,推动社会化维权机制的建立。妇联组织因地制宜,努力探索,大胆实践,通过整合社会资源,协调各有关部门力量,创建了多种社会化维权工作机制,其主要形式包括:多部门合作建立维权协调机制、与法院合作建立妇联干部特邀陪审员制度、推动公安机关建立家庭暴力投诉受理机构、建立社会化妇女法律帮助机构、设置妇女维权热线、建立维权志愿者队伍、构建基层维权网络等。据不完全统计,在各级妇联推动下,目前,全国已有13个省、自治区、直辖市、47个地、市、县建立了维权联席会议制度。各地妇联协调法院建立了维权法庭近3000个、维权合议庭540多个,妇联干部担任特邀陪审员5000余名。由各级妇联直接建立的2300多个妇女法律帮助中心、法律顾问处、法律援助中心直接为求助妇女提供法律服务,由各级妇联开通的300多条妇女维权热线,提高了法律援助的实效。

3. 化解矛盾,认真做好群众来信来访工作。妇联信访网络受理妇女群众投诉,进行非诉讼调查,在调解矛盾、维护稳定方面有效地起到了安全阀的作用。今年上半年,全国妇联共接待群众来信来访420人/次,来信1241件/次,电话咨询210人次。下半年,在非典疫情解除的情况下,信访量明显增加,工作难度明显加大,仅7月份,全国妇联就接待群众来访121件/次,集体上访7批,35人次;8月份群众来访225件/次,集体上访11批,48人次。8月份集体上访分别比去年同期增长了175%和27.63%。在反映的问题分类上,婚姻家庭类和劳动权益问题仍居信访第一、二位,强奸、奸淫幼女,出嫁女土地承包权和相关经济利益问题反映也比较突出。针对以上情况,全国妇联书记处进行了多次研究,权益部门做了大量深入、细致的工作,特别是对群众重复上访问题进行了排查,充分认识到开展群众重复上访问题专项治理工作的重要性、必要性和紧迫性。

二、发挥妇联的职能优势,有重点地参与社会治安综合治理工作

1. 协助做好禁毒工作。根据当前禁毒形势,全国妇联与中央综治办、国家禁毒办联合发文《关于进一步开展"不让毒品进我家"活动的意见》(妇字[2003]22号),决定从2003年9月起,以社区、乡村为重点,以家庭为依托,进一步开展"不让毒品进我家"活动,推进"无毒社区"、"无毒村"工作。为了总结、推动工作,全国妇联、国家禁毒局作出《关于表彰"不让毒品进我家活动先进集体、先进工作者和禁毒好家庭的决定"》,有98个先进集体、98名先进工作者和296个禁毒好家庭受到表彰。为宣传典型,《中国妇女报》发行了专刊。全国妇联还全面启动了"预防艾滋病,健康全家人"活动,制定了预防与控制艾滋病战略规划和2003年行动计划。各级妇女组织以家庭为主要阵地,发挥好妇女学校的作用,将预防工作做到社区、做到家庭,做到每一个群众之中。

2. 配合"打拐"专项斗争。各级妇联组织深入发动广大妇女群众,积极配合参与"严打"整治工作,积极协助有关部门依法从重从快打击严重刑事犯罪活动,特别是对拐卖儿童、胁迫妇女卖淫等犯罪进行了打击。今年以来,全国妇联还开展了国际项目合作,探索预防为主,打防并举的多部门协调合作的打拐工作机制。7月21日,全国妇联和国际劳工组织合作实施的第二期湄公河次区反对拐卖项目正式启动,由全国妇联、中央综治办、最高人民检察院、公安部、民政部、司法部等9个维权协调组成员单位组成的国家级项目指导委员会第一次会议召开,这是全国妇联与多部门合作反对拐卖的又一次有益尝试,必将有助于我国更有效地遏制拐卖妇女儿童犯罪这一社会丑恶现象。

3. 参与预防青少年违法犯罪工作。妇联组织认真学习、贯彻中共中央办公厅、国务院办公厅转发的《中央社会治安综合治理委员会关于进一步加强预防青少年违法犯罪工作的意见》,深入社区,面向家庭,突出重点,因势利导,充分发挥群众工作的优势，促进家庭预防、学校预防、社区预防的有机结合。针对青少年成长过程中出现的新情况、新问题，全国妇联和各级妇女组织把普法教育和预防青少年犯罪列入“三八”维权周活动、“六一”儿童节活动和“六·二六”国际禁毒日活动的重要内容，结合普法教育，加大了对《儿童权利公约》、《未成年人保护法》、《预防未成年人犯罪法》的宣传工作。据不完全统计，全国妇联和各省区市妇联仅在“三八”维权周活动期间就散发法律知识宣传资料和有关书籍330多万份。上半年全国妇联与中央电视台联合录制了5期《今日说法》节目，在法制报、人民网、妇女网开辟了“不让毒品进我家活动”专栏。山西省妇联以“让家庭远离暴力，让社会制止暴力”为主题，刊登“致全市家庭的一封信”，用正确的舆论导向教育家长和孩子学习法律，重视家庭建设，共同营造美好家庭氛围。海南、天津等省市妇联针对当前社会反映突出的家庭暴力等现象，以案说法，凝聚社会共识，动员各方面力量支持并参与预防青少年违法犯罪工作，为社区预防计划的实施营造良好的社会环境。深圳市盐田区妇联与区法院联合，首次将法庭搬到街头，举办“离婚模拟法庭”现场审理活动，吸引了2000多名观众观审，反映十分强烈。特别值得一提的是，2003年“六一”正处于防治非典这一特殊情况，全国妇联及时调整工作部署，与媒体联手开展多项活动，使全国亿万少年儿童在非常时期照常体会到社会的关爱。新华社、人民日报、光明日报、中央电视台、中央人民广播电台、新华网、人民网、新浪网等80多家媒体对全国妇联组织的“六一”系列活动进行了百余篇报道。全国妇联、中央电视台等部门联合录制了“六一特别节目”。辽宁、吉林、广西、安徽、云南、内蒙古、西藏等地通过电视专题片、广播讲话、署名文章等多种形式聚焦少年儿童，呼吁全社会关心他们成长过程中的重点、难点问题。贵州、黑龙江、山东等地妇联积极开辟实施“春蕾计划”的新途径，为社会各界救助贫困失学女童牵线搭桥。

4. 做好刑释解教人员的安置帮教工作。在妇联参与社会治安综合治理工作中，开展对服刑及释放、解教人员的帮教是一项重要工作。2003年，全国妇联在参与刑释帮教工作中继续坚持“四结合”、“三落实”、“二突出”、“一提倡”。即：结合各级妇联参与社会治安综合治理工作机构建设，建立和健全妇联五级参与帮教工作网络，结合妇联参与社会治安综合治理工作，把安置帮教工作的目标任务作为综合治理工作重点纳入妇联工作总体规划和年度工作计划，结合妇联调查研究工作，有针对性地对安置帮教工作中出现的新情况、新问题进行调查，结合“争当文明女性”、“争做文明家庭”活动，对刑释解教妇女进行思想道德教育；落实安置帮教登记制度、定期走访制度、工作考核制度；突出重点和难点，突出育人为本，重塑灵魂；提倡奉献精神，献爱心、动真情、办实事。近期，全国妇联拟与司法部联合发文《开展社会帮教志愿者活动的通知》。各地妇联还创造性地探索、拓展帮教工作的有效形式和有效途径。如：江苏省妇联将今年定为帮教年，开展法制教育进高墙、做好收教女性再就业、培训等。黑龙江等省、区、市妇联层层建立帮教制度、明确帮教目标、建立帮教档案、落实帮教责任、健全帮教工作网络。据上海、广东、广西、江苏等11个省区市不完全统计，目前，经各级妇联安置帮教小组帮教的失足妇女，改好率达70%左右。

5. 加强女性“法轮功”练习者的教育转化工作。今年，妇联组织普遍加强了对女性“法轮功”练习者的情况调查，针对女性“法轮功”练习者文化程度低、年龄偏高、患病率高、无业人员多的特点，帮助她们提高科学文化、法律知识水平，教育她们树立正确的世界观、人生观、价值观、同时，从生活上、思想上、工作上、身体上关心她们，照顾她们，以诚心、爱心和耐心感化她们，各地开展了各具特色的“妇女健身”活动、“家庭拒绝邪教，妇女倡导文明”签名活动，强化了工作措施，发挥了组织优势，有效提高了“法轮功”练习者的转化率。

三、积极开展社会治安防范工作

根据中央综治委提出的在全社会普遍开展基层安全创建活动，深化、加大创建力度，逐步建立全方位的“打防控”一体化的治安防范网络和工作体系的要求，全国妇联积极参与基层安全创建工作，召开了维护稳定和安全保卫工作会议，修改了机关安全保卫工作制度，开展了机关和直属单位安全大检查。在安全创建活动中，各级妇联一是立足于家庭，进一步推进家庭文明建设；二是立足于社区，发挥社区中各类妇女组织作用，将治安防范的宣传、教育、服务落到实处，覆盖到社区；三是立足于重点人群，加强对女性特殊弱势群体权益的关心和重视，呼吁全社会依法维护她们的权益。

一年来，全国妇联在社会治安综合治理方面虽然做了一些工作，但仍有许多薄弱环节，在新的形势下，全国妇联将不断深化全面参与、重点配合的工作思路，把参与社会治安综合治理工作作为妇联组织进行民主管理和民主监督的一条重要渠道，努力抓紧、抓好、抓出成效。

参与预防青少年违法犯罪工作情况

2003年是实施《青少年违法犯罪社区预防计划》的第一年。全国妇联预防青少年违法犯罪工作继续以邓小平理论和"三个代表"重要思想为指导，深入贯彻党的十六大精神和中共中央办公厅、国务院办公厅转发的《中央社会治安综合治理委员会关于进一步加强预防青少年违法犯罪工作的意见》，深入社区，面向家庭，突出重点，因势利导，充分发挥妇联组织群众工作的优势，促进家庭预防、学校预防、社区预防的有机结合。

一、2003年以来的主要工作

全国妇联加强了对预防青少年违法犯罪工作的领导，书记处多次学习有关政策并听取了妇联系统的工作汇报，全国妇联制定了2003年工作计划，根据工作安排，我们着重抓了以下几项工作：

（一）开展面向社会的宣传教育活动，努力营造有利于青少年成长的社会环境

针对青少年成长过程中出现的新情况、新问题，全国妇联和各级妇女组织把普法教育和预防青少年犯罪列入"三八"维权周活动、"六一"儿童节活动和"六·二六"国际禁毒日活动的重要内容，结合普法教育，加大了对《儿童权利公约》、《未成年人保护法》、《预防未成年人犯罪法》的宣传工作。据不完全统计，全国妇联和各省区市妇联仅在"三八"维权周活动期间就散发法律知识宣传资料和有关书籍330多万份。上半年全国妇联与中央电视台联合录制了5期《今日说法》节目，在法制报、人民网、妇女网开辟了"不让毒品进我家活动"专栏。山西省妇联以"让家庭远离暴力，让社会制止暴力"为主题，刊登"致全市家庭的一封信"，用正确的舆论导向教育家长和孩子学习法律，重视家庭建设，共同营造美好家庭氛围。海南、天津等省市妇联针对当前社会反映突出的家庭暴力等现象，以案说法，凝聚社会共识，动员各方面力量支持并参与预防青少年违法犯罪工作，为社区预防计划的实施营造良好的社会环境。深圳市盐田区妇联与区法院联合，首次将法庭搬到街头，举办"离婚模拟法庭"现场审理活动，吸引了2000多名观众观审，反映十分强烈。特别值得一提的是，年"六一"正处于防治非典这一特殊情况，全国妇联及时调整工作部署，与媒体联手开展多项活动，使全国亿万少年儿童在非典时期照常体会到社会的关爱。新华社、人民日报、光明日报、中央电视台、中央人民广播电台、中国国际广播电台、新华网、人民网、新浪网等80多家媒体对全国妇联组织的"六一"系列活动进行了百余篇报道。全国妇联、中央电视台等部门联合录制了"六一特别节目"。辽宁、吉林、广西、安徽、云南、内蒙古、西藏等地通过电视专题片、广播讲话、署名文章等多种形式聚焦少年儿童，呼吁全社会关心他们成长过程中的重点、难点问题。贵州、黑龙江、山东等地妇联积极开辟实施"春蕾计划"的新途径，为社会各界救助贫困失学女童牵线搭桥。

（二）深化具有活力与朝气的全国青少年爱国主义读书教育活动，积极引导青少年树立正确的人生观、世界观

全国妇联直接领导下开展的全国青少年爱国主义读书教育活动已历时10年，它作为青少年自我教育的有效形式和学校教育、社会教育，家庭教育结合的成功实践受到了社会的普遍关注。截至目前为止，全国参加读书活动的青少年人数累计已达3亿多人次。2003年以来，全国青少年爱国主义读书活动更注重了与党的中心工作相结合，

以提高青少年素质为中心，适合广大青少年的求知需求，不断创新内容、创新形式，通过读书教育活动，引导、帮助青少年树立正确的人生观、世界观，使他们成为德、智、体、美全面发展的人才。

（三）抓住危害青少年健康成长的突出问题，进一步做好几项重点工作

1. 做好禁毒工作。年初，全国妇联在调查研究、总结经验的基础上，对妇联与禁毒工作进行了部署，将青少年作为“不让毒品进我家”活动的重点工作对象，尽力帮助他们远离毒品。根据当前禁毒形势，全国妇联与中央综治办、国家禁毒办联合发文《关于进一步开展“不让毒品进我家”活动的意见》（妇字[2003]22号），决定从2003年9月起，以社区、乡村为重点，以家庭为依托，进一步开展“不让毒品进我家”活动，推进“无毒社区”、“无毒村”工作。为了总结、推动工作，全国妇联、国家禁毒局作出《关于表彰“不让毒品进我家活动先进集体、先进工作者和禁毒好家庭的决定”》，有98个先进集体、98名先进工作者和296个禁毒好家庭受到表彰。他们中许多是帮助青少年禁吸戒毒的典型。为宣传典型，《中国妇女报》发行了专刊。全国妇联还全面启动了“预防艾滋病，健康全家人”活动，制定了预防与控制艾滋病战略规划和2003年行动计划。各级妇女组织以家庭为主要阵地，发挥好家长学校、亲子学苑、校外活动站的作用，将预防工作做到社区、做到家庭，做到每一个青少年之中。

2. 继续实施“春蕾计划”、“安康计划”。1989年，中国儿童少年基金会开展了旨在救助贫困地区失学女童重返校园的大型公益项目“春蕾计划”，目前“春蕾计划”的资助范围已遍布全国30个省、自治区、直辖市，救助失学女童达130多万人次。2000年5月，中国少年儿童基金会又推出了新的大型社会公益项目——“安康计划”，目标是：远离失学、远离疾病、远离伤害、远离犯罪。目前“安康计划”已被国务院新闻办写入《2000年中国人权事业的进展》白皮书。“春蕾计划”被列入《中国儿童发展纲要》和《国务院关于基础教育改革与发展的决定》。

3. 做好帮教工作。全国妇联加强了刑释解教人员的安置帮教工作，开展了妇女帮教志愿者行动。各地妇联充分利用社会资源，创造性地探索、拓展帮教工作的有效形式和有效途径。如：江苏省妇联将今年定为帮教年，开展法制教育进高墙、做好收教女性再就业培训等。黑龙江等省、区、市妇联层层建立帮教制度、明确帮教目标、建立帮教档案、落实帮教责任、健全帮教工作网络。据上海、广东、广西、江苏等11个省区市不完全统计，目前，经各级妇联安置帮教小组帮教的失足妇女（大部分是青年女性），改好率达70%左右。

（四）深入调研，总结经验，积极探索预防青少年违法犯罪的工作规律

根据中央综治委预防青少年违法犯罪工作领导小组的统一安排，3月27日至4月8日，全国妇联、民政部等部门组成联合检查组深入浙江、江苏、山东、上海三省一市对青少年违法犯罪的基本情况和各有关部门所做的工作进行了检查，检查组还肯定了上海市长宁区法院少年法庭的经验、上海“东方网点”工程经验、浦东新区青少年事务署的经验、杭州市余杭区青少年宫的经验、南京市鼓楼区汉中路小学“红领巾法学院”的经验、山东省淄博市张店区潘庄派出所推行的警长、校长、家长、班长“四长工程经验”。顾秀莲同志对这次调研活动非常重视，她认真阅读了调查报告，并对如何加强青少年工作作了重要批示。鉴于当前禁毒形势仍然十分严峻，青少年犯罪率有所上升，四月中旬，全国妇联派出三个调查组分赴广西、云南、四川进行了为期十天的调查。《妇联信息》以“把握定位，因情施策，把‘不让毒品进我家’活动引向深入”为题刊登了调查综述，《妇联信息》直接上报党中央、国务院领导。

中国妇女儿童中心召开了未成年人保护法研讨会。为更好地了解流动儿童的情况，该中心还联合有关部门深入部分城市就流动儿童卫生健康状况、教育状况、权利保护、流动人口的相关政策进行调研，写出调查报告《中国九城市流动儿童状况调查》，并准备近期召开新闻发布会。

二、今后一段时间的工作打算

1. 围绕一条主线、突出一个重点、发挥两个作用。今后一个时期，妇联系统预防青少年违法犯罪工作将继续紧紧围绕“减少和预防青少年违法犯罪，促进青少年健康成长”这条主线，突出对失足青少年的帮教工作和对失学，辍学女童、流浪儿童的救助工作，更好地发挥妇联法律帮助机构、

志愿者队伍在帮教工作中的作用,发挥基金会、各类再就业培训基地在救助和职业技能培训中的作用。

2. 进一步发挥中央综治委预防青少年违法犯罪工作领导小组成员单位的作用,发挥妇联群团工作的优势,深化"五好文明家庭活动"、"小公民道德建设活动"、"预防艾滋病健康全家人活动"、"不让毒品进我家活动",做到内容更加拓展,渠道更加畅通,形式更加创新,更好地促进成果转化。以"12·1"世界艾滋病日、"12·4"宪法宣传日、元旦、春节为契机,加大预防青少年违法犯罪的宣传力度,通过讲座、竞赛、宣传栏、媒体宣传等多种形式,加大对《未成年人保护法》、《预防未成年人犯罪法》的宣传力度。全国妇联拟于年底召开"毒品、艾滋病与妇女"问题理论研讨会,机关将举行有关知识的网络竞赛活动。

3. 总结经验、完善机制、夯实基础,突出重点,努力把预防青少年违法犯罪工作提高到一个新的水平。全国妇联将通过中国妇女网反映各地的信息,总结交流各地的新鲜经验,继续办好法律服务咨询热线,进一步做好妇女来信来访工作。将夯实工作基础,加强源头参与,推动有关法律的实施与制定。将主动配合政府打击各种侵害妇女儿童权益的社会丑恶现象和违法活动,特别是要抓住妇女儿童权益受侵害的难点难题,与黄赌毒、拐卖妇女儿童、雇用童工、家庭暴力等违法犯罪现象作坚决的斗争。将加强对青少年违法犯罪的特点、规律的研究,搞好跟踪调查,为全国妇联书记处新一年的工作决策提供必要的依据。

参与流动人口管理工作情况

2003 年,全国妇联以"三个代表"重要思想为指导,认真学习贯彻党的十六大精神,坚持"一手抓发展,一手抓维权"的工作方针,积极参与流动人口管理工作,重点抓了女性外出务工人员的管理、教育和服务工作,充分发挥了妇联组织在促进城乡经济发展和社会稳定中的特殊作用。

一、调查研究,提供决策建议,营造良好的政策环境

做好流动人口管理工作,是落实"三个代表"重要思想的必然要求,是实现社会全面发展的客观需要。全国妇联站在实践"三个代表"重要思想和事关国家稳定发展的战略高度,充分认识到做好流动人口管理工作的重要性,做好流动人口中妇女儿童工作的紧迫性。

早在两年前,彭佩云、顾秀莲同志就对如何做好"打工妹"工作作出重要批示。今年年初书记处召开会议进行整体工作部署和研究,权益部下发了妇联参与社会治安综合治理工作要点,其中也提出了对做好流动人口工作的要求。两会期间,全国妇联召开了在京全国人大女常委、全国政协女委员座谈会,会议通报了全国妇联工作情况和当前妇女发展和妇女工作中存在的主要问题,向各位人大党委、政协委员提供了提案,议案的建议。这些建议的内容也涉及流动人口较集中的地方——非公有制企业女职工的劳动保护问题,两会代表对此非常重视。2003 年 11 月 13 日至 23 日,以全国政协副主席周铁农为团长,全国妇联副主席、书记处书记莫文秀等委员为副团长的全国政协委员视察团一行 23 人,就城市流动人口中的妇女儿童权益保护问题深入有关省市进行考察,写出调查报告,就进一步提高全社会对流动妇女儿童权益保障工作的认识、建立更加符合实际的流动妇女儿童的管理与服务、因地制宜制定科学有效的政策措施、加强流动妇女劳动权益保障工作、做好流动妇女儿童卫生保健工作、教育工作、法律援助和法律服务工作等问题向中央提出了决策建议。一年来,各级妇联也开展了大量的调查研究,写出了许多很有分量的调查报告,如《北京市流动人口中的妇女生活及权益保障现状调查研究报告》、《北京市流动人口中的儿童生活及权益现状的调查研究报告》、《浙江省嘉兴市妇联对流动人口中妇女儿童情况的调查与思考》、《江苏省有组织转移农村妇女劳动力研究》、《湖南省农村妇女劳务输出状况调查与思考》、《武汉市充分发挥职能作用,维护妇女劳动权益》、《河南省郑州市妇联关于女性非正规就业情况的调查》、《安徽省流动人口的儿童调查》等,这些调查报告,全国妇联通过《妇联信息》上报中央或通过中国妇女网、《中国妇运杂志》、《中国妇女报》等媒体进行宣传,为各级领导开展工作、制定相关政策提供了依据。

二、加强宣传教育,开发妇女人力资源,提高外出务工妇女的综合素质

全国妇联和各级妇女组织注重对流动人口特别是女性外出务工人员的教育。中国妇女报社成立了"打工妹之家",开展了多种形式的宣传活动和在京女性务工人员骨干培训活动。广东、浙江、福建、江苏等个体私营经济发达,外来务工人员多,这些省的妇联组织把流动妇女素质教育、法制教育分别纳入全省实施的"妇女素质工程"和各个时期的妇女普法教育工作中,作为一项长期性、系统性的任务紧紧抓住不放。安徽、四川、重庆等劳务输出的大省(市),各级妇联在提高外出务工妇女素质方面也做了许多工作。如安徽省妇联和17个地市妇联推动当地建立了妇女劳动力市场,并重点给输出的家政服务人员讲法制课、生活技能课,进行上岗前的培训。四川省成都市妇联成立了全省首家"打工妹夜校",夜校通过讲座、咨询、研讨、知识竞赛、观看电教片等形式,向社区外来女性普及与社会生活有关的法律、法规及政策,传播科技、文化、婚姻、家庭与计划生育等方面的知识,帮助她们提高文化素质和从业技能,更新思想观念与思维模式,拓宽交流渠道与就业途径,从而使外来从业女性不断提高自己、充实自己、完善自己,成为都市建设的一支主力军。

三、动之以情,因势利导,做好流动人口的服务工作

外来务工妇女远离家乡,在她们的工作和生活中会遇到种种困难,需要妇联组织关心她们,热忱地伸出援助之手。全国妇联加强了对非公有制经济中妇委会工作的领导,开通了妇女就业网络,为广大妇女,特别是流动人口中的妇女提供了大量信息和经验。各级妇联加大了"职业介绍所"等中介机构工作的力度。江苏省连云港市妇联组织劳务输出实现"四个保证"。一是就业有保证。市妇联在深圳、苏南等地开辟了稳定的输出渠道,凡与巾帼服务中心签订劳务协议的,均能保证上岗就业;二是时间有保证。劳力人员与市妇联巾帼服务中心签订协议后5天内保证其全部上岗就业;三是就业质量有保证。按照输出人员的素质和输入地厂家的条件,市妇联与之签订相应的协议,并确保按劳务协议安置,保质保量;四是善后服务有保证。市妇联与有关部门通力合作,尽量免除输出劳动力的后顾之忧。辽宁省锦州市妇联对"家务服务中心"采取了规范化的管理方式,建立了卡薄,制定了管理办法;依托"中心"成立了集培训、考评考试、发证于一体的"家政服务职业技能鉴定所";建立了"用工回访"制度。浙江省妇联要求全省妇女组织,做娘家人,送姐妹情,切实为外来务工妇女排忧解难。杭州市妇联着重帮助解决外来务工人员子女的入托、入园、入学问题。拱墅区上塘镇妇联成立了"关心外来姐妹,展现巾帼风采"外来妇女服务网络指导小组,台州市妇联协调政府以营造安全环境为重点,着力改善了外来打工妹的住房条件。为了解除外出务工人员的后顾之忧,一些基层妇联组织还组织妇女帮工队,农忙的时候为一些因外出打工而缺劳动力的家庭干农活,对外出务工人员留在家乡的子女也给予了很多关照。

四、依法办事,依法行政,维护流动人口中妇女儿童的权益

全国妇联和各级妇联组织积极推动流动妇女儿童权益保障纳入法制轨道,用政策和法律来解决权益保护问题。一是继续开展了声势浩大的"三八"妇女维权周活动。充分利用媒体向全社会广泛宣传有关保障妇女儿童权益的法律、法规和政策。据不完全统计,全国妇联和各省区市妇联在维权周活动期间散发法律知识宣传资料和有关书籍就达330多万份。二是建立工作网络,提供法律援助。全国妇联继续开通面向各界妇女特别是弱势妇女群体的妇女法律咨询热线。各地妇联也普遍建立了工作机制,如广东省全省21个地级以上市和94个县区妇联就建立了妇女法律援助分支机构,形成了法律援助网络。该省妇联系统还聘请了140多名劳动法律监督员,协助劳动保障监察部门依法对各类用人单位和个人进行监督检查。三是协助有关部门加大流动人口中侵害妇女儿童权益的典型事件查处力度。今年，各级妇联协调有关部门集中解决了一批涉及性骚扰、外来务工妇女工伤事故、克扣拖欠农民工资等严重侵权事件。全国妇联和各级妇女组织积极参与了劳动执法部门开展的劳动执法检查，敦促企业经营者学法用法，依法经营管理，维护职工和企业的共同利益，促进企业和职工协调发展。

开展安置帮教工作情况

2003年以来，妇联系统按照综治委刑释解教人员安置帮教工作协调小组2003年工作要点，结合妇联自身的工作职能和今年工作任务，在妇女中开展了安置帮教工作。主要做了以下几方面的工作：

一、周密部署，统筹安排

为了更好配合刑释解教人员安置帮教主管部门做好对妇女刑释解教人员的安置帮教工作，妇联系统精心部署，进行统筹考虑和安排。辽宁、天津、山东、浙江、福建、甘肃、宁夏、四川、河南、云南、海南等省区市妇联都做了相应的方案和计划，有的还下发文件，要求妇联组织充分利用"三八"节、"母亲"节、"六一"儿童节、"六·二六"国际禁毒日等有关重大活动，有组织、有计划、有重点地开展帮教工作，要求各级妇联组织把此项工作作为妇联的一项重要的经常性工作去做，常抓不懈，持之以恒，以高度的责任感，使命感切实配合抓好抓实这项工作。

二、帮教活动，各具特色

随着形势的发展，社会生活变化，形成人们的价值观念，生活方式，行为方式的多元化和多样性。对于有着特殊经历的刑释解教人员来说，他们的思想、价值观念更为复杂，这给新的社会历史条件下刑释解教人员的帮教工作带来更大的难度。鉴于此，帮教工作的形式应该随着社会形势的发展变化而发展变化，不能因循守旧。各地妇联充分发挥组织优势，社会资源，创造性地探索、拓展帮教工作的有效形式和有利途径。如吉林省妇联利用节假日，到妇教所对女性"法轮功"痴迷者进行帮教，写出了本地女性犯罪问题的调研报告。内蒙古自治区妇联通过实施帮教活动，开展社区的"创安"活动试点。重庆市妇联在国际禁毒日活动来临之前，牵头推动各区、县妇联到妇教所、戒毒所开展禁、脱毒宣誓活动，鉴定帮教协议。湖南省、湖北省妇联到戒毒所，边开展帮教活动，边展开专题调研。新疆各级妇联与监狱局劳动与社会保障局联合，到乌拉泊劳教学校，组织劳教人员开展劳动技能比武大赛，与女子监狱举办"迎新春、亲情帮教"联欢会，签订帮教活动合同书。上海市妇联深入妇教所，结对帮教女性帮教人员887对。

三、宣传培训、进入高墙

到监狱、劳教所等特殊的场所，为在押女犯及女劳教人员开展法制宣传教育，并为她们提供咨询服务，这是2003年帮教工作中的新亮点。北京市妇联组织专家、律师进入监狱及劳教所为女犯和女劳教人员开展法律咨询，解决了10多名女犯的婚姻、子女抚养、财产继承、房屋拆迁以及定罪量刑的有关问题，进行现场咨询。安徽省妇联组织了亲情帮教团到省女监帮教，还在省女监建立了普法宣传站，为服刑的女犯提供法律咨询帮助以及法制宣传教育。江苏省妇联将2003年定为帮教年，开展了各种具有鲜明特色的帮教活动。如江苏省妇联在南京女子监狱挂牌建立"法律援助与帮教基地"，将宣传教育与帮教工作延伸到高墙之内。南京、南通、泰州等13个地市妇联组成婚姻讲演团进入监狱，开展婚姻法等法律的宣传。苏州市妇联支持市收容教育所，联合市职业技术培训中心，对200名收教的女性开展再就业培训，对培训后通过考试合格的党员颁发全国认可的结业证书，同时，对文化程度相对较高的人员，鼓励他们参加自学考试，促进她们提高自身的文化素质，学习一技之长。通过学习、培训树立自食其力的意识。

四、帮教成果，贵在转化

妇联系统不仅注重帮教的过程，而且，十分注重帮教的效果。目前，广西自治区宾阳县建立帮教小组820个，落实被帮教对象8201名。一些吸毒染毒人员通过帮教，发生很大变化，有的还以自己劳动所得建起楼房，成家立业。重新扬起生活的风帆。江西省景德镇萍乡市妇联，组织起“妈妈帮教团”、“妇女禁毒帮教小组”，这些帮教组织不仅进入高墙帮教，还针对职务犯罪问题突出的现象，开展预防教育，构筑家庭防线。先后与金融、财务、财政、公安等部门合作召开了数千人的警示教育大会。同时，还与检察院、女监联合建立“预防职务犯罪、构筑家庭防线”的警示教育基地。动员、教育家庭成员共同预防，积极防范，起到警钟长鸣的作用。

社会的发展需要帮教工作持之以恒、有序管理。建立相应制度，制定帮教规则，明确帮教目标，建立帮教档案，采取有效措施。目前，黑龙江省妇联已率先实行落实帮教责任制，省妇联要求各地妇联建立社区、村屯帮教组织，实现重点人员重点帮教，不漏管，不失控目标；建立社区、村屯禁赌、扫黄协会，全年有计划开展“专项大行动”；开展“五无”家庭社区、村屯试点活动。使帮教工作朝着制度化、经常化、规范化、人性化的特点和方向发展。

全国妇联　中央综治办　国家禁毒办
关于进一步开展“不让毒品进我家”活动的意见

（2003年9月9日）

2000年6月，全国妇联、国家禁毒委联合启动了“不让毒品进我家”活动。3年来，各地各有关部门高度重视，密切合作，精心组织，扎实推进，活动取得了显著成效。目前，各省、自治区、直辖市普遍成立了活动领导机构，制定了工作计划，开展了专题活动，特别是参加全国“百县承诺行动”的重点地区，在家庭禁吸戒毒、巩固无毒成果及“无毒社区”的创建中做了大量卓有成效的工作，受到党委、政府和广大人民群众的充分肯定。

为加大对禁毒工作齐抓共管、综合治理的力度，进一步提高广大妇女群众参与禁毒斗争的意识和能力，促进和维护社会稳定，全国贯彻落实国家禁毒办、中央综治办、中央文明办《关于深入开展创建“无毒社区”、“无毒村”工作的通知》（禁毒办通字〔2003〕30号）精神，全国妇联、中央综治办、国家禁毒办决定，从2003年9月起，以社区、乡村为重点，以家庭为依托，进一步开展“不让毒品进我家”活动，推进创建“无毒社区”、“无毒村”工作。为此，提出以下意见：

一、认清形势，提高认识，增强禁毒工作的责任感和紧迫感

当前，禁毒形势仍然十分严峻。我国登记在册的吸毒人员累计已达100万，其中女性吸毒人员比例呈上升趋势，少数地区高达三分之一。毒品问题的蔓延，不仅危及家庭和睦稳定，百姓安居乐业和人民群众生命健康，而且严重影响社会经济发展。家庭是社会的基本单位，对于每个家庭成员的行为养成和道德法制观念的培养起着重要作用。只有实现每个家庭无毒，才能提高全民禁毒素质，实现“无毒社区”、“无毒村”的创建目标。

全国妇联、中央综治办、国家禁毒办联合进一步开展“不让毒品进我家”活动，是以“三个代表”重要思想为指导、深入学习贯彻党的十六大精神作出的重大决策，是妇联组织在新形势下参与社会治安综合治理和禁毒工作的重要途径和方式，是积极开展群防群治、遏制我国毒品发展蔓延的有力举措，是“无毒社区”、“无毒村”创建的基础和重要内容，是动员千家万户参与社会治安综合治理的有效形式，对维护改革发展稳定的大局具有重要意义。各级妇联、综治办、禁毒办一定要充分认识进一步开展“不让毒品进我家”活动的重要性和必要性，统一思想，增强深化这项活动的责任感和紧迫感。

二、明确任务，加强领导，认真履行职责

进一步开展“不让毒品进我家”活动的主要任务是：以女性、青少年及涉毒高危人群为重点，以家庭实现“四无”（无吸毒、无贩毒、无种毒、无制毒）为目标，积极配合吸毒人数千人以上县（市、区）毒品问题的重点整治工作（以下简称“千人县整治”），巩固和扩大前3年“不让毒品进我家”活动成果，继续在重点人群中开展禁毒宣传、安置帮教等工作，落实家庭禁吸戒毒、巩固无毒成果的联防联治措施，营造全社会远离毒品、拒绝毒品的良好氛围，夯实“无毒社区”、“无毒村”创建的基础。

进一步开展“不让毒品进我家”活动，要坚持以家庭为基本单位，按照属地管理原则，由各级妇联、综治办和禁毒办联合开展工作。省、市（地）两级妇联、综治办、禁毒办要将“不让毒品进我家”活动纳入创建“无毒社区”、“无毒村”工作的整体计划，统一部署、统一检查、统一考核。各地尤其是“千人县整治”地区，妇联、禁毒办和综治办要联合建立和完善领导机构，将进一步开展“不让毒品进我家”活动作为禁毒工作和基层安全创建工作的一项重要内容，明确各自的职责，采取有效措施，建立和完善评估考核机制，切实加强对活动的指导。全国妇联、中央综治办、国家禁毒办将在地方普遍建立示范点的基础上，确认一批“不让毒品进我家”活动示范点。

各地有关部门要在党委、政府的领导下，切实履行工作职责。妇联要广泛发动妇女积极参与家庭、社区、乡村禁毒活动，认真完成所承担各项工作任务；要健全和落实领导责任制，深入基层，调查研究，及时掌握活动开展情况；要加强协调，主动与综治、禁毒部门沟通工作情况，共同研究对策，协商解决工作中的困难和问题。综治部门要将活动纳入社会治安防控体系建设之中，协调各成员单位积极参与防范活动，督促落实社会治安综合治理的相关措施。禁毒部门要加强禁毒工作指导，主动向妇联、综治办介绍禁毒信息、毒情的发展变化情况，以保证活动采取的各项工作措施具有针对性、实效性；要配合全国妇联采取有效措施，尽快培训妇联干部和社区、乡村禁毒骨干，提高他们的业务能力；要加大对活动的支持力度，落实好全国禁毒重点省区市尤其是“千人县整治”地区“不让毒品进我家”活动的经费，及时解决工作中的实际困难和问题，保障活动顺序开展。

三、突出重点，发挥优势，推动“无毒社区”、“无毒村”创建

进一步开展“不让毒品进我家”活动，要全面贯彻落实《关于深入开展创建“无毒社区”、“无毒村”工作的通知》精神，坚持因地制宜、分类指导的原则。以配合“千人县整治”工作为重点，根据各自不同情况开展工作。对目前尚未受到毒品侵害的地区和家庭，重点以开展预防宣传教育为主要任务，采取各种措施，强化防毒意识，巩固和扩大“无毒社区”、“无毒村”成果，防止产生新的吸毒人员；已染毒地区和家庭，重点是将预防教育和禁吸戒毒工作并举，严防毒品问题扩散和蔓延；吸毒人员超过千人的县（市、区），要进行重点整治，全面落实家庭禁吸戒毒的各项措施，努力减少毒品对家庭和社会的危害，维护妇女儿童的合法权益。

进一步开展“不让毒品进我家”活动，要发挥妇联组织的优势，强化家庭在禁毒工作中的作用。要充分利用各级妇联建立的家长学校、亲子学苑和校外教育活动阵地的作用，大力开展对家长和青少年学生的禁毒宣传，引导家庭成员主动投入到禁毒斗争中；要充分发挥妇女工作的整体效能，通过与综治办、禁毒办开展的主题活动相结合，与妇联开展的“家庭文化建设”、创建“五好文明家庭”活动等相结合，不断赋予这项活动新的内涵；要充分发挥妇女群众自治组织和志愿者队伍的作用，通过深入基层，开展禁吸戒毒宣传，做好安置帮教，将禁毒工作落实到每个家庭；要充分利用基层维权网络和社会化维权机制，通过整合社会资源，开展法制宣传教育，提供法律帮助和服务，协调解决重点问题，使禁毒与维权工作有机结合。

四、总结经验，完善机制，深化“不让毒品进我家”活动

全国妇联、国家禁毒委开展的“百县承诺行动”，在各级党委、政府的重视和支持下，取得显著成效。各地大胆创新活动形式，拓展活动领域，建立有效机制，进行了许多成功的探索，为深化“不让毒品进我家”活动奠定了坚实的基础。为此,全国妇联、中央综治办、国家禁毒办研究决定,从今年起,将加大承诺行动的工作力度,扩大国家级承诺县的数量,以配合国家“千人县整治”工作的开展,进一步深化“不让毒品进我家”活动。各省(区、市)要结合本地实际,在抓好国家级承诺县的同时,确定一批省级、市(地)级承诺县,做到一级抓一级,将承诺行动落实到社区、乡村,进入千家万户。

各地妇联、综治办、禁毒办要认真总结开展“不让毒品进我家”活动的成功经验,巩固和推广好的形式和做法,对如何进一步开展“不让毒品进我家”活动进行认真的研究,制定活动方案,明确工作目标和考核标准,完善表彰奖励制度,建立和完善监督评估机制。

全国妇联、中央综治办、国家禁毒办将对各地“不让毒品进我家”活动,尤其是重点地区的活动情况进行抽查,对成绩突出的将予以表彰和奖励。

北京市

▲ 2003年9月20日，市委常委、政法委书记、首都综治委副主任吉林，市委政法委秘书长、首都综治办副主任李万钧陪同中央政法委副秘书长、中央综治办主任陈冀平参观东城区海运仓社区技防设施。

◀ 2003年10月31日，市委副书记、首都综治委主任强卫主持召开“加强首都治安管理工作研讨会”。

▶ 2003年全国“两会”前夕，强卫同志深入“两会”代表驻地社区居委会检查安保工作落实情况。

◀ 2003年4月，首都综治委及时启动“非典”群防群控工作网络，首都综治办与北京市公安局在全市广泛组织开展了“不让‘非典’进社区”、“不让‘非典’进我家”、“不让‘非典’进我村”竞赛活动。图为北京市东城区北新桥街道针对社区“非典”疫情认真做好防控工作。

天津市

▲ 中共中央政治局委员、市委书记张立昌接见“严打”整治斗争先进集体和个人。

▶ 市委副书记、市长戴相龙参观“严打”整治斗争成果展。

▲ 副市长、市综治委副主任孙海麟检查铁路护路工作。

▲ 市综治委全体会议。

▲ 天津市社会治安综合治理工作会议。

▲ 法制教育课成为各校新学年的第一课。

天津市按照“公平对待、合理引导、完善管理、搞好服务”的原则，全面强化对流动人口教育、管理与服务措施。2003年，全市共登记暂住人口947386人。通过对重点地区进行79次综合整治，抓获一批违法犯罪分子及网上逃犯，有效地维护了地区稳定。

▲ 市流动办领导到建筑工地慰问外来务工人员。

天津流动人口管理

▲ 河西区对外来务工青年进行法制教育培训。

▲ 市流动办召开来津务工经商人员座谈会。

▲ 和平区为流动人口办实事、送温暖活动启动仪式。

▲ 民工法制学校开展综合治理专题教育。

徐州市

▲ 徐州市委副书记刘忠达在全市城区社会治安综合治理现场会上，表扬云龙区领导带头下基层参加义务治安巡逻。

▲ 徐州市委常委、政法委书记刘广哲与市、县领导共商苏鲁接合部微山湖地区联防联调工作。

▲ 徐州市云龙区实行机关干部定期到社区义务巡逻制度。图为区委书记张仰东、区长孔海燕参加社区义务巡逻。

◀ 徐州市泉山区综治委定期召开例会，通报工作情况。

浙江省

▶ 2003年11月25日，由中央综治委、浙江省委联合举办的“纪念毛泽东同志批示‘枫桥经验’40周年暨创新‘枫桥经验’大会”在浙江诸暨隆重召开。中共中央政治局常委、中央综治委主任罗干，浙江省委书记习近平分别在会上作重要讲话。

▶ 省委副书记、省综治委主任夏宝龙，省委常委、常务副省长、省综治委副主任章猛进与11个市的党委、政府领导签订第五轮《浙江省社会治安综合治理目标管理责任书》。

▲ 2003年5月7日，省委副书记、省综治委主任周国富等省领导检查监狱系统抗击“非典”工作。

▲ 浙江省积极探索有效方法和途径，着力解决刑释解教人员帮教难问题。图为省人民检察院组织检察官和服刑人员开展“结对帮教”活动。

◀ 浙江省委副书记、省综治委主任夏宝龙，省委常委、常务副省长、省综治委副主任章猛进在考察铁路治安工作期间，听取杭州铁路分局局长毛惠林汇报工作。省综治委副主任、省委政法委副书记夏阿国陪同考察。

浙江护路

▲ 省护路办主任黄兰根深入重点监护道口检查铁路护路联防工作。

▲ 铁路民警带领护路联防队员开展清站查车工作。

▲ 诸暨市护路办组织开展“铁路安全连万家”万人签名活动。

▲ 铁路公安机关积极开展打击破坏铁路设施违法犯罪活动。

▲ 永中街道建设“平安永中”暨“先锋工程”创建再动员大会现场。

▲ 永中街道党工委、办事处定期召开会议，研究部署综治工作。

温州永中街道

▲ 永中街道切实加大对社会面的治安巡逻防范控制力度，所辖36个村(居)全面推行治安巡防承包，200多家企业建立厂区巡防保安队。

▲ 永中街道积极探索基层综治工作新机制，通过建立综合治理服务窗口，开展联防、联调、联帮、联治、联勤“五联”工作。

▲ 为增强全体居民的安全防范意识，街道经常组织集宣教、展览、演出于一体的各类文娱活动。

▲ 省委书记王太华亲切接见先进代表。

▲ 省长王金山亲切接见先进代表。

安徽省

▲ 省委、省政府召开全省"严打"整治斗争总结表彰大会。省领导王太华、王金山、王昭耀、孙金龙、张学平、高福明、徐立全、俞祖彭及省高级人民法院院长周溯、省武警总队总队长夏鹤等出席会议。

▲ "严打"整治斗争先进集体代表和个人参加表彰大会。

◀ 省委常委、时任政法委书记、省综治委副主任任海深，看望慰问参加综治宣传月活动的见义勇为先进个人。

▲ 综治委召开2003年总结表彰暨2004年合同签订大会。

蚌埠卷烟厂

蚌埠卷烟厂始建于1942年，原为新四军随军烟厂，经过60余年的艰苦奋斗，现已发展成为全国烟草行业36家重点企业，安徽省骨干企业。多年来，始终坚持社会治安综合治理领导责任制和目标责任制，加强内部治安防范，着力推行内保五项制度，建立健全企业内部防控体系，积极开展法制宣传教育，推进依法治厂进程，真正做到"两手抓、两手都要硬"。企业连续八年未发生政治、刑事、治安案件，营造了良好的生产经营环境，促进三个文明健康发展。2003年企业销售收入突破30亿元，税利近20亿元，荣获"全国精神文明建设先进单位"，黄山品牌被评为"全国驰名商标"，厂长卢安宁获全国"五一"劳动奖章，企业取得了良好经济效益和社会效益。

▲ 党委书记、厂长、综治委主任卢安宁与部门负责人签订社会治安综合治理目标责任制合同。

▲ 卢安宁和综治委副主任李国栋深入生产现场检查综治工作。

▲ 综治办主任周学文主持召开社会治安综合治理工作例会。

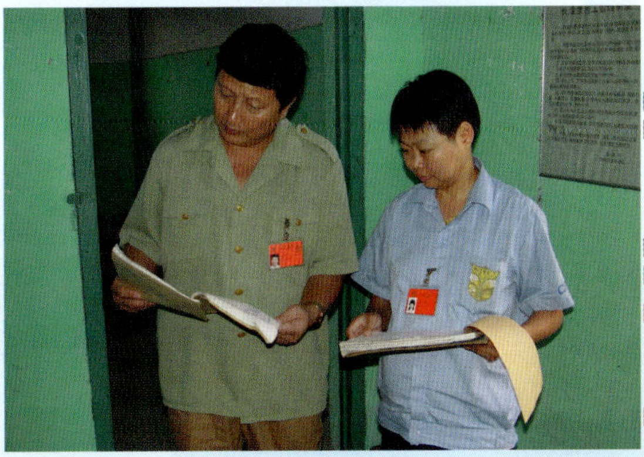

▲ 周学文到现场检查内保"五项制度"落实情况。

福建省

▲ 2003年底，省委、省政府组织检查组分别对九个设区市落实综治领导责任制的情况进行全面检查考评。图为省领导对参加检查组的全体成员进行动员。

▶ 2003年10月，省委政法委、省综治委主办全省“严打”整治斗争成果展览。图为省五套班子领导出席展览开展仪式。

◀ 2003年，全省参加全国综治好新闻评选活动的作品中有8件获奖，其中一等奖3个，省综治办再次获得全国综治好新闻奖组织奖。图为省颁奖会现场。

江西省

▲ 2003年9月25日，中共中央政治局委员、中央综治委副主任周永康在江西省委书记孟建柱、省长黄智权的陪同下，视察南昌市社区综治工作。

◀ 2003年2月22日，中央政法委副秘书长、中央综治办主任陈冀平视察萍乡市社区“六支队伍”并亲切接见社区保安人员。

▲ 江西省委副书记、省社会治安综合治理委员会主任彭宏松视察基层综治工作。

▲ 省委常委、政法委书记舒晓琴，副省长、政法委副书记、公安厅厅长蔡安季在省公安消防总队政委吴松荣，南昌市委常委、公安局长刘刚陪同下冒雨检查消防工作。

▲ 2003年2月25日，中央政法委副秘书长、中央综治办主任陈冀平，江西省副省长、省公安厅厅长蔡安季，省委政法委副书记陈梅芳，省委政法委副书记、省综治委铁路护路联防工作小组副组长、省综治办主任荣宪国，省综治委铁路护路联防工作小组副组长、南昌铁路局局长郭敏杰，南昌铁路局党委书记高维生及南昌市委有关领导和有关部门负责人出席授旗仪式。陈冀平同志向江西省铁路护路联防总队授旗。

江西护路

▲ 2003年7月31日，江西省铁路护路联防工作小组办公室举办“争做合格铁路联防队员“誓师大会。省委常委、政法委书记舒晓琴出席大会并讲话。

▲ 江西省第三批铁路护路联防队员岗前培训班学员接受检阅。

▶ 江西省第三批铁路护路联防队员岗前培训班学员汇报表演。

山东省

▲ 省委书记、省人大常委会主任张高丽在平安山东建设电视电话会议上讲话。

▲ 省委常委、政法委书记高新亭在济南市天桥区社区进行调研。

▲ 高新亭同志和副省长谢玉堂“十一”期间慰问济南消防支队。

▲ 高新亭同志在莱州市考察治安防范体系建设。

▲ 2003年全省见义勇为表彰大会。

山东莱钢

▲ 2003 年 1 月 17 日，莱钢召开社会治安综合治理大会。莱钢副总经理王玉昌代表集团公司与二级单位签订社会治安综合治理责任书。

莱芜钢铁集团有限公司，始建于 1970 年 1 月，位于齐鲁大地腹部，年产钢 650 万吨，是国有特大型钢铁联合企业。多年来，莱钢认真贯彻落实社会治安综合治理的方针政策，结合实际，探索出生产区、办公区实行治保、普法、民调、帮教、巡逻、要害部位防范，义务消防“七位一体”和社区实行管委会、警务室、门卫、治安联防、百户治保员“五位一体”的治安防范体系，持续保持了政治稳定、治安安定的大好局面。先后被授予“全国思想政治工作优秀企业”、“山东省思想政治工作优秀企业”等荣誉称号。

▲ 社区治保会成立大会。

▲ 莱钢建设“平安社区”启动仪式。

▲ 莱钢离退休人员积极参加社区群防群治工作。

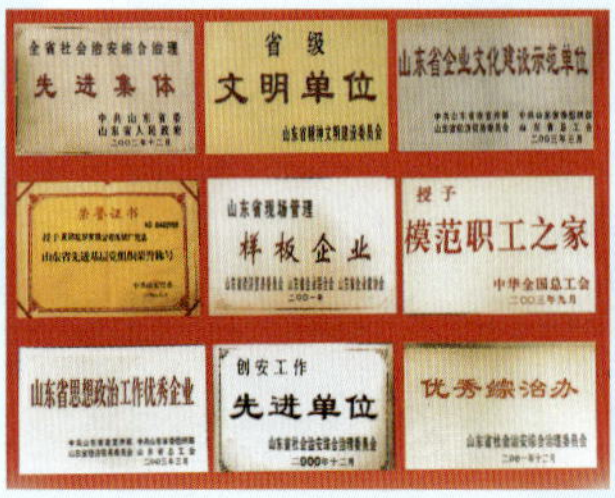

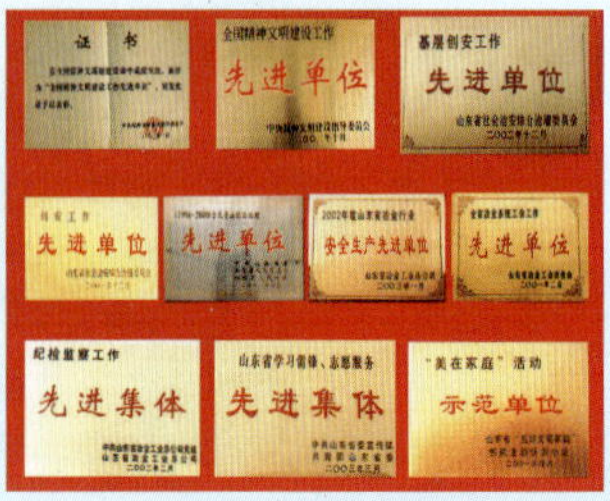

济宁监狱

▲ 监狱长、党委书记肖耀宇。

山东省济宁监狱组建于1984年6月。建狱20年来，监狱认真贯彻党的“惩罚与改造相结合，以改造人为宗旨”的监狱工作方针，严格执行《监狱法》等法律法规，各项工作均取得了显著成绩。监狱由一个落后的市地监狱，发展成为拥有3个关押点、监管设施先进、执法文明严格、改造手段科学的部级现代化文明监狱。监狱硬件建设、安全防范水平和改造质量不断提高，实现了连续13年无罪犯脱逃，罪犯刑释前改好率达96%以上，为社会造就了一大批守法有用的新人，促进了社会稳定。

▲ 依法保障服刑人员合法权益。

▲ 为服刑人员过生日。

▲ 服刑人员阅览室。

▲ 现代化的监控设施。

河南省

▲ 2003年12月4日，河南省召开社会治安综合治理工作会议，部署加强全省社会治安防控体系建设、争创“全国综治先进省”工作。

◀ 省委副书记、综治委主任李清林，省委常委、政法委书记、综治委常务副主任张世军等领导视察基层安全创建工作。

▶ 2003年9月19日，省综治委召开第二次全体会议。

河南护路

河南省委、省政府高度重视铁路护路联防工作，各级铁路护路联防组织认真落实铁路护路联防领导责任制，集中整治铁路治安突出问题和铁路周边治安环境，严厉打击危害铁路运输安全的各类犯罪活动，保持了铁路沿线治安秩序的持续稳定，实现了全省铁路治安明显进步的目标。

▲ 省护路办对全省民兵铁路护路管理干部进行集中培训。

▲ 护路民兵苦练基本功。

▲ 护路民兵对穿越铁道人员进行教育。

▲ 护路民兵当场抓获破坏铁路设施的犯罪嫌疑人。

▲ 护路民兵抓获拆盗钢轨夹板的违法犯罪嫌疑人。

广东省

▲ 2003年7月，省委、省政府召开全省"严打"整治斗争总结表彰电视电话会议。

▶ 省委领导与各地市领导签订《2003－2004年度维护稳定及社会治安综合治理目标管理责任书》。

◀ 2003年10月，省委召开全省维护稳定工作会议。

广西区

▲ 中共中央政治局常委、中央政法委书记罗干在自治区主席陆兵陪同下检查广西基层人民调解工作。

▲ 自治区党委副书记马铁山，自治区党委常委、政法委书记彭祖意深入社区向群众了解治安情况。

▲ 自治区综治委表彰2003年度全区综治先进单位。

▲ 自治区政协主席马庆生、自治区党委副书记马铁山、自治区人大常委会副主任韦家能、自治区党委政法委副书记李先明观看全区“严打”整治斗争成果展览。

▲ 自治区党委政法委、综治委召开全区政法综治宣传工作座谈会。

▲ 自治区党委常委、政法委书记、综治委副主任彭祖意，自治区党委政法委副书记、综治委副主任李先明、蒙平友观看治安联防队员训练表演。

海南省

▲ 中央政法委副秘书长、中央综治办主任陈冀平在海南视察工作期间，慰问省委政法委机关工作人员。

▲ 省委副书记、省纪委书记蔡长松在“深入开展打击‘两抢’和盗抢机动车辆犯罪专项斗争座谈会”上讲话。

▲ 省委常委、政法委书记钟文到三亚港边防派出所检查指导工作。

▲ 省司法厅领导在全省中小学兼职法制副校长上岗培训班上为学员们授课。

▲ 法制宣传员向群众讲解社会治安防范知识。

▶ 市委、市政府召开重庆市政法暨社会治安综合治理工作会议。

重庆市

▲ 市委书记黄镇东讲话。

▶ 市委副书记、市长王鸿举主持会议。

▲ 市委副书记、市综治委主任聂卫国讲话。

▲ 重庆市社会治安综合治理保稳定保平安责任书签字仪式。

▶ 市委常委、政法委书记、市公安局局长朱明国在夏季破案战役中到一线督战。

四川省

▲ 2003年6月29日，省综治委在遂宁市召开全省社会治安综合治理“整体联动防范工程”建设现场推进会。中央政法委副秘书长、中央综治办主任陈冀平，四川省委常委、政法委书记、省综治委主任欧泽高，省人大副主任、省综治委副主任张宗源，省政协副主席王恒丰出席会议。

◀ 陈冀平同志在省委副书记李崇禧，省委常委、政法委书记欧泽高陪同下，参观遂宁市整体联动防范工程建设。

▲ 欧泽高同志在眉山市视察工作。

▲ 2003年3月，雅安市开展社会治安综合治理集中宣传月活动。

贵州护路

▲ 省委常委、常务副省长、省铁路护路联防工作小组组长王正福在贵昆线视察铁路护路联防工作。

◀ 2003年1月，全国护路办主任会议在贵阳召开。图为中央护路办主任徐伟华在贵阳市白云区护路岗点听取该区政法委领导汇报铁路护路联防工作。

▶ 全省铁路护路联防总结表彰暨第十轮承包工作会议。

◀ 全省铁路护路办主任会议。

云南省

▲ 2003年4月12日，中共中央政治局常委李长春在丽江市视察由刑释解教人员张文生创办的清心兰苑基地。

▲ 副省长李汉柏到少管所看望未成年犯。

▲ 省政协副主席和占钧出席云南省预防青少年犯罪警示教育基地挂牌仪式。

► 2003年12月8日，云南省召开第一次刑释解教人员安置帮教工作暨表彰大会。

云南护路

▲ 省委政法委副书记、省护路工作领导小组组长徐振华在省护路办常务副主任陈力陪同下到广大线调研。

▲ 省护路办召开会议，研究部署提速安全工作。

云南省护路办结合本地特点，把护路联防工作纳入社会治安综合治理的总体规划，走群防群治之路，确定了“围绕一个中心(围绕铁路运输安全畅通和社会稳定这个中心)、建立两个机制(目标管理责任制和领导责任风险抵押制)、抓住三个重点(爱路护路宣传教育；重点整治和创建安全文明铁道线)、发挥四个作用(发挥各级党委政府的领导作用；各级护路组织的桥梁和协调作用；公安机关和护路专职队员的骨干作用；兼职护路队员的辅助作用）的工作。

▲ 省护路工作领导小组针对铁路沿线无人看守道口的安全隐患及时采取措施。图为省护路办工作人员在现场培训护路队员。

▲ 各级护路组织深入沿线学校开展“列车大提速，我做护路小卫士”宣传活动。图为学生参观宣传展览。

西藏区

▲ 2003年12月25日，自治区综治委召开全区综治工作会议，部署2004年全区社会治安综合治理工作。

▲ 2003年12月，自治区举行“喜马拉雅03”防恐演练。

▲ 2003年3月14日，区委、区政府召开专题会议，研究维护政治和社会治安稳定工作。

▲ 2003年6月26日，自治区综治委组织区团委、区公安厅等部门开展禁毒宣传活动，自治区党委、政府主要领导亲临现场视察指导。

▲ 自治区社会治安见义勇为基金会常务理事卫建堂，西藏军区政治部副主任杨双举为见义勇为先进分子徐燎原颁发证书、奖金。

陕西省

▲ 陕西省委常委、政法委书记赵正永在东周儿童村视察并与孩子们合影。

▲ 西安市召开人民调解工作会议。

宁夏区

▲ 自治区综治委领导与区直属政法部门签订社会治安综合治理目标责任书。

▲ 自治区领导韩茂华、李顺桃、郑小明深入基层慰问一线民警。

▲ 自治区党委常委、政法委书记李顺桃，政法委副书记、秘书长刘宗祥检查监所预防“非典”工作。

▲ 铁路护路联防队员在宝中铁路沿线开展铁路安全宣传教育活动。

▲ 开学阿訇在清真寺内组织开展治安联防。

新疆区

▲ 新疆和田地委、行署领导向社会治安综合治理先进单位颁奖。

▲ 昌吉州玛纳斯县铁路爱路护路小分队护送学生安全通过路口。

▲ 和田地区组织干部群众参观反分裂斗争图片展览。

▲ 昌吉州米泉市在农牧区治安防范工作中充分发挥“三老人员”的作用。图为米泉市三道地镇派出所所长为老年义务联防队员佩带袖标。

▲ 和田地区高度重视社会治安综合治理宣传工作。图为综治宣传车在街上巡回宣传。

新疆兵团

▲ 兵团社会治安综合治理工作会议。

▲ 兵团团场社会治安防控体系建设现场会。

▲ 兵团党委政法委常务副书记李进广、兵团综治办副主任苗塔河深入连队检查指导综治工作。

▲ 兵团党委政法委秘书长、综治办主任李一达与少数民族群众交谈。

▲ 兵团党委政法委秘书长、综治办主任李一达、综治办副主任苗塔河、丁筱玲与基层综治干部座谈。

十二、地 方 篇

北 京 市

“严打”整治斗争情况

2003年以来，北京市按照中央的统一部署，全市各级党委、政府和各有关部门高度重视，精心组织，继续全市范围内开展了声势浩大的严打整治斗争，取得了显著成绩，实现了中央提出的“两年内社会治安取得明显进步”的目标。

一是严厉打击严重刑事犯罪活动。两年为期“严打”整治斗争结束之后，针对下半年社会治安状况出现的新情况、新问题，在各级党委、政府的领导和综治委的具体协调下，深入开展了夏季治安攻势和冬季百日会战，有针对性地进行了打击流氓恶势力犯罪、打击盗抢机动车犯罪、打击街头犯罪、打击团伙犯罪和追逃会战、指纹破案会战等专项行动。通过这些行动，及时侦破重特大案件，有效维护了首都社会治安稳定。同时，认真总结“严打”整治斗争经验，积极探索研究“严打”经常性工作机制，大力推进社会治安防范体系建设。在保持打击力度的同时，把治安工作的重点转移到加强防范上来，大力推进社会治安防控体系建设，基层基础工作得到加强，社会治安综合治理各项措施进一步落实，全市社会治安形势总体平稳。据公安部门统计，2003年全市刑事案件发案70989起，同比下降0.5%，其中严重危害群众生命和财产安全的杀人、抢劫、强奸、伤害等八类严重刑事犯罪发生12485起，同比下降3.3%。全市18区县有12个区县刑事立案下降。北京市从2001年起已连续三年实现刑事立案下降。全年共破获各类刑事案件36467起，打掉犯罪团伙2302个；抓获逃犯3147人；缴获各类毒品74.3千克；破获各类经济案件4138起，为国家挽回经济损失3.73亿元。一年来，我市发生的恶性、重大和敏感性案件基本得到了全部侦破。相继破获了影响较大的孙国利团伙持枪抢劫巨款案、“5.15”朝阳区乐园洗浴中心杀七口案、李小平等三人系列抢劫高档轿车杀人案等一批重大恶性刑事案件。特别是在2003年全国“两会”期间，迅速侦破了清华、北大校园餐厅爆炸案，及时消除了不良影响。同时，及时侦破影响重大的敏感性案件，先后破获了“3.12”方庆辉路透社扬言爆炸案、杨俊勇华堂商场扬言爆炸案等一系列案件。全年共查获犯罪集团2302个、8818人，抓获涉案犯罪嫌疑人员31824人。2003年群众安全感也保持了较高的比例。据统计部门测算，2003年群众认为安全感好和较好的比例为51.5%，虽然与2002年相比下降，但与两年为期“严打”整治斗争之前37.1%相比还是有较大幅度的上升。

二是大力开展治安整治工作。继续开展治安重点地区整治。以2003年北京市政府60件实事之一的43处治安重点整治地区为工作重点，全市各级党委、政府和综治委共组织警力79000余人次，其他力量57800人次，开展整治726次。通过整治，经过严格考核，挂牌整治的43处治安重点地区全部达到预期整治工作标准，据测评，群众对整治工作的满意率达93%以上。在开展治安重点地区整治工作的同时，积极采取措施清理整治社会面的治安秩序。据公安部门统计，2003年在对社会面治安秩序进行清理整治工作中，共出动首都公安力量114万余人次，检查繁华街区33875处次、集贸市场35324处次、地下通道13505处次、天桥涵洞16294处次、交通枢纽10796处次、出租房屋107万处次、工地工棚61513处次、特种行业场所12万处次、路边门店2.7万家、公园周边18305处次、公园景区5472处次、歌舞娱乐场所33413处次、发廊91033处次以及其它地区18万处次。

流动人口治安管理工作情况

针对取消收容遣送及出租房屋治安审批规定的新情况，北京市及时调整流动人口管理工作规范，制定下发了"北京市公安局关于规范管理加强服务切实保护流动人口合法权益的通知"，各区县按照通知精神，积极创新流动人口管理服务新举措。东城区北新桥街道按照"以房管人"的思路，率先在全市建成了"北新百姓房地产经纪服务中心"，通过为居民群众和流动人口代办出租房屋事项，寓管理于服务中，提高了对外来流动人口的掌控能力。

全市在圆满完成"两节"、"两会"保卫的基础上，结合抗击"非典"斗争，积极加强流动人口管理，对暂住人口和出租房屋开展了"两登记一检查"工作。全市共登记外地来京经商务工人员326万人，发放《外地来京人员临时登记卡》323万个，对13.9万名新来京人员进行了健康监测；登记出租(借)房屋36万户、116.3万间，发放《房屋出租(借)临时许可证明》32万个，对不符合清理工作要求的限期整改5050户、停租1613户、罚款5368户。

围绕"夏季治安攻势"和"十一"保卫，在全市组织实施了对出租房屋和租住人员治安状况的调查摸底及对流动人口的户籍核查和对出租房屋的安全大检查。期间，全市共出动各种力量47.1万余人，共检查出租房屋30.1万户、86.9万间，登记外来人口175.5万人，排查确定出租房屋重点户7941户，排查确定流动人口重点人5450人，发现、解决各种隐患4409件。破获各类刑事案件1406起、治安案件3185起，抓获作拘留以上处理的犯罪嫌疑人2258人，处罚违法出租房主258人，罚款105280元。

社会治安管理和防范工作情况

社区创安。年内，市公安局加强社区警务建设，社区警务站建站率超过90%，提前完成建站率80%的工作目标。依托社区警务，开展了"无非典社区竞赛活动"和"千家社区无案件日"竞赛活动，全市有2204个社区自4月29日以来未连续发生疫情，占2590个参赛社区的85.1%；全市连续未发案的社区有889个，占1003个参赛社区的88.6%。通过开展竞赛活动，全市社区防控水平明显提高，全市社区七类案件发案12783起，比上年同期减少3179起，下降20%。群众揭发检举各类违法犯罪活动线索比上年上升17.9%，全市社区防控水平明显提高。

科技创安。全市按照《首都科技创安五年规划》总体要求，继续推进科技创安工作，圆满完成了第三年的任务。全市12261个重点单位、要害部位中已有11890个安装了技防设施，普及率为96.97%，84%的加油、加气站已实现了报警联网。在全市3145个居民小区中，1334个小区达到了科技创安标准，技防设施的覆盖面达到42%，全市124处繁华场所安装了电视监控等技防设施。

巡逻控制。市公安局有效整合了巡警、派出所民警、机关民警、交警、武警、保安员、联防员等力量35794人，投入社会面巡逻防控，构建了点线面相结合的社会面巡逻防控网络，形成了城四区全面覆盖；朝、海、丰、石地区四环以内重点加强；一般区域辐射控制；专业分局严密阵地控制；远郊分县局以城关和外围卡点为主实施防控的巡逻网络格局。全年，公安巡察部门通过巡逻盘查、110快速反应等方式抓获违法犯罪嫌疑人4.7万人，打掉各类犯罪团伙1618个，追缴被盗机动车340辆，收缴毒品3.61千克，查获淫秽光盘5.9万余张，全年街头八类案件比上年有所下降。

内部单位安全防范。市公安局内保系统积极整合企事业内部防控资源，加大人防、物防、技防的力度，积极构筑以要害部位为重点，人防、物防、技防相结合的单位内部安全防控网络。投入警力33803人次进行安全检查，共检查单位131624个次，要害部位18084处，发现解决各类不安全问题10860件，处罚单位9个，处罚责任人17人，罚款8.15万元；加强技防建设，全市重点要害单位技防达标占列管单位总数的72%；进一步整合运钞车GPS报警网、金融网点报警网、远程异地值守监控报警网，推广数字硬盘压缩技术，提高了技防系统预警、报警效能，确保了北京市金融单位连续六年“盗抢不成”。开展了以“无刑事发案、无治安灾害事故”为主要内容的争创“双无单位”活动及“单位创安”、“百日无盗案”等专项行动，36512个内部单位未发生盗窃案件，占全市36844个内部单位的99%。内保系统管辖的单位中92%达到了“安全单位”标准，职工群众安全感进一步增强，95%的单位职工认为单位内部治安状况良好。

人口管理。取消了涉外定点住宿限制，境外来京人员可自行选择留宿单位并依法办理临时住宿登记手续即可入住。取消了在京港澳华侨“暂住证”，在京居住的港澳华侨在居住地申报临时户口。针对取消收容遣送及出租房屋治安审批规定的新情况，及时调整流动人口管理工作规范，制定下发了“北京市公安局关于规范管理加强服务切实保护流动人口合法权益的通知”，创新推出流动人口管理服务新举措，东城区北新桥街道率先在全市建成了“北新百姓房地产经纪服务中心”。完成了对1万名居民第二代居民身份证基本信息采集和9285张成品证的制作任务，结合公安部出台的30项便民利民措施和本市实际及时推出了本市户籍管理7项便民利民措施，继续推进农村地区户籍制度改革，相继推出了两项本市农业户口登记为非农业户口的新举措。改进和规范了人口管理依法行政工作，清理人口管理行政审批事项65项。取消下放10项户口审批事项，降低了本市夫妻农转非等3项入户条件。在圆满完成“两节”、“两会”安全保卫工作的基础上，围绕抗击“非典”，对暂住人口和出租房屋开展了“两登记一检查”工作。围绕“夏季治安攻势”和国庆节安全保卫工作，在全市组织实施了对出租房屋和租住人员治安状况的调查摸底及对流动人口的户籍核查和对出租房屋的安全大检查。

治安管理。大力开展治安秩序整治，在全市范围内相继开展了“劲风”系列行动、“迎检查、防反复、保秩序”工作竞赛活动、夏季治安攻势、冬季百日会战等专项整治工作，对影响首都环境和侵害群众利益的制贩三假、偷盗自行车、卖淫嫖娼、贩卖淫秽光盘等突出治安问题进行精确打击，共打掉各类违法犯罪团伙、窝点341个（制贩“三假”51个、偷盗自行车137个、卖淫嫖娼和赌博123个），收缴各类假印章、假证件、假文凭、假发票40848件，盗版书刊、音像制品475万件，淫秽物品33万件；加强对枪支弹药、民用爆炸物品、剧毒化学品和放射性物品的安全监督管理，共检查涉及危险物品生产、使用单位4万余家次，查获涉案人员1762人，有效遏制了治安形势反弹和发案上升的势头。针对城区流浪乞讨、露宿街头人员大量增加和救助工作难的问题，市公安局及时制定了“关于配合民政部门做好城市生活无着的流浪乞讨人员救助管理工作的意见”，公安、民政、城管、卫生部门密切配合，组织开展了对流浪乞讨人员进行集中告知、引导和护送活动，有效控制了街头流浪乞讨日益突出的趋势。进一步完善了天安门、中南海等18处重点地区防范和处置上访问题的工作方案和处置原则,有效阻止了一批上访人员预谋在天安门广场非法聚集滋事的图谋,依法处理了一批在重点地区采取极端行为、扰乱治安秩序的违法上访人员,使上访问题未能酿成危害首都稳定的群体性事件。

交通管理。大力开展交通秩序整治工作,加大了对严重影响交通秩序、易引发交通事故的"10种违章、4种车型"的执法力度,加强了道路疏堵工作,深挖道路资源,优化路口155处,完善交通标志设施,建立了三级指路预告系统和路名牌网络系统,共治理秩序乱点、交通堵点、事故黑点127处,解决了一批影响道路畅通的突出问题。全年共纠正违章1819.4万人次,处罚1545.6万人次,机动车万车死亡率为7.7,交通事故发生率保持平稳。

消防管理。结合重大活动保卫任务,进一步健全防火安全委员会议事制度,不断推进消防安全责任制,逐步建立了"条块结合"的消防工作网络,广泛宣传消防安全法规和常识,大力加强消防业务培训,进一步完善了三级分工的消防监督机制,深入开展了对人员密集场所消防安全疏散通道、安全出口、地下空间和地铁的专项治理。全年共检查单位10万个,实施消防行政处罚7766起,及时消除火灾隐患15万件。全年火灾发生起数、火灾死亡人数和直接财产损失同比分别下降了5.4%、37.3%、11.1%。

人民内部矛盾纠纷排查调处工作情况

2003年,全市排查调处工作在市委市政府高度重视和强有力领导下,以"三个代表"重要思想为指导,紧紧围绕改革、发展、稳定大局,坚持立党为公、执政为民,进一步加强排查调处工作领导、完善机制,超前化解,及时妥善控制和解决了大量矛盾纠纷,为维护群众利益,维护社会稳定,促进和保障首都抗击非典的阶段性胜利和各项改革建设事业的发展发挥了重要作用。

一是各级党政领导高度重视,排查调处工作得到了进一步加强。一年来,市委市政府和各级党委政府,从维护群众根本利益和首都改革发展稳定大局出发,认真贯彻胡锦涛总书记、温家宝总理有关指示和中办国办、国家信访局一系列会议精神,将群众利益无小事、首都稳定无小事、信访工作无小事作为妥善处理人民内部矛盾、维护首都稳定的总体要求,进一步加强了对排查调处工作的领导,市委常委会、市政府办公会多次专门听取信访排查调处部门汇报,研究加强信访排查调处工作,先后5次召开全市信访排查调处工作会议,部署工作、通报情况、交流经验。市委书记刘淇、市长王岐山、市委副书记强卫等领导先后到市信访排查部门调研,了解社情民意,明确工作要求,深入现场专题研究解决突出问题,协调解决跨地区、跨部门重点矛盾纠纷。针对新形势下新任务的要求,9月市委市政府联合下发了《关于进一步加强信访排查调处工作,切实维护群众利益的意见》(京发[2003]19号),进一步完善了信访排查调处工作机制。各级各部门党政主要领导进一步增强了"群众利益无小事"的观念,亲自组织研究信访排查调处工作,协调化解突出矛盾纠纷,一年来各区县局总公司接待和协调处理重点矛盾2200件次。各级各部门党政领导按领导责任制要求,进一步落实属地管理原则,牵头解决重大矛盾纠纷原则,坚持定期接待群众,包案解决重点矛盾,初步形成党委统一领导,党政齐抓共管,部门各负其责的控制化解矛盾纠纷工作格局;进一步健全了各级排查调处工作机制,各单位排查调处工作领导小组坚持了月例会制度,做到经常研究工作,及时协调化解重点矛盾。东城、海淀、房山等多数区县完善了重大群体事件责任追究制度;加强了基层排查调处工作建设,许多区县局总公司增加了信访排查调处工作的人员编制,朝阳、延庆、怀柔、首钢等单位增设了排查调处工作专门机构,配备了人员,有力推动了排查调处工作的深入开展。

二是深入排查，把大量矛盾纠纷化解在基层和萌芽状态。2003年以来，全市先后4次开展了矛盾排查。一年来市和各区县局总公司共排查矛盾2737件，其中确定区县局级重点矛盾1350件（包括排查出的到区县局以上机关的重复集体访70件和个人访130件），市重点矛盾22件（包括市排查办全市通报的重点矛盾和重点重复群体访问题）。对排查出的重点矛盾纠纷，市和各区县局总公司认真落实矛盾调处工作责任制，分别由各级主管领导包案，明确控制化解措施，解决期限，落实保稳定责任。2003年确定的各区县局总公司的1804件重点矛盾，已有95%得到解决。在排查重点矛盾的同时，对涉及众多群众利益可能引发群体性矛盾和存在不安定隐患的重点工作也进行了排查，共排查出不安定隐患328件。对排查出的可能引发群体性问题的不安定隐患苗头，各单位按市委市政府要求，研究制定防范预案和控制化解措施，做到把维护群众利益和社会稳定贯穿在重点改革、建设项目始终、同研究、同部署、同落实工作措施，使大量拆迁建设、企业改革、农村占地等项工作中存在的不安定问题及时化解在基层和萌芽状态。6月底，针对非典基本得到控制后，非典善后处理问题将会形成社会热点矛盾的情况，市排查办在18区县和部分委办进行了排查预测，针对排查出群众反映的大量涉及非典善后处理方面的问题，综合报送市领导，并提出工作建设，得到市委市政府的重视，及时建立工作机构，制定相关政策，使这一重大问题及时得到妥善解决。

三是为优化发展环境和维护群众利益服务，及时妥善化解了一大批重点矛盾纠纷。2003年以来，各级党委政府和信访排查调处部门始终高度重视涉及改革发展和群众利益的突出问题，加大工作力度及时妥善解决了一大批重点矛盾纠纷。各级各部门党政领导高度重视协调处理大量矛盾纠纷，各区县领导坚持属地管理及时牵头协调当地发生的重点矛盾包括跨地区跨部门的突出问题1000余件。2003年以来到市以上机关的500余件集体访问题，已有90%得到解决或基本解决。

四是加强普遍性矛盾纠纷的研究，促进一批涉及改革发展和众多群众利益的政策法规制定和完善。针对因政策滞后不健全不完善引发的群体矛盾纠纷重访多、规模大、基层难于处理的突出问题，市排查调处工作领导小组进一步加强了政策性矛盾纠纷的研究解决。针对摊位市场经济和农村集体资产处置两问题分别由工商、农工委提出方案，报市政府同意提交市人大纳入2004年法规修订计划；涉及在农村建职工住房腾退安置问题、小区建设规划调整、规范开发商售楼管理等问题，房地、规划等部门在深入调研基础上，提出解决方案，待进一步研究报市政府批准实施。

2003年，全市排查调处工作虽然取得一定成绩，也还存在一些问题。一是从矛盾纠纷引发的原因看，一些地区、部门和单位工作上还存在诸多薄弱环节：有的方法简单、粗糙；有的不按政策办事，工作不规范，忽视或侵害群众利益；有的因政策滞后或不健全不完善引发矛盾并难于处理；有的基层农村干部工作作风主观，财务、政务不公开不透明，干群关系紧张。这些问题已成为引发矛盾纠纷的突出矛盾，应引起各级各部门的高度重视。二是随着社会矛盾增多，一些区县和信访量大的委办局总公司的信访排查部门工作力量较弱，不适应工作任务要求。三是信访秩序问题突出，群众聚众围堵市委中央等机关、滞留接待室的问题增多，特别是一些要求过高不能解决的老的群体访和个体访问题，重复违法上访滋事。

社会治安综合治理宣传教育工作情况

2003年以来，首都综治委、办紧紧围绕首都综治工作的热点、难点和亮点，加强新闻宣传工作，推进整体工作的开展，突出宣传加强基层基础工作、提高基层防范工作水平的具体举措，大力宣传社会治安工作社会化、法制化和科技化的工作经验和成果，形成了首都社会治安综合治理工作的许多新亮点。

一是加强首都综治委全会的宣传报道。按照年初宣传工作计划，首都综治委加强了对首都综治委全会的宣传报道力度。每次综治委全会召开前，首都综治办均提前组织新闻通气活动，向主要新闻单位通报情况，共同谋划宣传提纲，增强宣传实效性。

二是总结宣传发挥综治优势，群防群控抗击"非典"成功经验。组织报道了首都综治办、市公安局联合开展的"不让'非典'进社区"、"不让'非典'进我家"、"不让'非典'进我村"竞赛活动，打牢活动开展的群众基础；总结宣传了崇文区前门街道启动综治网络，实现"零"感染工作经验，组织记者在新华社发表内参，引起了中央综治办领导的关注，促成陈冀平同志亲自到前门社区进行调研。

三是加强防范工作集中宣传。配合全国治安防范工作会议的召开，会同北京电视台《法治进行时》节目组编辑《首都科技创安之路》专题片，对首都科技创安工作进行了全方位的报道；组织市属新闻单位在大会召开期间，集中宣传报道了首都综治工作经验。

四是大力宣传第132号政府令的实施。市政府颁布《北京市住宅区及住宅安全防范设施建设和使用管理办法》后，根据强卫、吉林等综治委领导的指示，为配合《办法》的实施，使基层广大群众了解《办法》的主要内容，发动社会各界监督《办法》的有效实施，首都综治办进行了大量的宣传组织落实工作。专门选择收视率较高的《北京热线》栏目作为宣传窗口，先后多次组织召开工作协调会，与《北京热线》制片人和主持人共同研究节目制作方式，确定了由现场座谈、自我介绍、采访提问、实物演示、观看录象、现场互动等多种活动组成的生动活泼的宣传形式；组织好宣传素材的选定工作，在现有素材的基础上，为增强宣传效果，我们组织记者到海淀、朝阳、石景山等区县补拍了有关素材；督促有关职能部门充分做好出席现场工作准备。我们督促市建委、市规划委、市公安局、市国土房管局等职能部门，精心准备其主要领导出席直播现场发言、解答提问的有关事宜。经过我们的认真筹备，此期节目按时播出，现场各项活动进展顺利，节目播出后社会效果显著。

五是开展首都社会治安综合治理好新闻总结表彰活动。与北京市新闻工作者协会共同主办了综治好新闻评选活动，共评出获奖作品50篇，并组织召开了总结表彰大会对获奖作者进行表彰奖励，极大地调动了广大新闻记者和综治宣传干部的宣传工作积极性。

社会治安综合治理基层基础建设工作情况

全市综治队伍继续保持稳定。全市18个区县共有综治专职干部113人，平均6.3人。区县级综治办工作经费全部列入了同级财政预算。全市320个街道乡镇共实有专职综治干部1295人，平均年龄40岁，其中高中学历280人，大专学历690人，研究生学历12人。320个街道乡镇中，有252个综治工作经费列入了财政预算，全年全市各街道乡镇共用于综合治理工作经费逾一亿五千万元。全市各街道乡镇共有由街道乡镇投资组建管理和使用的专职保安队565个8549人，专职联防队1410个11301人，义务联防队3350个97485人。全市有社区保安队伍2101支17053人，社区巡逻队13万多人，社会保安力量5万多人，治保积极分子31万多人。

一是综合治理信息化建设得到加强。首都综治办制发了《关于加强综治工作信息化建设的通知》，明确了指导思想、阶段目标和重点任务，提出力争到2003年底初步实现各级综治办机关内部办公电子化，在此基础上，再利用两年时间，到2005年底依托北京电子政务系统和国际互联网系统形成体系完整、结构合理、互联互通的首都综合治理政务网络系统，建成本市社会治安综合治理系统共建共享的信息资源库，全面开展网上交互式办公。首都综治办为各区县拨专款近200万元，专项用于基层综治办购置计算机、传真机、投影仪等现代办公设备补助，现全市各级综治办之间已初步具备电子数据交换的条件。朝阳区投资30余万元，开发并投入使用了全区治安智能化分析管理系统，实现了各地区各类发案的即时输入、即时统计、即时查询，成为科学决策的重要辅助手段，工作的科学性、时效行和针对性显著增强。海淀区突出区位特点，在西三旗街道进行了综治工作基本信息数字化管理试点，将辖区各单位有关情况建档立案，把各种影响稳定的因素全部纳入视线，实现了以计算机为手段的科学化、规范化管理，为及时打击和有效预防违法犯罪提供了有力支撑。门头沟区针对辖区煤炭矿山资源丰富、爆炸物品用量较大难于管理的特点，充分发挥科技优势，建立民用爆炸物品信息管理系统，通过这一系统，实现了对爆炸物品购买、运输、储存、使用等环节的全程跟踪管理。

二是群防群治工作创新取得新的成果。石景山区在传统治保组织的基础上，组建治安防范志愿者协会，将乐于奉献社会、志愿服务他人的各界人士组织起来，参与地方和社区治安秩序的维护，实现了个人意愿和社会需要的有机结合，开创了传统群防群治组织在新形势下的新形式。丰台区积极探索将企业职工整建制地组成群防群治队伍开展治安防范的新思路并在“百多亲清洗保洁公司”进行了试点，组织公司全体外来务工人员成立了“百多亲社会治安综合治理志愿者服务队”，协助地区派出所、社区居委会开展治安防范工作，赋予了群防群治工作新的内容。崇文区实行社区出租房屋管理站、社区地下空间安全管理站和社区警务站“三站合一”，将出租房屋管理、地下空间安全管理纳入社区警务工作体系，有效理顺了街道、社区和公安机关三者关系，进一步健全了社区综治工作网络。西城区按照“以房管人”的外来流动人口管理思路，在全市建立起首家社区房屋租赁服务站，服务站立足社区，服务社区，方便流动人口，既部分解决了外管经费问题，又通过这种手段掌握了出租房屋及外来流动人口信息，从而开拓了一条通过服务实现管理的新途径。房山区积极适应市场经济对社会管理体制和运行机制的新要求，对群防群治实现方式和手段进行了深入研究和认真思考，提出了治安产业化的新思路并在阎村镇进行了试点，成为全市扩大综合治理工作社会化的重要成果之一。宣武区在陶然亭街道黑窑厂社区进行了通过机动车停车管理解决社区创安经费问题的试点，这一做法，既加强了社区内机动车的停放管理，有效预防了机动车被盗案件的发生，又解决了小区治安管理经费问题，试点开展以来，社区刑事、治安案件大幅度下降，小商小贩明显减少，社区秩序明显改善。宣武区按照社区建设新理念，充分发挥社区党组织的先进性，在白纸坊街道半步桥社区进行了动员组织群众共同创建安全家园的新尝试。在社区党组织的动员、号召和组织下，社区居民共同、自愿出资，对居住小、区进行封闭，聘用专业保安进行值班巡逻，实现了社区居民对社区治安的自管、自治、自防、自控的新模式，成功探索了“谁受益、谁出资”、“社区是我家，安全靠大家”的新机制。通州区针对农村地区治安防范能力较弱的问题，推出了集咨询、求助、宣传、接警于一体的流动“社区警务综合服务直通车”的新举措，把治安管理和防范工作延伸和落实到了田间地头。顺义区积极应对城市化发展步伐加快过程中可能出现的治安问题，投入1930余万元对全区各自然村全部实行了社区化封闭式管理。

刑释解教人员安置帮教工作情况

2003年北京市刑释解教人员安置帮教工作在各级党委、政府的领导下，紧密围绕维护首都社会稳定的实际需要，以"保稳定"为工作中心，一方面完善机构，夯实基础，强化各项制度和管理，另一方面以开拓创新的意识和精神，探索建立适应社会主义市场经济发展的安置帮教工作体系，本着突出重点，务求实效的工作思路，较好地完成了预定的工作任务，初步建立起具有首都特点的安置帮教工作格局，为预防和减少重新犯罪，维护首都社会稳定作出了贡献。2003年全市帮教率和安置率均达到90%以上，重新犯罪率控制在2.8%以内。

一是加强组织建设，开展街道、乡镇安置帮教组织的培训工作。安置帮教工作的基础在街道(乡镇)和社区(村)，各项工作的落脚点则在司法所。2003年重点加强了司法所规范化建设和安置帮教基层组织建设。全市共建立基层帮教小组10415个，帮教工作人员35751人。在完成组织建设的同时，将提高司法助理员安置帮教业务素质作为全年重点工作，借助全市司法助理员职业技能岗位练兵的契机，充分利用《北京市安置帮教工作手册》和《北京市司法助理员职业技能岗位练兵大纲》、《司法助理员职业技能岗位练兵习题》等安置帮教工作培训教材，组织专人对全体司法助理员开展了为期半年的培训工作，经过全市范围内的笔试和现场竞赛，全市基层帮教人员的理论水平和业务能力有了显著的提高。

二是帮教"向前延伸"，积极探索多种形式的狱内帮教工作。①组织各区县开展了对长期无人探望人员的帮教工作。2003年初，在市监狱管理局的积极协助下，对我市监狱的服刑人员中因受家人歧视、家庭生活困难或是家中已没有亲人等多种原因、长期无人探望、背上严重的思想包袱人员进行了排查。在排查的基础上，为了让这些特殊的服刑人员也能得到来自社会和家庭的温暖，促进他们改造，提高我市监狱改造效果，开拓帮教"向前延伸"的新途径，市安置帮教工作领导小组办公室与市监狱管理局联合开展了对长期无人探望服刑人员的狱内帮教工作。向区县通报需要帮教的服刑人员名单，下发《关于开展长期无人探望服刑人员狱内帮教工作的通知》提出工作要求，要求全市各区县将这项工作作为全年狱内帮教的重点。各区县迅速行动，组织街乡司法所和社区(村)帮教小组逐一到服刑人员家中走访，了解情况，帮助服刑人员家属解决生活困难，动员服刑人员家属到监狱内看望服刑人员，送去党和政府的温暖，促进服刑人员认真改造，取得良好效果。在帮教过程中，不少服刑人员都留下了感动的泪水，真心忏悔以前犯下的罪恶，决心一定要在服刑期间认真改造，学一门技术，回归社会后做一个自食其力的守法公民。据市安置帮教办公室统计，2003年共帮教长期无人探望人员150人，帮教其他服刑人员3165人。②以服刑人员职业技术培训和素质教育为重点，开展多种形式、富有实效的帮教工作。要求区县将素质教育和职业技能培训向监狱内延伸，引导并逐步规范各地区和各单位的狱内帮教活动，充分发挥监狱和地方两个积极性，开展对服刑人员的教育和培训，实现双方优势互补，逐步从实物帮教转变为技术帮教、文化帮教，为服刑人员回归社会后实现就业创造条件。这一倡导得到各区县和各单位的积极响应。西城区人民政府与北京市监狱管理局外地罪犯遣送处联合签订了流动图书馆和技能培训基地协议，为外地罪犯遣送处提供了4000余册人文、社科类的优秀图书，并规定每半年对图书馆中的图书进行一次更新，满足了服刑人员对知识的渴求。朝阳区小红门乡为该乡在良乡监狱的服刑人员设置学习奖励金，并对取得学历的两名服刑人员兑现了奖励；左家庄街道与清河分局茶西监狱联手，在罪犯中开展"感受家乡变化，树立回归信心"社会实践活动，组织20名即将刑释的服刑人员成为京城首批服刑人员"社区志愿服务者"，对社区公园进行了环境整治。海淀区与女子监狱联合举办了劳动技术培训班。丰台区组织公安、劳动、妇联、民政等有关成员单位到监狱开展出监前教育。这些活动在罪犯中引起了强烈反响,取得了良好的改造效果。③针对非典疫性暴发突发事件,因时制宜地开展帮教活动。由于非典影响,其间我市各监狱纷纷暂停了帮教会、座谈会等面对面的帮教活动,但狱内帮教工作却始终没有停止。部分区县采取向服刑人员寄平安信,发"一封家书"等活动,既消除了服刑人员的紧张,情绪,又使之增强对党和政府抗击非典的信心,也确保了监狱的稳定。

三是加强对重点人的监控力度,确保首都节日安全。为确保"五一"、"十一"期间的绝对安全,下发了关于加强节日期间重点人管理的通知,明确规定了重点人管理的范围,要求各级安置帮教组织与公安机关密切配合,协同作战,深入一线开展对刑释解教人员特别是重点人的排查工作,发现并消灭治安隐患。各街道(乡镇)帮教办在节日前夕组织力量逐一核对监狱、劳教所的预放通知书,主动与公安派出所交换排查对象名单,积极配合公安机关对重点人进行管理。针对目前我市城市改造步伐加快,人户分离日趋突出的情况,全市还特别加强了对未回原籍的和长期人户分离、去向不明、表现不稳定的释解人员的重点排查工作。全市各级帮教组织通过查档案、找单位、走门串户向知情人了解、召开帮教治安积极分子会等方式,查找下落,登记造册,落实现住地管理措施,减少漏管、失控现象。

四是为释解人员解困办实事,积极帮助其实现安置就业。以2003年全市建立、实施农民最低生活保障制度为契机,及时将符合条件的农民释解人员纳入了低保范围,解决了他们的生活问题。崇文、宣武为维护服刑和释解人员在旧城拆迁改造工程中利益,专门制发文件予以明确。通州区在对释解人员生活、就业情况进行全面调查的基础上,拟定了分级分步安置就业的工作方案。西城区开展了帮教互助金的试点工作。

五是加强工作指导,完善考核机制。①完善信息网络,加大宣传力度。今年我们进一步完善了市、区县、街道(乡镇)和监狱、劳教部门之间的信息网络,将信息宣传工作纳入年度考核的重要内容。②完善考核工作机制。根据2003年《首都社会治安综合治理工作检查考核办法》的要求,本着突出重点、注重实效、客观公正的精神,在广泛听取各方意见的基础上制定了《2003年度区县安置帮教工作考核办法》,增加了重点人管理、排查、解决疑难安置等实际工作的考核分值,将重新犯罪率超过6%的区县取消评优资格,此外在打分方式上采取了材料公开、民主评议的方式,增加了考核工作的透明度。③推先进、树典型,做好全国安置帮教先进集体和先进个人的评选工作。2003年按照中央综治委《关于评选全国安置帮教先进集体和先进个人的通知》要求,组织各区县开展了全国安置帮教先进集体和先进个人的评选推荐工作,通过审核推选了4个组织机构健全、工作职责明确、工作成绩突出的全国先进集体和3名爱岗敬业、无私奉献、默默耕耘在安置帮教一线的全国先进个人。④加强安置帮教工作规范化建设,为深入开展工作提供理论参考和政策依据。针对基层帮教组织在工作中手头缺少政策法规,对工作程序不够了解,不能方便查找有关政策的现状,在征求成员单位和基层帮教组织的意见和建议后,组织编写了《安置帮教工作手册》(以下简称《手册》)。《手册》充分考虑到基层帮教工作的需要,将重要文件和领导讲话、法律法规摘录、北京市有关规章、社区矫正有关文件和外省市工作经验等五部分内容纳入其中,从安置帮教工作程序、刑释解教人员如何落户、如何办理档案、如何申请最低生活保障金等基层帮教组织经常遇见的各方面具体问题入手,全面系统地阐述了安置帮教工作的历史沿革和发展现状以及政策法规依据等,为我市安置帮教工作和培训工作的深入开展提供了理论参考和政策依据。⑤加强安置帮教工作理论研究。2003年,根据中央综治委《关于组织开展对刑释解教人员基本情况和过渡性安置实体(基地)情况进行专项统计的通知》精神,组织开展了对2001年1月至2002年12月刑释解教人员安置情况和过渡性安置实体(基地)安置刑释解教人员的专项调研,在分类汇总的基础上,详细分析了我市刑释解教人员安置帮教工作中存在的问题和现状,提出了制定全国安置优惠政策的工作建议。

预防青少年违法犯罪工作情况

2003年，首都综治委预防青少年违法犯罪工作领导小组深入学习贯彻十六大精神，以“三个代表”重要思想为指导，坚持教育为本、预防为主的原则，加强对青少年的法制与安全教育，增强青少年法制观念和自我保护意识；对预防青少年违法犯罪实行综合治理，大力营造有利于青少年健康成长的社会环境；全面开展有关预防青少年违法犯罪的理论研究和实践探索，参与青少年事务立法并取得重大突破，为服务大局、服务青少年健康成长做出了新的贡献。

一是积极推进了区县。预防青少年违法犯罪工作领导小组”的机构建设。将区县预防办机构的建立和完善情况列为2003年区县综治考核中“预防青少年违法犯罪工作”项目的考评内容进行评定(该项评定分值5分，由团市委和市教委共同负责考核)。我市城八区里已有七个区、郊区有十六个区成立了预防办组织机构，明确了工作职责，规范了工作制度，初步形成了具有本地区特点的预防工作格局。在积极推动区县级机构的建立和完善的同时，对街道、社区的预防工作职能进行了进一步研究，在西城区和朝阳区分别开展了试点工作，经过积极工作，确定了西城区福绥境街道和朝阳区六里屯街道静水园社区两个较为成熟的试点单位，并向中央综治委预防办申报成为全国试点单位。

二是积极参与了有关青少年事务的立法工作并取得重大突破。2003年，预防办全面参与了《北京市未成年人保护条例》(以下简称《条例》)修订工作的立法调研和草案起草工作，通过细致扎实的工作，成功向市人大提交《北京市未成年人保护条例(建议草案)》并顺利审议通过。此次修订对原条例修改了36条，增加了15条，删除4条。增加了“平等原则”，体现了政府要为未成年人的健康成长创造良好的社会环境，强调了学校的保护和责任，还对生产、销售儿童食用品厂商与游乐设施经营、管理单位的义务做出规范。同时，在修订中做到了法制统一、突出地方特色、与国际接轨、增强可操作性四个特点。在立法理念上更加注重对未成年人这个特殊群体的人权保护，拓宽了保护的范围，加大了保护力度，既有对违反规定须承担法律责任的刚性一面，更多的则充溢着对未成年人权益保护的人文关怀，得到了社会各界的广泛好评。另外，向市人大提交的制定《北京市实施预防未成年人违法犯罪法实施办法》(以下简称《预防法实施办法》)建议已被市人大列入2004—2005年立法规划，预防办已启动相关立法调研工作。

三是深入持久地开展了青少年法制与安全宣传教育。①充分发挥学校主渠道作用，继续深化中小学校法制校长工作。制定了《关于规范兼职法制校长职责和选聘管理工作的意见》等相关文件，依照《法制校长管理条例》的规定，开展了区县级的法制校长培训工作，启动了首次“百名优秀法制校长”评选活动，不断推动此项工作的进一步深化。②努力推动“星光未成年人法制与安全教育‘六个一’行动”的贯彻落实。全年发放4期近15万余幅“星光未成年人法制与安全教育系列宣传画”，分别张贴在本市2000余所中小学校园、社区及公共宣传橱窗内。在北京市监狱管理局支持下，在北京市未成年犯管教所正式设立“星光青少年法制与安全教育基地”，并在基地开展了“让阳光照耀大墙内的孩子”一组织利群阳光使者深入北京市未成年犯管教所开展志愿服务活动。③继续推进“星光青春保护行动”，推动青少年自我保护教育的普及和深化。在西藏成功举办了全国青少年自护教育研讨会，针对青少年自保护教育的普及与深化工作与兄弟省市进行了有益的沟通和研讨，进一步开拓了工作思路。④认真抓好禁毒宣传、预防艾滋病宣传等任务的落实。在“6.26”禁毒日、“12.1”艾滋病日等有利时机，全市集中开展了声势浩大的禁毒宣传周、预防艾滋病宣传周活动，不断提高青少年拒绝毒品、预防艾滋病、健康成长的意识。⑤配合新《北京市未成年人保护条例》的出台，还集中开展了声势浩大的法制宣传活动，积极营造了有利于未成年人健康成长的良好社会舆论氛围。

四是采用综合治理方式全面优化了青少年成长的社会环境。①扩大优秀"青少年维权岗"创建活动范围，推动青少年权益保护工作向纵深发展。除了继续推动在公、检、法、司、工商、劳动、广电、新闻出版、质量技术监督9个系统的"青少年维权岗"创建工作之外，我们进一步扩大工作阵地，积极与民政、教育和城建系统研究协商推广创建活动，拟将创建活动扩大到更多行业，努力形成覆盖全市的青少年维权网络。②建立未成年人维权律师队伍，依法维护未成年人合法权益。与市司法局、市律协未成年人专门委员会密切合作，在全市首批招募了150名热心于未成年人保护事业的律师，首次建立起了以律师为骨干力量的"未成年人维权律师网络"，并对他们进行了专业化的培训。③积极推动对流浪乞讨的未成年人与成年人实行分开救助管理。在《未保条例》修订草案起草过程中提出了这一建议，并作为新《未保条例》的第5章第57条正式通过，在全国率先开展了未成年人与成年人分开救助工作，条例实施以来共救助80余名流浪乞讨的未成年人。

六是强化基础建设推动了工作可持续发展。①成立未成年人法学研究会，深入开展理论研究工作。北京市法学会未成年人法学研究会在2003年10月正式成立并成功召开了第一届会员大会暨理事会。该研究会是由北京市未成年人保护委员会、共青团北京市委员会主办的群众性学术团体，隶属于北京市法学会。这是全国首家以"未成年人法学"为专门研究对象的学术团体。研究会目前共有理事80余名，基本上以理论研究人员与法律实践工作者为主。②成功开展了"通过非正规教育解决青年面临的健康问题——关注亚洲地区性与生殖健康、防止药物滥用及预防艾滋病"的研究项目。团市委申报了联合国亚太经社会与中华全国青年联合会的这个研究项目，于2003年1月正式开始了"非正规教育解决青少年性健康预防艾滋病"的课题研究。8月3日—7日，"通过非正规教育解决青年面临的健康问题"国家级培训班成功举办，标志着该课题研究工作圆满结束。③《问题家庭》课题研究工作也在顺利进行中。

综治委组织或参与的有关工作

2003年，首都综治委紧紧围绕贯彻落实中央和市委有关社会治安综合治理工作的一系列指示精神，紧密结合首都实际，与时俱进，开拓创新，埋头苦干，扎实工作，积极参与防治"非典"斗争，大力加强社会治安防范工作，注重抓好社会治安综合治理的规范化建设，切实履行好组织协调、监督检查等项工作职能，推动首都社会治安综合治理水平迈上了一个新台阶。

一是协助组织"严打"整治斗争先进集体、个人的表彰工作。完成了首都综治系统评选表彰"严打"整治斗争全国和北京市的先进集体和个人的推荐报送工作。推选出崇文区前门街道办事处等3个单位、李振华等4名个人为首都综治系统全国先进集体、个人；东城区综治办等116个单位、杨书章等253名个人为首都综治系统的北京市"严打"整治先进集体、个人。

二是充分发挥综治工作优势，积极组织和参与抗击"非典"斗争。面对突如其来的"非典"疫情，首都综治委积极主动地发动首都综治系统，在市委、市政府的领导下，坚持一手抓防治"非典"，一手抓维护社会稳定，取得了两条战线的全面胜利。①积极发挥机关表率作用，直接参加一线防控工作。"非典"疫情暴发以后，根据防控工作需要，首都综治办先后抽调6名同志迅速建立防控"非典"督查队伍，专门成立疾病防控工作督查队，负责督查崇文区疾病防控工作。按照市委要求，坚持"整体推动、突出重点、面向基层、务求实效"的原则，深入到崇文区各街道、社区、建筑工地、地下空间、医院、市场等最薄弱的基层单位，采取走访、听汇报、座谈、与被隔离的密切接触者电话联系等明查暗访的方式进行检查督查工作，全面了解崇文区开展防控“非典”工作情况。对督查中发现防控工作中好的经验做法和存在的薄弱环节以及带有普遍性、苗头性的问题和困难，及时总结推广或提出意见、建议，有力地促进了崇文区防控“非典”各项工作措施的落实，圆满地完成了督查任务。据统计，在“非典”期间，首都综治办督查分队共检查发烧门诊和隔离医院4个，暗访建筑工地、地下空间、街道社区、派出所和市场等基层单位136个，通过电话与9个密切接触者联系了解隔离防护及服务保障等情况，向市委报送日报情况34次，在市督查办刊登的29期《督查简报》、《快报》中就有16期为我们报送的情况。②充分利用首都综治优势，及时启动“非典”群防群控工作网络。中央综治办发出《关于各级综治委要积极参与“非典”防控工作的通知》后，首都综治办根据综治委领导指示，与市公安局领导一道，连夜召开会议，研究贯彻落实意见。迅速起草下发了《关于进一步做好防治非典型肺炎时期北京市社会治安综合治理工作的通知》，对防控“非典”和维护社会稳定工作提出了要求。此后又迎难而上，及时启动群防群治网络，在全市广泛开展了“不让‘非典进社区”、“不让‘非典’进我家”、“不让‘非典’进我村”竞赛活动，组织政法部门严厉打击借“非典”之机从事各种违法犯罪活动，努力维护了首都社会治安秩序和全社会的稳定，赢得了党和人民的信赖和赞誉。与此同时，针对五月中旬北京“非典”疫情好转，外地来京务工经商人员陆续返京的情况，为防止发生新的输入性“非典”病例，又适时组织开展防控“非典”专项清理整顿工作，启动流动人口、出租房屋和地下空间安全管理体系及“护城河”工程，先后开展了多项防控“非典”工作，集中打好五月攻坚战。

三是充分发挥协调、监督、检查职能，督促有关单位建立各类防范工作机制。2003年以来，首都综治委针对首都安全防范工作存在的诸多安全隐患和工作漏洞，及时协调有关地区、部门和单位查找薄弱环节，采取有针对性的防范工作措施，建立了一系列适合首都特点的长效防范工作机制。①督促有关部门研究建立天安门地区防范工作机制。根据首都综治委副主任吉林同志批示精神，首都综治办就天管委反映的天安门地区秩序问题长期得不到解决的情况，进行了实地考察，与天管委共同召开了协调会，邀请市工商局、交管局、综合执法局、交委、旅游局、市公安局治安总队、武警北京总队以及有关区县综治办的领导，就天管委提出问题，研究议定了解决的思路和措施，形成了会议纪要下发各有关部门和地区执行，督促加紧建立长效工作机制。②组织建立各区县高校防范工作机制。为落实中央综治办主任陈冀平同志“建立良好高校防范工作机制”批示和首都综治委副主任吉林同志“将高校纳入区县成员单位”批示精神，首都综治办督促各区县及时建立了本区县的高校治安防范工作机制。③组织规制“地沟油”问题。结合整治非法炼制“地沟油”问题，开展了一系列深入的调查研究工作，首都综治办向市政府提出了对此问题的看法和具体的整治及立法工作建议。④协调建立首钢工业物资防盗长效管理机制。按照中央政治局常委、中央综治委主任罗干同志有关首钢资源被盗问题批示要求，首都综治办在综治委领导的直接指导下，围绕建立首钢生产物资防盗长效管理机制问题，先后组织首钢周边三区的综治办和市公安局内保局、石景山分局召开协调会，共同研究制定长效管理机制，确定了“以强化首钢内部管理，不断优化首钢周边治安环境，采取首钢内外双管齐下，坚持打防结合，整建结合，从根本上解决首钢工业原材料被盗问题”的工作思路，协调首钢及其周边地区及时建立了首钢内外防抢防盗长效管理机制，同时向罗干同志报送了专题工作报告。⑤加强地铁安全防范机制建设。韩国大邱地铁发生特大安全事故后，为避免类似事件在北京发生，首都综治办及时协助综治委领导督促有关部门及时吸取韩国教训，要求地铁营运部门仔细查找薄弱环节，堵塞工作漏洞，并组织召开座谈会，就北京地铁安全防范问题进行了深入的研究，提出了相关工作措施。在首都综治办的检查督促下，使得有关部门对北京地铁安全防范工作的重要性的认识有很大提高，高度重视其中存在的安全隐患问题，对相关部门和单位的管理责任进行了明确，从立体防范管理出发制定了一整套适合于地下防恐、防爆、防火、防毒、防重大治安案件和突发性重大灾害事故的安全防范工作预案，整合公安、武警、消防等多警种与专业保安力量加强了实战演练，促使首都地铁整体安全防范水平上了一个大台阶。⑥通过案件倒查，对高速路收费站安全防范机制建设进行了规范。针对2003年以来高速路收费站连续发生盗抢案件的情况，首都综治办组织有关单位，多次陪同综治委领导到发案的首都公路发展有限责任公司进行案件倒查，对高速路收费站存在的治安防范漏洞和安全隐患问题进行认真分析，堵塞防范工作漏洞，加强行业管理。通过案件倒查，促使首发公司对所属城市高速公路收费岗亭技防设施进行了全面改造，有效地堵塞了防范工作漏洞，规范了整个高速路运营行业的安全防范管理。⑦大力推动地下空间安全管理立法进程。首都综治办及时总结以往牵头组织对地下空间进行整治取得的工作经验，积极推动市政府法制办、人防办等有关部门起草《北京地下空间安全管理办法》政府令，加快立法进程。

四是及时完成好市委领导临时交办的其他工作。①调查了解境外媒体恶意炒作海淀区拆除“新疆村”问题。根据强卫、吉林等首都综治委领导批示精神，首都综治办就加拿大《环球邮报》恶意炒作海淀区拆除“新疆村”问题，召集海淀区相关单位和市公安局有关部门领导进行协调，向刘淇、强卫、吉林等市领导写出了专项调查情况报告，就今后处理涉及新疆村及其他少数民族工作如何把握问题提出了工作意见和建议。②组织调查处理“韩国村”问题。针对新华社记者在《国内动态清样》上反映的我市朝阳区望京地区存在的“韩国村”问题，召集市公安局出入境管理处、人口处、朝阳区综治办等领导进行了专题研究，提出了对处理此类问题的看法以及明确职责、加强服务和管理的工作建议，收到很好的效果。③配合政法委搞好有关社会治安立法调研和强化首都治安管理工作。提出了尽快出台我市地下空间安全管理的地方性法规或规章、修改《北京市社会治安综合治理条例》和《北京市外地来京务工经商人员管理条例》及相应配套规章的工作建议；针对第三季度出现的治安突出问题，进行治安工作部署。与政法委共同组织召开会议，对第四季度及明年年初治安防范工作作出部署，从加强形势分析判断增强工作针对性、配合公安机关开展“冬季百日会战”遏制刑事案件反弹、解决当前影响治安秩序和社会稳定的突出问题、推进贯彻“严打”方针经常性工作机制和治安防范体系建设等方面提出了工作要求，制定下发了《关于第四季度强化首都社会治安管理工作的意见》；协助中央综治办组织全国综治办主任研究班有关活动，安排会议代表参观游览，协助中央文明办、中央综治办、司法部、民政部、团中央等中央单位组织“法律进社区”活动，举行赠送《社区法律丛书——“生活有法”系列》图书仪式。

实行社会治安综合治理领导责任制工作情况

一是完善社会治安综合治理考核办法。2003年，为进一步规范首都社会治安综合治理考核工作，推动社会治安综合治理各项措施的落实，根据中央五部委《关于实行社会治安综合治理领导责任制的若干规定》、《中央综治委关于实行社会治安综合治理一票否决权制的规定》和《北京市社会治安综合治理条例》规定制定了新的检查考核办法。考核办法有三个特点：①明确了2003年及以后一个时期的首都综治考核工作的指导思想，即以“三个代表”重要思想和党的十六大精神为指导，认真贯彻“打防结合，预防为主”的方针，全面落实中央和市委关于社会治安综合治理工作的重要部署及每年《首都社会治安综合治理工作意见》、《责任书》、《任务书》确定的工作目标，推动首都社会治安综合治理工作向前发展，确保首都的政治稳定和社会安定。②把考核的基本原则固定下来，即：严格遵循公平、公正、公开的原则，考核的内容、标准、结果实行三公开；遵循“谁主管、谁考核”的原则，市级职能部门按照职责范围对口进行考核；遵循既定目标与动态目标考核相结合的原则，以年初制定的综治工作要点和《区县领导责任书》、《部门领导任务书》确定的工作目标为考核内容，年内中央、市委根据形势需要做出有关全局性的重大工作部署，也要纳入综治工作的考核范围；遵循分类考核与统一考评相结合的原则，根据各区县、各部门的社会治安综合治理工作层面和任务差异很大的特点，对区县综治工作的考核，根据经济状况、地理环境和治安特点分组制定考核标准，分类进行考核。③对首都综治委有关成员单位采取日常考察、统一述职、民主考评的办法进行考核。2003年6月新的考核办法下发并实行，7月根据新的考核办法，2003年度综治百分考核打分标准制定下发。自2003年开始年度综治考核内容和办法原则上固定，每年根据综治工作的重点制定不同的打分标准。

二是制定完善综治领导责任制的相关工作制度。根据首都社会治安综合治理工作发展的要求，首都综治办在调查研究的基础上制定了六项综治工作制度。其中三项制度是完善和加强综治领导责任制方面的。为了首都综治委《关于进一步加强首都社会治安防范工作的若干意见》的贯彻和落实，首都综治办提出了贯彻落实的具体工作方案，其中，把制度建设作为一项重要内容，得到了首都综治委领导强卫和吉林同志的支持和肯定，首都综治办组织人员对当前影响社会治安综合治理工作发展的问题进行了认真的分析和研究，提出了建立6个方面的工作制度和一个工作意见并起草了初稿。在征求了部分成员单位和区县的意见后，经首都综治委全会审议后，正式实行。①《首都综治委五部门联席会议制度》。此项工作制度是为进一步落实社会治安综合治理领导责任制，强化各级、各部门党政领导干部“保一方平安”的政治责任，根据中央五部委《关于实行社会治安综合治理领导责任制的若干规定》等文件精神，借鉴外省市的一些经验和做法，对北京市近年来实行综治委五部门联席会议制度工作的进一步明确和规范。主要内容是：第一，明确了首都综治委五部门联席会议的主要任务；第二，明确了首都综治委五部门联席会议的主要职责。此外，《联席会议制度》还对首都综治委五部门联席会议的组织形式、工作机制、工作程序和贯彻落实的方式等作了明确、具体的规定。②《关于实行首都综治委成员单位述职评议的规定》。制定此项制度，目的是进一步充分发挥综治委成员单位在社会治安综合治理工作中的作用，真正形成各部门齐抓共管、各负其责的首都社会治安综合治理工作格局。《述职评议制度》首先明确，首都综治委成员单位述职评议，是指首都综治委成员单位根据首都社会治安综合治理工作的总体部署，结合自身工作职能，对本部门在首都社会治安综合治理工作中发挥作用情况向首都社会治安综合治理委员会报告，由首都综治委组织有关部门和人员对其履行职责情况进行评议的一系列活动。首都综治委成员单位述职主体范围，为参加首都社会治安综合治理委员会的北京市所属成员单位。关于成员单位述职评议的主要形式，《述职评议制度》提出了报告述职和会议述职两种形式，还分别就报告述职的内容和会议述职评议的工作程序作了具体规定。并明确：对在首都综治委会会上述职成员单位述职评议的评定结果，应当作为首都综治委年终评先的重要依据，同时作为述职成员单位领导班子和领导干部的考核依据。述职成员单位对首都综治委全会提出的评议意见，应当结合工作实际提出整改方案并进行整改，在述职评议后的两个月内向首都综治办提交述职评议整改方案及整改情况的报告，经首都综治委领导同意，印发首都综治委各位委员。

社会治安综合治理理论研究工作情况

一是认真全面地总结了“严打”整治斗争，对首都社会治安综合治理工作进行了长远规划。

①认真总结“严打”整治斗争工作经验和存在的突出问题。为巩固“严打”整治斗争成果，加强社会治安长效机制建设，按照中央综治办的要求和市委政法委的统一部署，首都综治委认真全面地总结了两年为期“严打”整治斗争工作。经过认真总结分析，归纳提炼出“明确治安防范工作的指导思想，切实加强综合治理和治安防范工作领导责任制；坚持推进基层安全创建活动，突出首都科技创安特色；坚持动态控制与静态预防有机结合，深化警务体制改革；坚持打击整治建设并举，综合治理和立体整治结合；坚持管理与教育结合，有效预防和减少重点人群违法犯罪；坚持举全市之力集中解决突出治安问题”六条工作经验，以及“社会治安管理的指导思想和重点有待进一步调整；现有的警务模式与复杂的治安形势不相适应；群防群治工作与新形势的要求不相适应；治安防范的整体水平不高、对重点人群管理方法不多；治安防范的保障体系仍不健全；治安防范的责任体系不完善”六方面治安防范工作中存在的突出矛盾和主要问题，为明确今后工作重点，打下了良好的基础。②以总结两年为期“严打”整治斗争为契机，全面规划首都社会治安防范工作。从现实工作需要和历史经验、教训的总结出发，为切实贯彻落实好中办、国办转发的中央综治委《关于加强社会治安防范工作的意见》，为北京率先基本实现现代化和举办历史上最出色一届奥运会创造安全稳定的环境，不断推动社会治安防范工作由传统型向现代型转变，实现社会治安管理理念、管理方式的现代化，根据强卫、吉林等综治委领导的指示，首都综治委专门抽调人员组成了调研组，对加强首都社会治安防范工作进行了全面的调研。通过个别访谈中央、市属有关部门领导和有关高等院校、科研院所的专家和学者，召开基层各类有关人员参加的座谈会，克服“非典”的所带来的重重困难，初步分析、研究和论证了在建立社会主义市场经济条件下首都社会治安防范工作面临的形势和存在的主要矛盾及问题。按照“突出务实性、着眼方向性、体现时代性”的总要求，提出了新时期加强首都社会治安防范的科技化、社会化、法制化的工作思路，形成了《进一步加强首都社会治安防范工作的若干意见》初稿后，经首都综治办内部及各区县综治办主任、综治委委员的反复讨论，最后形成了正式的《进一步加强首都社会治安防范工作的若干意见》下发各有关单位执行。这个《意见》对未来五年的首都社会治安防范工作进行了全面的规划和部署，得到首都综治系统上至强卫、吉林等综治委领导，下至区县综治办主任的一致好评。

二是及时进行总结表彰抗“非典”斗争工作经验，为今后综合治理工作的开展提供理论基础。抗击“非典”斗争取得阶段性胜利后，首都综治委组织召开了全市政法、综治系统参与“非典”防控工作座谈会；开展了“群防群控抗击‘非典’给我们的启示”征文活动，从区县上报的230多篇100余万字的文稿中，筛选出93篇近50万字的文稿，组织编写了《战斗在群防群控第一线——首都综治系统抗击“非典”事迹汇编》和《群防群控抗击“非典”给我们的启示》结集出版，对抗击“非典”经验进行了系统总结；并利用下发慰问信、拨出专门奖励款、评选优秀论文奖项等方式对区县政法委、综治办干部进行了慰问，大大地鼓舞了队伍士气，极大地增强了大家抗击“非典”的决心和信心。

三是强化基础理论研究，对首都社会治安综合治理工作机制进行了规范。①注重机关龙头作用，大力加强综治办内部规范化建设。为搞好综治办机关内部建设，首都综治办通过查阅和研究大量有关综治工作历史文献，起草、编写了80多页的综治办内部工作规范手稿，对综治办的工作职能、各处室分工、具体工作岗位的设置和工作程序等进行了系统归纳和全面规范，为今后综治办机关有效开展综治工作奠定了坚实的理论基础。②对全市综治工作进行了规范。2003年以来，首都综治办从实际出发，考虑到首都综治工作的制度建设与当前社会治安面临的形势和任务还不相适应的情况，为在指导思想上确立制度优先的原则，树立靠制度约束、规范、监督的意识，保证前期出台的《关于进一步加强社会治安防范工作的若干意见》得到切实贯彻、落实，从理论层面进行了深入的研究和探讨，组织人员对当前影响社会治安综合治理工作发展的问题进行了认真的分析和研究。在此基础上，按照“统一、循序渐进、突出重点、先易后难、突出可操作性”的原则，全面加强了社会治安综合治理工作的制度建设。建立了《关于实行首都综治委成员单位述职评议的规定（试行）》、《首都综治委五部门联席会议制度（试行）》、

《关于重大刑事案件实行责任倒查的若干规定(试行)》、《关于实行社会治安情况报告和通报制度的若干规定(试行)》、《关于排查治理治安重点整治地区的若干规定(试行)》和《关于进一步发挥首都综治委成员单位在首都社会治安综合治理工作中作用的意见》6个相互配套的工作制度和一个工作意见,对首都社会治安综合治理工作许多方面进行了规范。

四是召开区县综治理论研讨会,统一思想认识。2003年专门组织召开了区县综治办主任研讨会,就首都社会治安综合治理工作面临的形势和明年的工作思路进行了深入的研讨,使全市对开展首都综治工作有了更为统一、明确的思想认识。

2003年首都社会治安综合治理委员会组成人员情况

主　任　强　卫　市委副书记

副主任　吉　林　市委常委、政法委书记

刘志华　北京市副市长

委　员

何虎林　中央直属机关工委副书记

黄燕明　中央国家机关工委副书记

唐树杰　国务院机关事务管理局副局长

李宝柱　中央综治办协调室副主任

鲍遂献　公安部治安管理局副局长

蒋希伟　中央宣传部办公厅副主任

刘季幸　解放军总政保卫部保卫局副局长

刘　伟　市委副秘书长

卢　全　市政府副秘书长

慕　平　市委政法委常务副书记

段桂青　市委政法委副书记

刘大为　市委政法委副书记、首都综治办主任

郭正平　市纪委常委、监察局副局长

孟秀勤　市委组织部副部长

黄　强　市人事局副局长

游广斌　市委办公厅副主任

潘利群　市政府办公厅副主任

吴森钟　市人大内务司法办副主任

杨文忠　市政协社法委副主任

王荔茹　市委宣传部副部长

夏　强　市委教育工委常务副书记

张俊明　市委工业工委副书记

崔砚青　市委农工委副书记

马晓霞　市委城建工委副书记

任雅丽　市委商贸工委纪工委书记

张建路　市委对外经贸工委纪工委书记

梅先南　市金融纪工委书记

周继红　市委610办公室副主任

刘树年　市委市政府信访办副主任

王金山　市政府法制办副主任

张丽明　市规划委党组成员、纪检组长

王立臣　市建委副主任

周　思　市市政管委副主任

宗绪盛　市人防办副主任

王晓明　市财政局副局长

时纯利　市总工会副主席

刘　剑　团市委副书记

荣　华　市妇联主席

董吉顺　北京卫戍区副政委

杨天福　武警北京总队副总队长

王　明　市高级人民法院副院长

孙　力　市人民检察院副检察长

于泓源　市公安局副局长

王津江　市国家安全局副局长

周　信　市司法局副局长

聂志达　市民政局副局长

朱建华　市监狱管理局局长

郑振远　市劳教局局长

李建华 市公安交通管理局局长
张正福 市消防局局长
刘 健 市工商行政管理局副局长
宋丰景 市劳动和社会保障局副局长
王 珠 市文化局副局长
马 正 市新闻出版局副局长
郭积勇 市卫生局副局长
付韶华 市国土房管局副局长
潘 番 市统计局副局长

首都综治办内设机构

首都综治办主任:刘大为
首都综治办副主任:李万钧
综治办下设三个处:联络处、区县处、宣传处。

首都社会治安综合治理委员会关于进一步加强首都社会治安防范工作的若干意见

(2003年8月22日)

做好社会治安工作,事关首都改革发展稳定大局,事关广大人民群众生命财产安全。近年来,在市委、市政府的正确领导下,全市各级各部门密切配合,在打击和预防犯罪方面进行了不懈努力,初步建立了比较完备的组织领导体系和基础工作网络,形成了党委政府统一领导、部门各负其责、全社会广泛参与的齐抓共管、专群结合、群防群治的综合治理格局,基本保持了首都社会治安状况的持续平稳。特别是通过为期两年的"严打"整治斗争,一些突出治安问题得到有效解决,刑事发案连续下降,治安防控体系逐步完善。当前,必须抓住社会治安总体形势比较平稳的有利时机,以"三个代表"重要思想为指导,坚决按照中央的部署,贯彻"打防结合,预防为主"方针,在保持"严打"高压态势的同时,迅速实现社会治安工作重点向加强防范的转变,牢牢把握社会治安工作的主动权,为首都率先基本实现现代化和举办2008年奥运会创造良好治安环境。为此,就加强首都社会治安防范工作几个重点问题提出以下意见:

一、努力实现首都社会治安工作着重点向加强防范的转移

(一)进一步提高对治安防范工作重要性的认识。加强社会治安防范工作直接关系广大人民群众的生命财产安全,是维护社会稳定、实现长治久安的根本要求,是实现广大人民群众根本利益的迫切需要。在社会治安综合治理各项措施中,同打击相比,防范更具有治本的性质,只有进一步加强社会治安防范工作,才能更多地从治本的角度减少违法犯罪发生的条件,从源头上消除产生违法犯罪的因素,最大限度地降低各种违法犯罪对社会造成的危害。各级党委、政府,各部门、各单位要从全局和战略的高度深刻认识治安防范工作的重要性,正确处理打击与防范、治标与治本的辩证关系,坚决纠正"重打轻防"的错误观念,在坚持"严打"方针的同时,切实把解决社会治安问题的思想认识、工作重点、力量配置、经费投入、考核奖惩机制等真正转移到预防为主上来,推动治安防范工作由传统被动型向现代主动型的转变,努力实现现代化的管理理念、现代化的防范方式和现代化的管理水平,力争用五年左右的时间,在2008年以前初步建立起与现代化国际大都市相适应的治安防范体系和运行机制,走在全国前列。

(二)进一步加强对治安防范工作的组织领导。各级党委政府要充分发挥总揽全局协调各方作用,对本地区治安防范工作负全面责任,切实加强组织领导,经常对本地区社会治安状况、社会治安防范工作情况进行分析研究,对重大问题及时进行协调解决,要将区域内治安防范工作纳入国民经济和社会发展整体规划之中,建立与所辖区域社会发展水平相适应的长效稳定投入机制,做到治安防范工作与经济社会同步推进、协调发展。各级综治委要积极协助同级党委、政府，组织协调各部门和社会各方面参与治安防范，针对本地区一个时期的突出问题及时提出对策，做出部署，不断推动治安防范工作的深入开展。各级综治办要充分发挥职能作用，强化调查研究、总结推广经验、督促检查落实的职责，指导和协调各地区、各部门、各单位，保证各项防范措施得到认真贯彻和落实。

（三）进一步明确综治委成员单位在治安防范工作中的责任。各级综治委成员单位在社会治安防范工作中的主要责任是，组织领导本部门本系统治安防范工作，组织协调本部门本系统认真落实当地党委政府、综合治理部门、公安机关的各项防范工作部署和要求，充分发挥职能作用，积极配合同级综治委、办落实各项防范措施。要进一步树立大局意识和主动参与意识，从各自的职能特点出发，不断创新工作思路，充分发挥部门优势，切实发挥骨干作用。要不断从制度上明确综治委成员单位在社会治安综合治理工作中的职责，明晰成员单位在加强社会治安防范以及社会治安综合治理其他各项工作中的任务。进一步研究考核办法，形成制度，加大考核力度，改进考核方式，逐步实行综治委成员单位述职制度。

（四）不断推动治安防范工作与城市管理相结合。各级政府行政主管部门要充分履行职责，将治安防范工作寓于各项城市管理工作之中。加强治安防范设施的规划建设，做到各项防范设施与城市基础设施同步规划、同步建设。改革和完善行政执法体制，切实解决“看得见的管不了、管得了的看不见”和多头执法等问题。继续推进城市管理重心向基层转移，不断扩大区县、街道、乡镇在城市管理中的权力和责任，充实基层工作力量，逐步建立起人权与事权相一致、责任与权力相统一的行政管理体制。各街道、乡镇要经常对辖区情况进行检查，对无权处理的问题要及时向有关部门报告。

（五）不断改革和创新治安防范工作领导体制和工作机制。加强治安防范工作必须与体制、机制、制度等各方面的创新相结合，各级党委政府、社会治安综合治理部门要紧紧围绕市场经济的社会条件、围绕现代化国际化大都市的城市发展战略、围绕2008年举办奥运会对社会治安防范能力及工作运行机制的要求，认真开展调查研究，不断改革和创新加强治安防范工作的领导体制、工作机制、责任体系和有效方式、方法，坚持条块结合、以块为主原则，不断强化属地管理。充分尊重和支持基层组织、广大群众在治安防范中的首创精神，及时总结经验，在全市推广。

二、进一步突出治安防范工作的重点

（六）加强对外来流动人口的治安管理与服务。强化管理与服务并重、寓管理于服务之中的理念，强化属地原则，逐步将外来流动人口的管理与服务工作纳入正常的城市管理服务功能范畴，纳入城市管理体制之内。加强出租出借房屋管理，切实强化出租房主责任，严格登记备案制度，积极探索以房屋为中心通过市场运作的办法掌握外来流动人口信息的有效途径，不断完善人口信息系统建设，实现人口管理的信息化。严格劳动力市场管理，不断加大对违法中介的打击力度，规范劳动力市场秩序。按照“谁用工、谁负责”的原则，强化用工用人单位管理，认真落实建筑、农林、商业服务业等重点用工行业和单位对雇用人员的教育管理责任。做好流动党员、流动团员的管理、教育工作，支持和鼓励在流动人口聚居地和用工单位建立流动党组织、工会组织、团组织、妇联组织和人民调解组织，增强其自我教育、自我管理、自我服务、自我保护能力。建立对有突出贡献的外来流动人口奖励制度，保护和激发外来流动人员在京创业的积极性。进一步改进对外来流动人口服务保障工作，简化外来流动人口证件办理程序，改进证件管理方式，加强对用工单位劳动保障情况的监察，切实保护外来流动人口的合法权益。探索按居住地管理模式，将外来流动人口、本市人户分离人口切实纳入社区民警工作范围。加强对城市生活无着和流浪乞讨人员的救助管理工作。

（七）加强刑满释放和解除劳教人员的安置帮教工作。落实服刑在教人员刑释解教的衔接管理工作，切实做到不漏管、不失控。积极关心刑释解教人员的工作和生活，将刑满释放和解除劳教人员纳入最低生活保障制度范围和各级政府再就业服务体系，加强劳动技能培训，提高就业能力，鼓励引导其自我创业，自主择业。探索关口前移，认真开展社区矫正工作，不断完善体制、理顺机制，动员和整合社会各方面力量积极参与,不断总结经验,推广典型,提高矫正工作水平。

(八)认真开展预防未成年人违法犯罪工作。加强学校法制教育,推进青少年活动场所建设,落实社区预防计划。高度重视有不良行为、辍学生和问题家庭子女等未成年人的帮教、关爱工作,建立学校、社区、家庭联动机制,组织社会力量开展对问题家庭的一对一帮扶活动,充分发挥工读学校对有严重不良行为未成年人的教育矫治作用。

(九)加强重点地区、重点场所的管理与防范。高度重视城乡结合部、地下空间、旅游景点、公共复杂场所、金融机构、党政首脑机关等重点地区、场所的治安防范工作,认真落实人防、物防、技防等各项措施。建立治安乱点排查制度,定期对社会面治安秩序情况进行排查,对那些案件多发、秩序混乱、群众反映强烈的地区要重点整治,挂账督办。

(十)加强重点行业的管理与防范。严格对旅馆、刻字、废品收购和信托寄卖业等传统特种行业和歌舞厅、酒吧、桑拿洗浴、美容美发、网吧、通信等新兴行业及从业人员的管理教育,不断健全规章制度,加强规范检查机制,及时发现和打击违法犯罪活动。

(十一)加强对管制物品的管理。严格枪支弹药、管制刀具和爆炸、剧毒等危险物品的管理和清缴工作,严防危险物品和枪支弹药丢失、被盗和流散社会。严格落实危险物品生产、运输、销售、储存各个环节的规章制度,规范管理,消除安全隐患,打击违法犯罪行为。

三、公安机关要在社会治安防范工作中充分发挥骨干作用

(十二)各级公安机关是社会治安综合治理工作的主力军,也是社会治安防范工作的骨干力量。要在党委政府的统一领导下,在确保打击力度的同时,充分发挥专门机关和专业力量在社会治安防范工作中的中坚作用,切实承担起维护公共安全的专业职能。要正确处理好打击与防范的关系,在工作重点、警力配置、考核机制等方面向加强防范倾斜,形成有利于防范的工作导向。认真履行对机关、团体、企事业单位、社区、居民家庭治安防范的指导职责,履行公共场所治安防范工作的组织实施职责。

(十三)建立主动防范警务机制,完善防控网络体系建设。以社会面巡逻控制网络、社区防控网络、单位内部安全防控网络和重点行业场所治安管理防控网络建设为重点,科学规划,合理布局,积极整合各警种、各部门和社会各方面力量共同参与治安防范,建立和完善科技含量高、警力配置优、资源消耗低、防控效益好的社会治安整体防控网络。

(十四)把巡逻防控工作作为公安机关开展治安防范工作的重点。突出抓好以专业巡逻控制为主的社会面巡逻防控网络建设。进一步科学划定巡控单元,增加警力配置,改善物质装备,优化勤务机制,最大限度把警力摆在街面上,放在案件高发地区、时段上,建立起适应动态条件下社会治安管理控制要求的科学严密的社会面巡逻控制网络。

(十五)继续大力推进社区警务战略。在抓好社区警务站硬件建设的同时,要综合考虑社区规模、人口数量、治安状况、环境情况等因素,实事求是地确定社区民警数量,因地制宜地实行一区一警或一区多警,切实采取有效措施,真正将"发案少、秩序好、社会稳定、群众满意"作为衡量社区民警工作成效的主要指标,确保社区民警把主要精力放在社区安全防范上。改革和完善对社区民警的考核指标体系,把考核的重点放在社区安全防范措施的落实和产生的实际效果上。

深入开展社区警务理念和群众路线教育,引导和教育社区民警正确处理与社区党组织、自治组织、单位、居民的关系,树立与社区警务战略要求相适应的公关理念,善于与社区各方面进行沟通与协调,最大限度地取得理解和支持,构建有利于社区警务战略发展的新型警察公共关系。

四、全面准确贯彻群众路线,进一步扩大治安防范工作的社会化

(十六)强化社区防范中的自治功能。进一步加强对社区建设的领导,坚持正确的工作方向,通过多种途径、采取多种方式,培育和发展社区自治能力,增强广大社区成员对社区事务的参与意识。通过社区建设的不断深入,逐步实现社区内治安防范工作的自我组织、自我管理、自我服务和自我发展。大力加强社区党支部、居委会、治保会、调委会建设,增强社区组织在社区群众和成员中的凝聚力、影响力和号召力，引导和教育社区党组织、自治组织善于把党和政府的主张与社区居民、成员的利益统一起来，善于把社区成员的意愿集中起来，组织广大社区居民、成员共同维护社区安全。

（十七）物业企业要承担社会治安防范责任。有关部门要依照有关规定，进一步明确物业管理企业在小区治安防范中的职责，强化其对社区居民安全服务的责任。要将物业企业安全服务能力、开展工作情况作为企业年审的重要内容，引入业主评价机制。

（十八）充分发挥社会团体在预防犯罪工作中的作用。积极借鉴国外经验，培育和发展新型社团组织，部分承接由各级政府承担的预防青少年犯罪、刑满释放和解除劳教人员安置帮教等预防犯罪的相关社会公益职能。有关部门要在从严审批的基础上，从财税政策上给予大力支持。

（十九）培育和大力发展治安产业。坚持政府引导、社会参与，最大限度地整合和利用社会资源加强治安防范工作。积极探索由公安机关牵头，保安公司、保险公司共同服务于治安防范的新形式。在加强监管、资质审查的同时，积极探索保安服务业市场化发展，不断满足全社会日益增长的对安全防范的不同层次、个性化、多样化需求。要采取多种形式大力加强宣传引导，进一步调动社会、群众投资安全的积极性，认真开展调查研究，不断优化治安产业发展的政策法规环境，在更大程度上发挥市场机制在治安防范资源配置中的基础性作用。

（二十）加强群防群治队伍的建设和管理。鼓励和提倡各种形式的义务治安防范，并切实采取有效措施，把广大治保积极分子、志愿者的积极性保护好、引导好、发挥好，按照“政府拨一点、受益单位出一点、群众集一点”的办法，多渠道筹集群防群治经费。进一步开拓思路，扩大视野，培养和扩大志愿者队伍，不断改善群防群治队伍结构，优化群防群治队伍整体素质。进一步加大对街道、社区内治安防范资源的整合力度，逐步对各类群防群治组织、治安志愿者的名称、标志进行改革、规范和统一。推广与再就业政策相结合的招用失业人员开展治安防范的经验，适应市场经济体制的要求，发展职业化、半职业化保安力量。严格联防队、保安队等群防群治队伍管理，进一步明确工作范围，规范工作方式。

（二十一）进一步扩大公众对社会治安状况的知情权、参与权和监督权。各级公安机关要适时通过新闻媒体等适当方式将辖区社会治安情况、突出治安问题等群众有权和需要了解的有关情况在辖区内公布，以增强单位、群众的防范意识及防范的针对性，将社会治安工作更好地置于群众监督之下。不断拓宽公众反映社会治安问题意见和建议的渠道，对合理要求和突出问题要及时妥善解决，以实际行动积极赢得广大人民群众对社会治安管理工作的理解、支持和配合。在群众安全感调查统计的基础上，进一步完善公众评价机制，建立社会治安状况的社会评价体系。

（二十二）充分调动和切实保护人民群众同违法犯罪做斗争的积极极性。各级政法机关及有关部门要对已经施行的各类有奖举报制度进一步加以完善，科学设定足以调动群众举报积极性的奖励数额，对提供有效线索人员切实兑现奖励承诺。进一步加强对有奖举报制度的宣传，在新闻媒体定期刊登举报电话、电子信箱地址等联系方式，方便群众举报。要切实加大对有关维护社会治安见义勇为行为的认定、奖励和褒扬力度，认真落实各项保障措施。各级政法机关在办理各类刑事和治安案件过程中要高度重视对“正当防卫”行为的保护工作，依法保护和鼓励广大公民同各类违法犯罪行为作斗争的积极性。

五、大力推进科技创安，努力实现防范手段的科技化

（二十三）加大科技治安的资金投入和组织实施力度。继续坚持各级党委、政府统一领导，各级社会治安综合治理部门组织协调，公安机关负责业务指导，综治委成员单位密切配合，动员全社会广泛参与的领导体制和工作机制，坚持突出重点、统筹规划、分步实施、因地制宜、讲求实效、整体推进的原则，周密筹划，积极引导，精心组织，加大投入，不断提高防范档次和能力，争取在2008年以前建立起具有较高科技含量，适应现代化国际化特大城市治安防范要求的技术防范体系。

（二十四）加强科技创安规划建设。各区县要进一步对本辖区科技创安工作进行详细规划，对已建成的交通、城管、治安等电子监控系统进行有机整合，对空白点进行填充，在全市范围内尽快建成以区县为单位覆盖主要大街、重要路口、重点繁华地区的全市互联互通、资源共享的综合防控科技网络。

（二十五）继续推进居民区科技创安工程。在有条件的旧有小区继续推广电子保安、楼宇对讲、电视监控等先进适用技术，对城镇新建居民住宅要严格执行有关法律规定，做到安全防范设施与主体工程同时设计、同时施工、同时验收、同时投入使用。要将地下空间技术防范作为科技创安工作的重要内容，做到地下与地上同一标准，地下与地上同步推进。

（二十六）加快重点行业科技创安步伐。在关系国计民生的水电气热等生产企业强制推行科技创安工程，有关部门要尽快出台相关标准，尽早进行部署，在2008年以前重点企业科技创安达标率要实现100%。各普通高等院校要进一步加大投入力度，加快工作步伐，争取在2005年以前全部建立起适应高校治安保卫工作要求的技术防范体系。

六、加强法规制度建设，提高综合治理工作法制化水平

（二十七）加强社会治安综合治理法规制度建设工作。结合新的形势和任务对《北京市社会治安综合治理条例》进行修改，总结社会治安综合治理工作的成功经验和有效做法，将原则精神以地方法规的形式固定下来，进一步以法律的形式对国家机关、企事业单位、社会团体、公民在社会治安防范工作中的责任、义务加以明确。加强对影响社会治安工作难点问题的行政立法工作，组织有关部门对外来人口管理、出租（借）房屋、地下空间管理等问题列入政府立法规划，尽快出台责任主体明确、符合市场经济规律、可操作性强的地方性法规，逐步把清理整顿纳入法制化轨道。继续对北京市出台的有关社会治安管理的行政法规和规章制度进行清理，对不适应新形势需要的及时废止或加以修订完善。

（二十八）努力建设和完善社会治安综合治理责任体系。重点加强对目标管理责任制、领导责任制、一票否决制、责任查究制等各项责任制度的完善和执行力度。对因领导干部不重视、防范措施不落实导致发生严重危害社会稳定和社会治安问题的地区、部门、国有及国有控股企业要认真进行责任查究，坚决进行一票否决。对出现应否未否情况的，上级综治委要进行责任追究。要进一步增强领导责任制的可操作性。市委组织部、市人事局、市纪委、市监察局、首都综治办等部门要密切配合，尽早出台《社会治安综合治理领导责任制》中关于“各级党委组织部门在考察党政主要领导和分管治安工作的领导干部工作实绩时，须征求所在地区、部门社会治安综合治理领导机构的意见，把各级党政领导干部抓社会治安综合治理工作的实绩，列为干部考核的重要内容，并把考核结果作为干部升降奖惩的重要依据，与晋职晋级、奖惩直接挂钩”的具体实施办法。要进一步增强各项责任制度的科学性，对出现的问题要认真按照权力与责任对应原则，仔细分清“条”与“块”的责任，实事求是地进行处理。要进一步对各项责任制度加以完善，尽快制定出台重大案件责任倒查制度，落实组织、人事、纪检、监察、综治五部门联席会议制度。

中共北京市委北京市人民政府关于进一步加强信访排查调处工作切实维护群众利益的意见

（2003年9月4日）

今年七月份以来，胡锦涛总书记等中央领导同志先后对信访工作做出重要批示。为认真贯彻中央领导同志对信访工作的重要批示精神，切实维护人民群众的根本利益，确保首都社会稳定，结合本市工作实际，提出以下意见：

一、充分认识做好新形势下信访工作的重要性和紧迫性

（一）要从贯彻“三个代表”重要思想的高度，充分认识信访、排查调处工作的重要性和紧迫性

做好信访、排查调处工作，是化解矛盾、努力为群众排忧解难的有效途径，是党和政府密切联系群众的一项重要工作内容，也是各级领导的一项重要职责。各级党委、政府必须以维护最广大人民群众根本利益为各项工作的出发点，牢固树立“群众利益无小事”的观念，以对工作极端负责的精神，时刻把群众的安危冷暖挂在心上，切实解决群众生产生活中遇到的实际问题，真正做到权为民所用、情为民所系、利为民所谋。

（二）要从正确处理人民内部矛盾、维护社会稳定、促进发展的大局出发，充分认识信访、排查调处工作的重要性和紧迫性

随着经济的快速发展和改革的不断深化，涉及众多群众切身利益的群体性信访问题有可能更加集中、更加突出。妥善处理群众的信访问题、维护群众根本利益、促进社会稳定的任务将更加繁重和艰巨。对此，各级领导要有清醒认识，高度重视并切实做好信访、排查调处工作，为改革、发展和各项工作的顺利推进创造良好的社会环境。

（三）要从发扬民主、集中民智，促进各级党委、政府科学决策方面，充分认识信访、排查调处工作的重要性和紧迫性

信访、排查调处工作是党和政府与群众进行信息沟通的桥梁。做好这项工作，有利于及时了解群众呼声，体察民意，发现问题；有利于将改革的力度、发展的速度与维护人民群众的切身利益统一起来；有利于调动一切积极因素，集中民智提高各级领导科学决策水平。

二、加强领导，转变作风，落实工作责任

（一）进一步落实领导责任制，建立健全信访工作领导机制

各级党委、政府要继续贯彻落实好《中共北京市委北京市人民政府关于加强新形势下排查调处和信访工作的意见》（京发〔2001〕2号），党政主要领导同志对信访、排查调处工作负总责，是第一责任人；各地区、各部门、各单位要有一名副书记和行政副职领导主管信访、排查调处工作；其他领导按工作分工，负责分管范围的信访、排查调处工作。

坚持例会制度。市委、市政府每半年研究一次信访、排查调处工作；各地区、各部门、各单位每季度研究一次信访工作。坚持并不断完善区县局领导信访接待日、领导阅信、领导包案等制度。要将定期信访接待同预约和随时接待相结合；各级领导要亲自阅批一定数量的群众来信；对市通报的信访问题及本地区本部门本单位确定的重点矛盾要明确领导包案。

变群众上访为领导下访。各级领导同志要到最困难的地方去，到群众意见最多的地方去，直接听取群众意见，宣传解释政策和工作方案。

各行政部门要实行领导同志工作分工公开制度，接受人民群众的监督，规范信访工作，依法行政。

（二）坚持属地管理、主管负责和综合协调的原则，落实部门负责制

各地区负责辖区内的信访、排查调处工作，对涉及群众利益的问题要牵头协调解决，对需由市有关部门解决的问题，要积极向市委、市政府报告，并提出工作建议。对于涉及部门职责范围内的综合性问题，各部门要负责接待处理。

要进一步加强信访、排查调处工作领导责任制。坚持党委统一领导，党政齐抓共管，部门各负其责，信访、排查调处部门协调督查，特约监督员积极参与的工作机制，保持信访渠道畅通。

三、适应新形势、新要求，完善和创新工作机制，提高信访工作水平

（一）完善矛盾纠纷排查机制

坚持抓早、抓小、抓苗头的方针。对可能引发群体性矛盾和影响群众切身利益的重点工作、重点单位、重点建设项目，全市每半年排查一次，各地区、部门和单位每季度排查一次，各级信访、调处部门每月排查一次，将矛盾苗头和隐患及时纳入工作视线，明确工作责任，制定工作预案，努力将矛盾化解在基层和单位内部。

（二）建立矛盾纠纷预测机制

各地区、各部门、各单位的领导同志和信访、排查调处工作人员要进一步转变工作作风，深入

基层，了解社情民意，开展调查研究，分析产生矛盾纠纷的可能性，建立科学的矛盾纠纷预测机制，完善信息员报告制度，扩大信息覆盖面，畅通信息渠道。

（三）坚持依法处置机制

要依法做好信访问题的分流处理，严格信访事项的办理、转交、反馈工作程序。要依法维护信访秩序，将说服教育和惩治违法行为相结合，引导群众通过正当途径解决信访问题。

（四）买施责任追究机制

对因领导不力或工作失职、渎职而引发的重大群体性事件，以及漠视群众呼声久拖不决导致群众反映强烈的信访问题，组织、纪检和监察部门要按规定进行责任追究。

四、进一步加强信访机构和队伍建设

（一）加强各级信访、排查调处机构建设。各区县要从实际出发，健全信访、排查调处工作机构，充实人员，以适应工作需要；信访量大的部委办局、总公司、乡镇、街道可设立信访机构，并配备一定数量的工作人员；同群众日常生活密切的部门，要建立热线服务电话，更好地方便和服务群众。

（二）加强各级信访、排查调处部门的硬件设施建设，改善接待条件，拓宽与群众联系的渠道，为群众反映问题、提出意见及建议创造便利、良好的环境。

（三）把信访部门作为党政干部了解民情、增强群众观念、树立"立党为公，执政为民"思想的一个锻炼基地，可安排年轻干部、后备干部到信访部门工作或挂职锻炼。

（四）关心信访、排查调处干部的工作和生活。对思想过硬、作风正派、工作能力强、在工作中做出突出成绩的信访、排查调处干部，要给予表扬和奖励；创造条件，加强信访、排查调处干部的政治、业务学习培训和交流，提高综合素质；合理改善信访、排查调处干部的工作和生活条件。

北京市人民政府令

第 132 号

《北京市住宅区及住宅安全防范设施建设和使用管理办法》已经 2003 年 7 月 29 日市人民政府第 11 次常务会议审议通过，现予公布，自 2003 年 10 月 1 日起施行。

代市长　王岐山

2003 年 8 月 7 日

北京市住宅区及住宅安全防范设施建设和使用管理办法

第一条　为了规范住宅区及住宅安全防范设施的建设和使用，增强住宅区及住宅的安全防范功能，保护公民人身、财产安全，根据本市实际情况，制定本办法。

第二条 本办法所称安全防范设施，是指为了预防、制止违法犯罪行为和重大治安事件，在住宅区内和住宅建筑主体上设置的报警、监控、出入口控制等安全技术防范产品，以及综合运用安全技术防范产品和其他相关产品所构成的系统。

第三条 本办法适用于本市行政区域内安全防范设施的建设和使用管理。

第四条 本市公安机关负责本办法的组织实施。

公安、规划、建设等行政主管部门应当按照本办法规定的职责，负责安全防范设施建设和使用的监督、管理工作。

第五条 新建、改建、扩建住宅区及住宅的设计文件，应当包括安全防范设施工程的设计内容。

安全防范设施工程的设计，应当符合本市住宅区及住宅安全防范设计标准及其他有关规范。规划行政主管部门对安全防范设施工程的设计，应当依法进行审查。

第六条 施工单位应当按照安全防范设施工程的设计文件施工，不得擅自改动。安全防范设施工程设计的修改，应当由原设计单位负责。

第七条 公安、规划、建设行政主管部门应当按照国家和本市有关规定，对从事安全防范设施工程设计、施工的单位进行资质管理。

第八条 新建、改建、扩建住宅区及住宅工程竣工后，建设单位应当按照国家安全防范系统验收规则组织验收。安全防范设施工程经竣工验收合格后，住宅区及住宅工程方可交付使用。

第九条 本办法施行前已建成的住宅区及住宅没有安装安全防范设施的，公安机关应当与产权人协商制定方案，逐步安装。

第十条 住宅区及住宅安全防范设施公共部分的使用和维护，由物业管理单位负责；没有物业管理单位的，由产权人负责。

住宅区及住宅的物业管理单位或者产权人（以下简称管理人）应当遵守下列规定：

（一）保证安全防范设施不间断运行，并有效记录监控信息；

（二）妥善保存监控系统所记录的信息资料，且保存期限不得少于7日；

（三）不得擅自改变安全防范设施的用途和位置；

（四）建立安全防范设施的日常检查、维护制度，对被损坏或者出现故障的安全防范设施，及时维修、排除故障。

管理人对通过安全防范设施发现的涉嫌犯罪或者违反治安管理的行为应当及时报警。

第十一条 管理人应当依法管理监控系统所记录的信息资料，保守秘密，不得利用监控系统所记录的信息资料干扰他人的正常生活，侵犯他人的合法权益。

第十二条 一切单位和个人都应当爱护安全防范设施，不得损坏或者擅自改动安全防范设施；对破坏安全防范设施或者管理人不依法履行管理职责的行为，有权向公安机关举报。公安机关接到举报后，应当及时处理，不得推诿、拖延。

第十三条 对违反本办法第十条规定，管理人不依法履行管理职责的，由公安机关责令改正，并可处500元以上1000元以下的罚款。

对违反本办法的行为，其他法律、法规、规章已经规定了行政处罚的，由有关部门依法处理。

第十四条 本办法自2003年10月1日起施行。

社会治安综合治理工作的典型经验

一是成立首都社会治安综合治理工作指导组。为进一步强化对基层社会治安综合治理工作的指导监督和检查，首都综治办抽调市政法部门局级离退休老同志2名，从市公安局借调干部2名，成立了首都社会治安综合治理工作指导组，在2003年首都综治委第四次全体会议上，市委副书记、首都综治委主任强卫同志特为两位老同志颁发了聘书。首都综治工作指导组的主要职能是，为首都综治工作各项重大决策、重大部署提供政策咨询和可行性论证，就首都综治工作重大问题开展调查研究。主要任务：参加各区县和首都综治委成员单位综治工作的述职和评议，负责向首都综治办报告各区县和各成员单位年度综合考核和单项考核进展情况，指导各区县和各成员单位年度考核工作；根据首都综治办确定的调研课题，开展相关调查研究工作；对首都综治工作进行动态考察和了解，适时向有关区县和成员单位提出工作建议，同时通过研究分析首都综治工作存在的经验和教训，有针对性地向首都综治办提出相应工作建议；根据首都综治办对首都综治工作的总体要求，承办对专项工作的检查督促、调查研究、发现问题、总结经验、推荐典型等任务，为首都综治委决策服务。

二是进一步扩大公众对社会治安的知情权和监督权，推行“一周主要警情提示”发布制度。为了加大防范和打击犯罪的宣传力度，增强广大市民的治安防范意识，根据首都综治委在《关于进一步加强首都社会治安防范工作的若干意见》的有关规定，通过社会和新闻舆论进一步加强对公安工作的监督，密切警民关系，让广大人民群众更加理解和支持政法、综治工作，促进社会治安工作的开展，北京市由市公安局从7月份起，实施“一周主要警情提示”发布制度，在全社会产生了良好的效果。“一周主要警情提示”发布制度，是在首都综治委加强治安防范意见的指导下，公安机关加大社会治安透明度，尊重百姓知情权，加大日常安全防范宣传，积极争取群众对社会治安防范工作的理解、支持和配合的新举措，同时也是北京警方增强亲民、爱民意识，坚持执法为民、服务于民具体措施。如同天气预防不能左右天气变化，但可以提醒百姓天寒增衣，下雨打伞，保护不让健康肌体受天气更多影响一样，“一周主要警情提示”在一段时间内，不可能大幅度地压发案，其作用主要是提示百姓对特定的犯罪增强自我保护意识，将多发性犯罪对百姓的侵害度尽量减小，同时公安机关也会加大打击力度，对多发性犯罪，对发案较多的重点时段，重点地段加强控制，警方的高压态势和群众自我保护意识的不断增强，将形成合力使犯罪分子减少可乘之机，保证露头就打。因关注而了解，因了解而支持，“一周主要警情提示”的公开宣传，拉近了警方与百姓间的距离，增加了百姓对公安业务工作的了解，“谣言止于公开”，如实地反映全市整体的治安情况，有助于百姓增加对公安机关的信任程度，有助于百姓增强公共安全意识。定期发布治安状况信息，提高社会治安防范意识，增强公众安全感。“一周主要警情提示”采取每周播报的形式，内容由市公安局110报警服务台对每周接报的刑事、治安类警情，进行综合动态情况分析后，分别从与群众生活相关的突出警情及发案时间、发案地点、犯罪嫌疑人作案手段等方面，对群众提出警示和相应的防范建议。再由新闻发言人办公室进行文字编辑，经市公安局领导批准后向新闻媒体发布。市公安局110报警服务台每周一向新闻发言人办公室提供原始素材，市公安局新闻发言人办公室每周二通过新闻发布会的形式对外发布。由于“一周主要警情提示”具有时效性强，警示作用明显，防范建议简单实用等特点，易于为群众所接受。“一周主要警情提示”采取的是固定每周二召开新闻通风会的形式，由市公安局新闻办公室向媒体介绍上周的主要刑事治安状况和警情。8月下旬开始，市公安局与北京电视台《法制进行时》栏目合作，在每周日开辟“治安播报”版块，以电视的表现形式，请市公安局领导向电视观众讲解一周治安动态，从而扩大“一周主要警情提示”的受众群，丰富表现形式，更易于百姓理解接受。“一周主要警情提示”推出后，迅速在社会各界引起积极的反响，也从一个方面树立了首都政法、公安机关的新形象。《人民日报》、《工人日报》、《人民公安报》先后发表文章，充分肯定了这一举措的积极意义。这些媒体指出：这一举措的推出，体现了北京警方正努力从过去单一的行政管理转变为管理与服务并重。认为这是“治安防范与百姓零距离”的延伸，是安定民心之举，是执法为民的好举措，应该在更大的范围内推广，以惠及更多的百姓。新闻媒体普遍认为：北京市公安局此举，看似小事一桩，实则是公安机关服务社会，尊重公民知情权，实现社会治安综合治理的一个“妙招”，值得称道。“妥善处理治安危机的前提就是公开，让公众尽早获悉案情，主动参与到防范和减少危机损害的行动中。也只有公开,政府才能最大限度发挥其动员作用。毫无疑问,北京这一做法深圳完全有必要而且应该尽早借鉴。这种做法是对人民生命和财产安全负责,体现了政府的责任心,是时代进步的标志。”新华网综合网民的意见:北京地区的治安形势与每一个北京市民乃至短期在京者的切身利益都密切相关,北京市以治安播报的方式实行社会治安的信息公开制度,将群众最关心、与群众切身利益最攸关的信息及时准确地告诉群众,是真正贯彻“三个代表”主要思想、坚持执法为民的具体体现。既是一项制度,我们当然有理由相信它们会坚持下去并且越来越完善。前不久,北京市各级政府及部门都普遍建立了新闻发言人制度,而今,北京又推出了让人耳目一新的治安播报,这一切都表明,北京在信息公开的制度化方面,走在了全国的前列。社会公众反映:“一周主要警情提示”的推出,是首都政法和公安机关落实“三个代表”的具体措施。看过每周治安播报后,在某广告公司工作的袁女士大为赞赏。“看了播报把我吓了一跳。我平常开车上下班,我的车就是治安播报中说的‘中控锁连接后备箱锁’,以前开车时,根本想不到上车后再把车门锁上。我还习惯把笔记本电脑放在后备箱里,上下班高峰时路多堵呀,经常要停车,要是真有贼打开后备箱把笔记本拎走可太容易了,真该谢谢公安局的提醒”。公安部领导同志从媒体上看到了北京市公安局的“一周主要警情提示”,对市公安局的做法予以充分肯定,认为此做法非常好,公安部准备将北京的做法在全国推广。

(撰稿:李万钧　平家友　刘　军　兰　彪
路海军　毛冬莉　范　军　沈光雄
胡宇参
审稿:刘大为　李万钧　李宝柱)

天　津　市

“严打”斗争和重点整治情况

2003年,按照中央和市委的部署,针对不同季节、不同阶段突出的犯罪和治安问题,全市继续开展“严打”整治斗争,始终保持严厉打击严重刑事犯罪的高压态势和震慑声威。1至4月份是中央部署的两年为期“严打”整治斗争的最后冲刺阶段。全市组织开展了以打“两抢”、反盗窃为主要内容的专项行动,加强对重点地区、部位和时段的巡逻控制,有效遏制了各类侵财案件的发生。在全国“两会”召开前夕,全市组织开展清理清查集中统一行动,重点搞好对治安复杂地区、城乡结合部地区的清理清查工作,发现和抓获一批在逃人员。公交、铁路、民航、天津港加强了对车站、码头、机场、出租车、长途客运汽车及铁路等地区和部位的检查控制,使这些治安窗口地区未发生重大治安问题。3月份,全市还组织开展了“打假证、抓现行、净市容”千人会战行动,抓获违法犯罪嫌疑人159名,粉刷覆盖非法办证广告2.3万处,使我市制贩假证及喷涂张贴办证广告违法犯罪活动得到有效遏制,市容环境明显改观。4月份,全市开展了禁娼、禁赌、禁毒和打击非法出版案件的“三禁一打”专项行动,查破娼、赌、毒和非法出版案件2506起,有效地净化了社会环境。进入夏季以来,针对夏季治安特点,全市采取主动进攻、先发制敌的手段,以“破大案、打现行、挖团伙、追逃犯”为主线,紧紧抓住黑恶势力犯罪、街头犯罪、盗抢机动车犯罪和入室盗窃犯罪这些打击重点,落实快速反应、挂牌督办、追逃奖惩等工作措施,破获了一批重大恶性案件。工作中,坚持贯彻“露头就打、打就打准、除恶务尽”的方针,对危害一方的黑恶势力加大了打击力度。公安机关组织警力深入摸排村霸、路霸、街霸、行业霸等涉黑涉恶违法犯罪线索,逐一深入查证,先后打掉了天津站地区以“摆残棋”、“设陷阱”为手段诈骗、抢夺、抢劫作案40起的7人犯罪团伙等21个涉恶犯罪团伙。7、8、9三个月，全市分别以“治爆缉枪”、“打黑除恶”、打击盗抢机动车、打击街头犯罪为重点，组织开展了4次全市集中统一行动。8月份，在铁路沿线还开展了整顿周边治安秩序的专项治理，破获盗窃、收赃铁路运输物资和器材案件64起，抓获违法犯罪嫌疑人122名。9月份，围绕国庆安全保卫和第四季度治安特点，全市进一步加大了重大刑事案件的侦破力度，狠狠打击爆炸、杀人、抢劫、绑架等严重暴力犯罪和影响群众安全感的盗窃、抢夺等侵财犯罪。对新发生的有影响的大案、要案组织精兵强将，实行挂牌督办，全力攻坚。对年内未破的有影响的案件，进行认真梳理，确定一批限期破获。同时，加强追逃工作，抓捕责任落实到人，减少了对社会的危害。年内，全市深入开展了整顿和规范市场经济秩序工作，坚持“破大案、追逃犯、缴赃款、促防范”，加大对经济犯罪大要案件的查办力度，最大限度地减少国家、企业和群众的损失。

按照全市统一部署，各区县、各系统、各有关部门围绕海河综合开发改造等市重点工程建设，以预防和减少企业及居民群众关注的多发性案件为切入点，着力解决影响治安秩序和经济秩序的突出问题，组织各方面力量对589个治安问题突出的地区、单位和行业分级进行了集中整治。经过一年治理，这些地区、单位刑事案件平均下降52.58%，治安案件平均下降58.16%，一批严重影响教学秩序、群众生活环境的突出问题得到根治或有效解决。在重点治理工作中，各级党委、政府高度重视，形成了主要领导亲自抓，分管领导具体抓，各有关部门协调配合的局面。全市共建立重点整治工作领导小组585个，下派工作组1777人次(局级以上领导参加工作组255人)，并召开协调会议1432次。按照市综治委要求，各区县、系统、部门抓住年初排查、中期督查、年底验收三个主要环节，坚持深入基层强化过程管理，采取明察暗访等形式，实地检查工作进度和效果，形成了强有力的工作机制。在整治工作的组织上，坚持治理突出问题与治理地区、单位、行业相结合，治理企业内部问题与整治周边秩序相结合，整体推进，相互促进。今年重点整治对象中，涉及区县和系统共同协治的共有138个地区、单位，条块协治配合491次，配合解决问题848个，充分发挥了条块结合的优势，形成了整体合力。

围绕为海河综合开发改造等市重点工程建设服务，集中解决了一批突出治安问题和不稳定因素。年初，市综治委把地铁一号线，滨海轻轨，海河楼商贸区，基辅号航母军事主题公园，张贵庄路世纪大道，天津港散货物流中心，天津机场候机楼，津蓟、丹拉、津晋高速公路施工现场等23个重点工程片(线)及周边地区列为重点整治对象，明确责任，分级整治。公安、规划、交通等部门和相关地区按照全市统一部署，共同组建重点整治领导小组，认真查找治安隐患漏洞和薄弱环节，有针对性地制定具体工作方案，以确保重点工程建设顺利进行为目标，落实责任，突出重点，分步实施，不断推进整治工作。各有关方面密切配合，健全了管理制度，加强了施工现场和周边治安巡逻、安全保卫工作，强化防火、防盗措施，及时妥善排查调处因施工引发的各类矛盾纠纷和不安定因素，集中解决了一批突出的治安问题，为重点工程顺利实施提供了有力的保障。

以促进经济发展为着力点，严厉打击经济领域违法犯罪，加大了整治规范市场秩序的力度。针对经济犯罪的新形势、新特点，各级公安机关会同有关部门相继开展了打击制售和购买假发票违法行为专项治理、侵犯知识产权违法犯罪专项治理，并在抗“非典”斗争中集中力量组织了打击生产销售伪劣药品、医疗器械及制售伪劣食品的专项行动，共破获案件1874起，抓获犯罪嫌疑人903名，有力地打击了各类经济犯罪活动，并为国家、集体和群众挽回经济损失6.16亿元。年内，以金库安防设施达标为重点，深入开展了金融安全防范专项治理，共改造金库123座，撤并金库118座，使金库的达标率上升到60.33%；完成了技防监控设施改造任务，提升了郊县营业网点监控设施的达标水平，进一步建立健全了金融单位安全管理制度。以大港区、宝坻区和燕化输油管线、中航油输油管线、秦京输油气管线“两区、三线”为重点，开展了以严厉打击“打孔”盗油为主要内容的专项斗争，先后取缔原油回收队15个，填平收油池13处，收缴盗油车辆36辆、贮油罐21个、油桶140个，依法回收“四类井”97口，有效地遏止了涉油案件的发生。各区县组织力量对 85 个企事业单位内部及周边环境进行了整治，治安面貌得到进一步改善，为生产经营创造了良好的环境。各级综治部门与烟草专卖部门密切配合，开展了烟草市场专项整治活动，共整治重点地区 29 个、重点市场 28 个，121 个重点售烟大户的经营行为得到了进一步规范，有效维护了烟草市场秩序。在以往工作基础上进行的消防安全、交通安全专项治理整顿，也取得明显成效。

结合整治工作，以长治久安为目标，下力量狠抓治安防控体系建设，巩固、扩大成果。各地区、各系统、各部门在重点整治工作中，认真贯彻落实中央和我市关于强化治安防范工作的要求，坚持“打防结合，预防为主”的方针，在解决突出问题的基础上，逐步把思想观念、工作重点、警力配置、经费投入、考核奖惩放到“预防为主”上来，狠抓了综合治理各项措施在基层的有效落实，使打击与防范、控制紧密结合，建立和完善社会治安防范工作的长效工作机制和保障机制。重点整治中，坚持边整边建，先后调整基层党政组织 169 个，在安装物防、技防设施方面投入资金 1709.65 万元。各重点整治地区、单位普遍落实了治安防范责任追究制，针对问题进一步健全了治安防控措施，推动了各项管理制度落实。结合各地区、单位的特点，进一步深化了创安活动，完善了以公安派出所为依托，以治保会、联防队、保安机构为辅助力量的治安防范网络，全面提高了基层防控水平。81 个街乡镇、243 个居民区（村）、39 个学校、59 个繁华地区、集贸市场和公共场所经过整治，防范措施得到进一步落实，各类案件大幅下降。各级公安机关针对排查出的问题，进一步改进和加强治安管理工作，强化了对娱乐、洗浴、休闲等公共场所的治安管理，严密组织安全检查，及时整改隐患、堵塞漏洞。截至 11 月底，全市共查处治安案件 2.5 万余起，其中卖淫嫖娼案件 951 起、赌博案件 6363 起，治安拘留 9903 名，收容教育 1028 名，有力净化了社会治安环境。

流动人口治安管理工作情况

2003 年，按照“公平对待、合理引导、完善管理、搞好服务”的原则，全面强化对流动人口教育、管理与服务措施。

一、进一步健全流动人口管理工作机制，充分发挥职能部门作用，形成管理工作合力

（一）继续加强了各级流动人口管理组织建设。各区县流动办积极争取党委、政府的支持，努力克服停止收费后对工作的不利影响。在此基础上，认真开展对基层服务站的业务培训，规范职责任务。河东、汉沽、大港等区年内调整了领导班子，明确了人员和职责，充实了办公室的力量，为工作开展奠定了组织基础。市流动人口管理工作办公室积极与开发、保税、铁路、天津港和科技园区沟通，督促上述地区和部门成立了流动人口管理工作协调小组和办公室，并将开发区、保税区的管理工作纳入了天津市社会治安综合治理目标考核范围。

（二）充分发挥各主要职能部门的作用，立项解决主要问题。按照“将属于管理职能的工作纳入政府部门管理”的原则，各主要职能部门进一步理顺工作关系，明确工作职责。年初，市公安局、劳动局、计生委、卫生局、共青团等五个主要职能部门对管理工作中的一系列重点问题进行了立项。公安部门强化流动人口落脚地管理和建立流动人口自管自治组织；劳动和社会保障部门开展“维权清欠”活动；计划生育部门开展流动人口已婚育龄妇女专项调研；共青团组织开展“三送一助”活动；卫生部门开展卫生监督和疾病控制追踪检查。

（三）贯彻落实中央综治委等八部委局《通知》要求，积极解决管理经费问题。上半年，市公安局会同市流动人口管理工作办公室起草了《关于贯彻中央八部委局〈关于取消暂住人口管理性收费后进一步加强暂住人口管理工作的通知〉的意见》,提出将我市流动人口管理经费纳入同级政府财政预算。经过积极努力,下半年由市综治委等八委局联合制定印发了贯彻意见。市财政局将市流动人口管理工作办公室管理经费纳入市政府2004年度财政预算。大部分区县基本落实了经费问题。

二、采取有效措施,积极做好我市流动人口“非典”预防控制工作

4月20日我市“非典”疫情发生以后,按照市政府预防控制“非典”工作部署,市流动人口管理工作办公室先后下发了《关于加强我市流动人口非典型肺炎预防控制工作的紧急通知》、《关于进一步做好流动人口非典型肺炎预防控制工作的通知》、《关于加强对流动人口检测登记及在津务工、经商人员返乡管理工作的通知》、《关于开展对招雇流动人口企事业单位签订防控“非典”责任书工作进行专项检查等有关工作的通知》等,对流动人口的防控“非典”工作进行了部署,并认真组织各级流动人口管理组织和职能部门落实了多项措施,为我市抗击“非典”战役的胜利做出了贡献。在抗“非典”期间,各级政府加强了对流动人口管理工作的领导,并从有关职能部门抽调工作人员充实到区县流动人口管理工作办公室,有的区县还划拨专款,用于流动人口的宣传、防疫、登记、体温监测等重点工作。公安、卫生防疫部门紧密配合,认真做好新来津流动人口先检测后登记办证工作。自4月20日至疫情得到有效控制,全市共登记新来津流动人口102834名,全部进行了检测,保证入津人口的疫情控制。与此同时,加强了对招雇流动人口单位预防控制工作的监督检查。各区县组织街、乡、镇流动人口管理服务站深入辖区逐个与招雇流动人口的企事业单位签订责任书,指导监督用工单位加强宣传,建立相应预控措施。期间,全市各级流动人口管理组织共与招雇单位签订责任书21993份,累计出动10万人次对用工单位进行了检查。

三、全面加强管理工作,着力解决工作中的重点、难点问题

一是严格登记办证,纠正登记办证工作中出现的乱收费、乱罚款问题。2003年,全市共登记暂住人口947386人,办理《暂住证》1219726个。在登记办证工作中,指导推动各公安派出所认真落实市公安局年初出台的服务经济建设20条规定,转变工作作风,简化办证程序。在暂住人口登记办证和日常管理中,不允许设置任何前置条件,不允许以任何借口和理由对外来人口乱收费和乱罚款。结合广东孙志刚事件,认真查找解决工作中存在的问题。年内通过多次检查与走访,违规收费、违规罚款和乱用强制措施问题得到了有效遏制。

二是组织开展了对流动人口聚集地区和管理薄弱环节的重点整治活动。本着“什么问题突出就解决什么问题”的原则,对管理薄弱的流动人口聚集地区进行了综合整治。河西区重点整治了纪庄子地区治安秩序混乱的问题;塘沽区重点整治了集港沿线周边地区外来人口侵害企业利益和妨害交通运输安全的严重问题;津南区重点整治了双港镇何庄子批发市场管理秩序混乱的问题;西青区重点整治了中北镇东姜井村外来人口违法犯罪的问题。通过对重点地区进行79次综合整治,抓获了一批违法犯罪分子及网上逃犯,有效地维护了地区稳定。

三是开展了为流动人口办实事、送温暖活动。为进一步强化对流动人口的服务意识,各区县结合本地区实际情况,上下半年选择适当时机组织有关职能部门各开展了一次为流动人口办实事、送温暖活动。公安部门重点是改进作风,主动深入到流动人口集中的企业、工地开展集中登记、办证,热情帮助暂住人口解决工作、生活中遇到的实际困难;劳动部门则以“维权清欠”为主题,大张旗鼓地开展追讨行动;计划生育部门重点落实免费为流动人口已婚育龄人员查体、发放避孕药品等基础性服务措施,并开展上门服务活动,宣传流动人口计划生育有关政策;卫生部门重点为流动人口中的儿童做好计划免疫工作;共青团组织开展了为流动人口“三送一助”活动,即送文件、送知识、送健康、助安全,并依托各基层团组织开展志愿活动。

四、坚持管理与服务并重的原则,依法维护流动人口的合法权益

2003年8月份,市流动人口管理工作办公室会同市公安局、劳动局、卫生局、计生委和团市委,集中一个月的时间在全市范围内开展了维护流动人口合法权益的专项检查活动,收到了很大成效。

通过市流动办检查验收和调查数据的汇总分析发现,我市各级流动人口管理组织和职能部门能够依法履行管理职责,维权执法重点检查的主要工作项目整体上处于一个良好的发展水平。与2002年同期维权活动相比,主要表现在:登记办证工作更加严格严谨。此次共调查了2747名流动人口办证及收费罚款情况,办证率达到96.7%,未发现多收费乱罚款问题;单位用工行为趋于规范,劳动部门共调查187家企业2174人,有140人反映拖欠工资,176人没有签劳动合同,全市未发现使用童工现象。在维权执法活动月期间,共追回拖欠工资和劳动赔偿共计109余万元;卫生防疫及健康体检工作,已纳入日常管理并形成制度。此次共调查了280家经营场所和用工单位的流动人口2586人,《健康体检合格证》的办证率为93.7%;计生管理与服务保持良好水平,计生部门共调查1923名已婚育龄妇女,带证率为73%,孕检到位率达90%以上;流动人口子女入学基本得到保障,共青团调查975名流动人口子女中,有966人在津入学,入学率达99.1%。在维权的基础上,各级流动人口管理组织还多渠道开展了宣传教育活动,提高流动人口的法律意识和自我保护意识。一是3月份组织各区县流动办和职能部门,开展了新形势下流动人口综合治理宣传月活动,共设宣传站点108个,发放宣传材料152200多份,接待投诉咨询1542件,涉及权益保护的13件投诉,均当场予以解决。二是各区县加大了日常宣传教育的力度,营造社会舆论氛围,全年共在新闻媒体刊播各类宣传报道稿件137件。三是结合维权执法大检查,举办维权执法宣传活动周和流动人口法律咨询投诉接待日活动,在接待日活动中,共受理咨询个案1138件,投诉个案117件,当场解决投诉66件。四是天津人民广播电台设立维权专题节目,连续20天大容量播发全市维权事例及动态,并举办学者访谈、维权在线、采访职能部门负责人等专栏节目。9月14日,电台开设了“走进直播间”节目,邀请市流动人口管理工作办公室及职能部门负责人共同受理流动人口的咨询和侵权事件,产生很大的轰动效应。

五、严格了流动人口管理绩效考核机制

在加强对各区县及有关职能部门日常工作推动指导和阶段性目标考评的基础上,市流动人口管理工作办公室按照《天津市社会治安综合治理目标责任书》要求,认真组织并完成了对区县及有关部门的中期和年终考核。在考核方式上,将以往市流动人口管理工作办公室统一组织考核,调整为各职能部门在指定的时限内,垂直完成自身考核项目;市流动人口管理工作办公室负责对各区县流动人口管理工作办公室整体工作的综合评定;在此基础上将垂直考核与综合评定的分值汇总确定最后的考核结果。考核模式的变化,既有效避免了考核内容和方法的简单、笼统,又能充分调动各职能部门的积极性,使考核工作更具有针对性和操作性。从考核结果看,各区县及有关系统管理单位都较好地完成了既定的工作任务。西青、河西、宝坻、红桥、和平等区县工作开展力度大,各项工作任务成绩突出,在考核中名列前茅。

六、加强调查研究,积极探索新形势下加强流动人口管理工作的新方法、新途径

为了解掌握在津外来务工经商人员的需求,加强和改进政府各职能部门的工作,上半年市流动人口管理工作办公室会同各主要职能部门,分别邀请了部分来津务工、经商人员代表和外地在津的私企单位负责人、宾馆饭店经理及民工队队长,就如何适应经济发展,加强和改进政府各职能部门对流动人口的教育、管理和服务工作进行了座谈,拉近了政府与群众的距离,了解掌握了外来人员的需求。市流动人口管理工作办公室针对各方面的建议,与职能部门沟通,研究制定了今后工作的改进措施,更好地为外来人口服务。4月份,市流动人口管理工作办公室还召开了全市流动人口管理工作研讨会,对2002年全市上报的41篇各类研讨论文和调研报告进行了研讨和表彰,对涉及的问题和提出的解决方案进行了交流、论证,并将其转化为工作成果。

2003年天津市铁路护路工作情况

一、积极宣传,广泛教育,提高群众爱路护路意识

为了充分调动铁路沿线群众维护铁路治安秩序的积极性,区县各级综治和护路组织与有关部门密切配合,结合全市社会治安综合治理宣传月活动,深入铁路沿线进行爱路护路宣传。市护路办投资3万元,制作了有关爱路护路知识的光盘1000张、录音带2000盘、宣传小册子600份,编写了长达5000字的宣传提纲,组织人员到铁路沿线对重点村庄、学校和集市,进行护路宣传教育。通过广泛的宣传教育活动,铁路沿线群众和在校学生爱路护路意识明显增强,各类涉路案(事)件有所减少。

二、路地携手,齐心共创,加大重点整治力度

在护路工作中,坚持路地携手、密切配合、共同作战的原则,把保一线平安和保一方平安紧密结合起来。在站内和车上,以铁路部门为主,地方为辅;铁路沿线和周边地区以地方为主,铁路部门为辅。把创建"安全文明铁道线"活动作为基层创安活动的一部分,纳入综治领导责任制和目标管理责任制,实行一体化管理,强化基层基础工作,加大重点整治力度,完善防控体系。区县综治护路组织定期召开了有路地人员参加的联席会议,通报沿线情况,研究工作措施。通过召开铁路沿线周边地区治安专项整治工作会议,明确了3处市级重点整治的铁路区段,认真分析存在的突出问题,部署专项整治工作方案。各地特别是重点路段沿线认真开展排查,对盗窃运输物资问题严重的地区,市有关部门采取挂牌督办,有关区县会同相关部门定人员、定制度、定时间、定措施,下力量解决突出问题,限期改变面貌。重点区段各级综治组织和公安机关加大对沿线的警力投入,对突出的治安问题主动出击,架网布控抓获现行犯罪。9月初,公安干警在调查走访中发现陈支线2公里处有货盗迹象,立即进行蹲守布控,当场抓获4名犯罪嫌疑人,并收缴被盗焦炭3吨。经审查4人于5月份在陈支线盗窃作案32起,盗窃焦炭60多吨,总价值约3万多元。

三、重点时期,重拳出击,维护铁路沿线治安秩序稳定

各区县在做好日常护路工作的同时,在重点时期重拳出击,加强对治安问题突出的地区、路段的重点整治,对危害铁路运输和社会治安的各种犯罪活动进行严厉打击。"春运"和"两会"期间,塘沽区护路组织加大了对铁路新港编组场及周边治安的治理工作的力度,先后抓获两个多次在该地区偷盗运输物资的货盗团伙和8名犯罪嫌疑人。"非典"时期,各级护路组织积极协助公安机关做好查控工作,共清理闲杂人员135名,安全守护停留列车760辆,监护平交道口550次,比较出色地完成了护路各项任务,维护了特殊时期的安全稳定工作。据统计,全年护路联防队员协助公安机关破案191起,抓获各类违法犯罪人员707名,清理各类闲杂人员7310名,发现处置不安全隐患193件,制止危害行车安全事件70件,防止路外事故7起,较好地完成了维护站区和沿线治安稳定的任务。

社会治安管理和防范工作情况

2003年，全市以社会治安防控体系建设为重点，有效整合社会治安防控力量和措施，大力加强社会治安管理和防范工作，努力提高治安防范能力和水平。根据全国社会治安综合治理工作会议精神，市综治办会同市公安局起草了《天津市社会治安防控体系建设三年规划》，全市召开了社会治安防控体系建设经验交流会，对今后一个时期的社会治安防控工作作出部署。

一、人防、物防、技防紧密结合，建立健全社会治安防控网络

一是各种治安防控力量相结合，在市区划分棋格式巡逻责任区，针对不同季节、不同地域、不同时段违法犯罪的规律特点，制定方案，加强巡逻堵卡。二是深入实施社区警务战略，实行"一区一警"或"一区多警"。大力发展以治保调解人员、物业保安人员、享受低保和下岗人员以及志愿者组成的社区群防群治队伍，在居委会和民警的组织指导下，参与社区治安防控工作。三是制定并下发了《天津市住宅建设智能化技术规程》、《住宅安全防范系统(DBl2/125—2001)》等规程、《住宅小区安全防范系统标准图》，颁布了《天津市公共安全技术防范管理办法》(市政府第37号令)、《天津市新建居住区公共服务设施定额指标》和《关于加快我市小城镇消防规划建设的实施意见》等一系列规范性文件，在政策法规方面为我市的社会治安防范建设提供了重要保证。

二、加强内部治安管理和安全保卫，以反恐防爆为重点，开展对枪支、爆炸、剧毒、放射性等危险物品的专项清理

针对国际国内反恐形势的发展变化，治安部门结合自身职责任务，以可能被恐怖破坏分子利用的物品、环节、单位为切入点，有针对性地加强了枪支、爆炸、剧毒、放射性等危险物品治安管理。一年来，共收缴各类非法枪支6679枝、子弹34495发；收缴炸药2100余公斤、黑火药2500余公斤、雷管3200余枚、导火(爆)索2000余米。进一步加强了烟花爆竹安全管理，全年共收缴非法烟花爆竹18000余箱。针对全国相继发生投毒案件、危险物品安全事故的实际情况，从9月份开始在全市组织开展了收缴"毒鼠强"专项行动。共收缴剧毒鼠药700余公斤，查处制贩剧毒鼠药人员104名。

三、转变思想观念，深化改革创新，加强了对娱乐服务业的管理与服务

针对取消行政审批后治安管理工作遇到的新情况、新问题，把依法落实监管责任、加强阵地控制作为预防、控制、打击违法犯罪的重要手段。通过对全市1644家娱乐服务场所开展备案工作，治安部门详细掌握了娱乐服务场所现状，为进一步加强管理奠定了坚实基础。在特种行业管理中，治安部门充分发挥从业人员提线破案的积极性，年内共获取各类线索3052条，从中查破刑事案件388起、治安案件717起，抓获违法犯罪嫌疑人2678名，收缴赃款赃物折合人民币80余万元。特别是通过严格落实监管责任，狠抓旅馆业治安管理信息系统的录入传输率，已通过该系统抓获网上逃犯115名，在追逃工作中发挥了突出作用。

四、快速反应、严密组织，确保"非典"期间社会治安秩序稳定

4月中旬"非典"疫情在我市发生后，市综治办及时下发文件，对全市各级综治组织积极参与非典型肺炎防控工作提出了具体要求。而后，又会同市维护稳定领导小组办公室下发了《关于做好防治非典型肺炎期间维护稳定工作的通知》。两个《通知》下发后，各区县、各系统综治组织立即行动，专门进行研究、部署，结合本地区、本单位实际，制定了发挥综合治理优势，开展防范"非典"、维护社会稳定工作、有效处置突发事件的具体工作方案。全市很快形成了以综治领导责任制为龙头，以开展创建无"非典"安全社区、村、单位活动为载体，积极参与防"非典"工作的格局，构筑起一道抗击"非典"、维护社会稳定的坚固防线。保证了"非典"期间全市的社会治安秩序。各级公安机关积极配合医疗防疫部门对4家“非典”定点治疗医院、36家医学观察所加强了安全保卫工作，并采取有力措施对17起因“非典”疫情发生、发展和防治工作引发的不安定事端进行处置，同时，积极配合物价、工商等部门严厉打击囤积居奇、哄抬物价、销售假冒伪劣药品和医疗器械等违法犯罪活动。

矛盾纠纷排查调处工作情况

一、市委、市政府对做好矛盾纠纷排查调处工作提出了“八个认真”的工作要求，推进了工作的深化

市委、市政府高度重视矛盾纠纷排查调处工作，年初中央政治局委员、市委书记张立昌同志强调，各级领导和各有关部门，要善解民意，善待百姓，对群众的疾苦、意见和各种合理的要求，都要及时了解，认真研究解决，尽量把矛盾纠纷化解在基层，防止出现群体性事件。6月25日，在我市召开的全市信访工作会议上，市长戴相龙同志代表市委、市政府就做好矛盾纠纷排查和信访工作提出了“八个认真”、“三个严禁”的工作要求，成为我市做好稳定工作的指导思想。“八个认真”即：党政部门和企事业单位领导在实际工作中要做到以下八个方面。一是认真听取群众意见。凡处理与老百姓密切相关的问题，方案出台前，要认真听取群众意见，并做好宣传引导工作，对大多数群众不了解、不支持的，要修正方案或缓办。二是认真坚持依法行政。要强化政策意识和纪律意识，严格按政策办事。三是认真做到政务公开，进一步增强政府工作的透明度。四是认真保护揭发违法违纪行为的来信、来访人员的安全。五是认真执行领导接访、约访制度，及时发现和解决群众反映强烈的问题。六是认真处理人民群众来信和上访。七是认真办理行政诉讼。对行政诉讼案件，各级政府有关部门要做好指导和调处工作，移送到司法部门的，各级法院要秉公审理。八是认真引导文明上访。“三个严禁”即：严禁堵塞道路、阻断交通；严禁围堵党政机关；严禁借上访之机闹事和打砸抢。对违反“三个严禁”的，有关方面要及时、果断地予以处理。与此同时，还根据《中央社会治安综合治理委员会关于进一步加强矛盾纠纷排查调处工作的意见》，对矛盾纠纷排查调处工作责任进一步进行了明确和强调。

二、全面、细致地组织开展了矛盾纠纷排查活动，努力把不稳定因素化解在萌芽状态和初始阶段

2003年，我市在坚持日常排查的基础上，围绕全国“两会”、党的十六届三中全会、“非典”疫情猖獗的特殊时期，以及元旦、春节期间的安全稳定工作，组织开展了4次全市性的集中排查活动。针对我市房屋拆迁改造面积大、矛盾纠纷比较突出，以及美国对伊拉克动武，引起穆斯林群众强烈不满等情况，组织开展了10次专项的、区域性的集中排查活动。

三、扩展、畅通了信息渠道，及时掌握影响社会稳定的苗头动向

建立起以市维稳办为中枢，市政法机关、有关部门及各地区、各系统维稳办、综治办组成的，覆盖全市的多层次、多渠道的信息网络，收集各区县、各系统、各部门排查出的各种不稳定因素情况。注意对重点系统、重点地区、重点单位和重点对象的社情调研，为领导决策及时提出建议。年内还组织开展了2次全市性不稳定因素情况调研。一是对我市上半年突出矛盾纠纷逐件进行排队、汇总，从产生的原因、表现形式等方面入手，分析规律，找出特点，向区县、系统进行了通报，并就提高解决率，杜绝信息迟报、漏报等问题提出了工作要求。二是于11月份，根据中央维稳办的部署，对全市矛盾纠纷排查调处整体情况进行了汇总、分析，对2004年面临的形势进行了预测。

四、加大督办力度，狠抓责任落实，化解了一批影响社会稳定的突出问题

市稳定办、市综治办在抓工作整体推进的同时，把涉及面广、情况复杂，解决难度较大的突出矛盾作为重点，加大督查、督办力度，并根据不同时期矛盾纠纷特点，将可能对全市稳定产生影响的、重大的突出问题作为重点，明确职能部门的责任，提出工作要求和建议，对解决的进度情况进行跟踪了解、督促检查，推动问题的解决。年内，市稳定办还直接协调解决了8起影响稳定的突出案件。各区县、系统也分别确定各自的督查重点，采取领导包案、包片以及协调会议等形式，运用经济的、行政的、法律的等多种手段，狠抓矛盾纠纷的解决。2003年，全市共召开矛盾纠纷排查调处协调会议近700次，其中区县召开284次，街乡镇召开401次，有效防止了矛盾的扩大和激化。由于领导重视，制度落实，组织有力，我市矛盾纠纷排查调处工作保持了好的势头。2003年，全市共排查出突出矛盾纠纷473件，已解决374件，解决率79.07%。

社会治安综合治理宣传教育工作情况

一、举办了“严打”整治斗争大型成果展览

为期两年的“严打”整治斗争结束后，市综治委与市委政法委联合举办了主题为“不负人民重托”的天津市“严打”整治斗争成果展览。市综治委、市委政法委专门成立展览办公室，抽调公、检、法、司等部门的专业人员参与策划、制作。整个展览共征集照片7000余张，从中选出300余张照片制成展牌，以大量真实的图片和数据，充分展现了天津市在两年“严打”整治斗争中走过的历程，讴歌了政法干警不畏艰险、顽强拼搏的奉献精神，激励和鼓舞了人民群众积极投身社会治安工作的信心和勇气。此次展览得到了各级领导的高度重视和广大群众的积极支持。中共中央政治局委员、天津市委书记张立昌，市委副书记、市长戴相龙，市委副书记房凤友、宋平顺、刘胜玉、邢元敏等领导同志先后参观了展览，并在展览现场亲切接见了全国“严打”整治斗争先进集体和先进工作者代表。市委副书记、市综治委主任宋平顺同志亲自为展览题写了“不负人民重托”的主题。市财政局拨专款用于组织筹备展览。为了扩大展览的影响，市综治办于展览开幕前在《天津日报》、《今晚报》、《每日新报》等全市主要新闻媒体发布消息，发动广大群众踊跃参观。同时，向各区县综治办发出通知，要求将组织参观“严打”展览作为对各级综治干部、政法干警和治安保卫人员进行思想教育的重要方式。通过精心组织，在2003年7月23日至8月8日为期17天的展览过程中，先后有10万余名干部群众到场参观，在全社会引起了强烈反响。

二、精心组织社会治安综合治理宣传月活动

按照统一安排，全市各级党政机关、企事业单位、街道、乡镇及驻津部队按照“属地管理”原则，深入开展多种形式的综治宣传活动。《人民日报》、《法制日报》、《长安》、中央电视台、中央人民广播电台等权威媒体刊播一批反映天津市社会治安综合治理工作成果的宣传文章或专题片。全市普遍开展了走访慰问万名治安积极分子和人大代表、政协委员视察基层综治工作活动。河东区在有线电视台开设《综治战线》专题栏目。南开区开展了流动人口维权活动。蓟县开展送法下乡到户等一系列活动。3月25日为天津市社会治安综合治理集中宣传日，全市18个区县和部分系统分别在繁华场所和主要路段设立宣传站点，广大综治干部走上街头，以中央关于加强社会治安综合治理的《决定》和“严打”整治斗争成果为重点，向群众进行广泛宣传。集中宣传日期间，全市共设立宣传站点100余处，展出各类展牌2000余块，印发宣传材料60余万份，直接参与群众15万人次。各区县党政主要领导也分别深入宣传站点现场参加活动，慰问参加宣传的干部群众。

三、开展了第八届天津市社会治安综合治理好新闻奖评选

根据中央综治委和中国记者协会的要求，按照全市社会治安综合治理工作的统一安排，市综治委和市记协组织了第八届天津市社会治安综合治理好新闻奖的评选工作。市综治好新闻奖评选办公室共收到报刊、广播、电视、摄影类作品146篇(幅)。由市委宣传部、市记协、新华社和法制日报社驻津记者站、天津日报社、今晚报社、天津政法报社、天津电视台等新闻单位的资深编辑、记者组成评委会，按照评奖标准和条件，进行了严格认真的评选。经过初评和复评，共评出《小小"告知单"责任重于泰山》、《法律，向家庭暴力说不》、《彰显法律的力量》等47篇（幅）获奖作品。其中"报刊奖"32篇、"广播电视奖"12篇、"新闻摄影奖"3篇，天津市公安局主办的"警方报道"栏目和天津电视台"案与法"栏目分获"好栏目奖"。8个综治宣传成绩突出的单位和区县被评为宣传先进单位。从47篇获奖作品中，选出16篇（幅）优秀作品报送中央综治办参加全国综治好新闻奖评选。其中4篇作品获"2002年度全国社会治安综合治理好新闻奖"。

四、在《天津政法报》开设了"治安防范大家谈"和"区县党政领导访谈录"专栏

通过向社会征集稿件，从中筛选出12篇稿件予以刊登。对静海、河东、河西、南开4个区县的党委主要领导就如何做好社会治安综合治理工作，维护地区稳定进行了采访，并在《天津政法报》发表。

五、市委、市政府表彰社会治安综合治理先进地区、单位、集体和个人

大港区、西青区、和平区南营门街等23个区县、街乡镇被评为先进地区；和平区服务公司、河西区教育局等28个单位被评为先进单位；小白楼街综治办、大港区板厂路派出所等55个基层单位被评为先进集体；张星龙等115人被评为先进个人。

社会治安综合治理基层基础建设工作情况

2003年，市综治委与市编办联合制定了《关于进一步加强街道、乡镇社会治安综合治理基层组织建设和管理工作的意见》，对街乡镇综治办的职责、任务，以及综治办主任、副主任、专职干部的选任、管理、培训、考核等事项作出专门规定。规定街道、乡镇综治委成员应在原有基础上，增加辖区内主要企事业单位负责人参加，委员会主任应由街乡镇党（工）委、政府（办事处）主要领导担任，综治办主任应由党（工）委副书记担任，配齐、配强专职干部。各区县政府在安排财政预算时，对街乡镇综治经费要予以保证，并随着经济、社会的发展逐步增加。同时规定，各区县党委、政府和社会治安综合治理领导机构，要加强对街道、乡镇综治干部的管理，将培训考核、持证上岗与干部的经济利益直接挂钩，形成有效运行的管理机制。每年对街乡镇综治干部至少进行一次集中培训，开展多种形式的在职培训，使之与学历教育结合起来。区县综治委每年对街乡镇综治干部的政治素质和理论水平进行统一考核，连续两次考核不合格者，调离综治岗位。

按照中央综治委、中央编办《关于加强乡镇、街道社会治安综合治理基层组织建设的若干意见》和我市的有关规定，继续狠抓基层综治组织特别是街道、乡镇一级综治组织建设，不断充实基层综治工作力量。全市241个街乡镇全部建立了综治办，共有专职综治干部835名。通过健全完善市、区县、街乡镇、社区（村）四级社会治安综合治理组织网络，做到了综治组织编制、职责、人员三到位，保证了综治工作在基层有人抓，有人管。

2003年，天津市在坚持开展创建安全社区、村活动的基础上，进一步扩大了创安活动的范围，在各区县、系统广泛开展了创建安全单位、校园、楼门院等活动，充分调动了社会各界参与综治工作的积极性，提高了创安活动的广度和深度。同时，创安活动的标准逐步提高，对各类安全示范命名对象的要求和审查更加严格。在全市确立了一批无发案、治安稳定、群众满意的市级安全示范小区。

将基层创安活动与推进社区建设紧密结合起来，针对全市街道、社区撤、立、合并的情况，及时在新建社区完善治保组织，组建群防群治队伍。市规划建设部门制定下发了《天津市住宅建设智能化技术规程》和《关于加强建设工程安全防范系统设计的通知》,对各类新建居民住宅和工程涉及安全防范系统的建设提出明确规定。要求各建设、设计、施工单位遵照执行。在社区建设过程中,进一步深化社区警务战略,在每个社区普遍建立了社区警务室,按照实住人口比例实现一区一警或一区多警。在注重发挥治保会、联防队、义务巡逻队作用的同时,根据市场经济的特点,积极组织调动物业小区保安、4050下岗人员、享受低保人员投入综治工作,建立起以公安机关为骨干,以各种治安保卫组织和群防群治队伍为依托,以社会面、居民区和内部单位的防范工作为基础,以案件多发的人群、地区、行业和单位为重点的立体、动态治安防控网络。根据农村地区的实际情况,在基层乡村积极推广民警驻村制、巡访制、包片制等警务制度,充分利用各种村民自治组织开展村际联防、户户联防等形式的治安联防,提高基层整体防范水平,保证社区(村)范围内的治安秩序稳定。以各居民区(村)的楼门里巷为单位,组织居民群众开展自治性的门户防范。在发动各家各户提高安全防范、邻里关照意识的同时,发挥楼门院长的作用,组织推动本楼、院的治安防范工作深入开展。"非典"期间,基层综治组织以开展创建无"非典"安全社区、村、单位活动为载体,积极做好防治知识宣传及其他工作,构筑起抗击"非典"的坚固防线。

刑释解教人员安置帮教工作情况

2003年,我市区县共有安置帮教协调小组及办公室各18个,街、乡、镇安置帮教协调领导小组238个,安置帮教办公室(工作站)238个,村(居)委会安置帮教小组10929个,从事安置帮教工作的专兼职人员35749人。我市有5年内回归社会的刑释解教人员14032人,其中刑满释放的10642人,解除劳教的3390人。5年内刑释解教的人员中重新犯罪的302人,重新犯罪率为2.15%。2003年回归社会的3527人,其中刑满释放的2313人,解除劳教的1214人,重新犯罪的23人,重新犯罪率为0.65%。全市各级安置帮教组织通过各种渠道协助安置刑释解教人员13638人,安置率达97.19%;为718名刑释解教人员办理了最低生活保障金;有2738人领取了一次性救济金,共21.9万元;刑释解教人员帮教率100%。

2003年,市刑释解教人员安置帮教工作协调小组办公室制定了《安置帮教各成员单位工作职责》,使各成员单位任务明确,职责清楚,形成了各司其职,各负其责,分工协作,相互配合,齐抓共管的工作格局。为减少刑释解教人员脱管失控,市安置帮教办公室两次召开有监狱局、公安局等单位参加的关于进一步加强服刑、劳教人员刑满释放、解除劳教时的衔接工作协调会,向各区县下发了加大排查力度,预防刑释解教人员脱管失控现象发生的意见。公安河东分局、河西分局、西青分局、塘沽分局、蓟县分局,印发《安置帮教工作手册》下发到每个管片民警手中。大港、南开、西青、北辰等区劳动和社会保障局充分发挥"就业培训中心"、"就业服务中心"和"职业介绍所"优势,开展多项技术培训班,召开就业招聘会,为刑释解教人员解决安置就业问题。红桥、河北、宁河、蓟县、静海等区县民政部门充分发挥社会救助职能,把刑释解教人员这一特殊群体的低保工作列入低保工作重点,切实解决帮教对象及其家属的实际生活困难。绝大部分区县财政部门在财政资金紧张的情况下,把安置帮教工作纳入财政预算,给予必要的经费支持。各区县工商分局都相应制定了服务措施,针对刑释解教人员申请个体经营执照等做好服务、扶助工作。各区县工会、团委健全内部组织,在完善制度,建立有效机制上下功夫,采取普法宣传、组织参观青少年教育基地等多种形式,开展青少年警示教育活动。各区县妇联有的放矢地对女刑释解教人员,女服刑、劳教人员开展了形式多样的送温暖、送亲情、送爱心、送岗位的活动,取得明显成效。

各区县把夯实基础工作当作安置帮教工作的

重点,区县与街乡镇,街乡镇与村(居)委会层层签定目标责任书。针对基层基础工作不规范问题,统一制作了区(县)、街(乡、镇)、村(居)卡、册。为加强基层安置帮教工作力量,结合村(居)委会的换届选举,将一批热心于安置帮教工作、年富力强、有较高文化层次、政策水平和政治素养较高的同志调整充实到安置帮教队伍。市从事安置帮教工作人员90%以上为高中文化程度,其中,30%为大专文化程度,中共党员占60%,平均年龄在45岁左右。大部分区县采取统一培训与各街、乡、镇自行培训相结合的方法,对从事安置帮教工作人员进行工作指导和业务培训,目前,全市各级安置帮教办公室举办各种培训班558次,受训人员18870人次。通过采取安置帮教知识讲座、召开安置帮教工作推动会、典型示范培训等多种形式,加大培训力度。河西区还编印《安置帮教工作须知》作为工具书人手一册,进行书面培训。河西、西青、塘沽等区县通过开展《安置帮教工作知识问答》进行答卷培训,培训上岗率达95%以上。实现了帮教组织知识化、年轻化。

预防青少年违法犯罪工作情况

一、在健全工作机制方面,以综治领导责任制为龙头,进一步加大了检查考核的力度

根据预防青少年违法犯罪工作的进程和面临的深层次问题,在制定《2003年天津市社会治安综合治理目标责任书》的过程中,改变了单纯从区县角度提出工作要求的传统做法,侧重从各类学校落实兼职法制副校长制度、深化学生法制教育,校园及周边治安整治,实施《青少年违法犯罪社区预防计划》等方面,对区县与系统分别提出了量化指标。市综治委预防青少年违法犯罪工作领导小组下发了全年的工作要点,出台了具体的考核办法,并通过《预防青少年违法犯罪工作简报》和《青少年维权与法律服务》刊物进行工作推动。对《责任书》相关指标落实情况,由市综治委主任、副主任、委员带队,组成18个考核组分赴各区县进行检查。听取了区县党政领导和综治委预防青少年违法犯罪工作领导小组办公室负责同志的汇报,检查了相关资料,实地查看了学校、社区落实工作措施的情况,并进行评定。4个区县因工作中存有明显漏洞被扣分。

与此同时,社会各界参与预防青少年违法犯罪工作的力度进一步加大。市政协主席宋平顺同志,组织有关方面就政协委员提出的保障青少年心理健康议案进行专题研究,亲自听取工作汇报,督促落实改进工作的措施,并对新形势下深化预防青少年违法犯罪工作提出明确的要求。市人大在重新修订《天津市社会治安综合治理条例》过程中,将新形势下对预防青少年违法犯罪工作的要求以法律形式加以固化,人大妇女、儿童工作小组负责同志参加了对落实《2003年天津市社会治安综合治理目标责任书》中预防青少年违法犯罪工作指标落实情况的实地检查。团市委、市教委、市司法局、市综治办等单位密切配合,研究起草了两份规范性文件。市综治办总结了《适应社会主义市场经济发展要求,主动调整预防青少年违法犯罪工作举措》的经验,在全国会议上作了介绍。市未成年人保护委员会、市校园及周边综合治理工作领导小组办公室、市青少年校外场所建设与管理工作办公室协调有关部门围绕预防青少年违法犯罪工作中的难点问题,做了大量的工作。

二、在学生法制教育方面,以规范性文件的出台与落实为契机,狠抓了工作整合

2003年2月11日,市教委、市劳动和社会保障局、市司法局、市综治办、团市委、市依法治市领导小组办公室联合下发《天津市加强青少年学生法制教育工作的实施意见》。而后,市教委、市综治办又下发了《关于进一步做好兼职法制副校长选聘、管理工作的意见》。这两个文件,在总结我市多年来经验的基础上,根据形势的发展,对青少年学生的法制教育及犯罪预防工作进一步提出了新的要求。各区县、系统及有关部门,狠抓了这两个文件的贯彻落实,从以下六个方面对此项工作进行了措施整合。一是明确了“一个适应、两个坚持”(青少年学生法制教育进一步适应发展社会主义市场经济的新形势,坚持法制教育与思想政治教育相结合,坚持课堂教育与课外教育相结合)的指导思想,进一步统一了有关方面的认识。二是针对青少年学生法制教育工作中的薄弱环节,对中专、技校、职业高中等职业学校的法制教育内容、教材及目标提出了具体的要求,完善了包括大学、中学、小学、职业学校在内的青少年学生法制教育体系。三是将原来的中小学法制教育“教学大纲、教材、师资、课时”四到位的要求,扩展为中小学、职业学校法制教育“计划、教材、课时、师资、考核、法制副校长”六到位,大学法制教育“计划、教材、课时、师资、考核”五到位。四是在按照隶属关系,各系统加大对各级各类学校法制教育工作管理考核力度的同时,赋予区县依据属地管理分工对各级各类学校法制教育工作进行推动、指导、检查的职能,构建条块结合的管理系统。五是在继续通过《社会治安综合治理目标责任书》严格考核的基础上,各级各类学校把学生法制教育纳入学校教育质量考核体系,开展专项评价;把学生学法和遵纪守法情况纳入学生操行手册进行综合评定,其结果作为学生升学、招工、参军等考核的内容。六是规范了兼职法制副校长管理。扩展了选聘兼职法制副校长的范围,进一步明确了选聘条件和程序,狠抓了兼职法制副校长6项职责和6项管理制度的落实。

三、在举措调整方面,以深入调研为突破口,积极探索深化工作的新途径、新办法

组织专家学者与实际工作者紧密结合,深入研究预防青少年违法犯罪的新形势、新问题、新办法。2003年12月,中国青少年犯罪研究学会预防对策专业委员会和天津市警察学会青少年犯罪研究专业委员会,在津召开理论研讨会,专题研究预防青少年犯罪理论与实践问题。天津社会科学院等理论研究部门,公安、检察、法院、教育、综治等实际工作部门及区县、街乡镇、学校等基层单位提供了一批较高水平的研究文章,从不同角度对预防青少年违法犯罪工作进行了探讨。提出了从发展社会主义市场经济的大背景出发,坚持理论与实际相结合,以与时俱进的精神,突出深化预防工作这一重点,推进青少年犯罪研究的不断深化的要求。全年调研工作,重点研究了三方面问题。一是从理论高度总结了新形势下做好预防青少年违法犯罪工作的经验为:从战略高度把握市场经济条件下做好青少年教育与犯罪预防工作的极端重要性,客观分析形势变化,及时调整工作思路,形成成龙配套的法规、政策体系;根据体制改革的进程,理顺工作关系,完善工作网络,以综治目标责任书为载体,将市场经济条件下预防青少年违法犯罪的工作要求分解、落实到基层;着眼学校教育格局的变化,将系统的课堂法制教育全延覆盖到各类学校,进一步规范对法制副校长的工作要求,多角度控制中小学生流失,综合改善学校外部环境,夯实预防青少年违法犯罪的工作基础;立足社区职能转变,狠抓《青少年违法犯罪社区预防计划》的启动与实施,积极探索新形势下对重点群体进行犯罪预防的新途径、新办法,与时俱进,促进工作不断深化。二是围绕《青少年违法犯罪社区预防计划》的实施,市综治委预防青少年违法犯罪工作领导小组办公室在河西区东海街、南开区嘉陵道街进行调研,深入研究工作开展中的深层次问题;各区县综治委预防青少年违法犯罪工作领导小组办公室也都选择了部分街乡镇就此项工作进行专题调研。三是针对未成年人适用《刑法》、《刑诉法》中的问题,由市高级法院牵头,会同检察、公安部门开展了对少年刑法、少年刑诉法的研究。形成了论文,起草了拟由各部门会签的规范性文件。在此基础上通过对实践操作与深入研究,逐步形成具有天津特色的地方法规,在未成年人案件审理和犯罪预防方面取得新的突破。

实行社会治安综合治理领导责任制情况

一、围绕改革、发展，各级党委、政府进一步加大社会治安综合治理工作的领导力度

各区县党委和政府结合区域经济发展，将社会治安综合治理工作纳入年度总体工作计划进行统筹安排，提出了打造平安区县的思路和目标，把良好的治安环境作为改善投资环境、推进城市有序发展的重要措施，坚持两手抓、两手硬，全力以赴推进社会治安综合治理工作，维护社会稳定。各区县专门召开党委常委会或政府常务会106次，对综治和维护稳定工作进行专题研究。综治第一责任人、主要责任人，做到了深入基层摸实情、认真细致听汇报、及时科学定措施、化解矛盾解难题。年内，区县主要党政领导深入基层共118余人次，解决各类疑难问题460余件。

二、不断完善社会治安综合治理领导机制和工作机制

各地区、系统层层签订《社会治安综合治理目标责任书》，并将目标责任书的落实情况作为干部考核、奖惩的重要依据，与晋职晋级直接挂钩。包括部署决策、过程管理、监督检查、考核奖惩在内的综合治理领导机制和责任机制进一步完善，形成了齐抓共管社会治安的工作局面。

三、将落实领导责任查究制和综治一票否决权制的着力点前移

坚持综治、纪检、监察、组织、人事部门联席会议制度和情况通报制度，建立健全了影响稳定重大问题报告制度和工作督查制度。区县综治、纪检、组织、监察、人事部门加强协作配合，先后召开108次联席会议。对于领导不重视、责任不落实、工作失职而发生重大刑事案件、群体性事件和治安灾害性事故的，严格按照规定要求，严肃查究有关单位和部门领导的责任。加大了综治一票否决和黄牌警告的力度。对符合一票否决条件的，各区县坚决实行一票否决，不姑息迁就。年内，共有9个区县综治委对62个街乡镇或单位行使了一票否决权。大港区太平镇窦庄子烟花爆竹爆炸案发生后，大港区对太平镇综治第一责任人和主要责任人行使了一票否决权。津南、河北、大港区对发生问题较多，又不够否决条件的单位或部门，则采取限期整改和警示督察的方法，有力地促进了综治措施的落实。

社会治安综合治理调研情况

一、围绕中央及我市确定的重点工作，市综治委下发全市调研工作安排，组织区县、系统、政法部门积极开展调研活动

市综治委针对治安形势变化和工作发展的客观需要，下发了《关于2003年社会治安综合治理调研工作的安排意见》，要求区县、系统和政法部门在认真总结两年来"严打"整治斗争经验的基础上，从理论与实际相结合的高度，重点研究坚持"打防结合、预防为主"方针，运用综治手段巩固"严打"整治斗争成果，形成长效防控机制的措施。全市确定了20个重点调研课题。各区县、各系统领导带头，组织精干力量，立足于市场经济的宏观背景，总结经验教训，分析预测形势，查找问题症结，从不同侧面、不同角度研究建立长效防范机制、解决突出治安问题的有效方法和途径，形成有一定分量的调研报告52篇，为进一步深化社会治安综合治理工作奠定了基础。

二、针对重点课题，集中开展大规模的调研活动

为期两年的“严打”整治斗争结束后，市综治办组织各区县和部分街乡镇综治办人员，采取直接入户走访方式，开展了问卷调查活动。调查覆盖了全市18个区县、72个街乡镇、216个居民区(村)，总样本量2161个。通过问卷调查，检验了“严打”整治斗争的成果，了解了人民群众对社会治安的满意程度和安全感受，为建立严打经常性工作机制提供了对策。11月份，市综治办委托市统计局城调队集中开展了社会治安综合治理问卷调查工作，在全市18个区县随机抽选了1800个家庭进行专项调查。经过汇总分析，全面客观地了解居民群众对我市社会治安状况的总体评价，分析了当前影响我市社会治安和群众安全感的主要因素，为考核各地区的综治工作提供了依据。年内，市综治办会同市社科院、市监狱局继续对全部新收罪犯进行问卷调查，深入分析了全市刑事犯罪的规律、特点、动向，不同类型社会群体犯罪情况，重点分析了各区县、街乡镇作案集中状况、罪犯被捕前居住状况、销赃地分布状况。全市召开了社会治安防控体系建设经验交流会，编发了《天津市社会治安防控体系建设经验材料汇编》。我市还对新形势下青少年犯罪预防工作的规律及对策进行了深层次的理论研究。12月24日，天津市警察学会青少年犯罪研究专业委员会与中国青少年犯罪对策专业委员会共同召开了天津市预防青少年违法犯罪理论研讨会。

三、总结经验，推广典型，注重调研成果转化

天津市社会治安综合治理委员会、天津市社会科学界联合会、天津市法学会组织了第六届社会治安综合治理优秀调研成果评定工作。对2002年以来区县、系统、部门报送的127篇综治调研报告和理论性文章进行审评，评选出一等奖2个、二等奖4个、三等奖12个、优秀奖16个、社会治安综合治理调研优秀组织奖3个。对获奖单位和个人进行了通报表彰。2003年综治调研中的一个明显的特色是注重将成果及时转化为领导决策和工作举措，促进社会治安综合治理工作的深化与发展。就全市而言，通过比较集中、系统的调研，对我市社会治安状况以及工作调整趋势有了较为明晰的认识，促进了“严打”整治斗争和群防群治工作不断深入开展，初步形成了在社会主义市场经济体制条件下深化治安防范工作的基本思路，组织了一批试点，培养了一批典型，摸索出了一些解决工作中重点、难点问题的有效途径，为重新修订《天津市社会治安综合治理条例》、出台《天津市社会治安防控体系建设三年规划》等地方法规和法规性文件，奠定了坚实的基础。一些综治调研成果，得到中央、市委领导的高度重视。根据周永康、陈冀平同志的批示要求，市综治办就如何做好拆迁中维护稳定工作问题，进行了专题调研，并撰写出专题报告《发挥综合治理优势，做好拆迁中维护稳定工作》。南开区在当年全国社会治安综合治理工作会议上，介绍了《实行“五网五模式”长效管理机制，努力构建社会治安大防范格局》的经验，大港区的《构建以综治领导责任制为龙头的治安防控体系》、西青区张家窝镇的《积极推行农村治安承包责任制，探索适合市场经济规律的防范途径》、和平区新兴街的《以创安活动为载体，把各项防范措施落实到基层》等经验材料收入《全国社会治安综合治理工作会议经验材料汇编》。

综治成员单位参与综合治理工作情况

一、积极参与《天津市社会治安综合治理条例》的修订

2003年，在有关综治成员单位积极参与和大力支持下，我市重新修订了《天津市社会治安综合治理条例》。市人大内务司法委首先提出动议修改条例，积极争取并得到市人大常委会同意。在内司委的主持下，开展了有关条例修改的一系列调研等基础性工作。其他成员单位凡是涉及自身承担的职责任务修订时，都能够积极提供立法资料和信息，做到既不扩大职权范围，也不推脱责任，更不弱化工作职能。通过《条例》修订，各系统、各部门依法行政、依法管理、依法服务的意识明显增强。原《条例》对有些成员单位的职责任务没有规定或规定不清，这次重新修订，解决了成员单位职能交叉或重叠的问题，并增加了人事、监察、交通运输、通信、金融等部门在社会治安综合治理工作中的职责任务。针对当前不良文化和各种有害信息对青少年身心健康造成毒害的现实情况，在文化、广播电视、新闻出版等部门的职责中增加了严厉查禁淫秽、色情、暴力、封建迷信、邪教等内容，在教育部门的职责中规定了以家庭教育、社会教育、学校教育三者相结合的工作机制。

二、紧密结合实际研究贯彻中央有关部委办联合下发的文件要求

2003年，中央综治委部分成员单位联合下发了一系列细化工作职责任务的文件。我市各综治成员单位认真学习领会中央有关文件精神，对各项工作任务在我市的实际落实情况开展了广泛深入的调查研究，通过两种形式进一步规范了相关工作要求。一是对我市已有明文规定的采取直接转发的形式贯彻；二是对中央提出新要求，我市还未作规定的，或已作规定但落实不够好的，经过认真研究、反复协商，提出了新的贯彻意见。针对取消流动人口管理性收费后出现的新情况、新问题，我市认真贯彻中央八部委有关文件精神，市综治委、市计委、市公安局、市财政局、市劳动和社会保障局、市建委、市计生委、市地方税务局等部门联合下发文件，解决流动人口管理人员和经费问题，使我市流动人口管理、服务工作得以巩固。市教委、市劳动和社会保障局、市司法局、市综治办、团市委、市依法治市领导小组办公室联合下发了《天津市加强青少年学生法制教育工作的实施意见》。市综治委、市教委联合下发了《关于进一步做好兼职法制副校长选聘、管理工作的意见》。市烟草专卖局、市综治办联合下发了《烟草市场专项治理整顿工作方案和考核办法》。中共天津市委办公厅、市政府办公厅转发了《市高级人民法院、市司法局、市公安局关于加强我市新时期人民调解工作的意见》。这些文件的出台使一些专项工作得到了进一步规范。

三、认真履行《社会治安综合治理目标责任书》

2003年，天津市委、市政府在连续10年对各区县落实《社会治安综合治理目标责任书》情况进行检查考核的基础上，首次对宣传、工业、农村、商业、金融、教育卫生、交通口岸、外经贸、城建、科技、开发保税区11个系统签定的2002年目标责任书进行了考核评定，考核结果向全市通报。从实地考查和对职能部门提供相关数据的综合分析情况看，各成员单位对社会治安综合治理工作的重视程度进一步提高。一是严格督促落实内部安全责任制。按照目标责任书规定的工作目标和“管好自己的人”、“看好自己的门”的总体要求，各系统狠抓所属单位内部治安防范和安全保卫工作，建立健全安全生产责任制，强化企事业单位内部门卫和治安巡逻，搞好重点要害部位的安全保卫。商业系统针对落实目标责任书工作中存在的问题，采取专题研究、逐项分析、查找不足、改进工作的有力措施推进综治工作。规划建设系统为把握安全生产的主动权，在全系统中开展了“查领导、查思想、查隐患、查整改、查制度”活动。各系统、各单位根据不同行业的不同情况，开展创建安全文明铁道线、平安大道、安全校园、安全工地等活动，拓展覆盖面，提高创建质量，巩固和扩大创安活动的成果。各系统密切与区县的工作协调，积极配合区县对企事业单位周边地区进行治安整治。通过集中整治，348个大中型企业内外部治安环境明显改善，29个铁路、公路段专项整治收效明显，石化、中航油输油管线打孔盗油等违法犯罪案件得到有效遏制，企业、校园、国家重点工程周边秩序进一步改善。二是强化社会管理职能，形成综合解决社会治安问题的整体合力。规划建设部门从职能出发，推行住宅、小区治安防控设施规范化、标准化，与有关部门狠抓了《天津市住宅建设智能化技术规程》等规范性文件的落实，积极推进居民小区物业化管理，提高住宅小区的防范水平。建设、房管、政法等部门在城市拆迁过程中，把保持社会稳定作为重要原则，积极制定相关政策措施，开展宣传解释和疏导、调解工作。司法部门按照中央办公厅、国务院办公厅转发的《最高人民法院、司法部关于进一步加强新时期人民调解工作的意见》，大力加强人民调解组织特别是乡镇、街道人民调解委员会的建设，健全和规范了人民调解三级网络。公安、司法、教育、劳动、民政等部门积极推进社区警务、法律进社区、社区矫正、创建无毒社区等工作，把社会治安综合治理措施真正落实到基层。

四、积极参加综治委组织的各项活动

一是各级纪检、监察、组织、人事部门会同综治机构，认真贯彻执行中央和我市关于实行社会治安综合治理领导责任制、一票否决权制及严重危害社会稳定案(事)件领导责任查究制的规定。

二是积极参与对区县社会治安综合治理工作的考核。由综治委成员单位领导组成的考核组，代表市委、市政府对区县年度综治目标责任书工作目标完成情况进行实地检查。部分成员单位对涉及其综治业务职能的责任书指标，制定考核办法，进行单项考核，并提供考核数据。在对实地考查、部门提供数据、群众反映等方面情况进行综合分析后，召开综治委全委会(综治委委员为成员单位主要领导)对考核结果进行认定后报市委、市政府审批，兑现奖惩。区县对所属单位、地区进行综治考核，也通过上述方式充分发挥各综治委成员单位的作用。

三是向综治委定期汇报发挥职能作用情况，研究深化综治工作的措施，解决面临的问题。各级综治委成员单位按照要求，每半年进行一次治安情况分析和工作总结，年终时轮流在综治委会上汇报一年来的工作情况，达到了交流情况、激励先进、敦促后进的目的。在全市召开的社会治安防控体系建设经验交流会上，规划建设系统和公安、司法部门分别作了大会发言，介绍了本系统、部门的做法，就进一步在社会治安防控体系建设中发挥好职能作用提出了具体的要求和措施。

2003年天津市社会治安综合治理委员会组成人员情况

主　任：宋平顺　市委副书记、市委政法委书记

副主任：王鸿江　市人大副主任(2003年6月24日离任)

陈洪江　市人大副主任(2003年6月24日任命)

孙海麟　副市长

张德铨　市政协副主席(2003年6月24日离任)

曹秀荣　市政协副主席(2003年6月24日任命)

张柏峰　市高级人民法院院长

李宝金　市人民检察院检察长

委　员：王树良　市委副秘书长

武书昌　市政府副秘书长

吴吉栋　市委政法委副书记

肖凤祥　市委政法委副书记、市公安局党委书记

韩华民　市委政法委副书记

刘耀亮　市人大内务司法委主任

梁文忠　市纪检委副书记、市监察局局长

齐二木　市委组织部副部长(2003年8月29日任命)

于瀛沪　市委组织部副部长、市人事局局长

孟宪硕　市委宣传部副部长(2003年6月24日离任)

张秉诚　市委宣传部副部长(2003年6月24日任命)

张炳学　市委统战部副部长

张　环　市委工业工委副书记

沈东海　市委规划建设工委书记

王海福　市委综合经济工委副书记

刘明哲　市委交通口岸工委书记

崔镇锡　市委商业工委副书记

杨希禄　市委教卫工委副书记

李国林　市委外经贸工委书记

郑守森　市委农村工委书记

陈超英　市委科技工委书记(2003年6月

24日离任)

李　平	市委科技工委副书记(2003年6月24日任命)
任　焱	天津开发区保税区工委副书记
邢铁隆	市委、市政府信访办主任
刘凤山	市总工会副主席
王之球	市妇联主席
吕福春	团市委书记
王　勇	天津警备区政治部副主任
郭林青	天津武警总队队长
刘广炬	市司法局局长
董海舟	市国家安全局局长
董皓然	市民政局局长
武长顺	市公安局局长
黄新华	市第一中级人民法院院长
宁殿芳	市第二中级人民法院院长
李柏华	天津海事法院院长
骆秀英	市检察院一分院检察长(2003年6月24日离任)
李新民	市检察院一分院检察长(2003年6月24日任命)
马世民	市检察院二分院检察长
崔津渡	市财政局局长(2003年6月24日离任)
杨福刚	市财政局局长(2003年6月24日任命)
花绍增	市劳动和社会保障局局长(2003年6月24日离任)
唐延芹	市劳动和社会保障局局长(2003年6月24日任命)
石　栋	市工商局局长
高凤俊	市广播电视局局长
方伯敬	市文化局局长
成其圣	市新闻出版局局长
赵桂芬	天津海关关长
张喜坤	中国人民保险公司天津分公司总经理
张久祥	市公安消防局局长
罗　昭	市监狱局局长
周长利	市劳教局局长
高从善	市综治办主任

天津市社会治安综合治理委员会办公室规格为副局级,主任:高从善,副主任:廉仡,定编12人。下设2个职能处,规格为处级。

天津市社会治安综合治理委员会　天津市教育委员会关于进一步做好兼职法制副校长选聘、管理工作的意见

(2003年5月19日)

各区县社会治安综合治理委员会、教育局,市委各口社会治安综合治理工作领导小组,市政法各部门:

1994年以来,我市在中小学普遍选聘政法干警担任法制辅导员,参与学校的法制宣传教育活动。2000年以来,又将法制辅导员改聘为兼职法制副校长,职责任务和工作覆盖面不断扩大,在预防青少年学生违法犯罪工作中起到了重要作用。现根据形势、任务的变化,对进一步做好兼职法制副校长选聘、管理工作提出以下意见。

一、选聘兼职法制副校长的范围

凡坐落在我市的普通中小学(含民办学校)、中专、技校、职专、职校都应选聘兼职法制副校长。

二、选聘兼职法制副校长的条件

兼职法制副校长,按以下基本条件从公、检、法、司等政法机关的优秀干警中选聘:

(一)政治素质好,热心于青少年教育工作。

(二)熟悉法律知识,具有一定的语言表达能力、组织协调能力和实践工作能力。

(三)身体健康,小学兼职法制副校长应具有

了具体的贯彻要求，组织开展了试点工作，对各区县落实情况进行了检查推动，狠抓了工作深化。

在各街道全部建立预防青少年违法犯罪领导小组的基础上，先后推广红桥区选派优秀教师任街道综治办副主任主抓预防青少年违法犯罪、和平区组织优秀教师下社区开展青少年教育与预防工作的做法，为落实各项措施提供有力的组织保障。

明确社区预防青少年违法犯罪以未成年辍学生和失业（下岗）青少年为重点。建立了未成年辍学生和失业青少年、有违法违纪行为的青少年、家庭特困青少年档案。以积极创造就业条件为基础，进一步明确政法、劳动等部门的责任、分工，在就业登记、就业培训、就业指导各个环节中，有针对性地进行道德、法制教育，通过提高整体素质和就业竞争力，达到就业和预防减少犯罪的综合效益。我市和平区实行上述办法后，2年间先后安排了1766人就业，无业青年犯罪率也由29‰降至4‰。

本着“组织协调一体化、就业安置市场化、帮助教育社会化”的思路，以排摸刑释解教人员底数为突破口，狠抓了工作措施落实率的提高。2002年我市刑释解教人员帮教率、安置率分别达到98.5%和96.5%，放回不满5年的刑释解教人员重新犯罪率控制在2.5%以下。与此同时，在公检法机关健全未成年人案件处理一条龙体制的基础上，对虽已实施了轻微违法犯罪行为，但依法可不处以刑事处罚或行政处罚的未成年人实施“挽救工程”，按照一定程序，由学校、家长申请，办案部门批准，规定一定的时限，由责任民警、居委会、学校和挽救对象家长共同签订挽救协议，确定相应的制度，在社会上进行教育挽救。

针对取消流动人口收费后面临的新情况，及时调整了工作举措。把预防流动人口中青少年违法犯罪的责任落实到用工单位及居住地，与在编员工及常住人口青少年犯罪预防工作统一实施，实现同安排、同部署、同检查、同考核。强化服务意识，把规范执法行为，切实维护、保障流动人口合法权益作为深化管理的突破口，进一步深入实施“千校百万”外来务工青年培训计划，提高外来务工青年的劳动技能、法制观念和思想道德文化素质。

实行“五网五模式”长效管理机制 努力构建社会治安大防范格局

中共南开区委　南开区人民政府

我区辖内大专院校、科研所较多，流动人口多，城郊结合地界长，治安防范工作面临很多困难。近年来，我们始终把加强治安防范工作作为全区经济发展和社会进步的重要保障，整合人、财、物等方面的资源，探索建立了条块相连、内外联动、区域协作、专群结合、层层负责的“五网五模式”长效管理机制。

一、充分挖掘“人力”资源，组建五个防范网

一是目标管理责任网。我区将治安防范工作作为发展区域经济的平台和软环境，纳入全区发展的总体规划，采取层层签订《社会治安综合治理目标责任书》的形式，把各项工作任务量化分解到各级党政领导和各个职责部门。全区建立了防范责任承包机制，形成区综治委领导包街道、直属局（公司）；街党政领导包234个社区；社区居委会主任包楼门院的三级工作网络。区综治委建立了《防范工作领导政绩档案》，加强对各级党政领导日常工作的检查和考核，年终报送区组织、人事部门，作为年度党政领导评先授奖、晋职晋级依据。充分利用责任查究这一“尚方宝剑”，对抓治安防范工作不力造成可控案件高发，以及发生在全市有重大影响治安事件的单位和个人，坚决行使一票否决权。

二是专群结合防范网。全区组建了209个社区警务室，社区民警兼任社区党支部、居委会副职，发挥警务室在警示宣传、组织巡逻、区域控制、接警处警和警情联动等方面的作用。统一制作防范展牌在社区巡展，全区在各楼门口设标有发案情况和防范建议的“宣传公示栏”1000余块。每个社区组建了10人以上的义务巡逻队伍，全区现有义务巡逻队256个，共4968个队员。结合实施“4050”人员再就业工程，组织低保、特困群众600余人做社区保安工作。在环卫系统组建了420人的治安信息员队伍，义务收集治安信息，实行日报告制度，对提供破案线索和协助破案的予以物质奖励。在全区76个外来人口较多的单位设外来人口信息员112名。去年，我区群防群治队伍协助公安机关破获各类案件38起，抓获犯罪嫌疑人76名。

三是街面巡逻控制网。公安部门强化快速反应能力，按照“屯兵街头”的工作思路，在巡控中突出易发案区域、易发案时间、多发性案件三个重点。全区确定了8处常设卡口和12处辐射点位，划分为四个巡逻区域，每个区域内徒步巡警、摩托巡警和流动派出所（警车）相互策应，有效实施“点”控制、“线”巡逻、“面”覆盖。为10辆流动警车配备手提电脑，与市、区“110”报警中心联网，随时对巡控中发现的可疑人和车辆进行上网比对。

四是要害部位防护网。在与群众生活密切相关的14个煤水电气生产单位、19个存有易燃易爆物品的场所、5处有毒有害物品存放点，严格落实防范责任制，强化法人治安防范责任意识，健全规章制度，实行建档管理，签订《安全防范责任书》。公安、消防、安全生产等部门加大对要害部位的安全检查力度，监督落实整改措施。对要害部位存在的治安隐患问题纳入全区重点整治工作范围，专门研究制定防范方案。多年来，我区重点要害部位未发生重大治安灾害事故，保持了良好的治安和生产秩序。

五是重点群体管理网。对流动人口、有轻微违法犯罪行为的青少年、刑释解教人员、监外服刑人员和未转化的“法轮功”分子等重点群体，各主管部门实行建卡和微机跟踪管理，做到工作重心下沉，管理措施前移。全区建有帮教小组784个，2400余人，实行“墙内跟踪帮、墙外贴身帮”的工作方法，减少重新犯罪。政法部门坚持“寓教于审、惩教结合”原则，认真实行挽救工程，做好延伸帮教工作。

二、整合防范“地利”资源，构建五种防范模式

一是物业管理社区“三位一体”防范模式。为做好全区114个物业管理社区治安防范工作，出台了《南开区加强物业管理社区治安防范工作的意见》，各街建有物业管理社区治安防范工作领导小组，每年与物业公司签订《综治目标责任书》，形成街道、公安派出所、物业公司“三位一体”防范管理模式，每月召开一次联席会，分析治安形势，研究调整防范对策和治安力量。物业社区建有83个防范工作站，工作站做到“五建立”，即建立工作目标和职责、建立联席会议制度、建立联合巡逻制度、建立治安情况通报制度、建立督查考核制度。

二是城乡结合部地区联动防范模式。针对城乡结合部案件高发的特点，由一名区领导挂帅，区综治办牵头，主动加强与相邻乡镇的横向联系，界定职责，互通情况，实行“一地双责”，开展有针对性的联防措施。同时，在结合部地区构建了军警民治安联防工作机制，签订《军警民社会治安联合防范协议书》，规定武警、公安、社区所承担的防范区域和巡逻时间，实行责任制，加大夜控力度，从时间到空间上形成全方位协调配合的防范模式。

三是老城平房区群防群治防范模式。我区老城地区平房胡同贯通、路窄、巷子深，是盗窃案件的“重灾”区。针对这一情况，采取了“群防群治四到位、三检查、一考评”措施，开展创建“安全院、安全胡同、安全责任区”竞赛活动。“四到位”，即防范意识到位、组织体系到位、宣传人户到位、硬件建设到位；“三检查”，即检查防范措施落实情况、检查社区巡逻情况、检查群众参与情况；“一考评”，即将社区防范工作量化，责任到人，纳入目标考核。根据平房居民区居住时间长、关系融洽的特点，普遍开展“关照户手拉手，今日我值班”社区安全防范活动，户与户设联系电话，起到应急、互助、互联作用，活跃了社区群防群治工作。

四是旧楼房区准物业防范模式。针对我区旧楼房较多的特点，坚持城市环境综合治理与社会治安综合治理相结合，对涉及9个街56处旧楼房区实行封闭式“准物业”管理。目前市、区政府已出资3000余万元，加大治安防范硬件建设，小区规范修建了围墙、社区值班室、防范宣传橱窗和机动车、自行车车位线。部分社区居民每月交纳一定数额的管理费,用于社区管理建设。"准物业"社区聘用下岗人员担任值班员和"了望哨",在对可疑人员进行盘查的同时,还对小区内乱停乱放的机动车、未安装防范设施的居民户、门脸进行登记和防范提示。

五是繁华地区"四联"防范模式。在繁华的商贸、旅游、高教区,建立了"联防、联调、联动、联创"工作机制,实现防范工作由分散型向集中型转变。"联防",由辖区30余家中央、市属单位购置对讲机1至2台,建立工作站,统一培训管理各单位的保安力量。"联调",由街调解中心对辖区矛盾纠纷进行联合调处。"联动",落实岗位责任制,及时沟通治安信息,由公安部门统一指挥,统一行动,形成合力。"联创",以内部防范为重点,紧密配合,共同开展安全创建活动。在繁华地区开展百家店铺创"治安达标一条街活动"。通过"四联"机制,统一协调单位防范力量向居民社区辐射,有效解决了社区防范力量不足的问题。自去年9月建立该机制后,繁华地区发生刑事案件同比下降了54.5%。

三、巩固"五网五模式"成果,进一步加强治安防范体系建设

在"五网五模式"长效防范机制的构建过程中,我们主要把握了以下三点:一是防范工作必须充分整合社区资源,把社区防范与社区服务、社区文化、社区教育有机结合,形成多层面、多角度、全方位的防范格局;二是防范模式要从实际出发,切忌"一刀切",应立足地域特点,只求效果,不求统一,以点带面,整体推进;三是做好防范工作贵在想群众之所想,为群众办实事,充分发动群众投入到防范活动中,这是我们做好各项社会治安综合治理工作的力量源泉。

这次,我区荣幸地参加了全国综治工作会议,并在大会上作了发言,开阔了眼界,增长了见识,深受教育和启发。会后,我区立即召开了区委书记会、区政府常务会和区综治委扩大会,传达全国综治工作会议精神,研究部署贯彻意见。我区"五网五模式"虽然已基本形成,并初见成效,但仍然存在一些薄弱环节,与全国先进地区和本市兄弟区县相比,还有一定差距。进一步加强治安防控体系建设,我区的初步设想是:制定一个规划,落实"两个保障",提高"三个意识",搞好"四个结合"。

(一)制定一个规划。为使全区治安防范工作规范化、系统化和经常化,我区正着手制定《2004年—2006年加强全区治安防控体系建设三年规划》。主要内容是进一步加强区委、区政府对全区治安防范工作的领导,明确防控体系建设目标,分步实施,整体推进,常抓不懈。

(二)落实"两个保障"。一是制度保障。以完善强化考核奖惩机制为重点,强化对处级党政主要领导和分管领导的考核。同时,推动我区三个制度(《综治职责部门落实责任监测制度》、《街道系统综治责任人考核奖惩制度》和《街道系统分管综治副主任考核评估制度》)的落实。从组织上、制度上对综治和治安防范工作给予有力保障。二是经费保障。区委、区政府决定,今后区财政对政法、综治工作经费给予倾斜。把综治经费纳入财政预算。区设立200万元治安防范基金,并逐年递增。把见义勇为和治安防范两个基金用足用活,充分发挥资金效能。利用旧楼改造的有利时机,加大资金投入,促进防范硬件设施建设和改造,提升治安防范工作的科技含量,提高繁华地区和社区治安防范的水平。

(三)提高"三个意识"。迅速在我区掀起加强治安防范宣传教育活动新高潮,分层次提高三个意识:一是各级领导维护大局确保一方平安的政治责任意识;二是责任部门、责任单位认真履行职责意识;三是维护社会治安人人有责的意识。提高公民、法人和其他组织遵纪守法和自我防范水平。实现治安防范工作从计划行为到市场行为,从部门行为到社会行为,从被动管理行为到主动参与行为,从单独依靠警力到广泛依靠民力的转变。

(四)搞好"四个结合"。在防范工作中要做到:一是防范工程与社区服务相结合。要组织区公、检、法、司、民五部门进社区,开展"五位一体"的"一站式"社区服务活动。定期、定时、定点、定人,开展法律咨询、法律知识培训及办理相关业务,以提高社区居民群众法律意识和防范意识。二是防范队伍建设与党员先进性教育活动相结合。以我区开展"保持共产党员先进性教育"试点为契机,组织党员参加社区义务巡逻队,街道党组织负责培训，区财政拨专款统一制作袖标，居委会组织就近开展治安巡逻，发挥党员在治安防范中的模范带头作用。三是防范活动与解决“4050”再就业工程相结合。为“4050”人员和低保、特困户群众开辟1000个社区保安岗位，补充治安防范活动人力的不足。四是防范工作与社区精神文明建设相结合。区、街两级综治部门参与社区精神文明建设的检查考核工作，凡综治工作没有达到优秀标准或治安防范工作薄弱的，一律取消精神文明建设参评资格。

构建以综治领导责任制为龙头的治安防控体系

天津市大港区社会治安综合治理委员会

大港区是一个以石油化工基地为主体的新型滨海城区，中油大港油田公司、天津石化公司等国有特大型企业坐落在我区。几年来，我们根据本地经济发展需要和石油化工企业的特点，着力构建以落实综治目标责任为主线，以维护企业安全稳定为重点，以强化城乡防范为基础，以完善工作机制为保障的治安防控体系，收到较好效果。

一、以落实综治目标责任为主线，分解目标，强化责任，组织治安防范工作有序开展

几年来，我们始终坚持把治安防范工作纳入区委目标管理考核，明确各级领导在治安防范工作中的目标、任务和要求；并将治安防范工作作为社会治安综合治理目标责任书的重要内容，对部门、基层分别提出量化指标，通过街、镇——社区、村，区属局（公司）——基层企事业单位两条线层层签定责任书，把责任落到实处。每年底，实地检查各项防范措施落实情况，将其与领导政绩考核、晋升奖惩和年终效益工资直接挂钩。在加强对中央及市属企业治安防范工作的指导方面，按照属地管理的要求，吸收驻区大企业领导为区综治委成员，共同研究企地联动、共保一方平安的措施，协调解决企业周边治安问题。2002年区和各街（镇）、大型企业分别制定治安防范规划，提出了三年期间预达的目标和各年度阶段要求，以及实施步骤和解决影响深层次问题的具体方法。

二、以维护企业安全稳定为重点，企地携手互动，共保一方平安

（一）企地联力，集中解决企业周边的突出治安问题。针对近年来企业周边“打孔盗油”、盗窃、破坏企业设施等犯罪突出的现状，由区领导亲自挂帅，成立三级重点治理网络，研究制定治理方案，加大组织、指导、协调力度，强化部门配合，采取下发政府通告、集中清理取缔、加强企地联防、深化法制教育等措施，加强了对突出治安问题的治理。几年来，先后拆除企业周边各类违章建筑2300余间，清理取缔原油回收队16个，原油净化厂、收油窝点、土油池200余个，收缴储油罐100余个。经过治理，盗窃案件多发的大港发电厂近两年未发生一起刑事案件；大港油田集输管线和天津石化公司长输管线2002年以来未发生一起“打孔盗油”案件，并形成了一套按市场经济规律运行的企地联防长效机制。

（二）企地共创，开展安全单位创建活动。按照“属地管理”原则，以发挥企业自身优势为工作着力点，指导企业制定创安规划，落实安全防范责任制，严格各项规章制度，广泛开展了以防火灾、防盗窃、防安全生产事故为主要内容的“双十佳”、“十星级”等达标创建活动，并把创建安全单位工作纳入综治目标责任书考核范围，与企业经济利益、政治荣誉以及职工的个人收入、评先受奖相挂钩，形成了“企地共创，双向考核，属地审评，统一命名”的创安工作格局。

（三）企地同心，积极化解涉企纠纷。为解决多年来影响大港油田发展，干扰油田生产治安秩序的“四类井”问题，区委、区政府本着“着眼全局，优势互补，互惠互利，共同发展”的原则，在深入调研的基础上，制定回收方案，组织政法、工商、环保、街镇等部门，集中时间，集中力量，对长期失于管理的435口“四类井”依法全部回收，消除了治安隐患，促进了企业经济发展。

三、以强化城乡治安防范为基础，努力提高社会整体防控能力

在城区，开展了“四星级”社区安全创建活动。制定《关于开展星级社区创建工作的意见》，根据不同类型小区在防范的软、硬件建设方面投入的差异，规定了不同的创建标准，并制定了严格的考评办法，从制度建设、人员保障、硬件投入、治安管理、治安、刑事发案等方面对社区安全创建情况进行综合评定。对按规范要求建设的物业小区，在原有的人防、物防、技防的基础上，加强指导，完善制度，规范管理，进一步提高星级社区安全创建层次和水平。对于不规范的物业小区，采取“先服务，后收费”的方法，由政府、企业先后出资5000余万元；加快小区物业管理规范化进程，提升安全水平。对非物业管理小区，先由政府、企业组建220人的专职治安巡逻队伍，把小区治安管起来，再根据实际制定优惠和照顾政策，本着“谁出资、谁受益”的原则，鼓励开发商到居民区投资建设，逐步通过小区物业管理提高安全防范质量。农村地区，在发挥治保会、调委会、治安联防队等群防群治组织的作用，实施农户自防、5—10户联防、50户联治，建立街(镇)干部包村、包企业，村干部包块、包段，党团员包产、包人制度，开展创建安全村活动的基础上，根据不同地区生产经营方式的差异，摸索不同的防控工作模式。

四、以完善的工作机制为保障，推动治安防范工作逐步深化

(一)激励制约机制。在坚决落实综合治理一票否决制、重大问题领导责任追究制的基础上，先后制定了《五部委联合考查制度》、《社会治安综合治理年度考核办法》、《星级社区安全创建评比奖惩办法》和综合治理警示制度，对安全防范工作好、成效突出的给予重奖；对安全防范措施不达标的单位、社区不能授予安全荣誉称号，其单位领导不得评定综治先进称号；对出现问题的通报批评并限期整改，问题严重的一票否决，并追究责任。

(二)经费保障机制。在按照全区总人口人均1元的标准，把全区治安防范经费纳入年度财政预算的基础上，区政府每年出资100万元，用于居民小区夜控工作；三年间投资500余万元，在治安卡口建设和在主要路段、重点要害部位配备电视监控装置，构建治安防范的应急、指挥控制系统；募集资金160万元，并每年追加投入10万元，建立了大港区见义勇为奖励资金。各街镇、企业也根据各自的条件为防范工作开展想方设法提供各种形式的物质保障。

(三)治安问题排查机制。定期排查突出的治安问题和矛盾纠纷，对防范工作薄弱、治安问题突出的地区、单位实施市、区、街(镇)三级治理，派出上级工作组，由领导带队进行重点整治。对突出治安问题和矛盾纠纷，实行领导挂牌处理责任制，主要领导到现场直接指挥，包人、包事。制定《处置群体性突发事件工作预案》，形成快速反应机制，做到早发现、早处置。

(四)治安评估机制。制定《关于建立大港区社会治安评估系统的意见》，区、街、居村定期对社会治安状况、社会治安控制能力情况以及诱发治安问题因素的变化情况进行综合分析，及时发现治安管理漏洞和薄弱环节，科学地制定对策，有针对性地调整防范措施。

积极推行农村治安承包责任制 探索适合市场经济规律的防范途径

天津市西青区张家窝镇综治委

我们张家窝镇有16个行政村，2.6万常住人口，1.1万暂住人口。从2001年开始，陆续在全镇12个村推行了治安承包责任制，把市场机制引入治安防范工作。经过两年多的探索和实践，较好地解决了治安防范工作中面临的新问题。

一、从经济发展的现状出发，分析面临的治安问题，确定实行治安承包责任制的思路

为了加快农村城市化进程，合理利用有限的土地资源，促进经济快速发展，我镇从90年代中期开始实施“三集中”战略(人口向小城镇集中，土地向种田能手集中，工业向小区集中)，从而改变了全镇的整体布局，治安防范格局出现了新变化，防范工作面临许多新问题。一是治安形势日趋复杂。随着“三集中”的推进及经济结构的不断调整，我镇人财物越来越集中。同时由于经济的快速发展，外来人口大量涌入，不少村暂住人口超过常住人口，人员成分复杂，治安管理难度增大。二是村级防范力量相对薄弱。村级治安防范队伍存在着人员偏少、年龄偏大、文化偏低、作用发挥相对较差的问题。三是管理机制滞后。部分村的管理机制与市场经济的要求脱钩，责任不明确、分工不具体，干好干坏一个样，治安防范人员没有压力，没有动力。所有这些，都是造成我镇一些自然村案件多发的直接原因。

镇党委、政府经过反复研究认为，决定把市场经济规律引入治安防范工作，在部分有条件的村尝试治安承包责任制。基本想法是，在党委、政府的统一领导下，由镇综治办牵头，公安派出所指导，村委会与承包人签订合同书，把一定区域的治安防范任务固定下来，明确双方的责任、权利，加强监督管理，从而实现治安队员岗位职业化、报酬货币化、责权契约化，确保治安防范措施落到实处。

二、从试点运行入手，调整有关方面的责权利关系，摸索实行治安承包责任制的具体办法

2001年初，我们选择了全镇村子最大、人口最多、治安状况最复杂、经济条件相对较好的张家窝村作为治安承包责任制的试点。在试点过程中，我们主要抓了四个步骤。

(一)充分发动，实现民主决策。我们在试点村先后召开了村两委班子、治保会、巡逻队员、群众代表座谈会，广泛听取干部群众对本村治安管理的意见，通过层层讨论，大家一致认为治安队员工资待遇低、激励机制不健全、责权利不明确，是防范工作的主要问题，并在实行治安承包责任制重要性和必要性方面统一了思想，而后提交村民代表会议讨论，并获得通过。

(二)制定方案，确保“责权利”统一。在试点村制定的治安承包责任实施方案中，明确了实施治安承包的指导思想、目的、意义和具体方法步骤；明确了村级党组织承担对治安承包工作的领导责任；明确了村委会与承包人是领导与被领导的关系，派出所与承包人是指导与被指导的关系，必须加强日常的监督教育管理；明确了对全面履行合同的治安承包人，必须兑现承包款，对不认真履行合同并造成损失的承包人，严格予以处罚。

(三)公开招标，实现择优竞聘。根据招投标规则，竞标人必须是本村村民，必须政治可靠、遵纪守法、作风正派、年富力强、身体健康、在群众中威信高，具有一定的治安保卫知识。选聘过程坚持走群众路线，在个人自荐、群众推荐的基础上，竞争上岗，并经过公安派出所政审合格，在村民代表的监督下参加竞标。承包合同突出量化防范可控性案件的责任，以近5年可控性刑事案件发案平均值为基数，每超过一起扣除承包费1000元，降低1起奖励1000元，充分体现了发包方和承包人的社会效益与经济利益双赢的原则。承包标底为8万元，该村有3名符合条件的村民按规则以秘写的方式投标，最后由一名村民以64000元中标，成为治安承包人，并担任治保主任。

（四）兑现合同，确保承包责任制落到实处。合同规定承包人聘用治安队员不得少于7名，按月向村委会领取治安队员基本生活费，队员因失职发生可控性案件，超过规定基数，每起扣除奖金500元。承包人从本村12名报名者中选聘了7名治安队员，将全村划为7大片，实行治安队员分片负责制。村委会年终根据月考评、村民代表评议、镇综治办全面考核的情况，对承包人进行结算，承包人再根据队员完成基础工作，履行职责的情况及工作效果兑现其奖金。由于采取上述措施，治安承包人和队员的责任心、工作积极性显著增强，治安状况发生了明显的变化，可控性案件比前五年平均发案数下降了4起，并协助公安机关破获盗窃犯罪团伙2个，抓获各类犯罪嫌疑人5名。承包人连同奖金得到了14100元的收益，治安队员全年也拿到了7500元至8000元不等的工资、奖金。

三、以完善全镇联防联控为目标，深入动员，规范管理，因地制宜推广治安承包责任制

治安承包责任制试点效果明显，出现了村民放心、村干部省心、镇综治领导不再揪心的可喜局面。我们在总结试点经验的基础上，2002年又选择了具备承包条件的11个村进行了推广。在实际工作中，我们注意抓了三个环节：一是召开推动会。去年初，镇综治委召开了治安承包责任制工作推动会，试点村村委会主任、治安承包人在会上介绍了实行治安承包的经验做法和体会；镇综治办对如何开展治安承包进行了全面部署，提出了具体要求。二是具体指导。镇综治办成员分别深入到具备承包条件的村，按照村级班子集体研究、制定承包方案、村民代表民主决策的程序进行，进一步完善了承包人由本人自荐和村民代表推荐、村委会把关、派出所政审、村民代表会议决定、公开竞标等规则和制度。三是细化了承包责任和考核办法。在承包责任中，强调“四包”，即包治安防范，包综治宣传，包民事调解，包重点人监控，使承包责任横到边、纵到底。既要各负其责，又要协同作战，并服从镇治安联防指挥中心的统一调动。在考核办法上，做到了“三统一”，即承包方式与责任范围相统一，考核方式与考核内容相统一，合同兑现方式与实际效果相统一。从12个村的治安承包运行情况来看，承包人和巡逻队员责任心明显增强，群众普遍反映治安防范能够见其人、闻其声、尽其责。

以创安活动为载体　把各项防范措施落实到基层

天津市和平区新兴街办事处

新兴街位于天津市和平区东南部，面积1.7平方公里，社区13个，有居民18600户，人口62000人，驻街单位217个。近年来，我们从加强创安工作入手，从优化组织和人员结构、落实各项制度保证及资金等方面加大工作投入，整合社区资源，全面推动治安防范各项工作，发案率逐年下降，为促进地区经济繁荣发展、居民安居乐业创造了良好的社会环境。主要做法是：

一、以社区改革为契机，进一步建立完善社区创安工作组织网络

一是建立街级创安工作领导小组。实行工委书记挂帅，行政一把手负总责，分管领导具体负责的地区创安工作领导体制。把创安工作与建设新型社区结合起来，摆上议事日程，及时研究和解决工作中存在的突出问题，全面加强对创安工作的领导。二是纳入目标管理。将创安工作作为全街重点工作纳入到街政目标管理体系当中，制定创安规划，实行全员化管理，把创安工作作为与全街

14个科室和13个社区居委会一把手签订《综治工作目标责任书》的主要内容,严格过程管理和考核检查、评比复查,奖惩分明,层层落实责任。三是建立地区性创安工作议事制度。由地区综治委、公安派出所、驻街单位、城管监察中队以及居民群众代表共同研究地区性创安工作,同时还注意经常听取各方面的意见,坚持每季度听取街综治办和有关科室的创安工作进度汇报,解决群众关心的治安热点问题、改善群众的生活环境,形成地区创安工作合力。四是不断调整充实街、居两级创安队伍。重新调整了街社会治安综合治理工作办公室。按照街道行政编8%的比例选配了思想过硬、工作经验丰富的干部充实到办公室,保证有3名科级干部专抓综治工作。为优化社区综治干部结构,近年来对社区综治队伍进行了三次调整充实。对社区综治办主任严格选用,保证了街道13个社区综治办主任较高的整体素质,有独立解决问题的能力和水平。此外,还聘请了4名市检察院处级干部成立法律服务所,协助社区做好创安工作。五是加大资金投入,确保创安经费到位。坚持多层次、多渠道地筹措资金投入到创安工作之中,用于建设安全文明小区,改善社区办公条件。近几年共投入资金300多万元,建立安全文明小区13个,物业管理小区9个,面积达到全街60%;有近1万多户,3万多人受益。同时我们还坚持每年为社区干部投入工资补贴等20多万元,为创安工作提供了有力的物质保障。

二、充分发挥四方面作用,有效控制各类刑事案件的发生

几年来,我们始终坚持把社区创安建立在群众广泛参与的基础上,逐步形成了以专业巡逻队伍为主,以义务巡逻队伍为辅,以社区志愿者为骨干,辖区内保队伍积极配合的新型的治安防范网络。

(一)充分发挥全街性的专业巡防队伍作用,建立治安防范生力军。2000年,全街招聘培训了27人,成立了一支专业低偿巡逻队伍,负责在全街13个社区24小时的巡逻任务。巡逻队采取定点、定时、定任务的方法,手持便协式自动播音话筒走街串巷进行治安防范宣传,起到了安全防范和威慑作用。

(二)充分发挥社区义务巡逻队伍作用,扩大巡逻覆盖面。全街原有一支200人左右的巡逻队伍分布在13个社区,每个社区仅十几个人,力量比较单薄。开展"严打"整治斗争以来,进一步把社区志愿者服务纳入创安活动的重要内容,动员志愿者带头参加义务巡逻,形成了1100余人的社区义务巡逻队伍。这支队伍以各自社区为阵地,加强日常巡逻守护,与专业巡逻队互相配合,使防控遍布全部楼群里巷,有效地控制了发案。

(三)充分发挥志愿者服务队伍的作用,加强邻里关照。目前共有500余名楼院长作为楼院门前的"了望哨"。他们利用情况熟、便于关照的有利条件,监视可疑人员,互相照看楼院门户,起到了看门护院的作用。在此基础上,还动员个体工商户参加到防范工作中来,利用个体工商户的报刊亭、商亭建立110、119报警点,方便群众报警,共在全社区楼口或小区门口设立了28处"110、119"报警点,使社区创安工作有了雄厚的群众基础。

(四)充分发挥企业内保队伍的作用,广泛开展街企、警民联防。从200多个驻街内部单位抽调选拔6支护厂队40多人、保安队50多人积极配合公安派出所的治安巡警与社区巡逻队,在护厂、护院的同时,共同维护本地区治安。据统计,两年来驻街单位参加地区性活动100余次,人员达千余人次,协助社区解决疑难问题90余件。四支群众治安防控队伍的建立,在街道形成了从点到面,从固定到游动,横到边、纵到底的安全防控网络,有效地控制了各类治安刑事案件的发生。

三、把加强重点人群教育管理作为创安工作的重点,努力提高社区预防和控制违法犯罪的能力

(一)抓好对刑释解教人员的帮教和对"法轮功"人员的转化。我街共有刑释解教人员100名,其中释放人员77名,解教人员23名,全部建立了帮教小组,安置率为95%。为做好接茬帮教,每年都由街主要领导带队到监狱或劳教场所,大墙内外共同配合,做好帮教工作。利用全区百名教师下社区这一人才资源,为13个社区各选派了1名教师,在社区开展对青少年的教育和培训,青少年的违法犯罪得到了明显遏制。对全街89名"法轮功"练习者全部建立帮教转化档案,掌握日常动态和表现,加大教育转化力度。截止到目前,89名都已转化好或基本转化好,连续3年保持了没有进京、没有聚集练功、没有破坏有线电视转播

流动人口管理工作情况

2003年,全省各级流动人口管理部门紧紧围绕中心工作,反复开展清理整顿活动,切实加强了流动人口管理工作。全省登记暂住人口1265439名,登记出租房屋277899户。

一、切实做好全国“两会”的安全保卫工作,维护社会稳定

2003年2月21日—3月20日,在全省范围开展了为期一个月的流动人口清理行动。共清查暂住人口75万余人,清查出租房屋18万余户,旅店7415家,娱乐服务场所8658家,建筑工地5640家,用工单位9835家,发现案件线索2615条,破获刑事案件1040起,抓获犯罪嫌疑人475名,其中逃犯19名。

二、落实“两抓一促”工作,加强流动人口管理

4月7日下发了《关于落实“两抓一促”工作强化流动人口管理的通知》,制定了《落实“两抓一促”强化流动人口管理实施方案》,明确了工作重点、工作目标和工作措施。在“两抓一促”期间,全省通过流动人口管理提供案件线索6239条,破获刑事案件3625起,抓获犯罪嫌疑人2818名,其中逃犯372名。

三、开展流动人口中返乡人员排查,防止“非典”蔓延

4月下旬至6月上旬,全省各级流管部门认真开展对本地暂住未满15天的流入人口和本地流出人口中的返乡人员的摸排登记活动。期间全省登记暂住15日以内的暂住人口168726人,排查出本地外出人口中的返乡人员1314456人。

四、开展治爆缉枪、流动人口和重点人口专项整治行动,确保暑期安全

召开了全省治爆缉枪和流动人口、重点人口专项整治电话会议。以流动人口较多的城区、城镇和铁路及公路沿线的县区为重点地区,对流动人口中的暴力恐怖分子、民族分裂分子、法轮功骨干分子、各类逃犯以及有各种现实危害及刑释解教的重点人口和有闹事或煽动闹事危险的重点人群,认真开展流动人口、重点人口、出租房屋专项清理整治。行动中,全省确定重中之重的危险分子22082名,建立监控小组50875个,落实监控人员138488名,提供案件线索3143条,破获刑事案件1075起,抓获犯罪嫌疑人897名,其中逃犯86名。

五、配合矿区治安秩序治理,开展流动人口管理工作抽查

下发了《关于开展矿区流动人口管理情况抽查的通知》,要求各市对其辖区内使用外来工较多的矿点进行现场抽查。采取与外来务工人员逐人见面、逐个查验暂住证、逐个与派出所暂住人口登记表对照、与最新工资表对照的形式进行检查。

六、加强流动人口日常管理,进一步夯实了工作基础

制定了《暂住人口管理工作标准及考核奖惩办法》、《重点人口管理工作标准及考核奖惩办法》和《社区民警案前管控情况倒查办法》等规范性文件。落实房主和业主的管理责任,全部签定治安责任保证书。推进暂住人口、出租房屋信息系统建设。目前,全省已有1696个派出所建立使用信息系统,其中847个派出所与市局或分县局联网,录入暂住人口信息719502条,出租房屋信息126289条。

铁路护路联防工作情况

一、全力推进全省护路工作制度化、规范化

一是充实和完善了《全省铁路护路联防办公室工作制度》、《铁路护路联防队员联系村制度》、《铁路护路联防队员上岗执勤制度》、《铁路护路岗亭管理规定》以及重要时期的护路巡护规程等10项规章制度,用制度规范工作。二是抓点带面,总结推广了唐山玉田县护路队伍规范化建设和承德市规范各项基础工作的经验。全省各地在这两个典型的带动、辐射下,不断总结新经验,积极探索新方法,取得了明显成效。

二、强化教育,严格管理,提高护路队伍的整体素质

一是切实加强护路队伍培训。下发了《2003年护路队伍教育培训意见》,从政治素质和业务技能两个方面重点加强对一线护路队员的培训。各地先后举办不同形式的培训班24期,培训护路工作人员和护路队员1513人,培训率达到96%以上。秦皇岛市创办《护路队员》专刊,刊登护路知识60余篇,要求队员人人会学会用。玉田等县市组织护路队员立足本职,开展岗位大练兵活动,使护路队员的整体素质有了明显提高。二是结合全省政法系统开展的执法为民“三项活动”,开展了为期两个月的“爱岗敬业、护路为民”教育活动。各地坚持学习与整改相结合,认真查找工作中的问题和不足,修订完善了护路队伍管理方面的一系列规定。省护路办专门开办了“爱岗敬业、护路为民教育”活动专刊,转发各地经验做法和工作情况,并对在活动中涌现出的承德市兴隆县护路大队长于国钧、邢台市内丘县护路队员李新勇等一批爱岗敬业的优秀护路队员进行了通报表彰,推动了活动的深入开展。三是建立完善奖惩激励机制。本着严格要求,严格管理的原则,省护路办与各市护路办一起对全省26名护路工作人员和1550名队员统一进行考评,逐一重新审核。对68名纪律松弛,工作中出现问题的不合格护路队员作了辞退处理。年终结合评先活动,对连续三年获得省级护路先进个人的护路队员,每月增加劳务补贴50元。各级护路组织在强化队伍管理的同时,千方百计筹措资金改善护路设施。石家庄市充分发挥综治部门和有关单位的参与作用,走护路与企业联姻的路子,2002年在京广线建造22个高规格的护路岗亭,并全部安装电子巡更系统,有效改善了队员工作条件,增加了护路工作的科技含量。2003年又在石德、石太线建护路岗亭25个,一些县市还为护路岗亭配备了电暖气、电话等设备,增强了护路队队伍的凝聚力和战斗力。

三、运用综合治理方法,下大力抓好护路联防基层基础工作

一是充分发挥基层党政组织和各有关部门的职能作用。年初,省护路领导小组与各市、市与县(市、区)逐级签订了《河北省铁路护路联防目标责任书》,把护路工作纳入全省综治工作。同时在年度“双先”评比中,把沿线基层党政组织和有关部门纳入评选范围,给予表彰奖励,调动了他们参与护路工作的积极性。11个市及沿线113个县(市、区)都把护路工作作为本地稳定工作的一项重要内容,超前谋划,把护路任务层层分解,具体落实到沿线各级各有关部门和单位,实行分段承包,定人、定岗、定责,不留空档。沿线各地各有关部门的领导同志亲自带队,深入护路一线实地踏查,实行包线、包段检查督导责任制,使护路各项工作任务落到实处。二是认真开展爱路护路宣传教育。3月份,各地结合综治宣传,因地制宜开展了爱路护路“宣传周”、“宣传日”活动。在宣传教育范围上,各地借鉴抗非斗争中宣传群众、依靠群众的经验,把爱路护路宣传教育向三个方面延伸,即:由铁路沿线3华里内向沿线3华里外的村庄和单位延伸;由部门、单位向社区和流动人口居聚地延伸;由铁路沿线向没有护路任务的县(市)延伸。针对学生节假日上路玩耍,影响列车安全的多发事件,各地护路组织联合教育、司法、宣传等部门,采取多种形式加大了对沿线中小学生的宣传力与加强管理控制相结合，把新排查出来的刑释解教人员全部纳入了管理视线，明确了帮教责任人，做到了不漏管、不漏教，确保了排查清理工作的效果。2003年，全省接受刑释解教人员7477名，7270名落实了帮教措施，7459名得到了安置，帮教率、安置率分别达到了97.23%、99.76%。在做好排查清理工作的同时，对省综治办、省公安厅、省司法厅、省民政厅、省劳动和社会保障厅联合下发的衔接工作《管理办法》的落实情况进行了督导检查，发现和解决了一些问题。

二、强化措施，加强了对刑释解教人员的教育和安置工作

一是加大了对刑释解教人员的法制宣传教育力度。将对刑释解教人员的法制宣传教育工作作为普法工作的一项重要内容抓紧抓好，在法律进社区、民主法制建设示范村等活动中，普遍加强了对刑释解教人员《刑法》、《刑事诉讼法》、《治安管理处罚条例》和《婚姻法》等法律法规的宣传力度，提高了刑释解教人员的法律意识，增强了遵纪守法的自觉性。二是大力开展刑释解教人员安置工作。多方沟通协调、广泛发动社会力量，通过动员原单位接受、强化技能培训引导从事个体经营、帮助落实责任田、发展社区服务、建立安置帮教实体等多种渠道，解决了一大批刑释解教人员的就业问题。目前，全省安置帮教实体已建216个，取得了突破性进展。三是努力开展了对在押罪犯、在教劳教人员教育和培训工作。全省各监狱、劳教所继续加大对罪犯、劳教人员的文化技能培训，使改好率大大提高，并为回归社会后的就业谋生奠定了一定基础。在此基础上，深入开展了社会帮教活动，通过结对子帮教、举办报告会、解答法律咨询、捐赠书籍、报刊、学习用具等活动，有效地促进了教育改造工作的开展。

三、总结经验、扩大宣传，形成了安置帮教工作良好氛围

为推动安置帮教工作良好氛围的形成，组织力量深入调查了全省安置帮教工作开展情况，发现和培养了一批先进典型，总结了一些成功经验和做法。石家庄市桥东区司法局等4个单位被评为全国安置帮教工作先进集体，赵新爱等3名同志被命名为全国安置帮教工作先进个人，唐山市丰南区司法局等67个单位被评为全省安置帮教工作先进集体，刘增礼等62名同志被评为全省安置帮教工作先进个人。对安置帮教工作中的先进事迹，利用报刊、广播、电视等新闻媒体广泛宣传报道，增强了社会各界对安置帮教工作的了解和重视程度。

四、进一步加强了对安置帮教工作的组织和领导

根据《中央综治委刑释解教人员安置帮教工作协调小组更名和调整成员的通知》要求，省综治委刑释解教人员安置帮教工作协调小组更名为综治委刑释解教人员安置帮教工作领导小组，对成员单位进行了相应调整。指导、帮助各地完成了协调小组更名和成员单位调整等工作，使各地对安置帮教工作的领导得以进一步加强。同时，大力加强基层安置帮教工作组织建设。基层安置帮教的具体工作主要由乡镇、街道司法所负责，人民调委会也在这项工作中发挥着不可替代的重要作用。制定了《全省基层司法所规范化建设规划》。截止2003年底，全省共建司法所2163个，规范化司法所达到了64%。对全省的人民调解组织也进行了调整和加强。新建乡镇人民调解委员会2027个，调整村(街)人民调解委员会24934个。并加强对司法所、人民调解委员会工作人员的教育培训，提高他们的业务水平和工作能力，为落实安置帮教工作措施奠定了基础。

预防青少年违法犯罪工作情况

2003年，在省委的正确领导下，省预防青少年违法犯罪工作以邓小平理论和“三个代表”重要思想为指导,深入开展青少年法制宣传教育活动,不断优化青少年的成长环境,积极为开展工作奠定组织基础,加强调查研究,以预防为目标,以教育为手段,以服务为中心,取得了显著成效。2003年全省抓获25岁以下青少年和未成年违法犯罪嫌疑人分别为18847人和4179人,与上年同比分别下降27.2%和22.1%。

一、高度重视,全面部署

省委、省政府和各级党委、政府高度重视预防青少年违法犯罪工作,进一步加强了各级预防青少年违法犯罪工作领导小组及办公室建设,切实做到了机构健全,领导有力,为各项工作的顺利开展提供了组织保障。同时,为促进工作的协调健康发展,省委专门召开预防青少年违法犯罪工作会议,统一了思想,形成了共识,积极促进各项工作措施的落实。各地各部门将预防青少年违法犯罪工作列入重要工作日程,认真安排部署,深入动员,协调联动,相互配合,为预防青少年违法犯罪工作的开展创造了良好的社会环境。

二、深入开展青少年法制宣传教育活动

一是不断丰富青少年法制教育内容和形式。为了增强青少年法制教育的针对性和实效性,立足广大青少年的文化生活需要,团省委、省综治办、省司法厅、省教育厅等单位联合出版发行了《警钟在黎明敲响》、《为了母亲的微笑》等法制教育电视片,通过发挥学校、社区的主阵地作用,深入开展青少年法制警示教育活动,使广大学生和家长受到直观、深刻的法制警示教育,增强了家庭、学校、社会共同做好预防青少年违法犯罪工作的意识。二是继续开展社区“青少年法律学校”创建活动。在活动过程中,通过优秀“青少年维权岗”专业人员、各学校法制副校长、本地区有专业知识的青年志愿者、从事法律工作的离退休老同志担任青少年法律学校的志愿讲师或辅导员等形式,结合不同年龄阶段学生的身心特点和本地区的实际情况,以青少年法律学校为阵地,开展了各种法律宣传教育和法律实践活动,使社区青少年法律学校日益成为青少年法制教育的基地和平台。

三、不断优化青少年的成长环境

一是深入开展“社区青少年远离毒品”活动。省禁毒办、团省委、省综治办、省教育厅联合下发《关于进一步加强中小学生毒品预防教育工作的通知》,使中小学生了解毒品的危害、预防毒品基本知识及禁毒政策与法律法规,促进健康、文明生活方式的养成。同时,在6·26国际禁毒日宣传活动中,我省以“远离毒品,关爱未来”为主题,结合以往禁毒宣传的经验和创建“青年文明社区”工作要求,充分利用社区内的宣传阵地,通过禁毒知识课堂、社区主题团队会、文艺宣传、知识竞赛、绘画征文等形式,帮助青少年了解有关毒品的知识,正确认识毒品给家庭、社会和个人带来的巨大危害,增强了青少年拒毒、防毒的意识。二是开展河北省“优秀青少年维权岗行动月”活动。以全省各级优秀“青少年维权岗”为实施单位,集中开展维护青少年合法权益的专项活动。各市各相关部门紧紧围绕切实维护青少年合法权益,预防和减少青少年违法犯罪开展了丰富多彩的活动,共查处各类侵权案件10余起,开展各类检查活动20多次,有效地净化了社会环境。三是变管理为引导,变教育为服务,为广大务工青年创造良好的发展环境。在春节前集中开展了以为进城务工青年送温暖为主题的“三送一带”(送工钱、送服务、送平安、把文明带回家)活动,积极协调配合劳动、工商、建设等部门做好进城务工青年的工资落实工作,确保进城务工青年劳有所得,维护进城务工青年的合法权益。“非典”期间,开展了为广大进城务工青年送温暖活动,为他们发放了价值3万元的电话卡和消毒药品,数百份防治非典宣传材料,向他们宣传非典防治方法,帮助消除社会恐慌,配合政府控制疫情,为维护社会稳定作出了贡献。

四、采取有效措施,推动工作落实

一是加大对各地预防青年违法犯罪工作的督查力度。在全省深入开展了预防青少年违法犯罪工作检查和自查活动,进一步推动“青少年违法犯罪社区预防计划”的实施,帮助基层优化了工作环境,促进了各项工作措施的落实。二是充分发挥河北省青少年维权中心的作用。使中心不仅能够具体承担全省青少年相关法律事务,包括开展青少年法制宣传教育、受理青少年来信来访、开展青少年法律咨询和法律援助、协调解决青少年侵权案件等,而且还能在青少年权益受到侵害时,高扬法律武器,使青少年维权中心真正成为青少年的“法律代言人”和忠实的保护神。三是以“青少年违法犯罪社区预防计划"为统揽,促进基层预防工作的全面活跃。在社区内广泛动员各方面力量,整合社区资源,以未成年人为重点工作对象,逐步建立较为完备的预防青少年违法犯罪工作的组织网络和阵地网络,组建专兼职相结合的青少年工作队伍,健全预防青少年违法犯罪的工作机制,推进党委统一领导、部门分工负责、社会广泛参与的齐抓共管工作局面的形成。

五、加强调查研究,促进预防青少年违法犯罪工作的健康发展

为切实掌握第一手材料和发展变化动态,省预防办等部门经常联合力量深入基层,广泛调研,力求摸清底数,掌握实情,认真分析研究,为做好预防青少年违法犯罪工作提供科学的理论支撑。同时,还召开预防青少年违法犯罪工作专题座谈会,了解和把握我省青少年的发展现状和特点,增强维权工作的针对性和实效性,为党委政府正确决策提供科学依据,促进预防工作的持续健康发展。

积极参与抗击"非典"斗争继续深化"护城河工程"

一、迅速成立组织机构,加强组织领导

4月份,一场突如其来的非典疫情肆虐华北,很快在北京等地形成蔓延之势。为控制疫情,支持北京抗击非典工作,4月29日,省委决定成立省防治非典工作北京外围安全保卫指挥部。由省委常委、政法委书记、省综治委副主任刘金国同志任指挥长,指挥部认真贯彻中央、省领导的重要讲话和有关文件精神,指导环京四市在控制疫情、确保道路安全畅通、维护京冀接边地区稳定等方面,做了大量工作。同时,在省委、省政府和省防治非典型肺炎工作领导小组的正确领导下,成立了由省综治委委员、省委政法委常务副书记刘宝宣同志任组长,省委政法委秘书长傅剑仁、省公安厅副厅长李力同志任副组长的维护稳定工作领导小组(简称六组)组成办公室,把控制输入性病源、确保道路交通畅通、打击破坏防治非典工作违法犯罪活动、维护稳定工作作为重要职责,精心部署,适时调度,及时总结和调整工作措施,确保了防治非典型肺炎工作各项措施及时准确地落到实处。

二、采取有力措施,确保了环京地区道路畅通和社会稳定,防止了疫情扩散

一是保证了进出京通道的安全畅通。在环京四市部署开展了"县、乡、村道路无障碍"活动。为确保蔬菜、食品、药品等特殊物资及时运达北京,设立了"绿色通道"。并派出多个督导组,对环京周围地区的高速公路、国道、省道及县、乡、村道路和298个治安防疫检查站进行了全方位检查督导,发现问题,就地解决,保障了为北京运送物资车辆的顺利通行。二是加强对检疫工作的督导,严防疫情输入扩散。环京各防疫检查站共出动警力和医疗防疫人员7万人次,检疫进出京车辆135万台次,进出京人员300万人次,检出并留观发热症状人员648名。同时,组织党政干部、公安民警和防疫人员,深入农村及城市社区,对返乡民工、学生及流动人口认真进行摸排统计和流行病调查,防止了疫情扩散和交叉感染。三是严厉打击各种违法犯罪活动,积极化解矛盾纠纷,确保北京外围地区的稳定。共破获"法轮功"非法活动案件46起,抓获"法轮功"分子95名;侦破刑事案件1502起,抓获犯罪嫌疑人653名,查处涉及非典违法犯罪案件469起,打击处理637人,刑事立案同比下降40%以上。妥善处置了涿州市双塔办事处部分群众阻挠非典留检站施工等11起涉非典群体性事件。四是加强与北京市的沟通联系,建立了京冀防治非典维护稳定协作机制。京冀两省市先后在涿州和北京召开了京冀防非维稳工作联席会,通报情况,制定具体措施。通过双方使用,先后协调处理了8起涉及两地的问题和事件。五是全力维护社会稳定。六组与北京外围安全保卫工作指挥部密切配合,时刻保持联系,及时沟通情况,共同落实确保交通畅通、维护正常经济社会秩序的决策部署,确保了进出首都道路安全、畅通无阻和进京物资的畅通。先后两次召开“京冀防治非典维护稳定工作联席会”，协调京冀双方防治非典工作。把编造、传播虚假疫情和其他恐怖信息的犯罪，破坏非典防治工作秩序的犯罪，非法经营扰乱市场经济秩序的犯罪等十类犯罪作为打击的重点，对37起重点典型案件适时通过新闻媒体公开曝光，教育群众，震慑犯罪，维护了防治非典工作期间的社会治安稳定。

三、认真总结借鉴抗击“非典”经验，推进综治工作深入发展

“非典”疫情发生后，全省各级综治组织在党委、政府的统一领导下，充分发挥综治优势，积极投入抗击“非典”斗争，“群防群治”等综治工作机制在抗击“非典”工作中得到进一步完善和巩固。全省各地普遍建立了以社会治安综合治理群防群治组织为主体的市、县(区)、乡镇(街道)、村(居)、小组(楼院)五级排查防控组织网络，运用综合治理的工作方法，严防细查，在抗击“非典”各项工作中发挥了重要作用。在充分发动群众，有效控制疫情蔓延的同时，对违法犯罪分子也形成了有力震慑，大大减少了违法犯罪，维护了社会稳定。在这场抗非斗争中，各级党组织和广大干部群众，经受了严峻的考验，广大政法干警在抗击“非典”斗争中，不畏艰险，忘我工作，涌现出冯志杰、刘彦宁、王二辰等一大批可歌可泣的先进模范人物。形成了全省政法、综治队伍维护“护城河工程”的“一个意识”、“五个基础”、“四种精神”。“一个意识”，即讲政治、顾大局、保首都，充分发挥我省“护城河”作用的全局意识。“五个基础”，即：万众一心、众志成城、团结互助、和衷共济、迎难而上、敢于胜利的民族精神得到弘扬，为推动各项事业提供了强大的精神动力，奠定了坚实的思想基础；党和政府的威信大大提高，干群关系、警民关系进一步密切，为全面建设小康社会奠定了良好的政治基础；党员干部队伍经受了锻炼和考验，凝聚力和战斗力进一步增强，为加快各项事业的发展奠定了坚实的组织基础；广大人民群众群防群治意识空前增强，积极参与社会治安综合治理，为推动政法工作奠定了深厚的群众基础；基层基础工作得到强化，社会治安状况进一步好转，为推进政法工作奠定了坚实的业务基础。广大政法干警形成了“四种精神”，即，迎难而上、敢打必胜的拼搏精神；临危不惧、奋不顾身的牺牲精神；恪尽职守、勇挑重担的敬业精神；公而忘私、一心为民的奉献精神。

新华社、中央电视台等中央和省11家新闻媒体，先后对我省建立“绿色通道”、确保进京道路畅通、支援北京防治非典等做法进行了报道。中央政治局常委、全国政协主席贾庆林到河北视察防非工作时，对我省的做法给予了肯定。中央政法委《政法要情信息》转发了我省抓防非维稳工作的做法。周永康同志专门派员到指挥部慰问干警，并从部长基金中划拨100万元，用于一线民警的防护和补助。

社会治安综合治理领导责任制落实情况

一、各级党政领导切实担负起“保一方平安”的政治责任，亲自部署，亲自抓落实

省委、省政府从讲政治和实践“三个代表”重要思想的高度，狠抓综治工作，先后召开“石家庄会议”、“衡水会议”等全省性会议，全面研究部署综合治理工作，推动综治工作不断深入发展。省委还多次召开常委会，研究解决综治工作的困难和问题。2003年10月，省委常委会决定加强省综治办、省稳定办领导力量，省综治办、省稳定办主任由正厅级干部兼任，常务副主任由副厅级干部担任；省公安厅治安总队升格为副厅级机构；增加地方政法编制，三四年内使我省政法编制总数逐步接近或达到全国平均水平；把监狱布局调整配套资金列入今后两年或三年的省财政预算。省委在继2002年4月制定下发《关于加强社会治安综合治理工作的若干意见》(综合治理“二十六条”)的基础上，又制定了《关于加强政法队伍建设的决定》(队伍建设“二十六条”)，两个“二十六条”相得益彰，互为补充，为综合治理工作提供了强有力的政策、行政、组织、经费保障。省委书记白克明、省长季允石多次作出重要指示，对关系综治工作全局的问题提出明确要求。省委副书记赵世居，省委常委、政法委书记刘金国，省政府副省长柳宝全同志经常深入基层调研指导，协调解决工作中的困难和问题，以强有力的工作力度和扎实的工作作风推动综治各项措施的落实，特别是在人员、经费、编制和政法基础设施建设等一些重点、难点问题上，积极争取党委政府支持，积极协调有关部门研究解决，积极推动各地党委政府落实。其他省领导也结合分工，推动本系统综治工作的落实。省综治委充分发挥组织协调作用，多次派出督导组，召开调度会、现场会，全力推动工作的深入开展。在省委、省政府的带动和支持下，各级党委、政府对综治工作高度重视，齐心协力，创造性地抓落实，推动综治工作取得新突破、新成效。石家庄、衡水等市加大投入力度，对市区派出所进行新建、改建和扩建，推动治安防范基础设施建设迈上新台阶。唐山、廊坊等市委、市政府健全经费投入机制，加大财政支持力度，推进科技防范。保定、邯郸等市委、市政府从加强社区组织建设入手，不断打造基层治安工作平台。张家口、承德、保定、廊坊市委、市政府积极深化"护城河工程"，为维护首都稳定作出了积极贡献。

二、严格落实责任，认真兑现奖惩

2003年，全省各地各部门普遍从实践"三个代表"重要思想的高度，把抓好综治工作纳入党委、政府和各部门党政领导的任期目标之一，作为党政领导干部年度工作计划和述职报告的重要内容，进行部署、检查和考核。11市与所辖县市区，县市区与乡镇、街道，乡镇、街道与村，省直各主管部门与下属单位都层层签订责任状，签状率均达100%。各部门把搞好综治工作当成份内事，进一步增强责任感，充分发挥职能作用，积极参与综治工作，一些单位适应工作形势和任务需要进一步充实调整了综治工作领导机构，全省综治工作形成齐抓共管的局面。为加大各级各部门领导责任的落实力度，各级综治、纪检、监察、组织、人事部门认真执行五部门联席会议制度，认真组织检查考核，认真兑现奖惩。对积极探索建立综治长效工作机制，社会治安持续稳定的地方、单位及综治实绩突出的个人予以表彰。同时对社会治安秩序长期混乱，对存在问题整改不力，限期不改，以致发生重大刑事案件和重大责任事故的单位及责任人，坚决实行社会治安综合治理一票否决权，并加大了重大案(事)件领导责任查究工作力度。2003年全省市以上综治部门共评选表彰综合治理先进单位958个，综合治理先进个人1159名，否决单位96个，对31个单位进行了社会治安综合治理黄牌警告，取消了29名个人2003年度的评先晋级资格，对33名领导干部进行了领导责任查究，鼓舞了先进，鞭策了后进。

社会治安综合治理理论研究情况

一、各级党政和部门领导亲历亲为，深入基层调研，增强指导工作的针对性和实效性

省委副书记赵世居同志就加强基层综治、政法组织建设深入基层调研，提出各级各部门要进一步整合基层力量，把综治、稳定办、派出所、法庭、司法所、防范办、排调办统一组织起来，形成抓稳定、抓防范的合力。同时，还就预防和减少青少年违法犯罪、开展基层安全创建活动、推进社会治安见义勇为建设、加强法制宣传教育等问题进行了深入调研，提出指导性很强的意见，推动了各项工作的创新。省委常委、政法委书记刘金国同志就加强监狱建设、基层"三所一庭"规范化建设和综治、政法队伍建设、"严打"整治、矛盾纠纷排查等工作进行深入调研，并有针对性地提出在全省实施监狱布局调整，使其更加科学化；为加强基层基础建设，提出制定出台《2004—2005年全省"三所一庭"规范化建设规划》，大力推进"三所一庭"规范化建设；为大力推进治安防控体系建设，提出要从完善打击、防范、管理、排调、教育、保障等机制入手，形成有机治安防控体系；为进一步深化“护城河工程”，深入环京4市、14县（市、区）进行调研，提出了指导性意见。省政府副省长柳宝全同志就推进治安防控体系建设、抓好预防青少年违法犯罪和校园及周边治安整治工作进行深入调研，提出指导性意见。在省领导的带动下，各地党政领导和有关部门领导也深入基层调研。沧州市委书记张庆华就加强综治、政法基层基础工作进行深入调研。廊坊市委主要领导就加强治安防控工作、矛盾纠纷排查调处工作进行调研，及时加强指导。其他市和部门领导都加强调研，推动综治工作不断取得新成效。

二、认真总结、提炼综治工作的经验和做法，推动综治理论创新

一是深入调研，及时总结和概括综治工作的好经验、好做法。保定市就矛盾纠纷排查调处工作进行广泛的调研，总结了“没有问题抓预防，潜在问题抓排查，发生问题抓疏导，出现问题抓治理，坚持抓早、抓小、抓苗头”的工作经验，推动了排查工作的深入开展。廊坊市总结概括了“正确处理打与防的关系，做到抓打击促防范，抓排查促调处，抓整治促巩固，促进了社会治安良性循环。”海兴县就影响当前农村社会稳定的主要问题、原因进行调研，分析了原因，提出了具体对策。二是召开经验交流会，总结推广了一批经验。省综治委先后在石家庄、衡水市召开现场会，认真总结交流了综治基层基础建设、治安防控体系建设等76篇理论研究成果。如石家庄市的“狠抓基层，夯实基础，努力做好治安防范工作”；唐山市的“健全投入机制，加大财政支持，为社会治安工作提供强有力的经费保障”；省委组织部的“加强农村基层组织建设，为营造良好的社会环境提供组织保障”，等等。这些经验为推动各地综治工作的深入开展发挥了积极的作用。各地也都通过召开经验交流会、研讨会等形式，推动综治理论创新。三是通过《河北综治动态》、《河北综治快讯》刊发各地总结的综治好经验和做法。2003年，省综治办编发《河北综治动态》、《河北综治快讯》36期、76期，及时传承和交流了各地综治工作经验和理论成果，为综治工作的不断创新起到了示范和辐射效果。

三、善于用综治理论成果推动综治工作创新，提升工作水平

各地在注重总结综治理论成果的基础上，又及时用理论成果指导综治实践，推动综治工作取得新进展、新成效。秦皇岛市海港区东南里社区总结的“防范于服务，依靠群众搞好社区治安”理论成果，及时指导社区防范，社区治安面貌发生了根本转变，全年刑事发案同比下降47%，其中入室盗窃案件同比下降44.4%，机动车被盗案为零。衡水市把在防治非典工作中总结的群防群控工作机制引入治安防范中去，对全市居民小区实施全面封闭，规范化管理，有效地提高了小区治安防控能力，预防和减少了犯罪。各地在运用综治理论成果推动综治工作的同时，还注重用综治新理论破解综治工作难题。满城县针对农村防范的难题，积极探索“十户联防体”为载体，自防、互防、联防、巡防为内容的“一体四防”群防群治防范新模式，推动农村防范工作的深入开展。燕山大学面对学校治安日趋复杂的形势，积极探索治安防范新路子，组建了“大学生治安保卫服务队”，加强了学校的治安防范工作。

省综治委成员单位参与综合治理工作情况

一、健全组织，加强领导，认真落实综合治理领导责任制

综治委各成员单位结合本单位本部门实际，及时调整充实了综治机构和人员，大部分成员单位由主要领导同志担任领导小组组长，主管领导任副组长，综治领导机构进一步加强。明确了责任处室，配齐了综治联络员，并由1—2名专职干部负责日常工作。同时，督促指导下级机关成立、

河北省2001—2002年度社会治安工作检查考核实施方案

根据《中共河北省委办公厅、河北省人民政府办公厅转发省委政法委〈关于社会治安工作检查考核的若干意见〉的通知》(冀办字〔2002〕37号文件)和全国政法工作会议精神,省委政法委将于2003年初对各市和省直有关部门2001—2002年度"严打"整治斗争情况、落实冀发〔2002〕4号文件、社会治安综合治理工作、政法队伍建设,开展"转变作风年"活动等进行全面检查考核。为搞好此次检查考核工作,制定如下实施方案:

一、考核的内容和标准

检查考核要以党的十六大精神和"三个代表"重要思想为指导,以实现"社会治安取得新的明显进步"为目标,以人民群众满意为根本标准,重点考核以下内容:

(一)党委、政府对社会治安工作高度重视,切实帮助解决实际问题

1. 党委、政府把社会治安工作摆上重要议事日程,认真研究分析辖区治安形势,切实解决实际工作中的突出困难和问题,及时安排部署社会治安工作,推进"严打"整治斗争顺利开展。

2. 综治委、办能积极充分发挥作用,推动各职能部门齐抓共管。

3. 把社会治安工作纳入主要领导任期目标,层层签订责任状。

4. 认真落实重大案事件领导责任查究制和综合治理一票否决权制。

(二)"严打"整治斗争成效明显

1. 刑事案件上升幅度明显下降,严重暴力犯罪发案减少。2002年刑事发案比2001年下降10%以上。杀人、抢劫、爆炸等8类主要刑事案件发案2002年比2001年下降15%以上。

2. 破案率明显提高。2002年破案数比2001年提高15%以上。

3. 三类重点案件尤其是黑恶势力犯罪案件及时侦破,从快审结,依法严惩。

4. 大力开展重点整治,治安混乱地区得到有效整治,省、市挂账督办的重点地区、部位和单位在限期内切实改变面貌。

5. 各类经济犯罪案件得到有效查处,犯罪分子得到严厉打击,市场经济秩序明显好转。

(三)司法保障工作有较大改善,"严打"整治斗争经费基本保障

1. 政法机关经费得到切实保障,并逐年有所增加。

2. 根据当地国民经济发展水平和省委4号文件所定标准,建立社会治安综合治理专项事业经费,列入本级财政预算,并及时划拨。

3. 建立了大要案准备金,并能保证办理重大案件的经费,且较上年能有所增加。

4. 建立了见义勇为基金、救治绿色通道和政法干警人身保险制度,见义勇为者和因公负伤、牺牲干警得到及时奖励和救治、补助。

5. 加强治安防范基础设施、政法部门装备建设和科技强警,将所需经费纳入本地经济和社会发展计划及五年规划。新建居民住宅小区防范设施健全。

6. 确保政法干警工资按时足额发放。2002年按实足额发放干警工资,对以前拖欠的工资制定了清欠计划。

7. 建立适应社会主义市场经济要求的群防群治经费保障机制,群防群治活动开展得好。

(四)基层基础工作落实,社会治安防控能力提高

1. 居委会规模调整基本完成,人员基本到位,办公用房基本达标。

2. 人口在30万以上的县(市、区)政法委机关人数要达到10人以上;人口少于30万的,县级政法委机关人数不少于8人。其中,大厂、唐海、鹰

手营子矿区、下花园区政法委人数不少于6人。

3.按照冀机编办〔1996〕78号文件，乡镇、街道综治办机构单设，并有1—3名专职工作人员。

4.“两所一庭”软硬件建设基本达标，干警素质明显提高，战斗力明显增强。

5.采取精简机关，充实基层，内部挖潜等办法加强基层警力配置，派出所警力超过全部警力(不含交警)50%以上，做到一区一警或一区多警，每1000户或3000人至少配备一名社区民警。建立了社区警务室，面积不少于20平方米。

6.各市、县(市)城区及3万人口以上的建制镇全部按省里规定的人数和“五统一”要求，建成治安巡防队，且人员全部到岗到位、工作规范、发挥作用较好、群众反映良好。

7.保安公司经过整顿和建设，得到进一步发展。

8.内部保卫和综治组织健全，各项措施落实，充分发挥作用。

9.重点要害部位、公共复杂场所人防、物防、技防措施得到落实。

10.枪支弹药、危爆物品、特种行业、流动人口、出租房屋及刑释解教人员的管理工作进一步加强，涉枪涉爆案件、流动人口犯罪、刑释解教人员重新犯罪得到有效遏制，重新违法犯罪率不超过5%，暂住人口和出租房屋登记率分别达到90%以上，重点人口列管率达到80%以上。

11.深入开展法制宣传教育，认真抓好青少年尤其是在校生的思想道德和法制教育。将法制课列入教学计划，中小学校法制副校长、法制辅导员全部配齐。学校周边治安环境得到治理，无在校生违法犯罪，万人犯罪率在全省平均数以下。

12.民间纠纷、治安隐患、群体性事件、信访苗头四大排查部门分工责任制得到较好落实，无因排查治理工作不落实而导致的重大案件、事件发生。

(五)政法队伍的整体素质提高，违法违纪现象减少，人民群众满意率上升

1.政法机关在“严打”整治斗争中打击处理犯罪的数量和质量提高。

2.政法机关接处警的快速反应能力进一步提高。

3.警民关系、执法形象、服务形象得到改善和群众认可。

4.加强政法队伍教育、管理、培训，干警的政治、业务、文化素质不断提高。

5.“转变作风年”活动有成效，在行风评议中，公、检、法、司机关全部达省定目标(即在行风评议中，检察机关要有40%的单位进入前6名，司法机关要有35%的单位进入前6名，公安、法院机关有30%的单位进入前6名)。

6.政法队伍执法执纪水平明显提高。加强政法机关领导班子思想政治建设，加强对政法干警的法纪教育，强化预防和减少干警违法违纪案件发生的各项措施。领导班子成员和干警无重大违法违纪案件，政法干警违法违纪率控制在千分之三点五以内，干警违法违纪查处率达90%以上。

(六)认真贯彻执行群众路线，人民群众的安全感增强，对社会治安的满意程度提高

1.群众参与社会治安工作积极性高，法律意识、防范意识强。

2.见义勇为蔚然成风，群众敢于同各种违法犯罪作斗争。

3.“法律三进家”和“法律进社区”活动深入开展。

4.群众安全感明显增强，对社会治安满意率达到85%以上。

二、检查考核的时间和方法步骤

检查考核自下而上进行。在各县(市、区)自查的基础上，各省辖市对照上述标准，对所辖县(市、区)和部门开展全面的检查，看是否达到了“社会治安取得新的明显进步”的目标，并于2003年2月20日之前向省委政法委、省综治委提交自查报告。省将根据各市提交自查报告的情况，对各市进行考核。考核工作从2003年2月下旬开始，2003年3月底前完成。考核的基本方法步骤是：

1.对11个市的检查考核。省委政法委派出由厅级干部带队的考核组，采取全面检查和重点抽查相结合，明查与暗访相结合，听取汇报与查阅相关资料相结合的方式对各市工作进行检查，主要是对各市自查工作情况进行印证。

(1)听取各市党委、政府关于2001年和2002年度社会治安工作情况的汇报。特别是“严打”整

治斗争和省委4号文件落实情况的汇报。(2)查阅有关资料。(3)实地抽查。采取抽签的办法,确定抽查单位,在每个市抽查不少于3个县(市、区)。每个县随机抽查两个乡镇、办事处和所在地派出所、司法所、村居委会、学校。(4)暗访。每市选择3—5个公共复杂场所、机关或企事业单位门卫室、治安混乱区域和网吧。(5)座谈。召开由人大代表、政协委员、机关干部、教师、农民、学生、工人等参加的不同层次的座谈会,倾听群众意见及对社会治安问题的愿望要求。(6)考核组对考核情况进行分析、总结,与各市党委、政府交换意见。

2. 对省直有关部门的考核。对省直单位的考核主要采取自查自评和抽查的办法进行。2003年1月31日前,省综治委成员单位和省直有关部门对本部门本单位参与维护稳定和社会治安工作进行全面彻底的自查自评,重点自查综合治理领导责任制和部门责任制落实情况,参与维护社会稳定和开展综治工作情况,信息反馈工作,本系统有无发生影响稳定的重大案(事)件及内部人员违法犯罪情况,工作经验、差距和今后工作安排情况等,自查结束后,向省综治委写出自查报告。从2003年2月下旬开始,由省综治办组织力量,重点对省综治委成员单位开展抽查。抽查采取随机的办法进行,主要是随机查阅会议记录、工作制度、工作计划、责任状等资料;抽查一个下属单位或生活小区,看综治措施落实情况。抽查结束后,主要结合掌握的工作情况,由综治办对省直单位进行分档排队,并向省综治委写出情况报告。

3. 综合评定。省社会治安工作检查考核领导小组于2003年3月底分别听取赴各市检查组情况汇报,并结合平时掌握的情况对各市、县(市、区)和省直单位分别作出是否实现"社会治安取得新的明显进步"目标的评价结论。检查考核工作结束后向省委、省政府和中央政法委、中央综治委写出考核情况报告。

三、组织领导

为切实加强对这次考核的组织领导,保障考核工作的顺利进行,成立省社会治安工作检查考核领导小组。省委副书记、省综治委主任赵世居任组长,省委常委、省委政法委书记、省综治委副主任刘金国任副组长。省委办公厅、省委政法委、省委组织部、省纪检委、省政府办公厅、省监察厅、省人事厅、省检察院、省法院、省公安厅、省司法厅、省安全厅、省财政厅等有关部门主要领导同志为成员。领导小组下设办公室,由省委政法委常务副书记刘宝宣同志任办公室主任,省委政法委副书记、省综治办主任杨其洪同志任副主任。办公室设在省委政法委,负责考核工作的具体组织实施。

四、纪律要求

(一)坚持原则,实事求是。考核中要认真对照考核实施细则的各项指标,本着客观、公正的原则和严肃认真、高度负责的态度,严格把关,不走过场。既要总结成绩,发掘经验,也要发现问题,找出原因,使考核成为巩固、提高、创新各项政法和综治工作的重要手段。要通过考核,使各级各部门进一步强化措施,形成合力,进一步加大落实省委4号文件精神力度,切实把维护稳定、政法工作和社会治安综合治理工作不断推向深入。

(二)各地、各部门要积极配合考核工作,如实反映工作情况,严禁弄虚作假,浮夸瞒报,搞形式主义。

(三)严肃纪律,确保考核工作客观公正。考核期间严禁大吃大喝,游山玩水,严禁参与高消费娱乐活动,严禁接受各种礼品,违者一经发现或被举报,将严肃查处。

河北省社会治安综合治理委员会
关于印发《关于集中开展矛盾纠纷排查调处
和治安隐患排查整治活动的方案》的通知

（2003 年 11 月 17 日）

各市、县（市、区）综治委，华北石油管理局、石铁分局综治委，省综治委成员单位、省直有关部门：

经省委领导同意，现将河北省社会治安综合治理委员会《关于集中开展矛盾纠纷排查调处和治安隐患排查整治活动的方案》印发你们，请结合实际，认真贯彻执行。

河北省社会治安综合治理委员会关于
集中开展矛盾纠纷排查调处和治安
隐患排查整治活动的方案

（2003 年 11 月 12 日）

根据省综治委 2003 年第二次全体（扩大）会议暨全省社会治安防控体系建设现场会议精神，省综治委决定，从现在起到明年 1 月中旬，在全省开展为期两个月大规模、全方位、多层面的矛盾纠纷集中排查调处和治安隐患排查整治活动。方案如下：

一、指导思想和目标

以党的十六届三中全会和"三个代表"重要思想为指导，深入贯彻落实全国社会治安综合治理工作会议和省综治委 2003 年第二次全体（扩大）会议暨全省社会治安防控体系建设现场会议精神，紧紧围绕改革发展稳定的大局，集中开展矛盾纠纷排查调处和治安隐患排查整治活动，带着感情认真解决群众关心的热点、难点问题，切实加大群体性事件苗头、治安隐患、信访苗头、民间纠纷、毒鼠强剧毒鼠药排查调处和整治工作的力度，进一步完善排调领导机制和工作运行机制，提高发现、控制和化解矛盾纠纷、治安隐患的能力，突出重大、复杂疑难矛盾纠纷的排查调处，确保小事不出村（居）和单位、部门，80%的矛盾纠纷调处化解在县（市、区），重大复杂矛盾纠纷调处化解在市和本系统，确保从现在到明年全国"两会"结束，实现五个零指标：无重大爆炸案件、无重大火灾事故、无恶性中毒事件、无特大交通事故、无重大恶性刑事案件，为维护和促进全省经济发展和全国"两会"胜利召开营造良好的社会治安环境，确保人民群众度过一个祥和、文明、安全的元旦、春节。

二、工作任务及重点

（一）治安隐患排查整治方面：以防爆炸、防火灾、防交通事故、防盗抢为重点，着重排查整治重点地区和单位、要害单位、公共场所、特种行业等方面存在的重大治安隐患，强化社会面控制，坚决消除不安定、不安全因素，防止重大爆炸、重大火灾事故、特大交通事故以及影响恶劣的刑事案件的发生。

1. 防爆炸。重点排查整治生产、储存、销售、运输、使用爆炸物品单位存在的隐患，加强检查，发现漏洞，限期整改。特别是对非法生产、销售、储存、运输爆炸物品和烟花爆竹的，要严密排查，及时发现整治，及时剔除隐患。

2. 防火灾。重点排查整治公众聚集场所、党政机关，供水、供电、供气单位，经营易燃易爆物品的单位，网吧、旅馆、洗浴、歌舞厅等单位、场所的火灾隐患，预防和遏制重大火灾事故，尤其是群死群伤恶性火灾事故的发生。

3. 防交通事故。重点排查治理公路、铁路路段和运输企业、个体运输经营户存在的治安隐患，坚决遏制特大交通事故，维护良好的交通秩序。

4. 防盗抢。重点排查居民区、党政机关、学校、企业事业单位和金融网点、公共复杂场所的人防、物防、技防措施落实情况。特别是要把资金集中和经营使用危险物品的企业和单位作为工作重点，认真排查，严格督促整治。通过加强对重点人员的管理、教育，完善落实危险物品的管理使用制度，严密社会面控制，遏制重大盗窃和抢劫、抢夺等刑事案件，增强群众安全感。

(二)群体性事件排查调处方面：以排查调处民族宗教、企业改制、劳动就业、企业军转干部生活困难、征地拆迁、农民负担等方面引发的突发性事件苗头为重点，积极做好防范工作，把发生的可能性和发生问题后的不良影响减少到最低程度。

(三)民间矛盾纠纷排查调处方面：以排查化解婚姻、家庭、邻里、宅基地、债务、生产经营、损害赔偿、干群关系、换届选举等方面引发的纠纷为重点，突出抓好环京津地区、重点交通沿线、社情民情复杂地区、民转刑案件多发地区和基层组织薄弱的村(居)等区域的民间矛盾纠纷排查调处化解，尽最大努力减少和杜绝因调解不力导致转刑案件以致恶性案件。

(四)信访苗头排查调处方面：以排查调处可能引发集体越级上访的苗头，以及信访老户、涉法上访等问题为重点，加大力度，及时化解，坚决减少和控制越级集体上访的发生。

(五)毒鼠强等剧毒鼠药清理整治方面：以清理整治国家明令禁止的毒鼠强等剧毒物品为重点，坚决收缴氟乙酰胺、氟乙酸钠、毒鼠强、甘氟、毒鼠硅等剧毒物品，依法打击处理非法制售行为，坚决取缔非法生产毒鼠强等剧毒物品的个体户、小作坊等“黑窝点”及城镇、农村集贸市场摊点和游商游贩。

三、时间安排和方法步骤

这次集中排查调处整治活动的时间为：从现在开始至2004年1月15日，大体分三个阶段。在各个阶段，要把及时调处化解矛盾纠纷、治理整顿治安隐患贯穿始终。

(一)宣传发动阶段(从现在开始至11月20日)：

各地各部门要结合实际，依据本实施方案，制定实施细则，明确指导思想、任务目标、完成时限、责任部门和责任人、具体措施，确保排查治理活动收到实效。要搞好宣传发动，层层动员，在最短的时间内，把方方面面的力量组织调动起来，真正做到领导、人员、措施、落实四到位。

(二)集中排查和调处整治阶段(11月21日至2004年1月10日)：

集中开展全方位、多层面排查调处整治，做到进村入企，不漏一户一人，切实提高排查入统率，对新排查出来的各类矛盾纠纷和苗头隐患，进行登记建档，并与原来记录在册或挂账督办的案件一起，逐件分解落实到责任单位、责任人，坚决杜绝因漏排而导致问题发生。针对重点纠纷和突出问题，通过领导靠前指挥、部门协调配合、各方主动参与，集中力量调处化解，切实把各类矛盾和苗头隐患消除在基层和萌芽状态。

(三)总结验收阶段(2004年1月11日至15日)：

各地各部门排查调处阶段结束后，要进行全面检查验收，并于11月30日和2004年1月15日分两次向省综治办写出书面的阶段性报告和总结报告。

四、工作措施和要求

(一)提高认识，加强领导，强化调度。各地各部门要把组织开展好这次矛盾纠纷排查调处整治活动，当作落实党的十六届三中全会精神和维护人民群众根本利益一件大事抓紧抓好。各级党政一把手负总责，分管领导负具体责任。要一级抓一级，层层落实责任。各级党政领导要亲自动员部署，亲自深入一线督导，亲自坐镇解决热点、难点问题。特别是对情况复杂、牵涉面大的重点矛盾纠纷及跨地区、跨行业、跨系统的重大矛盾纠纷，一定要靠前指挥，亲历亲为，敢于正视矛盾，积极调处化解。要定期调度工作方案的落实情况，及时掌握工作进度，推进排调工作落实。集中排调整治活动期间，将召开省矛盾纠纷排调活动领导小组会议，听取省公安厅、省司法厅、省信访局、省农业厅等牵头单位汇报，及时总结经验，并针对问题提出下一步排调工作的措施。省综治办要在集中排查期间，抽调人员组成工作组，深入各地督导，推动集中排查调处整治活动的深入扎实开展。各级综治办也要加大督导力度，确保这项活动取得预期效果。

（二）尽快完善排调领导机制和工作运行机制。按照省委要求，省排调领导小组及其办公室已移交到省综治委（办），各地要照此办理。各级综治委（办）要迅速承担起矛盾纠纷排查调处整治工作牵总协调的任务。省综治委要根据省委要求，近期专门发出通知，就进一步完善排调机制提出要求。各市（县、区）要主动工作，尽快理顺排调工作机制，做到任务、人员、编制、装备四落实。各级综治办要在党委领导下，充分发挥牵总协调的作用，搞好组织推动。各级公安、司法行政、信访和农业部门要担负起专项排调整治工作的牵头责任，搞好分管方面的排查调处和整治。公安部门重点负责治安隐患、群体性事件的排查调处，信访部门重点负责信访苗头的排查调处，司法行政部门重点负责民间矛盾纠纷排查调处，农业部门重点负责清理整治毒鼠强等剧毒物品。各有关部门要充分发挥职能作用，在抓好本部门排查调处和整治的同时，积极参与由综治办统一组织的排查调处和整治活动。

（三）扩大覆盖面，把调处矛盾纠纷和整治治安隐患工作贯穿始终。各地既要抓好重点区域、重点场所的排查调处整治，又要重视一般地方的排查调处整治，提高排查调处整治的覆盖面，做到村居不漏户，社会面不漏单位和人员，不留死角死面，排查入统率要达到98%以上，调处和整治成功率达到90%以上。要把排查与调处整治紧密结合起来，在搞好排查摸底的同时，着重下大力抓好调处整治，特别是要把已排查出来的重大、复杂、疑难矛盾纠纷苗头和治安隐患作为工作重点，组织有关部门下大力集中调处整治。各地各部门要结合实际，筛选一批情况复杂、牵涉面大的个案和群众普遍关注且有苗头性、倾向性的突出问题，进行挂账督办，集中精力，集中时间，采取有力措施予以调处整治，以重点突破促整体推进，辐射和带动同类或相关问题的根本解决。各市要在11月25日前向省综治办上报5件重大、疑难矛盾纠纷，省综治办要挂账督办，推动各地各单位及时妥善解决。

（四）健全和完善制度。要继续坚持领导包案、重大疑难纠纷报告、移办、督办和矛盾纠纷激化过错责任追究制度，确保排调活动顺利进行。在这次排查调处整治活动中，凡是省综治办移交的纠纷案件和治安问题，有关地方和部门要确定专人承办，限期解决，并将解决情况书面报省综治办。各成员单位及其他部门要督促本系统的有关单位认真承办各级综治办移交的事项。特别是对省领导交办的重大矛盾纠纷，省综治办要向各地下发“督办通知书”。各地接到通知书后，要抓好落实，明确承办人、包案领导、调处整治措施和时限，做到件件有着落，件件有回音。各地各部门要坚持“集中排查，按职能职责分解调处整治”的原则，建立严密的排查调处整治工作流程，明确各环节的责任和人员，哪个环节出了问题，都要追究有关领导和具体承办责任人的责任。要严格落实矛盾纠纷零报告和重大问题随时报告制度，防止漏报、迟报、瞒报。

（五）认真搞好总结验收。集中排查调处整治活动结束后，要逐级搞好总结验收，认真总结经验，查找问题。对于措施得力、工作扎实、成效明显的地方和单位予以表彰；对推诿扯皮、敷衍塞责、流于形式的地方和单位进行通报批评；对因工作不力而发生影响社会稳定的地方和单位，要坚决实行综治一票否决制，追究有关领导和责任人的责任。

中共河北省委政法委员会
河北省社会治安综合治理委员会
关于印发《2004—2005年全省“三所一庭”规范化建设规划》的通知

（2003年12月17日）

各市委政法委、综治委，省综治委成员单位，省直有关部门：

现将《2004—2005年全省“三所一庭”规范化建设规划》印发给你们，请结合本地本部门实际，认真组织实施。

2003年，全省各级各有关部门认真贯彻省委4号文件和省综治委“6·17”、“11·5”会议精神，把“三所一庭”规范化建设作为构筑全省社会治安防控体系的突破口，强力推动，新建和改扩建公安派出所513个、看守所33个、司法所556个、基层人民法庭80个，一大批“三所一庭”实现了工作规范化的标准。根据各市各有关部门的计划，明后两年还需新建改扩建989个公安派出所、77个看守所、541个司法所，446个基层人民法庭，为此，省委政法委、省综治委在总结各地各有关部门2003年“三所一庭”规范化建设成绩和经验的基础上，制定了本《规划》。请各地各有关部门高度重视，认真抓好落实。省公安厅、省法院、省司法厅要加强对本系统基层单位规范化建设的领导和检查督导，各有关部门要按照本部门在《全省社会治安防控体系建设任务职责分解表》（冀综治委[2003]15号）中所承担的职责任务，积极支持全省“三所一庭”规范化建设。各市政法委、综治办要发挥好组织协调和推动作用。各市综治办在每季度结束后10日之内要向省综治办报告一次工作进展情况。

2004—2005年全省“三所一庭”规范化建设规划

为全面推进“三所一庭”规范化建设，根据冀发[2002]4号、冀发[2003]13号文件精神，依据最高人民法院、公安部、司法部的有关规定，结合我省实际情况，特制定本规划。

一、指导思想

以“三个代表”重要思想和党的十六大、十六届三中全会精神为指导，坚持“打防结合、预防为主”方针，认真贯彻中办、国办关于转发《中央社会治安综合治理委员会关于加强社会治安防范工作的意见》（中办发[2002]26号）和冀发[2002]4号、冀发[2003]13号文件要求，在2003年的工作基础上，继续以新建、改扩建办公用房、装备配备建设和队伍建设、业务建设、内务建设等基础工作为内容，全面加强“三所一庭”规范化建设，不断提高社会治安基层基础工作水平，强化预防、控制和减少违法犯罪的能力，大力推进社会治安防控体系建设,为全面建设小康社会创造良好的社会治安环境。

二、任务目标

目前,全省共有公安派出所2749个,看守所161个,基层司法所2150个,基层人民法庭965个。2003年,已新建和改扩建公安派出所513个、看守所33个、司法所556个、基层人民法庭80个,分别完成新建和改扩建总任务的34.2%、30%、50.7%和15.2%,有90%的公安派出所,70%的看守所、75%的司法所和70%的基层人民法庭达到了有关规范化建设的标准。到2005年底的任务目标是:经过2004、2005年两年努力,全省要在2003年底的基础上,再新建改扩建公安派出所989个、看守所77个、司法所541个,基层人民法庭446个;不断加大"三所一庭"规范化建设力度,全面提高全省"三所一庭"规范化建设水平。每年具体要求是:

到2004年底:全省新建和改扩建公安派出所668个、看守所46个、司法所365个、基层人民法庭283个,分别完成总任务78.6%、71.8%、84%和69%;力争使全省97%的公安派出所、80%的看守所、85%的司法所和80%的基层人民法庭达到有关规范化建设的标准要求。

到2005年底:全省新建和改扩建公安派出所321个、看守所31个、司法所176个、基层人民法庭163个,全部完成新建和改扩建任务;力争使全省99%的公安派出所、95%以上的看守所、司法所、基层人民法庭达到有关规范化建设的标准要求。

三、基本原则

1. 总体规划,分步实施。"三所一庭"规范化建设是一项长期而艰巨的基础工作。各地、各部门要在对"三所一庭"建设现状调查研究的情况下,根据实际作出总体规划,有步骤地实施,争取到2005年底完成规划的全部目标。

2. 一手抓硬件建设,一手抓软件建设。加强"三所一庭"规范化建设,要坚持"两手抓",相得益彰,在抓紧推进办公用房、办公设施和武器装备、交通、通讯设施配备等硬件建设的同时,认真抓好队伍建设、编制、制度、业务建设、内务建设和教育培训等软件建设,通过抓硬件建设带动软件建设的提高,通过抓软件建设,提高硬件建设的效率。

3. 因地制宜,适度超前。要从实际出发,量力而行,符合本地经济发展水平。同时要适度超前,高标准、高质量地搞好"三所一庭"规范化建设。

4. 突出重点,注重实效。在开展"三所一庭"规范化建设过程中,要优先考虑最急需的地方和单位的建设,集中使用财力。同时,注重实效,把人民群众是否满意作为评价的根本标准。

四、保障措施

1. 提高认识,加强领导。"三所一庭"是各项综治、政法工作的具体实施者,是预防、控制和打击犯罪的实战单位,是社会治安防控体系建设的基石。各级各有关部门要充分认识加强"三所一庭"规范化建设是巩固党的执政地位、维护社会长治久安、保证人民安居乐业的重要举措,切实当作一项政治任务和社会责任,摆上议事日程,加强领导。要成立由党政领导挂帅的"三所一庭"规范化建设领导小组,加强组织领导。各级党政主要领导要定期听取工作进展情况汇报,做到工作进展到哪一步,指导就跟进到哪一步,对存在的困难,要亲自研究解决,以强有力的领导和扎实的作风,加快规范化建设。各级党委政法委员会和公安、法院和司法行政部门,要加强对本地、本系统"三所一庭"的组织推动,加强调度督导,推动各项措施的落实。

2. 密切配合,形成合力。各有关部门要主动承担起本部门在"三所一庭"规范化建设中的责任,密切配合,齐抓共建。各级政法部门要主动就此事向当地党委、政府汇报,要积极主动地与财政、国土资源、建设、城市规划等部门进行沟通,争取支持和帮助。

3. 典型引路,逐步推开。各地各单位要认真总结"三所一庭"规范化建设开展过程中好的经验和做法,充分运用典型经验指导和推动规范化建设。省直政法部门要及时总结经验,以点带面,整体推进。

4. 多渠道筹资,加大投入。各地要把"三所一庭"建设经费纳入财政预算,大力支持,加大投入。要积极争取国债资金和银行贷款,采取对口帮建、筹措社会资金等渠道,大力支持"三所一庭"建设。特别是公安派出所和看守所建设要充分利用国家"立项"两所建设工程,安排专项国债资金,专项补助中西部地区“两所”建设费用的大好时机，加大投资力度。省直政法部门要积极向中央、省财政部门争取专项经费，加大投入。同时，各地要对“三所一庭”建设给予政策支持，为“三所一庭”建设提供优质服务。

5. 明确责任，落实奖惩。各地各部门要将“三所一庭”规范化建设工作纳入单位目标管理和领导任期责任制，明确责任，层层分解，落实到人。各级党委政法委书记是第一责任人，要加强组织协调，积极推进。各级政法部门一把手是具体责任人，要采取过硬措施，对本系统基层单位规范化建设全程督导，推动落实。各级综治部门要把“三所一庭”规范化建设纳入本地综治考核的一项重要内容，严格兑现奖惩。每年年底，省直政法部门要组织力量对各地“三所一庭”规范化建设情况进行检查评比。对工作力度大、成效明显的地方，省将给予表彰奖励。

从解决突出问题入手
为社会治安防控体系建设提供有力保障

河北省社会治安综合治理委员会

按照2002年“上海会议”精神，我省针对治安防范工作中存在的薄弱环节，先后下发了《关于加强社会治安综合治理工作的若干意见》和《关于进一步加强政法队伍建设的决定》，为全省治安防范工作落到实处，提供了有力的保障。2002年，全省刑事立案同比下降了18%。2003年1—7月全省刑事发案同比又下降了14.6%。人民群众对治安状况的满意率达到了93.3%，比上一年提高了11.3个百分点。

一、村、居委会和社区治安巡防队建设取得突破性进展

通过调整社区居委会规模，加强居委会硬件建设，配备专职干部，优化干部结构，提高待遇，目前，全省共有社区居委会1733个，比调整前减少54%。居委会班子和工作人员全部配齐，并列人事业编制，平均每个居委会有5名专职干部，其中35岁以下的占25%，大专以上学历的占20%，居委会工作人员月工资比2000年翻了一番，大多数居委会主任落实了副科级待遇。结合重点整治，大力整顿农村后进班子，全省2500多个后进村班子全部实现转化。普遍调整充实了治保会、调委会，目前，全省有治保会、调委会12万多个，成员71万多名。在城市社区全部建立了警务室，省委、省政府专门拿出1922个编制充实基层，按公安部“千户一警”的要求配齐了社区民警；在农村建立警务室或派驻村民警。按照统一组织、统一招聘、统一着装、统一标志、统一教育培训“五统一”的标准，全省35个市辖区普遍建立了200人的社区治安巡防队，巡防队员月工资平均450元，除下岗补贴220元外，差额部分由市区两级财政承担。县城以及3万人以上的建制镇全部建立了30人的治安巡防队，工资以政府财政拨款为主，其他渠道筹措为辅。目前，全省共组建社区治安巡防队700多支、2万多人。最近，我们将出台《关于加强治安巡防队建设的意见》，进一步规范治安巡防队的职责、任务、性质和经费，从制度上确保这支队伍健康发展。

二、县级政法委和乡镇街道综治办建设得到明显加强

省委、省政府两个文件明确规定，各级党委政法委书记必须由同级党委常委担任。专职副书记由同级党委部委办正职干部担任，已经享受副县级待遇的，继续坚持，不能降低。目前，11个设区市和173个县党委政法委书记全部落实由同级党委常委担任。各级综治委成员全部由组成部门主要领导担任。县级政法委人员普遍达到10人以上，乡镇综治办配备专职人员1—3人，一类乡镇达到5人。县乡两级政法委、综治办工作比较薄弱的被动状况得到根本扭转。

三、"三所一庭"和监狱规范化建设全面启动

制定了全省公安派出所、司法所、看守所和人民法庭"三所一庭"建设三年规划，到2005年"三所一庭"规范化建设全部达标。石家庄市今年投资1.5亿元新建扩建改建62个派出所，平均每个派出所的办公用房面积达到1500平方米。省委、省政府专门召开现场会，推广了石家庄的做法。目前，全省"三所一庭"建设势头强劲，许多地方三年规划两年完成，涌现出一批规范化建设先进典型。加大监狱建设的投资力度，统一规划，合理调整布局。今年开始动工新建石家庄女子监狱、邯郸监狱，扩、改建14所，迁建2所，总投资5.6亿元。布局调整后，全省监狱押犯能力由现在的5.06万人增至8万人。

四、社会治安防范工作的经费保障机制初步形成

一是建立了综治专项事业费制度。从去年开始，11个设区市、59个市辖区和县级市按照每人每年0.3—0.5元，其他县按照每人每年0.2—0.3元的标准，全部将综治专项事业费列入年度财政预算。省本级综治专项事业费保底资金500万元，结余转入来年，上不封顶。唐山等经济较发达的市达到了人均1元的标准。二是建立大要案准备金制度。省本级大要案准备金由去年的800万元增加到今年的2000万元，11个设区市分别达到了300—500万元，各县（市、区）达到30—100万元。三是普遍建立社会治安见义勇为基金会。各级基金会统一挂靠在同级综治办。省见义勇为基金已由2002年4月前的不足100万元增加到目前的3000多万元。各市、县也充实了见义勇为基金。全省各级见义勇为基金已达8000多万元。建立了政法干警抚恤金制度，省本级抚恤金首期筹措500万元，年底达到2000万元。制定了《河北省政法干警奖励抚恤资金使用办法》。在三级甲等医院均开设了"绿色通道"，对因公受伤的干警和见义勇为者优先救治。

五、政法队伍制度化建设进一步强化

我们在全省政法队伍中开展了"执法为民"、"执法大检查"、"干警违法违纪问题大检查"等三项活动，纯洁政法队伍，提高政治素质；完成了省市县三级政法部门领导班子的换届，提拔政法系统厅级干部45名，对11个市的公、检、法"三长"进行了交流调整；发布了"约法三章"和"三条纪律"，查处违法违纪案件138起，涉及政法干警224人，其中处级以上领导干部6人。严把"进口"，疏通"出口"，坚持凡进必考；目前，省委政法委正在会同省纪检、监察、组织、人事等部门制定开除、辞退、清调不合格人员的实施办法；今年对三分之一的干警进行了为期一个月的轮训。建立了专家人才库，制定了引进特殊人才的政策性规定。省政府投资5000万元建立了河北省政法综合信息网。

全面推进社区建设
筑牢社会稳定第一道防线

中共保定市委　保定市人民政府

2001年4月以来，我市坚持"先打基础、构筑工作平台，再抓软件建设、全面推进"的两步走战略，创造了一条发动社会各界力量齐抓共建社区的新路子，为社区治安综合治理工作搭建了坚固的平台，促进了社区各项工作的开展。

一、加强领导，形成齐抓共建格局

我市成立了由市四大班子领导担任主任、副主任，市直40个部门负责同志为成员的社区建设工作指导委员会。在市委办公厅成立社区建设办公室，主任由副秘书长担任，专职负责社区建设工作。各区也设立了相应的机构。同时,建立了社区建设目标考核制、领导分包制、市区审批制和明查暗访制等工作制度,全市形成了市委、市政府领导,社区办总协调、民政局牵头,有关部门配合,区为责任主体,街道办事处和社区居委会落实,社会力量支持,群众广泛参与的工作格局。

二、理清思路,突出重点,破解社区建设难题

市委、市政府在深入调查研究的基础上,制定了《关于加强城市社区建设和管理的意见(试行)》,对社区建设全面部署。一是科学合理调整规模。本着有利于社区自治管理、充分发挥服务功能的原则,按照规模扩大、以路(街)巷为界、资源整合的要求,对原有居(家)委会辖区做了适当调整和重新划分,全市原有的312个居(家)委会调整为147个社区居委会,减少47%。二是对口帮扶,强力推进。动员组织86个市直部门和驻保单位帮扶86个基础设施较差的社区居委会,其余61个由区直部门或驻社区单位帮扶。并要求每个社区居委会达到有100平方米以上的办公用房,有不少于20平方米的警务室,有一部办公电话,有较齐全的办公用具和规章制度的“四有”标准。在帮扶共建中有针对性地实施了“四抓”:一抓“硬”部门,如市委常委任一把手的部门,请这些部门带头完成帮扶任务,作出表率;二抓“富”部门,如财政局、交通局等,促其早动工,高标准,早完成;三抓垂直管理部门,如银行、邮政、通讯、电力等,一方面肯定他们过去对保定的贡献,另一方面通过新闻媒体等多种方式适当施压,促其尽快落实帮扶任务;四抓“穷”部门。如妇联等部门,使其发挥联系面广的优势,通过协调其他部门、企业完成任务。针对建设场地不足的问题,采取了“求、商、挤、占、要”的“五字”办法。求,恳求驻地单位让出一块地方;商,协商社区单位改造原有的设施;挤,在规划中硬挤出一块场地;占,占用少量公共用地;要,向开发商要。针对建设资金不足的问题,采取了财政投入一部分、单位帮扶一部分、建设部门免一部分、无偿用地节约一部分、街居凑一部分、福利金资助一部分的“六个一”方法加以解决。由于措施符合实际,仅用6个月时间,全市共筹措和投入4628万元,新建、改扩建和购建社区居委会办公用房116处,总面积达到11735平方米。三是健全组织,加大投入。制定了《关于街道和社区组织设置工作的意见》、《关于公开选聘社区居委会干部的意见》。全市选聘了300多人进入社区工作岗位,区、街两级选派优秀干部到社区任职。社区干部队伍平均年龄由原来的55岁降到39岁,其中,50%以上具有大专以上学历。我市每年划拨100万元资金用于提高社区干部的待遇和补充社区居委会办公经费。目前,社区干部每人每月工资比调整前提高了4倍多,办公经费提高了近10倍。同时全面启动22个县(市)的社区建设工作。

三、以民为本,治安先行,构筑社区治安防控网络

一是明确标准,落实保障。市委、市政府先后下发了《关于加强城市社区社会治安综合治理工作的实施意见》和《关于贯彻落实省委、省政府〈关于加强社会治安综合治理工作的若干意见〉的意见》。明确每个社区必须建设一间不少于20平方米的社区警务室。市综治委要求对所有居民生活区分类施策,实行封闭管理,做到“有门房、有门卫、有围墙(护栏)、有出入证、有登记”。由于实行封闭管理,在抗击“非典”中,有效阻断“非典”的传播。市委、市政府在财力十分有限的情况下,2003年拨付了300万元社会治安综合治理专项事业费,市、区两级财政每年还拿出288万元用于社区治安巡防队专项经费,有效推动了各项综治措施在社区的落实。二是实施社区警务。市社区办、市公安局和市民政局联合制定了《关于加强社区警务建设的意见》。按照每千户配备一名民警的标准,完成147个社区“一区一警”或“一区多警”的配置,先后配备社区民警298名。明确社区警务工作职责。制定了社区民警工作守则,统一社区警务室建设标准。多数社区民警还兼任社区居委会副主任,参与社区日常工作。制定严格措施,保证社区民警主要时间、主要精力、主要责任在社区,成为了社区治安的牵头人、社情动态的知情人、帮教对象的引路人、社区群众的贴心人。三是建立健全群防群治网络。市综治办按照统一组织、统一招聘、统一着装、统一标志、统一教育培训的“五统一”要求,招聘组建了一支600人的专职社区治安巡防队,全部分配到市区派出所,由公安机关管理使用。巡防队队伍经费由市、区财政各负担50%。在三级综治办的指导下,147个社区居委会成立了治保会、民调会，组建了99支社区内专职治安巡防队、168支包括“夕阳红”老年巡逻队在内的义务治安巡逻队。积极推进楼院长负责制。社区治安初步形成了以专业民警为核心、物业管理为主体、治安巡防队和群众义务巡逻队相结合、楼院长为基础的群防群治治安防控网络。四是大力开展“法律三进家”活动。依托各社区设立的普法学校，组织法律工作者开展以“法律条文送到家、学法用法抓到家、守法责任定到家”为主要内容的“法律三进家”活动，将法制宣传、依法治理、人民调解、安置帮教、法律服务工作向社区延伸。同时，147个社区建立了2000多个服务网点，有近6000名下岗失业人员重新走上了工作岗位。

坚持科技强警不断提高治安防控体系的科技含量

廊坊市公安局

我局从“严打”整治斗争开始就注重加强治安防控体系建设，不断吸取最新科技成果，并将其引入社会治安防范工作中。目前基本构筑起以提高合成作战能力为目标，以打防控一体化为着力点，以现代科学技术为支撑，高效能的治安防控体系，有效地维护了社会政治稳定和人民生活的安定。

一、切实加强对科技防范工作的组织领导和物质保障

一是抓好科技防范的总体规划。市公安局按照市委、市政府的决策部署，坚决贯彻“政治建警、科技强警”战略，成立由一把手牵头的科技强警工作领导小组，组织有关专家和技术人员充分论证，制定了《科技强警总体框架》、《科技防范三年规范》和《年度工作方案》，报市委、市政府研究审批。市委书记、市长多次听取有关情况汇报，深入基层进行调研，对我们实施的科技防范工作思路给予充分肯定，纳入建设“数字廊坊”的一项重要内容。

二是抓好立项建设。我们的重点科技防范项目，都经过严格的审查论证，报市政府审批。市政府将其列入城市发展总体规划，纳入全市财政预算，在财力上给予有力保障。2000年，市政府投入500万元，建成了指挥中心等重点项目，2001年投入700万元建成了微波通讯等重点项目，2002年投入850万元建成了GPS卫星定位系统等重点项目。2003年仅全市看守所改建一项，市政府就投入1500万元。

三是抓好高科技人才的培养和引进。通过市委、市政府实施“人才高地”战略，自1999年以来，全市公安系统共引进全日制本科学历毕业生126名，保证了科技人才需求。同时，通过与公安大学、刑警学院联合办学等形式，加强对在职民警的培训，提高他们的科技文化素质和科技设备的应用能力，使高科技人才和高科技设备有机结合起来。

二、加大刑事技术的投入，增强打击效果

一是利用科技装备武装民警，增强侦查破案的及时性。为一线民警配备了移动警务通，采取短信方式与市局综合数据库联接，民警在现场就可以对嫌疑人员、车辆、法律规章等远程查询比对；利用视频会议系统进行远程调度和专家“会诊”等。这些高新技术的应用，打破了警种、部门的信息壁垒，实现了各类公安信息的高度共享和高效综合利用，为侦察工作提供了丰富、准确、快捷的信息和技术支持。

二是建立了公网侦控阵地，增强侦查破案的有效性。对电信目标实现了动态监控，对犯罪嫌疑人准确锁定范围，掌握动向，在侦查破案和抓捕犯罪嫌疑人中发挥了巨大作用。

三是建立了刑事科学技术物证鉴定中心，增强侦查破案的准确性。按部颁标准建成了痕迹实验室、法医实验室、理化实验室、影像实验室、刑事犯罪情报信息中心和警犬基地，对刑嫌人员、现场痕迹、未破案件、在逃人员等与刑事犯罪有关的信息全部实行了计算机管理，为提供证据、认定犯罪提供了有力的技术支持。开通了串并案智能分析系统，输入现场痕迹、作案手段等条件，计算机能够自动进行串并案分析。

三、强化科技手段，提高社会治安防范水平

一是以指挥调度系统为中枢，实现巡防队伍一体化。治安防控体系体现的是各警种、各部门、各层级的整体合成作战，迫切需要建立统一、高效、权威的指挥系统。2000年底，我们将无线通讯、有线通讯、信息网络、GPS定位、视频监控系统和移动数字警务网紧密结合起来，建立了高效、快捷的指挥调度系统。今年初，我们依托廊坊公安综合信息系统，建成了警务地理信息系统，将人口、案件、重点目标、特种行业、警力配置等警务信息与卫星地图结合起来，能够自动进行案件时空分析，制作犯罪信息标图，形象显示犯罪规律特点，为科学用警提供了可靠的依据。

二是以电子警务信息链为纽带，实现管理工作自动化。在重点环节的管理上，我们全部实现了电子警务信息化。全市常住人口实行了微机管理，所有数据全部存入中心数据库，并首批加入全国“百城联网”；重点人口实现了自动列管，在刑释解教人员办理落户手续、看守所办理取保候审等手续时，计算机自动将该人的全部信息转入常住户口所在地派出所的重点人口管理系统；出租房屋和流动人口实现了计算机管理，在办理暂住证和出租手续时，自动在全国在逃人员数据库进行查询比对。

三是以技术防范为手段，实现治安防范社会化。我们注重把先进的科技防范手段向社会推广。2002年4月份建成技防自动报警中心，引导重点单位、要害部位，居民住宅小区等固定目标和运钞车、出租车等移动目标入网，把加强人防、巩固物防与普及技防紧密结合起来，提高安全防范工作水平。全市的运钞车、特种车、警务车以及部分公务车、出租车安装了GPS移动目标联网报警设备，实现了全国自动漫游，具备防盗、防劫报警、远程遥控熄火、车辆越界报警等多种功能。我市的金融系统至今连续14年保持着“盗抢不成”的治理成果，市公安局成为全省唯一的全国金融保卫先进集体。在居民小区大力推广和强化了各项技防措施，将楼宇对讲、门禁、红外线报警、家居安防、机动车出入刷卡等防范措施运用到住宅小区建设之中，提高了安全防范系数，从而进一步提升了治安控制能力。

石家庄市集中整治居民小区“进出口”

在抗击非典斗争中，石家庄市综治委坚持抗击非典和加强居民生活区治安防范工作两手抓，他们从5月中旬开始，部署在市内各区开展为期一个月的居民区“进出口”集中整治活动。截止6月上旬，已整治达标668个，占需整治总数的61.9%，市内五区已投入整治资金218.12万元，封堵进出口748个，修建大门271个，修建围墙4538.5米，新建门卫室188间，充实门卫值班人员2196人，制作居民出入证86.11万个。这一举措，不仅在抗非斗争中发挥了很大作用，而且，大大改善了居民区的生活环境和治安秩序，得到了广大群众的支持和拥护。

一、抢抓机遇，科学决策，把整治居民小区“进出口”作为小区治理的重点来抓

石家庄市区有大小居民生活区1679个。近年来，虽然出现了一大批设施齐全、环境幽雅、管理规范的各类小区，但是仍有一大部分小区建设和管理特别是“进出口”管理不适应居民对安全的需求。主要存在三个问题。一是基础建设不到位。许多小区没有围墙，没有大门，没有门卫，达不到封闭管理的要求；二是人员不到位。大多数小区没有专职门卫人员，有的门卫室白天有人夜间无人，形成小偷“上班”、警卫下班局面；三是管理不到位。人员车辆随意进出小区，门卫形同虚设。这些问题形成了严重的治安隐患。虽然过去多次整治,但由于体制不顺、经费不足、部分群众对封闭管理不理解等原因,居民区"进出口"管理问题始终未能从根本上解决。随着防治非典工作的开展,广大群众特别是生活在"大杂院"中的居民,为防止非典疫情侵入小区,自发组织起来看门护院,求管思治,迫切要求加强社区管理,改变环境差、人员杂、治安乱的面貌。石家庄市委领导审时度势,决定借助防治非典的有利时机,用一个月时间对居民区"进出口"进行集中整治,实行规范化管理。市委副书记李遵英同志要求各区党委、政府要因势利导,把这项工作作为防治非典工作和加强居民小区治安防范的长远需要,本着分类指导、突出重点、因地制宜、集中整治的原则,创造性地开展工作,做到宣传到位、排查到位、责任到位、督导到位。石家庄市综治委把这项工作作为落实省委4号文件、市"双18条"加强社会治安综合治理基层基础建设的重要内容来抓。市综治办制定了实施方案,明确整治的指导思想、标准、措施和要求,迅速推动了这项活动的开展。

为了使各级干部充分认识加强居民区"进出口"管理的重要性,争取各方面和广大居民的支持和参与,他们充分发挥新闻媒体作用,大造声势,形成氛围。集中整治以来,全市印发各类宣传材料5万余份,新闻媒体跟踪报道,天天有字、有声、有影,刊播消息30余条,营造了很好的舆论氛围,做到了家喻户晓,转变了有的居民对垒墙堵口不理解的态度。由于宣传到位、工作到家,引起了社会广泛关注和产权单位的高度重视,也进一步激发了群众的热情。广大群众出谋划策,自发捐款、捐物,积极参与整治。许多产权单位积极筹措资金,充实警卫人员,加强居民生活区的建设和管理。有些效益不好的单位也想方设法克服困难,出资出人,支持整治工作。

二、多措并举,把整治措施落到实处

一是明确整治措施和标准。通过印发文件,发布通告,明确了整治的四条具体标准:封堵多余出入口,修建大门,修整围墙,实行封闭式管理;设立门卫值班室,建立健全门卫人员值班制度,实行24小时有人值班;制作统一的小区居民出入证件,健全人员进出管理制度和外来人员接待制度;实行机动车出入换证管理制度、大件物品出门户主送出制度。

二是突出重点,挂账督办。对于虽已封闭,但制度不健全、管理不规范的841个二类小区,由区综治办挂账督办;对尚未封闭,管理较差的238个小区由市综治办挂账督办。各区制作"居民小区进出口整治进度示意图",标注每天进度,激励各区互相学习、争先创优。

三是督促检查,分类指导。市综治办组织督导组包区包院,及时发现问题,提出具体整治意见。督导组在裕华区发现,塔冢村北有7栋居民楼,分属8个产权单位,没有围墙,没有门卫室,没有门卫值班人员,人员、车辆自由通行,环境脏、乱、差,群众怨声载道。经了解,产权单位大部分效益不好,迫切希望有人牵头,把小区统一管理起来。督导组当即召集区、办事处、派出所负责人到现场办公,决定由办事处牵头,把产权单位有限的人力、财力集中使用,变各自为战为统一规模管理,得到了产权单位的支持和群众拥护。不到一星期,这个小区就垒起了围墙,建上了门卫室,实行了封闭管理,群众感激地说:多年解决不了的问题,这次终于解决了,感谢党和政府的关怀。

四是沟通情况,加强协调。整治工作中涉及到诸多的市直单位,市综治委一方面发出通知,要求市直部门服从当地办事处、居委会、派出所的统一组织,带头搞好整治;一方面派人加强联系和沟通,协调有关部门共同抓好落实。市房管局所属公房涉及到市内39个办事处、99个居委会,点多、面广、任务繁重。为此,市综治办专门派人到市房管局协调,就直管公房"进出口"整治工作进行了具体研究,得到房管部门大力支持。到目前为止,市房管系统对居民小区投资9.12万元,封堵门口12个,安装铁门25个。他们准备再投入29万元,安装72个铁门,对150处多余出入口进行封堵。

五是舆论监督,边整边改。通过明查暗访和群众举报,由新闻媒体对那些行动不力、管理不严的小区和单位进行曝光,然后由市综治办会同有关责任部门研究整治方案,督办落实整治措施。集中整治以来先后对14个小区、16个单位进行曝光,有力地推动了整治工作。南长街64号市粮食局宿舍门卫室被出租,大门损坏,无人把守。在电视台曝光后,市综治办领导组织产权单位、区、办事处、居委会负责同志现场办公,仅用一天时间就修好大门，腾出门卫室，配上门卫值班人员，居民群众高兴地说：没想到多年解决不了的事，这次一天就解决了。

六是明确责任，严格奖惩。市综治委明确此项工作将作为社会治安综合治理考核的一项内容，要求各区主管书记为直接责任人，区综治办、公安分局牵头，办事处、派出所具体实施。各区都把整治任务层层分解，落实到人。市综治办利用综治简报、媒体报道等形式，先后对8个单位提出表扬，转发了12个单位的经验做法，对11家单位提出批评。对人民商场、市电影公司、市第一糖茶烟酒公司、市第二燃料总公司等4家单位提出了治安隐患警告，督促限期整改。此外，市综治委从综治经费中拿出25万元，专门用于集中整治的奖励和补贴。由于奖惩严明，有效地调动了各级各部门的工作积极性。

三、建章立制，标本兼治，积极探索社区治安管理长效机制

经过各级、各部门半个月的努力，集中整治工作取得了一些成效。为了巩固集中整治的成果，各区在建立长效机制方面进行了一些探索。

一是合理整合小区，使资源使用合理化。石家庄市居民小区的规模、布局不平衡，大到八、九十栋楼，小到单楼独院，特别是新华区、桥西区老城区多，一楼一院的现象比比皆是，若按照整治标准个个都建上门卫室、配上门卫，就会造成财力、人力等资源的浪费，也不大现实。整治中，他们从充分发挥有限资源的效能出发，根据地理相邻关系和行政隶属关系，运用封堵多余进出口、修建围墙等措施，将一些规模小的宿舍区整合成为新的生活小区，实行规模管理，既节省了门卫，又减少了资金投入，使资源的利用更趋于合理化。

二是健全管理机构，使小区管理规范化。实行物业管理的小区由物业公司负责管理，产权单位单一的生活区由产权单位负责管理，对于多产权、无产权单位，各区积极探索了许多新的管理办法，采取多种形式建立健全管理机构。有的成立产权单位联合管理委员会，有的建立了产权单位联系制度；有的通过居民代表大会的形式参与小区管理，有的探索筹建业主委员会，对小区实行规范化管理。

三是完善规章制度，使管理措施制度化。按照整治方案规定的四条标准，各小区在整治中健全和完善了门卫值班制度、人员进出管理制度、机动车出入管理制度、大件物品户主送出制度、外来人员接待制度等规章制度，使小区管理有章可循，纳入制度化的轨道。

四是多种渠道筹资，使资金保障长期化。小区治安管理中的核心问题是资金保障问题。各区在实践中通过多种渠道筹措资金，建立保障机制。一是产权单位承担。由小区各产权单位按照住户多少、经济状况好坏，按比例分摊，能出资的出资，不能出资的出人。二是以商养卫。办事处、居委会通过出租房屋、收取停车费、收取市场摊位费等多种形式，将收来的资金一部分用于门卫的工资，一部分用于小区的基础建设。三是物业式收费。按照实际需要，每户收取一定的管理费，并将管理费的使用公示，使群众放心。

（撰稿：闫正国　袁荣彪　禹丽芸　张福彤
贾轶明
审稿：刘宝宣　田大忠）

山　西　省

“严打”整治斗争情况

为期两年的集中“严打”整治斗争结束后，为了巩固“严打”整治成果，建立“严打”整治的长效机制，省综治委及时在全省组织开展了“三打三防三创，营建平安三晋”活动，要求各市和政法各部门思想不松、标准不降、力度不减，继续深挖细查黑恶势力及其“保护伞”，本着什么犯罪严重就打击什么犯罪，什么问题突出就重点整治什么问题的原则，因地制宜地采取集中打击、专项斗争等多种形式，严厉打击各类严重刑事犯罪，严密防范和打击境内外敌对势力的破坏活动。斗争中，各级政法机关坚持“严打”方针不动摇，进一步统一执法思想，加强协调配合，加大侦查破案力度，及时消化处理，始终保持了对犯罪分子的高压态势。大同市组织开展了“双打双迎”“严打”整治大会战、“双抢双盗”百天侦破大会战、追逃、“一禁双打”等一系列专项斗争；运城市适时开展了“百日严打整治攻坚战”、“打击盗窃破坏电力设备”、“打击拐卖儿童犯罪”、“指纹破案会战”、“破案攻坚战”等专项行动；朔州市开展了打击盗窃、抢劫、涉毒、涉爆、涉枪等违法犯罪的专项斗争；太原市开展了“双冬”、“三打四整治”、打“双抢”、“两迎三控六检查”、冬季“双严”等专项打击行动，采取“四个结合”和“双线摸查责任制”的方法严厉打击刑事犯罪；晋城市坚持“打现行、破大案、打团伙、追逃犯”的主攻方向，积极推行侦查破案新机制，实行了破案追逃奖惩制度，在打击严重暴力犯罪斗争中，公安机关提出“命案必破、挑战刑侦极限”的口号，相继攻克了一系列恶性案件；阳泉市把打击杀人、爆炸等严重暴力犯罪、团伙犯罪和影响群众安全感的盗窃、抢劫等多发性侵财犯罪摆在突出位置，快速反应，重拳出击，先后组织开展了集中反扒、指纹破案大会战等专项行动；吕梁地区把集中性严打转变为日常严打，坚持露头就打；把阶段性严打变为长期性严打，把严打贯穿到始终；把全区性严打转变为以县市为重点的区域性严打，以提高严打的针对性和实效性；忻州市针对种植毒品、文物犯罪较为严重的实际情况，开展了集中铲毒、打击文物犯罪等专项行动；晋中市实施了“严打整治百日冲刺”和“三万（万人下乡、万人摸排、万人参与‘严打’整治等）”行动等等。据统计，2003年全省共破获各类刑事案件27508起，同比增加1494起，上升5.7%，其中破获八类危害严重的刑事案件5545起，同比增加356起，上升6.9%，对犯罪分子形成了强大的震慑；经济案件大幅度下降，比上年减少367起，下降37.8%；治安案件减少5649起，同比下降8.8%，治安状况有了进一步好转。

同时，继续开展治安混乱地区和突出治安问题的集中排查整治工作。年初，省综治委专门下发了《关于开展排查整治治安混乱地区和突出治安问题活动的通知》，要求各地进一步提高认识，加强领导，以乡为单位排查，以县为单位整治，全省共排查治安乱点869个。对排查出的治安乱点和突出治安问题，全部建立台账，登记造册，根据问题的性质，将整治的任务逐一分解落实到各相关部门，按照定整治责任单位、定整治责任人、定整治对象、定整治时限的“四定”责任制，严格实行整治责任制。对那些治安状况长期混乱、久治不愈或经过整治又出现反复的乱点，各地普遍组织了强有力的整治工作组，进驻乱点，开展集中整治，以打开路，综合施治，限期改变面貌。整治结束后，以县为单位进行验收。验收达标的，予以消号，不达标的勒令补课，直至面貌改观。经过整治，全省有842个整治重点达到了验收标准。同时，还在全省部署开展了为期两个月的以民爆物品管理为重点的“六项安全整治”行动，全面加强爆炸物品、交通、消防、枪支弹药、公安监管场所和内部单位的安全管理防范工作,治安状况不好的地区和一些较为突出的治安问题得到有效整治。

流动人口治安管理工作情况

一是加强组织机构建设,流动人口管理体制得到进一步健全。为了有效解决过去流动人口管理工作中存在的政出多门、多头管理、力量分散、责任不清的状况,全省各级综治机构积极协调有关部门理顺流动人口管理体制。阳泉市结合本地实际明确提出了“政府牵头、公安为主、各方参与、综合治理”的流动人口管理领导体制,确立了通过“五个一”活动,在全市建立市、县(区)、乡镇(街道)三级精干、高效的流动人口管理网络。临汾市创建了四级网络化管理机制,即在街道办事处、乡镇成立了暂住人口管理领导组,在流动人口聚集的村、街道建立了暂住流动人口管理站,在各用人单位确定一名责任心强、有一定法律常识的人担任暂住人口协管员,在暂住人口中选出一名在本地居住两年以上、威信较高、公道正派、遵纪守法的人担任联络员。形成了派出所、街道(乡镇)、社区居委会(村委会)、用工单位纵向到底的流动人口管理网络。晋城市落实了外来人员“三级管理网络”机构,即在派出所设立暂住人口领导小组办公室,在社区、居委会、村委会设立暂住人口管理站,在村组、用人单位设立暂住人口登记点,并在各管理站、点配备专职协管员,在派出所的指导下负责对本辖区暂住人口的管理工作。

二是加强规范化建设,流动人口管理制度得到进一步完善。全省出台了一系列流动人口管理办法和规章,晋城市出台了《晋城市外来人口治安管理办法》,从暂住人口登记管理、权利、义务、处罚等方面作了明确的规定。临汾市先后制定了《暂住人口管理办法》、《暂住人口须知》、《暂住人口守则》、《用人单位使用外来人员规定》、《租赁房屋管理办法》等一系列有关外来人员管理的规章制度,使外来人口管理工作步入了制度化、规范化、程序化管理的轨道。阳泉市公安、劳动、计生等部门,严格按照市流动人口管理工作领导组的要求,从办卡、办证、收费、验证、函调,到日常管理的各个环节都作出了具体规定,并且全部在流动人口管理机构挂牌上墙,实行制度公开。在此基础上,全省各级部门积极采取措施确保各项规章制度真正落到实处。首先是强化目标责任制。即由派出所与各村、各单位、各企业签订《社会治安综合治理责任书》,严格实行出租房屋、流动人口管理工作责任制。其次是强化岗位责任制。对管理站、管理小组、登记点人员及协管员、联络员,都制定了明确的工作职责和严格的工作制度,严格奖惩。再次是加大督促检查力度。各派出所、用人单位实行领导、专管员、协管员定期检查制度,使外来人员的各项活动纳入了有效的监督管理之中,有效防止各种违法犯罪问题的发生。

三是强化措施,流动人口的日常管理工作得到进一步加强。第一是不断加大登记、发证工作力度。结合“非典”防控工作,各地采取“过筛子”的办法对暂住人口进行登记,登记暂住人口绝对数是近年来最多的一年,发证率达到90%以上。第二是突出重点,加强春节前后这两个时段的管理工作。春节前着重抓了外来人口返乡的疏导工作,对用工单位和包工头无故拖欠民工工资的问题想方设法给予解决,有力地控制和减少了流动人口犯罪,消除了不安定因素。春节后,认真把好外来人口的登记关,对无合法证件的人员一律采取发函调查、网上比对等有效的管理措施。第三是对暂住人口实行了计算机网络化管理。50%以上的派出所达到了暂住人口微机化管理,大大提高了暂住人口的现代化管理水平。第四是实行了工资表报告制度,即每月各企业或用人单位必须报回一式两份暂住人口工资表。根据工资表,不仅可以掌握当月暂住人口增减及流动情况,而且可以与发放、回收《暂住证》的数量进行对照,使派出所尽可能真实地掌握暂住人口的流动情况。第五是适时组织开展流动人口出租房屋集中清理整顿行动，对一些暂住人口聚集地、治安乱点适时组织开展了集中清理行动。

四是坚持以人为本的理念，积极为流动人口提供服务。各地坚持寓管理于服务之中，对初来乍到的暂住人员，有联络员引导帮助办理暂住证，联系居住地，并引导他们熟悉环境，有协管员根据暂住人口的择业意愿联系安排工作，并在工作生活中切实保护暂住人口的合法权益不受侵犯。各社区警务室与居委会合署办公，一些派出所想尽办法为辖区内外来人口解决在住宿、子女入学、入托等方面存在的困难。对个别业主给工人发不了工资，派出所掌握情况后迅速派民警与业主协商，及时发放了工人工资。在不断提高服务质量、拓宽服务层面的基础上，各地还采取措施，加大教育培训力度。第一是实行岗前培训和经常性培训相结合，不断加强对民警及流动人口协管员的培训教育；第二是对外来务工人员在开展法制教育的同时，太原、阳泉等市还加强了对外来务工人员的职业道德教育和安全技术培训。

五是积极参与“非典”防控工作，切断因人口流动而导致的疫情蔓延。3 月初，“非典”疫情在我省传播和蔓延，并很快成为全国少数几个疫情较为严重的省份之一。全省各级流动人口管理机构加大对流动人口、暂住人口管理、查控力度，有效地切断了“非典”通过人口流动传播的途径，全省共检查流动人口 188.6 万人。晋城市及时下发了《关于登记、上报流动人口来往情况的紧急通知》、《关于进一步做好流动人口登记控制工作的紧急通知》等文件。在“非典”防控期间，全市共查控流动人口 152498 人，通过户口调查查找从疫区返乡的大中专学生共 2800 余人，协助防疫部门查控发热病人 380 余人，为控制“非典”疫情的传播发挥了重要作用。阳泉市投入警力 513 人，抽调社会其他力量 1822 人，对全市的施工工地和用工单位及散居的各类暂住人口一一进行登记清理，并对全市流动暂住人员和出租房屋进行经常性的跟踪管理。长治市开展了三次大规模的对外来人口、出租房屋“非典”防控普查专项行动。运城市要求各基层公安派出所民警协助街道、居委会在加强对出租房主和暂住人口宣传教育的同时，定期对辖区内的出租房屋和暂住人口逐房、逐人进行消毒和防护检查，确保不发生疫情或疫情的蔓延。由于管理措施落实，为全省“非典”防治工作作出了突出贡献。

铁路护路联防工作情况

2003 年我省铁路护路联防工作认真贯彻全国“长沙会议”精神，一手抓维护铁路治安不动摇，一手抓防治“非典”工作不放松，全面开展“营建平安三晋示范带”活动，实现了铁路治安的持续稳定。

一是精心组织，周密安排，“营建平安三晋示范带”活动全面展开。按照省委提出的“夯实稳定基础，营建平安三晋”的总体要求，提出了在全省铁道走廊开展“营建平安三晋示范带”活动，力争把铁道走廊建成社会治安综合治理措施率先落实的优先区域、示范区域。省综治委以晋综治委(2003)7 号文件下发了《关于在全省铁道走廊开展“营建平安三晋示范带”的实施方案》，提出了“健全四个机制，实施四项工程，开展四项活动，落实四项制度”的工作思路。各地都按照要求，出台了针对性和操作性强的实施方案，制定了三年工作规划，精心组织，认真实施。晋中市提出在铁道走廊全面落实“一村(社区)一警、一段一警”制，构建铁道走廊治安防控网。忻州市提出了争创铁路满意、企事业单位(货主)和乘客满意、人民群众满意的“三满意”工作思路，各成员单位充分发挥职能作用，积极参与营建平安三晋示范带活动。省教育厅就营建平安三晋示范带活动召开专门会议，并下发文件，对教育系统在活动开展过程中应承担的义务、责任进行了明确规定。省军区将民兵参与营建平安三晋示范带、维护铁路治安工作纳入经常性战备任务和参与地方“两个文明”建设的重要内容。大同铁路分局将营建平安三晋示范带活动与分局中心工作有机结合，作为局年度“保万吨任务”工作的重要内容。为了确保创建任务落到实处，省护路办加强宣传，建立了激励制约机制，并从人、财、物上给予了保障。省护路办在山西电视台大演播厅举行了《一路平安》铁路护路联防专场文艺晚会。省综治委铁路护路联防工作领导组表彰了1997年至2002年度全省铁路护路联防先进单位100个，先进工作者200名。同时，根据铁路沿线县市区机构改革后，综治、护路力量削弱的实际，公开招聘、层层筛选，为铁路沿线90个县市区各配备了一名护路联防专职干事，对铁道走廊基层政法综治骨干进行了培训，加大经费投入，对铁路沿线参与护路联防工作的有关人员落实了经费补贴或实物补贴。同时，各地还注重典型的培养、挖掘和推广工作，典型引路、示范带动。全省铁路沿线已建成90个示范乡镇，创建安全文明铁道走廊工作又有了新的发展。

二是真抓实干，强化措施，如期实现了铁路治安明显进步的目标。为了实现为期两年铁路治安严打整治斗争的工作目标，各地按照全省铁路治安第二严打整治战役的工作要求，开展了铁路沿线治安环境整治。在全省组织开展了解决因道口等问题影响铁路稳定的“大排查、大调处”活动，共解决各种影响铁路稳定的矛盾纠纷20余起，避免了群体性拦车堵线事件。同时，为了实现铁路治安明显进步的目标，各地严厉打击涉路违法犯罪活动。太原市万柏林区东晋支线和西山支线偷盗铁路运输物资屡禁不止，全市组织路地公安，出动100余名警力，联合统一行动，进行专项打击，收到了较好的效果。长治市开展了铁路专用线百日集中专项打击整治行动，吕梁地区路地公安部门联手侦破了在介西线偷盗68套扣件的严重案件。全省涉路刑事案件同比下降9.6%，治安案件同比下降13.9%。全省各地还加强了“两会两节”等重点时期的铁路护路工作。各地普遍将铁路安全保卫纳入维护社会稳定之中，出台了专门的安全保卫工作方案，实行了责任承包制度，逐级签定了“安全保卫责任书”，派出了工作组深入铁路一线督查，拨出安全保卫专项经费，做到了铁路重点区段有人看，重点桥梁(隧道)有人管，重点列车有人护，重点时期不失控。

三是加强管理，注重教育，护路联防系统自身建设取得了新的成效。认真贯彻落实《关于进一步加强全省铁路护路联防队伍管理的意见》，在各级护路办机关中开展了“全面建设小康社会，护路联防怎么办”的大讨论，开展了以“提高素质、严格制度、改进作风、增进团结、树立形象”为主要内容的集中学习教育整顿活动，加强了护路联防工作人员业务培训，积极探索了护路联防人事管理的办法，推行了聘用制，进行了岗位管理。进一步强化护路联防队伍的经常性管理，省铁路护路联防总队下发了《全省铁路护路联防系统“五条禁令”》，开展了向“雪山养路工”陈德华事迹学习的活动，涌现出了在“非典”期间及时查获企图爆炸铁路的犯罪嫌疑人、被省劳动竞赛委员会荣记二等功的灵丘县护路联防中队等一批典型。

四是加强了护路联防经费的制度建设。我们紧紧抓住铁路护路联防经费由预算外纳入预算内管理的有利契机，改革了经费下拨体制，实行包干经费和专项经费相结合，省护路办设立了审计监督处，修订完善了一系列经费使用、管理、监督的标准化办法，采取不定期和跟踪监督的办法审计，对全省铁路护路联防进行了财务大检查，对系统固定资产进行了大清理。对发现的问题立即通报，限期整改，保证了经费及时足额到位，发挥了应有的效果。

社会治安管理和防范工作情况

各地根据省里的部署，积极行动，采取措施，着力构建符合当地实际的治安防控网络，形成打击有力、防范严密、控制有效的防控机制。

（一）扎实开展“六项安全整治”行动，最大限度地消除治安漏洞和安全隐患。针对“非典”疫情消除后社会治安形势出现反弹和5月中、下旬我省重大安全事故接连发生的情况，省公安厅于5月30日部署开展了为期两个月的以民用爆炸物品安全管理为重点的“六项安全整治”行动，并取得了显著战果和良好的社会效果。行动期间，全省公安机关共出动警力19万余人次、车辆8万余台次，检查各类单位5.6万余个（次），发现各种隐患3.8万余处，当场整改1.4万余处，发放整改隐患通知书1.4万余份，限期整改9900余处；收缴非法枪支1052枝，炸药6万公斤，雷管14万余枚；破获涉枪涉爆案件429起，抓获各类违法犯罪人员3200余人；同时新建各类安全管理制度2166条，修改完善规章制度3500余条。通过整治，有效地遏制了重大恶性事故多发的势头。

（二）大力加强消防安全检查和道路交通安全整治工作。全省大力推进消防工作社会化，积极架构社区和小城镇火灾防范体系，认真开展了人员密集场所消防安全疏散通道、安全出口专项治理和以文物古建筑单位为重点的消防安全整治行动，集中整治了一大批火险隐患。2003年，全省共发生火灾3545起，比2002年下降5%。深入开展创建“平安大道”和实施“畅通工程”工作，以预防交通事故，确保人民群众生命财产安全为主线，认真治理超载，大力加强晋0牌车和警车管理，组织了声势浩大的“百日交通安全大整治”行动，有力地遏制了交通事故大幅上升的势头。

（三）大力推进治安防控体系建设。加强对社会面的控制，进一步强化以公安指挥中心为龙头，各警种、基层派出所共同负责的指挥体系，形成了以巡警、交警、武警、消防警为主体，公安各部门参加的多警联动的防控系统。目前许多县又实行“三台合一”（110、120、122），提高了打击控制现行犯罪和处置各类案（事）件的能力。加强对高危人群犯罪的控制。以开展派出所等级评定工作，实行规范化管理为契机，以实施社区警务战略为载体，进一步加强派出所工作。狠抓内部单位的保卫组织建设和治安防范工作，大力加强了对党政机关、事关国计民生的水、电、气、暖等要害部门以及金融、通信等要害部位、重点工程建设的安全保卫，推出了一批各具特色的群防群治工作新模式，预防、发现和控制违法犯罪活动的能力进一步提高。各地普遍加强对流动人口、刑释解教人员、吸毒人员、社会闲散青少年等犯罪高发群体的管理工作，建立帮教组织，确定帮教人员，落实帮教措施，同时开展了“新岸工程”、“无毒社区”，创建“青少年维权岗”等活动，从而增强了教育效果，一些地方这类人员的的犯罪明显减少。

（四）大力加强防范工作。各地采取警力前置、阵地前移、突出管理、强化防范等多种措施，加强对公共复杂场所、党政机关和金融机构等重点部位、枪支弹药、爆炸物品、有毒有害物品的打击防范工作，增强治安防范的实际效益。晋中市普遍开展创建零案村、零案单位、零案社区活动，强化治安防范工作。对公共复杂场所，提高巡逻密度，加强夜间值班，增设治安岗亭，从而减少治安隐患。有的市还由政府出资，招收“4050”人员用于社区治安巡逻工作，太原市有2000人、大同市有2000人、晋城市有1080人、阳泉市有800人、长治市有450人。对要害部门采取安装监控设施，配备专职保卫人员等措施强化防范工作。对重要物品，严格落实责任制，强化管理人员、制度、措施的落实，严防被盗和流散社会。加大科技强警力度，晋城市投入科技强警经费2000余万元，长治市将800多万元的科技经费列入了财政预算。

矛盾纠纷排查调处工作情况

一年来，全省各级把矛盾纠纷排查调处工作作为维护社会稳定的一项“治本清源”的大事来抓，共排查调处各类矛盾纠纷4710起，有力地维护了全省的社会政治稳定。

一、坚持领导带头抓，全面推进工作进程

一是从维护全局稳定的高度进一步加强了部署。省委先后三次组织督查组深入市县乡村进行督查调研。省矛盾纠纷排查调处领导组办公室直接组织召开各种形式的座谈会、案件协调会28次，对196件影响稳定的重大矛盾纠纷实行了挂牌督办。省委企业工委、省经贸委、省国防科工委、省人事厅、省教育厅、省劳动和社会保障厅等省直有关部门积极发挥职能作用，全力排查、解决涉及本行业、本领域影响稳定的突出问题1875个。二是从责权共担的高度进一步规范了制度。全省各级、各部门紧紧抓住责任制这一龙头，深入实施“一把手”工程。晋城市出台了《关于实行领导干部“一岗双责”抓稳定的意见》，临汾市充实修订了《目标责任书》，量化细化了矛盾纠纷排查调处工作考核内容，阳泉市对在平定县发生的一起因建SARS医用污物填埋点而引发群体性事件中失职失查的6名县级干部追究了党纪政纪责任。忻州市主要领导把重大纠纷、疑难案件、缠访老户这三类问题拿在手上，实行一级对一级负责、一级向一级交账。太原市出台了《太原市人民群众来信来访暂行规定》及《太原市信访工作责任追究办法》，对全市的信访矛盾纠纷排查调处工作进行了统一规范。三是从深化排查调处的高度进一步健全了网络。各市地进一步健全了由主要领导挂帅的矛盾纠纷排查调处工作领导组，在先前划出135个专门编制的基础上，进一步充实了专职人员队伍。在乡镇街道依托司法所成立矛盾纠纷排查调处中心，在农村和社区建立了以民调会为主的矛盾纠纷排查调处小组，在有关的职能部门和大型企事业单位成立矛盾纠纷排查调处领导组和办公室，形成了条块结合、纵横交错的矛盾纠纷排查调处组织网络。

二、坚持把握重点，发挥优势服务大局

全省各地、各部门紧紧围绕维护稳定大局，坚持集中排查与定期排查相结合，重点调处与经常性调处相结合，确保了矛盾纠纷排查随时发现，及时调处。一是突出抓了重要时期的矛盾纠纷排查调处工作。“两会”、国庆节和十六届三中全会期间，省委专门派出11个督查组深入各地进行了为期40天的督导，对照台账一件一件地抓落实，跟踪督办。各地党委、政府采取过硬办法进一步加强了对进京赴省越级上访的防控工作，有效地发挥了首都“防火墙”和“护城河”的作用。二是突出抓了特殊时期的矛盾纠纷排查调处工作。面对突如其来的“非典”疫情，各地、各部门矛排组织紧密结合这一重大事件开展工作。抗非期间，全省共排查出矛盾纠纷1060余起，及时化解不稳定因素890余起，妥善处理群体性事件15起，涉及2200余人，为防止疫情传播和确保全省社会大局平稳发挥了重要作用。三是突出抓了关键时期的矛盾纠纷排查调处工作。太原市在建城2500年庆典前夕，长治市在县级换届和村委会换届期间，都及时责成各县市区进行了集中排查调处。针对“7.27”和“8.1”期间部分企业军转干部集体上访活动日益活跃的情况，太原、大同、阳泉、忻州、晋中、吕梁、晋城等市地自上而下层层成立了企业军转干部稳定工作领导组，加强思想政治工作，确保了没有发生大的企业军转干部进京赴省上访事件。

三、坚持改进措施，着力规范运行机制

为使不稳定因素得以迅速反馈，各级矛盾纠纷排查调处组织及时将每月排查出的矛盾纠纷特别是隐患问题向公安机关治安部门进行通报，为针对性地制定处置预案、妥善处置重大群体性事件提供了依据。太原市按照“党政领导，综治牵头，司法行政机关具体负责，各部门齐抓共管”的指导原则，进一步整合基层基础力量，构建了矛盾纠纷“大排查、大调处”的新格局。晋中市把解决涉法上访问题作为矛盾纠纷排查调处的重点来抓，强化制度落实，狠抓案件督办，从源头上减少涉法上访问题，成为全省涉法上访“百案攻坚”唯一全部结案的地市。朔州市市、县两级完善了领导接待来访制度和领导包案制度，各级主要领导亲自参与、带头做好矛盾纠纷排查调处工作。临汾市专门下发了《关于进一步规范矛盾纠纷排查调处工作的通知》，对全市矛排工作的开展制定了统一要求和刚性标准。长治市实行了集中调处日制度，在县乡两级每月确定一天，由有关部门、有关人员组成调处力量，实行定时间、定地点、定责任、定调处的“四定”接待调处机制。吕梁地区实行矛盾纠纷排查调处“一票否决制”，对责任人实行诫勉谈话，限期整改。

四、坚持预处并重，及时消除问题隐患

一是大力强化了预防工作。省矛盾纠纷排查调处工作领导组在全省组织了潜在不稳定因素大排查大摸底，下发了《关于加大当前不稳定因素排查调处工作力度确保全省社会政治大局稳定的通知》，分析了当前潜在的隐患和存在的问题，提出了今后维护社会稳定的具体措施。省矛盾纠纷排查调处工作领导组办公室对226件影响社会稳定的重大矛盾纠纷实行了挂牌督办，收到了较好的社会效果。针对“非典”过后，赴京上访出现反弹的情况，7月30日至12月22日，省直有关单位和11个市地全部派出了驻京工作组，专门接待处理进京的非正常上访人员，共接返赴京上访900余案2492人次，有力地维护了首都北京的社会稳定。二是大力强化了处置工作。晋城市针对泽州县向东村的因采矿造成土地裂缝导致群众酝酿上访苗头的问题，市委书记亲自现场办公，有效地制止了群体性上访告状事件的发生。临汾市侯马纺织厂百余名职工聚众闹事、洪洞干河村民聚众打砸等事件发生后，市委、市政府主要领导亲赴现场组织协调，很快平息了事态。吕梁地区积极预防和妥善处置群体性事件，在处置交城“4.23”“防非”群体性事件、汾阳“6.6”“防非”检查站发生的群体性事件、汾阳“6.26”汾柳高速公路群体性事件等事件中，地委主要领导同志都亲自深入现场，协商解决办法，使问题得到妥善解决。

五、坚持求真务实，积极构建长效机制

省矛盾纠纷排查调处工作领导组9月3日至4日在长治市召开了全省建立维护稳定工作长效机制研讨会。与会人员就如何建立维护稳定工作长效机制进行了充分交流和探讨，提出了建立以“谁主管、谁负责”原则为核心的奖罚分明的领导责任机制；建立各职能部门充分发挥作用、各单位齐抓共管的协作机制；建立处置影响社会稳定的重大突发事件的快速反应机制；建立突出重点对象和重点内容的法制与道德相结合教育机制；建立多层次、广覆盖、网络型的专群结合排查调处机制；建立适应新形势发展需要，集机构、人员、经费各种因素的保障机制等六条建议。

各地在具体工作中纷纷进行了有益的探索。临汾市全面推广了襄汾县“突出三抓、实现三化、全方位构建社会治安基层基础防控网络”的经验。忻州市推广了市中院“阳光执法、挂牌接案”的做法，进一步加强了对涉法上访工作的调处力度。长治市建立了集中排查制度和排查信息员制度，构筑了市、县、乡、村四级2000余个矛盾纠纷排查调处机构和3000余名矛盾纠纷排查调处干部为主的“四级排查网络”。晋城市在矛盾纠纷排查调处工作中形成了“四抓四解决”的大思路，建立健全了《矛盾纠纷排查制度》、《纠纷管辖制度》、《纠纷受理登记制度》等一系列规章制度，采取了“两交办一突破”的办法，全市集体上访比上年同期下降了23.6%。各地普遍强化了矛盾纠纷排查调处工作与民调工作、民事审判工作的衔接。晋中市积极探索，以乡镇环节为中心，加强了基层矛调、民调工作和民事审判工作的直接衔接，形成了三位一体的基层矛盾纠纷排查调处工作机制，向构建社会大调解的工作格局迈出了实质性的步伐。大同市综治办会同司法局联合开展了维护基层社会稳定第一道防线“十个一”工程，有效化解了民转刑案件的发生。长治市在各县市区成立了人民调解工作指导委员会，积极参与矛盾纠纷排查调处工作。

社会治安综合治理宣传教育工作情况

全省各级综治宣传部门进一步加强了对宣传工作的组织领导，加强与新闻单位和综治委成员单位的联系，通过新闻媒体的报道和山西严打整治斗争好新闻奖评选、山西省社会治安综合治理好新闻奖评选、《为了人民的嘱托——山西严打整治斗争纪实》大型画册的编辑、参与全国严打整治斗争大型展览等多种形式的宣传活动，很好地体现了党和政府对稳定的重视和解决社会治安的决心，营造了开展“三打三防三创”活动的宣传气氛；长治市各县区大规模地宣传《山西省社会治安综合治理工作条例》；运城市重点抓了3月、11月两个宣传月活动，通过电视讲话、咨询点、宣传队、媒体专栏、文艺晚会等形式宣传推广了基层治安防范工作中创造的好经验、好做法；太原市开展了声势浩大的宣传月活动，共出动宣传车463台次，设立站点238个，悬挂标语7000多条，散发宣传材料25万份，制作版面2092块，极大地鼓舞了政法综治战线的斗志，增强了广大群众对整治社会治安秩序和保持社会稳定的信心。同时，充分发挥《法制日报》、《山西法制日报》、《长安》杂志、《综治园地》等政法宣传主阵地的作用，广泛调动社会各界参与综治、共同维护社会治安的积极性，为建立和谐、稳定的社会环境提供宣传服务。

社会治安综合治理基层基础建设情况

一是按照“三打三防三创”活动的总体要求，继续在全省深入开展创建“安全文明村镇”、“安全文明社区”、“安全文明单位”的“三创”活动。为了指导“三创”活动的有效开展，省综治委专门下发了《关于在全省进一步引深安全文明村镇创建活动的实施意见》、《关于在全省进一步引深安全文明社区创建活动的实施意见》和《关于在全省深入开展安全文明单位创建活动的实施意见》，明确指导思想和总体目标，规范创建内容和具体任务，并加强督促检查，狠抓落实。各级各部门在认真总结近年来基层创安经验的基础上，创新思路，完善制度，加强举措，掀起了新的基层创安新高潮。太原市制定了详细的创建标准，出台了《关于全市2003—2005年创建安全文明社区、村工作规划》，实行分级命名、动态管理；大同市由财政出资购买就业岗位，安置了2000余名“4050”人员用于治安防范；晋城市在城市社区继续深化警务战略，在农村推行治安协防员指导群防群治，并在创建中实行“三级评比、两级命名”，高标准地树立典型，以点带面；阳泉市开展了各级综治委成员单位与基层单位结对子共创共建安全社区(村镇、单位)活动；忻州市开展了社会治安“群防群治年”、“千名法制宣传员入社区、村镇、单位”等活动；长治市在安全文明单位创建过程中，采取明查暗访、不打招呼突查、夜间突击检查等办法，对有安全隐患和值班制度不健全的单位公开曝光，通报批评，责令限期改正；晋中市以“零案工程”创建为平台，努力做到创建主体社会化、创建投入多元化、创建目标综合化、创建考核规范化。长治、大同、阳泉等地加强了民营企业的综治工作，出台了加强民营企业社会治安综合治理的意见，进一步拓宽了安全文明单位的创建范畴。省委组织部、省教育厅、省建设厅等综治委成员单位，充分发挥表率作用，在本系统认真组织开展创安活动，全省基层创安形成了条块结合、整体推进的态势。二是认真贯彻落实中央综治委、中编办《关于加强乡镇(街道)综治基层组织建设的意见》,与省编办联合下发了《关于加强全省乡镇(街道)综治基层综治组织建设的意见》,在全省1383个乡镇(街道)全部配齐了专抓综治工作的党政副职,大同、阳泉等市地还配备了专职副主任,并按照1—3人的编制,配齐配强了专职工作人员,目前全省乡镇综治机构普遍做到了有组织、有机构、有工作力量、有阵地,确保了综治工作在基层有人抓、有人管。三是狠抓了基层综治干部的培训。省综治办对全省铁路沿线的671个乡镇(街道)的综治专抓副职进行了为期一周的培训,各市地也对本市地的乡镇(街道)的综治干部普遍进行培训,全省共培训基层综治干部2400余人。同时,各乡镇、街道按照省综治委《关于县乡两级综治机构规范化建设的意见》,建立了乡镇(街道)综治工作月例会制度,每月定期对辖区"两会一队"组织进行一次业务培训。全省自上而下抓培训,有效地提高了基层组织的政治素质和业务水平,极大地促进了综治措施在基层的落实。

刑释解教人员安置帮教工作情况

2003年刑释解教人员安置帮教工作按照"帮教社会化、就业市场化、工作职责法制化"的工作思路,认真做好刑释解教人员的衔接管控工作,积极引导和扶持刑释解教人员就业,动员社会各方面力量共同参与安置帮教工作,形成各有关部门分工负责、齐抓共管的良性工作机制。2002年释放的16056名刑释解教人员80%以上得到妥善安置,重新犯罪率控制在5%以下。

一、坚持协调一体化,实现各级安帮领导组统一协调、分工负责、运作有序

第一,形成了以安置帮教机构为主干的四级工作网络。全省11个地市全部成立了由党委、政府主管领导担任组长,公安、司法行政、工商、民政、财政、共青团、妇联、工会等相关部门参加的各级安置帮教工作领导小组;119个县区司法局全部成立了刑释解教人员安置帮教工作机构,在全省99.5%的乡镇(街道)建立了基层安置帮教工作站,形成了省、市、县、乡四级安置帮教网络体系,拥有一支具有一定业务素质、踏实肯干的专、兼职安置帮教队伍。第二,健全了以综治目标责任为载体的考核机制。各级综治部门把安置帮教工作的具体指导纳入社会治安综合治理领导责任制和目标管理责任制考核之中,年终省安帮办对11个市地的安置帮教工作进行了考核排队,有力地促进了安置帮教工作的开展。第三,把安置帮教工作的成效作为评定安全小区、安全村、安全单位的硬件指标,将此项工作纳入基层创安工作之中。第四,形成了以提高整体协调能力为特点的一套规章制度。明确了各级安置帮教机构的性质、任务以及有关部门的分工与协调方式;从预防重新犯罪的工作流程出发,明确了衔接、安置、帮教各阶段的工作方式;明确了目标确立、考核验收、奖惩兑现等管理措施。

二、改进和加强刑释解教人员的衔接管控工作

把衔接作为安置帮教工作的重要环节来抓,坚持条块结合、管教并举、有关部门密切配合的工作原则,努力构建衔接工作机制。一是着力解决"三假"(假户籍、假姓名、假住址)人员的衔接问题,超前帮教,变事后被动排查为事先主动摸底,建立与监狱及服刑在教人员的广泛联系,全年共与3500名即将出狱(所)的服刑人员建立了联系,一定程度上解决了"三假"人员的衔接问题。二是建立刑释解教人员信息查询系统。省安帮办已为11个市地以及71个县区配备了微机,为实现全省联网创造了条件。省公安厅、监狱局、劳教局3月30日前将所属看守所、监狱、劳教所2002年度释放的16056名刑释解教人员情况报省安帮办,省安帮办制成软盘分解到各市地,外省人员分解到各省,存入刑释解教人员信息管理系统,实现一人一档,做到了底数清、情况明。同时,加强对有重新违法犯罪倾向的人员的管控力度。按照刑释解教人员所犯罪的性质类别、回归社会的时间长短等确定重点人员，掌握他们刑释解教前的改造表现和回归社会后的状况，了解他们的去向、居所以及就业生活情况，落实帮教力量和帮教措施，加强管控。特别是对曾犯杀人、抢劫、爆炸、绑架、强奸等暴力犯罪以及涉黑团伙犯罪、“法轮功”等刑释解教人员，对因就业、生活、家庭问题致其思想极不稳定，抵触仇视社会、有重新犯罪倾向的刑释解教人员，安排专门力量加强重点管控；对其中流入外地的人员，户籍所在地和现住地公安机关及安置帮教机构通报情况，实行定向跟踪或委托管理。全年共对2475人进行重点管控，防止重新犯罪513人次。

三、坚持就业安置市场化，转变观念，实现安置工作“三个转移”

“三个转移”即由过去以政府安置为主转移到以社会为主，由企业接收安置为主转移到鼓励、扶持自谋职业、从事个体经营为主，由过去大中型企业安置为主转移到从事社区服务、以街道为主。把建立和发展安置帮教基地等过渡性安置实体作为刑释解教人员安置帮教工作的突破口，在国有、集体、私营以及市场和社区服务体系中探索出一条适应市场经济，多渠道安置刑释解教人员的新路子。一是依托监狱、劳教所不断提高改造质量，加强对服刑、在教人员的职业技能教育培训，使其掌握一技之长，增强刑释解教后就业谋生的本领。二是依托劳动和社会保障部门，将社会职业技能教育培训范围扩展到刑释解教人员，与社会相关资质考试并轨，对符合条件的刑释解教人员，经考核合格实现再就业。三是依托原单位，服刑在教前有职业，服刑在教期间未被开除或解除劳动合同，仍保留原工作单位的刑释解教人员由原单位安置，虽然被开除或解除劳动合同，积极动员，鼓励原单位予以接收。四是依托过渡性安置帮教基地，服刑在教前无职业或服刑在教期间被开除或解除劳动合同的刑释解教人员由安置帮教机构创办的基地进行过渡性安置。五是依托职业介绍机构，刑释解教人员持文化技术、特长证书，到职业介绍机构应聘就业，企业在用工时，对刑释解教人员与其他劳动者一视同仁，不歧视。六是依托村委会，农村籍的刑释解教人员，原无承包责任田的按有关规定拨给，原有承包田的，服刑在教期间分配给他人耕种或征用的，重新调整归本人承包，或安排其他劳动。七是依托社区，充分利用社区就业资源，引导和扶持社区服务组织接收安置本社区的刑释解教人员。八是依托个体、民营企业，积极鼓励个体、民营经济实体，承担社会责任，吸纳刑释解教人员就业，同时积极鼓励刑释解教人员自谋职业，对要求从事个体经营、申办私营企业的刑释解教人员，其户口所在地的劳动、工商部门予以支持。九是依托单位，对具备复学条件的刑释解教人员，安排复学。十是依托社会保障，对非农业户口的刑释解教人员，其共同生活的家庭成员人均收入低于当地城市居民最低生活保障标准的，享受最低生活保障，对丧失劳动能力、无生活来源的刑释解教人员，由所在街道、乡镇给予照顾，符合条件的由民政部门给予救济。

四、加强安置帮教工作的宣传力度，积极动员社会各方面的力量参与安置帮教工作

动员团员、青年、妇女、职工和退休人员参与帮教志愿者以“一助一”、“多助一”等形式参与帮教工作。协同青少年权益保护组织、关心下一代协会等社会团体采取各种生动、有效的方式参与对刑释解教人员的帮教活动。把开展对刑释解教人员的社会帮教工作，与当地的公民道德教育活动、基层安全创建活动、“四进社区”活动、文明家庭创建活动以及青少年维权活动等有机结合起来，做到同部署、同检查，狠抓落实，务求实效，为刑释解教人员回归社会、趋向新生创造良好的社会氛围。充分利用简报、报刊、电台、广播、网络等大众传播媒体，大力宣传做好刑释解教人员安置帮教工作的重要意义，宣传从事安置帮教工作成绩突出的先进典型，并对推出具有典型示范作用的安置帮教工作先进集体和个人，大张旗鼓地表彰和奖励。全年有3人被评为“全国刑释解教人员安置帮教工作先进个人”，3个集体被评为“全国刑释解教人员安置帮教工作先进集体”。对那些回归社会后走向新生、勤劳致富的刑释解教人员的先进典型，也给予大力宣传，以不断提高各级党政领导、广大人民群众及社会各界对安置帮教工作重要性的认识，唤起和激励全社会对安置帮教工作给予更多的关注和支持，为进一步加强安置帮教工作创造良好的社会环境。

预防青少年违法犯罪工作情况

一、健全组织，不断完善预防青少年违法犯罪工作的运行机制

一是建立健全基层组织。截止目前，全省各地市都成立了预防青少年违法犯罪工作领导小组，并设立办公室。80%的县区已成立预防机构。二是制定了《预防青少年违法犯罪工作考核细则》。细化工作任务，明确工作职责，提出了工作要求。三是完善会议制度。每年召开一次全省预防办工作会议，总结上年度预防工作情况，安排部署当年工作任务。四是创建青少年法律学校。全省已创建20多所青少年法律学校。广泛推行法制副校长聘任制度，全省70%以上中小学聘请了法制副校长，普遍开设了法制课。开展青少年警示教育活动，组织青少年参观劳教所、少管所等预防青少年犯罪教育基地，教育广大青少年远离犯罪。五是构建社会化青少年维权服务网络。加强各级优秀"青少年维权岗"的创建力度，充分发挥创建优秀"青少年维权岗"活动成员单位的作用，在全省形成一个以全国、省、市各级各类优秀"青少年维权岗"为主体，并相互协作的青少年维权网络。截止目前，我省共有44个国家级优秀"青少年维权岗"，127个省级优秀"青少年维权岗"，涉及法院、检察院、公安、司法、劳动保障、民政、建设、质监、工商、广播电视、新闻出版11个系统。

二、突出重点，不断优化青少年健康成长的外部环境

针对影响青少年健康成长的毒品、网吧、有害卡通画册和"口袋书"等突出问题联合有关部门重点抓了四项工作：一是开展"社区青少年远离毒品行动"。在"6·26"世界禁毒日前后，利用社区宣传阵地，影视、广播、报刊图书等宣传手段，以"远离毒品、关爱未来"为主题开展了"社区青少年远离毒品"宣传周活动，教育青少年珍爱生命、远离毒品。二是开展青少年预防艾滋病宣传活动。2002年5月，在全国青联指导和支持下，成功申请并实施了世行卫九澳援NGO项目青联组织山西建工集团总公司预防控制干预性病/艾滋病项目，在为期一年的项目实施过程中，通过对建筑青工同伴教育者多次大型的专门培训，使广大青工充分认识到预防性病、艾滋病的重要性，并掌握了一定预防技巧，提高了艾滋病预防知识在建筑青工中的普及率。三是组织"淫秽卡通画册和不健康口袋书专项整治行动"。会同公安、工商、文化、教育、新闻出版等单位在全省范围内对校园周边环境进行了清查，整治了校园周边200米以内的电子游戏室等经营场所，进一步加强了学校的治安防范工作。部分市还开展了"新世纪读书计划"活动，组织青少年读好书，自觉远离不健康"口袋书"。四是宣传《全国青少年网络文明公约》，贯彻《互联网服务营业场所管理条例》。针对网吧违法违规经营和黑网吧等问题，会同省文化厅、省公安厅、省工商局、省通信管理局等单位坚持开展创建"青少年安全放心网吧"活动。通过与网吧签订承诺书、悬挂"禁止未成年人入内"的警示牌，聘请"青少年安全放心网吧"监督员等方式，改善青少年上网环境。

三、拓宽渠道，不断探索新形势下预防青少年违法犯罪工作的有效途径

一是开通全省青少年维权热线。省、市两级团组织联合12所律师事务所设立了全省统一号码的"16800885"青少年维权热线。二是开展"优秀维权岗在行动"活动。以全省各级优秀"青少年维权岗"为实施单位，集中开展维护青少年合法权益的专项活动。各级团组织、各相关部门紧紧围绕维护青少年合法权益，预防和减少青少年违法犯罪开展了丰富多彩的活动，查处侵权案件，开展多项检查，有效地净化了环境。三是维护进城务工青年合法权益。在春节、国庆节前集中开展了以"为进城务工青年送温暖"为主题的"三送一带"(送工钱、送服务、送平安、把文明带回家)活动，积极配合劳动和司法等部门开展了帮助进城务工青年清欠工资工作。编辑发放了《山西省进城务工青年维权手册》,帮助他们了解相关法律法规和就业创业政策,不断提高他们自身的法律意识和维权能力。

学校及周边治安综合治理工作情况

为了深入贯彻党的十六大精神,巩固和发展"严打"整治斗争成果,为我省全面建设小康社会创造良好的治安环境,根据省委办公厅、省政府办公厅《转发〈关于开展"三打三防三创"活动营建平安三晋的意见〉的通知》精神(晋办发[2003]10号),省综治委学校治安综合治理领导小组决定,在全省各级各类学校深入开展"净化育人环境、创建平安校园"活动,进一步加强学校治安综合治理,努力维护全省学校教学、科研和生活秩序。

各地根据《2003年全省学校治安综合治理工作要点》和上级有关精神,因地制宜,也相应作了具体的安排部署,在当地党委、政府和综治部门的领导下,与有关部门积极配合,不断加强学校及周边治安综合治理工作,切实维护了学校及其周边地区治安秩序,为青少年学生的健康成长创造了良好的社会环境。

(一)思想政治教育和道德法制教育得到加强,广大师生员工的思想道德素质得到提高,师生员工的遵纪守法观念得到增强。各地各校在广大师生员工中进行邓小平建设有中国特色社会主义理论教育,开展爱国主义、集体主义和社会主义思想教育,帮助师生树立正确的世界观和人生观。认真落实国家的普法计划和教育部等部门关于加强学校法制教育的意见,利用各种形式和手段,对学生进行法制教育,进一步提高了广大师生员工的法制意识,增强民主法制观念,依法办事,依法律己,依法维护自身的合法权益,运用法律武器同违法犯罪行为作斗争。各地各校经常对学生进行校纪校规教育和规范教育,引导学生模范遵守各种行为规范,自觉维护良好的教学和生活秩序。

(二)强化对师生员工的安全教育,师生的安全防范意识和自我保护能力得到增强。在日常工作中加强了对广大师生员工的安全知识教育、安全防范能力的训练工作,经常有组织、有计划的对青少年学生进行安全教育及自救自护的知识教育。根据教育部的安排部署,2003年3月省教育厅在"全国中小学生安全教育日"期间组织开展了一次以大力提高中小学生及幼儿的自我保护能力为主题的宣传教育活动,2003年4月省教育厅主管学校安全工作的学校后勤管理处在晋城召开了全省中小学安全教育工作座谈会,2003年6月在全国安全生产月活动期间,结合我省实际在全省教育系统开张了形式多样的安全教育活动,收到了良好的效果;针对当前道路交通事故呈上升趋势,省政府成立了有教育厅领导参加的"山西省道路交通事故预防工作领导组",2003年10月省教育厅学校后勤管理处又牵头在太谷召开了有各市地教育局分管领导参加的全省中小学交通安全工作会议,对当前进一步加强全省中小学安全教育和道路交通安全问题进行了交流与研讨,积极推动交通安全宣传教育工作,以形式多样的手段对师生员工进行安全教育,增强他们的安全防范意识和自我保护能力,维护校园稳定。

(三)对各级各类学校校园及周边治安秩序的集中整治力度效果显著,有效地遏止了各种侵害师生人身财产安全的违法犯罪活动。各地教育、综治、公安、工商、文化等有关部门密切配合,严厉打击学校及周边地区存在的各类违法犯罪活动,努力为学校营造良好的教学和生活秩序。各级教育行政部门主动督促学校认真做好校园内部环境的整治工作,清理整顿校园内违规经营的网吧、歌舞厅、录像厅等场所和违章建筑、商业摊点等,大力整顿校园内部的交通秩序,加强校内外来人员的管理,坚持对学校校园的严格管理,严格凭证出入和来访登记等制度,并将此作为常态长效管理的制度长期坚持下来,保证了校园的安全与稳定。

(四)强化学校内部管理,不断加强综合治理制度建设和学校安全保卫队伍建设。根据省教育厅和公安厅《关于开展高等学校“安全保卫工作优胜杯”竞赛的通知》精神，按照《山西省高等学校安全保卫工作优胜杯考核标准》，2003 年 11 月省教育厅和公安厅组织有关人员分五个组对全省高校的综治机构、治安管理、维护政治稳定、保卫队伍建设等方面进行每年一度的全面考核，特别是对综合治理目标管理责任制、一票否决、领导责任追究、矛盾排查调处等方面进行严格考核验收，以此推进学校治安综合治理工作的进步。积极推动高校公安体制改革的进程，促进高校保卫队伍的建设向正规化、制度化迈进。各地中小学积极贯彻省教育厅和公安厅《关于中小学校配备专职保卫人员的通知》和《关于在中小学校设立保安制度的实施意见》的精神，全面推行保安制度或配备专业保卫人员，为维护学校的安全稳定提供有力的保证。

（五）加强安全监督检查工作，积极开展创建安全文明校园活动。3 月 25 日，根据教育部的精神在全省各级各类学校进行了一次防火安全自查；3 月 31 日，安排高校防火、治安、食品、卫生等安全工作进行大检查；4 月，根据教育部和省政府有关精神，安排全省学校进行安全大检查，并及时组织督查；7 月，要求全省各类学校在开学前对幼儿园的安全工作进行一次大检查，要求全省各高校、厅直学校进行消防安全专项自查，要求各级教育行政部门对学校的校舍进行一次大检查，7 月—8 月在全省教育系统组织开展了消防安全专项治理工作；8 月 20 日，要求各级各类学校在秋季开学前对学校进行一次安全大检查，10 月 30 日—11 月 20 日，省教育厅会同省公安厅抽调专门人员对全省高校安全保卫工作进行了一次全面、深入、细致的自查和考核，对检查中发现的薄弱环节特别是存在的各类安全隐患，要求学校及时采取了有效的防范和处置措施。12 月 17 日，要求各级各类学校立即开展一次以防火、食品卫生和楼梯安全为重点的学校安全大检查，特别要注意做好安全、防火、防盗、防毒、防爆、防突发性灾害事故、防泄密工作，及时采取措施整改，清除不安全隐患。

各地市积极倡导广大师生员工积极参与安全文明校园的创建活动，充分发挥他们在安全防范工作中的作用，组织学生治安服务队、教职工治安联防队等群防群治队伍，协助有关部门加强对师生住宅生活区和校内公共场所的治安管理，从而真正实现文明校园、安全稳定的创建目的，为广大师生员工提供一个良好的教学、生活环境。

实行社会治安综合治理领导责任制情况

一、党政主要领导亲自抓社会治安综合治理领导责任制，基本形成了五级书记负总责的格局

全省各地市的党政负责同志都自觉地承担了本地第一、第二责任人，对当地的社会治安负总责，基本形成了书记、市长（专员）、县长亲自抓综合治理工作的局面。一是他们经常召开常委会研究综合治理责任制的工作问题，深入基层调查研究，听取群众对治安工作的意见。二是为了保证综合治理队伍的自身建设和正常运转，各级党政领导狠抓了综合治理队伍的自身建设。认真落实中央综治委、中编办《关于加强乡镇、街道社会治安综合治理基层组织建设的意见》，省综治委、省编办联合下文，按照 1 至 3 名编制，配备了乡镇（街道）综治专干，对全省乡镇专抓副职进行了重新选配，配齐配强了工作人员，并纳入了组织、人事部门的干部管理机制，同时还在农村配备了专抓综合治理工作的副村长，将组织延伸到了最基层。三是积极为综合治理工作开绿灯，办实事，舍得花钱买平安。各级党政领导不仅给综合治理工作出题目、压担子，还要求想办法加大财力的投入。各地在财力比较困难的情况下，坚持“一保吃饭，二保办案”的用财原则，给予保障和支持。

二、层层实行社会治安综合治理领导责任制，形成了一级抓一级，层层抓落实的局面

年初，省委书记、省综治委主任田成平亲自与各市地党政一把手签订《社会治安综合治理责任书》。各地市都结合本地的实际,制定出了切实可行的实施细则,明确了各级党政一把手是社会治安综合治理第一责任人,分管领导为第二责任人,其他领导干部共同承担责任。采取了“头头抓、抓头头”的办法,将综合治理纳入各级党政领导的任期目标,一级抓一级,层层抓落实,基本上形成了一套横到边、纵到底、纵横交错、互为促进的领导责任制网络。在实施的办法上,一是以领导责任制论功过,二是实行综合治理五级领导责任制,三是实行了五套班子领导共同负责制,四是因地制宜,分类指导,有针对性地制定责任制,五是实施“细胞工程”。

三、五部门密切配合,共同负责,齐抓共管社会治安综合治理领导责任制的落实

(一)健全、落实领导责任制的各项制度。一是建立了五部门联席会议制度,各地市五部门定期召开联席会,研究有关综合治理领导责任制的问题和实施情况。二是建立了提拔干部、评先创优征求综治委意见制度,各级组织、人事部门,在提拔干部、评选先进的时候,主动征求综治委的意见。三是建立党政干部违反治安管理行为的案件移送制度。四是党风党纪与警风警纪建设相配套制度。五是建立综合治理工作监督检查制度。六是干部抓综合治理工作政绩评议制度。七是建立了干部抓综合治理政绩档案制度。

(二)建立了干部抓综治的激励制约机制。各地坚持把各级党政领导抓综合治理的政绩,同本人提拔任免、晋职晋级和经济利益挂钩,极大地激发了各级党政领导抓综合治理工作的热情。太原市将综治工作纳入了社会治安综合治理目标责任和党建目标责任两个责任制体系中,特别是在年终的党建目标考核中加大了对市管干部落实综治责任的考核力度;长治市对综治先进县市各奖励10000元,对连续3年获先进的县市主管党政领导、政法委书记、综治办主任各奖励1000元,并晋升一级工资,在社会上引起强烈反响。同时,各地市还本着“谁主管谁负责,谁不管谁受罚”的原则,对那些造成本地区治安长期混乱,或因玩忽职守、失职渎职造成重大治安问题的党政领导干部给予严厉的惩处。综合治理部门及时行使一票否决权,组织人事部门果断采取组织措施,纪检监察部门坚决行使监督检查权,形成了五部门共同监督的格局。2003年初,省综治、纪检、组织、人事、监察五部委召开联席会议,专题研究了对2002年度发生重大治安防范责任事故(事件)的单位及责任人实行责任查究的有关情况,并联合下发通知,要求各地以县为单位,深入排查,严肃查究。通知下发后,各级五部委认真贯彻,通力协作,一查到底。据不完全统计,全省共有111个单位被查究,62个单位被黄牌警告,有376人被追究责任,284名责任人受到党纪、政纪处分,26名责任人被追究了刑事责任。

通过狠抓社会治安综合治理领导责任制的落实,全省各级党政领导“为官一任、造福一方,保一方平安”的意识更加强化了,坚持“两手抓,两手都要硬”的自觉性进一步提高了,贯彻落实五部委《若干规定》的态度更加坚决了,第一、第二责任人抓综治工作的措施更加扎实了。领导责任制正朝着规范化、制度化、科学化的方向健康发展。

社会治安综合治理理论研究情况

一是开展了专门的调查研究。省、市、县都针对综治工作中的矛盾纠纷排查、队伍建设、公正执法、基层治安防范体系建设、综治责任制落实、预防青少年违法犯罪、流动人口治安管理、刑释解教人员安置帮教等重点和难点工作组织市地和省直有关部门进行了专门调研。担负调研任务的单位和部门,认真拟定调研提纲,通过深入基层了解情况,召开专题研讨会,征求专家学者意见,取得了丰富的调研成果。省政法委和综治办六个处室也分别针对主要业务工作进行了大量的专题调研。

二是通过对各地开展督查和考评进行调研。省综治委先后派出由副厅级以上领导带队的综治工作督查组对各地的综治工作进行检查指导，督查组深入11个地市，开展有针对性的调查研究，并将调查的结果详细报告省综治委。在对各市地进行年终考核时，省综治委成立专门的考核组，在全面检查综治工作的同时，开展调研，发现典型，寻找问题，全面真实掌握基层实际情况。三是大力运用调研成果，推动综治工作的开展。省政法委、综治办通过对全省调研成果的汇总和研究，向省委提出了当前政法综治工作迫切需要解决的七个问题，引起了省委的重视，七个问题全部得到了解决。

综治委成员单位参与社会治安综合治理工作情况

一、领导重视抓责任，与时俱进掀高潮

（一）省直各单位及时召开了综合治理专项工作会议，一把手亲自主持，专题研究本单位和本系统的综合治理工作，按照综合治理目标责任书的要求，把综合治理工作摆到了重要的议事日程，与中心工作同安排、同部署、同检查、同奖惩。省委宣传部，高度重视社会治安综合治理工作，多次专门召开部务会，专题研究综治工作。省政协办公厅领导，与有关处室的同志们针对单位的实际情况，共同分析、研究、总结过去的经验教训，认真制定了《省政协2003年创建安全文明小区和安全文明单位工作规划》，有力地促进了机关的社会治安综合治理工作。

（二）以落实社会治安综合治理目标管理责任制为龙头，严格执行责任追究和“一票否决”制度，严格奖惩兑现，把单位的综合治理工作落实到具体处室和系统下属的负责人，真正做到“人人头上有指标，个个肩上有担子”，形成了齐抓共管、人人参与的综治工作新局面。省国家安全厅、省劳动厅、省交通厅、省引黄工程管理局、省统计局、省政府机关事务管理局、省监狱管理局、省总工会、省妇联、太原铁路分局、太原理工大学、中铁十七局等单位，由单位一把手亲自同机关各处室和下属各单位负责人签订了《社会治安综合治理目标管理责任书》。将治安综治工作同本单位本部门的全面工作同考核、同检查、同奖惩，在人、财、物等方面给予了大力支持，做到组织领导、财力投入、工作措施、物质保障四到位。省工商局在年度综治工作总结表彰会上，对因综治工作突出而受当地综治委表彰的阳泉市工商行政管理局，奖励50000元。太原钢铁公司采取流动颁奖形式，党委副书记、治安综合治理委员会副主任带领综治办的同志，将综治标兵单位铜匾和昌河面包车送到综治标兵单位，并现场颁奖。省机关事务管理局、铁十七局等单位把综治工作和年度经济奖惩紧紧挂钩，激发了广大群众参与、关心综治工作的自觉性。

（三）认真研究新情况，与时俱进抓综治，工作又上新台阶。省交通厅、省总工会、省政府机关事务管理局、省引黄工程管理局、省技术质量监督局等单位，是综治工作的老先进，这些单位的领导和具体负责同志，不是安于现状不思进取，而是认真研究新情况、积极探索新思路，工作更上新台阶。省综治委委员、省交通厅巡视员宋元林同志，组织厅综治办的同志，认真研究新时期社会治安综合治理工作新思路，结合本单位实际，积极发挥综治成员单位的作用，坚持“抓系统，系统抓”，对系统下属单位的综合治理工作进行了全面的督导检查，率先在全省交通系统建立了条块结合的综治工作网络。省政府机关事务管理局副局长谢德才同志，在全局职工大会上，提出了“一个中心，三个支撑点”的工作思路，强调了抓经济建设这个中心，必须以治安综合治理、精神文明建设、廉政建设为三个支撑点，三者缺一不可。

二、健全组织机构，形成齐抓共管新局面

省综治委继续抓了社会治安综合治理的组织机构建设，特别对省直单位明确提出：要依托一个具有综合协调职能的处室具体承办本单位治安综合治理的日常工作。太原理工大学综治办原设在保卫处，由于职能原因，难以起到协调统管的作用，同时也影响了全校的社会治安综合治理工作。在督导组的建议下，理工大学党委研究决定：成立了以党委书记朱先奇为主任，党委副书记李远程、郭勇义，副校长马福昌、郝建功、路振光为副主任的太原理工大学综合治理委员会，成员包括了全校46个分单位的负责人，将综治办设在了具有协调职能的党委办公室，并安排专人负责，真正做到了各方面积极配合、齐抓共管，从而为搞好学校治安综治工作提供了可靠的组织保障。同时认真研究制定了具有学校特点的治安综合治理工作考核暂行办法，并主动邀请省综治办的领导指导讲课，使学校的综治工作有了明显提高。省石油公司重新调整领导班子后，组成了由党委书记姜正奎同志任组长，副总经理陈景辉、党委副书记张建业同志任副组长的综治领导组。由党委书记主抓全公司及全系统的综治工作，由副总经理陈景辉主抓公司机关内部综治工作，由党委副书记张建业主抓全系统下属单位的综治工作，同时将责任书签订到了每一个分公司，每一个加油站。真正做到了条块结合，互相配合，形成了横到边，纵到底的综治工作网络。省煤炭进出口集团公司党委书记、综治领导组组长李庭赫同志，多次委派单位综治办的同志去先进单位学习，主动征求省综治办的意见，及时充实、调整、健全了单位的综治领导组织，形成了由办公室牵头，党、政、工、团、人事、宣教、后勤中心共同参与的综治工作群体性机制，同时，根据集团公司直属单位遍布全省、并延伸省外三省两市的特点，克服距离远、空间大的困难，在利用文件指导、开会督促的同时，分组对位于江苏、山东、河北、北京、天津以及本省的直属单位的治安综合治理工作进行了全面考核，并取得了明显的效果。省煤运总公司、西山煤矿总公司、省移动公司、山西大学等单位的党政领导高度重视综治工作，除经常召开党组会议研究部署外，领导干部不论是否分管综治工作，都要在各自分管的业务会议上，讲综治工作的重要性，用他们的话说就是："治安综治无小事，大会小会常提示，最终保证不出事，单位个人有好事"，将综治工作寓于平时日常工作之中，做到了齐抓共管、人人参与的综治工作新局面。

三、宣传教育和基层基础建设并举，实现人防、物防、技防的高度统一

为了做好社会治安综合治理的宣传教育工作，工行山西分行全年组织职工进行综治理论学习15次，编发普法宣传资料7万余份，把省综治办编印的《社会治安综合治理工作手册》分发到省分行机关处室、各级行办，满足了各级领导及工作人员了解和掌握社会治安综合治理知识的需要。省卫生厅综治办公室，结合防治"非典"工作，及时向厅属各单位发放综合治理及疫情防治宣传资料50000余份，各种涉及综治的书籍600余册。省人事厅、省交通厅、省财政厅、省政府机关事务管理局等单位，将《社会治安综合治理工作手册》，发至厅机关全体人员及事业单位处级干部。省机关事务管理局和省移动通信公司、省邮电管理局等单位，以开展文明处室、安全文明单位、安全文明住宅小区竞赛活动为龙头，大力开展法制教育、安全防范教育和安全知识培训。省政府机关事务管理局领导，坚持带头组织职工利用每星期二、五下午学习各级综治委文件及有关规定，并采取集中培训与自学相结合，组织收看电视、录像与组织学文件、读报相结合，组织考试与自我测试相结合等多种形式的学习教育活动。副局长谢德才把自己多年精心收集整理的综合治理剪贴本拿出来，供各处室传阅学习。为了进一步加强消防安全管理工作，省交通厅于2003年8月5日，在太旧高速公路北茹隧道进行了一场大规模的隧道火灾救援实战演习，填补了高速公路领域消防安全的空白。省引黄工程管理局，结合机关办公楼搬迁工作，组织了消防安全知识培训，并就引黄调度指挥中心大楼的灭火应急疏散预案进行了演练。省测绘局对全局机关106件不同型号的消防器材进行检修，并先后组织专职保卫干部，兼职消防队员参加公安机关、消防队举办的培训班，先后领取了上岗证和合格证，提高了治安防范和消防安全的实战能力。

为了做到人防、物防、技防的高度统一，省人事厅、省林业厅、省工商局、省质量技术监督局、省测绘局、省统计局、省总工会、省妇联、山西移动通信公司、省煤炭进出口公司、山西大学等单位，进一步加强基础防范设施的投入，拨出专款购置综治档案柜和文件盒，完善了内部保卫的一图、三表、九档、十二卡、十三薄的档案整理工作，制作了《单位社会治安综合治理工作图表》展览版，使综治工作的组织领导机构、工作职责、规章制度一目了然。雇用保安，对办公楼和家属院实行了24小时值班巡逻。同时，对所属单位的机关印刷厂、培训中心、宾馆招待所等特种行业普遍加大了管理力度，有效避免了各种问题的发生。多数单位对机关内部的出租房屋，做到了底数清、情况明，签订了《租赁责任书》，实行了一人一卡、一户一档，出租房屋管理工作趋于规范。许多单位在经费紧张的情况下，能拨出专款，用于各项防范设施的更新和改造，各项科技防范设施如摄像探头、夜明灯、警报器、红外线监控等设备得到了广泛应用。目前，省直所有单位的财务、机要、档案等"五管要害"部位，都装上了"三铁一器"。省安全厅、省财政厅、省国土资源厅、省审计厅、省质量技术监督局、省监狱管理局、省民航局、省地税局、省石油公司、省煤运公司、铁十七局等一些条件好的单位还更换了电器线路，在机关办公大楼安装了防盗监控系统，办公室安装了自动报警系统，大院安装了探明灯，家属院安装了单元防盗门，修建了自行车棚。工行山西分行98.7%营业网点安装了防弹玻璃，90%的网点实现了与110联网，绝大多数网点安装了电视监控，其中守库电视监控率达到100%，实现了实地守库方式向监控室守库方式转变。

四、发挥成员单位职能，进一步提高社会治安综合治理水平

为进一步提高全社会对社会治安综合治理工作的认识，省委宣传部积极发挥工作职能，积极配合省综治办，共同召开了由省城各新闻单位负责人和各市地综治办主任参加的"政法综治工作新闻通气会暨综治好新闻颁奖仪式"。省民政厅在城乡基层组织建设中以打牢维护社会稳定的基础为前提；在落实各类救助政策时以全力保证弱势群体利益为根本；在进行民事矛盾调解工作时以消除治安隐患为目的。省劳动和社会保障厅，在做好本单位综治工作的同时，积极做好下岗职工的再就业工作，开展4050工程，为全省的安全、稳定做了大量工作。省监狱管理局、省劳教局，把综治工作纳入监狱管理工作和劳动教养工作中，为维护社会稳定、消除治安隐患做了许多工作。

省级综治委、办内设机构情况和负责人名单

一、省综治委组成人员名单

主　任：田成平（省委书记）

副主任：金银焕（省委副书记、省纪检委书记）
杜玉林（省委常委、省委政法委书记）
杨安和（省委常委、省公安厅厅长）
曹馨仪（省人大副主任）
梁　滨（省政府副省长）
孙连元（省军区副政委）

委　员：李玉臻（省高级人民法院院长）
陈大豪（省人民检察院检察长）
宋广义（武警山西省总队政委）
柴甫鼎（省委副秘书长，省委、省政府信访局局长）
王俊忠（省纪委副书记、省监委主任）
马　友（省委组织部常务副部长）
邢燕芬（省委组织部副部长、省人事厅厅长）
田惠爱（省委宣传部副部长）
武锦福（省委统战部副部长、省宗教局局长）
郑根堂（省委政法委常务副书记）
段志全（省委政法委副书记）
武先龙（省委政法委副书记、省综治办主任）
高彦斌（省委政法委副书记、秘书长）
齐玉生（省综治办副主任）

刘　巩(省直工委书记)
崔　伟(省人大法制委主任)
宋秉文(省人大内务司法委员会副主任)
郭国太(省政协社会法制委员会主任)
李振喜(省政府省长助理)
张　诚(省经贸委主任)
李东福(省教育厅厅长、省高校工委书记)
王凤祥(省国家安全厅厅长)
郭有勤(省民政厅厅长)
张高宏(省司法厅厅长)
郑建国(省财政厅厅长)
李顺通(省劳动和社会保障厅厅长)
张建民(省建设厅厅长)
宋元林(省交通厅党组副书记、巡视员)
成葆德(省文化厅厅长)
李俊峰(省卫生厅厅长)
王维荣(省纪委驻计生委纪检组组长)
梁志祥(省广电局局长)
李宝卿(省统计局局长)
王旭明(省工商局副局长)
董晓阳(省新闻出版〈版权〉局局长)
田国仁(省国防科工委副书记兼纪委书记)
张崇慧(省经贸委副主任、省煤炭局局长)
冯　征(省监狱管理局局长)
周培斌(省劳教局局长)
冀中时(省总工会副主席)
张九萍(团省委书记)
侯秀娟(省妇联副主席)
胡　果(山西日报社编委)
杨世源(人行太原中心支行行长)
梁克义(太原海关关长)
刘　宽(中国人民保险公司山西省分公司总经理)
李瑞发(省民航管理局党委书记)
杨　军(太原铁路分局局长)
秦文峰(省综治委铁路护路联防领导组办公室主任)

二、省综治办内设机构

(一)督查指导处
(二)综合协调处
(三)矛盾纠纷排查调处办公室
(四)山西省综治委铁路护路联防领导组办公室

狠抓矛盾纠纷排查调处　确保全省社会政治稳定

山西省社会治安综合治理委员会

近年来,我省把矛盾纠纷排查调处工作作为实践“三个代表”重要思想,维护人民群众根本利益,确保社会政治稳定的重大举措,加强领导,健全机构,完善制度,规范运作,形成了一套上下联动、左右配合的矛盾纠纷排查调处工作运行机制,收到了明显的成效。两年来,全省共排查调处出各类矛盾纠纷21204件,大量的矛盾纠纷被化解在基层,处置在了萌芽状态,为全省的改革开放和经济建设创造了良好的社会环境。

我们的主要做法是:

一、提高认识,加强领导,构建五级排查调处网络

近年来,随着改革的深化,社会主义市场经济体制的建立,因利益调整引发的人民内部矛盾呈逐年增多的趋势,成为影响社会稳定的一个突出问题。针对这一情况,2000年5月至7月,我们在全省开展了不稳定因素百日集中排查调处活动,社会效果非常明显。实践给了我们不少有益的启示,也增强了我们坚持不懈抓好矛盾纠纷排查调处工作的决心和信心。为了把这项工作深入持久地开展下去,2001年初,根据中办[2000]17号文件精神,省委、省政府制定出台了《关于深入开展矛盾纠纷排查调处工作的实施意见》,明确提出要继续卓有成效地开展矛盾纠纷排查调处工作,建立起经常化、制度化的工作机制。同时,省委决定成立由省委、省政府、省政法委和省有关部门主要领导参加的矛调工作领导组,依托省综治办成立矛盾纠纷排查调处办公室。随后,省委、省政府召开了全省各市地分管副书记、综治办主任参加的矛盾纠纷排查调处工作动员会,原省委副书记纪馨芳,省委常委、省委政法委书记杜玉林亲自动员,对进一步引深全省的矛盾纠纷排查调处工作进行了专门的部署。会后,省委派出六个督查组,深入各市地进行督查指导。对省委的部署,各市地、县党委、政府高度重视,普遍成立了党政主要领导挂帅的矛盾纠纷排查调处领导组,制定了实施办法,召开会议进行安排部署。同时,依托市地、县综治办成立办公室,抽调专人,划拨经费,开展工作。在乡镇设立了以综治专抓副职为主任的矛盾纠纷排查调处中心,在各村(居)委会依托治保会、民调会设立矛调工作小组,在省、市、县各大口、各系统设立了办公室,确定了1至2名信息员,具体负责排处本系统、本部门、本单位的矛盾纠纷和不稳定因素,从而形成了纵到底、横到边、责任到人,层层负责的五级网络,确保了矛调工作有人抓,有人管。

二、健全制度,常抓不懈,完善排查调处机制

矛盾纠纷排查调处工作,情况复杂,涉及面广,处置难度大,政策性强。为了确保矛调工作规范有效运作,工作中,我们建立并坚持了七项工作制度,严格执行,使全省的排查调处工作步入了良性运作的轨道。

一是定期排查制度。排查是抓好矛调的基础,工作中,我们坚持做到了"三排查",即社会矛盾经常排查,乡镇每半月排查一次,县(市、区)每月排查一次;难点、热点问题集中排查;重大矛盾重点排查。在排查的方式上,坚持三条战线并举:一是充分发挥乡镇(街道)矛调中心和村(居)矛调小组身处一线的优势,及时掌握各种苗头性的纠纷。二是利用干部下乡的时机,深入基层了解民情,主动查找矛盾。三是认真接待群众来信来访。省排查办每周派人到省信访局,及时了解掌握全省各地发生的矛盾纠纷。深入细致的排查,确保了矛盾纠纷早发现、早报告、早控制、早调处。

二是定期报告制度。为了规范全省矛盾纠纷排查调处工作,省排查调处办公室设计了月报表、台账表、督办卡、转办卡,印制了文头,启用了印章。市地每月对排查出的矛盾纠纷分门别类进行梳理,全部建立台账,每月上旬专题向上级排查办报告上月情况。有情况报情况,没情况报平安。同时,反馈前期通报的重大矛盾纠纷处理情况。

三是定期通报制度。对各地工作进展情况及赴省上访情况,省排查办一月一汇总,一月一通报,对较大的纠纷直接通报给市地党政主要领导,以推动工作的深入开展。同时,省综治办还定期召开潜伏、不稳定因素通报会,省委副书记金银焕、省委常委、政法委书记杜玉林等多次亲自主持召开,协调有关部门落实调处责任,限期妥善解决。

四是协调会议制度。对排查出的矛盾纠纷,各级领导组定期召开协调会议,根据矛盾纠纷的性质和处置的难易程度,按照"分级负责、归口办理"的原则,将调处的责任层层分解,逐一落实到相关的单位和责任人,一级对一级加压,一级对一级负责,形成了上下联动、责任共担的格局。

五是挂牌督办制度。对全省发生的重大矛盾纠纷,各级矛调办以督办卡的形式,将调处责任落实到相关的单位和负责人,实行跟踪督办,要求限期调处。同时,组织督查组,带上台账,一个点一个点地走,一个案件一个案件地督办,使许多重大矛盾纠纷得以及时、有效地解决。

六是领导包案制度。对一些情况复杂、沉积时间长、调处难度大的矛盾纠纷,各地普遍实行了领导包处责任制,要求主要领导亲自上阵,包调包处。

七是严格奖惩制度。对工作中发现的正反两方面典型,各地及时通报,奖优罚劣。运城市对工作有力、效果显著的四个县市的主要领导给予浮动一级工资的奖励。长治市对发生越级上访的五个单位的一把手通报批评。晋城、大同等市对发生重大问题的单位实行了一票否决。

三、落实责任,强化督查,加大调处工作力度

矛盾纠纷排查调处,排查是前提、是手段,调处是关键、是目的。为了推动和确保排查出的矛盾纠纷及时得到调处,妥善得到解决,工作中我们严格实行矛盾纠纷调处责任制,做到了"三包三

定”。“三包”:一是主管领导成员包片。即省委政法委和综治办领导包市(地),市级领导包县(市、区),县级领导包乡镇(街道)、单位,乡镇(街道)领导包村(居)委会。二是分管领导包线(行业)。市县两级领导根据各自分工,包所分管的系统。三是工作组包点。对一些情况复杂、处置难度大的矛盾,各地普遍采取了派工作组蹲点调处的办法,问题得不到彻底解决不撤点。河津市阳村乡苍头村村民与黄河河务局因占地发生纠纷,并准备械斗,得到信息后,市委领导立即带工作组与乡村干部座谈,召开河务局、阳村乡、苍头村三家联席会议,共同商讨解决办法,避免了一起械斗事件的发生。“三定”:一是定人员。明确提出“谁家的孩子谁来抱”,把调处的责任直接落实到相关的部门和单位,党政一把手为调处第一责任人。二是定责任。明确包处责任单位和责任人应负什么责任,怎么负责,不负责任怎么办,坚决杜绝有关部门和单位互相推诿扯皮的问题。运城市推行“首问责任制”效果很好,该市赴省集体上访无论是批次还是人数都是最少的。三是定时限。即明确处理时限。各市(地)每月对排查出的问题,都明确调处的责任单位、责任人、包案领导、处置时限,实行一月一结账,一月一销案。

为了保证各项排查调处工作措施真正落到实处,工作中,我们着力抓了排查调处的督查工作,几年来,省委先后8次召开矛盾纠纷排查调处督查会议,并从政法各部门聘请了一批副厅以上的老同志,组成了6个督查组,定期深入各地督查,督促各地落实责任,限期结案。督查组带着台账深入到各县(区)、乡镇,一件一件抓落实,使一些情况复杂、沉积时间长、处置难度大的难点问题得到了解决。市、县两级也组织了不同形式、不同规模的督查组,定期、不定期地深入基层督促检查,帮助解决疑难案件,从而加大了各级各部门调处工作的力度。临汾市针对个别县市“零报告”的情况,专门组织督查组,发现这几个县存在怕暴露矛盾、隐瞒情况的问题,立即给予了纠正。吕梁地区对可能引发集体上访和群体性事件的295件矛盾纠纷,地、县两级派出14个督查组深入矛盾纠纷发生地,逐件逐案实行现场督办,仅一个月的时间,就妥善解决了251件。太原市组织督查组三次深入到县(区、市)和一些重点街道、乡镇进行督查督办,与县(区)一起研究疑难案件,出主意、想办法,指导基层开展工作,一举解决了52个重大问题,深受基层欢迎。长治市先后两次组织督查组深入全市所有乡镇进行逐一督促检查,加强了基层基础建设,强化了基层调处工作的力度。

四、积极探索,建立维护稳定的长效机制

近年来,随着形势的发展,人民内部矛盾也出现了许多新情况、新问题。如何正确处理好新形势下的人民内部矛盾,必须在实践中不断地总结新经验、探索新路子。为此,我们在创新上做文章,在构建长效机制上求突破,做到了“四发展四结合”。

“四发展”:一是由单一向综合发展。我们在机制上积极创新,改变以往只靠信访部门单一管理的模式,形成了“党政挂帅,综治协调,部门联动,依托基层,各方参与”的矛盾纠纷排查调处的格局。二是由被动应付向主动出击发展。变过去坐等矛盾发生再解决为主动查找问题,发现问题,解决问题;变群众上访为干部下访,组织干部深入基层、深入群众当中摸情况,一件一件地研究,一个一个地解决,一项一项地落实,掌握排查调处工作的主动权。三是由部门主抓向专群结合发展。充分调动群众自我教育、自我管理的积极性和创造性。长治县在全县各乡镇普遍开展了“村情民意恳谈会”,大到全村发展规划,小到家庭矛盾、邻里纠纷,都由群众民主评议、依法决策,密切了干群关系,使大量的矛盾纠纷就地化解。太原市对涉法问题实行“公开评议”制度,组织部分人大代表、政协委员、律师和政法、信访等有关部门专业人员和当事人一起对涉法的案件进行认真细致的审查、复核和评议,提出客观公正的评议意见,较好地解决了一批久拖不决的疑难缠访案件。四是由点向面发展。通过抓典型、出经验,以点带面。今年各市地都召开了现场会,推广先进典型经验,不断引深排查调处工作。9月11日,省委、省政府在长治市召开了矛盾纠纷排查调处工作现场经验交流会,全面回顾总结了两年来矛盾纠纷排查调处工作,推广了长治市“四级网络抓排处”、长治县“村情民意恳谈会”、运城市“政法干警首问责任制”、临汾市尧都区区长热线、太原市“领导包处责任制“、孝义市“民情访谈日”等一批先进典型经验,为引深全省的矛盾纠纷排查调处工作趟出了路子。

“四结合”：一是与基层组织建设相结合。在排查调处矛盾纠纷中，注重加强基层组织建设，通过加强基层组织建设来促进排查调处工作深入开展。结合农村开展的“三个代表”教育活动，调整了发挥作用不好的基层党支部、村委会，配备了得力干部，进行了培训，有效地发挥了基层组织在维护稳定第一线中的战斗堡垒作用。二是与密切干群关系相结合。新时期的人民内部矛盾大量地表现为干群矛盾。针对这一实际，工作中，各级坚持重心下移，组织各种形式的干部下乡活动，深入基层，察民情，解民忧，寻找影响稳定的“热点”和“焦点”问题，解决邻里乡亲的蝇头小事，密切了干群关系，赢得了群众的赞誉。三是与“严打”整治斗争相结合，以打促调，以调助打，通过“严打”，推动了一批深层次矛盾纠纷的有效解决，通过开展矛盾纠纷排查调处，深挖出了一批隐藏较深的黑团伙、恶势力，为“严打”斗争提供了不少有价值的线索。特别是通过派工作组进村整治，使一批久治不愈的治安乱点成了由乱到治的安全村。四是与综合治理各项措施落实相结合。全省矛盾纠纷排查调处工作开展以来，各县市普遍建立并实行了乡镇专抓副职月例会制，每月除汇报研究矛调工作外，还要对上月安排的综治工作进行汇报、点评，对下月工作进行安排部署，从而有效地推动综合治理各项措施在基层的落实。

突出防范主题　整合防控力量
努力创建全省最安全城市

中共长治市委　长治市人民政府

近年来，我们把社会治安防控体系建设摆到突出位置，实施“平安长治”工程，搭建治安防范平台，努力创建全省最安全城市，初步构建起了超前发现、有力打击、及时预防违法犯罪的社会化、立体化防范网，促进了社会治安秩序的进一步好转。

一、强化三大保障，提供全方位创建支持

(一)组织保障。市委、市政府把创建工作摆上重要议事日程，成立了以党政一把手为组长的创建领导组，制定出台了《关于创建全省最安全城市的实施意见》。市政府将创建全省最安全城市和实施平安工程写进市人大审议通过的政府工作报告。市委、市政府召开万人创建动员大会，大造声势。各单位、各部门协调配合，组织部门结合机构改革和干部调整，配齐配强领导机构和干警队伍，宣传部门充分发挥舆论作用，积极为平安长治工程鼓劲加油。各县(市、区)成立了以党政一把手为组长的创建领导组，出台了实施意见，精心组织，狠抓落实。

(二)经费保障。2001年和2002年市政府共为政法综治部门解决专项经费3000多万元，2003年又将市区治安巡逻队员的工资按每年240万元列入财政预算。市委、市政府专门出台了《关于进一步加强社会治安综合治理工作的实施意见》，明确规定市财政每年专列综合治理经费100万元、矛盾纠纷排查调处工作经费10万元。各县(市、区)政府按人均0.5元、乡镇(街道)按人均1元列支，建立了经费保障长效机制。

(三)责任保障。我市制定了30项具体创建目标，出台了相应的配套措施，实行市、县领导包建责任制。把责任追究、一票否决作为落实创建措施的主要手段，严考核，严追究，重奖重罚。今年，我们对连续三年荣获全市社会治安综合治理工作先进县市区的4个县的有关领导每人奖励人民币1000元，并报请有关部门奖励一级工资。同时，对治安防范不力造成失盗的3个单位实施了社会治安综合治理一票否决。

二、强化三大防范，形成立体化工作网络

(一)健全专业化防范机制。一是整合快速反应力量。在市、县两级组建了110快速反应分队，增加民警，配备专用车辆，扩大了治安防控覆盖面。目前，已达到市区3分钟、城郊结合部5分钟、偏远农村尽快到达现场的快速反应能力。在此基础上，全市又成立了20个流动治安派出所，在市区、县城主要街道实行24小时巡逻，随时随地受理群众的报警和求助。我们还建立起了110、122、120、119和新闻单位五部门快速反应联动机制，把接警、急救、处置、舆论监督有机结合起来，做到有警及时接处，有伤及时救治，有难及时救助，有问题及时处理，有情况及时公开。二是推行警务改革。实行交警巡警联勤机制，按照交叉管理职能，密切配合，一警多能。全市通过实行以解决民警下不去、呆不住为主要内容的“十个一”工作法，把警务触角延伸到各行政村、各社区，方便了人民群众，增强了治安防控能力。三是加大社会面控制。在市区主要出口、重点部位和交通要道设立治安卡口、堵控点26个，重点对出入车辆、旅客及可疑人员、车辆进行检查盘查。在市区和部分县城成立了自行车骑警大队，及时发现和快速处理治安案件、矛盾纠纷和一般交通违章。在基层派出所派驻刑警中队，保证了及时接警介入和快速侦破辖区发生的刑事案件。

（二）提高社会化防范能力。一是建立专职巡逻队伍。从复转军人、社会待业人员中公开招聘1000多名巡逻队员，在市区和县城组建专职治安巡逻队，分配到各个派出所，担负24小时值班巡逻任务，负责各单位居民小区、零散居民区和背街小巷的高密度巡逻。二是开展“一村（区）一组，双岗双责”活动。我们从市县两级干部和公安、检察、法院、司法等政法部门中抽调6574名干部、3361名干警，组成5000多个创安工作组，每组由一名干警和两名干部组成，进驻3504个行政村、1072个社区开展工作。干警主要负责社会治安，干部主要负责矛盾纠纷排查调处和督促指导工作，互相配合，各有侧重，实行双岗双责。三是引深矛盾纠纷排查调处工作。我们建立了领导、责任、工作、追究四大机制和苗头性预报制度、信访终结制度，实行集中排查制度和矛盾纠纷排查信息员制度，构筑了以市、县、乡、村四级2000个矛盾调处机构和3000名矛盾调处干部为主的“四级排查调处网络”，把一大批矛盾纠纷化解在基层，解决在萌芽状态。四是规范保安队伍。我们一方面在市区派出所和各县市区组建保安中队，实行规范化管理；另一方面建立保安聘用制度，要求所有机关、学校、企事业单位，商业网点、特种行业、居民小区、宾馆饭店、金融单位一律聘用正规保安人员。五是壮大110志愿者队伍。成立了110报警志愿者协会，会员已达10000多人。震惊全市的“2.14”特大抢劫杀人案发生后，屯留县两名110志愿者提供了极有价值的线索，使案件及时侦破。

（三）加大科技化防范力度。一是建立人口管理局域网。公安系统建立了信息管理数据库，健全和完善了刑侦信息管理系统、户籍信息管理系统、外来人口信息管理系统、报警指挥管理系统，并与各大宾馆（旅馆）、重点地区、基层派出所联网，切实加大对常住人口、暂住人口、流动人口的管理监控力度。二是在重点单位建立TAP监控网。成立市安防服务中心，吸纳社会投资，组织五管要害部门首先入网，形成了集报警、出警、安装维护、用户信息管理为一体的综合防范体系，变事后弥补为事发中的及时报警，提高了防范能力。三是建立移动跟踪网。为切实加强对移动目标的监控，建立了GPS全球卫星定位系统，重点对部分金融系统的运钞车和出租车等实行联网监控，使车辆运营者的安全感大为增强。

三、开展“三创”活动，构建单元化防范格局

为确保治安防范工作落在实处，全市建立于大小不等的治安防范单元，平时各自为战，急时一呼百应、整体联动。全市共划分24个“战区”，其中城区12个，其他12个县市区各1个。市、县两级领导和政法部门的主要领导承包治安责任区，开展“三创”活动，实行划片防范。

（一）创建治安模范社区。在全市160个城市社区和42个农村改制社区中，把社区管理、社区教育、社区服务、社区防范紧密结合起来，建立健全社区党支部，社区综治委及办公室，确定专人负责综治工作，组建专职的、义务的和季节性的巡逻队、护院队、护街队，动员组织广大群众积极参与治安防范。把社区警务工作同开展安全社区、安全文明小区创建活动紧密结合起来，下沉警力，前移阵地，设立社区警务室347个，组织、指导社区开展群防群治工作。向每个城市社区派出一支经过严格培训的保安队伍，向每个农村社区派出一名组建保安队伍的指导员，从而使全市的社区保安服务走上规范运行的轨道。结合“四五”普法，在每个社区建立一所业余青少年法律学校（法制教育基地），开展创建无毒社区、无赌社区、无案社区、无重大纠纷社区活动，提高了社区综治工作的整体水平。

（二）创建农村“零案村”。一是结合安全文明村镇建设，推进以“十户联防”、“三家三治”（三户为一小组、九户为一中组、二十七户为一大组，治安、治愚、治穷）为主要载体的农村群防群治工作。二是加强农村“两会一队”建设，建立健全治保会和民调会，组建基层巡逻队，并通过大包干工资制、实务实记制、工资加补贴“二合一”制等方法，较好地解决了全市治安巡逻队的待遇报酬问题，使这支队伍成为维护社会治安的重要力量。

（三）创建安全文明单位。一是依托市直工委，成立市直机关综合治理办公室，把市直机关综合治理工作和党建工作责任制结合起来，对市直单位的治安防范工作进行帮助、指导、检查。二是加强内部管理。各单位普遍建立内部治安防范制度，落实治安防范措施，加强值班工作，增设保卫干部，健全门卫管理。三是采取明查暗访，对市直单位的治安防范工作进行经常性检查。

坚持“四抓四解决”
不断开创矛盾纠纷排查调处工作新局面

晋城市社会治安综合治理委员会

我市在矛盾纠纷排查调处工作中，坚持“四抓四解决”，取得了明显成效，有力地维护了社会稳定。

一、党政领导亲自抓，解决责任不落实的问题

一是坚持“责任落实到领导”。把搞好排查调处工作纳入社会治安综合治理领导责任制，市委、市政府明确规定，各级党委、政府的主要领导必须负总责，分管领导必须具体抓；其他党政领导必须对所分管领域的排查调处工作亲自抓。市委、市政府出台了《关于实行领导干部“一岗双责”抓稳定的意见》，要求党政干部既是本职工作的责任人，也是所管领域排查调处工作的责任人，坚持把排查调处工作与分管的其他工作同部署、同检查、同考核。

二是坚持“任务交待给领导”。实行党政领导包干责任制，市委常委会明确了 12 名常委包县、市、区和行业抓排查调处的责任分工，县、乡两级也落实了领导分工包片责任。对重大矛盾纠纷实行了包调处领导、包调处责任、包调处时限的“三包”责任制。市委书记、市长带头主持重大矛盾纠纷的排查调处。市委书记包案解决城区企业军转干部问题。市长现场办公，面对面地做市区“两河改造”工程沿岸居民的思想工作，保证了万户居民顺利搬迁。

三是坚持“出了问题追究领导”。市综治委明确规定，凡因矛盾纠纷排查调处工作不落实，导致发生重大群体性事件、影响大的恶性案件和群死群伤的治安灾害的，实行“一票否决”；因基层调处不力，导致赴省以上上访一次超过 50 人的，必须实行责任查究。

二、综治机构主动抓，解决协调不力的问题

一是实现了排查摸底的经常化。通过实行定期排查制度、台账制度、定期报告制度、零报告制度、情况通报制度，做到了排查工作“常流水，不断线”。坚持重点排查制度，即围绕重点人开展排查，做好“法轮功”等邪教组织参与者和群体上访、缠访重点人员的排查工作；围绕重点事开展排查，针对因煤矿资源开采引发的矛盾较多这一情况，市、县两级排查调处组织协调有关部门，每年进行四次集中排查；围绕重点时期开展排查，在各类敏感期和一些政策出台可能带来不安定因素的时间段进行排查。

二是实现案件督办制度化。我们采取了“两交办一突破”的办法：即一般问题交由乡镇(街道)党委、政府处置；较大问题按“分级负责，归口办理”的原则，以交办案方式责成有关职能部门处理；对有影响的典型案件，由领导组直接督办，派驻专门工作组，驻点限期解决。两年来，市、县、乡三级排查调处领导组及办公室共对271起较大矛盾纠纷实行了挂牌督办，共派驻调处工作组416个，有效地把问题解决在基层。

三是实现了评比检查的规范化。结合综治工作考核，我们对全市排查调处工作实行了月通报、季考核、年总结，做到软指标硬化，硬指标量化。月通报，就是以明查暗访为主要形式，突击检查基层排查调处工作情况，并进行通报。季考核，就是以评比打分为主要形式，对县、乡两级排查调处工作进行检查，在综治委例会上由先进单位介绍经验，后进单位寻找原因。年总结，就是根据年度总积分，对各县、市、区和有关部门排查调处工作进行总结排队，奖优罚劣，有力地推动了排查调处工作的开展。

三、有关部门配合抓，解决拖诿扯皮的问题

一是注重发挥信访主渠道的作用，实行“综治协调，信访主管”。信访部门建立了信访热线电话值班制度，做到有访必接，渠道畅通；实行信访案件挂牌督办制度；建立信访回访制度，对已解决的信访问题进行“回头看”，防止问题反弹。

二是注重发挥重点部门的作用。纪检部门根据群众举报，查清了原泽州县东沟镇段都村党总支书记范晚会重大经济问题，以此为突破口，一举挖出了13名贪污和挪用公款的农村干部。民政部门对第六届村委会换届选举中存在的问题，进行了专题摸排调处，使这次换届引发的矛盾纠纷较上届减少了45%。

三是注重发挥各部门齐抓共管的合力效应，市矛调办建立了《职能部门矛盾纠纷排查调处协作制度》，有效地把“谁主管、谁负责”和“分级负责，归口调处”的原则落到了实处。

四、基层组织着力抓，解决基础不牢的问题

一是加强基层排查调处组织建设。全市乡镇(街道)全部成立了排查办，90%的排查调处机构达到了规范化建设的标准。各乡镇(街道)普遍实行了综治办、矛调办、调解中心、信访接待室合署办公制度，并建立了与派出所、司法所、人民法庭联席会议制度，有效地把各方面的力量整合起来，形成了大排查、大调处的工作格局。村(居)委会依托治保会、调委会建立排查站，以村(居)民小组为单位，设立调处小组，每个小组确定一名信息员，保证小事就地调处，大事及时报告。

二是加强基层排查调处制度建设。建立健全了《矛盾纠纷排查制度》、《纠纷管辖制度》、《纠纷受理登记制度》、《纠纷调处程序》、《配套联动制度》、《纠纷分流制度》、《调处回访制度》、《重大纠纷报告制度》等一系列规章制度，使矛盾纠纷排查调处工作有法可依，有章可循。

三是依托群防群治组织开展排查调处工作。我市启动群防群治网络，重点开展五项工作。第一，打击黑恶势力。在“严打”整治斗争中，群防群治组织与公安机关联手排查，一举挖出了23个流氓恶势力团伙。第二，预防“两种活动”，有效地遏制了“法轮功”和非法宗教活动的反弹。第三，重视“三常人员”，对“常打架、常酗酒、常赌博”的三种人，做到常管理、常教育。第四，抓好“四种关系”。调解好婚姻关系、家庭关系、邻里关系、经济关系，防止和减少了“民转刑”案件的发生。第五，严防“五个激化”。防止因干群关系紧张、财务不公开、农民负担过重、各业承包、煤矿开采等问题引起的矛盾激化，有效预防和减少了集体上访和群体性事件的发生。

以“零案工程”为创建平台 构筑晋中社会治安稳定的防控体系

晋中市社会治安综合治理委员会

晋中市在社会治安工作上实施打防控一体化战略，持续开展了构筑防控体系、创建“零案工程”活动，取得了较好的效果。

一、建立一体化推进的工作模式，完善“零案工程”的创建内涵

2002年初，全市在综治工作上提出了构筑防控体系、创建“零案工程”的总体思路。即通过创建“零案工程”，吸纳各种社会力量、承载多种工作方式，全面加强基层基础工作，以保证在防控时间上无间断、在防控层面上无盲区、在防控环节上无漏洞，从而实现可防控案件零发案。“零案工程”由创建零案村镇、零案社区和零案单位构成。零案村的措施是“五建五落实”、零案社区的措施是“六有六落实”、零案单位的措施是“四建四落实”，使基层“三创”开展有了更具体的标准，创建的针对性更强。随着“三创”活动的进一步深入，我市社会治安防控的效果日益显现。全市的刑事发案，特别是入室盗窃、诈骗、民转刑案件等可防控案件得到了明显的遏制。单位内部发案比例大幅降低，基层社会面防控时间和空间得到有效加强。

二、吸纳群众参与，壮大“零案工程”的群众基础

在实施构筑防控体系、创建“零案工程”的过程中，全市采取了多种措施，动员群众参与基层安全创建，实施了万人摸排和万人清查。万人摸排活动，主要是摸排重点整治的线索、严打整治的线索、治爆缉枪的隐患和治安管理的漏洞。全市11个县(区、市)有近4万多人参与了这项活动。通过摸排，发现破案线索14900条，涉枪涉爆线索1230余条。经过梳理、汇总，分别汇集到政法部门和有关职能部门加以整理、利用，基层创建的体系在推进综治工作开展上发挥了重要的作用。万人清查行动，以清查治安隐患和漏洞为重点，在各县(区、市)的统一组织下，以村镇、社区、单位为基础，县、乡两级参与人员31000余人，分别在农村、居民宿舍、企业、单位以及五管要害部位和特种行业进行清查。全市共对1万余个单位、2700余个村、120余个社区内的4万余个部位进行了清查，还深入到10万余户居民进行了上门入户的治安宣传。清查出治安防范上存在的漏洞2万余处，发现火灾、盗窃以及治安灾害事故隐患8000余处，清查出治安管理、基层组织建设、帮教工作、矛调工作以及特种行业管理上的薄弱环节1800余处。对这些问题，依托“三创”活动体系和各职能部门的管理体系，及时进行消化和处置，推动了管理和防范措施的落实。

三、构筑多元化结构的打防控机制，强化“零案工程”的整体功能

首先，以专门机关为依托，建立完善一体化的严打整治体系。在这一体系内，形成由党委、政府统一领导、公安政法机关为直接责任主体、各级综治部门积极配合、广大群众共同参与的工作机制。从基层工作的实际出发，我们组织开展了打黑除恶、治爆缉枪、打击经济犯罪、打击双抢活动等多个专项斗争，在基层创建网络的支持下，全市打击的效果得到了相应的保证。其次，以警务改革为依托，建立完善全方位的警民联动防范体系。以公安警务改革为契机，在全市组织实施了“一村一警、一区一警”为主体框架的村(区)警务工作机制。全市共抽调力量2140名，包括部分检、法、司干警，配置于125个社区居委会(管委会)和2700余个行政村，并在1500余个单位建立了警民联系点。这支力量与基层的治保、调委力量相结合，形成了社区(村)警察组织指导、基层治调力量积极

配合、以警务室为活动阵地的警民互动防范机制，有效地承担起了法律宣传、化解矛盾、治安防范、信息收集、畅通上下联系的职责。他们活跃于晋中社会治安的最基层，警力下沉、警务前移、专群结合、服务群众、保护群众，成为基层治安防控的有效载体。第三，以职能部门为依托，建立完善了多渠道的管理服务体系。为适应当前社会治安的工作重点，在"零案工程"创建中重点加强对流动人口、刑释解教人员管理、特种行业的管理和青少年的法制教育。以管理促防范，施管理以强控制，分别由公安、司法、共青团等职能部门牵头，在创建过程中，强化基层的组织建设、落实日常的管理、不断完善工作的制度，寓治安防控于日常的服务管理当中，形成了多渠道、多层次的工作体系。第四，以巡防队伍为依托，建立完善立体化的动态控制体系。全市以110报警服务台为中心，建立快速反应队伍12支，建立专业化的巡逻警察队伍11支，建立专业的夜巡警察队伍7支，建立乡镇、街道和社区层次的联防巡逻队伍193支，全部力量有4460人。此外全市在交通要道、城区复杂地段建立检查站16个、报警点80个，形成了全市控制严密、反应灵敏、处置快捷的动态控制体系。第五，以基层组织为依托，建立完善多层次的矛盾纠纷疏导化解体系。排查化解各类矛盾纠纷是全市"零案工程"创建的重要目标。全市建立了市、县、乡、村、村民小组五级矛排网络。市、县有专门的矛排办，乡镇、街道有矛调中心，村(居)单位有矛调小组，群众中有矛调信息员。在日常工作上坚持定期排查、逐级上报、定期通报、领导包案、部门负责等各项工作制度，同时本着超前工作、超前介入、超前化解的原则，村镇、社区、单位的矛排组织把各种矛盾纠纷、不稳定因素较好地控制在了基层，解决在了基层。

创建安全文明铁道走廊　维护铁路治安持续稳定

山西省综治委铁路护路联防领导组

近年来，山西省始终把创造安全稳定的铁路治安秩序作为铁路护路联防工作的第一要务，坚持铁路治安综合治理的工作方向，切实加强铁道走廊基层基础工作，健全铁路治安打防控一体化长效管理机制，有力地维护了铁路治安秩序的稳定，促进了全省经济的健康发展。

一、认真抓好创建安全文明铁道走廊活动

一是加强领导。在各级党委副书记担任创建安全文明走廊领导小组组长的基础上，明确各级政府的分管副职为副组长，和党委常委、政法委书记一同组织开展工作，形成了党委领导、政府运作的格局。并把创建工作纳入了党委政府重要工作责任制、综合治理责任制和"一把手"工程，摆上了重要位置。二是职能部门的共建。省创建领导组每年与铁路、公安、军事、教育等成员单位签订责任书，明确当年度工作任务。各部门结合实际，对系统参与创建铁道走廊工作每年至少专门安排一次，专项检查一次，集中考核一次，并向领导小组作一次述职报告。三是护路组织的运作。各级护路组织积极争取各级领导，协调相关部门，动员广大人民群众共同关注铁路治安，在全省形成了哪里有铁路治安问题，哪里就有护路组织身影的工作局面。护路联防组织已经成为维护全省铁路治安秩序的中枢机构，成为路地双方维护铁路治安稳定的"桥梁"和"纽带"。

各地根据社会治安综合治理基础、社会治安现状和经济条件，结合创建铁道走廊工作的进展情况，因地制宜，在原先创建铁道线两侧五公里范围的基础上，向两侧六公里延伸，扩大创建范围，拓展工作内容。各地普遍做到了"三个结合"，即创建铁道走廊工作与创建平安三晋工程相结合，与创建安全文明城市相结合，与创建精神文明单位相结合,由治安工作的范畴逐渐发展到与稳定工作、精神文明建设、经济发展等工作有机结合,总体规划同步实施,各有侧重协调发展,提升工作目标。在基本实现2000年提出“五个得到”(破坏铁路设施设备的犯罪活动得到有效遏制,道口肇事、牲畜上路和设置障碍等治安问题得到大量减少,卧轨拦车、冲击铁路事件得到有效预防、妥善处理,铁路运输物资货盗现象得到大幅度下降,广大群众爱路护路意识得到明显增强)的基础上,我们又提出了衡量创建铁道走廊工作好坏的标准是“五个是否代表”,即是否代表了铁路部门的利益,是否代表了沿线广大人民群众的利益,是否代表了广大货主的利益,是否代表了社会治安综合治理的发展方向,是否代表了铁道走廊内企事业单位的愿望。

二、健全铁道走廊治安防控一体化体系

我们主要抓了“四个机制”建设。

(一)信息反馈机制。畅通的信息渠道、完善的信息网络、准确的信息资源是掌握铁路治安工作主动权的前提。我们在铁道走廊内的所有乡镇、村庄,特别是国有大中型企业培养治安积极分子,并对提供有价值信息的,予以奖励。开通了全省铁路护路联防接处警系统,在全省公布铁路治安举报电话,随接随处。在铁路沿线设立了100多处铁路治安报警点,为广大群众参与维护铁路治安工作提供了畅通的信息渠道。

(二)治安防范机制。在创建活动中,我们把经常性治安巡逻作为加强治安防范的主要手段,基本形成了以专业队伍为骨干、兼职队伍为补充、群防群治组织为依托的全方位、全天候的防范网络。路地公安机关,特别是地方公安机关各警种将铁道走廊内的治安防范作为社会治安防范的重要内容,严密防范。全省护路联防专职队员和铁路巡道工紧密结合,科学安排,互相补充。兼职队员发挥骨干作用,组织全省铁道走廊内的“两会一队”和民兵、共青团、妇联等组织积极参与铁道走廊内的治安防范工作。

(三)督促协调机制。我们在维护铁路治安秩序和安全稳定中,十分注意发挥各级护路联防组织的作用。对影响铁路安全稳定的不稳定因素,我们在“早”字上下功夫,与各级矛盾纠纷排查调处组织建立了联络制度,坚持“零报告”制度,做到早发现、早报告、早处置。对发生群体性冲击铁路、拦车断道的事件,我们在第一时间赶赴现场,组织协调各有关部门联合进行处理,并调防护路联防队员,协助维护现场秩序,做到妥善处理。对群众反映强烈的治安难点、乱点,我们实行了领导包处、挂牌督办、定期通报等办法,并派驻工作组督促检查、帮助工作,做到工作有人抓,事情有人管。从2000年以来,我们发现并及时向党委、政府报告群体性拦车堵线隐患信息20余件,协助有关部门及时处置并避免了15起拦车堵线事件的发生,集中整治了25处治安重点区段,有力地维护了全省的政治稳定和社会安定。

(四)责任查究机制。为了把维护铁路治安稳定的任务由“软要求”变成“硬任务”,我们从实行铁路护路联防“一票否决制”和重大涉路问题责任查究制入手,出台了《全省铁路治安问题责任查究实施细则》,明确规定了责任查究的条件、范围、形式、程序,特别是在狠抓贯彻落实上下功夫,从根本上改变过去铁路治安有责不负的状况,把铁路治安的责任真正落到了实处。

三、改善管理,增强铁路治安防范的实际效果

(一)在重点人群的管理上,突出针对性。针对全省80%的铁路危行事件由中小学生所为的情况,我们把铁路安全教育作为考核中小学校校长、班主任的内容,作为优秀学生评比的一条标准。针对重点人口经常危害铁路的特点,我们把对重点人口的管理任务纳入全省社会治安综合治理目标管理责任书中,摸清底数,登记造册,定期回访,掌握情况。针对有可能破坏铁路的嫌疑人员,我们确定专门人员,落实监控措施,不给他们可乘之机。

(二)在重点行业的管理上,突出规范性。针对铁路沿线废旧物品收购站点非法收购铁路器材问题,在全省开展了专项整治统一行动,对无证经营或非法收购的142家进行了取缔,对证照不全的325家进行了整治。为从根本上堵塞销赃渠道,公安、工商部门联合作出了“铁路线两侧3000米内为禁设区”的规定。对流动收购站点进行统一审查、统一编号、统一管理,一旦发现收购铁路器材,就取消其从业资格,从源头上堵住了非法收购铁路器材的行为。

(三)在重点部位的管理上,突出实效性。在全省开展了铁路站场及周边治安秩序整治活动，将铁路车站、货场的看护与铁路沿线护路联防融为一体，整体运作，提高了防范的整体效果。在重点站前广场组织了铁路护路联防专职队伍进行巡护。路地双方在重点车站和较大货场安装了15套监控设备。在治安复杂区域，开展区域联防，加强协作配合。在危及行车安全隐患多的地方，地方护路联防组织安装了120公里防护栏（网），铁路部门修筑了2万米的围墙。对重点区段、桥梁、隧道等重点部位，加大了科技防范设施的投入，采取卫星定位系统加大执勤监督力度，增强了防范的实际效果。

（四）在创建单位的管理上，突出动态性。对没有达标的单位，分析问题，查清原因，制定对策，派驻工作组帮助工作，限期整改。对达标的单位实施动态管理，聘请了特邀监督员，进行监督检查。引入了创建活动社会化考评的办法，公开接受广大群众监督。对降低标准的不合格单位随时摘牌，取消荣誉称号。

四、夯实基础，确保铁路治安防范措施的落实

（一）强化基层，组织到位。为了确保铁路护路联防工作措施的落实，我们在铁路沿线所在市地，成立了专门的护路联防办公室，编制部门核定了编制，明确了职能，并配备了专门的工作人员，做到了有组织、有机构、有人员。针对机构改革后县市区综治部门力量被削弱的情况，在全省公开招聘，为铁路沿线90个县市区配备了护路联防专职干事。

（二）密切关系，配合到位。路地之间配合的深度、广度、力度是推进创建工作的基础。我们主要落实了三项制度：一是联席会议制度。省每季度、市地每两个月、县市区每月召开路地联席会议，通报情况，分析形势，协调解决工作中的难点、热点问题。二是信息通报制度。日常治安信息，各市地、各铁路分局每月综合分析后上报，省每季度进行通报。突发性的治安信息，随时上报。三是联手行动制度。对影响铁路治安稳定的群体性事件，路地双方共同研究制定方案，共同处置。对危害铁路的刑事案件，路地双方联手作战，共同打击。

（三）强化宣传，认识到位。在抓好3月份全省综治宣传月、6月份全国爱路护路宣传月和12月4日法制宣传日的基础上，在铁道走廊内刷写了近万条爱路护路宣传标语，悬挂了1000块铁路护路联防宣传标牌，制作了100多个固定宣传架和近2000块爱路护路公约板面。并利用电视讲话、送法下乡、公益广告、法制讲座等进行教育，采取散发宣传单、悬挂横幅、广播喇叭进行宣传，同时还编辑了一些案例，制作成册，散发沿线群众、学生。

中共山西省委办公厅　山西省人民政府办公厅 转发《关于开展“三打三防三创”活动营建平安三晋的意见》的通知

（2003年6月20日）

各市（地）、县委，各市（地）、县人民政府（行署），省委各部委，省直各委、办、厅、局，各人民团体：

省综治委拟定的《关于开展“三打三防三创”活动营建平安三晋的意见》已经省委、省政府同意，现转发给你们，请认真贯彻落实。

山西省社会治安综合治理委员会关于开展“三打三防三创”活动营建平安三晋的意见

（2003年6月12日）

为了深入贯彻党的十六大精神，巩固和发展“严打”整治斗争成果，营造我省全面建设小康社会稳定的社会环境，实现“夯实稳定基础，营建平安三晋”的目标，省综治委决定，从今年起，用三年左右的时间，在全省组织开展“三打三防三创”活动（打击敌对势力和敌对分子的破坏活动、打击严重刑事犯罪、打击经济犯罪，防高危人群犯罪、防恶性案件和治安灾害事故、防群体性事件，创建安全文明社区、创建安全文明村镇、创建安全文明单位）。现提出以下意见：

一、指导思想和总体目标

（一）开展“三打三防三创”活动的指导思想是：以邓小平理论和“三个代表”重要思想为指导，以“打防结合，预防为主”为指针，以社会秩序良好、人民安居乐业为目标，以实现“打防控”一体化为突破口，与时俱进，开拓创新，固本强基，发动社会各方面力量，采取各种行之有效的方法，把维护稳定的各项措施落到实处，逐步建立维护稳定的长效机制，确保社会政治稳定，为我省经济发展和社会进步创造良好的社会环境。

（二）开展“三打三防三创”活动的总体目标是：要在三年时间内，健全和完善维护稳定的预警机制、应急机制、处置机制和保障机制，全面提高打击能力、防范能力和控制能力，大力加强基层组织建设和基层基础工作，把不稳定因素解决在基层、解决在萌芽状态，减少违法犯罪，创造良好的社会秩序，人民群众对社会治安的认可率达到90%以上，努力使我省成为全国社会治安先进省份之一。

二、开展“三打”斗争，严惩犯罪活动

（一）进一步深化对敌斗争。改进和加强情报信息工作，健全预警机制，开展敌社情调研，努力构建覆盖全面、反应灵敏、渠道畅通的情报信息网络，做到敌动我知，及时应对。加强侦察控制工作，严密防范和严厉打击境内外敌对势力的渗透、颠覆和分裂活动。加强对重点人的控制，防止敌对分子形成势力，防止境内外敌对势力插手“热点”问题。对有现实危害的活动，要加强侦察，及时破案，牢牢控制，加大打击力度。深化与“法轮功”等邪教组织的斗争，坚持不懈地做好深挖打击、教育转化和宣传揭批工作，严密防范和依法严惩各种捣乱破坏活动；引深“打邪制非”（打击邪教组织、制止宗教非法活动）斗争，继续做好对各类气功组织的清理整顿工作，坚决防止“会道门”势力死灰复燃。

（二）切实加强反恐怖斗争。进一步健全反恐怖工作指挥、协调和应急机制，加强省会城市和重点城市的专门力量与基础建设，完善各类反恐预案，建立反恐队伍，适时开展演练，切实提高应对恐怖事件的能力和水平。

（三）始终保持对严重刑事犯罪的高压态势。继续坚持“严打”方针，因地制宜采取集中打击、专项斗争等灵活多样的方式，建立贯彻“严打”方针的经常性工作机制，做到什么犯罪问题突出就严厉打击什么犯罪，哪里社会治安不好就重点整治哪里。进一步突出重点，继续深挖细查黑恶势力及其“保护伞”，做到依法严惩，除恶务尽。严厉打击严重暴力犯罪、毒品犯罪和抢劫、抢夺、盗窃等多发性犯罪。加大侦查破案力度，重点抓好串并案侦查、区域性破案会战和追逃三个破案增长点，建立破案追逃奖励机制，努力提高现行案件的破案率和公安民警的百人破案数。发挥各警种协调配合、整体作战的优势，进一步提高快速反应能力，加快破案速度。坚持如实立案，努力提高公安机关的案件发现能力。

（四）防范和打击经济犯罪。继续整顿和规范市场经济秩序，重点防范和打击走私贩私、偷税骗税、金融诈骗、非法经营、洗钱、侵吞国有资产和侵犯知识产权等犯罪活动，严厉打击制售假冒伪劣食品、药品和农资等重点商品的违法犯罪活动。加强对经济犯罪的部门预防和专业预防，完善防范和打击经济犯罪的部门协作机制，做好行政处罚与刑事追究的衔接工作，不以罚代刑、降格处理。坚决依法查办和预防贪污、受贿、渎职等职务犯罪，重点查办大案要案，有效减少职务犯罪的发生，推动反腐败斗争的深入进行。

（五）强化措施，确保“三打”斗争取得明显成效。一要切实加强公安业务基础建设。各级公安机关要大力加强刑侦、经侦、技侦、禁毒等专业人才队伍建设，提高攻坚破案能力；实施目标管理，把工作目标科学分解量化到单位和民警身上，实行奖惩兑现；加大科技强警力度，以信息化建设为先导，不断加大科技投入；大中城市要逐步建立实时图像监控、GPS巡逻车调度和110接处警三位一体的指挥系统，实现公安光缆联网；建立指纹自动识别系统、DNA实验室、毒化检验系统、物证检验系统，不断引进先进枝术，为打击犯罪提供强有力的科技支撑。二要加强对社会面的控制。要完善应急反应机制，整合资源，逐步将有条件的地方的交通调度中心、消防指挥中心与110指挥中心合并，实行指挥长制度；加强反恐分队、防暴分队、武警应急小分队、消防特勤中队以及轮训轮值警力、街面网格巡逻警力等应急分队建设，做到24小时随时奉命出击；逐步理顺公安体制，开展交巡警合并和建立警署的工作试点；加强治安卡口建设，建立城市街面网格化治安巡逻机制，实行统一编号、做到网格布警，实施徒步、自行车和机动车巡逻，屯警街面，统一指挥，做到诸警联动，快速反应，相互策应，24小时对街面实施动态管理和控制。三要进一步强化政法部门之间的协调配合。要坚持“两个基本”（基本事实清楚、基本证据确凿）原则，依法快批捕、快起诉、快审判，严惩严重刑事犯罪分子，把“严打”方针真正落实到侦查破案、批捕起诉、定罪量刑等各个环节；严格依法办案，做到“稳、准、狠”和宽严相济政策的有机统一；加快办案进度，提高办案质量，使犯罪分子及时受到刑罚的制裁；进一步加强监管改造工作，提高改造质量，确保监所安全。

三、加大“三防”力度，构建防控网络

（一）切实加强对流动人口的管理。预防和控制流动人口违法犯罪，使流动人口违法犯罪数占流动人口数的比例逐年下降。把管理、教育、服务紧密结合起来，引导人口有序流动，保护流动人口的合法权益。按照“谁用工谁负责”、“谁出租谁负责”的原则，加强对出租房屋和流动人口落脚点的管理。重点做好无合法证件、无固定住所和无正当生活来源的流浪乞讨人员的收容遣送工作。各级政府要认真解决取消暂住人口管理费后流动人口管理工作的经费问题，将其列入财政预算。加快人口信息管理系统建设，按照现居住地管理的原则，把常住人口、外来从业人口、短暂停留的流动人口一并纳入视线，加强对实有人口的有效管理。

（二）进一步加强对刑释解教人员的安置帮教工作。认真做好服刑、在教人员刑满释放、解除劳教时的衔接工作，做到不漏管、不失控；建立刑释解教人员信息管理系统，重点做好有可能重新违法犯罪人员的帮教和管控工作，发挥社区在安置帮教工作中的作用，积极引导、帮助刑释解教人员就业，努力使刑释解教人员再次作案次数逐年下降。探索社会主义市场经济条件下安置帮教工作的新途径，总结经验，推广典型，深化安置帮教工作。

（三）落实预防青少年违法犯罪的措施。加强预防青少年违法犯罪工作的组织协调，建立健全工作机制，重点做好社会闲散青少年的管理和教育工作。发挥教育、就业政策在预防青少年违法犯罪中的作用，从源头上减少青少年违法犯罪。继续开展争创“青少年维权岗”活动，动员有关部门为预防青少年违法犯罪办实事。改进学校法制、道德教育的方式方法，增强针对性和实效性。认真实施“青少年违法犯罪社区预防计划”，推进青少年活动场所建设和法制教育基地创建活动。重点做好对有不良行为青少年的帮教工作，避免他们走上违法犯罪的道路。加强对学校及周边环境的集中整治。实行对“网吧”等文化娱乐场所的总量控制，做到严格标准、全程监控、违规必关，为青少年健康成长创造良好的社会环境。

（四）强化对吸毒人员的管理。大力开展创建“无毒社区”、“社区青少年远离毒品”和“不让毒品进我家”等活动，加强禁毒宣传教育，最大限度地降低毒品的危害。严厉打击制贩毒品违法犯罪活动，加强戒毒工作，降低复吸率。社会和家庭要共同努力，加强对吸毒人员的教育和管理，努力减少吸毒人员的违法犯罪。

（五）大力推进“四五”普法。以领导干部为重点，加强对行政执法人员、司法人员和企业经营管理人员的法制教育。深入开展“法律进社区”、“法律进村”等活动，搞好全民普法，提高全民的法律意识和法律素质。广泛发动群众见义勇为，积极参与社会治安综合治理，自觉维护社会稳定。

（六）加强矛盾纠纷排查调处工作。立足抓早、抓小、抓苗头，把可能造成严重后果的不稳定因素消除在萌芽状态，把重大群体性事件化解和控制在省内，把一般性群体性事件和矛盾纠纷解决在基层。按照“明确责任主体、科学配置权力、量化考核评价、严格兑现奖惩”的要求，进一步落实维护稳定的党政一把手负责制、党政领导分工负责制、部门单位责任制、企业法人负责制。继续推行矛盾纠纷排查调处制度，坚持定期排查和日常排查相结合，及时发现和解决矛盾纠纷。把矛盾纠纷排查调处的工作重心放在县以下基层单位，重点抓好“民转刑”案件、治安灾害事故和群体性事件的预防工作。加强人民调解工作，有效化解各种矛盾纠纷。巩固发展涉法信访“百案攻坚”工程成果，大力推进公正执法，预防和减少涉法信访问题。

（七）积极预防和妥善处置群体性事件。充分发挥有关部门在维护稳定中的重要作用，把中央、省有关就业、再就业和社会保障等方面的政策措施落实到位，化解困难企业、弱势群体中存在的消极因素。发挥各级综治委的协调作用，督促有关部门改革和完善涉及群众切身利益、事关稳定大局的公共政策的决策机制，建立与维护稳定密切相关的重大政策公示制度和社会听证制度。凡不能使多数群众受益、得不到多数群众理解和支持的政策不得出台；违反市场经济规律的政策措施不得出台；思想工作未做好，可能引发社会震动的政策不得出台；群众利益受到损失的，一定要想办法补偿。对因制定和执行政策不当，引发不稳定事件的，要严肃查究责任。进一步完善相关工作预案，把工作重心放到事前预防和事中控制上来，从源头上预防群体性事件的发生。严格重大情况报告制度。一旦发生群体性事件，有关党政领导和主管部门的领导必须及时赶赴现场，认真听取和解决群众反映的问题，防止事态扩大，需要采取必要措施时，要严格请示、报告制度，坚持慎用警力、慎用强制措施、慎用警械武器的原则，依法积极稳妥地进行处置，切实防止因处置不当而激化矛盾。对群体性事件中形成的自发组织，要依法取缔。高度警惕敌对分子和别有用心的人利用人民内部矛盾煽动闹事，蓄意制造事端。

四、引深“三创”活动，夯实稳定基础

（一）深入开展安全文明社区创建活动。以“发案少、秩序好、社会稳定、群众满意”为目标，把安全文明社区创建活动作为城市社区建设的重要内容，科学规划，抓住重点，分步实施，逐步提高。创建活动要从解决群众关心的治安“热点”问题入手，重点抓好严重影响群众安全感的入室盗窃、盗窃机动车和自行车等多发性案件的预防工作。健全社区综治组织，组建社区保安、治安巡防、治安信息员、综治特派员、治安志愿者和看楼护院队伍，动员组织广大群众积极参与治安防范。把矛盾纠纷排查、流动人口管理、法制宣传教育、预防青少年违法犯罪、刑释解教人员安置帮教等措施落实到社区，有效预防和减少违法犯罪，保持社区良好秩序，巩固社会治安工作的群众基础。划分层面，分类指导，对社区中自身具有保安力量的企事业单位、居民住宅区，主要依靠保安队伍开展治安防范；对无专门保安力量的居民生活区以及小型企业等，主要依靠治保组织、群防群治队伍开展治安防范；对实行物业管理的小区，要理顺物业管理公司与社区居委会的关系，明确其在社区治安防范中的职责任务，发挥积极作用；对社区道路、街面，主要依靠公安机关开展治安防范。努力提高创建质量，扩大覆盖面，增加社区治安防范的科技含量。

（二）深入开展安全文明村镇创建活动。加强乡镇综治组织建设，配齐配强专职干部，确保工作有人抓、有人管；充分发挥农村党支部的战斗堡垒作用，大力加强村委会和治保会、调委会建设，搞好农村治安防范队伍建设，完善工作机制；认真解决治保、调解人员的待遇问题;推进以“十户联防”为主要形式的农村群防群治,共同维护农村社会治安。通过创建活动,维护农村良好的治安秩序,逐步降低可防性案件的发案率。

(三)深入开展安全文明单位创建活动。各机关、团体、企事业单位要采取有效措施,加强保卫组织建设,充实保卫干部队伍。认真抓好本系统的治安管理工作,指导、督促所属单位搞好治安防范,防止发生违法犯罪案件。企事业单位包括非公有制经济组织在综治工作中,要按照“属地管理”的原则,自觉服从所在地党委、政府的统一领导,接受综治机构的指导、协调和监督。有关部门和单位要按照“谁主管、谁负责”的原则,各负其责,充分发挥职能作用,积极参与社会治安综合治理,主动承担起减少违法犯罪、维护社会稳定的责任。

(四)围绕“三创”活动积极创新警务机制。实现从传统警务机制向现代警务机制的跨越,充分发挥现代警务机制在安全文明社区创建中的作用。全省城市都要实行社区警务战略,推行一区一警、一区多警,配齐配强社区民警。科学界定社区民警的职责任务,把社区人口管理、信息收集、治安管控、安全防范和社区群众工作作为社区警务的主要内容。坚决把社区民警从办案的重负中解脱出来,全力以赴做好社区警务工作。建立科学合理的社区民警考核奖惩激励机制,对辖区群众的满意度、可防性案件的发现情况、阵地及犯罪源头控制情况、搜集掌握情报信息情况等进行考核。在农村积极探索派出所警务运作机制,逐步推广民警驻村制、巡访制、包片制等警务制度。

(五)充分发挥群防群治队伍在“三创”活动中的作用。大力发展保安事业,加强保安队伍的专业化建设。加强对银行、金库、运钞车和其他要害部位的保卫。注重发挥党员、团员、民兵、青年志愿者、离退休人员和低保人员在治安防范中的作用,组织他们开展各种形式的联防活动,共同维护社会治安。认真研究社会主义市场经济条件下加强社会治安群防群治的方式方法和途径,逐步完善群防群治工作的组织机制。多渠道解决群防群治经费,除财政予以补贴以外,应根据“谁受益谁出资”、“取之于民、用之于民”的原则,由受益单位和个人投入一定的人力、物力、财力,建立适应社会主义市场经济要求的群防群治经费保障机制,推动群防群治工作深入开展。

(六)把搞好城乡结合部、工矿区、公共复杂场所等重点地区和要害部位的治安管理作为“三创”活动的重中之重。要加强公共复杂场所、金融机构等重点地区、单位和要害部门的技术防范工作,增强治安防范的实效。搞好对城乡结合部、工矿区的治安防控,开展重点治乱,减少治安隐患。开展企业与地方共建活动,加强对企业周边地区的整治和管理,创造良好的治安环境。大力引深安全文明铁道走廊创建活动,加强铁路护路联防,营建安全文明示范带,确保铁路运输安全。进一步深化“平安大道”创建活动,改革交通管理与教育的模式,提高对路面的控制能力,预防和减少道路交通事故。严格对枪支弹药、易燃易爆物品、民用爆炸物品、有毒有害物品的管理,防止被盗和流散到社会。

五、加强领导,确保各项措施落实到位

(一)提高认识,加强领导。各级党委、政府和有关部门要充分认识开展“三打三防三创”活动的重要意义,把这项工作作为贯彻党的十六大精神,全面建设小康社会的一项重要任务,切实抓紧抓好。“三打三防三创”活动由各级党委、政府负总责,综治委(办)组织协调,有关部门各负其责。明确综治成员单位的职责,明确任务,有效开展工作。充分发挥社会治安综合治理专项工作领导机构的作用,把各项措施落实到位。各地、各有关部门要密切配合,形成合力,确保“三打三防三创”活动的顺利开展。

(二)统筹规划,分步实施。“三打三防三创”活动涉及面广,既有大量的日常工作,又有许多创新的内容。各地、各有关部门要从实际出发,注重实效,力戒形式主义,坚持全面推进与重点突破相结合、普遍号召与典型引路相结合,深入调查研究,提出具体的实施方案和操作办法,并逐项抓好贯彻落实。在工作中,要长计划、短安排,把每项任务都分解细化,落实到部门、单位和人头。着力推进工作创新,注意学习借鉴外地的好经验、好做法,搞好试点,总结推广经验。

(三)严格考核,严明奖惩。要加大督促检查的力度,坚持全面检查与专项检查相结合,不断推动“三打三防三创”活动的深入开展。要严格考核,把“三打三防三创”活动的开展情况作为社会治安综合治理年度考核的主要内容,认真检查考核,对工作扎实、成效明显的地方和单位要进行宣传表彰,有关领导和人员要给予必要的奖励。对责任不落实,工作失职,发生重大刑事案件、治安灾害事故和群体性事件等严重影响社会稳定的,要严格进行责任追究,实行“一票否决”。

(四)增加投入,搞好保障。要建立制度化的维护稳定工作经费投入机制,为“三打三防三创”活动的顺利进行提供有力的经费保障。要积极推进政法装备的现代化建设,因地制宜制定政法装备现代化的规划,并认真组织实施。政法部门要整合现有资源,杜绝重复建设,减少浪费,提高资金使用效益。

中共山西省委办公厅　山西省人民政府办公厅转发《关于加强社会治安防范工作的意见》的通知

(2003 年 1 月 3 日)

各市(地)县委,各市(地)县人民政府(行署),省委各部委,省直各委、办、厅、局,各人民团体:

省社会治安综合治理委员会拟定的《关于加强社会治安防范工作的意见》,已经省委、省政府同意,现转发给你们,请认真贯彻实施。

山西省社会治安综合治理委员会关于加强社会治安防范工作的意见

近年来,我省各级、各部门认真贯彻落实中共中央、国务院《关于进一步加强社会治安综合治理的意见》(中发〔2001〕14 号)和全国社会治安综合治理会议精神,开展了声势浩大的“严打”整治斗争,大力加强社会治安综合治理,刑事案件大幅度上升的势头得到遏制,一批治安状况混乱的地区和突出治安问题得到了有效整治,社会治安秩序开始好转,人民群众安全感增强。但也必须清醒地看到,当前社会治安形势严峻的状况还没有从根本上改变。因人民内部矛盾引发的群体性事件大量增加,严重影响社会稳定;社会经济生活中引发犯罪的因素还大量存在,特别是治安防范工作还存在不少薄弱环节,严重危害社会治安的各种案件时有发生。为了实现两年内社会治安明显进步的目标,前不久,中共中央、国务院下发了《关于转发〈中央社会治安综合治理委员会关于加强社会治安防范工作的意见〉的通知》(中办发〔2002〕26 号),提出了今后一个时期社会治安防范工作的指导思想、主要任务和工作措施,对于全面加强新形势下的社会治安防范工作具有重要的指导意义。为了把中办发〔2002〕26 号文件精神落到实处,进一步加强治安防范工作,为我省全面建设小康社会创造良好的治安环境,特提出如下意见:

一、认真贯彻十六大精神,明确社会治安防范工作的重大意义、指导思想和主要任务

(一)党的十六大指出:要“坚持打防结合、预防为主,落实社会治安综合治理的各项措施,改进社会管理,保持良好的社会秩序。”加强社会治安防范，为全面建设小康社会创造良好的环境，是贯彻党的十六大精神、实践“三个代表”重要思想的重要举措，是巩固党的执政地位、实现国家长治久安和人民群众安居乐业的必然要求，是维护社会治安、预防和减少违法犯罪的治本之策，是落实社会治安综合治理“打防结合、预防为主”方针的具体行动。各级党委、政府必须充分认识加强社会治安防范工作的重要意义，树立“社会治安是第一投资软环境”的意识，自觉承担起保一方平安的政治责任。要加强对新形势下治安防范工作的研究部署，采取各种措施，调动各种力量，切实加强治安防范工作，为全面建设小康社会、开创中国特色社会主义事业新局面提供有力保障。

（二）社会治安防范工作的指导思想是：以党的十六大精神和“三个代表”重要思想为指导，以强化基层治安防范为重点，以为全面建设小康社会创造良好的治安环境为目标，认真贯彻中办发〔2002〕26号文件精神，坚持“打防结合、预防为主”的方针，坚持政法机关工作与群众路线相结合，广泛发动社会各方面力量，采取各种行之有效的办法，落实各项治安防范措施，确保社会治安秩序持续稳定，为全面建设小康社会提供有力保障。

（三）社会治安防范工作的主要任务和总体目标是：在各级党委、政府的统一领导下，充分发挥社会治安综合治理机构的组织协调作用和公安机关的职能作用，全面推进社会治安防控体系建设。落实各机关、团体、企事业单位的治安防范责任，强化基层组织建设和综治基础工作，组织发动社会各方面力量开展群防群治，全面落实社会治安防范措施，最大限度地预防和减少违法犯罪，创造良好的社会治安环境。

二、切实加强对治安防范工作的领导

（四）各级党委、政府要切实加强对治安防范工作的领导，把治安防范作为实现长治久安的战略任务来抓，在抓好“严打”斗争的同时，切实把工作重点、警力配置、经费投入、考核奖惩机制等向防范工作倾斜，努力构建治安防范新机制。要加大对社会治安防范工作的投入，从人力、物力、财力上保证治安防范工作的正常开展。

（五）健全基层社会治安防范组织，确保防范工作落实到人。加强乡镇（街道）综治力量，确保乡镇（街道）治安防范工作有人抓。健全基层公安派出所、人民法庭、司法所等政法组织，充实力量，落实经费，提供保障，充分发挥基层政法组织在治安防范工作中的职能作用。加强以党支部为核心的村（社区）级组织建设，本着“优化结构、明确职责、赋予职权、落实报酬”的原则，整顿充实基层治保会、民调会、治安联防队，构筑起治安防范的第一道防线。

（六）明确防范责任，完善监督、检查和奖惩制度。各级党委、政府的主要领导是当地社会治安的第一责任人，要切实承担起“保一方平安”的政治责任，对当地的治安防范负总责；分管领导是直接责任人，对当地的治安防范负直接责任，要拿出足够的时间和精力抓好这项工作。各机关、团体、企事业单位和基层组织都要确定治安责任人，负责本单位的治安防范工作。治安防范工作应纳入治安责任人的重要职责，定期进行考核。对于治安防范工作扎实、长期不发生治安问题的地区和单位及责任人要给予必要的奖励；对于责任人失职、治安防范工作不落实、导致治安问题发生并造成严重后果的地区和单位要实行“一票否决”，并追究责任人的责任。

三、各部门齐抓共管，形成治安防范工作的整体合力

（七）充分发挥政法部门在治安防范工作中的职能作用。公安机关要大力推进治安防控体系建设，切实加强治安防范工作。要积极推进警务改革，整合机构，合理配置警力，把主要警力摆到治安防范工作的第一线。要严格实行社区（村）警务制，按照“一区（村）一警、一警多能，一包到底，责任到人”的要求，严格实行区警、村警制，把公安派出所民警的主要精力放到治安防范上。城市社区民警每周要20个小时，农村包村民警每周至少要有10个小时深入辖区抓防范、抓管理、抓基础调研，开展便民服务，实现警力下沉，防范阵地前移。在警力的配置模式上，各地可结合实际，因地制宜地采取不同模式，可以是一区（村）一警、一区（村）多警，也可以是一警多区（村）。上级公安机关要加强对社区（村）警务工作的指导和监督，明确区（村）警职责、建立区（村）警责任制，严格考核，确保每一位区（村）警沉得下、留得住。进一步加强公安指挥中心和“110”报警服务台建设，充分利用现代科学技术，加快信息传递，提高决策和指挥效率，提高公安机关的快速反应能力。检察院、法院要结合批捕、起诉和审判工作，及时发现社会治安防范工作中的漏洞，提出检察建议和司法建议，督促有关单位健全规章制度，完善治安防范工作机制。司法行政部门要加强监狱和劳教场所的管理，提高教育、改造和挽救工作质量，加强人民调解、法律服务等工作。

（八）各有关部门要密切配合，按照本部门在综合治理工作中的职责，共同做好治安防范工作。教育部门要加强对在校学生的思想品德和法制教育，深入开展创建安全文明校园活动，健全学校治安保卫组织，会同有关部门建立和完善学校及其周边地区治安管理长效机制，落实社会治安防范措施，为教书育人创造良好的环境。民政部门要加强城乡基层群众性自治组织建设，加强社区建设，强化对各种社会团体的管理，做好社会救助工作，保障困难群众和特殊困难群体的基本生活，维护社会稳定。劳动保障部门要做好促进就业和再就业工作，建立健全劳动关系协调机制，加强社会保障工作，减少不稳定因素。建设部门要结合城市总体规划的制定和实施，推进社会治安防范设施建设，指导物业管理公司参与社区治安防范工作。信息产业部门要加强邮政、电信通信的安全保卫工作，与有关部门一起搞好计算机互联网络的管理。广播电视部门要弘扬主旋律，严禁播放带有色情、暴力、封建迷信等不健康内容的影视节目，配合有关部门，做好广播电视设施保护工作，有效防范各种破坏活动。文化部门要加强对文化市场和娱乐场所的管理。新闻出版部门要加强对出版业和出版物市场的监管，在有关部门配合下，加大“扫黄打非”的力度，净化社会文化环境。工商行政管理部门要加强市场监管，配合有关单位维护好市场治安秩序。人民银行要指导、推动各金融机构的安全防范工作。铁道、交通、民航等部门要加强对车站、码头、机场和交通运输线路的治安管理，依法打击车匪路霸，防止和减少交通安全事故，确保交通运输秩序良好。经济贸易部门要指导和督促企业搞好安全保卫，减少和防止安全隐患与事故，并配合有关部门加强企业周边地区的治安防范。卫生部门要加大公共卫生监督管理力度，保障人民群众的健康和生命安全。宣传部门要配合有关部门加大对社会治安防范工作的宣传力度，宣传先进事迹和先进典型，增强全体公民的治安防范意识。信访部门要结合业务工作，积极化解矛盾纠纷，及时向有关部门通报可能引发治安问题的信访信息。军队要组织开展各种形式的军、警、民共建活动，组织民兵参与治安防范，支持、配合政府和有关部门搞好社会治安。武警部队要积极开展警民联防，加强治安巡逻，做好内卫执勤工作。工会、共青团、妇联等群众组织要充分发挥各自的优势，积极参与治安防范工作。

（九）各机关、团体、企事业单位要按照“谁主管，谁负责”的原则，“管好自己的人，看好自己的门，办好自己的事”，采取有效措施，加强保卫组织建设，充实保卫干部队伍，明确职责任务，完善工作机制，切实做好单位内部防火、防盗、防破坏、防治安灾害事故的各项工作。要加强对本系统的治安管理，指导、督促所属单位搞好治安防范。同时，要按照“属地管理”的原则，服从驻地党委、政府在社会治安防范方面的领导，自觉接受有关部门的业务指导。

四、创新防范机制，严格治安管理，增强社会治安防范工作的实效性

（十）推进治安防控体系的建设，提高社会面的控制能力。加强对社会面的巡逻、控制工作，科学合理划分巡区，组织巡警、治安警、武警、内部单位防护组织、基层治安联防队等多种治安巡防力量，开展多种形式的巡逻防范活动，严格对社会面的控制。加强对重点要害部位、路段和公共复杂场所的联合巡逻，增加街面和重要时段的在巡警力，确保对社会治安的有效控制。各派出所要组织民警和群防群治组织，做好案件多发时段和辖区内复杂部位的巡逻、防范工作，特别是社区，要实行24小时巡防制，坚决把可防性案件多发的势头压下来。切实加强检查站（卡）建设，及时查获、堵截违法犯罪分子，严厉打击现行犯罪，构建打击有力、控制严密、反应灵敏、处置快捷的防控机制。

（十一）加强重要地区治安防范管理，加大重点治乱力度。要加大对管钱、管物、管票证、管枪支弹药、管危险爆炸物品单位和部位治安管理的力度，严格落实责任制。特别是对涉枪、涉爆单位，要澄清底数，逐一建档，逐单位落实防范措施，严防枪支弹药、危险物品丢失、被盗和流散社会。要加大技术防范投入，推广使用高科技防范技术，增强治安防范效果。要强化安全生产工作，有效防止重大事故的发生。要定期排查治安状况不好的地区、单位和突出的治安问题，适时开展专项治理。对排查出的重点问题全部登记造册，逐一落实到责任人头上，限期整改。对长期治安混乱、久治不愈的乱点要采取集中会战的办法综合施治。要加强铁路、公路重点线段的整治，确保交通运输安全畅通，加强企业、学校周边整治和管理，创造良好的治安环境。重点治乱要形成制度，长期坚持。

（十二）加强对特种行业的管理。要督促各经营单位认真贯彻执行有关法规，严禁违法经营。各种旅店、宾馆、娱乐服务场所要配备足够的专职或兼职治安人员，坚决禁止卖淫、嫖娼、赌博、吸毒等违法行为；加强对废品收购站点的审批、检查、监督，严禁收购违禁物资，严禁为犯罪分子窝赃、销赃；印铸刻字业不得私自承接制作机关、团体、工厂、学校的钢印、徽章、证章、号牌等；严格出租车行业管理，严禁利用出租车进行违法犯罪活动；各主管部门和公安部门要加强监督检查和管理工作，保护合法权益，取缔非法行为，惩治犯罪活动。

（十三）进一步做好流动人口的治安管理，引导流动人口合理有序流动。要严格流动人口的登记、发证、查验工作，严格“三无”人员的清理遣送工作，严防流窜犯罪。坚持“谁主管，谁负责”、“谁用工，谁负责”、“谁留宿，谁负责”的原则，加强对用工单位、出租房屋的管理，减少治安隐患。注意克服重收费轻管理和只收费不管理的错误倾向，提高流动人口管理水平。

（十四）进一步加强刑满释放和解除劳教人员的安置帮教工作。认真做好刑释解教人员刑满释放、解除劳教时的衔接工作。公安机关要加强对刑释解教人员的管理，定期考察，做好思想教育，确保对有重新违法犯罪倾向的刑释解教人员不漏管、不失控。各级刑释解教人员安置帮教领导组和办公室要协调相关部门从大局着眼，积极引导、帮助刑释解教人员就业，努力为刑释解教人员安置、帮教工作创造良好的环境。要认真贯彻全国刑释解教人员安置帮教工作“太原会议”精神，动员社会各方面的力量承担社会义务，吸纳安置刑释解教人员就业，促进刑释解教人员的思想转化。要动员全社会的力量，关注刑释解教人员的安置帮教，形成单位、家庭、政法机关、社会组织等多位一体的安置机制。

（十五）因地制宜地做好社会闲散青少年教育、管理、服务工作。要想方设法扩大就业，积极为无业青年就业创造条件。要充分发挥社区的作用，大力实施“青少年违法犯罪社区预防计划”，加强对青少年的法制、道德教育，做好后进青少年的帮助、教育、转化工作。要办好流浪乞讨儿童收容教育中心，加强对流浪儿童的救助、教育工作。加强青少年活动场所的建设和管理，坚持家庭教育、学校教育、社会教育紧密结合。

（十六）大力提高公民法律、道德素质。认真贯彻党中央、国务院批转的“四五”普法规划，组织群众学法、守法、用法，调动群众参与社会治安防范、维护社会治安的积极性。提高公民道德水准，认真落实《公民道德建设实施纲要》，将依法治国和以德治国紧密结合，为社会治安防范工作创造良好的氛围。

五、加强基层基础工作，组织广大群众积极参与，提高整体防范能力

（十七）深化基层创安活动，按照“抓落实、再深化、有创新、求实效”的要求；继续引深各种形式的基层创安活动。城市要继续引深安全文明小区创建活动，在强化管理、提高小区防范功能上下功夫。要积极推进社区建设，建立健全社区综治机构，党支部、居委会要有专人负责综治工作，治保会、民调会要发挥作用。要根据不同类型的小区，采取不同的管理模式，充分挖掘社区资源，在社区组建专职的、义务的和季节性的治安巡逻队、护院队、护街队等，社区民警要抓好组织协调和业务指导。要进一步拓宽社区创安的内容，把社区管理、社区教育、社区服务、社区防范紧密结合，提高社区的整体防范水平。农村要继续推进以“十户联防”为主要形式的创安活动，强化“十户联防”运行机制，将“十户联防”与村集体福利、义务工、评选“十星级文明家庭”、“遵纪守法光荣户”等活动相结合，推动防范措施进家入户。要深入扎实地开展创建安全文明铁道走廊、安全文明单位、平安大道、安全文明校园和企地共建安全社区等活动，巩固和扩大基层创安成果。通过开展创建“无毒社区”、“社区青少年远离毒品”和“不让毒品进我家”

等活动，促使社会和家庭共同努力，最大限度降低毒品的危害，减少吸毒人员的违法犯罪。

（十八）加强矛盾纠纷排查调处工作。健全工作制度，坚持定期排查和经常性排查相结合，加强信息交流，及时发现和解决矛盾纠纷。要积极推进社会保障体系建设，巩固“两个确保”，落实“三条保障线”，保障下岗职工、失业人员、企业离退休人员和其他社会保障对象的生活，避免产生影响社会稳定的因素。发挥各有关部门的职能作用，采取各种有效办法，强化司法调解、行政调解工作，特别要认真贯彻最高人民法院、司法部《关于大力加强基层调委会建设的意见》，加强对家庭矛盾、邻里纠纷等方面的民间调解，有效化解各种矛盾纠纷。乡镇、街道社会治安综合治理委员会及其办公室要将矛盾纠纷排查调处作为重要的基础工作，常抓不懈。要加强信访工作，减少和防止群体性事件，及时有效处置各种突发事件。要抓早抓小抓苗头，把问题解决在萌芽状态，防止矛盾激化，减少“民转刑”案件。

（十九）努力探索新时期群防群治工作的新方法和新途径，完善群防群治的组织形式、工作机制和保障机制。群防群治的组织形式可以多种多样，既可以组建有偿服务的专职巡防队，也可以组织多种形式的义务联防队，只要群众接受、社会效果好，都可以积极尝试。要充分发挥共产党员、共青团员、民兵、青年志愿者、离退休干部职工以及社区保洁、绿化、物业管理等人员在治安防范中的作用，调动社会各阶层的积极性，共同维护社会治安。大力发展保安服务业，规范保安服务市场，提高保安人员素质，发挥其在辅助公安机关维护社会治安中的积极作用。逐步完善群防群治工作机制，积极推广阳泉市组织下岗、失业、低保人员成立专职巡防队，开展治安防范，并加强组织领导、管理、培训和工作指导的经验，大胆探索群防群治新模式。各级政府要多渠道地解决群防群治经费，将防范经费列入财政预算，同时采取群众自愿筹集、受益单位出资和市场运作等多种有效措施，积极探索实践，加快建立和完善群防群治的经费保障机制，切实解决好群防群治人员的工资报酬问题。

（二十）各市（地）、各有关部门要从实际出发，制定并落实加强社会治安防范的措施。

（撰稿：贺　芳　王海滨

审稿：武先龙　齐玉生　田大忠）

内蒙古自治区

内蒙古自治区综治委组织或参与的有关工作

1月16日至25日　自治区综治委组成六个考核组，赴全区12个盟市和大兴安岭林管局，对2002年度社会治安综合治理工作进行了实地检查考核。

3月14日　自治区综治委下发《关于集中开展“网吧”等互联网上网服务营业场所整治管理工作的通知》（内综治〔2003〕7号），决定在全区集中开展“网吧”等互联网上网服务营业场所整治管理工作。经过四个阶段共六个月的集中整治，取得了明显成效。

5月19日　自治区综治委下发《关于成立内蒙古自治区保护国家通信光缆安全领导小组的通知》（内综治〔2003〕12号）。组长由自治区党委常委、政法委书记胡忠担任，副组长由自治区党委政法委副书记、综治办主任刘怀北等八个部门的领导担任，办公室设在内蒙古通信公司安全保卫部。

5月20日　自治区政法委、综治办召开自治区政法系统宣传工作座谈会，政法委副书记、综治办主任刘怀北等同志以及自治区公安厅、检察院、高级法院、司法厅、国家安全厅分管宣传工作的领导和有关处室负责人参加了会议。会议听取了各单位2003年以来宣传工作开展情况，特别是宣传政法机关参与防治“非典”工作情况和2003年本单位、本系统宣传工作的总体安排，提出了下一步加强政法综治宣传工作的措施和下半年工作重点。

6月12日　自治区综治委下发《关于调整自治区社会治安综合治理委员会组成人员的通知》(内综治〔2003〕15号)，自治区党委副书记、代主席杨晶任自治区综治委主任，自治区党委副书记陈光林，自治区党委常委、宣传部部长张国民，自治区党委常委、政法委书记胡忠，自治区副主席连辑任副主任，自治区党委政法委副书记刘怀北等51人任委员。

6月27日　自治区综治办印发《关于在全区政法系统开展向社会治安见义勇为基金会捐献一天工资活动的通知》(内综治办〔2003〕18号)，通过这项活动，全区政法系统共向自治区社会治安见义勇为基金会捐献人民币120万元。

7月2日　自治区党委、政府下发了《关于表彰2002年度全区社会治安综合治理先进地区、优秀成员单位和“长安杯”地区、单位的通报》(内党字〔2003〕14号)，授予通辽市、赤峰市、兴安盟、锡林郭勒盟“社会治安综合治理先进地区”荣誉称号；授予呼伦贝尔市、鄂尔多斯市“社会治安综合治理工作突破地区”荣誉称号；授予包头市、巴彦淖尔盟“社会治安综合治理基层基础工作先进地区”荣誉称号；授予呼和浩特市、乌海市“盟市综治委成员单位参与综治工作先进地区”荣誉称号；授予阿拉善盟、乌兰察布盟“社会治安综合治理工作进步地区”荣誉称号；授予自治区公安厅等20个单位“自治区综治委成员单位参与综治工作优秀单位”荣誉称号；授予呼和浩特市赛罕区等61个地区和单位自治区级“长安杯”荣誉称号。

7月10日　自治区综治委印发《关于表彰奖励维护社会治安见义勇为先进分子的决定》(内综治〔2003〕19号)。追授刘志超同志“维护社会治安见义勇为先进分子”称号，评为特等奖，颁发奖金人民币3万元；授予王华等4件6人“维护社会治安见义勇为先进分子”称号，评为一等奖，每件颁发奖金1.5万元；授予曹俊林等4件4人“维护社会治安见义勇为先进分子“称号，评为二等奖，每件颁发奖金1万元；授予魏银鸿等5人、赵志荣等3人、焦树理等3人“维护社会治安见义勇为群体”称号，评为三等奖，每个群体颁发奖金5000元；授予陈贵祥等7件9人“维护社会治安见义勇为先进分子”称号，评为三等奖，每件颁发奖金5000元。

同日　自治区综治委与13个部、委、厅、局联合下发《内蒙古自治区见义勇为人员奖励和保护条例实施细则》(内综治〔2003〕20号)，对见义勇为人员的奖励和保护措施做了详细的规定。

7月14日　全区第四次社会治安见义勇为先进分子表彰奖励大会在呼和浩特隆重召开。大会对刘志超等31名维护社会治安见义勇为先进分子进行了表彰奖励。会前，自治区党委、政府及基金会的领导储波、杨晶、王占、陈光林、任亚平、胡忠、万继生、王凤岐、连辑、奇英成、张鹤松，中华见义勇为基金会副秘书长刘晏芳、自治区高级人民法院院长王维山、自治区人民检察院检察长邢宝山和武警内蒙古总队总队长郄国严等亲切接见了见义勇为先进分子代表，并同他们合影留念。表彰奖励大会由自治区政协主席、见义勇为基金会会长王占主持。中华见义勇为基金会副秘书长刘晏芳，自治区党委副书记、综治委副主任陈光林在会上讲话。

8月5日　自治区综治委印发《关于调整内蒙古自治区维护社会治安见义勇为基金会组成人员的通知》(内综治〔2003〕23号)，自治区党委副书记、综治委副主任陈光林为会长，自治区党委常委、宣传部部长、综治委副主任张国民、自治区党委常委、政法委书记、综治委常务副主任胡忠、自治区人大常委会副主任王凤岐、自治区副主席、综治委副主任连辑、自治区政协副主席奇英成为副会长。

8月7日至9日　全区政法综治宣传工作联系会议在呼和浩特召开。各盟市和呼铁局、大兴安岭林管局综治办负责政法综治宣传工作的人员以及内蒙古法制报社的同志参加会议。自治区党委政法委副书记徐呼和和自治区党委政法委副书记、综治办主任刘怀北出席会议并讲话，自治区综治办副主任刘国君主持会议。

8月27日至31日　全国33城市社会治安综

合治理工作研讨会在呼和浩特市召开，中央政法委副秘书长、中央综治办主任陈冀平出席会议并讲话。

9月7日至8日 全区社会治安综合治理工作暨防范体系建设现场交流会议在通辽市召开。自治区党委副书记、综治委副主任陈光林代表自治区党委、政府讲话，自治区党委常委、政法委书记、综治委副主任胡忠主持会议并做总结讲话。自治区副主席、综治委副主任连辑就贯彻落实会议精神提出了具体要求。会议总结交流了近年来特别是2002年"包头会议"以来各地、各部门开展社会治安防范体系建设的经验，现场参观了通辽市科尔沁区、科左后旗等地综治工作和防范体系建设的情况，表彰奖励了2002年度全区综治工作先进盟市、优秀成员单位和荣获"长安杯"称号的地区、单位，研究部署了下一步工作。

10月14日 自治区综治委成员单位"创安"联系点工作经验交流会在呼和浩特市召开。自治区党委办公厅、自治区劳动和社会保障厅、呼和浩特铁路局、自治区民政厅、人事厅、新闻出版局、内蒙古人寿保险公司、自治区党委组织部、自治区团委等九个部门在会上介绍了经验。与会代表参观了新城区海天花园、赛罕区学府花园社区和自治区团委青年生态园。这次会议认真总结了五年来自治区综治委成员单位"创安"联系点工作经验和做法，对今后成员单位深入开展"创安"联系点工作做了具体部署，提出了明确要求。

10月21日 自治区综治委召开第32次全体会议。自治区党委常委、政法委书记、综治委副主任胡忠主持会议，自治区党委副书记、代主席、综治委主任杨晶讲话。自治区副主席、综治委副主任连辑出席会议。会议主要议题：一是传达全国社会治安综合治理工作会议精神；二是通报自治区五部委嘉奖全区社会治安各级党政领导事宜；三是听取前三季度全区社会治安综合治理工作情况汇报；四是自治区财政厅、教育厅和工商行政管理局的综治委委员述职。

11月5日 为了切实巩固"严打"整治斗争成果，防止出现治安反弹，维护全区社会治安稳定，自治区综治办印发《关于开展"双打一整治"专项行动的通知》（内综治办电传〔2003〕17号），决定11—12月份在全区集中开展一次以打击抢劫、抢夺犯罪，整治社会治安薄弱环节为主要内容的专项行动。

11月11日 自治区综治委印发了《关于嘉奖全区社会治安综合治理先进地方、优秀单位有关领导的决定》（内综治〔2003〕34号）。自治区综治委、纪检委、组织部、人事厅、监察厅联合对1997－2001年在全区社会治安综合治理工作中做出突出成绩的地方、单位的党政领导干部和综治办负责人共218名同志给予嘉奖。

12月1日 自治区综治委、自治区党委政法委、自治区党委宣传部、自治区新闻工作者协会联合下发《关于表彰奖励2002年度全区政法综治好新闻奖、优秀编辑奖、优秀记者奖、优秀通讯员奖等获奖单位和个人的决定》（内综治〔2003〕36号），对63件好新闻作品和优秀编辑、优秀记者、优秀通讯员各20名以及5个优秀组织单位进行了表彰奖励。

12月7日至27日 自治区综治委派出考核组分东、西两片对各盟市和大兴安岭林管局2003年度综治实绩目标完成情况进行实地检查考核。

2003年度自治区社会治安综合治理委员会及办公室组成人员名单

综治委主任:

杨　晶(自治区党委副书记、自治区代主席)

综治委副主任:

陈光林(自治区党委副书记)

张国民(自治区党委常委、宣传部部长)

胡　忠(自治区党委常委、政法委书记)

连　辑(自治区副主席)

综治委委员:

刘怀北(自治区党委政法委副书记)

张守孝(自治区党委副秘书长)

荣院院(自治区人大内务司法委员会主任)

牙萨宁(自治区政府副秘书长)

陈毅民(自治区政协副秘书长)

赵振福(内蒙古军区副参谋长)

武　兵(自治区纪委常委、监察厅副厅长)

王长聚(自治区党委组织部副部长)

张英伟(自治区党委宣传部副部长)

马国祥(自治区党委统战部副部长)

祝广垲(自治区公安厅厅长)

阿斯林(自治区公安厅副厅长)

于　江(自治区检察院副检察长)

许振祥(自治区高级法院副院长)

任英超(自治区司法厅厅长)

徐贵中(自治区司法厅副厅长)

仁　钦(自治区国家安全厅副厅长)

张算良(武警内蒙古总队副总队长)

安俊义(自治区发展和改革委员会副主任)

张志诚(自治区经贸委副主任)

白赛娜(自治区计划生育委员会主任)

郝　勇(自治区民政厅副厅长)

常军政(自治区财政厅副厅长)

李　秀(自治区人事厅副厅长)

张雅茹(自治区劳动和社会保障厅副厅长)

刘丽华(自治区高校工委副书记、教育厅副厅长)

明　锐(自治区文化厅副厅长)

戴　贵(自治区交通厅副厅长)

王学军(自治区建设厅副厅长)

郭战英(自治区国土资源厅副厅长)

杨成旺(自治区卫生厅厅长)

刘　瑞(自治区广播电影电视局局长)

石玉平(自治区新闻出版局局长)

李　彦(自治区工商行政管理局副局长)

高瑞发(自治区地税局副局长)

马永胜(自治区旅游局副局长)

格日勒图(自治区药品监督管理局副局长)

肖庆宝(内蒙古邮政局副局长)

敖大明(内蒙古通信管理局局长)

李长玉(内蒙古煤矿安全监督管理局副局长)

赵　勇(呼和浩特铁路局党委书记)

张元斗(内蒙古民航局党委书记)

乌若思(内蒙古电力集团有限责任公司总经理)

金　华(自治区总工会副主席)

胡达古拉(自治区团委副书记)

宝笑平(自治区妇联副主席)

额尔德尼(中国人民银行呼和浩特中心支行副行长)

李　毅(中国人民保险公司内蒙古分公司副总经理)

郭茹敏(中保人寿保险公司内蒙古分公司副总经理)

王富宽(呼和浩特海关副关长)

孟　根(大兴安岭林管局党委副书记)

自治区社会治安综合治理委员会办公室主任由刘怀北同志兼任,副主任刘国君同志。

自治区综治办下设两个处:综合协调处;盟市指导处。

内蒙古自治区社会治安综合治理条例

（2003年11月30日内蒙古自治区第十届人民代表大会常务委员会第六次会议通过）

第一条　为了加强社会治安综合治理，维护社会秩序，保护公民的合法权益，保障改革开放和社会主义现代化建设的顺利进行，根据《全国人民代表大会常务委员会关于加强社会治安综合治理的决定》和国家有关法律、法规，结合自治区实际，制定本条例。

第二条　自治区行政区域内的机关、团体、企业事业单位和其他组织以及公民，应当遵守本条例。

第三条　各级人民政府应当加强社会治安综合治理工作的组织领导，将其纳入本地区国民经济和社会发展总体规划。

第四条　社会治安综合治理应当动员和组织全社会的力量，运用政治、法律、经济、行政、文化、教育等多种手段，预防和减少违法犯罪，维护社会治安秩序，保障社会稳定。

第五条　社会治安综合治理应当坚持打防结合、预防为主的工作方针，遵循属地管理、谁主管谁负责、专门机关工作与群众性工作相结合的原则。

第六条　社会治安综合治理工作由各级人民政府统一组织实施，各级社会治安综合治理机构具体组织协调，各部门、各单位在其职责范围内分工负责、协调配合，积极参与社会治安综合治理工作。

各级公安、国家安全、司法行政部门、人民法院、人民检察院，应当在社会治安综合治理中发挥骨干作用。

各垂直管理部门，其系统所属单位的社会治安综合治理工作，由部门和地方双重管理，一般以地方管理为主。

第七条　自治区、盟市、旗县（市、区）苏木乡镇、街道设立社会治安综合治理委员会，接受同级人民政府或者派出机关的领导和上级社会治安综合治理委员会的指导。

第八条　机关、团体、企业事业单位和其他组织，应当根据需要设立社会治安综合治理领导小组并配备专职或者兼职工作人员，负责本单位的社会治安综合治理工作。

第九条　嘎查村民委员会、居民委员会设立社会治安综合治理小组，负责基层社会治安综合治理工作。

第十条　各级公安、司法机关应当依法维护社会治安秩序，惩治各种危害社会的违法犯罪活动。严惩严重危害社会治安的刑事犯罪分子。针对突出的治安问题和治安秩序混乱的区域和行业，开展重点治理和专项治理。

第十一条　各地区和有关部门、单位应当及时发现、掌握本部门、本单位的矛盾纠纷，认真做好化解、疏导工作，妥善解决关系群众切身利益的问题，防止矛盾激化和事态扩大，维护社会稳定。

各级信访部门、人民调解等组织应当建立健全矛盾纠纷排查调处工作机制和制度。

第十二条　各部门、各单位应当制定和落实社会治安防范措施，加强内部管理工作和治安保卫工作，落实治安防范责任制。发动和组织群众，加强防范体系建设等群防群治工作。加强管辖范围内的居民区、公共场所、道路交通的治安防范，防止违法犯罪案件和治安灾害事故的发生。

有关部门、单位应当强化安全生产工作，落实安全生产责任制，认真执行安全生产的法律法规和有关规章制度，有效防止重大安全事故的发生。

第十三条　公安部门应当加强治安管理，预防、控制、查处治安案件、治安灾害事故和各种违反治安管理的行为。

加强对流动人口的服务、教育和管理工作,保障流动人口的合法权益,预防流动人口中的违法犯罪。

第十四条 各地区、各部门、各单位应当加强社会治安综合治理机构以及群防群治队伍建设,建立健全社会治安综合治理责任制度、工作制度和保障制度。

第十五条 有关部门、单位应当协助监管部门作好服刑人员、劳教人员的教育、改造工作。依靠社会力量做好刑满释放、解除劳教人员的安置帮教工作,保障其享受劳动、教育、社会保障等公民权利。

开展社区矫正工作,对依法判处管制、缓刑、假释、监外执行和剥夺政治权利并在社会服刑的人员以及劳动教养所外执行人员,加强监督、管理和教育。

第十六条 全社会应当重视青少年的思想道德教育和法制教育,组织、动员社会各方面力量,形成青少年教育网络,有效地预防和减少违法犯罪。各级各类学校应当开设法制、德育课程,切实落实计划、课时、教材、师资、场地、设备等。

第十七条 全社会应当加强公民的法制教育。

公民应当自觉维护社会治安秩序,发现违法犯罪行为,应当及时向公安、司法机关报告。

第十八条 深入开展遵纪守法户、安全单位、安全社区、安全嘎查村等多种形式的基层安全文明创建活动。

第十九条 社会治安综合治理实行目标管理责任制和领导责任查究制。

各级社会治安综合治理机构应当加强对社会治安综合治理工作的督促、检查。

第二十条 社会治安综合治理委员会的职责:

(一)宣传、贯彻执行社会治安综合治理的法律、法规和方针、政策;

(二)制定、组织实施本地区社会治安综合治理的工作计划;

(三)对本地区的社会治安综合治理工作进行调查研究,针对存在的突出问题,提出对策,并对综合治理措施的落实情况进行督促检查;

(四)组织、协调、指导、检查本地区各机关、团体、企业事业单位和其他组织的社会治安综合治理工作。

(五)管理见义勇为基金,表彰见义勇为行为;

(六)对本地区开展社会治安综合治理工作的机关、团体、企业事业单位和其他组织以及个人决定奖惩;

(七)总结、推广社会治安综合治理的典型经验;

(八)指导、协调、督促下级社会治安综合治理委员会的工作;

(九)办理同级政府和上级交办的社会治安综合治理的其他任务。

第二十一条 社会治安综合治理委员会成员单位,要在各自职责范围内,做好社会治安综合治理工作。

第二十二条 有关行业、系统主管部门的职责:

(一)制定和组织落实本行业、系统参与社会治安综合治理工作的方案;

(二)组织开展法制宣传教育工作;

(三)督促所属单位参与所在地社会治安综合治理工作;

(四)研究和解决本行业、系统的治安问题,重大情况及时向有关部门报告;

(五)检查、考核所属单位的社会治安综合治理工作,奖励或者惩处有关责任人;

(六)负责其他有关社会治安综合治理工作。

第二十三条 机关、团体、企业事业单位和其他组织社会治安综合治理的职责:

(一)加强社会主义法制教育、道德教育和社会治安综合治理教育;

(二)建立健全内部治安保卫组织和治安保卫责任制,严密防范措施,维护单位内部的治安秩序;

(三)协助公安机关查处发生在本部门、本单位的治安案件和刑事案件;

(四)加强对刑满释放、解除劳教人员的帮助教育,为其就业、就学等创造条件;

(五)配合公安、司法机关对本部门、本单位被宣告缓刑、判处管制、剥夺政治权利并在社会服刑和决定保外就医、假释等犯罪分子以及被监视居住、取保候审等人员进行监督和教育；

（六）负责对本部门、本单位外来务工人员的服务、教育和管理，协助当地有关部门做好相关人员的申报、登记等工作；

（七）及时报告本单位内部发生的和涉及本单位的群体性纠纷或者其苗头，积极采取排解措施或者协助有关部门妥善处置；

（八）参加苏木乡镇人民政府或者街道办事处组织的社会治安综合治理工作，开展以安全文明为目的的创建活动；

（九）负责其他有关社会治安综合治理工作。

第二十四条　嘎查村民委员会、居民委员会社会治安综合治理的职责：

（一）制定嘎查村民公约或者居民公约，开展群众性的社会主义法制教育、道德教育和社会治安综合治理教育；

（二）建立和健全治安保卫联防组织和人民调解组织；

（三）落实防盗、防火、防破坏、防治安灾害事故的具体措施；

（四）及时报告本辖区和涉及本辖区的群体性纠纷或者其苗头，并采取积极措施处理或者协助有关部门妥善处理；

（五）做好本辖区违法人员和刑满释放、解除劳教人员的帮助教育工作；

（六）加强对本辖区外来人员的服务、教育和管理，协助当地有关部门做好外来人员的申报、登记等工作；

（七）参加苏木乡镇人民政府或者街道办事处组织的社会治安综合治理活动；

（八）组织嘎查村民、居民以及辖区内的物业管理、保安服务等社会服务机构参加治安联防，对公安、司法机关查处各类案件予以协助；

（九）开展多种形式的安全文明创建活动；

（十）负责其他有关社会治安综合治理工作。

第二十五条　各级人民政府、各部门、各单位应当为社会治安综合治理创造条件，从人员、经费等方面给予支持和保障。

各级社会治安综合治理委员会办公室工作经费，由各级人民政府列入本级财政预算。

基层群防群治工作经费依照自治区人民政府有关规定执行。

第二十六条　公民与违法犯罪行为做斗争，受法律保障。对制止违法犯罪行为有贡献的公民，应当按照《内蒙古自治区见义勇为人员奖励和保护条例》的规定给予奖励和保护。

第二十七条　符合下列条件之一的，应当由所在地区、部门、单位的社会治安综合治理领导机构给予表彰奖励；有突出贡献的，由旗县级以上社会治安综合治理委员会报请有关机关或者同级人民政府给予记功、授予荣誉称号等奖励：

（一）社会治安综合治理目标管理实绩突出的；

（二）主要负责人和治安责任人，在组织推动本地区、本部门、本单位社会治安综合治理工作中成绩显著的；

（三）本地区社会治安存在的突出问题得到解决，没有发生重大恶性案件，社会秩序持续稳定的；

（四）检举、揭发违法犯罪行为，对破获重大案件有功的；

（五）见义勇为，同违法犯罪行为作斗争的；

（六）在社会治安综合治理工作中有其他突出表现的。

第二十八条　有下列情形之一的地区、部门、单位，由主管部门、其他有关部门取消其评选综合治理荣誉称号资格；对主要负责人、主管人员和直接责任人员，视情节轻重给予相应的行政处分；构成犯罪的，依法追究刑事责任：

（一）综合治理措施不落实，造成本地区、本部门、本单位治安秩序严重混乱或者发生影响治安稳定的重大事件；

（二）对不稳定因素或者社会矛盾和纠纷，排查调处不力，以致酿成严重后果，影响社会稳定的；

（三）发生重大案件或者恶性事故，造成严重损失隐匿不报或者作虚假报告的；

（四）连续发生刑事案件或者治安灾害事故，造成严重损失和恶劣影响的；

（五）存在重大治安隐患，有关部门提出警告、整改建议后，拒不落实或者没有采取改进措施，造成严重后果的；

（六）对检举、揭发、制止违法犯罪行为的公民打击报复的；

(七)对同违法犯罪行为作斗争负伤的公民不予及时抢救治疗的;

(八)违反本条例的其他行为。

第二十九条 本条例自2004年2月1日起施行。1992年4月17日内蒙古自治区第七届人民代表大会常务委员会第二十六次会议通过的《内蒙古自治区社会治安综合治理条例》同时废止。

内蒙古自治区党委办公厅 政府办公厅转发《自治区社会治安综合治理委员会关于全区社会治安防范体系建设的意见》的通知

(2003年1月29日)

各盟市、旗县委、盟行政公署,市、旗县人民政府,自治区各部、委、办、厅、局和人民团体,各大企事业单位:

《自治区社会治安综合治理委员会关于全区社会治安防范体系建设的意见》已经自治区党委、政府同意,现转发给你们,请结合本地区、本部门实际,认真贯彻执行。

自治区社会治安综合治理委员会关于全区社会治安防范体系建设的意见

(2003年1月16日)

为深入贯彻党中央、国务院和自治区党委、政府关于进一步加强社会治安综合治理的一系列指示精神,根据中共中央办公厅、国务院办公厅转发中央综治委《关于加强社会治安防范工作的意见》(中办发〔2002〕26号),结合我区实际,提出全区社会治安防范体系建设意见。

一、指导思想和总体思路

坚持以邓小平理论和"三个代表"重要思想为指导,认真贯彻落实党的十六大精神,按照"打防结合,预防为主"的方针,在各级党委、政府的直接领导下,由社会治安综合治理组织统一协调,以维护社会稳定和良好的治安秩序为目标,以公安部门为骨干,以群防群治力量为依托,以社区和嘎查村为基础,以案件多发的人群、行业、时段为重点,以旗县市区为单位,建立和完善人防、物防、技防结合,专群结合的防范体系,全面落实社会治安综合治理各项措施,为我区的改革开放和现代化建设创造良好稳定的社会治安环境。

二、目标任务和工作原则

(一)目标任务

在各级党委、政府的领导和各级综治委的组织协调下,三年内建立健全全区打防控体系,形成"打防结合,预防为主"的新的打防机制。在总结我区综治工作经验的基础上,根据不同地区、部门、单位特点推行九种防范模式。

1.全区专门机关齐抓共管的社会治安综合治理防范模式。以政法各部门为骨干,以流动人口治安管理、刑释解教人员安置帮教、预防青少年违法犯罪、铁路护路联防、学校及周边治安综合治理等专项工作领导小组为主体,综治成员单位参与配合,上下自成体系的齐抓共管防范工作模式。

2.城镇社会治安综合治理防范模式。以全面实施社区警务战略为主线,以社区居委会为依托,以主动防范警务制为核心,以治安员、治安联防队员为主体,以社区民警、保安队伍为骨干,建立社区居委会、警务室、物业管理部门"三位一体"的社区安全管理和警民联动、多警巡逻、治安堵卡相配套的打防控一体化防范模式,实施治安(警务)、科教、文体、法律、卫生五进社区,以城带乡,努力提高城镇社会治安管理和防控能力。

3.农村社会治安综合治理防范模式。以县为单位、乡镇为重点、行政村为基础,建立公路线、铁道线、边界线为网络的社会治安防范模式。深入开展安全村创建活动,发挥治保会、调委会、治安联防队的主力作用,以实施"联户互保细胞工程"为主要形式,以建立农村"110"报警系统与"一长三员"(户长、调解员、治安信息员、法制宣传员)联防责任制和开展"党员八个带头"活动为纽带,不断完善农村群防群治为主、专门机关为骨干的治安防范工作体制。不断提高干部群众的防范意识、道德水平和法制观念,实现户户联防、村村联防。适时化解民间矛盾纠纷,做到"小事不出村、大事不出乡"。强化对盗窃及破坏农电、水利、通讯等设施的治安防范,严厉打击农村恶势力和其他危害农民利益的犯罪,维护农村治安稳定。

4.牧区社会治安综合治理防范模式。以旗为单位、苏木为重点、嘎查(浩特)为基础,实行牧民联防队、边防部队、公安派出所的点线面区域联防,强化无线电通讯网络建设,形成集治安防范、生产信息和生活服务为一体的"草原110"("戈壁110")防范模式。不断巩固和提高牧区与周边联防的协调合作,确保牧区的安宁与稳定。

5.林区社会治安综合治理防范模式。以森林公安、边防和地方派出所为骨干,治安联防队为主体,地、林、铁、军、警、民共同参与,密切配合,建立和完善以林业局为中心,林场(单位)和乡镇(街道)为重点,生产作业点(居委会)为基础,整体推进的林区治安防范模式,确保森林资源安全和林区治安稳定。

6.边境地区社会治安综合治理防范模式。以"军管线、警管片、民管点、政府管全面"的军警民联防为主体,建立旗县、苏木、嘎查三级管理,边防部队、武警部队、地方公安民警联合行动,群防群治网络、机动车巡逻网络、无线电通讯网络三网并建,边境线、公路沿线、友邻区接壤线三线齐防的防范模式。完善边防委和综治委联系会议制度,健全边境地区的区域性联防统一指挥系统,有效防范渗透、越境和偷渡事件及其他边境事件的发生。

7.企业社会治安综合治理防范模式。以企地共建活动为载体,建立企业内部治安防范和企业周边治安管理、区域防范为主的联防联动防范模式。企业内部的治安防范工作以企业为主,企业周边的治安管理以地方为主,实行区域性联防联动。强化社会治安综合治理责任制,制定区域性治安防范工作措施,加强企业安全保卫、组织建设和内部管理,着力解决企业周边地区的突出治安问题。

8.学校社会治安综合治理防范模式。以警学共建(军学共建)为基础,建立和完善社会、家长、学校齐抓共管的校园内治与周边地区外治相结合的治安防范模式。学校要聘请法制副校长和辅导员,参加驻地苏木乡镇(街道)综治委,对学生进行法制教育,指导学校开展综合治理。强化校园内部的人防、物防、技防措施,配合有关部门联合对学校周边环境进行专项整治,维护学校安全和稳定。

9.机关单位社会治安综合治理防范模式。以维护机关内部治安秩序为重点,积极参与社会治安综合治理,建立外防内保相结合的防范模式。外防,机关单位的防范纳入驻地社会治安总体防范网络,积极参与社区安全创建。重点部门、要害部位纳入公安机关重点监控和防范的视野,实行联防联动。内保,各机关单位要建立健全自成体系的综治组织和综治责任制。"看好自己的门、管好自己的人、办好自己的事",落实人防物防技防措施,做好机关治安保卫工作,提高自防自卫能力。

(二)工作原则

1.党委、政府领导,综治委组织协调的原则。各级党政领导要从思想上、组织上、工作上加强对社会治安防范工作的领导,认真研究解决落实防范工作中存在的各种问题。各级综治委及其办公室要对各部门开展社会治安防范工作加强督促、检查、指导和协调,使治安防范措施落到实处。

2.专群结合的原则。打击、防范、控制是一个有机的整体,要在发挥政法各专门机关骨干作用的同时,坚持走群众路线,立足基层,不断提高人民群众的法制观念、防范意识和自我防范能力,充分调动人民群众参与治安防范的积极性,把广泛的群防群治力量同有限的警力紧密结合起来,共同维护社会治安。

3.属地管理和谁主管谁负责的原则。实行“条块结合,以块为主”的属地管理原则,各部门、各单位要积极配合所在地区党委、政府开展治安防范工作。根据治安防范工作的任务、要求和范围,各部门、各单位要按照“谁主管谁负责”的原则,抓好本系统、本部门、本单位的社会治安综合治理工作。

4.因地制宜,注重实效,与时俱进的原则。要从各地治安和工作实际出发,解放思想、实事求是,重建设、求实效,制定适合本地区实际的实施方案,确定具体的实施任务、步骤和时间安排。本着改革的精神,根据新形势的要求,不断推进体制创新和工作创新,积极探索治安防范工作的新路子、新途径。

三、主要措施要求

(一)实行四个结合

1.基层综治组织建设与基层党建和政权建设相结合。各地要继续加强苏木乡镇(街道)以下综治配套组织建设,特别是以党支部为核心的村委会、治保会、调委会的建设,继续组织开展好“党员八个带头”活动,真正发挥党支部在维护稳定和民主法制建设中的战斗堡垒作用与广大党员的模范带头作用。要推广治安联户互保组长参加村委会议事会的经验,加强民主管理,提高为民办事能力,巩固基层政权。

2.治安问题排查治理与矛盾纠纷排查调处相结合。各地要定期对本地区突出治安问题、治安混乱地区和影响稳定的因素进行排查,把排查整治治安问题和排查调处矛盾纠纷有机结合起来,对治安问题严重的地区,有计划地组织有关部门开展专项治理,限期整改。对排查出的矛盾纠纷问题,实行分级负责,归口调处,做到早发现、早化解,防止矛盾激化。

3.集中严打整治与日常防控、管理相结合。要本着什么问题突出就解决什么问题和在严打中整治、在整治中严打、严打与整治相兼进行的原则,实行综合整治。要建立健全治安管理和防范的长效工作机制,加强日常防控和管理力度,防止出现反弹。

4.法制教育与道德教育相结合。加强法制教育和道德教育,是提高全民族整体素质的重要内容,是社会发展和稳定的重要基础。要在搞好“四五”全民普法的同时,用社会主义道德规范公民的行为,落实好《公民道德建设实施纲要》,不断提高公民的道德素质。要采取多种形式普及法律知识,增强公民的法律意识,努力形成明礼诚信、遵纪守法的良好社会风尚,推动社会文明进步,保持治安秩序稳定。

(二)发挥四个作用

1.专门机关的骨干作用。震慑犯罪也是一种防范,必须毫不动摇地坚持“严打”方针,形成对犯罪分子的高压态势。政法各部门和其他行政主管部门是社会治安综合治理的骨干力量,要发挥主力军作用,积极参与社会治安综合治理。政法机关在加强治安防范工作的同时,要严厉打击各种违法犯罪活动,努力减少违法犯罪造成的危害,不断提高驾驭和控制社会治安局势的能力。司法行政部门要做好依法治理工作,加强人民调解工作,防止矛盾激化,加强法律服务工作,依法保护群众的合法权益。各行政管理部门既要各司其职,又要加强协作配合,及时沟通信息,反馈情况,形成社会治安防范工作的合力。

2.群防群治的主体作用。要在治安防范中树立“人民战争”的思想,有效发挥群防群治的作用,实行专群结合、以专为骨、以群为主,增强治安防范工作的群众基础。要逐步改善群防群治队伍的结构,实行义务与有偿相结合。要充分发挥治安联防组织、民兵组织和保安队伍及社会治安青年志愿者的作用。治安防范要多措并举,鼓励创新,积极探索治安防范经济担保制、承包责任制和治安防范社会化、产业化、契约化的路子。

3.专项领导小组的带动作用。各综治专项领导小组及其办公室要各负其责，认真完成各自承担的任务，充分发挥在综治工作中的带动作用。流动人口治安管理领导小组要做好流动人口的治安防范工作，加强以出租房屋为重点的流动人口落脚点和活动场所的管理控制，实行出租屋治安合格证制度和挂牌管理措施，积极引导流动人口合理有序流动，努力实现教育、管理、服务的一体化。铁路护路联防领导小组要认真排查和整治铁路沿线的治安重点区段，加强护路队伍的教育管理，深入开展创建安全文明铁道线活动，确保铁路运输大动脉的安全畅通。刑释解教人员安置帮教领导小组要认真开展刑释解教人员排查摸底工作，重点抓好对有重新违法犯罪倾向的刑释解教人员的管理控制，防止脱管失控。切实做好服刑在教人员释放、解除劳教时的衔接工作，千方百计地拓宽安置、就业渠道。预防和减少青少年违法犯罪工作领导小组要把对社会闲散青少年的教育管理作为重点，加强青少年教育基地建设，积极发挥社区优势，不断增强教育的针对性和实效性。要把青少年学生的法制教育纳入学校基础教育，保证计划、教材、课时和师资“四落实”，努力实现社会、学校、家庭教育、管理一体化。学校及周边治安综合治理工作领导小组要集中研究解决学校及周边地区治安管理中的突出问题，加强督促检查，推动安全文明校园创建活动的深入开展，维护学校的治安秩序和政治稳定。各级“610”办公室要会同有关部门，进一步加大工作力度，继续做好“法轮功”分子的教育转化工作。对“法轮功”邪教组织进行反动宣传、破坏广播电视网络等违法犯罪活动，要加强防控，坚决打击。同时要及时掌握“法轮功”地下组织和“法轮功”人员的动态，认真落实打击、防范措施。各级维稳办要认真搞好社会矛盾排查调处工作，及时发现、尽早调处化解矛盾。认真贯彻落实内党办发〔2002〕24号文件精神，有效预防和依法妥善处置好群体性事件，维护社会稳定。

4.各级综治办事机构的协调整合作用。各级综治办事机构要充分发挥职能作用，组织、指导、协调各地区、各部门和各综治专项工作领导小组办公室搞好社会治安防范体系建设，落实综合治理各项措施，形成齐抓共管的良好局面。

（三）健全四个机制

1.工作运行机制

（1）实行地区、部门综治工作目标管理责任制。将考核目标分为共性目标和主攻目标、职责目标，其中年度工作的总体要求为共性目标，占总分值的80%；所辖地区和成员单位上年综治工作存在的不足和推动当年工作深入开展的重点工作为主攻目标、职责目标，占总分值的20%。共性目标由上级综治委统一制定，主攻目标、职责目标由所辖地区和成员单位自己提出，报上级综治委审定后下达。

（2）实施日常监控和年终考评相结合的工作体制。将目标管理考核工作分为日常监控考核和年终实地考评两部分。日常监控考核占考核总分值的60%，年终实地考核占考核总分值的40%。

（3）实行突出重点，分类指导，全面推进的工作体制。根据各自不同特点，因地制宜，因情施策，有重点地实行分类指导，深入推进防范工作的全面开展。

2.激励机制

将社会治安综合治理目标实绩考核纳入领导班子和领导干部政绩考核，对于防范工作成效显著的地区，各级综治委要给予表彰奖励，并对党政主要领导、主管领导给予嘉奖，先进事迹材料由组织部门存入个人档案，作为干部政绩考核的重要内容。加大对各级综治办工作的考核力度，凡按部署要求创造性开展工作成效显著的，要予以表彰，并将考核结果纳入地区综治目标实绩考核。

3.制约机制

执行综治工作责任查究制和一票否决制。各级综治委要结合日常监控和年终考核，加大督促检查的力度，对治安责任人失职，防范工作不落实，导致本地区、本单位治安问题突出的，要追究其责任。机关、团体、企事业单位的法定代表人或主要负责人要对本单位的治安防范负责，对因管理不善、失职渎职造成严重后果的，要追究法定代表人或主要负责人的责任，实行社会治安综合治理“一票否决”。对连续两年考核不合格的，要调整领导班子和综治办的主要领导。为使防范工作逐步走上市场化，各地可推行治安防范经济担保制度。具体由苏木乡镇、街道办事处社会治安综合治理机构向辖区内具有独立法人资格的国家机关、社会团体、企业事业单位包括非公有制经济组织收取社会治安防范年度目标管理经济担保金。对年终考核不合格的单位,由所管辖的苏木乡镇、街道办事处和系统主管部门社会治安综合治理机构扣罚治安防范担保金,缴纳同级财政,作为转移支付追加同级社会治安综合治理工作专项经费并“足额返还”。

4.保障机制

(1)组织保障。要加强社会治安综合治理领导机构和办事机构建设。健全和完善从自治区到嘎查村(居委会)的社会治安综合治理五级管理体制,重点搞好苏木乡镇(街道办事处)的综治机构建设,确定相应负责人,专抓综治工作。国家机关、社会团体、企事业单位和其他组织根据需要可设立社会治安综合治理领导小组,配备专兼职工作人员。要加强公安派出所、人民法庭、司法所等基层政法组织建设,配齐配强专职干部。要加强以党支部为核心的基层组织建设,充分发挥其战斗堡垒作用。要进一步加强治保会、调委会建设,完善工作机制,合理解决人员、待遇和工作经费等问题。

(2)制度保障。进一步健全和完善领导责任制,增强党政领导“为官一任,保一方平安”的责任感和使命感。完善以社会治安综合治理目标管理责任制为核心的各项工作制度,推动综治工作进一步制度化、规范化。认真落实综治委各专项工作联席会议制度、委员巡视制度和述职报告制度,提高成员单位协同作战的能力。继续深入开展“创安联系点”工作,不断提高成员单位参与社会治安综合治理的水平。

(3)经费保障。健全和完善综合治理经费保障机制,各地综治经费除纳入财政预算外,还要根据当地财政收入每年确定递增比例。在解决群防群治看护费上,各地要继续贯彻执行自治区人民政府办公厅转发自治区财政厅、物价局、综治办《关于解决维护社会治安群防群治看护费的意见》(内政办发〔1998〕5号)和自治区综治委、发展计划委、公安厅、财政厅、劳动和社会保障厅、建设厅、计生委、地税局转发中央综治委等八部(委、局)《关于取消暂住人口管理性收费后进一步加强暂住人口管理工作的通知》(内综治〔2002〕5号),采取三个一点的原则,由各级人民政府、辖区受益单位和居民共同筹集。

“严打”整治斗争情况

2003年,根据自治区严打指挥部统一部署,各地按照严打与整治相兼进行的原则,以保持抗击“非典”斗争期间治安秩序的持续稳定为主要任务,深入开展严打整治斗争,取得了明显成效。一是印发《2003年1至4月份全区严打整治斗争工作要点》,对严打整治目标任务进行明确部署。二是开展集中整治行动。要求各地在对2002年社会治安集中整治工作进行“回头看”的基础上,集中排查社会治安问题,组织开展了严打整治“春季行动”,取得了良好的社会效果。三是加强考核,兑现奖惩。自治区严打整治斗争指挥部下发了《关于开展全区严打整治斗争自查总结考核验收的通知》,3月19日,自治区严打整治斗争指挥部抽调政法系统副厅级以上干部组成5个检查组,对部分盟市的严打整治斗争自查总结和今年以来工作开展情况进行抽查。自治区严打整治斗争指挥部拨出90万元,对在2002年破获重大案件的有关地区和部门进行奖励和补贴。全区有9个单位、12名个人被评为全国严打整治斗争先进集体和先进工作者,并受到表彰奖励。四是采取积极措施确保社会治安秩序的持续稳定。4月28日,自治区综治办、维稳办、防范和处理邪教办、严打办、自治区公安厅联合发文,要求在防治非典型肺炎期间坚决贯彻严打方针,依法从重、从快严厉打击各种刑事犯罪活动。5月19日,下发了《关于在“非典”防治期间开展严厉打击各种犯罪活动集中统一行动的通知》(内严指密传〔2003〕1号),部署了从5月中旬开始开展为期一个月的严打整治集中行动,确保社会治安秩序、经济秩序和生活秩序平稳。五是举办了全区严打整治斗争成果展览。年初,从自治区安全厅、内蒙古日报社、呼市严打办抽调人员,分两个组到各盟市征集严打整治图片资料,完成了给中央报送严打整治斗争展览图片的任务,我区的2幅图片被全国严打整治斗争成果展览采用。经过两个月的紧张筹备,9月6日至9月12日全区严打整治斗争成果展览在内蒙古自治区展览馆成功举办。展览期间,自治区40多个厅局、呼市地区各大、中专院校和中、小学组织5万多人观看了展览,收到了很好的社会效果。9月11日,自治区党委书记、自治区人大常委会主任储波和自治区党委副书记、代主席杨晶一同观看了展览,储波同志对展览和全区两年严打整治斗争取得的成果给予了充分肯定。六是做好两年为期严打整治斗争的总结表彰。9月11日,自治区党委、政府召开全区严打整治斗争总结表彰大会,表彰奖励了在全区严打整治斗争中涌现出的9个全国严打整治斗争先进集体和12个先进工作者以及53个全区严打整治斗争先进集体、77名先进工作者和14个先进单位。七是开展严打整治斗争经常性工作机制的调研工作。按照中央政法委的安排,从年初开始在全区组织开展贯彻严打方针经常性工作机制的调研活动,在此基础上完成了我区严打整治斗争经常性工作机制的调研报告,并参加了全国严打整治斗争经常性工作机制研讨会。

到2003年,为期两年的严打整治斗争告一段落,取得了明显成效。一是刑事案件总量下降,严重暴力犯罪减少;二是"打黑除恶"专项斗争战果显著,三类重点案件及时侦破、从快审结、依法严惩;三是集中整治了一批治安乱点,解决了一批突出治安问题,带动整体社会治安面貌明显改观;四是社会治安综合治理措施得到有效落实,社会治安长效工作机制初步建立,治安防控能力提高;五是政法队伍得到锻炼和考验,司法保障得到改善,队伍整体素质提高。2003年5月份,全区严打整治斗争告一段落,自治区党委政法委就严打整治斗争成果等问题进行了问卷调查。共发出调查问卷11300份,收回11261份,回收率为99.65%。其中,认为两年社会治安状况明显好转和有所好转,有安全感的占90.48%;认为基本一样的占8.5%;认为治安状况较差的占1.02%。

社会治安防范和管理工作情况

一是加强了社会治安防范体系建设。自治区综治委将2003年确定为"全区社会治安防范体系建设年",制定了《关于全区社会治安防范体系建设的意见》,进一步明确了社会治安防范体系建设的指导思想、总体思路、目标任务、工作原则和主要措施等,自治区党委办公厅、政府办公厅以内党办发〔2003〕1号文件转发全区执行。为了将社会治安防范体系建设的各项措施落到实处,自治区综治委下发通知,要求各盟市和综治成员单位因地制宜,因情施策,提出符合本地本部门实际的落实意见或方案。9月7日至8日,自治区综治委在通辽市召开了全区社会治安综合治理工作暨防范体系建设现场交流会议,总结交流了近年来特别是去年包头会议以来的工作经验,参观学习了通辽市城镇社区治安防范和农村牧区安全创建的先进典型、主要做法和经验,研究部署了下一步工作。到12月份,全区12个盟市、35个自治区综治委成员单位制定了加强社会治安防范体系建设、建立和完善社会治安综合治理经常性工作机制的实施方案或意见。各地按照中央和自治区的要求,结合实际,分类指导,认真总结防范工作成功经验,进一步完善了城市、农村、牧区、林区、边境地区等九种防范模式,不断扩大防范成果,全面提高社会治安防范能力和水平。自治区综治办编印了全区各地治安防范体系建设经验汇编《奋进》一书。

二是加强对社会治安的管理。按照"什么地方治安混乱就集中整治什么地方、哪里问题突出就集中解决哪里问题”的原则,集中开展了整治“网吧”专项行动。自治区综治委下发了《关于集中开展“网吧”等互联网上网服务营业场所整治管理工作的通知》(内综治〔2003〕7号),在全区集中开展了“网吧”等互联网上网服务营业场所整治管理行动。自治区综治办先后召开三次协调会,研究部署“网吧”等互联网上网服务营业场所整治管理工作,并与自治区党委宣传部和文化厅联合举行新闻通报会,通报整治“网吧”活动进展情况,加大整治宣传力度,增强整治社会效果。自治区综治办协调呼和浩特市和文化厅等有关部门相互配合,开展“零点行动”,先后十余次对呼市地区“网吧”等互联网上网服务营业场所进行联合检查,推动这项工作的落实。各盟市都成立整治领导小组,制定工作方案,分步进行实施。呼和浩特市坚持做到“四要”(即思想要到位、行动要积极、措施要有力、目标要明确),紧紧抓住“四个环节”(宣传动员、审核登记、禁营时段、集中检查),清理整顿工作取得明显成效。“非典”疫情发生后,全区各地按照自治区综治委的统一部署和文化厅的通知要求,暂时关闭了“网吧”等文化经营场所,对未按要求停业继续违规经营的个别“网吧”、电子游戏厅等给予吊销《文化经营许可证》的行政处罚。确保了疫情严重的呼和浩特市、包头市、巴彦淖尔盟和其他盟市中小学生放假期间远离“网吧”不受疫情感染。

实行社会治安综合治理领导责任制情况

一是继续强化社会治安综合治理“一把手”工程。自治区党委副书记、代主席、自治区综治委主任杨晶继续与全区12个盟市的党政主要领导签订社会治安综合治理责任状,按照这个模式,全区共签订综治责任书40多万份,有力地推动了社会治安综合治理领导责任制的落实。各级党政领导都自觉地承担起维护社会稳定和“保一方平安”的政治责任,用相当多的精力抓好社会治安综合治理和维护社会稳定工作,并把抓大事和抓实事结合起来,确保综合治理工作的方针、政策得到认真贯彻执行,确保综合治理在全局工作中占有重要位置,确保综合治理和维护稳定工作任务的圆满完成。

二是加强综治实绩目标考核,充分调动各地、各部门争先创优的积极性。2003年1月,自治区综治委分别组成六个考核组,先后对全区12个盟市和48个自治区综治委成员单位2002年度社会治安综合治理实绩目标完成情况进行实地考核工作。结合日常监控考核情况和所在地街道办事处打分情况,评选出了获得2002年度全区社会治安综合治理综合奖的盟市4个、获得专项奖盟市8个以及20个获得自治区综治委优秀成员单位和61个“长安杯”地区、单位。自治区综治办根据考核结果,认真进行意见反馈,落实奖惩措施。在总结经验的基础上,自治区综治办进一步完善了2003年度盟市和自治区综治委成员单位社会治安综合治理实绩考核目标,认真做好日常监控工作,按季度对各盟市和综治委成员单位开展综治工作情况进行通报,促进综合治理各项措施的落实。12月7日至30日,自治区综治委组成两个组分东西两片,对各盟市和大兴安岭林管局2003年度综治工作目标完成情况进行了实地考核。

三是进一步加大奖惩力度,建立健全综治工作激励机制。对获得2002年度全区社会治安综合治理综合奖的通辽市、赤峰市、兴安盟、锡林郭勒盟各奖励人民币2万元、对获得专项奖的呼和浩特市、包头市、乌海市、呼伦贝尔市、乌兰察布盟、鄂尔多斯市、巴彦淖尔盟、阿拉善盟各奖励人民币1万元,对20个自治区综治委优秀成员单位各奖励人民币5000元。经2003年10月21日自治区综治委第32次全委会审定,决定嘉奖1997—2001年度全区社会治安综合治理先进地方、优秀单位有关领导218名,由自治区综治五部委进行通报表彰,并将嘉奖令记入个人档案。自治区综治委、纪检委、组织部、人事厅、监察厅联合下发了《内蒙古自治区社会治安重特大案(事)件领导责任查究制度的规定》(内综治〔2003〕13 号),加大对社会治安综合治理工作的奖惩力度。2003 年 1—12 月份,全区共一票否决 41 个地区、单位,警告 64 个地区、单位,对 97 个地区、单位发出了限期整改通知书。

社会治安综合治理基层基础建设情况

一是为了深入开展安全文明共建活动,促进社区居民群众安居乐业,自治区综治办起草了《关于深入开展道德、治安(警务)、科教、文体、法律、卫生"六进社区"活动的通知》,由自治区文明委和综治委联合发文。通知要求,各地要以社区为基础,以民警为骨干,以群防群治队伍为依托,努力建设警民结合、专群结合的社会治安防范体系。经过认真筹备,自治区综治办、文明办等十二个部门和呼和浩特市委、市政府于 6 月 29 日在呼和浩特市举办了"自治区暨呼和浩特市道德、治安(警务)、科教、文体、法律、卫生'六进社区'服务日"。各盟市同时举办了"六进社区"服务日活动。有的地方结合实际,因地制宜,将工商、国防、计生、禁毒、环保纳入其中,拓展了"六进社区"活动的内容,受到社区居民的普遍欢迎。

二是为了进一步加强社会治安综合治理基层基础建设,自治区综治委、自治区编办联合转发了中央社会治安综合治理委员会、中央机构编制委员会办公室《关于加强乡镇、街道社会治安综合治理基层组织建设的若干意见》,明确规定,要充分发挥苏木乡镇、街道社会治安综合治理委员会在维护社会稳定和维护社会治安稳定中的组织协调作用,整合基层综治力量,加强基层综治组织和制度建设,做到组织机构、工作人员、办公地点、办公经费、职责任务"五落实"。

三是积极组织全区综治基层组织积极参与抗击"非典"斗争。内蒙古自治区是"非典"疫情的重灾区。抗击"非典"战役打响后,按照自治区党委、政府的统一部署,自治区综治委坚持"一手抓防控非典,一手抓维护稳定",高度重视,加强领导,采取措施,全面启动综治工作网络。自治区综治委(办)和有关部门先后下发了《关于在非典型肺炎防治工作中充分发挥基层综治组织作用的通知》(内综治办电传〔2003〕8 号)、《关于在防治非典型肺炎期间维护我区社会稳定、保持良好治安秩序的通知》(内综治办〔2003〕8 号)和《关于在防治"非典"战役中进一步加强社会治安综合治理,维护社会稳定的通知》(内综治电传〔2003〕1 号)。按照通知要求,全区各地迅速行动,自治区、盟市、旗县、苏木乡镇(街道办事处)、嘎查村(居委会)层层建立了以综治和维稳组织为核心的"防非维稳"工作指挥部或领导小组,制定了预防"非典"期间维护社会稳定工作方案和防治"非典"疫情工作处置预案,实行防治"非典"和维护稳定领导责任制和责任追究制,建立健全防治"非典"工作运行机制。各地各部门将防控"非典"工作纳入综治目标考核之中,以深化创安活动为载体,把治安管理与"非典"防控紧密结合起来。基层综治组织和广大群防群治队员昼夜战斗在社区和村(居)嘎查防控"非典"的前沿,不畏艰险,忘我工作,承担着宣传员、信息员、排查员、监督员、消毒员、治安员和服务员等各项职能和任务。据统计,全区 12 个盟市、101 个旗县市区、1429 个苏木乡镇(街道办事处)、15631 个嘎查村居委会的基层政法、综治组织,3 万余名专兼职综治工作人员,150 多万群防群治队员参与了抗击"非典"斗争。在全区"非典"高发期(截止 5 月 14 日统计),各地共开展流动人口清理整顿 15126 次,登记返乡人员 423905 人、外来人员 211200 人。协助卫生部门查找病源线索 25280 人,协助隔离检查 15456 人,强制治疗 341 人。

实践证明,全区各级综治组织在防控"非典"的特殊时期发挥了不可替代作用,做出了突出贡献,并在斗争中实现了十个方面的有机结合:一是防治"非典"与加强社会治安防范体系建设相结合;二是防治"非典"与综治工作实绩目标考核相结合；三是防治“非典”与发挥综治成员单位和各专项领导小组职能作用相结合；四是防治“非典”与落实社会治安重特大案(事)件领导责任查究制度相结合；五是防治“非典”与严厉打击各种违法犯罪活动相结合；六是防治“非典”与开展矛盾纠纷排查调处工作相结合；七是防治“非典”与法制宣传教育相结合；八是防治“非典”与加强流动(外来)人口管理相结合；九是防治“非典”与在综治组织中开展“党员八个带头”活动相结合；十是防治“非典”与“五进社区”活动相结合。自治区综治办编印了《群防群治 抗击“非典”——综治网络在“防非”斗争中紧急启动》一书，总结了各地综治组织抗击“非典”的经验做法。

综治委成员单位参与社会治安综合治理工作情况

一是根据领导变动情况和工作需要，自治区和各地适时调整了综治委组成人员，并将内蒙古广播电视光缆干线和设施的保护工作纳入社会治安综合治理工作之中，成立了内蒙古自治区保护国家通信光缆安全领导小组，进一步健全了社会治安综合治理组织领导机构，拓展了综治工作范围。

二是继续实行“创安”联系点制度。为促进自治区综治委成员单位进一步发挥职能优势，积极参与社会治安综合治理工作，10月14日，自治区综治委组织召开了全区社会治安综合治理“创安”联系点工作经验交流会，总结五年来自治区综治委成员单位开展“创安”联系点工作的经验，研究部署了下一步“创安”联系点工作。

三是10月21日，自治区综治委召开第32次全体会议，传达了全国社会治安综合治理工作会议精神，听取了2003年前三季度全区社会治安综合治理工作情况汇报，通报了自治区五部委嘉奖全区社会治安综合治理先进地方、优秀单位有关领导事宜，自治区财政厅、教育厅和工商行政管理局的综治委委员进行了述职。

四是按照中央综治委的要求，结合自治区社会治安综合治理工作实际情况，自治区党委组织部、建设厅、教育厅、团委等部门先后与自治区综治委(办)联合发文，就发挥各自职能作用，积极参与社会治安综合治理提出了工作意见。

五是对48个自治区综治委成员单位2002年度社会治安综合治理实绩目标完成情况进行了实地考核，评选出了20个自治区综治委优秀成员单位，各奖励人民币5000元。并嘉奖了1997—2001年度自治区综治委优秀成员单位有关领导31名。

社会治安综合治理宣传教育工作情况

2003年初，自治区综治办制定下发了《全区社会治安综合治理宣传工作要点》，明确了2003年政法综治宣传工作要以落实党的十六大和全国、全区“两会”精神为重点，围绕“社会治安防范体系建设年”和“政法干部队伍建设年”的措施要求开展各项活动。3月份，组织开展了综合治理宣传月活动。自治区综治办与党委宣传部联合召开了新闻单位协调会，明确了宣传月活动宣传报道重点。3月中旬，自治区、呼和浩特市两级综治办组织有关部门和新闻单位开展了呼市地区治安(警务)、科教、文体、法律、卫生“五进社区”大型宣传活动，自治区党委常委、政法委书记胡忠，自治区副主席连辑，自治区政协副主席包俊臣等领导同志与社区群众一起参加了活动。各盟市也因地制宜组织开展了形式多样的宣传活动。宣传月期间，全区共出动宣传车8000辆次，张贴标语横幅22000多条，印发宣传材料80万份，办宣传栏1440期，召开座谈会365次，设立宣传点、咨询点1440多个，报纸、电台、电视台发表综治工作新闻消息、通讯1445条，纪念文章912篇。

为推动全区政法综治宣传工作的深入开展，自治区政法委、综治办先后组织召开了自治区政法各部门宣传工作座谈会和部分新闻单位通气会，与内蒙古法制报社联合召开了全区政法综治宣传工作联系会，下发了《关于进一步加强政法综治宣传工作的通知》(内党政法通字〔2003〕18号)，要求全区各地和政法各部门进一步建立健全政法综治宣传工作网络，将各盟市和政法各部门开展宣传工作情况纳入政法综治实绩目标考核，建立政法各部门宣传工作季报制度和定期通报制度。自治区综治办负责人带领有关同志走访了《人民日报》驻内蒙古记者站、《内蒙古日报》等中央驻呼新闻单位和自治区有关新闻单位，加强与新闻宣传部门的沟通和联系。

自治区综治办紧紧围绕全区社会治安防范体系建设年活动开展宣传工作。3月27日，自治区综治办和党委宣传部、文化厅组织召开了自治区、呼市两级新闻单位整治管理"网吧"工作新闻通报会，自治区和各地的电台、电视台、报刊等新闻媒体积极配合，对"网吧"整治管理工作的全过程进行了连续宣传报道，扩大了"网吧"整治管理工作的社会效果。在抗击"非典"斗争中，自治区综治办积极组织新闻宣传部门加强政法队伍和基层综治组织网络参与抗击"非典"斗争的宣传报道，先后在《内蒙古法制报》和《北方新报》开辟专版，《内蒙古日报》开辟两次专栏，对综治组织参与抗击"非典"斗争进行集中宣传。中央综治办将全国严打整治斗争成果标准板和展览挂图赠发我区后，我区又投入3万元制作了反映我区严打整治斗争成果的挂图，与全国的挂图一起下发各地进行展览。认真组织开展综治"好新闻"评选活动，向中央报送推荐参评作品15件，其中报刊作品6件，摄影作品、电视作品、广播作品各3件。其中，一件广播类作品获得二等奖，两件报刊类作品获得三等奖。在全区政法综治"好新闻"评选活动中，评选出优秀作品63个，优秀编辑、优秀记者、优秀通讯员各20名，组织奖5个。

社会治安综合治理理论研究情况

一是积极开展综治调研活动。自治区综治办具体承担自治区党委确定给自治区党委常委、政法委书记胡忠同志调研课题的调研任务，从有关部门抽组人员成立了课题调研组，制定下发了《关于"建立和完善我区社会治安综合治理经常性工作机制"课题的调研方案》(内综治〔2003〕8号)。具体调研分两个阶段进行，第一阶段是各盟市和有关部门利用4、5两月，围绕1998—2002年各地各部门建立社会治安综合治理经常性工作机制情况，先行组织调研，并形成了专项调研报告。第二阶段是7、8月份自治区政法委、综治办抽调公安厅、司法厅(监狱管理局)、民政厅有关人员组成综合调研组，先后赴兴安盟、呼伦贝尔市、通辽市、赤峰市、乌海市、巴彦淖尔盟等地开展了专题调研。调研组形成了《关于建立和完善我区社会治安综合治理经常性工作机制的调研报告》、《关于"建立和完善我区社会治安综合治理经常性工作机制"的政策建议》和《关于维护全区社会稳定工作的调研报告》。

二是推进社会治安综合治理调研立法。与自治区人大常委会共同开展《内蒙古自治区社会治安综合治理条例》的调研和修订工作，经11月30日自治区十届人大常委会第六次会议审议通过。自治区综治办将《内蒙古自治区社会治安综合治理条例》、《内蒙古自治区见义勇为人员奖励和保护条例》及《实施细则》编印成宣传手册，下发到全区各地，以进一步推动全区综治工作的规范化、法制化进程。

三是认真做好综治理论研究会的日常工作。下发了《2003年全区社会治安综合治理调研课题举要》和《关于开展第三次论文评选活动的通知》，全区各地共上报参评论文80余篇，研究会聘请六位专家评委经过认真评选，评选出一等奖论文10篇，各奖励人民币300元；二等奖论文15篇，各奖励人民币200元；三等奖论文20篇，各奖励人民币100元；优秀组织单位4个，编辑了研究会第二次论文评选活动论文集《北疆综治文集》第二集，发送给各位会员。

矛盾纠纷排查调处工作情况

2003年，内蒙古自治区继续将治安问题排查和矛盾纠纷排查调处结合起来，按照“什么地方治安混乱就集中整治什么地方、哪里问题突出就集中解决哪里问题”的原则，在预防违法犯罪、增强“严打”斗争及各项专项整治行动的针对性和社会效果方面，取得了明显成效。

10月9日，自治区综治委下发了《关于在全区集中开展治安混乱地区排查和矛盾纠纷排查调处活动的通知》（内综治电传〔2003〕2号），决定第四季度在全区集中开展治安混乱地区排查和矛盾纠纷排查调处活动。11月5日，根据全区治安形势和部分地区刑事案件反弹的情况，自治区综治办又下发了《关于开展“双打一整治”专项行动的通知》（内综治办电传〔2003〕17号），要求各地结合实际，组织开展以打击抢劫、抢夺犯罪、整治社会治安薄弱环节为主要内容的专项行动。这两个通知下发后，各盟市以旗县为单位，苏木乡镇（街道）为基础，以嘎查村（居委会）、公共场所、交通要道、要害部位为重点，认真进行清理检查。加强对党政机关、广播电视、金融网点、爆炸物品和药品仓库等重点部位的安全保卫和治安防护，加强道路交通专项重点整治和消防检查工作，加强案件多发地段、居民小区、偏僻街巷、弱势群体居住区及繁华商业街区等部位的治安巡逻。对排查出来的治安突出问题和治安重点地区，本着什么犯罪突出就集中打击什么犯罪，什么问题突出就整治什么问题的原则，严厉打击，集中整治，收到了较好效果。据统计，全区共排查治安复杂地区、部位616个，经过专项整治，其中593个治安状况明显好转，好转率为96.3%。11月份，自治区综治办还派出督查组深入呼和浩特市、包头市、鄂尔多斯市等地进行督促检查。12月27日，自治区综治办下发了《关于做好元旦、春节和全国、全区“两会”期间社会治安稳定工作的通知》（内综治办电传〔2003〕19号），部署了加强元旦、春节和全国、全区“两会”期间社会治安稳定工作的有关事宜。

见义勇为基金会工作情况

一是推进见义勇为立法工作。为了贯彻落实好《内蒙古自治区见义勇为人员奖励和保护条例》，自治区综治委与13个部、委、厅、局联合下发《内蒙古自治区见义勇为人员奖励和保护条例实施细则》（内综治〔2003〕20号），对见义勇为人员实行的奖励和保护措施进行了明确规定。

二是调整充实了基金会组成人员。自治区见义勇为基金会组织召开了全区见义勇为基金会第五次理事会，研究调整内蒙古自治区维护社会治安见义勇为基金会组成人员事宜。会议选举自治区党委副书记、综治委副主任陈光林为会长，自治区党委常委、宣传部部长、综治委副主任张国民、自治区党委常委、政法委书记、综治委常务副主任胡忠、自治区人大常委会副主任王凤岐、自治区副主席、综治委副主任连辑、自治区政协副主席奇英成为副会长，同时，根据领导职务调整和工作需要，对基金会理事也进行了调整。

三是大力开展见义勇为表彰奖励活动。7月14日，自治区见义勇为基金会在呼和浩特市召开全区第四次社会治安见义勇为先进分子表彰奖励大会。大会对刘志超等31名维护社会治安见义勇为先进分子进行了表彰奖励。

四是努力筹集基金。2003年5月，内蒙古自治区社会治安综合治理委员会、政法委员会、社会治安见义勇为基金会联合下发了《关于在全区政法系统募集社会治安见义勇为基金的通知》，在全区政法系统包括武警部队积极开展了向自治区见义勇为基金会捐献一天工资活动。《通知》下发后，全区政法系统积极行动起来，旗县以上各级政法委员会、法院、检察院、公安、司法、安全系统在职职工和武警部队的干部共向自治区社会治安见义勇为基金会募集基金120多万元，进一步增强了自治区社会治安见义勇为基金会的经济实力。

预防青少年违法犯罪工作情况

一、健全制度，完善机制，努力形成齐抓共管的良好工作局面

自治区综治委预防青少年违法犯罪工作领导小组进一步健全、落实预防青少年违法犯罪工作领导责任制、部门责任制、联席会议制和岗位责任制等工作制度，初步形成了齐抓共管的工作格局。2003年6月，领导小组召开了第四次全体成员会议，对下一步工作进行研究部署，进一步明确了各成员单位预防青少年违法犯罪工作任务。为宣传典型，推广经验，自治区预防办定期编发《预防青少年违法犯罪工作简报》，强化了对日常工作的督促与指导。

二、强化教育，重在引导，全面提高青少年素质

一是加强对青少年的理想信念教育。在青少年中广泛开展了“兴起新高潮，创造新业绩”活动。二是加强对青少年的思想道德教育。深入开展了青年志愿者、青年文明号、青年文明社区、“三下乡”、手拉手、保护母亲河、雏鹰争章、少年儿童平安等行动，让广大青少年在活动中受教育，在实践中长才干。自治区团委、自治区青年志愿者协会还组织开展了声势浩大的“雷锋精神代代传”火炬传递活动暨为首府两个文明增光彩“百日行动”誓师大会。近万名志愿者参加了活动。自治区党委副书记、自治区主席杨晶、自治区党委副书记陈光林等领导同志亲自参加活动并为志愿者授旗。三是加强青少年法制教育。大力开展了创建“青少年法律学校”活动。全区共建起各级青少年法律学校300多所，其中6所获“全国示范青少年学校”荣誉称号，3所成为团中央重点联系点。自治区党委宣传部、司法厅、教育厅等部门加强了对中小学校法制教育工作的指导，对全区中小学校法制教育工作的目标、任务、方法、途径和保障措施提出了明确的指导意见。各中小学校普遍开展了聘请法制副校长活动，并做到教学有大纲、学习有教材、任课有教师、课时有保障“四个落实”，进一步提高了学校法制教育工作水平。全区检察、法院系统有70%的基层单位与学校开展了共建活动，全区1520个公安派出所全部落实了警校共建和民警担任法制辅导员制度。

三、积极维权，竭诚服务，为青少年健康成长排忧解难

从积极构建社会化维权服务网络入手，为青少年的健康成长创造良好的环境。自治区团委着力从形成机制、规范管理、发挥作用等方面对创建优秀青少年维权岗活动进行了深化，联合有关部门，分系统制定了创建优秀“青少年维权岗”活动实施细则、量化评比考核标准等。在司法、法院、检察等系统对优秀青少年维权岗进行立功授奖，提高了基层单位的积极性。目前，我区参与优秀青少年维权岗创建的行业系统已达21家，成为全国最多的省区。广泛开展了“优秀青少年维权岗在行动”活动，组织各级优秀青少年维权岗在司法和执法实践中向青少年普及法律知识，提高青少年法律意识，切实维护青少年合法权益。

四、突出重点，形成合力，努力营造青少年健康成长的良好社会环境

一是大力开展青少年远离毒品行动。预防办、公安厅、团委等部门联合开展了声势浩大的禁毒宣传教育活动，收到了良好的社会效果。在全国率先成立省级禁毒青年志愿者宣传教育总队，出台了禁毒志愿者志愿制度，建立健全广大青少年参加禁毒斗争的有效机制。特别是“6.26”国际禁毒日期间，有关部门联合举办了声势浩大的宣传教育活动，在全区迅速形成了禁毒宣传教育的高潮。

二是开展校园周边环境和青少年网络环境清理整顿。全区公安机关联合有关部门对中小学校园周边治安秩序进行了专项集中整治，重点整治了校园周边的各类娱乐场所，扫除“黄、赌、毒”等社会丑恶现象，加强了学校保卫工作建设，帮助学校建立了切实可行的安全防范措施，破获了一批侵害学生安全及扰乱学校秩序的案件，依法从重从快打击处理了一大批违法犯罪分子，有效地维护了中小学校治安秩序，使校园及周边地区的治安状况明显好转。自治区综治委组织有关部门联合开展了以整治黑”网吧”为重点的互联网上网服务营业场所专项整治工作，对非法经营的黑“网吧”和网吧中的违法经营活动进行了严厉打击，共取缔黑“网吧”208家。

流动人口治安管理工作情况

一、强化了对流动人口的服务措施

一是深入开展宣传工作。自治区公安厅印刷3万张关于加强暂住人口、租赁房屋管理的通告，下发到基层公安派出所，加大对暂住人口、租赁房屋管理的宣传力度。以自治区政府名义召开了“首届内蒙古自治区十佳外来务工人员”表彰大会，并将“十佳”事迹编印成书，扩大社会影响。

二是民政部门认真贯彻执行国务院《城市生活无着的流浪乞讨人员救助管理办法》和民政部《城市生活无着的流浪乞讨人员救助管理办法实施细则》，进一步建立和完善社会救助制度。

三是共青团和有关部门采取有力措施，深化“千校百万”外来务工青年培训活动。有效提高外来务工青年的谋生技能和学法、懂法、守法的自觉性，维护自身的合法权益。发挥典型示范作用，联合有关部门举办了全区“农民进城务工青年带头人”评选表彰活动。

四是各级妇联继续配合公、检、法、司、劳动等部门开展法律宣传、法律服务活动。重点宣传《妇女法》、《妇女儿童保护条例》、《未成年人保护法》和《劳动法》，在人口密集地段，特别是流动人口多出入地方发放宣传材料，设立咨询点，邀请法学专家现场接待群众，使广大妇女群众反映强烈的一些难点、热点问题和外来打工妹关心的焦点问题得到解答，进一步增强了外来妇女维护自身合法权益的法律意识，收到了良好的宣传效果和社会效果。与此同时，各级妇联组织还配合有关部门合理引导农村牧区富余劳动力就近向经济发达地区转移，建立跨地区劳务服务机构，提高劳动力跨地区流动的组织化、有序化程度。

二、加强了对流动人口的管理

一是公安机关充分发挥主力军作用，责任区民警利用入户核对暂住人口，广泛接触群众的机会，注意发现和搜集各种违法犯罪线索。截止2003年底，全区共有暂住人口839234人，其中登记管理576887人，办证管理272643人。2003年共查处破获治安案件5002起、刑事案件1951起。治安处罚打击处理5370人，其中拘留727人；刑事处罚打击处理1172人，其中逮捕520人。加强了对流动人口落脚点和活动场所的管理。全区公安机关在取消《租赁房屋治安管理许可证》工本费和治安管理费后，采取新的措施，加强对出租房屋的管理。按照“谁留住、谁负责”的原则，明确责任义务，并继续落实登记、签订《租赁房屋治安管理责任状》、建档、检查租赁房屋等治安管理措施。同时对出租房屋信息服务行业进行摸底调查，纳入派出所管理视线，建立相应的管理制度。截止2003年底，全区共登记153466户租赁房屋，其中141595户签订治安责任书。一些地方成立了由公安、工商、计生、办事处四个部门组成的联合办公室，有的还配备了专用车辆，对管理好散居的流动人口起到了积极作用，在各用工单位也产生了良好影响。

二是劳动和社会保障就业部门从经济发展和社会稳定的大局出发，认真抓好流动人口就业管理工作。自治区劳动和社会保障就业部门协调组织各盟市、各有关部门广泛进行劳动就业政策宣传，实行重点地区监控，建立信息通报制度，加强劳动力市场网络建设和乡镇就业服务机构、制度建设，开展拖欠外来务工人员工资的专项治理。

三是计生部门发挥职能优势，切实加强流动人口计划生育管理工作。许多地方专门成立了由党委、政府分管领导任组长的流动人口计划生育工作领导小组，定期召开协调会议，研究解决流动人口计划生育工作中的困难和问题。各地还强化了流动人口计划生育队伍和机构建设。呼和浩特市、乌海市、通辽市、鄂尔多斯市、满洲里市计生部门设立了流动人口计划生育工作专门机构。同时各地建立完善了现居住地和户籍地联系制度、婚育证明发验证制度、帐卡登记和统计报表制度，对流动人口进行跟踪服务，有力地促进了全区计划生育工作的健康发展。

四是建设房管部门认真贯彻建设部《城市房屋租赁管理办法》，加大城市流动人口承租住宅房屋管理力度。对流动人口租赁房屋，要求其先办理暂住证，成为合法暂住人口后才给办理《房屋租赁许可证》，取得了良好效果。

五是铁路公安机关加强对流动人口管理，保障了铁路站车治安秩序稳定。呼和浩特铁路公安局34个沿线车站派出所每半年对铁路两侧五华里的流动人口进行一次普查，建立起相应的档案资料。2003年共普查掌握沿线流动人口32000余人，保障了铁路运输和铁路行车设施的安全。

三、自治区流动人口管理工作领导小组办公室充分发挥组织协调作用，做了大量卓有成效的工作

领导小组办公室起草下发了《内蒙古自治区2003年流动人口管理工作要点》和《关于全区流动人口治安防范体系建设的实施意见》。特别是在抗击“非典”时期做了大量卓有成效的工作。办公室充分发挥指导公安派出所职能和管理流动人口的优势，以自治区政府名义及时下发了《关于加强返乡人员和外来人口管理的通告》。为防控非典扩散，维护社会治安秩序稳定发挥了积极作用。利用人口信息网和户政网，搭建了流动人口“非典”疫情防控五级网，取得较好实践效果。建立了流动人口“非典”防控统计报告制度，及时为有关部门决策提供流动人口信息。据不完全统计，“非典”期间全区共排查外地务工、上学等返乡人员16万多人，排查外来务工人员70多万人次，共排查出“非典”患者27人，疑似病例144人。全区共有382名户政和公安派出所民警、131个公安派出所受到各级表彰奖励。流动人口“非典”防控工作受到自治区“非典”防治指挥部领导的表扬，流动人口管理工作领导小组办公室被评为自治区防控“非典”先进集体，一名同志被评为抗击“非典”先进个人。

刑释解教人员安置帮教工作情况

一、积极配合“严打”整治斗争，深入开展刑释解教人员排查工作

年初，对全区刑释解教人员排查工作做出了具体安排。各成员单位密切协作，广大群众积极配合,从5月份开始,对全区2000年至2003年的刑释解教人员进行了集中排查。排查的内容包括刑释解教人员的人数、就业安置情况、接茬帮教情况,以及本地刑释解教人员到外地务工居住和外地刑释解教人员在本地务工居住等情况。排查中,特别注意对"三假"(假姓名、假身份证、假地址)人员的排查,做到了及时登记,及时监控。通过排查,基本摸清了我区刑释解教人员的基本情况。截止2003年12月底,全区共有刑释解教人员19916名,其中刑满释放13934名,解除劳教5982名。落实帮教措施18920名,占总数的95%。就业安置15335名,占总数78%。脱管失控616名,占总数3%。重新犯罪320名,占总数1.6%。

二、认真落实衔接帮教措施,努力减少脱管失控和重新犯罪

年初召开工作会议,要求各地各有关部门认真贯彻执行中央四部委《关于进一步做好服刑、在教人员刑满释放、解除劳教时衔接工作的意见》,进一步明确各成员单位的职责,落实衔接帮教的各项措施,并对在全区范围内开展衔接帮教工作专项检查做出部署。一年来,各地安置帮教工作协调小组办公室按照自治区的要求,结合实际,采取切实可行的措施,积极推动衔接帮教工作的社会化进程。全区各盟市普遍开展了对落实衔接帮教措施的专项检查,各监狱、劳教所也积极采取措施加强衔接工作。目前,全区监狱、劳教所能够在服刑和在教人员离开监狱前一个月,向其户籍所在地的旗县(市区)安置帮教工作办公室、公安局发出《刑释解教人员通知书》,向地方安置帮教机构通报情况。基层安置帮教工作站在公安派出所也能够及时进行登记造册,建档立卡,安排帮教力量,基本上能够做到"有领导过问,有组织管理,有帮教措施"。赤峰市在对安置帮教工作认真总结经验的基础上,制定出一系列安置帮教工作的规章制度,如《安置帮教工作形势分析制度》、《刑释解教人员接收登记制度》、《回访谈心制度》、《联管联教制度》、《解除帮教审批制度》等等,使帮教工作步入了制度化的轨道。阿拉善盟积极推广对刑释解教人员"三有"、"四知"的工作方法。"三有"即:刑释解教人员回归社会后有人过问、有组织管理、有帮教措施。"四知"是指安置帮教工作机构及帮教人员对帮教对象要知姓名年龄、知犯罪性质、知狱所内改造表现、知家庭状况及详细地址。包头市提出开展帮教工作要坚持从"爱"字出发、"严"字入手、"教"字着眼、"帮"字使劲,让帮教对象既感到法律的威严,又感到社会的温暖。全区各级司法行政机关还普遍把加强衔接帮教措施列为年度工作目标化管理的一项重要内容,层层签订责任状,层层加以落实。所有这些,对加强衔接管控和帮教工作起到了很好的作用,也收到比较明显的成效。

三、积极争取政策扶持,多渠道落实安置工作

为了使刑释解教人员回归社会后能够得到妥善安置,尽早融入社会,成为自食其力的劳动者。协调小组办公室多次派人深入基层,调查研究,了解情况,指导工作。各盟市协调小组办公室也结合当地经济社会发展的实际,不等不靠,积极协调,加强组织领导,创造条件推动工作的发展和安置措施的进一步落实。一是积极协调有关部门为基层司法行政机关创办安置基地提供帮助。2003年,全区有7个盟市共创办刑释解教人员安置基地77个,安置实体6个,安置刑释解教人员175名。兴安盟司法局利用原乌兰浩特监狱的资产创办了兴安盟刑释解教人员安置基地,并且争取到盟委、盟行署的支持,建立了兴安盟刑释解教人员培训中心,对兴安盟刑释解教人员统一开展培训,统一实施就业安置,每年能够安置刑释解教人员近百名。二是监所内外密切协作,不断提高改造质量,增强刑释解教人员就业竞争力。一方面监狱、劳教所普遍重视加强对服刑人员的职业技能教育和培训,使其掌握一技之长,增强就业谋生的本领。赤峰市劳教所举办了汽车、家电维修等职业技术培训,受到劳教人员的欢迎。另一方面基层安置帮教机构加强对刑释解教人员的就业指导,组织他们学习党和政府关于安置帮教工作的政策以及选择职业需要掌握的常识,包括刑释解教人员就业应享受的优惠政策,失业、就业应办理哪些手续,申请"低保"应具备哪些条件等等。自治区司法厅出台的便民利民措施中承诺,对刑满释放半年内生活无着落的刑释解教人员监狱每月发给150元生活费,解决他们就业前的生活困难问题。这些措施,使刑释解教人员和服刑、在教人员学到本领,解放了思想,开阔了眼界,也增强了市场竞争意识。三是积极争取优惠政策,为就业安置工作提供政策支持。包头市司法局在深入调查研究的基础上，联合劳动、工商、税务、烟草专卖等九个成员单位制定了《包头市关于刑释解教人员就业优惠政策》，有效地促进包头市刑释解教人员的就业安置工作。法制日报对此进行了报道，受到了社会的好评。

四、广泛开展宣传表彰活动，为安置帮教工作营造良好的舆论氛围

针对社会上对安置帮教工作重视不够，对刑释解教人员存在偏见的实际情况，我们重点加强了对安置帮教工作的宣传，尤其是注重宣传那些主动承担社会责任，帮助刑释解教人员成为自食其力劳动者的典型。全年有20多篇文章在《法制日报》、《内蒙古日报》以及盟市的报纸上刊登，一些盟市还制作了宣传安置帮教工作的专题节目，在当地电视台播出。报告文学《是谁为他找回了失去的灵魂》在内蒙古日报刊登后，许多读者打电话了解刑释解教人员的情况，表示关注和支持安置帮教工作。与此同时，协调小组对在安置帮教工作中涌现出的先进典型进行认真总结，主动向中央综治委和司法部进行推荐。2003年，我区有4个集体、3名个人被中央综治委评为全国刑释解教人员安置帮教工作先进集体和先进个人。

铁路护路联防工作情况

一、完善了护路联防管理机制

2003年9月，报请自治区铁路护路联防领导小组批准，自治区护路办与呼铁局护路办分设办公。根据财政部和自治区有关要求，决定从2004年元月起，呼和浩特、沈阳、哈尔滨铁路局代收代管的铁路护路联防费统一纳入自治区财政专户管理。

二、深入开展了创建安全文明铁道线活动

一是各级党委、政府和综治等部门高度重视创建工作，把“保一线平安”与“保一方平安”紧密联系起来，把路地联防承包责任制和创建安全文明铁道线活动纳入各级综治责任目标考核。二是在创建活动中，各成员单位分工不分家，协调配合，齐抓共建，充分发挥了各自的职能作用。三是在路地联防承包责任工作中，加强组织领导，逐级签订责任状，层层抓好落实。同时，健全和完善了基础工作，建立了必要的工作例会、检查指导、情况通报、考核奖惩等制度，不断规范路地联防承包责任制工作。

三、坚持排查铁路沿线治安隐患，加大重点区段整顿力度

各级护路组织把排查铁路沿线及站区治安问题作为一项经常性工作，认真抓好落实，每季度会同公安等部门，对辖区内铁路治安情况进行全面排查，深入铁路重点区段和社会矛盾较为突出的地区，认真调查研究，广泛听取群众意见。对可能引发铁路治安不稳定因素，制定防控预案和相应对策，及早采取措施，做好防范工作，为铁路运输营造良好的治安环境。经过对重点区段的治安整顿，全年各类案件得到有效控制。“危行”、“货盗”、“拆盗”等案件总体趋于下降，治安形势趋于稳定。全区共发生“危行”案件165起，同比下降32.7%，货盗案件924起，同比下降41 .8%；拆盗案件77起，同比下降7.4%。

四、继续加强护路队伍建设

一是加强专职管理人员队伍建设。从教育培训入手，不断提高管理人员的工作能力和整体素质。同时加强调查研究，转变机关作风，提高办事效率。二是加强专门护路队伍管理教育，不断提高政治素质和业务技能。坚持开展纪律作风整顿活动，优胜劣汰，保持专业护路队伍的纯洁性和战斗力。坚持开展日常和定期考核，严格奖惩，奖优罚劣，奖勤罚懒，调动广大护路队员的积极性，共同完成肩负的护路联防任务。三是加强路地联防护路员队伍建设。深化管理教育，每年组织护路员集中培训，使他们明确护路职责，熟悉铁路护路常识，掌握必要的应急处置方法，提高铁路沿线防控能力。

五、深入开展了爱路护路宣传教育活动

一是做好日常教育，利用执勤、巡线，不失时机地对旅客和沿线群众开展宣传教育。二是做好定期宣传教育，利用每年全国综治宣传月和爱路护路宣传月，集中力量组织声势较大的宣传活动。三是把沿线中小学生和群众作为宣传教育的重点，与学校、村民签订护路责任状，增强沿线中小学生和群众的爱路护路意识。四是选树典型，推广经验，把爱路护路宣传教育活动不断引向深入。

六、加强了护路经费管理

2003 年护路联防费共收入 2766 万元，用于一线的比例为 81.3%。一是坚持护路经费审计制度。每年对全区经费的收支、使用等情况进行审计、检查，针对存在问题及时进行整改，确保了护路经费使用合规、合法。二是坚持护路经费预算审批制度。护路经费的使用严格按照自治区铁路护路联防领导小组批准预算执行，特殊情况做到一事一报，未发生擅自调整、更改现象。三是严格管理、合理使用护路经费。根据中央综治委铁路护路联防领导小组有关规定，进一步规范了经费的使用和管理。四是加强业务培训，不断提高财务人员的自身素质。

建设“草原 110”防范体系　铸就北疆钢铁长城

内蒙古自治区社会治安综合治理委员会

内蒙古自治区十几年来十分重视建立和完善牧区治安防范体系，初步形成了以“草原 110”防范网络为龙头，以军警民联防为主体的群防群治治安防范体系，建立了由综治机构统一协调，以报警为纽带、各种手段并用、多种力量合成作战的快速反应运行机制，牧区社会治安取得了明显效果。

一、“草原 110”防范体系的形成

内蒙古自治区北部与蒙古和俄罗斯接壤，边境线长 4200 多公里，牧区点多，居住分散。改革开放以来，由于牧区与外地联系和往来增加，出现了人、财、物大流动，社会治安随之也出现了很多新情况、新问题，盗抢牲畜案件频频发生，境内外不法分子越境盗抢牲畜犯罪活动一度呈现猖獗态势。特别是蒙古国不法分子经常越境盗赶牲畜，给牧区治安带来严重危害。加之边境牧区交通不便、通讯手段落后，直接制约着打击和防范工作的开展。为维护牧区的治安稳定和强边固防、发挥好保卫国家安全的作用，我们在总结乌兰察布盟四子王旗和锡林郭勒盟东乌旗牧民无线电通讯防范工作经验的基础上，于 1999 年在全区牧区综治工作会上提出了“以旗县为单位、苏木(乡镇)为基础、嘎查(浩特)为核心、派出所为指导、联防队为骨干，构筑牧区治安防范体系和综合治理机制”。积极开展以创安为载体的基层基础建设，大力推进牧区人口城市化管理、区域性联防和军警民共建活动，积极发挥科学技术在牧区治安防范工作中的作用，实现牧区的长治久安，全面开展了建设专群结合、以群为主，“草原 110”联防车队为主体、“草原 110”通讯网络为策应的牧区防范体系，现已初步形成了各具特色的“三级管理(盟、旗、乡)、三网并建(治安防范网、生产信息网、抗灾自救网)、三线齐防(国境线、省区交界线、道路交通线)”的牧区防范网络。锡林郭勒盟的“草原 110”有 410 支联防车队，联防车 868 辆，专职联防巡逻队员 1617 名，设立 ETS 报警电话 10074 部，覆盖面达全盟 96% 以上；建立治安联防大队 1195 个，治安联防队 1611 个，治安联防小组 18006 个，构建了纵横交织覆盖草原牧区的“草原 110”联防网络。“草原 110”防范体系形成后，盗抢牲畜案件逐年大幅度下降，为促进全区牧区治安秩序的全面好转发挥了重要作用。

二、“草原 110”防范体系的主要做法

(一)发挥“草原 110”群防群治网络作用，打牢防范基础。一是牧区主要实施了联户联防、专职联防、季节联防。将那些素质较高、热爱联防事业、愿意为群众办事、有责任心和奉献精神的嘎查领导、共青团员、治安积极分子、复员军人吸收到联防队伍中来，统一着装，佩带自制联防臂章。联防队开展形式多样的流动巡逻检查，在牲畜交易高峰期和牲畜被盗高峰期，设卡检查，昼夜巡逻，有效杜绝了牲畜被盗抢这类事件的发生。锡林郭勒盟联防队去年以来，协助公安机关破获牲畜被盗抢案件67起。二是在边境地区组建了军警民参加的"军管线、警管片、民管点"的联防网络，军警民三方定期召开例会，落实边管区社会治安目标化管理责任制和联防互保责任制，把维护边境地区安全的责任落实到每个边民身上。在易于发生人畜越境和偷越国境的重点地段及生产季节建立军警民联合执勤点，加强边境管理。2002年7月12日，锡盟东乌旗公安边防派出所民警和"草原110"联防车队的联防队员共13人，在满都宝力格嘎查，面对蒙古国出动3000名士兵和牧民、一架直升机搜寻无果的情况下，密切配合成功地抓获了两名蒙古国偷越国境企图盗赶牲畜的军人，维护了国家尊严。锡盟2002年以来，在边境地区截获越境人员68起142人，有效地控制了人畜越境事件的发生。

（二）以"草原110"报警网络为龙头，建立快速反应机制。近些年，锡盟先后投入5100多万元建立"草原110"指挥中心和覆盖整个牧区的ETS无线通讯网络，建成ETS无线接入基站341个，开通信道384个，ETS无线接入网已覆盖全部苏木（乡）和90%的嘎查（村），ETS无线接入用户已由1997年的170户发展到目前的10074户。同时在公路沿线道班和牧户居住相对集中、治安复杂地区设立了"草原110"报警点，悬挂报警点标志，安装报警电话1300多部。各地派出所还以"警民联系卡"等形式，向牧民群众公布值班和接警电话，并做到每个牧户都能熟练使用。目前，已初步建成了每半径9公里就有一个报警点，使原来偏远地区最快也得8小时以后才能接到报警求助，现在变成刑事案件发生后10分钟指挥中心就可以接到报警。"严打"整治斗争开展以来，"草原110"报警服务台先后受理群众报警500余次，为公安机关提供线索274次，及时侦破刑事案件130余起。

（三）加大"草原110"巡逻车队治安巡逻力度，强化社会面的控制能力。近几年，我们在提高快速反应和治安防控能力上下功夫，进一步规范和强化了"草原110"巡逻车队网络的建设。"草原110"联防车队网络主要由公安机关110巡逻车和牧民110联防车组成。每个苏木一个车队，每队有5辆车以上，每个嘎查都有2至3台应急车。"草原110"联防车是牧民自购的212汽车，实行统一标志、统一车型、统一编号、统一调度。联防车队除在执行任务时由苏木或嘎查补贴一定的汽油、减免部分养路费外，其它费用都是牧民自愿承担。锡盟"草原110"联防车队网络四年来协助抓获犯罪分子120余人，护送危困病人510余人次。同时，使公安指挥中心节约出警费用3万余元。

（四）进一步完善三线立体防范网络，强边固防促进地区安宁。锡盟各旗县综治委加强和当地边防委员会的联系配合，巩固边境安全；同时加强同周边友邻县市的联防合作，签订了周边接壤线治安防范协议，保持跨地区联络，沟通信息，互动互助互防，在相邻地区主要道路、重点通道、复杂地段设立了110报警点和专门盘查来往车辆、流动人员的监控点，有效解决了周边区域治安防范问题，提高了防范能力。同时认真实施首都"护城河"工程，在太仆寺旗、多伦县的边界设立了长久性治安检查站，加强对进京车辆、人员的检查力度，特别是在重大活动、重大节日和敏感时期加强检查，有效杜绝了重点人员进京滋事事件的发生。

"草原110"在牧区不仅起到治安防范和强边固防的作用，还为牧民传递生产信息，进行抗灾自救、调解民事纠纷和生产生活救助，提供了便利条件，成为牧民生产生活不可少的综治组织体系。下一步我们将在巩固、完善、规范、提高打防控体系上下功夫，通过信息化提升、社会化推进、制度化整合，进一步增强"草原110"的多功能服务水平，为祖国北疆的社会繁荣和安宁铸就钢铁长城。

以城带乡　全面构筑治安防范新格局

包头市社会治安综合治理委员会

包头市在社会治安防范体系建设中，以城区主动防范警务制为重点，以区域联控和包片互保防范机制为重要补充，构建“三位一体”的社会治安防范体系，铸就了草原钢城治安防范的坚实屏障，为我市经济实现跨越式发展，加快全面建设小康社会和经济强市步伐，提供了安全稳定的社会治安环境。

一、“三位一体”治安防范体系的构筑

“主动防范警务制”是警民联防联控和公安改革过程中孕育而生的，符合我市城区治安特点。其主要内容为三警巡逻、四警联动、五级防范、九门落锁。“三警巡逻”是指：巡警以街、区治安岗亭为工作点向四面延伸，把岗亭值勤与街面巡逻工作紧密结合起来，实现对社会面全方位的动态控制；交通民警走下岗台，走上路面，既管交通，又管治安，实行一警多能，综合执法，武警与巡警统一编队，划定职责范围承担巡逻任务。“四警联防”，是指把市区三个分局的各自管辖范围划分为4个警务区。在全市的12个警务区内，每个警务区由一个规范化刑警中队、一个缉毒组、二至四个派出所组成。每个警务区由一名分局副局长包干负责，实行警务区内刑警、巡警、责任区民警和缉毒警四警联动，联合作战，使各警种在工作中各司其职，相互制约，密切配合，形成合力，共保一方平安。“五级治安防范”是指第一级由派出所所长和所在街道、乡镇、综治办主任组成的安全防范领导小组，负责本辖区内防范工作的组织、领导、协调、落实、考核和奖惩；第二级是责任区民警，具体负责组织落实本责任区内的防范工作；第三级是居民区治保会和驻区单位安全保卫部门，负责组织职工、居民落实防范工作的各项具体任务；第四级是专业治安巡逻队，在责任区民警的带领下，开展治安巡逻，负责辖区内的治安控制；第五级是居民住宅区的楼、栋(院、片)长，在责任区民警和街道治保会的领导下，负责居民住户的看门望户工作。“九门落锁”是为了紧急堵截案犯出逃，预防、打击盗抢出租车犯罪，在市区边界9个道路出入口设立9个治安检查站，对出入市区的可疑车辆和人员进行检查。

“区域联防控机制”是近年来我市在企地共建活动中总结出来的，其主要特征是地区与驻区大企业企地优势互补，力量整合；联防范围主要集中在企业周边的街区、城乡结合部、企业家属聚居区；联防的形式和方法是以地区综治部门组织协调，以企业和地区公安干警为主力军，以地区巡逻队和企业经警队为补充为量，形成区域联防网络。

“包片联防防范责任制”是针对农牧区及城乡结合部特殊复杂的治安环境建立的，其特点是：突出一个“包”字。以旗县区为单位，按照农村的组织形式和地理位置，将相邻的几个乡镇联为片，作为一级防控组织；以乡镇为单位作为二级防控组织；以行政村为单位，作为三级防控组织；以自然村为单位，作为四级防控组织；以农户为单位每十户包保联防，作为第五级防控组织。按照层级防范的要求，由乡镇、公安、治保组织和联户各方责任人将治安防范以责任制的形式包起来，一级向一级负责。强调一个“联”字。针对农牧区线长、面广、分散的实际，实行户与户、村与村、乡与乡、派出所与派出所之间相互联防机制。体现一个“保”字。一地发生案件，相邻的乡村巡逻队和责任区民警按照指令迅速围堵控制；一户遇有不测，几户村民联手帮助。

二、“三位一体”治安防范体系运作及效果

整合警力资源，发挥了快速反应的打防控作用。三警巡逻、四警联动打破了警种界线和孤军作战的格局，把有限的警力，通过整合，统一调配、统一行动,最大限度地满足了实战对警力的需要,扩大了防线,缩短了战线,形成了点有防控,面有巡逻,块有联动,区有联防,门有阵守,楼栋(院)长看门护院,治安措施入户见人,全方位立体化的防控格局。变原来一级接警、两级指挥、三级处警为一级接警、一级指挥、一级处警,极大地提高了公安部门快速反应能力,实现了以打促防的目标。

实行群防群治,"五级防范"体系的作用得到充分发挥。目前,全市五级治安防范力量达到37694人,群防群控在防范体系建设中发挥了重要作用。

以安全创建活动为载体,充分发挥了企地联防联控机制作用。我市国有大中型企业家属聚居区约占市区居民区的70%,家属区的稳定不仅关系到地区的稳定,而且也关系到企业的稳定。因此,市三区在组织实施安全社区创建活动中,主动征求驻区企业的意见,形成共识。几年来,全市国有大中型企业为驻地社区选派了大批二线干部参与社区工作,使社区的组织力量和治安防范水平有了较大提高。

包片联保责任制的实施,使农村牧区的治安防范工作明显加强。过去治保组织解决矛盾纠纷的办法是坐等报案,遇有疑难问题一级一级向上推,常常把小事拖成大事,群体性事件时有发生。现在层层落实治安防范责任制,对不稳定因素主动排查、调处,努力做到小事不出村,大事不出乡,矛盾不上交,矛盾纠纷化解率达到98%以上,农村牧区的刑事发案和群体性越级上访均呈下降趋势。

多措并举　城乡联动　构建社会化系统化治安防范体系

通辽市科尔沁区综治委

科尔沁区是通辽市委、市政府所在地。近几年来,我区认真贯彻"打防结合,预防为主"的方针和自治区"治安防范体系建设年"的要求,全面抓好城乡治安防范体系建设,使全区综治工作实现了从"严打"为主向以"严防"为主转移,初步建立起了维护社会稳定的长效机制。

一、因地制宜,建立适合本区实际的城乡防范体系

我区从城乡不同特点出发,构建了以"十大系统"为内容的城市防范体系和以"四防"、"八制"为内容的农村防范体系。

在城市防范体系中构建"十大系统"。1. 指挥调度系统。以公安局"110"指挥中心为龙头,接警、处警为一体,通过快速反应,及时处置各类治安问题。2. 巡逻控制系统。城区建立了9个巡逻中队,配备了210名巡警和治安员,18辆巡逻车,在所负责区域24小时巡逻。3. 快速反应系统。以公安防暴大队为主,负责处置危害社会公共安全的暴乱犯罪和群体性事件及危害社会治安的重大案件,担负攻坚突击,维护重大活动、节日等的治安。4. 设卡堵截系统。形成内城堵截控制网络;负责城区的门户守卫和出入区的治安防控管理。5. 电子监控系统。由三个部分组成:一是城市电子监控系统,由城区"多媒体电视监控系统"组成,主要对城区出入口、人员聚集较多的广场、重点要害部位进行监控;二是"110"固定目标自动报警和"GPS"移动目标监视系统,对单位重点目标和金融部门运钞车辆进行监控;三是居民住宅区的电子监控系统。6. 内部保卫系统。以内部单位防盗、防火、防治安灾害事故、防人员违法犯罪为工作重点,强化单位内部治安保卫组织建设,落实人防、物防、技防综合防范措施,确保内部单位治安秩序稳定。7. 社区管理系统。以派出所社区警务工作为主,社区管委会、治保会、调委会、物管会等组织为依托,强化居民住宅区和人员的管理。8. 矛盾排查调处系统。建立起了街道办事处、社区居委会、内部单位三级矛盾纠纷排查调处组织网络,实行领导包案、重大案件责任查究、定期排查报告三项重要工作制度,构筑治安工作第一道防线。9. 安全创建系统。以治安、法律、教育、科技、文化、卫生、服务"七进社区"为主要工作内容,广泛开展基层安全创建活动,营造"小环境",稳定"大治安"。到2002年末,创建安全小区368个,占规划总数81.9%;安全社区22个,占社区总数35%。10. 综治网络系统。从街道办事处、社区居委会到各党政机关、行政企事业单位全部建立了社会治安综合治理组织领导机构和办事机构,形成齐抓共管维护社会稳定的局面。

在农村治安防范体系建设中,我区各乡(苏木)因地制宜采取了义务联防、专业联防、季节联防、周边联防、路地联防、科技防范、物防、矛盾纠纷排查调处预防八种防范机制,整体运作,相互联动,在维护农村社会稳定工作中发挥整体效能。

二、协调运作,发挥治安防范体系的整体效应

一是加强组织领导。区委、区政府把治安防范体系建设纳入全区经济建设和社会发展总体规划,纳入到各个年度工作实绩考核总体目标中,实行目标化管理。

二是搞好规划。规划中明确一个思想,即"多措并举,城乡联动",把握两个原则,即"属地管理"和"谁主管谁负责"的原则,突出三个重点,即把城区、城乡人员聚集较多的场所和易发案地区、内部单位作为治安防范体系建设工作重点。区综治委于2001年下发了《关于城市治安防范体系建设工作的10条意见》和《关于农村治安防范体系建设工作的10条意见》,对治安防范体系建设框架的构成、具体工作内容、组织领导都提出了明确要求。分别召开了城市和农村治安防范体系建设经验交流会,对先进地区、单位治安防范体系建设经验进行推广。

三是调动社会各方面力量共同参与。各级党委、政府对治安防范体系建设负总责,实施"一把手"工程。各级综治部门负责指导、协调、检查、监督。各部门、各单位按照"谁主管谁负责"的原则齐抓共建。如我区公安机关,近两年来两次修订了《防打控一体化工作实施方案》,推出了"二个转变"、"三项改革"、"四个加强"新的工作举措。二个转变是:变静态管理为动态管理,变重打轻防为主动防范。三项改革是:改革刑侦体制,改革派出所工作模式,改革巡防机制。四个加强是:加强指挥中心建设,加强打防控体系建设,加强人力、物力、财力保障,加强4个出城登记站和5个国道堵卡点的防控。

四是提供经费保障。在财政十分困难的情况下,仅2002年6月份,区财政又投资95万元建设了"城区多媒体电子监控系统",10月份和11月份又投资购置了12台巡逻车、建了20个治安岗亭。近几年,我区每年用于治安防范体系建设投资都近千万元。

三、讲究实效,建立维护社会稳定的长效机制

在治安防范体系建设中,我们注重质量,讲究实效,确保治安防范体系建设收到显著社会效果。如城市安全创建工作,从最基础的防范工作抓起,建封闭式管理社区、封闭管理小区、封闭管理楼院,使防范工作有了较好的基础,起到了安全、长效的作用。如技防工作,我们先从内部单位"点"开始,发展到社区居民住宅区的"片",继而又发展到城区重点社会面,并且逐步与公安机关电子监控系统联网,逐渐发展成为社会性电子监控网络系统,大大提高了科技防范含量,增强了防范的安全性、可靠性。公安机关警务进社区工作,建立了"六个一"的规范化管理措施,有一套警务工作制度、一块社区警务公示栏、一册社区警务工作记录薄、一套人口管理台帐、一张治安防控网络图、一部警务联系电话。同时,管区民警还进入社区居委会领导班子,担任副书记或副主任,这些都为强化社区管理奠定了基础。

通过建立治安防范体系,收到了明显的社会成效。2001年,全区刑事案件比上年下降3.2%,治安案件下降13.3%;2002年,刑事案件比2001年下降9.6%,治安案件下降27.5%;2003年1—6月份,刑事案件又比上年同期下降22.5 %;治安案件下降13.3%。其中,杀人、抢劫、强奸三类案件分别比上年同期下降45.5%、43.3%和10%,可防性案件下降37%。

(撰稿:郑佳玫

审稿:徐呼和　李宝柱)

辽　宁　省

“严打”整治斗争情况

2003年,全省各级党委、政府坚决贯彻中央和省委部署,从改革、发展、稳定的大局出发,把深入开展严打整治斗争作为一项严肃的政治任务来抓。各级政法机关充分发挥主力军作用,不怕疲劳,善打硬仗,在有关部门的大力支持配合下,在广大人民群众的广泛参与下,进一步巩固了全省的严打整治斗争成果。

认真做好为期两年的“严打”斗争的总结工作,深入开展治安重点地区集中整治活动。为期两年的“严打”整治斗争结束后,全省“严打”整治斗争取得了辉煌战果。突出表现是:坚持以“打黑除恶”为龙头,打掉了一大批各种黑恶犯罪团伙,破获各种刑事案件10多万个;抓获各类逃犯1万多名,打击处理违法犯罪人员20多万名;破获经济犯罪案件3000多起,查获各类犯罪嫌疑人1000多名,挽回经济损失近10亿元。此外,还收缴各类非法枪支近4万枝,缴获海洛因8000余克。全省各地坚持一手抓紧“严打”,一手抓防范,治理整顿治安状况混乱的重点地区600多处,仅整顿校园周边秩序、取缔各类非法场所就达1万多处。2003年6月27日,省委政法委、省综治委召开全省“严打”整治斗争总结表彰电视电话会议,省委副书记王唯众就坚持“打防结合、预防为主”的方针,全面落实社会治安综合治理措施做出了全面部署。省综治办开展了坚持“严打”方针经常化机制的专题调研活动,先后深入基层单位召开了16个调研座谈会,形成了基本工作思路和意见,向中央政法委、中央综治委作了专题汇报。

2003年以来,全省各市先后开展了一系列社会治安重点地区“严打”整治斗争专项行动,始终坚持对刑事犯罪的高压态势,有效维护了全省社会治安秩序的持续稳定。一是各市针对本地区社会治安状况,认真开展了“百日会战”、“追逃”、“禁毒”、“打黑除恶”等专项斗争,破获了持枪抢劫杀人等一批有影响的刑事案件,有力地打击了违法犯罪分子的嚣张气焰。二是加大对黄、赌、毒的打击整治力度,严厉查处了一批涉娼、涉赌场所,从严从重、从快打掉一批涉丑涉赌窝点,打击处理了一批违法犯罪人员,较好地净化了社会治安环境。三是对涉爆、涉枪等治安突出问题进行专项整治,严厉打击了涉爆、涉枪违法犯罪人员。本溪市2003年以来大力开展了打击“两抢”和“110”反扒行动等专项斗争,加大了查办省、市挂牌案件的力度,有力地打击了犯罪分子的嚣张气焰。辽阳市按照“四个严防”、“四个纳入”的要求,进一步强化了专项行动情报网络建设,加强了对重点人员的监控,集中组织开展了打击邪教“实际神”专项行动,使“实际神”、“法轮功”等邪教的蔓延势力得到了有效的控制。鞍山、抚顺、丹东、锦州、铁岭、盘锦、葫芦岛等市针对不同时期刑事犯罪的规律和特点,公、检、法等部门密切配合,协同作战,在侦查、起诉、审判等各个环节贯彻依法从重从快的方针,形成了强大的“严打”合力,提高了打击力度,刑事案件急剧上升的势头得到有效控制,各种盗窃、抢劫等多发性侵财案件未出现大幅度上升,有效维护了社会治安大局的稳定。

根据中央的部署,在省委、省政府的领导下,全省各有关部门密切配合,通过开展重点排查、专项整治等各种形式,对省内一些治安重点地区的治安秩序进行了集中整治和重点治理,取得了较好的成效。据不完全统计,截至年底,全省共排查出治安重点地区1100多个,经过各地、各有关部门开展专项整治或集中统一行动,目前绝大多数地区改变了治安混乱的面貌,整改率达93%以上。

社会治安管理和防范工作情况

为深入贯彻落实全国,全省社会治安防范工作会议精神和《中共中央、国务院关于进一步加强社会治安综合治理的意见》(中发[2001]14号),进一步加强全省社会治安防范工作,省综治办在深入调查研究的基础上,结合我省实际起草了《辽宁省社会治安综合治理委员会关于加强社会治安防范工作的意见》,该《意见》(辽委办发[2003]23号)以省委办公厅、省政府办公厅名义予以转发,对于推动全省"严打"整治斗争的深入开展,创造良好的社会治安环境起到了十分重要的促进作用。2003年年初,为了科学准确地把握全省社会治安形势,省综治办与省统计局城市社会经济调查队共同进行了一次"辽宁省公众安全感"大型抽样调查活动,在14个中心城市和14个经济比较发达的县(含县级市),按照百分之四的比例,采集调查样本17000个,覆盖348个居民社区、56个乡村及院校、企事业单位。据调查资料显示,公众对社会治安状况的认可面为87.4%,其中城市公众认可面为84.47%,农村公众认可面为91.3%。被调查受众人数的83.3%认可有较好的安全感。在调查中,广大人民群众表现出对社会治安状况的极大关注,呼吁、建议党和政府坚持"严打"方针,长抓不懈;加大解决社会就业和社会保障工作的力度,消除和减少犯罪的动因;加强政法队伍和行政执法队伍的建设,提高执法、司法的水平;更广泛地动员广大人民群众参与社会治安综合治理,大力弘扬见义勇为精神等。调查结束后,省综治办立即将这一调查结果向省委、省政府领导作了详细报告并提交全省政法工作会议,通报全省各市。

2003年8月,省综治办在营口市召开了各市综治办主任会议,着重探讨研究建立社会治安防范工作机制问题。会上,总结、交流了辽阳市探索在党委领导下,通过政府行为整合资源、组合力量,用市场运作的办法建立群防群治长效机制、沈阳市铁西新区把社会治安综合治理纳入现代化城市建设规划,深化创建"安全文明城区(社区)活动"、朝阳北票市在经济转型、企业改制的过程中设立以安置下岗工人和"低保"城市居民为主体的社会公益岗位,组织"治安防范应急民兵连"、"社区治安防控责任区"、"社会治安群防群治志愿者巡逻队",走出了一条经济欠发达地区社会治安群防群治的新路子、鞍山钢铁公司在振兴老工业基地的事业中创新发展企业综治工作以及营口市芦屯地区建立农村治安防范网络等经验做法,为进一步扎实推进全省社会治安防范工作打牢了坚实的基础。

社会治安综合治理基层基础建设情况

按照中央2001年14号文件和《中共辽宁省委、辽宁省人民政府关于进一步加强社会治安综合治理的意见》要求,全省各地将社会治安综合治理工作纳入了经济和社会发展的总体规划,切实加强了基层综治组织机构建设。年初各级财政根据本地区社会治安综合治理工作的实际需要安排了专项资金,沈阳、抚顺、本溪等市按照人均比例,将综治专项经费列入了财政预算。同时,认真贯彻落实中央综治委和中央编办下发的《关于加强乡镇、街道社会治安综合治理基层组织建设的若干意见》和省综治委、省编办联合下发的《关于加强全省乡镇、街道社会治安综合治理基层组织建设的若干意见》,进一步加强了乡镇、街道综治办建设,建立健全工作机构,配齐配强领导和专职工作人员,健全完善各项工作制度,充分发挥其职能作用。在县(市、区)机构改革中保留和健全了社会治安综合治理机构,做到有领导分管,有人抓。据调查统计,从省到各市、县(市、区)都成立了社会治安综合治理委员会及其办事机构,综治办与同级党委政法委机关合署办公,分别按正厅级、正处级、正科级建制,均由编制部门核定批准,人员编制纳入了行政编制序列。营口、葫芦岛市已经下发文件,两个市均按行政编制在乡镇、街道配齐了综治专职干部。全省县以上综治办现有专职干部564人;乡镇(街道)现有专职综治干部1000余人,兼职综治干部2432人。并且协调有关部门进一步加强公安派出所、人民法庭、司法所和村(居)委会、治保会、调委会等基层组织建设,充分发挥他们在治安防控体系建设中的积极作用。

2003年以来,全省各级综治组织坚持"预防为主"方针,积极探索建立起在党委、政府领导下,由综治组织统一协调,以公安机关为骨干,以群防群治组织为依托的社会治安防范网络。据统计,全省现有专职群防群治队伍9295个,共49435人;兼职和义务群防群治队伍9万多个,共50余万人。一是基本形成了城市治安社会面的防范网络。即以公安干警为骨干,各类群防群治队伍共同参与,重点在繁华街区、公共复杂场所、城乡结合部等案件多发的时段、区域开展社会面的治安巡逻。省政府作出决定,从10万个安置下岗职工就业岗位中,抽出一万个岗位,安排国企下岗职工担任治安联防工作,这项工作已得到全面落实。二是基层治安防范向社区延伸。街道综治办、派出所、保安及各类群防群治组织协调配合,建立以居民小区为点、社区为块、街道为面的防范管理机制,普遍成立了社区保安队、居民小区保安队、企地联防队等社区联防队伍。三是农村治安防范工作得到了加强。主要是依靠乡镇公安派出所实行民警驻村制、巡访制、包片制等办法,落实民警治安防范责任制。充分发挥了"治保会"、"人民调解委员会"、"治安信息员"的作用,组成以退伍军人和基干民兵为骨干的农村治安群防群治队伍。四是深化了单位内部的治安防范。各地基层综治组织普遍与辖区内各单位分别签订《社会治安综合治理责任书》,落实责任查究制度,督促各机关、团体、企事业单位切实做到"看好自己的门,管好自己的人,维护好单位内部的治安"。五是加强了科技防范网络建设。主要是在金融等重要目标和城区重点防范地段及车站、码头等重要场所配置闭路电视监控系统,逐步建立具有较高科技含量的治安防范网络。六是铁路护路联防工作保证了一线平安,促进了一方平安。2003年,全省铁路护路联防工作得到进一步深化,特别是省护路办以铁路沿线5华里范围内的乡镇、村屯为切入点,开展了老百姓摸得着、看得见的创建铁路沿线安全屏障工程。据统计,全省各级护路联防组织年内共化解可能发生的拦车断道事件53起,发现和处置危及行车安全的治安隐患236起,协助铁路公安机关破获刑事案件1214起,查破"六类"治安案件4678起,清理大牲畜上路1839次,防止道口交通肇事180余起、路外伤亡483起,维护了铁路沿线治安秩序稳定,确保了大动脉的安全畅通。

为了把治安防范工作落实到基层,全省广泛深入地开展了安全文明创建活动,并且根据中央文明委在全国组织的开展科教、文体、法律、卫生"四进社区"活动的要求,制定了《辽宁省"法律进社区"活动实施方案》,深入开展了"法律进社区"活动,不断丰富创安活动的内容。期间,认真开展了企地共建工作,深入开展创建安全文明铁道线、平安大道、无毒社区等活动,进一步加强了对民营、三资企业参与社会治安综合治理工作的指导,提出了具体办法和要求,收到了明显的社会效果。截止目前,全省共创建省级安全文明社区598个、安全文明村(镇)596个、安全文明单位571个;创出市级安全文明社区1600个、村镇1700个、单位2300个;县(区)级安全文明小区1550个、村镇6800个、单位4100个。三级认定率农村已达到60%;城市已达到70%。此外,结合辽宁大中型企业比较多的实际,继续在全省开展了300家企业安全文明创建竞赛活动,促进企业安全生产、文明管理、守法经营、抵制不法侵害,创造企业内部良好的治安环境,努力探索综治工作为国有企业转型脱困和振兴辽宁老工业基地服务的新路子。

为更好地把创建活动作为载体,扩大安全文明创建活动的社会影响,让创建活动不断升级,省综治办在总结开展创建安全文明社区的基础上,决定从 2003 年开始在全省启动创建平安县(市、区)活动。省综治办起草了《辽宁省社会治安综合治理委员会关于开展平安县(市、区)创建活动的意见》,制定了考评标准。本溪、丹东、阜新等市积极启动创建平安县(市、区)活动,并在一些县(市、区)开展了试点工作。11 月上旬,省综治办组织召开了全省各市及部分县(市、区)综治办主任参加的安全县(市、区)创建活动座谈会,与会同志认真研究了考评标准,交流了各地开展安全创建活动情况,把全省的基层安全创建活动推向了一个新的台阶。

矛盾纠纷排查调处工作情况

根据中央社会治安综合治理委员会的部署和要求,省综治办从维护社会政治稳定的大局出发,坚持把做好社会矛盾纠纷排查调处工作作为政法工作和综治工作的一件大事来抓,连续三年开展以化解人民内部矛盾为主要目标的“安定工程”。特别是从 2002 年 11 月以来,辽宁省委、省政府决定在全省开展了一次对影响社会稳定矛盾纠纷的专项治理,以“息访罢诉”为核心,以落实领导责任制为主线,以建立长效机制为目标,重点对长期进京到省上访的 1100 多件疑难信访积案进行集中治理,收到了显著的社会效果,有力地推动了社会矛盾纠纷排查调处工作的深入开展。

一是实事求是,深入排查。做好矛盾纠纷调处工作的前提条件和第一道“工序”是,扎扎实实做好排查摸底。但是,这种排查不只是简单的数字统计,而是要分级负责,做到案情清、底数明,梳理分类,查明原因。然后,按照“谁主管、谁负责”和“属地管理”的原则,逐级交办长期缠诉、上访的案件。对交办的所有案件,一律实行“一案一结、一结一报、结案销号、立卷归档”的程序,逐案报经省“影响社会稳定矛盾纠纷专项治理”办公室审核认定后,最终才能结案。未通过审核认定的,省里提出督办意见,由各地和有关部门重新办理。

二是强化责任,领导包案。在排查调处社会矛盾纠纷的工作中,省委、省政府领导同志对重大问题带头包案,并要求各地、各部门主要领导同志转变作风,带着责任、带着感情,深入到生活困难的群众中去,深入到问题多、矛盾复杂的地区或单位,包重案、包难案、包大案。省交办的 1100 多起信访案件,全部分级落实了领导包案责任制。对越级进京来省上访的案件,由有关地区或部门的领导同志越级包案。各级领导同志在“包案”的过程中,认真倾听群众的合理要求,真实了解到群众的疾苦,增强了“情为民所系”的感情,密切了与群众的联系,在实践中锻炼和提高了化解处理复杂矛盾的领导水平和工作本领。

三是正视问题,舍得投入。我们在实际工作中深切感到,处理信访案件,拖的时间越长,花费的成本越高,付出的代价越大,化解的难度也越大。问题早解决早主动,晚解决总被动,不解决不稳定。从现实情况看,大量人民内部矛盾反映出的问题,主要是经济方面的,必须采用经济手段加以解决。为此,全省各级党委、政府统一思想,下决心“花钱买平安”,千方百计筹措资金解决上访群众的合理要求。“影响社会稳定矛盾纠纷专项治理”以来,全省为化解处理信访案件共投入资金 7 亿多元,程度不同地为 38 万名上访群众解决了问题。

四是因人制宜,因案施策。我们在开展社会矛盾纠纷排查调处工作中,坚持一条重要原则是“解放思想、实事求是,因案施策、灵活变通”。省委、省政府明确要求,对所有摸底排查出的矛盾纠纷,特别是上访多年的疑难积案,要逐案重新调查、重新确认、重新处理,在不突破大的政策原则和不违反法律规定的前提下,按照“解决问题、息诉罢访”的标准,本着“就高、宜宽、调解”的原则,把矛盾化解在当地,把问题解决在基层。各地、各部门坚持从实际出发,创造性开展工作,探索积累了许多好的经验做法。如对已经确认但仍长期缠访的“无理访”案件,本着“实事求是、有错必纠”的原则，以“不推卸责任、不回避矛盾、不掩饰过错”的态度，采取召开有社会各界代表参加的“听证会”，提高公开处理重点疑难信访案件的透明度。

五是加强督办，分类指导。省对交由各市、各部门办理的案件，不断加大督办的力度，先后召开几十次督办协调会，逐案听取情况汇报，帮助研究解决问题的措施。还多次组织工作组，对重点案件进行实地督办。对涉及“土改”、“文革”等历史遗留问题，医疗纠纷、上访人有明显精神疾病、举报干部腐败问题、计划生育意外事故等引发的上访案件或个别“无理访”案件，省、市联合组织专家论证、政策听证等，区别情况，分类提出指导意见。

六是注重创新，建章立制。我省开展社会矛盾纠纷排查调处工作，既把“息访罢诉、化解矛盾”作为钢性指标，又把建立和完善正确处理新形势下人民内部矛盾问题的长效工作机制作为一项基础性任务和重要工作目标。省委政法委、省综治委组织协调有关部门在严格把握国家政策和法律法规基本精神的前提下，深入调查研究，广泛听取多方意见，形成了《省交办信访案件结案暂行办法》、《辽宁省专项治理无理访处理暂行办法(试行)》、《关于法律援助律师参与信访工作的意见》、《重大疑难信访案件听证会暂行办法》、《省交办医疗事故纠纷上访案件分类处理暂行办法》、《越级进京重大集体访处置暂行办法》和《领导包案处理重大疑难信访问题的有关规定》等7个文件。全省上下通过贯彻执行这些规章制度，既规范党政机关接待信访的行为，又规范上访群众的行为，还规范信访工作的程序，保障信访问题的公开、公正、合理地解决。

认真组织实施“安定工程”，大力开展影响社会稳定矛盾纠纷的排查调处工作。根据省综治委副主任李峰的部署，全省从2002年开始在全省综治系统开展了以社会矛盾纠纷排查调处为主要内容的“安定工程”。2003年，各地继续坚持“预防为主、教育疏导、依法处理、防止激化”的原则，针对辽宁作为老工业基地，历史积淀的矛盾很多，加之经济转轨、社会转型，各种社会矛盾纠纷不断增多，人民内部矛盾大幅度上升的特点，以及当前全省各种群体性事件比较突出的实际情况，组织有关部门对当前全省影响社会稳定和社会治安的10个方面突出问题进行了全面排查、疏理，区分类别，分析原因，提出了具体对策。各地还注意总结了2002年开展“安定工程”专项行动中创造的成功经验，坚持与时俱进、创新发展，逐步建立起社会矛盾纠纷排查调处工作的长效机制。全省综治系统从上到下层层建立了矛盾纠纷排查调处报告、交办、督查等项制度，把经常性的矛盾纠纷排查调处工作纳入了乡镇、街道等基层单位综治工作考评的重要内容，切实解决了一批影响全省稳定的社会热点和难点问题，确保了全省的社会政治稳定。据各地统计，对全年排查出来的34900余件矛盾纠纷，88%以上经过调处已得到初步解决或不同程度的缓解。各地通过深入持久地开展“安定工程”，有效化解了一批人民内部矛盾，赢得了社会各界和广大人民群众的好评，有效维护了全省社会政治稳定。

社会治安综合治理宣传教育工作情况

在全面贯彻落实党的十六大精神，进一步加强社会治安综合治理工作的新形势下，2003年3月份，由省综治办统一部署，全省各市普遍开展了较大规模的社会治安综合治理宣传月活动。各级综治组织在党委、政府的领导下，与宣传、文化、教育等部门密切配合，制定宣传计划，确定不同阶段的宣传重点，精心设计和组织宣传活动，加大了对“严打”整治工作的宣传力度。各地在相关报刊杂志、广播电视上重点宣传了在“严打”整治中采取的措施、效果，以及政法干警舍生忘死、打击犯罪的英雄事迹和广大人民群众勇于同犯罪分子进行斗争的先进事迹，弘扬正气，震慑犯罪，表明了党和政府打击刑事犯罪、加强社会治安工作的决心，使社会各界和广大群众积极投入到“严打”整治斗争中来，积极检举揭发犯罪线索，支持、配合政法机关开展工作，形成全社会“严打”刑事犯罪的浓厚氛围。各地以深入贯彻落实中共中央、国务院和全国人大常委会关于加强社会治安综合治理的两个《决定》和中发[2001]14号文件精神宣传教育活动为契机，采取形式多样的宣传方式集中开展综治宣传教育活动，努力提高对广大群众的吸引力，注重宣传的实效性。各地普遍在繁华街道两侧护栏、广场及醒目的建筑物上悬挂巨型条幅，设立法律宣传站4300多个，展出图片6000余幅，散发宣传材料近6万份，演出文艺节目300多场次，吸引了大批群众观看，场面宏大，气氛热烈。特别是一些领导干部走上街头，亲自宣传社会治安综合治理工作，在社会上产生了较大影响。强化了社会治安综合治理工作意识。在集中开展社会治安综合治理宣传活动的同时，全省上下充分利用这一有利时机，将宣传活动与狠抓综合治理各项措施的落实紧密联系起来，努力开创综治工作的新局面。

2003年6月，认真组织了参加全国第八次见义勇为先进分子评选表彰工作。海城市的杨文勇荣获全国见义勇为先进分子称号，绥中县的董玉亭获得了全国见义勇为先进分子提名奖。杨文勇同志受到中央领导的亲切接见，中央电视台作了实况播放。此间，在省综治办的组织宣传下，全省各大新闻媒体对这两位见义勇为英雄的先进事迹进行了连续宣传报道，在全省掀起了一股学习见义勇为英雄的新高潮，进一步弘扬了见义勇为精神，促进了社会主义精神文明建设。

实行社会治安综合治理领导责任制情况

一、省、市、县(区、市)、乡(镇、街)、村(社区)层层签订《维护稳定和社会治安综合治理责任书》

年初，根据中央五部委《关于实行社会治安综合治理领导责任制的若干规定》和《辽宁省关于实行维护社会稳定和社会治安综合治理领导责任制的规定》，省委、省政府决定自2003年开始与各市签定责任书。在省综治办的运作、协调下，1月15日，省委副书记王唯众代表省委、省政府同14个省辖市市委、市政府的领导签订了《维护稳定和社会治安综合治理责任书》。全省各市均把社会治安综合治理工作作为党委、政府的一项重要工作，切实提高了认识，加强了领导，从上至下层层签订了综治责任书，将综治工作作为衡量当地社会发展水平一项重要的量化指标，与经济等其他工作指标一起下达，一同考核，形成了社会治安综合治理一级抓一级，一级对一级负责，层层抓落实的组织领导体系。

二、及时召开省综治委全体委员会议和成员单位联络员会议，向省综治委成员单位下达了社会治安综合治理责任书

为了充分发挥省综治委成员单位的职能优势和机制优势，进一步加强全省社会治安综合治理工作，省综治办3月上旬召开了省综治委成员单位联络员会议。会上，省综治办组织各成员单位联络员系统地学习了党中央、国务院和辽宁省委、省政府自1991年开展综治工作以来的相关文件，讨论修改了省综治委成员单位维护社会稳定和社会治安综合治理领导责任书(讨论稿)及有关工作制度。在4月18日和9月19日分别召开的省综治委第二十一次和第二十二次全体会议上，全体委员认真学习了《辽宁省关于实行维护社会稳定和社会治安综合治理领导责任制的规定》，听取了前段工作情况，分析了当前面临的形势，省法院等8个综治委成员单位作了述职报告，并向41个成员单位下达了2003年度省综治委成员单位维护社会稳定和社会治安综合治理责任书，研究部署了下步全省综治工作任务。省委副书记、省综治委主任王唯众，省委常委、政法委书记、省综治委副主任李峰分别就坚持“打防结合、预防为主”方针，建立健全“严打”方针长效性工作机制和进一步加大社会治安防范工作力度、全面做好社会治安综合治理工作提出了明确要求。

三、进一步加大了重大问题责任查究和“一票否决权”工作力度

2003年4月上旬，省综治办根据2003年1月18日沈阳市发生的爆炸持枪杀人抢劫银行巨款案件、2月2日锦州市犯罪嫌疑人劫持北京至福州的1505次航班未遂事件和葫芦岛市2月18日发生的特大凶杀案件，以省综治委文件的形式分别向三个市下达了《重大问题领导责任查究通知书》，要求当地党委、政府立即组织有关部门认真分析查找原因，总结经验教训，研究改进工作措施，要特别注意查找在对重点人员管理控制方面存在的漏洞。同时，省综治办分别组成2个督查组，按照省综治委、省纪律检查委员会、省委组织部、省监察厅、省人事厅《关于对发生严重危害社会稳定重大问题的地方实施领导责任查究的通知》(辽综治委发[2001]11号)要求，对三个市发生的重大事件进行了实地调查，指导各市进行妥善处理，并在6月上旬分别把调查结果和处理情况向省综治委、省纪委、省委组织部、省监察厅、省人事厅作了书面报告。根据中央要求，省综治委、省委组织部转发了《关于党委组织部门在参与社会治安综合治理工作中进一步发挥好职能作用的意见》的通知(辽组通字[2003]22号文件)，要求把各级党政领导干部抓社会治安综合治理工作的能力和实绩列为干部考核的重要内容，并把考核结果作为向党委提出干部任免和奖惩建议的重要依据，与晋职、晋级和奖惩直接挂钩。

四、认真开展综治工作检查考核工作，严格落实社会治安综合治理奖惩制度

为推动全省各地贯彻中共中央、国务院《关于进一步加强社会治安综合治理的意见》，按照2003年初省委、省政府与各市委、市政府签订的《关于维护社会稳定和社会治安综合治理责任书》和《辽宁省社会治安综合治理工作考核标准及办法》的有关规定，省综治委在年底，共抽调领导干部和一般干部42人，其中副省级领导7人，厅级领导7人，处级干部23人，一般干部5人，组成七个检查组，采取明查暗访的方式，对全省14个省辖市以及沈阳铁路局、辽河石油勘探局2003年度社会治安综合治理工作进行了一次全面检查。检查了包括59个县区，72个乡镇(街道)，171个社区(村屯)，以及警务室、司法所、人民法庭、企业等，暗访群众399人。同时，对省综治委41个成员单位落实维护社会稳定和社会治安综合治理领导责任制情况采取了自查和抽查的方式，要求41个成员单位报送了自查情况总结，经过严格考核后，向省直机关工委作了重点推荐。

检查结束后，各检查组结合公安、消防、信访、稳定办等有关部门提供的数据和省综治办平时掌握的情况，严格按照《辽宁省关于实行维护社会稳定和社会治安综合治理领导责任制的规定》、《辽宁省2003年度维护社会稳定和社会治安综合治理责任书》和《辽宁省社会治安综合治理工作考核标准及办法》的有关规定，对14个市开展社会治安综合治理工作情况认真进行了综合评定，并严格打分排出了名次，并按照有关规定进行奖罚兑现。根据《辽宁省实行维护社会稳定和社会治安综合治理领导责任制的规定》第四章第十四条、第十五条之规定，经省综治委审定，并报省委、省政府批准，对大连市、本溪市、丹东市给予通报表彰，各颁发奖金5万元。同时，根据《辽宁省实行维护社会稳定和社会治安综合治理领导责任制的规定》第四章第十四条、第十六条第(三)款和第(五)款之规定，经省综治委研究决定对铁岭市昌图县、葫芦岛市连山区给予“一票否决”。

流动人口治安管理工作情况

2003年,全省的流动人口治安管理工作从清理整顿出租房屋入手,以清理整顿出租房屋为突破口,全面带动流动人口治安管理工作。省综治办会同有关成员单位,坚持用改革的思路和发展的办法,开展了出租房屋集中清理整顿试点工作。据统计,我省约有流动人口320万人,其中常住的有120万人,而出租房屋的数量、管理等情况,没有哪个部门能够完全说清楚。全省出租房屋只有很少部分按照有关规定进行了登记、交费,接受有关部门的管理。大部分出租房屋是私下交易,或者是“只交管理费,无人管理”,存在许多漏洞。少数地方的出租房屋管理处于无序状态,有些出租房屋成了“法轮功”邪教活动、贩毒吸毒、黑恶势力等刑事犯罪的窝点,有的成了偷盗销赃、卖淫嫖娼、非法传销等藏污纳垢的场所。外来人口租借房屋管理上的混乱和无序,客观上为犯罪团伙提供了赖以生存的环境。特别是针对沈阳市“1.18”案件暴露出在对外来人口及其租借房屋管理方面存在严重漏洞,世震书记曾严肃批示:“要严格城市出租房屋管理,防止养痈遗患。”为此,按照省委、省政府的要求,经过大量调查研究,省综治委确定了先用4个月时间在沈阳市、鞍山市的海城市、营口市的鲅鱼圈经济开发区和葫芦岛市的连山区开展出租房屋清理整顿试点工作,待取得经验后,再面向全省全面推开的工作思路。8月份,省综治委召开了出租房屋集中清理整顿试点工作会议,副省长闫丰同志在会上对开展试点工作作了动员部署。会议结束后,各地迅速成立了出租房屋集中清理整顿试点工作领导小组,在当地党委、政府的统一领导下,由宣传、综治、法制、公安、建设、民政、工商、劳动等部门共同参与,齐抓共管。同时,各试点单位根据本地区的实际情况,制定出了切实可行、操作性较强的工作方案。当地党政领导及有关部门的领导切实转变工作作风,深入基层、深入实际、深入群众,精心组织,周密安排,积极探索全省出租房屋管理工作中所遇到的全局性、倾向性、改革性、机制性问题,为下步全省全面开展出租房屋管理工作探索出了一条新路子,树立了样板。

针对当前我省出租房屋管理工作中存在的问题和省委书记闻世震等省领导的批示精神,由省综治办牵头开展了全省出租房屋的清理整顿工作。一是筹备召开了省直有关部门参加的出租房屋管理工作会议,认真分析研究了我省出租房屋管理工作的现状、存在的问题及应采取的对策,确定了在沈阳市、鞍山市的海城市、营口市的鲅鱼圈经济开发区和葫芦岛市的连山区进行试点,2004年在全省全面展开的工作方案。二是适时召开了全省出租房屋清理整顿试点工作会议,试点单位的主管书记或市长、政法委书记、公安局长、城建局长、综治办主任以及省委宣传部、省公安厅、省建设厅、省民政厅、省劳动厅、省工商局、省计生委、省法制办等部门的领导同志参加了会议,这次会议的召开,标志着全省出租房屋清理整顿试点工作全面启动。三是深入实际,开展调查研究,强化了对全省出租房屋管理工作的指导。省综治办不仅经常与省出租房屋清理整顿工作领导小组办公室一起研究工作,还组织人员共同到试点单位听取工作进展情况汇报,了解工作中遇到的问题和困难,共同研究解决办法,取得了很好的效果。目前,全省的出租房屋清理整顿试点工作进展顺利,发展势头良好,这项工作的开展,对于加强社会治安防范工作,健全和完善出租房屋管理法律法规,建立长效管理工作机制,尤其是对于解决诸多社会问题具有十分重要的意义。

刑释解教人员安置帮教工作情况

2003年，全省刑释解教人员安置帮教工作以努力抓好刑释解教人员回归社会的衔接管理为龙头，以抓安置为重点，以抓先进树典型为动力，较好地控制和减少了重新违法犯罪的发生，有效地控制了刑释解教人员脱管失控上升的趋势。目前。全省刑释解教人员9000多人，受帮教人数达22000多人次，通过各种途径安置7600多人，安置率为80%左右，建立安置基地670个，创办安置实体104个。重新违法犯罪仅有150余人，重新违法犯罪率始终控制在6%以内，为维护社会稳定做出应有贡献。

全省各地高度重视刑释解教人员安置帮教工作，积极探索市场经济条件下安置帮教工作的新途径。坚持把安置帮教工作纳入各级党政领导班子目标管理考核之中，建立和完善了责任机制，作为社会治安综合治理年终考核的一项重要内容。进一步加强了规范化管理，逐步理顺了工作关系。目前，全省14个市、100个县区都成立了刑释解教人员安置帮教协调小组及办公室，1712个乡镇（街道）成立了安置帮教工作站，基本形成了安置帮教工作网络化的运行机制。

一是各市对安置帮教工作都十分重视，狠抓安置基地建设，工作取得了较大进展。全省各地认真做好刑释解教人员的安置帮教工作，按照"帮教社会化、就业市场化、管理信息化、工作职责法制化"的要求，狠抓各项措施的落实。大连市委、市政府将刑释解教人员的安置帮教工作列入全年18件实事之中。鞍山市铁东区政府主要领导同志亲自抓刑释解教人员安置工作，在财力、物力方面给予了大力的政策扶持，从市郊拨出200亩地作为刑释解教人员的安置基地，目前，全区已建立过渡性安置实体和安置基地102个，全区的释解人员全部得到安置，安置率达100%。盘锦市目前已建成全省最大的安置基地滩涂养殖场，有能力过渡性安置全市的刑释解教人员。全省有很多县区司法局在建立安置基地、安置实体上有了新的突破，为稳定刑释解教人员、开展帮教工作创造了有利条件。

二是继续大力开展刑释解教人员回归社会的衔接管理和排查清理工作。在省综治委、省司法厅的统一部署下，各市普遍组织了排查清理工作，进一步摸清了全省刑释解教人员的基本情况，做到底数清、情况明，切实避免或减少脱管、失控现象的发生。同时，根据了解的实际情况，对一些在生活和工作中遇到困难的释解人员，给予了及时的关爱与帮助。营口市一名释解人员在回归社会后，筹集资金并带领曾一同服过刑的8名释解人员，开办了一家铁艺加工厂，但在2003年初遇到了困难，工厂处于难以为继的困境中。营口市委书记得知此事后，亲自到工厂了解情况，帮助他们协调工作，使他们很快走出了困境，现在处于良好的发展过程中。鞍山市的一名释解人员在街道党政领导的关心和帮助下，创办了山南家政服务中心，不仅安排了16名释解人员，还累计安置下岗职工5000余人次。

三是为刑释解教人员安置帮教基地及刑释解教人员再就业积极争取优惠政策。在广泛调研、借鉴兄弟省市经验的基础上，根据我省实际情况，制定了《关于印发辽宁省刑释解教人员安置优惠政策的通知》，草拟了《关于刑释解教人员安置帮教（基地）及刑释解教人员再就业享受有关政策的意见》，将在2004年初由省综治办、省司法厅、省财政厅、省工商局、省国税局、省地税局等9个单位联合签署并以省政府名义下发各市。

铁路护路联防工作情况

2003年,是全省铁路护路联防工作继续得到加强和发展的一年。全省各级铁路护路联防组织坚持用“三个代表”重要思想统领铁路护路联防工作,按照中央护路办和省综治委铁路护路联防工作领导小组的工作部署,立足本职,服务大局,团结协作,联防联控,使创建安全文明铁道线活动不断深化。全年化解可能发生的群体性拦车断道事件百余起,发现和处置危及行车安全的治安隐患236起,协助铁路公安机关破获刑事案件487起,查破“六类”治安案件1500多起,清理大牲畜上路1839次,防止道口交通肇事230余件。基本实现了“全省铁路沿线治安形势持续稳定”的良好局面。

2003年,全省铁路护路联防工作以领导责任制为龙头,层层签订责任状,切实做到面上有人抓,线上有人管,点上有人护。全省各市、县(区)、乡(镇)、村(屯)四级签状率达100%。铁路沿线各级党委、政府从确保当地社会政治大局稳定,促进本地区经济社会协调发展的战略高度来认识铁路护职联防工作,切实加强组织领导,狠抓责任落实,全部把铁路治安秩序稳定纳入到社会治安综合治理领导责任制与目标管理责任制考核中,纳入到维护社会稳定的“一把手”工程中,纳入到“严打”整治斗争中,纳入到基层安全创建活动中,做到与综治工作同规划、同部署、同考核、同奖惩。年初,全省护路工作会议召开后,各市普遍对护路领导小组进行了调整,充实完善了以市委常委、政法委书记或副市长为组长,有铁路、公安等部门领导参加的护路工作领导小组,纷纷召开了工作部署会议。

伴随着振兴辽宁老工业基地战略方针的实施和省内大、中型国有企业的改革不断深化,一些机制性、体制性变革引发的人民内部矛盾纠纷不断显现。针对省内群体性拦车断道事件不断增多,各种危及铁路行车安全的刑事、治安案件频发的严峻治安形势,省铁路护路领导小组决定把解决危及行车安全的治安问题放到突出位置来抓,特别是把群体性拦车断道作为护路工作的重中之重,下大力气进行了整治。省护路办组织人员对沿线治安问题进行了深入排查,并以沈山、长大等干线为重点,确定了大石桥至瓦房店、沈阳北至虎石台、兴城至绥中、秦沈客运专线途经的台安县、葫芦岛市、绥中县等19处铁路治安重点区段。按照划分层次和属地管理的原则,由省护路办直接督办5个重点要害区段,各市、铁路分局护路办分别对14个重点区段进行挂牌督办。

一年来,在各市、铁路分局(公司)护路办的组织协调下,地、铁公安机关和各专业护路联防队伍密切配合,协同作战,适时开展集中整治行动,不断加大了对上述重点区段的整治力度,有效打击了危害铁路安全的各种违法犯罪活动。据不完全统计,在集中整治期间,地铁公安机关和专兼职护路联防队员共上线巡逻5000余人次,巡逻里程65000多公里,清理闲散人员16149人次,清理扒乘人员6500多人次,对沿线两侧的收购点、小熔炉业主进行法制宣传教育280余人次,签订治安协议书140多份。

迅速启动秦沈客运专线铁路护路联防工作,努力为我国第一条高速铁路客运专线的建设、试运行期间和正式通车运营提供良好的外部治安环境。

坚持与社会治安综合治理基层安全文明县区、乡镇、街、村创建工作有机结合,理清工作思路,深入开展安全文明铁道线创建活动。省护路办根据沿线地方治安与铁路治安相互作用的实际情况,提出了在铁路沿线两侧五华里内开展铁路护路联防治安屏障工程的设想。拟通过开展屏障工程,构建铁路沿线创建文明乡镇、文明村屯与创建文明铁道线活动平台,把两个文明创建融为一体,打造铁路安全文明带,构筑一道抵御侵害铁路安全的坚固防线。为了实现这一工作目标,制定了《全省铁路护路联防治安屏障工程实施方案》,

确定了全省今后一个时期的工作思路和方向,并以此指导各市、铁路分局(公司)深入开展创建安全文明铁道线活动。

全省各级护路组织按照省护路办的工作部署,坚持把综治基层安全文明创建同创建安全文明铁道线活动有机结合,把创建安全文明铁道线与当地安全文明县区、乡镇等创建活动融为一体,以线带片,以片保线,实现了两个文明共创共建的良好局面。在工作中,各地把创建安全文明铁道线活动与综治其他工作同部署、同检查、同考核、同奖惩。很多市把创建安全文明铁道线融入到文明县区、文明乡镇治安承包责任状中,对管辖内铁路发生因当地治安引起的重大行车事故实行一票否决,一些市还把创建安全文明铁道线融入到现代化安全城市创建的总体目标之中统筹规划。通过创建一线,推动一片,将创建安全文明铁道线与创建安全文明乡镇村有机结合起来,两个创建一起抓,两个成果一起拿,相互推动,相得益彰,建设了一条以铁路为主轴,辐射两侧五华里的"安全文明走廊",依靠广大群众,实现全民护路,为全面建设安全文明铁道线和实现全省社会治安明显进步的目标做出了贡献。

全省综治系统开展防治非典型肺炎工作情况

4月25日,省综治委按照中央综治办[2003]4号通知精神要求,及时向全省综治系统下发了《关于积极参与非典型肺炎防控工作的通知》,要求全省各级社会治安综合治理委员会及办公室迅速行动起来,充分发挥社会治安综合治理基层网络健全、群防群治参与面广的综合优势,齐抓共管,切实把预防非典型肺炎工作作为当前一项严肃的政治任务抓紧抓好。

一、在党委政府的领导下,各级综治组织高度重视防治"非典"工作,并将其纳入到社会治安综合治理领导责任体系之中

全省各市普遍建立了由当地党委、政府统一领导的工作机制,积极发挥社会治安综合治理优势,把做好防治非典型肺炎工作摆上当前各项工作的突出位置,严格实行单位责任制和一把手负总责的制度,成立了领导小组,制定了防治预案,配备了必要的设备和人员,做到了责任落实、领导落实、统一指挥、统一管理,初步形成了反应敏捷、全面覆盖的工作网络和机制。

二、把防控"非典"期间的社会治安纳入到"严打"整治工作之中,切实维护社会稳定

全省各市充分发挥公安机关主力军的作用和基层综治组织特别是乡(镇)、村(居)级组织覆盖面大、接触范围广、信息灵通等有利优势,坚持"严打"方针不动摇,在不断加大"严打"工作力度的同时,按照防控"非典"工作的要求,进一步强化了对社会治安混乱地区的重点整治工作。一是各级公安机关和群防群治组织及时了解和掌握疫情动态,严厉打击趁机制造混乱、蛊惑民心、谣言惑众等影响社会稳定的违法犯罪行为。各级公安机关结合严打"百日会战",开展了以打击抢劫、盗窃、诈骗等犯罪为重点和查禁"黄赌毒"的专项行动,为当地经济建设和防治非典创造了良好的社会治安环境。二是全省各级工商、物价部门和药品监督管理局成立多个专项检查小组,对各地区的药品和医疗器械生产、经营和使用单位进行检查,规范市场管理,并设立了举报投诉电话。各市工商、税务、物价等有关部门对借疫情哄抬物价、趁乱打劫、造谣滋事等扰乱社会治安、影响社会稳定的行为和人员,依据有关法律法规,采取果断措施从快予以打击和处理,维护良好的社会治安环境,确保了社会政治稳定。

三、把防控"非典"作为当前治安防范的首要任务,进一步加大社会治安防控工作力度

各市充分利用综治基层工作网络健全、群防群治、参与面广的优势,确定了以居民社区、小区为重点,坚持一手抓治安防范,一手抓防控"非典"的工作思路。各级综治部门组织社区治安巡逻队认真开展"非典"期间的治安防范工作,发挥了"三个作用"。一是宣传员的作用。全省治安联防队员利用熟悉地形,了解住户的优势,在加强治安防范的同时,大力宣传科学预防"非典"的常识。共散发宣传单近200万份,贴标语11300余条,挂条幅55000余幅。二是排查员的作用。为有效地防止"非典"疫情由外地流入,全省治安联防队员积极配合社区干部开展了深入而细致的入户调查。治安联防队按照责任分工,配合社区干部进行地毯式调查登记,真正做到了查清隐患,不留死角。三是监控员的作用。治安联防队员始终战斗在预防"非典"的工作前线,24小时巡逻执勤,实行封闭式管理。对社区中出现的新面孔及调查出从疫区返回人员,他们又承担起了监控员的责任。全力配合社区干部查清来历,及时向社区报告情况,规劝其到指定医院进行严格的体检,对一些重点人还进行了小范围的短时期隔离。

四、大力开展各种专项整治行动,严厉打击借"非典"之机进行的违法犯罪活动

按照省防治非典工作领导小组的统一部署,各市综治委(办)积极组织协调有关部门,将易发生非典传染和治安案件的网吧、舞厅、餐饮、洗浴等场所予以关闭,对非法传销点、出租房屋进行了清查(理),针对市场出现哄抬物价、制假售假、囤积居奇、无照经营等扰乱市场违法行为,及时开展了专项治理和联合整治。

五、积极开展矛盾纠纷排查调处工作,确保"非典"期间不发生大的影响社会稳定的矛盾纠纷

全省各级综治委(办)在防治"非典"工作中,充分发挥了社会治安综合治理矛盾纠纷排查网络、群防群治队伍和齐抓共管的"三个优势"作用,在矛盾纠纷排查调处工作中普遍开展了向群众普及法律知识、卫生知识和科技知识的"三个普及"活动,有效地排查调处了不稳定因素,确保了"非典"期间的社会稳定。

六、进一步加大对流动人口的服务和管理,有效防止因人口流动造成非典型肺炎的传入

全省各级综治委(办)、流动人口管理部门和公安机关进一步加大了对流动人口的管控工作,在火车站、高速公路及城区交汇处设立检查站,对外来人员逐人进行排查登记,严密监测疫区往来人员,确保不发生输入性"非典"病例。特别是对流动人口加大了管理、教育、服务力度,并对其进行严密防控。各地综治部门在保证人口有序流动的前提下,积极协调、指导和监督有关部门对流动人口、出租房屋及各种营业性、人群易滞留场所定期进行检查和消毒,对全省餐饮娱乐场所、网吧、招待所等人口聚集地加大了检查力度和加强了消毒措施,该停业的坚决予以停业,违规操作的坚决严肃处理,做到了防患于未然。各市综治办还协调公安、房产、卫生、防疫和街道等部门对出租房屋进行拉网式排查,重新登记造册,重点掌握暂住人口的健康状况,对外地流入人员进行重点防控,全面落实防控措施。按照"警务下沉、阵地前移、警民联手"的工作策略,由派出所一名民警常驻社区,对辖区流动人员排查登记,与房屋承租人签订治安责任书,全天候监控辖区治安情况。建立点面结合的治安防控体系,不仅缓解了公安机关任务重、警力紧张的矛盾,而且提高了社会治安防控质量。

以增强群众安全感为目标
全面实施创建安全城市战略

沈阳市社会治安综合治理委员会

(2003年8月23日)

几年来,沈阳市根据中央和省关于加强社会治安综合治理的一系列安排、部署,以"三个代表"重要思想为指导,以切实增强人民群众安全感为目标,以解决人民群众普遍关心的治安问题为重点，扎实推进社会治安防控体系建设，着力在增强人民群众安全感上办好事、办实事，有效地增强了预防、控制、打击犯罪的能力，提高了城市安全保障水平，人民群众的安全感有了明显增强。

一、围绕提高城市的安全保障能力和群众的安全感，确定了创建安全城市的战略目标

在落实党的十六大精神，全面建设小康社会过程中，市委在总结多年来基层安全创建的基础上，提出了要以提高城市的安全保障能力和群众的安全感为目标，全面实施创建安全城市战略，并以市委、市政府文件形式制发了《沈阳市创建安全城市五年规划》。

创建安全城市的总体目标是力争用3至5年的时间，把我市建设成为全国同等城市中发案率低、破案率高、治安秩序好、群众安全感有保障的城市。具体目标概括起来就是“建设四个网络（社会面治安防范网络、居民区防范网络、企事业单位内部治安防范网络和农村治安防范网络）、落实三个措施（人防、物防、技防措施）、完善三个体系（责任目标管理体系、组织保障体系、资金保障体系）。市委在十届六次全会、七次全会专门对实施创建安全城市目标提出了总体要求。省委副书记、市委书记张行湘要求市综治委在近期向市委常委会进行创建安全城市的专题汇报，并组织市委常委对创建安全城市工作进行视察。

为了使这些目标更加具体化，考虑到安全创建工作的基础条件和安全创建工作的连续性、针对性、可行性和实效性，从贴近群众安全感的实际需要出发，我们又把它具体化到18个基础工程，就是今明两年将重点抓好治安防范队伍建设、物防设施建设、技防设施建设和预防违法犯罪四个方面的具体工作任务。

二、围绕增强群众安全感，构筑人防、物防、技防相结合的城市治安防控体系

在创建安全城市，加强城市治安防控体系建设中，一是树立警力有限、民力无限的思想，坚持走好群众路线；二是树立依靠社会力量搞防范的思想，实行各部门各负其责的工作方式；三是树立让科技为增强群众安全感服务的思想，探索走好加强科技防范之路，初步形成了较为严密的人防、物防、技防相结合的城市治安防控体系。

（一）实行专群结合，形成严密的“人防”网络。一是实施社区警务战略项目工程。公安机关进一步深化了派出所和刑侦工作改革，正确处理打与防的关系，按照要求配齐了社区民警，做到“一区一警或一区两警”；继续实行派出所长兼任所在街道办事处副主任、社区民警兼任社区委员会副主任的制度；同时，制定出台了《规范化警务室建设标准》，要求各区每年规范化警务室建成数量不低于社区总数的30%，并进一步完善了“民评警”的考核机制，制定了优秀社区民警命名奖励办法。二是实施公益保安队伍建设项目工程。由市财政每年出资3000多万元，选聘4402名符合条件的大龄下岗失业人员组建了社区治安巡防队，在派出所民警的指导下负责社区（小区）的治安防范工作，既安排了下岗失业人员再就业，又使社区治安有了保障。三是实施社区义务治安防范队伍建设项目工程，主要是组织享受最低生活保障人员、志愿者和离退休人员组成“社区卫士”义务巡逻队，为群众看家望门。四是在居民住宅楼和单元实行了治安责任人制度。目前，全市已初步形成了在社区综治组织的协调下，在社区民警的指导下，依靠专职物业保安队、社区治安巡防队、义务加补贴“社区卫士”和广大居民群众参与的群防体制。

（二）实施物防设施建设工程，提高“物防”水平。一是实施了创建“星级”安全居民小区（社区）项目工程。市综治办制定出台了新的“星级安全小区”标准，进一步强化了对“星级”安全小区建设硬件的要求，并组织公安、房产等部门对全市已命名的443个省、市级安全小区重新进行检查验收，并建立了星级安全小区（社区）数据库，对安全小区（社区）实施动态管理，实行年审制度。二是继续实施了居民楼道和小区、小巷亮化项目工程。在全市已安装楼道亮化灯30万盏和大部分街巷实现亮化的基础上，近两年组织各区对全市尚未亮化的小区、小巷进行调查摸底，按责任归属，分别由责任单位制定出实现亮化的时间表。三是实施了居民住房基础防范项目工程。首先，把居民住宅基础防范设施建设纳入到对新建住宅小区的规划、设计、验收之中，由公安机关派员参加对居民住宅基础防范设施的验收检查，对基础防范设施不到位的不予验收。其次，对全市所有的居民楼楼宇对讲门现状进行了摸底调查，对已损坏的楼宇对讲门进行检查维修。第三，在全市拆除28

万个"铁笼子"的基础上,向居民推广简便实用的物防产品,以彻底取代凸出墙体的防盗网。四是强化对自行车的安全管理项目工程。针对我市自行车数量多,丢失被盗情况严重的情况,由市综治办牵头,组织公安、工商、房产、行政执法等部门进行综合整治,制定出台了《关于加强自行车安全管理长效机制的意见》,明确了各部门在自行车管理中的职责;还由市、区两级政府投资60多万元,为不具备修建自行车库的小区及散楼的居民首次安装了2万个自行车防盗锁架,使我市自行车管理工作出现了新的局面。

(三)实施分步推进战略,增加安全防范的科技含量。随着科技防范产品的开发和普及,提出了走科技防范之路,让科技为增强群众安全感服务的思路。一是实施民用技防产品推广项目工程。在全市各区共建立了11个安全防范服务指导中心,向广大群众宣传介绍技防产品,为群众提供必要的安全服务,按照不同人群的不同需求,为居民群众提供技防产品的服务。举办了民用技防产品展销会,向群众推荐家用技防产品,使技术防范走进普通老百姓家庭。二是开展了老小区"安全升位"活动。采取政策支持,引导开发商、物业管理部门从小区安全出发,对已建成的小区增设技术防范系统,对小区技术防范系统建设好的开发商和物业管理单位给予一定的奖励和费用减免。三是实施"6小系统工程"项目工程。在一些高档的居民小区,由市建委负责将住宅小区技术防范系统建设纳入住宅工程建设标准,新建小区必须安装电视监控、周边防跨越、出入门管理、家庭报警、保安巡逻管理、楼宇对讲、安防设施管理等系统,目前全市已建成高标准、智能化安全示范小区(社区)40个,完善了住宅小区和居民楼的技防配套设施,为居民群众提供了比较全面、及时、有效的安全服务。四是实施了社区治安信息平台建设项目工程。编辑了全市社区警务室治安信息数据库,正在进行信息采集工作,力争明年全市警务室全部配备微机,完成社区警务室与派出所、派出所与公安分局、公安分局与市局的四级联网,实现我市社会治安工作信息网络化。

三、围绕创建安全城市目标,完善责任、组织、制度保障体系

创建安全城市,加强城市治安防控体系建设,是一项涉及方方面面的系统工程,必须在党委、政府的统一领导下,充分发挥和运用综合治理的综合优势,通过建立健全各种机制,借助外力,解决合力,增加实力,形成坚实有力的保障体系。

(一)强化责任保障。一是签订社会治安综合治理责任状。市综治委将创建安全城市,构筑治安防控体系的任务具体化为18项基础项目工程,并写入每年的《社会治安综合治理目标管理责任书》,作为治安综合治理责任目标管理的重要内容,明确规定每项任务的主要责任部门、责任人,完成工作的标准和时限等。由市委主管领导同各区、县(市)委主管领导、综治委各成员单位主管领导签订社会治安综合治理责任状。二是实施"一把手"工程。建立了"社会治安综合治理优秀责任者"表彰制度,对重视治安综合治理工作,并取得较突出业绩的领导干部,由市委、市政府授予"社会治安综合治理优秀责任者"称号,并给予一定的物质奖励。此制度实施以来,已对84名优秀责任者进行了表奖,极大地调动各地区、各部门领导参与社会治安综合治理工作的积极性。三是建立定期督查通报制度。市综治办在日常工作中对各地区、各部门创建安全城市工作进展情况随时进行检查,定期对检查结果进行通报,督促各单位切实抓好落实。

(二)强化组织保障。一是明确规定区、街两级综治办的机构编制。制定出台了《关于加强基层综治办自身建设的意见》,对区、县(市)、街、乡(镇)的综治办建设提出了明确的要求。要求各区综治办主任由政法委副书记兼任,并设1名专职副主任;城区综治办人员编制不少于6人,郊区不少于4人。通过协调组织、人事部门,市编委正式发文提出要求,全市各街道办事处都设立了综合治理指导科,定编3人。乡(镇)综治办主任由党委副书记兼任,有专人负责综治工作。目前,全市区、街两级有专职综治工作人员近600名。二是规范了社区治安综合治理工作。制定下发了《社区社会治安综合治理工作规则》,对社区治安综合治理工作的机构、人员、任务、方法提出明确的要求,使社区治安综合治理工作做到机构健全、人员到位、工作有章可循。目前全市1289个社区中,每个社区都有一名负责治安综合治理的工作人员,有1108个社区建有治安综合治理协会、警务室、治安服务站，使社区的治安综合治理基础工作得到加强。三是加大了教育培训力度。市综治办每年都举办基层综治干部培训班，聘请有关领导、专业人士授课，对全市近600名区、街两级综治工作主管领导、专职工作人员进行统一培训，有效地提高了基层综治人员的业务素质，增强了工作能力。

（三）强化制度保障。一是建立了社会治安综合治理专项资金制度。市、区两级财政每年用于社会治安防范工作的资金投入近亿元，其中专门用于社会治安综合治理宣传和责任目标考核兑现的资金已有360万元。全市13个区县（市）按照城市人均0.2元，农村人均0.15元的标准全部建立了综合治理专项资金，资金总额达150多万元。二是建立了考核奖惩制度。市综治委会同市纪委、市委组织部、人事局、监察局对各地区、各部门在创建安全城市活动中的表现情况进行考核，每年年终根据单位和主要责任人履行职责的情况，实施奖惩。对表现好的授予社会治安综合治理先进单位和优秀责任者并颁发奖金；对表现较差的部门进行通报批评。三是制定了《沈阳市社会治安防范工作奖励办法》，明确提出了对在预防、控制重大刑事案件、重大治安灾害事故和重大群体性事件及在创建安全城市工作中做出突出贡献的单位和个人，分别授予"社会治安防范工作模范单位和个人"称号"，并给予重奖。四是重新修订了《沈阳市奖励和保护维护社会治安见义勇为人员暂行办法》，建立了市、区两级见义勇为先进分子数据库，每年都组织见义勇为人员观光旅游或健康疗养，进一步调动了广大人民群众维护社会治安见义勇为的积极性。

加强治安防范体系建设　为打造世界一流钢铁企业创造良好的治安环境

鞍山钢铁集团公司

鞍钢主厂区南北长10公里，周边与近百个自然村毗邻，在利益的驱动下，鞍钢的原材料和产成品经常成为犯罪分子的侵袭目标，每年给国家造成几千万元的损失。此外，鞍钢现有在职职工15万余人，其中剥离主体的在岗职工近12万人，大量的职工分流并轨，给社会带来不稳定因素，也为社会治安防范增加了一定的压力。

一、确立预防为主的工作思路，切实把治安防范体系建设摆上重要议事日程

面对严峻的治安形势，集团公司党委确立了"打防结合，预防为主，着眼现实，立足长远"的治安防范工作思路。公司党委与市委、市政府建立了联席会议制度，成立了加强治安防范领导小组，并层层签订了责任状，确定了责任人，明确了责任区。在《中共鞍山市委关于加快老工业基地调整、改造和振兴的意见》中明确规定：全市综治工作要努力为老工业基地的振兴创建"人居环境最安全、创业环境最宽松、人文环境最友善"的良好的社会治安环境。从而形成了企地联手，加强治安防范体系建设的工作格局。

二、以维护稳定为重点，切实加强矛盾纠纷排查调处工作

做好大量分流、并轨职工的工作，是维护鞍钢稳定的重点。鞍钢积极开展矛盾纠纷排查调处工作，实现了矛盾纠纷排查率100%，尽力把各种矛盾纠纷消化在萌芽状态，解决在基层，构筑了治安防范的第一道防线。

一是成立了集团公司党委和鞍山市委、市政府主要领导、部门领导为成员的维护稳定工作领导小组，建立了221个矛盾纠纷排查工作领导小组，1328个调解委员会，7956个调解小组，安排专职调解员8515人。二是公司拿出500万元建立了《退休职工温暖工程基金》,用于补助退休职工基本生活和基本医疗补助,累计每年救助2万余人次。三是建立了领导包案责任制和接待日制度。鞍钢公司和市委、市政府领导都直接与职工代表对话,耐心讲解政策,稳定职工情绪。四是坚持把矛盾纠纷排查调处工作作为党政一把手的一项硬工程,作为年度考核的硬指标,作为维护社会政治稳定的硬任务。把矛盾纠纷排查调处工作和经济工作、党建工作同等重视,同步检查,同样考核,做到日程上有安排,工作中有位置,制度上有保障。

三、加强人防、物防、技防建设,建立适合企业特点的治安防范体系

(一)组建专群防范队伍,建立反应快、全天候的防控系统。公司组建了一支由复员兵组成的230人的警卫大队,负责主厂区的15个大门和两个重点部位的安全保卫工作,实行准军事化管理,已先后查出各种违反物资持出规定的问题5600余起,为公司挽回经济损失1500多万元,有62起涉嫌犯罪的案件移交了公安机关处理。组建了一支由150人组成的专职治安防范大队,负责对调车场、货场和隔离带的治安防范工作。按照"以块为主、就近划分"的原则,成立了4个治安防范中队,实行24小时三班倒,对重点部位加强管理,对影响厂区正常秩序的外来闲散人员、有偷窃行为的不法分子进行清理和抓堵。由278个二级公司以下保卫处(科)工作人员为主要骨干,组成了专兼职结合的群防群治队伍,负责本单位辖区内的治安防范和与邻近单位的治安联防,在公司保卫部指挥中心的统一调度下,有效地整合了人力资源,形成了严密的治安防范网络。

(二)建立科技含量高,覆盖面广的治安技防网络。集团公司先后投资900万元,加强了科技防范的力度。在进出厂区大门建立了高智能感应的门禁系统,在所有的要害和重点防范部位建立了自动报警系统,在复杂场所建立了图像监控系统。

(三)加强物防建设,修筑永久绿色隔离带。公司投资600万元,在40里主厂区周边隔离带植树、种草、栽花,在靠近田野地带,采用水泥挡板带刺网方法进行封闭,在靠近河流地带,采用刺网进行封闭,在货场和调车场,采用加高式水泥挡板进行封闭。此外,治安防范大队还专门组建一个巡防中队,公司为他们配备了20辆摩托车和夜视仪,实行昼夜沿绿色巡防通道进行治安防范。

四、加强基层基础建设,夯实治安防范工作基础

每年《维护社会稳定,加强社会治安综合治理责任状》和《经济指标责任状》的基础上,建立了以党委为龙头,以保卫部门为骨干,以兼职治安员为依托的治安防范组织机构,对治安防范工作做到了层层有人抓、事事有人管,实行一把手亲自抓、分管领导具体抓、其他领导配合抓的齐抓共管格局。先后出台了《鞍钢集团公司治安防范工作奖惩制度》、《鞍钢集团公司保卫、警卫、治安工作人员守则》、《鞍钢集团公司绿色隔离带治安防护规定》等一系列规章制度。开展治安防范评估,层层建立了治安防范工作的数据库,通过电脑联网,使每个经济指标、完成任务情况和治安防范工作情况,随时可在网上点击,自上而下形成了网络监督系统。鞍钢公司党委和鞍山市委、市政府在治安防范联席会议上,定期研究解决治安防范问题。鞍山市委、市政府要求全市各级党委、政府都要竭尽全力为鞍钢打造世界一流钢铁企业创造稳定的绿色软环境。到目前为止,在鞍钢周边已建立义务治安联防队900多个,共10000多人,专职治安联防队96个,共1000多人,建立治安报警站260多个,并由市、县、区投入资金500多万元,协助鞍钢加强周边的人防、物防、技防建设。通过开展共建,鞍钢周边现已有38个共建村(镇)达到省、市级的安全文明村(镇)标准,为鞍钢老工业基地振兴,创造了良好社会治安环境。

完善防控机制 全力打造“平安大连”

中共大连市委 大连市人民政府

近年来，大连市委、市政府坚持以邓小平理论和“三个代表”重要思想为指导，认真贯彻“打防结合，预防为主”的方针，不断探索新形势下加强社会治安综合治理工作的新方法，逐步建立和完善社会治安防范控制长效机制，全力打造“平安大连”。几年来，全市社会治安秩序持续稳定良好，2001年、2002年和今年1—7月全市刑事案件发案同比分别下降了5%、2.85%和4.23%；重要首长、外宾来连和重大节庆活动特别是前不久在连召开的第五届亚欧经济部长会议安全保卫工作秩序井然；人民群众的安全感不断增强，2002年底据市城市经济调查处“公众安全感”问卷调查结果，城市被调查者对社会治安状况认可率为96.7%，农村为88%；始终保持了政治安定，社会稳定，政通人和的可喜局面。“九五”以来，全市国内生产总值年均增长11.7%，去年增长14.1%。我们的主要做法是：

一、构筑稳定有效的社区治安防范网络

为了充分发挥城市社区在落实社会治安综合治理措施、维护政治安定和治安稳定中的第一道防线的作用，市委、市政府于2001年上半年先后下发了大委办发[2001]4号、7号文件，强调以强化社区治安综合治理工作机制建设和提高居民素质为重点，以保证居民安居乐业、维护社区安全稳定、促进社区文明进步为目标，全面加强社区治安防范工作。一是建立社区治安综合治理工作机制。市委、市政府明确规定了社区居委会在维护社区安全稳定的8项任务，从制度保障上将治安防范工作措施落实到基层。各社区普遍建立了社区治安综合治理领导小组或协调委员会，由社区党组织书记任组长（主任），对社区综治工作实行统一领导。社区治保会、调解会主任全部实现专职化、年轻化。二是扎实有效开展“治安”活动。到2002年底，市级“安全社区”、“安全村”的覆盖率分别达到80.3%和71.3%。全市“无毒社区”创建率达78%。“无邪教社区”创建活动全面铺开。三是全面实施社区警务战略。公安机关积极顺应社区建设的新形势，把公安基层基础工作的重心向社区延伸，逐步实现由被动反应型警务向主动服务型警务的转变。目前，全市建立设施完备、功能齐全的社区警务室（站）791个，海上警务工作站44个，企业、高校、金融单位警务站68个。实施社区警务，密切了警民关系，加强了警民合作，提升了社区治安防范功能。

二、构筑专群结合的群防群治网络

通过多种途径，发展各种形式的社会治安力量，构筑以社区治安巡防队和保安服务队伍为主体的新型的群防群治网络。在先行试点的基础上，2001年4月，市委、市政府决定每年出资2350万元，从下岗职工中挑选人员在市内四区组建了一支4000人的社区治安巡防队。目前，已发展到5000余人。组建这支队伍既填补了社区治安防范的空白，又解决了一大批下岗职工再就业问题，有利于社会稳定，同时这支队伍作为新形势下极为重要的公安辅助力量又大大地缓解了公安警力不足的矛盾，实属“三赢”之举。这支新型的群众性治安力量自组建以来，越来越显现出可喜的治安效益和社会效益。自2001年以来，全市居民区盗窃案件发案持续下降，今年1—7月同比下降了12.3%。不断拓宽保安服务领域，发展壮大保安服务队伍。目前，全市各类保安服务队伍已发展到1.9万余人。同时，我们还注意继续发挥义务或半有偿群众性治安力量的作用，共同维护社会治安。

三、构筑科技含量高的治安技防网络

随着大连城市建设水平的提升、市民居住条

件的改善和刑事犯罪智能化、重化趋势的加剧，原有的低水准的安全技术防范措施越来越不适应，亟需加大科技防范的力度，将科技含量高的安全防范技术用于治安管理和安全防范，使之成为全面增强社会治安防控能力的重要治本措施之一。因此，我们在治安防范工作中，坚持改革创新，大力倡导“科技防范”、“科技创安”和“花钱买平安”的新观念。一是继续强化机关、团体、企业事业单位安全技术防范措施，建立重点部位联网自动报警系统。全市6641个重点部位全部安装了智能化联网报警装置。二是将安全防范技术向社会面和治安复杂场所延伸，建立公共复杂场所图像监控系统。将交通动态化管理的图像监控系统与市公安指挥中心联网运行，实现了市区主要路街广场治安和交通管理的双重控制。全市407家三星级以上宾馆、大型商场等单位和位于主城区的人民路、中山广场、友好广场、青泥商业街等繁华复杂路段、部位均安装了闭路电视监控系统。三是将防盗报警系统的发展从金融、重点要害部位向社区和家庭方向发展，针对不同的城市小区实行不同的技防措施。从2001年起，城市新建居民住宅楼宇对讲电控防盗门安装率达到100%。创建了35个治安设施先进、安全系数高的物业管理小区。在3400余户住宅推广联网报警装置。在推行居民区技防措施过程中，特别强调按照市场化要求运作，发挥房地产开发商、物业管理企业和驻区单位的积极作用。

四、构筑单位内部治安防范网络

各机关、团体、企事业单位从维护改革发展稳定大局出发，不断加强内部安全保卫和治安防范工作。各部门、各单位严格实行维护稳定和社会治安综合治理目标管理责任制，把目标责任落实到单位法人和各级管理经营者的头上。把确保单位内部稳定和维护社会稳定作为单位治安综合治理工作的重中之重来抓。妥善处理国企深化改革过程中出现的人民内部矛盾。一方面，企业在制定和实施改革措施时，努力把改革的力度、发展的速度和社会可承受的程度统一起来，避免产生影响社会稳定的因素。另一方面，市委、市政府积极推进社会保障体系建设，努力为国企改革和振兴辽宁老工业基地创造良好的社会环境。近五年，全市每年都有8万人次实现就业和再就业，再就业率达65%，失业率控制在5%左右；全市累计向38万名企业离退休人员发放养老金101.3亿元；向11.3万名失业人员发放失业保险金7.5亿元；向327.1万人次困难群众发放低保资金1.88亿元；向200多万人次城乡困难居民发放临时性救济金3.28亿元。各级综治委改进和加强对机关、团体、企事业单位治安综合治理工作的指导和督查，使其切实搞好内部职工包括外来工的教育管理，切实加强物防、技防建设。确保了经济（事业）发展，内部稳定，职工群众满意。

五、建立打击犯罪机制

始终抓住“打击犯罪”这个社会治安综合治理的首要环节，依法严厉打击严重刑事犯罪和严重经济犯罪。我们针对大连的治安状况，充分发挥政法机关的职能作用，重点打击危害国家安全犯罪、黑恶势力的团伙犯罪、杀人、爆炸、绑架、劫持、涉枪等严重暴力犯罪以及严重影响群众安全感的入室盗窃、抢劫等多发性犯罪等犯罪，始终保持对违法犯罪活动的高压态势。针对不同时期、不同地区出现的带有苗头性、倾向性的治安“热点”、“难点”问题，适时开展治安集中整治和专项行动。近年来，根据治安秩序状况和群众的反映，市委、市政府和市综治委每年都在全市确定几十个治安问题较多的重点复杂地区，先后开展了“扫黄打非”、“禁毒扫丑”、“打黑除恶”、“治爆缉枪”等治安集中整治行动，有效净化了社会治安环境。同时，有计划、有组织地开展了校园周边、企业周边、铁路周边治安秩序整治，使这些地区和部位治安秩序明显好转。今年以来，针对我市社会治安出现的新变化、新特点，市综治委组织开展了有效预防杀人、伤害案件，防止民间纠纷转刑事案件，预防青少年违法犯罪“三个专项治理”行动，现已取得初步成效。

六、建立公安快速反应机制

强化公安指挥调度系统建设，提高快速反应能力。加强市公安局指挥中心建设，对现有的指挥系统进行优化组合，逐步实行110、122、119三台并网，实行统一接警，统一调度，建立比较先进的110接处警系统。积极推进110向农村和海上延伸，在全市农村70个乡镇和沿海边防地区全面开通了110，并建立了稳定、高效的110接处警工作体系。强化巡逻勤务建设，提高主动进攻能力。

全市每天有近500名巡警、近百辆巡警车、2500余名社区治安巡防队员、5000余名保安队员进行动态巡逻，大大提高了社会面治安控制能力。2002年，全市巡警和社区治安巡防队员通过动态巡逻分别抓获现行违法犯罪嫌疑人1114人和341人。强化卡点阵地建设，提高堵截控制能力。根据全市地理、交通和治安特点，确定了26处固定卡点和38处临时卡点，逐步建立陆、海、空立体化的要道堵截网络。同时，加强了公安信息网络建设，建立了一支3000余人的群众性治安信息员队伍，开通了110举报信箱，形成了触角广泛的情报信息网。

七、建立矛盾纠纷排查调处工作机制

市委、市政府以维护群众利益、维护社会稳定为出发点，象抓经济工作那样，高度重视化解人民内部矛盾。坚持"三不出"原则，即解决农村乡镇出现的矛盾不出乡镇，解决城区出现的矛盾不出城区，解决市属企事业单位内部出现的矛盾不出局、总公司，努力把矛盾控制、化解在基层。对全市性的重大矛盾纠纷，市领导亲自包案解决；对地区性的重点矛盾纠纷，登记造册，跟踪督查解决。构建了覆盖社会的情报信息网络，加强了对不安定因素集中的重点地区和有现实危害重点人的动态控制，形成了获取深层次、内幕性情报信息的预警工作机制，不断完善处置各种群体性突发事件的工作预案。同时，市委、市政府高度重视人民群众来信来访工作，层层落实信访工作领导责任制，各级党政主要领导亲自处理重大疑难信访案件。自去年12月份开始，我们在全市开展影响社会稳定矛盾纠纷专项治理工作，采取建立专门机构、抽调专职人员、拨出专项经费、设立专门办公地点的"四专"措施，市、区组成了143人的专项治理工作队伍。经过半年的工作，解决了10万多人被拖欠各种费用的问题，解决了一些沉积多年、久拖不决的涉法案件，保障了群众利益，维护了社会稳定。

八、建立治安防范保障机制。近年来，大连市委、市政府在改革发展稳定的实践中，越来越深刻地认识到新形势下加强社会治安综合治理、增强社会治安防范控制能力的特殊重要意义。一个城市如果没有一个好的治安环境、法治环境，外商就不可能愿来投资，改革开放就难以顺利进行，经济肯定搞不上去。要实现大连市委九届五次会议确定的建设"大大连"的宏伟目标，离不开良好的治安环境、法治环境。共同打造一个经济发展快、社会又平安的大连，是各级党委、政府的重要职责和任务。因此，市委、市政府始终把加强社会治安综合治理、搞好社会治安防范列入重要日程，纳入城市经济社会发展的总体规划和年度计划之中，适时制发有权威的规范性文件，确保各项工作有章可循。2000年以来，市委、市政府先后制发了《关于加强街道、社区居民委员会建设的意见》、《关于搞好矛盾纠纷排查调处工作的意见》、《关于加强城市社区稳定工作的意见》、《大连市加强社会治安综合治理工作实施方案》、《大连市组建市内四区社区治安巡防队工作方案》等相关规范性文件10余份，为切实搞好新形势下社会治安综合治理工作和治安防范提供了制度保障及组织保障。

各级财政切实加大对社会治安防范工作的物质投入。2000年8月，经市委常委会研究决定，由市、区(县市)、街道三级共投入4500万元用于城市社区建设，其中包括社区治保会、社区警务室建设，为加强基层组织建设提供了雄厚的物质保障。2001年，市、区两级共筹资4000余万用于5000人的社区治安巡防队建设，其中市财政筹资2350万元，各区市县筹资1700万元。近两年来，为切实增强社会治安防控能力，各区、市、县用于创建"安全社区"、"安全村"方面的投入达2000余万元。今年以来，为了适应完善社会治安防范体系、特别是切实做好亚欧经济部长会议安全保卫工作的需要，市财政又拨付1355万余元用于改善公安交警和防暴警的装备。

积极做好社会矛盾纠纷排查调处工作 努力维护好广大人民群众的根本利益

中共辽宁省委政法委员会
辽宁社会治安综合治理委员会

根据中央社会治安综合治理委员会的部署和要求，我们从维护社会政治稳定的大局出发，坚持把做好社会矛盾纠纷排查调处工作作为政法工作和综治工作的一件大事来抓，连续三年开展以化解人民内部矛盾为主要目标的"安定工程"。特别是从2002年11月以来，辽宁省委、省政府决定在全省开展了一次对影响社会稳定矛盾纠纷的专项治理，以"息访罢诉"为核心，以落实领导责任制为主线，以建立长效机制为目标，重点对长期进京到省上访的1100多件疑难信访积案进行集中治理，收到了显著的社会效果，有力地推动了社会矛盾纠纷排查调处工作的深入开展。

一、充分认识做好新形势下社会矛盾纠纷排查调处工作的重要性、紧迫性

开展社会矛盾纠纷排查调处工作，从根本上来说，是为了认真贯彻落实"三个代表"重要思想，妥善处理和化解人民内部矛盾，维护好最广大人民群众的根本利益，巩固和发展安定团结的政治局面。从辽宁的实际省情来说，做好社会矛盾排查调处工作显得更为重要、更为紧迫。

（一）开展社会矛盾纠纷排查调处工作，是维护辽宁改革、发展和稳定大局的迫切需要。辽宁作为老工业基地，历史积淀的矛盾和问题很多。特别是近年来，随着经济转轨和社会转型，各种社会矛盾纠纷不断增多。人民内部矛盾纠纷大幅度上升，涉及的范围更加广泛，触及的层次不断加深。仅去年，全省就发生群体性事件2836批次，涉及308115人次，呈现出"进京上访多、来省缠访多、行为过激多"等特点。省委召开常委会议进行专题分析研究，一致认为，妥善调处化解社会矛盾纠纷，是创造和谐稳定的社会环境，加快振兴辽宁老工业基地的重要而紧迫的任务，也是实现好、维护好广大人民群众特别是"弱势群体"切身利益的大事，必须摆上各级党委、政府的重要议事日程，下大力气切实抓紧、抓好。省委办公厅、省政府办公厅专门下发了《关于开展影响社会稳定矛盾纠纷专项治理工作的意见》。省及市、县(区)从信访、纪检、公、检、法、司、劳动和社会保障、人事、民政等14个相关部门抽调调处化解影响社会稳定矛盾纠纷的工作人员近千人，实行集中办公，并拨付专项经费，在全省形成了"党委政府摆上日程集中抓，主要领导靠前指挥亲自抓，分管领导分兵把口重点抓，基层组织各司其职具体抓"的齐抓共管、协调配合的排查调处社会矛盾纠纷的工作格局。

（二）开展社会矛盾纠纷排查调处工作，是贯彻落实党"三个代表"重要思想的生动实践。我们省出现的大量人民内部矛盾，是在所有制结构和经济结构调整过程中发生的，是随着改革不断深化群众利益受到调整冲击而引发的。开展社会矛盾纠纷排查调处工作，就是要以"三个代表"重要思想为指针，充分体现"以民为本"的思想，解决群众的合理要求，帮助他们排忧解难，做到在政策上、经济上、政治上不欠群众的"账"，实现好、维护好、发展好最广大人民的根本利益。

（三）开展社会矛盾纠纷排查调处工作，是解决涉法信访突出问题的重要措施。近年来，我省各级政法部门在谋划政法工作改革，努力提高执法司法工作水平的过程中，深刻感到涉法信访案件居高不下，已经成为影响政法机关形象和政法工作发展的一大障碍。2002年，省、市两级政法部门受理的涉法信访案件涉及145940人次。省人大每年受理涉及司法的信访案件在4000至5000件左右,有的案件上访时间长达20年之久,个别的甚至存尸多年一直上访不止。其中有些涉法信访案件还反映出少数政法干警执法不公、徇私枉法等问题,造成冤案,或有冤情,严重影响了政法机关的威信和法律的尊严。开展社会矛盾纠纷集中排查治理,就是要坚持"从严治警"的方针,敢于揭露矛盾,从政法机关自身做起,通过对涉法信访案件的"集中整治",推动化解处理影响社会稳定的矛盾纠纷,维护好政法机关的良好形象,促进民主法制建设。

(四)开展社会矛盾纠纷排查调处工作,是建立正确处理新形势下人民内部矛盾长效工作机制的有效探索。近年来,每逢"敏感日期",全省群体性事件大量增多,这已成为一种规律。为此,采取集中防控整治措施,维护"敏感期"稳定,也已成为基本对策。应对特殊时期社会矛盾采取集中的专项防控整治措施,是必要的。但也存在负面效应,一是消耗成本过大;二是采取超常措施,难免出现不文明执法问题;三是过于集中时间"高压防控",容易"误导"上访群众形成"敏感期"上访高潮。省委、省政府领导在总结"十六大安全保卫"工作时深切感到,必须调整处理新形势下社会矛盾纠纷的工作思路,即变集中整治为经常性地排查调处;变一般性的布置交办为实行集中督查督办,限期结案息访;变注重防控为立足基层做好化解工作,积极探索和创新新形势下处理人民内部矛盾的工作机制。

二、用改革的思路,发展的办法,扎实的作风,努力做好社会矛盾纠纷排查调处工作

当前,社会上出现的大量矛盾纠纷特别是人民内部矛盾,多数是在改革、发展的过程中因经济关系、利益调整发生重大变化而引发的。因此,化解处理新形势下的社会矛盾纠纷,必须适应建立社会主义市场经济体制的客观要求,把思想认识从长期计划经济条件下形成的不合时宜的观念、做法和体制的束缚中解放出来,用新思路、新办法、新措施来解决处理新形势下的社会矛盾纠纷。我们的主要做法是:

(一)实事求是,深入排查。做好矛盾纠纷调处工作的前提条件和第一道"工序"是,扎扎实实做好排查摸底。但是,这种排查不只是简单的数字统计,而是要分级负责,做到案情清、底数明,梳理分类,查明原因。然后,按照"谁主管、谁负责"和"属地管理"的原则,逐级交办长期缠诉、上访的案件。对交办的所有案件,一律实行"一案一结、一结一报、结案销号、立卷归档"的程序,逐级报经省"影响社会稳定矛盾纠纷专项治理"办公室审核认定后,最终才能结案。未通过审核认定的,省里提出督办意见,由各地和有关部门重新办理。

(二)强化责任,领导包案。在排查调处社会矛盾纠纷的工作中,省委、省政府领导同志对重大问题带头包案,并要求各地、各部门主要领导同志转变作风,带着责任、带着感情,深入到生活困难的群众中去,深入到问题多、矛盾复杂的地区或单位,包重案、包难案、包大案。省交办的1100多起信访案件,全部分级落实了领导包案责任制。对越级进京来省上访的案件,由有关地区或部门的领导同志越级包案。各级领导同志在"包案"的过程中,认真倾听群众的合理要求,真实了解到群众的疾苦,增强了"情为民所系"的感情,密切了与群众的关系,在实践中锻炼和提高了化解处理复杂矛盾的领导水平和工作本领。

(三)正视问题,舍得投入。我们在实际工作中深切感到,处理信访案件,拖的时间越长,花费的成本越高,付出的代价越大,化解的难度也越大。问题早解决早主动,晚解决总被动,不解决不稳定。从现实情况看,大量人民内部矛盾反映出的问题,主要是经济方面的,必须采取经济手段加以解决。为此,全省各级党委、政府统一思想,下决心"花钱买平安",千方百计筹措资金解决上访群众的合理要求。"影响社会稳定矛盾纠纷专项治理"以来,全省为化解处理信访案件共投入资金7亿多元,程度不同地为38万名上访群众解决了问题。各地、各部门在着重从经济上解决问题的同时,还重视加强对上访群众的思想教育工作,动之以情,晓之以理,导之以行,理顺上访群众的情绪,让他们感受到党和政府的关怀与温暖。

(四)因人制宜,因案施策。我们在开展社会矛盾纠纷排查调处工作中,坚持一条重要原则是"解放思想、实事求是,因案施策、灵活变通"。省委、省政府明确要求,对所有摸底排查出的矛盾纠纷,特别是上访多年的疑难积案,要逐案重新调查、重新确认、重新处理,在不突破大的政策原则和不违反法律规定的前提下，按照“解决问题、息诉罢访”的标准，本着“就高、宜宽、调解”的原则，把矛盾化解在当地，把问题解决在基层。各地、各部门坚持从实际出发，创造性开展工作，探索积累了许多好的经验做法。如对已经确认但仍长期缠访的“无理访”案件，本着“实事求是、有错必纠”的原则，以“不推卸责任、不回避矛盾、不掩饰过错”的态度，采取召开有社会各界代表参加的“听证会”，提高公开处理重点疑难信访案件的透明度。

（五）加强督办，分类指导。省对交由各市、各部门办理的案件，不断加大督办的力度，先后召开几十次督办协调会，逐案听取情况汇报，帮助研究解决问题的措施。还多次组织工作组，对重点案件进行实地督办。对涉及“土改”、“文革”等历史遗留问题，医疗纠纷、上访人有明显精神疾病、举报干部腐败问题、计划生育意外事故等引发的上访案件或个别“无理访”案件，省、市联合组织专家论证、政策听证等，区别情况，分类提出指导意见。

（六）注重创新，建章立制。我省开展社会矛盾纠纷排查调处工作，既把“息访罢诉、化解矛盾”作为钢性指标，又把建立和完善正确处理新形势下人民内部矛盾问题的长效工作机制作为一项基础性任务和重要工作目标。省委政法委、省综治委组织协调有关部门在严格把握国家政策和法律法规基本精神的前提下，深入调查研究，广泛听取多方意见，形成了《省交办信访案件结案暂行办法》、《辽宁省专项治理无理访处理暂行办法（试行）》、《关于法律援助律师参与信访工作的意见》、《重大疑难信访案件听证会暂行办法》、《省交办医疗事故纠纷上访案件分类处理暂行办法》、《越级进京重大集体访处置暂行办法》和《领导包案处理重大疑难信访问题的有关规定》等7个文件。全省上下通过贯彻执行这些规章制度，既规范党政机关接待信访的行为，又规范上访群众的行为，还规范信访工作的程序，保障信访问题的公开、公正、合理地解决。

三、立足当前，着眼长远，坚持不懈地做好社会矛盾纠纷排查调处工作

党的十六大提出了全面建设小康社会的战略部署，并且提出了建设政治文明，创造长期和谐稳定的社会环境的目标。做好社会矛盾纠纷排查调处工作，是维护社会政治稳定、促进经济与社会协调发展的重要举措。我们将认真总结前段工作，立足当前，着眼长远，坚持不懈地把这项工作抓住不放。下一步，我们将从以下几个方面进一步加大工作力度。

（一）坚持以“三个代表”重要思想为指导，带着深厚的感情做好社会矛盾纠纷排查调处工作。我们在实践中深刻体会到，做好社会矛盾纠纷排查调处工作从本质上来说，是贯彻落实“三个代表”重要思想，践行“权为民所用、情为民所系、利为民所谋、事为民所办”的全心全意为人民服务的宗旨。因此，首要的问题是要解决好对人民群众的感情问题。对事关群众切身利益的问题，不能批来批去、转来转去、议来议去、推来推去、拖来拖去，要及时办，尽早办，办实办好。对人民群众提出的合理要求，要按照有关政策、法律和法规，最大限度地予以满足。当前能够解决的，抓紧解决；涉及政策原则和财力困难等客观原因，暂时解决不了的，要向群众做出解释和说明，并采取扶贫解困、思想教育等方式，理顺群众情绪，缓解社会矛盾。对“无理访”案件，要组织有关部门依法、公开、慎重确认。一经定性，也要坚持“无理上访，有情解决”，积极帮助解决群众的实际困难，实现群众息诉罢访，做到案案有“说法”，件件有结果，切实提高信访案件的“息访”率。

（二）坚持发展是执政兴国的第一要务的观点，正确处理改革、发展和稳定的关系，妥善做好社会矛盾纠纷排查调处工作。省委、省政府提出“辽宁的各个方面工作，都要坚持用发展的眼光看形势、用发展的思维干事业、用发展的办法解难题，通过加快发展来解决前进中遇到的各种困难、矛盾和问题，保持全省社会的长期稳定”。因此，做好社会矛盾纠纷排查调处工作，也必须立足于围绕促进发展、深化改革这个大局，着眼于“为之于未有，治之于未乱”，不等不靠，积极主动地及时化解各种矛盾。在具体工作中，要面对改革开放的新形势，适应建立社会主义市场经济体制的客观要求，积极推进思路创新、方法创新和机制创新，运用发展的思路和改革的方法解决前进中的问题，不断提高化解处理新形势下人民内部矛盾，维护社会稳定的能力和水平。

（三）加强制度化、规范化建设，为做好社会矛盾纠纷排查调处工作提供制度保障。正确处理新时期人民内部矛盾，必须按照“依法治国”方略，强化依法办事、依法行政的意识，不断完善各项规章制度，运用法律制度规范排查调处工作的行为。就处理人民群众来信来访工作而言，由于历史的原因，长期以来实行的是“秘书工作模式”，一直在“来信、批示、转办”的工作链条上循环运行，对信访工作未能给予足够重视。现在的情况是，信访问题特别是“群体访”是新形势下人民内部矛盾的集中反映，已经成为影响社会大局稳定的突出因素，而且其中含有大批涉及执法、司法的案件，必须加大“依法治访”，依法规范信访工作的力度。为此，将坚持“分级负责、归口管理、谁主管谁负责”的工作原则，严格工作程序，遵守工作时限，认真负责地受理和调处各种社会矛盾纠纷。对无视群众疾苦，因工作失职、或失误而激化矛盾、引发事端的，要依法依纪严肃查处，严肃追究有关领导者的责任。同时，要理直气壮地规范上访群众的行为，明令“依法、逐级、有序”上访。对那些已经被确认为“无理访”却继续缠访滋事、串联组织煽动群众集体上访、严重妨害信访工作秩序的，要区别情况，坚决依法予以严肃处理。对一般普通上访群众，要宣传教育引导他们了解正当上访的权利和义务，明确行使自己民主权利应采取的正确渠道和方法，转变错误信访观念，学会正确运用法律手段解决问题，把社会矛盾纠纷排查调处工作纳入依法、有序的法制化、规范化轨道。

（四）发扬与时俱进、开拓创新的精神，大胆探索建立和完善“控源治本”的社会矛盾纠纷排查调处工作机制。我们通过开展社会矛盾纠纷排查调处特别组织对影响社会稳定矛盾纠纷的“专项治理”，有效缓解了当前维护社会稳定的压力。但是，目前处理和解决影响社会稳定矛盾纠纷的机制还不够完善，管理体制和工作机制还有许多不适应的问题。当前，社会矛盾排查调处工作要尽快实现“两个转变”：一是工作思路要从“注重防控”向“注重治本”转变，治理“重控访、轻信访”的思想倾向，进一步重视从源头上解决问题。二是工作方式要从“运动式”向“经常化”转变，在抓好排查调处工作的同时，重点研究解决管理体制、工作机制、制度法规和方式方法等方面存在的问题。我省正在总结一些市和基层单位创造的示范性经验与做法，在全省范围内推广。如有的在信访部门设立“人民代表信访接待室”，特邀人民代表监督政府认真履行信访工作职能，畅通“民意渠道”，帮助解决群众上访反映的问题。有的在人民法院设立“信访民事调解审判庭”，运用法律手段依法调解处理矛盾纠纷。有的建立“信访稳定工作指挥调度中心”，把化解处理社会矛盾纠纷摆上维护稳定工作的大局，整合资源、组合力量、提高效率。有的成立“专家咨询委员会”，邀请人大代表、政协委员、知名专家学者等，就复杂疑难案件举行“听证”，公开、公证、合理的解决问题。有的实行选拔优秀后备干部到排查调解矛盾纠纷的部门“挂职锻炼”的制度，从制度上、组织上保持工作的连续性和“后劲”，培养年青干部的群众观点、群众感情，锻炼提高处理复杂问题的驾驭能力和本领。

排查调处社会矛盾纠纷特别是正确处理新形势下的人民内部矛盾，是一项长期的任务。就当前而言，对于振兴辽宁老工业基地、全面建设小康社会，具有重大的现实意义。我们一定在以胡锦涛为总书记的党中央领导下，按照中央政法委、中央综治委的总体部署，认真实践“三个代表”重要思想，坚持与时俱进、开拓创新，努力做好正确处理新形势下人民内部矛盾问题，全力以赴维护全省社会政治稳定。

措施的落实情况，核查有关数据、指标，召开各类座谈会，对群众满意率和社会治安状况的评估，聘请专业机构组织实施。各地区和各部门、各单位应在总结自评的基础上，如实向上一级或同级综治委报送有关材料。

第十三条 考核实行记分制。按考核成绩划分为优秀、良好、达标和不达标四个档次。

第四章 责任奖惩

第十四条 省综治委每年对十四个市和沈阳铁路局、辽河石油勘探局及省综治委成员单位进行一次考核，并向全省通报考核情况。对获得优秀和良好成绩的地区和各部门予以通报嘉奖或表扬，对党政主要领导、分管领导和综治部门予以适当奖励。对不达标的地区和部门视情况予以黄牌警告或实行一票否决。

第十五条 各地区、各部门、各单位维护社会稳定和社会治安综合治理第一责任人和主管责任人，落实维护社会稳定和社会治安综合治理领导责任制成绩显著，符合下列条件之一的，同级社会治安综合治理领导机构可向上级有关部门提出给予嘉奖、立功或授予先进工作者、劳动模范等荣誉称号或晋职晋级的建议。

（一）全面贯彻"三个代表"重要思想，坚持"两手抓、两手都要硬"的方针，把维护社会稳定和社会治安综合治理工作列入重要议事日程，纳入领导干部任期目标，真抓实管，切实负起"保一方平安"的政治责任，及时研究解决维护社会稳定和社会治安综合治理工作中的实际问题，在组织推动本地区、本部门、本单位维护社会稳定和社会治安综合治理工作中成效显著，责任人被评为全国、全省社会治安综合治理先进个人的；

（二）全面落实维护社会稳定和社会治安综合治理各项措施，在打击犯罪、惩治邪教、治安防范、矛盾调解、法制宣传、安置帮教及维护社会稳定和社会治安综合治理组织制度建设等项工作中，成绩突出，本地区、本部门、本单位政治稳定，治安秩序良好，被评为全国、全省社会治安综合治理先进单位的；

（三）重视解决群众关心的治安热点问题，下力量治理治安混乱地区、部门、单位和突出治安问题，亲自抓部署，抓检查指导，使影响社会稳定和社会治安的重点、难点、热点问题得到及时解决，刑事案件明显减少，治安面貌明显改观，群众安全感明显增强，本地区、本部门、本单位社会治安综合治理工作跨入全省先进行列的；

（四）积极推动维护社会稳定和社会治安综合治理工作的改革创新，研究新思路，采取新举措，总结新经验，被中央和省推广，对维护社会稳定和社会治安综合治理工作做出突出贡献的。

第十六条 经考核，具有下列情形之一的，实行维护社会稳定和社会治安综合治理一票否决。

（一）对党委、政府和上级领导机关关于维护社会稳定和社会治安综合治理工作的指示和交办事项，拖延执行、办理或者拒不执行、办理，造成严重后果的；

（二）对维护社会稳定和社会治安综合治理工作不重视，社会治安综合治理组织机构不健全，经费无保障，领导责任制不落实，造成本地区、本部门、本单位治安秩序严重混乱的；

（三）对不安定因素和人民内部矛盾不能及时排查和化解，以致发生造成恶劣影响和严重后果、危害社会稳定的重大群体性事件或来省进京集体访事件的；

（四）当地治安问题突出，黑恶势力横行，刑事案件大幅度上升，不能及时采取措施有效打击和整治，社会各界反映强烈，群众普遍反映缺乏安全感的；

（五）因防范措施不落实，发生特别重大刑事案件或严重治安灾害事故，使国家、集体财产遭受重大损失的；

（六）因领导不重视，教育和防范工作不落实，连续发生"法轮功"分子进京滋事，以及在当地发生"法轮功"分子聚集滋事造成恶劣影响的；

（七）因教育管理不力，本部门、本单位领导干部和职工违法犯罪问题严重，又未采取得力措施及时改变状况的；

（八）发生重大刑事案件或重大治安问题，隐瞒不报或作虚假报告的；

（九）领导班子中主要领导或两名以上领导班子成员以及政法部门主要领导有违法犯罪行为的；

（十）经上级综治委考核连续两年不达标，连续两次受到黄牌警告的；

(十一)其他按规定应实行一票否决的。

第十七条 一票否决的时效期限为一年。在时效期限内取消被否决地区、部门、单位领导和集体评选综合性荣誉称号的资格；在治安面貌没有得到改变之前，其党政主要领导和分管领导不得评先受奖、晋职晋级。对发生重大问题、造成重大损失和恶劣影响的，要追究主要领导、分管领导的党纪、政纪和法律责任。

第十八条 各级组织、人事部门在依据有关规定对维护社会稳定和社会治安综合治理第一责任人、主管责任人进行工作考核和晋升提拔考核时，须征求同级社会治安综合治理领导机构的意见，认真考核其抓维护社会稳定和社会治安综合治理工作的实绩。

第五章 附 则

第十九条 各地区、各部门、各单位应根据本规定制定实施办法，从实际出发量化有关指标，对所属地区和部门、单位进行考核。

第二十条 本规定由省社会治安综合治理委员会办公室负责解释。

中共辽宁省委关于调整充实省社会治安综合治理委员会成员的通知

(2003年4月18日)

各市委，省委各部委，省直各党组、党委：

鉴于省社会治安综合治理委员会成员变动较大，为进一步加强全省社会治安综合治理工作，省委决定对省社会治安综合治理委员会成员进行调整充实。调整充实后的省社会治安综合治理委员会由下列人员组成：

主　任：王唯众　省委副书记、省纪委书记

副主任：李　峰　省委常委、省委政法委书记

张焕文　省人大常委会副主任

闫　丰　省政府副省长

赵新良　省政协副主席

丁世发　省高级人民法院院长

王振华　省人民检察院检察长

唐俊杰　省委政法委副书记

委　员：贾德茂　省委副秘书长

李成义　省政府副秘书长

宋锡安　省人大内务司法委员会副主任委员

李　冒　省政协社会和法制委员会副主任

邢春和　省纪委副书记

朱　锦　省委政法委副书记

宋善云　省委政法委副书记

金　阳　省委组织部副部长

周连科　省委宣传部副部长

李学政　省直机关工委副书记

李文喜　省公安厅厅长

张家成　省司法厅厅长

耿志杰　省国家安全厅厅长

鲁鸿明　省公安厅副厅长

闫　生　省综治办副主任

张耀军　省经贸委主任

仲跻权　省发展计划委员会主任

郇志刚　省财政厅厅长

赵国红　省人事厅厅长

薛　恒　省民政厅厅长

郑玉焯　省交通厅厅长

彭益民　省文化厅厅长

王正刚　省建设厅厅长

李铁民　省工商行政管理局局长

序工作作为“严打”整治斗争一项重要任务，以金融诈骗、偷税漏税、制假贩假等犯罪为重点，严厉打击破坏市场经济秩序犯罪活动，全力保卫经济安全。全省公安机关共破获各类经济犯罪案件1,769起，其中涉案金额超千万元的案件13起，挽回经济损失26亿元。公安、工商、城建、质量技术监督、烟草专卖、税务等部门协调配合，联合出击，开展了一系列专项整治行动，对报废汽车回收拆解、非法拼装市场，建筑、医药、食品、农贸、文化市场，典当行业等进行专项清理整顿，查处各类案件600余起，抓获犯罪嫌疑人90余人，有力维护和规范了市场经济秩序。此外，针对我省边境线较长，且与半岛国家接壤，情况复杂，组织开展边境社会治安集中整治。在中朝边境地区集中开展了整治边境社会治安秩序的专项行动，打击跨国犯罪，堵塞朝鲜人民非法越境通道，组织开展对边境县、市、区等重点地区的清查整治，加大对边境违法犯罪活动打击力度，召开了全省边境社会治安综合治理总结表彰大会。

安置帮教工作情况

一、调整工作领导小组，健全工作机构

针对省刑释解教人员安置帮教工作领导小组部分成员工作变动的情况，经省政府同意，省编委批准，对省刑释解教人员安置帮教工作领导小组成员进行了调整。同时，指导各市、州调整、健全了领导工作小组和工作机构，形成了省、市、县、乡、村五级安置帮教工作网络。

二、建立责任制和联络员制度，完善工作机制

根据工作需要，制定了《省刑释解教人员安置帮教工作领导小组单位工作职责》、《省刑释解教人员安置帮教工作领导小组单位联络员制度》，经征求成员单位同意下发实施。

三、加大工作力度，进一步落实安置帮教措施

一是建立健全了刑释解教人员管理档案。在继续实行刑释解教人员季报表的基础上，对全省刑释解教人员档案的建立进行了统一规范，统一印制了10万份《刑满释放人员登记表》和《解除劳教人员登记表》，下发到基层司法所。二是继续开展刑释解教人员的清理排查工作，制定下发排查方案，切实加强了对刑释解教人员的衔接管控工作，做到了及时接茬，及时登记造册，减少了脱管对象。三是认真贯彻中央八部委《关于进一步做好刑满释放、解除劳教人员促进就业和社会保障工作的意见》，与有关部门共同转发了这个文件，并制定了开展专项检查的方案，以推动工作的深入开展。2003年，帮教释解人员8,006人，帮教率为84.28%；通过各种渠道安置7,353人，安置率为77.41%。

预防青少年违法犯罪工作情况

一是把预防青少年违法犯罪工作列入各级党委、政府的议事日程，切实加强领导，落实责任，将这项工作做为各级党委政府落实综合治理工作的重要任务，纳入考核评比体系。

二是以学校为主阵地，以课堂为主渠道，狠抓青少年法制教育。中小学普遍开设法制课，法制副校长的作用得到进一步发挥。

三是大力治理学校及周边治安秩序，为青少年的健康成长营造良好的社会环境。为提高全社会保护未成年人权益、预防和减少青少年违法犯罪的意识，团省委、省司法厅、省教委等成员单位，会同省委宣传部、省人大法制委联合下发了以“保护明天”为主题的两法宣传活动文件，在全省范围内，设计开展了知识竞赛、专题讲座、演讲、征文等活动300余次，直接参与的青少年、家长、学校教师累计达20余万人次。省未成年人保护委员会办公室与省人大、司法厅、省综治委等4家单位联合下发了文件，指导全省各地开展了向少年儿童推荐一批优秀歌曲活动；与省综治办和省少工委联合下发了社区青少年维权岗暑期自护教育行动的文件；向省第二实验学校等中小学下发了《青少年自我保护掌中宝》(卡通画)5万多册。在全省范围内组织了多期由近百万名青少年参加的告别“三室、两厅”签名活动。对校园周边200米以内的违法、违规电子游戏厅、录像厅和歌舞厅进行了集中整治，还重点清理有害卡通画册和淫秽“口袋本”图书，受到学校和家长的欢迎。

四是深入开展创建“青少年安全放心网吧”活动，预防减少青少年违法犯罪。与相关部门共同下发文件，在全省开展了创建“青少年安全放心网吧”活动。各地积极协调公安、消防、工商、文化等部门，对网吧进行综合检查，对合格的网吧进行挂牌，对存在安全隐患和不合格的网吧限期整改。五是开展试点工作，积极落实“青少年违法犯罪社区预防计划”。为进一步落实中央综治委关于开展“青少年违法犯罪社区预防计划”的基层试点工作，在全面调查的基础上，选择社区工作开展比较好的四平市和通化市的三个街道作为全国“青少年违法犯罪社区预防计划”首批试点单位。各级组织积极开展“零犯罪”社区、无毒社区创建工作，加强对社区内闲散青少年的管理，推动预防青少年违法犯罪工作在社区落实。

社会治安管理和防范工作情况

一是全省各地公安机关大力推行警务制度改革，结合城市社区建设，全面实施社区警务战略，不断巩固和扩大城市街路和社区防控阵地。做到了精简机关，警力前移，进一步充实了巡警队伍和社区民警队伍。全省2500多名巡警全部摆上社会面，开展治安巡逻工作；在组建的1540个社区中，已建立社区警务室1060个，从一区一警发展到一区多警。目前全省在社区工作的派出所民警达到4800余人，有效地提高了群众的见警率，增强了快速反应能力和社会面治安的能力。延边州巡警由原来200人增加到789人，并配备了102辆巡逻车，81辆摩托车，216辆自行车及必备的通讯工具，形成了以徒步、自行车、机动车巡逻相配套的社会面治安巡逻体系。辽源市实行警务改革后，把90%的警力配置到基层，用于治安防控的警力比过去增加了一倍，同时，全省各地巡警部门针对新时期违法犯罪活动的新规律、新特点，有效地发挥了巡警在街面治安动态防控中的正规军和主力军作用，加大街面警力投入，逐步实现了对高发区域、部位和时间段的重点巡逻控制。

二是积极探索加强治安管理工作新办法。国家取消部分行政审批项目以后，为进一步加强行业场治安管理，全省治安部门结合本地治安实际，积极研究探索治安管理新办法，提高了治安管理、控制和防范能力。长春市针对洗浴业管理中出现的问题，在全市推行了洗浴业住宿登记制度，提高了治安的控制能力，此种做法得到了公安部的充分肯定。吉林市为加强社会治安防控体系建设，充分发挥保安队伍维护社会治安的重要作用，对全市现有保安工作体系进行科学转换，全面推行保安工作社会化进程，既有力地解放了基层警力，又加强了社会治安管控能力。

三是大力整治治安突出问题。坚持“哪里治安混乱就集中整治哪里，什么问题突出就集中解决什么问题”的原则，严厉打击各类违法犯罪活动，有力维护了社会治安秩序。为落实公安部关于加强民用爆炸案件和事故的发生。全省于10月10日开始统一开展了民用爆炸物品百日整治行动，截止目前，共检查涉爆单位3189家，整改隐患265处，收缴炸药3625公斤，雷管232589枚，导火索1200米，查处涉爆案件34起，打处违法犯罪人员48人。

全省各有关部门不断加大打黄扫丑工作力度，共查处“黄赌娼”案件4691起，打处违法犯罪人员5142人，有效地遏制了社会丑恶现象发展蔓延。长春、吉林等地结合当地实际，适时开展了以打击“黄赌娼”违法犯罪活动为重点的专项行动，进一步净化了社会风气，促进了精神文明建设。按照公安部《关于采取有力措施严厉查处边境地区赌博活动的通知》要求，省公安厅组成专案组派驻延边州，开展了为期两个半月的专项调查工作，共调查公民出入境数据366825条，排查重点调查对象4414人，从中确定涉嫌参赌重点人员227人。公安部门和综治单位积极参与整顿和规范市场经济秩序工作，组织开展了打假专项行动，共查处制假、售假案件46起，打处违法犯罪人员198人，其中移送起诉13人，刑拘37人，劳教2人，治安拘留22人。综治成员单位深入开展了毒鼠强专项整治工作，共收缴毒鼠强等非法化学剧毒品98.4公斤，7965袋（瓶、支），“三步倒”、“两步亡”粉剂2100克，灭鼠灵8030克，剧毒氰化钾49公斤，红矾59公斤，砒霜60公斤，敌敌畏剧毒农药370公斤，汞5.5公斤，其他1490包，治安处罚25人，其中刑拘5人。

四是提高物防、技防建设水平。各地采取财政投入和单位、居民筹资等多种形式，在城市社区、公共场所建立治安岗亭和警务室，建设停车场（棚），城区住宅楼普遍安装楼宇对讲电控防盗门、声控照明灯和居民防盗门，加大对旧有防护栏的改造力度，不断扩大了物防的覆盖面。在金融单位、大型商场、重要交通道口和条件好的物业小区，安装报警装置和闭路电视监视系统，并与公安机关“110”、公安派出所联网，增强了治安防范的实际效果，提高了技术防范水平。四平、通化、辽源等地在这方面均有较大投入。目前，全省人防、物防、技防已形成三位一体的防范工作网络，极大地增强了社会治安整体防范能力。

各有关部门加强了暂（寄）住人口、流动人口和重点人口的管理与刑释解教人员安置帮教工作。加大了扫除黄、赌、毒等社会丑恶现象的力度，严密了各项治安管理措施。加强对在校学生的法制教育，全省3594个中小学、技工学校、中等专业学校，普遍配备了法制副校长和辅导员，开展了各种形式的法制宣传教育活动。

六是社会治安防控体系建设工作正在逐渐由社会面、居民区向重点行业、部位延伸，由城区向农村扩展，体系建设规范化，覆盖范围扩大化，防范的功效不断增强，初步形成了全方位、全时空、多层次，集打击、防范、控制一体化的工作机制。辽源市提出：“举全市之力构筑防控体系，创全省社会治安最稳定地区”，构筑社会面、社区、行业场所、内部单位、农村五大治安防控网络，加强了社会治安控制，增强了预防犯罪的整体功能。吉林市以兴建治安岗亭为突破口，促进了农村社会治安防控体系建设。全市共建治安岗亭667个，凡是建治安岗亭的村，95%没有发生刑事案件。长春市下发了《关于在全市全面开展综治工作进社区的具体实施意见》，大力推行在全市社区建立综治办公室和社区警务室，组织开展社区治安防范工作。通化市提出《关于加强农村社会治安防控体系建设的意见》，对全市968个行政村重新调配991名治保调解主任，为895名治保干部落实了副村级待遇。四平市加强和完善街道综治工作基础建设，对乡镇街综治办的规范化建设提出明确要求，以县为单位统一工作制度、图版，规范工作职责，做到责任、制度上墙，基础材料归档。公主岭市委提出了“创建全省最安全城市”的奋斗目标，通过狠抓社会面动态控制工程、社区安全防范工程、科技防范工程、农村治安防范承包工程四项工程建设和健全完善人口管理教育网络、企事业单位治安防范网络、青少年法制教育网络、刑释解教人员安置帮教网络、矛盾纠纷排查网络五个网络，建立社会治安防范新格局。一些地方因地制宜地开拓创新综治工作，取得了新的经验。由于狠抓了治安防范工作，基层一些地方出现了连续多日无刑事案件的情况，公主岭市有7个乡镇在5、6月份出现了零发案。梅河口市兴华乡连续5个月无刑事案件。延吉市和敦化市分别出现了连续12个和7个“零发案日”。

综治委组织或参与的有关工作

年初，省综治委在认真总结2002年工作的基础上，依照中央综治委的要求，认真研究了2003年吉林省综治工作思路，制定2003年吉林省社会治安综合治理工作要点，确定了2003年全省社会治安综合治理工作，要以"三个代表"重要思想和党的十六大精神为指导，深入贯彻落实《中共中央、国务院关于进一步加强社会治安综合治理的意见》和《中央社会治安综合治理委员会关于加强社会治安防范工作的意见》，继续坚持打防结合、预防为主的方针，深入开展"严打"整治斗争，严密社会治安防范和管理，大力加强治安防控体系建设，抓落实，求实效，与时俱进，开拓进取，以新思路、新措施、新突破、新发展，不断开创社会治安综合治理工作的新局面，为改革、发展、稳定和全面建设我省小康社会创造良好的社会治安环境。

中央部署的两年"严打"整治斗争结束后，省综治委在2003年4月立即组织了有10万人参加的公众安全感问调查。有78%的人认为目前社会治安环境比较安全(农村达到87.8%)；73%的人认为当前社会治安状况与两年前相比有明显好转(农村达85.4%)；68%的人认为"严打"整治斗争取得了较大成效(农村达81.5%)。其中，对"严打"整治斗争的评价高于国家统计局在31个省调查的平均水平。

为了巩固"严打"整治斗争成果，把工作重点转移到社会治安防控工作上来，进一步推动全省治安防控体系建设深入开展，建立和完善长效工作机制，2003年6月26日，省综治委召开了全省社会治安防控工作电视电话会议。会上，敦化市、桦甸市等县(市)区介绍了各自在防控体系建设上的新经验、新做法。省委常委、政法委书记聂文权同志对今后一个时期社会治安防控体系建设工作作了部署，强调各级党委、政府和各有关部门必须清醒看到当前社会治安面临的严峻形势和我们工作当中存在的薄弱环节，认真落实打防结合、预防为主的方针，切实把社会治安综合治理工作的重点转移到防控体系建设上来。要立足本地本部门实际，创造性地开展工作，全党动手，全社会动员，构筑强大的治安防控网络，严密防范和打击境内外敌对势力和敌对分子的颠覆、渗透活动，防范和打击各种刑事犯罪活动和经济犯罪活动，创造稳定和谐的社会政治环境和治安环境。

会后，省综治委发出通知，要求各地各部门要进一步增强做好治安防控工作的紧迫感和责任感。继续毫不动摇地贯彻"严打"方针，针对治安突出问题，继续坚持开展"严打"整治斗争，严厉打击各种严重违法犯罪活动，坚决压住治安阵脚。把"严打"方针贯彻落实到打击犯罪的各个环节中，对违法犯罪保持高压态势，牢牢把握斗争的主动权。坚持专群结合，注意调动和保护群众参与治安防控工作的积极性，帮助基层组织和群众切实解决遇到的困难和问题。各级政法部门和工商、城管、文化、卫生、新闻出版等行政执法部门及各相关部门，在切实发挥部门职能的同时，都紧紧依靠群众，支持和帮助广大群众和基层组织开展安全创建活动，不断提高群防群治工作的水平。并且做到把集中治理与日常管理工作结合起来，坚持常抓不懈。

省综治委还提出了要继续深入持久地抓好基层安全创建活动，把创建活动与防控体系建设有机结合起来，使二者相得益彰。并根据城乡自然区域和治安状况的不同特点，研究不同的创建模式，不断拓宽创建领域，扩大创建的覆盖面。要由安全小区创建向安全系统和安全单位创建发展，由封闭、半封闭式居民小区的安全创建向治安问题多、工作难度大的区域延伸。以最大限度地减少和预防治安与刑事案件的发生为目标，以加强社会面和居民区治安管理和防范为重点，切实抓好人防、物防、技防三项工程建设，分类指导，整体推进。

为了保证综治工作的积极开展，省综治委重新调整了机构和组织人员，重新修订了《吉林省社会治安综合治理工作检查考评实施细则》和《社会治安综合治理责任状》,加强了对各地年终综治工作的检查和考核。省综治委与省委组织部联合下发文件,要求把党政领导干部抓社会治安综合治理工作的能力和实绩列为干部考核的重要内容,并把考核结果作为向党委提出干部任免奖惩建设的重要依据,与晋职晋级和奖惩直接挂钩。进一步强化了各地各部门抓社会治安综合治理的领导责任。

目前,全省共有专职治安员 17000 余人,这支队伍协助公安机关开展治安巡防,起到了积极作用,为综治工作做出了突出贡献。为了加强对这支队伍的管理,使其发挥更大的作用,省综治委还专门制定了《吉林省专职治安员管理办法》。

社会治安综合治理基层基础建设情况

2003 年全省进一步加强了基层基础建设,为群防群治工作的蓬勃开展奠定了坚实的基础。一是各级综治委、综治办加强督导力度,狠抓省综治办[2002]1 号、13 号文件的落实,极大地推动了基层综治工作机构、队伍建设和经费保障建设。全省乡镇街都建立健全了综治委,98%的乡镇街都建立了单独办公或合署办公的综治办,专职工作人员达 1500 余人,较 2002 年新增 300 余人,其中,行政编制的专职综治工作人员占 62%。各级综治办加强了基础档案材料的正规化和规范化管理。二是各地从实际出发,在院校毕业生、复转军人以及城市下岗职工、低保人员中招聘“社会治安有偿专职治安员”,在 2002 年 9000 余人的基础上,又新增加 7900 余人,协助公安机关开展城区治安巡防。省及各地都制定了《专职治安员队伍管理办法》、《治安员巡逻勤务制度》等制度,加强了对专职治安队伍的管理。与此同时,各地继续坚持行之有效的做法,在城乡组建多种形式的义务治安联防队,广泛发动党团员、民兵、青年志愿者、离退休人员义务参加治安巡逻防范工作。特别是在农村,乡镇普遍建立了以派出所为主体的治安联防队,村、屯建立了以治保会为核心的有偿和义务相结合的治安巡逻队,已形成了三级治安防范网络。在开展治安防控体系建设中,全省义务治安员队伍在原有 2 万余支,16 万 4 千余人的基础上,新增队伍 4000 余支,2 万余人。三是全省统一开展了清理非法保安组织、规范保安服务市场专项整治行动,依法对保安公司进行了规范,加强管理,充分发挥了 41 家保安公司 7000 余名保安员在治安防范工作中的职能作用。各地各部门还进一步加强了单位内部安全保卫制度建设,在 3000 余个企事业单位 1 万余名保卫人员中落实了安全防范责任,定期组织培训和开展安全防范检查,促进了单位内保队伍的规范化管理。四是进一步适应农村税费改革和城市社区改革,继续抓好城乡治保主任、调解主任的配备工作。充分发挥其在治安防范、民事调解等工作中的作用。五是继续实行财政补贴和社会筹资并举的办法筹集社会治安群防群治经费,经费保障建设得到进一步加强。长春、通化、白城、延边、白山、辽源等市州先后下发文件,贯彻省综治办[2002]13 号文件精神,组织开展了群防群治筹资工作。全省三级财政拨付综治专项经费和群防群治筹资有了很大突破。我省的经验,在全国社会治安综合治理工作“江西”会议上推广。群防群治工作的加强并形成有效的工作网络,在“严打”整治斗争、防控“非典”斗争和预防减少犯罪中发挥了重要的作用。

为了确保综治工作在基层有人能抓会干,全省各地坚持开展了综治干部培训工作,进一步提高了综治干部综合治理业务工作水平。2003 年,通化市举办各种培训班 27 期,培训综治干部、治保、调解主任、专职治安员 5313 人次。市司法局举办各级领导班干部法律培训班 17 期,培训党政干部 3000 余人,企业管理人员 350 人。长春市共举办 20 余期综治干部培训班,培训基层综治工作人员 2000 余人。吉林市培训 1200 余人,还对 170 名大中专院校、中小学兼职法制副校长和辅导员进行了培训。四平市举办了 9 期培训班,先后培训综治干部750人。通过坚持经常地开展培训工作，不断提高基层综治工作人员的自身素质，为做好综治工作奠定了良好的基础。

综治委成员单位参与社会治安综合治理工作情况

在开展社会治安综合治理工作中，省综治委成员单位积极参与，充分发挥职能作用，进一步健全和完善了全社会齐抓共管的社会治安综合治理工作机制。各部门、各单位各司其职，各负其责，积极参与社会治安综合治理，依法加强对社会事务的管理，主动承担起减少违法犯罪、维护社会治安和社会稳定的责任。认真落实“谁主管谁负责”的原则，抓好系统的综合治理工作，加强内部人员的思想教育和安全保卫工作，预防发生重大犯罪和重大治安问题，切实做到“管好自己的人，看好自己的门，办好自己的事”。

省公安厅在“严打”整治斗争中，严厉打击境内外敌对势力、敌对分子的破坏活动，严厉打击严重刑事犯罪和“法轮功”等邪教组织的犯罪活动，协助有关部门积极预防和妥善处置群体性事件，深化警务改革，实施社区警务战略，构建严密的治安防控网络，大力加强治安防控体系建设，集中开展清理整顿出租房屋和暂寄住人口等专项行动，在维护社会治安稳定中发挥了主力军的作用。

省司法厅成立了全省司法行政系统社会治安综合治理工作领导小组，下发了《吉林省司法行政系统关于做好社会治安综合治理工作的意见》，全面强化了教育改造、监管场所安全、普法依法治理、法律服务和人民调解等各项司法行政工作，并把其纳入维护社会稳定和社会治安综合治理工作的大局来抓，推动了司法行政系统社会治安综合治理工作的深入开展。

全省法院系统立足审判工作，进一步完善了综合治理工作责任制，加强了监督考核。在发挥审判职能、打击刑事犯罪的同时，从做好民事、行政审判工作促进经济发展，强化执行力度维护司法权威，解决信访疑难问题，开展法律宣传和同中小学开展法制共建活动，帮教工作，为企业服务等方面不断加大综合治理工作力度，拓展了新的领域。

省检察院把参与社会治安综合治理作为检察工作的一项重要内容来抓，全力做好维护社会稳定工作，会同有关部门多次对影响稳定的因素进行重点排查，结合处理群众来信来访，做好矛盾纠纷排查调处工作。坚持“严打”方针，保证办案质量，确保检察环节的打击力度。充分发挥检察职能，积极开展法律宣传、青少年维权活动和犯罪预防工作，取得了较好的法律效果和社会效果。

省综治办和省公安边防部门共同组织开展了以反偷渡、反渗透为重点的边境社会治安综合治理工作。认真贯彻落实《吉林省边境社会治安综合治理工作领导责任制实施办法》，加强了领导和基层组织与政权建设，在边境地区形成了党政军警民“五位一体”的治安防控网络。广泛开展宣传教育活动，先后组织开展了“风雷”、“天网”、“追逃”等突击行动，依法有力地打击了境外人员非法越境、渗透和跨境犯罪活动，整治了社会治安秩序，确保了边境地区的稳定。为了推进工作，省综治委召开边境社会治安综合治理工作总结表彰大会，对在边境社会治安综合治理工作中涌现出来的39个先进集体和21名先进个人进行了表彰。

省建设厅下发文件，积极组织本系统与部门参与社会治安综合治理工作，认真总结四平市房地局、吉林市出租车管理处社会治安综合治理工作的先进经验，开展安全创建活动。注意妥善处理拆迁、建筑领域拖欠工资款、供暖供水等群众上访问题，做好矛盾纠纷调处工作。

省教育厅把社会治安综合治理工作纳入学校的年度工作计划中，坚持每季度形势分析会制度，研究解决学校安全隐患的具体措施。坚持信息直报制度，及时掌握师生思想动态。在21所高校推广了吉林大学“校园110”报警服务系统。开展校园及周边整治专项行动，加强了校园值班和重点要害部位的巡逻看护。2003年组织开展了4次安全大检查，整改安全隐患163处，进一步健全完善了保卫制度和措施，提高了学校安全防范的水平。

省民政厅进一步加强了社区建设和村委会建设，指导新建、改扩建高标准社区用房1060个。召开工作会议，认真贯彻《城市生活无着落的流浪乞讨人员救助管理办法》，开展救助管理工作，加强流浪救助少年儿童的救助保护工作，加强民政事业单位安全管理，防止发生刑事犯罪和恶性事故，减少了社会不稳定因素。

省工商局年初与各市、州局层层签订责任书，把社会治安综合治理的责任目标落实到基层和人头。并督查指导大中型市场都成立了由工商、公安、税务、街道等有关部门参加的综合治理领导小组。与有关部门配合，开展整治市场经济秩序专项斗争。加强市场治安和消防安全防范，积极组织全省工商系统开展集贸市场防治“非典”工作，与省林业厅共同召开全省电视电话会议，组织开展查处违法捕猎和经营野生动物的专项整治活动，组织查处倒卖陈化粮的违法行为，开展毒鼠强专项整治工作，取得了显著成效。

省林业厅组织全省林业政法机关积极参与“严打”整治斗争，适时组织开展了“打抢反盗”、“春季攻势”、“打击边境违法暨反偷渡”等专项斗争，破获了一大批刑事案件，打击了一大批刑事犯罪分子，其工作多次受到国家有关部门表扬。同时，对治安乱点和毁林犯罪严重的重点地区开展了重点整治工作。认真排查矛盾纠纷，发现可能引发50人以上的群体性事件57起，化解了大量的矛盾纠纷。

省军区在做好部队安全稳定的同时，与地方密切配合，积极组织民兵在维护社会稳定中发挥了重要作用。“非典”期间，全省共发动参战支前的民兵预备役人员达10万余人。边境地方的军分区组织民兵预备役人员对重点方向的敌社情、民族分裂和宗教渗透活动进行了严密的防范，有效地打击了各种分裂破坏活动达20余起。充分发动民兵组织，成立了护厂队、护屯队、配合公安机关的追逃突击队，在护屯、保产、促收、防盗等项工作中发挥了主力军作用。

省委组织部、省安全厅、省信访局、省民委、省农业委员会、团省委、省妇联、省劳动厅、长春海关、中国人民银行长春中心支行等单位都站在维护社会稳定的高度，结合各自职责，认真组织开展了社会治安综合治理工作，取得了很大成绩，充分发挥了社会治安综合治理委员会成员单位的职能作用，极大地促进了综治工作的深入开展。

实行社会治安综合治理领导责任制情况

2003年，省综治委继续紧紧抓住领导责任制这个龙头，进一步强化综治领导责任制的落实。把各级党政领导干部抓社会治安综合治理工作的实绩作为干部考核的重要内容，作为干部升降奖惩的重要依据，与晋职晋级挂钩。继续实行了“一把手工程”，把抓好社会治安和社会稳定的责任落实到各级党政主要领导身上，对出现严重治安问题，首先追究一把手的责任。同时还进一步完善了领导责任制和目标管理责任制，层层签订综合治理责任状，严格兑现奖惩，防止流于形式。坚持了综治、纪检、监察、组织、人事部门联席会议制度和情况通报制度，建立健全督查制度，加大督查和领导责任查究力度。继续按照“谁主管，谁负责”的原则，进一步完善社会治安综合治理的部门负责制或单位责任制，各部门、各单位认真履行自己的职责、提高参与社会治安综合治理的责任感。各地还从实际出发，对辖区内一些由上级直属的大型企事业单位，按照“属地管理”原则，加大协调工作力度，吸收了这些单位的负责人参加当地社会治安综合治理领导机构，增强辖区单位参与综合治理工作的责任感。各地都认真实施“一票否决权制”加大综治工作的力度，推动综治工作各项措施落实。

白城市委、市政府同各县(市、区)签订了责任状，责任状将各级领导的综合治理工作职责任务明确和量化，提出要求，形成一个完整、可操作性的目标体系。大安市在年初,各乡镇党委、街道党工委、各部门等共计120余个单位的主要领导向市委递交了2004年度社会治安综合治理目标管理责任状。同时全市农村223个行政村、300余个站、所等全部与当地党委签订社会治安综合治理目标管理责任状。真正做到了社会治安综合治理工作层层有责任人,层层有人抓,层层有人管理。松原市严格执行综治目标责任制和一票否决权制,市综治委对松原市邮政局,长岭县对县农行、县新华书店、县供电等单位实行了社会治安综合治理一票否决。前郭县末位淘汰后三名。四平、辽源市委、市政府多次例会研究综治工作,下发了若干个规范性文件,深化了社会治安综合治理工作。形成了稳定的责任约束机制。吉林市将签状形成改为一个单位一个具体责任状,增加了签状的量化指标和针对性。同时,加强了对一票否决的地方和单位进行跟踪调查,帮助整改。松原全市共签状2万余份,并实行了主要领导和分管领导包保责任制。白山市委、市政府与6个县(市区)、10个国有省属企业、26个综治成员单位、86个市直部门签订了社会治安综合治理责任状,并对在执行2002年责任状成绩突出的4个县(市区)、9个国有省属企业、22个市直部门、54个先进个人进行了表彰;对疏于管理,治安防范措施不落实,防控体系建设不得力、发生重大案件的2个县9个单位进行了一票否决和通报批评。一年来,全省共督查306个单位,查究103个单位、82人,一票否决71个单位。

流动人口管理工作情况

一、以实有人口清理整顿专项行动为契机,强化暂寄住人口管理

针对人口管理工作中存在的常住人口户口登记项目差错,暂住人口管理不到位,信息采集率偏低等实际问题,为切实加强暂寄住人口管理为重点的实有人口管理,全面摸准人口信息项目,2003年3月末,在全省开展了实有人口清理整顿工作。通过清理暂寄住人口、严格暂住户口登记、房屋租赁登记备案、暂住证的办理和暂住人口、出租房屋信息录入等措施,强化了暂寄住人口的管理,收效十分明显。专项行动中,全省共清理实有人口23876105人、暂住人口579210人、寄住人口470129人、出租房屋252643户。

二、开展租赁房屋和暂寄住人口集中清理整顿专项行动

2003年6月下旬,省综治委召开了全省治安防控工作会议,对清理租赁房屋和暂寄住人口管理等工作进行了安排部署,并决定利用7、8、9三个月的时间,在全省范围开展了租赁房屋和暂寄住人口集中清理整顿专项行动。行动中,全省共清查暂寄住人口406234户,1127426人;清查出租房屋241523户、建筑工地1968个、行业场所19383个、房屋中介所653个。并对暂住人口重新进行了登记和发函调查,重新与出租房屋的房主、建筑工地和行业场所的负责人签订了治安责任保证书,对新登记的暂住人口和租赁房屋进行了信息录入,并建立了工作档案。

三、结合打击边境地区违法犯罪活动暨反偷渡专项行动,清理暂寄住人口

吉林省根据边境地区违法犯罪活动和偷渡现象比较严重的实际,适时地开展了打击边境地区违法犯罪活动暨反偷渡专项行动,省流动人口管理办公室利用专项行动的有利契机,及时安排部署了配合专项行动在边境地区加大实有人口和出租房屋清理整顿力度的工作,并下发了通知。工作中,始终围绕三个方面的工作重点:(1)以出租房屋、旅店、饭店、文化娱乐场所、参场、林场、野外作业点、独立房、施工工地、小煤窑、小矿井、小采石场等治安复杂区域和易于藏匿的部位为重点进行清理;(2)以暂寄住人口、曾经容留、资助、引带非法越境人员嫌疑的人员,曾经参与偷渡人员为重点清理对象;(3)以户口、身份证为重点内容进行清理。此项工作正在进行中。

社会治安综合治理宣传教育和培训工作情况

一是继续抓好综治宣传月活动，集中时间、集中力量，采取多种形式，增强宣传的社会效果。四平市在宣传月活动中共举办报告会27场，参加人数近20万人，出动宣传车69台次，秧歌队8支，出板报画廊1510期，张贴标语18000条，传单13000张。吉林市利用新闻媒体进行人物专访、座谈、设立综治宣传一条街等形式开展宣传。散发各种宣传品2万余件，出各种宣传板报、幅标400余件，各级领导发表电视讲话、专题文章20余人次。辽源市结合法律进社区，法律进市场，法律进校园、法律进村屯活动，开展法制宣传，全市举办法律知识报告117场，深入城乡家庭宣传28000户，印发法制宣传材料30万份。

二是充分利用报纸、电视、广播等新闻媒介开展综治工作的宣传报道，宣传推广各地各部门和广大群众参与社会治安综合治理的经验，弘扬社会正气。省综治办与省新闻工作者协会联合举办了第五届“吉林省社会治安综合治理好新闻奖”评选活动，广大新闻工作者踊跃参加，数量和质量较上届都有较大提高。省里对评选出的报道社会治安综合治理内容的好新闻进行了表彰奖励，同时，积极组织优秀作品参与中央综治委好新闻奖评选活动，极大地调动了广大新闻工作者参与社会治安综合治理宣传工作的积极性

三是“严打”整治斗争结束后，按照中央综治委的部署，省及一些地方都举办了“严打”整治斗争成果图片展。

四是召开现场会、经验交流会和利用综治工作简报推广了一批“严打”整治斗争和社会治安防控体系建设的典型经验。

各地坚持开展综治干部培训工作。2003年，通化市举办各种培训班27期，培训综治干部、治保、调解主任、专职治安员5313人次。市司法局举办各级领导班干部法律培训班17期，培训党政干部3000余人，企业管理人员350人。长春市共举办20余期综治干部培训班，培训基层综治工作人员2000余人。吉林市培训1200余人，还对170名大中专院校、中小学兼职法制副校长和辅导员进行了培训。四平市举办了9期培训班，先后培训综治干部750人。通过坚持经常地开展培训工作，不断提高基层综治工作人员的自身素质，为做好综治工作奠定了良好的基础。

矛盾纠纷排查调处工作情况

各级综治组织把矛盾纠纷排查调处工作作为维护社会稳定的一项重要的基础性工作来抓，省及各地都建立了党委政府负总责、综治机构组织协调、各有关部门密切配合的工作体系，使矛盾纠纷排查调处工作进一步制度化、规范化和经常化。针对集体访、涉法访、进京访突出的实际情况，省维稳办协调各地综治部门和省直有关部门驻京做好劝解、说服工作。省委政法委加大力度，认真抓好《关于进一步健全和完善涉法信访工作制度的若干规定》的落实，协调政法部门依法处理涉法上访问题。各地、各部门、各单位都加强了对矛盾纠纷排查调处工作的领导，按照“归口办理，分级负责”的原则，逐级落实了责任。基层综治组织和群防群治组织充分发挥作用，广泛深入开展矛盾纠纷排查调处工作，在基层和内部单位化解了大量的矛盾和纠纷。通化市东昌区采取公开选聘的办

法，在市区离退休的单位领导、政法干部和治安积极分子中选聘了100名治安调解员，由区法院、司法局统一培训上岗，直接进驻社区，重点调解民事纠纷，化解各类矛盾。这支队伍2003年共接待调解民间纠纷2213起，制止纠纷转治安案件142起，调解成功率达92%。妥善处理了99起群体性事件。延边州综治机构发挥1889个基层调解委员会的作用，共调解民间纠纷4880件，防止民间纠纷引起的自杀事件3起3人，防止民转刑案件8件10人，制止群众械斗3件，防止群体性上访10件106人。白山市完善了处置较大规模群众性事件指挥协调系统，落实了各部门的责任，并对不安定因素进行了排查，对可能发生在50人以上的群体性事件进行了预测，准确率在95%以上，并在各敏感时期、重要节日和遇有重大政治活动时，都组织公安机关和信访部门，对可能发生集体上访的单位进行复查，采取切实可行的防范措施。2003年，有效预防和妥善处理了50人以上的群体性事件155起14122人，确保了政治稳定。

财政补贴与社会筹资并举
切实解决群防群治经费保障问题

吉林省社会治安综合治理委员会

长期以来，经费短缺，一直是困扰群防群治工作的“瓶颈”，客观上既有我省是个农业资源大省，老工业基地，财政比较困难的因素，也与群防群治经费缺乏保障有直接关系。2001年以来，我们采取财政补贴与社会筹资并举的办法，切实解决群防群治经费保障问题，收到了明显的成效。我们的做法是：

一是在政策上寻求突破。我们在搞好调查研究和科学测算的基础上，提出了通过制定政策，采取财政补贴与社会筹资并举的办法，切实解决经费保障问题的思路，专门向省委做了汇报，省委给予了高度重视，省委书记王云坤明确指出，要站在巩固党的执政地位和改革发展稳定大局的战略高度，抓好综合治理，落实好群防群治经费保障工作。省委两次召开常委会，听取群防群治经费问题的汇报，决定：“要认真落实《中共中央国各院关于进一步加强社会治安综合治理的意见》、组织开展群防群治筹资，有关部门要对群防群治出资问题进行专门研究，制定实施办法，实行规范化管理。”会后，省委主管政法综治工作的副书记和省委常委、政法委书记，分别主持召开省直有关部门协调会，研究、商定财政拨付群防群治专项补贴经费和开展群防群治筹资工作，在政策上寻求突破。省综治委与省财政厅、省编委制定下发了《关于社会治安综合治理工作经费列入财政预算和乡镇（街道）综治工作人员列入行政编制的通知》，规定省、市、县三级财政从2002年起，将群防群治经费列入政府财政预算，并随着经济发展和财力的增强，争取逐年有所增加。省财政每年拨付500万元用于补贴群防群治经费，市、县两级按城市人口每人每年0.30元，农村人口每人每年0.15元的标准由财政拨付补贴。各级财政列支的综合治理经费专项用于群防群治队伍补贴和综治工作专项支出。经监察厅同意，省综治委与省财政厅、省物价局、省审计厅、省公安厅联合下发了《关于筹集社会治安群防群治经费有关问题的通知》，提出了群防群治筹资要坚持“自愿、受益、适度、资金定向使用”的原则和尽可能减轻企业和农民负担的要求；规定筹资对象为驻地企业、事业单位、个体工商户、城市居民户（包括暂寄住居民户）。各地出资数额应根据当地经济发展水平适度确定，企业、有经营收入的事业单位和个体工商户按月缴纳，最高不能超过营业税额的1%，按此计算不足2元的按2元收取。城市居民户出资每户最高不能超过1.5元，小城镇不能超过1元。两个文件的出台，实现了群防群治经费保障的政策性突破，为解决群防群治经费保障问题奠定了坚实基础。

二是着眼机制建设。为了把经费保障政策落到实处，并使其发挥长远效应，我们狠抓了经费保障的机制建设。一方面，及时总结推广在解决经费工作上做的比较好的长春、敦化、延吉等市、县的经验，并在不到一年的时间里，连续两次召开全省社会治安防控工作会议，对加强群防群治经费保障问题提出了具体措施，加大了政策落实和机制建设的力度。另一方面，我们切实加强制度建设和规范化管理。首先将经费保障政策的落实纳入综合治理工作考评体系。在《综治工作年终检查考评实施细则》中，确定了具体的评分标准，加大了分数比重，从工作制度上确保各项政策的落实。其次，建立健全制度，按照《关于筹集社会治安群防群治经费有关问题的通知》要求，建立了“群防群治经费筹集、使用、管理制度”，明确规定了经费收取职责、管理权限和使用、监督办法。规定企业、事业单位和个体、工商户的应缴经费，由驻区综治办组织工商、税务、城建、交通等有关部门收取；居民户的应缴经费，由街（镇）综治办组织社区、居民委收取；特业场所的应缴经费，由公安机关负责收取。收取上来的经费全部缴入同级财政，专户管理。在使用上，支出由各级综治办统一做计划，报财政部门核拨，实行专款专用，专项用于专职群防群治队伍的工资、津贴、防范物资和必要的抚恤与奖励，并要定期公开账目，报告经费使用管理情况，自觉接受财政、物价、监察和审计部门的监督。第三，实行规范化管理。统一制作了“社会治安群防群治筹资工作人员证”，确定专人，持证上岗；协调省财政厅统一印制了“社会治安群防群治专用票据”，在筹资时向出资人出据；明确了“三个严禁”，即严禁摊派，严禁向亏损企业、福利性企事业单位、社会救济户（低保户）、烈属、残疾人筹资，严禁向农民筹资。农村的治安防范工作，原则上以农民义务为主，采取出工出劳、轮流值班、义务巡逻等办法解决，需要建立专职治安员队伍的，要经村民代表会议讨论通过，由自筹的资金解决专职治安员报酬。为了加强规范化管理，防止在经费筹集和管理中出现偏差，今年4月，省综治办下发文件要求各地严格依据政策办事，严肃征收纪律，采取自查自纠措施，及时解决强行摊派，硬性征收，超额度征收和经费管理使用不当等问题，并对市、县群防群治经费筹集工作进行了抽查，进一步健全了经费管理使用和检查监督制度，推动经费保障机制建设健康发展。

三是注意经费保障与队伍建设有机结合。一方面针对乡镇、街道综治工作人员无行政编制，队伍不稳定，群防群治工作无人抓的现状，经与省编委、省财政厅共同研究，把解决队伍问题和工作经费问题一并考虑，在把工作经费列入财政预算的同时，把全省乡镇（街道）综治工作人员全部列入行政编制，要求全省各乡镇（街）都要建立健全社会治安综合治理委员会，主任由乡镇（街）主要领导兼任，设立办公室，没有条件设立办公室的，至少配备一名行政编制工作人员，专职做综治工作。另一方面，加强了群防群治队伍建设，建立了“治安巡防员学习培训制度”、“治安巡防员行为规范”、“治安巡逻勤务制度”、“专职治安巡防员考核评比制度”等，并以文件形式下发到基层执行。在专职治安员的配备上，坚持择优录用的原则，实行统一考试、考核，竞争上岗。在管理上，按照各项制度规定，定期培训、考核，优胜劣汰。

经费保障问题的有效解决，为深入开展群防群治工作奠定了坚实的物质基础。2002年，全省各级财政拨付到位的群防群治补贴经费近3000万元，社会筹集的群防群治经费近2000万元。全省9个市、州、60个县（市）、区用群防群治经费开支的专职治安员队伍已达1600余支，9000余人。

强化基层　夯实基础
扎实推进社会治安综合治理各项工作

中共长春市委　长春市人民政府

近年来，我们把强化基层基础工作作为全面落实社会治安综合治理的首要环节，制定和完善了一系列强化基层基础工作的政策和制度，收到了比较好的效果。

一、集中力量清理整顿租赁房屋

流动人口和以租赁房屋为窝点的违法犯罪多发已成为新时期我国大城市存在的一个突出的社会问题。对租赁房屋进行集中清理整顿，有力打击犯罪，切实提高综治工作预防、控制和发现能力。自2002年年末至今年上半年，我市在城区和县(市)辖街道开展了集中清理整顿租赁房屋专项行动。市委、市政府召开了全市动员大会，成立了由市委主管副书记任组长，综治、公安、房地、法制、规划、工商等有部部门和各城区、县(市)负责同志为成员的专项行动领导小组。从有关部门和驻区(县)街道抽调1300余人组成200余个调查队，分阶段对全市租赁房屋进行了集中清理整顿。通过对全市80余万户公房、私房、自建房以及各种商用房、公寓、门市房的全面查访，共对14.5万间租赁房屋进行登记，签订治安保证书11.4万份、包保责任书15.2万份，调查登记暂住人口21.9万人，制作装户图25534份。在对全市租赁房屋和流动人口调查的同时，依法严格落实了各项管理措施。依法取缔利用租赁房屋进行非法行医和从事假冒伪劣商品生产经营活动的窝点26处，配合城建部门依法拆除私搭乱建房屋676处。抓获处理各类违法犯罪嫌疑人3407名，破获各类刑事案件2795起。同时，还以此为手段加大了对各类场所的管理力度，积极查禁黄赌毒社会丑恶现象，净化社会环境。市政府和各区(县)、开发区先后投入250万专项行动资金，为专项行动提供了有力的资金和物质保障。目前，我市的租赁房屋管理已进入经常性管理和探索建立长效机制阶段。

二、积极推进综治进社区

我市把综治进社区确定为加强社区建设的一项重要内容。由市综治办牵头，相关部门全力配合，在抓好试点的基础上，全面铺开。首先在朝阳、绿园、二道等区抓了试点工作，在摸索出一套比较成熟的做法后，下发了《关于在全市全面开展综治工作进社区的具体实施意见》，对工作原则、机构设置及人员配备、社区综治办的职责任务都做出了明确规定。为了保证综治进社区，在全市社区逐个建立起了综治办公室和社区警务室，明确要求综治办主任由社区党组织主要负责同志担任，副主任由治保主任、社区警务室警长担任。社区综治办是隶属于街道社会治安综合治理委员会延伸社区的常设办事机构，要把综合治理的各项措施落实到社区。在实施综治进社区过程中，我们以社区治安防范工作为中心，进一步充实完善治安防控体系建设，要求每个社区的有偿治安员一般不少于8人，并根据小区条件落实必备的人防、物防和技防措施。综治、警务进社区以后，对维护辖区的社会治安起到了积极的推动作用，出现了发案率下降，破案率提高，群众安全感普遍增强的可喜局面。仅以南关区为例，2003年1—10月，全区共发案2269起，破案1280起，发案比上年同期下降31.9%。

三、大力加强村级治保主任队伍建设

前段我市乡镇进行农村税费改革时，一些地区农村综治工作受到一定程度的冲击，将专职治保主任取消。市委、市政府对此高度重视。市综治委在充分调查研究后认为，村级治保主任队伍建设是农村综治工作的基础，农村的社会治安综合治理工作只能加强,不能削弱。为此,责成市综治办负责对全市村一级治保主任和干部队伍进行调查研究并尽快拿出解决办法。经过对十个县(市)区,12个乡(镇)、26个村的实施调查研究,市委、市政府提出了一系列加强村级治保主任队伍建设的制度和措施。明确规定:设立村级专职治保主任;专职治保主任享受副村级待遇;保证在每个村3.8万元左右全口径行政经费中含有治保主任的工作报酬;报酬较低的村提倡治保主任兼任民兵、共青团等项工作来提高他们的工作报酬;经费确有困难、有机动地收入的村,可用机动地收入给治保主任补贴一部分。我们分别在双阳和朝阳区召开了现场办公会,对落实专职专责的治保主任工作进行全面的部署。目前,全市1689个村,已调整配备专职治保主任1592个,村支书兼任的53个,村长兼任的41人,副村长兼任的3人,基本上满足了当前工作需要。通过落实村级治保主任专职专责工作,提高了村级治保主任的整体素质,增加了他们的工作报酬,有效地调动了他们的治安工作积极性和创造性。如二道区在落实治保主任专职专责过程中,紧密结合农村经济发展和治安防范工作的实际,建立了乡、村、组三级治安防控网络,在全区农村五个乡(镇)建立了乡(镇)治安联防大队,在35个村中建立治安联防中队,在426个自然屯中完善了1314个治安十户联防组。区里拨出5万元群防群治经费,为5乡(镇)治安联防大队201名队员统一着装;按照区域范围,由各驻地派出所制发统一工作标识;并由公安、司法、综治组成培训小组,对联防队员进行业务培训,有效提高了农村综治工作水平。

以兴建治安岗亭为突破口
建立健全农村治安防控体系

中共吉林市委　吉林市人民政府

吉林市下辖9个县(市)区,153个乡镇,1590个行政村,农村人口210万。2000年以来,我们从解决农村社会治安突出问题入手,在农村大力兴建治安岗亭,初步建立了以治安岗亭为依托,以各种形式治安联防组织为骨干的农村治安防控体系,有效地解决了农村刑事案件多发问题。

一、高度重视,因地制宜地开展以治安岗亭为核心的农村治安防控体系建设

我市农村人口占全市总人口一半以上,前些年,农村刑事案件高发的问题曾一度比较突出,盗窃和毒杀耕牛以及人为纵火现象十分猖獗。我们感到,解决农村治安突出问题,必须贯彻打防结合方针,在依法严厉打击刑事犯罪的同时,大力加强治安防范工作,把握社会治安工作的主动权。于是,市里组成了工作组,多次深入农村调研,召开村民座谈会,共同研究防范对策。在磐石市调研时发现,牛心乡北石村和明城镇小北沟修建治安岗亭和村屯封闭的方法非常好,我们在这里抓了试点,这一年,磐石市牛心、细林两乡共建治安岗亭11个,封闭村屯3个,并由村民轮流值班巡逻,该地案件有了大幅度下降,试点工作取得了成功。当年10月,我们召开了农村治安防控体系建设现场经验交流会,在全地区推广了磐石市修建治安岗亭经验,确立了适宜建岗亭的村屯建岗亭,不适宜建岗亭的村屯搞村屯封闭,或采取无偿巡逻、建立治安中心户、十户联防组等办法建立农村治安防控体系的工作思路。农村治安防控体系建设开始后,市、县、乡三级党委和政府高度重视,把治安岗亭建设工作纳入治安防控体系建设总体规划。县、乡两级政府积极协调解决人、财、物问题,指定专人抓,并采取财政拨一点、村社出一点、村民筹一点的办法解决经费问题,同时把此项工作纳入领导干部目标管理责任制,纳入综合治理考核验收之中,加大了检查督导力度。

二、发动各方面力量，群策群力搞好治安岗亭建设

治安岗亭建设过程中，遇到了人、财、物等诸多方面的困难和问题。为此，我们主要采取了以下几种作法：一是发动群众自建，磐石市牛心乡北石村是全市每个建岗亭的村，自从建治安岗亭以来，该村一件盗窃安件也没发，群众连连叫好。目前，全市象这样由群众自发出资兴建的岗亭有近百个。二是政府组织建设。2002 年年初，市里制定了《农村治安岗亭建设三年规划》，给每个县(市)区和乡镇规定了任务，力争三年内使岗亭遍布全市农村，织成网，联成片，形成覆盖全市乡村的物防体系。任务明确后，县(市)区综治办领导和乡镇干部亲自进行规划，并深入乡村踏查岗亭位置。经费问题主要是采取政府出一点，相关部门出一点的办法来解决，乡镇主要领导还亲自协调土地、砖瓦厂、林场等相关单位解决土地规划和建材问题，为实施岗亭建设创造条件。三是土地置换。在岗亭建设过程中，各县(市)区充分发挥主观能动性，运用市场经济规则开展岗亭建设工作。船营区和舒兰市等县(市)区采取土地置换的办法面向村民进行招标，由政府负责土地规划，免收土地使用费，由村民自筹资金建房，房屋建成后，留用一间(约 20 平方米左右)交综治办作治安岗亭，产权归村里所有，其余部分归建房者本人用作住房或开办食杂店。这样，建房者既解决了住房和经营场所问题，政府又不花一分钱落实了治安岗亭建设任务。四是综治委成员单位帮建。为了帮助经济条件比较落后的乡镇搞好岗亭建设，解决好偏远落后地区治安防范工作薄弱的问题，2003 年年初，市综治办在充分论证和反复协调的基础上，在市综治委成员单位中确定了 47 家与经济条件相对落后的村屯建立了帮建对子，并把任务纳入到年度综合治理工作责任状之中。这些单位有的出钱，有的出物，大部分单位出资上万元，最少的也拿出了 3000 多元钱，他们既帮助村屯搞岗亭建设，又负责帮助组织巡逻队、进行法制宣传和扶贫济困，帮建活动开展得有声有色。经过一年来的协调运作，帮建工作取得了明显效果，市县两级综治委成员单位共协助建治安岗亭 51 个。

三、加强配套建设，进一步完善治安防控的功能

治安岗亭作为物防体系的一部分，只有与人的因素紧密结合起来才能发挥应有的作用。为此，我们依托治安岗亭充实农村治安巡逻队，使物防和人防结合起来，形成有效持久的防范机制。首先是依托治安岗亭组建群防群治队伍。提出了农村治安防范工作“一岗”、“一队”的要求，凡是建岗亭的村屯都要组建义务巡逻队。主要有以下三种方式：一是在治保主任和村社干部的组织下，由 20 岁至 60 岁的男性村民轮流义务值班，一般每户每月能轮上一次，不用给报酬。二是雇用专人值班，由乡镇政府出资，每人每月工资在 300 元左右。三是让村里的“五保户”或单身村民入住治安岗亭，担负起值班任务。各种形式义务巡逻队的建立使岗亭昼夜有人值守，他们对过往的车辆和人员进行盘查和登记，不仅有效控制了农村刑事案件的发生，而且在 2003 年“非典”流行期间，乡镇和村、社三级干部组织村民依托治安岗亭设卡值班，有效防止了“非典”疫情的流行。为了消除农村治安防范工作的死角死面，我们还要求没有建或不适宜建治安岗亭的村屯建立季节性义务巡逻队，修建巡逻休息室，保证巡逻队在值勤时有个落脚的地方。有的还采取建立“治安中心户”或“十户联防组”的形式开展治安联防活动，效果也非常好。其次是警民互动，协力搞好防范。建治安岗亭和巡逻队使警民联防工作有了新的发展，并取得了成效。2003 年 7 月 21 日，桦甸市公安局根据该市桦效乡五道沟村岗亭提供的线索，将犯罪嫌疑人邸江抓获，成功破获了 17 起破坏电力设施案件。再次是成片联岗，形成全市范围内治安联防的工作格局。在治安岗亭建设初期，由于岗亭数量少，岗亭的防范作用仅限于局部的一乡一镇甚至是一村一户，随着岗亭数量的不断增加，全市农村各交通要道和路口都有了岗亭，防范体系实现了由点到面的转变，为全地区的治安大联防提供了物质条件。现在，绝大部分岗亭内都安装了程控电话，墙上都贴了公安派出所和本乡镇所有岗亭的电话号码，可以与全市范围内各个地方取得联系，一处发案，四面八方堵截，实现了全地区范围的治安大联防。最后是强化管理，坚持经常，确保防范工作取得实效。为加强管理，市综治办制定下发了《治安岗亭建设和使用管理规定》。为了加强治安防范工作，我们从健全督导检查机

吉林省教育厅　吉林省司法厅
吉林省综治办　共青团吉林省委
关于印发《关于加强全省青少年学生法制教育工作的实施方案》的通知

（2003年6月16日）

各市（州）教育局、司法局、综治办、团委、各普通高校：

现将《关于印发〈关于加强全省青少年学生法制教育工作的实施方案〉的通知》印发给你们，请认真贯彻落实。

关于加强全省青少年学生法制教育工作的实施方案

为落实依法治国基本方略，切实贯彻十六大关于加强社会主义法制建设的精神，全面实施“四五”普法规划，进一步加强全省青少年学生的法制教育工作，推动青少年学生法制教育工作的深入开展，根据教育部、司法部、中央综合治理办公室、共青团中央下发的《关于加强青少年学生法制教育工作的若干意见》（教政法〔2002〕3号）文件精神，现结合我省实际，特制定本方案。

一、指导思想与目标

开展青少年学生法制教育，要以邓小平理论和“三个代表”重要思想为指导，按照科教兴国、依法治国和社会主义法制建设的要求，坚持法制教育与思想政治教育相结合，坚持课堂教育与课外教育相结合，坚持近期目标与长远目标相结合培养青少年学生法制观念，提高广大青少年学生的法律素质，努力把青少年学生培养成为有理想、有道德、有文化、有纪律的社会主义建设事业的合格人才。

基本目标是完善在校学生的知识结构，使法律知识成为各级各类学校重要的课程内容，努力形成循序渐进、科学、合理的法制教育体系，确保青少年学生在九年义务教育期间完成基本法律知识的普及任务；构建学校、家庭、社会“三结合”的青少年学生法制教育网络，形成全社会齐抓共管的教育格局，切实维护在校学生的合法权益，预防和减少青少年学生违法犯罪；努力使青少年学生法制教育在工作理念上与时俱进，在工作方式手段上求实创新，在规范化、制度化建设上有新的进展。

二、主要内容

在校学生是青少年的主体，学校是青少年法制教育的主阵地，要根据不同学龄阶段的学生生理、心理特点和接受能力，在青少年法律素质的养成上下功夫，有针对性地抓好在校学生的法制教育。

1．小学法制教育主要结合思想品德课等，对学生进行图文并茂、生动形象、行之有效的法制启蒙教育。在九年义务教育阶段普及《中华人民共和国宪法》、《中华人民共和国国旗法》、《中华人民共和国国徽法》、《中华人民共和国未成年人保护法》、《中华人民共和国预防未成年人犯罪法》、《中华人民共和国义务教育法》、《中华人民共和国治安管理条例》等法律基本常识，提高青少年学生的法律素质，培养爱国意识、交通安全意识、自护意识以及分辨是非的能力，从小养成遵纪守法的好品德。

2. 中学法制教育要在小学普法的基础上，通过思想政治课安排学习刑法、民法、婚姻法等内容，着重进行社会主义民主与法制观念教育，增强学生的国家意识、权利义务意识、守法用法意识，进行预防未成年人犯罪教育，使学生明辨是非，提高自我约束、自我保护能力，预防和减少违法犯罪行为。中专、职校、技校要突出与所学专业知识相关和劳动保护等方面的法律知识教育。

3. 大学法制教育要按照中宣部和教育部有关"两课"设置中法制课的规定开展。要突出现代法学基础理论、依法治国理论与实践的学习，民事法律、市场经济法律与 WTO 规则基本知识的学习，牢固树立宪法意识、权利义务对等意识和依法办事意识。

三、基本要求

为确保法制教育内容在我省各级各类学校的真正落实，要突出抓好以下五方面工作：

1. 中小学校要普遍开设法制课，将法制教育纳入教学大纲，纳入教学计划，真正实现教学计划、课时、教材、师资"四落实"；同时，在教学过程中实行"四结合"，即法制教育与德育教育相结合，法制教育与教学相结合，校内教育和校外教育相结合，学法与守法用法相结合，把传授知识和法纪教育融为一体，组织生动活泼、寓教于乐的法制实践活动。

2. 要确保课时到位。中小学要充分发挥品德课、中学政治课在法制教育中的重要作用；同时，要在相关学科教学过程中渗透法制教育内容；组织开展丰富多彩的法制教育宣传及相关的主题教育活动。合理安排中小学法制教育课时，保证教学收到实效。

3. 要努力提高法制课教学质量。有计划、有针对性地对法制课教师进行法律知识培训，提高授课水平。培训可采取脱产进修、短期培训、专家辅导、以会代训等方式。"四五"普法期间，在省教育行政部门的组织下，分期分批对各市（州）中小学法制课教师、法制副校长、法制辅导员普遍轮训一次，县以下中小学法制课教师、法制副校长、法制辅导员培训工作由市（州）教育行政部门负责。采用教育部指定的教育出版社出版的《教师法治教育读本》为教师普法培训教材。组织教师法律法规知识考试，重视整个教师队伍法制教育，提高教师法律素质，使广大教师在学法、守法、用法等各个方面都能为人师表。

4. 要进一步健全兼职法制副校长和法制辅导员制度。积极推进司法机关选派政治觉悟高、有责任心、业务精、宣传能力强的政法干部到辖区中小学校兼任法制副校长，协助学校开展法制教育和校园周边治安综合治理工作。法制副校长和法制辅导员必须经过培训和必要的考核，持证后方能上岗，努力提高其业务素质。

5. 实行法律知识考试考核制度。小学结合品德课进行考试与考查；中学结合思想政治课进行操行评定考核；在中专、技校和职校推行毕业时进行考试的做法，学生考试合格并能遵纪守法，即颁发普法合格证；高校要把《法律基础教程》作为必修课，考试合格后记入学分。要把全国教育系统"四五"普法指定用书、全国普及法律常识办公室审定推荐的《中学生法治教育读本》和《小学生法治教育读本》（中国地图出版社）作为中小学法制教育教材。

四、方法和途径

1. 充分发挥课堂主渠道作用，开好各级各类学校的法制教育课程，不断提高法制课质量；把法制教育贯穿于各科教学中，使学生能经常接受到法律知识的熏陶，逐步增强学习效率。

2. 有效利用课余时间，开展丰富多采的学法用法实践活动。要通过举办法律知识竞赛、文艺汇演、开展有奖征文、模拟法庭、专题报告、走访少管所、观摩法院少年法庭开庭等活动，对青少年学生进行生动、直观、形式多样、潜移默化的法制教育。各地教育行政部门、各学校要充分利用《法制日报》、《吉林教育》杂志、吉林教育电视台、《吉林教育信息》等宣传阵地和媒体及时报道和宣传依法治校和教育法制建设的情况，在舆论上为全省教育法制工作营造良好氛围。

3. 依托社区，结合实际开展"法律进社区"、创建优秀"青少年维权岗"、"青年文明社区"活动，把对青少年学生法制教育作为社区建设的一项重要工作，大力加强社区青少年法律学校建设，努力形成社区开展青少年学生法制教育的良好环境。

4. 保证学校工作在法制轨道下健康运行。通过制定和完善各种制度，落实责任，保证学校正常的教学、科研秩序，把教学管理工作纳入法制化管理轨道；加强学校治安综合治理工作，落实预防青少年违法犯罪的各项措施，整治学校周边环境，深入开展创建安全文明校园活动，切实保证师生有一个和谐、安全、健康的学习和生活环境。

5. 创建青少年法制教育基地。要根据《中共中央办公厅、国务院办公厅关于加强青少年学生活动场所建设和管理工作的通知》精神，依托课外活动基地开展法制教育；要继续加强、完善各级各类法制教育基地（中心）建设，利用基层法院少年法庭、少管所、戒毒所、监狱、劳教所、法律援助中心、青少年宫等社会资源，全省各市（州）或有条件的县（市、区）可以依据青少年活动中心创建一批综合性、常设性、功能齐全的法制教育基地，不断增强法律教育基地的社会效果。要坚持建设和管理并重，加强指导与交流，制定规范性标准，加强法制教育基地的硬件和软件建设。

6. 积极推进青少年学生网络文明建设。要结合“青少年安全网吧”创建活动的开展，依托学校电教室和校外管理规范的网络阵地，广泛开展在校生网络知识培训普及活动，利用现代网络手段开展法制教育，提高自我保护意识，最大限度地消除不良网络内容对青少年学生的负面影响。

五、保障措施

1. 青少年学生的法制教育是一项社会系统工程，必须要在党委、政府的统一领导下，齐抓共管，动员全社会广泛参与。建立健全协调运作、开展工作的责任机制，营造领导有力、职责明晰、分工协作、规范有序、整体推进的工作格局；建立政府部门与家庭、学校、社会“三位一体”的联动机制，形成青少年学生法制教育的工作网络，逐步实现青少年法制教育的制度化、规范化。

2. 各级教育、司法、综合治理、团组织和普法依法治理主管机关要相互支持，通力合作，充分发挥职能作用，加强对在校学生法制教育工作的组织协调，将此项工作纳入社会治安综合治理和实施“四五”普法规划目标责任制的考核范围，加强监督检查和指导。教育行政部门的法制工作机构要做到归口管理，切实承担起青少年学生的法制宣传教育工作，各级各类学校法制教育要做到计划、课时、教材、师资“四落实”，确保普及法律常识的任务在九年义务教育期间完成；司法行政部门要协助教育行政部门组织法制课师资和法制副校长、辅导员的培训等工作，加强协调、指导、检查和监督；综合治理机构要指导协调法制副校长、辅导员工作，基层综治委、办要定期召集辖区中小学法制副校长研究工作，共同推动学校校园周边治安综合治理工作；共青团组织要充分发挥青少年工作的优势，加强青少年校外法制教育阵地建设，切实搞好有关未成年人权益保护的法制宣传教育活动，优化青少年学生的成长环境。

3. 全面贯彻落实《吉林省教育厅关于全面推进依法治校的决定》。全省各级教育行政部门和各类学校都要建立健全法制教育和依法治校组织领导机构，建立依法治校责任制，落实各项建设标准，确定专人负责，采取切实措施，切实落实任务。推动学校依法治校工作的全面启动和深入开展。

4. 建立监督制约和激励机制，增强学校、教师和学生学法用法的主动性和自觉性。法制教育要纳入学校教育质量和学生综合素质评估体系，开展专项评估。要把“四落实”的情况作为评估学校工作的一项重要内容，把学生学法和遵纪守法的情况记入学生鉴定的内容。适时召开总结表彰大会，对青少年普法和法制教育工作成效显著的学校、单位和个人予以表彰奖励。

5. 建立中小学法制教育责任制和监督检查机制。各级教育、司法、综合治理、团组织等有关部门，要把协同开展在校学生的法制教育，净化学生生活和学习的社会环境工作列为监督检查的重点内容，定期或不定期地开展监督检查。

6. 加强调查和理论研究，搞好青少年法制教育的教育科研活动。有关部门和研究机构要深入开展调查研究，把握青少年法制教育工作出现的新情况和新问题，每年末由省教育厅评选一批法制建设和依法治校优秀调研报告。积极探索青少年法制教育的有效途径，不断提高青少年法制教育的成效。通过调研，依据宪法和法律，结合我省实际，通过地方立法程序，尽快制定《吉林省大中小学法制教育工作条例》，依法规范部门责任、工作目标、工作任务、工作要求等，把全省青少年学生法制教育工作纳入法治化管理轨道。

7. 加大青少年学生法制宣传教育的经费投入，保障青少年学生法制宣传教育工作的有效运转。

8. 根据本方案的要求，各市(州)有关部门要结合本地实际，制定出具体实施方案。

吉林省社会治安综合治理委员会
吉　林　省　公　安　厅
关于印发《吉林省专职治安员管理办法》(试行)的通知

(2003 年 10 月 31 日)

各市(州)综治委、公安局：

现将《吉林省专职治安员管理办法》(试行)印发给你们，请遵照执行。

吉林省专职治安员管理办法(试行)

第一章　总　则

第一条　为加强对专职治安员规范化管理，根据中共中央、国务院《关于进一步加强社会治安综合治理的意见》、《中央社会治安综合治理委员会关于加强社会治安防范工作的意见》和《吉林省社会治安防控体系建设实施规范》文件精神，结合我省实际，特特定本办法。

第二条　本办法所称专职治安员，是指由各级社会治安综合治理部门招聘或委托公安机关招聘、管理的有偿参与社会治安防范工作的专职治安巡逻队员。

第三条　本办法适用于全省各级社会治安综合治理办公室和公安机关规范和管理专职治安员工作。

第二章　招　聘

第四条　招聘专职治安员应当坚持公开招聘、公平竞争、严格审查、择优录用的原则，由市(州)、县(市、区)综合治理部门或委托公安机关统一招聘。

第五条　专职治安员的基本条件：

(一)拥护党的路线、方针、政策，遵守国家法律、法规，思想品德好，作风正派，无前科劣迹；

(二)热爱治安保卫事业，自愿从事维护社会治安工作，责任心强；

(三)男性，年龄 18 至 45 岁，身体健康，具有高中以上文化程度。

第六条　政法、公安院校毕业生和退伍军人、城市下岗职工和低保人员，在同等条件下优先聘用。

第七条　被聘用的专职治安员要填写《个人自然情况登记表》(样式各地自定)，招聘机关应与被聘用的专职治安员签订用工合同，对工作内容、工作时间、工作纪律、待遇报酬等作出明确规定。

第三章 职 责

第八条 专职治安员应当协助民警做好以下工作:

(一)负责辖区内的治安巡逻,维护治安秩序;

(二)预防、制止违反治安管理的行为和违法犯罪行为,发现和捕获违法犯罪嫌疑人;

(三)了解、发现辖区内治安防范隐患和漏洞,揭示有关单位、居民做好安全防范工作,消除治安隐患;

(四)宣传、教育群众增强法制观念和安全防范意识;

(五)劝解民间纠纷;

(六)为群众提供治安救助,参加抢险救灾。

第四章 管 理

第九条 社会治安综合治理办公室和公安机关要建立专职治安员登记簿,并逐人建立个人档案,主要存放个人自然情况登记表、招聘审批表、聘用合同、工作业绩材料、考核记录、奖惩材料等。聘用的和被解聘的专职治安员的档案应长期保存。

第十条 建立治安员学习、会议、考勤、考核奖惩等各项规章制度和工作簿册。

第十一条 加强对专职治安员的思想政治教育和业务工作培训。熟知相关法律法规和政策;增强遵纪守法、爱岗敬业、为民服务和敢于斗争的观念;提高打击现行犯罪和巡罗、防范本领。治安员的教育培训可以采取集中授课与以会代训相结合、统一培训与分散培训相结合、定期培训与随时指导相结合等多种方式进行。集中统一教育培训时间每年不得少于四次,每次不得少于两天。

第十二条 由各级社会治安综合治理办公室和公安机关负责组织专职治安员开展治安巡逻、防范工作,公安机关要加强工作指导。同一个市、县(市)、乡(镇)内的专职治安员应规范统一的制式服装,佩带统一的值勤证件、值勤标志和警械器材。

第十三条 治安员不得单独从事下列活动:

(一)侦查、审讯、搜查、取证、处罚等刑事和行政执法活动;

(二)代替民警值班;

(三)看管、押送违法犯罪嫌疑人;

(四)法律法规禁止的其他行为。

第十四条 各地招聘的专职治安员要结合本地实际经济状况给予适当的工资报酬,实行有偿使用;工资的具体发放由当地综治部门或公安机关拨付用人派出所,按照多劳多得、少劳少得、奖勤罚懒的原则发放。除基本工资外,可根据个人表现发放一定数量的奖金。

第五章 行为规范

第十五条 受岗敬业,尽职尽责。理解治安巡防工作的重要意义,热爱治安巡防工作,树立敬业精神和服务意识,认真履行职责,努力完成巡防工作的各项任务。

第十六条 遵章守纪,依法办事。执勤中,严格遵守纪律和各项规章制度,不准徇私枉法、包庇坏人。不准泄露警务工作秘密或为犯罪嫌疑人通风报信。不准侵犯群众利益、打人骂人、刁难当事人。学法懂法守法,严格按照法律的规定办事。

第十七条 文明执勤,礼貌待人。在治安巡防工作中,衣帽整洁,举止端庄,用语文明,待人礼貌,态度和蔼,工作耐心,始终保持良好的执勤姿态和精神风貌。严禁耍特权,抖威风,粗暴蛮横,恶语伤人。

第十八条 服从指挥,团结协作。自觉服从领导,听从公安机关指挥,树立全局观念,与公安民警和有关部门密切配合,协调一致,增强工作合力,共同搞好治安巡防工作。

第十九条 扶危济困,见义勇为。努力为群众排忧解难,在国家利益和人民群众生命财产面临危险的情况下,做到无私无畏,见义勇为,积极参加救死扶伤、抢险救灾工作。

第六章 考核与奖惩

第二十条 为调动工作积极性,要制定科学合理的专职治安员工作考核细则,建立考核奖惩制度和竞争激励机制。

第二十一条 对专职治安员的考核实行年度

考核与日常积累相结合;业务工作考核与个人日常表现考察相结合;个人总结与派出所考核鉴定相结合;考察工作业绩与辖区群众评议相结合的方式进行。

第二十二条　奖励可以设立年度年度先进奖和平时贡献奖,颁发奖金、证书、奖牌或奖状。

第二十三条　对违反纪律的治安员要给予相应的处分。根据违纪事实和情节轻重以及危害程度予以通报批评、减发工资报酬或辞退;违反治安治规的予以治安处罚;触犯刑律的依法追究刑事责任。

第二十四条　辞退与开除专职治安员,由其工作管理部门提出意见,报招聘机关审批,同时要将有关材料存入治安员个人档案。

第七章　附　则

第二十五条　各市(州)、县(市、区)公安局可根据本办法,结合本地实际制定治安员管理细则。

第二十六条　本办法自下发之日起执行。

吉林省机构编制委员会关于调整吉林省社会治安综合治理委员会成员的通知

(2003年9月16日)

各市、州党委和人民政府,省委各部、委,省政府各委、办、厅、局,各人民团体:

鉴于省社会治安综合治理委员会部分成员工作变动,经省委同意,对省社会治安综合治理委员会成员进行调整。现将调整后的委员会成员通知如下:

主　任:聂文权　省委常委、省委政法委书记

副主任:李政文　省人大常委会副主任

牛海军　副省长

蔡　彰　省法院院长

索维东　省检察院检察长

委　员:刘力群　省委政法委副书记

韩英俊　省委政法委副书记、省委处理“法轮功”问题领导小组办公室主任

王有志　省军区政治部副主任

高金祥　省纪委副书记

李耀民　省委组织部副部长

王甫轶　省委宣传部副部长

关德伟　省政府副秘书长、省委省政府信访办公室主任

刘　敏　省直机关工委副书记

骆德春　省政府副秘书长

陈占旭　省公安厅厅长

张升东　省国家安全厅厅长

祝国治　省司法厅厅长

于兴昌　省高校工委副书记、省教育厅副厅长

奎　速　省民委副主任

张　晶　省民政厅副厅长

邹继宏　省财政厅副厅长

高　枫　省人事厅副厅长

崔力夫　省劳动和社会保障厅副厅长

石国祥　省建设厅副厅长

丁维东　省交通厅副厅长

武东风　省信息产业厅副厅长

贾　涛　省农业委员会副主任

刘志田　省林业厅党组成员

马玉英　省文化厅副厅长

杨明信　省卫生厅副厅长

车宝林　省计生委副主任

董柏超　省广播电影电视局副局长

李　彦　省工商局副局长
徐邦家　省新闻出版局副局长
王来福　省旅游局副局长
刘贵锋　省煤炭工业局副局长
杜兆清　省政协社会法制宗教委员会主任
王树华　省总工会副主席
李晓杰　团省委副书记
张桂焱　省妇联副主席
王彦忠　省武警总队副政委
王春生　中国人民银行长春中心支行副行长
于　明　长春海关副关长
孟　泉　民航吉林省管理局副局长
刘德江　中国保监会长春特派员办事处主任
李大军　省电力有限公司副总经理
王禹明　省通信管理局局长

省社会治安综合治理委员会下设办公室。

办公室主任：刘力群(兼)

吉林省机构编制委员会关于成立吉林省预防青少年违法犯罪工作领导小组的通知

（2003年12月18日）

各市、州党委和人民政府，省委各部、委，省政府各委、办、厅、局，各人民团体：

为切实加强对我省预防青少年违法犯罪工作的领导，保护青少年合法权益，经省政府同意，成立吉林省预防青少年违法犯罪工作领导小组。其主要职责为：加强对预防青少年违法犯罪工作的领导和协调，建立多方配合、齐抓共管的工作机制，研究解决工作中的突出问题，加强督促检查，推动各项工作措施在基层的落实。领导小组组成人员如下：

组　长：李锦斌　副省长
副组长：李龙熙　团省委书记、省未成年人保护委员会副主任
刘力群　省委政法委副书记、省综治办主任
迟学智　省教育厅副厅长
成　员：王　松　省法院副院长
徐　明　省检察院副检察长
秦利明　省公安厅副厅长
冯明芳　省司法厅副厅长
陈仁成　省建设厅纪检组长
潘占学　省民政厅助理巡视员
邹继宏　省财政厅副厅长
马玉英　省文化厅副厅长
姜　立　省广播电影电视局副局长
徐邦家　省新闻出版社局副局长
李晓杰　团省委副书记
张桂焱　省妇联副主席

省预防青少年违法犯罪工作领导小组下设办公室。办公室设在团省委，具体负责领导小组的日常工作。

办公室主任：李晓杰(兼)
副　主　任：李文戈　省委政法委综治处副处长
王利锋　团省委权益部部长
郑景国　省教育厅基础教育处处长

（撰稿：李文戈　孙青林　黄明远　张桂芳
审稿：刘力群　徐龙刚）

黑龙江省

“严打”整治斗争情况

按照中央、省委的统一部署和要求，从2001年4月开始至2003年4月底，组织开展了为期两年的“严打”整治斗争，基本实现了中央提出的刑事案件上升幅度明显下降，社会治安防范体系更加完善，人民群众的安全感进一步增强，政法队伍的整体素质明显提高，司法保障工作有较大改善，社会治安取得明显进步的目标。

4月1日至10日，省委“严打”整治斗争工作领导小组办公室组成了由厅级领导同志带队、政法各部门同志共32人参加的8个“严打”整治斗争工作检查验收组，对全省两年来的“严打”整治斗争工作进行了检查验收。省委认为：两年“严打”整治斗争取得了重大成果。两年间全省共立刑事案件280567起，破案160323起，破案率达57%；全省审判机关受理一审刑事案件23853件，判处刑事案件有罪人犯25964人，其中判处五年以上徒刑11373人，重刑面占43%。全省共打掉黑恶势力犯罪集团1116个，捕获成员5569人。其中公安部挂牌的32起黑社会性质犯罪集团全部打掉。抓获网上逃犯19906人。2002年全省共立刑事案件135492起，比2001年下降1.4%；2003年前4个月全省共立刑事案件30184起，比2002年同期下降7.5%。2001年全省共发生爆炸案件57起、绑架案件86起、杀人案件1753起，比2000年分别下降40.6%、28.9%和5.9%。2002年全省共发生爆炸案件30起、绑架案件72起、杀人案件1715起，比2001年分别下降47.4%、16.3%和2.2%。集中整治治安混乱地区，全省共排查确定了802个治安混乱地区，已全部改变了治安面貌；集中开展治爆缉枪，共收缴各种非法枪支40649枝，子弹22万余发，炸药207余吨，雷管41万余枚，涉爆、涉枪案件2002年比2001年分别下降47.4%和46.3%；集中整治文化娱乐和饮食服务场所，共查封取缔涉“黄、赌、毒”的歌舞厅、录像厅、电子游戏厅2280个(次)、违法违规网吧721个(次)，查办“黄、赌、毒”案件2.9万余起，其中破获毒品案件5754起，比前两年增加57.5%；集中整治治安问题较多的学校、机关、厂矿等企事业单位，共整治企业763户、学校及周边地区509个，使这些地方的治安秩序明显改观；集中整治铁路和公路沿线治安秩序，共整治重点路段228个，排查整治交通隐患6589项(次)，实现了创建安全线路的工作目标；集中整治消防隐患，共排查消防隐患21289件，全部落实整改措施。2001年火灾死、伤人数分别比2000年下降30.5%和14.9%，2002年全省发生火灾事故比2001年下降3.7%，财产损失比2001年减少14.5%；集中整治流动人口和出租房屋，共排查登记流动人口88万余人(次)、登记出租房屋13万余户(次)，抓获犯罪嫌疑人4051人；集中开展对刑释解教人员的排查工作，对三年来回归的39818名刑释解教人员集中排查登记，列入重点帮教对象12506人，刑释解教人员的帮教工作进一步加强。强化社会治安综合治理各项措施的落实，社会治安防控能力明显提高。把开展“严打”整治斗争同落实社会治安综合治理各项措施、深化“打防控一体化”建设紧密结合，积极探索建立加强社会治安的长效工作机制，进一步提高了打击、预防、控制违法犯罪的能力。全省共设立城镇警务区3350个、社区警务室1795个、乡镇责任区刑警队1100个、警民联防区6557个。组建了1.3万余个治安联防队，有33万余名专兼职治安联防员参加联防。全省农村组建了38万余个“10户义务联防组”，60万余农户邻里互看。有80%、90%、70%规划的小区、村、单位分别达到县以上安全创建标准，覆盖了全省城乡，进一步构筑了警民打防的坚强防线。大力加强政法队伍建设，广大干警的整体素质明显提升。结合开展“严打”整治斗争，全省共举办各种培训班146期，培训政法部门领导干部2400余人(次)，培训干警4万余人(次)，占干警总数的34%；对272个县区政法部门班子进行了调整充实，对1207名违法违纪干警进行了查处。“严打”整治斗争以来，全省政法机关共向社会公开发征求意见卡12万余张，征求意见3千余条。全省各地共树立政法先进集体典型7000余个(次)，先进个人典型2万余个(次)，省委政法委评选表彰了人民满意的政法单位标兵、政法领导干部和政法干警标兵223个，有225个政法集体、2599名政法干警在“严打”整治斗争中立功。有98个集体和200名个人被省委、省政府授予“黑龙江省‘严打’整治斗争先进集体”、“黑龙江省‘严打’整治斗争先进工作者”，有10个集体和12名个人被中央授予“全国‘严打’整治斗争先进集体”和“全国‘严打’整治斗争先进工作者”称号。“严打”整治期间，全省共有7名政法干警在同犯罪分子斗争中牺牲，8名政法干警在工作岗位上病逝，14名政法干警执行任务时意外遇难，185名政法干警负伤。司法保障有较大改善，人民群众对社会治安满意率提高。2001年7月，省委政法委、省财政厅联合下发了《关于加强“严打”整治斗争经费保障工作的意见》，提出了解决“严打”整治斗争经费的7条保障措施。省财政在为省直政法部门解决“严打”整治斗争工作经费的同时，采取财政转移支付的办法，解决了一些贫困地区政法干警工资问题。两年间，全省共投入1.5亿元经费用于“严打”整治斗争工作。其中360万元购买107台车辆奖励给“严打”整治斗争先进集体，用于改善政法部门装备。哈尔滨市筹资1000万元，购买了500台面包车，发给社区警务室，使基层的装备条件得到改善。在对全省的“严打”整治斗争检查验收过程中，组织了对社会群众的安全感测评，公众对社会治安满意和基本满意率达85%，较“严打”整治斗争前提高6个百分点。

两年全省“严打”整治斗争的主要特点。全省各级党委、政府和各级政法部门在两年的“严打”整治斗争中，针对社会治安的新情况，增强“严打”整治对象的针对性，突出“严打”整治效果的影响性，加大各项工作措施的有效性，表现了与以往的“严打”集中统一行动具有不同的鲜明特点：坚持依法“严打”的原则，实现了法律效果与社会效果的和谐统一。“严打”整治斗争一开始，省委“严打”整治工作领导小组就注重依法协调政法各部门，用依法“严打”的思想统一政法各部门的认识，协调政法各部门的行动，强调政法各部门依法加强配合，提高工作效率，为实现“严打”整治斗争社会效果与法律效果的统一奠定了原则基础。省公安厅先后7次组织开展移送起诉案件质量、劳动教养审批、超期羁押人犯清理等专项执法检查和综合执法检查评议活动，较好地解决了以往“严打”中存在的依法办案意识不强、人员“大抓大放”和人犯惩处少等问题。全省各级检察机关坚持配合与监督的统一，坚持将监督延伸到受理提请批捕之前的发案、立案阶段，依法纠正有案不立、有罪不究的问题，特别是对黑恶势力犯罪案件线索实施重点监督，防止打击不力。此间，全省检察机关共受理立案监督案件线索3321件，要求公安机关说明不立案理由3140件，纠正漏捕119件223人，提出或提请抗诉268件。省法院确定了不错判一案，不误判漏判一人，不留一件后遗症的工作要求。各级政法机关始终坚持统一执法思想，坚持贯彻执行“两个基本”的定案原则，坚持惩办与宽大相结合的政策，坚持罪刑法定原则和罪刑相适应原则，严把事实关、证据关和适用法律关，确保了“严打”工作的质量。坚持“打防结合，预防为主”的方针，实现了社会治安综合治理打击和防范的良性互动。全省各地抓住开展“严打”整治斗争的有利契机，认真贯彻落实《中共中央、国务院关于进一步加强社会治安综合治理的意见》(中发[2001]14号)和全国社会治安综合治理工作会议精神，在充分运用各种打击手段的同时，认真抓好防范措施的落实，促进了社会治安防控能力的提高，有效地巩固了“严打”整治斗争的成果。此间，各地、各部门相继在人防、物防、技防方面落实了许多行之有效的措施，在宏观政策上做到了突出治安防范工作重点，在财力上向防范工作投入。根据省委的要求，在全省乡镇、街道机构改革期间，专门为乡镇、街道配齐配强了专抓社会治安综合治理工作的干部，保证社会治安综合治理工作在基层有人抓、有人管、能落实。坚持“打黑除恶”的重点，实现了带动和促进“严打”整治斗争向纵深的稳步推进。"严打"整治斗争中，全省各地以"打黑除恶"为龙头，以"三类"犯罪为重点，始终保持了对严重刑事犯罪活动的高压态势，让人民群众感受到了"严打"的效果，使"严打"整治斗争不断向纵深推进。持续不断地组织开展全省性、地域性的集中统一行动，发动群众举报黑恶犯罪线索，深入排查黑恶势力犯罪，破获了一批严重影响人民群众安全的黑恶势力犯罪案件。同时，省委多次督促强调撕破"关系网"，掀开"保护层"，端掉"黑后台"，深挖隐藏深的黑恶势力，使黑恶犯罪分子依法受到了严惩。公安机关对涉黑涉恶案件挂牌督办，各级检察、审判机关对黑恶案件提前介入，始终贯彻依法从重从快的方针和"两个基本"的原则，做到快捕快诉快判，给予了黑恶势力沉重打击。加大了推进社区警务战略力度，有25%的公安干警下摆到基层一线；加大了治安服务产业化的进程，全省已有1.4万名保安员上岗为社会提供安全服务；探索了对特殊群体管理教育的方法，在全省组织开展了"为青少年办实事、办好事"活动，有3万余名干部和志愿者参与对青少年和刑释解教人员的帮教；创新了对流动人口管理的形式，省综治办牵头协调公安、税务等部门，试行推广由流动人口管理机构代收出租房屋税，探索解决税种流失和加强对流动人口及落脚点的管理，实现动态管理与静态管理相结合，从中发现和打击犯罪；构建了治安防范新格局，省委办公厅、省政府办公厅转发了《黑龙江省社会治安综合治理委员会贯彻落实<中央社会治安综合治理委员会关于加强社会治安防范工作的意见>的实施方案》，使全省的治安防范工作进一步规范、完善和加强。

两年"严打"整治斗争工作的基本经验。第一，只有各级党委负总责、真抓实管，才能在全省形成强有力的组织领导体系。两年"严打"整治斗争之所以取得显著成效，根本在于各级党委、政府将"严打"整治工作纳入了重要工作议事日程，各级党政主要领导真正承担起了"为官一任，保一方平安"的政治责任，从而为夺取"严打"整治斗争全面胜利提供了坚实有力的组织领导保障。第二，只有充分发挥政法部门的主力军作用，才能在全省形成开展"严打"整治斗争的战斗力。在"严打"整治斗争中，政法部门做到全警动员，全员参战，统一思想，协同动作，相互支持，相互配合，重拳出击，重典治乱，充分发挥了主力军作用，确保了"严打"整治斗争不断取得新的胜利。第三，只有各方共同参与，才能在全省形成整体作战的工作态势。由于社会治安问题是社会问题的综合反映，就必须在党委、政府的统一领导下，整合社会各方面力量齐抓共管才能奏效。第四，只有坚持群众路线，才能在全省形成强烈的"严打"整治氛围。"严打"整治斗争中，各地、各部门普遍采取各种形式大造"严打"整治斗争的声势，广泛发动群众，调动人民群众参与"严打"整治斗争的积极性，动员人民群众检举揭发违法犯罪分子，积极参与重点整治，构筑了打击预防犯罪的坚强防线，保证了"严打"整治斗争的全面胜利。第五，只有以社会治安综合治理工作为根本途径，才能巩固"严打"整治斗争的成果。"严打"整治斗争虽然取得了重大胜利，但要巩固成果，防止反弹，必须靠长期、持久的社会治安综合治理工作。只有不断强化综合治理措施在基层的大面积落实，从根本上增强治安防范能力，预防和减少犯罪的发生，才能使"严打"整治斗争的成果得以巩固和发展。

"严打"整治斗争中存在的问题。一是对刑事犯罪特别是黑恶势力的打击力度还需要进一步加大。二是重"严打"轻"整治"的倾向比较普遍。三是组织领导上存在前紧后松、时紧时松的问题。四是经费、设施等物质保障不够有力，影响"严打"整治斗争的开展。

2003年继续深入开展了"打黑除恶"斗争。全省共打掉黑恶势力295个，其中黑社会性质犯罪集团5个；抓获黑恶集团犯罪嫌疑人1467名，破获案件2765起。省委、省综治委领导直接指挥省公安厅、省检察院、省法院打掉查办了齐齐哈尔市张执新、张执文涉黑犯罪集团案件，抓获涉案犯罪嫌疑人126人，其中黑社会性质组织成员32人，破获各类案件125起，查缴黑恶资产总价值1.2亿元，收缴各类枪支20枝，查处黑恶势力"保护伞"13人。强化了日常打击。全年共立刑事案件119276起，同比下降12%。其中杀人案件下降15.9%，伤害案件下降6.1%，抢劫案件下降17.1%，盗窃案件下降9.7%。破获各类刑事案件62471起，捕获刑事案件作案成员22983人。抓获各类网上逃犯3871名，其中部B级通缉逃犯9

名，部级督捕逃犯2名，为外省市抓获网上逃犯524名。严厉打击了各种经济犯罪活动。全年共立案侦办各类经济犯罪案件1661起，破获1481起，涉案金额4.6亿元，挽回经济损失1.4亿元，抓获犯罪嫌疑人1067人。其中海关查办各类走私案件39起，案值8100余万元，抓获走私犯罪嫌疑人30人，查获各类违禁品3.7万件，其中反动出版物12万件，非法出版物641件，邪教宣传品1.7万件。全省审判机关审结一审刑事案件22670件，判处发生法律效率的有罪人犯25789人。加大对毒品犯罪打击力度，有针对性地开展了专项打击、区域整治和无毒社区建设，全年共破获毒品犯罪案件5670起，抓获毒品犯罪嫌疑人3916名，打掉犯罪团伙163个；破案缴获摇头丸38440粒、海洛因2.6千克、鸦片5.6千克、杜冷丁1.9万支、冰毒29.2克、大麻254.3千克，易制毒化学品2.8千克，作案用枪支11枝。

流动人口治安管理情况

年初，省综治委流动人口管理办公室制发了《2003年黑龙江省流动人口管理工作要点》，确定了提高流动人口社会服务和治安管理水平的工作目标。深入探索新形势下流动人口管理的方式、方法，全面加强流动人口管理队伍建设，法制化建设和规范化管理。全年全省共建有2900余个流动人口服务管理站，按照城市每200名暂住人口、农村100名暂住人口配一名专职协管员的标准，各地都配备了专(兼)职工作人员。大庆市政府批准，流动人口集中的4个市区在下岗待岗职工中招聘了300名流动人口协管员，从社保基金中解决这些人的工资，加强了流动人口管理工作。省流动人口工作办公室起草了《黑龙江省暂住人口治安管理规定》，报省政府法制局，列入了立法计划。省公安厅制定下发了《黑龙江省暂住人口治安管理工作规范》和《黑龙江省公安厅暂住人口治安管理工作责任倒查暂行办法》等规范性文件；按照《公安部关于进一步改进暂住人口管理和服务工作切实保护暂住人口合法权益的通知》要求，认真清理涉及暂住人口治安管理和收容遣送工作的地方性法规、规章和内部文件，从而在制度上规范了流动人口管理工作。全省各级公安机关认真开展了暂住人口统计工作。各地把居住3日以上、一个月内和饭店、工地、出租房屋的暂住人口进行重点登记统计，全年登记流动人口90万人(次)，发放暂住证73万人次，清理不具备暂住条件的人员3万余人，通过对人口清查，从中发现犯罪线索破获刑事案件2507起，查处治安案件4647起。

铁路护路联防工作情况

认真按照中央护路办总体工作要求，结合管内实际，紧紧围绕确保铁路运输安全这条主线，层层落实责任，科学地、创造性地开展工作，取得实效。全年共协助地方政府妥善处置群体性冲击铁路事件6起；协助公安机关破获刑事案件4起、治安案件83件，抓获违法人员213人，年初确定的294.5公里重点整治区段，未发生重大治安问题。连续开展的创建“安全文明铁道线”活动效果显著。到年底108个专职护路队伍实现了创建工作标准，占总数的91.5%。

4月份省护路联防工作领导小组在哈尔滨市召开了《全省铁路联防工作总结表彰会》。省护路联防工作领导小组成员、各市主管领导、受表彰的先进集体和先进个人代表近80人参加会议。会上通报了2002年全省护路承包考核验收情况，命名了32个创建达标单位，表彰了11个先进集体、132个先进个人。王东华副省长与13个市、地领导签定了护路承包责任书，并在会上做了重要讲话，明确了工作重点，提出了要求。7月份省铁路护路联防领导小组办公室在牡丹江市召开了《全省护路工作例会暨基础建设经验交流会》。交流了上半年护路工作情况，明确了下一步工作方向，对揭挂图板和统一护路民兵服装等做了规范，实地考察了宁安市石岩镇护路工作，促进了基础工作规范化建设。8月份，省护路办在哈尔滨市召开了13个市、地护路承包工作主要负责同志参加的《全省落实护路承包管理暂行办法》推进会。各市地交流了工作，对落实中央护路办提出的建立完善护路联防长效机制提出要求。9月份，省护路办在佳木斯市召开了《省铁路护路连队建设现场会》，各联合工作小组办公室主任、副主任、连队长等40多人参加了会议。听取了连队建设经验介绍，省护路办主任任乃俊就如何贯彻落实会议提出了三点要求。10月份，省护路办在省军区呼兰培训基地举办了《全省铁路护路民兵骨干第九期培训班》，60多名连队长接受了为期10天的护路专业知识培训和军体训练。为检验在全省护路民兵中开展的岗位技能大练兵活动成果，进行了科目专业知识百题竞赛和队列、警棍术、擒敌拳等主要科目的军体技能比赛，锻炼了队伍、提高了素质，使广大护路民兵尽职尽责，更好地发挥了专职护路队伍作用。省护路办成功开通了护路网络，下半年全系统启用，使各种信息及时上网发布，采取多媒体形式和召开可视电话会议进行工作交流，发挥了网络快速、便捷、高效的作用，初步达到了现代化办公水平，是全国开展护路工作单位中第一个采用网络办公的。省护路办坚持加强对市地乡镇各级护路联防组织的检查、指导和每半年、年终进行一次全面考核，及时地总结经验和通报存在的问题，提升了全省护路的整体水平。

社会治安管理和防范工作情况

强化对公共场所、特种行业的安全检查，减少各类治安隐患。全年共查处各类治安案件152957起，处罚186994人。在全省组织了收缴剧毒品行动。查处毒鼠强案件364起，收缴剧毒鼠药47256公斤，处罚483人。对公安机关内部人员持有的非法枪支弹药和爆炸物品开展专项整治，共收缴非法枪支317枝、子弹16429发、雷管255枚。对烟花爆竹等危险物品强化安全监督管理，依法严肃查处违法违规行为。组织开展了全省民用爆炸物品专项整治工作，共查封不符合安全规定的炸药库8个，取缔非法矿井124个，收缴无号雷管700枚。针对“黄赌毒”问题时有回潮的情况，在全省开展了打击卖淫嫖娼、赌博、吸毒等违法犯罪活动专项斗争，使全省“黄赌毒”违法犯罪活动得到控制，净化了社会环境。加强交通治安管理，减少交通治安事故。全省共发生一般以上道路交通事故9954次，下降13.65%；死亡2447人，与上年持平；伤9599人，下降9.89%；直接损失4605万元，下降6.89%。省政府调整了交通预防事故领导小组，吸收10个有关职能部门负责同志为成员，共召开8次会议研究工作。市地、县区亦成立了相应的领导议事机构。开展创建“平安大道”工作，在公路沿线开展“交通安全村”、“交通安全学校”、“交通安全社区”活动，对重点路段重点投入警力和装备，共排查一次死亡5人以上的特大事故公路点段11处，一次死亡2人以上特大事故公路点段160处，对其中93处采取了补设设施、标志和封闭公路开口，设置事故宣传警示板等办法进行治理。针对长途卧铺客车超载发生事故较多的问题，落实了民警包车包线实施安全跟踪管理措施，组织专项检查统一行动，对检查发现的不符合安全条件的车辆停运，限期整改。全年查处各类交通违章问题35万件，记分30万分，清理补充机动车数据信息39万辆(次)。全年60%里程国道、省道达到了3等管理水平。强化消防安全管理,减少火灾治安事故。2月2日哈尔滨市道外区天潭酒店发生特大火灾事故,全省消防工作以此为教训,强化各项措施落实。2月20日,省长宋法棠亲自主持召开全省安全生产会议,部署对消防安全集中整治,提出“四停、六清、八到位”要求。全省纳入“四停”范围的75家重大火灾隐患单位,已整改合格或关停67家;2472家公众聚集场所,已整改或关停2063家;433个加油站,整改合格或关停288个;315项违法投入使用工程,整改合格或关停202项。在“六清”方面,全省清除隐患9645处,关停不合格单位181家,罚款92万元,依法对17名责任人予以行政拘留处罚。按照公安部和国家安全生产监督管理局部署,重点开展了人员密集场所消防安全疏散通道、安全出口专项治理工作。截止10月底,全省共组成检查组1918个,检查单位14802个,查处各类火灾隐患19264处。全省纳入人员密集场所消防安全疏散通道、安全出口专项治理范围的12702家单位,治理合格11463个,合格率达到90.2%。完成了第二轮重大火灾隐患整改工作。全省第二轮重大火灾隐患已达到治理要求的有262家,投入整改资金达3.4亿元人民币,治理合格率达97%。全省2425家加油站,治理合格率达96.2%。组织哈、齐、牡、佳、绥化5个地市,开展了农村消防宣传教育试点工作,推广普及“五个一工程”。即:在全省城乡,全面普及推广消防宣传教育的一册读本、一套挂图、一盒录音带、一张光碟和一台文艺节目。9月中旬,17万册《防火常识读本》、10万张《消防常识挂图》以及数百本《居(村)民家庭防火常识》光碟、《农村消防安全常识》录音带等,全部免费发放到了全省各地。全省消防站累计接待参观群众20余万人次。加强商品市场治安管理,减少破坏市场秩序的治安问题。重点开展了“六打击”工作,全省市场治安民警队共查处治安案件2760起,其中盗窃600起、流氓滋扰190起、殴打伤害660起、扰乱公共秩序525起,共处罚1019人、警告704人、治安拘留113人;配合公安机关查处各类案件60多起,其中抢劫40起,有效地维护了市场秩序。健全和完善了多层次的市场治安防范网络,组建了由市场民警、个体劳协分会、工商管理所和行业组长为网络的治保会1800个;成立了治安联防队1800个,联防队员7200人,物建特情耳目2700名。采取对重点人员实行派出所、民警队“双列管”的办法,加强了刑释解教人员的帮教工作,使在市场经营的刑释解教人员重新犯罪率控制在5%以下。

4月,省委、省政府制发了《贯彻〈中共中央、国务院关于进一步加强社会治安综合治理的意见〉的实施意见》,省委办公厅、省政府办公厅印发了《黑龙江省社会治安综合治理委员会贯彻落实〈中央社会治安综合治理委员会关于加强社会治安防范工作的意见〉的实施方案》,有效地指导和推动了社会治安综合治理及治安防范工作。依据省委、省政府的要求,各地切实加强基层综治组织机构建设,进一步落实了领导力量和工作人员,做到了综治工作在基层有人抓、有人管、有人干、能落实。全省乡镇全部建立了社会治安综合治理机构,有75%的乡镇、街道配备了专职领导,所有乡镇、街道都落实了1至2名专职工作人员,全年全省新落实乡镇专职综治干部856人。切实加强基层专群结合的群防群治队伍建设,全省全年增加保安员4000余名,保安员队伍已达2万人,其中在再就业人员中选拔7000多名专职治安员。大力推进社区警务战略,实现了社区警务室建设的规范化、制度化。全省共建城镇社区警务室3546个、农村警务室13180个;各级公安机关通过精简上层向派出所增加警力5000余人,使全省基层派出所警力达总警力的40.1%。深入推进安全创建活动。4月,省综治委下发了《关于进一步加强基层安全创建活动的意见》,对安全创建工作提出了明确要求。各级党委、政府相继研究制定与当地经济社会发展同步的安全创建活动规划,加强了对基层安全创建活动的检查、考评和分类指导,实行滚动推进,提高了创建水平,使安全区域不断扩大。目前全省三级“安全小区”覆盖率达到80%以上。其中达到省级标准的安全社区418个、安全村9898个、安全单位573个。

矛盾纠纷排查调处工作情况

根据中央和省委关于切实做好矛盾纠纷排查调处工作的指示要求，省委维护社会稳定工作领导小组于2003年2月24日制发《关于开展排查化解群体性矛盾集中统一行动的通知》，要求各地在认真做好矛盾纠纷排查调处日常工作的同时，集中力量对国有危困企业拖欠职工工资、养老金、医疗费问题；国有关闭破产、兼并重组企业职工安置及生活困难问题；集资及金融债券兑付问题；城镇居民动迁安置问题；"三方面"人员工作生活待遇问题；行政执法和司法不公问题；农民负担问题；拖欠农副产品款项问题；拖欠民工工资等10个方面问题引发的群体性（涉及10人以上）矛盾开展排查化解集中统一行动。各地、各部门按照要求，切实加强组织领导，研究制定工作方案，对排查出的群体性矛盾认真梳理，分类建档，按照"属地管理"和"谁主管谁负责"的原则，逐一建立调处化解"台账"，列入目标管理，全面实行"一个群体性矛盾、一名责任领导、一套工作班子、一个调处化解方案、一抓到底"的办法，限期加以化解。经过为期10个月的集中统一行动，全省共排查出各类矛盾纠纷3600余个，调处化解3100余个，调处化解率达到87%。其中，群体性矛盾1950个，调处化解1450个，调处化解率75%。8月14日，省委政法委下发《关于切实做好调处化解群体性上访和涉法案件信访工作的通知》，对群体性上访和涉法案件工作作出部署。通过深入组织开展矛盾纠纷排查调处工作，全省信访总量在连续三年回落的基础上，又下降3.1%，群众集体到省、进京上访件次同比下降11.4%和38.1%，呈现出较好的社会稳定局面。根据省委部署，省委维护社会稳定工作领导小组制发了《关于积极预防和妥善处置群体性事件的工作意见》，就加强维护稳定信息工作，严格落实情况信息报告制度；完善矛盾纠纷排查调处工作机制，定期组织深入开展矛盾纠纷排查化解工作；健全基层调处网络，强化民间矛盾纠纷调处力度；加强信访工作，及时解决群众反映的热点问题；认真解决群众反映的实际问题，积极消除引发群体性事件的诱因；正确把握工作原则，积极稳妥处置群体性事件；严格落实维护稳定工作领导和部门、单位责任制；切实加强维护稳定工作组织机构建设等重要问题，提出明确要求，作出具体规定。省委常委、省委综治委主任杜宇新，省政府副省长、省综治委副主任王东华多次到基层调查解决矛盾纠纷工作，指导基层正确处置各类群体性事件。当年，由于历史原因群体性上访闹事问题次数较多的首钢庆华厂、佳木斯纺织厂大规模集体上访均得到平稳处置。

省司法厅把2003年定为"人民调解建设年"，制定下发了《关于加强全省人民调解工作规范化建设的意见》，编辑出版了《人民调解员必读》一书，与人民法院密切配合，加强了对人民调解员的培训工作，有效地提高了调解人员的法律政策水平和实际工作能力。全省各级调解组织共排查民意纠纷3万件，依法调解民间纠纷11万件，防止纠纷激化1.5万件。

全省法院系统、司法行政机关认真贯彻落实《最高人民法院、司法部关于进一步加强新时期人民调解工作的意见》、《最高人民法院关于审理涉及人民调解协议的民事案件的若干规定》，以及《人民调解工作若干规定》等3个文件精神，省委、省政府转发省高级人民法院和省司法厅起草的《关于进一步加强新时期全省人民调解工作的意见》，对全省人民调解工作进行了全面部署。同时建立人民调解业务协同合作机制，省高院民一庭与司法厅基层处成立了协调办事机构，定期召开联席会议，共同探讨和研究解决人民调解与诉讼制度衔接、人民调解员培训、人民调解工作规范化建设等问题。培训人民调解员6万多人次，有5000多名人民调解员被法院聘为人民陪审员。

社会治安综合治理宣传教育工作情况

省综治办强化宣传机制建设，积极推进“五有”规范化落实。即有总体宣传计划，有固定宣传栏目，有专业宣传骨干队伍，有优化竞争机制，有严格奖惩措施。全年省综治办与省级新闻单位召开新闻发布会6次，召开新闻联席会2次，组织对政法综治新闻报道31次。指导新闻媒体创办了《警察故事》、《特别关注》、《大墙内外》、《公安局长》、《法官办案札记》、《公正与安全主题笔谈》等宣传综治工作的专栏。组织综治好新闻评选，调动新闻工作者宣传综治的积极性。年初下发了关于评选综治好新闻的通知，指导各市地做好新闻稿件推荐。3月下旬，经省综治好新闻奖评委会办公室组织有关专家评委进行评选，在各地报送的发表在2002年全国、全省各级媒体中的187篇参评作品中评选出优秀作品50篇，其中一等奖10个，二等奖12个，三等奖28个，7个市地、部门获组织奖。同时，推荐到中央参评作品15篇，其中有4篇作品获中央社会治安综合治理好新闻奖，省委政法委、综治办获中央好新闻评选组织奖。

表彰见义勇为先进分子，弘扬社会正气。2003年8月中旬，省见义勇为奖励基金会组织召开了由省委宣传部、省精神文明办、省公安厅和省委政法委有关领导参加的2002年度全省见义勇为先进分子评定会议。全省从市、地、部门推荐的51名候选人中评选出18人为2002年度“黑龙江省见义勇为先进分子”，奖励5000元人民币，给予牺牲者家属10000万人民币生活补助。10月23日省综治委、省见义勇为基金会召开了全省见义勇为先进分子表彰奖励座谈会。省委宣传部、省精神文明办、省综治委成员单位的负责同志和省委政法委委员、省直政法部门的主要负责同志及部门市地、系统政法委、综治办的负责同志参加了会议，会议由省政府副省长、综治委副主任王东华同志主持，省委常委、省综治委主任杜宇新做了重要讲话，5名见义勇为先进分子代表做了事迹介绍。同年，齐齐哈尔市、牡丹江市、佳木斯市、鸡西市和农垦总局都召开大会，对43名见义勇为人员进行表彰奖励。其中齐齐哈尔市授予王艳、石健、崔连玉、吴凤琴4名同志为“齐齐哈尔市勇敢市民标兵”荣誉称号，每人发奖金5000元；授予李景林、黄志强、刘长林、于源伟、万忠军5名同志为“齐齐哈尔市勇敢市民”荣誉称号，每人发奖金3000元；授予张振林、刘兴利、王海、曲绍纯、隋汉涛、吴广民、曹永民、赵海江、史方明、高晓峰10名同志为“齐齐哈尔市见义勇为先进个人”荣誉称号，每人发奖金1500元。牡丹江市授予李国明、康尊海、赵戈、纽长喜、姜春波、李彦军、孙玉福7人为“牡丹江市见义勇为先进分子”荣誉称号，每人发奖金1000元。佳木斯市授予李凤梅、张欣、陈雷、李相武、王行东5名同志为“佳木斯市见义勇为先进分子”荣誉称号，并给予物质奖励。鸡西市授予胡凤志、胡凤岐、崔福林、咸玉成、张金栋、徐志杰、宋涛7名同志“鸡西市见义勇为先进分子”荣誉称号。省农垦总局授予马立红、任永华、张万钰、孙国付、董玉荣5名同志为“黑龙江省农垦总局见义勇为先进分子”荣誉称号，每人发奖金3000元。

2003年，全省共组织举办普法骨干和重点普法对象法制培训班310期，培训骨干和重点对象1.9万人次。在全省中小学生中组织举办了“法在我心中”法律知识演讲竞赛和争做遵纪守法的公民征文活动，全省有1万多名中小学生参加了此次活动，有近65万名中小学生受到了相应的教育。在全省范围内组织开展了“村官”法律知识竞赛活动，有近4万名“村官”参加了竞赛。大力宣传《法律援助条例》，起草《关于贯彻落实〈法律援助条例〉促进和规范法律援助工作的意见》，对全省法律援助的机构建设、队伍建设、管理体制、经费保障机制等内容作出了具体的规定。同时，还先后与省电视台联合举办了“援助龙江行”活动，省综治办、省文明办、省总工会、团省委、省妇联、省电视台共同主办了“为实现公平和正义——法律援助在龙江”大型公益活动，积极为弱势群体提供法律援助。

2月份，省综治办、省妇联、省人大内司委、省司法厅、黑龙江省日报社联合发出通知，在全省范围内开展了“黑龙江省保护妇女合法权益法律知识答题‘圣泰杯’竞赛”活动，共下发问卷30多万份，回收有效答卷12万份，基本正确率达90%。7月16日，竞赛组委会在省公证处监督下抽取了一等奖10名、二等奖20名、三等奖50名，圆满结束了此项竞赛活动。同年伊春市下发了《关于举办全市社会治安综合治理知识电视大奖赛的通知》，明确竞赛的方式、内容和时间。经过初赛、预赛，共选出6支代表队参加决赛。10月25日上午，伊春市社会治安综合治理知识电视大奖赛在市电视台演播厅隆重举行，市委、市人大、市政府、市直政法部门、各县(市)、区(局)及各系统主管领导等120人观摩了竞赛。伊春市电视台对全市社会治安综合治理知识电视大奖赛进行了现场直播。

社会治安综合治理基层基础建设情况

5月3日，省委、省政府制定了《贯彻〈中共中央、国务院关于进一步加强社会治安综合治理的意见〉的实施意见》。4月30日省委办公厅、省政府办公厅印发了《黑龙江省社会治安综合治理委员会贯彻落实〈中央社会治安综合治理委员会关于加强社会治安防范工作的意见的实施方案〉的通知》。6月底，省综治办对全省加强社会治安综合治理基层基础建设情况进行督导检查。各市地认真抓了省委、省政府这两个文件的落实，结合当地实际，制定下发了关于加强综治机构、编制、人员、经费、警力下沉等内容的文件，对加强基层基础建设提出要求。各级综治部门重点抓了综治机构建设和人员编制的选配落实工作，到年底全省80%乡镇街道均设立社会治安综合治理委员会，落实2400名专职工作人员。同时加强基层群防治组织建设。全省有治保会29600个104194人，其中调整整顿2490个，较好发挥作用的26150个，占88%；有调委会24139个89413人，其中调整整顿1839个，较好发挥作用的21001个，占89%；全省落实3.7万余名专职治安员、27万名兼职治安员和2.2万余名保安员参加社会治安防范。公安机关重点强化基层派出所建设，省公安厅在牡丹江市召开现场会，提出落实对派出所警力、干警的提拔、奖励、派出所经费装备4方面倾斜政策，当年，全省公安机关向派出所充实警力2110人，使派出所警力达到总警力的40.1%。各地共向派出所投入资金6600余万元，新建和修缮公安派出所房屋14万平方米。全省132个基层法院实行审判流程管理，有效克服了审判管理中的随意性和无序性。全省基层法庭调整到502个，基层检查室调整到232个，并加强了标准化建设。省司法行政部门开展了“监管安全稳定年”活动，全年监狱脱逃犯罪2人，历年逃犯捕回10人。坚持以提高教育改造质量为中心，推进监狱工作法制化、科学化和社会化建设，制定实施了《职务犯罪服刑人员管理办法》。严格履行罪犯、劳教人员减刑(期)、假释、保外就医、所外执行、百分考核等法律程序，做到了依法行政、依法治监(所)。认真贯彻教育、感化、挽救的劳教工作方针和“三像”的工作要求，把劳教所办成教育人、挽救人的特殊学校，以深入创办劳教工作特色为重点，进一步提高劳教工作水平。探索实行了纵向分级管理和横向分类管理模式，在严管、普管、宽管处遇划分的基础上，对劳教人员试行了封闭、半开放、开放的动态管理方式，同时按照不同的罪错形式，实施分类分段管理，增强了管教矫治工作的针对性。探索实行了新型的教育转化工作方式方法，做到了传统方式与电教方式相结合、课堂讲授与个别辅导相结合、老师引导与学员互助相结合、所内教育与所外教育相结合、试行了月(周)探亲制度、走读制度和试工、试学、试农“三试”制度。同时，在劳动生产上，突出了矫治和习艺两大功能，采取有力措施，加大了职业技能教育力度。按照“减少数量、扩大规模、向中心城市靠拢”的原则，坚持把监狱体制改革试点工作与监所布局调整紧密结合起来。将原佳木斯市所属佳木斯监狱与省属莲江口监狱合并,组建了新的佳木斯监狱,并收归省监狱局管理;将原鸡西市所属的鸡西监狱与省属哈达岗监狱合并,组建了新的鸡西监狱,并收归省监狱局管理;将原齐齐哈尔市所属的齐齐哈尔监狱与富拉尔基关押点合并,组建新的齐齐哈尔监狱,并收归省监狱局管理;将哈尔滨市所属的5所监狱合并为3所,隶属关系不变,全省监狱数量由29所调整为24所(含4所市属监狱)。将永安劳教所与绥化劳教所合并为新的绥化劳教所,将齐齐哈尔市的双合劳教所和富裕劳教所合并为齐齐哈尔劳教所,撤销了哈尔滨市所属的前进劳教所,全省劳教所的数量由18所调整为15所。全省100个基层司法所被命名为全省规范化建设司法所。

刑释解教人员安置帮教工作情况

年初,省综治委刑释解教工作领导小组办公室制定了年度工作要点,明确全年各项工作任务和要求,据此强化各项工作措施落实。年度确定刑释解教人员安置帮教工作总体目标是:"一个不漏、衔接到位、防止脱管、及时安置"。深入开展了对刑释解教人员的清理排查工作,严把衔接关、安置关、管理关和帮教关,不断加大管控和帮教力度,积极探索安置渠道,对全省刑释解教人员努力做到"三清"(排查底数清、落户人员清、人户分离清)、"四管"(刑释不脱管、重点人严管、以帮辅管、以教促管)、"五帮"(家属帮看、社区帮管、民警帮监、社会帮教、民政帮扶),积极促进刑释解教人员从身体到心理向社会的全面回归。积极采取原单位接收、区街企业安置、鼓励自谋职业、市场摊区安置、创办过渡性企业、中介组织介绍等方式的同时,还对各市地开办的安置帮教实体、基地进行了全面的清理整顿,并研究起草了《安置刑释解教人员优惠政策》。为加强刑释解教安置帮教工作的法制化建设,在调研的基础上,商省政府法制办制定了起草《黑龙江省刑释解教人员安置帮扶工作条例》的计划。全年回归社会刑释解教人员1.44万人,接茬帮教1.31万人,占91%,重新犯罪率在3.8%以内。全省共有帮教组织13903个,参与帮教工作人员达11万余人。

预防青少年违法犯罪工作情况

省预防青少年违法犯罪领导小组办公室突出抓好在校生的青少年管理教育和预防犯罪工作,逐步建立家庭教育、学校教育与社会教育紧密结合的管理教育网络。全省共有500余万名中小学生参加了读书教育活动,70余万名中小学生参与学校组织的法律知识竞赛。各地充分发挥中小学法制副校长的作用,强化对在校青少年法制教育和权益保护,把学校素质教育向社会延伸,整合多种力量,帮助青少年完成义务教育学业。全省调整配备中小学法制副校长10399名,共上法制教育课4万余场次。同时,各地还建立起预防青少年违法犯罪组织机构和工作机制,加强对闲散青少年的教育和管理,推动《青少年违法犯罪社区预防计划》的实施。全省共建立青少年帮教组织1.5万余个,参与帮教人数达4.4万人,对近1.6万余名失足劣迹青少年帮教,改好率达83%。

实行社会治安综合治理领导责任制情况

各地、各部门认真总结落实社会治安综合治理责任制的经验，相继制定了更为科学合理的检查考评标准，切实做到把各级党政领导抓社会治安综合治理工作的实绩作为考核干部的重要内容，作为干部晋职晋级、奖惩的重要依据。按照有关规定，进一步建立完善了对在社会治安综合治理工作中成绩显著、贡献突出的地方、部门的党政主要领导和主管领导干部嘉奖工作制度。明确各级党政一把手是维护社会治安稳定第一责任人的政治责任，省、市、县、乡的党政一把手逐级签定了责任状，年终按责任状目标进行了考评。省综治委先后召开二次全体委员会议，研究探讨进一步加强全省社会治安综合治理工作。各地普遍坚持了领导干部综合治理工作写实和向党委定期汇报综合治理工作，省综治委成员单位有 40 名厅以上领导向省综治委交了综治工作述职报告。各级社会治安综合治理委员会严格按照“属地管理”的原则，加大对辖区内上级直属的大型企事业单位协调工作力度，充分运用“一票否决”和责任查究，严肃查究了一批负有领导责任的干部及相关责任人，促进了社会治安综合治理各项措施的落实。9 月 15 日，省综治委制发了《黑龙江省社会治安综合治理委员会关于对今年以来全省实施社会治安综合治理“一票否决”权制情况的通报》对 10 个单位发生的治安问题进行通报。全年各市(地)、县(区)47 个综治委行使了“一票否决”权共否决 60 个单位。其中县处级单位 11 个，县级以下单位 49 个。取消 78 个评先受奖、晋职晋级资格，19 人被查究领导责任。

2003 年黑龙江省社会治安综合治理委员会组成、综治办内设机构和负责人名单

黑龙江省社会治安综合治理委员会

主　任：杜宇新　省委常委、政法委书记

副主任：王东华　省政府副省长、省公安厅厅长

徐衍东　省法院院长

徐　发　省检察院检察长

薄宏奎　省委政法委副书记

徐申田　省委政法委副书记

刘显富　省委政法委副书记

委　员：(按姓氏笔画排序)

于子林　省建设厅副厅长

马学权　中国网通黑龙江省通信公司总经理

马明武　省委政法委副秘书长

王　野　省交通厅纪检组长

王　敏　省计划生育委员会副主任

王宝秀　省新闻出版局局长

王泽志　省总工会副主席

王春力　省邮政局副局长

王家刚　省委组织部常务副部长

王滨起　省司法厅厅长

孔令学　省长助理、省政府办公厅主任

孔祥君　哈尔滨海关关长
卢振环　省委高校工委书记、省教育厅副厅长
宁士敏　省旅游局局长
刘玉华　省工商局副局长
刘柏常　省委副秘书长、办公厅主任
许　安　省政协社会和法制委员会主任
孙会卿　省委政法委秘书长
孙登瀛　省人事厅副厅长
苏福德　省文化厅副厅长
李　斌　省卫生厅副厅长
李海涛　省经贸委副主任
何洪达　哈尔滨铁路局局长
沈玉成　省民政厅厅长
宋希斌　团省委书记
张　伟　省保险公司总经理
张成国　省纪委副书记
张爱民　省妇联副主席
陈庆民　省军区司令部副参谋长
陈永芳　省委宣传部部务委员、省精神文明办副主任
苑宝山　省人大内务司法委主任委员
国剑尘　省委610办公室副主任
周兴海　省广播电视局副局长
赵勤义　省委宣传部副部长
姜在滨　省财政厅副厅长
秦玉德　省劳动和社会保障厅厅长
徐　江　省国家安全厅副厅长
高煜伟　黑龙江日报社副社长
郭　岩　省纪委派驻省委政法委纪检组组长
董　明　省武警总队副总队长
路书军　省电力有限公司总经理

中共黑龙江省委　黑龙江省人民政府贯彻《中共中央、国务院关于进一步加强社会治安综合治理的意见》的实施意见

（2003年5月3日）

为了认真贯彻落实《中共中央、国务院关于进一步加强社会治安综合治理的意见》（中发〔2001〕14号）精神，进一步完善我省社会治安综合治理的工作机制，推动综合治理各项措施的落实，开创新形势下社会治安综合治理工作的新局面，特制定如下实施办法：

一、进一步强化社会治安综合治理工作的领导体制建设

社会治安综合治理工作要在各级党委、政府的统一领导下进行。各级党委、政府的主要领导是社会治安综合治理工作的第一责任人，各级社会治安综合治理委员会是协助各级党委、政府组织领导社会治安综合治理工作的常设议事机构。各级社会治安综合治理委员会主任，要由同级党委主管领导担任。县以上社会治安综合治理委员会办公室与同级党委政法委机关合署办公（合署办公后，不增加领导职数和人员编制）。办公室正副主任按照干部管理权限任免。乡镇（街道）在党群办公室挂社会治安综合治理办公室牌子，办公室主任由主管社会治安的党委副书记担任，副主任由所在地公安派出所所长担任，办公室配备一名政治业务素质高的专职干部。乡镇（街道）社会治安综合治理委员会办公室主任和专职干部可比照县以上政法委和社会治安综合治理委员会办公室的干部享受有关待遇。

二、进一步完善社会治安综合治理监督激励机制

各级党委、政府要进一步健全和落实社会治

安综合治理目标管理责任机制，把各级党政领导干部抓社会治安综合治理工作的实绩纳入工作目标考评之中，每年坚持对各级党政主要领导和主管领导考评记实，建立领导抓社会治安综合治理工作档案。省综治委每年年底对各市（地）、系统完成社会治安综合治理工作责任目标情况统一检查考评，并将检查考评结果通报全省。要把社会治安综合治理工作考核结果同党政领导干部的政绩考核、晋职晋级和奖惩直接挂钩。要坚持实行责任查究制度。凡发生影响特别恶劣的重特大刑事案件，黑恶势力在辖区猖獗、长期危害一方，发生特大治安灾害事故和严重危害社会稳定的上访闹事事件的，依据省综治委、省纪委、省委组织部、省监察厅、省人事厅《关于转发中央五部委〈关于对发生严重危害社会稳定重大问题的地方实施领导责任查究的通知〉的通知》（黑社综发〔2000〕15号）的规定严肃查究领导责任。要坚持实行一票否决权制，每年年底通报一次一票否决情况。凡被一票否决的单位，在否决期限内，取消单位党政主要领导和主管领导评先受奖、晋职晋级资格；需要纪律处分及降职和免职处理的，由纪检、监察和组织部门实施。对应该一票否决的单位，上级综治委可向下级综治委下达否决通知书。对应该否决而下级综治委未予以否决的单位，上级综治委可直接否决。各市（地）、系统综治委对所否决的单位要及时上报省综治委办公室备案。要完善激励机制，建立社会治安综合治理奖励制度，对在社会治安综合治理工作中做出突出贡献的单位和个人给予奖励。奖励资金由同级财政拨款。凡省综治委和省人事厅共同考核表彰的社会治安综合治理先进工作者享受市地级劳模待遇。

三、进一步加强社会治安综合治理法制建设

各级人大和政府要把社会治安综合治理立法工作纳入重要日程，加快社会治安综合治理立法的进程。要根据社会治安综合治理工作出现的新情况、新问题，修订和完善《黑龙江省社会治安综合治理条例》以及其它社会治安综合治理的地方性法律法规。今后一个时期，要重点加大对基层安全创建、流动人口管理、刑释解教人员安置帮教、特种行业管理、群防群治、社会保障等方面的立法工作，逐步形成比较完备的社会治安综合治理法规体系。在立法工作中，要突出社会治安综合治理工作党政动手齐抓共管，综合运用政治、经济、行政、文化、教育和法律手段，在规范综合治理工作上有新的突破。

四、进一步贯彻“打防结合，预防为主”的方针

要进一步加强“打防控一体化”建设，提高社会治安的总体控制力。始终坚持依法从重从快严厉打击严重刑事犯罪活动，整治治安混乱地区，解决突出治安问题。重点打击有组织犯罪和带有黑社会性质的团伙犯罪，流氓恶势力犯罪，爆炸、杀人、抢劫、绑架等严重暴力犯罪，盗窃、抢夺等严重影响群众安全感的多发性犯罪，以及破坏社会主义市场经济秩序的金融犯罪、走私犯罪等严重经济犯罪。各级政法部门要把“严打”落实到各个执法环节，把集中打击、专项整治与经常性打击紧密结合起来。加强协作配合，形成打击的“一体化”合力，始终保持对各种犯罪活动的高压态势。要严格和准确执行法律和政策，贯彻“稳、准、狠”的原则，切实提高“严打”整治斗争的实效。要坚决纠正“重打轻防”的错误倾向，切实把思想观念、工作重心、警力配置、经费投入以及考核奖惩机制等真正落到“预防为主”上来；把严打、严管、严防、严治有机结合起来，切实解决好影响社会稳定和社会治安的热点、难点问题。

——深入开展矛盾纠纷排查调处工作。各级党政领导要把化解矛盾纠纷作为维护社会稳定的基础工作来抓。深入基层，深入实际，深入群众，加强调查研究，关心群众冷暖安危，及时发现和掌握本地区、本部门和本单位的矛盾纠纷，建立定期排查制度、接待群众来信来访制度、督查制度、领导包干制度和信息反馈制度以及奖惩制度等，把矛盾和问题解决在基层，解决在萌芽状态，避免由于矛盾激化酿成群体性事件；强化信访和人民调解工作，明确责任，建立健全矛盾纠纷排查调处工作机制，并纳入经常化、规范化的轨道。

——认真落实安全防范措施。公安、工商、劳动保障、经贸、安全监管等有关部门要加大对重点要害部位、特种行业、枪支弹药、爆炸物品、有毒有害物品的管理力度，尤其对枪支、爆炸物品、有毒有害物品的生产、销售、储存、使用要严格落实责任制，严防其丢失、被盗和流散社会。强化安全生产，落实安全生产责任，检查安全生产情况，有效防止重大事故的发生。

——深入持久地开展基层安全创建活动。要把环境条件差、人员素质低、治安问题多、创建难度大的社区、村屯和单位作为创建工作重点。提高创建的质量，不断扩大社会稳定面；积极探索和深化各种形式的基层安全创建活动，深入扎实地开展创建安全社区(村)、安全单位、安全铁道线、平安大道等工作，巩固和扩大基层安全创建成果。严格掌握标准，对经复查已不够安全标准的小区、单位、村屯等要及时摘牌。

——切实加强对流动人口的管理。要建立健全流动人口管理体系。村(居)民委要设流动人口协管员，具体组织实施流动人口管理工作。公安、劳动保障、工商、民政、铁路、交通、教育、卫生、计划生育、建设、共青团、妇联等部门和组织，要加强协作配合，把管理、教育、服务紧密结合起来，引导人口有序流动，保护流动人口的合法权益，预防和控制流动人口违法犯罪，并定期向当地流动人口管理办公室通报信息和工作情况。人口流出、流入地要密切配合，互通信息，提高富余劳动力的组织化程度，保证管理措施落实到位。社会各方面要坚持“谁用工谁负责”、“谁出租谁负责”的原则，进一步加强对出租房屋和流动人口务工、经商的管理。单位或个人出租房屋应纳营业税、房产税和个人所得税税款，税务部门可以根据有关规定委托外来(暂住)人口管理机构代征。物价和房地产管理部门要积极推行房屋租赁指导租金制度，为代征出租房屋税收提供价格依据。税务部门要按规定付给代征人手续费，用于暂住人口管理工作。重点做好无合法证件、无固定住所和无正当生活来源的流浪乞讨人员的清理和收容遣送工作。各有关部门要切实克服“重收费轻管理”的错误倾向，充分发挥本部门在流动人口管理中的职能作用。

——进一步加强对刑满释放、解除劳教人员的安置、帮教工作。监狱、劳教场所要提高教育、改造的质量。加快信息系统的建设，做好服刑、在教人员刑满释放和解除劳动教养时的衔接工作，做到不漏管、不失控，特别要重点做好有可能重新违法犯罪人员的防范管理工作；广开刑满释放、解除劳教人员的就业渠道，动员社会各方面力量做好帮教工作，尽可能减少重新违法犯罪。同时，采取措施，做好管制、缓刑、假释以及保外就医人员的管理、教育和改造工作。

——加强法制和道德教育，进一步落实预防青少年违法犯罪的工作措施。按照依法治国和以德治国相结合的要求，加强普法工作，特别要加强对青少年的思想政治教育和法制、道德教育，使他们增强法制观念，提高自我约束和自我控制的能力。各地要利用现有的条件确定和建立青少年教育基地，对青少年开展经常性的教育。各级各类学校要配备法制副校长，开设法制、德育课程，改进教育的方式方法，增强针对性和实效性。要把家庭教育、学校教育与社会教育紧密结合起来，建立健全相互协作配合的工作机制，防止在校生失学、失足，走上违法犯罪的道路。加强学校及周边地区治安环境的综合治理，加强青少年活动场所的建设和管理，查禁淫秽色情活动和各种非法出版物，消除“黄赌毒”等社会丑恶现象对青少年的不良影响。广泛开展为青少年办好事、办实事活动，在全社会形成关心青少年健康成长、预防和减少违法犯罪的良好氛围。

五、进一步构建全社会齐抓共管社会治安综合治理的工作格局

各级社会治安综合治理委员会要积极协助同级党委、政府，协调各部门和社会各方面参与社会治安综合治理，不断推动工作的深入开展。各级社会治安综合治理委员会必须加强自身建设。建立健全委员会例会、五部门联席会议等各项工作制度。每年要定期召开委员会全会，研究分析本地区社会治安形势，对解决一个时期突出治安问题及时作出部署，并组织力量对各部门、各单位的社会治安综合治理工作进行检查指导。各级社会治安综合治理委员会办公室要总览全局，牵头抓总，及时向委员会提出决策建议，对委员会决定的事项要抓好落实；主动搞好委员单位间沟通和协调，使各委员单位在社会治安综合治理工作上形成合力。

按照“谁主管谁负责”的原则，建立和完善综治委委员述职报告制度。每年年终社会治安综合治理委员会委员都要向委员会述职。纪检、监察、组织、人事部门要向委员会报告执行中央五部委《关于实行社会治安综合治理领导责任制的若干规定》的情况。社会治安综合治理委员会要对各委员的述职情况作出评价，并按年初签定的社会治安综合治理责任状的规定，兑现奖惩。

党政军各部门和各人民团体要充分发挥职能作用，积极做好社会治安综合治理工作。凡涉及几个部门的综合治理专项工作，要确定具体牵头单位并在牵头单位设立专项工作办事机构。各级流动人口管理、铁路护路联防、刑释解教人员安置帮教、预防青少年违法犯罪、反窃电等办公室要做好日常工作协调、综合分析、信息反馈等工作。对职能作用发挥得不好、工作配合不力的部门，所在社会治安综合治理委员会要追究其责任。

加强基层党政组织、政法组织、群众自治组织和群防群治组织建设。由组织、人事、民政等部门牵头，负责配齐配强基层党政领导班子，加强基层政权建设；由公安、审判、司法行政机关负责，强化公安派出所、法庭、司法所的目标管理，创建人民满意的基层政法单位；由公安、司法行政部门负责，抓好治保会、调委会人员的调整、充实和培训；由社会治安综合治理委员会办事机构负责，抓好群防群治组织建设。机关企事业单位要成立保卫机构，配备相应的保卫人员，大的企业要建立专职保安队伍；治安复杂场所要按员工十分之一比例配备保安员。城市社区要设警务室，配备相应的警力，并按200户一员的标准建立专兼职治安联防队伍。农村每3个村设1个警民联防区，配1名民警，建立联防队；每村设1名专职治安员，并实行10户义务联防。

六、进一步落实社会治安综合治理经费保障措施

各级社会治安综合治理委员会办公室经费和社会治安防范工作经费要列入财政预算。

群防群治工作经费保障，要坚持“取之于民，用之于民”和“谁受益，谁出资”、“谁受益大，谁多出资”的原则，从治安费中加以解决。对于居住在半年以上的暂住人口也可按照常住人口的收费标准收取群防群治的治安联防费用。有条件的地方可结合家庭财产保险和人身保险，提取一定比例保险金聘雇专职治安员，并实行理赔。农村专职治安员报酬要本着“村民自愿”、“不增加农民负担”的原则解决。经济富裕、有条件的地方，可一事一议，通过村民大会同意，收取一定数额的治安看护费，聘雇专职治安员。

要规范群防群治工作。城镇社区警务区、农村警民联防区要有专门办公室，并配备必要的办公通讯设备，有条件的要配备交通工具。居民区、物业小区“两亮、双门”等物防措施要达到标准，技防措施要不断增加科技含量，扩大覆盖面。城镇和农村的自行车棚、报警点、执勤室，可按照“谁出资，谁受益”的办法，政府给予优惠政策，鼓励群众投资兴建，使群防群治工作逐步走向产业化。

县级以上综治委都要积极筹措见义勇为奖励资金，专项用于表彰奖励见义勇为先进分子，解决见义勇为先进分子致伤、致残、牺牲后的生活补助、医疗费用和抚恤问题，鼓励广大人民群众勇于同犯罪分子作斗争。

中共黑龙江省委办公厅　黑龙江省人民政府办公厅关于转发《黑龙江省社会治安综合治理委员会贯彻落实〈中央社会治安综合治理委员会关于加强社会治安防范工作的意见〉的实施方案》的通知

（2003年4月29日）

各市（地）、县（市）委和人民政府（行署），省委各部委，省直各单位：

《黑龙江省社会治安综合治理委员会贯彻落实〈中央社会治安综合治理委员会关于加强社会治安防范工作的意见〉的实施方案》,已经省委、省政府同意,现转发给你们,请结合本地区、本部门实际,认真贯彻执行。

黑龙江省社会治安综合治理委员会贯彻落实《中央社会治安综合治理委员会关于加强社会治安防范工作的意见》的实施方案

为认真贯彻落实党的十六大和《中共中央、国务院关于进一步加强社会治安综合治理的意见》(中发〔2001〕14号)精神,巩固"严打"整治斗争成果,建立社会治安综合治理长效机制,按照《中共中央办公厅、国务院办公厅关于转发中央社会治安综合治理委员会关于加强社会治安防范工作的意见的通知》(中办发〔2002〕26号)要求,结合我省实际,特制定本方案。

一、进一步贯彻"打防结合,预防为主"方针,实现社会治安综合治理工作的重心转移

1. 各级党委、政府要进一步提高对社会治安防范工作重要性的认识,把思想观念、工作重点、警力配置等落实到"预防为主"上来,把加强治安防范、做好基础工作,作为解决社会治安问题、实现长治久安的战略任务,常抓不懈。

2. 公安政法部门要讲求司法成本,既注重社会效益又注重降低司法成本。要通过加强治安防范、控制发案来减少破案支出,降低司法成本,避免在防范上舍不得投入、而在打击上又不得不多投入的倾向。要通过加大对治安防范的投入来取得更大的社会效益。

3. 公安政法机关要把"严打"方针贯彻到日常各个执法、司法环节中去,以此来保持对各种犯罪活动的高压态势。同时,要坚决纠正"重打轻防"的错误倾向,做到打中有防、防中有打,形成"打防控一体化"的长效工作机制。

4. 在治安防范上要突出以人为本的理念。要通过思想教育、道德教育、法制教育、文化教育全面提高公民的素质,使公民能够自觉地规范自己的行为,不仅知法、懂法、守法,而且勇于同违法犯罪分子作斗争。

二、进一步深化"打防控一体化"建设,实施社区警务战略

5. 坚持警力下摆,形成"三警"联动的社区警务工作体制。要精简上层、充实基层、压缩二线、充实一线,把更多的警力摆到打击和预防犯罪的前沿阵地,提高易发案路段、时段和部位的见警率。刑警、巡警要深入到街道、农村中心乡镇执行警务工作,与所在地派出所民警共同承担辖区的打击防范任务。农村的中心乡镇都要有刑警队,有案破案,无案抓防范。各警种之间要建立工作联系制度,形成统一的领导指挥系统,落实打、防、控三方面的联带责任,在维护社会治安上形成合力。

6. 加强社区警务工作室建设。城市的每一个社区、农村的每一个中心村都要设立警务工作室,并根据辖区的治安状况和人口配备相应的警力。警务工作室的基础设施建设要由所在地政府负责,按照资源共享的原则协调有关方面加以解决。公安机关要加强警务工作指导,使其达到规范化的要求。

7. 加强法庭和司法所建设。审判机关和司法行政机关也要根据警力下摆的要求和基层工作的需要,充实法庭和司法所的力量,规范其工作,充分发挥司法调解和人民调解的作用,化解矛盾纠纷,预防由于矛盾纠纷而引发的各类犯罪。

8. 努力解决警力不足的问题。编制和财政部门要从治安工作的迫切需要出发,积极解决现有警力不足问题。

三、进一步加强基层组织建设,加快治安防范

产业化进程

9. 加强乡镇(街道)社会治安综合治理委员会办公室建设。乡镇(街道)社会治安综合治理委员会办公室主任由乡镇(街道)党委主管副书记兼任,办公室副主任一般由所在地公安派出所所长兼任,日常工作由党群办公室承担,并视乡镇(街道)规模的大小,配备1—2名专职工作人员,履行社会治安综合治理、维护社会稳定、协调政法工作、打击邪教等多项职责。

10. 加强群众自治组织建设。民政部门要按照《中华人民共和国城市居民委员会组织法》和《中华人民共和国村民委员会组织法》的要求,加强城市社区居民委和农村村民委建设,发挥其在维护社会治安中的作用。有条件的地方可建立社区(村)社会治安综合治理协会;从学校选派教师到社区兼职,协助开展对青少年的教育工作;从政法部门选派干部,到社区担任社会治安综合治理特派员,专门负责社会治安综合治理工作。公安机关和司法行政机关要根据城市居民委调整规模、农村撤乡并村后出现的新情况,及时调整治保会和调委会,并搞好政治业务培训,使其担负起组织居(村)民开展治安防范、排查调处民间纠纷、维护治安和社会稳定的任务。

11. 加强群防群治队伍建设。城市的居民区要加快物业化管理的步伐,使居民区的治安看护转化为企业行为,从而形成产业化的看护队伍。尚未实行物业管理的居民区可采取由政府或产权单位出资、按照有关规定向居民和小企业收取治安费等办法,聘雇治安员,组成专职的治安看护队伍。在聘雇中,可采取给予一定补贴的形式,应多聘用一些下岗职工和低保人员。与此同时,也可组织一些"三老"人员进行义务看护。城市的大企业要有保安队伍,公共复杂场所要有一定数量的保安人员,每个单位都要有更值人员。所有的经警、保安人员和更值人员都要经过公安机关的培训,持证上岗。农村的治保会主任和村民小组长要兼任治安员,有条件的地方,按照村民大会决定,可组织专职治安联防队伍。每个村屯都要实行10户义务联防。必要时,也可组织民兵小分队进行季节性的巡逻看护。

四、进一步加强基础建设,提高治安防范的科技含量

12. 把治安防范的基础设施建设纳入城市建设的总体规划。凡新开发建设的项目都要有治安防范的配套设施。新开发的居民小区要有居民委、警务工作室和治安执勤室的办公用房,每个单元要有电子程控门,各家各户要有防盗门,一楼的窗户要有防护网,院内要有自行车棚和车库。所有新建楼房都要有防火设施。有条件的要上自动报警和电视监控系统。旧有居民区和楼房也要按上述要求更新改造。

13. 切实加强重点要害部位的治安防范。所有人、钱、物相对集中的地方都要落实好防盗、防抢、防火、防爆、防投毒、防破坏措施。尤其是城市的地下商业街、金融单位、易燃易爆和剧毒品的贮存库、文化娱乐场所、大专院校的食堂、水源等更要落实好防范措施。农村的大型农机具、牲畜圈、变压器和村办企业等都要强化物防和技防措施。

14. 规范治安防范的基础工作。要建立实有人口管理工作机制,公安派出所要加强流动人口管理工作,必要的要有流动人口管理站。每个居(村)民委都要有流动人口协管员,严格执行调查、登记、发证制度,寓管理于服务之中,努力减少和控制流动人口犯罪。要建立矛盾纠纷排查调处工作机制,定期排查矛盾纠纷,运用人民调解、行政、法律等多种手段,调处矛盾纠纷,把维护稳定的措施落到基层。要建立治安看护的工作机制,由居(村)民委组织,由社区警务工作室指导,加强对治安队伍的培训和管理,保证这支队伍充分发挥作用。要建立特殊群体的帮教转化工作机制,建立帮教小组,落实对刑释解教人员、失足劣迹青少年、"法轮功"痴迷者及其他易犯罪人员的监控、帮教措施,防止他们违法犯罪,危害社会。要加强对公民的法制和道德教育,进一步落实预防青少年违法犯罪的工作措施。按照依法治国和以德治国相结合的要求,加强普法工作,把家庭教育、学校教育与社会教育紧密结合起来,建立相互协作配合的工作机制,形成全社会关心青少年健康成长、预防和减少违法犯罪的良好氛围。所有涉及治安防范的基础性工作都要登记造册,有翔实记载;有的要输入微机,运用现代化手段进行管理。

五、进一步开展安全创建活动,推动治安防范措施的全方位落实

15. 全方位开展安全创建活动。城市以社区为单位开展安全社区创建活动；规模较大的机关、厂矿、学校以自身为单位开展安全单位创建活动；农村以行政村为单位开展安全村创建活动。规模较小的机关和企事业单位可划入所在社区，参加安全社区创建活动。铁路系统和交通系统可结合自身特点开展安全铁道线、平安大道创建活动。各地要按照上述要求，做到单位不漏划、工作不漏项、全社会参与安全创建活动，形成比学赶帮超的热潮。

16. 认真贯彻“属地管理”原则。安全社区的创建由社区居民委负总责，由社区警务工作室的包片民警指导监督。所有参与安全社区创建的单位在安全创建工作上都要自觉服从社区的总体安排，不仅要看好自己的门，管好自己的人，办好自己的事，而且要积极为安全社区创建作贡献。其上级主管部门要把这些单位在安全创建中的表现纳入考核项目。公安机关在考核片警时，应当征求社区居民委的意见，并把片警抓安全创建工作的好坏与其任用和奖惩挂起钩来。

17. 严格把握进档晋级标准。全省安全社区、安全单位和安全村分县区级、市地级、省级三个档次。各地在命名前，必须认真考核，不达标者绝不能进档晋级。对已命名的安全社区、安全单位、安全村要实行动态管理。凡工作滑坡、在安全上出了问题的单位谁命名谁负责摘牌，绝不能姑息迁就，损害安全创建活动的质量。要通过扎实的工作，逐步提高安全社区、安全单位、安全村的比例，以积小区域的安全稳定为大区域的安全稳定，实现党的十六大提出的“社会秩序良好，人民安居乐业”的目标。

18. 把安全创建活动与物质文明、政治文明和精神文明建设紧密结合起来。要抓住与三个文明建设的结合点，努力解决一些群众关注的热点难点问题，为群众带来实惠，将创安工作植根于群众之中。要通过创安活动，改善群众的生活环境，提高群众的生活质量，陶冶群众的思想情操，满足群众的安全需求。

六、进一步落实领导责任制，为治安防范提供保障

19. 各级党委、政府要把治安防范作为社会治安综合治理的重中之重紧紧抓在手上，既要将其纳入政治文明建设的总体规划，又要经常部署和检查，监督各有关部门抓好落实。要切实加强各级社会治安综合治理委员会及其办事机构建设，配齐配强高素质的干部，履行好作为党委、政府组织领导社会治安综合治理的职能机构的职责。

20. 党委和政府的各有关部门要按照中办发〔2002〕26号文件的要求，负起本部门在治安防范上的责任，既要抓好直属单位的治安防范，又要指导好本系统的治安防范，还要主动支持和参与全社会的治安防范，并与其他部门通力合作，共同解决影响我省治安的突出问题。

21. 各级财政部门要按照中办发〔2002〕26号文件的要求，把社会治安综合治理委员会办公室经费和社会治安防范工作经费列入财政预算。社会治安综合治理委员会办公室经费要比照同级党委政法委的办公经费标准安排；社会治安防范工作经费要根据实际工作需要，结合其他经费渠道予以安排。

22. 各级政府法制部门要根据治安防范的实际需要，逐步完善治安防范的法规体系，为治安防范工作提供法制保障。

23. 各级社会治安综合治理委员会要认真贯彻中央五部委《关于实行社会治安综合治理领导责任制若干规定》和《关于对发生严重危害社会稳定重大问题的地方实施领导责任查究的通知》要求，加大对社会治安综合治理尤其是治安防范工作的监督力度，对发生重大治安问题的要坚决行使一票否决权。同时，对发生被盗、火灾等案件，致使国家、集体公共财产受到重大损失的单位负责治安防范的第一责任人(主要领导)、第二责任人(分管领导)和直接责任人要实行经济处罚，按一定比例予以经济赔偿。赔偿金由责任人个人支付，主要用于奖励社会治安综合治理先进单位和先进个人。与此同时，对治安防范成绩卓著、多年无案件的单位及其责任人要予以表彰奖励。

24. 各市(地)省社会治安综合治理委员会各成员单位要从实际出发，研究提出加强社会治安防范工作的措施，制定具体实施方案，并抓好贯彻落实。

中共黑龙江省委办公厅　黑龙江省人民政府办公厅关于印发《黑龙江省2003年社会治安综合治理工作要点》的通知

(2003年2月11日)

各市(地)、县(市)委和人民政府(行署),省委各部委,省直各单位:

经省委、省政府同意,现将《黑龙江省2003年社会治安综合治理工作要点》印发给你们,请认真贯彻落实。

黑龙江省2003年社会治安综合治理工作要点

2003年全省社会治安综合治理工作,要以邓小平理论和"三个代表"重要思想为指导,进一步落实《中共中央、国务院关于进一步加强社会治安综合治理的意见》(中发〔2001〕14号)精神,坚持"打防结合、预防为主"的方针,在继续组织开展"严打"整治斗争的同时,强力推进社会治安综合治理各项措施落实,积极探索与经济和社会发展相适应的社会治安综合治理新路子,为全面建设小康社会创造良好的治安环境。

一、深入开展"严打"整治斗争,全力维护社会治安稳定

采取更加有力措施,增强打击的针对性和实效性。对涉黑、涉恶犯罪集团及其"保护伞";对杀人、爆炸、绑架等严重暴力犯罪;对抢劫、抢夺、盗窃等多发性犯罪实施重点打击,加大追捕逃犯力度,以形成高压和重创。坚持依法从重从快的方针和"两个基本"的原则,切实把"严打"的要求落实到执法、司法各个环节。依据《黑龙江省"严打"整治斗争方案》确定的任务目标,全面地检查和总结两年来的"严打"整治斗争工作。对已破获的中央和省挂牌的案件和"严打"整治斗争以来发生的现案全部审结,人犯全部投送。把整顿和规范市场经济秩序的各种专项行动与"严打"整治斗争紧密结合,严厉查处大案要案,确保整顿和规范市场经济秩序工作任务目标的完成。严厉打击暴力恐怖活动和毒品犯罪,积极开展同"法轮功"邪教组织的斗争。采取滚动式排查和反复整治的方式,继续抓好对爆炸物品和枪支弹药、文化娱乐服务场所、大中型企业周边、学校周边、交通沿线秩序和治安混乱地区的整治,限期解决存在的问题。落实重点整治工作责任制,对确定的整治对象和问题实行责任部门承包制,限期改变面貌。把"严打"整治与长期规范相结合,研究制定经常性打击工作措施和长效规范管理措施,巩固"严打"整治斗争成果。省委"严打"整治工作领导小组办公室拟在第一季度组织对全省"严打"整治斗争进行检查验收。

二、加强治安防范工作,逐步完善社会治安防控体系

认真贯彻落实《中共中央办公厅国务院办公厅关于转发〈中央社会治安综合治理委员会关于加强社会治安防范工作的意见〉的通知》(中办发

〔2002〕26号),努力构建全党动手、全民参与、专群结合、全社会联动的社会化治安防范控制体系。公安机关要充分利用现代科学技术,完善快速反应机制,加强110报警服务、巡警和治安卡口建设,最大限度地把警力摆到对刑事犯罪斗争的前沿。大力实施社区警务战略,城市社区、农村有条件的村都要建立警务室,并至少配1名警务人员。继续强化责任区刑警队和警民联防区建设,提高基层治安防范水平。检察和审判机关及司法行政部门,都要结合各自业务工作,善于发现治安防范工作漏洞,及时提出工作建议,形成社会治安防范工作的合力。大力推进治安服务产业化进程,发展保安服务业,规范保安服务市场,加强保安队伍建设,提高保安服务质量,扩大专业保安对居民区治安服务的覆盖面。加强民兵应急小分队建设,组织民兵参加治安防范工作,充分发挥民兵维护社会治安的作用。组织低保人员、下岗职工、志愿者及"三老"人员参加治安联防。对专兼职和义务看护人员进行教育培训,提高其素质和战斗力。要通过政府投入、财产保险、人身保险、按规定向居民收取治安费等多条渠道解决群防群治所需经费问题,为巩固和发挥这支队伍的作用提供保障。党政军各部门、人民团体、企事业单位和非公有制经济组织,都要按照治安防范规定要求,建立健全本单位的看护组织,落实看护力量,做到"管好内部,防范外部",同时承担起参与社会治安防范的责任和义务。要研究犯罪分子作案规律和特点,以易发案部位、行业、区域、时段和案件多发人群为防范重点,落实全方位、全天候防范措施,做到防范严密,控制有效,打击有力。

三、深入开展"安全创建"活动,推进社会治安综合治理措施在基层落实

坚持"调整、完善、加强、巩固、提高"原则,把"安全创建"活动作为落实社会治安综合治理工作措施的有效载体,推进各项工作在基层落实。各级党委、政府都要研究制定与当地经济社会发展同步的"安全创建"活动规划,完善基层"安全创建"活动的检查、考评体系,加强分类指导,实行滚动发展,提高创建水平,扩大安全区域。每个创建区域都要形成党委、政府领导,社会治安综合治理办事机构指导协调,公安政法机关发挥主力军作用,各有关部门齐抓共管的组织领导机制。要坚持与社区居民委、村、经济(行政)单位相一致的原则,科学规划创建的规模;坚持与社区(乡镇)建设同步发展的原则,打牢创建活动的基础;坚持与精神文明建设相结合的原则,深化创建活动工作内容;坚持属地管理的原则,把创建活动向非公有制经济组织延伸,扩展覆盖面。要加强对公共复杂场所、繁华商业区、城乡结合部、大杂院等治安问题多、工作难度大地区的创建工作力度,集中力量进行重点突破。大力推行"科技创建",实行政府投资、社会各界和受益群众共同参与的方式,增大创建活动的科技含量。

四、加强社会治安综合治理基层组织建设,深入开展矛盾纠纷排查调处工作

进一步加强基层党支部、公安派出所、人民法庭、司法所和村(居)委会、治保会、调委会建设,充分发挥其在维护社会治安中的第一道防线作用。结合社区和村级班子选举,整顿软、懒、散的基层领导班子,将威信高、工作能力强、能使群众安居乐业的人调整到班子里来,增强基层组织战斗力。要按照中发〔2001〕14号文件要求,进一步健全乡镇(街道)社会治安综合治理领导机构和办事机构,明确职责任务,确保基层社会治安综合治理工作有人抓、有人管、有人干;认真落实省编委《关于各城市街道办事处乡镇配备专职社会治安综合治理工作人员的通知》(黑编〔2001〕82号)要求,配齐配强乡镇(街道)专抓社会治安综合治理的工作人员,建设一支高素质的基层社会治安综合治理队伍。进一步健全和完善矛盾纠纷排查调处工作机制,建立全方位覆盖的矛盾纠纷情报信息网络,准确及时上报工作情况。将矛盾纠纷排查调处工作重心放在基层,重点排查调处可能引发群体性事件和可能转化成刑事案件的矛盾纠纷。认真贯彻《中共中央办公厅、国务院办公厅关于转发〈最高人民法院、司法部关于进一步加强新时期人民调解工作的意见〉的通知》(中办发〔2002〕23号)精神,充分发挥各级调解组织的作用,努力提高矛盾纠纷调解成功率。对因未及时排查调处矛盾纠纷而导致发生重大群体性事件的,要追究有关地方和单位责任人的责任。

五、加强特殊群体治安管理,努力消除影响治安稳定的因素

要研究新形势下对流动人口的管理规律,探

索新的管理办法和手段，由单一对人的管理向流动人口相关要素全方位管理转变，建立新时期暂住人口管理机制。加强对流动人口的教育、培训和服务工作，切实把流动人口纳入当地常住人口管理范围。加强对流动人口落脚点的管理，探索流动人口管理机构为税务部门代征出租房屋税的办法，从中发现和打击流窜犯罪活动。司法行政部门要加强监狱、劳教场所的监管工作，提高教育、改造工作质量，做好服刑在教人员刑满释放、解除劳动教养时的衔接工作，完善刑释解教人员信息管理系统，真正做到不漏管、不失控。多方开辟安置刑释解教人员就业的渠道，加强对刑释解教人员的就业指导和技术培训，对创办过渡性安置刑释解教人员的企业，在资金、税收等方面予以政策扶持。落实对刑释解教人员的帮教措施，建立社区帮教志愿者队伍，壮大帮教力量，努力减少刑释解教人员重新违法犯罪。要切实加强对青少年的法制和道德教育，逐步建立起家庭教育、学校教育与社会教育紧密结合的管理教育网络。充分发挥中小学法制副校长的作用，强化对在校青少年法制教育和权益保护。把学校素质教育向社会延伸，整合多种力量，帮助青少年完成义务教育学业。建立预防青少年违法犯罪组织机构和工作机制，加强对闲散青少年的教育和管理，推动《青少年违法犯罪社区预防计划》的实施。继续做好学校及周边地区治安整治，坚决扫除“黄赌毒”等社会丑恶现象，依法加强对网吧的管理，对影响青少年健康成长的违法犯罪给予严厉打击，优化青少年健康成长的社会环境。要维护妇女儿童的合法权益，打击侵害妇女儿童犯罪。发挥社区服务、非营利部门和志愿者在社会救助、社会互助中的作用，加强对失业人员、下岗人员、经济贫困人员的服务和保护工作。努力开辟就业渠道，扩大城市居民最低生活保障覆盖面。对利用劳务职业介绍实施违法犯罪的活动予以严厉打击，保护求职者的合法权益。组织开展法律援助活动，给予贫困公民法律援助，减少社会不安定因素。

六、加强社会治安综合治理的宣传和理论研究工作

宣传党的十六大提出的社会治安综合治理工作方针、任务。组织开展社会治安综合治理的系列宣传报道，重点宣传推广在基层社会治安防范工作中创造的好经验。大力宣传各地落实社会治安综合治理领导责任制的好做法、好经验，大力宣传有关部门积极参与、密切配合、齐抓共管的典型经验，动员广大群众积极参与社会治安综合治理。大力弘扬见义勇为精神。结合落实《公民道德建设实施纲要》，运用有效形式和方法，筹集见义勇为基金，组织评选和表彰见义勇为先进分子。认真落实全国政法、社会治安综合治理宣传工作会议精神，切实加强与新闻媒体的协调，坚持正确的舆论导向；继续开展社会治安综合治理好新闻评选活动。推进社会治安综合治理理论研究工作，探讨社会治安综合治理工作的新对策，努力推动社会治安综合治理的规范化、法制化建设，为社会治安综合治理创造良好的舆论氛围。

七、加强对社会治安综合治理工作的领导，落实社会治安综合治理责任

要认真总结落实社会治安综合治理责任制的经验，制定更为科学合理的检查考评标准，切实做到把各级党政领导抓社会治安综合治理工作的实绩作为干部考核的一项重要内容，作为干部晋职晋级、奖惩的重要依据。要按照有关规定，建立完善对在社会治安综合治理工作中成绩显著、贡献突出的地方、部门的党政主要领导和主管领导干部嘉奖的工作制度。要坚持社会治安综合治理、纪检、组织、人事、监察部门联席会议制度和情况通报制度。要进一步完善社会治安综合治理目标管理责任制，建立健全督查制度。各级社会治安综合治理委员会要按照“属地管理”的原则，加大对辖区内上级直属的大型企事业单位协调工作力度。要充分运用“一票否决”和责任查究，对社会治安综合治理工作薄弱、治安秩序混乱的地区和单位予以批评警示，对发生重大治安问题的地方，严肃追究责任。坚持社会治安综合治理委员会委员述职报告制度，并对各委员的述职情况作出评价，兑现奖惩。党政军各部门和各人民团体要充分发挥职能作用，积极做好相关的社会治安综合治理工作。各级政府要加大对社会治安综合治理工作的物质投入，切实解决好社会治安综合治理工作经费和群防群治经费。

坚持改革创新 努力深化 “打防控一体化”建设

中共黑龙江省委 黑龙江省人民政府

近年来，我们省委、省政府认真贯彻中共中央、国务院《关于进一步加强社会治安综合治理的意见》和中办、国办转发《中央社会治安综合治理委员会关于加强社会治安防范工作的意见》要求，结合本省实际，先后制定下发了贯彻落实中央文件的意见，把“打防控一体化”建设推向深入，使社会治安防范措施大面积落实，收到了较好效果。今年1—7月，全省刑事案件发案同比下降10.5%，为我省经济建设创造了良好的治安环境。

一、合理配置警力，把重兵压到治安防范主战场

一是充实派出所警力，改变公安机关头重脚轻的工作格局。全省公安机关按照公安部和省委、省政府的要求，本着精兵破案，重兵防范的理念，在机构改革中，大力精简上层充实基层，压缩二线充实一线，把更多的警力摆在打击和预防犯罪的前沿阵地。省公安厅会同省编委、财政、物价、民政等部门联合下发文件，解决了公安派出所管理体制、职级设置、警力配置、民警工作补贴等影响和制约警力下摆的实际问题。2002年9月18日，省委、省政府召开公安派出所工作会议，强调了各级党委、政府加强派出所工作的要求。省公安厅以派出所等级评定为载体，积极推进全省派出所基础工作规范化建设，下发了《黑龙江省公安派出所民警全员培训三年规划》，使公安派出所一线“打防控”功能大大增强。截止目前，全省共增加派出所警力2110名，使警力的比例由过去的34.1%提高到现在的40.1%，提高了易发案路段、时段和部位的见警率。二是加强社区警务室建设。省公安厅于去年4月份会同省民政厅、建设厅分别联合下发了《关于进一步加强社区警务室建设的意见》和《关于进一步加强城市公安派出所和社区警务室设施规划建设的通知》，将社区警务室建设置于社区建设优先发展的地位，统筹规划，合理布局，充分发挥社区警务室在社区工作中的积极作用。目前，6036个社区中已建警务室3543个，占应建数的58.7%，其中，哈尔滨市已建成的警务室占应建数的比例达96.4%。同时，全省已将14761名派出所警力前移到社区，形成了属地管理、事权统一、责任到人，集“打防控”职能于一体的社区警务体制。许多社区根据工作需要配备了警务工作车、警用摩托车和警用自行车，机动灵活地接警、处警和巡护，极大地提高了打击、防范犯罪的能力。今年1—7月，全省盗窃、抢劫可防性案件同比分别下降3.2%和16.3%。三是多警种合成作战，全方位发挥公安机关打防控职能。公安机关各警种也都把主要精力和主要力量向一线防范工作倾斜，加快了110报警服务网络和巡警队伍及治安卡口建设，逐步建立起了组织严密、决策科学、指挥有力、运行有序、管理规范的警务工作新机制；制定了警力配置、勤务、接处警、治安管理、安全防范、打击犯罪、情报信息、为民服务等工作制度。各警种之间还建立了紧密的工作联系制度，落实了“打、防、控”三方面的连带责任，使各警种在维护社会治安上形成了合力。

二、整合民力资源，把保安队伍推向群防群治工作的前沿

一是大力发展保安队伍。以省综治委文件转发了《省公安厅关于进一步做好全省保安服务工作的意见》，要求把保安人员的总量在2003年年底前发展到与全省总警力1:1的比例。几年来，各地不仅在居民区实行了保安看护，而且在公共复杂场所、企事业单位聘用保安员，逐步使保安服务队伍成为一支由各级综治机构统率的产业大军，成为群防群治工作的主力军，从而完成了综治防范工作与市场经济的接轨，完善了治安防范长效机制的建设。据不完全统计，截止今年6月，全省13个市地（行署）中有12个组建了保安服务公司，67个县（市）有44个组建保安服务公司。全省保安员已达26000余人，比“严打”整治前增长了4倍。二是加强保安队伍的管理与培训。针对保安服务市场混乱的突出问题，为使保安服务进一步规范化，我们从去年开始进行了两次集中清理整治工作，共取缔自建保安组织362家2850人；清理企事业单位内部保安组织658家4850人，其中纳入管理的480家3650人，取缔178家1200人。各地还从制度建设抓起，不断完善人事、勤务、训练、装备等各项规章制度，使保安工作逐步走上了规范化管理轨道。同时，我们把教育培训作为提高队伍素质的基本手段，采取岗前培训、集中办班、岗位练兵等多种形式，努力提高保安员的政治素质和业务素质。对新招录的保安员加强了教育培训，培训合格率达到了90%以上，坚持持证上岗，切实保证了这支队伍政治上的可靠和业务上的过硬。特别是对从事金融押运业务等重要岗位的保安员，坚持了严格训练、严格教育的原则，使他们切实担负起重要的工作职责。三是充分发挥保安队伍的辅警作用。在公安机关的指导和带领下，全省保安队伍充分发挥自身的职能，积极配合公安机关打击刑事犯罪，维护社会治安秩序，在服务经济、服务群众等方面发挥了重要作用。仅去年全省保安人员就为公安机关提供破案线索257条，抓获违法犯罪嫌疑人1751名，为企业挽回经济损失700余万元。

三、完善制度保障，切实为社会治安综合治理提供组织、财力和制度支持

今年，省委又用文件正式明确和要求：乡镇（街道）在党群办公室挂社会治安综合治理办公室牌子，办公室主任由主管社会治安的党委副书记担任，副主任由所在地公安派出所所长担任，办公室至少配备一名政治业务素质高的专职干部。乡镇（街道）社会治安综合治理委员会办公室主任和专职干部可比照县以上政法委和社会治安综合治理委员会办公室的干部享受有关待遇。各地按照省委要求迅速落实了综治机构和人员，并给予综治工作干部政法干警津贴补助。到目前，全省乡镇街道全部建立了由乡党委书记担任主任的综治委，设立了办公室，配备了1—2名工作人员，确保了综治工作在基层有人抓、有人管、有人干、能落实。二是强化物质和经费保障机制建设。两年间，全省共投入1.5亿元经费用于社会治安综合治理。为使基层防范进一步加强，省财政一次拨出400万元经费，购置了107台汽车，发到基层政法部门，使其装备有了较大改善。哈尔滨市筹资1000万元，购买500台微型面包车，发到社区警务室。今年，省委出台文件，要求各级都要把社会治安综合治理办公经费和社会治安防范工作经费列入财政预算。各级政府和财政部门积极落实。有的市地确定财政年度一次性划拨，有的市地确定县、市两级财政按人口比例划拨等方式，全部落实了经费保障。初步统计，全省仅此项经费每年就达1200万元。三是强化监督和制度建设。针对制度不落实和有制度不执行导致防范措施不落实的问题，我们从源头上抓起，强化监督机制和各种规章制度的完善。各级党委、政府进一步健全和落实了社会治安综合治理目标管理责任制，省、市、县、乡逐级签订社会治安综合治理工作目标责任状，建立本级综治委成员单位领导的综治工作档案，年终依据目标责任状进行考核通报全省，并把各级领导抓社会治安综合治理与其政绩考核、晋职晋级和奖惩直接挂钩。两年来，有15名厅以上干部因社会治安综合治理工作政绩突出受到嘉奖和表彰。坚持了责任查究制度。省综治委、省纪检委、省组织部、省监察厅、省人事厅严格按照中央五部委《关于对发生严重危害社会稳定重大问题的地方实施领导责任查究的通知》要求，严肃查究制度，遇有重大问题，集体研究处置，督促基层整改。仅2002、2003年，省综治委就对3起案件（事故）督促市地进行了查究，起到了好的效果。2002年以来，全省共否决83个单位、90名个人，起到了教育和惩戒作用。

（撰稿：杨忠军
审稿：薄宠奎　徐龙刚）

上海市

中共上海市委办公厅转发《中共上海市委政法委员会关于构建预防和减少犯罪工作体系的意见》的通知

（2003 年 9 月 15 日）

各区、县党委，市委各部、委，市人民政府各委、办、局党组（党委），各市级机关党组，各人民团体党组：

《中共上海市委政法委员会关于构建预防和减少犯罪工作体系的意见》已经市委同意，现转发给你们，请认真贯彻执行。

中共上海市委政法委员会关于构建预防和减少犯罪工作体系的意见

（2003 年 9 月 16 日）

构建预防和减少犯罪工作体系，从源头上预防和减少犯罪，是加强社会管理、维护社会稳定，确保实现本市新世纪发展目标的一项重要举措。推进和做好此项工作，有助于进一步提高社会管控水平，促进本市社会长治久安机制的发展和完善，提高城市法治化水平，推进政治文明建设，增强党的执政能力和巩固党的执政基础，为经济和社会发展创造一个长期和谐稳定的社会环境。

一、构建预防和减少犯罪工作体系的重要性和紧迫性

（一）“高危人群”日益成为影响社会稳定的重要因素。

1. 吸毒人员大幅增长。近年来，上海已从毒品过境地区变为毒品消费为主的受害地区。吸毒已成为各类刑事犯罪的最主要诱因，本市约 7 成犯罪与吸毒有关。1999 年本市首次进行吸毒人员普查，登记在册吸毒人员 8437 人。2002 年底增至 16431 人，其中青少年占 54.2%。从 1999 年到 2002 年本市吸毒人员增加了 94.7%，是全国同期增幅 47%的一倍。如果再不有效控制吸毒人员的增长势头，按现在的增幅，2005 年本市在册吸毒人员将超过 4 万。

2. 刑释解教人员重新犯罪率居高不下。全市每年刑释解教人员约 2 万人，按“五年内”的刑释解教人员计，总数约 10 万人。在他们回归社会的过渡适应期内，因就业能力低、不适应社会变化等原因，很容易重新犯罪。据市公安局对 12 个区 1595 名刑释解教人员的跟踪调查发现，有 175 名刑释解教人员在年内重新犯罪，重新犯罪率高达 11%。为改善行刑的效果，使服刑人员在获释后能较快地融入社会、适应生存，有效预防其重新犯罪，许多国家开展了社区矫正，即对罪行较轻或狱内服刑表现较好的罪犯，由专门机关和社会力量在开放型的社区环境中执行刑罚。去年以来，本市在徐汇、普陀、闸北三个区开展了社区矫正工作试点并取得初步成效。但与发达国家70%以上的缓刑、假释率比，上海目前的非监禁刑比例还太低，2001年缓刑、假释人员占服刑人员总数的14.8%，其中假释人员仅占0.96%。

3. 闲散青少年犯罪问题日益突出。本市共有6.3万名16至25岁之间"失学、失业、失管"的社区青少年。这部分青少年文化程度较低，就业安排难，且多有不良行为，闲散在社区对社区管理和社会治安造成的不利影响日趋严重，青少年违法犯罪的案件明显上升，且出现了低龄化、团伙化、暴力化的发展趋势。据市公安局对254名"两抢"人犯分析，14至25岁占53.9%，其中14至18岁占19.3%。再不加强对这类青少年的教育、管理和服务，他们就有可能演变成为犯罪的"后备军"，带来无穷后患。

(二)现行工作格局和力量配置尚不适应针对"高危人群"开展工作的要求。

根据全市"高危人群"的现状和发展趋势，亟需从积极防范的要求出发调整工作思路，充分整合和运用社会资源，建立专门机构和充实人员力量，将专门机关工作与群众路线相结合，切实加强对"高危人群"的管理。

1. 打防两手尚不平衡，易积淀社会消极因素。长期以来，我们较注重打击的一手，持续高强度的打击也确实保证了一个时期的社会稳定，但其积淀的社会消极因素的负面影响也正日益显现，形成不利于社会长期稳定的非良性循环。各级综治部门虽努力组织开展一些社区安全防范工作，但限于基层没有专门的工作力量，很多工作无法真正落实到底、到边。

2. 预防犯罪的专门机构力量薄弱。如市禁毒办仅有2名专职干部，全市19个区县禁毒办仅有37名禁毒干部，其中专职7名，兼职30名。专司缉毒的市公安局缉毒处仅有40余人，19个区县公安分局中仅有两个分局设立了缉毒专门部门。根据刑法规定，目前纳入社区矫正范围的为管制、缓刑、假释、暂予监外执行和剥夺政治权利人员等"五种对象"，截至2003年5月底，全市共有5554人。随着工作的推进，社区矫正对象的规模将逐步扩大，并逐步向刑释解教人员延伸，工作面广量大，任务非常艰巨，但目前专司社区矫正的专门机构及其职业化、专业化的管理队伍还是空白。再如社区青少年工作，因其工作对象特殊，工作方式和方法的专业性要求非常高，仅仅依靠区县团委、街道团工委等有限力量，难以保证各项工作任务在基层得到落实。

3. 预防犯罪的社会化程度比较低。在以往的工作实践中，我们也运用了一些包括社会志愿者在内的群防群治力量，虽然这支队伍发挥了一定的作用，但总体层次不高，更未形成承接部分政府职能的"第三种力量"，亟待通过培育职业化、专业化的社会工作者来带动和组织更多的社会志愿者参与全社会预防，把专门机关工作与群众路线相结合发展到一个新水平。

4. 预防犯罪的信息化工作滞后。"高危人群"的信息分散在政法各部门和地区，少数单位特别是基层甚至还停留在手工填写资料卡片的状态，严重滞后于形势发展的需要，因信息割据、统计口径不一和传递迟缓等原因造成工作对象失管漏管的情况时有发生。从刑释解教人员的状况看，10%以上的对象现去向不明。尽快建立覆盖全市各类"高危人群"的综合信息管理平台已成当务之急。

5. 相关配套设施严重不足。目前本市强制戒毒床位仅有2200张，一年收戒容量不足应收戒人数的50%。因无专门场所，全市共有3463名患有各种传染病或其他疾病的吸毒人员流散在社会上，严重威胁社会治安和公共卫生安全。此外，有5成以上的刑释解教人员无业，因无必要的过渡性就业基地和"中途宿舍"发挥"蓄水池"功能，这些人游荡在社会上，随时可能重新犯罪，危害社会。

二、预防和减少犯罪工作体系的组织架构和运行思路

按照"政府主导推动、社团自主运行、社会多方参与"的总体思路，以推进禁毒、社区矫正、社区青少年管理工作为突破口，紧紧依托现有体制，在政法各部门形成合力共同推进的同时，利用好"两级政府、三级管理、四级网络"和"条块结合、以块为主”架构中一些成功经验,并运用社会管理的思路,整合社会资源,形成多元化、各司其职、协同管理的综合治理新格局,共同做好预防和减少犯罪工作。

(一)政府管理。

1. 市级层面。增强统筹协调的权威性,加强和组建禁毒、社区矫正、社区青少年管理等三个小型精干的专业管理常设机构,作为政府加强社会管理职能的重要组成部分,承担相关预防职能。

市禁毒委员会办公室:作为市禁毒委员会下设的副局级常设机构,编制公务员 20 名,内设秘书处、综合调研处和宣传教育处。其主要职责为:统筹规划和协调全市禁毒工作,指导各有关戒毒机构及区县开展禁毒工作;依法行使禁毒社团组织业务主管单位的监督管理职能。

市社区矫正工作办公室:作为市司法局下设的副局级常设机构,编制公务员 20 名,内设秘书处、研究室和社工指导处。其主要职责为:领导和管理全市社区矫正工作;经公安机关授权履行执行刑罚的职能;依法行使社区矫正社团组织业务主管单位的监督管理职能。市社区矫正工作试点由市委政法委牵头、市司法局为主推进,待条件成熟后整体移交市司法局管理。

市社区青少年事务办公室:作为团市委下设的副局级常设机构,编制公务员 20 名,内设秘书处、宣传教育处和社会工作管理处。其主要职责为:推进全市社区青少年工作,办理社区青少年维权、保护等相关事务;依法行使社区青少年管理社团组织业务主管单位的监督管理职能。

2. 区县层面。由各区县禁毒办公室、司法局、团委负责推进三项工作。为加强协调,形成合力,拟在区县综治委下增设预防和减少犯罪办公室(以下简称“预防办”),其中浦东新区编制公务员 5 名,其他区县均为 3 名,主任可由区县综治办主任兼任,以协调相关职能部门共同支持和推进禁毒、社区矫正、社区青少年管理社会工作的正常开展。

3. 街道(镇)层面。街道(镇)负责为社会工作者开展工作提供必要的社区资源支持和协调,协调公安警署和派出所对禁毒、社区矫正社会工作者开展工作提供法律支持,并对社会工作者的工作进行监督和评估。

(二)社团运作。

预防和减少犯罪,确保社会长治久安,是各级政府的重要职责。为此,政府必须从政策环境和资金支持两个方面加大培育扶持的力度,采取政府购买服务的方式支持社团自主运行,尽快培育建设一支职业化、专业化的社会工作者队伍,以确保各项日常工作得到有效落实。

1. 三个社团组织。注册成立市禁毒、社区矫正、社区青少年管理等三个民办非企业单位性质的社团组织,作为禁毒、社区矫正、社区青少年管理社会工作的运作实体。社团组织为非营利性机构,其承担政府指定的服务项目,取得政府购买服务的费用,以维持其日常运作和支付聘用社会工作者的薪酬待遇。各社团组织根据业务主管单位设定的总体工作目标,按照所承担工作项目的具体要求,依照法律、法规及其章程自主开展社团组织的会员招募、资格认证、职业培训、人事管理、任务安排、工作研究和业务指导等管理服务工作。社团组织在各区县分别建立工作站,负责对本区域内所属社会工作者进行业务指导、绩效考核和日常管理。

2. 三支社工队伍。三个社团组织根据业务发展需要,分别建立禁毒社工队伍、社区矫正社工队伍、社区青少年管理社工队伍。按 1:50 的比例配备,组建一支 400 人的禁毒社工队伍,负责对吸毒对象的定期尿检、跟踪帮教、生活关心、就业指导及禁毒宣传预防等工作。按社区矫正 1:50 和刑释解教人员帮教 1:150 的比例配备,组建一支 500 人的社区矫正社工队伍,负责协助社区矫正管理机构对在社区服刑的人员和 5 年以内的刑释解教人员开展跟踪帮教、生活关心、就业指导等工作。按 1:150 的比例配备,组建一支 400 人的社区青少年管理社工队伍,负责了解社区青少年动态,开展个人心理辅导服务,动员和组织各方力量共同开展工作,帮助社区青少年解决实际问题和实现自我发展,预防社区青少年违法犯罪。

3. 社工工作。社会工作者在社区主要是面对面地做对象的工作,关心他们的思想、生活和工作等,依靠社区支持,帮助他们解决实际困难,增强他们立足社会的信心和能力。同时,根据社区的政治资源,积极物色工作所需的社区志愿者,并开展培训和工作指导,共同做好对象的管理和服务工作，维护社区稳定。

4. 社工总量和来源。三支社工队伍共需社会工作者1300名。组建初期，考虑到可招聘的社会工作专业人才数量不足，50至60%的社会工作者先从政法、教育、卫生和其他党政机关的公务员中选调有管理经验的同志担任，另40至50%的社会工作者可向社会公开招聘。在3至5年内逐步过渡到以社会招聘专业人员为主。

5. 社工待遇。在过渡期内，从公务员转为社会工作者的，其待遇由两部分组成：一是基本工资保留不变（由人事关系所在单位支付）；二是补贴部分由社工组织从政府购买服务的费用中支付。招聘的社会工作者的收入从政府购买服务的费用中支付。

三、相关的保障措施

（一）工作措施及其法规建设。在国家现有法律框架内，加大地方政策和法规的配套、支持力度，使预防和减少犯罪工作体系的建设朝着规范化、法治化和科学化的方向健康发展。政法机关与社会管理部门加强研究，制定有关规章，如延长强制戒毒期，拟规定为第一次强制戒毒后，实行1年的康复治疗期，回归社会后发现尿检呈阳性的及时收戒，多次复吸的送劳动教养。争取今年作调研准备，2004年出台《上海市戒毒管理办法》、《上海市社区矫正工作管理办法》、《上海市司法社会工作者管理办法》等相关法规。

（二）信息平台建设。目前正在进一步论证，准备整合分散于各职能部门的相关信息资源，建立犯罪预防信息采集的指标体系，建设社区"高危人群"管理综合信息系统，形成覆盖全市所有罪错人员及社区青少年等特殊人群的实时的三级管理信息网络，动态记录对象罪错情况和社工工作措施，实现相关信息资源互联互通，为预防和减少犯罪提供良好的科技保障。

（三）配套设施建设。充分利用劳教农场等场所资源，一是改制强制戒毒场所，扩大戒毒场所的收戒容量，争取通过2至3年的努力，使全市强制戒毒容量达到1万张床位，年收戒强制戒毒人员达1至1.3万人；二是改建禁毒医院，收戒患有严重疾病和急性传染病的吸毒人员；三是改建若干"中途宿舍"，为少数无家可归或有家难回的对象提供过渡性居所。各区县都应抓紧建立就业（培训）基地，为"高危人群"提供过渡性就业机会。

（四）经费保障。

1. 管理机构的日常运作费用。市禁毒办、市社区矫正工作办公室、市社区青少年事务办公室共60名公务员编制的供给费用和三机构的开办费、日常办公经费均列入市级财政预算，按规定列支。区县预防办共59名公务员编制的供给费用和机构的开办费、日常办公经费均列入各区县财政预算，按规定列支。

2. 购买社工专业服务费用。以每名社会工作者每年总费用4至6万计（包括社工工作经费和社工工资及社会保障费用），支付全市1300名社会工作者的服务费用一年约需5000至8000万。购买服务的费用由地区承担。

3. 信息系统建设费用。总投资约5000万元，分3年投入，即2003年1000万元，2004年2000万元，2005年2000万元。

4. 禁毒专项费用。改建各类戒毒场所投资7000万元；设立禁毒基金初始投入5000万元，今后每年2000万元。

初步匡算，建立预防和减少犯罪工作体系一次性需投入约1.5亿元，以后每年维持费用约1亿元。

为扎实推进各项工作，今年下半年先行在浦东、卢湾、闸北、徐汇等四区进行构建预防和减少犯罪工作体系的试点，明年上半年待条件成熟后在全市推开，小步快走，争取用3至5年时间基本建成本市预防和减少犯罪工作体系。

上海市社会治安综合治理委员会办公室 上海市刑释解教人员安置帮教工作协调小组 关于进一步落实本市刑释解教人员落户就业和社会保障等工作的意见

沪安帮协〔2003〕4号

市刑释解教人员安置帮教工作协调小组各成员单位，各区县社会治安综合治理委员会办公室、刑释解教人员安置帮教工作协调(领导)小组办公室：

刑释解教人员的安置帮教工作(以下简称安置帮教工作)是维护社会稳定的一个重要方面，长期以来，市委、市政府对加强安置帮教工作非常重视，2002年又提出了安置帮教“六必”(即“监所内必访，出监所时必接，户口必报，基本情况必知，有困难必帮，重点对象必控”)的工作要求。本市各级党政组织和安置帮教工作机构积极探索，大胆实践，破解难题，安置帮教工作取得了新的进展。

当前，本市的就业压力较大，社会保障体系尚不完善，刑释解教人员因自身因素及社会上对他们存在一定程度的偏见和歧视，在落户、安置就业和社会保障等方面仍然遇到一些困难，其中一些人重新走上违法犯罪的道路，危害社会治安的稳定。

因此，各级党委、政府要从全面实践“三个代表”重要思想，维护改革稳定大局，实现国家长治久安的高度，充分认识安置帮教“六必”工作的特殊性、艰巨性和重要性，切实加强对这项工作的领导。各级刑释解教人员安置帮教工作协调(领导)小组要充分发挥各成员单位的作用，履行职责，协调配合，在制定和执行有关政策时，注意保护刑释解教人员的合法权益，为刑释解教人员的落户、安置就业及社会保障等提供服务和指导。

为了进一步做好本市刑释解教人员落户、安置就业及社会保障等方面工作，真正使安置帮教“六必”工作落到实处，根据全国社会治安综合治理工作会议精神和本市有关规定，就进一步加强刑释解教人员落户、安置就业和社会保障工作提出如下意见。

一、及时解决刑释解教人员落户问题

(一)户口申报办法。刑释解教人员在服刑、劳教前户口所在地对住房拥有产权、使用权、居住权，有直系亲属户口或者其他亲属户口在服刑、劳教前户口所在地且同意接受的，凭监狱、劳教所、拘留所、拘役所、社区矫正管理部门(以下简称执行机关)签发的刑释解教证明，向服刑、劳教前户口所在地的户口登记机关直接申请恢复户口。刑释解教人员因故造成服刑、劳教前户口所在地住房变更而无法落户，但本市其他地方还有自己房产或拥有使用权、居住权住房或者本市有其他亲属、朋友愿意接受的，可凭原户口所在地户口登记机关签发的《户籍证明》、执行机关签发的刑释解教证明，向拟落户地的户口登记机关申请恢复户口。刑释解教人员由于原住房已动拆迁但未落实住房等原因，造成无住房的，服刑、劳教前户口所在地的区、县刑释解教人员安置帮教工作协调(领导)小组办公室(以下简称安帮办或安置帮教工作机构)在3个月内先协调落实刑释解教人员居住问题，如能落实居住地，凭原户口所在地户口登记机关签发的《户籍证明》、执行机关签发的刑释解教证明、街道(乡镇)安置帮教工作机构出具的证明，向拟落户地的户口登记机关申请恢复户口。

(二)过渡性集体户口申报办法。刑释解教人员由于家庭发生变故、婚姻离异、注销原集体户口、原住房已出售等原因，并且本市无直系亲属或其他亲属、朋友愿意接受，造成无法落户的，原户口所在地派出所应在街道（乡镇）安置帮教工作机构所在地或其在辖区内指定的使用权或产权归街道办事处、乡镇政府所有的房屋地址门牌号为过渡性集体户口的申报地址，予以其本人临时落户（由区县廉租房管理部门安排的刑释解教人员临时住房，可参照此项意见办理过渡性集体户口）。过渡性集体户口迁入时间不超过5年，超过5年的，街道（乡镇）安帮办协助有关派出所做好户口清理工作。

（三）刑释解教人员办理户口恢复手续按《上海市户口管理暂行规定》的有关规定和程序办理。

二、实施扶持政策，加强刑释解教人员技能培训工作

（一）监狱、劳教所和拘留所、拘役所要根据实际情况，充分应用社会各方面的力量，继续抓好服刑、劳教人员的职业技能和专业技术培训，鼓励服刑、劳教人员学文化、学技术，努力使每一名服刑、劳教人员特别是即将刑满释放、解除劳教人员至少掌握一项职业技能或专业技术。劳动和社会保障部门要积极配合、支持监狱、劳教所和拘留所、拘役所的培训工作，对考核合格的发给相应的职业资格证书。

（二）劳动和社会保障部门要为刑释解教人员提供就业指导和就业岗位信息，积极动员和鼓励刑释解教人员参加社会各类技能培训。根据不同的对象，安排他们参加由政府补贴的从初级到技师的技能等级培训以及创业培训，加强职业指导，以提高他们的市场就业竞争能力。

（三）对刑释解教人员的职业指导应贯穿从求职到就业的全过程，要对刑释解教人员自身条件进行细致的分析，制定具体的辅导就业计划，转变择业观念；指导刑释解教人员开发自己的潜能，适时给予帮助，实现就业。

1. 各级就业服务机构应结合刑释解教人员就业特点，努力开发适合其就业的社区工作岗位，协助其选择项目、安排培训，并在申办营业执照、落实经营场地、筹集资金、免征税费等方面提供相关服务。

2. 对符合市委、市政府《关于进一步做好本市就业促进工作的通知》（沪委〔2003〕5号），市政府办公厅《关于本市对失业、下岗协保等人员从事个体经营有关收费实行优惠政策的通知》（沪府办发〔2003〕10号）等文件规定的刑释解教人员从事个体经营（国家限制行业除外），3年内免征营业税、城市维护建设税、教育附加税和所得税，免收属于管理类、登记类和证照类的各项费用。

3. 服务型企业（除广告业、桑拿、按摩、网吧、氧吧外）聘用刑释解教人员达职工总数20%以上（含20%），并与其签订3年以上期限劳动合同的，经司法行政、劳动和社会保障部门认定，税务机关审核，3年内免征企业应缴纳的营业税、城市维护建设税、教育附加费和企业所得税。

4. 刑释解教人员可依照本市有关规定申请开办非正规劳动组织，经市再就业工程领导小组办公室认定，发给由市再就业工程领导小组办公室、市劳动和社会保障局统一印制的《非正规劳动组织证书》，并按规定享受有关优惠政策。

5. 农村籍的刑释解教人员应按规定给予分配责任田、口粮田，或指导和帮助其实现其他形式的就业。服刑劳教期间因征用土地、城镇开发建设发生变化的，应按同等待遇予以保留应有的合法权益。

（四）根据劳动和社会保障部门有关规定，对享受“低保”且就业特别困难的刑释解教人员发放“就业困难人员社会保险费补贴卡”（以下简称“补贴卡”），凡用人单位正式录用“补贴卡”持有者，并按规定办理用工手续，依法缴纳社会保险费，个人收入不低于本市企业职工最低工资标准的，由劳动和社会保障部门给予用人单位社会保险费补贴，补贴期限为2年。

对就业有困难的刑释解教人员，各级就业服务机构应帮助其进行失业登记，提供相关就业服务。对其中生活困难且符合申领失业保险金条件的，各级就业服务机构应帮助其申领失业保险金。对其中符合特困人员认定条件的，可到街道（乡镇）劳动保障事务所申请就业特困认定。对经认定为就业特困对象的刑释解教人员，区县就业服务机构应在就业特困人员确认之日起3个月内指定公益性劳动组织安排其从事社区“保洁、保绿、保养、保安”工作。

（五）加强对刑释解教人员过渡性就业安置基地（以下简称基地）的指导扶持，凡是经过区县安帮办批准建立、核准或与之签订安置帮教协议、常年为刑释解教人员提供固定就业岗位的企事业单位或其他经济组织，可以视作基地。基地可按市委、市政府《关于进一步做好本市就业促进工作的通知》（沪委〔2003〕5号）文件规定享受失业人员自主创业、非正规就业的所有优惠政策，或者按有关文件规定享受民办非企业单位相应的免税政策。

三、落实对刑释解教人员生活困难的救助措施

（一）对符合低保条件的刑释解教人员及其家庭给予本市城镇最低生活保障；对不符合低保条件，但家庭突发临时性困难的，可给予临时生活困难补助；对无合法收入、无法定赡养、抚养义务人、无劳动能力的、男性60周岁（女性55周岁）以上的刑释解教人员，在按规定办理好社会孤老手续后，按照有关规定安排其进社会福利机构。

刑释解教人员在服刑、劳教前已参加失业保险或养老保险，刑释解教后符合享受失业保险和养老保险的，可以在当地劳动和社会保障部门办理登记，按规定领取保险金，恢复失业和养老保险待遇。

（二）对发生大病重病的刑释解教人员，根据现行的医疗救助政策，及时实行医疗救助。

（三）对刑释解教人员的子女，在其就学发生困难时，教育部门要落实好各项救助措施。服刑、劳教前为在校生，刑释解教人员解教后，本人有意愿继续求学的，学校（院）可按规定为其继续学业提供便利。

（四）刑释解教人员由于原住单位集体寝室（集体户口）、原来住房出售拍卖等各种原因，现在无经济能力买房、租房，确实无房可住的，原来户口所在区县廉租房办公室要配合协助所在街道（乡镇）安置帮教工作机构，可按规定办理手续后，减免有关费用安排临时的居住地，并可建立过渡性集体户口。该住处仅供刑释解教人员本人居住和生活，不得出售、出租、交换，水、电、煤费用由本人承担，有条件的可以按廉租房的有关规定，安排廉租房给其居住，有关部门要及时给予办理相关的证明。对符合农村贫困户条件的刑释解教人员及其家庭的危旧房，给予适当的修建补贴，以缓解其困难。

市、区县、街道（乡镇）安帮机构可参照上述意见，根据实际情况，利用原有设施或社会救济场所，建立刑释解教人员过渡性安置住所（如中途旅舍等）。

市综治委主要会议和活动

1月8日，市综治委召开第30次全体（扩大）会议，总结2002年社会治安综合治理工作经验，部署2003年社会治安综合治理工作任务，市委副书记、市综治委主任刘云耕同志出席并作重要讲话。市综治委委员、各区县分管领导及综治办主任参加会议。

1月22日，市综治委举行成员单位负责人座谈会，市委政法委副书记、市综治委副主任陈旭同志通报2002年上海综治工作情况，提出当前和今后一个时期上海综治工作的思路，希望各成员单位充分发挥职能作用，群策群力，共同研究和解决综治工作中的新情况、新问题。

1月30日，市综治委召开学校及周边治安综合治理领导小组第一次会议，市委政法委秘书长、市综治委学校及周边治安综合治理领导小组组长吴军营同志出席会议并讲话。

2月8日，中共中央政治局委员、中共上海市委书记陈良宇同志亲切看望、慰问市委政法委机关和市综治委办公室干部，鼓励大家在新的一年取得更大进步。

2月11日，市委、市政府召开全市人民调解工作会议。刘云耕同志主持并讲话，会议表彰了人民调解工作先进集体和先进个人，部署了加强和指导人民调解工作的具体意见。

3月27日，市综治委召开《上海市2001—2002年度治安保卫工作先进集体和先进个人表彰大会》，陈旭同志出席并讲话。

4月，陈良宇同志对刑释解教人员安置帮教工作作重要批示。指出:“党和政府有责任为刑释解教人员回归社会创造条件”。市综治委组织全市各级综治组织和安帮机构进行了认真的学习贯彻。

6月25日,陈良宇同志为上海市禁毒教育馆揭牌并视察禁毒教育馆的工作。随后,市长韩正、市人大主任龚学平、市政协主席蒋以任分别视察禁毒教育馆。

6月27日,市综治委召开《“严打”整治斗争先进集体和先进工作者表彰大会》,刘云耕等综治委领导为获奖者颁奖。

7月8日、11日,市委分别召开书记办公会和常委会,听取陈旭同志代表市委政法委《关于构建预防和减少犯罪工作体系的请示》的汇报,陈良宇等市委主要领导给予充分肯定。会议同意市委政法委所拟的请示。

7月11日,市综治委召开区县综治办主任会议,交流上半年工作情况和下半年工作打算,讨论通过了《上海市区县社会治安综合治理工作考核办法》。

7月15日,市综治委铁路护路联防领导小组召开第一次全体会议。市委政法委副秘书长,铁路护路联防领导小组组长江宪法同志到会讲话,市综治办主任乐伟中同志主持会议。

7月23日,市综治办、市公安局、上海警备区政治部联合召开“净化营区周边治安环境工作会议”,研究制定了《关于进一步加强警备区部队周边治安环境综合治理的意见》。

8月4日至5日,市综治委举办综治办主任培训班。市委常委、政法委书记、市综治委副主任吴志明同志进行了培训动员,陈旭同志作培训总结。

8月19日,市综治委召开第31次全会,分析上半年社会治安形势,部署下半年工作,重点提出建立上海社会治安长治久安机制的总体构想,刘云耕同志就构建预防和减少犯罪工作体系作重要讲话,吴志明同志主持会议,周太彤、俞云波、滕一龙、吴光裕、陈旭等领导同志出席会议。

8月21日,市委政法委、市综治委召开“构建预防和减少犯罪工作体系”试点动员大会,吴志明同志出席会议并作重要讲话。市有关委、办、局,试点有关单位,各区县政法委、综治办有关领导160余人参加会议。

9月15日,市综治委、市委宣传部联合举行“百姓英雄——上海市表彰见义勇为文艺晚会”。中央政法委副秘书长、中央综治办主任、中华见义勇为基金会常务副会长陈冀平同志致贺词,刘云耕、吴志明、包信宝、周太彤等领导,市综治委委员、市见义勇为评审委员会委员,市见义勇为先进分子代表及各界群众1000余人参加晚会。晚会共收到见义勇为专项经费捐赠400余万元。

10月13日至25日,市综治委举办首期禁毒、社区矫正、青少年事务社会工作者培训班。陈旭同志做开班动员,吴志明同志出席结业典礼并作重要讲话。首批从政法系统选聘和向社会招聘的400名社会工作者参加了培训。

10月16日、17日,市综治办召开“预防和减少流动人口违法犯罪”专家座谈会,就本市流动人口管理所面临的新形势、新情况、新问题,流动人口管理的新理念、新途径、新机制,以及针对流动人口中的高危人群,构筑预防和减少犯罪工作体系等进行了研究和探讨。乐伟中同志主持,有关高校20多名专家发表了意见。

10月15日至11月30日,市综治办、市公安局委托上海零点市场调查公司对2003年度上海公共安全感开展调查。

11月24日,刘云耕、沈红光、陈旭同志接见全国见义勇为先进分子张彪,并进行了座谈。

11月25日至12月2日,市委政法委、市综治办对预防和减少犯罪试点工作进行专题调研和指导。

2003年上海社会治安综合治理工作情况

2003年在上海市委、市政府的领导下，本市社会治安综合治理工作认真贯彻党的十六大和十六届三中全会精神，坚持以"三个代表"重要思想为指导，在毫不动摇地开展"严打"整治斗争的同时，狠抓"打防结合、预防为主"方针的落实，进一步建立健全社会治安长效管理机制，着力推进预防和减少犯罪工作体系建设，切实形成工作合力，努力为上海新一轮发展创造良好的社会治安环境。全年，全市刑事案件同比上升3.4%，其中八类案件同比下降4.7%。

一、抓住城市发展特点，不间断地开展"严打"整治斗争，有效维护社会治安

保持"严打"整治斗争的力度。在提前完成中央提出的"社会治安取得新的明显进步"目标的基础上，全市各级公安政法部门按照中央政法委和中央综治委提出的建立"'严打'经常性工作机制"的要求，有针对性地开展以"打团伙、挖窝点、追逃犯、破大案"为主要内容的集中统一行动和以"打两抢、反盗窃、强整治、保平安"为主要内容的专项行动，严厉打击严重影响人民群众生命财产安全的黑恶势力犯罪、严重暴力犯罪、恐怖犯罪和抢劫、抢夺等多发性犯罪，以及破坏社会主义市场经济秩序的金融犯罪、走私犯罪等。有序推进治安复杂地区和突出治安问题的整治。49个治安复杂地区，整治全部合格；全年，全市共查处"六害"案件42839起，同比上升58.5%；19个区县全部通过了自行车综合管理达标检查，其中卢湾、浦东、闵行三个区被评为自行车综合管理优秀单位。强化社会治安长效管理机制建设。在市综治委的牵头下，本市相继成立了学校及周边地区综合治理领导小组和铁路护路联防工作领导小组，建立了部队周边地区治安环境综合治理联席会议制度，切实维护重点复杂地区治安秩序的持续稳定。针对社会治安出现的新情况，积极探索，有效应对。建立"社会治安分析评估制度"，制定并试行了《上海市社会治安分析评估实施办法》，将社会治安各项主要指标进行同比、排序，以市委政法委和市综治委的名义下发各区县，使各级党政领导在动态了解全市治安和维稳工作情况时，对本地区工作上的薄弱环节有针对性的提出整改措施，较好地起到了预警作用。为降低复吸率，借鉴国内外戒毒经验，调整了收治标准、戒毒期限和康复方法，启动了《三年跟踪随访计划》，对300名吸(戒)毒人员开展跟踪调查，为改进戒毒方法提供科学依据。收容遣送制度取消后，有关部门克服畏难和不作为情绪，迅速调整收容待遣场所，19个区县都及时建立了救助站。为预防境内外敌对势力可能对上海采用的各种破坏手段，市委批准了有关部门制定的应急方案。11月17日深夜两名歹徒在沪抢劫出租车，上海警方快速反应，不到10分钟就设置了三道路障，抓获了歹徒。6月27日，中央政法委、中央综治委召开"全国'严打'整治斗争总结表彰电视电话会议"，市委副书记、市综治委主任刘云耕同志在上海分会场作了重要讲话。本市有12个集体和17位个人分别获得"全国'严打'整治斗争先进集体和先进个人"光荣称号。

二、抓住社会矛盾热点，加大机制建设，全力保持社会稳定

正确处理改革、发展和稳定的关系，把排查调处矛盾纠纷，全力维护政治安定和社会稳定作为社会治安综合治理的一项极其重要的工作来抓。各级党政领导高度重视，敢于解决突出问题。根据中央综治委和市委、市政府的要求，许多区县和委办都结合本地区、本部门的实际，重新制定了关于加强矛盾纠纷排查调处工作的文件，进一步明确了新形势下排查调处矛盾纠纷工作的原则、范围、责任和制度，努力把问题解决在基层、解决在内部、解决在萌芽状态。各级党政领导深怀爱民之心，切实转变工作作风，敢于破解难题。针对今年动拆迁矛盾突出的实际情况，市委领导亲自到第一线与有关对象谈话，在切实保护动迁户利益的基础上，依法对挑头闹事的对象进行了处理。

市政府领导十分关注国企改革中的稳定工作，及时召开有关会议，协调解决改革中涉及职工切身利益的各种问题，尽力减少群体性越级上访事件发生。积极发展新型调解组织，扩大调解组织覆盖面，进一步发挥其维护社会稳定的第一道防线作用。全市各区县都成立了人民调解指导委员会，各街道、乡镇全部建立了调委会和“司法信访综合服务窗口”，发展了消费者协会调委会、开发区、集贸市场、建筑工地调委会和区域性联合调委会，拓展了“街道、乡镇调委会——居村委调委会、区域性、行业性调委会——调解员”大三级调解网络。积极培育社会组织、中介机构和社会志愿者共同参与的社会矛盾多元调处机制，组织成立了“为被拆迁人提供法律服务律师志愿团”、“轨道交通四号线善后处理律师顾问团”，发挥了律师在依法维护当事人合法权益和社会稳定方面的特殊作用。继续深化人民调解制度改革，积极探索诉讼调解在法官指导下适度社会化模式。全年，全市各级人民调解机构共受理各类民间纠纷 67679 起，同比上升 5.3%。防止民间纠纷激化引起的自杀事件 73 件，凶杀事件 77 件。坚持预防、帮教、打击相结合，深入推进与“法轮功”邪教组织的斗争，坚决遏止其非法活动。通过各级部门的努力，全年无“法轮功”顽固分子集体进京上访。

三、抓住社会管理亮点，统一思想，打造全新预防和减少犯罪工作体系

为了统一思想认识，切实提高对构建预防和减少犯罪工作体系重要性和必要性的认识，市委政法委、市综治委分别于 6 月 26 日—28 日和 8 月 4 日—5 日，举办了区县委政法委书记和区县委政法委副书记、综治办主任培训班。市委副书记、市综治委主任刘云耕同志和市委常委、政法委书记吴志明同志分别在培训班上讲话；市综治委于 8 月 15 日召开了第 31 次全体会议，刘云耕同志出席会议并讲话。通过深入发动，使大家认识到，构建预防和减少犯罪工作体系是贯彻“三个代表”重要思想的具体实践，是从制度层面上解决问题，是运用社会化的思路开展工作，从源头上预防和减少犯罪。市委、市政府领导对这项工作评价很高。中共中央政治局委员、上海市委书记陈良宇同志指出，这是实现了理念创新、制度创新和实践创新，走出了一条具有上海特点的预防和减少犯罪工作的新路子。大家表示，一定要根据体系建设的要求找到自己工作的结合点，齐心协力，推进体系建设。为了扎实推进体系建设方案的实施，进一步提高方案的可操作性，市委政法委选择浦东、卢湾、闸北和徐汇四个区为构建预防和减少犯罪工作体系的试点区。8 月 20 日，市综治委、市委政法委召开试点动员大会，吴志明同志出席会议并讲话。四个区在摸清工作对象的基础上，着重抓了禁毒、社区矫正和青少年管理三支社工队伍的招聘、培训。10 月 13 日—24 日，市综治办举行试点区社工培训班，对四个区的 399 名社工进行培训。从 11 月初开始，社工全部上岗。按照“政府主导推动、社团自主运行、社会多方参与”的总体思路，从政策和资金上加大对社团的培育和扶持力度，使之更加符合社会化管理的规律。为加快社团的组建，及时筹措资金用于社工站的建设。到 11 月底，四个试点区的社工站和社工工作点都基本布建完毕，为社工工作创造了条件。

四、抓住基础建设重点，进一步夯实基层基础，确保综治工作各项措施落到实处

严格实行责任制，建立完善考评机制。在认真听取区县和委办综治办意见的基础上，市综治办制定和下发了 2002—2003 年度区县综治工作考核办法和委办综治工作评估办法，促使区县和委办的综治工作更加规范、有序，同时也使两年一度的市综治工作评先活动更加透明、有据，受到大家的欢迎。完善群防群治队伍建设，充分发挥群防群治队伍作用。对专职群防群治队伍强化教育，严格管理。市公安局实行对企事业单位内部安保人员统一培训，增强纪律性和法制意识，提高体能和技能。迄今为止，已经培训了 6300 多人，培训合格率为 98.8%。整合群防群治队伍，探索组建治安辅助队伍。宝山区按照市场化、社会化的工作思路和“五个统一”（统一招聘录用、统一管理使用、统一培训考核、统一奖惩措施、统一报酬标准）的要求，对社区保安队和治安联防队进行有机整合，组建成专业性的治安辅助队伍，既提高了队伍的战斗力，又扩大了就业岗位；青浦区探索建立社会治安志愿者队伍，均取得了较好的效果。与此同时，进一步加强对“4050”治安巡逻队、物业保安队、治安信息员、看家网等非专业性的群防群治队伍的管理和业务指导，逐步建立在业务上由派出所实行紧密型指导和考核的模式。积极落实陈良宇同志的批示精神，推进刑释解教人员安置帮教“六必”工作的开展。3至4月，市综治办会同市安帮办对各区县开展“六必”工作情况进行检查。针对“六必”工作中“必报”、“必帮”等难点问题，协调有关部门制定下发了《“六必”工作实施意见》、《加强人户分离和外省籍刑释解教人员管理的通知》和《关于落实本市刑释解教人员户口、就业、救济等有关事项的通知》等文件，进一步明确了做好“六必”工作的政策和要求。针对收容遣送制度取消后的新情况，按照“谁主管谁负责”和“谁使用谁负责”的原则，进一步明确单位的法定代表人是外来人员管理的第一责任人；抓好房屋租赁管理，建立房屋租赁专管员队伍，建设外来人员集中居住小区，探索工企单位房屋租赁管理的新途径，减少房屋租赁管理上的盲点和死角。为了体现外口工作中管理和服务相结合的原则，市综治办在“非典”期间，专门印制了5万张防“非典”常识的邮资明信片，分发到在沪务工人员手中。继续扎实有效地开展基层创安工作。扩大创安工作覆盖面，把创安工作向新经济组织和行业场所延伸。提高科技创安的含量，积极促进科技创安小区、农村技防小区和景观区域的技防设施建设。2002—2003年度，全市共申报创建市级“安全小区”1164个，其中申报创建市级“科技安全小区”101个，属于治安复杂地区创建市级“安全小区”的125个。

五、抓住综治工作视点，加强宣传调研，提高综治工作水平

大力开展社会治安综合治理宣传活动。一是动员社会力量宣传综治工作。3月，以纪念党中央、国务院关于加强社会治安综合治理两个《决定》发表12周年为契机，各区县、委办综治办按照市综治办的要求，普遍开展了综合治理宣传月(周)活动。通过讲座、座谈会、出板报、提供法律服务和先进事迹报告会等形式，使广大居民群众进一步了解开展综合治安治理工作的重要性和必要性，了解综合治理工作的方针、政策和先进典型、先进经验。新建“上海市禁毒教育馆”。在国际禁毒日前夕，陈良宇同志亲自为展览馆揭牌，并正式向社会各界免费开放。到年底，该馆累计接待参观者10万余人次，为禁毒宣传教育提供了一个基地。二是利用新闻媒体宣传综治工作。加强与新闻媒体的联系，搞好综治工作的日常报道，充分利用新闻媒体的影响，开展综治工作的系统报道，8月18日—24日，市综治办继续与市文广新闻传媒集团合作，以加强治安防范为主题，在上视、东视和上广、东广中，进行综治工作系列报道。期间，共播出稿件30多篇。三是认真做好见义勇为人员奖励保护工作。市和各区县都建立了见义勇为评审委员会，下设办公室，负责对见义勇为行为的确认等。设立见义勇为人员奖励保护专项经费，增加见义勇为人员奖励金和伤残理赔金。制作了反映见义勇为主题的邮资明信册。在“非典”期间，为1999年5月10日至2003年4月10日的375名市级见义勇为先进分子每人提供了一份意外住院保险。坚持每月开展“见义勇为表彰宣传日活动”，对社会影响大的见义勇为人员做到即时表彰，对其事迹做到即时宣传。对确有困难的见义勇为人员尽力给予帮助。全年全市共表彰市级见义勇为先进分子109名。为了弘扬社会正气，塑造上海城市精神，形成全社会都来关心和支持见义勇为工作的局面，9月15日市综治委和市委宣传部联合举行“百姓英雄——上海市表彰见义勇为文艺晚会”。中央政法委副秘书长、中央综治办主任陈冀平和刘云耕、吴志明、周太彤等市委、市政府领导出席文艺晚会并为9月份市级见义勇为先进分子颁奖。晚会由电视台的新闻综合频道和文艺频道同时直播，在社会上引起了强烈反响。

面对转型期间综治工作遇到的新情况和新问题，各级党政领导和综治干部注重调查研究和理论研讨。市综治办先后组织开展了安保队伍整合、街道乡镇综治机构安置和外口管理等专题调研，并与市综治研究会、市综治研究所联合创办了《综治研究》月刊，组织了“落实综合治理长效管理措施，推进预防和减少犯罪工作体系建设”为主题的综治工作理论研讨会。研讨会共收到论文88篇，评出获奖论文30篇，另外还评出论文组织奖4个。

今年，本市综治工作虽然取得了一定的成绩，但也应该清醒地看到存在的问题：刑事案件总量上升，案件恶性程度有所增加；由动拆问题引发的群众性矛盾纠纷突出。工作中，“重打轻防”的现象不同程度地存在;综治工作制度不能全面坚持,综治委成员单位作用的发挥还有待于进一步提高;对新形势下综治工作遇到的新情况、新问题,缺乏深入的调查研究。

“严打”整治斗争工作情况

2003年,各级公安政法机关,坚定不移地贯彻打防并举的方针,建立、完善常态性的严打工作机制,全面加强社会治安防控体系的建设,努力遏制刑事案件的多发势头,巩固、发展了为期两年的严打整治斗争成果,为本市经济建设和人民安居乐业创造了良好的社会治安环境。全年共破获各类刑事案件37673起,其中“八类”主要案件2827起,破案率分别达到36.1%和67.1%;破获各类经济案件2686起,挽回经济损失23.3亿元;打击和处理各类违法犯罪嫌疑人20523人;抓获网上逃犯85人。

一、快侦快破了一批重大案件。各级公安机关创新工作思维,强化侦查措施,落实破案责任,进一步提高了刑事案件的侦破水平,先后侦破了“2.8”、“6.15”浦东暴力袭警案、“6.23”闵行抢劫台胞案、“11.25”闸北抢劫杀人案等一批有较大影响的大、要案。同时,成功侦破了包括“5.12”金融诈骗案、“7.29”信用卡诈骗案等4起公安部督办案件在内的一批重大经济犯罪案件,有力维护了社会主义市场经济秩序。

二、组织打击多发性违法犯罪活动的专项行动。针对突出治安问题,集中优势兵力,先后组织开展了“打团伙、捣窝点、追逃犯、破大案”、打击“两抢”犯罪、盗窃电瓶车等三类突出犯罪活动,以及打击“教唆、胁迫新疆籍未成年人从事扒窃、抢劫”等违法犯罪活动,共10余项专项行动,有力遏制了上述案件的多发势头。

三、扎实开展治安复杂地区整治工作。坚持“什么治安问题突出就重点解决什么问题”、“哪里治安混乱就重点整治哪里”、“用什么方式更为有效就采用什么方式”的工作方针,集中优势警力对新一轮排摸出的19个市级和30个区、县级治安复杂地区进行不间断地整治。市公安局制定下发了《关于开展治安复杂地区整治工作的实施意见》,明确各单位的整治工作任务和目标,专门成立了整治工作督导组,深入治安复杂地区进行明查暗访,跟踪分析,并定期上网公布。各地区、各部门、各警种密切配合,整体作战,着眼长效管理,实行综合治理,切实改变了这些地区的治安面貌。截止10月底,49个治安复杂地区刑事案件、八类主要案件、“两抢”案件和入室盗窃案件发案同比下降25.9%、24.2%、11.9%和43%。

四、进一步完善社会治安防控机制。不断完善街面巡逻机制和“三道防线”建设,全面推广实行了以“五个必查”为主的盘查工作方法,组织公安专科师生和轮训轮值警力到治安复杂、案件多发地区开展“叠加式”巡逻,有效遏制了案件的多发势头,切实增强了群众的安全感。不断加强技防建设,全市自动银行内自动柜员机震动入侵探测器的安装联网率达到100%,银行网点身份证鉴别仪的配备率达到99%。对全市5660名24小时便利店店长、加油站站长开展了安全防范培训,组织了15期技防从业人员培训班,进一步提高了员工安全防范意识和岗位防范技能。

五、积极推进警务机制建设。大力加强各级指挥中心建设,全面推行指挥长制度,制定、完善各类突发性案(事)件处置预案,有针对性地开展实战演练,提高指挥中心的应急指挥能力;定期分析社会治安形势,落实重要情报、线索的跟进核查工作;深化基层警务运作机制改革,积极探索试行管段民警、治安民警和巡逻民警“三警合一”社区警务运作模式,初步解决了一线警种业务划分过细等问题,社区治安管控能力明显加强;全面推行道路交通管理“责任区”勤务方式,明确交通民警的工作职责,基本杜绝下达罚款指标的现象;实施科技强警战略,完成800兆数字集群系统二期建设,建成上海公安信息通信网络体系,公安科技服务实战的水平不断提高。

构建预防和减少犯罪工作体系试点情况

为了从源头上预防和减少犯罪，加强社会管理，维护社会稳定，确保本市实现新世纪发展战略，根据市委部署，市委政法委、市综治委在浦东、卢湾、闸北和徐汇四个区积极推动了预防和减少犯罪工作体系建设（以下简称“体系建设”）的试点，取得了阶段性成果。

一、试点工作的主要做法

试点工作按照“政府主导推动、社团自主运作、社会多方参与”的总体思路，采用政府购买服务、培育社团组织、组织社工队伍、发挥社区的载体作用等社会化管理的方式积极探索预防和减少犯罪的新途径。

（一）切实提高体系建设的思想认识

预防和减少犯罪是各级党委、政府的政治责任，体系建设是转变党的执政方式、提升政府管理职能、为党执政积累丰厚社会资本的战略性举措；是优化社会治理结构、夯实城市管理基础、确保社会长治久安的必然性选择；是贯彻落实科学发展观、促进经济社会协调发展、实现新一轮发展战略的创新性实践。市委、市政府领导对体系建设充分肯定，陈良宇同志指出，这是带有建设性、创造性、开拓性的工作。韩正同志指出，这项工作很重要，经济发展了，社会管理就越来越要加强。刘云耕同志指出，这项工作的重要意义在于从源头上预防和减少犯罪。为了把思想认识统一到市委的决策上来，用新的理念指导工作实践，2003年6月和8月，市委政法委、市综治委先后举办了区县委分管书记和区县委政法委副书记、综治办主任培训班，专题学习讨论了市委关于体系建设的决定。2003年8月19日，第31次市综治委全会重点研究部署体系建设，刘云耕同志在讲话中全面分析了体系建设的重要性，强调本届综治委一定要把体系建设好。2003年8月21日，市委政法委、市综治委召开体系建设试点动员大会，吴志明同志在讲话中指出，一定要以勇于探索、坚韧不拔、攻坚克难的精神状态投入到体系建设中去。通过培训和召开专题会议，统一了思想认识，领悟了体系建设的重要作用和现实意义，增强了用社会化新方法解决新问题的紧迫感和使命感。

四个试点区在领受试点任务后，多次召开区委书记办公会、区委常委会，对试点工作进行专题研究，区委主要领导和分管书记分别做出重要指示，统一思想、提高认识、鼓舞斗志，真正做到认识一致、步调一致。有的试点区还将试点工作列为区重大督办项目，为试点工作提供了良好的思想保障。在深入发动方面，针对基层干部中对体系建设存在的一些疑虑，认真做好思想发动工作。据统计，四个试点区共举办各种形式的培训班83期，参加人数达到2604人次。试点区党政主要领导亲自到培训班讲话，从建立长治久安机制，为新一轮发展创造和谐稳定的社会环境，培育社会组织，推进政府职能转变，巩固党的执政基础等方面详细分析了体系建设的重要性、必要性，启发思路、帮助思考，使基层干部更新思想观念，了解社会工作的专业知识，真正在执法理念、思维方式和工作方法等方面有了转变和提高。在抓好落实方面，各试点区的区委、区人大、区政府、区政协领导专题听取试点工作汇报，不断完善工作方案。卢湾区委书记何卫国、闸北区委书记姚海同等，深入社工站召开社工座谈会，直接了解社工的工作情况，对社工站的软硬件建设和改善社工工作条件等问题作出具体指示。试点区分管政法的书记更是经常深入基层，加强检查指导，对试点工作中遇到的各种困难，及时发现，及时协调解决。

（二）认真落实体系建设的保障措施

形成符合社会化管理要求的组织保障和提供政府购买服务的资金支持，是体系建设的基础性条件。在试点初期，市区两级就迅速落实机构到位、资金到位等保障措施，以确保体系建设的顺利实施。在组织机构上，市级层面：市委批准成立了市禁毒办、社区矫正办和社区青少年事务办等三个副局级专业管理常设机构；注册成立了名为“上海市自强社会服务总社”的禁毒社团、“上海市新航社区服务总站”的社区矫正社团和“上海市阳光社区青少年事务中心”的社区青少年事务社团。区级层面：四个试点区增设预防和减少犯罪办公室，以协调相关职能部门共同支持和推进禁毒、社区矫正、社区青少年事务的正常开展；对应市三个社团，各试点区都相应设置三个社工站。在经费保障上，市综治办协调市财政局落实三个办和三个社团的办公经费；四个试点区将政府购买服务专项经费列入区财政预算，按照每年每个社工4万元的标准及时交付。试点区对区预防办和社工站的建设提供了必要的资金和物质支持。卢湾区每月为社工站提供3000元的日常运作经费，并正在解决社工站与街道的光缆连通，加快社工站信息化建设，还准备在短期内为社工站解决独立的谈话室、活动室等，进一步提高社工站的硬件水平。徐汇区各街道、镇都增加了社工办公场所，增添了必要的办公设备，有的街道为社工购买了自行车，为社工开展工作创造条件。

（三）积极实践体系建设的总体思路

“政府主导推动、社团自主运行、社会多方参与”的总体思路，在试点工作中得到了很好的贯彻运用。在管理机构的设置上，不搞上下一般粗，市级层面成立市禁毒办、社区矫正办和青少年事务办公室，区级层面成立预防办负责协调推进。在政府部门和社团的关系上，政府不再大包大揽、直接管理，而是采取帮助成立非政府、非赢利的社会团体，推动社团逐步走向规模化自主运作，由社团负责与社工签订劳动合同，按期发放工资，制定统一的工作要求等日常管理。在社工队伍的组建上，通过统一笔试和面试，加上培训考试合格，组建起了一支399人的专业性强、人员精干的社会工作者队伍，其中禁毒专业社工131名，社区矫正专业社工119名，青少年事务专业社工149名；社会招聘社工共182名，公务员转聘社工217名。在工作方法上，改变原有队伍的“大呼隆”、行政化的教育帮助方式，实行社会工作者职业化、工作内容专业化、工作对象个体化，以平等、亲和、引导的方式，达到助人自助，减少社会对立面，增强社会凝聚力。

（四）努力整合体系建设的社会资源

体系建设是一个综合性的工程，社工本身的力量不足，能否有效整合各种社会资源，成为试点工作的关键环节，试点区非常关注和注意处理好这个问题。首先是整合政府资源。劳动保障、民政等部门积极提供低保等服务。街道、镇发挥自身优势，运用社区内的图书馆、烈士陵园、飞机场、集团公司和公安博物馆等，开辟教育学习基地和就业基地。其次是整合专业技术力量。试点区组建了社工专家咨询团，定期开展咨询和主题讲座。闸北区委政法委与华东理工大学社会工作系在闸北共同建立研究基地，以进一步加强社会工作的专业属性。区团委邀请了乐群社工站的专家为青少年社工开设针对性辅导课，区禁毒办邀请高校社会工作专业老师为指导，对戒毒社工提供跟进式专业支持。三是整合社会多方资源。利用志愿者的专业知识为工作对象提供帮教和服务。徐汇区团委组建了以社区青工单位为主的法律、教育、卫生、环保等内容的八支志愿者服务队，通过建立志愿者服务队与社工及街道、镇团组织的联络机制，形成社区青少年事务志愿服务工作组织网络。各试点区通过在社区印发宣传手册、卡通宣传单，举办“社工论坛”、“社工演讲比赛”等活动，深入宣传社工试点工作情况。为了展现社工工作风采，取得社会支持，市委政法委开展了“社工记事”征文活动，以社工亲身经历为题材向市民介绍社工工作。征文活动已在《解放日报》、《文汇报》、《新民晚报》等报刊上发表征文21篇，在广播电台播出采访节目6次，扩大和提高了社工的社会影响。

（五）细心开展体系建设的工作指导

与法律法规的紧密联系是体系建设的重要特征，从政策层面加大培育扶植的力度，是市委对体系建设提出的要求。试点工作从一开始就注意加大制度建设，做到有章可循，特别是通过机制建设使公安、劳动、教育、卫生、民政等职能部门，为社工提供的支持和保障能够长期坚持下去，更具有可操作性。试点以来，以市委、市委政法委、市综治委为主，三个职能机构和三个社团主动思考，先后出台有关文件26件，其中包括《上海市委办公厅关于转发〈中共上海市委政法委员会关于构建预防和减少犯罪工作体系的意见〉的通知》等指导性文件8件，《上海市公安局治安总队关于下发〈公安派出所社区工作规范（试行）〉的通知》等部门规定文件8件，《上海市自强社会服务总社〈关于社工工作评估办法〉》等社团规范性文件10件。这些文件除了明确规定工作目标和任务外,还针对试点工作遇到的问题,及时制定了具有可操作性的政策,对推进试点工作起了十分重要的作用。市禁毒办、社区矫正办和社区青少年事务办切实加强业务指导。市社区矫正办坚持靠前督导,经常深入试点区的50个街道、镇开展检查、指导和调查研究。市青少年事务办每周都安排时间,由团市委书记、分管副书记带队深入试点区的街道开展工作调研,了解工作进度,解决试点中的难点问题。

二、试点工作的初步成效

开展构建预防和减少犯罪工作体系试点,虽然时间不长,但已取得初步成果,主要表现在:

(一)有效打开了体系建设的局面

体系建设是应对社会转型时期面临的挑战的创举,是突破传统思维方式的一个“亮点”,也是改进工作方式,提高工作水平的一个全新抓手,它的诞生来之不易,推进任重道远,从试点情况来看,体系建设的局面已经打开。一是有了统一的思想保证。无论是试点区的领导,还是试点区有关部门、街道镇及其居村委的同志,对体系建设的思想认识逐步得到了统一和提高,特别是市委、市有关部门和试点区的领导,高度重视体系建设,指明体系建设的方向和总要求;二是有了强有力的组织保证。在市委的领导下,成立了市禁毒办、社区矫正办和社区青少年事务办,三个专业社团已组建完成,并开始运作;三是有了可靠的财力保证。各试点区政府购买服务所需资金,以人均4万元/年的标准计算并按要求准时划拨,社会招聘社工的工资由社团按月发放,市级社团专职人员的工资由社团负责依照有关标准从专项资金中列支并发放。社工站的日常运作费用(含社工活动经费)从试点区政府购买服务的资金中统一划拨;四是有了社会的认同保证。社工在摸清对象底数的情况下,运用多种社会工作专业方法开展个案工作,事前充分准备、谈话灵活应对、及时整理记录,初步取得工作对象及其家属的接纳、信任,得到了街道(镇)、居村委和派出所的认可,形成了良性工作机制。

(二)切实加强了基础管理工作

解决因社会变革、政府职能转变而产生的社会管理中的薄弱环节,强化对高危人群的实时动态管理,保证社会面上无失管漏管现象,是体系建设的重要价值目标。试点中,各试点区把加强基础工作作为推进体系建设和社团运作的重点,通过社工对工作对象的排摸核对,基本实现了底数清,掌握了原先内容不全或没有掌握的工作对象信息,使基础信息的覆盖率和准备率得到了明显提高。

四个试点区在社工上岗以后,在公安等有关职能部门的配合下,对吸毒对象、社区青少年、社区矫正对象和刑释解教对象等四类主要工作对象,开展了广泛、细致的调查。如禁毒专业社工通过排摸后,准确统计出:四个区共有吸毒对象6239名,比原掌握的在册吸毒人员数多了150名;并分类统计出社会面上有4302名,占69%,大墙内有1937名,占31%;在社会面上的吸毒人员中,户籍地与居住地一致的有2399名,人户分离或下落不明的有1903名。社区青少年、社区矫正对象和刑释解教人员的现状也有了比较准确的掌握,四个试点区的社区青少年共16439名,社区矫正对象(含刑释解教对象)13459名。事实证明,经过社工的排摸和补缺工作,改善了动态管理中因管理不落实、人户分离等原因所造成的遗漏失控等问题。

初步形成推动体系建设制度框架是试点阶段抓的另一项基础工作。试点期间,市禁毒办、社区矫正和青少年事务办以及四个试点区分别就社工的权利义务、工作职责、工作制度、绩效考核和工作流程等制定了相关文件,形成了一个相对统一和可操作的工作模块。市综治办制定了“预防和减少犯罪试点工作例会制度”和“预防和减少犯罪工作联席会议制度”,每半个月和每两个月分别召开一次例会和联席会议,以研究、贯彻市委政法委、市综治委有关体系建设的决定和部署,交流试点工作,检查工作进度,协调具体问题,推进试点工作。各试点区也分别制定了社工站工作例会和联席会议制度,有的区还制定了社工管理办法和工作制度,并将其编印成《社工工作手册》,作为社工自我教育和自我管理的蓝本。

(三)初步形成了有效的社工工作方法

走职业化、专业化之路,探索社会管理的有效途径,为全面培育社工队伍积累经验是试点阶段的重要任务，各试点区和三个社团以此为要求指导社工开展工作，初步形成了符合专业化理念的工作方法，有效提高了社工的社会信任度和亲和力。

从全市来看，社工创造的工作方法归纳起来主要是四种：一是个案工作法。如卢湾区社工针对不同对象的家庭背景和个人经历，坚持一把钥匙开一把锁，因人施策，因人施教，形成了针对流连在网吧的社区青少年的“网络交往法”、针对内向社区青少年的“短信交流法”，以及情感服务法、资源上门法、错时工作法等。二是团队工作法。如闸北区社工不以个别青少年作为单一的工作介入点，而是将这些青少年的群体作为一个整体来对待，用团体社会工作方法对青少年开展工作，在各种各样的团体康复活动中让青少年渐渐认识到自己的行为偏差，最终在相互鼓励和帮助中摆脱过去，走向新生。三是分类工作法。如卢湾区社工针对社区青少年的实际表现情况，建立了“红、黄、蓝”三色预警工作法，对每一名社区青少年的现实状况进行评估标色。“红色”表示已经或极有可能出现违法犯罪行为；“黄色”表示有不良行为倾向，可能发生问题；“绿色”表示社会危害可能较小，然后采取不同的工作方法开展工作。四是社区支持法。如在吸毒对象的帮教中，试点区社工寻求劳动和社会保障等部门的帮助，把街道、居委派出所和志愿者等力量都整合起来，使社工工作在社区获得极大支持。

(四)部分解决了帮教对象的实际困难

高危人群多为弱势群体，他们在社会上会遇到比常人更多的生活困难，帮助他们回归社会、自立于社会是政府的责任。试点区一方面正视社工并不具有充分的社会资源的现实，为其提供社会资源，另一方面帮助社工自觉地开发运用社会资源。社工们在开展思想帮教的同时，十分注意从就业、就学等方面帮助对象解决实际困难，取得了较好的社会反响。

(五)扩大宣传了党的执政为民宗旨

社工是政府与高危人群、弱势人群联系的纽带，他们与工作对象间从可近到可亲再到可信的过程，正是党和政府关心关怀他们的政策得到宣传的过程，也是特殊人群及其家庭理解和支持党和政府的政策的最好体现。

试点工作中，社工的“主角”作用逐步显现。他们认真贯彻党的执政为民的宗旨，满怀深情和激情，进小区、访家庭，去有关部门，全面了解和接触服务对象及其家庭，使不少服务对象体会党的以人为本、执政为民的实际行动，逐渐走出迷茫和阴影，走上了新生之路。卢湾区有一个吸毒人员，因为妻子劳教，儿子年幼，自己有病，产生了自杀的念头。禁毒社工及时上门开展个案劝导服务，又专程陪他去监所探望其妻，终于防止了一起非正常死亡事件的发生。该吸毒人员在日记中写道，生活好像有了希望，我相信社工，以后一定重新站起来，做一个正常的人，把失去的一切都补回来。浦东新区合庆镇的社工，在对一名有家不归、长期流浪在外的青年服务中，不辞辛劳地反复做其本人及其家长、亲属的工作，终于使其在去年大年三十晚上重归父母身边。徐汇区329名社区服刑对象在社工的耐心细致的帮助教育下，至今不仅没有一人重新违法犯罪，而且其中有32人获得表扬、10人记功、6人被评为积极分子。目前，试点区的工作对象中已有了“有事找社工”的印象，有的工作对象还主动对社工的帮教表示感谢，承诺不会辜负党和政府的关心与帮助。鉴于社工工作取得了初步成效，街道、社区居委和公安派出所对社工普遍表示欢迎，对象家属也表示认可，从而为社工的继续工作奠定了社会基础。

发展和创新人民调解工作

一、加强组织领导,加大人民调解工作的支持、指导力度

(一)积极贯彻落实中央精神,加强人民调解工作指导力度。2003 年 2 月 11 日,本市召开人民调解工作会议,传达了全国人民调解工作会议精神,进一步统一了对人民调解工作重要性、紧迫性的认识,部署了新时期全市人民调解工作的任务。市委、市政府“两办”以〔2003〕1 号文件转发了市高院、市司法局《关于进一步加强新时期本市人民调解工作的实施意见》,要求各级党委、政府要从贯彻落实党的十六大精神和“三个代表”重要思想,维护最广大人民的根本利益,确保社会稳定的高度,进一步加强对人民调解工作的领导和指导,促进人民调解工作的改革和发展。

(二)加强指导委自身建设,扩大人民调解工作战线。各区县党委、政府高度重视人民调解工作。2003 年,南汇、奉贤、崇明相继组建了区县人民调解工作指导委,至今,本市已有 17 个区(县)成立了指导委,各区指导委的成员单位除与市指导委成员单位相对应的部门外,还包括了建委、规划、环保、卫生、质监、社保中心等部门,进一步扩大了人民调解工作战线,使人民调解工作获得了更多支持、指导力量。

(三)各成员单位积极开展调解工作,调解方式在纠纷解决方式中发挥了越来越重要的作用。各指导委成员单位根据上级精神和实际需要加强了调解工作力度。市劳动保障局成立了外来劳动力纠纷调解委员会,2003 年共调处 8389 件,涉及金额 3 亿多元,有力地维护了外来劳动力的合法权益。为了加强企业的劳动纠纷调解,劳动部门还尝试在企业的上级公司设立调解委员会,在 10 个街道、镇试点成立劳动争议调委会,在解决劳动争议方面取得了明显成效。市工会系统建立了职工法律援助机构,2003 年为 1 万多名职工调解了劳动纠纷。市妇联积极发挥四级妇女组织网络的作用,参与基层婚姻家庭纠纷的调解工作,并涌现出梁惠英等一些优秀的妇女调解人员。

2003 年,全市人民调解组织共受理各类民间纠纷 68052 件,调解成功数 68026 件,调解成功率 99.96%;其中群体性纠纷 674 起,同比上升 32.42%,防止民转刑 86 件,防止非正常死亡 75 件,人民调解发挥了维护社会稳定的第一道防线的作用。

二、改革人民调解工作机制,完善社会矛盾纠纷解决机制

(一)积极稳妥,推进人民调解与诉讼制度相衔接。市司法局与市高院积极协作,召开联席会议,下发了《关于进一步加强人民调解工作的会议纪要》,提出了探索诉讼调解工作在法官主导下适度社会化的新模式等 6 条具体措施。《会议纪要》下发后,各区县司法局、法院积极贯彻落实,大胆探索实践,在人民调解与诉讼衔接上,在人民调解协议书指导检查上,在调解队伍培训和业务指导上,都取得了一定的突破。

长宁区在全市率先成立了区联合人民调解委员会,并在区法院设立了专门调解场所“人民调解窗口”,为人民调解与诉讼相衔接提供了一个坚实的平台。“人民调解窗口”参与诉讼调解工作,一是诉前调解,即立案前的人民调解;二是审前调解,即受理调处法院已经立案但尚未开庭的纠纷;三是协助审中调解,即派遣人民调解员以陪审员身份参与诉讼调解;四是面向社会提供法律咨询,为群体排忧解难。2003 年 6 至 12 月份,长宁区“人民调解窗口”受理各类纠纷 194 件,成功调解 166 件,其中诉前 21 件,审前 136 件,审中 9 件,受到了各界的好评和欢迎,取得了良好的政治效果、法律效果和社会效果。

(二)整合资源,构筑人民调解与行政调解相配合的工作平台。人民调解与行政调解各有优势,相互配合起来就能够在化解突发性、群体性矛盾纠纷中展示较大的威力。浦东、普陀构筑政府调处平台,设置了司法调解中心、社会矛盾调处中心等专职调处机构，着力发挥人民调解的功能和作用，为化解地区动拆矛盾纠纷做出了积极的贡献。特别是杨浦区的“三会一代理”制度，即听证会、协调会、调解会和群众代理，综合运用民间的、行政的、经济的手段解决社会矛盾纠纷，实现了人民调解与行政协调在方法上的衔接。

(三)依托“窗口”，充分发挥社区矛盾调处中心的功能作用。以提高知晓率、到岗率、调结率为抓手，在全市各街道、乡镇“司法信访综合服务窗口”广泛推行“一门受理，内部流转，分工协作，监督反馈”的运行机制，大力加强了“窗口”规范化建设。同时，以“窗口”为载体，有效拓展社区矛盾调处中心的作用和职能。例如金山区在“窗口”建立了“劳动纠纷调解站”，并开展了“驻警制”试点工作。“驻警制”就是警署专门派一名民警常驻“窗口”，参与民间纠纷调解，尤其是对治安案件引起的赔偿纠纷的调解。这名驻警既是民警，又是镇调委会委员，纠纷调解完毕后出具人民调解协议书，加盖镇调委会印章。“劳动纠纷调解站”是由劳动部门派2名劳动监督员在“窗口”值班，专门调解简单的劳动争议，调解成功后也以镇调委会的名义出具人民调解协议书。全年全市“窗口”共提供法律咨询35096件、42088人次，调处纠纷32252件，处理来信来访39053件，提供法律援助1030件，接待刑释解教人员2497人次，接答法律咨询电话1850次。

三、发展新型调解组织，构建涵盖社会各方的“大调解”工作网络

(一)全面落实基层调委会建设。全市229个街道、乡镇全面建立了调委会，调委会主任一般都由司法科所长担任，另外还配有首席人民调解员1到3名，专职聘用人员1到2名。“街道、乡镇调委会——居村委调委会、区域性、行业性调委会——调解员”大三级网络得到进一步拓展，“居村委调委会——调解小组——信息员”小三级网络得到进一步加强。

(二)着力加强行业性人民调解委员会建设。2003年市消费者协会率先建立了人民调解委员会，并作为单位会员加入了市人民调解协会。各区县消费者协会也纷纷成立人民调解委员会，并将调委会的建立及组成情况报司法局备案。一些区县司法局还在个体工商者协会、私营企业协会、残疾人联合会、物业管理协会、“两新组织”等建立了专门化调委会，调解涉及该领域发生的纠纷。

(三)探索建立新型人民调解组织机构。为解决人民调解员流动性强、队伍不稳定、整体素质偏低等问题，长宁区江苏路街道组建了“人民调解李琴工作室”，配备街道事业编制干部专职从事人民调解工作。杨浦区在区层面建立了人民调解委员会，作为民办非企业办理了社团登记，建立了自己的《章程》，主要调解公民与法人之间以及法人与法人之间的纠纷，尤其是动拆迁矛盾在内的社会突出矛盾。奉贤区胡桥镇将全镇15个村、1个居委会划分为4个区域，每4个村(居)委为一组，成立一个联合调委会，专门化解一些涉及经济数目较大、跨村(居)委区域、疑难复杂易激化或需要村(居)委调解主任回避的民间纠纷。

四、司法行政部门与人民法院通力合作，加强人民调解业务培训与指导

(一)创新人民调解员锻炼提高方式。经与市高级人民法院积极协商，在全市范围内选聘了228名人民调解员担任人民陪审员，有条件的区县还积极安排调解主任到法庭进行案件审判观摩。他们在法官的悉心指导下，对法律、法规的理解、运用能力有了明显的增强，调解艺术、调解能力、文书制作水平也有了较大的提高。大多数区法院还建立或继续加强了人民调解指导员制度，指定民庭法官与社区调解组织建立定点、定期的联络指导关系。普陀区法院还另外派出3名法官专门从事人民调解指导工作，在各街道、镇的“司法信访综合服务窗口”巡回指导。

(二)构筑“三级”培训网络。根据指导委《关于进一步推进本市人民调解工作的意见》的规定，本市已经建立了人民调解员的“三级”培训网络。即市高院、市司法局培训首席人民调解员和街道(乡、镇)人民调解委员会主任；区(县)人民法院、区司法局培训人民调解委员会主任及专职人员；各街道(乡、镇)司法科(所)负责培训本辖区内的除调解主任及专职人员以外的人民调解员和信息员。2003年，在法院系统的大力支持下，市司法局分3期举办了全市基层司法行政干部人民调解及社区矫正工作专题培训班，并对全市3批268名社区首席人民调解员进行了专门培训。

(三)着力提高人民调解协议书制作质量和水平。市司法局印制了成套的人民调解格式文书下发到区县。积极推行“指导备案制”,要求司法科对辖区内各调解组织制作的调解协议书给予指导并备案,以确保协议书质量。各区司法局、法院还普遍举办调解协议书专题培训班,传授调解协议书的制作要求和技巧。浦东等区规定每个基层调委会每年必须制作2份以上的调解协议书。杨浦、长宁、虹口等区人民法院和司法局还联合开展了协议书检查评比活动,有效地提高了协议书的制作水平和质量。全年各调解组织主持制作协议书共9648件,仅有26份未得到自觉履行而起诉到了法院,其中有13件得到了法院确认,其余尚在审理之中,尚无一份被法院撤销的情况。

学校及周边治安综合治理工作

2003年上海市学校及周边环境建设重点围绕机构职责、建设规划、源头控制、专项治理、经验推广、制度完善和创建文明校园等展开,取得显著成效。

一、推进机构建设,完善工作制度

年初,市学校及周边治安综合治理工作领导小组制定下发了《2003年上海市学校及周边治安综合治理工作要点》,规定了学校周边环境建设的机构、任务、目标、措施等内容,要求各区县将学校周边环境建设纳入地区“两个文明”建设的规划,在调查研究基础上,做到“七明确”,即明确“十五”期间学校及周边环境建设计划,明确年度实施目标,明确今年整治重点,明确阶段整治项目,明确责任单位,明确完成时间和形象标准,明确整治后管理单位和考核办法。

各区县在第一季度前相继成立了工作领导小组及办公室,明确了成员单位和职员任务、日常工作负责同志和联络员、工作经费和重点环节、今年本地区学校及周边环境建设的工作项目和推进计划等关键问题。

为了推进学校周边环境建设工作的规范化、制度化建设,针对学校及周边环境建设中的热点、难点和薄弱点,市“学校周边办”制订并出台《学校及周边治安综合治理工作绩效评价办法(试行)》,明确对此项工作的评价内容、评价指标和评分标准、评价程序,为进一步完善学校及周边治安综合治理工作管理机制,增强工作有效性提供了指导性意见。

进一步完善学校治安责任人和校外治安辅导员制度。2003年,全市各基层派出所(警察署)共选派1196名政治素质高、责任心强、工作能力突出的社区民警担任全市1295所中小学和165所中等职业学校的校外治安辅导员;各级各类学校进一步健全工作制度,明确分工,责任到人,建立联系人、监督员制度,发挥学校主动性,及时沟通信息,增强工作针对性、有效性。

二、加强调查研究,有效改善薄弱环节

按照市学校及周边治安综合治理工作领导小组会议要求,市公安局、市教委等及时组织力量,分别对全市高校内部及周边地区存在的突出问题进行了全面检查,同时会同杨浦、虹口、普陀等区职能部门的负责同志重点对复旦、同济、上外、华师大等5所高校周边存在的问题进行实地查勘。通过摸底,共梳理出涉及全市14个区51所高校周边无证设摊、道路交通、行业场所三大类148个问题。2月—3月份开展了为期一个月的专项整治工作,通过成立机构,公开问题,明确职责,跟踪过程,指导落实,检查验收等措施,使148个问题中的92%的问题得到了解决。一些长期困扰部分高校的“老大难”问题得到了较大程度的改善,受到高校的好评。中央综治委、公安部、教育部组成的联合调查组对上海高校周边环境建设工作给予了肯定。

加强大学生校外租房管理。近年来,高校学生在校外租借房屋情况较为普遍,因此而引发的学校治安、刑事等案件也时有发生。为进一步开展此方面工作的引导,按照今年工作要点,今年4月,市教委着手在本市高校开展专题调查,并召开了专题研讨会,出台了《关于加强大学生校外租房管理的若干意见》,明确了管理职责和工作程序,建立了各高校联络员队伍，提出了加强情况跟踪，及时掌握动态情况等具体要求。市“学校周边办”两次召开高校学生校外租房管理工作的专题会议，要求将此项工作分别纳入学校管理与社区管理范畴。虹口区及时落实会议精神，积极探索长效管理机制，在明确区学校周边办、高校、街道责任的基础上，建立了调查排摸、联系沟通、检查督促、统计分析四项制度，以属地管理为原则，形成街道、派出所、居委会三方共同的格局，并纳入部门考核体系。

推进民办高中、中等职业学校安全工作。这两年，上海的民办高中和中等职业学校发展较快，为促进这类学校及周边环境建设，上半年，市教委明确了相关工作任务和要求，在学校自查，区县检查的基础上，9月份，市教委组织联合检查组，采取听取汇报、检查工作制度及实地查看等方式，对虹口等9个区的21所民办高中、10所中等职业学校进行了安全工作抽查，发现部分学校存在的安全隐患等问题，及时提出整改要求，促进了这些学校安全工作的规范化建设。

三、及时采取措施，积极应对社会热点问题

1. 结合抗击“非典”，专项整治“网吧”。为阻断“网吧”等场所与学校之间的“非典”传染渠道，同时积极查找在“网吧”过夜的出走青少年学生，遏止“网吧”接纳中小学生的违规行为，4月23日，市青保委与市学校及周边治安综合治理工作领导小组联合下发了《关于开展“网吧”等场所专项整治工作的紧急通知》，要求文化稽查、公安、工商、市容环卫等部门和各区县从即日起至5月25日，在全市开展对“网吧”、游戏机房等场所，及学校周边无证摊贩的专项整治，积极做好非典型肺炎预防和控制工作。

专项整治期间，市文化稽查、工商、公安、教育、文化等职能部门和区县加强领导，齐心合作，条块结合，以块为主，积极行动。一个月的整治，全市文化稽查机构共检查“网吧”等公共文化经营场所5123家（次），立案处罚395件，按照“双通道”工作要求，250余名违规进入“网吧”的中小学生受到了及时的教育。全市市容管理部门共出动市容监察人员7388次，车辆1847次，取缔无证设摊2289起，教育整改1217起，处罚564起，罚款16920元，没收不洁食品1100公斤。工商系统提高对学校周边地区七类经营场所的检查频率，依法取缔学校周边无照设摊经营点，仅“五一”期间就出动执法干部10343人次，检查各类市场5047个，经营户4302户，商店13432家，立案140件。市“学校周边办”组织力量，先后对浦东曹路、三林、杨浦区五角场、徐家汇等地区“网吧”经营情况进行了重点的督查，及时处理了违规经营的“网吧”业主。

2. 疏堵结合，探索建立评价机制。为进一步减少部分未成年学生不遵守国家有关规定，违规进入“网吧”、游戏机场所等情况的发生，市教委着手修改中小学生行为规范，同时专门发出通知，要求各中小学校积极开展学生的教育引导工作，同时将学生是否进入“网吧”的行为纳入学生学期品德评定体系；将教育、劝阻学生不进“网吧”情况与教师工作的考核结合起来；区县教育局将学生按规定不进入“网吧”的情况列为文明校、示范校及校长工作的考核内容。同时还要求各学校利用“校校通”、电子阅览室等设备、设施，组织力量，制订计划，课余、假日等期间有序地向学生开放。

3. 发动社会力量，组建义务监督员队伍。为充分调动社会力量对“网吧”、游戏机房经营者的经营行为的监督，探索行政执法、行业自律、舆论监督、社会参与的“网吧”等场所监管体系，市青保办与市文广局相互配合，在各区县推荐的基础上，于11月组建了一支260余人的“网吧”、游戏机房义务监督员队伍，在监督网吧经营等方面发挥了积极作用。

刑释解教人员安置帮教工作

2003年，本市刑释解教人员安置帮教工作(以下简称安置帮教工作)，根据综治委《关于进一步加强刑释解教人员安置帮教工作的意见》精神，以“六必”(监所内必访，出监所必接，户口必报，基本情况必知，重点对象必控，有困难必帮)工作为抓手，以减少刑释解教人员重新违法犯罪、引导扶持其成为自食其力的守法公民为目标，努力实践，积极进取，取得了新的进步。

一、完善工作机制，夯实工作基础

为了从组织上保证“六必”工作的顺利开展，各级安置帮教工作部门进一步调整和完善组织机构。市安帮协调小组增补市房屋土地资源管理局为成员单位，以加大协调解决刑释解教人员在住房方面矛盾的力度。闸北、卢湾、嘉定、奉贤、金山、南汇、宝山、普陀等8个区分别由区分管领导任组长，其他区县也对协调小组的人员组成进行了相应的充实调整，长宁、虹口、普陀等区根据工作职责，将区法院、区检察院等增补为成员单位，进一步增强了协调领导能力。

全市有11个区司法局专门设立安置帮教工作科。同时，强调整合、优化帮教资源，充分发挥社会帮教志愿者的作用，凸现协会开展帮教工作的优势，目前，除了市社会帮教志愿者协会外，有6个区建立了社会帮教志愿者协会。

各区县基本建立起区县、街镇、居村的三级工作网络。区县司法局落实专职人员，基本配备1至2名安帮干部，街镇在加强司法科建设的基础上，克服困难，通过聘、借用等方式保证专人从事安置帮教工作。全市街镇建制撤并调整后，226个街道、乡镇及工业区共有安置帮教工作人员294名，促进了基层安置帮教工作的顺利开展。长宁区实行安置帮教辅导员制度，先后从政法部门选聘了13位安置帮教辅导员，到街道一线开展“六必”工作。

此外，各区县还建立了一支强大的社会帮教志愿者队伍，开展多种形式、贴近社区的帮教活动。

组织开展了五年内(1998—2002)刑释解教人员的普查，依照刑释、解教、人户分离、重新违法犯罪、就业情况、救济救助情况分类逐级建立了刑释解教人员信息库，基本摸清了底数。

为了保证各环节工作落实到位，加强制度和规范建设，各区县都从实际出发，制定了工作措施。如长宁、卢湾、闵行等区安帮办建立了定期例会制度、责任考核制度、回访制度等。静安区安帮办编写了《安置帮教工作60问》，进一步细化规范安置帮教工作。

市安帮研制开发了“上海市刑释解教人员安置帮教工作信息管理系统”软件，初步拟订了《上海市刑释解教人员信息管理办法》，推动刑释解教人员的信息管理，提高安置帮教工作的质量。

二、落实“六必”措施，创新工作方式

“必访”、“必接”工作：上半年，各区县安帮办克服“非典”影响，通过有效手段，根据实际情况有效开展墙内“访谈”帮教活动。通过组织接和家属接相结合的方式，确保刑释解教人员顺利地回到社区。全年各区县安帮办组织“必访”2128人次，接回刑释解教人员4539名。

“必报”、“必知”工作：在刑释解教人员户口申报方面，加强户口申报的督促引导工作，加强解决疑难个案，2003年回归社会的7192名刑释解教人员中，落户的有6427名，落户率达到89.4%。对人户分离、下落不明的刑释解教人员也摸清底数，尽量做到“基本情况必知”。

“必帮”、“必控”工作：7192名刑释解教人员中，就业1442人，落实低保944人，其他安置1145人，一共安置3531人，落实帮教措施6701人，安置率和帮教率分别达到49.1%和93.1%。同时，安帮部门与公安派出所积极加强“重点对象”的必控工作，落实对979名刑释解教人员重点对象的管控措施。

依托市场，“鼓励自主就业，政府托底安置、创

建过渡性安置基地”。2003年，各区县积极创建过渡性安置基地，浦东、静安、长宁、虹口、普陀、卢湾、宝山等区因地制宜，通过民营企业、街镇经济组织、公益性岗位等建立各类过渡性安置基地89家，安置总数达到550人次。过渡性基地的建立为刑释解教人员就业起到了“蓄水池”和“过渡站”作用，大大提高了刑释解教人员的安置就业率，促进了帮教效果的转化。

认真组织开展“司法社工在刑释解教人员安置帮教工作中的应用”主题研究，通过调查全市街镇开展安置帮教工作的现状，分析问题，提出司法社工队伍的建立和运作等可行性的建议和设想，探索安置帮教工作社会化的思路和途径。

三、加强协调沟通，做细个案工作

2003年3—4月，市综治办、市安帮办联合组织劳动、公安、民政、工商等职能部门进行“六必”工作检查。采取职能部门对口检查的方式，从基础资料、工作规范到实际工作，按“六必”各环节逐一检查、逐一落实。既肯定成绩，又查找薄弱环节，针对一些客观存在的问题，研究对策和措施办法，督促工作落实。

为了从政策上推进全市安置帮教“六必”工作开展，使工作中的一些实质性问题有所突破，市安帮协调小组在市综治委的指导下，与有关部门多次开展调查研究，积极制订相关的工作意见。形成了《关于进一步落实本市刑释解教人员落户就业和社会保障等工作的意见》、《关于加强对“人户分离”刑释解教人员和外省(市)籍流动人口中刑释解教人员管理的意见》、《刑释解教人员安置帮教“六必”工作实施细则》等政策性文件，使“六必”工作更具有规范性和操作性。

积极推动疑难个案的解决。针对“户口必报”问题，市公安局治安总队联合市监狱局和市劳教局的综治部门，开展了2001—2002年全市刑释解教人员落户情况调查，分析原因，寻求对策。市安帮办组织各区县安帮办排摸全市刑释解教人员落户难的情况，共排摸出各类刑释解教人员难以落户个案69例，多次会同市综治办、市公安局，研究解决方案。市安帮办、市公安局等部门通过现场办公的形式，直接解决落户疑难个案6例。通过调研，市安帮协调小组召开专门会议，形成解决“落户难”的工作意见，明确解决的原则、方法和途径，为从根本上解决“落户难”问题打下了基础。

完善外来流动人口管理体制

市委、市政府高度重视人口包括外来人口的管理工作，2003年，在坚持服务管理理念，做好经常性工作的同时，着力创新和完善管理体制，充分发挥各级政府的综合调控作用。

为了解决人口管理机构和队伍分条设置，管理成本较高，信息资源共享不够等问题，2003年5月，经过深入的调查研究，以加强综合管理、属地管理、分类管理、信息管理和依法管理为基本目标，市委、市政府决定，将市人口与计划生育工作领导小组、市外来流动人口管理领导小组、市控制人口机械增长联席会议“三合一”，成立市人口综合调控领导小组及其办公室，市人口综合调控领导小组办公室(以下简称市人口办)挂靠在市发展改革委员会。

市人口综合调控领导小组第一、二次全体会议，就有关问题作了进一步明确。

一、指导原则和工作目标

加强综合管理。统筹运用法律、行政、经济等手段，促进外来人口有序流动，形成外来人口管理的工作合力。

加强属地管理。依托基层社区，管理重心下移，形成“条线指导协调、社区综合管理”的外来人口综合管理体制。

加强信息管理。整合外来人口管理信息系统，资源共享，全面、动态、准确地掌握外来人口的基本情况。

加强依法管理。从加强综合管理的角度出发，强化依法行政、依法管理和依法监督意识，提高执法水平。

建立"两级政府、三级管理、四级网络"的外来人口综合管理框架,协调外来人口的居住、就业、经营、社会保险、治安、教育、卫生、计划生育等各项政策,实现外来人口管理由"条块结合、以条为主"向"条块结合、以块为主"转变。

二、健全管理机构

将外来人口管理纳入全市人口综合调控的范畴,增强涉及外来人口管理的高级职能部门的工作合力;各区县政府建立由主要领导同志负责、综合部门和有关职能部门共同参加的人口综合管理领导小组,下设办公室(简称区县人口办);乡镇政府、街道办事处建立由主要领导同志负责、有关职能部门参加的人口综合管理办公室。

三、明确管理职责

市发展改革委员会负责本市外来人口管理和相关政策的综合协调工作,研究并提出涉及外来人口重大事项的处理意见,报市人口综合调控领导小组审议。

市公安局、市劳动保障局、市人事局、市教委、市人口计生委、市卫生局、市房地资源局和市工商局按各自职责,分别负责外来人口治安、劳动就业、社会保险、子女义务教育、计划生育、疾病预防控制、房屋租赁和工商行政方面的管理、政策设计和业务指导等工作。

区县政府负责本行政区域内外来人口管理的组织实施工作。区县人口办负责协调本区县外来人口管理,统一领导本区县社区综合协管队伍。

乡镇政府、街道办事处负责本社区内社区综合协管队伍管理和外来人口综合管理的具体组织实施工作,其人口办负责本社区综合协管队伍的日常管理。

四、整合社区综合协管队伍

社区综合协管队伍是社会公益性辅助管理组织,以社区管理为基础,协助公安、房地资源、劳动保障、工商、人口计生、卫生等部门开展维护社会治安、以及房屋租赁、务工经商、劳动监督、综合保险、计划生育、疾病控制等管理事务。

社区综合协管队伍需经业务培训、考试合格后才能上岗。

社区综合协管队伍由所在街道办事处、乡镇政府负责管理,接受上述有关部门的业务指导,承担上述有关部门在本社区的相关协管任务。

五、完善统计与信息管理

统一现有外来人口常规统计指标和口径,定期开展抽样调查,建立跨部门、跨系统、市区(县)联网的外来人口统计系统。市统计局负责管理和定期发布外来人口统计信息,并会同有关部门加强对外来人口统计数据质量的检查、评估、分析和控制。

依托本市政务外网及社会保障、市民服务信息系统,进行有关信息的采集、数据交换和系统的管理维护等工作,继续推动外来人口管理服务的信息化。

铁路护路联防工作情况

2003年,上海铁路护路联防工作,紧紧围绕全面建设小康社会的中心任务和铁路跨越式发展战略,进一步落实"打防结合,预防为主"方针,积极创建安全文明铁道线活动,充分发挥各级铁路护路联防组织的职能,健全完善工作机制,切实解决铁路沿线突出治安问题,维护了上海铁路治安的持续稳定和运输安全畅通。

健全组织,形成网络,完善铁路治安管理格局。在坚持铁路治安工作联席会议制度的基础上,今年6月,市综治委成立铁路护路联防领导小组及其办公室。7月,召开第一次全体会议,明确将铁路护路联防纳入地方社会治安综合治理的整体工作,实行同部署、同要求、同检查、同考核。8月,铁路沿线各区由分管领导负责、综治办牵头、各有关部门参加的区铁路护路联防领导小组相继成立,形成"党委政府统一领导,综治机构具体协调,职能部门齐抓共管,社会各界积极参与,路地双方密切配合"的工作格局。

主动出击，严打严整，有效遏制危害铁路运输安全和各类突出治安问题。在春运、春游、夏季治安和“黄金周”等重要节点，持续不断地开展严打整治行动。年内，破获各类刑事案件1446起，打掉犯罪团伙40个，抓获各类犯罪嫌疑人1540名，收缴赃款赃物折合人民币63.5万元。通过全面布网查获公安部挂名的网上逃犯217人，协破刑事案件1001起。成功侦破了“4.16”上海站特大麻醉抢劫案，“9.2”上海站特大碎尸、贩毒案等危害烈、影响大的案件，并查获毒贩917名，收缴毒品7300克。沿线地方以铁路周边地区为重点，加强治安整治、与铁路、铁道公安机关协同作战，联合开展“三所一段”行动，查处各类治安案件5000余起、票贩4196人，查获淫秽光碟6000张、盗版光碟等非法出版物17万件。

路地联手，齐抓共管，推进铁路护路联防基础工作。市综治委、铁路公安机关集中开展了为期一个月的专项基础调查，掌握了大批铁路治安和行车安全相关的动态信息，建立健全了基础台账。切实将可能危害铁路运输安全的重点人员纳入视线，逐人落实地方、铁路“双列管”措施，与铁路沿线的重点行业、重点单位签订了安全协议。市公安局针对可能发生的铁路拦车堵路事件，制定了《处置堵塞铁路交通事件屯兵方案》，分区段明确相关公安机关的职责，并组织了演练。建立了一支420人的专职护路联防队伍，对客站、货场、复杂地段和重要物资运输进行重点看护。一年来共协助公安机关破获各类刑事和治安案件1788起，抓获违法犯罪嫌疑人1842人，巡线3.5万千米，看守停留车辆634305辆次，押运重点物资800余批。至12月31日，全市境内铁路实现安全行车2098天。

2003年上海市社会治安综合治理委员会组成人员

主　任：刘云耕　市委副书记

副主任：吴志明　市委常委、政法委书记、公安局长

包信宝　市人大副主任

周太彤　市政府副市长

俞云波　市政协副主席

滕一龙　市高级人民法院院长

吴光裕　市人民检察院检察长

陈　旭　市委政法委副书记

委　员：（按姓氏笔画为序）

丁海椒　马定华　王　瑜　王建翔

仇泽群　史秋琴　冯树荣　吕凤太

乔正余　刘　剑　刘正贤　齐　奇

江宪法　许德明　杜玉英　杜光远

李民权　李骏修　李跃旗　肖堃涛

吴　捷　吴尧鑫　余啸波　辛举德

汪兰洁　沙忠飞　沈红光　沈秋余

沈锦生　张　健　张示明　张声华

张爱民　张祥明　陆祖成　陈东棋

陈国邦　陈学军　郜　荀　范志伟

林化宾　林官良　周　平　周林官

郑健麟　胡荣根　郝立宽　洪林珍

姚春海　柴俊勇　钱建中　徐宪和

唐周绍　黄健之　曹一丁　曹培章

彭　靖　程殿卿　谢玉和　谢黎明

臧新民　翟必槐　魏伟明

（撰稿：吉宝荣

审稿：乐伟中　崔红星）

江　苏　省

开展“建设平安江苏、创建最安全地区”活动情况

2003年4至5月，江苏省委书记李源潮结合本省实际，提出了在全省开展“创建最安全地区”活动的意见。省综治委根据李源潮的指示精神，组织了调研，制定了在全省开展“建设平安江苏、创建最安全地区”活动的意见。8月1日，省委、省政府召开全省“建设平安江苏、创建最安全地区”活动电视电话会议，进行动员部署。8月13日，省委作出了《关于在全省开展“建设平安江苏、创建最安全地区”活动的决定》(苏发[2003]15号，以下简称《决定》)。8月15日，省委办公厅、省政府办公厅转发了省综治委《关于在全省开展“建设平安江苏、创建最安全地区”活动的意见》(以下简称《意见》)。省创建活动领导小组制定了《全省“建设平安江苏、创建最安全地区”活动考评表彰奖励办法》(以下简称《考评办法》)。全省各地、各部门按照省委、省政府的总体部署，以求真务实的工作作风，全力以赴开展创建工作，取得了初步成效。2003年刑事案件发案243890起，在连续两年下降的基础上，同比又下降了2.8%，其中八类主要刑事案件发案13176起，同比下降了7.3%。省统计局2003年底开展的全省公众安全感调查结果显示，人民群众认为“平安江苏”创建活动开展以来，治安防范明显加强或有所加强的占89.1%，对社会治安作肯定性评价的占93.65%，比2002年上升了2.04个百分点。年底全省已有18个县(市、区)通过省社会治安安全县(市、区)考核验收，受到省委、省政府命名表彰，并各获得10万元的奖励。

一、建立创建领导机构

为了加强对创建活动的领导，省委、省政府成立了由省委副书记、省纪委书记、省综治委主任王寿亭任组长，省委常委、政法委书记、省综治委副主任孙安华，省人大副主任、省综治委副主任李佩佑，副省长、省综治委副主任何权，省政协副主席、省综治委副主任林玉英任副组长，纪检、组织、宣传、人事、监察、政法等有关部门负责人或分管领导参加的领导小组。领导小组下设办公室，与省综治委办公室合署办公，具体负责全省平安创建活动的情况掌握、工作协调、检查指导和考核验收等工作。省委、省政府电视电话会议召开后，各地、各部门普遍召开了常委会、党委(党组)扩大会和动员大会，结合实际研究制定贯彻意见，并对平安创建活动进行了具体部署。各地按照省委《决定》要求，层层建立了创建工作领导小组，并从组织、纪检、宣传、政法等部门抽调专人成立创建工作办公室，与综治办合署办公。综治委绝大多数成员单位也在本系统、本单位建立了相应的领导机构，研究制定了参与平安创建活动的实施意见。10月中旬，省创建办在扬中市召开了全省创建办主任会议，及时总结推广该市创建办规范化建设的经验。至年底，全省已建立了指挥畅通、运行有序、网络健全、保障有力的创建工作领导机制。

二、制定创建目标任务

《决定》确定全省“建设平安江苏、创建最安全地区”活动的奋斗目标是：通过3年的努力，全省80%以上的县(市、区)，其中90%以上的市辖区、70%以上的县(市)达到“社会治安安全县(市、区)”的创建标准，使江苏省社会治安秩序良好，人民安居乐业，投资环境良好，企业平安经营。为了实现这个目标，全省创建活动整体工作绩效要努力做到“8个位居全国前列”(即打击严重刑事犯罪以及八类主要刑事案件破案率，防范打击经济犯罪和整顿规范市场经济秩序的工作，社会治安混乱地区以及学校和企业周边治安环境整治工作，社会治安防控体系建设，流动人口管理、预防青少年违法犯罪、刑释解教人员安置帮教工作，维

护社会稳定工作，人民内部矛盾排查调处工作，公众安全感8个方面位居全国前列）和“7个最低”（即江苏与全国经济社会发展水平相似的省份相比较，必须做到，一是刑事案件万人发案率以及多发性、可防性案件数量处于最低水平；二是暴力恐怖犯罪和涉黑涉恶犯罪案件数量处于最低水平；三是走私贩私、制假售假、偷税骗税、金融诈骗等重大经济犯罪案件数量处于最低水平；四是围堵公路铁路、冲击党政机关、聚众扰乱社会秩序等重大群体性事件数量处于最低水平；五是因矛盾纠纷引发的“民转刑”重大刑事案件数量处于最低水平；六是未成年人犯罪率、流动人口犯罪率、刑释解教人员重新犯罪率处于最低水平；七是火灾、交通以及危险物品引发的重大事故数量及造成的人员伤亡和经济损失处于最低水平），各县（市、区）努力实现“6个不发生”（即不发生在全国造成重大影响的人员伤亡和巨额资财损失的恶性案件，不发生在全国造成恶劣影响的涉黑涉恶团伙犯罪案件，不发生在全国造成重大影响的群死群伤恶性治安事故，不发生在全国造成重大影响的群体性事件，不发生敏感时期、重大活动、重要目标和要害部位安全保卫工作重大事故，不发生法轮功等邪教组织顽固分子聚集进京滋事案件）。各地、各部门根据省委的《决定》和省综治委的《意见》及《考评办法》的精神，紧密结合本地、本部门实际，以更新、更高、更严的标准确立创建工作目标。苏州市围绕“争当全省‘两个率先’先行军，争当全国率先发展排头兵”的总体要求，以创建“社会治安安全市”为目标，制定了本市的创建规划；南通市将创建目标分解细化为“10个全省前列、10个全省靠后、6个不发生”，力争使南通成为全省最安全城市；镇江市委、市政府主要领导提出要把创建活动真正作为“一把手工程”和执政为民的实事工程来抓，列入党政领导政绩考核的重要内容。省创建活动领导小组成员单位也都结合本部门实际制定了创建活动的意见。省公安厅制定了建设“平安江苏”的具体实施计划，提出了抓好创建活动的40条措施；团省委把创建工作目标分解为预防青少年犯罪、创建最安全文明校园、强化青少年维权岗作用、加强工读学校建设等6项具体措施。

三、落实创建保障措施

为确保创建活动健康发展，各级党委政府加大了对创建工作的投入。不少地方把社会治安防控体系建设、保安辅警以及装备建设所需经费纳入财政预算，为创建工作提供了强有力的支持。据不完全统计，全省自创建活动开始至年底新增专职保安队员3万多人，投入创建和防控体系建设的资金达10亿多元。南京市政府决定3年内新增警力1500人，安排创建活动经费5000万元；苏州市政府出资4000万元，组建2000人的专职协警队伍，拨出1600万元专项经费，在老城区住宅区全面安装电控防盗门；无锡市政府先后拨出安全小区创建、流动人口管理等专项经费近千万元，仅创建办就拨给200万元专项经费；扬州市政府投入1400万元用于创建活动；常州、连云港、泰州等地还根据“谁受益、谁出资”、“取之于民，用之于民”的原则，积极探索适应市场经济的保障机制，多渠道筹集创建工作所需经费，有效地保证了创建工作顺利开展。

“严打”整治斗争情况

2003年，江苏省政法机关坚持“严打”方针，切实强化破案打击职能，保持对刑事犯罪的高压态势，取得了显著战果。全省共破获刑事案件124664起，破案率达51.1%，破案率比2002年上升了1.2个百分点；查获犯罪团伙3603个，成员14434人；抓获违法犯罪嫌疑人员100376名，追回逃犯13754名。成功侦破了南京“喜之郎”系列投毒敲诈案、无锡“2002.3.12”和“9.9”特大杀人抢劫案、扬州“5.2”聚众斗殴致人死亡案、徐州“7.25”特大绑架案、扬州、苏州“10.15”特大毒鼠强投毒案和"10.17"特大杀人抢劫案、邳州"11.3"暴力袭警案、睢宁"11.20"特大杀人案、宿豫"12.9"特大杀人案等一批有影响的大要恶性案件。2001年以来3年间发生的24起一次杀死3人以上的特大杀人案件全部告破。

年初,全省政法机关按照中央和省委、省政府的部署,在前两年工作的基础上,继续深入开展打黑除恶、治爆缉枪、打击经济犯罪三条战线的斗争,加强对治安情况复杂的重点地区和突出治安问题的集中整治,成功侦破了一大批刑事案件,抓获了一大批犯罪嫌疑人,使黑势力受到毁灭性打击,一些地方治安落后的面貌得到根本扭转。全省刑事案件总量连续两年下降,圆满实现了党中央提出的社会治安取得新的明显进步的奋斗目标。

"严打"整治斗争结束后,全省政法机关继续保持对各类严重刑事犯罪和经济犯罪的主动进攻态势。6月份开始,省公安厅组织全省公安机关开展为期4个月的夏季治安集中整治工作,狠狠打击黑恶势力犯罪,杀人、爆炸、投毒、绑架、敲诈勒索、涉枪、强奸等严重刑事犯罪,"两抢"以及入户盗窃、盗窃机动车、电动车、自行车等多发性犯罪。在斗争思路和组织形式上,坚持以市、县为单位组织斗争,把开展严打整治斗争的主动权交给地方。省公安厅根据斗争进展情况,适时组织了开辟打击黑恶势力和团伙犯罪,打"两抢"犯罪、打击"两电"专项行动、侦破串案会战、"追逃"会战、指纹会战等6条战线的斗争。各地从本地实际情况出发,抓住苗头性、方面性、倾向性犯罪问题,主动进攻,因地制宜地组织斗争,推动夏季治安整治工作向纵深发展,取得显著成效。6至9月份全省破案率同比上升4个百分点;全省刑事发案同比下降0.7%,其中八类主要刑事案件下降8.9%。此外,针对手机市场和银行卡领域犯罪突出的特点,从2月至6月,全省各地还开展了手机市场和银行卡专项整治行动,共登记手机经营户9317处,手机卡销售点6567处,依法整改3868处,取缔563处,处罚违规人员196名;登记银行网点11504个,确立整治重点848个,已整改361个,登记ATM机4492个,新装监控设备1444套,培训临柜人员12535名。夏季治安整治结束后,又在全省范围组织开展冬季侦防攻势,以"打团伙、破大案、追逃犯"为重点,全力攻克了一批大要案件。

全省政法机关积极参与整顿和规范市场经济秩序工作,加大打击经济犯罪力度,会同有关部门先后开展了打击"涉非"违法犯罪、传销和变相传销活动、涉税犯罪等集中行动,全力维护市场经济秩序。全年共破获各类经济犯罪案件6121起,挽回经济损失6.4亿元。

在强化破案打击的同时,全省各地本着"什么问题突出就解决什么问题"的原则,围绕元旦、春节、国庆、全国全省"两会"和党的十六届三中全会安全保卫工作为重点,以治安检查为抓手,不断组织开展多层面的安全检查和专项治理工作。相继开展了剧毒化学品整治、民爆物品重点整治和毒鼠强专项整治、打"三假"、保安全等一系列专项行动,及时有效地整改了一大批安全隐患,有效遏制了多发性犯罪问题的蔓延发展。

全省各地认真组织开展对治安问题突出的重点地区的整治工作,全年共排查整治治安混乱地区654个,经整治改变面貌626个,整治好转率达95.7%,一批群众反映强烈的突出治安问题和治安混乱地区被有效整治,群众安全感不断增强。

社会治安防控体系建设情况

2003年,江苏省把治安防控体系建设作为一项重要的基础工作,放到突出位置,采取有力措施,着力构筑人防、物防、技防相结合,全方位、多层次、立体化的治安防控网络。至年底,全省所有市、县(市、区)都建立了以110为龙头的指挥中心,不少地方还配备了无线指挥调度系统、电子地图系统、区域自动报警系统、GPS移动目标定位系统等现代化科技设备，并实现了和市容、城管、工商、医疗等系统的110社会联动。按照构建“棋盘式”防控格局的总体要求，江苏省治安防控体系建设着重抓了五大网络建设：

一、加强社会面巡逻防控网络建设

各地建立健全了交巡警、社区民警和群防群治力量相结合的城市巡逻机制，最大限度地把警力推向社会面，增加了街面路面的有警密度和有警时间，提高了对现行违法犯罪的发现控制能力。各地充分发挥交巡警部门在社会面巡逻防控中的主力军作用，根据路面治安特点，突出易发案地段和时段，科学确定巡区、巡段和巡逻的方式、路线、时间，健全并落实了巡逻工作责任制，切实担负起控制路面发案和交通主次干道先期处警的责任。徐州市将市区由交巡警为主的五大处警反应区域细划为由派出所负责的32个网格，每天由各种巡逻力量，采取机动车、自行车和徒步巡逻三种形式，加强对主干道和社区重点时空的治安巡逻，社会面巡防警力较以前增加了80%以上。

二、加强社区防范网络建设

各地深入实施社区警务战略，深化派出所工作改革，加强了以防范管理为重点的派出所基础工作。全省城市和县城的警务区建成率达100%，每个警务区基本上按实有人口3000:1配备了社区民警。此外，全省有不少地方开始在农村地区建立警务区，逐步实施社区警务城乡一体化战略。各地进一步健全完善社区警务工作运行机制，确保社区民警有足够的时间和精力沉到社区，扎实开展各项防范管理基础工作。大力发展专职保安辅警队伍，保持暂住人口协管员队伍稳定。普遍开展了“维护社会治安志愿者筑城行动”，充分发挥各种群防群治力量在维护社会治安中的作用，最大限度地预防和减少可防性案件的发生。按照现住地管理的原则，突出违法犯罪高危人群，全面落实人口管理各项工作，为预防、控制和打击违法犯罪活动提供有力的服务。以娱乐服务场所、集贸市场、旧货行业和流动人口聚集落脚场所为重点，严密阵地控制，提高了发现、控制、打击犯罪的能力。

三、加强治安卡点堵控网络建设

各地根据城市道路交通发展情况和违法犯罪活动的规律特点，以城市出入口、交通要道和案件多发地段为重点，以交通沿线交巡警中队为依托，分类设置治安卡点和出城查报站，进一步调整充实值守力量，配备与工作任务相适应的交通、通信、武器、警械等装备，在重点卡点配备警犬，形成了严密的堵控网络。规范治安卡点运行机制，改变静态值守方式，以点带面开展巡逻守候，加强了对可疑人员的盘查，形成一定的控制区域，提高了控制能力。全省共建立了225个省、市际卡口，3500多个市县和乡镇卡口，近200个城市出租车查报站，所有卡口都配备了通讯、交通工具，坚持24小时执勤，省、市际卡口还实行了24小时自动录像，基本形成了上下贯通、左右呼应、反应灵敏的治安堵控网络，提高了对社会面的整体防控能力。

四、加强内部单位防范网络建设

各地以落实安全责任制为核心，加强对机关、团体、企事业单位治安保卫工作的检查、指导和监督；加强内部单位保卫组织建设，充实了保卫干部队伍，明确了职责任务，完善了工作制度；制定并组织实施了金融、电力、教育、文卫系统的重点部位及单位财会室、仓库等系列化治安防范等级标准，推进内部治安防范工作的制度化、规范化；深入开展内部单位系列创安活动，重点是外资企业、私营个体企业内部安全创建工作，消除了创安工作的空白点。

五、加强科技防控网络建设

各地大力实施“科技强警”战略，把更多的科学技术用于治安防控工作，提高了防控体系的科技含量。全面启动派出所综合信息系统建设，推进公安信息综合查询系统建设，运用信息化手段开展各项信息数据的综合分析研究，并以此为依托，逐步为防控一线警力配备“移动警务通”，改善了基层民警信息查询和采集手段。加强公安无线应急通信系统建设，根据防控工作的实际需要，为一线警力和专职保安辅警力量配备电台，提高了通信指挥效率和快速反应能力。加快交通和治安卡点图像监控系统建设，提高了发现、堵控犯罪的能力。各地研究制定了城市技术防范发展规划，加大了技防工作的推广力度，形成了技防规模效应。推广安装电脑联网报警系统、楼寓对讲电控防盗门等实用的技防设施，积极开展“技防镇”、

“技防一条街”、“技防厂区”、“智能化居民小区”等创安活动。各地还整合单位内部报警设施、金融单位和社区电视监控等技防资源，增强了整体防控效能。

社会矛盾纠纷排查调处工作情况

2003年，江苏省以建立社会矛盾纠纷“大调解”机制为龙头，以开展纠纷大排查为手段，以人民调解规范化建设为重点，积极开展社会矛盾纠纷排查调处工作，共调处各类矛盾纠纷249535起，调处成功242679起，调处成功率97.2%，有效化解了一大批矛盾纠纷，防止民转刑案件1648起，防止因矛盾纠纷激化引起自杀的1552人，防止群体性上访(事件)3714起，筑牢了维护社会稳定的第一道防线。

一、加强人民调解规范化建设

召开了全省人民调解规范化建设现场会，部署各地加强人民调解委员会的“六有”(有标识牌、有徽章、有印章、有调解室、有工作台账、有档案柜)、“四规范”(组织规范、制度规范、工作程序规范、人员规范)、“四落实”(组织落实、工作落实、制度落实、经费落实)建设。为了提高重大疑难矛盾纠纷调处化解能力，全省各地加大改革力度，在乡镇、街道新建人民调解组织，优化调解员队伍结构的同时，建立了一支近2000人的具有一定法律水平、调解能力较强的“专家型”的首席调解员队伍。

二、积极推广社会矛盾纠纷“大调解”工作机制

省综治委总结推广了南通等地创造出来的“党政领导、综治协调、部门联动、手段综合、工作规范、机构专职”的社会矛盾纠纷大调解机制。通过建立集民间调解、行政调解和司法调解于一体的县(市、区)、乡镇(街道)两级矛盾纠纷调处中心，整合调解资源，全省正努力实现由单一调解向综合调解的转变，由政法联动向部门联动的转变，由分散力量向强大合力的转变。

三、适时开展矛盾纠纷集中排查调处活动

全省统一开展了“两会”、“非典”防治期间、国庆前3次矛盾纠纷大排查活动，突出重点部位、重点人群，及时发现和化解纠纷隐患和苗头，层层落实防激化责任制，努力防止因民间纠纷激化引起的自杀事件、刑事案件、群体性械斗和上访事件，将矛盾纠纷化解在基层，消除在萌芽状态。

四、及时妥善处置群体性事件

随着经济的快速发展和改革力度的加大，因企业改制、征地拆迁、补偿安置等引起的群体性事件大幅度增加。2003年，全省共发生各类群体性事件8555起，较上年上升40%。由于各级党委政府高度重视群体性事件的处置工作，各级政法综治干部切实改变作风，深入基层、深入群众，认真做好矛盾纠纷调处化解工作，坚持抓早抓小抓苗头，有效地将群体性事件控制在一定范围之内，因而没有发生在全国有重大影响的群众性事件。无锡等地妥善处理群体性事件，确保社会政治稳定的做法还得到公安部的总结推广。

社会治安综合治理基层基础建设情况

2003年，江苏省切实加强了社会治安综合治理基层基础建设。全省各地加强了乡镇公安派出所、司法所、法庭、检察室等基层政法组织建设，确保了综治工作在基层有人抓有人管。按照《全省

“建设平安江苏、创建最安全地区”活动考评表彰暂行办法》的要求，全省争创“社会治安安全县(市、区)”的地方基层政法综治组织建设得到全面加强，公安派出所警力均达到5名以上，公安消防队(站)现役警力达到30名以上，司法所人员配备苏南地区达3人以上，苏中、苏北地区达2人以上。南京市增编公安干警1950名，所有乡镇司法所均配备了3名以上的工作人员。苏州市增编公安干警1050名。盐城市补编公安干警300名。

省综治委把基层综治组织建设作为一项重点工作来抓。5月，省综治委制定下发了《关于进一步加强乡镇(街道)社会治安综合治理委员会及其办公室规范化建设的意见》。各地积极贯彻落实文件精神，结合本地实际转发或制定下发了文件，明确配备要求，切实加强乡镇(街道)综治组织建设。至年底，全省1595个乡镇(街道)全部成立了综治委，共计配备综治专职工作人员2100多人，其中行政编制1700多人，事业编制和其他性质工作人员400多人。有170多个综合治理工作任务较重的乡镇(街道)配备了2名以上行政编制专职工作人员。新配备的专职工作人员，大专以上文化程度的占三分之二，并且有一定的基层工作经验，保证了这支队伍的整体素质。

为保证乡镇(街道)综治组织建设落到实处，省综治办狠抓了该项工作的检查和督办，并将此列入年度综合治理考核的重要内容。为了使综治队伍能够适应繁重的工作任务，各地还有组织、有计划地开展了对乡镇(街道)综治干部的培训工作，至去年年底，所有的基层综治干部已轮训了一遍。省综治办连续两年对全省107个县(市、区)综治办主任进行了培训。

全省各地普遍加强了专职保安联防队伍建设。据不完全统计，2003年全省共新增专职保安联防队员3万多人。各地普遍落实了专职保安联防队的经费问题，苏南等经济发达地区采取由财政出资聘用下岗职工的办法，既解决了防范力量不足的矛盾，又解决了下岗职工的就业问题。南京市各区共聘用5000名专职保安联防队。苏州市仅市区用于街面巡逻的专职保安就增加了2000人。宿迁市在经济较困难的情况下，为加强农村地区防范力量建设，市综治委、市减轻农民负担办公室、市公安局联合发文，按人口万分之十配备巡逻队员，工资报酬从每年的“一事一议”中按每人3元的标准提取。

流动人口治安管理工作情况

2003年底，全省流动人口超过1200万人，公安机关共登记暂住人口927.4万人。各地各部门坚持服务与管理并重，进一步加强和改进流动人口管理工作，维护了社会稳定和治安稳定。

一、进一步健全社会化管理网络

省、市、县(市、区)均已建立了党政领导牵头、有关部门参加的流动人口管理工作领导小组或协调小组，在公安机关设立了日常办事机构。60%以上的乡镇(街道)成立了暂住人口管理办公室。不少市县还从公安、劳动、城建、工商、税务等部门抽调人员，实行集中办公，联合执法。全省在城市社区、农村村组和用工单位设立的暂住人口管理站或管理小组已达1.8万个，聘用专兼职暂住人口协管员4万余人，形成了覆盖面较广的社会化管理网络。省综治办与流动人口治安管理领导小组办公室一起协调有关部门加强调研，共同制定了取消暂住人口收费后如何加强流动人口管理工作的意见。苏州、无锡、常州等苏南经济发达地区，针对外来人口大量增加，管理难度越来越大的情况，综治委积极协调解决了外来人口管理费取消后协管员队伍经费问题，按外来人口数每年每人30元纳入财政预算。

二、全面推行市民化、亲情化管理与服务

各地按照“共聚一地、共建家园、共保安宁、共创繁荣”的要求，坚持以人为本，全面推行市民化、亲情化管理与服务。改变对民工的称谓，提倡称同志、兄弟、姐妹，不叫“打工仔”、“打工妹”等歧视性称呼。更新执法理念，改进执法方式，在查处打击违法犯罪活动时，对民工及其居住地不采取普遍清查、普遍整治的做法。在取消了暂住人口管理费的基础上，又取消了使用农民工单位的治安联防费。对外来人口就业、经商办企业、购房、车辆上牌、报考驾照等方面，办理有关手续与当地居民实行同等待遇。按照省委、省政府的部署，全面推行新型户籍管理制度，打破城乡分割的户籍管理二元结构，积极引导农民向非农产业和城镇有序转移。2003 年，全省通过户改进入城镇落户的共 14 万人。认真开展区域劳务协作，加大农村劳动力转移力度，全省农村向省内外、境外输出劳动力已达 600 万人；城乡劳动力市场不断发展，南京、苏州、常州等地建立了专门为流动人口服务的职业中介机构和民工就业市场。许多地方建立了“外来人员维权岗”，不少城市社区成立了流动人口服务中心。各地切实改变外来人员居住环境，苏州、无锡、南京、常州、扬州等市多方筹资建设外来人员居住区，不少居住区成为安全文明小区。团省委、公安、司法、工商、计生、劳动、建设等部门扎实推进“千校百万”城市社区外来务工青年教育培训计划，共培训外来务工青年百万余人次，并隆重表彰了一批优秀外来务工青年。

三、探索积累了一套行之有效的管理经验

各地对流动人口普遍实行分类管理，以房管人，突出了对流动人口中的无业人员、收旧拾荒、流浪乞讨人员等违法犯罪高危人群的有效管控；对房屋出租户、多人合租户、旅馆式出租户等重点户的阵地控制；对务工经商人员全面推行公寓式管理、“双集中”管理，寓管理于服务之中；对流动从业人员，依托乡镇劳动服务所和暂住人口管理办公室，组织起来统一安排工作，实行集中管理；对来源比较集中的外来人员，专门从流出地聘请公安民警或管理人员，实行“以外管外”，及时帮助解决突出问题。流动人口管理信息化建设又有新进展，各地在建成暂住人口信息管理系统的基础上，进一步完善旅馆住宿人员信息系统和房屋出租户信息系统建设。目前，全省省级暂住人口信息数据库存储暂住人口信息 1200 万人，房屋出租户信息 56.4 万户。

四、进一步完善日常管理与集中清理整顿相结合的工作机制

全省开展了流动人口落脚点专项整治和职业房屋中介机构清理整顿，共清理整治流动人口集中、治安问题突出的重点地区 4578 处，依法取缔非法房屋出租户 4526 户，取缔无证经营的小旅馆 658 家，取缔非法职业中介机构 296 家、非法房屋中介机构 375 家；依法处罚治安责任不落实的房屋出租户主 1642 名、用人单位 862 家，整改治安责任不落实的公共娱乐服务场所 8250 家。通过整治，共破获刑事案件 6526 起；查获违法犯罪嫌疑人 9279 名，其中网上逃犯 596 名；摧毁外来犯罪团伙 229 个，抓获团伙犯罪成员 962 人。除全省性的专项行动外，各地还结合本地实际，因地制宜组织区域性、方面性的流动人口整治，有效地遏制了外来人员犯罪活动。

五、依法妥善处理城市流浪乞讨问题

全省各地认真贯彻实施国务院《城市生活无着的流浪乞讨人员救助管理办法》，善待弱势群体。据不完全统计，2003 年 8 月 1 日《办法》实施以来，全省公安机关告知引导流浪乞讨人员 2.9 万余人次，护送 2200 余人次，其中未成年人 1300 人次；民政部门接待救助 1.5 万人次，对其中符合救助条件的 1.3 万人进行了救助。针对废止收容遣送制度后一些城市流浪乞讨人员增多，社会治安出现的新情况新问题，省公安厅认真开展调研，摸清情况，研究对策，积极探索加强城市社会面治安管理的新办法新途径。11 月 28 日，省公安厅下发了《关于妥善处理大中城市流浪乞讨问题的意见》。苏州、扬州、无锡、常州、盐城、镇江、南京、泰州 8 市公安局报经市委、市政府批准，相继由民政、城管、公安、卫生、交通等部门联合向社会发布通告，加强对城市流浪乞讨人员救助管理，适当限制乞讨的区域和时间，取得了良好的效果。各地公安机关充分发挥职能作用，加强城市社会面治安管理，坚决依法查处扰乱社会秩序的行为，严厉打击以乞讨为掩护的犯罪活动。据不完全统计，全省公安机关自《意见》试行至年底，共查处打击这类不法分子 156 名，查破各类违法犯罪案件 182 起，挖出组织、胁迫、引诱乞讨的帮伙和盗窃、扒窃等犯罪团伙 13 个 73 人。同时，依法查处纠缠行为、伤风败俗、强讨恶要等扰乱社会秩序流浪乞讨人员 190 名，其中治安处罚 9 人、教育 181 人，有效地控制了流浪乞讨人员增多的势头，维护了城市公共秩序和治安秩序。

刑释解教人员安置帮教工作情况

2003年，全省回归社会刑释解教人员共23093人，其中刑满释放人员17838人，解除劳教人员5255人；安置21276人，安置率为92.13%；帮教22646人，帮教率为98.06%；重新犯罪616人，重新犯罪率为3.45%。

一、开展大排查，做好防脱管、漏管工作

年初，通过开展排查，摸清了回归社会刑释解教人员基本情况。在此基础上，将有重新违法犯罪倾向的人员列为重点人口管理对象，督促未落户的人员到公安机关落户。各地根据不同情况，采取有效措施，对脱管、漏管的227名刑释解教人员，全部落实了帮教措施，并针对排查发现的问题，及时制定了一系列规范性文件，减少了脱管、漏管现象的发生。

二、加强基础建设，提高安置帮教效果

南京市加强了安置帮教工作信息化、网络化建设，建立了安置帮教管理系统。无锡市为刑释解教人员中的“三无”人员落实最低生活保障。江阴市21个乡镇全部设立了安置帮教专项资金，筹集款项28万元，用于有特殊困难的刑释解教人员临时生活补贴、家庭困难的服刑在教人员子女入学以及支持刑释解教人员自谋职业等。常州市重点抓了全市99个安置帮教工作站的规范化建设，健全了市、县(市、区)、乡镇(街道)三级安置帮教组织网络。扬州市注重刑释解教人员的信访工作，规范来信、来访的接待程序，强化工作人员的责任意识，通过接待及时了解刑释解教人员尤其是其中的特困人员的思想、生活情况，同步进行安置帮教，帮助他们解决了一些实际困难。

三、加强宣传，提高社会认同感

各地大力宣传先进典型，扩大了安帮工作的社会影响。省安帮办和监狱管理局联合举办了由6名刑释解教人员组成的“携手并进，共创未来”巡回演讲报告会，为近5000名服刑人员作了精彩的演讲，引起强烈反响，进一步增强了他们与旧我决裂、重新做人的信心。

四、开展专项调研，摸清全省过渡性安置实体、基地建设情况

7月，省安置办对全省过渡性安置实体和基地情况进行了专项调研。通过调研，发现了江阴庄染整厂(私营)等一批吸纳安置刑释解教人员就业的先进企业典型，也分析出刑释解教人员过渡性安置实体(基地)数量偏少、现有的实体和基地安置比例偏低、优惠政策没有完全得到落实等问题，为今后制定相关政策奠定了基础。

五、抓好组织建设，壮大安置帮教队伍

各地安置帮教组织按照省刑释解教人员安置帮教工作领导小组的要求，认真抓好组织建设和队伍建设。盐城市在企事业单位建立了378个安置帮教组织，基层帮教小组7836个，帮教队伍达22950人，形成了市、县、镇(乡)、村、组五级安置帮教网络体系，覆盖了全市所有安置帮教对象。无锡市在做好协议帮教、委托帮教的基础上，重点加强了社会志愿者帮教队伍的建设，建立了一支由离退休干部、教师、党员组成的社会志愿者队伍。南京市鼓楼区的每个街道都有100位帮教志愿者，全区1000余位志愿者活跃在厂企、街道、社区、居委会。泰州市在全市推广姜堰市成立城区社会帮教服务中心的典型做法，进一步壮大了社会帮教人员队伍。

预防青少年违法犯罪工作情况

一、坚持教育为本，加强对青少年的教育

一是加强法制教育，增强青少年法制观念。全省各地广泛建立"社区青少年法律学校"，并以法律学校为阵地，以《未成年人保护法》、《预防未成年人犯罪法》为主要内容，通过在中小学配备法制副校长(辅导员)、建立法制教育基地、利用各类媒体进行宣传等途径，开展了生动活泼的法制教育。继续组织大、中、小学生观看我国首部预防青少年违法犯罪法制宣教片《为了明天》。9月份，省综治办、团省委等7部门联合开展了该片的观后感征文活动。通过宣传教育，帮助广大青少年知法、懂法、守法，增强法制观念，抵御犯罪，防范侵害，依法维护自身的合法权益。二是加强思想道德教育，引导青少年树立正确的理想信念。通过开展"中国少年雏鹰行动"、"小公民道德建设"、"心手相连"——社会志愿者与未成年人结队活动等，帮助青少年树立正确的理想信念和世界观、人生观，使未成年人的思想道德素质、科学文化素质和健康素质得到全面提高。三是加强自护教育，提高青少年的自护能力。各地依托青少年宫等活动阵地，采取社会化、项目化的动作方式，广泛开展以自护知识和技能为主要内容的培训班、训练营和擂台赛等青少年自护教育系列活动。四是开展禁毒教育，帮助青少年远离毒品。各地通过禁毒知识课堂、社区主题团队会、知识竞赛等活动帮助青少年了解毒品知识，正确认识毒品给家庭、社会和个人带来的巨大危害，增强拒毒、防毒的意识。南京大学附属中学、常州市实验初级中学、连云港新海实验中学三所学校被国家禁毒委、团中央确定为禁毒教育试点学校。2003年"6.26"期间，团省委、省禁毒委联合在南京大学附中举行中学生毒品预防教育示范学校授牌仪式，并在现场点击开通了"青少年远离毒品"网页，向在场的青少年发放了"青少年远离毒品"宣传教育掌中宝。

二、创新工作载体，强化预防违法犯罪工作

一是有序推进各级青少年法律援助中心建设。年初，制定了《青少年维权中心成立方案》，选择在南京、常州等条件成熟的市、县(区)进行试点。此后，常州市、南京市鼓楼区等地均成立了青少年维权中心。10月，江苏省青少年法律援助中心成立。扬州、徐州等市的青少年法律援助中心也全部建到县(市、区)，全省青少年法律援助网络已初步形成。青少年维权中心建设工作也在南京、常州等地试点的基础上向全省全面推开。常州市还开通了全省首家青少年维权广播专栏。二是全面落实"青少年违法犯罪社区预防计划"。年初制定下发了《青少年违法犯罪社区预防计划实施方案》，5月份，又及时转发了中央预防领导小组、中央综治办《关于实施"青少年违法犯罪社区预防计划"的意见》。各地结合实际，在社区预防方面进行了一些有益的探索，取得了初步成效。上半年，中央综治委预防青少年违法犯罪工作检查组来江苏检查预防工作时，对南京、苏州等地的社区预防工作给予了充分肯定和高度评价。7月份，南京市湖南路社区街道、苏州市沧浪区葑门街道被中央综治委预防领导小组确定为青少年违法犯罪社区预防计划全国试点单位。全省各地有计划分阶段地推进了社区预防计划的全面实施。三是不断深化优秀"青少年维权岗"创建活动。全省维权岗创建系统从最初的9个拓展到15个，各级优秀"青少年维权岗"共1269个，其中国家级岗40个，省级岗184个，市级岗675个，县(市、区)岗370个。四是启动实施"全省青少年网络文明行动"。制定下发了《全省青少年网络文明行动计划》，在全省开展了"净网行动"，教育青少年树立网络文明意识和网络法制观念，养成良好文明的上网习惯，也增强了网吧业主的自律意识和社会成员对网吧的监督意识。五是充分关爱特殊青少年群体。通过加大福利设施建设等措施，做好孤残儿童的特殊保护。广泛动员和组织青年志愿者、青年法律工作者等社会力量，加强对有轻微违法犯罪行为的青少年、判处非监禁刑的青少年和

刑释解教青少年的帮教工作。各地普遍采取"一帮一"、"多帮一"的工作模式,使帮教工作经常化、制度化,通过赠送书籍和学习用品、座谈讨论、技能培训、帮助就业等方式,使他们充分感受到党和政府的关心和帮助,促使他们改过自新,走上健康的生活之路,防止他们犯罪和重新犯罪。南京、无锡等地还探索实施"社区服务令制度"、建立未成年犯安置帮教基地等新举措,提高对失足青少年的帮教效果。六是开展"安全文明校园"创建活动。省校园及周边治安综合治理领导小组布置开展了创建"安全文明校园"活动,进一步加强学校及周边地区治安综合治理。2003 年全省在校生违法犯罪人数为 5721 人,较上年下降 6.3%。

三、加强机构和制度建设,夯实预防青少年违法犯罪的工作基础

一是构建全方位的工作网络。全省 13 个省辖市预防机构组建率达到 100%,县(区)、乡(镇)机构的组建率也不断提高。常州、南通等市的县(区)机构已全部建立,在编制、经费等方面也都得到很好的落实。二是建立了联系点工作制度。由二至三个省预防领导小组成员单位组成一个联络小组,对应检查、指导二至三个省辖市预防工作,每个联络小组确定一个组长单位具体负责本组工作的开展。省预防领导小组年底召开会议,听取各联络组的工作情况汇报,并对各联系点的工作进行考核。三是制定了预防青少年违法犯罪工作考核办法(试行),对各市预防组织和省组成员单位制定了不同的打分考核内容。四是建立了预警监督机制。8 月份,省预防办下发了《关于申报江苏省预防青少年违法犯罪工作预警信息采集点的通知》,确定了江苏省第一少管所等 6 家基层单位为江苏省首批预警信息采集点。省预防办根据各采集点反馈的动态信息,对全省青少年的成长环境进行评估分析,为预防工作提供决策参考。

铁路护路联防工作情况

一、深入开展"严打"整治活动,维护铁路治安秩序的持续稳定

2003 年,全省铁路公安机关和护路联防组织共破获各类刑事案件 1368 起,破案率达 88%,其中破获重大案件 105 起,破案率为 59%,抓获各类犯罪嫌疑人 1489 名,及时追捕了一批负案在逃人员。各分局加强了江苏境内铁路治安混乱区段排查整治工作,共排出重点路段 6 个,通过整改,5 个重点路段已明显改变面貌。在春运、"五·一"和"十·一"客运高峰期间,针对票贩活动猖獗、手段诡秘,严重侵害旅客利益、扰乱车站秩序的突出问题,采取了公秘结合、交叉换位、易地作战、跟踪追查等方法,重拳出击,加大了打击整治的力度。南京铁路公安和护路联防组织在此期间共抓获倒卖车票和各类涉票违法人员 136 名,收缴车票 544 张,价值人民币 6 万余元。

二、全力抗击自然灾害,落实安全防护措施

上半年,全省各级铁路护路联防组织积极贯彻中央、省委关于防治非典的一系列文件精神,把防治非典工作作为一项重大的政治任务,从强化意识,制定应急预案,加强值班备勤、落实防护措施、严格治安管理等各个方面狠抓落实。南京铁路护路办在防治非典期间积极做好各项安全防范措施的落实。一是及时制定了工作预案,成立应急组织,做好应付与疫情有关的突发事件的各项准备工作。二是突出工作重点,把疫情严重的 5 个区域的过路车次和相关的 18 趟列车作为预防重点,强化落实岗位职责,加大对辖区的巡视检查力度,严格执行 24 小时不间断巡查制度,共参与疫情处置 148 起,协助处置列车移交的疑似病例 81 起 98 人,车站处置 67 起 103 人。三是积极配合有关部门做好抗非物资的监装监卸、联查联检工作,严防运送抗非物品的丢失或被盗,确保了抗非物资运输的安全。7 月,江苏部分地区连降暴雨,造成铁道多处路基被淹等灾情,各地铁路公安干警和护路联防队员会同铁路有关部门及时处置影响行车的各类险情,疏导滞留旅客,确保了汛期车站和列车的良好治安秩序。

三、大力推进安全文明铁道线创建活动

为了大力推进安全文明铁道线创建活动，上半年召开了全省铁路护路联防工作会议，表彰了在铁路护路联防工作中作出突出贡献的先进集体和先进个人，部署了今后一个时期铁路护路联防和安全文明铁道线创建工作的任务。下半年，配合"平安江苏"创建活动，各级护路组织加大了创建的工作力度。南京铁路护路办加大了线路警组和驻站点的通讯投入，形成了覆盖管内区域性的通讯网络；完善了"定人、定岗、定时、定责任、定区段、包安全"的巡线措施和交接牌制度；在治安巡逻、安全检查、特种行业清理整顿等方面进一步加大了路地公安机关之间的合作力度；加强路地之间的协作，完善了矛盾纠纷的排查调处工作机制，形成了路地情况互通、力量整合、措施互补、责任共担的工作局面，确保了铁路第五次提速列车试验的成功。徐州铁路护路办先后在徐州北站、徐州站投入了150余万元安装了电子监控网络系统。

实行社会治安综合治理领导责任制情况

2003年，江苏省把落实综合治理领导责任制作为综合治理的关键来抓，通过严格落实社会治安综合治理领导责任制、部门责任制、单位责任制和"一票否决"制、末位警示制、领导责任查究制，把综合治理的各项任务真正落实到各地区、各部门、各单位，基本形成了一级抓一级，一级对一级负责的工作局面。省综治委制定下发了《江苏省社会治安综合治理检查督办制度》和《关于实施社会治安综合治理一票否决的若干意见》以及社会治安综合治理和创安活动考评表彰办法，加大了综合治理责任制的考核奖惩力度，对维护社会稳定作出突出成绩的地区，上级党委政府给予重奖。对因责任制不落实，工作不力以及渎职失职导致发生重大治安问题的地方和单位，该一票否决的坚决实行一票否决，并严肃追究有关领导和直接责任人的责任，真正做到赏罚分明。2003年，全省有18个县（市、区）被省委省政府命名表彰为"社会治安安全县（市、区）"，有5个省辖市被评为社会治安综合治理先进市，2个省辖市被评为创安工作先进市，省综治委5个成员单位被评为社会治安综合治理先进部门，13个县（市、区）被评为社会治安综合治理先进县（市、区），12个县（市、区）被评为创安工作先进县（市、区）。对上述先进集体，省委、省政府共奖励人民币230万元。全省共对207个单位、127名个人实施了一票否决和责任查究，其中县处级单位7个。对在全省造成重大影响的案件，省综治委还直接进行责任倒查并责令有关地区实施责任查究。在检查考核的基础上，继续对2003年度综合治理考核列末位的13个县（市、区）和107个乡镇（街道）实行末位警示。

社会治安综合治理宣传教育工作情况

一、开展法制教育，加大普法力度

一是抓领导干部学法用法。省人大常委会通过了《关于对提请任命人员进行任前法律知识考试的办法》，规范了全省领导干部学法用法和任前法律知识考试工作。省司法厅举办了《公务员暂行条例》知识竞赛，有近15万公务员参加；举办各级领导干部、行政和司法人员学法培训班3749次。二是加强了对青少年、企业经营管理人员、流动人口等重点对象的法制宣传教育。各地在各类学校举办"模拟法庭"、"少年法制漫画竞赛"、"告别游戏机10万人大签名"等活动；在经贸系统开展"我与法人代表学法"活动，举办企业经营管理人员法制培训班；对外出务工人员通过开展法律知识培训、聘请法律顾问、开通法制宣传热线等活动，加强了对流动人员的普法教育。三是开展了丰富多样、生动活泼的日常宣传教育活动，拓宽了教育面。组建各级政府法律顾问团698个，覆盖率达55%，促进了政府依法行政。深入开展"法律进社区、法律进农村"活动，将法制宣传工作深入到基层，深入到普通百姓。在各种新闻媒体上开设法制专栏412个，设立社区法制学校5180所，举办法制讲座21800场、法律知识竞赛1755场，开展法制文艺演出2574场，有近850万人次受到了法制教育，增强了广大公民的法制观念和依法办事意识。全省中小学已配备法制副校长、法制辅导员1.5万名，配备率达97%。四是抓住热点问题开展专题宣传教育。非典防治期间，及时编印了3万多份宣传资料，部署各地以"依靠科学、崇尚法治、关爱生命、战胜非典"为主题，突出社区和农村地区，广泛开展《价格法》、《食品卫生法》等法律法规的专项宣传活动。开展学习《传染病防治法》和《突发公共卫生事件应急条例》知识竞赛，全省近30万群众参加了活动。抓住《婚姻登记条例》、《城市流浪乞讨生活无着人员救助管理办法》、《江苏省法制宣传教育条例》等法律法规出台的有利时机，通过下发通知、召开新闻通气会、抓好舆论导向等，及时组织开展了有针对性的法制宣传教育。

二、通过宣传"平安江苏"创建活动，推动综合治理各项措施的落实

省综治委和省委宣传部联合制定下发了《关于开展"建设平安江苏、创建最安全地区"活动宣传工作的意见》。各地、各部门紧紧围绕创建工作的目标任务，坚持"以人为本"和"三个贴近"的宣传工作指导思想，组织专门力量，制定宣传方案，充分发挥广播、电视、报刊等新闻媒体的优势，采取群众喜闻乐见、丰富多彩的形式，大力宣传创建活动，使"平安江苏"创建活动家喻户晓，深入人心。镇江、无锡、苏州、常州、盐城等市委宣传部、综治委联合下发了创建活动的宣传规划，并在党报、电视上开辟了创建专刊、专栏。

三、发挥媒体作用，为社会治安综合治理营造良好氛围

一是加大了正面报道力度。省综治委与宣传部门积极协调新闻媒体，及时报道了综治方面的重要会议、重要活动、重要举措，宣传了综治工作的好做法、好经验，树立一大批先进典型，产生了较好的示范引导作用。二是加强了舆论监督。各新闻媒体加强了对一些大案要案的报道，对校园、社区、农村等基层安全问题，关系群众生产生活的商品质量问题、消防安全问题以及社会上的一些不正之风、违法违规行为，及时进行曝光，起到了较好的警示作用，为综治工作的开展创造了良好的舆论氛围。三是增强了综治报道的经常性和贴近性。《南京零距离》、《1860新闻眼》等电视新闻专栏节目，《法制播报》、《法眼观察》等一批综治方面的专题专栏，信息量大、报道分量重，保持了较高的收视率、收听率，在干部群众中影响很大。四是规范了新闻管理。通过新闻通气会、新闻阅评、新闻评奖等手段，加强对综治宣传的引导和管理，对宣传有力、影响较大的报道给予总结表扬；对报道中存在的问题及时提示，对敏感问题及时提醒，规范管理；对擅自报道、不听招呼，造成不良影响的媒体，给予严肃处理，确保社会治安综合治理宣传积极健康有序地开展。

综治委成员单位参与社会治安综合治理工作情况

年初，省委、省政府与省综治委部分成员单位签订了综合治理责任书，进一步强化了综治委成员单位的责任意识，增强了各部门的参与度，齐抓共管的局面进一步形成。各成员单位按照责任书的要求，在认真抓好本部门、本系统、本条线的安全防范工作的同时，还积极参与社会治安综合治理和“平安江苏”创建工作。省公安厅、省法院、省检察院和省司法厅认真落实省综治委的工作部署，充分发挥其在综合治理中的职能作用，认真开展“严打”整治斗争，扎实推进社会治安防控体系建设和基层基础工作，妥善调处和化解社会矛盾纠纷，加强对流动人口的管理，做好刑释解教人员安置帮教工作，维护了社会稳定。省委宣传部组织全省各级宣传部门和新闻媒体积极宣传综合治理和平安创建工作，为创建活动营造了良好的社会氛围。省经贸委深入开展安全生产专项治理和乡镇(街道)安全生产达标活动，进一步落实安全生产责任制和责任追究制，促进了全省安全生产形势继续保持平稳。省民政厅在指导全省村委会换届选举工作中，明确要求各地村委会建立健全人民调解、治安保卫等工作委员会，强化了综合治理基层基础工作。省建设厅在全省规划行业推行城市规划公示制度，减少了因城市规划和房屋拆迁安置工作中出现的各种矛盾和问题，维护了社会稳定；努力解决建筑业企业拖欠民工工资问题，保证了建筑施工队伍的稳定；把开展创建平安建筑工地活动与创建安全文明工地活动相结合，及时把各种案件苗头制止在萌芽状态。省教育厅以创建安全文明校园活动为载体，加强全省学校治安综合治理工作，维护了学校政治稳定和治安安定。省工商局围绕规范市场秩序，全面开展了市场专项整治；围绕保障安全生产，开展了“打假维权促发展”等多项打假治劣执法行动；围绕维护群众生命安全，集中开展了“毒鼠强”专项整治。省信访局完善了领导接待日制度，切实转变了信访工作思路；严格信访工作责任制，加强了考核通报；认真排查矛盾，从源头上做好工作；加强信访工作督查督办，加大了对信访问题的解决力度；开展专项治理，认真处理重复访和赴京访问题，超前做好接待劝返工作，维护了首都的稳定和江苏的形象。

省综治委各成员单位还认真落实联系点工作制度，深入联系点开展调查研究，找准联系点上综合治理工作存在的问题的症结所在，帮助点上拟定整改计划，落实整改措施。通过一年的努力，联系点工作取得了明显进步，13 个 2002 年度综合治理末位警示县(市、区)中有 12 个脱掉了帽子。

省级综治委、办及内设机构情况和负责人名单

主　任：王寿亭　省委副书记、省纪委书记

副主任：孙安华　省委常委、省委政法委书记

李佩佑　省人大副主任

何　权　副省长

林玉英　省政协副主席

缪蒂生　省委政法委副书记

成　员：公丕祥　省法院院长

周振华　省检察院检察长

王中远　省委副秘书长

张大强　省政府副秘书长

周继业 省纪委副书记
顾惠琪 省武警总队总队长
王　奇 省委组织部副部长
谭　跃 省委宣传部副部长兼省社科联党组书记
吴乐勇 省委政法委秘书长
王晓明 省委省级机关工委副书记
赵庆侠 省委610办公室主任、省公安厅副厅长
佘义和 省计委副主任
任懿奇 省经贸委副主任、省乡镇企业管理局局长、省中小企业局局长
葛高林 省委教育工委副书记
顾传勇 省民委副主任、省宗教局副局长
黄　明 省公安厅厅长
杨兆亮 省安全厅厅长
凌　航 省民政厅副厅长
王荣生 省司法厅厅长
李小平 省财政厅副厅长
芮明春 省人事厅副厅长
吴可立 省劳动保障厅副厅长
张宁宁 省建设厅纪检组组长
李先友 省交通厅副厅长、纪检组组长
唐维新 省卫生厅副厅长、纪检组组长
尹　明 省文化厅副厅长
张春延 省计生委副主任
杨树林 南京海关副关长
申彭建 省广电局副局长
胡永辉 省旅游局副局长
李全寿 省工商局副局长
周　斌 省新闻出版局副局长
陆茂丰 省通信管理局副局长
黄正威 人民银行南京分行副行长
顾晓宏 省民航局党委副书记
李晓布 省总工会副主席
练月琴 团省委副书记
唐惠勇 省妇联副主席
王爱国 省军区政治部副主任
苏振远 省信访局局长

综治委下设办公室，缪蒂生同志兼任办公室主任。综治办下设综治协调处和综治指导处。

中共江苏省委关于在全省开展“建设平安江苏、创建最安全地区”活动的决定

（2003年8月13日）

为了深入学习贯彻党的十六大精神和“三个代表”重要思想，按照省委十届五次全会提出的关于“建设平安江苏、创全国最安全省份之一”的要求，创造稳定的社会环境、良好的治安环境和规范的法制环境，保障和促进我省率先全面建成小康社会、率先基本实现现代化奋斗目标的顺利实现，省委决定，从今年起到2005年底，在全省范围内开展“建设平安江苏、创建最安全地区”活动。3年创建活动结束后，再用两年时间巩固提高。

一、认清创建活动的重要意义

开展“建设平安江苏、创建最安全地区”活动，是实践“三个代表”重要思想的具体体现，是保障和促进我省“两个率先”发展战略的重要举措，是维护我省社会稳定的客观需要，是人民群众的热切期盼。当前我省社会政治稳定，治安秩序良好，人民群众安居乐业，总的形势是好的。但是影响社会稳定的不安定因素还大量存在，社会治安面临着许多错综复杂的情况和问题，维护稳定工作的任务依然十分艰巨。全省各级党委、政府和各部门各单位一定要从实践“三个代表”要求、维护改革发展稳定大局、确保国家长治久安、巩固和加强党的执政地位的高度，充分认识开展创建活动

的重要性和必要性，切实增强“建设平安江苏、创建最安全地区”的责任感和使命感。

二、明确创建活动的目标任务

开展“建设平安江苏、创建最安全地区”活动，必须以邓小平理论和“三个代表”重要思想为指导，认真贯彻落实党的十六大精神，紧紧围绕“两个率先”的奋斗目标，推进依法治省进程，促进“三个文明”建设协调发展，坚持在党委、政府统一领导下，各部门齐抓共管，全社会广泛参与，全力维护社会稳定。通过3年的努力，全省80%以上的县(市、区)，其中90%以上的市辖区、70%以上的县(市)达到“社会治安安全县(市、区)”的创建标准，使我省社会秩序良好，人民安居乐业；投资环境良好，企业平安经营。把我省建设成为全国最安全省份之一，使“平安江苏”成为有力的招商资源、重要的投资环境和率先发展的竞争优势。

强化政法机关的职能作用

全省各级政法机关和综治部门要认真履行职能，充分发挥主力军作用。严密防范和坚决打击境内外敌对势力和法轮功邪教组织的捣乱破坏活动，全力维护社会政治稳定。坚定不移地贯彻“严打”方针，从人民群众反映最强烈的事情抓起，从问题最严重的地方整起，依法严厉打击严重危害公共安全和人民生命财产安全的各类刑事犯罪，增强人民群众的安全感。积极预防和依法打击严重经济犯罪活动，维护社会主义市场经济秩序。强化治安防范，扎实推进防控体系建设，着力提高驾驭治安局势的能力。认真开展矛盾纠纷排查调处工作，努力化解社会不安定因素，妥善处置群众性事件，切实加强流动人口管理，认真落实刑释解教人员安置帮教措施，预防和减少青少年违法犯罪，全面提高社会治安综合治理工作水平。大力加强政法队伍建设，进一步转变执法观念，规范执法行为，坚持从严治警，实现执法为民。

四、动员各部门齐抓共建

开展“建设平安江苏、创建最安全地区”活动是一项系统的社会工程，各部门各单位要紧紧围绕创建活动的目标任务，按照社会治安综合治理的职责分工和要求，坚持“谁主管、谁负责”和“属地管理”的原则，认真落实各项安全管理和防范措施，管好自己的人，看好自己的门，办好自己的事。要自觉服从所在地党委、政府的统一领导和社会治安综合治理委员会的指导、协调、督促和检查，认真落实创建工作的各项任务。

五、打牢创建活动的根基

加强以村(居委会)党支部为核心的基层党政组织建设，配齐配强领导班子。大力加强基层治保会、调委会建设，配齐人员，落实待遇，充分发挥其在维护社会稳定中第一道防线的作用。进一步精简机关，充实基层，切实加强乡镇(街道)综治委(办)、公安派出所、人民法庭、司法所、社区和农村地区警务室等基层政法综治组织建设，提高基层的教育管理和处理问题的能力，确保创建活动在基层有人管、有人抓，确保把问题解决在基层，解决在内部，解决在萌芽状态。巩固和壮大保安、辅警等基层群防群治队伍，动员和组织广大群众开展各种形式的自防自治，构筑维护社会稳定和治安稳定的铜墙铁壁。

六、健全创建活动保障机制

全省政法系统要坚持走强警之路、精兵之路。各级政府要认真落实创建活动的经费，为创建工作提供有力支持。各地区要在保障政法机关正常运转所需经费的基础上，根据创建工作的目标任务，从实际出发，解决好警力不足和经费保障问题，努力使防控体系建设、保安辅警力量以及技术装备条件与社会经济发展水平相适应。各级财政要继续加大对经济欠发达地区政法经费专项补助力度。增加警力配备，巩固、壮大和规范各种治安防范队伍。对群防群治所需经费，要根据中央和省委、省政府的有关文件精神，按照“谁受益、谁出资”、“取之于民、用之于民”的原则，采取财政拨一点，受益单位和个人适当拿一点的办法多渠道解决。要重视创建活动的法制保障，对社会治安和社会管理等方面涉及到的法律法规问题，及时提请省人大进行地方立法或修改完善，为创建活动提供有力的法律支撑。

七、加强创建活动的组织领导

各级党委、政府要把“建设平安江苏、创建最安全地区”活动作为一项重要的政治任务和执政为民的实事，纳入“两个率先”的整体布局，同部署、同检查、同落实。主要领导负总责，分管领导具体抓，定期听取情况汇报，认真分析研究本地区本单位社会稳定和治安形势，加强对创建活动的宏观部署，及时协调解决工作中遇到的重大问题。

各级党委政法委和综治部门要充分发挥职能作用，当好党委政府的参谋助手，具体负责创建活动的情况掌握、检查指导和考核验收等工作。严格实行创建活动领导、部门和单位责任制，严格执行综合治理末位警示制、一票否决制和责任查究制，保证创建活动健康开展。

中共江苏省委办公厅 江苏省政府办公厅 转发《省社会治安综合治理委员会关于在全省开展“建设平安江苏、创建最安全地区”活动的意见》的通知

（2003年8月15日）

各市、县（市、区）委，各市、县（市、区）人民政府，省委各部委，省各委办厅局，省各直属单位：

《省社会治安综合治理委员会关于在全省开展“建设平安江苏、创建最安全地区”活动的意见》已经省委、省政府同意，现转发给你们，请结合实际认真贯彻执行。

江苏省社会治安综合治理委员会关于在全省开展“建设平安江苏、创建最安全地区”活动的意见

（2003年8月5日）

率先全面建成小康社会，率先基本实现现代化，是党中央对江苏发展的新要求，是我省在新世纪新阶段的总目标、总任务。创造稳定的社会环境、良好的治安环境和规范的法制环境，既是实现“两个率先”的重要保障，也是“两个率先”的重要内容，更是各级党委、政府的政治责任。为此，省委决定从今年起到2005年底，在全省范围内开展“建设平安江苏、创建最安全地区”活动。3年创建活动结束后，再用两年时间巩固提高。现就开展“建设平安江苏、创建最安全地区活动”提出如下意见。

一、指导思想

以邓小平理论和“三个代表”重要思想为指导，认真贯彻落实党的十六大精神，紧紧围绕“两个率先”的奋斗目标，大力推进依法治省进程，促进“三个文明”建设协调发展，坚持在党委、政府统一领导下，充分发挥政法机关的职能作用，各部门齐抓共管，全社会广泛参与，全力维护社会稳定；坚持打防结合、预防为主的方针，严密防范和严厉打击各种严重违法犯罪活动，大力整顿和规范市场经济秩序，全面推进社会治安综合治理各项工作，切实提高驾驭治安大局的能力；公正司法，严

格执法，强化法律服务和法律监督，维护社会公平正义，依法保护各类经济主体的合法权益；以落实责任制为核心，以狠抓基层为着力点，建立健全“保稳定、创安全、促发展”的长效工作机制，努力把我省建设成为全国最安全省份之一，使“平安江苏”成为有力的招商资源、重要的投资环境和率先发展的竞争优势。

二、工作目标

通过3年的努力，全省80%以上的县（市、区），其中90%以上的市辖市、70%以上的县（市）达到“社会治安安全县（市、区）”的创建标准，使我省社会秩序良好，人民安居乐业；投资环境良好，企业平安经营。为了实现这个总目标，全省创建活动在整体工作绩效上要努力实现“8个位居全国前列”和“7个最低”，各县（市、区）要努力实现“6个不发生”。

“8个位居全国前列”是：

1. 打击严重刑事犯罪以及8类主要刑事案件破案率位居全国前列，力争“命案必破，挂牌全破”；

2. 防范打击经济犯罪和整顿规范市场经济秩序的工作位居全国前列，经济犯罪大要案件得到及时查处，扰乱市场经济秩序的突出问题得到及时整治；

3. 社会治安混乱地区（行业、场所）以及学校和企业周边治安环境整治工作位居全国前列，黄赌毒等社会丑恶现象得到有效遏制；

4. 社会治安防控体系建设位居全国前列，发现、控制、打击各类违法犯罪活动的能力和水平明显提高；

5. 流动人口管理、预防青少年违法犯罪、刑释解教人员安置帮教工作位居全国前列，流动人口管理规范有序，预防青少年违法犯罪工作网络健全，刑释解教人员安置帮教措施落实；

6. 维护社会稳定工作位居全国前列，对敌对势力、敌对分子和法轮功等邪教组织的破坏活动发现得了、控制得住、处置得好；

7. 人民内部矛盾排查调处工作位居全国前列，矛盾纠纷排查调处工作机制健全、责任落实、成效明显；

8. 公众安全感位居全国前列，人民群众及来苏投资、旅游、经商、务工的中外人士对社会治安具有很强的安全感。

“7个最低”是：

1. 刑事案件万人发案率以及多发性、可防性案件数量在全国经济社会发展水平相似的省份中处于最低水平；

2. 暴力恐怖犯罪和涉黑涉恶犯罪案件数量在全国经济社会发展水平相似的省份中处于最低水平；

3. 走私贩私、制假售假、偷税骗税、金融诈骗等重大经济犯罪案件数量在全国经济社会发展水平相似的省份中处于最低水平；

4. 围堵公路铁路、冲击党政机关、聚众扰乱社会秩序等重大群体性事件数量在全国经济社会发展水平相似的省份中处于最低水平；

5. 因矛盾纠纷引发的“民转刑”重大刑事案件数量在全国经济社会发展水平相似的省份中处于最低水平；

6. 未成年人犯罪率、流动人口犯罪率、刑释解教人员重新犯罪率在全国经济社会发展水平相似的省份中处于最低水平；

7. 火灾、交通以及危险物品引发的重大事故数量及造成的人员伤亡和经济损失在全国经济社会发展水平相似的省份中处于最低水平；

“6个不发生”是：

1. 不发生在全国造成重大影响的人员伤亡和巨额资财损失的恶性案件；

2. 不发生在全国造成恶劣影响的涉黑涉恶团伙犯罪案件；

3. 不发生在全国造成重大影响的群死群伤恶性治安事故；

4. 不发生在全国造成重大影响的群体性事件；

5. 不发生敏感时期、重大活动、重要目标和要害部位安全保卫工作重大事故；

6. 不发生法轮功等邪教组织顽固分子聚集进京滋事案件。

衡量创建活动的成效，最终要看是否促进了当地经济社会发展，是否维护了人民群众的根本利益，是否提升了公众安全感。

三、工作措施

1. 党委、政府真抓实管，切实加强对创建活动的组织领导。各级党委、政府要从实践“三个代表”重要思想的战略高度和实现“两个率先”奋斗目标的大局出发，把“建设平安江苏、创建最安全地区”活动作为一项重要的政治任务和执政为民的实事，纳入“两个率先”的整体布局，同部署、同检查、同落实。主要领导负总责，分管领导具体抓，定期听取情况汇报，认真分析研究本地区社会稳定和治安形势，加强对创建活动的宏观部署，及时协调解决工作中遇到的重大问题。党委政法委和综治部门要充分发挥职能作用，当好党委、政府的参谋助手。最大限度地组织发动社会各方面力量和广大人民群众积极投身创建活动，努力营造建设平安江苏，人人参与，各方支持的社会氛围。

2. 扎实推进依法治省，为创建活动提供法治保障。各地区各部门各单位要坚持把法治领先、依法治理的要求贯穿于创建活动之中，为实现“两个率先”奋斗目标创造规范的法治环境。进一步加强法律宣传和法律服务，全面提高公民的法制意识和公务人员依法行政水平，做到有法可依，有法必依，执法必严，违法必究。各级行政机关要依法决策，依法行政，各级司法机关要严格执法，公正司法，切实有效地保障公民和各类经济主体的合法权益，维护、实现和发展好最广大人民的根本利益。对建设活动涉及到的法律法规问题，及时提请省人大进行地方立法或修改完善，使创建活动在法制的轨道上健康发展。

3. 各部门齐抓共管，增强创建活动的整体合力。各部门要紧紧围绕创建工作的目标任务，按照社会治安综合治理的职责分工，各司其职，密切配合，积极参与创建活动。政法综治部门要在维护社会稳定、预防打击犯罪、保障经济安全等方面发挥主力军作用。组织、人事部门要把各级党政领导抓创建活动的实绩纳入干部考核的重要内容，作为干部奖惩的重要依据，与评先评优、立功受奖和提拔使用挂钩；纪检监察机关要严肃查处在创建活动中领导机关、领导干部严重官僚主义和失职渎职行为；宣传部门要充分发挥媒体作用，利用各种渠道，采取多种形式，大力宣传创建活动的目标、任务和重要意义，宣传先进典型和成功经验，营造浓厚的舆论氛围；工商、税务、药监、技术监督等部门要及时查处破坏市场经济秩序的不法行为，依法保护各类经济主体的合法权益；金融、证券、保险机构要强化内部安全管理和防范工作，重点做好营业网点、运钞车防盗抢和票据信用卡防诈骗工作；卫生防疫部门要重点抓好重特大中毒事件和疫情的预防和控制工作，健全处置应急事件的工作机制；教育、文化、新闻出版、共青团等部门和团体要加强校园周边地区治安整治，加大对文化市场的管理和扫黄打非工作的力度，积极参与预防和减少青少年违法犯罪工作；建设、规划等部门要将治安、消防等防范设施建设纳入住宅设计标准，列入城市建设整体规划；民政、劳动、城管等部门要认真落实流动人口管理服务、刑释解教人员安置帮教、流浪乞讨人员帮扶救助等措施，努力预防和减少各类犯罪；交通、铁路、民航等部门要加强对车站、码头、机场等人员集散场所的检查和管理，严防发生重大安全事故。人武部门要充分发挥民兵在维护社会稳定中的作用，积极组织民兵参加治安防范工作。

4. 切实加强基层组织建设，夯实创建活动的工作基础。各级党委、政府要坚持把加强基层政权组织建设作为创建活动的关键环节来抓，建立健全工作制度，明确工作职责，规范工作要求。要切实加强以村(居委会)党支部为核心的基层党政组织建设，下决心整顿软弱涣散的村(居委会)党支部和村委会(居委会)，配齐配强领导班子。要大力加强基层治保会、调委会建设，配齐人员，落实待遇，充分发挥其在维护社会稳定中第一道防线的作用。要进一步精简机关，充实基层，在人财物等方面向基层倾斜。切实加强乡镇(街道)综治办、公安派出所、人民法庭、司法所、社区和农村地区警务室等基层政法综治组织建设，提高基层的教育管理和处理问题的能力，确保创建活动在基层有人管、有人抓，确保把问题解决在基层，解决在内部，解决在萌芽状态。要积极推行上级领导机关与基层单位对口挂钩联系制度，总结先进，帮扶后进，带动中间，全面提高基层创建工作的整体水平。要继续巩固和不断壮大基层群防群治队伍，动员和组织广大群众开展各种形式的自防自治，构筑维护社会稳定和治安稳定的铜墙铁壁。

5. 全面加强社会治安综合治理各项工作，全力维护社会稳定。在开展“建设平安江苏、创建最安全地区”活动中，全省各级政法机关和综治部门要充分发挥主力军作用，严密防范和坚决打击境内外敌对势力和法轮功邪教组织的捣乱破坏活动,全力维护社会政治稳定。大力加强人民调解工作,畅通民意表达渠道,调处和化解人民内部矛盾,妥善处置群体性事件。坚定不移地贯彻“严打”方针,依法严厉打击各种严重刑事犯罪,着力解决影响人民群众安全感的突出问题。继续整顿和规范市场经济秩序,依法打击走私贩私、制假售假、偷税骗税、金融诈骗等经济犯罪活动,维护社会主义市场经济秩序。大力加强治安防范,着力构建动静结合、点线面相互衔接、各项防范措施相互配套、各种防范力量相互策应的大防控格局。强化监管安全措施,提高教育改造质量。切实加强流动人口管理,认真落实刑释解教人员安置帮教措施,努力预防和减少青少年违法犯罪。加大安全检查和执法力度,努力预防和减少火灾、交通等各类安全事故的发生。加强法制宣传教育,不断提高公民的法制意识和道德素养。

6. 大力加强政法队伍建设,为创建活动提供坚强有力的组织保证。“建设平安江苏、创建最安全地区”,关键在人,关键在队伍。要切实加强执法机关领导班子建设,把政治上靠得住、工作上有本事、群众信得过的干部选拔到领导岗位上来。坚持政治建警,坚持用“三个代表”重要思想武装广大政法干警的头脑,不断增强政治意识、大局意识和服务意识,转变执法观念,规范执法行为,实现执法为民。坚持素质强警,切实加强教育培训工作,大力推进学习型政法机关建设,广泛开展岗位练兵活动,提高政法干警的业务素质和执法办案水平。坚持从严治警,深入开展以“公正执法树形象”为主要内容的集中教育整顿,严格落实队伍管理的各项规定,深化执法检查,明确行为规范,着力解决队伍中存在的司法不公、执法不严、徇私枉法以及刁难群众、办事拖拉、要特权、抖威风等问题,确保执法活动公开、公平、公正。坚持从优待警,努力为政法机关和干警解决生活上的后顾之忧,提供良好的工作条件。努力建设一支让党放心、让人民满意的具有坚强战斗力的政法队伍。

四、命名表彰

1. 严格考核验收,确保创建质量。省综治委牵头组织有关部门,研究制定社会治安安全县(市、区)的评估标准和考核办法。各地区要结合实际,参照省里的做法,制定安全乡镇(街道)、村(居委会)的评估标准和考核办法。评估标准和考核办法要充分体现考核验收的可操作性、评先评优的客观公正性、创建工作的导向性。各级党政组织和各部门各单位要把注意力放到狠抓措施落实和增强创建效果上来,倡导求真务实的工作作风,坚决防止和克服搞形式主义、弄虚作假、做表面文章,保证创建活动健康开展。

2. 统一创建载体,规范命名表彰。全省正在开展的基层安全文明创建活动统一调整为创建社会治安安全县(市、区)、乡镇(街道)、村(居委会)活动。从今年起,对年度考核评估确定的社会治安安全县(市、区),由省委、省政府授予“社会治安安全县(市、区)”荣誉称号,并进行表彰奖励。对年度考核评为创安工作先进市、县(市、区)和部门(单位)的,由省综治委表彰奖励。3 年创建活动结束后,省委、省政府进行全面的总结验收和表彰奖励。对社会治安安全县(市、区)覆盖率达 80% 以上的省辖市,由省委、省政府授予“社会治安安全市”荣誉称号,对获得“社会治安安全市”和连续 3 年获得“社会治安安全县(市、区)”称号的党政主要领导、分管领导,根据《国家公务员暂行条例》的有关规定,给予记功奖励。对在创建工作中作出突出贡献的部门、单位和个人,给予表彰奖励。

五、保障机制

1. 层层建立创建工作领导机构。开展“建设平安江苏、创建最安全地区”活动,是一项系统的社会工程,必须在党委、政府的统一领导下,建立和完善“指挥畅通、运作有序、网络健全、保障有力”的创建工作领导机制。各地要成立由党委、政府领导及纪检、组织、宣传、人事、监察、政法等有关部门负责人参加的创建活动领导小组。领导小组负责牵头制定本地区创建工作整体规划,安排部署阶段性的工作,协调解决创建活动中遇到的重大问题,加强对创建活动的分类指导,及时总结推广典型经验。领导小组下设办公室,与各级综治办合署办公,具体负责创建活动的情况掌握、工作协调、检查指导和考核验收等工作。

2. 严格实行创建工作责任制。各级党委、政府要切实承担起“建设平安江苏、创建最安全地区”的政治责任,严格落实领导、部门和单位责任制,真正把创建活动的各项任务和措施落实到每个基层组织、基层单位和具体人。要继续严格实行社会治安综合治理末位警示制、一票否决制和领导责任查究制，对不重视创建工作，甚至失职渎职导致发生重大恶性刑事案件、治安灾害事故和群体性事件等严重危害社会稳定重大问题的地方、部门和单位，坚决实施社会治安综合治理一票否决，严肃追究有关领导和直接责任人员的责任。各部门、各单位要按照“属地管理”的原则，积极参与当地的创建活动，主动接受创建活动领导小组的检查指导，认真履行创建工作的各项职责。

3. 切实加大创建工作的投入。全省政法系统要坚持走强警之路、精兵之路。各级政府要认真落实创建活动的经费，为创建工作提供有力支持。各地区要在保障政法机关正常运转所需经费的基础上，根据创建工作的目标任务，从实际出发，解决好警力不足和经费保障问题，努力使防控体系建设、保安辅警力量以及技术装备条件与社会经济发展水平相适应。各级财政要继续加大对经济欠发达地区政法经费专项补助力度。增加警力配备，巩固、壮大和规范各种治安防范队伍。对群防群治所需经费，要根据中央和省委、省政府的有关文件精神，按照“谁受益、谁出资”、“取之于民、用之于民”的原则，采取财政拨一点，受益单位和个人适当拿一点的办法多渠道解决。

江苏省社会治安综合治理委员会关于加强乡镇（街道）社会治安综合治理委员会及其办公室规范化建设的意见

（2003 年 5 月 16 日）

各市、县（市、区）综治委：

为了认真贯彻中共中央、国务院《关于进一步加强社会治安综合治理的意见》，切实加强综合治理基层基础工作，充分发挥乡镇（街道）社会治安综合治理委员会及其办公室在预防和打击犯罪、维护社会稳定中的职能作用，现对乡镇（街道）综治委、办规范化建设提出如下意见：

一、组织建设

1. 乡镇（街道）设立社会治安综合治理委员会及其办公室，综治委主任由同级党政一名主要领导担任，综治委成员由县（市、区）政法部门派驻机构、乡镇（街道）各相关部门、群众团体及辖区内部分规模较大单位的负责人组成。

2. 乡镇（街道）综治办主任由一名党政副职领导担任，根据工作需要可配备专兼职副主任。按照省编办〔2001〕263 号文件要求，每个乡镇（街道）综治办须配备一至二名行政编制性质的专职工作人员；规模较大、社会治安综合治理工作任务较重的乡镇（街道），应适当予以充实和加强。

3. 乡镇（街道）综治办专职工作人员的选配、调整和任用须征求所在县（市、区）综治办的意见。

4. 乡镇（街道）党委、政府须落实综合治理专项工作经费，并列入年度财政预算。

5. 乡镇（街道）党委、政府须落实综治办办公用房、交通工具（有条件的地方配置汽车）和电话、电脑、传真等办公设备。

6. 综治办专职工作人员按省财政厅、省人事厅苏财行〔2002〕1 号文件规定，享受政法干部特岗津贴待遇。

二、职责任务

乡镇（街道）综治委的职责任务：

1. 贯彻落实党和国家关于社会治安综合治理的方针、政策及上级综治委、办的工作部署。

2. 对辖区内社会治安综合治理工作作出总体部署，并督促各部门、各单位认真贯彻落实。

3. 牵头协调做好矛盾纠纷排查调处、基层安全创建、防控体系建设、流动人口管理、刑释解教人员安置帮教、预防青少年违法犯罪、学校及企业周边治安整治、铁路护路联防等各项工作。

4. 总结推广综合治理先进经验，督促后进单位改进工作。

5. 对本乡镇(街道)各部门、各单位履行社会治安综合治理职责和目标管理责任制的执行情况进行检查、考核、评比和奖惩。视情提出行使一票否决权的建议。

6. 接受上级社会治安综合治理委员会的工作检查、指导。办理党委、政府和上级综治委、办交办的综合治理工作事项。

乡镇(街道)综治办的职责任务:

1. 按照上级综治委、办的工作部署,结合本地综合治理工作实际,研究、拟定本辖区的年度工作计划、阶段性工作安排和措施,提交综治委会议讨论决定,并负责组织实施。

2. 定期分析研究辖区内的治安形势,组织、协调有关部门解决突出的治安问题。

3. 组织开展基层安全创建活动和治安防范工作。督促、指导治保会、调解会和各种形式的群防群治队伍开展工作。

4. 组织开展矛盾纠纷排查调处工作,按要求定期召开矛盾纠纷排查调处协调会议,对可能引发重大治安问题和群体性事件的矛盾纠纷,要及时报告并协助党委、政府协调有关部门积极进行妥善处置。定期上报矛盾纠纷排查调处报表,重要情况及时上报。

5. 督促、指导有关部门和单位做好外来流动人口管理工作。

6. 督促、指导有关部门和单位做好刑释解教人员的安置帮教工作,预防和减少重新犯罪。

7. 督促、指导有关部门和单位做好法制宣传教育和普法工作。重点做好对青少年的法制教育,选配中小学法制副校长(辅导员)并充分发挥其作用,努力预防和减少青少年违法犯罪。

8. 协助有关部门开展防范与处置非法宗教活动。按照"四个纳入"的要求,协助做好法轮功练习者的教育转化工作。

9. 协助有关部门开展创建"平安铁道线"、"无毒社区"、"交通安全村(社区)"等活动。

10. 对辖区内各部门、各单位落实综合治理和治安防范工作的情况进行检查,对存在问题的部门和单位提出整改意见,限期整改;对领导不重视,工作不得力,而发生严重危害社会稳定重大问题的部门和单位进行倒查或协助上级综治委、办开展调查。

11. 按时报送综治工作情况月报,遇有重大情况随时报告。

12. 具体办理上级综治委、办和乡镇(街道)综治委交办的其他事项。

三、工作制度

1. 工作例会制度。乡镇(街道)综治委每季度召开一次工作例会,通报前一季度综治工作和社会治安情况,总结、研究和解决工作中存在的问题,遇有重大问题及时召开会议。乡镇(街道)综治办应每月召开一次例会,传达学习上级有关文件精神,通报交流上月工作情况,安排下月工作任务,也可根据各个时期社会治安出现的新情况、新问题召开专题会议,研究采取必要的措施。

2. 情况报告制度。乡镇(街道)综治办每月5日前应向上级综治办报送上月"综治工作情况月报",报告的主要内容为:(1)辖区内社会治安情况;(2)基层安全创建和治安防范工作情况;(3)矛盾纠纷排查调处工作情况;(4)流动人口、刑释解教人员、社会闲散青少年和吸毒人员等重点人群管理教育情况;(5)社会治安综合治理工作遇到的新情况、新问题、新经验及具体对策;(6)见义勇为和与违法犯罪分子作斗争的好人好事;(7)上级综治委、办布置的各类材料和报表。下列情况随时报送:(1)重大矛盾纠纷、群体性事件、治安灾害事故以及发生的杀人、绑架、爆炸、涉枪、涉及金融单位或财物巨大的盗窃、抢劫等重大刑事案件;(2)乡镇(街道)社会治安综合治理工作部署、计划、总结,制定的有关文件;(3)综治委和综治办人员变动情况;(4)其他综合治理重要情况。

3. 资料台账制度。乡镇(街道)综治办应建立以下台账资料:(1)各级党委、政府关于综治工作的文件;(2)上级综治委、办文件、简报;(3)本级综治委、办文件、简报;(4)签订的社会治安综合治理责任书;(5)各村(居)治保、调解主任名单,辖区内保安联防和其他群防群治队伍及工作情况;(6)发生的刑事、治安案件;(7)基层安全创建工作资料及日常治安防范检查中发现的问题和整改情况;(8)矛盾纠纷排查调处资料;(9)流动人口管理、刑释解教人员安置帮教、预防青少年违法犯罪、法制宣传教育、学校、企业周边、铁路沿线和重点地区治安整治等专项工作情况;(10)综合治理检查、考核、奖惩、责任查究及建议一票否决的情况；(11)综治工作其他有关资料。

4.检查考核制度。根据县(市、区)与乡镇(街道)、乡镇(街道)与村(居)和辖区内机关、团体、企事业单位签订的社会治安综合治理责任书，按照检查考评细则要求，每季度进行一次检查督促，半年组织一次考核，年终全面进行检查考核评比，兑现奖惩。

四、自身建设

乡镇(街道)综治委、办要加强自身建设，树立起“廉洁、勤政、务实、高效”的良好形象，充分发挥在基层政法综治工作中的领导、组织、指导、协调作用。

1.认真学习邓小平理论和“三个代表”重要思想，深刻领会党的路线、方针、政策，不断提高自身的政治素养。

2.不断加强政法综治业务知识学习，熟练掌握有关法律法规和政策规定，努力提高自身的业务素质。

3.切实加强综治办作风建设，要保持奋发进取的精神状态，坚决克服安于现状、不思进取的思想观念，与时俱进，创造性地开展工作；要形成求真务实的工作作风，把上级各项决策部署细化、实化为可操作的办法和措施，一件一件地落实，一项一项地完成；要坚持密切联系群众，保证有一半以上的时间深入基层开展工作，每周组织一次治安工作夜查；要树立勤政廉政的良好形象，坚持勤政为民，依法办事，务必继续保持谦虚谨慎、不骄不躁的作风，务必继续保持艰苦奋斗的作风。

4.综治成员之间既要明确分工，又要密切配合，努力提高工作效率和工作实效，确保综合治理各项工作在各部门、各单位得到有效落实。

深入开展“双创”活动　着力夯实城市安全基础

中共南京市委　南京市人民政府

近两年来，我市在723个社区开展了创建“无刑事案件社区”、“平安社区”(无八类暴力型案件)的“双创”活动，目前创建成功率分别达到25.3%和65.2%，“双创”活动对遏制刑事案件高发势头起到了十分重要的作用。2002年全市刑事发案和八类暴力型案件分别比上年下降7.4%和11.6%，2003年1至7月同比又分别下降17.3%和20.4%。

一、深入调研，理清思路

2001年11月，江苏省委书记李源潮同志在担任南京市委书记期间，明确提出南京要创建“全国安全城市”。据此，市综治委经过认真调查研究后认为，要创建“全国安全城市”，必须立足于基层、立足于社区，深入开展“双创”活动则是其有力的抓手和载体，也是维护城市安全的坚实基础。基于这一认识，我们确定了“双创”活动“四个转变”的指导思想：即将工作重心由破案为主向防范为主转变，工作主体从由公安孤军奋战向全社会齐抓共管转变，工作层面由街面为主向街面社区并重转变，工作时间由白天为主向昼夜兼顾转变。明确了“打防结合、预防为主，控制源头、巩固基层，专群结合、互为策应，区街联动、相互支撑”的“双创”活动总体思路。

二、典型引路，滚动推进

我市的“双创”活动源于为期两年的“严打”整治斗争期间。为了推进斗争深入开展，确保实现社会治安取得新的明显进步的目标，市委、市政府要求各地各部门解放思想、创新理念、拓宽思路，结合实际创造性地开展工作。市综治委对基层单位在开展治安防范工作方面积累的不少好做法好经验，加以指导和培育。先后推出了下关区五塘新村二段社区创安、鼓楼区“四面红旗”竞赛、玄武区“平安社区”创建、建邺区辅警队伍建设等一批典型，通过总结归纳，将其统一确定为“双创”活动，并具体细化了“双创”活动的标准要求。在此基础上，市委、市政府于2002年初召开了“双创”工作现场会，市综治委制定下发了《关于在全市深入开展争创“无刑事案件社区”、“平安社区”活动的意见》；并列入全市综治工作要点，明确规定“无刑事案件社区”和“平安社区”分别达到20%和40%的区县、街镇才能参加评选综治先进集体。各区县纷纷结合本地实际，制定了地区“双创”活动的方案，不少区县还对符合“无刑事案件社区”和“平安社区”标准的社区实行流动挂牌，不符合标准条件则予以摘牌，既接受群众监督，又形成竞争态势，从而有力地推动了“双创”活动的开展，形成了健康有序、整体推进的良好态势。

三、突出重点，突破难点

（一）因地制宜分类指导。在人员流动大、财物聚集多、商贸流通地、城郊结合部等治安状况相对复杂的社区，建立“主体唯一”创建责任机制，落实综合整治、建设和长效管理措施；在新建小区，高起点建设配套防范设施，普遍实行电子监控、物业管理；在老、小住宅区，对防范设施进行改造出新、维修加固，加大人防力度；在平房散居区，采取门户联防、居民守望等办法，强化自防自卫；在学校，深化安全文明校园创建工作，积极创建“无在校生违法犯罪学校”；在企事业单位，深入推进安全文明单位创建活动，评选“治安防范模范单位”；在流动人口集居地，开展“流动人口规范管理服务示范点”创建活动，提高流动人口管理服务水平。

（二）深入实施社区警务战略。为确保“双创”活动的有效开展，我们在全市723个社区中建成了784个社区警务室，配置了1200多名社区民警，普遍执行不考核打击处理和破案指标的规定，使社区民警真正把精力用在社区警务上。同时从“双创”工作实际需要出发，对一街数所进行合并，在派出所实行社区民警中队、治安巡逻中队、刑侦中队、内勤室“三队一室”的警务模式改革，使全市基层警力由81%上升到85%以上。最近，市政府决定从今年起通过增加地方事业编制的办法，每年增加社区警力200至250名，五年增加1000名以上，并坚持把装备、福利待遇等向社区一线倾斜。

（三）加强群防群治队伍建设。2002年年初，市、区两级财政拨款4000多万元，从下岗职工中招聘了4700名社区专职保安用于治安防范，2003年以来就协破各类刑事案件440起。2005年我市将把这支队伍发展到7000人。同时，动员组织党团员、机关干部、青年志愿者、离退休人员等参与社区治安防范工作，目前社区治安志愿者已发展到75000人，2004年将达到12万人。

四、加强领导，完善保障

（一）切实加强组织领导。“双创”活动的重点在基层，关键也在基层。我们在各街道、镇组建了综治委，设立了抓社会稳定和社会治安综合治理工作的党（工）委副书记，加大对“双创”活动的领导力度。同时将这项工作纳入地区经济社会发展总体规划和领导干部实绩考核，严格落实领导责任制和“一把手”负责制，层层分解区、街、居和各职能部门的职责任务，把开展“双创”活动情况和群众满意率作为重要的考评依据，市综治委还对每年评出的一个“双创”工作末位区县、13个末位街镇进行末位警示，并由市和区、县综治成员单位分层挂钩，重点帮扶，定期督导，限期改变治安面貌。各区县也纷纷制定了“双创”活动的奖惩措施，推动了各级各部门的责任落实和作用发挥。

（二）健全机构充实力量。结合社区调整和改革，全市所有街道、社区全部配备了综治专职干部，社区居委会、治保会、调委会进行了全面整顿和加强，并分批开展对社区主要领导和分管领导的综治业务培训，使社区综治队伍进一步壮大，素质得到全面提高。

（三）进一步加大投入。市政府明确要求将“双创”工作经费列入财政预算，确保与社会经济发展同步增长，市、区两级财政每年用于“双创”活动的经费达5000万元。我们还设立了社区治安防范奖励基金、维护稳定基金、见义勇为奖励基金等，并对社区治安工作者和见义勇为人员进行了投保，有力地夯实了“双创”工作的基础，为“双创”活动的健康开展提供了强有力的保障。

以建设“平安江苏”为目标 加快构建现代社会治安防控体系

江苏省公安厅

江苏省公安机关从1993年开始构建社会治安防控体系，经过十年的建设和发展，全省社会治安防控体系已初具规模。2002年以来，我省对加快推进现代社会治安防控系建设再次作出全面部署，并在无锡、徐州和靖江、邳州市分别开展城市、县城防控体系建设的试点。目前，这项建设在全省各地已全面展开，在维护社会治安稳定中发挥了重要作用。

一、统一思想认识，创新工作思路

省委、省政府将社会治安视为重要的投资和发展环境，把搞好社会治安作为促进经济社会协调发展、人民群众安居乐业的重大举措，作出了“建设平安江苏、创建最安全地区”的决策部署。全省公安机关以此为契机，进一步统一思想，提高认识，坚持把防控体系建设摆到突出位置来抓。我们的总体工作思路是：以建设“平安江苏”为目标，按照防范严密、控制有力、全面设防的要求，通过两至三年的努力，全面建成以公安指挥中心为龙头，点线面有机结合，全时空、多层次、立体化的社会治安防控体系，完善诸警种分工协作，有机衔接、整体作战的打防控一体化工作机制，切实提高公安机关防范打击犯罪和控制社会治安的整体水平。在建设方略上，坚持全局一盘棋，按照信息论、系统论、控制论的基本原理，采取“棋盘式”治安防控格局，即在防控体系的力量布局上，最大限度地整合公安机关的现有警力和群防群治力量，按照“棋盘”结构原理，合理布阵、严密设防，切实增强防控布局的针对性和有效性；在防控体系运作机制上，充分发挥公安机关各警种、各部门的职能优势，按照“棋盘”运作机制，协同配合、互相策应，形成整体作战的合力。在具体组织实施中，坚持以城市、县城为重点，带动和辐射农村地区；坚持因地制宜，分类指导，保证防控体系建设的实际效果；坚持犯罪规律决定防控对策，在实战中检验和完善防控体系，不断提升建设水平；坚持统筹规划、重点突破、整体推进，完善机制、规范运作、持续发展。

二、统筹规划布局，密织防控网络

一是社区治安防控网络。社区防控重在防范管理。以深入实施社区警务战略为重点，深化派出所工作改革，切实强化社区防范管理基础工作。采取多种措施，进一步配齐配强社区民警，积极推行一区两警、一区多警，并保证社区民警每周有3天时间沉到社区从事防范管理基础工作。抓住群防群治这个核心，以社区民警为龙头，把各种专职的和义务的群防群治力量组织起来，开展社区巡逻、看楼护院、邻里守望等多种形式的治安防范活动。以创建平安社区为载体，深入开展新一轮创安活动，把治安防范工作落实到每个村镇、每个社区、每个家庭。全面加强以人口管理为重点的派出所基础工作，落实实有人口管理各项工作措施，严密重点场所行业的治安管理，提高主动发现和防范控制打击犯罪的能力。二是街面治安防控网络。街面防控重在巡逻控制。建立健全以交巡警为主体的城市街面巡逻防控机制，切实增加街面路面有警密度和有警时间，提高对社会面的控制能力。我们明确要求城市交巡警用于巡逻执勤、处警守卡等一线警力不少于三分之二，目前全省80%左右的交巡警上线上路执勤。根据道路治安交通实际分级划分巡区、巡段，采取车巡与步巡、机动巡逻与定点守控、公开巡逻与便衣巡逻等相结合的多种巡逻方式，有重点地加强对案件高发区域和路段的巡逻控制，有效提高了防范、控制和打击“两抢”等街面路面犯罪的能力。三是卡口治安防控网络。卡口防控重在盘查堵控。根据交通发展情况和犯罪规律特点,合理调整、科学布建水陆治安卡口,提高盘查堵控能力。全省共布建省际治安卡口42个,配备了先进装备和警犬,实行24小时运作;设立市际治安卡口80个,在各城市出入口建立了一批民警值班室(查报站),基本形成了覆盖全省水陆交通要道,严密设防的堵控网络。四是单位治安防控网络。以落实安全责任制为核心,进一步加强单位内部安全保卫工作,健全信息收集、巡逻防范、要害保卫、内外协作等工作机制,持续开展单位内部安全隐患排查整改工作,指导单位加强保卫干部队伍和保安护卫力量建设,督促落实人防、物防、技防等各项防控措施。省厅制定出台了一系列重点要害部位的治安防范等级标准,有效促进了内部治安防控工作的制度化、规范化。

三、规范警务管理,完善运作机制

一是信息预警机制。牢固树立信息主导警务的观念,加快建立健全全方位、多层次、宽领域的情报信息网络,努力获取深层次情报信息,切实解决"神不知、鬼不觉"和"爬不高、钻不深"的问题。进一步规范情报信息运行机制,普遍建立情报信息分析研判和通报制度,认真分析刑事犯罪的规律特点,及时研究提出对策措施,并及时通报一线实战单位和民警,切实提高治安防控的针对性和准确打击犯罪的能力。二是实战指挥机制。加强指挥中心的规范化建设,强化其指挥调度权威,以便指挥中心能够按照授权有效指挥处置发生的各类警情,把指挥中心建设成集110接处警、突发事件指挥处置、紧急警务活动组织协调于一体的"合成式"指挥中心,充分发挥其信息总汇、实战指挥、参谋决策的作用,统领、协调治安防控体系的建设和运作。三是勤务运作机制。以强化实战功能为重点,打破基层单位"机关化"的工作模式和作息制度,实行适应动态治安特点的勤务制度,全面推行两班制、夜班制、弹性工作制等勤务模式,增强治安防控的针对性和实效。一线实战单位根据各自的业务特点,确定相应的以实战为核心的勤务方式。派出所把巡逻防范、入户调查、治安检查作为最主要的勤务方式,交巡警把巡逻执勤作为最主要的勤务方式,最大限度地让民警走向街面、走向社区、走向群众,在巡逻防范中动态处置治安问题,主动服务群众。四是整体作战机制。各级公安机关和各警种、各部门切实增强整体作战的观念,在防控体系中找准自己的位置,发挥各自的优势,并从防控工作的实际需要出发,打破区域和警种、部门界限,加强协同配合,形成整体合力。以派出所辖区为基本单元建立防控责任区,把派出所和治安、刑侦、交巡警等几支力量组合起来,采取民警个体间的搭档制、警种部门间的联勤制等形式,实行基础共建、信息共享、责任共担、捆绑考核,推动打防控各个环节的有机衔接。五是责任考核机制。把防控工作的责任分解落实到各级公安机关和全体民警,明确规定哪一类警情由哪一级领导和哪个民警去处理,确保各项治安防控工作落实到位。按照"结果性考核与过程性考核相结合,以结果性考核为主"的原则,科学制定治安护控工作检查考核办法,平时以查勤查岗为主,对各项防控措施落实情况进行经常性检查,在此基础上,以压降案件、抓获现行、提供线索破案和群众满意度为主要指标,定期进行治安防控工作的绩效考核,严格兑现奖惩,在利益分配格局上向基层防控实战单位倾斜,充分调动广大民警开展防控工作的积极性、主动性。

四、整合防控资源,发挥整体效能

一是科学整合和布局现有警力,做实做强基层。按照机关警力不超过10%的要求,解决机关基层警力配比"倒挂"的问题。在中小城市逐步撤销分局,最大限度地把警力配置到基层实战单位。压缩基层单位非实战岗位,严格控制领导和内勤职数,派出所原则上只设置1至2个内勤职位,所领导兼管社区工作,交巡警部门把大部分警力摆到路面和卡口用于巡逻执勤工作。无锡市局一线警力所占的比重由原来的42%提高到73%。在基层所队内部进一步划小作战单元,推行警长、巡长、探长"三长"责任制,原则上一长带两名警员和几名辅警作为一个战斗小组,严格落实打防控责任,严格考核奖惩。建立机关各警种、各部门与基层所队挂钩联系制度,实行机关与基层整体联动。二是充分挖掘和利用社会资源,大力开展群防群治。重点抓好专业化的保安联防和义务性的治安志愿者两支队伍建设,着力提高新形势下群防群治工作的组织化水平。大力发展由政府出资、社会资助、公安机关管理使用的社区保安联防队伍,全面开展保安联防一体化改革，保持暂住人口协管员队伍的稳定。农村地区通过治安招标承包、村民出资投保等市场经济形式，组建专兼职保安巡防队伍。以开展“维护社会治安志愿者筑城行动”为契机，组建乡镇、社区治安志愿者服务队，明确职责，规范运作。三是广泛运用科技防控手段，有效提高公安机关的战斗力。积极实施“科技强警”战略，努力提升治安防控体系的科技含量，重点加强技术装备和金盾工程、情报信息、指挥调度、通信联络、堵控监控、技防设施等建设。加快公安信息网络建设步伐，全省13个省辖市均已建成宽带三级公安主干网，公安四级网接入率超过70%。以应用为核心，加大公安信息资源整合力度，加快公安信息综合查询系统建设，积极开展“数字化派出所”试点工作，推广应用GPS、移动警务通、派出所综合信息系统、电子巡逻防范管理系统等技术手段，提高基层一线民警的工作效率和实战水平。按照技术先进、经济实用、因地制宜、分步实施的原则，认真制定规划，大力发展技防。全省与公安110联网的报警系统入网用户近4万家，建成了一批“技防集镇”、“技防一条街”、“技防厂区”、“智能小区”等区域性技防网络，初步形成了技防规模效应。

推行社会治安防范产业　完善防控体系长效机制

中共常州市委　常州市人民政府

我市认真贯彻落实中央、省综治委关于加强治安防范的文件精神，积极推行社会治安防范产业化，初步形成了物业安全管理、外来人口管理、保安服务、停车管理、综治家财保险、科技防范等治安防范产业，全市可防性案件连续三年下降，其中2002年比2001下降17.6%，下降幅度居全省前列。

一、以物业管理为载体，发展社区治安防范产业

为建立社区居民治安防范工作的长效机制，市综治办、建设局、房管局、物业管理协会共同研究，决定把社区治安防范纳入物业管理。1997年我们选择了治安问题较多、环境条件较差、规模较大的翠竹、清潭、勤业三个居民新村为试点地区。通过公开竞聘，三家物业公司分别中标。在市、区、街道综治办的指导下，三个试点新村建立由社区居委会、业主委员会、物业公司组成的“三位一体”的创安办公室。物业公司按照居委会、派出所（警区）推行治安防范产业化服务的要求，成立保安队或专职护卫队，落实人防、技防、设施防。三家物业公司共投入400万元资金，用于小区封闭，补建车库，安装技防设施，组建专职护卫队，推行物业安全有偿服务，取代了长期以来由财政拨款、社会筹资、街道“统包统揽”的社区治安防范。目前，全市物业公司已由1997年的27家发展到206家，物业企业投入于治安防范设施建设的资金累计达8.23亿元，78%的居民小区、728个管理项目、90余万居民纳入物业安全管理和服务的范围。

二、推行综治家财保险，积极发展社会治安保险产业

一段时期以来，居民住宅区发生的盗窃案件占全部盗窃案件的70%以上，为全力压降居民住宅区盗窃案件，1997年市委、市政府决定在全市建立、推行综治家财保险产业，市综治委会同中保财险公司、太平洋保险公司制定了《关于推行综治家财保险、加强治安防范工作的意见》。随后在27个乡镇试点并取得成功。在试点乡镇街道共有21万多户村（居）民投保，投保财产总额25.44亿元。保险公司收到保费636万元，返回社区用于治安防范的经费为200多万元。试点乡镇街道用此经费聘用了385名保安队员，开展看家护院活动，在社区治安防范中发挥了积极作用。实行综治家财保险后，入室盗窃案件的比例由原来73%下降到58%。

三、建设外来人员集居点，发展外来人口管理产业

我市外来人口总数已超过60万，占全市总人口的17.1%，外来人口违法犯罪逐年上升。针对这一情况，从1997年下半年开始，市综治委在全市组织推行外来务工人员集中居住工程。各地坚持"谁投资、谁收益"，"谁经营、谁管理"的原则，鼓励和吸引社会各方面投资，建造外来务工人员居住小区和公寓，以产业经营的形式实施对外来务工人员集中居住的服务和管理。截止2003年7月底，全市由个人或企业投资建设的外来务工人员居住点和小区共有221处，入住外来务工人员18.3万人，占全市外来人口总数的32.4%，占全市外来务工人员总数的58.7%。外来务工人员集中住宿和管理的市场化，促进了外来人口管理由无序向有序发展，几年来，外来流动人口总量增加，但外来流动人员违法犯罪比例一直控制在55%左右。

四、推行保安联防一体化改革，发展保安服务产业

我市从1998年开始在全市开展治安联防一体化工作改革。全市联防队、护厂队等经过调整，绝大多数转化、整合为保安队，以经济契约形式向企事业单位、社区提供有偿服务，实行产业化经营。目前，全市已建立保安队800余支，拥有保安队员8900余人，其中物业保安已达5000余人，承担了68%的社区和74%的企事业单位的治安防范任务。由于保安队受公安机关培训教育和严格管理，专业技能好，素质高，深受外资企业、合资企业和民营企业的欢迎，以治安安全为"产品"的保安企业越来越受到社会的广泛接受。企事业单位安全防范专业化程度不断提高，单位内部可防性案件逐年下降。2000年比1999年下降12.7%；2001年比2000年下降19.7%；2002年比2001年下降了24.3%。

五、实行财物守护管理，发展停车管理产业

近几年来，我市汽车、摩托车被盗案件呈高发态势，占万元以上盗窃案件总量的80%左右，群众反映强烈。为了有效地预防和减少车辆被盗案件的发生，1999年，我市全面推行了机动车和非机动车有偿守护。一是清理和整治社区车库。凡原来规划为车库的场所、房屋挪作其他用途的，一律清退，恢复车库功能。近三年来共清退恢复自行车、摩托车库368个共25万平方米。在已经实行物业管理的社区，车库由物业公司接管经营；尚未实行物业管理的小区，则由社区居委会雇用专人实行有偿看护。二是补建车库。根据社区具体情况，动员物业公司或开发商投资建造车库。目前，全市70—80年代建成的老居民住宅区已有85%以上重新规划建设了车库，并在老区改造中转轨实施物业管理，推行产业化服务。三是设立车辆停放站。在全市主要的公共场所、集贸市场、广场区规划车辆停放站，统一由所在街道的城管部门实行收费管理。四是实施对城区汽车停车场的综合治理。2001年，为落实长效管理措施，市政府成立了市区汽车停车场整治工作领导小组，成立了停车场综合治理办公室，实施对城区停车场的综合治理。经过清理、整合，建成并向社会开放了62个停车场，停车面积达18万平方米，停车泊位4500个，全部实行产业化经营。2001年，市政府制定了《市区停车场管理办法》，进一步规范停车场经营管理和产业化发展的制度，形成长效管理机制。

构建矛盾纠纷排查调处新机制
筑牢维护社会稳定第一道防线

中共南通市委　南通市人民政府

我市从构建矛盾纠纷排查调处新机制入手，积极探索基层社会治安综合治理的新途径、新方法，全市154个乡镇（街道）普遍形成了“党政领导、综治牵头、部门联动、手段综合、机构专职”的社会矛盾纠纷排查与调处的新的工作格局，有效化解了各类社会矛盾纠纷，筑牢了维护社会稳定的第一道防线。

一、顺应形势发展，探索调解新路

近年来，社会矛盾纠纷越来越多，并呈现出主体多元化、关系复杂化、矛盾深度化、纠纷易转化等的特点。许多矛盾纠纷未能得到及时有效的排查和调处，累积在基层，形成社会隐忧，影响了投资环境，影响了经济的发展，影响了党群关系和干群关系，影响了社会稳定和治安稳定。为此，在年初的全市政法综治工作会议上，根据市综治委的建议，市委、市政府提出了完善机制、将矛盾纠纷排查和调处有机结合的新思路，并将此作为今年全市政法综治工作的重中之重，作为强化基层社会治安综合治理的基础性、战略性工程加以谋划和实施。

二、创新调处举措，优化调处功能

在阵地建设上，坚持一步到位。高标准、高起点建设社会矛盾纠纷调处的专职机构——社会矛盾纠纷调处中心，确保接访矛盾有窗口，调处活动有阵地，联系群众有纽带。下辖的启东市在财政并不富裕的情况下，一次性拨出100多万元作为市调处中心的启动经费，专门腾出1200平方米的房屋，作为市调处中心办公房，设立接访室、谈心室、调解室、温馨室、督办室、法制教育室等。

在力量配备上，实行整体联动。成立了名称统一的“社会矛盾纠纷调处中心”，调处中心主任由同级党委分管政法工作的副书记担任，综治、司法、公安、城建、信访、农经、计生、土管、工商、税务等20多个部门为调处中心的成员单位。

在工作机构上，构建五级网络。各县（市）区和乡镇（街道）分别组建社会矛盾纠纷调处中心，乡镇（街道）的社会矛盾纠纷调处中心和人民调解指导委员会合署办公；在村（居）设立调解室；在社区和人数较多的企事业单位设立调解站；在村民小组按10户一个单元确定一名“十户联调长”，并建立矛盾纠纷信息员队伍，形成了横向到边、纵向到底的五级调处网络。

在排查调处范围上，进行延伸拓展。进一步拓展矛盾纠纷的排查和调处范围，将在体制转轨、经济发展和行政管理过程中涉及不同主体、不同领域、不同性质的民事争议、行政争议以及除由专门机关专属管辖的其他争议也都纳入调处范围。

在工作规程上，坚持责任制。普遍建立了四级定期排查制度，即全市将5月和9月定为集中排查月，县（市）区每季排查一次，乡镇（街道）每月排查一次，村（居）每旬排查一次。落实了“四包”排查责任制，即县（市）区四套班子领导包乡镇（街道），乡镇（街道）干部包村（居），村（居）干部包组，基层党员包户。

在调处方法上，建立“五理”机制。即统一受理、集中梳理、归口管理、依法处理、限期办理。调处中心一窗口受理矛盾纠纷后，根据其性质和特点，分流至有关职能部门或下一层次的调解组织依法处理。有关职能部门或调解组织必须在规定时间内调处终结，并向调处中心反馈结果。确因具体情况无法调处或调处无效，按规定程序回流至调处中心，由调处中心直接调处或指导当事人通过其他途径依法解决。

在调处手段上，注重多式调解。一是现场调

解。对多发性民间纠纷,通过基层调解组织入户调解,及时制止事态蔓延扩大,增强调处的及时性。二是庭式调解。将双方当事人集中到调解庭,由调处中心值班的领导主持调解,充分听取各方当事人的辩解和意见,以规范的程序和庄重的氛围,体现调解的严肃性和权威性。三是巡回调解。调处中心定期组织人员深入基层,进村入户,及早发现潜在的矛盾纠纷和其他社会不安定因素,靠前调解,化解在先,减少矛盾纠纷的转化和发生。

在调处力度上,强化机构职能。一是矛盾纠纷案件分流指派权。调处中心将受理的社会矛盾纠纷案件指派给有关镇(乡)、村(居)和部门,相关镇(乡)、村(居)和部门必须接受。二是矛盾纠纷调处调度权。对于重大疑难矛盾纠纷,相关镇(乡)、村(居)和部门主要领导必须服从调处中心的调度,及时参加协调处理。三是矛盾纠纷调处督办权。对于调处中心分流指派的案件,有关镇(乡)、村(居)和部门必须在规定时间内调结并书面报告处理结果;对于有影响的矛盾纠纷,调处中心派员参与处理。四是"一票否决"建议权。对矛盾纠纷排查调处工作不力而造成矛盾纠纷激化和重大社会影响的单位和个人,由调处中心提出建议,经综治、组织、监察等部门调查核实后,实施社会治安综合治理一票否决。

在服务宗旨上,强调无偿原则。大调解以无偿服务为基本特征,调处中心受理、调处矛盾纠纷,一律实行"三免"制度,即免费咨询、免费调解、免费服务。调处中心所需工作经费按乡镇(街道)人均每年不少于0.5元的标准,列入乡镇(街道)财政预算,专项列支,专款专用。

三、强化工作机制,确保规范运作

为使矛盾纠纷排查和调处有机结合起来,我们采取了"四个强化"。

一是强化制度约束。各调处中心根据社会矛盾纠纷大调解工作的需要,按照简洁实用的原则,建立了接访、受理、分流、督办、反馈、倒查、考核等一整套规章制度,并制作上墙、公开公示、对照遵循。

二是强化责任落实。围绕"小事不出村、大事不出镇、矛盾不上交、纠纷不激化"的总体要求,建立"领导责任制"、"首问负责制"、"调处督查制"、"分级承包制"、"考核奖惩制"等若干个工作机制,将大调解工作与干部的考核任用、晋职晋级、经济利益和责任追究等直接挂钩,以此调动基层抓调解工作的积极性和主动性。

三是强化队伍建设。为适应工作的需要,各地在对原有调解员队伍进行筛选、过滤的基础上,普遍调整充实了调解员队伍。严格实行调解员准入制度,按照"为人正派、办事公道、有群众威望、有一定的法律文化知识和调解工作经验"的原则要求,确定调解员人选。

四是强化激励机制。各级综治部门把矛盾纠纷排查和调处列入综合治理检查考核内容,严格考核,经济条件相对较好的地方推行调解补助制度,每成功调处一起矛盾纠纷,给调处人员10—30元的调解补贴,有效地激发了调处人员的工作热情。

这一新机制的建立,实现了矛盾纠纷由小调解向大调解、被动调解向主动调解、单一调解向综合调解的三大转变;改变了以往只排查不处理状态,使得工作关系更加理顺、社会治安更加稳定、投资环境更加优化、干群关系更加改善、群众法律素质更加提高。据统计,今年上半年,全市信访总量比去年同期下降了10.4%,集访批数和人次同比分别下降了8.2%和19.3%,两级法院受理的民事案件同比下降了9.04%,"民转刑"杀人案件同比下降了37.5%。

以科技防范为核心　打造现代治安防控体系

无锡市综治委

市委、市政府确定科技防范优先发展的工作思路,制定了全市科技防范工作发展规划,着力打造现代治安防控体系,取得显著成效。2001年以来,全市刑事案件连续两年下降幅度都在10%以上,刑事案件破案绝对数和八类主要刑事案件破案率年均增加了5%和3%。

一、立体推进,全面构建严密的科技防范网络

(一)加强110指挥中心建设,建立快速反应和整体联动机制。我们投入了1000万元资金,对市公安局110指挥中心进行技术改造,使指挥中心能同时接警30起,并按照市区5分钟、农村10分钟的要求配置交通装备。建立了电子地理信息定位、图像监控、多路传真以及固定、移动目标联网报警等多系统合成的多功能的110指挥系统。进一步完善了覆盖全市的警用无线通信网络,全市治安卡口、治安查报站、110巡逻车、交巡警、社区民警配置的350兆电台达到1484台,保安辅警力量配置150兆、400兆电台达到400多台。开发了无线查询系统,实现手机和移动警务通远程无线查询,使一线民警可以在野外现场快速查询人员、车辆和物品等各种信息。

(二)以政府投入为主导,大力加强社会面的技防建设。一是以街头路面防范为主,建好科技防范“线”。投资4000万元在市区主干道安装了50余套与市公安局交通指挥中心联通的视频监控系统,今明两年还将投入5000万元开展第二期50余套道路监控系统建设。二是建好高科技装备的治安卡口。市区8个市际卡口、9个治安查报站,全部安装与市公安局指挥中心联通的电子监控设备。三是抓好重点公共复杂场所的科技防范。在中心商务区、旅游风景区以及大型公共复杂场所,安置了大量电视监控探头,及时掌握治安情况。如在重要治安管控阵地火车站地区,结合城市建设改造投资300余万元建立了覆盖地上11万多平方米、地下4万多平方米的全天候的电子监控网络。

(三)以综治责任制为抓手,落实企事业单位技防责任。全市近1500家金融营业网点电视监控、防盗报警、紧急报警系统安装率达100%,并与110接处警中心联网,银行防盗抢运钞车装备率达70%以上。机关企事业单位财会部门、仓库、易燃易爆等要害部位,已安装、使用GPS移动报警装置200多套,固定报警装置13600余套,通过综合运用联网报警系统和科技防范设施,不仅预防、减少了案件,还抓获了38名现行作案人员。

(四)多渠道筹措资金,切实提高城市社区防范科技含量。对新建社区,从规划设计开始把关,确保科技防范设施与主体工程同规划、同设计、同施工,房屋建成后由公安、建设部门严格进行验收。近年来,全市新建成的30多个小区和目前在建的20个小区,全部安装智能化的电子监控系统和红外周界报警系统,开发商投入科技防范建设的资金超过3000万元。对老居民小区,我们以财政扶持为主,市、区、街道三级共同出资,先后安装楼宇式电子防盗门10000余扇、小型门窗报警器18万余只、邻里互助铃1200余户。去年以来,市、区两级财政投入资金就超过200万元,为一些治安复杂的20个老居民小区安装了电视监控系统。

(五)以“技防镇”建设为载体,全面提升农村科技防范水平。根据我市农村地区工业化程度高、群众比较富裕、对治安防范要求高的特点,积极推进以建立CK报警系统和电子监控系统为主要内容的创建“技防镇”活动。按照“点上突破、面上推广、质上提高”的要求,在钱桥、堰桥镇率先开展创建“技防镇”试点工作。两镇共投入140余万元,在较短时间内建成了总长为10.5公里,安装22个数码摄像探头,覆盖镇主要干道及重点部位,以区域电子监控系统和电子巡更系统为主体的区域技术防控网络,大大提高了路面防控能力和治安防控层次,两镇刑事发案同比下降了35%。我们召开了现场会,在全市推广“技防镇”建设经验,全市已建成“技防镇”近30个,另有约30个镇正在抓紧建设之中,至年底建成率将达到70%左右。

二、加强保障,促进科技防范建设持续发展

一是加强组织领导,强力推进科技防范措施落实。我市专门成立了由市委分管领导担任组长,综治、公安等职能部门负责人组成的市技防工作领导小组,具体负责全市科技防范规划的组织实施。领导小组每月召开例会,听取建设进度汇报,协调解决实际问题。对在建项目,引入目标管理机制,挂图作战,明确责任人、达标要求和完成时限,适时检查、指导和督促。去年下半年,列出了21个责任项目,全部建设到位。今年又确定了28个责任项目,目前正有计划、有步骤、有重点地组织推进。

二是积极加大财政投入,为社会面科技防范建设提供有效的财力保障。为从根本上解决科技防范经费,市委、市政府明确将科技防范建设经费作为政法、综治工作经费列入各级财政预算,以确保全市科技防范建设与经济发展同步。从市到区(市)和乡镇(街道),各级党委政府把科技防范建设作为地区治安环境的标志性工程来抓,积极主动地增加财政投入,仅最近两年,三级政府投入科技防范建设资金已超过2亿元,为全市技防建设提供了强有力的财力支持。

三是运用市场机制,积极引导民间资金投入科技防范建设。通过大力宣传,提高群众对居住小区技防设施重要性的认识。目前,我市群众在购买住宅时,普遍自觉地将技防设施是否完善作为购房的一个重要条件。由此引导开发商在房地产开发中采用先进防范技术,积极主动地加强技防投入。在老居民小区技防改造中,根据“谁出资、谁受益”的原则,吸纳部分社会资金,再通过“先服务、后收费”的办法,通过规范管理向居民收取物业管理服务费,从中反馈回报投资者。针对机动车等移动目标的盗窃、抢劫案件多发的问题,引导车主加强自我防范,花钱买平安,主动安装民用移动目标报警联网系统。

四是强化科技防范的法制保障。推动地方立法,制定、出台技防管理规章,对技术的推广应用、更新升级作出了具体的规定。同时,进一步建立健全科技防范应用规范,确保科技防范的优势有效发挥和科技防范设备的安全运行。尤其是制定了监控人员、出警人员、设备维护人员的职责制度,强化业务培训,使其熟练掌握使用技能,促进科技防范建设走上良性循环和持续发展的轨道。

(撰稿:李三顺　周和林
审稿:缪蒂生　田大忠)

浙　江　省

“严打”整治斗争情况

2003年的严打整治斗争,我省重点突出检查效果、总结经验、巩固成果、建立长效机制等项工作。年初,省委政法委、省综治委研究了全省“严打”整治斗争检查总结工作方案,并专门下发通知进行部署。各地党委、政府加强领导、分类指导,各级政法和有关部门自下而上、逐级检查、全面总结;省委政法委、省综治委抽调有关人员组成8个检查组,分赴全省11个市、22个县(市、区)及40

多个基层单位，采取听取汇报、实地明查暗访、查阅资料、问卷调查、走访群众、召开座谈会等形式，进行检查和抽查。专门召开省委、省政府分管领导及省委政法委、省综治委领导参加的"严打"整治斗争检查情况汇报会，听取检查情况，研究提出下一步工作意见。我省"严打"整治斗争总的估价是：目标如期实现，经验丰富宝贵，形势依然严峻，方针不能动摇。

严打整治斗争以来，我省各级党委、政府坚决贯彻中央、省委关于组织开展"严打"整治斗争的决策部署和指示精神，紧紧围绕打黑除恶、治爆缉枪、整顿和规范市场经济秩序三条战线，突出打击黑恶势力犯罪、严重暴力犯罪和多发性侵财犯罪"三类"严重刑事犯罪，全党动员，全民参与，撒天网、出铁拳、用重典，严打、严治、严防、严管紧密结合，深入扎实地推进"严打"整治斗争。经过两年的艰苦奋战，我省刑事案件大幅上升的势头得到有效遏制，出现了2002年度刑事案件发案绝对数下降的局面，重点整治地区和行业治安状况明显改观，突出治安问题基本得到解决，社会治安防范体系更加完善，人民群众安全感普遍增强，政法综治队伍的整体素质明显提高，司法保障工作有较大改善，实现了两年内社会治安明显进步的目标。

一、坚持把"严打"整治斗争作为维护社会政治稳定的一项重要任务，精心组织，领导有力

省委、省政府从斗争一开始就明确提出了"撒天网、出铁拳、用重典"的工作要求，对每一阶段的工作都及时作出研究部署。各级党委、政府都把"严打"整治工作摆上重要议事日程，建立了由党政"一把手"负总责、分管领导具体负责的组织领导机制，经常听取情况汇报，及时研究部署工作，加强督促指导。各地和政法各部门普遍实行"严打"整治斗争领导责任制，分别成立"严打"整治斗争督导组或工作组，建立领导联系点制度，深入基层，对斗争开展情况及时进行督查指导，促进了工作落实。各级在人力、物力、财力上给予有力保障，大力改善政法基础设施、科技装备、办公条件，切实保障办案经费，据不完全统计，各地仅"严打"整治斗争专项经费就拨出6.1亿余元。

二、坚持正确贯彻"严打"方针，严格执法、公正司法，确保"稳、准、狠"地打击征治犯罪

各地和政法各部门正确贯彻"严打"方针，把"严打"与依法办案统一起来，把打击的法律效果和社会效果统一起来。省政法部门建立了联席会议制度，及时沟通情况，先后就黑社会性质组织罪中"非法保护"的认定等问题，联合出台了5个指导性文件，为依法严厉惩处各类犯罪分子提供了法律保障。各级政法部门加强了相互联系和重大疑难案件的协调，大力推行案件审核把关制、办案质量评判制、错案追究制和重大疑难案件集体研究制等制度，认真把好案件的事实关、证据关、程序关和法律适用关，从制度和机制上保证严肃公正执法。

三、坚持突出重点全力攻坚，集中打击"三类"严重刑事犯罪活动，震慑犯罪安定民心

各地始终把有组织犯罪、带黑社会性质的团伙犯罪和流氓恶势力犯罪，作为"严打"整治斗争的重中之重，不断深化"打黑除恶"专项斗争，加大打击力度，力求除恶务尽。全省公安机关对重大案件实行分级督办，对部、省挂牌督办的重大涉黑涉恶案件逐起落实责任人、责任单位，共成立189个由主要领导挂帅的"打黑"专业队，强化侦查攻坚。省公安厅专门成立了5个专案组，直接组织侦办了义乌市贾建军、陈东讯黑社会性质组织犯罪案等5起重大案件。

四、坚持专门机关与群众路线相结合，广泛发动各部门、各单位和社会各方面的力量，密切配合协同作战

各级政法部门全警动员、全力投入，团结协作、密切配合，充分发挥主力军作用。公安机关相继组织开展"打黑除恶"、"破案追逃"、"治爆缉枪"、"禁毒扫丑"等专项行动和治安大排查活动，积极参加整顿规范市场经济秩序工作，连续作战，深挖严打；检察机关坚持快捕快诉，提前介入重大刑事案件侦查活动，积极改革公诉方式，完善主诉检察官办案责任制，强化执法监督，努力提高办案质量和效率；法院系统依法加快案件审理进度，精心审理大案要案，对重点案件实行挂牌督办限期审结，并充分运用公开审判等形式鼓舞教育群众，力求公正与效率的统一；司法行政机关挖掘监所收押收容能力，加强对刑事辩护工作的指导，积极做好人民调解工作，广泛开展法制宣传教育。各部门、各单位特别是综治成员单位积极参与"严打"整治斗争，服务斗争全局，形成了强大的工作合力。同时,各地政法、综治、宣传、文化等部门采取多种形式,广泛开展宣传教育和思想发动,极大地调动了广大群众参与斗争的积极性主动性,涌现了许多见义勇为的先进事迹,构筑了防范和打击违法犯罪的天罗地网。全省群众共向政法机关举报破案线索4.2万余条,扭送各类犯罪嫌疑人2万余名。

五、坚持打防并举、标本兼治,建立健全治安防范长效工作机制,推进基层基础建设

各地边打边治,边打边建,把防范控制、重在治本工作放到了更加突出的位置。针对斗争中暴露出来的问题,集中力量整治治安混乱地区和突出治安问题。一些地方成立由党政"一把手"任组长的重点整治领导小组,加强对重点整治工作的领导,不少地方还抽调警力加强重点整治的力量,取得了明显成效。省、市、县各级分别排查确定了一批重点整治区域和行业,集中力量实行重点整治。斗争中,注重社会治安综合治理规范化制度化建设,省人大颁布了《浙江省社会治安综合治理条例》,省综治委出台了社会治安综合治理评估制度,进一步完善了矛盾纠纷排查调处工作规程,及时发现总结推广典型,使许多在实践中形成的基层基础工作的成功经验上升为地方法规和规章制度。以深化学习推广"枫桥经验"为抓手,大力开展以农村和城市社区、学校、机关企事业单位、铁道线、海岛渔区为重点的系列安全文明创建活动,着力构建预测评估、打击整治、管理控制、防范创建、疏导化解、责任保障等工作体系,在全省范围内组织开展创建省级"平安乡镇(街道)"活动,把平安社区、安全小区、治安安全村、治安安全单位、安全文明校园等各项安全创建活动纳入其中,健全和完善治安防范管理机制,推进基层基础建设,巩固和深化斗争成果。各地重视加强新形势下的群防群治工作,大力推进社区综治、警务工作新机制,积极发展经费由财政保障的协警队、社区保安队和有偿服务的企事业单位保安队,普遍加强以治保、调解组织为主体、各种护村护厂护路护楼队为依托的群防群治队伍建设,一些地方还推出了军警民联防、全民大巡防、建立治安志愿者队伍等群防群治新举措,积极探索了一大批各具特色的基层基础工作新鲜经验。

六、坚持在"严打"整治斗争中培养锻炼广大干警,不断提高政法综治队伍的整体素质

各地和政法各部门抓住"严打"整治斗争这一契机,深入开展"三个代表"重要思想学习教育活动,以及具有本系统和行业特点的各种教育整顿活动,大力加强教育培训和日常监督管理,促进了各级政法领导班子和政法队伍凝聚力、战斗力的提高,保证了"严打"整治斗争各项任务的完成。大张旗鼓地宣传表彰先进典型,严肃查处严重违法违纪行为,特别是充当黑恶势力"保护伞"的腐败分子,弘扬了正气,狠刹了歪风。

社会治安管理和防范工作情况

严打整治斗争以后,为防止一些地方治安问题"死灰复燃",全省各地建立健全滚动排查整治长效工作机制,经常进行不定期排查,发现问题及时整治,不彻底解决问题不放手。全省11个市对86个治安相对混乱的地区、部位进行了跟踪排查、滚动整治,解决了一些区域性、行业性、多发性、季节性的突出治安问题。适时组织开展学校、企业、铁路及周边地区和文化娱乐场所、毒品重点地区的治安整治,据不完全统计,各地仅开展"三边"整治就达180余次。

针对违法犯罪的高危群体和重点问题,我们坚持把流动人口治安管理、刑释解教人员安置帮教、预防青少年违法犯罪、铁路护路联防、海事渔事纠纷调处"五线",作为治安管理和防范工作的重点,筑牢维护治安的重点防线。

全省各级建有流动人口管理领导小组118个,流动人口登记站9221个,流动人口协管员3万余人;建立有问题青少年帮教小组1.5万个。并根据形势的发展和工作要求,不断创新管理体制,杭州市、宁波慈溪市、余姚市等地成立了市政府直接领导下的流动人口综合管理领导小组,整合相关部门的力量,统一办证,统一管理,提高了工作效率,降低了管理成本,极大地方便了外来人员,将管理与服务很好地结合起来,适应了新形势的需要。全省外来流动人口作案占流动人口总数的比例控制在4‰以下。各地认真组织实施《浙江省归正人员安置帮教工作实施办法》,积极探索刑释解教人员安置工作市场化的新路子,相继出台了企业税收、个体经营、低保救助等方面的优惠政策,筹措了近200万元安置基金,建立了455个安置基地、41个安置实体,全省刑释解教人员安置率达到了84.5%。省综治委还会同有关部门积极推动加强预防青少年违法犯罪、优秀"青少年维权岗"管理、出租车治安管理、海事渔事纠纷调解处理等方面的工作,初步确立了一套较为完整、规范的工作运行机制和制度,总结了一批好的做法和经验。

各地把各种社会治安资源有效整合起来,形成了群防群治的良好局面,促进了基层治安防控措施的落实。衢州市先后组织开展"创平安年"、"创平安县(市、区)"和"创满意司法环境"活动,把基层安全文明创建活动不断引向深入。杭州市通过创"安全文明公交线"的形式,使创建活动由静态创建向动态创建发展。各地因地制宜,积极探索新形势下群防群治的组织形式和工作机制,嘉兴市积极推进社区警务向农村延伸,已建立农村社区警务站102个,金华市在全市农村大力推行责任区民警"驻村联户"活动,杭州、宁波等地由政府出资组建了专业协警员队伍,盘山市健全指挥管理、海事、渔事协调、治安协作等六大组织编织海上"平安网",台州路桥区、临海市分别从社会招聘600人成立专业治安巡防大队。积极推进科技创安,以计算机综合信息系统和以电子监控为主的技防建设取得突破性进展,台州市投入近4000万元建成以四级光纤为基础的公安计算机信息网络,把光缆延伸到乡镇一级,在全国领先,提高了科技防范的水平。

流动人口治安管理情况

2003年,全省登记发证的流动人口总数达到898.2万人,据估算,实际流动人口总量约在1500万人以上。大量的流动人口为浙江的经济腾飞和社会发展作出了重要贡献,也给社会管理工作带来了巨大挑战。在省委、省政府的领导下,各地各部门勇于实践,大胆创新,增强对流动人口发展规律的认识,积极探索流动人口管理工作新路子,取得了明显成效。

(一)坚持理念革新,倡导本外地居民一体化管理

三年来,各地各部门从改革、发展、稳定的高度出发,突出本外地居民一体化管理的理念,积极落实流动人口在政治生活、劳动就业、户口迁移、计划生育、子女教育等各方面的本地市民待遇,努力为其创造平等和谐的生存、发展环境。在各地党委和组织部门的领导下,我省流动人口经较集中的非公有制企业、社团和社区的党建工作得到进一步加强,不仅有效调动和发挥了流动党员的先锋模范作用,也为流动人口参政议政创造了条件。义乌市在全国首开流动人口参与地方人大代表、政协委员选举的先河,2002年该市有65名外来人员当选为镇(街道)级人大代表,有11名当选为市级人大代表。公安部门进一步加大改革力度,大力推行按居住地登记户口、适应市场经济体制要求,城乡统一的户籍管理制度,努力实现外来人口本地化、农村人口城镇化。劳动部门积极推进城乡统筹就业试点工作,切实为外来人员进城务工创造条件。计生部门及时调整工作思路,积极探索以现居住地为主的流动人口计划生育管理工作新机制。教育部门积极保障流动人口子女受教育的权益,在《普及九年制义务教育要求及实施办法》中,把解决流动人口子女入学问题列入了考核范围。绍兴县还将全县193所开展义务教育的学校全部向流动人口的子女开放,并实行了优惠

的就学政策。此外,民政、建设、司法、财政、交通、铁路、卫生、农业、工商、妇联、团委等部门或团体也都结合各自职能,改进和出台相应措施,在推进本外地居民一体化管理中发挥了积极的作用。

(二)坚持体制创新,进一步完善综合治理的工作格局

各地按照"党政领导、综治协调、各方参与、综合治理"的工作方针,进一步理顺管理体制,完善运作机制。杭州市撤销了原综治委流动人口治安管理工作领导小组和流动人口计划生育管理协调小组,合并成立了杭州市流动人口综合管理领导小组,办公室由市公安局改设市综治办,进一步理顺了工作关系,增强了工作合力。义乌市、绍兴县等地进一步加强组织保障,逐级调整建立了由党政主要领导负责的工作领导小组。诸暨市注重在工作中体现综合管理优势,在每个乡镇(街道)都设立了由公安派出所、劳动管理办、计生办等部门人员组成的流动人口综合管理办公室,积极实行"一站式"、"一证式"管理。各地还普遍把流动人口管理和服务工作列入了各部门岗位目标责任制或社会治安综合治理考核,并将考核结果与流动人口管理专项奖励经费及评先创优相挂钩,保证了各部门工作落到实处。杭州、宁波、绍兴、金华等地切实加大人、财、物投入。宁波市按照1:500的比例在全市配备了3400名暂住人口专管员,并由政府全额解决专管员的工资报酬、装备和办公经费。义乌市将流动人口管理经费纳入政府财政统一预算,规定市、镇(街道)两级财政每年分别按人均不少于10元的标准予以核拨,今年市财政已核拨管理经费860万元。

(三)坚持优化模式,强化流动人口的落脚点管理

一是对出租房屋推行了委托式、旅馆式、星级化管理模式。对房东与承租人异地居住、无法落实房东责任的出租房屋,各地普遍依照自愿、有偿的原则,推行了出租房屋委托式管理模式,将相应管理责任落实到受委托的村(居)流动人口管理服务站、出租房所在地的社区居委会或物业管理公司,有效解决了房东难尽其责的突出问题。对房东与房客居住一地,而房客又较多的出租房屋,台州等地推行了以"定人定床、人来登记、人走注销"为主要内容的旅馆式管理模式,强化了对流动人口的动态信息登记。此外,杭州等地还积极推行了出租房屋星级化管理模式,根据发案情况、承租人的登记办证情况等,将出租房屋评出不同等级,落实分层次管理措施。

二是在企业内部推行了自主管理模式。对规模较大的企业,温州、台州、金华等地大力推行企业流动人口自主管理模式,在单位内部建立自治组织,确定专职协管人员,负责本单位暂住人口的登记、领证、注销以及法制宣传教育等工作。杭州、宁波、温州、台州、绍兴等地积极引导和鼓励企业根据自身经济条件,新建或者租建员工宿舍,实行企业外来员工集中集宿管理。对规模较小的企业,台州温岭等地还实行了企业联合委托管理模式,由一定区域范围内的儿家企业联合聘请专职流动人口协管员,共同开展委托式管理。

三是对分散居住的流动人口推行了集中住宿管理模式。对散落社会各处的零散务工人员,宁波、台州、绍兴、金等地在当地政府的重视和支持下,按照政策引导、市场化运作的思路,大力推广流动人口集中住宿管理模式,鼓励集体或个人筹措资金,利用闲置的空地或租借机关企事业单位房屋,建设生活设施配套的流动人口集中住宿点,由政府对其在土地、房屋的租金、税收等方面给予一定的减免,达到经营效益与社会效益的双赢效果。

(四)坚持转变职能,由单纯管理转向管理与服务并重

各地积极改变过去单纯依靠管理开展工作的做法,坚持管理和服务并举,寓服务于管理,以服务促管理。结合审批制度改革和政务公开,取消暂住人口治安管理费、计划生育管理费等费用,切实减轻了流动人口的经济负担。积极调动社会各方面力量,充分运用广播电视、授课、手册等形式,开展以法制教育和劳动技能培训为主要内容的流动人口教育培训服务,帮助流动人口提高了法制意识和就业能力。通过劳动仲裁、法律援助等手段,及时调解劳资纠纷,切实维护流动人口的合法权益。2003年,全省各地帮助流动人口追讨清欠工资1.4亿元。积极开展救助管理工作,关爱和帮助流动人口中的弱势群体。今年8月至11月,全省各救助站已救助3550名生活无着落的流浪乞讨人员。此外,杭州等地还不断完善服务内容,

推出了流动人员凭暂住证办理市区公园年票、车辆注册登记、驾驶证报考、边境通行证和申请赴港澳商务活动等便民利民措施。

(五)坚持手段创新,完善动态化的管理防范体系

公安机关充分运用日常工作手段,不断完善动态化的管理体系,有效防范和打击流动人口违法犯罪活动。在“点”上,按照分层次管理的思路,紧盯重点层中的高危人员不放,以社区民警为主体,充分依靠和发动社区群众,积极开展管理、控制工作。在“面”上,会同有关部门深化“安全小区”、“安全村居”、“安全单位”创建活动,加快居住区、单位的人防、物防和技防建设,强化以公安专业巡警为主,保安、小区护卫队、护村队、护厂队等社会群防群治力量为辅的社会面巡防工作,进一步严密社会面的治安防控体系。同时,集中力量,加大投入,注重依靠现代科技和网络技术,运用信息化的手段,进一步提高工作效率和动态管理水平。目前,全省已有1088个公安派出所安装了暂住人口信息计算机管理系统,1000余万新、旧暂住人口的信息全部纳入计算机管理,并在全省11个市的内部分别实现了联网运作;有13224家旅馆安装了旅馆业住宿人员登记信息系统,占到了全省旅馆总数的80%,也实现了在11个市的市内联网运作。据统计,全省公安机关仅2002年一年就利用暂住人口管理、旅馆业住宿人员登记信息系统抓获网上逃犯1000余名。

社会治安综合治理基层基础建设情况

2003年,全省各地进一步总结推广和创新发展“枫桥经验”,强化基层基础工作。各地大力加强基层党组织、综治组织、政法组织建设,并有效整合社会资源,群防群治,形成严密的综治工作网络。

全省1600多个乡镇、街道绝大多数都建有综治委(办),配有专职工作人员4264人,兼职工作人员3298人。全省建有社区警务室2416个,配置社区民警3743名。建有专业联防队2335支30913人,各类护路护厂护宅护村等队伍3.9万余支25万余人,有治保组织5万余个18万余人。同时,普遍建立了以社区(村居)、单位治安积极分子、出租车、人力车、特种行业等从业人员为主体、多层次的治安信息员队伍,信息触角伸展到了村(居)、单位、要害部位和重点人群。各地和政法各部门普遍建立情况信息报送制度,综治系统和成员单位都设立信息联络员,全省县以上各级机关有综治信息联络员360余人,乡镇、街道有信息员1800余人,其他人员组成的治安信息员近5万人,形成了覆盖面广、反应灵敏的情报信息网。

多渠道、多方位地培训综治干部。各市、县(市、区)综治办采取集中培训、以会代训、专题讲座等方式,有的依托党校,有的专门办班,按级培训县(市、区)专职综治干部,市、县(市、区)综治委成员单位有关人员,乡镇分管综治工作领导、综治办主任等人员。据统计,市、县(市、区)两级全年共举办培训班400余期,培训综治干部3.5万余人次。省综治办专门依托省委党校组织了一期市、县(市、区)综治办主任培训,参加培训人员100多人。通过培训,分析综治工作面临的新情况、新问题,研究对策和措施,更新知识、更新观念,提高新形势下抓好社会治安综合治理工作的能力和水平。

采取了一系列措施,进一步加大创安工作的力度。我们按照“与我省经济社会发展规划相衔接配套,循序渐进,整体覆盖”的思路和要求,科学安排创建规划,有计划有目标地开展创建平安小区(村)、平安乡镇(街道)、平安县(市、区)、平安市等活动。继续在农村、城市社区、学校、机关企事业单位、海岛渔区、铁路沿线开展安全文明创建活动,营造浓厚的创建氛围。2003年,全省安全小区、治安安全村、治安安全单位达标率分别为87.6%、85.8%、90.9%。同时,又在全省组织开展创建省级“平安乡镇(街道)”活动,充分发挥基层

党委政府的作用，按照属地管理原则，积极协调辖区内各机关、单位、学校、部队共创平安，防止刑事案件此消彼长的“气球”效应。金华市各县纷纷召开创建平安乡镇（街道）专题会议，党政“一把手”亲自动员部署，提出要求，促进全市掀起争创省级先进的热潮。慈溪市委市政府制定了创建平安慈溪五年规划，邀请省市专家学者专门召开论证会，明确目标、步骤和方法。宁波市海曙区等地通过联建、共建、合建等形式，由点式创建向块状创建发展。为消除安全创建的空白地带，天台等地开展县际联建活动，衢州市常山县与江西省玉山县等地开展省际联建联防，大大提高了创建水平。至年底，有79.8%的乡镇、街道达到了省平安乡镇、街道的标准。杭州市还率先提出打造、平安杭州”的目标，要求在保持经济快速增长的同时，通过三年时间的努力，实现稳定的社会政治环境、首善的社会治安环境、良好的民主法制环境阶段性目标。全省11个地级市有9个市提出了创建“平安市”的总体目标和具体实施方案，创建平安活动向更大的范围和更丰富的内涵发展。

预防青少年违法犯罪工作情况

一、加强青少年道德宣传和法制教育工作

各级预防组织和各成员单位坚持把青少年思想道德教育放在首要位置，以道德教育、道德养成和道德实践为基本途径，广泛开展形式多样、富有时代特征的公民道德教育活动。温州、湖州、嘉兴等地分别组织开展了“十个一”系列、网上青少年美德格言警句征集大赛和“学科学、树理想、勤学习”等活动，培养青少年良好的道德品质和高尚的道德情操。积极开展青少年法制宣传教育活动。杭州、台州等地通过创建“社区青少年法律学校”，邀请公、检、法、司等部门的专业工作人员定期到社区上法律课进行普法宣传。温州市依托企业建立异地籍青少年犯帮教基地，开创异地籍青少年犯帮教工作的新途径。宁波余姚市开展了预防青少年违法犯罪“防护林工程”，全市无一名在校生犯罪，结对帮扶的301名问题青少年全部得到了转化。各地还深入实施“进城务工青年发展计划”，向进城务工青年宣传《劳动法》、《浙江劳动保障条例》等法律法规。

二、加大社区青少年服务阵地建设力度

省综治委预防青少年违法犯罪工作领导小组及成员单位积极加强社区青少年教育服务阵地建设，加大各地青少年校外活动场所建设资金扶持力度，优化青少年社区成长环境。省预防办、团省委、省司法厅联合成立了浙江省法律援助中心青少年工作部，为经济困难或特殊案件的青少年（特别是未成年人）当事人提供免收、减收费用的法律服务，有效保障了青少年合法权益。各市、县（市、区）也加大了青少年维权服务阵地的建设力度，湖州、温州、绍兴、金华、衢州、台州等地利用社会资源建立了青少年服务中心、青少年维权中心、法律援助站、社区青少年维权站等青少年权益保护机构，为青少年健康成长创造了良好的环境。

三、推动青少年维权工作向纵深发展

团省委在原有10个系统部门开展优秀“青少年维权岗”创建活动基础上，又在民政、建设、教育等3个部门正式开展实施创建活动，命名公布了第二批省级优秀“青少年维权网”单位130家，确定公布了第三批省级优秀“青少年维权岗”争创单位143家，推动创建活动向市、县基层部门延伸，逐步拓展创建领域，促进青少年维权工作齐抓共管。为整合优势，实现以优秀“青少年维权岗”为骨干的行业联动，充分发挥各行业维权岗创建单位在维护青少年合法权益、预防青少年违法犯罪方面的作用，省预防办在绍兴上虞青少年维权区域联动试点的基础上研制开发了青少年维权网软件，并开通了全国首路公益短号的青少年维权服务热线——“96354”青少年维权服务热线电话，对优秀“青少年维权岗”创建机制进行了有益的探索和实路。团省委联合省劳动和社会保障厅在全省组建了共青团劳动保障法律监督员队伍，举办了浙江省共青团劳动保障法律监督员培训班，对全省各地的共青团劳动保障法律监督员进行劳动保障专业知识的培训，以增强监督员的业务水平，切实履行维护青年合法权益的职能。

刑释解教人员安置帮教工作情况

一、深入贯彻《浙江省归正人员安置帮教工作办法》，促进安置帮教工作规范化管理

省司法厅、省综治办、省公安厅等11家单位联合下发了《关于贯彻实施〈浙江省归正人员安置帮教工作办法〉的若干意见》对贯彻落实《办法》提出了具体的规定和工作要求。杭州、宁波、嘉兴、衢州、湖州、丽水等地结合实际，制定了《办法》的实施意见，对《办法》及《实施意见》的有关规定进行细化和量化。杭州市政府转发了市司法局的《实施意见》，市财政局、市公安局、市劳动和社会保障局等单位制定工作措施，为安置帮教工作落实专项经费，明确归正人员申请最低生活保障待遇等政策，对归正人员失业保险和就业的相关规定进行了梳理。全省有3个市、38个县(市、区)出台了归正人员安置企业税收优惠、从事个体经营优惠、低保救助等政策，促进了安置帮教工作规范化管理。

二、积极探索大胆实践，拓展刑释解教人员安置帮教渠道

各级安置帮教办公室积极协调有关部门，着力帮助和解决刑释解教人员安置帮教难的问题。温州市对全市13000多名刑释解教人员回归社会的情况进行了梳理，走访了其中的8000多人，动用基金7万余元，为426名特困归正人员解决了临时困难。温岭市峰江街道党委政府牵头，基层组织为骨干，广泛吸纳有社会责任感的企业和志愿者，建立“安置帮教协会”，通过协会充分调动、利用辖区内的社会资源，使513名刑释解教人员顺利安置，基本解决了刑释解教人员就业难的问题。台州市总结推广了温岭市建立安置帮教协会的做法，进一步推动刑释解教人员安置帮教工作市场化、社会化运作。宁海县组建由1300名离退休干部、教师、社会工作者组成的安置帮教志愿者队伍，通过定人、定对象和签订帮教责任书，扎实落实安置帮教工作的做法，在宁波市镇海区、北仑区、鄞州区、余姚市等得到全面推广。各地对建立刑释解教人员安置就业基地进行了积极的探索和实践，到2003年底，全省建立了过渡性安置帮教基地455个、安置实体41个。2003年底全省共有刑释解教人员9.1万余名，已安置8.4万余名，安置率为92.2%，已落实帮教8.5万余名，帮教率为93.4%。

三、加大力度广泛宣传，积极动员和组织社会力量参与帮教工作

《浙江省归正人员安置帮教工作办法》颁布实施后，各地因地制宜开展了富有成效的学习贯彻和宣传活动，扩大《办法》和刑释解教人员安置帮教工作的社会影响。宁波、温州、绍兴、衢州、丽水等地组织司法所干警、村(居)帮教工作小组成员脱产学习《办法》。嘉兴、舟山和衢州制作了安置帮教工作电视专题片，市领导在电视上发表讲话。温岭市拨出专款3万元，组织《办法》有奖知识闭塞和上街义务咨询活动。嘉兴市秀城区开展了“发一个文件、送一本小册子、贴一张宣传画、进行一次电视采访”的“四个一”活动，把《办法》精神送进千家万户，送到每个刑释解教人员手中。金华市对部分县(市、区)贯彻《办法》的情况进行了检查，并将检查情况在全市性会议上进行了通报。嘉兴市在各县(市、区)自查的基础上，组织了由市四套班子领导任组长的四个检查组，对全市贯彻落实《办法》情况和安置帮教工作情况进行了督查。各地认真按照“家庭接纳、结对帮教、重点监控、定期考察、定期排查、关注动向、防止脱管”等安置帮教管理措施，通过组建安置帮教工作志愿者，组织社会帮教团体与监所签订安置帮教协议，开通亲情可视电话等方式，积极动员和组织社会力量参与帮教工作。

矛盾纠纷排查调处工作情况

2003年，全省各地各部门认真贯彻落实罗干、周永康同志有关重要指示精神，按照省委、省政府的部署，掀起学习创新“枫桥经验”的新高潮，以推广“四先四早”工作机制为重点，健全组织网络，规范工作程序，推进矛盾纠纷排查调处工作不断走向经常化、规范化、制度化。一年来，全省共排查出各类矛盾纠纷8.7万余起，成功调处8万余起，调处成功率达91.1%，及时排查化解了一大批影响社会稳定的不安定因素和突出矛盾纠纷。

一、抓组织建设，工作网络更加健全

全省市、县(市、区)、乡镇(街道)三级建设健全了党委政府分管领导为组长的矛盾纠纷排查调处领导小组。综治、信访、法院、公安、司法、劳动和社会保障等部门都建立了纵向的矛盾纠纷排查调处系统。全省乡镇普遍建立了由党委政府统一领导、综治办牵头、以司法所为依托、有关职能部门参加的预防纠纷调解中心，村居(社区)设立了调解室，社会面上充分发挥“110”社会服务联动工程和“148”法律服务专线的作用。目前全省基层有各类调解委员会4.9万余个15.3万余人，基本实现“组织、人员、经费、场所”四落实，村居、社区都配备矛盾纠纷信息员，形成一个信息灵敏、动作顺畅、覆盖全省的矛盾纠纷排查调处工作网络。宁波市建立厂企调委会872个、集贸市场调委会131个、外来人员聚居区调委会33个，把调解组织积极向商贸市场、企事业单位、外来人员聚居地延伸。舟山、宁波、台州、温州等沿海地区针对海事渔事纠纷突出的实际，建立健全了海事渔事纠纷调处机构和组织网络。衢州市进一步扩大与周边地区的协作关系，参与成立了“三省七县治安联防协调委员会”。

二、抓督查指导，工作程序更加规范

各级综治委(办)对各部门、各单位的矛盾纠纷排查调处情况加强督促检查，建立健全矛盾纠纷调处督办制度，认真抓好组织排查、报送登记、梳理分工、调处化解等各个环节的工作，使排查调处工作更加规范有序。各乡镇、街道每月一排查，县、市每季一排查，省综治办每季度对各市矛盾纠纷排查调处情况进行通报。对排查出的矛盾纠纷实行分级负责、归口调处，对重大矛盾纠纷特别是党委、政府和综治委发文抄告交办的矛盾纠纷，下发督办通知书，专门组织力量，进行专题督查指导，实行挂牌督办。4月，杭州市综治委向富阳市和西湖区发出督查调解通知，召开调处联席会议，及时调处了该两地水域相邻地段采沙船主冲突事件。对可能影响社会稳定的重大问题、突发事件，各级党政领导能够靠前指挥，妥善处理，面对面地做好工作，防止事态扩大。

三、抓机制创新，工作方法更加有效

各地各部门运用“枫桥经验”的基本精神，积极探索、不断创新排查调处工作的制度机制，综合运用政治的、经济的、法律的、行政的等多种手段，把加强思想政治工作与解决群众实际问题、排查调处矛盾纠纷与改进干部作风、疏导化解与源头预防等结合起来，创造了许多排查化解矛盾的新做法，使排查调处工作更富有实效。诸暨市在“四前”工作法的基础上，进一步探索了“四先四早”工作机制。三门县实行了“分流受理、主责联调、限期督办、调防联动”的人民调解工作法。嘉兴市开展筹集1000万扶贫资金、推出1000个就业岗位、结对1000户困难家庭等“五个一千”活动，慈溪市政府拿出100多个外来人口管理员职位用于安置下岗企业军转干部，对预防、减少社会矛盾和不稳定因素起到了积极的作用。杭州市萧山区等地还专门召开预防群体性事件研讨会，以党委、政府名义出台了处理群体性事件规定等规范性文件。省林业局、省公安厅联合在全省森林公安机关开展“固本强基”工程，构筑以乡(镇)、村、组三级林业干部为主体的情报信息网络，超前预防山林矛盾纠纷，得到公安部的肯定并向全国推广。

四、抓重点问题，排查优解更加深入

一年来，省领导多次带领有关职能部门开展调查研究和“下访”活动，对问题突出的重点市县和重点问题进行排查摸底，亲自接待群众来访，解决了一大批突出矛盾问题，对涉及群众人数多、可能引发群体性事件的问题和一些疑难、复杂信访积案进行认真研究，集中梳理。省综治委(办)结合实际，根据矛盾纠纷易发的时间、区域、行业、群体等特点，有针对性地梳理出土地征用、环境污染、企业改制等引发的13类矛盾开展重点排查，并根据情况组织了6次全省性集中排查。如面对突如其来的“非典”疫情和五十年一遇的夏季持续高温，省综治办专门下发紧急通知，组织各地各部门认真做好抗击“非典”和盛夏持续高温期间矛盾纠纷集中排查调处工作，有效地维护社会治安和政治稳定。杭州市在抗击“非典”期间及时出台了减免一些专业市场有关费用的政策，预防了专业市场经营户罢市闹事等事件。桐乡市综治办组织力量有重点地深入到部分乡镇、街道，了解掌握社情，解决外来务工人员因恐惧“非典”辞工返乡引发的劳资纠纷。丽水市围绕经济建设发展目标，在6月份组织开展了矛盾纠纷集中排查调处月活动，成功调处矛盾纠纷1200余起。温州市在8、9二个月开展了“化纠纷、解难题、办实事”矛盾纠纷排查调处专项活动，共派出工作组2000余人次，走访当事人1000余人，重点督查信访案件117起，调处各类矛盾纠纷1460余起，有力地维护了社会稳定。

铁路护路联防工作情况

一、建立健全组织，完善责任机制，推进护路联防工作

省委、省政府把创建安全文明铁道线活动组作为一项工作目标，列入与各市党委、政府签订的第五轮《社会治安综合治理目标管理责任书》，明确要求各地不发生冲击铁路、拦截列车、破坏拆盗铁路设施等严重危及铁路运输安全的重大事件，沪杭、浙赣线安全文明铁道线创建达标率必须达到80%以上。铁路沿线各级党委、政府都把铁路护路联防工作作为维护社会稳定的一项重要内容列入议事日程，常抓不懈。全省铁路沿线9个市、46个县(市、区)、209个乡镇(街道)先后建立健全了党政分管领导为组长的铁路护路联防工作领导小组，并切实发挥了作用。杭州市、湖州市将铁路护路联防工作纳入打造“平安杭州”、“平安湖州”考核内容。长兴县把创建安全文明铁道线作为创建文明城市的一项重要工作。

二、严打涉路犯罪，加强重点整治，优化铁路治安环境

铁路公安机关发挥行业警种优势，采取车站卡、列车查、线路堵等措施，严厉打击各种危害铁路安全的违法犯罪活动，查获了大批负案在逃人员和违禁物品。抓获犯罪嫌疑人937名，其中杀人、抢劫等重大负案逃犯175名、网上逃犯290名，查破毒品案件382起、缴获海洛因977克、假人民币18万余元。组织开展了4次大规模的专项行动，破获刑事案件3560起，及时侦破了“5.12”破坏铁路和扬言爆炸铁路案、“8.26”K209次特大麻醉抢劫案、“11.23”杭州站特大诈骗案等一批重特大案件。铁路沿线各市、县(市、区)结合实际，突出重点，加强了对治安问题突出地区、区段的重点整治。发现安全隐患752余处次，督促整改517处，限期整改235处；拆除非法通道8处，拆除沿线闲置房屋60余间、封堵126间、落实管理230间；清理、劝阻流浪乞讨和闲杂人员2.1万余人次。义乌市投入35万元在事故高发的稠城镇区段建造长达5公里的防护隔离栅栏，使事故发生率下降了93.75%。绍兴县对事故高发的柯桥区段采取了封闭式管理。通过整治，全省铁路行人伤亡事故和影响铁路运输安全的线路五类治安案件得到有效控制，其中行人伤亡事故同比下降了18.1%。

三、发挥综治优势，强化预防措施，提高防范控制能力

各地积极实施《浙江省矛盾纠纷排查调处工作规程》,把影响铁路稳定与安全的因素作为矛盾纠纷排查调处的重点之一,力争做到早发现,早预防,早处置,努力把各种矛盾和问题解决在内部、解决在基层、解决在初始阶段。各地抓住企业改制、劳资关系、拆迁安置等影响群众切身利益的问题,开展劳资纠纷问题调查,严肃查处企业侵权行为,从源头上预防和减少了涉路矛盾纠纷的发生。铁路沿线各级公安机关及时修订完善了处理群体性冲击铁路事件工作预案。以护路联防组织为主体、专业护路队伍为骨干、沿线护村护路队和解放军预备役部队为依托的群防群治工作网络,在防范事故、守护重要桥隧、维护铁路治安秩序中发挥了显著作用。一年来,全省没有发生重大群体性冲击铁路事件和重大拦车断道事件,5起扬言冲击、爆炸铁路情况及时得到处置,铁路治安预防控制能力有了显著提高。

四、运用多种方式,广泛开展宣传,增强群众安全意识

全省各级铁路护路联防组织通过广播、电视、标语、板报等多种形式,有针对性地宣传《铁路法》等法律法规,努力营造创建安全文明铁道线活动的浓厚氛围。全省先后两次组织开展了以"生命与安全"、"生命与基础"为主题的爱路护路宣传月活动,共悬挂横幅89条、挂图629幅,张贴宣传标语6852条,播映电影57部,组织安全演讲61场次、大型群众签名活动47场次,开展电视、广播宣传1031次,向群众发放宣传资料54.8万份。通过多层面法制宣传教育,沿线群众的铁路安全意识明显增强,在铁路上行走、抢道、盲目穿越等现象逐渐减少。宁波市在全市5000余辆安装GPS卫星定位系统显示器的出租车上滚动播出铁路安全常识,取得了良好社会效果,得到了中央综治委护路办的肯定。

社会治安综合治理宣传教育工作情况

一年来,全省各地坚持把综治宣传工作作为落实社会治安综合治理措施的一项重要内容来抓,通过开展形式多样的宣传活动,为综治工作的深入开展提供了有力的舆论支持。一是总结推广了一批社会治安综合治理典型经验,其中矛盾纠纷排查调处、平安县(市、区)创建、出租车治安管理、重点整治长效机制建设、维护海上治安稳定、社区警务综治工作等经验,在全国得到了宣传推广。有20余篇工作经验在中央综治办简报和全国性报刊杂志上刊登。坚持不懈地深入学习推广、创新发展新时期"枫桥经验",注重新形势下各种载体、方法和工作思路创新。结合纪念毛泽东批示"枫桥经验"40周年暨创新"枫桥经验"活动,我们按照预测评估、打击整治、管理控制、防范创建、疏导化解、责任保障的6大综治工作体系,较为系统地总结了近几年来我省综治工作方面的好经验、好做法,形成了《创新发展"枫桥经验",深化社会治安综合治理》一本经验材料集,展示了我省社会治安重要成果,对今后工作也起到学习借鉴作用。二是组织开展"综治宣传月"活动。每年的4月份,各地都要组织各方面力量开展综合治理宣传活动。活动期间,通过分发公开信、开设宣传栏、悬挂横幅、张贴标语、出板报、组织政法部门上街开展法律咨询等形式,广泛开展社会治安综合治理知识宣传,努力提高社会各界和人民群众参与社会治安综合治理工作的积极性。三是重视发挥新闻媒体的作用。省电视台、电台、报刊都有较多的综治宣传报道,其中《浙江法制报》每期都有综治工作经验、事迹和治安防范知识等内容,成为宣传综治工作的有效阵地。《浙江日报》和各地的地方报刊都开设了社会治安综合治理的专栏,如"法律与道德"、"以案说法"、"生活与法"、"法制天地"等栏目,大力宣传干部群众参与社会治安综合治理的典型经验和积极同违法犯罪分子作斗争的见义勇为等先进事迹。一些地方的新闻媒体还配合阶段性的社会治安综合治理工作和严打整治专项活动,开辟专栏,进行了大量的宣传报道。四是加强治安防范宣传。各地综治委和政法部门采取开展安全防范知识宣传咨询，在出租车、公交车上张贴安全防范宣传标语，在主要街道、居民区、企事业单位悬挂横幅，举办安全防范知识图片巡回展，以居民住宅楼道设立警示牌等多种形式，开展声势浩大的宣传活动，进一步提高了全民的安全防范意识。仅金华市就发放安全防范便民手册和各类宣传资料100万余册，张贴各类标语、警示牌300余万条(块)，悬挂横幅1000余条。五是认真做好《中国社会治安综合治理年鉴(2001－2002)》和《长安》杂志的征订发行工作。征订综治年鉴数量比上一年增加3倍；完成《长安》杂志征订任务15600余份，发行《长安》杂志21.4万本。保质保量地完成了参加全国"严打"整治斗争成果展览的综合治理方面的图片收集、整理和上报工作。组织了严打整治斗争成果展览，发行展览挂图、法律图书等1000余套(册)。五是积极组织开展全省社会治安综合治理好新闻奖评选活动，层层选拔优秀的综治新闻作品，从136件推荐作品中评选出了59篇获奖作品，并将获一、二等奖的作品推荐上报参加全国综治好新闻奖评比，有4件作品7人次获奖。

综治培训工作有新的突破。2003年省综治办与省委党校合作，首次举办了为期5天的全省综治干部培训班，培训内容主要包括党的十六大精神和"三个代表"重要思想学习，全面建设小康社会与维护社会稳定，基层政法综治工作方法及有关业务知识等，效果良好。同时，省综治办的干部还多次深入市、县举办的综治干部培训班进行辅导授课，提高了培训效果。为了进一步提高团体会员单位做好社会治安综合治理工作和抓好企业内部开展安全文明创建活动的能力和水平，省综治协会举办了一期团体会员单位和省属有关部门综治、保卫干部培训班，来自团体会员单位和金融、电力系统的45名综治、安全保卫干部参加了培训班，传授了社会治安综合治理、企业开展安全文明创建和消防等知识，受到团体会员单位和省级有关部门的好评和欢迎。另外，各地也把基层综治干部培训作为一项重要工作抓紧抓好，仅宁波市、县两级就举办了36期培训班，1514人次综治干部得到了培训。

综治委组织或参与的有关工作

2003年，省综治委针对工作重点，组织开展了一系列活动。针对我省海上治安情况比较复杂和海事渔事纠纷相对突出的实际情况，综治委充分发挥海洋渔业部门和公安边防部门的作用，开展海上治安专项整治工作，并认真总结上年工作，部署动员当年任务，召开了全省渔场治安管理暨浙北渔场专项整治工作表彰会。针对综治委各专项工作情况，各领导小组充分发挥作用，分析形势，总结经验，提出新的工作要求。一年中，组织召开了全省流动人口管理工作会议，铁路护路联防工作专题会议，罪错青少年和归正人员安置帮教工作研究会。特别是11月份，中央综治委和省委联合召开了纪念毛泽东同志批示"枫桥经验"40周年暨创新"枫桥经验"大会，中共中央政治局常委、中央政法委书记、中央综治委主任罗干同志在会上充分肯定了"枫桥经验"的历史意义，对创新"枫桥经验"提出了明确要求，有力推动了全省掀起创新"枫桥经验"的新高潮。

一年来，综治委多次组织全省性较大活动，如组织全省开展治安混乱地区和突出治安问题排查整治；组织全省严打整治斗争检查验收；组织全省全国两会期间维护稳定工作；组织开展抗击非典时期的社会稳定和综合治理工作；开展抗高温时期的矛盾纠纷排查调处工作；开展社会治安综合治理目标管理责任制履行情况的检查；组织全省县以上综治办主任培训等。

会同有关部门组织开展禁毒执法检查，协调政法系统开展对禁毒工作进行总结和部署；参与文明城市和单位(乡镇)检查评比；参与组织"无毒社区"、"不让毒品进我家"、"千人县毒品问题整治"；参与流动人口妇女儿童权益保护法律援助公益活动；参与城市社区建设协调小组有关工作。

综治委还专门组织人员对构筑基层治安防控体系建设;预防化解群体性事件;出租屋治安管理;拖欠民工工资;加强农村综治工作,维护农村社会稳定;解决邪教组织和非地宗教势力对青少年学生的渗透破坏活动;收容遣送取消后流动人口管理中出现的问题及对策;青少年团伙违法犯罪的预防问题等8个课题开展调查研究,形成了调研报告。

总结推广了一批典型经验,其中有5个地方、单位的经验在全国性会议上作了交流介绍;有20余篇工作经验在中央综治办简报和全国性报刊杂志上刊登。

实行社会治安综合治理领导责任制情况

各级党委、政府把综治工作列入了重要议事日程,摆在位置,抓认识,抓部署,抓责任,抓保障,实施了强有力的领导。2003年,全省各地各部门紧紧抓住《浙江省社会治安综合治理条例》颁布实施的契机,加大社会治安综合治理领导责任制的落实力度,进一步健全完善了党政"一把手"负总责、"谁主管谁负责"的责任体系。各市在明确党政"一把手"为第一责任人的同时,确定2-3名市委常委分管综治工作。基本形成了党政领导真抓实管,有关部门各司其职,一级抓一级,层层抓落实的良好局面。全省普遍建立和实行了综治目标管理责任制和责任查究制,省、市、县、乡镇(街道)层层签订综治工作责任状,不少地方还延伸到村(居)和具体责任人。各级都建立了综治、纪检、组织、人事、监察五部门联席会议制度,加大了对各级领导干部尤其是市县和部门党政领导班子、党政"一把手"和分管领导履行综治职责情况的考察和监督,把综治工作责任制落实到干部考察、选拔、任用和奖惩的全过程。杭州市每年召开2次以上的五部门联席会议,研究落实领导责任制工作。落实了一票否决权制、社会治安通报等制度。一年来全省市、县两级共对158个单位和27名个人实行了"一票否决",对236个单位发出限期整改通知书。省综治委、省纪委、省委组织部、省人事厅、省监察厅等五部门联合行文,发出了对温州市苍南县龙港镇"法轮功"分子陈福兆投毒杀人一案有关地方和责任人实行"一票否决"的通知书。在全省各级进一步落实综治成员单位年度综职报告制度和考核考评制度。省里第一次把综治工作列入政府部门工作责任制目标考核内容,省综治委与省政府办公厅联合组织考核组对省级有关部门进行考核,按比例计入政府部门工作责任制目标考核总分。温州市以"黄牌警告"、"蓝牌处罚"等形式督促有关部门和单位限期改变面貌。各级政府采取措施,不断加大责任制落实情况的奖惩力度。杭州市萧山区、余杭区等地每年从财政拨出200余万元实行以奖代补。台州市将综治考核纳入对县(市、区)经济和社会发展综合考核指标中,兑现奖惩,对获得前三名的县(市、区)和市级部门分别按照相应标准予以奖励。义乌市拨款750万元对镇村两级干部的综治工作进行月考月奖。

社会治安综合治理理论研究情况

2003年,我们继续把社会治安综合治理理论研究作为一项重要工作,围绕中心,突出重点,抓紧抓好。针对如何构筑基层治安防控体系建设、预防化解群体性事件、出租房屋管理、解决拖欠民工工资、加强农村基层综治工作、邪教组织和非法宗教势力对青少年学生的渗透破坏活动、收容遣送取消后流动人口管理中出现的新问题及对策、预防青少年团伙违法犯罪8个重点问题开展了调查研究,其中《加强农村社会治安综合治理,维护农村社会稳定的对策措施》、《关于对拖欠民工工资实行综合治理的调查报告》、《从5·24案件看当前流动人口和出租房屋管理工作存在的问题及对策》等三篇报告都得到了省委有关领导的肯定。

省综治办会同省综治协会在全省范围内组织开展第二届社会治安综合治理理论与实践征文活动,重点对全省三资企业、民营企业、个体私营企业如何落实社会治安综合治理各项措施,进一步加强社会治安综合治理工作等课题进行研讨。共收到论文134篇,评出一、二、三等奖和优秀奖59名,组织奖3名。不少论文对当前综治工作存在的困难和问题分析透彻,论证有理,针对性强,观点鲜明,提出的对策意见有一定的操作性、指导性和前瞻性,对指导实践有一定的参考价值。同时,我们把调研活动成果编辑成《第二届全省社会治安综合治理优秀论文集》一书,印发各地、各部门在理论研究和工作实践中参考。各市也积极开展综治理论研讨工作,如杭州市综治办与综治学会举办了“旅游杯”综治论文有奖评选活动,将获奖的42篇优秀论文,汇编成《社会治安综合治理理论与实践》一书。通过综治理论研讨活动,不仅极大地调动了基层综治理论研究的积极性,有效地推动了全省社会治安综合治理理论研究深入开展,而且还研究探索出一些成功经验,有效地指导全省基层社会治安综合治理工作深入发展。

省综治委成员单位参与社会治安综合治理工作情况

2003年,省综治委各成员单位在省委、省政府的统一领导下,认真贯彻落实中央和省委、省政府关于进一步加强社会治安综合治理的有关指示精神,以《浙江省社会治安综合治理条例》的颁布实施为契机,以推广新时期“枫桥经验”为抓手,加强领导、明确责任,充分发挥部门职能优势,取得了明显成效。

一、认识明确,领导有力,综合治理工作责任制基本落实

一是健全组织,加强领导。各成员单位按照一把手负总责和“谁主管,谁负责”的原则,及时调整充实社会治安综合治理工作领导小组,大部分由一把手任领导小组组长,分管领导任副组长。明确了职能处室,配强了综治联络员和专兼职干部负责日常工作。同时督促指导下属单位成立、充实了相应的领导小组及办事机构。形成了主要领导亲自抓、分管领导具体抓,一级抓一级、层层抓落实的组织网络。

二是制定规划,明确任务。各成员单位结合部门实际,制定了社会治安综合治理工作要点,明确提出了参与综治工作的主要任务、目标要求和保证措施,积极找准位置,认真履行职责,圆满完成省综治委部署的各项工作任务。一些单位还把综治工作完成情况,作为系统内年终考核的一个重要指标，与业务工作同检查，同考核，并认真兑现奖惩。杭州铁路分局、省交通厅等单位专门召开大会，对系统内部年度综治工作突出的单位和个人进行表彰。

三是强化责任，深化制度。大部分成员单位在系统内层层签订综治目标管理责任书，把综治工作内容列入岗位目标考核。省公安厅、省交通厅、省文化厅、省海洋与渔业局、省旅游局、省武警总队和杭州铁路分局等单位自觉服从属地管理，主动与所在街道签订综治目标管理责任书。普遍坚持述职报告制度、例会制度。坚持联席会议制度，加大对全省各级履行综治职责情况的监督和责任追究力度。8月份，省综治委、省纪委、省委组织部、省人事厅、省检察厅五部门联合行文，对温州市苍南县龙港镇"法轮功"分子陈福兆投毒杀人案有关地方责任人发出实行"一票否决"通知书。

四是整合力量，凝聚合力。对一些需要部门间协调解决的问题，各有关单位主动配合，积极协作，共同做好工作。2002年以来，省委组织部、省民政厅、省教育厅和省综治委联合发文，进一步明确了本系统参与社会治安综合治理工作意见。省综治办、省海洋与渔业局、省边防总队、省教育厅、省司法厅、团省委、省妇联等单位互相配合，先后组织开展浙北渔场治安整治、全面推行法制副校长聘请工作、不让毒品进我家、流动人口妇女儿童权益保护法律援助等活动。10月，省综治委抽调政法委、公安、法院、检察院、司法、安全等部门领导和有关处室负责人组成六个检查组，对全省11个市的综治工作进行全面检查考评，有效地加大对各地综治工作的督促指导力度。

二、重点突出，配合默契，较好地完成了维护社会稳定的各项任务

坚持严打严治，社会治安取得明显进步。各成员单位较好地坚持党政领导、政法委综治办牵头协调、政法部门为主、各有关部门密切配合的打击整治协作机制，加大对严重暴力犯罪和多发性侵财犯罪等为重点的打击力度，加强社会治安重点整治，及时解决治安突出问题。教育、文化、工商、通信管理、新闻出版等部门加强了学校周边文化经营场所的整治和管理，对校园周围的网吧、录像厅、歌舞厅、电子游戏厅和音像书刊零售出租点进行了清理整顿。杭州铁路分局大力整治非法道口、行人伤亡、车辆交通肇事等突出治安问题，广泛开展"安全文明铁道线"创建活动，铁路运输生产安全情况有了较大好转。省海洋渔业局、省边防局在浙北渔场建立现场指挥管理组，认真抓好海上治安专项整治工作，及时疏导化解和妥善处理跨县域、跨市、跨省的重大海事渔事纠纷，维护了海上治安平稳。

充分发挥服务经济发展的职能作用，维护了社会主义市场经济的法律秩序。各成员单位按照各自职能，主动配合，积极参与整顿和规范市场经济秩序工作，组织开展了以制售假冒伪劣产品、涉税犯罪、制售假币、逃汇骗汇、伪造金融票证为重点的一系列专项斗争和集中行动。省检察院加大查处职务犯罪的力度，推进反腐败斗争的深入开展。省监察厅会同省国土资源厅等部门，开展全省经营性土地招标拍卖、挂牌出让情况专项执法监察，保障和促进了市场经济的健康发展。文化、新闻出版部门深入开展"扫黄打非"斗争，收缴非法出版物2.85万册、非法不良"口袋本"近31万册，整顿和规范了文化市场秩序。

加强特殊群体教育管理，预防和减少违法犯罪。各成员单位针对违法犯罪的高危群体和重点问题，不断探索做好流动人口、归正人员和青少年等重点人群的管理教育工作，积极预防和减少违法犯罪。省委组织部、省公安厅、省劳动和社会保障厅、省民政厅、省计生委、省教育厅、省建设厅等单位结合职能优势，不断创新推广流动人口管理、教育、服务方法，提高工作实效。省司法厅、省公安厅等11家单位出台了《关于贯彻实施〈浙江省归正人员安置帮教工作办法〉的若干意见》，规范、落实了安置帮教的方法措施。团省委在全省全面开展了"青少年维权岗"的创建活动，实施了"进城务工青年发展计划"，优化了青少年的成长环境。

积极开展矛盾纠纷排查调处，化解疏导了一批影响稳定的突出问题。各单位充分运用"枫桥经验"的基本精神，结合职能特点，认真抓好预警预测、排查梳理、疏导化解等各个环节的工作，扎实开展纠纷集中排查调处活动，预防化解社会矛盾。省信访局认真总结省领导下访接待群众经验，建立健全矛盾纠纷排查调处工作机制，努力从源头上减少"三访"发生。省劳动和社会保障厅会同省国土资源厅、省财政厅等部门制定下发《关于建立被征地农民基本生活保障的意见》,重点抓好被征地农民基本生活保障问题。省公安厅加强群体性事件处理战术研究,修订完善了处置预案,全省全年妥善处置各类群体性事件2524起。省司法厅全面开展乡镇、街道调解委员会建设,有效发挥"前沿防线"的作用。省林业局抓住热点问题,解决山林纠纷364起,落实争议面积3.35万亩,有效维护了我省农村社会的稳定。此外,各单位还积极开展抗击"非典"斗争和持续高温期间矛盾纠纷排查调处工作,取得了阶段性成果。

三、管理严格,目标明晰,内部治安防范措施比较严密

各成员单位采取不同形式加强对本部门、本系统干部职工法制、安全防范等方面的教育,增强广大干部职工的法制观念和防范意识,做到看好自己的门,管好自己的人,办好自己的事。不少单位建立夜间及双休日值班制度,加强机关的安全保卫。特别是在重大政治活动和重要节假日期间,一些省综治委委员亲自检查本部门安全保卫和治安防范工作,及时发现和排除安全隐患,确保不发生问题。省通信管理局以安全生产年活动为契机,深入开展了"实施安全生产法规,整改事故隐患,保障生命财产安全"等主题活动。省文化厅组织举办了保卫干部专业知识培训班,专题讲座"公安部第61号令"、"消防安全管理责任制"等知识,有效提高保卫干部安全防范意识。一些单位还投入巨资安装了先进的监控制备,对机关大院进行全天候监控,对出入本单位的车辆、人员实行严格的办证和登记制度,基本形成了人防、物防、技防为一体的安全防范制度。省交通厅投入100多万元,安装了闭路电视监视监控防盗报警系统。省武警总队投入90万元用于远程监控三级网升级建设,加大科技强警,确保重点要害目标安全。

浙江省社会治安综合治理委员会及其办公室内设机构和负责人名单

2002年3月,省委决定,调整充实省社会治安综合治理委员会成员。调整后的组成人员如下:

主　任:周国富(省委副书记、政法委书记)

副主任:吕祖善(省委常委、常务副省长)
祝耀祖(省人大副主任)
李步星(省委政法委秘书长)

委　员:张玉书(省军区副政委)
孙建国(省委副秘书长)
陈国平(省政府办公厅副主任)
张国强(省委610办公室主任)
金向阳(省纪委常委、省监察厅副厅长)
叶洪芳(省委组织部副部长)
沈立江(省委宣传部副部长)
龚昌余(省委省政府信访局副局长)
沈　雷(省司法厅厅长)
陈云龙(省国家安全厅厅长)
李　杭(省委政法委副秘书长)
寿胜年(省高级人民法院副院长)
陈亨光(省人民检察院副检察长)
黄子钧(省公安厅副厅长)
王平安(省武警总队副总队长)
龚展怀(省人大司法委员会副主任)
李莉娟(省政协法制委员会副主任)
陈卫东(省经贸委纪委书记)
陈小恩(省人事厅副厅长)
童祥福(省民政厅副厅长)
常玉芳(省劳动和社会保障厅纪检组组长)
刘汉山(省广播电视局纪检组组长)
俞剑明(省新闻出版局局长)
金庚初(省文化厅纪检组组长)
钱吉寿(浙江日报社副总编)
王洪江(省计生委副主任)
纪根立(省旅游局局长)

钱巨炎(省财政厅副厅长)
邓茂盛(省通信管理局副局长)
蒋胜祥(省教育厅副厅长)
周　坤(省卫生厅副厅长)
杨瑞丰(省交通厅副厅长)
赵如龙(省建设厅副厅长)
吴干冰(省工商行政管理局副局长)
杨国强(省国土资源厅副厅长)
赵国明(省统计局局长)
方春林(民航浙江省管理局副局长)
朱志泉(省农业厅副厅长)
叶胜荣(省林业局副局长)
刘向东(省海洋与渔业局副局长)
周小平(省法制办副主任)
王平章(杭州铁路分局党委书记)
龚方乐(中国人民银行杭州中心支行行长)
邬金水(省总工会副主席)
葛慧君(团省委书记)
刑越生(省民宗委副主任)
厉月姿(省妇联副主席)

浙江省社会治安综合治理委员会办公室：主任李杭(兼),副主任朱益军、王建新。省社会治安综合治理委员会办公室下设综治协调指导室。

创新“枫桥经验”　维护社会稳定

——在纪念毛泽东同志批示“枫桥经验”40周年暨创新“枫桥经验”大会上的讲话

中共浙江省委书记、省人大常委会主任　习近平

同志们：

今天,中央综治委和中共浙江省委在这里召开纪念毛泽东同志批示“枫桥经验”40周年暨创新“枫桥经验”大会。这是我们深入学习邓小平理论和“三个代表”重要思想,认真贯彻党的十六大和十六届三中全会精神的一个实际行动,是我们深切缅怀毛泽东同志丰功伟绩,纪念毛泽东同志诞辰110周年系列活动的一项重要内容,也是我们回顾总结“枫桥经验”,创新发展“枫桥经验”,进一步研究维护社会稳定各项工作的一次重要会议。

中央领导同志、中央有关部门对“枫桥经验”,非常重视,给予了大力支持。最近,中共中央政治局常委、中央政法委书记、综治委主任罗干同志专门听取了我省汇报,亲临杭州、绍兴和诸暨市枫桥镇视察,出席今天的会议并将作重要讲话。这是对浙江工作的亲切关怀、有力指导和极大鞭策。今年5月,中共中央政治局委员、书记处书记、国务委员、公安部长周永康同志来我省视察时,也专程到诸暨枫桥调研,对总结创新“枫桥经验”作了重要指示。今天,最高人民法院院长肖杨,司法部部长张福森,中央政法委副秘书长、中央综治办主任陈冀平,公安部副部长白景富等领导和中央有关部门的同志亲临会议指导。中央领导和中央有关部门对“枫桥经验”的关心、支持和充分肯定,是对我省推广和创新“枫桥经验”的极大鼓舞和鞭策,为我们进一步做好浙江的政法综治工作,维护社会稳定大局,指明了方向。借此机会,我代表中共浙江省委、省人民政府,向罗干同志致敬！向中央有关部门的领导和同志们表示衷心的感谢！

20世纪60年代,我省诸暨市枫桥的干部群众在社会主义教育运动中创造了“发动和依靠群众,坚持矛盾不上交,就地解决,实现捕人少、治安好”的“枫桥经验”。1963年11月,毛泽东同志亲自批示“要各地仿效,经过试点,推广去做”。“枫桥经验”成为全国政法战线的一面旗帜。40年

来，诸暨及枫桥的干部群众对"枫桥经验"十分珍惜、倍加爱护，始终坚持"枫桥经验"的基本精神不动摇，并根据形势的变化，不断丰富和发展"枫桥经验"，赋予其新的时代内涵，使"枫桥经验"与时俱进，显示出持久的生命力。20世纪60年代中期和70年代初期，枫桥创造了依靠群众改造流窜犯、帮教失足青年的成功经验；十年动乱结束后，枫桥在全国率先给"四类分子"摘帽，为全国范围的拨乱反正提供了范例；党的十一届三中全会以后，枫桥坚持专群结合、群防群治，预防化解矛盾，维护社会治安，成为全国社会治安综合治理的典型；党的十五大以来，枫桥适应社会主义市场经济加快发展的新形势和新要求，坚持统筹兼顾、协调发展，突出以人为本、服务群众，注重德法并治、创新方法，走出了一条经济繁荣、社会稳定、人民安居乐业的新路子。

浙江历届省委、省政府都高度重视学习推广"枫桥经验"。根据毛泽东同志的批示精神和中央在不同时期的具体要求，省委、省政府多次对这一典型进行具体指导，对全省各地学习推广"枫桥经验"提出明确要求。特别是1998年以来，省委、省政府根据新形势下维护社会稳定出现的新情况、新特点，把学习推广新时期"枫桥经验"作为加强社会治安综合治理的总抓手，先后在绍兴诸暨、宁波、杭州、衢州、舟山、嘉兴海宁、温州等地召开有关会议、下发文件，对全省农村、城市社区、学校、机关企事业单位、海岛渔区、铁路沿线等各个领域学习推广"枫桥经验"的工作进行部署，以基层安全文明创建系列活动为载体，抓基层、打基础，建机制、架网络，明责任、强保障，使"枫桥经验"在全省城乡基层单位全面推开，并贯穿到社会治安综合治理的各项工作之中，有效地维护了全省社会稳定。

回顾总结我省近几年来学习推广"枫桥经验"的成功实践，主要有以下几个特点：

一是坚持统筹发展，治本抓源。全省各地始终坚持把维护稳定工作作为一项系统工程贯穿于改革和发展的各项工作之中，坚持把学习推广"枫桥经验"摆到改革发展稳定大局中通盘考虑，整体推进。特别是今年以来各地紧紧围绕省委提出的主动接轨上海、打造先进制造业基地、创建生态省、加快发展海洋经济、统筹城乡发展、实施五大百亿工程等重大决策部署，以发展促稳定，以稳定保发展，用发展的思路谋划维护稳定的各项工作，用发展的理念解决影响稳定的各种问题，把改革的力度、发展的速度和社会可承受的程度有机统一起来，把促进发展作为维护稳定的治本之策，抓决策源头防矛盾，抓热点源头疏矛盾，抓教育源头减少矛盾，在推进经济社会协调发展的同时，最大程度地预防和化解了各类社会矛盾。

二是坚持依法治省，以德治省。全省各地始终坚持把学习推广"枫桥经验"与贯彻依法治国基本方略，推进依法治省各项工作，加强基层民主政治建设有机结合起来，与推进以德治省，加强公民思想道德建设有机结合起来，创造良好的法治环境，提高公民的综合素质，促进社会主义物质文明、政治文明和精神文明协调发展。着眼于营造学法、懂法、守法、用法的良好社会氛围，积极开展普法教育和依法治理工作，努力把各项工作纳入法治轨道；着眼于创造公平、公正的良好法治环境，大力推进依法行政、依法管理和公正司法，依法调处各类经济社会关系；着眼于推进基层民主政治建设，广泛开展"民主法治村"建设，进一步完善基层民主选举、民主决策、民主管理、民主监督的各项制度；着眼于树立良好的党风、政风、民风，全面实行政务、村务、财务公开，不断净化社会风气；着眼于提高人的素质和社会文明程度，弘扬"浙江精神"并不断赋予其新鲜内涵，开展多形式的群众性精神文明创建活动，发展文化事业和文化产业，加强社会主义道德建设，努力形成讲道德、守法纪的良好社会风尚。

三是坚持以人为本，执政为民。全省各地始终坚持把实现、维护和发展人民群众的根本利益作为学习推广"枫桥经验"的出发点和归宿，进一步转变执法管理理念，注重提高人的素质，维护人的权益，规范人的行为，和谐人与人之间的关系，使各项工作更加贴近实际、贴近生活、贴近群众。对外来流动人员实行本地化管理，在政治、生活、工作、教育等方面体现平等和关爱；对归正人员"不推一把拉一把，不帮一时帮一世"，做到帮心帮扶帮富；对青少年广泛开展思想政治和法制道德教育，推行"青少年维权岗活动"；对困难群众在认真落实各项扶贫帮困措施的同时，注重从政策制度上进行保障，加快建立覆盖城乡的新型社会救处警船，发挥渔民群众在遏制海上违法犯罪中的积极作用。

三、以完善机制为基础，积极调处化解矛盾纠纷

改革海事渔事纠纷处组织机制。2002年成立了区海事渔事调解中心。积极引导渔民群众自我教育、自我管理、自我服务，成立区、乡镇（街道）、村（社、公司）三级海事渔事纠纷调处自治组织。分别设立调解船协会总会、分会和支会，明确调解船近700艘。目前，区内85%以上的海事渔事纠纷都能在三级调解组织中得到调处，调处成功率达到80%以上。

强化海事渔事纠纷调处工作机制。制定《海事渔事纠纷调解规则》，明确各级调解组织在调处海事渔事纠纷中的职责权限及调处程序，规定由区级领导小组协调解决可能影响大局的重大纠纷，海事渔事调解中心负责纠纷调处的日常工作，各级调解船负责渔场第一线、第一时间的纠纷调处工作。在三级调解组织中建立调解竞赛奖惩制度，开展"渔场纠纷三少、调解工作三好"等活动，每年评比表彰先进，对不合格的及时予以撤换。建立健全值班长负责、搭档办案、定期通报、案件督办、联席会议五项工作制度，特别是对重特大案件实行"集体会诊"提高了海事渔事纠纷调处工作的规范化、制度化水平。

完善海事渔事纠纷调处预防机制。我们加强与周边地区的联谊协作，提出了"开展共创安全文明渔场联谊协作活动"的倡议，综治部门共同签订了《共创安全文明渔场联谊协作书》在机构设置、执法办案、宣传教育、协作事项等方面达成了共识，为及时有效处理跨区域海事渔事纠纷创造了条件。同时，积极鼓励乡镇（街道）、村（社、公司）以及渔船自发开展区内外联谊结对活动。目前，已有12个乡镇（街道）87个村的4080艘渔船与区外开展了以"联心、联谊、联利、联事"为主要内容的结对活动，占总数的85%。结对双方在渔场中发扬风格、互相谦让、友好协作，有效地避免了矛盾纠纷的发生，渔场秩序明显改观。同时，加强渔场预警信息网络建设，明确了60多艘"渔情联系船"，挑选了100多名素质好、威信高、责任心强的党员或船老大担任信息员，增强了对海事渔事矛盾纠纷苗头的控制和防范能力。

四、以构筑治安防控体系为抓手，全面落实各项防范措施

建立防控点。积极开展以创建平安渔村、平安养殖场和安全文明国际水产城为主要内容的"蓝色平安系列工程"活动。在渔村，建立以村干部为主体的治安组织，并把有条件的村落建成封闭式渔村，实行陆上封闭管理；在养殖场所，设立治安门岗、警示牌，成立治安联防队，加强值班巡逻；在舟山国际水产城等专业市场建立由派出所、保卫科、联合执法队、治安联防队组成的安全保卫组织，加强对码头、交易区、居民区和案件多发地段的巡逻检查。

巩固防控线。在港口、码头以及海岸线，建立夜间治安巡逻队，配备探照灯、步话机等设备，落实专人24小时值班管理。为加强对沿港重点部位及港口船只的监控，今年区政府投资400万元在沈家门沿港安装城市监控系统，进一步提高了沿港一线的治安防范能力。

拓展防控面。在渔场，打破村船界限，建立生产作业地联防组织。在船上，配备政治指导员、治安员和安全员，大型钢质渔船上安装保险、消防、救生等技防设备；并根据不同的船型和用途，把全区4800余艘渔船、2.7万渔民的信息输入电脑，实行信息化管理。针对港口一些船只违章违规行为较为突出、治安隐患较为集中的问题，实行港区停泊有序化、日常管理层次化、安全生产制度化、法制教育经常化的"四化"管理。同时，加强海上通道管理，防止犯罪分子从海上逃匿。

加强教育，提高渔民整体素质。充分利用渔村爱国主义教育基地、基层党校和村民学校，运用"文明守法船"、"党员责任船"、"海上选锋号"、"十星文明家庭"等载体，坚持不懈地对渔民进行爱国主义、集体主义和社会主义教育，不断提高渔民的思想道德素质。进一步巩固渔民业余法制学校、海上法制课堂、妇女法制协会等阵地，充分发挥船上政治指导员、渔民家属、海上法制讲师团的作用，切实加大对渔民的法制宣传教育力度。

创新拓展“枫桥经验”　全面构建治安防范体系

浙江省社会治安综合治理委员会

浙江省委、省政府高度重视经济与社会协调发展，致富与治安同步推进，紧紧抓住浙江人民自己创造的“枫桥经验”，在新的形势下不断创新拓展，赋予其“发动群众，化解矛盾，维护治安，促进发展”的新内容，致力于依靠群众建立社会治安防范体系，初步探索形成了以预测评估、打击整治、管理控制、安全创建、疏导化解、责任保障为主要内容的治安防范体系总体框架，促进了城乡基层治安防范能力的提高。全省社会治安状况持续好转，2001年全省刑事案件绝对数升幅比上年回落15.5个百分点，2002年刑事立案绝对数下降6.2%；人民群众安全感普遍增强，国家统计局2001、2002年调查显示，浙江受访群众认为有安全感的分别占87.8%、90.8%，位于全国前列。我们的主要做法是：

一、预测与预防先行，着力增强治安防范工作的前瞻性

重点抓好“人力、技术和评估”三大预警工程建设。一是在人力预警方面，把信息触角延伸到全省各地、各行业、各层面。全省建有社区警务室2416个，配置社区民警3743名，建有专业联防队2335支30913人，各类护路护厂护宅护村等队伍3.9万余支25万余人，有治保组织5万余个18万余人。这是人力预警的基本力量，在基层既发挥“稳定器”作用，又履行信息员职能，及时收集反馈治安信息。同时，普遍建立了以社区(村居)、单位治安积极分子、出租车、人力车、特种行业等从业人员为主体、多层次的治安信息员队伍，信息触角伸展到了村(居)、单位、要害部位和重点人群。各地和政法各部门普遍建立情况信息报送制度，综治系统和成员单位都设立信息联络员，目前，全省县以上各级机关有综治信息联络员360余人，乡镇、街道有信息员1800余人，其他人员组成的治安信息员近5万人，形成了覆盖面广、反应灵敏的人力情报信息网。二是在技术预警方面，以计算机综合信息系统和通信网络建设为骨干，大力推进信息化警务建设和重点部位技防设施建设。全省公安机关共配备计算机2.1万台，三级联网率达100%，不少社区警务室也进入了联网工程。全面实施了人口信息“百城联网”工程和危险物品、特种行业及内保单位等基础业务信息系统，有效服务于现实斗争。“严打”整治期间，我省利用暂住人口、旅馆业信息系统共抓获逃犯3000余名。公共场所、金融证券网点等重点部位的科技防范设施建设有了长足进步，对出租车、高档机动车、运钞车实施反劫防盗工程。对重点街面、路段实行全天候电子监控。温州市先后投入2000多万元用于社区物防、技防建设，宁波市拨出专款1200万元为市区3000辆出租车安装了GPS卫星定位系统，该市海曙区投资2000余万元建立城区电子监控系统，通过监控已破获各类刑事案件580余起，对违法犯罪活动产生了强大震慑作用。三是在评估预警方面，全省建立了社会治安综合治理评估和群众安全感调查制度。通过统计途径，每年采集定性、定量30项指标数据，经过统计、分析、排序等程序，对全省11个市的社会治安状况和综合治理工作情况，进行科学分析预测、评估。

二、疏导与整治并举，致力强化治安防范的源头治理

近年来，我们坚持以反复疏导及时化解因人民内部矛盾引起的各类纠纷，以滚动整治不断解决新形势下出现的突出治安问题。目前全省各级各部门都建有矛盾纠纷排查调处组织，不少地方还积极向商贸市场、企事业单位、海岛渔区、城市社区、外来人员聚居地延伸调解机构，全省基层共有各类调解委员会4.9万余个15万余人。省里还专门下发了《浙江省矛盾纠纷排查调处工作规程》,以组织排查、报送登记、梳理分工、调处化解、督查指导五个环节为重点,规范排查调处工作程序。乡镇、街道每月一排查,县、市每季一排查,省里按13种类型每季度汇总各市县排查调处情况,进行通报。对各市排名前5位的重点矛盾纠纷,由省里统一掌握备案,重点督查督办,限期疏导化解。各地都建立了矛盾纠纷分级负责、归口调处制度,对重大矛盾纠纷实行定牵头(责任)单位、定人员、定时间、包调处的"三定一包"办法,为群众解决了一大批实际困难。在疏导化解中,我们坚持突出重点,为现实发展服务,紧紧围绕中心工作,想方设法解决经济建设过程中可能出现的影响稳定的问题,并坚持把疏导化解矛盾与解决群众实际问题、改进干部作风结合起来。各地针对城市化建设进程中城市拆迁、旧城改造、征地安置和重大工程补偿等问题引起的矛盾纠纷、群体性事件增多的实际,以党委、政府名义出台了处理群体性事件规定等规范性文件。中日、中韩渔业协定于2001年生效后,针对传统外海作业渔场丧失,海上矛盾纠纷增多的实际,省委、省政府及时作出对海洋渔业结构进行战略性调整的决策,省财政每年新增扶持资金近2亿元,实行减船减人,减税减费,促进了渔区稳定。

在积极开展疏导化解工作的同时,对一些治安顽症、重症,我们则采取专项治理、重点整治等办法,加以解决。"严打"整治期间,省里列出4个县级市(区)、2个行业(专业市场和联托运)、31个乡镇(街道),作为全省重点整治地区挂牌整治,有力地促进了这些地方加强领导,整合力量,强化措施,加大投入,取得了明显效果。至去年底,省级重点整治的4个市(区)刑事发案比上年平均下降10.2%,31个乡镇(街道)中有29个刑事案件发案绝对数下降,平均下降14.9%。全省106个市级整治重点95%以上按期改变了治安面貌。为防止"死灰复燃",我们对其中的68个治安相对混乱的地区进行了跟踪排查、滚动整治,及时解决了一批区域性、行业性、多发性、季节性的突出治安问题。今年初,我们又对83个单位的治安情况进行黄牌警告,发出整改通知书,到6月底,改好的单位达64个,改好率为77%。根据我省的治安特点,适时开展市场和海上治安整治工作。全省先后组织开展了各类专业市场、托运行业及电力、建筑市场、集贸市场、旅游市场等专项整治活动,宁波市对各类专业市场、废旧物资收购、运输托运、建筑工地、宾馆旅社等"七条专线"进行全市性集中整治,依法打击惩治了一批涉黑涉恶等严重违法犯罪活动,规范了市场经营秩序。

三、管理与服务结合,最大限度地化消极因素为积极因素

一是政府管理机构"变脸"。全省不少市、县(市、区)积极改革流动人口管理体制,将治安、计生、劳动管理融为一体,成立政府直接领导下的流动人口管理办公室,"三证合一"、"一个窗口办事"、"一条龙服务"提高了工作效率,消除了部门隔阂,降低了管理成本,也极大地方便了外来人员。二是规章制度"并轨"。在省人大颁布的《浙江省暂住人口管理条例》的总体框架下,全省各地因地制宜,固化好的经验做法,形成了一系列配套的外来人口管理法规和政策。如外来人口承租房管理、企业和外来人口集中地管理、外来人口的社会保险和子女入学、外来人口法律援助等问题,都有了相应的规定,出台了相应的政策,形成了着眼服务、注重教育和维权,不忽视重点人员控制的管理新机制。三是方式方法"换手"。金华市针对流窜案犯利用出租车或以出租车司机为对象的作案突出,以出租车治安管理为打击流窜作案的突破口,努力把出租车建成一个个流动岗哨,把出租车司机培养成一个个流动信息员,不仅控制了本地作案,而且还破获了一大批外地作案后流窜来金的案犯。

四、责任与保障齐抓,大力推进治安防范措施的落实

一是重视政策法律保障。仅去年,省里就出台了两个高规格的文件:省委、省政府《关于进一步加强社会治安综合治理工作的实施意见》和省人大《浙江省社会治安综合治理条例》,对防范体系建设的总体框架、具体要求和有关问题作了明确规定。二是落实责任保障。全省普遍建立和实行了综治目标管理责任制和责任查究制,省、市、县、乡镇(街道)层层签订综治工作责任状,不少地方还延伸到村(居)和具体责任人。制定落实了一票否决权制、社会治安通报等制度,去年以来全省市、县两级共对336个单位和50名个人实行了"一票否决",对236个单位发出限期整改通知书。三是完善组织保障。各级都建立了五部门联席会议制度。加大了对各级领导干部尤其是市县和部门党政领导班子、党班"一把手"和分管领导履行综治职责情况的考察和监督。在全省推行综治成员单位年度述职报告,建立综治联终员制度等。四是加大经费保障。各级政府采取切实措施,不断加大治安防范工作的经费投入,杭州市萧山区、余杭区等地每年从财政拨出200余万元用于奖励基层的治安防范。据不完全统计,仅"严打"整治斗争以来,全省投入治安防范经费就达8亿余元,有力地保障了治安防范体系建设。

我们建设区域治安防范体系的几点做法

中共宁波市海曙区委　海曙区人民政府

近年来,我们努力构筑社会治安防控体系,形成了政府、社会、企业广泛参与,人防、物防、技防多元互动,社区、单位、路面全方位治理的防控格局,有效遏制了违法犯罪行为,为打造平安海曙,促进经济建设持续快速发展创造了良好条件。

一、系统化构建网络,努力形成覆盖全区的社会治安防范格局

(一)强化群防群治网络。全区组建了日防队、反扒队、车巡队、车管队、护楼队、社区保安队、物业保安队、流动人口协管队8支群防群治队伍,分布于全区的大街小苍。目前全区治安防范队伍总人数达3800余名。在街面,针对商贸中心区治安较为突出的问题,按照每50米配备一名人员的要求,组建了250名"红帽子"日防队;针对街面拎包、扒窃、诈骗现象严重的情况,成立了专业反扒队,30名反扒队员经过专门训练,专司反偷窃;针对小街小巷车巡不到、人防不足的实际,各街道专门组建了90人的自行车巡逻队,协助巡警在非主要路段巡逻;针对摩托车、电动车、自行车盗窃案件多发的状况,组建了400余人的车管队,对沿街车辆进行集中看护和管理。在居民区,我们针对白天非物业小区治安防范薄弱的状况,组建了300名护楼员,减少了白闯案件的发生;针对夜间社区案件多发的状况,组建了330人的夜间社区保安队,遏制了夜窃案件的发生。此外,每个小区还建立了参与面更广的党员"一人一岗"队伍,辖区内有8000多名党员定期参加社区义务巡逻,产生了良好的社会效应。

(二)广布电子监控网络。从2000年开始,通过政府投资与社会集资,共投入2000余万元建立了电子监控系统,在公安分局设立监控指挥中心,在派出所建立分监控中心,在主要街面安装了120多个监控探头。中心系统的高清晰数字背投大屏幕和监视器屏墙,可同时显示21路街面、场所的动态图象信号,可实现报警数据和图象信号的联动,接指令后,巡警或该街区的群防群治队伍可在3—5分钟内赶到现场处置。自2001年建成以来,通过技防监控不仅破获各类刑事案件580余起,还对违法犯罪人员产生了强大震慑作用,使他们在无所不在的高科技监控和报警系统面前怯于作案,大大减少了街面、路面刑事发案率。

(三)拓展物防建设网络。在单位,由企业出资,安装了一大批CK报警系统,使金融、商场、宾馆等重点单位的安全防范得到了进一步强化;在居民区,新建的物业小区一律安装电控防盗门,老住宅小区实施庭院式管理,设立门岗,加强安全防范,并鼓励居民出资,政府适当补贴,推广安装电控防盗门、红外线探头和多屏幕可视对讲电话等设备。全区电控防盗门安装率已达90%以上。

二、社会化整合资源,深入挖掘社会治安综合治理的巨大潜力

(一)成立综治协会,整合辖区单位资源。1999年

7月第一家街道社会治安综合治理协会成立,我们找到了一条促进政府管理与单位群众自治相结合的"纽带"。目前全区八个街道都建立了综治协会,下设60个综治分会,共吸纳辖区单位716家,各综治协会在街道综治委的指导下,自我管理、自我服务、自我参与、自我监督。街道综治委通过协会及时了解辖区单位的基本情况、综治形势,布置落实综治工作各项任务。通过各分会建立沟通平台,定期举行例会,分析治安形势、交流防范经验,促进各单位的综治工作。协会的成立也加强了辖区单位和社区的联系。

(二)建立综治警务室,整合社区资源。在社区,建立了以社区综治警务室为主阵地的治安防范网络。利用公安系统建设社区警务的契机,把综治工作与警务工作在社区密切连接。社区综治警务室由社区民警、专职治保调解干部、流动人口协管员等人员组成,以"小事不出楼道,大事不出社区"为目标,以开展"无刑案小区"、"无毒社区"、"远离毒品康复俱乐部"等活动为载体,在推进社区社会治安综合治理中,发挥综合协调作用,调动社区各项资源,服务社区治安。海曙辖区内实施物业化管理的小区占居民区的70%以上,共有物业保安1800名,为发挥这支队伍在居民区的治安防范作用,社区综治警务室通过开展治安防范创星级活动,理顺了物业公司与社区居委会的关系。活动中,按照治安防范水平和实绩划分为2至5星四个等级,对达到各星级标准的物业小区,分别授星并可逐级晋升。对治安秩序差的物业小区实行挂牌警示,限期整改。

三是通过齐抓共管,整合部门资源。我们将维护社会稳定和治安防范工作细化为8个方面36项具体内容,每一项均由区级领导作为单项负责人牵头协调。各部门、各街道根据各自职能,共同致力于具体任务的落实。利用城管队伍在路面值勤的有利条件,赋予城管部门路面防控任务。按照公安机关负责主要路面,城管队伍负责一般路面的分工,城管部门与公安机关密切配合、相互协作,在加强城管执法工作的同时,参与遏制路面发案,逐步建立与公安网格化巡逻互动的路面巡防机制。劳动部门利用人力资源的优势,结合再就业工程,组织下岗失业职工,组建群防群治队伍,用足非正式就业用工补助的政策,减少治安防范的成本。民政部门在加强社区建设的过程中,与保险公司进行沟通和协商,积极探索"家庭保险进社区",以进一步扩大家庭财产保险的参保率,并用一部分保金组建群防队伍,加强居民区的防范工作,取得了一定的经济效益和社会效益。

三、市场化推进运作,积极探索治安防范的高效机制

(一)建立三车管理公司。摩托车、电动车、自行车盗窃是影响刑事案件总体上升的一个重要因素,是群众最为关注的热点和焦点。今年,我们通过向社会公开招标,成立了车辆管理服务社,按照"定人员、定时间、定路段、定责任、定奖惩"的路段区域管理目标,以企业化管理运作的方式,将摩托车、电动车、自行车的秩序管理与安全管理结合起来,规范车辆集中停放看护。

(二)组建护楼员机构。为加强非物业小区和老住宅小区的治安防范,我们结合再就业工程,在全区招聘了295名基本由下岗职工组成的社区护楼员,成立护楼员管理公司,纳入非正规就业组织。公司为每位护楼员缴纳"三金",规定护楼员基本工资,并按工作成绩进行浮动。公司按企业化动作,做到职责范围清晰,目标任务明确。不仅提高了非物业小区的治安管理的效率,还为社会提供了包括车辆管理员在内的700多个就业岗位,为再就业工程作出了一定的贡献。

(三)开展治安防范责任承包。在城区案件多发区域,由街道与大型商场、医院等部门签订社会治安综合治理责任状,将维护治安秩序作为落实门前"三包"的重要内容,由各单位进行治安自治管理。在近郊农村,行政村和派出所作为联合主体,面向全村公开招标,中标者与村委会签订《农村综治工作各项指标及费用承包协议书》,负责起护村队的管理和运作。政府管理和市场管理相结合,改变了以往区域治安防范效率不高、投入与产出效益不对称的状况。农村刑事案件同比下降45%,流动人口登记、办证率提高了近三成。

浙江省社会治安综合治理委员会 浙江省统计局　浙江省财政厅 关于实行社会治安综合治理评估的通知

（2002年12月22日）

各市社会治安综合治理委员会、统计局、财政局并报党委、政府：

按照党的十六大有关维护社会稳定的精神和中央、省委关于加强社会治安综合治理工作的要求，为了建立健全科学的社会治安综合治理预测评估体系，综合评定各地的社会治安状况和综合治理工作情况，促进社会治安综合治理工作的不断深化，确保社会治安持续稳定，经研究，决定从2003年开始，对全省11个市的社会治安综合治理工作进行评估。现将有关事项通知如下：

一、评估目的

在全省范围实行社会治安综合治理工作评估，是为了更加直观准确、客观科学地反映全省社会治安状况和社会治安综合治理工作情况，为各级党委、政府进一步加强社会治安综合治理，制定和实施社会治安综合治理战略规划和年度工作计划提供决策参考，更好地促进维护稳定领导责任制、综合治理目标管理责任制和领导责任查究制的落实，为全省的经济社会发展创造良好的社会环境。

二、评估对象

省级社会治安综合治理评估对象为全省11个市（含所辖的县、市、区）。县（市、区）的社会治安综合治理工作评估由各市参照省级评估指标进行。

三、实施办法

省社会治安综合治理委员会办公室、省统计局会同有关部门根据中央和省委有关社会治安综合治理的方针政策，以及社会治安综合治理的工作重点，结合我省经济社会发展状况，在反复论证，广泛征求意见的基础上，制定综合治理评估的指标体系（见附件1）及其说明（见附件2）。评估工作具体由省综治办牵头，会同省统计局、省公安厅、省委组织部、省财政厅、省司法厅、省信访局、省教育厅、省劳动和社会保障厅、团省委有关部门统一实施。评估原则上每年进行一次，其中群众安全感问卷调查（见附件3）可单独进行测评，原则上每两年进行一次。

社会治安综合治理评估指标体系由定性和定量两大类共30项指标组成。定性指标值由省综治委组织省级有关职能部门通过综合治理检查、考核采集；定量指标值由各市相关职能部门统计上报，由省级相关职能部门采集汇总后提供；定量指标中群众安全感数据由各市综治委、统计局组织所属县（市、区）综治委、统计局进行调查采集。省综治办、省统计局会同有关部门和有关专家确定每个具体指标的权重，按统计方法、程序汇总，得出评估结果。

评估结果于第二年适当时候公布。主要采取三种形式；一是向省委、省政府提交社会治安综合治理评估报告，经审核同意后，以省委、省政府名义发文公布；二是省综治委和省统计局对全省各市社会治安综合治理的发展水平进行排序比较；三是及时向省委、省政府和有关部门提供社会治安综合治理热点、难点问题的专题报告，为领导决策提供依据。

评估的具体操作办法另定。

四、有关要求

社会治安综合治理评估是一项严肃认真的工作，涉及面广、工作量大，各级党委、政府和有关部门要加强领导，明确分工，落实责任，搞好配合。要把评估工作纳入工作议程，督促综治、统计等有关部门认真组织实施。

各级综治委(办)要加强组织协调,精心部署评估工作。要协同统计及其他有关部门落实专门人员,认真抓好评估的业务培训工作,确保评估工作的顺利进行。各相关职能部门要抓好资料的收集、整理、分析,确保评估资料的准确性,并协助撰写专题报告。各级各部门要本着认真负责的态度,客观、准确地提供社会治安综合治理工作的真实情况和有关数据。对评估工作弄虚作假、敷衍了事的,一经查实,将追究有关领导责任。

开展社会治安综合治理评估工作所需经费,由各级财政列入预算给予解决。

社会治安综合治理评估指标体系

社会治安综合治理评估指标体系按照省委〔2002〕7号文件有关建立预测评估、责任保障、打击整治、管理控制、防范创建、疏导化解六大体系的要求,结合我省经济社会情况,由8项定性、22项定量指标组成。其中公众满意度指标通过公众安全感调查反映。具体指标分列如下:

(一)定性指标

1. 领导重视,机构,人员落实,制度健全;

2. 党政领导干部抓社会稳定和综治工作的考核措施落实;

3. 综治工作经费列入同级财政预算;

4. 市与县(市、区)及所辖各部门每年签订综合治理目标管理责任书;

5. 社会治安重点整治、专项治理开展情况;

6. 治安防范硬件设施建设情况;

7. 基层创安活动开展情况;

8. 重大群体性事件处置情况;

(二)定量指标

9. 乡镇(街道)专抓综治工作的党政副职配备率;

10. 公检法司经费支出增幅与同期财政支出增幅比例;

11. 每万人口刑事案件立案数;

12. 杀人及爆炸、放火、抢劫、劫持、强奸、绑架、伤害8类专报案件占刑事案件总数的比例;

13. 杀人及爆炸、抢劫、劫持、伤害、强奸、绑架、放火8类专报案件的破案率;

14. 毒品犯罪案件的增减率;

15. 每万人口治安案件受理数;

16. 每万人口重大事故死亡数;

17. 外来人口犯罪数占当地外来人口总数的比例;

18. 青少年犯罪人员占全部刑事作案人员的比例;

19. 归正人员重新犯罪率;

20. 吸毒人员新滋生率;

21. "法轮功"重点人员教育转化率;

22. 县(市、区)出租车出城登记制度落实率;

23. 社区综治、警务室占社区总数比率;

24. 中小学在校学生违法犯罪率;

25. 矛盾纠纷调处成功率;

26. 群体性事件发生起数占矛盾纠纷总数比例;

27. 群众越级上访、重复上访、集体上访批次占上访总批次的比例;

28. 人均 GDP;

29. 城镇登记失业率;

30. 群众对安全感的满意率。

附：

关于制订社会治安综合治理评估指标体系的说明

社会治安综合治理评估指标体系，共30项指标，由定性测评、定量测评(包括群众满意度测评)两部分组成。各部分评估指标体系的分值均为100分，评价总分值由各部分分值按一定权重比例汇总而成。具体指标说明如下：

定性指标：

第1项："领导重视，机构、人员落实，制度健全"主要评估内容：

1. 市、县(含市、区，下同)党委、政府把社会治安综合治理工作列入重要议事日程，经常专题听取情况汇报，组织开展调查研究，定期分析研究本地社会治安形势，加强工作指导；

指标来源：各市、县综治办

2. 市、县、乡镇(街道)三级党委、政府主管、分管综合治理工作责任人明确；

指标来源：各市、县综治办

3. 市、县按规定必设的综治领导机构、办事机构和其他专门机构健全，主要是综治委及其办公室，综治委下设的流动人口治安管理、归正人员安置帮教、预防青少年违法犯罪、铁路护路联防及海事渔事纠纷协调五个专门的工作机构健全；

指标来源：各市、县组织人事部门和综治办

4. 乡镇(街道)综治办设专职工作人员；

指标来源：各市、县组织人事部门和综治办

5. 基层群防群治队伍组织、人员、经费落实情况；外来人口管理机构、人员、经费落实情况；乡镇(街道)以上建立矛盾纠纷排查调处工作机构情况；机关团体、企事业单位、安全保卫机构建设情况；

指标来源：各市、县综治办、公安部门

6. 县(市、区)以上建立综治委例会制度、综治委成员单位年终述职考核制度、5部委联席会议制度和综合治理年终综合考核制度；

指标来源：各市、县综治办

7. 社会治安综合治理计划、检查、考核等工作落实；

指标来源：各市、县综治办

8. 对本地区发生影响社会稳定的重大问题实行通报、责任查究或一票否决制度落实；

指标来源：各市、县综治办

第2项："党政领导干部抓社会稳定和综治工作的考核措施落实"主要评估：

1. 党政领导干部抓社会稳定和综治工作的实绩列入干部考核内容，考核结果作为干部选拔任用的重要依据，与晋职晋级、奖惩挂钩；

指标来源：各市、县组织部门

2. 组织部门考察党政主要领导和分管综治工作领导干部实绩时，征求社会治安综合治理领导机构意见；

指标来源：各市、县组织部门

第3项："综治工作经费"，主要是指综治机构开展工作的业务经费和开展各项活动的专项经费；

指标来源：各市、县财政部门

第4项："市、县所辖各部门"是指综治委成员单位；

指标来源：各市、县综治办

第5项："社会治安重点整治、专项治理开展情况"是指省、市组织开展的重点整治、专项治理活动，各市、县有部署、有方案、有措施、有结果；

指标来源：各市、县综治办及有关职能部门

第6项："治安防范硬件设施建设"主要指繁华街区、专业市场、要害部门、重点单位、社区等场所监控、报警设施建设情况，以及旅馆、饭店等公复场所信息联网管理情况；

指标来源：各市、县公安部门提供

第7项："基层创安活动"指各地开展平安乡镇(街道)、平安社区(小区)、治安安全村、治安安全单位、无毒社区等创建活动情况；

指标来源：各市、县综治办、公安部门

第8项："重大群体性事件处置情况"主要是指：

1. 县以上建有处置重大突发性事件、群体性事件预案；

指标来源：各市、县公安、信访部门

2. 党政领导及时掌握、妥善处置本地区发生的各种突发性事件、群体性事件的能力；

指标来源：各市、县综治委

定量指标

第9项："乡镇(街道)专抓综治工作的党政副职配备率"，是指已配备专抓综治工作党政副职的乡镇(街道)与乡镇(街道)总数的比例。该指标主要反映基层对社会治安综合治理的重视程度。

指标来源：各市、县综治办、组织部门

第10项："公检法司经费支出增幅与同期财政支出增幅比例"，该指标主要反映各级政府对社会治安综合治理的重视程度和保障力度。

指标来源：各市、县财政部门

第11项："每万人口刑事案件立案数"是指刑事案件立案数与总人口的比例，其中的每万人口指户籍人口和外来人口之和(下同)。

指标来源：各市、县公安部门

第12项："杀人及爆炸、放火、抢劫、劫持、强奸、绑架、伤害8类专报案件"系严重暴力案件，危害程度大、影响大，其占刑事案件总数比例的高低，一定程度上反映一个地方治安状况的好差。

指标来源：各市、县公安部门

第13项："杀人及爆炸、放火、抢劫、劫持、强奸、绑架、伤害8类专报案件的破案率"，该指标的高低一定程度上反映打击严重犯罪活动、震慑犯罪分子的力度。

指标来源：各市、县公安部门

第14项："毒品犯罪案件的增减率"，是指本年度与上年度毒品犯罪案件之比。毒品犯罪案件往往易引发其他刑事、治安案件，危害程度大，其增减率一定程度上反映一个地方的治安状况的好差。

指标来源：各市、县公安部门

第15项："每万人口治安案件受理数"是指治安案件受理数与总人口之比，该指标的高低一定程度上反映一个地方的治安秩序的状况。

指标来源：各市、县公安部门

第16项："每万人口重大事故死亡数"，该指标的高低反映一个地方交通、火灾、工伤事故等安全生产的状况。

指标来源：各市、县公安、劳动部门

第17项："外来人口总数"在此仅指当地公安部门登记在册的暂住人口数。外来人口犯罪数和当地外来人口总数之比，该指标的高低反映一个地方对外来人口治安管理的状况。

指标来源：各市、县公安部门

第18项："青少年犯罪人员占全部刑事作案人员的比例"，青少年犯罪人员是指年龄14至25周岁的犯罪人员。

指标来源：各市、县公安部门

第19项："归正人员重新犯罪率"，是指本年度中刑释5年内、解教3年内犯罪的人员与本年度中刑释5年内、解教3年内犯罪人员总数之比。

指标来源：各市、县司法行政部门

第20项："吸毒人员新滋生率"是指年度新增加的在册吸毒人员数与上年在册吸毒人员总数之比，该指标的高低一定程度反映一个地方打击、控制毒品违法犯罪的力度。

指标来源：各市、县公安部门

第21项："'法轮功'重点人员教育转化率"是指已教育转化人员占未教育转化人员和不放心对象之和的比例。

指标来源：各市610办公室

第22项："县(市、区)出租车出城登记制度落实率"，是指各市实行出租车出城登记制度的县(市、区)数与各市所属县(市、区)部数的比例，这一定程度上反映各地对以出租车司机为侵害对象和以出租车为作案工具的犯罪案件控制措施的落实情况。

指标来源：各市、县公安部门

第23项："社区综治、警务室建成率"，是指已建成社区综治、警务室数占社区总数之比，该指标的高低反映城市社区综治基础建设和防范工作措施落实状况。

指标来源：各市、县综治办、公安部门

第24项："中小学在校学生违法犯罪率"是指列入国民教育系列小学、初中、高中(含职高)学校在校学生中违法犯罪人数占在校学生总人数比例，该指标的高低反映一个地方对在校学生法制教育的重视程度。违法的标准以治安处罚为准。

指标来源：各市、县综治办、教育部门

第25项："矛盾纠纷调处成功率"是指调处成功的矛盾纠纷数与排查出矛盾纠纷总数的比例，该指标的高低反映一个地方化解矛盾，维护社会稳定的状况。

指标来源：各市、县综治办

第26项："群体性事件发生起数占矛盾纠纷总数比例"，该指标的高低反映一个地方化解矛盾，维护社会稳定的状况。

指标来源：各市、县综治办和公安、信访部门

第27项："群众越级上访、重复上访、集体上访（简称"三访"案件）批次占上访总批次的比例，该指标一定程度上既反映一个地方矛盾纠纷和不稳定因素的程度，也反映当地党委、政府和党政领导疏导化解矛盾纠纷的能力和维护稳定工作措施的落实情况。

指标来源：省、市、县信访部门

第28项："人均GDP"

(1)国内生产总值（又称GDP），它是一个国家（地区）所有常住单位在一定时期内生产活动的最终成果。

(2)人均国内生产总值（人均GDP）

$$人均国内生产总值=\frac{国内生产总值}{年平均人口}$$

指标来源：各市、县统计局

第29项：城镇登记失业率

(1)城镇登记失业人员数占城镇从业人员与登记失业人员数总和的比重

(2)城镇登记失业率

$$=\frac{城镇登记失业人数}{城镇从业人员数+城镇登记失业人数}\times 100\%$$

指标来源：各市、县劳动局

第30项：群众对安全感的满意率，通过群众安全感抽样调查取得。（具体调查表式见附件）

浙江省社会治安综合治理委员会关于开展省级"平安乡镇（街道）"创建活动的通知

（2003年3月25日）

各市、县（市、区）社会治安综合治理委员会并报党委、政府：

近年来，各地各部门按照中央和省委的部署，以学习推广"枫桥经验"为抓手，把大力开展基层安全文明创建活动作为推进社会治安综合治理的有效载体，作为为民办实事的民心工程，因地制宜，真抓实干，涌现了一大批安全小区、治安安全村、治安安全单位、安全文明校园、安全文明渔场、安全文明铁道线等先进典型。为全面贯彻落实党的十六大关于维护社会稳定的战略部署，认真实施《浙江省社会治安综合治理条例》，进一步健全完善具有浙江特色的社会治安防范创建体系，树立典型，推动工作，巩固和发展基层安全文明创建成果，决定在全省范围内开展省级"平安乡镇（街道）"创建活动。现将有关事项通知如下：

一、指导思想

以邓小平理论和"三个代表"重要思想为指导，认真贯彻党的十六大精神，紧紧围绕"社会秩序良好，人民安居乐业"的目标，坚持"打防结合、预防为主"的方针，运用"枫桥经验"的基本精神，广泛发动社会各方面力量，拓展创建范围，丰富创建内涵，创新创建机制，强化基层治安防范，推进

基层基础建设，促进社会治安综合治理各项措施的落实，努力维护社会治安稳定，为全面建设小康社会，提前基本实现现代化创造良好的社会环境。

二、内容和标准

（一）社会治安秩序良好（35分）

1、乡镇（街道）无流氓恶势力犯罪团伙（4分）；无爆炸、杀人、绑架、放火等重大恶性案件（4分）；无重大毒品犯罪案件（3分）；无重大经济犯罪案件（3分）；盗窃、抢劫、抢夺等多发性侵财案件得到有效控制（3分）；每万人口刑事案件立案数低于所在市的平均值（2分）。

2. 无“法轮功”等邪教组织串联、聚会、集体练功等非法活动（4分）；每万人治安案件立案数低于所在市的平均值，无聚众斗殴、赌博、吸毒和制作、贩卖淫秽物品等重大案件（3分）；无火灾、交通、安全生产等重特大治安责任事故（3分）；无“民转刑”案件（2分）；无重大群体性事件和集体上访事件（4分）。

（二）防范控制措施落实（20分）

3. 乡镇（街道）治安防控体系完善，人防物防技防等防控措施落实，首脑机关、金融部门等重点要害部位无失控现象（3分）。

4. 矛盾纠纷排查调处工作落实，程序规范（2分）；矛盾纠纷调处率达100%（2分），调处成功率不低于90%（2分）。

5. 重点人群教育管理措施落实，机制完善（2分）；暂住人口底数清、情况明，登记发证率不低于95%，流动人口违法犯罪人数占流动人口总数的比例低于4‰（3分）；归正人员帮教率不低于98%，安置率不低于95%，重新犯罪率低于4%（2分）；未成年人犯罪占犯罪总数比例低于8%（2分）。

6. 党（团）员、干部带头参与居住地治安巡逻、法制宣传、纠纷调解和社区安全文明创建等各项综治工作（2分）。

（三）基层组织坚强有力（15分）

7. 乡镇（街道）党委政府重视社会稳定工作，经常分析治安形势，部署工作任务，解决实际问题（4分）。

8. 社会治安综合治理委员会及其办事机构健全（1分），配齐配强专抓副职（1分）和1名以上专职工作人员（1分），适时制定综治工作计划，有针对性地提出治安防范工作意见和建议，主动协调、督促有关部门和人员有效解决治安问题，及时总结经验，推广典型（2分）。

9. 建立由党委政府统一领导，综治办组织协调，以司法所为依托、有关部门共同参加的矛盾纠纷调解组织机构（1分）；村（居）、企事业单位和村（居）民小组、生活班组层层有调解组织或人员（1分）。

10. 公安派出所、人民法庭、司法所等政法基层组织主动参与社会治安综合治理并发挥主力军作用（1分）；各村（居）委会有专人负责社会治安综合治理工作，村（居）治保会、调解会等配套组织健全（1分），群防群治队伍健全并形成网络，发挥作用好（2分）。

（四）责任到位保障有力（15分）

11. 乡镇（街道）与村（居）及辖区单位每年签订社会治安综合治理目标管理责任书（3分），综治工作列入党政主要领导和分管领导政绩考核内容（3分），认真开展综治工作检查考核，落实奖惩措施（3分）。

12. 社会治安综合治理经费列入同级财政预算（2分）；群防群治队伍和流动人口管理经费渠道畅通，保障到位（2分）；创安经费有保障（2分）

（五）人民群众满意（15分）

13. 群众对当地治安状况满意率不低于80%（10分）。

14. 群众对居住地、工作单位的安全防范工作表示满意（3分）。

15. 社区、村（居）及各类公共场所社会风气良好（2分）。

当年发生下列问题之一的，不列入省级“平安乡镇（街道）”评选：

1. 黑社会性质组织犯罪；

2.“法轮功”顽固分子从事各种捣乱破坏活动构成犯罪或者集体进京滋事；

3. 影响恶劣或者造成严重后果的重大群体性事件；

4. 重大火灾、安全生产责任事故造成群死群伤。

三、方法和程序

省级“平安乡镇（街道）”创建活动由各级党委、政府统一组织领导，以乡镇、街道为单位开展。

各地已开展的安全小(社)区、治安安全村、治安安全单位、安全文明铁道线、安全文明渔场、安全文明校园等各项创建活动要纳入其中。坚持打击与防范结合,专门机关与群众路线结合,发挥党的政治优势与依法治理结合,落实治安防范措施与精神文明建设结合,营造区域性平安稳定局面,促进全局性经济社会协调发展。

省级"平安乡镇(街道)"评审工作,按照县(市、区)级检考评、市级审核上报、省级审定命名的办法进行。

1."平安乡镇(街道)"创建活动的检查考评,由县(市、区)统一组织,每年一次。各县(市、区)严格按照创建内容和标准,认真进行检查考评。考评工作可与年末综治工作检查考核一并进行。

2.综合考评达到90分(含)以上的乡镇(街道),由各县(市、区)综治委提出申请,经各市综治委组织复查验收后,由各市向省综治委提出省级"平安乡镇(街道)"申报。

3.省综治委在各市申报的基础上,组织有关部门抽查考核或委托验收,经省级有关新闻媒体公示后,对符合标准的作为省级"平安乡镇(街道)"进行命名表彰。命名表彰前发生本《通知》规定不列入省级"平安乡镇(街道)"评选四方面问题之一,或其他影响社会稳定问题被"一票否决"的,取消评选资格。

4.省级"平安乡镇(街道)"不搞"终身制",结合当年社会治安综合治理评估开展考核,对考核不符合标准的,予以摘牌。对发生应予"一票否决"的影响社会稳定重大问题的,随时予以摘牌。

5.省综治办设立省级"平安乡镇(街道)"创建活动监督举报电话,任何人任何单位均可对在创安活动中弄虚作假的行为和人员进行举报,一经查实,将取消资格,随时予以摘牌,并对有关责任人作出处理。

四、组织领导与管理

1.各级党委政府要把创建省级"平安乡镇(街道)"活动作为贯彻落实党的十六大精神,全面建设小康社会,促进精神文明建设的一项重要内容,统一规划,精心组织,切实加强领导。县(市、区)和乡镇(街道)要形成由党政专抓副职挂帅、综治办牵头、基层政法及有关部门共同参与的工作机制,统一组织领导,认真制定方案,具体负责实施。要加强检查指导和督促,使各项创建措施落到实处,确保创建工作扎实、有序地开展。

2.各级党委、政府要在人力、物力、财力上对创建省级"平安乡镇(街道)"工作给予支持,切实解决创建活动中遇到的各种问题和困难。县(市、区)和乡镇(街道)政府财政应适当拨出专项经费作为创建活动的启动经费,同时,按照"取之于民、用之于民"和"谁受益、谁出资"的原则,多渠道筹措经费,逐步建立适应市场经济要求的创安和群防群治经费保障机制,保证创建工作的顺利开展。

3.各部门及其下属单位在创建工作中,要按照"属地管理"原则,服从所在乡镇(街道)党委政府的统一领导和综治委的指导、协调、督促和检查。

4.各地要重视做好宣传发动工作,广泛动员各部门各单位、社会各界和广大群众,积极支持和参与创建活动。要及时发现和总结推广各地创建工作的好经验、好做法,大力宣传创建工作的先进典型,形成全社会齐抓共创的良好氛围。

(撰稿:朱益军　王文兵　陈旭瑾
审稿:王　毅　于厚森)

安　徽　省

省综治委组织参与的主要工作情况

2003年，在省委、省政府的领导下，省综治委以党的十六大精神和“三个代表”重要思想为指导，坚持“打防结合、预防为主”的方针，认真落实综治责任制，深化“严打”整治斗争，积极参与“非典”防治和抗洪抢险工作，大力推进社会治安防控体系建设，取得了明显成效，有力地维护了全省社会政治稳定和治安安定。

一、扎实推进了“严打”整治斗争，实现了预期目标

一是突出重点，不断加大“严打”力度。各级政法机关根据实际需要，组织开展了一系列针对性强的专项斗争和集中统一行动，扩大了“严打”战果。二是有的放矢，继续大力整治治安乱点和突出治安问题。进一步深入开展治爆缉枪，查禁“毒鼠强”，集中整治校园及其周边、铁路沿线治安等专项整治行动。据统计，2003年全省共排查治安混乱地区和部位507个，经过整治有445处的治安混乱局面得到了改观，整治面达100%，整治有效率达87.7%。继续整顿和规范市场经济秩序，严厉打击各种经济犯罪活动，取得了显著成效。三是精心组织，开展了“严打”整治斗争检查考核活动。省“严打”整治斗争指挥部于3月15日至4月10日，组织了9个检查考核组，对“严打”整治斗争开展情况进行了严格的检查考核，全省17个市均达到了合格以上的要求。四是认真总结，巩固了“严打”整治斗争的成果。8月份，省委、省政府隆重召开了全省“严打”整治斗争总结表彰大会，回顾总结了两年来全省“严打”整治斗争情况，研究部署了下一步社会治安工作。会上对合肥市中级人民法院刑二庭等47个先进集体和100名先进工作者进行了表彰。五是精心策划，举办了“严打”整治斗争成果展。省综治委精心组织，认真策划于11月中旬开展了全国、全省“严打”整治斗争成果展览活动。展览分为两部分，第一部分是全国“严打”整治斗争成果，第二部分是我省“严打”整治斗争成果。省暨合肥市干部职工、人民群众和广大中小学生3万多人参观了展览；省委副书记王昭耀、杨多良、王明方、张平，省委常委、组织部长朱成林，省委常委、政法委书记孙金龙，副省长徐立全、省高院院长周溯、省检察院检察长柯汉民等领导在展览期间都亲临指导。

二、进一步深化了“创模”、“创安”工作

省综治委制订下发了《安徽省社会治安综合治理模范县(市、区)动态管理办法》，要求各市根据办法的规定，于年底前对全省两批命名的40个综治模范县(市、区)进行了初步复查，并对新申报的单位进行了检查考核。部署各地采取多种形式开展了创建安全文明小区、安全文明村镇(单位)、“无毒社区”、安全文明铁道线、安全文明校园等活动。继续搞好企地共建活动，把安全创建活动向三资企业、民营企业、个体私营企业延伸。

三、扎实开展了社会治安防控体系建设，提升了防范能力

省综治委重点联系合肥、宣城、阜阳三市，进行社会治安防控体系建设试点。芜湖、蚌埠、宿州、淮北、安庆等市按照要求，选择了一个县或区，开展了自己的试点工作。10月29日，省委常委会研究决定：由省综治委研究制订《安徽省社会治安防控体系建设的意见》，对下一步在全省范围内普遍推开治安防控体系建设提出明确意见。目前，社会治安防控体系建设工作进展顺利，并已取得了初步成效。其中合肥市依托社区抓防控的经验在江西南昌召开的全国社会治安综合治理工作会议上作了大会发言交流；宣城市社会治安防控体系建设和五河县在农村构建“千旗网底防范工程”

等经验材料作了会议书面交流。

四、认真落实了综治领导责任制，增强了“保一方平安”意识

为了进一步健全和落实社会治安综合治理领导责任制，上半年，省综治委、省纪委、省委组织部、省人事厅、省监察厅联合下发了《关于领导干部履行社会治安综合治理职责考核与奖惩暂行规定》。阜阳等市在转发省五部委的《规定》的同时，结合当地实际，先后出台了《县市区党政领导干部、市综治委成员单位领导干部履行社会治安综合治理职责考核和奖惩实施细则》、《关于在干部选拔任用中严格执行综治工作“一票否决”制的通知》等文件，将领导干部履行综治责任进一步具体化，把综治“一票否决”权向领导干部延伸，改变了过去只否定单位，不否定个人的情况。

省委将“年底组织开展落实第三轮综治领导责任制检查考核”作为2003年的一项重要工作，纳入省委常委会工作要点。省综治委制定了检查考核工作方案，并下发了《关于开展2001－2003年度综治工作检查考核的通知》，于2003年12月份组成了由省综治委委员带队的17个检查考核组，分赴全省17个市，围绕领导责任制落实情况，“严打”整治斗争情况、维护稳定情况、防范工作情况、综治工作创新情况、民意测评情况等方面进行了认真检查。通过这次检查考核，评出黄山市、芜湖市、宣城市、巢湖市和铜陵市为全省社会治安综合治理先进市。

五、积极参与防治“非典”和抗洪抢险斗争，维护了社会稳定

2003年4至6月，全省各级综治部门认真贯彻落实中央和省里的统一部署，积极参与到非典型肺炎的防控工作中去。综治部门齐抓共管，依靠基层网络健全、群防群治参与面广的优势，迅速投身“非典”防控工作。有针对性地加强了对流动人口的管理和服务，有效防止了大量外出务工人员返乡造成“非典”的跨地区传播；密切注重社情动态，利用基层综治信息网络，了解掌握群众防治“非典”情况；阜阳市综治部门参与“非典”防控工作的经验，被《中央社会治安综合治理动态》刊发推广。

2003年夏季，安徽省阜阳、亳州、六安、滁州等市发生了严重的洪涝灾害，各地军民全力投入抗洪抢险工作。为维护抗洪抢险期间的社会稳定，省综治委号召各级综治组织先后通过各种方式和途径，对此作出了一系列部署和要求。广大基层综治干部始终奋战在抗洪救灾的第一线，在抢险救灾、布岗巡逻、发放物资、转移农民、排水排涝等方面作了大量工作。期间，各地群防群治组织积极配合公安机关及时制止了多起因排涝纠纷可能引发的群体性斗殴事件，有力地维护了灾区的社会稳定。

六、扎实推进了综治难点工作，大力攻坚克难

一是刑释解教人员安置帮教工作有新突破。省综治委刑释解教人员安置帮教工作领导小组会同省司法厅等六厅局共同出台了《关于刑释解教人员安置政策的通知》，受到了中央政治局常委、中央政法委书记、中央综治委主任罗干同志的重视，并作了重要批示。二是预防青少年违法犯罪工作有新进展。各地大力开展了青少年法制教育，推进了青少年法制教育基地建设；加强了对法制副校长（辅导员）的培训、管理工作；改进了法制教育的方式、方法，增强法制教育的针对性和实效性。为推动这项工作的深入发展，省综治委、司法厅、教育厅和团省委开展了一系列检查、评选表彰优秀法制副校长（辅导员）的活动。

“严打”整治斗争情况

2003年，在省委、省政府的领导下，省及各地政法、综治部门深入贯彻落实2001年全国、全省社会治安工作会议精神，按照年初全省政法工作会议的部署，高度重视，加强领导，扎实做好“严打”整治斗争第三阶段的工作。一是突出重点，不断加大“严打”力度。各级政法机关根据实际需要，组织开展了一系列针对性强的专项斗争和集中统一行动，扩大了“严打”战果。二是有的放矢，继续大力整治治安乱点和突出治安问题。深入开展治爆缉枪，查禁“毒鼠强”，集中整治校园及其周边、铁路沿线治安等专项整治行动。据统计，2003年全省共排查治安混乱地区和部位507个，经过整治有445处的治安混乱局面得到了改观，整治面达100%，整治有效率达87.7%。继续整顿和规范市场经济秩序，严厉打击各种经济犯罪活动，取得了显著成效。三是精心组织，开展了“严打”整治斗争检查考核活动。省“严打”整治斗争指挥部于3月15日至4月10日，组织了9个检查考核组，对“严打”整治斗争开展情况进行了严格的检查考核，全省17个市均达到了合格以上的要求。四是认真总结，巩固了“严打”整治斗争的成果。在各地、省直政法部门总结的基础上，5月份，省“严打”整治斗争指挥部、省委常委会分别专门召开会议听取了汇报；8月份，省委、省政府隆重召开了全省“严打”整治斗争总结表彰大会，回顾总结了两年来全省“严打”整治斗争情况，研究部署了下一步社会治安工作。会上对47个先进集体和100名先进工作者进行了表彰。两年为期的“严打”整治斗争取得了显著成效，实现了中央提出的“两年内社会治安取得新的明显进步”的目标，有力地维护了全省社会政治稳定和治安安定。**五是精心策划，举办了“严打”整治斗争成果展。**省委政法委、省综治委认真组织，精心策划，于11月中旬开展了全国、全省“严打”整治斗争成果展览活动。展览分为两部分，第一部分是全国“严打”整治斗争成果，第二部分是我省“严打”整治斗争成果。组织了省暨合肥市干部职工、人民群众和广大中小学生3万余人参观展览；省委副书记王昭耀、杨多良、王明方、张平，省委常委、组织部长朱成林，省委常委、政法委书记孙金龙，副省长徐立全、省高院院长周溯、省检察院检察长柯汉民等领导参观了展览。

实行社会治安综合治理领导责任制情况

为了进一步健全和落实社会治安综合治理领导责任制，省综治委、省纪委、省委组织部、省人事厅、省监察厅于2003年3月7日联合下发了《关于领导干部履行社会治安综合治理职责考核与奖惩暂行规定》。阜阳等市在转发省五部委的《规定》的同时，结合当地实际，先后出台了《县市区党政领导干部、市综治委成员单位领导干部履行社会治安综合治理职责考核与奖惩实施细则》、《关于在干部选拔任用中严格执行综治工作“一票否决”制的通知》等文件，将领导干部履行综治责任进一步具体化，把综治“一票否决”权向领导干部延伸，改变了过去只否定单位，不否定个人的情况。各地加大综治责任查究力度，全年全省累计一票否决了70个单位，其中县级单位8个。

省里开展了全省综治领导责任制大检查活动。省委年初就将“组织开展落实第三轮（2001—2003）综治领导责任制检查考核”作为2003年的一项重要工作，纳入省委常委会工作要点。省综治委在多方征求意见的基础上，专门制定了检查考核工作方案，并下发了《关于开展2001—2003年度综治工作检查考核的通知》。2003年12月份，组成了由省综治委委员带队的17个检查考核组，分赴全省17个市，围绕领导责任制落实情况、“严打”整治斗争情况、维护稳定情况、防范工作情况、综治工作创新情况、民意测评情况等方面进行了认真检查。通过这次检查考核，总结了好经验、好做法，查找出了存在的突出问题，有力地促进了全省综治工作的开展。

社会治安管理和防范工作情况

一、深入开展了对敌斗争，全力维护社会政治稳定

进一步强化情报信息工作，加强对互联网监控，严格边防检查，深入开展专项侦察和专项斗争，严密防范和严厉打击境内外敌对势力的渗透颠覆活动，严密防范和严厉打击民族分裂势力、宗教极端势力和暴力恐怖势力的破坏活动，严密防范和严厉打击“法轮功”等邪教组织的非法活动。

二、建立了贯彻“严打”方针的经常性工作机制，加强治安管理，维护治安稳定

一是坚持“严打”方针，严厉打击了刑事犯罪。重点打击带黑社会性质犯罪组织、恶势力团伙以及杀人、绑架、投毒、爆炸等严重暴力犯罪和盗窃、抢劫、抢夺等多发性侵财犯罪活动，遏制犯罪分子的嚣张气焰。二是严厉打击经济犯罪，进一步整顿和规范了市场经济秩序。重点打击生产销售假冒伪劣商品、扰乱金融秩序、制贩假币、偷逃税款、侵犯知识产权、妨碍公司企业经营管理秩序等严重经济犯罪活动。三是狠狠打击毒品犯罪，重点打击了走私、贩运、买卖毒品的犯罪活动，依法严惩毒品犯罪分子。四是加强了治安管理和防范控制。预防和减少了可防性案件；加强对流动人口、暂住人口、出租房屋的管理，打击流窜犯罪活动；加强了对公共娱乐场所、服务场所、特种行业的管理，严厉查处黄赌毒等社会丑恶现象；加大了交通、消防和烟花爆竹的安全管理力度，预防和减少了安全事故的发生。

三、大力推进了社会治安防控体系建设，全面落实治安防范的各项措施

2003年初，省综治委下发了《关于认真贯彻落实中办发[2002]26号文件精神，大力加强社会治安防范工作的通知》，把社会治安防控体系建设列为今年的重点工作。各地、各有关部门结合实际，采取多种措施，大力推进社会治安防控体系建设，取得了明显成效。主要表现在几个方面：一是加强了治安联防专业队伍建设。芜湖市由市、县（区）两级财政出资，组建了500多人的辅警队伍，专门负责社区的治安巡逻防范；合肥、安庆、铜陵、蚌埠等市对已建立的治安联防专业队伍普遍进行了充实提高，规范管理，充分发挥其在治安防范中的作用。二是试行了社会治安有偿承包。涡阳、全椒、泗县、安庆市郊区等县（市、区）按照“谁承包、谁负责，谁受益、谁出资”的市场经济运行模式，在农村地区试行了社会治安有偿承包，取得了案件下降、治安好转的明显效果，探索了一条市场经济条件下农村群防群治的新路子。三是进行了社会治安防控体系建设试点。省综治委在年初召开的全委会议上，就对各地提出了全面部署、重点突破、抓好试点、典型引路的要求，并直接抓了宣城、合肥、阜阳三市的试点工作；省公安厅在蚌埠、淮北、砀山“两市一县”开展了试点；其余各市也分别选择了一个县或区，开展了自己的试点。省综治委、省综治办和省公安厅的领导多次到试点市、县进行调研、指导和督促，推动这项工作。目前，全省防控体系建设试点工作已取得了明显成效。在江西南昌召开的全国社会治安综合治理工作会议上，合肥市依托社区开展治安防控体系建设的经验，作了大会发言；宣城市关于综治信息员队伍建设、祁门县关于刑释解教人员安置帮教工作、五河县关于农村社会治安群防群治等三篇经验材料，作了书面交流。

社会治安综合治理基层基础建设情况

2003年,安徽省及各地以贯彻落实中办、国办[2002]26号文件精神为契机,大力加强基层基础。省综治委专门下发了《关于认真贯彻落实中办发[2002]26号文件精神,大力加强社会治安防范工作的通知》,各地结合实际,采取多种措施,推进了基层基础工作。一是进一步加强了乡镇(街道)综治办建设。按照年初省委常委会议的要求,在省委政法委、省综治办的积极争取下,省编办于4月份专门下发了第1号会议纪要,明确要求乡镇(街道)综治办要有机构、有人员,并有一名党委副书记任综治办主任。各地纷纷采取措施,加强协调,抓紧落实。目前,淮南、安庆、池州、芜湖、阜阳、宿州、蚌埠、黄山区、宁国、界首、五河、定远等市、县(市、区)已经按照要求配备到位,并已开展规范化建设。中央综治委、中央编办《关于加强乡镇、街道社会治安综合治理基层组织建设的若干意见》下发后,省综治委会同省编办转发了文件,并制定了贯彻意见。二是规范了市级综治办建设。为使市级综治办增强争先进位意识,进一步加强内部管理,完善运行机制,提高工作效能,更好地适应全面建设小康社会新形势的需要,省综治办于2月27日下发了《关于开展市级综治办考评活动的通知》,并草拟了《安徽省市级综治办考评办法(讨论稿)》,对市级综治办的机构人员、硬件设施、工作开展、工作创新等都作出了具体规定。各市综治办认真对照工作职责,查找差距,有的放矢,采取切实有效措施,进一步强化自身建设,提高了工作成效。三是深化了"创模"、"创安"工作。加大了对综治模范县(市、区)动态管理的力度。在多方征求意见的基础上,省综治委制订下发了《安徽省社会治安综合治理模范县(市、区)动态管理办法》,各市根据办法的规定,于年底前对全省两批命名的40个综治模范县(市、区)进行了初步复查,并对新申报的单位进行了检查考核。各地还结合本地区、本部门实际,采取多种形式开展了创建安全文明小区、安全文明村镇(单位)、"无毒社区"、安全文明铁道线、安全文明校园等活动。继续搞好企地共建活动,把安全创建活动向三资企业、民营企业、个体私营企业延伸。同时,各地还把治安问题多、工作难度大的地方作为"创安"工作的重点,不断扩展创建活动的覆盖面,消除了一些"创安"活动的空白点。

矛盾纠纷排查调处工作情况

2003年初,省综治办下发了《关于认真做好"两会"和春节期间矛盾纠纷排查调处工作的通知》,各地对矛盾纠纷排查调处工作高度重视,把排查调处工作摆上了工作日程。对影响社会稳定的突出矛盾纠纷,主要领导亲自抓,有关领导具体抓,经常深入到重点部门和单位,深入到群众中,研究解决措施,限期解决问题。各地坚持"预防为主、教育疏导、依法处理、防止激化"的原则,结合实际开展了矛盾纠纷集中大排查、大调处活动,对排查出的治安混乱地区和突出治安问题,按照"分级负责,归口调处"的要求,把调处责任分解落实到单位、部门和具体人员,迅速组织力量进行了整治。对本地区、本部门、本系统范围内影响较大、可能引发某种事件的矛盾纠纷和不稳定因素,采取定责任领导、定责任单位、定时间、包调处的"三定一包"办法进行调处,有效预防和减少了"民转刑”案件和群体性事件的发生。同时，对涉及群众切身利益的事情，通过深入细致的思想政治工作，理顺群众情绪，引导群众通过正常的法律程序解决矛盾，化解矛盾纠纷，维护自身的合法权益。淮南、巢湖、亳州、六安等市还健全了信息报告制度、协调会议制度、领导包案制度、督查工作制度、责任查究制度等制度，切实保障了矛盾纠纷排查调处工作的有效运行。据统计，2003 年，全省共排查矛盾纠纷 103679 起，经各级努力调处成功 82485 起，成功率 79.5%。

铁路护路联防工作情况

一、稳步推进，不断将创建安全文明铁道线活动推向深入

一是抓机制，实现创建工作的规范化。进一步强化对铁路护路联防工作的组织领导。省、市、县、乡、村五级层层签订铁路护路联防管理责任书，明确规定各级党政、综治委和有关部门的主要负责人是所在地和部门护路联防工作的第一责任人，全面负责维护铁路沿线的社会治安秩序。目前，全省各市综治部门均把创建安全文明铁道线活动纳入地方综合治理之中，实行同部署、同检查、同考核，实现铁路治安的社会化管理。砀山县护路办与铁路沿线乡镇签订了护路联防责任书，将铁路安全的有关内容纳入到地方文明乡镇建设之中，作为地方综合治理的一项专门内容统一考核，实行一票否决。马鞍山市护路办为解决团结、陶庄、宋山等三处无人看守道口车辆肇事多发的问题，积极向市委、市政府汇报，引起市委领导的重视，分管市长亲自主持召开专题会议，确定每年从地方财政拨专款 8 万元用于解决道口监护问题，三处道口在年内杜绝了车辆肇事的发生。检查制度得到落实，沿线各地市、县等有关单位每年对创建工作进行一次自查，及时上报创建工作开展的情况，推动了全省铁路护路联防工作的深入开展。

二是抓竞赛，实现创建工作的深入化。年内，在全省境内铁路沿线各村庄以县为单位，深入开展以“铁路交通安全村(居委民)”为主要内容的安全竞赛活动，以“一片平安”促进“一线平安”。活动中，着手实施了三项工程：一是实施“一把手”工程。省综治委明确规定创建工作要由当地政府的“一把手”亲自负责，并通过签订创建责任状，对创建工作达不到要求的单位和个人，坚决实行综合治理的“一票否决”，从而进一步强化了对各市、县创建工作的监督；二是开展“塑形”工程，为净化铁路沿线治安环境、给“铁路交通安全村(居委员)”创造良好的外部条件，结合本省实际情况，确定整治重点，组织有关部门、铁路公安机关和沿线乡镇政府开展了联合行动，确保线路治安秩序的稳定。同时，各级铁路部门对创建工作尤为重视，抓住机遇，乘势而上。蚌埠铁路分局在内部各部门之间开展“创建无责任治安隐患单位”竞赛活动，南京铁路分局管辖我省境内铁路的芜湖段也出台了铁路内部治安联控方案及考核办法，实现了路内车地联控、道口联控和区段联控，形成了铁路治安对外联防、对内联控的全方位防控体系；三是组织实施“达标考核”工程。对沿线各市县此方面工作成绩突出的乡镇村进行严格考核，并落实奖励，共计评选出 21 个创安先进，充分调动了沿线群众参与爱路护路的积极性。

三是抓典型，实现创建工作的全面化。创建活动中，用典型引路，以点带面，片线连动，由局部稳定推动全局稳定，把创建活动不断深化。蚌埠市综治委于 2003 年 9 月份组织召开了护路联防工作会议，要求辖区有铁路的县、区要把铁路安全文明区段作为当地基层的“创安工程”来抓，将铁路治安工作作为一个有机组成部分纳入沿线乡镇综合治理，实行“连片包线，共创共建”，坚持走铁路治安社会化管理的新路子，形成了具有本地区特色的路地共建安全文明铁道线的新格局，使蚌埠市护路联防工作再上新台阶。

二、打防结合，切实维护管内铁路治安秩序的持续稳定

年内,我们组织有关部门认真摸排全省范围的铁路治安问题,深入调研,研究制定工作对策。结合实际适时组织路地公安机关联手整治铁路突出治安问题,严打各类刑事犯罪活动,认真落实铁路护路工作各项措施,使我省境内铁路治安面貌有了明显改观。

1. 严密防范,加强防爆炸、防破坏、防拦车断道工作。对近年来全路破坏铁路事件逐年上升的新情况,我们全面加强了线路的动态管理,狠抓了线路巡查和要害目标的守卫工作。全省300多名线路民警昼夜巡逻在千里铁道线上,为保证行车安全做出了积极的贡献,有效预防了各类破坏事故的发生。同时,认真修改和完善了处置突发事件的工作预案。从信息沟通、警力组织、交通通讯等方面做好了充分准备。年内预防了4起扬言冲击铁路的群体性事件。

2. 大力整治铁路沿线各类突出治安问题。年内,路地公安机关在省公安厅的正确领导下,牢固树立全省"一盘棋"的思想,大力开展铁路重点站、车及沿线的倒卖车票、非法接拉客、各类商贩、盲流滋扰及淮南潘集地区的偷扒煤炭和管内津浦线南段群众性扫扒煤炭等"治安顽症"专项整治。特别是"非典"期间我们对各类商贩无票、无卡(旅客健康申报卡)强行进站乘车影响抗"非典"工作开展了专项整治,一方面加强对商贩的宣传教育;在加大宣传教育力度的基础上,采取"疏、堵、治"并举的方法整治商贩滋扰问题,另一方面路地公安机关开展统一反扒行动,联手打击列车扒窃犯罪活动。阜阳地区农民扒乘货物列车外出打工情况,是近年来较为突出的季节性治安问题。阜阳市政府超前入手,准确掌握民工外出人数、流向等基本情况。清站查车,严密布控,坚决遏制民工从管内扒乘货车外出,同时经过与地方政府商讨,实行了开行民工专列的有效措施。管内先后开行阜阳至先锋站(内蒙古先锋乡)采摘枸杞民工专列L370次5趟,安全运送民工10000余人,民工季节性外出问题首次步入良性轨道。

3. 合力打击各类刑事犯罪活动。年内各级地方公安机关在"追逃"及全国性的"严打整治"等专项斗争中,协助铁路护路部门破获了大量刑事案件,捕获了一大批刑事犯罪分子。与此同时,省内各级铁路公安机关充分发挥自身优势,大力加强站车查堵,年内共为各地捕获各类严重刑事犯罪分子112名,协助地方破案893起。在"追逃"和严打专项斗争中,为各地捕获网上逃犯23名,通过站车查堵,还及时查获贩运毒品案件13起,缴获海洛因380克;查获贩运假币案件32起,缴获假币15万元,为维护安徽省境内社会治安稳定作出了积极的贡献。

三、加强宣传,提高沿线群众爱路护路意识

去年的4月和8月份,我省组织开展两次以"保行车、保人身、保牲畜"为主要内容的路外安全宣传月活动。蚌埠铁路公安处抽调民警组成一支文艺宣传小分队,在铁路沿线乡村开展巡回演出,受到沿线群众的欢迎,收到较好的社会效果。徐州铁路分局管辖我省境内砀山县护路办,充分发挥铁路沿线中小学生在爱路护路宣传中的作用,积极与沿线学校联系,从小学生中选聘100名"红领巾义务宣传员",由派出所印发聘书,发放宣传资料,通过"红领巾义务宣传员"的宣传和爱路护路的模范带头作用,影响带动了周围学生遵守铁路规定,保障自身安全,普遍提高了铁路沿线学生的爱护铁路和人身安全意识。地方公安机关通过开展创建"铁路交通安全村"活动,积极配合我们在铁路沿线开展了形式多样的爱路护路宣传活动。在活动月期间,路外伤亡事故比其他月份有明显减少,杜绝了车辆肇事、"五类"案件和耕牛挡道事故的发生。在广泛开展宣传活动的同时,各级铁路公安机关与沿线群众签订了各类安全协议书;蚌埠和南京铁路公安处还把沿线重点人员包括机动车驾驶员、放牧耕牛户、五残人员、中小学生等纳入"户籍式"管理;每季度民警上门对这些重点人员进行爱路护路宣传。年内,各级铁路公安机关共签订安全协议书12万份。实行"户籍式"管理2万余户,切实增强了铁路沿线群众的爱路护路意识。

四、严格管理,充分发挥专职护路联防队伍作用

我省现有铁路护路联防队40个,专职护路队员841名。分布在全省235个车站上,担负着全省2000多公里铁路线的护路巡逻任务。为有效发挥专职护路联防队员的作用,我们在发动群众义务护路,组织开展严打整治的同时。重点加强了专职护路队伍的建设。在"严打"整治工作中,护路联防队员共出动人数达1200余人次，协助公安机关破获刑事案件116起，抓获犯罪嫌疑人96人。其中网上逃犯32名，为民办好事421起。收到感谢信124封，锦旗、镜匾24面，有30余人受到表彰奖励。

预防青少年违法犯罪工作情况

狠抓“三项建设”，完善预防工作保障体系

一是夯实工作基础，加强组织建设。2000年成立了省综治委预防青少年违法犯罪工作领导小组，办公室设在团省委。至2003年底，全省17个省辖市及部分县（区）也先后建立了相应的领导机构和组织，初步形成了较为完备的工作网络，夯实了工作基础。

二是规范工作制度，加强了机制建设。省预防小组先后建立了工作制度、办公室联席会议制度，并制定了各成员单位工作职责。全省各级党委、政府也高度重视预防青少年违法犯罪工作。市、县两级都把预防青少年违法犯罪工作作为依法治市、普法宣传、综合治理的重要内容，做到同部署、同督查、同表彰，逐步形成了党委领导、各部门齐抓共管、社会各界积极参与的工作机制。2003年，省预防小组联合相关部门先后开展了“安徽省杰出（优秀）青年卫士”、“安徽省未成年人保护工作先进集体和杰出（优秀）公民”、“安徽省爱心助学行动先进集体和先进个人”等多项评选表彰活动，树立了一批先进典型，调动了社会各界参与预防青少年违法犯罪工作的积极性。

三是完善配套政策，加强法规建设。“两法一条例”的颁布实施，推动了我省预防青少年违法犯罪工作的深入开展。省预防小组组织各成员单位结合自身工作职责深入全省各地，开展调查研究，出台了一系列配套政策。团省委印发了《关于深化共青团爱心助学行动的意见》，省教育厅制定了《关于做好我省流动儿童接受义务教育工作的意见》，省法院制定了《关于进一步加强未成年人刑事审判工作的意见》，省民政厅会同省计委等部门下发了《关于进一步发展孤残儿童福利事业的通知》，省妇联还将《未成年人保护法》中有关家庭保护、学校保护和司法保护等内容纳入《安徽省儿童发展纲要》的目标管理。这些配套政策的出台，有力地保证了“两法一条例”的深入实施。

立足“三块阵地”，构建预防工作立体防线

一是以学校为阵地，着力抓好在校生的法制教育。为进一步加强中小学生的法制教育工作，省预防小组在全省大、中小学校实施了配备法制副校长（辅导员）制度，全省共聘请近3万名法制副校长（辅导员）。同时，联合相关部门积极开展“警校共建”活动，举办少年模拟法庭、少年军校、青少年法制夏令营，建立法制教育基地等，力求做到有关青少年方面的法律法规进教材、进课堂，进一步保证了法制教育工作从青少年抓起、从学校抓起，起到了很好的社会效果。省预防小组办公室（以下简称省预防办）还联合省综治办、省教育厅、省新闻出版局、省卫生厅、省司法厅、省公安厅等单位在全省开展了青少年自我保护教育活动，并在合肥市琥珀中学进行了试点，开办了“琥珀青春自护营”。

二是以社区为阵地，着力抓好社区内青少年的法制教育工作。以“社区青少年法律学校”为平台，一方面经常性组织社区内青少年举办法律讨论会、法律知识竞赛等活动，帮助青少年增强法律意识。另一方面，组织社区内青少年积极参与法律实践活动，到当地少年法庭、少管所、戒毒所等单位观摩体验，促使法制观念入心入脑。法制宣传教育活动中，注重以闲散青少年为重点，通过在社区内开展“两法一条例”宣传日、《全国青少年网络文明公约》集中宣传等法制宣传教育活动，提高闲散青少年的自护能力，增强他们的法制意识。省预防办还联合省禁毒委、省民政厅在全省开展了“社区青少年远离毒品”行动。成立了“安徽省社区青少年禁毒志愿者总队”，开展“一助一”、“手拉手”等活动，对社区内吸毒青少年进行帮教和开展法制宣传教育,促使他们改过自新。

三是以家庭为阵地,着力抓好预防源头工作。全省先后启动实施了家庭教育"九五"计划和"十五"计划,推动兴办多种类型的家长学校,开展"百万家庭育英才系列行动",动员家长学习教育保护青少年的法律知识。至2003年底,全省县以上成立家庭教育研究机构119个,各类家长学校13745所,受教育家长达115万人。

深化"三项工作",推动预防工作深入实施

(一)净化青少年成长环境工作稳步推进。

一是全力推行九年制义务教育,坚持将残疾儿童和普通儿童的义务教育统一规划、统一部署、统一实施、统一评估验收,保证适龄儿童入学。建立了控制流生责任制和流生报告制度,全省检查确认了192个"无流生乡镇"、15332所"无流生学校",对控制中小学生辍学工作不力的地方和部门实行责任追究,有效地控制了辍学率。积极开展"爱心助学"、"希望工程"、"春蕾计划"等社会公益活动。其中,为切实维护弱势青少年群体受教育权,省预防办在全省开展了旨在帮助下岗职工未成年子女、农村贫困家庭子女、残疾和民族地区青少年等各类青少年学生解决就学生的实际困难的"爱心助学"行动。2003年全省共筹措爱心助学资金677万元,救助学生31286名,其中大学生987名,中学生4679名,小学生25620名,为保障贫困家庭子女顺利完成学业提供了资助和强有力的支持。

二是不断深化优秀"青少年维权岗"创建活动。2003年,省预防办联合相关部门开展了创建优秀"青少年维权岗"活动,下发了《安徽省优秀"青少年维权岗"创建、评比、表彰、考核及管理办法》,各创建单位也制定了相应的创建实施细则。至2003年底,全省已有10个系统、行业加入到创建队伍中来,已建有25个国家级、54个省级和300多个市级优秀"青少年维权岗"。

三是开展营造有利于青少年成长的网络环境。省综治办、团省委、省信息产业厅、省公安厅、省文化厅等联合在全省深入开展了创建"安全放心网吧"活动,引导青少年养成健康、科学、文明的网络生活方式。省预防办又向全省各地下发了《关于在全省深入实施"青少年网络文明"行动的意见》。

四是联合开展执法检查活动。省文化厅联合省公安厅、省工商局、省教育厅在全省开展网吧专项整治行动,2003年,全省查处违规网吧3000余户,取缔网吧近300户,搬迁了距中小学校园周围不足200米和设立在居民楼(院)内的网吧565户,有效地净化了青少年成长环境。省新闻出版局积极联合预防小组机关成员单位直接查处多起危害青少年身心健康的政治性非法出版物、淫秽色情出版物案件,狠刹了"黄""非"气焰。

(二)预防青少年重新犯罪工作逐步深入。

一是创建少年法庭,开展了社会调查员制度试点工作。省法院专门成立了省少年法庭指导小组,在全省法院普遍建立了少年法庭或少年审判合议庭,在适用刑罚上对未成年犯依法从轻、减轻处罚,促使未成年犯认罪悔过。至2003年底,全省已建有18个少年法庭指导小组,103个少年合议庭,配备少年刑事审判员260余人,特邀陪审员150余人。同时,积极探索适应未成年人身心特点的审判方式,开展社会调查员制度试点。合肥市开展了社会调查员制度试点工作。市中院在审理每一起失足未成年人案件之前,委托合肥市综治委预防青少年违法犯罪工作领导小组办公室对失足未成年人的家庭背景、成长经历、日常表现、失足原因等情况进行充分调查,以便法庭在审理时有针对性地开展教育,并在定罪量刑时综合考虑各种因素慎重审判,尽最大努力帮助挽救失足未成年人。2003年该市共开展未成年人刑事案件社会调查10起,涉及未成年犯23人,收到了很好的社会效果。

二是认真开展未成年犯帮教活动。定期组织人员到省少管所、少教所看望未成年犯,使他们感受到党和政府及社会各界的温暖,增加改造的动力。省预防办于2001年成立了"志愿者关爱团",结对帮教40名青少年犯以来,已有30人受到了表扬,11人被减刑,3人被记功奖励。2003年11月,省预防办又联合省监狱管理局、安徽大学、合肥工业大学、中国科技大学共同开展了"百名学子进监帮教"活动,先后在省少管所开设了青少年犯财会营销中专班、电子电工中专班,共有90余名青少年犯参加了学习班。省少管所还创立了青少年犯监外试工制度,推荐表现出色的青少年犯到有关单位工作,为青少年犯重新走向社会探索新路子。

三是维护青少年合法权益工作不断深化。省预防小组积极协调公、检、法、司等部门依法打击各种侵害青少年合法权益的违法犯罪活动。团省委专门成立了“安徽省青年法律工作者协会”,为青少年义务提供法律援助。芜湖市成立青少年维权中心,并设立青少年律师事务所和法律专家服务部;铜陵市成立了市法律援助中心未成年人工作站,为全市需要帮助的青少年提供无偿法律援助。据不完全统计,到2003年底,全省各级预防组织共协调查处各类侵害青少年合法权益案件1000余起,为15399名未成年人实施了法律援助。

校园及周边治安秩序整治工作情况

一、领导重视,周密部署

在校园及周边治安秩序专项整治行动中,省公安厅领导高度重视,制定下发了《安徽省公安机关开展校园及周边交通治安秩序专项整治工作方案》和《全省公安机关关于严厉打击侵害师生人身财产安全切实维护高校及周边治安秩序整治行动方案》,对整治工作进行了全面部署。全省17个市公安局均成立了由“一把手”挂帅的集中整治工作领导小组,召开专门会议,研究制定了具体整治工作方案和措施,确定集中整治工作的重点、难点,有针对性地开展治安秩序专项整治工作。由于各级领导重视,措施得力,从而保证了整治工作扎实有效地开展。

二、广泛宣传,形成氛围

为大造舆论声势,形成良好的社会氛围,各级公安机关采取多种形式,开展广泛的社会宣传,争取广大群众对校园及周边秩序专项整治工作的积极关注和大力支持。一是利用报纸、电视、广播等新闻媒体和宣传栏、墙报、标语等多种形式进行广泛宣传,营造整治工作氛围。省厅和合肥市局积极联系新闻媒体,进行校园及周边治安秩序整治工作的连续追踪报道。淮北市杜集公安分局在校园及周边地区张贴《关于清理整治校园及周边治安环境的通告》,印发《告师生家长一封信》5000份,做到家喻户晓。二是通过座谈会的形式,进行群防群治宣传。蚌埠市公安机关共召开座谈会71场(次),走访学校1000余所,填写《蚌埠市公安局学校及周边地区突出治安问题调查表》1100份,搜集各种意见和建议5100余条,梳理出影响学校及周边治安秩序问题35条。

三、深入排查,确定整治重点

全省各级公安机关深入高校及周边地区认真进行调查摸底,排查当前影响高校及周边治安秩序的主要问题,确定整治重点。省厅专项整治办公室研究确定了全省校园及周边15个整治重点问题。要求各地公安机关积极向当地党委、政府汇报,主动与教育、文化、工商等部门协调,同时确定专人负责,治安、交通、消防、网监多警种联动,教育、文化、工商多部门共同治理,限期整改。全省各级公安机关结合开展的破大案、追逃犯、治乱点斗争,采取设立专案、组织会战、挂牌督办等措施,加大打击侵害高校师生人身和财产安全的犯罪活动的力度。组织精干力量,采取各种有效措施,从速侦破了一批严重侵害师生人身、财产安全案件。

四、多策并举,集中整治,确保校园及周边安全

为了净化高校周边环境及消除校园周边交通、消防隐患,全省各级公安机关边排查边整治,多警种多部门联动,对通过摸排反映出来的治安、交通、消防等方面的问题大动作高标准地开展集中整治工作。

(1)加强夜间巡查力度,强化社会面控制,确保高校及周边安全。

合肥市公安局研究制定了《开展夜间街面巡逻工作方案》,各部门划片承包,以每晚23时以后为重点,采取着装巡逻与便衣巡逻,徒步巡逻与乘车巡逻相结合,定点守候与流动巡逻相结合,公开巡逻与秘密暗访相结合的形式,在高校及周边地区展开巡逻、盘查,严密做好防范工作,确保高校及周边地区的安全。

(2)加强对高校及周边的暂住人口及出租房屋、歌舞厅、录像厅、网吧等娱乐场所的清理整顿，查处一批侵害高校师生人身和财产安全的治安案件。

蚌埠市公安机关在调查摸底的基础上对15起敲诈、殴打学生案件进行梳理排队，调查走访受害人，获取确凿证据后，一举摧毁以李伟、李庆中为首的专门在学校门前敲诈、殴打学生的团伙，依法治安处罚6人。并查破治安案件23起，治安拘留3人，取缔无证网吧2家、游戏机室9家、歌舞厅1家，收缴游戏机、赌博机18台。

(3)大力整治高校及周边的交通秩序，加强交通管理，消除交通隐患，预防交通事故的发生。

合肥市公安局在市政府专项经费尚未到位的情况下，垫资百万元，对合肥工业大学等8所高校共10处进出通道的安全设施进行改造和完善。蚌埠市公安局交警支队投资50余万元，将8所大、中专学校，20多所中、小学校周边的交通标志、标线、警示灯、护栏等交通设施，进行增设、更换。巢湖市公安局交警支队针对巢湖学院门口公交车停靠影响交通问题，积极与公交公司进行协商，按校方指定的位置设立了车辆停靠站。阜阳市公安局交警支队主动商请市城建、市容、工商等部门采取有力措施，取缔学校门口100米范围内的“店外店”和“流动摊点”保证了人行道非机动车的畅通。

(4)继续开展高校消防安全大检查，督促高校消除消防安全隐患，防止消防安全事故发生。

五、检查督促，加大整治力度

为了使整治工作落到实处，抓出成效，各级公安机关突出重点，加大检查督促力度。省公安厅对高校较为集中的合肥等市进行重点督促指导。2003年1月13日，省厅整治办公室召开在肥高校保卫处长座谈会，通报省厅开展集中整治工作情况，共同研究开展整治工作措施，加强高校安全保卫工作。3月17日，省综治委组织省教育厅、公安厅等相关部门到芜湖、铜陵、池州等市对校园及周边交通治安秩序整治工作进行检查督促。各地公安机关结合整治工作情况，开展多种形式的检查工作。

六、巩固成果，建立长效管理机制

为了巩固整治成果，防止和避免治理后出现反弹现象，全省各地在严打整治基础上，建立校园及周边交通治安秩序长效管理机制，确保校园及周边交通治安秩序持续稳定。

一是结合派出所改革和社区警务建设工作，将社区警力向校园延伸，并把此项工作纳入民警工作考核之中，同其他工作同部署、同落实。蚌埠市公安局在开展集中整治，打击违法犯罪的同时，在建立长效机制上下功夫，制订出一套行之有效的治安管理办法。2003年3月6日与市教育局共同制定下发《关于在学校建立民警办公室和安全保卫联系制度的意见》，把校园及周边治安管理作为公安派出所社区警务的工作落实到社区民警身上，列入公安派出所等级评定范围。教育部门把此项工作作为学校考评“安全文明校园”的重要内容。目前，全市80%的学校都建立了民警办公室。

二是科学合理设置校园周边地区交通安全设施和标志，改善交通环境，防止交通事故的发生。

三是加强治安防范，在治安复杂和偏远的校园周边增设治安岗亭和报警点，加大学生晚自习放学时间段巡查密度，防止治安案件的发生。

四是保持严打态势，对校园及周边地区的黑恶势力坚持露头就打，从重从快查处侵害师生人身财产安全的案件。

五是建立高校联系会议制度和中小学校法制辅导员制度。定期了解学校治安、交通等方面遇到的问题，研究制定安全管理对策。督促指导学校建立健全安全保卫制度，落实安全保卫责任制。指导中小学校开展法制教育和安全防范工作，开展所校联防，警民共建和创建交通安全学校活动，提高学校师生知法、守法意识和自我保护能力。

安置帮教工作情况

一、进一步健全了各级安置帮教工作领导机构和工作网络

3月，因政府机关换届人员变动，省综治委下文对省刑释解教人员安置帮教工作协调小组成员进行了调整充实，协调小组由14个部门16名有关负责人组成，各市、县（区）也对安置帮教工作协调（领导）小组成员进行了相应调整充实。随着乡镇（街道）机构改革的进行和司法所的重新组建，乡镇（街道）安置帮教工作站力量得到进一步加强，村（居）委会，机关、厂矿企事业单位以调委会，治保会为主，吸纳工会、共青团、妇联和刑释解教人员家属组成帮教小组。据统计，到12月底，全省有市级安置帮教工作机构17个、配备工作人员124人；有县级安置帮教工作机构105个，配备工作人员843人。

二、服刑在教人员刑满释放、解除劳教时的衔接工作得到加强

根据中央四部委《关于进一步做好服刑、在教人员刑满释放、解除劳教时的衔接工作的意见》，我们将衔接工作作为安置帮教工作的关键环节来抓。上半年，我们转发了公安部监所管理局《关于做好看守所、拘役所服刑人员刑满释放时衔接工作的通知》，下发了《关于进一步加强服刑在教人员刑释解教时衔接工作的通知》，监狱、劳教系统对衔接工作也进行了自查，强化了对监狱、劳教和各级安置帮教工作机构刑释解教人员衔接工作。省安置帮教办公室还先后到合肥监狱、铜陵监狱、淮南劳教所及芜湖市、宣城市等地，就衔接工作进行了专门调研，十一月，由省刑释解教人员安置帮教工作协调小组、省高级人民法院、公安厅、司法厅、民政厅五家联合出台了《安徽省刑释解教人员衔接管理工作实施细则》，对刑事判决书、减刑假释裁定书、劳动教养决定书、刑释解教通知书等法律文书的寄送，刑释解教人员接送、报到等衔接环节的工作进行了规范。上半年，对全省服刑在教人员刑满释放、解除劳教时的衔接工作进行了专门检查。全省监狱系统按规定在服刑人员刑满释放前一个月向其户籍所在地公安、司法部门寄发通知书的达79%；省劳教系统寄发《解除劳教人员通知书》的达61.8%。

三、积极拓展渠道，做好刑释解教人员的就业安置工作

安置工作是安置帮教工作的难点和重点，各级安置帮教工作机构认真贯彻皖安帮发[2002]3号文件，结合实际，知难而进，积极创造条件，探索安置办法。如马鞍山姑山矿业有限责任公司安置了42名刑释解教人员，宣城市孙埠木竹经营服务公司先后安置了137名刑释解教人员，都无一人重新犯罪；合肥市庐阳区建立饮食一条街，给刑释解教人员保留摊位；黄山市祁门县安排小额贷款，支持刑释解教人员创业；六安市一些县区对极少数生活确有困难的人员，乡镇（街道）和村（居）委会给予一定的生活补助。合肥、安庆、滁州、淮南、巢湖、马鞍山等地加强了市区刑释解教人员低保线落实工作。这些做法分别代表了国有大中型企业、乡镇企业、城市社区、农村乡镇开展安置工作的有效途径，积累了新形势下开展安置工作的可贵经验。据统计，2003年，全省刑满释放人员8398人，解除劳教人员3661人，原单位安置792人，落实责任田6598人，从事个体经营2148人，创建安置基地17个安置人员75人，创办实体18个安置人员60人，通过其他途径安置2388人。有部分人员外出打工，走上了勤劳致富的道路。

四、认真做好刑释解教人员帮助教育工作

各地普遍将安置帮教工作纳入了社会治安综合治理目标考核的内容，努力探索开展安置帮教工作的途径。安庆市将刑释解教人员的安置率、重新违法犯罪率、帮教好转率纳入综治目标考核责任制中，统一布置，层层签定责任状，实行一票否决；黄山市坚持实施“二帮一”措施，通过家访、谈心等形式对回归人员进行帮助教育；寿县坚持“思想上指正路，安置上给出路，发展上引富路”，把安置帮教工作纳入精神文明创建工作的内容，同规划、同部署、同检查、同表彰，进行量化管理。金寨县积极推广“六个一”即每年坚持一次家访座谈，上好一堂法制课，落实一对帮教责任人，解决好一个困难，辅导一门技术，选准一条致富路子的做法。对有重新违法犯罪倾向的刑释解教人员，各地安置帮教工作机构、派出所、司法所、村（居）委会等基层组织，将其列入重点管理和帮教对象，采取重点防范控制措施与办法，做到不脱管、不失控。一些地方的基层组织还与在外打工的刑释解教人员建立了多种联系制度，随时掌握他们在外表现情况，与其亲属一起做好他们的帮教工作。合肥、芜湖、黄山等市党政领导、妇联、团委等组织还开展到监狱、劳教所送温暖活动，帮教工作向监所延伸，有利于服刑在教人员的教育改造。通过帮助教育，绝大多数刑释解教人员都变成了遵纪守法的公民，仅2003年就有125名刑释解教人员受到了不同形式的表彰。

五、深入开展对刑释解教人员的排查清理工作，加强对有重新违法犯罪倾向人员的管理控制

我们将排查清理工作作为预防和减少重新违法犯罪的重要措施来抓，经常排查和定期排查相结合，并要求排查清理工作制度化、规范化，对当年刑释解教人员要情况清，底数明，做好对有重新违法犯罪倾向人员的帮教管控，确保我省社会稳定。上半年，全省监狱、劳教所在服刑在教人员中广泛开展了防治非典法律法规宣传和传染病防治控制工作，有效预防了非典的输入，确保了监狱、劳教场所的监管秩序。下半年，全省又对当年回归社会的刑释解教人员进行了排查登记，有针对性、有重点地加强衔接、管控、帮教措施，防止出现可能影响社会稳定的重大事件。

六、积极开展服刑在教人员文化教育、职业教育和技术培训，把服刑在教人员在监所内教育、改造、生产与刑释解教后的就业安置相结合，监所监管与安置帮教工作相结合，探索教育改造和安置帮教工作的新思路

加强服刑在教人员的文化教育和职业教育，是贯彻实施《监狱法》、建设现代化文明监所的必然要求，也是市场经济形势下安置帮教工作的新发展，如何提高服刑在教人员的教育改造质量，真正把监狱变学校，刑期变学期，提高他们回归社会后就业能力，公平参加市场竞争，是监所管理和安置帮教工作的重大课题。我们认为，在服刑在教人员中普遍开展正规化的文化教育和职业教育，进行一定期限的较系统的监规、政治、道德、法律、文化和职业知识的学习和技能培训，通过考试考核，取得教育部门和劳动保障部门认可的、具有法律效力的毕业文凭和职业资格证书，对实现服刑在教人员受教育的权利，提高改造效果和监所企业劳动生产力，增强他们回归社会后的就业能力，拓宽安置渠道，减少重新犯罪，将是一个很好的途径。2003年，我们继续抓好在服刑在教人员中开展文化教育和职业教育的工作。除了各监狱、劳教所开展的职业培训外，省安置帮教办公室还重点抓了省劳教人员培训中心建设和省罪犯技术培训中心的职业教育工作。省劳教局成立劳教人员培训中心，开展短期技能培训。安徽省罪犯技术培训中心2003年毕业130人，根据接收学员的监狱生产企业的反映和我们在监狱的调查，发现这些毕业生都成了各监狱企业的技术生产骨干。监狱干警、罪犯学员都认为，在监狱开展文化与职业教育工作，体现了党和国家对大墙之内犯人的关心，也增强了教育改造效果，为监狱企业输送了技术骨干，使罪犯树立了重新做人和出监后自谋职业的自信心。

综治宣传工作情况

一、认真组织，及时发动

2月17日，省综治委发出通知，对3月份的全省综治宣传月活动作出部署。各地立即行动，纷纷筹划安排本地的宣传月活动，马鞍山、铜陵、亳州、滁州、宿州、池州、宣城、阜阳、淮北、六安、蚌埠、合肥、巢湖等市相继发出开展宣传月活动的通知或下达宣传月活动方案；芜湖和淮南市综治办与市委宣传部联合下文布置宣传月活动；黄山市早在元月2日就对今年综治宣传月进行安排，并要求各县区制作"严打"整治斗争展板，用于集中宣传日活动，在接到省综治委统一布置的要求后，又进一步结合实际，再布置、再动员。铜陵有色集团公司、淮南矿业集团在全集团公司范围内开展了综治宣传月活动。亳州市将宣传月活动分为准备、实施、总结三个阶段，并将宣传月活动开展情况纳入全年综治成绩总评。马鞍山、阜阳市将宣传月活动安排纳入全年综治计划和贯彻全国、全省政法会议精神的重要工作，计划周密，要求更高。

为进一步动员和发动全省综治宣传月活动，3月1日，省委常委、政法委书记、省综治委副主任任海深发表了全省广播电视讲话，进一步强调今年的综治宣传月活动意义和要求。安庆、亳州、马鞍山、滁州市的综治委领导也就宣传月发表广播电视讲话，蚌埠、淮南、宿州市综治委领导在当地新闻媒体发表了署名文章，芜湖、阜阳综治委领导就宣传月作出批示、提出要求。全省县、市、区综治委领导也纷纷发表广播电视讲话，撰写文章，亲自投入到综治宣传月活动中去。据不完全统计，今年宣传月期间，全省共发表广播电视讲话160次之多。许多地方还拨出专款专用宣传月活动。

二、结合实际，突出重点

2003年综治宣传月，突出宣传了党中央、国务院和省委、省政府进入新世纪以来，所作出的关于进一步加强社会治安综合治理的一系列政策，即中发[2001]14号文件、中办发[2002]26号文件和皖发[2002]9号文件；突出宣传了两年来"严打"整治斗争的巨大成果和加强社会治安防范工作，对维护广大人民群众财产安全，实践"三个代表"的重大意义。为此，省综治委印发了2万份省委、省政府《关于进一步加强社会治安综合治理的若干意见》(纲要)宣传品。省综治委10个成员单位结合自己的职能业务，印发了大量宣传品，省防范和处理邪教问题办公室制作图板用于集中宣传日。各地在突出宣传省综治委布置的重点外，还突出自己的宣传重点。合肥市结合省会城市的防控试点工作，突出的宣传主题是"抓防范、保平安、促发展"；池州市突出的宣传主题是"池州是我家，治安靠大家，人人齐参与，平安千万家"；淮南市突出的宣传主题是"综治基层基础建设年"；阜阳市突出的宣传主题是"整体联动治安防范工程"，等等。这些综治主题的突出，深化了综治宣传月活动，促进综治宣传月活动效果。

三、形式多样，声势浩大

在综治宣传月活动中，全省各地采取各种有效形式，投入大量人力、物力，高密度、大覆盖面、大声势地开展了综治宣传。

一是开展集中宣传日活动，大造宣传声势。3月11日，省暨合肥市联合开展社会治安综合治理街头集中宣传日活动，共设宣传点74个，参加宣传人员1130余人，接待群众咨询2700余人/次，散发各种宣传材料7万多份。省领导任海深、高福明、徐立全，省高级人民法院院长周溯，省人民检察院检察长柯汉民巡视了宣传咨询活动。淮南、宿州、马鞍山、滁州等市也采取了集中宣传日活动或"综治宣传集市一条街"的形式，掀起宣传月活动的高潮，黄山、芜湖市采用"严打"整治斗争成果和综治成果图片展办法，安庆的县、市、区则采取设立宣传站的形式，来集中宣传综治。

二是充分发挥宣传部门和新闻媒体的作用。经会商省委宣传部批准，省综治委组织由安徽日报社、省电台、省电视台等省直8大新闻媒体组成的"综治江淮巡"采访团，对芜湖、黄山、亳州、蚌埠市50多个综治工作亮点进行了集中采访，共发稿53篇。宣传了大批先进经验和先进典型，为全省综治宣传月活动创造了浓郁的、积极向上的舆论氛围。芜湖市配合省"综治江淮巡"采访团，组织该市报社、电台、电视台参加集中采访，黄山、安庆、六安市综治委组织各自的新闻媒体分别开展了"综治黄山行"、"综治皖江行"、"综治皖西行"活动。全省各地充分利用当地宣传媒体的主渠道，扩大宣传面，增强宣传效果。合肥市综治委组织《合肥晚报》自3月17日起，以每日一招连载了《治安防范24招》；组织合肥电视台连续播放《治安防范百招》电视系列片，并辑要播放了中央综治委拍摄的《长治久安之路》，该市各县区、中央和省部分驻肥单位、高校和部分有闭路电视小区也配合播放。芜湖市综治委组织《芜湖日报》、芜湖电视台、广播电台和《大江晚报》等媒体开设“强化综治工作,确保一方平安”的专栏,高密度连续宣传报道综治,共刊播稿件99篇。在宣传月活动期间,芜湖市两级新闻媒体共开设专栏30个,刊播稿件360余篇。

三是因地制宜、因陋就简地开展综治宣传。在充分发挥现代新闻宣传媒体作用,全省各地还采取了传统的、简易的宣传方式。在3月11日省暨合肥市开展的街头集中宣传日活动中,主场打出的标语和横幅是“进一步加强社会治安综合治理,把江淮大地建成安全文明绿洲”’“打防结合、预防为主,改进社会管理,保持良好社会秩序”。阜阳市除了打标语、横幅宣传和印发宣传材料外,还将综治宣传向农村延伸,动员全市参与宣传活动单位1511个,动员3825个村委会开展了宣传活动,书写壁字口号26719处,受到宣传教育的群众251万多人。

四是开展法制课、综治知识竞赛、文艺演出等其他形式的综治宣传。在综治宣传月活动中,各地积极组织,采取一切可以利用的形式、手段宣传综治。据不完全统计,全省各地共开设法制讲座和法制课3236场,开展综治知识竞赛和文艺演出145场,受教育面达509.5万人。宣城市利用“十佳综治信息员”、150名“优秀综治信息员”的表彰来促进综治宣传;淮北市召开“综治进社区”工作理论研讨会来深入综治宣传;马鞍山市确定综治课题,开展综治集中调研活动来深化综治宣传;蒙城县召开了200多人参加的全县社会治安综合治理宣传月动员大会来大造宣传声势;阜阳市颍东区在主干道公交车身上悬挂公益广告来宣传综治;泗县举办综治书画展等等。

五是积极推荐2002年度全省社会治安综治好新闻奖评选活动参评作品,各市共推荐作品157件。省好新闻评选委员会从中评选出省获奖作品56件,编辑奖3个,组织奖4个,并确定推荐了上报到中央参评的作品。

安徽省社会治安综合治理委员会关于调整省社会治安综合治理委员会组成人员的通知

(2003年8月10日)

各市社会治安综合治理委员会,省直各有关单位:

日前,接中共安徽省委皖[2003]158号通知,王昭耀、孙金龙同志分别任省社会治安综合治理委员会主任、副主任。经省委领导同意,现将省社会治安综合治理委员会整体调整如下:

主　任:王昭耀(省委副书记)

副主任:孙金龙(省委常委、政法委书记)

高福明(省人大常委会副主任)

徐立全(省人民政府副省长)

周　溯(省高级人民法院院长)

柯汉民(省人民检察院检察长)

委　员:刘玉尧(省委副秘书长)

张秋保(省政府副秘书长)

马大伟(省委政法委副书记、省维稳办主任)

崔亚东(省公安厅厅长)

夏　鹤(武警安徽省总队总队长)

孙建新(省司法厅厅长)

李建明(省国家安全厅厅长)

李宏塔(省民政厅厅长)

秦亚东(省委组织部副部长)

陈发仁(省委宣传部副部长)

洪禹候(省委政法委秘书长)

唐永彩(省人大内司委副主任)

白泰平(省民委主任)

仲兆宁(省纪委常委、监察厅副厅长)

楚建平(省财政厅副厅长)

张耀文(省人事厅厅长、省编办主任)

缪学刚(省经贸委副主任)

陈晓玲(省劳动和社会保障厅副厅长)
陈素伟(省建设厅副厅长)
王兴尧(省交通厅厅长)
贺　凌(省信息产业厅厅长)
王文有(省农委副主任)
王　文(省林业厅副厅长)
赵世对(省文化厅厅长)
郎　涛(省广播电视局局长)
严桂夫(省工商局局长)
刘　苹(省新闻出版局局长)
顾福生(省政协社会和法制委副主任)
曹明扬(省军区政治部副主任)
张德芳(省总工会助理巡视员)
方春明(团省委书记)
赵景玉(省妇联副主席)
高蔚青(省旅游局局长)
许　克(省卫生厅纪检组长)
计承江(人行合肥中心支行行长)
何勇生(中国保监会合肥办事处主任)

省社会治安综合治理委员会原组成人员的职务自然免去。

安徽省社会治安综合治理委员会办公室主任:(因人事变动,暂缺)

副主任:左声平

安徽省社会治安综合治理委员会办公室内设机构:(一)综合治理指导处

(二)综合治理协调处

立足社区抓防范　筑牢体系保平安

合肥市社会治安综合治理委员会

合肥市作为安徽省的省会,近年来,随着改革开放和经济建设的不断深入发展,外来人口特别是农村人口大量涌入城市,加之城区企业改制和重组后,越来越多的单位人成为社会人,致使城市治安防范出现了许多新情况、新问题,突出的是流窜作案、入室盗窃等治安问题居高不下,给打击犯罪、治安防范工作都带来了新难度。针对这种情况,几年来市委、市政府坚持与时俱进,围绕做好城区治安防范工作进行了大量有益探索,坚持以社区为平台,强化居民小区的安全防范工作,努力构筑社区治安防控体系,取得了明显成效。

一、区分四类小区,分解落实治安防范责任

市委、市政府高度重视治安环境在经济发展中的重要作用,集中表现在能随时根据社会治安暴露出的突出问题,及时分析,采取对策。早在1999年,针对市民一度对社会治安反映强烈的状况,在深入调查研究后发现主要是由于盗窃案件频发导致了群众不满。群众上班时惦着家,下班后忙回家,哪还有心思谋发展、干事业。为此,市委、市政府在深入开展“严打”整治斗争的同时,把城市治安防范工作摆上重要位置,特别是把市民群众最关心而又最担心的生活居住环境作为重中之重来抓。我们把全市的居民小区划分为四大类,即纯居民小区、单位小区、物业管理的小区和多个单位联建联管的小区,采取了不同的治安管理措施,把防范责任分解落实:凡是单位兴建或管理的住宅小区,看楼护院工作由单位负责;多个单位联合管理的住宅小区,看楼护院工作共同负责,并确定一个单位为主,其整体治安防范工作由街道、派出所负责协调、督促;实行物业管理的小区,看楼护院工作由物业管理公司负责;住户混杂的纯居民小区,治安防范工作由所在街道综治办负责,看楼护院人员从下岗职工中招聘,费用由市、区财政承担。

在四类小区中,我们重点抓了难度最大的纯居民小区的看楼护院工作。原则上500户以下的小区至少配备4人,500户以上的小区按住户数的百分之一配备。全市先后招聘了二批“4050”

(指女40岁、男50岁左右)下岗工人,并把他们主要分配到纯居民小区开展防范工作。这支"4050"社区巡逻队一经组建,立刻产生了良好的效果。他们平时三人一组、五人一队,24小时不间断地在居民区巡逻,大大增强了居民群众的安全感。街道、社居委还根据一段时期各居民小区的发案情况,科学调配巡逻力量,做到哪个小区的治安问题多,那里就有这支治安巡逻队,哪个时段的治安问题突出,那个时候就有巡逻队员的身影。这种由政府花钱买岗位的办法,既解决了下岗职工再就业的问题,又解决了社区看楼护院人员力量不足的问题。这一做法,立即被全省一些城市借鉴采用。

二、依托五支力量,充分整合社区的防范资源

近年来,我们把主要精力放在社区治安防范资源的整合上,主要整合了"五支力量":即由公安驻社区民警组成的专业化队伍,由保安人员组成的准专业化队伍,由下岗工人组成的社区治安巡逻队伍,由机关、企事业单位内部的经济民警、值班人员组成的安保队伍,由离退休老同志、志愿者以及领取低保金人员组成的义务看楼护院队伍。经过整合,社区里的防范资源实现了优化,防范力量得到了充实,防控效果明显改善,各支防范力量的配合、协调逐步走上了良性轨道。目前,我市各类社区共有驻区公安民警2634人,经济民警、保安人员5580人,"4050"看楼护院人员1331人,内保人员8819人,义务看楼护院人员11644人,基本形成了覆盖全市的以驻区民警为核心的五支庞大的社区治安防控队伍,有效地遏制了入室盗窃、偷盗、抢劫、抢夺等可防性案件的发生。这五支队伍不仅要承担巡逻防范的任务,还要担负信息传达员、法律宣传员、民事纠纷调解员、刑释解教人员安置帮教员、闲散青少年和吸毒人员监督教育员等"五大员"的职责,使社区综治的难点工作有人抓、落得实,其中刑释解教人员的安置帮教率达到90%以上。例如庐阳区四湾巷居民刘正光,因为敲诈被判刑四年,在监所和社区的悉心帮教下,他自学了大学英语,出狱后即被安排担任了菜场管理员,由于表现突出,后被选聘为安徽省国际交流服务公司经理,并成为一名商务谈判高手,取得了骄人业绩。县桥街道位处市中心,学校、商场、宾馆、舞厅林立,暂住人口、流动人口密集,但由于管理到位,防范严密,宣传深入,辖区内无一人吸贩毒品,荣获全国禁毒工作先进单位。目前全市已有15个社区被省、市禁毒委命名为无毒社区。

鉴于群防群治队伍的非专业化和来源的社会化,在"五支队伍"中,我们着重抓了"4050"治安巡逻人员的管理。先后制定了十余项工作制度,如考勤制度、交接班制度、会议制度、奖惩制度等,编印成册发到每个巡逻队员手中。各级综治办成立了社区治安防范管理办公室,实行了四级管理模式。还利用军训、以会代训等形式,提高队员的业务素质和身体素质,增强他们的整体协作和自我保护能力。为确保巡逻防范工作到位,实行了三级查岗制度,各区综治办不定期地发出查岗情况通报。两年多来,全市的社区治安巡逻队共表彰352人次,发放奖金27000多元;辞退、解聘28人。实践证明,这支队伍到了哪里,哪里的治安就明显好转。仅去年以来,进驻"4050"社区巡逻队的131个小区的刑事案件下降了112%,治安案件下降了79%。这支巡逻队受到了群众的衷心拥护,成为全市社区里一道亮丽的风景线。

与此同时,我们还把组织群众义务看楼护院工作作为社区楼院自治的重要手段。社居委在群众自愿的基础上,将其与社区里的其他防范力量编组排班,统一管理。基层党组织对他们十分关心,不仅经常性地看望、表扬并给予一定的物质奖励,还每年在区、街道的社会治安综合治理大会上对其中的先进典型予以表彰奖励,使社区里的这支"红袖章"较好地保留和坚持下来,弥补了专业巡逻队力量的不足。例如,瑶海区玉兰小区是个拥有三千多住户、一万多居民的纯居民小区,过去治安环境不好,群众反映强烈。组建社区义务巡逻队后仅3个月,这个小区就预防入室盗窃3起、预防盗窃轿车1起,防止火灾3起,抓获犯罪嫌疑人1人,治安状况明显好转。群众普遍反映说:"看到红袖章,我们心里就踏实多了。"

三、狠抓六项措施,全面提升社区防控的能力和水平

一抓宣传动员。我们深切体会到群众是最大的治安资源,离开了群众,社区防范的任务就难以完成。因此,我们十分注重社区防范的宣传工作,大力营造"社区是我家,安全防范靠大家"的舆论氛围。各个社区都建立了综治工作宣传橱窗,在社区出入口、治安复杂地段设立报警点和安全警示牌，在居民楼前屋后广泛张贴了温馨提示牌，使居民抬头即看到安全警示，出门即增加防范意识。仅今年以来，市综治委就印制了《安全防范24招》5万份和《社区安全防范宣传画》3000套，各个社区还印制了《致居民群众的一封信》，使社区治安防控体系建设的举措家喻户晓。在今年的抗“非典”斗争中，我市利用社区内的综治宣传栏和法制宣传阵地，大力宣传《传染病防治法》等法律法规，印发了近万份《依法防治非典知识问答》和《防治非典法律法规汇编》小册子。社区的综治组织网络和治安防控体系对我市防治“非典”工作起到了十分重要的作用。二抓信息掌控。市综治委把信息工程作为治安防控体系的一个子系统来抓，变被动预防为主动防控，使社区成为信息收集、反馈的重要渠道。在广泛征求意见的基础上，制定了《合肥市关于实施综治信息员“五四三工程”的方案》。所谓“五四三工程”，是在全市构建由五级网络、四级管理、三万信息员队伍组成的综治信息网络体系，三万名综治信息员包括了基层的司法调解员22000余人、出租车驾驶员2000人、报刊邮递员200人、市容环卫人员1500多人、重点部门内保人员3000多人、“4050”社区巡逻队员1300余人。综治信息员由各区综治委和市直各行业主管理部门分别颁发聘书，采取“分级负责、归口管理”的办法对其进行培训、考核、奖惩。全市采取有偿信息的办法，对于信息员提供的有价值信息给予奖励，对于提供信息破获重大案件或见义勇为的给予重奖，提高了信息员的积极性，仅今年以来根据举报就破获刑事案件336起。根据一名信息员举报破获了公安部挂牌的“5·29”双岗银行抢劫案，该信息员受到十万元的重奖。三抓专群结合。在全市社区普遍开展了“居警共创”活动，由社居委和驻区民警联手打造平安社区。社居委主要负责协调驻地单位，分解落实治安责任，驻区民警负责管理五支队伍，搞好巡逻防范。“居警共创”增强了社居委同警务室工作的互补性，一些社区自开展“居警共创”以来，已连续几年没有发生入室盗窃案件。社区和警区大多成了“一对红”。四抓督促检查。我市社区治安防控体系的日常检查督促和阶段性考评工作由市综治办会同市公安局共同负责。市综治办把检查督促作为一个重要手段，经常深入社区，调查研究，及时总结经验，纠正偏差，并邀请人大代表、政协委员对社区治安防控体系建设进行专项视察。市公安局进一步明确了驻区民警的岗位职责，把控制发案、服务群众作为日常工作的根本目标，年终考评时作为派出所和民警的实绩与奖惩挂钩。五抓奖惩兑现。为了确保巡逻防范人员的责任到位，我们对居民小区发生重大案件的，或一次性连续发生三户以上盗窃案件的，或一段时期内连续发生两次以上被盗的，除了对当班的保安人员、“4050”人员等相关责任人给予处罚外，对社居委负责人、驻区民警及单位小区的负责人也要给予内部通报、黄牌警告或一票否决，处罚情况同时抄送其上级主管单位。两年来，已有13个小区或单位受到内部通报，6个被黄牌警告。六抓规范提高。在全市的宏观层面上，主要是制定相关的文件，引导社区防控体系建设的规范化运作。近两年来，市委、市政府和市综治委相继出台了一系列文件，如《合肥市关于加强治安防范的实施办法》、《合肥市关于进一步加强社会治安综合治理工作的若干意见》、《合肥市治安防控体系建设的实施意见》、《合肥市社区治安防控体系规范化建设标准》等等，使全市社区治安防控体系建设工作在试点的基础上加以全面推进。同时，加强了各部门、各单位和治安防控体系各环节之间的衔接整合工作，落实了公安、建委等各有关部门参与治安防控体系建设的职责任务，形成齐抓共建的合力。市属各区在实际工作中十分注重结合自身实际，突出区域特色，全市社区治安防控体系建设工作呈现出你追我赶、齐头并进的良好态势。

实践证明，抓住了社区就抓住了城市安全防范的关键。全市自开展社区治安防控体系建设工作以来，居民区入室盗窃、偷盗自行车、机动车等可防性案件下降了11%，出现了一批零发案的居民小区，群众的安全感和对社会治安的满意度进一步提升。在公安部对全国直辖市、部分省会城市的暗访中，我市位列第四名。四个城区去年全部被省委、省政府再次命名为社会治安综合治理模范区。

强化综治信息员队伍　筑牢治安防控第一道防线

安徽省宣城市综治委

2001年以来，在市委、市政府的重视和领导下，我们把治安防范作为综治工作的重中之重来抓，在构筑严密的治安防控体系过程中，突出抓了综治信息员队伍建设，建立和完善综治信息员工作机制和管理制度，筑牢治安防控第一道防线，维护了全市的社会治安稳定，取得了显著成效，基本实现了"发案减少、秩序良好、群众满意"的目标。

一、因情施策，积极创新，组建基层综治信息员队伍

上个世纪九十年代中期，我市一些地方凶杀案件大幅度上升，群体性械斗闹事事件时有发生，治安秩序混乱，严重地影响了社会稳定。要解决上述问题，必须把防范的触角延伸到村(居)民小组，建立起及时收集上报治安信息和化解纠纷的机制。从2000年底开始，我们着手在村(居)民小组创建综治信息员队伍，市委印发了《关于建立基层综治信息员队伍的通知》，在全市全面推行综治信息员的做法。到2001年底，全市七县(市、区)所有村(居)民小组和50人以上的企事业单位全部建立了综治信息员队伍，计19620名。

二、建章立制，规范管理，完善综治信息员队伍工作机制

(一)聘请综治信息员。选为人正派，办事公道，群众基础好，热心综治工作；懂得一些法律知识和政策；有调处化解矛盾纠纷的能力的人员担任综治信息员。农村和街道的综治信息员一般由村(居)民小组组长担任，或由村(居)民小组干部、老党员、民兵、治安积极分子、退休回乡老干部担任，每个村(居)小组配备1名；企事业单位一般由治安保卫人员担任，一般每个单位配备1名；流动综治信息员由具有流动性强的人员担任。

(二)明确了八项职责。综治信息员的八项职责是指：1.普法宣传；2.向村(居)委会综治领导小组报告矛盾纠纷与不稳定因素情况；3.调解矛盾纠纷，重大纠纷调解不了的，迅速向村(居)或乡镇(街道)报告；4.参加治安巡逻；5.向政府或公安机关报告现行治安刑事案件发生情况，保护现场，监视、控制或扭送犯罪嫌疑人；6.掌握治安重点人的情况，教育帮助轻微违法青少年；7.协助做好群体上访的信访工作；8.完成乡镇(街道)综治委交办的工作。在实际工作中，综治信息员成了集普法员、信息员、调解员、治安员、巡逻员和信访员等"六员"于一身的基层综治工作者。宣州区还把综治信息员的姓名、职责和联系电话等内容以统一格式上墙公布，便于群众联系。

(三)建立了五项制度。一是培训工作制度。以乡镇(街道)为单位，每年对综治信息员集中开展业务培训不少于两次。通过培训，全体综治信息员的政治和业务素质普遍提高。二是信息报告制度。一般信息结合矛盾纠纷排查调处工作半月向村(居)委会综治例会报告一次；重大信息2小时内向治保、调解主任或乡镇(街道)综治办汇报。三是矛盾纠纷和不稳定因素化解制度。我市乡、村、组三级综治组织构成了三道防线，实现了"三不出"，即"小纠纷不出组，较大纠纷不出村，重大纠纷不出乡"。四是多元化的经费保障制度。经费由县、乡、村三级负担大部分；其余按照"谁受益，谁出资"的原则走市场化的路子，多渠道筹集。本着取之于民、用之于民的原则，由民间自治组织收取，专款专用、民主管理。另外，在不增加农民负担的前提下，按照一事一议的原则筹集。仅今年1至6月，全市多渠道筹集经费628万余元，为基层治安防范工作正常运转提供了物质保障。五是考核奖惩制度。市、县、乡三级将综治信息员工作纳入目标管理进行考核，把参加培训、上报信息、调解纠纷和参加治安巡逻等工作予以量化，乡每季度考核一次，县每半年考核一次，年终总评，结果分优秀、称职和不称职三等，优秀的给予表彰，不称职的予以撤换。

三、实行综治信息员制度取得了明显成效

一是畅通了综治信息渠道。据统计，近三年来，全市仅综治信息员平均每年报告的综治信息就达1万余条，重大信息在3000条以上，为上级综治组织决策和及时化解矛盾，消除不稳定因素赢得了时间。

二是化解了不稳定因素。仅今年1至6月，全市就排查各类纠纷和不稳定因素3441件，调结和化解2779件，其中由综治信息员调结和化解的占82%。

三是强化了基层治安防范。全市村(居)民小组、自然村、社区在社会治安防控体系建设过程中，整合治安防范力量，共组建以综治信息员为骨干的治安巡逻队4066支，人员17590人。通过开展治安巡逻、打更放哨和看楼护院，防盗、放火、防抢、防破坏等"四防"效果十分明显，有效防范了影响群众安全感的案件的发生。据统计，2002年，全市盗窃、抢劫等多发性案件占全部刑事案件的比例比上年下降9个百分点；今年以来，又比去年同期下降14个百分点。

四是增强了群众的安全感。2002年我市刑事发案增幅比上年回落了9.3个百分点；杀人、抢劫、伤害、纵火等8类严重影响群众安全感的暴力犯罪比上年同期下降31%；农村地区群体性事件减少64%；在2002年底由省有关部门组织开展的群众安全感问卷调查活动中，我市群众安全感评价指数为90.8，高于全省平均水平5个百分点。

实施"千旗网底"工程　构筑农村基层治安防范新机制

安徽省五河县综治委

近年来，我们坚持从抓好基层基础人手，实施"千旗网底"防范工程，有效地推动了全县综治工作的良性发展。我们的主要做法是：

一、调查研究，探索"千旗网底"治安防范新路子

我县曾一度凶杀案不断，有的一起案件死伤多人，盗窃、抢劫案件居高不下，"两抢一盗"案件占全县发案总数的70%以上，社会治安形势相当严峻。对此，县委、县政府下大决心抓好基层治安防范工作。经调研发现大多数重特大凶杀案件的发生都是由纠纷引起的，如果防范及时、措施有力，这些触目惊心的血案完全可以避免。其原因是：村一级治安组织虽然比较健全，但人少事多，对矛盾排查难以深入；底数不清，反应不灵，调解乏力；综治工作在村民小组这一级形成盲区。乡镇管不着，村居无力管，村居民小组无人管，大量矛盾纠纷都在这里发生、酝酿，直至激化。这正是造成治安形势严峻的一个关键因素。综治工作必须从乡(镇)村(居)进一步向村(居)民小组和村民代表小组及所有农户延伸，做到户户参与，人人有责，真正形成乡(镇)村(居)组户四位一体的防范网络，建立由全县6000多个村民代表小组和10万农户参加的这个网络的"网底"。

县综治委选定治安状况比较混乱的头铺镇开展以村民代表小组为基本单位的基层防范试点，力求探索一条加强农村基层综治工作的有效途径。动员和组织村民代表担任创安责任人，发给一面治安值勤红旗，由村民代表组织所联系的1至15家农户轮流开展义务治安巡逻，抓好普法、民调、帮教和治安防范工作，使综治网络延伸到了最底层。试点结果使该镇的综治工作发生了明显变化，效果良好。表现在不仅民转刑案件、侵财性案件明显下降，一些小的矛盾纠纷在村(居)民小组内得到及时化解。村民的防范意识、法律意识明显增强，村、组干部、村民代表和群众参与综合治理的主动性、积极性明显提高。

二、认真实践，构建“千旗网底”治安防范工程

为保证质量和效果，县委、县政府决定用三年完成全县6000个村民代表小组的创安网络建设任务，组织基层综治网络，全面提高防范水平。所谓“123千旗网底”防范工程，“千旗”，主要是动员组织全县6000个村民代表担任创安责任人，发给每人一面治安值勤红旗，每个村民代表组织所联系的10至15家联系户轮流开展治安巡逻。抓好普法、民调和防范工作。全县15个乡镇每个乡镇每年分别完成50、100、150个村民代表组的创安进度，每年分别完成1000、2000、3000个村民组的创安任务，每天有1000面值勤红旗挂在农户家门口，有数千农户参与值勤巡逻。“网底”是以乡（镇）村治安联防队为骨干，以村民组为基本单位，以值班农户为依托。户户参与，把治安防范工作延伸到组到户。2000年，全县有1121个村民组参与创建，组织发动了26807户参加打更巡逻。到2002年底，全面完成了全县6000个村民代表小组的治安防范网络建设。“千旗网底”防范工程的实施，促进了全县治安形势的根本好转，各类刑事案件呈逐年下降趋势，特别是侵财案件明显减少。截止目前，全县已有130个村基本达到了综治标准化建设的要求，综治标准化村建设深化了“千旗网底”防范工程建设。

三、深化创新，提高“千旗网底”治安防范工作水平

一是抓重点，开展“百村治安联防”。突出乡镇所在地，开展“百村治安联防”，即组织各乡镇利用乡直机关财力、人力的优势，以乡镇所在地为轴心，向周边辐射，带动周围4—5个村共同搞好治安联防。通过乡镇派出机关干部到周边村驻点指导、组织参与联防、乡（镇）直部门组织起来连片搞联防、乡镇干部和周边村民一起轮流值班巡逻联防及建立治安哨所、治安值班房等形式，全县15个乡镇就带动近百个周边村，形成以乡镇所在地为轴心的“百村联防”大格局，从而有效地维护了乡镇所在地的治安秩序。

二是抓规范，积极推进综治标准化村建设。为使“千旗网底”防范工程逐步制度化、规范化。2001年以来，我们在全县开展了创建综治标准化村建设活动。围绕“安全、标准、规范、满意”的八字方针，县综治委出台了《关于开展社会治安综合治理标准化村创建工作意见》，提出了综合治理标准化村10条标准。

三是抓创新，构建适应市场经济要求的新机制。从2002年10月起，县综治委、政法委顺应市场经济规律要求，对“千旗网底”防范工程进行创新完善，根据治安防范队伍专业化、防范社会化、管理市场化、服务契约化的“四化”要求，下发了《关于建立全县社会治安综合治理长效防控体系的实施意见》，组建了七支专业队伍，即从下岗工人、退伍军人中择优选聘50人的专职治安巡逻队伍，组建出租车义务巡逻队伍，组建清洁工治安信息员队伍，组建个体工商户治安小组长队伍，组建社区治安调解帮教志愿者队伍，组建电话亭、报刊亭治安报警队伍和机关、企业值班护院队伍。按照义务和补贴相结合原则，补贴费用在群众自愿的前提下，按照“谁受益谁出资”的原则，按人均10斤粮食由村民小组统一筹集，年底根据轮值情况结算，多值班多得粮。今年初，县委又规定，在保证财政投入的同时，按照“谁出资，谁受益”的原则，筹措综治经费，城镇财政供给人员按每人每月2元钱，乡镇从“一事一议”中按每年人均2元钱作为综治专项经费。这些做法，顺应了市场经济的要求，调动了方方面面的积极性。

四是抓延伸，开展城区夜巡联防。县综治委决定组织机关干部在城区开展分区域夜巡，使“千旗网底”防范工程向城区延伸。根据城区机关单位分布情况，将县城划为四个联防区域，县直单位按工作地参加本辖区治安巡逻。四区分别由县委办、政府办、人武部、城关镇牵头负责，并对各单位到岗夜巡情况进行日常检查。

拓展安置帮教路　撑起一方宁静天

安徽省祁门县人民政府

祁门县位于安徽省南端，地处黄山西麓，与江西省毗邻，是个典型的“九山半水半分田”的山区县。全县面积2257平方公里，总人口18.54万，其中刑释5年、解教3年内人员362人（刑释344人，解教18人）。

面对这一特殊群体，县委、县政府认识到做好安置帮教工作，对保障社会稳定，促进经济发展和社会进步具有非常重要的意义。为此，县委、县政府在工作中做到“三个坚持”，一是坚持将安置帮教工作摆上重要议事日程，将其作为社会治安综合治理的重要内容，同规划、同部署、同考评、同奖惩；二是坚持强化组织网络建设和部门职责，营造齐抓共管的工作格局，目前全县已经形成了纵向到底，横向到边，辐射到点的三级帮教网络，建立安置帮教组织189个，工作人员达802人；三是坚持目标管理，明确职责任务。县委、县政府将安置帮教工作列为社会治安综合治理的专项工作进行考核评比，每年由县安置办下达任务到乡镇、到成员单位、到有安置帮教对象的企业，实行目标管理，年终检查考核。“三个坚持”确保了安置帮教工作的有序开展。

一、强化意识，共尽职责，不断营造安置帮教工作的良好氛围

刑释解教人员安置帮教工作牵涉面广、政策性强、工作难度大，要使这项工作真正落到实处并不断取得成效，就必须发动社会各方面力量共同参与，共尽职责。多年来，县委、县政府注重做好组织协调和凝心聚力工作，较好地发挥了机关、基层和社会有关方面在安置帮教工作中的作用。在具体实践中，坚持强化三大意识：（一）强化社会责任意识。安置帮教工作是全社会的责任，仅靠司法行政部门一家工作是做不好的。为强化社会责任意识，县委、县政府积极组织协调，采取了多种形式进行宣传，倡导社会不歧视、不冷落刑释解教人员，对他们给予关心、爱护和帮助。如我县溶口乡刑释人员郑某，1993年刑释回到家乡溶口乡溶口村时，两手空空，无房无地，县安置办看他有医疗方面的一技之长，帮办理行医执照，当地政府、村委会也为他安排了400平方米土地，并腾出村委会的两间房子给他作诊所。短短几年，郑某用在监狱10多年掌握的娴熟医术和诚实和蔼的态度，抢救危重病人50多人，接诊病人5万多次，赢得了当地群众的好评。2002年，县政府又主动协调，乡政府、司法局、卫生局积极配合，将郑某破例录用为溶口乡卫生院正式职工，使昔日的一名抢劫犯成为今天的白衣天使。（二）强化家庭义务意识。在我县存在有些家庭不接纳，父母不认子的现象。为此，我们要求各级安置帮教组织多上门，从法、理、情等多种角度做工作，强化家庭义务意识。如塔坊乡朱溪组有一刑释人员，释放回家后，其父母对他态度冷淡，于是经常不归家，在社会上乱闯。乡镇帮教组织了解情况后，主动上门做其父母思想工作，帮助他成家立业，使他过上了正常的生活，对未来充满了自信和希望。（三）强化日常工作意识。在平时工作中，各级帮教组织严格做到：空闲时上门去走走，农忙时抽空去看看，碰面时主动多问问，关键时多关心关心。乡镇帮教组织自觉做到：对一年内回归的刑释解教人员，一周内走访谈心一次，一月内宣讲四次法律，一年内进行五次以上教育。同时，在日常帮教内容上做到四个坚持：坚持从思想上帮教，不让其滑坡；坚持从精神上帮教，不让其颓废；坚持从法律上帮教，不让其再违法犯罪；坚持从情感上帮教，不让其失去生活勇气。

二、完善制度，强化管理，实现安置帮教工作规范化

为使全县安置帮教工作健康有序地开展，我们从狠抓规范化管理入手，注意总结经验，逐步形成一整套安置帮教工作制度，在全县范围内普遍推行，获得了良好成效。

(一)整体规范全县的安置帮教工作。通过制定各种规范性文件，统一明确了安置帮教工作的对象、组织、职责、方法及考核标准，使全县安置帮教工作有章可循，方向明确，不走弯路，富有成效。

(二)建立衔接制度。为了做好县乡两级帮教组织的衔接工作，县安置办设计了《刑释(解教)人员安置帮教通知书》，并在收到监狱或劳教所通知的一周内将《通知书》发到乡镇，由乡镇建档后向村组交接。同时，县安置办还与县看守所达成一致，每半年统计一次，搞好看守所服刑人员释放后的衔接工作，做到不脱管、不漏帮。

(三)建立帮教制度。五年来，我们在总结实践经验的基础上，积极推行"三帮一"、"二帮一"、"一帮一"制，签订帮教协议书，明确帮教人和帮教对象的权利和义务。与三种帮教方式相配套的还有回访谈心制、了解考察制、年终鉴定制、安置帮教工作调查笔录制和"包教育、包管理、包转化"的三包制。对外出务工刑释解教人员，我们向用工单位发出《安置帮教意向书》，实行联合帮教。

(四)建立排查清理和建档制度。为了全面准确掌握刑释解教人员的底数，我县实行一年一排查，三至五年一清理，并在排查清理的基础上建立刑释解教人员档案，档案内容为四表三情况，即《刑释解教人员年度统计表》、《乡镇帮教对象和帮教人员登记表》、《刑释解教人员基本情况登记表》、《刑释解教人员安置帮教情况反馈表》；刑释解教人员思想情况、生活情况、就业情况，做到刑释解教人员人人有档案，事事有记录。

(五)建立延伸帮教制度。对服刑在教人员，我们积极主动与其所在监狱、劳教所联系，共同帮教，把帮教工作向大墙内延伸。我县许多乡镇帮教工作站都向服刑在教人员发出了"一封家信"，诚恳告知家中亲人身体、生活和家乡面貌变化等情况，对他们安心服刑改造和接受教育起到了促进作用。

三、创新观念，热情服务，拓展刑释解教人员安置就业渠道

刑释解教人员安置帮教工作重在安置、贵在帮教，而安置就业即是重点，又是难点。我县工业基础薄弱，企业发展滞后，实行企业安置就业难度很大，我县各级党委、政府和帮教组织面对新形势，主动更新观念，变行政管理职能为服务职能，从服务入手，结合农业结构调整，积极创办小型、零散型的过渡性安置基地，引导和扶持刑释解教人员走多种就业的路子，朝致富奔小康迈进。

(一)热情服务，用服务来帮助他们就业。一是农技部门举办各种类型培训班，进行农村实用技术培训和技术指导。在技术培训的带动下，去年我县有许多刑释解教人员根据市场需求，种植生姜、板栗、银杏、中药材、香菇、木耳，养殖土鸡、石鸡等，走上了就业致富之路。二是信用部门通过各种渠道为刑释解教人员就业提供资金服务。全县各乡镇工作站都向刑释解教人员发放了"连心卡"、"服务卡"，持卡可以凭证直接在信用社获取3—5百元贷款。仅2002年全县就为刑释解教人员提供资金贷款10万元。三是农业、财政部门提供政策服务，为刑释解教人员争取产业结构调整方面的补贴和免税、减税等优惠政策。四是销售部门积极做好刑释解教人员产品的销售服务工作。五是法律服务所做好外出务工刑释解教人员法律服务工作。

(二)积极引导，用引导来促使刑释解教人员自谋职业。刑释解教人员中，有的有一技之长，有的没有特长，有依赖几亩田地生活的，也有不会干农活的，他们都处在就业的十字路口，都想谋一份职业，干一番事业。我们通过各种方式，引导他们自创就业路子，自谋幸福生活。如新安乡帮教组织帮助刑释人员赵某分析市场行情，联系落实技术指导人员，利用当地资源栽培黑木耳，年收入达5000多元；柏溪乡刑释人员黄某，在乡帮教组织的动员和引导下，创办了一个采石场，当起了场长。

(三)大力扶持，帮助他们创办种植业、养殖业、从事个体私营经济。实践证明，刑释解教人员有生活出路，对预防其重新犯罪具有重要作用。为此我们采取多种形式创办实体，安置、扶持刑释解教人员就业。如县中医院在渚口乡承租了一大片山场和耕地，发展中药材，该乡倪某等六名刑释人员想联合起来种中药材，乡里对此十分支持，将一块七亩多的旱地划给乡安置工作站，由工作站无偿承包给倪某等人，同时免费提供种子，并发动乡干部每人捐款30元共计1080元，给他们作为种植中药材的启动资金，帮助扶持他们发展中药材种植业。

拓展安置帮教路，撑起一方宁静天。截止2002年底，我县已创办各类过渡性安置基地30余个，362名刑释解教人员分别在建筑装璜、车辆运输、个体医疗、汽车摩托车修理、采石、种植、养殖等行业实现了就业，其中2人被选为村委会主任，1人被选为村支书，4人被选为村民组长，并有7人光荣加入中国共产党，祁门县实现了连续两年重新犯罪率为零的成绩。

安徽省社会治安综合治理委员会
中共安徽省纪律检查委员会
中共安徽省委组织部
安徽省人事厅
安徽省监察厅
关于印发《关于领导干部履行社会治安综合治理职责考核与奖惩暂行规定》的通知

(2003年3月7日)

各市综治委、纪委、组织部、人事局、监察局，省综治委各成员单位：

为了进一步健全和落实社会治安综合治理领导责任制，使全省各级党委、政府和各部门各单位的有关领导干部切实承担起保一方平安的政治责任，推动综合治理各项措施的落实，省综治委、纪委、组织部、人事厅、监察厅制定了《关于领导干部履行社会治安综合治理职责考核与奖惩暂行规定》，现印发给你们，请遵照执行。如执行中遇到问题，请及时与省综治办联系。

特此通知

关于领导干部履行社会治安综合治理职责考核与奖惩暂行规定

第一章　总　　则

第一条　为了进一步健全和落实社会治安综合治理领导责任制，使全省各级党委、政府和各部门各单位的有关领导干部切实承担起保一方平安的政治责任，推动综合治理各项措施的落实，根据中央综治委、纪委、组织部、人事部、监察部《关于实行社会治安综合治理领导责任制的若干规定》(中央综治委[1993]16号)和《安徽省社会治安综合治理工作考核与奖惩办法》(皖综治委[1996]1号)、安徽省综治委、纪委、组织部、人事厅、监察厅《关于对发生严重危害社会稳定重大问题的地方实施领导责任查究的规定》(皖综治委[2000]19号),特制定本规定。

第二条 对领导干部履行社会治安综合治理职责的考核与奖惩,坚持实事求是、客观公正、注重实效和奖惩公开的原则。

第三条 考核的对象是全省市、县(市、区)、乡镇(街道)党政主要领导干部、分管领导干部和各级综治委成员单位的主要领导干部、分管领导干部。

第二章 考核

第四条 对领导干部履行社会治安综合治理职责的考核,由县(市、区)以上各级社会治安综合治理领导机构负责组织,会同纪检、组织、人事、监察等部门共同实施。

县(市、区)对同级综治委成员单位领导干部和乡镇(街道)党政领导干部,一年进行一次考核。

市对同级综治委成员单位领导干部和县(市、区)党政领导干部,一年进行一次考核。

省对同级综治委成员单位领导干部和市级党政领导干部,两年进行一次考核。

第五条 各级综治办要建立健全同级党政领导干部和成员单位领导干部抓综治工作的档案,详细记载其抓综治工作的具体情况。

对党政领导干部履行社会治安综合治理职责的情况,形成其综治工作档案,为上级综治、纪检、组织、人事、监察等部门的定期考核做好各项基础性工作。

对同级综治委成员单位领导干部履行社会治安综合治理职责的情况,形成其综治工作档案,作为年度考核的重要内容。

综治委成员单位的联络员,要定期向综治办提供其单位领导履行社会治安综合治理职责的情况,重大情况及时报告。

第六条 对党政领导干部履行社会治安综合治理职责考核的主要内容:

(一)坚持稳定压倒一切的方针,正确处理改革发展稳定的关系。切实担负起维护社会稳定和保一方平安的政治责任,把维护稳定和综治工作摆上重要议事日程,纳入任期和年度岗位责任目标,定期研究部署维护稳定和综治工作,重视解决综治工作中的重大问题。

(二)认真履行社会治安综合治理第一责任人和分管责任人的职责,负责组织层层签订社会治安综合治理目标管理责任状,严格检查、考核、评比,兑现奖惩。坚决实行综治一票否决权制。

(三)研究解决本辖区综治工作中的组织机构、人员编制、经费保障、责任查究、考核与奖惩等重大问题。

(四)组织推动综治各项措施的落实,所在地区治安秩序良好,群众有安全感。适时部署专项斗争和重点治理,使重大案件上升势头得到遏制,治安混乱的地区和单位面貌迅速得到改观。治安防范措施落实,基层综治组织健全,充分发挥群防群治组织作用。重视对广大人民群众特别是对青少年的法制宣传教育,加强流动人口管理,落实刑满释放和解除劳教人员的安置帮教措施,大力推进综治进社区工作,预防和减少各类案件的发生。

(五)深入基层,调查研究,指导和督促综治工作,重视组织开展人民调解工作和影响本地区社会稳定的矛盾纠纷排查调处工作,正确处置各类群体性事件。

(六)按照安徽省社会治安综合治理委员会、安徽省处理"法轮功"问题领导小组《关于把同"法轮功"邪教组织斗争纳入社会治安综合治理工作体系的通知》(皖综治委[2002]17号)的要求,组织推动各项工作措施的落实。重视宗教管理工作,取缔非法宗教,打击邪教组织违法犯罪活动。

(七)组织办理上级综治委交办的重要工作,及时研究同级综治委提交的有关工作。

第七条 对各级社会治安综合治理委员会成员单位领导干部履行社会治安综合治理职责考核的主要内容:

(一)落实本部门、本单位综治工作的领导责任,建立健全综治工作机构,组织本部门、本单位层层签订社会治安综合治理责任书,定期考核,兑现奖惩。

(二)将综治工作与本部门、本单位业务紧密结合起来,充分发挥职能作用。认真落实属地管理原则,自觉接受所在地综治部门的指导、检查、督促。

(三)落实本部门、本单位社会治安防范措施,加强教育与管理,加大经费投入,预防重特大刑事案件、治安灾害事故和安全生产责任事故的发生。

(四)社会治安综合治理委员会委员重视并积极参与综治工作。

(五)积极开展同"法轮功"等邪教组织的斗争,工作成效明显。

(六)认真办理综治委交办的各项工作,及时反馈本部门开展的综治工作情况。

第八条 考核工作应根据考核对象的职责及其所承担的综治工作任务,在侧重全面检查其履行社会治安综合治理职责情况的同时,注重考察了解其所在地区、部门(单位)的综治工作和社会治安状况。

第九条 考核组对考核对象履行社会治安综合治理职责情况应形成考核材料,作出综合性评价,向综治、纪检、组织、人事、监察五部门联席会议汇报。考核材料报送综治、组织部门备案。

对条条管理的综治委成员单位领导干部的考核结果,要同时抄送其主管部门。

第三章 奖 惩

第十条 经过考核,对高度重视综治工作,认真负责,很好地履行社会治安综合治理职责的党政主要领导干部、分管领导干部和综治委成员单位的领导干部,由综治、纪检、组织、人事、监察五部门联席会议审核决定,以综治委名义予以表彰奖励。

第十一条 奖励以精神奖励为主,物质奖励为辅,可授予社会治安综合治理优秀领导干部称号。奖励所需资金由同级人民政府拨给。

第十二条 各级党委、政府和各有关部门在研究决定本地区、本部门党政领导干部的任免、奖惩等问题时,要把综治、纪检、组织、人事、监察五部门对党政领导干部和综治委成员单位领导干部履行社会治安综合治理职责情况的考核结果作为重要依据之一。干部本人或其所负责的地区、单位受到综治工作一票否决的,在该地区、单位的治安面貌改变之前,组织、人事部门应取消其评先受奖,晋职晋级的资格。

第十三条 各级组织、人事部门在考察某地区、部门党政领导干部的政绩,办理他们晋职晋级,征求所在地区、部门社会治安综合治理领导机构的意见时,要以对其履行社会治安综合治理职责情况的考核结果为重要依据。

第十四条 各级纪检、监察机关对不重视综治工作,严重失职,导致治安秩序长期混乱或发生影响当地社会稳定的重大治安事件的地区、部门的党政领导干部,要根据其应承担的责任,按照纪检和监察工作的有关规定,给予相应的党纪、政纪处分。

各级社会治安综合治理领导机构有权对上述地区、部门的党政领导干部给予党纪、政纪处分提出建议。

第四章 监 督

第十五条 考核人员要全面、深入地考核,并客观公正地反映考核对象履行社会治安综合治理职责的情况。

实行考核工作责任制。考核人员和考核组组长要在考核材料上签名,对其客观性、真实性负责。

第十六条 考核对象要如实汇报,客观反映其履行社会治安综合治理职责情况。有关部门和人员应客观、负责地向考核组提供真实情况和有关数据。

第十七条 考核工作实行公示制度。接受和鼓励群众监督,认真受理各级机关、干部群众的检举、申诉,及时进行核查和处理。

第五章 附 则

第十八条 考核工作细则根据本规定精神另行制定。

各市可根据本规定,结合本地实际,制定实施细则。

对其他机关、团体、企事业单位领导干部履行社会治安综合治理职责的考核奖惩,参照本办法。

第十九条 本办法由省综治委、纪委、组织部、人事厅、监察厅五部门联席会议负责解释。

第二十条 本办法自 2003 年 7 月 1 日起施行。

安徽省刑释解教人员安置帮教工作协调小组 安徽省高级人民法院 安徽省公安厅 安徽省司法厅 安徽省民政厅 关于印发《安徽省刑释解教人员衔接管理工作实施细则》的通知

(2003 年 11 月 3 日)

各市综治委刑释解教人员安置帮教工作协调小组、中级人民法院、公安局、司法局、民政局，省监狱管理局、省劳教局：

现将《安徽省刑释解教人员衔接管理工作实施细则》印发给你们，请认真执行，切实做好服刑在教人员刑释解教时的衔接工作，杜绝脱管失控现象，预防和减少重新犯罪，维护社会稳定，为发展安徽经济创造良好的社会环境。

安徽省刑释解教人员衔接管理工作实施细则

为进一步做好安徽省服刑在教人员刑释解教时的衔接工作，实现刑释解教衔接管理工作规范化、制度化，根据中央社会治安综合治理委员会、司法部、公安部、民政部《关于进一步做好服刑在教人员刑满释放、解除劳教时衔接工作的意见》(综治委〔1999〕5 号)和公安部《关于做好看守所、拘役所服刑人员刑满释放时衔接工作的通知》(公监管〔2003〕36 号)文件精神，结合我省实际，制定本细则。

一、服刑在教人员刑释解教时的衔接工作，是一项十分重要的基础性工作，是做好安置帮教工作、巩固改造成果、预防和减少重新犯罪、维护社会稳定的首要环节，也是基层安全创建活动和社会治安综合治理领导责任制的一项重要内容。全省各有关部门应充分认识衔接工作的重要性，加强领导，周密组织，严格按照规定的程序和要求，坚持“各尽其责，密切联系，相互配合，超前落实”的原则，切实做好这项工作。

二、各人民法院对罪犯作出的刑事判决书，判决时对罪犯作出的保外就医决定书，对罪犯在服刑期间作出的减刑、假释裁定书，应一式二份送达给罪犯户籍所在地的县(市、区)司法局(县安置帮教办公室)、公安局。

三、劳动教养管理委员会对违法人员作出的

《劳动教养决定书》应抄送被劳动教养人员户籍所在地的县(市、区)司法局、公安局。

四、各监狱、劳教所、看守所、拘役所(以下简称监所)应将上级机关对服刑在教人员作出的保外就医、所外就医等暂予监外执行的决定批复,一式二份寄送给服刑、在教人员户籍所在地的县(市、区)司法局、公安局。

五、县(市、区)司法局和公安局在接到人民法院作出的《刑事判决书》、减刑、假释《裁定书》,劳动教养管理委员会作出的《劳动教养决定书》,以及保外就医《决定书》等材料后,应及时将服刑在教人员名单和基本情况录入信息管理系统,为做好安置帮教工作奠定基础。

六、监所与地方应建立预报制度。各监所应于每年6月底和12月底前,做好下一个半年内的服刑在教人员预放名册的编制工作,将其姓名、家庭住址、罪名(案由)、刑期(教期)、刑释解教时间等情况进行登记,并寄送各市司法局(市安置帮教办公室),各市司法局要在5日内将预放名册下发各县(市、区)司法局,县(市、区)司法局要在5日内将预放名册下发给各街道、乡、镇司法所,以便提前制订刑释解教人员安置帮教工作计划。

七、各监狱应当对即将刑释人员进行为期三个月的出监教育,各看守所、拘役所、劳教所应当对即将刑释解教人员进行为期20天的出所教育,重点进行形势、政策、前途教育,遵纪守法教育和必要的就业指导,开展多种类型、较实用的职业技能培训,增强刑释解教人员回归社会后适应社会和就业谋生的能力。

八、各监所应当在服刑在教人员刑释解教前一个月填写一式两份《刑满释放人员通知书》、《罪犯出监(所)鉴定表》或《解除劳动教养人员通知书》、《劳动教养人员出所鉴定表》,寄送服刑在教人员原户籍所在地的县(市、区)司法局,县(市、区)司法局将其中一份转交县(市、区)公安局。对因减刑等原因无法提前30日寄发通知书的,应当自减刑裁定送达后,先行电话通知,并及时寄送《通知书》。

九、各监所对刑释解教人员的《罪犯出监(所)鉴定表》或《劳动教养人员出所鉴定表》的填写要客观、真实、全面,着重载明刑释解教人员的个性、特长、悔改表现、心理状况,关系密切的"狱友"、"所友",回归后可能出现的异常情况,对帮教方法、措施的建议。

十、各监所应当告知刑释解教人员自刑满释放、解除劳动教养之日起10日内,持刑满释放证明、解除劳动教养证明到原户籍所在地乡、镇、街道司法所(乡、镇、街道安置帮教工作站)办理报到手续。司法所应将报到情况书面通知当地派出所。

十一、县(市、区)公安局收到《刑满释放人员通知书》或《解除劳动教养人员通知书》后,应当在一周内通知刑释解教人员原户籍所在地公安派出所。派出所接到转来的《刑满释放人员通知书》或《解除劳动教养人员通知书》后,要在3日内通知责任区民警提前做好准备,并将其列入重点人口进行管理。责任区民警要及时了解、掌握刑释解教人员的情况,会同司法所等基层帮教组织开展帮教活动。

司法所和公安派出所对辖区内逾期未报到的刑释解教人员,应当督促其办理报到手续;发现下落不明、未办理报到手续的,应向县(市、区)司法局和公安局报告,并互相通报。

刑释解教人员户口已迁出的,原户籍所在地司法所和公安派出所应将《刑满释放人员通知书》、《罪犯出监(所)鉴定表》或《解除劳动教养人员通知书》、《劳教人员出所鉴定表》和变更后的具体地址一并返回本县(市、区)司法局和公安局,由县(市、区)司法局和公安局再寄交刑释解教人员新迁入落户的县(市、区)司法局和公安局。对人户分离的人员,原户籍所在地县(市、区)司法局和公安局应按照规定填写重点人口人户分离联系单,向刑释解教人员现住地司法所和公安派出所介绍情况,现住地司法所和公安派出所要落实各项管理和安置帮教措施。

对于未到原户籍所在地司法所和公安派出所报到的刑释解教人员或未回原户籍所在地居住的刑释解教人员,现住地的公安派出所和司法所发现后,要将情况及时通报其原户籍所在地的司法所和公安派出所,同时与刑释解教人员现住地的街道、居委会(社区)和村委会等基层帮教组织共同开展帮教工作,尽量减少漏管、失控现象。

十二、县(市、区)司法局收到《刑满释放人员通知书》、《罪犯出监(所)鉴定表》或《解除劳动教养人员通知书》、《劳教人员出所鉴定表》后，应当核实登记，建立档案，并在一周内将刑释解教人员在监狱、劳教所、看守所、拘役所内的认罪服法情况、改造表现、刑释解教时间、技术特长、择业意向以及做好安置帮教工作的建议等有关情况书面通知其原户籍所在地的街道、乡、镇司法所。对无家可归、无亲可投的刑释解教人员，由民政部门协助县(市、区)司法局安排人员接回原籍。

十三、街道、乡、镇司法所接到通知后，应当登记造册并在3日内将有关情况通知村(居、社区)委会及刑释解教人员家属。积极协调有关部门和村(居、社区)委会做好安置帮教工作，帮助、引导、扶助刑释解教人员就业或解决生活出路问题。定期对村(居、社区)委会的安置帮教工作进行督促、检查和指导，随时了解掌握辖区情况，结合本地区实际制定和调整相应的管理、控制措施。

十四、村(居、社区)委会接到通知后，要及时登记造册，建立档案，成立相应帮教小组，切实做到"帮教人员、帮教对象、帮教措施"三落实。要做好刑释解教人员家属的工作，动员家属按时接回刑释解教人员。努力帮助解决刑释解教人员生活方面的实际困难，为他们回归后的生活就业创造有利条件。要建立见面和谈话制度，对刑释解教人员进行家访，做好法制宣传、思想道德教育工作。了解掌握他们的思想动态和现实情况，做好记录，完善档案，落实各项帮教措施，帮助、引导、扶助刑释解教人员就业或解决生活出路问题，使他们依靠勤劳致富、成为遵纪守法的新人。对那些改造表现不好的，有可能重新危害社会的刑释解教人员，特别是青少年，要加强帮教力量，实行重点帮教。

村(居、社区)委会与司法所应及时沟通有关情况，对于逾期未到原户籍所在地司法所报到的刑释解教人员或未回原户籍所在地居住的刑释解教人员，村(居、社区)委会应将有关情况记录在案，并迅速通知本街道、乡、镇司法所和公安派出所；对于人户分离的刑释解教人员，其现住地的村(居、社区)委会一经发现，应迅速将有关情况通知街道、乡、镇司法所和公安派出所，同时开展帮教工作。

十五、各县(市、区)司法局和公安局收到外省(市、自治区)监所寄发的《刑满释放人员通知书》、《罪犯出监(所)鉴定表》或《解除劳动教养人员通知书》、《劳动教养人员出所鉴定表》后，应在按上述程序和要求做好安置帮教工作的同时，及时将名册分别上报市司法局、公安局汇总，市司法局和公安局于每年6月底、12月底将汇总名册上报省司法厅(省安置帮教办公室)和省公安厅(治安总队)。

十六、县(市、区)司法局和公安局要加强与监所的联系，建立定期联系制度，及时交流本地籍服刑在教人员有关信息，了解服刑在教人员在服刑、劳教期间的认罪、悔过情况与表现，协助监所解决服刑在教人员在服刑、劳教期间出现的监所难以解决的涉及服刑在教人员家庭关系、经济困难、子女上学(指义务教育)、申诉等方面的问题。各县(市、区)司法局和公安局，应分别于每年的7月底前和次年的1月底前交换各自所掌握的半年和全年刑释解教人员名单等资料，并进行对比核实，防止漏管、脱管。

十七、建立刑释解教人员安置帮教、管控责任考查和奖惩制度。对安置帮教、管控措施落实，工作成绩突出的单位和个人，给予表彰和奖励；对安置帮教、管控责任和措施不落实，造成刑释解教人员漏管失控，导致重新犯罪或重新劳教、造成严重后果的，要追究有关单位主管人员和直接责任人员的责任。

十八、各级安置帮教工作协调小组成员单位之间和安置帮教工作机构之间，要建立行之有效的协调机制，完善登记造册、统计分析、信息通报和反馈制度，上下沟通，横向沟通，相互配合，确保衔接、安置、帮教工作顺利开展。

十九、省安置帮教工作协调小组要加强对各市安置帮教工作机构开展衔接工作的监督和指导，定期检查落实情况，认真总结推广衔接工作经验，对衔接工作中出现的问题及时与成员单位和有关部门进行沟通，协调解决。

二十、本实施细则自二〇〇四年一月一日起施行。

(撰稿：牛金志

审稿：马大伟　于厚森)

福　建　省

“严打”整治斗争情况

2003年前4个月，全省政法各级各部门毫不松懈地抓好“严打”整治斗争最后阶段工作，精心组织开展以“打团伙、破大案、追逃犯”和遏制“两抢”、“两盗”为主要内容的一系列“严打”战役，成效明显。2003年7月，召开了全省“严打”整治斗争总结表彰会议，省委、省政府表彰了福州市公安局刑侦支队等119个“严打”整治斗争先进集体和程宝华等209名“严打”整治斗争先进工作者，追授福州市公安局刑侦支队五大队民警刘功成、建瓯市公安局办公室副主任钱小明为“严打”整治斗争先进工作者。“严打”整治斗争告一段落后，各地政法部门按照“力度不减、措施不软、成效不降”的要求，把工作重点放在建立健全“严打”经常性工作机制上，继续保持“严打”高压态势，巩固和发展“严打”整治斗争成果。泉州市围绕“一升一降”（群众对社会治安满意率上升，刑事发案数下降）目标，坚持每季度进行公众安全感测评和每月刑事发案情况通报制度，有针对性抓好督促整改。福州市对群众满意率低于85%的县（市、区），由市领导和市委政法委领导同时挂点指导，定期检查督促。莆田、宁德等市对重大案件实行重奖励挂牌督办，从财政拨出专项经费，用于奖励破案有功的单位和人员，调动公安干警的破案积极性。2003年全省公安机关共破获各类刑事案件80574起，摧毁犯罪团伙2291个，抓获犯罪嫌疑人56682人。全省九个设区市，有七个设区市的刑事案件同比下降或基本持平，八个市严重暴力犯罪案件同比减少，六个市刑事案件破案数同比增加。公众安全感电话调查显示，全省有91.87%的居民对社会治安表示满意和基本满意。检查机关共批捕各类刑事案件12207人，起诉12912人。审判机关共审结各类“严打”重点案件11641件，判处罪犯12753人，“严打”期间，部、省级挂牌督办的涉黑涉恶案件已基本审结，有力打击了违法犯罪分子的嚣张气焰。

社会治安重点整治工作扎实推进。年初省综治办下发通知，要求各地对社会治安重点整治地区和单位及突出治安问题开展排查摸底，3月，省综治委印发《关于开展2003年全省社会治安重点整治工作的意见》。全省排查出222个治安乱点，省综治委从中确定36个作为联系帮助点，加强工作指导。各地对整治工作实行乡镇（街道）党委书记、乡镇长（街道主任）、综治副职、公安（边防）派出所所长和整治工作队长“捆绑责任制”，把治“乱”与除“恶”、治“瘫”、治“散”相结合，认真落实整治各项措施，多数整治点刑事案件、治安案件和矛盾纠纷大幅度下降，基本收到了“整治一地，安定一方，带动一片”的效果。漳州市对全市20个刑事案件多发乡镇（街道）组织开展为期半年的重点整治，经检查验收，20个重点整治乡镇（街道）刑事案件同比下降36%，并带动全市刑事案件同比下降16%。各地还结合当地治安实际，对涉枪涉爆、种贩制毒、偷私渡等突出治安问题开展专项治理和打击行动，遏制了发展蔓延势头。针对闽侯县接连发生两起特大烟花爆炸案件所暴露出来的薄弱环节，全省普遍开展专项整治，强化枪支弹药、易燃易爆物品的管理，努力消除不安全隐患。宁德市针对边远山区群众种植罂粟问题，开展声势浩大的禁种铲毒专项整治行动，成效明显，获得国家禁毒委授予的“禁种铲毒奖”。莆田市针对偷私渡问题，采取加强船管站建设等措施，促进反偷私渡工作顺利开展。

流动人口管理与服务工作情况

据公安机关统计，全省登记暂住人口253.23万人，登记租赁房屋24.22万户。2003年4月，省综治委等八单位联合制定《关于加强暂住（流动）人口管理和服务工作的意见》（闽综治委[2003]13号），从财政分级负担、税款代征手续费、房屋租赁委托管理服务费和群防群治服务费等四个途径，积极解决外口协管员队伍的经费保障问题。三明、莆田、南平、龙岩、宁德等市都制定出台相应的实施办法，明确市县乡三级分担暂住（流动）人口管理经费的比例。省公安厅下发《关于取消租赁房屋登记核准项目后进一步加强租赁房屋治安管理工作的通知》，要求加强和完善对租赁房屋日常走访管理和《租赁房屋治安责任保证书》签订制度，并积极推广租赁房屋治安管理的五种模式。福州、泉州等市积极推广出租户委托管理模式，通过强化征收私房租赁税、租赁房屋委托代管费等办法，落实出租房主、承租人、管理机构的责任。各地加强流动人口党建工作，大多数设区市委组织部成立了流动党员教育管理科（处），许多地方在人才市场、城镇社区中建立流动党员服务管理中心（站）。2003年12月，在莆田市召开了全省流动党员教育管理工作座谈会。为了保障外来农民工的合法权益并提供就业服务，建设部门认真组织开展清理建筑施工企业拖欠农民工工资，劳动和社会保障部门建成县级以上劳动力市场信息网络系统83个，建立乡镇劳动就业服务机构786个，使就业服务网络覆盖了全省80%的乡镇，现有劳动部门所属就业训练中心111家，农村劳动力转移培训试点县扩大至25个，为农村劳动力再就业创造良好环境。针对收容遣送制度取消后出现的新情况、新问题，各地积极主动做好应对工作，保证了从收容遣送向救助管理的平稳过渡。2003年，全省抓获的外来人口刑事作案成员占抓获总数的44.4%，与上年同期相比下降0.7个百分点。

铁路护路联防工作情况

2003年3月，省综治委调整铁路护路联防工作领导小组及其办公室组成人员。同月下旬，省综治委召开铁路护路联防工作领导小组全体成员会议，传达“长沙会议”精神，听取领导小组组织的三个检查组对全省各地落实《2002年福建省铁路护路联防工作责任书》检查的情况汇报。3月底，省铁路护路联防工作领导小组在福州市召开“全省创建安全文明铁道线经验交流暨表彰大会”，表彰2001—2002年度全省护路联防工作先进集体14个、先进个人50名。会上省综治委向省内铁路沿线8个设区市的36个县（市、区）综治委下达《2003年度福建省铁路护路联防工作责任书》。各地按照省里的部署，认真抓好治安突出区段的重点整治，全面推进安全文明铁道线创建活动，保证管内铁路安全畅通，可控有序。同时，省综治委积极协调省物价、财政部门，制定《关于规范铁路护路联防费收费有关问题的通知》，规范了收费项目名称，明确了执收主体，提高了收费标准。2003年4月和9月，福建铁路沿线各市、县有关部门还开展了“三保”宣传月活动。通过地方和铁路部门的共同努力，2003年我省基本杜绝了火灾、爆炸和其他破坏铁路案件，杜绝了因治安问题引发的行车重大事故和重大路外伤亡事故。安溪县铁路护路联防领导小组、永安市、邵武市、闽清县铁路护路联防领导小组被中央综治委铁路护路联防工作领导小组授予全国铁路护路联防工作先进集体称号;肖波、侯军、陈佳鹏、杨培钦被授予先进工作者称号。

构筑社会治安防控体系工作情况

省里先后召开综治委全委会、社会治安工作会议、社会治安综合治理工作会议等对社会治安防范工作进行部署。其中,2003年10月召开的全省社会治安综合治理工作会议,全面部署了全省社会治安防控体系建设工作,提出争取用3—5年时间,在全省上下建立起以公安机关为骨干,以群防群治力量为依托,以城区、农村、单位内部及周边、海上和铁路沿线四大块治安防范网络为基础的治安防范网络和工作体系。全省各级重点抓好“中心城市”、“县(市)城区和国道、省道、铁道经过的重点集镇”、“社区”三个层面的治安防范网络建设,深入开展“十百千”活动,即在全省总结10多个县(市)城区治安防范的成功经验,在国道、省道和铁道经过的130个重点乡镇(街道)建立健全专职治安巡防队,在近千个社区推进“11211”(建立综治办公室、警务室,健全治保、调解两会,设立治安巡逻队、外口管理站)工程建设,开展创建群众满意平安社区活动。2003年10月,省综治办印发《关于“三道”经过的重点乡镇(街道)建立健全专职治安巡防队做好治安防范工作的意见》,确定国道、省道、铁道经过的130个乡镇(街道)名单,并要求所在地要按实有人口每万人配备5名以上专职治安巡防队员,建立专职治安巡防队伍。2003年12月,省综治办与中国人寿福建省分公司联合印发《关于做好专职治安巡防(联防)队员人身意外伤害综合保险的意见》(闽综治办[2003]46号),规定以县(市、区)综治办为投保人,为每一位专职治安巡防队员办理人身意外伤害综合保险。保险费每人每年90元(优惠10%),人身意外伤害保险金额6万元,人身意外伤害医疗保险金额3千元。各地在治安防范实践中创造了不少好经验好做法。福州市着眼机制创新,在市区实行交巡警合一,囤警于路面,健全快速反应机制,努力遏制市区路面犯罪。厦门市重视加强技防建设,建立健全人员信息、指纹采集、旅馆业治安管理、卫星定位报警、社会面和社区技术监控等系统,运用科技手段,提高治安防范的水平。泉州市以“治安防控体系建设年”和“科技强警年”活动为载体,以加强中心市区、城镇和三道沿线、社区三个层面治安防范网络为重点,积极构筑符合本地治安特点的社会治安防控体系,刑事发案总量从占全省四分之一减少到五分之一。莆田市把建立社区警务室作为为民办实事的10个项目之一,重新整合到位的35个社区基本达到“11211”建设的要求。该市城乡区还筹集30多万元资金,实现治安巡逻队“队队有摩托车,人人有自行车”。三明市拨出30万元用于市区治安防范基础设施和巡逻队建设,该市三元、梅列两区和沙县开办“综治家财保险”,为交纳治安服务费的住户投保,既解决了治安巡逻队经费保障问题,又保护了社区居民的财产安全。南平市积极开展“两推三创”活动,即推广“政和经验”、“浦城做法”,创建“绿色安全长廊”、“满意安全社区”、“综治合格单位”,有效提升全市治安防控水平。龙岩市在市区聘请100多名民兵预备役人员、辅警员组成“治安巡逻防范大队”,在各县(市)城区分别组建30人以上的辅警队,与治安巡逻警察大队统一编队巡逻,增强社会面防控能力。据统计,全省有专业治安巡防队伍2917支,24633人。随着治安防范网络逐步扩大,防范效果逐步显现。去年全省严重暴力犯罪案件同比下降8.4%;爆炸、绑架、抢劫、涉枪、强奸、毒品案件同比分别下降21.7%、24.5%、12.8%、11.3%、10%和17.2%。

矛盾纠纷排查调处工作情况

去年,我省把做好人民调解工作作为矛盾纠纷排查调处的重要方面,省委、省政府和七个设区市都把加强规范化人民调解委员会建设列入2003年为民办实事项目之一。省委办公厅、省政府办公厅转发了《省综治委、省法院、省司法厅关于加强新时期人民调解工作实施意见》,大力加强人民调解在维护社会稳定中的第一道防线作用。各地进一步健全和完善矛盾纠纷排查调处例会、信息报送、督促检查等工作机制,针对企业改制、征地拆迁、林权改革、基层选举等重点问题,深入排查,分类梳理,落实职责,妥善调处,限期办理,努力把矛盾纠纷化解在基层,解决在萌芽状态。去年全省共排查各类矛盾纠纷48640件,调处43187件,调处率达88.7%。厦门西海域整治和莲坂旧城改造,涉及居民户8100多户3万多人,补偿金额10多亿元,由于精心组织,调处有力,至今没有发生规模的上访事件和闹事事件。龙岩市实行“三建三抓三前”工作新机制,即强化组织、制度、激励机制建设,抓早、抓小、抓苗头,防范工作做在矛盾纠纷发生之前,化解工作做在矛盾纠纷发展之前,调处工作做在矛盾纠纷激化之前。去年发生的群体性事件比上年减少46%。莆田市在省委领导下,积极稳妥处理因福山(马涨)殡仪馆建设引发的规模较大、时间较长的群体性事件,较好地解决了这一历史遗留问题。去年,全省发生101人以上规模较大的群体性事件同比下降20.4%,参与人数同比减少7.8%,没有发生500人以上的打砸抢烧群体性事件,保持了社会的总体稳定。

社会治安综合治理宣传工作情况

各地认真抓好三月份的综治宣传月活动,开展了法律咨询、综治踩街,举办歌舞晚会,开辟综治宣传专栏,设立综治专题节目等形式多样、氛围浓烈的宣传活动。莆田、福州、泉州等市综治宣传月活动声势大、形式多,影响好。据不完全统计,宣传月期间,全省共发放各地宣传材料200多万份,制作墙报、专栏2万多期,张贴(挂)标语6万多张(幅),开展法制讲座和法律咨询活动1万多场(次)。综治好新闻奖评选活动进一步规范和加强。省评委会根据部分评委工作变动情况,适时对评委会成员进行了调整充实,加大专家型评委的比重。各地和省综治委成员单位共报送报刊、电视、广播、摄影四类参评作品424件,数量比上年增加54件,作品质量也有提高。共有61件作品获奖,并从中推荐部分优秀作品参加全国综治好新闻奖评选活动,有8件作品获奖,其中一等奖3个,省综治办再次获得全国综治好新闻奖组织奖。此外,还圆满地完成中央综治办交办的全国综治好新闻奖复评活动的后勤服务保障工作。综治日常宣传工作也有新的加强。2003年10月由省委政法委、省综治委主办,省法院、检察院、公安厅等10个单位协办的福建省“严打”整治斗争成果展览,共展出1300多幅图片,在福州市8天展览中,有4万多人参观,引起了强烈的反响,留下近千条留言。全国“严打”整治斗争成果图片分发到各县市区进行巡回展览,也收到很好的宣传效果。各地重视发挥《长安》杂志的宣传主渠道作用,努力扩大宣传覆盖面,全省《长安》杂志征订量保持在5万份以上。各设区市电视台均有固定的政法综治工作宣传栏目。《法制日报》、《长安》杂志记者范蔚萱、徐来采写的《平安是福——记福建省浦城县城关地区夜间治安巡逻大队》,介绍了该县加强治安防范的做法。为弘扬正气,省见义勇为基金会表彰了钱小明等4个先进群体和龚谦云等9个先进个人共25人。

综治调研工作得到加强。省委政法委部署了司法体制改革等调研工作,并着重就建立健全"严打"整治工作机制、有关政法综治体制改革创新等问题开展调研,其中,《全力维护福建社会稳定的研究》获省调研咨询工作联席会议的调研组织奖,《为构建"三条战略通道"、提前3年实现小康创造良好环境》获2003年省重点课题优秀调研成果二等奖。

社会治安综合治理基层基础建设情况

各地结合《福建省社会治安综合治理工作纲要(试行)》的贯彻落实,狠抓综治基层基础建设。大多数市、县明确规定综治办与同级政法委合署办公,编制单列。全省乡镇(街道)1114个,都建立了综治办,其中,单独设立综治办的846个;配备专抓综治副职1133名,其中综治副书记894名;配备工作人员1729名,其中专职人员1202名,做到大部分乡镇(街道)都配有专抓综治工作的党委副书记,并设立综治办,有专门工作人员。治保会、调解会和群防群治等基层综治组织大多数地方形成网络,做到组织、人员、工作、报酬"四落实"。据不完全统计,全省有各类群众性治安保卫人员近30万人,成为维护社会治安的重要辅助力量。全省已建立调解会18066个,其中达到规范化标准的占66%,有效发挥了人民调解第一道防线作用。综治专职干部培训工作进一步加强,年内有30个县(市、区)综治办负责人到省里参加培训。三明、泉州、莆田、龙岩等市对乡镇(街道)专抓副职进行以《综治纲要》为主要内容的培训,提高综治干部的业务素质和工作能力。

刑释解教人员安置帮教工作情况

上半年,全省开展集中排查清理工作,全省2002年共有回归的刑释解教人员13228人。各地对刑释解教人员进行动态分类管理,努力做到不脱管、不失控。2003年9月,省综治委刑释解教人员安置帮教工作领导小组在大田县召开工作会议,总结推广该县建立过渡性安置经济实体的经验做法。大田县通过提供政策扶持、加强职业技能培训,创办过渡性安置基地等措施,自1999年以来安置刑释解教人员901名,安置率达95%,重新违法犯罪率下降到1.9%。各地各部门大力推进刑释解教人员安置领域多元化、方式多样化、机制市场化。全省劳教系统共办电脑操作、初级电工、烹饪班等23个,有998人参加培训并获得结业证书。全省监狱系统共有7561名服刑人员参加了市场营销、车工、电工等19种专业培训班,有5525人获得结业证,获证率为73%。为了给服刑人员回归社会后就业创造条件,莆田市劳动和社会保障局在莆田监狱设立了职业技能鉴定站,2003年536名服刑人员开展了职业技能鉴定服务。南平市在香港华恩基金会和省农科院等有关部门的支持下,免费为农村刑释解教人员进行农业科技培训,2003年举办4期培训班有260名人员参加培训。各地关心刑释解教人员的生活，漳州、莆田等市民政局不但把刑释解教人员中的经济困难户列入最低生活保障线范围，而且对有特殊情况的还给予临时救济。全省2002年回归社会的刑释解教人员中，帮教率为97%，有11323人得到就业，安置率达85.6%，重新违法犯罪率控制在2.4%之内。

预防青少年违法犯罪和学校及周边治安综合治理工作情况

5月中旬，省预防青少年违法犯罪工作领导小组召开了第三次领导小组会议，研究部署2003年工作。会后，省综治办向各地下发了《关于尽快成立市县两级综治委预防青少年违法犯罪工作领导小组及其办公室的通知》。绝大部分市、县都成立了领导小组及办公室，建立完善有关工作机制。全省各级中学、城区各小学和乡镇中心小学已配齐法制(综治)副校长，仅公安系统派选的法制(综治)副校长和辅导员就有1500多名。省预防青少年违法犯罪工作领导小组办公室联合有关部门在全省实施“青少年违法犯罪社区预防计划”，全省已创建国家级“青年文明社区”29个、省级38个、示范点100个；组织开展“远离毒品、关爱未来”、“校园拒绝邪教”等宣传教育活动，大力做好“优秀青少年维权岗”、“省杰出(优秀)青年卫士”评选等活动，全省共涌现出全国级优秀“青少年维权岗”33个，省级252个。2月底，省综治办等在泉州市举行《为了明天》法制教育电影首映式，共有各界代表1000多人参加。之后，各级综治、教育、司法、广电、团委、妇联等部门组织影片在中小学校巡回播映，约有25万名中小学生观看。

2003年3月，省综治委根据人事变动及时调整和充实省学校及周边治安综合治理工作领导小组及其办公室组成人员。并建立健全领导小组成员例会制度和成员单位联络员联席会议制度。2003年6月，省综治委制定下发了《关于在我省中等职业学校周边不得设立互联网上网服务营业场所的通知》，并组织清理活动。上半年，各地还以预防和控制“非典”为工作重点，深入整治学校及周边的无证经营饮食、食品、生活用品摊点。下半年，针对新学年开始后，学校及周边治安秩序出现反复的情况，以福州地区大学城、厦门大学漳州分校、泉州师院南安分校为重点，继续开展学校及周边治安专项整治工作，解决了一批突出治安问题，改善了学校及周边治安环境。同时，以整顿违规经营的网吧和取缔无证“黑网吧”为重点，深入开展网吧整治工作，取得了较好的社会反响。全年全省共查处侵害师生人身权益案件170起，侵害师生财产案件2202起，有力打击涉校违法犯罪活动。

实行社会治安综合治理领导责任制情况

年初，省委书记、省长连续第五年与各设区市党政一把手签订社会治安综合治理领导责任书。市、县、乡、村四级和综治委各成员单位也层层签订(下达)综治领导责任书，基本做到纵向到底、横向到边。据统计，全省共签订综治领导责任书2万多份，其中由党政主要领导签订的有1.17万份。为加强对全省综治工作的领导，省委、省政府对省综治委组成人员进行调整充实，由省委书记、省长分别担任省综治委主任和第一副主任，省委分管副书记担任常务副主任，省委分管常委、省人大、省政府、省政协联系政法综治工作的领导和省法院院长、省检察院检察长为副主任，省委常委、政法委书记兼任省综治办主任。市、县、乡三级综治委也普遍由同级党委一把手担任主任，政府一把手担任第一副主任，全省上下基本形成党政主要领导亲自抓综治工作的良好局面。为了确保综治领导责任制的落实，2003 年 7 月中旬，省综治委抽调省委政法委、综治办、省直有关部门和各设区市的同志组成 9 个检查组，对全省 9 个设区市的 21 个县（市、区）上半年综治工作进行调研督导。8 月初，省综治委召开会议，省委副书记王三运、省委常委鲍绍坤听取调研督导情况的汇报。会后，省综治办针对调研督导中发现的突出问题下发整改通知书，督促各地加强整改。根据年初省市综治领导责任书的规定，12 月上旬，省委、省政府成立由省委副书记王三运任团长的省综治检查团，省人大、省政协和省直政法部门各一名厅级领导带队，分别对九个设区市落实综治领导责任制的情况进行全面检查考评。为搞好检查，省综治委制定了四个方面的检查内容和百分制的评分标准。检查考评分各设区自查、省直有关部门对相关工作考评、公众安全感电话调查和省检查组实地考察了解四个方面，经综合考评，泉州、三明、南平、龙岩四市总分值均在 90 分以上。各地积极稳妥地行使综治一票否决权，全省共有 246 个单位和 67 名个人被综治一票否决。各有关部门积极发挥职能作用，主动参与综治工作。全省共召开综治委全委会 453 场（次），综治、纪检、组织、人事、监察五部门联席会议 255 场（次），提拔任用党政领导干部向同级综治委征求意见、重大情况通报等制度渐趋规范。政法、综治经费保障得到加强，政法机关公用行政经费都能按照高于当地一般行政机关一倍以上的标准安排。综治业务经费按人均 0.1 元以上标准列入同级财政预算，专款专用。省交通厅、人行福州中心支行、省广电局、民航福建管理局等单位建立健全综治工作领导小组或综治办，认真抓好本单位、本系统的综治工作。省法院、公安厅、司法厅、财政厅、文化厅、教育厅、建设厅、物价局、国税局、团省委等单位，都就综治相关工作单独或联合发文，提出具体意见，推动综治有关工作的落实。

省级综治委、办内设机构情况和负责人名单

福建省社会治安综合治理委员会

主任：宋德福（省委书记）；

第一副主任：卢展工（省长），

常务副主任：王三运（省委副书记），

副主任：鲍绍坤（省委常委、政法委书记）
曾喜祥（省人大常委会副主任）
陈　芸（副省长）
苍震华（省政协副主席）
陈　旭（省法院院长）
倪英达（省检察院检察长）

省综治委下设办公室，主任鲍绍坤，副主任陈国政。

省综治委下设五个专门工作领导小组：

1. 预防青少年违法犯罪工作领导小组，组长黄松禄；

2. 学校及周边治安综合治理工作领导小组，组长林万植；

3. 铁路护路联防工作领导小组，组长林万植；

4. 流动人口管理工作领导小组，组长黄琪玉；

5. 刑释解教人员安置帮教工作领导小组，组长陈保明。

下设办公室，分别依托在团省委、省教育厅、福州铁路公安处、省公安厅和省司法厅。

福建省社会治安综合治理委员会
福建省公安厅
福建省财政厅
福建省劳动和社会保障厅
福建省建设厅
福建省计划生育委员会
福建省物价局
福建省地方税务局
关于进一步加强暂住(流动)人口管理和服务工作的意见

(2003年4月15日)

各设区市综治委、公安局、财政局、劳动和社会保障局、建设局、房管局、计生委、物价局、地税局:

近年来,针对暂住人口管理工作遇到的新情况、新问题,我省各级、各有关部门高度重视,积极努力,探索加强暂住人口管理和服务的措施做法,取得了一定的成绩。为建立、健全和规范我省暂住人口管理经费保障机制,进一步加强暂住人口管理和服务工作,根据中央有关通知精神,结合我省实际,提出如下意见:

一、提高认识,转变观念,建立社会主义市场经济条件下暂住人口管理和服务工作的新机制

搞好暂住人口管理和服务工作不仅对于增加农民收入、促进农村剩余劳动力合理有序流动、维护社会稳定具有重要的现实意义,而且对于促进农村城镇化建设进程、全面建设小康社会具有深远的历史意义。各级、各有关部门应提高认识,转变观念,分清对暂住人口的管理职能和服务职能,把属于管理职能的工作纳入政府部门管理,属于服务职能的工作交给社会管理。通过对管理暂住人口的各种力量的整合和职责的调整,建立起行之有效的暂住人口管理和服务工作新机制。在各级党委、政府重视、支持下,各有关部门要从维护稳定、促进发展的大局出发,把这项工作摆上重要议程,明确职责,密切配合,齐抓共管,形成合力,共同解决暂住人口管理和服务工作中的突出问题。各级综治委要把暂住人口管理作为社会治安综合治理的一项重要工作,纳入综治领导责任制的重要内容,加强督促检查和协调指导。各级公安机关要把暂住人口管理作为人口管理工作的重要组成部分和加强基层基础工作的一项重要措施,纳入日常工作范围,通过加强基层公安队伍建设、充分运用政府及公安信息网络等现代化手段、依托社区和行业管理等,实施对暂住人口的规范管理。公安派出所要加强对辖区实有人口的管理,并用更多的时间和精力来管理辖区内的暂住人口。要紧密结合《福建省城市社区建设纲要(试行)》、《福建省乡镇工作纲要(试行)》和《福建省社会治安综合治理工作纲要(试行)》的实施,将暂住人口管理和服务工作纳入城市社区建设、乡镇工作和社会治安综合治理工作之中,加强街道、乡镇暂住人口管理站和村、居(社区)暂住人口申报点的建设,强化日常登记、管理、教育和服务措施。要依靠基层党政组织、群众性组织和行业协会、社会团体,充分挖掘社区资源,本着精干、效能的原则,配备一定数量高素质的基层暂住人口协管员,协助做好暂住人口治安、婚育、劳动就业、权益保护等各项管理和服务工作。要加强对基层暂住人口协管员队伍的教育、培训和管理工作,进一步明确和规范暂住人口协管员的职责和任务,大力推行目标责任制,完善考评考核和奖惩制度,提高其整体素质和工作能力。

二、立足实际,多策并举,解决暂住人口管理经费问题

各级、各有关部门要高度重视暂住人口管理经费保障问题。根据《中共中央国务院关于进一步加强社会治安综合治理的意见》(中发[2001]14号文件)和《福建省社会治安综合治理工作纲要(试行)》的要求,建立适应社会主义市场经济要求的群防群治经费保障机制。(1)按照"分级管理、分级负担"的原则,以各设区市上年暂住人口登记数为基数,按500名左右暂住人口配备1名协管员的比例,测算出需配备的暂住人口协管员的聘用工资、办公经费等所需费用,由市、县、镇(乡)三级按比例分担,其具体比例、开支范围及标准由设区市人民政府确定,列入财政预算,专款专用。(2)单位或个人出租房屋应缴纳的营业税、城市维护建设税、教育费附加、地方教育附加、房产税、土地使用税、印花税和个人所得税,税务部门可委托具备条件的房屋租赁管理站、暂住人口管理机构或村、居委会和社区等代征,并按所代征税款的5%作为代征手续费支付受委托单位,用于暂住人口或租赁房屋管理工作。各级公安、房地产管理、工商行政管理等部门要按照各自的职责分工,加强协作配合,做好房屋租赁管理工作。价格和房地产管理部门要积极推行房屋租赁指导租金制度,为代征出租房屋税收提供价格依据。(3)积极推广租赁房屋委托管理模式,在城市社区和租赁房屋较多的乡镇村成立房屋租赁管理服务中介机构——"房屋租赁委托管理服务站",按照出租人自愿的原则,通过替辖区内的出租房主向外提供房源信息,接受出租房主的委托代为履行治安、计划生育管理职责,协助调解纠纷和代收代缴租金、税金等,为出租房主和承租人服务。坚持"自愿委托、有偿服务"原则,签订协议,保障暂住(流动)人口管理和服务工作的正常开展。"服务站"招聘"4050"人员的,享受国家"4050"政策。(4)根据有关规定,按照"谁受益谁出资"、"取之于民、用之于民"的原则,通过由村居委会、受益单位、个人共同承担等办法多渠道筹措经费,开展综合治理流动人口工作。

对通过上述渠道筹集到的暂住人口管理经费,各级财政部门要切实加强管理,审计部门要纳入审计范围。任何部门和单位不得挤占挪用。暂住人口管理和服务站(点)要严肃财政纪律,严格财务手续,健全财务制度,并定期向主管部门报告收支情况,自觉接受财政、审计、物价部门的检查监督。

三、加大宣传,督促检查,强化出租房主和用工单位在暂住人口管理中的责任和义务

各地各部门要按照各自职责认真做好对申请出租房屋的审查,对不符合出租条件的严禁出租,对符合条件的及时做好登记和办证工作,对违反规定拒不申报办证和落实管理制度的,要严格依法进行处罚,并追究有关责任人的责任。加强对房屋租赁中介机构的管理,规范中介行为,坚决杜绝违规出租的现象。要坚持"谁出租谁负责"、"谁用工谁负责"的原则,实行治安、计生管理责任制,逐一与出租房主、用工单位和各种经济所有制企业法人签订责任书,督促出租房主、用工单位、企业法人和社区居委会配合有关部门做好暂住人员治安、婚育、劳动用工、权益保护等管理和服务工作。加强对暂住人口管理和房屋租赁管理有关法律、法规和规章制度的宣传,突出对出租房主和用工单位负责人的法制教育,形成良好的社会舆论和法治氛围。房屋租赁委托管理服务站应接受辖区公安、房管、计生、劳动与社会保障等有关职能机关的指导和监管,协助公安派出所做好暂住人口"来报去销"的日常管理和境外人员的登记报备工作,承担对承租人员的信息采集、登记、审验,注意发现各类可疑和违法犯罪线索并及时报告公安机关,对违反政策的计划外怀孕和生育现象要及时通报计生部门。要加强对出租房屋、中小旅店、建筑工地、集贸市场、文化娱乐场所等暂住人口主要聚集地和活动场所的日常管理,适时组织开展清理整顿活动,及时发现和打击隐藏其中的流窜犯、在逃犯和其他违法犯罪人员,消除治安隐患。

福建省社会治安综合治理委员会关于在我省中等职业学校周边不得设立互联网上网服务营业场所的通知

（2003年6月6日）

各市、县(区)社会治安综合治理委员会,省文化厅、公安厅、工商局、通信管理局:

据省未保委和省教育厅反映,目前,中等职业学校与普通高中均为同一学历层次,中等职业学校的学生绝大部分是未满18周岁的未成年人。经商省公安厅、省文化厅、省通信管理局等有关部门,并征求了省人大法制委员会、内务司法委员会以及省政府法制办的意见,为维护未成年人的正当权益和保护未成年人健康成长,在我省中等职业学校周围200米范围内,不得设立互联网上网服务营业场所,已经设立的,由主管部门协调有关单位限期予以清理。

坚持三个跟进　努力开拓海上治安防范新路子

福建省宁德市公安边防支队

一、经济发展到哪里,治安保障就跟进到哪里

为了促进海上海养殖业的发展,打击日益猖獗的海上违法犯罪活动,我们改变过去海上治安只靠岸上管理和海上不定期巡查的警务模式,确定了“重心前移,警力下沉”的勤务工作思路,把治安工作从陆上向海上养殖区延伸,在渔排比较集中、案件多发的青山养殖区创立了三都边防所海上警务区,干警们吃住在海上,对海上养殖区实行24小时全天候值勤,建立了“发生警情5至10海里15分钟、10至20海里30分钟赶到现场”的海上治安快速反应机制。先后开展了“平海行动”、“定海行动”等海上治安专项整治行动,对横行海上的不法分子施以重拳打击,扭转了海上养殖区治安的混乱局面。

面对不断发展的海上养殖区,我们把建立健全以党支部为核心的基层组织建设作为保障海上治安的“龙头”工程来抓。在当地党委的领导下,1998年6月,在养殖区正式成立了海上渔排党支部,养殖户中的16名“流动党员”又有了组织归属。党支部积极带领群众发展生产,开展思想教育和法制教育活动,协助警务区搞好海上社会治安和海上安全,较好地发挥了基层党组织的作用。2001年,海上渔排党支部被中组部授予“全国先进基层党组织”称号。

二、治安热点在哪里,防范工作就跟进到哪里

一是规范管理。针对养殖区海域辽阔,渔排无序置放,不易管理的状况,我们对渔排进行“分区、划组、编号”,实行网格化管理。我们根据养殖区的规模、位置、形状把三都澳海上养殖区划分为10个小区,每个小区又划分若干个组,对渔排进行统一编号,并钉上统一制作的标有“区名、组码、排号”的防锈门牌。在小区与小区之间、组与组之间留出航道，并设置路标。警务区也将渔排分布情况制成海图，将各个渔排和每个养殖户的位置标在海图上，只要哪一户哪一个渔排有情况，干警就能立即找到准确的位置，大大提高了处警效率，也方便了群众的生产生活。

二是引导“自防”。海上警务区根据养殖区历年来所发生的各类案件特点，编印了《治安防范知识手册》，养殖户人手一册，教育群众“守好自家门、管好自家排，看好自家船、养好自家鱼”，提高自我防范能力。同时，还向各养殖户发放“警民联系卡”，在每个渔排的门牌上印上报警电话，方便群众报警。今年3月8日晚，2名盗贼分别在象溪1号和外渔潭15号渔排盗窃黄花鱼，被养殖户发现后立即报警，干警迅速赶到将他们当场抓获。

三是组织群防。海上养殖区地域广阔、人员集中，有近万名人口，十多亿资产，单靠警务区十多名干警维持治安是远远不够的。我们配合海上党支部，成立了海上治保会、治安调解会，以及7个治安小组，共同维护海上治安。还组织养殖户和船工成立了10支护排队和4支护船队开展夜间巡逻，有效地防止了偷盗等案件的发生。

四是做好“专防”。我们在海上养殖密集区，船舶停泊点、重点港澳口和码头等区域设立治安监控点，建成了远程闭路电子监控系统，对海上养殖区治安实时观察监控。为了加强对养殖区人口的管理，我们还开发了“海上流动人口管理系统”，建成了横联全国、下接警务区的公安信息网络，对海上人口实施分类动态管理。按照“一排一档、一人一档”的原则，干警们挨家挨户对3100多座渔排、近万名人口进行登记造册，发放暂住证，做到人有证、船有簿，证簿一致，管理有序。

三、人民需要在哪里，服务工作就跟进到哪里

一是坚持送法下海，提高群众法制意识。我们把开展法制宣传，加强法律服务，帮助群众知法、守法、用法，作为提高海上社区居民的法治意识，维护海上治安的一项重要措施来抓，积极开展“送法上渔排”法律宣传服务活动。围绕有关法律宣传，先后在渔排上张贴普法标语3000多张，召开普法专题讲座46场，开办普法学习班53场次，受教育群众达8300多人次。警务区还联系当地司法行政部门为6名大学法律专业毕业的警官颁发《法律服务资格证书》，在养殖区建立起“海上法律服务中心”，热情为海上群众提供法律帮助。

二是排查矛盾纠纷，建立健全调处机制。警务区除了认真做好群众生产、生活中的矛盾纠纷调解外，还要协助社区调解会在养殖户、船主和沿岸村庄村民中发展民间调解员130人，做到一般矛盾纠纷不出船、不出排、不出村，就地化解。五年多来，村、排、船民间调解组织共调处各类海事、渔事纠纷1180多起。为了便于养殖户对生产经营活动中的纠纷进行法律诉讼，在市委政法委的协调下，2001年12月在海上警务区专门成立了“海上巡回法庭”，由区法院抽调法官，定期到三都海域巡回，在渔排上直接受理、审办案件，并坚持把法院调解原则贯穿诉讼的始终，形成了以海上社区调解组织为基础，警务区、法庭相配套的矛盾纠纷排查调处网络。海上法庭自成立以来，共审结各类涉渔纠纷95件，案件标的300多万元，没有发生过一起因解决不当而引发的民转刑事件，有效地维护了海上社区的稳定。

三是为民排忧解难，夯实安定稳定基础。几年来，我们坚持想群众之所想，急群众之所急，做到民有所呼，我有所应，寓治安防范于为民服务之中。海上没有医院，我们增配专门的军医和护士，并协调有关医疗机构开通了海上120，免费接巡诊1760余人次，抢救中毒、工伤、溺水、病危群众68人。为方便群众了解气候情况，我们办起了海上广播站，定时向群众开播天气预报等节目。为了解决养殖户子女就学难问题，我们发起建立海上希望基金会和海上希望小学，资助150多名流失生圆了读书梦。养殖户深受淡水、电和电话“三不通”之苦，我们联系水电等部门筹建了海上自来水厂、铺设了海底电缆、开设了移动通讯基站。去年，养殖户面对鱼价低迷、鱼病暴发一筹莫展，我们联合水产部门开通了闽东大黄鱼信息网和防治鱼病热线，帮助群众寻找市场，防治鱼病，减少损失，增加收入。同时，我们还建立了海上抢险救灾机制，制定了处置海上突发事件预案，建立了抢险救灾突击队。在强台风袭击三都澳时，警务区干警始终奋战在抗台抢险的第一线。几年来，共抢救遇险群众2600多人次，遇险船只320多艘，加固养殖网箱5万多箱，帮助养殖户避免经济损失7000多万元。

立足防范　抓好延伸
为建设海湾型城市营造良好治安环境

厦门市社会治安综合治理委员会

近年来,着力在"以人为本、预防为主、专群结合"上下功夫,积极构筑符合本地特点的治安防控体系,有效确保了社会治安稳定,保障了人民群众安居乐业。

一、突出防范重点,构建全方位、多层面的治安防控网络

以治安防范工作中,我们把厦门岛作为重点,积极构建层次分明、综合配套、规范长效、点线面结合的社会治安防范网络。一是强化社会面的防控。在市区,以"110"指挥中心为龙头,以巡警、交警、派出所干警为主体,以群防群治力量为依托,以两港十二口(海港、空港及进出我市的12个地面交通道口)为关卡,组建1500人的治安协警队,实行统一管理、统一使用。各社区也组建群防群治队伍2400支2万多人,加强对社会面的防控。在商业街推行治安理事会、居委会、治保会、调委会、协警队伍加上责任区民警的"5+1"治安防范机制,实行联片联防,联户联保,改变过去开展治安防范各自为战的现象;在公路线、铁道线、海岸线以及厦门大桥、海沧大桥等"三线两桥",设置治安检查岗和执勤点,有效提高打击、预防和控制违法犯罪的能力。二是加强对重点人群的管理。对流动人口,坚持抓服务促管理,去年以来共受理外来人员投诉2000多件,提供法律援助1400多人次,减免费用800多万元,并评选"十佳外来青年"、"十佳外来妹"40人,组织技能培训8万多人,有42万外来务工人员领取了《普法合格证书》。去年全市流动人口违法犯罪率下降了8个百分点。对刑释解教人员,大力抓好"新生工程",分级建立刑释解教人员帮教机构1630个,落实包管理、包教育、包转化"三包"措施,并把帮教工作延伸到监所,实现平时有人管、生活有着落、就业有门路,刑释解教人员安置率达82%,重新犯罪率为3.2%。对在校青少年,共选派186名优秀干警担任中小学综治副校长,开展"带法回家"、"远离毒品"以及法制夏令营、主课堂法制渗透教育等活动,建立工读学校,取得较好效果。去年全市未成年人违法犯罪率低于全国平均数3.58个百分点。三是广泛发动人民群众参与治安防范。我市大力宣传社会治安法规、防扒防盗常识和公民参与治安防范的义务责任,积极倡导见义勇为精神。三年来,共表彰、慰问见义勇为分子34人,为27名见义勇为先进个人解决了户口、工作、住房、理赔、子女就学等问题,有力激发了广大群众参与治安防范工作的热情。据省、市城调队调查,95.6%的群众知道违法犯罪线索会及时举报,71.5%的群众表示遇到违法犯罪时会主动进行斗争。

二、拓宽防范领域,抓好"四个延伸"

一是将防范工作向厦金海域延伸。我们以厦金海域为依托,突出对台工作重点,成立维护海域稳定和"安全文明港澳口"创建工作领导小组,制定海上安全管理方案,逐步加大查控力度。去年来,组织12次打击海上违法犯罪以及整治港澳口、码头和沿海村、镇专项行动等,确保了厦金海域和沿海地区的安定稳定。二是将防范工作向三资企业延伸。从1999年开始,我们组织5925家三资企业参与安全创建工作,在企业内部普遍建立了综治联系点和调委会,在三资企业比较集中的区域创办企业治安协会。广泛开展企地共建活动,在两个台商投资区设立警务工作站,由财政拨款配备治安协警队员,组织义务护厂队,负责三资企业周边治安巡逻。去年以来,先后5次组织对三资企业周边治安进行重点整治,调处企地矛盾纠纷46件,破获扰乱三资企业建设的治安案件

120多起，维护了三资企业的治安秩序。三是将防范工作向旅游行业延伸。近年来，我市把旅游行业的治安防范工作纳入综治工人工作，市综治委每年都与市旅游局签订综治领导责任状，因地制宜加强旅游景区治安防范力量和安全设施建设，加大各景点巡查力度。去年以来，开展2次打击旅游景点偷盗、抢劫、伤害、欺诈等专项统一行动，组织开展了4次旅游团体和旅游秩序整顿，制定了景区、游轮安全防范规定，建立了导游收编、培训、管理机制，全面清理"野导"、"假导"，维护了特区形象。四是将防范工作向民营个体组织延伸。我们积极指导个体协会坚持"治安与致富"一起抓，从齐抓共管、联户联保、宣传教育、帮教调处等方面入手，组织会员参与治安防范工作，发挥个体协会自我教育、自我管理、自我服务的作用。对此，我们组织对410所民办学校开展专项治安清查整治，成立了专门的整治领导小组及办公室，制定了整治工作意见，选派政法干警担任民办学校的综治副校长，并设立校园特别管护区，实行公办与民办学校教学、治安联姻，有力维护了民办学校的治安秩序。

三、加大技防力度，不断提高治安防范的水平

一是建立人员信息和活体指纹采集系统。在全市62重点派出所、刑警队、监管单位安装了人员信息活体指纹采集系统，并与市公安局指纹管理中心实行对点网络联接，充分利用"网络布控、自动告警"功能，及时发现和打击藏匿在我市的在逃犯罪人员。去年以来，共采集"三无"人员、"八种现象"、高危人员的活体指纹1800余枚，通过与犯罪库进行比对，从中带破案件332起，抓获各类犯罪嫌疑人443人。二是规范派出所电子警务办公。在全市61个公安派出所推广普及"派出所信息管理系统（PS2000）"，紧紧抓住审查、处理、办证、落户等环节，收集、整理各种数据，较好地实现治安管理的信息化、科技化、自动化。三是推广旅馆业治安管理信息系统。2001年以来，我们陆续在全市宾馆推广应用旅馆业治安管理信息系统，并不断扩大范围，向中、小旅馆逐步普及。目前，全市已有110多家宾馆、旅馆安装使用了这套系统，协助公安机关破获了一批案件，抓获了一批案犯。四是开发卫星定位报警系统。2001年底，我市在通过深入调研、广泛征求金融单位和出租车司机的意见，在全市3000多部出租车、100多部金融专用车开通运行卫星定位报警系统（即GPS系统），这套系统集监控、报警功能于一体，为保障特种车辆安全、遏制抢劫出租车运钞车案件的发生，发挥了重要作用。五是完善社会面技术监控网络。我们在全市90%以上居民区安装了技防门，在51所中小学校设置21台报警主机和457个监控探头，投资100多万元在机场、码头、住宅小区、商家以及重要部位、城乡结合部安装闭路监视系统和紧急求助电子防盗报警设备。

四、强化保障措施，确保防范措施的落实

一是落实制度保障。市委、市府从实际出发，制定贯彻中发14号、中办发26号文件的"实施意见"和"检查办法"。市人大通过了《厦门市加强社会治安综合治理的决定》，对治安防范工作的总体要求、基本原则、工作重点、主要措施以及相关职责作了明确规定。各区也结合辖区治安实际，制定了社会治安防范体系建设方案。认真组织实施。二是落实组织保障。目前，市、区、街（镇）三级综治委均由党委书记担任主任，进一步加强对综治工作的领导。市综治办定编为副厅级，内设3个处，增配了综治干部；街、镇均配备专抓综治工作的副书记，并设立综治办和司法所，居、村全部设立综治专职委员。同时，结合机构改革，综治委各成员单位进一步健全综治组织，重新明确责任人、责任部门和联络员，确保治安防范工作有人抓、有人管。三是落实经费保障。我市采取六种经费保障办法：(1)特种行业资助一点。各娱乐、桑拿和美容美发、茶馆、游戏机室、废品回收等行业，自愿出资保障群防群治工作的开展，缓解经费不足的压力。(2)企事业单位支持一点。在企业比较集中的地方，统一组织设立治安巡逻队和执勤点，由受益单位根据规模大小、收益情况予以出资，共同维护社会治安。(3)辖区群众出一点。按民居建筑面积缴交综合管理费，对封闭式管理的小区，居民每户每月出适当资金，为开展治安防范工作提供条件。(4)私房出租户交一点。由居委会牵头，与房东签订委托管理责任书，委托楼长代理收缴房租，并履行管理暂住人口的责任，解决私房管理难到位的问题。(5)出租房屋税收挤一点。市综治办与市地税局协商，由协警队员协助收取私房出租税收,从中拿出一定比例用于协警队伍建设。(6)财政拨一点。市、区两级财政按照每人每年1万元的标准,下拨全市1500名协警队的工资、保险及工作经费,确保防范工作的落实。

认真构建防范网络 建立健全保障机制

中共泉州市丰泽区委 区人民政府

丰泽区位于福建泉州市中心城市东部。近几年来,区委、区政府坚持“两手都要抓,两手都要硬”的方针,在建设快速发展、社会迅速进步,经济成绩很大的同时,立足区位特点,认真贯彻“打防结合,预防为主”的方针,不但抓紧抓好“严打”整治斗争,而且大力开展治安防范网络建设,努力构建社会治安长效机制。

一、确立预防为主思想,构筑覆盖全区的安全防范网络

我们充分发动社会力量,努力构筑以公安机关为主、专群结合、全民参与的三个层面治安防范网络,有效提高预防和控制犯罪的能力。第一层面为公安机关巡逻防控网络。实行“统一接警,一级处警,分级调度指挥,分层分段负责”的运作机制,由市公安局巡警负责城区主干道巡逻防控;区公安分局治安巡逻大队负责中心市区主干道延伸部分、次干道、背街小巷和重点部位的巡逻防控;派出所负责整合、组织街道办事处及社区联防队以及辖区的机关、企事业单位的保卫人员等社会治安辅助力量进行巡查和控制工作。第二层面为区级治安辅助防范网络。去年我区成立一支社会治安专职巡逻大队,下辖8个中队,每街道一个。队员130人全部向社会公开招聘,经过严格考核挑选,实行正规化、专业化、军事化管理。主要任务是在公安派出所民警带领下,24小时在街路上巡逻,遏制路面“两抢”案件的发生。今年又在主要干道和交通重要路口、案件多发地段设置20个统一标准的治安岗亭,并按照“网络化”要求,合理调配治安防范力量,形成治安岗亭“点”上“守”,区治安巡逻大队“线”上“巡”,街道、社区群防群治力量“面”上“控”的“小三级”治安防范网络。第三层面为社区治安防范网络。在推进社区建设,全面完成“镇改街、村改社区”的同时,深入开展安全社区创建活动,整合充实社区治安防范力量。目前各社区共有专兼职群防群治队伍192支、1422人,社区中各类治安防范力量占社区总人口3‰。三个层面安全防范网络做到互有重点、互为补充、互相促进,严密了社会面的治安防控,取得了较好的效果。

二、夯实基础,强化基层社会治安防范工作

一是大力推进社区“11211”工程。每个社区都建有综治办,设立警务室,健全治保调解两会,成立治安巡逻队,设立外来人员管理站。社区综治办主任由社区党支部书记或社区居委会主任担任,对社区综治工作负全责。71个社区都有不少于15平方米的社区警务室,实行“一区一警”或“一区多警”制,建立社区警务搭档联勤等制度,使警务工作进入社区,实现警力前置,重心下移,牵头负责做好社区治安各种防控工作。进一步规范社区治保会、调解会建设,发挥防范工作的第一道防线作用。实现社区有联防队、生活小区有保安队,做好社区范围内的值班巡逻工作。把建设外来人员管理站列入区委、区政府为民办实事项目,由政府出资聘请外口协管员,补助管理站建设经费,制定考核验收标准,保证场所、人员、工作“三落实”。二是加强安全防范设施建设。坚持人防物防技防相结合,在整合充实社区联防队基础上,积极筹措创安经费,增加投入,在社区内设置必要数量的安全警示牌和法制宣传栏,建设规范的停(寄)车场和安全防盗设施。去年以来,停(寄)车场从原来的近100个增加到现在的360个。62%以上生活小区安装了安全防盗门和电子报警安全门;实行亮灯工程,小区道路夜间灯光通宵照明;

大力推广电子点更机等科技含量较高的装备，保证值班巡逻密集到位。三是积极开展“五无”活动。在社区开展争创“五无”标准：无发生重特大刑事案件并且可防性案件高发势头下降；无出现由于工作不及时、不到位而造成群体性集体性上访事件；无吸毒贩毒人员，实现“无毒害社区”；无发生“法轮功”人员非法活动；无刑释解教人员重新犯罪。四是积极推行“综治联系户”制度，防范工作进家入户。通过抓好宣传发动、建章立制、建立联系网、信息收集和处理反馈四个环节，不断发展“综治联系户”。使他们成为周边相邻群众安全防范工作示范户，联系综治工作中心户，起到综治工作宣传员、反馈员、调解员、监督员的作用。五是拓宽社区防范内涵。把国家安全、消防安全纳入社区治安防范工作内容。目前全区已组建义务消防队538支、4790人，居民群众防火意识不断增强，自救能力得到普遍提高。

三、突出防范重点，不断增强防范工作的针对性和实效性

一是搞好矛盾纠纷排查调处，防止群体性事件发生。层层明确矛盾纠纷排查调处工作的重点，认真落实工作责任制，制定防范预案，坚持区每月一次，街道和社区每月二次的排查工作制度，对发生或可能发生群体性事件的主动靠前调处、及时调解，化解在基层、解决在萌芽状态。二是做好高危人群的防范，减少重新犯罪。对全区323名刑释解教人员，从思想上、生活上关心入手，以街道或社区为单位，经常组织他们座谈交流，赠送法律书籍和慰问金，设置安置点，优先照顾他们劳动就业，建立定期回访制度，切实落实帮扶措施等，有效地促进刑释解教人员改过自新，重新做人。1998年以来，只有4人重新犯罪，重新犯罪率1.2%。三是加强外来人员的管理和服务。我们坚持“管理与服务并重”的方针，自1999年4月起，就实行取消外来人员办理暂住证收费的做法，实行“一个窗口”办理外来人员“三证”。去年又全部健全外来人员登记站建设，延伸到社区。由于登记不收费，登记站就在身边，所以极大方便了外来人员，登记数量逐年增加，目前，已登记18万多人，占全区总人口的近一半。2001年度被省综治委评为“全省外来人员管理工作先进区”。全区及时总结经验，出台《关于开展租赁房屋委托管理工作的意见》，目前“以房管人”做法已在全区普遍开展。在工作中，我们寓管理于服务之中，善待外来人员，及时调处劳资纠纷，建立“外来人员之家”，开展广场文艺活动，发展企业文化，丰富外来人员业余文化生活。今年秋季开始，我们又在全区范围内实行外来就业人员子女义务教育享受与本辖区居民同等待遇，让外来人员感受到丰泽就是我的家。

四、建立机制，保证社会治安防范工作的落实

一是实行领导挂钩制度。区五套班子成员、区直各单位挂钩联系各街道和重点社区，规定必须经常下基层帮助解决治安防范工作遇到的问题；同时街道、社区的治安防范工作情况也作为所联系挂钩的区领导、区直单位年度考核和评先评优依据，坚决兑现奖惩。二是经费保障机制。防范工作的经费主要由区财政负责，不增加基层和群众的负担。专职治安巡逻大队每年度投入200万元，保证工资和装备。外来人员管理每年拨250万元给区公安分局作工作经费补贴。去年拨入150万元建设高标准外来人员管理站，做到电脑联网。今年拨出40万元，补助公安分局建立统一醒目的治安岗亭。据不完全统计，去年区财政核拨综治经费1328万元，今年计划投入1570万元。三是建立三级治安防范工作督查制度。按照综治“属地管理”原则，加强对社区单位内部治安情况的检查，对防范工作不落实，存在安全隐患的单位，先由社区综治办向单位责任人口头建议或发出书面整改建议书，对拒不整改或整改不到位的，报街道综治委、公安派出所发出整改通知书，仍不整改或整改还不到位的，给予黄牌警告，直到报区综治委将其列入重点整治单位或行使综治一票否决。四是实行末位警示、责任追究制度和奖惩激励机制。制定出台《关于政法干警人身安全保障的暂行规定》，认真落实从优待警。基层综治专职工作人员享受政法干警岗位津贴。去年区和街道两级机构改革调配班子时，全区8个街道分管政法综治工作的副书记提拔6名，综治一般干部提拔为副科级的4名。同样，工作中还规定，凡未按要求建设好“11211”工程的社区及所在街道，当年度不得参与评先。对由于工作不及时、不到位而造成上访等群体性事件的，必须追查原因，分清责任，给予党纪政纪处理，做到奖惩分明。

福建省落实"南昌会议"精神有实招

全国社会治安综合治理工作会议后，福建省委副书记、省长卢展工主持召开省委常委会议，听取省综治委关于"南昌会议"精神及贯彻意见的汇报。卢展工同志强调，要充分认识社会治安综合治理工作在新时期、新形势下的特殊重要性；工作要到位，从组织领导、机制体制、办法举措等方面全面加强；合力要增强，统筹安排，协同动作，形成齐抓共管的合力；保障要有力，多给些支持，多创造些条件，多帮助解决综治工作中的实际困难和问题。10月28日至29日，福建省召开全省社会治安综合治理工作会议，总结交流治安防范工作经验，对社会治安防控体系建设作出了部署。

一、在防控格局上，着力抓好四大块治安防控网络建设

一是城区治安防范网络。继续深化中心城市、县(市)城关和重点集镇、社区三个层面的治安防范网络建设。二是农村治安防控网络。以政法基层单位、乡镇综治办为骨干，加强以党支部为核心的村级组织建设，充分发挥治保会、调解会、护村队等群众性自治组织的作用，深入开展创建安全文明乡村活动，探索适合农村特点的治安防控工作新路子。三是单位内部及周边治安防范网络。通过明确职责任务、下达综治责任书等措施，推动机关团体、企事业单位抓好内部治安防范工作。金融机构、大专院校等重点单位要进一步强化安全保卫工作，提升防范水平。商贸繁华地区从提高人防技防水平入手，通过加强监控，聘请保安巡逻，走专业化防范的路子。探索适合非公有制经济组织特点的治安防范新路子。积极发展和规范保安服务业，推动保安业的社会化、产业化、市场化。四是海上和铁路沿线治安防范网络。坚持管理、打击、防范、服务四管齐下，推进各种形式的军警民联防，构筑海上安全防范网络。以创建安全文明铁道线为载体，全面落实路地联防，确保铁路大动脉畅通。

二、在防控重点上，抓紧解决影响全省社会治安的突出问题

一是加强对重点人群的管理、教育、服务。认真贯彻省综治委等八委厅局制定的《关于进一步加强暂住(流动)人口管理和服务工作的意见》，解决好外来人口协管员队伍经费等问题，鼓励在用工单位、成建制民工队和社区房屋出租户中建立群众性自管自治组织，提高流动人口自我管理和自我约束能力，降低流动人口犯罪率。对社会闲散青少年、刑释解教人员和吸毒人员等社会群体，进一步落实教育、管理措施，预防和减少违法犯罪。二是深入开展矛盾纠纷排查调处。进一步健全党委、政府统一领导、综治委组织协调、各部门各负其责的矛盾纠纷排查调处工作机制，落实动态管理、挂牌督办、领导办案调处等措施，及时妥善处置群体性事件。三是严打、严防"两抢"、"两盗"等多发性侵财犯罪，增强对社会面的控制。四是解决区域性突出治安问题。抓好民爆物品的管理和烟花爆竹行业的整顿，加强对其他危险物品、有毒有害物品的管理和防范。

三、在防控机制上，着力健全和完善四项机制

一是完善警务运行机制。全面实施社区警务战略，管好社区实有人口，强化对社会面的治安控制。进一步完善快速反应机制，加强公安指挥中心、110报警服务台的建设。二是完善齐抓共管机制。综治委各成员单位和其他有关单位要互相配合，齐抓共管，发挥综合治理的优势，着力解决一些影响社会治安的突出问题。三是完善群防群治机制，组织开展各种形式的义务治安联防活动，探索社会主义市场经济条件下群防群治工作的组织形式、工作机制。加强对保安服务公司、专职治安联防队伍的教育和管理。四是完善经费保障机制。切实把对社会治安工作的投入纳入到经济发展、城市建设的大盘子里面，特别要加大对防控体系建设的财政投入。同时，通过多种途径解决群防群治经费问题。

福建省委常委会议决定：由省委书记宋德福兼任省社会治安综合治理委员会主任，省长卢展工兼任第一副主任，省委副书记王三运任常务副主任，省委常委、政法委书记鲍绍坤及省人大、省政府、省政协联系、分管领导任副主任。省综治委下设办公室，鲍绍坤同志兼任办公室主任，并配备若干名副厅级副主任。省综治办增设基层督导处、综合协调处两个处。对《福建省社会治安综合治理工作纲要(试行)》关于"乡镇(街道)要设专抓社会治安综合治理的党委副书记"，"社会治安综合治理委员会下设办公室，配备专门工作人员"的规定落实情况进行督查。适当提高综治业务经费标准，把社会治安防范经费列入综治业务经费，从2004年起，设区市按人均0.20元，县(市)、区按人均0.25元标准列入财政预算。提高铁路护路联防费(货物货场管理费)收费标准。收费标准从原每车皮4元(每吨平均0.067元)调整为每吨0.20元。

(撰稿：柯建民
审稿：杨丰和　于厚森)

江　西　省

"严打"整治斗争情况

一、两年"严打"整治斗争主要成效

2001年4月至2003年3月为期两年的"严打"整治斗争取得了明显成效：一是沉重打击了犯罪分子的嚣张气焰。全省侦破各类刑事案件99286起，其中八类严重案件20552起；摧毁各类犯罪组织5201个，其中公安部督办的黑社会性质犯罪组织57个，恶势力犯罪组织1664个，挖出"保护伞"128人；追捕网上逃犯22126人。依法从重从快严惩了一大批犯罪分子，检察机关已起诉32386人，法院已判决30913人，其中严重犯罪分子14556人。二是切实改变了治安乱点的面貌。全省排查出来的424个治安乱点，治安不好的9018个场所、5721个部位和8个行业、5家企业，通过集中整治，治安面貌明显改观，有的实现了由乱到治。尤其是31个治安问题复杂的重点县，整治之后，刑事、治安案件下降，治安环境有了改善，群众安全感明显增强。三是消除了一大批治安隐患。全省收缴各类枪支5.6万枝(其中军用枪支436枝)、子弹43万发、炸药55吨、雷管14万枚、导火索4万米，整改涉枪涉爆隐患近5000处。通过整治公共娱乐服务场所、特种行业和要害部位，消除治安隐患近万处，预防和减少了治安灾害事故的发生。四是有效遏制了群死群伤事故的发生。通过开展烟花爆竹行业、消防安全、道路交通安全治理整顿，过去烟花爆竹行业事故频发，火灾、交通事故大幅度上升等突出治安问题得到有效解决。2002年，全省烟花爆竹行业没有发生群死群伤的重大事故；全省火灾事故的总量、死亡人数、受伤人数、经济损失，分别下降3.25%、24%、28.6%、2.47%；全省没有发生恶性交通事故，特大交通事故的总量、死亡人数、受伤人数、经济损失，分别下降17.6%、14.6%、24.8%、25.6%。五是推进了社会治安综合治理。结合"严打"整治斗争，落实社会治安综合治理各项措施，加强了各级政法、综治组织建设，组建了27万人的群防群治队伍，抓紧构建了以六道防线为框架的治安防控体系，进一步夯实了基层基础，社会治安综合治理各项工作取得新的进展。六是促进了城乡治安状况明显好转。2001年，全省刑事发案上升幅度比上年减少68.8%。2002年，全省刑事发案总量下降，八类严重刑事案件中，除抢劫案件基本持平外，爆炸、杀人、放火、投毒、强奸、绑架、伤害7类案件，分别下降43.2%、10.8%、3.4%、23.6%、8.1%、39.5%和10.6%。

在两年"严打"整治斗争中，全省涌现了一大批先进集体和先进个人，省人民检察院公诉处、南昌市公安局经济犯罪侦查支队、赣州市中级人民法院刑一庭、上饶市公安局刑侦支队、景德镇监狱、新余市综治办、兴国县、高安市、南丰县被评为全国"严打"整治斗争先进集体，万里浩、万建福、胡清文、李萍、喻华明、林斌杰、蓝洪、刘辉华、颜叙平、朱新春、淦作刚、蔡国华等12位同志被评为全国"严打"整治斗争先进工作者，此外，有60个单位和180位同志分别被评为全省"严打"整治斗争先进集体和先进工作者。为弘扬正气、鼓舞斗志，省"严打"办在全省范围内，组织了为期40天的"严打"整治斗争成果巡回展，参观群众达7万余人次。

二、2003年"严打"整治斗争情况

为期两年的"严打"斗争结束后，全省继续保持"严打"的力度不减，威力不降，积极建立"严打"长效机制，坚持打击犯罪与维护群众合法权益相结合，坚持整治与管理相结合，继续紧咬打击重点不放，将打击的锋芒对准黑恶势力犯罪、暴力犯罪和影响群众安全感的侵财性、多发性犯罪，强化破案攻坚和打流追逃。针对突出的治安问题，先后在全省范围内开展了"两打一反"(打抢劫、打抢夺、反盗窃)夏季攻势、指纹破案会战、百日打防整治大会战等一系列专项打击行动。全省全年共立刑事案件91565件，比2002年下降了3.8%，其中杀人、绑架、放火、爆炸、投毒等五大暴力性案件同比分别下降了15.2%、6.3%、16%、23.8%、29.7%，共破获各类刑事案件56993起，比2002年上升了4.2%；抓获各类违法犯罪嫌疑人46187名，摧毁各类犯罪团伙1744个，涉案成员6674名。共审结一审刑事案件12543件，判决生效人犯15787人；审结杀人、抢劫、爆炸、绑架、抢夺、毒品犯罪案件5989件，判决生效人犯8546人；一审审结严重破坏市场经济秩序的犯罪，重点是生产、销售伪劣商品犯罪、走私犯罪、金融犯罪及涉税犯罪115件220人，打击了犯罪行为，整顿规范了市场经济秩序。

继续开展对治安乱点和突出治安问题的集中整治。全省各地、各部门定期不定期地开展治安乱点和突出治安问题大排查，并集中优势兵力，全面进行整治。2003年全省共排查治安乱点地区、路段和单位979个，突出治安问题387个。经过整治，有954个治安面貌有了明显改观。对2002年度被省综治委一票否决、黄牌警告、限期整改的11个县(市、区)，加大了整治的督查力度，除两个县需要继续整改外，其它9个县(市、区)均验收合格。针对鄱阳湖区域治安情况复杂、矛盾纠纷多且处理难度大的情况，沿湖12县(市、区)在加大打击水域犯罪、集中整治治安乱点力度的同时，在省综治委的倡导下，全面启动了鄱阳湖区联谊联防联治工作，建立了"横向到边、纵向到底、齐抓共管"的工作机制；2003年在湖区遭遇历史罕见枯水位、治安隐患增多的情况下，湖区刑事案件比上年下降9%，治安纠纷比上年下降46%，没有发生有影响的群体性纠纷械斗事件和跨边界的纠纷事件。

经过打击和整治，全省社会治安状况进一步好转，人民群众安全感进一步增强，经省统计局进行公众安全感调查，2003年度全省群众对安全感满意率达到93.96%。

社会治安管理和防范工作情况

认真做好防"非典"期间的"维稳"工作。在上半年抗"非典"期间，全省公安机关及社会各方面全警动员、全力以赴，为夺取抗"非典"胜利做了大量工作。省公安厅先后8次下发通告，对维护"非典"期间社会政治稳定工作作出专门部署。各地公安机关高度重视"防非维稳"工作，切实加强了情报信息工作，严密对重点人员的监控，有效防范了敌对势力、敌对分子的捣乱破坏活动，严厉打击处理了各种涉及“非典”的违法犯罪活动，共查处案件214起，处理违法犯罪人员287名；积极配合有关部门开展对“非典”病人和疑似病人的查、防、隔、控工作。南昌市成功侦破了河北霸州人李福军等人非法销售伪劣消毒液案，查获非法药品600余件，涉案价值100余万元，将18名犯罪嫌疑人抓获归案。截至6月底，全省共出动警力25万余人次，车辆近6万台次，排查2398万余人次，其中流动人口173万人次，排查街办488个次，排查隔离5.3万人次。

预防和处置了一批群体性事件。各地公安机关按照省公安厅的统一部署，集中时间和力量组织开展了社会不安定因素大排查，对排出的628起群体性事件隐患苗头，按照“早报告、早控制、早处置”的要求，积极会同有关部门开展调处工作，预防和减少了群体事件的发生。萍乡市制定了一系列维护稳定、防止群体、突发事件的文件，并将7大方面42类可能引发的问题，逐项落实到党政领导身上。对已经发生的867起群体性事件，各地公安机关坚持“三个慎用”的原则，在各级党委、政府的统一领导下，与有关部门密切配合，依法妥善处置，防止了事态的扩大和恶化。

大力加强危爆物品安全监督。今年，又有部分县市区停止了烟花爆竹业的生产，转产其它产业，从根本上预防和减少了重大责任事故的发生。赣州市19个县市区的烟花爆竹业全部转产，景德镇市关停拆毁80多家民爆单位和烟花爆竹生产点。3至5月，省公安厅会同省供销社对全省从事烟花爆竹及原材料批发经营的民营企业资格、资质条件进行了评审论证，进一步整顿从业人员队伍，深入开展了烟花爆竹生产经营专项整治，停办了用于烟花爆竹生产的氯酸钾的购买和运输审批手续，有关生产企业不得向烟花爆竹生产企业和原料专营企业销售氯酸钾；加大了市场监控力度，关闭了一批烟花爆竹销售市场，查禁取缔了一批大型集贸市场的销售摊点，销毁了一批使用氯酸钾等违禁药物和不符合安全要求的伪劣烟花爆竹产品。全面组织开展民爆物品安全大检查，共检查涉爆单位12403家，关闭取缔使用场点488家，吊销许可证888份，吊销作业证30份，消除了大量不安全隐患。湘赣、皖赣、闽赣、粤赣、鄂赣边界地区和京福、昌金、赣粤高速公路、赣龙铁路及全省“三小”企业（小煤窑、小矿山、小石场）查处的力度最大，共查处涉爆安全156起，抓获违法人员297人，取缔非法生产烟花爆竹窝点24个、非法经营点63个。各地建立和完善危险品长效管理机制，统一实行雷管编码打号和爆炸、剧毒物品定点销售制度，在民爆器材使用场点多的乡镇，建立管理服务站，对存放、领取、使用、回收等环节实行全程监控，确保安全。开展了禁用剧毒性鼠药的集中整治，共查处非法买卖毒鼠强案件542起，非法储存1起，刑事拘留6人，治安拘留29人，取缔非法销售摊点26个，收缴毒鼠强12835支，取缔了一批非法制贩窝点，堵断了生产源头和流散社会的渠道。各地继续查处非法、危险小煤窑生产，仅萍乡市就拆除、炸毁非法、危险小煤窑40多座。

狠抓了道路交通安全检查整治工作。全省公安交警部门先后开展了春运、“十·一”黄金周、交通事故多发路段的排查整治情况、客运单位安全管理情况大检查；对货运农用车、机动三轮车、摩托车等非法客运车辆的非法载客运输、无牌无证车辆上路行驶、严重交通违章等进行了专项整治，基本实现了预期的“杜绝、减少、控制、下降”工作目标。交通事故指数同比下降，全年共发生道路交通事故13998起，与2002年同比下降21.2%；死亡2818人，与2002年同比下降10.9%；伤11542人，与2002年同比下降21.3%。各级公安交警部门严抓公路巡逻“五定”勤务机制的落实，以提高公路巡警对路面监管能力为核心，扎实开展了“平安大道”和“交通安全村”的创建工作，全年共创建“交通安全村”119个，“交通安全社区”162个，全省道路交通安全状况有所好转。

严厉查处打击了“黄赌毒”和制售假文凭假证照违法犯罪活动。各级公安机关切实加强了对歌舞、录相、美容美发、按摩厅和表演场所等公共娱乐服务场所的治安管理，查处卖淫嫖娼案件6266起，处理违法人员15677人，查获卖淫团伙66个，取缔卖淫窝点113个，查处赌博案件17288起，查获赌博团伙1532个，打击处理涉赌人员69187人；查处吸食、注射毒品案件1336起，处理吸毒人员2054名，有效遏制了“黄赌毒”社会丑恶现象的滋生蔓延。赣州、上饶、九江等地公安机关还开展了打击“六合彩”赌博行动，共捣毁“六合彩”销售点16个，抓获“六合彩”赌博庄家6人，缴获赌资2万余元,遏制了“六合彩”赌博活动在我省蔓延发展势头。各地深入开展打假专项行动,共查破制假、贩假、售假违法犯罪案件111起,摧毁制假窝点14个,缴获各类假印章504枚,各种假证件、假证书1216本,查处违法人员55人。

新闻出版、民航、工商、银行、海关等系统、部门充分发挥职能作用。2003年“扫黄”“打非”工作在公安、工商、文化、广电、邮政等部门协调配合下,在加强日常管理的同时,把打击政治性非法出版物作为重中之重,加大对出版物市场的监督力度;坚决取缔非法教材辅导读物,整顿网吧,净化校园周边环境;继续抓好印刷业的集中整治,从源头上推进打击盗版和非法出版活动;进一步清理音像制品和电子出版物市场,坚决查办大案、要案,形成对违法分子的强大威慑力。先后开展了三次整治活动,集中销毁走私光盘20余万张,举办了15年来首次“扫黄”暨版权保护成果展览活动,并在吉安、宜春、赣州、上饶、九江进行了巡回展,工作成效显著,全省共出动检查人员20054人次,检查出版物市场经营单位11985家(次),关闭非法出版物市场11家,取缔无证书刊摊点782个,查获各类非法出版物1640146册(张),其中政治性非法出版物5667册(盘),有害卡通和淫秽色情“口袋本”56311册,非法教材、教学辅导出版物1489290册(张);非法音像制品、电子出版物336162盘,查缴盗版计算机软件47890盘(套),破获非法出版活动案件278起,出版市场治安面貌有了明显改观。

省民航部门2003年狠抓了社会治安综合治理领导责任制和目标管理责任制的落实,突出重点,夯实基础,加强了内部治安防控体系建设,聘请治安巡防员52名,守护人员32名,同机场周边的乡村开展社会治安联谊联防;与驻机场各单位开展共创安全文明单位活动,全年共查获手续不符的旅客775人,各类违禁品5424件,办理限制携带物品718件,处理机上非法干扰案3起,取消乘机资格64人次,查获犯罪嫌疑人1名,全年做到“六个杜绝”:杜绝了劫、炸飞机事件;杜绝了员工违法犯罪;杜绝了重大治安事故、重大刑事案件、重大交通事故、火灾事故;杜绝了航空地面事故;杜绝了飞机复飞;杜绝了群众集体上访闹事,确保了机场治安稳定。

省工商系统各级领导把信访工作作为维护稳定的大事认真抓好。局领导主持召开信访专题会议8次,接待来访11批次66人次。接待“缠访老户”11人次,阅批和督办信访件80余次,亲自回访2人次。“集体访”比2002年下降79%,人数下降71%。有针对性地组织开展了近二十次市场专项整治行动和三次流通领域商品质量抽查,查处各类违法违章案件18623起,总案值达15972万元;捣毁制假窝点321个;移送司法机关4件,涉案人员6人。在“非典”期间,共出动执法人员61106人次,出动执法车辆9812台次,检查市场主体174766户次,查处违法案件576件,通报曝光了20个典型案例,起到了惩一儆百、扩大影响的作用。出动执法人员3100多人次,车辆400余辆次,立案查处传销和变相传销案6起,驱散、遣送传销人员465人,取缔传销和变相传销窝点场所9个。出动执法人员3588人次,执法车辆673车次,共检查互联网营业场所2344家,查处违法经营场所274家,有效地遏制了违法经营活动。

省人民银行系统一方面切实加强对金融机构的安全监管工作,加大现场检查和风险处置力度,严肃查处金融违法违纪案件。把金融机构高管人员抓社会治安综合治理作为晋升、晋级重要考核依据进行考评。另一方面抓好对金融机构营业网点、金库、运钞车的达标工作。2003年,对全省11个设区市和39个县、市、区846个营业网点、277个金库、100辆运钞车、95支武器等金融安全防范工作进行了大检查,对检查中发现的840处隐患和问题提出口头整改意见539条,立即整改的208处,当场下发安全隐患整改通知书93份,促进了金融系统安全防范设施建设,提高了安防水平,增强了防范能力。至年底,全省共有5663个金融营业网点安防设施已完全达标,达标率为79.8%(其中城区、县城达标率为61.6%);有2113个金库安全达标,达标率为79.1%(其中城区、县城达标率为93.9%,农村为61.6%),有790辆运钞车安全达标,达标率为90.6%。营业网点、金库、运钞车安全技术防范设施达标率较2002年有明显提高。

南昌海关进一步加强对进出境货物和行李物品的监管,改进监管方式,逐步引入风险管理机制,提高实际监管效能,全年监管进出口货物总值

5.08亿美元,增长34.1%;监管进出口货物总量32.14万吨,增长176.7%。加大打击走私违法犯罪活动的力度,组织开展了"破案会战"等打击走私专项行动,重点打击进出境环节的伪报、瞒报、"三假"等货运渠道和加工贸易渠道的走私违法犯罪活动,严厉查缉各种反动、淫秽印刷品、音像制品和包含上述内容的计算机存储介质以及其他国家禁止进出境的物品。全年受理走私犯罪案件4起,结案2起,案值250万元,偷逃税额40万元,抓获犯罪嫌疑人3人;立案审理行政案件8起,案值1166万元人民币;查获反动、淫秽、散发性宗教宣传品、象牙等违禁物品445件。坚持严厉打击与规范管理相结合,综合运用稽查、调查和企业分类管理等手段,大力规范企业进出口行为,加强关企合作,引导企业守法经营。严密监管、依法打击走私,积极支持服务江西开放型经济发展,提高通关效率和服务质量,营造规范有序、高效快捷的进出口通关环境。

社会治安综合治理宣传教育工作情况

全省普法依法治理工作取得新的成效。2003年全省司法行政部门围绕党和国家中心工作,注重实效,着眼解决实际问题,突出普法内容("五法二条例")、普法对象(青少年等)、重点普法活动(法律进社区等)三个重点,加强协调,部门联动,着眼实现普法社会化,注重发挥各专业法主管部门的积极性,普法工作取得新的成效:

——防治非典型肺炎法制宣传工作有声有色。面对突如其来的"非典",我省及时把《传染病防治法》等与防治"非典"有关的法律法规列入今年全省重点普法内容,组织全省各地、各部门采用多种形式宣传学习,为稳定社会秩序作出了贡献。上饶市委宣传部、市司法局、市卫生局联合下发了《传染病防治法》和《依法防治非典型肺炎基本知识》等书籍材料55000册,宣传挂图3000余张,散发其它宣传材料40多万份,组织宣传队深入城乡开展宣传活动。

——在公民中重点普及宣传《宪法》、《人口与计划生育法》、《安全生产法》、《农村土地承包法》、《科学技术普及法》、《中小企业促进法》、《治安管理处罚条例》和《江西省司法鉴定条例》。全省各地先后开展了"12·4"法制宣传日、道德法律进社区、送法下乡、送法进企业、全民普法考试等大型法制宣传活动,促进了"五法二条例"的宣传普及。9月22日,省市在南昌象山文化广场组织开展了道德法律进社区宣传活动,向社区居民赠送法律书籍6000本,散发宣传单12000份,群众咨询5000余人次,举办了2个小时的文艺演出。与此同时,各市都组织成千上万名青少年观看了《为了明天》法制宣传片,组织数千名机关干部、学生、市民观看全国"严打"整治斗争成果展览。省委领导孟建柱等在南昌地区参观了展览。

——重点普法对象的学法制度化规范化要求进一步完善。全省领导干部学法制度、企业经营管理人员法律知识考试制度进一步完善,分别有12万人和7000余人参加考试。省司法厅与省教育厅、省综治办、团省委出台了《关于加强我省青少年学生法制教育工作的若干意见》,进一步明确了青少年学生法制教育的内容和要求,对整个教师队伍和法制教师的法律教育也提出了明确要求,进一步规范了法制副校长、法制辅导员的职责和任务。省委组织部、省委宣传部、省司法厅、省经贸委先后成功举办了全省领导干部和企业经营管理人员法律知识考试,领导干部和企业经营管理人员法律知识考试逐步规范化。

——依法治理工作进一步发展。兴国县率先在全省开展了法治城市创建活动。"民主法制示范村"创建活动也在全省遍地开花,这种全新的农村民主法制建设模式正给我省依法治村活动注入新的活力,农村民主法制建设正展现出蓬勃生机。上饶市、萍乡市综治办分别与《上饶日报社》、《萍乡日报社》联合创办了《法治周刊》、《政法综治广角》,与上饶电视台、萍乡电视台合作开办《法治900秒》、《法治时空》电视专题节目,播送了100多篇(台次)稿件,宣扬了先进,强化了公众监督,弘扬了社会正气。各市都普遍在中小学开展了《告别网吧活动和"珍爱生命、远离毒品"》万人签名活动。

新闻媒体加大了社会治安综合治理和法制新闻宣传力度。全省报纸、广播、电视、网络等新闻媒体加大了法制宣传和社会治安综合治理宣传力度,全面地报道省委、省政府和省委政法委、省综治委关于社会治安综合治理方面的重要工作和举措。司法厅进一步加大了《江西普法网》的投入,并与华东其他省市联办《东方法治网》,有效扩大了我省法制宣传的影响力,全年发布各类法制信息1000多条,是2002年发布量的近三倍。各新闻媒体继续开展对社会治安综合治理典型经验的宣传报导,仅《江西日报》就刊发180多篇综治工作宣传稿件。宣传的内容和形式主要有:及时全面地报导省委、省政府、省委政法委、省综治委和省政法部门的一些重要会议。全国综治工作会议期间,《江西日报》记者新闻特写《罗干查看治安查报站》等受到中央综治委领导的表扬;运用各种宣传形式,围绕配合政法机关各阶段的工作重点,进行深入有效的报导;结合"严打"斗争,宣传优秀政法综治干部的突出事迹,为政法综治战线的干警树立榜样,打拐英雄施华山,破案英雄石建国,成了家喻户晓的人物;集中人力物力精力办好专版,使之成为报道全省社会治安综合治理工作的园地。《江西日报》开设了《政法时空》、《政法时评》、《办案一线》、《以案释法》、《特别策划》等,宣传的内容都丰富多彩;重视内参报导,为党和政府维护社会稳定提供决策参考。《江西日报》社内参《读者来信摘编》共发稿件187篇,有39篇引起省委的重视并作出批示。省综治委对2002年好新闻进行了评选,我省新闻单位有5篇作品被中央综治办、中华新闻协会评为社会治安综合治理好新闻奖,江西省获组织奖。在司法部和国家广电总局联合举办的第七届全国法制题材电影电视节(剧)目"金剑奖"评选中,我省以公安部一级英雄、烈士方堃为原型的电视连续剧《燃烧的忠诚》获中篇电视剧三等奖,电视节目主持人金飞获主持人二等奖。由司法部、中华全国法制新闻协会举办的第16届(2002年度)全国法制好新闻评选中,省电台、电视台、抚州电视台有4篇作品获奖。

大力宣传见义勇为。南昌市率先出台了《南昌市见义勇为奖励和保护条例》,报省人大常委会批准后,举办了《条例》颁布实施新闻发布会,组织新闻媒体对历年见义勇为先进分子专题报道。省综治办通过新闻媒体发布公告,采取网上投票等办法,对南昌市见义勇为者吴树春、九江市见义勇为者李兵事迹进行了广泛宣传,此二人获中华见义勇为十大英雄提名奖。

为迎接全国综治工作会议在江西召开造势。省新闻媒体围绕和配合我省政法综治工作各阶段的重点,进行了深入的宣传报道,宣传了一批优秀政法、综治干部。省电台的法制节目《人与法》、省电视台的法制栏目《警方行动》和社教节目《社会传真》、《晚间800》等也都播出了大量的社会治安综合治理方面的内容。全省11个市以及交通、铁路、民航等综治委成员单位运用广告、标语口号等多种手段,积极宣传和展示我省综治工作所取得的成果。南昌市11月份在东湖区召开铁路、地方综治工作现场会,推广东湖区大院街办与南昌铁路西站共建平安区段经验;在江铃汽车厂召开综治工作企业现场会,推广江铃企业建设防控体系经验;在全市范围内进行了全国"严打整治"图片巡回展,建立20多块永久性大型户外综治工作宣传牌。吉安市、井冈山市在井冈山全市主要公路街道树立综治工作用语宣传牌53块、高架标语牌4块,印发景区、市情、综治工作宣传手册1000本,培训综治工作宣传导游人员500人,制作了长70米和60米的综治宣传长廊,汇编了"星级创优"和"两化一公开"工作资料。景德镇市综治办与《江西画报》社共同制作了《美丽瓷都·平安家园》画册,宣传瓷都综治工作的特点和成效;省交通厅共投入资金813万元,整治了会议代表团必经的公路,在公路沿线制作53块永久性宣传标语牌、38条横幅、30个灯箱标语牌、5个广告三角标语、2条宣传长廊,对省交通设计院和其它安全小区完善了防盗监控设施等。省民航局投入3万多元,在显著位置制作了高架广告牌,在后机楼悬挂大型横幅标语,大力宣传江西综治工作,热情迎接中央和各省市代表团,营造了浓厚的氛围。

流动人口管理工作情况

认真做好流动人口的日常治安管理。各地按照"公平对待,合理引导,完善管理,搞好服务"的要求,坚持"因势利导、宏观调控、加强管理、兴利除弊"的指导思想,进一步推进"三口一屋"(常住人口、暂住人口、重点人口、出租房屋)的规范化管理,普遍建了县、乡、村三级管理制度。一是严格暂住人口登记办证手续。各地综治委流动人口治安管理工作领导小组组织基层公安机关和协管人员采取入户调查的方式,对暂住人员进行登记,建档造册,掌握了暂住人口的底数和基本情况。南昌市加强对暂住人口信息采集,开展与全国百城人口信息联网工作,在全市各乡镇街道设立了流动人口协管站,成立了500人的流动人口协管员队伍。鹰潭市在建立县、乡、村三级管理制度的同时,实行派出所、社区民警、综治干部、巡防员"四位一体"的管理责任制。新余市在全市建立流动人口治安管理组织网络,将流动人口纳入社区管理,配备流动人口管理站30个,配备专兼职协管员320人。截至2003年12月底,全省共登记暂住人员448979人;流出人口4171602人。二是进一步强化出租房主治安责任。各地按照"谁出租、谁负责"的原则,签订治安责任书,重申出租屋和承担人的治安责任,普遍建立了与出租户和出租人双方签订责任状的制度;对出租户,凡符合出租条件的,必须签订治安责任书;手续不全的,限期补办;凡不符合出租条件的,限期停租;对不按有关规定履行治安责任的出租户主依法进行处罚。据统计,全省各地出租户共签订治安责任书(状)67652份;处罚出租户主357人。三是狠抓了流动人口通报协查制度的落实。各地基层公安机关严格按照公安部《关于流动人口通报协查工作的规定》要求,加大了对流动人口中的重点人口和在特殊岗位或重点部位工作人员(如保安员、仓库保管员等)的协查通报工作力度,通过微机、电话、电报、传真、发函等多种手段全面开展协查,及时掌握情况。据统计,各地共发流动人口协查函64736件,收到回复函24327件;收到协查函57450件,回复协查函50960件。通过协查,从中发现案件线索588条,协破刑事案件419起,抓获犯罪嫌疑人389人,抓获网上逃犯92人。四是加强督促检查。2月份,按照暂住人口规范化管理要求,对全省11个市200多个派出所进行了等级考评,省综治委流动人口治安管理工作领导小组对全省11市的22个县(市、区)公安局(分局)和44个派出所(分局)及部分警(社)区进行考核检查,促进了管理的规范化、制度化。五是在"非典"期间加强外出人员疫情查验工作和返乡人员劝阻工作。宜春市查控劝阻返乡人员6.5万人。南昌铁路局在"非典"期间成立113个行动小组,出动警力780余人次,参与处置旅客发热情况236起312人,防止疫情发生蔓延和发生恐慌事件。

积极促进农村富裕劳动力的合理、有序流动。一是根据省政府的有关规定,全省公安机关放宽了在城市投资、购房、引进人才、投靠亲友等方面的限制,实施户籍制度改革,全年共办理投资、经商、购房、引进人才以及投靠亲友等各类户口计440516人,其中办理农转非户口257786人。二是劳动和社会保障部门按照"平等协管、互惠互利、服务为本、协作发展"的原则,加强了流入地和流出地的配合,做好农村外出劳动力的登记、维权工作,积极发展劳务中介组织,鼓励兴办跨区域劳务服务机构,为农村富余劳动力提供劳动力市场信息,组织对口的技能培训,做好劳务输出的各项服务工作,提高了流动就业的组织化程度。三是有效疏导民工潮,尤其注重在春节、旅游旺季有效疏导民工潮。2003年春运期间全省铁路、公路、水路共运送旅客4849.24人次。其中铁路发送列车979趟次,旅客发送量688.8万人次,公路投入客车16581辆33.15万座次,发送旅客4106万人次;水路投入运力267艘/12300客位,运送旅客54.44万人次。南昌铁路局为充分发挥车站主渠道作用,做到送票下乡上户,一定程度上解决了民工买票难的问题。南昌长途汽车站购置了多功能 X 射线安全检测仪，春运期间查出大量各类危险品，确保了春运的安全。

管理与服务并重，切实保障流动人口合法权益。其一，上下之间、部门之间加强合作，共同推进流动人口治安管理。特别是流动人口治安管理工作领导小组成员之间更是密切配合，互通信息，互相支持，提高管理的实效。团省委、劳动和社会保障、司法行政、工商、公安等部门密切配合，在全省开展了保护进城务工青年权益调研活动，通过《江南都市报》在全省发放了十几万份调查问卷，联合有关部门召开了务工青年恳谈会，在务工人员相对集中的广东、福建等地进行了问卷调查和个别走访。全省共发放务工青年维权卡 120 余万张，接待来信访 1660 多人次，提供法律咨询、法律援助 1380 次，配合有关部门查处侵权案件 630 余起，帮助解决实际问题 430 多件，为 1300 多名务工人员讨回工资 180 多万元。其二，各地适应形势，更新观念，不断摸索流动人口管理的新路子。公安部《关于进一步改进暂住人口管理和服务工作，切实保护暂住人口合法权益的通知》下发后，我省公安机关对暂住人口管理切实做到“三个严禁”(严禁警务人员滥用职权随意查扣暂住人员的证件，严禁非警务人员查扣暂住人口的证件，严禁以查证为名乱收费、乱罚款、滥用传唤、留置、拘留等强制措施)。九江市提出“人性化管理，温情式服务”的理念和口号，寓管理于服务之中。南昌市通过制定地方性法规，建立了“流动人口积分申报登记”制度，出台了优惠政策，根据暂住人员申报登记时间，遵纪守法情况，学历等进行记分考核，达到一定分值后，可申报南昌市常住户口，享受市民待遇。其三，积极做好培训、教育工作。为提高外出务工人员的综合素质和自我保护能力，全省各级组织在当地公安、司法行政、劳动和社会保障、建设、计生、工商等部门的协助配合下，通过开展“千校百万”务工青年培训活动，在县乡村采取创办培训学校，开办电视讲座、发放培训资料等方式，进行法律、实用技术、安全生产和恋爱婚姻等方面的教育、培训。全省共培训外出务工青年 110 余万名。其四，强化对从业个体私营经济流动人员的动态管理，保障了流动人口的合法权益。防治“非典”期间，省工商局派出三个督导组，指导各地工商行政管理部门加大对“非典”期间从事个体私营经济的流动人口的监督管理。按照属地管理的原则，坚持以经济户口管理为基础，加强市场巡查，实行动态监管，较好地维护了市场经济秩序。其五，为方便育龄群众，各地计生部门对申请人手续齐全的即予办理《流动人口婚育证明》，并在办理过程中严禁提高收费标准，或搭车收费。为减少外出已婚育龄妇女工作时间及往返费用，只要每季寄回一份当地计生技术服务机构出具的有效怀孕检情况证明，就可以不再回乡参加怀孕检。

加大流动人口的清查力度。各地紧紧围绕各个时期中心工作要求，组织开展了对流动人口的专项排查。全国、全省“两会”期间和“非典”期间，各地综治委流动人口治安管理工作领导小组和公安机关结合严打整治斗争，加大了对出租房屋、建筑工地、中小旅社等流动人口相对集中场所的清查力度，依法加强对暂住人口登记管理，及时发现、打击混迹其中的违法犯罪分子。全省共出动警力 116430 人次，车辆 27723 辆次，破获案件 3539 起，抓获犯罪嫌疑人 3455 名，其中网上逃犯 324 名，查获犯罪团伙 156 个，犯罪团伙成员 521 名。5 月份，为防止非典传播，省公安厅下发了《关于做好预防非典期间流动人口检查工作的通知》，要求各地密切掌握人口流动情况，积极配合卫生部门做好流动人口的防疫管理和服务工作，有效防止因人口流动造成非典传播蔓延。

认真做好城市流浪乞讨人员的救助工作。6 月份，国务院 381 号令《城市生活无着的流浪乞讨人员救助管理办法》发布后，省委、省政府于 7 月底召开了全省城市生活无着的流浪乞讨人员求助管理工作电视电话会议，要求按照 381 号令和《实施细则》，明确责任，扎实工作，积极做好救助管理工作。全省民政部门 11 个收容遣送站已全部转为救助管理站，至年底，全省共接待上门救助的人员 4368 人，其中受助的有 3440 人，本省籍 1574 人，外省籍 1543 人，身份不明的 323 人。救助站通过提供食宿、医疗救助、通讯、返乡乘车(船)凭证和现金等方式给予实质性的帮助，维护了社会的稳定和城市文明。

社会治安综合治理基层基础建设情况

一、加强综治组织建设，形成纵向到底、横向到边的工作网络

(一)加强各级综治办规范化建设。根据省委常委会关于加强综治办建设的决定，进一步理顺了综治工作机构。省综治办第一次增编至10人，已配9人，分设两个处，配备2名处长、一名副处长，实行了分工，规范了职能，明确了任务。还固定一名内勤人员，对档案实行规范化管理。目前，省、市、县三级综治办分别为正厅级、正处级、正科级，综治办主任全部配备到位，分别由同级党委政法副书记担任，同时配备专职副主任137人，分别由副县级、副科级干部担任；市、县(市、区)综治办配专职综治干部901人；1632个乡镇(街道)综治办配备专职干部6049人，平均每个乡镇达3.7人。在村(居)委会设立综治工作室，现有72204名兼职人员从事综治工作。内部单位也都成立了综治领导机构和办事机构。在此基层上，抓了综治办的规范化建设。南昌市经过一年努力，县区综治办全部解决了办公用房、配置了电脑、摄像机、照相机、录音机、传真机、复印机和工作用车等；乡镇(街道)综治办全都有单独办公用房，50%以上配备了电脑。赣州市对乡镇(街道)综治办进行等级评定，一级为达标，二级为基本达标，三级为不达标，有效促进了乡镇(街道)综治办在组织机构、办事实施、管理制度、资料台账、经费保障和工作业绩六个方面上台阶，85%已达标。省综治委制定了各级综治办规范化建设三年规划，明确了各级综治办的职责任务，提出了各级综治办硬件和软件建设标准及达标时限。督促各级综治办建立健全了重大事项报告、矛盾纠纷排查调处、治安形势分析、工作例会、通报讲评、检查督办6项制度。加强了综治干部培训，省综治办培训160人，各市分别采取送省市县三级党校学习、送经济发达地区跟班学习、派基层锻炼等措施，全省综治干部培训面达到40%以上。

(二)加强基层政法组织建设。精简机关，充实基层，提高基层政法组织的实战能力。2003年，省公安厅下派了100名民警到派出所工作，市、县(市、区)公安局精简机关民警1500人充实到派出所；各级公安机关公开录用近千名民警，全部充实到基层公安派出所。派出所50%以上的民警派驻社区。各地以推进社区警务战略为重点，进一步加强派出所建设。省财政厅投入1500万元补助150个派出所建办公用房。按照周永康部长提出的“人要精神，物要整洁，说话要和气，办事要公道”的要求，全面加强派出所执法工作和内部管理，派出所整体面貌和民警的精神状态有了明显进步。根据省综治委和省检察院的要求，市、县检察院选派了一批素质高、业务精、工作能力强的检察官进驻社区，开展法制宣传工作。万载县检察院和县电视台联合推出《检察官在线》栏目，每月一期20分钟宣传本地典型案例，把检察官进社区活动范围扩大。各级人民法院按照《人民法院改革五年纲要》的要求，进一步规范了基层人民法庭建设，调整了基层法庭设置，全省现有人民法庭369个，工作人员1284人。基层法院积极开展“法官进社区”活动，为社区群众排忧解难、提供法律服务，不断增强群众的法治意识，帮助社区落实各项社会治安综合治理措施，加强防控体系建设，预防和减少违法犯罪。司法所建设也得到进一步加强。全省1548个乡镇、街道已建司法所1165个，达75%。独立所达478个，比2002年净增362个。司法所工作人员已达2782名，其中司法行政编829名，地方编1246名。各级司法行政机关普遍加大了规范管理力度，工作人员的整体素质有了提高，发挥了职能作用。基层司法干警共宣讲法律6017场次，受教育群众达214万多人次，调解民间纠纷24921件起，制止化解群众性上访780次，制止群众性械斗44次，参与“严打”整治及专项治理7579人次，在促进经济发展、维护社会稳定等方面发挥了不可估量的作用。

(三)加强内保组织建设。在内部单位特别是

重点要害单位、集团公司和国有大中型企业建立健全了保卫机构。在三资、乡镇、私营企业及各种混合所有制企业,根据单位内部保卫工作的需要,聘请了与保卫工作任务相适应的安全保卫人员,建立了适应现代企业制度的内部保卫工作组织网络。加强了对内保人员的岗前、岗中培训,落实单位内部保卫人员任职资格规定,加强规范管理,完善工作机制,初步建立了内保人员职业化管理考核体系,提高了内保人员的整体素质。

(四)加强基层治保、调解组织建设。省综治办、省公安厅和省民政厅联合行文,就加强基层治保、调解组织建设提出了明确要求。各地对村(居)委会治保、调解组织进行调整和充实,落实了治保、调解人员工作报酬。建立和完善了对治保、调解人员的表彰奖励机制,对因与违法犯罪分子作斗争而致残致伤的治保、调解人员,从见义勇为的基金中给予奖励,符合评残条件的,办理评残手续,享受相应伤残抚恤待遇。对因与违法犯罪行为作斗争而牺牲的治保、调解人员,按规定给予报评烈士,授予革命烈士称号,进一步调动了治保、调解人员的工作积极性。目前,全省已建乡镇(街道)调委会 1548 个,村(居)委会调委会 18661 个,厂企调委会 1520 个,联合调委会 657 个,集贸市场调委会 93 个,流动人员聚居区调委会 19 个,其它形式的调委会 497 个。司法行政机关大力加强人民调解工作的指导与管理,普遍推行了"首席调解员制"、"调解人员等级制"、"持证上岗制"和"人民调解协议审核制"等,进一步拓宽人民调解工作的新领域,除公民之间的民事纠纷外,积极参与调处公民与法人间、公民与其他社会组织之间的民间纠纷,大力开展民间纠纷的大排查和专项治理活动,今年共调解民间纠纷 128146 件,排查民间纠纷 2970 次,防止民间纠纷引起自杀 761 件 1102 人,防止民转刑案件 2650 件 4483 人,制止化解群体性上访 691 件 11308 人,维护了社会的稳定。

二、构建五大防控网络,形成管防控打一体化格局

(一)以社区警务为龙头,构建城市社区管控网络。在社区设立警务室,实行一区一警、一区多警,既强化对社区重点人口和治安复杂场所的管控,又服务社区群众。南昌等地按照"大综治、大防范、大服务"的要求,坚持高起点、高标准、高品味的创建思路,大力推进安全社区建设,打造了一批精品示范点。全省社区普遍设立了综治工作室,组织法官、检察官、法律工作者、综治特派员进社区,指导安置帮教刑释解教人员,做好预防青少年违法犯罪工作,创建"无毒社区"活动,管控"武疯子"等可能引发事端的人员,开展矛盾纠纷排查调处、法制宣传教育和法律咨询服务等工作。全省各级公安机关积极构建以指挥中心为龙头,以巡警、交警、派出所民警、武警为骨干,以群防群治力量为补充,以社区、社会面和内部单位防范为基础,以科技手段为支撑,多警联动、点线面结合、人防物防技防相配套的城市社区治安防控体系,大力完善街面巡控、社区防范、卡点堵控、内部防范、科技监控等五大防控网络。同时,不断提高社区警务工作的规范化程度,认真落实社区民警的工作职责,社区警务室已建 926 个,呈现出软件硬件协调发展的良好势头。下半年全省刑事立案比 2002 年同期下降 3.3%,其中抢劫案件下降 20.4%。全省公安机关破案总数同比上升 1.0%,其中破抢夺案上升 20%。赣州市章贡区民警在社区工作时间由每周 20 小时增加到 30 小时,社区发案率大为减少。胡锦涛总书记视察过的西津路社区,2003 年保持零发案。景德镇市妇联组建"妈妈帮教团"进社区,以母爱亲情教育、感化、挽救失足者,被帮教的 500 多人无一重新违法犯罪。各地积极开展"技防一条街"、"技防商业区"、"技防厂区"、"技防小区"等创安活动,着力提高创安科技含量,不断提升社区安全防范系数。

(二)以巡防责任区为依托,构建社区和交通要道巡控网络。在主干道建立交警巡防责任区,高峰站点,平峰巡线,负责城市主干道的治安巡逻防控。在次干道建立巡警巡防责任区,组织巡警和治安巡防队伍联合巡逻,重点加强对繁华街道、广场、车站、码头等治安复杂场所的巡逻防控。在其他路段建立派出所巡防责任区,以派出所民警为骨干,依托专职治安巡防队和社区保安队,在辖区里弄小巷分区域、分时段开展巡逻守护。各地交通要道三大巡防责任区启动以来,抓获犯罪嫌疑人 2600 余名,街面刑事案件、治安案件同比下降 13.5% 和 31.2%。新余市警民联合巡逻以来,临街 1.1 万个店面的卷闸门全部改为玻璃门,未发生一起盗窃案件。各级政法委、综治委和各地公安机关牢固树立“警力有限、民力无穷”观念，充分利用、依靠和整合社会资源，积极建立健全群防群治队伍。全省共建立治安巡防队645支、14833人，社区保安队490支、5650人，治安志愿者队伍1495支、105489人。九江、新余市委、市政府领导带头上街巡逻，号召全市干部群众“我为大家巡一夜，大家为我守一年”，群防群治工作在当地蔚然成风。

（三）以设卡守点为抓手，构建边际部位堵控网络。在城市主干道、次干道和社区主要街巷的重要路段和出入口，依托交通岗亭、治安岗亭设立巡逻值守点，组织民警设卡守点，查缉堵控。在进出城区的主要路口，建立了一批治安查报站，由公安机关派驻警力值守，对可疑车辆、人员进行盘查。在城市周边的国道、省道、高速公路旁设立治安卡点，依托沿线派出所民警和治安巡防队员昼夜守点，实行外围查缉堵截。南昌市在辖区周边设置了200多个治安卡点，配备了相应的警力、警车和电子监控等设施，实行全天候运作，形成了严密堵控网络。今年5月31日，南昌市象湖地段突发一起持刀抢劫案，市公安局指挥中心指令全市各卡点堵控，各警种上路围追堵截，不到半小时就将3名流窜犯罪嫌疑人抓获。

（四）以落实守控责任制为重点，构建内部单位守控网络。在党政首脑机关、金融网点、危险品生产、储存等部位，落实人防、物防、技防措施，推行安全守控“一把手”责任制。2003年，全省要害部位没有发生重大刑事案件和安全事故。在大中型企业，推行企业法人代表治安守控责任制，构建企业内部治安防控体系，全省企业可防性案件同比下降31%。在全省58所高校推广华东交通大学经验，构筑以校园110为平台，以群防群治队伍为骨干，以严密治安防线为重点，以校地共建为基础的校园治安防控体系。2003年，全省高校没有发生影响稳定的重大事件和刑事案件，可防性案件同比下降34%。

（五）以村级综治工作室为载体，构建农村地区防控网络。在村民委员会设立综治工作室，把治安防控各项措施落实到村户。各地组织近万名政法、综治干部，进治安问题较多的重点村，联系重点户，协助基层组织抓治安防控工作。宜春、上饶、吉安等市在农村设立无职党员治安岗，划定党员治安责任区，推行“治安中心户长责任制”，开展创评“十星户”活动，推动了综治工作进村入户。上栗县10万农户与政府签订安全稳定双向承诺责任书，共同履约守信保平安，全县刑事案件、治安案件和各类纠纷，分别比上年下降34.4%、22%和42%。

三、整合社会民力资源，建立健全群防群治队伍

（一）成规模组建基层综治队伍。各地依据省里制定的群防群治队伍建设规划，按照“分级组建、规模发展”的要求，组建了群防群治的“六支队伍”，即：在青壮年下岗职工和享受低保的人员中组建社区保安队伍；在警校毕业生、退伍军人、民兵中组建专职治安巡防队伍；在城市出租车司机、旅店服务员、环卫工人、便民店主和治安积极分子中组建治安信息员队伍；在政法干警、法律工作者、优秀教师和离退休干部中组建综治特派员队伍；在热心治安工作、懂法律的共青团员和大中专院校学生中组建治安志愿者队伍；在机关单位和社区党员、干部、职工中组建义务巡逻和看楼护院队伍。目前，全省已有保安队员近3万人，专职巡防队员两万余人，专职铁路护路联防队员近500人，其他义务群防群治队伍遍布城乡各地，成为维护社会治安的重要力量。萍乡市派出6个督导组，分别派驻各县区和市直责任单位，各县区也派出督导组下到基层进行督促，各级综治组织达到“六有”：有专门机构、有专职干部、有经费保障、有工作制度、有文字记录、有档案资料。

（二）高起点规范管理。一是明确管理部门。社区保安队、专职治安巡防队伍和治安信息员队伍由辖区公安机关管理，其中专职治安巡防队伍实行准军事化管理；综治特派员队伍由所在地综治办管理；治安志愿者队伍由当地共青团组织管理；看楼护院队伍由村（居）委会管理。二是加强教育培训。社区保安队、专职治安巡防队实行岗前培训，培训合格后统一着装，持证上岗。其他4支队伍采取以会代训的形式组织教育培训。三是严明工作纪律。分别明确了群防群治队伍的职责任务，严禁执法执罚，严禁欺压百姓。对违反禁令的，一律严肃查处。宜春市按照“三个统一”（统一组织机构、统一人员管理、统一规范化建设标准），大力加强基层综治组织规范化建设，以“三化”（规模化、正规化、网络化)为目标,大力加强群防群治网络建设;以巩固"四条安全小区带"(京九和浙赣铁路线、105和320国道)为基点,大力加强基层安全创建工作。

(三)最大化发挥效能。一是协警巡防。专职治安巡防员在辖区民警带领下,上大街、穿小巷,到重点要害部位,昼夜巡逻防控,服务居民群众。二是义务巡防。从省委机关带头做起,党政领导干部轮流带领辖区党员、干部、职工义务巡逻,此项举措已在全省各地全面推开,省综治委有关领导及许多市委书记、市长带头巡逻,成为城市一道靓丽的风景线。三是边际联谊、联防、联治。在邻省、邻市、邻县、邻乡边际地区及鄱阳湖区,以化解边际矛盾纠纷、维护边际安全稳定、促进边际繁荣发展为主要内容的治安联防活动蓬勃开展。鄱阳湖区周边13个县(区)共同开展湖区联谊、联防、联调、联治活动,使过去治安问题的多发之地,成为今日安宁繁荣的"鱼米之乡"。在境内2000多公里铁路线上,铁路部门和沿线县(区)开展路地联谊联防活动,携手创建安全文明铁道线。2003年,境内铁路刑事案件、治安案件比上年分别下降38%和63%。五是群众自防。农村普遍以村民小组为单位,城镇以楼栋为单位,开展以护院、守门为主要内容的联户联防、邻里守望等活动,有效预防和减少了入室盗窃等可防性、多发性案件。

(四)多渠道筹措经费。专职治安巡防队员的报酬,多数地方以财政出资为主、受益单位出资为辅的方式解决。经济条件较好的地方,专职治安巡防队员的报酬由财政全额拨付。治安信息员的奖励经费在公安业务费中解决。综治特派员的补贴在综治经费中开支。社区保安队实行有偿服务,谁受益,谁出资。在社区建设中,鼓励开发商无偿为社区综治室、警务室提供办公用房,为改善社区治安防范设施提供资助。

刑释解教人员安置帮教工作情况

组织机构进一步完善。2003年,根据中央综治委的精神,省刑释解教人员安置帮教领导小组进行了更名和调整,补充了人民银行南昌中心支行和省地税局为领导小组及办公室成员单位。各设区市和县(市、区)也根据这一精神及人事变动的情况,对安置帮教工作领导小组及其办公室的成员单位和组成人员及时进行了更名调整,一些县(市、区)还增列了宣传、教育、卫生等部门为成员单位。各设区市按照全省安置帮教工作座谈会提出的要求,着力强化了"一站一组"的建设。各设区市依托乡镇(街道)综治办和基层司法所普遍建立起了安置帮教工作站,在社区和村委会建立了以公安、司法行政、社区、村干部为主,吸收社会志愿工作者和亲属一起参加的安置帮教工作小组,实行"三帮一"的制度。

安置工作得到进一步落实。妥善安置是做好帮教工作的基础。只有"安其身",才能"安其心"。各地本着"就地消化,妥善安置,给予出路,保障生活"的原则,按照"帮教社会化、就业市场化、管理信息化、职责法制化"的要求,把安置的重心放在解决"就业"上,努力做到"居有房,食有粮,穿有暖,生产生活有保障。"各设区市把刑释解教人员的过渡性安置与解决下岗职工再就业联系在一起,作为一项重大的系统工程,实实在在解决问题。2003年,省综治委联合民政、财政、劳动和社会保障、工商、地税、建设、国土资源和司法行政等部门制订下发了《关于落实刑释解教人员就业与再就业有关政策的通知》,对刑释解教人员的低保社保和就业再就业安置的优惠政策进行了较全面的规定。各设区市抓住这一机遇,纷纷出台或制订落实解决刑释解教人员就业再就业的有关措施。九江市浔阳区坚持做到"三个转移,一个争取"战略,即由过去以政府安置为主转移到以社会接纳为主;由企业接收为主转移到以自谋职业、从事个体经营为主;由大中型企业安置为主转移到以街道、中小企业安置和社区服务为主;争取社会各方支持、自主创业的战略方针。宜春市引进利用社会资金,创办了两个大型的安置帮教就业培训基地。上饶市规定刑释解教人员属非农业户口的城镇居民,其家庭收入和实际生活水平低于当地城镇居民最低生活保障线的,可以申请享受低保待遇;属于农业户口的,在承包土地未落实前无生活来源的,可享受临时社会救济。判刑收监执行或劳动教养之前已经参加失业保险并按照规定缴纳保险费的,可申领失业保险金,较好地解决了他们临时生活出路问题。一些监狱和各级安置帮教机构与劳动部门加强合作,开展对刑释解教人员刑释解教前的就业培训和就业推荐工作。江西省职介中心组织8家用工单位在南昌监狱举行了一场刑释人员就业会,把职介工作引进了高墙之内。2003年全省刑释解教人员安置率达到89%,比2002年提高4个百分点。

帮教措施扎实有效。全省各地进一步强化了安置帮教基础工作的建设,集中一个月时间开展对2001年5月1日至2003年5月1日的刑释解教人员的排查清理工作,进一步摸清了底数。各地结合排查清理,对重点人口加强了管控,全部建立了档案。宜春市、鹰潭市在管理方面注重加强硬件建设,市、县两级司法行政部门对刑释解教人员资料实行计算机联网管理。特别是在衔接工作的管理上,一是安置帮教机构加强了与监狱、劳教单位的协作联动。南昌市安置帮教办公室与省监狱局和省劳教局专门召开了衔接座谈会;赣州市定南县安置帮教办公室与赣州监狱、鹰潭市安置帮教办公室与珠湖、景德镇监狱均签订了长期帮教协议。鹰潭市刑释解教人员重新犯罪率下降到2.5%,宜春市控制在1%以内。二是改进了完善了通知单的发放,进一步细化了通知单的内容,做到及时发放,减少了查找的麻烦,减少了漏管失控现象的发生。全省全年刑释解教人员帮教率达98%。2003年我省有4个单位、4位同志被中央综治委评为1999—2002年度全国刑释解教人员安置帮教工作先进集体和个人。

预防青少年违法犯罪工作情况

加大普法宣传力度,提高青少年的法制意识与自护能力。以学校为阵地,开展青少年法律学校创建工作。全省共创建省级青少年法律学校100所,九江市浔阳区甘棠街道六角石社区法律学校等四所学校被推报为全国重点联系社区青少年法律学校。南昌市育新学校等六所学校被授予全国示范“青少年法律学校”称号。以社会为舞台,开展了大型法制宣传咨询活动。“12.4”法制宣传日期间,团省委联合省司法厅等部门组织大学生青年法律志愿者在胜利路开展了大型的法制宣传咨询活动。鹰潭市开展了“我与父母同学法”活动,建立了学校、家庭、社会“三位一体”的青少年学生法制教育网。上饶市从政法机关聘请646人兼任法制副校长,通过实施“七个一”工程(一块黑板报、一个广播站、一张法制报、一个班会、一张宣传画、一个电教课堂、一次法制征文比赛),普法宣传生动活泼。

深入开展维权活动,维护弱势群体的合法权益。开展情况调研,扎实维权。2002年12月至2003年3月,团省委联合《江南都市报》在全省通过报纸发放了十几万份的江西务工青年权益情况调查问卷,同时到广东、福建等务工青年集中地进行了问卷调查和个案访谈。通过调研,全面了解了务工青年的生存、就业状况及生活需求、主要困难等基本情况,为今后更好地服务务工青年的创业、学习、生活提供决策参考。狠抓典型案例,借势维权。2003年5月,进贤镇青年林紫阳被传销组织骗至广东,后在其识破陷阱,欲向传销组织索回钱财时被活活殴打至死。针对这一事件,团省委权益部积极介入,一边安抚受害者家人的情绪,一边紧急派出省维权中心服务站英华律师事务所的两名律师前往当时还是疫区的广东调查事件真相,配合当地有关部门尽快破案,为受害者讨回公道。通过典型案例的解决和宣传,警醒我省外出务工青年提高自护意识。开展法律援助,合法维权。联合省司法厅等单位在全省积极开展法律援助募捐活动，召开了“牵手公平和正义——法律援助在江西”新闻发布会，同时努力将我省务工青年、未成年人等弱势群体纳入我省司法系统法律援助的工作范围内。

开展优秀“青少年维权岗”创建活动，构建社会化维权格局。建立健全创建机制。建立了联席会议制度，召开了全省优秀“青少年维权岗”创建活动成员单位联席会议，成立了全省优秀“青少年维权岗”创建活动组织委员会，进一步规范了创建、申报、评比、命名、考核、奖惩等各项制度。做好2002—2003年度全国优秀“青少年维权岗”候选单位、创建活动先进个人和突出贡献奖候选人的推报工作。共推报10个行业18个创建单位、9名先进个人和1名突出贡献奖先进个人。各级人民检察院认真学习、大力推广于都县检察院开展创建优秀“青年维权岗”的工作经验，结合当地实际情况，开展了形式多样、效果良好的青少年维权活动。在工作中，认真落实抓宣传、抓机制、抓督查等措施，加大了打击侵害青少年合法权益犯罪的力度。预防青少年犯罪工作做到了制度化、经常化、社会化。景德镇市院协调下派工作能力强、经验丰富、法律知识水平高的女干警参加市妇联组织的“妈妈帮教团”，全面、系统地从事对失足青少年的帮教、感化、挽救工作。南昌市在建立27个“优秀青少年维权岗”的基础上，设立社区志愿者服务站52个，在西湖区成立青少年法庭3个，重点关注四类人群(未成年人、贫困失学儿童、进城务工青年和刑释、解教回籍人员)的帮教工作。九江市13个县(市区)全部成立了青少年权益保障委员会，并配备了专职维权干部。

深化“青年文明社区”创建活动，优化青少年成长的社会环境。开展禁毒教育活动。6.26禁毒日期间，组织全省团组织在社区中开展了“社区青少年远离毒品”的活动。开展“科学、文明、健康”社区青年文化节活动。我省在这项活动中获全国组织奖，景德镇市昌河团委、九江庐山区团委分别获得此项活动的创新奖。启动了城市青年中心试点工作。南昌市青山湖区作为全国“青年文明社区”示范城区。南昌、赣州推报为全国第二批城市青年中心建设试点城市，九江庐山区五里街办事处等15个街道申报为全国青年中心建设试点街道。

发挥预防办协调联络作用，有效预防和减少青少年违法犯罪。2003年省预防办重点启动了各项日常工作，通过规范和完善各项制度，明确各成员单位职责，推动免疫工程、净化工程、爱心工程、基地工程、细胞工程等五项工程的实施，有效预防和减少了青少年违法犯罪。全省25岁以下青少年罪犯占各级法院已决罪犯的比例从63.5%下降到42%。完善办公室各项运行机制。重点调整了领导小组及办公室成员，建立健全了预防办各成员单位联席会议制度、工作汇报制度、调研制度和表彰激励机制，明确了各成员单位的工作职责。将预防犯罪工作纳入综治目标考评体系。制定了全省预防青少年违法犯罪工作考评细则，对全省各地预防工作进行了检查考核，有力推动了各市预防青少年违法犯罪工作的开展。做好全国“青少年违法犯罪社区预防计划”试点单位指导工作。已建立“社区预防青少年违法犯罪工作联席会议制度”，组建了法律工作队、志愿者服务队、社会监督队三支队伍，开辟了“社区青少年维权网站”，较好地发挥了试点单位的示范带头作用。在省女子监狱举行了全省社会化帮教签约仪式暨“阳光总在风雨后”联谊会。仪式上南昌大学与女子监狱签订了帮教协议，并向监狱的女犯赠送了一批书籍。大学生们与犯人们同台表演，送上了一台精彩的文艺演出。该活动拉开了共青团组织参与司法系统社会化改革的序幕，是社会化帮教的一种创新。

开展青年卫士评选活动，树立典型，弘扬正气。团省委联合省综治办、公检法司等19个部门联合启动了第三届“江西杰出(优秀)青年卫士”评选活动，评出10名杰出青年卫士、100名优秀青年卫士。同时，我们向全国推报的南昌市检察院反贪局副局长曹运革同志荣膺第四届“中国杰出青年卫士”称号，南昌市中院刑一庭庭长黄淑彬、南昌市公安局东湖分局缉毒大队长万凯同志荣膺第四届“中国优秀青年卫士”称号。

矛盾纠纷排查调处工作情况

健全排调网络。省、市、县、乡镇逐级成立了矛盾纠纷排调领导小组及办公室，负责组织协调本地区的矛盾纠纷排查调处。为强化基层排调工作，省委明确乡镇设立综治办，配备3—5名专职干部，从组织上保证了排调工作在基层有人抓。在乡镇还组建了以司法所为主体，公安派出所、人民法庭、信访、土管、计生、团委、妇联等部门参加的调解中心，负责调处复杂疑难的矛盾纠纷。村(居)委会及内部单位全部成立了调委会，及时就地排调矛盾纠纷。截止目前，乡镇(街道)共建立调解中心1548个，村(居)调委会22090个，厂企调委会2606个，联合调委会1172个，集贸市场调委会399个，流动人口聚居区调委会14个，其他形式的调委会425个。从而，在全省初步构建了纵向到底、横向到边、层层有人负责的五级排调网络。

强化排调责任。按照属地管理和谁主管、谁负责的原则，以矛盾纠纷解决在基层、化解在萌芽状态为目标，严格实行领导、部门责任制和责任查究制。省委、省政府明确规定，各级党政一把手为本地区、本部门、本单位矛盾纠纷排调第一责任人，分管领导负主要责任，班子其它成员对所分管的部门行业的排调工作负主要责任。上栗县采取乡镇政府与农户互签维稳双向承诺责任书的形式，将矛盾纠纷排调责任分解到基层政府和10万农户身上。农户承诺发生矛盾纠纷及时报告乡村两级组织，配合调处，不激化矛盾；政府承诺对农户报告的矛盾纠纷公正公平调处，维护群众合法权益。坚持把矛盾纠纷排调工作纳入到社会治安综合治理目标管理，对排调工作不落实，发生影响稳定重大问题的坚决实行一票否决，查究领导责任。近两年，省综治委先后对排调工作不落实，发生影响稳定重大问题的4个省直单位、19个县(市区)和14个设区市综治责任单位分别实行了一票否决、黄牌警告和限期整改，并查究了领导责任。

拓宽排调渠道。在全省形成了5条矛盾纠纷排查渠道：一是综治排查渠道。2003年，全省综治机构排查矛盾纠纷1.6万余起。二是信访排查渠道。2003年，各级信访部门从群众来信来访中排查矛盾纠纷近万起。三是司法调解排查渠道。2003年，各级调解组织排调民间纠纷1.2万余起。四是涉法信访排查渠道。2003年，通过各级党委政法委和公、检、法、司五家联合接待涉法上访，从中排查矛盾纠纷1000余起。五是维稳信息排查渠道。2003年，全省维稳信息队伍排查矛盾纠纷近万余起。

健全排调机制。在排查时间上，设区市每个月、县(市区)每半个月、乡镇(街道)每周，定期排查一次矛盾纠纷；在工作运行上，逐级实行月报、要情报告、“零报告”、抄告回执、督查考核、协调会议六项制度；在信息处理上，由各级综治委、办牵头，每季度召开一次形势分析会，对5个渠道排查出来的纠纷矛盾进行综合分析和归纳整理后，形成专题报告，为党委、政府了解社情民意，出台决策，做好稳定工作提供了重要依据。

探索排调新路。兴国县针对基层不稳定因素排查存在信息不灵、信息失真、信息梗阻的问题，选调了一批优秀后备干部，组建维稳信息督查员队伍，分别派驻各乡镇和县直有关单位，专门从事维稳信息督查工作，其组织、行政、人事、工资关系划归县委政法委统一管理，探索了一条新形势下做好矛盾纠纷排查工作的新路子，中央领导同志对此予以充分肯定。2003年5月，省委在全省推广“兴国经验”，各地迅速选配2233名维稳信息督查员，派驻基层专门从事收集报送维稳信息，督促基层化解矛盾纠纷、消除不安全稳患，有效防止了“神不知、鬼不觉”问题的发生。

从源头上化解矛盾纠纷。在农村，着力解决农民负担、征地补偿、土地水利山林权属纠纷等问题引发的矛盾纠纷。积极稳妥推进税费配套改革工作，乡镇机构、农村义务教育等八项配套改革全面完成，堵住了农民负担反弹的“口子”。2003年，全省共减轻农民负担11亿多元。规范建设用地的使用管理，治理整顿土地市场秩序和清理开发工作，全面推行经营性土地使用权招标、拍卖、挂牌出让制，提高了征地补偿标准。采取组织“大会战”的形式，依据法律、政策，妥善解决历史遗留的土地水利山林等资源权属纠纷。近两年，全省调处这类纠纷852起，有效预防了纠纷械斗的发生，全省连续8年实现了无规模性纠纷械斗，维护了农村的稳定。在企业，着力解决部分职工和军转干部生活困难以及下岗人员再就业等问题引发的矛盾纠纷。去年，省财政专项补助各地养老保险金13.9亿元，下岗职工基本生活费2.8亿元，城镇低保资金4.78亿元，为88万企业离退休人员发放养老金51亿元，为18.5万国有企业下岗职工发放基本生活费及代缴社会保险费6.22亿元。同时，将矛盾纠纷突出的农垦企业职工纳入了基本养老保险。把促进再就业工作作为各级政府的一项重要任务，层层签订责任状，以税费减免、小额贷款、社保补贴、免费职业介绍和职业培训为重点的再就业优惠政策已全面实施。2003年，解决下岗职工再就业16.8万人。省里先后出台两个文件，对企业军转干部基本生活保障和再就业、养老保险、基本医疗保障、困难补助标准、资金筹措等作了明确规定。去年，省里下拨2000万元专款，用于解决部分企业军转干部生活困难问题。在城镇，着力解决困难居民最低生活保障和拆迁补偿等问题引发的矛盾纠纷。加快构筑城市低保体系，去年全省有101万人享受了城市居民最低生活保障，对符合低保条件的做到了应保尽保。以城市“三无”人员、残疾人、重病人为重点，切实提高常补对象的保障标准和实际月补差水平，建立低保资金拨付绿色通道，出台低保对象在就业、就医、子女就学、住房、水电气等方面的配套优惠政策，真正把低保资金重点用在最困难、最需要救助的人身上。加强房屋拆迁管理、规范拆迁行为，严格按照房地产市场评估价格，确定拆迁补偿金额，维护被拆迁人利益。此外，按照中央部署，政法部门上下联动，相互配合，集中开展处理涉法上访问题攻坚战，共解决各类疑难涉法信访3200件。

铁路护路联防工作情况

全省铁路护路联防工作按照中央综治委铁路护路联防工作领导小组的统一部署，认真贯彻落实“长沙会议”精神，围绕稳定铁路政治、治安大局，积极开展创建安全文明铁道线活动，为保持省内铁路沿线治安持续稳定做了大量卓有成效的工作。全省铁路沿线发生五类治安案件比2002年下降39.61%，牲畜挡道下降36.43%，路外伤亡下降39.6%，没有发生爆炸等刑事案件，没有发生拦截列车的群体性事件，确保了铁路运输安全。

将保一线畅通和保一方平安融为一体，实现铁路护路联防社会化管理。我省吸取兄弟省的长处，从实际出发，创造性地建立了铁路护路联防工作在各级党委、政府领导下，综治委统一协调，路地联手齐抓共管，各级公安协管的管理体制。各市采取的措施主要有三项：一是把保一线平安，纳入保一方平安的整体部署中，纳入年终综治目标管理考评和党政一把手综治工作述职内容；二是不断探索维护铁路治安稳定的长效机制，深入开展创建安全文明铁道线活动；三是加强铁路沿线村民爱路护路教育。南昌市、萍乡市自上而下层层签订铁路护路联防目标管理责任书，余江县开展了万民群众爱路护路签名活动。在调整和充实省铁路护路联防领导小组成员的基础上，11个地市也及时调整和充实了铁路护路联防领导小组成员。省护路办定员16人，各市护路办定员3人（抚州市为2人），共配备车辆14部。作为铁路护路专用车辆。铁路沿线61个县（市、区）都建立了护路联防领导小组和相应的办事机构，特别是为加强省、市铁路护路联防工作，公开招聘了有较高素质的省市护路办工作人员，并为每个护路办配置了交通工具和现代化办公设备。3月,省综治委铁路护路联防领导小组,传达了“长沙会议”精神,并结合全省实际提出了贯彻具体要求,对全省铁路护路联防工作进行部署。沿线11个地市主要领导按照会议的部署认真研究,相继召开创建安全文明铁道线活动会议。多数市、县主要领导亲临铁路车站和铁路沿线视察,了解铁路运输和治安状况,亲自指导工作。南昌铁路局为省护路办选派了具有一定的政治素质和业务能力的干部,并经常过问护路联防工作,为护路联防工作出点子,并解决护路队员吃住问题。樟树市开展创建安全文明铁道线的活动成果已作为优秀经验向全国推广,宜春市袁州区西村镇护路联防工作“五到位”经验,被全省誉为“西村模式”。省护路办总结了近8年来全省路地护路联防的成功经验,被编入全国社会治安综合治理工作会议经验汇编。12月,省护路办对全省11个设区市护路联防工作按照标准进行了考核,有力地推动了安全文明铁道线创建活动。

以创建安全文明铁道线活动为载体,发挥铁路护路联防的长期效应。为使创建安全文明铁道线活动扎实、稳步开展,省铁路护路联防领导小组在年初制订了《关于开展创建安全文明铁道线活动实施方案》,做出了“一年创建示范点,二年50%达标,三年全线达标”的部署。“创建”方案明确了“创建”活动的指导思想、工作范围、工作目标、组织机构和创建活动的主要措施、步骤及对成员单位和各市护路领导小组提出要求,为基层开展创建安全文明铁道线活动指明了方向,并确定把九江市列为省创建安全文明铁道线试点单位。各设区市根据省“创建方案”,结合辖区内铁路沿线的情况,认真研究,制定切合实际的实施方案,下发了创建目标责任书,建立了铁路与地方联席会议制度,对铁路沿线治安隐患实行定期排查和报告制度。各地把逐级签订护路承包责任书作为落实护路联防工作、创建安全文明铁道线活动的具体措施。把护路责任落实到基层,落实到个人。九江市起步早,率先在马回岭镇举行万人签名爱车护路宣传活动。并实施“五个一”工程,即铁路沿线每个乡镇成立一个由党政主要负责人挂帅的铁路护路联防工作领导小组,每个村建立一支义务护路队,每个组明确一名铁路治安信息员,每户签订一份爱车护路责任书,每个基层护路机构建立一套护路联防工作台帐。新余市把创建安全文明铁道线活动纳入创建平安市工作中,做到同部署、同落实、同检查、同考核、同奖惩,做到宣传到位、管理到位、落实到位和责任到位。吉安、萍乡、鹰潭、景德镇市综治委主动联系市护路办到沿线共同检查考核。抚州市崇仁县以“1+X”的方法进行爱车护路宣传,即从小孩抓起,让爱车护路意识深深地印在他们的脑海里,再由他们回家后向大人宣传,扩大宣传面。樟树市政府每年从财政上拨款10万元用于创建工作,率先实行耕牛挂牌制度,取得了“七无二减”的好成绩,即无破坏铁路设施案件,无群体冲击拦截列车事件,无列车重大治安事件,无责任伤亡事故,无机动车肇事,无群众哄抢事件,无击打列车行动;偷盗铁路运输物资案件减少,围车叫卖现象减少。其创建成果被中央护路办以简报的形式向全国介绍,为省创建工作增添了一个亮点。为配合全省“创建”工作的开展,进一步宣传铁路护路联防的重大意义,推广“创建”先进单位的做法,省护路办还制作了《实现跨越》电视专题片,该片在我省召开的全国综治会议上发放,并发至全省各市、铁路沿线各县组织全体护路队员观看,扩大了影响,展示了风采,鼓舞了士气,受到好评。同时还充分发挥媒体的宣传作用,仅省护路办就在省级报、刊、台发表有关护路联防新闻报道7篇,调研文章1篇,收到较好的效果。为了落实科技护路的方针,在护路联防经费预算中专项作了安排。在桥梁、隧道等重要部位和治安状况复杂的重点车站、编组场分步安装电视监控系统。今年已完成了向西编组站和老营盘隧道群第一期工程;所有护路值勤点都配备了对讲机,并与铁路派出所联网,沿线铁路派出所110警台又与地方联网,大大提高了快速反应能力。随着护路科技含量的增加,标志着我省的护路工作进入全国先进水平,得到了中央护路办的充分肯定。

定期分析铁路治安形势,集中整治铁路治安重点区段突出治安问题。今年各地把整治铁路沿线突出治安问题作为护路工作的重点,作为创建安全文明铁道线的基础工作。每季进行铁路治安形势分析和矛盾纠纷排查,坚持一手抓整治,一手抓创建,路地合作,突出重点,集中时间和力量,加大整治铁路治安力度。配合铁路公安先后开展了“打抢劫、反扒窃、保安全”的集中整治统一行动，开展了“打货盗、打流窜、破案件”专项行动，有效扼制了铁路沿线站车抢劫、盗窃等犯罪活动的上升势头。景德镇市护路办与昌江区综治办、景德镇铁路派出所一起通过一星期的整治，解决了皖赣线慈义站围车叫卖严重的问题。为扼制铁路沿线耕牛挡道事故上升现象，省护路办向各市、县下发了防止铁路沿线耕牛挡道的紧急通知，各地及时采取防范措施。针对通行涵洞积水这个老大难问题，省护路办组织铁路、地方干部到现场办公共同商讨解决的办法，对首批12个涵洞制定了具体的解决方案。宜春市袁州区西村镇耕牛挡道现象严重，镇委会决定在西村镇沿线各村建立耕牛挂牌制度，即给每家每户的耕牛统一编号，集体挂牌，建立台帐，登记入户，并由群众担当监督，护路队员和有关部门负责巡查，一经发现放牧耕牛上道现象，按牌找主，严厉查处。一年来，全省护路队员协助公安共破获各类刑事案119宗，刑事拘留73人，抓获犯罪嫌疑人74人，查处治安案件179宗，查处违法人员133人，取缔废旧物品收购店2间，净化了铁路沿线治安环境。

建立高素质的专职护路队伍，充分发挥其职能作用。为确保队伍素质，充分发挥护路队伍的作用，做到严把“四关”。一是入口关。省护路办制定了招聘标准和条件，各市县坚持“就地就近”的原则，主要从下岗职工、退伍军人，基干民兵中招聘，并经过了政审、笔试、体检、面试4道环节择优选用。二是培训教育关。队员在上路巡守执勤之前，全部集中到公安培训基地进行军事化的岗前培训，采用省护路办编写的《铁路护路工作必读》，进行法制教育、铁路基本知识、护路业务培训和擒拿格斗技术训练，经过严格考试并获得上岗证后才能正式上路。三是工作考核关。护路联防队员主要履行巡线执勤和护路宣传两大职能，划段承包，建章立制，严格考核，实行末位淘汰，并与奖金挂钩。四是后勤保障关。主要是利用铁路闲置空房进行整修，适当新建执勤用房，并为护路队员配置炊具、饮水机，电风扇、多功能信号灯、办公桌椅、综合柜等物品。经过“四关”打造，一支半军事化的专职铁路护路联防队伍基本形成。到年底，全省434名护路队员分146个岗点实行昼夜护路巡逻，护路里程达到1413公里，占江西省境内铁路的61.82%。2003年全国“两会”期间，与2002年同期相比，铁路五类治安案件下降50%，耕牛挡道事故下降57%，路外伤亡事故下降14%。全省护路队员协助公安机关共破获各类刑事案119宗，刑事拘留73人，抓获犯罪嫌疑人84人，查处治安案件179宗，查处违法人员133人，取缔废旧物品收购店2间，净化了铁路沿线治安环境，短时间内我省的护路工作已赶上全国的步伐，得到中央铁道部的充分肯定。

省政府出台的收费政策，为护路联防提供了物质上的保障。2002年省政府出台从铁路货运物资中收取一定比例经费用于护路联防政策后，2003年共收取1155万元，用于护路联防的实际开支达1169万元，每个联防队员的月收入均在500元以上。省护路办和11个市护路办购置的14辆专用车辆，也是从这笔经费中解决的。

实行社会治安综合治理领导责任制情况

贯彻“上海会议”精神，进一步转变领导层指导思想。2002年中央综治委“上海会议”以后，省委、省政府要求全省社会治安综合治理工作要按照“三个代表”的要求，把综治工作摆到改革发展稳定的大局中研究，摆到依法治省的总体要求中考虑，摆到实现江西在中部地区崛起、全面建设小康社会的大目标中谋划，认真贯彻“上海会议”精神，进一步转变工作思路，切实把综治工作的重点转到治安防控上来，进一步扭转重打击、轻防范，重公安、轻“综治”，重治标、轻治本的思想，在工作部局上，确立治安防控的主导地位；在警力配置上，严守治安防控前沿阵地，充实基层基础力量；在经费保障上，切实加大治安防控投入；在考核奖惩上，注重治安防控实效。省委书记孟建柱提出"治安环境是加快发展的第一环境"的指导思想，要求全省抓好"综合治理"，为江西 在中部崛起服务。省综治委提出2003年是综治措施"落实年"的口号，要求各地在"落实"上下功夫。绝大多数市和县市区实现了"7个不发生"(不发生在全省有影响的恶性刑事案件；不发生重大群体性事件；不发生群众性纠纷械斗；不发生群死群伤灾害事故和安全生产事故，不发生"法轮功"人员进京赴昌滋事，不发生当地人员在重大政治活动期间进京上访，不发生因政法干警、综治干部违法违纪导致出现影响稳定的问题)。

采取切实措施解决经费保障问题。 2002年经省政府批准，省财政厅与省综治办联合行文，明确综治工作专项经费由省、市、县各级财政拨款，拨款的标准是：省市按总人口数人均0.1元，县(市、区)按总人口数人均0.15至0.20元。江西省人口为4200多万，省财政已安排420万元用于综治工作。11个设区市及99个县(市区)都已全部按上述要求落实。新余市今年实际开支2625.82万元，比预算多出600多万元；南昌市开支3080万元，比上年开支增加30%。宜春市要求县市区按人口数标准不足5万元的，按5万元落实，乡镇(街)按人口数标准不足1万元的，按1万元落实。吉安市本级本年到帐56.97万元，比上年增长17.7%；县市区到帐178.07万元，比上年增长78.7%。按照省委常委会会议规定，各地乡镇专抓综治工作副职领导每月60元的岗位津贴已都全部解决。抚州等市一些条件较好的乡镇，还解决交通费、通讯费100元至120元。乡镇专职治安巡防队员的报酬，多数地方以财政出资为主，受益单位出资为辅。治安信息员的奖励在公安业务中解决。综治特派员的补贴在综治经费中开支。社区保安队实行有偿服务，谁受益、谁出资。鼓励开发商无偿为社区综治室、警务室提供办公用房。2003年全省综治经费共到帐14032.55万元(含县、乡镇数)(其中省420万元，各市13612.55万元。

加大了奖惩力度。 一是提高奖励额度，建立奖励责任人制度。省综治委表彰了2003年度南昌、新余、鹰潭、赣州、宜春、抚州6个目标管理先进市及省交通、铁路、人行、民航等17个省直责任单位，奖励了200名综治责任人，每人奖励600元，共用资金60万元。宜春市对33个先进单位29名先进工作者进行了表彰嘉奖，35名乡镇、街道分管领导因工作出色被提拔为乡镇、街道主管领导，38名乡镇、街道综治办专职副主任被提拔为副科级干部。吉安市对年度综治工作排名前三位的县(市区)，分别给予2万元、1.5万元、1万元的奖励，其中50%用于奖励责任人，全市有61名综治干部被提拔至县、乡岗位使用。二是强化了五家联席会议制和继续坚持省综治委直接否决到县的制度。省五家联席会议成员单位先后7次开会或发函，分别对省煤炭公司、省农业银行等5个发生重大责任事故的单位发出了查处责任人的通知，至年底，又研究了表彰目标管理先进市名单和一票否决、黄牌警告、限期整改单位名单，决定对吉水县、东乡县、丰城矿务局、人民银行萍乡市中心支行实行一票否决，对7个单位予以黄牌警告，对15个单位限期整改。各市共否决25个单位(其中县级3个)，黄牌警告51个单位，限期整改110单位，省市都是历史上处罚最多最重的一年。三是实施重点管理和末位警示制。吉安市有21个单位被列为重点管理单位。宜春市对年度考评在末位的地方、部门和单位，列为重点管理，限期整改、其党政主管领导和分管领导写出书面检查、并分别由上一级党政领导进行诫勉谈话。该市对各县(市区)排名末名的乡镇(街)，由市综治委通报全市，限期整改。四是加强了督促检查。省综治办组织6个督导组，对2002年度被一票否决等处罚的11个县(市区)进行了督查。鹰潭、萍乡也对相关的县、乡、单位加强了督查。抚州、上饶、吉安市建立了党政领导挂点联系制，将各县(市区)、重点企业的社会治安综合治理工作，分解到每一个领导成员身上，经常检查督促指导，一级抓一级，层层抓落实。乐平市开展"百日大整治"活动，抽调200名机关干部进驻重点乡镇帮助工作。

坚持和完善综治责任人(成员单位)履行述职(职责)报告制度。 自下而上逐级呈报了报告书，省综治委已将各市责任人述职报告、成员单位履行职责报告汇编成册，印发300多套下发各市、各成员单位，使这项制度进一步规范化。其中11个市有47名党政领导干部向省综治委述职，37个责任单位领导干部向省综治委述职，51个成员单位向省综治委写出履行职责报告。

社会治安综合治理理论调研情况

提出鄱阳湖区治安整治的有效对策。近几年，鄱阳湖区的治安问题不断从各地、各部门、各方面反映到省综治委领导处，2002年被省综治委一票否决、黄牌警告和限期整改的11个县区中，鄱阳湖区就占了3个。为了有效预防和减少并及时妥善调处鄱阳湖区各类矛盾纠纷和治安隐患，省委常委、政法委书记、省综治委常务副主任舒晓琴同志亲自深入鄱阳湖区12个县区逐一调查，采纳了各方面的建议，提出了建立鄱阳湖区联谊联防防治机制的对策，要求公安厅和水上公安分局具体组织实施。省公安厅及水上公安分局做了大量的调研、协调工作，制定了《鄱阳湖滨湖12个县（区）边界联谊联防工作方案》，12个县（区）委书记、县（区）长共同签订了《鄱阳湖地区县（区）际边界联谊联防公约》，省综治委在余干县召开了翻阳湖区联谊联防工作联席会议，提出了开展这一活动的具体要求。一年的实践表明，联谊联防是营造湖区"两个环境"的有效载体，对保障湖区经济崛起、保障人民群众安居乐业起了重要作用，受到湖区人民和党政领导的一致好评，纷纷要求把这一活动继续开展下去。

组织"大格局"调研活动。省市政法综治部门均加大了调研力度，在创特色、树品牌上下功夫。2002至2003年，围绕适应加入WTO后的新形势和为实现江西在中部地区崛起营造公正高效司法环境和安全稳定社会环境，省委政法委、省综治委组织并形成一次自上而下、涉及全省政法综治调研力量的"大格局"调研活动，省委政法委、省综治委列出十个专题，组织省政法部门和11个市的调研力量，实行领导和群众相结合，沉下去和走出去相结合，理论和实践相结合，调查与研讨相结合，调研与开展实际工作相结合，经过各课题组领导亲自担纲，精心组织、紧扣主题，上下左右联动，共写出10篇调研文章，各市县总结并写出46篇经验材料，省综治办在2003年全国综治会议期间，将这10篇专题材料，连同各市县调研、总结的46篇经验材料，以及我省近几年制定的相关文件，分别汇编成《江西崛起中的政法工作》、《实行大防控，创建大平安》和《社会治安综合治理文件选编》三本书共8000套，发给到会的全国兄弟省市代表和我省广大基层综治干部。由舒晓琴书记担纲调研编写的《把握新机遇，迎接新挑战，努力开创江西政法工作新局面——新时期江西政法工作基本思路与战略对策构想》，分析了江西政法工作的现状和面临的机遇、挑战，提出了开创江西政法工作新局面的思路、构想与战略对策，制定了开创江西政法综治工作新局面的主要措施。所有这些专题材料，对指导和推动全省政法、综治工作都起了重要的指导作用。

省综治委成员单位履行职责情况

省委组织部一是在领导班子建设中，落实社会治安综合治理领导责任制。各级组织部门把抓社会治安综合治理工作的能力和实绩，作为考核党政领导干部的重要内容。在考察、调整、任用、选拔干部时,注重考察了解党政领导干部抓社会治安综合治理工作的情况,并把考核结果作为向党委提出干部任免奖惩建议的重要依据。2003年我部制定下发了《设区市领导干部考察工作细则》,细化了干部考察工作程序,将考察对象履行社会治安综合治理工作情况列入《细则》中。在全省县级班子换届和九江、新余、鹰潭、赣州等市的换届考察及日常干部调整考察中注重考察了党政领导干部抓社会治安综合治理工作的实绩,切实执行好社会治安“一票否决”制度;在已提拔使用的干部中没有出现一例违反《江西省社会治安综合治理一票否决权制实施办法》有关规定的。2003年我部还完成了对设区市“法检”两长的考察工作,提出了交流安排的使用意见和建议,完成了对设区市公安局局长交流、离岗后的年度考核工作,政法干部队伍建设得到进一步加强。二是在基层党建中,着力推进社会治安综合治理网络建设。截至2003年底,我省有党员1732502名,其中女党员248652名,预备党员49814名。有基层党组织89339个,其中党委3753个,党总支4698个,党支部80888个。全省1437个行政村、326个公有经济控制大中型企业、117个城市街道、54所普通高校、9007个机关全部建立了党的基层组织。2003年,我省的农村、国企、城市社区、机关、学校、科研院所、非公有制经济组织、社会团体、中介组织党建工作以及党员队伍建设等十个方面,深入扎实地开展了争创党建工作“十面红旗”活动,把社会治安综合治理工作作为争创内容的一个重要方面加以落实。通过进一步加强党的基层组织建设,带动和促进基层政权组织建设及基层群众自治组织、群防群治组织的建设,形成以党的基层组织为核心,基层群众自治组织为基础,基层政法组织为骨干,群防群治队伍为依靠的基层综治工作网络。在农村,我省各地广泛深入地开展了“三级联创”活动,在整顿后进村、不稳定村及贫困村中采取了一系列有效措施,为维护农村社会稳定打下了较为扎实的基础,充分发挥了村级党组织在农村维护基层治安和社会稳定中的核心领导作用。在兴国县召开的全省维护稳定信息督查工作现场会上,我部对兴国在维护稳定第一线锻炼培养后备干部的做法予以充分肯定。同时,我部还加强了部门包村工作,从省、市、县三级6784个部门选派1.6万余名干部进驻5800多个村开展帮扶工作,并把搞好社会治安综合治理列入部门包村目标考核内容,促进了农村社会稳定。在企业,各级党组织把保持停产关闭破产企业的稳定、做好下岗和解除劳动关系职工的思想政治工作,作为重要职责和任务来抓。开展“进职工家、知职工情、解职工难、暖职工心”活动,帮助解决好下岗职工、破产企业职工的生活困难,积极拓宽就业门路,推进再就业工程,密切党群干群关系,维护企业稳定。加强在非公有制企业及社会新经济组织中党组织的建设力度,把综合治理工作纳入非公有制经济组织党建工作的重要内容之一,促进和维护社会稳定。在城市社区,强化了街道社区党组织在维护社区政治稳定和社会安定方面的职责作用。建立健全以街道社区党组织为主导,驻区各单位党组织积极参与,资源共享、优势互补,共驻共建的协调机制。通过加强社区党小组、党员志愿者服务队、党员“示范岗”、“先锋岗”、“稳定岗”等岗位建设,组织广大社区党员参加政策宣传、法律援助、医疗服务、环境管护、治安巡逻等志愿活动,动员社区居民群众参与社会治安群防群治。三是在党员教育管理中,注重激发党员参与综合治理工作的责任意识。在全省农村无职党员中开展设岗定责工作,主要设置了4大类17个岗,其中就有公共事务类的社会治安维护岗,岗位的主要职责是对本组村民进行法制及村规民约宣传教育;依法或按照村规民约调解和协助处理本组治安问题,维护社会稳定;协助村委会调解本组及跨组民事纠纷。从而把矛盾解决在基层、解决在萌芽状态。加强对流动党员的教育管理,发挥7.2万名流动党员在维护社会稳定中的作用。四是协调配合、积极参与,会同相关部门做好社会治安综合治理工作。2003年,我部认真按照中央综治委、中组部下发的文件精神,督促全省各级党委组织部门积极参加综治、纪检、组织、人事、监察五部门联席会议,认真研究落实社会治安综合治理领导责任制,在对社会治安综合治理工作成绩突出的地方,部门主要领导和分管领导干部进行嘉奖表彰,对发生严重危害社会稳定重大问题的地方实施领导责任查究中充分发挥好职能作用。2003年7月起我部还积极参与党员干部义务巡逻活动,为辖区内的社会治安尽职尽责。

省委农工部　认真抓好农村社会稳定维护工作。省委常委、省委农工部部长潘逸阳同志亲自调研，检查督促，确保维护农村社会稳定各项工作措施落到实处。进一步完善了反应迅捷、应变灵敏的维护农村社会稳定工作机制：落实了分管领导和承担具体工作的业务处室；在省直部门建立了联席会议制度，每季度召开一次联席会议，十多个相关部门的主要负责人参加，通报情况，交流信息，研究对策；各设区市成立了维护农村社会稳定工作机构，配备了人员，购置了设备，制定了制度，形成了全省上下便捷、纵横畅通的信息网络。着力建设和完善农村社会稳定信息网络。继 2002 年全省初步建立维护农村社会稳定信息网络之后，2003 年 3 月由部领导带队，对全省 11 个设区市维护农村社会稳定信息网络建设工作进行了全面、认真的检查，在新余市召开了加强全省农村社会稳定信息网络建设工作会议，通报了全省农村社会稳定信息网络建设情况，制定了新的一年工作计划，提出了更加明确的要求，第一次提出把维护农村社会稳定作为各设区市委农工部年终考核的重要指标之一。通过省委农工部的努力，省财政专门拨出经费为各设区市委农工部购置了一批电脑，专门用于农村社会稳定信息的汇集、上报。经过一年多的建设，省委农工部系统的农村社会稳定网络已将触角延伸到了最基层的农村，每个乡镇、每个村委会都有社会稳定信息员，使我们能在第一时间掌握第一手情况。利用这一优势，去年，我部开展了为时两个月的“全省维护农村社会稳定百村万户问卷调查。”共有 94 个县 106 个村委会的近万户农户参加了问卷调查。全省共发放问卷 9600 份，收回 9382 份，回收率为 97.89%。此次调查使 我们在稳定农村政策、乡镇政务公开和村务公开、依法行政与干部队伍建设、农村社会治安、农村社会事业建设五个方面掌握了更全面的情况，对农村社会稳定有了更清晰的了解。调研成果受到了各方面的重视和关注，省综治委、省文明委、省公安厅都派人了解我部的调查问卷，分享调研成果。积极参与处理解决影响农村社会稳定的重大事(案)件。慎重妥善处理农民负担、村务，特别是村级财务的公开、失地农民的保护、进城务工农民权益的保障等农民最关注的问题，如协调解决南城县部分农民对征地补偿款不足，进贤县一些农民因负担不公平上访告状等事件，积极做好工作，较好地化解了矛盾。为应付突发、紧急事件，省委农工部设立了农村社会稳定值班电话，并有专人负责 24 小时受理各种报告、投诉。夯实农村社会治安综合治理的基础。我部加强了对中央农村工作方针政策贯彻落实情况的检查督促；加强了调查研究，代省委、省政府制定出台了一系列利民惠民政策；狠抓了农业产业化经营试点和推进农业结构战略性调整等工作，促进了农村经济发展，增加了农民收入，维护了农村社会稳定，保障了农村经济社会繁荣发展。

省直机关工委　2003 年组织开展了帮困助学活动，从提留党费等经费中筹措近 30 万元，资助了 100 名困难党员职工子女上大学，对 376 名特困党员职工进行了救助和慰问，把党组织的关怀和省直机关 10 万党员的爱心送给了最需要帮助的困难党员和职工。省直机关帮助残疾人“助听、助行、助明”捐款 94 万元，扶贫济困“捐赠一日工资”捐款 110 万元，帮助失学女童“春蕾计划 10 元捐”22 万元。通过各项捐款，帮助部分困难群体解决了实际困难，促进了民心和社会的稳定。加强了治安管理和宣传教育，督促省直机关各级党组织加强对本单位网络信息的管理监督工作，始终做到用正确的舆论引导人。同时，配合有关部门切实开展防火、防爆、防事故等为主要内容的安全大检查，消除事故隐患。组织各单位认真进行法制宣传教育，开展“道德法律进社区”活动，有 29 个省直单位深入社区开展义务法律服务。

省教育厅　全力做好重大事件及“非典”期间维护学校稳定工作　针对国内外发生的重大事件，如美伊战争、清华北大爆炸案、抗击“非典”等，省学校治安综合治理领导小组和各地各部门各学校始终把维护学校稳定工作作为学校综治工作的首要任务，全力做好维护学校稳定工作。省委教工委、省教育厅把做好重大事件期间维护高校稳定工作作为重点，在重大事件及“非典”期间，委(厅)领导都深入一线，分析情况，研究对策，化解矛盾。先后下发了 10 多个文件电报，召开了 7 次高校负责人会议，组织了 3 次全省安全大检查和 2 次稳定工作排查，2 次组成由委(厅)领导带队的 11 个督查组，对全省 11 个地市的大中小学进行安全稳定工作督查，部署和落实维护学校安全稳定工作。公安部门加强了校园及周边治安管理工作,共出动警力6000余人次,破获各类刑事案件82起,抓获违法犯罪嫌疑人180余名,查处治安案件82起,违法人员1100余人,检查清理出租屋3500余间。美伊战争期间,教育部门和公安部门还专门召开会议研究部署维护高校稳定工作,制定应急工作预案。在"非典"期间,卫生部门与教育部门一道开展了3次学校食品卫生大检查,检查学校、幼儿园6072所,对存在问题的单位下达整改15家,取缔无证经营22家,吊销卫生许可证7家。这些工作,都确保了学校的安全稳定。

积极开展经常性的学校及周边治安治理活动。一是各市学校及周边治安综合治理领导小组结合当地实际,普遍开展了校园及周边治安集中治理工作。南昌市采取以块为主、挂点督查、责任到人的方式开展整治工作。市学校及周边治安综合治理领导小组负责同志亲自挂点参加东湖区部分学校的整治工作,现场办公解决问题。二是各职能部门结合本职工作开展专项整治。工商部门统一对学校周边的流动商贩、流动运输车辆、美容美发、餐饮业等进行清理整顿,共出动执法人员5092人次,检查学校2760所,取缔无照经营5004户,清理取缔占道经营、流动商贩2391个,查办案件174起。文化部门开展了全省暑期互联网上网营业场所专项治理,查处违规经营场所354家,其中接纳未成年人上网229家。新闻出版管理部门结合扫黄打非工作,清理整顿学校及周边的出版物市场,全年共出动执法人员1200人次,检查中小学220多所,学校及周边经营摊点905家,取缔无证摊点140个,查处不法书商8人,查缴非法教材教辅148万余册,非法64开"口袋本"及卡通读物1.2万册,盗版教学磁带582盒。我省校园治安整治工作重点突出,部门联动,有效地净化了学校及周边环境。中央综治办《社会治安综合治理动态》2003年第四期转发了我省的经验和做法。

全面推进高校治安防控体系建设。省校园及周边治安综合治理领导小组确定把华东交通大学"校园110综合服务体系建设作为校园治安防控体系建设"作为试点。随后,南昌市在全市高校也推广了他们的经验。省综治委领导经过实地考察,充分肯定了华东交通大学的经验和做法,认为值得全省高校学习和借鉴,提出要把构建校园治安防控体系作为江西校园治安工作的一张特色品牌打向全国。省委副书记彭宏松对此予以了肯定。7月份,在华东交通大学召开了全省高校治安综合治理工作会议,推广华东交通大学的经验,在全省高校构建校园治安防控体系,受到新闻媒体的高度关注和中央综治委以及教育部的肯定。《人民日报》报道了华东交通大学的经验和做法;《教育部简报》转发了这一经验,在江西召开的全国综治工作会议把这一经验印刷会议代表。

健全和完善工作机构和制度。一是建立完善设区市工作机构。省领导小组专门下发了通知,要求各设区市成立相应的领导小组和办公室,保障有一定的人力、物力开展工作。目前,各地市已按要求成立了组织机构。二是健全了省领导小组办公室工作制度。建立了四项工作制度,即联席会议制度;工作情况报送和工作简报制度;日常治理工作情况抄告单制度;督促检查和通报制度。今年省领导小组办公室共编发了5期工作简报,及时推广和交流工作经验。三是把学校及周边治安综合治理工作的考评纳入到各设区市社会治安综合治理的总体目标考评中,进一步提高了各设区市对学校及周边治安综合治理工作的重视。

省武警总队　一是把确保执勤目标安全作为维护社会稳定的首要任务。一年来,全省武警总队共制止在押犯逃跑事件3起、自杀事件1起,协助目标单位抓捕逃犯4起,抓捕犯人6名,担负押解勤务166起,押解犯人2129名;妥善处置群众到省委、省政府、省人大等重要警卫目标上访事件592起,制止上访人员企图自杀事件4起、袭击哨兵1起、抓获犯罪嫌疑人1名。11月28日8时20分,在省政府南门执勤的哨兵及时制止了1起上访人员企图自焚事件,避免了不良政治影响。二是充分发挥武警部队在处突和反恐行动中"拳头"和"尖刀"作用。总队各级牢固树立"上一线、打头阵"的思想,针对我省的社会治安形势,紧密结合部队实际,重点加强对处置各类群体性事件,暴力恐怖事件和反恐怖斗争的战法研究;按照"规模适度,布局合理,重点突出,系统配套"的原则,建立了省、市、县三级反恐处突力量体系;制定了处突、反恐方案;抓了处突反恐训练与演练,扎实做好了组织、人员、方案、武器装备、训练准备,确保部队出则能战、战则必胜,在处突反恐行动中充分发挥

"拳头"和"尖刀"作用。3—5月份,为落实武警总部和省委、省政府关于做好"非典"期间维稳工作的指示,各级进行了"非典"疫区封控实兵演练。10月20日,总队动用1100名兵力在小兰训练基地组织了反恐训练课目演示,省委、省政府主要领导、武警总部和各地市政法领导观摩了演示,省委孟书记和武警总部后勤部何部长对演示成果给予了高度评价。8月26日,余江县刘家站垦殖场发生群体性械斗事件,我部鹰潭支队出动73名官兵,担负机动备勤任务,有效慑止了械斗事件。三是精心组织,圆满完成各项临时勤务。一年来,我总队共出动兵力112400人次,圆满完成了省(市)"两会"安全保卫、春运执勤、城市武装巡逻、大型活动安全保卫和中央领导人来赣视察警卫任务311起;出动兵力921人次,圆满完成了3起全国调犯专列途径江西的机动备勤和车站地面警戒任务。在"元旦"、"春节"、"五一"、"十一"等重大节日和省市"两会"期间,我部共派出兵力13400人次,采取徒步巡逻与乘车巡逻相结合的方式,担负全省11个地市的主要街道及公共场所城市武装巡逻,抓获各类不法分子16名,解救被拐少女1名;共出动兵力2800人担负了"春运"、"两会"期间执勤任务。安全护送旅客340万人次,制止打架斗殴45起,抓获不法分子124人,帮助5名走失的儿童找到了父母,妥善处置1起部分旅客因列车临时停运企图卧轨事件,确保了"春运"畅通,确保了"两会"安全;共出动2400名兵力,圆满完成了婺源国际文化旅游节开幕式、南昌市第二届绳金塔文化经贸节"盛世中华"歌舞晚会、"红谷滩之夜"国庆文艺晚会、"爱心永恒"大型文艺晚会、庆祝新余复市二十周年"金圣之光"文艺演唱会、周华健南昌个人演唱会、省第二届全民健身运动会、中国南昌国际摩托艇明星对抗赛、全国第五届农运动员大会等大型活动现场安全保卫任务;四是圆满完成了胡锦涛等18次党和国家领导人来赣视察临时警卫任务。共动用兵力3200余人次,担负中央领导来赣视察时的住地、路线、现场随卫、专机警卫执勤任务,保证了万无一失,受到省、市领导和中央警卫局领导的赞扬。四是密切配合,积极参与严打整治斗争 。全省部队出动兵力2240余人次,参与抓捕犯罪嫌疑人、押解罪犯、公审现场警戒、处决死刑犯等严打整治任务193起,抓获违法犯罪分子500余人,有力地打击了犯罪,维护了社会稳定。五是践行"三个代表"重要思想,全力以赴抢险救灾。一年来,共出动兵力12678人次,船艇9艘,参与抢险救灾173起,解救转移群众6200余人,运送转移物资700多吨,最大限度地保护了人民生命财产安全,受到了武警总部和省、市领导的高度赞扬。

省经贸委　今年春季组织有关部门在全省范围内组织开展了为期一个月的防治"非典"医用药品和食品等基本生活用平市场秩序的专项整治行动,净化了防"非典"药品市场,保证了药品的产品质量和医药用品的供应,防止借"非典"之机制售假冒伪劣药品、商品、囤积居奇、哄抬物价、扰乱破坏防治"非典"的不法行为,维护了医药用品、生活用品的市场秩序。防"非典"之后,进一步加大了全省整顿和规范市场经济秩序的力度:一是整顿和规范安全生产经营秩序。全省生产安全、交通安全、防火安全事故下降13.6%。取缔或关闭不符合安全生产条件的非煤矿山2375处。查处非法制造烟花爆竹安全1490起。查处1728人。取缔了从事农村客运的农用车,449处水上重大安全隐患;基本整改到位。二是进一步净化建筑市场环境。全省共检查在建工程项目5247项,查出违法违规工程项目767项,下发整改意见书628份,已整改完成639项。三是整治假冒伪劣产品。全省质监系统共查办制售假冒伪劣产品违法案件6723起,标准总额8115.4万元,销毁假冒伪劣商品标准871.3万元,罚没款4151万元;全省工商系统共查处各类经济违法违章案件18632起,案件总标准15972万元,罚没金3081万元;全省药监系统共查处案件13355起,案件总值2965.2万元,取缔无证经营695起。四是开展各项专项整治行动。春节市场专项整治行动中,仅工商系统就检查市场1254个,查处案件71起;在防"非典"用品专项整治行动中,药监系统检查相关单位11509家,抽验200余批次中西医药材,查处假劣药品1300余种;"毒鼠强"专项整治行动中,仅公安系统出动警力9800余人次,查处非法买卖"毒鼠强"案件558起,查封非法销售"毒鼠强"窝点47个,收缴"毒鼠强"等禁用剧毒鼠药310公斤,依法打击违法从业人员109人。文化系统集中销毁盗版音像72万张,查处取缔无证的黑网吧3308个,查处各类违法违规经营案件8496起；工商系统出动执法人员3100余人次，立案查处传销和变相传销案件6起，驱散、遣送人员465人，取缔传销和变相传销窝点场所9个；全省税务系统共检查企业9841户，发现有问题并查结案件6068户，查处税款总额17752.69万元，移送公安机关处理案件34起。

中共江西省委办公厅、省政府办公厅关于调整省社会治安综合治理委员会组成人员的通知

（2003年8月13日）

各市委、市人民政府，省委各部门，省直各单位，各人民团体：

鉴于省社会治安综合治理委员会部分委员工作变动，省委、省政府决定，对省社会治安综合治理委员会组成人员作如下调整：

主　任：彭宏松　省委副书记

副主任：舒晓琴　省委常委、政法委书记

蔡安季　副省长、省公安厅厅长

康为民　省高级人民法院院长

丁鑫发　省人民检察院检察长

荣宪国　省委政法委副书记

委　员：崔阳生　武警江西省总队总队长

黎明中　省委副秘书长

曾页九　省纪委副书记、省监察厅厅长

王可忠　省委组织部副部长

陈东有　省委宣传部副部长

缪　东　省委农工部副部长

周　萌　省委政法委副书记

梁彩云　省委政法委秘书长

李秋生　省直属机关工委副书记

张桂生　省委、省政府信访局局长

许晓刚　省委防范和处理邪教问题领导小组办公室主任、省公安厅副厅长

胡　咏　省政府办公厅巡视员

黄素英　省司法厅厅长

周容兴　省国家安全厅厅长

彭焕恭　省公安厅副厅长

揭赣元　省人事厅厅长

熊盛文　省劳动和社会保障厅厅长

殷美根　省经贸委副主任

李锅根　省财政厅副厅长

罗筱玉　省民政厅厅长

李小南　省委教工委副书记、省教育厅副厅长

李玉英　省委宣传部副部长、省文化厅厅长

万　明　省交通厅副厅长

李春燕　省信息产业厅厅长

李　利　省卫生厅副厅长

甘良淼　省建设厅副厅长

文红莲　省计生委主任

张　莉　省政协办公厅助理巡视员

颜春宁　省军区政治部副主任

吴松荣　武警江西省消防总队政委

黄晔明　省广播电视局局长

徐运平　省工商局副局长

邓光东　省新闻出版局副局长

路　线　省粮食局副局长

郭惠芳　省旅游局副局长

查俊如　省安全生产监督局局长

傅卓成　省总工会副主席

钟志生　团省委书记

李亚平　省妇联主席

黄庆来　江西日报社社长

江忠益　省地质矿产勘查开发局副局长

袁家义　省通信管理局副局长

周敏生　省民航局党委副书记、纪委书记

李国华　省邮政局局长
陈章连　南昌铁路局局长
魏　斌　南昌海关副关长
林勇力　人行武汉分行南昌金融监管办纪检监察特派员
曾祥仁　人行南昌中心支行副行长
黄　洪　中国保险监督管理委员会南昌特派员办事处主任

江西省社会治安综合治理委员会关于印发《江西省各级综治办规范化建设规划》的通知

（2003年6月16日）

各市、县(市区)综治委,省综治委各成员单位,省直有关部门:

《江西省各级综治办规范化建设规划》,经2003年江西省社会治安综合治理委员会第二次全体会议通过,现印发你们,请认真贯彻执行。

江西省各级综治办规范化建设规划

根据中央综治委指示精神,为加强全省各级综治办规范化建设,提高各级综治办工作水平,制定本规划。

一、总体要求

各级综治办规范化建设,要以邓小平理论和"三个代表"重要思想为指导,认真贯彻中央和省委、省政府有关指示精神,按照《江西省社会治安综合治理条例》的有关规定,从今年起到2005年,有组织、有计划、分步骤推进。通过三年的努力,使各级综治办工作职权明确,相关制度健全,队伍建设明显加强,办公设施的科技含量逐步提高。

二、主要内容

(一)明确工作职权

各级综治办承担同级综治委组织、指导、协调社会治安综合治理工作的日常事务。主要职责任务是:

1. 贯彻执行有关社会治安综合治理的法律、法规和方针、政策;

2. 研究制定本地区、本部门、本单位的社会治安综合治理工作计划,并组织实施;

3. 指导、督促和协调本地区、本部门、本单位的社会治安综合治理工作;

4. 对本地区、本部门、本单位社会治安综合治理目标管理责任制的执行情况进行检查、考核、评比,提出实施奖励或处罚的建议;

5. 总结推广先进典型经验,推动后进地区、部门、单位整改存在问题;

6. 办理有关社会治安综合治理工作的其他事项。

地方各级社会治安综合治理办事机构对辖区的所有机关、团体、企事业单位的社会治安综合治理工作,部门、单位的社会治安综合治理办事机构对本部门、本单位下属部门、单位的社会治安综合治理工作,有协调指导权、监督检查权和实行一票否决、查究领导责任的建议权。

各级社会治安综合治理办事机构不承担职责任务之外的工作。

(二)健全相关制度

1. 重大事项报告制度。报告的主要内容是:党委、政府作出的有关社会治安综合治理的重大决策、部署;社会治安综合治理重大工作、重大活动开展情况;影响社会政治稳定的重大事件和重大治安问题及处置情况;对发生重大治安问题的地方、部门单位实行一票否决和责任查究的情况,以及上级要求报告的情况。严禁迟报、漏报和隐瞒不报。

2. 矛盾纠纷排查调处制度。省综治办每季度、设区市综治办每个月,县(市区)综治办每半个月,乡镇(街道)综治办每周排查一次矛盾纠纷,协调有关部门落实调处责任,把矛盾纠纷化解在基层和萌芽状态。

3. 治安形势分析制度。省综治办每半年、设区市综治办每季度、县(市区)每月、乡镇(街道)每半月分析一次治安形势,排查治安乱点和突出的治安问题,组织督促有关部门开展重点整治,限期改变治安面貌。

4. 工作例会制度。各级综治办每季度召开一次工作例会,总结前一阶段的工作情况,交流经验,查找问题,部署下一阶段的工作。

5. 通报讲评制度。每季度对辖区内的综治工作和综治委成员单位履行职责情况进行通报讲评,鼓励先进,推动后进。

6. 检查督办制度。经常对社会治安综合治理工作进行检查,对领导同志的批示和重大事项进行跟踪督办,推动工作落实。

(三)加强队伍建设

1. 严把进人关。设区市、县(市区)综治办干部一般应具有大专以上学历、法律专业文凭,并从事政法、综治工作三年以上的经历;乡镇(街道)综治办干部一般应具备大专文凭或有政法工作经历,人员年龄成梯次结构,并配备具有法律文凭或懂法律的干部。

2. 抓好教育培训。从今年起,用三年时间,分期分批分级对各级综治干部轮训一遍。设区市、县(市区)和省直综治责任单位的综治干部由省综治办负责培训;乡镇(街道)和设区市直属单位的综治干部由设区市综治办负责培训;村(居)、社区综治工作人员和县(市区)直属单位综治干部由县(市区)综治办负责培训。各级综治办要制定培训计划,确保培训内容、人员、时间、效果落实。同时,通过在职学习、学历教育、实践锻炼等多种途径,不断改善队伍的文化和专业结构,提高综治干部的工作能力。

(四)逐步提高办公设施科技含量

设区市、县(市区)综治办要有档案资料室,各种信息资料输入计算机,开通24小时传真,配备工作用车,添置工作必需的视听器材。乡镇(街道)综治办要有办公场所和档案资料室,工作台帐实行计算机管理。省、设区市、县(市区)综治办逐步实行计算机联网。

各级社会治安综合治理工作经费按照赣财行〔2002〕60号文件精神和《江西省社会治安综合治理条例》的有关规定落实。

三、实施步骤

各地要根据本《规划》的要求,结合实际,制定具体的实施细则,有计划、有步骤地组织实施。本《规划》主要任务中的一、二两项要求,2003年要全部落实到位;第三项中的人员轮训面,2003、2004、2005年分别达到40%、80%、100%;第四项中关于办公用房、工作用车、计算机管理等要求,2003年落实到位;视听器材2004年到位;省、设区市综治办电脑联网2004年实现;省、设区市、县(市区)综治办电脑联网2005年实现。

四、考核验收

各级要将社会治安综合治理办事机构规范化建设工作纳入年度综治考核评比内容,加强督促检查,确保落实到位。每年在县(市区)、设区市综治办自查自评的基础上,省综治办对各地落实《规划》情况进行考核验收。

江西省社会治安综合治理委员会关于印发《江西省群防群治队伍规范化建设规划》的通知

（2003年6月16日）

各市、县（市区）综治委，省综治委各成员单位，省直有关部门：

《江西省群防群治队伍规范化建设规划》，经2003年江西省社会治安综合治理委员会第二次全体会议通过，现印发你们，请认真贯彻执行。

江西省群防群治队伍规范化建设规划

为推进群防群治队伍规范化建设，使之在维护社会治安中充分发挥作用，特制定如下规划：

一、健全队伍

社区保安队伍——根据社区治安防范任务确定组建数量。

专职治安巡防队伍——设区市所在区100人以上，县（市）所在镇30人以上，其他乡镇治安巡防队伍的建设，由各市根据治安防范工作的需要自行确定。

治安信息员队伍——在乡镇（街道）、城市社区、村（居）委会、村（居）民小组和特种行业、重点单位层层物建；从城市出租车司机、环卫工人、24小时营业的便民店店主和城乡治安积极分子等人员中物建。

综治特派员队伍——从政法干警、法律工作者、优秀教师和离退休干部等人员中选聘，逐级派驻下一级。

治安志愿者队伍——由热心治安工作、懂法律的共青团员和大中专院校学生组成。

看楼护院队伍——由内部单位和居民群众住宅区的广大党员、团员、干部、职工、群众组成。

二、明确职责

群防群治队伍主要担负治安防范任务。具体职责分别是：

社区保安队伍担负社区治安巡逻、受聘单位门卫值守等任务。

专职治安巡防队伍在公安民警的组织带领下，开展治安巡逻和卡口堵截、检查、守候工作，防范和制止违法犯罪行为。

治安信息员负责收集、报送涉及社会政治稳定和社会治安方面的情报信息。

综治特派员负责督促所驻地区、单位和社区落实社会治安综合治理和维护社会稳定各项措施。

治安志愿者参与维护治安秩序、帮教刑释解教人员和有劣迹的青少年、法制宣传和法律服务及基层创安等工作。

看楼护院队伍担负楼院值班巡防、维护楼院安全等任务。

群防群治队伍不得越权行使职责。

三、规范管理

社区保安队伍、治安巡防队伍、治安信息员队伍由公安机关组建管理；综治特派员队伍由各级综治办组建管理；治安志愿者队伍由团委具体组建管理；看楼护院队伍由乡镇（街道）、村（居）委会和社区组建管理。

社区保安队伍、治安巡防队伍实行统一管理、统一服装、统一培训、统一持证上岗，并制定治安巡防、值班备勤、奖惩考核等工作制度。治安巡防队员集中住宿，实行准军事化管理。

治安信息员、综治特派员、治安志愿者队伍，建立工作例会和活动制度。

看楼护院队伍建立轮值巡逻制度。

群防群治六支队伍都要建档立卡，并制定管理、考核办法。

四、强化培训

群防群治队伍的教育培训，由其管理部门负责组织。社区保安队伍、治安巡防队伍要坚持岗前培训，经培训合格的队员持证上岗。同时，每年进行一星期以上的轮训。其他四支队伍采取以会代训的形式进行教育培训。

五、保障经费

按照赣办发〔2003〕5号文件的有关规定，根据“谁受益、谁出资”和“取之于民、用之于民”的原则，采取政府出资为主、受益单位和群众出资为辅的方式，多渠道解决群防群治经费。同时，积极探索建立适应社会主义市场经济发展要求的群防群治经费保障机制，逐步推进群防群治工作市场化运作。

中共江西省委办公厅关于推广兴国县组建维护稳定信息督查队伍经验的通知

（2003年6月3日）

各市、县（市、区）委，省委各部门，省各单位党组（党委），各人民团体党组：

2001年以来，兴国县选调一批优秀后备干部组建了一支维护稳定信息督查队伍，分别派驻乡镇和县直单位，专门收集报送影响安全稳定的信息，督促基层化解矛盾纠纷，消除治安隐患，落实各项防范措施，有效维护了社会稳定，促进了全县的改革和发展。兴国县的这一做法，既不增加编制也不加重财政负担，既畅通了信息渠道又促进了基层工作的落实，既锻炼了干部又密切了干群关系，是一条新形势下维护社会稳定的新路子。兴国县的做法，得到了中央领导同志和中央政法委员会、中央社会治安综合治理委员会的充分肯定。推广兴国县的经验，对于强化维护稳定信息督查工作，探索维护稳定的长效机制，进一步夯实维护稳定的工作基础，促进社会长治久安，为实现江西在中部地区崛起营造安全稳定的社会环境，具有重要意义。

经省委同意，现将兴国县的经验在全省范围内推广。请各地结合实际，学习借鉴兴国的经验，并在维护社会稳定的工作中，创造新的经验，做出新的成绩。

织牢信息督查网络　夯实维稳工作基础

中共兴国县委　兴国县人民政府

我县是闻名全国的将军县、烈士县，也是苏区时期被毛泽东同志称为创造了“第一等工作”的模范县。在新的历史时期,我们继承发扬艰苦奋斗、开拓进取、争创一流的苏区精神,改革、发展和各项事业取得长足进步。

2001年6月,我县适应新形势下维护稳定工作的需要,组建了一支29人的维护稳定信息督查队伍,分别派驻乡镇和县直有关单位,专门从事维护稳定信息督查工作。两年来,这支队伍收集报送有关信息4100余条,督促基层化解矛盾纠纷3167起,消除安全隐患361处,防止群体性事件和治安灾害事故122起,避免民转刑案件97起,有效维护了全县社会稳定和治安秩序平稳。2002年,全县刑事案件、治安案件和群众集体上访,分别比上年下降12.3%、56.7%和43.9%;今年1至5月与去年同期比较,刑事案件、治安案件和群众集体上访又分别下降12.2%、10%和23.1%。社会治安综合治理工作连续两年被评为全市先进单位,铁路护路联防和"严打"整治工作受到中央综治委表彰。

稳定的社会环境和良好的治安秩序,保障了改革、发展的顺利推进。2002年,全县GDP同比增长15.8%,财政收入同比增长20.3%,农民人均收入同比增长5.1%。这两年,先后引进外商投资项目515个,实际到位资金17.76亿元。城市建设累计投资7.6亿元,城市面积由原来的5平方公里,扩大到现在的20平方公里,城市人口达13万余人,翻了一番。今年以来,全县改革、发展继续保持了强劲势头。

一、审时度势,举一反三,下决心解决"神不知、鬼不觉"问题

九十年代末期,随着深化改革过程中各种利益关系的进一步调整,我县在维护社会稳定方面出现许多新情况、新问题,比较突出的是"四个增多",即:矛盾纠纷增多,集体上访增多,治安问题增多,安全隐患增多。特别是1998年至2000年,先后有6个乡镇"神不知、鬼不觉"地发生了较大群体性事件,不仅牵扯了县委、县政府领导的大量精力,而且在一定程度上影响了当地社会稳定,制约了当地改革、发展。

面对严峻的形势,县委、县政府主要领导反复思考这样一个问题:如何解决"神不知、鬼不觉"的问题,切实把影响稳定的问题化解在基层、消除在萌芽状态,把握维护稳定工作的主动权?为破解这道难题,县委、县政府主要领导带领工作组,深入重点乡镇、重点单位调查研究,寻找答案。随后,县委召开党政领导班子成员会议,听取调查情况汇报,认真剖析6起群体性事件的成因,冷静反思工作上的问题,并举一反三,总结了四条教训:一是信息不灵。县委、县政府对基层不稳定因素不明了,许多问题发生后才知道,有的问题甚至发生了也不知情。二是信息梗阻。有些已经暴露的问题,基层瞒着、压着不报,等到小事闹大捂不住了再报,错失处置的最佳时机。三是信息失真。许多问题的发生都有先兆,而基层往往看不到问题的潜在严重性,将重大隐患当作一般情况报送,失真的信息误导领导决策,以致一些问题在初始阶段得不到解决。四是督查乏力。县委、县政府有关维护稳定的决策、指示贯彻不下去,维护稳定的工作措施在基层不落实,导致一些可以避免的问题一再发生。

找出问题的症结后,县委、县政府主要领导痛定思痛,下决心解决"神不知、鬼不觉"的问题。县委书记赖联明提议,选拔一批优秀后备干部,组建维护稳定信息督查队伍,按照异地交叉使用原则,派驻各乡镇和县直重点单位,专门收集报送维护稳定的有关信息,代表县委、县政府督促基层落实维护稳定各项措施。县委常委会议一致赞同这一提议,并就组建维护稳定信息督查队伍的有关问题作出了决定。根据县委决定,县委政法委会同县委组织部共同考察,选拔了29名优秀后备干部,组建了全县维护稳定信息督查队伍,这支队伍于2001年6月到位开展工作。

二、规范运作,强化管理,健全维护稳定信息督查工作机制

县委、县政府专门下发文件,明确规定了维护稳定信息督查队伍组织领导、运作方式、管理监督、职责权利、教育培训及保障措施。通过两年的运作,基本形成了一套比较规范的工作机制。

(一)组织领导。维护稳定信息督查队伍受命于县委、县政府,工作直接对县委、县政府负责。为加强对这支队伍的组织领导,县委决定在县委政法委设立维护稳定信息督查办公室,由县委政法委领导和县委督查办领导兼任办公室主任、副主任。将乡镇和县直单位划分为5个片区,每个片区设立一个督查组,分别由县委政法委及县公、检、法、司机关一名副职任组长。

（二）管理监督。维护稳定信息督查员的编制和党组织、行政、工资关系划归县委政法委统一管理，并由县委政法委派驻乡镇和县直单位工作，每年轮岗一次，接受县委政法委和驻地党组织的监督。信息督查员吃住在派出所或乡镇政府，每月在岗工作不少于22天，每星期一、三向县维护稳定督查办报岗一次，县维护稳定督查办每星期二、四查岗一次。县委政法委会同县委组织部每年对信息督查员进行一次考核，重点考核政绩，对政绩突出的，给予表彰奖励，并优先提拔使用。两年来，先后有8名信息督查员得到提拔重用，走上了领导岗位。

（三）职权范围。县委规定，维护稳定信息督查员主要担负收集报送维护稳定有关信息，督促驻地落实维护稳定工作措施的职责。同时，行使以下权力：(1)独立调查权。对社会不稳定因素所涉及到的地、人、事、物进行独立调查，并提出整改意见。(2)直接反映权。对所驻乡镇、县直单位存在的不稳定因素，有权向县委、县政府直接反映。(3)督促检查权。对乡镇、县直单位维护稳定工作进行督办，对存在问题的单位跟踪督促检查。(4)处罚建议权。对发生影响稳定事件的乡镇和县直单位，向县综治委提出限期整改、黄牌警告或一票否决的建议。

（四）运作方式。信息督查员每半个月向县委办、县政府办和县委政法委书面报告一次工作情况。重大情况随时直接向县委、县政府主要领导或分管领导报告。对存在隐患的乡镇、县直单位，由县委办牵头，以县委办、县政府办名义下发整改通知书，限期整改，整改情况以书面形式报告。

（五）教育培训。县委政法委每月召集一次维护稳定信息督查员会议，采取以会代训形式，组织学习政治理论和业务知识，传达上级指示精神，部署有关工作，交流工作经验等。同时，每年举办一次集中培训，还选派部门信息督查员到省、市有关院校深造，着力提高其政治、业务素质。

（六）保障措施。维护稳定信息督查员的工资、补贴、下乡费、交通费、通讯费实行月包干制，由县财政拨至县委政法委统一发放；享受综治干部岗位津贴，享受所驻乡镇、县直单位党政领导同等标准的福利待遇，享受副科级政治生活待遇，列席乡镇党政班子会议。维护稳定信息督查队伍人均公用经费，按照政法部门人均标准，由县财政拨付县委政法委。

三、扎根基层，夯实基础，提高维护稳定信息督查工作水平

维护稳定信息督查员常年驻在基层，从强化基础工作入手，充分依靠基层组织和广大人民群众，及时排查和着力化解不安定因素，把维护稳定工作建立在深厚的群众基础之上，不断提高信息督查水平。

（一）拓宽信息渠道。一是定期排查。按照县委、县政府的要求，会同基层党政组织每半月排查一次不安定因素，对排查出来的问题分类排队，并建立工作台帐。二是实地走访。维护稳定信息督查员常年累月走村串户，与人民群众同吃、同住、同劳动，广交深交朋友，及时听取群众的呼声，掌握民情，了解民意，从中获取信息。三是定点联系。将以往发生问题较多的重点乡镇和重点单位列为联系点，聘请联络员，随时收集信息。据统计，全县信息督查员在基层单位设立联系点79个，聘请联络员391名，形成了上下贯通、纵横交错的信息网络。四是物色“耳目”。借鉴公安机关设立特情“耳目”的做法，在基层信息灵通的人员中设立了379名“耳目”，通过这些人员获取较深层次的信息。五是启用“五老”。充分发挥老红军、老党员、老干部、老教师、老职工的作用，聘请他们为义务信息员。两年来，“五老”提供的信息达437条，根据这些信息消除了一批不安全隐患。去年3月，一些老教师向信息督查员反映，中小学危房问题不解决，很可能导致群死群伤事故发生。信息督查员将老教师们的意见反映到县里后，县委、县政府立即组织全县信息督查员会同教育、城建部门，对全县各类学校危房进行了一次全面调查，共排查出各类安全隐患316个，其中，学校危房问题196个，查明各类危房面积达27519平方米。去年4月，县乡两级财政共筹集资金546.7万元，对所有学校危房进行改建。现在，全县中小学校均无危房。

（二）迅速传递信息。维护稳定信息督查员对获取的各种信息，采取不同方式迅速报送。一是现场直报。发现紧急情况，当即在现场用电话报告县委、县政府主要领导，减少中间环节，确保上级在第一时间作出处置决策。2001年7月,社富乡双龙村在征收乡统筹款过程中,乡村干部方法简单,作风粗暴,引起群众不满,很可能引发闹事风波。县委领导接到信息督查员的现场报告后,当即组成专门工作组赶往事发地,纠正乡村干部的错误做法,理顺群众情绪,及时消除了干群对立情绪,将一场可能发生的群体性事件解决在萌芽状态。二是要情专报。对带有倾向性、苗头性的问题,作为重要情况及时专报。2002年7月,我县连降暴雨,县直单位一名信息督查员发现县城红月亮舞厅墙面已经湿透,房屋正在倾斜,很可能发生坍蹋事故。于是,立即向县委、县政府递交了要情报告,根据县委领导指示,县有关职能部门赶赴现场察看后,责令业主立即关闭舞厅,就在停业的第二天晚上,这个舞厅就倒蹋了。三是综合汇报。县里每月召开一次信息督查员工作例会,县委主要领导亲自到场听取汇报。对汇报中反映的不安定因素,由县委维护稳定督查办分类梳理,提出解决意见,明确化解责任,并由县委领导批转有关部门执行。去年,农村税费改革开始后,全县29名信息督查员深入到125个行政村,625个村民小组、3125个农户中,听取基层和农民群众的反映,收集了130个涉及农民利益的问题,并分类综合向县委、县政府报告。针对信息督查员反映的问题,县委、县政府逐一研究措施,并责成有关部门限期解决,确保了这项改革的顺利推进,维护了广大农民的利益。通过税费改革,农民减负率达43.7%,人均减负37.6元,农民群众比较满意,无一人到县里上访,没有引发任何事端。

(三)加大督查力度。主要采取了三种手段:一是对基层自身能够解决的问题,督促其自行限期整改。诸如强收“灶头费”、摊派屠宰税等因乡镇出台土政策引发的问题,信息督查员发现后,立即向乡镇领导通报,并督促其限期整改。两年来,发现这类问题117个,其中109个得到解决,仅此举就减轻群众负担430多万元。二是对属于县里有关职能部门解决的问题,建议县委、县政府出面督促解决。去年有段时间,一些中小学乱收费,有的行政执法部门滥罚款,引起群众不满。信息督查员及时报送了这一情况,县委、县政府领导高度重视,立即责成有关部门整改,很快解决了这类问题。三是对存在重大隐患而不采取措施改进的单位,建议县综治委发出抄告单,并跟踪督促整改,不解决问题不撒手。2002年上半年,县委、县政府明确指示关闭所有的小煤窑,有的乡镇考虑眼前利益问题,未采取实际措施。信息督查员及时将这一情况报告县里,并根据县委、县政府主要领导的指示,会同县安全生产监督部门逐个小煤窑进进检查,蹲在现场跟踪督促,全县所有小煤窑均在规定期限内关闭,并未出现死灰复燃现象,从源头上防范了安全事故发生。

大力推进治安防范工程　构建严密治安防控体系

中共南昌市委　南昌市人民政府

近年来,我市把综治工作重心转到治安防范上,大力推进“五控、四进、三整合、两保障”工程,构建严密的社会治安防控体系,为南昌在全省率先崛起创造了良好治安环境。去年以来,全市刑事发案下降,没有发生重大影响大的恶性刑事案件,没有发生重大群死群伤治安灾害事故,没有发生重大群体性事件。据市统计局最近测评,群众对社会治安满意和基本满意率达96.2%。

一、严密“五控”,构建治安防控网络

(一)面上防控。主要是控制好“三块”:以社区居委会为龙头、以社区民警、巡防保安队伍为主力,以治保调解队伍、看楼护楼队伍为辅助,组织治安巡逻,加强居民区的治安管控。以单位内保力量为主,公安民警、群防群治队伍相配合,加强单位内部特别是重点部位的治安管控。一年来，全市内部单位没有发生重大刑事案件和治安灾害事故，有2600个多单位被评为安全单位。加强公共复杂场所的治安管控，以城乡结合部治安复杂场所为重点，组织高频率的巡逻，强化阵地控制，提高了发现、控制、打击犯罪的能力。

（二）卡点堵控。针对城市区块布局，由市中心梯次向外构筑了三道关卡：在市内交通要道，设置了25个重大警情预备卡点；在出城口，设立了11个治安查报站；在周边四县国道、省道旁设立了5个治安（交通）巡逻执勤点。各县、区也根据辖区治安实际设置了280个治安卡口或查报站。各关卡都配备了6—8名警力和一辆桑塔纳警车、电子监控等全套设备，实行24小时全天候运作。

（三）线路巡控。根据城市道路布局，构建了三级线路巡防体系：交警由单一抓交通转向与抓治安相结合，负责市内9条主干道和街面6:00至22:00的治安防控，加强责任路段防范控制；巡警和专职群防群治队伍负责市内次干道和9条主干道其他时段的治安防控，并组织8支摩托车巡逻队，在市内次干道开展巡逻；基层派出所会同巡防员、保安员、治安志愿者等力量，加强对辖区其他重要路段的巡防，与交、巡警衔接。全市所有道路路路有警，时时设防。通过道路巡防，抓获现行犯罪嫌疑人512名，城区街面发案同比下降了11.5%。

（四）科技监控。全市主要交通要道、治安查报站、重大警情预备卡点、治安（交通）巡逻执勤点建立了图像监控系统。指导、督促内部单位在财务室、仓库、保密室等重要部位安装必要的技术防范设施，所有金融单位安装固定目标联网报警系统。积极开展"技防一条街"、"技防厂区"、技防居民小区"等创安活动，全市重点单位技防覆盖面达82%。

（五）动态布控。着眼快速反应，重点健全了三大机制：一是以公安指挥中心为纽带，建立统一指挥、分级负责的指挥调度机制，赋予指挥长先期调度权，完善了统一报警、分头出警、集中处警的运行制度。二是依托治安预备卡点、查报站、执勤点，构筑应急查堵机制，一旦发生重大案（事）件，可同时在三道防线上部署交警、巡警、特警和武警把守，5分钟内关闭出入南昌的门户。三是各警种互为补充、互相策应的警种联动机制，通过进一步明确交警、巡警等警种在同一防控责任区范围内的职责任务，实现了全警联动。

二、推行"四进"，夯实治安防控基础

（一）综治进社区。在社区统一设置"四室"（警务室、综治工作室、法律事务室、宣教活动室），实行一区一警或多警配置（共配民警1086人），建立"二会"（治保会、调委会），"七队"（治安巡逻队、综治特派员队、社区保安队、治安信息队、看楼护院队、志愿者巡防队、义务消防队），规范了工作职责、任务，完善了工作台帐、制度，建立了工作激励机制。目前，全市已建成像上营坊这样的市级安全社区36个，区县级安全社区185个，并由此带动建成安全小区527个，安全街巷31条，安全公路8条，安全边际长廊7条，覆盖率达78%。

（二）综治进企业。根据企业对安全稳定的内在需求，在企业建起综治网络，建立治安保卫队伍，加强人防物防技防，落实安全保卫责任，使之看好自己的门，管好自己的人，办好自己的事，把社会治安"谁主管谁负责"的原则落实到企业。江铃汽车集团公司建立了"110"快速反应机制，组建了内部安全保卫、流动人口协管、治安信息员、青年志愿者、看楼护院、调解帮教、义务巡逻等9支队伍，共500余人，投入近千万元用于物防技物，推进防控体系建设。一年来，全市企业没有发生重大治安灾害事故和特大安全生产事故，盗窃等可防性案件明显下降。

（三）综治进校园。推广华东交通大学经验，在全市40所公办、民办高校中创建了"以校园110为平台，以群防群治队伍为骨干，以三道防线为重点，以校地共建为基础"的校园治安防控体系。目前，我们正在把这一做法引入条件较好的中专、中学校园，南昌二中先行试点已取得了阶段性成效。自开展综治工作进校园活动以来，驻市各高校没有发生影响稳定的事件，没有发生重大事故，没有发生重大刑事案件，有效地维护了高校的治安稳定。

（四）综治进村庄。在村委会设立综治室，组建了5—7人的治安巡逻督查队和村民义务巡逻队，健全了调委会和治保会。在村民小组设立民事纠纷义务调解小组。以党员为中心户，一名党员组织10—15户村民，建立一个党员综治责任区。党员负责责任区村民的法制教育，治安防范等工作。推行警务进村。按照“大村一警”，中、小村“多村一警”的原则，实行民警进村开展警务活动。积极开展“安全村”和安全边际长廊活动。

三、实施“三整合”，壮大治安防控力量

（一）整合综治力量。市委、市政府明确规定，市综治办定编10人，县区综治办定编5人以上，乡镇、街道综治办定编3人以上。各乡镇、街道配齐配强了专抓综治工作的副书记；村（居）会一级均配备了1名专抓综治工作的副职；全市各系统（含中央、省驻市单位）综治办均有1名专职人员和2—3名兼职人员。今年初，市委、市政府又专门行文，规范了各级综治办的机构规格、人员编制、领导职数和职责任务，并就健全相关制度、加强人员培训，改善办公设施、保障工作经费等提出了明确要求。

（二）整合公安力量。精简机关警力，压缩基层非实战警力，市、县（区）局机关按现有编制数10%的比例选调民警下到基层派出所，基层科所队除治安、刑侦大队、派出所留1至2名内勤外，其余单位一律取消内勤岗位。今年新录用的79名民警全部充实基层派出所和刑侦队。基层科、所、队长岗位全部前移，接替民警坐堂接待群众，兼负内勤岗位职责，或直接管理一个社区，腾出警力充实一线。充分发挥特警、巡警作用，加强夜间治安巡逻力量。通过警力整合和内部挖潜，市区一线实战警力比过去增加了40%。

（三）整合社会力量。由财政全额出资，从下岗职工、退伍军人中招聘了1500名治安巡防员，由公安机关负责管理使用，经培训后分配到各派出所，在民警带领下开展治安巡逻。巡防队自去年组建以来，协助公安机关抓获犯罪嫌疑人554名，带破刑事案件426起。对由市公安局管理的1500余人和社会自行聘请的3500人的保安队伍，进行了清理整顿，实行了统一管理、统一着装、统一培训、统一持证上岗。全市金融单位现钞押运和公共娱乐场所的保安人员全部由市保安总公司统一派出。仅今年3—7月，保安队伍提供破案线索就有120余条，抓获现行犯罪嫌疑人48名。以乡镇、街道、居委会为单位组织本辖区党员、干部、离退休人员和治安积极分子、低保人员等开展社区治安义务巡逻，这支队伍共计13.7万人。各企事业单位内部和居民住宅区结合各自的实际，组建了近8万人的护厂、护校、护院、护库等队伍，负责内部治安防范。由县区综治委物色聘用了307名政治素质高、责任心强、工作经验丰富的离退休政法干警和法律工作者，委派到乡镇、街道、社区协助指导抓综综治工作。从农村各村民小组和城区各居委会物建了20300名治安信息员。

四、强化“两保障”，确保治安防控落实

（一）强化组织保障。市委、市政府把治安防控体系建设作为一把手工程来抓，成立了由市委书记任组长的专门工作领导小组。今年，市委就加强社会治安综合治理连续发了5个文件，对综治工作进行高密度、高强度、全方位的部署。对社区综治室办公用房、治安卡点建设等难题，各级党政主要领导亲临现场解决。市委、市政府下发了综治工作责任书，把可防性案件发案，抓获现行数、提供破案线索数、重新违法犯罪率、群众安全感等作为主要指标，以此评估各级治安防控工作的实绩，对防控措施不到位、综治工作不落实导致发生治安和不稳定问题的，实行责任查究，视情况给予通报批评、限期整改、黄牌警告，直至一票否决。

（二）强化经费保障。市政府把社会治安防控体系建设经费纳入了全市经济和社会发展的总体计划，列入了财政预算。综治专项工作经费，市、县、区按辖区总人口人均0.1元、0.15元、0.25元标准由财政拨付。一年来，市财政用于信息通信、车辆、防暴装备和治安卡点办公用房建设经费1800万元，市区两级财政用于专职巡防员的开支1080万元，区财政用于社区警务室、综治工作室等办公用房经费2000万余元。政法战线经费增幅超过30%，高于财政增收幅度。同时，按照“谁受益谁出资”的原则，企事业单位和居民个人的人防、物防、技防费用由单位和个人自筹。对开放型社区的防范设施建设，采取财政拨一点，受益单位出一点，居民拿一点，劳务收入集一点的办法解决。

2003年江西省综治委、综治办主任、副主任名单

省综治委主任：彭宏松　省委副书记

副主任：舒晓琴　省委常委、政法委书记

蔡安季　副省长、省委政法委副书记、省公安厅厅长

康为民　省高级人民法院院长

丁鑫发　省人民检察院检察长

荣宪国　省委政法委副书记

省综治办主任：荣宪国　省委政法委副书记

省综治办专职副主任：张传发

（撰稿：陆军　张鹤翔　梁启友　黄冬生
审稿：荣宪国　张传发　于厚森）

山东省

“严打”整治斗争情况

全省政法各部门在省委、省政府的正确领导下，按照中央和省里的部署，认真总结两年“严打”整治斗争的经验，积极探索建立贯彻“严打”方针的经常性工作机制，适时组织开展集中打击和专项行动，始终保持了对严重刑事犯罪的高压态势，确保了全省社会治安局势的持续稳定。

一、继续深入开展“严打”斗争

坚持“严打”方针不动摇，重点打击爆炸、杀人、绑架等严重暴力犯罪，黑恶势力犯罪，盗窃、抢夺、抢劫等侵财性犯罪。年内，全省公安机关共破获各类刑事案件17.75万起，查获违法犯罪人员11.07万人，批捕34622人，判处犯罪分子40507人；刑事立案与上年基本持平，可防性案件下降，其中，入室盗窃案件下降3.9%，发生在机关、企事业单位、居民住宅等场所的盗窃、抢夺、抢劫案件下降2.3%。全省共打掉黑恶犯罪团伙791个，抓获犯罪团伙成员3828名。

二、适时开展专项打击

根据治安形势的变化，适时开展专项的、局部的“严打”集中统一行动和专项斗争，始终保持强大的斗争声势。在济南召开全省“严打”斗争集中行动电视电话会议，部署在全省范围内开展为期一个月的“严打”斗争集中行动。重点打击有组织犯罪、带黑社会性质的团伙犯罪、流氓恶势力犯罪和各类霸头；爆炸、杀人、绑架等严重暴力犯罪，以及投毒、纵火等严重危害公共安全的犯罪；抢劫、抢夺、盗窃等严重影响群众安全感的多发性犯罪；流窜犯罪、街头犯罪和各类重大在逃人员。8月，按照国家禁毒和公安部的统一部署，开展了禁种铲毒、打击跨区域贩毒和苯丙胺类毒品犯罪专项行动。共破获涉毒案件1325起，抓获各类涉毒犯罪嫌疑人1025名，缴获了一批毒品。同月，省公安厅在全省范围内组织开展了打击盗窃大牲畜、农机具等违法犯罪专项行动，共破获涉农案件1270余起，打击处理各类违法犯罪嫌疑人920余人，打掉盗窃犯罪团伙115个，为群众挽回经济损失340余万元，整治治安混乱村庄2100余个。9月至12月，组织开展了打击盗窃破坏电力设备、窃电犯罪专项行动，共破获盗窃破坏电力设备、窃

电犯罪案件1288起，抓获作案成员514名；抓获网上涉电在逃犯罪嫌疑人28名。

三、不断加大集中整治工作的力度

在强化打击措施的同时，各地根据省综治委统一部署，先后开展了治安混乱地区和突出治安问题、油区治安、校园秩序、企业周边治安秩序、娱乐服务业等多方面的专项整治活动。全省共组织工作组460多个，对536个治安混乱村居和部位进行了重点整治，取得明显效果。2月14日，省综治委召开全省集中整治医疗机构及周边治安秩序电视电话会议，省委常委、省委政法委书记、省综治委主任高新亭同志对集中整治医疗机构及周边治安秩序工作进行了全面部署，要求有关部门和单位要密切配合，把医疗机构及周边各类商业经营摊点混乱的问题，医院诊疗部位人员相对拥挤、治安案件易发部位安全措施不力的问题，诈骗病人财物的问题，因医患纠纷引发的打、砸、抢的问题，作为重点来抓，集中人力、精力，采取切实措施，限期解决问题。为搞好这次集中整治工作，省里专门建立了联席会议制度，由省综治委牵头，省委宣传部、省法院、省检察院、省公安厅、司法厅、文化厅、卫生厅、建设厅、交通厅、环保局、广电局、省工商局、新闻出版局、药监局等部门负责同志参加，联席会议办公室设在卫生厅。各市都成立了相应的机构，加强组织领导，确保集中整治活动顺利进行。通过集中整治，全省医疗机构及周边环境有了明显改观，广大患者和医务工作人员的人身、财产安全得到了有力的保障，有效地遏制了医疗机构及周边重大刑事、治安案件的发生，推动了全省医疗事业的健康发展。

社会治安管理和防范工作情况

一、大力加强公安基层基础工作

全省各级公安机关采取有力措施，认真贯彻落实公安部“7·31”会议精神，狠抓派出所工作三年规划的落实。年底，通过派出所等级评定，全省共有33个派出所被公安部评为一级派出所，居全国首位，有295个派出所被评为二级派出所；有600多个派出所基本达到公安部规定的装备配备标准，“五小工程”覆盖率达到67.3%。全省共建综合警务厅1816个，比去年增加605个，治安案件公开调处室2165个，比上年增加147个，新建和改建留置室2152个，其中有988个留置室达到规范化建设标准。全省3182个社区开展了社区警务，占78.2%，建立社区警务室2833个，其中2021个社区按规定配备了社区民警，占63.2%。

二、积极加强和改进治安管理工作

一是采取有效措施，规范、改进和加强公共复杂场所治安管理检查和案件查处工作，明确由各级治安管理部门和派出所归口管理，避免多警种重复检查。二是取消了娱乐场所经营单位、生产性废旧金属收购企业设立等18项治安审批，下放了技防施工单位三级、临时资质审批权，兑现提速承诺，提高工作效率。三是全面加强旅馆业治安管理信息系统建设，纳入管理的旅馆占总数的49.9%。四是提请省政府办公厅转发了《关于在全省推广应用印章治安管理信息系统的意见》，至年底，已有三个市完成了印章治安管理信息系统建设工作，采集印章信息数据并刻制公章26000余枚。五是年内多次组织了对涉枪涉爆单位安全大检查，及时发现并督促整改安全隐患。共收缴流散在社会上的枪支2069枝、子弹2万3千余发、炸药2094公斤、雷管6万5千余枚、烟花265万余个、爆竹2835万余头。对全省收缴的3910公斤毒鼠强、氰化物等剧毒危险物品进行了集中销毁。六是严厉打击黄赌毒等违法犯罪活动，适时组织专项整治行动，加强明查暗访，查处卖淫嫖娼案件9383起，赌博案件8445起。

三、依法清理、规范保安服务市场

在全省组织开展了为期5个月的清理非法保安组织、规范保安服务市场专项行动，共查处非法保安组织306家、非法保安人员2789人；清理内部保安组织2217家、9987人；查处非法保安培训机构15家、清理非法培训保安人员1871人；查处违法生产、销售保安服装厂家(商店)40家,收缴保安制服1968套、保安标志1487件、警用器械1374件。

四、大力推进治安防控工作

一是省公安厅按照治安防控工作社会化、市场化、科技化、规范化的要求,制定了《山东省公安机关治安防控工作指导规范》。全省17个市全部建立并落实了"五四三"巡防机制,通过巡逻抓获各类违法犯罪人员21000余名,建立治安岗亭、治安工作站、堵截点3248处,比上年增加502处。二是稳步推行户访制、治安防范承包责任制和治安形势发布制度,全省实行户访制的派出所达1174个,推行农村治安防范承包责任制的县(市)101个,开展治安形势发布的派出所1262个。三是积极探索新形势下开展群防群治工作的新途径。发展社区治安志愿者33756名,社区保安12000余名,创建安全社区2786个。四是组织开展了治保联防整训工作,辞退不称职队员1800余名。

矛盾纠纷排查调处工作情况

2003年,全省各级党委、政府和综治委,认真贯彻落实中央的部署要求,深入开展矛盾纠纷排查调处工作,取得明显成效。截止12月底,全省共排查出各类矛盾纠纷112840起(其中重点矛盾纠纷19618起),调处105166起,调处成功率达93.2%;防止自杀事件1081起1460人,民转刑案件2495起4924人;避免集体上访1993件31946人,群体性械斗1244起。全省信访总量大幅度下降,其中,到各级党政机关上访起数和人数分别下降42%和46.3%。重大会议、重要节日和"非典"期间,均未发生重大问题,维护了全省的社会政治稳定。

一、强化考核,领导责任到位

各级党委、政府都把化解矛盾纠纷作为维护社会稳定的重要措施,党政主要领导负总责,定期听取情况汇报、分析形势、研究解决矛盾纠纷的措施;对重大矛盾纠纷隐患亲自过问,靠上做工作,并深入基层检查指导,及时解决工作中的实际问题。多数市、县(市、区)及乡镇(街道)办事处把矛盾纠纷排查调处工作,纳入了年度检查考核的重要内容,实行了领导分片包干和包案责任制,强化考核监督,一级抓一级,一级对一级负责,保证了矛盾纠纷排查调处工作各项措施的真正落实。

二、落实制度,排查工作到位

各级、各部门按照"属地管理"和"谁主管谁负责"的原则,从本地实际出发,由党委、政府统一领导,综治委(办)组织协调,有关部门共同参与,坚持自下而上层层排查、突出重点集中排查、抓住苗头超前排查。村(居)每周、乡镇(街道办事处)每半月、县(市、区)每月排查一次,市每季度调度一次情况,省每季度进行一次情况汇总。各级坚持从最基层单位入手,县(市、区)不漏乡镇(街道),乡镇(街道)不漏村(居),企业不漏车间,单位不漏人,从源头上摸清底数,掌握真实情况,增加了工作的针对性。

三、突出重点,加大调处力度

各地坚持工作重心下移,在工作时段上,突出重点活动、重要会议、重要节日及敏感时段;在内容上,把可能引发群体性事件、突发事件和集体上访等重大矛盾纠纷作为重中之重,紧紧抓住不放,竭尽全力做好调处工作。全年,各地围绕重要时段和突出问题开展了4次集中排查调处活动,特别是全国、全省"两会"期间,省、市、县专门召开会议,下发通知,提出要求,对排查出的重大矛盾纠纷,明确部门单位的分工,实行逐级挂牌督办;一般矛盾纠纷,分级负责,归口办理,把不安定因素解决在当地、化解在基层。

四、标本兼治,防治措施到位

各地按照"关口前移,预防为主"和"标本兼治,重在治本"的原则,坚持预防和调处并重,强化超前防范,把矛盾排查调处工作与法制宣传教育、转变干部作风、民主法制建设、司法为民活动、基层安全创建活动和建设"平安山东"相结合,不断健全矛盾纠纷信息预警机制和防范机制,立足抓小、抓早、抓苗头，做到情况早知道，工作早到位，问题早解决，从源头上预防矛盾纠纷的发生。各地定期开展“五长”和有关部门联合接访、组织干部下乡访千家走万户等活动，认真解决群众关注的热点难点问题，收到了十分明显的效果。

五、人民调解、司法调解工作取得新进展

全年，省、市、县三级司法行政机关共开展民间矛盾纠纷排查2430次；全省人民调解组织共调解各类民间纠纷28.7万件，调解成功率达96%。有100名同志被授予“山东省人民调解工作先进个人”称号，有500名调解委员会主任被授予“山东省优秀人民调解员”称号，有200个人民调解委员会被评为“山东省优秀人民调解委员会”。

社会治安综合治理基层基础建设情况

为了认真贯彻落实省委关于重心下移、强化基层，落实责任，维护稳定的指示精神，7月4日，省委、省政府转发了《山东省社会治安综合治理委员会关于重心下移，强化基层，落实责任，为加快发展营造和谐稳定社会环境的意见》(鲁发〔2003〕13号文件)。10月2日，省委书记、省人大常委会主任张高丽在省委常委会上指出：社会治安综合治理工作要坚持重心下移，抓基层、抓基础、抓队伍，超前工作，防患于未然。10月23日，省委、省政府在莱州市召开全省社会治安综合治理工作会议。会议传达学习中央综治委在江西南昌召开的全国社会治安综合治理工作会议精神，总结交流了各地工作重心下移、强化基层、落实责任、维护稳定的经验，分析了当前治安形势，进一步研究部署加强基层基础工作的任务和措施。

各级各部门按照省委、省政府的总体部署和省综治委《关于重心下移，强化基层，落实责任，为加快发展营造和谐稳定社会环境的意见》，围绕领导、力量、措施、责任“四个下移”，制定出台了一系列具体措施，做了大量卓有成效的工作。一是针对农村有些地方基层党组织不健全，村委班子软弱涣散的状况，结合“三个代表”学习教育、治安整治和村委会换届选举，狠抓了以党支部为核心的基层组织建设。先后整顿农村“两委”班子3500多个，充实调整“两委”干部5000多人；选派党政机关干部2000多人到农村任职，增强了基层党组织的战斗力、凝聚力。二是重点抓了乡镇、街道综治办和派出所、法庭、司法所等基层政法组织建设。12月12日，省综治委会同省机构编制委员会办公室下发了《关于转发中央社会治安综合治理委员会、中央机构编制委员会办公室〈关于加强乡镇、街道社会治安综合治理基层组织建设的若干意见〉的通知》(鲁综治〔2003〕23号文件)，从山东实际出发，对加强基层社会治安综合治理组织建设提出了具体要求。目前，全省所有乡镇级单位综治机构健全，全部配备了专抓综治工作的副书记，下设办公室，并配有2-3名工作人员。政法各部门坚持警力下沉，向科、所、队、庭充实和倾斜。全省公安派出所均在3人以上，普遍设立了警务区。在村、社区一级，实现了“一居一区一警”。三是，加强和完善群防群治组织。在城市，建立健全了“五支队伍”，即专职治安联防队伍、街道治安巡逻队伍、联户联防队伍、内部单位保卫队伍和治安信息员队伍。在农村，90%以上的乡镇组建了专职治安联防队，村庄健全了治保、调解、巡逻、帮教、普法“五位一体”综治办。广泛开展了联户联防，值班巡逻和党员联户等活动。全省群防群治队伍达100多万人。四是先后举办了8期培训班，对全省6361名县乡基层综治干部进行了培训。培训村居治保、调解主任等群防群治工作人员2万多人，使基层政法综治干部的素质有了较大提高。

预防青少年违法犯罪工作情况

一、完善工作机构，推动“青少年违法犯罪社区预防计划”的实施

为进一步加强对预防青少年违法犯罪工作的组织领导，省综治委积极协调有关部门，于 2003 年 5 月对预防青少年违法犯罪工作领导小组进行了调整。截止年底，已有 13 个市成立了相应的预防青少年违法犯罪工作领导机构，初步形成了由各级综治机构牵头，各成员单位协同配合、齐抓共管的工作网络。在此基础上，省预防青少年违法犯罪领导小组制定下发了《关于实施“青少年违法犯罪预防计划”的意见》，要求全省各级预防青少年违法犯罪工作机构广泛动员社会力量，整合社区资源，以未成年人为重点，着力做好社区青少年预防违法犯罪工作，努力在社区形成人人重视、人人参与、群防群治的良好局面。3 月，全国预防青少年违法犯罪检查组到山东省进行检查指导，对山东省深化实施“青少年违法犯罪社区预防计划”的做法给予充分肯定。

二、加强青少年法制教育，提高预防青少年违法犯罪工作的实效性

一是加强青少年思想政治教育。全省各级预防青少年违法犯罪工作机构按照党中央“要把青少年思想政治工作放在突出位置来抓”的指示精神，广泛开展了形式新颖、内容丰富的青少年理想信念教育活动，引导和帮助青少年形成积极向上的人生观、价值观和健康的人格品质，使青少年思想政治工作保持了鲜明的时代特色和蓬勃生机。二是大力开展创建社区青少年法律学校活动。截止年底，全省已建立社区青少年法律学校 400 多所，培训青少年 40 多万人次。有 3 所学校被全国预防办确定为重点联系法律学校，并统一为其配备了教学器材和设备。三是各地通过以案说法、知识竞赛、演讲比赛、普法漫画等多种形式开展了宣传教育活动。济南、青岛、烟台、枣庄等市举办了“送法律进校园、到社区、见报端”等活动；德州、东营、泰安等市组织改造较好的在押少年犯到学校现身说法；山东电视台社教部以漫画形式制作了诠释《预防青少年犯罪法》的专题节目；胜利油田团委以治安防范、紧急避险为主题，组织开展了“阳光自护营”活动。

三、加大整治力度，营造有利于青少年健康成长的社会环境

一是深化优秀“青少年维权岗”创建工作。7 月，省综治办、团省委等部门联合命名表彰了第三批省级优秀“青少年维权岗”，将创建范围扩大到 14 个系统，制定出台了公、检、法、司《优秀“青少年维权岗”职责、考核标准及奖励办法》，进一步完善了优秀“青少年维权岗”的申报、考核、诫免、摘牌机制。12 月，省综治办、团省委组成联合检查组，对 9 个系统“青少年维权岗”单位进行了抽查，进一步加强了对优秀“青少年维权岗”的动态管理。二是组织开展“社区青少年远离毒品”行动。6 月 26 日，团省委、公安厅、教育厅在济南市举行了禁毒宣传教育集中活动，在活动现场为首批全国禁毒教育示范学校、重点联系社区青少年法律示范学校授牌，并向他们赠送了禁毒药物和禁毒器材；同时，团省委联合省移动公司向全省 35 岁以下 400 万移动手机用户每人发送了一条禁毒公益短信息，呼吁广大青少年从自我做起，远离毒品。三是集中开展整治娱乐服务场所秩序、扫除丑恶现象的专项行动。省综治委“预防办”会同有关单位，以校园及校园周边非法经营的网吧、电子游戏厅、录像厅、歌舞厅以及出租屋为整治重点，在全省范围内组织开展了治安清查，严厉打击了经营“黑网吧”和非法出售“淫秽卡通画册”、不健康“口袋书”等行为，有效净化了青少年健康成长的环境，受到社会各界的欢迎和好评。

四、巩固基层基础工作，探索建立青少年违法犯罪社会化预防体系

一是建立青少年维权联动工作网络。为切实维护广大青少年的合法权益，预防和减少青少年违法犯罪，省综治办、团省委联合公、检、法、司、质监等13个单位成立了“山东省青少年维权中心”，在全省17个市开通了号码统一的“1600100”青少年维权热线电话，制作开通了山东省青少年维权网站，在全省形成了以青少年维权中心为龙头、以青少年维权热线为纽带、以优秀“青少年维权岗”和基层青少年维权站为依托的维权联动服务网络。二是落实帮教措施，促进失足青少年转化。全省以青岛市为试点，积极实施了“问题青少年帮教工程”，并以此为载体，全面深化青少年违法犯罪社区预防计划。工作中，各级“预防办”把社区中闲散青少年、“两释”青少年和问题家庭的青少年作为重点帮教对象，逐人建立帮教档案、逐人填写帮教卡、逐人建立帮教小组、逐人制定帮教措施，力求对帮教对象做到“五清”，即主要问题清、家庭情况清、主要社会关系清、经常接触人员清、现实表现清，使问题青少年得到了较好的感化和挽救。三是探索改革未成年人罪犯改造制度。省综治委“预防办”在济南、青岛两地建立了“青少年违法犯罪社区矫治义工站”（试点），将罪行轻微，改造良好的青少年罪犯带到社区进行矫治改造，积极探索建立青少年罪错的柔性处理机制，取得较好的工作成效。

铁路护路联防工作情况

一、统一思想，提高认真，建立护路联防大综治、大治安格局

全国“长沙会议”和全省工作会议后，各级铁路护路联防组织认真贯彻落实会议精神，正确分析总结十年来取得的成绩，并针对铁路治安出现的新情况、新问题、新变化，提出了“五个纳入、五个延伸”的工作思路：一是将铁路护路联防工作纳入社会治安综合治理，把护路工作向大综治格局延伸；二是将铁路护路联防工作纳入“严打”整治斗争，把护路工作向大治安管理延伸；三是将铁路护路联防工作纳入基层公安工作岗位责任目标，把护路工作向警务区延伸；四是将铁路护路联防工作纳入综合治理“创安”活动，把创建工作向铁路沿线后进村的“五位一体”综合整治延伸；五是将铁路护路联防工作纳入铁路沿线单位和铁路部门的日常工作，把护路工作由外向内延伸。

二、坚持“严打”整治，为铁路运输提供良好的治安环境

各地坚持把中央和省里的总体部署同本地的的具体情况相结合，从实际出发，确定本区域的打击、整治重点。全年共破获涉及铁路刑事案件1089起，摧毁犯罪团伙76个，追回逃犯407人，抓获犯罪嫌疑人2363人，缴获赃款赃物185万余元。护路联防组织及护路员配合接处警1322次，处置案件1108起，抓获犯罪分子1754名。收缴枪支906枝、子弹70212发、爆炸危险物品17吨、雷管5044枚，依法取缔废旧物资收购站点206家，整治治安后进村庄313个。

三、坚持预防为主，健全完善治安防范工作和情报信息网络

一是各市按照“属地管理”和“谁主管谁负责”的原则，集中精力对辖区内各县（市、区）、乡镇（街道）、单位、厂企、学校等进行全面的排查，建立社情台账，把可能引发重大矛盾纠纷的不安定因素，作为工作重点，努力把问题解决在基层。二是制定各类预案，超前防范。各级护路办、沿线公安机关、民兵组织都从本地实际出发，相继制定了《处置群体性冲击铁路的预案》、《处置爆炸事件预案》、《预洪预案》、《处置破坏地震预案》、《防火救灾预案》和《制止查处哄抢事件预案》等，做到未雨绸缪，超前预防。三是健全情报信息网络。市、沿线县（市、区）、乡镇三级综治办、护路办与铁路、公安等部门健全了安全保卫工作情况交流和信息通报制度，各护路大队、中队与车站和沿线乡镇公安派出所、村庄、学校建立起定期联系制度，在铁路沿线五华里内布置特情联系点，设置情报员，形成了上下贯通、左右衔接、反映灵敏的情报信息网络。

四、深入宣传发动，充分调动沿线群众和中小学生维护铁路治安秩序的积极性

以开展“护路联防十周年”为契机，一手抓抗击非典工作，一手抓爱路护路宣传教育，取得明显成效。一是组织广大护路人员，积极开展抗非典宣传教育活动。各地都印发了《关于做好抗击非典时期的铁路护路联防工作的通知》，成立了以综治委、护路领导小组、公安局以及有关县(市、区)、乡镇政府主要领导为成员的领导小组，加强了对抗非典工作的组织领导。二是以宣传中央两个《决定》和《铁路法》、公安部《关于严禁冲击铁路、拦截列车，维护铁路运输秩序的通告》为主要内容，以铁路沿线广大群众为宣传对象，深入开展了形式多样的爱路护路活动。省护路办编印下发了《致铁路沿线人民群众和中小学生的公开信》、《铁路护路联防知识答卷》、《宣传提纲》、宣传标语等8万余份。三是各级护路组织把爱路护路宣传教育活动与抗击“非典”斗争相结合，与创建“安全文明铁道线”活动相结合，与排查整治铁路治安重点区段相结合，与护路联防日常工作相结合，创新形式，丰富内容，增加了宣传教育活动的针对性和感染力。

五、坚持重心下移，强化护路联防基层基础建设

一是强化制度建设，夯实组织基础。省、市两级每年签订一次《铁路护路联防责任书》，并对责任制落实情况组织1～2次全面检查。各级综治委根据实际情况，整合各部门、各方面的力量，把铁路护路联防的责任层层分解量化，落实到各有关部门、单位和重点岗位，健全完善了领导责任制、部门责任制、目标管理责任制、联席会议制度、情况通报制度、检查考核制度、黄牌警告制度、重大案件责任查究制度、一票否决权制度等。二是强化队伍管理，夯实工作基础。全省各级铁路护路联防组织按照“从严治队、规范管理，建设一支高素质的铁路治安防范队伍”的要求，加强了队伍的思想作风建设，进一步提高了队伍的政治、业务素质。三是加大科技投入，提高科技护路含量。在护路房设立了报警点，安装报警电话，与公安局110报警指挥中心联网，形成快速反应机制的治安管理模式。在济宁、潍坊、泰安、德州四市和火车站内7个护路网点，进行了以“电子监控”为主要内容的科技护路工作试点，并获得成功。

六、坚持路地配合，齐抓共管，推动“安全文明铁道线”创建活动向纵深发展

各市、铁路分局综治委按照“统一规划、合理布局、完善标准、路地联手、分段创建、整体推进”的总体要求，制定创建规划，细化创建方案，确立创建目标，创新创建内容、创建方法，积极探索铁路治安联防长效工作机制，初步形成了站、车、线治安联防相结合的一体化的安全保障体系，使“安全文明铁道线”创建活动扎实有效地推进。

社会治安综合治理宣传教育工作情况

按照《2003年全省社会治安综合治理工作要点》确定的“加大宣传力度，加强正面宣传”和“为社会治安综合治理创造良好的舆论氛围”的总要求，紧紧围绕全省政法、综治工作的大局，突出抓了以下六个方面的工作：

一、加大全社会法制宣传的力度

突出抓了党的十六大、十六届三中全会和全国、全省政法、综治工作会议精神的宣传。加强了对宪法及有关重要法律的宣传，特别是围绕“三农”、发展民营经济、对外开放、民族宗教、环境污染等热点难点问题，积极配合有关部门宣传相关法律法规。省司法厅与省委宣传部、省农业厅联合下发《关于进一步加强〈农村土地承包法〉等法律法规宣传工作的通知》，与省工商局共同组织20家省直公益事业单位开展了《反不正当竞争法》知识竞赛，与省民委等部门制定在少数民族中加强法制教育的意见。

二、深入开展“严打”整治斗争的宣传

年内，省综治委、省公安厅在济南举办了一次全省“严打”整治斗争成果展览，参观人数近30万人(次)，并在中央和省级媒体刊发了有关“严打”整治的系列长篇通讯，全面宣传了全省“严打”整治的经验做法和显著成果，起到了宣传群众、震慑犯罪的良好效果。为全国“严打”整治斗争成果展览征集素材500多篇、整理上报素材68份。

三、突出典型和重要活动的宣传

重点宣传了各地坚持重心下移、强化基层基础工作的经验，开展各种形式的安全创建活动的经验，以及“全国综合治理先进集体”和见义勇为“十佳公民”的先进事迹等。紧紧围绕政法、综治工作的总体部署，及时宣传报道各地的贯彻落实情况和各级综治委、办重要会议、重大活动情况。年内，省综治委、办共组织协调和采写稿件410编。其中，在中央媒体发稿85篇(次)，省级媒体发稿321篇(次)。

四、加大对干部的法制宣传教育

重点抓了党政领导干部学法用法、健全完善领导干部学法用法制度的工作，加强了对领导干部学习法制知识考核和依法管理、依法办事能力的考核。全省共举办县以上领导干部法制讲座545次，听讲人数5.91万人(次)；举办县处级以上干部脱产轮训班268期，参训2.11万人；组织领导干部任前考法270次，参考9733人。举办科局级干部脱产轮训班594期，参训人员11.22万人(次)；举办县以上普法骨干培训班854期，参训人员11.22万人(次)。举办村“两委”法制培训班1096次，参训人员11.12万人(次)。同时，认真抓了公务员、行政执法人员、企业经营管理人员、青少年特别是在校学生的学法用法宣传、教育和培训。

五、不断强化面向基层的宣传工作。

在深化依法治村工作方面，总结推广了枣庄市“两个一工程”、潍坊市“信用守法村户”、胶州市“民主听证会”等经验。在城市社区法制宣传教育方面，大力开展了社区依法治理的宣传工作，努力提高居民法律素质和社区法治化管理水平。在对学生的法制宣传教育方面，进一步加强了依法治校宣传工作，逐步完善学校法制教育体系，构建学校、家庭、社会“三结合”的青少年学生法制教育网络，全省95%的中小学校聘请了法制副校长或法制辅导员。在对企业的法制宣传教育方面，重点围绕国有企业产权制度改革、发展民营经济、落实厂务公开制度、健全和完善企业民主管理制度、依法经营、依法管理和切实保障职工的合法权益等方面，做了大量的工作。

六、努力探索和丰富法制宣传教育的方式方法

为了扩大社会治安综合治理工作的影响，省综治委与省电视台共同举办了社会治安综合治理电视文艺晚会；与《大众日报》社开展了“优秀综治办主任”评选活动。各级综治委、办和司法宣传部门大力开展“送法下乡”、“法律进社区”活动和“法制宣传一条街”建设。加大了报刊、电台、电视台及网络媒体在法制宣传方面的力度，与华东六省一市共同开通了“东方法治网”。充分利用各级专业和业余文艺团体，加强法制文艺宣传，积极编演法制文艺节目，形成了浓厚的法制宣传氛围。

暂住人口管理工作情况

2003年初，全国部分地区发生“非典”疫情后，省外人员流入及本省籍外出务工人员返乡，给山东省防疫工作带来巨大压力。为严密控制“非典”疫情的传播，全力做好“非典”防治工作，2003年4月至6月，山东省各级公安机关户政管理部门和广大户籍民警按照上级的统一部署，充分发挥职能作用，与有关部门密切配合，积极开展了对省外流入(返乡)人员的调查摸底工作。全省共摸排登记省外流入(返乡)人员98.6万人(其中，返乡人员46.7万人)；北京、广东等10个疫情重点省(市)流入(返乡)人员54.2万人，为党委、政府和有关部门决策提供了重要依据。

10月，共青团山东省委、省公安厅等九部门联合在全省开展了“山东省进城创业青年先进集体”评选活动，并对评选出的10名“十佳”进城创业青年、36名“优秀”进城创业青年和18个“山东省进城创业青年先进集体”进行了通报表彰。同时,决定为荣获“山东省十佳进城创业青年”称号的先进个人,在其自愿的基础上办理相关户口手续。

截止 2003 年底,全省共登记暂住人口 2921003 人。按数量排列:青岛 911870 人、济南 611547 人、淄博 232987 人、烟台 228398 人、威海 198440 人、潍坊 134355 人、东营 118080 人、临沂 96310 人、德州 73335 人、济宁 67186 人、滨州 62047 人、聊城 56517 人、泰安 40752 人、枣庄 32680 人、日照 30323 人、菏泽 21583 人、莱芜 4593 人。此外,据不完全统计,山东省流向外省暂住人口为 489265 人。

刑释解教人员安置帮教工作情况

在全省范围内对 2002 年度回归社会的刑释解教人员进行了全面排查。共排出刑释解教人员 19434 名。其中,刑满释放人员 14483 名、解除劳教人员 4951 名。开发研制了刑释解教人员信息管理系统软件,录入文字信息约 105 万字。同时,建立了安置帮教工作文书档案,档案分类为省部文件、组织机构及办事机构、表彰资料、各类典型材料、排查情况统计表、各类图片等 10 多个内容。对刑释解教人员安置及落实最低生活情况进行了摸底调查。截止年底,全省共有刑释解教人员安置实体、基地 142 个。建立了省司法厅和省监狱管理局、省劳教局刑释解教人员信息沟通制度,由“两局”定期将山东籍刑释解教人员的基本情况送省安置帮教工作办公室,由安置帮教办按市县分类后反馈到有关地方和单位,减少了脱管、失控现象的发生。在全国刑释解教人员安置帮教工作表彰大会上,全省有 4 个集体和 4 名个人受到表彰。

实行领导责任制情况

一、层层签订《社会治安综合治理责任书》

1 月 8 日,省委、省政府召开全省社会治安综合治理先进集体和先进个人表彰大会,省委副书记、省政协主席吴爱英,副省长王军民代表省委、省政府与全省 17 个市的党委、政府签订了《2003 年度社会治安综合治理责任书》。省委书记张高丽,省人大主任韩喜凯,省委副书记、纪委书记赵春兰等省领导出席大会。各市、县(市、区)、乡镇(街道)及各系统都层层签订了责任书,把社会治安综合治理的各项目标任务细化量化,分解到基层的每一个单位和有关责任人。

二、积极探索改进检查考核的方式方法

在认真总结经验和广泛征求各地意见的基础上,对社会治安综合治理年度检查考核方法进行了改进,主要是在坚持综合考核和专项考核相结合的基础上,加大了专项考核的力度,重点检查考核基层政法综治组织是否健全完善、排查调处矛盾纠纷工作是否法制化规范化、有无发生影响本地治安秩序的重大刑事治安案件和人民群众安全感等方面的情况;在坚持明查与暗访相结合的基础上,加大暗访的力度,确切了解当地社会治安的实际状况和人民群众的真实反映;在坚持定量考核与定性考核相结合的基础上,减少了检查环节,制定了较为科学的、可操作性强的指标和项目。

三、确保奖惩兑现

对工作取得显著成效的地方、部门和单位及

其领导干部，大张旗鼓地给予表彰奖励；对因责任不落实、官僚主义严重、工作失误而发生重大刑事案件、重大群体性事件和治安灾害事故的地方、部位和单位，坚决对有关领导和责任人进行查究。全省共查究防范责任案件225起，受到党纪、政纪处分的干部231人，受到经济处罚的304人，有347个单位被一票否决。

综治委组织或参与的有关工作

1.2月14日，组织召开全省集中整治医疗机构及周边治安秩序电视电话会议，分析了当前全省医疗机构及周边面临的治安形势，研究部署了开展医疗机构及周边治安秩序集中整治专项行动。

2.4月15日，召开全委会议，回顾总结前段全省治安防范工作情况，研究部署全省治安防范工作。

3.4月26日，代表省委、省政府召开关于“五·一”节期间社会稳定工作的电视电话会议。省委常委、政法委书记、省综治委主任高新亭代表省委、省政府作了重要讲话，省委常委、常务副省长韩寓群主持会议并对节日期间的社会稳定工作提出了要求。

4.5月23日，对省综治委预防青少年违法犯罪工作领导小组成员进行了调整。

5.6月18日，召开全委会议，讨论山东省社会治安综合治理委员会《关于重心下移、强化基层、落实责任，为加快发展营造和谐稳定社会环境的意见》，听取济南、聊城、德州三市的经验介绍，部署进一步认真学习省委工作会议精神，全力维护社会稳定的工作措施。

6.10月23日至24日，参与组织省委、省政府在莱州市召开的全省社会治安综合治理工作会议，部署加强社会治安综合治理、建设“平安山东”工作。

7.组织起草制订《山东省社会治安综合治理委员会关于加强社会治安防范工作的意见》，参与起草省委办公厅、省政府办公厅转发《意见》的通知(鲁办发〔2003〕5号文件)。

8.组织起草制订《山东省社会治安综合治理委员会关于重心下移、强化基层、落实责任，为加快发展营造和谐稳定社会环境的意见》，参与起草省委、省政府转发《意见》的通知(鲁发〔2003〕13号文件)。

9.会同省委组织部起草下发《关于转发中央社会治安综合治理委员会、中共中央组织部〈关于党委组织部门在参与社会治安综合治理工作中进一步发挥好职能作用的意见〉的通知》(鲁组发〔2003〕43号文件)。

10.会同省机构编制委员会办公室起草下发《关于转发中央社会治安综合治理委员会　中央机构编制委员会办公室〈关于加强乡镇、街道社会治安综合治理基层组织建设的若干意见〉的通知》(鲁综治〔2003〕23号文件)。

11.会同省教育厅联合下发《关于进一步加强学校及周边地区治安综合治理工作的通知》(鲁教办字〔2003〕21号文件)，推动安全文明校园创建活动，落实各项治安防范措施。

12.会同省民政厅联合下发《关于民政部门进一步加强社会治安综合治理工作的意见》(鲁民〔2003〕79号文件)，充分发挥民政部门在社会治安综合治理中的职能作用，促进全省社会治安持续稳定。

13.授予济南军区装备部汽车勤务队“山东省见义勇为先进集体”荣誉称号(鲁综治〔2003〕8号文件)。

14.代表省委、省政府起草制订《山东省2003年度社会治安综合治理责任书》。

15.会同山东省人事厅联合发文，表彰2002年度社会治安综合治理先进个人(鲁人办发〔2003〕1号文件)。

16.会同山东省人事厅联合发文，表彰近年来全省铁路护路联防工作先进个人(鲁人办发

〔2003〕95号文件)。

17.12月25日,转发《山东省司法厅关于加强社会治安综合治理工作的意见》。

省级综治委、办内设机构概况和负责人名单

省社会治安综合治理委员会负责人:

主　任:高新亭　省委常委、政法委书记

副主任:莫振奎　省人大常委会副主任

谢玉堂　省政府副省长

尹忠显　省高级人民法院院长

国家森　省人民检察院检察长

王宗廉　省政协副主席

省综治委内设铁路护路领导小组、流动人口管理工作领导小组、刑释解教人员安置帮教工作协调小组、预防青少年违法犯罪工作领导小组和校园及周边治安综合治理工作领导小组。

省社会治安综合治理委员会办公室负责人:

省综治办主任:李建军(省委政法委员会常务副书记)

副　　主　　任:窦广平

省社会治安综合治理委员会办公室下设综合处、指导处。

搞好两个排查　实施有效整调 维护全省社会稳定

中共山东省委常委、政法委书记、省综治委主任　高新亭

近年来,我省按照省委提出的"重心下移、强化基层、落实责任"的总要求,始终把工作的着力点放在基层,在巩固基层、建设基层、稳定基层上做了大量扎实有效的工作,特别是在排查调处矛盾纠纷和排查整治治安混乱地区、解决突出治安问题方面,舍得人力、物力、精力投入,初步形成了"排查建账、以账促治、以治求稳"的经常性工作机制,使大量人民内部矛盾和治安问题解决在基层,全省出现了信访案件连续5年下降,刑事发案增幅连续3年稳中有降、重特大案件少、在押犯少、群体性事件少、群众满意率高的良好局面,为全省干事创业、加快发展创造了和谐稳定的社会环境。

一、建立"三条保障线",确保排查调处整治工作顺利开展

搞好矛盾纠纷排查调处和突出治安问题的排查整治,关键是有人抓,有人干。为切实解决好这个问题,我们建立了"三条保障线":一是,组织保障。全省各市和县市区成立了由分管书记任组长,综治、法院、公安、司法、信访、民政、经贸、土管等职能部门主要领导为成员的矛盾纠纷排查调处领导小组和办公室;乡镇街道成立了调解中心,有专门编制、专职人员、专门的办公场所;村、社区和企事业单位成立了调解组织,聘请了信息员,全省上下形成了由党委、政府统一领导,综治委(办)组织协调,有关部门积极配合,上下联动,齐抓共管的矛盾纠纷排查调处工作网络。目前,全省有矛盾排查调处中心1716个,专、兼职工作人员4000多名,村、社区、企事业单位调解组织9.5万多个、

调解人员 21 万多名。为扎实推进排查整治工作，近两年来，省及各市先后抽调党政机关干部 36000 多名，组成工作组 1800 多个，在组织上提供了强有力的保障。二是，措施保障。为保证排查整治工作健康深入发展，乡镇(街道)以上每年组织两次治安问题大排查。对排查出的各种治安问题，实行分类指导、分类施治，注意增强工作的针对性和实效性。对排查出的各类矛盾纠纷，本着宜解不宜结、宜疏不宜堵、宜调不宜激的原则，充分运用民主的、说服教育的方法，保证矛盾纠纷按正常程序解决，慎用警力，慎用强制措施，防止矛盾纠纷扩大激化。对排查出的治安混乱部位、突出治安问题，按照“党委领导、部门参与、综合整治、立体帮扶”的总体思路，由综治委(办)牵头，从有关部门抽调精兵强将，进乡驻村，把解决突出治安问题同整顿后进班子、落实党的农村政策、实行政务公开民主管理、处理信访问题结合起来，实行治安、班子、经济一齐抓，做到问题不解决不走，面貌不改变不走，班子建不好不走，群众不满意不走。三是，领导保障。对排查出的各种治安问题，严格实行分级负责制，该在乡里解决的不能到县，该在县里解决的不能到市，该在市里解决的不能到省，一级对一级负责，各保一方平安。为实现这一目标，各地普遍实行了党政领导包片、部门领导包点责任制。济宁、淄博等地方，从党政领导机关抽调专人，分包基层单位，真蹲实驻，一包三年。这“三条保障线”并驾齐驱，保证了排查整治工作的顺利开展。

二、建立“三个机制”，扎实推进排查调处整治工作落实

排查调处整治工作涉及面广、难度大，是一项长期而艰巨的任务，必须靠制度作保证，靠机制去运作：一是建立排查调处机制。全省各级各部门从村、社区、厂矿企事业单位、学校等最基层单位入手，对群众关注的各种热点难点问题进行拉网式排查，做到乡不漏村，村不漏户，企业不漏车间，单位不漏人。对重点区域、重点部位和重点单位，反复进行摸排。村级每 10 天、乡镇每半月、县级以上每月排查一次，排查结果逐级分类登记，逐一注明问题的性质、成因、现状、解决的措施、处结时限，以及落实的责任单位和责任人，汇总成册，逐级上报，实行台账式管理，并按照“谁主管谁负责”和“属地管理”的原则，责成有关单位办理。对未按规定时限处结的，实行挂账督办，限期解决问题。2001 年以来，全省共排查调处各类矛盾纠纷 21.7 万起，调处成功率达 91.8%。二是，建立整治处置机制。对排查出的治安混乱部位和突出治安问题，本着先急后缓的原则，根据轻重程度，分期分批地进行集中治理。近两年来，全省先后整治治安混乱村庄 2887 个、治安混乱区域 1553 处，已全部改变面貌。对排查掌握的预警信息多数市地实行了“三级管理”：情况紧急、即将发生的群体性事件，列为一级预警信息；问题比较突出、可能出现群体性事件的，列为二级预警信息；有不稳定苗头的，列为三级预警信息。根据不同级别确定不同层次的单位负责，及时跟上工作，并制定好党委、政府统一协调指挥，公安政法部门快速反应的群体性事件处置预案，从指挥调度、警力部署、后勤保障等方面做好应急准备。一旦发生群体性事件，迅速启动，立即处置，确保在第一时间内解决问题。2001 年以来，通过矛盾纠纷排查调处工作，化解集体越级上访 5931 起，避免群体性械斗 3351 起。三是，建立检查督导机制，为确保排查调处整治工作落到实处，我们重点抓了三项制度的落实：(1)交办督查制度。各级综治委(办)对排查调处整治情况加强督导检查，对措施不力，工作不落实的单位以及重大问题，逐级实行挂牌督办。限期内完不成任务的，视情给予黄牌警告、责任查究或一票否决。(2)协调会议制度。对涉及跨地区、跨行业及需要多个部门协调解决的重大问题，由综治委(办)牵头，组织有关部门研究分析，明确分工，相互配合，共同解决。(3)政法“五长”联合接访制度。市和县市区政法“五长”，坚持季度或每月进行一次联合接访，面对面地回答和解决群众提出的有关问题。对群众反映强烈的涉法案件，实行领导包案，责任到人，倒排日期，限期处结。

三、坚持“三个结合”，预防和减少各种治安问题的发生

搞好排查调处整治，旨在发现问题，解决问题，而着眼治本，在于不出问题，少出问题，两者相辅相成，相得益彰。因此，工作中，我们始终注意作好“结合”的文章：一是，排查调处整治与加强教育相结合。针对排查调处整治中发现的带有普遍性、倾向性的问题，为最大限度地减少违法犯罪，我们有针对性地开展法制宣传教育和思想道德教育。在面上，坚持法德结合，文明理家，广泛开展“法律进万家”和评比“五好家庭”、“十星级文明户”等活动，不断提高人民群众的法律素质和思想道德素质，逐步建立起遵纪守法，文明处事，团结互助的自我约束机制，从源头上遏制各类矛盾纠纷的发生。对重点人，特别对流动人口，广泛开展了“千校百万”教育培训，建立了暂住人口自治制度和函查、周查、倒查、清查制度；对刑满释放、解除劳教人员，派出所、司法所和基层帮教小组定期组织帮教对象学习，坚持每季度进行一次回访，每年对帮教对象进行一次全面考察；对在校生，把法制教育纳入学校教育规划，配备了法制副校长和法制辅导员，并广泛开展创建安全文明校园活动，不断优化青少年的成长环境，最大限度地避免和减少违法犯罪的发生。二是，排查调处整治与加强防范相结合。在排查调处整治中，我们注意发现治安防范和管理漏洞，针对矛盾纠纷突发性强和违法犯罪跳跃性强的特点，全方位进行布控。在城市，坚持以社区为重点，大力加强居委会、物业管理公司、社区巡防队、百户治保员、小区门卫和警务区“六位一体”的治安防范网络建设。坚持以重点要害部位为重点，不断强化人防物防技防建设，落实24小时看护措施。加强对社会面的控制，把巡警、交警、派出所民警、防暴警最大限度地摆上街面，以案件多发区域和时段为重点，加强治安巡逻，形成了交通要道警务工作站把住线、城区街面巡逻人员控住片、重点区域治安岗亭看住块、重点部位技防设施护住点、敏感时期人盯人的点线面结合，打防控一体化的社会治安防控格局，有效遏制了各种治安问题的发生。在农村，大力推广治安承包责任制和民警驻村、巡防、包片等警务制度，不断提高农村的治安防范能力。在许多地方实行了治安管理“十明工作法”，把人口变更情况、家庭贵重物品情况、大牲畜情况等逐一登记造册，统一输入微机，为加强治安管理奠定基础。三是，排查调处整治与加强基层组织建设相结合。实践证明，哪里的矛盾纠纷多、治安问题多，哪里的基层组织就不健全或软弱涣散。为此，在排查调处整治中我们花大气力狠抓了基层组织建设。去年以来，结合“三个代表”的学习教育和村委会换届选举，狠抓了以党支部为核心的基层组织建设和整顿工作，先后整顿农村“两委”班子3500多个，充实“两委”干部5000多人，选派党政机关干部2000多人到农村任职，增强了基层党政组织的战斗力和凝聚力。大力加强基层政法组织建设，重点抓了乡镇、街道综治办和派出所、法庭、司法所的规范管理和教育培训工作。加强了群防群治队伍建设，在城市，建立了“五支队伍”：即专职治安联防队、街道治安巡防队、联户联防队、内部单位保卫队和治安信息员队伍，做到了大街有巡警、小巷有联防、宿舍楼群有看护、单位内部有保安、公共场所有巡防；在农村，90%以上的乡镇组建了治安联防队，村庄建立了治保、调解、巡逻、帮教、普法五支队伍。目前，全省有群防群治队伍100多万人。2002年，通过各种渠道，先后举办了8期培训班，对全省6361名乡镇综治干部和23000多名干部群防群治骨干进行了培训，培训率分别达90%和68%。

与时俱进 开拓创新 积极探索 城市治安防范工作的新路子

济南市社会治安综合治理委员会

近年来，我们针对社会治安出现的新情况、新问题，大力推进治安防范工作，走出了一条与社会主义市场经济新形势相适应的治安防范工作新路子，有力维护了社会稳定，促进了经济发展。

一、坚持专门工作与群众路线相结合，推动治安防范工作的社会化

一是大力加强社区专职巡防队建设。从下岗职工、低保人员、治安积极分子中招聘组建了5000人的专业化治安巡逻队伍，在派出所和社区警务站的指导下，对驻区单位、居民小区、复杂场所进行巡逻，开展自防自护。市财政每年拨出500万元专项经费，其余按照"谁受益谁出资"和"取之于民，用之于民"的原则，由受益单位和居民适当投入一定的人力、物力、财力，有力保障了群防群治工作的开展。

二是充分挖掘整合社会资源，形成防范合力。我们充分发挥党团员、民兵组织、离退休干部职工、沿街商铺营业员、出租车司机、送奶员、送报员、清洁工等在治安防范中的作用，将其中的7万多名骨干人员确定为治安信息员、协管员，开展了"邻里守望"、"看厂护院"等多种形式的联户联防活动，将防范的触角延伸到社会各个角落。同时，以公安为龙头，组织驻地部队、民兵组织、厂企内保组织及各种群众性治安巡逻队伍，以案件多发地段、人群、行业和时段为重点，开展经常性治安巡逻检查，初步形成了一张覆盖全市、反应迅速、打击有力、防范严密、控制有效的治安防范网络，实现了社会面防范力量和效益的最大化。

三是大力弘扬见义勇为精神，充分调动群众参与治安防范的积极性。我们制订了《见义勇为基金管理办法》，多渠道筹集见义勇为奖励基金100万元，对涌现出来的见义勇为先进个人，每半年集中奖励一次，实现了见义勇为表彰奖励的制度化、远东化。每年都组织看望慰问见义勇为先进分子。充分发挥广播、电视、报纸等大众媒体的正面引导作用，加大了对见义勇为先进分子的宣传力度，编写了《见义勇为先进分子事迹宣传手册》，在全社会营造了弘扬见义勇为精神、维护社会治安的浓厚氛围。

二、坚持科技强警与技术防范相结合，推动治安防范科技化

一是实施科技强警战略。加大了对公安机关科技装备的投入，建立了以110报警服务为龙头的现代化指挥网络、信息传播网络、快速接处网络，提高了公安机关的快速反应能力。投资800余万元为公安机关配备了卫星定位指挥车和排爆器材，提高了处置突发事件的能力。全市454名社区民警全部配备了警务通，实现了人口管理、逃犯信息即时查询，提高了打击预防犯罪的能力。二是建立以电子巡更、电子监控为主体的社会面技防网络。全面推行了"电子巡更"。在全市979条重点街道和部位设置大区巡更点2208个，在内部单位、居民小区和复杂场所设置小区巡更点4200个，实现了人防、技防的最佳结合。在全市9类重点场所3450个重点要害部位，加大了红外线感温报警、电视监控等技防设施的推广应用，技防设施安装率达到了95%，其中1400余处首脑机关及金融、珠宝等重点部位安装率、联网率达到100%，有力提高了重点要害部位的防控能力。在全市1317家旅馆推广应用了旅馆业治安管理信息系统，并与公安机关全部联网，录入旅客信息达110万条，在侦查、破案、追逃方面发挥了巨大的作用。三是建立以"四道防线"为主要形式的居民小区技防网络。在居民区大力推行了周界防护和电子门禁、电视监控、楼寓可视对讲门、分户防盗防劫报警装置，从内到外构建“四道防线”，并在管理上形成了派出所管理型、物业公司管理型、单位内部管理型、社区管理型“四种模式”。四是建立以卫星定位为主要手段的移动目标技防网络。针对汽车被盗被抢一度高发的情况，开通了 GPS 汽车全球定位防盗防劫和 GAS 防盗防劫系统，与市公安局指挥中心联网运行，实现了对被盗被抢汽车的准确定位，有力遏制了盗抢机动车案件上升的势头。

三、坚持培育市场与行业发展相结合，推动治安防范工作市场化

坚持用市场手段实现防范资源的最佳配置，降低防范成本。针对现行的一级接警体系误报率较高，频繁出警造成警力资源浪费的情况，借鉴国际先进经验，在历下、市中区对区域报警试行了市场化运作，将专业报警服务公司纳入 110 报警体系，接警中心由原来设在公安分局，分离为分局与专业公司控制室两级中心，由专业公司控制中心负责先期接警、核实真伪、调度控制反馈信息，并对网络建、管、用实行专业化管理。同时，我们还在居民小区推行了治安防范物业化管理，将治保、巡逻、消防三项工作由物业公司统一负责，实现了责、权、利的有机结合。部分街道办事处在开展治安防范中，还实行单位预交风险抵押金，年底根据发案、考核情况，酌情奖励或予以扣除的做法，起到了奖优罚劣，促进防范措施落实的效果。在开展“综治宣传进社区”活动中，我们采取了企业承办的方式制作宣传栏，既提高了企业的知名度，又促进了综治知识的普及，还减少了财政支出，取得了“一举三得”的效果。“产业化发展”，就是大力培育防范市场和扶持防范行业发展。一方面，做大做强防范产业，在成立 8000 人保安服务公司的基础上，将银行资金押运、餐饮等经营活动和社区、学校、企事业单位的内部治安防范工作全部纳入治安服务的范畴。对大型经贸、文体、娱乐活动，由保安公司与承办单位签订合同，在公安机关的指导下，承担安全保卫工作，既解放了大批警力，又维护了良好的社会治安秩序，实现了经济效益与社会效益的双赢。另一方面，大力扶持技防行业的发展。全市技防施工单位达到 83 家，产品销售企业达到 140 家，生产企业达到 23 家，为提高我市治安防范科技化水平提供了强有力的支持。“一条龙管理”，就是由公安机关对技防产业实行统一集中管理。开发了《技术防范管理系统软件》，制订了《技术防范行业管理办证工作规范》，对技防产业从产品开发、规划设计、工程施工、巡检维护、收费赔偿等环节上，进行统一指导，实行了一条龙管理，有力保障和促进了技防市场和行业的健康发展。

四、坚持夯实基础和完善机制相结合，推动治安防范工作规范化

一是以“管得严，控得住”为目标，实现防控工作机制规范化。在市区二环路以内设立了五大警区，每个警区划分为 6—8 个巡区，每个巡区配备一辆或多辆摩托车，组织刑警、巡警、社区民警、武警和各种群防群治力量，综合采用步巡、车巡和设点盘查的方式，开展 24 小时昼夜巡逻，严密了社会面的动态防控；推行了公安民警“五四三”夜间假日长效工作机制。在夜间和节假日，坚持将市局 1/5 警力、分局 1/4 警力、派出所 1/3 警力投放到治安防范一线，确保将警力最大限度地摆到了街面上；建立了统一指挥、分级负责、联动互补、协同作战的处置突发事件工作机制。

二是以动态升降级管理为手段，推动基层创安活动规范化。以乡镇、街道办事处为单位，严格依据有关法律法规，根据社区机关团体、居民小区、娱乐场所、民营经济等不同类型，量化创安标准，严格落实属地管理的创安责任，在此基础上，对其开展创安工作情况每季度进行一次考核，实行动态升降。对各项工作情况都比较好的列为一级，挂“治安放心单位”红牌奖励。对工作一般的列为二级，由镇办组织有关部门定期督促指导。对工作较差的列为三级，由镇办组织有关部门帮助整改。对经常发生案件或发生重大问题的列为四级，由镇办实施重点管理，挂“治安不放心单位”黄牌，下达《限期整改通知书》，由区县挂牌督办；没有完成整改的，予以一票否决，并在报纸等新闻媒体上曝光。

三是以提高基层组织管控治安的能力为重点，推动基层配套组织规范化。加强了社区居委会建设。采取面向社会公开招聘的办法，选拔了 600 余名大中专毕业生和优秀下岗职工，充实到社区居委会，增强了基层社区的凝聚力，较好发挥了保一方平安的战斗保垒作用。加强了社区政法组织建设。配齐配强了社区综治办、治保会、调委会专职工作人员,实现了“经费、责任、制度、办公场所、交通通讯工具”五到位。目前,全市社区综治工作人员达到6700余名。按照“钱往基层投,人往基层走”的工作思路,加强了法庭、派出所等基层政法综治组织建设。2000年以来,各级财政先后投入1.3亿元改善基层办公、办案条件,有1000余名年轻干警充实到基层一线,基层“人员年轻化、办公自动化、建设规范化”水平大为提高;坚持警力下沉,警务前移,大力推行了社区警务战略,实施“治安、交通、消防”三警合一的社区警务模式,将防范工作与责任区民警的奖惩晋升挂钩,有力推动了治安防范工作在社区的开展,形成了“警民互动、共保平安”的治安防范工作格局。

实施科技创安 提升防控水平

青岛市社会治安综合治理委员会

近年来,青岛市积极探索市场经济条件下依靠科技手段维护社会治安的新途径,提出了以提高城乡居民和重点要害部位安全防范能力为目标,以科技创安和智能防范为主线,加强技术防范网络建设的总体框架,使科技创安始终与城市建设发展、治安形势发展和市场经济发展同步,努力提高整体防控水平,初步构建起具有时代特征和地方特色的技防工作网络体系和保障机制,为改革开放、经济建设和人民群众安居乐业提供了强有力保证。

构建防控网络,提高治安防控能力

(一)大力构筑以提高快速反应能力为核心的社会面立体防控网络。构建起集智能化“一机双屏”、GPS卫星定位、资料查询、闭路监控为一体的广覆盖、高灵敏的110接处警系统。同时,不断调整市区110警车和治安亭、报警点的布局,改进110勤务模式,实现110、119、122“三警联勤”,连同派出所警车共150部处警车及512个报警点、550个治安亭,共同构建起对市区1169条主干路街面的治安防控网络;进一步推动110向农村、向海上、向山林延伸,黄岛、崂山、城阳海上及崂山风景区防火110报警服务系统全部建成并投入运行,弥补了我市海上和山林防火治安防控网络的空白。在市区32处重点区域及主要交通干线安装监控终端,对128个路口实施24小时全天候监控,覆盖面达到56.6%,年底市区路面全部实行电视监控;四大银行运钞车全部建立了GPS卫星定位系统;全市7000余辆出租车开始实施GPS卫星定位防盗抢工程,有效防范打击了“双抢”及其他各类街面犯罪活动。三年来,110共处警562931起,抓获犯罪嫌疑人和违法分子70310人。2002年抢夺案件比2001年下降19.2%,抢劫出租车案件同比下降16.7%;今年1—5月抢劫案件比去年同期下降6.9%,其中抢劫出租车案件同比下降6.7%。

(二)大力构筑以提高居民自防能力为核心的社区防控网络。在有条件的社区逐步推行居民住宅无线报警联网系统、楼宇电子防盗对讲系统、社区复杂场所电视监控系统和社区基础工作微机化管理系统。目前,城区已安装技防设施4247个,85%以上的楼院实施了亮化工程,使居民住宅被盗案件得到有效遏制,200年全市入室盗窃案件比2001年下降16%,今年1—5月份比去年同期下降7.9%,92%以上的社区、村庄达到了安全创建标准。

(三)构筑以提高报警联网能力为核心的内部单位防控网络。以重点部位和重要场所为重点,大力加强技防设施建设,推行电视监控网络和电子报警网络系统,不断提高报警联网能力。三年来先后投资7000多万元,在各内部单位建立了三级技防报警网络，目前，全市共有2790处金融、财务、仓储等重点要害单位安装了技防报警设备，占72.9%，其中金融单位的技防覆盖率为100%，1000多个重点要害单位与公安机关实现了报警联网，大大提高了内部单位打击和预防犯罪的能力。三年来，通过单位内部技防报警系统共抓获犯罪嫌疑人780人，协助公安机关破案712起；去年撬盗保险柜案件比2001年下降4.6%，今年1—5月撬盗保险柜案件又比去年同期下降9.1%。

科技强警，增强治安管控能力

近年来，青岛市公安机关共有12项科技成果分别通过省、市科委及省厅鉴定，其中有6个项目7次获得公安部、省公安厅科技进步奖，有6个项目8次获得省、市科技进步奖。主要强化了"三个机制"：

（一）技术手段破案机制。从刑事技术、犯罪资料基础环节入手，不断加大刑侦技术建设，提高刑事侦察破案的科技水平。三年来共投资755万元，先后引进了PCR－DNA检测设备、质谱仪等一批高新技术产品，建立了全国在逃人员、全市违法犯罪人员、被盗抢机动车辆等信息网上查询、查证、对比系统，为侦破工作提供了强有力的技术支撑。技术部门实行大要案、系列案两级勘查、勘验登记制度，实施量化考核，大力开展"刑事科技强警年"等活动，促进了技术手段与瓦案侦查的有机结合，三年共通过各种刑侦技术手段破获刑事案件4300余起。

（二）流动人口管控机制。建立起包括暂住人口管理子系统、在逃人员对比子系统、租赁房屋系统的人口信息管理系统。设有暂住人口数据库、暂住人口图像库、暂住人口变动库、暂住人口注销库、房屋租赁库、在逃人员库。目前，全市录入暂住人口信息80余万条（含删除注销人员信息），市区已注销的暂住人口信息231466条，房屋租赁信息2535条，在逃人员信息296286条，对比出在逃人员345人，其中查实63人，现已抓获43人，其中网上逃犯38人。加大对旅馆业的阵地控制，投资2000多万元，在全市3128家大、中、小旅馆全部安装"旅馆业治安管理信息系统"，实现了微机联网，具备了住宿旅客查询和在逃人员比对功能，提高了发现和控制犯罪的能力。截止目前，共抓获逃犯31名，通过网上布控抓获犯罪嫌疑人11名。

（三）三级联网信息共享机制。投资1842万元，在全市公安系统完成了综合信息三级联网，目前，公安系统的1200余台计算机联入综合信息网，实现了网上查询、网上迁移、网上受案、网上破案、网上审批，并着手将移动电话信息，有线电话信息，IC、IP卡电话信息，银行卡信息，传呼信息，工商企业信息，医院、诊所信息，民航、铁路信息，ATM机、交通收费站监控录像信息，出租车驾驶员档案信息等社会信息纳入搜集范围，充分整合公安内部情报信息资料和社会信息资源，构建充分共享和充分利用的情报工作平台，进一步提高了指挥调度水平、快速反应能力和公办效率。立足长远，增强科技创安长效机制。

主要落实了"三个保障"

（一）责任保障。为保障科技创安各项措施的有效实施，市委、市政府将加强技防工作作为社会治安综合治理的一项重要内容，每年都与各区、市签订社会治安综合治理责任书，在全市普遍建立起市、区（市）、街道（乡镇）、居（村）、单位四级责任体系。严格实行了重点工作目标季度督查、半年检查、年终考核制度，切实加强对领导干部的目标责任管理和激励约束。

（二）制度保障。将科技创安工程作为治安防范三大工程之一，出台"青岛市安全技术防范管理规定"，为实现全市科技创安目标和任务建立统一标准；出台"全市重点、要害部位和居民小区安全技术防范规范"，按照"突出重点、合理布局、因地制宜、技术多元、分步实施、形成网络"的原则，合理地推广应用红外线周界防范、电子监控、家庭红外线防盗报警等技防产品，将分散、单一的技防设施进一步整合，纳入整体规划。

（三）投入保障。近年来，市委、市政府不断加大对科技创安的投入，先后投资7000余万元，建设了公安110、119、122三个指挥中心系统，并实现了"三号合一"、"三警联勤"，完成了公安三级综合信息网络系统工程。市、区两级财政为综治工作拨款每年增长40%以上，各区、市也不断加大经费投入，崂山区今年为海上110、森林防火等投入资金1700万元，为科技创安工作提供了强有力的财力支持。

加强乡镇综治办规范化建设 促进综合治理措施落实到基层

山东聊城市综治办

近年来，针对乡镇社会治安出现的新情况、新问题，我们积极探索，勇于实践，在抓基层、打基础上狠下功夫，逐步健全完善了以乡镇综治办为龙头，各部门和广大群众共同参与、齐抓共管的工作体系，促进了全市社会治安综合治理工作的健康发展，为全市经济发展创造了良好的社会环境。主要做法是：

一、加强领导，稳定机构

市委、市综治委先后开展了加强综治办规范化、制度化建设和双基建设年活动，把加强乡镇综治办建设列入重要内容，并狠抓了各项措施的落实，使乡镇综治人由小到大，由弱到强，逐步形成综治工作有人抓、有人管、有人干的良好局面。同时，随着工作的逐步深入，我们不断加强综治机构队伍的建设，按照市委、市综治委的部署，对县市区乡镇(办事处)全部配齐配强专抓领导副职和专职工作人员。在机构改革和税费改革情况下，为进一步稳定综治机构和队伍，市委、市政府又制定下发了关于稳定综治机构和队伍等有关问题的意见。各县(市、区)和乡镇党委、政府对市委、市政府的指示精神认真抓好贯彻落实，及时调整了改革方案，落实了各项要求，使综治队伍在乡镇机构改革中得到进一步加强。

二、建强队伍，提高素质

一是配齐配强乡镇综治办主任。市综治委对专抓副职的工作提出明确要求，将专抓副职的工作，纳入目标管理，加大考核力度。每年我们制定考核标准时，都把分管领导的配备当成重点，并加大分值。在检查中，通过询问，进行测评，使他们的责任更加具体，目标更加明确，督促基层综治分管领导专职专抓，尽职尽责。目前，全市128个乡镇(办事处)全部配齐配强了专抓领导副职。二是调整充实综治办人员。市综治委对乡镇综治办人员的配备提出具体要求，即政治素质高、业务能力强，年龄在40岁以下，具有大专以上文化程度，并有一定基层工作经验；城关镇、中心镇(办事处)专职工作人员都在5人以上，其他乡镇人员的配备达3人以上。目前，全市128个乡镇综治办共有专职工作人员526名。三是抓严格管理。市委、市综治委多次召开会议，反复强调基层综治工作要专职专用，决不能让其做“帮工”。在工作中，严格推行岗位目标责任制。建立乡镇主要领导抓综治工作政绩档案。我市各级综治委每年采取多种形式，对基层综治工作人员进行教育培训。特别是今年4月份，市综治委针对县乡机构改革之后，全市基层综治干部调整变动较大的实际情况，对全市128个乡镇(办事处)党委专抓综合治理工作的领导副职、综治办主任及市直部门的保卫科长共349名基层综治干部进行了集中教育培训。市综治办专门编印了《社会治安综合治理工作手册》、《社会治安综合治理讲义》。培训结束后，市综治办对参训人员进行了严格闭卷考试，并将考试成绩向全市通报。

三、健全制度，规范工作

一是明确了乡镇综治办的八项职责任务。二是制定了各县(市区)定期召开乡镇综治办主任例会制度。各县(市、区)每月召开乡镇综治办主任例会，学习上级文件，分析治安形势，研究解决重大治安问题，交流工作体会等。三是制定了乡镇综治办的汇报、检查考核、排查、培训、情况通报、档案管理、奖惩等8项制度。市委、市政府在高唐县召开了全市乡镇综治办工作运行机制建设现场会议。提出了加强乡镇综治办五个机制建设的要求：一是健全完善领导保障机制；二是健全完善队伍教育管理机制；三是健全完善责任目标机制；四是健全完善制度制约机制；五是健全完善奖惩激励机制。

四、明确职权，保障到位

一是明确了乡镇综治办的三项权力。即一票否决权、查究权、黄牌警告权。二是解决经费，保障工作顺利进行。为确保缩短镇综治经费的落实，每年我们都把综治经费是否列入财政预算作为半年、年终检查考核的重要内容，严格检查，认真核实。目前，全市128个乡（办事处）全部把综治经费列入了财政预算，最少的3万元，多的达到10万元。由于较好地解决了经费问题，从而保障了基层综治工作顺利开展。三是改善办公条件。我们明确提出了乡镇综治办必须有2间以上办公用房，同时，要求办公室内必须配备工作需要的办公用具，交通通讯工具，条件好的乡镇配备微机，为综治办开展工作提供了良好的条件。四是落实报酬。在全市财政非常紧张的情况下，全市128个乡镇（办事处）综治办的专职工作人员全部享受公安派出所干警同等特岗补贴待遇，并把社会治安综合治理专项经费列入同级财政预算，专款专用。

中共山东省委办公厅　山东省政府办公厅关于转发《山东省社会治安综合治理委员会关于加强社会治安防范工作的意见》的通知

（2003年5月15日）

各市、县（市区）党委和人民政府，各大企业，各高等院校，省委各部委，省政府各部门，各人民团体，省军区：

《山东省社会治安综合治理委员会关于加强社会治安防范工作的意见》已经省委、省政府同意，现转发给你们，请结合本地区、本部门实际，认真贯彻执行。

山东省社会治安综合治理委员会关于加强社会治安防范工作的意见

为认真贯彻落实《中共中央办公厅、国务院办公厅关于转发〈中央社会治安综合治理委员会关于加强社会治安防范工作的意见〉的通知》（中办发〔2002〕26号）精神，在深入开展“严打”整治斗争的同时，大力加强治安防范工作，实现社会治安的良性发展，确保我省社会稳定，现提出如下意见：

一、加强社会治安防范工作的指导思想和主要任务

1．大力加强社会治安防范工作，是贯彻落实党的十六大精神、实践“三个代表”重要思想的根本要求，是维护社会稳定、预防和减少违法犯罪、实现长治久安的治本之策，是维护和实现人民群众根本利益的具体体现。各级、各部门一定要从讲政治、讲大局的高度，在继续抓好“严打”整治斗争的同时，真正把思想认识、工作重点、警力配置、经费投入、考核奖惩机制等，转移到预防为主上来，切实加强领导，有效动员和组织社会各界和广大人民群众，全面落实社会治安综合治理的各项措施，全力维护良好的社会治安秩序。

2. 社会治安防范工作的指导思想是：高举邓小平理论伟大旗帜，全面贯彻“三个代表”重要思想，以党的十六大精神为指导，认真贯彻“打防结合、预防为主”的方针，坚持城乡结合、分类指导，坚持重心下移、狠抓基层，坚持以人为本、专群结合，坚持加强领导、齐抓共管，坚持与时俱进、开拓创新，以防案件、防事故、防群体性事件特别是防止发生重大的、恶性的案件、事故和群体性事件为重点，切实做好各项治安防范工作，确保社会治安秩序持续稳定，为全面建设小康社会、建设“大而强、富而美”的社会主义新山东创造良好的社会治安环境。

3. 社会治安防范工作的主要任务和总体目标是：在各级党委、政府的统一领导下，充分发挥社会治安综合治理机构的组织协调作用和政法部门特别是公安机关的职能作用，全面推进整治、调处、控制、管理、教育、建设六大体系建设，落实各机关、团体、企事业单位的治案防范责任，强化基层基础工作，发动社会各方面力量开展群防群治，努力构筑社会主义市场经济条件下治安防范工作的新格局，预防、控制和减少违法犯罪，维护社会稳定，创造良好的、人民群众满意的社会治安秩序。

二、认真排查整治治安混乱地区和突出治安问题

4. 各地要根据当地治安形势的变化，从基层单位入手，定期或不定期地对治安混乱地区和突出治安问题进行逐级排查，确定整治重点，制定工作方案，坚持党委、政府统一领导，综治委组织协调，群众广泛参与，有关部门齐抓共管；坚持以治乱为重点，城乡一体，整体推进；坚持从实际出发，因地制宜，统筹兼顾；坚持综合整治、打防并举、标本兼治的原则，适时进行集中整治，限期改变面貌。

5. 对治安状况不好的乡村，要由党委、政府统一组织，派出强有力的工作组，进村入户，按照班子、经济、治安一齐抓的要求，把解决治安问题、信访问题与加强农村基层组织建设、实行村务公开民主管理、落实党的农村政策、发展农村经济结合起来，实行综合整治。同时，坚持“先治理、后规范”的原则，在集中治乱的基础上，建章立制，搞好规范化管理。

6. 对城区公共复杂场所和城乡结合部、大型集贸市场、工矿区、交通沿线、高校周边等治安问题突出的区域和部位，要按照“打得狠、控得住、管得严、防得牢”的要求，坚持属地管理、条块结合，抽调专门力量，针对突出的犯罪问题，集中时间进行专项治理。要在“严打”的同时，把主要精力放到加强经常性管理上，健全管理制度，堵塞犯罪漏洞，依法严格管理。

7. 坚持反复抓、抓反复，对已经整治的区域或部位，要实行动态管理，搞好跟踪检查，一旦发现问题，及时跟上工作，防止出现大的反复；对新出现的治安问题，要及时进行整治，决不能让其形成气候。

三、深入开展矛盾纠纷排查调处的活动

8. 按照“党政挂帅、综治委协调、部门联动、各方参与”的总要求，进一步加强矛盾纠纷排查调处组织网络和制度建设。各级党政领导对可能影响本地社会稳定的重大矛盾纠纷，要亲自动手，认真化解；分管领导要积极组织协调有关方面，明确分工，落实责任，形成齐抓共管的合力；各级综治委(办)要充分发挥参谋助手作用，主动、扎实地开展矛盾纠纷排查调处工作。乡镇(街道)调解中心只能加强，不能削弱，要进一步提高人员素质，规范工作，更好地发挥职能作用。认真贯彻落实中办发〔2002〕23号文件精神，加快人民调解工作改革，实现人民调解与诉讼制度的有效衔接。切实加强定期排查、建立台账、协调会议、情况报告、交办督查、领导干部公开接访、考核奖惩等制度建设，逐步实现矛盾纠纷排查调处工作的制度化、规范化。

9. 坚持抓早、抓小、抓苗头，立足防范，主动工作，深入开展矛盾纠纷排查调处活动。各乡镇(街道)和村(居)每半月排查一次，县(市、区)每月排查一次，市每月调度一次情况，每季度向省综治委报告一次情况。把集中排查与经常性排查结合起来，对排查出的问题，要建立台账，落实责任到部门、单位和个人，确保问题得到有效解决，努力把矛盾纠纷化解在基层、内部和萌芽状态，防止矛盾激化，减少“民转刑”案件。

10. 高度重视和依法及时妥善处置各类群体性事件。健全完善预警机制，认真制定处置预案，及时发现和掌握群体性事件的苗头，力争把群体性事件化解在酝酿和始发阶段。一旦发生群体性事件。党委、政府和有关部门的主要领导同志一定要亲临现场，面对面地做好群众工作，解决实际问题，防止事态扩大。要严格落实维护稳定领导责任制。该在乡镇解决的问题，不能到县；该在县里解决的问题，不能到市；该在市里解决的问题，不能到省，真正做到一级对一级负责。动用民警维持现场秩序，必须严格请示报告制度，慎用警力、武器和强制性措施，切实防止因处置不当而激化矛盾。对插手捣乱的敌对分子以及蓄意制造事端的幕后策划者、组织者和打砸抢烧的违法犯罪分子，要坚决绳之以法。

11. 积极推进社区保障体系建设，做好下岗人员再就业工作，继续巩固“两个确保”，落实“三条保障线”，保障下岗职工、失业人员、企业离退休人员和其他社会保障对象的生活，实现“应保尽保”，避免产生影响社会稳定的因素。

四、加强对社会面的治安控制

12. 适应市场经济的新形势，继续深化刑侦体制改革。改革和加强派出所工作，大力实施社区警务战略，进一步强化基层基础工作，把警力向基层倾斜，向防范工作倾斜。充分利用现代科学技术，加快信息，提高决策和指挥效率，完善快速反应机制。不断加大投入，继续加强110报警服务、巡警和治安卡口、报警点的建设，最大限度地把警力摆上街面，以案件多发的人群、区域、行业、时段为重点，以强化科技为手段，加大巡逻密度，扩大对社会面的控制范围，不断提高快速反应能力，增强防控效果。

13. 积极推进社区建设，切实加强社区治安防范工作。各部门要密切配合，落实城市社区建设的各项措施，解决社区治安问题。要大力发展保安服务业，进一步加强规范管理，逐步推进保安服务专业化，充分发挥其在辅助公安机关维护社会治安中的积极作用。要加强社区物防、技防设施建设，依靠科技手段强化治安防范，堵塞漏洞，消除隐患。积极探索发展治安防范产业。新建社区的治安防范，要与社区建设、管理同步规划、同步进行，切实落实治安防范措施。物业管理公司要与公安机关、居委会密切配合，加强社区治安防范，维护公共秩序。

14. 积极探索市场经济条件下农村群防群治的有效途径和办法，健全完善群防群治网络。紧密结合实际，逐步完善群防群治工作的组织机制，多渠道地解决群防群治经费，推动群防群治工作深入开展。充分发挥党员、干部、治保人员和民兵的作用，根据本地经济条件和实际需要，组织专职或兼职巡防队伍，实行有偿服务与义务巡逻相结合的方法，积极开展各种形式的联防活动，并形成制度，长期坚持下去。进一步推行基层治安防范职业化承包责任制，在党委、政府的统一领导下，通过契约化的形式，明确合同双方的责、权、利等法律关系，努力实现农村治安防范工作由单一的政府行为向行政手段与市场机制相结合的转变。

15. 继续深入持久地开展基层安全创建活动，以此为载体，动员组织群众积极支持和参与治安防范工作。努力提高安全创建的质量，扩大覆盖面，增加治安防范的科技含量，不断探索和深化各种形式的基层安全创建活动；把基层安全创建活动作为城市社区建设的重要内容，从群众关心的问题入手，为群众办实事、办好事，重点抓好严重影响群众安全的盗窃特别是入室盗窃以及抢夺、抢劫等多发性案件的预防工作；深入开展创建安全文明铁道线、平安大道、安全文明校园、无毒社区和企地共建安全社区等活动，巩固和扩大基层安全创建成果。

五、狠抓各项治安管理措施的落实

16. 切实加强对流动人口的管理、教育和服务工作，引导人口有序流动，保护流动人口的合法权益，预防和控制违法犯罪。加强对出租房屋的管理，落实出租人、承租人、管理机构等的责任，减少治安隐患。深入开展“千校百万”培训活动，加强对进城务工经商人员的培训、教育；继续做好对刑满释放、解除劳教人员的安置、帮教工作。监狱、劳教场所要提高教育、改造的质量。加快信息管理系统建设，做好服刑、在教人员刑满释放、解除劳教时的衔接工作，加强对监外执行罪犯的监督管理，建立帮教组织，制定帮教措施，做到不歧视、不漏管、不失控。广开就业渠道，动员社会各方面力量做好安置帮教工作，尽可能地减少新违法犯罪。因地制宜地做好闲散青少年的教育、管理、服务工作，加强对流浪儿童的保护和教育工作，推进青少年活动场所建设和法制教育基地创建活动，重视做好有不良行为青少年的帮教工作，避免他们走上违法犯罪道路。

17. 切实加强对管制物品的管理。严格对枪支弹药、管制刀具和爆炸、剧毒等危险物品的管理和清缴工作，严防危险物品和枪支弹药丢失、被盗和流散社会。严格落实危险物品生产、运输、销售、储存等各个环节的规章制度，规范管理，消除安全隐患，打击违法犯罪行为。不断强化安全生产工作，落实安全生产责任制，严格执行安全生产的法律法规和规章制度，坚决杜绝重大安全事故的发生。

18. 切实加强对城乡结合部、公共复杂场所、金融机构、党政首脑机关等重点地区和要害部位的治安防范工作，全面落实人防、物防、技防措施，增强治安防范的实际效果。加强对旅馆、刻字、废品收购和信托寄卖业等传统特种行业，以及出租车、歌舞厅、酒吧、桑拿洗浴、美容美发、网吧等新兴行业和场所及从业人员的管理教育，健全规章制度，加强日常检查，及时发现和打击违法犯罪活动。

六、搞好社会主义法制教育和道德教育

19. 坚持以人为本，大力加强对公民的道德教育和法制教育。按照"四五"普法规划的要求，通过多种形式和手段，搞好普法宣传教育，广泛开展"法律进社区"、"法律进村"等活动。增强教育的针对性和实效性，努力提高广大干部群众的法律素质。按照依法治国与以德治国相结合的要求，认真落实《公民道德建设实施纲要》，大力加强社会主义道德教育，形成良好的社会道德风尚，增强道德的约束力。继续总结推广莱芜市"法德结合、修身理家"的经验，充分依靠群众，实行齐抓共管，实现干部群众自我教育、自我管理、自我约束和自我发展。

20. 深入开展社会治安综合治理宣传教育，调动广大群众参与社会治安防范、维护社会治安的积极性。充分发挥电视、广播、报刊、互联网等大众传播媒介的正面引导作用，积极开展形式多样、群众喜闻乐见的文体活动，大力宣传社会治安综合治理工作的方针、任务，宣传推广各地综合治理工作的典型经验，宣传政法综治战线涌现出的先进集体和个人，宣传广大人民群众见义勇为、积极参与社会治安综合治理的先进典型，为社会治安综合治理创造良好的舆论氛围。

七、加强社会治安综合治理基层组织建设

21. 加强城市街道、社区(居委会)、企业和非公有制经济组织、社团、中介组织等新型经济社会组织党的基层组织建设，努力增强基层组织的管理和控制能力。不断加强以党组织为核心的村级组织建设，选好、配好"两委"班子，理顺、规范农村党支部和村委会的关系，建立健全工作制度，努力增强基层组织的凝聚力和战斗力。

22. 加强乡镇(街道)综治委(办)建设，配齐配强专兼职综治干部，确保基层治安防范工作有人抓、有人管、有人干。进一步加强公安派出所、人民法庭、司法所等基层政法组织建设。制定培训计划，采取长短结合、脱产和在岗学习相结合等多种形式，对基层政法综治干部进行培训或轮训，不断提高他们的政治业务素质。

23. 加强村(居)治保、调解、联防巡逻、帮教、普法"五位一体"的群防群治队伍建设，完善工作机制，合理解决人员、待遇和经费等问题。城市新建的社区，要按照《中华人民共和国城市居民委员会组织法》的要求，及时建立健全各类群防群治组织，促进社会治安防范措施的落实。充分发挥共产党员、共青团员、民兵、青年志愿者、离退休干部职工在治安防范中的作用，组织他们开展看楼护院、邻里守望、联户联防等各种形式的联防活动，共同维护社会治安。

八、切实加强对社会治安防范工作的领导

24. 各级党委、政府要进一步提高对社会治安防范工作重要性的认识，把搞好治安防范、全面落实社会治安综合治理各项措施摆在重要议事日程，经常研究部署，认真抓好落实，切实加强组织领导。要加大投入，从人力、物力、财力上保证社会治安防范工作的正常开展。各级政府要把社会治安防范工作经费列入财政预算，纳入国民经济发展总体规划。要认真研究社会治安防范工作的新情况、新问题，逐步制定、完善有关法规，规范社会治安防范工作。要坚持工作重心下移，认真抓好基层基础工作，努力把各项措施落实到城乡基层单位。

25. 政法部门特别是公安机关要充分发挥职能作用。公安机关要大力推进社会治安防控体系建设,加强对机关、团体、企事业单位治安保卫工作的指导和监督,加强地区间的协作配合,把各项防范措施落到实处。检察院、法院要结合批捕、起诉和审判工作,注意发现社会治安防范工作的漏洞,及时发出检察建议和司法建议,督促有关单位健全规章制度,完善防范工作机制。司法行政部门要加强监狱和劳教场所的管理工作,提高教育改造质量,与有关部门密切配合,积极做好刑释解教人员的安置帮教工作,改革和加强人民调解工作,深入开展法制宣传教育和依法治理活动,加强法制服务和法律援助工作。各政法部门要加强协作配合,及时沟通信息,解决执法过程中存在的问题,形成社会治安防范工作的合力。

26. 各有关部门要密切配合,充分发挥职能作用,共同做好社会治安防范工作。教育部门要加强对在校学生的思想品德教育和法制教育,深入开展创建安全文明校园活动,健全学校治安保卫组织,会同有关部门建立和完善学校及其周边治安管理长效机制,落实社会治安防范措施。民政部门要加强城乡基层群众性自治组织建设,加强社区建设,强化对各种社会团体的管理,做好社会救助工作,保障困难群众和特殊困难群体的基本生活,维护社会稳定。劳动保障部门要做好促进就业和再就业工作,建立健全劳动关系协调机制,加强社会保障工作,防止拖欠职工工资,减少不稳定因素。建设部门要结合城市总体规划的制定和实施,推进社会治安防范设施建设,指导物业管理公司参与社区治安防范工作。信息产业部门要加强邮政、电信通信的安全保卫工作,与有关部门一起搞好计算机互联网络的管理。广播电视部门要配合有关部门,做好广播电视设施保护工作,有效防范各种破坏活动。文化部门要加强对文化市场和娱乐场所的管理,新闻出版部门要加强对出版业和出版物市场的监管,在有关部门配合下,加大“扫黄打非”力度,净化社会文化环境。工商行政管理部门要加强市场监管,配合有关单位维护好市场治安秩序。人民银行要指导、推动各金融机构的安全防范工作。铁路、交通、民航等部门要加强对车站、码头、机场和交通运输线路的治安管理,依法打击车匪路霸,完善治安防范机制,防止和减少交通安全事故,确保交通运输秩序良好。经济贸易、安全生产监督部门要指导和督促企业搞好安全生产、安全保卫,减少和防止安全隐患与事故,并配合有关部门加强企业周边地区的治安防范。卫生部门要加大公共卫生监督管理力度,保障人民群众的健康和生命安全。宣传部门要配合有关部门加大对社会治安防范工作的宣传力度,宣传先进事迹和先进典型,增强全体公民的治安防范意识。信访部门要结合业务工作,积极化解矛盾纠纷,及时向有关部门通报可能引发治安问题的信访信息。军队要组织开展各种形式的军民共建活动,组织民兵参与治安防范,支持、配合政府和有关部门搞好社会治安。武警部队要积极开展警民联防,加强治安巡逻,做好内卫执勤工作。工会、共青团、妇联等群众组织要充分发挥各自的优势,积极参与治安防范工作。

27. 各机关、团体、企事业单位要“管好自己的人,看好自己的门,办好自己的事”,采取有效措施,加强保卫组织建设,充实保卫干部队伍,明确职责任务,完善工作机制,做好内部安全保卫和治安防范工作。要加强对本系统的管理,指导、督促所属单位搞好治安防范。国有企事业单位要健全各项管理制度,做好职工的思想政治和法制教育工作。其他各类经济组织和社会组织也要确定人员负责治安防范,做好安全保卫工作。

28. 社会治安防范工作要坚持“属地管理”的原则。各机关、团体、企事业单位要服从所在地党委、政府在社会治安综合治理工作方面的领导,自觉接受有关部门的业务指导,积极主动地做好社会治安防范工作。各级社会治安综合治理委员会及其办公室,要加强调查研究和督促检查,指导、协调辖区内的机关、团体、企事业单位开展社会治安防范工作,促进治安防范措施的落实。

29. 进一步健全奖励和责任追究机制,加强督促检查和责任查究工作。各机关、团体、企事业单位都要确定治安责任人,负责本单位的治安防范工作,并落实责任制,定期进行检查考核,严格奖惩。机关、团体、企事业单位的法定代表人或主要负责人对本单位的治安防范负责,对因管理不善、防范措施不落实、失职渎职造成严重后果的，要追究法定代表人或主要负责人的责任，实行社会治安综合治理"一票否决"。

30. 各地、各部门要从实际出发，研究提出加强社会治安防范工作的措施，制定具体实施方案，并抓好贯彻落实。

（撰稿：李立新
审稿：宋新生　徐海波　王霖霖）

河　南　省

开展争创"全国综治先进省"活动的情况

省委、省政府高度重视社会治安综合治理工作，省委书记李克强、省长李成玉等领导同志多次主持召开会议，听取政法综治工作汇报，研究解决工作中的实际困难和问题，要求各级党委政府和有关部门在组织领导和人财物等方面向政法综治部门倾斜。2003年，李克强同志分别在《长安》杂志、《法制日报》、《河南日报》发表了《为人民群众创造安居乐业的社会治安环境》的署名文章，对进一步加大社会治安综合治理工作力度提出了重要的指导性意见。9月，中央综治委《省、自治区、直辖市社会治安综合治理工作考核评比标准》（综治委〔2003〕17号）下发和全国社会治安综合治理工作会议召开后，李克强同志分别于10月8日和11月14日两次主持召开省委常委会，听取省综治委工作汇报，研究我省的贯彻落实意见，提出了全面加强社会治安防控体系建设、争创"全国综治先进省"的奋斗目标，确定了扎实推进综治工作的具体措施。11月27日，省委、省政府下发了《关于全面推进社会治安防控体系建设，为实现中原崛起创造良好社会治安环境的意见》（豫发〔2003〕22号），决定从2004年起，省财政三年内每年安排600万元用于争创"全国综治先进省"和治安防控体系建设，并建立健全了工作机制。12月4日至5日，省综治委在焦作市召开全省综治工作会议，省综治委主任李清林、常务副主任张世军对大力加强社会治安防控体系建设、争创"全国综治先进省"工作进行了全面安排部署，提出了使全省社会治安工作在整体绩效上努力达到"四个领先"、"六个不发生"的具体要求（四个领先是指：打击严重刑事犯罪的工作在全国领先；社会治安综合治理六项基础性工作在全国领先；维护社会稳定工作在全国领先；公众安全感在全国领先。六个不发生是指：不发生在全国造成重大影响的人员伤亡和巨额资财损失的恶性案件；不发生在全国造成重大影响的涉黑涉恶犯罪案件；不发生在全国造成重大影响的群死群伤恶性治安事故；不发生在全国造成重大影响的群体性事件；不发生在全国造成重大影响的监管羁押场所异常案事件；不发生在全国造成重大影响的政法干警违法违纪案事件）。目前，全省各地各部门正在按照中央和省委、省政府、省综治委的部署，认真贯彻落实全省综治工作会议精神，结合本地本部门实际，采取有力措施，掀起争创活动的热潮。

实行社会治安综合治理领导责任制情况

一、加大暗访抽查力度

2003年，省综治委进一步改进综治工作百分考核办法，在组织省直10多个部门根据平时掌握情况考核评分的同时，决定将暗访分值由2002年的14分提高到30分，暗访次数也由1次增加到3次，采取随机确定被访单位、随机走访群众，与有关地区不联系、不接触，自乘公共交通工具、自理食宿的方式进行暗访抽查考核。暗访中共抽查了110个县(市、区)、128个乡(镇、街道办事处)的132个村(社区居)委会、110个居民住宅楼院、230个警务区、220个机关内部单位和164个集贸市场、119个中小宾馆、34个车站、17个工厂，走访群众6398人，并对各地公安"110"接处警情况进行了测试。同时，委托省统计信息咨询中心，采用国内先进的计算机辅助电话访问(CATI)系统，在全省开展了公共安全感调查，共访问市区、县城、农村不同地域的群众5024人，实现了传统方式与现代方式抽查的结合。各地也参照省里做法，加大暗访抽查力度。通过暗访，掌握了真实情况，拓宽了工作思路，密切了干群关系，促进了措施落实。

二、加大检查考核力度

年初，省综治委确立了综治工作目标，制定了"五抓"的具体措施，分解了任务，明确了责任；在平时暗访抽查考核的基础上，年终派出考核组进行集中考核。2003年12月22日至26日，受省政府目标办的委托，省综治委从成员单位和各地综治办抽调90余人组成18个考核组，采取"推磨"考核和听、查、看、访等形式，对18个省辖市的综治工作进行考核，共抽查63个县(市)区、128个乡镇(街道办事处)、126个治安模范单位、130个安全小区、141个居委会和警务区、263个行政村、136所学校、101个网吧(游戏室)、36个车站、38个宾馆(旅店)，走访群众2000余人。最后进行综合评分，提高了检查考核质量。各地也结合各自实际，组织了综治目标考核工作。一些地方还探索综治工作新办法，完善了综治目标管理体系。如三门峡市把对综治委成员单位的考核内容分为业务目标和共同目标，濮阳市实行综治委成员单位联系社区、年终述职和工作评议三项制度，加大了考核力度等。通过创新考核，促进了各项综治措施在基层的落实。

三、加大奖惩力度

年初，省政府拿出50万元对2002年完成综治目标先进省辖市和优秀综治办进行了表彰奖励，各地也表彰奖励了一批完成综治目标先进单位。2月和11月，省综治委、省纪委、省委组织部、省人事厅、省监察厅两次召开联席会议，对辉县市"3.24"雷管被盗案、平舆县"11.12特大系列杀人案"等6起重大社会治安案事件进行了通报查究。据统计，各地共对163个单位及相关治安责任人实行了一票否决，对1118起重大社会治安案事件进行了通报查究，对2141名治安责任人追究了党政纪责任，对1904个单位实行了黄牌警告。通过兑现奖惩，增强了各地、各部门领导抓综治、保平安的政治责任感。

"严打"整治斗争情况

全省政法机关本着什么犯罪突出就重点打击什么犯罪，什么治安问题严重就集中解决什么治安问题的原则,深入开展严打整治斗争,较好地维护了全省社会治安大局的平稳。一年来,先后在全省组织开展了以城市打“双抢”、农村打盗窃、交通沿线打击车匪路霸为主要内容的春季专项打击整治行动,以侦破“8.15”系列杀人案为龙头的夏季破案会战和以命案侦破为重点的冬季严打整治三个专项行动,取得了显著战果。一是破获了一批大要案件。全年共破获各类刑事案件160858起,抓获各类违法犯罪人员73085名。实行挂牌督办以来,公安部对省挂牌督办的10起刑事大案全部破获。先后成功破获了涉及广西、安徽和安阳、濮阳、商丘三市的特大拐卖人口案,涉及河南、山东、江苏三省十二市的特大系列盗抢保险柜案,涉及安徽、河南、河北、山东四省十一市的系列性杀人案,省委书记李克强批办的清丰县系列绑架小学生案,李成玉省长批办的京珠高速公路和郑汴洛高速公路系列洗劫长途客车案,漯河“9.30”特大抢劫邮政所案,汝阳“10.1”特大投毒案,开封尉氏“12.16”持枪纵火袭击长途客车案等一大批大案要案。二是打掉了一批严重犯罪团伙。全省共打掉犯罪团伙4003个,抓获团伙成员16613名。先后打掉了郑州以宋留根、马献洲为首涉及100余人、作案200余起、杀死15人的黑恶团伙,济源涉及25人、作案80余起、涉案总价值250余万元的盗窃机动车犯罪团伙,漯河以王顺堂为首的在京珠高速公路郑州至驻马店一线连续作案的车匪路霸团伙等。三是抓获了一批逃犯。进一步完善了网上“追逃”新机制,强化日常“追逃”工作,加大追捕力度,共抓获网上在逃人员3259名。四是严厉打击各类经济犯罪活动。积极参与整顿和规范市场经济秩序,组织开展了打击涉税犯罪、假币犯罪和打击非法传销等一系列专项打击整治活动,共破获各类经济犯罪案件2199起,抓获犯罪嫌疑人2800名,挽回经济损失3.03亿元。成功侦破了温家宝总理批办的许昌“6.11”特大虚开货运发票19.2亿元案,省政府交办的中国泛海控股有限公司抽逃我省民生证券3.6亿元资金案和中原证券上海营业部被诈骗案,省领导关注的省农行4000万元资金被骗案,工商银行华信支行涉案1.3亿元的票据诈骗案。目前,公安部挂号督办的18起经济犯罪大案已全部破获。

社会治安管理和防范工作情况

一、进一步增强了社会治安防控能力

全省政法综治部门继续坚持打防并举、标本兼治的方针,在抓好打击的同时,大力加强安全防范工作。一是继续推进警务区建设,全省共建成社区警务室1245个,驻村警务工作站4411个,组建各类群众性治安巡防组织11万个59万余人,其中专业巡防队1.3万个7.8万人,较去年成倍增加。二是继续强力推进快速反应机制建设,进一步完善各级公安机关的指挥体系、巡逻体制、卡点建设和处置预案,公安机关快速反应、有效处置能力进一步提高。2003年全省公安机关通过快速反应破案3.3万起,抓获犯罪嫌疑人1.5万名。三是大力加强派出所规范化建设,开展派出所工作创优晋级活动,派出所工作保障力度、警务规范化建设、基层基础工作有所加强。

二、进一步加强了重点方面的治安管理和安全防范工作

一是进一步严格了民爆器材和烟花爆竹、危险化学品的安全监督管理。集中整顿爆破公司,规范爆破市场秩序;实施工业雷管统一编号生产和编号管理,规范了农村传统烟花爆竹生产;依法严厉打击各种涉爆涉毒违法犯罪活动,严肃查处了一批案(事)件。二是进一步加大了消防安全监督管理的力度。省政府办公厅印发了《关于切实做好城市社区消防工作的意见》,使消防工作在社会消防安全责任制、公安派出所分级管理、城镇消防规划编制、城市社会消防建设等基础性工作方面实现了突破。省政府将消防工作纳入政府综合目标,制定了《河南省消防工作目标考核办法》,并组织有关部门开展了以公众聚集场所、易燃易爆单位为重点的一系列消防安全检查和专项治理。全省共检查单位 23048 个,发现隐患 27651 处,督促整改 23757 处。2002 年全省公众聚集场所遗留的 1426 处重大火灾隐患,已整改或正在整改 1200 余处。全年火灾事故、死亡、受伤三项指数,分别比上年同期下降 17.9%、20.9%、24.7%。三是强化交通管理。开展了整治交通秩序、减少交通事故百日行动,以及摩托车专项整治、高速公路专项治理、预防交通事故路口减速行动三项治理,深入创建“平安大道”,实施“畅通工程”。全年事故起数、死、伤人数分别比上年同期下降 18.1%、13% 和 17%,死亡人数与上年相比,减少了 841 人。四是完成了重大活动的安全保卫任务。确保了全国、全省“两会”和省九运会、足球甲 B 联赛、洛阳牡丹花会、开封菊花节、郑交会、2003 中国北方旅游交易会、客属恳亲大会等文体、经贸活动的顺利进行。在全省大力开展了各项治安专项整治。组织开展了企业周边治安环境专项治理、油田企业区域治安环境治理、学校及周边治安秩序专项治理、打击窃电和破坏电力通信设施等多项治安专项整治,有效维护了相关区域的治安稳定。

社会治安综合治理基层基础建设情况

2003 年,省坚持走社会治安综合治理法制化、规范化道路。针对城市违法犯罪活跃的特点,继续实施社会治安城市城镇辐射带动战略,巩固、完善、深化、提高“抓省会郑州”的工作成果,并组织各地重抓城市城镇的社会治安,形成了以城市城镇为中心、城乡联动的治安防控网络,促进了全省的稳定,实现了中央提出的社会治安取得新的明显进步的目标,全省社会治安秩序好转,群众满意度提高。据统计,2003 年与 2002 年相比,全省社会治安的主要指标刑事案件发生数下降 20.5%、治安案件数下降 9.5%、交通事故数下降 18.1%、火灾事故数下降 17.9%,群众对社会治安的满意和基本满意率由 3 月的 89.9%上升到 9 月的 93.7%。

一、推进全省治安防控体系建设法制化、规范化

省人大常委会通过了《河南省社会治安综合治理条例》,有力地推动了全省社会治安综合治理工作的法制化进程。按照中办〔2002〕26 号文件精神,省综治委在认真总结近年来省综治工作经验、借鉴外地成功做法并广泛征求意见基础上,制定了《河南省社会治安综合治理委员会关于加强社会治安防范工作的实施意见》,提请省委、省政府以“两办”文件转发(豫办〔2003〕33 号),规范和创新了全省的社会治安防范工作。同时,按照省委、省综治委领导的要求,省综治办组织人力,深入基层进行调研,召开综治、公安、司法行政等系统大型座谈会 3 次,群策群力,集思广益,代拟了《关于全面推进社会治安防控体系建设,为实现中原崛起创造良好社会治安环境的意见》,提请省委常委会通过,以省委、省政府文件下发(豫发〔2003〕22 号),进一步推动了全省的治安防控体系建设。

二、推进省会成为全省社会治安防控“首善之区”

省综治委实施省、市联动,推进省会的社会治安综合治理工作。省综治委领导多次深入到郑州市基层单位,对城中村和农村乡镇治安等问题进行调研,提出了对策。11 月 5 日,省综治委组织省公安厅、郑州市公安局联合开展了“河南郑州卫士——2003”反恐怖演习,检验反恐应急机制,锻炼了反恐队伍。12 月 26 日,省综治委和郑州市综治委联合召开了省会“双节”安全保卫暨冬季严打“狂飙行动”动员大会。经过省、市两年多的共同努力,省会初步建成了以“四严”(严打、严管、严防、严治)、“四快”(报警快、接警快、出警快、处警快)、“四保”(组织保障、经费保障、制度保障、社会保障)为特征的网络严密、反应快速、机制长效的全方位、立体式治安防控体系,治安防控能力有了明显提高。2003 年与 2002 年相比,郑州市刑事案件、治安案件分别下降 28.7%、16.9%,基本实现了省委领导提出的把郑州市建设成全省“首善之区”的目标。在2003年全国社会治安综合治理工作会议上，郑州市就解决城中村治安难题作了典型发言。

三、推进全省各地治安防控工作上水平

省综治委在首抓省会治安防控工作的同时，通过鼓励先进、鞭策后进、推广典型、正确引导等措施，实施辐射带动战略，积极推进其他省辖市的工作，在全省上下初步形成了你追我赶、争创综治工作先进省辖市的良好局面。各地因地制宜，全面落实社会治安综合治理措施，并不断推出新举措，下大力气解决困扰综治工作深入开展的难点问题。一是制定了规范性文件。焦作、许昌、新乡市委、市政府分别制定了加强城区治安防范工作的意见、加强社会治安防范控制“三个网络”建设的意见、创建“安全城市”活动方案；驻马店市委、市政府连续出台了关于加强社会治安综合治理基层基础工作的实施意见、关于全面加强社会治安防控体系建设的实施意见、关于社会治安综合治理工作责任制的若干规定；南阳、信阳市委、市政府分别制定了加强治安防范工作的意见；三门峡、濮阳、洛阳、平顶山市综治委分别制定了推进“天网工程”、开展社区治安大联防、实施“科技创安”工程、加强治安防控体系建设的意见等，推动了综治工作的开展。二是建立了经费保障机制。各省辖市都把综治专项经费、群防群治补贴专项经费列入财政预算，作出了具体规定。商丘、焦作、驻马店市还决定拿出500万、600万、1000万元用于治安防控体系建设。三是加强综治机构建设。商丘、周口、驻马店等地由党委书记担任了综治委主任。三门峡、商丘、安阳、开封、新乡等省辖市加强了市综治办建设，增设了内部机构，尤其是商丘市、县两级综治办实行编制单列，市综治办内设机构增加到了4个科15人。鹤壁、信阳、周口、驻马店等省辖市对基层综治办人员的配备作出了明确规定。济源、漯河等省辖市也充实了综治力量，确保了综治工作在基层有人抓、有人管。全省综治工作呈现出蓬勃发展的良好态势，确保了社会治安大局平稳。

省综治办发挥职能作用及综治宣传工作情况

一、建立“学习型综治办”

省综治委领导非常重视综治办建设，提出了适应新形势发展需要，建立“学习型综治办”的目标。省综治办完善了学习例会、工作周报、月报和责任编辑等制度，工作逐步走上规范化轨道，效率和质量有了明显提高。10月22日在鄢陵县召开全省综治办主任研讨会，对综治实践中的热点难点问题进行了研讨。省综治办还把四年来省和各省辖市社会治安防范方面的重要文件和去年全省社会治安综合治理工作会议上交流的经验汇编成册，用于指导工作。

二、加强组织协调

省综治办先后筹备召开省综治委全会、全省综治工作会议、查究会等重要会议8次，组织协调完成了省维护社会治安见义勇为基金会的换届工作，召开了第二届理事会第一次会议，圆满召开了全省第七次见义勇为表彰大会。协助省人大常委会内司委、法委做好《河南省社会治安综合治理条例》的立法调研工作。会同省委组织部、省建设厅、团省委、省司法厅等部门联合下发文件，明确了有关部门参与社会治安综合治理工作的职能。

三、加强调研督导

省综治办先后就农村盗窃耕牛问题、郑州市城中村治安问题、登封少林寺景区综合治理、洛阳市专群结合加强快网建设、鹤壁市矛盾纠纷排查调处等进行了专题调研，对河南大学等高校周边环境整治工作进行了督查，并多次参与执法大检查和稳定问题督查等工作。

四、推广典型经验

总结推广了焦作市运用现代科技建立治安形势评估体系、实施社会治安每周播报制度、废旧收购行业集中管理经验，推广了三门峡市“天网工程”建设，许昌市“三网”建设，商丘市构建治安防控责任区，南阳市推行治安防范承包责任制，漯河市推进非公有制经济组织治安综合治理等50多个经验，其中6份在全国综治工作会议上印发，39份在全省综治工作会议上交流。

五、拓宽综治宣传

一是利用新闻媒介宣传。多次在光明日报、法制日报、河南日报和《中国党政干部论坛》、《长安》杂志等报刊发表署名文章，在综治理论上进行探索创新，宣传了河南综治工作。二是开展综治好新闻奖评选活动。组织开展了全省社会治安综合治理好新闻奖评选活动，共评出获奖作品63个，向全国推荐15件，获全国综治好新闻奖4件，调动了新闻界宣传综治工作的积极性。三是广辟宣传渠道。年初组织各级综治办开展见义勇为明信片的发行，宣传了见义勇为事业，2—3月份开展了形式多样的集中宣传活动，4月份宣传表彰全省"严打"整治斗争先进集体50个、先进工作者100名，7月份宣传表彰全省人民满意的政法单位100个、政法干警200名，10月份以后按照中央综治办的要求，向各地赠送了全国"严打"整治斗争成果展挂图，并开展了该成果展标准展板巡展活动。四是积极做好《法制日报》、《长安》杂志、《河南法制报》、《中国社会治安综合治理年鉴(1999—2000年卷)》的征订发行工作和《中国社会治安综合治理年鉴(2001—2002年河南卷)》的组稿工作。全省共征订发行《长安》杂志27000多册，综治工作《年鉴》1200多套。

社会治安综合治理理论研究情况

10月8日，省综治办组织调研组先后到司法行政、公安、综治委成员单位进行调研，就全面推进社会治安防控体系建设的意义、指导思想、总体要求和工作重点等问题，广泛征求来自一线干警和有关人员的意见。通过调研，大家进一步认识到，综治工作要适应社会主义市场经济深入发展、民主法制建设不断推进、社会信息化加快的新形势，就必须建立党委、政府直接领导，综治机构统一协调，以公安机关为骨干，以群防群治力量为依托，以社会面、居民区和内部单位的防范工作为基础，以案件多发的人群、区域、时段、行业为重点，专群结合、点线面结合、人防物防技防结合的现代化社会治安防控体系，在城乡整个地域范围内，形成全方位、全时空、多层次，打击、防范、控制一体化的工作机制。在调研成果基础上，省综治委提出，要建立健全治安形势分析评估预警和工作决策机制，增强打击犯罪的针对性，保证办案经费，及时开展整治乱点活动，完善"严打"经常性工作机制，做到打击有力；要完善矛盾纠纷排查网络，按照预防为主、教育疏导、依法处理、防止激化的原则，把排查调处矛盾的重点放在基层，把问题解决在萌芽状态，完善社会治安防范网络，做到防范严密；要健全社会治安信息网络，推进110指挥中心现代化，健全快速反应有效处置机制，做到控制有效；同时要切实加强领导，确保社会治安防控体系建设措施落实，强化激励制约机制，加强法制建设，推进社会治安防控体系制度化、规范化。

10月21日至22日，为认真贯彻落实党的十六届三中全会精神、全国社会治安综合治理工作会议精神，省综治办在许昌市召开了全省综治办主任研讨会，就全面推进社会治安防控体系建设，争创"全国综治先进省"，为实现中原崛起创造良好社会治安环境进行了全面、细致的研讨。会议认为，全面推进社会治安防控体系建设，维护良好的社会治安秩序，确保广大人民群众安居乐业，是巩固和扩大"严打"整治斗争成果的迫切需要，是全面建设小康社会的重要内容和前提保障，是贯彻落实"三个代表"重要思想的具体体现。会议要求，全省各级综治组织要认真学习党的十六届三中全会精神和全国社会治安综合治理工作会议精神，广泛深入开展治安防控体系建设的宣传工作，使社会各界和广大人民群众积极投身于社会治安综合治理和治安防控体系建设中，为争创"全国综治先进省"和实现中原崛起创造良好的社会环境作出应有的贡献。

预防青少年违法犯罪情况

2003年，省各级党委、政府和各级政法综治部门高度重视预防青少年违法犯罪工作，通过各种方式积极推进这项工作的深入开展，取得了明显成效。充分发挥综治成员的职能作用，省综治办与省教育厅、司法厅、团省委等部门联合下发了加强青少年学生法制教育的若干意见，组织观看预防青少年违法犯罪警示片，加强中小学生毒品预防教育，举办了“为了明天——河南省预防青少年违法犯罪展览”巡展活动，开展了“法律进社区”、优秀“青少年维权岗”和“杰出(优秀)青年卫士”评选等活动，推广了临颍县创办法律援教学校、对闲散青少年和轻微违法青少年进行法制教育和技能教育的经验。6月26日，省综治委预防青少年违法犯罪工作领导小组召开会议，全面部署全省预防青少年违法犯罪工作。12月25日，省综治办与省文化厅、公安厅、工商局、教育厅、通信管理局等部门联合在全省开展了娱乐场所和互联网上网服务营业场所专项治理。进一步加强对青少年的法制宣传教育，在全省中小学生中开展了“学习《青少年法制教育读本》、争做遵纪守法小公民”征文比赛活动，举办了“预防青少年违法犯罪”展览等。

刑释解教人员的安置帮教工作情况

2003年，省各级综治、司法、公安等部门密切配合，按照“帮教社会化、就业市场化、管理信息化、工作职责法制化”的要求，采取有力措施，切实做好新时期刑释解教人员的安置帮教工作。一是改进和加强对刑释解教人员的衔接管理工作。重点加强对刑释解教人员出狱所后直接流散于社会、不落户或人户分离以及“三假”人员的查找等管理工作，减少刑释解教人员的脱管漏管。二是积极动员和组织社会力量参与帮教工作。发挥社区管理的功能，因地制宜地开展刑释解教人员的社区教育活动。三是积极引导、扶持刑释解教人员就业。加强与劳动保障部门的联系，联合开展多种多样的职业技能培训，增强刑释解教后就业谋生的能力。加大宣传力度，消除社会对刑释解教人员的偏见和就业歧视，实行社会救助，对生活困难的刑释解教人员，按有关规定纳入低保范围。四是加强与民政、劳动和社会保障、财政、税务、工商管理、银行、共青团、妇联等安置帮教有关部门的联系和沟通，共同做好安置帮教工作。

矛盾纠纷排查调处工作情况

全省各级党委、政府和各级政法综治部门正确处理改革发展稳定的关系，高度重视人民调解工作，充分发挥社会治安第一道防线的作用，积极预防和化解各种矛盾纠纷，取得了明显的社会效果。一是抓好人民调解工作的制度化、规范化建设。认真落实中办国办、最高人民法院、司法部关于人民调解工作的三个规范性文件和全国人民调解工作会议精神，以省委、省政府两办文件转发了省高级人民法院、省司法厅制定的《关于进一步加强新时期人民调解工作的意见》，推动了人民调解工作的法制化和规范化。二是进一步深化人民调解制度改革。对现有人民调解组织进行规范，达到名称、印章、标识、程序、文书"五统一"。建好乡(镇)和村(居)人民调解委员会，积极发展区域性、行业性的人民调解组织，延伸人民调解工作触角，扩大人民调解组织的覆盖面。同时，加强与人民法院的合作，建立工作联系、错案告知和业务指导制度，进一步规范人民调解协议，做到依法调解，确保人民调解协议的法律效力，使人民调解更好地与诉讼制度相衔接。三是认真排查调处社会不安定因素。坚持突出重点，深入分析可能或已经产生的社会矛盾，及时掌握动向，适时开展矛盾排查调处工作。对于产生社会矛盾较多，问题复杂的重点区域、重点单位和重点时期，认真剖析原因，制定切实可行的措施。及时发现矛盾纠纷的隐患和苗头，及时化解处理，努力防止因民间纠纷激化引发刑事案件、群体性械斗和群体性上访。四是建立一支较高素质的人民调解员队伍，调整充实现有的调解人员，加强对人民调解的培训工作，逐步实现人民调解人员知识化、专业化，切实提高调解率、调解成功率和协议履行率。

铁路护路联防工作情况

按照中央综治委和省铁路护路联防工作小组的安排部署，郑州铁路局、省军区与全省政法综治部门共同开展了民兵护路和地铁联防，进一步加强了铁路护路工作，保障了我省境内铁路的安全畅通。8月15日，全省铁路护路联防第七次工作会议对该项工作进行了再部署，促使该项工作再上新台阶。一是强化综治责任制，认真落实综合治理各项制度和工作措施。年初，铁路局党委把治安综合治理责任目标纳入到全局资产经营责任考核范围，并与各分局党政一把手签订了《郑州铁路局经营责任书》，把治安综合治理工作的实绩作为考察、使用干部评先表彰的重要依据。二是硬起手腕抓整改。对突出治安问题，坚持进行分析，下发整改通知书和实行领导交办制度，督促发案单位制定整改措施，强化内部治安防范，杜绝类似案件的发生。三是加大投入，完善措施。在治安综合治理工作上舍得投入，增强内部治安防范能力。洛阳分局投资50余万元，在关帝庙车站安装了电视监控，郑州分局月山车辆段、机务段、郑州供电段从内部治安防范入手，自筹资金安装了内部监控系统，利用监控设备对厂区实行昼夜监控，取得了明显的效果。四是加大铁路治安综合治理宣传力度。在中共中央、全国人大常委会、国务院关于加强社会治安综合治理两个《决定》颁布十一周年之际，全局各单位充分运用多种形式，大张旗鼓地宣传两个《决定》的内容和《中共中央、国务院关于进一步加强社会治安综合治理的意见》，使全局干部职工对加强社会治安综合治理工作有了进一步的认识。

流动人口治安管理情况

针对流动人口管理服务性收费取消后，流动人口管理服务工作面临的新形势、新问题，省综治办与省公安、财政、地税等部门联合下发了《关于进一步加强暂住人口管理工作的意见》，对解决暂住人口管理经费不足等问题作出了具体规定。同时大力推进户籍管理制度改革，规范暂住人口管理；进一步取消城镇入户限制条件，实行以实际居住地登记户口的政策；实行有利于吸引人才和资金的户口迁移政策，放宽城市在吸引投资、购房落户等方面的条件限制；加快城镇及近郊区无地、少地农民的转户步伐。

综治委成员单位参与综治工作情况

省综治委各成员单位根据省综治委的部署，按照“谁主管谁负责”和“抓系统、系统抓”的要求，充分发挥职能作用，积极参与社会治安综合治理。全省公安机关先后开展了“冬防”、“冬打”、“春季专项打击整治”、“夏季破案会战”等一系列集中打击和重点整治行动，破获各类刑事案件160858起，打掉犯罪团伙4003个；检察机关批捕51798人，起诉44659人；审判机关依法判刑43646人；司法行政机关加强对服刑在教人员的教育改造；国家安全机关加强人民防线建设，防范和打击敌对势力、敌对分子的渗透破坏活动。政法各部门加强协作配合，充分发挥主力军作用，有力地打击了各种犯罪活动。省军区有关部门组织民兵参与维护社会治安和铁路护路工作，武警部队参与处置突发事件，公安消防部队开展消防安全专项治理，各级防范和处理邪教问题办公室做好法轮功练习者的教育转化，纪检、监察部门认真查究重大社会治安案事件，组织部门加强基层组织建设，宣传、广电部门加强综治宣传报道，财政部门做好政法综治部门经费保障，人事部门做好政法综治先进的表彰，民政部门做好城市低保、生产救灾和群众自治组织建设，劳动和社会保障部门做好社会保障，发展改革、教育、铁路部门开展大中型企业周边地区、学校及其周边地区、铁路沿线治安问题的专项治理，文化、新闻出版部门加强文化和出版市场管理、开展“扫黄打非”斗争，信访部门依法治访，民族宗教部门开展非法宗教专项治理，建设部门解决拖欠工程款和拖欠农民工工资问题，工商行政管理部门参与整顿和规范市场经济秩序，农业部门加强农村集体财务和农民负担的监督管理，卫生部门整顿医疗市场，国土资源部门做好土地权属争议调处工作，旅游管理部门整顿旅游市场，人民银行加强金融系统安全防范监督检查，工会对困难职工进行帮扶，共青团组织开展青少年维权活动，妇联维护妇女儿童的合法权益，政府法制、交通、信息产业、质量技术监督、药品监督管理、海关、计划生育、林业、水利、民航、保监会等部门和组织都结合各自实际，积极发挥职能作用，为全省稳定作出了贡献。针对流动人口管理服务性收费取消后，流动人口管理服务工作削弱的实际，省综治办与省公安、财政、地税等部门联合下发了《关于进一步加强暂住人口管理工作的意见》，对弥补暂住人口管理经费不足等问题作出了具体规定。为有效预防青少年违法犯罪，省综治办与省教育厅、司法厅、团省委等部门联合下发了加强青少年学生法制教育的若干意见，组织观看预防青少年违法犯罪警示片，加强中小学生毒品预防教育，举办了"为了明天——河南省预防青少年违法犯罪展览"巡展活动，开展了"法律进社区"、优秀"青少年维权岗"和"杰出(优秀)青年卫士"评选等活动，推广了临颍县创办法律援教学校、对闲散青少年和轻微违法青少年进行法制教育和技能教育的经验。6月26日，省综治委预防青少年违法犯罪工作领导小组召开会议，部署了全省预防青少年违法犯罪工作。12月25日，省综治办与省文化厅、公安厅、工商局、教育厅、通信管理局等部门联合在全省部署开展了娱乐场所和互联网上网服务营业场所专项治理。

综治委组织或参与的有关工作

2003年，河南省综治委紧紧围绕工作大局，按照省委、省政府的安排部署，充分发挥职能作用，创造性地开展了各项工作，为改革开放和经济建设作出了应有贡献。

一是积极参与抗击"非典"斗争。面对突如其来的"非典"疫情，4—6月，省综治委、省委政法委组织政法综治战线积极投入抗击"非典"斗争。省综治办制定下发了《关于积极参与非典型肺炎防控工作的通知》，对非典防治工作进行专题部署。省综治委、办领导多次赴"非典"防治一线检查指导工作。各级政法综治组织和综治委成员单位充分发挥综合治理齐抓共管、群防群治组织覆盖面广、基层信息网络健全的优势，动员政法综治力量、基层群防群治队伍和人民群众参与抗击"非典"斗争，打击借"非典"疫情实施的各种违法犯罪活动，强化宣传教育，严格管理，严密防范，为抗击"非典"作出了积极贡献。

二是积极参与驻村工作。为解决农村突出治安问题，2003年4月，省综治委组织各地排查出454个治安混乱村，经与省驻村办协商，作为第三批驻村工作队进驻的重点村。省委政法委、省综治办专门为省直机关驻村干部印发了《深入开展社会治安综合治理，为农村全面建设小康社会创造和谐稳定的社会环境》的辅导材料，对驻村队员帮助政法部门解决所驻村的突出治安问题，开展"法律进村、服务连心"活动，深入开展矛盾纠纷排查调处、深化基层安全创建活动等提出了具体要求。目前，绝大多数的乱村治安状况都已明显好转。

三是积极参与优化经济发展环境工作。省综治委组织各地各部门开展了治安混乱地区排查整治，共排查出乱点892个，整治好814个；开展了企业及其周边地区、铁路和交通沿线、学校及其周边地区治安环境专项整治，整治率分别达到91%、89%、85%，并出现一大批由乱到治的典型；开展了矛盾纠纷排查调处工作，共排查出149611起，调处146063起，调处率达到97.6%。通过这些措施，消除了大批治安隐患，化解了大量社会矛盾，促进了社会的和谐稳定。

河南省社会治安综合治理委员会组成人员名单

2003年9月10日，根据省委《关于调整省社会治安综合治理委员会负责同志的通知》(豫文〔2003〕114号)，省综治委决定对其组成人员进行调整。

主　　任　李清林(省委副书记、省纪律检查委员会书记)

常务副主任 张世军(省委常委、省委政法委书记)

副　主　任 李志斌(省人大常委会副主任)

刘新民(省政府副省长)

郭国三(省政协副主席)

于桂生(省军区副政委)

李道民(省高级人民法院院长)

王尚宇(省人民检察院检察长)

委　　　员 尹宏隽(省委常务副秘书长)

李庆贵(省政府副秘书长)

王田海(省委政法委副书记)

张国臣(省委政法委副书记)

王建西(省委政法委副书记)

李承先(省委政法委副书记、省委防范和处理邪教问题领导小组办公室主任)

马修道(省综治办专职副主任)

朱业祥(省纪律检查委员会副书记、监察厅厅长)

臧安民(省委组织部副部长)

马正跃(省委宣传部常务副部长)

张大卫(省发展计划委员会主任)

蒋笃运(省教育厅厅长、省委高校工作委员会书记)

陈振江(省民族事务委员会主任、省政府宗教事务局局长)

张程锋(省公安厅厅长)

孙世海(省公安厅副厅长)

陶大为(省国家安全厅厅长)

孙培新(省民政厅厅长)

郭俊峰(省司法厅厅长)

赵江涛(省财政厅厅长)

王　平(省人事厅厅长)

朱天宝(省劳动和社会保障厅厅长)

林景顺(省国土资源厅厅长)

安惠元(省交通厅厅长)

查　敏(省建设厅厅长)

苏福功(省信息产业厅厅长)

张海钦(省水利厅厅长)

张广智(省农业厅厅长)

赵顼霖(省林业厅厅长)

郭俊民(省文化厅厅长)

马建中(省卫生厅厅长)

孟宪臣(省计划生育委员会主任)

赵景春(省广播电影电视局局长)

米剑峰(省工商行政管理局局长)

刘海程(省新闻出版局局长)

包建民(省质量技术监督局局长)

李松武(省药品监督管理局局长)

梁铁虎(省旅游局局长)

裴建中(省信访局局长)

董　豪(省政府法制办公室主任)

王尊民(武警河南省总队总队长)

赵子新(武警河南省消防总队总队长)

桑金科(省总工会常务副主席)

李　亚(共青团河南省委员会书记)

杨　云(省妇女联合会主席)

杨子强(中国人民银行郑州中心支行行长)

祝平球(民航河南省管理局局长)

赵吉斌(郑州铁路局局长)

周冀中(郑州海关关长)

欧　伟(中国保监会郑州特派员办事处主任)

省综治委下设办公室,与省委政法委合署办公。办公室主任:张国臣(兼),办公室副主任:马修道(专)、孙世海(兼)。

中共河南省委办公厅　河南省人民政府办公厅关于转发《河南省社会治安综合治理委员会关于加强社会治安防范工作的实施意见》的通知

（2003年9月18日）

各省辖市党委和人民政府，省委各部委，省直机关各单位，省管各企业和高等院校，各人民团体：

《河南省社会治安综合治理委员会关于加强社会治安防范工作的实施意见》已经省委、省政府同意，现转发给你们，请结合本地、本部门实际，认真贯彻执行。

河南省社会治安综合治理委员会关于加强社会治安防范工作的实施意见

为认真贯彻落实党的十六大精神，努力实践"三个代表"重要思想，为我省全面建设小康社会，加快推进社会主义现代化创造良好的治安环境，根据《中共中央、国务院关于进一步加强社会治安综合治理的意见》（中发〔2001〕14号）和《中共中央办公厅、国务院办公厅关于转发〈中央社会治安综合治理委员会关于加强社会治安防范工作的意见〉的通知》（中办发〔2002〕26号）精神，结合我省实际，就加强社会治安防范工作提出如下实施意见。

一、指导思想和主要任务

1. 社会治安防范工作的指导思想是：以邓小平理论和"三个代表"重要思想为指导，落实"打防结合，预防为主"的方针，坚持专门机关工作和群众路线相结合，把社会治安防范与推进社区建设、加强社会管理和精神文明建设紧密结合起来，以强化基层治安防范为重点，发动社会各方面力量，采取各种行之有效的办法，把社会治安综合治理各项措施落到实处，确保社会治安秩序持续稳定，为我省全面建设小康社会创造良好的社会治安环境。

2. 社会治安防范工作的主要任务和总体目标是：在各级党委、政府的统一领导下，充分发挥社会治安综合治理机构的组织协调作用和政法机关及各有关部门的职能作用，全面推进社会治安防控体系建设，加快社会治安防范现代化进程，建立和完善维护社会稳定的长效工作机制和保障机制，落实各机关、团体、企事业单位的治安防范责任，强化基层组织建设和基层基础工作，组织发动社会各方面力量开展群防群治，认真落实社会治安防范措施，预防、控制和减少违法犯罪，为促进我省经济社会快速发展创造良好的、人民满意的社会治安秩序。

二、健全制度，促进齐抓共管局面的形成

3. 各级社会治安综合治理委员会成员单位要充分发挥职能作用。综治委成员单位都与社会治安防范有着密切的关系，负有义不容辞的责任，要按照"谁主管谁负责"和"抓系统、系统抓"的要求，狠抓本单位、本系统治安防范各项措施的落实，并密切配合，共同做好社会治安防范工作。各级防范和处理邪教问题办公室要积极组织社会各界同法轮功等邪教组织作斗争，做好教育转化工作，教育、挽救绝大多数法轮功练习者；密切注意法轮功邪教组织的苗头和动向，做到防患于未然；始终保持高压态势，依法打击法轮功邪教组织的违法犯罪活动；积极开展全民教育，努力营造“崇尚科学、反对邪教”的社会氛围。教育部门要加强对在校学生的思想品德和法制教育，深入开展创建安全文明校园活动，健全学校治安保卫组织，会同有关部门加强对学校及其周边地区的整治和管理，建立和完善长效机制。民政部门要加强城乡基层群众性自治组织建设，加强社区建设，强化对各种社会团体的管理，加强城市生活无着的流浪乞讨人员的救助管理工作，保障困难群众和特殊困难群体的基本生活，维护社会稳定。劳动和保障部门要做好促进就业和再就业工作，建立健全劳动关系协调机制，加强社会保障工作，减少不稳定因素。建设部门要结合城市总体规划的制定和实施，推进社会治安防范设施建设，指导物业管理公司参与社区治安防范工作。信息产业部门要加强邮政、电信通信的安全保卫工作，与有关部门一起搞好计算机互联网络的管理。广播电视部门要配合有关部门，做好广播电视设施保护工作，有效防范各种破坏活动。文化部门要加强对文化市场和娱乐场所的管理，新闻出版部门要加强对出版业和出版物市场的监管，在有关部门配合下，加大“扫黄打非”的力度，净化社会文化环境。工商行政管理部门要加强市场监管，配合有关单位维护好市场治安秩序。人民银行和银监会要指导、推动各金融机构的安全防范工作。铁道、交通、民航等部门要加强对车站、码头、机场和交通运输线路的治安管理，依法打击车匪路霸，完善治安防范机制，防止和减少交通安全事故，确保交通运输秩序良好。国资和经济贸易部门要指导和督促企业搞好安全保卫，减少和防止安全隐患与事故，并配合有关部门加强企业周边地区的治安整治、管理和防范。卫生部门要加大公共卫生监督管理力度，保障人民群众的健康和生命安全。宣传部门要配合有关部门加大对社会治安防范工作的宣传力度，宣传先进事迹和先进典型，增强全体公民的治安防范意识。信访部门要结合业务工作，积极化解矛盾纠纷，及时向有关部门通报可能引发治安问题的信访信息。军队要组织开展各种形式的军、警、民共建活动，组织民兵参与治安防范，支持、配合政府和有关部门搞好社会治安。武警部队要积极开展警民联防，加强治安巡逻，做好内卫执勤工作。工会、共青团、妇联等群众组织要充分发挥各自的优势，积极参与治安防范工作。

4. 建立综治委成员单位工作检查、报告和评议制度。各级综治委要对成员单位参与治安防范工作的情况进行督促检查，适时召开全体会议听取各成员单位对本单位、本系统开展治安防范工作的汇报，并进行评议。

5. 落实机关、团体、企事业单位的治安防范措施。各机关、团体、企事业单位要按照“属地管理”和“谁主管谁负责”的原则，自觉服从所在地党委、政府领导，主动做好治安防范工作，“管好自己的人，看好自己的门，办好自己的事”，切实加强内部保卫组织建设，充实保卫力量，明确职责任务，健全工作制度，并指导督促所属单位搞好治安防范。国有企事业单位要健全各项管理制度，做好职工的思想政治工作和法制教育工作。其他各类经济组织和社会组织也要确定人员负责治安防范，做好安全保卫工作。各级综治委及其办公室，要加强调查研究和督促检查，指导、协调辖区内的机关、团体、企事业单位落实治安防范各项措施，形成齐抓共管的局面。

三、因地制宜，实现社会治安防范形式多样化

6. 政法部门特别是公安机关要充分发挥治安防范的主力军作用。要逐步建立党委政府直接领导，综治机构统一协调，以公安机关为骨干，以群防群治力量为依托，以社会面、居民区和单位内部的防范工作为基础，以案件多发的人群、区域、行业、时段为重点，专群结合、点线面结合、人防物防技防结合的现代化社会治安防范体系。公安机关要大力推进社会治安防控体系建设，切实加强治安防范工作。充分利用现代科学技术，加快信息传递，提高决策和指挥效率，完善快速反应有效处置机制，加强110报警服务、巡警和治安卡口建设，最大限度地把警力放在维护社会治安的第一线，扩大对社会面的防控范围，增强防控效果。改革和加强派出所工作，在城市要大力实施社区警务战略，把更多的警力放到社区，在农村要推广民警驻村、巡访、包片等制度，把工作重点放在管理、防范、服务和密切警民关系方面。要加强对枪支弹药、易燃易爆物品、民用爆炸物品、有毒有害物品的管理，严格落实责任制，防止被盗和流散到社会，对非法生产、买卖、储存、持有和使用这些物品的，要依法查禁取缔，严厉打击。要采取安装监控设施等现代化手段，加强城乡结合部、金融机构、特种行业、公共复杂场所等重点地区、单位和要害部位的管理和技术防范，加强对夜间等重点时段的值更巡逻，减少治安隐患。要按照现居住地管理的原则，加强对实有人口的有效管理。依法加强对假释和监外执行罪犯的监管工作。要加强对机关、团体、企事业单位治安保卫工作的指导和监督，把各项防范措施落到实处。要加强地区间的协作配合，建立完善社会治安防范机制。检察机关要充分行使检察职能，严厉打击严重刑事犯罪，严惩贪污、贿赂等经济犯罪活动；认真查处“侵权”、渎职犯罪案件；加强法律监督工作。审判机关要行使审判职能，依法严惩严重危害社会治安的刑事犯罪分子和严重经济犯罪分子；依法调节各种法律关系，及时化解各类矛盾纠纷，防止矛盾激化；进一步加大执行力度，确保生效判决得到及时执行。检察、审判机关还要结合批捕、起诉和审判工作，善于发现社会治安防范工作的漏洞，及时发出检察建议和司法建议，督促有关单位健全规章制度，完善防范工作机制。司法行政部门要加强监狱和劳动教养场所的管理工作，提高教育改造和教育挽救工作质量，与有关部门密切配合，积极做好刑满释放和解除劳动教养人员的安置帮教工作。加强人民调解工作，大力开展法制宣传教育，加强法律服务和法律援助工作。政法各部门要加强协作配合，及时沟通信息，解决执法过程中存在的问题，形成社会治安防范工作的合力。

7. 组建社区巡防队。社区巡防队是由政府出资、综治机构和公安机关管理指导的城市社区专业群众防范力量。每个社区要有一支巡防队。巡防队员从下岗职工、失业人员和提前离岗的干部职工及其他合适人员中选聘，既帮助解决其生活问题，又发挥其在城市管理中的积极作用。社区巡防队要在社区民警的指导下，加强治安巡逻，与社区群众防范组织密切配合，共同维护社区安全。农村有条件的乡镇，可参照城市社区巡防队做法，由政府出资或出人组建相对专业的群众性防范队伍。

8. 组织发动民兵参与维护社会治安。各级党委、政府要把组织民兵参与维护社会治安工作纳入社会治安综合治理总体目标，切实加强领导，使之逐步走上制度化、规范化轨道。人民武装部门要按照“便于执行任务，便于集结机动，便于指挥保障”的原则，负责各类民兵治安组织的组建、调整、训练和管理。乡镇、街道办事处和社区、村委会以及大型国有企业要组织民兵开展巡逻执勤，维护本地区、本单位的正常生产、工作和生活秩序。

9. 大力发展保安服务业和推行物业安全管理。保安服务是为客户承担安全服务和提供安全防范咨询业务的一种专业化、社会化服务型行业。要进一步规范保安服务市场，加强保安队伍建设。保安公司要在公安机关领导、管理和监督下，加强对保安人员的录聘、考核、培训、派驻工作，提高保安人员素质，建成管理统一、纪律严明、精干高效的保安队伍，充分发挥其在辅助公安机关维护社会治安中的积极作用。有条件的地方和单位要推行保安服务。大型商业性活动的安全保卫工作，要逐步由保安公司有偿承担。省公安厅可进行保安公司监管与经营分开的试点工作。物业安全管理是加强城市治安防范的有效途径之一，应扩大居民住宅区实行物业管理的覆盖面。物业管理公司要与公安机关、居委会、保安服务公司相互配合，加强社区防范，发挥协助维护居民住宅区治安秩序的积极作用。

10. 组织群众开展形式多样的治安联防活动。有条件的地方可建立社区(村)综合治理协会。要从政法部门选派干部到社区担任综治特派员，专门负责综合治理工作。要充分发挥共产党员、共青团员、青年志愿者、离退休干部职工、治安积极分子等人员在治安防范中的作用，组织他们开展看楼护院、邻里守望、联户联防等活动。要推广一些地方组织党团员、村民代表开展治安防范的成功经验。可引导群众对一定范围内的治安防范进行竞标承包，实现责权利关系的市场化。

四、突出重点，增强社会治安防范工作实效

11. 进一步做好流动人口管理和服务工作。要适应新形势要求，不断探索加强流动人口治安管理和服务的具体办法，做到流动有序，服务到位，犯罪减少。依法加强对出租房屋的管理，落实房屋租赁登记制度和治安防范业主负责制。有条件的地方，要依托社区，依靠基层组织，建立流动人口服务中心，推进流动人口管理社会化。要多种渠道解决暂住人口管理服务经费：政府财政要按照“分级管理、分级负担”的原则给予适当补贴，把补贴经费纳入同级财政预算；税务部门可以委托社区暂住人口管理组织为其代征社区所辖单位或个人出租房屋应纳税款，并按规定支付手续费，用于暂住人口管理工作。

12. 进一步加强刑满释放、解除劳动教养人员的安置、帮教工作。各有关部门和基层组织要密切配合，共同做好刑释解教人员的安置帮教工作，并积极探索安置帮教工作社会化的途径。要建立刑释解教人员信息管理系统，确保对有重新违法犯罪倾向的刑释解教人员不漏管、不失控。要出台政策，对刑释解教人员的最低生活保障、失业和养老保险待遇、从事个体与社区服务时的税费减免、安置税收优惠、职业培训等作出规定。

13. 进一步做好预防青少年违法犯罪工作。要加强在校生的法制教育，在全省中小学校配齐配好法制副校长或法制辅导员，开设法制课。要从学校选派教师到社区兼职，协助开展对青少年的教育工作。要做好闲散青少年的教育、管理和服务工作。创建和办好流浪儿童救助保护中心，加强对流浪儿童的救助保护和教育。加强工读学校建设，充分发挥其对有严重不良行为青少年的教育矫治作用。创建青少年法律学校，大力实施“青少年违法犯罪社区预防计划”，推进青少年活动场所建设和青少年法制教育基地建设。

14. 进一步加强对吸毒人员的教育和管理。深入开展禁毒专项斗争，加大对制毒贩毒的打击力度，大力开展创建“无毒社区”、“社区青少年远离毒品”和“不让毒品进我家”等活动，建设或扩建强制戒毒场所，探索多种形式的戒毒方式，动员社会力量开展戒毒工作，减少吸毒人员的违法犯罪，最大限度降低毒品危害。

15. 进一步加强矛盾纠纷排查调处和治安混乱地区、突出治安问题排查整治工作。要按照豫办〔2000〕37号文件的要求，全面落实矛盾纠纷排查调处的各项措施，确保小事不出村、大事不出乡（镇）、矛盾不上交，把各种不安定因素化解在基层、消除在萌芽状态。要加强法制、道德教育，贯彻“四五”普法规划，深入开展“法律进社区”、“法律进村”等活动，搞好全民普法教育；认真落实《公民道德建设实施纲要》，加大宣传力度，提高公民道德素质，增强公民的守法和防范意识，调动群众参与社会治安防范、维护社会治安的积极性，从根本上预防矛盾纠纷的发生。要积极推进社会保障体系建设，做好下岗失业人员再就业工作，继续巩固“两个确保”，落实“三条保障线”，保障下岗职工、失业人员、企业离退休人员和其他社会保障对象的基本生活，实现“应保尽保”，避免产生影响社会稳定的因素。要及时排查治安混乱地区和突出治安问题，找准致乱的原因，明确有关部门的责任，有针对性地采取治理整顿措施，并加强督促检查，限期改变治安面貌。

16. 进一步开展基层安全创建活动。开展基层安全创建活动是落实社会治安综合治理各项措施的有效载体，是社会主义精神文明建设的重要内容。要继续深入开展治安模范单位、治安模范村镇、治安模范城市（含县城）、治安模范系统和安全小区、安全文明校园、企业地方共建安全社区、安全文明铁道线、平安大道等多种形式的创安活动，努力实现“发案少、秩序好、社会稳定、群众满意”的创建目标。要建立基层安全创建的奖励机制，对在创建活动中做出突出成绩的单位和个人进行表彰，并给予适当的物质奖励，奖励办法由省综治委另行制定。

五、加强领导，健全社会治安防范保障机制

17. 各级党委、政府要切实加强对治安防范工作的领导。要进一步提高对社会治安防范工作重要性的认识，把思想观念、工作重点、警力配置、经费投入、考核奖惩机制等真正落到“预防为主”上来，建立社会治安长效管理机制，从人力、财力、物力和制度上保证社会治安防范工作的顺利开展。

18. 加强各级社会治安综合治理委员会办公室（以下简称综治办）建设。要配齐配强专职工作人员；乡镇要成立政法党支部，专职副主任担任党支部书记。要搞好综合治理队伍教育培训工作，提高综治干部的政治业务素质。

19. 加强基层政法组织建设。要根据经济和社会协调发展的要求，充实加强派出所、人民法庭、司法所等基层政法力量，改善办公条件和装备。公安机关要精简上层，充实基层。在城市，要建立社区警务室,以一名民警负责管理1000户或实有人口3000人为标准,配足配强社区民警。在农村,要实行民警驻村工作制,将若干个村划为一个警务区,设立警务室,派驻驻村民警。人民法庭、司法所要合理设置,配齐配强人员,健全工作机制。

20. 加强以党支部为核心的社区和村委组织建设。要结合“三个代表”重要思想的学习教育活动,加强社会治安综合治理基层组织建设,尤其是要加强基层党组织建设,充分发挥其战斗堡垒作用。要积极推进城市社区建设,按照管理方便、规模适中的原则,调整组建社区居委会,改善办公条件,并加强社区物防、技防设施建设,依靠科技手段强化治安防范,堵塞漏洞。新建社区的治安防范,要与社区建设、管理同步规划、同步进行,切实落实治安防范措施。要充实社区工作人员,选配政治素质高、年富力强、熟悉群众工作的干部担任社区党支部书记,并可按照法律程序,兼任社区主任。社区人员的工资和办公经费由县(市、区)、街道办事处(乡镇)两级财政承担。要加强村党组织、村委会建设。社区和村委都要健全治保会、调委会,有专人负责社会治安防范工作。

21. 各级政府要把社会治安综合治理工作经费纳入财政预算。要不断加大社会治安综合治理工作经费投入,从人力、物力、财力上保证社会治安防范工作的正常开展。各级财政部门要加强经费监管,确保专款专用。

22. 多渠道筹集群防群治经费。除政府财政适当补贴以外,应根据“谁受益谁出资”、“取之于民、用之于民”的原则,由受益单位和个人适当投入一定的人力、物力、财力,建立适应社会主义市场经济要求的群防群治经费保障机制。

23. 多渠道筹集见义勇为基金。基金来源除政府安排外,采取多种形式向社会各界筹集。凡成立有见义勇为基金会组织的,基金由见义勇为基金会管理;没有见义勇为基金会组织的,可由同级综治委代管。见义勇为基金主要用于见义勇为人员的表彰、奖励和受伤、牺牲人员的医疗费以及家属抚恤等。

24. 落实社会治安综合治理领导责任制。各级领导要切实承担起防范责任,保一方平安,并把社会治安综合治理工作列入任期目标,作为年度考核和述职报告的重要内容。组织、人事部门要把各级领导干部抓社会治安综合治理的实绩,作为考核干部的重要内容,作为干部晋职晋级和奖惩的重要依据,与干部的选拔任用紧密结合起来。要按照奖励的有关规定,建立完善对在社会治安综合治理工作中成绩卓著、贡献突出的地方、部门的党政领导和主管领导干部给予嘉奖的工作制度。

25. 落实社会治安综合治理目标管理责任制。要形成横向到边、纵向到底的目标管理体系,层层签订目标管理责任书,把社会治安防范任务、要求分解为具体的操作性强的指标,一级抓一级,层层抓落实,综治部门定期进行明查暗访,年终考核,兑现奖惩,以激励基层单位主动防范各类案件和事故。各级要由财政拨款对完成综合治理目标先进单位、综合治理先进个人和防范工作做得好、全年无事故和案件的单位和治安责任人给予物质奖励,通报表彰。省财政每年拨款50万元对完成综治目标先进单位进行表彰,并随着经济的发展逐步有所增加。对年度综合治理考核排在末位的单位要予以警示,给予通报批评。

26. 落实社会治安综合治理一票否决权制。对综治目标年度考核连续两年排在末位,或者未完成社会治安综合治理年度目标,或者发生严重危害社会稳定、造成恶劣影响的重大刑事案件、治安灾害事故或重大群体性事件的地方、部门、单位及其治安责任人,由所在地的综治委对其实施社会治安综合治理一票否决,在一年内取消该单位被评为文明、先进、模范等各种荣誉称号的资格,取消其主要领导、主管领导和治安责任人评先受奖、晋职晋级的资格,并视情况作出组织调整。

27. 落实重大社会治安案(事)件通报查究制。对因领导干部渎职、失职导致发生重大案(事)件,要由综治委牵头,纪检、监察、组织、人事等五部委召开联席会议,对该案事件进行通报,严肃追究该单位治安责任人的党政纪责任。对负有领导责任和直接责任的干部,当年不得晋升职务,推迟一年晋升工资档次,在治安面貌改变之前,取消干部本人评先受奖的资格;受到行政处分的,处分期间不得晋升职务和级别。

28. 建立治安防范责任不作为经济损失赔偿制。因没有认真履行治安防范责任而导致发生重大被盗、火灾等可防性案件的机关、团体、事业单位和国有及国有控股企业、集体企业的主要领导、分管领导和直接责任人,要对造成的损失按一定的标准予以赔偿。赔偿金由责任人个人支付,由财政部门设立专户管理,各级综治委统筹用于社会治安防范工作。

29. 建立社会治安防范整改保证金制度。对发生重大案事件或屡屡发生案事件的单位及其治安责任人,可实行社会治安防范整改保证金制度,由案发单位及其治安责任人在案发后分别向主管的综治部门交纳一定数额的整改保证金,在规定的期限内进行整改,取得明显效果的全额退还;整改效果不好,或又发生重大案事件的,不予退还,并要重新交纳。不退还的整改保证金,由财政部门设立专户管理,由综治委用于表彰奖励在社会治安防范工作中作出突出贡献的单位和个人。

30. 制定、完善社会治安防范方面的地方法规和行政规章。要按照健全社会主义法制、建设社会主义法治国家的要求,把社会治安防范方面的成功经验和做法用法规或行政规章的形式固定下来,尽快制定、完善社会治安综合治理、群防群治、科技防范、流动人口管理、保安服务、刑满释放解除劳教人员安置帮教等方面的地方法规或行政规章,努力使我省的治安防范工作有法可依,依法进行,逐步步人规范化、法制化轨道,为我省在稳定和谐的社会环境中全面建设小康社会提供良好的法制基础。

中共河南省委　河南省人民政府
关于全面推进社会治安防控体系建设为实现
中原崛起创造良好社会治安环境的意见

(豫发〔2003〕22号　2003年11月27日)

为了认真贯彻落实党的十六大和十六届三中全会精神,为我省全面建设小康社会、实现中原崛起创造良好的社会治安环境,根据中央有关文件精神,结合我省实际,现就全面推进社会治安防控体系建设提出如下意见:

一、全面建设小康社会必须加强社会治安防控体系建设

1. 全面推进社会治安防控体系建设的重要性和紧迫性。保持长期稳定的社会环境,关系到我省改革开放和经济建设的顺利进行,关系到我省的投资环境和对外形象,关系到我省经济社会的全面和谐发展,关系到全省广大人民群众的根本利益。近年来,全省各地各有关部门按照党中央、国务院和省委、省政府的部署,开展了声势浩大的"严打"整治斗争,推动了社会治安综合治理措施的落实,实现了中央提出的社会治安取得新的明显进步的目标。但由于我国正处于社会转型期,随着各方面利益关系的调整,社会矛盾的积聚,敌对势力、敌对分子渗透破坏活动的加剧,影响社会稳定和诱发犯罪的各种消极因素增多,加之我省地处中原,人口众多,交通便利,治安环境复杂,刑事发案总量仍在高位徘徊,治安形势不容乐观,社会治安工作面临着许多新的挑战和困难。要实现省委提出的努力使河南的发展走在中西部前列、实现中原崛起,建设惠及近一亿人口更高水平小康社会的战略目标,必须全面推进社会治安防控体系建设,努力解决影响社会治安的深层次问题,从根本上牢牢掌握社会治安的主动权。

2. 全面推进社会治安防控体系建设的指导思想。以"三个代表"重要思想为指导,坚持"打防结合、预防为主"的方针,坚持城市城镇辐射带动的工作思路,坚持因地制宜、分类指导、整体推进、重点突破的工作方法,在实践中检验、完善和创新工作机制。

3. 全面推进社会治安防控体系建设的总体要求。适应社会主义市场经济深入发展、民主法制建设不断推进、社会信息化加快的新形势，建立党委、政府统一领导，综治机构组织协调，以公安机关为骨干，以群防群治力量为依托，以社会面、居民区和单位内部的防范工作为基础，以案件多发的人群、区域、行业、时段为重点，专群结合、点线面结合、人防物防技防结合的现代化社会治安防控体系，在城乡整个地域范围内，形成全方位、全时空、多层次，打击、防范、控制一体化的工作机制。从现在起，全省上下要围绕争创“全国综治先进省”的目标，提高认识，统筹规划，加大投入，扎实工作，用3年时间，使各级党委、政府保一方平安的责任进一步落实，公安政法机关的职能作用进一步发挥，全社会齐抓共管社会治安的局面进一步形成，打击、防范和控制犯罪的能力进一步增强，人民群众对社会治安状况的满意率进一步提高。

二、完善“严打”经常性工作机制，做到打击有力

4. 建立健全社会治安形势分析评估、预警机制。充分利用现代科技手段，及时收集犯罪信息，建立科学的社会治安形势评估预警指标、检测通报网络，正确判断社会治安形势，把握犯罪发生变化的规律。加快科技强警步伐，不断改善政法部门的技术装备，完善电子警务系统，建设全省政法综治信息网。

5. 增强打击犯罪的针对性和实效性。各级政法机关要根据本地社会治安形势，因地制宜，因情施策，确定打击重点，开展专项斗争。要提高破案攻坚能力，统一执法思想，形成打击合力，始终保持对各种犯罪活动的高压态势。要建立健全政法部门配合制约和督查考评机制，严格兑现奖惩。

6. 保证办案经费。各级政府要把政法机关办案经费纳入财政预算，给予足额保障。省、市、县都要建立大要案准备金制度，保障重大案件的及时侦破。

7. 及时开展重点治乱。各级综治委要组织有关部门，对突出的社会治安问题和社会治安混乱地区定期排查，找准致乱的原因，明确有关部门的责任，有针对性地采取整治措施，并加强督促检查，限期改变治安面貌，增强群众的安全感。

三、完善社会治安防范网络，做到防范严密

8. 完善矛盾纠纷排查调处网络。各级党委、政府和有关部门要按照“预防为主、教育疏导、依法处理、防止激化”的原则，进一步坚持和落实矛盾纠纷排查调处领导责任制和分级负责归口管理制度，逐步形成党委政府统一领导、综治委组织协调、部门各负其责的工作格局，及时化解各类矛盾纠纷，避免酿成群体性事件。要把排查调处矛盾纠纷的重点放在基层。市、县两级要建立健全由综治委牵头、有关部门参加的矛盾纠纷排查调处联席会议制度。要加强乡镇(街道办事处)、村(社区居委会)和企事业单位人民调解组织建设，积极推进新时期人民调解工作的改革与发展，充分发挥行政调解、司法调解的作用。

9. 完善社会防范网络。在城区，由公安机关负责主干道的巡逻防范；要大力加强社区警务建设，把社区警务室建设好，建立由政府出资、综治机构和公安机关管理指导的专职巡防队伍，也可组织低保人员开展有偿治安巡逻；居民区要落实看护措施，逐步实行物业管理；要把治安防范设施作为城市基础设施的组成部分，做到同规划、同落实。在机关、团体、国有企业、事业单位，要实行治安防范责任不作为经济赔偿和整改保证金制度；积极推动非公有制经济组织的治安防范工作；对关系国计民生的重点部门、要害部位和高危企业，要强制实施科技创安工程。在农村，乡镇要组建由政府出资的专职治安巡防队伍，建好民警驻村警务室，积极引导群众对一定范围内的治安防范进行竞标承包，提倡和鼓励各种形式的义务治安防范；边界地区要加强治安协作，开展联防联治活动。在交通沿线，要继续开展“平安大道”、“安全文明铁道线”创建活动，确保道路安全畅通。要充分发挥民兵基层组织在治安防范中的作用，积极组织治安积极分子参与治安防范。要大力发展和规范保安服务业，积极推进保安服务业的市场化。要依法严格特种行业、公共娱乐场所、枪支弹药和危险物品的治安管理，坚决查禁黄赌毒等社会丑恶现象，预防减少治安事故和案件的发生。

10. 完善特殊群体的服务教育管理网络。各有关部门要加强协作配合，把服务、教育、管理紧密结合起来，引导人口有序流动，保护流动人口的合法权益，预防违法犯罪。要明确基层政府、社区组织、房屋出租户和用工单位对流动人口的管理责任，完善城中村和出租房屋的管理措施。要加强管理队伍建设，采取政府拨款为主的办法，解决流动人口管理服务工作经费。要动员社会各方面力量做好刑释解教人员的安置帮教工作，减少重新违法犯罪。要加强对吸毒人员的教育管理，加强戒毒所建设，减少吸毒人员犯罪。要认真做好对法轮功等邪教组织和人员的防范控制和教育转化工作。要加强对青少年的思想政治教育和法制道德教育，重点做好社会闲散青少年的管理和教育工作，做好流浪儿童的救助保护工作，加强青少年活动场所的建设和管理，大力实施"青少年违法犯罪社区预防计划"，加强学校及其周边地区治安环境的综合治理。

11. 鼓励公民同违法犯罪作斗争。在多渠道筹集见义勇为资金的同时，各级财政要安排必要的资金，用于对维护社会治安见义勇为人员的奖励。

四、完善公安机关快速反应有效处置机制，做到控制有效

12. 健全社会治安信息网络。各级公安机关要通过媒体定期向社会提示治安警情，有针对性地进行治安防范宣传，不断提高社会各界和广大群众的防范意识和防范能力；要广泛选聘治安信息员，会同财政部门建立举报违法犯罪奖励制度，以调动群众参与社会治安工作的积极性。各地在县、乡（镇）政府所在地、重点要害单位、主要交通路口、公共复杂场所等要设立报警点，方便群众报警。

13. 推进110指挥中心现代化。各级公安机关要针对犯罪的流动性、突发性、暴力性日益突出的特点，进一步完善和建立接报警、指挥调度、网络报警监控、信息服务、交通控制等为一体的现代化指挥中心，确保报警畅通、接警及时、指挥高效。要加强公安机关反恐专业队伍和基础装备建设，建立健全反恐工作机制。

14. 强化快速反应有效处置。公安机关要科学划分控制区域，在主要路口设置警亭，在重要部位设立治安卡点，在重点路段安装监控设施。要科学调配整合警力，增加巡逻频度和密度。要制定预案，规范工作程序，改善警务装备，加强教育培训，提高民警素质，保证及时有效地处置警情。

五、切实加强领导，确保社会治安防控体系建设措施落实

15. 党委、政府加强领导是搞好社会治安防控体系建设的根本保证。加强治安防控体系建设是中央作出的重大决策。各级党委、政府一定要牢固树立政治意识、大局意识、责任意识，正确处理改革发展稳定的关系，统筹经济社会发展，把社会治安防控体系建设摆上重要位置。各级党政主要领导作为社会治安综合治理工作的第一责任人，要亲自过问、研究解决社会治安防控体系建设遇到的实际困难和问题。各级政府要建立综治经费保障机制，把治安防控体系建设纳入经济社会发展总体规划和年度计划之中，把综治工作经费、治安防范工作基础设施建设和基本装备购置所需经费等，一并纳入财政预算，并注意向基层倾斜、发展科技防范和补贴经济欠发达地区。从2004年起，省财政3年内每年安排600万元用于争创"全国综治先进省"和治安防控体系建设。按照中央要求，要随着社会和经济的发展逐步增加投入。

16. 综治委及其办公室在社会治安防控体系建设中负有组织、指导、协调责任。各级综治委要进一步加强思想政治建设和工作制度建设，当好党委、政府的参谋助手，充分发挥职能作用，深入实际调查研究，及时总结推广典型经验，加强督促指导。按照中央综治委的要求，要把社会治安防控体系建设作为年度综治目标考核的重要内容，严格检查考核。综治委各成员单位要充分发挥在综治工作中的职能作用，按照党委、政府和上级部门的部署，认真落实社会治安防控体系建设有关工作措施。要加强各级综治办建设，充实人员，健全省、市综治办内设机构，以适应工作需要。要加强稳定工作，乡镇、街道办事处人员力量要向综治工作倾斜，综治办要配备专抓副职，配齐、配强专职干部，确保这项工作有人抓、有人管。

17. 政法机关特别是公安机关在社会治安防控体系建设中负有重要职责。要坚持政治建警、素质强警、从严治警、从优待警，努力建设一支政治坚定、业务精通、作风优良、执法公正的政法队伍。要逐步增加公安民警编制，使全省公安民警占总人口的比例有新的提高。各级公安机关要深化警务制度改革，积极推进公安派出所规范化建设，精简机关，充实一线，做到警力下沉、警务前移，每个派出所的民警原则上都要达到5人以上。各地和有关部门对于在治安防范工作中作出突出贡献的干警，要像对破案有功人员一样予以表彰奖励。各级政府要将上级工资性转移支付资金与本级财力统筹安排，确保政法干警工资的发放。

18. 强化社会治安防控体系激励制约机制建设。要进一步健全和落实综治领导责任制、目标管理责任制、一票否决制、重大案事件责任查究制等制度。要把各级党政领导抓综治工作的能力和实绩，列为干部考核的重要内容，与晋职晋级和奖惩直接挂钩。各级党委组织部门在考察党政主要领导和分管治安工作的领导干部工作实绩时，须征求同级综治委的意见。要建立社会治安重大问题首长问责制，对因工作不力，经费、组织等措施不落实，官僚主义作风严重，工作失职，导致发生严重社会治安问题的地方、部门和单位，要按照有关规定进行责任查究和一票否决。县以上综治委要按照中央综治委的要求，认真行使一票否决权，并下管两级。省综治委要与成员单位、省辖市签订年度综治目标责任书，建立科学的考核评比制度，每年公布对各省辖市年度综治工作考核结果。

19. 加强法制建设是全面推进社会治安防控体系建设的重要保证。要大力开展法制宣传教育，提高全民的法律素质。省综治委要会同有关方面认真搞好调查研究，适时向有权制定规范性文件的机关提出完善有关地方性法规、行政规章的建议，加快治安防控立法步伐，逐步实现治安防控体系建设的制度化、规范化、法制化，推动全省社会治安综合治理工作上水平、上台阶！

实施城市防范辐射带动战略
全面推进治安防控体系建设

河南省社会治安综合治理委员会

近年来，河南省委、省政府积极实施城市防范辐射带动战略，强力推进适应新形势要求的治安防控体系建设。经过全省上下的共同努力，取得了突出成效，全省治安形势明显进步。据万人公众安全感调查，2001年群众对社会治安的满意和基本满意率较上年提高9.5个百分点，2002年又比2001年提高了26.4个百分点，今年上半年又比上年同期提高了近3个百分点。

一、创新思路，确立中心城市辐射带动战略

2001年10月，河南省提出了全面“实施城市化战略，加快城市化进程”的思路。省综治委创新思路，明确重点，确立了“城市农村一起抓，重点抓城市，抓城市首先抓省会”的城市防范辐射带动战略。通过近两年的强力推进，取得了明显的效果。省综治委根据省委的部署，进一步修订完善了《关于加强社会治安防范工作的意见》，专门就实施城市防范辐射带动战略、推进治安防控体系建设作了部署。

二、突出重点，首抓省会城市治安防范网络

城市防范辐射带动战略确立后，我们抓好省会，逐步向其他城市及广大农村辐射。郑州市委、市政府从加强机构建设人手，积极实施社区建设“三个一”工程，强化流动人口管理，健全快速反应有效处置机制，密织以“四严”（严打、严管、严防、严治）为内容的治安防范网络，提高以“四快”（报警快、接警快、出警快、处警快）为特征的公安机关快速反应能力，建立以“四保”（组织保障、经费保障、制度保障、社会保障）为基础的长效机制。经过近两年的努力，初步构建起了严密、快速、长效的城市防控新体系，社会治安防控能力明显提高，恶性案件逐一告破，刑事案件发案数明显下降。2002年全市刑事案件比上年下降25.4%，今年上半年又比去年同期下降了13.04%。人民群众对社会治安的满意和基本满意率从2001年的

70.5%上升到2002年的81.2%,2003年4月,省综治委对该市综合治理暗访抽查中,群众的满意和基本满意率上升到93.4%。2002年,全省社会治安综合治理目标考核,郑州市在18个省辖市中名列第一。2002年7月,省综治委专门召开现场会,推广了郑州市的经验,有力地推动了城市防范辐射带动战略的实施和全省治安防范工作的深入开展。

三、整体推进,构建城乡联动治安防控体系

一是坚持将破案特别是破大案作为重点,集中警力,攻坚克难,成功侦破了一批大要案,有力地震慑了犯罪,扭转了少数城镇治安工作被动的局面。二是坚持将基层基础工作作为重点,狠抓区域性中心城市和县城的治安防范工作,形成了以城市为中心、城乡联动的防控体系。许昌市积极实施城乡一体化的"快速反应"、"群防群治"、"人民调解"三大网络,并从机构设置、人员配置、经费保障等方面得到了落实;南阳市在农村全面推行治安承包责任制的基础上,突出城镇中心地位,建立健全了公安民警加强社会面控制、社区治安联防、单位内部保卫"三位一体"的治安防控体系;濮阳市形成了以构建五大治安防范网络(综治管理、巡逻守护、信息联络、治保民调、普法帮教)、推行五种基层创安模式(城区以物业、居委会、单位为依托,人技防结合模式;公共复杂场所公安、治安、保安"三安联动"模式;油区"企地、警企"共建模式;农村评星定级、分类管理模式;边界结合部"联防、联调、联治"模式)、建立五项矛盾排查工作机制(预防、排查、调处、保障、督办)为主要特征的治安防范"三个五"工作模式。驻马店市全面构建以专门力量为主力,以群防群治队伍为基础,专群结合,三警巡逻、四警联动的治安防控体系,实现了社会治安的良性发展。目前,全省城镇建立专职巡逻队6759个、27140人,农村建立专职巡逻队22461个、167155人,各级国家机关、企业事业采取多种措施,人防、物防、技防三管齐下,按照"三自"要求,充实保卫力量,明确职责任务,健全工作制度,确保一方平安。

四、健全机制,确保治安防控体系良性运转

一是责任机制。坚持以治安防范工作为重点,进一步加大落实领导责任制的力度,始终把各级党政领导抓社会治安工作的实绩列为干部考核的重要内容,并把考核结果与晋职晋级、奖惩直接挂钩。为了推进治安防范责任制的落实,坚持层层签订目标管理责任书,并坚持每季度考核一次,年终总考核并进行奖惩。省政府每年拿出50万元对完成目标先进省辖市给予奖励。同时对于年度考核排在末位的给予警示并通报批评,对年度考核连续两年排在末位或者因领导干部工作不力导致发生严重危害社会稳定和社会治安问题的地方、单位及部门认真进行责任查究,坚决进行一票否决。据统计,去年以来,全省有216个单位、649个治安责任人因不重视治安防范或疏于管理致使发生重大治安问题而被一票否决,有1324个单位和1854名治安责任人被通报查究,有293个单位被黄牌警告。为进一步发挥成员单位的作用,各级综治委都建立了综治委成员单位工作检查、报告、评议和综治委委员述职制度,加大了对"条条"的考核力度,齐抓共管的工作格局在全省已经形成。二是保障机制。进一步加强了各级综治机构建设,县以上综治办实行编制单列,乡镇(街道)综治办配齐配强了专职副主任和工作人员。市、县、乡三级财政按照年人均分别不低于0.2元、0.3元、0.5元的标准将社会治安综合治理的经费列入年度财政预算。进一步采取多种形式、通过各种渠道,建立起了综合治理和群防群治经费保障机制。三是督查机制。为了确保城市防范辐射带动战略的健康发展,去年以来,我们多次组织督查组深入基层调查研究,发现问题,及时整改;还以治安防范为重点,进一步改革目标考核办法,加大暗访力度,提高暗访分值,暗访次数由往年的每年1次增加到今年的3次,暗访分值由过去的14分增加到今年的30分。

五、着眼长远,加快治安防范的现代化建设

着重抓了以下三个方面。一是法治化。我们根据中央和省里的有关文件精神,与有关部门一起,起草了《河南省社会治安综合治理条例》,将于9月份提请省人大常委会审议。同时要求郑州等有立法权的省辖市也要结合实际,制定本地的综合治理工作法规。进一步加大对《河南省暂住人口管理条例》的落实力度,对其中一些不适应当前形势要求的内容及时作了修改完善。我们正在会同有关部门研究制定群防群治方面的政策规定,逐步建立群防群治的长效机制。二是市场化。我们从社会主义市场经济发展的需要出发，在全省机关、企业事业单位和服务行业大力推行保安服务业，基本实现了保安服务专业化。认真贯彻落实《物业管理条例》，大力推行物业安全管理，创造条件，扩大居民住宅区实行物业管理的覆盖面。积极开拓治安防范产业化的新领域，不少地方和单位探索实施了违法犯罪线索有奖举报制度、安全防范有偿承包制度。有的地方在对出租车司机、饭店服务员、清洁工、送报工、送水工、送奶工等人员进行培训的基础上，把他们吸收到治安信息员队伍中来，参与治安防范，建立起多层次、全天候、全方位的治安信息网络，使之成为“街头的哨兵，流动的岗亭，警察的眼睛”。三是科技化。近年来，我们大力实施“科技强警”战略，研究制定了技防发展规划，加强宏观调控，形成多元化的科技防范投资体制。

加强专业治安巡防队伍建设　完善群防群治网络

中共南阳市委　南阳市人民政府

2002年以来，我市在大力加强农村“双网”（治安防范网络、民事调解网络）建设的基础上，提出了以“实施区域性中心城镇带动战略”为方向，以完善城乡联动的群防群治防控网络为目标，积极探索加强城镇社会治安综合治理的新方法、新途径，在中心城区、县城、乡镇强力推行治安巡防队建设。主要做法是：

一、积极探索新形势下城镇治安防控工作的新途径

目前，城镇治安秩序不稳，主要是存在着三个严重的不适应。一是管理模式不适应。随着改革开放的深入发展，城镇流动人口、社会自由人大量增加，城镇社会结构发生了深刻的变化，以单位为基础的社会治安管理模式不适应变化了的新形势，在社会治安管理方面存在很大漏洞。二是警力现状不适应。城镇公安机关警力不足，不适应新的治安环境，治安防范环节存在棚架现象。三是防范方法不适应。社会主义市场经济责权利相统一的原则已经确立，以义务巡逻为主体的社会治安联防办法已不适应市场经济的新要求。这些问题引起了市委、市政府的高度重视，为了确保区域性中心城镇带动战略的顺利实施，市委、市政府出台了《关于加强治安防范工作的意见》，明确要求要根据社会治安综合治理“群防群治”的原则，在充分发挥公安主力军作用的同时，采取政府引导、市场化运作的方式，按照中心城区街道9—12人、县级城区20—40人、乡（镇）6—10人的规模，在全市中心城区、各县城区和乡镇党委、政府所在地，全面组建专业治安巡防队，充实城镇治安防范力量，完善城镇群防群治防控网络。

二、抓好三个环节，充分发挥专业巡防队在城镇治安防控工作中的重要作用

一是抓好组建环节。坚持公开程序、公平竞争、严格把关、择优录用的原则，做好专业治安巡防队的组建工作。按照个人报名、组织面试、文化考试、体能测试和政治审查等程序，重点从乡镇在职干部、复员退伍军人、大中专毕业生和下岗职工中选拔录用。各级综治委实行全程监控，增加透明度，杜绝暗箱操作，并由同级综治委审批后签定聘用合同书，统一发放工作证，持证上岗。南召县在组建过程中，巡防队稳定的工资保障和一定的奖励补贴吸引了大批乡镇干部报名应聘，他们结合乡镇机构改革，从机关干部中精选出一批年富力强、有责任心的人员，组成乡干巡防队，发挥了很好的作用。二是抓好管理环节。为了保证这支队伍健康发展，市综治委专门下发了《关于加强城镇治安巡防队管理的意见》，对这支队伍的组织、思想、作风、纪律和业务建设作了具体的规定。明确治安巡防大队由同级公安机关副职任队长，综治办主任或副主任任指导员。在队员中成立了党小组和团支部,每周坚持一次例会学习,一次集中学习,强化服务意识和政治素养。对选聘的治安巡防队员,在上岗前普遍进行了治安防范、现场保护、擒拿格斗等业务技能培训。在日常工作中,严格实行军事化管理,做到统一食宿,统一编号,统一着装,文明巡逻。同时,结合治安巡防队的具体工作,建立了学习、考勤、奖惩和队员守则等规章制度,实行一天一考勤,一月一考核,工资和补贴以天计算,按月兑现。把竞争激励机制引入治安巡防队建设,实行动态管理,建立治安联防巡逻队员政绩档案,按照工资总额的 20%,实行工资浮动,奖惩兑现。三是抓好使用环节。在具体工作中,根据各地的地域特点和治安状况,治安巡防队划分若干小组,包区域、包时段,把居民群众上班时间和夜间作为重点防范时段,把各交通要道和进出卡口作为重点巡逻区域,全天候、全方位进行治安巡逻。治安巡防队还采取走访辖区内部单位、居民群众,布设治安信息员,与派出所、治安部门定期互通情况等办法,随时了解巡逻区域的治安状况、发案规律、重点部位情况,及时调整巡逻线路和布控部位,做到巡逻防范因地制宜,因时制宜,有效地预防和减少了违法犯罪案件的发生。在预防和制止辖区内违法犯罪行为的同时,治安巡防队还协助公安机关堵截、查缉刑事犯罪分子,督促检查辖区单位和村(居)委、村(居)民小组巡逻值班情况,对居民群众进行遵纪守法、治安防范的宣传教育。

三、做到三个到位,不断健全城镇专业治安巡防队伍的保障机制

一是实行目标管理,做到领导责任到位。把专业治安巡防队建设纳入社会治安综合治理目标管理。市、县综治办不定期对治安巡防队工作情况进行督查考核,并实行单项否决制度,对治安巡防队建设不规范、作用发挥不好的地方,年终实行综合治理一票否决,追究主要领导和主管领导的责任。二是严明岗位纪律,做到监督制约到位。对治安巡防队员,我们提出了绝对禁止巡防队抓赌抓娼搞创收,绝对禁止巡防队员参与办案等警务活动的"两个绝对禁止"要求,使其专心致志做好治安巡逻和加强对基层治安防范的督查工作,保证了队伍的纯洁性和长久的生命力。各级综治办负责对治安巡防队的全程监管,同级党委、政府督查室进行不定期的督查暗访,有关领导经常深入到城镇治安防范重点部位,对治安巡防队的工作情况进行督导。三是加强基础建设,做到经费保障到位。市委、市政府专门下文要求,市、县两级财政按照人均不低于 0.2 元、0.3 元的标准,各乡(镇)、街道每年按 2—5 万元的标准,把社会治安防范经费列入同级财政预算,由财政部门监管,综治办统筹使用,主要用于专业治安巡防队员的工资和办公经费开支,不足部分由公安机关适当给予补贴。截止目前,市、县、乡三级财政用于治安巡防队日常经费共计 700 余万元,为治安巡防组织设立了专门的办公场所,配备了必要的巡逻车辆,有力地保证了基本的工作、生活条件。

构筑立体防控体系　确保一方长治久安

中共驻马店市委　驻马店市人民政府

驻马店市是个拥有 815 万人的农业大市。近三年来,市委、市政府着力构筑立体防控体系,取得了显著成效。农村刑事案件下降了 22%,案件破获率提高了 25 个百分点,人民群众对社会治安的满意率由原来的 78%上升到 94.5%。主要做法是:

一、与时俱进,全面构建立体治安防控体系

一是社会面治安防控体系。将全市划分为城区、交通要道、城乡结合部三大控制区,坚持点、线、面、片相结合。实行巡警、武警防暴管线,交警管点，刑警、社区民警管片，实行24小时巡逻控制。全市共有156支2630人的专业防控队伍战斗在第一线。全市共建立治安警亭65个，由民警带领治安队员全天候联勤联防。在各交通要道建立由市局指挥中心直接指挥的一级卡点12个，由各县区公安(分)局负责指挥的二级卡点50个，由各基层派出所负责管辖的三级卡点113个，负责盘查堵截，形成合围之势。加强快速反应机制建设，建立了警务电子地理信息系统、计算机管理系统、移动指挥系统，初步形成了集接报警、指挥调度、网络报警监控、信息服务于一体的现代化指挥中心。同时，我们还拓宽报警渠道，增设义务报警点3156个，聘请治安信息员75656名。社会面防控体系的建立，大大提高了整体动态防控能力。今年元至7月份与去年同比，刑事案件下降46%，现行犯罪捕获率提高了38个百分点，打击和预防犯罪的整体效能明显提高。

二是城区治安防控体系。我们在市区和各县县城，建立了32支共850人的民警巡逻中队、武警巡逻中队和民兵应急分队，还从下岗职工中招聘8345人组成452个治安巡逻队，分布在中心城区56个重点区和背街小巷，实行网格化管理，全天候巡逻防范。将全市83个居委会划分为37个社区，实行一个社区一个警务室，充分发挥警务室在搜集信息、人口管理、治安防范、调处纠纷的作用。全市91%的楼院和单位实行了封闭，87%的楼院有专人看护。今年元月至7月份与去年同比，城镇“双抢”和入室盗窃案件下降38.5%，单位和家属楼院无一起重特大案件发生。

三是农村治安防控体系。在乡镇，由综治办牵头，依托派出所、武装部，组织治安联防队、民兵应急排，负责本辖区的巡逻防范。同时，每5—7个村为一个防范区，全市共划分为465个防范区，每个防范区由1至2名正式干警带领一支20人组成的治安联防队员，负责辖区内的治安管理。在村组，组织义务巡逻打更队，实行“十户联防”，开展群防群治。由于层层布网，处处防控，自2001年以来，在全市170个农村乡镇中，有60多个乡镇年发案不到10起，在2977个行政村中无刑事、治安等“三无”村，占41%。

四是边界治安防控体系。在市、县边沿结合部，与相邻县市建立治安联防制度，定期召开联防协调会议，分析治安形势，交流经验，沟通情况，研究对策，制定措施，协调行动，层层签订联防协调书，强化在边界治安防控中的共同责任。实行联防、联调、联控、联治，有效维护了边界治安秩序。

五是重点部位防控体系。1. 对治安复杂场所、特种行业开展专项治理，层层签订安全防范责任书，开展安全大检查，落实各项防范措施。2. 对金融、重要物资仓库等重点要害部位，坚持经济民警队伍、专业保安队伍、群防群治队伍一起上；人防、技防、物防三项措施并用。3. 通过安装电视监控设备，实行“三铁一器”、交通通讯设施与110报警联网等，落实各项防范措施。两年多来，由于工作到位，我市无发生一起重大安全事故，重点要害部位无发生一起重大刑事案件。被公安部挂号督办、发生在豫皖边界，作案21起、杀死41人的特大系列杀人抢劫案，就是在我市重点部位的严密布控下胜利告破的。

二、健全网络，夯实立体防控基础

(一)加强基层组织网络建设。一是大力加强乡镇综治组织建设。全市198个乡镇的综治委主任，均由乡(镇)党委书记担任，综治办主任由分管政法工作的副书记担任，配备了一名专职副主任，享受副科级待遇，调整充实2—3名专职工作人员，全部纳入国家公务员编制。建立乡级政法综治大院，由综治办牵头，把派出所、司法所、法庭、信访办、民政所等部门集中起来，成立政法综治党支部，由综治办专职副主任兼任党支部书记。对于民事案件及各种纠纷，联合办公，统一协调，一条龙服务。全面实施基层警务战略，在城区每800户配备一名干警。在农村建立社区警务室和民警驻村工作站。全市共建立社区警务室37个，农村警务站465个，拥有干警451名，治安联防队员1326名。二是加强基层配套组织建设。在调整组建社区居委会和村委会时，都建立综治办，并配备综治工作人员，其人员工资和办公经费由县、乡两级财政负担，对于一些问题较多的单位，选聘政法干部中退居二线的老同志派驻，协助开展治安防范工作。三是健全群防群治组织。在乡镇街道和村民组都建立治安联防队，在辖区内巡逻打更，群防群治。

(二)加强防控队伍网络建设。一是警务网络建设。以“110”专业处警队为中枢，以治安巡逻中队为主体,以交警、武警、刑警为辅助,以社区警务室、农村警务工作站民警为基础,增加防控警力。全市防控干警达到全部警力的43%。二是民兵网络建设。以武装部门为核心,以基干民兵为主力,各县建立应急连,乡镇建立应急排,村(居)委会建立民兵巡逻队。全市共建立应急连22个,应急排198个,民兵联防队2797个,民兵巡逻队28423个,参加巡逻防范的民兵达60万人。三是群防群治网络建设。内部单位和物业管理小区配备2名以上保安人员,封闭式家属楼院配备2名以上值班人员,各村(居)委会建立专业巡逻队,实行十户联防,负责看家护院。

(三)加强经费保障机制建设。我市下发了《治安防范经费保障实施办法》,坚持"谁受益、谁出资"的原则,多渠道筹措资金。一是建立综合治理专项事业经费,实行市、县、乡三级财政分别按年人均0.1元、0.2元、0.3元的标准列入年度财政预算。二是加大治安防范投入,全市每年累计投入5000多万元用于基础性硬件设施建设。三是多渠道筹措群防群治经费,根据自愿原则,全市每年筹集群防群治经费7000多万元。四是流动暂住人口管理经费,通过征收"两费一税"的办法进行筹措。五是建立见义勇为奖励基金,全市共筹集奖励基金230万元,用于对见义勇为先进集体和积极分子进行表彰奖励。

三、健全制度,确保立体防控体系有效运行

为确保治安防控体系的有效运行,我们还建立了一系列的保证制度。一是责任制度。明确各级各部门对治安防范工作的责任,实行治安责任人述职报告、政绩考核和评先考核制度,把治安防控的实绩与治安责任人的使用和奖惩直接挂钩。去年以来,全市有128人因成效明显、政绩突出而被提拔重用,有67人因工作不力而被免职或降职。二是督查制度。两年来,我们坚持明查与暗访相结合,市每季度组织两次,县每月组织一次,对治安防范情况进行督促检查,并将每次明查暗访情况进行层层通报。去年以来,全市有86个乡镇和内部单位被通报批评并写出整改报告,有12个因整改不力受到黄牌警告。同时,我们还实行了五级督查责任制和倒查追究制。凡因督查工作不到位,导致发生重大治安案事件的,自下而上层层追究督查人员的责任。去年以来,全市有47人因督查不力而被追究政治和经济责任,从而进一步增强了督查人员的责任感,促进了各项措施的落实。三是奖惩制度。2002年以来,全市共对2453个单位5676名个人进行了通报表彰和物质奖励,对24个单位实行了一票否决,对25个单位和33名责任人实行了通报查究,对38个单位实行黄牌警告,对11个单位21名个人进行了经济处罚,有83个单位106名个人被取消评先受奖和晋职晋级的资格。四是赔偿制度。我市专门下发了《经济赔偿办法(试行)》,有48个单位的领导和直接责任人,因未履行好防范义务而进行了经济赔偿。五是激励制度。我市《基层安全创建命名管理办法》规定,凡获得省、市治安模范单位荣誉称号的,除给予一定的物质奖励外,授予其单位党政主要领导综治先进工作者称号,享受同级劳模待遇,县、区、乡镇有关人员由所在单位每年一次性发奖金300元,内部单位全体职工由所在单位每月发奖金25元。治安防控责任机制的建立,进一步强化了各级各部门搞好治安防控的责任意识,调动了抓综治、保平安的积极性,有效推动了治安防控工作深入开展。

推进"天网工程"建设　实现治安良性循环

中共三门峡市委　三门峡市人民政府

三门峡市自1986年区划调整以来,城区面积扩大3倍,城市人口增长2倍,城市刑事案件增长

13.8倍，城市发案占全市案件总数的70%。其中，可防性案件占案件总数的60%。面对严峻的治安形势，近年来，我市实施以围追堵截、巡逻看护、基层基础和群防群控为主的社会治安防控体系——“天网工程”，基本实现了“发案少、秩序好、社会稳定、群众满意”的目标。2002年全市刑事案件较上年下降22.5%，今年上半年比去年同期下降1%，治安案件下降23%。

一、建立围追堵截网，提高打击时效

(一)建立接处警新网络。在全市建成以“110”指挥中心为龙头，以布局合理的治安布控区、堵截卡点为依托和前哨的接处警网络。公安部门建立110专职处警队8支40人，会同基层派出所在24小时内值班备勤，接到指挥中心指令随时出警。在探索“110、122两台合一”运行机制的基础上，在全市推广“110、122、120三台合一”接处警新机制，实现城区一级接警、一级处警，快速反应时间大大缩短。牢固树立“科技强警”的指导思想，先后投入近千万元，加强和改善110快速反应的装备建设，提高科技化、信息化、现代化水平。去年，我们面向社会公开招录100余名警员，其中，90%的力量投入到巡警、刑警等部门，加强快速反应力量。

(二)强化卡点网络建设。我们把卡点作为围追堵截的有效载体，构筑以城区为中心，以城乡结合部为外围，以周边农村为屏障、以三省警务协作为外援的四层环型卡点网络。形成以36个市级卡点为骨干，80个县级卡点为支撑的快速堵截网络。紧急情况下，各警种协同作战，快速出击，迅速形成封闭全境的卡堵体系。启动“金盾工程”，开通公安信息局域网和350兆无线常规网；在全市主要城区大小街道设立“电子警察”，有效控制城区交通和社会治安面。我们与陕西省渭南市、山西省运城市建立警务协作关系，实现了三市指挥中心联网、卡点联动、资源共享。今年以来，三省三地警方联手破获刑事案件27起，抓获犯罪嫌疑人40余名。

二、建立巡逻看护网，严密社会面控制

(一)构建巡逻网。巡逻网分为三级：一是以巡警为主，以武警、治安警、刑警、交警为辅的专业队伍巡逻网。通过划分巡区、设立待警点、制定巡逻方案、推行综合执法、强化军事训练，加强对党政机关、主要街道、重要设施、重要区域的巡逻，严防各类违法犯罪和治安灾害事故的发生。在全市增设了18个巡警值勤点和32个夜间值勤点。工作中，采取公开巡逻与秘密巡逻相结合，着装巡逻与便衣巡逻相结合，车辆巡逻与徒步巡逻相结合等多种形式，提高了对社会面的控制能力。二是认真解决警力不足的问题，在城区组建群众性专业巡防网。目前，全市共有正式干警2502名，无法适应当前治安形势的挑战。为此，我们从城镇下岗职工、低保人员和优秀复转军人中选聘巡防队员，组建城区巡防大队，在民警带领下负责市区背街小巷、公共复杂场所的治安巡逻。全市在市区和县城建立城区巡防大队7支440人，其工作经费由市、县两级财政列入预算，每年支出约150万元。三是基层组织巡逻网。在城区以居委会和都市村庄为依托，组织群众在辖区开展巡逻防范工作。全市共有社区和都市村庄治安巡逻队82支400余人。重点在各个社区、公共复杂场所、商业网点开展治安巡逻。

(二)扩大看护网。看护网主要分三类。一是专业保安看护网：我市党政机关、广电、水电油气、金融、医院、学校、大型企业等重点内部单位，宾馆、酒店、各种公共娱乐场所以及实行封闭管理的居民区，在市综治委的组织协调下，全部聘请了专业保安。这些单位今年以来未发生盗窃等可防性案件。二是企事业单位内保队伍看护网：各厂矿企业、机关学校、金融单位都建立了安全保卫组织，接受公安机关的业务指导，加强要害部位安全保卫；开展安全检查、建立健全规章制度、组织普法宣传教育、落实安全技术防范措施；协助公安机关预防、打击各种违法犯罪行为。各企业在深化改革中，积极引入市场机制，探索有偿保卫，进一步加强内部单位保卫力量。采取企地联防等多种措施，积极参与社会治安防控工作，实现了企业生产经营和当地社会发展“双赢”。三是群众性看护网：我们紧紧依靠社区基层组织，充分发挥党(团)员、退休干部、职工等治安积极分子的积极性，广泛开展以楼院看护、数户联防、义务看护、邻里关照等多种形式的看护工作，使群众性看护在社会治安防控中发挥重要作用。目前，全市城区楼院看护率已达到85%。

三、建立基层基础网，强化组织功能

(一)构建街道"一办两所"(综治办、派出所、司法所)网络。全市街道综治委主任由党工委书记担任,综治办主任由党工委分管副书记担任,综治办设一名专职副主任,享受副科级待遇,并配备1—2名专职工作人员。街道财政按辖区人口人均0.3元至0.8元的标准把综治专项事业经费列入预算,加强综治办建设。全市派出所广泛开展升级创建活动,从根本上解决其装备差、基础设施落后等问题。派出所统一配备微机,上局域网。司法所配备2名以上正式工作人员。统一设置专门的司法调解室,设调解员、书记员,按准法庭模式调解纠纷。

(二)构建居委会"两会一队"(治保会、调解会、治安巡逻队)网络。全市按照"五有四落实"标准,做到治保会、调委会有标识牌、有固定办公场所、有印章、有调解登记薄、有统计台账,达到组织、制度、工作、报酬"四落实";各居委会都建立了专、兼职巡逻队伍,加强邻里间巡逻看护,有力地维护了城区稳定。

(三)构建社区"一室一站"(警务室、流动暂住人口协管站)网络。在社区按照人口一定比例建立警务室和流动人口协管站,将室站合二为一。首先是合理划分警务区,在社区实施警务战略,实行警力下沉,按照公安部标准达到"四统一"。其次是聘任专职协管员,对社区流动暂住人口和出租房屋实行专业化、旅馆化、层次化、微机化的"四化"管理模式。建立专业化的暂住人口协管组织和队伍,按每个协管员负责80—100户出租房屋的比例,从下岗职工和大中专毕业生待分配人员中公开招聘协管员,其工资待遇采取财政补贴、集体经济扶持、有偿中介服务等方式解决。"旅馆化"即对出租房屋实行旅店式管理。"层次化"即对出租房屋实行分层次管理,将租赁房主分为三个层次:第一层次为参与管理积极性高,主动配合工作,遵纪守法的放心户;第二层次为虽属守法业主但缺乏责任意识户;第三层为重点管理户。"微机化"即为每个室(站)配备1台微机,建立健全暂住人口管理信息资料库,为工作提供便利条件。目前,全市共建立城区警务室(协管站)81个,拥有正式干警172名,协管员326名。

四、建立群防群控网,发挥铜墙铁壁作用

(一)各级党委、政府加强对"天网工程"的组织领导。我们成立了由市委、市政府领导任总指挥长、副总指挥长,下设办公室,负责具体组织实施"天网工程"。各级财政把综治专项经费列入了年度财政预算。其中,市级财政按人均0.15元落实,统一由市综治办专用;县级财政根据各地实际情况按0.3元至1元不等落实,由县(市)区综治办专用。市级财政每年用于市直政法各部门的经费占全市财政预算的六分之一。

(二)强化内部单位防范意识,落实防范措施。市综治委改革目标考核办法,进一步明确各内部单位在社会治安防控工作中的职责任务。各单位、机关、团体、企事业单位在金库、金银珠宝店、财务室、仓库、机房、机要室等重点要害部位和存放枪支弹药、易燃易爆、剧毒、放射等危险物品的库(室),安装电子监控系统、110固定目标报警系统、反击反劫器等技防设备;凡新开发的住宅小区,由开发商负责配备电视监控、可视对讲、安保防盗等技防设施,直接进入成本预算,不按要求配备的,一律不准启用;公安机关和保安公司不断引进和推广新型技防设施,提高技防的科技含量,降低技防成本和服务费标准,推动技防设施的大面积普及。

(三)动员社会各界和广大人民群众积极参与治安防范工作。根据"谁受益,谁出资"和"取之于民,用之于民"的原则,组织社会各界筹资投入治安防范。社会各界和各机关、团体(企业单位除外)根据市综治委的部署,按照单位建筑面积、人员编制有钱出钱,无钱出人,投入于市区、街道、社区的巡防力量;对于无主管单位的集贸市场、大杂院等由社区居委会牵头,组织商户、居民共同出资聘用专业保安员,落实看护措施。同时,从出租车司机、清洁工人等人员中挑选治安信息员发放特情费,提供重要破案线索的给予物质奖励和精神激励。发扬光大见义勇为事业,鼓励更多的人民群众积极参与社会治安防范工作。

大力构建治安防控责任区
确保社会治安大局的持续稳定

中共商丘市委　商丘市人民政府

2002年4月以来，我市在城区（县城）大力开展了治安防控责任区（以下简称防控区）建设，经过一年多的努力，有效形成了打、防、控、管一体化的社会治安防控体系，取得了明显成效。据统计，构建防控区以来的17个月，城区（县城）的刑事案件发案数较构建防控区以前的17个月下降了33%，特别是街头“双抢”案件下降了80%；公安机关现场捕获犯罪嫌疑人785名，现场捕获率提高了31个百分点；群众对社会治安的满意率由原来的81%上升到92.5%。较好地解决了城区群众反映强烈的治安问题，为我市的改革和发展提供了良好的社会治安环境。我们的主要做法是：

一、确立构建防控区的新思路

近几年，我市城区（县城）年刑事案件的发案数一直占全部发案数的70%以上。特别是侵财性案件和街头抢夺、抢劫案件大幅度上升，曾出现群众出门怕家里被盗，妇女上街怕抢包、不敢戴项链的非正常状况，社会治安再次成为群众反映强烈的热点问题。对此，我们从2001年10月至2002年3月，组织力量深入开展了调研和论证，认为要搞好城区治安，就必须确立主动防控的思想，不断改进防控方法，突出防控重点，提高防控质量，优化防控效果，在城区（县城）开展治安防控责任区建设。具体讲，就是根据城区（县城）的治安特点，以繁华街区、党政首脑机关、重点要害部位及案件多发区为重点，划出若干个治安防控区，将区域内的片警、刑警、交警、巡警、防暴警统一使用，优化配置，建立诸警种合成作战机制，实施社区警务战略，落实治安工作责任，通过这些工作，逐步形成以指挥中心为龙头，以治安防控区为框架，以卡点网络为基础，以社区民警和巡逻警力为骨干，以群防群治组织为基本力量的警民联动，动静结合，“点、线、面”相策应的社会治安防控体系。市委常委会对此专门进行了研究，批转了市综治委《关于建立治安防控责任区，推进打防控一体化的实施方案》，并召开了动员大会，具体部署了这项工作。

二、建立专群结合合成作战的防控区

（一）划定区域落实责任。根据城区（县城）人口密度、地理状况和发案规律，在全市划出35个防控区，整合投入各种警力1542名。在防控区内所有警力不分警种、不分隶属，都对社会治安负有责任。实行一警多能，一警多用，既有分工，又有合作。巡警、防暴警管“线”，负责主要道路的巡逻控制；交警管“点”，既管交通，又负责处理执勤点周围的治安问题；社区民警管“面”，负责辖区内治安管理、防范和服务工作；刑警管“片”，主要侦破防控区内的刑事案件。这样，各警种都有了自己的“责任田”，大大增强了他们工作的责任感。

（二）合成使用防控警力。一是建立防控组织，加强协作配合。各防控区都成立了协调指挥组，所在辖区派出所所长任组长，涉及的警种各有一名负责人任副组长，协调指挥组有权调度防控区内所有警力，拥有对防控区民警奖惩的建议权。二是完善各项制度，统一工作规范。市公安局制定了《治安防控区警力合成使用细则》、《协调指挥组长职责》、《治安防控责任区民警工作纪律》等一系列规章制度，对各警种的职责及执勤方式进行了统一规范。三是召开联席会议，坚持常抓不懈。每周一，各防控区协调指挥组长召集由各警种负责人参加的联席会议，通报情况，分析问题，协调安排工作。四是完善卡点网络，多警联合设卡。

对出入城区的51个卡点进行了调整和充实,使每个卡点都由刑警、交警、巡警、派出所民警和武警五个警种合成,遇有重大警情,各种警力联合执行设卡任务。五是强化指挥中心,发挥龙头作用。各级指挥中心对防控区域、主要道路、重点单位、复杂场所、警力配置、联络方式等了如指掌。一旦发生警情,指挥中心指令防控区一线民警就近出警,实现了防控区之间、各警种之间的有效衔接,发挥了现有警力的最大效能。

(三)实施社区警务战略。一是充实一线力量。据统计,全市公安机关共给派出所充实警力673人,使派出所警力由占全部警力的44%上升到55.2%。二是科学配置警力。在城区(县城)每3000户左右划为一个社区,建立一个警务工作站,配备3至6名社区民警和若干联防队员。全市城区共建立警务工作站137个,配备民警680名。三是规范社区警务。社区警务工作站全部达到了"五个一"标准,即一个警务公示栏、一本工作日志、一套综合台账、一张接待群众时间表、一个警民联系箱。四是明确民警职责。社区民警担负信息收集、人口管理、安全防范、治安管理、服务群众五项职责,并建立目标责任制和考核、监督制度。社区民警除在承诺的时间接待群众外,还采取"群众休息我巡访,居民上班我巡逻"的方法开展巡访活动,了解治安信息,熟悉居民情况,热情服务群众。五是大练工作技能。各县(市)区公安机关加强了对社区民警的业务培训,有效解决了社区民警"干什么"、"怎么干"的问题,增强了社区民警基层工作能力。

(四)专群结合共保平安。为缓解警力不足的矛盾,我们在各防控区都组建了5支群防群治队伍:即一支社区义务巡逻队。由居委会牵头,社区民警参与,共组建由退休干部职工、享受低保人员、青年志愿者等参加的义务巡逻队146支4200余人,统一标志,在辖区内开展义务巡逻;一支门店关照联防队。在门店相对集中的商业网点,共组织门店关照联防队13000多个,开展轮流看护;一支单位内部看护队。各机关、学校、企事业单位,按照"谁主管谁负责"的原则,组织了护厂队、护校队、护院队,配备了专职门卫,开展自防自治活动;一支专业保安服务队。公安机关加强了对保安人员的培训、考核和派驻工作,提高了党政机关、金融网点、大型商场的安全保卫工作专业化水平,使这些地方的可防性案件明显下降;一支军警治安联防队。商丘驻军广大官兵视人民为父母,把驻地当故乡,积极与当地公安机关联手开展军警治安联防活动,加强了对汽车站、火车站等窗口地区的控制,有效维护了社会治安的稳定。

三、建立相应的配套保障机制

一是富有权威的领导机制。市委要求各级都要把防控区建设作为"一把手工程",做到"两个纳入",即纳入社会治安综合治理目标考核的重要内容,纳入各级党政领导的任期责任目标。在防控区建设中,市委书记、市综治委主任刘满仓,市长毛凤兰和有关领导,不仅亲自抓部署,听汇报,而且经常深入实地考察工作,了解情况,提出指导性意见,推动了防控区建设的深入开展。

二是奖罚严明的激励机制。各级普遍建立了防控区建设目标责任制,实行奖优罚劣。明确规定,这项工作成绩在前两名的县(市)区,由市委予以表彰奖励;考核成绩在后两名的单位,取消评先资格,并视其情况给予黄牌警告或一票否决;对因工作失察,防控不力,而发生影响大局稳定案事件单位的相关领导和责任人给予必要的纪律处分。公安机关也作出了相应规定,派出所长要从有三年以上经历的优秀社区民警中选任;市、县两级公安机关班子成员联系的派出所,如防控区建设落后的,该领导成员在公务员考核中不得被评为"优秀";对责任心不强,失去战机的民警,予以追究责任。从而调动了各级领导和广大民警的工作积极性。

三是齐抓共管的联动机制。防控区建设涉及方方面面,没有相关部门的密切配合、协同作战,很难取得应有的效果。在工作中,公安机关负责防控区警力的配置,充分发挥了主力军作用。组织、人事、民政等部门联手抓以党支部为核心的基层组织建设,为搞好防控区提供了坚强的组织保障。宣传、新闻单位加强了舆论宣传,为防控区建设高唱主旋律。纪检、监察、司法、共青团、妇联等部门也都认真履行职责,做好各自的工作,为防控区建设作出了积极努力。

四是坚强有力的保障机制。全市先后共投入

资金近千万元，为防控区装备巡逻车186辆，基地台和对讲机300余部，使执勤巡逻具备了基本的物质条件。此外，从今年起，市、县、乡三级还分别按照0.1元、0.2元、0.3元的标准纳入财政预算，每年拨付500万元作为防控区建设资金，为这项工作的深入开展提供了有力的经费保障。

（撰稿：翟中锋　孙本立
审稿：张世军　张国臣　王霖霖）

湖　北　省

“严打”整治斗争情况

2003年，全省统一部署开展了“毒鼠强”专项整治行动，打击赌码、赌球等聚众赌博专项行动，企业、学校及周边治安秩序整治行动，部署各地因地制宜开展了“反盗打抢”、打击“四强六霸”，春季治安攻势等集中统一行动，省综治委于年初、年中两次部署开展了治安混乱地区和突出治安问题集中排查整治行动。通过多层次、多形式的“严打”整治斗争，建立健全“严打”整治的经常性工作机制，始终保持对严重犯罪的高压态势，有力地维护了全省社会稳定和大局平稳。全年全省公安机关共立刑事案件147210起，比上年下降9.4%。

一、加强领导，落实责任，重点整治力度明显加大

在年初召开的全省政法工作会议上，我省将重点整治作为年度综治工作的重点进行了部署。各级党委、政府坚持把重点整治纳入综治工作目标管理，领导重视亲自抓，坚持实行“一个乱点、一名领导、一个专班、一套方案、一抓到底、限期整改”的办法，落实责任，进行综合整治。原宜昌市委书记，现省委常委、省委政法委书记郑少三就宜昌火车站的重点整治多次作出重要批示，要求把火车站建成文明窗口。武汉市委分管领导多次深入到武钢地区、新洲阳逻、江夏流芳以及汉口火车站等地调查研究，指导重点整治工作。2003年，全省两次共排查重点整治地区584个，共建立党政领导和有关部门负责人牵头的整治专班799个，整治专班人员5838名，制定整治措施，明确领导责任，每个专班都有领导牵头组织开展整治。孝感市结合上年度综治工作检查考评情况，确定了10个重点整治地区（部位）和路段、9个综治工作滞后的乡镇为重点整改单位。2003年7月下旬，孝感市综治委派出4个检查督办组，对全市治安重点整治工作进行检查督办验收。2003年重点整治，共破获各类刑事案件871起，打掉犯罪团伙102个，抓获各类犯罪嫌疑人970名，治安状况明显好转。针对学校、企业及周边、铁路沿线集中整治工作，省委省政府、省综治委领导高度重视。中央政治局委员、省委书记俞正声要求把此类工作作为创建良好发展环境的重要内容抓落实。武汉市委、市政府把加强高校周边环境整治作为创建文明城市、发展科教事业的大事来抓，省委副书记、市委书记陈训秋，市长李宪生等市领导多次深入高校，考察调研高校周边环境整治工作。在“非典”期间，全市临时关闭高校周边500米范围内的网吧共437家，并促使长期困扰学校周边环境的违章建筑、商业网点、三轮摩托车乱停乱放、堵塞交通等突出问题得到解决。

二、大力整治突出的治安问题，为经济发展创造良好的外部环境

一是大力开展“毒鼠强”专项整治工作。2003年7月份国务院《关于深入开展毒鼠强专项整治工作的通知》下发后，根据省专项整治领导小组的统一部署和省委领导提出的年内消除毒鼠强危害的目标，全省紧急动员部署，有关部门密切配合，充分发挥职能作用，各级领导靠前指挥，组织强有力的工作专班，采取广泛宣传发动群众、实行层层包片负责制、逐户签订责任书、抽调精兵强将攻坚等多种有效措施，依法查处非法买卖、储存毒鼠强等剧毒鼠药的犯罪嫌疑人430人，其中批捕21人，刑事拘留37人，治安处罚156人；共捣毁了蔡甸、汉川、武穴等地非法生产毒鼠强等剧毒鼠药窝点23处(个)，取缔非法销售点158处(个)，收缴毒鼠强等剧毒化学品1016公斤，其中毒鼠强376公斤，氟乙酰胺288公斤，其他剧毒化学品352公斤，消除了我省生产毒鼠强的源头。二是大力整治企业及周边治安秩序，不断改善企业生产经营环境。在继续开展整治千家国有企业及周边治安环境的同时，以规模较大的200家利用外资企业、100家民营企业和60家外商独资企业为重点，继续采取建立警企服务热线、实行挂牌保护、派出民警驻厂、实行治安承诺和开展企地联防等多种措施，为企业提供“零距离”治安服务。2002年以来，全省共破获哄抢、盗窃企业物资等涉企刑事案件1972起；摧毁啃吃企业的犯罪团伙354个965人；查处各类治安案件5627起；抓获各类违法犯罪嫌疑人6533人；其中逮捕319人，劳教225人，治安处罚5010人；为企业追缴赃款及赃物折款9409万元。同时，还依法取缔废旧收购站点409家，拆除企业周边违章建筑1653间，关闭啃吃企业的小作坊312家，帮助企业整改安全隐患7363处，积极化解和妥善处置企业内部及企地之间各种矛盾纠纷1701起。三是大力开展学校及周边治安秩序整治，进一步优化教书育人环境。继续开展了高校及周边治安整治行动，共破获涉及高校的各类案件2294起，查处违法犯罪嫌疑人2037名，打掉犯罪团伙60个，取缔、责令停业整顿违规的网吧、娱乐服务场所98家，收缴了一大批淫秽、盗版非法出版物和音像制品。

三、大力开展查禁聚众赌博、卖淫嫖娼活动和“扫黄打非”专项行动，努力净化社会风气

一是严厉打击各种形式的聚众赌博活动。全省公安机关先后部署开展了三次较大规模的查禁赌码、赌球等聚众赌博专项行动。2003年2月下旬，中央电视台《焦点访谈》披露了荆州市的赌博问题后，部署严厉查处各种聚众赌博活动；7月中旬和9月中旬，又先后部署开展了打击非法彩票和赌码、赌球等聚众赌博专项行动，依法查处赌码、赌球等赌博案件3705起，查获赌博违法人员15948人，其中逮捕4人，刑事拘留347人，治安拘留1012人，劳动教养155人，摧毁赌码窝点211人，收缴码报17000余份。二是认真查禁卖淫嫖娼活动。坚持突出重点、露头就打的原则，强化了查禁卖淫嫖娼活动力度，全面整治歌舞厅、按摩中心、洗脚屋、美容美发厅等娱乐服务场所的各种违规经营问题。全省公安机关共查处卖淫嫖娼案件8402起，查获涉案人员7970人，其中，治安处罚16748人，收容教育1042人，劳教91人，其他89人；查处介绍、容留卖淫嫖娼案件837起，查获涉案人员1954人，其中逮捕58人，有效地遏制社会丑恶现象的蔓延发展。三是大力开展“扫黄打非”专项行动。根据全省“扫黄打非”工作会议的统一部署，组织联合专班，督导咸宁市依法查处了政治性非法出版《政海风云》案件。全省共查处“黄非”案件1476起，查处3449人，其中，刑事拘留72人，治安处罚2893人，收缴政治性、盗版、淫秽等各类非法书刊49万册，光盘27万张。

四、依法加强以金融为重点的企事业单位内部治安隐患整改和安全防范工作

以重点单位“盗抢不成”为目标，采取多种举措，全力维护全省金融、军工、电信、电力、文物等重点要害单位的安全。一是不间断地开展金融安全检查，及时消除各种不安全隐患。二是组织开展反抢劫金融单位犯罪的实战演练，教育群众，震慑犯罪。春节和全国“两会”前夕，各地公安机关和金融系统以县市区为单位，分期分批组织开展了多警种和合作作战的反抢劫金融单位实战演练。共抽调警力和金融保卫人员3500余人次，车辆400余辆，举行演练28场次。进一步增强了金融单位员工的安全防范意识和技能。三是推进金融单位安全防护设施建设，进一步提高了金融单位物防、技防水平。各地普遍加大了检查和督促力度，各金融单位采取积极措施，投入大量专项资金，改造了一大批金库、营业网点的防护设施，新购置了一大批防弹专用运钞车，使全省金融系统硬件防护能力得到进一步提高。截止2003年11月底，全省发生抢劫金融单位案件2起，比2002年同期少发1起，成功防范和堵截盗抢案件11起。

五、认真抓好民爆物品和枪支弹药的安全监管工作，切实维护公共安全

突出重点，狠抓民爆物品的安全监管工作。

省公安厅明确全省9个市州、8个县市区为重点地区，15个民爆物品生产企业、370个民爆站、1300个爆破队为重点单位。各地公安机关采取明查暗访的方式，不间断地开展安全检查和抽查，全年共检查涉爆单位437家，督促整改不安全隐患673处，有效地杜绝了各类案件、事故的发生。省公安厅先后四次下发紧急通知和通报，要求各地切实加强烟花爆竹的安全监管工作。管用结合，不断强化枪支弹药的规范化管理。根据各地群众反映今年兽禽侵害农作物情况严重的实际，各级公安机关在深入调查研究、论证的基础上，本着管用结合的原则，及时将2826枝猎枪和31万余发猎弹下拨给10个山区的村民，切实保证了山区群众的需要和枪弹的安全。

社会治安管理和防范工作情况

一、大力开展查禁聚众赌博、卖淫嫖娼活动和“扫黄打非”专项行动

一是严厉打击各种形式的聚众赌博活动。先后部署开展了三次较大规模的查禁赌码、赌球等聚众赌博专项行动。2003年2月下旬，部署严厉查处各种聚众赌博活动；7月中旬和9月中旬，又先后部署开展了打击非法彩票和赌码、赌球等聚众赌博专项行动。专项行动期间，依法查处赌码、赌球等赌博案件3705起，查获赌博违法人员15948人，其中逮捕4人，刑事拘留347人，治安拘留1012人，劳动教养155人，摧毁赌码窝点211人，收缴码报17000余份。全面整治歌舞厅、按摩中心、洗脚屋、美容美发厅等娱乐服务场所的各种违规经营问题。截止11月底，全省公安机关共查处卖淫嫖娼案件8402起，查获涉案人员7970人，其中，治安处罚16748人，收容教育1042人，劳教91人，其他89人；查处介绍、容留卖淫嫖娼案件837起，查获涉案人员1954人，其中逮捕58人，有效地遏制社会丑恶现象的蔓延发展。三是大力开展“扫黄打非”专项行动。从3月份开始，各级综治部门开展了对音像、出版物市场、印刷行业的集中清查行动。5月中旬，督导咸宁市公安机关依法查处了政治性非法出版《政海风云》案件，将涉案主犯陈香梅（女，崇阳县新华印刷厂法人代表）依法刑事拘留。截止11月底，共查处“黄非”案件1476起，查处3449人，其中，刑事拘留72人，治安处罚2893人，收缴政治性、盗版、淫秽等各类非法书刊49万册，光盘27万张。

二、认真抓好民爆物品和枪支弹药的安全监管工作

一是突出重点，狠抓民爆物品的安全监管工作。明确全省9个市州、8个县市区为重点地区，15个民爆物品生产企业、370个民爆站、1300个爆破队为重点单位，要求各地大力开展安全监管工作。全年共检查涉爆单位437家，督促整改安全隐患673处。二是切实防范烟花爆竹爆炸事故，及时取缔了一大批生产烟花爆竹的小作坊。三是管用结合，不断强化枪支弹药的规范化管理。7月下旬，省公安厅专门召开座谈会，部署开展公安机关基层科所队公务用枪安全大检查，促进了枪支弹药的规范化管理。截止11月底，全省未发生民爆物品丢失、枪支弹药被盗、丢失案件和事故；发爆炸事故5起，与2002年同期相比下降了28.6%，死亡8人，比2002年同期下降了20%，有效地维护了社会公共安全。

三、充分发挥职能作用和网络优势，积极参与“非典”防控

4月中旬以来，省综治委及各级综治机构，把防控“非典”工作作为重大政治任务和维护稳定的头等大事来抓，省委副书记、省综治委主任黄远志同志主持召开专题会议，听取省综治委部分成员单位参与防控“非典”工作的汇报，对全省综治系统参与防控“非典”和维护稳定进行部署。4月24日和5月9日，省综治委紧急下发《关于积极参与非典型肺炎防控工作的通知》和《关于充分发挥基层综治网络优势，积极参与做好农村非典刑肺炎防控工作的通知》，部署充分发挥社会治安综合治理齐抓共管、群防群治组织覆盖面广、基层治安信息网络健全的优势，参与抗击“非典”斗争，严密社会管理和防范。各级综治部门成立了领导小组和办公室，制定了严格的纪律和工作制度，切实加强对流动人口疫情防治，督促落实各项跟踪管理措施，坚决落实疫情监测和上报制度，突出做好农村的防控工作。充分发挥综治网络优势，组织动员公安、宣传、教育等部门、广大群众参与抗击“非典”斗争，在防控“非典”斗争和维护社会稳定中作出了应有的贡献。

四、大力加强治安防范，建立和完善社会治安防控体系

大力加强防范，建立和完善治安防控体系建设，是全省2003年度综治工作的重点。10月9日，召开省委常委会议，听取在江西召开的全国社会治安综合治理工作会议精神，研究部署综治工作，重点是社会治安防范工作，决定适应形势任务的需要，进一步加强综治机构建设，加大人员、经费投入。9月份，省委办公厅、省政府办公厅又转发了《省综治委关于加强社会治安防范工作的意见》，对防范工作提出明确要求。省综治委部署开展了两次社会治安防范调查研究，督促加强社会治安防控体系建设，制定加强本地治安防范工作的意见。省委办公厅、省综治办认真总结推广各地防范工作好的经验和做法，“南昌会议”上，我省总结的《创建综治协会　促进农村稳定》的经验作大会发言，另有4篇经验材料作书面交流。11月12日，召开全省综治工作会议上，对治安防范工作进行部署，并重点交流了30个市、县、区在防范工作中的典型经验和做法。

各地因地制宜，不断建立和完善社会治安防控体系，初步形成了党委、政府统一领导，综合治理组织协调，以公安机关为骨干、群防群治力量为依托，以案件多发的人群、行业、区域、时段为重点，点线面结合、人防物防技防结合、专群结合的社会治安防控体系，并积极探索新形势下专群结合的治安防范特别是群防群治的组织形式、工作机制和保障机制。武汉市建立完善以巡警为骨干，多警协作、专群结合的社会面巡逻控制网络和快速反应机制。全市现有巡警2072人，配备巡逻车220台，按照划分的责任区，对车站、市场商业区等重点部位进行巡逻控制。巡警以巡逻车为依托，机动车巡逻与徒步巡逻相结合，巡逻车实行GPS定位，电台直接与110报警报务台连接，就近出警和受理群众报警，提高了快速反应能力。同时，组织刑侦、治安等警种力量在街面发案突出部位公秘结合抓现行；组织市场、门点保安及业主、治保人员联防联控。黄石市重点加强人防力量及网络建设，建立完善社会治安防控体系。全市140个社区全部建立了社区警务室，落实“一区一(多)警、责任到人、一包到底”责任制，协调社会力量，充实群防力量，在各社区建立了治保会、民调会，巩固发展治安志愿者队伍、门栋关照队伍、“低保”人员巡逻队伍、各类市场治安保安队伍、门面店铺互防队伍等，建立信息网络机制，构建网格式巡逻防控机制及治安关卡防控机制。孝感市抓三项机制建设，构筑专群结合的治安防控体系。一是强化责任意识，建立治安防控责任机制。对全市的治安防范实行分片负责制，每名市领导具体负责二至三个县市的治安防控体系建设，市综治委成员单位分别联系一个重点乡镇，具体指导该乡镇的治安防范工作。市、县、乡都成立了治安防控体系建设领导小组和办事机构。二是突出工作重点，建立治安防控长效运行机制。以治安卡口为防控重点，严把出城关和出入境关；抓交通干道和沿线治安防范，建立诸警种联动、警民协防的治安防范机制；建立社会面上的治安防范，建立多层次、专群结合的治安防范机制。三是加大投入力度，建立治安防控保障机制。市委、市政府和市综治委及时作出了《关于认真贯彻执行中办发〔2002〕26号文件精神的意见》，专门就治安防范经费的筹措提出了三条可操作性的意见：在经济条件好的地方，可由政府拨一点、单位和单位出一点、居民群众按人头集一点的办法解决；在经济条件一般的地方，可以政府拨款为主，单位、部门和居民群众出资为辅的办法解决；在经济条件差的地方，按照分级负担的办法，完全由政府拨款解决，严禁向单位或个人筹资。郧西县结合县情特点，与周边豫陕七县通力协作联动，打破行政界限，实现横向联合，延伸工作链条，实行县乡村三级联动，制定联防制度，保持紧密联系，并建立“严打”联动机制，压缩犯罪空间，建立枪爆联治机制及纠纷联调、事故联处机制，精心构建边区治安防控体系，探索出了一条抓边区治安防控促辖区治安的有效途径，社会治安和经济发展形成了良性互动。

流动人口治安管理工作情况

据2003年度人口统计年报，全省共有流动人口约560万人，高峰时达到773万人。其中，流出人口399万人；公安机关登记的外来暂住人口110万人，登记的租赁房屋376549户，务工的有45万人，经商的有27万人，从事服务行业的有14万人，务农的有6万人。公安机关通过对流动人口的管理，从中列管重点人口2485人，建立治安耳目5466人；破获刑事案件3910起，查处治安案件11316起。

一、加强领导，建立完善流动人口管理工作体制

根据中央综治委流动人口治安管理工作领导小组部署和省委办公厅、省政府办公厅转发《省社会治安综合治理委员会关于进一步加强流动人口管理工作的意见》的要求，省委办公厅、省政府办公厅下发《关于调整部分非常设机构主要领导成员的通知》(鄂办文[2003]49号)，调整省流动人口管理工作领导小组主要负责人，明确以省委常委、省委政法委书记、省公安厅厅长郑少三为组长，省政府秘书长李春明，省委副秘书长黄兆林，省委政法委副书记、省综治办主任鲁志宏，省公安厅副厅长周厚震，省劳动和社会保障厅副厅长文国运为副组长。10月9日，省流动人口管理工作领导小组下发1号文件，调整了领导小组成员及办公室成员，明确周厚震为办公室主任。全省17个市、州、直管市、神农架林区也都建立健全了由党委、政府分管领导任正、副组长，政法委、综治办、宣传部、公安、劳动、教育、卫生、交通、工商、民政、计生委、军分区(武装部)共青团、妇联等部门负责同志参加组成的流动人口管理工作领导小组。全省流动人口较多的集镇、街道建立了流动人口管理办公室，以综治部门牵头、公安派出所为主，其他部门协助，具体负责流动人口的登记、管理和服务工作。各地各部门把流动人口管理工作纳入任期责任目标管理，建立社会治安综合治理目标管理责任制和领导责任制，实行综合治理，并列入年终检查考评的重要内容。省年终综治检查考评中，将流动人口管理工作列为综治专项工作的重点，组织进行了专门检查考评，结果分值按比例计入总分。

二、以落实责任为核心，促进管理措施落实到位

各地通过不断完善责任机制和考核机制，推动了流动人口各项管理措施的落实。一是按照“谁出租谁负责、谁经营谁负责、谁用工谁负责”的原则，通过签订治安责任状、治安保证书等形式，细化责任，明确奖惩，强化检查，严格倒查，逐步实行融治安管理、劳动用工、计划生育、卫生管理于一体的暂住人口管理“业主责任制”，把流动人口管理的责任落实到出租房东、用工单位和经营业主身上，基本形成了流动人口管理社会责任体系。据统计，2003年全省签订流动人口治安责任书37万份。二是落实岗位目标责任制。各地公安机关根据暂住人口管理工作中所承担的具体任务、职责，制定考核指标，把对暂住人口、出租屋的登记、发证、计算机管理、清理整顿、案件情况、法制宣传教育等纳入考核内容，研究制定贯彻落实这些工作的具体办法和保障措施，狠抓监督检查和考核工作，做到一级抓一级，层层抓落实。三是严格倒查制度。武汉、黄石、宜昌、十堰、荆门等地公安机关对暂住人口中应列入重点人口管理而未列入，或虽列入但管理措施不落实，或暂住人口进行危害严重、影响恶劣的犯罪活动而未及时发现，被本辖区外公安机关抓获，并受到刑事处罚的，以及被通缉而在本辖区藏匿未能及时发现的情况，根据辖区民警所负责任、案件危害程度等进行追究与处罚，促进暂住人口管理工作的落实。

三、抓重点，不断强化流动人口住宿地管理

各地把流动人口住宿作为管理工作的切入点，作为一个重要的“阵地”严格控管。一是对较大规模企业的务工人员实行企业内部集中住宿，由企业建造不同档次的员工宿舍，或者由企业统一租房作为员工宿舍。二是对散落在社会各处的零散务工人员实行集中住宿,集中宿舍由乡镇、居村、企业或个人筹措资金,利用闲置的校舍、企业厂房和租借机关企事业单位房屋,建设生活设施配套的暂住人口集中的住宿点,在公安机关指导下实行微利经营。三是对房东与房客居住一地、房客较多的出租房屋,实行定人定床、人来登记、人走注销的旅馆式、“房东协管式”、“有偿租赁委托”管理。如武汉市江汉区对辖区出租房实行房屋租赁委托管理,武昌区实行“以屋管人”工作法;荆州市沙市区实行“房东协管式”管理;宜昌市实行“12345”管理工程等。

四、创新管理手段,实现传统警务向信息警务的转变

根据公安部“百城联网”工程,从1999年开始,全省公安机关在暂住人口治安管理工作中大力推广以计算机技术为主要内容的信息警务战略,以先进的信息技术,推进警务机制的创新。2003年,全省已建立了暂住人口、出租房屋、旅馆业三大计算机信息管理系统,建立了93.6万暂住人口和13.9万户出租户以及1119家旅店业的数据库,实现了网上追逃和流动人口信息采集以及管理的数字化,提高了管理和服务的效能。从2002年开始,公安部在我省十堰市城区进行治安信息管理系统建设试点。目前,十堰市城区试点二期工程已通过公安部验收合格,并进入全面建设阶段。同时,2003年公安部又确定在我省鄂州、荆州等地开展治安信息系统示范城市和在武汉、荆门、孝感、恩施等地开展派出所综合信息推广城市的建设工作,从而使流动人口治安管理信息网络系统进一步得到延伸,有效地提高了流动人口管理工作水平。

社会治安综合治理基层基础建设情况

一、进一步加强各级综治机构特别是乡镇(街道)综治办建设

年初,省委办公厅、省政府办公厅对省综治委及综合治理各专项工作领导小组主要成员进行了调整充实。省委、省政府下发了《关于进一步加强政法队伍建设的若干意见》,明确规定,各级综治办主任由同级政法委副书记兼任,并按同级政府部门的副职配备一至二名副主任;乡镇街综治办主任由党委、政府副职兼任并配备足够的专职干部。4月份、6月份省委、省政府有关部门组成7个检查组,两次对各地落实《关于进一步加强政法队伍建设的若干意见》的情况重点是综治办主任配备和乡镇街道综治办建设等情况进行检查督办,逐个市州、逐个问题地下发整改通知。10月9日,省委常委会议同意,省综治办增配1名副厅职副主任(加上原有的1名副厅职主任共2名),决定省维稳办与省综治办合署办公,增设信息督办处,增加10名编制,充分保证综治工作经费。全省市州综治办主任绝大多数由同级党委政法委副书记兼任,副主任都为副处级,内设有两个科室,有6名以上工作人员;县市区综治办主任都为正科级,都配备有3名以上工作人员。

重点加强乡镇(街道)综治办建设。年初,省委制发《关于进一步加强政法队伍建设的若干意见》规定:“乡镇(街道)政法综治办主任由同级党政副职兼任。”省综治委、省编办及时转发了中央综治委、中央编办《关于加强乡镇、街道社会治安综合治理基层组织建设的若干意见》,提出具体要求,并在将乡镇街道综治组织建设纳入综治目标管理责任书的内容检查督办落实的同时,各地在乡镇机构改革过程中,大部分地方保留了乡镇街道综治办机构,配齐配强人员,经费得到进一步落实。有的地方明确规定乡镇、街道综治办主任由党政副职兼任,并配备专职人员1至3人。全省1258个乡镇街道全部都设立了综治委,主任都由党政一把手担任。所有综治委都有办事机构,其中1206个综治办单独设立,另外52个合署办公。综治办主任专任的有970个,另外288个综治办主任由乡镇街道党政副职兼任,全省共有乡镇街道综治办干部4703人。乡镇街道综治办一般有一定数量的专项经费列入预算,有的实报实销。广水市等地党委政府还比照纪检、计生、信访干部享受办案津贴等,为乡镇街道综治办干部每人每月补贴50元。各地乡镇街道综治办都达到了"六有",即有牌子和章子、有专门的办公用房、有党政领导专管、有专职综治干部、有办公经费和办公设施、有完备的制度和台账资料档案。不少地方开展了创"优秀综治办"、"优秀综治干部"活动,有力地促进了乡镇街道综治办建设。

二、不断加强基层党组织和村(居)委会、治保调解会建设及群防群治队伍建设

综治部门会同组织、民政等部门加强基层党组织和村(居)建设的同时,加强治调组织建设、人员培训和目标管理。按照省委办公厅、省政府办公厅转发的《关于进一步加强和改进全省城乡治保会工作的意见》,全省村(居)委会都调整健全了治保会、调解会,治保调解主任一般由同一人担任,普遍实行治保主任选举制、治保人员选举聘任制等制度,城乡治调会都进行了规范化建设又有新的进展。乡镇、街道综治办和公安派出所、司法所对治保调解会实行社会治安综合治理目标管理,考核计发报酬,保证了治调会组织、人员、工作、报酬"四落实"。

各地以建立完善了单位出资、群众筹资、政府补贴的群防群治经费保障机制为突破口,加强群防群治防队伍建设。9月份,省委办公厅、省政府转发了《省综治委关于加强社会治安防范工作的意见》,对切实建立健全群防群治经费保障机制等提出要求。各地因地制宜进行贯彻落实。如云梦县委、县政府制发文件,要求按社区居民(除"低保""伤残"、特困户外)每人每年8元的标准收取社区群防群治经费。罗田县骆驼坳镇党委、政府发文规定,农村群防群治队伍经费从两方面解决,一是政府财政转移支付中的5%至10%作主要经费来源,二是群众自筹,按照村里人平2至5元的标准筹集。全省不少地方采取村民、居民(代表)会 议议定后筹集群防群治经费的办法,由群众筹集、使用,并定期向村民、居民公布筹集使用情况,乡镇街道综治办和经管站、财政所实行严格的审计、监督管理。武汉市、黄石市加强社区警务建设,并结合再就业工程,由财政出资组建、不断扩大社区安保服务队伍,武汉市新招聘社区安保服务队员2322人,新组建了10万余人的治安志愿者队伍;随州市适应农村经济和社会的变化,组建农村保安队伍;荆门市健全完善综治协会,广泛动员和组织社会各界以及广大人民群众维护社会治安。

三、开展集中教育整顿,进一步加强和规范派出所队伍建设和执法工作

年初,部署开展为期四个月的派出所集中教育整顿工作。下发了《关于认真查摆整改派出所执法工作和内部管理存在突出问题的通知》,部署排查整治。先后5次派出18个暗访检查组,深入各地派出所暗访检查,发现问题,及时向全省通报,督促限期整改。据统计,集中教育整顿以来,通过暗访检查发现问题1580处,已督办整改1524处;核查群众举报派出所民警违法违纪线索96条,其中追究刑事责任7人,追究党纪、政纪责任37人;降低派出所等级11个;调整派出所领导班子226个,调整派出所领导511人,其中撤职32人。同时,健全规章制度,出台亲民、利民、便民措施,规范派出所民警的执法行为,制定下发了服务经济建设、创新发展环境的若干措施及《湖北省公安厅户政管理便民利民若干措施》,各地因地制宜地出台了837条亲民、便民、利民措施。

四、深入调研,积极争取,司法所建设取得新的进展

4月份,对全省司法所的建设情况进行调研,6至7月,组织人员分别赴宁夏、福建等地学习考察司法所建设情况。在调研、考察的基础上,召开了有省委政法委、省委组织部、财政厅、人事厅、司法厅、编办等省直机关领导参加的文化座谈会,统一思想,就司法所的建设达成共识,并向省委领导专题请示,汇报了全省司法所建设取得的成绩、司法所承担的职能、存在的问题及建议等,得到了省委领导和有关部门的支持。在《中共湖北省委、湖北省人民政府关于推进乡镇综合配套改革的意见(试行)》中,将司法所与法庭、派出所一起,作为乡镇派驻延伸机构,从根本上确定了司法所的地位,解决了司法所立户列编的问题。在省委、省政府确定司法所地位的基础上,出台了《关于全省进一步加强全省司法所建设的意见》,对司法所机构设置、编制管理、管理体制、经费保障和职级待遇等问题作了明确规定,为进一步加强司法所建设奠定了坚实的基础。

五、进一步加大综治工作经费保障力度

年初，省纪委、省委政法委、省监察厅、省财政厅联合下发《关于印发〈关于贯彻中办发〔1998〕30号、鄂文〔2002〕1号文件精神，对政法机关财政经费保障责任追究的意见〉的通知》，要求各级政府按照分级管理、分级负担的原则，积极做好本级政法、综治部门的经费保障工作。10月9日，中央政治局委员、省委书记俞正声同志在省委常委会议上要求，尽快研究解决公安机关"吃皇粮"的问题并开展达标检查活动。省里先后两次派出联合检查组，对各地落实政法、综治部门经费保障的情况进行了专项督查。省委副书记、省综治委主任黄远志，省委常委、省委政法委书记、省综治委副主任郑少三等领导听取督查情况汇报，并指出要进一步督办落实。全省都将各级综治工作经费保障列为综治工作目标管理和年度检查的重点进行考评奖惩。省、市、县、乡四级综治经费保障机制逐步建立健全，保证了综治工作正常运转。

六、进一步深化基层创安活动

把深入开展基层安全文明创建活动列为综合治理目标管理责任书的重要内容，并在年终检查考评时作为重点考核，要求突出解决群众关心的热点、难点问题，深化基层创安活动，创建"平安湖北"。10月9日，省委常委会议研究决定在全省开展创建"平安县市区"活动。进一步健全完善了创建标准和命名表彰制度。省综治委明确规定，达到省级安全文明小区、安全文明单位、安全文明村和安全文明校园的标准必须是实现"五无"，即无邪教组织人员、无集体越级上访、无群体性事件、无刑事治安案件、无重大治安灾害事故。年底，省综治委、省人事厅联合发文，拟表彰2003年度先进工作者100名，命名省级平安乡(镇、街)40个，省级安全文明小(社)区、村、单位、校园各100个。各地、各部门从实际出发，在创建安全文明社区、村、单位、校园、"荆楚平安大道"等"细胞工程"的同时，提升创建的规模和水平，大力开展创建"平安乡镇"活动。天门市、应城市、云梦县等不少地方开展了创建"平安县(市、区)"活动，恩施州开展了创建"平安恩施"活动。

矛盾纠纷排查调处情况

一、全省矛盾纠纷排查调处基本情况

2003年，全省共排查出各类矛盾纠纷81721件，比上年同期上升32.8%；已调处76282件，比上年同期上升29.9%；调处率为93.3%。其中，市(州)直接排查出矛盾纠纷2845件，已调处2618件，调处率为92%，还有227件正在调处中；县(市、区)直接排查出矛盾纠纷11675件，已调处10028件，调处率为85.9%，还有1647件正在调处中；乡镇(街道)直接排查出矛盾纠纷31623件，已调处29561件，调处率为93.5%，还有2062件正在调处中；村(居)委会共排查出矛盾纠纷35578件，已调处34075件，调处率为95.8%，还有1503件正在调处中。

全省13个地级市中，矛盾纠纷排查数在10000件以上的有武汉、鄂州；矛盾纠纷排查数在5000至10000件的有宜昌、襄樊、恩施、黄冈、十堰；矛盾纠纷排查数在3000至5000件的有荆州、咸宁、荆门；矛盾纠纷排查数在2000至3000件的有孝感；矛盾纠纷排查数在1000至2000件的有黄石；矛盾纠纷排查数在1000件以下的有随州。

矛盾纠纷调处率在98%以上的有十堰、荆门、黄石；矛盾纠纷调处率在95%至98%的有恩施、孝感、襄樊、宜昌、咸宁；矛盾纠纷调处率在93%至95%的有随州、武汉；矛盾纠纷调处率在80%至90%的有鄂州、黄冈、荆州。

3个直管市和神农架林区的排查调处情况分别为：仙桃市共排查出矛盾纠纷1166件，已调处1063件，矛盾纠纷调处率为91.2%，潜江市共排查出矛盾纠纷778件，已调处708件，矛盾纠纷调处率为91%；天门市共排查出矛盾纠纷527件，已调处472件，矛盾纠纷调处为89.6%；神农架林区共排查出矛盾纠纷139件，已调处131件，矛盾纠纷调处率为94.2%。

二、矛盾纠纷的主要特点

(一)矛盾纠纷总量持续上升,调解难度进一步增大。从2003年全省排查调处的情况看,矛盾纠纷仍呈持续上升趋势,排查总量比上年同期上升32.8%,是全国平均水平的1.68倍。调处总量比上年周期上升29.9%,调处成功率为93.3%,高于全国平均水平1.2个百分点,但比上年同期下降了2.1个百分点。

(二)最为突出的矛盾纠纷仍与上年同期基本相同。在8大类矛盾纠纷中,占第一位的仍是因婚姻、家庭、邻里等问题引发的矛盾纠纷,共有29902件,占全省总数的36.6%,调处率为95.9%,以鄂州、武汉、宜昌、襄樊、十堰等地居多,分别占此类矛盾纠纷总数的21.4%、21.2%、12.7%、11.4%、4.9%;占第二位的是因土地、山林、水利等问题引发的矛盾纠纷,共有13717件,占全省总数的17.8%,调处率为94.3%,以鄂州、宜昌、恩施、十堰、襄樊等地居多,分别占此类矛盾纠纷总数的29.1%、17.8%、11%、10%、9.6%;占第三位的是因国企改革、国企下岗职工基本生活费和离退休人员基本养老金发放、城市居民最低基本生活保障问题引发的矛盾纠纷,共有8649件,占全省总数的10.6%,调处率为87.5%,以鄂州、武汉、黄冈、宜昌、襄樊等地居多,分别占此类矛盾纠纷总数的30.8%、18%、8.8%、5.7%、5.1%;占第四位的是因房地产交易及住房拆迁、建筑施工等城市建设工作引发的矛盾纠纷,共有5138件,占全省总数的6.3%,调处率为90.3%,以鄂州、武汉、襄樊、黄冈、十堰等地居多,分别占此类矛盾纠纷总数的27.7%、16.2%、10.2%、9.4%、6.9%。

(三)因矛盾纠纷引发的群体性事件仍呈上升趋势,而参与人员首次出现下降。全省发生群体性事件比2002年同期增长8.2%,参加人员比上年同期下降7.6%。从引发群体性事件的原因看,因工资福利待遇问题引发的占总数的24.4%;因企业改制问题引发的占总数的12.3%;因房地产交易及住房拆迁、建筑施工等城市建设工作引发的占总数的6.7%;因社会集资融资不能正常兑付和金融诈骗引发的占总数的2.7%;因司法机关行政执法部门执法问题引发的占总数的0.5%;因农民负担过重问题引发的占总数的0.9%。

预防青少年违法犯罪工作情况

一、加强领导,明确责任,推动全省预防青少年违法犯罪工作深入开展

一是省委、省政府对预防青少年违法犯罪工作高度重视。6月,省委、省政府以鄂办文〔2003〕49号文件成立了以省委常委、政法委书记郑少三为组长,17家省直单位负责人为成员的湖北省预防青少年违法犯罪工作领导小组,明确各成员单位在预防青少年违法犯罪工作中的主要职责任务,落实了专项工作经费。各地党委、政府和相关部门对预防青少年犯罪工作十分重视,全省17个市、州、直管市、林区和大部分县、市、区都建立健全了工作领导小组及其办事机构,在人力上给予保障,财力上给予大力支持。如宜昌市拨款10万元经费,用于预防青少年违法犯罪工作。二是纳入社会治安综合治理目标管理考核,认真督办落实。各地综治委都将预防青少年违法犯罪工作纳入社会治安综合治理年度目标管理和检查考评。省领导小组办公室根据省综治委的部署,制定了具体的考评打分办法,对各市州、直管市、神农架林区预防青少年违法犯罪工作进行了年终考评,考评结果按一定比例记入对各地的考评得分。三是认真开展“青少年违法犯罪社区预防计划”试点工作。我省武汉市青山区红卫路街道八大家社区、宜昌市西陵区云集街道二马路社区被确定为全国“青少年违法犯罪社区预防计划”实施试点单位。有条件的市州也积极制定实施预防计划。如荆门市制定并实施了《2003—2005年青少年违法犯罪社区预防计划》;宜昌市西陵区云集街道二马路社区实施“阳光行动”，将预防落实到社区，落实到基层，收到了明显的工作效果，受到了团中央领导的充分肯定。

二、加强思想法制教育，不断提高青少年的法律意识和自护能力

一是把家庭教育、学校教育和社会教育有机地结合起来，大力加强对青少年思想法制教育。按照“四五”普法要求，以落实学校法制课和办好“青少年法律学校”为载体，大力加强对青少年的法制教育和自我保护教育。同时，通过开办各类“家长学校”、“公民学校”、“市民文明学校”等，定期或不定期地组织家长学习《义务教育法》、《未成年人保护法》、《预防未成年人犯罪法》等有关法律，提高家长素质和教育管理子女的能力。全省中小学已普遍推行聘任“法制副校长”和创建“青少年法律学校”活动。武汉、荆州、十堰等市依托社区青少年服务中心、青少年宫、活动营地，开展法制讲座、知识竞赛、图片展览等群众性的法律主题宣传教育活动，寓教于乐，寓教于学，吸引广大青少年参与普法教育活动。二是深入开展青少年“远离毒品”、“预防艾滋病青春红丝带”和“青春自护”等系列活动。配合省禁毒工作领导小组做好禁毒宣传教育工作，2003 年 6 月在水果湖中学举办了全省禁毒教育图片展启动仪式，并在全省巡回展出，据统计，全省共有 50 余万青少年参观了展览。武汉、黄石、宜昌、荆门等地还组织青年志愿者禁毒宣讲团，通过报告会、巡回演讲等多种形式，进行大规模的禁毒宣传，并组织青少年参观戒毒和禁毒教育基地；武汉、十堰、荆门、黄石等地还建立了青少年禁毒教育基地。省综治办会同团省委、省卫生厅开展了“千名大学生志愿者预防艾滋病健康教育活动”，组织大学生志愿者走上街头，通过展板宣传、现场医学咨询、散发宣传资料等形式，广泛宣传艾滋病防治知识。积极开展“青春自护”教育活动，帮助青少年掌握自护知识，有效防护侵害。武汉、宜昌、襄樊、十堰、荆门、荆州等地建立了 7 个青少年自护教育基地；襄樊、恩施、随州等地还专门开办了青少年自护学校、培训班、训练营，利用假期对青少年进行培训。

三、加强文化建设，深入开展集中整治，大力优化青少年成长环境

一是切实加强社区青年文化建设。各地通过“大家唱”、“大家演”的形式，组织开展了“科学·文明·健康”社区青年文化节活动和“大家乐”等丰富多彩的文体活动。特别是在抗击“非典”期间，全省各级综治委(办)、共青团组织紧密配合，带领青年上街道进社区，广泛宣传防治“非典”的科学知识，帮助广大群众和青少年增强健康意识，革除不良习俗，倡导科学、文明、卫生的生活方式，受到了各级党委、政府的充分肯定。黄石市在全市 110 多个社区进行了科普教育，组织千名志愿者开展“四进社区”社会实践活动等；襄樊、荆州等地以“歌颂党”、“歌颂祖国”、“歌颂新生活”、“文明新风进我家”、“健康生活你我他”等为主题，积极开展社区大家乐文化活动。二是围绕净化青少年成长环境，深入开展集中整治工作。针对影响青少年成长的突出社会问题，省综治委及成员单位组织在全省广泛开展了校园周边环境整治，清理整顿不良“网吧”、非法卡通画册和淫秽“口袋本”图书、音像制品和文化娱乐场所的专项整治行动，取得了良好效果。据统计，2003 年，全省公安机关查处、破获涉校治安、刑事案件 500 多起，打击处理各类违法人员 360 多人；全省各级文化部门检查网吧 1 万多家次，并取缔、关闭无证或证照不全的非法网吧近 2000 家，迁移距中小学周边 200 米内的网吧 400 余家，检查音像经营单位 4000 余家，销毁淫秽、盗版等违法音像制品 40 余万盒，有效净化了青少年的成长环境。三是加强挽救与矫治，预防和减少犯罪。各级政法机关坚持“教育、感化、挽救”的方针，认真做好案中帮教、案后回访考察、青少年犯矫治和刑释解教人员的安置帮教工作，帮助他们改邪归正，重塑人生。全年各级政法机关案中帮教、案后回访考察青少年犯罪人员 500 余人；通过监狱部门的帮教矫治，共有 300 余人获得减刑和假释。

四、加强舆论宣传和青少年维权工作，大力营造有利于青少年健康成长的社会氛围

一是积极宣传“两法”。各级综治委(办)会同公安、教育、共青团等部门，认真贯彻实施四五普法规划，加大对《未成年人保护法》和《预防未成年人犯罪法》等法律法规的宣传力度。在有关媒体上开设预防青少年违法犯罪专栏、专版，向青少年传授法律和维权知识，唤起社会各界对青少年违法犯罪问题的关注，为开展预防青少年违法犯罪工作创造良好氛围。二是构建青少年维权服务网络。不断拓展优秀“青少年维权岗”创建活动规模，将优秀“青少年维权岗”创建活动向市（州）和县（区）级延伸，创建活动系统单位增加到12家。全省申报2002—2003年度国家级优秀“青少年维权岗”18个；优秀“青少年维权岗”创建活动先进个人9名；创建活动突出贡献奖1名。大力加强青少年维权中心建设。目前，全省已有武汉、宜昌、鄂州、黄石、荆州、荆门、襄樊7个地方建起市级“青少年维权服务中心”，并切实开展工作。武汉市维权中心开通了热线电话和维权网站，邀请心理学专家为青少年答疑解惑，组织开展全市青少年学生寒暑假自护教育、社会实践和扶贫帮困等活动。

刑释解教人员安置帮教工作情况

2003年，湖北省刑释解教人员安置帮教工作取得了较大成绩。《湖北省刑释解教人员安置政策》，受到中共中央政治局委员、中央书记处书记、国务委员、中央政法委副书记周永康的充分肯定。在中央综治委组织召开的全国刑释解教人员安置帮教工作表彰电视电话会议上，全省有4名先进单位和4名先进个人受到表彰，省委政法委副书记、省综治办主任、省刑释解教人员安置帮教工作协调领导小组副组长鲁志宏作了经验介绍。

一、建立健全安置帮教工作机构，加强安置帮教工作队伍建设

为了加强领导，8月上旬，省委办公厅、省政府办公厅下发《关于调整部分非常设机构主要成员的通知》（鄂办文〔2003〕49号），其中对省刑释解教人员安置帮教工作协调领导小组成员进行了调整补充，由省委副书记、省综治委副主任黄远志任组长，省委常委、常务副省长、省综治委副主任周坚卫，省委常委、省委政法委书记、省综治委副主任郑少三任副组长。3月下旬，省综治委刑释解教安置帮教工作协调领导小组制发《关于调整刑满释放、解除劳教人员安置帮教工作协调领导小组办公室成员的通知》（鄂安帮协〔2003〕3号）。对领导小组办公室成员进行调整补充。各市、州县（市、区）也都加强了安置帮教工作协调领导小组的力量，个别撤销了安置帮教工作领导机构的地方也很快予以恢复。据统计，全省115个市、州、县（市、区）全部建立了安置帮教工作协调领导小组和办公室，1234个乡镇（街道）全部建立了安置帮教工作接待站，36124个村（居）委会，已有35876个建立了安置帮教工作小组，占总数的99.3%，全省从事刑释解教人员安置帮教工作的人员（含社会志愿者）达30万人。

二、建立和完善安置帮教工作机制，加快安置帮教工作法制化建设步伐

3月中旬，黄远志同志主持召开了省刑释解教人员安置帮教工作协调领导小组会议，总结工作、分析形势，部署任务，并研究制定安置帮教工作协调领导小组成员单位职责和领导小组办公室职责，3月印发了《湖北省刑满释放、解除劳教人员安置帮教工作协调领导小组成员单位职责》、《湖北省刑满释放、解除劳教人员安置帮教工作协调领导小组办公室职责》（鄂安帮协〔2003〕4号），进一步明确各成员单位及其办公室的职责，增强责任意识。5月中旬，省刑释解教人员安置帮教工作协调领导小组、省司法厅、省民政厅、省财政厅、省社会和劳动保障厅、省地税局、省工商行政管理局七部门联合制发了《湖北省刑释解教人员安置政策》（鄂安帮协〔2003〕8号），对安置渠道、失业保险、生活保障以及工商、税务减免、安置帮教工作机构经费保障等作了明确规定。6月上旬，省协调领导小组下发《关于认真贯彻落实湖北省刑释解教人员安置政策的通知》（鄂安帮协〔2003〕10号），提出了具体的贯彻落实意见，督促落实。周永康同志于6月5日批示“湖北省采取措施，切实解决刑释解教人员的就业安置问题，这是一项德政，十分有利于社会的稳定。事实上，这部分人最需要得到社会的关心。应当推进此项工作”。为了加快安置帮教工作走向规范化、制度化、法治化建设步伐，年中，省协调领导小组办公室起草了《湖北省安置帮教刑释解教人员暂行条例》，列入省人大立法规划，于8月份开展了调研和论证工作。

三、抓工作重点，提高刑释解教人员的衔接率和安置帮教率

3月13日，省综治委召开省安置帮教工作协调领导小组会议，传达贯彻全国刑释解教人员安置帮教工作经验交流会和全省政法工作会议精神，部署2003年的工作任务。3月下旬，省协调领导小组《关于印发〈2003年省刑满释放、解除劳教人员安置帮教工作要点〉的通知》（鄂安帮协〔2003〕6号）中明确要求将刑释解教人员的排查、衔接和安置帮教作为重点工作来抓。一是从源头抓起，监狱、劳教所抓好刑释解教人员《刑满释放人员通知书》和《解除劳教人员通知书》的填发和寄送工作，对个别问题较多的单位进行督办。省领导小组办公室会同省公安厅对看守所刑释人员通知书填写、衔接工作情况进行了抽查。二是各接收单位搞好沟通、衔接，各接收单位普遍建立了台账制度，对被接收的人员逐一进行登记建档，实行跟踪管理，定人帮教。有的地方还建立了刑释解教人员数据库，做到“七有”：即有花名册、有帮教计划、有活动记录、有思想情况分析、有跟踪监督措施、有帮教责任人、人户分离的有联系卡。三是进一步拓宽安置渠道，切实解决安置难的问题。通过落实责任田、原单位安置、扶助从事个体工商业，一年来共安置刑释解教人员9778人（全年回归11169人），其中由原单位和街道（社区）安置的781人，落实责任田的4517人，从事个体经营的2580人，其他形式安置的1900人，安置率达87.54%。同时，认真抓过渡性安置实体的建设，如随州市依托襄樊华大技术有限责任公司随州钢板弹簧厂建立阳光安置基地，一年来，共安置刑释解教人员40多名；宜昌市前锋钢球贸易公司先后接纳安置37名刑释解教人员；鄂州市鼓楼街道办事处，长期坚持对刑释解教人员实行包培训、包过渡性安置的政策，实现多年无重新犯罪人员；建始县花坪乡建立起以优质猕猴桃、魔芋、中药材种植为主的安置帮教基地，先后有41名刑释解教人员得到安置，无一重新犯罪。各地按照《湖北省刑释解教人员安置政策》的规定，认真实施临时性救助工作。对一时难以安置，又符合享受低保条件的人员，办理最低生活保障。监狱、劳教系统坚持大力做好刑服和在教人员专业技能培训工作。

为了抓好帮教工作，各市、州、县（市、区）采取层层签订责任状，与帮教对象签订“帮教责任书”，建立“联合帮教制度”，工作上建立“信息反馈制度”，成立了由党员、老干部、社会志愿者组成的“一帮一”、“多帮一”联合帮教小组等形式，促进了帮教工作的落实。据统计，一年来共有10749人得到帮教，帮教率达63.23%，回归人员中改好、加入党团组织、提拔成为干部和受到党政机关表彰的有134人。刑释解教人员重新犯罪率为4.3%。

四、加大宣传力度，营造安置帮教工作良好的社会环境

针对社会上对刑释解教人员存在偏见甚至歧视，社会就业压力大，安置帮教工作难以开展的状况，一年来各级综治部门加大了宣传工作力度，较好地营造并进一步形成全社会关心、重视、支持刑释解教人员安置帮教工作的良好氛围。一是《湖北省刑释解教人员安置政策》出台后，通过《法制日报》、《长安》杂志、《湖北日报》、《楚天都市报》、湖北人民广播电台、湖北电视台等新闻媒体及时进行了宣传报道。省协调领导小组、省司法厅于6月起创办《安置帮教工作信息》工作简报；6月23日，省监狱管理局在武昌监狱组织召开了全体干警和服刑在教人员参加的《湖北省刑释解教人员安置政策》宣传大会。二是大力对安置帮教工作先进事迹的宣传，先后介绍推广了武汉市刑释解教人员安置帮教工作协调领导小组办公室、孝昌县等先进单位，通山县财政局社保股副股长方昌喜等先进个人的事迹，组织拍摄了《心系浪子，情结帮教》的专题片，在湖北电视台《脊梁》栏目播出。三是宣传了一批回归社会后，辛勤劳动致富并且带动他人致富的典型。

五、组织召开安置帮教工作暨表彰大会，推进安置帮教工作深入发展

12月22日，省综治委组织召开了全省刑释解教人员安置帮教工作暨表彰大会，省委副书记、省综治委主任、省安置帮教工作协调领导小组组长黄远志在会上作了重要讲话。会议传达贯彻了全国刑释解教人员安置帮教工作会议精神，总结了近年来全省安置帮教工作的情况和经验，研究部署了当前和今后一年时期刑释解教人员安置帮教工作的主要任务，交流了经验，有 77 个先进集体和 101 名先进个人以及转化好的回归人员典型受到表彰。

铁路护路联防工作情况

1 至 12 月，全省共破获涉铁刑事案件 3923 起，较上年下降 32.9%，抓获犯罪嫌疑人 1768 人，追缴赃物赃款总价值 121 万余元；查处涉铁治安案件 23642 起 29916 人。发生路外伤亡 639 起，较上年下降 5.8%；铁路运输货物赔偿 261.5 万元，较上年下降 21.7%。全省专职护路联防队伍共协助公安机关破获刑事案件 173 起，抓获犯罪嫌疑人 212 人；查处治安案件 7169 起，抓获违法人员 7699 人。

一、加强组织领导

6 月，省委省政府根据工作需要和人事变动情况，对省铁路护路联防工作领导小组进行了调整和充实，明确副省长任世茂为省铁路护路联防工作领导小组组长，省军区副司令员李祖明、省政府秘书长李春明、省委副秘书长黄兆林、省委政法委副书记、综治办主任鲁志宏、省公安厅副厅长周厚震为副组长。

4 月 15 日，副省长任世茂主持召开省铁路护路联防工作领导小组成员会议，专题听取全国护路办主任会议和铁路护路联防工作会议精神汇报，研究贯彻落实措施。

5 月 14 日，省委省政府召开全省铁路护路联防工作会议。省铁路护路联防工作领导小组成员、各市分管市长和护路办主任、铁路分局负责人参加会议。省委副书记、省综治委主任黄远志致信祝贺，副省长任世茂主持会议并代表省委、省政府讲话。会议以省综治委、省铁路护路联防工作领导小组、省军区、省人事厅、省公安厅名义表彰了全省 16 个铁路护路联防工作先进集体和 16 个先进工作者，并为受到中央表彰的 4 个全国铁路护路联防工作先进集体和 4 个先进工作者颁奖。会议传达了中央综治委和中央护路办召开的长沙、贵阳会议精神，通报了全省铁路护路联防工作基本情况，分析了铁路护路联防工作面临的形势，并对全年工作提出了要求。

二、全力做好非典防治工作

在非典爆发期间，及时贯彻《中央综治委铁路护路联防工作小组关于做好护路联防队伍防治非典工作的通知》精神，要求各级护路联防组织把非典防治作为重中之重，保护广大护路干部、护路联防队员的身体健康，保障护路联防工作的顺利进行。各铁路分局、各级护路联防工作领导小组及办公室按照党委政府的统一部署，加强非典防治知识的宣传教育，提高护路干部和联防队员的自我保护能力，配置必要的防护物品，全面落实各项防治措施，做到早发现、早报告、早隔离、早治疗。由于措施得力，全省护路联防系统无隔离和感染情况发生。

三、排查整治铁路治安重点区段

4 月中旬对全省铁路重点区段整治进行专题部署，要求各地和铁路分局对辖内铁路治安重点区段地进行全面排查，明确责任领导，上报整治方案。全省共确定铁路重点整治区段 31 个。省护路办将重点区段名称、存在的主要问题和整治责任领导予以书面通报，要求各地护路办掌握重点区段整治工作进度，加强检查督办，确保整治措施到位，限期改变重点区段的治安面貌。按照全省的统一部署，铁路、地方联手合力开展整治，使整治工作达到了预期效果。

四、构建铁路护路联防工作长效机制

一是适应形势发展，为铁路护路联防工作提供经费保障。省政府在省护路办、省财政厅和省物价局调研的基础上，调整提高了铁路护路联防费的征收标准，从二〇〇四年一月一日起实行，并出台了《湖北省铁路护路联防费征收和使用管理暂行办法》。二是加强各级护路办建设。省护路办专门下发《关于进一步加强铁路护路联防工作领导小组办公室自身建设的通知》，要求市、县两级护路办配齐护路办负责人，明确专门或专职工作人员。全省12个地级市、66个县市区均建立了护路办，落实了专人。三是建立健全工作制度。制定出台了《湖北省铁路护路联防工作领导小组关于建立地铁联防工作制度的意见》，从联席会议制度、信息交流制度、案件协作制度三个方面提出具体要求，使地铁联防工作有规可依、有章可循；同时建立了情况报告、工作总结、文档管理等制度。

五、加强专职护路联防队伍建设

省护路办对武汉、襄樊铁路分局护路联防总队所属的专职护路联防队员和专职管理干部逐一建档，实施动态管理。武汉、襄樊铁路分局护路联防总队每年对专职管理干部进行轮训，在新队员上岗前进行为期10至15天的铁路常识、法律知识和警体技能培训。全年共培训专职护路联防队员15期512人次，培训管理干部2期44人次。

六、加强重点问题和事项的协调督办

省护路办作为省铁路护路联防工作领导小组的日常办事机构，充分发挥上下沟通、横向协调、检查督办的职能作用，全年共协调督办解决影响铁路行车安全和社会稳定的重大问题10起，取得了较好的效果。5月29日，南昌铁路局二建公司施工队在京九线巴河铁路桥加固施工中，因运料将黄冈市黄州区陈策楼镇陈家寨村的道路损坏，施工队与陈家寨村民因修路问题发生械斗，导致大桥加固施工停止。根据领导批示，省护路办先后十多次与黄冈市委、市委政法委、市维稳办、护路办负责人以及江西省护路办、南昌铁路局负责人沟通情况，协商解决办法，最终达成一致意见，确保巴河大桥加固工程顺利进行。

政法综治宣传工作情况

一、加强组织领导，健全宣传网络

各级综治委在政法综治工作年度要点中，都将政法综治宣传作为一项重要内容进行安排部署，纳入综治检查考评范围。对政法综治工作中的重大事件、重大活动等，及时制定下发宣传教育计划、通知，组织开展宣传活动，建立了以各级政法委、综治办为龙头，以综治委成员单位为骨干，以新闻单位为主力军，以乡镇、社区、企事业单位为基础的综治宣传网络。各级政法委、综治办负责制定政法综治宣传计划方案，并组织实施和检查指导。综治委各成员单位结合职能开展宣传。广播电台、电视台、报社等新闻媒体发挥现代传媒优势进行宣传。乡镇、社区、企事业单位、学校等基层组织和单位的政法综治部门和内保组织落实宣传员和开展宣传教育。各级党委政府对政法综治宣传非常重视，在人力、物力、财力上给予大力保障。

二、采取多种形式，营造宣传氛围

各地积极探索新时期综治宣传工作的新途径，充分利用电视台、电台、报刊、网络等多种渠道，开展形式多种、内容丰富的宣传活动。一是集中开展综治宣传月活动。将每年的3月确定为综治宣传月，利用综治宣传月这一有效载体，因地制宜，采取办墙报、版报，挂横幅、贴标语，组织知识竞赛，举办社区文艺晚会，利用流动宣传车巡展等形式，形成年度综治宣传工作的高潮。宜昌市在全市组织开展以“构筑防控体系，共建平安家园”为主题的综治宣传月活动，召开群众大会、讲座210余场次，张贴标语1.9万余条，办宣传栏830期，发放宣传资料13万余份，受教育群众达91万余人次。二是大力加强宣传阵地的建设。各级政法委、综治办与电视台、电台、报刊等媒体联合开辟政法综治工作专栏，或向群众宣传与日常生活有关的法律常识，以提高广大市民的法律意识；或定期向市民公布社会治安动态，提醒市民做好自身安全防范；或向市民传授防范街头骗术、飞车抢夺、入室盗窃、公共复杂场所反扒的经验；或剖析典型案例，教育市民认识违法犯罪带来的严重社会危害；或对一些大要案实行追踪报道，向社会公布案情，征集案件线索，受到了群众的欢迎，收到了良好的社会效果。十堰市在电视台设立《法在身边》、《警坛十分》、《法制播报》栏目，在广播电台设立《农民与法》、《车城之声》栏目，在《十堰晚报》上开辟《每周警情》栏目，全面宣传政法综治工作。三是利用互联网这一科技手段，开展网上宣传，进一步扩展综治工作的宣传面。宜昌市综治办专门建立了“宜昌市社会治安综合治理”网站，对综治工作进行全面系统的介绍。

三、突出宣传重点，注重实际效果

一是突出“严打”整治斗争宣传。为营造浓厚的“严打”整治氛围，广泛发动人民群众积极支持和参与“严打”整治斗争，各地在“严打”整治战役中，组织新闻媒体对“严打”整治战役进行广泛深入的宣传报道，对重大有影响的案件进行全方位跟踪报道，适时巡展“严打”整治斗争战果图片资料，鼓舞干警士气，振奋人民群众，收到了良好的社会效果。

二是突出预防未成年人违法犯罪教育。为加强预防未成年人违法犯罪教育，各地普遍推行在学校设立法制副校长、辅导员的做法，做到法制教育人员、时间、内容、效果四落实。有的地方与电视、广播、报纸等新闻媒体联合开设《青少年维权服务园地》等专栏，报道侵害青少年合法权益的典型案例，并对青少年提出的疑问、投诉进行解答；有的地方在未成年人较集中的地方树立宣传牌、举办预防未成年人犯罪图片资料巡回展、召开“两法”宣传主题班会；有的地方开展创建“青少年安全放心网吧”活动，推动网吧业主签订承诺书，建立网吧监督举报电话，聘请人大代表、政协委员、离退休老同志和社区青少年志愿者为文明监督员，加强网吧行业管理；有的地方举办服刑人员忏悔报告会，组织服刑人员巡回到中小学校作忏悔发言；有的地方开展创建“青年文明社区”活动，在学校和社区举办“珍爱生命、拒绝毒品”宣传教育现场签名活动，通过组织专家现场咨询、发放宣传资料、观看图片展和现场签名，向广大青少年介绍毒品知识，增强拒毒防毒意识。

三是突出普法宣传教育。各地认真开展“四五”普法宣传教育，在全国“法制宣传日”期间，组织市、县（区）两级行政执法单位参加宣传日活动，通过出动宣传车、张贴标语、悬挂横幅、发放宣传资料、发表电视讲话、答记者问、设立法律咨询点、制作宣传教育展板、接待群众来访等形式，开展内容丰富的法制宣传活动。荆门市共发放普法教材7万余册，培训普法骨干2.3万余人，宣讲法律420场次，出动宣传车350台次，发放宣传资料5万余份，受教育群众达10万余人。

四是突出禁毒宣传。在国际禁毒日期间，各地综治办、禁毒办、团委等部门在主要街道和繁华闹市区设立宣传点，通过悬挂、张贴标语横幅，展出禁毒宣传展板等形式开展禁毒宣传，发放宣传资料，解答群众咨询。有的地方还将禁毒宣传展板在县市区城区学校巡回进行展览；有的地方安排公安民警到中、小学校宣讲禁毒教育课；有的地方举办大型禁毒专场文艺晚会。

五是突出见义勇为宣传。各地充分利用新闻媒体，广泛宣传见义勇为先进事迹，动员和鼓励人民群众积极同违法犯罪行为作斗争。省、市、县（区）三级对见义勇为事迹突出的先进个人分别给予表彰奖励，有关领导亲自到医院看望慰问因见义勇为而受伤的个人，将荣誉证书和资金送到他们手中。

省综治委成员单位参与社会治安综合治理工作情况

2003年，省综治委各成员单位参与社会治安综合治理工作有新的进展。特别是在抗击“非典”斗争中，各成员单位密切配合，充分发挥各自的职能作用，把防控“非典”工作与加强社会治安综合治理工作紧密结合起来，为夺取防控“非典”斗争的胜利，维护社会治安和社会稳定发挥了重要作用。

一、强化部门综治责任制

年初，省委副书记、省纪委书记、省综治委主任黄远志与省直机关79个单位主要负责人签订了《湖北省2003年度省直机关社会治安综合治理目标管理责任书》。随后，省直机关各部门都与机关各处室、所属单位、系统的负责人签订了《责任书》。年终，省综治委抽调各市州综治委、办的主要负责人组成12个检查考评组，对省直部门79个单位执行综合治理目标管理责任书的情况进行检查考评。为使检查考评更趋于科学、规范、合理，检查考评按百分制计分，采取四种方式进行：1.省综治委检查组到被检查单位实地检查考评；2.组织武汉市城区综治机构和公安部门对辖区的省直单位进行计分考评；3.各市州、直管市、林区综治委对省直单位进行计分考评；4.省综治办根据平时掌握省直单位参与综合治理工作情况进行计分考评。在严格检查考评的基础上，对省直单位综合治理工作情况分类排队，对其中被评定为一类的单位，提请省委、省政府给予表彰和奖励，省纪委(监察厅)等31个省直单位被授予2003年度社会治安综合治理优胜单位”荣誉称号，一次性奖励机关全体工作人员一个月工资。

二、结合部门职能，积极开展综治工作

省人大办公厅在秘书长办公会上建议结合人大机关职能，更好地发挥人大在综治工作中的作用，把检查各地各部门贯彻执行综治工作各项措施的落实情况作为执法检查的内容之一。省人事厅厅长办公会议强调，要按照省综治委的工作部署，在切实加强本单位综治工作的同时，还要抓好系统的综治工作，对系统的综治工作实行定期检查和指导，并将检查结果作为评先表彰的重要依据。要充分发挥人事部门的职能作用，对综治工作给予大力支持并提供优质服务。省劳动和社会保障厅在全力巩固“两个确保”、加大社会保险扩大面稽核力度的同时，重点做好再就业优惠政策的配套、宣传和督办落实工作，促进再就业工程建设，维护社会稳定。省委组织部、省委宣传部、省交通厅、省新闻出版局、省广播电视局等省综治委成员单位，根据综治委全会的要求，结合本部门、本系统的实际，就如何更好的发挥职能作用，参与综合治理工作，都提出了明确要求。

三、坚持实行省综治委成员单位及委员述职报告制度

省综治委有计划地安排成员单位及委员在全会上述职，汇报本部门、本系统执行综合治理责任书，管理好自己的人，看好自己的门，办好自己的事的情况；参与社会治安综合治理发挥职能作用的情况；抓联系点综合治理工作的情况。2003年先后请省人事厅、省劳动和社会保障厅、省财政厅等单位的委员述职，增强了成员单位及委员参与综合治理工作的责任感和自觉性。

四、进一步落实省综治委委员联系县(市、区)综合治理工作制度

2003年，省综治委下发了《关于进一步落实省综治委委员综治联系点工作制度》的通知，就综治委员进一步开展联系县市区综治工作，提出了更加明确的要求，并将各委员到联系点的情况列入了委员述职和作为综合治理工作年度检查考评中的一项重要内容。各成员单位按照制度的要求，将联系点工作列入了本部门的重要议事日程，主要领导及时带领有关处室负责人深入联系点，传达中央及省综治委全会精神，听取基层综治工作汇报，总结经验，推广典型，并帮助基层解决综治工作中遇到的困难和问题。在指导和督促联系点探索建立贯彻“严打”方针经常性工作机制、建立健全加强打防控一体化的治安防控体系建设、开展安全文明创建活动等方面发挥了积极作用。省委副书记、省纪委书记黄远志专程赴综治工作联系点大冶市，深入农村和社区等地实地考察，详细了解基层社会治安现状、防范措施和治保、民调队伍建设状况，就强化综合治理基层基础工作，加强基层防范体系建设，开展创建平安县(市、区)活动等工作提出了具体要求。省委常委、省委秘书长孙志刚带领省委办公厅有关处室负责人深入联系点，检查指导综治工作，要求联系点的党委政府要高度重视综治工作，正确处理好发展经济与维护社会稳定的关系，为经济发展营造良好的社会治安环境。省综治委副主任、省法院院长吴家友率工作组赴潜江市检查指导综治工作，要求政法部门在综治工作中发挥好主力军作用。省司法厅厅长张坚在联系点调研街道社区综治工作时指出，无论是普法、依法治理、法律服务，还是人民调解等，都是治安稳定的基础性工作，要求发挥好司法行政工作，在综治工作中的重要职能作用。省民政厅厅长傅德辉多次到联系点，深入乡镇、办事处，与乡村干部、群众座谈，了解实情，亲自撰写调研材料。省人大办公厅、省委组织部、省宣传部、省委政法委、省检察院、省民宗委、省经贸委、省教育厅、省卫生厅、省建设厅、省安全厅、省妇联、省总工会等单位主要领导都深入到联系点，调研指导和检查综合治理工作，并将联系点的综治工作的开展情况及调研中发现的问题以书面材料形式向省综治委汇报。

五、发挥综合治理优势，积极参与防治“非典”工作

全国、全省非典型肺炎防治工作会议后，省综治委迅速对全省综治系统参与防治“非典”和维护社会稳定进行部署。4月24日和5月9日，省综治委先后下发《关于积极参与非典型肺炎防控工作的通知》、《关于发挥基层综治网络优势，积极参与做好农村非典型肺炎防控工作的通知》，部署防治工作。按照省综治委的部署，各成员单位充分发挥职能作用，各司其责，密切配合，积极参与“非典”防治工作。省委宣传部要求新闻单位坚持正确的舆论导向，大力向广大群众宣传科学防护知识，消除疑虑，稳定人心。并严格疫情发布纪律规定向社会发布“非典”疫情，实行省委宣传部、省卫生厅双审批制度。省公安厅、省卫生厅、省交通厅等部门密切配合，积极指导所属系统采取快速反应预警措施和综合疫情防控措施，及时积极查证疑似“非典”病人线索，排查可疑车辆和“非典”重点对象，协助医疗单位搞好防护隔离工作，果断处置疫情和“非典”治安问题，严厉打击涉及“非典”的违法犯罪活动。省工商局组织全省工商系统加强对与“非典”防治商品的有关市场、生产经营、广告行为的巡查和监管。省教育厅、省文化厅等部门联合下发紧急通知，坚决关闭全省高校周边500米范围内的所有网吧，减少“非典”传播途径。省民宗委、省广电局等部门将“非典”防治工作纳入综合治理考评内容，建立了“非典”防治责任制，保证了防治工作措施的落实。

省综治委、办负责人名单

省综治委员负责人

主　任：黄远志　省委副书记、省纪委书记

副主任：周坚卫　省委常委、常务副省长

郑少三　省委常委、省政法委书记

高瑞科　省人大常委会副主任

吴家友　省高级人民法院院长

靳　军　省人民检察院检察长

省综治办负责人

主　任：鲁志宏　省委政法委副书记

副主任：黄仕明　省维稳办副主任

省综治办内设机构

基层指导处　　　综合协调处

中共湖北省委常委会议纪要
关于进一步做好社会治安综合治理
工作的讨论纪要

（2003年11月2日）

10月9日，省委书记俞正声主持召开省委常委会议，听取省社会治安综合治理委员会关于全

国社会治安综合治理工作会议精神及传达贯彻意见的汇报,就加强社会治安防控体系建设的有关问题进行了认真研究。纪要如下:

一、会议认为,全国社会治安综合治理工作会议以"三个代表"重要思想为指导,总结交流了社会治安防范工作的经验,就新形势下构筑社会治安防控体系进一步作出了部署,这对于推动社会治安综合治理各项措施的落实,为全面建设小康社会创造良好的社会治安环境具有重大意义。会议精神特别是罗干、周永康同志的讲话十分重要,全省各级党委、政府都要认真学习领会,积极贯彻落实。

二、会议强调,要深刻认识加强社会治安防范体系建设的重要性和必要性。会议指出,去年全国社会治安综合治理工作会议以来,我省社会治安综合治理工作为全省改革、发展和稳定作出了积极贡献。全省社会治安综合治理工作取得了新的进展。当前,从总体上讲,全省社会政治稳定,治安大局平稳。但是,诱发犯罪和不稳定因素还很多,社会矛盾大量存在且错综复杂,社会治安形势不容乐观。近期抢劫杀人等恶性案件多发,维护社会稳定和社会治安面临的形势仍然严峻,社会治安综合治理工作任务依然艰巨繁重。全省各级党委、政府特别是党政主要领导要始终保持清醒头脑,宁可把治安形势估计得严重些,不断增强忧患意识。切实增强新形势下做好社会治安综合治理工作的责任感和紧迫感,加强组织领导,担负起维护稳定、保一方平安的政治责任,将社会治安防控体系建设摆上重要议事日程,把工作措施落到实处。

三、会议要求,全省社会治安防范体系建设必须做到"四落实":一是组织落实。全省上下都要建立和健全社会治安防范组织网络,做到纵到底、横到边。二是人员落实。全省各级尤其是基层都要有人管、有人抓社会治安防范工作。要坚持专门机关工作与群众路线相结合,实行齐抓共管。特别是要切实把公安队伍建设好,发挥其在社会治安防范工作中的骨干作用。要在严格核定人员编制和清理编外人员基础上,逐步实行公安队伍吃"皇粮",严禁乱罚款,坚决改变靠罚款养公安队伍的状况。省公安厅和武汉市等有条件的地方要在今年内率先做到这一点。三是工作落实。一方面,要毫不动摇地坚持"严打"方针,依法严厉打击严重危害社会治安的刑事犯罪活动,稳定治安大局;另一方面,要落实治安防范各项措施,努力预防、控制和减少违法犯罪。四是经费落实。各级要把综治工作经费列入财政预算,确保实际需要。

四、会议同意:(一)近期召开全省社会治安综合治理工作会议,传达贯彻全国会议精神,研究部署我省社会治安防范工作。(二)制定创建平安县(市、区)规划,在全省开展创建平安县(市、区)活动,推进社会治安防范工作。(三)尽快出台《湖北省社会治安综合治理条例》。

五、会议确定:(一)省维稳办与省综治办合署办公。省综治办增加1名副主任职数。关于综治办机构、级别、人员编制等问题,报请省编委会研究决定。(二)按照分级负责的原则,将综治工作经费列入财政预算。省财政要确定年度综治工作专项经费,保证省综治办实际工作需要。

六、会议要求,要按照中央综治委下发的《省、自治区、直辖市社会治安综合治理考核评比标准》,认真做好迎接中央综治委检查组对我省社会治安综合治理工作情况检查的各项工作。

中共湖北省委办公厅　省政府办公厅关于印发《湖北省学校及周边治安综合治理暂行办法》的通知

（2003年4月11日）

各市、州、县党委和人民政府，省军区党委，省委各部委，省级国家机关各委办厅局，各人民团体：

《湖北省学校及周边治安综合治理暂行办法》已经省委、省政府领导同志同意，现印发给你们，请遵照执行。

湖北省学校及周边治安综合治理暂行办法

第一条　为贯彻落实中共中央、国务院和省委、省政府关于加强学校及周边治安综合治理的要求，维护学校及周边治安秩序，优化育人环境，保障学校教学、科研、生活秩序，保障"科教兴鄂"战略顺利实施，根据有关法律、法规、政策的规定，制定本办法。

第二条　湖北省境内的各级各类学校及周边治安环境管理均适用本办法。

本办法所称学校及周边治安环境是指校园及周边辐射200米以内存在的治安问题或可能引起治安问题的场所、设施、秩序、人员等综合环境。

第三条　省、市（州）、县（市、区）设学校及周边治安综合治理暨安全文明校园创建工作领导小组（以下简称"领导小组"），成员单位由同级综治办、教育、公安、司法、文化、信息、通信管理、建设（城管）、新闻出版、工商、卫生、共青团等部门和单位组成，领导小组办公室设在同级教育部门。

各级领导小组及办公室负责组织协调和督促检查同级有关部门和单位在各自职责范围内，依照本办法的规定对学校及周边治安环境实行综合治理。

第四条　学校及周边治安综合治理工作坚持"属地管理"和"谁主管，谁负责"的原则。地方党委、政府对辖区内各级各类学校及周边治安综合治理工作负总责。

第五条　学校及周边治安综合治理工作的主要任务：

（一）落实治安综合治理领导责任制、目标管理责任制，建立校地共建、齐抓共管的机制。

（二）及时排查处理各类不稳定因素，维护学校及周边地区稳定。

（三）依法查处打击侵害学校及师生人身权利、财产权利等合法权益的各类违法犯罪活动和学校及周边地区存在的黑恶势力犯罪；坚决取缔学校及周边地区非法经营的互联网上网服务营业场所（以下简称"网吧"）、电子游戏厅、歌舞厅、音像书刊点、按摩室、发廊、浴室和无证及占道经营的摊点，依法清理整顿出租房屋和拆除违章建筑等；整顿学校校园及周边地区的交通秩序，加强交通管理；对学校及周边地区外来人口进行清理登记，规范管理；规范和加强对校外住宿学生及校外学生公寓的管理；定期和不定期地对学校内部进行安全检查，督促其整改各类不安全隐患，坚决杜绝火灾、建筑物倒塌和食物中毒等各类事故的发生。

第六条 学校及周边治安综合治理工作实行日常管理、专项整治和集中行动相结合的方式方法。

日常管理是指各部门和单位及有关责任人按照校地共建机制，对学校及周边治安环境责任区进行管理。

专项整治是指某一个或几个部门和单位针对一定区域内某一所或几所学校周边存在的突出治安问题或隐患进行专项清理整治行动。

集中行动是指各级领导小组在一定时期内组织各成员单位，对辖区内学校及周边存在的治安问题或隐患进行全面清理整治的集中统一行动。

各地每年应当开展两次集中整治活动。3—5月为春季集中整治时间，9—11月为秋季集中整治时间。

第七条 各部门和单位的主要职责任务：

（一）学校负责校园内的安全保卫及政治稳定工作。学校安全实行校长负责制，校长是第一责任人。学校要安排专人负责校园安全工作，定期、不定期排查校园内的（包括学校出租的经营房屋和场所）矛盾纠纷和治安隐患，防患于未然，把问题解决在萌芽状态，重大问题及时上报有关部门。建立健全和落实综合治理工作各项责任制度；建立健全校园安全保卫制度，落实各部门和基层单位安全防范措施。切实加强学生宿舍和校外学生公寓管理，严禁学生私自在外租房居住。依照有关规定加强校内出租房屋和外来人员管理，清理校园内违规经营的文化娱乐场所、摊点，检查和整治校内治安隐患。中小学要配齐兼职法制副校长。大力开展创建安全文明校园活动，努力优化学校育人环境。

（二）公安部门负责查处打击校园及周边的各类违法犯罪活动。对发生的侵害师生人身财产安全的案件要组织专门力量，快侦快破；对侵扰学校及师生的流氓恶势力要依法严惩；加强校园及周边娱乐服务场所的治安管理，坚决铲除“黄、赌、毒”等社会丑恶现象；加强对学校周边流动人口、暂住人口和出租房屋的管理；大力整治学校周边的治安、交通秩序；加强对学校内部安全防范工作的检查、指导，督促学校及时整改安全隐患，积极参与创建安全文明校园活动；与有关部门配合，为综合治理工作提供执法保障，努力维护学校及周边治安稳定。

（三）文化部门负责校园及周边文化市场的管理工作。严禁在中小学校周围200米范围内设立电子游戏厅、网吧；对高校周边的网吧、歌舞娱乐场所等实行总量控制，不再审批新的经营点；对网吧、歌舞厅、音像制品零售出租摊点等的非法经营活动进行坚决打击；查处各种涉及反动、淫秽、色情、暴力内容的文化娱乐场所；加强对学校及周边地区文化经营场所的日常监管，加大执法力度，规范经营秩序。

（四）新闻出版部门负责校园及周边出版物市场的管理工作。科学规划、合理设置、认真审批和管理校园及周边的出版物经营网点；清理整顿出版物经营单位，查处违规经营行为，规范校园及周边的出版物市场秩序；组织开展“扫黄”“打非”行动，查缴政治性非法出版物、黄色淫秽出版物、“法轮功”类非法宣传品和载有违禁内容的电脑软件等非法出版物，清除危害青少年身心健康的精神垃圾，加强对中小学教材征订发行工作的管理，开展专项行动打击盗版盗印教材教辅的行为，防止非法教材教辅读物流入校园。

（五）工商行政管理部门负责学校及周边经营单位营业执照的核准工作，查处违法违规经营行为，坚决依法取缔无照经营。配合公安部门维护好市场的治安秩序。配合文化、新闻出版等部门开展“打黄”“打非”斗争。严格审批制度，把好市场准入关，对中小学校周边200米以内开设网吧及其他法律、法规禁止在学校周边设立的经营单位的申请一律不予核准，加强对学校周边地区文化娱乐和服务业市场及其他商业网点的巡查，督促经营户规范经营。

（六）建设部门负责将治安、消防、交通等安全基础设施建设列入学校及城市建设总体规划和详细规划，合理规划校园周边建设项目。不得审批有碍师生正常教学、科研和生活的建设项目。严禁校外单位和个人依学校围墙搭建任何建筑和设施。科学规划和建设校园周边服务业市场。

城市管理执法部门负责校园周边市容市貌的清理整治工作，严禁的校园门口及周边200米范围内摆摊设点、开设夜市。依法拆除校园周边的各类违章建筑。

(七)卫生、食品监督部门负责校园及周边地区食品生产经营单位、公共场所、诊所的卫生监督检查工作,防止危害师生健康事故的发生。不得向校园周边200米内设置的文化娱乐场所、诊所等经营单位发放卫生许可证。

(八)司法部门负责指导学校开展校园法制宣传教育工作。加强对法制副校长的培训。为广大师生提供法律咨询服务,保护师生的合法权益,推动依法治校工作,参与妥善调解学校及周边地区的矛盾纠纷,维护校园及周边地区的正常秩序。

(九)信息和通信管理部门配合有关部门做好学校及周边治安综合治理工作,加强对电信业务经营者和校园网站的管理,依法查处电信业务经营者非法接入和其他违规经营行为。

(十)共青团组织负责学校和社区团、队组织建设,广泛开展有益于青少年学生身心健康的活动。围绕学校及周边治安综合治理工作,继续深入开展"青春自护"、"少年儿童平安回家"等活动,配合学校加强青少年学生的思想品德、法制教育和安全防护教育。积极组织和引导青少年学生参加青年志愿者活动和社会实践活动。积极参与安全文明校园和安全文明社区创建活动。落实预防和减少青少年违法犯罪的各项措施,增强学生对社会不良现象的免疫力,维护未成年人的合法权益。

(十一)教育部门负责指导、检查、督促学校做好校园内社会治安综合治理工作。督促学校认真做好校园内部环境整治工作,清理整顿校园内违规经营的网吧、歌舞厅、商业摊点,拆除违章建筑,大力整顿校园内的交通秩序,加强外来人员管理,完善各项规章制度,落实安全保卫的各项措施,防范校园内发生违法犯罪案件和安全责任事故。指导学校加强师生员工的思想政治工作和法制纪律教育,加强学生管理,积极组织学校开展安全文明校园创建活动。

领导小组办公室负责学校及周边治安综合治理的检查、督办和协调工作。把学校周边地区和有关部门履行综合治理职责任务的情况列入重要考核内容。定期交流情况,总结推广经验,表彰先进,通报批评落后地区和单位。

(十二)各级综治办负责本级综治委与领导小组成员单位、学校综合治理组织机构之间的沟通和协调工作。将学校治安综合治理和学校周边治安环境整治工作统一纳入地区、部门社会治安综合治理责任目标管理体系,加强指导、协调、检查、督办,及时总结经验,促进各项措施的落实。基层综治办要加强对辖区内中小学法制副校长(法制辅导员)管理培训工作的指导,定期召开会议,交流情况,研究布置工作,并形成制度,推动学校治安综合治理工作的开展。

第八条　有关部门和学校违反本办法规定或执行不力,造成学校及周边地区治安秩序混乱,严重影响学校正常教学、科研和生活秩序,严重危害师生人身及财产安全并产生严重后果的,由地方社会治安综合治理委员会给予一票否决,同时追究主要领导、分管领导和直接责任人的责任。

第九条　地方党委、政府有关领导在治理学校及周边地区治安秩序工作中未尽职尽责,由上级学校及周边治安综合治理暨安全文明校园创建工作领导小组办公室下达整改通知、建议给予一票否决或建议行政监察部门依法给予相关责任人行政处分。

第十条　各地可根据本暂行办法,结合本地实际,制定实施细则。

中共湖北省委办公厅　省政府办公厅转发省综治委　省纪委　省委组织部省人事厅　省监察厅《关于执行社会治安综合治理一票否决权制的实施细则》的通知

（2003年4月28日）

各市、州、县党委和人民政府，省军区党委，省委各部委，省级国家机关各委办厅局，各人民团体：

现将省综治委、省纪委、省委组织部、省人事厅、省监察厅《关于执行社会治安综合治理一票否决权制的实施细则》转发给你们，请结合实际，认真贯彻执行。

省综治委　省纪委　省委组织部省人事厅　省监察厅关于执行社会治安综合治理一票否决权制的实施细则

第一章　总　　则

第一条　为了保证《中共湖北省委、湖北省人民政府关于执行社会治安综合治理一票否决权制的规定》（鄂发〔2001〕19号，以下简称《规定》）的正确实施，特制定本实施细则。

第二条　社会治安综合治理一票否决权制在党委、政府的领导下实施。一票否决权由县级及其以上各级社会治安综合治理委员会行使。乡镇、街道社会治安综合治理委员会有一票否决的建议权。县级及其以上各级社会治安综合治理委员会办公室有一票否决的建议权。

第三条　实施一票否决权制要坚持属地管理和实事求是、全面衡量、公开进行的原则。

第四条　省、市（州）社会治安综合治理委员会有权直接否决辖区内任何一级组织，或建议下级社会治安综合治理委员会进行否决，并对下级社会治安综合治理委员会执行一票否决权制不当的，有权进行纠正。

第五条　本省范围内执行社会治安综合治理一票否决权制，适用本实施细则。

第二章　否决条件

第六条　省社会治安综合治理委员会对连续两年社会治安综合治理检查考核评定为三类的市、州、直管市、林区和省直部门，实行一票否决。

第七条　省社会治安综合治理委员会对具有下列情形之一的市、州、直管市、林区和省直部门，实行一票否决：

（一）发生特大群体性事件，出现打砸抢烧，或

堵塞铁路、高速公路、国道等交通要道,或发生严重扰乱社会秩序的案件、事件,在全省、全国造成恶劣影响的;

(二)发生重大治安灾害事故或安全责任事故,一起死亡30人以上的;

(三)发生严重暴力犯罪,一起死亡10人以上的,或者一起死亡5人以上,损失严重,在全省、全国造成恶劣影响的;

(四)黑社会性质组织犯罪、有组织犯罪持续两年以上而没有依法及时有力打击,或一个犯罪组织致死致伤人数共达10人以上的;

(五)多次发生危害国家安全案件,或"法轮功"等邪教和非法组织活动猖獗,在全省、全国造成恶劣社会政治影响的;

(六)省社会治安综合治理委员会认为其他需要予以一票否决的。

第八条　省社会治安综合治理委员会对社会治安综合治理年度检查考核为三类的市、州、直管市、林区和省直部门,进行黄牌警告,实行重点督查,限期整改。

对虽不够第七条所列一票否决情形,但问题比较严重的市、州、直管市、林区和省直部门,省社会治安综合治理委员会亦可视情况实行重点督查,黄牌警告,限期整改。

连续两次被重点督查的,实行一票否决。

第九条　各市、州、县社会治安综合治理委员会实行一票否决的条件,由各地根据《规定》确定。

第三章　否决对象、内容和构成

第十条　否决对象包括省直机关、部门、单位、团体,市、州以下各级党委、政府和其他国家机关及其部门、单位、团体,以及全省范围内企业、事业单位和基层组织,上述单位的主要领导、分管领导和直接责任人。

第十一条　否决内容包括被否决单位及其主要领导、分管领导和直接责任人评选综合性荣誉称号、给予有关单位表彰奖励、晋职晋级的资格。

第十二条　一票否决可分为年度考核否决、个案否决。

对执行社会治安综合治理目标管理责任书的情况进行年度检查考评为不合格的县、市、区,或连续两年被考评为三类的市、州、直管市、林区和省直部门,实行年度考核否决。

对符合《规定》第七条和本细则第七条规定的否决条件的,实行个案否决。

一票否决与干部选拔任用、晋职晋级工作同步进行。有关部门考核党政领导干部、办理晋职晋级和评先受奖等事宜,或授予单位各种综合性荣誉称号以及进行有关单项表彰奖励时,须征求社会治安综合治理部门的意见。

第四章　否决程序

第十三条　乡、镇、街道社会治安综合治理委员会向县级社会治安综合治理委员会提出否决建议。

县级以上社会治安综合治理委员会办公室对本辖区内各地各部门各单位应予一票否决的问题,负责调查核实,提出否决建议。

第十四条　对上一年度考核否决建议应于3月底以前提出。对个案否决的建议,应及时提出。

第十五条　县级以上社会治安综合治理委员会收到否决建议书后,应于15日内作出是否否决的决定,并制发决定书。

第十六条　否决决定书在7日内分别送达被否决单位、被否决人,抄送纪检、组织、人事、监察等部门。

第五章　复　　议

第十七条　被一票否决的单位、责任人对否决决定不服的,可在接到否决决定书后15日内,向上一级社会治安综合治理委员会申请复议,并递交复议申请书一式二份。

对省社会治安综合治理委员会否决决定不服的,向省委、省政府申请复议。省委、省政府的复议决定为最终决定。

第十八条　上一级社会治安综合治理委员会应在接到复议申请书后,30日内审议并作出复议决定。

第十九条　对复议决定不服的,可在接到复议决定书后15日内,向作出复议决定的社会治安综合治理委员会同级党委、政府申请复议,并提交复议申请书一式二份。

同级党委、政府的复议决定为最终决定。

第二十条 接到否决决定书后15日内没有申请复议的，否决决定生效。

接到上级社会治安综合治理委员会复议决定书后15日内，没有申请复议的，复议决定生效。

第二十一条 复议申请书和复议决定书等文书参照第十六条送达、抄送。

第二十二条 复议期间暂停申请复议单位及其责任人评选综合性荣誉称号、有关单项表彰奖励和晋职晋级的资格。

第六章 处罚与整改

第二十三条 被一票否决的，从否决决定生效之日起至其治安面貌改变并验收合格前，取消单位评选综合性荣誉称号及有关单项表彰奖励的资格，取消责任人评先受奖、晋职晋级的资格，并不得易地易岗担任同级领导职务。连续两次受到一票否决的地区和单位，对其党政主要领导和分管领导降职使用或就地免职。

第二十四条 被一票否决的责任人已构成严重失职的，县级以上社会治安综合治理委员会核准后向纪检、监察部门提出给予党纪、政纪处分的建议。纪检、监察部门应根据其所承担的责任，按照有关规定给予相应的党纪、政纪处分。

第二十五条 组织、人事部门在考察考核、选拔任用领导干部以及审核晋升其工资时，要把干部本人抓社会治安综合治理的实绩作为一项必须考察的重要内容，征求同级社会治安综合治理机构的意见并建立完善相关制度；接到一票否决通知书后，要按照干部管理权限记入干部档案，审核取消其在所负责地区、单位的治安面貌改变前评先受奖、提拔任用、晋升工资的资格。

第二十六条 对于应予一票否决，但未能及时否决而被提拔任用的，上级社会治安综合治理委员会要督促纠正。

第二十七条 被一票否决的单位及责任人要认真查找问题原因，认真制定整改方案和整改措施，扎扎实实地进行整改，尽快改变治安面貌，并适时向作出否决决定的机构提出验收申请。

第二十八条 接受验收申请的机构应于一个月内检查验收。对治安面貌已改变的单位，参照第十六条，发出整改合格通知书。

整改合格通知书应载明何时恢复被否决的各项资格权利。从否决决定生效之日起至验收合格之日止，不满一年的，应在满一年之后恢复；超过一年的，从验收合格之日起恢复。

第二十九条 对处罚和整改不落实的，由作出否决决定的社会治安综合治理委员会及其办公室督促落实。

第七章 附 则

第三十条 各市、州、县可依据本实施细则制订实施办法。

第三十一条 县级及其以上部门、单位社会治安综合治理领导机构，实行社会治安综合治理一票否决权制，参照本实施细则执行。

第三十二条 执行一票否决权制所用有关文书的式样，由省社会治安综合治理委员会办公室制发。

第三十三条 本实施细则由省社会治安综合治理委员会负责解释。

第三十四条 本实施细则自发布之日起实施。

湖北省社会治安综合治理委员会
中共湖北省纪律检查委员会
中共湖北省委组织部
湖北省人事厅
湖北省监察厅
湖北省学校及周边治安综合治理暨安全文明校园创建工作领导小组
湖北省学校及周边治安综合治理责任追究办法

（2003年4月11日）

第一条　为贯彻落实中共中央和省委、省政府关于加强学校及周边治安综合治理的部署，切实维护学校及周边社会稳定和治安秩序，优化教书育人环境，保障科教兴国战略顺利实施，结合本省实际，制定本办法。

第二条　根据社会治安综合治理"属地管理"、"谁主管、谁负责"原则，实行学校及周边治安综合治理领导责任制、目标管理责任制和责任追究制度。党委、政府对辖区内各类学校及周边治安综合治理工作负总责。教育、公安、司法行政、文化、通信管理、建设、新闻出版、工商行政管理、卫生、宣传、共青团等有关部门（组织）和学校，对学校及周边治安综合治理工作各负其责。职责分工见《湖北省学校及周边治安综合治理暂行办法》（鄂办发〔2003〕21号）。

第三条　具有以下情形之一的，视情节对县（市、区）或乡（镇、街道）党委、政府及其有关部门、学校，予以督查整改通报；两次被通报的，实行社会治安综合治理一票否决；情节严重的，建议有关部门追究有关领导和责任人的党纪、政纪和法律责任：

（一）因党委、政府不重视，学校及周边治安综合治理领导协调机构和日常管理工作机制不健全，目标管理责任制不落实，重大疑难问题不能得到及时协调解决，造成学校及周边不稳定、治安秩序严重混乱，没有及时有效整治的；

（二）学校和司法行政、公安等部门对不安定因素和治安隐患排查不及时、化解不力，以致发生非法游行、非法集会、停（罢）课、罢教等重大群体性事件，危害学校教学、科研、生活秩序和社会稳定，造成严重后果和恶劣影响的；

（三）公安部门打击不力，以致学校及周边黑社会性质组织犯罪、有组织犯罪猖獗，致人死亡或多人受伤的；或者由于学校、公安等部门工作不力，以致多次发生危害国家安全和其它严重刑事案件，造成师生、员工死亡和重大经济损失或恶劣影响的；

（四）因学校、教育行政部门以及公安、卫生等部门防范和监管不力，以致发生治安灾害事故、安全责任事故或食物、药物中毒等，致使师生员工群死群伤或者集体中毒的；

（五）党委、政府和有关部门、学校对学校及周边存在发生治安问题的重大隐患，经有关部门或学校及周边治安综合治理机构提出警告、司法建议、检察建议、整改建议，没有及时整改消除的；

（六）学校、教育行政部门教育管理和防范不力，以致一年内一所中小学校师生员工非正常死亡一人以上，或一所高等学校非正常死亡人数达总人数的万分之一以上，或因信息不灵、工作不力、处置不当，致使师生员工 10 人以上上街非法游行集会、聚众闹事，或屡次发生违法犯罪案件而没有采取有效措施认真整改的；

（七）文化、公安、新闻出版、工商行政管理、通信管理部门以及学校、教育行政部门等不按分工认真履行职能，以致学校及周边网吧、按摩室、发廊、浴室、歌舞厅等文化娱乐服务场所和商业网点的治安隐患、治安问题突出而没有及时有效整治；或“黄赌毒”和非法出版物及音像制品没有及时有效打击取缔和查处的；

（八）建设（城管）、工商行政管理、公安等部门不按分工认真履行职能，以致学校及周边违章乱搭乱建和违法出租房屋、无证经营及占道经营、交通秩序混乱等现象突出，不能及时整治取缔的；

（九）宣传部门监管不力，以致新闻媒体报道失实、舆论导向失误，导致学校及周边发生严重群体性事件、严重刑事案件、重大治安灾害事故，影响恶劣的；

（十）其他需要予以一票否决的。

第四条 督查整改通报由县级以上学校及周边治安综合治理工作领导小组办公室决定。

第五条 对学校及周边治安综合治理工作实行一票否决，由县级以上学校及周边治安综合治理工作领导小组办公室建议、报领导小组审议提出，由同级社会治安综合治理委员会决定。对一票否决决定不服的，于 7 日内向决定实行一票否决的上一级社会治安综合治理委员会申请复议。具体程序参照执行社会治安综合治理一票否决权制的程序。

乡镇街道社会治安综合治理委员会、县级以上社会治安综合治理委员会办公室可决定进行督查整改通报，建议实行一票否决。

第六条 各级组织、人事部门要把学校及周边治安综合治理工作作为各级党委、政府和各有关部门、学校党政领导干部的政绩考核、晋职晋级和奖惩的一项重要内容。对受到一票否决的，在所涉及的学校及周边治安状况明显好转，并经否决机构检查验收合格之前，取消其评先受奖、晋职晋级的资格，并不得易地易岗担任同级领导职务。

第七条 所辖县市区屡次发生涉及学校及周边治安秩序的严重刑事犯罪案件、严重群众性事件、重大治安灾害事故或安全责任事故的，市州党委、政府及有关主管部门负连带责任。

第八条 省、市州学校及周边治安综合治理工作领导小组和社会治安综合治理委员会对下级执行一票否决权制不当的进行纠正，可建议或直接实施一票否决。

第九条 各市、州、省直管市、林区和县市区可根据本办法，结合本地实际，制定实施细则。

第十条 本办法由省社会治安综合治理委员会负责解释。

第十一条 本办法自发布之日起实施。

与时俱进　狠抓落实　努力打造“平安湖北”

湖北省社会治安综合治理委员会

近几年来，我省认真贯彻落实中共中央、国务院《关于进一步加强社会治安综合治理的意见》（中发〔2001〕14 号）和“上海会议”精神，坚持“打防结合，预防为主”的方针，在深入开展“严打”整治斗争、坚决实现两年内社会治安取得新的明显进步目标的同时，全面推进以社会治安防范为重点的综合治理各项工作，着力打造“平安湖北”，有效地维护了全省社会政治和治安大局的稳定，为全面建设小康社会创造了良好的社会环境。几年来，全省没有发生影响大局的刑事案件、群体性事件和重大治安灾害事故，刑事案件持续下降，全省综合治理工作取得了新的进展。我们的主要做法是：

一、省委、省政府和各级党委、政府高度重视综合治理工作，切实加强领导

（一）始终把综合治理工作摆上重要位置。省委、省政府和各级党委、政府将综合治理工作纳入国民经济和社会发展规划，与三个文明建设一起抓，做到同部署、同检查、同落实。2001年，省委、省政府制定下发了《关于执行社会治安综合治理一票否决权制的规定》（鄂发〔2001〕19号）。2002年，省委、省政府制定下发了《关于进一步加强社会治安综合治理的意见》（鄂发〔2002〕15号）。今年，省委办公厅、省政府办公厅又转发了省综治委、省纪委、省委组织部、省人事厅、省监察厅联合制定的《关于执行社会治安综合治理一票否决权制的实施细则》（鄂办发〔2003〕25号）。这些文件，对进一步加强综合治理、特别是加强治安防范工作提出了明确的要求。强调严格实行综合治理领导责任制，把各级党政领导抓综合治理工作的实绩作为干部考核的重要内容。省委、省政府主要领导率先垂范，对综合治理工作真抓实管，多次就抓好企业和社会稳定、"严打"整治斗争、学校、国有企业、铁路及其周边治安环境整治等综合治理工作作出重要批示，并深入基层检查督导。

（二）坚持逐级签订综合治理目标管理责任书，并严格检查考评和奖惩兑现。各地都逐级签订了责任书，全省建立起纵到底、横到边的综合治理责任网络。为了落实责任，省委、省政府和省综治委每年采取省里派出检查组，对各地、各部门执行责任书的情况进行综合检查考评，并奖惩兑现。2002年，省委、省政府对检查考评排位居前5位的市州、居前2位的直管市区和各市州检查考评排位居前茅的县市区进行了表彰，对其第一、第二责任人给予一次性奖励；对被评为一类、得分居前20位的省直部门和单位给予表彰，并一次性奖励当年机关全体工作人员一个月工资；对被评为三类的市州和省直部门，单位实行"黄牌警告"，并限期整改；对各市州考评不合格的县市区，省综治委督促实行一票否决。去年，全省共一票否决400多个单位。

（三）切实为综合治理工作提供有力保证。一是为综合治理工作提供组织保证。为了进一步加强对全省综合治理工作的领导，根据机构改革和人事变动的实际，省委、省政府及时对省综治委组成人员进行了调整充实，并对各级综治机构建设提出了明确要求。各地根据省里的规定，结合乡镇合并和农村税费改革的实际，及时对综治委及其办公室进行了调整充实，确保综合治理工作在各级尤其在基层有人抓，有人管。二是为综合治理工作提供经费保障。省政府和各级政府每年都将综合治理工作经费列入财政预算。今年，省纪委、省委政法委、省监察厅、省财政厅又联合下发了《关于印发〈关于贯彻中办发〔1998〕30号、鄂文〔2002〕1号文件精神，对政法机关财政经费保障责任追究的意见〉的通知》（鄂纪发〔2003〕2号），要求各级政府按照分级管理、分级负担的原则，积极做好本级政法、综治部门的经费保障工作；各级纪检监察机关对各地贯彻落实的情况进行检查，对检查中发现的违反规定拖欠政法、综治部门财政经费的行为予以严肃处理。今年以来，根据省委领导的意见，省里先后两次派出联合检查组，对各地落实政法、综治部门经费保障的情况进行了专项督查，促进了政法、综治部门财政经费保障工作的落实。

二、狠抓落实，着力解决难点、重点问题

（一）大力开展重点整治，着力解决突出治安问题。一是坚持实行滚动排查。两年来，全省共滚动排查重点整治地区902个。今年上半年，全省共滚动排查334个。二是落实整治专班，制定整治方案，实行综合整治。各地、各部门高度重视重点整治工作，实行"一个地区（问题）、一名领导、一个专班、一套方案、一抓到底、限期整治"的包保责任制，在解决突出治安问题的同时，加强基层组织建设，建章立制，落实各项治安管理和防范措施，做到整治一个，好转一个，巩固一个。经过集中整治，"严打"整治中滚动排查的重点地区的治安面貌有了明显改观。三是重点抓好学校、企业及其周边和铁路沿线治安环境的整治。各地和各有关部门大力开展对学校、企业及周边和铁路沿线治安环境的整治，依法查处了一批涉校涉企涉路违法犯罪案件，为企业追缴赃款赃物折款1708.5万元，减少经济损失8509.1万元，追缴被盗铁路货运物资折款428万元，取缔了学校内及周边一些危害学生身心健康，引发治安问题的网吧、游戏机室等文化娱乐场所，清除了一批违章建筑和占道经营摊点，清理整顿了一批学校、企业和铁路站点周边的出租房屋和废旧物品收购站点，优化了学校教书育人、企业改革发展的环境，维护了铁路一线平安。

（二）坚持开展不稳定因素和矛盾纠纷排查化解，有效维护社会稳定。全省进一步健全矛盾纠纷排查调处工作机制，形成"党政挂帅，综治协调，部门联动，依托基层，各方参与"的工作格局，落实矛盾纠纷定期排查调处制度、矛盾纠纷领导包案责任制、矛盾纠纷管辖责任制、调处目标责任和责任追究制，做到乡镇街每半月集中排查调处一次，县市区每月集中排查调处一次，市州每季度集中排查调处一次，并分析上报排查调处情况。2002年，全省共排查矛盾纠纷61518起，调处58628起，调处率为95.4%；2003年上半年，全省共排查矛盾纠纷42877起，调处39342起，调处率为91.7%。各地建立了不稳定因素排查化解制度和工作机制，进一步完善了维护稳定领导责任制、部门责任制、分级负责制、领导包保责任制和情况信息报告制度。2002年全省共排查出影响企业和社会稳定的不稳定因素4024件，化解3095件，化解率为76.9%，其中重大的222件，化解156件，化解率为70%。

（三）深化基层创安活动，大力加强社会治安防范工作。各地、各级从本地、本部门实际出发，将创安活动为"严打"整治斗争、社区建设、基层组织建设和社会管理工作相结合，延伸创安活动的范围，提升创建水平，大力开展创建"平安乡镇"、"平安县市区"活动。省综治委和各级综治委还进一步健全完善了创建标准和命名表彰制度。2000年以来，省综治委共命名表彰1200多个创安先进单位，各地、各级也分别命名表彰了一大批创安先进单位。

全省各地根据新形势新任务的要求，在建立健全社会治安防控体系上下功夫，初步形成党委、政府统一领导，综合治理组织协调，以公安机关为骨干、群防群治力量为依托，以案件多发的人群、区域、行业、时段为重点，点线面结合、人防物防技防结合、专群结合的社会治安防范网络。在城市，大力实施社区警务战略，大部分城市社区警务建设取得突破性进展，做到一区一警、一区多警。在农村，推广民警驻村、巡防、包片和警治联勤等制度。全省治保会、调解会基本上做到了组织、人员、工作、报酬四落实。

（四）推动省直各部门、各单位积极参与，努力形成齐抓共管的工作格局。2002年初，省委、省政府与省直70个部门和单位签订了综合治理目标管理责任书，年终，省综治委对省直部门和单位进行检查考评，促进部门责任制的落实。建立和坚持省综治委成员单位及委员述职报告制度。省综治委坚持有计划地安排成员单位及委员在全会上述职，汇报抓本部门、本系统综合治理工作和抓联系点综合治理工作的情况。"严打"整治斗争开始后，省综治委制定下发了《关于充分发挥省综治委成员单位在"严打"整治斗争中的作用的意见》。两年来，省综治委已先后请省委组织部、省公安厅、民政厅、教育厅、经贸委、财政厅、司法厅、劳动和社会保障厅、文化厅、工商局等单位的委员述职，增强了成员单位及委员参与综合治理工作的责任感和自觉性。

专群结合　标本兼治
不断强化城市治安防控体系建设

湖北省武汉市社会治安综合治理委员会

近年来，我市坚持"打防结合，以防为主"的方针，努力构建专群结合、整体联动的社会治安防控体系，有效地预防和减少了违法犯罪，维护了社会稳定。

一、以“命案必破”和巡逻控制为重点，加强对严重刑事犯罪的打击和防范

2001年来，我市积极探索坚持“严打”方针的经常性工作机制，大力开展“命案必破”分局和“无命案”区的创建活动。一方面，对发生的命案，实行目标管理，加强侦破工作，并以此带动对涉枪、绑架、爆炸等暴力犯罪和黑恶势力犯罪的打击。2002全市共发命案257起，破获210起，破案率达到81.7%，3个分局实现了“命案必破”。今年截止8月底，全市命案破案率达到90%，其中11个公安分局实现了阶段性“命案必破”。另一方面，加强对“命案”等恶性案件的防范。针对民间纠纷引起的“命案”突出的特点，以社区警务室、民调会为依托，认真做好矛盾纠纷的排查调处工作，对因矛盾纠纷调处不力引发“命案”的实行责任追究制度，预防和减少了“民转刑”命案的发生。同时，进一步完善以专业巡警为骨干，多警协作、专群结合的社会面巡逻控制网络。全市现有巡警2072人，配备巡逻车220台，按照划分的责任区，对车站、市场、商业区等重点部位进行巡逻控制。巡警以巡逻车为依托，机动车巡逻与徒步巡逻相结合。巡逻车实行GPS定位，电台直接与110报警服务台连接，就近出警和受理群众报警，提高了快速反应能力。同时，组织刑侦、治安等警种力量在街面发案突出部位公秘结合抓现行；组织市场、门点保安及业主、治保人员联防联控，初步形成了以巡逻民警为骨干，多警协作、公秘结合、攻防兼备的社会面动态防控网络和快速反应机制。

二、以民警、综治特派员为骨干，建立健全社区治安防范网络

一是全面推行社区警务战线。目前，我市已在中心城区建立社区警务室855个，在远城区建立警务室195个、警民联系点950个。全市2100名责任区民警立足社区，抓防范，强基础，为民服务，初步实现了派出所工作重心向防范基础工作转移。

二是坚持并不断完善综治特派员制度。为了改变社区综治骨干力量薄弱的状况，从1998年开始，我市先后从政法、教育等部门分三批选派1600余名工作责任心强、有政策法律水平、有群众工作经验、年龄在50岁左右的同志到居委会担任综治特派员。社区改革后，调整为880余名，保证了城区每个社区一名综治特派员。他们在原单位的关系不转、待遇不变，派到基层指导和帮助社区居委会发动和组织群众，抓好以基层创安为中心的群防群治、帮教违法青少年、调解民间纠纷、宣传法制四项工作任务。2003年初，市委、市政府又制定下发了《关于加强社会综合治理特派员工作的意见》，对特派员的选派轮换、日常管理、表彰奖励等方面作出了明确规定，使特派员队伍建设更加规范化、制度化。

三是由政府出资组建社区安保服务队。2001年开始，在中心城区组建了712支6104人的社区安保服务队。安保队员从下岗职工和享受低保的人员中招聘，按照每人每月400元的标准，分别从最低生活保障金、再就业保障金和区财政三个渠道解决工作报酬，并列入财政预算。既解决了一部分群众的就业困难，又促进了基层防范队伍专业化建设。

四是加强治保会、民调会队伍建设和管理。结合基层建设，调整充实了群众自治组织，每个社区、村委会都建立了治保会、民调会，成员达2万余人，并由政府解决治保主任的报酬。为切实发挥公安机关对治保会的指导协调作用，市委、市政府制发了《关于落实公安机关对治保主任实行“三权”管理的意见》，赋予公安机关对治保主任的任免建议权、管理使用权、考核计酬权，充分调动了治保主任工作的积极性，促进社区治安防范工作的开展。

五是大力发展物业管理保安服务。在封闭型小区和新建居民小区大力推行物业管理，用市场化运作方式聘请保安服务，目前，全市实行物业管理的小区已有650余个，覆盖居民住户达28万余户，物业管理保安人员达到7700余人。

六是广泛动员群众建立治安志愿者队伍。今年上半年在全市组建了10万人的治安志愿者队伍。主要由出租车司机、公交车司售人员；送报工、送气工、送奶工、环卫工、摊亭执守人员；享受低保人员、退休职工；团员青年等组成。其职责主要是发现、报告违法犯罪线索及治安信息，参与社区治安巡逻。治安志愿者招募实行组织动员、个人申请、公安登记的办法，由当地派出所、社区或行业主管部门负责日常联系和管理，并建立了培训、考核、奖励等制度。治安志愿者队伍的建立，使群众性的治安防范有了一定的组织形式，发挥了更好的作用。治安志愿者队伍建立半年来，已提供线索破获案件1800余起。

三、以解决突出治安问题为切入点，不断增强防范控制工作的针对性和实效性

一是实施“青少年健康成长工程”，加强“问题青少年”的帮教工作。首先，实行警校联手，共建共治。全市选派892名政法干警到城区中小学兼任法制副校长，协助学校开展法制教育，参与和指导学校开展预防青少年违法犯罪工作。其次，明确责任，落实部门包干帮教。在全面调查摸底的基础上，制定了《预防青少年违法犯罪责任分工》，将摸出的3662名问题青少年，由市、区综治办分工给有关部门实行包干帮教，使85%的“问题青少年”改正了不良行为。其三，加强工读教育。2000年10月，我市开办了直属市教育局的工读学校——砺志中学，专司违法或有轻微犯罪行为学生的教育挽救工作。近年来，砺志中学共招收学生802名，教育转化率达到90%。2001年底，针对外来流浪儿童违法犯罪突出的情况，我市又开办了对他们进行文化和法制教育的启新学校，先后对242名在本市有违法或轻微犯罪行为的外来青少年进行教育，收到较好效果。

二是及时开展重点地区和部位的治安整治，解决人民群众关心的治安热点问题。始终将“一场”(市场)、“二站”(火车站、汽车站)、“三边”(学校、企业、工地及周边)地区作为重点，持续不断地开展整治。市综治委组织汉正街小商品市场综合整治，组织150名巡警长期划段包干巡逻，305名保安队员对市场门点实行24小时防范控制，935名治保人员实行邻里关照，刑事发案得到有效控制，客商和经营业主的安全感明显增强，促进了市场繁荣。

三是加强和改进外来人口管理工作。2002年初，我市建立了“政府领导，综治牵头，公安为主，各部门参与”的外来人口管理新的领导体制和工作机制。市、区、街都成立了外来人口管理工作领导小组及办公室，在城区外来人口较多的街道建立了管理服务中心81个，由公安、劳动、计生、地税等部门派员集中办公，为外来人口登记并提供劳务信息、法律咨询等服务，使外来人口管理由分散分头管理向统一集中管理转变，由管理向服务转变，大大方便了外来人口，受到群众欢迎。

四、以基层综治机构和队伍建设为纽带，完善治安防控组织协调和检查考核机制

首先，加强基层综治机构建设，配齐配强队伍。市委专门下发文件，明确规定全市各街道(乡镇)都要设立专门的综治办，综治办主任由同级党政副职兼任，并在编制限额内配备专职副主任和1至3名专职干部。市综治委还先后两次对各区落实情况进行检查，对不落实的区下发整改通知书。目前，全市170个街道(乡镇)综治办都实行了单独办公，2003年市里按照全市831万人口，人均0.3元的标准，建立市级综治事业经费，并列入财政预算。城区和郊区也分别按照不低于0.3元和0.2元的标准落实了综治专项经费。市、区每年还由财政拨款3000多万用于解决社区安保队员、外来人口协管员的报酬。

其次，加强工作的检查考核，严格实行一票否决权制。我市坚持综治工作目标管理责任制，把治安防控作为目标管理的重要内容，层层签订责任状。每年由各级综治办对照目标开展半年和年度检查考评，对考评排在末位的区、街(乡镇)下发督办通知书限期整改，对符合一票否决条件的坚决实施一票否决。2002年以来，先后对15个街、村和单位实施一票否决。同时，市、区综治办定期组织专班，对基层创安、外来人口管理、预防青少年违法犯罪、综治特派员和安保队建设等重要工作进行明查暗访，排队通报。对申报的安全小区、安全社区，由市、区综治办逐一考核，登报公示，较好地发挥了各级综治办协调指导、检查督办的职能作用。

创建综治协会　促进农村稳定

中共荆门市委　荆门市人民政府

自农村税费改革后，我们根据各村干部减到3至5人，而农村社会治安问题多、任务重的实际情况，积极探索建立农村综治协会，广泛动员发展农村老干部、老党员、老教师、复员退伍军人、治安积极分子、致富带头人等人员为会员，不要报酬、不占村干部职数，自觉开展社会治安综合治理工作，取得了较好的效果。我们的主要做法是：

一、在治保调解会的指导下，以村为单位建设综治协会

按照我市《农村综治协会章程》规定，在治保调解会的指导下，全市普遍以村为单位组建综治协会，每个协会由村协会、小组分会、自然村理事、会员四级组成，会长兼任村治保调解会副主任；副会长每个小组1名，每个小组推选1名常务理事，一般由副会长兼任；每个自然村推行理事1至2名。村党支部书记或村委会主任兼任协会名誉会长。建设协会的主要程序是：由村党支部、村委会主持，通过多种形式宣传发动，由治保调解会接受村民入会申请，审查批准村民入会。以自然村为单位由会员选举理事，以小组为单位选举常务理事，以村为单位选举会长、副会长。按照《协会章程》规定，凡是热心社会治安综合治理工作、无违法犯罪行为的村民，都可以加入综治协会。在群众基础好、基层组织战斗力强的地方，已经做到户户参与、一户一会员。目前，我市1524个村全部建立了综治协会，共有会员68169人。

二、明确职责任务，建立健全制度

综治协会的主要职责是排查调处矛盾纠纷、开展治安防范、宣传法制、帮教后进。协会会员的主要任务是当好“五员”：一是当好宣传员，宣传党的路线方针政策和法律法规；二是当好调解员，协助村治保调解组织排查调处民间矛盾纠纷。三是当好治安员，组织带头搞好治安巡逻守护和联户联防工作；四是当好信息员，了解各类重大矛盾纠纷隐患并及时上报；五是当好帮教员，参与做好刑释解教人员、违法青少年及其他有劣迹人员的教育转化工作。

《农村综治协会章程》对协会的工作制度和纪律等作了明确规定。主要有“四项制度”：一是工作例会制度，镇综治办每月定期召开一次例会，组织各村协会会长学习有关政策、法律，传达上级的有关部署安排，各村协会会长汇报上月工作情况以及需要解决的问题。各村协会每月定期召开一次有村支部书记、村委会主任、协会会长和副会长参加的碰头会。二是矛盾纠纷和治安隐患排查报告制度。实行分级负责、逐级排查报告的办法，坚持做到分会周查旬报，村协会旬查月报，重大问题随时报告。三是工作台账制度。四是考评奖惩制度，坚持月检查、季考核、半年考评、年终结账，对工作成绩突出的给予一定物质和精神奖励，对考评不合格的及时进行调整或劝其退会。两年来，全市已调整理事163人，劝退会员1134人。对排查调处矛盾纠纷还作出“三项规定”：一是协会调解民间纠纷要依据法律、法规、政策和村规民约进行调解，依据社会公德进行调解，在双方当事人自愿平等的基础上进行调解；二是对调解的纠纷，综治协会要进行登记，大的纠纷还要在村治调会的主持下制作调解协议书；三是不得收费，不得徇私舞弊，不得侮辱当事人，不得阻止当事人行使诉讼权利，不得泄露当事人的隐私，不得接受当事人吃请送礼。

三、加强组织领导，保障协会健康发展

市委、市政府和各级党委、政府高度重视，满腔热情地扶持这一新生事物，召开党委常委会议和专题会议研究部署，并下发专门文件。各级综治委、办认真总结推广试点经验，及时解决工作中的问题，加强督办，并将各地综治协会工作情况纳入社会治安综合治理检查考评的重要内容，进行季度检查，半年考评，年终表彰奖励。乡镇综治办和政法单位大力开展业务指导，定期召开协会会长会议，轮流上辅导课，对重大疑难问题到场解决。村党支部和村委会直接领导综治协会工作，为其解决日常办公条件，将协会工作纳入《村民自治章程》进行管理。村治调主任具体指导协调协会工作。协会定期向村“两委”通报活动情况。

四、充分发挥作用，促进农村稳定

（一）宣传法制正民风。协会会员用发生在身边的人和事，以案说法，以事明理，宣传政策法律，更容易被群众所接受，促进了依法治村与以德治村，促进了村风民风建设。

（二）调处纠纷促稳定。据统计，2002 年全市农村综治协会共排查较大的矛盾纠纷 2316 起，调处 1978 起；2003 年 1 至 6 月份，协会共排查较大的矛盾纠纷 923 起，共调处纠纷 785 起，调处成功 723 起，防止“民转刑”案件 25 件 35 人。

（三）开展防范保平安。综治协会组织会员带头，采取成立村义务治安巡逻队巡逻守护、开展“十户联防”、“村组联防”、巡夜打更等切实有效的方法开展治安防范活动。沙洋县后港镇殷集村综治协会将加强安全防范的 24 个方面的内容编印成通俗易记的《治安防范歌》，张贴到各家各户，动员群众自防联防，两年来，该村没有发生一起刑事案件和治安案件。

（四）帮教后进塑新人。综治协会把帮教后进作为一项重要工作，建立刑释解教人员和后进人员花名册，落实“一帮一”、“几帮一”帮教转化责任制。

（五）参与村务顺民心。综治协会在村党支部的领导下，积极参与村务活动，协助做好当家理财、税费征收、“两委”换届等工作。各村民主理财小组成员大都是协会会员，他们积极参加民主理财，开展村务监督，落实村务公开制度。

（撰稿：段君毅　赵培宪　魏小波　韩海顺
黄仕明　汪宗兴　陈一鸣
审编：鲁志宏　王雪鹏）

湖　南　省

“严打”整治斗争情况

2003 年，全省公安机关紧紧围绕“打击犯罪要有新举措，刑侦改革要有新突破，刑侦科技要有新发展，队伍建设要有新面貌”的总体目标，狠抓侦破打击效能的发挥，为维护社会治安持续稳定，促进经济发展做了大量艰苦的工作，取得了显著成绩。

全省公安机关出台了《湖南省公安机关“打黑除恶”工作长效机制》，建立了一批打黑除恶专业队伍，实现了打黑除恶斗争的经常化，进一步加大了打黑除恶的力度。坚持“命案必破，黑恶必除，两抢必打”的指导思想，相继成功侦破了公安部督办党的十六大期间 T62 次列车发现爆炸物、恐吓信案，株洲市“1.22”长途客运车爆炸造成 22 人死伤案，祁东县以邓文斌为首的涉案 300 余起的跨国武装犯罪集团案，长沙市新一佳超市暴力挟持人质扬言制造爆炸案，“8·31”抢劫危害民警案，江华县“4·11”杀死七人案，澧县“6·16”杀死三人焚尸案等一大批大案要案，狠狠打击了暴力恶性犯罪分子的嚣张气焰。始终以大要毒品案件、团伙犯罪、职业毒贩毒枭、毒品来源渠道和地下销售市场为重点，不断加大打击力度，破获了一大批毒品犯罪案件，全省毒情有所缓解，毒品市场有所萎缩。积极参与整顿和规范市场经济秩序，组织开展了打击制售和购买假发售、制售假冒伪劣商标商品、侵犯知识产权、涉盐犯罪等一系列专项行动，共破获破坏社会主义市场经济秩序犯罪案件3884起，抓获犯罪嫌疑人1436名，涉案值8.98亿元，追缴总价值1.9亿元，成功侦破泰阳证券公司陈云东、聂柯挪用资金1.92亿元等一批大要案件，有力维护了正常的市场经济秩序。随着“破案追逃”新机制逐步深入警心，广大民警科技“追逃”的意识不断增强，2003年全省共抓获网上逃犯8614名，比上年翻了近一番，其中部级督捕逃犯4名，省级督捕逃犯15名。积极协助广东、香港、澳门等地警方抓获了香港“2002·11·30”陆羽茶庄亿万富豪林汉烈被枪杀案主犯杨文和澳门葡京大酒店“2003·4·8”泰国爱国华侨、亿万富豪陈世贤被抢劫杀害的犯罪嫌疑人唐少华等2名在全国甚至国际上造成重大影响的公安部A级通缉令逃犯。同时，对突出的治安问题进行重点整治。在各级党委、政府的领导下，联合财政、工商、文化、民政、检察、法院、司法等有关部门，大力整顿彩票市场秩序，共查获地下“六合彩”赌博案件1万多起，打掉上线庄家3064人，抓获写单人员2000多人，教育买码群众3万多人，初步遏制了地下“六合彩”的蔓延势头。

铁路护路联防工作情况

2003年度铁路护路联防工作，一是深入贯彻全国“铁路护路联防工作会议”暨“长沙会议”精神，进一步加强领导，落实责任。召开全省会议，传达学习贯彻中央会议精神，提高认识。切实加强了对护路联防工作的领导，进一步落实了责任。把护路工作提上了党委政府的重要议事日程。省委书记杨正午、代省长周伯华分别就护路工作作出批示。副省长郑茂清4次召开专门会议，研究护路联防工作；并多次听取汇报，作指示。开展“五好”竞赛，进行严格考评，考评结果与护路考核兑现奖挂钩，与综治评分挂钩，并进行媒体公示。二是努力构筑铁路治安防范体系。在坚持抓好爱车护路的日常宣传教育工作的同时，按照省综治委要求，认真组织开展了一年一度的爱车护路宣传教育月活动。发放宣传品10万余张。市级和县级领导发表电视和广播讲话68次，出动宣传车680台次，书写标语10万余条(其中固定性标语1298条)，横幅654条，黑板报、宣传园地1068期，召开群众大会340余场次，制作宣传展示牌827块，直接受教育人数达40余万人次。沿线中小学生普遍上2堂法制教育课，听课看图片警示学生达80余万人。各地还因地制宜，建设各类防范组织，切实加强了基层和基础管理工作。许多地方学习东安的经验，在沿线中小学校组建了“共青团爱路护路分队”、“红领巾爱路队”。进一步落实“五个一”工程。各地切实加强了基层护路联防工作阵地建设，有些地方明确村级巡逻队在维护铁路治安方面的责任和义务。对涌现出来的爱路护路的典型人和事由各级护路组织实行“一事一奖”。2003年，由省护路办通报表扬并给予适当物质奖励的事例有16起。三是大力推行有奖义务护路工作，促进铁路治安防范工作朝规范化、可操作性方向发展。2003年以来，我省在怀化湘黔线及靖州段、岳阳汨罗段、娄底涟源段、益阳安化段共402公里的路段试行了铁路有奖义务护路工作。通过抓责任落实到基层、抓“以村为主”、抓安全责任户选聘和培训，抓考核奖惩。极大地调动了责任户的积极性。有奖义务护路成效明显：到2003年10月，全市有奖义务护路责任户预防耕牛肇事16起，提供并发现线索52条，发现重大险情9起，预防各类事故18起，1至10月，有奖义务护路区段刑事发案数较2002年大幅下降。特别是2003年1月28日凌晨，新晃县光辉村有奖义务护路队员在夜巡中，发现有人盗割铁路回流线，立即报告村支书，村支书立即组织40余人，现场擒获犯罪嫌疑人。四是开展集中整治。重点抓了株洲车站及周边地区治安秩序乱和京广铁路沿线栅栏遭破坏的整治，省综治委下发10号文件，挂牌督办了吉首站和怀化站存在的突出治安问题。各地主动开展铁路治安隐患排查，及时整治了一批突出问题。五是管好专业护路队伍。抓调整、改革、培训、值勤、巡逻。以“六化”达标竞赛为目标，营造比、学、赶、帮、超的浓厚氛围，努力提高“六化”达标优胜分队的覆盖面。专业护路区段实现了无“涉铁”重大案件，无群众性冲击铁路事件，刑事案件下降51%的良好局面。

社会治安管理和防范工作情况

在治安管理方面，全省公安机关牢固树立发展是第一要务的意识，大力加强和改革公安行政管理工作。交警部门继续大力开展创建平安大道活动和畅通工程，整治交通事故黑点，强化人、车、路管理，继续推行了全省130个县级公安机关交警大队综合考评排名，提高了道路交通安全管理整体水平。消防部门积极推进消防工作社会化进程，完善消防基础设施建设，强化执勤岗位练兵，提高了防灾救灾能力。同时，依法取消了22个审批项目，简化审批程序，规范审批行为，公开审批依据。对公共娱乐场所和特种行业积极探索“等级评估，动态升降，公示公开，区别对待”的新思路，建立开业安全条件告知和备案制度。对保安业建立“打破垄断、鼓励竞争、简化程序”的新机制。出入境管理部门在长沙、岳阳、娄底三市城区实行因私按需申领出国(境)护照试点工作。边防部门加强窗口建设，改进服务模式，改善口岸通关环境，方便了出入境人员。推行户籍管理一元化制度改革，全面推进人口管理信息化建设，逐步实现与出入境、交警等部门的数据共享。积极探索收容遣送办法取消后流动人口管理的新方法，按照“公平对待、合理引导、完善管理、搞好服务”的原则，全面做好流动人口管理工作。

在治安防范方面，重点是在全省推介了益阳“巡防社区”警务体制改革的做法，大力推进社区警务战略，积极探索防控体系建设，切实将指导思想从“以打为主”转移到“打防结合、以防为主”上来。各地参照益阳的做法，结合实际出台了一系列的改革举措，按照简减机关，充实基层的整体思路，大力充实派出所的警力，派出所“打”、“防”脱节的问题得以改变。根据“一区一警”或“一区多警”的社区警务改革要求，普遍在城市、城关的社区建立了警务室，配备了专职社区民警，规定了社区民警的主要职责，促使社区民警把主要精力用于防范控制上。2003年，全省已建社区警务室2119个，落实社区民警3781人。派出所警力已达15355人，占全省总省警力的31.8%，基层防范的警力增强。积极推进社会治安综合治理，各地普遍建立了专职治安巡逻队和义务巡逻队，建立健全了治保会等群防群治组织。落实社会治安单位法人责任制，切实增强了内部单位、特种行业安全防范的意识和责任。全力改革完善动态防控体系建设，重点加强了街面巡逻防控，提高见警率，动态防控和快速反应能力大为提高。同时，积极探索110、122、119“三台合一”的指挥中心建设模式，切实提高指挥中心的效能和权威。

矛盾纠纷排查调处工作情况

2003年，全省各级采取切实措施，认真学习贯彻全国、全省人民调解工作会议精神，加强指导管理和组织建设力度，矛盾纠纷预防调处工作有了新的突破。各地共排查出纠纷33.6万件，有32.6万件得到调解，调处成功率达97%；共防止民间纠纷引起的自杀1784件，2312人；防止民转刑5551件，12809人；有效地筑牢了维护我省社会稳定的“第一道防线”。

一、出台了重要的指导性文件，解决了当前人民调解工作面临的一些困难和问题

省委办公厅、省政府办公厅转发了省高级人民法院、省司法厅《关于进一步加强新时期人民调解工作的实施意见》，这一文件在加强人民调解组织和队伍建设、规范业务工作以及加强指导管理等方面提出了重要的指导意见，在中办、国办《关于加强新时期人民调解工作的意见》基础上有新的突破，明确规定了在县级设立人民调解工作领导小组，办公室设司法局，乡镇（街道）司法调解中心更名为社会矛盾纠纷调处中心，将人民调解工作经费列入财政预算。

二、加强了对人民调解组织的整顿巩固

各地对村、居（社区）、企事业单位调解组织，重点是对一批组织机构薄弱、制度不够健全、工作开展不力的调解组织进行了专项整顿，逐一进行达标验收，人民调解组织在整顿中规范、巩固。2003年，全省共有各类调解组织61162个，人民调解员近62万人。

三、大力抓好乡镇（街道）调委会的新建工作

全省2573个乡镇（街道）已全部建立调委会，组建率为100%，其中绝大部分达到了“六有”（有牌子、有章子、有纠纷登记本、有统计台账、有回访纪录、有专门调解庭）的要求，并已规范办案运作。

四、狠抓培训，提高调解员队伍素质

全年培训的内容重点是全国人民调解工作“三个规范性文件”及有关法律、法规、规章。14个市州普遍办了1至2期培训班，乡镇调委会主任人均轮训了1次。部分市州实行了调解员持证上岗和年度审核制度。

五、加大了矛盾纠纷排查调处工作力度

全省各级基层司法行政机关组织开展了维护“两节”、“两会”、“清明”、重大节日、政治敏感时期和“非典”防护期社会稳定的纠纷排调工作，继续深入开展“百万大军抓排治，三级联手创‘四无’”活动。积极参与“非典”防治，预防调处相关纠纷200余件；积极参与打击“地下六合彩”、“买码”等治安整治行动，调处有关纠纷80余件。尤其是针对我省清明时节坟山纠纷多发性、群体性、易激化、危害大的特点，通过推行纠纷防调责任制、跨界纠纷联防联调机制、部门协同联动防调机制和重大纠纷苗头预警处置机制，全省共排查出坟山纠纷860起，全部得到成功化解，未发生一起因坟山纠纷激化引发的重大群体性械斗事件。

社会治安综合治理宣传教育工作情况

一、积极组织观看法制电影

大力支持开展了法制教育电影《为了明天》在我省各地的放映。根据中央综治办等六部委《关于做好组织观看预防青少年违法犯罪法制教育电影〈为了明天〉的通知》精神，年初省综治办与省预防青少年违法犯罪领导小组、省教育厅、省司法厅、省文化厅、省广电局、团省委、省妇联联合下发了《关于积极组织全社会观看预防青少年违法犯罪法制教育电影〈为了明天〉的通知》，要求各市（州）、县（市、区）和省直各单位积极组织观看，并于4月8日在长沙举行了首映式。由于该片是通过市场运作的，为不增加群众的负担，一些单位积极筹措资金，组织干部、职工及子弟免费观看，还有一些地方和单位采取费用由单位和个人分担的方式，尽量减轻干部职工的负担，从而保证了有更多的人，特别是有更多的中小学生能够观看和受到教育。

二、开展了“严打”成果巡展

组织开展了“严打”整治斗争成果挂图的巡回展览。根据中央综治办的要求，10月底省综治办下发了《关于组织开展全国“严打”整治斗争成果展板和挂图展览的通知》，并将在各市（州）、县（市、区）巡回展览的时间都进行了周密的安排。展览首先在省会长沙展出，省直各单位、长沙市各市区、市直各单位都相继组织干部职工进行观看。

三、开展了《湖南省社会治安综合治理条例》

等宣传

年初将《条例》列为全省普法的必学内容，并在年底作为了普法考试内容。我们积极参加全国社会治安综合治理好新闻奖活动，我省推荐的2002年度全国社会治安综合治理好新闻奖参评作品有4篇获奖。根据中央综治办和《长安》杂志社的要求，《要求》湖南通联站移交给综治办管理，成为《长安》杂志社的改革试点单位，中央综治办和《长安》杂志社给予了高度关注和大力支持，在市、县综治系统的支持配合下，《长安》杂志在我省的发行量已达1.8万份。

四、开展了禁毒、预防艾滋病宣传和爱车护路宣传教育月活动

一是开展禁毒和预防艾滋病的宣传教育。省综治委预防青少年违法犯罪领导小组办公室分别于“6·26”、“12·1”前后组织在全省开展“社区青少年远离毒品宣传周”、“青春红丝带”行动——全省青少年预防艾滋病健康教育活动。活动通过网上禁毒和预防艾滋病知识竞赛、设立街道固定咨询台、发放宣传资料等多种形式开展青少年禁毒和预防艾滋病宣传教育。二是开展了爱路护路宣传教育月活动。省综治委铁路护路领导小组办公室对爱路护路宣传教育月活动进行了精心组织和统一部署。各级护路办与教育部门联合发文，将铁路沿线中、小学校与铁路护路办签订爱路护路共保安全责任状，并将爱路护路宣传教育作为学生思想品德、法制教育的重要内容。宣传月里，各地制作宣传板报、录制电视讲话，组织到城镇、街头、学校进行巡回宣传，共发放《爱路护路宣传册》6万余册，发表市、县两级领导广播、电视讲话68次，出动宣传车680台次，书写标语10万余条，挂横幅654条，出黑板报、宣传园地1068期，召开群众大会340余场次，制作宣传展示牌827块，直接受教育人数达120余万人次。

五、开展了见义勇为宣传、表彰、慰问活动

2003年，我们积极向全国推荐见义勇为英雄人物，我省曾振强、蒋国政被评为全国见义勇为先进分子。2003年，我省进行了第七次见义勇为先进个人表彰活动，共表彰见义勇为先进个人25名、见义勇为工作先进个人6名。

刑释解教人员安置帮教工作情况

一、开展了“创无重新违法犯罪乡镇(街道)”和“新生希望工程”活动

对刑释解教人员进行了摸底清查统计，共排查出2002年度刑释解教人员31501人。通过健全落实接茬衔接制度，强化对全省5年来12万余刑释解教人员的安置帮教措施，目前，全省重新违法犯罪的高发态势有所缓解，近60%的乡镇实现了无重新违法犯罪的目标。

二、加强了全省安帮工作领导小组机构建设

由徐宪平副省长召集，省安帮工作领导小组召开了全体成员会议，以省综治委名义印发了《会议纪要》。要求各级建立健全安帮工作机构；市级司法行政机关确定2人、县级司法行政机关至少确定1人担任安帮专干；尽快出台刑释解教人员安置就业优惠政策；各级财政要把安帮工作经费列入预算，每年拨给经费，并做到逐年有所增加。同时，省安帮办根据省政府换届和省直厅局领导变动大的情况，加强与20多个省直部门的协调，调整和充实了省安帮工作领导小组和办公室成员。

三、落实刑释解教人员的生活保障

省安帮工作领导小组、省民政厅、省司法厅联合下发了《关于对刑释解教人员中生活特别困难的人员落实城市居民最低生活保障或给予社会救济的通知》，从政策上把符合条件的刑释解教人员正式列入了“低保”和社会救济的对象范围。

四、总结推广了一批安帮工作先进典型

在安帮工作中取得突出成绩的邵阳市安帮办等5个集体和长沙市天心区天剑社区主任张国庆等4名同志被评为全国先进，受到中央综治委、司法部的表彰。张国庆同志在全国刑释解教人员安置帮教工作电视电话会议上作了经验介绍。

预防青少年违法犯罪工作情况

一、狠抓省委省政府办公厅《关于进一步加强预防青少年违法犯罪工作的意见》的贯彻落实

全省把预防工作的组织机构建设和人员经费保障作为贯彻《意见》的突破口。2003年，在预防办的督促和指导下，又有株洲、湘西、郴州、怀化等四个市州成立或调整了预防工作领导小组，充实了预防办的工作力量。同时，省财政2003年拨付了预防工作专项经费，为更好地开展工作提供了经费保障。

二、积极开展"青少年违法犯罪社区预防计划"试点工作

2003年6月，向团中央和中央预防办推荐了长沙市裕南街道、候家塘街道和咸嘉湖街道等3个街道为全国社区青少年工作重点联系街道。推荐长沙市天剑社区为全国"青少年违法犯罪社区预防计划"实施试点单位。

三、进一步加强禁毒和预防艾滋病的宣传教育

2003年"6.26"、"12.1"前后，分别在全省开展了"社区青少年远离毒品宣传周"、"青春红丝带"行动——全省青少年预防艾滋病健康教育活动。活动通过网上禁毒和预防艾滋病知识竞赛、设立街道固定咨询台、发放宣传资料等多种形式开展青少年禁毒和预防艾滋病宣传教育，收到了良好的效果，得到了广大群众和青少年朋友的普遍欢迎。

四、积极创建第二批省级社区青少年法律学校

"青少年法律学校"在青少年法制宣传教育工作中的积极作用日益显现。2003年，在全省继续开展了第二批省级"社区青少年法律学校"创建活动，并把创建工作同"青年文明社区"和"无毒社区"的建设与管理结合起来，使"社区青少年法律学校"的创建内容更加丰富。

五、开展第三届"湖南省杰出(优秀)青年卫士"的评选活动

团省委联合省综治办等14家单位开展了第三届"湖南省杰出(优秀)青年卫士"评选活动，共评选出了王新等10名杰出青年卫士、李爱斌等104名优秀青年卫士，树立了一批为维护社会稳定、保护经济发展良好环境和人民生命财产安全做出突出贡献的先进典型。经推荐，张家界市桑植县地税局稽查局局长张云峰同志被评为第四届"中国杰出青年卫士"，段人荣等2名同志被评为第四届"中国优秀青年卫士"。

社会治安综合治理领导责任制情况

2003年初，省综治委根据《湖南省县市区社会治安综合治理考评办法》，对2002年度全省123个县(市、区)社会治安实际状况，即不稳定问题、违法犯罪情况和群众安全感受三大部份，分别由省综治办、省维稳办、省委610办、省公安厅、省检察院、省法院、省统计局、省信访局、省安全生产监督管理局进行考核打分后，作出综合评估，并依次排名，由省委、省政府两办发文进行了内部通报。省综治办还对2002年度市、县两级综治委执行"一票否决"和责任制情况进行了通报。据统计，2002年全省市、县两级综治委共"一票否决"单位192个，其中县处级单位7个、乡镇街道37个、内部单位74个、其他74个，影响25名县处级干部、365名科级干部和286名一般干部的晋职、晋级和评功、评奖资格。在开展全省社会治安状况考核评估的同时，对1999——2002年度全省社会治安综合治理工作进行了检查总结、表彰。省里主要对各市（州）推荐的20个先进县（市、区）和社会治安状况排名后10名的县（市、区）进行了抽查。在检查评比的基础上，共表彰"1999——2002年度湖南省社会治安综合治理先进县市区"20个，表彰治安模范单位、治安模范社区、治安模范村、安全文明校园、安全文明铁道线和优秀综治办198个，并对151名先进个人进行了记功表彰。为鞭策后进，省综治委对排名后3名的县（市）主要领导进行了诫勉谈话，对排名后10名的县（市、区）进行了督促检查、帮助整改。为使我省综合治理考评工作更加实事求是、客观公正、准确，11月份，省综治委进一步修改完善了社会治安综合治理考评办法，部署了2003年度县（市、区）社会治安综合治理考评工作，决定根据排名情况表彰20个社会治安综合治理先进县（市、区），将排名最后一名的列为"一票否决"对象，将排名倒数第2至第5名的列为"黄牌警告"对象，对排名后10名的县（市、区）帮助整改。各市（市）也结合实际，建立健全了社会治安综合治理检查考核制度，并于年底全面开展了社会治安综合治理检查考核评估。为加强社会治安综合治理，进一步规范机关、团体、企业、事业单位治安管理和治安防范工作，制定出台了《湖南省机关、团体、企业、事业单位社会治安综合治理责任制规定》，并以省政府文件下发各地执行。

湖南省综治委、办内设机构情况和负责人名单

内容 \ 项目		姓名	工作单位及职务	级别
综治委	主任	孙载夫	省委副书记	副省
	副主任	周本顺	省委常委、省委政法委书记、省公安厅厅长	副省
	副主任	郭俊秀	省人大常委会副主任	副省
	副主任	徐宪平	省人民政府副省长	副省
	副主任	章锐夫	省政协副主席	副省
	副主任	吴振汉	省高级人民法院院长	副省
	副主任	何素斌	省人民检察院检察长	副省
综治办主任		李定坤	省委政法委副书记	正厅
省委政法委综治一室		陈岭	综治一室主任	正处
		戴初生	综治一室副主任	副处

中共湖南省委办公厅　湖南省人民政府办公厅关于转发省高级人民法院省司法厅《关于进一步加强新时期人民调解工作的实施意见》的通知

（2003年10月23日）

各市州、县市区委，各市州、县市区人民政府，省直机关各单位：

省高级人民法院、省司法厅《关于进一步加强新时期人民调解工作的实施意见》已经省委、省人民政府同意，现转发给你们，请结合实际，认真研究落实。

人民调解是我国的一项重要法律制度。人民调解对于促进经济发展、维护社会稳定、增强人民内部团结、推动民主与法制建设具有重要作用。我国已进入全面建设小康社会的新时期，随着改革的深入，各种新的矛盾和问题将不断出现，进一步加强和推进人民调解工作，及时化解各种社会矛盾，消除各种不安定因素，对于确保改革开放和各项建设事业的顺利进行，具有重要意义。各级党委和政府要从贯彻落实党的十六大精神，全面实践“三个代表”重要思想的高度，切实加强对人民调解工作的领导与指导，把这项工作纳入重要议事日程，认真研究解决工作中的重大问题，为维护改革发展稳定大局和推进依法治省进程作出积极贡献。

关于进一步加强新时期人民调解工作的实施意见

省高级人民法院　省司法厅

（2003年9月15日）

为进一步加强新时期人民调解工作，根据《中共中央办公厅、国务院办公厅关于转发〈最高人民法院司法部关于进一步加强新时期人民调解工作的意见〉的通知》（中办发〔2002〕23号）精神，结合我省实际，现提出以下贯彻实施意见。

一、进一步提高做好新时期人民调解工作的认识

人民调解是一项具有中国特色的社会主义法律制度，具有重要的法律地位。多年来，我省人民调解工作在各级党委、政府的关心、支持下，有了很大发展。各地人民调解组织积极贯彻“调防结合，以防为主”的人民调解工作方针，以防民间纠纷激化为重点，每年调处40多万件民间纠纷，为维护改革发展稳定大局作出了贡献。实践证明，人民调解已经成为解决社会矛盾纠纷的重要途径和有效方法之一，在社会政治生活中发挥着重要作用。随着改革的深入和经济社会的发展，人民调解工作面临许多新的情况和新的任务。各级人民法院、司法行政机关和人民调解委员会要以“三个代表”重要思想为指导，从维护国家长治久安和巩固党的执政地位的高度增强做好人民调解工作的责任感和紧迫感，坚持依法治国、以德治国，与时俱进，积极推进新时期人民调解工作的改革和发展。

二、进一步加强人民调解组织和队伍建设

人民调解委员会组织的健全及工作网络的完善是搞好人民调解工作的基础。县市区要建立人民调解工作领导小组，由县市区领导担任组长，领导小组办公室设在司法局，协调解决跨乡镇、跨县市区的纠纷以及辖区内的重大疑难矛盾纠纷。要积极推动建立和完善乡镇(街道)人民调解组织。所有乡镇(街道)都要建立人民调解委员会。乡镇(街道)人民调解委员会由辖区内设立的村(居)民委员会、企(事)业单位的人民调解委员会主任，本乡镇(街道)司法助理员，在辖区内居住的懂法律、有专长、热心人民调解工作的社会志愿人员组成。乡镇(街道)人民调解委员会的主要任务是负责调处辖区内跨行业、跨单位、跨区域的民间纠纷及村级人民调解组织调处不了的各类民间纠纷。要把乡镇(街道)司法调解中心纳入人民调解范畴，并更名为社会矛盾纠纷调解中心，其职责是协助党委政府调处重大疑难矛盾纠纷。乡镇(街道)社会矛盾纠纷调解中心办公室设在司法所。要建立和完善国有、民营、外资企业的人民调解委员会，积极稳妥地在集贸市场等单位和领域发展行业性、区域性人民调解组织。

要努力建设一支高素质的人民调解员队伍。村级人民调解委员会主任一般由具有高中以上文化的村(居)委会主要领导担任；乡镇(街道)人民调解委员会主任一般由具有大专以上文化的司法所长担任。省、市州、县市区要建立相对固定的培训基地和比较完善的培训制度，采取多种形式，分级组织、指导培训，努力提高广大人民调解员的业务素质。

三、进一步规范人民调解委员会的业务工作

人民调解委员会调解纠纷，要坚持公开、公平、公正，严格遵守三项基本原则：依据法律法规、规章和政策及社会主义道德进行调解；在双方当事人自愿平等的基础上进行调解；尊重当事人的诉讼权利，不得因未经调解或者调解不成而阻止当事人向人民法院起诉。调解纠纷要严格按照接受当事人申请受理、进行登记、调查、取证、调解、达成协议、监督履行等程序进行。涉及民事权利义务的民间纠纷，经调处后，在双方当事人自愿的基础上制定调解协议书，并由双方当事人签名盖章。要建立规范的工作场所和各项制度。各级人民调解委员会尤其是乡镇(街道)人民调解委员会要建立调解庭(室)，建立学习、例会、受理登记、回访、文书档案管理等制度。受理调解业务，要使用由司法部统一制订的各类人民调解工作文书，并严格按要求填写。要严格遵守调解民间纠纷不收费等工作纪律。人民调解委员会可以邀请公安派出所等有关单位和个人参加调解工作，被邀请的单位与个人应当给予支持。

四、把预防矛盾纠纷作为人民调解工作的重点，全力维护社会稳定

各级人民调解组织和广大人民调解员要紧紧围绕党和政府的工作大局，把预防矛盾纠纷作为新时期的重点，努力做好人民调解工作。要根据民间纠纷的新情况、新特点，改进调解方法，积极扩大工作领域。要在积极调解公民日常生活中的多发性、常见性纠纷的基础上，结合本地经济社会发展实际，做好改革发展进程中出现的热点、难点纠纷的调处工作。全力调处因政策调整、突发事件引起的矛盾纠纷和重大政治活动、政治敏感期、特殊季节期间的矛盾纠纷。要按照“调防结合、以防为主”的工作方针和“抓早、抓小、抓苗头、防激化”的工作要求，突出做好预防引发群体性事件的矛盾纠纷激化的工作。努力实现县、乡、村无民间纠纷引起的自杀、民转刑、群众性械斗、群体性上访事件。

五、各级人民法院要依法确认人民调解协议的法律效力，切实加强对人民调解委员会的指导

依法指导人民调解委员会的工作是法律赋予人民法院的职责。各级人民法院特别是基层人民法院及其派出的人民法庭，要认真贯彻执行《最高人民法院关于审理涉及人民调解协议的民事案件的若干规定》，对在人民调解委员会主持下达成的调解协议，一方当事人反悔而起诉到人民法院的民事案件，应当及时受理，并按照该司法解释的有关规定准确认定调解协议的性质和效力。各级人民法院要不断总结经验，深入探索研究，加强对人民调解工作的业务指导。在审理涉及人民调解协议的民事案件时，如果调解协议被人民法院判决变更、撤销或者被确认无效的，有关法院可以适当的方式告知当地司法行政机关或者人民调解委员会,也可以向人民调解委员会提出具体建议。发现人民调解员违反自愿原则,强迫当事人达成调解协议的,应当及时向当地司法行政机关或者人民调解委员会提出纠正建议。要积极配合司法行政机关对人民调解员进行业务培训。可以选择典型案件组织人民调解员旁听案件审理,也可以应人民调解委员会的邀请派员具体指导人民调解员调解案件,还可以安排人民调解员参与庭审前的辅助性工作或聘任有经验的人民调解员担任人民陪审员。

六、司法行政机关要加强对人民调解的管理工作

各级司法行政机关是人民调解工作的业务主管部门,要切实抓好对人民调解的管理和指导。乡镇(街道)司法所和司法助理员要认真履行职能,管理、指导人民调解委员会的日常工作。县级以上司法行政机关要根据上级的有关要求及本地的实际情况,提出人民调解工作的整体规划、工作思路,督促乡镇(街道)司法所贯彻落实;及时总结人民调解委员会的工作,指导其开展各项业务;组织辖区内的人民调解员开展民间纠纷的排查治理工作;宣传表彰人民调解工作的先进典型,做好人民调解工作情况的上传下达工作;组织指导辖区内调解主任的培训工作。要主动向人民法院了解、掌握被变更、撤销或确认无效调解协议的情况,协助人民法院做好当事人的工作,履行好人民法院的生效判决。

七、进一步加强对人民调解工作的领导

各级党委、政府要重视和支持人民调解工作,把人民调解工作列入重要日程。县级党委、政府要坚持做到每半年专题研究一次人民调解工作;乡镇(街道)党委、政府原则上每个季度要研究一次人民调解工作,帮助解决人民调解工作中的困难与问题。要将人民调解工作经费列入财政预算。要利用各种新闻媒体,广泛宣传人民调解工作中的先进典型,在全社会形成“侦查破案光荣,防止纠纷激化同样光荣”的共识。

立足人行实际　落实治理措施
营造良好的工作生活环境

——人民银行长沙中心支行社会治安综合治理工作情况

近年来,在各级综治委的指导和支持下,人行长沙中支立足实际,突出业务特色,狠抓社会治安综合治理,连续5年实现了无特大治安灾害和安全生产责任事故、无不安定事件发生、无职工及机关院内青少年违法犯罪记录的目标。先后多次获长沙市芙蓉区“五星级安全文明小区”、长沙市委市政府“文明小区”、省直机关工委“双文明建设先进单位”、省公安厅安全保卫集体三等功以及省委、省政府“双文明单位”称号。

一、抓领导管理,建立工作机制

长期以来,我们把社会治安综合治理工作作为全行的一件大事来抓,着力建立统一领导、协调配合、规范操作、高效运转的工作机制。一是加强领导。明确党委书记、行长为社会治安综合治理第一责任人,一名副行长具体分管,同时要求各级领导干部花精力抓安全,花人力管安全,花财力保安全。二是健全机制。在保卫部门设立了综治办,明确专人具体负责综治工作,各处室也明确了一名责任心强的同志担任兼职安全员,形成了行领导亲自抓、保卫部门具体抓、其他部门协同抓的综合治理工作格局。三是落实责任。将综治工作纳入全行“双文明目标”考核,各处室负责人与行长签订目标管理责任状,职工交纳安全责任保证金。2003年,还从全行29个部门478个岗位中筛选出要害岗位289个,确立全行风险控制点73个。

二、抓制度落实，突出防范重点

从工作实际出发，狠抓安全生产和安全管理，把发行库和资金安全作为重点，按业务要求建立过硬的安全保卫工作队伍，更新改造库房、运钞等设备设施，落实好“人防、物防、技防”措施。在此基础上，突出抓制度落实：一是抓守库值班制度的落实。长期坚持对发行库实行24小时双人武装守卫、主管行领导和保卫部门负责人坚持零时以后查岗查哨制度，发挥值班守卫看门守护作用。二是抓头寸押运制度的落实。头寸押运实行“上接省、下送县”的运钞模式，并严格实行前后护卫车护卫、四人以上武装押运和处领导带队押运制度。从1999年至2003年12月底止，共组织全省执行辖内头寸押运865次，跨省铁(公)路押运170次，清分损伤券销毁共855次，押运总行程238万公里，均实现安全无事故。三是抓枪弹管理制度的落实。对枪弹管理严格执行“双人、双柜、双锁、同存同取”制度，坚持按规定领用、保管、登记各类枪弹，确保台账完整，账实相符，实现了“五无”目标。

三、抓综合治理，维护机关秩序

一是加强消防安全管理。制定消防安全的有关规章制度；适时召开消防安全工作会议，组织消防安全检查；建立了一支义务消防队；根据需要建设了消防监控室。同时加强消防安全知识教育，编写了《住户消防安全常识》分发各住户，举办消防培训班4期，培训270余人。二是大力整治机关大院秩序。切实规范员工和院内住户行为，坚持对职工下班关门关电情况进行检查，按季通报，纳入年度目标管理。组建了机关大院夜间巡逻队，开展安全巡查。加强安全检查，2003年共组织联合检查12次，专项检查14次，下发整改通知书15份，发现和整改安全隐患29处。此外，还对268名临时工进行了“法轮功”摸底问卷调查，配合派出所对机关房屋租住户、暂住人口进行了清理。三是加强教育和管理。大力开展公民道德和遵纪守法教育，组织社会治安综合治理知识答卷活动，提高全员法纪意识和安全防范意识，近年来，没有发生任何不稳定事件和违法犯罪活动。同时，重点加强安全保卫人员的教育和管理，适时开展政治、业务教育，定期或不定期组织防抢劫演练、实弹射击训练、消防知识培训、计算机操作考试、电视监控操作培训等，提高安全保卫人员业务综合素质。

四、抓联系协调，营造良好氛围

为切实做好社会治安综合治理工作，我们主动接受地方综治办的指导，经常汇报工作，争取工作支持；建立了省会银行系统社会治安综合治理工作联席会议制度，每季至少召开一次联席会议，传达精神，通报案情，研究对策。与此同时，我们还注意加强与驻行武警的联系，银警双方每月召开1次联系联防会，每季给驻行武警进行1次安全形势教育，每年联合组织1次突发事件处置演练。

坚持“打防结合、预防为主”
强化社会治安综合治理各项措施的落实

湖南省电信公司

湖南省电信公司是中国电信集团公司在湖南境内的独资子公司，下辖14个市州分公司、9个直属单位和92个县(市、区)电信局，其中实业集团公司下辖16个市州实业公司、15个直属单位。近年来，该公司锐意进取，积极创新，强化管理，取得了较好的成绩。2003年，湖南省电信公司荣获“全国五一劳动奖状”。其下属单位中也有3个单位获得“全国五一劳动奖状”，3个单位被评为国家级文明单位，42个单位被评为省级文明单位，3个单位获授国家级“青年文明号”称号。仅2001－

2003年，该公司就有4项管理成果分别获得国家级和省级管理创新奖，成为湖南省历史上惟一曾连续三年获得国家级管理奖项的企业。公司还获得了由中国质量协会与全国用户委员会联合授予的“全国用户满意服务”荣誉称号。被省综治委评为1999－2002年度治安模范单位，被国家安全厅评为先进单位，被省公安厅荣记集体三等功。

一、机构健全，措施到位

湖南省电信公司层层建立了社会治安综合治理机构，成立了社会治安综合治理领导小组，明确了各单位的一把手全面负责社会治安综合治理工作，制度完善，人员到位。公司下发了《湖南省电信社会治安综合治理工作考核办法》，将综治工作细化为组织建设、基础管理、消防工作、要害管理、稳定工作、内勤工作、破案率等七大体系，全面规范电信社会治安综合治理工作，明确了综治的责任、内容和奖罚标准。

二、贯彻落实社会治安综合治理责任制度

湖南省各级电信企业都层层签订电信治安综合治理责任书，从省公司到市（州）分公司、到县（市）局（科室）、到支局（班组）、再到个人，实行了四级责任制，责任书签订率达100%，设立了专项的奖励基金，年终全面考核，奖罚兑现。每年公司用于对全省的奖励经费达50余万。公司还将日常安全防范工作、特大通信案件和火灾事故纳入全省电信各单位的目标管理考核，并对社会治安综合治理不合格单位实行“一票否决制”，以此强化社会治安综合治理工作。

三、坚持宣传、防范、打击“三管齐下”的方针，全面加强通信设施的安全管理工作

一是积极依靠各地综治力量，做好了护线宣传和护线联防工作。2003年度全公司投入护线宣传费用达352万余元。一方面举办护线宣传月，开展军民、警民联合护线活动，从正面宣传护线重要意义；另一方面将法院判决破坏通信设施犯罪分子的布告广为印发，用反面典型进行警示教育。二是做好人防、物防、技防工作。所属单位都成立了护线小组或应急小分队，安装了电缆防盗报警器。2003年度，公司共投资160万元用于购置线缆防盗报警器，不仅有效地提高了防范水平，而且大幅度提高了打击的效率。其中，常德市分公司自2001年开始就累计投资了120余万在全地区安装了通信电缆防盗集中监控系统，在市分公司设立报警指挥中心，县局设立报警值班室，各机房实行分机报警，并将报警信息及时送往县局值班室和市分公司指挥中心，完成报警任务。三是加大打击通信设施的犯罪活动力度。为调动电信保卫公安人员查破通信案件的积极性，公司制定了《查破通信案件表彰奖励办法》，对破案有功人员和集体给予表彰奖励。2003年度，全省电信系统共发生各类通信案件447起，破案353起，造成经济损失854万元，抓获犯罪嫌疑人331人。其中，盗窃破坏通信线路案件发案340起，破案265起，经济损失716万元，抓获线路涉案犯222人。

四、加强了通信要害安全管理工作

一是协商解决好合用通信楼的安全管理问题。邮电分营、电信重组，在客观上形成了“一院多局、一楼多家”的局面，湖南省电信公司要求所属单位按产权归属确定安全管理责任单位，在确保安全的基础上，与其他企业协商，共同建立安全管理制度和管理办法，共同保障安全。二是建立健全了通信要害安全管理制度。公司按照中国电信集团公司关于通信要害安全管理的相关规定，对通信要害的安全管理工作进行了全面的规范，要求各单位建立起完善的通信要害安全档案，并对新调入要害的工作人员严格把关。目前全省共审定了27个省级通信枢纽。同时考虑到一级传输干线的重要性，公司将50个一级光缆中继站、15个微波干线点列为省级通信要害部位。三是对通信枢纽要害全部实行封闭式管理。对通信大楼实行严格的出入登记制度，认真做好通信要害的防火、防爆炸、防盗窃、防抢劫工作。

五、加强了通信机房的消防安全管理工作

全省各级电信单位都将通信机房的消防安全工作作为电信安全保卫工作的首要任务来抓，一是不断地建立健全消防安全管理制度和消防安全组织机构，加大消防安全管理力度。二是加强硬件设施建设，及时补充更新消防器材，确保消防器材的完好性。三是加强消防安全检查，及时整改消防隐患。四是加强消防安全意识教育。全省各级电信企业通过办消防培训班、消防知识竞赛、消防专栏、消防演习以及开展安全生产月等活动来提高全员的消防安全意识。2003年全省共举办消防培训班204次,举办消防宣传栏261期,用于消防宣传经费为29万余元,用于安装维护自动报警灭火设备的费用达1164万余元,添置更新灭火器材费用达到192万余元,用于通信电缆竖井孔洞封堵费用87万余元,用于隐患整改费用487万余元。

六、加强工作检查制度,及时整改安全隐患

为确保综治工作贯彻落实到位,全省电信各单位对于安全检查频次都有明确规定,并能认真执行到位。2003年全省各市州分公司共进行安全检查1810次,查出安全隐患1832起,整改隐患1774起。每年度,省公司都要按照《全省电信治安综合治理目标考核细则》的要求,对全省各市州分公司和直属单位的电信综治工作进行一次全面细致的安全检查,对各单位全年度的综治工作作出整体评价,并对先进单位给予表彰奖励。

七、认真做好省电信公司机关大院的内部治安管理工作,确保机关和大院良好的工作秩序和生活秩序

一是整章建制,进一步完善和修订机关安全保卫制度。公司印发了《省电信公司机关门卫、车辆、办公楼、消防等安全管理的暂行办法》,对机关安全保卫所涉及的各个方面包括门卫制度、车辆安全管理、消防安全管理制度进行了统一规范。二是认真抓好各项制度的落实。给省公司办公楼里的每一位员工统一制作了工号牌,要求凭证进入大楼;针对院内车辆停放秩序混乱、车多位少的情况,设计了三种车辆出入证,规范了大楼的停车秩序;加强了机关大楼的日常消防管理工作,严格控制机关大楼内的明火作业施工,实行《动火许可证》管理,并对明火作业施工中出现的违章行为严肃查处。

创立一个中心　组建五个网络
全面构筑基层治安防控体系

中共常德市委　常德市人民政府

2003年以来,常德市适应新形势,在乡镇(街道)、村(居)和单位创立了综治维稳管理中心,组建了信访治调、人口管理、治安消防、重口帮教和基层创安五个网络,促进了综合治理措施的落实。

一、创立综治维稳管理中心,确保基层综合治理组织健全,权威高效

2002年元月,市委、市政府提出重组基层综治体系,全面加强综治工作。市委常委会议研究决定,在乡镇(街道)、村(居)、单位建立综治维稳管理中心,以强化乡镇(街道)的属地管理权、村(居)的自我管理权、单位的主管负责权,形成权威高效的指挥体系。一是健全中心组织体系。乡镇(街道)和单位综治维稳管理中心的设立,由市编委下发文件,作为常设领导机构纳入"三定"序列,村(居)综治维稳管理中心,由民政部门作为基层自治组织建设的重要内容。明确规定:乡镇(街道)综治维稳管理中心主任由党委书记担任,乡镇长、分管统治的副书记、人大主席任副主任。中心下设综治办,由一名副科级干部任主任。村(居)和单位综治维稳管理中心由党支部(组)书记任主任。乡镇(街道)中心成员除派出所、司法所、综治办负责人外,还将组织、武装、妇联、团体委、计生、信访及驻地主要单位负责人吸收为成员,形成大综治格局。在力量调配上,去年,由市、县组织部与综治办牵头,对乡镇(街道)分管领导和专干进行了考察调整,233个乡镇(街道)均配备了分管副书记,35个治安复杂乡镇增加了一名政法骨干任专职副书记。乡镇(街道)按规模和治安复杂程度配备了1至3名综治专干。村(居)和单位明确了一名分管负责人和1至2名专(兼)干。明确要求,中心工作力量应保持稳定,其调整必须事先征求区县(市)综治部门的意见。二是规范中心职责任务,增强中心工作权威。统一赋予了六项权力,即领导指挥权、力量调配权、检查指导权、群防群治力量的报酬确定权、绩效考核评价权、一票否决和党纪政纪处分建议权,保障了中心工作权威。三是健全中心运行机制。由中心主任或副主任主持,每周召开一次例会,每旬进行一次调度,每月开展一次治安形势分析,每季组织一次督查,半年开展一次讲评,年底进行一次结账总兑现。四是强化中心建设责任。市委、市政府下发文件,对建设责任作了明确规定,将“一中心五网络”建设纳入了全市社会经济发展的“十五”计划、年度“三个文明”建设目标管理责任制和市委、市政府每年要抓的十件大事。由市委、市政府督查部门每季度进行一次专题督查。实行市领导包区县(市)、区县(市)领导包乡镇(街道)、乡镇(街道)领导包村(居)、村(居)干部包组、党员包户的承包责任制和市、县综治委成员单位联系乡镇(街道)、村(居)的联系点责任制。同时,每个区县(市)由财政统一解决不少100万元,乡镇(街道)不少于5万元的综治维稳基金。市城区每个居委会每年由市财政给予4万元补贴。五是严格中心绩效考评。在综治维稳管理中心目标管理中,变一般要求为指标控制,变年底考核为跟踪督查,变重在评优为重在评差,变多头考核为综合排序,变随意考核为规范建档,变单一处置为综合查究。

二、组建五个防控网络,形成专业化、立体化、社会化的防控体系

第一,组建信访治调网络。以乡镇(街道)司法所为主,信访、国土等单位参与,设立信访治调站,由人大主席任站长。村(居)、单位设立信访治调小组,由治调主任、保卫科或办公室负责人任组长。城区在门店业主和出租车司机中,农村在联户设立义务信息报告员和义务调解员。村(居)、单位配备了治调主任,其工资比照村(居)主任待遇由乡镇(街道)统一发放。第二,组建人口管理网络。乡镇(街道)依托派出所,由计生办、劳动服务站等为成员设立人口管理站,由派出所长任站长。村(居)与单位建立由村会计或财务负责人为组长的人口管理小组。每个派出所固定1至2名干警为户籍警,每个村(居)和单位明确1至2名人口协管员。第三,组建治安联防网络。乡镇(街道)设立由武装部长任站长的治安联防站,整合四支队伍:一是警力队伍。市城区组建了50人规模的武警机动巡逻队。农村派出所警力达到3至8人。对下基层的干警,由市、县财政每人每月补贴230元经费。二是专业巡逻队伍。向社会公开招聘,街道和乡镇分别组建了不少于20人与10人的专业巡逻队。巡逻队员的工资按每人每月600元标准由市、县财政予以解决。三是保安经警队伍。机关、企事业单位、住宅小区按要求配备保安经警,全市共有2786名,由公安机关归口管理。四是义务巡逻队伍。村(居)、单位以民兵为主组建了4至5人的义务巡逻队,铁路沿线每公里明确了2名义务护路员。群防群治队伍报酬按公开承诺、有偿包保、发案赔偿等市场化办法解决。第四,组建重口帮教网络。乡镇(街道)由综治办、司法所、派出所、学校等建立重口帮教站,由综治办主任任站长。村(居)与单位设立由治调主任任组长的重口帮教小组,对每个帮教对象建立了由干部、家属、亲友组成的“三帮一”体系。全市21874名帮教对象共落实66721名人员进行帮教。第五,组建基层创安网络。乡镇(街道)由综治办、派出所、司法所、组织、宣传、妇联、民政等为成员组成基层创安站,每个居委会新建了社区警务室。农村实行一片一警。村(居)以十户左右为一个联户群,推选一名党员或治安积极分子为联户长,开展联户创安活动。

三、健全完善六项防控机制

(一)矛盾纠纷化解机制。由信访治调站牵头,实行旬排查制,每旬对矛盾纠纷进行排查。实行轮流接访制,由司法、国土、信访专干在信访治调站实行24小时轮流坐班接访。实行包保化解制,一个问题,一个小组,一套方案,一包到底。(二)人口综合管理机制。实行“三项管理”,即:在对象上实行“定向管理”在措施上实行“源头管理”,在手段上实行“微机管理”。农村以管理外出人口为主,城市以管理暂住人口为主,全市55万外出人口和14万暂住人口均纳入了管理视线。对暂住人口实行市民化待遇,人性化管理,亲情化服务。市、县、乡全部建立了人口管理信息系统。(三)立体巡逻防控机制。实行巡警24小时划段巡逻,武警双休日机动巡逻,专业巡逻队夜间包保巡逻,保安经警定位控防,义务巡逻队重点守防,基层群众联户自防,护路队员守望巡防,效果明显。(四)重点对象帮教机制。主要建立了"三项制度",即:"衔接制度"、"安置制度"、"帮教制度"。对刑释解教人员回归前一个月,由监狱或劳教所向刑释解教人员所在乡镇(街道)重口帮教站下发通知书,帮教站在接到通知书一周内告知村(居)、单位帮教小组,刑释解教人员衔接到位率达到94%,安置率达到95%。(五)基层创安自治机制。围绕"教、创、评"开展创安。"教"就是每季度开展一次法制教育;"创"就是开展创无案社区、无灾社区和无毒社区等创安活动;"评"就是评选安全文明家庭。(六)新经济组织治安防范机制。重点推行法人负责制,年初由所在地综治维稳管理中心与新经济组织法人代表签定治安责任状。对每个三资、私人企业明确一名综治政法骨干联系防范工作。每年对其防范工作进行检查评比,其绩效与评选诚信企业和企业晋级挂钩。

落实责任　综合治理
把创建安全文明铁道线活动引向深入

湖南省综治委铁路护路联防工作领导小组办公室

湖南省有铁路运营线2513公里。十年以前,铁路治安状况不好,特别是京广线衡耒段,不断整治,不断反复,被列为全国铁路重点整治区段之一,引起中央领导同志的高度关注。1992年,对铁路治安重点区段进行了集中整治,铁路治安才由乱到治,由治到稳,由被动整治到主动创建。坚持组织联网、部门联动、路地联治、专群联防、社会联管,不断把创建安全文明铁道线引向深入,确保了我省境内铁路运输的安全、畅通。

一、从大局出发,使创建工作在战略上定位

涉铁无小事,铁路系大局。我们始终把保持良好的铁路治安秩序放到确保全省政治大局稳定,促进全省经济发展的大战略上定位,把保一线平安放到保一方平安之首,把打击涉铁犯罪纳人严打整治斗争统一行动,把创建安全文明铁道线活动纳入基层安全文明创建活动范畴。首先,落实组织机构。省、市、县、乡四级普遍建立健全了铁路护路联防领导小组及办公室,做到有人议事,有人管事,有人办事。省政府为护路办提供办公地点,省综治委把护路办列入综治成员单位,护路办常务副主任担任省综治委委员,省铁护领导小组及办公室参与省综治工作评审委员会。部分市州与县(市、区)将护路办列入了编制序列,明确2至3名专职人员。怀化等地还在政法委设立了铁路治安科。全省采取公开招聘、竞争上岗等措施组建了900人的专业护路队伍。同时,统一制定了工作规范,加强对这支队伍的建设与管理,并拨出30万元专款对分队长进行了三次集中培训。省军区把动员、组织民兵护路纳入应急方案,纳入民兵职责、任务,实行目标管理。其次,落实领导责任。凡有关铁路治安的重大问题,省委、省政府领导亲自听取情况汇报,分管副省长每年都安排几次到铁路沿线调研督查,解决实际问题。明确铁路沿线县(市、区)和乡镇党委一把手为护路联防工作的第一责任人,铁路出了问题,首先唯第一责任人是问。第三,落实护路经费。全省多数市(州)都在财政预算中安排一定的经费用于护路。在经费的使用与管理上,实行了"三个倾斜",即向铁路治安重点区段倾斜,向基层倾斜,向护路工作一线倾斜,做到有钱办事,花小钱办大事。

二、从机制着手,使创建工作依制度联动

我们在建立健全工作制度和机制上下功夫,促进各方加强配合与联系,基本上形成了部门联动的工作格局,主要建立了"四项机制":1、信息联享机制。地方综治办、维稳办、公安机关与铁路公安机关每月召开一次碰头会议,及时了解与掌握铁路与地方的治安稳定情况与信息。建立重要信息通报制度。对涉稳的重大情报信息,路地双方及时通报。铁路方面掌握的治安与涉稳信息在第一时间内向当地公安与综治、维稳办专报，地方掌握的涉铁重大涉稳信息由地方公安机关、综治、维稳办在第一时间内向铁路公安机关通报。铁路公安机关对铁路沿线发生的涉铁刑事、治安案件与事故建立台账，并逐月上报省护路办，由省护路办全面掌握，及时通报，采取针对性措施，开展护路联防工作。2、工作联手机制。对铁路护路联防工作，路地双方共同决策、部署、联合督查、考核和奖惩。"重大节日联勤"、"重大纠纷联调"、"涉铁案件联办"。对涉铁违法犯罪，路地公安机关紧密配合，联手开展打击，取得了明显成效。2000年以来，路地公安机关共联手破获重大涉铁刑事案件1367起，捣毁团伙406个，打击处理违法犯罪嫌疑人4万余名。3、责任联负机制。对因路地配合不力，发生稳定、安全问题的，严肃追究路地双方相关责任人的责任。近几年，先后对路地配合不力、工作不达标的地方与铁路部门，在全省进行了通报批评，其中有三个乡镇被综治一票否决，起到了很好的教育警示作用。

三、从严治路，使创建工作有声有威

一是对重点区段实行跟踪挂牌整治。对治安问题一度突出的衡耒区段，1992年以来路地联手开展治安整治，抓住这个重点不放松，实行跟踪监管，不断巩固整治成果，保持了该区段治安秩序持续稳定，近十年来无大的反弹。同时，在开展专项排查的基础上，对一些重点区段实行了挂牌整治。先后对周边环境混乱的株洲北站、怀化南站、娄底车站，货盗问题突出的张家界永定区路段，拆卸铁路器材危及行车安全问题突出的湘乡至娄底、株洲至醴陵等重点路段进行了挂牌整治。二是对重大案件实行"六定办法"侦破。对涉铁重大案件，实行定领导、定力量、定经费、定措施、定时限、定奖惩的"六定"办法，逐级交办，包保破案，几年来，省里共对8起重大涉铁案件实行挂牌督破，破获8起，破案率达到100%。如1999年，湘粤路地公安机关抽调500余名精兵强将，组成强大的专案组，广铁集团公司、长沙铁路总公司拨专款200多万，联手侦破了发生在我省境内的"11·5"和"11·23"爆炸、破坏铁路的两起特大案件，得到中央领导同志和铁道部的充分肯定。三是在重点时期实行集中打击。针对拆卸铁路器材等涉铁违法犯罪活动突出的情况，每年都组织开展一至两次集中专项统一行动。如2002年组织开展了铁路企业大站周边治安秩序集中统一行动。

四、从基层着眼，使创建工作在村（居）落"户"

要从根本上解决铁路治安问题，必须依靠社会管、当地治、基层抓，走专群结合、群防群治的路子，实现铁路治安社会化管理。我们在实践中积极探索，先后在岳阳、常德、怀化等地试点，走出了一条护路联防以"村居为主"的路子。一是工作重心到村（居）。二是工作保障到村（居）。我们把护路联防经费主要用于村（居）一级，同时，乡镇财政也拨出专项经费。村一级还采取在集体经济中列支一点、用义务工日充抵一点等办法弥补不足部分，确保村（居）护路联防工作经费。三是工作任务到村（居）。首先是依靠村（居）提供信息。其次是依靠村（居）调处纠纷。第三是依靠村（居）控管重点对象，村（居）对"五残"人员督促监护人包保负责，并与监护人签订包保责任书；对刑释解教人员等重点人员组织一名干部或亲友或家属进行包保帮教；对中小学生组织一名教师、一名党员干部和家长进行教育看护。第四是依靠村（居）治理安全隐患，村（居）对耕牛、机动车户主、隧道、桥梁、平交道口等重点对象和部位均落实力量包保看护，对围车叫卖等安全隐患组织治理防范。四是工作激励到村（居）。首先是政治激励。对护路联防工作成绩突出的农户，授予"爱路护路模范户"称号，并公开挂牌，其子女入团、入党、参军优先推荐，就业优先介绍，作为基层后备干部优先培养。其次是物质激励。我们把护路联防经费采取以奖代拨的形式，重点奖励给工作成绩突出的基层组织，各级护路组织每年还奖励一大批村（居）护路联防工作先进个人。新晃县村民谭信刚"管三十年'闲事'，护两公里铁路"的先进事迹受到中央的肯定，被评为全国先进个人。再次是感情激励。每逢春节等重大节日，省、市、县、乡各级领导亲自深入铁路沿线村（居），走访慰问护路联防工作积极分子。对铁路沿线群众面临的实际困难和问题，路地双方想办法帮助解决，调动了广大群众爱路护路的积极性。

五、从竞赛着力，使创建工作规范有序

为推动铁路护路联防工作向纵深发展，1999年开始，我们在全省开展了以"五好"竞赛为主要内容的安全文明铁道线创建活动，促进了铁路护路联防特别是创建安全文明铁道线工作的制度化和规范化建设。活动中，狠抓了四个环节：一是严格评选标准，明确竞赛主题。根据把创建安全文明铁道线作为铁路护路联防工作的主题与载体的要求，全面科学制订了竞赛活动的“五好”标准，即：领导责任落实，区段管理好；部门齐抓共管，团结协作好；重点严打整治，治理效果好；发挥岗营作用，专业护路好；发动群众参与，爱路护路好。并将这“五好”竞赛标准细化、量化，建立百分制考核机制，确保了竞赛活动目标明确、主题突出。二是强化防范控管，确保竞赛实效。铁路护路联防工作成效的大小取决于防范水平的高低。在“五好”竞赛活动中我们把铁路治安的防范控管作为重要内容来抓。首先，加大宣传教育力度。在坚持爱车护路宣传教育经常化的同时，把每年6月份作为爱月护路宣传月，组织开展声势浩大的集中宣传教育活动。对铁路沿线的“五残”人员、重点人口、机动车、耕牛、危爆物品生产储存点、道口、隧道、桥梁等严格逐人、逐点、逐部位落实包保看护人员，逐一签订责任状，实行包保监控。加大治安巡逻力度。在加强专业护路队伍巡逻的同时，广泛动员组织沿线村（居）护路队伍开展治安护路巡逻活动。三是重视抓动态评比，激发竞赛活力。按照“五好”竞赛活动的内容和标准，我们坚持严格跟踪考核，严格分类排序，严格奖惩兑现，并且一年一评比、一年一表彰，实行“能上能下，能挂能摘”的动态管理办法，使基层长期有压力有动力。近两年来，有163个单位和218名个人受到省里表彰，8个单位和9名个人受到中央有关部门的表彰。

（撰稿：陈　岭　金　雷
审稿：李定坤　王雪鹏）

广　东　省

中共广东省委批转《省委政法委员会关于2003年维护社会稳定工作的意见》的通知

（2003年4月23日）

各地级以上市委，省直各局以上单位党组（党委），中央驻粤各单位党组（党委）：

省委同意《省委政法委员会关于2003年维护社会稳定工作的意见》，现转发给你们，请认真贯彻执行。

当前，我省形势总的是好的，各地认真贯彻落实党的十六大精神和省委九届二次、三次全会精神，经济社会各项建设进入了新的发展阶段。在大好形势下，各级党委、政府要充分认识维护社会稳定工作的重要性，认真贯彻“三个代表”重要思想和党的十六大精神，增强忧患意识，居安思危，未雨绸缪，紧密联系实际，精心谋划，周密部署，扎扎实实地抓好维护社会稳定的各项工作。各级党政主要负责同志作为各地各单位维护社会稳定工作的第一责任人，要切实履行职责，抓好工作责任制的落实。各有关部门要各负其责，密切配合，共同维护社会稳定。贯彻落实情况，要及时报告省委。

省委政法委员会关于2003年维护社会稳定工作的意见

2002年,在省委、省政府的正确领导下,我省各级党委、政府认真贯彻"三个代表"重要思想和十六大精神,坚持不懈地抓好维护社会稳定的各项工作,保障了我省经济社会持续稳定健康发展。全省形势总的是好的,但同时必须清醒地看到,当前社会不稳定因素还大量存在,维护社会稳定任务艰巨。

——境内外敌对势力的渗透、颠覆和破坏活动不断加剧。(略)

——"法轮功"邪教组织活动仍很猖獗。(略)

——恐怖活动构成威胁。国际恐怖活动活跃,恐怖活动从仇视国本土向第三国扩散。境外恐怖组织有可能对我省实施恐怖活动,将一些仇视国家驻粤领馆、机构、人员及外国人经常涉足的旅游、娱乐场所作为实施恐怖活动的重点目标;我省还是国内民族分裂势力和恐怖分子潜逃渗透的重点区域。省内爆炸、恐吓勒索、劫持人质等暴力恐怖性犯罪也呈增多趋势。

——刑事犯罪仍处于高发态势,经济犯罪和涉外案件不断增多。杀人、涉枪、涉爆、绑架勒索等暴力犯罪仍时有发生,"双抢"、盗抢机动车等多发性案件还未得到有效遏制,境外黑社会组织渗透加剧,跨境犯罪增多,有的地方黑恶势力及其"保护伞"还未彻底铲除,毒品犯罪严重,走私犯罪在一些地区仍然猖獗,跨境洗钱犯罪初显端倪,金融诈骗、制贩假币、逃税骗汇等经济领域的犯罪仍较突出,贪污贿赂等职务犯罪仍很严重。监狱、劳教所爆满的状况进一步加剧,在押罪犯和劳教人员的构成趋于复杂,狱所内不安全因素增多,教育改造难度加大。

——群体性事件增多。去年我省因企业改制或兼并破产、劳资矛盾、征地拆迁、非法集资、行政管理和执法不当、水库移民和军转干部安置以及山林土地权属争议等引发的群体性治安事件共发生3579起,参与人数近24万人,比上年分别增加51.8%和45.2%。

面对艰巨繁重的改革发展稳定的任务,各级党委、政府和政法部门要正确认识我省维护社会稳定工作面临的严峻形势,认真贯彻落实党的十六大精神,以"三个代表"重要思想为指导,居安思危,未雨绸缪,加强领导,加大力度,切实部署和落实各项维稳工作。现就今年我省维护社会稳定工作提出以下意见:

一、严密防范和严厉打击各种敌对势力的渗透破坏活动

要进一步增强国家安全意识和敌情观念,大力加强隐蔽战线斗争,严密防范和及时有力地打击境内外敌对势力、宗教极端势力、民族分裂势力、恐怖分子以及"法轮功"等邪教组织的渗透破坏活动。进一步加强公安机关、国家安全机关的秘密力量和技术手段建设,强化情报信息工作,特别要在获取战略性、内幕性、预警性情报信息上下功夫,做到敌动我知,未动先知,及时应对,先发制敌。切实加强边防监控和出入境管理,严防境内外敌对分子和暴力恐怖分子入境。加强对重点对象的控制,重点打击敌对分子"组党"结社、"以商养政"活动,防止境内外敌对势力插手利用我人民内部矛盾。高度重视网上斗争,切实加强对互联网的监控和管理,及时发现、封堵和清除有害信息,依法打击利用互联网进行的违法犯罪活动,严防通过网络泄密,维护网络安全。

二、切实加强反恐怖工作

要充分认识国际恐怖活动的危害性,高度重视、切实加强反恐怖斗争。尽快建立健全反恐怖工作的领导机制,制定切实有效的防范措施和应急处置预案,加强应急处置演练。广州、深圳、珠海、东莞等境外人员较多的重点地区,必须建立健全党委、政府牵头,公安、国家安全机关为基础的反恐领导机构和专门队伍,加强专门力量和基础建设,及时掌握相关情报信息。其它地区也要认真落实各项反恐措施,重点加强核电站、石化厂、水库、机场、城市标志性建筑、地铁、铁路、桥梁、饮用水源、军事设施等关系国计民生要害部位，外国驻穗领馆、商务机构和外国人特别是西方人经常聚集活动场所的安全防范工作。要密切情报信息沟通，强化边境口岸控制，严密管理控制社会层和重点对象，加强对特定人和事查控、查证或专案侦察。加强对恐怖活动活跃的国家、地区和群体进行基础调研、敌情调研及其在粤居留、过境人员的管理。

三、继续深化同“法轮功”等邪教组织的斗争

要进一步深化同“法轮功”等邪教组织的斗争。继续保持高压态势，及时打击“法轮功”的各种违法犯罪活动。密切注意“法轮功”“以商养功”的新动向，坚决粉碎“法轮功”企图在我省重建地下组织指挥体系、建立活动基地和内外沟联通道的图谋。坚持不懈地抓好教育转化攻坚和巩固工作，最大限度地争取转化仍痴迷于“法轮功”的人员，并认真落实后续帮教巩固措施，努力减少反复。监狱、劳教所要依法收押、收容“法轮功”罪犯、劳教人员，组织力量攻坚转化，提高教育改造质量，做好刑满释放和解除劳教的“法轮功”人员的安置帮教工作。按照“严密监控、露头就打、常抓不懈、保持压力”和“抓早打小”的工作思路，及时查处和打击其他邪教、带有邪教倾向的组织以及对社会有危害气功组织的违法犯罪活动。进一步落实“四个纳入”的要求，建立健全防范和惩治邪教的长效机制，形成全党动员、全民参与、齐抓共管、综合治理的格局。坚决抵制境外宗教渗透，及时发现、依法打击利用宗教进行违法犯罪活动。

四、积极化解人民内部矛盾，妥善处置群体性事件

各级党委、政府要把正确处理人民内部矛盾作为维护社会稳定的一项重大政治任务切实抓紧抓好。进一步健全党委、政府统一领导，党政主要领导亲自抓，维稳机构组织协调，有关部门各负其责的矛盾纠纷和不稳定因素排查、调处和化解工作机制，做到制度化、规范化。要切实加强和充分发挥基层党政组织、政法组织、人民调解组织的作用，及时准确地掌握可能引发群体性事件的倾向性、苗头性问题。及时排查、发现和化解本地区、本部门和本单位的矛盾纠纷，千方百计将矛盾纠纷化解在基层，解决在萌芽状态。要始终把人民群众的利益放在第一位，满腔热情地帮助人民群众解决生产生活中的困难和实际问题，认真把中央关于就业、再就业、社会保障和减轻农民负担以及切实解决企业军转干部等人员实际困难的各项政策落实到位。在各项决策出台前，要充分考虑社会的承受能力，广泛听取各方面的意见。加强信访工作，及时化解矛盾。要区别不同情况，加强思想政治工作，正确运用经济、行政和法律等手段，妥善处理人民内部矛盾特别是涉及群众切身利益的矛盾。采取切实措施，保护社会弱势群体权益。充分发挥法律援助、司法救助的作用，解决困难群众打官司难的问题。要依法妥善处置群体性事件，进一步完善相关工作预案，把工作重心移到事前预防和事中控制上来，努力把工作做在前头，减少危害。要严格重大情况报告制度。一旦发生群体性事件，有关党政领导和主管部门的领导必须及时赶赴现场，面对群众，耐心疏导，防止事态扩大。坚决依法打击插手捣乱的敌对分子及蓄意制造事端的幕后策划者、组织者和打砸抢烧的违法犯罪分子。进一步落实矛盾纠纷排查调处工作领导责任制，按照“属地管理”和“谁主管，谁负责”的原则，把调处责任落实到部门、单位和个人，重大矛盾主要领导要亲自抓，并一抓到底。对因工作不及时或应对措施不力而引发危及稳定的群体性事件，要追究有关领导的责任。

五、坚持“严打”整治不放松，大力推进各项治安防范工作

坚持依法严厉打击严重刑事犯罪，集中整治突出治安问题。为期两年的“严打”整治斗争告一段落后，各地要继续保持“严打”整治的高压态势，巩固成果，防止反弹。要以破大案、打团伙、追逃犯为切入口，严厉打击各种严重暴力犯罪，集中打压“两抢”、“两盗”等多发性犯罪。要深挖细查和依法严惩黑恶势力及其“保护伞”，除恶务尽。要继续抓好突出治安问题和治安问题突出地区及部位的重点整治，切实改变治安状况。

下大力气抓好禁毒工作，今年要组织开展大规模的禁毒专项行动。采取切实有力措施，深入开展缉毒执法、戒毒康复、预防教育和创建“无毒社区”等工作，大力加强对易制毒化学品市场及易涉毒公共娱乐场所的整顿和管理，逐级排查，集中整治毒品犯罪活动严重的地区，坚决把毒品活动蔓延发展的势头控制住、压下来。着力建立健全能保持强势力度的禁毒长效工作机制，重点解决好缉毒戒毒专门力量和戒毒场所、戒毒经费保障问题。

加强防范管理工作。按照管好犯罪高发群体、管住特种行业和重点场所、压缩多发性案件和加强基础性工作的整体思路，加快建立科学规范的治安防范管理长效机制。启动“五张网络”（社会面防控网络；社区治安防控网络；企事业单位内部的治安防控网络；特种行业、重点场所和要害部位的治安防控网络；学校、企业、铁路等周边地区的治安联防网络）建设工程。各市县要把“五张网络”建设作为综治工作的一项重要内容。要进一步加强流动人口和出租屋管理，建立和完善“政府牵头、各家参与、统一管理”的管理体系。大力推进社区警务建设，各地要结合社区建设的进程，全面铺开这项工作，力争今年完成50%，明年所有社区普遍建立警务区。加强治安防范工作的制度化、规范化建设，严格实行治安防范责任制，加大督查和责任查究的力度，促进工作落实。

六、切实落实维护稳定领导责任制，确保维护稳定各项措施落到实处

各级党委、政府要认真贯彻落实十六大精神，坚持稳定压倒一切的方针，加强领导，定期研究，及时发现和解决影响稳定的突出问题。进一步健全各级维护稳定工作领导机构和办事机构，完善各项工作制度。严格落实维护稳定领导责任制和责任查究制，把抓好维护稳定工作，确保一方平安，作为各级党政领导干部的重要任期目标，认真抓好检查落实。

按照“谁主管，谁负责”的原则，各部门、各单位进一步明确和落实维护稳定工作责任制，加强协调配合，主动、积极做好本系统、本单位维护社会稳定的工作，形成党委、政府统一领导，部门各负其责、齐抓共管的工作格局。充分发挥正确舆论导向的作用，各新闻媒体要坚持正面宣传为主，形成良好的舆论氛围。

各级领导干部要进一步转变作风，坚决克服形式主义和官僚主义，深入基层，深入群众，狠抓维护稳定各项工作的落实。对因领导干部工作不力导致发生严重影响社会稳定的重大刑事案件、治安灾害事故和重大群体性事件的地方、部门和单位，要按照有关规定坚决实行“黄牌警告”或一票否决，严肃查究有关领导及当事人的责任。

中共广东省委办公厅关于调整省维护稳定及社会治安综合治理委员会成员的通知

各地级以上市党委，各县（市、区）党委，省委各部委，省直各单位党组（党委），省各人民团体党组，中直驻粤各单位党组（党委）：

鉴于省维护稳定及社会治安综合治理委员会部分成员工作变动，省委决定对省维护稳定及社会治安综合治理委员会成员作相应调整。调整后的成员名单如下：

主　任：王华元（省委副书记）

副主任：梁国聚（省委常委、省委政法委书记、省公安厅厅长）

汤维英（省人大常委会副主任）

李容根（副省长）

吕伯涛（省法院院长）

张学军（省检察院检察长）

郑　红（省委政法委秘书长）

委　员：杨自胜（省纪委常委、省监察厅副厅长）

曹南才（省委办公厅副主任）

胡洪添（省人大常委会办公厅副主任）

朱明健（省人大内务司法委员会副主任）

周炳南（省政府副秘书长）

李凤英（省政协社会与法制委员会副主任）

许光超（省委组织部副部长）

胡中梅（省委宣传部副部长）

黄福春（省委统战部常务副部长）

陈少波（省委政法委副秘书长）

郑少东（省公安厅副厅长）

徐　安(省国家安全厅厅长)
陈伟雄(省司法厅厅长)
黄声云(广州军区政治部保卫部部长)
刘长银(省军区副政委)
洪少虎(省武警总队总队长)
孔祥鸿(省总工会副主席)
邓海光(团省委书记)
赵东花(省妇联主席)
罗坚生(省经贸委副主任)
时述花(省政府副秘书长、计生委主任)
翁宗勇(省外经贸厅副厅长)
刘锦红(省建设厅副厅长)
赖道明(省民政厅副厅长)
郑振涛(省财政厅副厅长)
谭璋球(省人事厅厅长)
方潮贵(省劳动和社会保障厅厅长)
陈自昌(省交通厅副厅长)
彭　平(省信息产业厅副厅长)
黄德发(省国土资源厅副厅长)
杜佐祥(省文化厅副厅长)
郑德涛(省教育厅厅长)
张寿生(省卫生厅副厅长)
吴升文(省地税局局长)
王　辉(省广播影视局纪检组长)
林　林(省物价局副局长)
吕成贤(省工商局局长)
杨兴华(省新闻出版局纪检组长)
徐代明(省旅游局纪检组长)
肖锦哲(省外办副主任)
古伟中(省通信管理局副局长)
张建军(人民银行广州分行副行长)
周毅洲(民航中南管理局党委副书记)
张祥海(海关总署广东分署副主任)
李文新(广州铁路集团公司党委书记)
张桂芬(广州市委副书记、政法委书记)

省维护稳定及社会治安综合治理委员会下设流动人口治安管理工作领导小组、铁路护路联防工作领导小组、刑释解教人员安置帮教工作领导小组、预防青少年违法犯罪工作领导小组、学校及周边治安综合治理工作领导小组,名称规范为“广东省维稳及综治委××领导小组”,其成立及调整事宜由该委直接发文,抄送省编办备案。

广东省维护稳定及社会治安综合治理委员会
广东省教育厅
广东省高级人民法院
广东省人民检察院
广东省公安厅
广东省司法厅
关于进一步推进中小学校聘请法制副校长工作的通知

(2003年1月24日)

各地级以上市综治办、教育局、法院、检察院、公安局、司法局:

近几年来,我省各级综治委和教育部门积极开展中小学聘请兼职法制副校长(法制辅导员)工作,取得了较好的效果。实践证明,聘请兼职法制副校长(法制辅导员)对于中小学校加强法制宣传教育,教育转化后进生,预防中小学生违法犯罪,治理校园周边环境,起到了积极的作用,深受各地教育部门、中小学校和广大家长的欢迎。但在社会不良因素的影响下,在校中小学生违法犯罪案件仍时有发生。特别是校外不法团伙黑手伸向校园,侵害学生的"校园帮会"事件、"校园暴力"事件以及青少年学生沉迷网吧诱发的违法犯罪问题,已影响中小学校的稳定,危及青少年学生的身心健康和人身安全。为贯彻落实《预防未成年人犯罪法》、《未成年人保护法》和《中共广东省委、广东省人民政府关于进一步加强社会治安综合治理的意见》(粤发〔2002〕6号,以下简称省委6号文件)关于"大力加强预防青少年违法犯罪工作"的要求,各地各部门要充分认识聘请法制副校长工作的重要意义,进一步推进这项工作,力争到今年底,全省镇以上的中小学校均聘请法制副校长(法制辅导员),并促使这项工作逐步实现制度化、规范化。

现就进一步推进中小学校聘请法制副校长工作提出如下意见:

一、明确工作目标和职责,建立工作规范

(一)法制副校长的工作目标

开展聘任法制副校长工作,要以开展"法律进校园"为主题,实现学校无刑事案件发生、无治安灾害事故、无学生犯罪、无侵扰学校正常教育秩序行为、无"黄赌毒"现象等"五无"为工作目标。

(二)明确工作职责和要求

法制副校长主要工作职责是:

协助学校开展法制宣传、预防青少年学生违法犯罪、校园周边环境综合治理等项工作,协助学校开展创建安全文明校园活动,在警校共建文明活动中发挥桥梁和纽带的作用。

1. 协助学校组织开展法制宣传教育,对师生和学生家长进行普法宣传,培养广大师生和家长遵纪守法的观念和自我保护的意识。

2. 协助学校对违法违纪的师生,对有不良行为的问题学生、后进学生进行教育转化工作。

3. 协助学校争取公安、工商、文化、城管、卫生、街道(镇)等有关部门和单位的支持,依法管理和整治校园周边的网吧、游戏机室、歌舞厅、酒吧等娱乐场所,维护校园治安,综合整治学校周边环境。

4. 协助学校妥善处理学生违法犯罪案件,严肃查处侵害师生、滋扰学校的案件。

5. 预防和遏制校园"暴力"案件的发生,对学校内外出现侵害学校治安秩序的情况和不安定因素,一经发现,及时向有关部门反映,及时查处。

法制副校长工作的基本要求是:

1. 参加学校研究法制教育、教育转化后进生、创建安全文明校园活动和校园及校园周边治安综合治理等方面工作的校务会议。

2. 每月到学校一次以上,了解学校的治安情况和后进生的思想状况。

3. 每学期至少上一次法制教育辅导课,召开一次与后进学生的座谈会或与后进学生家长的座谈会。

4. 对有不良行为或违法犯罪行为的学生或辍学学生进行谈心帮教、家访。

中小学校聘请法制副校长工作的基本要求是:

1. 将法制副校长工作列入学校工作计划。

2. 为法制副校长提供必要的工作条件。

3. 制定法制副校长定期工作会议及联系制度。

4. 确定法制副校长工作重点。

5. 邀请法制副校长定期参加学校德育工作会议。

6. 有条件的学校为法制副校长发给课时补贴,为参加培训学习的法制副校长提供部分经费。

(三)严格聘任制度

法制副校长的聘请和选派由各地综治办、教育局负责,政法各部门支持配合。

法制副校长的人选原则上从学校所在地辖区的政法各部门中产生。

法制副校长的任职资格:一是在政法部门工作三年以上的政法干警,其中受聘镇办以上中小学校的法制副校长原则上应由任科、股、所、队以上职务(含非领导职务)的干警担任,其他学校也可由独立工作能力强的普通干警担任;二是具有较好的文化素质,熟悉法律知识;三是热心青少年教育工作,有一定的组织和协调能力。

法制副校长人选由公安、司法、检察、法院等部门推荐,经综治办审核,由教育行政部门统一聘任。

法制副校长实行聘任制，两年一聘，可连聘连任。学校与受聘者实行双向选择，双方订立聘请合同，明确权责义务。受聘者不脱离原工作岗位和担任的职务，派出单位应支持其工作，给予时间等方面的必要保证。

二、加强队伍的学习培训，提高工作水平

继续办好兼职法制副校长培训班，组织兼职法制副校长分期分批参加培训。培训的内容主要有：学习中央和省关于加强预防青少年违法犯罪工作的文件精神，学习《未成年人保护法》、《预防未成年人犯罪法》、《治安管理处罚条例》、禁毒禁赌和严打整治等法律法规；专题研究青少年学生身心发展特点和预防青少年犯罪问题；交流兼职法制副校长工作经验，观摩法制教育课，参观考察青少年法制教育基地、工读学校或少年犯管教所等。通过培训学习，使广大兼职法制副校长提高素质，提高工作水平。

培训班在省综治办协调指导下，由省教育厅、省司法厅组织，省公检法支持配合。

兼职法制副校长参加培训经费，由中小学校与兼职法制副校长所在单位协商解决。

三、切实加强对聘请法制副校长，预防青少年违法犯罪工作的领导

各地推进中小学聘请法制副校长工作，由综治办牵头，统筹协调教育和政法各部门进行，教育行政部门要积极主动负责，政法部门要大力支持配合。各地要按照省委6号文件的要求，把推进中小学校聘请法制副校长，预防和减少青少年违法犯罪工作纳入治安工作目标管理，列入社会治安综合治理的考评内容。将充分发挥法制副校长作用，促进警校共建文明活动列入中小学校和公安派出所的工作职责，纳入达标评先条件。

各级综治办、教育和司法行政部门要对中小学校聘请兼职法制副校长工作给予指导和检查。对积极推进聘任法制副校长，加强预防青少年违法犯罪工作并取得显著成绩的单位和个人要给予表彰奖励，对推进聘任法制副校长，预防青少年违法犯罪工作不落实、不到位的单位和个人要提出整改的要求，以形成压力和动力，保证工作落到实处。要安排一定数额的经费用于兼职法制副校长的培训和表彰奖励工作。

各地综治办、政法各部门、教育行政部门和中小学校要根据本通知精神，结合实际，制定贯彻落实的具体措施，并创造性地开展工作。

维护稳定工作情况

2003年，因人民内部矛盾引发的各类纠纷和群体性事件增多，成为影响我省社会稳定的主要因素。全省共排查矛盾纠纷13000多宗；发生群体性事件4173起，比前年上升16.6%。因企业拖欠工资福利待遇、征地拆迁、集资、企业改制破产等引发的群体性事件突出。群众越级上访、集体上访也比前年上升。面对复杂的局势和繁重的工作任务，省维稳及综治委各成员单位和各地党委、政府，按照中央和省委、省政府的一系列指示精神及工作部署，积极落实各项维稳工作措施，确保了全省社会稳定。

一是强化维稳工作领导责任制，建立健全维稳日常工作制度

建立健全了党委总揽全局、协调各方，党委一把手负总责的维稳工作体制和责任制。明确各级党委、政府和各部门的主要领导是当地和本部门维护社会稳定工作的第一责任人，要负起全面责任。目前各地各部门主要领导的维护稳定意识得到强化，大多数把维护稳定工作作为“一把手工程”，纳入了议事日程，摆上了重要位置。针对我省实际工作中的薄弱环节，大力推进维稳日常工作机制建设。建立了各地级以上市和省维稳综治委成员单位维稳联络员制度，健全了维稳工作专报制度，初步形成了纵横结合、覆盖各层面的维稳工作沟通网络，提升了快速收集、掌握、处理有关信息情况的能力；公安厅、国家安全厅的维稳信息都很及时地报送到省委办公厅和省维稳及综治委；逐级成立了上访群众劝返工作小组，初步建立了多层次的劝返工作机制，在处置群众集体越级上访特别是进京上访事件中发挥了重要作用。

二是大力开展矛盾纠纷排查调处，不断促进工作机制建设

2003年，全省开展两次全面性矛盾纠纷排查调处，三次特别防护期或专项排查调处，排查出来的13000多宗各类矛盾纠纷，已有90%进入调处程序或调处化解。大多地区成立了矛盾纠纷排查调处领导小组，由党政主要领导挂帅，坚持定期排查调处、热点难点问题专项排查调处、重大问题党政一把手直接调处的工作制度，按照“五个一”(即一起矛盾纠纷，一个责任领导，一个调处班子，一套调处方案，一个解决期限)的要求，落实排查调解责任制。广州、汕头、佛山等市维稳业务部门层层建立排查调解统计报告制度，底数清、台账明，促进了矛盾纠纷排查调处工作长效机制建设。

三是落实特别防护期各项工作措施，适时开展对突出问题的专项治理

按照中央和省的要求，在2003年全国“两会”、美伊战争、抗非典、“八一”、“十一”期间，严密部署特别防护期的各项维稳工作。各地各部门细化工作措施，启动维稳专报机制，实行“零报告”制度，及时化解了一批不稳定因素。针对不同时期社会矛盾的特点，部署开展对突出问题的专项治理。省人事厅牵头组织了企业军转干部解困工作的检查和调研，对全省2000多名存在“四难”问题的企业军转干部的有关情况进行摸查分析，提出解决措施，促进了各项政策的落实。省民政厅积极研究改进城镇退伍士兵安置办法，出台了由“包干为主”转变为“自谋职业”的安置政策。省劳动和社会保障厅针对年终期间侵权案高发的规律，提前组派工作组分赴重点地区，加大拖欠民工资个案的督办工作，有效防止了可能引发的群体性事件。

四是及时查处重大影响社会稳定事件，加大个案协调督办力度

及时转发了中央关于妥善处置群众性事件一系列指示，再三重申有关原则规定。广州、汕头、云浮等地在处理“孙志刚事件”、潮阳区“8.4”事件、新兴县征地纠纷事件中，坚持面对面地做群众工作，坚持“三个慎用”原则，依法公正处理。在处置工作中预案准备充分，指挥得当，措施落实，较快平息了事态，把不良影响控制在最低限度。9月份，省维稳及综治办及时向省委呈送了关于解决影响社会稳定突出问题意见的报告，提出了解决问题的意见和建议。有关市和省直有关部门按照省委指示，密切配合，全力化解广州小谷围大学城征地纠纷、海南三亚非法集资案、粤北三大煤矿部分退休职工行政诉讼案遗留问题等重大不稳定因素，取得了较好效果。

五是召开全省维护社会稳定工作会议，进一步理清和明确维稳工作新思路

经省委批准，10月中旬召开了全省维护稳定工作会议，对当前和今后一个时期的维护稳定工作进行了部署，强调增强“五个意识”(稳定压倒一切的意识、抓稳定就是抓发展的意识、群众利益无小事的意识、预防为主的意识、长抓不懈的意识)；明确衡量一个地区一个部门抓好维护稳定工作的“六条标准”(对影响当地大局的突出问题解决得比较好，对发生的群体性事件能够及时妥善处置，群体性事件稳中有降或呈平稳态势，同一起因或同一类型的问题不会反复不断发生，本地区本系统不发生影响恶劣、在全省乃至全国造成不良影响的事件或案件，越级上访、进京上访减少)；系统提出了在解决人民内部矛盾纠纷以及由此引发的群体性事件过程中，要紧紧把握的“七条原则要求”(领导包案责任制原则，严格依法办事、认真兑现政策原则，带着感情去做好群众工作原则，党政领导要直接面对面做群众工作原则，慎用警力、武器警械和强制措施原则，有关部门充分发挥职能作用原则，新闻舆论要服从和服务于稳定大局原则)；提出了建立和完善维护稳定长效工作机制建设的“五个重点”(健全和落实党政领导责任制、健全情报信息预警机制、强化矛盾纠纷排查调处机制、完善群体性事件处置预案机制、加强维稳机构和协调机制建设)。这次会议进一步明确了为我省维稳工作的新思路，对做好维稳工作将产生重要影响。

“严打”整治斗争情况

2003年,我省继续深入开展“严打”整治斗争,持续开展重点整治,始终保持严打高压态势。全年共破获刑事案件196926起,抓获犯罪嫌疑人128713名,与2002年相比,分别增多6.5%和13.1%。影响恶劣的暴力性案件明显减少,一些治安重点地区和治安突出问题得到有效整治,人民群众的安全感普遍增强,民意调查显示,群众对社会治安的基本满意率达到88%,基本实现了中央提出的社会治安工作取得新的明显进步的目标,有效地维护了全省治安大局的稳定。

两年为期的严打整治斗争告一段落后,我省及时召开总结表彰会议,部署进一步开展严打整治斗争的各项工作。各地从实际出发,积极探索增强严打实效的斗争形式和方法,经常性地开展区域性专项行动。严厉打击黑恶势力犯罪、严重暴力性犯罪和“双抢”、“双盗”多发性犯罪,保持严打高压态势。年初,组织开展全省范围“严打整治冬春行动”;针对杀人等严重暴力犯罪突出的情况,组织开展了“指纹破案会战”,成功侦破了广州番禺“4·9”杀害执勤民警何锡棠案、广州花都曾维均犯罪团伙系列杀人案、珠海“12·15”系列拦路强奸杀人案等一大批大要案件,狠狠打击了犯罪分子的嚣张气焰;针对珠三角地区“两抢”、“两盗”犯罪活动突出的情况,组织开展了集中统一行动,狠狠打击“两抢”和盗抢机动车等多发性犯罪。10月8日,深圳和佛山两地公安机关联合摧毁了一个特大盗窃汽车犯罪集团,抓获犯罪嫌疑人25名,该团伙前后作案90多起,涉案金额800多万元。11月底,广州市打掉一个作案范围遍及珠三角地区的特大聋哑人盗抢团伙,抓获犯罪嫌疑人60多名,破案200多起。2003年,我省先后组织开展了打击非法传销专项行动和“秋季破案战役”等行动,重点打击传销、涉税、金融诈骗、制贩假币、制假售假等严重、多发的经济犯罪活动,全年共侦破经济犯罪案件3168起,挽回经济损失11.3亿元。在为期5个月的打击传销和变相传销整治行动中,全省共清查传销窝点5500多个,清理遣返传销人员6.6万名,抓获传销头目370多个。广州、江门、中山、阳江、湛江、肇庆、云浮等地共破获重大非法传销、变相传销案件20起,涉案金额2亿多元,有力打击了以投资为名、以高额回报为诱饵诈骗老年人钱财的变相传销犯罪活动。9月25日,广州市番禺区捣毁一个伪造国际信用卡的地下工厂,缴获伪造的各类信用卡42325张,数量为目前全国之最。此外,全省共端掉地下钱庄22个,涉案金额1亿多元。6月,在惠州市龙门县查破一印制假发票窝点,缴获各类假发票可开票金额达30亿元。

坚持重点治乱。年初,省维稳及综治办组织开展了排查治安重点地区和治安突出问题专项工作。省维稳及综治委下发了《关于集中整治治安重点地区和突出治安问题的通知》(粤维稳及综治委〔2003〕16号),部署对排查出来的150多个重点地区和突出问题开展整治。各地层层落实领导责任制,集中力量,采取切实有力的措施,有针对性地开展了重点整治,一批治安混乱地区的面貌得到了改观,治安突出问题得到了较好的解决,取得了明显的成效。1—4月,全省刑事发案同比下降18.7%。5月份以后,由于非典疫情过后外来流动人口大量注入以及取消收容遣送制度社会管理存在真空等因素的影响,我省尤其是珠三角地区社会治安反弹,特别是盗、抢案件升幅较大。针对这一情况,德江同志及时作出重要指示,华元、国聚同志及时主持召开珠三角八市有关领导开会,组织开展打击“双抢”犯罪联合行动;召开全省电视电话会议,部署开展专项斗争;后来又分别在深圳、珠海分别召开片会,部署打压案件高发的具体工作,把严打整治斗争不断引向深入。

在坚持严打整治斗争的同时,不断建立完善“严打”整治斗争的经常性工作机制,变“运动式”严打为常规性工作。建立健全区域性严打协作机制、定期排查整治机制、政法部门办案协作机制和严打质量考评机制，着手建立治安信息监测通报机制、治安形势研判预警机制、科学决策部署机制和严打激励保障机制。

治安防控体系建设情况

2003年，我省各地认真贯彻落实中办、国办《关于转发〈中央社会治安综合治理委员会关于加强社会治安防范工作的意见〉的通知》（中办发〔2002〕26号）和中央综治委上海会议、南昌会议精神，根据2002年6月全省维稳及综治工作会议的部署，按照管好犯罪高发群体、管住特种行业和重点场所，压缩多发性犯罪和可防性犯罪，加强基础性工作的整体思路，坚持“打防结合、预防为主”的方针，构建由党委、政府统一领导，综治部门组织协调，以公安部门为骨干，各种群防群治力量为依托，以社会面、居民区和单位内部的防范工作为基础，以案件多发的人群、区域、行业、时段为重点，专群结合、人防物防技防相结合、全面覆盖的社会治安防控体系。各地按照三个结合（社会治安防控体系建设与城市建设紧密结合；与社区建设紧密结合；与精神文明建设紧密结合）的新要求，认真规划和布建社会面，重点要害部位和特殊行业，公共复杂场所，城市社区，机关、学校、企事业内部单位，各种边缘地区五张治安防控网络。

一、加强组织领导，落实保障措施

一是成立专门的工作机构。各地均成立五张治安防控网络建设领导小组和办公室，加强组织领导和工作协调。深圳市成立社会治安防控体系建设指挥部，由市委分管政法工作的副书记任总指挥，市委一名常委和市政府一名副市长任副总指挥，成员由政法委、综治办、公检法司及城管、文化、工商等部门的主要领导担任。指挥部下设办公室，设在市公安局，负责组织、协调、指导、督促、落实全市治安防控体系建设各项任务。办公室主任由市综治办和市公安局主要领导兼任，成员从各有关部门抽调人员组成。各区、镇（街）和有关部门也相应建立了领导机构和办事机构。

二是制定全面的工作方案。各地在全面调查和规划的基础上，均制定了五张网络建设的总体方案及每一张网络建设的具体工作方案，明确了工作任务、目标、要求和保障措施。深圳、茂名、清远市委办、市府办转发了市维稳及综治委制定的五张网络建设工作方案，惠州市制定了《惠州市社会治安“打、防、控”一体化机制网络建设三年（2003－2005年）规划》，佛山市制定了维稳及综治工作八项长效工作机制，对全面构建治安防控体系作了具体规划。

三是落实工作责任制。广州、深圳、韶关等市明确规定各级党委、政府是治安防控网络建设的责任主体，政法各部门以及宣传、文化、教育、民政、劳动和社会保障、卫生、工商、经贸、交通、工青妇组织等综治成员单位是治安防控网络建设的责任单位。把各单位参与五张治安防控网络建设的情况纳入年度社会治安综合治理工作中进行考核，层层落实责任。

二、搞好规划试点，分步实施

各地结合实际，全面规划本地五张网络建设，制定分步实施的工作方案。不断加大宣传力度，调动一切积极因素，创造全社会参与，综治成员单位密切配合的良好氛围。每个市、县（区、市）都抓了试点，培育经验。惠州市维稳及综治办经过近一年的努力，培育了几个示范点：一是惠城区和城区小金口镇以“三安联动”为核心的社会面防控网络试点；二是惠城区汝湖镇以“四级调处机制”为基础的人民内部矛盾纠纷排查调处网络试点；三是惠阳区以“房东责任制和户管员管理责任制”为依托的出租屋和流动人口管理网络试点；四是惠城区以社区警务为龙头的社区安全防范网络试点；五是以中行惠州分行“三防并举”为核心的企业内部单位防范网络试点。这几张网络的试点均取得很好的效果。各地在抓典型、抓试点的基础上，在城乡全面布建五张治安防控网络。制定时间表，按时间要求抓发动、抓教育、抓布建、抓监督、抓成果、抓提高，落实领导、人员、措施、责任，不断推进建设工作。

三、认真抓好每一张防控网络的建设

（一）社会面治安防控网络。完善以110为龙头，巡警、交警为骨干，派出所为基础，技术防范手段为补充，各种专业性群防群治力量为依托，步巡、车巡、定点守护、卡口查控相结合的治安防范网络，从整体上增强对城市主干道路、主要街巷和易发案地区违法犯罪和治安事故的有效预防和控制，建立和完善快速反应机制，扩大对社会面的防控空间，强化社会面的治安防范力量，提高防控效果，及时处置社会面的各种案件和突发事件，全力压减抢劫、抢夺及盗抢机动车等多发性案件。各地着力加强群防群治力量建设，在复转退军人和下岗工人中招聘治安联防队员，建立健全各种群防群治力量与公安一线警力联防互动的工作机制。目前广州、深圳、佛山、东莞等地专业性和义务性群防群治力量比两年前增加了10多倍。佛山市实行领取失业保险金人员参与社区治安巡逻制度。肇庆市端州区成立社会治安联防协会，党政军机关，各部门、团体、企事业单位都是会员单位，组织本单位人员参与治安巡逻。目前全省建立了专业化治安联防队12233支127256人，义务性治安联防队16797支120400人；设立路面治安卡哨5684个，城市治安岗亭7625个；建立机动车保管场所10045个。

（二）社区治安防范网络。建立以社区（村）委会为主体，以责任区民警为骨干，以社区（村）治保会、治安队、外来暂住人员户口协管员、义务治安员等群防群治队伍为辅助力量的社区（村）治安防范网络，以维护社区治安为重点，落实人防、物防、技防措施，防范和打击抢劫、抢夺，入室盗窃等多发性犯罪，实现以小治安促进大治安。各地全面实施社区警务战略，大力推进社区警务建设，促进警力下沉，警务前移。深入开展“安全文明小区”、“无毒社区”、“无刑事案件社区”创建活动，推进“法律进社区”，加强对青少年法制教育、吸毒人员和刑释解教人员安置帮教工作。广州市委、市政府要求，全市社区要于2003年底前全部建成社区警务室，全面实施社区警务。

（三）重点要害部位和特殊行业、公共复杂场所的治安管控网络。加强对特种行业、重点场所、娱乐服务场所、要害部位的内部管理和外部监控，建立特种行业、重点场所及要害部位治安防范网络，重点防范和打击黑恶势力销赃、窝赃、“黄赌毒”等违法犯罪，确保党政首脑机关、金融网点、大型公共场所的安全，防止发生社会影响大的重大案件和重大责任事故。在国务院取消公安机关对娱乐服务场所、废旧物品收购、旧货交易、废旧机动车拆解等特种行业的治安审批权后，许多地方积极探索新的管理办法。中山市对公共娱乐服务场所实行分等级管理，将全市娱乐场所划分为A（较好）、B（一般）、C（重点）三类，定期检查考核，动态升降，增强了管理工作的针对性和实效性。有的地方对旧货店和旧货物品实行计算机管理，并实行联网，有效地实施了监督管理。大力加强对重点要害单位部门的技防措施建设，目前全省金融网点90%以上安装了防弹玻璃、闭路电视监控系统、自动报警系统并与公安机关联网。

（四）企事业单位内部治安防范网络。健全企事业单位内部安全保卫组织，完善管理体制和工作机制，严格落实以法人代表为主的治安防范责任制，使单位的保卫组织和保安人员成为单位内部治安防控的主力，建立企事业单位内部的治安防范网络，确保企事业单位内部的安全和稳定，并以此为基础参与所在地区的治安联防联动，维护区域治安。

（五）学校周边、企业周边、铁路沿线等各种边缘地区的治安防范网络。广泛开展校地、企地、路地治安联防和共建活动，在学校周边、企业周边、铁路沿线等治安复杂的边缘地区建立治安防范网络，重点打击和防范侵犯师生人身安全、侵犯公私财物安全以及扰乱生产、生活秩序等违法犯罪，维护学校、企业、铁路安全。各地由综治办牵头，协调教育、公安、工商、文化等职能部门建立健全了学校内部及周边地区安全防范制度，加强校园内部秩序管理和周边治安秩序的整治，严厉打击危害校园治安的违法犯罪分子。建立企业与地方治安联防机制，整顿清理企业周边治安秩序。加强铁路护路联防责任制，将创建安全文明铁道线纳入社会治安综合治理工作，深入开展爱路护路宣传，排查整治影响铁路运输安全的突出治安问题。

禁毒“03工程”情况

一、大力开展禁毒宣传教育工作,促进全民禁毒意识不断提高

年初,省禁毒委、省委宣传部联合下发了《关于实施“禁毒03工程”中加大禁毒宣传工作力度的意见》,对全年禁毒宣传的主要内容、宣传教育重点、工作任务分工及注意事项进行部署。连续组织开展了一系列的禁毒宣传活动:(一)“6·26”国际禁毒日,在省电视台播放省禁毒委主任、副省长李容根同志的禁毒工作电视讲话;6月25日晚,在广东卫视台现场直播“广东省禁毒文艺晚会”;6月26日联合港澳禁毒部门在广州天河体育馆举行“粤港澳2003年‘6·26’国际禁毒日联合销毁毒品大会”,集中销毁我省缉获的6吨多毒品;同时统一组织全省各地召开对毒品违法犯罪宣判处理大会和销毁毒品现场大会,鼓舞、教育广大群众,震慑毒品犯罪。同时,组织省内部分新闻媒体对禁毒工作作了大量宣传报道。(二)大量发放禁毒宣传资料。省禁毒委组织发放了500多套《人类公敌—毒魔》、《警惕!冰毒就在你身边》VCD、录像带;将国家和省禁毒办编制的6则禁毒公益广告,以及各类宣传招贴画分发各地禁毒宣传部门,并要求组织落实播放、张贴。还与省委组织部、省普法办编制《禁毒03工程宣传挂图》,协调省司法厅省编制《劳教戒毒人员忏悔录》、组织吸毒人员巡回演讲;组织省广电局、省文化厅等部门组织播放禁毒电影《纸飞机》;免费赠予省妇联2万套禁毒宣传VCD,下发全省1.8万所妇女学校使用;协调省教育厅发放中小学校毒品预防示范教育活动宣传材料,编制禁毒课程教材下发各地等。(三)开展对重点人群的禁毒宣传教育。以在校学生、娱乐场所从业人员及戒毒人员等高危人群和流动人口为重点,通过“毒品预防教育活动示范学校”以点带面,推动全省中学生毒品预防教育活动的深入开展。此外,组织各地开展禁毒专题教育课、禁毒文艺演出、禁毒影视展播、禁毒宣传教育专栏、禁毒知识竞赛、征文比赛和禁毒咨询活动等多种活动,集中开展毒品预防教育和禁毒宣传教育,取得良好的社会效果。

二、彻底摸清毒情

2月18日至3月18日,省公安厅组织各级公安机关开展了为期一个月的吸毒人员普查工作。省禁毒03工程办公室成立后,又于4月9日部署广州、深圳等吸毒人员集中的6个市重新普查吸毒人员。经过紧张细致的工作,于5月14日按时完成了全省各地187000多名吸毒人员的核查登记工作,扫除了大批禁毒盲区和死角。

三、加大禁毒工作投入

6月9日,省禁毒委召开禁毒工作协调会,召集财政、编委、计委、公安、司法等职能部门主管领导,逐项研究落实加大禁毒工作的人财物投入:(1)将戒毒人员生活医疗费按照3:3:4的比例纳入省市县三级财政保障;(2)明确了省市两级财政对经济欠发达地区新建、扩建强制戒毒所的经费按照1:1的比例负担;(3)从省财政解决1000万用于补贴经济欠发达地区强制戒毒所修缮资金;(4)要求编制部门会同禁毒、公安部门进一步调整充实禁毒专门机构和专业队伍,省、市、县建立健全禁毒委及其办公室;(5)省、市、县公安机关组建专门缉毒机构和队伍,地级以上市公安机关必须组建缉毒戒毒大队,人员定编40名(广州、深圳各120名),各县级公安机关组建缉毒中队,人员定编15名或10名(吸毒人员超千人的县定编15人)。

四、突出重点,典型引导

将全国毒品重点地区普宁、陆丰和全国吸毒人员最多的县级市台山市、禁毒基础薄弱的清远市作为重中之重,协调落实领导挂点督导,帮助研究制定针对性的整治方案。5月21日,省禁毒委发出《关于实行省领导挂点、禁毒委成员单位包市的通知》,明确两项基本任务:(1)检查督导“禁毒03工程”的实施,并每月向省禁毒03工程办反馈一次情况;(2)结合本部门的职能帮助当地抓好相关的禁毒工作。大部分成员单位成立了包市工作组，由分管领导带队，持钩一个地级市，配合当地党委、政府开展禁毒工作，形成了各级各部门抓点整治的合力。

流动人口、出租屋治安管理工作情况

2003年，我省认真贯彻落实国家八部委《关于取消暂住人口管理性收费后进一步加强暂住人口管理工作的通知》精神，积极调整管理措施和手段，努力克服管理经费、人员不足以及“非典”疫情爆发造成的困难，以珠江三角洲为战略重点，以出租屋为管理切入点，进一步建立健全管理机构，强化流动人口、出租屋日常管理，加大法制宣传教育力度，切实维护流动人口合法权益，积极探索新形势下加强流动人口、出租屋管理新机制。

一、深入细致地做好暂住人口的摸查和统计工作

我省各地对暂住人口的摸查和统计工作十分重视，按照“全面、及时、准确”的要求，制订具体的工作方案，从人员、经费和工作措施三方面确保摸查和统计工作的顺利进行。各地组织责任区民警、户口协管员及街道办、治保会干部，深入到出租屋、工棚、工地和外来工较多的企事业单位，逐家逐户上门核查、登记，做到底数清、情况明。据统计，我省暂住人口首次突破2000万，达到了2130.3万人，比2002年的1852.7万增加277.6万人，增长了15%。其中男性1072.5万人、女性1057.8万人，分别占总数的50.3%和49.7%；来自省内509.5万人、省外1606.1万人、港澳台地区11.9万人、国外2.8万人。全省有出租屋274.8万间(套)，暂住在出租屋的流动人员有878万，约占暂住人员总数的41.2%。

二、狠抓管理措施落实，强化日常管理

针对流动人口数量多、流动性较强、身份比较复杂以及出租屋分布面广、类型多样等特点，各地积极依靠乡镇、街道治安联防队伍以及居(村)委治保会等社会治安辅助力量，不断加强户口协管员队伍的建设，层层落实工作责任制，强化登记、办理暂住证、建档、通报协查等基础环节，做到了一人一档、一屋一档。因地制宜对出租屋实行旅业式、庭院式以及小区式管理；实行跟踪管理、分层次管理，有效及时地掌握了流动人口和出租屋的治安动态。年度实发暂住证1922.9万人，比2002年1407.7万人增加515.2万人，增长了36.6%。新列管出租屋43万间，增幅达到18.6%。

三、抗击“非典”疫情，切实做好农民工返乡控制工作

2003年4月“非典”疫情爆发后，我省把控制农民工返乡工作作为公安机关维护社会稳定的头等大事，实行“一把手”总负责、分管领导具体抓，迅速制订工作方案。各地对辖区内的工厂、企业开展全面摸排，密切注意外来务工人员的流动情况，重点监控涉及农民工返乡的火车站、汽车站、码头等交通枢纽以及种养、娱乐、建筑等重点行业，积极做好堵截外地入粤包车和农民工私自包车返乡工作，落实各项管控措施。

四、实行暂住人口、出租屋电脑信息化管理

截至2003年底，全省已建成155个县级暂住人口管理信息系统，2188个派出所应用计算机管理暂住人口信息，共录入暂住人口信息2020.6万条。全省有1804个派出所、97个县级单位、13个地级以上市建立起了出租屋管理信息系统，录入出租屋信息106.8万条，录入租住人员信息540.6万条。2003年，我省公安机关通过暂住人口、出租屋信息系统共查获破案信息5442条，抓获或协助兄弟单位公安机关抓获犯罪嫌疑人13796名。

五、适时清查整治，打击违法犯罪

各级结合年内各个阶段的中心工作，集中时间、集中警力有针对性地开展清查整治行动，重点清查流动人员聚居和活动较为集中的“城中村”、城乡结合部、车站、码头、铁路沿线的出租屋、中低档旅店以及工棚工地等复杂场所，对有违法犯罪嫌疑的人员进行排查，及时发现和打击混迹其中的流窜作案分子及在逃人员，及时整治了一些地方突出的“黄、赌、毒”问题。全省全年共出动警力51万人次、治安辅助力量93万人次，清查了出租屋171万间、工棚工地8.3万处，查破违法犯罪窝点8823个，查处违法犯罪嫌疑人3.2万名。

六、积极探索新形势下加强流动人口、出租屋管理的工作机制

2002年底国家取消流动人口有关收费和房屋租赁审核登记后，我省过去“两证一书”和“五个一”管理的做法被完全废除，新的管理法规和政策没有出台，新的管理机制尚未建立，执法依据不足，管理措施脱节，部分地方治安形势出现反弹，治安问题日趋突出。针对这种情况，省维稳及综治办组派7个调研组，深入到珠三角等流动人口、出租屋较多的10个市开展调研，并派出学习考察团赴辽宁省学习考察，向省政府写出了专题报告，提出了重构流动人口、出租屋管理机制的意见。目前，广州市、深圳市、东莞市均已重新整合构建专门的管理机构，他们在市、区（县级市）设立出租屋管理办公室，街（镇）设立出租屋管理中心，强化“党委领导，政府牵头，部门参与，统一管理”的机制建设。

七、实行《居住证》管理制度，促进人才合理流动

为贯彻《2002－2005年广东省人才队伍建设规划纲要》精神，解决在粤工作的非本地户籍高层次人才工作和生活中存在的困难和问题，鼓励和吸引国内外人才来广东工作或者创业，提高我省的综合竞争力，9月29日省政府下发《广东省引进人才实行〈广东省居住证〉暂行办法》，实行引进人才《居住证》管理制度，目前《居住证》证件式样设计、制证设备及有关软件的选配等前期性工作已经完成。

刑释解教人员安置帮教工作情况

一、规范组织机构

2003年12月17日粤维稳及综治委下发了《关于成立广东省维稳及综治委刑释解教人员安置帮教工作领导小组的通知》（〔2003〕30号）。领导小组由省高级人民法院、省检察院、省公安厅、省司法厅、省民政厅、省劳动和社会保障厅、省财政厅、省教育厅、省经贸委、省国土资源厅、省地方税务局、省工商行政管理局、省监狱局、省劳教局、省总工会、省妇联、团省委、省社科院等成员单位组成，领导小组办公室设在省司法厅。各市、县（区）也按照省的做法，层层建立了刑释解教人员安置帮教工作领导小组及其办公室。

二、总结经验，表彰先进

2003年9月27、28日，省维稳及综治委在深圳市召开了全省刑释解教人员安置帮教工作总结表彰大会。回顾和总结了2000年以来我省的刑释解教人员安置帮教工作，表彰了在刑释解教人员安置帮教工作中做出突出贡献的集体和个人。

三、深入调研，草拟文件

根据省委领导的指示精神，省司法厅、省公安厅、省民政厅、省劳动和社会保障厅组成联合调研组，在广泛深入调研和学习兄弟省先进经验的基础上，结合我省实际，草拟了《关于加强我省安置帮教工作的意见》，对我省安置帮教工作的工作任务、工作范围、优惠政策、保障措施、各职能部门的职责、联动工作机制、经费保障、规范化运作等一系列问题作了规定，正提请省委办公厅、省政府办公厅联合下发。

四、建立长效工作机制，规范运作

省刑释解教人员安置帮教工作领导小组成立以后，为协调各成员单位的配合与协作，召开了领导小组成员单位第一次会议，通过了《广东省维稳及综治委刑释解教人员安置帮教工作领导小组工作职责》、《广东省维稳及综治委刑释解教人员安置帮教工作领导小组会议制度》、《广东省维稳及综治委刑释解教人员安置帮教工作领导小组联络员制度》、《广东省维稳及综治委刑释解教人员安置帮教工作领导小组工作制度》等规章制度，并印发至各成员单位,进一步规范了我省刑释解教人员安置帮教工作。

五、加快信息平台建设

在总结广州市建立的全国首个安置帮教工作信息管理平台经验的基础上,已经着手全省性安置帮教工作信息管理系统软件的开发和建设,以实现利用微机对刑释解教人员基本情况的采集和录入、信息查询和动态管理,并最终实现全省联网。

六、不断拓宽安置渠道

在巩固原有的安置基地、安置实体、安置点的基础上,积极拓展安置渠道。如广州市安置帮教办在白云区又新建一个集安置、培训于一体的安置帮教基地,每年至少安置500名刑释解教人员就业,可同时开办3个40—50人规模的劳动技能培训班。

预防青少年违法犯罪工作情况

一、抓法制教育,构筑起社会化的青少年法制教育体制

一是构建学校、家庭、社会三位一体的青少年法制教育体制和网络。2003年3月,省教育厅、省司法厅、省维稳及综治办、团省委联合召开全省青少年学生法制教育工作经验交流会,出台《关于加强中小学生法制教育的意见》,进一步推进了青少年学生法制教育工作。在学校教育方面,全省中小学校充分发挥课堂教学主渠道的作用,中心镇以上中小学校做到100%聘请法制副校长,课堂法制教育逐步走上正规化、制度化轨道,做到"有大纲、有教材、有教师、有课时、有保障"。在家庭教育方面,全省普遍成立了家长学校,定期组织家长到校,建立家长联系卡、家长接待日及班主任家访等制度,加强学校与学生家长之间的联系和沟通,增强了家长对子女进行法制教育的责任感和积极性。在社会教育方面,积极推进社区"青少年法律学校"创建工作,大力开展"法律进社区"活动,充分利用社会资源,对社区青少年进行多种形式的法制教育,效果十分明显。二是针对我省外来人员尤其是外来青年员工多的特点,动员社会各界积极参与外来人员普法工作。各地采取多种措施,结合岗前培训和办理暂住证等工作,把外来人员的普法教育落实到各单位、企业、工厂、乡镇、街道。10月,全省各级团组织以"关爱、平等,共享文明"为主题,以法律咨询、法律援助等维权服务为重点,广泛开展了服务外来青年员工专项行动。据统计,全省共有15400多名志愿者投入服务,组织了116场法律咨询活动,举办了202期法律培训班和讲座,收到了良好的效果。

二、抓环境整治,努力营造有利于青少年健康成长的社会环境

各地、各部门坚持"一手抓整治,一手抓建设",大力开展了五项工作:一是针对外来青年员工权益受侵害问题,按照省委实施十项民心工程的部署,通过专项整治和经常性监察,集中力量整治重点地区、重点行业、重点企业的工资拖欠、劳动安全得不到保障、人身伤害等问题,并动员组织法律工作者为外来青年员工提供法律援助,切实维护外来青年员工权益。二是大力开展"社区青少年远离毒品"行动。团省委、省禁毒办联合在全省开展"社区青少年远离毒品"行动,开展了禁毒知识影视图片展、青少年禁毒宣传志愿服务、禁毒专题团队活动、毒品预防实践教育、禁毒知识竞赛等一系列形式多样的禁毒宣传教育活动,开通"广东省青少年禁毒网",不断增强青少年拒毒、防毒意识。三是大力开展青少年禁赌宣传教育活动,在中小学校少先队和共青团组织中成立禁赌小分队,在学校以及到学生家庭进行禁赌教育,引导学生把主要的时间和精力用在学习上。四是开展"青少年维权岗在行动"活动。五是积极开展创建"青少年安全放心网吧"活动,努力提高青少年网络文明素质,改善青少年的上网环境。

三、抓机制建设,推进预防青少年违法犯罪工作长期化、制度化、规范化

一是建立预防青少年违法犯罪工作机构。

2003年底,省维稳及综治委成立预防青少年违法犯罪工作领导小组,办公室设在团省委,以加强对预防青少年违法犯罪工作的领导和协调。2003年10月以来,省法院按照最高人民法院的部署积极开展在广州市成立少年法院的筹备工作。目前,全省各地相继成立了预防青少年违法犯罪工作领导机构。二是进一步构建青少年维权网络。目前我省共有15个系统开展创建优秀“青少年维权岗”活动,涌现全国优秀“青少年维权岗”20多个、各级“青少年维权岗”1400多个。建立各级青少年维权中心232个。通过成立青少年维权中心,设立热线电话,推行维权服务承诺卡,逐步形成以青少年维权中心为龙头,以青少年维权服务站为纽带,以优秀“青少年维权岗”为依托,以维权热线、维权信箱和维权服务卡为载体的青少年维权联动服务网络,实现了维权工作区域联动。

四、抓调查研究,不断探索预防工作的新途径、新办法

各地、各有关部门为全面掌握我省预防青少年违法犯罪工作的新情况、新问题和新趋势,开展了一系列的调查研究。省法院开展了全省法院少年审判工作专题调研,对未成年人犯罪案件的基本情况和主要特点、全省法院少年审判组织和从事少年审判人员情况进行了深入研究,提出了加强和改进少年审判工作的意见和建议。省公安厅、省财政厅、团省委、省妇联等单位联合对“六合彩”赌博现象进行了调研,摸清了全省“六合彩”等私彩赌博的情况,分析了“六合彩”赌博现象对青少年成长成才的影响,制定了有效的对策打击私彩赌博,保护青少年的健康成长。团省委组织开展了青少年成长环境专项调研和外来青年员工权益保护状况交叉调研,提出了加强外来青年员工权益保护工作的意见和规划。

五、抓基础工作,努力构建青少年违法犯罪社区预防体系

2003年,全省各地、各有关部门立足社区,努力加强组织、队伍、制度、阵地等各项基础工作,强化社区青少年教育、管理和服务工作,构建青少年违法犯罪社区预防体系。积极参与全国“青少年违法犯罪社区预防计划”实施试点工作,广州市东山区东湖街道、深圳市龙岗区龙岗镇同乐村社区2个单位被确定为全国实施试点单位。广州市东山区东湖街道结合城市青年中心创建工作,开展有特色的心理健康、青年志愿者帮扶等社区预防工作,得到了团中央第一书记周强同志的充分肯定。通过试点工作,各地、各部门进一步增强了预防青少年违法犯罪工作“重在抓基层,关键抓基础”的工作理念和原则。

铁路护路联防工作情况

一、不断加大领导力度

各级党政领导把保一线平安与保一方平安结合起来,把治理治安环境与促经济发展统一起来抓。各级都成立了铁路护路联防领导小组,明确了一名领导主管这项工作,并根据工作变动及时调整人员;把铁路护路联防工作列入党委、政府的议事日程,层层签定责任状,形成网络,实行责任承包,一级向一级负责。各级党政领导还经常深入铁路沿线基层单位调查研究,指导工作,解决实际问题。省维稳及综治委领导经常听取护路联防工作汇报,多次召开专门会议,解决实际问题。各级党政领导主动抓铁路治安。他们对创建安全文明铁道线的内容和要求都心中有数,对管内的铁路治安状况和重点户、重点人口、重点行业、重点目标了如指掌。此外,许多经济比较发达的乡镇还拿出一定的经费开展铁路护路联防工作和铁路治安重点整治活动。

二、狠抓措施落实

全省路地各级各有关部门根据创建安全文明铁道线活动的内容和标准,结合本地的实际情况,主要狠抓了以下工作措施的落实。

(一)狠抓严打整治,优化铁路周边治安环境。路地公安机关发挥主力军作用,结合“严打”斗争,对偷盗铁路货运物资、偷盗铁路器材、破坏铁路设施等违法犯罪活动，始终保持高压态势，坚持露头就打。一年以来，共破涉路刑事案件2675起，查清涉路治安案件31718起，抓获犯罪嫌疑人2821名。路地双方在经常性调查分析的基础上，排查出不同路段的治安重点问题，予以集中整治。年初，针对韶关火车站广场的交通治安秩序混乱问题，韶关市委、市政府十分重视，由市维稳及综治办牵头，市公安、交通、环保等部门参加，组织200多名干警，开展了集中清理整治行动，共查扣非法营运摩托车60辆，拘留了严重扰乱广场秩序人员13名，同时建立健全了广场管理制度，有效地维护了广场治安秩序。广州铁路公安局针对当前铁路治安的突出问题，不间断地开展了一系列专项整治行动。如针对不法分子炒卖车票、制贩假票问题，组织开展了“天网”行动；为严厉打击拆盗、货盗等犯罪活动，确保抗“非典”运输物资安全，组织开展了“蓝盾”行动；为清除沿线路基两侧废材废料，预防击打列车、轨面置放障碍物等危及行车安全案件的发生，组织开展了“第五次清除路障”统一行动；针对盲流、闲杂人员进站、扒乘货车等铁路治安、运输安全隐患，组织开展了“清站查车”百日专项整治行动。通过“严打”和专项整治，消除了一批治安隐患，确保了铁路治安有序可控。

（二）深入开展宣传教育，提高村民群众爱路护路意识。除搞好经常性的宣传教育外，省护路办每年都要组织一次爱车护路宣传教育月活动。一是结合中心工作重点抓。各市县各铁路单位把宣传爱车护路和整治铁路治安纳入“严打”整治的重要内容，广泛开展宣传活动。羊城铁路总公司、广州铁路公安处与曲江县、英德市联合召开爱路护路宣传教育现场会，利用农贸市场集市的机会，向市（村）民群众进行爱车护路教育。二是充分发挥部门作用共同抓。各地的教育部门、中小学校本着育人育心为先的原则，制定了宣传方案，采取上门上法制课、组织“红领巾爱路队”和“青年志愿者护路队”等办法，加大了对中、小学生的宣传力度。广梅汕铁路公司、惠州铁路公安处会同博罗县政法委在博罗县杨侨中学联合召开“铁路与我同行”征文演讲暨万人签名大会。各地司法部门、新闻单位也都积极参与到宣传教育工作中来。三是针对不同人员和行业分类抓。河源市加强对流动人口特别是流动收购废品人员的宣传教育，上门、上路发放宣传教育资料；韶关市浈江、北江区专门制作爱路护路VCD电教片在铁路沿线中小学校播放；英德、阳春市对沿线的耕牛户重点宣传，上门走访，面对面地进行宣传教育。

（三）狠抓基层工作，增强防控能力。各地紧紧依靠基层组织和人民群众，大力开展铁路护路联防工作和创建安全文明铁道线活动，把护路联防工作延伸到农户家中。村民群众义务护路的先进事迹不断涌现。博罗县、惠阳市陈江镇、乳源县桂头镇等地开展群众义务护路，大埔县组建“夕阳红”、“小卫士”义务护路宣传队。

三、强化队伍管理

（一）抓专业护路队伍管理。2003年初，省护路办专门召开护路队伍管理工作会议，总结护路队伍管理的经验，研究加强护路队伍管理和规范化建设的意见。5月至6月，全省铁路护路联防队伍集中开展了教育整顿。11月以来，广深、广梅汕、三茂铁路护路办对所有护路队员再次进行了集中培训，由护路办领导、专干授课，进行法律法规、规章制度和业务知识强化教育。羊城铁路护路办开展了“两学一练”活动。清远火车站派出所结合实际进一步完善了护路联防队伍各项管理制度，并将护路联防工作纳入了计算机管理。通过一系列活动，进一步加强了铁路护路联防队伍规范化建设，提高了护路队员的整体素质和工作水平。一年来，护路队员共协助公安机关破获刑事案件60宗，其中重特大案件25宗，协助查处治安案件691起，抓获犯罪嫌疑人103名；防止耕牛挡道387起，防止路外伤亡474起，防止机动车肇事29起，维护了铁路运输的安全，护路区间的治安状况持续好转。

（二）抓经费管理。按照中央护路办制定的《全国铁路护路联防经费管理规定》和省政府的要求，以规范一线经费使用为重点，进一步严格经费管理，保证了把有限的资金用在刀刃上，并有效杜绝了护路联防经费支出中的违规、违纪行为。

综治工作检查考评情况

2003年4月，省维稳及综治委对全省21个地级以上市两年为期的严打整治斗争和2001－2002年维护稳定及社会治安综合治理工作情况进行全面的检查考评，经省维稳及综治委、省纪委、省委组织部、省人事厅、省监察厅五部委联席会议综合评审，并经省维稳及综治委全体委员会议审定，东莞、深圳、广州、肇庆、中山、揭阳、佛山、珠海被评为“严打整治工作先进市”；湛江市、潮州市被分别授予“重点整治工作进步奖”、“打黑除恶工作成效奖”；广州市白云区等10个县（区、市）被评为“严打”整治工作先进县（区、市）；广州市越秀区人民街等128个镇（街）被评为“严打”整治工作先进镇（街）；深圳、中山、肇庆、惠州、东莞、梅州、佛山、韶关市被评为“维稳及综治工作优秀市”。经省委、省政府批准，2003年7月7日，省委政法委、省维稳及综治委召开全省“严打”整治斗争总结表彰电视电话会议，通报全省两年为期严打整治斗争和2001－2002年维护稳定及社会治安综合治理工作检查考评情况，隆重表彰“严打”整治工作的先进集体和维稳及综治工作先进市。会上，省委领导还同各市领导签订了《2003－2004年维护稳定及社会治安综合治理工作目标管理责任书》。各地以检查考评为契机，认真查找问题和差距，采取有力措施查漏补缺。检查考评工作有力地推动了全省维稳及综治工作各项措施的进一步落实。

维稳及综治宣传情况

2003年，全省各级维稳及综治委对维稳及综治宣传工作十分重视，把它作为维护稳定及社会治安综合治理工作的重要内容，不断加大力度，建立宣传阵地，积极开展形式多样的宣传活动。

各地各部门围绕维稳及综治工作的中心任务，组织开展了集中、专项、连续、深入的宣传报道。比如在实施“禁毒03工程”、开展打击非法传销、打击“六合彩”赌博等专项行动中，各地各部门都持续不断地开展了宣传报道工作。各新闻媒体基本做到了天天有画面、天天有声音、天天有文章。几个重要防护期和节庆前，各地都召开了声势浩大的宣判处理大会。同时，认真组织开展综合治理集中宣传月活动，大力宣传党和政府关于维护稳定及社会治安综合治理的方针、政策，宣传各地维护稳定及社会治安综合治理工作取得的成绩和经验。认真做好《长安》杂志和《综治年鉴》的发行工作。2003年我省发行《长安》杂志近3万份，居全国第三位；《综治年鉴》发行1100份，位居全国第四。认真做好综治好新闻的评比工作。2003年，我省社会治安综合治理好新闻在全国评奖中有6个作品获全国奖项，省维稳及综治办因此获中央综治办和中华全国新闻工作者协会授予的组织奖。积极组织“全国严打整治斗争成果展”的巡展工作，各市、县（区）按中央、省的要求，在本地举办了“全国严打整治斗争成果展”的巡展活动。省维稳及综治办与广州市、东山区维稳及综治办联合在农讲所举办了为期一个月的展览。据不完全统计，参观群众达300多万人次。

广东省维稳及综治委、办内设机构和负责人名单

广东省维护稳定及社会治安综合治理委员会由46个成员单位组成。主任由省委副书记、省纪委书记王华元同志担任；省委常委、省委政法委书记、省公安厅长梁国聚同志，省人大常委会副主任汤维英同志，副省长李容根同志，省法院院长吕伯涛同志，省检察院检察长张学军同志，省委政法委秘书长郑红同志任副主任。省维稳及综治委下设五个专门工作领导小组：流动人口治安管理工作领导小组，组长由副省长、省维稳及综治委副主任李容根同志担任；铁路护路联防工作领导小组，组长由省委政法委秘书长、省维稳及综治委副主任郑红同志担任；刑释解教人员安置帮教工作领导小组，组长由省司法厅厅长、省维稳及综治委委员陈伟雄同志担任；预防青少年违法犯罪工作领导小组，组长由省人大常委会副主任、省维稳及综治委副主任汤维英同志担任；学校及周边治安综合治理工作领导小组，组长由省教育厅厅长、省维稳及综治委委员郑德涛同志担任。

省维稳及综治办与省委政法委机关合署办公，现有干部六人，主任由陈少波同志担任。

真抓实干　综合治理　努力开创社会治安工作新局面

广州市维稳及综治委

2003年，由于“非典”疫情的爆发、孙志刚事件之后治安管理政策的调整等，我市治安趋于严峻。5月份刑事发案出现反弹，6月份刑事案件比5月份上升了23.6%，与2002年6月同比上升29.1%，其中“两抢”案件同比上升了37.1%，群众反映强烈。对此，市委、市政府从践行“三个代表”重要思想高度出发，以实现刑事案件下降、群众安全感增强、社会保持稳定为目标，开拓创新，攻坚克难，狠抓社会治安综合治理各项措施落实，我市刑事发案上升势头得到有效遏制，社会治安形势明显好转。刑事发案从8月份开始下降，9、10、11月刑事立案分别比上月下降了15.3%、22.4%、21.6%。全年刑事立案与2002年相比基本持平。

一、高度重视，积极应对

面对严峻的治安形势，市委、市政府顺应民意，集中精力抓治安工作。

一是聚精会神搞好治安工作。“非典”疫情过后，市委、市政府坚持求真务实作风，把维护治安稳定作为促进经济发展的重要保证，2003年7月份及时召开市委常委扩大会议，专门分析治安形势，研究维护治安的对策，确定搞好治安的八大措施。跟着召开党政一把手参加的全市社会治安工作会议，对进一步深化社会治安工作进行部署。市委书记林树森同志反复强调，各级党委政府要聚精会神抓治安，充分体现执政为民。实践证明，我市关于通过加强社会治安综合治理，促进经济发展的思路是正确的，做到了经济、治安工作两不误，实现了治安形势好转，经济快速发展的目标。

二是真抓实干解决突出问题。围绕“广州绝不是犯罪分子的乐园”的公开承诺，按照什么问题突出就解决什么问题，什么措施有效就用什么措施的原则，真抓实干，狠抓落实。特别是分管领导，切实加强调查研究，逐一到区、县级市、政府部门检查指导工作，为治安重点地区“开小灶”。从

2003年8月份到年底，我市连续召开了社区警务建设工作、治安联防组织建设工作、打击"两抢"犯罪工作、出租屋管理工作、娱乐场所管理工作、无毒社区创建工作等全市性的会议，对涉及社会治安工作大局的重点问题逐个研究，逐一提出解决问题的具体办法。

三是责任追究促进措施落实。我市重新修订了维护稳定及社会治安综合治理领导责任制实施办法，进一步明确了各级各部门的领导责任，规定了对领导责任制不落实的，实行"通报批评"、"黄牌警告"和"一票否决"。并通过案件倒查，追究有关责任人的责任。2003年全市各级维稳及综治委共对5个单位给予"黄牌警告"、对2个单位实行了"一票否决"。

二、打防并举，震慑犯罪

一是严密防范。市委决定，在原来连续三年每年增加1000名警察的基础上，从2003年起连续三年每年给公安机关净增1000－1500名警察；抽调市、区、县级市公安机关近1500名警力充实基层派出所，实现警力下沉。整合全市一线交警、巡警、派出所民警，推行网格化巡逻，提高街面见警率；实行弹性工作时间，强化对案件多发时段、多发地区的巡逻。全市新增500多台巡逻警车，投入8000多万元建成日接警量3万宗的110社会联动指挥系统，实行一级接处警，提高快速反应能力。加快公安信息网络建设，建立和完善治安复杂地区、路段的实时电子监控系统，推进科技强警。组建治安员队伍，由市、区两级财政拨出专款，按每个户籍派出所配备30名治安员的标准，全市建立一支6500人的专职治安员队伍。从整体上提高社会面的防控能力和水平。

二是严厉打击。公安机关坚持经常性打击和专项行动相结合，实施精确打击。加强打击"两抢"专业队伍建设，强化刑侦工作经营意识、证据意识、深挖打击意识，重点打击幕后组织者，以现案带积案、一案带多案，扩大打击效果。据统计，全年共侦破刑事案件47431宗，其中侦破"两抢"案件15614宗，与2002年相比，增长8.7%。检察和审判机关密切配合，坚持依法从重从快的方针，坚持"两个基本"原则，做到快批捕、快起诉、快审理，逮捕、起诉和审判结案数同比分别上升15.5%、11.3%和15.5%。与此同时，加强对无证无牌、假证假牌摩托车的整治，集中销毁用于违法犯罪及到期报废的摩托车50000辆，从源头上打击和预防"两抢"犯罪。此外，加快羁押场所建设，市专门拨出1500亩土地用于强制戒毒所、治安拘留所、收教所建设，为打击违法犯罪提供保障。

三、突出重点，强化管理

为了防止治安形势反复，改变治安工作的被动局面，我市十分重视在长效机制建设上下功夫。

一是大力推动社区警务建设。为强化基层防范工作，我市将计划于2004年底完成的社区警务室建设目标，提前到到2003年底前全部完成，市委、市政府把投入"星光计划"的8000万元优先用于居委会和社区警务室建设。公安机关积极探索社区警务运作模式，使社区警务建设做到"三个结合、三个确保"：一是与公安警务体制改革相结合，确保社区民警100%到位，并从近年新招的3000多名本科学历民警中，挑选30%的人员转任社区民警。二是与基层派出所工作改革相结合，确保社区民警把全部精力投入社区工作，成为真正意义上的社区民警。三是与基层创安工作相结合，确保社区治安防范有人抓。把社区工作实绩作为社区民警晋级晋职的必备条件，激励社区民警爱岗敬业。到2003年底，全市1930个社区警务室基本建成，配备了2103名社区民警。

二是大力加强出租屋管理。我市出台了《关于加强出租屋管理工作的意见》，明确了由出租屋管理机构组织协调、出租屋管理员检查掌握情况和职能部门依法管理的工作模式，并提出整治、改造出租屋，使符合出租条件的出租屋从2003年起到2005年分别达到40%、80%、100%的目标。同时，加强机构建设，在市、区（县级市）政府办公厅（室）单独设置出租屋管理机构，在街、镇设立出租屋管理服务中心，按照100－120间出租屋配1名出租屋管理员的标准，组建一支约1.1万人的专职出租屋管理员队伍。加强"两费一税"征收，并将其中的90%返拨给街、镇，保障出租屋管理经费到位。加强信息网络建设。我市先后投入3276万元专款用于非本市户籍人员信息网络系统建设，实现了市、区（县级市）、街（镇）三级信息数据库的联网。积极探索管理模式。总结推广了围院式管理、承包物业管理和散居房屋管理三种出租屋管理模式。

三是大力抓好“禁毒03工程”。为深化禁毒工作,我市两级政法委均成立了禁毒办公室。市禁毒办配备10人,区(县级市)禁毒办配备了5-7人。建立了专门的缉毒队伍,市公安局配60人,区、县级市公安局(分局)配15人。狠抓缉毒破案,全年侦破毒品案件540宗,同比上升29.5%,抓获制贩毒疑犯748人,打掉制贩毒犯罪团伙19个。加快戒毒场所建设,经新建扩建,现有强制戒毒所7间,强制戒毒4750张床位,市投入1亿元左右,改造岑村劳教戒毒所。通过“滚动式收戒”、“满员收戒”,送劳教和强制戒毒共12064人,禁毒工作取得明显效果。

四是大力规范娱乐服务场所管理。我市成立了娱乐服务场所管理联席会议并设立办公室。建立和完善了部门审批备案、管理通报情况、清查联合行动制度,以及娱乐服务场所经营管理者和从业人员二级培训、治安级别管理、日常治安检查登记、“一次性淘汰”等制度。坚持每季度组织一次全市性检查,各职能部门每月组织一次检查,及时整治和查处无证经营、超范围经营以及“黄赌毒”等问题。凡娱乐服务场所违法违规经营情况严重或“黄赌毒”被查处的,由各行政主管部门分别收回证照,一次性对场所经营资格予以淘汰。这一规定实施以来,全市共有56间场所证照被暂扣或吊销,有效地打击和震慑了娱乐服务场所违法违规经营和“黄赌毒”活动。

争创“平安惠州”第一镇　促进经济社会全面协调发展

惠州市惠城区小金口镇维稳及综治委

我镇地处惠州市区北郊,辖区总面积66.7平方公里,下辖3个社区居委会、7个村委会、59个村民小组,常住人口2.6万人,外来人口5.4万人,境内交通物流发达。近年来,我们从开展社会治安综合治理入手,不断优化投资环境,增创发展新优势,促进了经济快速发展和社会治安良性循环,全面提高了综合实力,成为了一颗璀璨的粤东明珠。按照市委提出的建设“惠州第一镇”的要求。我镇乘全市创建“平安惠州”的东风,全面开展了争创“平安惠州第一镇”的活动,有力地促进经济社会的新一轮发展。我们的主要做法是:

一、落实“三三领导责任制”,全面实施维稳及综治一把手工程

我镇社会治安经历了由乱到治的过程,切肤之痛使我们对抓社会治安综合治理重要性的认识尤为深刻。20世纪80年代末90年代初,我镇“黄赌毒”等违法犯罪活动一度比较突出,外界喻为“小澳门”,被广东省确定为“全省重点整治地区”,在一定程度上影响了经济、社会的发展。沉痛的历史教训,使我镇党委、政府深刻认识到社会治安稳定的极端重要性,树立了“抓治安就是抓经济”、“社会治安是第一投资环境”的理念,痛下决心,提出了争创“平安惠州第一镇”的目标,把社会治安综合治理工作摆上党委、政府工作的重要位置来抓,建立健全了一系列的领导责任制。首先,在全镇推行了“三三领导责任制”,即镇党委书记、村(居)委会党支部书记、党小组长“三级领导责任制”;派出所所长、村(居)委会主任、村民小组组长“三长责任制”;镇维稳及综治办主任、村(居)委会治保主任、村民小组治安小组长“三级责任制”,把维稳及综治工作纳入“一把手工程”。为确保“三三领导责任制”的落实,我们亮出责任追究“三张牌”措施。对工作不落实或因失职造成影响的,视其情节轻重分别亮黄牌、红牌、黑牌追究责任。对辖区“两抢一盗”案件上升,“黄赌毒”屡禁不止,社会不稳定因素突出的,给予有关领导黄牌警告,限期整改;整改期间效果不明显,群众不满意的,对有关领导亮红牌,给予处分;整改无效果、群众意见大的,对有关领导亮黑牌,给予免职处理。其次,建立和完善领导干部挂钩基层责任制、年度目标考核制、领导责任追究制、基层工作定期督查制、党员联系村务工作责任制等制度，逐级签订治安责任状，明确了各级领导抓维稳及综治工作的职责。再次，加大投入，舍得花钱买平安。近年来，全镇共投入维稳及综治专项工作经费达1000多万元。

二、以禁毒为突破口，深入开展“严打整治”斗争，促进社会治安明显好转

针对毒情严峻的情况，我镇从禁毒入手，综合治理突出治安问题，在严厉打击毒品犯罪、加大收戒吸毒人员的基础上，全面落实禁毒“三三制”、“三帮一”等禁毒措施，帮教工作做到“四知一跟上”(即：知道他的行踪、知道他的交往情况、知道他干什么、知道他在想什么，思想转化教育工作跟上)，有效地遏制了毒害泛滥的势头，禁毒工作的经验做法得到国家、省、市的肯定。与此同时，我们坚持“什么犯罪突出，就打击什么犯罪，哪里治安问题严重，就集中力量整治哪里”的方针，先后组织开展了打击黑恶势力犯罪、打击“两抢一盗”等多发性犯罪、禁毒专项斗争等一系列严打整治专项斗争。特别是在中央提出的为期两年“严打整治”斗争中，镇委、镇政府全力以赴，采取超常措施，进一步加大打击和防范工作力度，使“团伙犯罪”、“两抢一盗”、“黄赌毒”等突出治安问题得到及时有效解决，重点部位、重点地区得到有效整治，刑事案件发案持续回落，破案率逐年上升，人民群众和外商安全感普遍提高。自2001年以来，全镇共摧毁各类犯罪团伙29个、抓获团伙成员106人，抓获各类违法犯罪嫌疑人898人，实现了社会治安取得明显进步的目标。

三、推进社会治安打防控网络建设，基层防范能力全面增强

一是推行“三安”联动工作机制，增强治安打防控力量。为解决治安防控面广人少、警力不足的问题，我们在实践工作中不断探索社会治安打防控网络新路子，率先建立了“三安”联动工作机制，把“公安、治安、保安”这三支力量有机整合起来，使投入社会面的综治力量增加了5倍以上。通过对“三安”队伍的规范化、制度化建设管理，形成了快速反应机制，大大提高了快速集结应对各种突发事件的能力。这一做法在全市乃至全省得到推广。二是构建基层综治组织机构网络体系。我们成立了由镇委书记任主任的社会治安综合治理委员会，在10个村(居)委会成立了以村(居)委会党支部书记为组长，管区民警、村治保调解主任为副组长的村级社会治安综合治理领导小组，下设治保会、人民调解委员会、法律服务室和村治安联防中队。2003年还将维稳及综治工作延伸至村小组一级，在村民小组建立党小组、治安小组、调解小组，形成了“点有防控、线有巡逻、面有联动”的全方位治安防控体系，筑牢了基层综治组织网络，有效地增强了基层治安防控能力。三是把社会治安综合治理纳入“农村党员联系村务工作责任制”和“保持共产党员先进性责任区”的工作范畴，实行群防群治。我镇把治安防控责任作为一项重要内容，纳入党建工作中率先建立的“农村党员联系村务工作责任制”范畴，充分发挥党员干部的模范作用，由广大党员带头并组织、督促群众落实各种治安防控措施，提高了群防群治水平。四是建立维稳长效工作机制，维护农村社会稳定。我们建立健全了人民内部矛盾纠纷定期排查调处机制，落实领导挂钩包案责任制和督办责任制，坚持抓防范、抓苗头，及时把各种矛盾纠纷化解在基层，解决在萌芽状态。几年来，全镇没有出现群众集体越级上访等群体性事件，实现了“小纠纷不出村，大纠纷不出镇”的目标。特别是工业园区建设、京九铁路复线、惠州大道改造、广惠、惠河高速公路、市区过境公路建设等大型工程项目建设，都能在短期内完成征地拆迁任务，顺利施工，没有发生群众集体上访事件。五是实施“科技创安”工程，构筑高科技打防控网络。我镇重视科技投入，购买了警用摩托车装备机动巡逻治安中队，装置无线电对讲机协调指挥控制系统，实现公安、治安、保安“联网、联勤、联岗、联动”，提高了打击防范的快速反应能力。2003年，在全市乡镇一级率先安装高科技智能化社会治安可视监控系统，对全镇各治安复杂、重点部位实施实时监控，建立以“先进科学技术为依托、高科技智能化监控为手段”的社会治安防控体系，向科技要警力，弥补了公安机关警力不足的问题。

社会治安的稳定，有力地促进了全镇经济、社会的良性协调发展。2003年，全镇GDP达到14.37亿元，比1999年增长137%；人均GDP达到51389元，比1999年增长125%；财税总入库达到

5800万元，比1999年增长252%；实现工农业总产值21.5亿元，比1999年增长92%；全镇7个村委会收入均超过100万元，农民人均收入达到5291元，综合实力得到全面增强，人民群众生活基本达到小康水平。先后被广东省列为重点工业卫星镇，被国家有关部委评为"首届中国乡镇投资环境100强"；分别被中组部、广东省委授予全国先进基层党组织和"全省模范乡镇党委"、"广东省预防和减少青少年违法犯罪先进单位"、"广东省'三五'普法先进单位"、"广东省流动人口管理先进单位"等荣誉称号。

大排查　细调处　积极化解基层矛盾纠纷

湛江市维稳及综治委

湛江市经济欠发达，历史遗留问题较多，基层矛盾引发不安定问题较为突出。针对这一突出情况，我市着力构建基层矛盾纠纷的"大排查、细调处"工作机制，取得较明显成效。我们的做法是：

一、坚持"六访"、"六纳入"，领导带头，切实解决排查调处矛盾纠纷的责任落实问题

(一)坚持"六访"，明确责任。吴川市基层矛盾纠纷历来较多，1999年被定为全省八个重点整治的县(市)之一。2000年以来，该市新的领导班子采取领导带头下访、发动机关干部定期接访、驻点恳访等方式，化解了一大批基层矛盾纠纷，群体性事件大幅度减少，彻底改变了落后面貌，其做法得到省委主要领导的肯定。湛江市综治委及时总结吴川经验，于2001、2002年两次在吴川召开大型现场会，组织各县(市、区)、乡镇和市直单位领导到现场参观学习。我们将吴川经验总结为"六访"制度，即：党政主要领导每月不少于3天深入基层了解民情、化解民怨的"领导下访"制；乡镇基层执法部门(派出所、司法所、工商所、国税所、地税所、国土所、综治办、计生办)每月2次的"八长接访"制；党政及人大机关领导带领职能部门负责人及时到重点地区现场办公，解决实际问题的"重点地区巡访"制；县四套班子领导成员每人挂钩联系一个镇(街)、一条村，以密切党群关系、干群关系为主要内容的"挂点恳访"制；县属机关中层干部包一条村、包三、五户的"干部包户家访"制和职能机关领导同志及时约见重大问题、重点纷争当事人的"定期约访"制度。

我市深入实施"六访"制后，进一步密切了党群、政群关系，党政领导"执政为民"的观念得到加强，排查调处基层矛盾纠纷的责任进一步明确落实。在实施过程中，大批纷争在基层得到解决，党委政府务实、爱民的良好形象进一步树立。

(二)"六个纳入"，落实责任。为确保排查调处矛盾纠纷责任的落实，我市坚持做到"六个纳入"：一是纳入全市中心工作的主要内容。实行同部署，同落实，同检查。自2000年以来，市委、市政府批转了市综治委21份排查调处工作报告或意见，并先后14次召开班子会议听取专项汇报，将这项工作列为重大事项定期督促检查。二是纳入综治目标管理责任制。我市各级综治责任人每年都签订责任书，承诺做到"一般纠纷不出村、单位，重点纠纷不出镇、县和主管部门，矛盾不上交，不激化"。每年例行的综治考评中，对这项工作进行严格的检查验收，一批落后单位被提请注意，要求限期整改。三是纳入党政领导的任期目标。将能否妥善解决当地突出的矛盾纠纷，作为政绩考核的重要内容，常抓不懈。几年来，我市重点提拔了一批治乱有功、调处有力的基层领导，调整、处分了一批工作不力的干部。四是纳入综治成员单位参与综治工作的重要内容。要求各综治成员单位各司其职，各负其责，在综治委的统一领导协调下，共同抓好这项工作。五是纳入机关作风测评的重要内容。我市在连续两年的机关作风测评活动中，都明确要求各单位、各部门把解决群众反映强烈的实际问题，作为作风整改的重要内容，限期改变作风面貌。六是纳入营造良好法治环境的重要内容。2003年我市开展了大规模的“营造良好法治环境”活动，将排查调处基层矛盾纠纷列入六大整治项目之一，通过这一有效措施，切实创建“平安农村”。

二、抓好“五环节”、“五制度”、“四网络”，职能联动，解决排查调处工作协调运转问题

(一)抓好五个工作环节。一是畅通信息渠道。我们建立了以市综治办为中枢，各地、各职能部门条块结合，互为补充，多层次、多渠道的信息收集、反馈网络，随时掌握社会不稳定因素的苗头动向。二是集中排查。我市每年都集中一段时间，组织专门力量，开展矛盾纠纷的大排查活动，然后根据排查出矛盾纠纷的特点和趋势，组织专项的调处活动。三是建档分析。两级综治办、调处办对排查出的纠纷案件建立台账，定期对统计数据进行研究分析，预测各类矛盾纠纷发生、发展趋势，掌握工作重点，及时提出对策、建议，并有针对性地指导、推动整体工作。四是归口调处。综治办主动协调信访局、调处办、司法局(所)、法制局及公、检、法等职能部门，按照“分级负责，归口调处”的原则，对排查出的案件进行归口调处。2000年以来，全市各职能部门受理各种纠纷案件65200多宗，调处解决率达到95%以上。五是挂牌督办。我们按照“一个问题、一名领导、一个单位、一套方案、一个期限”的要求，对一批重大案件进行挂牌督办，具体由综治办、信访办负责。两年来，通过这种形式办结了210多宗重大纠纷案件，带动面上工作深入开展。

(二)建立健全五项经常性工作制度。一是矛盾纠纷排查工作月季报制，各地、相关部门每月向上级综治委报告一次矛盾纠纷排查调处工作情况，综治委每季向党委、政府报告一次情况。二是重大情况报告制度，发生影响稳定的群体性事件或重大苗头，在三小时内报告主管部门、领导。三是矛盾纠纷案件的“首接责任制”。哪个地方或单位首先发现纠纷案件，都要先接下来，做好先期处理工作，同时马上报告主管机关或涉及单位开展工作。四是协调会议制度。乡镇(单位)综治委每月召开一次、市综治委每季度召开一次排查调处工作协调会议，听取工作汇报，研究急、大、难矛盾纠纷的调处措施。五是已调处案件的“回头看”制度，对已解决的问题进行经常性的回访复查，防止问题出现反复。

(三)依托四级调处网络开展工作。几年来，我市结合基层组织建设，建立了以综治办、调处办、信访局(办)、司法局(所)、“110”接处警中心五个主要职能部门为轴线，实行市、县、镇、村四级联动“纵到底、横到边”的调处网络。特别在近年全市机构改革中，我市保留并加强了市、县两级调处办机构，专门负责农村山林、土地、滩涂纠纷的调处工作，较好地维护了基层稳定。这四级网络是：一是市级宏观调控网络。由市综治办协调、指导各成员单位履行职责，并发挥好“110”、“148”系统的社会监控功能，把握全市矛盾纠纷的总体动向、特点，部署专项排查调处活动。二是县级排查调处网络。依托综治办负总责，调整充实人员专司其事，制定排查调处具体工作方案，组织各职能部门共同开展工作，并通过加强督导检查，确保各项工作措施落实。三是乡镇(街道)调解网络。依靠司法所、综治办开展工作，组织基层执法部门定期、定点接访、调处，将大量矛盾纠纷化解在基层。四是村(居)委、企事业单位群众性调解网络。全市共有群众性调解组织1988个，专、兼职工作人员7807名。各地农村全部配齐治保员，列为村委会班子成员，统发工资，专抓专管调处工作，工作运转上基本达到“七有”：有牌子、有办公室调处场所、有工作制度、有职责、有报酬、工作有登记、村组有网络。

三、组织“大会战”，集中全力，认真解决重大矛盾纠纷的调处效果问题

我市每年都利用一定时间，针对当前基层矛盾纠纷的特点和趋势，组织排查调处“大会战”，集中解决一批带倾向性的重大纠纷案件。

(一)上下联动，妥善解决基金会金融风险问题。前几年，我市基金会风险较严重，累计需支付39.5亿元股金，几乎天天有几百成千群众到市上访。为妥善解决这一突出问题，我市各级党委、政府及职能机关上下联动，几年间组织3批工作组5200多名机关干部，深入基层做储户群众的疏导工作，积极追收资产近20亿元。2003年，市委、市政府出台了市区、市直社团基金会个人股金“一揽子”折扣兑付方案，得到绝大多数股民的认可。方案实施后，股民自愿兑清股金金额、个人兑现数目前已达总额的95%以上，基金会金融风险问题已基本得到化解。

（二）“三定一包”，积极调处化解山林、土地纠纷。我市是农业大市，农村山林、土地权属争议、征地、拆迁安置纠纷历来较多，不少群众为此缠讼上访，甚至激化械斗，严重影响社会稳定。为解决这一突出问题，2001、2002连续两年，我市组织了山林土地纷争专项排查调处行动，积极推行“三定一包”（定单位、定人员、定时间，包解决）的工作制度，将排查出的重大纠纷案件分轻重缓急、职责权限落实调处责任，由市领导带头包案调处。全市组派了530多个工作组2500多人次驻村、进户开展工作。经过全市的努力，两年间，全市共调处解决重大山林土地纠纷1360宗，解决争议面积6万多亩。由于大量的纠纷苗头处理及时，全市已连续十年没有发生大的群体性械斗事件。

（三）竭尽全力，认真解决企业军转干部和伤残退伍军人集体上访问题。目前我市共有企业军转干部3715人、伤残退伍军人2978人，近年来，其中部分人因要求落实优忧政策、解决“四难”（生活困难、住房难、就医难、子女读书难）问题，多方串联，集体到省、进京上访，至今不息，成为我市维稳重点问题。我市采取多种办法，积极解决这一突出问题。一是抓落实，市委、市政府制定了多项政策性文件，督促民政、劳动和社会保障、财政等有关职能部门落实优忧政策，确保最低生活保障。二是“一帮一”，由所在县（市、区）科级以上干部每人负责帮扶对象一名，做贴身思想工作。三是“送温暖”，由两级党政领导分头带队慰问，现场解决问题。四是建档案，对每个对象都电脑建档，跟踪管理落实。经过努力，目前“四难”等问题已初步得到解决，频繁上访的态势已有效控制。但由于受多方面因素的影响，其反映的问题尚未能全部解决，群体上访问题在一定时间内还会反复出现。我市将继续加强这方面工作，竭尽全力将其解决在基层。

（四）专项整治，开展定期的“百日百案大排查调处”。2002至2003年，我市组织了专项的“百日百案大排查调处”活动，全市各级党政领导全部行动起来，分片挂点包案，共解决100多件影响全局性的重大案件，解决基层纠纷3000多宗，群众深感满意。鉴于这项活动所取得的良好成效，我市党委、政府近期决定，以后每年的春夏之交，都开展一次这样的专项活动，由市综治委统一组织部署。

（撰稿：雷锦华
审稿：郑　红　王雪鹏）

广西壮族自治区

广西区社会治安综合治理工作概况

2003年，广西社会治安综合治理工作，以强化领导责任制为龙头，以加强基层组织建设为依托，以强化治安防范网络建设为重点，以实施社会治安综合治理“三十百千”工程为载体，坚持打防结合、预防为主，全面贯彻“严打”方针，依法严厉打击各种严重刑事犯罪，大力加强“打防控”一体化建设，提高社会防控能力，及时排查调处各种矛盾纠纷，化解社会不稳定因素，促进社会治安的进一步好转。全区立刑事案件数比上年下降5.9%，发现治安案件数比上年下降32.9%，全区公众安全感比上年提高了3.11个百分点。

一、社会治安综合治理“三十百千”工程实施情况

2003年初，广西根据中央有关文件和会议精神，结合全区实际，决定在全区范围内实施社会治安综合治理“三十百千”工程。“三十百千”工程就

是把在广西的经济社会发展和维护稳定工作中具有举足轻重地位的南宁、柳州、桂林3个中心城市的城区和苍梧县、合浦县、钦南区、港南区、玉州区、八步区、宜州市、右江区、兴宾区、宁明县等10个重点县(市、区)以及面上其他市县的100个乡(镇),1000个村(居)作为社会治安综合治理工作的重点,通过努力,使这些重点地区建立和完善社会治安长效机制,落实各机关、团体、企事业单位的治安防范责任,强化基层组织建设和基层基础工作,组织和发动社会各方面力量开展群防群治,认真整治治安乱点,切实解决突出的治安问题,实现刑事案件上升幅度明显下降,社会丑恶现象明显减少,治安混乱地区和单位的面貌明显改观,治安秩序明显好转,群众安全感明显增强,从而为全区社会治安综合治理工作跃上新台阶奠定坚实的基础。在规划实施这个工程的时候,充分考虑了地域环境、治安复杂程度、案件总量、工作基础等因素,还把分布在全区各地的有可能引发影响稳定大事中事的重点困难企业、农林场全部纳人工作范围,目的在于抓住重点,突破难点,夯实基础,搞好示范,总结经验,整体推进,全面提升广西社会治安综合治理工作水平,强化治安防控体系和治安防控能力。自治区党委政法委、自治区综治委分别于今年4月、7月和12月召开了三次全区社会治安综合治理经验交流现场会推动这项工作。为了确保“三十百千”工程的顺利实施,自治区党委政法委、自治区党委组织部从自治区政法部门选调10名处级干部到10个重点县(市、区)挂任政府副职,协助当地党委、政府抓好社会治安工作,各市也参照自治区的做法,层层下派干部到重点县、乡(镇)挂任党政副职,专抓社会治安综合治理工作。各级党委、政府和政法部门对实施社会治安综合治理“三十百千”工程高度重视,普遍结合实际制定具体措施认真组织实施,取得了阶段性的效果。至2003年年底统计,全区已建治保会15746个,调解会15731个,均占应建数的99.9%以上,并在村(居)委会建立综治协会8667个;全区配有乡镇综治专干1037人,组建了专业治安巡逻队1426个18788人开展治安巡逻;实施警务战略,一大批公安、司法干警和治保调解人员在2320个警务室、1485个治安岗亭、7897个乡级调解庭、11134个村级调解室开展治安防范和调处矛盾纠纷工作,基层防控能力明显增强。年内,全区刑事案件呈持续下降趋势,立刑事案件和查处治安案件分别比上年下降5.9%和32.9%。实施“三十百千”工程的南宁市刑事案件增幅明显低于上年,中心城区的“两抢”犯罪活动得到了有效遏制,柳州市的刑事案件保持了下降趋势,桂林市的刑事案件下降了11.8%。钦州、来宾、玉林、河池、贵港、崇左等市,按照“三十百千”工程实施方案狠抓基层基础工作,刑事案件下降的幅度都在10%以上。

二、开展“打防控”一体化建设情况

2003年,广西认真贯彻《中共中央、国务院关于进一步加强社会治安综合治理的意见》、《中共中央办公厅、国务院办公厅关于转发〈中央社会治安综合治理委员会关于加强社会治安防范工作的意见〉的通知》等中央有关文件和“上海会议”以及罗干同志视察广西工作时的指示精神,切实加强社会治安防范工作,全面开展“打防控”一体化建设。4月份,自治区综治委分别在南宁和钦州两市召开现场会,总结推广两市“打防控”建设的成功经验,交流各地的做法,表扬鼓励先进,鞭策推动后进。7月份,自治区党委、政府在桂林市隆重召开全区“严打”整治斗争总结表彰暨社会治安综合治理现场经验交流会,对全区“打防控”建设进行再推动。12月8日至9日,自治区综治委在河池宜州市召开全区社会治安综合治理工作会议,传达贯彻中央综治委“南昌会议”精神,总结交流全区各地实施社会治安综合治理“三十百千”工程的经验,部署我区社会治安防控体系建设。

三、“严打”整治斗争情况

2003年,广西从实际出发,采取灵活多样的斗争形式,以破大案、打团伙、追逃犯,严厉打击黑恶势力犯罪、有组织犯罪、严重暴力犯罪、严重侵害群众安全感的多发性侵财犯罪为重点,集中优势兵力打击“两抢”犯罪活动,严厉查处和打击“六合彩”等非法彩票赌博活动,努力增强严打的针对性和实效性,第一次扭转了多年来刑事案件大幅度上升的势头。年内,全区立刑事案件129573起,同比下降5.9%;立杀人案件804起、放火案件209起、爆炸案件76起、涉枪案件720起,同比分别下降5.4%、14.3%、38.2%和16.8%。盗窃、抢夺等多发性侵财犯罪得到了有效地遏制。公安机关共破获刑事案件48663起,抓获作案成员46696人,打掉犯罪集团3263个12106人。全区检察机关受理公安机关提请批捕犯罪嫌疑人25274件37866人,批准逮捕23256件34273人;受理移送审查起诉25473件37777人,起诉22674件33280人。全区法院受理一审刑事案件23740件35418人,审结23605件35213人,判决发生法律效力19290件28704人,给予刑事处罚28466人。司法行政机关积极参与"严打"整治、禁毒等斗争,全力做好罪犯劳教人员的收押、收容工作,新收罪犯15351人,新收容劳教人员6303人,做到了收得下,管得住。特别是在"非典"防治期间,各级政法部门全力以赴强化治安工作,维护了"非典"防治期间社会治安秩序的安全稳定。

排查整治治安乱点工作取得实效。年内,自治区综治委排查确定了10个本级维护稳定的重点单位,全区各市共排查出县(市、区)、乡镇街道、单位场所等治安混乱地区共2479个(处),经过整治治安好转的有2161个(处),占排查总数的87.2%。其中排查学校、企业及周边和铁路重点区段2187个(处),经过整治治安好转的2060个(处),占排查数的94.2%;整治中共抓获违法犯罪嫌疑人3288人,其中逮捕650人,刑事拘留601人,其他处理2037人。经过整治和打击,基本扭转了这些地区治安混乱的局面,有效地预防和减少违法犯罪活动的发生,保障了这些地区的治安稳定。

四、矛盾纠纷排查调处工作情况

2003年,广西各级党委、政府坚持把化解人民内部矛盾作为维护社会政治稳定的重要工作紧抓不放,建立健全矛盾纠纷排查调处工作机制,形成了"党政挂帅,综治协调,部门联动,依托基层,各方参与"的矛盾纠纷排查调处工作格局。在排查调处各类矛盾纠纷工作中,自治区党委、政府主要领导率先垂范,亲临重大纠纷现场,解决长达数十年的疑难纠纷案件,为全区各级领导干部树立了很好的榜样。由于各级党政领导高度重视,亲自动手,使全区矛盾纠纷排查调处工作取得显著成绩。据统计,2003年全区共调解各类民间纠纷228355起,调解成功218696起,调解成功率96%。各级各部门共排查调处土地、山林、水利等矛盾纠纷48864起,调结46227起,调结率达94.6%。通过调解,防止发生民转刑案件2647起16473人;防止民间纠纷引起自杀802件1154人。大量矛盾纠纷得到及时调处化解,对巩固"严打"整治斗争成果,有效维护全区社会政治的持续稳定起到了重要作用。

五、群防群治工作和基层安全创建活动情况

2003年,广西在群防群治方面主要做了以下工作:一是加强村级治保会、调解会建设。全区已建治保会15746个,占应建数的99.91%;已建调解会15731个,占应建数的99.92%。二是在村(居)委会建立综治协会。全区已建综治协会8667个,其中5月份后新建6686个,占77.1%。三是努力建设乡村调解庭、室和治安岗亭、警务室。全区已建乡级调解庭室7897个,村级调解室11134个,治安岗亭1485个,警务室2320个。四是大力建设专业治安巡防队伍。全区已建专业治安巡防队1426个18788人,其中市级专业治安巡防队99个3460人,县级专业治安巡防队伍221个513人,乡级专业治安巡防队1106个10015人。在基层安全创建活动中,我区各地配合"严打"整治斗争,以强化治安防控能力为目标,按照"重点突破,整体推进,分类指导,创出特色,巩固提高,注重实效"的工作思路,认真总结多年的创安活动经验,结合治安形势的新变化,卓有成效地开展工作,创造出了许多好经验。如南宁市在创安活动中,以压缩案件为目标,采取片区联防、重点巡防、单位自防等多种防范措施,使全市初步形成单位拉动小区,小区带动片区,片区推动县区的良性互动局面。不少地方还把创安活动延伸到三资企业,延伸到沿街经营店铺和农村自然村屯。田阳县头塘镇开展共产党员共建平安中心户活动,一个党员联系10户农民,保证实现"八无"(无黄赌毒、无偷盗、无"法轮功"、无群体性事件、无安全事故、无庙宇、无道公神汉、无超生),真正把防范措施落实到了户。百色市沿着右江河谷组织开展集经济建设、文化建设、安全创建等内容为一体的百里文明长廊建设,有力促进了当地物质文明、政治文明和精神文明的协调发展。据不完全统计,至2003年底,全区开展创安活动覆盖面已达97%,共有达标的安全小区(单位)23596个,占参创数的86%,有达标的安全村屯14698个,占参创数的77%。此外,全区"无毒小区"(单位)的创建活动也取得新成绩，创建“无毒小区”活动覆盖面达96.7%，已创建44256个“无毒小区”，占参创数的89%。

六、社会治安综合治理基层组织建设情况

2003年以来，广西继续把落实各级综治办机构建设和人员编制作为社会治安综合治理基层基础工作的重点。在自治区党委、政府的高度重视下，自治区编委于5月下发了《关于全区乡镇（街道办事处）社会治安综合治理工作机构及人员编制问题的通知》，统一解决了长期未能解决的乡镇综治办专职干部问题。12月，自治区综治委和自治区编办又联合下发了《关于进一步加强乡镇、街道社会治安综合治理基层组织建设的意见》，对乡镇综治办的机构、人员、工作职能、工作制度、考评机制等进一步作了明确规定。至2003年底统计，全区15个市（含柳州铁路局）、109个县（市、区）全部落实了综治办机构，领导职数和人员编制都得到较好解决。全区有1392个乡镇建立了综治机构，占98.9%，配备专职干部1293人，另有兼职干部1712人。一些先进地区还把综治机构建设延伸到村（居）委会。

七、社会治安综合治理责任制落实情况

2003年8月，自治区综治、纪检、组织、监察、人事五部门联合下发了《关于进一步贯彻中央综治委、中共中央纪委、中共中央组织部、监察部、人事部〈关于对发生严重危害社会稳定重大问题的地方实施领导责任查究的通知〉的通知》，规范了查究的具体范围和程序。自治区综治委制定下发了《广西市级社会治安综合治理工作考核评比标准》，对市级社会治安综合治理年度考评标准及办法作了进一步规范。据不完全统计，2003年，全区共有38个单位因领导重视不够、综治措施不落实而发生重大治安问题被实行一票否决，有63名责任人被追究有关责任，有51名责任人被取消评先受奖资格，另有128个单位被黄牌警告，并限期整改。与此同时，全区共有3369个单位被评为综治工作先进集体，有5217名综治责任人因工作成绩突出获得表彰奖励。年内，自治区政府同意拨专款支持自治区综治委和自治区统计局联合在全区范围内组织开展社会公众安全感调查活动，并将此款项列入自治区年度财政预算。自治区综治委与自治区统计局联合成立了广西社会公众安全感调查领导小组，领导小组下设办公室和执行督导、调查实施与数据处理、数据评估、报告撰写、报告审核等8个工作小组。在此基础上制订了《2003年广西社会公众安全感调查方案》，规定了调查目的、调查的范围、对象、样本量和时间、调查内容、抽样点及样本量的分布、抽样及调查方法、人员的培训、质量控制、时间安排、组织管理等操作方法。12月1日开始，调查人员在全区范围内开展了为时一个月的公共安全感调查。调查采用了国际上流行的市场调查方法，按多阶段、等距离、纯随机的原则，对9个地级市所在地、8个县级市、23个县进行调查，按人口总户数比例将15000户的调查任务，分配到全区14个市和柳州铁路局的有关乡镇和街道的村（居）委会或单位。从调查结果看，群众对各项调查的满意率分别为：安全感80.5%、治安、调解组织的作用84.7%、警民关系73.3%、治安变化81.8%、公共治安86.2%。自治区综治办把这项调查的结果作为2003年度综治考核的重要依据之一。

八、流动人口管理工作情况

2003年，全区共登记暂住人口653623人，出租房149260户171065间，全年累计发暂住证671109证。通过对暂住人口和出租房屋的日常管理，共列管理重点人口654人，建立治安耳目869名，破案刑事案件755起，查处治安案件4096起。据劳动部门统计，全区春运期间运送民工295.6万人，约有150万农村劳动力跨地区就业，其中有120万人跨省就业，通过劳动部门有组织的劳务输出26万人。据民政部门统计，2003年1月至7月，全区共收容遣送9523人次，8月份取消收容遣送实施《城市生活无着的流浪乞讨人员救助管理办法》以来，共接待求助人员3102人。受助人员4412人次，引导、护送1085人，提供医疗救助502人次，资助返回1777人。据计生部门统计，五年来，全区共为流动人口办理婚育证明460万，办证率为68%，持证率为65%，验证率为70%。

九、铁路护路联防工作情况

2003年，广西铁路护路联防工作仍以“保稳定、保安全、保畅通”为目标。年内，铁路护路联防工作部门协助公安机关破获刑事案件1280起，打掉犯罪团伙26个，抓获违法犯罪嫌疑人1540名，缴获赃款赃物总价值12万元；协助公安机关查处治安案件1826起，其中五类案件65起：查获“三品”1510件；排查调处各类矛盾纠纷24件，拆除非法道口17个，排除事故隐患87处，防止行车事故23起。

十、刑释解教人员安置帮教工作情况

年内，自治区综治委、司法厅、民政厅、财政厅等8个单位联合制定了《广西壮族自治区刑释解教人员安置优惠政策》，为促进全区安置帮教工作创造良好的政策环境。安置帮教工作机构不断健全，全区建立市县（区）安置帮教工作协调机构124个，占应建数100%，配备专职人员1300名。全区安置帮教机构共接收刑释解教人员14999人，利用各种形式和途径安置10298人，安置率69%，帮教率100%，创办安置实体和安置基地2个。

十一、社会治安综合治理培训和宣传工作情况

年内，自治区举办了一期全区综治干部培训班，各市、县（区）也层层举办了综治干部培训班。据统计，全区区、市、县三级共举办综治干部培训班17期，培训各级综治干部1026人。为了规范培训内容，自治区综治办组织编写出版了《社会治安综合治理简明教程》一书。自治区综治办完成了《中国社会治安综合治理年鉴》广西稿件的撰写任务，组织开展了2002年度全区综治好新闻评比活动，并推荐优秀作品参加全国综治好新闻评比，共有5篇作品获得全国奖励。协助做好《长安》杂志等政法、综治报刊和综治年鉴的征订发行工作。为了大力宣传我区“严打”整治斗争的辉煌成果，弘扬正气、鼓舞群众，我区隆重表彰了一批先进集体和先进个人，还举办了全区“严打”整治斗争成果展览和“严打”整治斗争专题电视文艺晚会。为了鼓励广大人民群众勇于同犯罪分子作斗争，并解决见义勇为人员后顾之忧，自治区社会治安综合治理委员会办公室，在全区范围内建立见义勇为保险制度，由县级政府出资为所有见义勇为人员投保，保险金额最高达10万元。

自治区党委关于调整自治区社会治安综合治理委员会组成人员的通知

各市党委，自治区党委各部委，自治区级国家机关各委办厅局党组(党委)，各人民团体党组，柳州铁路局党委，各大专院校党委：

鉴于自治区社会治安综合治理委员会部分成员工作有变动，决定对该委员会成员进行调整。调整后的成员名单如下：

主　任：马铁山　自治区党委副书记

副主任：彭祖意　自治区党委常委、政法委员会书记

韦家能　自治区人大常委会副主任

周明甫　自治区副主席

覃日飞　自治区高级人民法院院长

郭永运　自治区人民检察院检察长

李先明　自治区党委政法委员会副书记

蒙平友　自治区党委政法委员会副书记

陆炳华　自治区公安厅厅长

委　员：谭　勇　自治区党委副秘书长

宋晓天　自治区人民政府副秘书长

高宪瑞　自治区纪律检查委员会副书记

黄学权　自治区党委组织部副部长

陈梧生　自治区党委宣传部副部长

顾荣喜　自治区机构编制委员会办公室副主任

管炳六　自治区企业工作委员会副书记

李少英　自治区直属机关纪律检查工作委员会书记

魏祖锦　自治区人大内务司法委员会主任委员

岑鸿平　自治区政协社会和法制委员会主任

黄列格　自治区高级人民法院副院长

陈普生　自治区人民检察院副检察长

刘耀龙　自治区社会治安综合治理委员会办公室副主任
张振贤　自治区610办公室副主任
蒋维轩　自治区经济贸易委员会纪检组组长
潘　晔　自治区教育厅副厅长、高校工委副书记
龙　毅　自治区民族事务委员会副主任
兰海宁　自治区公安厅副厅长
雷明好　自治区国家安全厅副厅长
蒋克昌　自治区纪律检查委员会常委
农生文　自治区民政厅副厅长
卫福喜　自治区司法厅副厅长
席鸿康　自治区财政厅副厅长
何利顺　自治区人事厅副厅长
刘日亮　自治区劳动和社会保障厅副厅长
张勤铭　自治区国土资源副厅长
姚鸿业　自治区建设厅副厅长
陈富芳　自治交通厅纪检组组长
韩庆东　自治区水利厅副厅长
韦吉田　自治区农业厅副厅长
林金文　自治区对外贸易经济合作厅副厅长
李格训　自治区文化厅副厅长
许亚南　自治区卫生厅副厅长
何　丹　自治区广播电影电视局副局长
江建伟　自治区工商行政管理局副局长
黄　键　自治区新闻出版局副局长
罗永魁　自治区林业局副局长
黄吉业　自治区信访局副局长
康天保　自治区旅游局副局长
陆瑞华　自治区政策法规室副主任
刘宗海　广西军区副参谋长
向恒成　广西军区政治部副主任
王志胜　武警广西总队副总队长
杨建新　自治区总工会党组成员
甘　霖　共青团广西区委会副书记
谭和平　自治区妇联副主席
李依谦　南宁海关纪检组组长
黄玉明　中国人民银行南宁中心支行纪委书记
莫　忠　柳州铁路局党委副书记
谢海平　自治区通信管理局副局长

自治区社会治安综合治理委员会办公室主任由蒙平友同志兼任。

广西壮族自治区社会治安综合治理委员会
中共广西壮族自治区纪律检查委员会
中共广西壮族自治区委员会组织部
广西壮族自治区监察厅
广西壮族自治区人事厅
关于进一步贯彻中央综治委、中共中央纪委、中共中央组织部、监察部、人事部《关于对发生严重危害社会稳定重大问题的地方实施领导责任查究的通知》的通知

（2003 年 8 月 25 日）

各市、县社会治安综合治理委员会、纪律检查委员会、党委组织部、监察局、人事局，区直各委办厅局：

为进一步贯彻中央综治委；中共中央纪委、中共中央组织部、监察部、人事部《关于对发生严重危害社会稳定重大问题的地方实施领导责任查究的通知》（综治委[2000]17 号）精神，结合我区实际，现将有关事项通知如下：

一、根据中央综治委[2000]17 号文件精神，自治区综治委、自治区纪委、自治区党委组织部、自治区监察厅、自治区人事厅研究决定，对发生严重危害社会稳定，造成恶劣影响的一些重大刑事案件、治安灾害事故和重大群体性事件的地级市及自治区直属机关，实施领导责任查究。

二、实施领导责任查究，经自治区五部门研究决定后由自治区综治委下达通知。

对发生严重危害社会稳定，造成恶劣影响的一些重大刑事案件、治安灾害事故和重大群体性事件的县（市、区）和地级市直属机关实施领导责任查究的，由自治区综治委办公室提出查究建议，查究建议经同级综治、纪检、监察、组织、人事五部门联席会议同意后，由自治区综治委向责任单位所在地的地级市综治委下达《查究通知书》。接到《查究通知书》的地级市综治委要与本级纪检监察机关和组织人事部门进行研究，根据查究对象的干部管理权限，明确实施查究工作的机关或部门，并在《查究通知书》规定的时间内，将查究结果分别报自治区综治委、纪检监察机关和组织人事部门。

对地级市、自治区直属机关领导实施领导责任查究的，首先由自治区综治委办公室提出查究建议，查究建议经自治区综治、纪检、组织、监察、人事五部门联席会议同意，并报自治区党委、自治区人民政府批准后，由自治区五部门会同有关机关直接查究。

三、领导责任追究方式包括通报批评、组织处理、党纪政纪处分。

对领导干部实行通报批评的，由综治委负责；进行组织处理的，由组织人事部门负责；给予党纪政纪处分的，由纪检监察机关负责。

涉嫌犯罪的，由自治区综治委商有关机关移送司法机关依法追究刑事责任。

四、各地级市和自治区内实行垂直管理的厅局，需要对所辖县（市、区）直属机关、乡镇和单位实施领导责任查究的，参照此通知执行。

广西壮族自治区综治委预防青少年违法犯罪工作领导小组 广西壮族自治区社会治安综合治理委员会办公室 关于实施“青少年违法犯罪社区预防计划”的通知

(2003年4月8日)

各市(地)预防青少年违法犯罪工作领导小组及办公室、综治委办公室:

为进一步贯彻落实十六大精神,认真实施《中华人民共和国未成年人保护法》和《中华人民共和国预防未成年人犯罪法》,深入贯彻《中央社会治安综合治理委员会关于进一步加强预防青少年违法犯罪工作的意见》,适应社会发展的新形势和社区建设的新发展,发挥社区在青少年健康成长中的重要作用,以未成年人为重点,立足于教育、保护和预防,加强预防青少年违法犯罪的基层基础工作,现制定“青少年违法犯罪社区预防计划”。

一、意义和目标

社区是城市管理体制的基础,是青少年学习、生活、娱乐和就业的重要场所,对青少年的成长有着深刻的影响。立足社区,可以把学校教育、家庭教育和社会教育整合起来,形成预防青少年违法犯罪工作的社会联动机制;立足社区,可以把闲散青少年、流动青少年和问题家庭青少年等群体管理起来,扩大预防青少年违法犯罪工作的覆盖面;立足社区,可以把维护青少年合法权益和预防青少年违法犯罪工作结合起来,更有效地促进青少年的健康成长。在社区中以未成年人为重点开展预防青少年违法犯罪工作,是适应社会发展趋势和青少年群体动态分布的特点,加强对青少年的教育、管理和服务的有力措施;是着眼基层,夯实基础,减少社会矛盾,维护社会治安和政治稳定的重要内容;是服务青少年健康成长,培养新世纪社会主义事业合格建设者和接班人的战略性举措。

实施社区预防计划的目标是:广泛动员社会力量,整合社区资源,以未成年人为重点,加强青少年教育,完善青少年管理,服务青少年发展需求,净化青少年成长环境;力争用三年左右的时间在全区80%以上的城市街道、社区,用五年时间在全区100%的城市街道、社区,建立较为完备的预防青少年违法犯罪工作的组织网络和阵地网络,建设专兼职相结合的青少年工作队伍,健全预防青少年违法犯罪的工作机制,形成党委统一领导、部门分工负责、社会广泛参与的齐抓共管的工作局面,实现对青少年违法犯罪的有效预防和控制,促进青少年健康成长。

二、工作内容

1. 加强社区教育,提高青少年的综合素质。

针对家庭、社会教育中存在的薄弱环节,结合青少年不同年龄段的心理特点,以青少年中存在的突出问题为重点,在社区中进一步加强青少年思想道德教育、法制教育和纪律教育,帮助青少年树立正确的世界观、价值观和人生观。

加强社区青少年的思想道德教育。按照《公民道德建设实施纲要》的要求,开展青少年喜闻乐见的社区教育活动,培养青少年的家庭美德、职业道德和社会公德。通过挂职锻炼和“当一天社区道德监督员”等体验教育活动,全面强化青少年对道德规范的体验与认同,促进健康人格的形成;通过开展“17岁成人预备期志愿服务宣誓仪式”、“18岁成人仪式”和重大纪念日升旗仪式教育活动,增强青少年公德意识和社会责任感;通过邻里互助、“一助一”帮困、义务劳动、志愿服务、道德服务、道德评议等实践教育活动,培养青少年的服务意识和奉献精神。

加强社区青少年法制教育。按照“四五”普法规划的要求,采取知识竞赛、故事会、法制展览等青少年喜闻乐见的形式,开展社区系列普法宣传活动，普遍建立社区青少年法制教育阵地，继续开展适合青少年特点，便于青少年参与的法制实践教育活动，帮助青少年在实践中掌握法律知识，增强法制观念。

促进家庭教育、学校教育、社会教育的衔接和整合。明确家庭、学校和社区在预防青少年违法犯罪工作中的责任。要积极推动家庭教育，开展使青少年“远离失学、远离疾病、远离伤害、远离犯罪”的“安康计划”，帮助家长，特别是履行教育义务或监护职责存在问题的家长明确法定的监护责任，提高教育水平和监护能力；学校的教育资源要向社会倾斜，使学校、家庭、社会的教育在社区有机地结合起来，形成教育资源在社区共享，教育内容在社区结合，教育情况在社区沟通，教育工作在社区衔接的良好局面。

2. 加强社区青少年事务管理，促进青少年健康成长。

建立社区青少年管理档案。社区青少年工作人员要经常性地开展调查，掌握社区内青少年的状况，建立全面准确的社区青少年管理档案。对履行教育义务或监护职责存在问题的家庭的青少年、有不良行为和有严重不良行为的未成年人要建立详细档案，并根据其行为变化定期更新，做到底数清、家庭情况清、心理特征清、目前状况清。

加强对特殊青少年群体的管理。做到社区中特殊青少年群体的生活有人问，思想工作有人做，发生问题有人管，遇到困难有人帮。对残疾、下岗以及因父母服刑、劳教、吸毒而无法获得正常家庭监护的困难青少年，要开展“一助一”、“多助一”结对帮困服务，解决他们在学习、工作和生活中的实际困难；对有不良行为或严重不良行为的青少年要制定社区综合帮教措施，安排专人开展结对帮扶矫治其不良行为；对多次发生严重不良行为的青少年，要依照有关法律的规定，由家庭、学校或单位严加管束，由公安部门进行训诫，情节严重的送工读学校进行矫治和接受教育。

完善社区青少年评价体系。通过社区青少年活动记录档案、社区青少年志愿服务卡等多种方式，不断完善青少年参与社区活动的激励机制，调动社区青少年参与社会服务的积极性、主动性和创造性；通过社区、学校、单位联系卡等方式，建立社区与驻区学校、单位的沟通反馈机制，及时地掌握青少年的综合表现，把社区评价和学校、单位的评价统一起来。

3. 完善社区服务内容，满足青少年成长的基本需求。

加强社区青少年教育培训。学校的素质教育要向社区延伸，要面向社区青少年开展外语、计算机网络知识、科普知识、实用技能等培训活动；根据青少年的就业需求，社区要联合劳动、教育、工商等部门开展职业培训、职业介绍、信息咨询等服务；面向辍学、失学和学习有困难的青少年，街道和社区要积极整合社区资源设立助学金，同时开展志愿者家教辅导、学习方法讲座等活动，帮助他们完成学业。

丰富青少年业余文化生活。大力开展主题读书活动，在社区中深入实施“中国青少年新世纪读书计划”，定期向青少年推荐或赠送健康向上的图书；要以“社区青年文化节”、“青年文明社区大家乐”等活动为载体，广泛开展球类运动、棋类竞赛、文艺演出等社区群众性文化活动，满足青少年的休养娱乐需求；要立足社区积极开展广场文化、楼道文化和家庭文化评比、表彰活动，调动青少年参与社区活动的积极性，推动社区文化建设。

开展青少年心理健康服务。针对青少年的生理、心理特点，定期聘请专家进入社区开展心理健康讲座，加强青春期心理教育，促进青少年健全人格的形成；社区要创造条件设立心理辅导室和心理咨询热线电话，对存在心理障碍的青少年提供有针对性的心理辅导和心理矫治服务。

维护青少年的合法权益。建立青少年维权网络和社区维权热线，推行青少年维权工作例会制度，形成维权合力，及时有效地保障青少年的合法权益；继续深入开展创建优秀“青少年维权岗”活动，动员与青少年事务有关的基层单位，为社区青少年办实事、办好事；依托驻社区青少年维权岗单位资源优势，通过举办社区自护培训班、训练营、自护学校，帮助社区青少年掌握正当防卫、紧急避险、法律援助等必要的自护知识和技能。

4. 净化社区青少年成长环境，消除青少年违法犯罪的诱因。

加大社区环境整治力度。街道、社区要联合公安、文化、工商等相关部门，针对社区中青少年成长环境的突出问题，特别是对毒品、不健康“口袋本”图书、违规经营“网吧”、违规经营歌舞厅等危害青少年合法权益的行为特别是教唆、胁迫、引诱未成年人违法犯罪的行为,要严厉打击。

建立青少年成长环境的评估体系。要结合青少年社区生活的特点以及所在社区的实际,对社区环境构成进行合理的分类,明确社区中影响青少年健康成长的环境因素,并建立相应的指标评价系统;街道和社区要依照青少年社区成长环境的指标评价系统,对社区环境进行定期评估,及时反映社区环境状况,为优化成长的社区环境提供必要的依据。

建立青少年成长环境的预警机制。街道、社区和各有关部门要协同配合,经常性地调查社区青少年成长环境,及时掌握社区内对青少年影响较大的文化市场、娱乐场所的情况,分析并发现青少年成长环境中存在的问题;要吸收社区内关心青少年成长的居民作为社区青少年成长环境的监督员,及时发现并举报容易诱发青少年违法犯罪的环境问题,抓住苗头,适时预警和控制。

三、保障措施

街道党委、办事处是实施社区预防计划的主要领导,在组织协调相关部门,指导社区做好预防青少年违法犯罪工作方面负有重要责任;街道综治办要协助党委、政府,组织协调有关部门、单位开展社区预防青少年违法犯罪工作,并把它作为基层安全创建的重要内容,加强督促和检查;社区党支部、居委会是实施社区预防计划的重要力量,应具体负责青少年的教育、管理、服务和成长环境优化工作。社区预防计划能否取得成效,关键在于街道和社区的工作是否真正落实。必须大力加强街道和社区中预防青少年违法犯罪工作的机构、队伍、机制和阵地建设,为社区预防计划的实施提供强有力的保障。

1. 成立预防青少年违法犯罪的两级工作机构。

成立街道预防青少年违法犯罪工作领导小组。要在街道党政领导下,由街道主要负责人担任组长,街道公安、教育、文化、司法、劳动、人民群众团体和辖区单位代表等有关方面共同参加,制定预防青少年违法犯罪的工作规划,协调辖区内有关部门参加社区预防工作,督促落实社区预防计划各项内容,采取有效措施为社区预防计划的实施提供支持和保障。领导小组办公室设在街道综治办或团工委。

成立社区预防青少年违法犯罪工作联席会议。把预防青少年违法犯罪作为社区党支部和居委会的一项重要工作,在社区党支部和居委会的领导下,以社区干事、共青团干部、青少年工作志愿者、中小学校负责人、教师和兼职法制副校长以及社区群众代表参加组成会议,具体负责净化青少年成长的社区环境、加强青少年的教育和管理、服务青少年成长成才的各项工作,在合理分工、明确责任的基础上落实社区预防计划。

2. 建立预防青少年违法犯罪的三支工作队伍。

建立起实施社区预防计划的基本工作队伍。把预防青少年违法犯罪纳入街道青年工作者和社区居委会负责人、团组织负责人、社区民警、社区司法干部和社区少先队辅导员的工作职责中,有条件的街道和社区要增加预防青少年犯罪工作的干部编制,促进青少年工作队伍的专业化。

不断扩大实施社区预防计划的志愿者队伍。整合社会资源,发挥学校、优秀青少年维权岗单位、与青少年工作相关的社会团体、青少年工作专家以及青年志愿者的作用,面向青少年开展法制宣传、帮教助困、心理辅导等活动,做到用其所长,尽其所能,为预防青少年违法犯罪工作提供充足的队伍保障。

建立社区预防计划的社会监督员队伍。以社区内人大代表、政协委员和关心下一代工作的离退休同志、群众代表为核心,动员协调社区中网吧、书店、歌舞厅、咖啡屋、台球厅、健身房等文化、娱乐、休闲场所的负责人参与,做到社会监督与自我监督相结合,及时发现社区中诱发青少年违法犯罪的不利因素和青少年中的不良行为与严重不良行为。

3. 完善预防青少年违法犯罪的四套工作机制。

建立社区预防青少年违法犯罪工作的目标管理责任制。把社区预防计划纳入到各地的社会治安综合治理考核体系中,做到与街道和社区其它社会工作同部署、同落实、同检查,通过明确工作目标、完善考核指标和定期考核评比促进社区预防计划的实施。

建立社区青少年信息调查机制。通过定期家访和开展经常性的青少年热点问题调研，掌握社区青少年的基本情况，特别是对履行教育义务或监护职责有问题的家庭和有不良行为或严重不良行为的未成年人要建立档案卡。

建立社区青少年事务协调处理机制。在合理分工、明确责任的基础上，通过定期的联席会议，交流社区青少年的情况，研究存在的问题，向相关的职能部门反映情况并制定相应措施。

建立社区青少年的跟踪帮教机制。动员社会力量关心生活上处于弱势、思想上有错误倾向和出现了不良行为与严重不良行为的青少年，帮助他们在生活上解困、思想上解惑、行为上纠偏。

4. 建设预防青少年违法犯罪的四类工作阵地。

加强以社区青少年服务中心为主体的青少年活动阵地建设。通过设立专项资金和加大投入，在城市社区中普遍建立青少年互助、娱乐、健身和交往的场所，为开展“社区青少年法律学校”创建、青年文明社区大家乐、青年就业创业培训等社区文化教育活动提供平台。

有效利用社区中学校的活动阵地。要动员向社区青少年开放所属设施，充分利用校内的各种活动场所、设备和实验室、语音室、计算机等功能教室，安排好青少年的活动和节假日生活。学校要积极参与社区青少年活动，为丰富青少年社区生活提供必要的支持和保障。

开放驻社区单位的活动设施。大力推动社区中博物馆、纪念馆、科技馆、体育馆(场)等公共文化设施及企事业单位、社会团体所属的文化体育设施向青少年开放，本着公益性原则，鼓励其增加向青少年开放的时间，免费或低费为社区青少年提供活动的阵地。

加强青少年网上活动阵地建设。集中力量建设好一批有基础、有特点、有吸引力、有影响力的社区青少年网校，特别是要发挥“中青网”等青少年门户网站的龙头作用，聚集和整合青少年网络资源，树立青少年网站的整体形象，熏陶、教育和引领广大青少年。有条件的社区要建立社区网站，通过网络开展青少年喜闻乐见的活动。

四、工作要求

1. 高度重视，加强领导。实施社区预防计划是社会治安综合治理的重要内容。各级党委、政府和预防青少年违法犯罪工作领导小组、社会治安综合治理委员会办公室要高度重视，以强烈的责任感组织实施，把社区预防计划的各项工作落实到实处。领导小组各成员单位要按照预防青少年违法犯罪工作的职责分工，指导本系统的基层单位积极参与社区预防青少年违法犯罪工作，加强对基层单位参与社区预防计划的督促与检查。

2. 抓好试点，稳步推进。社区预防计划是一项长期工作，分三个阶段实施：第一阶段要抓好试点，形成示范。自治区及各市(地)预防青少年违法犯罪工作领导小组都要重点联系一批不同类型、不同特点的街道、社区，通过直接指导和强有力的支持，帮助他们开展预防青少年违法犯罪工作，树立一批实施社区预防计划的示范街区。第二阶段要总结经验，扩大规模。通过总结推广示范单位的先进经验，完善社区预防计划的配套措施，明确下一步工作的重点与方向，扩大社区预防计划的实施范围。第三阶段要着眼深化，全面推进。要在交流经验的基础上，广泛开展社区预防计划，持之以恒地做好预防青少年违法犯罪的各项工作。

3. 统筹安排，务求实效。社区预防计划内容多，任务重。各级预防青少年违法犯罪工作领导小组要加强协调，统一部署，切实做好各部门工作在社区中的衔接。根据当前社区中影响青少年健康成长的主要因素，要集中安排力量，抓住工作重点，有针对性地解决引发青少年违法犯罪的突出问题。要从社区青少年的教育、管理和服务等具体事务做起，通过深入扎实的工作，切实控制青少年违法犯罪的发生。

4. 加强调研，积极探索。社区预防计划是新形势下开展预防青少年违法犯罪工作的一项新举措。各地在实施的过程中，要紧密结合社区的实际，加强调查研究，及时发现新情况，解决新问题。要及时总结工作中的经验教训，通过树立先进典型，激励和引导更多的社区迈入先进行列。要加强对社区预防计划的宣传，提高全社会对预防青少年违法犯罪工作重要性的认识，尤其要使社区居民认识到预防青少年违法犯罪与切身利益的关系，形成人人参与、群防群治的良好局面。

广西壮族自治区社会治安综合治理委员会
广西壮族自治区机构编制委员会办公室
关于印发《关于进一步加强乡镇、街道社会治安综合治理基层组织建设的意见》的通知

(2003 年 12 月 25 日)

各市、县(区)社会治安综合治理委员会、机构编制委员会办公室：

现将《关于进一步加强乡镇、街道社会治安综合治理基层组织建设的意见》印发给你们，请结合实际情况，认真贯彻落实。

关于进一步加强乡镇、街道
社会治安综合治理基层组织建设的意见

为进一步贯彻“打防结合、预防为主”的方针，加强社会治安防范工作，建设社会治安防控体系，落实社会治安综合治理的各项措施，根据中央社会治安综合治理委员会、中央机构编制委员会办公室印发《关于加强乡镇、街道社会治安综合治理基层组织建设的若干意见》(综治委[2003]20 号)的通知精神，特提出以下意见。

一、进一步健全乡镇、街道社会治安综合治理委员会及其办公室

乡镇、街道社会治安综合治理委员会及其办公室(以下简称综治委、办)是乡镇、街道党(工)委和政府(办事处)领导社会治安综合工作的参谋和助手。各级党委、政府特别是县级党委、政府要切实加强对乡镇、街道社会治安综合治理工作的领导，加强乡镇、街道综治委、办的建设，充分发挥它们在维护社会稳定和社会治安方面的组织、协调作用。通过乡镇、街道综治委、办协调各有关部门齐抓共管，整合各方面的力量，共同解决影响社会稳定和社会治安的突出问题，建立健全社会治安防控体系，落实社会治安综合治理的各项措施，维护良好的社会治安秩序。

要按照“属地管理”的原则，进一步健全完善乡镇、街道社会治安综合治理委员会。委员会不仅要有县(市、区)政法部门、行政执法部门派驻机构和乡镇、街道有关部门的负责人参加，辖区内一些主要的企事业单位也要派有关负责人参加。为增强乡镇、街道社会治安综合治理委员会在维护稳定、维护社会治安工作中的组织、协调力度，委员会主任应由乡镇、街道党(工)委、政府(办事处)的主要领导担任。乡镇、街道社会治安综合治理委员会办公室主任应由党(工)委副书记担任，公安派出所所长、司法所所长、人民武装部部长等可兼任副主任。大乡镇原则上配备一名专职干部；中、小乡镇(街道办事处)有条件的可配备专职干部，人员编制少的可指定人员兼管综治工作。配备的专职干部可担任综治办副主任，其编制在原

核定的乡镇行政编制中调剂解决。

二、充分发挥乡镇、街道综治委、办的职能作用

乡镇、街道综治委、办应在以下几个方面的工作中充分发挥自身的职能作用：

(一)认真分析社会治安形势，有针对性地加强社会治安综合治理工作。及时排查治安混乱地区和突出治安问题，组织、协调有关部门开展“严打”整治专项斗争和治理整顿工作。对治安混乱地区和突出治安问题要坚持滚动排查、滚动治理，要明确责任，专人负责，挂牌督办，限期解决。对整治后又出现反复的地区和治安问题，要认真分析原因，有针对性地采取措施，协调有关部门加大工作力度，巩固整治的成效。要有效解决群众关注的热点、难点问题，增强群众的安全感。充分发动辖区内的广大群众和社会力量积极参与“严打”整治和治理整顿。

(二)认真排查矛盾纠纷，指导和督促有关部门充分发挥人民调解、行政调解、司法调解的作用，积极开展调处工作，努力把矛盾纠纷化解在基层，化解在萌芽状态。要进一步明确各有关部门的职责任务，健全矛盾纠纷排查调处工作机制。要特别注意排查调处可能影响社会稳定的重大矛盾纠纷，预防和减少群体性事件的发生。

(三)深入开展基层安全创建活动。积极组织、协调公安派出所、人民法庭、司法所等基层政法部门参与创建工作。在城市社区建设中健全社区综治组织，挖掘社区资源，因地制宜地搞好基层安全创建活动。进一步拓宽社区安全创建活动的内容，把社区管理、社区教育、社区服务和社区防范紧密结合起来，提高社区的整体防范水平。指导辖区内的企事业单位开展安全创建和综合治理工作，落实治安防范措施，参与社会治安防控体系建设。大力协助公安机关开展警务制度改革，使其与基层安全创建活动紧密结合起来，使责任区在做好日常治安防范工作的同时，能切实搞好基层安全创建活动。要协调司法所、共青团、妇联等有关部门开展法制宣传教育，做好法制副校长、综治特派员、社区从事青少年教育的教师的选派和管理工作，充分发挥社区志愿者在基层安全创建活动中的重要作用。指导、配合有关部门做好辖区内的铁路、公路、航道和要害部位、特种行业的安全防范工作，以及对枪支弹药、爆炸物品、有毒有害物品的管理工作。

(四)着力解决影响社会治安的深层次问题。要组织、协调有关部门和单位落实社会治安综合治理的防范、教育、管理、建设、改造的各项措施，预防违法犯罪。做好流动人口管理服务、预防青少年违法犯罪、刑满释放解除劳教人员安置帮教、“扫黄打非”等项工作，协助有关部门做好吸毒人员和受邪教影响人员的帮教工作，不断增强工作效果，减少影响社会治安的不安定因素，提高治安防控能力。

(五)推动有关部门加强对公安派出所、人民法庭、司法所等基层政法组织及村(居)委会、治保会、调委会等基层组织的建设，加强教育培训，提高人员素质。认真落实上级政法委、综治办的工作部署，不仅要使基层政法组织充分发挥职能作用，还要使他们互相协助、互相配合，形成工作的合力。

(六)检查辖区内各部门、各单位的综合治理工作，对工作成效明显的进行表彰奖励，总结推广他们的经验；对存在问题的提出整改意见，督促他们进行整改；对发生严重危害社会稳定的重大问题的要协助上级综治委、办进行调查，并严格实施领导责任查究和社会治安综合治理一票否决。

三、加强乡镇、街道综治委、办的制度建设

要建立和健全乡镇、街道综治委、办的各项工作制度，完善工作机制。建立经费保障机制，在安排财政预算时，要给予保证。完善激励约束机制，进一步调动工作人员的积极性。建立定期培训制度，加强综治干部的教育培训，提高干部素质。

四、加强群防群治队伍建设，充分发挥群防群治队伍的作用

要完善新形势下群防群治的组织形式、工作机制和经费保障机制，组织发动社会各方面的力量参与治安防范。要广泛宣传“维护治安人人有责”的观念，宣传治安防范知识，引导广大群众制订乡规民约、村规民约、居民守则等，组织开展各种形式的治安防范活动。各地可把群防群治工作与再就业、社会保障工作结合起来，从实际出发组建多种形式的专职群防群治队伍，在党委、政府的领导下，由社会治安综合治理机构组织协调，在公安机关的指导下开展工作。专职群防群治队伍必须健全管理制度,从队伍的职责任务到队员的招聘录用、教育训练、值勤备勤、奖励惩处等都要作出明确规定,严格管理。

进一步发挥民兵组织在维护社会治安工作中的作用。各地人民武装部门应从实标出发,采取多种形式,组织民兵参与社会治安综合治理,开展治安防范工作。乡镇、街道人民武装部是乡镇、街道社会治安综合治理委员会的成员单位,应积极主动地组织民兵参与各项综治工作,根据需要,可成建制组织民兵参加社会治安综合治理,完成应急任务。

加强和规范保安服务队伍。保安服务业要逐步规范化、法制化。公安机关应加强对保安服务业的行业管理和业务指导,督促保安服务公司加强对保安员的教育、训练和管理,完善各项管理制度,规范保安服务行为,切实提高服务质量。合理解决保安员在医疗、伤残、养老等方面的社会保障问题,解除他们的后顾之忧,保持队伍的稳定。

要按照《中共中央、国务院关于进一步加强社会治安综合治理的意见》的要求,多渠道地筹集群防群治工作经费。各级政府要正确处理改革、发展、稳定的关系,加大对群防群治工作的投入。此外,应按照“谁受益、谁出资”和“取之于民、用之于民”的原则,由受益单位和群众个人适当投入一定的人力、物力和财力,保证群防群治工作的正常开展。

五、严格实行责任制,建立完善考评机制

县(市、区)和乡镇、街道两级党(工)委、政府(办事处)对加强乡镇、街道社会治安综合治理基层组织建设负有重要的责任。要严格实行责任制,把乡镇、街道社会治安综合治理基层组织建设的情况作为县(市、区)和乡镇、街道党政主要领导、分管领导干部政绩考核的重要内容,加强检查与考评。各地应结合实际制订科学合理的考评标准,把工作任务、工作实效和责任人的奖惩紧密结合起来,做到考评更科学,督查有结果,追究有实效。对乡镇、街道综治组织建设薄弱、工作不力的地方,要加强督促检查,促进社会治安综合治理各项工作措施的落实。

中共广西自治区党委政法委　自治区综治委关于印发《自治区党委政法委员会　自治区社会治安综合治理委员会关于社会治安综合治理“三十百千”工程实施方案》的通知

(2003 年 5 月 16 日)

各市(地)县党委、党委政法委、综治委,柳州铁路局党委、党委政法委、综治委,自治区综治委各成员单位:

经自治区党委领导同意,现将《自治区党委政法委员会自治区社会治安综合治理委员会关于社会治安综合治理“三十百千”工程实施方案》印发给你们,请认真贯彻实施。

两年来,我区各级党委、政府和政法各部门认真贯彻落实全国社会治安工作会议精神,组织开展了声势浩大的“严打”整治斗争,大力推进社会治安综合治理各项措施的落实。经过两年的努力,我区摧毁了一批作恶多端的黑恶势力,破获了一批严重刑事案件,依法从重从快惩处了一批严重刑事犯罪分子,集中整治了一批治安混乱地区,社会治安综合治理的基层基础工作进一步加强,全区刑事案件大幅上升的势头得到了有效遏制,人民群众的安全感明显增强,总体看来,我区的“严打”整治斗争取得了明显成效,社会治安取得了明显进步。但是，我们还应当清醒地看到，当前的社会治安形势还不容乐观。爆炸、杀人等重大恶性案件仍时有发生，抢劫、抢夺、盗窃等侵财犯罪活动仍很猖獗，“黄赌毒”等丑恶现象屡打不绝，滋生和诱发犯罪的因素还大量存在，社会治安好转的基础还不巩固，稍有松懈，就可能会出现反弹。同时，随着我国社会的深刻变革和利益格局的调整，各种深层次的矛盾和问题也将会进一步显现，影响社会治安的因素不仅不会减少，而且还可能增多。因此，必须继续坚持“严打”方针，进一步加大社会治安综合治理的工作力度，决不给犯罪分子以喘息的机会。

从现在起，在全区范围内实施两年为期的社会治安综合治理“三十百千”工程，是巩固和发展“严打”整治斗争的需要，是为加快富民兴桂新跨越步伐，全面建设小康社会营造良好的社会政治和治安环境的需要。只有坚持“打防结合，预防为主”的方针，在继续保持“严打”高压态势的同时，大力加强社会治安防范和管理，构建社会治安“打防控”体系，深入排查调处矛盾纠纷，加强基层组织建设和制度建设，才能实现我区社会政治和治安大局的持续稳定。实施社会治安综合治理“三十百千”工程，是坚持“打防结合，预防为主”方针的正确的思想方法和工作方法的具体体现。社会治安工作只有选准重点地区和重点治安问题，一个地区一个地区地治理，一个问题一个问题地解决，才能积小胜为大胜，逐步实现全区治安大气候的好转；只有通过抓试点，树样板，积累经验，才能推动全区社会治安综合治理工作跃上新的台阶。通过实施社会治安综合治理“三十百千”工程，建立和完善社会治安长效机制，落实各机关、团体、企事业单位的治安防范责任，强化基层组织建设和基层基础工作，组织和发动社会各方面力量开展群防群治，认真整治治安乱点，切实解决突出的治安问题，使这些地方的社会治安工作大见成效，实现刑事案件上升幅度明显下降，社会丑恶现象明显减少，治安混乱地区和单位的面貌明显改观，治安秩序明显好转，人民群众安全感明显增强，从而为全区社会治安综合治理工作跃上新台阶奠定坚实的基础。

社会治安综合治理“三十百千”工程是一项涉及面广、难度较大的工作，必须在党委、政府统一领导下进行。因此，各级党政领导必须坚持以邓小平理论、“三个代表”重要思想和党的十六大精神为指导，认真贯彻全国政法工作会议和全区政法工作会议精神，进一步强化维护稳定的意识，把此项工作列入党委、政府的重要议事日程，根据当地的实际，制定切实可行的具体实施方案，明确目标任务，明确领导责任，落实工作措施，抓好保障工作，力争在两三年内全面形成组织健全、网络完善、全民参与、防控严密、打击有效、保障有力的社会治安“打防控”一体化机制。各部门各单位要认真履行职责，依法办事，密切配合，齐抓共管，共同为营造我区良好的社会政治和治安环境作出新贡献。贯彻落实情况，要及时报告自治区党委政法委员会。

自治区党委政法委员会　自治区社会治安综合治理委员会关于社会治安综合治理“三十百千”工程实施方案

（2003年4月25日）

为了更好地贯彻落实党的十六大精神，根据全国政法工作会议提出的要求并结合广西的实际情况，自治区党委政法委员会、自治区社会治安综合治理委员会决定在全区范围内实施社会治安综合治理“三十百千”工程（即南宁市、柳州市、桂林市等3个城市的城区，苍梧县、合浦县、钦城管理区、港南区、玉州区、八步区、宜州市、右江区、兴宾区、宁明县等10个县[市、区]以及面上其他市县的100个乡[镇],1000个村[居])。为此,特制定本方案。

一、指导思想

以邓小平理论、“三个代表”重要思想和党的十六大精神为指导,认真贯彻全国政法工作会议和全区政法工作会议精神,坚持“打防结合,预防为主”的方针,在继续开展“严打”整治斗争的同时,大力加强社会治安防范和管理,构筑社会治安打防控体系,深入排查调处矛盾纠纷,加强基层组织建设和制度建设,全力维护稳定。实施社会治安综合治理“三十百千”工程,是正确的思想方法和工作方法的具体体现。社会治安工作只有选准重点地区和重点治安问题,一个地区一个地区地治理,一个问题一个问题地解决,才能积小胜为大胜,逐步实现全区治安大气候的好转;只有通过抓试点,树样板,积累经验,才能推动全区社会治安综合治理工作跃上新的台阶,为加快富民兴桂新跨越步伐,全面建设小康社会创造良好的社会政治和治安环境。

二、目标任务

通过实施为期两年的社会治安综合治理“三十百千”工程,建立和完善社会治安长效机制,落实各机关、团体、企事业单位的治安防范责任,强化基层组织建设和基层基础工作,组织和发动社会各方面力量开展群防群治,认真整治治安乱点,切实解决突出的治安问题,使这些地方的社会治安工作大见成效,实现刑事案件上升幅度明显下降,社会丑恶现象明显减少,治安混乱地区和单位的面貌明显改观,治安秩序明显好转,群众安全感明显增强,从而为全区社会治安综合治理工作跃上新台阶奠定坚实的基础。

三、工作要求

(一)继续深入开展“严打”整治斗争。集中时间、集中警力,加大对治安乱点和突出治安问题的整治力度。要从实际出发,什么犯罪突出就重点打击什么犯罪,什么治安问题突出就重点解决什么治安问题。要坚持以破大案、打团伙、追逃犯,严厉打击黑恶势力犯罪、有组织犯罪、严重暴力犯罪、严重侵害群众安全感的多发性侵财犯罪为重点,切实提高破案攻坚和追逃缉捕能力,严惩刑事犯罪分子。当前,必须集中优势兵力,坚决把“两抢”犯罪的嚣张气焰打下去,坚决铲除“六合彩”等非法彩票赌博这个社会毒瘤。同时,要进一步增强政权意识和国家安全意识,严密防范和打击境内外敌对势力、敌对分子和“法轮功”邪教组织以及社会有害气功组织的渗透破坏活动,确保国家安全。

(二)加强治安防范工作。在党委、政府直接领导下,由社会治安综合治理机构统一协调,以公安部门为骨干,以群防群治力量为依托,以街面、居民区和单位内部的防范工作为基础,以案件多发的人群、区域、行业、时段为重点,以在城区的公共场所和乡村主要交通要道设立治安岗亭、昼夜值班巡逻为切入点,建立人防、物防、技防结合、专群结合的社会治安防控体系,提高预防和控制犯罪的能力。

——推进公安警务制度改革,优化警力资源配置,加强社区警务建设。在城市和县城要合理划分警务区,建立健全社区警务室,科学配置警力,把警力向基层倾斜、集中,把工作重点放到管理、防范、服务上。在农村要逐步推广农村警务区,实行民警驻村制、巡防制、包片制等警务制度。

——深入开展各种形式的基层安全创建活动,重点抓好城乡结合部、繁华地段的创建工作,广泛开展安全文明铁道线、平安大道、“三无”(无毒、无赌、无黄)社区、安全文明村屯、安全文明单位、安全文明渔场等各种形式的“创安”活动,加大创建无毒乡镇(街道)、无毒县(市)的工作力度。驻南宁市、柳州市、桂林市的区直、中直单位,要按照“属地管理”原则,主动配合并接受所在市的统一协调和管理。

——建立多种形式的群防群治组织,发展保安服务业,加强保安队伍建设,充分发挥民兵在维护治安工作中的作用。

——加强对城市主要干道、重点部位及易发案地区的治安控制工作。加大单位内部的治安防控和对重点地区、要害部位、公共复杂场所、特种行业、枪支弹药和爆炸、剧毒、放射性等危险物品的监管力度,严格落实安全管理责任。深入开展对网吧、游戏厅、歌舞厅等文化娱乐场所的消防安全等专项治理工作。加强对互联网的安全管理。

——加强对流动人口的管理和服务工作。加

强培训工作，提高进城务工人员的法律意识和综合素质。加强对实有人口和出租房屋的有效管理，落实出租人(单位)、承租人(单位)、管理机构等的责任。

——认真作好服刑、劳教人员刑满释放和解除劳教时的衔接、排查工作，重点做好有重新违法犯罪倾向的刑释解教人员的管控帮教工作。充分发挥社区基层组织、过渡性安置企业、社会志愿者的作用，加强对刑释解教人员的职业指导和技术培训，关心并引导、扶持刑释解教人员就业，预防和减少重新违法犯罪。加强对社区闲散青少年、有轻微违法行为青少年的教育和管理，推动《青少年违法犯罪社区预防计划》的实施。加强流浪少年儿童救助保护中心的建设，把预防青少年违法犯罪工作落到实处。深化安全文明校园创建活动，优化青少年健康成长的社会环境。

——深入开展矛盾纠纷排查调处工作，随时掌握群众关心的热点、难点问题。各地要及时发现和掌握本地区矛盾纠纷的情况，采取有效措施调处化解，力争把矛盾纠纷解决在基层、解决在单位内部、消除在萌芽状态。自治区管理的直属企业(单位)有可能影响全区稳定的热点问题，由自治区有关主管部门按照“谁主管，谁负责”的原则牵头负责解决。其中：红茂矿务局问题由自治区经贸委牵头负责；柳州十一冶问题由自治区党委企业工委牵头负责；平桂矿务局问题由自治区劳动和社会保障厅牵头负责；林业系统各林场内部问题以及场群土地纠纷问题由自治区林业局牵头负责；农垦系统各农场内部问题以及场群土地纠纷问题由自治区农垦局牵头负责；侨务系统各农林场内部问题以及场群土地纠纷问题由自治区华侨企业管理局牵头负责。此外，南宁“两公司”问题由自治区处理“两公司”问题协调小组办公室牵头负责。

——进一步推进以信息化为先导的科技装备建设，提高公安工作的科技含量。加快实施以“金盾工程”为核心的科技强警步伐。要以公安分局、县局为平台，逐步建成覆盖基层科、所、队的局域计算机网络，实现与公安部、区厅、市局三级网络的联接。同时，努力改善公安刑侦、技侦等警种的技术装备，不断提高与犯罪作斗争的能力。

——加强法制、道德教育，增强公民的守法和防范意识。要把依法治国和以德治国结合起来，认真贯彻“四五”普法规划，深入开展“法律进社区”、“法律进村”等活动，搞好全民普法教育，提高全民法律意识和法律素质，推进地方、行业和基层的依法治理。认真落实《公民道德建设实施纲要》，大力倡导二十字公民基本道德规范和见义勇为精神，调动群众参与社会治安防范、维护社会治安的积极性。要充分发挥大众媒体的正面引导作用。

(三)强化基层组织网络建设。进一步加强城乡基层党组织建设和村(居)委会三建设，建立健全乡镇、行政村(街道)、社区、企业、行业的人民调解委员会和行政村(街道)治保会等群众自治组织；推广民警驻村、巡防、包片等行之有效的工作制度。建立村级(街道)治安协会，吸收有威信、办事公道，有一定文化水平、法律水平、政策水平和解决问题能力的退休公务员、村(街道)干部、中小学校长、老党员、老村(居)民等参加治安协会，提高村民自我教育和自我管理能力。加强对社区治保、联防队伍，调解、帮教队伍，外来人口协管员以及兼职法制副校长等基层综治工作队伍的管理和教育。加强县(市、区)、乡(镇)、村(居)三级治安工作力量，市、县、乡(镇)都要在所在地组建拥有一定数量的巡防队伍，加强对主要街道和重点地段的控制。加强信息员队伍建设。县(市、区)、乡(镇)党政领导干部要普遍建立社情民意信息员联系制度，及时了解和掌握社情民意，密切党群关系、干群关系，帮助群众排忧解难。县(市、区)公安局和派出所要广泛建立治安信息员联系制度，广开信息渠道，及时掌握各种影响稳定的苗头、动向和违法犯罪分子活动的线索，牢牢掌握打击犯罪、维护稳定工作的主动权。县(市、区)司法局和乡镇司法所要广泛建立调解信息员联系制度，及时发现和掌握各种民间纠纷的苗头，及时组织调处、化解。

(四)建立健全社会治安长效机制。一是建立以“谁主管、谁负责”原则为核心的奖罚分明的领导责任机制；二是建立政法各部门相互配合、相互制约与社会广泛参与，形成合力的打击机制；三是建立社会矛盾纠纷排查调处机制；四是建立突出重点对象和重点内容的法制与道德相结合的教育机制；五是建立各职能部门充分发挥作用、各单位齐抓共管的协作机制；六是建立处置影响社会稳定的重大突发事件的快速反应机制；七是健全以"110"报警中心为龙头、以卡口封控为支撑、多警种一体化的快速处警机制；八是建立多层次、广覆盖、网络型的专群结合防控机制；九是建立严密有序、经常性的社会治安管理机制；十是建立适应社会治安综合治理发展需要，集机构、人员、经费等为一体的保障机制。

(五)加强社会治安综合治理的理论研究工作。积极探索和掌握社会综合治理的规律，努力提高社会治安综合治理工作水平。

(六)加强督促检查。要加强对实施社会治安综合治理"三十百千"工程的督促检查工作。2003年下半年和2004年上半年，自治区将组织开展两次专项督查工作，各地也要认真开展督查工作。要坚持实事求是原则，坚决纠正有案不立，"不破不立"等错误做法。对弄虚作假行为，一经查出，要严肃处理。

四、实施步骤

(一)准备阶段。2003年5月底前，各地要摸清治安乱点和突出的治安问题，找出存在问题的原因，确定整治重点，制定治理方案。并将纳入社会治安综合治理"三十百千"工程的县(市、区)、乡(镇)、村(居)的社会治安现状列表上报自治区综治委办公室备案。

(二)试点阶段。2003年上半年，自治区在继续巩固提高柳州市和来宾市兴宾区两个先行点的基础上，再抓好南宁市和钦州市两个试点。各市(地)在重点县(市、区)或乡(镇)进行试点，各县(市、区)在重点乡(镇)或村(居)进行试点，取得经验后，召开现场会，逐步推开。

(三)全面整治阶段。从2003年下半年开始进行全面治理。各地要集中力量，认真整治治安乱点，切实解决突出治安问题。在此基础上，建立健全治安防范的长效工作机制，使社会治安综合治理工作逐步走向规范化、法制化轨道。

(四)检查验收阶段。2005年下半年，依据《自治区社会治安综合治理"三十百千"工程检查验收标准》，逐级进行检查验收。自治区级对3个城市的城区和10个县(市、区)进行检查验收；市(地)级对100个乡(镇)进行检查验收，县级对1000个村(居)进行检查验收。在此基础上，认真总结经验，评比表彰先进。自治区在适当时候表彰在工作中涌现出的先进集体和先进个人。

五、组织领导

社会治安综合治理"三十百千"工程是一项涉及面广、难度较大的工作，必须在党委、政府统一领导下进行。因此，各级党政领导必须提高认识，把此项工作列入党委、政府的重要议事日程，根据当地的实际，制定切实可行的具体实施方案，明确目标任务，明确领导责任，落实工作措施，抓好保障工作，切实把这项工作抓紧抓好。各部门要认真履行职责，依法办事，密切配合，齐抓共管。

附：

自治区社会治安综合治理"三十百千"工程检查验收标准

一、领导重视

(一)党政"一把手"切实负起"第一责任人"的责任，对社会治安综合治理工作要亲自研究、亲自部署、亲自检查。分管领导全力以赴具体抓，切实负责抓住、抓紧、抓好。

(二)把社会治安综合治理工作作为一项重要任务，纳入本地经济社会发展的总体规划和年度计划之中，拿出足够的时间和精力，常抓不懈，持之以恒。

(三)各级党委、政府定期听取社会治安综合治理工作汇报，每年不少于两次，帮助解决工作中的困难和问题。

（四）大力加强政法综治队伍建设，配强各级领导班子，增加必要的工作力量，加强教育培训，全面提高干部队伍的政治素质和业务素质。

（五）政府在安排财政预算时，对社会治安综合治理工作的经费予以保证。

二、组织落实

（一）建立健全市、县、乡三级综治机构。按照中发[2001]14号文件要求，配齐、配强乡镇（街道办事处）综治机构专职人员。

（二）行政村（街道）建立健全治安协会、治保会和其他不同形式的治安联防组织。

（三）乡镇、村（街道）、社区、企业、行业建立健全人民调解委员会和刑释解教人员安置帮教组织。

（四）组建治安联防队伍。市级在城区内组建300人以上的专业巡防队伍；县级所在地组建20人以上的专业巡防队伍；乡镇在所在地组建10人以上的多种形式的巡防队伍。机关、企事业单位的内部保卫力量得到充实和加强。

三、制度落实

建立健全社会治安综合治理目标管理责任制、社会治安综合治理领导责任制、社会治安综合治理一票否决权制、矛盾纠纷排查调处制度、村规民约以及其他社会治安综合治理工作制度。要把各项制度真正落到实处。

四、经费保障落实

（一）社会治安综合治理专项经费（用于社会治安综合治理表彰、综治骨干培训和综治专门机构的其他正常活动）列入市、县、乡三级财政预算予以保证。

（二）群防群治经费筹集渠道通畅。按中央要求，多渠道地筹集群防群治队伍建设所需的经费，除政府财政适当补贴以外，由受益单位和个人适当投入一定的人力、物力、财力。

五、治安状况明显好转

（一）刑事案件上升幅度低于全区平均水平，其中抢劫和抢夺案件，2003年比2002年下降20%以上，2004年比2003年继续有所下降。

（二）刑事案件破案率逐年提高，并高于全区平均水平，其中杀人、放火、爆炸、投毒、绑架等案件破案率达90%以上（命案必破）。

（三）不发生下列重大群体性事件：

1.100人以上的非法集会、游行、示威的；

2.100人以上严重影响社会稳定的罢工、罢课、罢市的；

3.7人以上的非法组织和邪教组织的公开聚集滋事活动，或一次3人以上等；

4. 聚众围堵、冲击党政机关、司法机关、军事机关、重要警卫目标、广播电台、电视台、通信枢纽及其他要害部位和单位的；

5. 聚众堵塞公共交通枢纽、交通干线，破坏交通设施，致使交通中断的；

6. 在大型体育比赛、文娱、商贸、庆典等活动中出现聚众滋事或骚乱，致人伤亡3人以上的；

7. 聚众哄抢国家仓库、重点工程物资以及其他公私财物造成重大损失的；

8.300人以上械斗，或动用枪炮械斗，或械斗致人死亡3人以上的；

9. 严重扰乱正常的生活、生产、工作秩序，造成恶劣影响的其他群体性事件。

（四）乡镇、村（街道）两级民间纠纷调解率达95%以上，调解成功率达90%以上。

（五）对“黄赌毒”查禁有力：

1. 乡镇、村（街道）两级不发生贩卖毒品、吸食注射毒品、种植罂粟、制造毒品等现象；

2. 毒品问题严重的县（市、区）的重点整治工作要达到自治区关于创建无毒社区重点整治工作的标准；

3. 公共娱乐场所无贩毒、吸食摇头丸的现象，无色情表演，无公开色情服务；

4. 无公开的赌博活动，对聚众赌博窝点发现一个捣毁一个，“六合彩”等非法彩票赌博活动得到有效遏制。

（六）流动人口管理工作全面推行“政府牵头，各家参与，统一管理，综合治理”的管理模式，做到管理机构健全，人员落实，经费保障。

（七）重点整治成效显著，治安混乱地段和单位的面貌彻底改观。

（八）人民群众对社会治安的基本满意率达90%以上。

广西壮族自治区财政厅 广西壮族自治区社会治安综合治理委员会办公室关于综治经费列入财政预算的通知

(2003年12月29日)

各市财政局,社会治安综合治理委员会办公室:

为认真贯彻落实中共中央、国务院《关于进一步加强社会治安综合治理工作的意见》(中发[2001]14号)文件和全国社会治安综合治理工作会议精神,保证社会治安综合治理工作正常的经费所需,各级财政要建立健全社会治安综合治理工作经费保障机制。从2004年起,社会治安综合治理专项经费应列入各级财政预算,专款专用。同时,根据当地人口数量,按照一定比例,核定年人均社会治安综合治理工作经费,且随当地经济的增长逐年有所提高。

创建"一区一室一会"　实现社会治安明显好转

中共钦州市委　钦州市人民政府

2002年以来,我市全面实施广西壮族自治区社会治安综合治理"三十百千"工程,在全市城镇、乡村创建一区(警务区)、一室(调解室)、一会(综治协会)的基层治安工作网络,构筑"打防控"一体化的社会治安防控体系,实现了社会治安明显好转。主要做法是:

一、增强共识,筑牢一线根基

近年来,我市的社会治安状况虽有所好转,但治安形势依然严峻,刑事案件发案居高不下,各种矛盾纠纷比较突出,尤其是"三大纠纷"引起的械斗事件影响较大。2001年2月8日,我市浦北县旺盛江村与玉林市博白县大角村由于投标建水库发生纠纷,双方群众使用自制土枪土炮对击,此事惊动了中央,胡锦涛同志批示广西区党委要认真查处。自治区党委领导率领工作组进村调解处理此事,牵涉了各级领导大量精力。事后,我市党政领导对此事进行认真反思,一致认为,之所以发生这类恶性事件,主要原因是基层基础工作没有做好。因此,在创建警务区、调解室、综治协会等工作中,我市党政领导亲自部署,深入调查研究,具体指导创建工作,取得了成效。今年3月,自治区统计局调查结果显示,我市群众对社会治安状况的满意和基本满意率达96%。

二、全民参与,构建打防控体系

(一)设立警务区,实行治安防范工作重心前移。一是在城市社区和乡镇重点村(居)委会设立警务区,主要负责城乡结合部的治安。二是在农村集贸市场和其他治安复杂地段设立警务区,重点加强集贸市场及周围村委、治安复杂地区的巡逻防范。三是在交通要道设立警务区，主要负责对过往车辆的监控。每个警务区都成立治安巡防中队，市区和县城成立治安联防大队，乡镇成立治安应急分队，村居委会、机关单位建立各种群防群治组织，落实治保干部、保安等专业力量和治安义务信息员、治安积极分子等群众防范力量。同时，在城区的16个重点地段、在一些乡镇复杂区域和案件多发路段设立了治安岗亭和110报警点。为加强对流动人口的管理，市、县（区）成立流动人口管理领导协调小组，乡镇及社区设立流动人口管理站，配备专职的协管员。每个管理站都建立流动人口的指纹档案，实行微机管理，并定期进行比对查询，对流动人口中的重点人口，全面落实发回函制度。此外，全面落实重点部门、部位的安全技术防范措施，对重点部门的所有营业网点、仓库及车站、码头等重要场所，全部安装与公安机关110报警台相联接的自动报警装置，提高整体防范能力。在全市形成了市、县区、乡镇、村（居）委会、单位人防技防物防相结合的社会治安防控体系。通过实行这些措施，全市治安形势明显好转。今年刑事案件和治安案件均大幅下降。

（二）建立调解室，筑牢化解矛盾纠纷防线。全市65个乡镇、街道办事处全部建立调解室，1024个村（居）委都设立人民调解委员会。村（居）民小组建立了调解小组，落实了调解人员，构筑乡镇、村（居）委、村民小组调解组织“三道防线”，把矛盾纠纷处理在萌芽状态，化解在基层。今年以来，全市乡镇、村（居）两级调解室共调解各种矛盾纠纷4088起，调解成功率达94.4%，防止民间纠纷转化为刑事案件180件687人，制止群体性械斗闹事183起。

（三）建立综治协会，夯实维护稳定基础。综治协会是经民政部门依法登记的合法组织，综治协会有章程，明确会员条件、职责任务和各项制度。目前全市已有662个村委和22个社区建立综治协会，吸收会员371320人，形成一支自我教育、自我管理和自我防范的群防群治队伍。协会在村委会的领导下，协助治安职能部门开展治安防范及各种安全创建工作。综治协会建立四项制度：(1)汇报制度。各村（社区）综治协会向所属乡镇（街道）综治委，每月报告一次社会治安情况，做到有事报事，无事报平安。(2)例会制度。各村（社区）综治协会每季度召开一次协会主要成员会议，分析研究本村综治协会开展活动情况。(3)工作总结制度。每年底召开一次会员代表大会，总结经验，表彰先进，部署工作。(4)宣传教育制度。要求各个村委通过法制学校、法制宣传栏和发放法制宣传资料等形式，向广大群众进行法制教育。

三、采取措施，落实保障机制

一是强化乡镇综治机构建设。市编委规定，每个乡镇都设立综治办，由党委一名副书记兼综治办主任，另配一名专职副主任（享受副科级待遇），同时选派政法干警到全市乡镇和街道办事处挂任副职，专抓综治工作。二是加强对村级综治工作指导。从市直、县区、乡镇抽调1024名干部担任村（居）综治特派员，加强对村（居）委会、警务区、调解室、综治协会工作的引导、指导和协调。三是确保综治经费落实。我市在财政比较困难的情况下，采取从市、县区级财政拨一点、企业赞助一点、受益单位和人员自愿捐助一点的办法，2002年筹集了300多万元经费，确保警务区巡防队员和保安队员的报酬，使他们能够安心工作。四是落实奖惩机制。我市把“打防控”工作列入各级领导干部的考核的一项重要内容，与领导干部的晋职晋级和奖惩直接挂钩，对抓社会治安综合治理成效显著的地方、部门和单位及其领导干部给予表扬和鼓励，对因工作不力而导致发生严重危害社会稳定和社会治安问题的地方、部门及单位进行领导责任查究，坚决实施一票否决。

依靠党委领导　借助综治优势
推进铁路护路联防走社会化管理新路子

广西区综治委铁路护路联防工作小组

几年来,我们坚持依靠党委领导,借助综治优势,落实责任、创新方法,全面推进安全文明铁道线创建活动,在实行铁路护路联防走社会化管理的路子上探索实践,取得了初步成效。我们的主要做法是:

一、立足适用实效,探求社会化管理新路子

多年来,我区综治委认真贯彻中央综治委关于加强铁路护路联防工作的部署,经过组织民兵护路、政府承包护路、专职队伍护路等途径,使广西的护路联防工作取得了明显的成效,实现了阶段性的目标,对维护管内铁路治安秩序稳定起到了积极的促进作用。但是,随着社会主义市场经济的发展和社会改革的力度加大,影响铁路治安的社会不利因素有所增多,铁路护路联防面临的治安形势仍然十分严峻,铁路治安秩序和运输安全状况时好时坏的问题没有从根本上得到解决。怎样才使铁路护路联防和创建安全文明铁道线工作针对性更强、更富有成效、更具有生命力,这是我们反复思索和期待解决的问题。通过调查分析和理性思考,我们于1999年将广西原有“政府承包、条块分管、按段定额、有偿服务”改变为“落实责任、义务护路、系统考核、奖惩激励”的铁路护路联防社会化管理方案。这个方案在自治区综治委铁路护路联防工作小组会议上得到肯定。认为这是个新思路,符合广西经济和治安形势客观实际,符合柳州铁路局管内治安状况发展趋势,抓铁路护路联防和安全文明铁道线创建活动就是要实行当地党委、政府的统一组织领导,纳入全区社会治安综合治理总体目标统一管理,由此,广西铁路护路联防工作以实行社会化管理为方向,开始走上了一条新的路子。

二、抓好组织机构落实

一是建立自上而下的铁路护路联防工作机构。统一组建自治区、市(地)、县(市、区)铁路护路联防机构,统一组织机构名称。自上而下,做到有护路工作牌子,有办公地点,有办公经费,有统一管理制度,有统一基础工作台帐。目前,全区铁路沿线12个市地、59个县(市、区)实现了铁路护路联防和创建工作领导到位,组织到位,人员到位,责任到位,工作措施到位。

二是依靠党委领导的地位权威,抓好护路联防责任制落实。前几年,我区的铁路护路联防工作都是由自治区护路办或铁路分局同有关县市或专职护路联防队伍签订分段承包协议,按劳付酬奖励办法,结果存在责任压力不大,拿多少钱干多少活的雇佣观念,一些护路措施也难以落实到位。为此,我们将铁路护路联防和创建工作纳入全区社会治安综合治理目标管理,由自治区党委和政府主要领导每年与各市地党政主要领导签订铁路护路联防目标管理责任书,真正把铁路护路联防和创建工作纳入到各级党委、政府的总体工作,纳入到各市地社会治安综合治理的考评内容。通过依靠党委、政府的领导地位权威,构建起了党政领导负总责,综治委主抓,路地联动、村为基础、分段定责、落实责任,一级抓一级,一级管一级,一级向一级负责,横向到边,纵向到底,上下贯通的护路联防工作机制。目前,全区铁路沿线12个市地、59个县(市、区)、160个乡(镇)、1200多个村屯,层层签订了铁路护路联防目标管理责任书。担任自治区、市地、县(市、区)各级铁路护路工作小组的党政主要领导就达140多名。他们把铁路护路联防摆上重要议事日程,拿出足够的时间和精力来抓这项工作,建立护路联系点150个,发表护路电视广播讲话180次,参与护路实地检查指导1600

余次，出面解决涉铁治安和安全问题850件。

三、建立长效护路联防管理机制

一是借助社会治安综合治理的机制优势。我们在铁路沿线各市地建立起铁路护路联防工作领导小组71个，专门办事机构82个，确定专兼职护路干部1500多名，建立起6700多名的村民义务护路队伍。制定了组织机构、职责任务、经费保障、检查考评、奖优罚劣规范性文件，做到有法可依、有章可循，为规范有序地开展社会化护路联防和创建工作提供了有力组织保证。

二是借助社会治安综合治理的手段优势。几年来，我们因地制宜地把治安综合治理中政治的、经济的、行政的、法律的、文化的、教育的多种手段综合运用到护路联防工作的实践中去。为了从政治上激发南昆新线沿线人民群众爱路护路的积极性，我们组织了“百色革命老区十万人爱路护路签名”活动，发出了爱路护路倡议书10万余份，群众签名人数达18.6万多人。为营造强烈的爱路护路文化、教育氛围，我们将每年六月定为铁路地方统一性的爱路护路宣传活动月，并组织路地爱路护路文艺演出队，绘编《铁路法宣传手册》、《铁路安全常识挂图》，在沿线乡村集市演出巡展，组织拍摄《南昆铁路治安备忘录》在电视台播放，进行警示宣传教育。在铁路沿线中小学推广红领巾、共青团护路队活动，开展以爱国家、爱集体、爱铁路、爱生命为主题的护路有奖征文比赛，宣传铁路法，营造爱护铁路、从娃娃做起、人人有责的社会舆论氛围，适时组织召开铁路沿线重点区段“打击车匪路霸公捕公判大会”，维护法律的尊严和震慑涉铁违法犯罪。

三是借助社会治安综合治理的系统优势。我们遵循治安综合治理确立的“打防并举、标本兼治、重在治本”的工作方针，把打击、防范、教育、管理、建设等几个方面的工作系统有机地结合起来，多措并举，多管齐下，或集中严打整治、或重点防疏堵漏，或开展安全创建活动。近两年来，组织沿线路地公安机关开展“严打”专项行动324次，排查整顿治安重点区段16个，抓获涉铁违法犯罪嫌疑人2700多名，缴获赃款赃物价值180多万元。去年，我们与柳州铁路局联手对管内三千多公里铁路线的非法私设道口及危及行车安全隐患等问题进行全面调查，并以广西区综治委和柳州铁路局的名义联合发文向各市地和铁路部门通报，组织全区“清理拆除非法私设道口统一行动”，自治区人民政府为此向各市地发出督办电，这次统一行动就拆除管内非法私设道口120个，有效地强化铁路道口安全管理。按照“重在建设”的思路，我们从2000年开始就以创建安全文明铁道线活动为载体，通过抓点带面、典型示范、检查评比、分段推进，使管内主要干线安全文明铁道线全面达标，取得了明显阶段性成果。

四是借助社会治安综合治理的奖惩优势。一票否决权制是落实社会治安综合治理各项工作的重要举措，它直接涉及到单位和个人的政治荣誉、经济利益。我们在完善铁路护路联防目标管理的基础上，相应地建立了一套奖惩结合、赏罚分明的激励制约机制，以调动广大人民和干部群众参与维护铁路治安的积极性，督促鞭策后进单位改进工作。出台了对沿线各市地落实护路联防目标管理责任制实行量化考核的重奖重罚措施。坚持对检查考评不达标的市、地、县敢动真格，硬起手腕，兑现处罚。1998年，柳州地区一个县由于铁路沿线有的村屯治安混乱，出现了几个货盗团伙，我们在年终考评中出示了“黄牌警告”，在该县引起了强烈的震动，促进了该县党政领导痛定思痛抓整改，及时调整了县护路领导班子，组织了10多个工作组下乡进村，通过治穷、治愚、治乱多措并举，强化村级基层党组织的建设。经过两年艰苦奋斗，跨进全区护路联防工作先进行列并受到奖励。2000年11月16日，河池地区南丹县境内发生了一起爆炸铁路案件，年终护路检查考评时，我们按照考核标准坚决给予该地区黄牌警告，扣除了其本应获得的达标经费3万多元。此举使该地区受到深刻教育，把压力变为动力，认罚不认输，振奋精神，全民动员，护路小组由80多个扩展到210多个，出现了村村抓护路、男女老少齐上阵的新局面，安全文明铁道线创建活动有声有色，效果显著，一举夺得了2001年度全区护路联防达标检查考核优秀单位，获得了12万元的重奖。

运用现代科技　加强治安防控

中共南宁市委　南宁市人民政府

近年来,南宁市致力探索市场经济条件下加强社会治安综合治理的新办法新措施,运用现代科技,加强治安防控体系建设,防范和打击了各类犯罪活动,重特大刑事案件得到有效遏制。2003年上半年,全市刑事案件同比下降了13.47%,呈现出发案少、秩序好、群众满意的良好局面,为我市在全自治区率先实现跨越式发展创造了良好的社会治安环境。

一、搭建管理与指挥平台,建立科技防范体系

(一)与时俱进,积极探索技防新路子。2001年我市投入1.68亿元,建成了我国首家城市社会应急联动中心,为构建新型高效的现代治安防控体系提供了高技术支撑并打下良好基础,形成了市委、市政府统一领导,社会应急联动中心协调指挥,治安管理和社会应急各部门整体联动,"打防控"一体化的社会治安防控新格局。公安、武警、信访、卫生等相关部门联合全时值班,统一处理市长公开电话12345、110报警服务台、火警119、交警122、急救120等各类报警救助电话,平均每天接听报警求助电活约5000—7000个,每月达17万个,处理各类有效报警求助事件2万多件,大大提高了应对各种突发性事件的快速反应能力。

(二)科技铺路,全面推进治安防控体系建设。一是解决了治安防控单一分散、技术落后的问题,加快了我市治安防控的科技进度。二是解决了过去110报警系统覆盖范围小的问题。由56类应急救助信息构建而成的信息化、数字化平台,在应急联动中心建立国内第一个储存信息量最大的地理信息系统,覆盖面积由原来的80平方公里扩大到10029平方公里,并且随着我市行政区域的扩大而扩大。三是解决了系统接听难以接通的问题。应急联动中心从对方拨报警电话进来到系统接警员接听仅需2到3秒钟,远低于公安部规定的10至13秒接听标准。四是解决了无统一的社会应急联动工作模式问题。在国内第一个实现了多警种、多部门应急联动指挥协商的社会应急联动工作模式。公安部2002年6月已向全国公安系统正式推广。五是解决了无治安防控法规的问题。《南宁市社会应急联动规定(试行)》是我国第一个多部门、多警种的社会应急联动地方法规。

(三)高效防控,积极发挥应急联动优势。一是通过避免重复投资建设,改变了过去119归武警管理、110归公安管理等系统分散、协调困难的局面,为国家节约了大量人力物力财力。二是实现无障碍信息反馈。我市党政领导的车上都安装了紧急救援通讯车台,接到应急联动中心的信息后,无论在什何地方、任何情况下,都可以召集60个单位领导召开电话会议,统一指挥,快速处置。三是为老百姓提供了极大的便利。应急联动中心实现了跨部门、跨警种之间的统一应急,联合行动,市民只要拨打110、119、120、122中的任何一个号码,就能得到所需的救助。同时,应急联动中心覆盖了市内80万部有线电话,市民打来报警电话,即使没有声音,应急联动中心值班电脑也能准确显示报警位置和机主姓名,从而进一步保障了人民群众的生命财产安全。四是实现资源共享。应急联动中心提高了政府对突发事件的快速反应能力和处置能力,相当于未建前处置能力6倍以上。2002年10月29日,我市二塘煤矿井下突然发生火灾,应急联动中心从接报警到派警只用了38秒钟。五是加强对犯罪分子的震慑作用。应急联动中心在市辖区东、西、南、北各建起了一个800兆的无线集群基站,无线指挥信号覆盖了市辖区的全部联动目标,一有紧急事件发生,中心立即指挥有关部门和单位就近设卡布控,织密防控网络,不让一个疑犯跑掉。

（四）加大对社会应急联动中心的宣传力度，推进技防措施的落实。2002年4月，现任中共中央总书记、国家主席、中央军委副主席胡锦涛同志在广西视察时，称赞我市的社会应急联动中心"通过应急联动，达到互联互通、资源共享、方便群众"。市属新闻媒体进行宣传，使科技防范、科技创安逐步家喻户晓、深入人心。

二、注重人防和技防结合，提高治安防范能力

一是加强公安"专防"队伍建设。公安机关强化了面上巡逻防范，对市区的繁华街道。商业区以及首脑机关、金融单位等重点部门和要害部位周边进行24小时治安巡防，巡逻警力可随时根据联动中心或市公安局指挥中心的指令，开展围追堵截，捕捉犯罪嫌疑人，建立了街面治安快速反应机制。二是组建专职巡防队伍。目前，全市共投人6600多万元，组建厂职业化的治安巡防队793支6615人，专门协助辖区巡警，对辖区街道、重要场所进行全天候巡逻防范，及时发现和打击现行犯罪。三是抓好义务"群防"队伍。各个社区根据自身实际情况，发动群众以各种形式参与治安防范。如望州南社区成立了"老妈妈巡防队"和"社区110"，实现了连续几年社区无刑事案件发生。目前，全市共有社区治安义务值勤队2632支29343人。

三、突出基层与基础建设，筑牢一线防控阵地

（一）大力推进基层的技防工作。我市运用社会应急联动中心在社会治安防范中的高科技功能，加快技防网点的建设，形成点线相连，上下并网、四面联动的技防格局。一是科技防范向高科技、全方位拓展。基层的科技防范不能满足于安装几个电子报警器和几扇电控防盗门，而是逐步向高科技、全方位拓展。形成进出社区需持1C卡通过电脑感应器认定；楼栋安装可视对讲系统，周界地段安装先进的光束红外线警戒侵入灯警告、录像的防护系统；重要部位设置高分辨活动云台式360度转角摄像机和视频监控探头。微波通信局采取微波遥控向全区内的47个无人值勤的微波站实行全天候监控，一旦发现情况，可立即通知附近的公安机关及时处置。二是科技防范向金融系统、要害部位覆盖。全市金融部门运用现代科技防范手段，建立一线防范网络。在城区18个金库和487个营业网点安装了视频监控探头、红外线报警、防弹玻璃，技防覆盖面达100%，金融系统的盗抢案件明显减少。三是科技防范向社区、居民户延伸。公安机关指导、监督金融系统营业网点、金银珠宝商品店、涉外宾馆饭店、重点单位的重要部位安装技防设施，引导社区加强技防建设。

（二）大力推进社会面上的技防监控。一段时期，我市中心城区社会面上的"两抢"案件居高不下，治安情况时有反弹。市委政法委、市综治委结合自治区"三十百千"重点治理工程和"首府安宁工程"，在中心城区狠抓了社会面上技防示范工程，成立了中心城区技防指挥中心，构建了城市网络化公安监控调度管理系统，实施了重点单位、重点场所24小时监控，形成一个时效性、整体性的防控网络。今年上半年，中心城区的刑事案件同比下降了35.9%；"两抢"案件同比下降了45.5%，市运德公司针对汽车站人员流动大，诈骗、扒窃犯罪活动突出，明确提出了技防进车站，建立了公共复杂场所的长效防范机制，技防使车站的治安秩序更加和谐稳定。

（三）大力推进基层技防的基础建设。一是树立"花钱买平安"的理念，使技防促综治的工作逐步深化。目前，全市技防投入100万以上的单位达到38个。二是建立与技防相适应的基础保障设施。各县区先后给技防指挥中心、技防应急分队、技防执勤点配备了对讲机和执勤车辆，做到一旦有情况，能够快速反应、快速处置。三是落实技防的经费保障。我市在技防投人中，采取政府投资、单位出资、用户捐资等渠道拓展技防领域。2001年市政府出资1.68亿元筹建亚洲一流的社会应急联动中心。2003年上半年，新城区、兴宁区各出资160万元用于技防设施的投人。近三年来全市用于技防经费投入达到2.209亿元，有力地加强了我市的综治工作。

（撰稿：蓝平生
审稿：蒙平友　王雪鹏）

海　南　省

海南省社会治安综合治理工作概况

2003年，海南省社会治安综合治理工作在中央综治委、办和省委、省政府的正确领导下，坚持以党的十六届三中全会和省委四届四次全会精神为指导，坚持用“三个代表”重要思想统领综治工作，以发案少、秩序好、社会稳定、群众满意为目标，构建严密的治安防控体系，狠抓社会治安综合治理各项工作措施的落实，为全省的经济发展和社会进步做出了积极的贡献。

一、各级领导高度重视综治工作，切实加强领导

为了切实做好社会治安综合治理工作，为我省的改革开放和现代化建设创造良好的社会治安环境，省委书记汪啸风多次召集专题会议研究综治工作，并提出具体意见。省委副书记、纪委书记、省综治委主任蔡长松经常深入基层调查研究，多次亲自主持召开维稳领导小组会议，对排查出的48宗重大矛盾纠纷，实行挂牌督办。为了解决澄迈县黄龙村和东潮村长达30多年的土地纠纷，省委常委、政法委书记、省综治委副主任钟文带领工作组24次下到村社，妥善解决了这一难题。各市县党委、政府也高度重视社会治安综合治理工作，从实践“三个代表”重要思想的高度，把社会治安综合治理工作摆上重要位置，纳入当地社会和经济发展的总体规划，逐步形成了党政主要领导亲自抓、分管领导具体抓、有关领导共同抓的良好格局。省委副书记、海口市委书记王富玉同志主持召开海口、文昌、定安、澄迈、临高、乐东等六市县主要领导会议，专题研究区域联防问题，妥善解决了海口市周边市县联防联治的难题。琼海市委坚持数年来把综治工作和党建工作、经济工作当作三大工作来抓，同部署、同检查、同抓落实，既维护了社会治安的稳定，又促进了经济的发展。琼中县为抓好创建“禁毒优秀县”工作，推出了一系列新举措，县四套班子领导和公安局领导、乡镇领导亲自抓禁毒工作，并每人承担一名吸毒人员的帮教工作，实行逐级包干责任制，收到较好的效果。三亚、文昌、儋州、东方、澄迈、乐东、定安、屯昌、昌江等市县的主要领导重视综治工作，把综治工作列入议事日程，每季度研究一次，发现重大问题，随时研究并帮助解决问题，有力促进了综治工作的深入开展。

二、继续深入开展“严打”整治斗争，如期实现了“两年为期”社会治安取得新的明显进步的目标

根据中央的统一部署，我们结合本省刑事犯罪的特点，本着什么问题突出就重点解决什么问题，哪个地方治安混乱就重点整治哪个地方的原则，因地制宜地开展“严打”整治斗争。2003年，全省共破获刑事案件7973宗，打掉犯罪团伙1524个，抓获各类违法犯罪嫌疑人25743人，缴获赃款赃物折合人民币2443万元，有效地维护了全省社会治安秩序的稳定，进一步增强了人民群众的安全感，基本实现了“两年为期”社会治安取得明显进步的奋斗目标。

一是全省公安机关进一步加大对严重暴力犯罪的打击力度，及时破获了海口市“4.18”袭警案、“5.18”绑架杀人案、“10.16”人民公园抢劫杀人案、三亚市“8.5”绑架案和“10.26”杀人分尸案、儋州市“1.31”枪杀案、琼中县“4.4”盗窃炸药案、屯昌县“8.24”杀人案、琼海市“9.18”爆炸（未遂）案、陵水县“10.9”岭门农场小学校长父子被杀案、文昌市“10.13”团伙蒙面持枪抢劫案一批影响恶劣的重特大刑事案件。全省杀人案件与去年基本持平；爆炸、绑架案件在去年大幅下降的基础上又分别下降35.3%和9.1%。

二是省综治委把打击“两抢”犯罪作为实践“三个代表”重要思想、坚持立党为公、执政为民的重大举措，因地制宜、审时度势，果断决策，在全省范围内部署继续深入开展打击“两抢”犯罪专项斗争。2003年7月11日，省综治委在海口市及时组织召开了全省打击“两抢”犯罪专项斗争现场会，总结推广了海口市开展打“两抢”专项斗争的典型经验，进一步推进专项斗争向纵深发展。2003年12月22—23日召开的全省政法综治工作会议上，组织全体会议代表参观考察了儋州市“打防控”一体化的先进典型，各市县总结了近年来治安“打防控”工作经验，推动了全省治安防控体系建设工作的深入开展。

三是严厉打击“毒、赌、黄”，净化社会环境。针对我省部分市县毒品犯罪突出、人民群众反映强烈的实际，省综治委积极组织有关部门，认真开展禁毒专项斗争。公安机关开展了打击跨区域毒品犯罪、苯丙胺类毒品犯罪和打击娱乐场所吸贩毒专项斗争，加大了对涉毒犯罪的打击力度。2003年，全省共破获毒品犯罪案件1395宗，抓获涉毒犯罪嫌疑人730名，缴获毒品海洛因5.88千克、“摇头丸”4640粒；各市县、各部门认真贯彻落实省政府《关于强制戒毒的决定》(163号令)，实行“两个一律”，全省共强制戒毒8552人，劳教戒毒2507人；全面启动戒毒康复农场建设工程，深入开展创建“禁毒优秀社区”活动，2003年全省共申报“禁毒优秀社区”75个，有力地推进了建设“无毒岛”工作。针对我省涉赌涉黄案件屡禁不绝、时有发生的情况，省综治委及时组织开展了“禁赌、禁黄”专项斗争。全年共查处赌博案件1842宗，查处涉黄案件196宗，抓获涉黄人员329人；捣毁赌博窝点1023个，抓获涉赌人员5056人，有力地净化了我省的社会环境。

四是组织公安、工商、质检、财政、药监、文体等部门，开展整顿与规范市场经济秩序专项整治行动。全年共抓获各类违法人员1918人，缴获各类违法物品折合人民币1210.35万元，罚款310.4万元。较好地维护了我省的市场经济秩序。

五是开展查缉黑枪黑弹和“毒鼠强”等剧毒化学品专项治理活动。全年共收缴黑枪420枝，子弹2530发，手榴弹54枚，炸药202.9公斤，摧毁地下造枪窝点2个，消除了一大批枪爆隐患。同时，开展“毒鼠强”等剧毒化学品专项整治，核查公安部移交线索302条，查处涉及“毒鼠强”案件42起，抓获犯罪嫌疑人50人，收缴“毒鼠强”46.05公斤，氟乙酰胺5.1公斤，其他鼠药536.99公斤，其他剧毒化学品115公斤，有效地防止了各种中毒事件的发生。

三、认真开展矛盾纠纷的排查调处工作，及时化解各类不安定因素

2003年，根据省综治委的统一部署，各市县、各部门坚持“稳定压倒一切”的方针，积极探索市场经济条件下解决矛盾纠纷的新路子。各市县均成立重大疑难矛盾纠纷处理工作领导小组，把矛盾纠纷的调处工作作为维护社会稳定的重要环节，放在突出的位置，主要领导亲自部署和调处重大矛盾纠纷。东方市的小岭村因土地纠纷、财务不公开问题引起村民连续上访，是全市闻名的“上访专业村”。该市市委书记黄成模为了解决小岭村的矛盾纠纷，亲自带队在该村召开现场会，并派出三个工作组，开展土地纠纷协调、财务清理、班子整顿工作。经过不懈努力，较好地解决了土地纠纷、财务不透明等问题，群众反复上访的老大难问题得到初步解决。海口、三亚、儋州、万宁、澄迈、乐东等市县在开展矛盾纠纷排查调处工作中还采取市县领导包乡镇、包村、包困难对象，基层单位发生的矛盾纠纷都由包点领导协调、各职能部门上门进行调处的做法，变群众上访为领导下访，从中体察民情，掌握民意，积极为群众排忧解难。同时，积极发挥司法行政部门的作用，以司法所为基础，由乡镇综治办、民政、妇联、村委会、村民小组等部门负责人参加，在全省建立矛盾纠纷司法调解中心361个，实行专群结合，保证每起矛盾纠纷有人管、有人问、有处置、有结果。此举收到了良好的社会效果，群众称“司法调解中心”是党和政府联系群众的“连心桥”，是维护社会稳定的“稳压器”。近年来，我省矛盾纠纷排查调处工作逐步迈入正规化、制度化、规范化的轨道，形成了“党委领导、综治协调、部门联动、依托基层、各方参与”的矛盾纠纷排查调处工作新机制。2003年各级综治部门和司法行政机关共排查出各类矛盾纠纷12298宗，调处12070宗，调处率达98%；调处成功11563宗，调处成功率达96%。

四、大力加强群防群治队伍建设，全力以赴抗“非典”，确保社会稳定

抗击“非典”工作开始后，为了落实中央综治办的指示精神和省委、省政府提出的“口岸把关、全省布控”的战略部署，省综治办及时转发了中央综治办《关于积极参与非典型肺炎防控工作的通知》，并结合我省实际，要求各市县综治部门迅速健全完善群防群控队伍，充分利用社会治安综合治理工作网络、信息网络的优势，与有关部门密切配合，全力做好防治工作，以实际行动确保我省的社会稳定，维护正常社会秩序、工作秩序和人民群众的生产、生活秩序。自抗击“非典”工作开展以来，全省共扩建护镇（街道）队248支4985人，护村队2947支29586人，护社队27054支81162人，护校队5959支29795人，护港队65支1312人，护农场队92支2760人，护厂队601支3606人。各级各类群防群治队伍在全省各级综治部门的直接领导下，深入基层，深入群众，认真做好抗击“非典”宣传教育工作；积极开展治安巡逻，设卡盘查，搞好排查监控，确保一方净土；协助公安机关加强对流动人口的管理，打击犯罪，维护社会稳定。据不完全统计，自抗击“非典”工作开展以来，全省各类群防群治队伍共协助有关部门排查外来人口和外出返乡人员319909人，协助设立隔离区140多处，隔离观察人员4360人；各类群防群治队伍在抗击“非典”中通过开展巡逻盘查和调查摸底，共发现各类违法犯罪线索521条，配合公安机关破获刑事案件250起，抓获各类违法犯罪嫌疑人743人。这支队伍在抗击“非典”、确保我省“无疫区”目标的实现和维护社会稳定中，发挥了积极的作用。为了解决群防群治工作经费问题，海口市综治办与市物价局联合下发了《关于收取治安联防经费的规定》，较好地落实了群防群治队伍所需的经费；琼海市物价局与市保安公司联合下文，以保安公司的名义按市场经济规则，向接受保安服务的单位和个人收取适当费用，用于群防群治工作。澄迈、定安、乐东等市县采取每月向在编干部职工收取2至3元的办法，来解决群防群治经费不足的问题。多种形式的经费保障机制有效地促进了我省群防群治工作的顺利开展。

五、积极开展基层创安活动，不断提高创建质量

各级党委、政府把抓好基层“创安”活动，作为实践“三个代表”重要思想，为民办实事的重要工作内容来抓，采取了六个结合：一是“创安”活动与依法治村工作相结合；二是“创安”活动与加强基层基础建设相结合；三是“创安”活动与精神文明建设相结合；四是“创安”活动与“严打”整治相结合；五是“创安”活动与创建“文明生态村”活动相结合；六是“创安”活动与创建“禁毒优秀社区”相结合，使“创安”活动不断深入人心，内涵更加丰富。文昌、琼海、儋州、五指山、临高、陵水、保亭、白沙等市县和洋浦管理局在开展基层创安活动中，结合本地实际，采取了各种积极有效的工作措施，促使基层安全创建活动健康有序地开展，创建了一批各具特色的安全文明社区、安全文明生态村。我省各市县开展的形式多样的基层“创安”活动的做法，得到了今年10月份来海南检查综治工作的中央综治委检查组的充分肯定和好评。2003年，全省划分城市安全文明社区3084个，达标2762个，达标率达90%；划分农村安全文明小区14121个，达标12021个，达标率达85%。

六、组织协调召开了省综治委四个领导小组会议，建立长效工作机制

为了进一步做好学校及周边社会治安综合治理、刑释解教人员就业暨重点人员帮教、预防青少年违法犯罪和流动人口治安管理工作，推动我省综治工作的深入开展，省综治办于5月27日至11月21日，协调召集有关单位分别召开了全省学校及周边社会治安综合治理、刑释解教人员就业暨重点人员帮教、流动人口治安管理、预防青少年违法犯罪工作领导小组会议。一是建立健全领导机构，调整充实领导成员及工作人员，进一步加强对学校及周边治安整治工作、刑释解教人员就业暨重点人员帮教、流动人口治安管理、预防青少年违法犯罪工作的领导，建立长效工作机制，保证此项工作扎扎实实地开展下去；二是建立领导小组会议制度，制定工作要点、职责；三是加强对相关职能部门履行职责情况的监督检查，做好业务指导，促进工作深入开展；四是及时总结推广典型经验，建立奖惩制度，加大督查工作力度，对因领导不重视、责任不到位、工作措施不落实、出现重大治安问题的，要追究有关领导和具体责任人的责任。

根据工作职责要求，各有关单位立即行动起来，全力以赴地做好各项工作。省预防青少年违法犯罪工作领导小组启动了“青少年健康上网活动”，倡导健康上网，传播网络文明；积极筹备全省预防青少年违法犯罪工作理论研讨会，从社会深层次上探讨预防和减少青少年违法犯罪问题；同时对全省所有中学和中心小学都配齐了兼职法制副校长，共计2619人；对农村偏远地区的小学聘请政法干警担任法制辅导员，加强了对在校生的法制教育，有效地遏制了青少年违法犯罪上升的势头。省刑释解教人员安置帮教领导小组与有关单位积极协调，于9月28日出台了《海南省刑释解教人员就业与生活保障政策》，11月21日召开了全省刑释解教人员就业暨重点人员帮教工作会议，有力地促进了刑释解教人员帮教安置工作的深入开展。1999年以来，全省共有刑释解教人员3380人，落实"三包"责任制的1474人，安置就业1959人，重新违法犯罪57人，仅占2%。省流动人口治安管理领导小组积极推广海口市"外来工之家"的先进经验，以服务促管理，广大外来务工者拍手称赞；省学校及周边社会治安综合治理领导小组于2003年9月17日至10月15日，在全省范围内组织开展了学校及周边治安秩序专项整顿活动。通过整顿，共取缔学校周边各种非法经销点1365家；取缔网吧、电子游戏厅324家；清理出租屋1584间；破获扰乱教学秩序和侵害师生人身安全等案件163起，抓获各类违法犯罪嫌疑人247人，有效地维护了学校的正常教学秩序。

七、认真组织全省见义勇为募捐义演文艺晚会，积极开展募捐活动，大力弘扬见义勇为精神

为了弘扬社会正气，倡导见义勇为精神，壮大见义勇为基金规模，更好地落实《海南省见义勇为人员奖励和保障规定》，省综治委于2003年初做出规划，筹备举办见义勇为义演募捐文艺晚会，得到省委、省政府领导高度重视和大力支持，并对如何做好晚会和募捐的筹备工作作了重要指示，提出了具体的工作要求。为了做好见义勇为募捐义演文艺晚会的筹备工作，成立了晚会筹委会，筹委会的领导由省委政法委、省综治办、省委宣传部和省公安厅的主要领导分别担任；筹委会下设宣传组、募捐组、节目组、会务组，以保障各项工作顺利开展。省综治办的全体同志基本上全部投入到晚会筹备工作中，并积极与全省各市县和各机关、企事业单位、部队、厂矿、学校以及社会各界群众密切联系，深入细致地做好宣传发动工作。通过宣传发动，全省上下，从省领导到普通市民，从街道到乡村，从机关到企事业单位，从部队到学校，共有400多个单位、30多万人参加了募捐活动。晚会于3月23日晚在海口市人民大会堂正式举行，由于领导重视，部署周密，措施得力，超前运作，使晚会获得圆满成功，受到了省领导的高度赞扬和参加晚会观众的好评。此次活动，省见义勇为基金会共收到捐款6374720.40元，圆满完成了募捐任务。

矛盾纠纷排查调处工作情况

2003年，省委、省政府以"三个代表"的重要思想和十六大精神为指导，按照中共中央、国务院、中央社会治安综合治理委员会有关文件精神，以确保稳定加快改革和发展为宗旨，以解决关系人民群众切身利益的实际问题为出发点，坚持"预防为主，教育疏导，依法处理，防止激化"的原则，落实责任，认真开展矛盾纠纷排查调处工作，努力将矛盾纠纷化解在基层，消除在萌芽状态。

一、矛盾纠纷的基本情况

随着改革开放的不断深入和社会转型的加快，我省人民内部矛盾也相应地呈现出多样性和复杂化。据统计，2003年，我省矛盾纠纷总起数12298件，其中土地纠纷240起，债务、合同纠纷130起，宅基地纠纷187起，婚姻家庭纠纷128起，企业改制、机构改革职工下岗引发的纠纷252起，退伍军人安置纠纷14起，邻里纠纷181起，制止群体性上访事件234起2371人，制止群体性械斗119件，防止民转刑案件182起2635人，防止自杀76起121人，一般民事纠纷10555起，调处率98%，调处成功率96%。

二、矛盾纠纷产生的主要原因

（一）土地纠纷因历史遗留问题处置困难，不能及时解决，造成矛盾纠纷。随着我省热带农业的迅速发展，农村产业结构的不断调整，土地迅速增值，人民群众对土地的需求越来越大，引发各种矛盾冲突，一是因历史原因，我省的大部分国营农场和地方市县乡镇都存在土地界址、权属不清的问题，如地处三亚市的国营南滨农场与三亚市的崖城镇就有三万多亩的土地纠纷。二是历史上对农村的闲置地和丢荒地承包价格较低，承包期限较长，造成的矛盾突出。如乐东县在1994年前承包给外来农业开发商的土地每亩每年1元，而现在土地升值为每亩每年几百元，农民要求收回土地，从而引发矛盾冲突。三是历史上对于农村闲置地或丢荒地搁置过久，农民擅自开荒种植，造成土地权属混乱不清，从而引发矛盾纠纷。四是有些农村村务不公开，干部不廉洁，不经村民大会同意，擅自把村委会用地发包给承包商，令群众不满，引发群众与村干部乃至政府矛盾，如东方市的小岑村，就因这类问题群众连年组织到各级政府上访。

(二)房产证、土地使用证颁发使用时间太久，证明力不强，或重复发证，从而引发宅基地、家庭内部、邻里之间等矛盾纠纷，全省发生的宅基地纠纷，分家析产纠纷、城乡开发纠纷中相当一部分是由于房产证、土地使用证未及时换发，纠纷土地因年代久远，时过境迁，或地界不清，或一块地有两张以上土地证，给土地的确权造成很大困难。有些市县征地拆迁安置赔偿不及时，标准偏低，造成被搬迁户不满，引发矛盾纠纷，出现不断上访。

(三)一些退伍军人和下岗职工未得到合理的补偿和适当的安置引发矛盾纠纷。受各市县财力紧张和就业渠道狭窄的限制，一些职工下岗后，一般只能得到很少的补偿，再就业也就成了大问题，其下岗后生活质量大受影响，往往导致极度不满心理，进而到处上访或与原单位发生矛盾冲突，去年的工商系统分流改革，百分之二十多的人被下岗分流，因有些市县的思想工作和安置工作没有及时跟上，造成部分人员多次集体到省委省政府上访。

(四)基层矛盾纠纷排查调处职责落实不到位。公安派出所、司法所和土地所的工作未得到妥善协调，乡村干部法律知识贫乏，政策水平有限，调处矛盾纠纷的方法程序不合理，甚至出现错误，从而引起矛盾双方的不满，进而演化成群体性上访事件。

(五)农民群众法律意识淡薄，对涉及个人利益关系的问题，不知道正确使用法律和政策，通过正规渠道进行解决，而是用宗派观念、家庭势力等非法手段去解决，这就势必引起各种矛盾和纠纷，有些甚至演化成刑事犯罪。

三、矛盾纠纷排查调处的经验作法

(一)加强领导、落实责任、分级分类处置。省委省政府高度重视社会矛盾纠纷的排查调处工作，把调处矛盾纠纷作为化解人民内部矛盾的首要环节，作为维护稳定的重要工作，纳入当地社会治安综合治理的考核内容，并明确规定各市县、各单位的党政一把手为矛盾纠纷排查调处工作的第一责任人。对可能影响社会稳定的老大难问题挂牌督办，实行定责任领导、定责任单位、定责任人员、定办结时限的“四定”制度。特别是对群体性事件的处置，要求责任领导必须亲临现场，深入实际，倾听群众呼声，耐心教育疏导，避免正面冲突，防止矛盾激化。

1. 对土地问题的矛盾纠纷，涉及市县之间的由省政府国土部门牵头，市县政府协调解决；各市县内部乡镇与农场之间、乡镇之间、村村之间、村民之间的土地纠纷矛盾，由市县政府牵头，从国土、农业、城建、规划、农垦办、司法等有关部门抽调人员，组成工作组，按照“尊重历史，面对现实，维护稳定”的原则解决。对权属清楚的土地严格执行国家的相关政策，对非法侵占的土地依法收回，明确权属。在依法处理的同时，尽可能做到场乡之间、村村之间、职工和农民之间的互利互惠，保持地方稳定，共同发展。2003年，全省共妥善处置土地纠纷240起，确认土地权属13万亩。

2. 对土地租赁、承包合同纠纷和宅基地矛盾，各市县和农垦部门发挥综治、国土、司法、人民调解等部门的作用，做好调处工作。对需要重新确权的经有关部门认真调查核实后，提出协调处理意见经各方同意签名盖章后共同执行。对拆迁安置赔偿问题，国土、规划、城建等职能部门，工作做在前头，深入实际，做好调查研究，倾听和重视群众的意见和要求，按照规定和标准，合法、合情、合理地做好赔偿安置工作。2003年，全省共妥善处置房地产半截工程54起，完成城市改造搬迁96

户，解决搬迁户人员工作186人。

3. 对退伍军人、下岗分流人员根据当地实际，进行专业技能培训，积极安置和帮助再就业。在各级党委政府高度重视的同时，职能部门采取有力措施，相关单位和部门积极协助，动员社会力量，广开就业门路，创造就业机会和岗位，大力开展扶贫助困工作，切实解决群众最关切的热点、难点问题，保障社会弱势群体的基本生活和权益。2003年，全省共处理退伍军人安置纠纷14起，妥善安置25人，解决下岗分流矛盾纠纷252起，对467名下岗人员进行了再就业专门培训，并全部安排就业。

（二）建立健全矛盾纠纷的排查调处中心，构建调处工作的组织网络。各市县建立了矛盾纠纷接访制度，以乡镇政府、司法所为基础建立了基层矛盾纠纷调处中心，乡镇综治办、民政、妇联、村委会、村民小组等部门负责人参加，专群结合，保证每起纠纷有人问、有人管、有处置、有结果，使矛盾纠纷调处落到实处。2003年，全省共建立矛盾纠纷调处中心361个，开展法律政策宣传12万6千多人次，及时妥善处置矛盾纠纷2167起，做到了矛盾纠纷的早发现、早报告、早处理，把大量矛盾纠纷都有效地化解在萌芽状态。

（三）转变作风，变群众上访为干部下访，深入基层，体察民情，掌握民意，为民排忧解难。我省四套班子成员都设有工作调研和扶贫帮助单位（市县和企业），各市县领导都定有包乡（镇）、包村、包户扶贫致富对象，基层单位发生的矛盾纠纷都由包点领导协调各职能部门上门进行调查处理，把基层矛盾纠纷的解决溶入扶贫解难之中，依法以情化解矛盾纠纷，树立党和政府及干部的亲民、爱民形象，做老百姓的知心人。这种处理矛盾纠纷的方法也深受人民群众的欢迎和接受，收到了极好的社会效果。2003年，我省各市县领导部门下基层调处矛盾纠纷887起，就地成功解决准备集体上访案件36起。

（四）加强法制教育和精神文明教育，不断提高干部队伍的执法水平，提高人民群众的知法、守法意识，充分发挥基层治保会、调解中心的作用。对从事矛盾纠纷调处的干部和群众，定期进行党的政策和法律法规的学习，不断提高他们的防范意识和调处能力，保证矛盾纠纷的处理合情合理，合乎民心依法进行。各市县结合“四五”普法，有计划地开展多种形式的法制宣传活动，使法律宣传进社区、进村户、到个人，树立人民群众讲大局、讲稳定、讲团结、讲改革、讲法制的良好风气。

海南省各市县执行《海南省2003年社会治安综合治理目标管理责任书》情况

按照《海南省2003年社会治安综合治理目标管理责任书》（以下简称《责任书》）的要求，省综治办牵头组织有关单位对各市、县、自治县和洋浦管理局执行《责任书》情况进行了检查验收。这次对《责任书》的检查验收，根据省委副书记、纪委书记、综治委主任蔡长松的指示和要求，采取18个市县交叉检查，洋浦管理局由省综治办负责检查验收的方法进行。12月13至15日，各检查验收组分别对各市县执行《责任书》情况进行了检查验收。在检查验收过程中，各检查验收组分别听取了市县党委、政府关于执行《责任书》情况的汇报；召开有人大代表、政协委员、离退休老干部、外来投资者、个体工商户、教师和各市县直属单位、乡镇、农场、企事业单位干部职工等参加的各种类型座谈会46场；实地抽查了133个乡镇、农场、村（居）委会、派出所、戒毒所等基层单位；查阅各类报表和档案资料465份；明查暗访干部群众527人次；发放民意问卷调查表3639份，检查验收组每检查验收完一个市县后，还将检查验收情况向市县主要领导和各有关部门的领导进行了反馈。

通过检查验收，各检查验收组的同志认为，2003年全省的社会治安综合治理工作，各市县和洋浦经济开发区都能按照省委、省政府的要求，坚持以邓小平理论和“三个代表”重要思想为指导，认真贯彻落实党的十六大和省委第四次党代会精神，认真执行《责任书》规定的各项目标任务，在深入开展“严打”整治斗争、“禁毒”专项斗争、矛盾纠纷排查调处和建立治安防范机制等方面做了大量扎实有效的工作，促进了社会治安综合治理各项工作措施在基层的落实，较好地完成了《责任书》规定的目标任务，确保了全省社会治安的持续稳定，为我省经济和社会发展起到了良好的保障和促进作用。

从检查验收的情况和各市县执行《责任书》完成各项指标的统计情况看，社会治安民意问卷调查，社会各界群众对社会治安状况满意和基本满意的达82%以上；各市县2003年执行《责任书》，完成社会治安综合治理工作各项指标均达到90分以上。经省综治委主任扩大会议评定，海口、三亚等18个市县和洋浦管理局执行《责任书》工作全部达标。现将各市县执行《责任书》的主要情况报告如下：

一、各市县完成《责任书》目标任务的基本情况

（一）基层综治组织建设得到加强。全省现有乡镇209个，街道办事处43个，国营农场92个，各乡镇、街道、办事处和国营农场共配备专抓综治工作的领导561人；建立治保会6084个18848人；建立调解会5728个23504人；建立治安联防队4492个40983人；设立社区警务室3686个。今年，全省各级治安联防组织通过开展治安巡逻抓获各类违法犯罪嫌疑人4621人。

（二）“法轮功”人员的教育转化工作取得良好成绩。全省现有登记在册的“法轮功”人员4479人，全部落实了监控帮教责任制，已转化4228人，占96%；对219名“法轮功”痴迷者，通过加大帮教监控工作力度，进一步落实“家庭、单位、责任区民警”“三位一体”的帮教措施，又有122名“法轮功”痴迷者转化，占55.7%；全年实现了省委提出的“零上京、零聚集、零插播”的目标。

（三）“严打”整治斗争成效显著。今年1至11月，全省公安机关共立刑事案件15312宗，同比上升11.1%，升幅比2002下降了8.7个百分点。2003年全省公安机关共破案5819宗，破案数比去年同期提高17.4%；抓获各类违法犯罪嫌疑人16510人，其中抓获在逃犯597人；摧毁各类犯罪团伙303个，抓获涉案成员1197人，缴获赃款赃物折合人民币2443万元。今年全省共发生治安案件15277宗，查处12500宗，查处率达82%。

（四）全面加强治安管理工作，严密控制社会面。全省现有登记流动人口235082人，办证列管229424人，列管率98%；登记出租屋22211间，办证列管22195间，列管率99%；登记旅店业1991家，办证列管1932家，列管率97%；登记废旧金属收购业454家，办证列管454家，列管率100%；登记刻字复印业723家，办证列管723家，列管率100%；登记各类枪支10406枝，发证管理7021枝，清理收缴3385枝；登记民用爆炸物品使用点665个，发证管理665个，清理收缴雷管4157枚、炸药1318公斤、导火索4381米；登记剧毒物品使用点45个，列管45个，清理收缴剧毒物品290千克。儋州市收缴枪支弹药工作态度坚决，敢于碰硬，成效显著。各市县开展了打击取缔私彩和护林保胶专项行动，取缔私彩销售点1267个，抓获私彩老板395人、私彩销售人员1658人，有效地维护了全省的彩票发行秩序，促进了公彩的发行。2003年全省发生毁林偷胶案件978宗，同比下降17%，毁林偷胶案件多发的势头得到了有效的遏制。

（五）严厉打击“毒、赌、黄”，净化社会环境。今年，全省各级综治部门和公安机关，组织专门力量，大力开展禁毒、禁赌和禁娼专项行动。据统计，全省今年共破获贩毒案件1459起，同比增长38%，抓获贩毒人员850人、吸毒人员11156人次，缴获毒品6971克。共强制戒毒7682人，对于复吸的劳教戒毒4666人。各市县申报创建“禁毒优秀社区”75个。今年捣毁赌博窝点1023个，抓获涉赌人员4534人；打掉卖淫嫖娼团伙6个，抓获卖淫嫖娼人员290人。

（六）加强了预防青少年违法犯罪和学校周边治安秩序的整顿工作。根据省综治委的工作部署和要求，全省所有中学和中心小学都配齐了兼职法制副校长，共2619人，农村偏远地区的小学聘请政法干警担任法制辅导员。加强了对在校生的法制教育和校园的治安管理工作，有效地遏制了青少年违法犯罪上升的势头。2003年，全省共有3220名违法犯罪的青少年，同比下降14%。同时，各市县根据省综治委的统一部署，大力开展对校园及周边地区治安秩序整顿工作。通过整顿，共取缔学校周边各种非法经销点1365家；取缔网吧、电子游戏厅324家；清理出租屋1584间；破获扰乱教学秩序和侵害师生人身安全等案件163起，抓获各类违法犯罪嫌疑人247人，有效地维护了学校的正常教学秩序。

（七）做好对刑释解教人员就业暨重点人员的帮教工作。各市县按照中央和省综治委的工作要求，建立健全了刑释解教人员安置帮教领导小组，分管政法、综治工作的主要领导亲自挂帅，加强对刑释解教人员就业暨重点人员帮教工作的指导协调，认真落实各项工作措施。1999年以来，全省共有刑释解教人员3380人；列管为重点人口的1690人，落实“三包”责任制的1521人；安置就业2358人；重新违法犯罪57人，占2%。

（八）认真开展矛盾纠纷的排查调处工作，及时化解各种不安定因素。今年各级综治部门和司法行政机关共排查出各类矛盾纠纷12298宗，调处12070宗，调处率达98%；调处成功11563宗，调处成功率达96%。

（九）积极开展基层创安活动，不断提高创建质量，扩大创安覆盖面。今年，全省划分城市安全文明社区3084个，达标2762个，达标率达90%；划分农村安全文明小区14121个，达标12021个，达标率达85%。

（十）深入开展普法教育和法制宣传工作。各市县按照国家“四五”普法规划要求，切实做好普法教育工作。普法教育面城市机关达95%，农村达85%；各市县还举办了各种轻微违法人员法制教育学习班550场，受教育人数达14317人次。同时，根据省委的统一部署，各地结合典型案例相继开展了警示教育活动，全省党员干部受教育面达95%以上。

二、各市县开展社会治安综合治理工作的主要特点

（一）各级领导认识到位，高度重视综治工作。各市县党委、政府高度重视社会治安综合治理工作，从实践“三个代表”重要思想的高度，把社会治安综合治理工作摆上重要位置，纳入当地社会和经济发展的总体规划，逐步形成了党政主要领导亲自抓、分管领导具体抓、有关领导共同抓的良好格局。省委副书记、海口市委书记王富玉同志主持召开海口、文昌、定安、澄迈、临高、乐东等六市县主要领导会议，专题研究区域联防问题。妥善解决了海口市周边市县联防联治的难题。琼海市委坚持数年来把综治工作和党建工作、经济工作当作三大工作来抓，同部署、同检查、同抓落实，既维护了社会治安的稳定，又促进了经济的发展。琼中县为抓好创建“禁毒优秀县”工作，推出了一系列新举措，县四套班子领导和公安局领导、乡镇领导亲自抓禁毒工作，并每人承担一名吸毒人员的帮教工作，实行逐级包干责任制，收到较好的效果。三亚、文昌、儋州、东方、澄迈、乐东、定安、屯昌、昌江、临高等六市县主要领导重视综治工作，把综治工作列入议事日程，每季度研究一次，发现重大问题，随时研究并帮助解决问题，有力促进了综治工作的深入开展。

（二）深入开展“严打”整治斗争，严厉打击各种刑事犯罪活动。根据中央的统一部署，各市县结合我省各种刑事犯罪活动的特点，本着什么治安问题突出就重点解决什么问题，哪个地方治安混乱就重点整治哪个地方的原则，各市县因地制宜地开展“严打”整治斗争，保持了全省社会治安秩序的持续稳定，进一步增强了人民群众的安全感，基本实现了“两年为期”社会治安工作取得明显进步的奋斗目标。各市县党委、政府在开展“严打”整治斗争中。一是加强领导，全民动员，全力以赴投入“严打”整治斗争。各市县党委、政府始终把“严打”整治工作摆在重要位置上，实行领导包片蹲点，层层签订责任书，把责任落实到基层，落实到人。二是以“打黑除恶”为龙头，全面推动“严打”整治斗争。各市县坚持打早打小、露头就打的原则，精心组织指挥，广泛发动群众，加强案件督办，并采取异地用警、异地关押等多种办法，向黑恶势力展开猛烈攻势，摧毁了一批黑恶势力团伙。三是因地制宜，组织开展打击“两抢”和盗抢机动车辆犯罪专项斗争。把打击“两抢”犯罪专项斗争作为实践“三个代表”重要思想，坚持立党为公、执政为民的重大举措，审时度势，果断决策，周密部署，为开展这场专项斗争提供了坚强有力的保证。今年7月11日，省委在海口市召开打击“两抢”犯罪专项斗争现场会，进一步推动了专项斗争向纵深发展。四是深入开展禁毒专项斗争，针对我省部分市县毒品问题突出，人民群众反映强烈的实际，省综治委认真组织有关部门开展禁毒专项斗争。各市县都能根据省综治委的工作部署，以贯彻落实省政府《关于进一步加强戒毒工作的决定》（省政府163号政府令）为契机，采取有力措施，确保禁毒工作"两个一律"任务的完成。

（三）深入开展矛盾纠纷排查调处工作，及时化解各种不稳定因素。各市县、各部门坚持"稳定压倒一切"的方针，积极探索市场经济条件下解决矛盾纠纷的新路子。根据省综治委的工作部署，各市县均成立重大疑难矛盾纠纷处理工作领导小组，把矛盾纠纷的调处工作作为维护社会稳定的重要环节，放在突出的位置，主要领导亲自部署和调处重大矛盾纠纷。如东方市的小岭村因土地纠纷、财务不公开问题引起村民连续上访，是全市闻名的"上访专业村"。该市市委书记黄成模为了解决小岭村的矛盾纠纷，亲自带队在该村召开现场会，并派出三个工作组，开展土地纠纷协调、财务清理、班子整顿工作。经过不懈努力，较好地解决了土地纠纷、财务不透明等问题，群众反复上访的老大难问题得到初步解决。海口、三亚、儋州、万宁、澄迈、乐东等市县在开展矛盾纠纷排查调处工作中还采取市县领导包乡镇、包村、包困难对象，基层单位发生的矛盾纠纷都由包点领导协调各职能部门上门进行调处的做法，变群众上访为领导下访，从中体察民情，掌握民意，积极为群众排忧解难。同时，积极发挥司法行政部门的作用，以司法所为基础，由乡镇综治办、民政、妇联、村委会、村民小组等部门负责人参加，在全省建立矛盾纠纷司法调解中心361个，实行专群结合，保证每起矛盾纠纷有人管、有人问、有处置、有结果。此举收到了良好的社会效果，群众称"司法调解中心"是党和政府联系群众的"连心桥"，是维护社会稳定的"稳压器"。近年来，我省矛盾纠纷排查调处工作逐步迈入正规化、制度化、规范化的轨道，形成了"党委领导、综治协调、部门联动、依托基层、各方参与"的矛盾纠纷排查调处工作新机制。

（四）加强群防群治工作，为开展社会治安综合治理奠定坚实的群众基础。各市县始终紧紧抓住依靠人民群众这个根本，坚持专门机关工作与群众路线相结合，认真研究市场经济条件下开展群防群治工作的新办法，积极探索开展群防群治工作的组织形式、工作机制和经费保障机制，全方位、多角度地开展群防群治工作。特别是在今年的防抗"非典"工作中，以抗击"非典"为契机，各市县在原来的基础上建立健全群防群治队伍，组建严密的群防群治控制网络，共建立群防群治队伍36718个152206人。这支队伍在确保我省"无疫区"目标的实现和维护社会治安秩序稳定方面，发挥了积极的作用。为了解决群防群治工作经费问题，海口市综治办与市物价局联合下发了《关于收取治安联防经费的规定》，较好地落实了群防群治队伍所需的经费；琼海市物价局与市保安公司联合下文，以保安公司的名义按市场经济规则，向接受保安服务的单位和个人收取适当费用，用于群防群治工作。澄迈、定安、乐东等市县采取每月向在编干部职工收取2至3元的办法，来解决群防群治经费不足的问题。多种形式的经费保障机制有效地促进了我省群防群治工作的顺利开展。

（五）基层"创安"活动形式多样，创建质量不断提高。各级党委、政府把抓好基层"创安"活动，作为实践"三个代表"重要思想，为民办实事的重要工作内容来抓，采取了六个结合：一是"创安"活动与依法治村工作相结合；二是"创安"活动与加强基层基础建设相结合；三是"创安"活动与精神文明建设相结合；四是"创安"活动与"严打"整治相结合；五是"创安"活动与创建"文明生态村"活动相结合；六是"创安"活动与创建"禁毒优秀社区"相结合，使"创安"活动不断深入人心，内涵更加丰富。文昌、琼海、儋州、五指山、临高、陵水、保亭、白沙等市县和洋浦管理局在开展基层创安活动中，结合本地实际，采取了各种积极有效的工作措施，促使基层安全创建活动健康有序地开展，创建了一批各具特色的安全文明社区、安全文明生态村。我省各市县开展的形式多样的基层"创安"活动的做法，得到了今年10月份来海南检查综治工作的中央综治委检查组的充分肯定和好评。

三、社会治安综合治理工作存在的主要问题

今年全省的社会治安综合治理工作虽然取得较显著的成绩，各市县都能较好地完成《责任书》确定的目标任务，工作全部达标。但也存在不少薄弱环节，归纳起来主要有：

（一）市县综治办事机构人员少，特别是乡镇一级综治办事机构没有编制，多为兼职，不利综治工作的开展和综治措施的贯彻落实。全省除海口、三亚、琼海、儋州、东方、澄迈等少数市县的基层综治办配备了专职综治干部外,其他大部分市县都没有配备基层专职综治干部,多数市县及乡镇综治干部多为兼职,很难保证综治工作措施在基层的落实。加上有些市县的基层基础工作薄弱,居(村)委会、治保会、调解会不能充分发挥作用,影响了基层工作的效果。

(二)综治工作发展不平衡。大多数市县"严打"整治工作力度大,效果好,社会稳定,但个别市县"严打"不够深入,特别是禁毒工作措施不力,力度不大,毒品犯罪突出,大部分吸毒人员仍流散在社会面上危害社会;有的市县对重点地区重点治安问题虽然开展了整治,但出现反复,效果不明显;有的市县"两抢"、"赌、黄"问题还没有得到根治,个别市县有继续蔓延的趋势。

(三)当前我省的社会治安形势依然严峻,维护社会治安工作依然任重而道远。当前我省治安形势总体是好的,社会政治稳定,经济健康发展,治安秩序平稳。但是,影响社会稳定的因素还大量存在,社会治安综合治理工作面临许多新情况、新问题。一是刑事案件上升幅度虽有所下降,但发案率仍居高不下。特别是"两抢"、盗窃案件突出,毒品犯罪突出,流动人口犯罪突出,社会治安形势仍不容乐观。二是因各种人民内部矛盾引发的群体性事件呈现出新的动向,对我省社会稳定的影响和冲击进一步加重。今年,全省因土地纠纷、金融债务、企业改制兼并破产、职工下岗分流、房屋拆迁以及对有关政策不满等因素引发的群体性到省政府上访事件209起7155人次。特别是涉及征地、拆迁、下岗分流、农场与地方土地权属纠纷等日益增多,如果处理不慎,极易引发突发性、群体性事件。三是打击取缔私彩工作有待加强。8月省综治办、省财政厅牵头组织开展了为期2个月的打击取缔私彩的专项活动,公开摆卖私彩的现象基本得到遏制。但在这次检查中发现,个别市县仍有反弹,在一定程度上干扰了我省的彩票市场管理秩序。省综治委已于12月21日召开了全省综治工作会议,对上述存在的问题进行了认真的研究,对当前和明年的工作进行了全面部署,以确保全省社会稳定。

海南省社会治安综合治理委员会调整组成人员情况

根据海南省委[2003]100号文件,因人事变动和工作需要,省委决定对省社会治安综合治理委员会组成人员进行调整,调整后的人员名单如下:

主　任:蔡长松(省委副书记、省纪委书记)

副主任:钟　文(省委常委、省委政法委书记)

秦醒民(省人大常委会副主任)

符桂花(省政府副省长)

曾浩荣(省委政法委副书记、省高级人民法院院长)

张德利(省委政法委副书记、省人民检察院检察长)

委　员:李立新(省委副秘书长)

王焕明(省委组织部副部长)

杜斌国(省委政法委副书记、秘书长)

周成俊(省委宣传部副部长)

孙书南(省委政法委副秘书长)

周立民(省委政法委副秘书长)

李红梅(省教育工委专职副书记)

许前飞(省政府副秘书长、省法制办主任)

王和平(省公安厅厅长)

熊方明(省国家安全厅厅长)

施　文(省司法厅厅长)

傅　勤(省监察厅副厅长)

高荣海(省人事劳动保障厅副厅长)

何西庆(省民政厅副厅长)

隋枝叶(省卫生厅副厅长)

王炳林(省文化广电出版体育厅副厅长)
刘平治(省财政厅副厅长)
戴启元(省交通厅副厅长)
李建飞(省建设厅副厅长)
严之尧(省国土环境资源厅副厅长)
刘义新(省工商局副局长)
陈永希(省农垦总局副局长)
梁定民(省旅游局副局长)
胡达吉(省人口和计划生育局副局长)
韩　勇(省信息产业局副局长)
麦正华(省地方税务局副局长)
刘忠奕(省总工会巡视员)
李江华(团省委副书记)
何云霞(省妇联副主席)
吴中杰(海口海关副关长)
张文瑞(海南军区政治部副主任)
赵福成(省武警总队副总队长)

办公室主任:孙书南(兼)

副主任:邢炼

海南省禁毒委员会办公室
海南省社会治安综合治理委员会办公室
海南省文明办
关于深入开展创建"无毒社区""无毒村"工作的意见

(2003年7月14日)

各市县(洋浦)禁毒委办公室、社会治安综合治理委员会办公室、文明办:

当前我省毒品问题继续发展蔓延,历年累计登记在册吸毒人员17188人,其中吸毒人数超过千人的市(县)有6个。这些地方毒品问题不仅严重危害当地经济发展、社会稳定、精神文明建设和人民群众的安居乐业,而且对全省毒品形势产生重大影响。

为加大对毒品问题的整治力度,进一步促进我省社会治安的好转和社会主义物质文明、政治文明、精神文明建设的协调发展,根据国家禁毒委员会办公室、中央社会治安综合治理委员会办公室和中央精神文明建设指导委员会办公室《关于深入开展创建"无毒社区"、"无毒村"工作的通知》(禁毒办通字[2003]30号)精神,决定从2003年开始,以整治吸毒人数千人以上县(市)为重点(下称"千人县整治"),深入开展创建"无毒社区"、"无毒村"工作,综合治理我省毒品问题。

一、提高认识,增强责任感,进一步加强对创建"无毒社区"、"无毒村"工作的组织领导

各级党委、政府和禁毒委、综治委、文明委要从实践"三个代表"重要思想,坚持执政为民的高度,充分认识创"无毒社区"、"无毒村"工作的重要性和紧迫性,切实增强责任感和使命感,加强组织领导,要将创建"无毒社区"、"无毒村"工作列入禁毒工作、综合治理工作和精神文明建设工作的重点,进一步明确任务和要求,落实责任,结合当地实际,采取有针对性的工作措施,加强指导和督促,推动创建工作不断深入。各地党委、政府主要领导是创建工作的第一责任人,要拿出足够的时间和精力,常抓不懈。特别是乡镇、农场、街道党委、政府主要领导同志要经常过问创建工作,并深入实际,调查研究,指导和督促有关部门或单位,及时帮助解决创建工作中存在的突出问题。各地尤其是"千人县整治"地区要把禁毒经费纳入当地财政预算,不断加大经费投入,千方百计解决创建经费、装备及基础设施建设等方面的问题和困难,以保障创建工作顺利进行。要积极协调财政、计划等部门，加大对戒毒康复场所、禁毒教育基地等建设的投入，为开展禁吸戒毒和预防教育工作创造基本条件。要保障禁毒执法部门侦查办案和用于改善专用装备的经费，增强打击力度和实效。各市县吸毒人员在百人以上的社区、乡镇要配备专门的禁毒工作人员，并加强对从事综合治理工作和精神文明创建工作人员的禁毒培训，提高业务素质，确保创建工作有人抓有人管。

二、抓住重点，落实措施，以整治吸毒人员千人以上市(县)为突破口，推动创建“无毒社区”、“无毒村”工作的全面开展

在“千人县整治”工作中，要加强整治工作领导机构建设，制定整治工作方案，明确整治目标和具体任务，采取具体可操作的工作措施，确保取得明显的阶段性成果。现阶段，要针对本地突出的问题，紧紧抓住减少毒品需求与减少毒品供应不放松，努力遏制毒品问题的发展蔓延。在整治工作中，一是要全面、深入地开展吸毒人员调查摸底工作和登记工作，切实掌握吸毒人员底数，是禁毒工作的主要内容，也是创建“无毒社区”工作的基础环节；同时要注意掌握当地毒品形势发展变化的情况和特点，了解各种毒品违法犯罪活动的动向，加强毒品情报信息的收集、统计分析和报告制度，真正做到底数清、情况明。二是依法严厉打击、惩治各类毒品犯罪活动。要始终保持高压态势，将集中打击、专项整治与经常性打击紧密结合起来，重点打击贩毒分销网络、“零包贩毒”犯罪活动，努力减少毒品供应。三是要下大力气狠抓以在校学生为重点的毒品预防教育工作。要充分发挥学校为主阵地作用，将家庭、社区、学校教育三位一体有机结合起来，不断增强预防教育工作的针对性和实效性，特别是要加强对青少年经常涉足的文化娱乐场所的管理和检查，扫除各种涉毒丑恶现象。四是切实加强禁吸戒毒工作，提高戒毒实效。要严格执行《海南省人民政府关于加强戒毒工作的决定》，对查获的吸毒人员一律强制戒毒，复吸的一律劳动教养，做好戒毒出所人员的帮教安置工作，坚持定期尿检，做到不漏管、不失控，逐步降低复吸率。吸毒人员达到千人以上的海口等5个市(县)要积极筹建戒毒康复农场，特别是海口、三亚、万宁和澄迈四个市(县)力争在今年内把戒毒康复农场初步建立起来。

三、因地制宜，分类指导，推动创建“无毒社区”、“无毒村”工作的深入开展

我省已分三批授予169个单位“禁毒优秀社区”荣誉称号，但是，去年全省乡镇撤并后，有些乡镇是无毒乡镇之间合并，有些乡镇是有毒和无毒的乡镇合并，各地要认真清理本地有多少无毒乡镇之间合并，有多少是有毒和无毒乡镇合并，有毒和无毒乡镇合并的现有乡镇，要重新创建“无毒社区”。

吸毒人员没有超过千人的市县，要继续深化“无毒社区”、“无毒村”创建工作。一是各级禁毒委、综治委、文明委要加强协作，密切配合，把禁毒工作纳入社会治安综合治理目标管理责任制和精神文明建设范畴，要将创建“无毒社区”、“无毒村”与创建“安全小区”、“文明小区”结合起来，认真抓好禁毒宣传、毒情调查、禁吸戒毒、社区帮教等各个环节工作。二是要大力发展群众性禁毒组织，积极开展群防群治，以“不让毒品进我家活动”和“社区青少年远离毒品行动”为载体，充分组织动员社会力量和社区资源参与禁毒工作，切实将创建责任层层落实到街道、社区、居(村)委会等基层组织，努力提高社区预防、发现和打击毒品违法犯罪的能力。三是创建工作要因地制宜，分类指导，整体推进。对于没有毒品问题的地方，创建工作的主要任务是加强预防教育，力保无毒现状；对于存在毒品的地方，创建工作的重点是打防并举，把毒品问题控制住，解决掉；对于毒品问题严重的地方，要下大力气狠抓综合整治工作，努力遏制毒品的发展蔓延；对于已经创建成为“无毒社区”、“无毒村”地方，要充分认识毒品问题的长期性和反复性，牢固树立长期作战思想，建立禁毒长效工作机制，巩固创建成果。

四、严格检查，强化监督，狠抓创建“无毒社区”、“无毒村”工作的落实

各市县要把创建“无毒社区”、“无毒村”工作作为推进社会物质文明、政治文明、精神文明建设一项重要内容，与社会治安综合治理工作及精神文明创建活动同部署、同检查、同落实、同考核。各地禁毒办、综治办和文明办要组成工作组经常对创建“无毒社区”、“无毒村”工作，尤其是“千人县整治”工作进行检查，深入实地指导，及时掌握创建工作进展情况，帮助解决创建中遇到的问题和困难，督促各项创建措施的落实到位。各市(县)禁毒委要定期向本级人大、政协报告创建工作情况，认真听取人大代表、政协委员的意见，自觉接受人大、政协的监督。要进一步健全和落实禁毒工作领导责任制、目标管理责任制、社会治安综合治理一票否决制和精神文明建设等各项制度。达不到"无毒社区"、"无毒村"创建标准的，一律不得评为安全、文明小区或安全、文明镇(村)。各市(县)要制订适合本地实际的考核标准和程序，坚持每年对"千人县整治"工作进行一次全面检查、考核和评估，并于每年年底将整治工作情况上报省禁毒办。

海南省社会治安综合治理委员会
海南省司法厅
海南省民政厅
海南省财政厅
海南省人事劳动保障厅
海南省地方税务局
海南省工商行政管理局
关于印发海南省刑释解教人员就业与生活保障政策的通知

(2003年9月28日)

各市县社会治安综合治理委员会、司法局、民政局、财政局、人事劳动保障局、地方税务局、工商行政管理局：

为切实做好我省刑释解教人员就业与帮教工作，预防和减少重新违法犯罪，维护社会稳定，保障全面建设小康社会宏伟目标的顺利实现，根据我省实际，省综治委、司法厅、民政厅、财政厅、人事劳动保障厅、地方税务局、工商行政管理局研究制定了海南省刑释解教人员就业与生活保障政策。现印发给你们，请认真执行。

海南省刑释解教人员就业与生活保障政策

一、刑释解教人员属农村居民的，回原籍居住地后，应及时落实承包经营责任田。在承包土地未落实之前，无生活来源的，享受地方政府临时社会救助。对符合"五保"条件的，应按照审批程序办理有关手续，享受"五保"待遇。

二、刑释解教人员属城镇居民的，回户籍地落户后，经确认属"三无"人员(无家可归、无亲可投、无业可就)的，可由基层人民政府实施过渡性救助;对符合享受城市居民最低生活保障条件的,应按有关规定准其申请最低生活保障待遇,申请办理的有关程序和标准与城市居民享受同等待遇。

三、刑释解教人员原有工作单位,回归社会后,原单位依法可与其重新建立劳动关系,适当安排工作,或尽可能为其创造其他就业机会。

四、对服刑或劳动教养前已经参加失业保险的刑释解教人员,回归社会后未就业的,可到失业保险经办机构办理失业登记并按规定享受失业保险待遇。

对服刑或劳动教养前已参加城镇从业人员基本养老保险的企事业单位刑释解教人员,在服刑或劳教期间停止缴纳养老保险费,其回归社会时未达到法定退休年龄的,可继续按规定缴纳养老保险费,待达到法定退休年龄时再按规定享受相应的养老保险待遇;其回归社会时已达到法定退休年龄且符合享受基本养老保险待遇条件的,按规定享受相应的基本养老保险待遇。

退休人员被判刑或劳动教养的,在服刑或劳教期间停发基本养老金,回归社会后可按服刑或劳教前的标准继续发给基本养老金,并参加以后的基本养老金调整。

五、刑释解教人员从事个体经营(除建筑业、娱乐业以及广告业、桑拿、按摩、网吧、氧吧外)自工商机关批准经营之日起一年内免收管理类、登记类和执照类的所有各项行政事业性收费,对家庭经济确有困难的(指低于最低生活保障线标准)免收三年市场管理费和个体工商户管理费。

各级个体劳动者协会应将刑释解教人员作为帮扶对象,主动关心指导、帮助克服经营中遇到的困难。

六、刑释解教人员如持有下岗失业人员《再就业优惠证》从事个体经营(除建筑业、娱乐业以及广告业、桑拿、按摩、网吧、氧吧外)或进入符合《财政部、国家税务总局关于下岗失业人员再就业有关税收政策问题的通知》(财税〔2002〕208号)规定的企业工作,则可按政策规定享受个人所得税减免优惠或该企业可享受相关的企业所得税减免优惠。

七、新办的劳动就业服务企业,当年招用待业人员(含刑释解教人员)达到企业从业人员总数60%以上的,经税务机关审核批准,可免征企业所得税三年;劳动就业服务企业免税期满后,当年招用待业人员(含刑释解教人员)占企业原从业人员总数30%以上的,经税务机关审核批准,可减半征收企业所得税二年。

八、对刑释解教人员,社会各界及安置单位不得歧视,在就业、就学、评奖等方面应当与其他公民同等对待。

九、刑释解教人员经职业技能培训鉴定合格的,可按规定领取劳动和社会保障部门颁发的培训结业证书或职业资格证书,为其就业创造条件。

十、申请享受就业与生活保障政策的刑释解教人员和企业,经所在地刑释解教人员就业与帮教工作办公室审核认定后,方可向有关部门办理有关手续。

中共海南省委宣传部　海南省文明办　海南省综治办　海南省公安厅　海南省民政厅　海南省卫生厅　海南省文化广电出版体育厅　海南省司法厅　海南省爱卫办关于在全省广泛开展创建“文明安全社区”活动的通知

（2003年11月7日）

各市县委宣传部，各市县文明办、综治办、公安局、民政局、卫生局、文体局、司法局、爱卫办，省农垦总局，省洋浦管理局：

为了贯彻落实中央文明委和省文明委关于在城市、城镇深入开展创建文明社区工作的具体要求，中共海南省委宣传部、省文明办、省综治办等九部门决定在全省城镇开展创建“文明安全社区”活动。现将有关事项通知如下：

一、充分认识创建“文明安全社区”的目的和意义

1.创建“文明安全社区”活动，是贯彻落实“三个代表”重要思想，坚持立党为公、执政为民，把精神文明建设落实到基层的有效载体。深入组织开展以保障城镇居民生命安全、健康安全、财产安全和环境安全为主要内容的创建文明安全社区活动，是各级党委政府认真贯彻落实胡锦涛总书记“群众利益无小事”、“要时刻把群众的安危冷暖挂在心上”等指示精神的重要措施，对各级党委政府坚持立党为公、执政为民，实现好、维护好、发展好城镇广大居民的根本利益，进一步密切党同人民群众的关系，巩固党的执致基础具有重大政治意义。

2.维护和保障城镇居民各方面的安全，是当前创建文明社区工作的重要内容和首要任务。当前，我省一些地方不同程度存在着危害人民群众生命财产安全问题。比如，有些地方恶意杀人、抢劫、抢夺财物等刑事案件时有发生，有些地方盗窃车辆、入室盗窃活动猖獗，有些地方居民消防意识淡薄，火灾不断，还有的地方不注意社区居民的健康，在医疗保健、环境卫生等方面存在一些问题。对此，社区居民意见很大。所有这些，都严重威胁着人民群众的生命财产和健康安全。深入开展以保障城镇居民生命安全、健康安全、财产安全和环境安全为主要内容的创建“文明安全社区”活动，对严厉打击各种刑事犯罪活动，加强我省城镇社会治安综合治理，切实改善居民生活环境，确保社区居民安居乐业，不断提高群众的生活质量，维护社会政治稳定具有重要的现实意义。

3.深入开展创建“文明安全社区”活动对推动城市精神文明创建活动向纵深发展具有重要意义。随着改革的深入和经济的发展，城市基层社会结构和人们的就业方式、生活方式正发生深刻的变化，城镇居民与社区的关系越来越密切，城市社区在城市改革、发展、稳定中的作用越来越重要，深入开展以保障城镇居民生命安全、健康安全、财产安全和环境安全为主要内容的创建“文明安全社区”活动，对加强我省城镇建设和管理，努力营造环境整洁、秩序井然、风尚优良，融文明、安全、健康为一体的社区环境，推动城市精神文明创建活动向纵深发展具有重要作用。

二、创建“文明安全社区”的主要内容

创建“文明安全社区”,包含维护和保障城镇居民生命安全、健康安全、财产安全和环境安全四方面的内容。

1. 维护和保障居民生命安全。要针对社区和社区周围存在的突出治安问题,组织开展阶段性、区域性的专项治理,严厉打击各种刑事犯罪活动,确保社区内无恶意伤害、杀人案件发生、无打架斗殴事件、无重大安全事故,各类刑事案件明显下降,治安防控能力增强、治安秩序良好。建立社区居民纠纷调处机构,无因民事纠纷激化引发刑事案件发生。以社区内无吸毒、无贩毒、无制毒为总目标,开展形式多样的禁毒宣传教育活动,使社区居民普遍增强禁毒意识。要耐心,细致地做好社区吸毒人员的帮教工作,努力创建一批“禁毒优秀社区”。切实加强对社区内网吧、图书销售点、茶艺馆等休闲娱乐场所的管理,严禁任何经营“黄”、“赌”行为,坚决扫除黄、赌、毒等社会丑恶现象。流动人口管理制度健全、措施落实。

2. 维护和保障居民健康安全。加强社区卫生服务中心和社区卫生医疗保健站建设,配备较好的医疗设备和较高医疗技术水平的医护人员,将社区卫生服务工作纳入公共卫生体系建设的重要内容,切实加强社区卫生服务中心和社区卫生医疗保健站建设,改善房屋设备配套条件,加强队伍建设,为社区居民提供健全的医疗服务,积极开展预防、医疗、保健、康复、健康教育、计划生育咨询等社区卫生服务。建立社区居民健康档案,促进医疗服务向居民家庭延伸,方便群众就医,满足社区居民的医疗需求。积极开展健康教育工作,组织力量消除“四害”以及其他传播传染病的或者患有人畜共患传染病的动物的危害。大力开展健康知识宣传教育,普及卫生知识,深入开展“告别陋习,珍爱健康,保护家园”精神文明创建活动,引导居民告别“八大陋习”、倡导“五不新风”,引导居民增强卫生意识,养成良好的卫生习惯。努力建设和开辟面向广大群众、便于群众参与的公益性文化体育场所,经常组织具有社区特色的群众文体活动,如组织文艺晚会、书画展、读书活动、知识竞赛等文艺活动,开展球类、棋牌、太极拳、秧歌舞等形式多样、丰富多彩的全民健身运动,引导居民养成科学、健康、文明的生活方式,不断提高防御和战胜疾病、疫病的能力。

3. 维护和保障居民财产安全。社区居民财产合法权益得到有效保护,对财产纠纷进行有效的调解。针对社区和社区周围存在的抢劫、抢夺财物等治安问题,深入开展严厉打击“两抢”犯罪活动,将拦路抢劫、盗窃车辆、入室盗窃等可防性案件控制在最低程度。要积极开展法制教育,引导居民增强法律意识,自觉遵纪守法,养成良好的行为习惯。积极同各种违法犯罪行为作斗争。要加强防火、防盗、防自然灾害、防破坏的“四防”宣传教育,落实各项防范和管理措施,切实保障社区居民的人身和财产安全,让社区居民安居乐业。要建立社会治安综合治理网络,完善群防群治体系。要认真做好社区居民调解工作,积极疏导化解各种矛盾纠纷。要引导社区居民用“尊老爱幼、男女平等、夫妻和睦、勤俭持家、邻里团结”的家庭美德来规范与处理家庭内外的关系,建设美好的小康之家。要坚决摒弃那种实行家庭暴力、不履行家庭义务、不赡养甚至虐待老人、遗弃子女、邻里不和、打架斗殴的恶习。

4. 维护和保障社区环境安全。一是从治理脏、乱、差入手,以落实“门前三包、门内达标”为重点,加强日常的保洁工作,加强对烟尘、噪声和水污染等的防治,搞好社区绿化美化,不断改善环境质量,加强生态保护和建设。二是规范自行车、摩托车的停放,清除乱堆乱放、违章搭建物,整顿交通,保持良好的秩序。三是发展社区服务,提高生活质量。面向社区残疾人、老年人、优抚对象和困难群众提供社会保障服务。设立社区服务中心,面向社区全体居民提供便民利民服务。

三、创建“文明安全社区”活动安排

1. 省文明办、省综治办等九部门组织召开创建“文明安全社区”活动协调会。

2. 省文明办、省综治办等九部门在海口联合举行“全省开展‘文明安全社区’创建活动启动仪式”。省有关领导出席并讲话。会后,向全省发出《关于开展创建“文明安全社区”创建活动的通知》。

3. 各市、县、省直有关部门紧密结合本地实际,制订本地区创建“文明安全社区”活动方案,各社区制订“创建文明安全社区实施细则”。

4. 全面开展创建“文明安全社区”活动。

5. 省文明办、省综治办等九部门将于2004年5月对各地开展"文明安全社区"创建工作进行检查。

6.2004年上半年,在各地开展创建"文明安全社区"工作小结的基础上进行全省创建"文明安全社区"工作阶段性总结。

7. 省文明办、省综治办等九部门将于2004年下半年召开全省开展创建"文明安全社区"工作表彰大会,对各地在创建"文明安全社区"活动中涌现出的先进集体和先进个人进行表彰。

四、对创建"文明安全社区"工作的几点要求

1. 各级党委、政府要把创建"文明安全社区"工作摆上重要议事日程,切实加强对这项工作的领导。要从维护改革发展稳定的高度,紧密结合本地改革发展的新情况和人民群众全面建设小康社会对物质文化生活提出的新要求,充分认识创建"文明安全社区"的重要意义,进一步增强责任感和紧迫感。要制定规划,把创建"文明安全社区"纳入城市和社区经济社会发展的总体规划,深入扎实把创建文明安全社区工作抓紧抓好。

2. 充分发挥街道办事处和居委会的职能作用,健全社区治安综合治理的网络。在城市和县城,要以社区为单位设立社区警务室。各地在推进社区建设时,要将社区警务室建设纳入社区居委会办公用房的整体规划,落实社区警务用房,并尽可能与社区居委会相邻。要由派出所推荐一名社区民警,通过居民群众选举,进入社区居委会领导班子,以利于社区治安综合治理工作的组织和协调。与此同时,抽调一批思想素质好、深受群众欢迎、热心公益事业的退休干部、职工组成治安巡逻队,确保社区治安工作落到实处。

3. 加强对特殊群体的管理。一是加强对社区内刑满释放人员、解除劳教人员、戒毒出所人员进行帮教,争取他们改过自新、从新做人。二是建立社区出租屋和外来人员档案,对外来人口实行来登记、走注销制度,加强对外来人口和出租屋的有效管理。三是加强对法轮功练习人员、吸毒人员的帮助转化工作,引导他们恢复正常的生产生活。四是积极帮助下岗职工解决再就业问题,努力帮助他们解决生活中确实存在的问题,切实消除各种不稳定因素,保持社区安全、稳定的局面。

4. 齐抓共管,形成合力。创建"文明安全社区"活动是一项复杂的系统工程,涉及社会的各个方面。要以乡镇(街道)综治办为核心,以居(村)民委员会为基础,以企事业单位为依托,广泛动员和组织社会各界参与"文明安全社区"创建活动。各地文明办、综治办等相关部门要经常深入社区指导、协调、督促、检查创建"文明安全社区"工作,帮助解决创建中的要题、难题。各级新闻媒体单位要及时报道在创建"文明安全社区"活动中涌现出来的好典型、好经验,为推进创建"文明安全社区"活动创造良好的舆论氛围。

附:

海南省"文明安全社区"标准

为了深入贯彻中央文明委和省文明委关于创建文明城市、文明社区的要求,根据中共海南省委宣传部等九部门《关于在全省广泛开展创建"文明安全社区"活动的通知》精神,制定此标准。

一、社区各项机制健全

1. 创建"文明安全社区"组织领导机构健全,积极组织社区内机关、部队、企事业单位和居民群众共同开展创建活动,创建成效显著。

2. 社区内党团组织健全,共产党员和共青团员的先锋模范作用发挥好。

3. 社会治安综合治理、群防群治组织健全,专、兼职的社会治安队伍人员落实。

二、社区居民生命安全得到维护和保障

1. 积极组织开展阶段性、区域性的社区治安专项治理,严厉打击各种刑事犯罪活动。社区内无恶意伤害杀人案件发生、无重大安全事故,各类刑事案件明显下降,治安防控能力增强,治安秩序良好。

2. 社区有民事纠纷调处机构,形成健全的民事纠纷调解网络,民事纠纷少,调解率100%,成功率达95%以上。无因民事纠纷矛盾激化而引发刑事案件,社区居民普遍反映有安全感。

3. 社区内无聚众赌博、吸毒贩毒的现象存在。经常开展形式多样的禁毒宣传教育活动,社区居民禁毒意识强,"珍爱生命,远离毒品"成为居民的自觉行动。

4. 社区的网吧、图书销售点、茶艺馆等休闲、读书和娱乐场所无非法经营行为。社区无黄赌毒等社会丑恶现象。

5. 帮教工作好,对轻微违法的青少年的帮教率达100%。无计划外生育,流动人口管理制度健全,流动人员户口申报率达90%以上,暂住人员建卡率达95%以上,人口资料管理电脑化。

三、社区居民健康安全得到维护和保障

1. 社区应设立社区卫生医疗保健机构,社区卫生服务覆盖社区全体成员。

2. 社区卫生服务站医疗设备以满足基本卫生服务为主,人员必须具备执业(助理)医师、执业护士资格,经注册发证和岗位培训取得省、市(县)卫生行政部门核发的全科医师、社区护士岗位培训证书方可上岗执业,其他工作人员也必须具备相应的资格,并经岗位培训取得证书后持证上岗。能为居民提供方便快捷的健康咨询、医疗保健服务。

3. 经常开展预防、医疗、保健、康复、健康教育和计划生育咨询等社区卫生服务。建有社区居民健康档案,医疗服务向居民家庭延伸,基本满足社区居民的医疗需求。

4. 具有防治传染病专门机构,配备专职人员,积极开展预防传染病的卫生健康教育。

5. 积极开展健康知识宣传教育,卫生知识普及。开展"告别陋习,珍爱健康,保护家园"精神文明创建活动,引导居民告别"八大陋习"、倡导"五不新风"成为自觉行动。

6. 社区群众文体活动形式多样、内容丰富。经常开展"歌颂共产党、歌颂社会主义、歌颂改革开放"为主题的读书活动、小型文艺演唱会和书画展等群众文化活动。经常开展以"科学健身、有益健康"为主题的社区运动会、社区体育比赛和户外体育锻炼的全民健身活动。居民防御和战胜疾病、疫病的能力不断提高。

四、社区居民财产安全得到维护和保障

1. 社区居民财产的合法权益得到有效保护,对财产纠纷能进行有效调解。

2. 深入开展群众性打击抢劫、抢夺"两抢"犯罪活动。使拦路抢劫、盗窃车辆、入室盗窃等可防性案件得到有效控制。

3. 积极开展法制宣传教育,居民法律意识强,能自觉遵纪守法,自觉同各种违法犯罪行为作斗争。

4. 经常开展以防火、防盗、防破坏、防治安灾害事故为主要内容的"四防"宣传教育,各项防范和管理措施落实,社区居民的人身和财产安全得到保障,居民安居乐业。

5. 社会治安综合治理网络健全,群防群治体系完善。

6. 社区居民具有良好的"尊老爱幼、男女平等、夫妻和睦、勤俭持家、邻里团结"的家庭美德。无不赡养甚至虐待老人、遗弃子女、实行家庭暴力、不履行家庭义务、邻里不和、打架斗殴的恶习。

五、社区环境安全得到维护和保障

1. 重视社区环境、生态和资源的保护,社区环境质量好。社区内烟尘、废水、废气、废渣和噪音治理达到国家规定标准。

2. 社区居民住宅区无"七乱"(乱搭建、乱堆放、乱占道经营、乱张贴刻画、乱丢果皮杂物、乱吐痰、乱停放车辆)现象,无破坏生态环境行为,社区内外环境整洁、优美。

3. 社区垃圾清理定人定时定点,污水排放畅通,巷道平整硬板化,无卫生死角。居民有良好的卫生习惯,消灭"四害"达到国家和省规定标准。

4. 社区服务网络健全,网点布局合理,设施完善。面向社区老年人、残疾人、优抚对象和困难群众提供社会保障服务工作做得好。

5. 社区居民饮用安全卫生自来水人口达80%以上,使用卫生户厕家庭达80%以上。

(撰稿:侯建民
审稿:孙书南　崔红星)

重　庆　市

重庆市社会治安综合治理委员会关于建立社会治安突出问题定期排查制度的通知

（2003 年 5 月 27 日）

各区县（自治县、市）综治委，北部新区、高新区、经开区综治委：

按照《重庆市 2003 年社会治安综合治理工作要点》关于“建立健全贯彻‘严打’方针的经常性工作机制”和“继续坚持对突出治安问题、治安混乱地区的排查和挂牌整治”的工作要求，市综治委决定，在总结“严打”整治斗争成功经验的基础上，结合矛盾纠纷月排查工作，建立社会治安突出问题和地区（部位）定期排查制度。

对社会治安突出问题和地区（部位）进行定期排查，是各级综治委（办）加强调查研究，当好党委、政府参谋助手，将打防工作前移的基础工作。是综治、政法部门改进工作作风，增强工作责任感，密切关注辖区治安状况，主动发现和及时整治突出治安问题，切实增强群众安全感，密切联系群众的一项重要措施。各级党委、政府对此项工作要高度重视，落实责任，加强领导；各级综治委（办）要将此项工作作为重要的经常性业务工作之一，按照层层排查的原则，建立健全长效机制，长抓不懈，力求实效。

一、全市各乡镇（街道）综治委，每季度要组织公安等有关部门和基层组织，对辖区社会治安突出问题和地区（部位）进行一次全面排查。对排查出的问题和地区（部位）要进行梳理，列出当前影响本辖区社会治安的突出问题和治安问题突出的地区（部位），并研究对策，提出工作措施，确定责任单位和责任人，组织有关部门限期整治。

各乡镇（街道）综治委，要定期将每季度排查和对上一季度排查出的突出治安问题和地区（部位）进行整治的情况，及时报区县（自治县、市）综治委。

二、全市各区县（自治县、市）综治委（办），每季度要将所辖乡镇（街道）上报的排查及整治工作情况汇总，向党委、政府汇报，并对乡镇（街道）的排查和整治工作进行督促检查。对乡镇（街道）排查出来自身能够解决的问题，要督促其尽快落实整治措施，并检查验收整治效果；对乡镇（街道）范围内确实无法解决的问题，要及时责成区县（自治县、市）有关职能部门给予业务指导和帮助，落实整治措施，对其中严重影响本地区社会治安的突出问题和治安问题突出的地区（部位），区县（自治县、市）综治委可选择重点，实行挂牌整治。

各区县（自治县、市）综治委（办）在每季度下一个月的上旬，要将本地区排查和整治情况汇总后报市综治办（报表附后）。

三、各区县（自治县、市）综治委（办）要将此项工作作为检查考核乡镇（街道）综治工作的重要内容之一，经常性地进行督促检查。市综治委将把社会治安突出问题和治安问题突出地区（部位）定期排查及整治工作情况作为年终综治工作责任目标考核的重要内容，进行严格考评。

各区县（自治县、市）综治委接此通知后，要立即研究实施办法，向乡镇（街道）提出具体工作要求，并结合本地实际，健全落实社会治安突出问题定期排查制度，尽快把此项工作落到实处。

重庆市社会治安综合治理委员会 中共重庆市委政法委员会 关于建立对地方恶势力团伙犯罪案件实行倒查制度的通知

（2003年6月16日）

各区县（自治县、市）综治委、政法委，北部新区、高新区、经开区综治委：

在为期两年的“严打”整治斗争中，我市各级政法部门在党委、政府的统一领导下，以“打黑除恶”为龙头，强化工作措施，加大攻坚力度，沉重打击了黑社会犯罪团伙，摧毁了一大批称霸一方、作恶多端、祸害群众、扰乱治安的地方恶势力，推动了“严打”整治斗争的深入开展。通过“严打”整治斗争，我市社会治安秩序得到好转，人民群众的安全感明显增强。为了巩固和深化“严打”整治斗争成果，及时发现、努力预防和减少地方黑恶势力团伙犯罪案件的发生，市综治委、市委政法委决定从今年开始，对破获的地方恶势力团伙犯罪案件实行倒查，通过对已破案件的逐案倒查，总结治安管理、治安防范和打击处理违法犯罪工作中的经验教训，有针对性地改进和强化经常性工作措施，坚决遏止地方恶势力犯罪团伙的孳生。

各级党委、政府要充分认识对地方恶势力犯罪案件实行倒查的重要意义，各区县（自治县、市）综治委、政法委要切实增强对倒查工作的领导。从今年开始，各地公安机关破获地方恶势力团伙犯罪案件后，要立即向所在区县（自治县、市）综治委、政法委报告，区县（自治县、市）综治委、政法委要组织政法部门和相关单位，领导亲自挂帅，组成工作组，进行逐案倒查。一是要查地方恶势力孳生的初期，未及时发现其苗头的原因；二是要查地方恶势力形成团伙和逐步做大的过程中，政法部门在打击处理方面是否存在问题；三是要查找基层综治工作中的薄弱环节和工作作风上存在的问题；四是要查地方恶势力孳生做大，是否存在基层党政干部、政法干警脱离群众，甚至成为地方恶势力的“关系网”、“保护伞”等问题。同时，也要总结最终将地方恶势力犯罪团伙揭露和摧毁的经验做法。

通过倒查，要认真总结工作中的经验教训，对发现的问题，要分析原因，明确责任，落实整改。对工作严重失职和违法违纪的人员，要查清责任，严肃处理。同时，要举一反三，要强化治安管理和防范工作措施，预防和减少地方恶势力案件的发生。

各区县（自治县、市）对地方恶势力团伙犯罪案件开展倒查的情况，要逐件形成专题报告，报市综治委、政法委。市综治委对各地开展倒查工作的情况，将适时进行抽查，并将此项工作作为年终综治工作责任目标考核的重要内容，进行严格考评。

中共重庆市委办公厅　重庆市人民政府办公厅关于组建治安协勤队伍的通知

（2003 年 12 月 18 日）

有关区党委和人民政府，市级有关部门：

根据《中共中央、国务院关于进一步加强社会治安综合治理的意见》（中发〔2003〕14 号）和全国社会治安综合治理工作会议精神，为加快社会治安防控体系建设，切实加强治安防控，维护社会稳定，市委、市政府决定在主城九区和北部新区、高新区组建治安协勤队伍。现将有关事项通知如下：

一、治安协勤队伍的性质和职能

治安协勤队伍是协助公安机关加强社会面治安防范，维护治安秩序，预防和制止违法犯罪，劝解和制止治安纠纷，服务人民群众的公益性治安协勤力量。治安协勤队伍的主要职能是协助公安机关加强社会面巡逻防控，强化"点、线、面"控制，维护社会治安秩序和社会稳定。包括：

（一）协助公安机关开展社会面巡逻守点，堵截盘查，发现并扭送现行违法犯罪嫌疑人，预防制止违法犯罪，劝解治安纠纷；

（二）协助公安机关维护治安秩序，保护市政设施和公共安全；

（三）协助公安机关接受公民报警，参加抢险救灾，服务人民群众。

二、治安协勤队伍的组建和管理

市和各区要设立治安协勤工作领导小组和办公室。领导小组办公室设在市、区公安机关，负责治安协勤队伍的组建和管理、协调、指导工作。治安协勤队伍由区公安分局领导管理，受公安派出所直接指挥。治安协勤队员的招聘，要坚持公开招聘、统一考试、集中培训、持证上岗的原则，主要在企事业单位下岗人员和社会失业人员、复员退伍军人、原治安联防队员和治安积极分子中聘用。市公安局负责制定统一的招聘标准和招聘办法。区公安分局根据统一的招聘标准和招聘办法，具体负责协勤队员的聘用、培训工作。协勤队员人数按现有专职巡逻民警 1∶2 的比例配备，其中享受低保人员的比例不得低于 50%。各区根据治安形势和治安工作需要，可逐步完成队伍组建和队员招聘工作。

三、治安协勤队伍的经费

治安协勤队伍所需经费，原则上由各区财政承担，并纳入财政预算。市财政适当补贴装备经费。治安协勤队员的工资原则上按每人 500 元/月测算，各区根据实际可按 20% 的比例上下浮动。协勤队员中的享受低保人员，其低保金按原渠道照常发放，冲抵协勤工资。

组建治安协勤队伍，对于加快构建社会治安防控体系，缓解我市警力严重不足的矛盾，加强社会治安群防群治工作，促进就业和再就业都具有重要意义。各区要高度重视治安协勤队伍的组建工作，切实加强领导。财政部门要大力支持组建工作，保证队伍经费足额按时到位。公安机关要组织精干力量，抓紧制定组建方案，加大组建工作力度，确保组建工作的顺利进行。

中共重庆市委办公厅关于调整市社会治安综合治理委员会成员的通知

（2003年4月1日）

各区县(自治县、市)党委,市委各部委,市级各部门党组(党委),各人民团体党组,大型企业和大专院校党委:

市委决定调整市社会治安综合治理委员会成员,现将调整后的成员名单通知如下:

主　任:聂卫国　市委副书记

副主任:朱明国　市委常委、市委政法委书记、市公安局局长

黄奇帆　市委常委、市政府常务副市长

陈永翔　市委政法委副书记、市委610办公室主任

成　员:李宗群　重庆警备区政治部主任

艾智泉　市委副秘书长

崔　坚　市政府副秘书长、市政府办公厅副主任

黄文献　市政协副秘书长

李昌伦　市纪委副书记、市监察局局长

田　军　市人大内司委主任

李元鹤　市高级人民法院副院长

余　捷　市检察院副检察长

刘培轩　市委组织部副部长

汪　俊　市委宣传部副部长

杨文孝　市委政法委副书记

欧可平　市教委主任

王大用　市农办主任

王道渝　市人事局局长

陈焕奎　市司法局局长

林育均　市公安局副局长

龚增仪　市信访办副主任

李贤贵　市委企业工委副书记

杨光元　市建委副主任

宋培滨　市商委副主任

欧会书　市移民局副局长

杨应敏　市计生委副主任

王洪华　市文化局局长

王永武　市民政局副局长

任永发　市新闻出版局副局长

丁　纯　市交委副主任

李大均　市广电局纪检组长

陈大炜　市财政局副局长

周余龙　市工商局副局长

石华平　市劳动和社会保障局纪检组长

方明金　市卫生局副局长

孙逸民　市旅游局副局长

李　军　市总工会常务副主席

徐　强　团市委副书记

余桂芳　市妇联副主席

李世成　人民银行重庆营业管理部副主任

苏少林　市电信通讯管理局局长、党组书记

孙孝义　重庆民航局党委书记

黄文明　重铁分局党委副书记

黄　勇　重庆长江轮船公司党委副书记

重庆市社会治安综合治理委员会下设办公室,办公室主任由杨文孝同志兼任,办公室副主任由张敬奇同志担任。

“严打”整治斗争情况

2003年，全市各级政法部门按照中央和市委的总体部署，认真贯彻“严打”方针，密切配合，突出重点，不断增强打击力度，始终保持了对刑事犯罪的高压态势，胜利完成了为期两年的“严打”整治斗争，社会治安取得了新的明显进步。在为期两年的“严打”整治斗争结束后，全面总结了斗争经验，继续坚持“严打”方针不动摇，全市持续不断组织开展了“反扒和打击车匪路霸专项行动”、“春季破案战役”、“飓风”行动、“夏季治安整治行动”、“破案会战”等集中打击行动及扫黄禁赌等专项整治工作，巩固和发展了两年“严打”整治斗争成果。全市治安形势呈现出“四降”的良好趋势。即：1—12月，刑事犯罪发案总量同比下降7.5%；严重威胁人民群众生命财产安全的杀人、放火、爆炸、抢劫、涉枪等暴力犯罪案件同比下降8.1%；刑事犯罪造成的死亡人数同比下降了22.6%；刑事犯罪造成的经济损失同比下降了13.7%。各区县（自治县、市）按照市里提出的“命案必破”的要求，组织精兵强将，切实加大案件的侦破力度，一大批杀人、爆炸、强奸等重大恶性案件以及盗窃、抢劫等多发性案件得到及时破获。同时，各地还大力开展了重点整治工作，在深入开展治安排查的基础上，着力整治了一批当地群众反应强烈的治安问题突出的地区和部位，取得了明显实效。在全市的共同努力下，群众安全感得到进一步增强。据市统计局调查，全市群众安全感比上一年上升了5个百分点。社会各界对社会治安工作状况普遍满意，2003年市“两会”关于社会治安的提案、议案减少了32.5%。

社会治安综合治理基层基础工作情况

在深入开展“严打”斗争的同时，按照“打防结合、预防为主”的方针，全市各地把社会治安工作重心进一步向治安防范工作转移，把建立治安防控体系及长效机制摆上了更加突出的位置。各地按照市委、市政府《关于完善群防群治机制，建立治安防控网络的工作方案》（渝委办〔2002〕111号）和《关于切实加强社区治安巡逻队伍建设的意见》（渝委办〔2002〕137号）文件的要求，从社会治安综合治理工作的重点和难点入手，以建立健全完善群防群治机制和多层面防控网络为工作重点，着力健全完善治安防范工作长效机制。

一、全面推进社区警务战略，公安机关在社会治安综合治理工作中的主力军作用进一步发挥

按照公安部的统一部署，市公安局明确提出了做大做强派出所的工作思路和派出所把主要精力投入抓防范，抓管理和服务的要求。各地公安机关努力把更多的警力和精力摆到“一线”和防范工作上，推动了社区警务战略的进一步落实，社区警务在社区的开展率和驻警人数，社区民警在社区工作的出勤率以及群众的满意程度明显高于往年。过去一些社区警务工作推进较缓的地区，今年也普遍加大了工作力度。目前，全市建立社区警务室1142个，配备社区民警2143人。通过积极推行社区警务工作，进一步实现了警务前置、警力下沉，有效地推动了公安基层基础和治安防范工作的开展。同时，公安机关还针对刑事、治安案件发案特点，因地制宜地调整布警模式和方式，把更多警力和精力摆在街面上，加强主干道、繁华街区、公共复杂场所、案件多发地区和时段的治安巡逻防范和控制。目前，全市日均投入5000警力，主要用于守卡和巡逻控制城区主干道、繁华街区、公共复杂场所。在治安复杂的地区，积极探索勤务弹性工作制，努力改变长期以来"猫下班，鼠出动"的局面，最大限度地预防和减少案件的发生。

二、城区社区治安巡逻和农村警民联系点、联户联防等群防群治工作更加广泛有效地开展

一是突出重点，继续大力推进了城区社区治安巡逻工作。各地继续把加强社区治安工作，列入为民办实事、办好事的民心工程，作为强化治安防范工作的有效手段。2003年，各地普遍制定了措施，在人、财、物等多方面进一步给予了保障，经费投入大大增加，有力地推动了社区治安巡逻工作的开展，主城区和绝大多数区县（自治县、市）中心城镇社区都组建了治安巡逻队伍。目前，全市共组建社区治安巡逻队1326支，队员25958人。同时，各地普遍加强了社区治安巡逻队的制度建设、业务培训、工作考核等工作，提高了社区治安巡逻队伍素质，增强了社区治安巡逻工作实效。从年终检查的情况看，通过社区治安巡逻工作的加强，城区和城镇的可防性案件得到较为明显的控制。特别是社区治安巡逻队健全、运行好的地方，辖区可防性案件均大幅度的下降，群众的安全感增强，得到社会各界和广大人民群众的广泛好评和大力支持。

二是进一步推广创建警民联系点和联户联防工作经验，强化农村治安防控工作。在抓城区防范的基础上，结合全市农村地区实际，市和各地进一步总结和推广了创建农村警民联系点和开展联户联防的成功做法，推动农村地区治安防范工作的落实。目前，全市已建立警民联系点10698个，联户联防工作普遍推开。通过"警民联系点"和联户联防工作的开展，把农村责任区民警，基层干部、农民群众有机地结合在一起，形成了抓社会治安综合治理的合力，畅通了农村治安信息渠道，增强了治安问题快速处置能力和预防控制能力，有效地预防和减少了农村地区案件的发生。此外，边界地区，通过联防、联打、联训、联欢的措施和办法，加强了与兄弟省市边界地区治安工作，促进了边区治安稳定。

三、进一步巩固和深化了基层安全创建工作

目前，全市已创建各类安全文明小区2万2千多个，市级安全文明示范小区205个。2003年，各地在基层安全创建中注重了抓巩固提高、抓发展创新。万州区在基层安全创建中，采取由各级综治委委员和政法部门领导联系小区的制度，加强对"创安"工作的调查研究和指导，通过发挥职能作用，帮助小区解决实际困难和问题，推动了"创安"工作的深入开展，受到了群众的欢迎。江津市把创建活动与精神文明建设、村居民自治示范村、计划生育合格村，建设小康村相结合，在创建方式上积极推进"四共建"，即校地共建、军地共建、企地共建、警民共建，取得了明显成效，今年新增安全文明小区75个。黔江区在农村安全创建中创新推行了"1+X"大院联防举措，建立起209个治安联防小区、3833个治安联防大院，大大减少了农村案件的发生。

预防青少年违法犯罪工作情况

一、各级领导高度重视，将贯彻《预防未成年人犯罪法》列入了重要工作日程，使全市预防青少年违法犯罪工作呈现出良好的局面

一是建立健全了组织机构。经市领导同意，我市于2001年5月成立了由市委政法委副书记为组长、团市委和市教委领导为副组长，各有关部、委、局领导为成员的重庆市预防青少年犯罪工作领导小组后，各区县纷纷行动起来，已有16个区县（市）成立了预防青少年违法犯罪工作领导小组，预防青少年违法犯罪的机构网络初步形成。

二是纳入工作规划，形成了完善的实施网络。为了动员社会各方面力量关心和做好预防青少年违法犯罪的工作，市综治委将青少年法制教育、刑释解教人员帮教、创建优秀“青少年维权岗”等工作作为重要内容，纳入了对各区县社会治安综合治理的考核范围，签订了责任书。全市各地区和有关部门，对预防青少年违法犯罪工作都制定了本地区的具体规划，从而形成了自上而下的预防青少年违法犯罪的实施网络。

三是利用法律手段，形成了有力的监督机制。在工作中，我们注重利用法律手段推动工作开展，2003年，市预防青少年违法犯罪工作领导小组协同市人大对《未成年人保护法》和《预防未成年人犯罪法》执行情况进行检查，对全市各级政府及相关部门对“两法”贯彻情况作了全面检查，深化了各级政府对预防青少年违法犯罪工作的认识，促进了各级人大对本地区预防青少年违法犯罪工作的监督，有力地推动了我市预防青少年违法犯罪工作的深入开展。

二、采取多种措施宣传《预防未成年人犯罪法》，增强了全社会预防青少年违法犯罪的社会意识和责任感，帮助青少年增强了法制观念、防范意识并提高了自我保护的能力

一是充分发挥了宣传媒体的法制宣传作用。2003年，与重庆电视台《拍案说法》、《成长》、电视二台《记者观察》等栏目制作了保护未成年人和预防未成年人犯罪的专题片（专题节目）8期，节目播出后，社会反映强烈，受到了广泛赞誉；重庆卫视《新闻联播》还播出了大量反映预防青少年违法犯罪的报道，重庆人民广播电台还制作了几期预防青少年违法犯罪的专题节目。同时与市青少年犯罪研究会联合在《青少年与法》杂志上开辟了《法苑空间》等栏目，邀请专家、学者为专栏作家，撰写宣传《保护法》、《预防法》的文章及对未成年人犯罪案例的剖析。我们还协助《青少年与法》杂志编辑出版《青少年禁毒专辑》3万册，在6·26禁毒日免费赠送给广大青少年和社会各界人士，同时组织青年禁毒志愿者在解放碑举行了大型的禁毒宣传和“拒绝毒品，珍惜生命”的签名活动。

二是大力加强了对在校中小学生的预防犯罪教育。我市各中小学按市预防办的要求，将《预防法》的学习作为了“四五”普法的重要内容，在全市中小学率先开设了法制教育课，并编写了法制教育专用读本。为了使中小学生法制教育更加有形化、具体化，市预防办和市教委还狠抓了基地建设，目前已建立了西山坪劳改农场和市少管所两个法制教育基地，通过课堂教学、知识竞赛、升旗仪式、团队活动、墙报、广播、电影、实地参观、现身说法等方式对学生进行了广泛的预防犯罪教育。2003年，我们组织全市中小学生观看了我国第一部预防青少年违法犯罪的电影《保护明天》。同时，为了帮助学校开展法制教育活动，全市各中小学普遍推行了聘请兼职法制副校长或辅导员的制度，同时编印了《重庆市青少年法律和自护知识读本》20万册，发到了广大青少年手中，推动了青少年法律和自护教育的规范化、系统化。目前，全市有法制副校长和辅导员6100多名，他们在对学生进行法律知识的宣传、自护能力的培养、帮教后进生等方面都发挥了重要作用，受到广大师生的欢迎。

三是深入开展了青少年自我保护教育。2003年，我们以社区为依托，开展了重庆市青少年寒暑期自护教育活动，全市举办了以法律常识、青春期心理卫生、拒绝毒品、防灾避险等为内容的自护夏令营和培训班300多期，受训中小学生4万多人次，有效地增强了青少年的法律意识和预警防卫能力。7月，我们还建立了西部地区首家野外青少年自护教育基地，为全市青少年提供比较系统的自护教育，得到了社会各界的好评。

三、重视预防青少年违法犯罪相关问题的调研，为地方立法和市领导决策提供了参考意见

为了争取党政领导对贯彻《预防未成年人犯罪法》的重视和支持，并有针对性地开展工作，我们先后开展了多项有关预防青少年违法犯罪状况的调查研究。

一是开展了制定《重庆市实施＜中华人民共和国预防未成年人犯罪法＞办法》的立法调研。向市人大提交了调研报告，提出了结合重庆实际，制定实施办法的设想，以此促进《预防未成年人犯罪法》在重庆更好地贯彻落实，目前市人大正在酝酿将这一工作作为今后的立法项目。

二是对网吧进行了专项调查。提出了加强网吧管理，限制网吧数量，集中整顿网吧经营的建议，作为市人大一届人大五次会议和市一届政协五次会议的提案，引起了人大代表、政协委员和市领导的重视。

三是开展了预防青少年违法犯罪等青少年权益工作专题调研。这次调研深入我市十多个区县，对全市的相关工作进行了全面的总结和分析，形成的调研报告获得2003年团中央权益工作调研三等奖。

四、进一步优化了社会育人环境，促进了青少年健康成长

一是全面开展了打击淫秽“口袋本”工作。2003年，根据团中央、中央综治委预防青少年违法犯罪工作领导小组等部委的统一部署，我市开展了有害卡通画册和淫秽“口袋本”图书专项整治行动，对有害卡通画册和淫秽“口袋本”图书泛滥的出版物市场进行了全面的清理整顿，严厉打击了非法印刷活动，对非法出版物批发市场予以取缔，并进一步加强了对书报刊销售、出租经营行为的监管，加强了对城市街头和社区非法兜售淫秽出版物的游商的治理。重点清理了中小学校周边和城乡结合部的非法书报刊经营场所，重点打击了批发有害卡通画册和淫秽“口袋本”图书的不法分子。另一方面，加强了对青少年学生的教育和引导，禁止有害卡通画册和淫秽“口袋本”图书在青少年学生中传播，通过开展多种形式的教育活动，增强青少年学生对不良文化的抵御能力，自觉远离不健康“口袋本”图书。

二是开展了“安全放心网吧”创建工作。为了规范“网吧”的经营行为，消除负面影响，2003年4月15日，团市委、市文化局等有关部门启动了创建“青年安全放心网吧”活动，20个网吧被确定为示范点，以带动创建活动深入开展，使“网吧”真正成为青年提高思想道德水平、增长知识、休闲娱乐的阵地。

三是加强了对校园周边环境的整治。为了优化育人环境，我们狠抓了中小学校园及周边治安秩序的整治工作。去年10月，进行了大规模的集中整治，加强了校园及周边的日常治安管理，如一些派出所协助和指导学校建立健全了各项安全防范制度，帮助学校成立了护校队和保卫组织，加强了校园周边的巡逻防范，新增了报警点，增强巡逻密度等。在加强日常管理的同时，结合我市实际，着力解决校园及周边突出治安问题，如治理对中小学生的“下暴”，加大学校周边租赁暂住人口的清理和管理力度等。通过整治，中小学校园及周边治安秩序明显好转，学校师生安全感普遍增强，一度反映强烈的校园周边娱乐场所影响教学秩序，对学生“下暴”等问题得到了有效控制，社会一致给予了好评。

五、深入开展了创建优秀“青少年维权岗”和“青年文明社区”活动，广泛地调动了社会各方面预防青少年违法犯罪的积极性

一是加大了优秀“青少年维权岗”创建工作的力度。2003年，在保持已有创建成果的基础上，在全国首次将创建活动扩展到了文化系统和共青团系统时，各区(县)也全面展开了创建工作，形成了较为广泛的青少年维权服务体系；继续深入开展优秀“青少年维权岗”创建活动，命名了53家单位为市第二批创建优秀“青少年维权岗”示范单位；高新区石桥铺派出所等15家单位被命名为全国优秀“青少年维权岗”；在全市开展了全国级优秀“青少年维权岗”的复查验收工作，对优秀“青少年维权岗”实施动态管理，有力地促进了我市创建工作的深入开展。

二是“青年文明社区”创建工作呈现出蓬勃发展的良好态势。2003年，我们着力打造的南岸区四海花园社区等18个社区被团中央等部委命名为全国“青年文明社区”，部门荣获了全国创建“青年文明社区”活动优秀组织奖；同时在全市命名表彰了16个社区为第二批重庆“青年文明社区”，命名了31个社区为第三批重庆市创建“青年文明社区”活动示范点。通过典型示范，促进了“青年文明社区”创建活动的深入发展，在全市初步形成了“青年文明社区示范链”。同时我们联合市文明办等单位启动了重庆市“四进社区”活动，将共青团的各个品牌项目与“青年文明社区”的创建有机结合，深化了创建“青年文明社区”活动。市建委有计划、分步骤对全市外出务工青年进行计算机管理，并按照建设部、团中央“千校百万外来务工青年培训计划”的要求，在垫江、开县等民工流出大县对外出务工青年进行职业技能、法律法规等方面的培训，有效的提高了外出务工青年的素质。市妇联在我市各区县(市)建立了一批家长学校，聘请有关专家对家长进行家庭教育知识的培训，从根本上为青少年的健康成长创造良好环境。市妇联还组织人员针对家庭暴力进行了立法调研，并对女吸毒人员进行结对帮教。

优秀“青少年维权岗”和“青年文明社区”的创建活动，调动了社会各方面预防青少年违法犯罪工作的积极性，在向青少年进行法制宣传，开展自护教育，帮教失足青少年，治理校园及周边治安秩序，净化文化市场等方面做了大量工作，促进了青少年的健康成长。

矛盾纠纷排查调处工作情况

2003年，全市各级各部门在市委、市政府的正确领导下，坚持以“三个代表”重要思想和党的十六大精神为指导，坚决贯彻“稳定压倒一切”、“群众利益无小事”的方针，加强领导，落实责任，强化措施，齐抓共管，在化解社会矛盾，积极防范和处置群体性事件，解决群众生产生活中的实际困难和问题等方面做了大量扎实有效的工作，全年全市两级党政信访部门共受理群众信访80199件次、203095人次，与上年相比，件次下降11.59%、人次下降6.69%；其中，受理群众来信48253件，比上年下降13.1%，来访31946件次、154842人次，分别比上年下降9.18%、4.39%，来访中集体访5224批次、111590人次，与上年相比，件次上升1.59%、人次下降5.65%，及时妥善地调处和化解了一大批复杂矛盾，有效地维护了全市的社会政治稳定，促进了全市经济发展。

一、切实加强领导，严格落实矛盾纠纷排查调处工作责任制

各级各部门把稳定工作，特别是矛盾纠纷排查调处工作纳入重要议事日程，切实加强领导。2003年市委常委会两次听取信访稳定工作汇报，市委两次召开季度信访稳定形势分析会，市委、市政府8次召开全市性信访稳定工作会，部署信访稳定工作，还多次组织召开专题会议，研究处理群众信访反映的重大、热点和难点问题。全年市委、市政府制发信访稳定工作文件10件。同时，严格落实信访工作领导责任制。市委、市政府明确规定：地方各级党委、政府主要领导必须对本地区信访稳定工作负总责；各部门“一把手”为本部门、本系统信访稳定工作的第一责任人，一级抓一级，一级对一级负责，层层抓落实。为确保责任制的落实，市委组织部下发了《关于进一步落实领导干部维护稳定工作责任制的通知》（渝委组〔2003〕300号）。各级各部门按照市委、市政府的要求，进一步完善和落实党委、政府统揽全局，协调各方，各部门各负其责、齐抓共管的稳定工作体制和责任制，进一步加强领导。全年各区县（市）、市级各部门召开常委会（党委会）、办公会分析研究信访工作均在10次以上，处理了大量群众反映的热点、难点问题。在关心和加强信访机构、队伍建设，严格将信访工作纳入目标管理考评等方面取得了实质性进展。

二、群众重复上访专项治理工作取得明显成效

我市群众重复上访专项治理工作于2003年7月中旬正式启动，为确保专项治理工作达到预期效果，主要采取了以下措施：一是市专治办加大督促指导力度，严格考核奖惩。二是加强领导。各级各部门强化责任，落实措施，协同配合，创新手段，多策并举，本着“宜粗、宜宽、宜了”的原则，带着深厚感情处理和解决群众反映的问题，做到了在政策上不欠帐，工作上不欠情。三是成立了市政府驻京办信访处，主动做好我市进京上访人员的劝返处置工作。四是加大人、财、物方面的投入。据统计，全市用于解决一些应解决而长期未解决问题的经费达32579.5万元，投入工作经费达270万元。其中，市财政拨出100万元给市信访办解决上访老户问题。

三、信息调研和督查督办工作取得新进展，解决了大量群众信访反映的热点、难点问题

一是开展了社情民意调查。2003年初市信访办会同有关区县和部门开展了市情民意调查，真实精确地反映了全市人民群众对我市政治、经济、社会发展等方面重大问题的看法和意愿。二是及时收集、报送信访和维稳工作信息。区县（市）信访办和市级部门全年向各级党委、政府和市信访办(维稳办)报送各类信息 12000 余条,为各级党委、政府及时掌握社会稳定动态、处置不稳定事端、解决群众信访问题提供了依据。三是积极开展了人民建议征集工作。市信访办全年共征集人民建议 1479 条,有 43 条得到采纳。全市 40 个区县(市)也开展了人民建议征集工作,极大地激发了广大人民群众参政议政、建言献策的热情。四是对热点、难点问题开展了多层次的调研。年内市信访办和各区县(市)、市级有关部门针对企业破产改制、房屋拆迁、土地征用、拖欠民工工资、乡镇解聘人员、移民、"退改离"人员和企业军转干部以及抗美援朝老战士、城市困难群体等反映的突出问题开展了多层次、多角度的调查研究,为批量性解决群众信访问题提供了依据。

四、主动出击,超前化解

按照处理问题抓早、抓小、抓苗头、"做减法"的工作要求,广泛布点,健全了由信访部门牵头,公安、综治办等部门参加的矛盾纠纷逐级定期排查调处制度和不定期的专项问题排查调处制度,及时发现掌握集体上访和群体性事件苗头,按照"不出门、不过夜"的要求,有针对性地采取防范和控制措施,把苗头处理在萌芽状态,把群众稳定在当地,全年超前化解各类不稳定苗头和事端 41 起,涉及 15800 人;全年全市共排查影响社会稳定的重点问题 3452 件,81%的矛盾和问题得到有效调处和化解;全年共处置群体性事件 47 批、涉及 25670 人,有力地维护了社会稳定。

五、基层基础工作得到进一步加强

一是加大人、财、物的投入,强化基层矛盾纠纷排查调处机制建设。区县(市)信访部门领导班子建设得到强化,人员编制得到落实,工作条件得到改善,工作经费得到保障。二是进一步加强了基层信访干部和矛盾纠纷调解员的学习培训工作,使基层干部化解矛盾纠纷的能力和水平不断提高,综合素质明显提高。三是市委、市政府和多数区县(市)党委政府在赋予信访部门多种职能的基础上,将维稳办设在信访办,并相应解决了领导职数和人员编制,将信访工作与维稳工作紧密结合,理顺了体制,整合了力量,形成了信息畅通、机制健全、协调督促有力的格局,使信访部门真正成为化解人民内部矛盾、维护社会稳定的协调处理中心。四是赋予信访部门决策参与权。对一些涉及群众切身利益的决策、执行、督促以及信息反馈,信访部门全程参与,各级党委、政府的重要会议都有信访部门参加,一些重大热点难点问题和突出矛盾委以信访部门重任,牵头协调处理。五是全面推行逐级上访制度、首问责任制、领导接待群众日制度、责任追究制等制度,使矛盾纠纷排查调处工作的办结质量和办结率不断提高。

实施"三五五"工程
着力构筑社会治安防范长效机制

重庆合川市

合川市近年来积极探索,大力实践,全面推进"三五五"工程,强化社会治安防控体系建设,建立健全了防控工作长效机制,社会治安秩序明显好转,保障了全市改革开放和全面建设小康社会的顺利进行。

一、创新实践,以"构建三个平台、建好五支队伍、完善五个制度"为主体,倾力打造社会治安防控体系

(一)构筑三个防控平台

合川市将社会治安防控体系建设作为搞好社会治安综合治理工作的重点,致力于探索符合合川实际的城区、农村社会治安防控网络建设,在实践中构建起以人为本、动静结合,既相互独立又互为补充的三个治安防控平台。

1. 建立以人口管理为基础，以行业场所管理为重点的治安管理防控平台。

人口管理是整个治安管理的基础，把人口管理放在重要而突出的位置，在健全完善常住人口计算机信息管理系统的同时，建立健全流动人口管理体系，加大对暂住租赁户管理的力度，突出对特殊人群的管理，把工作重点放在掌握其现实表现上，做到底数清，情况明。强化对旅店业、废旧收购业等特种行业和文化娱乐场所、风景旅游区、车站码头等公共复杂场所的人员管理，及时发现和整治突出的治安问题，预防和减少违法犯罪行为的发生。

2. 建立以多级巡逻为基础，以重点部位、复杂场所、案件多发地段控制为重点的动态防控平台。

在城区建立"三级巡逻一守护，点线片面相结合"的治安防范机制，即"以群众守楼护院在点、巡警巡逻主城区街道及治安复杂场所在线、以社区治安巡逻队巡逻在片、以派出所民警巡逻在面"，辅之以设立武装检查站，构筑治安防范网络。对城区主街道、车站、广场、校园周边、商业区等治安重点复杂地区和交通干线，由"110"巡警负责"线"上的巡逻防控，将优势警力向案件多发地段、多发时段倾斜。社区、居委会以社区巡逻队为骨干，结合辖区治安状况进行"片"上的巡逻防控工作。对背街小巷等复杂地段和城郊结合部、交通要道等复杂部位，由派出所民警进行"面"上的巡逻防范，并对辖区内的单位、安全文明小区、居民区和店堂门市的值班守护进行检查，对值班守护不到位的及时督促整改，减少防范漏洞。

农村地区防控工作点多面广，农村社会面上的治安防控工作，在各镇(街)综治办领导下，由驻村干部和村社干部具体负责组织广大农民群众，在农事季节、案件多发时期、节假日等重要时段轮流值班守护，开展护村、护院巡逻活动。

3. 建立以人防为根本依托，以物防和技防为补充的静态防控平台。

单位内部按照《重庆市内部单位治安保卫工作条例》要求，落实夜间及节假日值班守护；城镇居民、职工住宅区采取住户共同出资请人守护，单位出钱请人守护，住户轮流值守，居委会统一安排巡逻执勤的人员值守等多种形式落实守楼护院工作；在城郊结合部设立武装检查站，从机关、交警等部门抽调人员与公安局治安大队一起组织检查组，每晚22时至次日凌晨4时值岗，对夜间进出城区的出租车、摩的和相关人员进行检查登记，对一切可能车辆和可疑人员进行检查，防止案件的发生。在依托人防的同时加大物防、技防的推广力度，不断增加防控工作的科技含量，落实了包糊建筑物上下水管、天然气管，安装防盗门、报警器、修筑围墙等工作，以堵塞"贼"路，提高防范水平；农村地区进一步抓好联户联防工作，健全完善各项管理制度，加大对联户联防工作落实情况的检查督促，推动联户联防的正常运转。

(二)建好五支防控队伍

整合一切社会力量，建好社会治安防控队伍，是落实防控体系建设的核心，合川市根据新时期社会治安形势特点，组建了五支防控队伍。

一是紧紧依靠公安机关，充分发挥主力军作用。合川市治安防范注重发挥公安机关在治安防范工作中的主力军作用，在打造治安防范网络的基础上，着力加强公安机关警民联系点和联户联防的建设。在广大农村，联户联防点远离党委、政府和公安机关，老百姓对自我防范缺乏信心，担心出了事没有人管。合川市就通过警民联系点来支撑联户联防，解决群众后顾之忧。联户联防点发生的事情，能够通过警民联系点，迅速及时报告派出所和当地党委政府，让老百姓感到，联户联防点有公安派出所支持，有党委政府支持，树立信心，增强积极性。在警民联系点，公安机关将警民联系的方式、内容，警务工作须知等公布上墙，驻村民警联系电话和照片交给了联户长，民警经常对辖区的治安防范措施落实情况进行检查督促。市公安局要求民警投入感情，投入时间，下村入户深入街道社区，服务群众，发动群众，搞好防范。同时市公安局还采取四个具有针对性、可操作性的制度，加强对民警履行职责的监督，保证民警在治安防范中最大限度的发挥好主力军作用。

二是在城区每个社区居委会和农村场镇组建一支社区治安巡逻队。合川市分别在39个镇街和1个工业园区组建了72支社区巡逻队共1080人，以加强社会面的控制能力。社区治安巡逻队在镇街和社区居委会的领导下，在公安派出所的业务指导和社区民警的带领下，针对社区突出治安问题和可防性案件的易发时段及地点，采取巡逻、守点和安全喊话等方式，预防和制止违法犯罪，向公安机关扭送违法犯罪人员；配合居委会做好法制和治安防范的宣传发动工作，提高社区居民的法制观念和自防意识；协调有关部门发现和整改安全隐患，预防治安灾害事故的发生；接受群众求助；参与社区其他公益活动。社区治安巡逻队员在执行社区治安巡逻任务时，与违法犯罪作斗争而负伤或牺牲的，视为见义勇为，按照《重庆市鼓励公民见义勇为条例》给予保护，同时为治安巡逻队员办理人身意外伤害保险。

三是以城镇居民职工住宅区住户为依托，强化居民楼院"点"上的安全防控，组建守楼护院队。对居民楼院的守护工作，坚持"谁主管、谁负责"，"谁受益、谁负担"的原则，街道办事处、居委会、居民小组、单位之间层层签订了"保平安、保稳定"工作责任书，一级抓一级，并实行严格检查考核，把责任落到实处。对居民住宅楼院及住宅小区，推行物业管理制度，加强值班守护工作，由居委会、居民小组负责协调，选好楼(院)长，建立群众性自防自治组织，实行24小时值班守护，派出所、居委会进行业务指导并加强检查督促，确保防范措施的落实。对守楼护院的经费，主要由单位或住户出资实行有偿值班守护。针对单位、重点行业和居民楼院的不同情况，街道办事处和派出所实行分类指导，加强检查督促，确保了防范措施的落实。

四是以农民群众家庭户为支撑，组建农村联户联防守护队。联户联防就是在派出所民警和驻村干部的指导下，以农民居住的自然院落为基本单位，由住户推荐产生的联户长牵头，组织相邻住户轮流值班守护的群众自防组织形式，承担治安巡逻员、义务消防员、社区服务员等工作任务，具体做好安全防范、违法人员帮控、纠纷调解、治安灾害事故预防等工作。目前，合川市联户联防的工作体系、责任体系、考核体系基本形成。由于这种防范组织形式不需要筹集经费，不增加农民群众负担，只需政府和公安机关稍加引导和组织即可开展起来，因而深受广大群众的拥护和积极响应，一经倡导很快就在全市迅速推广。到目前为止，合川市已建立联户联防组织19466个，涉及住户306045户，覆盖面达83.2%。

五是坚持"谁主管、谁负责"的原则，组建单位内保队。对机关、厂矿、学校、企事业单位和人民团体，推行治安防范工作法人负责制，认真按照《重庆市单位内部治安保卫工作条例》的要求，"管好自己的人，看好自己的门，办好自己的事"，设立单位内部治安保卫组织，落实专门的保卫工作人员，并建立相应的治安保卫制度及各种防范措施。对重点行业、重点部位，在落实经常性督查上狠下功夫。强化对党政首脑机关，水、电、气等重点行业的安全防范工作，经常进行检查指导，督促防范措施的落实，严防刑事、治安案件的发生。同时加强对金融网点、首饰珠宝店等重点部位的安全保卫工作，检查督促落实金库守护、现金守护及押运制度，实现金融网点与公安110联网49处，有效防止了案件发生。

(三)完善五个制度

完善的制度是社会治安防控体系得以健康运行的关键所在。合川市在社会治安防控网络的运行过程中，对各项制度不断加以完善，形成了完善的工作制度。

一是完善工作运行机制，建立起党委、政府领导，人大、政协支持，各方参与，齐抓共管的防控工作运行格局。市综治委负责全市防控总方案的组织实施。市综治办、公安局为全市防控总方案的具体实施单位，担负组建防控力量、构建防控体系，加强队伍管理，负责防控体系的有效运作等工作。各镇、街道办事处制定出符合本地区治安实际的具体防控意见，并组织实施。市级各部门及各社会单位，按照相应工作职责，建立起符合本部门的工作责任制。

二是健全制约机制，明确工作职责。市综治委把各镇街、各部门做好防控工作纳入目标考核，一并执行领导责任制和一票否决制等制度。市综治委对各单位防控情况经常进行定期与不定期的检查和总结，对防控不力导致案件(尤其是恶性案件)大量发生的地区、单位，实行严格的责任追究制。

三是建立科学合理的激励机制，奖勤惩懒。市综治委结合社会治安综合治理"双保"责任书的要求，坚持严格检查考核，对治安防控工作开展好、坚持好、效果好的镇街、部门进行奖励，评市委市府"双保"责任书执行优秀单位，十佳综治先进个人，十佳政法干警先进个人；对治安防控工作开展差的单位严格检查考核，把考核结果计人单位总目标考核进行惩罚，对不合格进行“一票”否决。

四是强化宣传舆论机制，提高人民群众的参与意识。市综治委牵头组织电视台、报社及各镇闭路电视、广播等宣传媒体，在全市范围内广泛宣传社会治安防控工作的目的意义，发动社会单位、人民群众参与社会治安防控工作，增强群众的参与意识、防控意识，营造良好的社会治安防控舆论氛围。

五是完善经费保障机制，确保各项防范工作落到实处。加大对社会治安防控工作的投人，为社会治安防控工作提供经费保障，合川市从实际出发，合理适度，多渠道地筹集所需经费，除政府补贴外，根据“谁受益谁出资”、“取之于民，用之于民”的原则，由受益单位和个人适当投入一定的人力、物力、财力，建立适应社会主义市场经济要求的经费保障机制。防控体系建设的经费保障方面，属于市政府主管的，由市政府解决，属于镇街主管的，由镇街负责解决；体系运作的经费保障方面，由镇、街道办事处负责按照“三个一点”的原则来解决，即：镇街预算解决一点，村民、居民自愿出一点，社会单位自愿筹一点。

二、长抓不懈，以突出社会治安防控体系实效性为重点，实现社会治安秩序明显好转

合川市通过实施“三五五”工程，在主城区，完善了三级巡逻防范体系；在场镇，加强了社区巡逻队伍建设；在农村，进一步巩固和强化了联户联防工作。全市初步建立起了打、防、控一体化的社会治安防控体系，实现了人民群众安全感明显加强，社会治安秩序明显好转的目标。

（一）人民群众的自防能力得到增强

合川市社会治安防控机制建设，在提高人民群众自防意识的基础上，充分调动了人民群众参与社会治安的积极性。把群众组织起来，“全民动手，人人参与”构成了一道抵御违法犯罪的防范屏障，形成了一个令违法犯罪分子望而生畏的防范堡垒。使人民群众由过去的“要我防”变为“我要防”，从而增强了人民群众的自防能力。几年来，合川市共涌现出27名见义勇为个人。其中被重庆市授予“见义勇为先进个人”、“见义勇为英雄”称号的各1人。受合川市级表彰的12人，受基层单位表彰的13人。

（二）盗窃、抢劫等多发性案件的发生得到有效的预防和控制

在充分发动群众的基础上运行的社会治安防控机制分布广、触觉深，形成了严密的治安防范网络，对各类违法犯罪活动也产生了较大的威慑作用，使犯罪分子不敢轻举妄动，仅2002年，全市可防性案件比2001年下降了14.7%，2003年同比下降12.1%，切实增强了人民群众安全感。

实践证明，凡是社会治安防控机制触及到的地方，可防性案件都得到了有效遏制。合川市2001年度，公安机关共破获刑事案件1951件，比2000年的1729件多破了222件，上升了12.8%；打击处理1009人，比2000年的877人多打击132人，上升了15.1%。2002年度，公安机关共立刑事案件2848件，比2001年的3319件下降了7.3%，共破获各类刑事案件2604件，打击处理1158人，分别比2001年上升了33.5%和14.8%，出现了“一降双升”可喜局面。

（三）社会治安稳定有了强有力的保障

合川市社会治安防控机制走出了一条符合当前实际的群防群治新路子。在组织形式上，整合了一切力量，把公安民警、基层干部、人民群众有机地结合在一起，形成了抓社会治安综合治理的整体合力；在活动内容上，把安全防范、违法人员帮控、纠纷调解、治安灾害事故预防等社会治安综合治理内容有机地融合在一起，在充分发动群众的基础上，直接依靠群众，利用无穷的民力化解了各类社会矛盾，妥善处理了大批不稳定因素和闹事苗头，取得了明显成效。

通过联户联防工作的全面铺开，截止2002年底，共预防刑事案件158件，为公安机关提供破案线索65条，捉获违法人员187人、犯罪嫌疑人54人，协助公安机关破获刑事、治安案件59件；全市各社区治安巡逻队组建不到2个月就预防各种案件41件，提供破案线索23条，扭送犯罪嫌疑人17人。其中，南津街街道办事处社区治安巡逻队，刚组建6天即捉获一抢劫出租车的犯罪嫌疑人，一周内共预防盗窃案件5件，扭送犯罪嫌疑人2人，为群众追回铂金首饰3件，电视机1台。有效地防止了犯罪的发生，维护了社会的稳定。

（四）邻里关系融洽，警民、干群关系更加密切

合川市社会治安防控机制在共同对付违法犯罪,满足群众安全需求这个前提下,增强了人民群众的集体意识,加强了彼此间的联系和交往,同时也使基层政权组织的向心力和凝聚力得到增强。人民群众在防控体系中,遇到违法犯罪时群起响应,共同对付;发现安全隐患时相互提醒,及时整改以保安全;发生纠纷时进行疏导劝解,化解矛盾。这不仅加强了人民群众之间的联系和邻里关系,也减少了各类民事纠纷以及因矛盾纠纷激化而酿成的刑事治安案件的发生,对社会主义精神文明建设起到了极大的推动促进作用。

三、努力探索,不断完善社会治安防控体系建设的几点启示

合川市的社会治安防控体系建设,立足于新时期、新形势下的社会治安形势特点,经历了一个从单一的防控模式向多元化、立体化、网络化不断完善和发展的过程。我们深深地体会到,要建立一个全面、有效的社会治安防控体系,应本着创新实干的精神,充分发挥好领导、主力军、人民群众等方面的作用。

(一)完善经费保障机制是确保社会治安防控体系长期健康运行的基础

社会治安防控体系能否得以长期健康运行,除了有完善的机制、高素质的防控队伍外,经费的保障尤为重要。合川市采取政府补贴一点,受益单位和个人适当投入一点的办法在经费上给社会治安防控体系建设加以保障,同时,政府还拨付一定的经费作为奖励基金,调动防控队伍工作的积极性,以确保防控队伍的稳定和防控工作的正常开展。

(二)加强领导、落实责任,是构建社会治安防控体系建设的关键

社会治安防控工作是一项社会系统工程,防控体系建设的关键是加强领导、落实责任,党委政府务必树立长期作战思想,保证社会治安防控体系长期坚持,持久运转。

一是党委政府主要领导是保稳定、保平安的第一责任人,切实肩负起为官一任,保一方平安的领导责任。市综治委按照"双保"责任书的要求,对各镇街落实社会治安防控工作进行严格考核,强化一票否决制和责任追究制。同时,明确社会治安防控工作职责,搞好任务分解,形成齐抓共管的格局。各镇街党委、政府与镇街所属单位签订防控目标责任书,落实防控工作的目标任务。把社会治安防控工作纳入警务进社区工作,纳入安全文明小区、无毒社区的创建工作,纳入驻村段干部的日常工作;把社会治安防控任务落实到每个单位、每个责任人、每位人民群众;把社会治安防控责任落实到每个领导、每个机关干部、每个公安干警。

二是落实社会治安防控专门机构、专门人员,负责对社会治安防控进行统筹规划、检查督促、帮助指导、考核奖惩。各镇街结合警务进社区,由驻村、社区民警兼任村、居委会副主任,以加强村、居委会对社会治安综合治理工作的领导和责任的落实。

(三)充分发挥公安机关的主力军作用,是做好社会治安防控工作的核心

治安防范注重发挥公安机关在治安防范工作中的主力军作用,在打造治安防范网络的基础上,着力加强公安机关警民联系点和联户联防点的建设。同时市公安局还采取发案倒查制度、交叉检查制度、明察暗访制度、检查评比制度四个具有针对性、可操作性的制度,加强对民警履行职责的监督,保证民警在治安防范中最大限度的发挥好主力军作用。

(四)紧紧依靠群众,利用一切民力资源,是开展社会治安防控工作的根本

"警力有限,民力无穷"。社会治安防控工作仅仅依靠公安机关主力军的力量还远远不够,还需要广大人民群众的积极参与和支持。社会治安防控体系来源于人民群众,服务于人民群众,这就需要在人民群众中广泛开展社会治安防控工作宣传活动,征集人民群众对社会治安防控工作的意见,以寻求广大人民群众对社会治安防控工作的理解,以获得广大人民群众的大力支持,营造出人人关心社会治安,户户参与治安防范的社会氛围,实现社会治安防控体系社会化,开创新形势下群防群治工作的新局面。

调动无穷民力 整合有限警力 积极构架专群结合的新型治安防控体系

重庆江津市

江津是聂荣臻元帅的故乡,人口146万,其中70%为农村人口,成渝、渝黔铁路过境130余公里,长江纵贯全境,流程120多公里,属典型的地广人多,交通便捷的农业大县。近年来,特别是"两年为期"的严打整治以来,江津市在认真总结过去社会治安工作经验的基础上,把社会治安防控体系建设作为社会治安综合治理的主题,针对农村和城市社区的不同情况,建立起社会治安防控体系,取得了良好的网络防范效应。主要做法是:

一、聘协警力量,以社区为平台,构建"派出所—警务室—协警巡防队"为主体的城区防控网

江津市主城区几江镇是一个有10多万常住人口的大镇,90年代以来,该地刑事发案平均始终占全市的50%以上,该镇的治安状况对全市有着举足轻重的影响。近年来江津市针对主城区警力不足(两个派出所仅54人),社会面治安防控薄弱的问题,2001年,江津市以加强社区建设为契机,市委、市政府下决心,由财政拨出专款上百万元,在全镇招聘88名专职巡防"协警员",在城区重点路段、部位的11个社区建立警务室,按"一室二警八员"模式,即每个社区警务室配有2名公安民警和8名协警员,实行24小时巡逻控制,加强实有人口管理。该镇推行社区警务和协警巡防以来,巡防力度、密度大大增强,刑事发案大幅度下降。通过巡防,预防和制止各类案件160件,抓获违法犯罪人员380名,遏制了城区可防案件高发势头,2002年全镇共发盗窃案657件,比上年少发351件,下降34.8%。今年该市进一步深化社区警务,推荐12名民警在城区竞选居委会副主任,使警务工作进一步融入社区,扎实基础防范工作。同时,江津市还进一步拓展社区警务室的覆盖面,已经在部分重点镇推开。

二、创建农村"住户型警民点",架起广大农村地区治安防控网

随着市场经济的发展和农村生产力结构的变化,人、财、物流动增大,农村治安防范工作出现了一些新情况、新特点。一方面表现在农村基层治保组织的防范工作不断弱化,农村群防群治工作在组织、经费等方面缺乏保障。另一方面,当前农村青壮劳力外出打工的不断增多,自防、自卫、自救能力较差。加之农村地域广,面积大,部分地区交通不便,群众报警、咨询、求助困难,治安防范工作难以覆盖村村社社,不少地方出现治安防范的真空和死角,造成治安刑事案件呈逐年上升的严峻形势。针对上述问题,江津市从本地农村的实际出发,借鉴在主城区开展的警务进社区工作和110报警服务网络的建设,开拓性地创建了集报警、咨询、求助、监督于一体的住户型"警民联系点",找到了强化农村治安工作与加强和改善警民关系的结合点。所谓"警民联系点",就是公安机关为了把社会治安综合治理各项措施和公安业务工作延伸和落实到村民农户,在当地派出所的领导和协调下,在一定区域内,选择农村交通要道、治安复杂地段、人口相对集中、有电话、有威望的住户或村社干部的家、堂门市作为固定工作点,以责任区民警为核心,定期驻点,面向社会开展警务工作,并接受群众监督。同时,利用住户和门市的电话,向群众提供日常的报警、咨询、求助、调解等服务。"警民联系点"的硬件简单实用:一部电话、一张"警民联系点"提示牌和张贴于醒目处的公安机关警务公开内容及派出所办事指南。软件即是公安派出所职责任务的细化:派出所领导和责任区民警职责、联系点及负责人职责任务和办事程序、联系点工作考评考核制度以及定期培训计划等。“警民联系点”的任务明确，工作方式简便易行：一是责任区民警在联系点负责人的协助下，深入到村民中间，开展打击违法犯罪、宣传法律政策、调处民间纠纷、实施户政管理、收集情况信息等业务工作，二是群众通过“警民联系点”的电话随时向当地派出所报警、咨询、求助，也能在点上公开的警务工作和办事指南中了解公安机关的服务项目和办事程序。以派出所为中心的若干警民联系点的创建，使农村治安防控工作由点到面，形成了网络化的格局。在当地党委政府统一组织下，每月定期召开综治办、公安派出所和“警民联系点”负责人座谈会。一方面对联系点负责人进行业务培训，提高他们的业务素质和工作能力；另一方面听取他们对当地治安状况的反映和对公安机关的意见和建议，有针对性地确定下一步治安工作的重点和措施。

通过警民联系点，收集辖区治安信息，掌握动态，快速制止、预防和打击违法犯罪，使之成为农村地区治安防范的前哨阵地，广大群众密切地称之为“农村110”；同时，广大群众通过警民联系点咨询、求助、办理简单事务，使之成为公安机关便民利民的服务窗口。目前，联系点已越来越发挥无穷的能量。仅2002年，通过警民联系点，全市破获刑事案件800多件，占全年破案总量的近50%，报警1076件，求助484次，咨询1681次，调解纠纷682件。目前，全市已建起警民联系点1042个，履盖广大农村地区，成为一张治安防范的网，一座警民联系的桥。

三、大胆探索，勇于实践，充分发挥公安机关主力军作用

（一）整合有限的警力资源，最大限度地扩大以抓防范和管理为重点的一线警务工作力量。

一是深化派出所改革和刑侦体制改革。全市公安民警605人，基层派出所约占80%，1999年以前，全市基层民警分散在68个派出所，警力分散，管理松驰，经费开支大，普遍存在“小事不愿做，大事做不了”。针对这种现状，江津市打破一乡（镇）一所惯例，大力实施派出所改革，将警力收缩到20个中心派出所，其它派出所机构不变，作为中心所驻警点，市局拆去预审科，组建刑警大队，各中心所设刑警中队，实行侦审合一，减少中间环节，提高办案效率，基层警力的集中管理使用，形成了拳头合力，提高了基层公安机关的打防能力。改革4年来，不断健全中心派出所管理、考核、奖惩办法和工作运作机制，形成以中心派出所为主导，驻警点为支撑，以点面结合的警务布局，辅之以警民联系点和社区警务室，形成了社会面上、中心派出所——驻警点——警民联系点（社区警务室）为主体的三级防控体系。

二是在农村地区推行“民警赶场”制度，针对警力收缩后，驻警点警力不足，一些治安问题抬头，特别是逢场日，场镇治安秩序、交通秩序相对较乱，江津市推行民警赶场制度，即逢场日，由中心派出所民警和交警中队民警派员支援加大防控力量，防止治安问题反弹，从而减少了治安防范死角。

三是实行城区交巡警合一模式，强化主城区街面路面的治安巡逻值勤力度。江津市公安局按照“一警多能，快速出动，提高交接功能”的原则，把城区交警中队，合并到巡警队合署办公，成立交巡队，共同开展巡逻值勤工作，交警巡警充分发挥各自职能优势，共同承担起城区预防打击违法犯罪，维护城区道路交通安全的任务，同时通过细化巡逻值勤工作职责，实行统一管理，统一考核，克服了以往巡逻不管交通、交警不管治安的状况，既实现了队伍的整合、优势互补，又提高了社会面的防控力度，充分发掘了有限的警力资源。

四是管段民警到社区任职，实现警力下沉，深化了社区警务建设。年初，江津市城区有11名管段的片区民警在各自社区通过居民选举，当选为社区居委会副主任，这样民警一人双岗双责，接受社区居委会和派出所双重管理和考核，驻社区民警将工作岗位从机关（所）搬到了社区，负责社区公安警务工作和指导并参加社区治安防范工作，警力下沉，一方面，充实了基层治安防控力量，另一方面进一步融洽了警民关系。

四、积极挖掘社会资源，强化治安防控力量

一是广泛聘请治安信息员，江津市利用出租车行业流动性大，接触面广，治安信息来源多的特点，聘请全市出租车驾驶员为义务治安信息员。设立“一车一卡一哨”，即“每辆出租车挂治安信息员卡，车上印上治安流动岗哨”，同时在物业管理人员、城管人员、工商收费员、人力三轮车、环卫工、送奶工、送报人员中广泛聘请义务治安信息员，既增强他们职业上的安全感，又利用他们更广泛获取违法犯罪线索，市公安局还定期分期分批对治安信息员进行法律法规教育培训，传授治安防范基础常识，使之掌握如何识别违法犯罪，第一时间报警，掌握如何收集证据、扭送违法犯罪人员的方式及如何开展救助自救、自卫方法等，同时建立有效信息奖励机制，充分调动了他们的积极性。目前，江津市已吸纳义务治安信息员383名，构成了广大群众积极参与治安防范的网络。二是加强新时期治保会组织建设，充分发挥治安防控作用。今年3月，江津市综治办、公安局、民政局联合出台了《加强治保会组织建设的意见》，从组织、人员、经费等方面提出了明确要求，进一步明确村(居)治保会组织的职能和作用，在基层党委政府的领导和支持下，基层治保会建设得到了进一步加强，人员、经费得到了落实，值班、巡逻、调解、守楼护院等措施进一步健全和完善，成为全市基础治安防范的重要依托。三是进一步加强物防、技防措施。近年来，江津市大力推广安装家庭和车辆报警系统，特别是在财税、商贸、金融等要害部门、家庭和在客运车、运钞车及其他中高档车辆中广泛推广室内自动报警系统和GPS卫星定位系统，同时，还在城区改建阳台、窗台及防盗、防暴设施，大大提高了技防、物防水平。

与此同时，江津市还注重发挥政法各部门，司法行政机关作用，大力推进“四五”普法和法制建设工作，提高全民法制观念、法律素质和依法治市水平，从源头上狠抓预防违法犯罪工作，大力开展职务犯罪预防工作，市法院不断强化执行工作职能，维护法律权威，以法庭为阵地大力开展法制宣传教育，加强对民调工作的指导，发挥最后一道防线作用。通过一系列卓有成效的工作措施，江津市已初步建立起了新形势下的治安防控体系。

(撰稿：倪洪亮
审稿：林蜀鲁　窦朝晖)

四　川　省

实行领导责任制、目标责任制的情况

各级党委、政府把加强社会治安综合治理工作作为实践“三个代表”重要思想的具体措施和重要内容，狠抓落实。一是把综治工作摆上重要位置。各级党委、政府认真贯彻落实党中央、国务院和省委、省政府关于加强社会治安综合治理的指示精神，牢固树立社会治安综合治理为经济建设和改革开放服务的思想，把做好综治工作作为维护社会稳定、促进经济发展和为招商引资提供良好治安环境的一件大事来抓。省委副书记李崇禧，省委常委、政法委书记、省综治委主任欧泽高同志先后深入到成都、德阳、眉山、遂宁、广元、阿坝等地对社会治安综合治理整体联动防范工程建设情况进行视察和调研。宜宾、德阳、达州、广安、阿坝等市州把综治工作纳入了经济和社会发展总体规划，做到了同研究、同部署、同落实、同检查。各市、州、县(市、区)把实施整体联动防范工程作为“一把手工程”，党政主要领导亲自部署、亲自动员、亲自指挥，并深入基层开展调查研究，解决工作中的困难和问题。二是狠抓责任制的落实。各地按照省委、省政府下达的综治工作目标，通过细化，采取层层下达综治工作目标或签订责任书的形式，使领导责任制、部门责任制和目标管理责任制进一步落到实处。特别是8月，省综治委和省委组织部联合下发《关于党委组织部门在参与社会治安综合治理工作中进一步发挥好职能作用的意见》后，各市州和一些县(市、区)的综治委、组织部结合当地实际,对贯彻落实文件精神提出了具体的要求。各地严格实行综治目标管理责任制和一票否决权制,对因领导不力引发重大刑事、治安案件的,坚决查究有关领导干部的责任。达州市对达县校园系列抢劫、强奸案的11个责任单位给予了“一票否决”和限期整改,45名责任人给予了党纪、政纪处理。全省共一票否决285个单位。三是加大经费投入。省、市州、县(市、区)初步建立了综治经费保障机制,省财政将见义勇为和综治经费列入了财政预算。各地也进一步加大了对综治工作经费的投入,将综合治理工作经费和见义勇为经费列入了财政预算,做好本级综治经费的保障工作。多数县(市、区)在建设社会治安综合治理整体联动防范工程中,将综治工作经费、群防群治经费和见义勇为经费列入了财政预算。同时,各地积极探索市场经济条件下群防群治经费保障的途径和办法。全省各级各地以各种形式投入综合治理和群防群治经费近2亿元。

10月,省综治委制定下发了《2003年度四川省各市州社会治安综合治理工作目标考核标准》。11月12日至30日,省委、省政府组织21个工作组,对21个市州执行省委、省政府《2003年度社会治安综合治理工作目标》和100个县(市、区)社会治安综合治理整体联动防范工程建设情况进行了检查和验收。在内容上,重点突出了整体联动防范工程建设。在方法上,采取随机抽查,明查与暗访相结合,坚持深入基层、深入实地、深入群众了解各项工作在基层落实的情况。共检查了100个县(市、区)357个乡镇(街道)、376个综治成员单位。深入到社区、农村(社)、基层派出所、机关企事业单位、学校、军队、小区和一些治安复杂的地区(部位、场所、路段)进行了实地查访,随机抽查了县(市、区)整体联动演练,走访各界干部群众上千人次,同时查阅了大量档案资料,听取了各市州党委、政府完成综治工作目标情况的介绍。通过检查,比较客观真实地了解掌握了全省各地开展综治工作,特别是各县(市、区)实施整体联动防范工程建设的情况、实际效果以及人民群众的评价、反映和要求。省综治办将21个市州执行省委、省政府《2003年度社会治安综合治理工作目标》情况分为7大项,依据考核标准,分别由省委、省政府派出的检查组、省综治办、省公检法、省委维稳办、省统计局、省综治委五个工作小组打分,经综合评定,省委、省政府对完成《2003年度社会治安综合治理工作目标》的12个优秀单位和5个良好单位进行了通报表彰。

“严打”整治斗争情况

2003年,全省各级公安机关和政法各部门始终保持“严打”高压态势,采取灵活多样的工作措施,严密防范、严厉打击各种刑事犯罪和经济犯罪活动,重点整治社会治安突出问题。全省相继组织开展了一系列专项行动:上半年组织开展两年“严打”最后冲刺;7月开始,按照公安部部署,在全省组织开展“指纹破案会战”,有效协助案件侦破,大力推动刑侦基础工作的规范化、科学化发展;10月,全省开展了为期3个月的“追捕监狱逃犯专项行动”,全力追捕2000年来我省各监狱在逃逃犯,及时消除社会治安隐患;针对一段时间省内部分地方投毒案件频发的情况,及时部署开展了全省集中收缴、销毁“毒鼠强”等危险化学品行动;10月,省委政法委部署开展全省“打击盗抢机动车犯罪专项行动”,重点打击盗窃、抢劫机动车犯罪,加强停车场、二手车市场等环节管理,有效遏制此类犯罪的猖獗势头,保护人民群众的生命财产安全。为配合这次行动,省纪委、监察厅制定了严禁党政部门和国家工作人员购买和使用来历不明的机动车辆的纪律规定,省法院、检察院、公安厅联合下发了关于打击盗抢机动车犯罪有关问题的意见,省法院就停车场机动车丢失的民事责任认定问题研究了指导性意见,省工商局就开展机动车交易、修理场所专项整治下发了通知。截止12月20日,已破获盗抢机动车犯罪案件1272起,追回被盗抢机动车1264辆,部门清退92辆,挽回经济损失1162万元，初战成效明显。

在工作中，各级党政领导，亲自动员，亲自部署，亲临"严打"整治第一线，听取情况汇报，研究解决问题，并从人财物上给予保障，为"严打"整治斗争的顺利开展创造了有利的条件。各地和政法各部门认真贯彻中央、省上的部署和要求，按照坚持"严打"方针、创新"严打"方法的思路，积极探索建立贯彻"严打"方针的经常性工作机制，组织开展了形式多样的区域性专项斗争，继续保持了对严重刑事犯罪分子主动进攻的高压态势，有效遏制了刑事犯罪上升的势头。政法各部门进一步加强了协调配合，保证了"严打"方针在执法各环节的全面贯彻和体现，"严打"的水平和实效进一步提高。成都、宜宾、资阳、南充、泸州、甘孜、凉山等地公安机关针对一段时期盗窃、抢劫、杀人等方面犯罪比较突出的情况，分别组织开展了不同重点、不同范围的专项打击整治行动，取得良好实效。

一是破获了一大批刑事案件。各地公安机关夯实刑侦工作基础，加大案件侦破力度，成功侦破了一大批重大案件，及时消除了社会影响和危害。2003年，全省公安机关共破获刑事案件81781起，破案率42.7%，抓获各类刑事案件作案成员72916人，查获犯罪集团3010个、成员11308人，其中带黑社会性质集团3个、成员12人。

二是破获了一批经济犯罪大要案件。2003年，全省公安机关共立破坏社会主义经济秩序案3584起，涉案金额309544.28万元；破获3170起，破案率为88.4%，挽回经济损失20974.39万元。各地公安机关组织精干力量，及时侦破了特大制售假发票案等大要案件，捣毁了在广州的生产假冒四川"可采"化妆品的特大制假窝点，成都"黑心棉"窝点等一批制假、贩假窝点，最大限度地挽回了国家、受损企业和群众的损失，充分维护了正常的社会经济秩序。同时，破获了一大批毒品犯罪案件。

三是整治了一批治安混乱地区和突出治安问题。在坚持"严打"的同时，强化了对治安混乱地区的排查和整治力度。2月初，省综治委下发了《关于深入开展排查治安混乱地区和突出治安问题的通知》，对排查整治工作进行了专门部署。各地广泛深入地开展了对治安混乱地区和突出治安问题的排查，对排查出的治安重点地区（部位、场所），制定了有针对性的具体的整治方案，落实了责任人，实行挂牌督治、滚动整治，并加强日常治安管理工作，巩固整治成效。省综治委挂牌督治的26个重点地区和全省各地排查的215处治安混乱地区（部位、场所），经过整治，治安面貌都有明显改观。同时，进一步深化了铁路治安重点区段的整治工作，保证了铁路安全畅通，全年没有发生因治安问题影响列车安全的重大事件。2003年，全省共发现受理治安案件28万起，查处24.5万起，查处率为87.4%；查获赌博团伙496个，成员2887人；查处卖淫团伙128个，成员492人，取缔卖淫窝点330个，查处卖淫妇女4191人，嫖娼人员4408人。

在严厉打击各类刑事犯罪、经济犯罪中，全省公安机关各警种密切配合，协同作战，形成了打击合力。全省技侦部门共侦办各类案件1900余起，其中配侦重大刑事案件1200余起，重特大经济案件312起；直接和协助抓捕犯罪嫌疑人1364名；搜集有价值的情报信息4000余条，充分发挥了技侦力量的攻坚克难作用。全省监管部门在做好监所安全管理的同时，积极开展政治攻势，广辟线索，深挖余罪，获取犯罪线索15337条，破获案件1683起，抓获犯罪嫌疑734人，追缴赃款赃物折合人民币151万元。全省公安公共信息网络安全监察部门积极开展互联网有害信息清理整治，严厉打击网上违法犯罪活动，加强网上信息监控、利用，及时协助侦办影响社会稳定案件，全年各地公安网监部门查处案件470起，抓获在逃嫌疑人162名。铁路、民航、电力、林业、交通、石油等专业公安机关相继组织开展了"打击盗窃、破坏电力设备、窃电犯罪专项斗争"，打击盗窃非典运输物质、剧毒危险品、拆盗路材、掀盗运输物资危及行车安全违法犯罪活动的"蓝盾"统一行动，打击破坏森林资源违法犯罪的"绿剑行动"等专项打击行动，积极维护了行业、系统的治安秩序。

通过有效地开展"严打"整治斗争，有效维护了全省社会治安大局平稳。2003年，全省共立刑事案件191613起，与上年同期持平，保持了稳定的治安局势；共立破坏社会主义市场经济秩序案件3584起，较上年同期减少1816起，下降41.3%。据省统计局对全省公众安全感的测评，人民群众对社会治安的满意度达到83.83%，比上年提高了5.9个百分点。

矛盾纠纷排查调处工作情况

各级党委、政府和综治委始终坚持把维护社会稳定作为综治工作的首要任务,从健全制度入手,进一步建立健全了矛盾纠纷排查调处工作联席会议制度、定期排查制度、信息人员制度、督查督办制度、领导责任查究制度等。对排查出的矛盾纠纷进行归类分析,实行领导牵头或挂牌督办,限期解决问题。2月,省综治委与省司法厅联合下发了《关于集中开展春耕大忙期间矛盾纠纷排查调处专项行动的通知》,8月,省综治委制定下发了《关于进一步加强对治安混乱地区、突出治安问题排查整治和矛盾纠纷排查调处工作的通知》,要求各级党委、政府和综治委要把正确处理新时期的人民内部矛盾作为一项重要的政治任务,作为涉入改革发展稳定全局的工作,高度重视,抓紧抓好。雅安市对矛盾纠纷排查调处工作坚持“三不放过”原则(情况不清不放过、责任不落实不放过、问题处理无结果不放过),使矛盾纠纷得到妥善解决。宜宾、巴中、乐山、达州对重大矛盾纠纷,实行定责任领导、定责任单位、定责任人员、定办结时限的“四定”制度。长宁县、营山县、夹江县等地在全县建立了四级矛盾纠纷排查信息报送网络体系。通过各方面有效的工作,使大量矛盾纠纷及时化解在基层,解决在萌芽状态,不少地方旧城拆迁改造工作、农村一些边界、房屋产权等历史遗留问题得到彻底解决。各地加强了人民调解组织网络化、规范化建设,努力构建大调解格局,同时,加大了对基层人民调解工作者的培训力度,提高了调解队伍的素质。截止2003年底,全省共有各级调解组织6.7万个,调解人员61.3万人,其中调委会委员34.7万人。2003年,全省共调解民间纠纷61.3万件,排查纠纷2.2万件,防止民间纠纷激化0.98万件,涉及上访人数近5万人,调解成功率达95.86%,与上年相比,调解纠纷数上升2.2%,调解成功率上升0.21%。各地对发生的群体性事件,均在党委、政府的统一领导下,依法进行了妥善处置,没有造成大的影响和危害。

社会治安管理和防范工作情况

一、深入开展社会治安综合治理整体联动防范工作建设,着力构建“打防控”一体化工作机制

4月,省综治委在武侯区召开了省综治委全体会议,实地参观整体联动防范工程建设,增强了省综治委成员单位的责任意识。6月,省综治委在遂宁市召开了全省整体联动防范工程建设现场推进会,对此项工作进一步作出了具体的要求。各地加强了分类指导,突出了工作重点,进一步加大了整体联动防范工程建设力度。通过各级各地的共同努力,全省初步形成了党委、政府统一领导,综治组织协调,以公安机关为骨干、群防群治力量为依托,以县(市、区)域为单位,案件多发的人群、行业、区域、时段为重点,点线面结合,人防物防技防结合、专群结合、动静结合的社会治安防控网络和工作机制。

(一)党政高度重视,把整体联动防范工程作为“一把手工程”来抓。各地层层成立了由党政“一把手”负总责的整体联动防范工程建设领导小组,全面负责当地实施“整体联动防范工程”建设。各级党政主要领导亲自部署、亲自动员、亲自指挥,并经常深入基层开展调查研究,面对面地督查、指导整体联动防范工程建设的开展。遂宁市委书记邓新民多次听取工作进展情况汇报，德阳市市长方小方深入基层现场办公，研究解决市区巡防队组织和城市电子监控系统等基础建设问题。各地都制定出台了有针对性和可操作性的实施意见或方案，并明确规划了年内达标的县(区)，层层落实领导、部门、岗位责任制。宜宾市将实施"整体联动防范工程"建设作为市级领导干部和市级有关部门定点联系指导县、城镇社区、乡镇和村级工作的主要任务。自贡市召开了各县(区)政法委书记、综治办主任会议，专题研究了整体联动防范工程建设，提出了"四抓四强化"的工作要求，即抓认识强化领导、部门、单位责任制，抓创新强化机制建设，抓整合强化联动实效，抓难点强化整体推进，同时还制定下发了《"整体联动防范工程"工作安排表》，要求各县(区)每月、每季度报告"整体联动防范工程"工作进展情况。江安县组织巡查指导组一个乡镇一个乡镇进行督查、指导和演练。

(二)典型引路，广泛宣传，扎实推进整体联动防范工程全面开展。各地都把省级模范县、乡镇作为试点单位，加强了指导，在取得成功经验的基础上，通过召开流动现场会等形式进行推广，宜宾市召开了分类指导现场会，阿坝州召开整体联动防范工程研讨会，使"整体联动防范工程"建设由点及面，扎实推进。宜宾、自贡、遂宁、乐山、眉山等不少地方适时开展了实战演练。资阳市要求村、社区居委会要做到有领导机构、防范队伍、工作制度、经费保障、合成演练"五有"；乡镇、街道要做到有领导机构、防范体系运行机制、警务室、防范队伍、预案和防范示意图、经费保障机制、合成演练等"七有"；县(市、区)要做到有110指挥中心、领导机构、八大防范体系、预案和防范示意图、经费保障机制、合成演练"六有"，确保整体联动防范工程建设顺利开展。自贡、巴中探索建立了治安中心户，积极探索推广治安有偿防范承包责任制。宜宾市翠屏区在社区开展以"建好一支队伍，完善一套机制，搞好一个保障"为主要内容的城市社区治安防范"三个一"工程建设，现已做到"一区一警一保安一法律服务工作者一支治安巡逻队伍"。遂宁市把"整体联动防范工程"与"党员先锋工程"相结合，把治安管理与城市管理相结合，做到了相互推动，相互促进。成都、宜宾、雅安、凉山等地采取选派综治特派员、选聘治安防范督查专员或政法干警"联片包村"责任制等办法，促进了基层治安防范工作的纵深发展。

各地加大了整体联动防范工程的宣传力度，发动群众积极参与。省综治委、省委宣传部对整体联动防范工程建设集中宣传作出统一部署。特别是在3月的集中宣传月活动中，各地充分运用电视、广播、报刊等新闻媒体，把开展整体联动防范工程建设的典型经验和先进事迹作为重要内容进行专题系列报道。同时，采取群众喜闻乐见的形式，高密度、多渠道、全方位地进行宣传。党政领导分别在当地电视台、电台、报纸上发表讲话和文章，起到了良好的宣传发动效果。宜宾市综治委组织市人大代表、政协委员对整体联动防范工程建设情况进行视察，并在全市开展了万人治安问卷调查和为治安防范献计献策活动，极大地调动了各部门和广大群众参与治安防范的积极性。自贡市在城市社区采取"四会二信一卡一栏"的形式，加大了宣传的广度和深度，"四会"即社区每月召开一次整体联动防范工程情况汇报会，每季度召开辖区单位联系会，每周召开居民院坝会，每月召开社区夜巡人员工作会；"二信"即开展整体联动防范工程致居民群众公开信和慰问信；"一卡"即每户一张报警服务联系卡；"一栏"即社区整体联动宣传专栏，都收到了好的效果。通过深入扎实的宣传，广大群众参与治安防范的积极性高涨，参加治安防范的自觉性增强，推动了全省整体联动防范工程建设的深入开展。

(三)突出重点，抓住难点，为整体联动防范工程建设奠定坚实基础。一是着力构筑整体联动指挥平台。各地加大了对已建"110"平台的改建、扩建力度，对还没有建立"110"平台的县(市、区)，加快了"110"报警指挥平台的建设步伐。2003年，遂宁市县两级投资500多万元建设全市公安局指挥中心、各县110平台。乐山市公安局先后投入330余万元，加强了"110"指挥中心建设，完善了"110"接处警、公安综合信息等系统，进一步提高了公安快速反应能力。宜宾市财政决定拿出5000万元，重新修建适应新形势下综合指挥全市防范网络整体联动的"110"指挥中心。据统计，至2003年底，全省21个市、州都已建成"110"公安指挥中心，180个县(市、区)已全部开通"110"，提高了整体联动快速反应能力。不少县(市、区)还实现"110"、

"119"、"120"三台合一，并与卫生、电信、天然气等部门的救险电话内联，使整体联动平台成为了公共安全应急平台。二是建立健全分级联动机制。各地建立了以公安机关为骨干，群防群治力量为依托，部门和社会力量共同参与，统一组织、指挥、处置的整体联动机制。不少县(市、区)以指挥中心为平台，在重点街道、乡镇安装了350兆基地台，并与各村报警点，社区警务室等连接，形成市、县、乡镇(街道)、村(社区)四级覆盖网络，实现了"总体联动"、"区域联动"、"部门联动"和"跨区域联动"。三是多渠道筹集治安防范经费。各地按照"谁受益、谁出资"、"取之于民、用之于民"和"三个一点"的原则，积极探索市场经济条件下群防群治经费保障的途径和办法。不少市、州、县(市、区)和乡镇(街道)将治安防控经费纳入了同级财政预算。宜宾市出台了有关建立群防群治经费保障机制的规定，明确了收费范围、标准等内容。宜宾市各级财政今年已投入经费2780万元，其中市财政投入达880万元。遂宁市政府决定，市级财政每年安排30万元，县(区)安排20万元，乡镇财政适当安排，用于整体联动防范工程建设。达州市委决定，市和县(市、区)财政按人平0.05元标准划拨治安防范工作经费。资阳等市采取从政法部门罚没收入中提取、从"两工"集资款中提取部门资金或根据"一事一议"的办法，按人平0.5—2元的标准筹集整体联动防范经费。自贡市多数采取单位每月收50—100元，居民每户每月收1—2元的办法，使群防群治工作经费得到有效解决。四是大力实施社区警务战略。实施社区警务战略是新时期警务工作运行机制改革，使工作重心由传统的事后打击向事前防范转移的重要举措，是整体联动防范建设的基础。各地通过合理布建社区警务室，合理划分巡警巡逻责任区，建立起24小时全天候运行的新型警务机制，提高了社区的防控能力。同时，各地建立和完善了警力配置制度、弹性工作制、定时接待群众制度和社区民警竞聘上岗制度等，确保了警务工作运作有序。各地在城市建立规范统一的社区警务室，不少地方做到了"一区一警"或"一区多警"，实现了警务前移，警力下沉。在乡镇推行中心派出所建设，遂宁、宜宾、泸州、雅安等地还在农村设立了警务站或民警工作站(点)。据成都等20个市、州统计，全省共建社区警务室3351个，配备干警5216人。

(四)整合资源，专群结合，形成齐抓共管局面。为了从根本上改变治安防范中条块分割、各自为阵的局面，各地结合实际，在整合各种治安防范资源上下功夫，优化力量配置，密切协同配合，提高了整体防范的效能。各级综治委加强了组织、协调工作，充分调动各部门、各单位治安防范工作的积极性。

在工作中，各地普遍以"110"指挥中心为龙头，积极开展巡警、刑警、交警、派出所民警"四警"联勤联动，健全各警种间工作衔接协作制度，实现优势互补，力量互联。遂宁市以110指挥中心建设为契机，实现"110"、"119"、"120"的连接，并与卫生、交通、电信、环保、电力、天然气等部门的救险电话内联；将城管、运管、路政、工商、税务、文化、环卫等11支行政执法队伍210人纳入整体联动防范体系，做到了纵横联合、不留死角。成都市通过"专群结合，动静结合，内外结合，土洋结合"四种形式，把现有的人力、科技以及其他防范手段的所有资源有效地整合起来，形成了整体合力。雅安市雨城区充分发挥境内驻军多优势，积极开展军警民结对共建共防活动，全区建军警民治安联防小组320个，开展联合治安巡逻。德阳市对"110"、"119"、"120"报警服务台进行整合，实现三台合一，统一接处警，科学调配警力，提高了快速反应能力。

(五)搞好结合，强化措施，注重实效。一是与重点整治相结合。2003年，全省集中排查和整治了一批治安混乱的地区(部位、场所)，省综治委和各地实行挂牌督治。通过建立健全治安防范长效网络和工作机制，有效堵塞各种违法犯罪的漏洞，使这些地方的治安面貌均都有明显改观，公众安全感进一步增强。同时加强了对院校周边治安秩序和公共文化娱乐场所的整治，取得了明显成效。二是与预防和控制"非典"疫情结合。4月以来，全省各级综治委把"非典"防控工作纳入综合治理整体联动防范工程建设中，充分发挥整体联动防范工程网络作用，组织基层综治组织和群防群治队伍参与。在城市，基层治安巡逻队、护厂护校队、守楼护院人员和保安队伍等群防群治组织加强对车站、交通要道等重点部位、地段的巡查，落实防范措施。在农村，充分发挥农村"四级"治安防范网络的作用，建立起了排查疫情、信息传递、各级联动的“非典”防控工作机制。各级综治组织采取多种形式，大力宣传“非典”防控的有关法规政策等知识，密切注意社会动向，积极提前介入涉及“非典”民间纠纷调解和疏导，有效维护了社会稳定。在这次抗击“非典”的斗争中，全省综治基层组织充分发挥职能作用和网络优势，依靠“整体联动”防范的网络，成功地防止了“非典”疫情在我省的蔓延。

（六）开拓创新，整体联动防范工程取得了明显成效。兴文县大胆引入市场机制，在机关、企事业单位、街道、社区和农村分类实施保安有偿承诺服务，加强治安防范工作。去年开展此项活动以来，仅城区盗窃案件与同期相比就下降了57%。营山县把城区按居委会划分为12个联防区，组织45岁以下、18岁以上的常住公民义务参加治安巡逻的“万人巡夜”活动，时间从晚上10时开始至次日凌晨6时结束，得到城区居民的热烈响应。自“巡夜活动”开展以来，城区刑事案件下降50%，盗窃案件下降了56%。许多县（市、区）积极探索城区治安防范的有效机制，挖掘整合社会资源，聘请三轮车主、出租车、公交车、长途客车司机担任治安信息员，发挥其全天候掌握社会面治安情况的作用。长宁县长宁镇把360辆三轮车使用权无偿安排给下岗职工和贫困居民，明确职责任务，规范管理，让其义务担任维稳信息联络员和治安巡逻员，取得了好的效果。成都市锦江区实行综治网络化管理，全区按照街道（乡镇）、社区（村）、治保会委员、居民小区（单位）为单位组成四级网格，切实把防范责任落到实处；荣县把城区分成五个防范片区，建立了由民警巡逻、专业保安巡逻、社区治安巡逻队三级防范体系；在农村场镇建立6—10人的专业保安巡逻队，10—20人的义务巡逻队，村成立30—50人的护村大队，组建了10—20人的护村小组，大力开展院坝联防活动，全县发生的可防性案件明显下降。

2003年底，根据省综治委对各地社会治安综合治理整体联动防范工程的考核和综合评定，省委、省政府对完成2003年度社会治安综合治理整体联动防范工程建设目标任务的17个市州和94个合格县（市、区）给予了通报表彰。

二、深入开展“扫黄”“打非”专项斗争

2003年全省“扫黄”“打非”工作坚持以邓小平理论和“三个代表”重要思想为指导，认真贯彻落实党的十六大和十六届三中全会精神，在省委、省政府的领导下，通过全省“扫黄”“打非”战线全体同志的共同努力，工作成效十分显著。突出表现在狠抓政治性非法出版物的查禁和封堵，加大打击盗版教材教辅读物和走私盗版光盘的力度，进一步整顿和规范出版物市场秩序，深入开展“扫黄”“打非”集中行动，强化市场日常监管，全省共取缔关闭非法出版物经营摊（店）1100家，破获非法出版案件1500多件，其中行政处罚案件1483件，刑事处罚案件8件；查缴各类非法出版物550万余册（盘），其中政治性非法出版物9000余册（盘），淫秽色情出版物4.2万余册（盘），封堵“法轮功”反动宣传品19万多件。特别是采取切实有效措施，严密封堵了一批政治性非法出版物和境外法轮功邪教组织宣传品进入我省，进一步净化了出版物市场，为全面建设小康社会营造了良好的市场和舆论环境，受到了中央领导和有关部委的充分肯定。

社会治安综合治理基层基础建设情况

各地按照省综治委、省委组织部、省编办、省人事厅等六部门《关于加强社会治安综合治理基层组织建设的意见》，切实加强了综治组织建设。全省5199个乡镇（街道）都健全了综治组织机构，配备了专抓副职和专兼职工作人员，申报整体联动防范工程建设验收的100个县（市、区）综治办都配备了2—3名专职综治干部。各地结合实际，积极创新综治工作机制和方法，出台了许多新举措，收到了良好的工作效果。成都、凉山从政法部门选派了一批干部作为综治特派员，到各街道、乡镇和治安复杂地区工作，以充实基层综治工作力量；自贡、德阳为加大治安防范力度，组建了低保人员巡逻队。达州市每两年对综治干部进行一次表彰，连续三次被表彰的干部，晋升一级工资，同时，对乡镇、单位综治干部实行每人每月80元岗位津贴；成都市清白江区、龙泉驿区在全省率先推出了"治安播报"，每周通过电视向群众通报辖区的治安形势、发案特点和防范措施，提高了群众的防范意识。同时，各地加大了对综治干部的培训力度，10月下旬，省综治办在夹江县举办了市州分管综治工作的政法委副书记、综治办主任和部分省综治成员单位综治干部培训班。各地举办各种形式的培训班567期，培训人数达4.5万多人次。

社会治安综合治理宣传教育工作情况

一、组织领导的力度进一步加大

2月中旬，省综治委、省委宣传部联合下发了《关于开展社会治安综合治理宣传月活动的通知》，对全省宣传月活动作出了部署，及时研究确定了宣传具体方案。各地进一步加大了组织领导力度，精心组织，周密部署。全省绝大部分市州和县(市、区)都下发了开展宣传月活动的通知，进行了层层的动员部署。宜宾、雅安、达州、南充、乐山、绵阳、资阳、巴中、广安、凉山等市州和大部分县(市、区)成立了宣传月活动领导小组，负责对宣传月活动的统一指挥和组织协调。各地及时召开协调会议，研究落实具体措施，确保了宣传月活动的有效开展。宜宾、达州多次召开有关部门联系会议，对宣传月活动各个阶段的工作任务进行协调落实；泸州市委、市政府、市政协、军分区的主要领导深入基层对宣传月活动进行指导检查。各级党政领导还带头参加宣传活动，发表电视讲话、署名文章，接受记者采访，深入县(市、区)和街头，进行现场指导和督促检查。据不安全统计，全省有16个市州的党政主要领导宣传月期间，在当地电视台、报刊上发表电视讲话和署名文章推动了宣传月活动的深入开展。

二、创新形式的思路进一步拓宽

各级充分运用广播、电视、报刊等新闻媒体，采取电视广播专题报道、开辟报刊专栏，张贴标语、悬挂横幅、挂图，办墙报、板报、展板，上街设宣传点、开展法律咨询、文艺表演、散发宣传资料，举办培训班、讲座、讨论、专题晚会等群众喜闻乐见的形式，高密度、多渠道、全方位地进行宣传。2月下旬，省综治办和省委宣传部宣传处组织了由《四川日报》、四川人民广播电台、四川电视台、四川有线电视台、四川新闻网、《四川法制报》六大省级新闻媒体记者组成的新闻采访团，深入成都、宜宾、南充、德阳、乐山、眉山6个市州的13个县(市、区)，对开展综合治理整体联动防范工程建设进行了深度采访，共发表新闻稿件80余篇，在全省形成了集中宣传综治工作的强大舆论氛围；成都市3月10日在六城区同时开展了规模和声势较大的集中宣传日活动，精心组织辖区各级各部门参与，形成了较强的舆论声势。各地在创新宣传形式上狠下功夫，使宣传月活动呈现出新颖多样、丰富多彩的局面。宜宾市在宣传月活动中，开展了万人为治安防范献计献策的问卷大调查，共收到建议3万条，并组织人大代表、政协委员视察综治工作；攀枝花市综治委、市电视台联合制作了一部电视专题片《东区"整体联动防范工程"建设成果巡礼》；南充蓬安县宣传月活动期间召开了较大规模的综合治理整体联动防范工程建设动员大会，参加群众达4000余人；达州市综治委组织达州日报、达州人民广播电台、达州市电视台赴各县(市、区)进行集中采访报道；成都锦江区、金牛区、成华区在宣传月活动中组织了见义勇为明信片义卖活动，彭州市邀请了部分政协委员、民营企业家座谈如何弘扬见义勇为精神、支持综治工作，部分政协委员当场向见义勇为基金捐赠了3万元；雅安市综治办和市文明办、市直机关工委联合开展了见义勇为基金募集活动，宣传活动中共收到捐款达 79436 元。同时，各地加大了对见义勇为资金的筹集力度和见义勇为人员的表彰。宜宾市在全国率先建立了以企业名称冠名的见义勇为奖励资金——宜宾五粮液见义勇为奖励资金，现有奖励资金 500 万元。宜宾、内江等市和部分县（市、区）在宣传月活动期间召开了见义勇为表彰大会，及时弘扬见义勇为精神，激发了人民群众参与的积极性。乐山、雅安、南充、广安等地发行了见义勇为明信片，共筹集资金 1399.2 万元，全省各级表彰见义勇为人员 1654 人次。

三、突出重点的效果进一步显现

各地在宣传活动中，紧密围绕工作重点，突出了加强治安防范工作、深入开展综合治理整体联动防范工程建设和大力弘扬见义勇为精神、激发人民群众参与的积极性两大宣传主题，营造了全面推进综合治理整体联动防范工程建设的浓厚舆论氛围。省综治办和四川法制报社联合在《四川法制报》上开辟了“实施整体联动、迈向长治久安”的专栏，集中宣传报道各地实施综合治理整体联动防范工程的情况；德阳日报集中报道全市强化治安防范工作的典型，德阳电视台在黄金时段专题报道基层治安防范工作经验；内江日报重点宣传了资中县银山镇实施综合治理整体联动工程建设中，强化巡防措施，使黄、赌、毒问题得到基本控制的做法和经验；广元市组织政法部门和综治成员单位深入农村，挂联宣传、指导乡村开展综合治理整体联动防范工程建设。

四、广泛参与的热情进一步增强

各地在宣传月活动中，充分发挥综合治理齐抓共管的优势，广泛动员部门、单位和全社会力量共同参与，使宣传活动覆盖面进一步扩大，综合治理更加深入人心、家喻户晓。省综治成员单位积极发挥领导机关作用，部署和带头参与所在地开展的各种宣传活动，加强督促检查。省妇联、成都铁路局专门就宣传月活动作出部署，参与多种形式的宣传活动；省委办公厅、省法院、省检察院参加所在辖区组织的集中宣传日活动，带头上街设点宣传，起到了很好的表率作用。成都、宜宾、达州、乐山等地把宣传月活动的具体措施和要求落实到了每个成员单位。各级综治成员单位以各种形式指导和参与综治宣传，推动了宣传月活动的广泛深入开展。

据不完全统计，宣传月期间，全省各地共出动党政宣传干部 18 万余人次，设宣传点 13255 余个，张贴宣传标语 13 万余幅，发放宣传资料 370 万余份，受教育群众达 9000 余万人次。扎实有效的综治宣传月活动，进一步调动了全社会、全民参与社会治安综合治理的积极性，促进了综治工作的深入开展，推动了综合治理各项措施的进一步落实。5 月，省综治委对近年来在社会治安综合治理宣传工作中成绩突出的 87 个先进单位和 73 名先进个人进行了通报表彰。

四川省社会治安综合治理委员会主任、副主任、顾问及四川省社会治安综合治理委员会办公室组成人员情况

顾　问：李玉龙
　　　　龚读纶
主　任：欧泽高　　省委常委、政法委书记
副主任：张宗源　　省人大副主任
　　　　王怀臣　　省政府副省长
　　　　郝振贤　　省政协副主席
　　　　敬瑞祥　　省高级人民法院院长
　　　　陈文清　　省人民检察院检察长
　　　　胡昌政　　省军区副司令员
委　员：李洪仁　　省政府秘书长、办公厅主任
　　　　鄢正刚　　省委副秘书长
　　　　李代友　　省人大常委会副秘书长、办公厅主任
　　　　邱庆西　　省政协副秘书长

曹世维(女)省委政法委副书记
刘作明　省委政法委副书记
任俊年　省纪委常委
吴靖平　省委组织部副部长
殷建中　省委宣传部副部长
李明海　省直机关工委副书记
尹孟良　省经贸委副主任
谢明道　省计生委主任
唐朝纪　省教育厅副厅长
吕　卓　省公安厅厅长
孙继昌　省国家安全厅厅长
傅金凤(女)省民政厅副厅长
曾宪章　省司法厅厅长
高仁全　省财政厅副厅长
陈安素(女)省人事厅副厅长
泽巴足　省劳动和社会保障厅厅长
唐　宁　省建设厅厅长
翁蔚祥　省交通厅厅长
李孝昌　省信息产业厅副厅长
窦维平　省文化厅副厅长
王在银　省卫生厅副厅长
陈原祥　省广播电影电视局副局长
夏代川　省统计局局长
李柏云　省工商局局长
莫世行　省新闻出版局副局长
彭祖德　省旅游局副局长
齐文超　成都铁路局局长
谭炳祥　省邮政局副局长
张智勇　民航西南管理局党委副书记
王　萍(女)省综治办主任
肖　力　成都海关副关长
胡先春　省总工会副主席
罗　强　团省委副书记
伍精荣(女)省妇联副主席
高　峻　人民银行成都分行纪委书记
陈显宜　人保公司四川省分公司副总经理
凌　峰　成都军区司令部动员部部长
顾智乐　成都军区政治部保卫部副部长
任焕友　省武警总队副政委

四川省社会治安综合治理委员会办公室与省委政法委机关合署办公。负责人名单如下：

办公室主任：王　萍(女)
副　主　任：陈元善
　　　　　　　朱时顺

充分发挥综治网络优势　积极主动参与“非典”防控

一、安排部署及时，贯彻落实坚决

省综治委高度重视“非典”防控工作，按照省委、省政府和中央综治委关于加强“非典”防控工作的部署要求，于4月25日向各市州传真下发了《关于综治组织积极参与非典型肺炎防控工作的通知》，明确要求各级综治委(办)和综治组织，要在当地党委、政府的统一领导下，把预防和控制“非典”作为当前的一项重大政治任务，迅速启动综合治理工作网络机制，充分发挥综治基层组织和群防群治队伍的作用，积极配合医疗、卫生等部门，采取有力措施，加强流动人口管理，共同落实“非典”防控的各项工作措施。针对我省“非典”防控工作中存在的隐患和面临的严峻形势，5月13日，省综治委又传真下发了《关于加强农村“非典”防控工作、报送有关情况的紧急通知》，进一步要求各级综治委(办)，要重点加强农村地区的“非典”防控工作，加强农村流动人口特别是外出务工人员的管理，把“非典”防控工作纳入目前正在深入开展的综合治理整体联动防范工程建设中，发挥治安防范工作网络优势，灵通信息，重大情况及时报告，防止“非典”疫情在我省农村地区蔓延。各级综治委高度重视，行动迅速，21个市州和绝大部分(市、区)都立即下发了紧急通知，层层对“非典”防控工作特别是农村地区的“非典”防控工作进行了部署安排，提出了具体的工作要求。同时，及时召开会议，研究贯彻落实的具体意见和措施。攀枝花市于4月26日召开了各区县、大企业综治办主任会议，统一思想认识，对综治系统参与“非典”防控工作提出了明确要求；德阳市综治委4月28日召开了全体会议，专题部署全市综治系统参与“非典”防控工作，并专门发出通知，停止大规模组织学生参观法制教育基地和组织综治干部外出考察学习，防止因人员聚集和流动引起“非典”疫情的传播；广元市综治委在“五一”放假期间召开紧急会议，研究落实综治组织参与“非典”防控的具体措施；泸州市综治委、市维稳领导小组研究提出，市委政法委制定下发了《关于进一步做好抗击“非典”工作的意见》，对政法部门切实发挥职能作用，站在抗击“非典”前列提出了明确要求；南充市综治委组织力量深入县(市、区)，抽查综治部门参与“非典”防控的情况。全省21个市州综治委和成员单位，都成立了“非典”防控工作的领导机构，负责对参与“非典”防控工作的具体组织协调，明确了相关职责任务。各地还把“非典”防控工作纳入目前正在开展的综合治理整体联动防范工程体系建设中，与整体联动防范工程建设同部署同要求，并制定相关工作预案，启动综合治理整体联动防范网络，调动专群防范力量，参与“非典”防控工作。泸州市综治机构明确要求，发现“非典”疫情后，在防控人员不够的紧急情况下，各乡(镇)在主动报告县区“非典”防治指挥部的同时，可以启动综合治理整体联动防范网络，通知辖区内的整体联动人员赶赴现场，配合职能部门开展工作；攀枝花市发挥综合治理整体联动防范工程建设中民兵的作用，对他们进行系统的“非典”防治知识培训，使其承担在农村主要路口配合当地治保人员和医务人员，对返乡人员和流动人口进行检查、检疫和登记，开展“非典”防控宣传和环境卫生整治、家村消毒等工作任务。

二、发挥网络优势，落实防控措施

各地在“非典”防控工作中，充分发挥综合治理工作网络、信息网络的优势，调动基层综治组织和群防群治队伍积极参与，综治、卫生、公安、交通、农业、计生、司法等相关部门密切配合，齐心协力，落实防控措施，做到了严防死守，有效地控制了“非典”疫情的传播，形成了“非典”防控齐抓共管的良好工作格局。一是加大了对流动人口的管理，做到严防死守。各级综治委流动人口管理工作小组及办公室在当地党委、政府的领导下，积极组织协调公安派出所和有关部门，加大了对所在地宾馆、招待所、出租房屋等外来人口落脚点的清查整治力度。严密注意疫情监控，在全省车站、港口建立“非典”防控“检测站”，严格进行旅客健康登记、体温测量、卫生检疫、留验观测等工作，密切关注隔离点、收治医疗动态，防止冲击医院和隔离点，逃脱监控等事件发生。德阳市在各主要交通道口设立了34个检疫点，抽调了300余名干警，配合卫生、防疫、交通部门对进入境内的外来车辆、人员逐一进行登记。全省共在进出川交通要道设置道路水路留验站22个，检测旅客448.2万人次。加强了对疫区回乡人员的清理和登记，建立起资料库，查堵源头。同时发挥治安巡逻队、护厂护校队，守楼护院人员和保安队伍等群防群治组织的作用，做好外来人员的登记，加强车站、交通要道等重点部位、地段的巡查，落实防范措施。成都市以110指挥中心为枢纽，建立了交警、巡警、刑警、社区民警以及治保巡逻队的机动联勤机制，加大了对社会面的控制；内江市在农村组织动员了63000余名治安联防人员参与全市的“田野阻击战”行动，共协助配合追踪登记外来返乡人员27933人。二是强化信息报送，及时掌握疫情动态。各级切实发挥乡(镇)、村、组、户四级治安防范网络作用，在农村建立起了排查疫情、信息传递、各级联动的“非典”防控工作机制。各地严密排查外出返乡人员，挨家挨户进行动员，让家属打电话、写信通知外出人员安心工作，不要盲目返乡，对已返乡的人员，由乡村医生每天上门测量体温，一有情况，立即汇报。遂宁市要求，各县区、乡镇、村综治机构要确定专人，每天收集、整理、分析“非典”疫情情况，发现重大情况及时上报；雅安石棉县通过社会治安综合治理“四道防线”责任人，准确掌握了全县4169名外出务工人员的具体情况，并详细登记造册，为全县“非典”防控工作奠定了基础。三是积极开展“非典”防控宣传，加强调解和疏导。各级综治组织充分利用综治工作深入基层、贴近群众的优势，采取多种形式，配合宣传，卫生等部门，积极向广大农民宣传“非典”防治知识，提高农民科学防治“非典”的水平，强化“非典”可防可治的意识。通过农业技术推广培训、派出所和社区警务室宣传栏、组织民警深入社区等多种宣传方式，广泛宣传预防非典型肺炎的有关知识，消除群众的恐惧心理，加强对流动人口“一法一条例”(即《传染病防治法》、《突发公共卫生事件应急条例》)的宣传，教育群众不信谣、不传谣，防止以讹传讹，引起社会恐慌。同时，通过发邮件、打电话等方式，劝阻外出务工人员暂不要返乡，使广大农民积极主动配合做好“非典”防控工作，保障了“非典”防控工作的顺利进行。同时，积极提前介入涉及“非典”民间纠纷的调解和疏导。广元市委、市政府为了把守好四川的北大门，防止“非典”向农村蔓延，决定在元坝区所在地设立留置观察站，在设立过程中，为防止引发事端，区综治委积极主动提前介入，向设立地的职工和村民反复做深入、耐心细致的教育、疏导工作，解除了他们的顾虑，确保了“非典”防控的落实。四是帮扶助耕，为外出务工人员排忧解难。我省是农业人口大省，也是劳务输出大省，每年有600万农村人口外出务工，而且相当部分是在“非典”疫情严重的地区，大规模的外出务工人员在农忙时节返乡将使我省“非典”防控工作形势更加严峻。针对这种情况，各级农村综治组织积极为他们排忧解难，精心组织、深化帮户助耕活动，解除外出务工人员的后顾之忧，减少盲目返乡，控制疫情传播，稳定了农业生产，有效缓解了全省“非典”防控工作面临的压力。全省共组织各类助耕队8.1万个63万人，帮助114.4万户抢收191万亩小麦、98.9万亩油菜、抢栽210万亩水稻。宜宾市全市乡镇共组织了300余个3000余名治安联防队员和民兵组成的助耕“双抢”小分队，帮助在外务工人员的家庭抢收抢种，解决其不能返乡的后顾之忧。雅安雨城区、名山县充分发挥综合治理“四道防线”防范体系的作用，在乡镇成立了帮户助耕领导小组，以村为单位组织10—20人的帮户助耕小分队，分别由一、二、三道防线责任人组成，确保抢收、抢种顺利完成。名山县车岭镇、建山乡的第一、二道防线责任人主动与有外出务工人员的家庭结成帮助“对子”，帮助其解决实际困难，让外出务工人员安心工作。五是切实发挥综治成员单位作用，参与“非典”防控工作。各级综治委对成员单位切实发挥职能作用、主动参与“非典”防控工作也提出了明确要求。要求各综治成员单位要在党委、政府的领导和综治委的组织协调下，认真履行职责，主动参与，齐抓共管。同时要“看好自己的门，管好自己的人”，做好本单位、本系统的“非典”防控工作。六是积极做好卫生防疫工作。对车站、港口等公共场所和客车、客船进行经常性的每日消毒和每次消毒；做好进入辖区内的车辆、人员防疫、检验工作；督促出租房主、房客共同做好卫生、防疫工作，督促使用外来务工人员的单位落实防疫措施。

三、密切注意社会动向，切实维护社会稳定

各级综治委把“非典”防控工作作为当前维护社会稳定的重要内容。内江市委政法委、市维稳办和市综治办联合下发了《关于在防治“非典”的非常时期切实做好维护社会稳定和坚决打击破坏社会经济秩序犯罪的通知》；达州市政法委、综治委下发了《关于在加强非典型肺炎流行期间的治安防范和管理、全力维护社会稳定的通知》。一是密切注意社会动态，灵通情报信息。各级综治、公安和国安等部门积极了解掌握由“非典”引起的，与社会稳定有关的情报信息，及时向党委、政府和上级主管部门汇报。重点防范和打击了“法轮功”、“门徒会”等邪教组织利用“非典”的恶意炒作活动，有效防止了有害信息在公众中的传播。二是认真开展矛盾纠纷的排查调处，有效防止和妥善处置突发事件。各级各部门围绕“非典”，积极排查不稳定因素，及时采取有力措施化解人民内部矛盾，同时，制定处置突发事件的工作预案。乐山市4月29日，因传位于市中区九峰镇的大渡河医院将定为“非典”定点医院，在附近群众中造成恐慌，九峰山的部分农民于下午4点左右将乐五公路堵塞，市、区综治委主要领导接报后迅速组织力量到达现场，经过耐心细致的宣传解释工作，及时疏散了群众，恢复了交通秩序，对煽动闹事的违法人员进行了治安处罚，有效平息了事态。三是切实加强了对社会面治安的控制。各地进一步落实治安管理和防范措施，加强了街面治安巡逻。加大对涉及“非典”违法犯罪活动的打击力度，对借疫情哄抬物价、造谣惑众、煽动闹事的，采取有力措施及时予以处置。对借疫情制假骗财、趁乱打劫、盗窃、哄抢财物、哄抬物价、扰乱正常经济秩序等违法犯罪活动人员，依法予以严厉打击，严惩制造传播“非典”谣言者等违法犯罪行为。

社会治安综合治理理论研究情况

2003年7月，省综治办派员，深入到成都、南充、泸州、内江等地，就当前社会治安形势进行了专题调研。在深入调查研究和认真分析原因的基础上，提出了有针对性的对策建议，向省委、省政府写出了调研报告。调研组认为，做好新形势下的社会治安工作，维护全省社会政治稳定和治安大局的平稳，必须进一步做好以下工作：一是做好矛盾纠纷排查调处工作，减少和避免群体性事件和“民转刑”案件发生。进一步建立健全党委、政府统一领导，综治委组织协调，各部门各负其责的矛盾纠纷和不稳定因素排查调处机制，促进排查调处工作经常化、制度化。二是有针对性地开展“严打”整治斗争，及时解决突出治安问题。要积极探索建立贯彻“严打”方针的经常性工作机制，提高打击犯罪的水平，确保“严打”方针真正贯彻到侦查破案、批捕起诉、定罪量刑、监管改造等各个执法环节中。要建立科学的治安形势分析评估机制、工作决策部署机制和高效的政法部门配合制约机制。三是要大力推进“整体联动防范工程”建设，提高全社会治安防范水平，进一步健全和完善治安防范网络体系。四是要加强基层组织建设，强化基层基础工作。加强乡镇、街道综治委、办建设，配强专职干部，增强其权威性和组织协调能力，确保这项工作在基层有组织领导、有办事机构、有专人抓、有较好的保障条件。五是切实加强流动人口管理、刑释解教人员安置帮教和预防青少年违法犯罪工作。要认真研究收容遣送政策取消后，治安管理中出现的一些新情况、新问题，探索加强流动人口管理的新举措。

综治委成员单位参与社会治安综合治理工作情况

3月，省综治委向各成员单位下发了《2003年度省综治委成员单位社会治安综合治理工作目标》。各成员单位按照省综治委工作目标的要求，严格落实本系统社会治安综合治理领导责任制、部门责任制和岗位责任制，较好地发挥了职能作用。各成员单位都成立了以一把手为组长、分管领导为副组长的综治工作领导小组。年初，不少成员单位与直属单位签订了《保一方平安责任书》，各直属单位也与本单位各部门负责人签订了综治目标责任书，层层落实责任，形成了一级抓一级的局面。

各成员单位按照省综治委印发的《各级综治主要成员单位在实施“整体联动防范工程”建设中的职责任务》的要求，结合本部门、本系统实际，下发了参与社会治安综合治理“整体联动防范工程”建设的意见，对本部门、本系统参与整体联动防范工程建设提出了具体的要求，并加强了本系统整体联动防范建设的指导和检查落实。2003年以来，省法院、省检察院、省委组织部、省委宣传部、省教育厅、省国家安全厅、省人事厅、省劳动和社会保障厅、省统计局、省工商局、省文化厅、省交通厅、团省委、省妇联分别下发了参与社会治安综合治理“整体联动防范工程”建设的意见。至2003年底，已有19个省综治成员单位下发了参与社会治安综合治理“整体联动防范工程”建设的意见，形成了条块结合、齐抓共管的局面。

各成员单位结合本部门、本系统实际，充分发挥职能作用，积极参与社会治安综合治理，推动了全省综治工作的深入开展。省委组织部把社会治安综合治理工作与组业务工作紧密结合起来,同部署同落实,坚持"五个结合"(把社会治安综合治理同"三村建设"和城市社区建设结合,同"党员先锋工程"结合,同流动党员的管理结合,同帮扶贫困党员结合,同离岗下岗党员的管理结合),充分发挥各基层党组织和广大党员在综治工作中的战斗堡垒作用和先锋模范作用。省教育厅在教育系统特别是高校推行聘用专业保安制度,主动与公安机关联手打击校园周边的违法犯罪活动。省司法厅结合职能,以提高罪犯改造质量为中心,扎实抓好监狱工作;以开展创办特色为重点,全面加强劳教工作;深入推进普法和依法治理工作,加强司法行政法制建设;大力加强基层基础工作,充分发挥"第一道防线"作用,积极开展人民调解工作;积极拓展安置帮教工作,预防和减少重新违法犯罪取得了明显成效。省工商局严厉打击各种经济违法行为,严厉打击利用防治非典名义从事违法经营行为,深入开展集贸市场专项整治,开展"扫黄""打非"集中行动和学校及周边治安综合治理工作,努力营造公平、公正、竞争有序的社会经济秩序。全年全省工商行政机关共查处各类经济违法案件95075件,案值9.22亿元。在集贸市场专项整治中,全省共检查集贸市场3278个,检查经营户123150户,查处无照经营19725户,责令补办营业执照43017户。

综治成员单位积极参与驻地辖区的社会治安综合治理工作,起到良好的模范带头作用。省劳动和社会保障厅分别与驻地所在的汪家拐街道办事处综治办和汪家拐派出所建立起联系,对辖区内的民情、社情详细了解并及时互通情况。省检察院被驻地所在的成都市青羊区草市街办事处综治委选举为骡马市片区综治小组组长单位,积极配合街道办事处对片区的7家单位的综合治理工作进行督促检查,参与对7家单位综合治理工作的评比;对所在辖区的综治工作给予人力物力上的支持,支持辖区治安巡逻经费8000元,并派出23人次参加辖区的综合治理宣传活动。5月中旬,省综治委副主任、省检察院检察长陈文清带领省检察院机关有关部门负责人到机关驻地成都市青羊区草市街街道办事处和社区,就辖区实施社会治安综合治理整体联动防范工程建设情况进行调查研究和指导。

7月,省综治委下发了《关于确定省综治成员单位联系县(市、区)的通知》。各成员单位根据省综治委的要求,切实加强了对所联系的县(市、区)社会治安综合治理工作的指导,帮助总结推广典型经验。省交通厅派员到定点联系的名山县检查指导综治工作,并送给县综治办两台电脑,有力地支持了联系县综治工作的开展。省公安厅明确由厅治安总队具体负责联系指导乐山市市中区综治工作,总结推广典型经验,厅主要领导多次到乐山开展治安防控、指挥中心和提高执法质量等专题调研,同时,各成员单位加强了机关内部治安管理和防范工作,看好自己的门、办好自己的事、管好自己的人,确保了单位内部无重大盗窃等刑事案件、治安案件和安全事故发生。省人口和计生委在要害部门和门卫值班室安装了防盗门窗和警报器,在机关组织了一次社会治安安全知识讲座。

年底,省综治委在征求各成员单位意见的基础上,制定下发了《2003年度省综治委成员单位社会治安综合治理工作目标考核标准》,并组织对44个成员单位完成2003年综治工作目标的情况进行了考核和综合评定,省委、省政府对省政协办公厅、省委组织部等22个完成2003年度综治工作目标的优秀单位进行了通报表彰。

刑释解教人员安置帮教工作情况

2003年,全省刑释解教人员安置帮教工作按照“以创新求发展,以整合求效能”的工作思路,解放思想,大胆创新,认真贯彻落实社会治安综合治理整体联动防范工程,有效地预防和减少了刑释解教人员重新违法犯罪,维护了社会稳定。全年全省共有2.9万余人刑满释放、解除劳动教养回归社会,帮教率达90%,安置率76%,重新犯罪率控制在6%以下,我省安置帮教工作所取得的成绩也得到了省委、省政府、司法部的充分肯定。

一、为降低刑释解教人员的脱管、失控率,狠抓了衔接检查工作

年初,省司法厅、省公安厅联合下发了《关于对服刑在教人员刑满释放解除劳动教养时衔接检查工作的通知》,要求各地司法局、公安局对刑释解教人员《释放通知书》发放情况、回归后报到登记情况、安置帮教工作落实情况进行检查,对薄弱环节要制定措施,加强管理。各地司法局、公安局对这项工作给予了高度重视,年底,均按照要求组织了检查组,对所辖监狱、劳教所、公安看守所、拘留所,以及基层司法所进行了检查,进一步完善了刑释解教人员登记制度、建档立卡制度、安置帮教制度。通过检查,促进了衔接管理各项措施的落实,刑释解教人员的脱管、漏管现象得到了较好的遏制。据统计:全年回归3万余人,纳入公安、司法行政部门管理视线80%,脱管率降低到9%。

二、制定文件,规范管理

在对全省安置帮教工作的管理指导中,省刑释解教人员安置帮教工作小组、省司法厅、省级有关部门联合制定规范性文件,营造了有利于安置帮教工作发展的政策环境。3月,省司法厅、省总工会、团省委、省妇联共同下发了《关于进一步加强社区安置帮教工作的意见》,要求基层司法行政、工会、共青团、妇联等部门要相互协作,密切配合、共同做好安置帮教工作。4月,省司法厅、公安厅、民政厅、劳动和社会保障厅、扶贫开发办公室联合制定了《关于进一步统一规范刑释解教人员安置帮教有关政策的通知》,为各地广泛动员社会各界参与安置帮教工作提供了依据。全省安置帮教工作的管理指导,逐步规范化、法制化。

三、举办培训班,提高管理水平

针对刑释解教人员信息管理手段落后的情况,2002年省司法厅、省公安厅共同研制下发了“服刑在教人员释放、解教登录管理软件”。2003年3月25日至27日,省司法厅、省公安厅在宜宾市委党校举办了“全省刑释解教人员信息管理培训班”,通过培训,各地对这套软件系统的使用得到了统一和规范,从年底统计情况看,各监狱、劳教所全部按照系统要求,上报了2002年度刑释解教人员基本情况,为全省建立和健全刑释解教人员信息库奠定了基础。

四、整合职能,组织律师进社区,为刑释解教人员及服刑在教人员家属提供法律服务

为认真实践“三个代表”重要思想,充分体现司法行政服务于民的重要职能,省司法厅、省刑释解教人员安置帮教工作办公室、省律师协会、省法制建设办公室,省工、青、妇组织在2002年“法律服务进高墙”的基础上又推出新举措,于2003年6月首次在全省范围内开展了为期5个月的以刑释解教人员和服刑在教人员亲属为服务重点的“法律服务进社区”专项活动。5个月来,各地司法行政、安置帮教、工、青、妇组织等部门,以及各律师团律师,排除“非典”带来的不利因素,以高度的政治责任感,不辞辛劳、不计报酬,深入乡镇、街道、社区,为刑释解教人员和服刑在教人员家属,以及广大群众提供法律服务和法律援助。粗略统计,全省有近3000名律师、法律工作者投入到这次专项活动中,律师团宣讲法制课1500多场次,受教育人数达10万多人,律师解答法律询问5万多次,直接为基层群众、刑释解教人员、服刑在教人员亲属提供法律援助达2千余件,发放、赠送法律宣传资料共10万多份。专项活动硕果累累,成效显著。

五、维护社会稳定,加强了对“法轮功”类刑释

解教人员的帮教转化工作

为做好“法轮功”类服刑在教人员的帮教转化工作,各地安置帮教组织把此项工作作为政治任务狠抓落实。不少县的安置帮教组织深入监狱、劳教所,对本地籍“法轮功”类服刑在教人员进行面对面的帮教,促进了他们思想的转化。对“法轮功”类刑释解教人员,各地安置帮教部门落实专人负责,积极配合有关部门做好安置帮教工作,有效地巩固了教育转化成果。对城镇籍“法轮功”类刑释解教人员,原有工作公职的努力帮助恢复其公职,原是学生的帮助其恢复学籍,一时不能落实安置的制定了解决措施,同时指定人员专人帮教,全省城镇籍“法轮功”类刑释解教人员的安置率100%,帮教100%。对农村籍“法轮功”类刑释解教人员,除查无下落的外,100%地落实了责任田,帮教率也达到了100%。充分体现出了党和政府对“法轮功”刑释解教人员的关心。

六、狠抓了安置帮教过渡性基地和安置帮教自愿者协会的规范化建设

到2003年底,全省经劳动部门批准建立的安置帮教基地(企业)35个。在过渡性安置企业中,刑释解教人员相对集中,有的达到了50%。为了加强对刑释解教人员的教育管理,确保这些企业健康发展,在调查研究的基础上,制定下发了《关于加强刑释解教人员过渡性安置基地(企业)建设的意见》。《意见》下发后,各地安置帮教部门协助企业进一步规范了过渡性安置基地(企业)的内部管理,建立健全了各项规章制度,较好地维护了企业稳定,促进了“基地”建设的深入发展。安置帮教自愿者协会建设也有较大发展,全省经民政部门批准,建立县以上协会31个。

七、创新帮教手段,开通大墙内外亲情帮教可视电话

为切实搞活、创新社会帮教向监所的延伸工作,建立健全大墙内外互动机制,省司法厅、省监狱局、劳教局共同研究,决定在监狱、劳教场所建立亲情帮教可视电话系统,让服刑在教人员能够经常感受到亲情的帮教和关怀,从而激发主动改造的自觉性和决心。2003年4月,亲情帮教可视电话工程在全省监狱、劳教系统开始实施。到年底,全省已有24个监狱、劳教所,16个市、州、县安装接通了亲情帮教可视电话。可视电话的开通,在社会上引起了强烈反响,得到了省委省政府领导的高度评价,省委副书记李崇禧在可视电话的开通仪式上赞扬道:这项工作是一项非常好的便民利民措施,是司法行政系统推出的民心工程,是实践“三个代表”,为民办实事的具体体现。

八、进一步加强了全省安置帮教机构的管理指导

一是统筹部署全年工作。年初,省刑释解教人员安置帮教工作小组召开了成员会议,对各市州安置帮教工作领导小组下发了2003年工作要点,要求各地按照《要点》,把安置帮教工作作为预防和减少犯罪、维护社会稳定的一项重要工作摆上议事日程,抓紧抓好抓落实;二是抓目标管理。2月,省司法厅、省公安厅对各地2002度安置帮教工作进行了目标考核,通报表彰了一批安置帮教工作先进集体,极大地调动了各地做好安置帮教工作的积极性;三是深入基层调查研究,检查、指导安置帮教工作的开展。省司法厅副厅长、省安置帮教工作小组副组长三郎益西先后八次深入攀枝花、甘孜、资阳、内江、乐山、南充、广安、宜宾、自贡、泸州、成都、绵阳、德阳等市州开展调研,认真听取各地安置帮教工作的汇报,帮助分析、研究存在的问题,提出意见,解决实际困难;四是抓宣传报道,发挥“安置帮教工作简报”作用。省安置帮教办公室充分履行职责,把“安置帮教工作简报”作为管理指导各地工作开展的重要手段,大力总结推广各地先进经验和成功做法,及时传达中央、省上的重要指示。2003年出专刊12期。四川电视台、四川日报、四川法制报、成都晚报、成都商报、四川司法杂志等新闻媒体刊载和报道了我省安置帮教工作文章40余篇。为了扩大安置帮教工作的社会宣传面,让社会各界了解、支持、参与安置帮教工作,省安置帮教工作小组办公室与《四川司法》杂志联合,在《四川司法》上开辟“安置帮教工作讲座”栏目,对安置帮教工作作系统讲解。

九、充分发挥安置帮教工作小组各成员单位职能优势,共同做好安置帮教工作

近年来,省刑释解教人员安置帮教工作小组各成员单位对安置帮教工作齐抓共管形成了共识,密切配合,相互支持,共同担负起了维护社会稳定的重任,安置帮教工作也呈现出前所未有的发展势头。省财政厅自省安置帮教工作办公室成立以来,就将办公经费纳入了每年的财政预算,较好地保证了各项工作的开展。省公安厅每年配合省司法厅做好安置帮教工作,年初共同制定安置帮教工作目标考核文件,年终考核兑现,同时,建立了“每年衔接检查”制度,有力地促进了安置帮教工作各项措施的贯彻落实。省总工会、团委、妇联,省民政厅、劳动和社会保障厅、扶贫开发办公室等单位,还共同发文规范安置帮教工作。

流动人口治安管理工作情况

一、暂住人口基本概况

据统计,至2003年6月30日,全省共登记暂住人口1825370人,比上年减少56356人,减少2.99%。暂住人口中,男性1134094人,占总数的62.13%;女性691276人,占总数的37.87%。

自2002年7月1日至2003年6月30日,全省共发暂住证1296877人,比上年增加63456人,增长5.15%。在暂住人口中,列重点人4921人,比上年增加1128人,增长29.7%。通过暂住人口管理,破获刑事案件4176件,比上年多103件,增长2.5%;查处治安案件10681起,比上年少1210起,减少4.98%。

从来自地区看,来自省内的1429526人,占总数的78.31%;来自省外的393418人,占总数的21.55%;来自港、澳、台及国外的2426人,占总数的0.14%。

从暂住原因看,务工的985243人,占总数的53.97%;务农的16629人,占总数的0.91%;经商的244885人,占总数的13.42%;从事服务业的188953人,占总数的10.35%。

暂住人口统计数据与上年相比有所减少,主要是受“非典”影响,来我省旅游观光人数减少,2003年旅游观光人数比上年减少175028人,下降64.72%。

二、各级各部门所做的工作

(一)各极采取各种措施,引导流动人口合理、有序转移

一是加强对进城务工流动人口的培训,及时提供就业信息。劳动和社会保障部门加大劳动力市场建设,为流动人员提供快捷准确的就业信息,有组织地输出农村富余劳动力,引导人员有序流动,减少盲目外出。积极与广东、北京、上海、新疆等18个省、区开展劳务协作工作,沟通劳务信息和加强劳务管理。二是全面推进户籍管理制度改革,实现流动人口就近转移,就地转化。各级公安机关认真贯彻落实《四川省人民政府批转省公安厅关于全面推进城镇户籍管理制度改革意见的通知》(川府发[2001]391号)和《四川省人民政府办公厅转发省公安厅关于推进城市户籍管理制度改革意见的通知》(川办发[2003]4号)文化精神,以落户条件代替计划指标,坚持“居住地登记户口,人户一致”的基本原则,允许在城市、乡镇具有合法固定住所、稳定的职业或生活来源的农民及与其共同居住生活的直系亲属办理城镇居民户口。三是全力以赴做好春运工作,疏导“民工潮”。劳动和社会保障部门和交通等部门及早预测、增加运力、合理安排,狠抓超长线路客运管理,保证了春运期间民工的有序流动。交通部门积极维护车站、港口治安秩序,严抓“三品”查禁,打击破坏交通运输的各类违法犯罪活动,保障了民工生命财产的安全,增强了旅客的安全感。

(二)坚持服务与管理相结合,立足本职,齐抓共管,做好流动人口管理工作

团委继续深化“千校百万”进城务工青年培训工作,联合劳动、民政、公安等其他部门,依托用工单位和职业技术学校、就业培训中心共同建立进城务工青年培训学校和培训点,把劳动技能、综合素质培训与普法、禁毒培训相结合,把一般培训与学历教育及职业资格证书相结合,全面提高进城务工青年的综合素质。今年新建培训学校48个,培训进城务工青年6.3万人次。

各级计生部门认真做好流动人口计划生育宣传教育工作,加强流动人口计划生育有关证、卡管理,为流动人口提供优质的计划生育和生殖健康服务。按照国家计生委安排,开展基层流动人口

计划生育工作的调研工作，为进一步加强流动人口计划生育管理和服务工作提供了依据。

民政部门在《城市生活无着的流浪乞讨人员救助管理办法》出台后，积极行动，立即停止收容遣送工作，把有条件的收容遣送中转站改建为救助站，实行自愿求助，无偿救助。

各地公安机关积极规范流动人口管理，重申暂住证的申领对象和办理范围，主动为暂住人口办理暂住证。同时，采取灵活多样的办法和措施，对暂住人员申报暂住登记、办理暂住证的情况开展经常性的检查。对违反规定，拒不申报办理暂住登记、办理暂住证、不履行出租房主治安责任的人员，严格依照《四川省暂住人口治安管理条例》和《中华人民共和国治安管理处罚条例》等有关规定予以处罚。并采取切实可行的措施，落实用工单位、出租房屋主的管理责任。

农业部门认真开展回乡农民的技能培训，利用农广校等阵地，抓紧返乡农民的技能培训，提高技能水平，已培训5.3万人。

组织部门积极开展流动党员教育管理工作，加强流动党组织建设，共在外出党员中建立了407个党小组、208个党支部、3个党总支部、7个党委，在全省建立了1127个流动党员管理站，管理流动党员24505人。同时，积极创造有利条件，充分发挥流动党员的先锋模范作用，为家乡经济建设作贡献。

妇联下发了《关于妇联系统实施社会治安综合治理整体联动防范工程的意见》，对各级妇联配合有关部门加强对流动人口的管理，开展社区群防群治等工作提出了明确要求。一些地方还建立了打工妹学校。

（三）依法行政，保护流动人口的合法权益

一是取消收费，减轻流动人口经济负担。根据《国务院关于取消第二批行政审批项目和改变一批行政审批项目管理方式的决定》（国发[2003]5号）精神，公安机关取消了出租房屋治安管理服务费。计生部门严格执行省财政、物价部门出台的《流动人口婚育证明》收费标准及管理办法，杜绝乱收费和搭车收费。二是有关职能部门密切配合，切实保护流动人口的合法权益。劳动和社会保障部门做好跟踪管理服务工作，保障流动就业人员的合法权益，及时妥善处理劳务纠纷。为保护民工合法权益，4月初至5月中旬在全省组织开展了民工合法权益专项检查活动，处理了一批非法职介和有违法行为的私营企业、个体工商户、无证照手工作坊。司法部门开展多层次多途径的法制宣传教育，组织省内有关专家编写了《四川省外出务工实用法律知识手册》，提供外出务工必备的法律知识和四川各级法律援助中心的联系方式，首期印制的5万册已赠送到基层；并充分发挥广播、电视、报刊、法制宣传栏、黑板报、咨询热线等宣传阵地的作用，为流动人口提供法制咨询服务，提高流动人口的自我保护能力和法制意识。团委和其他部门积极配合，继续开展创建“青少年维权岗”活动，提高务工青年的维权意识和维权能力，共协助有关单位处理侵害进城务工青年权益案件43起。妇联积极抓好女性流动人员的宣传教育工作，元旦、春节期间印制了30000多份宣传年画、卡片，针对仁寿县外出务工妇女和家庭进行散发，开展反拐卖与反暴力宣传，还通过设立咨询点、散发宣传品等方式宣传《妇女权益保障法》等法律法规。公安、民政部门停止收容遣送，清理废止与收容遣送相关的文件规定，减少在流动人口管理中的不当行政行为和各类责任事故的发生。

预防青少年违法犯罪工作情况

一、加强青少年法制宣传教育，增强青少年法治意识

1. 加强学校法制教育，增强中小学生法制观念。一是充分发挥课堂主渠道作用。学校将《预防法》和《未保法》纳入法制教学内容，列入教学计划，不少地区青少年法制教育均做到教学有大纲，学习有教材，授课有教师，课时有保证。如宜宾市八中通过把好入学教育关、抓好课堂教育、开展日常宣教、建立法制教育室、开办家长学校、举办法制讲座等一系列措施，依法治校，连续六年，学校无师生犯罪和严重违法事件发生，获得社会广泛好评。资中县教委则将“两法”纳入中考范围，并在学生中开展“六禁教育”：即禁止吸烟、赌博、吸毒、校园内吃零食、考试作弊和进营业性“两室三厅一吧”（台球室、电子游戏室、歌厅、舞厅、录像厅、网吧），使全县中小学生的法制意识获得明显提高。二是重视青少年法制教育基地建设。城市社区充分利用青少年宫、爱国主义教育基地、青少年活动中心等场所，乡镇则依托学校建立青少年法制教育基地。到2003年底，全省共有11个市（州）、87个县（市、区）建立了专门的青少年法制教育基地。这些基地基本上做到了有固定场所、有宣传挂图、有教育教材、有法律书籍、有一定的设施。三是充分发挥法制副校长（辅导员）作用。全省已有90%的中小学校实行了依法治校，并聘请当地的公、检、法、司等部门工作人员担任学校的兼职法制副校长或法制辅导员。学校的校外法制副校长或法制辅导员，协助学校制定依法治校综合治理规划，指导学校创建“安全文明校园”，及时处理危害学校治安秩序的事件，协助学校纠正学生的不良行为，为学生上法制辅导课，举办法制讲座，开展以案说法，模拟法庭，案件公审公判等教育活动。

2．充分利用各类资源，在全社会广泛开展“两法一例”的宣传教育。一是全省依托青少年宫、活动营地、社区青少年服务中心、社区青少年法律学校等阵地，开展各种培训和宣传教育活动，仅去年我省各类社区举办社区青少年法制培训班138期，发送各类宣传资料6万余份。妇联、教育部门等以“两法一例”为重点，通过广播父母学校、家长学校等途径，向家长传播正确、科学的育子观念和方法，并通过家长言传身教，培养青少年遵纪守法意识，目前全省已建立广播父母学校4446所，参加学习的家长达600多万人；建立家长学校2814所，参加学习的家长达400多万人，建社区家庭教育工作联系点927个。二是以3.15、六一、禁毒、法制日、艾滋病宣传活动为契机，开展“两法一例”和消费者维权、禁毒等法制教育。6月3日至26日，团省委、省禁毒办在全省开展“社区青少年远离毒品”宣传周活动，活动期间，向青少年发放各类禁毒宣传手册达18万份，取得了良好的社会效果。

二、整治和建设相结合，不断净化青少年文化环境

1．开展“扫黄打非”专项斗争，净化未成年人文化市场。各级公安、工商、新闻出版、文化等部门不断开展“扫黄打非”专项斗争，仅在2003年的专项整治活动中，全省就收缴违法音像制品415.32余万张，赌博机4160台，走私影片?部，涉案金额3376万余元。

2．以校园周边为重点，大力清理、整顿网吧、电子游戏厅、录像放映场所，规范未成年人文化市场。继续在全省推动创建“青少年安全放心网吧”活动，教育和引导家长、青少年正确认识和使用网络，让广大青少年在网络中学会健康生活。公安、工商、文化等部门大力开展校园及周边环境秩序的整治工作，坚决禁止在校园周边200米以内开设娱乐场所，大力清理、整顿网吧、电子游戏厅、录像放映场所。2003年我省电子游戏机经营场所从2000年的7652家、机具73516台分别减少到2063家和42604台，场所压减率达66%，游戏机压减率达42%。许多电子游戏经营场所明显位置上设置了“非节假日不得接纳中小学生”的警示标志。加强了营业性录像放映场所的管理，全省营业性录像放映场所从1999年前的2128家压减到2003年的896家，压减率达58%，销毁电子游戏赌博机4640台，登记保存非网络游戏电脑主机服务器4227台。

3．建立青少年活动场地，优化未成年人文化市场。近年来我省加大青少年宫、青少年活动中心、妇女儿童活动中心、爱国主义教育基地和青少年法制教育基地的建设和管理。目前全省已有80个青少年宫、66个全国和省级青少年爱国主义教育基地，5个省级青少年法制教育基地。全省132个省市县三级图书馆已免费向未成年人开放，62个博物馆、纪念馆、美术馆等公共文化设施将于今年5月1日前全部向未成年人免费开放。全省各级图书馆开设少儿图书阅览室，提供各类书籍50多万册；广泛动员、组织社会各界开展送书、捐书活动，捐建乡村图书室30个，建立“红孩子”书屋50个，向各类青少年读书俱乐部捐赠图书10余万册。

三、关注弱势青少年群体，加强对弱势青少年的帮扶工作

1. 全力推进“普九”进程，深入开展“希望工程爱心助学”行动、“春蕾计划”等活动。截止2003年底，我省181个县(市、区)中已有143个县(市、区)基本“普九”；针对贫困生就学难的问题，各级政府设立了特困生资助专款，加大了资助力度。同时，动员社会各界广泛参与“希望工程”和“春蕾计划”，到目前为止累计收到捐款近亿元，修建希望小学330多所，救助失学儿童20余万。

2. 广泛开展“一助一”结对志愿者服务。积极组织各行各业青年志愿者与贫困青少年、辍学青少年、刑释解教青少年开展结对服务，为他们的学习、生活、工作提供方便，用满腔的热情对他们加以帮助、教育、挽救和转化，取得了良好效果。

3. 深化“进城务工青年发展计划”，加大为进城务工青年服务工作的力度。按照“进城务工青年发展计划”六个方面的工作要求，在进城务工青年中开展以送文化、送知识、送健康和助安全为主题的“三送一助”活动；在“千校百万”进城务工青年的培训活动中注重把城市文明素质教育和职业技能培训结合起来，把系统培训和普法、禁毒、预防艾滋病等专项培训结合起来，把一般培训与学历教育及职业资格证书教育结合起来；同时工商、劳动等部门加大检查、监督力度，全省共建立劳动监察机构206个，有劳动保障专职监察员612名，兼职监察员1623名。去年12月下旬，在省委、省政府领导下，各级劳动部门、建设部门严厉打击恶意拖欠、克扣农民工工资等违法行为，督促有关单位偿付拖欠农民工工资3.8亿元，维护了民工的合法权益，稳定了社会秩序。

四、强化制度建设，构建预防青少年违法犯罪网络

1. 不断完善工作制度。2003年省综治委预防青少年违法犯罪工作领导小组印发了《省综治委预防青少年违法犯罪工作领导小组成员单位主要任务》(川综治预青领[2003]2号)的通知，明确了省综治委预防青少年违法犯罪工作领导小组成员单位的职责，做到各司其职，协同配合，初步形成对预防青少年违法犯罪工作齐抓共管的工作格局。

2. 建立了以创建优秀“青少年维权岗”活动为载体的预防青少年违法犯罪工作体系。团省委与综治办、公安厅、检察院、高法院、司法厅、工商局、质监局、劳动厅、广电局、新闻出版局、建设厅、教育厅、民政厅共十四家单位先后在各自系统开展了创建优秀“青少年维权岗”活动，并成立了省创建活动领导小组，出台了《四川省优秀“青少年维权岗”管理办法》，建立了青少年维权工作制度。到目前为止，全省共建成优秀“青少年维权岗”全国级34个，省级266个，确定省级创建单位2500多个，一个纵向到底、横向到边的青少年维权服务网络初步形成。

3. 校内校外教育相结合的青少年法制教育机制已具雏形。全省中小学校将法制教育纳入教学内容；政法系统建立校外法制辅导员制度；关工委、妇联推行家长学校制；教育、司法、共青团建立法制教育基地。以课堂教育为主，校外法制辅导员、家长学校、法制教育基地等多种形式课余法制教育为辅的青少年法制教育工作体系已初步形成。

校园及周边治安综合治理工作情况

一、加强领导，完善机构，明确职责，逐步建立健全长效工作机制

根据中央综治委要求，2003年4月，省综治委调整充实了学校及周边治安综合治理工作领导力量，重新成立了四川省综治委学校及周边治安综合治理工作领导小组，并进一步明确了各成员单位工作职责,印发了2003年全省学校及周边治安综合治理工作要点。全省多数市、州也相应健全和完善了领导机关构,做到了机构落实、人员落实。

2003年初,省委政法委分管领导亲率省综治办、省教育厅、省公安厅等相关部门领导和负责人深入高校开展相关工作调研和现场办公,既了解掌握了情况,又进一步明确了工作思路。调研后及时总结了一些高校安全保卫工作经验,省综治办、省教育厅、省公安厅出台了《关于进一步在高等学校落实配备保安人员的意见》,在全省高校推行聘用专业保安制度。

二、深入开展学校周边治安秩序整治行动

一是严厉打击侵害师生人身权利和财产安全的违法犯罪活动。全省公安机关结合"严打"加大攻坚克难力度,快侦快破了一批有影响的涉校案件,打掉了如"烟头帮"、"青人社"、"十三太郎"、"幺儿帮"等长期以学生为侵害对象的违法犯罪团伙,破获侵害师生人身财产的刑事案件220余起,治安案件1134起,抓获犯罪嫌疑人2300余名,成功破获强奸中小学生30多人的系列案件。

二是清理整治了一批互联网上网服务场所和有害信息。有关部门开展了多次集中整治行动,出动执法人员5000多人次,对2000余家重点互联网单位、1000多家"网吧"进行了有害信息删除、安全管理制度和技术防范措施为主要内容的检查。同时,对存在问题的单位、部门发出整改通知500余份。通过整治,"天府热线"、"四川在线"、"四川移动"、电子科大等500余家重点ISP、ICP和校园网、站以及重点联网单位基本落实了60天系统日志留存、上网主叫号码、IP记录、邮件转发限制、短信息过滤等技术措施以及一些安全管理措施。85%的网吧上网登记。同时加大了对网吧的检查整治力度,发出整改通知2000多份,取缔无证网吧1600余家,消除安全隐患3500余处。共删除各类有害信息1500多条,采用技术手段过渡"法轮功"电子邮件4万余封,收缴浏览黄色网站微机400余台。

三是加强协作配合,清理整顿学校校园及周边治安秩序。各地公安机关会同教育、工商、文化、城管、卫生等政府职能部门,对校园及周边200米内的歌舞厅、游戏室、台球室、录像放映室等文化娱乐场所和摊点进行了清理整顿。据不完全统计,共检查学校13287所,整改安全隐患2837处;检查周边娱乐场所6776个,整改安全隐患3420处,清理校园周边"三室一厅"3100家,对其中有违法违规经营现象的235家坚决予以取缔或勒令停业整顿、搬迁,处理违法人员,收缴游戏光碟4353张,电脑板457块,黄色淫秽光碟6123张,清除了出租、销售淫秽、有严重政治问题的书摊431家,收缴淫秽、有严重政治问题的书刊共1023本,净化了校园及周边环境。

四是及时消除"非典"对学校及周边治安工作的影响。严厉打击利用"非典"进行的各类扰乱学校及周边治安秩序、侵害师生合法权益的违法犯罪活动。同时共检查网上"非典"信息10152条,自动过滤2036条,删除不实信息和谣言250条,查处散布虚假信息案件2起,查处4人。

三、校园内部管理和环境整治工作

各地学校继续本着"什么问题突出就整治什么问题"的原则,将学校内部管理,特别是学生管理和环境整治相结合,取得了良好效果。

一是继续重点对校园网有害信息、校内交通秩序、无证商业饮食摊点、校内出租房屋和外来人员、消防及食品卫生和危房等进行清理整治。各高校制定和完善了管理制度和要求,学校管理工作更加制度化、规范化和科学化。积极开展文明上网宣传教育活动,制定了学生上网制度,进一步健全了校园网管理制度。一些学校继续完善校园内行车路线的严格规定,增设道路指示牌,交通标志牌、主干道减速装置和固定停车场地等,加强校内交通巡逻和督查。利用防控"非典",学校商请有关部门出面,对无证经营摊点和临时性摊棚进行了取缔;协助公安机关加强出租房屋管理;严格出入校门制度,加大校卫队巡逻密度;继续督促在校建筑施工单位落实《治安安全责任书》,加强对外来人员的管理。各高校对各种安全隐患多次进行拉网式排查,并逐一落实了整改措施。

二是加强对高校学生公寓的管理,强化思想政治工作在校园环境整治和治安管理全过程中的重要作用。各高校建立健全学生公寓管理机构和规章制度。配备专职管理人员、安全保卫和保洁人员,党、团组织、政工队伍进驻学生公寓,学生的教育引导和日常行为管理、思政工作得到加强。

省教育厅牵头，一些高校参与，完成了省委宣传部“五个一工程”重点课题“四川省学生思想政治工作进宿舍”。另外，省教育厅组织各高校成功开展了以“树诚信美德，做模范公民”为主题的全省第二个“公民道德建设宣传教育月”活动。再次，切实加强中小学班主任队伍建设，严格选择责任心强、师德师风高、综合素质全面的教师担任班主任，并注重对他们的培训提高。

三是及时处置突发事件。省上春秋两学期开学前都召开了学校安全稳定工作电视电话会议，对相关工作进行部署安排。特别重视抓好敏感期和重大节假日治安、安全稳定工作。“两会”、伊拉克战争和防控“非典”期间，教育厅多次派出督查组深入学校督查安全稳定工作；教育厅及各级教育部门和高校严格落实24小时值班备勤制度，保证24小时联络畅通。四川大学研究生被害事件、四川外语学院成都分院学生和四川师大东区学生上街事件、西南财大保安伤人事件均及时得到处置，妥善化解了矛盾。

四、加强青少年学生法制教育，预防青少年违法犯罪

首先，各级各类学校普遍加强了对师生员工的法制教育，增强了学生遵纪守法观念和自我保护意识。各高校均开设《法律基础》课及专题讲座；各地中小学积极推行兼职法制副校长和法律辅导员制度，并将法制教育纳入学校教育教学工作的重要部分，利用各种形式，结合常见多发的未成年犯罪，进行有针对性的预防违法犯罪教育。各地教育部门将预防未成年人违法犯罪教育工作的效果作为考核学校工作的一项重要内容。另外，结合当前形势，重点加强了学生心理健康教育。

其次，以全面实施素质教育为指针，重视开展家庭教育，针对部分特殊学生，推行帮助教育和工读教育。

五、普遍开展“优秀青少年维权岗”和“安全文明校园”创建活动

结合创建“优秀青少年维权岗”活动，各地建立健全学校安全防范体系，建立了科学的工作考评导向机制，改革勤务制度，让民警积极深入学校参与安全保卫工作。包括：与学校建立定期联系制度和信息反馈制度，巡警、交警和派出所分别与学校建立共建单位；加强法制宣传教育；建立健全防范制度，加大对学校及周边的巡逻密度，加大重点时段和路段的巡逻力度；实行校园内定点守候，与周围单位建立“院院联防”，指导学校建立健全门卫值班制、护校队等。成都、绵阳等市在城镇中小学周围及学生上学、放学期间经常路过的路口加派警力，甚至设立“学生通道”，保障学生交通安全。

同时，结合“社会治安综合治理模范单位”创建活动，各地积极开展“安全文明校园”创建活动，并将其作为巩固集中整治成果、深化学校治安综合治理工作的一项重要举措。目前，已有一批学校被县以上党委、政府命名为“安全文明校园”或“社会治安综合治理模范单位”。

铁路护路联防工作情况

一、狠抓护路联防责任制落实，强化矛盾纠纷排查调处，确保铁路沿线社会稳定

铁路沿线各级党委、政府把铁路护路联防作为社会治安综合治理的重要工作，高度重视，换届后及时调整和充实了以党政分管领导为组长的领导小组和办公室，加强组织领导和督促检查，层层签订责任状，落实领导责任制、倒查追究制、一票否决制，做到“思想认识、工作重点、经费保障、考核奖惩”四到位，形成了领导抓、抓领导、一级抓一级、一级向一级负责、层层抓落实的护路联防工作新局面。各市、州和铁路部门严格按照《社会治安综合治理工作目标》要求，进一步健全了矛盾纠纷排查调处机制，坚持定期排查制度化、重点排查经常化，落实调处化解责任，了解和掌握各种影响铁路稳定的热点、难点问题，提前采取防范和控制措施，抓小、抓早、抓苗头，有效地防止了群体性冲击铁路、拦车断道等事件的发生。尤其是在“春运”、防治“非典”、“暑运”、军运、防洪等时期，各级护路联防组织站在讲政治、促发展、保稳定的高度，充分发挥职能作用，集中排查、整治了各种影响安全的隐患，严密站、车、线巡逻防范控制措施，加大铁路周边治安管理，狠狠打击涉路违法犯罪，确保了铁路运输安全。至11月28日，成都铁路局已经实现了安全生产800天。

二、积极参与整体联动防范工程建设，深化创建安全文明铁道线活动，增强对铁路治安的防范控制力

根据中央综治委“长沙会议”精神和省委、省政府的统一部署，各级护路联防组织自觉把建立和完善铁路护路联防体系作为社会治安综合治理整体联动防范工作的重要组成部分，以安全文明铁道线建设为载体，把保一方平安与保一线平安有机结合，群防群治，综合治理，真正形成了维护铁路治安的防范合力。一是各市州采取铁路沿线设置、书写固定性标语、签订《爱路护路公约》、宣传队下乡入户相结合等多种形式，开展爱路护路宣传活动，加大宣传力度，做到了家喻户晓、深入人心。资阳、广元、遂宁、德阳等市以中小学生作为重点对象，广泛开展铁路“小哨兵”、“小卫士”活动，落实班主任护送学生过路制度，极大地提高了学生的爱路护路自觉性，使铁路沿线石击列车、放置路障等危及行车安全案件大大减少。成都、攀枝花、宜宾、乐山等市推进整体联动防范工程建设，着力护路联防等八大体系的建立，对沿线重点乡村实行综治特派员制度，从政法部门抽调骨干驻村包点，开展普法教育和安全教育，增强了沿线群众爱路护路意识和法制观念。二是各地把“创安”与创建安全文明小区、村、户、刑释解教人员帮教、依法治村、优质服务示范车站等工作有机结合起来，统一规划、统一部署、统一考核，充分发挥了基层组织在创建安全文明铁道线工作中的积极作用。达州市通川区、宣汉县落实护路联防岗位责任制，区(县)、乡镇、村、组、村民层层分解责任，制定了乡规民约，开展“一加十、十加百”护路活动，由每一名护路队员包十名村民、十名村民每人再包十名村民，责任连带，共保安全，真正在铁路沿线两侧5华里内形成了维护铁路治安防范体系的网络和整体覆盖。万源、宜宾、自贡、金沙湾、广元、攀枝花等车站拓宽“创安”工作内涵，以“三新”(新形象、新理念、新服务)教育活动为契机，把优质文明服务与整治站区环境相结合，既提高了职工队伍的整体素质，又促进了安全生产和经营收入的双丰收。三是各级党委、政府立足实际，积极探索，大胆创新，把发展发区经济、提高沿线群众生活水平作为护路工作的根本，采取结对子扶贫助困、军警民共建、路地共建等活动，创造性地开展“创安”活动，确保“创安”措施的落实。成都铁路局普雄工务段针对管内铁路器材设备被盗突出的情况，与凉山州喜德县政府签订了《铁路设备看护协议书》，将修复后的线路、桥梁、隧道设备承包给沿线乡镇负责看护。器材设备被盗、丢失后，由乡镇负责赔偿或修复。经过一年多的运作，收到了很好的效果。四是各市、州按照省综治委《安全文明铁道线考核暂行办法》，进一步规范了安全文明铁道线(车站)的申报、命名、考核、奖惩、复查等工作。12月，省护路办对2001年度12个省级安全文明铁道线、11个省级安全文明车站进行了复查，对申报2003年度省级安全文明铁道线、车站进行了检查验收。经复查验收合格，省综治委对达州市通川区等20个单位作出了保持省安全文明铁道线(车站)称号，命名攀枝花市仁和区境内区段、宜宾车站等12个单位为省安全文明铁道线(车站)。

三、强化突出治安问题整治，巩固和发展整治成果，保持铁路治安秩序良好

全省始终保持严厉打击各种危害铁路治安的刑事犯罪活动的高压态势，在增强铁路治安整治的主动性、针对性和实效性上下功夫，定期开展铁路治安形势分析，及时排查和整治危及铁路运输安全的突出治安问题和重点区段，打击、防范、管理、建设多管齐下，限期治理，防止铁路治安出现大的反弹。一是省综治委铁路护路联防工作小组继续将成昆线凉山段作为重点，在人力、物力、财力上给予最大限度倾斜，督促有关方面加大重点整治力度，巩固了整治成果。省护路办突出工作重点，组织路地公安机关继续以货盗、砍盗集装箱、抢劫旅客财物等突出犯罪和扒乘货车、围跟车叫卖、盲流滋扰等突出治安问题为主攻方向，开展了5次区域性专项行动，狠刹了犯罪分子的嚣张气焰。西昌铁路公安处与凉山州公安局以省综治委挂牌督治的喜德区段抢劫自押人员犯罪为突破口，组织精兵强将采取跟车防范抓现、布建特情耳目上案、控制销赃场所等多种手段，重拳出击，先后抓获一批嫌疑人，顺线挖破抢劫案件14起，打掉了两个长期危害铁路治安的犯罪团伙。对成昆线西攀段拆盗铁路设施问题突出的情况，省综治委铁路护路联防工作小组高度重视，攀枝花市、凉山州护路领导小组和成都铁路分局迅速动作，路地双方突出重点，联手作战，坚持"侦察破案打苗头、清理整顿净环境、巡逻守护减发案、宣传教育强基础"等措施，开展了为期两个月的集中整治危及行车安全专项行动，遏制住了猖獗的犯罪势头。二是紧紧抓住达成、内昆铁路新线的护路联防工作不放松，召开了3次达成铁路护路联防协调会，组织路地有关职能部门专项整治乱耕乱种、围车叫卖、路外伤亡等威胁铁路运输安全的治安问题，广泛推广了护路联防队员、公安干警、巡道工"三位一体"的防范机制，确保了行车安全。三是严格站车治安管理，截流堵源，从源头上治理，有效地减少了对铁路的危害。眉山、绵阳、广元等市以治安反弹的车站为突破口，强化刑释解教、"五残"、流动人口等重点人员的监控防范措施，加大了铁路沿线废旧物品收购点、烘炉点的清理整顿力度，净化了铁路周边治安环境。

四、加强基层基础建设，严格队伍管理和经费管理，努力提高护路联防队伍的整体素质

全省以健全完善护路联防工作制度为出发点，以提高队伍整体素质和战斗力为着力点，全面加强护路联防队伍建设。一是省上挤出了部分资金统一制作、配发了护路联防防员执勤服装，提出了加强服装管理的要求。各市、州以统一着装为契机，立足实际，集中开展了队伍教育整顿活动，进一步规范了各项制度，注重思想教育，从严管理队伍。眉山市东坡区委在护路联防队成立了临时党支部，添置了影碟机、VCD光盘等，改善了队员的工作和生活条件，调动了队员的积极性。攀枝花市仁和区严把护路联防队员进人关，与推荐队员的乡镇签订责任书，在护路队中成立了党、团支部。加强了思想政治工作，制定了每年不少于30天的军事训练、考核奖惩等一整套规章制度，严格检查考核，使护路队伍思想作风过硬、战斗力强。区政府每月还从区财政中补贴每名队员200元，组织队员因地制宜发展农副业生产，想方设法为队员解决了住宿、学习、洗澡、人身保险等实际困难，保证了队伍的稳定。西昌、成都铁路联防办抓违纪、抓苗头、抓重点，从严整顿队伍，共辞退违法违纪队员121人次。二是加强表彰奖励工作。3月，全省表彰奖励了6个"全国护路联防工作先进集体"和8名"全国护路联防工作先进个人"。10月，省上又通报表彰了抓获"8.22"案件嫌疑人的乐山市夹江县土门乡8名义务护路队员。7月，成都铁路局拨专款对15个先进集体和80名先进个人进行了表彰奖励，起到了弘扬先进、激励斗志的作用。三是各级护路办按照《铁路护路联防工作细则》，进一步完善了例会制度、信息通报制度、信息反馈制度、督查制度等五项制度和各类基础业务台账，规范了岗位职责，推动了护路联防工作的规范化建设。四是我省修订完善了《四川省铁路护路联防经费财务核算管理办法》，严格了护路经费管理和使用，受到了铁路审计部门、国家审计署和中央护路办的充分肯定。

四川省社会治安综合治理委员会办公室
省　　教　　育　　厅
省　　公　　安　　厅
关于进一步在高等学校落实配备保安人员的意见

（2003年6月13日）

各市、州社会治安综合治理委员会、教育局、公安局，各高校，省社会治安综合治理委员会各成员单位：

近几年来，全省高等学校认真贯彻落实中央和省委、省政府有关指示精神，不断加强内部防范和管理工作，深入开展治安综合治理工作，取得一定成效。但是，近一个时期以来，我省高校接连出现了一些影响较大的恶性案件。既说明目前社会治安形势的严峻性，又反映出学校内部防范和管理工作尚有不少疏漏。为了深入贯彻执行中央和省委、省政府关于进一步加强治安防范工作和深化学校治安综合治理工作的一系列指示精神，切实为高校教书育人创造更加良好环境，现就进一步在高等学校落实配备保安人员的问题提出如下意见：

一、充分认识高等学校配备保安人员的重要性和紧迫性

高等学校配备保安人员，使治安防范队伍专业化，既是治安防范工作发展的必然趋势，又是中央和省委、省政府近年来的基本要求。学校稳定、安全无小事，并且对社会稳定至关重要。近一个时期以来，我省高校接连出现影响较大的恶性案件，其中就反映出高校群防群治队伍素质差的问题。进一步在高等学校落实配备专业保安人员，是提高高校群防群治队伍素质，深化高等学校治安综合治理工作的当务之急，势在必行。各有关地区、部门和高等学校对此应有清醒的认识，下大决心积极促进此项工作的落实。

二、狠抓高等学校配备保安人员的落实

要按照国务院办公厅转发中央社会治安综合治理委员会、教育部、公安部《关于深化学校治安综合治理工作的意见》（国办发[2000]52号）和四川省人民政府办公厅转发省社会治安综合治理委员会、教育厅、公安厅《关于深化学校治安综合治理工作的意见》关于“高等学校要配备相应的保安人员和报警设施”的要求抓好落实。全省范围内的高等学校原则上都要以专业保安人员逐步取代现有的护校的群防人员，凡是尚未配备专业保安人员的高等学校，都要尽快落实，并与学校周边防范力量相联，增强校内及周边的治安防控能力。

三、加强对高等学校配备保安人员的组织领导

有关地方党委、政府和综治委对在高等学校配备相应的保安人员工作要高度重视，切实加强领导和组织协调。教育部门要把在高等学校配备相应的保安人员作为学校及周边治安综合治理作为学校的一项重要举措，指导和督促高等学校进行具体落实，并把落实情况列入对高等学校治安综合治理考核的重要内容。公安机关是保安队伍的主管部门，要加强与高等学校的联系，根据实际需要和可能，精选政治和专业素质好、可靠的保安人员到高等学校去工作，并特别要加强对委派高等学校保安人员的日常管理，使之更好地发挥作用。各高等学校要统一认识，增强配备专业保安人员工作的主动性，积极搞好配备专业保安人员的规划，建立经费保障机制。加强与当地公安机关的联系，并会同公安机关抓好对保安人员的日常管理和使用，进下健全和完善内部防范管理制度，确保学校内部的稳定和安全。

四川省社会治安综合治理委员会关于印发《四川省县(市、区)社会治安综合治理整体联动防范工程建设检查验收标准》的通知

(2003年9月21日)

各市、州社会治安综合治理委员会,省综治委成员单位:

《四川省县(市、区)社会治安综合治理整体联动防范工程建设检查验收标准》,已征求各地、各有关部门意见,并经省综治委领导同志同意,现印发给你们,请结合本地区、本部门实际,认真贯彻落实。

四川省县(市、区)社会治安综合治理整体联动防范工程建设检查验收标准

为了进一步推动和深化社会治安综合治理工作,建立健全维护社会稳定和社会治安的长效工作机制,根据中共中央、国务院《关于进一步加强社会治安综合治理的意见》、中共中央办公厅、国务院办公厅转发《中央社会治安综合治理委员会关于加强社会治安防范工作的意见》和中共四川省委办公厅、四川省人民政府办公厅转发《省社会治安治理委员会关于以县(市、区)为单位实施社会治安综合治理整体联动防范工程的意见》精神,特制定全省县(市、区)社会治安综合治理整体联动防范工程建设检查验收标准。

一、指导思想

以"三个代表"重要思想和党的十六大精神为指导,坚持实事求是、严格标准、突出重点、注重实效的原则,客观、公正、全面、科学地评估整体联动防范工程建设,表彰先进,督促后进,整体推动整体联动防范工程建设的全面健康发展,确保检查验收不走过场,实现整体联动防范工程建设的既定目标。

二、具体标准

(一)党委政府重视(10分)

第一条(3分) 各级党委、政府把整体联动防范工程建设摆上了重要议事日程,列入工作目标,有具体的实施意见(1分);常委会或政府县长(市长、区长)办公会集体研究不少于2次,并召开2次以上专门会议进行部署(1分);县(市、区)党委、政府把整体联动防范工程建设作为"一把手"工程,主要领导和分管领导及时协调解决了整体联动防范工程建设保障方面的困难和问题(1分)。

第二条(4分) 县(市、区)党委、政府重视综治委机构建设和职能作用发挥,综治委每年不少于3次会议活动(1分);按照中办〔1995〕28号文件配备了各级综治办主任(1.5分);县(市、区)综治办不少于3人(三州不少于2人)(1.5分)。

第三条(3分) 综合治理领导责任制、目标管理责任制、一票否决权制、重大问题责任查究制等工作制度健全,层层签订责任书(1分);每年召

开五部委联席会议，对发生的重大问题进行了责任追究、实施一票否决权制；对综治工作特别是整体联动防范工程建设成绩突出的党政干部进行了表彰(1分)；每年开展综治检查1次以上并及时上报情况(1分)。

(二)综治、政法基层组织得到加强(8分)

第四条(4分)　乡镇、街道综治办机构健全，配备了专抓社会治安综合治理副职领导干部(1分)，至少落实了1名专职干部(1分)；社区(村)委会治保会人员到位，发挥作用明显(1分)；对基层综治干部建立培训制度，坚持每年培训1次(1分)。

第五条(4分)　公安派出所、人民法庭、司法所等政法基层组织健全(1分)；保障了必需的工作经费，配备了必备的交通、通讯工具(1分)；公安机关一线警力占60%以上(2分)。

(三)整体联动防范机制健全(30分)

第六条(4分)　社会面流动犯罪防范体系健全和完善。110指挥平台健全(按省公安厅川公办发〔2003〕50号文件关于指挥中心技术建设标准要求，市、州所在地达智能型，其他不低于增强型，三州各县开通了110)(2分)；派出所整合交警、巡警、刑警、社区民警等形成防范联勤机制(1分)；将城管、运管、路政、港监、工商、文化、环卫等行政执法队伍纳入了整体联动防范体系，履行了维护治安的责任(1分)。

第七条(3分)　重点部位防范体系健全和完善。在人流集中的繁华区段、车站、码头、市场、交通干线、金融、旅游区等重点区域、部位和复杂场所落实"谁主管谁负责"的责任，实行综合治理，落实相关部门责任；设立警署、警务工作室、报警电话，落实民警责任(1分)；强化物防、技防措施，开展经常性的特别是重点时段的治安巡逻和防控(1分)；组织各种形式的群防群治巡逻(1分)。

第八条(4分)　城镇社区防范体系健全和完善。大力实施社区警务，根据社区治安复杂程度合理配置警力，落实了"一区一警"或"一区多警"，建立各种群防群治组织(1分)；在社区建立了义务的或有偿的治安巡逻队伍并常年开展巡逻(1分)；坚持开展安全文明创建活动(1分)；在城镇全面推行商业店铺联户联勤等多种形式的治安防范活动(1分)。

第十条(2分)　单位内部治安防范体系健全和完善。在单位内部进一步规范和落实门卫和守楼护院人员，规范并充分发挥保安人员在维护社会治安中的作用(1分)；严格内部行政管理，减少了入室盗窃、撬盗机动车等可防性案件的发生(1分)。

第十条(2分)　农村四级防范体系健全和完善。把警力向治安复杂的乡镇倾斜，完善乡、村、社、户四级防范网络(1分)；以村委会为依托，加强了治保会和以民兵为骨干的治安巡逻队伍建设，落实了院坝联防、山湾联防、村寨联防措施，坚持开展安全文明创建活动，群众自防自治能力增强(1分)。

第十一条(2分)　行政区域边际协作共防体系健全和完善。行政区域边际建立健全了不同隶属关系的军警民协作共防的组织形式和工作制度(1分)，开展经常性的协作共防活动(1分)。

第十二条(2分)　矛盾纠纷排查调处体系健全和完善。健全和完善矛盾纠纷定期排查工作制度和零报告制度，按要求上报情况(1分)；落实部门、基层组织和有关人员在矛盾纠纷排查调处中的责任，使各种社会矛盾和纠纷在基层得到及时有效的化解(1分)。

第十三条(2分)　铁路护路联防体系健全和完善。进一步健全和完善铁路与地方共同维护铁路治安秩序的工作机制，安全文明铁道线创建活动得到深化，加强了专职护路队员管理(1分)；地方基层组织在维护铁路治安中的责任落实，广大群众积极参与护路活动，爱路护路(1分)。

第十四条(5分)　整体联动防范工程建设形成齐抓共管的局面，建立了考核激励机制(1分)；综治成员单位有参与整体联动防范工程建设的工作意见，职能作用发挥得好的达90%以上(1.5分)；公安机关在整体联动防范工程建设中制定了具体的工作措施，充分发挥了主力军作用，实效明显(2.5分)。

第十五条(4分)　整体联动运行良好。建立了县(市、区)整体联动的组织指挥体系、工作制度、联动预案(1分)；整体联动的通讯、交通工具、报警设施适应快速反应需要(1分)；县(市、区)、乡镇(街道)、村(社区)分级能快速有效联动(2分)。

(四)重点防范措施得力(12分)

第十六条(5分) 综治委流动人口服务管理工作、刑释解教人员安置帮教工作、铁路护路联防工作(无铁路的除外)、预防青少年犯罪工作、学校及周边治安综合治理工作等专项工作组织健全(2.5分);经常议事和开展工作取得明显实效(2.5分)。

第十七条(7分) 社区、村社、单位对刑释解教人员、吸毒人员、“法轮功”练习者、违法青少年等重点对象的防范措施得力(3分),其中的违法犯罪和重新违法犯罪人员减少,重新违法犯罪率控制在8%以内(2分);探索并进一步落实了流动人口服务管理的有效措施,跨区域的流窜犯罪减少(2分)。

(五)治安防范社会化、产业化、专业化有所发展(4分)(三州的县、市原则上不考核此项,此项分值加在考核解决本地突出治安问题防范机制建立上)

第十八条(2分) 城镇社区专职治安巡逻人员不少于3人(1分);机关、团体、企事业单位、行业场所及居民住宅区推行了保安服务并管理规范,高校全部配备保安(1分)。

第十九条(2分) 城区犯罪高发地段、场所及企事业单位落实了科技防范措施,发案有所减少(2分)。

(六)保障机制建立健全(10分)

第二十条(4分) 社会治安综合治理和见义勇为经费列入县(市、区)财政预算,基本保证工作需要(2分);对整体联动防范工程建设给予必要投入,联动指挥平台投入达到本检查验收标准第6条的要求(2分)。

第二十一条(4分) 群防群治经费列入财政预算,根据当地财政实际状况,按人头划拨(2分);采取“一事一议”等多渠道筹集群防群治经费,基本保证工作需要(2分)。

第二十二条(2分) 社会治安综合治理集中宣传和日常宣传工作抓得扎实,整体联动防范工程建设宣传发动广泛深入(1分);设立见义勇为奖励基金,见义勇为能得到及时确认、表彰(1分)。

(七)治安防范效果明显(28分)

第二十三条(4分) 社会矛盾及时化解在基层,当地未发生在全市(州)乃至全省有重大影响的群体性事件(2分);在全省无重大影响的治安灾害事故(1分);民间纠纷转化为刑事案件得到有效控制(1分)。

第二十四条(9分) 始终保持对各种严重刑事犯罪活动的高压态势,建立“严打”整治经常性工作机制,适时开展“严打”斗争,刑事发案保持平稳(1分);破案率比上年同期有提高(1分);杀人、抢劫、爆炸等重大恶性案件得到有效遏制(1分);无称霸一方的黑恶势力(1分);发生在单位内部和城镇居民户中的入室盗窃、盗窃机动车等案件得到有效遏制(2分);发生在公共场所、交通干线、城镇街面的抢劫、抢夺、扒窃等多发性案件减少(3分)。

第二十五条(12分) 定期排查整治突出的治安问题和治安混乱的地方,实效明显(1分);每年开展两次治安形势分析,按省综治委要求,有关报表要求填报齐全并及时上报(1分);群众安全感增强,依据省统计局开展公众安全感问卷调查,群众对社会治安满意和基本满意的在80%以上(10分)。

第二十六条(3分) 贯彻省综治委工作要求,结合当地实际情况,创造性地开展治安防范工作,成效突出,其经验在全省、全国推广的,酌情得分,最高为3分。

总分为100分,有铁路的地方为102分。

三、检查验收程序

1.县(市、区)完成整体联动防范工程建设任务后进行自查,并向市、州写出申请验收的报告。

2.市、州对完成“整体联动防范工程”建设任务的县(市、区),完成一个组织检查一个。本市、州年度规划实施“整体联动防范工程”建设的县(市、区)全面完成后,由市、州写出申请验收的报告于10月30日前报省综治委。

3.省综治委将于11月上旬组织工作组,依据制定的统一验收标准,对市、州申报推荐完成“整体联动防范工程”建设任务的县(市、区),采取明察暗访、公众安全感测评和实地检查等方法,广泛听取群众意见,掌握真实情况,进行综合评估,总分90分(有铁路的地方92分)为达标。

大力推进整体联动防范工程建设 着力构建治安防范长效机制

四川省社会治安综合治理委员会

根据上海会议精神，2002年6月，省委、省政府提出立足四川实际，以强化各级党政统一领导为前提，以构建县（市、区）区域性防范网络为重点，以整合各种治安防范资源为基本要求，以综合治理责任制和责任查究制为保障，以提高治安防范和控制能力为目标，用两年时间，基本建成条块结合、动静结合、城乡结合、专群结合的全省治安整体联动防范体系。经过一年多的建设，全省有50%以上的县（市、区）基本完成整体联动防范工程建设，可防性案件明显下降。2003年1至8月，全省刑事案件与上年同比下降6.4%，其中，抢劫案件下降19.5%，抢夺案件下降28.1%，盗窃案件下降3.6%，人民群众对社会治安满意和基本满意的为84.69%，比上年同期上升了14.41个百分点，为四川跨越式发展创造了更加良好的社会治安环境。

一、确立构建整体联动防范工程建设的新思路

（一）在治安防范的指导思想上实现四个转变。我国正处于社会转型期，诱发犯罪的因素还大量存在，各种利益冲突加剧，治安形势越来越复杂，人们对安全的需求日益强烈，我们从战略高度积极应对新时期社会治安面临的新形势，在指导思想上实现了“四个转变”，即：从单纯的由主管部门抓防范转变到党委、政府抓防范；从只重视专门机关“打防控”转变到既重视专门机关力量更要重视社会力量防范；从采取传统的人防措施转变到充分发挥新的科学技术手段增强社会防控力；从分散的各自为阵的内部防范转变到建立整体的联动的防范机制。通过实施整体联动防范工程，优化和整合治安防范各种资源，强化组织协调和横向配合，构建社会面流动犯罪防范体系、重点部位治安防范体系、社区治安防范体系、单位内部防范体系、农村四级治安防范体系、行政区域边际协作治安防范体系、矛盾纠纷排查调处体系和铁路护路联防体系八大体系，建立以县（市、区）为基本单位，全方位、立体化、多层次的全省治安防范整体联动网络和机制，实现党委政府高度重视治安防范工作，综治、政法基层组织得到加强，整体联动防范机制健全，重点防范措施有力，治安防范社会化、产业化、专业化有所发展，保障机制健全，治安防范效果明显的七大目标。

（二）在治安防范的组织领导上突出党委政府的责任。省委、省政府明确规定，把整体联动防范工程建设作为“一把手”工程。省委、省政府主要领导都经常强调抓好整体联动防范工程建设，并把整体联动防范工程建设作为重要内容列入了省委、省政府下达的社会治安综合治理工作目标和对市州的综治工作考评中。各市州和县（市、区）将整体联动防范工程建设目标任务层层分解量化，落实到基层。不少地方把这项工程建设列为市委、市政府当年为民办实事之一；有些市州和县的五部委联合行文，把这项工程建设纳入对各级领导班子和领导干部年度政绩考核的内容。

（三）在治安防范工作中充分发挥成员单位作用。配合工程建设，省综治委及时制定了《各级综治成员单位在实施“整体联动防范工程”建设中的职责任务》，同时，省综治委向44个省综治成员单位下达了整体联动防范工程建设目标任务，确定了成员单位联系指导的县（市、区）。为推进工程建设，省综治委还以整体联动现场会形式召开全委会，推动成员单位主动抓这项工作。到目前为止，省综治委大部分成员单位分别向各自系统下发了要求积极参与社会治安综合治理“整体联动防范工程”建设的意见。由于条块结合好,形成了全省上下齐抓整体联动防范工程的局面。

二、大力推进整体联动防范工程建设措施的落实

(一)因地制宜编织防范体系。各地根据整体联动防范工程要建立和完善八大防范体系的要求,从实际出发,基本形成了以诸警种合成为主体,以群防群治力量为依托,以社区警务、阵地控制、单位内部防控为基础,以全时空的巡逻防控为基本勤务方式的各具特色的防范体系,综合人防、物防、技防措施,在条块结合、内外结合、动静结合、土洋结合、信息共享上创造了许多富有实效的办法和经验。6月下旬,全省召开了整体联动防范工程建设现场推进会,总结推广了一大批整体联动防范体系建设的典型经验。

(二)构筑整体联动指挥平台。各地大力加强以110为依托的指挥平台建设,对已建110平台进行改建、扩建和升级。积极推进110、119、122三台合一,与卫生、交通、电信、环保、金融、电力、天然气等部门的救险电话进行内联,市县对接联网,实现统一指挥。完善指挥中心接警、指挥、处警、反馈等各个环节运行程序。到目前为止,全省180个县(市、区)已全部建成110平台,其中58个建成高水平的公安指挥中心。

(三)全面整合治安防范资源。一是整合公安专门力量。省公安厅制发了《四川省公安机关实施整体联动防范工程办法》,明确了各部门、各警种在整体联动中的职责、任务和工作目标。各级公安机关深入推进社区警务战略,全省已建社区警务室3351个,配备干警5216人,积极探索打破警种界限,将30530名治安、交警、刑警、巡警等配置在防范第一线,形成多警联勤的警务运作新机制,提升了整体联动防范体系的效能。二是整合行政执法力量。各地重点将城管、运管、路政、工商、税务、文化、环卫、药监等行政执法队伍纳入整体联动防范体系,明确职责,形成统一指挥,协调运作的格局。三是整合军警民力量。把军队、武警、民兵、青年志愿者等力量纳入整体联动防范体系,建立军警民协作联防队和青年志愿者巡逻队25999个。

(四)积极推广技术防范措施。各级党委、政府加大对科技防范的战略性投入,提高防控体系的科技含量。市县以110为平台建立指挥中心,重点街道、乡镇安装350兆基地台,并与各村报警点、社区警务室等连接,形成市、县、乡镇(街道)、村(社区)四级覆盖网络。在重点部位、重要场所安装CK防盗报警装置;在大型市场、交通要道和复杂场所安装电子监控设备,与110联网,实行全天候监控;在长途客车、运钞车、出租车和各种警车上推广安装GPS卫星定位系统,并与110联网,去年以来全省各级财政共投入科技防范经费7350多万元。

(五)加强基层综治队伍建设。2001年,省综治委、省委组织部、省编委、省人事厅、省财政厅、省民政厅联合下发了《关于加强综合治理基层组织建设的意见》,目前全省5199个乡镇、街道都至少配备了一名专职综治干部。全省各级进行整体联动防范培训达26万余人次,业务素质得到进一步提高。同时,在城镇推行低保人员巡逻队和保安有偿服务或专职保安巡逻队,有11个市州组织低保人员巡逻队396个14666人,保安队伍已发展到4万余人。

三、建立健全整体联动防范工程的运行保障机制

(一)建立健全分级联动机制。实施整体联动以县(市、区)为基本单位,县(市、区)、乡镇(街道)、村(社区)可分级开展。各级都建立了整体联动的组织指挥体系、工作制度、联动预案,建立了以公安机关为骨干,群防群治力量为依托,部门和社会力量共同参与,统一组织、指挥、处置的整体联动机制,实现了“总体联动”、“区域联动”、“部门联动”和“跨区域联动”。

(二)建立健全经费保障机制。全省各级财政共投入约1.4亿元用于整体联动防范工程建设,其中投入群防群治经费达6389万元。同时,各地积极探索市场经济条件下群防群治经费保障的途径和办法,社会筹集达8079.4万元。

(三)建立健全考核评估机制。省综治委制定了对县(市、区)整体联动防范工程建设的考核标准,由市、州自查后,向省综治委申报,省综治委组织考核组进行检查验收。省综治委特别重视了对建成整体联动防范工程的县(市、区)进行公众安全感测评,作为考核成效的重要依据。省综治委还将各地整体联动防范工程建设的考核与各级党委、政府工作和党政主要领导的实绩挂钩,进一步提高了他们的责任意识。

(四)建立健全责任追究机制。各级建立激励机制,对实施这项工程成效显著的单位给予表彰奖励,对有关领导干部进行嘉奖。严格实行责任查究制和一票否决制。一些地方还实行综治工作"问责制"、治安状况"警告制"。保证了这项工程的有效开展。

全面实施社区"四个一"工程
筑牢城市整体联动防范基础

中共宜宾市翠屏区委　宜宾市翠屏区人民政府

我区位于金沙江、岷江、长江三江交汇处,是宜宾市委、市政府所在地,川南云、贵、川三省的物资集散地。辖8个街道办事处、16个乡镇、61个社区、277个村(居),总人口75万,其中城市人口32万,流动人口15万。近年来,我们从"建强一支综治队伍,完善一套运行机制,落实一项保障措施,健全一套检查监督机制"入手,在城区构建起了全方位、多层次的社区治安防范体系,夯实了城市整体联动防范工程建设的基础,取得明显成效。据统计,自实施"四个一"工程建设以来,抢劫、抢夺和入室盗窃案件下降了31%,年均GDP增长13%。我们的做法是:

一、建强一支适应实战要求的综治队伍,确保社区治安防范工作有人抓有人管

一是在社区建设中,按照"一区一警一保安一法律工作者一支专职治安巡逻队伍和一名专抓社区副主任"的思路,在社区健全了综合治理工作的专职队伍。即每一个社区由社区居民民主选举一名辖区派出所民警为社区委员,负责社区警务工作;公开招聘一名训练有素的社区专职保安,协助社区民警搞好社区内暂住人口管理、出租房登记、申报户口、组织治安巡逻防范等工作;派驻一名热心基层工作的法律服务工作者,为社区居民义务提供法律服务,并负责民间纠纷的调处工作;组建一支4—8人的社区专职治安巡逻队伍,加强社区的巡逻控防工作;配备一名专抓综合治理工作的社区居委会副主任,负责具体组织协调。目前,全区61个社区的61名专职综治副主任、62名社区民警、61名保安、61名法律服务工作者已全部配齐到位,并组建了61支433人的专职治安巡逻队伍。二是全面强化单位内部和居民住宅区的防范机制。我们从推行"聘保安、建车棚、安铁门、锁楼院"的办法入手,经过半年多的努力,既扩大了保安服务业在守楼护院中的覆盖面,又强化了单位内部和住宅小区的防范机制。据统计,城区机关单位和住宅区聘请保安担任守楼护院的比过去增加40%,修建停车棚增加30%,安装防盗电子门的增加35%,为预防和减少入室盗窃案件的发生起了重要作用。三是组织享受低保居民担任社区的义务治安巡逻人员。我们采取适当给予补助或尽义务相结合的办法,按照每个社区至少组织动员50名享受低保的居民,组成义务治安巡逻队,加强社区内的守楼护院,邻里守望和白天的上街巡逻。目前,已在城区各社区筛选了4000余名政治可靠、身体健康、责任心强、热心社区公益事业的志愿者组成社区义务治安巡逻队,既增强了社区的治安防范力量,又为他们发挥余热创造了条件。

二、完善一套运行机制,确保社区治安防范网络的形成

一是明确责任,整合社区内的各种防范资源。我们按社区党支部、居委会统一领导,综治领导小组(办公室)组织协调,社区民警具体组织实施,辖区内各机关企事业单位和居民群众共同参与的思路,健全和明确了社区综治领导小组、治保、调解、帮教组织、治安巡逻队伍、机关单位守楼护院人员和居民群众在社区治安防范中的职责任务，并根据社区内居民住宅区和机关单位的大小，以及治安状况和可能发生的各种突发事件，分别明确了各自的防范重点、部位，落实了防范责任人和联动预案。同时，授权社区民警负责指挥辖区内各类防范力量整体联动。区委、区政府明确规定，社区内所有机关、单位的治安保卫组织和群防群治组织队伍，必须无条件地服从社区民警的组织指挥，共同维护社区安宁。二是健全制度，形成长效机制。我们通过规范社区民警、保安、法律工作者、治安巡逻队伍和机关单位、住宅区守楼护院人员工作纪律、工作要求和考核标准，健全和完善社区防范工作制度、社区警务制度、联防联动工作制度、警民联席会议制度、门卫值班制度、巡逻队伍管理制度、奖惩激励制度等，使社区治安防范工作走上规范化和制度化的轨道。为使社区的防范网络形成快速反应的运行机制，我们还在城区各街道派出所和治安复杂的重点社区建立无线电对讲系统；对各社区的专职治安巡逻队实行统一上岗条件、统一进行培训、统一着执勤服装、统一配带执勤装备和无线电对讲机的基础上，按照《四川省公共安全技术防范管理办法》的要求，动员有条件的机关、单位尤其是重点单位、要害部门先后投资3000余万元安装技防设施，实现了重点单位、要害部门和复杂场所公共安全报警系统与“110”接处警系统的联网，为建立全方位、立体化、动态化的城市社区长效防范机制奠定了坚实的基础。

三、落实一项保障措施，确保社区治安防范持久有效的开展

一是加强社区阵地建设。2002年以来，区委、区政府先后筹集1700余万元资金，为全区61个社区统一新建了包括“一办”（社会治安综合治理办公室）、“一站”（法律服务站）、“一室”（警务室）在内的150平方米以上的社区标准化活动阵地，使全区所有社区综治组织都有地方办事。二是坚持把整体联动经费纳入财政预算，逐月及时划拨。在实施整体联动防范工程建设中，区委、区政府决定每年从区财政划拨200万元资金作为全区的治安防范经费。其中，100万元作为弥补社区治安防范经费的不足。三是建立经费保障机制。我们根据中发[2001]14号文件的要求，由区委、区政府下发了《关于建立社区群防群治经费保障机制的意见》。明确规定，社区群防群治经费除区、街道两级财政各承担三分之一外，不足部分由社区本着“谁受益、谁出资”和“取之于民、用之于民、公之于民”的原则，采取一事一议的办法，从社区内的机关单位和街面店铺中筹集。经过近一年来的实践，我们已探索出了四种经费保障渠道：经济实力较强的社区，全部由社区经费补助；物业管理条件成熟的社区，则利用物业管理费予以解决；有一定经济条件的社区，采取辖区内的单位筹集一部分，社区补助一部分的办法解决；经济条件较差的社区，由街道财政予以调剂。目前，全区各社区的专职治安巡逻队员的月工资可达250—500元，义务巡逻人员的月补助可达25—80元，从而有力地确保了社区群防群治活动的深入开展。

四、健全一套检查监督机制，确保各项防范措施真正在社区得到落实

一是建立了联系指导制度。我们把治安防范工作措施进社区作为区委、区人大、区政府、区政协四大班子领导干部分别联系指导社区工作的责任人，区级各部门主要负责人为联系指导社区工作的联络员的重要任务，明确规定每名联系指导责任人每季度至少到社区检查指导一次工作，每名联络员每月至少到社区联系指导一次工作，并将落实情况与联系指导的责任人和联络员的年度考核挂钩，奖惩兑现，为帮助社区及时协调解决工作中存在的问题起了重要作用。二是建立了述职评议制度。为使社区民警、保安、法律工作者和专职治安巡逻人员真正沉到社区去抓治安防范工作，我们建立了一年一度的社区专职综治工作人员向社区居民代表大会述职评议制度。凡在年度述职评议中，被评定为不称职的社区民警和法律工作者，作为待岗处理；不称职的保安和专职治安巡逻人员，予以解聘；被评为优秀的，按一个月工资标准发给年终奖金，成绩特别突出的予以提拔重用。目前，已有25名社区民警和法律工作者因社区工作成绩突出受到重用提拔，3名严重不称职的社区民警和法律工作者，受到党纪政纪处分，改变了专职综治工作人员在社区工作无人监督的状态。三是建立了奖惩机制。我们坚持把治安防范工作措施进社区作为城区实施整体联动防范工程建设责任书的主要责任目标，全区从区到街道，从街道到社区，从社区到居民楼院和机关单位，层层签订责任书，并坚持半年初评、年终总评，奖惩兑现。为督促基层及时整改，我们还在区、街道、社区三级综治委(办)分别建立了不安全隐患督改制度和重大可防性案件查究通报制度，为督促抓落实起了重要作用。其中，仅2002年我们就命名晋升省、市、区三级综治模范单位和安全文明小区101个，取消不符合模范单位称号和安全文明小区称号的单位7个，黄牌警告11个。同时，先后还以区综治委(办)名义发出限期整改通知书48份，查究通报13份，为推动防范措施在社区的落实起了重要作用。

构建大九寨整体联动防范格局
打造世界自然遗产的治安品牌

中共阿坝州委　阿坝州人民政府

一、确立大九寨整体联动防范格局战略，为打造世界自然遗产的治安品牌提供组织保证

省委主要领导到阿坝州来视察时提出，要求我州加快旅游业发展，建设国际旅游通道，形成大九寨国际旅游区。为了实现这一目标，州委、州政府在进一步加快旅游业发展的同时，通过加强社会治安综合治理整体联动防范工程建设，不断强化了安全保障工作。各县委、县政府充分认识此项工作的重要性，按照州委、州政府《关于开展社会治安综合治理整体联动防范工程的实施意见》的要求，把实施整体联动防范工程建设作为维护社会稳定，促进经济发展的一项长期的战略任务，加以认真落实。首先，落实了责任制。各级党政一把手像抓"严打"整治斗争一样，亲自挂帅，定期听取"整体联动防范工程"进展情况汇报，分管领导具体组织实施。把整体联动防范工程建设的工作目标、任务落实到各部门、各基层单位和个人，一级抓一级，一级包一级，层层抓落实。其次，健全机构，强化领导。各县按照州委、州政府《关于开展社会治安综合治理整体联动防范工程的实施意见》制定了实施方案。乡(镇)健全了社会治安综合治理委员会，各村成立了"整体联动防范工程"领导小组。针对地域特点、治安状况划分了联防区，将人流、物流量大，容易出现治安问题的公路沿线和风景区作为重点，明确了县级负责人。第三，明确了各级综治成员单位在实施社会治安综合治理整体联动防范工程建设中的职责任务，各级综治办定期督促检查综治成员单位落实整体联动防范工程建设的方法和措施，形成了齐抓共管、联动联防的局面。

二、打牢大九寨整体联动防范格局基础，为打造世界自然遗产的治安品牌创造有利条件

一是建立健全县、乡(镇)、村各级防范网络。针对我州地广人稀、防范面广、战线长的实际，整体联动防范工程以县、乡(镇)、村三级分级实施。一是在县城建立以110报警服务台为指挥平台，综合巡警、交警、运管、城管等力量的社会面的防控体系，同时辐射相邻的乡镇，各相邻乡镇在构建防范网络的同时亦整合了110巡警、119、120的力量，提高了防范组织快速反应能力和处置水平。二是各乡镇及两县之间、相邻乡(镇)之间，根据地理条件，积极开展边际共防，乡镇之间签订了边际共防协议，组织派出所民警、乡(镇)、村民兵巡逻队、联防队等防范力量，积极开展跨地域巡逻守候活动，做到一方有事，八方支援，共同加强薄弱环节的防范工作。三是充分发挥公安机关的主力军作用，积极实施社区警务战略，大力推进警务站的建设，实行专门机构和群防群治队伍的联勤联动。部分城镇居民社区采取了由住户自愿集资雇请保安人员和义务轮流值班的办法。少数居民集资困难的地方，由乡镇党委安排了辖区内低保对象义务巡逻守护。在农村，根据人口稀少、居住分散的特点，加强了户户联勤、联户联勤、自然村寨联防，自然村寨、联户设报警点。村组建了以村党支部书记、村长、会计、民兵连长、团支部书记、妇女主任、村民小组长和治安积极分子为主体的群防群治队伍。配置通信设备，选举户代表，安排了治安信息员负责联络工作。四是加强单位、院落治安防范管理。各单位建立了综治领导小组，建立健全了各项规章制度，加强了门卫值班守护，加大了技防力度，强化了内部管理。商贸网点由主办单位组织义务巡逻或集资雇人守护。部分县成立保安公司，加强了对保安的规范管理、培训。公安部门还定期开展安全检查，对单位内部防范工作进行指导、监督。五是进一步规范了分级排查、归口调处、责任到人的避免转化升级的矛盾纠纷排查调处制度。州、县、乡、村各级坚持定期不定期的进行矛盾纠纷排查调处，将责任落实到单位、个人，通过矛盾纠纷的排查调处，有效地防止了“民转刑”案件和群体性事件的发生，特别是乡村一级基本实现了小事不出村、大事不出乡的工作目标。

二是不断加强风景区的综合治理工作，确保良好的旅游秩序。各景区管理局均成立社会治安综合治理委员会及其办公室，配备3名以上的专职人员，在景区居委会中设立治保会，配备治安员，管理局设保卫处、治安室，配备专门保安人员，整合了景区内保洁员、保护人员的力量，形成了以公安机关为骨干、群防群治为依托的点面结合的社会治安防范体系。各景区特别加强了沿线的巡逻，并根据各景区沟内游、沟外住的要求，每天对景区内游人进行清理，做到不留一个游客在沟内。同时，各景区、景点进一步强化了技术防控力度，对景区各景点实行24小时全面监控，并与人防相结合，做到了治安防范无真空地带和时段，确保了游客的安全。

三是加强路面控制，确保道路交通安全。公安交警部门发挥主力军作用，对国道213线和九环线实行各县公路巡警联勤制度，做到联勤组所辖路段24小时内主要时段有民警执勤巡逻，确保路面不失控。同时，建立以110、120、公路巡警、派出所、刑警队及公路沿线村寨治安联防组织协调配合机制，在沿线布置治安卡点、报警点，公路沿线各县的乡、村将维护公路交通安全列入了乡规民约，将责任落实到组、到户，确保道路安全。通过路上巡、站上查、沿线控的点线面防控网络，有力地防范了路上、车上的违法犯罪。

四是组建草原骑警，抓好边界与边界的联动联防。州委、州政府针对三省结合部特殊的社会治安状况，组建了一支专门的力量，维护该地区的社会治安秩序。在省委政法委、省公安厅的关怀下，于2002年8月在阿、若、红三县组建了30名草原骑警（每县10名）。骑警根据牧区发案特点实行集中与分散相结合的方式，开展巡逻守护。在盗抢牲畜案件多发的冬季集中进行巡逻守护，夏季分散到各乡（镇），在乡（镇）党委政府的统一领导下，组织带领群防群治队伍。三县草原骑警在州公安局的调动下，可带领群防群治队伍跨区域执行任务，实现了区域性的三县联动。牧区各县按照中共阿坝州委、阿坝州人民政府、阿坝军分区《关于进一步做好我州与青海、甘肃接壤乡（场）及有关乡（场）群防群治工作的通知》要求，在每个乡建立了40—80人的民兵连，乡武装部长为连长、乡党委书记为指导员、1名骑警为副连长，各行政村建立了1个20—30人的民兵排，由村民兵连长任排长、村党支部书记为指导员。乡民兵连负责全乡的巡逻守护。日常巡逻原则上10人1组，7天一轮换，村民兵连由村进行管理，日常巡逻原则上5人一组，10天一轮换，各组均设通信员，自备口粮、摩托、马匹、帐蓬，实行义务巡逻守护。

三、建立健全大九寨整体联动防范工作机制，为打造世界自然遗产的治安品牌提供保障

一是强化区域联动防范机制。各县、乡（镇）、村与相邻的县、乡（镇）、村签订治安联防协议，定期轮流召开治安联防联席会议，研究边际治安问题，并根据情况适时开展边界联防巡逻执勤。同时与青海省久治、班玛县，甘肃省玛曲县等相邻县签订边界共同维护协议，互相配合，共同加强薄弱环节的防范工作，协同打击整治边界区域各种违法犯罪，维护边界区域的稳定与安宁。

二是建立和完善处理突发事件的联动机制。各县在整体联动防范工程领导小组和处置突发事件领导小组的领导下，建立了以公安机关指挥中心为骨干的组织、指挥、控制、处置辖区内突发事件的联动机制。在“处突”预案中，明确了各综治成员单位和乡（镇）党委、政府主要领导的职责任务，确保“处突”工作现场指挥有力处置有序。

三是建立健全工作机制,落实责任。实行州对县、县对乡(镇)的社会治安综合治理工作目标责任制,实施日常监控和年终考评相结合的工作制度,实行突出重点、分类指导、全面推进的工作体制。实行激励机制,对社会治安综合治理工作成效显著的县、乡(镇)给予表彰奖励,对领导干部给予嘉奖,州综治办对县综治办实行工作目标管理,加大了考核力度。实行综治工作"问责制"、治安状况"警告制",坚持综治工作责任查究和一票否决制。逐步推行对责任单位和责任人收取一定治安保证金的治安防范经济担保制度。

四是逐步建立社会治安综合治理的经费保障机制。多数县将综治工作经费纳入财政预算,综治经费实行预算管理,在资金调度十分困难的情况下,确保了综治经费的拨付。自开展整体联动防范工程以来,全州共投入资金83万元。

(撰稿:陈元善　郭　宇
审稿:王　萍　季　勤)

贵州省

"严打"整治斗争情况

2003年,全省胜利完成为期两年的"严打"整治斗争,社会治安取得新的明显进步。在此基础上,全省政法、综治部门积极探索"严打"长效工作机制,保持社会治安持续稳定的有效方法。一是省、地、县逐步建立起定期分析治安形势的工作制度。二是落实相关部门责任,坚持对治安突出问题、治安乱点进行排查整治制度。三是坚持群众对一个地方的治安、综治工作的民主评议制度,把评判权交给广大群众,接受群众监督。四是突出重点,分级负责,狠抓落实。全省各级公安机关因地制宜,适时组织开展了治安乱点整治、治爆缉枪,打击偷牛盗马、"双抢"、盗窃破坏电力设施等一系列专项整治和专项斗争,认真解决突出社会治安问题,侦破了一大批性质恶劣、影响较大的刑事案件,抓获了一大批犯罪嫌疑人和在逃人员,有效地震慑了犯罪。全省社会治安大局平稳,刑事发案同比下降0.8%。全年公安机关共破获刑事案件40374起,其中,破获杀人、爆炸、放火、绑架、强奸、伤害等八类主要案件17009起,抓获犯罪嫌疑人34427人,移送起诉35678人,摧毁各类犯罪团伙1722个6642人,其中,带黑社会性质犯罪集团2个29人。检察机关审查批捕16782件25872人,起诉16468件24339人,审判机关判决发生法律效力22853人。禁毒工作成绩突出,战果显著。共破获毒品案件4221起,缴获海洛因161.882千克,鸦片36.129千克,收缴精麻药品2576片(支),查获易制毒化学品6吨,铲除非法种植罂粟89757株,抓获贩毒嫌疑人员3979名,有力地打击了毒品违法犯罪活动。全省"无毒社区"覆盖面逐渐扩大,群众的拒毒防毒意识进一步提高。积极开展整顿和规范社会主义市场经济秩序工作,严厉打击经济犯罪,坚决维护社会主义市场经济的法制秩序,全省检察机关共批准逮捕严重破坏市场经济秩序犯罪嫌疑人255人,提起公诉251人,全省排查出的307个治安整治重点,经整治,269个取得明显成效。

流动人口治安管理工作情况

2003年，全省流动人口管理工作在各级党委政府的领导下，按照中央综治委《流动人口管理工作要点》的要求，以“三个代表”重要思想为指导，充分发挥各职能部门的作用，在依法管理的同时，突出了人权保障意识和人性化执法的理念，按照执法为民的要求，推动全省流动人口管理、教育和服务工作取得了一定成绩。

一、全省流动人口的基本情况

截止2003年底，我省共有流动人口3041675人，其中流入人口718524人，流出人口2323151人。在流入人口中，16周岁以下118105人，16周岁以上600419人，其中暂住一月以下125606人，1月至1年的349308人，一年以上的243610人，办理暂住证的305298人，占应办证的51.5%；从来自地区看，来自省内各县市的433803人，占流入人口的60%，来自省外的284721人，占40%，其中务工396229人，占55%，经商184871人，占26%，其他137424人，占19%，而务工的流动人口中90%以上来自省内，省外流入我省的暂住人口中90%以上都是经商；在流出人口中，流出省外的178万人，占流出人口的77%，省内县际间流动的54.3万人，占流出人口的23%，其他403693人，占17%；有计划劳务输出87642人，占3.8%；通过邮局汇回款项24亿元；从打击处理的情况看，流入我省的暂住人口受治安处罚10588人，占全省治安处罚人数的20%，受刑事处罚的3554人，占全省刑事处罚人数的30%。

二、改革和加强流动人口管理工作的一些做法

1. 加强领导，建立健全流动人口管理机构

为了进一步加强全省流动人口管理工作，各市、州、地、县建立、健全了流动人口管理工作领导小组，由政府分管公安的主要领导任组长，成员单位由公安、工商、劳动、民政、计生、教育等部门组成，并明确了各部门的责任。为进一步抓好流动人口管理工作，各地对流动人口工作情况进行了认真分析研究，并把流动人口管理工作作为市、州、地、县公安局一项主要业务工作来抓，各县公安局还明确一名分管局领导亲自抓，治安大队负责指导具体业务工作。

2. 突出重点，抓好流动人口管理工作

各市、州、地、县流动人口管理工作办公室加强了对暂住人口和房屋出租户的管理，对治安状况比较复杂的区域、路段和部位进行了定期不定期的清理整顿，对房屋租赁户不履行治安责任或有违法违规等情况实行严管重罚。特别对公共娱乐场所、建筑施工工地，“三小”企业、旅馆业等暂住人口比较多的地方进行清理整顿；按照“谁用工、谁负责”的管理原则，与用工单位签订治安责任书；对一些零散人员、居无定所、无固定工作的流动人口实行重点管理；发现暂住人口中有违法违规人员进行发函调查工作，掌握他们的动向。加强了对城市生活无着的流浪乞讨人员的救助工作，及时发现和消除各种治安隐患，预防各类案件的发生，维护社会治安稳定。

3. 认真解决暂住人口子女入托入学问题

为抓好暂住人口管理工作，各地出台了一些便民利民措施，积极开展便民利民服务。各地流动人口管理部门还把暂住人口子女入托入学问题作为一项任务来完成，积极向当地党委政府领导汇报，争取党委政府的支持，与有关部门协商，想办法解决暂住人口子女入托入学问题。据统计，各地共为暂住人口解决子女入托入学5790人，使暂住人口安心务工和经商，对稳定社会治安起到了积极作用。

4. 协助计生部门抓好暂住人口计划生育工作

随着流动人口大量进入城市集镇从事务工、经商和办企业，给流入地的计划生育工作带来了一系列问题。在对暂住人口管理工作中，各地、县(市)公安机关积极配合计划生育部门做好暂住人口计划生育工作，在办理户口登记和清理暂住人

口中及时将无婚育证明的暂住育龄夫妇通知现住地计生部门，对违反计划生育政策和拒不配合计划生育工作的流动人口，依法采取必要措施，同时，公安和计生部门密切配合，切实保障计生工作人员的合法权益。据统计，公安机关与计生部门联合开展工作48003人次，出动车辆13810台次，发现暂住人口无婚育证明15806人，通报给计生部门13636人次，保护计生干部权益12449人次，查处违反计划生育治安案件1598起、刑事案件273起，处置因计生工作发生的群体性事件433起。

5. 加强流动人口教育培训工作。

各地在加强流动人口管理工作中，还开展教育培训工作，积极宣传法律法规，让流动人口知法懂法，提高流动人口的法律意识，增强自我防范能力，维护自身利益。各地公安机关对侵犯流动人口生命财产安全的治安、刑事案件及时出警立案查处，较好地保护了流动人口的合法权益。

铁路护路联防工作情况

一、突出抓好村级承包，责任制进一步落实

2002年12月26日全省铁路护路联防第十二轮承包工作会议之后，铁路沿线的9个市（州、地）、36个县（市、区、特区）、159个乡镇、711个村委会迅速召开了会议，通过层层签订承包责任书，落实责任，使基层组织均担负起维护铁路治安和保一方平安的政治责任。

二、加强保安队员的培训，队伍整体素质提高

根据2003年铁路护路保安培训计划，线路、车站400名保安参加了全省铁路护路保安培训班的培训，并取得了省公安厅颁发的“保安员资格证书”。同时，各级护路办和公安部门定期或不定期对护路保安进行法律法规、警体、运输安全及铁路常识等内容的培训，保安队员的基础业务知识和擒敌技能有了较大的提高。

三、加强春运、防洪工作，排除安全隐患

在春运期间，沿线各级领导把节日慰问与检查指导有机结合，狠抓了护路工作措施的落实。各级护路干部加强督促检查，护路保安加大对线路的巡查和对车站、货场的清查，强化了铁路治安管理，净化了车站、货场治安环境。在雨季来临之前，各级护路办认真做好防洪抢险工作准备。一是及时召开会议，做到早安排、早部署。二是在各工务段的配合下，对危岩地段、病害处所、山塘水库等重点部位做好检查和建档。三是在防洪时期，各级护路办有人值班，并加强督促检查，护路保安队员加大在雨前、雨中、雨后的巡查执勤密度，确保线路上有人查，重点目标有人守，充分发挥了铁路护路联防“第七道防线”的作用。

四、开展重点整治，扭转了个别地段治安不好的局面

针对贵昆线六盘水市境内铁路沿线盗割铁路回流线、贯通线、电力线、通信线及拆盗铁路设施设备、掀盗铁路运输物资等案件突出的问题，省护路办和六盘水市政府抽调50名干警组成专案组，开展了为期40天的专项整治工作。各县（市、区、特区）公安、工商、护路部门及保安大队结合实际，联合对铁路沿线暂住人口、流动人口、小烘炉、化铁炉、废旧物资收购站（点）进行了清理整治，治安情况得以改观。

五、强化道口安全管理，保障了铁路畅通

2003年，全省加大了对道口的平改立力度。截止12月20日，全省共改造、建成平交道口55个。同时，加大对非法道口的拆除力度，安排124人对62个无人道口进行了白天监护。7月1日后，针对黑夜容易发生事故的情况，及时进行了整改。每个监护点增配1人，由两班制改为三班制，保证了每个无人道口24小时有人监护。与去年同比，全省道口事故下降67%。

六、抓好宣传教育，增强群众爱路护路意识

各地继续采取多种形式进行爱路护路宣传教育工作。针对水柏、内昆和株六复线新线开通，铁路沿线爱路护路宣传教育的范围拓宽、工作量加大、任务加重的实际，结合全国、全省综治宣传月、爱路护路宣传月活动，印制了爱路护路宣传挂图、铁路安全常识、严禁收购铁路器材及样品图册和预防非典宣传手册等宣传品10万册(本)，发放到铁路沿线的乡镇、村寨、厂矿、中小学校，扩大了宣传面，不少县市区利用广播、电视台宣传爱路护路的内容和专题电视宣传片，增强了铁路沿线群众的爱路护路意识和自觉性，“铁路治安无小事”深入人心。

社会治安管理和防范工作情况

一、加强社会治安管理，充分履行管理和服务职能

2003年，全省公安机关不断加大治安案件查处力度，全年共查处治安案件95000起，查处治安违法人员132115人。同时，始终坚持“打防结合，预防为主”的方针，大力加强对城乡结合部、公共复杂场所、私人出租屋、金融网点、地下空间等重点地区和要害部位的治安管理和防范，减少治安隐患。强化对公共娱乐服务场所的治安管理，坚决扫除“黄赌毒”等社会丑恶现象。切实加强对民爆等物品和危险化学品的监督管理工作，在全省范围内有针对性地组织开展了4次专项清理行动，全年共收缴29.127吨，雷管64464枚，毒鼠强14.216吨，各类枪支1555枝，消除了大量的社会治安隐患。大力加强道路交通管理和消防监督管理，积极开展预防道路交通事故、火灾事故工作，努力遏制交通事故多发势头，2003年，火灾事故发生起数、死亡人数、受伤人数、直接财产损失等四项指数同2002年相比分别下降14.3%、21.4%、25%、12.6%。继续改革和加强派出所工作，积极推进社区警务战略，治安防控体系、110报警服务台和巡警、防暴警建设都有新进展。改进和加强公安行政管理工作，积极推进公安行政管理体制创新。在公安部便民利民30条措施的基础上，推出一系列便民、利民、服务改革开放和经济建设的重要举措，仅省地两级公安机关就出台便民利民措施270条。

二、因情施策，大力推进治安防控体系建设

2003年，我省各级政法、综治部门针对各地刑事发案主要集中在城镇及交通沿线乡镇，八类严重暴力犯罪所占比例大，流动人口犯罪突出、盗窃和“双抢”等侵财型犯罪居高不下的治安状况，认真贯彻中办、国办转发的《中央综治委关于加强社会治安防范工作的意见》(中办发〔2002〕26号)，切实加强社会治安防范工作。

一是加强社区警务建设，扩大对社会面的防控范围。各级公安机关在加强110接处警服务，加大巡警巡逻力度和范围，加强治安卡口值勤的同时，全面实施社区警务战略，改革和加强派出所工作，把更多的警力放到社区和村寨，逐步推行民警驻社区、包片等制度，把工作重点放在管理、防范、服务和密切警民关系上，一些市(州、地)、县(市、区、特区)拨出专款建设警务室，帮助解决警务工作中的实际困难，加强了治安防范工作，推进了我省社会治安防控体系的建立和完善。

二是通过组建各种形式的专职治安巡防队伍，加强对社会面的防范控制。针对我省近年来社会化防范工作中出现的新情况，新问题，各级综治委(办)积极探索组建适应社会治安形势需要的专职治安巡防队伍，预防和减少可防性案件的发生，加强对社会面的治安防范。全省80个县(市、区、特区)采取了由政府出资为主，部门筹资为辅的办法，成立专职治安巡防队伍，开展对市县城区、重点乡镇、主要街道、要害部位的巡查守护。毕节市政府出资组建了400人的专职治安巡防队伍，在市区部署200人，在乡镇部署200人，有效地提高了防范工作的效果，刑事发案下降，人民群众比较满意。花溪区由财政拨款215万元，建立了1099人的治安专职巡防队，在加强对城区和乡镇所在地巡防的同时，将大多数巡防队员分配到村寨，确保每村至少有五名专职队员，带领村民开展多种形式的群防群治活动。平坝县由于经费有保障，专职巡防队伍稳定，管理工作加强，“五级防范”(一级县城防控，二级乡镇防控，三级厂场防控，四级属地防控，五级自治防控）措施得到切实落实，形成了严密的防范网络。6月下旬，省综治委召开全省建立和完善社会治安长效防控机制经验交流会，及时总结推广了花溪区、平坝县等七个单位的经验做法，会后，各地结合实际，认真学习平坝县、花溪区等地的先进经验，针对当地防范工作中的薄弱环节，采取有力措施，加强了对社会面的防控工作。

三是加强基层基础工作，落实、巩固基层防范措施。全省各地进一步推进城市社区住宅物业化管理，把治安防范工作纳入物业管理；在住宅区以及农村进一步推进各种义务防范与专业防范措施的落实；积极推进科技防范技术的推广运用，逐步加大防范工作科技含量；加强边界地区的联防联动工作；推进铁路沿线乡村的护路联防，使全省铁路护路联防工作得到进一步加强，确保国民经济大动脉的畅通；加强对重点行业、部门的工作指导，实行规范管理，确保重点企业、行业和学校等重点部门的治安秩序稳定。

矛盾纠纷排查调处工作情况

全省各级政法、综治部门认真贯彻落实中办、国办转发的《中央综治委关于进一步加强矛盾纠纷排查调处工作的意见》。今年，省综治办结合我省实际，制定下发了《关于进一步加强矛盾纠纷排查调处工作的通知》，就建立健全矛盾纠纷排查调处工作机制提出了明确要求，进一步完善了我省矛盾纠纷排查调处工作机制。一是形成了维稳部门重点排查调处群体性事件，综治部门重点排查调处社会矛盾纠纷，司法行政部门和人民调解组织排查调解民间民事纠纷的排查调处工作机制。二是逐步建立、完善了矛盾纠纷排查调处的各项工作制度，如矛盾纠纷定期排查制度、定期上报制度、矛盾纠纷调处责任制、部门协调工作制度、要情专报制度、督办制度等。据统计，2003年全省共调处矛盾纠纷63742起，调解成功率达到95.3%，基本上做到了对矛盾纠纷发现得早、化解得了、控制得住、处置稳妥。

社会治安综合治理宣传工作情况

2003年初，省综治办根据中央综治委的工作要求，制定下发了《2003年贵州省社会治安综合治理宣传工作要点暨宣传月活动安排》，对开展2003年综治宣传工作提出了明确要求，各地各部门按要求精心组织了综治宣传活动。5月份，贵州卫视及各、市州、地电视台连续播放了由省委政法委、省综治委组织撰写、拍摄的反映我省两年“严打”整治斗争纪实的三集专题片《剑啸高原》。省综治办在《法制生活报》上开设综治宣传月专版，集中宣传报道了贵阳市开展“四级防范”的经验做法和各地基层创安活动的典型经验；在《贵州日报》刊登了《加强社会治安防范工作，推进社会治安综合治理》的署名文章。省综治成员单位和各市（州、地）、县（市、区、特区）把抗“非典”作为综治宣传的一项重要内容，围绕宣传重点，采取集中上街宣传和开展综治知识、《传染病防治法》知识竞赛的方式，开展了声势浩大的宣传活动。省综治办与省文明办、省文化厅、省司法厅、省民政厅等十一家单位还共同举办了五次省直机关“四进社区”活动，深入社区宣传治安防范知识。为了弘扬正气，匡扶正义，提倡和鼓励见义勇为精神，2003年，省综治办对勇斗抢劫犯罪嫌疑人而光荣牺牲的六盘水市联防队员张双全、光荣负伤的台江县农民欧文锋、贵阳市下岗工人罗阳建进行了表彰、奖励。省综治办向中华见义勇为基金会推荐了27名见义勇为先进个人。在中央综治委、中华全国新闻工作者协会共同举办的全国社会治安综合治理好新闻奖的评选活动中，我省有4篇作品获奖。

社会治安综合治理基层基础建设情况

全省各地以贯彻落实贵州省委组织部、省委政法委、省编委办、省人事厅、省财政厅联合下发的《关于进一步加强基层党委政法委员会建设的意见》(黔政法〔2002〕21号)和中央综治委、中央编办《关于加强乡镇、街道社会治安综合治理基层组织建设的若干意见的通知》(综治委〔2003〕20号)为契机，切实加强乡镇(街道办事处)政法委(综治办)机构组织建设，解决乡镇综治机构、人员和工作中的实际问题。截止2003年11月，全省有85%的县(市、区)通过严格考核，调配了一批年富力强、政治素质好的干部到乡镇(街道办事处)担任综治办专职副主任，同时充实了领导机构成员，加强了党委、政府对乡镇一级综治工作的领导，基层综治工作有了新的起色。

2003年，全省各地认真落实社会治安综合治理工作专项经费，按照省委、省政府《关于进一步加强社会治安综合治理的意见》及省委办公厅、省政府办公厅《关于印发〈贵州省社会治安综合治理第三个五年规划〉及实施方案的通知》的要求，全省87个县(市、区、特区)中有76个县(市、区、特区)将综治专项经费按照辖区内人口总数的一定标准列入同级财政预算，专款专用，并逐年有所增加，为全省各地深入推进社会治安综合治理工作打下了坚实的物质基础。

刑释解教人员安置帮教工作情况

2003年，全省各级刑释解教工作以深入贯彻“太原会议”、全国政法工作会议及全省政治工作会议精神为重点，按照“社会化、市场化、法制化”的要求，紧密配合“严打”整治斗争开展各项工作。2003年全省共有刑释解教人员9765人(其中刑释人员7655人、解教人员2110人)，通过各级安帮组织和广大安置帮教工作人员的努力，安置7143人，其中原单位安置1201人，落实责任田4292人，从事个体经营1269人，其他方式安置381人，安置率为73%；帮教9225人，帮教率为94.5%；刑释解教人员重新违法犯罪的46人，重新违法犯罪率为0.47%；刑释解教人员脱管243人，脱管率2.5%。全省创建安置基地7个，创办安置实体3个。通过扎实有效的工作，化消极因素为积极因素，减少了刑释解教人员重新违法犯罪，维护了全省的社会稳定。

一、认真开展刑释解教人员的清理排查工作

各地统一认识，加强领导，精心部署，认真开展了刑释解教人员的清理排查工作，基本掌握了全省刑释解教人员的分布状况及其动向，减少了刑释解教人员漏管失控现象。在排查的基础上，一方面各地对收到的刑释解教通知书及时进行登记建卡、调查摸底，建立管理档案。另一方面对去向不明的刑释解教人员开展调查、核实，最大限

度掌握其去向。

二、刑释解教人员的衔接管理工作得到进一步加强

一方面，监狱、劳教所、看守所严格按照中央四部委《关于进一步做好服刑、在教人员刑满释放解除劳教时衔接工作的意见》，在服刑、在教人员刑满释放前一个月向服刑、在教人员原户籍所在地公安机关和安帮办寄送《刑满释放通知书》或《解除劳教通知书》。另一方面，各县(市、区)安帮办及公安机关进一步完善报到登记制度、建卡制度，及时办理刑释解教人员登记、入户手续。

三、刑释解教人员安置工作逐步向市场化发展

我省的刑释解教人员安置帮教工作，除鼓励刑释解教人员自谋职业、从事个体经营外，各地安帮机构还积极与企业联系创办安置基地、实体等。天柱县司法局与天柱县红砖厂联合行文建立安置帮教基地，晴隆县、兴仁县、普安县等地重点创办过渡性安置帮教基地示范点，安置刑释解教人员中的"三无"(无业可就、无家可归、无生活出路)人员。通过创办安置基地或实体安置，我省刑释解教人员安置帮教工作逐步向市场化方向发展，为党委政府减轻安置负担走出了一条新的路子。

四、加强组织建设，调整充实安置帮教机构、人员

全省各级安帮机构一方面安排专人负责刑释解教人员的安置帮教工作，搞好刑释解教人员的回归衔接管理、安置、帮教。另一方面，对安置帮教工作协调小组成员进行调整和充实。今年，省刑释解教人员安置帮教工作协调小组调整为贵州省综治委刑释解教人员安置帮教工作协调小组，为更好开展全省刑释解教人员安置帮教工作提供了组织保障。

五、开展刑释解教人员安置帮教工作的宣传、调研工作

省、地(州、市)、县安帮办通过上街宣传、发放安置帮教宣传资料，编印简报、信息、撰写调研文章等形式，从不同侧面，不同角度宣传全省刑释解教人员安置帮教工作情况，向党委、政府、有关部门及社会各界宣传刑释解教人员安置帮教工作，反映当前刑释解教人员安置帮教工作中存在的问题，研究解决问题的办法和措施，争取党委政府和有关部门更多的支持，动员社会力量共同参与，推动我省安置帮教工作的深入开展。

预防青少年违法犯罪工作情况

一、加强法制宣传教育

2003年，各级各部门高度重视青少年法制教育工作，狠抓《预防青少年违法犯罪法》、《未成年人保护法》的宣传教育，在全省绝大多数中小学聘请了法制副校长和法制辅导员，组织开展"优秀青少年维权岗"活动，举办了全省青少年禁毒知识竞赛，认真组织各类学校师生观看法制宣传片《为了明天》，并组织观后感的征文活动，一些地方开展了"在校学生带法回家"等普法活动。普定县为强化预防青少年违法犯罪工作，成立"青少年心理矫正中心"，将闲散和有轻微违法行为的青少年集中起来学习法律常识，接受思想道德和文化教育，矫正不良心理。通过从各方面加强对青少年的法制教育，增强青少年的法律意识和法制观念，为青少年的健康成长营造了良好的社会环境，预防青少年犯罪工作取得了明显效果。

二、加大司法保护力度

全省各级政法机关以"严打"整治为重点，坚决依法严惩各种危害未成年人权益的刑事犯罪，依法保护未成年人的合法权益不受侵犯。各地大力整治校园及周边治安秩序，坚决打击针对未成年人的暴力犯罪。各级检察机关对未成年犯罪嫌疑人注重发挥教育、挽救作用，建立了"一个查访、一个制度、二个到场、三个核实、四个监督"的工作制度。各级法院不断健全少年审判机构设施，坚持把"寓教于审，审教结合"贯穿于审判工作的始终，加强对少年犯缓刑适用和减刑工作，建立帮教跟踪档案，巩固审判效果。各级司法行政部门积极开展未成年人司法援助工作，监狱、劳教部门努力探索适合罪错未成年人改造、教育，促进未成年人自觉反省，积极改造。

三、大力整治学校周边治安

我省各级党委、政府对整治学校周边治安秩序工作高度重视，认真组织，周密部署，各部门高度协调，全员联动，密切配合，大力整治学校及周边治安秩序。省、市(州、地)、县(市、区)、乡镇办事处层层成立整治学校治安秩序工作领导小组，组织相关部门开展集中整治，及时侦破、查处发生在学校内的刑事、治安案件，清理、取缔学校周围的非法网吧、电子游戏机室、录相厅、歌厅、酒吧等场所，帮助学校完善内部管理制度，加强学生管理及安全保卫措施，配齐配强法制副校长，认真讲授法制课，组织护校治安巡逻队，加强学校周围的治安巡逻，在有关学校及周边悬挂宣传挂图，发放宣传资料，通过以上措施，净化了校园环境，维护了学校正常的教育秩序。

综治委活动情况

2月，省综治委召开2003年第一次全体委员会议，会议由省委常委、政法委书记、省综治委副主任姜延虎主持，省委常委、常务副省长、省综治委副主任王正福作了重要讲话，对新形势下搞好社会治安综合治理工作提出了明确要求。审议通过了《2002年贵州省社会治安综合治理工作总结》、《2003年贵州省社会治安综合治理工作意见》和《关于对郭应祥等9名领导干部进行表彰的决定》及《关于2002年对省直72个单位和45个县市区社会治安综合治理工作检查考核的报告》。

2月，建立省综治委委员综治工作联系点制度。要求各综治委委员选定一个县市区作为社会治安综合治理工作联系点(县)，明确各单位每年至少要到联系点(县)指导、帮助工作2次，并向省综治委报告到联系点指导、帮助工作的情况及对推进社会治安综合治理工作的思考和建议。同时，建立综治委成员单位综治联络员制度。要求由综治委各成员单位明确一名处长，与综治委(办)加强工作联系。

2月，省综治委召开全省铁路护路联防工作会议，传达全国铁路护路联防工作“长沙会议”精神，总结2003年春运工作，动员、安排护路保安队伍整顿工作，部署全国“两会”护路安全保卫工作和下步重点工作。

4月，省综治委、省委政法委组织省公安厅、省检察院、省法院、省司法厅、省工商局、省扶贫办、省妇联等相关职能部门，共同对水城县和纳雍县接边地区偷牛盗马犯罪开展集中整治。整治工作突出打击、防范，建立长效防范机制和宣传、发动群众，帮助群众脱贫致富这两个工作重点，以治标促治本，以治本固治标。经过一年的整治，有效地遏制了案件多发势头，逐步建立了长效防控机制，扶贫帮困、经济发展初现成效，集中整治取得了明显效果。5月，省综治委、省委政法委组织撰写、拍摄的三集反映我省两年“严打”整治斗争纪实专题片《剑啸高原》在贵州卫视及各市州地电视台黄金时间连续播放，重点宣传了我省两年“严打”整治斗争取得的成果，讴歌了在“严打”整治斗争中英勇牺牲和光荣负伤的政法公安干警、治安联防队员，收视效果好，使全省政法干警及广大群众受到了极大的教育和鼓舞。

6月，省综治委在贵阳市召开贵州省建立社会治安长效防控机制经验交流会议，通过交流贵阳市综治委等七个单位建立社会治安长效防控机制的工作经验，实地参观南明区等五个单位流动人口管理和治安防范工作的做法，增强了各地对治安防范工作的实感，提高了各地对在新形势下加强治安防范工作重要性的认识，起到了推动各地建立社会治安长效防控机制，巩固、发展“严打”整治斗争成果的作用。

6月底，成立了由省委常委、常务副省长、省综治委副主任王正福为组长的省综治委学校及周边治安综合治理工作领导小组；成立了由省委常委、政法委书记、综治委副主任姜延虎为组长的省综治委预防青少年违法犯罪工作领导小组；经调整，重新明确了由省委政法委副书记、省综治办主任栗先惠为组长的省综治委刑释解教人员安置帮教工作协调小组。

7月，省综治委组织了2003年第一次全省范围的综治检查考核，对全省22个省直单位和16个县(市、区)的综合治理工作进行了明察暗访。

11月，省综治委组织2003年第二次全省范围的全省综治检查考核，对30个省直单位和16个县(市、区)的综合治理工作进行了明察暗访。

11月，省综治委召开2003年第二次全体委员会议，会议由省委常委、政法委书记、省综治委副主任姜延虎主持，省委副书记、纪委书记、省综治委主任曹洪兴作了重要讲话，审议通过了《2003年贵州省社会治安综合治理工作总结》、《2004年贵州省社会治安综合治理工作意见》和《关于2003年对省直52个单位和28个县市区社会治安综合治理工作检查考核的报告》。

实行社会治安综合治理领导责任制和“一票否决权”的情况

2003年，各地继续把贯彻落实领导责任制作为全年工作的重中之重，狠抓综合治理领导责任制的落实，切实把社会治安综合治理作为一项重要任务列入党政工作重要议事日程，纳入各单位的工作目标任务和九市、州、地经济和社会发展的总体规划，纳入各级各部门的目标考核范围，与其他工作同安排、同检查、同考核、同奖惩，做到年初有计划、半年有检查、年终有总结。各地各部门普遍实行党政领导分片包干制度，把社会治安综合治理工作列入包片领导和包村干部的年度工作目标进行考核，与干部的政绩、晋职晋级和经济利益挂钩。全省上下形成了党政一把手负总责亲自抓，分管领导具体抓，班子成员、各有关部门齐抓共管的综合治理工作格局，抓好社会治安综合治理工作已逐步成为各级各部门党政领导的自觉行动。各市、州、地按照省综治委的部署，结合本地实际，召开了不同形式的会议，对2002年的综治工作进行了总结，认真兑现奖惩，对2003年的综治工作进行了部署，确定了工作目标，并与各县、市、区签订了综合治理责任书。2003年7月、11月省综治委采取明察暗访的方式对52个省直单位和28个县市区的综治工作严格按照考核标准进行了检查考核，实行了等级升降，并将检查考核范围扩大到省直企业和中央在黔企业，进一步促进了社会治安综合治理领导责任制的落实和全省社会治安综合治理工作的深入开展。2003年，全省共督查了139个单位，查究了9个单位，15名领导干部，各地共有6个单位和10名领导干部因抓综治工作不力，当地或内部治安秩序不好，群众不满意而被一票否决。

社会治安综合治理调查研究情况

2003年，为推动我省综治工作深入发展，针对我省社会治安中反映出的突出问题和综治工作面临的一些新情况，省综治办于年初下发通知，明确调研课题，在全省范围内开展综治工作调研。3月25日至4月3日，省综治办组织调研组赴4个市州地的11个县市，对我省农村偷牛盗马犯罪活动的现状和成因进行了专题调研，全面了解了目前我省农村偷牛盗马犯罪活动的情况，提出了预防我省农村偷牛盗马犯罪活动的工作思路和指导意见。5月省综治办再次组织调研组，深入到11个县市的20多个乡镇、50多个村寨实地调查了村、组治安防范工作的作法和效果，较为全面、客观地把握和了解了我省农村治安防范工作的情况，对新形势下加强农村治安防范工作，建立和完善农村治安防范的长效机制和保障机制，形成了一定的思路。同时，各地认真组织精干力量，结合本地实际开展调研工作。10月下旬，省综治办在贵阳市召开了全省综治工作调研会，各地共撰写综治调研文章46篇，会议就“反盗窃、打双抢”、“治安防控体系建设”、“四类群体”的教育管理等内容进行了交流，对当前我省一些突出治安问题的情况，形成的原因及下一步的工作对策，有了更清醒深刻的认识，对各地综治办认清形势，采取措施，增强工作的针对性，起到积极的推动作用。9月底，在贵阳市“双抢”犯罪呈上升之势，引起社会关注的情况下。按照省综治委领导的指示，由省综治办牵头，组织省公安厅、贵阳市综治办共同对贵阳市“双抢”犯罪的现状进行了调研，经过为期半个月的调研，省综治办调研组写出了贵阳市“双抢”犯罪的现状及特点、“双抢”案件多发的主要原因及防范对策的专题报告，10月底，省综治办向贵阳市综治办通报了调研情况。11月28日，贵阳市部署开展了为期3个月的打击“两抢一盗”的“利剑行动”，为市民欢度元旦、春节营造了良好的社会治安秩序。

社会治安综合治理创安工作检查考核情况

为了加强对全省综合治理工作的督促指导，推动社会治安长效防控体系的建立和完善，推进基层安全创建活动的开展，今年，省综治办加大了对省直单位和县（市、区）综治工作的检查考核力度，于上半年和下半年先后组织了13个检查组，对全省52个省直单位和28个县（市、区）的综合治理工作进行了明察暗访，并将检查考核的有关情况进行了通报。通过明察暗访，广泛倾听群众意见，全面深入地了解了全省综治工作的开展情况，对各地综治工作及时给予了指导、帮助，受到基层和广大人民群众的欢迎。

经综合评定，保留了34个省直单位、15个县（市、区）在“二五”期间评定的等次；对9个省直单位、7个县（市、区）进行了升级；为新增考核的6个省直单位、1个经济技术开发区评定了等次；2003年初受到黄牌警告的1个省直单位、1个县，经复查，恢复了原评定等次；对1个省直单位进行了降级；3个省直单位和2个县被黄牌警告，限期整改，暂不定等次，复查后另定等次。

与此同时，全省各级综治办也组织216个检查组，对1200个县、乡、镇综治工作进行了检查督促。通过检查考核，按照严格的考核标准，对受检单位的综治工作等次在“二五”的基础上实行了升降，有力地推动了全省“平安工程”创建活动的开展。

综治委成员单位参与综合治理工作的情况

一、加强组织领导，健全责任制

一是加强组织领导。各部门根据工作需要和领导成员分工变化，及时调整、充实本部门社会治安综合治理工作领导小组及其成员。各单位都明确规定党政一把手对综治工作负总责，是第一责任人，分管领导具体抓，是第二责任人，并明确责任处室和专（兼）职工作人员。按照2003年第一次省综治委全体成员会议的要求，各位综治委委员均明确了自己的综治工作联系县（市、区），成员单位也明确一名处长作为综治工作联络员，加强与综治委（办）工作联系。二是建立和完善责任制。各成员单位按照省综治委的要求，与内设机构和下属单位签订了年度社会治安综合治理目标责任状。有的单位还将综治目标责任层层分解，落实到每一个干部职工身上，与经济奖惩挂钩，有效地调动了下属单位和干部职工抓综治工作的积极性。三是加强检查督促。省综治办根据省综治委的部署，每年两次对省直单位特别是综治委成员单位的综治检查考核，严格实行等级升降制度。同时，综治成员单位也按照本单位的综合治理目标责任状对内设机构和下属部门的综治工作开展情况进行检查督促，极大地推动了部门综治工作的扎实开展。

二、充分发挥职能作用，努力深化综治工作

各级综治委成员单位特别是政法部门充分发挥主力军作用，从侦查破案、批捕起诉、案件审判、监管改造的各个环节，狠狠打击各种刑事犯罪，同时，不断探索“严打”长效工作机制。组织、民政部门大力加强基层组织、基层政权建设，调整、充实村（居）委会，选派机关干部到基层任职。省经贸委、省建设厅、省工会及社会与劳动保障厅大力推进“再就业工程”，努力做好国有企业下岗职工基本生活保障，企业离退休人员养老金发放工作，维护社会稳定。宣传、文化、广电、新闻出版等部门认真搞好综治宣传，开展了“四进社区”、“文化下乡”等活动，繁荣社会主义文化市场。组织开展“扫黄”“打非”集中行动，净化社会环境。工商、税务部门严格市场管理，维护正常的市场秩序。省教委、省妇联、团省委加强对失足和后进青少年的帮教，优化青少年健康成长的环境，积极预防和减少青少年违法犯罪。

三、切实履行职责，积极参加专项整治

2003年4月以来，在省综治委、省委政法委组织的对水城县和纳雍县接边地区偷牛盗马犯罪活动的专项整治行动中，省检察院、省法院、省公安厅、省司法厅、省工商局、省妇联等综治成员单位和省扶贫办等有关职能部门统一思想，群策群力，强化措施，运用法律的、行政的、经济的、文化的、多种手段对水城县和纳雍县接边地区偷牛盗马犯罪进行综合治理，打、防、教、管、建、改多管并举，确保了整治工作的实效。在整治行动中，各综治单位和有关职能部门按照省委政法委《关于印发〈在集中整治偷牛盗马行动中各有关部门的职责〉的通知》（黔政法〔2003〕49号）要求，紧紧依靠党委、政府的领导，切实履行职责，结合各部门职能加强对整治工作具体指导和检查督促，落实工作责任，加强部门之间的协调，确保了集中整治行动的声势和实效。经过整治，“水纳”接边地区的偷牛盗马犯罪得到了有效遏制，集中整治取得了明显效果。

四、强化管理和防范，确保内部安全

各成员单位结合“平安工程”创建活动，进一步加强了内部安全保卫工作。认真落实“谁主管、谁负责”的原则，普遍制定和健全了各项安全保卫制度，普遍加强了对干部职工的思想工作、政治工作和法制教育，加强了对家属子女的教育和帮教，通过安装楼宇防盗门、红外线监控设施，聘请值班人员、专职保安等方式，加强办公区、宿舍区的值班、巡逻工作，落实防范措施，有力地防止和减少了可防性案件的发生。多数单位按照治安工作要求，做到了机关内部的出租房屋、门面房、临时用工人员和暂住人口底数清，情况明，并能与租赁房户签订综治责任书，督促其守法经营，避免各种问题发生。

贵州省社会治安综合治理委员会关于对郭应祥等九名领导干部进行表彰的决定

（2003年2月25日）

各市、州、地、县（市、区、特区）综治委，省直各单位：

1997年以来，花溪区、平坝县的社会治安综合治理工作和省护路办的铁路护路工作，在这三个单位党政主要领导的高度重视和亲自领导下，取得了显著的成绩。花溪区、平坝县的党政主要领导把社会治安综合治理工作作为一项民心工程来抓，建立健全治安防范组织，完善防范网络，广泛开展基层"平安工程"创建活动，提高了预防犯罪、控制和打击犯罪的能力，群众安全感不断增强。1997年，全省推广了花溪区建立村寨治安岗亭（室）的"高坡经验"；经过近四年的摸索，总结推广了由区政府每年投资200多万元，招聘1099名治安巡防队员，建立了区、乡（镇）、村三级巡防的社会治安防控长效机制的经验；一直保持了治安模范区的荣誉。平坝县加强综合治理基层基础工作，村组群防群治和调解工作成效突出；成功地推广了"大牲畜办证"管理模式；有效解决了辖区内大中型国有企业周边的治安问题；曾连续三次被评为全国综治先进集体。省护路办的铁路护路工作经验，被中央综治委、铁道部向全国介绍推广；铁路护路工作体制改革后，形成了突出重点目标，铁路、地方公安、综治部门、农村基层组织各司其职，共同负责，相互配合的铁路联防体制，大力开展创建安全文明铁路线活动，确保了我省铁道线的安全和畅通。2002年9月，中央综治委为进一步加强社会治安综合治理工作，完善领导责任制的奖惩、激励机制，对1997—2000年度全国社会治安综合治理先进集体、优秀单位的党政主要领导干部和主管领导干部给予嘉奖，我省花溪区区委书记郭应祥、区委副书记王真霖、区委常委、政法委书记谌业华，平坝县县委书记王廷恺、县委副书记、县人大主任徐静波、县委常委、政法委书记张猷新，贵阳铁路分局党委书记满希民、局长兰开锋、党委副书记张国珍等三个先进集体的九名领导同志受到嘉奖。

根据中央综治委"各省（市、区）对受到中央社会治安综合治理委员会嘉奖的主要领导干部和主管领导干部要给予表彰"的要求，经省综治委全会研究决定，对我省受到中央综治委嘉奖的郭应祥等九名领导干部给予通报表彰，颁发荣誉证书。省综治委希望郭应祥等九名领导干部要珍惜荣誉，戒骄戒躁，开拓创新，再鼓干劲，为维护社会政治稳定作出更大的贡献。省综治委号召，各级党政领导干部要以受到嘉奖、表彰的同志为榜样，学习他们认真实践"三个代表"重要思想，正确处理改革、发展与稳定的关系，增强大局观念，切实贯彻落实党中央、国务院关于加强社会治安综合治理指示精神；学习他们以维护社会稳定，保一方平安为己任，重视、支持社会治安综合治理工作，调动各方面的积极性，扎实推进本地区、本单位的社会治安综合治理工作；学习他们真抓实干，率先垂范，善于总结，勇于创新，把社会治安综合治理的各项工作措施落实到基层，努力推动本地区、本单位的社会治安综合治理工作跃上一个新的台阶。

贵州省社会治安综合治理委员会　贵州省建设厅关于进一步做好全省建设系统社会治安综合治理工作的通知

（2003 年 9 月 10 日）

各市(州、地)社会治安综合治理委员会办公室、建设局、规划局、城管局、房产局、林业绿化局：

为深入贯彻落实党的十六大精神，积极做好社会治安综合治理工作，充分发挥全省建设系统在社会治安综合治理中的作用，推动社会治安综合治理工作的深入发展，按照中央社会治安综合治理委员会、建设部《关于进一步做好建设系统社会治安综合治理工作的通知》要求，现就进一步做好全省建设系统社会治安综合治理工作通知如下：

一、加强领导，完善制度

我省建设系统职工人数多，管理行业多，与城市建设和人民群众的生产、生活息息相关。建设系统各单位党政领导要高度重视社会治安综合治理工作，加强对社会治安综合治理工作的领导，要完善单位内部的各项规章制度，充实治安防范力量；落实各项社会治安综合治理措施，建立健全社会治安综合治理工作领导责任制和责任追究制，管好自己的人，办好自己的事。同时，要积极参与所在地区的社会治安综合治理工作。

二、大力推进基层精神文明建设工作

继续深入开展“树行业新风，让人民满意”主题活动，要以职业道德建设为基础，以诚信建设为重点，按照巩固、提高、辐射、延伸的工作思路，坚持纠建并举的原则，加强思想政治工作，坚持定期排查、通报、调处、督查督办、及时上报等工作制度，重点排查调处可能引发群体性事件的矛盾纠纷。要高度重视信访工作，建立健全制度化、经常化的社会矛盾调处机制，确保上情下达，力争把矛盾解决在萌芽状态。凡涉及有关维护社会稳定的问题，各地建设行政主管部门要采取有效措施，及时加以解决。

三、加强城市治安防控设施的规划和管理

各相关部门要按照有关标准，将公安派出所、治安岗亭、交通岗亭、消防队、社区警务站、社区居委会等工作场所及社区青少年活动场所、法制宣传栏等设施纳入城市建设规划之中，按照有关规范设置和完善居民住宅、商贸大厦、办公楼、写字楼等治安防范设施标准，并责成建筑质量安全及监理部门监督实施。

四、整顿规范建筑市场秩序，保障建筑劳务人员的合法权益

要按照《贵州省建筑劳务企业管理办法》的规定，建立公开、公正、公平竞争的建筑市场，加强对建筑施工队伍的教育和管理。继续开展对进城务工的建筑劳务人员的思想道德、法律法规、安全生产、文明行为的教育以及业务技能的培训，不断提高他们的综合素质、保障建筑劳务人员的合法权益，积极配合有关部门解决侵害进城务工的建筑劳务人员权益的突出问题，特别是拖欠农民工工资问题。

五、加强对建筑工程施工质量安全的监管工作，防止治安、灾害事故的发生

各地质量安全监督机构要进一步完善安全监管制度，采取有效措施，遏制重大质量安全事故的发生，对已发生的事故要按照“四不放过”的原则严肃查处。

六、发挥物业管理企业和业主委员会在社区治安防范中的作用

要指导各物业管理企业加强保安队伍的管理，提高保安人员素质，建立一套科学的治安防范管理制度，不断提高治安防范服务效率和质量。物业管理企业和业主委员会应当自觉接受当地公安机关的监督与指导，贯彻“预防为主，人防、物防、技防三者相结合的措施”，提高治安防范服务能力和水平，积极防范刑事犯罪，防止火灾、燃气泄露、爆炸等恶性事故的发生。

七、建立房屋出租协管机制，加强出租房屋的管理

各地房产管理部门要密切配合公安部门、工商管理等部门，做好房屋租赁和流动人口管理工作。要认真落实房屋租赁登记备案制度，定期公布房屋租赁市场指导租金等信息，加大对不法中介的打击力度。要建立房屋租赁管理联合执法检查制度，定期对出租房屋进行清理、排查，对违反国家房屋租赁政策的行为要予以查处。

八、认真贯彻《城市房屋拆迁管理条例》，严格执行房屋拆迁许可和房屋拆迁评估制度，完善房屋拆迁补偿资金监管办法，规范拆迁行为，预防和减少因拆迁而导致的群体性事件的发生。

九、各地要按照《贵州省城市公共客运交通经营权有偿出让和转让办法》的规定，加强对出租车行业的管理，控制出租车总量。要打击非法营运，制止无序竞争，维护正常的客运秩序，对出租车行业反映出的问题，要积极引导，加强管理，依法处理，防止引发各种不安定因素。要督促出租汽车公司加强对员工的管理，努力将出租汽车行业建设成为城市文明窗口。

十、加强对城市供水、燃气设施的管理和安全防范工作，维护人民群众正常的生产和生活秩序、加强风景区、公园等的治安防范工作，预防和减少群死群伤灾害事故的发生。

与时俱进　开拓创新
全力创建治安“四级防范”长效机制

贵阳市社会治安综合治理委员会

近年来，贵阳市紧密结合经济建设、城市发展的特点以及全市治安形势，在全市范围内创建了治安“四级防范”工作机制，经过一年多的实践，“四级防范”机制的建设，有效地遏制了刑事发案上升势头。2003年元月至3月份，全市10个区、县(市)中，有9个立案比上年下降，1个立案同上年持平。2002年，全市刑事案件与2001年同比下降4.11%。其中，抢劫案件同比下降3%；盗窃案件同比下降6.99%。“四级防范”工作取得明显效果。主要做法是：

一、认真分析治安形势，创建“四级防范网络”

2001年底，我市在治安形势分析会上，提出了“全面贯彻落实‘打防结合，预防为主’的方针，采取有效防范措施，预防和打击犯罪，最大限度地减少多发性和可防性案件”的工作思路。根据这一工作思路，市综治办和市公安局向市委、市政府提出了在全市组建四级治安防范网络的工作建议。2002年5月，市委、市政府批准并指示市综治办负责牵头组建四级治安防范网络。

“四级防范 ”，就是按照“属地管理”原则，将全市治安防范工作划分为“四级责任区”，明确责任单位。具体是：第一级防范，是以市公安局巡警支队、治安支队、刑侦支队、交警支队为主，负责市内主干道巡逻控制、公共交通工具、大型商场反扒，小型出租车反抢，星级宾馆以及大型娱乐场所、典当业、废旧收购业、珠宝加工业、汽修行业的安全防范工作；第二级防范，是以各区、县(市)公安局(分局)为主，负责市内次干道、县城中心区域的巡逻控制、辖区内部单位、特种行业、娱乐场所的安全防范工作；第三级防范，是以派出所为主，组织联防力量，负责辖区小街小巷巡逻控制、沿街铺面、复杂场所的防范工作；第四级防范，是以内保单位、社区居委会为主，组织保卫干部、经济民警、保安人员、治安积极分子、社区群众，负责单位内部和楼群院落的值班守护工作。实施“四级防范”，形成了点线面结合，上下结合，内外结合，人防物防技防结合，覆盖全市的治安防范网络。

三、健全制度，强化监督，全面落实防范措施

加强组织建设和规章制度建设，是四级防范措施落到实处的关键。为此，我们主要采取六个方面的措施：一是加强组织领导。以公安机关为主，建立了区（县、市）街三级领导和管理体制。按照各自分工，全市治安防范力量分级分块管理，对辖区社会面上的治安问题负责。区（县、市）、街道（乡镇）以及200人以上单位都有专人配合辖区组织的治安防范工作。重大行动由市公安局指挥中心统一调度；二是落实领导责任。市里专门成立治安防范工作指导办公室，制定《"四级防范网络"责任制》，明确了责任制和适用范围，划分了各级各部门防范区域，分清了治安防范的责任，以及防范工作责任追究程序、追究范围、追究办法。由市综治办牵头，市纪委、市委组织部、市委督查室、市政府督查室、市人事局、市监察局等单位联合进行定期和不定期的督促检查和考核，考核结果纳人年终目标管理，目标任务的完成情况与晋职晋级挂钩，严格考核，兑现奖惩；三是夯实基层综治工作基础，重点指导督促第三级和第四级加强治安防范面的控制，形成和巩固"打、防、管、控"一体化机制；四是建立健全工作制度。重新下发了《关于建立群防群治网络，加强楼群院落值班守护的通知》、《关于加强楼群院落治安防范工作的通知》和《关于加强基层基础建设，落实专群结合、群防群治工作的意见》以及《平安文明小区检查考核标准》等文件，对基层防范提出规范性的要求；五是及时总结推广治安防范工作的经验。对面上工作坚持按标准考核、评比，对先进典型及时总结推广，做到整体推进不断创新。目前，全市各级授牌的治安模范街道（乡镇）68个，治安模范村（居）委会772个，县级以上治安模范单位629个，县级以下治安模范单位3024个，"平安文明小区"1057个，"平安文明院落"1000余个。通过对这些社会治安综合治理先进单位的培育和推广，使他们在社区治安防范中起到了重要的辐射带动作用。

四、政府出资，多渠道筹资，保障治安防范工作正常开展

多年来，市委、市政府领导坚持以经济建设为中心，以保一方平安为己任，并对各级领导干部提出：正确处理改革、发展、稳定关系是领导干部、特别是主要领导干部政治觉悟、执政水平、领导能力实践"三个代表"重要思想的具体体现，必须在抓好经济发展的同时，全力抓好社会政治和治安秩序的稳定。各级领导高度重视社会稳定和治安工作，是我们推动四级防范工作的重要保证。由于领导认识到位，我市许多区（县、市）、乡镇在财力有限的情况下，也尽力做到确保维护社会治安的各项经费。在实施四级防范过程中，各级党委、政府把解决经费问题作为一项重要内容，确保必要经费到位。四级防范经费，分别采取政府、企业、机关、居民共同出资的形式解决。城市中心区的治安防范经费和第一级防范经费由市财政全部承担；第二级防范经费包括治安巡防队的办公经费和人员工资，一律纳入同级财政管理，分别由市、区两级各承担50%，经费开支情况接受财政、审计和上级综治部门的监督；第三级治安防范经费由区、街两级承担；第四级防范经费主要由单位和社区居民根据"谁受益，谁出资"的原则，采取单位出资和居民集资等多种形式解决。由于指导思想明确，措施要求具体，使我市"四级防范网络"建设工作得以顺利实施，工作不断推向深入。

以“三创”工作为载体，构建治安防控体系 努力实现“发案少、秩序好、社会稳定、群众满意”的目标

毕节地区公安局

2002年，毕节地区公安局党委针对影响毕节地区社会治安的“顽症”，提出了“以深化公安派出所工作改革为主线，以开展‘三创’工作为载体，落实管理防范措施，解决影响社会治安的突出问题，促进全区社会治安明显进步”的工作思路，在城市、城镇广泛开展创建“无入室盗窃小区、无毒小区、治安严管区”的“三创”工作，在农村广泛开展创建“无霸村、无偷牛盗马村、无毒村”的“三创”工作。

一、党政重视，齐抓共管

“三创”工作只有置于党委政府的领导下，纳入社会治安综合治理“龙头工程”，才能真正取得实效。一是地委、行署领导高度重视，对各乡镇“三创”工作给予充分肯定，指出“不打不安、不防不稳、成效不错”，并多次听取“三创”工作情况汇报。二是各县市党委、政府精心组织，周密部署“三创”工作。毕节市委、市政府拨专款140万元，组建了400人的治安联防队，加强城区治安联防巡逻力量和农村乡镇治安巡逻工作，有效维护城区社会治安秩序，刑事发案大幅度下降，特别是“双抢”案件明显下降。三是各乡镇党委政府将“三创”工作纳入综合治理工作重要内容，成立了“三创”工作领导小组，协调领导“三创”工作的开展，并明确乡镇综治办、司法所和派出所合署办公，具体负责“三创”工作，落实工作职责、任务和责任。四是在村级组织实行“村为主，包治安”的做法，把社会治安工作与工资挂钩，把“三创”工作纳入村干部工作考核的主要内容，明确工作责任，兑现奖惩。五是各级公安机关始终把“三创”工作作为公安工作的重要内容，成立主要领导为成员的“三创”工作领导小组，下设办公室在治安部门，具体指导“三创”工作的开展。六是地区公安局党委把“三创”工作纳入全区公安业务目标动态管理，每季度听取各县市公安局“一把手”工作汇报，点评全区“三创”工作，通报工作进展情况，督促落实“三创”工作的开展。

二、典型引路，以点带面

为深入推进“三创”工作，全区各级公安机关在党委政府的领导下，认真抓好“三创”工作的示范，总结典型经验，树立典型，用典型引路。

首先，全区八个县市党委、政府和党委政法委先后召开“三创”工作现场会、经验交流会，推广典型工作经验和做法。至2002年8月29日，8个县市分别陆续总结推广了威宁县新发乡防范偷牛盗马“4321”赔偿制和威昭路派出所防范盗窃、两抢等案件“保安包保责任制”的经验；织金县熊家场乡综治办、司法助理和派出所合署办公共抓“三创”的工作经验；赫章县达依乡组建义务联防队，构建村、组、边远结合部之间联防协作机制的工作经验；金沙县城东所建立村级“三创”工作室以及将“三创”工作内容变为“村规民约”的经验和做法；大方县鸡场乡组建义务摩托车巡逻队，加强防控工作的经验；毕节市小坝镇刘华村花钱买平安，建立大牲畜投保赔偿的工作经验；黔西县甘棠乡全民动员参与防范工作经验和林泉镇全方位落实人防、物防、技防措施的工作经验。这些经验做法在“三创”工作中发挥了典型引路的作用。

其次，大力实施防控网络建设。全区公安机关积极发动群众参与，努力构建各具特色的治安防控体系。一是建立健全有偿服务防范机制，舍得花钱买平安。二是大力实施防范赔偿工程，采取投保赔偿、建立“4321”防范赔偿、实行“4411”赔偿等方法，将农户、党政干部、公安民警防范责任捆绑在一起，进一步落实防范责任和防范措施。

三是通过组建摩的驾驶员义务巡逻队、有偿保安巡逻队、设立公路沿线报警点,建立快速反应防控机制,加强社会面控制。四是全力推广技防措施,安装红外线报警器、防盗报警器,增加防范科技含量,取得良好防范效果。

第三,突出重点,引导"三创"工作的开展。全区公安机关从解决突出治安问题入手,正确引导各县抓好"三创"工作。一是在城市、城镇突出抓好"无入室盗窃小区"和"治安严管区"的创建工作,积极依靠人民群众和社会各界的力量,落实"人防"和"物防"手段,加强小区内值班守护、巡逻巡查等,防范入室盗窃案件的发生。二是在交通沿线突出抓"无霸村"创建工作,有效防范"车匪路霸"恶性案件的发生。三是在农村地区突出抓好"无偷牛盗马村"的创建工作,人防、物防、技防并举,推行十户联防、推广安装防盗报警器、加固圈舍、实行犬防等,有效防止了可防性案件的发生。

三、全面实施,成效明显

2002 年 12 月,为检验"三创"成果,地委政法委、地区综治委对各县(市)"三创"工作进行了考核验收。通过考核验收,全区"三创"工作取得明显成效。一是全区共创建"三无"小区(村)1265 个,其中无入室盗窃小区 332 个,无毒小区 269 个,治安严管区 54 个,无偷牛盗马村 814 个,无毒村 330 个,无霸村 315 个;二是全区共有 1687 名党政干部参与"三创"工作,投入创建经费 116.5 万余元;三是各类案件明显下降。2002 年全区刑事案件比 2001 年下降 3.7%,治安案件下降 18.6%。八类主要刑事案件比 2001 年下降 10.1%。2003 年 1－4 月份,全区刑事案件比 2002 年同期下降 12.7%,八类主要刑事案件下降 8.5%,偷牛盗马案件下降 31.1%,治安案件下降 19.3%;四是建立各种群访群治组织 4787 支 151859 人,基本形成防范网络;五是增强了广大人民群众的防范意识;六是实现了"发案少、秩序好、社会稳定、群众满意"的目标。

强化五级防控机制　保持社会长治久安

平坝县社会治安综合治理委员会

近年来,我们实行治安防控分层分级负责,努力建立社会治安"五级"防控体系,确保了全县社会稳定。具体做法为:

一、抓巡防督查,强化一级县城治安防控

在实施"五级"防控工作中,我们把县城的治安防控放在突出位置。2002 年,财政拨出专款组建了一支 20 人的治安巡防队,配备两台警用三轮摩托车,对县城区域各单位和楼群院落值班守护进行专门检查督促。巡防队员经过规范的岗前培训后,由两名公安干警带队上岗。工作中坚持实施"五个双向":

第一,实施双向管理,强化领导力度。县城治安巡防队由县综治办负责组织领导,县公安局进行业务管理。县综治办负责制定一级治安防控工作安排意见和实施方案,明确巡防队职责任务和工作目标,检查督促工作开展情况。公安局负责制定各项工作制度和纪律规定,进行日常管理。第二,实施双向控制,强化防范力度。巡逻队负责县城区域晚上整个面上的防范控制。各机关。企事业单位和楼群院落治保人员负责辖区治安防范。第三,实施双向监督检查,强化工作措施落实。巡防队在实施巡逻的同时,坚持每天不定时、不定点对各单位、楼群院落的值班守护情况进行检查登记。各单位、楼群院落在接受巡防队监督的同时,对巡防队也实施监督,被抽查的单位、楼院的值班人员,要在值班记录上记载巡防队的抽查情况,并在巡防队的巡防记录上签字。第四,实施双向沟通,强化信息交流。巡防队在检查工作中要及时将上级有关精神传达到各单位、楼群院落,并通报区域各阶段治安形势,提出强化治安防范的意见和建议。值班守护人员要向巡防队反馈区域内治安形势和守护情况,以及防范工作中存在的问题,并共同研究解决。第五,实施双向考核,强化奖惩激励措施。县综治办和公安局每季度一次,分别对巡访队实施考核;县综治办考核巡防队作用发挥和履行职责情况,作为巡防队年终评先选优的主要依据;县公安局对两名带队干警和每名巡防队员进行考核,作为队员年终评先选优的依据。

二、抓责任落实,强化二级乡镇治安防控

一是强化责任落实机制。乡镇分别与各行政村和辖区各单位签订工作目标责任书;与外来人员、特种行业及企业、商业铺面业主签订治安管理责任书;与煤矿、砖厂、砂(石)场、爆竹厂等企业签订安全生产责任书;实行联户联防,签订"治安中心户长"责任书等等。二是强化乡镇驻地巡逻防范机制。各乡镇都由财政出资,乡镇综治办牵头,乡镇派出所负责,组建了专门治安巡逻小分队,在派出所干警带领下,对乡镇所在地各单位、重点场所、重点区域。复杂地段、过境重要公路段进行巡逻控制和治安防控。三是强化检查考评机制。巡逻小分队对辖区内各级各部门防范措施落实情况进行检查督促,并定期向乡镇党委、政府汇报。乡镇综治办每月开展一次对辖区各单位的检查督促,每个季度组织辖区各单位开展一次评比考核。四是强化重点区域防控机制。各乡镇紧紧围绕重点区域,以点带面落实防控措施。五是强化矛盾纠纷排查调处机制。各乡镇均建立健全矛盾纠纷定期排查制度、信息反馈制度、联席会议制度和工作责任调处制度等。同时,坚持在每年6-8月(农闲季节)组织开展一次百名干部入村大普法活动,每个村至少有3名国家干部进村入户,采取召开村民大会、广播、墙报、以案说法等形式,宣传农村适用的法律法规。

三、抓企业稳定,强化三级厂场治安防控

平坝县境内中央、省属大中型企业多,县综治委把国有大中型企业(厂场)治安防控作为三级防控体系来抓。工作中坚持几个到位。一是坚持五位一体抓巡逻防范到位。全县14个国有大中型企业厂场公安科(处)、经警队、治安巡逻队、民兵应急分队和义务巡逻联防队五位一体负责对办公和生产场所、职工生活住宅区、集贸市场、厂地结合部的全天巡逻控制和安全防范。二是坚持厂地联合巡防整治到位。按照属地管理原则,把厂场治安防控纳入地方管理,开展厂地联防,适时对厂场集贸市场和厂地结合部等治安复杂区域进行集中巡防整治。三是坚持重点部位值班守护到位。配备责任心强的专职值班人员,确保24小时有人值班守护。

四、抓基层基础,强化四级属地治安防控

四级属地治安防控是指县属内保单位、学校、社区、小区、街道、楼群院落、村寨、城乡结合部等。属地治安防控坚持五项措施。一是坚持强化人防为主的防范措施。建立护村队、护寨队、护校队、联访队、楼群院落看护队等,开展多层次、全方位的巡逻守护防范。二是坚持推广物防技防配套防范措施在普遍安装了防盗门窗的基础上,不断扩大技防措施覆盖面。把落实技防措施作为一项考核硬指标。三是坚持警务、法制、服务、文化、科技进社区,在推进社区创建的工作中,强化社区整体功能和防控力度。四是层层签订治安承包责任书到村一级,实行治安承包村委主任负责制与治安中心户长制相结合。细化考核标准,明确奖惩措施。五是四级属地治安防控坚持以抓安全文明模范社区、小区、单位、村寨等创建为载体,认真落实防范措施。

五、抓细胞工程。强化五级自治防控

五级自治防控是以每个家庭住户为单位,开展自防自治。落实千家万户"五个一"细胞工程,一份家庭公约、一本法律小册子、一张治安管理卡、一份治安责任书、一块上门的星级管理牌。强化家庭治安责任承包的实施,并结合普法、依法治理和公民道德建设,以乡镇为单位广泛开展家庭文明户、五好家庭户、星级模范户等创建评比活动。"五级"防控体系的实施,形成了层层负责、环环联扣的全方位立体化治安防范网络,推动了全县社会治安"打、防、控"一体化长效机制的不断发展,在控制发案、减少犯罪方面发挥了重要作用。

坚持“五抓” 与时俱进 构筑新形势下社会治安防范长效机制

铜仁地区社会治安综合治理委员会办公室

近年来，我区社会治安综合治理工作在地委、行署的领导和人大、政协的关心支持下，坚持“打防结合、预防为主”的方针，全面落实“五抓”，与时俱进，努力构筑市场经济条件下治安防范的长效机制，收到较好效果，全区治安形势一直比较平稳。2002年，全区刑事案件比上年下降7.61%。我们的主要做法是：

一、坚持抓整治，集中治理治安混乱地区，不断完善维护治安的长效机制

近几年的实践证明，抓好重点整治是解决治安混乱问题的关键。在重点整治工作中，我们坚持在当地党委、政府的统一领导下，由政法委牵头，着力抓好六个环节的新措施。一是党委、政府必须高度重视，切实解决重点整治工作所需人财物，并加强督促检查；二是问题必须搞准，方案必须周密稳妥，措施必须具有针对性；三是职责任务必须明确，地县乡各有重点，针对问题组织政法干警和有关部门同志参加的联合工作组，工作组必须沉得下去、住得下来，做到突出治安问题不解决不走，整治任务不完成不走，群众不满意不走。四是坚持走群众路线，把做好宣传发动群众、教育群众的工作贯穿整治工作的始终。五是注重发挥和依靠乡镇党委、政府的作用。六是加强以村党支部为核心的基层组织建设，夯实基层基础，“治乱、治穷、治痽”一起抓，把治安整治、经济发展、加强班子建设、搞好民主法制宣传教育和矛盾纠纷排查调处有机结合起来，实行综合治理。截止2003年3月，全区先后抽调政法干警和党政干部3179人次，其中政法干警1979人次，投入经费219.8万元，排查整治治安混乱的乡镇、单位、村寨、路段、行业等619个，全部改变了面貌，人民群众安全感得到增强，树立了党和政府的威望。

二、坚持抓基层，强化基础工作，不断完善点线面结合的治安防控机制

我们主要抓了四个方面的工作：一是健全基层组织，筑牢第一道防线。我们结合党建扶贫，调整充实以基层党支部为核心的治保会、调委会等配套组织，健全综治领导机构，规范乡、村级治安室建设。目前全区乡乡、村村建有综治领导组织和比较规范的综治室，建立健全治保会3568个11827人，建立健全调委会3555个11530人。加强了基层司法所、法庭、派出所建设，特别是公安机关实行警力向基层倾斜，逐步实现了一片一警。二是建好三支队伍。即专、兼职治安巡逻队伍；治安联防和值班守护队伍，规范化管理的有偿服务保安队伍。全区共建立县城治安巡逻队13个149人，乡镇级联防队153个1551人，村级联防队295个23093人，机关企事业单位值班守护队伍1393人，城镇还有义务看楼护院队伍。三是在人防的基础上，强力推进物防、技防，提高防范水平。全区在各单位、各居民住户中推行“铁门、铁窗、铁锁”的防范措施，在金融、保险部门等一些条件具备单位安装电视监控系统、远红外线报警系统，在新建居民小区普通住宅和高级住宅中把技防列入规划项目，特别是部分边远农村主动搞起技防，安装耕牛防盗报警器，有效地预防偷牛盗马案件的发生。四是落实综治工作经费预算。全区地、县级财政分别每年按总人口人均0.1元、0.3至0.5元的标准列入财政预算，专款专用，有力保障了综治工作的顺利开展。

三、坚持抓调处，超前化解矛盾纠纷，不断完善立体化的排查调处机制

我们主要抓了三个网络、六项制度建设。三个网络是：(1)民事调解网。全区168个乡镇全部统一建立了调委会,3115个村(居)委会以及厂矿企事业单位都建立健全民间纠纷调委会,所有村(居)委会都有1名调解员。(2)睦邻共建网。在县与县、乡与乡接边地区,毗邻双方互签睦邻友好公约,对边际之间的矛盾纠纷实行联查、联调、联治,定期召开联席会议,互通信息,有问题及时解决,有效地维护了边际安宁。(3)信息情报网。全区各县、乡、村以综治、治保、调委人员为基础,派出所民警为骨干,以"110"报警和"12348"法律援助中心、建立信息员队伍,形成信息情报网。近几年来,收集了大量各类信息,特别是对可能引发群众性事件、群体性械斗、邪教组织活动、重大治安事件的突出问题的信息,为党委、政府提供了参考,使问题解决在基层、解决在就地、解决在萌芽状态。我们坚持的六项制度是:(1)月报、季报制度。各村(居)委会和各内部单位向所属乡镇综治办、各乡镇综治办每月向县、市、特区综治办(维稳办),各县、市、特区每月向地区综治办(维稳办)报送一次矛盾纠纷排查调处工作情况。(2)要情报告制度。各地、各部门发生影响稳定的重大苗头、重大事件和有影响的刑事案件,必须在24小时内逐级报告,并报处理进展情况。(3)"零报告制度"。定期报告制度,有事报情况,无事报平安。(4)交办回报制度。上级交办的矛盾纠纷,按照属地管理和归口处理原则由有关责任单位限期调处,以书面文字形式报告结果。(5)考核督查制度。将矛盾纠纷排查调处纳入社会治安综合治理目标管理考核的内容进行考核,对责任人和相关领导实行责任追究制。(6)定期排查会议制度。县、乡每月定期召开一次矛盾纠纷排查调处工作会议,认真研究急、大、难矛盾纠纷的调处措施,落实定人员、定时间、定任务的"三定"调处责任。由于制度健全、责任到位、督促具体、工作落实,近几年来全区未发生影响全局稳定的群体性事件。

四、坚持抓管理,着眼重点难点,不断完善严格规范的治安管理机制

近两年,我们在强化治安管理上做了大量工作。一是强化对"四类群体"(流动人口、"法轮功"人员、吸毒人员、刑释解教人员)的管理。特别是加强了对外来人口的管理和对"法轮功"顽固分子、治安危险分子等的包夹管理,坚决控制在当地,严防其外出制造事端。对流动、暂住人口采取村(居)委会协助公安派出所登记造册管理,"谁主管,谁负责"、"谁用工、谁负责",落实责任,从而做到底数清,情况明,严而不死,活而有序。对刑释解教人员,采取回归一个、安置一个、帮教一个的办法,全区2001年至2002年共接茬安置刑释解教人员892人,对历年来的1219名刑释解教人员落实了帮教措施。二是强化对管制物品的管理。对枪支弹药、管制刀具和爆炸、剧毒等危险物品,在生产、运输、销售、储存的各个环节,始终坚持"三严",即严密规章制度,严格规范管理,严格落实责任,坚决消除隐患。三是强化对特种行业的管理。对旅馆、桑拿、印刷刻字、废旧收购、机动车修理等治安问题多发性行业,健全规章制度,责任落实到人,加强日常检查,适时开展集中清查,减少问题的发生。四是强化对公共复杂场所管理。对车站、码头、歌舞厅、影剧院、集市贸易等人员复杂,人群集散量大的场所,实行"谁主管,谁负责"的原则,落实值勤值班和多部门联防、巡逻责任制,防患于未然。公安、消防部门加强对公共场所的管理,经常检查督促,有效预防不安全事故的发生。

五、坚持抓教育,实行德、法并重,不断完善以人为本的教育机制

近年来,我们坚持"以人为本",抓好对公民道德和法制教育,不断提高广大公民自觉学法、守法、执法的素养,争做合格公民。一是抓好家庭"细胞工程"。我们推广以家庭为单位,以家庭成员为主体,以家庭法治为主要内容,以聘请家庭法律顾问、送法进家、签订依法治家责任状为基本形式,以依法管理、民主管理为主要特征的农村普法、"送法进家门"活动,实现了对农民传统的行政管理模式向农民自我约束的依法、民主管理模式的转变,为保障农村的经济发展奠定了坚实基础。二是抓好法律和道德教育。我们在全区开展了以社会主义法律和道德为主要内容,以提高公民法律、道德素质为目的,以规范、教育、监督为主要手段,促进干部群众自我教育、自我管理、自我约束和自我发展的活动,涌现出一大批精神文明先进单位、个人和见义勇为积极分子。三是大力抓好以在校青少年为主体的预防青少年违法犯罪活动和对"四类群体"的教育管理,特别是采取动态教育,有效地预防和减少了违法犯罪。"四五"普法开展以来，开课率达100%。在学校组织大型法制课700多场次，在学生中举办《公民道德实施纲要》和青少年禁毒知识竞赛，切实提高青少年的法律素质和道德品质。同时，均把德育教育列入各级各类学校目标管理，加强学生德育教育，把学生培养成德、智、体全面发展的合格人才。四是抓好"青少年维权岗"和预防青少年犯罪活动，在青少年中倡导"爱国守法、明礼诚信、团结友善、勤俭自强、敬业奉公"的基本道德规范，提高了青少年知法守法的意识和思想道德素质。

贵州省社会治安综合治理委员会关于进一步加强矛盾纠纷排查调处工作的通知

（2003年9月29日）

各市、州、地社会治安综合治理委员会：

近年来，各级党委、政府认真贯彻落实中办、国办转发中央综治委《关于进一步加强矛盾纠纷排查调处工作的意见》（中办发〔2000〕17号），坚持从人民利益出发，加强对矛盾纠纷排查调处工作的领导，在各级综治、维稳部门组织协调下，各有关部门共同参与，努力将矛盾纠纷化解在基层，消灭在萌芽状态，成功地调处了大量影响社会治安秩序和社会稳定的各种矛盾纠纷，有力地维护了全省改革开放和经济建设的顺利进行。但是，一些地方和部门对矛盾纠纷排查调处工作重视不够，措施不落实，工作不深入，特别是忽视了对婚姻家庭纠纷、邻里矛盾等民间矛盾纠纷的排查调处，致使矛盾激化，引发杀人、伤害、爆炸等恶性案件，重大治安案件或群体性事件，给当地社会治安秩序和社会稳定造成了不良影响，损害了人民群众的利益。为此，就进一步加强矛盾纠纷排查调处工作，作如下通知：

一、排查调处矛盾纠纷是社会治安综合治理工作的基本任务，是社会治安防范工作的重要组成部分，是正确处理人民内部矛盾，预防和减少违法犯罪及群体性事件的重要环节，是维护社会稳定和广大人民群众根本利益的一项重要工作。各级社会治安综合治理委员会及其办公室和维护稳定工作领导小组及其办公室都是抓矛盾纠纷排查调处工作的职能部门，但二者在工作中又各有其侧重。维稳部门主要负责抓有关企业问题、"三农"问题、执法问题以及城市建设和城市管理、西部大开发中的重大不稳定因素、突出矛盾纠纷隐患和群体性事件的排查调处。综治部门在矛盾纠纷排查调处中的重点，是抓婚姻家庭纠纷、邻里矛盾、田边地角争议、损害伤害赔偿和借贷借用纠纷等民间矛盾纠纷，以及企业问题、"三农"问题、执法问题、城市建设、城市管理和西部大开发中非群体性的一般矛盾纠纷排查调处的组织协调。县以下综治部门要全面负责乡镇（街道）矛盾纠纷排查调处工作，然后分别按要求上报县市维稳办和综治办；综治委及其办公室在矛盾纠纷排查调处工作中要与维稳领导小组及其办公室相互协作，密切配合，共同做好矛盾纠纷排查调处工作。

二、按照"党政挂帅、综治协调、部门联动、依托基层、各方参与"的工作要求，各级综治委（办）的职责任务是：在党委、政府的统一领导下，具体负责矛盾纠纷排查调处工作的组织协调、情况综合、督促检查以及根据领导责任制和"一票否决权"制的规定，会同有关部门提出"一票否决"的建议，下达《领导责任查究通知书》。

三、各级综治委（办）要定期组织开展矛盾纠纷排查调处工作，矛盾比较突出、集中的地方和单位要根据需要及时进行排查调处。各乡镇（街道）综治办每半月、县市区综治办每个月要进行一次矛盾纠纷排查调处工作情况的统计，并将排查调处情况报告上一级综治办。市州地综治办每季度向省综治办汇总报告一次本地区排查调处情况。

四、针对民间纠纷和非群体性其他矛盾纠纷的特点，排查调处要依托基层，充分发挥县乡司法行政机关、基层党组织、村（居）委员和乡镇（街道）、村（居）两级调解委员会，村（居）民组调解小组或调解员以及有关机关、团体、学校、企事业单位及其调解组织的作用，做到小纠纷不出组，一般纠纷不出村，大纠纷不出乡镇。注意抓早、抓小、抓苗头，防微杜渐，将矛盾纠纷化解在基层，解决在萌芽状态。同时，还要按照中央关于矛盾纠纷排查调处的部门分工，根据矛盾纠纷的性质和类别，归口到有关职能部门负责牵头排查调处。将人民调解、行政调解、司法调解有机结合起来，严防民间纠纷矛盾激化，演变为治安、刑事案件或群众性械斗和群体性上访事件。

五、各级综治委（办）要加强对矛盾纠纷排查调处工作的督促检查，通过定期检查与不定期抽查相结合的办法，对各级各部门履行职责的情况进行检查考核。对排查出来的突出矛盾、重大纠纷，应由本级解决的，要挂牌督办，限期解决；本级解决不了的，要及时上报。对当地矛盾纠纷排查调处工作协调会议决议的落实情况，特别是化解工作和解决问题的效果，要进行专门检查并写出报告报同级党委、政府和上一级综治办。对下一级综治办上报的矛盾纠纷排查调处工作会议纪要及落实情况和重大情况报告，要逐级建立档案，必要时进行实地考核。矛盾纠纷排查调处工作要严格执行社会治安综合治理领导责任制和“一票否决权”制。今后，因工作不负责任，不认真开展矛盾纠纷排查调处工作，导致恶性刑事案件发生、酿成严重影响社会稳定的重大治安问题和群体性事件，造成严重后果的，对有关地区、部门、单位及相关责任人要坚决行使社会治安综合治理一票否决权。

六、各级综治委（办）都要建立矛盾纠纷定期排查制度、分级负责归口调处工作制度、排查调处工作协调会议制度、督促检查制度、排查调处工作责任制和情报信息报告制度等规章制度。形成制度，健全机制，把矛盾纠纷排查调处作为一项重要的日常工作，长期坚持下去。

（撰稿：韩　俊
审稿：粟先惠　季　勤）

云　南　省

“严打”整治斗争情况

2003年云南省继续坚持严打方针，在打击刑事犯罪、打击经济犯罪和打击毒品犯罪三条战线全面出击，取得了可喜的成效。在打击刑事犯罪方面，截至11月底，全省共立各类刑事案件10.2万余起，同比减少8504起，下降7.7%；破获各类刑事案件4.9万余起，破案率为48.2%。摧毁犯罪团伙2072个，抓获团伙犯罪成员8533人。打掉黑恶犯罪团伙40个，抓获犯罪团伙成员229人，破获案件429件，缴获各种枪支8枝。省公安厅直接参与督办4起重大涉黑案件，全部办结。在办理公安部督办的宣威徐天福涉黑案件中，厅刑侦总队先后派出14批42人次，历时72天，一举摧毁了长期在宣威市以东华公司为掩护，大肆进行赌博、欺行霸市、寻衅滋事、非法买卖爆炸物等违法犯罪活动的黑社会性质犯罪组织，抓获徐天福等犯罪嫌疑人15名。全省命案全破县达31个，比去年增加4个。全省立致人死亡刑事案件2320件（较去年减少81件），破案1827件，破案率在去年75.79%的基础上提高到78.75%。平均每天死亡人数由去年同期的7.3人减为6.96人。成功破获金平县一家三口被杀案、宣威市场柳乡一家五口被杀案、思茅市梅子湖一家三口被杀案、景洪“8·08”特大持枪抢劫运钞车杀人案等重特大案件。2003年，全省加大了对涉枪、涉爆、投毒等恶性犯罪的打处力度。共立涉枪案件538起，破案502起，破案率为93%；立爆炸案件132起，破75起，破案率为57%。立投放危险物质案208起，破143起，破案率为69%。成功破获省公安厅督办的大理"5·12"投毒案、通海"6·04"投放危险物质致103名学生中毒案、水富县"9·24"投毒等一批大要案件。率先在全国推行"规劝书"追逃措施，年内全省共抓获逃犯3744名。9月中旬，联合省、地电力部门开展为期三个月的"云南省打击盗窃破坏电力设备犯罪的专项行动"。截至11月30日，全省共破获设电犯罪案件229起，抓获作案人员134人。清理检查废旧物资收购站点508个，整治重点村镇、社区107处，查处团伙6个。2003年，全省加强了"打拐"工作，切实维护妇女儿童的合法权益。截至11月底，共打掉29个拐卖妇女儿童犯罪团伙，抓获团伙成员109名，解救被拐卖妇女190名，解救被拐卖儿童64名。红河州公安机关侦破了公安部、省公安厅督办的"6·28"系列拐卖儿童案件，深挖出一个有43人组成的拐卖妇女130余名、儿童27名的犯罪团伙。

在打击经济犯罪方面，全省公安机关经侦部门2003年共受理经济犯罪案件2115起，立案1508起，同比下降20.4%，破案1366起，同比破案率提高4个百分点；抓获犯罪嫌疑人1082名；涉案金额7亿元，同比减少32.7%；挽回经济损失1.7亿元，同比挽回率提高13%。历年来列为部、省、厅级挂牌督办的47起经济犯罪案件，现已破获42起，破获率为89.4%。2003年新列7起部、省、厅督办的案件全部告破。成功破获了"5·27"涉嫌合同诈骗案、"滇蝎"合同诈骗案、"两翁"贷款诈骗案、"8·18"特大出售假币案、"1·29"人和集团巨额贷款诈骗大案、"5·19"涉税大案。共抓获在逃经济犯罪嫌疑人66名，捕获率达到59.5%，其中部、省、厅级督办案件逃犯抓获29名。全省共破获扰乱市场秩序案件581起，挽回经济损失5781.3万元。破获税收征管案件170起，挽回经济损失3635.2万元；破获假币犯罪案件132起，缴获假币681万元。整治各类市场2618个，其中重点地区219个，重点市场427个。全省共出动警力5710，车辆1584台次，查处涉盐违法犯罪案件471起，查获非法经营的工业盐261余吨，查获用工业盐腌制的各类食品150余吨。

在打击毒品犯罪方面，2003年全省共破各类毒品案件14227起，其中万克以上大案170起；抓获毒品犯罪嫌疑人1.8万余人，缴获毒品9470.28千克，同比上升8.5%；缴获毒资8929.72万元。缴获的海洛因占全国缴获总数的82.65%。年内，主要针对新形势下毒品犯罪的规律和特点采取了几项新措施：一是强化多部门、多警种协同作战。主动加强与边防、铁路、民航公安机关及海关、金融、邮政等部门的联系与协调，提升对毒品犯罪的预防控制能力，增强缉毒工作的主动性、针对性和有效性。二是加强与有关省区的合作。在我省的积极配合下，公安部禁毒局及19个省市区在滇设立驻滇联络办公室，建立了禁毒协作新机制，以高效、准确、快捷的情况信息平台，在禁毒斗争中发挥了重要的作用。三是加强禁毒国际合作。按照公安部"打击'金三角'毒品入境和跨区域贩毒活动专项行动"和省公安厅"铁拳行动"，仅在8月至12月打击金三角毒品入境和跨区域贩毒活动专项行动期间，全省就查破一次贩运万克以上案件73起，缴获毒品1380.7千克；摧毁3个境内外勾结的贩毒团伙，共抓获列捕的境外毒枭、重要毒贩和在逃毒品犯罪嫌疑人19名，狠狠打击了大宗贩毒和跨区域贩毒的嚣张气焰，对境外向我国贩毒势力、毒枭、毒贩形成巨大的威慑。年内全省共开展边境联合扫毒行动和联合办案38次，其中与缅方合作34次，与老挝合作4次。抓获高仲伟和省公安厅督捕的大毒贩斯宝贵等贩和一批吸毒人员。缅甸地方警方还积极协助配合我方抓捕王大、董有春等5名境外毒枭和重大毒贩。四是针对人体藏运毒品突出的情况，加大人体藏毒犯罪的打击力度。全年共查破人体藏毒案件1742起，抓获人体藏毒嫌疑人2132名，缴获毒品614.31千克。

流动人口治安管理工作情况

2003年，流动人口治安管理工作坚持“公平对待，合理引导，完善管理，搞好服务”的原则，按照省委对流动人口管理工作提出“既要促进经济发展，又要抓好管理教育，促进社会治安和社会稳定”的要求，加强流动人口治安管理，预防、减少和打击违法犯罪。一是健全流动人口管理机构，落实管理人员。全省共建立流动人口管理协调领导小组1318个5292人，建立流动人口管理办公室1598个6095人，建立办证管理站点1634个，聘请协管员、办证人员6132人，有力地保证了流动人口的管理工作的落实。二是加强流动人口日常治安管理工作。各地公安机关尤其是基层派出所把流动人口管理纳入社区警务战略，切实加强暂住户口登记、房屋租赁登记备案及暂住证的办理和查验等各项基础工作，落实管理措施，以利及时发现和控制各类可疑人员。三是严格落实出租房主和用工单位治安管理责任制。按照“谁用工谁负责、谁出租谁负责”的原则，对用工单位、建筑工地、集贸市场、文化娱乐场所业主实行治安管理责任制，督促用工单位、出租房主和社区居委会配合公安机关做好暂住人口的管理工作。四是加强流出地和流入地的协作管理。针对全省部分县流入昆明市的人口较多的实际，2003年指定镇雄、巧家、彝良、会泽县公安局在昆明试行驻昆联络警官制度，共同管理流动人口。该项制度试行半年多来，四个县公安局驻昆联络警官配合昆明市公安机关协查犯罪嫌疑人50余名，抓获在逃犯26名，进行信息比对3584条，发现提供破案线索100余条，掌握流动人口底数10402名，解决纠纷40起。督促办理IC卡暂住证1000余人，办理居民身份证2649人，召开座谈会369次2000余人，提供法律咨询160次200余人。五是落实流动人口协查通报制度。各地加强对出租房、中小旅店、建筑工地、集贸市场等流动人口主要落脚点和活动场所的经常性治安检查，摸清出租房屋和暂住人口情况，适时组织清理整顿。加强流动人口中的刑释解教人员的排查和帮教工作，发现和打击隐藏其中的流窜犯、在逃犯和其他违法犯罪人员，清除治安隐患。

社会治安管理和防范工作情况

2003年，全省社会治安管理工作突出治爆缉枪、乱点整治、无毒社区创建和社会治安防控体系建设。一是坚持不懈地开展治爆缉枪工作。1至10月，全省共收缴非法枪支7267枝（军用枪59枝）、子弹36570发、炸药47.4吨、雷管13.7万多枚、手榴弹2305枚、炮弹476发、地雷55枚及一大批其他危爆品；收缴剧毒物品767.45公斤，查处涉爆涉枪案件860起。遏止了涉枪涉爆犯罪多发势头，全省爆炸案件和持枪作案同比分别下降39.6%和26.2%。二是有针对性地进行乱点整治。1至10月，全省共清查整顿娱乐服务场所35874家，查处违法违规经营场所6984家，其中实行“一次性死亡”45家，取缔2501家，吊销证照315家，停业整顿714家，限期整改1015家，其他处理1615家；查处卖淫嫖娼案件8619起18362人，赌博案件12958起55101人，捣毁赌博团伙2433个14271人，收缴赌资1403万余元；查处介绍、容留卖淫嫖娼案件1006起1436人，取缔卖淫窝点79

个，捣毁卖淫团伙 71 个 280 人；配合职能部门检查出版物市场 8873 家次、经营出版物店铺、摊点 7778 个次；取缔关闭非法市场 126 家，非法店铺、摊点 563 个；查处违反严禁淫秽物品管理规定案件 485 件，查处违法人员 568 人，收缴淫秽书刊 615 册、淫秽光盘 30191 盘、其他淫秽物品 99 件。5 月以来，在全省边境地区开展了声势浩大的查处边境地区赌博的“利剑行动”。查处非法拘禁案 15 起，解救人质 15 人；抓获网上在逃犯 3 人、非法越境人员 7252 人；摧毁非法扣押、拘禁、伤害我国公民的犯罪团伙 6 个，刑事拘留涉嫌犯罪嫌疑人 70 人，治安拘留 165 人，治安罚款 5664 人；查获赌资 110 万元。查处取缔境外赌场设在我境内的秘密接送点 31 个，迫使 44 家境外赌场关闭。三是深入开展创建“无毒社区”。在全力巩固 15 个“无毒县”创建成果的基础上，狠抓 6 个重点县创建工作的落实，其中，普洱、墨江、牟定、鹤庆、麻栗坡 5 县社会面已无吸毒人员，基本达到“无毒”标准。全省 1630 个乡、镇、街道办事处有 736 个基本实现无毒，同比增加 53 个，上升 7.8%。1 至 12 月全省强制戒毒 35900 余名、劳教戒毒 4200 余名，现有吸毒人员减少到 4.6 万余人，下降 4.2%。基本实现了社会面上无失控吸毒人员的目标。积极推进“外转内”收戒方式，加大对戒毒劳动康复场所的投资，在 2002 年补助 53 个县市区 2260 万元基础上，2003 年又补助 11 个县市区 1325 万元。全省纳入“外转内”的县市区由去年 53 个增加到 65 个，强制戒毒所的收戒床位数从原来的 13270 张扩大到 28724 张。四是加强社会治安防控体系建设。目前全省有各类群防群治组织 62805 个 38 万余人。其中：治保会 23302 个 15.9 万余人，治安联防队 7961 个 6.5 万余人，治安承包队 4644 个 2.6 万余人，各种护村（路、厂、校、线）队 24425 个 10.2 万余人，保安服务公司 46 家 1.5 万余人，内部保安组织 2427 个 1.1 万余人。形成了以治保会为主体，保安、联防队为骨干，护村（路、厂、校、线）队等群众性治安防范组织协调发展的群防群治体系。据 2003 年第三季度统计，群防群治组织开展“四防”安全检查 142692 次，排除整改隐患 24550 起，帮教违法青少年 21192 人，提供线索破获刑事案件 3043 起，协助查处治安案件 15870 起，协助抓获违法犯罪人员 26050 人，调解民间纠纷 36346 起。截至 11 月底，全省共排查出可能诱发冲突和群体性事件的热点问题 2000 余起，发生群体性治安事件 681 起，均没有造成严重后果。2003 年，在全省推广了“乡村 110”，构建农村防控体系。昆明、曲靖、楚雄、大理、德宏、保山、红河等地公安机关，在交通沿线、复杂集镇、地段设立了“乡村 110”报警服务点。通过接受群众的报警及开展法律咨询、办理证件等服务工作，密切了警民关系，提高了人民群众同违法犯罪作斗争的积极性，增强了公安机关的快速反应能力和有效控制社会治安局势的能力。

铁路护路联防工作情况

2003 年，全省铁路护路联防工作突出抓了四个方面：一是严格奖惩兑现。2 月 16 日，在全省第四轮护路联防工作总结表彰会议上，表彰了 33 个护路先进集体和 36 名先进个人，签订了第五轮承包责任书，加大了对各级领导的风险抵押考核。年末，对达到创安条件的 17 个州、市（区）、县给予了表彰奖励，重新修订了《云南省铁路护路联防承包责任书考核实施办法》。二是坚持抓爱路护路宣传。全年有 60 多篇宣传我省护路工作的文章、图片在《法制日报》、《人民铁道》、《云南法制报》等刊物上刊登；省护路办下发了与铁道学会联合编制的《铁路交通安全漫画故事》1000 本；印发了近年来的有关《文件资料汇编》；印发宣传挂历 15 万张、作业本 7 万本、笔记本 4500 本、水杯 600 个。全年，全省各级护路组织共张贴宣传标语 114717 张（条），宣讲铁路法和铁路安全常识 2686 场次，播放录像、电影 1433 场次，印发宣传画册、挂图、资料 223568 份，受教育群众 1445733 人次。三是众志成城抗"非典"。省护路办下发了《关于认真开展做好预防和控制"非典"疫情期间有关工作的通知》，并拨给护路队员人均30元的专项经费，用于购置防护用品。四是解决涉路纠纷。全省全年共排查出涉路矛盾纠纷77件，已调处24件，正在调处8件，转相关部门20件，尚未调处15件。全省护路队员共配合、协助公安机关破获刑事案件961起，协查治安案件4561起，参与汛期防洪抢险28次。整治封闭非法道口1个，拆除无人看守道口1个，参与协调实施平改立8个，出资建盖监护房23间，聘人监护无人看守道口23个，积极协调开设了二个无人看守平交道口。道口外伤事故与去年同期相比下降36%。在南昆铁路沿线149公里的路段上，清退铁路用地3460亩，签订《退耕还林保证书》8000份，绿化种植树木140余万株。

省综治委组织参与的有关工作

一、制定下发了一系列带有全局性、指导性的文件

省委、省政府办公厅转发了《云南社会治安综合治理委员会关于县(市、区)实施社会治安综合治理整体联动防范工程的意见》(云办发[2003]5号)；

下发了《关于印发〈2003年度云南省地州市社会治安综合治理工作责任目标〉及〈2003年度云南省综治委成员单位社会治安综合治理工作责任目标〉的通知》(云综治委[2003]7号)、《关于印发〈各级综治委有关成员单位在实施"整体联动防范工程"中的职责任务〉的通知》(云综治委[2003]8号)；

与省纪委、省委组织部、省监察厅、省人事厅联合下发了《关于对重大案(事)件实行责任查究及对治安隐患问题限期整改的通知》(云综治委[2003]12号)；

分别与省委组织部、省编办、民政厅、建设厅、教育厅、团省委等单位联发文件，强调各部门、各系统在社会治安综合治理工作中的作用。

二、召开会议，不断探索开展综治工作的新途径、新形式

1月中旬对完成2001、2002年度铁路护路联防责任目标的先进单位和达标单位进行了奖励；

2月底召开了全省综治工作总结表彰暨安排部署会议，兑现了2002年度综治工作先进地州和省级成员单位的奖励，表彰了100个优秀基层综治办和100个"创安"先进单位，嘉奖了综治先进集体有关领导。

4月上旬在省交通厅召开了省级成员单位综治工作现场会，推广了交通厅多年来开展综治工作的典型经验。

7月初在楚雄州召开了规范基层综治组织建设的现场会，楚雄州抓基层综治组织建设的经验在南昌召开的全国社会治安综合治理工作会议上进行了交流。

10月份在曲靖市召开了全省治安防控体系建设现场经验交流会，总结推广了麒麟区、沾益县、楚雄市、临沧等地贯彻(云办发[2003]5号)文件的经验做法，加大了全省构建防控体系的力度。

11月份召开了全省见义勇为基金工作座谈暨表彰会，总结了一年来省见义勇为基金会的工作情况，省人民政府表彰了17名见义勇为先进个人，发出奖励资金67万元。由于宣传发动工作广泛深入，11月17日当天有21个单位向基金会捐款近580万元。目前，省见义勇为基金会已募集资金3300余万元。

11月份还配合中央综治办《长安》杂志社在云南召开了全国通联站站长工作座谈会。

12月份组织全国"严打"整治斗争成果巡回展在辖区内各地州县市及部分综治成员单位举行。展览接待社会各界参观群众过百万人次，受到了各级领导的充分肯定和广大政法干警、人民群众的好评。

12月份还组织了9个组对16个地州市、56个成员单位全年综治工作的目标管理考核，并拟定出兑现表彰奖励的初步意见。

三、积极开展调研活动，为领导决策提供了工作依据

1. 参加了省委组织的对迪庆藏区社会政治稳定的调研，并提出了确保藏区稳定的建议和意见。

2. 组织了两个调研组分赴四个地州市和10个省级成员单位调研综治目标考核的问题，规范和完善综治考核评比工作。

3. 组织调研贯彻省委办公厅[2003]5号文件的落实情况，提出了考核验收《防范工程实施意见》的办法。

4. 参与了中央综治办对刑释解教人员安置帮教工作的调研，并协助省司法厅召开了全省刑释安置帮教工作总结暨表彰大会。

5. 参与了中央综治办对预防青少年违法犯罪的调研，并在全省举行了《为了明天》预防青少年违法犯罪活动的警示片的首映式。

6. 对内昆线、广大铁路的护路联防工作开展了调研活动。

四、抓好专项工作，完成各项重要任务

1. 向中央综治办和中华见义勇为基金会推荐了参加全国第八次人民群众见义勇为的先进个人，并组织上报了见义勇为先进个人典型事迹报告文学作品。

2. 积极组织撰写推荐了9月份参加全国综治工作会议的典型材料。

3. 组织开展了全省治安形势分析和公众安全感调查，人民群众对本省社会治安的满意率达到81.39%，公众安全感达到80.3%。

4. 向中央综治办上报了2003年度全省治安混乱地区和突出治安问题的整治情况。

五、总结经验，加强宣传，扩大综治工作的影响力

1. 积极开展综治好新闻评比活动，综治工作更加深入人心。全省评出综治好新闻一、二、三等奖和组织奖。

2. 全省有9件综治工作新闻作品被中央综治委和中国新闻工作者协会评为二、三等奖。

3. 加强了综治工作报道力度。先后在《长安》杂志、中国法制日报的重要版面、重要位置报道了全省综治工作的新经验、新做法和重要部署。

综治领导责任制落实情况

2003年2月下旬，省综治委嘉奖了2002年3月被省委、省政府彰的50个综治先进集体的94名党政主要领导和分管综治工作的领导。全年，各地还兑现综治责任奖3817个单位11358人842万元。年内，受罚的有147个单位79人，被一票否决的有66个单位8人，领导责任被查究的有7件24人。特别是曲靖市对云南模具二厂枪支被盗案、西双版纳州对景洪农场“8.08”抢劫工资案、德宏州对州医疗集团内部多次发生刑事案件等实行责任查究和一票否决，收到了很好的社会效果。

综治成员单位参与综治工作情况

2003年，省综治成员单位根据各自在治安防范中的职责、任务和要求，积极参与治安防范工作。省委办公厅、省纪委、省委组织部、省人事厅的主要领导同志高度重视综治工作，综治组织机构健全，工作责任落实。省公安厅、省检察院、省法院、省司法厅、省安全厅、省委610办和武警部队充分发挥综治主力军作用，切实加大打击各种违法犯罪的工作力度。省军区、十四集团军、省公安边防总队加强部队建设和管理，积极参与边境地区的军警民联防活动，有效地维护了边境稳定。省民政厅、省民委、省计生委、省财政厅、省文化厅根据系统特点切实做好单位和系统内的综治工作。省卫生厅与有关部门密切配合，认真做好群防群治防"非典"工作，确保全省"非典"零记录。省电力公司、省交通厅、省民航局、昆明铁路局、省广电厅、省新闻出版局结合行业特点加强防范工作，适时开展专项打击行动。目前，省综治成员单位认真发挥职能作用，积极参与社会治安综合治理，齐抓共管的综治格局已经形成。

综治宣传教育工作情况

一是省综治办组织开展了 2002 年度综治好新闻评比活动，有 9 件作品被中央综治委和中国新闻工作者协会评为二、三等奖。《长安》杂志、《法制日报》多次报道省综治工作的经验和做法。二是省综治办、省文明办、省司法厅等部门联合开展了"法律进社区"和"为实现公平和正义——法律援助在中国"云南大型公益活动。省综治办、团省委、省教育厅、省司法厅组织观看了预防青少年违法犯罪警示片《为了明天》、《为了母亲的微笑》。三是省综治委组织在全省 16 个地州和 129 个县的城区、机关、学校和农村开展了全国"严打"整治成果巡展，广大群众反映热烈，收到了良好的社会效果。四是认真总结了省见义勇为基金会的工作经验，大力宣传和弘扬见义勇为先进人物的英雄事迹。省人民政府表彰了 2003 年度 17 名见义勇为先进个人，奖励 67 万元。今年又有 20 多个单位向基金会捐款 580 万元。目前，省见义勇为基金会已募集资金 3300 余万元。

刑释解教人员安置帮教工作情况

2003 年，刑释解教人员的安置帮教工作成效明显，呈现出良好的发展势头。省委办公厅、省政府办公厅批转了《云南省社会治安综合治理委员会关于加强全省刑满释放、解除劳动教养人员安置帮教工作的意见》(〔2003〕29 号)。29 号文件对安置帮教工作的重要性、安置帮教工作机构的设置、全省各级安置帮教领导小组的主要职责、进一步加强刑释解教人员的衔接管控工作、做好刑释解教人员的就业安置、加强对安置帮教工作的组织领导等均作出了明确的阐述和要求，为全省深入开展安置帮教工作提供了强有力的政策依据。年内，省综治委安置帮教领导小组组织了三个调研组到全省各地进行广泛深入地调查研究，并配合中央综治办调研组完成了专项调研课题。各地州市也通过调研及时发现并帮助总结典型经验，采取召开经验交流会、表彰会、现场会等形式，充分发挥先进典型的引路作用，有效地推动本地安置帮教工作的深入开展。目前，全省已基本形成了覆盖城乡的省、地(州、市)、县(区、市)、乡(镇、街道)、村(居)委会五级安置帮教工作网络，拥有 2 万余人的安置帮教工作队伍。同时，各级安置帮教机构还建立健全了运行机制和工作制度，定期召开会议部署工作任务和分析研究工作进展情况，保障了安置帮教机构的协调运转和工作有序开展。全省从 1998 年至 2003 年上半年的 5 年半时间里，共有 100346 名刑满释放、解除劳教人员回归社会，年平均安置率在70%以上，帮教率达90%以上，重新违法犯罪1237人，重新犯罪率为1.3%，并且安置和帮教率逐年上升，重新犯罪和脱管失控比例逐年下降。全省在安置帮教工作中摸索出了四条经验：一是落实帮教责任制，切实解决帮教对象的实际困难；二是提前介入，帮教工作直接延伸到监狱、劳教所；三是丰富帮教形式，因地制宜地开展社会化帮教活动；四是树立帮教典型，以典型示范推动安置帮教工作。同时，各地在实践中也创造出许多宝贵经验。如昆明市采取了协议帮教、定人定责帮教、组织社会力量帮教、集中帮教和延伸帮教五种帮教形式，建立了刑释解教人员报到登记制度、建档立卡制度、重点对象管控制度、定期走访谈话制度、法制宣传和跟踪帮教制度等，有效地保障了安置帮教工作的规范、协调运作。2003年12月，召开了云南省刑释解教人员安置帮教工作暨表彰大会，大会总结了近年来全省的安置帮教工作经验，交流了17份经验材料，有4个先进单位、3名先进个人在大会上作出经验交流，表彰了56个先进集体、55名先进个人，部署了今后一个时期的工作。

2003年云南省综治机构设置情况表

	姓名	综治委职务	党政领导职务	级别
综治委	陈培忠	综治委主任	省委副书记	副省
	李明朝	综治委副主任	省委常委、政法委书记	副省
	江巴吉才	综治委副主任	省人大副主任	副省
	李汉柏	综治委副主任	省政府副省长	副省
	和占钧	综治委副主任	省政协副主席	副省
	刘廷贵	综治委副主任	省军区副司令	副省
	李定达	综治委副主任	省委政法委副书记	正厅
综治办	李继平	综治办主任	省委政法委委员	副厅
	马远武	综治办副主任		正处
	汪　洋	综治办副主任		正处
综治办内设机构情况			编制数	实有数
无			8	7

强化组织领导　推动治安防范体系建设

大理市位于滇缅、滇藏公路交汇处，是云南西部八个地州的物资集散地，也是国务院首批公布的全国24个历史文化名城和44个风景名胜区之一，每年接待国内外游客500余万人次。人流、物流、信息流的增加，给社会治安防范工作带来了新的压力和挑战。大理市按照中央和省委关于加强社会治安综合治理整体联动防范工作的部署和要求，坚持专门机关和群众路线相结合，组织发动社会各方面力量，把社会治安综合治理的各项措施落到实处，有效预防、控制和减少违法犯罪，确保了社会治安秩序的持续稳定。

强化领导，落实治安防范体系建设责任制。大理市委、市政府始终抓住社会治安防范工作领导责任制这个龙头，严格执行党政主要领导为第一责任人，分管领导为第二责任人，其他领导干部也承担一定责任的制度，由市委副书记李国源任治安防范体系建设领导小组长，以此推动社会治安防范工作目标管理责任制和各项措施在基层的全面贯彻落实。按照“谁主管，谁负责”和属地管理原则，市综治委每半年会同纪检、监察、组织、人事等部门对辖区内各级各部门党政领导干部抓治安防范工作领导责任制的情况进行一次综合检查，强化领导干部抓治安防范体系建设的责任意识。市委、市政府还与市辖区内的120余个中央、省、州、市属单位签订年度社会治安防范工作《责任书》，各级各部门也层层分解落实责任制，使责任书的签订在辖区内不留空白。坚持年年召开总结表彰会，对工作成绩优异的集体和个人进行奖励，先后表彰先进集体500余个，先进个人3000余名。对某单位发生枪支被盗案在全市进行通报批准、撤销“安全文明单位”称号、罚款2万元，主管部门还对该单位的党政领导及相关责任人进行了处分；今年，市综治委又对发生群体性事件的两个村实施了撤销“安全文明单位”称号的处罚。

重视基层组织建设，夯实防范工作基础。目前，全市所有乡（镇）及企事业单位都建立健全了社会治安综合治理组织机构，做到有人办事、有钱办事。基层的治保会、调委会、治安联防队、内部保卫科（室）和保安队伍等群防群治队伍做到组织、人员、工作、报酬“四落实”。全市共有治保、调委会276个880余人，治安联防队129个1300余人，内部保卫科（室）85个1350余人，保安队37个1100余人。“安全文明小区（村）”创建活动以服务群众、方便群众为宗旨，创建达标率为94%。刑释解教人员安置帮教率达100%。大理市今年投入100多万购置各类车辆，用于开展群防群治工作。此外，该市还坚持“四禁”并举、堵源截流、标本兼治的禁毒方针，持之以恒地开展宣传教育工作，投入1250万元资金建成能容纳1000余名吸毒人员的戒毒康复中心，戒吸面达100%，基本实现戒吸毒工作由外循环向内循环的转变。9万余名在校中小学生无一人吸毒，“无毒社区”创建活动也取得明显成效。市见义勇为基金会已由1994年4月成立时的5万元启动资金增值到260余万元积累资金，先后共召开表彰会20次，表彰见义勇为先进集体23个，见义勇为公民299名。2001年10月，该基金会被评为全国唯一的见义勇为县级工作先进单位。大理经济开发区内53家企事业单位全部组建了群防群治队伍。开发区按照每人每月300元的标准从区财政中安排全区24名治保干部的补助经费。2003年1月至8月，开发区共发刑事案件308起，与去年同比下降14.2%，街头“两抢”犯罪案件得到有效遏制。坚实的基层基础建设，为全面扎实地开展社会治安防范工作提供了良好的条件。

提高专业队伍素质，充分发挥主力军作用。按照政治坚定、业务精通、作风优良、执法公正的总体要求，大理市把提高素质作为政法队伍建设的重点工作，坚持政治建警、科技强警、从严治警和关心爱护民警，建设了一支高素质的政法队伍。近年来，市公安局荣获全国优秀公安局称号，市检察院荣获全省“人民满意的政法单位”称号，市法院荣获全省法院系统党风廉政建设先进集体和基层法院建设的好法院，市司法局荣获全省“三五”普法先进集体。四支力量既各司其职、尽职尽责，又密切配合、协同工作，充分展示和发挥政法部门在治安防范体系建设中的主力军作用。

切实有效的社会治安防范工作，为大理市营造了一个和谐稳定的社会环境。大理市先后荣获全国双拥模范城、全国体育先进市、全国先进文化市、中国优秀旅游城市、云南省甲级卫生城市等荣誉称号。2002年，全市国民经济生产总值68亿元，财政收入5.87亿，创历史最好水平，大理市农村提前三年实现奔小康目标，社会经济实力跃居全国县（市）100强的第56位，排名全省县（市）、区前列。目前，全市的社会治安整体联动防范工作正紧紧围绕市委确定的“天天都是平安天，夜夜都是平安夜”的奋斗目标全面深入地开展工作。

沾益构筑城乡联动防控体系

云南省沾益县把解决治安问题纳入全县社会总体规划，着力探索乡村与城镇接轨的整体联动防范体系，全面构筑社会治安管理长效机制。该县农业人口占89.7%，山区面积占84%，最远的村委会距乡政府所在地有七八个小时的路程。人民群众遇到社会治安问题，往往抱怨报警难、求助难、处警难。县委、县政府通过开展“进百家门、听百家言、纳百家谏、顺百家心”的社情调研，把治安问题纳入全县社会总体发展规划，着力探索乡村与城镇接轨的整体联动防范体系，全面构筑社会治安管理长效机制。

抓组织建设，健全县、乡、村三级综治组织。由县委常委、政法委书记任县综治委主任，县人大、政府、政协、纪委分管政法工作副职任副主任；乡镇党委书记担任综治委主任，主管政法工作副书记任综治办主任；在镇、村委会成立综治工作领导小组，由党总支书记任组长，并设立专门办公室。同时，为各乡、镇各村委会综治办分别配备3名以上专职工作人员，确保综治工作有人办事。

抓制度建设，保障综治工作顺利开展。一是健全综治工作责任查究机制。县委、政府每年与各乡、镇党委、政府、各企事业单位签订《社会治安综合治理目标管理责任书》，明确规定各级“党政一把手”为第一责任人，分管领导为直接责任人，主抓部门领导为具体责任人；将综治工作实绩与各级党政领导干部政绩评定、晋级晋职结合起来，做到季度有督查，半年有检查，年底综合考核，实施奖惩。二是健全经费保障机制。按照人均0.5元的标准，每年县财政列支15万元作为治安联防队员集中培训经费，列支11万元兑现综治目标管理责任奖。各乡、镇每年合计列支近百万元经费保证基层综治组织正常开展工作，确保各级综治机构有钱办事。三是建立治安防范工程规划制度。将治安防范基础建设纳入新城建设和旧城改造的总体规划，投资上千万元新建了交警、消防、检察、审判办公大楼、戒毒农场和遍布全县47个社(警)区工作室。通过开展制度建设，全县综治工作形成了有责任制约、有经费保障、有规划先导的保障机制。

因地制宜，建立“乡村110”、“流动110”接处警工作运行机制。为解决人民群众的“三难”问题，沾益县结合实际情况建立了覆盖全县整体合一的“乡村110”接处警网络。县公安机关在治安情况比较复杂的白水镇辖区内挑选15个商铺进行报警服务试点，由报警服务点的负责人履行治安信息员、法制宣传员、纠纷调解员、业务咨询员的职责，收到良好的社会效果，有效地解决了农村和偏远山区群众报警求助难的问题，找到了乡村与城市接轨的报警服务模式。目前，全县已推广建立了105个“乡村110”报警服务点，在乡村构建了方便群众报警、求助、接受社会治安服务快捷、独特的报警方式。该模式运行以来，“乡村110”共接受群众报警504起，预约办证、咨询服务、帮助群众442起，提供各种线索203条，协助查破治安案件189起，抓获犯罪嫌疑人35名，破获刑事案件68起。随着“乡村110”模式的推广，该县把出租车、电动三轮驾驶员也组织和发动起来，推行“流动110”信息网，发展了300名“流动110”会员，增强了“乡村110”的功效，实现了治安防范工作向末梢的延伸。

充分挖掘民力资源，夯实防探体系基础。面对警力不足的现状，为有效挖掘和整合综治资源，沾益县于2000年统一招聘了100名治安联防队员，由各公安派出所管理使用，其工资待遇由县财政每年列支50万元解决；并向各村(居)委会下派120名兼职治安特派员，为23所中小学选派法制副校长，从政法部门抽调100名年轻干警组建快速反应中队，增强对社会面上预防、发现、打击、控制犯罪的综合能力。这样，全县的防控体系形成了以公安民警为骨干，以治安联防队员为辅助，以兼职治安特派员为联系，以法制副校长为载体，以群防群治队伍为补充，以快速反应中队为机动的治安防范力量，在重要时段、重点部位和治安复杂场所的治安巡逻密度不断加大，有效地预防和减少了违法犯罪活动的发生。

2002年以来，全县实现了“一个普遍增强”、“两个下降”、“五个有效控制”的可喜局面。“一个普遍增强”即：人民群众的安全感普遍得到增强，从而实现了“发案少、秩序好、社会稳定、群众满意”的目标。“两个下降”即：一是刑事案件数量明显下降，2002年全县的刑事案件与上年同期相比下降了13.6%。二是交通事故明显下降，当年较2001年下降23.4%；死亡人数下降31.4%；受伤人数下降84.6%。“五个有效控制”即：一是流窜犯罪和流动人口犯罪得到有效控制。两年来，共抓获网上逃犯271名，追逃绝对数居曲靖市第一。通过实行流动人口管理责任制，共抓获混杂其中的各类犯罪嫌疑人80余名。二是交通肇事逃逸案得到有效侦破。自2001年1月以来，沾益县共发生21起交通肇事逃逸案，通过“乡村110”联动作用，已破获20起。今年1月至5月，全县交通事故与去年同期相比下降38%，实现了320、326国道治安秩序好、交通秩序好的目标。三是恶势力犯罪得到有效控制。打掉了10余个家族宗族势力和地方流氓恶势力团伙。四是重点地区的刑事犯罪得到有效控制。通过对治安相对复杂的西平、沾益、白水、花山四个乡(镇)的重点整治，这些地区的刑事犯罪得到了有效控制，特别是县城西平辖区由原来的刑案重灾区降到仅占全县刑事案件的19.8%。五是“两抢”案件得到有效控制，2002年比上年下降20%。

沾益县构建的乡村与城镇接轨的整体联动防范体系对全县的经济发展产生了很大的促进作用。2002年，全县国民经济生产总值突破20亿元，比1998年的14.4亿元增长了34.5%；农民人均收入2170元，比1998年增长了18.6%；全县财政收入1.35亿元，比1998年的0.97亿元增长了39.2%；非公经济占GDP的比重由1998年的16.8%上升到2002年的24%。

规范基层综治组织　夯实综治工作基础

多年来，楚雄州各级党委、政府高度重视社会治安综合治理工作，尤其是中央14号、中办26号文件下发后，州委、州政府认为：加强社会治安综合治理工作关键是要建立健全基层综治组织，重点是抓好各项综治措施的落实，目的是增强社会治安防范能力，实现社会的长治久安。只有把基层综治组织建设好，综治各项措施的落实才有组织保证，只有不断增强社会治安防范能力，才能实现社会治安的长期稳定。州综治委提出：“加强县(市)、乡(镇)综治办规范化建设，提升综治工作的整体实力，全力维护社会治安持续稳定”的工作思路，把规范县(市)、乡(镇)综治办建设作为贯彻落实中央14号、中办26号、云办5号文件的一个切入点，列入年度综治工作的重要内容，纳入议事日程。2002年，州综治委制定下发了《关于加强县(市)、乡(镇)综治办规范化建设的通知》(楚综治[2002]20号，对县(市)、乡(镇)综治委、办规范化建设作了“三个规范统一”：一是规范县(市)、乡(镇)综治委、办建设。县(市)综治办工作人员配备不少于3人，综治办主任高配或由政法委员会专职副书记兼任。乡(镇)社会治安综合治理工作领导小组一律调整为社会治安综合治理委员会，党委书记兼任综治委主任，人大主席、乡(镇)长、分管综治工作的党政副职兼任副主任，综治办主任由分管综治工作的党政副职担任，综治办设在党委、政府，乡(镇)综治办配备1至2名专职干部，负责综治办的日常工作；二是规范综治工作配套协调机构的工作职责。根据工作需要和工作实际，规范县(市)、乡(镇)与综治工作相配套的各种协调机构职能。维护稳定工作领导小组、“安全社区”创建领导小组、“无毒社区”创建领导小组、违法青少年帮教领导小组、刑释解教人员安置帮教领导小组、铁路护路联防领导小组的工作职责，统一由县(市)、乡(镇)综治委负责；三是规范县

(市)、乡(镇)综治办台账建设。建立健全“二十簿”综治台账、“七类”综治文书档案。“二十簿”,即建立《矛盾纠纷调处登记簿》、《“严打”整治斗争工作登记簿》、《维护稳定工作情况登记簿》、《禁毒工作登记簿》、《法制宣传登记簿》、《综治会议、检查登记簿》、《创安工作登记簿》、《消防工作登记簿》、《铁路护路联防工作情况登记簿》、《群防群治工作登记簿》、《政法工作登记簿》、《治安管理工作登记簿》、《流动人口管理情况登记簿》、《调解会工作登记簿》、《治保会工作登记簿》、《刑释解教人员安置帮教工作登记簿》、《违法青少年帮教情况登记簿》、《“五种人”情况登记簿》、《信访工作登记簿》、《邪教组织情况登记簿》等与综治工作紧密相关的综治工作资料台账。规范“七类”文书档案,即:①上级发文;②本委文件(通知、专报、简报、其他材料);③维护稳定工作情况(信息、专报、不稳定因素排查情况、其他材料);④成员单位来文;⑤下级单位来文;⑥专项整治情况;⑦综治宣传情况等综治文书档案,进一步对基层综治日常工作进行了规范管理。

为了进一步总结经验,加强管理,针对存在的不足和亟待解决的问题,楚雄州将进一步加大对县(市)、乡(镇)综治组织规范化建设的力度,努力实现“一个目标”、抓好、五个落实”、达到“四个要求”。“一个目标”,就是要积极探索,克难奋进,认真推进基层综治办规范化建设,不断提高综治工作的整体水平,努力实现维护全州社会稳定的目标。“五个落实”,即:一是抓好乡(镇)综治委领导责任制的落实,认真履职;二是抓好乡(镇)综治办专职干部的落实,要求乡(镇)综治办专职干部配备必须达100%;三是抓好乡(镇)综治工作经费,保证人均0.3元综治工作经费的核拨,保证乡(镇)综治办必要的工作经费;四是抓好乡(镇)综治办办公地点的落实。乡(镇)综治办必须设在党委、政府,有专门的办公地点和必要的办公条件,并逐步实现微机化管理;五是抓好乡(镇)综治工作的落实,确保各项综治措施落到实处,较上年相比综治工作要取得长足发展。“四个要求”,即:一是努力达到实现基层综治办规范化建设的目标;二是努力实现基层综治办建设“五落实”的要求;三是各级党委、政府和综治委、办要认真履行职责,认真抓好基层综治办规范化建设,与时俱进,努力实现基层综治工作有创新、有发展的要求;四是通过抓基层综治办的规范化建设,夯实综治基础,增强社会治安管理的能力,提高综治工作的整体水平,有效地维护全州社会治安稳定的工作要求。

在各级党委、政府的高度重视支持下,州综治委、办加强检查、督促、指导,经过一年多的努力,到目前为止,全州基层综治委、办建设达到“五个100%”:一是州和10县(市)、128个乡(镇)综治委、办建设严格按照“三个规范统一”要求建设,达100%;二是州、10县(市)、128个乡(镇)综治办干部按要求配备率达100%。全州共配备综治委办公室专职干部295人,其中州综治办6人、县(市)32人、乡(镇)257人(专抓综治党政副职128人,乡镇综治办专职干部129人);三是全州128个乡(镇)配备专抓综治党政副职128人,达100%;四是全州128个乡(镇)综治办配备综治专职干部129人,占乡(镇)数的100%;五是州、县(市)、乡(镇)综治委、办综治办台账、文书档案建设严格按要求建设,达100%,并在各级综治办建立综治、护路联防数据资料库,推行微机管理。通过抓基层综治办规范化建设,使县(市)、乡(镇)综治办走上规范化建设的轨道,解决基层综治委、办工作谁来抓、抓什么、怎么抓的问题,实现基层综治工作级级有人抓、层层有人管、各项综治工作有人负责落实的良好局面,为各项综治措施的落实提供了坚强的组织保证,使楚雄州基层综治工作实力得到进一步加强,全州社会治安综合治理工作的整体水平得到明显提升。

完善五项机制　着力提高城区治安防控实效

作为昆明市的中心城区之一，盘龙区行政区域面积15.1平方公里，商业街区密集，商贸和服务业发达。常住人口42万多，流动人口日均20余万，人口密度大，社会治安综合治理工作任务繁重。近年来，区委、区政府以“三个代表”重要思想为指导，把确保社会稳定和人民群众安居乐业，作为实现富民兴区发展战略摆上重要议事日程，抓经济发展不放松综治工作，抓党建目标落实不忘记综治工作，抓社区建设不削弱综治工作，形成了上下贯通、左右联动的工作局面。为推进全区社会治安防控体系建设，盘龙区按照“打防结合，预防为主”的方针，以“更新观念，落实责任，立足预防”的工作思路，不断完善五项工作机制，加强对全区社会治安综合治理工作的领导，变政法部门防控为全社会的系统防控，变被动防控为主动防控，落实了经费保障，区财政预算每年用于防控的专项经费近700万元。

一、建立科学的社会治安预警机制

全区12个街道办事处、公安派出所、区信访、维稳职能部门以及驻区单位是治安信息的主渠道，有1700多名信息员。以公安派出所为依托，依靠社区居委会、驻区公共单位的治保、调解人员和治安积极分子，形成触角灵敏、反应快速的社会治安信息网络，为全区实施整体联动的社会治安预警机制奠定了基础。

由于盘龙区行业各异，社情民情多样，全区65个社区矛盾调处中心处在治安信息来源的最前端。我们根据社区工作基础较好的实际，明确了一般矛盾纠纷的信息由各社区矛盾调处中心先行收集、调处，重大矛盾纠纷或群体性事件苗头信息要及时向街道办事处和辖区公安派出所报告。每年由社区、街道、公安、信访部门提供的社会治安信息平均约1200条，通过社会治安信息，调处社会矛盾纠纷2500件左右。为保证社会治安预警机制发挥应有的作用。盘龙区还逐步建立了《调处中心公示制度》、《调处中心电话值班制度》、《会议、汇报制度》、《调解工作责任书》等，并逐级与社区居委会和驻区单位签订《社会治安信息报送责任书》，把矛盾纠纷的排查、报送、调处工作措施直接落实到基层单位。

多年来，由于盘龙区采取提前预警、及时快速反应，疏导优先，强化预防，成功化解了多起群体性事件的发生。原云南电视机厂职工从2002年起长期领不到工资，部分职工多次酝酿要集体上访。盘龙区通过社会治安信息渠道提前一个星期获取信息，并密切掌握动态，及时向省、市上报情况，为省级有关部门组成工作组到该厂化解矛盾，避免发生大规模的群体性事件创造了条件。

二、坚持专群结合的工作机制

盘龙区发动和依靠社会力量，完善了以巡警、特警、刑警、治安等诸警种为骨干，保安组织、治安巡防组织（原联防组织）、公共单位保卫组织、社区治保会等群防群治组织积极参与的具有盘龙区特点的专群结合、群防群治的五个层次治安防控联动网络，进一步推进防范联动工程建设。

第一层次是公安机动快速防控网络。盘龙区组建了以公安分局“110”接处警为中心，包括巡警、特警约150人的机动快速反应力量，重点加强对党政首脑机关、事关国计民生的重点单位、城郊结合部等复杂区域的机动巡逻防范和快速处警。使机动巡逻与徒步巡逻形成点、线、面有机结合的防控格局，以达到震慑犯罪、遏制案件，提高捕捉现行率之目的。今年，针对盘龙区交通道口、十字路口“两抢一盗”案件突出的问题，区委书记、区长、区委政法委书记在对盘龙区交通道口的治安环境进行实地调研后，及时安排部署了交通环境专项整治行动，加强对交通道口的警力部署，提高了处警和防范能力。

第二层次是责任区民警防控网络。派出所、责任区刑侦中队、责任区巡警中队三支队伍500余人，由所长协调，各警种联勤互动，充分发挥自身特长，分别进行管理性防范、打击性防范、巡逻控制性防范，共同做好辖区防范工作。刑侦中队结合破案工作，加强对辖区发案规律特点的研究，查找防范工作中的薄弱环节和隐患，以便有的放矢地开展防范。巡警中队通过经济性的治安信息动态分析，密切掌握辖区发案的规律，实行弹性工作制，突出易发案部位和易发案时段的防范工作，遏制“两抢一盗”等多发性案件。

第三层次是专职巡防队伍防控网络。针对警力不足这一实际情况，区委、区政府下决心组建600名的专职巡防队伍，协助公安机关加强对治安复杂区域和居民小区等部位的巡逻查控。对巡防队员统一招考录用，每个派出所平均管理使用50名，统一吃住，在干警带领下，执行全天候巡防任务，每人每月基本报酬600元，全部由区财政承担。

第四层次是公共单位内部防控网络。区公安分局按职能分工，将辖区1740余名保安员、经济民警队员、护厂队员、护校队员定岗定责，并要求有条件的单位使用红外线监控、固定目标报警器以及其他防盗设施，形成人防、物防、技防有机结合的内部防控网络，使其在做好单位内部防范工作的同时，还承担起对单位外围周边的治安状况进行报告和协助控制的责任。

第五层次是社区群防群治防控网络。公益性岗位再就业职工、楼院门卫值班员、车场保管员、治安信息员、享受城镇居民最低生活保障的人员等共约4000人，在派出所、治保会的组织下，以停车场、自行车棚的看护防盗为重点，开展街区守望、邻里守护、安全宣传等工作。

三、强化社会治安的管理机制

由于昆明市党政机关、省军区等首脑机关、2个火车站、5个汽车客运站以及金融和水、电、煤气等“生命线工程”均集中在辖区内，盘龙区的治安工作显得格外重要。而盘龙区现有公共娱乐场所760家，宾馆、饭店、旅馆等特种行业700余家；且与相邻行政区域接壤的城郊结合部出租房多，居住人员成分复杂，治安任务非常繁重。为加强社会治安管理，我们采取了以下措施：一是在工作对象上，紧紧抓住重点人群、重点地区和重点行业这三个重点，切实落实对刑释解教人员和吸毒人员的帮教、管理、控制措施，最大限度地预防和减少这些人员的重新犯罪率；二是加大法制宣传教育力度，在全区中小学校配备了41名法制副校长，成立了12个流动人口管理服务中心，对流动人口全面实行了IC卡暂住证管理，加强对青少年和外来流动人群的法制宣传教育工作；三是加强对娱乐场所、网吧等重点行业的治安管理和服务工作，把打击、教育、管理和服务工作结合起来，使治安工作同地区经济社会发展相结合、同提高城市管理水平相结合、同建立长效机制相结合，从源头上解决治安问题。

四、健全责任落实的监督机制

区委、区政府制定了《关于对治安防范措施不落实、导致连续发案的责任单位主要领导产行职务待岗的规定》，明确对因群防群治工作责任不落实，检查、督促等措施不力而导致连续发案的责任单位，追究主要领导的责任；责任单位被三次开整改小会的，主要领导将受到一定时间段的待岗处理。

不遏制或减少可防性案件的发生，区公安分局制定了《关于对可防性案件的确定及控制的实施方案》，将通过安全防范宣传教育，落实人防、物防、技防等综合性的防范措施，可以预防和制止的刑事案件确定为可防性案件。在确定可防性案件的基础上，又制定了《关于对可防性案件实行倒查及责任追究的规定》，对可防性案件倒查的范围、责任、倒查标准、追究措施、追究的内容、执行程序等进行了明确的规定，凡属于防范措施不落实的，按规定进行责任追究。在此基础上，建立了防范工作通报制度，即：区公安分局每日将全区群防群治组织防控案件情况、抓获现行情况，向各责任单位进行通报的同时，向区委、区政府汇报。适时以“社防专报”的形式通报各街道办事处，每月定期召开群防群治工作情况通报会，通报当月治安防控情况，针对存在的防范漏洞，提出下一步工作要求。今年，辖区内的泰丽酒店、金泉酒店因防范措施不落实、管理不严导致发生治安问题和刑事案件，区综治办和区公安分局及时对两家单位发出了《限期整改通知书》。

五、形成治安安全社区的创建机制

盘龙区广泛开展创建治安安全社区、单位，“无毒社区”和“平安大道”、“安全文明铁道线”活动，组织辖区有关职能部门积极开展科技、法律、卫生、体育进社区的“四进社区”活动，积极推进城市社区建设，把社区管理、社区教育、社区服务和社区防范紧密结合起来，提高社区的整体防范水平，为社会治安提供坚实的基础保障。

为确保居民安居乐业，社区居委会在抓治安防范工作上狠下工夫，实行十二小时对外服务承诺制，接待社区内群众求助，做好案发现场保护；受理调解社区内一般治安纠纷和民间纠纷，防止治安纠纷和民间纠纷转化为刑事案件；接待社区群众的咨询，协助公安派出所加强实有人口的管理；组织社区治保会、内部保卫组织开展“四防”安全大检查，落实人防、物防、技防、安全防火等各项措施；组织社区巡逻小分队、楼层院坝门卫员等群防群治人员开展巡逻防范；组织社区治安志愿者队伍，开展义务性防范工作；组织社区公共单位开展联户联防、店面互防、邻里守望等。加强对刑释解教人员、失足青少年、吸毒人员的安置帮教工作。通过开展经常性的法制教育和防范宣传教育，增强社区群众的法制意识和自防意识。

五项防控机制给盘龙区治安防控工作带来明显成效，2003 年上半年，全区刑事发案同比下降 13.4%；1 至 8 月，抢劫、抢夺案件分别下降 24.5% 和 32.4%。人民群众对盘龙区的治安状况满意率同比有所提高。

中共云南省委办公厅　云南省人民政府办公厅关于转发《云南省社会治安综合治理委员会关于县（市、区）实施社会治安综合治理整体联动防范工程的意见》的通知

（2003 年 2 月 24 日）

各地、州、市、县党委和人民政府（行政公署），省委和省级国家机关各部委办厅局，各人民团体，各大专院校：

《云南省社会治安综合治理委员会关于县（市、区）实施社会治安综合治理整体联动防范工程的意见》已经省委、省政府同意，现转发给你们，请结合本地区、本部门实际，认真贯彻执行。

云南省社会治安综合治理委员会关于县（市、区）实施社会治安综合治理整体联动防范工程的意见

为进一步加强社会治安综合治理工作，巩固“严打”整治斗争成果，建立社会长效管理机制，促进社会治安良性发展，根据《中共中央、国务院关于进一步加强社会治安综合治理的意见》（中发〔2001〕14 号）和《中共中央办公厅、国务院办公厅关于转发〈中央社会治安综合治理委员会关于加强社会治安防范工作的意见〉的通知》（中办发〔2002〕26 号）及云发〔2002〕4 号文件精神，现就县（市、区）实施社会治安综合治理整体联动防范工程提出如下意见。

一、指导思想

以邓小平理论和“三个代表”重要思想为指导，坚持“打防结合，预防为主”的方针，着眼从战略高度积极应对新时期社会治安面临的挑战，改变治安防范各自为阵、力量分散和防范措施不落实的状况，力争用3年时间，建立起以县（市、区）为单位，全方位、立体化、动态性的治安防范联动工作机制，通过优化整体治安防范资源，夯实基础，强化横向配合，加强组织协调，落实人防、物防、技防措施，把社会治安防范工作提高到一个新的水平，为维护社会持续稳定和人民群众安居乐业，为我省全面建设小康社会营造良好的社会治安环境。

二、主要目标

力争用3年时间，建立起以县（市、区）为单位的整体联动防范工程。整体联动防范工程以县（市、区）为单位，县（市、区）、乡镇（街道）、村（社区）可分级开展，由各级党委、政府统一领导实施，综治委（办）协调督促，公安机关发挥骨干作用，各部门和广大群众共同参与；要制定整体联动方案，健全和完善各种工作预案，在“联”上下功夫，在“动”上见成效，通过建立全天候、全方位、动静结合的治安防范网络，有效地预防、控制和减少违法犯罪。

（一）党委、政府高度重视。各级党委、政府把治安防范工作摆上重要位置，制定规划，注重长效投入。

（二）政法、综治基层组织得到加强。各级综治领导及办事机构健全，综治办专职人员落实，治安防范工作有人抓、有人管；公安派出所、人民法庭、司法所等政法基层组织健全，在治安防范工作中充分发挥职能作用。

（三）联动防范机制健全。各职能部门整体联动合成得当，治安防范体系健全，点线面治安防范网络完善，整体联动机制运行良好。

（四）重点防范措施得力。对治安复杂地区和突出治安问题的重点整治及时、有效；外来人口管理与服务工作不断加强，预防、发现、控制和打击混杂其中的违法犯罪活动能力不断提高。对刑释解教人员、吸毒人员、违法青少年等重点对象的教育防范措施落实，违法犯罪和重新违法犯罪人员减少。

（五）治安防范逐步达到社会化、专业化。治安防范队伍管理规范，科技防范水平明显提高，社会控制能力不断增强。

（六）保障机制健全。群防群治经费落实，见义勇为保障机制健全，治保会及其巡防队伍组织、人员、工作制度、经费落实；广泛组织动员社会各方力量和广大人民群众参与治安防范，见义勇为蔚然成风。

（七）治安防范效果明显。矛盾纠纷及时化解在基层，民间纠纷转化为刑事案件得到有效控制，可防性案件得到明显遏制，重大治安灾害事故减少，人民群众安全感增强。

三、基本措施

（一）建立和完善防范体系。针对易诱发违法犯罪的各种因素及其特点，综合运用人防、物防、技防手段，结合实际，从以下8个方面建立和完善防范体系。

1. 建立和完善街面治安防范体系。加强以110指挥中心为龙头的快速反应机制建设，进一步明确和落实各警种在治安防控中的职责任务，健全和完善专兼职治保人员、治安巡逻队伍及其工作制度，将城管、运管、路政、港监、工商、文化、环卫等行政执法队伍纳入整体联动防范体系，明确各自维护治安稳定的责任。综合调动社会各方面力量，有效预防、控制和打击街面犯罪。

2. 建立和完善重点部位治安防范体系。结合实际，在人流、物流集中的繁华区段、车站、码头、市场、交通干线等重点部位、复杂场所落实“谁主管谁负责”的责任，设立治安岗亭、报警电话。加强专群结合的治安防范队伍建设，强化科技防范措施，开展经常性的特别是重点时段的治安巡逻和防控，组织各种形式的群防群治活动。

3. 建立和完善社区治安防范体系。大力实施社区警务战略，使民警深入社区，把主要精力放在治安防范和管理上。依靠社区居委会，建立健全各种社区群防群治组织，组织开展形式多样的主区治安巡逻活动，加强对流窜犯罪、刑释解教人员、吸毒人员、违法青少年、“三无”盲流人员等重点对象的教育、管理、监控和防范工作。在城镇全面推行商业店铺、柜台户户联勤、联户联勤活动。

4. 建立和完善单位内部治安防范体系。在单位内部加大守楼护院力度，规范和发挥保安在单位内部治安防范中的作用。严格落实内部安全防范责任，减少入室盗窃等多发性案件发生。进一步加大对重大安全生产责任事故案件的查处力度，完善和落实安全生产责任制，有效预防和减少重大治安灾害事故和安全生产责任事故的发生。

5.建立和完善农村“四级”治安防范体系。把防范力量向治安复杂的乡镇倾斜，完善乡、村、社、户四级防范网络。加强以民兵为骨干的治安巡逻队伍建设，广泛开展院坝联防、山湾联防、村寨联防活动，增强群众自防自治能力。

6.建立、完善行政区域和边境一线的边际协作治安防范体系。在行政区域边际和边境一线建立健全不同隶属关系的军、警、民协作共防、堵卡守候的组织形式和工作制度，开展经常性的协作共防活动。加强与境外警方合作，严厉打击各种形式的跨国犯罪活动。

7.健全和完善矛盾纠纷排查调处工作机制。严格执行《云南省矛盾纠纷排查调处工作制度》，落实各地、各部门、各单位领导责任人在矛盾纠纷排查调处工作中的责任，兑现责任查究制和一票否决制，使各种社会矛盾纠纷在基层得到及时有效化解，调处在萌芽阶段。

8.建立和完善公路、铁路护路联防体系。进一步健全和完善公路、铁路部门与地方共同维护公路、铁路治安秩序的工作机制，深入开展创建安全文明交通线、铁道线活动；加强对护路队员的管理，认真落实地方基层组织在维护公路、铁路治安中的责任；组织广大群众积极参与护路活动，增强群众的爱路护路意识。

（二）提高技防水平。各级党委、政府要把运用先进科技防范手段作为完善防范体系的重要内容，加大对科技防范手段的战略性投入。要针对各类犯罪和治安灾害事故的特点，大力开展先进技术防范产品的推广应用，增强社会和人民群众发现、抵御、制止犯罪的能力；要加强对要害部门、重点部位技术防范系统的建设规划与组织实施，采用现代科技手段建立社会治安预警机制，减少或消除违法犯罪案件的发生机会和得逞条件；提倡和鼓励机关、学校、企事业单位以及大型文体活动场所、生产经营企业、居民住宅小区安装使用技术防范设施，全面提高安全防范技术的应用水平。充分运用通信网络技术，逐步在城市和经济发达的县（市、区）建立能够覆盖固定目标和移动目标防范报警的网络系统。推进社会安全防范报警系统与110指挥中心接处警系统的联网，增强预防、控制、打击犯罪的整体效能。

四、工作要求

（一）提高认识，加强领导。整体联动治安防范是实施战略性治安防范的一项重大工程，是促进社会治安良性发展的重要举措。各级党委、政府和各有关部门领导要从讲政治的高度，把整体联动防范工程建设作为贯彻党的十六大精神，实践“三个代表”重要思想的一件大事和实事，切实加强组织领导。各级党政主要领导要亲自挂帅，分管领导必须集中精力，认真组织联动防范工程建设。要切实解决整体联动防范工程建设中遇到的各种困难和问题，确保省委、省政府提出的治安防范工作目标的实现。

（二）分步实施，分类指导。以县（市、区）为单位的整体联动防范工程建设从2003年4月开始，到2006年4月完成。各地要结合实际制定规划，省综治委和各地综治委要加强分类指导，总结推广实施联动防范工程不同层次、不同类型的经验。

（三）部门配合，形成合力。各级综治委要加强组织领导；各级综治办要加强协调、指导和检查督促；各综治成员单位要按照规定的职责任务（另发文），充分发挥职能作用，切实履行职责。特别是政法机关要在实施整体联动防范工程中发挥主力军作用，及时在治安防范战略上为党委、政府当好参谋，提供决策依据。公安机关要切实加强事前预防工作，最大限度地把警力放在维护社会治安的第一道防线。要大力加强综治办事机构建设，配备足够的力量和适当装备，充分发挥综治办事机构在实施整体联动防范工程中的指导和督促作用。

（四）建好队伍，提高素质。

1.加强警力资源的合理配置和整合。各级党委、政府要根据社会经济发展、治安状况和治安防范的需要，争取逐年增加警力，进一步对警力资源进行合理配置和整合，把有限的警力用足用好。

2.加强专职群防群治队伍建设。要在城镇和治安复杂的乡村建立有偿的专职治安巡逻队伍或保安巡逻守护队伍，进一步增强对社会面的防控能力。

3．加强义务的治安防范队伍建设。发挥共产党员、共青团员、民兵、青年志愿者、离退休干部职工在治安防范中的作用，组织他们开展看楼护院、邻里守护、义务巡逻等各种形式的联防活动，维护社会治安。

（五）加大投入，搞好保障。各级党委、政府要从落实“保一方平安”政治责任的高度，加大对治安防范工作的投入。按照云发〔2002〕4号文件关于“多渠道地筹集群防群治队伍建设所需的经费，除政府财政适当补贴以外，应根据‘谁受益谁出资’、‘取之于民、用之于民’的原则，由受益单位和个人适当投入一定的人力、物力、财力，建立适应社会主义市场经济要求的群防群治经费保障机制”的精神，群防群治经费除政府财政给予补贴和受益单位、个人适当出资以外，农村村社和城镇社区可采取“一事一议”的办法来筹集，以便有效保障群防群治工作的开展，防止因乱收费增加群众负担。动员和组织领取最低档生活保障金的城市居民、企事业单位下岗职工、离退休人员，组成一支相对稳定的志愿者队伍开展巡逻防范，并由政府或社区根据其出工出力表现给予适当补贴。认真贯彻《云南省奖励和保护见义勇为公民条例》，建立健全见义勇为机构，在落实政府预算经费投入的同时，向社会筹集见义勇为保护和奖励基金，大力表彰和奖励见义勇为人员，真正把广大人民群众维护社会治安稳定的积极性调动起来。

（六）严格标准，认真考核。

1．考核验收的组织领导和标准。省里将成立由省综治委领导担任组长，省综治委相关成员单位领导参加的考核验收领导小组，并下设办公室（设在省综治办），负责考核验收的日常工作。同时，省综治委将研究制定统一的整体联动防范工程建设考核标准。各地州市县也要建立相应的班子，落实专人负责此项工作。

2．考核验收的申报程序和原则。考核验收采用逐级申报验收的原则。各地州市县要根据各自的实际，对辖区内的整体联动防范工程建设进行规划，按照省综治委“每年完成三分之一，3年全部完成”整体联动防范工程建设的要求，制定切实可行的实施方案。县（市、区）向地州市申报，地州市向省里申报，由省和地州市共同组织考核验收，完成一个，组织考核验收一个。

3．考核验收的工作要求。各地在实施整体联动防范工程中，一定要从解决当前困扰本地的治安热点、难点问题入手，从增强群众安全感和对社会治安的满意度着眼，务求实效，切忌形式主义。要采取明查暗访和开展公众安全感测评等方法，倾听群众意见，掌握真实情况，加强督促检查，促进各项治安防范措施的落实和整体联动防范工程实效的发挥。要把整体联动治安防范机制的建立纳入综治目标管理，并作为“创安”的必备条件。

4．整体联动防范工程建设的奖惩。联动防范工程的建设情况，要作为对地州市年度综治目标考核和考核各级党政领导干部政绩的重要内容。对按规定完成联动防范工程建设的地州市和考核合格的县（市区），在年初的全省综治工作会上，省委、省政府将给予表彰，对县（市、区）的主要领导和分管领导给予嘉奖，并记入个人档案。对未完成联动防范工程建设的地州市，在综治考核中将进行通报批评；对因为重视联动防范工程建设而造成重大治安事件、重大灾害事故的地方领导，要根据云发〔2002〕4号文件中关于综治责任查究的有关规定，严格进行责任查究，实施一票否决。

云南省社会治安综合治理委员会关于印发《2003年度云南省地州市社会治安综合治理工作责任目标》及《2003年度云南省综治委成员单位社会治安综合治理工作责任目标》的通知

（2003年2月27日）

各地州市综治委，省综治委各成员单位：

经省委、省政府同意，现将《2003年度云南省地州市社会治安综合治理工作责任目标》及《2003年度云南省综治委成员单位社会治安综合治理工作责任目标》印发，请各地、各单位遵照执行。

2003年度云南省地州市社会治安综合治理工作目标责任书

为了进一步加强社会治安综合治理工作，巩固和发展全省稳定的社会局面，做到社会政治稳定，治安平稳，秩序良好，群众安全感增强，满意率提高，根据中共中央、国务院和省委、省政府关于加强社会治安综合治理的精神和要求，特制定本目标责任，并于年底实行量化考核。

一、党政重视，真抓实管（20分）

1. 党委、政府把综治工作纳入社会发展的年度计划，有具体要求。各级党政领导真正承担起保一方平安的责任，加强督促，狠抓落实，严格奖惩。人大、政协对社会治安综合治理工作审议、有视察。（5分）

2. 加强综治组织建设。地州市县综治办专职干部不少于3人；综治经费地州市按所辖人口每人0.2元列入财政预算，县市区按所辖人口每人0.3至0.5元列入财政预算，统筹用于综治工作；地县综治办交通及办公条件进一步改善。（10分）

3. 加大责任查究力度。健全五部委联席会议制度，把抓综治工作与各级领导政绩、晋职、晋级、评先等相联系，严格实行一票否决。（5分）

二、化解予盾纠纷，维护社会稳定（20分）

1. 各级维稳领导、办事机构健全，人员落实，职责明确，措施到位。（5分）

2. 建立健全矛盾纠纷排查调处等工作机制，排查调处、联席会议和重要情况报告等制度落实。影响社会稳定的矛盾纠纷排查率达100%，调处率达95%以上，预防和减少100人以上的群体性事件，不发生严重打砸事件及其他影响恶劣的重大群体性事件。（10分）

3. 认真开展防范和处理各种邪教组织工作，对“法轮功”练习者定期排查，有效控制，防止反复，对邪教案件及时侦破，严厉查禁。（5分）

三、坚持严打方针，强化治安管理（20分）

1. 加强对严打斗争的领导，结合本地实际，不间断地开展严打整治斗争，努力控制和减少各类犯罪案件，刑事案件破案率、起诉率、审结率不低于全省平均水平，警均破案绝对数同比有明显提高；追逃任务完成并有新的突破。（10分）

2. 大力查禁社会丑恶现象，适时开展专项整治，治安案件查处率达95%以上，新增吸毒人员不超过在册人员的5%。（5分）

3. 认真开展重点整治，确保本地重要政治、经济、重大节庆、外交、文体等活动的安全，严防重大治安灾害事故的发生。（5分）

四、夯实基层基础，加强治安防范（30分）

1. 乡镇、街道办事处综治领导机构和办事机构健全，综治办、派出所、司法所、法庭等基层政法组织普遍加强。重点乡镇必须从政法部门选派专抓综治的领导，乡镇综治专（兼）职干部配齐率达100%；90%的村有1名以上专职治安员，乡村综治职责明确，制度落实，管理规范，台账清楚，工作到位。（5分）

2. 开展整体联动联防，预防和控制犯罪能力明显增强。城市社区警务制度落实，警员到位，工作扎实；农村建立健全民警驻村制、巡防制、包片制等警务制度；整体联动联防机制建立比例达到省综治委要求，城乡警民联防加强，部门联动防范网格形成，防范效果明显。（15分）

3. 巩固和深化基层创安活动，把创安和整体联动联防结合起来，加强多发性案件的防范，加强对青少年的教育和特殊群体的帮教管理。流动人口犯罪率、刑释解教人员重新犯罪率控制在全省平均率以内；完全制中小学法制副校长或法制辅导员配备率达100%，青少年违法犯罪同比下降；盗抢案件发案比率和上升率不高于全省平均水平。内部系统和村、居委会创安达标率分别达到70%和60%以上。（10分）

五、加强综治宣传，倡导见义勇为（10分）

1. 大力宣传党委、政府和综治部门落实综治工作的情况及典型。认真总结、及时推广基层综治工作的好经验，好做法。（2分）

2. 每半年开展一次公众安全感调查和治安形势分析并有书面报告，公众对治安满意率达80%以上。（6分）

3. 地、县两级全部建立健全见义勇为奖励、保障机构，对见义勇为先进分子及时进行奖励。（2分）

六、有下列情形的，实行一票否决

1. 对综合治理工作不重视，综治组织机构不健全，领导责任制不落实，造成本地区、本单位治安秩序严重混乱的。

2. 对不安全因素和内部矛盾不及时化解，群体性事件处理不当，控制不力，矛盾激化，造成重大人员伤亡或重大经济损失，在全省乃至全国造成影响的。

3. 因管理不善，防范措施不落实，发生重大案件或治安灾害事故的。

4. 刑事案件、群体性事件及火灾、交通事故立案严重不实和发生重大刑事案件或重大治安问题，有意隐瞒不报或作虚假报告的。

5. 领导班子中正副职有犯罪行为被司法机关立案查处的。

6. 其他按规定需要一票否决的。

本目标责任执行情况检查考评，由省综治委负责组织实施。

2003年云南省综治委成员单位社会治安综合治理目标管理责任书

为了认真履行维护社会政治稳定，确保一方平安的政治责任。形成各级党委政府领导，全社会齐抓共管的综治工作格局，根据《中共中央、国务院关于进一步加强社会治安综合治理的意见》，特制定本责任书。

一、责任目标

1. 认真落实领导责任制(30分)

①综治领导机构、办事机构健全,综治专兼职人员和工作经费落实。

②把综治工作纳入机关工作议事日程,做到年初有部署,年中有检查,年终有总结并兑现奖惩。

③按照条块结合的原则,完善责任制体系,年内各机关与下属系统及机关内部层层签订综治责任书,形成齐抓共管的网络态势。

④强化内部管理,实行制度化、规范化管理。系统地建立机关内部管理制度,对综治工作做到有专(兼)职干部、有办公室、有牌子、有具体工作措施。

2. 认真履行维护社会政治稳定的职责(20分)

①建立矛盾排查调处和信访工作制度,有效化解本机关、本系统的各种矛盾纠纷,防止出现群体性上访及事件。

②抓好社会安全保障工作,妥善解决本机关及下属企业的下岗职工再就业问题,落实低保等社会保障工作。

③做好"法轮功"人员的教育转化工作,对练习者定期排查,有效控制,防止反复。

3. 加强内部防范,主动参与整体联动防范工作(30分)

①建立和完善门卫制度和干部值班制度;落实人防、物防的各项安全措施,对财务室、档案室及其他重点部位实施技术防范,严防发生案件。

②抓好禁毒戒吸的工作,年内机关职工及家属,无新增吸毒者。

③加强对机关内部流动人口的管理,健全外来人口清查登记制度,对机关内部出租房等,按照"谁管理、谁用工、谁负责"的要求,切实抓好管理。

④按照省综治委要求,积极参与整体联动防范工作,认真履行职责。

4. 有计划系统地推行"创安"和普法工作(20分)

①年内在机关系统地开展"三创"(创"安全文明处室"、创"安全文明楼院"、创"安全文明家庭")活动,年终进行命名表彰。

②发挥机关的表率作用,年内与一个基层单位开展综治共建活动。

③结合"四五"普法,在机关开展法制宣传教育活动。机关内的综治分管领导和工作人员,参加省综治办举办的法律及综治业务培训。

④认真落实省综治委(办)部署安排的其他综治任务。

二、考核与奖惩

1. 本责任书考评总分为100分。考评办法另行制定下发。

2. 本责任书所规定的综治目标的考核成绩,按省委、省政府《贯彻意见》(云发〔2002〕4号)文件的规定,列为单位领导政绩和评先受奖、晋职晋级的依据之一。

3. 有下列情形之一的,予以社会治安综合治理一票否决:

①对综治工作不重视,责任制不落实,造成本机关治安秩序严重混乱的;②对不安定因素或内部矛盾不及时化解或处置不力,以致发生重大治安案件的;③管理不善,防范措施不落实,发生重大刑事案件或重大治安灾害事故的;④发生重大案件或事故,隐瞒不报或假报的;⑤领导班子中正、副职有犯罪行为被司法机关查处的;⑥其他按规定需要一票否决的。

对受到一票否决的,一年内取消该单位评选综合性荣誉称号的资格,在治安面貌未改变前,取消责任人的评先受奖,晋职晋级资格。

云南省社会治安综合治理委员会关于印发《各级综治委有关成员单位在实施“整体联动防范工程”中的职责任务》的通知

（2003年2月27日）

各地州市县综治委，省综治委各成员单位：

为进一步加强社会治安综合治理工作，巩固“严打”整治斗争成果，确保社会治安秩序稳定，促进社会治安良性发展，为贯彻落实《省委办公厅、省政府办公厅关于转发〈云南省社会治安综合治理委员会关于县（市、区）实施社会治安综合治理整体联动防范工程的意见〉的通知》的精神，现将《各级综治委有关成员单位在实施“整体联动防范工程”中的职责任务》印发，请认真贯彻执行。

各级综治委有关成员单位在实施“整体联动防范工程”中的职责任务

公安机关是社会治安的主管部门，在“整体联动防范工程”工作中要充分发挥骨干作用，主要职责任务是：研究提出公安机关“整体联动防范工程”的实施办法，制定和完善相关预案；加强以110指挥中心为龙头的快速反应机制的建设，进一步提高快速反应能力；积极实施社区警务战略，切实抓好社区警务规范化建设，有效落实各警种和部门在“整体联动防范工程”中的责任，努力实现警力下沉，警务前移；提高防范的科技含量，实现技术防范措施与派出所连接；围绕治安防范社会化、产业化、专业化，促进多层次的整体联动防范体系建设，加强检查、指导和业务培训，确保良性运行；以深入开展各种形式“创安”活动为载体，提升整体联动防范体系效能。加强外来人口管理与服务工作，大力收戒吸毒人员，建立刑释解教人员等重点工作对象信息库，切实加强管理和监控，积极参与帮教；严格涉及公共安全、公共秩序的公安行政管理，堵塞漏洞，消除隐患；加强对多发性侵财政案件的防范、控制和打击，增强实施“整体联动防范工程”实效。

人民检察院要充分发挥职能作用，落实检察环节实施“整体联动防范工程”的各项措施，结合检察业务，分析掌握职务犯罪以及其他刑事犯罪特点，提出预防犯罪的建议；推动有关部门建立健全规章制度，严格管理，堵塞漏洞，完善犯法防范机制；结合办案，开展法制宣传教育，提出检察建议，扩大办案效果；注意发挥批捕、起诉职能作用，积极参与各种专项治理活动；加强刑罚的执行监督，配合有关部门做好对监外执行、保外就医人员的检查监督工作，在严肃查办徇私枉法案件的同时，预防和减少重新犯罪；协助党政领导机关抓好基层基础工作，发动群众群防群治；协同有关部门做好犯罪青少年尤其是其中的初犯、偶犯的教育、感化和挽救工作；加强控告申诉检察工作，认真接受群众的举报和申诉，运用检察职能，配合有关部门为群众排忧解难，注意发现和化解矛盾。

人民法院要充分发挥审判机关的职能作用，加强预防和打击犯罪工作；要通过重大、典型案件的公开审理和公开宣判，扩大办案的社会效果；要针对未成年人犯罪的特点，坚持“惩教结合，寓教于审”的特殊审判方式，尽力教育、感化、挽救犯罪少年；要依法做好减刑、假释工作，促进罪犯改造，预防和减少重新犯罪；要及时妥善地审理民事、行政案件，疏导、化解各种社会矛盾；要加强对人民调解委员会的业务指导，及时妥善处理各类纠纷，防止矛盾激化；要针对审理案件中发现的问题，积极提出司法建议，消除治安隐患。

国家安全部门要充分发挥国家安全机关的职能作用，大力开展《中华人民共和国国家安全法》和《国家安全法实施细则》的社会宣传活动，不断提高公民的国家安全意识，增强公民维护国家安全、荣誉和利益的责任感。

司法行政部门要把实施“整体联动防范工程”的宣传教育纳入“四五”普法任务，增强群众的法制观念和参与意识；加强人民调解工作，疏导民间纠纷，防止予盾激化；做好刑释解教人员重新违法犯罪的预防工作，抓好法律服务和“12348”法律服务专用电话工作，努力为公民提供优质高效的法律服务和法律保障，积极推进“民工维权工程”，预防和减少流动人口中的违法犯罪。

党委组织部门要重点抓好基层党支部建设，整顿后进基层党支部，以此带动和促进基层政权建设以及各种群防群治队伍建设；与有关部门配合加强对实施“整体联动防范工程”情况的监督检查，严格将实施“整体联动防范工程”的实绩与其晋职、晋级、奖惩挂钩；协助有关部门落实在乡镇、街道配齐配强专抓社会治安综合治理副职领导干部，落实党支部设保卫委员的工作，为实施“整体联动防范工程”提供组织保障。

纪检、监察部门要积极参加有关社会治安状况的调查研究工作，着重从反腐和廉政勤政建设与实施“整体联动防范工程”的结合上提出建设性的意见和建议；会同有关部门加强对各级党委、政府及有关部门实施“整体联动防范工程”工作情况的监督检查；积极参与社会治安的重大恶性案件和事故的调查，严格查处领导机关和领导干部严重官僚主义和失职、渎职行为，追究其党纪、政纪责任。

人事部门要会同有关部门研究实施“整体联动防范工程”，实绩与个人晋职、增薪、奖惩挂钩的办法，建立健全实施“整体联动防范工程”的奖励和惩处机制，参与表彰“整体联动防范工程”的先进集体和个人，指导“整体联动防范工程”中违纪人员的行政处理。

党委宣传部门要指导、协调、推动宣传部门和新闻单位做好实施“整体联动防范工程”的舆论宣传和思想教育工作；协调新闻单位加强对实施“整体联动防范工程”的宣传教育，提高全民防范和参与意识；宣传和表彰实施“整体联动防范工程”的先进典型和见义勇为先进个人，营造扶正祛邪、惩恶扬善的社会舆论环境。会同有关部门组织开展清除各种诱发违法犯罪的文化垃圾的斗争，努力为人民群众提供丰富多彩、健康有益的精神食粮。

文化部门要充分发挥文艺演出、电影放映、文化馆、图书馆、博物馆等的宣传教育职能，组织指导开展形式多样的治安防范和见义勇为的演展宣传；督促文化娱乐场所的经营单位、业主，不断健全和完善治安防范网络，增添科技防范设备，落实治安防范措施，防止重大治安灾害故事的发生。

广播电影电视部门要充分发挥电视和广播等传播手段的优势，加大实施“整体联动防范工程”的宣传，开展灵活多样的治安防范知识的宣传，增强广大人民群众的自我防范意识。

新闻出版部门要健全管理机制，要进一步完善对反动、邪教、色情、淫秽、暴力、凶杀、封建迷信、伪科学等出版物的出版、印刷、发行和进口的防控体系，健全电子出版物、音像制品生产中的制“黄”、盗版等违法行为的防控体系，深入开展“扫黄”、“扫非”专项斗争。

教育部门要大力加强学校治安防范网络建设，在大中学校引进科技防范；积极与社会和学生家庭配合，做好品德偏差学生的教育转化工作，努力办好工读学校，降低在校学生的违法犯罪率。

民政部门要根据村(居)民委员会组织法，加强村(居)民委员会建设，深化和完善以民主选举、民主决策、民主管理、民主监督为主要内容的村(居)民自治制度，充分发挥群众自治组织和城市低保人员在实施“整体联动防范工程”方面的作用；做好收容遣送、救灾救济、社会福利、优扶安置工作，妥善接收、救助和遣送流浪乞讨人员；会同有关部门落实预防边界纠纷和恶性械斗事件的根本性措施，减少不安定因素；加强对社会团体和民办非企业单位管理，依法查处非法社团和民间组织的违法违纪行为。

劳动和社会保障部门要积极做好流动人口的管理和服务工作，特别是要加强对农村劳动力流动就业的统一管理，减少盲目流动。协同有关部门积极组织低保人员和下岗职工参加群防群治活动，维护社会治安秩序。为刑满释放、解除劳教人员就业提供帮助。及时调解和处理劳务争议，加强对企业用工的监督检查。

卫生部门要加强对医疗卫生机构治安防范体系建设的指导，在医疗卫生机构大力推进科技防范；严格麻醉药品、精神药品的管理，建立性病、爱滋病预防、监测、检查和治疗的工作机制，增强人民群众抵御毒品的自我防范能力。

建设部门要根据实施“整体联动防范工程”需要，将公安派出所、消防、交警、人民法庭等政法部门的基础设施建设列入城市建设规划；将必要的治安防范设施纳入住宅设计标准并严格监督；加强市政设施建设，将城市管理与治安管理结合起来，明确城管队伍在实施“整体联动防范工程”中的责任，减少违法犯罪的空隙；督促检查物业管理公司，加强小区治安防范工作，参与基层安全小区创建活动。

工商行政管理部门要加强对市场的监督管理，负责建立市场整体联动防范体系和私营企业、个体工商户联户联防的组织工作；配合有关部门积极引导、鼓励、扶持待业人员特别是其中的失足青年和刑满释放、解除劳教人员从事各种正当的生产经营活动；加强对旅店、宾馆、文化娱乐场所和服务业的监督管理，配合有关部门整顿取缔无照经营。

财政部门要根据实施“整体联动防范工程”的需要，并结合本地区财力情况给予支持。

交通部门要加强对公路、水路交通沿线和码头的治安联动防范体系的建立，明确运管、路政、港监行政执法队伍维护治安的责任，防止治安灾害事故的发生，维护交通运输安全。

通信管理部门要积极支持“110”报警台等社会公益通信事业建设；建立对盗窃抢劫邮电票款、邮件和盗窃破坏通信线路、通信设施及盗码并机等违法犯罪活动的联动防范体系。

经济贸易安全生产部门要组织指导有关部门做好工业经济运行的安全生产工作，防止和减少生产建设中的各种隐患和事故；指导企业内部治安联动防范体系的建设；协助有关部门做好安置帮教工作，预防刑满释放、解除劳教人员重新违法犯罪。

旅游部门要与有关部门配合健全和完善旅游宾馆（旅店）、旅行社、旅游景区（景点）以及其他旅游设施和场所的治安联动防范体系，确保旅游景区保持良好的治安秩序。

工会要加强对职工的治安防范的宣传教育，增强自我防范能力，协助企业党政领导，预防集体上访和其他群体性事件的发生；配合治安保卫部门组织群防群治，维护企业内部治安秩序和社会治安，动员职工积极同各种违法犯罪行为作斗争；协同有关部门做好失足职工和刑满释放、解除劳教人员的教育和安置工作。

共青团要动员组织青少年参与“整体联动防范工程”建设，共同维护社会治安；与有关部门配合，结合“青年文明社区”志愿者工作和创建优秀“青少年维权岗”活动，形成社区安全防范、动态防范的工作机制，在全社会健全和完善学校、家庭、社会相结合的预防青少年违法犯罪的体系。

妇联要积极组织指导基层妇女组织和妇女群众自治组织配合有关部门做好群防群治及安置帮教失足妇女工作；配合有关部门健全和完善学校家庭、社会相结合的预防青少年违法犯罪的体系。

人民银行要组织指导各金融单位参与“整体联动防范工程”建设，根据社会治安形势发展需要，不断完善各金融单位防范体系，提高各金融单位技术防范水平。

保险公司要根据实施“整体联动防范工程”需要，支持安全防范设施建设，鼓励和支持群众与违法犯罪分子作斗争，与有关部门配合，积极开展为见义勇为者保险的活动。

民航要根据实施“整体联动防范工程”的需要，加强民用机场、市区航空售票点的治安防范体系建设，进一步提高科技防范水平；加强对劫机、炸机和其他非法干扰航空安全事件的预防，确保民用航空器及旅客生命财产的安全;配合公安部门建立查毒品、堵黄源、缉逃犯的防线。

铁道部门要加强车站、列车治安防范体系的建设,增强对车辆、列车上违法犯罪活动和社会流窜犯罪的控制能力;协同地方政府健全和完善铁路护路联防机制。

军队要积极配合地方党委、政府实施"整体联动防范工程",组织驻军构建军警民联防体系,开展各种形式的军民共建安全文明社区活动,配合地方、社会、小区健全和完善治安防范网络体系。

武警要积极参与实施"整体联动防范工程",充分发挥治安巡逻的职能,在军警民联防体系中发挥骨干作用;广泛开展警民共建安全文明社区活动,搞好与地方有关部门的联防工作。

(撰稿:马远武

审稿:李继平　王霖霖)

西藏自治区

综治工作概况

2003年,西藏自治区社会治安综合治理委员会在自治区党委、政府的领导和重视下,按照全国、全区社会治安综合治理工作会议精神,以"三个代表"重要思想为指导,结合西藏实际,进一步贯彻落实中央14号文件精神和《中共西藏自治区委员会、西藏自治区人民政府关于进一步加强社会治安综合治理的意见》。以签订社会治安综合治理目标责任书为形式,以检查考评为手段,以不断提高人民群众安全感为目的,狠抓社会治安综合治理各项工作措施的落实。坚持"打防结合,预防为主"的方针,继续深入开展"严打"整治斗争和专项整治行动,巩固为期两年的"严打"成果,大力加强社会治安防范和管理,加强基层组织建设和制度建设,认真落实治安防范工作的各项措施,深入开展矛盾纠纷排查调处工作,深化基层安全创建活动,重点抓了以下五个方面的工作:

一、不断强化社会治安综合治理领导责任制和目标管理责任制

通过几年的实践和总结,自治区综治委结合西藏工作实际不断完善目标管理责任书和考评办法,制定了较为规范、科学、易于操作,并得到各地市认可的《西藏自治区2003年社会治安综合治理目标管理责任书》和《考评办法》,在年初的全区综治工作会议上,自治区党委、人民政府主要领导与各地(市)地委(市委)、行署(市政府)主要负责同志签订了责任书。各地(市)、各部门按照区综治委2003年社会治安综合治理目标管理责任书的要求,结合本地、本部门实际制定并层层签订了目标管理责任书,签订率达100%。责任书的签订基本做到了横向到边、纵向到底。从而保证了责任目标更加明确,思路更加清晰,工作更加规范。为了推动各地市、各部门落实责任书所要求的目标任务,在要求各地市自查自评的基础上,2003年11月16日,区综治委会同区组织、人事、纪检、监察、人大成立了自治区综治考评领导小组,从五部委和区公、检、法、司、各地(市)、区建设厅、区劳动和社会保障厅、区政法委共抽调28名干部(厅级干部14名,一般干部14名),组成7个检查考评小组对七个地(市)进行了交叉检查,并将检查考评情况向区党委、政府作了专题报告,区党委、区人民政府对检查考评达标的地市兑现了22.5万元奖金。

二、继续开展"严打"整治和各项专项治理行动

一是以反分裂斗争为龙头。全区各级政法、综治部门坚持"旗帜鲜明、针锋相对、主动治理、强基固本"的反分裂斗争方针,不断研究进入"后达赖时期"的新情况、新问题、新特点。稳、准、狠地打击了分裂势力、敌对势力的各种破坏活动。抓获和移交了一批“东突”恐怖分子，依法处理了一批危安犯罪分子。各级党委、政府将寺庙的控管教育工作作为综治工作的重点，进一步落实寺庙属地管理和领导责任制，认真落实对寺庙的防、控、教育、管理措施，对寺庙开展详细的基础调查工作，做到了底数清、情况明，从而确保了寺庙及宗教活动场所秩序井然。实现了全年全区寺庙未发生文物被盗事件，危安案件大幅度下降，由去年的28起下降到17起，下降幅度达40%。2002年12月，全区反偷渡工作会议以来，各地市认真贯彻落实会议精神，把反偷渡作为综治考核内容。切实加强对边境的管控工作，积极探索边境治安联防管理机制，有效地打击和防范了非法出入境活动，半数以上的地区全年无非法出境人员，对非入境人员也能有效布控，分裂分子潜入潜出的通道被有效控制，反分裂斗争成果显著。二是以“打现行、破大案、挖团伙、追逃犯”为主线，狠狠打击了爆炸、杀人、持枪抢劫等严重暴力犯罪，促进了全区社会治安的持续好转。拉萨市各级公安机关共立各类刑事案件1507起，破1088起，破案率为72.1%，缴获脏款赃物折合人民币1890余万元，收缴各类枪支10枝，子弹53发，藏羚羊皮218张，唐卡2幅，佛像2尊，抓获各类犯罪嫌疑人839名；昌都地区各级公安机关2002年11月15日—2003年10月15日共立各类刑事案件262起，破245起，破案率为94%，抓获各类犯罪嫌疑人321名，追缴脏款脏物折合人民币达150余万元。其中重特大案件124起，占全部案件的47%，重特大案件破案率为91%，抓获各类负案在逃犯8人。三是以系列专项斗争为重点，巩固和扩大了“严打”整治成果。各地市本着“什么问题突出就解决什么问题，哪里问题严重就抓紧整治哪里”的原则，在2002年“严打”整治斗争的基础上，结合本地实际开展了切实有效的“道路交通专项整治”、“治爆缉枪”、“管制刀具收缴行动”等专项整治行动，取得了较好的成果。整治了一批治安乱点地区，开展了清理出租房屋、清理整顿校园周边治安秩序、清理整顿娱乐场所等专项行动。总结推广了昌都地区芒康县加强“四级治安联防”、拉萨市城关区治安防范工作经验，其中拉萨市的经验推荐上报中央综治委，并在2001年上海召开的全国治安工作会议上进行了交流。通过“严打”，摧毁了一批流氓滋事、收取保护费、敲诈勒索、设赌“放水”等黑恶势力团伙。其中，拉萨市各级公安机关共打掉犯罪团伙28个123人，涉案181起，破获了“4.21”敲诈勒索案、“5·10”故意伤害致人死亡案、“5·17”抢劫杀人焚尸案、“5·19”杀人抢劫案、“7·03、8·31”枪杀案、“9·13”系列麻醉抢劫案。四是坚持打击与整治并重，清理和整治了一批治安混乱场所。各级综治部门严格按照全区综治工作会议精神和2003年社会治安综合治理目标管理责任书的具体要求，认真分析当前社会治安形势，明确责任、落实措施，因地制宜地开展治理整顿。拉萨市截止10月20日，共受理治安案件1226起，查结959起，查处率为78.2%，处理各类违法人员1412人，拘留245人，清理枪支2642枝，收缴炸药1959公斤，雷管15868枚，导火索6700米。各级公安机关不断提高侦破水平，大部分地区破案率有所提高，保持了对犯罪分子的高压态势，进一步巩固了为期两年的“严打”成果，确保了人民群众的安全和社会的稳定。

三、充分发挥各有关部门的职能作用，共同做好矛盾纠纷的排查调处工作

各级党委、政府、综治机构充分认识到做好矛盾纠纷排查调处工作是维护西藏持续稳定的基础，重视程度不断提高。自治区综治委对于带有普遍性的问题和影响大的群体性事件，采取党委、政府统一领导，各级综治办协调组织、有关部门具体负责的方式进行调处解决，及时化解了一批矛盾。各级公安部门特别是基层公安干警在调处各类矛盾纠纷过程中发挥了重要作用。2003年自治区综治委为切实解决因拖欠民工工资引发的纠纷，起草了《关于预防和减少拖欠民工工资的意见》，自治区党委办公厅、区人民政府办公厅进行了转发。各地市以高度的政治责任感做好矛盾纠纷排查调处工作的同时，还积极摸索预防、减少矛盾纠纷的方法和途径，针对本地区长期发生的草场纠纷、资源纠纷等矛盾纠纷和治安热点、难点问题，做到了提前介入、预防在先、就地解决、归口处理的原则。对焦点地区和敏感地带派出专人进村蹲点，制定防范预案，及时发现和掌握治安动态，及时处置发生的各类纠纷，取得了很好的效果。

四、积极探索加强社会治安防控体系建设的

有效方法和途径

一是加强各级综治组织建设，把社会治安综合治理各项工作措施落到实处。全区各级综治部门切实加强了综合治理基层组织建设，建立健全了各级综治机构，落实了人员，完善了制度。山南地区地县两级综治委 13 个，领导成员近 500 人；地(市)直县级单位和各县、乡、镇综治领导小组 136 个，成员 800 余人；共有治保委员会 587 个，治保小组 909 个，治保成员 1549 人，调解组织 564 个，调解工作人员 1891 人，司法助理员 76 人。各乡(镇)、村(居)委会均配备专、兼职工作人员。二是建立并规范保安公司的管理，积极发挥群防群治组织的作用。三是建立健全并及时调整充实预防青少年违法犯罪工作领导小组、学校及周边治安综合治理工作领导小组和刑释解教人员安置帮教工作领导小组，并充分发挥其职能作用。其中山南地区乃东县积极探索安置帮教新思路，使该县索珠乡的帮教工作做到了经常化、制度化。几年来，该乡对刑释解教人员的安置率达 100%，帮教率达 100%，刑释解教人员重新犯罪率为零。四是切实加强边境管控工作，积极探索边境治安联防的有效管理机制。2003 年 10 月 14 日，西藏自治区人民政府于第 21 次常务会议研究通过了《西藏自治区边境治安联防工作规定(试行)》，规定对边境治安联防的组织机构及其职责、边境联防人员的选用、职责和纪律、边境联防制度建设和奖励办法、边境联防人员的经费和物资保障作出了明确规定。通过认真组织、具体落实，非法出境人员与去年相比大幅度下降。五是积极开展安全创建活动，构筑各类社会治安防控体系。各地市综治组织按照《责任书》的要求，以流动人口和出租房的管理为重点，制定创建标准，确定创建目标，扩大创建覆盖面。拉萨市从治理“脏、乱、差”入手，进行综合整治，取得显著成效。其中拉萨市城关区和日喀则地区治安防范工作经验在全国社会治安综合治理工作会议上进行了交流，有力地推动了全区各类安全创建工作的全面开展。

五、认真开展综治宣传工作，不断增强全民参与综合治理的意识

各地市、各部门的综治宣传工作能够按照自治区综治委的统一要求，结合本地、本部门工作实际开展，宣传方式有所改进，宣传效果明显提高。认真开展了综治宣传月活动、禁毒宣传、法制宣传活动，将集中宣传与分散宣传、定期宣传与随时宣传相结合，宣传工作做到了不走形式，注重实效，贴近群众，切合实际。尤其加强了对青少年和寺庙僧尼的法制宣传教育工作，配齐配强了法制副校长、辅导员。积极开展法律进社区活动，加强了对《社会治安综合治理条例》的宣传。涌现出了一些有深度、有力度的好的宣传作品。各地市和区新闻单位推荐了宣传作品在全国社会治安综合治理好新闻评选活动中又获得二个奖次，自治区综治办连续两年获得组织奖。自治区社会治安见义勇为奖励基金会积极发挥弘扬社会正气的宣传作用，及时赴山南召开现场表彰大会，表彰了山南军分区生产连副连长徐燎原，自治区综治办主任卫建堂同志为徐燎原颁发了荣誉证书和 1 万元奖金，转交了中华见义勇为基金会 5000 元慰问金。

“严打”整治斗争情况

2003 年，全区“严打”整治斗争继续坚持以反分裂斗争为龙头，以“打现行、破大案、挖团伙、追逃犯”为主线、以系列专项斗争为重点，巩固和扩大为期两年的“严打”整治战果。全区公安机关根据反分裂斗争形势的变化特点，认真分析研究“后达赖时期”反分裂斗争形势，适时调整斗争策略，集中对反分裂斗争可能出现的一些影响全局稳定的问题进行专题分析，采取有力措施，构建“点、线、面”相结合的立体防控系统，有效打压了分裂分子的区内活动空间，1－10 月累计，全区共发生危害国家安全案件 14 起，破 9 起。与上年同期相比立案减少 13 起，下降 48.1%。深入开展“严打”

整治斗争，狠抓重特大案件侦破和挂牌督办，依法严厉打击各种刑事犯罪活动。对影响社会稳定的重特大案件实行逐级挂牌督办制度，并实行领导督办责任制。1－10月累计，全区各级公安机关共立刑事案件2903起，破2181起，破案率75.1%。与上年同期相比立案数增加26起。共抓获刑事案件作案成员2092人。

各地、各部门结合本地治安形势实际，因地制宜地开展了各种形式的专项整治行动。2003年7月3日，在自治区公安厅党委直接领导下，拉萨市公安局成功组织了代号为"闪电"的打黑除恶专项整治行动，打掉涉嫌敲诈勒索、暴力索债、非法拘禁、持枪杀人、故意伤害等黑恶势力团伙6个，抓获黑恶势力头目及成员70余人，一举破获一批重大刑事案件，抓获内地网上在逃犯4名，缴获各类枪支6枝。拉萨市公安局还开展了"冬季严打整治斗争"，对辖区内治安复杂场所，集中警力进行综合整治，依法查处了一批带有"黄、赌、毒"的治安复杂场所，一批触犯治安管理条例的人员得到了应有的惩处。

深入开展禁娼禁赌专项行动，扫除"黄、赌、毒"等社会丑恶现象。根据自治区"扫黄、打非"领导小组《关于2003年"扫黄、打非"集中行动工作安排的通知》和公安部《关于进一步加强禁娼禁赌和打击非法出版活动工作的通知》要求，2月份以来，自治区各级治安部门与文化、新闻出版、工商等部门联合开展了"扫黄、打非"集中行动。

严厉打击毒品犯罪。1－10月累计，全区各级公安机关共立毒品犯罪案件35起，破35起，破案率100%，与去年同期相比立案增加3起，上升9.4%。其中，贩卖运输毒品案28起，走私毒品1起，非法持有毒品1起。共缴获海洛因2.016千克，大麻13.2千克。拉萨海关缉私局查获了一起特大毒品走私案件，缴获海洛因29850克，抓获犯罪嫌疑人3名。

公安交警部门开展了"压事故、保畅通"的道路交通安全专项整治行动，取得了一定的成效。

2003年，自治区政法委召开全区"严打"整治斗争总结表彰电视电话会议，全面、客观地总结了为期两年的"严打"整治斗争，表彰了两年"严打"整治斗争中涌现出来的40个先进集体和80个先进工作者，从中推荐的5个先进集体和7个先进工作者受到中央政法委表彰。

预防青少年违法犯罪工作情况

西藏自治区预防青少年违法犯罪工作领导小组在自治区党委、政府的关心和重视下，在自治区综治委的正确领导以及各部门、各单位的大力支持下，充分发挥领导小组各成员单位职能作用，为切实维护青少年的合法权益，预防和减少青少年违法犯罪做了大量工作。一是自治区综治委和各地市综治委及时调整充实预防青少年违法犯罪工作领导小组，使青少年的预防、教育工作始终做到有组织、有领导、有计划地开展。二是引导、监督各部门、单位、学校加强对青少年的法制教育。自治区综治委在2003年的《责任书》和《考评办法》里明确要求：各中、小学必须从公、检、法等执法部门选派优秀干警兼职法制副校长、法制辅导员，将法制教育纳入教学大纲，纳入教学计划，真正做到计划、教材、课时、师资"四落实"。截止目前，全区各学校都已聘请了法制副校长和法制辅导员；各中小学校在青少年学生中全面开展宪法知识、有关青少年行为规范与青少年密切相关的法律知识和毒品预防知识的教育活动，重点学习《中华人民共和国宪法》、《中华人民共和国未成年人保护法》、《中华人民共和国预防未成年人犯罪法》、《西藏自治区〈中华人民共和国未成年人保护法〉办法》，使青少年学生知法、懂法、守法、用法，明确自己的权利和义务，提高对是非的判别能力，增强依法保护自身权益的意识和技能。三是采取形式多样的法制宣传教育活动，进行普法宣传教育。通过西藏电视台"雪域地平线"、西藏人民广播电台"格桑梅朵"、西藏日报法制专栏、西藏青年报以播发全文、案例分析等形式进行法制宣传。2003年6月，自治区预防青少年违法犯罪工作领导小组开展了大规模的禁毒宣传活动，在结合实际工作的基础上，紧扣“远离毒品，关爱未来”的禁毒主题，在全区开展了声势浩大的宣传活动。活动期间，有关部门派人深入到各中、小学开展禁毒知识一堂课讲座，讲座内容紧紧围绕毒品的常识、毒品的危害、青少年吸毒的原因及青少年如何做到“珍爱生命、拒绝毒品”等主题，对广大青少年学生进行了禁毒宣传教育。据统计，参加讲座人员达2000人；发动基层公安、社保组织，深入到居委会和家庭，构筑广大人民群众免受毒品侵害的防线；会同文化、工商、税务等部门在歌舞娱乐场所开展抵冰毒、摇头丸等新毒品的宣传活动，同时与歌舞娱乐场所负责人签定了责任书；利用报纸、电视等新闻媒体加大“6·26”宣传报道的力度，在收视率较高的西藏电视台、拉萨市电视台黄金时段播放了《中国拒绝毒品》系列片；利用“6·26”这天的有利时机，全区各地禁毒部门在繁华路段面向流动人口，大张旗鼓的开展禁毒宣传教育活动，据统计，仅“6·26”这天，全区共散发禁毒传单3万份，发放印有“远离毒品、关爱未来”字样的宣传伞1千把，2万余名群众参观了展览。并在全区中小学发放了国家禁毒办和教育部编印的《中学生毒品预防教育挂图》和中小学生禁毒知识读本，充分发挥学校的积极性，利用这些宣传教育资料，在青少年学生中广泛开展禁毒活动，形成学校与社会点面结合，学校教育与社区教育互补的毒品预防教育格局，切实把中小学生毒品预防与创建“无毒社区”、“社区青少年远离毒品”、“不让毒品进我家”以及创建“安全文明校园”等活动有机结合起来，以“6·26”国家禁毒日为契机，掀起中小学生毒品预防教育高潮。在“6·26”活动期间，自治区常务副书记布穷、自治区党委副书记、政法委书记杨松、自治区党委常委德吉措姆、区政府常务副主席土登才旺、区政法委副书记、区综治办主任卫建堂亲临宣传活动现场，参观、指导宣传工作。四是清理整顿校园周边环境，保障青少年学生的身心健康。区综治委、团区委、区人大等单位，带领全区各级团组织多次与相关单位一起组成工作组，对学校及周边地区治安进行了全面清理和检查，主要清理了在校园内乱设摊点的小商贩；清理和整顿学校及周边非法经营的网吧、电子游戏厅、录像厅、歌舞厅；查封无卫生许可证、无健康证、出售过期食品的商店；清理校园内出租户和留宿的社会闲杂人员，并督促各学校健全和完善管理制度；加强对学校及周边治安秩序整治工作的督导检查。通过对学校及周边环境的清理整顿，在一定程度上使“黄、赌、毒”之类的社会丑恶现象远离了校园，净化了校园周边环境。五是开展优秀“青少年维权岗”创建活动。在区综治委的领导下，团区委带领全区各级团组织的公、检、法、司、广播电视、新闻出版、工商等与未成年人事务密切相关的系统内全面开展了优秀“青少年维权岗”创建活动，并协同有关部门成立了优秀“青少年维权岗”创建活动领导小组。质检部门、工商部门加大了对儿童玩具、学习用品、食品等的质量查处力度；文化部门加大了对音像、出版物市场的监督检查力度；法院、检察院系统在立案、办案、审案过程中注重加强了对涉案未成年人的权益保护工作。六是重视失足青少年的帮教工作。自治区综治委与自治区劳教局协作，广泛组织司法部门的同志，采取“一帮一”的帮教方式，为失足青少年上法制宣传教育课，在老十八军战士、老干部中聘请爱国主义教育顾问40人，并组织他们为失足青少年进行爱国主义教育，同时捐赠各类图书、“三辰”影库等共近万册(套)，为失足青少年送知识、送温暖，让他们从心底里认罪服法，安心接受改造，并尽力为改造好的青少年提供入学或就业帮助，进行巩固教育。

刑释解教人员安置帮教工作情况

西藏自治区刑释解教人员安置帮教工作领导小组,在自治区综治委的正确领导下,领导小组各成员单位密切配合、通力合作,积极开展工作,努力做好我区刑满释放、解除劳教人员安置帮教工作,预防和减少了重新违法犯罪。一是自治区综治委根据各部门领导班子成员变动情况和中央综治委的通知精神,2003 年,对西藏自治区刑释解教人员安置帮教工作领导小组组成人员进行了相应调整,全区各地(市)也对本地区刑释解教人员安置帮教工作领导小组组成人员做了相应的调整。二是按照中央第四次西藏工作座谈会和自治区党委第六次党代会精神,认真贯彻中央关于安置帮教工作的方针政策,广泛动员、组织协调各有关部门和社会各方面的力量,共同做好刑释解教人员安置帮教工作,切实巩固监所改造成果,预防和减少重新违法犯罪,促进我区社会稳定和经济发展。三是把安置、帮教、解除劳教人员工作列入社会治安综合治理工作目标,作为落实领导责任制的一项重要内容,组织公安、司法、劳动、人事、民政等部门,对刑满释放、解除劳教三年之内没有生活出路和可能重新违法犯罪的人员进行安置、帮教,通过安置、帮教工作,力争使大多数人增强改过自新信念和就业能力,努力做到生活有着落、就业有门路,预防和减少重新违法犯罪。其中,山南地区乃东县索珠乡在党委、政府的正确领导下,把做好刑释解教人员安置帮教工作纳入社会治安综合治理和精神文明建设目标责任制,明确规定安置帮教工作开展不好,刑释解教人员重新犯罪的,对村(组)进行一票否决,并作为村(组)领导考核实绩的标准之一。几年来,该乡对刑释解教人员帮教率达到 100%,重新犯罪率为零;四是对全区刑满释放人员开展了摸排工作。按照区政法委[2000]17 号文件通知要求,自治区安置帮教领导小组抽调专人对拉萨市内的两个监狱和一个劳教所从 1998 年元月到 2000 年底刑满释放和解除劳教人员进行了专题摸底调研。三年内共有刑满释放人员 623 人,解除劳教人员 132 人。

中共西藏自治区委员会
关于调整区党委政法委员会和自治区
社会治安综合治理委员会组成人员的通知

(2003 年 1 月 24 日)

各地、市委,区党委各部委,自治区各委、办、厅、局党组(党委),各人民团体党组:

根据自治区各部门领导班子成员变动情况,对区党委政法委员会和自治区社会治安综合治理委员会组成人员作了相应调整。现将调整后的组成人员通知如下:

一、区党委政法委员会

书　　记:杨　松　区党委常委

副 书 记:土登才旺　自治区常务副主席

专职副书记:卫建堂　区党委政法委副书记

吉村罗追　区党委政法委副书记

委　　员：尼玛占堆　区高级人民法院党组书记、院长

张培中　区人民检察院党组书记、检察长

殷治田　区公安厅常务副厅长

洛　桑　区司法厅厅长

王宾宜　区国家安全厅党委书记、厅长

郎友良　西藏军区副政委

牛志忠　武警西藏总队总队长

二、自治区社会治安综合治理委员会

主　任：杨　松　区党委常委、政法委书记

副主任：白　钊　区人大副主任

土登才旺　自治区常务副主席

金毅明　西藏军区副司令员

尼玛占堆　区高级人民法院党组书记、院长

张培中　区人民检察院党组书记、检察长

成　员：武金辉　区党委组织部副部长

格桑朗杰　区党委宣传部常务副部长

卫建堂　区党委政法委副书记

游胜苗　区纪委常委、秘书长

梁殿臣　区经济贸易委员会主任

宋和平　区教育厅厅长

塔尔青　区民宗委主任

荣　生　区公安厅副厅长

刘巨元　区民政厅副厅长

洛　桑　区司法厅厅长

普　穷　区财政厅副厅长

刘治平　区劳动和社会保障厅厅长

刘志昌　区建设厅厅长

丹增曲扎　区交通厅副厅长

江　央　区文化厅厅长

拉　归　区广电局副局长

晁兆峰　区工商行政管理局副局长

旺堆次仁　区新闻出版局党组书记、局长

克　珠　区总工会副主席

龙德文　团区委副书记

嘎尔玛　区妇联党组书记、主席

索　朗　人行拉萨中心支行副行长

张祖林　拉萨海关巡视员

贾央扎巴　民航西藏管理局党组副书记

苟春燕　武警西藏总队政治部副主任

马志德　空军拉萨指挥所副政委

自治区社会治安综合治理委员会办公室设在区党委政法委，卫建堂同志兼任办公室主任。

特此通知。

西藏自治区社会治安综合治理委员会关于印发《西藏自治区2003年度社会治安综合治理目标管理责任制考评办法》的通知

（2003年9月22日）

各地（市）综治委、区纪检委、区组织部、区人事厅、区监察厅：

自治区综治办根据各地（市）及有关部门的修改意见，对《西藏自治区2003年度社会治安综合治理目标管理责任制考评办法》做了进一步修改完善，并经自治区综治委第二次全体会议审议通过，现印发给你们，作为年终考评的依据。

中共西藏自治区党委　西藏自治区人民政府 2003年度社会治安综合治理目标责任制考评办法

为了推动《2003年社会治安综合治理目标管理责任书》的落实，进一步强化我区的社会治安综合治理工作，根据区党委、政府与各地(市)签订的《2003年社会治安综合治理目标管理责任书》，自治区社会治安综合治理委员会特制定本考评办法。

一、考核办法和程序

考核工作坚持全面、客观、公正的原则，采取定量考核与定性考察相结合的办法，在各地自查自评和公众安全感测评结果的基础上，通过听、问、看、查等手段进行实地考察、结合分析评估等步骤进行。

区综治委设考评办公室，由区综治办、区纪检委、区组织部、区人事厅、区监察厅五部门组成，抽调有关区综治成员单位人员组成检查考评组。

考评的程序是：(1)听取各地市自查情况和全面工作情况汇报；(2)同住地人大代表和政协委员座谈，听取他们对当地社会治安状况的意见；(3)随机抽查1－2个县、乡(镇)、机关事业单位、学校、寺庙；(4)对各地(市)推荐的一个县进行检查；(5)进行暗访调查；(6)根据检查、抽查及公众安全感测评情况，对照考评内容进行评议；(7)与各地市通报检查情况，交换意见；(8)综合、汇总检查考评情况，向区党委、区人民政府报告；(9)根据检查考评情况兑现奖惩。

二、考评内容及评分标准(总分100分)

第一条(10分)

1. 各责任区党委、政府把社会治安综合治理工作纳入本地区经济社会发展总体规划和年度目标管理之中，及时研究解决综治工作中的难点、热点问题。3分(未纳入者扣2分，未及时研究解决综治难点、热点问题的扣2分)

2. 地区以签订责任书的形式把目标任务层层分解到县(市、区)、乡(镇、街道)党委、政府，签订率达到100%。3分(签订率每少10个百分点扣1分)

3. 县(市、区)、乡(镇)按属地管理原则把机关、企事业单位、社会团体、寺庙和村(居委会)纳入综合治理工作范围，层层签订责任书，签订率达到95%以上。4分(签订率每少10个百分点扣1分)

第二条(10分)

1. 地、县综治办机构健全、人员落实、制度完善、综治工作规范、档案齐全、积极主动开展工作。3分

2. 乡、村(街道、居委会)综治组织健全，配有专、兼职工作人员且能较好地发挥作用。3分(组织健全的1分，专兼职人员到位者1分，能较好地发挥作用的1分)

3. 各级所需综治经费纳入本年度财政预算，开展综治工作所需的正常经费能基本得到保障，并根据工作需要和财政收入情况逐年有所增加。4分(能保证综治经费的加1分，检查中发现未纳入财政预算的发现一起扣1分，地区未纳入财政预算的扣4分)

第三条(17分)

1. 抓维护稳定工作有明确的组织领导，各项工作措施落实，达赖集团分裂、渗透、破坏活动得到有效遏制，发生的危安案件能及时得到侦破并逐年下降，有处置突发事件的预案，重大节庆、敏感日期未发生影响稳定的重大事件，本地区社会政治局势稳定。8分(无明确的组织领导者扣2分，因各项工作措施落实不利，发生影响稳定的重大事件者每发生一起扣2分，经自治区有关领导批示查处的每查处一起扣1分，逾期隐瞒不报被查处的每起扣2分)

2. 认真落实对寺庙的教育、管理措施，对寺庙情况做到底数清，情况明，本辖区寺庙及宗教活

动场所秩序正常。4分(本辖区寺庙每发生一起重特大文物被盗事件扣2分)

3. 能及时发现、掌握和果断处置“法轮功”及其它邪教组织活动,认真落实“法轮功”习练者的教育转化工作措施。2分(因工作不力造成“法轮功”进京或在当地滋事发现1起扣2分,实行倒扣分制,教育不力,出现反弹的扣1分。防范教育措施得力,工作扎实,在本地发现区外“法轮功”人员的加1分)

4. 能有效防范和打击非法出入境,各级综治委对非法入境者能纳入视线,做到底数清、情况明。3分(按区边防部队统计,各地(市)非法出境人员总数比上一年每增加1人扣0.1分,每减少1人加0.1分,全年未发生非法出入境人员的加2分)

第四条(20分)

1. 建立健全社会治安防控体系,盗窃、抢劫等影响群众安全感的多发性案件得到有效侦破和控制,群众安全感不断增强,发生的刑事案件能及时得到侦破。14分(按全区平均破案率每增加1个百分点加0.5分,每减少1个百分点扣0.5分,以立案为标准,发生的危安案件没破获的,每一起扣0.5分。其具体数据由公安厅统计为准)

2. 年内地区综治办要会同统计部门在地区所在地认真开展公众安全感测评活动,测评结果要向社会公布,并上报自治区综治委。6分(未开展的扣6分。材料搞得好,措施得力加1分。测评工作不规范的扣0.5分,截止考评仍未上报测评材料的扣3分)

第五条(8分)

1. 机关、企事业、学校、寺庙人防、物防、技防落实,建立群防群治组织,各地(市)要按规定在年内建立正规的保安公司和联防队。3分(内保单位安全防范措施不落实,导致可防性案件多发,造成重大影响的每发生1起扣1分。没有成立保安公司的扣1分,没有成立联防队的扣1分)

2. 预防和减少违法犯罪工作有组织有领导,所有中小学校(公立学校)全部配齐法制副校长或辅导员(专职兼职均可),并充分发挥其作用,校园周边地区的社会治安环境良好。2分(没有成立预防青少年违法犯罪领导小组的扣1分,未从公、检、法、司部门选配法制副校长或法制辅导员的,每发现一所扣0.5分,至该项扣完为止)

3. 对本地区的刑释解教人员底数清楚,并能较好地落实安置帮教措施。1分(地区未成立安置帮教领导小组的扣1分,未建立刑释解教人员基础档案或底数不清的扣1分)

4. 能结合本地实际制定切实可行的流动人口管理办法,落实用工用人单位和出租房房主的责任并签订有责任书,有专人负责,有效预防和减少流动人口中的违法犯罪。2分(未落实责任并未签订责任书者每发现一起扣0.2分,流动人员中的违法犯罪率比去年增加的扣2分)

第六条(5分)

针对本地存在的突出问题,开展集中整治专项斗争,坚决杜绝和减少重大交通事故,重大安全生产事故,重大治安灾害事故的发生。5分(根据政府通报的重特大交通事故每发生1起扣0.2分,比去年下降1起加0.2分,每发生一起群死群伤安全生产责任事故,每发生一起扣3分,此项实行倒扣分制,每发生一起重大灾害事故的扣0.5分,参照消防总队的标准执行)

第七条(10分)

1. 建立健全矛盾纠纷排查调处工作机制,有专人负责此项工作。2分

2. 对本地突出的社会热点、难点问题能及时排查调处,如实按月上报,不漏报、瞒报。经过排查没有发现问题的,能实行“零报告”制度。4分(凡迟报、漏报、瞒报一次扣1分,扣完为止)

3. 对发生的矛盾纠纷能及时妥善地予以解决,有效防止矛盾激化,减少群体性事件的发生,对已发生的群体性事件能及时妥善处置,尽力减小负面影响,能妥善调解处理拖欠民工工资、草场资源纠纷。4分(对发生的矛盾纠纷不及时妥善处置而引发群体上访、群体性事件者扣2分,对已发生的群体性事件,互相推诿,不能有效控制事态,产生恶劣影响的扣1分。拖欠民工工资、草场资源纠纷比去年上升的扣1分,此项实施倒扣分制,比去年下降的加1分。)

第八条(6分)

1. 创建工作有总体规划,能结合实际制定创建标准。1分

2. 基层安全文明创建覆盖面扩大,创建水平不断提高。1分

3. 在创建工作中能发现典型，总结、推广好的创建经验，用于指导本地区的创安工作。1分

4. 创建工作有组织、有投人。1分

5. 安全小区内安全防范措施落实，群防群治组织建立健全，便民利民，群众有安全感。2分

第九条(4条)

1. 认真筹划落实3月份的综治宣传月活动，宣传工作有计划、有安排，宣传活动不流于形式，认真开展法制宣传，完成中央、自治区普法任务。3分

2. 积极推荐好的综治宣传材料参与好新闻评选活动。1分(未推荐上报的扣1分)

第十条(10分)

1. 能结合本地实际制定严格的综治考评奖惩制度。

2. 对本地的综治工作做到年初有具体规划安排，年中有检查、年末有评比，并能及时兑现奖惩。2分

3. 地区综治办会同组织、人事、纪检、监察、民政等部门于第三季度认真开展自查评比工作，并按时向自治区综治委提交自查报告。6分(未自查自评者扣6分，自查自评后未上报材料的扣3分)

三、具体奖惩措施

(一)鼓励性加分

1. 在工作中有创新，发现、总结的工作经验得到中央综治委表彰肯定的加10分；得到自治区综治委表彰的加5分。

2. 积极总结上报本地区综治工作情况材料，凡被自治区综治委采用转发者，每采用一篇加1分。

3. 凡本地区推荐的综合治理好新闻获得了全国好新闻奖，每获得一个奖次加1分。

4. 凡本地区推荐的见义勇为先进分子受到中华见义勇为基金会表彰的加2分。

5. 能正确行使“责任查究”和“一票否决权”加5分。

6. 公安部、自治区督办案件破案率超过30%的，每超过1起加2分；低于30%的，每少破1起扣1分。

(二)实行有奖有罚，奖惩分明，凡在本年度考评排序中名列末位的地区不予奖励。

(三)由于领导不重视，工作措施不到位，对社会稳定和社会治安秩序造成重大影响的，按有关“责任查究”制予以查究，直至一票否决。

(四)各考评小组在认真、如实考评的基础上，各提交一份报告给区综治委考评办公室，区综治委考评办公室根据各小组考评情况，形成考评综合报告，提出奖惩意见，提交自治区综治委研究通过后报自治区党委、政府，兑现奖励。

四、本考评办法所涉及的统计数据统计期限起自2002年11月20截至2003年11月20日。

五、本考评办法实行部分项目倒扣分制。

六、本《考评办法》的解释权归自治区社会治安综合治理委员会办公室。

西藏自治区人民政府关于印发《西藏自治区边境治安联防工作规定(试行)》的通知

(2003年10月17日)

各行署、拉萨市人民政府，各县(市、区)人民政府，自治区各委、办、厅、局：

《西藏自治区边境治安联防工作规定(试行)》，已经2003年10月14日政府第21次常务会议研究通过，现印发给你们，请认真贯彻执行。

西藏自治区边境治安联防工作规定(试行)

第一章 总 则

第一条 为了加强边境管理,维护社会治安秩序,确保边境地区的安全与稳定,结合我区边境地区实际,制定本规定。

第二条 各边境县组建边境治安联防组织,依靠社会各方面的力量,调动边境群众成边卫国的积极性,进一步加强边防工作,建立点面结合、专群结合的边境防控网络。

第三条 边境治安联防组织是公安机关和公安边防部队的辅助力量。其主要责任是协助社会治安综合治理委员会、公安机关、公安边防部队开展边境治安联防工作,维护边境社会治安秩序,防范和打击偷渡及其他违法犯罪活动。

第四条 边境治安联防组织的组建由公安边防部队具体组织实施。

本规定仅适用于西藏自治区内各边境县的边境治安联防工作。

第二章 边境治安联防组织机构及其职责

第五条 各边境县应组建治安联防指挥部,指挥长由该县主要分管领导担任,副指挥长由县公安局主管局长和公安边防大队大队长担任,公安局治安股长和边防大队业务干部为治安联防指挥部成员。其主要职责是负责领导、督促、检查、落实基层边境治安联防组织的工作,研究解决边境治安联防工作中存在的困难和问题。

第六条 边境治安联防指挥部办公室设在县公安边防大队,由公安边防大队大队长兼任办公室主任,公安局治安股长兼任副主任。边境治安联防指挥部的主要职责是:

(一)根据边境治安联防指挥部和上级领导机关的要求布置安排工作,并负责检查落实;

(二)总结本辖区的社会治安综合治理、边境治安联防、反偷渡工作,定期向上级报告工作;

(三)对下属边境治安联防组织的工作实施监督指导,建立健全各种规章制度,完善各项管理措施;

(四)完成本辖区边境治安联防分队的宣传、教育及训练工作(每年集中训练一次);

(五)对边境治安联防和反偷渡工作的经费管理及使用情况实行监督检查;

(六)调查研究,总结推广社会治安综合治理、边境治安联防、反偷渡工作经验,表彰先进。听取基层意见,及时反映和解决工作中存在的问题。

第七条 在边境乡(镇)建立边境治安联防指挥小组,组长由乡(镇)人民政府领导兼任,副组长由公安边防工作站(派出所)的领导兼任,乡(镇)治保小组组长为指挥小组成员。边境治安联防指挥小组的主要职责是:

(一)贯彻落实治安联防指挥部及其办公室的工作部署,做好本辖区内的社会治安综合治理、边境联防和反偷渡工作;

(二)结合本辖区边防斗争特点,根据形势和任务的需要,组织边境治安联防分队协同公安边防部队在边境一线的重要山口道路设点、守点、堵卡,积极配合公安边防部队搞好反偷渡工作和打击边境地区其他违法犯罪活动;

(三)负责边境治安联防人员的选用、管理、考核和教育训练;

(四)组织、指挥、带领边境治安联防人员认真落实本辖区的工作方(预)案,适时进行边防巡逻,维护边境治安秩序。

第八条 边境地区的重点县建立边境治安联防大队,乡(镇)建立边境治安联防中队。其主要职责是:

(一)对辖区群众进行爱国主义和法制宣传教育,组织和带领群众积极参加边境联防工作;

(二)及时发现、制止和向上级报告违法犯罪行为，坚决防范和打击偷渡活动及其他违法犯罪活动，维护边境稳定；

（三）对发现的边境涉外问题及时请示报告，自觉维护国家主权；

（四）积极配合公安机关和公安边防部队强化边境管理，维护边境地区的正常秩序；

（五）积极协助公安机关和公安边防部队处置边境突发事件；

（六）完成上级交办的其他任务。

第三章　边境联防人员选用、职责和纪律

第九条　根据当前西藏边境地区边防斗争和反偷渡形势的需要，按照"突出重点、兼顾一般"的原则，确定边境治安联防人员数。全区边境治安联防人员数控制在1000人，相关地区的具体人数为：日喀则地区560人；阿里地区330人；山南地区65人；林芝地区45人。

第十条　边境治安联防人员原则上从现有的边境治保人员中择优选用，也可以从复退军人或社会人员中选用。

被选用的边境治安联防人员必须政治可靠、身体健康、热爱边防事业，法制观念强，廉洁奉公、作风正派、能联系群众，勇于同偷渡分子和其他违法犯罪分子作斗争。

第十一条　凡被选用的边境治安联防人员，必须经过30天以上的专业训练，考核合格后方能上岗。

第十二条　被选用的边境治安联防人员应与选用单位签订合同，合同期为一年，合同期满后需要继续留用的，应当重新签订合同。

第十三条　边境治安联防人员在执勤时，对有偷渡嫌疑和其他重大违法犯罪嫌疑的人员，有权进行盘查；对正在实施偷渡行为和进行违法犯罪的人员，应当扭送当地公安边防部门处理；对难以处置的偷渡活动和其他违法犯罪活动，应及时报告当地公安边防部门。

第十四条　边境治安联防人员在执勤时，佩带统一配发的值勤标志。在盘查和扭送偷渡人员和其他违法犯罪人员时，应当出示证件。

第十五条　边境治安联防人员在执勤时，必须由一名以上干警带队，五人以上共同行动，携带并按规定使用必要的执勤装备。

第十六条　边境治安联防人员在执勤时，必须服从命令、听从指挥，讲究政策、言行文明、严格依法办事，不得徇私舞弊、贪赃枉法、包庇纵容犯罪分子，不得滥用职权、乱施处罚，侵犯公民合法权益。

第四章　边境联防制度建设和奖惩办法

第十七条　各级边境治安联防组织应当建立下列制度：

（一）考勤制度（正常情况下每周工作不能少于三天）；

（二）交接班制度；

（三）政治、业务学习和训练制度；

（四）执勤情况登记和请示汇报制度；

（五）抓获偷渡人员登记、移交制度；

（六）赃款赃物、扣押物品登记、管理、上交制度；

（七）奖惩制度。

第十八条　边境治安联防指挥小组应当每月对边境联防人员进行考核评比，并将考核评比情况通报本人和上级边境联防工作办公室。

第十九条　边境治安联防指挥部（指挥小组）负责人在工作中尽职尽责，并在打击偷渡活动及其他违法犯罪活动中成绩突出的，按照《国家公务员暂行条例》有关条款给予物质奖励或通报表彰、嘉奖、记功等，作为考核任用的参考依据。

第二十条　边境治安联防人员在工作中尽职尽责，并在打击偷渡活动及其他违法犯罪活动中成绩突出的，由公安机关和公安边防部队给予物质奖励或给予通报表彰、嘉奖、记功。

第二十一条　公安边防部队官兵在工作中尽职尽责，并在打击偷渡活动及其他违法犯罪活动中成绩突出的，按照《中国人民解放军纪律条令》和有关规章制度，给予物质奖励或给予通报表彰、嘉奖、记功，提前晋升职务（警衔）等。

第二十二条　边境治安联防指挥部（指挥小组）负责人在工作中玩忽职守，或有违纪行为的，视情节给予批评教育；凡本辖区一年内发生三起

以上群体性偷渡事件或重大刑事(治安)案件的,按照《国家公务员暂行条例》及有关规定给予记大过以下的行政处分;包庇纵容犯罪,情节严重构成犯罪的,依法追究刑事责任。

第二十三条 边境治安联防人员工作消极或无故旷工、失职、违纪的,视情节分别给予批评教育、辞退等;构成犯罪的,依法追究刑事责任。

第二十四条 公安边防部队官兵玩忽职守,或有违纪行为的,依据《中国人民解放军纪律条令》有关规定视情节给予批评教育、警告、记过、降职(衔)、撤职(衔)、除名、开除军籍等处分;构成犯罪的,依法追究刑事责任。

第二十五条 边境联防组织或个人在反偷渡专项工作中的具体奖惩办法,按照《西藏自治区反偷渡工作奖惩办法(试行)》执行。

第五章 边境联防人员的经费和物资保障

第二十六条 边境治安联防人员实行半脱产制,每人每月按规定补助生活费200元。此项经费列入当地县级财政预算,自治区财政在转移支付时给予补助。

边境联防组织的办公经费列入当地县级财政预算,物资器械由公安边防总队予以保障。

第二十七条 边境治安联防指挥部(指挥小组)及其办事机构应当指定专人管理经费,明确使用审批制度,定期审计,严禁挪作他用。收支情况应定期向同级人民政府和同级边境联防工作办公室报告。

第六章 附 则

第二十八条 本规定应用中的具体问题由自治区公安厅负责解释。

第二十九条 本规定自下发之日起施行(试行一年)。

杨松同志在全区“严打”整治斗争总结表彰电视电话会议上的讲话

(2003年7月18日)

同志们:

经区党委、政府批准,区党委政法委今天在这里召开全区“严打”整治斗争总结表彰电视电话会议。会议的主要任务是深入贯彻“三个代表”重要思想和党的十六大精神,学习贯彻全国“严打”整治斗争总结表彰电视电话会议精神,总结我区两年来的“严打”整治斗争,表彰在“严打”整治斗争中做出突出成绩的先进单位和先进个人,部署当前和今后一个时期的社会治安工作。首先,我代表区党委、政府向受到表彰的先进集体和先进个人表示热烈祝贺!向参加“严打”整治斗争的全区政法干警表示亲切慰问,并致以崇高的敬意!向关心、支持“严打”整治斗争的各级领导和各界群众表示衷心的感谢!

下面,我讲两点意见:

一、两年来我区“严打”整治斗争的基本情况和成功经验

自2001年4月以来,在区党委、政府的领导下,在广大人民群众的大力支持下,全区政法部门认真贯彻落实中央、自治区社会治安工作会议精神,紧紧抓住我区存在的突出治安问题,精心组织、周密部署、全警动员、全力以赴、突出重点,有计划、有步骤地开展了深入扎实、声势浩大的“严打”整治斗争,狠狠打击了分裂主义分子的破坏活动和各类犯罪分子的嚣张气焰，有力地整治了一批社会治安混乱的地方和场所，消除了一批社会治安隐患，有效地遏制了刑事犯罪案件的高发势头。“严打”整治斗争打出了声威，打出了士气，整治出了实效，基本达到了党中央提出的“两年内社会治安明显进步”的奋斗目标，进一步巩固和发展了我区社会稳定的大好形势。

一是以反分裂斗争为龙头，稳、准、狠地打击了分裂势力、敌对势力的各种破坏活动，维护了国家安全和社会稳定。全区各级政法部门坚持“旗帜鲜明、针锋相对、主动治理、强基固本”的反分裂斗争方针，对分裂主义分子的现行分裂、渗透、破坏活动和“法轮功”等邪教组织策划的各类捣乱活动予以了坚决打击，抓获和移交了一批“东突”恐怖分子，依法处理了一批危安犯罪分子，确保了我区政治局势的稳定。

二是以“打现行、破大案、挖团伙、追逃犯”为主线，狠狠打击了爆炸、杀人、持枪抢劫等严重暴力犯罪，促进了全区社会治安的持续好转。“严打”整治斗争中，全区各级政法部门齐心协力、密切配合，采取有效措施，严厉打击了各类犯罪活动。各地政法部门联手行动，适时召开公捕、公判大会，极大地震慑了各类犯罪分子。两年来的“严打”整治斗争，为国家、集体和群众挽回经济损失6000多万元，基本遏制了刑事犯罪案件上升的势头，人民群众对社会治安的满意程度普遍上升。

三是以系列专项斗争为重点，巩固和扩大了“严打”整治战果。全区各级政法部门本着“什么问题突出就解决什么问题，哪里问题严重就抓紧整治哪里”的原则，相继开展了系列专项斗争，取得了较好战果。通过“严打”摧毁了一批流氓滋事、收取保护费、敲诈勒索、设赌“放水”等黑恶势力团伙。积极开展“网上追逃、“光盘追逃”专项斗争，抓获了一批罪恶累累、罪大恶极的负案在逃犯。据统计，“严打”期间共抓获网上各类逃犯98名。认真开展“治爆缉枪”专项斗争，严厉打击非法制造、运输、贩卖枪支弹药犯罪活动，全面清理收缴了流散在社会面上的易燃易爆物品和枪支弹药。据统计，“严打”期间共收缴各类枪支4588枝、子弹5653发、炸药426公斤、雷管84万枚、导火索27万米。严厉打击偷渡犯罪，严惩了一批“蛇头”，使非法偷渡现象得到遏制，有效地维护了边境地区治安秩序稳定。同时，开展打击经济犯罪活动，进一步整顿和规范了市场经济秩序。

四是坚持打击与整治并重，清理和整治了一批治安混乱场所。“严打”整治以来，全区公安机关共出动警力8000余人（次），整治城乡结合部位、公路交通沿线、市区公共复杂场所300余处（个），消除了一批治安管理死角。同时抽调专门警力，有针对性地对一些不健康的娱乐场所进行了整治，取得良好效果。

五是认真贯彻落实“强基固本”的工作要求，加强了基层基础工作。各级党委、政府和政法部门坚持打击与防范、控制、建设、管理并重，特别在加强基层基础工作上狠下功夫，确保了“严打”整治工作向纵深发展。公安机关大力推进刑侦改革，加强了科技强侦力度。通过对危安、刑事、治安危险分子等重点人员的管理，对当地辖区重点人员实行定员、定责、定措施，层层落实责任，提高了对重点人员的控制率、列管率。各级综治委及成员单位以“发案少、秩序好、局势稳定、群众满意”为目标，积极探索社会治安综合治理的新路子、新办法，使社会治安形成了社会各界齐抓共管的良好态势。

六是在“严打”整治中检验了队伍、锻炼了干警，促进了政法队伍的建设。为了增强政法队伍的整体战斗力、凝聚力，从组织上保证“严打”整治斗争的顺利完成，全区各级政法部门坚持“严打”整治与加强队伍建设两手抓，从解决突出问题着眼，以思想、工作、纪律作风建设为切入点，出台了一系列加强队伍建设的规章制度，并对存在的突出问题进行了有力整改。广大政法干警在“严打”整治斗争中再次经受住了考验，以实际行动再一次证明了我区政法队伍是党和人民信得过、靠得住的队伍，广大干警是忠于党、忠于祖国、忠于人员、忠于法律的忠诚卫士。

七是“严打”整治展示了党和政府搞好社会治安的决心，进一步密切了党群关系、警民关系，树立了党和政府及政法队伍的良好形象。在“严打”整治中，由于各级党委、政府高度重视，精心组织，各级政法部门从重从快严厉打击一批群众深恶痛绝的犯罪分子，为人民群众伸张正义，得到了广大群众的积极拥护和积极支持。许多群众主动为公安机关提供违法犯罪线索，有的群众不顾个人安危积极协助公安民警抓捕犯罪嫌疑人，有的群众还为公安民警围捕在逃犯带路，使一些案件得到及时侦破。

为期两年的“严打”整治斗争达到了预期目的，对这次“严打”整治斗争取得的成果，区党委、政府是肯定的，广大人民群众是满意的。

这次“严打”整治斗争要求高、任务重、时间长，最终取得较好的成效，为我们今后搞好治安工作，维护社会稳定积累了许多有益的经验：

（一）各级党委、政府高度重视，切实加强了领导。各级党委、政府自始至终高度重视“严打”整治斗争，发挥领导核心的作用，总揽全局、协调各方。在全区“严打”整治工作开展前，区党委、政府专门召开治安工作会议。郭金龙、热地、列确等主要领导同志亲自过问，进行动员部署。自治区党、政领导同志多次深入基层检查指导工作，慰问一线参战干警。各地市、县都成立了由当地党委、政府主要领导挂帅的领导小组。一些地方党委、政府在财政较为拮据的情况下，拨出专门经费支持“严打”整治斗争。各级党政组织和政法部门按照中央精神，坚决执行区党委的部署，排除干扰，坚定信心，克服困难，一以贯之地做好各项工作，确保“严打”整治斗争顺利进行。党委、政府的坚强领导和大力支持，为深入开展“严打”整治斗争提供了强有力的组织保障。

（二）全警动员、全警参与，政法各部门齐心协力、密切配合、协同作战。为了确保“严打”整治斗争取得成效，检、法、公、司、安各部门、各警种全警动员、全警参与，尽职尽责，全力以赴投入。政法各部门统一执法思想，拧成一股绳，劲往一处使，同时充分发动群众，齐抓共管，把“严打”整治、维护稳定工作建立在坚实的基础上，形成了“严打”整治的强大合力。

（三）突出重点、下大力气解决治安突出问题，增强针对性、实效性。各地在具体工作中，既按照全区“严打”整治斗争总体要求，在日常工作和各执法环节贯彻“严打”方针，又紧密结合地方实际，对严重危害稳定的危安犯罪活动和当地群众反映强烈的治安突出问题，开展了一系列有针对性的专项治理工作，取得了很好效果。

（四）坚持“打、防、控、管、建”多策并举，实行社会治安综合治理。各级党委、政府和政法部门认识清楚、对策完备、方案得当、措施有力，始终坚持打击与防范、控制、管理、建设并重，努力从根本上预防和减少违法犯罪，积极抓好社会治安综合治理工作，始终保持对犯罪分子的高压态势，巩固了“严打”整治斗争成果。

（五）坚持专门工作与群众路线相结合，调动了广大人民群众的积极性。在“严打”整治斗争的全过程中，各级党委、政府及政法和宣传部门深入宣传党和政府严厉打击刑事犯罪、大力整治社会治安的决心，教育和动员了广大人民群众。各族群众积极参与和大力支持，有力地推动了“严打”整治斗争向纵深发展。

这五条经验，是在区党委、政府的领导下，全区各级党政组织和政法部门在“严打”整治斗争的实践中取得的，对进一步做好全区社会治安工作具有普遍的指导意义，今后要继续坚持，并在实践中不断完善和发展。

我区两年来的“严打”整治斗争已经取得阶段性的成果，但我们要清醒地认识到不断改善社会治安状况，维护社会稳定是一项长期任务，必须持之以恒，常抓不懈，绝不能有丝毫的松懈和麻痹。当前，违法犯罪的社会基础、经济基础甚至政治基础仍然存在，在区外有达赖集团和西方敌对势力的干扰破坏，在区内依然还存在许多引发社会矛盾、诱发犯罪的因素，维护我区社会政治稳定的任务还十分艰巨繁重。对此，我们必须高度警惕，居安思危，要根据新形势、新任务的要求，与时俱进，创造新经验，解决新问题，继续坚持“严打”方针，巩固和扩大斗争成果，不断开创社会治安工作的新局面。

二、以“三个代表”重要思想统领维护稳定工作，进一步加强和改进社会治安工作

当前是我区形势最好的时期之一，也是完成中央第四次西藏工作座谈会提出的“一加强、两促进”历史任务的关键时期。要完成“一加强、两促进”的历史任务，必须要深入学习贯彻十六大精神，按照胡锦涛总书记“七·一”讲话的要求，以“三个代表”重要思想统领我们的各项工作，牢固确立“三个代表”重要思想在维护稳定工作中的指导地位。各级党委、政府和政法部门要进一步深入学习党的十六大、中央第四次西藏工作座谈会及区党委六届四次全委（扩大）会议精神，坚定不移地贯彻党的路线方针和政策，努力促进我区社会局势由基本稳定到长治久安，为经济的跨越式发展创造良好的环境。

(一)迅速兴起学习贯彻“三个代表”重要思想新高潮。最近，党中央做出部署，下半年要在全党兴起学习贯彻“三个代表”重要思想新高潮。这是推动党的事业继往开来，与时俱进的重大战略举措，关系党和国家工作的全局，关系中国特色社会主义事业的长远发展，关系中华民族的伟大复兴。同时，也关系到西藏“一加强，两促进”历史任务的顺利实现。各级政法、综治部门要充分认识学习贯彻“三个代表”重要思想的重大意义，按照中央的统一部署和区党委的具体要求，周密安排，精心组织，迅速兴起学习贯彻“三个代表”重要思想新高潮，在认真贯彻“三个代表”的根本要求，始终做到“三个代表”上取得新成效。要认真研读江泽民同志的原著、胡锦涛总书记在“三个代表”重要思想理论研讨会上的讲话、中央下发的《“三个代表”重要思想学习纲要》，同时要认真学习区党委书记郭金龙在林芝、山南地区调研时的重要讲话，紧密联系实际，切实用“三个代表”重要思想指导维护稳定工作和社会治安工作。

(二)加强社会治安综合治理，提高“严打”整治水平。最近，郭金龙同志在林芝地区调研时强调，西藏处于反分裂斗争第一线，维护社会稳定是做好西藏各项工作的前提。没有稳定，一切都无从谈起。维护祖国统一，巩固民族团结，粉碎分裂图谋，确保社会稳定，是党中央和全国人民赋予我们的崇高历史使命，也是西藏各族人民的根本利益所在。各级政法部门和广大干警一定要按照郭金龙同志的要求，扎实有效、深入细致地做好维护社会稳定和社会治安各项工作。

各级政法部门和广大政法干警必须清醒地认识到，当前，面对新形势、新任务、新要求，我区政法工作既面临新的发展机遇，又面临新的挑战和考验。一方面随着反分裂斗争进入“后达赖时期”，达赖集团内部加紧整合力量，不断调整策略手法，采取“谈判”骗术与推动“西藏问题“国际化”两手并用、渗透策反与暴力恐怖两手并用的策略和手段，加紧进行分裂破坏活动，“暴力化”倾向有所发展，反分裂斗争呈现出更加尖锐激烈和错综复杂的形势。另一方面，我区社会治安局势还不十分稳固，还存在一些引发社会不稳定的不安定因素。在这种形势下，各级党政组织和政法部门必须高度重视和百倍警惕。绝不能因取得阶段性成果就掉以轻心，要居安思危，充分认识对敌斗争的尖锐性、复杂性、长期性和搞好新形势下社会治安工作的艰巨性，进一步认识维护我区社会稳定的极端重要性。

我们要在巩固前阶段“严打”整治斗争取得成绩的基础上，采取有力措施，进一步加强社会治安基层基础工作，克服在一些地区或部门还存在的重打击、轻防范的现象；要加强情报信息工作，准确判断治安形势，提高重特大案件破案率和“严打”整治水平。

一是要进一步强化责任意识，严格实行维护社会治安的部门和单位领导干部责任制。进一步做好维护稳定工作和社会治安工作，必须要强化领导干部责任制。各级领导要统一思想，提高认识。社会治安不仅是个重大的社会问题，也是一个严肃的政治问题。切实保障人民群众的生命和财产安全，是我们肩负的重大责任。以经济建设为中心，必须以稳定的社会环境为基础。社会治安工作关系到广大人民群众的根本利益，关系到国家的长治久安，关系到党的执政地位，关系到党的基本路线的贯彻执行，也关系到我国的对外开放和国际形象。各级领导一定要从讲政治的高度认识搞好社会治安工作的重大意义，认真贯彻“两手抓，两手都要硬”的方针，切实担负起责任，经常分析研究社会形势，加强对社会治安工作的指导部署，把影响稳定的因素预想得多一些，把可能出现的困难估计得严重一些，把应对预案准备得充分一些，牢牢掌握维护稳定的主动权。要切实建立健全党委总揽全局、协调各方维护社会稳定的工作机制和责任机制，做到责任有人负，事情有人管。

二是要充分发挥各部门的职能作用，加强协调配合，形成维护稳定的整体合力。维护社会稳定是全党、全社会的共同职责。各级党政主要领导要继续切实承担起社会治安综合治理第一责任人的职责，对社会治安工作统一领导，统一部署，统一指挥，统一行动，协调好各个方面，形成“严打”整治斗争的强大合力。法、检、公、司、安等职能部门必须不折不扣地贯彻执行党的路线方针政策，做到政令畅通，令行禁止。各职能部门既要狠抓当前，又要有长远安排，既要从具体工作做起，又要有全面的考虑，找准工作的切入点和结合点，加强协调，以巩固“严打”整治斗争成果为契机，充分发挥职能作用，增强维稳工作实效，始终保持对违法犯罪的高压态势。同时，要更好地发动和依靠群众，举各方之力，使社会治安的基础更加巩固。

三是要积极探索建立社会治安综合治理的长效机制。在“严打”整治斗争取得阶段性成果后，我们仍然要毫不动摇地坚持“严打”方针。要充分认识我区治安形势的复杂性和反复性，充分认识坚持“严打”方针的长期性和重要性，巩固和发展“严打”整治斗争的成果，切实防止出现反弹。要切实加强治安防范，落实社会治安综合治理各项措施，在思想观念、工作部署、力量配置、工作机制、实绩考核等方面全面体现和落实打防结合、预防为主的要求，进一步提高执法机关日常控制和打击犯罪的水平，增强全社会预防犯罪的能力，实现“打防控”一体化。要坚持强基固本的方针，大力加强政法基层基础建设，全面提高基层预防、发现、控制、打击犯罪的能力。要全面实施社区警务战略，建立健全与新型社区管理体制相适应的社区警务机制。要强化对社会面的控制工作，加强防范网络建设，大力推进社会治安防控体系建设，扩大对社会面的防控范围。

(三)加强政法队伍建设，为搞好社会治安提供有力的组织保障。我区政法队伍肩负着反对分裂、打击敌人、惩治犯罪、保护人民、维护稳定、服务改革开放的神圣使命，是维护国家安全，祖国统一和社会稳定的专门力量。区党委、政府历来十分重视政法队伍建设。近年来，各级党委、政府和政法部门在加强政法队伍建设方面做了大量工作，取得了很大成绩。广大政法干警在深入开展反分裂斗争，严厉打击各类刑事犯罪活动，维护祖国统一和社会稳定，保障我区改革开放和经济建设健康发展的过程中，辛勤工作，英勇奋斗，作出了重要贡献，涌现出许多忠于职守、严格执法、敬业爱民、廉洁奉公的先进人物，有的甚至流血牺牲，为国家和人民的利益献出了宝贵的生命。总体讲，政法干警队伍的本质和主流是好的，是一支忠于党、忠于人民、忠于祖国、忠于法律，完全可以信赖的队伍。这次表彰的先进集体和先进个人，就是我们这支队伍中的突出代表，是全区政法干警学习的榜样。

同时，我们也应该清醒地看到，我区政法队伍的现状与党和人民的要求，与当前社会治安形势的客观要求相比还存在不少差距，还存在一些亟待解决的突出问题。少数干警经受不住考验，理想信念动摇，特权思想严重，有法不依，执法不严，执法不公，违法办案；吃拿卡要，索贿受贿，贪赃枉法；作风粗暴，欺压群众。这些问题，人民群众反映强烈，严重影响了政法队伍的形象，损害了党和政府的威信，必须引起高度重视，并切实予以解决。各级党委、政府和政法各部门，要从巩固共产党执政地位，维护国家长治久安，保障人民安居乐业的战略高度，充分认识建设一支“政治坚定，业务精通，作风优良，执法公正”的政法队伍的重要性和紧迫性。要按照中央政法委和区党委的部署，切实抓好政法队伍建设。

一是要加强政治理论学习。全区各级政法部门和广大政法干警要抓住当前迅速兴起学习“三个代表”重要思想新高潮的有利时机，始终把思想政治建设放在首位，坚持不懈地用“三个代表”重要思想武装政法干警的头脑。各级政法部门要联系政法工作实际和干警思想实际，深刻领会和真正把握“三个代表”重要思想的科学内涵和精神实质，进一步提高对“三个代表”重要思想历史地位和重大指导意义的认识，牢固确立“三个代表”重要思想在整个政法工作中的指导地位，把思想真正统一到“三个代表”重要思想上来，进一步增强践行“三个代表”重要思想的自觉性和坚定性。在学习贯彻“三个代表”重要思想的同时，要重点加强宗旨教育、理想信念和职业道德教育，认真组织以“公正执法树形象”为主要内容的集中教育活动，不断改进和提高干警的思想作风、工作作风和执法形象。

二是要认真开展执法检查。要紧密联系政法工作实际，从牢记“两个务必”，践行“三个代表”重要思想的高度出发，认真查找执法不公和纪律作风方面存在的问题。各级政法部门要联系本地、本部门实际，认真排查在立案、办案、执行等执法环节中徇私枉法、包庇、纵容违法犯罪分子，甚至充当黑恶势力保护伞的问题；在社会治安管理和刑事侦查过程中，滥用强制措施，侵犯公民合法权益的问题；对群众耍特权、抖威风、有意刁难、冷硬横推、打人骂人，特别是滥用警械、刑讯逼供等问题；利用职务索贿受贿、吃拿卡要、乱罚没搞创收，非法插手经济纠纷等问题。在此基础上，各级政法部门要适时组织专门力量，对本系统执法工作进行一次集中检查，重点检查容易发生执法不公问题的工作环节。要具体抽查部分案件的办理情况，继续检查保外候审、保外就医、监视居住、减刑、假释等执法环节中存在的问题；严格检查使用强制措施中存在的问题；全面清理久拖不决、超期羁押的案件；认真清理群众来信来访积案，特别是长期重复上访、信访的案件；认真检查党委、政府和人大代表、政协委员以及社会各界密切关注的重大案件中存在的问题。对检查发现的问题，要有针对性地采取有力措施，边检查边整改，对少数干警的违法违纪问题，要坚决依法依纪予以严肃查处，决不姑息。

三是要加强培训和管理。根据形势的发展，针对政法各部门职能特点和工作需要，要进一步完善干警培训规划，改进培训方式，加强对干警的在职培训和学历教育，努力培养各类专门人才。要大力开展岗位练兵和各种形式的业务竞争活动，努力形成学习业务、钻研业务的浓厚氛围。通过有效的培训教育，不断提高政法干警的业务技能和综合素质，提高执法水平。要坚持从严治警，加强对政法队伍的严格管理和监督。要进一步检查“中发[1999]6号”文件的贯彻落实情况，坚决纠正一些地方和部门有令不行、有禁不止的状况，严肃认真地把中央和区党委、政府关于加强政法队伍管理的各项措施落到实处。进一步加强“进出口”管理，坚持凡进必考，严把政法队伍“入口”，确保进人的质量。下大力气疏通“出口”，坚决把不适合从事政法工作的人员清理出政法队伍。要进一步认真贯彻落实中央政法委“四条禁令”和公安部“五条禁令”，对违反禁令的行为，要认真落实处罚措施。

最后，也借此机会希望这次受表彰的先进集体和先进个人，珍惜荣誉，戒骄戒躁，发扬成绩，开拓进取，把工作做得更好。

同志们，维护我区社会稳定的工作任重道远。让我们更加紧密地团结在以胡锦涛同志为总书记的党中央周围，在区党委、政府的领导下，认真践行“三个代表”重要思想，坚持“两个务必”，坚持全心全意为人民服务的宗旨，认真学习胡锦涛总书记在全国“严打”整治斗争总结表彰大会上的致信，按照全国“严打”整治斗争总结表彰大会的工作部署，以开拓创新的精神，深入扎实的工作，为实现我区“一加强、两促进”的历史任务和全面建设小康社会宏伟目标做出更大的贡献。

谢谢大家！

土登才旺同志在全区社会治安综合治理工作会议上的讲话

（2003年12月22日）

同志们：

这次全区社会治安综合治理工作会议，是继全国社会治安综合治理办公室主任会议后，在我区召开的一次十分重要的会议。刚才，自治区综治委通报了《2003年社会治安综合治理目标管理责任书》执行情况的考评结果，续签了《2004年社会治安综合治理目标管理责任书》，各地（市）还对今年开展综治工作中摸索、总结出来的先进典型经验进行了重点交流。这对进一步做好明年的社会治安综合治理工作具有非常重要的现实意义，希望各地（市）继续发扬成绩，再接再厉，切实把社会治安综合治理工作做好。

下面,我代表自治区党委、政府讲两点具体意见:

一、关于2003年全区社会治安综合治理工作的简要回顾

一年来,在自治区党委、政府的高度重视和正确领导下,各级党委、政府、综治委始终把搞好社会治安综合治理工作作为实现我区经济社会跨越式发展、社会局势长治久安的重要途径和措施常抓不懈,不断增强维护社会稳定,确保一方平安的政治责任感,使社会治安综合治理工作水平得到了进一步提高。

一是正确处理改革、发展与稳定的关系,坚持"两手抓,两手都要硬"的方针,将社会治安综合治理工作与经济工作同安排、同部署、同检查、同考核,形成了主要领导亲自抓,分管领导具体抓,党政军警民齐抓共管的社会治安综合治理新格局,为本地区经济社会快速发展创造了良好的社会环境。二是以签订社会治安综合治理目标管理责任书为形式,以检查考评为手段,以不断提高人民群众安全感为目的,狠抓社会治安综合治理各项工作措施的落实。目前,县与乡、村的《责任书》签订率达到百分之百。三是各项措施落实的力度更大、目标更加明确、思路更加清晰、工作更加规范。各地(市)把综治经费纳入财政预算,并根据不同情况增加经费;认真、规范地开展了年度安全测评工作,主动听取群众意见,真正做到为民办实事;认真开展了本年度综治工作的自查自评,主要领导亲自挂帅,通过检查考评,总结推广好的经验,推动各县、各部门综治工作的进一步开展。四是坚持打防结合、标本兼治、重在治本的原则,在加强防范工作方面进行了大胆有益的探索,迈出了可喜的步伐。各地(市)以高度的政治责任感,在做好矛盾纠纷排查调处工作的同时,探索出了一系列预防、减少矛盾纠纷的方法和途径。如昌都、林芝、那曲地区针对本地区发生的矛盾纠纷和治安热点、难点问题,做到了提前介入,预防在先,对焦点地区和敏感地带派专人进驻蹲点,做到及时发现和掌握治安动态,及时处置各类纠纷,取得了很好的效果。今年自治区综治委还针对拖欠民工工资这一社会难点问题,在调查研究基础上,起草了《自治区社会治安综合治理委员会关于预防和减少拖欠民工工资的意见》,山南地区乃东县积极探索安置帮教工作新思路,使该县索珠乡的帮教工作做到了经常化、制度化。几年来,该乡对刑释解教人员的安置率达100%,帮教率达100%,刑释解教人员重新犯罪率为零,有效地预防了刑释解教人员重新犯罪。五是通过加强防范工作,反分裂斗争取得了新的成效。各级党委、政府、各综治机构始终将寺庙的控管教育工作作为综治工作的重点,进一步落实寺庙属地管理和领导责任制,认真落实对寺庙的防、控、教育、管理措施,对寺庙开展详细的基础调查工作,做到了底数基本清楚、情况掌握基本明了,从而确保了寺庙及宗教活动场所的正常秩序,全年全区寺庙未发生文物被盗事件,尚未发现僧尼参与危害国家安全案件的好成绩,全区危安案件大幅度下降,由去年的28起下降到17起,下降幅度达40%。全区反偷渡工作会议以来,各地(市)还加强了对边境的管控工作,积极探索边境治安联防管理机制,有效地打击和防范了非法出入境活动,全年非法出境人员明显下降,山南、林芝、阿里和那曲地区全年无非法出境人员,对入境人员也能做到有效布控,分裂分子潜进潜出的通道被有效控制,反分裂斗争成果显著。六是各地(市)结合本地实际,针对突出的治安问题开展了各种形式的专项整治行动,各级公安部门不断提高侦破水平,大部分地区破案率有所提高,保持了对犯罪分子的高压态势,进一步巩固了为期两年的"严打"成果,确保了人民群众的安全和社会的稳定。七是加强了综治宣传工作力度。认真开展了综治宣传月活动、禁毒宣传、法制宣传活动,尤其加强了对青少年和寺庙僧尼的法制宣传教育工作,并配齐配强了法制副校长、辅导员。通过开展广泛的宣传,广大人民群众参与社会治安综合治理工作的热情不断提高,涌现出了一大批积极维护社会治安、与犯罪分子作斗争的见义勇为先进分子。八是积极开展综治调研工作。各地区、各部门针对综治工作和治安工作中的热点、难点问题,认真开展调研工作,撰写了一批有一定份量的调研报告,为领导决策提供了依据。

在看到成绩的同时,也要清楚地认识到我区社会治安综合治理工作的特殊性,看到我区影响稳定的因素还很多,有的还比较突出:一是综治工作力量薄弱,基层无专人专抓综治工作;二是可防性案件居高不下，使人民群众的安全感大打折扣，一些地区的破案率还很低，很难有效地打击各种犯罪活动；三是流动人口管理措施不到位，流动人口犯罪率高，防控难度大，对社会治安潜在隐患增加；四是各类矛盾纠纷呈上升趋势，尤其是拖欠民工工资的诉讼在年底剧增，稍有不慎，极易引发群体性事件，成为导致不稳定的因素；五是交通事故、火灾事故上升幅度大，对人民生命财产危害严重；六是安全文明小区建设进展慢，投入少，成效不明显，“安全小区”不安全的现象时有发生；七是社区警务建设、社区综治工作站点建设远远滞后于内地各省市。对于存在的这些问题，我们必须迎难而上，拿出解决问题的勇气和智慧，充分研究、认真分析、正确把握、狠抓落实，真正做到居安思危、未雨绸缪。

二、关于明年我区的社会治安综合治理工作

明年是实现我区“十五”计划的关键一年，也是完成中央第四次西藏工作座谈会确定的目标任务，推进跨越式发展和长治久安的重要一年。我们必须保持一个良好的社会治安环境。总体要求是：以邓小平理论和“三个代表”重要思想为指导，认真贯彻落实党的十六大、十六届三中全会和区党委六届五次全委（扩大）会议精神，贯彻落实全国综治工作会议精神，以“突出重点、整体推进”的工作思路，坚持“打防结合、预防为主”的方针，以规范化建设为手段，以群众满意为目标，推进社会治安防控体系建设，建点布网，强化基层基础工作，着力排查调处矛盾纠纷，进一步推动社会治安综合治理各项措施的落实，努力预防和减少各种违法犯罪，继续巩固和保持我区持续稳定的社会治安形势。为此，明年重点抓好以下五个方面的工作。

（一）积极构建基层防控体系，着力解决突出的社会治安问题

建立社会治安防控体系，维护良好的社会治安秩序，是贯彻落实“三个代表”重要思想的具体体现，关系到改革开放和经济建设的顺利进行，关系到人民群众的安居乐业，是巩固“严打”整治斗争成果、实现社会长治久安的需要。各地（市）、各部门要充分认识建立社会治安防控体系的重要性和紧迫性，结合实际作出全面的工作部署，有步骤、分阶段地予以实施，解决治安防范工作中存在的困难和问题，切实把思想观念、工作部署、力量配置、考核奖惩机制转移到以加强防范工作上来，各级党委、政府和各有关部门的主要领导要把治安防控体系建设摆在重要位置，协调各方力量，充分发挥公安机关的主力军作用，有组织、有计划、有重点、有投入地开展基层防控体系建设。社会治安防控体系建设要做到“四个结合”：一是要结合本地区、本部门的治安工作实际，不搞形式主义；二是要和城市建设紧密结合起来，把治安防控设施作为城市基础设施的组成部分，做到同规划、同落实；三是要和社区建设紧密结合起来，健全社区综治组织，整合社区治安资源，提高社区的整体防范水平；四是要和社会主义精神文明建设紧密结合起来，增强群众的道德法制观念和治安防范意识，形成维护治安人人有责的社会氛围。同时，还要突出抓好以下四个方面的问题。

1. 进一步加强基层综治组织建设，着力解决县、乡（镇）综治机构和人员配备问题。基层基础工作是社会治安防控体系建设的重点，特别是要加强乡（镇）和居委会的治安防范工作。我区现有的基层综治力量十分薄弱，大部分县综治办无专职工作人员。除拉萨个别乡（镇）配有少量专职综治工作人员外，各地（市）绝大部分乡（镇）无专职综治工作人员，基层综治工作大都落到公安特派员、调解员、治保员身上，而大部分乡（镇）还没有建立公安派出所，调解员和治保人员又大多由乡干部兼职，身兼数职，难以集中精力抓综治工作，使很多综治措施难以落到实处。为了进一步加强基层综治组织建设，中央综治委日前已会同中央编办联合下发了《关于加强乡（镇）、街道社会治安综合治理基层组织建设的若干意见》，各地（市）一定要按照《意见》要求，结合本地实际，尽快制定贯彻落实意见。要加强对基层综治人员的培训工作，开拓他们的工作思路，提高他们的工作水平，落实他们的待遇，为他们更好地开展工作创造条件。

2.“建点布网”，编织基层防控网络。各地（市）要结合本地实际在地区所在地城市“建点布网”，在城乡结合部、公共复杂场所建立警务区、综治工作服务站、流动人口协管站、社区法律服务点，学习借鉴内地成熟的经验，建立起几个规范的集便民、利民、服务、管理、防范为一体的“点”。成

立相应的联防队、保安队、巡逻队、护院队、护路队。各地(市)、各部门一定要通过各种方式大力宣传群防群治工作的重要意义,宣传维护治安人人有责,动员广大群众自觉参与社会治安防控体系建设,组织开展各种形式的义务治安联防活动。要积极探索社会主义市场经济条件下群防群治工作的组织形式,鼓励各地因地制宜地开展群防群治工作,形成网络。要充分发挥党、团员、离退休干部职工在维护社会治安方面的作用。要树立"警力有限,民力无穷"的观念。公安机关要切实加强对群防群治组织的业务指导和管理,特别要加强对保安公司、专职治安联防队伍的教育和管理,建立健全规章制度,拓展服务范围,提高服务质量,充分发挥保安服务公司、专职群防群治队伍在加强治安防范、建立社会治安防控体系中的作用。

3. 防范工作要突出重点,解决好治安管理中的难点。我区的社会治安防范工作关键是要抓好"两线、四个重点"即:边防线、交通沿线的防控,寺庙僧尼、流动人口、刑释解教人员、青少年的教育管理工作。自治区人民政府日前已印发了《西藏自治区边境治安联防工作规定》,各地(市)要认真贯彻落实。要以边防部队为主体,积极构建军警民联防工作体制,进一步加大边境查控力度,巩固全区反偷渡会议召开以来的工作成绩,切断分裂势力对国进行分裂、渗透的主渠道。青藏公路、青藏铁路、川藏公路沿线城镇人口流动大,社会治安管理难度大,有关地(市)一方面要切实加强对沿线城市流动人员的管理,建立有效的管理机制,另一方面要切实加强对沿线道路交通的专项整治,减少重特大交通事故的发生。寺庙历来是达赖集团渗透争夺的重点,经过几年的教育整顿工作,我们实现了寺庙僧尼无参与危害国家安全犯罪案件、寺庙和宗教活动场所秩序井然的目标。但是,达赖集团与我争夺寺庙的斗争不会停止,会更为激烈和隐蔽,手段会更高明。因此,寺庙中的深层次问题需要下狠心解决。我们一刻也不能放松对寺庙的教育管理工作,各级党委、政府、各级综治机构一定要把对寺庙和僧尼的依法管理放在重要位置,不间断地开展爱国主义和法制宣传教育,加强对清退僧尼、学经班的管理,积极引导宗教与社会主义社会相适应。要积极探索解决预防青少年违法犯罪,刑释解教人员重新犯罪、流动人口管理的有效机制。流动人口犯罪率在我区一直居高不下,成为影响社会治安稳定的主要隐患,也是社会治安的难点问题。各地(市)党委、政府、流动人口领导小组、公安部门要认真研究收容遣送措施取消后流动人口治安管理工作面临的新情况、新问题,维护城市治安秩序。要将流动人口的管理工作纳入社区管理,结合西藏实际、结合本地实际制定出可行的管理办法,把管理、教育、服务等紧密结合起来,要加强出租房屋管理,确保外来务工人员安全,预防和控制流动人口中的违法犯罪;各地(市)综治委刑释解教人员安置帮教工作领导小组要进一步做好刑释解教人员的接茬帮教工作,做好刑释解教人员释放、解教时的衔接工作,防止漏管、失控。要积极推广山南索珠乡的做法,认真贯彻中央综治委联合下发的《关于进一步做好刑满释放、解除劳教人员促进就业和社会保障工作的意见》,动员社会各方面力量,做好刑释解教人员的就业指导、培训工作,尽可能地预防和减少其重新犯罪;各地(市)综治委预防青少年违法犯罪工作领导小组要按照依法治国和以德治国相结合的要求,加强对青少年的思想政治教育和法制、道德教育,增强其法制观念。要积极开展中小学生自护教育,增强其防范意识。要做好社区闲散青少年的教育、管理工作,认真贯彻中央综治委等部门《关于规范法制副校长职责和选聘管理工作的意见》,增强学校法制教育的效果。切实加强学校内部及周边地区治安环境的综合治理,消除黄、赌、毒等社会丑恶现象对青少年的不良影响,在全社会形成关心青少年健康成长、预防和减少其违法犯罪的良好氛围。

4. 深入发动社会各方力量参与社会治安防控体系建设。社会治安防控体系涉及到社会的各个方面,必须在各级党委、政府的统一领导下,社会治安综合治理机构组织协调,有关部门密切配合,广大群众积极参与,才有可能全面落实治安防范的各项措施,逐步建立起有效的治安防控体系。区综治各成员单位、各机关、企事业单位要积极参与社会治安综合治理工作,加强单位内部安全防范工作。各单位要确定领导分管内保工作并设立内保组织,自身保安力量不足的要从保安公司雇用保安人员。要完善落实单位内部各项安全保卫制度，加强防范工作，把“谁主管、谁负责”的原则落到实处，做到“看好自己的门，管好自己的人，办好自己的事”。对发生重大刑事、治安灾害事故的，要严格追究主管领导、分管领导和有关责任人的责任。今年，中央综治委会同中央组织部、教育部、民政部、建设部、共青团中央下发了关于进一步加强社会治安综合治理工作的意见，要求这些部门要从自身职能出发，积极参与社会治安综合治理，为维护社会稳定和良好的治安秩序做出贡献。自治区和各地(市)综治办一定要积极主动加强和各部门的沟通联系，充分发挥各有关部门参与综治工作的积极性。要积极发挥流动人口管理领导小组、预防青少年违法犯罪工作领导小组、刑释解教人员安置帮教工作领导小组、学校及周边社会治安综合治理领导小组在综治工作中的作用，建立健全工作机制，有效地开展工作，做到互相配合，齐抓共管，发挥综合治理的优势，解决一些影响社会治安的突出问题。

(二)认真排查治安混乱地区和突出治安问题

各地(市)要在认真分析当地的社会治安形势、定期或不定期地开展排查治安混乱地区和突出的治安问题基础上，对排查出来的突出治安问题，要组织有关部门及时开展治理整顿，因地制宜地开展“严打”斗争，坚持什么问题突出就解决什么问题的原则，不断提高破案率，增强打击的效果，形成强大震慑力，遏制住杀人、抢劫、严重伤害和多发性盗窃案件的发生。积极探索“严打”方针和防范的经常性工作机制，始终保持对刑事犯罪活动的高压态势，确保社会秩序的持续稳定。

(三)将矛盾纠纷的排查调处与提前预防并重齐抓

矛盾纠纷的排查调处与预防工作事关社会的稳定，事关党和政府的形象，事关群众的利益，是检验我们是否践行“三个代表”重要思想的尺度。各地(市)党委、政府和各级综治委一定要把矛盾纠纷的排查调处工作作为工作重点之一。加强排查调处工作制度化、规范化建设，保证这项工作正常有效地开展。要坚持“及时排查、各负其责、工作在前、预防为主”的原则，尽可能及时化解，避免酿成事端。要把集中排查调处和经常性排查调处相结合，不断发现新的矛盾纠纷，并采取得力措施加以解决。要不断拓展工作层面，开展“稳定人心工程”，化解人民内部矛盾，理顺群众情绪，使广大人民群众真正安居乐业。要积极探索各种预防、减少矛盾纠纷的机制，及时、有效地解决各种人民内部矛盾。要充分发挥人民调解、司法调解、行政调解的作用，加强对人民调解工作的指导，多方面、多层次化解矛盾纠纷。要重点排查调处可能引发群体性事件和可能转化成刑事案件的矛盾纠纷，开展调查研究，找出有效的解决办法。日前，自治区党委办公厅、自治区人民政府办公厅联合转发了《自治区综治委关于预防和减少拖欠民工工资的意见》，各地(市)一定要认真执行。要继续按照“属地管理”和“谁主管、谁负责”的原则建立分级管理、归口调处的制度。因未及时排查调处矛盾纠纷而导致发生重大群体性事件的，要追究有关地方和单位责任人的责任。中央综治委将在明年召开矛盾纠纷排查调处工作经验交流会，各地(市)一定要认真总结本地(市)、本部门好的经验，争取到中央综治委召开的会议上交流。

(四)进一步深化领导责任制和“一票否决权制”，增强各级领导保一方平安的政治责任感

加强社会治安综合治理各项治安防范工作措施的落实，领导是关键，责任制是保证，各级党政领导干部，特别是主要领导要真正把这项工作摆上议事日程，真正把这项工作抓好抓实。要充分发挥领导责任制的作用，狠下决心、动真格行使“一票否决权制”。今年，林芝、日喀则在这方面作了一些探索。明年，各地(市)综治委一定要下决心狠抓社会治安综合治理领导责任制和“一票否决权制”的落实，要认真贯彻中央综治委、中央组织部联合下发的《关于党委组织部门在参与社会治安综合治理工作中进一步发挥好职能作用的意见》，要切实把各级党政领导抓社会治安综合治理工作的能力和实绩列为干部政绩考核的重要内容，并把考核结果作为向党委提出干部任免奖惩建议的重要依据，与晋职晋级和奖惩直接挂钩。要充分发挥五部门联席会议的作用，共同研究落实社会治安综合治理领导责任制的工作措施，共同研究决定对社会治安综合治理工作成绩突出的地方、各部门主要领导和分管领导干部进行嘉奖表彰的有关事宜，共同研究确定对发生严重危害社会稳定重大问题的地方实施领导责任查究的事项。要让我们每个地区、每个部门的社会治安综

合治理第一责任人，充分感觉到抓综合治理工作的责任重大，不得稍有怠慢，从而自觉担负起保一方平安的政治责任。

（五）进一步加强社会治安综合治理调研和宣传工作

调查研究是正确决策的基础，只有深入基层调查研究才能制定出解决问题的有效办法。今年，各地区、各部门就社会治安管理工作中的热点、难点问题进行了一些调查研究工作，出台了一些解决问题的意见、办法，取得了一些成效，开了一个好头。明年，各地（市）、各有关部门要进一步开展社会治安综合治理调查研究，着力研究解决治安管理工作中不断出现的新形势、新情况、新问题，提高我们应对各种复杂局势、解决各种治安难点的能力和水平。

要进一步强化社会治安综合治理宣传工作，要进一步做好对《西藏自治区社会治安综合治理条例》的宣传，要加强对在维护社会治安中涌现出来的见义勇为先进分子的宣传报道。加强对群防群治工作典型的宣传报道，通过宣传，充分调动广大人民群众参与社会治安综合治理工作的积极性，通过宣传，鼓励广大人民群众勇于同违法犯罪行为作斗争，弘扬社会正气。明年，自治区综治委将召开见义勇为表彰大会和社会治安综合治理先进集体、先进个人表彰大会，各地（市）一定要做好评选表彰的有关工作，对表彰的先进要认真地进行宣传，认真总结推广社会治安综合治理工作的成功经验。

元旦、春节、藏历新年即将来临，各地（市）、各部门要以高度的政治责任感，扎扎实实地做好节日期间的安全保卫工作，全面落实各项治安防范措施，严格实行责任制，消除各种治安隐患，维护社会稳定，为人民群众欢度佳节创造一个安定详和的治安环境。

最后预祝大家新年快乐，扎西德勒！

以发展保稳定　以稳定促发展

——那曲地区安多县群防群治工作经验材料

近年来，安多县县委县府紧紧抓住青藏铁路开工建设的大好机遇，大做铁路文章。期间，该县积极组建保安公司为铁路施工单位看家护院的做法，得到了社会各界的一致好评。保安服务公司的成立，既解决了铁路施工单位冬季休工后要派人守护各种物资、设备的难题，又增加了当地群众的现金收入，达到双赢的局面，取得了良好的社会效益和经济效益。他们的具体做法是：

一、认真做好为铁路建设服务的前期调研工作

青藏铁路在安多县境内共有300余公里长，如何贯彻落实地委、行署有关抓住修建青藏铁路的历史机遇，为铁路建设服好务、为当地经济发展、群众增收寻找突破口的任务一直困扰着安多县委、县府。为此，县里主要领导指派专人到铁路施工单位进行调查，了解各单位在施工过程中的具体困难，当听说各施工单位普遍担心冬季休工后，一些施工物资、设备的看护一直找不到合适的人选，派本单位职工留守，一是气候不适合，二是供给难以保障，再者这些施工场所大都远离城镇，留守的难度实在是太大的信息反馈后，县委、县府主要领导当机力断，立即成立安多县保安服务公司，吸收当地有为青年，并派驻各施工单位开展值班守护工作。

二、领导重视，多方努力，迅速组建保安服务公司

调查情况反馈后，安多县立即经县长办公会研究决定：特委派安多县政府副县长兼公安局局长仁增杰布同志全权负责组建工作，并负责保安队伍的技术性指导和监督。为了使工作得以顺利开展，又指派县乡企局对保安公司进行具体管理。在保安公司组建的同时，县里专门派人到施工单位进行协调，中铁十六局、十七局、十八局、中国安能建设总公司、山西路桥建设集团等单位大力协助，共获得24个站点的看护任务。经多方努力，安多县保安服务公司在极短的时间内组建完毕，公司于2002年10月15日正式挂牌成立。在保安人员的招聘中，该县成立了招聘工作领导小组，并本着为铁路建设单位负责的态度，严格选择条件，进行公开招聘。安多县广大青年群众对此也表现出了极大的热情，在短短的5大时间里，就有300多人参加报名，后经公安机关的统一政审和面试，从中挑选出100名身体健康，有一定文化水平、遵纪守法的年轻人进入保安公司。

三、严格管理、完善制度，打响安多县参与铁路建设第一炮

为了使这支安多县历史上第一个保安队伍长盛不衰，成为安多县社会治安综合治理工作的生力军，在保安公司成立之初，县委、县府就专门出台了公司组建方案，从公司的职能、要求等方面进行了严格的规定。在对100名合格人员进行专门的军事训练和业务培训的同时，县里还专门对其进行了思想教育，希望参与保安服务的人员要尽快摒弃“等、靠、要”的落后思想，要尽快树立“自食其力，多劳多得”劳动观念，为铁路建设服务，也为自己谋一技之长，找一条增加收人之路。工作中，保安服务公司还逐步制定完善了《巡逻保障制度》《24小时值班人员工作交接制度》、《往来人员登记制度》等一系列规章制度。明确了各自的职能。通过严格管理，保安人员的组织纪律性有了明显增强，原来那些由于生活和劳动习惯养成的自由散漫、工作不负责任、偷奸耍滑等现象基本上得到了扭转，用有些队员家长的话说，简直是换了一个人。

四、充分发挥党团员的模范带头作用

为了使这支保安队伍得到施工单位的认可，安多县保安服务公司加大了内部机构、人员的配备工作，成立了党、团支部，充分发挥了党团员的模范先锋作用。目前，该保安服务公司设大队长1名，办公室主任1名，副队长3名，各小组若干。这些主要负责人的配备主要以党团员和退伍人员为主，各小组组长也由各乡(镇)推荐的人员担任，确保了各项看护保安工作的顺利进行。与此同时，公司对队长、办公室主任、副队长、小组组长都提出了明确的工作要求，要求各组在统一安排、在保质保量、完成看护任务的同时，管理好自己的队伍，看好自己的人，针对看护单位油料多的特点，尤其强调提高防火防盗意识，踏踏实实，兢兢业业完成工作任务。

五、履行职责、艰苦工作，赢得施工单位的一致好评

安多县保安服务公司的24个看护点，大都远离城镇等生活区，生活工作条件十分艰苦。特别是有个别站点位于人迹罕至的大山深沟里。由于气候等自然条件恶劣，有时连喝水都成了困难。在安多县委、县府的大力支持和关心下，保安队员积极克服了常人难以忍受的工作环境，硬是凭着强烈的工作责任感，爬冰卧雪，艰苦工作，忍受着远离亲人带来的寂寞。保质保量的完成了工作任务，受到了用工单位的信任和好评。公司成立至今，未发生一起自盗行为和破坏事件，预防盗窃事故3起，抓获盗窃嫌疑人1名。保安队员布多吉等3人在与盗窃嫌疑人搏斗中，英勇负伤，受到了保安公司的奖励。最为难能可贵的是，该保安服务公司的队员在工作中积极履行职责以外的工作任务，为用工单位挽回经济损失30余万元。在2003年年初的大风天气里，中铁十六局、十七局、十八局等部门站点的房屋被吹毁。担任看护任务的队员发现后，一面保护现场，一面步行几十公里到县里报警。公司立即召集其他队员，把损毁的房屋整齐，把物品拍照、编号登记，尽最大可能地减少了灾害带来的损失，受到了铁路施工单位的赞赏和表扬。

六、加强思想教育和日常管理，积极参与当地的社会治安综合治理工作

该公司在冬季休工看护任务结束后，并没有就地解散，放任自流，而把全体队员的政治思想教育工作做为一项重要内容来抓，他们要求队员每周1、3、5日在县委会议室学习《治安管理处罚条例》《保安职责》等业务知识和汉语言等知识，并请县政法部门的同志给队员们授课，讲授法律常识。每周2、4、6日进行半军事化训练，力争把这支队伍建设成为一支拉的出、守的住的职业化保安队伍。同时，该保安服务公司还积极参与当地的社会治安综合治理工作。针对安多县公安警力不足、人员流动大、工作繁重等困难,主动承担协助公安部门进行巡逻、管理的工作,取得了良好的社会效果,确保了重大节假日、敏感日期的稳定与安全。

七、取得了良好的经济效果和社会效果

安多县保安服务公司成立以来,凭借自身的不懈努力,取得了良好的经济效果和社会效果。在经济效益方面,一年多来,公司共创造经济效益50余万元,人均年收入4000余元,成为该县贫困牧民增收的新的重要途径。在社会效益方面,公司共向社会提供了100多个就业机会,使一些社会闲散人员有了为社会服务、体现自身价值的机会。不仅逐步改变了这些人的生活和劳动观念,而且在一定程度上减少了社会不安定因素,使当地的社会治安状况有了明显的改善。据了解,保安服务公司成立以后,虽然面临着因青藏铁路修建带来的巨大治安压力,并未使安多县的治安状况恶化,反而使治安案件较往年有了明显的下降。在今年的群众安全感测评中可以看出,有75%的群众认为当地的社会治安状况较往年有了明显的好转。可以说,安多县保安服务公司的成立,不仅充分体现了该县支持和参与铁路建设的积极性,为铁路建设服务做出自己应有的贡献,而且为全面推动当地社会治安综合治理工作进行了有益的探索。

总之,安多县保安公司成立以来,极大地缓解了当地公安部门警力不足与日益繁重的安全保卫任务之间的矛盾,取得了社会效益和经济效益双丰收的良好局面,当然,安多县的保安公司还有待于进行进一步的规范化建设,希望兄弟地(市)多提出宝贵意见,谢谢大家!

凝聚军地力量 牢筑钢铁边防

——记山南地区错那县军警民联防队

近十年来,在错那县境内尤其是边境乡镇一线,活跃着这样一支特殊的队伍。既能协助当地警力维护社会治安,又能动态收集边防一线情报信息;既是放牧牛羊的普通边民群众,又是祖国领土的忠实守护者。这就是错那县军警民联防队,凝聚军警民合力,维护错那县社会稳定,有效进行反分裂、反蚕食斗争的一支奇兵。“走进帐篷是边民,走出帐篷是卫士”,是这个特殊群体的真实写照。

顺势而生,逆境而长

错那县地处山南地区东南,与印度、不丹相邻,是山南地区四个边境县之一,边境线长达268公里,有17条边境通道。气候恶劣,交通不便,信息闭塞,点多线长,正是因为这样的“有利”条件,达赖集团、西方反华势力和境内外敌对分子抓住有利时机,不断变换手段对错那县境内进行渗透甚至大搞破坏活动。拉拢边民刺探情报,引诱边民送子女去境外上学,恶意殴打边民群众,阻挠边民到牧场放牧,扰乱边民正常的生产生活秩序,非法出入境活动猖獗。而受自然环境和人力物力因素的影响,各项防范工作严重落后,防范力量十分不足,特别是进入“后达赖时期”以来,反分裂、反蚕食斗争形势异常尖锐复杂。

边境一线的严峻形势引起了错那县委、县政府和驻地部队的高度重视,在反分裂、反蚕食斗争中,逐步认识到,反分裂斗争不能取得实质性成效的根本原因是没有充分发挥和依靠人民群众,没有把人民群众组织起来形成联防,在群众心里形成了“只重自家,不顾大家”的狭隘自防意识。针对这些情况,决定探索开展军警民联防体制。经多次召开军地联席会议,实地查看,反复讨论,最终决定将维护边境地区社会稳定工作纳入到社会治安综合治理体制中来,实行军地联治、军地联防、共同治理。1995年初,在错那县委、县人民政府的支持下,错那县军警民联防队正式成立,建立健全了组织管理、工作职责、工作原则等各项规章制度。错那县军警民联防队由错那县委、驻地部队党委共同领导，错那县人民政府统一协调，亦军亦民，亦警亦民。此后，错那县军警民联防队按照属地管理的原则，以保边卫国、保护人民群众生命财产安全、维护边境地区社会稳定为己任，在边境一线和边民群众中深入开展了积极的治安防范工作，维护了边境社会稳定和边民团结，取得了良好的成效。

收集情报，预防在先

错那县军警民联防队的一项重要工作就是取得第一手的情报信息，为全县甚至全地区有效开展反分裂、反蚕食斗争提供决策依据。联防队充分发挥农牧民群众和群众队员的作用，在农牧民群众中广辟情报信息的渠道，实行了边境乡镇、村、组、户四级联防机制，互通有无，及时沟通，统一整理，集中判研；把出外放牧与收集情报同步进行，把去印占区收集情报与边境巡逻相结合，把军警专业情报人员收集与群众收集、特情收集相结合，大胆靠前收集情报信息。适时深入印占区，与印方边民牧民沟通感情，借机了解达赖集团分裂分子和印军在边境一线的活动情况。据统计，从1995年至2003年，错那县军警民联防队每年平均收集情报信息65份，截止目前，已为上级党委、政府提供重大、有价值情报信息58份。

边境巡逻，重在协助

开展边境巡逻，堵截非法出入境活动是错那县军警民联防队减轻边防驻军部队压力的一项重要工作。错那县军警民联防队边境巡逻的重点是17条季节性通道和边民放牧形成的小路，巡逻线长达1500公里，这些地方往往条件特别艰苦，极易形成管理上的盲点。该联防队每年在这条线上以游牧的形式巡逻3次，人数最多时达到40多人。对于一些情况复杂的地区，还采取蹲点的办法，短要十多天，长则三、四个月，虽然条件艰巨，成效却十分显著。2003年10月，军警民联防队员获悉，有2名不明身份人员要通过“土伦”山口非法出境。他们在向县有关部门和上级领导汇报的同时，及时组织人员进行堵截，成功将2人抓获。通过巡逻和蹲点，错那县军警民联防队每年平均堵截抓获非法出入境人员7人，最多一年达到15人。

武装放牧，保卫领土

进行武装放牧，抵制印军和印度牧民蚕食我国领土，是错那县军警民联防队最为重要的一项职责。因错那县特殊的地理位置和历史原因，达赖分裂主义集团和西方反华势力从来没有停止分裂祖国图谋，印军也从来没有放弃对我国错那县边境领土的蚕食，错那县人民群众、驻地部队以及错那县军警民联防队为此与印军展开了不屈不挠的斗争。在1995年至1999年间，错那县军警民联防队根据上级的有关指示，组织全县军警民联防队进行了五次大型的武装放牧活动，尤其是在印军垂涎已久的“多过尔”地区开展了大型的武装放牧活动，有力抵制了印方的蚕食活动，挫伤了印军的嚣张气焰，守护了祖国的神圣领土。

维护治安，确保发展

错那县军警民联防队在全国维护社会局势稳定的同时，肩负着保护人民群众生命财产不受非法侵害，确保社会治安秩序正常运转的重任。随着错那县改革开放和经济建设的进一步发展，外来人员激增，改革发展稳定三种思想在农牧民群众头脑里发生了激励的碰撞，诱发各类治安案件的因素逐渐增多，为了有效防止不法分子伺机进行违法犯罪活动，形成社会治安的立体防护体系，错那县军警民联防队及时调整了工作职能，把重点人员、政嫌人员、“两劳”释解人员、治安危险分子纳入视野，与驻地部队官兵一起走上街头，加强治安知识的宣传，提高人民群众的治安防护意识。今年印军给我浪波边民两次送照像机等东西，要求边民为其搜集情报信息，浪波边民均主动上交政府。合理调解群众间存在的纠纷，化解群众间存在的矛盾；加强对辖区重点人员的管理控制，了解他们的思想动态，及时消除治安隐患；加强了军地之间的联系，沟通了感情，加深了友谊，形成了军地联合抓治安、警民共同促发展的良好格局。

十年来，错那县军地领导换了一届又一届，联防队成立了一支又一支，但他们始终坚持继承和发扬错那县军警民联防队的优良作风，继续在维护稳定、保卫领土的过程中不断进行自我完善，自我发展，一直奔向初建时勾画的宏伟蓝图。

（撰稿：张华蓉　谢　压

审稿：卫建堂　王本成　季　勤）

年来首次出现大幅度下降，全年全省共立刑事案件64947起，与上年相比下降了9.7%；发现受理治安案件114972起，与上年相比下降了17.1%；人民群众的安全感明显提高，据2003年底省综治委委托省统计局开展的公众安全感调查统计，人民群众对社会治安的满意率达到82.8%，比2002年提高了10.5个百分点，比2001年提高了14.9个百分点。

铁路护路联防工作情况

一是迅速传达全国会议精神，及时总结、部署全年工作。3月份，召开了全省铁路护路联防工作会议，传达了"全国创建安全文明铁道线经验交流暨先进表彰会议"精神，西安、宝鸡等联防支队交流了创建安全文明铁道线的经验，表彰了2002年度全省铁路护路联防工作的9个先进集体、24名先进个人和15名优秀工作者，安排部署了2003年全省铁路护路联防工作，确定了"发案少，秩序好，旅客货主满意"的工作目标。

二是加强思想教育，提高队伍素质。西铁分局护路办根据郑州铁路总局联防指挥部《关于迅速开展集中排查整治活动，贯彻落实公安部"五条禁令"的紧急通知》精神，制定了"西安铁路护路联防总队十条禁令"，统一印制，人手一册，做到随身携带，耳熟能详。结合落实"十条禁令"，分局护路办开展了"百日无违纪竞赛活动"。安康护路办与各中队还签订了贯彻"五条禁令"责任状，层层抓落实。目前，联防队员的工作态度、纪律作风和执法守法意识有了进一步增强。

三是狠抓了责任制的落实。各级综治办把铁路护路联防工作纳入了社会治安综合治理工作整体规划之中，与综治工作同部署、同检查、同考核。铁路沿线各市、县(区)综治办与铁路沿线的乡镇、村组和学校签订了确保铁路安全畅通的责任书。各村组把爱路护路内容纳入村规民约之中，形成了村民相互监督、相互制约、自我管理的良好氛围。西安、安康铁路分局护路办联系实际，以车站为龙头，以站区单位为主体，路地配合，层层签订责任书，使责任落实到人。

四是加大整治力度。各护路办积极参与郑州铁路局组织的"蓝盾"统一行动，加强站、场巡逻，增加护路巡线密度，加大预防和打击各类违法犯罪的力度。据统计，全年共协助公安机关侦察破获刑事案件807起，查处治安案件4647起，缴获赃款赃物折价90万元，清查货物列车20余万列，护路巡线约25万公里，确保了铁路大动脉的安全畅通。

流动人口治安管理工作情况

2003年，全省各级综治委均成立了流动人口管理协调领导小组及其办公室，乡镇(街道)建立了流动及暂住人口管理服务站(所)；各基层派出所规范了暂住人口登记、发证和函调工作。私房出租户全部实行挂牌管理，并签订了治安责任书。汉中、安康等市改善了对流动暂住人口的管理工作，改过去由公安部门一家管为现在的由工商、计生、街道(居委会)、税务等数家齐抓共管。配合"严打"整治斗争，全省集中开展了清理整顿流动、暂住人口和出租房屋工作。

据统计，全省先后共组织开展县(市、区)以上的区域性集中清理清查行动2374次，出动警力

124636人，出动社会力量53873人。截止目前，全省清理暂住人口总数为574908人，新登记暂住人口198160人，补办暂住证98793人；摸排出租房屋207509户，娱乐服务场所10561家，房屋中介机构537个，职业中介机构482家，新办理出租登记户32556户，新签订治安责任书38626份，取缔非法出租户1396户，处罚出租房屋主931人，取缔非法职业中介机构26家，整改场所单位4037家，处罚用工单位业主359人，收容“三无”人员9568人。

通过一年的集中清理整顿工作，全省共发现违法犯罪线索2726条，从中破获刑事案件1462起，摧毁犯罪团伙259个，抓获犯罪嫌疑人2242名，现行作案人员1572名，在逃人员245名，其中部级督捕在逃人员20名。

刑释解教人员安置帮教工作情况

2003年，全省的刑释解教人员安置帮教工作，在各级党委、政府的统一领导下，依靠各有关部门和社会各方面的力量，对这一特定群体对象进行了非强制性的引导、扶助、教育和管理活动，使之安其身、塑灵魂，做新人。

一是建立健全了各级安置帮教工作组织机构。全省各级均建立健全了由综治委牵头，司法、公安、民政、工商、妇联、共青团与劳动和社会保障等部门负责人组成的刑释解教人员安置帮教工作协调小组及其办公室。截止年底，全省11个市（区）107个县（市、区）以及部分乡镇（街道、社区）都成立了安置帮教领导和办事机构，广大农村普遍成立了安帮工作站，为安置帮教工作的开展提供了组织基础。

二是开展了对刑释解教人员的排查工作，做到情况明、底子清。2001年，为配合“严打”整治斗争，各级安置帮教部门对全省范围内1998年至2000年刑释解教人员进行了集中排查，掌握了1998年以来回归社会的刑释解教人员底数，确定了重点工作对象，发现了大量破案线索，破获了一批刑事案件。2003年，各地对排查工作进行了“回头看”，进一步巩固了排查成果，有力地配合了“严打”整治斗争。通过排查，公安、监狱、劳教等部门进一步改进和落实了衔接工作，建立并落实了领导责任制和长效工作机制。

三是狠抓了刑释解教人员的就业安置和社会保障工作。全省各地认真贯彻中央综治委等八部（委、局）《关于进一步做好刑释解教人员促进就业和社会保障工作的意见》，不断拓宽刑释解教人员安置就业渠道，鼓励刑释解教人员转变观念，自主创业、自谋职业；通过实施优惠政策，鼓励企业吸纳刑释解教人员就业。各级安置帮教组织积极帮助刑释解教人员解决就业和生活问题，解除他们的后顾之忧，促使其顺利融入社会。据初步了解，通过多种渠道，全省有60%以上的“两劳”刑满释放人员得到了安置，重新违法犯罪率呈下降趋势。

四是适应新形势，不断探索安置帮教工作的新方法。省监狱、劳教部门积极探索对罪犯、在教人员的分类改造和社会化帮教的新路子，大力开展职业技术教育，保证服刑、在教人员掌握一至两门实用技术，以适应回归社会后谋生就业的需要。各级安置帮教组织充分利用各种社会资源，积极动员干部职工、青年团员、离退休人员以“一助一”、“多助一”等形式参加对刑释解教人员的帮教工作，探索和创新各项安置帮教措施和办法，从而增强了工作的针对性和实效性。

社会治安防范工作情况

2003年,省综治委(办)高度重视社会治安防范工作,围绕创建"安全陕西"的新目标,在深入开展"严打"整治斗争的同时,认真贯彻"打防结合,预防为主"的方针,结合陕西实际,突出重点,突破难点,牢固树立"一种观念",重点建立"两个机制",突出强化"三项管理",建立健全"四支队伍",真正做到在"面上抓排查,内部抓网络,城市抓社区,农村抓中心户长",全力构建"打、防、控一体化"的社会治安防控体系,收到了良好成效。

首先,深入基层调查研究,制定治安防范工作意见。为了将《中共中央办公厅、国务院办公厅关于转发〈中央社会治安综合治理委员会关于加强社会治安防范工作的意见〉的通知》(中办发〔2002〕26号)精神落到实处,省综治办于3月份组成调研组,先后深入到西安、咸阳、宝鸡等市的20多个县(区)和乡镇对基层治安防范工作进行了调研。4月份又组织省和部分市综治办基层处(科)负责同志赴浙江、福建等省学习考察,借鉴外省经验,结合省内实际,起草了《关于进一步加强治安防范工作的实施意见》,并下发全省各地贯彻执行。在此基础上,还制定了《关于在全省开展创建"安全陕西"活动的意见》。

其次,重新修订并不断完善安全创建标准,加快推进社区平安工程的规范化、标准化建设。省综治委在推广咸阳市三原县农村治安中心户长和榆林市神木县从下岗职工、低保对象中组建治安联防队经验的基础上,重点加强了平安社区、平安村组创建标准的调研和制定工作。根据各地实际,省综治办制定了《关于开展创建平安社区、平安村活动的意见》,统一了全省基层安全创建的标准,对促进基层安全创建活动的规范化、标准化建设起到了指导作用。延安、铜川等市推行了基层社区警务战略,实现了"一区一室一警",建立了基础工作台账和簿册。延安市在治安防范管理方面开展了"六防一管"活动,即自防自治、单位联防、门店联防、柜组联防、小区联防、企地联防和齐抓共管。汉中市略阳县根据本地实际情况,从乡镇和事业单位富余人员中选拔组建了城区治安巡逻队。

总之,在全省80%的单位内部加强了人防、物防和技防措施,加大了对重点行业、要害部位、特殊人群的管理力度,特别是加强了对街面巡逻队伍、社区联防队伍、单位内保、保安队伍和农村治安中心户长队伍的管理,基本形成了警管、群防、自治"三位一体"的治安防范与管理格局。

社会治安综合治理宣传工作情况

一是高度重视社会治安综合治理宣传工作。在年初,省综治办就将社会治安综合治理宣传工作列入重要议事日程。随后下发了《关于切实加强社会治安综合治理宣传工作的紧急通知》,对全省的社会治安综合治理宣传工作做了全面安排部署,并要求各地认真组织好三月份的集中宣传活动。

二是大张旗鼓地开展了社会治安综合治理宣传月活动。在宣传月中,以宣传党的十六大精神、中央综治委《关于加强社会治安防范工作的意见》、《陕西省社会治安综合治理条例》和《陕西省奖励和保护见义勇为人员条例》等重要文件为重点，紧密结合实际，利用报纸、广播、电视等新闻媒体，采取举办图片展览、播放法律法规教育录像、设立宣传站、散发材料、悬挂横幅、演出文艺节目、开展综治知识竞赛等灵活多样的形式进行宣传，收效良好。据不完全统计，全年全省共印发综治宣传资料150多万份，悬挂标语、办宣传栏、张贴图片等17万余条(幅、期、块)，设立宣传站(点)3600多个，出动宣传车2000多辆，举办法制报告会、座谈会和文艺演唱会1100多场(次)，接受法律咨询人数达58944人次，受教育人数达650万人次。

三是省委、省人大、省政府、省政协领导和省综治办负责同志于3月13日到西安市社会治安综合治理宣传站(点)检查指导了综治集中宣传活动，并向广大人民群众散发传单、接受群众咨询，解答社会治安综合治理工作中出现的新问题、新情况，从而充分调动了人民群众参与社会治安综合治理工作的积极性。

四是参与了全国社会治安综合治理好新闻奖的评选活动。全省共向全国社会治安综合治理好新闻奖评选办公室推荐报纸、电视、广播和摄影作品16篇(盘、盒)，其中有报纸、电视、广播三种体裁的三篇作品分别荣获全国综治好新闻作品二、三等奖。

五是认真编撰了2002年度《中国社会治安综合治理年鉴·陕西卷》(以下简称《年鉴》)的文稿。在编撰《年鉴》的过程中，省综治办克服了人员少、任务重的困难，按期完成了《年鉴》文稿的编撰任务。与此同时，全年给《长安》杂志和中国《法制日报》等国家级报刊撰稿10多篇。

矛盾纠纷排查调处工作情况

2003年，全省各级综治委(办)针对在市场经济条件下日益增多的矛盾纠纷，普遍把开展矛盾纠纷排查调处工作作为巩固“严打”整治斗争成果与减少社会治安不稳定因素的首要任务和当务之急，加大工作力度，突出工作重点，会同各级司法行政管理部门和信访部门，加强对基层人民调解组织的建设和人民群众来信来访工作的督办，稳妥地处理了各类人民内部矛盾和纠纷，将各种矛盾纠纷解决在基层，消灭在萌芽状态，从而维护了人民群众的根本利益，保持了社会政治稳定。据统计，1至12月，全省共排查出各类矛盾纠纷44924起，调处43377起，调处率达96%，有力地维护了全省社会政治稳定。

一是层层建立了矛盾纠纷排查调处报告制度。各县(区)综治委每月向所在市综治委报告一次，各市综治委每季度向省综治委报告一次，初步形成了自下而上的矛盾纠纷排查调处体系，使矛盾纠纷排查调处工作系统化、制度化。全省各市、县(区)都严格推行了领导干部信访接待日制度，尤其是市、县(区)党委政法委普遍推行了“一委三长”信访接待日制度，重点解决群众关心的热点和难点问题，收到了良好的效果。

二是建立了各级领导干部包抓责任制。各级党委、政府普遍把矛盾纠纷排查调处工作纳入综治工作的重要内容，层层签订了责任书，并逐级建立了矛盾纠纷排查调处领导干部包抓责任制，把责任落实到市、县(区)、乡镇和部门领导以及相关责任人。延安市对重大矛盾纠纷实施了“五个一”工程，即一个问题、一名领导、一个班子、一套方案、一抓到底，确保了矛盾纠纷排查调处工作扎实有效地开展。榆林市及油区县有关领导亲自带队，深入一线，重点调研处理油井“三权”回收等矛盾纠纷难题，有效地防止了一批群体性事件和民转刑案件的发生。

三是积极排查并及时化解矛盾纠纷。首先，在重大节日、重要活动期间进行集中排查，消除各类隐患。宝鸡市针对“两节、两会”期间可能出现的不稳定因素，开展了6次集中排查，共排查出不稳定苗头和隐患470多件，涉及9个方面的问题，市委、市政府将调处责任逐件落实到有关责任单位和责任人，及时化解了矛盾，消除了矛盾隐患。其次，组成工作组深入到问题较多的地方进行集中排查，解决难点、热点问题。再次，坚持“抓早、抓小”，及时摸排各种潜在的不稳定因素，把矛盾消灭在萌芽状态。西安市灞桥区开展了“信访直通车”活动，根据排查掌握的矛盾纠纷，由区政府一名副职带领区信访局等有关部门领导深入一线，对存在的突出问题现场进行解决，效果良好。

社会治安综合治理基层基础工作情况

2003年，全省各级综治委（办）大力加强社会治安综合治理基层基础工作，尤其是加强了基层政法、综治组织建设，进一步提高了基层预防、发现、控制和打击犯罪的能力。

据初步统计，截止本年度全省已建立基层公安派出所1557个，万人以上的乡镇都配备了公安警力；有基层法庭518个，为人民群众打官司提供了方便；有基层乡镇综治办公室3678个4321人、基层治保组织34316个117945人、治安信息员8881人、治安“中心户长”276794人；全省县以上都成立了预防青少年违法犯罪工作领导小组及其办公室，95%的中小学聘请了法制教育副校长或法制教育辅导员。90%的单位内部加强了人防、物防和技术工作，形成了警管、群防、自治“三位一体”的治安防范与管理格局；全省已创建社会治安模范（社会治安先进）县（市、区）60个、乡镇1419个、村21807个、安全小区3653个，城市创建覆盖率达88%，农村达66%。

陕西省综治委（办）内设机构情况和负责人名单情况

省综治委是省委、省政府领导社会治安综合治理工作的一个常设议事机构，其主任由省委副书记、省纪委书记董雷兼任，副主任分别由省委常委、省委政法委书记赵正永，省委常委、常务副省长陈德铭，省人大常委会副主任王发荣、省高级人民法院院长赵郭海、省人民检察院检察长张文宣兼任。省综治委各委员分别由省公安厅厅长胡太平、省司法厅厅长赵英武、省安全厅厅长李宗奇和省委、省政府以及省级社会团体等40余个成员单位的有关领导组成。省综治委下设办公室，主任由省委政法委副书记马恩图兼任，王培文任常务副主任、王永明任副主任。省委组织部、省委政法委于1998年9月15日联合发出109号文件，明确规定：省综治办主任由省委政法委副书记兼任，为正厅级；副主任为副厅级。办公室内设综合处与基层处两个处室，处长分别为李学锋和张社政两位同志。两个处在编工作人员6人。

另外，省综治委内还设立了五个指导、协调领导小组及其办公室：一是全省流动人口管理领导小组，办公室设在省公安厅内，负责全省流动人口的管理工作；二是全省刑释解教人员安置帮教工作领导小组，办公室设在省司法厅内，负责全省刑释解教人员的安置帮教工作；三是全省预防青少年违法犯罪领导小组，办公室设在团省委，负责预防全省青少年违法犯罪工作；四是全省铁路护路联防领导小组，办公室设在省综治办内，负责全省铁路护路联防工作；五是全省学校及周边地区治安综合治理领导小组，办公室设在省教育厅内，负责学校及其周边地区的综治工作。

预防青少年违法犯罪工作情况

首先,根据青少年特点,搞好毒品预防教育。为了进一步加强中小学生毒品预防教育工作,省综治办会同省教育厅、团省委、省禁毒委于年初联合转发了教育部、司法部、中央综治办、团中央《关于加强青少年学生法制教育工作的若干意见》和国家禁毒委、中央综治办、教育部、团中央《关于进一步加强中小学生毒品预防教育工作的通知》,各有关部门充分发挥职能作用,根据不同学龄阶段学生的生理、心理特点和接受能力,有针对性地开展了毒品预防教育工作,提高了广大青少年的免疫力,增强了拒毒防毒意识。

其次,开展了学校及其周边地区治安环境整治活动,努力营造教书育人的良好环境。从7月份起,在全省范围内对中小学校及其周边不法侵害活动进行了集中整治,解决了一些影响师生人身安全的突出问题。据不完全统计,全省共清查学校及其周边地区各类娱乐场所3421家,取缔了504家。同时,依法查处了一批侵害师生人身财产安全的案件,进一步加强了学校的治安防范工作,为广大师生营造了一个良好的教学、科研和生活环境。

再次,采取多种行之有效的措施,搞好预防青少年违法犯罪工作。一是开展了预防青少年违法犯罪调研活动,为搞好此项工作提供决策依据。8月份,省综治办组织力量对全省近三年来青少年违法犯罪情况进行了全面调研。在此基础上,写出了题目为《青少年违法犯罪不容忽视,百年树人任重道远》的专题调研报告。二是会同有关部门在全省青少年中放映了预防青少年违法犯罪新闻纪录片——《为了明天》。在开展此项工作前,省综治办专门下发了通知,并举行了有省级政法领导干部参加观看的首映式。之后,全省各市都组织广大青少年学生进行了观看,对预防青少年违法犯罪起到了积极作用。

最后,大力开展青少年维权岗活动,保护青少年的合法权益。据统计,全省共创建省级优秀"青少年维权岗"68个,全国优秀"青少年维权岗"12个,并制定了《陕西省青少年维权岗管理办法》。同时,支持和巩固了省内2个回归"儿童村"的工作,收养了因父母犯罪服刑而生活、学习无着落的150余名儿童,为他们创造了良好的学习、生活环境,在国内外引起了强烈反响,受到了全社会的好评。在此基础上,还深入开展了以宣传《未成年人保护法》、《预防未成年人犯罪法》为重点的普法宣传教育活动,使未成年人的法制观念进一步增强。

推行社会治安综合治理责任制情况

一是层层签订了社会治安综合治理领导责任书。2003年,省委、省政府和省综治委将以往由党委、政府分管领导签订《社会治安综合治理任期目标责任书》改为由各级党、政一把手签订。在年初召开的全省政法工作会议上,省委书记李建国、省长贾治邦与各市委、政府一把手签订了为期五年的社会治安综合治理目标责任书。随后,各市委、政府一把手与各县(市、区)委、政府一把手签订了责任书,各县(市、区)委、政府一把手又与各乡镇(街道办)党委、政府一把手签订了责任书。据统计,省委、省政府与西安、宝鸡等10地(市)以及杨凌示范区签订责任书11份,各市与综治委成员单位和各县(市、区)签订责任书471份,各县(市、区)与综治委成员单位和各乡镇(街道办)签订责任书9862份,乡镇(街道办)与村以及驻地单位签订责任书58146份,单位内部签订责任书249766份。通过层层签订责任书,全省基本形成了横向到边、纵向到底的责任制网络,进一步增强了各级党政一把手抓社会治安综合治理的责任感。

二是各级党委、政府都把加强社会治安综合治理工作作为一项重要任务列入了议事日程。全省各级党委、政府多次召开党委常委会议、政府常务会议和综治委全体会议,定期不定期地分析研究社会治安形势,安排部署综合治理工作,解决综合治理工作中存在的问题,在人力、财力和物力上给予了很大的支持和倾斜,有力地推动了社会治安综合治理各项措施的全面落实。特别是在中央综治委、中央编办联合下发了《关于加强乡镇、街道社会治安综合治理基层组织建设的若干意见》和全国"南昌会议"以及全省"安康会议"之后,全省各级党委、政府就加强基层综治工作提出了一系列措施,为开创全省基层综治工作新局面奠定了坚实的基础。

三是扎实开展了社会治安综合治理责任制考评和公众安全感问卷调查工作。根据往年综治责任制考评过程中发现的问题和各市(区)在公众安全感问卷调查中所反映的情况,省综治办根据中央综治委下发的《关于省、自治区、直辖市社会治安综合治理工作考核评比标准》,从全省实际出发,有针对性地对综治责任制考核验收细则和公众安全感问卷调查内容等进行了修改、充实,使之更加切合实际、更加科学合理、更具有可操作性。从10月下旬至11月底,省综治办委托省统计局在全省范围内开展了公众安全感问卷调查活动。在50多天的问卷调查活动中,共完成样本20641个。调查结果显示:全省总体治安状况满意率为82.8%。在20461名被访者中,对当地社会治安状况表示很满意的占6.7%,表示满意的占23.4%,表示基本满意的占52.7%。11月中旬至12月初,省综治办对全省11个市(区)特别是对其推荐的10个社会治安综合治理先进县(区)进行了考核验收,对10个省级政法领导干部联系县(区)进行了回访检查。

四是严格实行了重大案件、重大事故责任查究制和社会治安综合治理"一票否决"制。全省各地普遍对重大案件、重大事故责任实行了责任查究或"一票否决"。西安市对炭市街爆炸案有关领导和责任人进行了"一票否决",咸阳市对因连续发生被盗案件的市计生委实行了"一票否决",汉中市对城固县"5·6"伤害案和汉台区"5·27"抢劫杀人案负有失职责任的县(区)等领导进行了责任查究,延安市"一票否决"了市运输总公司,均收到了良好的教育警示效果。据统计,全省共一票否决单位285个,被追究责任的各级领导干部296人。

五是深入开展省级政法领导干部联系社会治安综合治理县(区)活动,有力地推动了全省社会治安秩序的进一步好转。省委政法委、省综治委根据2002年底全省社会治安综合治理工作考核情况和公众安全感问卷调查结果,将治安状况相对较差的蓝田、扶风、乾县、潼关、宜君、留坝、宁陕、山阳、洛川和清涧10个县,确定为省级政法领导干部社会治安综合治理工作联系县,并进行了为期一年的重点整治。为了切实把此项工作抓出成效,省委政法委、省综治委联合下发了《关于开展省级政法领导干部联系社会治安综合治理工作县(区)的通知》,要求每位省级政法部门领导干部必须每季度抽出一定时间,深入到各自的联系县开展调查研究,全面了解当地的社会治安状况,及时发现问题,分析原因,提出意见和对策,制定整改措施,切实帮助解决工作中的困难和问题,促使联系县(区)的综治工作在当年内有较大起色。省委常委、省委政法委书记、省综治委副主任赵正永,省委政法委常务副书记杨烈,省委政法委副书记马恩图、武和平,省高级人民法院院长赵郭海、省人民检察院检察长张文宣以及省公安厅厅长胡太平等省级政法部门领导干部,都先后深入到各自的联系县(区),对社会治安综合治理工作进行了调研,摸清了所联系县(区)的社会治安状况和存在的主要问题,研究制定并落实了整改措施,使这些县(区)的综治工作都有了较大起色,其中清涧县还被推荐为2003年度省级社会治安综合治理先进县。实践证明,开展省级政法部门领导干部联系社会治安综合治理县(区)工作,既能使省、市、县(区)政法领导干部对社会治安综合治理联系县(区)的工作同重视、同投入、同改进,极大地调动了社会各方面参与社会治安综合治理的积极性，又有利于提高各级政法领导干部深入实际，密切联系群众，转变工作作风，开展调查研究，提高解决实际问题的能力。

社会治安综合治理理论研究情况

2003年，省综治委十分重视社会治安综合治理理论研究工作。在具体工作中，充分利用《长安》杂志、《法制日报》和陕西《政法天地》、《西部法制报》等报刊，积极组织全省各地开展社会治安综合治理理论研究工作。尤其是对各级党政主要领导撰写的有关社会治安综合治理理论性文章，重点刊登。省委常委、省委政法委书记、省综治委副主任赵正永同志，曾多次在中央和省级有关报刊上发表社会治安综合治理理论性文章，省综治委成员单位和各市、县（区）分管政法、综治工作的领导也都积极撰写综治理论文章，形成了较好的综合治理理论研究氛围。与此同时，省综治办还大力开展综治理论调研活动，全年组织人员多次赴全省各市、县（区）进行调查研究，尤其对新形势下综治工作面临的新情况、新问题开展了深入细致的调研，撰写了各类调研报告近10份，认真分析了当前和今后一个时期社会治安面临的复杂形势，提出了工作对策，对全省的综治工作起到了很好的推动作用。

中共陕西省委办公厅　陕西省人民政府办公厅转发省社会治安综合治理委员会《关于加强社会治安防范工作的实施意见》的通知

（2003年10月16日）

各市、县委，各市、县政府，省委和省级国家机关各部门，各人民团体：

省社会治安综合治理委员会《关于加强社会治安防范工作的实施意见》已经省委、省政府同意，现转发给你们，请结合实际，认真贯彻执行。

关于加强社会治安防范工作的实施意见

（2003年9月24日）

为进一步巩固我省严打整治斗争成果，建立社会治安防范工作的长效管理机制，实现社会治安良性发展，根据《中共中央办公厅国务院办公厅关于转发〈中央社会治安综合治理委员会关于加强社会治安防范工作的意见〉的通知》精神和《陕西省社会治安综合治理条例》的有关规定，现结合实际，提出如下实施意见：

一、指导思想

1. 以邓小平理论和"三个代表"重要思想为指导，全面贯彻落实党的十六大精神，坚持"打防结合，预防为主"、"标本兼治，重在治本"的方针，坚持专门机关工作与群众路线相结合，把社会治安防范与推进社会建设、加强社会管理和精神文明建设紧密结合起来，以强化基层治安防范为重点，发动社会各方面力量，采取各种行之有效的办法，把社会治安综合治理各项措施落到实处，确保社会治安秩序持续稳定，为建设西部经济强省和全面建设小康社会创造良好的社会治安环境。

二、总体目标

2. 在各级党委、政府的统一领导下，充分发挥社会治安综合治理机构的组织协调作用和综合治理成员单位的职能作用，以县(市、区)为单位、以公安机关为骨干、以群防群治组织为基础，建立城市、农村和城郊治安防控网络，形成全面覆盖、齐抓共管的治安防控体系，增强全社会预防和控制犯罪的能力，营造人民群众满意的社会治安秩序。

三、防控网络

3. 建立城市治安防控网络。(1)街面防控。以公安巡警、交警、派出所民警和各种群防群治巡逻队为主体，实施街面巡逻。公安机关要整合各种巡逻力量，科学划分巡逻责任区，落实防范责任；要建立规范合理的巡逻运行机制，加强巡逻防范基础建设，突出重点地段、时段巡查，完善卡口查堵；要进一步完善110快速反应机制，实现早接警、早出警、早处警，提高快速反应、控制街面治安的能力。(2)社区防控。由街道(镇)综治办协调，以社区民警以及社区治安巡逻队为主体，建立巡逻防范机制，并通过政府引导、市场化运作，积极探索和推广人防、物防、技防相结合，巡逻防范与社区公益性事业相结合，有偿服务与义务奉献相结合的群防群治工作模式，形成全天候、全方位的治安防范网络。社区民警要依托社区治保组织，把社区专兼职治安联防队协调组织起来，划区域、分时段，加强巡逻防范，并加强对社区治安防范工作的分类指导：①单位型社区的治安防范工作由单位负责，组织职工或聘请专职治安员看楼护院；几个单位联合形成的社区，确定一个牵头单位，由几个单位共同出资或出人，搞好社区的治安防范工作；实行物业管理的小区，治安防范工作由物业管理部门负责。②板块型社区(居民杂居区)要实行群防群治。除政府财政适当补贴以外，要按照"谁出资、谁受益"的原则，从居民住户中收取一定的群防群治费用，聘请专职治安员，组建专职联防队，搞好治安防范。省物价、财政、地税、公安等部门要积极协商，紧密配合，抓紧搞好调查、论证和立项工作，切实解决群防群治经费问题。③城建、规划等有关部门在审批新建小区时，要将社区和警务室办公用房纳入建设规划，不符合安全防范设施要求的，不得交付使用。各级政府要结合社区实际，解决暂住人口管理服务机构的办公经费。可积极尝试各种有利于减少和控制暂住人口违法犯罪的有效对策和措施。(3)单位内部防控。以单位内部公安保卫干部为主，以经警、保安等专职内保队伍为辅，建立防范机制。层层落实工作责任，看好自己的门，管好自己的人，办好自己的事。

4. 建立农村治安防控网络。由乡镇综治办协调，以派出所和村治保会及治安中心户长为骨干，开展治安巡逻。治安中心户是农村"两委会"工作的延伸。各地要结合实际，不断巩固和完善"治安中心户"机制建设，借鉴防治非典的做法、经验，不断创新农村综合治理工作。也可试行安全防范有偿承包责任制，即根据村(组)的实际情况，提出明确的目标，定责任、定措施、定奖励赔偿办法，具体由派出所指导，村民参与，公开招标，签订合同，奖罚兑现，逐步把农村治安防范向自治化和市场化过渡。巡回驻村民警(责任区)要认真抓好平安村创建活动，以维护农村稳定。

5. 建立城郊结合部治安防控网络。由城郊结合部上一级综治办协调，以相邻派出所和专(兼)职治安巡逻队为联防主体，在城郊结合部开展治安巡逻。重点控制区域线、铁路线和公路沿线，消除治安死角。

四、制度建设

6. 建立健全领导干部任期目标责任制度。按照中央社会治安综合治理委员会、中组部(中组发〔2003〕25号)文件精神,各级党委、政府和各部门、各单位都要建立社会治安综合治理领导干部任期目标责任制度,把抓社会治安综合治理工作列入各级党政领导干部任期目标,作为年度考核和述职报告的重要内容,其工作实绩列入干部政绩档案,并作为提拔任用干部的重要依据。各级党委组织部门在考察党政主要领导和分管治安工作的领导干部工作时,须征求同级社会治安综合治理委员会(办公室)的意见。

7. 建立健全目标管理责任制度。各地、各部门和各单位都要结合实际,制定社会治安综合治理年度目标,并层层签订责任书,建立严格的检查监督、定量考核和评比奖惩制度,把社会治安责任制同经济责任制、领导任期责任制结合起来,把社会治安综合治理的工作措施落到实处。

8. 建立健全社会治安状况监测评估制度。各市要建立社会治安评估体系,定期对本地区社会治安进行评估,分析研究社会治安形势,增强工作的针对性。要采取多种形式开展"公众安全感"调查,让人民群众评判社会治安。

9. 建立健全重大治安情况报告制度。各地、各部门、各单位对本辖区、本部门、本单位发生的重大刑事、治安案(事)件,要在及时报告上级业务部门和当地党委、政府的同时,一并报综治委(办)。对隐瞒不报者,要依照有关规定严肃处理。

10. 建立健全综治委成员单位述职报告制度。各级综治委要定期组织综治成员单位进行述职,由成员单位报告在综治工作中履行职责任务、发挥作用的情况,督促综治成员单位切实发挥好本单位的职能作用。

11. 建立健全激励和责任追究制度。各地、各部门、各单位都要确定治安责任人,负责本地区、本部门、本单位的治安防范工作。对治安防范工作扎实、长期未发生突出治安问题地区及单位的治安责任人和主要负责人给予表彰奖励;对治安防范工作措施落实不到位,导致本地区、本部门、本单位治安问题突出的,要依据省综治委等五部门《关于对发生严重危害社会稳定重大问题的地方领导实施责任查究的通知》精神,追究责任。

五、经费保障

12. 各级政府要按照《陕西省社会治安综合治理条例》的有关规定,把社会治安综合治理经费列入财政预算。要根据辖区人口数量,按照一定比例核定年人均社会治安综合治理工作经费,并随财力的增长逐年有所提高。要加强对社会治安综合治理经费的管理,设立专门账户,专款专用。

13. 采取多种渠道筹集群防群治经费。社会治安群防群治经费,除政府财政适当补贴以外,应指导社区和农村按照《中华人民共和国城市居民委员会组织法》和《中华人民共和国村民委员会组织法》的有关规定,遵循"谁出资,谁受益"、"取之于民,用之于民"的原则,在受益单位和个人中适当筹集,以解决专兼职治安巡逻队伍的经费和报酬问题。其开支要做到公开透明,定向使用,定期审计,接受群众监督,逐步建立适应社会主义市场经济发展要求的群防群治经费保障机制。

14. 采取多种渠道筹集见义勇为基金。见义勇为基金,除同级政府注入一定数量的基金外,可采取多种形式,广泛动员社会各界捐款、募集,用于对见义勇为人员的表彰、奖励和伤残、牺牲人员的医治以及家属抚恤补助等。

六、组织领导

15. 加强领导。各党委、政府要进一步提高对社会治安防范工作重要性的认识,把思想观念、工作重点、警力配置、经费投入、考核奖励机制等真正落实到"预防为主"上来,从人力、财力、物力和制度上保证社会治安防范工作各项措施的落实。

16. 加强各级综治办的组织建设。在建立社会治安防范长效机制中,要加强各级综治办的组织建设,尤其是要加强乡镇(街道)综治办的组织建设,真正做到有人抓、有人管、有人干事、有钱办事。

17. 加强基层政法组织建设。根据经济和社会发展的要求,充实加强派出所、司法所、法庭等基层政法组织力量。公安机关要精简上层,充实基层,保证责任区民警有足够的精力抓好基层防范工作。司法所、人民法庭要合理设置,配齐配强人员,健全工作机制。

18. 加强以党支部为核心的社区和村(居)委会组织建设。健全治保会、调委会组织,充分发挥其社会治安综合治理工作中的"第一道防线"的作用。

各地区、各部门、各单位要结合实际,提出加强社会治安防范工作的措施，制定具体的实施方案，并抓好贯彻落实。

陕西省人民代表大会常务委员会
公 告

〔第十三号〕

《陕西省奖励和保护见义勇为人员条例》已由陕西省第十届人民代表大会常务委员会第七次会议于 2003 年 11 月 29 日通过，现予公布，自 2004 年 1 月 1 日起施行。

陕西省人民代表大会常务委员会

2003 年 11 月 29 日

陕西省奖励和保护见义勇为人员条例

（2003 年 11 月 29 日陕西省第十届人民代表大会常务委员会第七次会议通过）

第一章 总 则

第一条 为了弘扬社会正气，鼓励公民见义勇为，奖励和保护见义勇为人员，维护社会治安秩序，促进社会主义精神文明建设，根据有关法律、法规，结合本省实际，制定本条例。

第二条 在本省行政区域内实施见义勇为行为人员的奖励和保护适用本条例。

第三条 本条例所称见义勇为是指公民在法定职责或者特定义务之外，为保护社会公共利益和他人人身、财产安全，与违法犯罪行为作斗争或者抢险救灾、救死扶伤的行为。

第四条 奖励和保护见义勇为人员实行精神鼓励和物质奖励相结合的原则，坚持公开、公平、公正的原则。

第五条 县级以上人民政府对有突出表现的见义勇为人员，依照本条例的规定进行表彰奖励。

机关、团体、企业、事业单位和其他组织应当对本单位见义勇为人员进行表彰奖励。

第六条 本条例由县级以上人民政府组织实施，具体工作由同级社会治安综合治理委员会工作机构负责。

公安、民政、财政、卫生、劳动和社会保障、司法行政、人事、教育等部门，应当在各自的职责范围内做好见义勇为人员的奖励和保护工作。

广播、电视、新闻、出版、文化等部门应当组织做好见义勇为人员先进事迹的宣传工作。

第二章 申报和确认

第七条 在下列行为之一的，可以申报确认为见义勇为行为：

（一）同正在实施的危害国家安全、公共安全或者妨害社会管理秩序的违法犯罪行为进行斗争的；

（二）同正在实施的侵犯国家利益、集体利益或者他人合法权益的违法犯罪行为进行斗争的；

（三）协助公安机关、国家安全机关、司法机关抓获在逃或者被通缉的罪犯、犯罪嫌疑人的；

（四）在抢险救灾中，保护国家财产、集体财产和他人人身、财产安全的；

（五）在他人遇险时，救死扶伤的；

（六）其他见义勇为行为。

第八条　公民可以向行为发生地的乡（镇）或者街道办事处社会治安综合治理委员会工作机构申报确认本人或者其亲属的见义勇为行为，乡（镇）或者街道办事处社会治安综合治理委员会工作机构应当在十五日内向县（市、区）社会治安综合治理委员会工作机构申报；公民也可以直接向行为发生地的县（市、区）社会治安综合治理委员会工作机构申报确认本人或者其亲属的见义勇为行为。

机关、团体、企业、事业单位和其他组织或者个人发现见义勇为行为的，可以向行为发生地的乡（镇）、街道办事处社会治安综合治理委员会工作机构或者县（市、区）社会治安综合治理委员会工作机构举荐。

第九条　县（市、区）社会治安综合治理委员会工作机构接到申报、举荐或者发现有本条例第七条所列的行为，应当对下列情况进行调查、核实：

（一）本人的身份证明和有关基本情况；

（二）行为发生的时间、地点、事情经过；

（三）公安、民政、卫生等有关部门或者有关单位、人员的证明；

（四）其行为是否属本人的法定职责或者特定义务；

（五）其他需要调查、核实的情况。

第十条　县（市、区）社会治安综合治理委员会工作机构经调查、核实，符合见义勇为条件的，报同级人民政府确认后，向社会公布。

核实确认应当在三十日内完成，情况复杂需要延长的，最长不得超过六十日，并将核实确认结果书面通知申报人、举荐单位或者个人。

第十一条　申报人、举荐单位或者个人对核实确认结果有异议的，可以在收到通知之日起十五日内向上一级社会治安综合治理委员会工作机构申请复核，复核决定应当在三十日内作出。

第三章　奖励和保护

第十二条　对有突出表现的见义勇为人员，给予下列表彰奖励：

（一）见义勇为事迹特别突出，有重大贡献的，由省人民政府依法授予荣誉称号，颁发奖章和荣誉证书，给予五万元以上的奖金，在全省范围内公开表彰；

（二）见义勇为事迹特别突出，有较大贡献的，由设区的市人民政府依法授予荣誉称号，颁发奖章和荣誉证书，给予二万元以上奖金，在全市范围内公开表彰；

（三）见义勇为事迹突出，在本县（市、区）有较大影响的，由县（市、区）人民政府依法授予荣誉称号，颁发奖章和荣誉证书，给予五千元以上奖金，在全县（市、区）范围内公开表彰。

对有突出表现的见义勇为群体的表彰奖励依照前款规定执行。

第十三条　对有突出表现的见义勇为人员的表彰奖励应当逐级推荐评选。评选要广泛听取社会各界意见，评选结果要进行公示。

第十四条　推荐评选活动由各级社会治安综合治理委员会工作机构组织，评选结果和推荐意见报同级人民政府确定。

第十五条　见义勇为人员在同等条件下，享有就业、升学、入伍等方面的优先待遇。

第十六条　医疗机构对见义勇为负伤人员应当及时组织抢救和治疗，不得推诿或者拖延。

第十七条　见义勇为人员的医疗费、误工费及丧葬费，依法由加害人承担，但有关单位和部门应当按照本条例第十八条、第十九条的规定先行支付。先行支付的单位和部门依法享有对加害人的追偿权。

没有加害人的，由有关单位和部门按照本条例第十八条、第十九条的规定承担。

见义勇为人员的医疗费、误工费及丧葬费，受益人应当依法给予适当补偿。

第十八条　见义勇为负伤人员的医疗费用按

下列方式支付：

（一）见义勇为人员所在单位参加工伤保险的，由社会保险经办机构按工伤保险规定支付；

（二）见义勇为人员所在单位参加医疗保险的，由社会保险经办机构按医疗保险规定支付；

（三）见义勇为人员所在单位没有参加工伤保险或者医疗保险的，由本人所在单位支付；

（四）其他见义勇为人员，从当地见义勇为奖励专项资金或者见义勇为基金会的基金收益中支付；

按照前款规定支付不足部分，由行为发生地的县（市、区）人民政府财政解决。

第十九条 见义勇为牺牲人员的丧葬费用，参加工伤保险的，由社会保险经办机构按规定支付；有用人单位的，由该单位支付；无用人单位的，从当地见义勇为奖励专项资金或者见义勇为基金会的基金收益中支付。

第二十条 因见义勇为致残的，其医疗终结后，符合评残条件的，由民政部门予以评残并享受有关待遇；有用人单位的，由单位视同工伤对待。

第二十一条 见义勇为负伤人员医疗期间，属于机关、团体、企业、事业单位和其他组织职工的，享受在职职工的工资、奖金和福利待遇；无用人单位的，从当地见义勇为奖励专项资金或者见义勇为基金收益中给予适当补助。

第二十二条 因见义勇为牺牲的，由所在单位比照因公死亡对待；无用人单位的，由民政部门按照国家有关因战死亡的民兵民工抚恤规定办理。

因见义勇为牺牲符合《革命烈士褒扬条例》规定的，民政部门应当按规定及时审核，报省人民政府授予烈士称号，并享受相关待遇。

第二十三条 对因见义勇为牺牲或者致残失去劳动能力的人员，其亲属生活确有困难的，所在县（市、区）人民政府应当给予适当补助。

第二十四条 对需要保密的见义勇为人员或者本人要求保密的，有关部门在确认、表彰奖励和宣传过程中应当为其保密。

见义勇为人员及其亲属因见义勇为致使其人身、财产安全受到威胁的，公安机关应当采取措施予以保护。

第二十五条 见义勇为人员因见义勇为行为需要法律帮助的，法律援助机构应当提供法律援助。

第四章 经 费

第二十六条 县级以上人民政府应当在每年财政预算中安排一定款项作为见义勇为奖励专项资金，由同级社会治安综合治理委员会工作机构负责管理和使用，用于奖励和保护见义勇为人员。

第二十七条 省、设区的市、县（市、区）可以依法成立见义勇为基金会。

见义勇为基金会是社会团体法人，应当到同级民政部门登记，并接受其管理和监督。

第二十八条 见义勇为基金会的基金来源是：

（一）社会捐赠、赞助；

（二）人民政府财政资助；

（三）其他合法途径。

第二十九条 见义勇为奖励专项资金和基金会的基金收益应当用于：

（一）见义勇为人员的奖金、慰问金；

（二）见义勇为牺牲人员的丧葬费、抚恤金；

（三）向见义勇为牺牲人员亲属和生活困难的见义勇为伤残人员提供资助，为见义勇为伤残人员的康复治疗提供经费补助。

（四）办理因见义勇为牺牲、伤残人员无记名人身保险；

（五）按照有关法律、法规和基金会章程规定可以支付的其他费用。

第三十条 见义勇为奖励专项资金和基金会的基金应当建立健全财务管理制度，依法接受审计等有关部门和社会的监督。

第五章 法律责任

第三十一条 违反本条例第十条第二款规定，不按规定及时核实确认见义勇为行为的，由同级人民政府或者上一级人民政府责令改正，拒不改正的，由其主管部门或者监察机关依法对直接负责的主管人员和其他直接责任人员给予行政处分。

第三十二条 医疗机构违反本条例第十六条

规定，有条件抢救治疗而故意推诿或者拖延救治见义勇为负伤人员的，由其上级主管部门责令改正；情节严重的，对医疗机构直接负责的主管人员和其他直接责任人员依法给予行政处分；构成犯罪的，由司法机关依法追究刑事责任。

第三十三条　违反本条例第二十条、第二十一条、第二十二条规定，对见义勇为人员的待遇不按规定办理的，由有关行政主管部门责令改正；拒不改正的，由其主管部门或者监察机关对直接负责的主管人员和其他直接责任人员依法给予行政处分。

第三十四条　违反本条例第二十四条规定，对见义勇为人员的有关情况应当保密不保密，对需要保护的见义勇为人员及其亲属未采取措施予以保护，造成严重后果的，由其主管部门或者监察机关对直接负责的主管人员和其他直接责任人员依法给予行政处分。

第三十五条　弄虚作假、骗取见义勇为表彰奖励的，由社会治安综合治理委员会工作机构核实后，报原确认机关撤销表彰奖励，追回奖金和其他补助费；当事人有工作单位的，由其主管部门或者监察机关依法给予行政处分。

第三十六条　贪污、挪用见义勇为奖励专项资金或者基金会的基金及其收益，尚不构成犯罪的，由其主管部门或者监察机关对直接负责的主管人员和其他直接责任人员依法给予行政处分；构成犯罪的，由司法机关依法追究刑事责任。

第六章　附　　则

第三十七条　本省公民在本省行政区域外实施见义勇为行为的奖励和保护参照本条例执行。

第三十八条　本条例自 2004 年 1 月 1 日起施行。

省民政厅参与社会治安综合治理工作情况

陕西省民政厅作为省社会治安综合治理委员会的成员单位，它承担着救灾、社会救济、村民自治、社区建设和城市生活无着落的流浪乞讨人员救助管理等多项工作，这一切都与群众安危冷暖息息相关，与维护社会稳定密切相联。

2003 年，在省委、省政府和省综治委的领导下，全省民政部门以邓小平理论和“三个代表”重要思想为指导，认真贯彻党的十六大精神和全省政法工作会议要求，突出重点，强化措施，落实责任，充分发挥职能作用，为维护社会稳定做出了积极的贡献。

（一）妥善安排了灾民和困难群众的基本生活。一年来，全省先后遭受暴雨洪水、泥石流、冰雹和干旱等多种自然灾害，特别是入汛以后，全省持续发生长时间、大范围、高强度的降雨过程，渭河出现了 40 多年来最大洪水，“二华”（即华县、华阴）地区大面积被淹，陕北南部、关中、陕南地区大量房屋倒塌、损坏，104 个县（市、区）的 1514 个乡镇不同程度受灾，造成直接经济损失 127.8 亿元。灾情发生后，省民政厅果断启动了“陕西省自然灾害救助应急预案”，省把救灾工作作为重中之重。全厅紧急动员，先后派出了 36 个工作组，深入到 60 多个重灾县指导工作，紧急采购大批救灾物资支援灾区。各级民政部门全力以赴，积极投入抢险救灾，紧急转移安置灾民，妥善安排灾民生活，搞好灾后恢复重建，做了大量富有成效的工作。全年共安排救灾款 3.53 亿元，救灾粮 6200 万公斤，调拨救灾帐篷 2.8 万顶，分配各类衣被 1179 万件，紧急转移安置灾民 125.86 万人。先后组织开展了四次全省性的救灾募捐活动，接收社会捐款 4610 多万元，各类物资折价 4175 万元。当年就完成受灾群众建房 20% 以上，对尚未建新房的，采取投亲靠友、租用民房、对口安置、搭建保暖简易房等办法妥善安置。认真做好冬季灾民生活安排，有效地解决了灾民的吃、住、穿、医等方面的困难，确保了灾区人心稳定、社会安定。

（二）城市低保工作实现了动态化管理下的应保尽保。各级民政部门以应保尽保、规范化管理和实行社会化发放为重点，健全机制，强化监督，注重效果，进一步完善了城市居民最低生活保障制度。各地认真贯彻城市低保工作的政策和规定，对落实情况进行普查、抽查，制定了具体的实施办法和细则，对保障范围、条例、标准和申请、审批、发放程序等作出明确规定，严格按照实际收入计算家庭收入，确保生活困难的群众都能进入低保范围。以大中型困难企业为重点，深入细致地进行核对督查，使低保工作与下岗失业保障及时衔接。全省共纳入城市低保的人数为31.4万户76.5万人，占非农业人口的8.9%，累计支出低保金4.5亿元，104个县(市、区)实行了社会化发放，有效地保障了城市特困群众的基本生活。

(三)村民自治和社区建设取得新进展。在农村，围绕遗留村的换届选举，有针对性地解决了这些村存在的热点、难点问题，确保第五次村委会换届选举的顺利完成。去年底，全省基本上完成了第五次村委会换届，但个别县(区)还有少量遗留问题，群众上访时有出现，影响了个别农村地区的社会稳定。省委、省政府高度重视遗留村的选举问题，先后三次召开座谈会、电视电话会重点进行督查部署，派工作组到有关市(县)指导，并成立专门组织，妥善解决群众上访事件。以健全和完善村级民主决策和村务公开为重点，成立了全省村务公开工作协调小组，省民政厅下发了《陕西省村民代表会议暂行规则》，报请省委、省政府下发了《关于在全省进一步完善村务公开和民主管理制度的通知》，规范了村务公开的内容和程序。通过村务公开，把选人、议事、监督的权力真正掌握在广大农民群众手中，充分发挥了他们参与民主管理和社会治安综合治理的积极性与创造性，进一步密切了党群、干群关系，及时化解了农村社会矛盾，维护了社会稳定。

在城市，完成了社区规模整合和组建新型社区居委会任务，社区干部待遇有了提高，组织建设得到加强。结合"星光计划"，大中城市辖区的社区基本达到了"一部三室三站"的要求，社区的办公和服务、活动场所等基础设施得到改善。广泛开展了"四进社区"活动，社区服务功能得到拓展，为促进城市就业和再就业发挥了积极作用。

(四)认真做好城市生活无着落的流浪乞讨人员救助管理工作。按照国务院《关于城市生活无着落的流浪乞讨人员救助管理办法》及民政部《实施细则》的要求，全省各级民政部门按照自愿受助、无偿救助的原则，对城市生活无着落的流浪乞讨人员实施救助。据统计，各级救助管理站从挂牌开展救助工作以来，共有12600人次到救助站求助，实际救助近8000人次。《救助管理办法》虽然实施时间短，但社会影响和效果明显，在帮助弱势群体、保障城市生活无着落的流浪乞讨人员的基本生活权益以及维护社会稳定中发挥了重要作用。

(五)进一步加强对民间组织的监督管理工作。省民政厅从服务于农村经济发展的大局出发，对西安、宝鸡、咸阳、铜川、商洛等市的农村专业经济协会的发展情况进行了调研，下发了《关于做好农村专业经济协会管理登记工作的通知》。以培育发展行业协会和公益性民间组织为重点，新批准筹备全省性社团38个，登记社团28个、民办非企业单位60个，从而加强了对民间组织的监管，对影响社会稳定，从事不法活动的非法社团进行了查处，逐步净化了民间组织的发展环境。

(六)加强了民政信访工作。省民政厅党组高度重视人民群众来信来访工作，厅领导亲自抓信访，经常批办信件，定期研究信访工作的新情况、新问题。凡有集体上访，都由厅分管领导牵头，亲自参与处理；发现群访苗头，领导亲临现场，倾听群众意见，了解事实真相，妥善解决问题。在具体工作中，始终按照善待有理访、劝导无理访、减少越级访、控制进京上访的原则，向信访对象耐心细致地做思想工作，帮助他们解决实际问题，稳定了上访对象的情绪，缓解了矛盾。在去年以来开展的群众重复上访问题专项治理工作中，省民政厅成立了信访工作领导小组，较好地完成了群众重复上访问题的专项治理工作。据统计，一年来共接待来信来访430人次，处理集体上访6批次，约530多人次。

中国人民银行西安分行参与社会治安综合治理工作情况

2003年以来，中国人民银行西安分行社会治安综合治理工作在分行党委领导下，坚持“防查并举、标本兼治、重在预防”的方针，贯彻落实《中国人民银行人民币发行库守卫工作管理规定》、《中国人民银行货币押运安全管理规定》、《中国人民银行枪支管理规定》和《中国人民银行安全技术防范管理规定》，以发行库安全管理为中心，狠抓了社会治安综合治理工作。截止年底，陕西辖区内人民银行系统没有发生发行库被盗、运钞车被抢、枪支弹药丢失被盗和火灾等事故，确保了陕西辖区内和分行机关的安全。

一、领导重视，把社会治安综合治理工作放在更加突出的位置来抓。西安分行党委书记、行长敖惠诚在本年度分行工作会议上要求：一要把稳定工作作为压倒一切的政治任务来对待，高度重视；二要积极适应金融改革发展的需要，保持金融队伍的稳定；三要加强对要害岗位工作人员的严格管理，防止金融案件和金融风险；四要同“法轮功”邪教组织作坚决的斗争，确保社会稳定。由于领导重视，要求明确，一年来，陕西辖区内人民银行系统达到了“无案件、无事故”的目标，确保了全系统的安全，维护了金融平安。

二、按照“条块结合，以块为主”和“属地管理”的原则，全面落实社会治安综合治理领导责任制。年初，陕西辖区内各级银行都逐级签订了社会治安综合治理和安全保卫工作目标管理责任书，做到了责任到岗、职责到人，将综治责任落到实处，形成了一把手负总责，分管领导亲自抓，其他领导配合抓，职能部门协作抓，全行上下齐抓共管的良好局面。

三、加大安全检查力度，狠抓措施落实，堵塞各种漏洞。一是做好节日期间的安全保卫工作，确保了元旦、春节、“五一”和“十一”期间全行系统的绝对安全；二是开展安全大检查，堵塞和消除了安全防范工作中存在的漏洞和隐患；三是做好抗击“非典”工作，杜绝了疫情在银行系统的发生；四是开展公务用枪大检查，进一步做好全行系统枪支弹药的安全管理工作。

四、狠抓各项责任的落实，做好年度目标管理考核工作。在本年度的后两个月，西安分行对陕西辖区内9个中心支行、分行营业管理部和部分县支行的社会治安综合治理工作进行了年终考核检查，采取听取汇报、召开座谈会和实地考核相结合的方式进行。从考核检查情况看，全辖区各级银行认真贯彻落实总行、分行目标管理责任制实施办法，狠抓了制度建设和各项责任的落实，从人力、物力和财力方面向综治工作倾斜，较好地完成了各项综治工作任务，全年没有发生一起重大案件和事故，确保了一方金融平安。

省妇联参与社会治安综合治理工作情况

2003年，省妇联和全省各级妇联组织，在各级党委、政府的领导下，认真贯彻落实本年度全省综治工作要点精神，结合妇联工作实际，充分发挥妇联组织的优势，积极参与社会治安综合治理，为维护妇女儿童的合法权益，维护社会稳定做了大量工作，收到了良好的社会效果。

一是坚持开展法制宣传教育活动，不断提高广大妇女群众的法律意识。结合正在开展的全省普法教育活动,省妇联以及全省各级妇联,通过各种形式向广大妇女群众宣传《宪法》、《妇女权益保护法》、《婚姻法》、《未成年人保护法》、《预防未成年人犯罪法》、《中国妇女儿童发展纲要》《陕西省妇女儿童发展规划》等法律法规,利用纪念"三八"妇女节、"六一"儿童节、"世界禁毒日"、"世界预防家庭暴力日"、"世界预防艾滋病宣传日"、"12·4"法制宣传日等,先后与省司法厅联合在全省范围内开展了"反对家庭暴力,创造文明、和睦新家庭"为内容的"三八"维权周活动;与省禁毒委联合开展了旨在教育家庭成员"不吸毒、不贩毒"为主要目标的"不让毒品进我家"活动;与省卫生厅联合开展了"预防艾滋病,健康全家人"等活动;与省教育厅联合开展了家庭教育等宣传活动;与各类新闻媒体合作,开设多种栏目并开办专题节目50多次,收效良好。

二是加强社会化维权机制和网络建设,积极化解社会矛盾。首先,积极与省信访局协商,联合下发了《关于进一步加强妇联组织信访工作的意见》,增强了各级妇联积极协调有关部门就地化解矛盾的意识。其次,针对近年来基层妇联干部新手多的实际,为提高各级妇联信访人员的业务素质,省妇联举办了妇女信访干部培训班,编印了《维护妇女儿童权益工作指导手册》6000册。

三是关注妇女儿童权益的大要案件,依法维护妇女儿童权益。全年,省妇联共接待群众信访3049件。对于这些案件,妇联领导极为关注,在调查了解案情的基础上,呼吁有关职能部门严肃查处。为杜绝此类案件的发生,省妇联还与人大、教育和政法委有关部门以及相关专家,共同探讨"预防校园内的性侵害研讨会",共同研究防范措施。

四是坚持标本兼治,搞好社会治安综合治理工作。省妇联十分重视做好本机关和下属单位的社会治安综合治理工作。在建立健全综治机构的基础上,进一步明确职责,完善规章制度,真正做到"管好自己的人,办好自己的事,看好自己的门",使全系统风气正、秩序好,无违法犯罪案件发生,为维护社会稳定做出了贡献。

(撰稿:张茂青

审稿:马恩图　王培文　王永明　窦朝晖)

甘　肃　省

"严打"整治斗争情况

一、继续深入开展"严打"整治斗争,维护社会稳定

2003年以来,各级公安机关及法、检等部门以影响群众安全感的抢劫、抢夺、盗窃等多发性犯罪为重点,因地制宜地开展了专项斗争和集中统一行动,始终保持了对刑事犯罪分子的高压态势。11月初,省委政法委、省综治委、省公安厅联合召开电话会议,紧急动员和部署,在全省范围内开展以打击和防范抢劫、抢夺、盗窃等多发性侵财犯罪为重点的"冬季攻势"行动,严厉打击"两抢一盗"犯罪活动,加强社会面管理和控制,大力开展重点整治,遏制案件高发的势头,确保全省大局稳定和治安平稳,推进"严打"整治斗争向纵深发展。2003年前11个月,全省共破获刑事案件17010起,抓获刑事作案成员16214名,其中刑事拘留12667名,逮捕9101名,劳动教养1578名,收缴罚没财物总价值6766.451万元。继续开展"打黑除恶"行动,共查获犯罪集团739个,涉案人数2934名,涉案3080起。深入开展追逃工作,抓获逃犯1423名。严厉打击经济犯罪活动,破获经济犯罪案件527起,抓获作案成员477名,挽回经济损失7207.8万元。组织开展"扫毒风暴一号行动",深人开展打击毒品犯罪活动,共破获毒品犯罪案件809起,缴获毒品海洛因130.372千克。继续开展治安乱点的重点整治工作,在巩固2002年464个治安乱点整治成果的基础上,2003年一季度全省各地、各部门共排查确定727处治安乱点和突出治安问题,其中重点部位315处。经过认真梳理和归类,明确整治单位职责和任务,抽调人员开展重点整治,目前已整治280处。为期两年的"严打"整治斗争结束后,省综治办发出《关于进一步加强社会重点整治工作的通知》,对排查出的130个治安乱点和一批突出治安问题,从提高对社会治安重点整治工作重要性和紧迫性的认识,建立重点整治的长效机制、落实各项关键措施、加强领导等方面提出了明确要求,各地进一步加大工作力度,切实推进重点整治工作,及时改变整治部位和单位治安面貌,确保整治工作取得实效。开展打击涉及毒鼠强剧毒化学品违法犯罪专项行动,查处相关案件151起,收缴剧毒鼠药400余公斤、剧毒化学品71公斤。继续开展缉枪治爆专项整治,共收缴各类枪支2418枝、子弹22104发、炸药17.54吨、雷管2.6万余枚。

二、开展"严打"整治斗争表彰活动

按照中央政法委、中央综治委的要求,认真做好全省"严打"整治斗争的总结提高工作。3月份,省综治委、省委政法委组织4个工作组分赴全省14个市州地和兰州铁路局、甘肃矿区对"严打"整治斗争情况进行了全面检查和考评,并于4月16日分别向中央政法委和省委上报了《甘肃省"严打"整治斗争总结报告》,总结了"严打"整治斗争的主要成绩、基本经验和存在问题,提出了下一步深入开展"严打"整治斗争的措施。自下而上地评出了中央表彰的9个"严打"整治斗争先进集体和12名先进工作者以及全省表彰的35个先进集体和50名先进工作者,在9月召开的全省"严打"整治斗争总结表彰大会上进行了表彰。组织了6个专版26幅照片报送全国"严打"整治斗争成果展,集中反映了我省开展"严打"整治的主要工作情况;11月份,省综治办为扩大"严打"整治斗争宣传效果,在兰州市博物馆举办了全国"严打"整治斗争成果展,先后组织140多个省直及中央驻甘企事业单位、大专院校、金融系统干部职工和学生参观,并将全国"严打"整治斗争成果挂图分发各市州地综治办和县级综治办。各地在接到通知和挂图后,按照要求制订了巡展方案,及时组织干部职工和青少年学生观展,利用城区广场、乡村集贸市场开展巡回展览,收到了良好的宣传效果。为了不断提高打击犯罪的及时性、针对性和实效性,省委政法委、省综治办组织人员进行专题调研,召开三次座谈会广泛听取意见和建议,召开了全省贯彻"打防结合,预防为主"方针研讨会,共收到各地各部门提交的调研材料32份,有13个单位作了大会发言,重点研究和探索建立健全贯彻"严打"方针的经常性工作机制,初步提出了要"建立六种机制"、"实现四个转变"的工作思想和有效措施。

流动人口治安管理工作情况

2003年,全省流动人口治安管理工作,以贯彻党的"十六大"精神和"三个代表"重要思想,以促进经济发展,维护社会稳定为中心,在党委、政府和综治委的领导下,坚持管理与服务并举的原则,采取有力措施,不断加大管理和指导力度,在完善制度,落实责任,规范管理,建立长效机制等方面进行了广泛深入的探索,取得了较为显著的成效。截止2003年6月30日,全省共登记暂住人口331781人,比上年度增加51757人,制发暂住证178112人,增加26238人,发证率64%,提高10个百分点。设流动人口管理办公室、服务站876个,配备管理人员和协管员1000余人。列管重点人放路障33起43人，劝阻卧轨拦车2起4人，参加防洪抢险15次，做好人好事1748件3206人，张贴宣传标语1.6万幅，宣讲法规常识830场，播放电影录像234场，印发宣传材料6.5万余份，受教育群众约35.6万人次。

一、努力构建铁路治安防范体系，增强治安防范能力。

按照省委、省政府和铁道部关于加强治安防范管理体系建设的要求，各级铁路护路联防组织认真贯彻社会治安综合治理"属地管理"的原则和铁路护路联防工作"分段负责"的规定，大胆探索和努力实践市场经济条件下维护铁路治安秩序的有效途径和办法，大力加强铁路护路联防工作基层基础建设，努力构建铁路治安防范体系建设，增强治安防范能力。针对天兰二线开通后武装押运工作取消、原有的治安防范格局已不适应铁路治安工作的实际情况，在广泛调查研究的基础上，省铁路护路联防领导小组与兰州铁路局铁路治安综合治理委员会联合下发了《关于建立天兰线以地保车治安防范管理体系的通知》(兰铁综治[2003]6号)，提出了建立天兰线以地保车治安防范管理体系的模式、人力配置和工作要求，制定了天兰线铁路公安所、警务区、保安队、护路队的职责任务和治安防范联控协作制度，明确了管辖里程，自7月1日起在天兰线实施新的以地保车治安防范管理体系。为确保天兰线以地保车治安防范管理体系建设顺利实施，省铁路护路联防领导小组专门发出通知，要求天兰线各级护路联防组织切实提高思想认识，完善工作机制；加强协作配合，落实护路联防各项措施；加强队伍管理，不断提高队伍素质；加强值勤巡逻，强化治安防范。7月9日，省护路办专门召开了天兰线铁路治安防范体系建设座谈会，就天兰线以地保车治安防范管理体系建设进一步统一了思想认识，明确了具体工作要求。各市、县(区)铁路护路联防组织紧密结合社会治安防范管理体系建设，努力建设以铁路沿线乡(镇)、村、社(组)以及企事业单位为依托，以公安机关为主力，以群防群治队伍为基础，覆盖沿线、打击有力、防范严密、控制有效的治安防范网络和工作体系。皋兰、天祝、景泰、武山、古浪、甘谷、榆中、白银、北道、安定、陇西等县(区)和天水市结合当地实际，先后制定了《铁路治安防范管理体系建设实施方案》，确定了铁路治安防范管理体系建设的指导思想、组织领导以及工作标准、工作任务、工作制度等，提出了具体要求，在维护铁路治安中发挥了重要作用。

二、认真落实铁路护路联防责任制，加强组织领导

各级党委、政府高度重视铁路护路联防工作，把保一线平安和保一方平安有机结合起来，把铁路治安纳入社会治安综合治理工作之中，把维护铁路治安稳定的责任列入各级党政领导的职责范围，摆上重要议事日程，强化铁路护路联防责任制的落实。在年初签定社会治安综合治理责任书时，许多市、县(区)把铁路护路联防工作的内容列入其中，使综治工作与护路联防工作同安排、同部署、同检查、同考核。许多地方还逐级签定了护路联防责任书，把铁路护路联防的责任落实到具体单位和个人，进一步坚持和完善护路联防责任制的有效实现形式和方法。年内，全省各级组织签定维护铁路治安稳定的各类责任书9653份。3月18日和4月16日，省铁路护路联防领导小组先后召开领导小组会议和全省铁路护路联防第五次工作会议暨先进表彰会，传达贯彻全国铁路护路联防办公室主任会议和全国创建安全文明铁道线活动经验交流会暨先进表彰会精神，总结近年来铁路护路联防工作情况，安排部署下一步工作，汇报、交流工作经验，表彰奖励先进。为加强对护路联防工作的组织领导，各市、县(区)党委、政府在换届和机构改革时，及时调整、充实护路联防领导小组成员。一些市、县(区)把护路联防办公室作为常设部门，列入当地政法委内设机构，配备了具体工作人员，有的配备了专职主任(副主任)，保证了工作的连续性和稳定性。

三、深化创建安全文明铁道线活动，夯实护路联防基础

省铁路护路联防领导小组在总结近年来"创安"活动经验的基础上，把创建安全文明铁道线活动和创建标准化护路队活动紧密结合起来，开展"双创"达标升级活动，减少重复考核项目，补充增加新的内容，使"双创"活动内容不断完善，考核更加合理。各市、县(区)铁路护路联防组织认真贯彻落实全国、全省创建安全文明铁道线活动的安排部署和要求，大力宣传"创安"工作先进集体的事迹，总结推广“创安”先进经验，进一步落实“创安”工作措施，推动“创安”活动稳步发展。一是以点带面，全面发展。各县(区)护路办紧紧依靠铁路沿线基层组织，充分发挥各级综治委、治保、调解等有关单位和组织的积极性和主观能动性，把创建安全文明铁道线活动与基层其他创安工作结合起来，评选创安典型，以典型做示范引导，抓点带面，指导创安工作全面发展。二是加强宣传教育，增强爱路护路意识。各级护路联防组织采取各种形式，充分利用各村、社(组)广播、黑板，在醒目位置书写大幅、固定、永久性的宣传标语，积极开展爱路护路宣传教育活动，努力扩大宣传教育覆盖面。目前，各县(区)在铁路沿线普遍修建了固定宣传碑(牌)，在中、小学成立了“小黄帽”爱护铁路宣传队，通过开展广泛的宣传教育活动，铁路沿线群众的爱路护路意识明显增强。三是针对存在问题，开展重点整治。各县(区)护路办与铁路公安部门密切联系，畅通信息渠道，及时针对铁路沿线存在的突出治安问题，进行重点整治。一年来，我省7个单位和8名个人被中央综治委、铁道部、公安部和解放军总参动员部授予全国铁路护路联防工作先进集体和先进工作者称号，4个单位和17名个人被评为甘肃省铁路护路联防工作先进集体和先进工作者，分别受到了表彰奖励。

四、加大值勤巡逻力度，落实护路联防措施

各级护路联防组织充分发挥护路联防队伍在维护铁路治安中的重要作用，加强检查指导，督促护路队员认真落实工作制度，加大值勤巡逻力度，强化车站、列车的治安管理和防范工作。根据各个时期的工作重点，省护路办就搞好元旦、春节安全保卫，春运、全国“两会”安全，加强铁路沿线护路联防工作等专门提出要求，指导护路联防工作的开展。各县(区)护路队员在公安民警的业务指导和带领下，以车站为重点，及时清理扒车、闲杂人员，对过往列车做到趟接辆查，对装载金属、百货、粮食、棉花等重点物资的列车实行巡护看守，防止发生被盗案件。以铁路道口、隧道、桥梁、涵洞为重点，加大巡线力度，加强重点部位和重点区段的巡查守护，最大限度地消除治安隐患。天兰线各级护路联防组织按照建立以地保车治安防范管理体系的要求，护路队主要工作由车站转向沿线，相应修改、完善了护路队职责任务、值勤巡线制度、突发事件应急处置方案、巡线安全制度等，重新确定了各护路队巡线里程，严格值勤巡线交牌互签制度，认真落实“突出巡线、保证重点、加强看护”的岗位责任制，加强与公安部门的协作配合，共同搞好治安防范。

五、严格落实规章制度，强化护路联防管理

一是加强教育培训，提高素质。各县(区)护路办不断健全完善学习训练制度，根据各个时期的中心工作制定护路队学习计划，确定学习内容，加强护路队员的业务学习和政治思想教育，增强爱岗敬业的工作责任心；采取集中培训和轮训的办法，邀请武警战士或挑选优秀护路队员担任教官，对护路队员普遍进行了军事业务培训，提高了护路队员的军事技能，全省护路队伍整体素质明显提高。皋兰县已有5名护路队员发展为中共党员，2名护路队员被评为兰州市见义勇为积极分子，共产党员、县护路办团总支书记魏孔举被授予“皋兰县首届十大杰出青年”光荣称号。二是开展“三查”活动，整顿纪律作风。针对少数护路队员纪律作风散漫、遵纪守法观念不强，甚至监守自盗、违法犯罪，严重影响护路联防声誉的问题，省铁路护路联防领导小组决定在全省护路联防各级干部、工作人员和护路队员中开展以“查思想、查作风、查管理”为主要内容的“三查”活动。经过各级护路联防组织精心安排部署，查找问题，进行整改，“三查”活动取得明显成效，使护路联防各级干部、工作人员和护路队员普遍受到一次深刻的教育，进一步提升了对安全工作极端重要性的认识，激发了护路队员自觉遵纪守法的意识和做好本职工作的主动性、积极性，增强了维护铁路治安秩序的责任感、紧迫感和使命感。三是加强预防，抗击“非典”。为做好防治非典工作，省护路办根据中央护路办的通知精神和省铁路护路联防领导小组要求，结合实际情况，先后3次发出通知，对防治非典工作作了具体安排，按人均30元给护路队员拨付了用于购置预防非典消毒防护用品的专款。各级护路联防组织高度重视防治非典工作，加强教育和管理，认真落实各项防范措施，确保了护路队员身体健康和安全。

社会治安管理和防范工作情况

2003年，在省委、省政府的领导下，省综治委正式启动了《甘肃省社会治安防范管理体系建设2003年至2005年三年工作规划》。各级党委、政府、政法各部门、社会治安综合治理各成员单位把思想统一到这一重大决策上来，高度重视，齐抓共管。一年来，社会治安防控体系建设工作在全省蓬勃开展，取得了初步成效。1至11月，全省14个市州地中，“两抢一盗”等可防性案件出现下降的有11个，其中兰州、天水、白银等主要城市下降幅度较大。各市州地均全部完成今年工作计划，全省城区共建成“四位一体”工作机制的社区913个，占社区总数的91.35%；建起农村中心村警务室1746个，占计划的64.38%；全省共计下派社区和中心村警务室民警3417人，周工作日达到三天以上。11个市州地所在地建立了多警联动的快速反应机制，81个县城建立了110报警系统，有1633个乡（镇街）建立健全了综治领导和办事机构，占乡（镇街）总数的100%，配备专职工作人员2266名；全省各地共成立保安公司60家，有上岗保安人员9812名，各种群防群治队伍，如物业保安队伍、专职联防队伍、民兵巡逻队伍、义务看护队伍、门卫内保队伍初步建立。一是贯彻总体部署，因地制宜制定规划和实施意见。各地按照省三年《规划》的要求，因地制宜，突出重点，制定出了各具特色的三年《规划》或《实施意见》，并建立了严格的领导责任制和目标责任制，制定了考核奖惩办法。其中兰州、嘉峪关、酒泉、张掖、武威、天水、庆阳、临夏等市州的实施意见思路明确，目标具体，内容翔实，操作性很强。二是狠抓了组织领导和宣传发动工作。各市州地普遍成立了社会治安防控体系建设领导小组，切实加强组织领导，各地大多数都在去年试点的县市区召开了现场会，总结推广试点经验，由点到面，整体推进。各级综治委及其办公室具体协调指导，推动工作开展。全省各市县共召开动员会303场（次）。兰州、酒泉、天水等市、县两级分管领导还多次深入基层进行调查研究和督促检查，逐一审定实施方案，研究解决工作中存在的困难和问题。部分市州地还抽调有关部门人员组成工作组，由政法、综治领导牵头，分片包干，督导工作。三是加强调查研究和检查指导。省综治委、省委政法委主要领导深入兰州、武威、陇南、天水、庆阳、平凉等市地进行调研和指导。在各地制定三年《规划》和实施意见过程中，省综治办及时了解情况，沟通信息，交换意见，加强指导，整理编发了《全省各地社会治安防范管理体系建设实施意见要点的通报》。7月份，省综治办组成检查组对全省大部分市州地的社会治安防控体系建设情况进行了检查，各地也都开展了半年检查。10月份，省综治办在白银、金昌、天水分三片召开会议，听取各地开展治安防控体系建设工作情况的汇报，交流成功做法和经验，研究存在的困难和问题，部署今后各项工作。同时，认真贯彻全国社会治安综合治理工作会议精神，对三年《规划》确定的任务进行分解量化，并制定硬性考核指标，切实抓好治安防控体系建设启动年各项任务的落实。四是加大了财政投入。全省各市、县累计投入治安防控体系建设资金9459.89万元，其中兰州市2796.45万元，天水市3498.64万元。社区治安综治员的基本工作补贴标准不低于每人每月300元，补贴来源由市级财政补贴三分之一，低保或下岗再就业资金落实三分之一，区县级财政和街道、社区自筹三分之一。

矛盾纠纷排查调处工作情况

2003年，全省各级党委、政府和综治部门高度重视矛盾纠纷排查调处工作，把这项工作作为践行“三个代表”重要思想，落实“立党为公、执政为民”的具体行动，作为维护社会稳定、促进经济发展的重要措施，作为全省社会治安综合治理工作三大任务（社会治安防控体系建设、矛盾纠纷排查调处、社会治安重点整治）之一，狠抓落实，长抓不懈，化解了大量的矛盾纠纷，有力地维护了全省社会和治安秩序稳定，保障了全省改革开放事业的顺利进行。全年共排查各类较大矛盾纠纷8000多件，调处7000多件，调处率为89.9%。

一、高度重视，加强领导，精心安排部署

从近年来全省情况看，突出的矛盾纠纷主要表现在以下几个方面：一是企业特别是国有企业改革中因破产、下岗、安置以及离退休工人待遇、反映企业干部问题等引发的矛盾增多，且频率越来越高，规模扩大，行为方式趋于激烈；二是农村因草山、边界、水事、土地等资源权属引起的矛盾较多；三是在重点工程和城市改造等建设项目中征地、拆迁补偿等方面的问题较多；四是宗教领域教派、教权、教产纷争屡有发生，利用宗教进行的非法活动屡禁不止；五是涉法问题引起的上访占有相当比重；六是因婚姻、宗教、邻里、家庭纠纷激化引发刑事案件的趋势有所发展；七是因部分地方干群关系不好、干部工作作风简单粗暴导致一些不稳定，等等。为此，在认真分析社会治安形势、对各类带有普遍性的矛盾纠纷进行调查梳理的基础上，从加强领导、提高认识、精心安排部署入手，把矛盾纠纷排查调处列为社会治安综合治理的重要任务，紧抓不放。

一是省委、省政府和各级党委政府及综治部门把这项工作摆上重要议事日程，建立了省、市、县、乡四级矛盾纠纷排查调处网络。2000年，中共甘肃省委办公厅、甘肃省人民政府办公厅就转发了《省社会治安综合治理委员会关于认真贯彻落实中办17号文件精神，进一步加强矛盾纠纷排查调处工作的意见》，要求各级党委政府从讲政治的高度，坚持从人民群众的利益出发，高度重视矛盾纠纷排查调处，正确处理涉及人民群众切身利益的各种问题，切实维护社会稳定，对全省矛盾纠纷排查调处工作进行了全面部署。2002年，省综治办、省维稳办又发出《关于进一步加强矛盾纠纷排查调处工作，切实维护社会政治稳定的通知》，对配合“严打”整治斗争、集中开展矛盾纠纷排查调处活动进行了再部署。省委主要领导亲自过问这项工作并作出批示，省委、省政府分管领导、省委政法委主要领导亲自安排部署，深入实际调查研究，在各种政法综治工作会议上多次强调矛盾纠纷排查和人民调解工作。省综治办、省维稳办在每年的年初和年中两次对这项工作进行具体安排，要求一月一次定期排查，重大节庆活动重点排查，突出问题专项排查，各市州、县市区也都层层作出安排，兰州市等市州主要领导深入各县区就这项工作专门进行调研安排。形成和建立了以地县乡三级党委为主体，总览全局，基层以村（居）委为主，纵抓到底，系统以部门、单位为主，横抓到边的矛盾纠纷排查调处工作机制。

二是强化矛盾纠纷排查调处工作的领导责任。按照“及时排查，各负其责，工作在前，预防为主”的要求和“谁主管、谁负责”及属地管理的工作原则，对排查出的重大矛盾纠纷实行党政主要领导责任制下的分工负责制、分级负责制和部门负责制，明确规定各级各部门党政一把手为第一责任人，对本行政区、本部门矛盾纠纷排查调处工作负总责，分管政法综治工作的领导为第二责任人，具体抓好组织推动和决策落实。

三是省、市、县三级综治办充分发挥领导、组织、协调作用，加强督查督办。各级综治办对本级矛盾纠纷排查调处工作进行统计、汇总、督办和通报，对跨地区、跨部门的矛盾纠纷由上一级综治办进行督查督办。省委政法委、省综治委办、省维稳办领导高度重视稳妥处置各类重大群体性事件，亲自出面解决重大问题，经常工作在第一线。2003年，全省许多重大矛盾和群体性事件，都是在省综治办、省维稳办的直接协调督办下得到了妥善处理。兰州、天水、张掖、酒泉等市还实行了领导包片、包案和调研督办等办法，收到了明显效果。

二、健全制度，促进矛盾纠纷排查调处工作经常化、规范化

一是信息报告制度，乡镇街道每月一次、县市区两月一次、市州每季度一次对辖区内排查出的矛盾纠纷层层上报，没有排摸出的实行零报告制度，目前各市州特别是兰州市能够坚持做到每季度一报。二是工作通报制度，省市县各级综治办对一个阶段排查出的重大矛盾纠纷和排查调处进展情况要以文件的形式在各自范围内进行通报。2002年至2003年，省综治办、维稳办发出此类通报6期，发挥了较好的督促推动作用。三是协调会议制度。认真落实中办17号文件提出的“县级以上单位每个月召开一次，乡镇街道每半个月召开一次”矛盾纠纷排查调处工作协调会议制度，会议由综治办、信访办、各有关部门参加，进行情况通报、形势分析和任务分解，并把协调会议纪要报告党委政府和上一级综治委。四是挂牌督办制度。对一些影响到全省或一个地区稳定的重大矛盾纠纷，由省市县各级层层进行挂牌督办，由综治委专门作出安排，对确定督办的每一件矛盾纠纷明确牵头单位和责任人以及办理时限，限期解决。2003年，省综治办对排摸出的31件重大矛盾纠纷分两批进行了挂牌督办，至年底共办结以及取得重要进展的19件，占督办件的60%以上，取得了明显成效。此外，省综治办对各县市一段时间发生的突出治安问题和影响群众安全感的重大案件及时进行了督查督办。五是责任查究制度。责任查究制度对落实维护稳定工作措施至关重要，各级综治办和维稳办对发生的各类群体性事件进行认真分析和跟踪调查，在查清原因的基础上，对那些确因官僚主义严重，工作不负责任，导致发生严重影响社会稳定问题的地方和单位的党政领导，坚决追究领导责任，实行社会治安综合治理一票否决。

社会治安综合治理宣传教育工作情况

一、积极发挥专项办公室作用，开展综治好新闻评选和表彰见义勇为人员活动

省综治委、办认真研究和部署五个专项办公室的工作，组织召开了全省预防青少年违法犯罪工作会议和铁路护路联防总结表彰大会，全面部署了各项工作任务，并对省流动人口管理和省预防青少年违法犯罪两个办公室分别下拨了专项补助经费，支持工作开展。加强法制副校长的配备和管理，发挥法制副校长的重要作用。全省1667所中学和8000多所中心小学全部配备了法制副校长，落实了学校法制教育计划，正式出台了《甘肃省中小学生法制副校长（辅导员）管理办法（试行）》，使法制副校长的管理工作逐步制度化、规范化。全省把实施“社区青少年违法犯罪预防计划”作为一项重要工作任务，在金昌、武威、兰州、平凉四市抓了四个试点社区。各市州地也分别确定了1—2个试点社区，积极开展工作。全省各地以《青少年违法犯罪社区预防计划三年规划》为基础，结合无毒社区创建和社会治安防控体系建设，积极实施青少年违法犯罪社区预防计划，逐渐摸索出了一条社区预防青少年违法犯罪的工作路子。10月中旬，在金昌、武威召开了全省社区团建创建新行动暨“青年文明社区”示范城区创建现场推进会，总结试点工作经验，推广典型，研究部署全省范围内实施“社区青少年违法犯罪预防计划”。狠抓流动人口管理工作，使这项工作较好地走向有序规范的轨道。省政府法制局、省综治办、省流动人口管理办公室正在调研草拟《甘肃省流动人口服务管理条例》，拟报省政府同意后，以政府令的形式下发全省执行。进一步加大了铁路护路联防工作力度，重点实施了天兰线治安防控体系建设，取得了较好的效果。刑释解教人员安置帮教工作中建立和完善了领导机构和工作网络，制定了一系列规范性的工作制度，狠抓排查和衔接工作，建立刑释解教人员情况档案以及信息动态资料，实行了刑释解教人员安置帮教工作责任制。以涉毒服刑、在教人员作为重点，加强了对涉毒犯罪和劳教学员的监督管理。校园周边治安整治工作中，公安、文化、工商等部门联合集中开展了整顿治理工作，在全省范围内取缔了非法电子游戏经营活动，清理了一大批影响校园治安环境的书报摊点和音像制品，净化了校园周边环境。今年国庆节前夕，针对学校开学不久，少数地方管理工作尚不到位的实际，教育、文化等部门联合行动，认真开展整治活动，有效地遏制了校园周边治安的反弹，进一步巩固和提高了整治成果。组织各地和省综治委成员单位开展了 2002 年社会治安综合治理好新闻评选活动，推荐上报了部分作品参加全国社会治安综合治理好新闻优秀作品评选，我省 3 篇新闻报道获得三等奖。同时，评选出全省优秀作品 24 篇，并给予了表彰奖励。积极开展《甘肃省奖励和保护维护社会治安见义勇为人员条例》的实施工作，对上报的见义勇为人员及时开展确认和表彰工作。省综治办在接到岷县和定西地区综治办推荐张士贤同志为全省见义勇为先进分子表彰对象的报告后，及时组织人员到岷县调查核实了张士贤同志见义勇为事迹。省政府作出《关于授予张士贤同志见义勇为先进分子荣誉称号的决定》后，在岷县隆重召开张士贤同志见义勇为表彰大会，副省长、省综治委副主任罗笑虎到会讲话。12 月 10 日，兰州市委，市政府召开见义勇为积极分子表彰大会，表彰奖励 26 名见义勇为积极分子，省委政法委、省综治办的领导同志到会并作讲话。

二、利用综治成员单位的有利条件，大力开展综治宣传活动

省综治办连续两年出资订阅《长安》杂志 1000 份，分别向全省各级党政“一把手”、分管政法、综治的领导、政法委书记、综治办主任、公、检、法、司、安主要领导及省人大、省政协领导、省级各部门领导将赠阅。

司法行政系统紧密结合司法行政工作实际，以提高全省公民的法律素质为目标，为社会治安综合治理营造良好的法制环境。组建普法讲师团，深入全省 14 个市、州、地和甘肃矿区进行巡回讲法，共举办讲座 16 场次，5000 多名副县级以上领导干部参加。制定下发了《关于加强领导干部学法用法工作的实施意见》，使领导干部学法用法进一步规范化、制度化。加强青少年法制宣传教育，会同省教育厅组织开展了《青少年法制教育读本》的学习及“青少年学法有感”读书征文活动，把法制教育纳入素质教育的重要内容，做到了“教材、内容、师资、时间”四落实，保证了学习效果，提高了广大青少年的法律意识，有效预防和减少了青少年违法犯罪。在农村通过广泛开展“依法建制、以制治村、民主管理”活动，结合村委会换届选举和税费改革，普遍推行了政务公开、村务公开和财务公开制度，有 86% 的村开展了依法治村工作。城市通过开展“法律进社区”活动，推进社区依法治理，把法制宣传、法律服务和人民调解工作融为一体，运用法律手段及时解决改革、发展进程中的社会矛盾，维护了基层社会稳定。以维护基层社会稳定为重点，大力加强基层基础工作。全省已建立司法所 1561 个，占乡镇总数的 94.5%。加强和改进人民调解工作，全省各级民调组织调处各类纠纷 39193 起，调解成功率为 96%，有效维护了基层社会稳定。

广电系统充分发挥广播电视媒体优势，为社会治安综合治理工作提供强有力的舆论支持。开办专栏，宣传维护社会稳定工作。省电台第一套节目的《生活与法》，二、三、四套节目的《以案说法》、《有理站着说》、《监督岗》；省电视台卫视、文化频道的《甘肃新闻》、《法制天地》、《今日聚焦》等栏目，加强对法律知识的普及宣传教育，对相关领域的专项整治斗争进行了重点报道，对人民群众密切关注的热点、难点问题进行正确的舆论引导，传递了政策信息，化解了社会矛盾。跟踪报道了全省各地开展的“禁毒”“严打”斗争和整顿文化娱乐市场、电子娱乐经营场所、汽车配件和油品打假专项斗争等情况。充分利用广播、电视舆论阵地深入宣传全省综治各项工作。

三、落实禁毒“三年规划”开展禁毒宣传工作

一是大力开展了面向青少年和广大学生的毒品预防宣传教育工作。省综治办、省禁毒办、省教育厅、团省委转发了《关于进一步加强中小学生毒品预防教育工作的通知》和《关于抓好中学生毒品预防教育活动示范学校的通知》，确定了我省3所中学为全国百所“中学生毒品预防教育活动示范学校”并组织参加了全国示范学校培训班。省综治办会同团省委、省禁毒办下发了《关于6.26国际禁毒日期间深入开展社区青少年远离毒品宣传月活动的通知》，购买、下发中小学禁毒宣传教育挂图、《青少年教育读本》及各类音像制品等4000余份。二是起草并下发了《关于做好6.26国际禁毒日期间禁毒宣传工作的通知》，对全省6.26禁毒宣传工作进行了全面安排部署。同时，省综治办组织参与6.26禁毒宣传咨询活动，参与为三所中学赠书赠设备及参加学校系列禁毒宣传活动，与西北师大共同组织参与到兰州市公安局强制戒毒所赠送教材及现场试讲活动。三是积极配合省禁毒委的工作，对全省3年禁毒斗争成效进行了广泛宣传。收集、拍摄、策划、编印、下发了全省禁毒工作画册，完成了《千里陇原禁毒纪实》专题片的资料收集、赴天水临夏兰州等地的拍摄及制作工作，全面反映了三年来我省禁毒工作取得的成果。

四、加强政法队伍教育培训力度，进一步提高业务素质

按照政法队伍教育培训规划要求，省委政法委对全省政法队伍的业务培训提出了明确要求，并及时检查督促政法各系统抓好落实。省委政法委、省综治办共同举办了全省政法综治干部培训班，对104名基层政法委、综治办的领导干部进行了培训。公安系统突出重点对455名县级干部和3424名科股队所负责人进行了业务技能培训。年内共举办各类培训班186期，培训民警12312人次。检察系统有937名干部参加大学本科学历教育，并对331名干部进行了续职资格培训，对257名干部进行了岗位培训。法院系统有819名干部参加法律本科学历教育，194人攻读法律研究生，对年龄在40岁以上的法官进行了资格专业培训。积极开展岗位练兵，组织了庭审观摩、法律文书评比、百日办案竞赛、书记员业务技能竞赛等一系列活动，有效提高了审判人员的业务工作能力。司法行政部门和国家安全机关都开展了各种类型的教育培训活动，使政法队伍的总体业务素质有了进一步增强。

社会治安综合治理基层基础建设情况

一、加强组织领导建设，把基层基础建设工作作为考核领导干部的重要内容

近年来，我们按照省委的要求，在市、县领导班子换届考核中，把社会治安综合治理作为班子和干部实绩的一个重要方面进行把关，收到了积极的效果。下一步，除了按省委的要求配齐配强班子外，还要根据中央和省委有关社会治安综合治理的精神，结合全省干部人事制度改革和干部工作实际，研究如何把社会治安综合治理工作责任制落实到对领导干部的考察、选拔、任用和奖惩中去，使领导干部抓社会治安综合治理的实绩，成为干部选拔、任用的重要依据，真正做到与晋职晋级、奖惩挂钩。这方面，省委组织部目前正在研究制定《党政领导干部考核办法》，在这个办法中，将研究把社会治安综合治理这一块工作纳入进去，对领导干部提出些硬性指标，做到责任明确，奖惩分明，以不断健全和强化各级党委和政府抓社会治安的责任体系。

从去年下半年以来，逐步解决县市区政法委书记由同级党委常委担任、副书记兼任综治办主任的问题，目前，68个县市区政法委书记已由同级党委常委担任，16个县市区政法委书记已由同级党委副书记兼任，占全省86个县市区的97.7%。按照《贯彻中共中央、国务院〈关于进一步加强社会治安综合治理的意见〉的实施意见》（省委发[2001]79号），及时将综治经费列入全省财政预算，强化基层基础建设，保障了社会治安综合治理工作措施的落实。

二、大力加强基层党组织建设，进一步健全社会治安综合治理的组织网络

在农村党建上，由于连续实施了四个《三年规划》，村班子的战斗力明显增强，农村党建工作水平有了进一步提高。广大基层党组织按照省委的要求，一手抓经济建设不动摇，一手抓社会治安不放松，在推进农村经济和社会发展中作出了积极贡献。全省“六好”乡镇党委达到1235个，“五好”村党支部13616个，分别占到了乡、村总数的80%和77%。下一步在推进农村党建工作上，要按照建设小康社会的总体要求，把农村社会治安综合治理工作做得怎么样，作为衡量基层党组织战斗力强弱的重要指标之一，作为创建“五好”村党支部、“六好”乡镇党委和农村基层组织建设先进县的重要条件，研究具体落实的措施和办法。全省将认真研究基层党组织建设存在的问题，以“双培双带”工程为龙头，进一步加强村党支部建设，充分发挥村党支部的核心领导作用。完善村民自治制度，发挥好调解会、治保会的作用，加强村级共青团组织、妇女组织和民兵组织建设，进一步形成村级组织抓社会治安综合治理的合力。

在国有企业党建上，配合中组部调研组对停产、关闭、破产企业党建工作进行了专题调研，分别召开有效益企业、改组重组企业、关停破产企业和困难企业等4个座谈会，对当前国有企业党建工作面临的形势、职工队伍的思想动态等，进行专题研究，提出了加强和改进改制重组企业、关停破产企业和困难企业党建工作的意见和措施。同时，以“四个好”为载体，在国有企业中积极开展创建先进党组织活动，把维护企业稳定作为党组织的重要工作摆上议程，建立党建工作责任制，按百分制实行目标管理，层层签订责任书，严格考核，奖惩兑现，使企业党建工作由“软任务”变成了硬指标，对凝聚职工人心，共渡难关，推进企业改革深入开展起到了积极作用。2003年，全省拟停产、关闭、破产企业178户，涉及职工59600多名，工作面宽量大，任务艰巨，但由于狠抓了企业党建工作，发挥了思想政治工作的优势，较好地保证了企业的稳定。一年多来，全省没有发生过一起激烈的矛盾冲突事件。

在街道社区党建工作上，去年召开了全省街道社区党建工作会议，出台了《关于加强街道社区党建工作的意见》，工作有了良好的开端，全省977个社区居委会中，建立党组织的有879个，组建面占89.9%。社区党组织充分发挥作用，凝聚各方力量，在社区服务、发展社区文化、搞好社会治安综合治理、维护社会稳定等方面作了大量卓有成效的工作，较好地促进了城市经济和社会的协调发展。从目前的发展形势来看，下一步街道社区党组织要进一步深化认识，拓展视野，紧紧围绕党在城市的中心工作，在统揽全局、发挥作用上下功夫。一方面要不断强化党组织的核心领导作用，把维护社会稳定，创造美好生活环境作为街道社区党组织的政治责任来抓，在化解矛盾，解决低保，安排就业等方面做好工作，另一方面，要发挥好社区党组织的横向协调作用，充分调动辖区单位的积极性，整合资源优势，努力形成群防群控的良好局面。特别是在中央综治委和中央编办《关于加强乡镇、街道社会治安综合治理基层组织建设的若干意见》下发后，积极协调省综治委、省编办立即进行转发，对抓好乡镇、街道综治委、办建设进行专门部署，明确提出了乡镇、街道综治办“要配齐、配强2—3名专职干部，确保这项工作有人抓、有人管、有人干”，为健全完善乡镇、街道综治基层组织，推动综治基层基础工作打下了基础。

刑释解教人员安置帮教工作情况

一、各级党委政府重视安置帮教工作

省委、省政府和省委政法委对做好刑释解教人员安置帮教工作十分重视，始终把安置帮教工作作为社会治安综合治理工作的一项重要任务。陈学亨、洛桑灵智多杰等领导同志多次听取工作汇报和进行批示，多次在会议上做重要讲话，为全省安置帮教工作提出了明确的要求，有力地指导了工作的开展。为认真贯彻落实中央一系列政策和省领导的批示精神，2003年9月省召开会议，专题部署安置帮教工作，研究解决工作中出现的问题，推动了工作的开展。2003年12月，省禁毒委牵头，省委政法委、省公安厅、省司法厅召开了做好服刑、劳教、强戒吸毒人员出狱出所时衔接和接茬施教工作协调会，研究了衔接和接茬施教工作，提出了具体措施。全省各级成立了安置帮教工作领导小组及办公室，制定了本地做好刑释解教人员安置帮教工作的意见或办法等措施。

司法厅作为主管职能部门，坚持把这项工作纳入到司法厅党委的议事日程，与其他司法行政业务同部署、同检查、同总结，及时研究解决安置帮教工作中存在的问题。司法厅还注重安置帮教工作领导小组办公室的建设，加强充实了安置帮教办公室的工作人员，配备了微机、传真机等。2003年下半年省厅先后三次抽调人员分赴各地和监狱劳教单位对刑释解教人员安置帮教工作进行了督查，纠正了一些单位在工作中存在的问题，推动了安置帮教工作的向前发展。

另外，各地把安置帮教工作作为社会治安综合治理工作的一项内容，同部署、同检查、同奖罚。层层签订了目标管理责任书。监狱劳教单位把刑释解教人员的衔接工作作为监狱劳教单位工作目标责任制年度考核项目进行奖罚。

二、健全了组织机构，落实了工作措施

全省普遍成立了由党政主管领导牵头，公安、司法行政、劳动和社会保障、民政、工商、税务、共青团、妇联等部门负责同志参加的安置帮教工作领导机构，并设立了办事机构。庆阳、平凉、嘉峪关等市在机构改革中，将刑释解教人员安置帮教工作机构单列，作为市司法局内设科室，部分县区司法局内设置了安置帮教股，加强了工作力量。比如，2003年9月酒泉会议以后，庆阳市司法局积极协调，将以前未列编的三个县区安置帮教工作机构设置为独立机构，到目前为止，庆阳市8县区司法局全部内部设置了安置帮教股，并选配了政治素质好、业务能力强、有责任心的同志负责此项工作，形成了全市上下安置帮教工作有人抓、有人管的格局。截止目前，全省90%以上的乡镇（街道）设立了专门的安置帮教办公室（工作站），配备了必要的工作人员，并根据实际需要在村（居）委会和企事业及其他组织建立有帮教小组。全省已建立乡镇（街道）、企业安置帮教工作机构1750多个，建立帮教小组近9000个，初步建立起了一支以基层司法助理员、公安干警、村（居）委会干部为骨干的安置帮教工作队伍，参与帮教工作的人员达25000多名，基本上形成了市、县、乡、村四级工作网络，使安置帮教工作在基层有人抓，刑释解教人员回归后有人管。

三、制定了一系列规范性的工作制度

根据1994年2月中央综合委等六部委有关加强刑满释放、解除劳教人员安置和帮教的意见及中央综治委等四部委关于做好衔接工作的意见，省有关部门先后制定下发了《关于做好全省刑满释放、解除劳教人员安置帮教工作的意见》、《甘肃省刑释解教人员安置帮教工作责任制》、《关于加强刑释解教人员衔接工作的通知》、《关于加强刑释解教人员安置帮教统计报表工作的通知》等规范性文件。各地结合实际，制定了一些安置帮教方面的规章制度。嘉峪关市人民政府2003年印发了《嘉峪关市刑释解教人员安置办法》；白银市修订完善了19项刑释解教人员安置帮教工作制度；岷县、崆峒区等也相继出台了有关加强刑释解教人员安置帮教工作的意见；省监狱管理局2003年三次下发文件，对刑满释放人员衔接工作提出要求，明确责任，安置帮教工作规范化建设趋于完善。

四、注重抓了刑释解教人员的排查工作

全省每年开展一次对刑释解教人员的排查工作，当年的刑释解教人员当年查清，摸清刑释解教人员的底数，为管控帮教工作创造了条件。2003年，省监狱系统刑满释放5722人，省劳教系统解除劳教2369人。截止2003年底，全省共计衔接刑释解教人员8760人，其中：衔接刑满释放6417人（本省监狱释放5244人、本省公安看守所释放764人、外省释放409人）、衔接解除劳教2343人（本省解除劳教2232人、外省解除劳教111人）。（另，衔接本省监狱劳教所刑释解教7476人，占同期本省监狱劳教所刑释解教8091人的92%）。安置6066人，占已衔接人数的69%，落实帮教措施7658人，占已衔接人数的87.4%。各地在排查中采取了一些有效措施，比如，庆阳市司法局，坚持乡村每月一次的集中排查，县区每季度一次的集中排查，市每年两次的督导检查制度。平凉市还建立了月督查调度会制度，加强了对安置帮教工作的督查工作，保证了排查工作的正常进行。各地刑释解教安置帮教部门认真落实刑释解教人员的各项帮教措施，组织和动员社会各界的力量，积极开展多种形式的帮教活动，不断加强对刑释解教人员的管理和帮助教育，同时利用市场大力拓展安置渠道，克服一无经费、二无安置实体等困难，尽力争取解决过渡性安置问题，有力地巩固和提高了教育改造成果。

在进行每年一次的排查工作的基础上，根据工作需要，进行了一些专项排查工作。如，2003年7月下旬起，全省各级安置帮教工作机构用了一个多月的时间，对2000年以来全省刑释解教人员中吸贩毒人员的基本情况和安置帮教工作进行了一次全面的排查摸底。据统计，全省2000年至2003年6月底，吸贩毒刑释解教人员共计13549名，占同期刑释解教人员的41.5%，其中，吸贩毒刑释人员5595名，吸贩毒解教人员7954名，分别占同期刑释解教人员的23.65%和88.7%。

另外，全省监狱劳教单位和各地安置帮教办公室普遍对刑释解教人员回归社会后的情况进行了回访调查。例如，庆阳市2003年9、10月，对2000年以来刑释解教人员重新犯罪情况进行了专题调查，共涉及单位40多家，查阅档案卷宗5000余份，调查刑释解教人员近3000人，排查出自2000年以来全市刑释解教人员重新犯罪160人。金昌监狱2003年对1998年度刑释人员进行了一次社会调查，采取发函和走访相结合的形式，共实际收到函和走访234人，调查结合为：表现好或较好的77人，占33%，表现一般的133人，占56.8%，表现较差或重新犯罪的21人（其中重新犯罪的14人，涉嫌吸毒、违法乱纪和劳教的7人）占调查人数的9%。

五、认真做好刑释解教人员回归社会的衔接工作

2003年4月起，省刑释解教人员安置帮教工作领导小组相继下发了《关于对全省刑释解教人员衔接工作情况进行调查的通知》（甘司电传[2003]11号）和《关于加强刑释解教人员衔接工作的通知》（甘司电传[2003]18号），对刑满释放、解除劳教人员衔接工作提出了要求，进一步明确了责任。同时组织各市（州、地）司法局（处）和省监狱局、省劳教局重点检查督促了各地和各监狱、劳教单位执行中央综治委等四部委《关于进一步做好服刑、在教人员刑满释放、解除劳教时衔接工作的意见》和省综治委刑释解教人员安置帮教工作领导小组《关于加强刑释解教人员衔接工作的通知》的情况。2003年7月省劳教局抽调了14名干警，组成4个工作组，分赴6个市，对7个县区的1000余名解除劳教人员进行了实际走访调查；庆阳、平凉等地专门发出对刑释解教人员加强衔接工作的通知，并派出工作组进行督促检查；省监狱管理局2003年5月份以来，先后下发了三次文件，就刑释人员接茬帮教工作提出了具体要求，先后两次派出工作组，对全省各监狱落实情况进行了督促检查，给兰州、白银两监狱未落实好衔接工作责任制的直接责任人给予了纪律处分。省司法厅2003年9月在酒泉市专门召开会议针对刑释解教人员衔接工作中存在的突出问题和薄弱环节，进一步明确提出了加强衔接工作的具体要求和切实可行的改进措施。2003年6月和12月，省司法厅组织工作组，对平凉监狱、武威监狱、金昌监狱、永登监狱、省女子监狱、第一劳教所和武威市、金昌市2区1县的4个司法所（安置帮教办）和1个社区的安置帮教工作进行了督查，重点对衔接工作进行了检查。目前，经省司法厅和两局联合检查督促，全省各监狱、劳教单位现已全面落实了用挂号信寄发《通知书》的制度。各地收到《通知书》的数量，较前有了明显的增加。

六、从加强协调工作入手，积极做好安置工作

各地安置帮教工作机构，主动协调工商、民政、税务、劳动和社会保障等部门及乡镇村委会、街道社区，克服困难，积极拓宽市场安置主渠道。认真抓了农村籍回归人员的责任田、承包地和宅基地的落实工作。白银、天水、嘉峪关等市安置帮教办公室主动协调工商、税务、民政等部门，制定了有关安置工作的优惠政策，创办了过渡性安置实体。目前，全省共创办安置实体10个，安置61人。有些县区积极扶持刑释解教人员开办经济实体，帮助他们依法致富。兰州、天水、白银、定西、金昌等地，把生活确有困难的城市籍刑释解教人员纳入了城镇居民最低生活保障体系，让他们切实感受到政府的关怀和社会大家庭的温暖。

七、进一步做了表彰先进和宣传工作

2003年,运用报刊、简报、会议等形式广泛宣传做好刑释解教人员安置帮教工作的重要意义及一些单位好的经验做法。省推广了嘉峪关市刑释解教人员安置帮教办公室、白银市安置帮教办公室等单位安置帮教工作的好做法,宣传了平凉市安置帮教科科长朱伟民、庆阳市司法局刑解管理科科长侯晓春、天水市北道区司法局局长严锡钧等先进典型。2003年9月,在酒泉召开的全省司法所建设工作会议上,安排与会代表参观了金塔县、肃州区7个乡镇的安置帮教工作,使代表们受到了教育和启发,推动了全省安置帮教工作的发展。会议结束后,各地看到了自己的差距,制定了本地区的工作措施。兰州市司法局在安宁区抓了试点,规范了规章制度和工作程序,并将在全市全面推广。

八、采取有效措施做好吸毒人员帮教工作

一方面,监狱劳教单位抓好狱所内在帮教工作。一是把吸毒罪犯、在教人员作为重点。对判刑三年以上的吸毒罪犯,统一开设短期、中期、长期和重点四个班,进行教育,系统地组织他们进行禁毒、文化、职业等方面的学习培训。对判刑三年以下吸毒的短刑犯,侧重于进行禁毒和法制教育,适当加大管理严度。对吸毒劳教学员,按脱毒期、恢复期、巩固期三个阶段进行管理教育和戒毒工作。二是注重抓技术教育,提高其就业能力。监狱劳教单位克服各种困难,对罪犯和劳教人员进行了岗位技能培训和技术等级培训工作。2000年以来,先后有近1600名吸毒劳教人员取得了各类职业培训证。三是对吸毒服刑在教人员进行出监所教育。2003年11月24日,省禁毒委召开了做好服刑、劳教、强戒吸毒人员出狱、出所时衔接和接茬施教工作协调会。会议提出了9条具体工作意见:一是监狱、看守所、劳教所对刑满释放、解除劳教的吸毒人员、应在刑释、解教前一个月将《刑满释放人员通知书》、《解除劳动教养通知书》一式两份、分别寄送刑释、解教吸毒人员户籍所在地的县级公安机关户政部门(未设户政部门的寄送治安部门)和刑释解教人员安置帮教工作领导小组办公室(设在县级司法行政部门);二是强制戒毒所对解除强戒的吸毒人员,应在解戒前两周将《解除强制戒毒通知书》一式两份,分别寄送县(市区)禁毒委员会办公室和解戒吸毒人员户籍所在地公安派出所,派出所接到通知书后应立即通知责任区民警及解戒人员家属;三是监狱、看守所、劳教所、戒毒所对假释、缓刑、保外就医和因其他原因监外、所外执行的吸毒人员,要及时通知其户籍所在地派出所、纳入管理,落实监控措施;四是街道(乡镇)、公安派出所要建立刑释、解教、解戒吸毒人员接茬帮教制度;五是建立司法行政机关和公安机关之间衔接工作通报制度;六是各级禁毒部门要加强督促、检查、协调、监督工作;七是各监狱、看守所、劳教所、戒毒所要摸清刑释、解教、解戒吸毒人员的户籍变动情况,核实其户籍所在地、居住地派出所和家庭的详细地址,载入档案,做好接茬施教的各项基础工作;八是县级公安机关和县级司法行政机关要确定分管责任人,具体工作部门要指定专人负责,及时登记转递,不得延误。九是要把刑释、解教、解戒吸毒人员的接茬帮教工作作为省禁毒委员会的成员单位、各级禁毒部门、综治部门开展禁毒工作和创建“无毒县市区”、“无毒社区”活动的一项内容,纳入年度禁毒工作考核,对衔接工作出现漏洞、造成吸毒人员失控、给社会带来严重危害的,按照《甘肃省禁毒工作责任制》规定追究责任,并对有关责任人进行处分。四是心理戒毒和生理戒毒相结合,以心理戒毒为主。省属劳教所根据吸毒劳教学员的不同情况,采取多种形式进行帮教。组织他们学习禁毒法律法规,观看电视录像资料片,举办戒毒知识竞赛,编演有关文艺节目,召开诉毒现场会等活动,使他们从思想上深刻认识毒品的危害,树立戒毒信心。省第二劳教所还开展了吸毒劳教人员解教前宣誓活动。同时,根据劳教学员吸毒史的不同情况,分为轻、中、重三度进行了生理上的对症戒毒治疗。

另一方面,抓好社会帮教工作。一是实行分类帮教。对涉毒刑释解教后表现较好的人员采取“一帮一”的帮教措施;对于恶习较深,有重新违法犯罪倾向的,由公安派出所民警、乡镇(街道)司法助理员会同村(居)委会帮教小组,进行“多帮一”的重点帮教。武都县对回归的吸毒刑释解教人员,均列为重点管理人口,实行对吸毒人员一年以内的每两月尿检一次;2—3年的每季度尿检一

次；4—5年的每半年尿检一次，五年以上未发现问题的，方可撤销重点管理。成县对在外务工的吸毒刑释解教人员，通过家属查明打工地址，实施委托帮教。二是开展延伸帮教。白银、金昌、平凉、庆阳、酒泉、陇南等市地，坚持每年组织由公安、检察、司法行政、民政等部门和工、青、妇等社会团体组成的帮教团，吸纳回归人员转化典型代表和部分服刑在教人员家属参加，到监狱劳教单位对即将出狱所的人员提前开展社会帮教活动，或面向单位、学校等进行警示教育和典型说教等。

预防青少年违法犯罪工作情况

一、召开全省预防青少年违法犯罪第二次工作会议

2003年4月10日，全省预防青少年违法犯罪第二次工作会议在兰州召开。领导小组成员，各市州地预防青少年违法犯罪工作领导小组组长、综治委负责人、团委书记及权益部长，兰州铁路局、甘肃矿区有关领导共70多人参加了会议。会议回顾总结了过去一年多的工作，安排部署了今后一个时期的工作，交流了近年来我省预青工作的基本经验，表彰了一批先进集体，讨论修改了《甘肃省中小学法制副校长(辅导员)管理办法》。

二、探索建立预防青少年违法犯罪工作的长效机制

一是进一步加强了各级领导机构和办事机构建设。目前全省14个市州地都已建立了预防青少年违法犯罪工作领导小组并依托团组织成立了办事机构。大部分市州地已在所辖县市区建立了领导机构和办事机构，有的县市区已在乡镇和街道社区建立健全了机构。二是联动机制初步建立。各地在整合社会资源上做了大量卓有成效的工作。三是建立了保障机制。省财政对这项工作给予了大力支持，从今年起专项经费从10万元增加到了20万元。各市州地、县市区的支持力度也在逐步加大。四是省预防青少年违法犯罪工作领导小组办公室的建设日趋规范。去年，编发工作简报22期，加大了宣传交流的工作力度。同时办公室还加强了同各成员单位的联系和协调工作，各成员单位相关业务处室处长联络员制度正在建立之中。另外，办公室在对外交流、人员培训等方面也做了大量工作。

三、大力加强青少年法制教育，提高青少年法律意识

省预防办组织成立了青少年思想道德和法律知识宣讲团，由省内大专院校、科研院所的10名专家教授组成，先后多次为各地讲授法律知识和青少年心理知识，成效明显。各地也探索出了许多好的法制教育经验和做法，如金昌市加强法制教育基地建设的经验，兰州五中、酒泉市一中、金昌一中德育和法制教育相结合的德法共建的经验，武威凉州区和酒泉肃州区、金昌金川区社区青少年法制教育的经验，都有很好的推广和借鉴意义。酒泉市1999年颁布了《酒泉地区中小学法制教育大纲》，教育、共青团、公、检、法、司等部门全力配合，保证了大纲落实到位，有效地预防了青少年违法犯罪的发生。定西市也于9月在全市中小学生中开展了青少年法律知识竞赛，取得了良好的社会效果。

四、全面实施“青少年违法犯罪社区预防计划”

“青少年违法犯罪社区预防计划”是针对社区闲散青少年多、组织化程度弱、违法犯罪率相对较高的情况而制定实施的。这项工作在全省确立的4个试点单位和部分市州地已探索出了一些成功的经验。如金川区金汇里和金治里社区、玉门市新市区街道青年六路六村社区、肃州区东关街道、西峰区东湖社区都已在社区青少年法制教育、闲散青少年管理、跟踪帮教等方面取得了一定成绩。2003年10月，团省委在金昌市金川区和武威市凉州区召开了全省社区团建创新行动暨“青年文明社区”示范城区现场推进会，对试点社区的“青少年违法犯罪社区预防计划”实施情况进行了总结和部署；12月份，预防办组织人员对平凉、庆阳“社区预防计划”试点情况进行了检查。

五、进一步加强法制副校长的配备和管理工作

省预防办、团省委、教育厅等单位联合制定下发了《甘肃省中小学法制副校长(辅导员)管理办法(试行)》。要求对法制副校长不但要配齐,而且还要配强。张掖、酒泉、平凉等市州地制定了本地《法制副校长管理办法》,酒泉不仅要求聘请法制副校长,还要求要聘请三名以上法制辅导员,每月到学校工作不能少于2次,在法制副校长领导下,配合做好学校预防工作。公、检、法、司派出的法制副校长(辅导员)全部是精兵强将。在法制副校长的参与配合下,所有学校都将预防青少年违法犯罪"零"目标作为努力方向,确保在校学生不发生违法犯罪案件。目前,庆阳市已配备法制副校长(辅导员)2693名,配备率100%,酒泉市配备率也已达100%,武威、金昌、陇南等配备率都在70%以上。

六、进一步抓好"优秀青少年维权岗"的创建工作,有效维护青少年的合法权益

各级维权岗在落实"两法一办法"上有许多创新性和富于开拓性的做法和经验。目前,全省有近半数的中级和县市区人民法院成立了少年法庭或少年合议庭等审判未成年犯罪嫌疑人的专门机构。基层派出所有许多与辖区学校建立了"警校联系卡"制度,共同整治校园周边环境。总之,公、检、法、司等部门都能从加强违法犯罪青少年的司法保护入手,本着从宽、从轻、从缓的原则侦察、公诉、宣判和管教。全省建设、民政、教育系统相继启动了创建优秀"青少年维权岗"活动。根据团中央的统一部署,在十个系统中开展了第三批全国级"优秀青少年维权岗"评选活动。

七、开展"6.26"国际禁毒日"社区青少年远离毒品"宣传周活动

6月21日—30日,全省各地开展了声势浩大的"6.26"国际禁毒日"社区青少年远离毒品"系列宣传活动。团省委同省禁毒办、省综治办协调联系,对"6.26"期间全省青少年禁毒活动进行了规划安排,联合下发了《关于"6.26"国际禁毒日期间深入开展"社区青少年远离毒品"宣传周活动的通知》,6月21日,省禁毒办、团省委、教育厅、公安厅等单位在兰州市东方红广场举行禁毒大型宣传活动。6月24日上午,团省委在兰州市七里河区西园街道下西园社区举行了"社区青少年远离毒品"宣传活动启动暨捐赠仪式,为柏树巷社区青少年法律学校捐赠了电视和DVD机。6月24日下午,在兰州市十四中举行了中学生毒品预防教育活动示范学校命名宣誓大会,团省委向学生赠送禁毒书籍。6月25日上午,西北师大、甘肃政法学院、兰州铁路局、兰州市七里河区等单位的200名大中小学生参加了中青网"青少年远离毒品"网站网上论坛和网上禁毒知识竞赛等活动。6月26日,团省委在兰州市安宁区培黎广场组织青年志愿者以宣传画、宣传单、横幅等形式举行禁毒知识宣传和现场法律咨询。天水市、酒泉市、金昌市、定西地区、甘南州等市州地都举行了声势浩大的宣传活动,特别是在社区,以青少年法律学校为依托,普遍开展了各种形式的"社区青少年远离毒品"宣传活动。通过宣传周活动,全省青少年法律意识、拒毒防毒意识普遍得到增强,青少年成长的社会环境得到了进一步优化。

八、进行全省预防青少年违法犯罪工作检查

4月,省预防青少年违法犯罪工作领导小组对检查工作进行了安排部署。各市州地按要求,在5月份集中各自进行了自查。6月9日到22日,省预防青少年违法犯罪工作领导小组分两组,对兰州、武威、金昌、酒泉、庆阳、平凉、陇南、甘南等8个市地州的16个县市区和53个基层单位贯彻执行《中华人民共和国预防未成年人犯罪法》、《中华人民共和国未成年人保护法》和《甘肃省实施〈中华人民共和国未成年人保护法〉办法》情况、全省预防青少年违法犯罪工作会议精神的落实情况、法制副校长的配备及工作开展情况等八项内容进行了检查。听取汇报50余场次,召集座谈会30多次,较为全面地了解和掌握了全省预防工作开展的整体情况,达到了督促落实、调查研究、发现问题、推进发展的目的。

九、加大弱势青少年群体维权力度,建立未成年人保护投诉案件督办制度

一年来,省预防办共接到涉及青少年合法权益受到侵害的案件60起,通过与有关单位加强协调,大部分得到了处理。较为重点的有少年史晖被液化气烧伤一案,我们将此案以督办件的形式报送省委、省人大、省政府相关领导以及有关成员单位,为史晖募集救助资金近2万元,在全社会引起了广泛的影响。

实行社会治安综合治理领导责任制情况

一、以责任制为龙头，落实职责任务

2月13日至14日，省委、省政府召开全省政法工作会议，表彰奖励了2002年武威、庆阳、天水、兰州4个社会治安综合治理良好地区和省文化厅、省工商局2个省综治委先进成员单位。会上，以责任制为龙头，在坚持和改进14个市、州、地社会治安综合治理责任书内容，不断加大职责任务落实的基础上，省委、省政府继续和14个市、州、地签订了综治责任书，并首次与甘肃矿区和部分省综治委成员单位签订了2003年社会治安综合治理责任书，进一步落实"谁主管，谁负责"的原则，以有效形成各部门、单位齐抓共管，共同维护社会治安稳定的合力，整体推动综合治理工作的深入开展。为了搞好综治成员单位责任制的制定，明确职责任务，强化责任落实，省综治办发出了《关于拟定〈2003年社会治安综合治理责任书〉的通知》，广泛征求了拟签订责任书的30个综治成员单位的意见，明确职责任务，使责任制紧密结合各部门实际，突出行业特点和针对性，初步形成了领导责任、工作任务、工作措施、考核奖惩等比较完整的责任体系。

二、具体分解职责，加大领导责任

责任书从主要领导、分管领导的责任，组织协调、制定规划、工作部署，研究和解决本部门、本系统综治工作中的突出问题，落实机构、人员，完善保障措施，落实职责任务等5个方面对综治成员单位领导责任作了具体要求，进一步明确了各单位主要领导对本部门、本系统社会治安综合治理工作负总责，切实承担起加强综治工作，维护社会稳定的政治责任。成立综合治理领导小组，下设办公室，建立起主要领导亲自抓，分管领导具体抓，机构健全，人员落实的工作机制。经常分析研究面临的工作形势，采取有效措施，充分发挥职能作用，认真搞好综合治理工作。在与省工商局签订的责任书中，对党组书记工作责任从负总责、审定综治工作方案、同各市、州、地工商行政管理部门签订综治目标管理责任书及抽查督促、确保本系统无大的社会治安事故等5个方面提出明确要求。对分管副局长工作责任从组织协调落实，解决突出问题，研究工作计划、安排，检查督促和抓好阶段性工作等做出具体要求，使综治工作有目标、有任务、有落实，分工明确，责任到人，有力地强化了责任制在部门、系统的全面落实。中国人民银行兰州中心支行在成立综治领导小组，下设办公室的基础上，建立健全各商业银行综治办事机构，配备不少于3人的专兼职人员，并逐级签订综治责任书，做到半年检查、年终考评，专项总结，奖罚兑现。

三、突出行业特点，实行分类指导

针对成员单位不同特点，注意区别不同情况，因地制宜，实施分类指导，重点结合部门、系统职责任务，化解矛盾纠纷，有效预防违法犯罪，维护社会稳定。要求省劳动和社会保障厅继续巩固"两个确保"，确保企业离退休人员基本养老金和国有企业下岗职工基本生活费按时足额发放率达100%，不发生新的拖欠。切实加大就业和再就业工作力度，力争全年下岗失业人员就业率达40%，城镇登记失业率控制在4.5%左右。进一步加强劳动保障执法监察工作，每个专职监察员年主动检查用人单位50户以上，依法受理和查处群众举报案件结案率达到95%以上。要求文化部门继续深入做好非法电子游戏的"打回潮、防反弹"工作，有效解决网络文化市场管理中的突出问题，深入开展"文明上网"和"放心网吧"创建活动，在有关部门的配合下，深入做好娱乐场所和校园周边社会文化环境的整顿规范工作。财政部门要把社会治安综合治理工作纳入全省经济和社会发展的总体规划，保证经费到位。除核拨正常政法综治经费外，在遇到大案要案、突发事件时追加经费，支持综合治理工作。通过逐一分解责任，把社会治安综合治理的工作任务落实到各部门、各单位，使综合治理工作由"虚"变"实"。

把加强内部管理工作放在突出位置，落实了内部管理措施，健全了各项制度，基本上做到了重点突出，措施得力，管理效果明显。结合部门实际，制定完善各项规章制度，坚持从严管理，有效预防违法犯罪。同时，根据部门行业特点，认真抓好本单位、本部门内部安全防范工作，严格部门管理和行业管理，加强防盗、防火、防安全事故等项工作，落实安全防范工作措施，提高安全防范工作成效。认真加强职工思想法制教育，提高职工遵纪守法的自觉性。深入开展以宪法为核心的法制宣传教育，开展职业道德教育，努力提高广大职工群众的法制观念和道德观念，增强广大职工群众守法、用法、严格依法办事的自觉性。强化治安措施，杜绝治安隐患，进一步落实了内部门卫值班制度，充实了保卫人员，重点要害部位实施物防技防措施，并对直属部门自行管理的家属区实行严格管理，积极有效加强治安防范工作，严防各类违法犯罪的发生。有的部门根据周边社会治安环境复杂状况，充实加强了保安力量，重点要害部位安装了报警系统，门卫之间建立了联动机制；有的部门根据部门人员多、业务量大、进出人员复杂等特点，实行楼群治安防范统一管理措施。省交通厅办公楼、省建设厅所属的建设大厦都安装了电视监控系统，对办公场所和部分家属院实行电视监控。省建设大厦在区域主要出入口和大厦大厅、大小楼梯口、停车场安装了电视自动监控设施，对小区供电、供水部门安排了夜间值班，实行24小时监控不间断。同时，大厦内各部门严格了财务、档案、重要设施的管理工作，把部门内部管理与楼群统一管理结合起来，避免出现管理空档，提高了安全防范工作成效。积极化解矛盾纠纷，努力维护部门内部社会秩序稳定。把思想教育工作纳入日常管理教育工作中，及时掌握职工思想动态，加强思想政治工作，有的放矢地做好内部职工思想稳定工作，提高职工思想认识，认真抓好内部矛盾纠纷的化解工作。省交通厅、省经贸委、省劳动和社会保障厅对企业职工中出现的矛盾纠纷，认真排查掌握，并通过细致、具体、耐心地开展工作，积极化解各类矛盾纠纷，避免矛盾纠纷激化，防止出现影响社会稳定的突出问题。为了保证社会治安综合治理工作任务的落实，省交通厅年初在工作安排中，明确要求各级部门要将社会治安综合治理工作纳入领导干部岗位责任制和任期目标，进行检查、考核和评比，并在全系统实行社会治安综合治理工作“零报告”制度，严格执行一票否决制，以此推动社会治安综合治理工作的开展。上半年厅里组织人员对所属部门的社会治安综合治理工作进行了检查。省民政厅加大社会治安综合治理工作检查的力度，组织人员组成五路工作组，深入基层，分赴全省14个市、州、地，结合民政工作对各地民政系统社会治安综合治理工作进行了检查，有针对性地提出加强和改进工作的措施。省卫生厅从公共安全和内部管理的角度对所属医院重要医疗设施、核放射源的保管、毒麻药品、放射药品、毒性化学试剂、氰化物、灭火器材、消防通道、档案、财务、库房等进行了检查，对检查发现的问题，及时提出限期整改建议。省广电局多次组织人员开展重点要害部位的检查督促工作，加大自查、抽查、复查整改工作，加强重点要害部位人员的管理，严格广电机房管理措施，杜绝治安安全隐患，确保了广播电视的安全播出。

（三）加强协调指导，认真做好部门系统社会治安综合治理工作。文化、卫生、工商、银行、保险、交通、广电、建设等部门在做好机关内部社会治安综合治理工作的同时，不断加大部门系统工作协调指导力度，组织、协调、指导直属部门和基层部门开展工作，发挥部门工作优势，把社会治安综合治理工作贯穿于整个工作始终，为保障社会各项事业发展繁荣，创造良好的社会环境。教育、计生、劳动和社会保障、旅游等部门，立足本职，面向社会，认真履行职责，努力做好部门系统的社会稳定各项工作。省文化厅把做好厅系统和全省文化市场综合治理工作结合起来，一方面要求省直文化系统明确社会治安综合治理工作的指导思想、目标任务和重点工作，力求做到警钟长鸣，齐抓共管，及时消除影响社会治安稳定的各种不利因素。另一方面加强全省文化市场整顿工作的组织领导，对全省文化市场的综合治理工作作出了部署和安排，明确了工作目标、工作重点，提出了工作措施和工作要求。全省各级文化行政部门普遍成立了由分管领导任组长的文化市场综合治理工作小组，统一指导协调当地文化市场的综合治理工作。省文化厅与各市、州、地文化出版局（处）分别签订了2003年文化市场综合治理工作责任书,以强化各级部门抓好综合治理的责任意识。全省各级文化行政部门与公安、工商、通信管理部门建立了统一协调组织,实行例会制度,定期开展协调会议,分析形势,互通情况,共同研究制定工作方案,开展联合行动,维护文化市场秩序。省交通厅根据本部门、本系统线长、点多,治安情况复杂的特点,从严格管理入手,协调、指导运输管理部门、汽车站、码头等部门,从源头做好社会治安综合治理工作,加强与公安部门的协调配合,建立多种联系制度和渠道,及时有力地打击各类违法犯罪,为人民群众提供安全可靠的运输条件。

(四)万众一心,齐心协力,共同做好防治"非典"工作,努力维护社会稳定。今年以来,非典型肺炎在一定范围的蔓延,给人民生命健康和社会秩序稳定带来严重的危害。省综治委成员单位按照中央、省委、省政府的工作要求,将做好防治"非典"工作,作为维护社会稳定的重要任务,认真做好安排部署,积极开展各项防范工作,坚持一手抓"防非"工作,一手抓内部安全稳定工作,实行社会治安综合治理,保障了社会的稳定。各部门严格内部管理措施,加强值班、值勤工作,加强外来人口管理,有效防止了"非典"疫情扩散蔓延,稳定了内部人员的思想情绪。建立健全了各项制度,严格疫情监测工作,建立部门间工作联系制度、情况通报制度、工作检查制度。加强对重点要害部门、要害岗位的管理措施,实行日监测消毒制度、日零报告登记制度、高暴露人员管理制度,严格安全保卫措施,认真做好防治"非典"期间内部安全防范管理工作。加强对外来务工人员的清查、清理工作,摸清底数,严格措施,减少人员流动,有效防止了疫情扩散,稳定了群众情绪。坚持开展防治"非典"工作的综合治理,动员干部职工发挥积极作用,做好本职工作,共同做好防治"非典"的各项工作。同时,教育干部职工增强信心,做到不信谣、不传谣;教育引导群众,树立必胜信念,稳定思想,稳定情绪,为全省防治"非典"营造良好社会环境。进一步严格防治"非典"工作措施的督促检查,加大防治"非典"期间市场管理的监管力度,保证防治"非典"物品供应渠道畅通,打击利用"非典"扰乱市场的行为,严肃查处了一批违法、违纪、失职、渎职案件。卫生、文化、工商、海关、旅游、广电、建设、计生等部门都按照各自职责范围和工作任务,认真履行职责,积极开展工作,保障了防治"非典"工作的顺利开展。

(五)加强维护社会稳定工作,积极采取措施,认真解决群众关心的热点难点问题,努力化解矛盾纠纷。省劳动和社会保障厅把"两个确保"和下岗职工就业和再就业工作作为稳定社会的重要任务,认真做好各项工作。1—6月份为48.22万离退休人员发放养老金20.45亿元,养老金发放率达100%。认真做好下岗职工就业和再就业工作,全省下岗职工13.62万人,到6月底,进劳动就业中心13.21万人,占下岗职工人数的97%,并一次性全部拨付上半年下岗职工生活基本费,保证下岗职工生活基本费发放率达100%。1—6月,全省共有46467名下岗失业人员实现了再就业。省民政厅在城市低保工作中,按照"应保尽保"工作要求,截止6月底,为全省55.6万低保对象,发放低保资金1.53亿元。同时,认真做好灾区群众生活安排,先后5次下拨救灾款5000多万元,专项安置灾民建房资金2000万元。省妇联针对现阶段下岗女工就业困难的问题,在兰州、天水等7个城市的10个中心城区开展了"全省城镇下岗失业女性再就业"调查,撰写调查报告《关注妇女劳动权益——全省城镇下岗失业女性再就业问题的调查》,对妇女再就业问题进行了分析研究,为解决妇女再就业提供决策依据,促进妇女权益保护;加强对妇联系统的信访指导和督办,认真抓好法律服务、心理疏导工作,化解各类矛盾纠纷。工会组织通过耐心细致的思想政治工作,坚持说服、教育、疏导的方针,帮助职工解惑释疑,提高职工明辨是非的能力,耐心听取职工群众的意见和反映,积极协调解决职工遇到的实际困难,及时化解矛盾,有效预防群体性事件的发生;积极配合党政部门,协调劳动关系,加强劳动争议调处,参与劳动安全事故的查处工作,维护职工群众的生命财产安全,防止矛盾激化。省监察厅履行职责,以认真解决群众身边的、严重损害群众切身利益的问题为重点,为维护社会稳定发挥监督作用,集中整治教育乱收费,纠正医药购销中的不正之风,监督检查减轻农民负担和农村税费改革政策执行情况,有效维护了群众切身利益。

(六)立足社会稳定,发挥职能,积极开展军民联防。省军区、武警甘肃总队积极参与全省社会治安综合治理工作,根据全省社会治安形势,制定切实可行的应对措施,提高部队维护稳定工作的成效。武警甘肃总队牢固树立居安思危的“忧患意识”和“上一线,打头阵”的思想,加强部队管理工作,积极做好反恐准备,构建以兰州为重点向各地区辐射的反恐力量体系,完善装备,进行反恐训练和预想课目演练。同时加强城市武装巡逻,做好固定执勤目标安全保卫各项工作,完成临时动员和处置突发性事件,维护地方社会秩序稳定。省军区始终把维护社会稳定放在首位,重大活动、重大节日期间,严格交接班制度,汇总全省部队和社会面上的稳定情况,研究分析安全稳定形势,建立和规范有效工作机制,配合地方综治、公安和安全等有关部门,开展维护社会稳定工作;配合驻地辖区派出所,组成军、警、民联防小组,并派出110多名干部、战士参加当地军、警、民治安联防小组,协助当地搞好治安巡逻工作,维护辖区治安稳定;协助地方搞好案件线索查证工作,及时打击违法犯罪活动。

(七)加强金融、保险、储汇资金管理,落实治安责任,严格防范管理措施。人行兰州中心支行、中国人寿甘肃分公司、中国人保甘肃分公司、省邮政局强化安全管理工作,不断提高防范能力,规范内部管理,加强预防违法犯罪工作措施,确保金融、保险、邮政储蓄等资金安全。人行兰州中心支行突出工作重点,强化内部管理,严格落实技术防范措施,为全省中支行联网安装了网络防火墙和专用互联网系统,屏蔽了全行所有电话的上网特限号码,并在内联网上安装了非法外联监控硬件,实现了人行内联网和互联网严格的物理隔离,确保人民银行网络和电子邮件安全。重新购置设备和建立了网络防病毒系统,确保了计算机网络安全及通讯、报警系统、专用运钞车、护卫车和电视监控系统的正常运转。同时,加大对“反洗钱”工作的组织领导,配合司法部门查处涉嫌洗钱犯罪和可疑交易资金。加强同公安部门的联系,加大打击制造贩卖假币犯罪工作力度。按照“实事求是,因地制宜”和“安全、实用、有效、经济”的原则,有计划、有步骤地推进全省人民银行发行库区封闭安全管理工作。上半年检查验收16个库的发行库封闭或安全管理工作。会同公安部门在全省银行系统开展了安全大检查,共抽调783人,对5346个营业网点(金库)、708台运钞车进行全面检查,对12个中心支行及所属26个县支行的发行库及安全保卫工作进行了检查,对存在的问题及时督促进行整改。中国人保甘肃分公司、中国人寿甘肃省分公司把防范、管理、建设、教育等综合治理工作和保险业务工作紧密结合,落实系统“三防一保”工作,强化资金管理和资金追究,规范资金管理制度,堵塞漏洞,防范风险,打击各类保险欺诈和犯罪行为,维护国家、保险公司和保护利益。省邮政局强化重点岗位管理,对重点岗位的邮政储汇会计、出纳、稽查、视察、事后监督、电子汇总、双线复核等23个业务管理岗位和监控岗位实行了岗位责任制,加大邮政储汇会计、稽查、事后监督等重点岗位检查考核力度,充分发挥监督检查的综合管理职能,防止违章违纪行为的发生。加强对要害岗位人员的管理,建立完整的检查资料,摸清人员基本情况和社会关系情况。加强基层基础建设,提高安全防范能力,全省30%的邮储网点安装了电视监控、报警设施和防弹玻璃,14个市、州、地局修建18个固定金库,邮储网点配置111个活动金(票)库,部分重点邮政营业窗口配置500个金属探测仪,邮储资金量大的地、县配置12辆防弹运钞车和16枝防暴枪,为邮政储汇资金安全管理提供了物质技术保障。

(八)加强青少年违法犯罪预防工作,优化青少年成长环境。教育、文化、广电、团委进一步加强青少年法制教育宣传,落实“四五”普法规划,开展“扫黄”、“打非”斗争,重视做好舆论宣传和思想法制教育,为青少年的健康成长创造良好的社会环境。团省委在全省实施“青少年违法犯罪社区预防计划”,并在全省确定4个试点单位,开展社区青少年法制教育、闲散青少年管理、跟踪帮教工作,形成学校、家庭、社区“三位一体”的工作机制,做好社区青少年违法犯罪工作。省预青办、团省委、教育厅制定下发了《甘肃省中小学法制副校长(辅导员)管理办法》,进一步加强了学校法制副校长的配备和管理工作,配齐、配强各级各类学校法制副校长,发挥法制副校长在学校教育中的重要作用,减少违法犯罪。省教育厅狠抓学校法制宣传教育,坚持法制教育课堂教学的主渠道作用,建立和完善了以德育和思想政治工作为主要内容的预防青少年违法犯罪工作网络,为全面预防青少年违法犯罪提供了有力的组织保障。加强校园及周边治安秩序整治工作的领导和协调，建立多方配合，齐抓共管的长效工作机制，研究解决学校及周边管理中的突出问题，对学校及周边环境进行摸底排查，积极开展整治，清理整顿校园周边营业网点，取缔了一批电子游戏厅、录像厅，规范了学校内部管理。加强了高等院校住宅楼群、暂住人口和短线班学生的管理，并通过丰富校园文化生活，开展创建文明校园活动，推动学校预防青少年违法犯罪工作的开展。

（九）强化市场管理，维护市场秩序，打击扰乱经济秩序的各类违法犯罪。各有关部门从各自职责出发，进一步加大工商、文化、卫生、建设、网络市场的监管和行政执法力度，深入开展规范市场秩序的整顿，规范管理行为，积极组织、指导、协调、配合有关部门开展社会治安综合治理，努力营造适合文化经济发展的外部社会环境。省工商局、省卫生厅深入开展整顿和规范市场经济秩序工作，严防“非典”时期的管理工作，严厉查处利用借防“非典”名义从事违法违章的经营活动，努力做好稳定物价、稳定市场、稳定人心的工作。省文化厅、省新闻出版局、省通讯管理局严格文化、出版、网络市场的管理措施，加大检查力度，不断增强社会治安综合治理的责任感和使命感，把综合治理与促进发展、社会效益、经济效益有机结合，集中整治音像市场，整顿规范网络文化市场、演出市场、娱乐场所、出版物市场，深入开展打击电子游戏机反弹，取缔各类政治性非法出版物和淫秽出版物，开展“扫黄”、“打非”活动，严格查处危害青少年健康成长的“网吧”、“口袋书”、图书等非法经营，加强网络监管工作，保障网络安全，净化网络环境，有力地维护了社会秩序。省交通厅、省建设厅强化交通运输市场和建筑市场的管理，规范运输、项目管理工作，努力化解运输及建设项目中的矛盾纠纷，打击危害运输安全和建筑市场的违法犯罪，保证交通运输安全和重点项目的顺利实施。兰州海关加强监管打私工作，严格口岸管理，与有关执法部门、口岸相关单位以及行政主管部门密切配合，齐抓共管，形成打私合力，形成综合治理合力，维护经济秩序和社会秩序稳定。

省社会治安综合治理委员会、办公室内设机构概况和负责人名单

省社会治安综合治理委员会是协助省委、省政府领导全省社会治安综合治理工作的议事协调机构。省社会治安综合治理委员会办公室与省委政法委合署办公。综治办主任由政法委副书记兼任。

省综治办内设综合治理基层建设指导处和综合治理协调处。

省社会治安综合治理委员会

负责人名单：

主　任：陈学亨　省委副书记

副主任：洛桑灵智多杰　省委常委、政法委书记

李德奎　省人大副主任

罗笑虎　省政府副省长

蔚振忠　省政协副主席

郝洪涛　省高级人民法院院长

蔡　宁　省人民检察院检察长

委　员：王润康　省纪委副书记、省监察厅厅长

王耀东　省委组织部副部长

张生桢　省委宣传部副部长

庞　波　省委政法委副书记

王新中　省人大内司委副主任

孙公平　省政府办公厅副秘书长

张　忠　省政协法制委副主任

任继东　省经贸委主任

白继忠　省教育厅党组书记、厅长、高校工委书记

赵聚忠　省公安厅厅长

王　幸　省公安厅副厅长

石允蒲　省国家安全厅厅长
冯玉祥　省纪委常委
黄续祖　省民政厅厅长
阎正芳　省司法厅党委书记　厅长
吴仰东　省财政厅副厅长
杨　诚　省人事厅党组书记、厅长、编办主任
朱志良　省劳动和社会保障厅厅长
屠锦敏　省建设厅厅长
徐拴龙　省交通厅党组书记、厅长
马少青　省文化厅厅长
侯生华　省卫生厅厅长
刘维忠　省计生委主任
张家昌　省广播电影电视局局长
朱同心　省工商局党组书记、局长
周德祥　省新闻出版局局长
张守莘　省旅游局党组副书记、副局长
赵宝生　省总工会主席
王　锐　共青团甘肃省委书记
崔玉琴　省妇联主席
杨明基　中国人民银行兰州中心支行行长
梅建生　省邮政局局长
乔绪富　省通信管理局局长
秦卫东　省军区政治部副主任
赵长才　甘报社总编
赵国民　武警甘肃总队副总队长
刘　敏　省社科院副院长
郭务民　民航甘肃省管理局党委副书记
朱仪仁　兰州海关党组书记、关长
郭廷瑞　兰州铁路局党委常委、纪委书记
王积宁　中国人民保险公司甘肃分公司党委成员、副总经理
王福祥　中国人寿保险公司甘肃分公司党委委员、纪委书记副经理
韩剑非　省委 610 办副主任

办公室主任：

庞　波　省委政法委副书记

中共甘肃省委办公厅　甘肃省人民政府办公厅关于转发省综治委《甘肃省社会治安防范管理体系建设 2003 年至 2005 年三年工作规划》的通知

（2003 年 2 月 11 日）

各市、州、地委，各市、州人民政府，各行政公署，省直各部门：

省社会治安综合治理委员会制定的《甘肃省社会治安防范管理体系建设 2003 至 2005 年三年工作规划》，已经省委、省政府领导同志同意，现转发你们，请结合本地、本部门实际认真贯彻执行。

坚持打防结合，预防为主，切实加强治安防范，落实社会治安综合治理各项措施，是一项重要而紧迫的战略任务，是解决治安问题的治本之策，也是全社会的共同任务。各级党委、政府要切实予以高度重视，认真加强组织领导。各有关部门和单位要积极参与，齐抓共管，并从人力、物力、财力上给予大力支持。各级政法委、综治委要加强调查研究，抓好具体部署和督促检查，及时解决好工作中遇到的具体问题和困难，确保《规划》的顺利实施，努力为全面建设小康社会营造良好的治安环境。

甘肃省社会治安防范管理体系建设 2003至2005年三年工作规划

构建社会治安防范管理体系，是省委、省政府为有效解决市场经济条件下的违法犯罪问题，彻底改变社会治安长期以来存在的“打不胜打、防不胜防”被动状况，推动我省社会治安良性发展而提出的一项重大举措，并把它作为全省社会治安综合治理的标志性工程来抓。为了在全省有计划、有步骤、高标准地开展这项工作，切实发挥其在维护社会稳定和社会治安中的重要作用，按照省委、省政府的总体要求，特制定2003至2005年三年工作规划。

指导思想及工作目标

1. 社会治安防范管理体系建设的指导思想是：以党的十六大精神和“三个代表”重要思想为指导，以“社会秩序良好，人民安居乐业”为目标，坚持“打防结合、预防为主”的方针，坚持专门机关与群众路线相结合，认真贯彻社会治安“属地管理”和“谁主管谁负责”的原则，在各级党委、政府的领导下，充分发动和依靠社会各方面力量，积极探索和实践社会主义市场经济条件下打击、预防和控制违法犯罪的有效途径，真正把社会治安综合治理各项措施落到实处，为实施西部大开发战略和全面推进甘肃小康社会建设创造良好的社会环境。

2. 社会治安防范管理体系建设的工作目标是：用三年时间，在全省基本建成以基层政权机构、群众自治组织和机关企事业单位为基础，以公安机关为骨干，以群防群治队伍为依托，以案件多发的人群、区域、行业、时段为重点，点线面结合，人防物防技防结合，专群结合，覆盖全省、反应迅速、打击有力、防范严密、控制有效的治安防范管理网络和工作体系，在总体上达到“发案少，秩序好，社会稳定，群众满意”的目标，实现社会的长治久安。具体目标是：

(1)治安防范管理网络和工作体系基本形成，打击、防范和控制违法犯罪的能力显著提高；

(2)刑事案件和治安案件大幅度上升的势头得到有效遏制，治安混乱地区、场所、单位的面貌明显好转，盗窃、抢劫、抢夺等可防性案件在刑事全案中的比重明显下降；

(3)各种影响社会稳定的矛盾纠纷得到及时排查调处，各种群体性事件、“民转刑”案件和重大治安责任事故得到有效预防和控制；

(4)适应市场经济发展需要的治安防范管理体系长效工作机制健全，经费保障落到实处。

(5)人民群众的安全感切实增强。

工作任务

(一)坚持党委、政府统一领导，建立健全组织指挥体系。

3. 各级党委、政府为决策系统。要进一步统一思想，明确责任，完善机制，对本地的治安防范管理工作全面负责，统一规划部署和决策指挥。

4. 各级社会治安综合治理机构为组织协调系统。负责组织协调有关方面，具体实施党委、政府的决策。特别要严格按照省委组织部、省委政法委《关于加强县(市、区)、乡镇(街道)政法综治干部队伍建设的意见》，切实加强基层政法委、综治办领导班子建设和干部队伍的教育管理。各乡镇(街道)综治委均由党委(党工委)书记担任主任，乡镇长(街道办事处主任)担任副主任，分管副职兼任或确定专人担任综治办主任，综治办要有专职工作人员。

5. 以党支部为核心的基层组织既是执行机构，又是组织协调机构。一方面要认真贯彻执行上级党委、政府的决策，另一方面要按照“属地管理”的原则，对辖区内的各部门、各单位的综治工作进行组织、协调、指导、监督和考核。

6. 建立社区居委会、社区警务室、社区调委会、社区外来人口管理服务机构“四位一体”的工作体制。积极推进社区改革，每个社区均要配套组建社区警务室、社区调委会和社区外来人口管理服务机构，社区居委会主任应从党政机关的优秀中青年干部中选任，副主任由社区民警和有关单位的负责人及居民代表担任。社区居委会、社区警务室、社区调委会与社区外来人口管理服务机构在工作上实行“四合一”，以便发挥综合职能优势，动员和组织社区各方面力量，建立严密的群防群治网络，有效预防和减少各类违法犯罪。

（二）充分利用和合理配置一切治安资源，建立健全工作体系。

7. 大力实施社区警务战略。根据公安部有关规定要求，综合考虑社区规模、治安状况、民警素质等因素，分别实行“一区一警”、“一区双警”等警务配置模式，并至少配备2名以上的保安员。把工作重点放在管理、防范、服务和密切警民关系方面。对社区警务工作成效的评价，要以发动群众防范、控制和减少违法犯罪的效果来衡量。

8. 建设点、线、面结合，警民联防，多警联动，打防控一体化的动态治安防范管理格局。进一步改革警务工作，警力下沉，阵地前移，将主要警力放在社区和社会面上。加强治安卡口、治安岗亭、治安室、重点要害部位、公共复杂场所以及机关企事业单位、封闭或半封闭式管理的居民住宅区治安防范控制工作，发挥“点”在区域防范中的支撑和依托作用；以城市巡警、公路巡警、交警、武警为主，科学划分防控区域和时段，采取机动车、自行车、徒步等多种方式，对交通要道、城乡结合部和易发案部位开展治安巡逻，切实强化对“线”的防范控制，并将各“点”有机联系起来；以派出所、刑警中队和治安联防组织为主，切实加强对“面”的防范控制。强化公安机关指挥中心和“110”报警服务系统的工作，明确责任，健全机制，以此为纽带，建立巡警、交警、刑警、治安警以及武警“多警联动”、快速反应的工作机制，并将“点”、“线”、“面”有机结合起来，对社会治安实行有效监控。

在农村、牧区推广民警驻村、巡访、包片等制度，把工作重点放在管理、防范和密切警民关系上，组织群众形成治安防范的合力。

9. 建立经费统筹并与再就业工程相结合的社区联防队伍。要适应形势发展需要，从复转军人、大中专院校毕业生、下岗待业人员和城镇低保对象中择优选聘人员，加强专业培训，组建具有职业化、专业化性质的治安联防队伍，确保长期发挥作用。社区治安联防队伍的主要任务是做好背街小巷、居民杂居区、重要公共复杂场所以及城乡结合部的巡逻看护工作。社区联防队伍由县（市、区）综治委和公安机关按有关标准统一招聘、统一培训、统一审批、统一标识，在社区居委会和社区警务室的领导下开展工作。

10. 统一管理，大力发展保安服务事业。保安服务机构以企业运作的方式，按照有偿服务的原则参与社会治安防范工作。要对现有保安服务机构和各机关、团体、企事业单位、非国有经济组织及娱乐服务场所聘用的保安人员进行集中清理整顿，由公安机关主管，实行规范化管理。积极引导和促进保安服务机构与大型商场、集贸市场、宾馆饭店、金融网点、行政企事业单位签订保安服务协议，不断拓宽保安服务的领域和范围。特别是对服务行业和娱乐场所，要按照有关规定要求一律派驻保安，以切实加强对这些地方的治安管理和控制。

11. 强化物业管理的治安功能。理顺关系，明确职责，切实把治安防范作为物业管理的一项重要内容。物业管理机构的保安力量，要逐步纳入公安机关主管的保安服务公司序列，接受物业管理机构和保安服务公司的双重管理。物业管理部门承担的社会治安综合治理工作由当地综治办和公安机关统一协调和指导，乡镇（街道）综治办和社区居委会分级进行检查、督促、考核。

12. 加强内保队伍的建设。各单位的门卫、内部保卫人员，要在公安机关的指导下，按照有关标准严格选聘，加强教育管理，明确职责任务，完善工作机制，切实做好内部安全保卫和治安防范工作。

13. 建立义务看楼护院队伍。由社区牵头负责，综治委有关成员单位配合，充分发挥共产党员、共青团员、民兵、青年志愿者、离退休干部职工在治安防范中的作用，因地制宜地组织开展看楼护院、邻里守望、联户联防等各种形式的防范活动，共同维护社会治安。

14. 建立基层治保会、民调会和基干民兵治安巡逻队伍。各社区（村）要建立健全治保会、民调会组织，发挥他们密切联系群众、信息灵通的作用，及时发现问题，化解矛盾，协助管理外来人口，搜集发现治安信息。治安情况比较复杂的村（居）要组织基干民兵巡逻队，配合派出所和社区警务室开展工作。

15. 建立县（市、区）、乡镇（街道）、社区（村）外来人口管理服务的三级工作网络。县（市、区）成立外来人口管理服务领导小组，下设办公室，办公室设在公安局（分局）；乡镇（街道）成立外来人口管理服务领导小组，下设管理服务站，站设在公安派出所；社区（村）成立外来人口管理分站，分站设在社区警务室，做好外来人口登记、发证、管理、服务工作。

（三）畅通渠道，完善制度，建立健全监督反馈体系。

16. 社会治安防范管理工作要置于社会各界和人民群众的直接监督之下，真正将“人民满意”作为社会治安防范管理工作的出发点和落脚点。各级综治机构都应在社会各界聘请治安监督员，对治安防范管理工作实施有效的监督。

17. 建立科学的治安形势评估标准和治安防范工作评估体系。要综合考虑发案率、破案率、重新犯罪率、重大刑事案件和可防性案件在刑事全案中所占的比例、初次犯罪率、违法犯罪和治安灾害造成的人身伤亡和财产损失、治安管理与社会控制的实际状况以及群众安全感等因素，建立科学、客观、规范的评估标准和相应的指标体系，及时准确地判断形势，调整部署，强化工作。

18. 建立多渠道的报警信息网络。充分利用各种社会信息资源，争取社会治安防范管理的主动权。公安机关要在进一步畅通现有报警信息渠道的基础上，从方便群众、保护群众、服务群众和及时有效地打击违法犯罪的角度出发，增设治安报警岗亭，逐步在有条件的居民聚居区、加油站、书报亭、昼夜营业的商贸网点以及沿街的单位门卫值班室等安装“110”报警指示牌、报警电话、警铃、警灯，实行全天候服务。同时，要按照一定的标准，在出租车驾驶员、特种行业从业人员及社会各界人士中物建治安信息员。

（四）多渠道筹措，建立经费保障体系。

19. 认真贯彻落实中央[2001]14号文件、中办[2002]26号文件和省委[2001]79号文件以及有关法律政策规定的精神，本着“谁受益谁出资”、“取之于民，用之于民”和“合理适度，严格控制”的原则，采取政府财政安排一点、受益单位和个人出一点、开展便民服务收一点的办法，多渠道地筹集群防群治所需经费。

各级政府要从市场经济体制下政府的基本职能考虑，切实履行好对辖区社会治安实行有效管理的职责，加大财政资金的投入力度，并从政策等各方面给予积极的扶持。要从“社会治安社会管，综合治理综合抓”以及“有钱出钱，有人出人，专兼结合”的思路出发，动员和借助全社会的力量保障治安防范管理工作的全面推进。

物业管理机构收取的管理费应有一定的比例用于小区的治安防范工作。有条件的地方，可通过动员群众向保险公司投保、保险公司回拨一部分保费的办法，筹集小区群防群治活动经费。居委会或物业管理单位可以通过开展便民服务等活动，适当筹集一些经费，用于社会治安防范工作。出租房屋应缴纳的营业税、房产税和个人所得税税款，税务部门可以根据有关规定委托具备条件的外来（暂住）人口管理机构或房地产管理部门代征，并按规定付给代征人手续费，用于暂住人口管理工作。

20. 积极探索建立治安损害赔偿制度。凡是实行有偿管护的，要以治安承包责任制的形式向服务对象作出明确承诺，因管护人员失职而导致服务对象遭受财产损害的，要按照合同规定和承包责任制要求进行赔偿，以取得群众的信任和支持。

21. 对治安防范责任不落实造成损失的实行经济处罚制度。机关企事业单位因领导不重视，制度不健全，措施不落实，防范不力，导致本单位或本部门发生被盗、火灾等案件致使国家、集体公共财产受到严重损失的，在由各级综治委进行责任制查究的同时，还要实行经济处罚。处罚金要实行收支两条线，主要用于治安防范管理工作。

措施要求

22. 提高认识，加强领导，严格督查。各级党委、政府要切实从指导思想、工作重点、警力配置、经费投入、考核奖惩机制等方面真正把工作重点放到“预防为主”上来，把建设社会治安防范管理体系作为贯彻“三个代表”重要思想的具体措施，切实加强组织领导，确保取得实效。各地要结合实际制定具体实施方案，明确领导和有关部门职责，建立检查通报和督查督办制度，落实各项保障措施和工作经费。各市、州、地党委、政府对工作中涉及到的政策性问题和难点问题要专题研究解决，并加强日常指导协调。

23. 认真落实社会治安综合治理“属地管理”和“谁主管谁负责”的原则。各级党政机关、各部门、各人民团体、各企事业单位以及各非公有制经济组织都要在社会治安综合治理方面自觉服从所在地党委、政府的统一领导，接受乡镇(街道、社区(村)居委会及综治、政法机关的管理和指导，并切实做到“管好自己的人，看好自己的门，办好自己的事”。

24. 加强协调配合，形成工作合力。各有关部门，要从各自在社会治安综合治理工作中担负的职责任务出发，发挥职能优势，认真履行职责，加强协调配合，共同做好社会治安防范管理各项工作。

25. 大力改革和加强派出所工作，切实将工作重心转移到治安防控和服务群众上来。派出所的主要任务是开展治安防范管理工作和为群众服务，主要工作方式是组织群众预防违法犯罪，维护社区治安秩序。要把是否坚持群众路线，善于不善于做群众工作、以及群众工作的效果如何作为衡量派出所民警素质高低、工作好坏的重要标准之一，打牢治安防范管理工作的群众基础。

26. 努力预防和减少可防性案件的发生。首先，要从犯罪活动高发的区域、场所、部位乃至时段防起，重点抓好单位内部、居民楼院、城乡结合部、公共复杂场所、特种行业、交通运输、油田矿山以及犯罪多发地段的安全防范工作。对上述这些地方、单位、行业、区域、场所，要在认真调查研究的基础上坚持分类指导，确定不同的治安防范管理模式、工作目标和奖惩办法，实行分层管理，以切实提高治安防范管理工作的针对性和实际效果；其次，要从容易发生违法犯罪问题的特殊人群防起，切实加大对各种重点人口的教育、管理和控制，特别要加强对混迹于流动人口中的违法犯罪人员、未改造和教育好的刑释解教人员、吸毒人员、“三无”盲流人员、有劣迹的闲散青少年、未转化的“法轮功”练习者等几类人员的管理监控，区别情况，分类管理，有效预防违法犯罪；再次，要加强容易被犯罪分子用来作为作案工具的物品、危险品以及管制刀具的管理控制，防止丢失被盗，给社会带来危害。

27. 社区治安防范工作要实行分类管理。对机关企事业单位及其家属楼院、实行物业管理的住宅小区、宾馆酒店等，要以不发生案件为目标开展工作；对管理条件较差的单位家属院、集贸市场、大型商场等，要以基本不发案为目标开展工作；对治安复杂的居民杂居区，要以少发案为目标开展工作；对文化娱乐和公共复杂场所、商业网点集中区及城乡结合部，要以遏制和减少发案为目标开展工作。

28. 运用先进技术，加大科技防范的力度。要加快红外线监控报警系统和电话智能报警系统的联网建设，社区(村)内有条件的单位、家庭和公共场所安装红外线防盗或电话智能报警装置，交通要道、治安卡口、集贸市场、金融网点、珠宝店和商场内安装电视录像监控系统，实行联网监控。

29. 推行机动车、自行车统一看护管理。运用市场机制，对停放机动车、自行车的场点，统一规划、统一看护管理，最大限度地减少盗窃案件的发生。

30. 统筹兼顾，整体推进，做好农村、牧区的社会治安防范管理体系建设工作。要以村党支部为核心，充分发挥村委会的自治作用，在基层政法组织的指导下，构建集治保、普法、调解、联防、帮教组织为一体的治安防范管理体系。

对严重影响农村、牧区治安秩序的犯罪活动要适时组织开展专项斗争，对农牧民群众反映强烈的突出治安问题要集中进行整治，对各类矛盾纠纷要及时调处化解，对各种安全防范措施要认真落实。大力加强农村、牧区法制教育工作，努力提高基层政权和政法组织的工作水平，积极开展各种行之有效的群防群治和安全创建活动，确保农村、牧区治安大局的持续稳定。

31. 不断深入开展“严打”整治斗争，始终保持对违法犯罪分子的高压态势。打击是社会治安综合治理的首要环节,也是预防犯罪的一种特殊手段。在建设社会治安防范管理体系过程中,要始终坚持"严打"方针,切实做到打防有机结合,相互促进。

32. 广泛宣传动员,充分调动全社会齐抓共建社会治安防范管理体系的积极性。要采取各种行之有效的措施,最大限度地组织发动各部门、各单位和人民群众参与治安防范管理体系建设。各级政法委、综治委、宣传部和司法局(处)等部门要对社会治安防范管理体系建设宣传教育工作做出专门安排,切实在全社会形成良好的舆论氛围。

33. 加强调研,及时发现和解决出现的问题。要把调查研究贯穿于社会治安防范管理体系建设工作的全过程,在工作思路、工作方式、工作机制和工作措施上与时俱进,不断创新,提高实际操作的水平和工作实效。要及时研究解决工作中遇到的困难和问题,总结推广好的做法及经验。

考核奖罚

34. 要把社会治安防范管理体系建设工作纳入社会治安综合治理责任制考核的重要内容,定期、不定期地进行检查、考核、评比、验收,并将工作进展情况及时地予以通报。

35. 社会治安防范管理体系建设工作要严格落实领导责任制和工作责任制,要把开展这项工作的实际效果作为对地区和部门负责人工作考核、奖惩的一项重要内容,对在工作中做出成绩的地区和部门负责人给予精神和物质奖励。对行动迟缓、工作不力的,要按照规定追究责任。

(撰稿:李　洋
审稿:庞　波　窦朝晖)

青　海　省

省综治委组织的主要工作和活动

1月25日,省综治委在全省政法综治工作会议上,对落实2001—2002年度社会治安综合治理领导责任制成绩突出的5个州(地)进行了表彰奖励。省委副书记、省长、省综治委主任赵乐际同志分别与8个州(地、市)党政领导签订了《2003—2004年度青海省社会治安综合治理责任书》。

3月17日,由省委政法委、省综治委牵头、分别从省法院、检察院、司法厅、国家安全厅及省纪委、监察厅、组织部、人事厅抽调人员组成4个检查组,对全省8个州、地、市两年"严打"整治斗争情况进行全面检查验收。

4月24日,省委常委、政法委书记、省综治委常务副主任管雷主持召开了省综治委委员(扩大)会议,对在全省范围内开展"社会治安综合治理年"活动进行了安排部署。省委副书记、省综治委第一副主任白玛,省人大副主任、省综治委副主任张玉林,省政府副省长赵永忠,省综治委副主任云保华,省综治委委员及有关地区负责人参加了会议。会议听取了省公安厅、省经贸委、省教育厅和西宁市、海东地区开展综治工作的情况汇报。白玛同志作了题为《认真开展社会治安综合治理年活动,不断开创我省综治工作新局面》的重要讲话。

6月26—27日,省综治委在海北州召开了"全省牧区基层安全创建工作经验交流会"。省委常委、政法委书记、省综治委常务副主任管雷同志在会上作了重要讲话,省委政法委副书记、省综治委副主任云保华同志对会议精神的贯彻落实工作做了安排部署。

7月3日,省综治委与各综治成员单位举行首轮责任书签字仪式，省委常委、政法委书记、省综治委常务副主任管雷同志代表省综治委与省级成员单位的主要领导签订了《2003—2004 年度省社会治安综合治理委员会成员单位领导责任书》。省委副书记、省综治委第一副主任白玛同志在签字仪式上作了重要讲话。

7 月 15 日，省委政法委、省综治委在省会议中心召开全省“严打”整治斗争总结表彰会议。会议总结了两年来的“严打”整治斗争，表彰了“严打”整治斗争中涌现出的先进集体和先进工作者，进一步部署了社会治安工作。省委、省人大、省政府、省政协的有关领导，省委政法委委员，省综治委委员，各州地市党委或政府主管领导、政法委书记、综治办主任，受表彰的先进集体、先进工作者代表出席了会议。

8 月 18 日，省委常委、政法委书记、省综治委常务副主任管雷主持召开了省综治委委员（扩大）会议，总结开展“社会治安综合治理年”活动以来的综治工作情况，分析全省治安形势，提出了下一步工作要求。省委副书记、省综治委第一副主任白玛，省综治委副主任张玉林、赵永忠、岳世淑、云保华，省综治委委员出席了会议。白玛、管雷同志在会上讲了话；中央政法委副秘书长、中央综治办主任陈冀平出席会议并作了重要讲话。

8 月 25—27 日，省综治委在格尔木市召开了“全省企业社会治安综合治理工作会议”，省委常委、政法委书记、省综治委常务副主任管雷、省综治委副主任云保华就全面加强企业社会治安综合治理工作提出了具体要求。

10 月 9 日，省综治委下发了《关于认真开展清理整顿流动人口工作的通知》，从加强领导。

10 月 23 日，省委常委、政法委书记、省综治委常务副主任管雷主持召开省综治委全体委员会议，传达学习“全国社会治安综合治理工作会议”精神。省综治委副主任、副省长赵永忠，省委政法委副书记、省综台委副主任云保华，省委政法委副书记、省综治办副主任冷巴及综治委委员 30 余人参加了会议，云保华同志传达了罗干、周永康同志在全国社会治安综合治理工作会议上的重要讲话，管雷同志就认真贯彻会议精神，全面落实综合治理措施，大力推进社会治安防控体系建设提出了具体要求。

“严打”整治斗争情况

为了全面深入地推进社会治安综合治理工作，组织动员社会各方面力量积极参与“严打”整治斗争，为我省的改革开放、经济发展和社会全面进步创造持续稳定的社会治安环境，省委、省政府确定 2003 年为全省“社会治安综合治理年”。

一年来，全省各级政法部门在省委、省政府的正确领导下，按照“社会治安综合治理”的总体目标，坚持“打防结合，预防为主，标本兼治，重在治本”方针，在不断深化“严打”整治斗争的同时，全面落实社会治安综合治理各项措施，有力地维护了全省社会治安的持续稳定。

一是为期两年的“严打”整治斗争取得成效。两年来，全省各级党委、政府和政法各部门紧紧围绕两年内社会治安取得新的明显进步的目标，加强领导，精心组织，突出重点，深入开展了“严打”整治斗争，基本实现了“严打”整治斗争的预期目标。全省各类刑事案件发案下降，一些治安混乱地区得到整治，群众安全感有所增强。两年“严打”斗争共破获刑事案件 16371 起，抓获、处理违法犯罪嫌疑人 16822 名，打掉犯罪团伙 638 个，抓获团伙成员 2697 人。

二是继续贯彻“严打”方针，不断巩固两年“严打”成果。2003 年，全省各级公安机关针对部分地区社会治安出现反弹的情况，坚持“严打”方针，创新刑侦工作机制，发挥各种侦查手段，强化日常侦查破案，严厉打击了一批刑事犯罪活动，保证了全省社会治安的持续稳定，群众安全感进一步增强。

三是以春季“严打”整治斗争为序幕，有计划地开展集中“严打”行动。从 3 月份开始，全省公安机关在集中开展打黑除恶和打击“双抢”犯罪为重点的“严打”整治专项行动的基础上，组织了打击破坏、盗窃高速公路和高等级公路交通标志专项斗争；积极参与了川、甘、青收缴非法枪支和打击盗抢牲畜专项斗争；在玉树州开展了盗抢机动车犯罪专项治理；开展了打击盗窃、破坏通信设施专项斗争和打击盗窃、破坏电力设施专项行动；部署开展了冬季“严打”整治斗争。通过五次较大规模的专项“严打”行动，增强了打击严重刑事犯罪的实效。西宁市以严重影响群众安全感的杀人、涉枪、涉爆犯罪、街面“双抢”、盗抢机动车、制贩枪支等暴力犯罪和入室盗窃等多发性侵财犯罪为主攻方向，确定了9类突出犯罪为打击重点；海西州确定了重点整治地区和重点问题，强化侦查破案，加大了对恶性案件、多发性案件的侦破力度；海东、黄南将群体性事件中涉及的刑事犯罪纳入“严打”整治斗争范围，深挖组织者和策划者；海北、海南、玉树、果洛州也结合实际，确定了打击和整治的重点对象、重点地区、重点问题。一年来，全省公安机关共破获案件6535起，破获年前积案1426起，破获外省区案件1555起，全年的破案绝对数达9516起，为本省历史上破案最多的一年；共查获犯罪集团258个，成员1051人；抓获刑事案件作案成员5555人。破当年案件数、破年前积案数分别比上年提高3.2%和4.5%。

四是加大对经济案件的侦破力度。开展了打击合同诈骗犯罪、打击制售假发票和建筑安装企业偷税等涉税违法犯罪专项斗争和打击假币犯罪专项行动，共破获经济犯罪案件147起。抓获了金鹏证券诈骗案和格尔木城市信用社2000万元金融诈骗案主犯在内的123名犯罪嫌疑人，没收假币42万元，挽回经济损失5249.24万元。

五是坚持“四禁”并举的方针，不断加大对毒品犯罪的打击力度。全省公安机关全年共破获毒品犯罪案件281起，抓获犯罪嫌疑人278名，收治吸毒人员1286名，劳教戒毒243名。缴获海洛因1478克、鸦片17000克、大麻60克、摇头丸364粒。与上年比，破案数上升41.9%，抓获犯罪嫌疑人数上升15.4%，缴获海洛因上升127.7%。

六是认真排查整治治安混乱地区和突出治安问题。省综治办于年初下发了《关于集中开展治安混乱地区和突出治安问题排查整治活动的通知》，在全省范围内开展了治安混乱地区和突出治安问题集中排查整治活动。一是对2002年排查出的治安混乱地区和突出治安问题的整治情况进行了全面检查和验收，对已整治好的地区，继续采取有效措施，巩固整治成果，防止出现反弹。对尚未改变面貌的，责令尽快查清原因，明确责任，强化措施，限期改变面貌。二是进一步完善了工作制度，在坚持经常性排查的同时，针对突出问题，加强分类指导，定期开展集中排查、区域性排查和行业性排查，明确了有关部门的责任，齐抓共管，形成合力。三是对排查出的治安混乱地区，各级综治委(办)积极发挥职能作用，协调有关部门，采取有效措施，加大了综合整治力度，取得了明显效果。全年共排查出治安混乱地区43个，突出治安问题16类，经过整治，有24个地区的治安混乱状况明显好转，占55.8%，有17个地区的治安混乱状况有所改观，占39.5%。

七是组织实施了全省“严打”整治斗争检查验收，并在认真自查和总结两年来“严打”整治工作经验，系统分析存在问题和薄弱环节的基础上，召开了全省“严打”整治斗争总结表彰大会，表彰了在“严打”整治斗争中涌现出的40个先进集体、106名先进个人。并对受全国表彰的8个先进集体和11名先进个人颁了奖。

流动人口治安管理工作情况

一是开展了流动人口和出租房屋的清理整顿工作。针对近年来本省流动人口增长较快，流动人口违法犯罪已成为影响社会治安的重要因素的实际，于5—9月份在全省范围内组织开展了清理整顿流动人口、出租房屋专项行动，省综治委流动人口治安管理领导小组制定下发了《清理整顿流动人口、出租房屋专项行动工作方案》。为了保证工作取得实效，省综治委还专门下发通知，明确清理整顿工作由县(区)党委、政府统一领导，统一部署，县(区)综治委(办)统一组织协调，县(区)流动人口治安管理工作领导小组各成员单位抽调专人积极参与，县(区)公安机关负责落实的工作机制。

二是在清理整顿工作中，各级公安机关作为流动人口的主管部门，充分发挥主力军作用，在基层乡镇、街道、社区居委会、村委会的密切配合下，认真落实各项工作措施，对全省所有城镇、乡村的流动人口普遍进行了一次摸排、调查、登记、清理和整顿，并对出租房屋进行了逐一登记、清理，签订了治安责任书和房屋租赁协议(合同)，明确了治安责任。全省共开展区域性清理行动443次，出动民警15890人(次)，社会力量16577人(次)，清理暂住人口258883人，出租房屋23212户60361间，建筑工地1106个，农牧场57个，集贸市场352个，旅店1929个，用工单位1553个，废旧物品收购站点425个，商贸网点集中地628个，公共娱乐场所6101个；发现违法犯罪线索127条，破获刑事案件189起，查处治安案件943起，摧毁犯罪团伙9个，抓获现行作案人173人、在逃人员5人。

三是通过清理整顿，重视和加强了对流动人口的治安管理。各地逐步将流动人口管理同社区警务战略结合起来，切实加强了流动人口登记、房屋租赁备案及暂住证的办理和查验等各项基础工作，严密了对出租房屋、建设工地、用工单位、文化娱乐场所、中小旅店、城乡结合部等流动人口居住地、落脚点和务工、活动场所的管理控制，加强了经常性治安检查。同时坚持“谁用工谁负责，谁出租谁负责”的原则，落实了出租房主和用工业主的治安管理责任，进一步把管理、教育、服务紧密结合起来，初步建立了以派出所为龙头，以乡镇(街道)、社区居委会、村委会为依托，以流动人口、出租房屋专兼职协管员为基础的流动人口管理体系。

铁路护路联防工作情况

一是按照“属地管理”的原则，坚持在全省1109公里铁道线上推行义务护路承包责任制，将护路联防责任细化到18个县(市、区)、53个乡镇、256个村(居)委会、25个企业和45所学校，保证了重点区段治安秩序的持续稳定，专职看守设备完好率达100%，道口肇事大幅减少。二是以深化“创建安全文明铁道线”活动为契机，召开了创建安全文明铁道线活动经验暨“双先”表彰会，全面总结推广了8年来本省开展护路联防工作的基本做法，特别是开展创建安全文明铁道线活动所取得的经验，并对8个护路先进集体，21名护路先进工作者进行了表彰。三是组成专门工作组，深入到部分基层武装部就护路民兵队伍管理、建设、护路经费的使用情况，驻站民兵与车站、公安所的工作配合情况进行了专题调研，针对存在的问题，分别制定下发了《关于加强全省铁路护路联防经费管理的通知》、《关于加强全省铁路护路联防专职队伍管理的通知》,进一步规范了经费使用,强化了考核奖惩。四是进一步深化了中小学生“小黄帽”义务护路活动,调整、充实了新建铁路沿线“小黄帽”义务护路队员,加强了对此项活动的领导与引导,做到队员“接力赛”不间断。五是海东、西宁护路办基本建立了路地联系会议制度,乐都、互助、城北、湟源等县(区)创新工作机制,将铁路公安派出所所长以政府文件指定为辖区乡镇综治办副主任或护路办副主任,使护路联防工作实现了由静态管理向动态管理的转变,实现了路地联防,及时沟通,信息共享,超前预防,确保平安,服务一线的目标。

社会治安防范工作情况

一、认真落实中办发(2002)26号文件精神

一是为了进一步落实中央综治委《关于加强社会治安防范工作的意见》精神,全面加强社会治安防范工作,省委、省政府专门召开了全省政法综治工作会议,明确提出了“立足基础,着眼防范,全力构建社会治安综合治理的大格局”的工作思路,要求全省各地要把加强综合治理的工作,特别是加强社会治安防范工作作为维护社会稳定和巩固“严打”整治斗争成果的首要任务,认真贯彻“打防结合、预防为主、标本兼治、重在治本”的方针,进一步提高认识,加强领导,真抓实干,强基础,固根本,真正从源头上解决突出的犯罪问题和治安问题,从根本上解决综治工作的薄弱环节和突出问题。

二是为了进一步加强基础防范工作,全力构建齐抓共管、全民参与的社会治安综合治理大格局,省委、省政府将2003年确定为“全省社会治安综合治理年”。通过开展“综治年”宣传教育活动,全面提高党政领导对综治工作的重视程度,进一步促进社会治安综合治理各项措施的落实。

三是省综治委把进一步加强社会治安防范工作,落实各项防范措施,作为当前和今后大力推进社会治安综合治理,全力维护社会稳定的重点工作,并贯穿于2003年全省社会治安综合治理工作要点的各项具体内容之中,贯彻于《2003—2004年度青海省社会治安综合治理领导责任书》的具体考核项目,并进行了量化分解,从而有力的促进了社会治安综合治理各项防范措施的落实。

四是加强重大节日、重要活动、敏感期及重要时段、重要部位和区域的治安巡逻,增强了对社会面的控制,特别是在“两节”、“两会”、美伊战争、抗击“非典”、“青恰会”、“环湖赛”期间,保证了本省治安秩序的平稳。

二、全面贯彻落实“南昌会议”精神

一是省综治委及时召开扩大会议,向全体委员和有关单位负责人传达了会议精神,提出了贯彻会议精神,加强社会治安防控体系建设的具体要求。10月28日,省委书记、省综治委主任赵乐际主持召开了省委常委会议,专题听取了省综治办的汇报,对贯彻南昌会议精神、构筑省社会治安防控体系建设提出了原则要求。根据省委和省综治委的要求,全省各地都召开了专门会议,结合实际,采取有效措施,积极构筑“打、防、控”为一体的治安防控体系。西宁市制定了社会治安防控体系建设方案,并以政府令的形式颁布了《西宁市公共安全技术防范管理办法》,为加强治安防控工作奠定了基础,也为全省治安防控体系建设带了个好头。

二是各地坚持“专群结合、预防为主”的方针,把治安防范工作置于更加突出的位置,将工作重点进一步向防范和控制倾斜,采取措施,狠抓了群防群治队伍建设和治安防控网络建设,努力构筑和建立“打、防、控、管”一体化的社会治安防范体系和机制。在城镇大力加强社区警务和群防群治队伍建设,全省317个城镇社区普遍建立了社区警务室,落实了门卫值班、社区警务、保安服务、看楼护院、护厂、护校等制度,建立了企地联防、校地联防、路地联防工作机制。在广大农村、牧区普遍设立了治安室,建立了护村队、民兵巡逻队、民兵应急组织和中心户长制、联户联防制、定居点轮流值勤等群防群治组织。目前,全省4481个村(牧、居)委会共建立治保会6732个24085人,调委会5520个21408人,各类群防群治组织8824个64467人,有效地增强了全社会预防和控制犯罪的能力。

社会治安管理工作情况

一是从6月份开始,在全省开展了公共娱乐服务场所、废旧金属收购行业专项整治行动。共摸排公共娱乐服务场所和废旧金属收购站1574家,发现并查处各类案件46起,查处了一批吸食毒品、卖淫嫖娼、赌博、打架斗殴、敲诈勒索、违法收购废旧金属、扰乱公共秩序等违法犯罪分子。开展了高校周边地区社会治安秩序专项整治,共清理校园内部及周边网吧12家,出租房屋175户,整改不安全隐患162处。开展了区域性制贩枪支专项整治和爆炸物品整治、违禁药物专项整治、油气田及输油气管道生产秩序整治和流动人口、出租房屋专项清理整顿。共破获制贩枪支案件14起,抓获犯罪嫌疑人23人,缴获各类枪支191支,子弹27966发,管制刀具1403件;破获涉油气刑事案件13起,查处涉油气治安案件15起,清理占压输油气管道违章建筑15处;共收缴流散社会的非法爆炸物品3420公斤,雷管3200枚,导火索1414米。全年共查处治安案件19129起,查处违法人员24501人。

二是继续推进社区警务战略,以派出所和巡警为骨干,以群防群治力量为补充,以社会面、社区和内部单位防范为基础,以可能影响社会治安的特殊人群、危险物品管理为重点,按照人、物、时、空控制结合、动静结合、人防物防技防结合和警民结合的要求,积极探索安全保卫和防范工作,稳步推进社会治安防控体系的形成。

三是出入境管理部门与组织、人事、统战、民宗及外事部门共同协商,出台了加强出入境管理工作规定,并编印散发宣传材料6种42万张,采取多种形式正确引导公民通过合法途径出境,最大程度地减少非法出境人员。这一做法不仅在青海受到欢迎,而且作为典型经验介绍给全国各地公安机关。

四是消防、交通管理工作明显加强。消防部门在加强值勤训练正规化的基础上,积极开展对人员密集场所消防安全专项治理和消防安全大检查,狠抓群众性义务消防队伍建设,开放警营,先后有4万余人走进"红门"接受消防知识教育;交通管理部门强化了路检路查力度,扎实开展事故"黑点"排查整顿和道路交通秩序专项整治,取得了明显成效。全省全年共发生火灾734起,死13人,伤23人,直接经济损失4103500元;交通事故1619起,死744人,伤1635人,直接经济损失7375723元。与上年相比,火灾起数上升10%,死亡人数下降27%,受伤人数下降8%,直接经济损失上升6.5%;交通事故下降1.2%,死亡人数上升4.6%,受伤人数多1人,直接经济损失上升8.3%。

矛盾纠纷排查调处工作情况

一是各地高度重视矛盾纠纷排查调处工作,在党委、政府的统一领导下,坚持"属地管理"和"谁主管谁负责"的原则,进一步完善了综治协调,分级负责,归口调处的矛盾纠纷排查调处工作机制，建立和完善了重大矛盾纠纷及群体性事件的处置预案，把排查和调处矛盾纠纷的责任落实到了部门、单位和责任人。

二是各级综治委(办)充分发挥职能作用，认真排查，客观分析，针对可能引发不稳定因素的各类突出矛盾纠纷，积极组织协调各综治成员单位和有关部门，坚持各司其职、及时排查、工作在前、预防为主的原则，形成了解决问题的合力。西宁市、海东地区、海西州、黄南州综治委建立了矛盾纠纷排查调处联席会议制度，有效地化解了突出矛盾纠纷。

三是省综治办结合工作实际，制定下发了《关于进一步加强矛盾纠纷排查调处工作的通知》，进一步统一和规范了矛盾纠纷排查调处工作的要求和标准，并针对影响社会稳定的主要因素，明确要求各地特别要将企业改制过程中因工资、社保、安置等问题引发的矛盾纠纷，因地界、草山、资源等问题引发的矛盾纠纷，因建设征地、土地承包、拆迁安置等问题引发的矛盾纠纷，因民族宗教问题引发的矛盾纠纷作为排查调处的重点。

四是对上年排查出的矛盾纠纷调处情况进行了全面督促检查，对已调处解决的突出问题进行了回访，巩固了调处成果。对尚未解决或正在解决之中的问题，进一步分析原因，在加大调处解决办度的同时，严格落实领导责任制，明确了责任单位和责任人，限期调处解决。

五是加强了人民调解工作，有效地预防、调处、化解了大量的人民内部矛盾、民间纠纷和群体性事件，避免了矛盾激化。全省各级人民调解组织共调处各类纠纷 26941 件，调解成功率达 95.94%。

2003 年，全省共排查出各类突出矛盾纠纷 156 起，调处解决 44 起，正在调处解决之中的有 112 起。

社会治安综合治理宣传教育情况

为了动员社会各方面积极参与社会治安综合治理，努力构建全社会广泛参与的大综治格局，省委、省政府确定 2003 年为"社会治安综合治理年"，并在全省范围内大张旗鼓地开展了"综治年"宣传教育活动。

一、精心组织，积极动员，全面部署

4 月 24 日，省综治委召开扩大会议，对在全省范围内开展"社会治安综合治理年"宣传教育活动进行了全面安排部署，省委副书记、省综治委第一副主任白玛同志作了专题动员，明确了开展"社会治安综合治理年"活动的目的和意义。省委常委、政法委书记、省综治委常务副主任管雷同志在省广播电台、电视台作了广播电视动员讲话，全面安排部署了"综治年"宣传教育活动。5 月初，省长、省综治委主任赵乐际在《青海日报》发表了题为"实践三个代表，加强社会治安综合治理"的署名文章，对深入开展"综治年"活动进行了再动员、再部署。为了保证"社会治安综合治理年"活动取得实效，省综治办及时下发了《关于开展社会治安综合治理宣传教育活动的安排意见》，会同省委宣传部联合下发了《关于加强"社会治安综合治理年"宣传报道工作的通知》。各州(地、市)和省综治委成员单位按照省综治委的要求，积极行动，及时对本地区、本单位的宣传教育活动进行了安排部署，保证了"综治年"宣传教育活动的深入开展。

二、加大综治工作宣传力度，确保"综治年"活动取得实效

各地以开展"社会治安综合治理年"活动为契机，加强宣传教育，扩大社会覆盖面，为推动综治工作向纵深发展起到了积极作用。一是各地积极开展了"社会治安综合治理年"活动的宣传教育活动，通过召开动员大会、发表广播电视讲话、举办图片展览、播放电视专题片、张贴标语、悬挂横幅等形式，广泛开展综治宣传，提高了全社会对综治工作重要性的认识，使综治观念进一步深入人心。二是省综治办及时编印并向各地和成员单位下发了《综合治理宣传资料》、《青海省社会治安综合治理文件汇编》、《青海省社会治安综合治理经验汇编》(第三、四、五辑)等共计30000余册(份);省综治办、青海电视台、省依法治省办联合主办的电视专题节目《法制时空》的播放受到了群众的欢迎,取得了良好的社会效果。三是大力开展了"四五"普法教育,公民的法律意识普遍增强,文明程度和道德修养有了明显提高。四是大力开展了维护社会治安见义勇为宣传。为配合"严打"整治斗争弘扬社会正气,各地广泛动员人民群众见义勇为,积极检举、揭发、制止违法犯罪活动。省维护社会治安见义勇为奖励基金会向中华见义勇为基金会推荐了两年来本省涌现出的16名见义勇为积极分子,其中刘爱梅同志获得第八次全国见义勇为先进分子表彰大会提名奖。

社会治安综合治理基层基础建设情况

一、狠抓了县、乡两级综治办编制和工作经费的落实

2003年,全省各级综治委(办)以开展"社会治安综合治理年"活动为契机,全面落实青发[2001]13号文件精神,狠抓基层综治基础建设,在继续抓好县以上综治机构、人员编制、工作经费落实的基础上,着力抓了乡镇(街道)综治机构、人员编制及工作经费的落实和基层群防群治工作,为建立基层社会治安防范体系奠定了基础。西宁、海东、海南已基本配齐了乡镇、街道综治副职和综治专干,海南州在全面落实州、县两级综治经费的基础上,还对解决乡镇综治经费问题作了有益的探索和尝试,取得了较好的效果。2003年,全省54个州(地、市)、县(区)综治办共落实人员编制110个,实有人员131人,落实综治经费175.53万元。全省429个乡镇、街道全部配备了分管综治工作的党政副职,有376个乡镇、街道建立了综治办,有334个乡镇、街道落实了综治专干,部分乡镇、街道还落实了综合治理工作经费和群防群治经费,促进了基层综治工作的深入开展。

二、加强了基层综治组织建设,广泛开展群防群治

各地结合"三个代表"学教活动和"综治年"宣教活动,通过了对村(居)委会班子整顿、调整、充实、提高,进一步健全了组织,明确了职责,落实了制度,增强了以党支部为核心的基层综治组织的凝聚力和战斗力。全省4481个村(牧、居)委会都普遍建立了综合治理领导小组和治安室,治保会、调委会、帮教组织、治安联防组织等基层综治组织健全,职责明确,措施落实,保证了基层综治工作有人抓,有人干。同时,全省各级综治委把加强群防群治组织建设,广泛开展群防群治活动作为落实社会治安防范措施,预防、消除各类治安隐患,减少各类违法犯罪的有效途径,进一步完善了群防群治工作体系和工作机制。目前全省4481个村(牧、居)委会和企事业单位共建立治保会6732个24085人,调委会5520个21408人,共建立各类群防群治组织8824个64467人。

三、深入开展基层安全创建活动和企业综治工作

针对各地安全创建活动和企业社会治安综合治理工作的特点,省综治委坚持分类指导,通过召开现场会、工作会等形式,督促各地积极借鉴先进经验,落实工作措施,提高工作质量,促进了基层安全创建活动和企业综治工作的深入开展。

一是继全省城镇、农村安全创建活动现场经验交流会后,2003年6月省综治委在海北州召开了全省牧区基层安全创建工作经验交流会,系统总结了近年来本省牧区安全创建工作的经验,推广了具有牧区特点的7种创建模式。即:牧区民兵治安联防模式、村(牧)委会治安管理模式、分片治安联防模式、定居点联防模式、党员联户联防模式、边界毗邻地区治安联防模式、创建安全寺院。会后,各地按照"依靠群众、专群结合、因地制宜、科学规划、整体推进、全面覆盖"的工作思路,以服务群众为宗旨,以增强群众安全感为目的,进一步加大了创建力度,提高创建质量,并以解决群众关心的治安热点问题为重点,积极落实各项综治措施，有力地推动了全省安全创建活动的深入开展。全省共创建安全小区3258个，安全村3488个，创安覆盖面城镇达70.7%，农牧区达63%。

二是8月份省综治委在格尔木市召开了全省企业社会治安综合治理工作会议，总结回顾了多年来全省各级各类企业贯彻落实综合治理方针，正确处理改革发展稳定的关系，全力维护企业稳定的基本经验，明确了今后一个时期企业综治工作的指导思想、目标任务。会议经过专题讨论，形成了“关于加强企业社会治安综合治理工作的意见”，拟以省委、省政府两办文件下发全省贯彻执行，此举将对进一步推动省企业综治工作的健康发展，维护企业改革、发展、稳定大局发挥重要作用。会后，各地区和各级各类企业认真贯彻会议精神，健全工作机制，明确工作任务，实行“因地制宜、自主管理、积极防范、保障安全”的方针，按照“谁主管谁负责”和“属地管理”的原则，将综治工作纳入企业管理总体目标，初步形成了领导职责明确，综治机构健全的企业综治工作格局。

四、组织开展了综治工作相互学习、交流活动

为了检查、督促各地区社会治安综合治理基层基础工作，省综治办于11月组织全省8个州、地、市的政法委书记、综治办主任及专职干部，开展了一次相互观摩、学习交流活动。活动结束后，各州、地、市及时总结了观摩、学习、交流的主要收获，明确了学习借鉴的工作经验和措施，达到了相互促进，取长补短，共同提高的目的，对各地进一步落实综治措施，强化基层基础工作，构建治安防控体系起到了积极的推动作用。

刑释解教人员安置帮教工作情况

一是深入开展刑释解教人员的排查工作。各地按照排查工作要求，层层细化，量化排查清理的任务和职责，制定工作方案和实施办法，确定工作重点和目标，保证了排查清理工作的顺利开展。在排查工作中，海东地区采取司法行政人员和司法助理员分片包乡、包村的办法开展排查，准确掌握了刑释解教人员的基本情况。贵南县司法局会同县综治办抽调专人，利用20天时间，对全县71名刑释解教人员进行了集中排查，较准确地掌握了各自的去向和思想、生活状况。通过排查清理，各地基本掌握了辖区回归刑释解教人员的基本情况。同时还建立了地区间通报、协查、协作制度，推进了排查工作的制度化和规范化，为开展衔接管控工作创造了条件。

二是切实加强了对刑释解教人员的衔接管控工作。各地认真贯彻中央四部委《关于进一步做好服刑、在教人员刑满释放、解除劳教时衔接工作的意见》和省实施意见精神，全面落实“三联单”制度，进一步完善了刑释解教人员的报到登记、建档立卡、签订帮教协议、定向走访谈话、重点对象管控等制度，基本做到了底数清、情况明，不脱管、不失控。

三是采取多种形式开展对刑释解教人员的帮教活动。全省各地结合实际，运用多种帮教形式开展帮教活动。帮教的内容和形式包括：用家属亲情感化服刑、在教人员；用英雄模范人物的高尚品质感染激励服刑、在教人员；介绍本地区社会经济发展前景；通过看望、赠送礼物、通信交流等形式，使服刑在教人员体会社会的温暖；为有实际困难的服刑在教人员家庭排忧解难，消除其后顾之忧，使其安心改造等。对回归社会的刑释解教人员开展了“一帮一、两谈心”活动，即每一名刑释解教人员由一名党员或干部负责帮教，帮教人员定期与帮教对象谈心，不定期的与帮教对象亲属谈心。格尔木市、海东地区实行了“三包责任制”，即帮教人员对帮教对象“包管理、包教育、包转化”。全年共帮教刑释解教人员1346人，帮教率达到95%。

四是想方设法安置就业。各地对回归社会的刑释解教人员采取多种渠道进行就业安置。对回归农牧区的协调落实责任田和草场；对回归城镇的尽可能协调原单位安置、鼓励自谋职业等形式解决就业问题。青海钾肥厂、青海油田、青海铝厂、西宁特钢等大型企业对回归人员进行了妥善安置。西宁市城西区、海北州、海东地区积极帮助回归人员解决就业难的问题。玉树州召开专门会议研究落实回归社会的刑释解教人员的吃饭问题，并决定本着给饭吃的原则，对回归社会的刑释解教人员由各成员单位协调安置。全省全年共安置刑释解教人员1176人，安置率为83%。

预防青少年违法犯罪工作情况

一、健全机构，搭建社会广泛关注的预防体系

省预防办于年初对各级预防机构建立情况进行调研，并下发通知，要求各级综治办尽快与同级团委协商，成立机构。目前全省8个州(地、市)和部分县(区)已成立了工作机构，为开展工作创造了条件。在构建预防工作体系方面，依托“优秀青少年维权岗”创建工作，制定了《全省优秀青少年维权岗管理办法》，并将创建单位扩大到15家，使预防工作得到了社会更多的关注和支持。

二、以深入贯彻“两法”为重点，强化对青少年的法制宣传教育

一是始终将宣传贯彻《未成年人保护法》和《预防未成年人犯罪法》作为加强青少年法制宣传教育的重点工作，积极组织法律专家、学者和关心青少年权益的社会人士，深入学校、社区宣传“两法”和有关法律、法规，并针对青少年违法犯罪和青少年权益受侵害等问题，座谈、探讨如何加强青少年法律意识、道德修养，提高抵御侵害和风险的能力。同时还利用“3·5”青年志愿者服务日、“6·26”禁毒日开展集中宣传活动，向青少年提供法律帮助和法律服务，为全社会共同关心、维护、保障青少年健康成长营造了良好的法制氛围。

二是由省综治委预防青少年违法犯罪办公室牵头，会同依法治省办、团省委、省综治办、省司法厅、省监狱局、西宁市综治办等14家单位联合开展了“阳光依旧灿烂”青少年法制宣传教育主题系列活动。通过开展以案示法、普法宣讲、现身说法、普法访谈、捐赠书籍、法律体验、感受关爱、法制文艺演出等系列活动，为青少年自觉树立法律意识，增强法制观念，加强失足青少年的教育、感化、挽救工作都起到了积极的促进作用。“阳光依旧灿烂”活动历时一个月，受教育人数6万余人，在社会上引起了强烈反响。

三、继续加强青少年违法犯罪社区预防计划

结合青年文明社区创建活动，将“加强社区青少年事务管理，完善社区服务内容，优化净化社区环境，消除违法犯罪诱因”作为“青少年违法犯罪社区预防计划”的重点内容，探索并逐步完善管理体制和工作机制。西宁市城西区古城台街道学院巷社区，被确定为全国“青少年违法犯罪社区预防计划”实施试点单位；西宁市城东区东关社区青少年法律学校、格尔木市一中青少年法律学校、民和县三中青少年法律学校，参加了全国重点联系社区青少年法律学校的评选活动，发挥了试点地区和单位的示范带动作用。

四、大力开展了学校及周边地区治安综合治理

一是各地结合创建安全文明校园活动，加大了对学校及周边地区治安秩序的整治力度，依法取缔校园周边非法经营的娱乐场所、网吧、游戏厅等160余家。二是进一步发挥中小学法制副校长和法制辅导员的作用，大力开展法制宣传教育，完善各项安全防范措施，为学校创造了良好的教学、科研和生活环境。

实行社会治安综合治理领导责任制情况

一是省委、省政府专门召开了全省政法综治工作会议，明确提出党政一把手要切实承担起保一方平安的政治责任，对当地的社会稳定负总责。一年来，全省各级党委、政府和党政主要领导，坚持“两手抓、两手都要硬”，把社会治安综合治理工作摆上重要议事日程，与经济建设等工作同部署、同检查、同考评，及时分析研究当地治安状况和影响稳定的因素等重大问题，提出了切合实际的工作措施，切实加强了对综治工作的领导。同时，各级党政部门按照中央五部委《关于实行社会治安领导责任制的若干规定》和省实施意见的要求，进一步健全了综治考评机制和责任查究制，并通过层层落实责任制，签订责任书，切实将责任制考核纳入政绩考核的重要内容。

二是兑现奖惩，签订新一轮责任书。省综治委对《2001至2002年度综治责任书》的落实情况进行了检查、考评，考评结果经省五部委(厅)联席会议和省综治委委员会审定后，省综治委在全省政法综治工作会议上，对落实2001至2002年度社会治安综合治理领导责任制成绩突出的海东地区、海西州和海南州、海北州、果洛州进行了表彰奖励。同时，省长、省综治委主任赵乐际同志分别与各州、地、市领导签订了《2003—2004年度社会治安综合治理责任书》。

三是为了进一步明确综治成员单位的职责任务，充分发挥其职能作用，省综治委决定从2003年开始在各级综治成员单位中推行社会治安综合治理领导责任制，签订目标责任书，并逐步推广到各地各部门，努力构建全省联动，全社会参与，综合有力，治理有方的大综治格局。7月3日，省综治委与各成员单位举行了首轮责任书签字仪式，省委常委、政法委书记、省综治委常务副主任管雷代表省综治委与省级各成员单位签订了《2003—2004年度省社会治安综合治理委员会成员单位领导责任书》，省委副书记、省综治委第一副主任白玛在签字仪式上，作了题为《认真开展社会治安综合治理年活动，不断开创我省综治工作新局面》的重要讲话。

社会治安综合治理理论研究情况

2003年，省综治委(办)把开展综合治理调研工作和理论研究工作作为掌握基层情况，提供决策依据，调整工作思路，加强工作指导，增强工作针对性的一个重要方面，融入日常工作之中，主要领导和专职人员经常深入基层，开展调查研究，保证了各项综治工作连续性、针对性和实效性，有力推动了各项综治措施的落实。先后多次深入基层一线，对社会治安情况、综治组织建设情况、人员编制经费落实情况、基层群防群治情况、边界草山纠纷情况、牧区安全创建情况、企业综治工作情况等进行了专题调研，撰写了《全省各级综治机构人员编制经费现状及下一步工作思路》、《全省基层群防群治工作现状、存在的主要问题及解决办法》、《对建立群防群治经费保障机制的几点认识》、《当前我省社会治安情况的现状、原因及对策》、《关于河南县与甘肃省玛曲县欧拉乡草山边界纠纷的情况调查》等9份调研报告和理论文章。

综治委成员单位参与社会治安综合治理工作情况

2003年，通过全省“社会治安综合治理年”活动的开展，省综治委成员单位首轮责任书的签订，成员单位考评制度和综治委委员述职制度的建立，调动了各成员单位主动参与综合治理工作的积极性。绝大部分成员单位高度重视综治工作，基本做到了有综治领导机构、综治工作部门、工作职责制度、联县包点措施，并能结合其行业特点积极发挥职能作用，在打击预防犯罪、维护社会稳定等方面发挥了积极作用。

省公安厅　为了切实做好公安系统社会治安综合治理工作，发挥其主力军作用，根据省综治委成员单位职责任务要求，专门下发了《关于在社会治安综合治理工作中充分履行好公安机关职责任务的通知》，确定了公安机关在社会治安综合治理工作中的13项主要职责任务，并就加强组织领导，建立考核机制，抓好内部防范作出了明确要求。

省安全厅　下发了《关于开展“社会治安综合治理年”宣传教育活动的通知》，要求各级国家安全机关要按照省综治委的统一安排，结合我省隐蔽斗争和国家安全工作实际，开展形式多样的宣传教育活动。一是加强内部宣传教育，进一步提高干警对综治工作重要性的认识，并结合其职能任务，积极探索国家安全机关如何在综治工作中发挥更大的作用。二是积极参与各级综治办组织的宣传教育活动，进一步加大对《国家安全法》的宣传和国家安全人民防线的建设力度。

省教育厅　召开了高校及厅直单位负责人会议，就进一步做好综治工作和开展“综治年”活动进行了安排部署，要求重点做好六项工作：一是认真组织开展“综治年”活动，加强宣传，扩大影响；二是全面落实学校社会治安综合治理领导责任制；三是加强基层综治组织建设，各高校要在学生班委会设立安管委员，专门负责班级的安全管理工作，发挥班级在化解矛盾纠纷，学校治安防范中的作用；四是协同公安、工商、城管等部门，继续加大对学校周边环境的整治力度，保证学校内部及周边良好的治安秩序；五是完善中小学兼职法制副校长和法制辅导员聘任制度，加强学校法制教育和思想品德教育，积极预防青少年违法犯罪；六是立足教育系统实际，完善综治工作制度，保持全省教育系统特别是高校的稳定。

省工商局　下发了《关于进一步做好社会治安综合治理工作的通知》，对各级工商管理机关落实省综治委扩大会议精神和开展“综治年”提出了明确要求。一是要充分认识在改革、发展、稳定大局中的重要作用，把做好综治工作同工商管理工作面临的新形势、新任务结合起来，扎实开展“综治年”宣传教育活动，推动全省工商系统综治工作不断取得新的成绩。二是以深入开展整顿和规范市场经济秩序为重点，加大执法力度，严厉打击各类扰乱市场秩序和损害消费者合法权益的违法违章行为，切实净化市场环境，建立起一整套处置突发事件的预案和打击、处理长效机制。三是结合“综治年”活动，着力创建安全达标市场，营造安全有序的市场消费环境。

省统计局　积极落实各项综治措施，使全局综治工作取得了一定成效。一是为配合“严打”整治斗争，进一步做好本单位的安全防范工作，全局上下深入领会开展“严打”整治斗争、整顿、规范市场经济秩序的有关规定精神，及时安排部署了本系统的综治工作。二是要求局属各部门严格门卫值班、治安巡逻、加班许可制度和外来人员、车辆出入登记、挂牌上岗和办理临时证件等制度，及时消除不安全因素。三是狠抓了法制宣传教育。在全局干部中深入组织学习了《宪法》、《刑法》、《行政处罚法》、《行政诉讼法》、《婚姻法》等法律法规和综合治理的方针政策、文件精神，干部普法考试合格率达100%。同时，充分利用简报、板报等形式宣传综合治理的方针、政策，收到了较好的效果。

团省委　为在“综治年”活动中发挥共青团组

织的优势，组织动员全省各族团员青年积极参与到综合治理工作中来，专门下发了《关于加强社会治安综合治理宣传教育工作的通知》，对开展“综治年”活动进行了全面安排部署，专门成立了综合治理宣传教育活动工作领导小组，细化了宣传教育活动的指导思想、主要内容、方法步骤等。

省法院　会同西宁市中院和四区法院，紧紧围绕人民法院参与综合治理的各项职责任务，举办了一次以黑板宣传为主的法律宣传和咨询活动。宣传咨询活动以大量的文字、图片等，广泛宣传了三级人民法院在综合治理工作中取得的成绩，并通过重点案例，以案释法，宣传人民法院审判工作及积极开展“严打”斗争所取得的社会效果。西宁市城北区人民法院还印发了致全区各机关、企事业单位、社会团体和全体公民的一封公开信，向社会各界公开承诺，以实现社会公平与正义为目标，为执政兴国的第一要务提供司法保障。

省综治委、办内设机构概况和负责人名单

一、省综治委主任、副主任名单

主　　任：赵乐际（省委副书记、省长）
杨传堂（省委副书记、省长）

（注：根据人事变动，省委决定杨传堂同志于2003年10月30日起兼任省综治委主任）

第一副主任：白　玛（省委副书记、省纪委书记）

常务副主任：管　雷（省委常委、政法委书记）

副　主　任：赵永忠（副省长）
张玉林（省人大常委会副主任）
岳世淑（省政协副主席）
云保华（省委政法委副书记）

二、省综治委机构设置概况和负责人名单

1. 省社会治安综合治理委员会办公室下设综合治理协调处和地方工作指导处。

省综治办主任：云保华（兼）省委政法委副书记

副主任：冷　巴（兼）省委政法委副书记
程　斌（兼）省委政法委副书记

2. 省综治委下设5个专门工作领导小组

(1)青海省社会治安综合治理委员会铁路护路联防领导小组，领导小组办公室设在西宁铁路分局。

组　长：赵永忠（省综治委副主任、副省长）

副组长：云保华（省委政法委副书记、省综治办主任）
龚凤森（省综治委委员、省军区参谋长）
王建明（省综治委委员、西宁铁路分局局长）

办公室主任：王　侗（西宁铁路分局党委副书记）

副主任：王发祥　马志成　张立军

(2)青海省社会治安综合治理委员会安置帮教刑释解教人员工作领导小组，领导小组办公室设在省司法厅。

组　长：赵永忠（省综治委副主任、副省长）

副组长：程　斌（省委政法委副书记、综治办副主任）
杨学武（省司法厅厅长）
钟通蛟（省政府副秘书长）

办公室主任：庞顺泽（省司法厅副厅长）

副主任：靳跃军

(3)青海省社会治安综合治理委员会流动人口治安管理工作领导小组，领导小组办公室设在省公安厅。

组　长：赵永忠（省综治委副主任、副省长）

副组长：程　斌（省委政法委副书记、综治办副主任）
任三动（省公安厅副厅长）

办公室主任：任三动（省公安厅副厅长）

副主任：殷咸珍（省委政法委助理巡视员、省综治办协调处处长）
王吉峰（省公安厅治安警察总队副总队长）
赵维平（省公安厅治安警察总队户政科长）

(4)青海省社会治安综合治理委员会预防青

少年违法犯罪工作领导小组，领导小组办公室设在团省委。

组　长：赵永忠　（省综治委副主任、副省长）

副组长：云保华　（省委政法委副书记、省综治办主任）

冷　巴　（省委政法委副书记、省综治办副主任）

尼玛卓玛（省综治委委员、团省委书记）

杨全玮　（省教育厅副厅长）

办公室主任：申红兴（团省委副书记）

（5）青海省社会治安综合治理委员会学校及周边治安综合治理工作领导小组，领导小组办公室设在省教育厅。

组　长：云保华（省委政法委副书记、省综治办主任）

副组长：冷巴（省委政法委副书记、省综治办副主任）

杨全玮（省教育厅副厅长）

任三动（省公安厅副厅长）

办公室主任：杨全玮（省教育厅副厅长）

副主任：殷咸珍（省委政法委助理巡视员、省综治办协调处处长）

段宏伟（教育厅基础教育处处长）

洛　巴（省公安厅治安总队副总队长）

青海省社会治安综合治理委员会关于表彰落实2001年至2002年度社会治安综合治理领导责任制地区的决定

（2003年1月21日）

2000年12月，省长、省综治委主任赵乐际同志与各州、地、西宁市党政主要责任人签订了《2001至2002年度青海省社会治安综合治理责任书》。两年来，全省各级党委、政府以“三个代表”重要思想为指导，认真贯彻落实党中央、国务院和省委、省政府关于社会治安综合治理的一系列方针、政策，始终把维护稳定放在首要位置，坚持“打防结合、预防为主”的方针，狠抓社会治安综合治理各项措施的落实，认真履行“保一方平安”的政治责任，较好地完成了《责任书》规定的各项目标和任务。

按照《责任书》的规定和要求，省综治委对各州、地、西宁市落实《责任书》的情况进行了全面检查、考评。考评结果由省五部（委、厅）联席会议和省综治委委员会议进行了审核、审定。为表彰先进，进一步推动全省的社会治安综合治理工作，省综治委决定对落实2001年至2002年度社会治安综合治理领导责任制成绩突出的地区进行表彰奖励，名单如下：

二等奖：海东地区、海西州

三等奖：海南州、海北州、果洛州

希望受表彰的地区珍惜荣誉，戒骄戒躁，总结经验，再接再厉，争取更大的成绩。全省各地区、各部门要以邓小平理论和“三个代表”重要思想为指导，认真贯彻党的十六大精神，全面落实《中共中央、国务院关于进一步加强社会治安综合治理的意见》和《中共青海省委、青海省人民政府关于加强社会治安综合治理的决定》精神，按照新一轮《责任书》的要求，继续广泛、深入地开展社会治安综合治理工作，严格实行社会治安综合治理领导责任制和目标管理责任制，充分发挥各级综治委专门工作领导小组和综治委成员单位的作用，求真务实，开拓创新，与时俱进，切实把社会治安综合治理的各项措施落到实处，努力开创社会治安综合治理工作的新局面，为西部大开发战略的顺利实施，为我省经济社会持续、快速、健康发展创造更加稳定的社会治安环境。

青海省综治委学校及周边治安综合治理工作领导小组关于印发《关于进一步加强学校及周边治安综合治理工作的意见》的通知

(2003 年 9 月 17 日)

各州(地、市)综治委学校及周边治安综合治理工作领导小组:

为了深入贯彻落实《中共中央国务院关于进一步加强社会治安综合治理的意见》及《中共青海省委、青海省人民政府关于加强社会治安综合治理的决定》精神,进一步加强学校及周边地区治安综合治理工作,推动学校安全文明创建工作的健康顺利开展,为广大青少年营造一个良好的学习环境。根据学校及周边治安综合治理工作领导小组第一次会议精神,现将《青海省综治委学校及周边治安综合治理工作领导小组关于进一步加强学校及周边治安综合治理工作的意见》印发给你们,请认真贯彻执行。

青海省综治委学校及周边治安综合治理工作领导小组关于进一步加强学校及周边治安综合治理工作的意见

为深入贯彻落实《中共中央国务院关于进一步加强社会治安综合治理的意见》及《中共青海省委、青海省人民政府关于加强社会治安综合治理的决定》精神,进一步加强学校及周边地区治安综合治理工作,建立起多方配合、齐抓共管的长效工作机制,推动学校安全文明创建工作的健康顺利开展,为广大青少年营造一个良好的学习环境,现就我省学校及周边治安综合治理工作提出如下贯彻意见:

一、指导思想

以"三个代表"重要思想为指导,坚持"打防结合,以防为主,标本兼治,重在治本"的方针,认真贯彻落实党的十六大精神,在巩固以往工作成果的基础上,进一步加强学校、家庭及社会各有关方面的配合协作,齐抓共管,以深化安全文明校园建设活动为重点,切实推进社会治安综合治理各项措施的落实,维护学校教学、教研、生活的正常秩序及周边地区治安,为广大青少年创造一个安全、文明、良好的学习环境。

二、目标任务

全省各地要在巩固以往工作成果的基础上,继续深入持久地开展学校及周边治安秩序的专项治理活动,加强制度建设,积极探索学校及周边治安综合治理的长效管理机制,明确工作责任和目标,增强责任意识,认真落实社会治安综合治理领导责任制;各地要以创建安全文明校园活动为重点,结合社会治安综合治理工作及学校工作实际,将青少年安全教育、法制教育、预防毒品教育、心理健康教育等内容与“社区青少年远离毒品”行动、“少年儿童平安回家”等活动有机结合起来；切实加强青少年法制教育，以培养广大学生法律意识、提高法律素质为目标，以学校、家庭、社会三结合教育为网络，进一步完善各项防范机制，努力实现校园及周边治安环境有明显改观、师生的安全感有明显增强的目标任务。

三、提高认识，进一步强化各项保障措施

随着经济和社会的发展，学校及周边地区治安管理出现了许多新情况、新问题，影响学校及周边治安的因素依然普遍存在，并且呈现出多样化、复杂化的趋势。目前，在部分地区的中小学校及高校仍然存在着治安隐患，一些影响到学校教学、生活及师生安全的问题并未完全得到解决，学校及周边治安综合治理工作的任务仍十分繁重。因此，各级党委政府和各有关部门要进一步统一认识，深刻理解十六大报告强调的“打防结合、预防为主”的方针，从讲政治、讲大局、讲稳定的高度，增强做好这项工作的紧迫感、责任感。各地必须充分地认识到学校及周边治安问题比较敏感，治理难度大，反复性强。因此，要在继续深入持久地开展集中整治学校及周边治安秩序专项行动的基础上，进一步强化各项保障措施。要真正将此项工作作为关系广大人民群众根本利益，关系维护社会稳定大局的大事，常抓不懈，持之以恒，并要抓紧抓好。

（一）要进一步加大校园及周边治安秩序的整治力度。各中小学在每学期开学前，主动与社会治安综合治理部门取得联系，根据本地区实际及存在的问题，抓住重点，集中力量，因地制宜地开展校园及周边治安秩序的清理整治工作。各高等院校要在做好学校内部安全工作的同时，积极开展各种类型的形势教育、政策教育，加强民族团结教育，加强对各种敌对势力的防范工作，增强广大师生维护民族团结和祖国统一的责任感和自觉性。

（二）全省各互联网服务单位要落实《互联网信息服务管理办法》、《互联网上网服务营业场所管理条例》、《互联网从事登载新闻业务管理暂行规定》等要求，进一步加强管理，保证网络安全，防止有害信息的传播。保护少年儿童上网安全，抵制各种不良信息对少年儿童的侵害。学校要在积极推进政治思想教育进网络的同时，加强校园文化建设，强化学生公寓管理，推进校园及周边治安环境的改善。公安、工商、教育、交通、文化、新闻出版等部门要明确各自职责，加强对学校周边200米内环境的整治力度，坚决取缔校园及周边200米内非法经营的电子游戏厅、录像厅、歌舞娱乐场所、音像书刊点和违章建筑，杜绝校园内的小卖部及摊点，采取有效措施，制止有害卡通画册和淫秽“口袋本”图书在青少年学生中传播。

（三）加强学校内部管理，预防各类安全事故的发生，落实治安管理责任。各级各类学校要进一步加强学校治安管理建设，建立健全相关制度，将学校内部管理与周边安全检查工作纳入学校日常管理工作中，加强校园内的防火、防盗工作，做到警钟长鸣，常抓不懈。同时，加强对学校内部及周边安全检查工作，及时清除各类安全隐患，杜绝火灾、建筑物倒塌和食物中毒等各类安全事故的发生。对农牧区住校学生的管理尤其要引起高度重视，采取有效措施，坚决杜绝学生食物中毒、溺水、宿舍倒塌造成伤亡等恶性事故的发生。高等院校领导要增强政治意识、大局意识，认真履行职责，及时了解掌握改革发展过程出现的影响学校稳定的各种矛盾、纠纷，认真做好处置突发性事件预案的制定演练。

（四）加强对影响学校及周边治安不良因素的排查，严厉打击拦路抢劫师生财物、殴打师生等侵害师生人身权利的各类违法犯罪活动；学校要积极配合交通安全部门，整顿校园及周边的交通秩序，减少交通事故和人员伤亡，进一步推广“小黄帽”和“让”字牌，深化“少年儿童平安回家”活动。同时，要聘请交通部门的人员定期到学校开展交通安全讲座，不断强化师生的交通安全意识。高等院校继续开展与“法轮功”邪教组织的政治斗争，做好帮教工作，严防校内“法轮功”邪教组织非法串联、聚集滋事及散发宣传品事件的发生，采取有力措施，防患于未然。

（五）进一步加强对青少年学生的普法教育宣传力度，继续推广和完善在中小学推行兼职法制副校长和法制辅导员制度，把法制教育作为一项重要内容纳入学校教育教学工作。要进一步加强对学校法制副校长及辅导员培训的力度，不断提高其专业水平。法制副校长、辅导员每个学年前总结法制教学工作，有针对性地提出工作意见，并向所在地区领导小组、综治办写出述职报告或工作总结。

四、加强领导，落实责任

根据《中央综治委学校及周边治安综合治理工作领导小组第一次全体会议纪要》要求，要进一步加大对学校及周边治安综合治理工作的领导力度。

一是进一步建立健全领导小组工作会议制度。各州（地、市）要在建立健全领导机构的基础上，加强协调、协作机制建设，完善相关制度，进一步加强相关部门间的沟通与联系。各地区、各部门要进一步建立完善目标责任制和责任查究制，层层签定目标责任书，增强参与学校及周边环境治理的责任感；领导小组每年至少要召开两次会议，研究解决维护学校治安、稳定工作中的问题，及时了解本地区治理工作中存在的难点、重点问题，并针对存在问题，及时调整工作部署和安排，并向省领导小组报告工作进展情况。各级政府要将此项工作列入地方教育事业发展目标责任书中，教育行政部门和学校要层层建立领导机构，按照“谁主管，谁负责”的原则，主要领导亲自抓，并要有专人负责。要建立行之有效的制度，采取切实措施，将学校周边环境综合治理以及学校内部安全的各项工作落到实处。按照分级管理的原则，各地每半年向省学校及周边治安综合治理工作领导小组上报一次工作情况，及时反映开展此项工作的做法、经验和存在的问题。

二是进一步加大监督检查力度。今后，各地区要根据规划部署，进一步加大监督检查力度。各级人民政府教育督导室要进一步加强督导和检查评估，要根据本地区实际及存在的主要问题，每年组织开展2—3次深入细致的检查，并及时将检查情况上报省学校及周边治安综合治理工作领导小组。要形成有效的监督机制，加大工作监督检查力度。要建立健全奖励机制，对在学校及周边环境工作中表现突出，成绩显著的单位和个人，予以表彰和奖励，推动学校及周边治理工作的广泛开展。

三是要通过多种手段进一步加强宣传，努力提高广大师生的法制观念、安全防范意识和自我保护能力。学校要通过主题团队会、班会、家长会、国旗下的讲话及研讨会、辩论会等多种形式，加强师生的法制教育、安全教育。特别是要紧密结合教学实际，把法制教育和学校安全教育渗透到各学科的教学中。

四是继续加强学校与社区及各有关部门的协调合作，有针对性地配合各有关部门及时开展各类专项检查，尤其是每年3月、9月新学期开学，各地教育行政部门和中小学要根据全省综合治理和安全教育的总体要求，进一步深入开展中小学安全教育和检查，特别是对校内危房、重要部位防盗、防火、学生饮食等进行全面检查，排除隐患，加强防范，切实保证学校安全工作落到实处。各大中专院校在做好学校内部安全工作的同时，应根据高校管理的特点，有所侧重地开展各类防范工作，并积极配合各有关部门认真做好校园及周边环境的综合治理工作。

五是各地公安、工商、交通部门及街道办事处、村（牧）委会要进一步加强与中小学校的联系，帮助学校搞好学校周边环境的治理工作。公安部门要设立举报电话，对学校报告的影响学校周边环境治理工作及侵害师生人身安全的事件要采取果断措施，及时予以处理。

六是各有关部门和单位要认真贯彻中央综治委文件精神和省学校及周边治安综合治理工作领导小组要求，在当地党委、政府的领导下，各司其职，协作配合，加强组织机构建设，切实保障人、财、物的落实，健全完善各项规章制度，加大监督检查力度，真正形成齐抓共管的合力，为各项工作的顺利开展奠定扎实的基础。全省各地要认真贯彻十六大精神，积极做好学校及周边治安秩序的综合治理工作，深入调查研究，科学判断形势，制定行之有效、符合实际的措施，努力开创我省学校及周边治安综合治理工作的新局面，推动我省经济社会快速发展，为全面实现小康社会创造良好的社会环境。

因地制宜　狠抓落实
深入开展基层安全创建活动

玉树州社会治安综合治理委员会

玉树州地处青藏高原腹地，毗邻川、藏、新三省区，总面积2670万公顷，占全省总面积的37.2%。2002年底，总人口26.8万人。全州平均海拔在4200米以上，周边勘界线长达3000公里。

近年来，玉树州委、州政府以邓小平理论和“三个代表”重要思想为指导，紧紧围绕全州、全省工作大局，正确处理改革、发展、稳定的关系。认真贯彻社会治安综合治理的一系列方针、政策，坚持“打防结合、标本兼治、重在治本”的方针，立足牧区实际，以争创“城镇治安模范单位”、“乡、村、社‘六无’治安先进单位”、“安全文明学校”、“民兵治安联防先进辖区”为主要模式，深入开展了以“六无”为主要内容的基层安全创建活动，取得了明显实效。截止2002年底，全州创安覆盖率为65%，城镇创安覆盖率为85%，牧区创安覆盖率为70%，初步形成了覆盖率和巩固率稳步提高的良好局面，有效地促进了各项综治措施的落实，全州社会治安明显好转，有力地维护了全州社会政治稳定。据统计，2002年，全州刑事案件发案168起，比2001年同比下降28%。我们的主要做法是：

一、坚持“分类指导，突出重点”，采取有力措施，大力推进基层创建活动的开展

一是深化群防群治工作，大力开展治安联防。我州由于所处地理位置特殊，近几年来，牧民群众的牲畜被盗被抢问题突出，特别是跨省区的流窜作案不断发生。尤其是外省区的一些不法分子频繁流窜到我区作案，强取豪夺，盗抢牲畜较为突出。仅2002年4月至7月近四个月的时间里，就连续发生12起特大牲畜盗抢案，被盗抢的牲畜达300多头只(匹)，边界刑事案件发案率与上年同期相比上升90%，牧民群众的生命财产安全受到严重威胁。针对这一情况，州、县党委政府立即成立了专项治理领导小组，抽调得力干警组成若干工作组，深入基层，广泛动员牧民群众，以村为单位，迅速组建了180多个牧民联防小组，联防成员达2300余名，在县、乡人武部门的组织领导下，进行了大规模的治安联防训练和法律、法规、政策教育，多次进山巡逻，并逐步落实了政法干警驻村、巡访、包乡、包片等群防群治措施。同时，各地在落实群防群治费用中，结合实际，进行了一些积极的探索和有益尝试，总结出了一些行之有效的办法和措施，保证了群防群治工作的有效开展。如称多县在落实治安联防费用中，实行社会治安奖励基金制，基金的筹措采取群众筹集和县财政配套的办法，每人每年筹集2元，县财政以1:0.5的比例进行配套，并列入当年财政预算，取得了明显的成效。此外，各县公安机关在部署工作时，根据不同季节和发案规律做到科学配置警力，确保警力向基层延伸，警务前移，把工作重点放在管理、防范、服务和密切警民关系方面，实行专群结合，构筑新形势下牧区社会治安防范管理体系。2002年下半年，我们在称多县的清水河等部分乡镇实施了“特事特办”试点，将借给牧民的枪支配发给治安联防队，由公安派出所统一保管、统一使用，这一举措有力的支持和巩固了边界的治安联防，对周边地区治安和社会稳定起到了重要作用。同时，我们加强了与毗邻外省区的联系，不定期的召开治安联席会议，形成了边界地区治安联防网络，有效地遏制了边界地区牲畜盗抢案件的上升势头，发案率也明显下降，边界地区治安状况得到了改善，牧民群众的生命财产安全得到了保障。

二是加强对流动人口的管理。我州因盛产冬虫夏草，每年5—6月间大量外来人员从省内其他地区和省外涌入我州采挖收购虫草,仅2002年就达5万余人。大量流动人口的涌入,给我州的社会治安带来了一定的压力和隐患。近几年发生的刑事案件,有60%以上是外来流动人员所为。针对这一现象,我们把对流动人口的管理作为基层创安的一项重要工作切实加以强化,定期召开专题会议研究部署,及时组织人员加强对暂住人员和房屋出租户进行定期或不定期的清查登记,层层签订治安责任书,准确掌握他们的动向,及时摸排和发现可疑人员,尽可能减少和避免对重点人口的漏管和失控现象,有效地预防了流动人口犯罪。

三是讲求实效,适时开展"严打"整治斗争。这几年,州、县公安部门积极与武警、军队及民兵联手,结合"严打"整治斗争,根据不同时期的治安形势和特点,多次开展治安混乱地区专项治理工作。据统计,在2001年4月开展"严打"整治斗争以来的两年时间里,全州重点整治治安混乱地区、场所126个;抓获犯罪嫌疑人421名,打掉犯罪团伙23个,87人,共追回各类被盗、被抢牲畜508头只(匹),收缴子弹10000余发及一批爆炸物品和管制刀具,狠狠打击了犯罪分子的嚣张气焰,维护了全州的稳定。

四是坚持"典型引路",不断总结经验,提高创建质量。自开展创建活动以来,州综治委先后蹲点总结了移多县拉布乡、治多县立新乡、玉树县甘达村、州人行、州邮政局等率先达到"六无"标准,对这些单位进行了大张旗鼓的表彰,有力的带动了全州安全创建活动的深入开展。

二、以全面落实社会治安综合治理责任制为龙头,不断扩大安全创建活动的覆盖面

结合我州实际,州综治委将"六无"作为安全创建的具体目标,在全州范围内层层签订了综合治理和安全创建工作责任书,并做到年中有检查,年底有考评,兑现奖惩。目前,在全州范围内,社会治安综合治理领导责任书的签订,已形成了纵向到底,即从州、县、乡(镇)、村社一直到农牧户;横向基本覆盖各行各业,即从机关、团体、企事业单位一直到个体工商户的格局。将基层安全创建工作摆到了与经济工作同研究、同部署、同考核、同奖惩的重要位置,常抓不懈,有力地推动了基层安全创建工作的深入开展。2003年我们又借全省开展"社会治安综合治理年"活动的东风,进一步深化了安全防范和安全创建"六无"村(社)活动。根据今年上半年的检查和抽查,截止目前,全州农村(半农半牧区)"六无"创建率为67%,比上年增长2个百分点;纯牧区"六无"创建率为73%,比上年增长3个百分点;城镇"六无"创建率保持在85%以上。

三、强化基层组织建设,充分发挥其在"六无"创建活动中的职能作用

一是加强了以基层党支部为核心的各类组织建设。及时整顿、充实、完善了基层党支部和治保、调委等配套组织。截止2002年,全州共有一类党支部159个,二类党支部98个,无三类党支部;建立健全治保组织427个,调委会624个,群防群治组织478个。二是充分发挥基层治保组织和调委会的职能作用,坚持"调防结合、以防为主"的原则,及时掌握、排查和正确调处涉及人民群众切身利益。对可能引发群体性事件和可能转化为刑事案件的各类矛盾纠纷,按照"属地管理"和"谁主管谁负责"的原则,抓早抓小抓苗头,最大限度的减少和化解治安隐患,把不稳定因素解决在萌芽状态,确保社会稳定。据统计,全州每年调处各类矛盾纠纷1000多起,调处成功率达85%以上。三是在此基础上,加大了基层综治机构建设力度,在乡级陆续配备了专(兼)职综治工作人员,成立了必要的办事机构,州和部分县已将0.15元的综治人头经费纳入财政预算,并保证划拨到位,有力的支持了基层创建工作的深入开展。

四、立足当前治安,着眼长远稳定,密切配合有关部门做好维护社会稳定工作

在创建工作中我们既注意立足当前治安实际,着力解决当前社会治安中存在的一些难点、热点问题。同时,也注重结合牧区特点着眼于长治久安,深入分析近年来社会治安形势变化给社会稳定工作带来的新问题,努力做到超前思考、超前安排,避免被动应付,积极探索牧区安全创建工作的新思路和新方法。充分发挥综合优势,在开展安全创建活动中密切配合有关部门,做好维护稳定工作,确保全州社会政治稳定。在创建工作中,我们积极配合统战、宗教等有关部门,强化对寺院僧侣的爱国主义教育,依法加强对宗教事务的管理,积极引导宗教与社会主义社会相适应。

五、狠抓“四五”普法工作的落实，不断推进依法治理进程，巩固基层创安活动的成果

一是坚持依法治国和以德治国相结合，利用各大节日和重要时机广泛开展综治、法制宣传和公民道德宣传教育活动，扎实推进“四五”普法，提高全体公民的法律素质和道德水平，预防和减少违法犯罪的发生。开展“四五”普法两年来，全州共举办各种大型法制宣传教育30余场(次)，举办各种法制宣传讲座和培训班20余期，发放各类宣传品和普法书籍31000余份，受教育人数达16000余人次。与此同时，各地区、各部门结合各自业务实际，积极征订各类法制报刊和书籍，在不同程度上满足了干部群众的学法需求，为普法依法治理工作的深入开展奠定了坚实的基础。二是大力加强了对青少年的法制道德教育，搞好法制副校长的培训工作，充分发挥其职能作用。目前，全州190所中小学都配备了专(兼)职法制副校长，有条件的学校还聘请了专业法制辅导员，把法制课程纳入正常教学轨道，与思想政治课紧密结合，定期给学生上课辅导、宣传教育，基本杜绝了在校青少年违法犯罪。同时加强了校园及周边地区的治安整治和对闲散青少年的教育和管理，有效避免和减少了犯罪。三是大力推进依法治理工作，促进依法行政、公正执法。在各级政法部门狠抓了执法责任制、公示制、督察制、错案和执法过错追究制“四项制度”的落实，加大了执法的公开透明度和违法追究力度；依法推进了乡村政务公开、财务公开制度。目前，全州已有37个乡镇和235个村(牧)委会不同程度的开展了依法治理活动。

军地配合群防群治　扎实开展巡山护畜活动

久治县综治办

我县综治委在上级党委、政府的正确领导下，坚持以“三个代表”重要思想为指导，认真总结和分析政法综治工作经验和当前面临的社会治安形势，紧紧围绕中心，服务大局，着眼实际，深入调研，找准工作的切入点和落脚点，精心组织，扎实开展巡山护畜工作，为保护牧民群众的切实利益，维护当地社会稳定做出了积极贡献。我们的主要做法和体会是：

一、领导重视，组织健全，人员经费落实

近几年来，我县曾先后组织过专项治理、严打整治，实行社会治安综合治理责任制，但由于种种原因，效果不明显。去年初，县委、政府就此问题进行了认真的研究和探讨。综治部门组织人员深入乡(镇)、牧委会广泛征求牧民群众的意见，走帐串户了解详情，对牧民群众最关心的问题、最需要解决的困难进行了调研。在深入调研的基础上，县综治委向党委提出了“组织民兵、公安干警开展打击偷牛盗马、保护生态环境、除狼灭害为主要内容的社会治安综合治理活动建议”提交县委常委会讨论，得到了与会常委们的一致赞同。经研究，成立了以县长为组长、县委副书记、政法委书记、副县长、县人武部部长、政委为副组长，有关单位领导参加的领导小组。县综治委牵头，县人武部具体组织实施，集中全县六乡(镇)民兵，专武干部及部分公安干警紧紧围绕牧区社会治安中最突出、最迫切的问题，于2002年7月18日至8月7日开展了巡山护畜工作，参训民兵、公安干警、专武干部克服各种困难，全程参加训练。县政府在财力非常困难的情况下拨出10万余元，专门用于民兵巡山护畜执勤训练，从组织、人员、经费上保障了基层治安联防工作的深入发展。

二、纪律严明，精心组织，成效显著

为切实搞好巡山护畜活动，从县委、县政府到综治委、办，从公安干警到民兵连、排长，都充分发挥了干部身先士卒的模范带头作用。不会骑马，就早学习、早训练。巡逻途中跑前跑后，既组织行军、执勤巡逻，又宣传群众、调查研究，起到了率先垂范作用。正是由于这种高度负责精神和模范表率作用的感染，在外出10天的巡山期间，各巡逻队无一人违纪，无一人抱怨，无一人打退堂鼓。整个执勤期间，无一人一马拉队，无一枪一弹丢失损坏，圆满的完成了任务。活动历时20天，参加民兵、专武干部、公安干警153人，马146匹，完成共同训练日8个，编三人巡逻分队实地巡山小组92个，巡山总里程达4552公里，巡山面积2500平方公里，清理非法采集中草药人员440名，罚没12200元，没收非法采挖贝母3500克；掌握各类违法犯罪线索10余条，查清在逃人员线索3条，抓捕犯罪嫌疑人5名，收缴非法枪支1枝，纠正违章车辆56台（次），途中宣传群众636人，散发宣传单350张，悬挂标语牌36块，涌现出好人好事45起，先进集体3个，先进个人27名。通过开展巡山护畜工作，提高了我县公安民警、基层民兵、专武干部打击、预防违法犯罪和处置群体性事件的能力，增强了牧民群众自我防范意识，有力震慑了违法犯罪分子的嚣张气焰，促进了我县严打整治工作的深入开展。事实证明，只要我们的各级干部以高度的政治责任感精心组织，以实际行动率先垂范，就没有克服不了的困难，就没有完不成的任务。

三、锻炼队伍，教育群众

为把巡山护畜活动搞深入、做扎实，各巡逻队出发之前，我们就制定了周密的计划，既有社会调查、群众宣传，又有行军训练、执勤巡逻，形式多样，内容丰富。巡逻队按“三个代表”的要求，勤奋工作，干好本职，用自己的实际行动实践和弘扬老高原精神。执勤途中，不仅仅是单纯的巡逻，而是把每一天的行程进行合理的安排，从早晨出发开始，按照紧急拉动的程序进行训练，从部队集合、行军命令下达、行军编队、行军宿营都进行了认真的、严格的训练；从巡山小组的派遣、当日工作的小结到次日工作安排部署都按照排务会、班务会的方式进行，着重锻炼民兵班、排长的组织能力；从行军序列的编成、宿营地选择设置到哨兵勤务的安排，都按照正规化的要求实施，不断提高民兵干部的指挥能力。各巡逻队返回驻地后，交流经验，总结教训，使民兵队伍的整体素质有了提高。对于沿途及驻地遇到的牧民群众，各宣传小组就主动召集起来，分别用藏、汉两种语言宣传巡山目的、政府法规制度、国防知识，散发宣传单、悬挂标语牌，走一路宣传一路，住一处宣传一处。这种做法得到了广大牧民群众的欢迎。他们把巡逻队的到来看作是党和政府的关怀，主动给巡逻队送奶、送茶、送燃料，巡逻队离去之时，他们又牵马坠蹬送一程。并积极为巡逻队当向导，提供信息，报告情况，为巡山护畜执勤巡逻任务的顺利完成提供了许多便利，同时也进一步密切了党群、干群和军队与人民群众的鱼水关系，收到了良好的效果。

四、总结经验，推进工作

巡山护畜活动结束后，针对久治地处三省交界这一特殊地理位置，社会治安形势复杂、多样的实际。我县各有关部门多方收集情况，研究探讨如何长期发挥民兵作用搞好社会治安，如何发动各乡（镇）、牧委会组织民兵巡山护畜等实际问题，总结如何教育提高牧民群众的自我防范、自我防护的办法与措施，得到了县委、县政府的高度赞扬和社会各界的一致好评。年底，县委、县政府和县人武部又做出了《2003年民兵巡山护畜工作实施方案》，进一步推动了巡山护畜活动的开展。

守一方土地　保一方平安　促一方发展

贵南县社会治安综合治理委员会

森多乡民兵摩托应急连组建于1997年4月，该连下设4个排，12个班，有民兵125名，摩托125辆，党员7名，团员29名，分布11个村，该连队组建6年来，按照守一方土地、保一方平安、促一方发展的要求，带头学文化、讲科学、促文明、保稳定，先后被省综治委评为“青海省社会治安综合治理先进集体”，被省委、省政府和省军区授于“高原民兵模范应急连”荣誉称号，2001年8月被国家人事部、中央综治委评为“全国综合治理先进集体”，并进行了隆重的表彰奖励，海南州委、州政府和州军分区作出了“关于向贵南县森多乡民兵摩托应急连学习的决定”，号召全州广大党员和各族群众掀起一场向“高原民兵模范应急连”学习的热潮。

（一）

贵南县平均海拔3000米以上，自然环境比较恶劣，社会治安状况也异常复杂，民兵摩托应急连所处的森多乡是一个全民信教的牧业区，藏传佛教在群众中有着深厚的基础和广泛的影响，历来是敌对势力渗透、策反和分裂的重点地区之一。六年多来，连队党支部始终坚持着高度的政治警觉性和敏锐感，坚持把思想政治建设放在首位，从而使广大民兵经受住了复杂环境的考验。他们始终把政治合格作为民兵入队的第一条件，像部队招收新兵那样，严格政治审查，坚决不让有“藏独”倾向和现实表现差的人入队。几年来，他们对285人进行了政治审查，先后有16名人员被淘汰。随着市场经济的不断发展和西部大开发战略的实施，牧民群众迫切要求改变贫困落后面貌，许多民兵被“当民兵吃亏不如外出赚钱”的思想所困绕。针对这一实际，他们在全体民兵中广泛开展“人生为什么”、“我当民兵为什么”的大讨论，按照江泽民同志“三个代表”的要求，帮助树立正确的世界观、人生观和价值观，以增强民兵参加组织活动的自觉性。每年5至8月份，既是牧区年轻人采挖虫草，外出打工挣钱，搞多种经营致富的大好时机，又是外来人员增加，治安状况复杂的时期，为了不误民兵训练，保证有足够的人员开展巡逻，维护治安，许多民兵自觉放弃了发家致富的机会，坚持为保一方平安而尽心尽力。日芒村民兵李科把自家不景气的空芯砖厂托靠给妻子，自己踊跃参加巡逻值班，连续15个昼夜都没有回家。几年来，连队成立了临时党支部，选出了带头人，制定了《临时党支部工作制度》等，定期开好民主生活会、支部党员大会和党员干部思想汇报会，有效地提高了支部的凝聚力和战斗力。2001年7月，正值牧民群众转场之际，连续几天的暴雨冲毁了道路，交通一时被中断。森多乡党委将帮助牧民群众转送帐篷和生活物资的任务交给了该民兵连，受领任务后，连队党支部带领全体民兵迅速出动手扶拖拉机100多辆（次），抢修道路15余公里，运送物资200多吨，保证了牧民群众的顺利转场。

（二）

森多民兵摩托应急连是维护该地区社会稳定的一支重要力量，几年来，他们把维护稳定，保一方平安作为自己一项神圣的职责，从严从难练就了精湛的技能。1998年7月，连队接受了为全省民兵应急分队政治建设座谈会表演军事科目的任务后，民兵们迅速从草原各定居点汇集到训练场地，冒着酷暑，摸爬滚打，训技能练战术。尤其是在骑摩托车追击暴徒的基本训练中，民兵们在坎坷草地上一遍又一遍的操练，许多同志的手腿被震麻了，磨破了，但仍然驰骋在训练场上，表演会上，他们整齐划一，娴熟地驾车技能和灵活的战术动作，展示了民兵摩托应急连的雄姿。连队党支部积极利用民兵整组，集中训练，重要节日之机，广泛进行战备职能，爱国奉献教育。民兵班长才旦加卖掉家中的30只羊，购买了一辆摩托车，带领全班进行训练，许多民兵在家中劳力极缺的情况下，毅然投入到训练行列。民兵豆改加一家四口人，全靠放牧为生，他是家中惟一的成年劳力，但他没有忘记自己是一个摩托应急连民兵。他不顾母亲和妻子的埋怨，将羊群托付给别人代牧，自己投入到训练场地。民兵华周为了参加训练，宁可卖掉一只羊，也坚决不要村里给他的牲畜代牧费。1999年6月份，他们在果洛州训练期间，因连降大雨，气候寒冷，水土不服，许多民兵患感冒，拉痢疾，但没有一个民兵临战退缩，中断训练。民兵班长切洛，感冒发烧达39度，送到果洛州医院治疗，但他只住了一夜院，就跑回到了练兵场，在训练中，许多同志磨破了肘部和膝盖，流着血，忍着痛，仍坚持训练。民兵拉加第一次参加训练，因对训练场情况不熟，在骑摩托车行进中，不幸摔倒在沟坑里，摩托车把手被摔断，他自己也被摔得头破血流，但他未掉一滴泪，第二天又奔向训练场。

（三）

贵南县是全国治沙重点县，沙漠地带在森多乡与过马营之间的黄沙头段绵延数百里，且每年以近百米的速度向东南方向逼进，不断蚕噬草原、蚕噬绿色。为使自己的家园不被沙漠吞没，连队党支部主动向县委、县政府请缨，组织民兵在黄沙头沙漠边缘地带实施“植树造林，防沙治沙”工程。经过几年的努力，目前已植树近30万株，平整林地1360亩，种草1000多亩，已退耕还林还草2660多亩。完秀村民兵完玛家中有五口人，可是老的老，小的小，真正的劳力只有他和妻子两个人。在今年的植树造林期间，他将300多只羊雇人代牧后，带领妻子和民兵们一起在黄沙头与风沙“搏斗”。当有人问他“不怕羊群丢失，被人拐跑吗”，他说：“民兵连的事不能误，黄沙头的事更是没法耽搁，自己家的事是小事，治沙防沙可是大事”。

“要想富，先修路”。民兵应急连利用闲暇时间挥镐修路，使全乡95%的牧户通了乡村公路，大大方便了牧民们与外界的沟通和联系，现在许多牧民一改过去“骑马走天下”的状况，纷纷用上了摩托车和拖拉机。卡加村民兵修的一条乡村公路被村民们亲切地称为“致富路”。

森多乡自然条件恶劣，草原基础设施薄弱，因为没有防灾基地，每次遇上雪灾、洪灾时，牲畜损失惨重。1999年，民兵们率先投资搞网围栏，建起16栋示范畜棚，家家有定居房屋，牧民们的科技兴牧意识越来越强，收入逐年提高，彻底改变了昔日那种“常年游牧走四方，祖祖辈辈住帐房”的落后、封闭式的生产生活方式。

民兵应急连充分发挥“青年民兵之家”的作用，发动民兵积极参加乡村的扫盲学习班，实现集体脱盲。几年来，在上级的支持下，他们在森多乡先后举办扫盲培训班12期，举办油菜种植，病虫害防治，大型农用机械操作等培训班7期，使全乡的200多名牧民脱了盲或掌握了一至两门生产技术。1998年贵南地区发生牲畜“口蹄疫”疫情后，他们发动民兵宣传预防知识，组织群众按划定的草山分群放牧，并协助兽医人员给10万多只牲畜打了防疫针。针对牧区适龄女童失学突出的问题，号召民兵送女儿上学和做牧民群众思想工作方面模范带头，使全乡女童入学率达到97%以上。

民兵应急连发挥民兵有一定文化，具有一定生产技术的优势，带头发展经济，脱贫致富，积极开展送温暖，送技术活动。民兵李科在村里率先购买了汽车和联合收割机，他又动员5名民兵联合建起了空芯砖厂，固定资产已达22万元，年收入达15万元，连续3年资助村里两个贫困户脱了贫，个人出资5000元，维修了村里的“青年民兵之家”，购买了活动器材。鲁秀麻村民兵才让桑杰主动承担起了帮助贫困户拉则加脱贫致富的任务，年年上门为他制定生产计划，筹划安排一年开支。塔哇村民兵扎西加华依靠科技致富后，经常用自己的农机具帮助贫困户发展生产。斯肉有位74岁的孤寡老人叫切毛太，该村摩托应急连的8名民兵主动承担起了赡养老人的义务，还集资为老人建了新房，老人逢人就说“我能活到现在，多亏了民兵，共产党实在好”！在贵南草原上，类似这样的事情还很多。

（四）

草原牧区地广人稀，居住分散，社情复杂，突发情况多，几年来，该连队在维护本地区安宁和群众生命财产安危方面，不断发挥着信息员、调解员、治安员、宣传员的作用，每年的夏秋季节，森多乡所属各村牧民群众都要转场到夏秋草场茫什多处放牧，这里人员聚居，人口繁杂，治安状况比较复杂，该民兵应急连要集中巡逻50多天，开展治安防范，年年如此，从未间断。1999年8月，因草山问题，原拉乙亥乡河州村民打伤了森多乡元义村两名老人，元义村村民集聚起来，带着藏刀，铁锹准备报复，一场上百人的械斗就要发生的紧要关头，摩托应急连排长才航加带领10名民兵赶到现场，经过一个多小时的劝说、疏导，一场弥漫血腥味的械斗得到及时化解。事后，村民们感慨地说："那天幸亏才航加带着民兵来了，要不就闯下大祸了"。1999年6月中旬，一场罕见的洪灾几乎席卷了贵南大草原的沟沟洼洼，短短几天时间里7人死亡，500多只牲畜被冲走，多处草场、农田被泥石流淹没。民兵们纷纷冲出家门，迅速投入到抗洪抢险第一线。他们骑着摩托车风驰电掣，通知牧户立即转移；他们挺身而出，将完秀村20多户被洪水围困的牧民转移到了安全地区，还帮助村民接送学生。洪水过后，他们又主动捐钱捐物，帮助灾民重建家园。为了家乡的安宁，他们与犯罪分子进行坚决的斗争。1998年10月，卡加村李民李加太到县城办完事，连夜骑摩托车返回家途中，遭3名持刀歹徒袭击，抢走了摩托车，民兵班长彭化杰得知此事后，连夜带领15名民兵配合公安机关分组围追堵截，将犯罪分子抓捕归案。2000年年初，日芒村8名民兵在班长才项南杰的带领下，追回被盗的4头牦牛。同日，一盗贼窜人鲁秀麻村牧民家畜棚中，欲盗走10余只绵羊时，被民兵才让项见发现，面对盗贼的匕首，他挺身而出，将盗贼制服，受到牧民群众的称赞。

森多乡日芒村、加尚村和青稞羊村是森多乡创建的"安全小区"，也是全县综合治理方面的一面旗帜，这三个村近几年未发生过一起刑事案件、重大治安灾害事故，也未出现过上访事件。日芒村曾被省上评为"青海省文明村"和"青海省科技先进村"，加尚村是"全省综合治理先进集体"，曾多次受到省、州、县综治部门的表彰奖励，这些成绩的取得，是与广大摩托应急连民兵的辛勤努力分不开的，他们积极发挥带头作用，带领和组织村里改变不良风气，与坏人坏事作斗争，宣传党的民族宗教政策和富民政策，宣传法律，修改村规民约，带头移风易俗，在重大节日，重大集会等治安敏感时期，组织民兵执勤巡逻，防盗防火，维护治安，调解和制止草山纠纷等。2000年6月份，青稞羊村党支部副书记旦正才让开着自家的吉普车，从黄沙头返回家时发现两名口吐白沫，生命危在旦夕的"摩的"司机，当场驱车赶往县城将病人送往医院抢救。同时，向公安机关报案，提供线索，为破获震惊全省的贵南"6·5"特大麻醉抢劫案件作出了贡献。几年来，他们参与调解和制止各类纠纷30余起，护村、护牧巡逻2200余人次，协助公安机关围追、堵截并抓获犯罪嫌疑人27人次，协助村委会调处草山纠纷6起，抢险救灾挽回经济损失50余万元，做好事200多件，被该地区广大牧民群众称赞为高原牧区的"保护神"。

协同配合　做好油田社会治安综合治理

中国石油青海油田分公司

青海油田自1999年重组改制以来，在勘探开发、油气生产、经济效益的提高等方面连续几年取得了可喜成绩，油气年产量按10%以上的速度递增，成绩的取得来自于油田各级领导和广大职工的努力工作,其中油田社会治安的稳定为油田的发展提供了良好的条件。

油田重组改制后,青海油田划分为青海石油管理局和中国石油青海油田分公司。在社会治安综合治理方面,油田成立了油田社会治安综合治理委员会。几年来,在省、州社会治安综合治理委员会的领导下,油田公司各级单位按照综合治理有关精神,认真贯彻落实综合治理工作方针,做了大量艰苦细致的工作,在各级党政组织和全体职工家属的共同努力下,共同为油田生产发展创造了稳定的治安环境。

一、主要做法

(一)抓好制度建设,完善和落实综治工作。重组改制后,为进一步做好企业社会治安综合治理工作,油田综治委和各单位综治部门结合油田分开分立的实际情况,在遵守国家法律的基础上,从油田实际情况出发,提出并制定了相关的综治条例,要求各单位、各级组织、各部门齐抓共管,严格落实和执行。同时大力加强法制宣传教育活动,实施“四五”普法计划,利用油田新闻机构开辟了各种法律栏目努力加强了法制宣传工作,为油田综合治理工作的深入开展发挥了积极的作用。

(二)各级党委对综合治理工作的高度重视,促进了综合治理工作的健康发展。几年来,各单位实行综合治理工作和生产经营任务同部署、同要求、同检查、季讲评、年兑现的工作制度。油田公司现有二级单位12个,各单位都成立了相应的综合治理机构,配备了一定数量的专兼职人员。管道输油处、格尔木炼油厂分别设置有公安科和经警中队。现有治安保卫人员58人,配备了吉普车1辆,摩托车1辆,对讲机5台,手枪2支。主要负责保护花—格管道沿线和格尔木炼油厂的安全生产。

(三)加强防范,堵塞漏洞,消除隐患,保持企业内部治安稳定。

一是抓稳定、抓队伍,促进油田经济稳步发展。自油田重组改制以来,随着企业改革的不断深化,油田各单位进行了人事、薪酬制度改革,部分二级单位进行了内部管理重组和人员分流,加上与企业自愿解除劳动合同关系的人员,由于对政策不够理解等原因造成部分人员集体上访。面对这种情况,油田党委、工会和油田综治委立即召开专题会议进行讨论,分别谈话,逐项进行解释,在政策上对职工进行引导,安置部分待岗工人,解决困难家庭子女就业问题,采取多方位、多渠道的工作,使职工队伍保持了稳定,一线职工安心工作,基地职工、家属安居乐业。二是加强人防、物防、技防工作,形成标本兼治,全方位、立体化、动静结合的防范网络。如格尔木炼油厂在大力降低生产成本、减少非生产开支的情况下,组建了一支安全经警队伍,投人近10万元的经费,加装了29个防盗报警器,完善了自动报警系统。增设了防盗门,加高、加固了厂区围墙,为经警队添置了巡逻车,并购买了6只训练好的巡逻犬,有效地防止了盗窃案件的发生。另外,勘探开发研究院、采油一厂、管道输油处等单位也加强了“三防”措施的落实,收到了明显的效果。由于各单位人防忠于职守,物防设施牢固,技防灵敏可靠,使三防措施在内部防范上发挥了显著作用。

(四)把综合治理工作同生产工作紧密结合,治保工作进生产车间,到施工场地,保证生产正常运行。采油一厂、采油二厂、采油三厂等单位加强巡查力度,实施24小时值班,落实防车辆、防成品油、防原油的被盗制度。有效地打击和遏止了倒、盗原油的行为。管道输油处坚持每季对野外泵站进行防范检查,发现问题和隐患,及时解决整改,以保证生命线畅通无阻。

二、存在问题

几年来,由于各级组织和领导重视,油田和社会治安综合治理工作取得了良好的工作成绩,但由于企业改革日益深入,企业结构调整和职工群众利益关系的调整,都为我们做好社会治安综合治理工作增加了难度,存在的问题主要有以下几个方面:一是个别单位对做好综合治理工作还存在差距,会议讲的多,实际抓落实的少,没有真正纳入领导的议事日程,重生产,轻治安的现象仍然存在。特别是在重组改制、企业机构改革过程中,治安保卫、综合治理专业队伍机构和人员不够稳定。二是部分职工、家属法律意识淡薄,自我防范意识弱化,致使治安问题时有发生。

三、今后工作打算

2003年,为了实现全油田社会治安综合治理各项控制指标的完成,确保油田内部治安秩序持续稳定,确保油田内部治安秩序持续稳定,确保油田生产建设和职工家属生活稳定发展，油田确定下一步要努力做好的几项工作是：一是贯彻十六大精神，以“三个代表”重要思想为指导，与时俱进，充分认识社会治安综合治理的重要性，不断提高综合治理工作水平。二是不断提高职工群众思想素质，坚持法制建设和道德建设共同进步。加强法制宣传教育，提高职工群众法律素质，特别是党员干部的法律观念和道德水准。三是积极开展工作，维护内部稳定。企业要发展，没有稳定的治安秩序不行。必须积极工作，维护和保持和谐稳定的内部治安环境。四是继续做好防范措施的落实。各单位根据自己的实际，做好调查研究，分析本单位在治安防范工作中存在的问题和漏洞，抓好防范措施的落实。

（撰稿：赵小宁

审稿：云保华　张玉柱　王霖霖）

宁夏回族自治区
“严打”整治斗争情况

2003年，全区公安机关共立刑事案件18076起，与2002年相比下降7%，降幅列全国第10位；共破获各类现行刑事案件9437起，同比上升8.7%，增幅列全国第7位。其中，1至4月共立刑事案件5576起，与2002年同期相比下降8.7%；破案率为42.6%，同比提高9.7个百分点。全区检察机关共受理移送审查批捕案件2972件（4395人），批捕2709件（3936人）；受理移送审查起诉案件3577件（5397人），提起公诉2981件（4335人）。全区各级法院共受理一审刑事案件5251件，审结5186件，同比上升0.1%，判处5年以上有期徒刑、无期徒刑和死刑（包括死缓）的796人，重刑犯为18.81%。

一、加强领导，为开展“严打”整治斗争提供有力保障

2003年初，按照自治区“严打”整治斗争领导小组的部署和要求，公安厅把组织开展“严打”整治斗争第七战役，确保中央提出的两年为期“严打”整治斗争目标如期实现，作为一项政治任务，提上重要议事日程。先后多次召开厅党委会议，进行专题研究，制定下发了《两年为期“严打”整治斗争第七战役工作方案》、《关于“严打”整治斗争第七战役期间开展相关专项斗争和集中统一行动的安排意见》，对全区公安机关开展“严打”整治斗争第七战役进行了全面部署。战役中，公安厅派出由4名领导带队的督导组深入基层公安机关检查督促，协调指导。各地公安机关按照公安厅的统一部署，精心制定工作方案，明确打击、整治重点，使各项工作目标明确，措施得力，有安排、有检查、环环相扣，稳步推进。2003年4月，全国两年为期“严打”整治斗争结束后，全区公安机关坚持“严打”方针不动摇，不断巩固和深化“严打”整治斗争成果，结合第七届全国少数民族传统运动会安全保卫工作，因地制宜，突出重点，组织开展了多种形式的“严打”整治专项斗争，有力地推动了全年“严打”整治斗争工作的深入开展。自治区高级法院、自治区人民检察院由领导带队，多次深入基层开展调研，及时发现、研究新情况、新问题，并召开专门会议，指导、推动“严打”斗争健康发展。

二、攻坚克难，严厉打击严重刑事犯罪活动

为把打击的锋芒对准杀人、绑架、伤害、抢劫等严重暴力犯罪，公安厅和4市公安局坚持宏观调控、微观放手原则，加强督导，协调指挥；各县（市、区）公安局（分局）牢固树立“一盘棋”的思想，集中力量，攻坚克难，形成了上下联动，横向联系，综合运用多种侦查措施的良好工作机制，先后成功侦破了公安厅挂牌督侦的石嘴山市“2·24”系列强奸案、石嘴山市“3·25”扬言爆炸美国驻华大使馆案等一批影响恶劣的大要案件，有力地震慑、打击了犯罪分子的嚣张气焰。根据街头“两抢”犯罪作案时间短、逃匿速度快、现场取证难等特点，公安厅及时提出“重在防范，力捕现行”的工作思路，进一步加强社会面巡逻防控，组建专门侦查队伍，大大提高了街头“两抢”案件的破案率。为进一步增强打击入室盗窃等侵财犯罪的效能，各地公安机关强化阵地控制，积极布建使用秘密力量，广泛搜集情报，进行综合分析，及时串案并案，实现了破一案带一串，抓一个打一伙的工作局面。

三、多策并举，严厉打击经济犯罪活动

全区公安机关积极会同有关部门，以打击制贩假冒伪劣商品犯罪、涉税犯罪、金融票证犯罪、制贩假币犯罪、信用卡透支犯罪和整顿、规范娱乐服务场所秩序为重点，深入开展整顿和规范市场经济秩序各项专项斗争，进一步强化了经济犯罪多发领域安全防范工作。同时，加大对重大经济犯罪案件的查办及经济犯罪逃犯的缉捕力度，及时侦破了自治区农行职工朱晓东携款外逃等重大案件。全年共破获破坏社会主义市场经济秩序案件178起，为国家挽回经济损失7401.4万元。全区检察机关深入贯彻中央关于推进反腐斗争的决策和部署，认真履行查办职务犯罪职责，突出办案重点，加大办案力度，提高办案质量，推动了全区反腐败斗争的深入开展。全年共立案侦查贪污贿赂、挪用公款等职务犯罪案件147件172人，同比分别上升8.8%和4.2%，为国家挽回直接经济损失509.6万元。其中，查办贪污5万元、挪用公款10万元以上的大案28件，查办县处级以上干部11人。共立案查办国家机关工作人员渎职、“侵权”犯罪案件28件35人，同比分别上升40%和52%，为国家挽回直接经济损失21.4万元。在所查办的职务犯罪案件中，涉及司法、行政执法人员17人。各级检察机关在办案过程中，针对案件线索少的情况，加大摸排力度，取得了明显成效。全年查办的贪污贿赂、挪用公款案件中，有近一半线索是通过自摸而来，且成案率较高。仅银川市两级检察院自摸线索就达78件，占线索总数的44%，其中立案36件，占立案总数的60%。全区各级检察机关，认真落实高检院关于加强案件管理的规定，完善职务犯罪侦查工作考核评价体系。惠农、红寺堡开发区等检察院，严格案件线索管理，做到统一登记，专人管理，逐级审批，责任到人，为保证办案质量打好基础。同心、海原等检察院重视规范办案活动，努力做到程序合法，使案件各个环节环环相扣，减少了办案的随意性。与此同时，检察机关的追逃工作取得了新进展。全年共抓获在逃职务犯罪嫌疑人14人，有3人慑于法律威严投案自首。泾源县检察院在公安机关的大力配合下，将贪污2.7万元、潜逃新疆达12年之久的犯罪嫌疑人抓捕归案。石嘴山市检察院通过网上追逃，成功地将挪用公款57万元、潜逃6年的犯罪嫌疑人抓获。

四、重典治乱，有效净化社会治安环境

在深入开展“严打”斗争的同时，公安机关在有关部门的密切配合下，一是组织开展了学校、企业、铁路“三边”治安秩序专项整治行动，严厉查处了学校周围200米内违规经营网吧、电子游戏厅、歌舞厅，违章占道经营等突出问题，基本实现了学校200米内无违规经营场所。二是进一步深化流动人口和治安复杂场所专项整治行动。适时组织开展了多种形式的治安大检查，对城乡结合部、治安复杂场所和流动暂住人口、社会闲散人员、治安嫌疑人员进行重点清查，有力地净化了社会治安环境。三是深入开展整顿和规范歌舞娱乐服务场所秩序专项行动，有效遏制了黄赌等社会丑恶现象蔓延的态势。四是以同心县毒品问题集中整治为重点，切实加强堵源截流工作，深入开展禁毒“严打”整治专项斗争，严厉打击毒品违法犯罪活动，大力推进创建“无毒社区”活动，取得明显成效。五是公安交管部门先后组织开展了治理机动车严重超载违章和机动车假牌假证、无牌无证，全面排查、整治道路交通事故多发点段等道路交通安全秩序专项整治行动，有力地遏制了主要公路上的严重违章行为，有效地保障了全区交通安全。六是公安消防部门组织开展了公众聚集场所消防安全专项治理和消防执法检查工作，有效地预防和减少了重大火灾事故的发生。

流动人口治安管理工作情况

一、加强组织领导，建立健全管理网络

自治区成立了流动人口管理领导小组，在自治区公安厅下设管理办公室，由公安厅治安管理总队承担日常管理工作，各市、县也相应成立了在当地党委、政府领导下，由公安机关牵头负责，同级财政、计委、建设、工商、计生、劳动等部门为成员单位的专门机构实行分工协作，齐抓共管。银川市成立了暂住人口办公室，各区成立了暂住人口管理站，配备了一支340人的专管队伍。银川市公安局在辖区派出所还成立了流动暂住人口管理站，石嘴山市在社区成立了治保小组。目前，全区基本形成了四级管理网络。

二、转变思想观念，强化实有人口管理

首先，公安机关从转变观念入手，改革现行的户籍制度，报请自治区政府出台了《关于进一步改革户籍制度的意见》(宁政发[2003]50号)，将流动人口管理等同于常住人口管理。其次，深入贯彻自治区政府《关于进一步加强对暂住人口管理的意见》(宁政发[2002]155号)。2003年全区行政区划调整，各地结合派出所合并和达标工作，进一步健全各项基层基础管理职能，严密了对日常各项基础档案管理工作，加强对流动暂住人口的登记管理。各地根据工作需要积极争取当地党委、政府支持，多渠道筹集所需经费，组建协管队伍。在实际工作中，进一步强化管理措施，全区规范和统一《暂住证》的申请，严格各项收费制度。各地还加强对居住3日以上、1个月以下和居住旅馆、工棚、出租屋的暂住人员的管理，做到底数清，情况明，通过登记办证，及时掌握这类变动频繁人群的动向。2003年，银川市结合工作实际，投入60万元经费，配置了计算机设备，率先在全区实现流动人口计算机管理，大幅度提高了流动人口管理工作效率。

三、以防为主，适时开展清理整顿

各地在加强对出租屋、小旅馆、建筑工地、集贸市场以及娱乐服务场所的流动人口管理中，坚持“谁用工、谁负责”，“谁出租、谁负责”的原则，签订治安责任书，全面落实业主和出租房主的治安责任，开展进行经常性的治安检查，落实阵地控制措施。积极与劳动、工商等部门密切配合，在外来务工人员集中的地区和单位建立健全外来人员自我管理、自我约束机制。在流动人口和外来人员比较集中的地区开展经常性的法制教育，依法保障其合法权益，预防和减少其违法犯罪活动。2003年6月，自治区公安厅部署了为期2个月的清理整顿流动人口专项行动，对流动人口、出租房屋及娱乐场所、重点地区进行地毯式的清查整治统一行动。据不完全统计，清查行动中，全区累计出动警力4000多人次，车辆1000多台次，清查流动人口20余万人次，登记暂住人口157395人，办理暂住证127623人，清查各种娱乐场所工地20000余处，出租房屋23000余户，签订治安责任书近50000份。通过清查，在暂住人口中列重点人口155人，破获各类刑事案件125起，查处治安案件602起，抓获各类违法犯罪人员700余名。通过清理整顿流动人口专项行动，有力的震慑了违法犯罪份子，基本摸清了辖区暂住人口底数，整改了一些不符合规定的出租私房，关停了一批违法违规经营场所，铲除了一批藏污纳垢的窝点，遣送了一批“三无”人员，使社会环境得到了净化。

四、坚持齐抓共管，依法保护流动人口的合法权益

面对流动人口管理失控、犯罪率高的客观情况，各级公安机关从理顺管理机制，加大管理投入，提高管理效率入手，积极配合协助有关部门通过开展教育、服务工作，为流动人口更好地工作与生活创造更加有序的社会环境，从而引导、促进流动人口的有序流动、促进社会经济健康发展。各地公安机关改变工作作风，与劳动、工商、共青团等部门密切配合，坚持加强管理与为流动人口提供安全服务结合，热忱关心帮助流动人口，依法保护他们的合法权益，并发挥主力军的作用，强化防控措施，及时严厉打击侵害流动人口权益的各种不法行为。

铁路护路联防工作情况

一、进一步理顺工作关系，强化路地、区域联合

3月份，银川铁路分局党委在于祥堡召开公安、护路联防协调会议，将车站的治安保卫工作和铁路沿线的护路联防工作紧密衔接、融为一体。根据协调会议精神，宝中、包兰护路联防大队专门抽出部分队员长期配合铁路公安值勤、巡逻，维护站场秩序。宝中大队4月中旬至7月中旬抽调4名队员前往石坝车站，6月至8月抽调2名队员前往二十里铺车站配合公安民警开展驻站维持秩序工作，自7月中旬起又抽调5名队员配合同心公安所开展工作。非典防治工作启动以来，宝中机动队抽调6名队员配合固原火车站开展治安巡逻。联防队员积极配合公安民警值勤、巡逻、抓偷打抢，多次受到固原公安段的表扬和奖励。包兰大队机动队自2002年国庆节开始，配合银铁110指挥中心，昼夜24小时巡逻检查，严密防范各种犯罪活动的发生，着力营造打防一体的阵营。截至2003年2月中旬，共查获盗窃、抢劫、行凶、贩卖假钞等各类犯罪人员27人。6月至8月中旬，先后从柳家庄联防队抽调6名队员配合中卫公安所驻站维序，开展护路宣传教育。根据分局要求，为了维护民族运动会召开前后车站治安秩序，从9月中旬开始，包兰大队抽调8名队员，用一个多月的时间，全力以赴协助公安所在银川车站昼夜24小时值班，重点打击票贩子，维护车站秩序。从7月开始，铁路护路联防办公室又抽调4名护路联防队员协助银川铁路公安分处开展专项缉毒整治工作。

二、深入排查，强化铁路沿线治安监控防范措施

为保证铁路运输的安全畅通，确保第七届全国少数民族运动会期间、国庆节前后铁路运输无重大刑事案件、治安案件和无群体性拦车堵线事件发生，自治区护路办于8月份召开专题会议，就此期间的巡逻守护、治安大排查、反货盗、拆盗、昼夜值班等工作做出了详细安排，并专门下发文件做了认真部署。护路办主任带队深入所辖13个联防队，就此工作进行安排，督促检查。全体队员积极行动，在大幅度、高密度巡逻守护、重点防范的同时，集中开展治安大排查。排查工作认真细致，并向周边地区辐射：对周边村庄、学校、企事业单位、村民全面排查，对“五残”、“两劳”人员进行详细登记，并建立台账，重新确定了重点区段和要害部位，绘制了联防队防范区平面示意图，对铁路沿线地区的治安问题及隐患做到心中有数，使监控防范措施万无一失。针对“十·一”黄金周客流量大、流动人员多这一情况，护路办排查防范工作又做了适当调整，并重新部署，加大防范力度，规范着装，文明值勤，标准立岗，按时接发列车，做到趟接辆查，以实际行动确保了“民运会”召开前后和国庆节期间铁路运输安全畅通。在此期间，铁道部公安局有关领导到包兰联防大队柳家庄护路联防队检查工作，对该队能认真执行铁路护路有关规定、良好的队容队貌和严格的日常管理以及民族运动会和国庆节期间声势大、行动快、检查细、措施硬、效果好的自查督查工作给予了充分肯定和表扬。

三、加强队伍建设，培养专业化护路联防队伍

一是严格队伍管理，落实规章制度。针对3月份在护路联防工作大检查中发现的一些问题，护路办部署对所属护路联防队以“重温规章制度，严明纪律作风，落实岗位责任”为目标，重点从工作规范、违纪自查、财务管理，队员编制、值班巡逻，军事化管理等六个方面开展了整顿工作。经整顿，广大队员精神振奋，管理制度执行严格，内务卫生保持较好。

二是完善生活配套设施，改善队员生活条件。

在推广各联防队管理军事化、生活军营化的同时，不断完善生活配套设施，加强后勤保障建设，改善队员生活条件。先后一次性投资4万多元，为各联防队配置了冰箱、饮水机，解决了广大队员吃莱难、食物保鲜难的实际问题，并抢在节假日和高温酷暑季节之前，及时为队员发放了白沙糖、茶叶、米、面、油、鱼等防暑、过节用品，为“感情留人”、稳定队伍创造了条件。

三是改善队员待遇，解决后顾之忧。为了加强护路联防队伍管理，进一步激发广大队员的工作热情，护路办与上级公安部门协商，解决了部分联防队员户口农转非的问题，解除了他们的后顾之忧。此外，针对建队几年来，联防队员工资存在着某些不合理现象，护路办在资金紧张的情况下，对联防队员的工资作了调整：在原有基础上，增发工龄工资，每满一年工龄每月增发工龄工资10元；并对基层联防队队长的职务津贴由原30元调整为50元；为了使队员合理得到休息，将队员带薪休假由每人每月3天调整为6天。

四是严格集训，提高队员素质，加强队伍正规化建设。为切实提高铁路护路联防队员的政治、业务、工作技能、体能等综合素质，提高护路联防工作水平，建设一支高素质的铁路护路联防队伍，年初，护路办对全区100多名队员分期进行了每期半个月的军事训练和业务知识培训。年末，对20多名新招聘的队员专门进行了岗前培训，使他们的政治、业务素质和体能都有了很大提高。

四、严打开路，重拳出击，集中整治突出治安问题

结合“两会”、“两节”期间铁路周边自查督查工作，铁路护路联防组织把治理货盗、拆盗作为护路联防的工作重点，集中整治，协助公安机关破获了一批大案，严惩了一批危害铁路治安的惯盗。据不完全统计，一年来，护路联防队员配合公安机关抓获犯罪嫌疑人82人(其中网上逃犯6人)，收缴被盗化肥99袋、大麦33袋(3300公斤)、废旧钢铁6000余公斤、玉米8000公斤、钢轨护栏9.8吨；协助公安机关破获刑事案件13起，防止行车事故47起，防止拆盗铁路器材案件19起，共接列车123586列、清理扒乘人员2451人次，有效打击了猖狂一时的货盗、拆盗犯罪活动，确保了铁路沿线的治安稳定。

五、排险救难，消除各类危及列车行车安全隐患

护路联防队员在认真完成各项护路工作任务的同时，多次为铁路沿线群众解难。6月23日上午6时许，配合公安机关在石坝车站开展“严打”专项整治斗争的宝中铁路护路联防大队队员，接发货物列车时，发现1名妇女站在股道中间，面对飞驰而来的列车无动于衷，联防队员箭步上前，将妇女拉出了股道，有效制止了一起卧轨自杀案件，避免了悲剧的发生。10月23日，宝中铁路二十里铺车站——彭阳车站区间，因山体滑坡，部分路段下陷。接到险情报告后，宝中大队联防队员与固原公安所民警立即摸黑赶到现场，发现路基下陷1.2米，轨枕裸露架空，后经5个小时的紧急抢险，恢复开通。全年，护路联防队共劝阻制止卧轨拦车事件13起，消除重大行车安全隐患22起。

六、广泛动员，大力宣传，努力营造群防群治、爱车护路的社会氛围

在6月份全国爱路护路宣传月重点宣传的基础上，以第七届全国少数民族传统体育运动会为契机，动态宣传和静态宣传双管齐下，集中宣传和流动宣传有机结合，努力在铁路沿线周边地区营造浓厚的爱路护路、创建平安线的氛围。7月份，宝中、包兰两个护路联防大队组织队员，分别在固原市原州区二十里铺村、开城乡、西邵村、贺兰洪广镇等地的农贸市场、学校集中举办8次宣传教育活动；三季度在“民运会”召开之前，对崇信——暖泉区段700多公里铁路线的380多块宣传牌、20余条固定宣传标语进行了扶正刷新，在包兰线新栽40多块宣传牌，并因地制宜地在三关口、西干、艾家村等联防队的围墙和站台护坡上刷写新的爱路护路宣传标语130余条。据统计，共散发爱路护路《宣传手册》、《公开信》、《铁路法规》等资料2.5万余份，受教育群众达2.2万多人次。在省、市级报刊发表有关爱路护路宣传的图片、报道、论文30余篇。在不间断宣传创建安全文明铁道线工作典型经验和先进事迹的基础上，各护路联防队增加警示宣传的内容，编辑案例，制作成册，散发给沿线群众、学生。广泛持续的宣传、得到了群众的理解和支持，为促进“创安”工作顺利开展创造了良好的舆论氛围和群众基础，收到了明显成效。

社会治安管理工作情况

一、圆满完成了第七届全国少数民族传统体育运动会等大型活动安全保卫任务

2003年9月，全国第七届少数民族传统体育运动会在银川市、石嘴山市隆重举行。为确保“民运会”绝对安全，各级公安机关将“民运会”安全保卫作为全年的头等大事，紧紧围绕“安全保卫，万无一失”的总目标，扎扎实实地做好各项工作。在“民运会”筹备期间，公安厅治安管理总队提前介入，做了大量前期工作，先后制定了《第七届全国少数民族传统体育运动会安全保卫工作总体方案》及八个分方案；拟定了安全保卫部组成人员名单及经费预算、器材采购方案，明确了安保部下设职能处室职责任务；对承办地银川市、石嘴山市的安全保卫工作和各比赛场馆的“三防”措施及外围治安进行了前期检查调研；部署全区公安机关开展了“缉枪治爆”、“清理整顿流动人口”等专项行动，消除了一大批治安隐患，净化了社会环境，为“民运会”的顺利召开创造了良好的治安环境。在“民运会”召开期间，全区公安机关共投入安保警力3万余人次，高标准，严要求，圆满完成了“民运会”开幕式、民族大联欢、闭幕式等一系列大型活动和各项赛事的安全保卫任务，实现了“三个确保”、“三不发生”的工作目标。

“民运会”闭幕后，区内又连续举办了中央电视台“心连心”艺术团来宁慰问演出、第四届“银川国际摩托旅游节”、第二届宁夏中宁“枸杞”节、中国残疾人艺术团慰问演出等一系列大型活动，安全保卫任务繁重而艰巨。全区各级公安机关发扬连续作战的作风，恪尽职守，忘我工作，确保了各项活动的顺利进行。特别是中央电视台心连心艺术团国庆赴宁夏慰问演出活动，有近2万名群众在现场观看演出。为确保演出圆满成功，制定了详细的安全保卫工作方案，并直接制发、管理证件，检查、落实各项安保措施。经过全体参战的公安民警、武警官兵的共同努力，演出活动取得了圆满成功，受到了中央电视台领导和自治区心连心组委会的充分肯定。

二、适时组织开展了一系列专项治安整治行动，有力地推进了各项治安管理工作

（一）认真组织开展了缉枪治爆专项行动。为确保第七届少数民族传统体育运动会绝对安全，彻底收缴流散在社会上的枪支弹药，全区公安机关于7—8月份开展了“缉枪治爆”专项行动。行动中，全区公安机关广泛发动群众，充分依靠基层组织，采取领导包片包村、民警包场包户的方式，逐村逐户进行拉网式收缴，对涉爆涉枪案件一律挂牌督办。共收缴“64式手枪1支、土猎枪142支、各类子弹387发、炸药1547公斤、雷管2978枚、导火索1003.9米、黑火药2.7公斤、铁砂1.15公斤、手榴弹4枚，打击处理违法犯罪人员21人。

（二）开展了清理整顿流动人口专项行动。为切实落实“民运会”各项安全保卫措施，确保民族运动会绝对安全，全区公安机关开展了为期两个月的清理整顿流动人口专项行动。同时，启用新式“卡式”暂住证，推行暂住人口计算机管理。行动中，全区累计出动警力4000多人次，车辆1000多台次，清查流动人口20多万人次，登记暂住人口157395人，办理暂住证127623人，清查各种娱乐场所、工地2万余处，出租房屋23000余户，签订治安责任书近5万份。通过清查，在流动人口中列管重点人口155人，物建治安耳目263人，破获各类刑事案件125起，查处治安案件602起，查获各类违法犯罪人员700余名。

（三）大力开展了剧毒危险化学物品收缴整治行动。按照国务院办公厅《关于深入开展毒鼠强专项整治工作的通知》的统一部署，全区公安机关开展了毒鼠强专项整治行动。各地公安机关高度重视，认真查证公安部及外省区公安机关提供的专案线索，查缴毒鼠强，并积极配合农牧等部门开展了多种形式的宣传教育活动。张贴《关于清查收缴毒鼠强等禁用剧毒杀鼠剂的通告》，在集日利用广播宣传《通告》及《危险化学品管理条例》、《药品管理条例》,使人民群众充分认识毒鼠强的危害性,形成广大群众自觉抵制、积极举报毒鼠强的良好社会氛围。截止年底,共收缴毒鼠强59.89公斤、氟乙酰胺2.1公斤、其他剧毒化学品94.45公斤,破获案件42起,处理违法犯罪人员41人,取缔非法销售点43个,查证落实公安部交办案件线索19条。

(四)认真组织开展整治油气田及输油气管道生产治安秩序专项行动。自治区公安厅积极协调组织,并筹集专项经费下拨重点地区,推动专项行动深入开展,取得了显著成效,受到公安部的表扬和奖励。11月19日,中宁县公安局成功打掉了两个以山东籍劳改释放人员为主要成员的打孔盗油团伙,抓获犯罪嫌疑人13人,缴获作案车辆5部,破获涉油案件17起,使全国整治油气田及输油气管道生产治安秩序专项行动开展以来我区发生的打孔盗油案件全部告破;12月4日,公安厅协调组织吴忠、红寺堡等地公安机关在红寺堡炸毁土炼油炉83座,贮油罐50个,有力地推动了专项行动的开展。

三、加大案件查处力度,大力扫除社会丑恶现象

年内,全区公安机关先后成功查破了一批有影响的大要案件。5月18日,公安厅调集武警总队、银川市公安局巡警支队等各警种近200余名警力,在贺兰山深处一举捣毁了一个特大赌博团伙,抓获参赌人员113人,查扣车辆31台,从中查获批捕逃犯3人,吸毒人员1人;6月25日,公安厅抽调警力打掉了隐藏在银川市远郊果园、鱼池等地进行赌博的又一特大赌博团伙,当场抓获参赌人员38人(其中逃犯1人),暂扣用于赌博的“通勤车”一辆(大客车),收缴匕首2把;11月3日,公安厅会同自治区文化厅稽查大队,异地调用银川市公安局巡警支队民警,一举捣毁了石嘴山市大全旅社、丰茂餐厅及安乐桥附近利用电脑“吹乒乓球”、卖“六合彩”进行聚众赌博活动的窝点,当场抓获涉赌人员41名,查扣主机2台,显示屏16台,吹球机2台,销毁赌博游戏机80台,收缴电脑主板90块;1月22日,公安厅抽调民警,在灵武市水洞沟附近又成功打掉了一跨省赌博团伙,当场抓获参赌人员49人,收缴赌资11万元,暂扣用于赌博的车辆13辆。同时,公安厅还协调指挥有关地方公安机关查处了“阳光地带”、“人间天堂”淫秽表演案,“贺兰山洗浴城”、祥云阁”茶楼卖淫嫖娼等违法犯罪窝点,查处了色情陪侍及违法经营场所12家。2003年,全区各级公安机关共查处赌博案件2637起,卖淫嫖娼等涉黄案件18443起,打击处理违法犯罪人员15681人次,有效地净化了社会环境。

四、加强日常安全检查,及时消除治安隐患

(一)加大对内部单位安全防范工作的监督指导力度。一是加强爆炸物品检查督导工作。2月28日至3月2日,自治区公安厅对银川兴庆机械厂、银川市套门沟民爆物品管理站、吴忠市马莲渠化工厂、青铜峡市民爆物品管理站、亘元集团化工厂五家涉爆单位和吴忠市职业技术学院进行了检查,共发现隐患11处,责令当地公安机关督促、帮助有关企业进行整改;5月6日,公安厅会同自治区人工影响天气办公室对“人影”炮弹储存、使用情况进行了安全检查,发现炮弹储存仓库建筑设施不符合安全规定,防范措施薄弱,存在严重的安全隐患。5月8日,公安厅对吴忠监狱罗山监区警用枪弹及爆炸物品库房进行安全检查,发现该单位在枪弹、爆炸物品储存、管理及使用方面存在严重安全隐患。与此同时,自治区司法厅部署全区司法行政系统开展了枪弹管理整治行动,消除了一大批安全隐患。二是开展了金融系统安全大检查。为认真落实金融系统安全大检查工作,全区公安机关与金融单位采取自查、互查、明查、暗查和重点抽查等方式,对基层营业网点、金库和运钞车进行了安全大检查,先后检查金融营业网点1229个、金库252个、运钞车223辆、枪支758支,发现隐患527处,下发整改通知书68份。通过检查,有效提高了金融单位和一线职工的安全防范意识。同时,各地治安部门和金融单位保卫部门把加强守库、押运环节的枪支管理作为重要工作,对守押人员定期进行政审,分析、掌握他们的现实表现,思想动态,对不适合持枪的人员及时调整,并狠抓了管理措施和责任制的落实,严格了交接班登记手续,做到了枪弹专柜存储,分离存放,使全区金融系统未发生一起涉枪案件。为提高金融单位安全防范能力,公安厅积极协调银行系统换装了新式防暴枪,已率先在农村信用联社系统装备了新式防暴枪。三是督促国储一七七库进行了安全整改。针对国储一七七库存在的诸多安全问题，公安厅向自治区党委、政府专题上报了《关于对国家物资储备局一七七处安全检查的报告》、《关于督促整改一七七处安全隐患有关工作情况的报告》。先后多次会同有关部门对一七七处安全技术防范工程设备及建设施工情况进行了检查，顺利完成了一七七库的各项整改任务。四是积极探索防护电力设施的长效机制。针对盗窃电力设施尤其是盗窃农电线路问题突出的实际，全区公安机关在开展打击盗窃破坏电力设施专项行动的同时，积极与电力部门协商，探索建立防护电力设施的长效机制，已初见成效。

(二)加强对重点建设工程项目的安全保卫。2003年，全区在建重点项目多，工期紧，任务重，为确保建设项目的顺利进行，各地公安机关努力做好重点项目建设的安全保卫工作，及时制止、查处干扰、阻挠和破坏重点建设项目正常施工的违法行为，严厉打击侵害重点建设项目的违法犯罪活动，维护施工现场的治安秩序，为全区的重点项目建设创造了良好的治安环境。特别是对沙坡头水利枢纽、中郝高速公路和西气东输工程等重点工程，公安厅多次派员检查、督促辖区公安机关组织警力巡查施工现场，严厉打击盗、抢等破坏施工器材的违法犯罪活动，指导、督促施工单位做好安全防范工作，健全各项安全管理制度，保证了工程建设的安全顺利进行。

(三)积极投身防"非典"工作，全力维护社会治安。2003年4月，全区发现第一例"非典"病人后，公安厅及时起草了《公安厅防治"非典"应急指挥部工作方案》，建立了公安厅防治"非典"应急小分队，并指导基层公安机关开展组建应急分队工作；针对因非典引发的群体性治安事件等治安问题，部署各地及时收集情报信息，超前工作，完善预案，有效预防和妥善处置了因防治非典引发的治安事件；在抗"非典"关键时期，为了防止疫情扩散，自治区政府下发了《关于"非典"时期全区公共娱乐场所停止营业的通知》，对全区歌舞厅、录像厅、网吧等人群密集的公共娱乐场所进行关闭。同时，组织各地公安机关对娱乐场所停止营业情况进行暗访检查，查处了一批违规经营者，保证了政府禁令的落实；主动协调、联系药监部门，以公安厅、药品监督管理局名义联合下发《关于联合打击制售假劣防治非典型肺炎药品医疗器械违法犯罪的紧急通知》发布，《关于联合打击制售假劣防治非典型肺炎药品医疗器械违法犯罪活动的通知》，对非法制售防"非典"药物、哄抬物价等违法犯罪行为进行了重点检查和查处，维护了正常的市场秩序；严厉打击了利用非典进行造谣惑众、制造恐慌和敲诈勒索、趁火打劫等违法犯罪活动。同时，加大对流动人口、暂住人口的管理力度，进一步规范非典期间外来人口的管理工作，有效避免了传播"非典"的可能性。

五、治安管理规范化建设不断完善，信息化建设逐步加快

(一)群体性事件的处置工作得到了加强。为提高各地公安机关预防和处置群体性事件的能力，公安厅结合实际，组织拟定了《公安厅关于落实公安机关预防和处置群体性治安事件工作责任制的规定》、《宁夏公安机关处置群体性突发事件出警问题的有关规定》、《公安机关维护自治区党委、政府门前治安秩序处置群体性上访事件的工作预案》等规范性文件。同时，全区治安系统充分发挥派出所民警、巡警和内保民警与群众接触广泛的优势，及时收集各类影响社会政治稳定和治安安定的社情动态，不断完善工作预案，坚持"三个慎用"和"早发现、早控制、早处置"的原则，依法妥善处置了一批群体性治安事件。

(二)保安服务业管理趋于规范。为进一步规范保安业的发展，公安厅召开了全区保安工作暨宁夏保安协会会员大会，通过了协会章程，讨论修改了《宁夏回族自治区保安服务业管理规定》。协会成立后，在积极探索加强保安服务行业管理规范化、制度化新办法的同时，加强了对非法保安组织的清理整治，全区共清理整顿保安公司11家，内部保安组织470家，其中，取缔内部保安组织4家，清理"黑保安"18名，收缴仿制保安服32套，有效净化了保安服务市场。截止年底，全区共有保安公司15家，保安员2087人。

(三)危险物品规范化管理不断加强。一是规范了民用爆炸物品管理，明确了各级公安机关职责。针对全区民爆物品在购买、使用、储存等环节存在的问题，公安厅深入调研，反复修改、论证的基础上，制定了《宁夏公安机关民用爆炸物品安全管理规定》，明确了各级公安机关的职责，规范了爆炸物品安全管理有关程序，为基层公安机关有序开展工作提供了依据。同时，各地公安机关治安部门积极指导、督促涉爆单位从生产、销售、运输、储存、使用等各个环节建立规章制度，落实人防、技防、犬防措施，全面推行责任制，把爆炸物品安全管理责任落实到涉爆单位法人和具体管理人员身上。二是理顺了枪支弹药管理体制，消除了安全隐患。针对公安厅武器库在以往管理上存在的严重隐患和问题，公安厅进一步理顺厅机关枪支管理体制，将厅机关枪弹库交由装财处统一管理，并按照公安部《公安机关警械、武器库(室)管理规定》和《公安机关警械、武器管理人员守则》的要求，配备了专职管理人员，规范了管理工作，杜绝了安全隐患。三是规范公务用枪管理。为确保公务枪支的安全管理使用，增强民警安全携带、使用枪支的信心，解决基层公安机关"刀枪入库"问题，公安厅为全区公安机关配备枪纲、枪锁 870 套。同时，严格了配枪申请、审批、领取、使用、交还的有关程序和责任。

此外，2003 年，全区道路交通事故四项指数全面下降，事故起数、死亡人数、受伤人数和财产损失同比分别下降 55.1%、10.8%、44.9%、20%，下降幅度均位居全国前列。全年全区火灾事故起数、死亡人数、受伤人数同比分别下降 10%、43.8%、62.9%。

矛盾纠纷排查解处工作情况

2003 年，全区共排查矛盾纠纷 23018 起，调处 22696 起，调处率达 98.6%；调处成功 22083 起，调处成功率为 97.3%。处置影响面广、涉及面宽、情况复杂、难度大的群体性上访事件 756 起，占应处置的 100%。防止民转刑案件 165 起，制止重大群体性械斗 95 起。

全区排查调处矛盾纠纷采取的主要方法措施：一是自治区把排查调处矛盾纠纷作为"一把手"工程的一项主要内容，纳入综合治理目标管理责任制中，将责任落实到各级领导肩上，并层层分解，落实到人。二是建立了完善的矛盾纠纷排查调处工作制度。自治区先后制定了《矛盾纠纷排查调处责任追究制》《重大疑难矛盾纠纷和重大问题责任制》、《重大案件督办制》、《矛盾纠纷排查调处移送卡》。各地还总结制定了矛盾纠纷排查调处 38 策。这些制度规范了工作，促进了落实，防止了推诿、扯皮，形成了经常化、制度化的矛盾纠纷排查调处工作机制。三是健全了矛盾纠纷排查调解组织网络。各地按照自治区的要求，建立健全了基层矛盾纠纷排查调解组织。目前，全区各乡镇(街道)普遍建立了矛盾纠纷排查调处中心，各行政村建立了矛盾纠纷排查调处室，各自然村建立了矛盾纠纷排查调处信息员。

在矛盾纠纷排查调处工作中，各地普遍加强了人民调解组织建设。自治区司法厅指导各地在巩固已有的村、居委会人民调解组织基础上，重点巩固和健全撤乡并镇后的村级人民调解组织，并在乡镇(街道)按照"五有"、"四落实"的要求，设立人民调解委员会。截止目前，全区共建立基层人民调解组织 3362 个，有人民调解员 23435 人。人民调解组织网络覆盖了城乡村、居(社区)、企各个角落。在人民调解工作中，一是加强了对人民调解骨干和调解员的法律业务培训。3 月上旬，吴忠市组织了县(区)负责人民调解工作骨干培训班，利通区所属乡、镇、村、居、企事业单位调委会主任、调解员 230 人参加了集中培训。培训班邀请民法方面专家和法院负责民事审判工作的领导，围绕《司法解释》和《若干规定》，采取集中授课讲解辅导、分组讨论、观摩标准化、规范化司法所和村调委会的形式，从理论和实践的结合上，提高广大调解管理干部、调解员的法律业务水平，丰富业务知识，拓宽工作视野。各市、县(区)司法局、乡镇街道司法所均按照分级负责、分层培训的要求，在 6 月底前分期分批举办培训班 823 期，培训了专、兼职人民调解员 19380 名。银川市司法局还采取统一命题、统一时间、统一考试的形式，考察三区两县一市各级人民调解员的法律业务知识，强化培训效果。经过充分调研，自治区高级人民法院、自治区司法厅组织起草了《关于进一步加强新时期我区人民调解工作的意见》，自治区党委办公厅、政府办公厅已转发全区各地执行。二是以维护基层社会稳定为目标，指导各地加大民间纠纷和重大社会矛盾纠纷排查调处力度，特别是在城市化建设过程中，因道路扩建、房屋拆迁补偿及农村退耕还林还草、封山禁牧、争田争水等引发的群体性纠纷和防治“非典”过程中发生的医防、医患矛盾纠纷，积极主动地开展了及时集中排查调处，有效地缓解了一些群众在改革发展进程中的利益矛盾和冲突，维护了社会稳定。三是积极推进人民调解工作改革和发展。重点总结推广了银川市司法局在所属县区推行人民调解员等级持证上岗制。截止6月底，银川市司法局及县区司法局评选考核并批准1—4级人民调解员2476名。吴忠市、石嘴山市、固原市司法局以及所属部分县区司法局上半年先后到银川市考察学习，下半年在全区普遍推行。在规范人民调解协议书，提高民间纠纷调解质量，确保人民调解制度与民事诉讼制度的有效衔接上，将司法部统一规范的人民调解协议文书格式，印制直接下发到基层司法所和乡镇街道调委会。从使用的情况和基层人民法院反馈的情况看，经各级调解组织调处的民间纠纷中所达成的调解协议体现了“三个提高”：即调解协议的质量、调解协议的履行率、人民法院对一方反悔而起诉的调解协议的确认率明显提高。

社会治安综合治理宣传教育工作情况

一、宣传阵地全面拓展，宣传栏目有所创新

在自治区综治委、党委宣传部的组织协调下，一个由综治委协调、宣传部门牵头、业务部门主管、各新闻单位联动的全区宣传报道运行机制已经形成，法治栏目创新，法制宣传报道工作全面发展。自治区党委宣传部、自治区依法治区办公室已连续3年分别与宁夏日报、宁夏电视台、宁夏人民广播电台、宁夏法制报（现更名为法治新报）、新消息报、当代宁夏杂志社6家媒体签定了宣传报道协议。各新闻单位高度重视，加强领导，调整充实力量，栏目质量和宣传力度不断加强，社会影响面越来越广。目前仅自治区级宣传栏目就有《法治话题》、《法制天地》、《与法同行》、《普法依法治区》、《依法治区》等。其中，宁夏电视台的《法制天地》全年共播出52期，包涵综合治理、法治信息、法治专题160条（部），起点高、定位准，以观众喜闻乐见的形式，既宣传了与群众的生产、生活密切相关的法律法规，又鞭挞揭露了社会与经济生活中存在的问题，专家、律师、群众齐参与，维护了法律的尊严和公民、组织的合法权益；宁夏人民广播电台《与法同行》（原《法律伴你行》）开办3年来，充分发挥了广播直接、迅速、交流、互动的传媒特点，在此基础上，2003年又创办了第二个法治栏目——都市生活频率《法行天下》栏目，每天一期，全方位、多层面地为群众答疑解惑，不但宣传了综合治理工作，为群众提供了大量的法律服务和法治信息，得到了社会各界的一致好评；《法治新报》一贯秉承法治报道专业媒体的先锋作用，以敏锐的法治触角，以更新的版面、更新颖的报道方式，深入报道了全区民主法治进程的方方面面；《新消息报》每周一期的“法治话题”、“警务传真”、“法在身边、“法治视野”4个版面题材丰富，读者喜闻乐见，贴近生活、贴近百姓的定位，多版面地宣传法治，使之成为综合治理工作和法制宣传的后起之秀。

二、宣传报道内容更加广泛，报道重点鲜明突出

一是组织开展综合治理宣传月活动，增强宣传月活动的指导性。各市按照自治区的统一部署制定下发了《2003年社会治安综合治理宣传月活动方案》，要求所属党政领导发表一次电视讲话，举办一次专题报告会，开展一次集中宣传咨询活动，播放1部综合治理专题片(《长治久安之路》)。各县、区采取悬挂横幅、张贴标语、发放宣传材料、制作展板、召开座谈会、开展综治知识竞赛等多种形式进行了广泛的宣传。据统计，宣传月期间，全区共发放宣传材料45万余份，上街咨询8000人次，制作展板580块，张贴标语6100条，发表署名文章267篇。银川市及其基层县区组织人大代表、政协委员、宗教界人士以及纪检委、组织部、人事局、监察局、公安局、法院、检察院、司法局、流动人口管理办公室主要负责人以“加强综合治理，改善投资环境”为主题进行了大讨论。通过讨论，大家普遍认为，只有把思想观点、工作重点、警力配置、经费投入、工作运行机制、考核奖惩机制真正落实到“打防结合，预防为主”上来，大力实施群防群治工作、城乡结合部治乱工程，强化社会治安综合治理工作，才能从根本上为经济发展创造出良好的环境，为建设大银川，实现跨越式发展服务。

与此同时，各级党委、政府、综治委充分发挥综治成员单位的作用，让每一个成员单位结合实际，突出宣传主题，体现行业特色，大力开展了本系统、本部门的综合治理宣传月活动。公安部门宣传“严打”成果，人民法院宣传新《婚姻法》，检察院宣传《立案标准》、《举报须知》、《预防职务犯罪》，司法部门宣传《人民调解工作有关规定》，团委宣传《未成年人保护法》，妇联宣传《关于预防制止家庭暴力的决定》，交通部门宣传《大力加强道路交通安全管理的通告》，教育部门宣传《学生伤害事故处理办法》等，综治成员单位个个找准切入点，突出中心业务抓宣传，从而在宣传力量、宣传手段、宣传内容上形成了“综合”，取得了显著的成效。一些市、县围绕全区正在开展的“基层基础年”、“队伍建设年”活动，和综合治理宣传月活动相互促进、相得益彰。有的市、县在“3·15”消费者权益日和集市日组织有关单位宣传有关打击破坏经济秩序、制售假冒伪劣产品的行动，成效明显。有的市、县还组织开展了“优秀青少年维权岗”、“交通安全岗”“告别网吧宣誓仪式”、争做“四五”普法标兵等活动，进一步强化了学生的法制意识。吴忠市与利通区社会治安综合治理委员会共同组织两级公安、检察、法院、司法、安全、工商、税务、土地、城建、文体、教育、交通等综治委成员单位，在街心广场集中开展了两次大型的综治宣传和法律咨询活动，并当众受理举报、申诉案件，深受广大人民群众的欢迎。

二是紧紧围绕党和政府的工作大局和民主法治进程的大事展开重点宣传和报道。4至5月份，在依法治区办公室的积极组织下，拟订了多条依法防治“非典”宣传公益广告在宁夏电视台播出，整理了一套完整的宣传讲座，依次在宁夏科技馆电子大屏幕、法治新报、宁夏人民广播电台、当代宁夏、银川晚报等多个媒体进行宣传，法制日报、宁夏日报等媒体在一版重要位置发布了“宁夏依法防治‘非典’”的相关消息，宁夏电视台、新消息报等媒体制作和开办了“依法防治‘非典’的专题和专栏，把《传染病防治法》宣传到了千家万户，为全区取得抗击“非典”的最后胜利提供了正确、及时的舆论支持。6月，为全面深入地宣传反映地方、行业、基层依法治理和“四五”普法开展3年来的成果和典型事迹，组织宁夏日报、宁夏电视台、宁夏人民广播电台、法治新报、新消息报等6家新闻媒体组成采访团，行程2000多公里，深入街道、社区，走访学校、农户，采访依法行政，了解公正司法，对全区20个基层单位开展普法依法治理及司法行政工作的先进典型和先进个人进行了自“四五”普法实施以来最深入、最集中的采访报道，各媒体陆续刊发了20余条(篇)消息、通讯和专题。8月，各媒体深入现场，对全区基层普法依法治理经验交流会进行了宣传，除发布新闻消息之外，宁夏电视台、宁夏人民广播电台还围绕会议主题制作了专题片；此外，还积极配合“三下乡”活动，将行业管理法规的宣传教育深入到基层。

三是集中报道了领导干部学法用法情况。11月，各媒体对全区16万干部参加的普法考试纷纷给予重点报道和现场报道，促进了干部的学法用法活动，推动了依法行政的深入开展，特别是一篇“宁夏16万干部考法”消息及配发的评论员文章在法制日报头版头条的刊发，刷新了我区法制类新闻报道在国家级媒体的报道记录。

四是报道了全国法制宣传日活动。12月，全区再度掀起了“12·4”法制宣传日活动高潮，宁夏日报、法治新报都刊登了“12·4”法制宣传日评论员文章；法治新报1至8版全部刊发“12·4”法制宣传专题文章；新消息报利用4个版面刊发“12·4”专题稿件，立意新、内容实；宁夏电视台制作播出了“依法治国,执政为民”系列专题片;宁夏人民广播电台邀请依法治区办公室领导走进演播室现场访谈,营造了浓溢的宣传氛围。据统计,去年法制宣传日当天全区共有610家单位,4800人走上街头进行宣传,共制作展版3000块,发放宣传材料50万份。

三、法制宣传效果进一步增强,报道质量全面提升

据统计,2003年自治区级新闻媒体共发布法治消息1846条,其中报刊类1595条,广播电视类251条;通讯专题814篇(部),其中报刊102篇,广播电视712部;法制宣传专栏12期;依法治区简报20期。体现在栏目的报道内容上,已涉及到综合治理“打、防、建、管、教、改”的各个环节。据统计,2003年自治区综治办和有关部门与各新闻媒体协办的法治栏目涉及“严打”整治内容的稿件达600多篇,涉及防范网络建设等的达960余篇;涉及“四五”普法内容的稿件150篇;涉及依法行政、公正司法、执政为民的内容大幅度增长,达到680篇;涉及法律服务、以案说法内容的395篇。另外,除栏目报道外,上半年各媒体还在其他版面和时段推出、刊登涉及综合治理内容的电视新闻2112条,各类报刊消息3310条,广播稿1207条,各类宣传图片(新闻、专栏、报刊、展板、网络等照片)近4000幅。同时,各市也加大了本地区法治宣传的力度,如银川电视台的《规矩与方圆》、石嘴山电视台的《法治视点》、固原日报的《天平》等一批法治栏目在当地影响大、宣传效果好;吴忠市、固原市在偏远的山区各县,利用调频广播开展法治宣传,充分发挥了现代传媒宣传群众、教育群众、鼓舞群众、动员群众、弘扬正气、传播法律知识的作用,对社会治安综合治理各项措施的全面落实起到了积极的推动作用。

社会治安综合治理基层基础建设情况

一、以开展社会治安综合治理“基层基础年”活动为契机,狠抓治安防控体系建设

按照自治区综治委关于开展社会治安综合治理“基层基础年”活动的统一部署,全区各地、各有关部门高度重视,迅速行动,结合本地本部门的实际,制定工作方案,确定工作目标,明确工作任务,落实工作措施,努力把构筑治安防控体系建设放在十分重要的位置上,有计划、有步骤、扎实有效地推进综合治理“基层基础年”活动的深入开展。银川市和石嘴山市根据城市、农村、内部单位和治安复杂场所的不同特点,积极探索动态形势下治安防控网络建设,在区域中心城市(镇)构筑以110指挥中心为龙头,巡警、交警、武警巡逻执勤为骨干,派出所和社区民警为依托,各警种整体联动的快速反应防控机制;在农村以村民居住点划分责任区,推行农户轮流传牌巡逻值班制度、农户联防互保制度以及养殖园区和养殖大户签订安全防范协议制度,构筑乡、村、组专业治安联防和农户义务巡逻的治安防范网络;在内部单位以提高科技防范含量为突破口,构筑以闭路电视监控,红外线扫描报警装置、微波与红外线监控设备为主的技防、物防网络建设;在公共复杂场所和重点要害部位,构筑以反应迅速、处置快捷、控制严密、防范有效的“打、防、控”一体化的治安防控体系。固原市采取抓点带面、典型引路的工作方法,先后总结推广了泾源县“五户一长”、“十户一长”巡逻执勤的经验和海原县“划片一长制”、“划片设区负责制”的做法;西吉县社会治安“1+2+X”村级信息报送制和隆德县农村派出所警务改革的新尝试,走出了一条符合固原贫困地区实际的治安防范工作新路子。

二、加强基层综治组织建设,确保基层综治工作有人抓、有人管、有人干

各地按照自治区关于加强基层综治组织规范化建设的要求,狠抓各级综治组织建设,配齐配强专(兼)职人员,自上而下形成了社会治安综合治理工作网络,做到组织、人员、经费、措施四落实。一是进一步加强乡镇、街道综治委、办建设。全区

255个乡镇、街道，建立健全了社会治安综合治理委员会，乡镇、街道党委书记兼任综治委主任，主抓综治工作的党委副书记兼任综治办主任，并配备了1—2名专(兼)职人员。同时，进一步完善议事制度、例会制度、述职报告制度和检查考评制度等，使基层综治组织的正规化建设有了明显提高。二是进一步加强基层政法组织建设。各地结合撤乡并镇工作，加强了公安派出所、人民法庭、司法所的建设，配齐配强了“两所一庭”力量，充分发挥了基层政法组织在加强治安防范、开展矛盾纠纷排查调处和法制宣传教育等方面的作用。三是进一步加强了群防群治队伍建设。各地结合实际，依据有利于当地治安稳定、有利于提高群防群治工作成效、有利于降低治安防范成本的原则，积极探索社会主义市场经济条件下群防群治队伍的市场化、有偿化、专业化、社会化的新路子。银川市组建由各级政府出资的560人专职治安联防队和420人的协警队；由辖区单位筹资的3800多人的保安员队伍；由低保人员、下岗职工、治安积极分子组成的有偿巡逻队，加强了对街道、社区、企事业单位治安防范工作。石嘴山市建立了28支、344人的专(兼)职治安巡逻队；150支、2350人的“夕阳红”义务治安联防队，进行全天候值勤巡逻，人室盗窃、抢夺等可防性案件明显下降。吴忠市构建了以社区居委会、警务室、物业管理部门“三位一体”社区治安防范模式，治安防范工作有了新突破。

三、以基层创安为载体，大力加强基层基础工作

各地、各部门按照自治区关于进一步深化基层创安的整体要求，不断扩大基层安全创建活动的覆盖面，不断提高创建质量，并以基层创安活动为载体，抓关键环节，抓难点突破，加强动态管理，有力促进基层基础工作进一步深化。一是进一步加强对流动人口的管理工作。各地坚持“政府牵头、公安为主、各方参与、综合治理”的原则，把管理、教育、服务紧密结合，积极引导流动人口合理有序的流动。银川、石嘴山市坚持“谁用工谁负责”、“谁出租谁负责”的原则，依法与用工单位、出租房主签订治安防范责任书。对发生治安问题的用工单位、出租房主实行责任追究制。固原市坚持“输前认真考察，输中严格组织，输后加强联系”的方法，及时掌握农村外出务工人员的状况，做到合理有序流动。二是加强了对刑释解教人员的安置帮教工作。各地把刑释解教人员的安置帮教工作，纳入社会治安综合治理目标管理责任制考核范围，层层成立了安置帮教工作小组，不断完善报到登记制度、建档立卡制度、签订帮教协议制度、定期谈话制度、重点对象信息报告制度，认真落实安置帮教措施。2003年，全区2317名刑释解教人员，安置率在70%以上，帮教率达到100%。基本做到了底数清、情况明、不漏管、不失控。三是进一步落实了预防青少年违法犯罪工作措施。工商、文化、妇联、团委等部门对非法图书、光盘、网吧开展了专项整治行动，净化了校园及周边环境，加强了对闲散青少年、困难青少年、失足青少年等特殊青少年群体的管理、帮助、教育和转化工作，增强了预防青少年违法犯罪工作的针对性和实效性。四是总结推广了“创安”经验。通过实践，各地总结推广了城市社区的物业管理、单位自建自管、杂居楼院居委会管理、农村治安管理、农户轮流传牌值班和校园综合管理等6种基层安全创建模式。根据创建规划，目前，全区已达标的安全文明小区2126个，占规划总数的80%；安全文明村庄2571个，占规划总数的62%；治安模范单位2994个，占规划总数的77%；安全文明校园2247个，占规划总数的63%。

刑释解教人员安置帮教工作情况

按照2003年全区社会治安综合治理工作目标任务和自治区《关于加强刑释解教人员安置帮

教工作实施意见》，年初，自治区刑释解教人员安置帮教工作领导小组办公室对全年的安置帮教工作进行了具体部署，提出了明确要求。各地将安置帮教工作作为综合治理工作的重要内容之一，与社会治安综合治理目标责任挂钩，同部署、同检查、同考核。目前，自治区刑释解教人员安置帮教工作机构已经健全，市、县（区）、乡镇（街道）在县乡机构改革后，各级安置帮教工作组织体系基本形成。各地建立健全了刑释解教人员衔接管理、报到登记、建档立卡、签订帮教协议、确定帮教责任等制度措施。安置帮教工作“组织建设网络化、接茬工作规范化、帮教安置社会化”的机制，在工作实践中显现出了成效。各级安置帮教组织通过聘请懂法律、懂政策、资历深、威信高、热心帮教工作的同志和清真寺阿訇担任义务帮教员，使刑释解教人员回归社会后，政治上有人帮助，生活上有人关心。通过对农村籍刑释解教人员帮助落实责任田，对城镇籍的回归人员协调帮助就业，符合低保条件的享受最低生活保障等，基本解决了绝大多数刑释解教人员回归社会后的生产生活问题。2003 年，全区刑释解教人员帮教率 100%、安置率达 70% 以上，在很大程度上预防和减少了刑释解教人员重新违法犯罪，有力地维护了社会治安。为进一步深化刑释解教人员安置帮教工作，使安置帮教向监狱、劳教所延伸，做到帮教关口前移，11 月 4 日—10 日，自治区刑释解教人员安置帮教领导小组办公室组织近年来刑释解教人员中自立自强、勤劳致富的典型到 8 个监狱和 3 个劳教单位巡回演讲，进行现身说教，服刑在教人员反响强烈，巡回演讲收到了很好的效果。

预防青少年违法犯罪工作情况

一、抓组织建设，确保各项工作落实到位

2003 年 3 月份，针对领导小组成员变化比较大的情况，自治区党委对我区预防青少年违法犯罪工作进行了专题研究，成立了由自治区综治委、教育厅、公安厅、法院、检察院、司法厅等 15 个部门组成的宁夏预防青少年违法犯罪工作领导小组，加强了对全区预防工作的领导和协调。自治区预防办根据中央的总体要求，召开了宁夏预防青少年违法犯罪工作会议，下发了《宁夏综治委预防青少年违法犯罪工作领导小组成员单位工作职责》，明确了工作任务。为了进一步加大全区预防工作力度，自治区综治办、团委、教育厅联合组成调研组，先后深入石嘴山市等部分市、区属中小学、社区、乡镇学校进行预防工作调研，并与自治区民政厅等，按照《全国社区预防计划》的要求，提出了具体的《实施意见》，计划 3 年内在全区城镇、街道、社区建立较为完善的预防青少年违法犯罪的组织网络和阵地网络。

二、抓有关法规的贯彻实施，确保法制教育措施到位

自治区预防青少年违法犯罪领导小组在充分调查研究的基础上，编写了宁夏青少年法律教育读本，系统地讲解了“四五”普法的工作方法、内容、要求和目标，将《未成年人保护法》、《预防未成年人犯罪法》、《义务教育法》、《宪法》等 16 部法律分小学、初中、高中三个阶段，铅印 1.2 万份分发给全区教师、法制副校长、辅导员作为必备的工作手册。各级各类学校在把法制教育工作分层次、分年级、分对象的前提下，力争做到把法制教育同学校的教学计划、课外活动、团队活动、思想品德教育、家庭教育结合起来。此外，还制定了《中小学法制副校长管理办法》，对中小学法制教育的各项工作内容进行了明确和规范，保障了法制教育的顺利实施。

三、抓机制建设，确保各项预防和控制措施到位

按照自治区党委、政府要求，自治区预防青少年违法犯罪工作领导小组把工作重点定位在建立一套统一的预防控制机制上，一是配齐配强法制副校长和法制辅导员。根据《中小学法制副校长管理办法》，规定每个中小学要有 1 名外聘法制副校长，每年级有 1 名法制辅导员。截止目前，全区中小学法制副校长配备率达到了100%。二是构筑了学校、家庭、社会"三位一体"的青少年教育管理网络。自治区预防办提出了"校内抓教育、校外抓管理、社会青年抓单位(社区)"的"三抓"工作方针,并制定了《宁夏社区预防青少年违法犯罪工作计划》,积极做好教育管理工作。三是从3月份开始,实行了预防青少年违法犯罪通报制度,以保证全面掌握全区青少年违法犯罪工作情况,及时研究解决存在的问题。

四、抓维权岗创建,确保青少年合法权益的有效维护

在自治区预防小组的统一部署下,各级共青团组织通过法制讲座、禁毒展览、知识竞赛、模拟法庭等形式,利用"四五"普法、"6·26"国际禁毒日、"12·4"法制宣传日等开展了形式多样的宣传教育活动。对14个国家级"优秀青少年维权岗"进行了专项督查和检查验收,并与工商、文化等部门,在公共文化娱乐场所悬挂了"监督公示牌"、"禁止未成年人入内"警示牌,取消了校门外200米内的娱乐场所,既发挥了维权岗功能,又净化了校园和社会环境。自治区工商、公安、文化等部门,对银川市兴庆区170多家"网吧"进行了随机突击抽查,对35家无照、违规经营、严重损害青少年身心健康的"黑网吧"进行了坚决地取缔。自治区预防办与自治区高级法院联合成立了未成年人案件审判指导小组,设立了青少年合议庭,开通了法律服务热线,聘请专职律师对涉及未成年人的案件进行辩护,最大限度地保护未成年人。

实行社会治安综合治理领导责任制情况

2003年,全区各级党委、政府从努力实践"三个代表"的高度,充分认识加强社会治安综合治理的重大意义,把社会治安综合治理工作纳入了社会发展的整体规划之中,与经济工作和精神文明建设同部署、同检查、同评比、同奖惩,真正把综治工作摆上重要议事日程,常抓不懈。四市党政主要领导和分管领导,认真履行职责,经常听取社会治安综合治理工作和"严打"整治斗争汇报,深入实际,调查研究,及时解决综治工作中的突出问题,明确了党政一把手是社会治安综合治理第一责任人,对当地社会治安综合治理工作负总责;分管领导为第二责任人,负具体工作责任。2003年度,自治区、市、县(区)、乡镇(街道)、村(居委会)五级社会治安综合治理目标管理责任书的签订率达到100%。通过层层签订责任书的形式,逐级明确了"保一方平安"的责任人。在执行社会治安综合治理领导责任制过程中,各地按照中央及自治区《关于对发生严重危害社会稳定重大问题的地方实施领导责任查究的通知》和一票否决权制的有关规定,加大了责任查究力度和一票否决力度。一年来,全区各级综治委对因领导不重视、治安防范不落实、管理混乱,导致发生重大治安问题的35个单位,实行了一票否决,对69名责任人进行了领导责任查究,对63个单位下发了综治建议书和整改通知书,对31个单位撤销了治安模范单位和安全文明小区荣誉称号。一票否决权制的落实,强化了各级、各部门领导抓好社会治安综合治理工作的意识。

与此同时,自治区政法各部门在综合治理成员单位落实领导责任制方面作出了表率。它们按照自治区党委、政府关于加强社会治安综合治理工作的总体要求,在思想上高度重视,组织上加强管理,切实把社会治安综合治理工作摆上重要的位置。各部门都明确规定,一把手为本系统、本部门社会治安综合治理工作的第一责任人,对社会治安综合治理工作负总责;分管领导为第二责任人,对社会治安综合治理工作负具体工作责任。坚持"谁主管,谁负责"的原则,结合业务特点,层层签订了社会治安综合治理目标管理责任书,制定了考核办法,采取平时抽查、半年检查、年终考核等措施,加强督查,促进落实,形成了责任明确,职责清晰,全系统联动,广大干警积极参与,齐抓共管的良好局面。2003年度,区直政法各部门同处室及下属部门全部签订了《社会治安综合治理目标管理责任书》，签订率达到100%。各部门下属各处室、各单位自觉地把社会治安综合治理工作纳入到各项业务工作之中，以狠抓社会治安综合治理各项措施的落实，提升业务工作水平，以良好的业务工作成绩，体现社会治安综合治理成效，使二者有机结合，相互促进。

禁毒工作情况

2003年，全区共破获各类毒品违法犯罪案件3707起，查获毒品违法犯罪人员3884名；缴获毒品海洛因6216克、鸦片1404克；强制戒毒2427人次，劳动教养戒毒641人；创建“无毒县”2个、“无毒乡镇”156个、“无毒村（居委会）”1881个、“无毒单位”1958个，为维护全区治安稳定、促进经济建设作出了积极贡献。

一、加强领导，统一部署

年初，自治区禁毒委着手制定了《2003年全区禁毒工作要点》，并根据国家禁毒委“3·26”电视电话会议精神，及时召开会议，对全区禁毒工作进行了全面部署。4月8日，经过调整后的新一届自治区禁毒委召开全体委员会议，进一步重申了自治区禁毒委各成员单位职责，并对同心县毒品问题重点整治工作进行了专题研究，对新形势下如何拓宽思路，进一步抓好禁毒工作提出了新的要求。各级禁毒部门认真贯彻会议精神，完善机构，明确任务，结合各自职责，制定了禁毒工作方案。自治区党委宣传部、自治区教委、妇联、团委以宣传教育为重点，积极组织妇女、青少年参与禁毒活动，营造了良好的禁毒氛围；自治区药品监督管理局、卫生厅、经贸委、工商行政管理局按照自治区禁毒委的部署要求，进一步加强了对精神药品、麻醉药品和易制毒化学品的管理；公、检、法、司等部门充分发挥职能作用，不断加大禁毒执法力度，严厉打击毒品违法犯罪活动；自治区财政厅在经费十分紧缺的情况下，核拨了禁毒专项经费，为全区各项禁毒工作的开展提供了经费保障。

二、突出重点，加大对毒品问题重点地区的整治力度

一年来，各地根据实际，选择重点，开展了有针对性的专项治理工作，收到显著成效。特别是自治区禁毒委对同心县的毒品问题，抓住不放，采取多种措施，进行重点整治。自治区禁毒办先后3次组织禁毒委成员单位深入同心县，对毒品整治工作进行督促检查。同心县委、政府按照自治区禁毒委的要求，认真汲取毒品问题反弹的教训，周密部署，多策并举，强化措施，以创建“无毒乡镇”为目标，坚持“打、防、管、建”并进，全面开展毒品整治工作。在4月8日召开的自治区禁毒委全体委员会议上，对同心县经过两年艰苦努力，毒品重点问题得到有效解决，取得阶段性成果给予肯定。会议决定向国家禁毒委提出“摘帽”申请。12月份，国家禁毒办组织对同心县的毒品问题重点整治工作进行检查，也给予了肯定。

在巩固同心县毒品问题重点整治的基础上，自治区禁毒办加强了对银川市兴庆区、石嘴山市石嘴山区、吴忠市利通区、固原市原州区、海原县等地整治工作的督导，并针对红寺堡开发区毒品违法犯罪有所抬头的情况，专门组织力量进行毒情调研。为及时遏制其蔓延之势，在全区“打击‘金三角’地区毒品入境和跨区域贩毒活动专项行动”中，自治区公安厅又将红寺堡开发区的毒品整治工作纳入专项行动，组织三级公安机关对红寺堡开发区毒品问题进行重点整治。在经费十分紧张的情况下挤出资金，为红寺堡开发区配置了交通工具，促进了整治工作的深入开展。

三、坚持“四禁”并举，加大打击毒品违法犯罪的力度

一是开展了禁毒专项行动。8月18日，自治区公安厅召开了“全区打击‘金三角’地区毒品入境和跨区域贩毒活动专项行动”会议，对打击贩毒活动进行了全面部署。同时针对全区毒品犯罪的特点，先后组织四市及重点县（市、区）缉毒侦查部门召开了“缉毒侦查座谈会”、“红寺堡毒品问题重点整治座谈会”、“打击‘金三角’地区毒品入境和跨区域贩毒活动专项行动汇报会”，及时分析毒情动态，梳理情报线索，先后采取了开展堵源截流专项行动和打击外流贩毒统一行动等全区性的系列打击措施。银川、吴忠两市公安机关突出重点，采取“破大案、打团伙”与“打零包、抓毒犯”相结合的方法，以打击零包贩毒活动为突破口，顺线追踪，成功地破获了“10·4”、“10·26”、“10·29”等特大贩毒案件，缴获海洛因1000余克。同心县公安局缉毒大队组织力量赴云南等地收集情报，并以预海镇、韦州镇为重点多次开展行动，先后破获了“7·14”、“9·9”等贩毒案件，抓获毒品犯罪嫌疑人6名，缴获海洛因900余克。同时，有关部门还加强了与兄弟省区的情报交流，成功破获了近年来全区最大的贩运海赂因和贩运鸦片案件，分别缴获海络因709克、鸦片1335克，有力地打击了毒品违法犯罪活动。11月份，自治区公安厅专门派一名厅领导赴云南一线开展调研、协调工作，切实做到了组织有力，措施到位，使“打击‘金三角’地区毒品入境和跨区域贩毒活动专项行动”顺利开展。专项行动以来的4个月，全区共破获毒品犯罪案件204起，查获毒品犯罪人员109名，缴获海络因2141.5克，分别比去年同期上升28%、7.9%、60%。

二是强化禁吸戒毒工作。一年来，全区公安机关实行各警种联合作战，加强对吸毒人员的排查和监控工作，共收戒吸毒人员2427人(次)，劳动教养641人。为了进一步做好社会面上吸毒人员的监控管理工作，消除不安定因素，各级公安禁毒部门主动与共青团、妇联、社区、单位密切配合，建立“四位一体”的帮教措施。通过对吸毒人员的管理和深挖，还破获了一批零包贩毒案件。

三是加强禁种铲毒和易制毒化学品的管理工作。近两年，南部山区发现个别种植大麻的情况，自治区禁毒办及时作出具体安排，并拨出专项经费，要求固原等重点地区将禁种铲毒工作作为重点，抓紧抓好。在加强禁种宣传工作的基础上，固原市加大监督、检查力度，清查果园、田地6万余亩，蔬菜温棚15000亩，18000多间。破获非法种植罂粟案件19起，铲除罂粟1932株。同时，自治区禁毒办与经贸委、外经贸厅、工商、医药等部门相互配合。加强了对易制毒化学品和精神麻醉药品的管理，专门召开“加强易制毒化学品管理现场会”，吸取“7·28”特大制造“冰毒”案件的教训，查问题，找根源，要求相关单位依照《自治区易制毒化学品管理条例》，严格管理易制毒化学品和精神麻醉药品，并将责任落实到位。今年全区尚未发生非法倒卖易制毒化学品和精神麻醉药品的案件。

四是积极推进“无毒社区”创建工作，不断探索禁毒工作的长效机制。自治区禁毒办将创建“无毒社区”工作放在禁毒工作的首位，狠抓各项措施的落实，并派出人员深入各县(区)进行检查、督导，在全区范围内全面推进创建工作。目前全区已创建“无毒县”2个、“无毒乡镇”156个、“无毒村(居委会)”1881个、“无毒单位”1958个。其中无毒乡镇和无毒村(居委会)的覆盖率分别为33.75%和60.8%。自治区禁毒委于2003年12月29日，在银川召开了“全区创建‘无毒社区’总结表彰会”，对全区创建“无毒社区”工作成效显著的4个县、13个乡镇、9个单位、37名先进集体和个人进行了表彰，有力地推进了“无毒社区”的创建工作。

四、加强禁毒宣传教育，进一步营造全民禁毒的氛围

为做好“6·26”国际禁毒日的重点宣传工作，自治区禁毒办会同自治区党委宣传部、工会、共青团、妇联、教育、司法等部门专题进行研究，下发了《关于“6·26”国际禁毒日宣传活动安排意见》和《关于切实做好“6·26”国际禁毒日期间禁毒宣传工作的通知》。同时，自治区禁毒办设计印制了以“远离毒品，关爱未来”为主题的禁毒宣传画册三万四千套。“6·26”期间，各级禁毒部门紧紧围绕国际禁毒日宣传主题，重点突出中小学生的毒品预防教育，开展了丰富多彩，形式各异的宣传活动。一是自治区党委常委、政法委书记、禁毒委主任、公安厅厅长李顺桃带领自治区禁毒委成员，深入到银川市兴庆区唐徕社区、银川市六中、银川市公安局强制戒毒所，与居民代表座谈戒毒人员的帮教和无毒社区的创建工作；向学校师生赠送国家禁毒办、教育部配发的毒品预防教育器材和教材；观看戒毒学员自编自演的文艺节目，鼓励戒毒学员拒绝毒品，重新走向社会。二是新闻媒体加大禁毒宣传的广度和深度。6月10日至14日，自治区禁毒办组织各新闻媒体记者赴四市及重点地区对禁毒工作及典型案例进行专题采访，做到深入了解，广泛宣传。宁夏电视台“新闻话题”和“法制天地”分别播出了反映禁毒一线工作的专题片；宁夏广播电台连续10天每天播出一小时的“拒绝毒品，建设美好家园”专题节目，并在“6·26”当天开播了“新闻观察”、“录音新闻”专题节目，报道了戒毒学员“珍爱生命，远离毒品”的文艺演出活动。还通过电话联线采访禁毒工作先进人物，讨论禁毒工作中的热点问题，气氛异常热烈；宁夏日报、宁夏法制报、新消息报、银川晚报、青年生活导报整版刊登了有关禁毒工作的宣传文章。形成了空中有声音，电视有图象，橱窗有图画，报纸有专版的立体禁毒宣传活动声势。三是依法打击处理毒品违法犯罪活动，形成震慑。“6·26”国际禁毒日期间，固原市、灵武市及毒品问题重点整治的同心县，开展了以集中收戒和破大案为主攻方向的禁毒专项行动。吴忠市中级法院和红寺堡开发区公开处理了一批毒品违法犯罪人员，教育了群众，震慑了犯罪。四是利用公共设施开展禁毒宣传活动，扩大禁毒宣传面。银川市在南门广场、新华街商业广场，租用三处商用大屏幕电视，连续播放《世纪之患——新型毒品》等禁毒影视宣传片，吸引了大批群众；铁路、民航、交通、银行、电力等部门在车站、机场、营业厅、施工场地等公共场所陈列禁毒宣传画，向群众进行禁毒宣传。五是深入基层开展禁毒宣传教育，做到家喻户晓。银川市兴庆区中山南街办事处、西夏区北京西路办事处组织了禁毒宣传小分队，在辖区内展出禁毒展板，发放宣传材料，举办禁毒报告会，并在中小学校开展“禁毒知识一堂课”活动；中卫县组织力量深入街道、村社设立禁毒咨询点，举办吸毒戒断人员现身说法巡回演讲会及禁毒知识讲座。六是鼓励群众自发性的禁毒宣传活动，调动群众参与禁毒工作的积极性。西吉县公易乡回族老人陈志明长期配合县禁毒部门走村串户，利用禁毒挂图进行禁毒宣传，深受群众欢迎。“6·26”当天，西吉县禁毒委召开大会，大张旗鼓地表彰了陈志明的先进事迹，在群众中引起了强烈反响。经统计，“6·26”国际禁毒日期间，全区发放禁毒宣传材料40余万份，设立禁毒咨询点196处、禁毒橱窗、展板1061处，张贴标语3000余张，悬挂横幅350条，举办禁毒知识讲座138场，播放禁毒专题片、禁毒广告236场次，开展“禁毒知识一堂课”活动483场，召开打击毒品违法犯罪活动处理大会2场。通过禁毒宣传，社会各界参与禁毒工作的积极性提高了，许多单位、学校、厂矿、娱乐场所把禁毒宣传教育作为份内之事，以各种形式，开展宣传，受教育群众达140万人次，营造了全民禁毒的氛围。

五、加强禁毒队伍建设，提高禁毒队伍的科技含量

为了全面提高禁毒队伍的综合素质和整体战斗力，建设一支靠得住、拉得出、打得赢的公安禁毒队伍，自治区公安厅积极筹措资金建立了全区公安禁毒信息系统，于元月份举办了四市及重点县(市、区)参加的“禁毒信息系统培训班”。10月份，又举办了“全区公安禁毒业务骨干培训班”，在讲授禁毒专业知识的同时，进行了计算机培训，60名学员全部通过了考试。

各级公安禁毒部门还结合自身工作的业务特点，自觉树立执法为民的思想，按照公安部《公安机关禁毒民警执勤行为规范》和《公安机关禁毒业务工作若干问题的规定》，进一步完善民警的行为规范和工作规范。2003年2月至3月，根据国家禁毒委的要求，自治区禁毒办制定下发了《禁毒执法检查实施方案》，在各地自查、自纠的基础上，抽调了自治区公、检、法、司、卫生、经贸、工商、药监等部门人员参加的检查组，赴各地开展禁毒执法检查工作，解决禁毒执法过程中存在的问题，提高全区禁毒工作法治水平。

综治委成员单位参与社会治安综合治理工作情况

2003年，综治委各成员单位在落实社会治安综合治理工作方面，结合本部门、本系统的工作特点，紧密联系实际，坚持以维护社会稳定为重点，深入开展“严打”整治斗争，狠抓政法队伍建设，不断加强综合治理工作力度，进一步健全组织领导，狠抓责任落实，层层分解任务，较好地履行了社会治安综合治理成员单位的职责，维护了本部门、本系统的治安秩序稳定，为全区的经济发展、社会进步创造了良好的治安环境。

一、进一步加强社会治安综合治理领导责任制，各项措施得到了全面的落实

自治区综治委各成员单位从实践“三个代表”重要思想的高度，按照自治区党委、政府关于加强社会治安综合治理工作的总体要求，在思想上高度重视，组织上加强管理，切实把社会治安综合治理工作摆上了重要的位置。各单位都明确规定，一把手为本系统、本部门社会治安综合治理工作的第一责任人，对社会治安综合治理工作负总责；分管领导为第二责任人，对社会治安综合治理工作负具体工作责任。坚持“谁主管，谁负责”的原则，层层签订了社会治安综合治理目标管理责任书，制定了考核办法，采取平时抽查、半年检查、年终考核等措施，加强督查，促进落实，形成了责任明确、职责清晰、全系统联动、职工积极参与、齐抓共管的良好局面。2003年度，各成员单位同处室及下属部门全部签订了《社会治安综合治理目标管理责任书》，签订率达到100%。下属各处室、各单位自觉地把社会治安综合治理工作纳入各项业务工作之中，以狠抓社会治安综合治理各项措施的落实，提升业务工作水平，以良好的业务工作成绩，体现社会治安综合治理成效，二者有机结合，相互促进。

二、突出重点，强化措施，加大了维护社会稳定的工作力度

各成员单位以高度的政治责任感和对党、对人民极端负责的精神，充分发挥职能作用，把维护社会政治稳定作为落实综合治理工作的重要任务，全力予以加强。自治区公安厅以确保“严打”整治目标的如期实现、确保全国全区“两会”的安全顺利召开、确保第七届全国少数民族传统体育运动会顺利举行、确保全区社会政治和治安秩序的稳定为工作重点，进一步建立健全了情报信息网络和预警机制，继续开展了各种专项斗争。自治区国家安全厅围绕敏感和热点问题，通过各种方式和渠道，搜集影响社会政治稳定的情报信息，为有关部门决策提供了依据。自治区司法厅充分发挥基层司法行政机关在维护社会稳定工作中的“第一道防线”作用，大力开展矛盾纠纷排查调处活动，全区3362个调委会，23435名调解员共排查调解矛盾纠纷23018件，调解成功率达97%以上。自治区民政厅加强救灾救济工作，对1.3万五保对象进行供养，对17.9万人进行了制度性救助，并及时下拨救灾资金4760万元，紧急调用救灾专用帐逢4000顶，救济灾民58万人次，保障了受灾群众有饭吃、有水喝、有衣穿、有房住、有必要的医疗救治。自治区高级人民法院充分发挥民事行政审判职能，妥善处理了一批劳动争议案件和涉及国有企业下岗职工基本生活保障、失业保险金、城市低保及拆迁安置等关系人民群众切身利益的案件，有效地化解了矛盾，消除了隐患。自治区人民检察院紧紧围绕“服务经济建设，维护社会稳定”这个中心，进一步加大打击危害国家安全、经济安全等各类刑事犯罪，加强民事行政检察工作，坚持实行群众来信来访制度，耐心细致地做好申诉人的息诉工作。去年，全区各级检察机关共受理群众来信来访1025件，做到文明接待、公正执法，消除化解了一批影响社会稳定的不安定因素。自治区建设厅积极联合有关部门，加大了对拖欠农民工资问题的查处力度，维护了农民的合法权益，消除了由于拖欠民工工资而诱发的不稳定因素。

三、继续深化“严打”整治斗争，始终保持了对严重危害社会治安犯罪活动的高压态势

自治区公安厅充分发挥主力军作用，精心组织开展春季破案会战、“严打”整治斗争第七战役、指纹破案会战、冬季破案会战等一系列专项斗争，攻坚克难，重拳出击，成功侦破了一大批危害严重、影响恶劣的大要案件，全区治安形势呈现出刑事案件立案绝对数明显下降、破案率明显提高的良好局面。自治区高级人民法院坚持“依法从重从快”的方针，牢牢把握“严打”整治斗争和整顿规范市场经济秩序的正确方向，突出打击重点，加大打击力度，依法及时审判了一批严重危害社会治安的刑事犯罪分子，有力地震慑了犯罪。自治区检察院要求全区各级检察长要切实承担起第一责任人的责任，把“严打”作为中心工作来抓，采取定案件、定时间、定人员、定职责，保证办案质量的“四定一保”措施，对已经或即将进入检察环节的重大刑事案件，加班加点集中力量审查，做到快捕、快诉，保证了“严打”工作力度和案件质量，有力地打击了各类刑事犯罪。自治区司法厅、自治区国家安全厅发挥各自优势，积极参与“严打”整治斗争，主动与公、检、法等机关密切配合，对日常工作中发现、掌握的有关有组织犯罪及杀人、抢劫、盗窃、贩毒等严重刑事犯罪和其它案件线索，及时进行转送和通报，协助配合公安机关破获了一批刑事案件。

四、狠抓社会治安防控体系建设，逐步建立健全了社会治安防范机制

综治委各成员单位坚持“打防结合，预防为主”的方针，积极探索新形势下治安管理、治安防范的有效途径，增强预防违法犯罪工作的主动性，有效地预防了各类案件的发生。各级检察院把预防职务犯罪同综合治理工作紧密结合起来，坚持“标本兼治，综合治理，逐步加大治本力度，从源头上预防和解决腐败问题”的方针，积极开展职务犯罪预防工作。截止目前，全区检察机关共建立预防职务犯罪网络化、信息化系统预防点 12 个，联系点 16 个，聘请联络员 36 人，结合办案开展个案预防 116 件，对 20 个西部大开发重点项目开展了专项预防工作，提升了预防和减少犯罪的社会综合控制能力。自治区公安厅坚持把社会治安防控体系建设作为综合治理的一项基础性工作，在继续狠抓社区警务战略的同时，充分发挥 110 指挥中心的龙头和巡警、防暴警、交警、派出所、责任区刑警队等一线巡逻警力的作用，进一步规范接处警制度和多警种联动机制，进一步健全和完善快速反应机制，初步形成了治安控“点”，巡警控“线”，派出所控“面”，动静结合、覆盖城乡的巡逻、防范和控制网络，提高了打击处理现行犯罪的能力和水平。自治区高级人民法院、自治区司法厅、自治区国家安全厅结合实际，狠抓机关内部和下属单位的治安防范工作，进一步加强了门卫管理、枪支弹药管理、文秘、财务、车辆等管理，积极参与辖区的基层创建活动，不断加大“创安”工作力度，切实加强对重点要害部位的防范，认真落实办公楼、家属区的治安管理措施，有效地维护了本单位、本系统的治安秩序。

五、大力加强社会治安综合治理宣传力度，有效地提高了全社会参与综合治理的意识

各单位按照自治区社会治安综合治理委员会的统一部署，结合自身业务的特点，积极开展社会治安综合治理宣传活动，把综合治理宣传工作贯穿于业务工作之中，做到与业务工作的有机结合。各部门针对实际，采取举办宣传月、上街咨询、图片展览、举办电影宣传周等多种形式，深入厂矿、机关、学校、社区、农村、大型集贸市场，广泛进行综合治理宣传活动。自治区司法厅围绕自治区党委、政府的中心工作，加大与西部大开发、中国“入世”、全区城市化、工业化建设、退耕还林还草、封山禁牧等相关法律法规和《宪法》、《刑事诉讼法》、《社会治安处罚条例》等法律法规的宣传。重点加强了“法律进社区”、“法律进农家”等工作，召开了全区“法律进社区（乡村）”经验交流现场会，开展了依法治理示范单位创建活动。自治区党委宣传部精心部署、充分利用广播、电视、报刊等新闻媒体，广泛深入地宣传社会治安综合治理的重大意义、工作措施及见义勇为的先进事迹。自治区国家安全厅大力开展了《国家安全法》、《国家安全法实施细则》的宣传活动，加强国家与人民防线建设工作，协调指导党政机关、企事业单位的国家安全教育，有效地提高了广大群众的国家安全意识。自治区团委、未成年人保护委员会、教育厅、公安厅、司法厅、高级法院、检察院等以开展“青少年维权岗”、“禁毒宣传月”、“法律咨询”、“法制讲座”等宣传活动为载体，进行综治宣传，受到了社会各界的一致好评。

六、狠抓队伍建设，政法、综治干部的整体素质有了明显提高

按照自治区党委政法委关于开展“政法队伍建设年”活动的统一部署，全区政法机关集中开展了政法队伍教育整顿活动，加强对干警理想信念教育，全心全意为人民服务的宗旨意识教育，“严格执法、热情服务”的职业道德教育，结合本单位、本部门的实际，以公正执法为重点，以人民满意为根本标准，以解决人民不满意的问题为突破口，坚持开展“争创”活动，提高了干警的政治素质、服务意识和执法水平。同时，加强政法队伍领导班子建设，对领导干部进行了交流，中层干部实行竞聘上岗，“热点”岗位轮岗，进一步提高了政法队伍的战斗力。综治委成员单位结合业务特点，普遍对所属系统的综治、保卫干部进行了培训，使他们从事综治、保卫工作的能力大大提高，从而有效地促进了部门和系统综合治理工作的深入开展。

社会治安综合治理理论研究工作情况

一是自7月份开始，按照自治区综治委的部署，各地、各部门由领导同志带队，深入基层，历时3个多月，对近年来全区认真贯彻落实中共中央、国务院《关于进一步加强社会治安综合治理的意见》和中办、国办转发的中央社会治安综合治理委员会《关于加强社会治安防范工作的意见》，坚持“打防结合、预防为主”的方针，大力加强治安防范工作，建设治安防控体系，全面落实社会治安综合治理各项措施的经验和做法，进行了认真调研和总结。此项活动，全区共写出调查报告和经验材料200余篇。自治区综治办从中精选出47篇典型经验材料，在12月3日全区社会治安综合治理工作会议上进行了交流，并汇编成册，下发各地。这些经验和做法结合实际，针对性强，对全区综合治理工作起到了积极的指导和推动作用。

二是由自治区综治办、社科院和青少年犯罪研究会有关专家学者承担的国家社科课题《中国西部民族地区青少年犯罪预防与治理》书稿已大部分完成，其前期成果《中国西部青少年犯罪调研文集》(19万字)已于2003年1月出版(内部发行)。该《文集》汇集了西部12省、自治区、直辖市科研院校专家学者和政法部门实际工作者的17篇调研报告，对我国西部民族地区青少年犯罪的现状、特点，造成违法犯罪的家庭、学校、社会和地域因素，以及从多方面实施综合治理的预防对策等，都作了深入广泛的探讨，提出了有针对性的建议。这本文集包含了12省、区、直辖市近20年来，青少年违法犯罪的真实数据和区别于我国东部地区的突出典型案例，是政法部门和科研院校专家学者有价值的研究参考资料，同时，也为西部地区乃至全国党政机关、司法部门提供了大量的决策依据。

三是自治区党委宣传部、自治区关工委、自治区依法治区办公室、司法厅、自治区团委和宁夏青少年犯罪研究会于2003年初，在全区中小学生中组织开展了以学习《青少年法制教育读本》、“争做遵纪守法小公民”为主题的征文活动，并从全区中小学生的361篇获奖法制小论文中，精选出100篇文章，经专家学者认真修订，汇编成《青少年优秀法制论文选》，于2003年4月出版，在全区中小学生中发行。

四是在自治区综治办的支持和协调下，自治区社科院和宁夏青少年犯罪研究会的专家学者历时两年多，收集整理了我国西部地区刑事犯罪及青少年犯罪的统计数据和有关专家学者的对策建议，至2003年底编撰完成了《改革开放以来西部犯罪调查》书稿(计七篇63万字)。

五是由自治区关工委和宁夏青少年犯罪研究会先后组织专家学者撰写了《关于网吧对未成年人产生不良影响的调查》、《关于赌博违法问题的调查》，引起自治区党委书记陈建国等领导的高度重视，并作了重要批示。根据自治区领导的批示，有关部门迅速开展了专项治理，有效地净化了中小学校院周边环境和社会环境。

六是宁夏社科院、宁夏大学7名专家学者针对社会腐败泛滥、大量诱发刑事违法犯罪的情况，在广泛调查研究的基础上，联名向自治区人大常委会提出了制定《宁夏回族自治区预防职务犯罪条例》的建议。建议引起了自治区人大常委会的重视。

此外，有关部门还于2003年1月9日至10日派员参加了中国法学会青少年法律研究会成立暨学术研讨会；于11月2日至7日派员参加了全国犯罪心理学教学经验交流研讨会；于3月初，向中国法学会研究部推荐了部分专家学者的优秀论文，其中7篇论文入选《中国法学研究应用成果总览》(第一卷)。

自治区综治委、办内设机构情况和负责人名单

2003年3月21日，自治区党委对自治区社会治安综合治理委员会组成人员进行了调整。调整后的社会治安综合治理委员会仍下设办公室，办公室主任由自治区党委政法委副书记、秘书长刘宗祥兼任。办公室内设综治督导协调室(正处级)，编制6人。

关于宁夏回族自治区党委办公厅调整自治区社会治安综合治理委员会组成人员的通知

(2003年3月21日)

各市、县(区)党委(工委)，区党委各部委，区直各厅局委办党组(党委)，各人民团体、直属事业单位党委(党组)，各大型企业党委：

由于人事变动和工作需要，自治区社会治安综合治理委员会组成人员进行了调整，现将调整后的组成人员名单通知如下：

主　任：韩茂华　自治区党委副书记

副主任：李顺桃　自治区党委常委、政法委书记、公安厅厅长

陈守信　自治区人大常委会副主任

郑小明　自治区副主席

黑俊英　自治区高级人民法院院长

师梦雄　自治区检察院检察长

委　员：李海清　武警宁夏总队总队长

刘宗祥　自治区党委政法委副书记

白金慈　自治区企业工委副书记

王彦武　自治区党委组织部副部长

徐永富　自治区党委宣传部副部长

刘春增　自治区党委统战部副部长

郑国安　自治区人民政府副秘书长

佘进军　自治区公安厅副厅长

马勇霞　自治区司法厅厅长

苏德良　自治区安全厅厅长

晓　音　宁夏军区政治部副主任

田　明　自治区建设厅厅长

李　岚　自治区民委主任

郁纪鸣　自治区纪检委副书记

龚明礼　区政协社会和法制委员会主任

杨占元　自治区党委政法委副秘书长

杨应科　自治区总工会主席

金萍芬　自治区妇联主席
王致雄　银川海关关长
李春阳　自治区旅游局局长
马秀芬　自治区计划生育委员会主任
王　杰　自治区“610”办公室主任
方　杰　中国人民保险公司宁夏分公司总经理
马立廷　自治区党委政法委副秘书长
王志明　自治区人事厅副厅长
蒋志平　自治区民政厅副厅长
余锦文　自治区经贸委副主任
王和山　自治区财政厅副厅长
王北媛　自治区教育厅纪检组长
张全太　自治区交通厅副厅长
罗辛炳　自治区工商局纪检组长
薛亚平　自治区文化厅副厅长
赵利宁　自治区广播电影电视局副局长
窦文敏　自治区卫生厅副厅长
张怡安　自治区精神文明建设指导委员会办公室专职副主任
石金书　民航宁夏管理局副局长
杨玉经　自治区团委副书记
庄克明　银川铁路分局党委副书记
武　平　自治区劳动和社会保障厅副厅长
刘登武　自治区新闻出版局副局长
段成东　人行银川中心支行副行长
王　冰　宁夏通信管理局副局长
刘全智　自治区信访局局长

自治区社会治安综合治理委员会关于开展综合治理基层基础年活动的实施意见

（2003 年 2 月 19 日）

各市、县(区)党委、政府、社会治安综合治理委员会，区直各委办厅局，各人民团体、直属事业单位，各大中型企业：

加强社会治安综合治理基层基础工作，落实综合治理各项措施，维护社会稳定，对于全面建设小康社会具有非常重要的意义。根据今年综合治理工作的安排，为进一步巩固“严打”整治斗争成果，切实建立社会治安综合治理长效机制，健全打、防、控一体化治安格局，完善群防群治工作网络，提升综治工作水平，推进综治工作向纵深发展，自治区社会治安综合治理委员会决定 2003 年为社会治安综合治理基层基础年。现就开展综合治理基层基础年活动提出以下实施意见：

一、指导思想

社会治安综合治理基层基础年活动要按照党的十六大关于加强社会治安综合治理的总体要求，高举邓小平理论伟大旗帜，认真实践“三个代表”重要思想，全面贯彻全国、全区政法工作会议精神，以中共中央、国务院和自治区党委、政府《关于进一步加强社会治安综合治理的意见》为指导，坚持“打防结合、预防为主”的方针，坚持严打、严管、严防相结合，坚持治标与治本相结合，建立维护治安工作新机制，努力提高基层预防、发现和控制犯罪的能力，切实维护社会治安秩序的稳定。

二、工作目标

社会治安综合治理基层基础年活动的总体目标是：按照中央社会治安综合治理委员会《关于加强治安防范工作的意见》和《自治区综治委关于加强社会治安综合治理组织规范化建设的意见》的要求，力争在年内健全市、县(区)、乡镇(街道)、村(居委会)、企事业单位社会治安综合治理领导机构、办事机构，配齐工作人员；建立起以公安部门为骨干，以群防群治力量为依托，以社会面、居民区和单位内部的防范工作为基础，以案件多发的人群、区域、行业、时段为重点，以县(区)为单位，全方位、立体化、动态管理的治安防控长效机制，努力实现社会稳定、治安良好、人民群众满意的目标。

三、工作任务

(一)加强综合治理基层组织建设

1. 加强综合治理领导机构、办事机构建设。市、县(区)社会治安综合治理委员会主任、副主任、委员健全，领导成员分工协作、任务明确、职责清楚、工作到位。市、县(区)社会治安综合治理办事机构健全，综治办主任由同级政法委副书记担任，设置专职副主任。综治工作人员配齐到位，人数不少于同级政法委的三分之一。乡镇(街道)建立社会治安综合治理委员会，主任由乡(镇)党委书记担任，主抓综治工作的副职兼任综治办主任，配备1—2名综治专干。村(居)委会成立综治领导小组，组长由村支书担任，办公室主任由治保主任担任。健全行政村、自然村调解、治保组织，配备调解、治保信息员。大中型企业设立综治委，主任由企业法人代表担任，综治办主任由主抓综治工作的副职兼任，配备3—5名工作保同。机关事业单位设立综治领导小组，组长由主要领导担任，办公室主任由主抓综治工作的副职兼任，确定1—2名专兼职工作人员。层层制定岗位职责，明确职权范围，正确行使检查权、指导权、建议权。领导成员、办事人员熟悉综合治理业务，能抓会管。层层建立综合治理工作报告制度、治安形势分析制度、资料台帐制度、工作例会制度、考核评比制度，形成综治合理常议常抓机制。要按照自治区党委关于开展队伍建设年活动的总体部署，组织广大综治干部认真查摆问题，改进作风，与时俱进，保持良好的精神状态和务实进取的工作作风。

2. 加强公安派出所、人民法庭、司法所等政法组织建设。要充分发挥政法组织在综合治理工作中的骨干带头作用，在各自的业务环节上，落实好综合治理各项措施。公安派出所要以实施社区警务战略为载体，切实把主要精力放在治安管理、防范上来，努力实现“一区一警”的目标，注意把警力部署到社区、街头巷尾和易发案地点、时段。建立切实可行的、能充分调动社区民警积极性和保证社区民警下基层、进社区、做工作的制度和制约机制，确保公安基层基础工作的落实。人民法庭和基层司法所机构健全，人员到位。要把基层基础工作作为中心业务工作的一项重要内容常抓不懈，通过法庭调解、判决和法律援助、化解矛盾纠纷等形式，为广大群众提供优质高效的法律服务，保护人民群众的合法权益和生命财产安全。

3. 加强群防群治组织建设。进一步完善新形势下群防群治的组织形式、工作机制，建立多种形式的群防群治队伍和治保组织。各部门、各人民团体、企事业单位和非公有制经济组织建立安全保卫组织，聘请专职保安员看护楼院。社区、街道要组建群防群治队伍，在社区民警的带领和业务指导下开展治安巡防、盘查可疑人员、宣传安全防范，查找和整改治安隐患等预防违法犯罪和治安灾害事故的工作。住宅区要实行物业管理，聘请保安员，在居委会的领导下搞好治安管理、治安防范、安全创建等工作，维护住宅区的治安秩序。充分发挥党员、团员、治保积极分子和离退休干部职工在维护社会治安方面的作用，协助专门机关维护社会治安秩序。坚持“谁受益，谁出资”，“取之于民，用之于民”的原则，建立适合市场经济要求的群防群治经费保障机制，多渠道筹集群防群治经费。

(二)加强治安防控体系建设

1. 构筑社会治安动态防控体系。健全以110报警服务为龙头，公安、武警、治安队巡逻为依托，群防群治队伍为基础的“打、防、控”一体化治安防控网络，进一步提高快速反应能力，严格社会面控制。充分发挥巡警、交警、治安警和值勤报警点控制社会面的骨干作用，采取点、线、面相结合的方式，实行治安巡逻、设卡防控、收容整治等治安管控措施，进一步增强打击犯罪、控制犯罪、预防犯罪的能力。根据不同区域、不同时期的治安状况，加强分类指导，积极探索适应新形势要求的治安管理措施和办法，进一步完善防范机制。健全和完善城管、运管、路政、工商、文化、环卫等行政执法队伍参与治安防范工作制度，落实治安防范的职责任务，综合各方面的力量，有效地预防、控制和打击社会面的各处犯罪活动。

2. 构筑中心城市治安防控体系。各市的中心城市年内要建成指挥高效、反应灵敏、处置快捷、防范有效、控制严密、保障可靠的治安防范网络,不断提升动态形势下治安防范的能力。各县(区)的中心城镇要进一步制定整体联动方案,健全和完善各种工作预案,建立全天候、全方位,动态的治安防范网络,有效控制和预防各类违法犯罪。乡镇、街道要建立纵横交错、上下贯通的治安防控网络,可防性案件下降,民转刑案件有效控制,重大治安灾害事故减少,群众安全感增强。

3. 构筑社区治安防控体系。推广民警驻社区制、巡防制、包片制等警务制度,建立新型的警务运作机制。大力实施社区警务战略,使民警深入社区,把主要精力放在治安防范上。社区治安巡逻队要开展多种形式的社区治安巡逻活动,控制、防范社区内的入室盗窃、抢劫等多发性案件。组织群众开展治安防范工作,提高群众的自防能力。农村要大力推广五户一长、农户轮流传牌、义务值更、分片巡逻等治安防控模式,建立起村、组联防治安管理新机制,形成派出所、村庄、治保组织、群防群治组织联防联动局面。

4. 构筑内部单位治安防控体系。内部单位要建立和完善人防、物防、技防配套,严管、严治、严防结合的社会治安防范网络。加强楼院管理,严格值班,严密防范,堵塞漏洞。加大科技防范力度,安装闭路电视等监控设备,不给犯罪分子以可乘之机。进一步完善和落实安全生产责任制,有效预防和减少重大治安灾害事故发生。

5. 构筑楼院、家庭治安防控体系。居民小区的楼院建立治安室、自行车棚,安装报警电话,组织保安人员看门望户。鼓励居民家庭安装电子可视门铃、防盗设施和防火设备。动员广大居民积极参与社会治安,教育、挽救、帮助小区内的“法轮功”习练人员、吸毒人员和刑释解教人员。积极推行商业店铺“十店联警”和楼长制,有效防范入室盗窃、抢劫案件的发生。

6. 构筑重点地区防控体系。根据城市、农村和案件高发地段、复杂场所的不同特点,科学配置警力资源,合理调配警力,建立以打促防,以防促管长效工作机制。城乡结合部、公共复杂场所、重点要害单位、文化娱乐场所、特行特业建立治安岗亭,配备协警员,掌握情报信息,防患于未然。制定重点要害部门、部位及其人流集中的繁华区段、车站、市场、交通主干道的治安防控工作方案,加强经常性地监控工作,确保秩序安定。

7. 构筑重点人口治安防控体系。根据外来人员犯罪的特点和规律,加强对外来人员违法犯罪活动的打击、防范和控制工作。要充分发挥群防群治组织、基层流动人口管理组织、治保会、调委会、刑释解教人员安置帮教组织、预防青少年违法犯罪组织的作用,及时教育和处置流落街头的小偷小摸、逞凶耍横等轻微违法人员及其刑释解教人员。特别是对那些恶习较深、改造效果较差,而具有重新违法犯罪倾向的,要加强管理,密切掌握他们的思想动态和行动去向,做到不脱管、不失控,防止形成欺压乡里的流氓恶势力。

四、工作措施

(一)加强组织领导,落实责任

各地要把开展基层基础年活动作为实践“三个代表”重要思想的一项重要内容,周密部署,精心组织,统筹规划,制定方案,协调行动。党政主管领导同志要亲自抓,切实解决在开展基层基础年活动中遇到的困难和问题,保障基层基础年活动的顺利进行。具体的时间推进顺序为,3月份为启动阶段,做好动员,制定出方案;4—6月份为试点阶段,总结出不同类型的经验;7—9月份为全面推广阶段,点面结合,推广经验;10月份为检查验收阶段,组织人员,考核验收;11月份为“回头看”、总结阶段,查漏补缺,巩固成果,全面总结。

(二)突出重点,分类指导

各地要点面结合,选择出工作基础好、一般、较差的地区、单位,分别开展基层基础年活动的试点工作。在取得经验的基础上,根据不同类型地区的特点,分门别类,推广经验。四市要抓好一个重点县(区),各县(区)要抓好一个重点乡镇(街道),强化基层基础工作,解决突出的治安问题,切实改变治安落后面貌,取信于民。要建立健全各项规章制度,确保这项工作有人抓、有人干、有部署、有检查,切实巩固好成果。

(三)齐抓共管,形成合力

各级社会治安综合治理委员会要对辖区各部门、各单位开展的基层基础年活动进行指导协调,督促检查。综治成员单位要发挥各自的职能作用,找准切入点,加大工作力度,积极开展基层基础年活动。政法各部门要发挥主力军作用,率先垂范,切实抓好各项基层基础工作。各有关部门要通力协作,认真部署和开展本单位、本系统的基层基础年活动。各级综治办要加强指导和协调，加强舆论宣传，调动全社会的力量共同参与，齐抓共管。

（四）加强考核，奖励结合

各地、各部门要把开展基层基础年活动作为综合治理目标管理的重要内容，层层量化任务，逐级申报，逐级考核验收。凡验收不合格的，要重新部署开展这项活动；验收合格的要进行“回头看”，查找不足、堵塞漏洞。要把考核结果、实际效果与责任人的晋职晋级、奖惩直接挂钩。对因敷衍塞责至使基层基础年活动效果较差的，要坚决行使一票否决权，追究有关领导的责任。

自治区社会治安综合治理委员会关于印发自治区综治委《关于加强治安混乱地区（单位）、突出治安问题排查整治和矛盾纠纷排查调处工作办法》的通知

（2003年11月21日）

各市、县（市、区）综治办、自治区综治委各成员单位：

现将自治区综治委《关于加强治安混乱地区（单位）、突出治安问题排查整治和矛盾纠纷排查调处工作办法》印发给你们，请结合实际，认真贯彻执行。

自治区综治委关于加强治安混乱地区（单位）、突出治安问题排查整治和矛盾纠纷排查调处工作办法

（2003年11月21日）

根据中共中央、国务院和自治区党委、政府《关于加强社会治安综合治理工作的意见》精神，为进一步完善社会治安形势分析和基层矛盾纠纷排查调处工作机制，从源头上防止各种矛盾纠纷发生、扩散和激化，从根本上落实治安防范和管理的各项措施，做到抓早、抓小、抓苗头，巩固“严打”整治和治安防范工作成果，不断提高综合治理工作水平，自治区综治委结合我区实际，特制定本办法。

一、指导思想

1. 以“三个代表”重要思想为指导，按照胡锦涛同志提出的“认真排查，完善预案，依法处理”的三条要求，定期分析社会治安形势，排查整治治安混乱地区和单位，及时排查调处各种社会矛盾纠纷。这两项工作是各级党委、政府和综合治理组织维护社会稳定、维护广大人民群众根本利益的基础性工作，是正确处理人民内部矛盾、预防和减

少违法犯罪及群众性事件的首要环节。坚持贯彻“属地管理”和“谁主管谁负责”的综合治理原则，坚持贯彻“预防为主，教育疏导，依法处理，防止激化”的矛盾纠纷排查调处原则，建立和完善治安形势分析、矛盾纠纷排查调处工作的长效机制，密切关注社会治安的新动向和出现的新问题，牢牢掌握维护社会稳定的主动权，努力把矛盾纠纷化解在基层、化解在萌芽状态，实现发案少、秩序好、群众满意的目标，为全面建设小康社会创造良好的社会环境。

二、工作标准

（一）治安形势分析、排查整治治安混乱地区和突出治安问题工作标准

2. 维护社会治安秩序稳定是各级党委、政府的主要职责，是各级党政领导尤其是主要领导的重要任务，也是各级综治办的中心工作。以及时排查为依据，以定期分析治安形势为基础，以整治治安混乱地区和突出治安问题为突破口，狠抓治安防范，落实综合治理各项措施。

3. 各级综治办要当好同级党委、政府的参谋助手，建立社会治安形势分析工作制度，健全档案、台账、表册；在每月排查基础上，认真组织公安、检察、法院等政法部门每季度对当地社会治安状况进行一次分析，并以书面形式，于季度末最后一周报送同级党委、政府和上一级综治办。

4. 治安形势分析的内容包括：社会治安基本状况、发展趋势、存在的问题、原因和对策。数据统计准确，问题及原因分析透彻，应对措施果断有力。

5. 加强对治安混乱地区和突出社会治安问题的排查工作。成立县（市）、乡、村（居）三级排查工作领导小组；由各级综治办牵头负责建立排查、整治工作机制；坚持全面排查与重点排查相结合，自下而上地逐级排查，切实掌握治安混乱地区和突出治安问题的底数，分类建档，登记造册。

6. 深入分析造成治安混乱的原因，研究提出解决问题的办法和对策，制定工作方案和预案，明确工作责任，组织专门力量，限期改变治安面貌。

7. 对已排查出的治安乱点和突出治安问题在整顿治理基础上，要强化经常性管理，制定长效管理措施，落实日常管理的部门和责任人，做到排查一处，整治一处，巩固一处、安定一处。

8. 对长期处于治安混乱的地区和存在的突出治安问题，下发限期整改通知书或进行黄牌警告；对已经整治又出现反复的，实行“挂牌督办”制度，进行滚动排查、滚动整治，并追究有关部门和责任人的责任，必要时实行“一票否决”。

9. 建立以统计部门为主的公众安全感和群众满意率调查评估制度，在排查整治工作中，健全治安混乱地区防范管理工作机制，使排查整治工作做到制度化、规范化。

（二）矛盾纠纷排查调处工作标准

10. 各级党委、政府和各级综治委要严格按照自治区《关于加强矛盾纠纷排查调处工作的实施意见》（宁综治办[2002]15号）要求开展工作，把矛盾纠纷排查调处工作作为维护社会稳定、推动经济发展的首要任务，摆上重要议事日程。建立切实有效的工作机制，坚持不懈地开展矛盾纠纷排查调处工作。

11. 各市、县（区）要成立以党政主要领导挂帅的矛盾纪纷排查调处工作领导小组；依托市、县（区）司法部门成立办公室；乡镇、街道成立以专抓副职为主任的矛盾纠纷排查调处中心；各村（居）委会依托调委会、治保会设立矛盾纠纷排查调处工作小组；综治委各成员单位要在本系统、本部门层层成立组织，建立与地方党委、政府紧密的工作联系。

12. 建立健全工作制度，坚持预测在前，防范到位，认真排查，依法调处。做到小纠纷不出村（居）单位和部门，大矛盾不出乡镇（街道）、县（区）和本系统，群体性上访、群众性械斗事件和民转刑案件同比明显下降。

13. 健全和完善矛盾纠纷排查调处工作机制。

（1）建立定期排查调处制度。各市、县（区）、乡镇（街道）、村（居）委会要层层建立定期排查、调处制度，以抓好日常排查调处为主；对群众关注的难点、热点问题引发的矛盾纠纷要组织力量集中排查调处；对突出的重大矛盾，党政领导亲自挂帅组织有关部门进行重点排查调处。

（2）建立定期报告制度。各级矛盾纠纷排查调处组织，要建立登记卡、台帐、报表等基础性档案，按照定期排查调处制度要求，如期上报有关情况。

（3）建立定期通报制度。各级综治办在定期

排查、调处基础上，严格按照工作进程，实行定期通报制度，督促指导如期完成排查调处任务。对影响社会稳定的较大纠纷和重要矛盾及时向下一级党委、政府直接通报，督促落实调处责任，尽快妥善解决。

(4)建立协调会议制度。各级领导小组要定期召开协调会议，分析研究辖区矛盾纠纷产生的原因、特点和规律，制定相应对策。对排查出的矛盾纠纷，根据性质和处理渠道，按照"分级负责，归口办理"的原则，层层分解任务，逐一落实相关单位和责任人，形成上下联动，责任共担的工作格局。

(5)建立挂牌督办制度。对影响当地稳定的重大矛盾纠纷和突发事件，各级矛盾纠纷排查调处组织实行挂牌督办制度，以"督办卡"的形式，将调处责任落实到相关的单位和负责人，实行跟踪督办，限期调处。

(6)建立领导包案制度。对群众关注、反映强烈、久调不决的重大矛盾纠纷由党政主要领导牵头，相关部门负责人和辖区党政领导具体承办，包调包处，不推诿、不挂账，真正做到让群众满意。

三、具体要求

14.各级综治办要确定一名领导分管矛盾纠纷排查调处、治安形势分析、治安混乱地区和突出治安问题排查整治工作，明确专人汇总上报。四市综治办将分管领导、专办人员及具体工作办法于12月中旬报自治区综治办备案。

15.各级综治办要认真履行工作职责，对于影响社会稳定的重大矛盾纠纷、突出治安问题和治安混乱地区(单位)，经过深入排查、认真分析、迅速提出解决的办法，为领导决策提供依据。

16.县(市、区)每月排查一次，乡镇(街道)每半月排查一次，村(居)委会要坚持每周排查一次。认真深入排查，及时掌握实情，不漏问题，不留死角，不放任发展。

17.认真梳理登记，制定调处和整治方案及措施，逐级上报。四市综治办对当月情况汇总后，于下月上旬专题向自治区综治办报告一次，自治区综治办每季度向党委、政府分管领导、中央综治办报告，并向全区通报。

18.按照"属地管理"原则，各级综治成员单位确定1—2名信息员，负责本部门日常工作。

19.强化督查力度。对下一级上报的情况和排查、调处、整治的结果要进行抽查验收，也可通过明察暗访相结合的办法，推动这项工作扎实有效地开展。

四、考核和奖惩

20.治安混乱地区、突出治安问题排查整治和矛盾纠纷排查调处作为社会治安综合治理的主要内容纳入《自治区社会治安综合治理目标管理责任书》之中，由自治区五部委(厅)进行统一考核评定。

2.考核为百分制考核，分为平时抽查、暗访督察、半年检查和年终考核等形式，根据各地、各部门档案记载、报表情况和排查、整治、调处等实际工作成绩，按照统一标准进行统一打分。

22.考核验收情况要在全区范围内进行通报，并与年终奖惩挂钩。

精心构筑治安防范的四道防线
全力维护民族地区的社会稳定

中共泾源县委　县人民政府

泾源县是少数民族聚居县，也是国家级贫困县，财政收入每年不足500万元，社会治安基层基础工作薄弱，治安防范工作缺乏有力的保障。近年来，县委、县政府结合民族地区的特点，逐步构筑了四道牢固的治安防线，形成"打、防、控"一体化的社会治安综合治理网络体系，取得良好的效果。

一是建立以村级治保、调解组织为骨干,在全县范围内构筑村级防范为主,体现少数民族地区特色的"农村防线"。各村组建"五户一长"传牌巡逻小组,五户一组成员在组长带领下,坚持夜间在村内巡逻(每组每月轮流一天)。推行"老年人治安值勤"和"清真寺联防"的防范机制。即由老年人在村口设立值勤点;利用回族群众每天到清真寺五次聚礼的特点,安排"木仗吾"师傅利用每天五次敲梆子的时间进行巡逻。全县150个清真寺300人参与治安防范工作。这些防范措施的建立和运行,使群众自我防范意识得到了增强,在主动、及时提供治安信息、有效遏制农村盗窃等多发性案件和防治"非典"等方面都发挥了重要作用。尤其在防治"非典"工作中,"五户一长"传牌巡逻组织发挥了更加明显的作用,各村五户一组轮流值班,逐户消毒,监控外来人员及务工返回人员;在村口设卡,对进出村子的人员进行询问、登记,对过往车辆进行消毒,为乡党委、政府提供了可靠的信息。既解决了经费不足的问题,又减轻了干部的工作压力;既预防了"非典",又推动了社会治安的好转。

二是建立以乡镇综治办为龙头,派出所、司法所、司法调解中心协调联动,构筑起自防自治的"乡镇防线"。对乡镇综治办做到人员、制度、措施、办公场所四到位,形成了以乡镇综治办为龙头,派出所、司法所、司法调解中心协调联动的工作格局。7个乡镇配齐了专管政法综治工作的副书记,设立了乡镇综治办,确定了18名专职人员;设立公安派出所7个,配备干警35人;设立法律服务所、司法所、调解中心(三块牌子一套人)7个23人。同时,筹资5万元,给各乡镇综治办购置了办公设备。在实际工作中,坚持每月至少开展一次矛盾纠纷排查、举办一次法制讲座、召开一次综治例会,督促指导村级防范措施的落实,及时研究解决辖区内存在的治安问题。

三是建立以单位、部门治安室为依托,72名专兼职保卫干部责任落实,县城治安联防大队、城管综合执法大队牵引互助,坚持昼夜巡逻值勤,构筑起县城各单位协防协管的"县城防线"。在全面开展安全文明创建活动中,以单位、部门治安室的建设为切入点,统一要求,统一规划,在县城各单位建立治安室72个,确定专兼职保卫干部72名,强化了软、硬件建设;从各单位抽调人员组建了治安联防大队,坚持昼夜巡逻,杜绝了防范漏洞;从各执法部门抽调18名工作人员,组建了综合执法大队,加大对市容的管理,使市场秩序良好,车辆得到规范管理,外来客商安全放心,有效地维护了县城治安秩序,减少了各类案件的发生。

四是建立以政法各部门为主体,构筑起严防严打的"警务防线"。为有效预防和减少犯罪,我县出台了政法部门包乡、政法部门领导联乡驻点和政法干警驻村联户三项制度。在包乡工作中,政法各部门坚持每月中旬抽调得力干警,确定一名领导负责,入住乡村7天,与乡综治委成员一道集中开展矛盾纠纷排查、刑释解教人员安置帮教和法制宣传,督促指导乡村群防群治网络的建立和工作措施的落实。干警进驻乡村,指导、推动综合治理工作,既有效解决了各乡镇存在的突出治安问题,又配合了乡镇中心工作的开展,受到基层组织的一致好评。

社会治安综合治理四道防线为维护全县社会稳定、促进全县经济发展发挥了重要作用,取得良好效果。"乡镇防线"和"农村防线"的建立充分发挥了乡调解中心和村级治保调解组织的作用,将矛盾纠纷排查调处作为维护稳定的重要措施,做到"小事不出村,大事不出乡,矛盾不上交"。"县城防线"的建立进一步加强了各单位治安室和联防队的相互联系,督促县城单位落实了技防、物防、人防措施,110接处警迅速,居民楼院看户率达到90%以上,使县城治安环境明显好转。

努力做好治安防范工作　全力构筑社区防范体系

石嘴山市大武口区社会治安综合治理委员会

近年来,大武口区委、政府采取强有力的措施,广泛组织发动群众,积极贯彻“打防结合,预防为主”的方针,动员社会力量,组织专业治安联防队和义务治安联防队,形成了专群结合、群防群治的治安防范格局,从根本上扭转了社会治安的被动局面,维护了社区稳定。

一、因地制宜,组建“夕阳红”志愿者义务巡逻队,充分发挥老党员、老干部、老职工在维护治安工作中的作用

为了把治安防范工作落到实处,区委、区政府制定了《加强群防群治工作实施意见》,召开了专门会议印发了宣传材料,要求辖区各单位、各部门积极行动起来,发动广大居民群众投身到社区治安防范工作中来。长城街道办事处健民居委会,把居民群众反映强烈的偷盗案件频发,群众缺乏安全感等“难点”、“热点”问题,作为为民办实事、办好事的当务之急来抓,在广泛发动、认真调研的基础上,组织辖区离退休的老党员、老干部、老职工,成立义务治安巡逻队,充分发挥他们对周围环境、人员熟悉的优势,开展治安巡逻防范。这些老党员、老干部的先锋模范作用带动了辖区居民的涌跃参与,治安巡逻队伍像滚雪球一样越来越大,由刚组建时20余人发展到现在100多人,巡逻的范围遍及到社区的每一个巷落,收到了良好的效果。社区居民说:我们过去出门上班把家里大门小门都锁上还是不放心,自从有了老年治安义务巡逻队以后,我们上班心里踏实多了,再也不用身在单位心里还想着家里的安全问题了。区委综治委及时总结,推广了健民居委会的做法,在典型示范的带动下,辖区各街道社区、居委会都相继成立了老年人志愿者义务治安巡逻队,使这支队伍成为我们维护治安的有生力量,广大居民群众亲切地称他们为“夕阳红”志愿者义务巡逻队。截止目前,各街道社区共组建了385支1952人的“夕阳红”义务治安巡逻队。为了发挥“夕阳红”义务治安巡逻队的作用,区委拨专项经费,对贡献突出的志愿者给予奖励,表彰他们无私的奉献精神。

二、建立专职社区治安员队伍,推动群防群治工作向纵深发展

为了进一步落实治安防范工作,区委、政府决定,由财政出资,向社会公开招聘一批专职治安员。区委专门成立了招聘专职治安员工作领导小组,制定了《关于招聘专职治安员的实施意见》,规定了招聘原则、范围、条件和聘用程序及方法步骤,坚持公开、公正、竞争、择优的原则,面向社会公开招聘。经过公开报名、政审等程序,在社区下岗失业人员、复退军人及社会青年中公开招聘了20名政治素质好,身体健康的专职治安员,分别被安排在辖区治安状况复杂的20个社区居委会担任治安巡逻任务。我们建立了专职治安员档案,制定了工作职责、工作纪律和工资津贴等奖惩办法和责任制,签订了责任书。加强了对专职治安员的培训,使专职治安员尽快进入角色,发挥作用。目前,专职治安员在社区民警的指导和带领下,加强对社区的巡逻值勤,形成了专职治安员与社区民警互为依托、专群结合的防范机制,有效减少了可防性入室盗窃案件的发生。

(撰稿:刘树炜
审稿:刘宗祥　窦朝晖)

新疆维吾尔自治区

“严打”整治斗争情况

各地始终把严厉打击民族分裂势力、暴力恐怖势力、宗教极端势力和各种非法犯罪的破坏活动作为社会治安综合治理的首要环节，按照自治区的统一部署，结合本地实际精心组织，加强领导，政法各部门紧密配合，协同作战，坚持“主动进攻，露头就打，先发制敌”的方针和“压着打、追着打、挖着打”的工作策略，开展有声势、有力度的打击行动，切实加强了对“三种分子”的侦察追捕、深挖和审判工作。各地在继续搞好“严打”整治斗争的同时，把适时开展的各项专项斗争同社会治安综合治理的各项措施在基层的落实结合起来，本着“什么问题突出就整治什么问题”、“什么犯罪突出就打击什么犯罪”的原则，形成合力，对突出治安问题和治安问题突出的地方进行整治，收到了较好的效果，公安机关侦破了一批民族分裂和暴力恐怖团伙案件；全年共立各类刑事案件92768起，侦破各类刑事案件43618起，同比提高15.5%，抓获犯罪嫌疑人35240人；取缔各种非法讲经、习武活动点百余处，查处参与人员千余人。各级检察机关批捕了一批“三股势力”破坏活动案件；各级法院对10855名刑事犯罪分子判处有期徒刑以上刑罚。有力地打击了“三股势力”和各种非法犯罪分子的嚣张气焰，强化了治安管理，使一些治安混乱和案件多发地的治安秩序有了明显好转，各族群众有了较为满意的学习、工作和生活环境，较好地保障了改革开放和经济建设的顺利进行。昌吉回族自治州党委、政府高度重视“严打”整治斗争，在财政困难的情况下拨100万元经费用于“严打”整治斗争，确保了“严打”整治斗争的顺利进行。同时充分发挥政法各部门的作用，坚持“两个基本”和“依法从重、从快、从严”的原则，破获刑事案件740起，抓获犯罪嫌疑人4460名；起诉三类重点案件1575件1682起；审结各类刑事案件2864起，社会治安形势明显好转。巴音郭楞蒙古自治州在严厉打击“三股势力”活动的生存土壤上下工夫，加大案件侦破力度，认真清理收缴反动宣传品，成功破获了一批分裂势力破坏活动，社会治安秩序进一步好转，群众安全感明显增强。塔城地区为实现在两年内社会治安有明显好转的奋斗目标，地委、行署高度重视，把“严打”整治斗争提高到维护稳定的高度来认识，从组织上、工作上切实加强领导，在全地区形成了以公安、安全为主，有关部门为基础的信息情报网络，做到敌动我知，未动先知。克孜勒苏柯尔克孜自治州以“严打”整治为契机，以治理治安混乱地区为重点，以促进社会治安综合治理明显进步为目标，深挖细查“三种犯罪”，破案112起，抓获各类犯罪嫌疑人538名。乌鲁木齐市在认真贯彻“主动进攻，露头就打，严查深挖，防止危害”方针的过程中，针对“三股势力”渗透破坏的新动向、新特点，先后开展了“2·27”、“5·3”、“5·6”、“9·19”、“9·21”等一系列专案侦破活动，摧毁“三股势力”集团12个，取缔非法宗教场所7个，查处“三种分子”和嫌疑人245名，缴获枪支4支、子弹6发，反动书籍、音像制品300余册。和田地区在“严打”整治斗争中紧密联系地区实际，在严厉打击“三股势力”破坏活动的同时，积极开展打击破坏电力设施犯罪活动专项斗争，查处犯罪嫌疑人6名，追回经济损失2万多元。阿克苏地区始终把打击影响社会稳定的暴力性犯罪摆在首位，对一些危害严重、影响恶劣的大要案，组织精干力量，深挖细查，巩坚克难，相继破获了“1·19”、“1·28”等一批重特大案件，侦破各类犯罪团伙135个，查处团伙成员569人，追缴赃款赃物折价637.68万元。伊犁哈萨克自治州在“严打”整治斗争中取缔非法讲经、习武活动点32处，审查215人，收缴了一批枪支弹药和毒品。喀什地区经过深挖细查，打掉了一个涉及43人以卡斯木·吾拉音为首的“拜耶提”反动团伙，查处成员36人，查获地道4处、密室一间；侦破了以艾力·热合曼为首的“野马”反动组织一个，成员10人；查处非法讲经、习武活动点近百处，查处参与人员500余人。塔城、博尔塔拉、吐鲁番、哈密等地州市的党政领导也都十分重视“严打”整治工作的开展，并从人力、物力、财力上给予大力支持，保证了各个时期“严打”活动的顺利开展，取得了阶段性的胜利，达到了预期的目的。

2003年秋，新疆公安厅部署开展“打现行，端窝点，促防范”百日破案专项行动，此次行动的时间：2003年10月1日至2004年1月10日；行动的重点地区：城市，交通沿线、案件高发和敌情严重及治安状况差的地区；行动的重点对象：暴力恐怖犯罪，涉枪、涉爆、绑架、劫持等严重暴力性案件，有严重社会危害的杀人、伤害、破坏油气田设施犯罪；行动目的：通过“百日破案”专项行动，把维护政治稳定与社会治安有机结合起来，充分发挥公安机关职能，破获一批有影响的大案和直接危害人民群众生命财产安全的多发性案件，摧毁一批“三股势力”及刑事犯罪的窝点，打掉一批团伙，抓获一批对社会危害至深的犯罪分子并将其绳之以法，遏制刑事犯罪上升的势头。公安厅成立了以厅长柳耀华为组长，副厅长买买提肉孜·赛帕尔、杨德禄为副组长，厅党委其他委员为成员的专项行动领导小组，并要求各地公安机关的一把手作为当地专项行动的第一责任人，切实加强领导，把打击和防范的每一项工作分解落实到每一个实战单位和具体人员。

专项行动开展后，公安厅及时组织5个督导组分赴全疆各地进行督导检查，公安厅对全疆各地当年发生的有影响的未破刑事案件进行汇总分析，梳理确定了50起全区挂牌督办案件。厅长柳耀华先后五次深入破案第一线，召开科、所、队长座谈会，及时对工作中出现的问题进行研究分析，指导解决。

为调动社会力量参与此次专项行动，各地公安机关制定下发了专项行动方案，进行了广泛深入的社会动员工作。巴音郭楞蒙古自治州公安局会同州检察院、法院联合发布通告，敦促犯罪嫌疑人投案自首。塔城市公安局结合本地实际，将本地行动方案细化为六项具体实施方案，推动专项行动的深入展开。伊犁哈萨克自治州公安局发动民警加大对社区居民的法律意识和防范意识的宣传教育，发动群众积极配合专项行动。乌鲁木齐市公安局采取各种方式对在押人员进行政策攻心教育，深挖线索200余条。阿克苏地区公安局针对地区监管场所多，大约60%刑满释放及解教人员滞留在阿克苏地区，80%重大刑事案件涉及到这部分人员的突出情况，采取安抚、帮教政策，设法为他们解决食宿问题，帮助联系工作，加大了分化瓦解力度。乌鲁木齐、哈密等地公安机关加强了对二手手机市场、汽车交易市场和废品收购场所的查控力度。

由于准备工作扎实，专项行动取得了重大战果，严厉打击了“三股势力”的分裂破坏活动和暴力恐怖活动，严厉打击了各类严重刑事犯罪活动。专项行动期间（截至12月20日），全区共破获现行案件15937起，比上年同期3个月的破案数增加50.1%，相当于前9个月破案数的57.4%，是全年破案总数的36.5%；月均破案5312起，为前9个月月均破案3085起的172%。此外，专项行动中还破获区内年前积案1513起，破外省区案1428起，两项合计相当于全年两项总数的27.7%。

各地在努力完成破案数量的同时，以专业队伍为主，动员各方面力量配合，加大了对上级督办案件和各地影响大的严重犯罪案件的侦破力度，破获了一批危害国家安全，杀人、抢劫、绑架、涉枪、破坏生命工程设施、设备案件和系列盗窃案，摧毁了一批犯罪团伙，全年破获集团犯罪涉案数同比增加16.7%。吐鲁番、克拉玛依及和田三地年内破获公安部督办案件4起，相当于2003年公安部在新疆督办案件总数的66.6%；乌鲁木齐、昌吉、伊犁、巴音郭楞蒙古自治州、阿克苏、塔城、和田、哈密八地专项行动以来共破获公安厅督办案件12起，相当于总数的24%；各地破获地区督办案件27起，相当于总数的15.2%。

打击毒品犯罪取得重要成果。10月5日，乌鲁木齐市公安局打掉一甘肃籍贩毒团伙，抓获犯罪嫌疑人4名，当场收缴海洛因2860克；11月7日，乌鲁木齐海关缉私局在由吉尔吉斯入境的一货车内查获海洛因2150克，当场抓获犯罪嫌疑人。全疆全年共破获涉毒案件1312起，较上年提高13.7%，缴获海洛因、鸦片、大麻和其他毒品分别比上年增加1.3倍、7.3倍、1.2倍和5.3倍，为历年最高数。

此次专项行动受到了公安部的通报表彰。

流动人口治安管理工作情况

一、健全机构，加强管理

为了更好地服务于经济建设这个中心工作，吸引和鼓励更多的人来疆投资开发、兴办实业，自治区建立健全了各级流动人口管理机构，从服务于流动人口的角度出发完善了各项流动人口管理措施，协调指导各有关部门共同做好预防和减少流动人口违法犯罪，给党委和政府决策提供建议，当好参谋和助手，同时充分发挥成员单位中有关职能部门的作用，及时解决流动人口中出现的各种问题和需要帮助解决的困难。各地按照自治区流动人口管理领导小组办公室的要求，建立健全了机构，加强充实了人员，保证机构的正常运转和工作的有效开展。据不完全统计，阿克苏地区、昌吉回族自治州两地州就有流动人口管理机构1412个，协管员3293人，一些地区先后制定了《流动人口管理站职责》、《流动人口管理站站长职责》、《流动人口专管员职责》、《流动人口协管员职责》。全区基本形成了以各级综治办为龙头，派出所、流动人口管理办公室、用工单位为依托的流动人口管理网络。各用工单位严格按照“谁用工、谁负责”的原则，把流动人口纳入职工管理系列中，与本单位职工同劳动、同教育、同管理、同报酬。流动人口管理网络的形成，为各项管理措施的落实提供了有效的组织保证。

二、认真登记，摸清底数，把好第一道关

在过去的流动人口管理工作中，曾经出现重收费、轻管理，由于登记不认真，给一些犯罪分子留下了可乘之机。实践证明，抓流动人口管理，首先要把好登记关，否则一切都无从谈起。为此各地认真从流动人口的登记办证上下功夫，公安、城建、计划生育等部门密切配合，使流动人口管理工作一环紧扣一环，层层落实责任。昌吉回族自治州在加强暂住人口登记、办证、验证和函查的同时，努力使暂住人口管理达到常住人口管理水平，在全州范围实现对暂住人口微机化管理。塔城地区将暂住人口纳入常住人口管理，实行“三证一卡”（身份证、婚育证、暂住证、工资卡）和“三审一用”（外来务工人员要通过用人单位、派出所、计划生育委员会的审查，从而决定是否录用），同时对每个外来务工人员认真做到随来随登记，严格执行流动人口的申报、登记和发证制度，要求管理人员对暂住人口做到知身份、知来由、知户籍所在地、知有无违法犯罪经历的四知，暂住人口档案中登记表、照片、身份证复印件、婚育证、治安责任书、保证书、担保书等相关材料一应俱全。对流动人口中的“三无人员”，一律发函核实，不留空档。

三、以户管口，加强出租屋管理

各地认真贯彻自治区人民政府68号令和公安部24、25号令，在实践中总结出了一套行之有效的办法，要求居民出租房屋必须向居委会报告，向派出所申请，办理出租房屋许可证后才能出租。明确了“谁出租谁负责、谁留宿谁负责”的责任制，建立出租房屋档案，详细登记出租者和暂住人口的基本情况，做到入住登记，走时注销，及时掌握人员变动情况，派出所坚持与出租房屋主签订治安责任书，把对出租房屋的检查作为责任区民警的重要任务常抓不懈，流动人口管理站定期组织人员对责任书进行考核。昌吉市城郊办事处民乐社区对出租房屋采取“旅店式”管理办法，对租赁房屋的户主实行一户一档制，制作了社区暂住人口管理网络图，使出租房屋和租房人员由过去的底数不清、混乱无序的状态进入规范化的管理轨道。

四、积极开展外来务工人员职业道德教育，提高流动人口的自身素质

由于城乡差别的存在和受教育程度不同，外来务工人员的法律意识、文化素质、文明程度等基本素质与实际工作和社会发展需要存在有一定的差距，给社会治安管理和劳动就业方面都带来了许多新的问题。各地按照新社综办[2000]08号文件的要求，积极开展外来务工人员思想道德素质教育活动，针对外来务工人员涉及面广、工作量大、组织学习困难的特点，先组织容易集中的，后进行分散的，生源组织与教学密切配合，深入到厂矿、企业、街道、乡村组织生源，进行教育培训，既方便了用工单位，又方便了务工人员学习，做到务工学习两不误，通过学习培训既提高了外来务工人员遵纪守法的自觉性，又使广大外来务工人员懂得如何通过法律的手段和正常的渠道来维护自身的合法权益。

流动人口管理工作的不断加强，从而有效地防范和打击了少数流动人口中的违法犯罪活动，为有效地维护自治区的社会治安秩序，为自治区全面建设小康社会起到了积极的重要的作用。

铁路护路联防工作情况

一、强化队伍建设，提高整体素质

2003年，新疆铁路护路联防领导小组为加强护路队伍建设，制定下发了新铁护(2003)03号文件《铁路护路民兵专业队伍管理暂行规定》，明确了队伍建设的措施、办法和目标。局党委根据《暂行规定》，把提高护路队伍整体素质作为强兵之本、发展之策，从各个方面高度重视，采取有效措施加强和推进队伍建设。

1. 重视政治建设，提高政治素质。认真学习贯彻十六大精神，用"三个代表"重要思想指导护路联防工作。各级护路组织联系实际学习教育，坚持专题辅导、坚持写读书笔记；落实学习内容、时间、人员。一年来共组织政治理论学习5229次，参加学习38801人次。如河东加站护路分队民兵在4本学习笔记本中，写了4万余字的读书笔记和心得体会。使广大护路民兵的思想觉悟不断提高，树立了为国护路、义务护路的思想。

2. 加强业务教育，提高业务能力。各护路办、人武部、公安派出所采取组织培训和以会代训的形式，聘请专业部门管理人员任教，给护路民兵分队讲授了《铁路法》、《治安管理处罚条例》、《安全生产法》及铁路安全常识等，并给各护路民兵配发了法律、科技、种植、养殖等各种学习书籍、新订购了各类报刊杂志，丰富了护路民兵的文化生活。全年共举办护路分队干部、民兵骨干培训班和以会代训班11期，参加培训180余人，组织业务学习3107次，参加学习38255人次，开展法制教育2298次，受教育29250人次，进行安全常识教育2792次，受教育34182人次；民兵撰写各种学习笔记、心得1580余篇，给各级报刊投稿123篇。

3. 强化军事训练，提高执勤能力。各人武部以掌握过硬的军事本领、提高民兵的战斗力为出发点，遵循精干、可靠、实用的原则，落实各课目训练。针对铁路治安形势的实际和特点，不断改进训练方法，按照守护目标需要，认真组织反偷袭、反爆炸、防破坏，排除险情，惩治犯罪等模拟演练，行动快、技能好、动作规范，贴近实战，军事素质提高到一个新水平。全年各护路民兵分队共组织军事训练20709次，训练44953课时，参加训练33071人次，进行各种实战演练70余次，参加演练1100余人次。

二、强化执勤巡逻，确保铁路安全

1. 执勤巡逻、守护重点部位严格按照自治区铁路护路联防工作方针和目标责任，认真落实执勤巡逻责任制和防范措施。在"两会"、"两节"、春运、暑运期间及时部署站区和守护目标的执勤巡逻工作，护路民兵停止休假，增加执勤巡逻力量和班次，24小时坚持不间断地巡逻在千里铁道线上。各级领导亲临第一线，提要求、定措施，加大工作力度。先后派出330余名干部到所辖护路分队蹲点带班执勤、查岗查哨，加大防范力度，确保了守护目标的绝对安全。年内护路民兵共执勤巡逻214078次，巡逻619924公里，日均巡逻2212公里，发现、查获偷盗铁路运输物资、拆盗铁路器材、破坏铁路设施的案件和行为963起，抓获各类违法犯罪嫌疑人员308名(其中重特大抢劫、杀人、盗窃犯罪8名),安全检查102721次,发现和排除隐患1442处,防止可能发生的重大行车事故16起,路外伤亡事故12起,防止、扑灭火灾5起,防止水害8起,制止石击列车832起,收缴盗窃铁路运输物资、路材路料赃物折款30000元,总计为国家挽回经济损失250余万元。

2. 积极配合公安机关开展"严打"整治斗争,维护铁路治安稳定。各护路分队民兵落实岗位职责,责任意识强,巡守力度大,确保了守护的目标、站区、区间无哄抢运输物资事件、无重大拆盗铁路器材案件、无爆炸破坏铁路案件、无重大治安灾害事故,基本杜绝了"五类案件"的发生。

三、加强基础管理,完善基础设施

1. 强基达标,规范管理。护路办先后下发新铁护办[2003]14号、15号、16号、17号、18号文件,健全岗位责任制、制订考核标准、完善规章制度,明确管理目标。

2. 完善各类台账,规范基础管理,健全档案资料,基础工作扎实。

3. 加强基层管理,严格检查考核。护路办主任桑学兵带队,组织军、地、路、警、兵团联合检查组,深入一线,历时38天,检查考核了4个护路办、49个护路民兵分队、2个监护道口、5个哨所、6座大桥、2条隧道、12个站区。通过实地查看、考核,组织53场次座谈会,参加座谈820余人,调查走访160余人次,征求护路分队干部、民兵意见800余人次等形式,了解掌握了第一手资料,征集了意见和建议,现场解决了许多实际问题,转变了工作作风,提高了管理水平,推动护路工作向前发展。

4. 加大基层投入,完善设施设备。重点对奎屯车站、乌鲁木齐车站、库鲁塔格隧道等10余个护路分队民兵房舍的新建、维修及红柳河大桥电子电视监控设备等投入400余万元,改善了护路民兵的居住条件,提高了护路执勤的科技含量,新添置了一批交通、通讯工具等。

四、深入开展"创安"活动,确保铁路治安稳定

采取多种形式,广泛动员,深入开展,路地联防,群防群治,创建安全文明铁道线活动效果好。

1. 各护路办把开展创建安全文明铁道线活动作为维护辖区政治稳定、确保铁路安全的有效载体,实行铁路、地方、军队、公安、兵团齐抓共建,与铁路沿线地(州)、师、市、县乡(镇)、团(场)、村、学校等签订《创安协议书》480余份,认真落实责任制。

2. 各地(州)、师、市、县党委、政府把护路工作和创建安全文明铁道活动纳入社会治安综合治理同部署、同检查、同考核,与乡(镇)、团(场)村、学校层层签订《创安协议书》。

3. 各乡、村组织义务护路巡逻小分队、义务爱路护路宣传队,为确保铁路安全畅通作出了奉献。

4. 各护路民兵分队全面开展"创安"活动。与友邻单位、辖区乡、村、学校签订了《创安协议书》;执勤巡逻,开展爱路护路宣传;劝阻行人上道33000余人次,阻止牲畜上道31500余(头)只;大办好事,广泛共建,捐资助学,帮助学校搞军训,为孤寡老人买粮、挑水、扫院子等。据统计,全年大办好事3317件,捐资助学2200余元。

5. 各级综治委、护路办、公、检、法、安监等有关部门,多次深入铁路沿线,广泛开展多种形式的爱路护路宣传教育活动。全年共宣传教育3617人次,发宣传材料20余万份,出宣传板报1100余期,受教育群众达15万余人。通过宣传教育,增强了广大群众爱路护路的责任意识和法制意识,维护了铁路治安稳定。

五、加大保障力度,提高队伍战斗力

1. 提高待遇,增加收入。今年初,自治区护路联防领导小组为了提高护路民兵生活待遇,增加100余万元开支,给每个民兵每月增加误工补贴和艰苦津贴。极大地调动了护路民兵的积极性、鼓舞了士气。

2. 因地制宜,以劳养护。各护路民兵分队在完成执勤巡逻任务,确保铁路安全畅通的前提下,因地制宜,积极开展以劳养护工作。全年共种植粮食、棉花、油料及其他农作物130余亩,养猪、牛、羊、鸡、鸭、鹅、兔等800余头(只),总计收入38万余元。改善了民兵生活,稳定了队伍,提高了队伍战斗力。

六、总结十年护路经验,促进护路工作发展

2003年8月,新疆铁路护路联防已组建十周年。经自治区党委批准,自治区铁路护路联防领导小组决定:召开新疆铁路护路联防工作十周年总结表彰大会。积极配合自治区护路办,抽调精兵强将组成筹备组，精心筹划，拍摄了一部《护路长歌》电视片、编印了一本《护路风采》画册、编写了一本《护路丰碑》传记、编辑了一本《资料汇编》、表彰奖励一批护路联防工作10年来的先进集体和先进个人，即"五个一"工程。经过7个月的艰苦、细致、卓有成效的工作，上下配合、纵横协作，圆满完成了筹备工作，会议于10月22日在乌鲁木齐铁路局召开，隆重表彰了20个先进集体、100名先进工作者。

社会治安管理和防范工作情况

各地结合创安活动认真贯彻中央综治委《关于加强社会治安防范工作的意见》，以"发案少、秩序好、群众满意"为目标，认真落实各项防范措施，在全区各地形成了以公安机关为骨干，以群防群治力量为依托，以社会面、居民区和单位内部的防范工作为基础，以案件多发的区域、人群、行业、时段为重点，加强人防、物防、技防的同时，不断加大社会面的控制力度，努力减少各类案件的发生。乌鲁木齐市出台了《关于建立乌鲁木齐市社会治安防控体系的实施意见(试行)》，要求建立市、区(县)、街道(乡、镇、场)、社区(村)、单位五位一体属地管理的治安防范网络，逐级负责，层层落实，责任到人；以社区(村)治安司法警务室、治保会为依托，结合建立社区(村)长效机制，建立每个社区(村)治安防范网络，筑牢全市防控体系的根基。博尔塔拉蒙古自治州积极推行"五种模式化管理"。一是大型集贸市场模式(在大型集贸市场设立治安工作机构和警务室，做到领导机构、办公场所、工作人员、工作制度四落实)；二是商业网点模式(由乡、镇、街道综治办牵头，公安、工商、税务、文化、城管等部门配合，在商业网点设置治安机构)；三是旅店宾馆模式(在旅店宾馆建立治安机构，由辖区综治、公安、工商、消防、税务、文化、城管等部门进行指导)；四是窗口地区模式(在火车站、长途汽车客运站设立乡、镇、街道联合办公的治安管理机构，公开报警和举报电话)：五是城乡结合部模式(在城市和农村结合部的乡、镇、场、街道办事处及其村民委员会、居民委员会成立治安联防协调组织，设立治安工作机构，建立起治安联防巡逻防范、设卡检查、协查等工作制度)。通过实行不同形式的模式化管理，在预防控制犯罪方面发挥了很好的作用。阿勒泰地区完善了三种治安防范机制，一是边境一线防止分裂恐怖破坏活动渗透侵入的边境治安管理联动机制；二是城镇社区专职治安联防防范机制；三是农牧区五户一联、十户一保的反盗窃群防群治治安防范机制。这三种机制在防渗透、防破坏、防盗窃、防治安灾害等方面发挥了很好的作用。塔城地区在城镇公共场所要害部门实行经济民警、保安员、门卫看守的24小时值班制度；在农牧区以基层党支部为核心，实行治安员包片、村民联防、轮流巡逻等方法，引导广大农牧民自防自治，对分散的农牧民推行"十户八保"制度，从各个方面加强对社会面的控制力度。同时注重防范主体的多元化，在广泛发动群众的基础上注重调动退伍、复员军人、离退休干部、城镇环卫工人和社会低保人员来维护社会治安，参与社会治安综合治理，同违法犯罪作斗争。哈密、吐鲁番、克拉玛依等地在治安防范方面也都有所加强，收效也比较好。

矛盾纠纷排查调处工作情况

各地按照自治区《关于进一步加强我区矛盾纠纷排查调处工作意见》的要求，切实把矛盾纠纷排查调处工作作为维护稳定、促进发展的重要工作内容，在进一步健全机制、明确责任、完善各项制度的基础上，结合实际，有针对性地、创造性地开展工作。一是加强了对重点部位、重点人群的排查，及时发现纠纷隐患和苗头，及时化解，努力防止因民间纠纷激化引起的自杀事件、刑事案件、群体性械斗和群体性上访；二是综合运用纠纷排查调处、专项治理、联防联调等手段，认真调处社会热点、难点问题；三是定期开展矛盾纠纷排查和专项治理活动，坚持抓早、抓小、抓苗头，力争把矛盾纠纷解决在基层，做到小事不出村，大事不出乡(镇)，矛盾不上交，防止矛盾激化，把各种不安全因素消除在萌芽状态。一年来全疆城乡各级调委会共调处各种矛盾纠纷5.5万件，调解成功率达86%，各类民间纠纷的有效调处，在增进各族群众团结的同时，对维护自治区的稳定起到了重要作用。乌鲁木齐市本着“可散不可聚，可解不可结，可顺不可激”的原则，使329起群体性事件得到妥善处置。昌吉回族自治州加大社区之间多级联合调解，积极拓展人民调解工作的覆盖面，使4441件矛盾纠纷得到成功调解。克拉玛依市从抓苗头、抓防范入手，制定切实可行的措施，把责任落实到人，使可能引发群体性事件的矛盾得到了及时果断的处置，全年没有发生较大规模的群体性上访事件，发生矛盾纠纷804件，与2002年同期相比下降15.9%。博尔塔拉蒙古自治州在矛盾纠纷排查调处中始终坚持“预防走在矛盾纠纷发生前；调解走在矛盾纠纷对立前；处理走在矛盾纠纷恶化前；回访走在矛盾纠纷反复前”。认真解决上访中的热点、难点问题，使123件矛盾纠纷得到较好的化解。吐鲁番地区把领导阅批群众来信和领导信访接待日作为一种制度，在27个乡镇建立起了司法调解中心，253个村(居)委会建立起了调解委员会，有调解员1090人，发生矛盾纠纷1983件，调解成功1760件，成功率达到90%，切实起到了社会治安的第一道防线作用。巴音郭楞蒙古自治州建立了矛盾纠纷排查、预警、调处机制，为妥善处理群众关心的热点、难点问题，避免矛盾纠纷激化酿成群体性事件，建立了三条绿色通道和联系会议制度，一是人民群众来信来访接待调处通道；二是综治系统矛盾纠纷分析排查处理通道；三是公安机关信息预警通道。每季度由州、县(市)两级党委、政府分管政法、综治、信访的领导亲自主持召开一次维护稳定工作联系会议。从而成功化解了和静县100多名职工涌到铁路上静坐等10多起群体性事件。阿克苏、哈密等地州市在矛盾纠纷排查调处工作中也都想了不少办法，做了大量工作，取得了较好成绩。

社会治安综合治理宣传教育工作情况

为调动社会各方面的力量积极参与社会治安综合治理，各地按照全国综治宣传工作会议精神和自治区对综治宣传工作的安排，紧紧围绕全面建设小康社会这一中心任务，充分发挥新闻媒体、综治成员单位、社会各界和广大人民群众的作用，以第十三个综治宣传月活动为契机，以中央《关于加强社会治安综合治理的意见》，自治区党委、自治区人民政府《关于加强社会治安综合治理的决定》为内容，把集中宣传与经常性宣传相结合；把宣传中央、自治区关于加强社会治安综合治理和维护新疆稳定的有关指示精神相结合；把新闻媒体宣传与文艺活动宣传相结合；把专门部门宣传与群众性宣传相结合。利用广播、电视、报刊、文艺演出、知识竞赛、板报、传单、宣传车等形式，深入基层群众开展声势浩大的综治宣传，在城乡牧区形成了强大的舆论声势，调动了各族干部群众参与社会治安综合治理的积极性和自觉性，对落实综合治理的各项措施起到了积极的推动作用。自治区综治办会同自治区党委宣传部、自治区记协开展了2002年度社会治安综合治理好新闻评选，共有45篇作品获奖，其中报刊36篇；电视、广播8件；图片1幅。有5件作品荣获全国二、三等奖和优秀奖。在《长安》杂志上刊出反映新疆综治工作的通讯5篇、图片6幅。认真编撰了《中国社会治安综合治理年鉴》2002年卷新疆部分。认真开展《长安》杂志和《中国社会治安综合治理年鉴》在新疆地区的发行工作。乌鲁木齐市在宣传工作中大胆尝试，积极与各新闻媒体沟通，充分发挥电台、电视台、晚报、晨报、都市报等媒体的主阵地作用，在《人与社会》杂志举办社会治安综合治理知识竞赛，同时把丰富多彩的宣传教育活动延伸到田间地头，使综治知识得到普及。博尔塔拉蒙古自治州出资2000多元与电视台签订宣传合同，开办法制宣传栏目，全年播出法制节目72次。阿勒泰地区大力开展“法律进社区”、“法律进校园”、“法律进村”活动，采取举办法制讲座、阿肯弹唱会、周末文艺广场、送法下乡、马背宣传队等多种形式进行社会治安综合治理宣传，尤其是开展的安全生产检查专题宣传、网吧专项整治宣传、校园周边整治宣传、反盗窃专题宣传、反活畜被盗专项整治宣传、防火宣传等普遍受到各族群众的好评，收到了很好的社会效果。阿克苏地区为调动社会各界参与社会治安综合治理工作的积极性，开展了声势浩大的综治宣传。一是开办社会治安综合治理工作宣传栏；二是组织社会治安综合治理成员单位举办综治知识竞赛和板报一条街活动；三是举办首届阿克苏地区社会治安综合治理知识电视竞赛；四是举办了以“长治久安”为题的阿克苏地区社会治安综合治理文艺汇演。巴音郭楞蒙古自治州坚持把综治宣传与宣传党的十六大精神、“三个代表”重要思想的学习教育活动结合起来，与意识形态领域反分裂斗争再教育、维护新疆稳定结合起来，与四五普法教育结合起来，注重宣传的经常化、多样化。还通过召开综治先进集体、先进个人、见义勇为先进分子表彰会来激励广大群众关心、支持、参与社会治安综合治理工作。全年表彰综治先进集体257个、先进个人197个、见义勇为先进分子10名，发放见义勇为慰问金2.8万元。通过深入广泛的综治宣传，充分调动了各族干部群众参与社会治安综合治理工作的积极性，全区城乡敢于同民族分裂主义分子、暴力恐怖犯罪分子、宗教极端势力为首分子和各种刑事犯罪分子作斗争的人越来越多，各族干部群众参与社会治安综合治理的自觉性进一步提高。

社会治安综合治理基层基础建设情况

各地按照中央社会治安综合治理委员会、中央机构编制委员会办公室《关于加强乡镇、街道社会治安综合治理基层组织建设的若干意见》的要求，采取从政法部门抽调德才兼备的干部到乡镇、街道任职、挂职锻炼等形式，配齐配强了专抓综治工作的乡镇、街道副职，在乡镇、街道形成了综治工作党政主要领导总管、专职副职主管的领导体制。目前，全区14个地州市的1088个乡镇（场）、街道办事处中有1037个乡镇（场）、街道办事处建立了综治委、办，共配备了专职综治干部1292名，兼职综治干部1908名。各地通过抓以党支部为核心的基层组织建设，进一步加强了村（居）委会、治保会、调委会、联防队等基层群众自治组织的建设，目前，全区有各级治保会29310个，91586人；治保小组41377个，116718人；调解组织23627个，调解人员10多万人。初步形成了覆盖全区的治保、调解网络体系。治保、调解人员、联防队员的素质正在不断提高，一批懂法、懂政策的人走上基层群众自治组织岗位，过去那种简单工作方式正在转变到依法开展工作的轨道上来。他们在维护社会政治稳定中做了大量卓有成效的工作。一是及时汇报社情动态，提供基层情报信息；二是组织治安巡逻，开展自防自治，有效防止了盗窃、火灾等案件的发生；三是积极开展法制宣传；四是及时发现、主动解决矛盾纠纷，将其化解在萌芽状态，消除不稳定因素。乌鲁木齐市在进一步加强基层治保会、调解会、联防队等群众组织建设的同时，加强了以社区治安司法警务室为重点的基层综治组织建设，为基层综治组织增加了新的成员和力量。在社区治安司法警务室的建设中，提出三个要求：一是要求所有社区达到“一区一警”或“一区多警”、“一区一专干”；二是要求各区将社区治安司法警务室的办公经费列入财政预算，以保证日常工作的正常运转；三是要求各级领导积极支持社区警务建设，想方设法提供办公用房。针对社区治安防范工作存在的实际问题，本着既加强基层治安防范工作，又解决失业、下岗、就业困难人员实现再就业的目的，在2002年解决2000个公益性岗位的基础上，2003年又增加了1000个公益性岗位充实到各区县的社区联防队伍。巴音郭楞蒙古自治州在加强综治基层基础建设中，加大财政投入力度，全年用于乡镇开展综治工作的经费就达85.3万元。用于治安联防的经费达461.78万元。其中财政补贴145.69万元，企事业单位职工出资111.27万元，社会集资204.82万元，经费的落实有效地保证了社会治安综合治理各项措施在基层的落实。吐鲁番、阿克苏、哈密、塔城、阿勒泰、喀什等地综治基层基础建设也都在巩固的基础上有了很大的加强和发展，从而有效地推动了社会治安综合治理工作的深入开展。

刑释解教人员安置帮教工作情况

2002年12月27日至2003年1月17日，自治区司法厅组成调研组对南疆4地州17个县市，47个乡镇（街道）、社区，37个村委会刑释解教人员安置帮教工作开展情况进行了调研。各地认真贯彻落实新司通〔2002〕78号文件精神，普遍成立了由党委、政府主管领导挂帅的刑释解教人员安置帮教工作协调小组，基本建立了安置帮教工作制度，在各成员单位的协调和配合下安置帮教工作任务基本落实。通过开展与刑释解教人员签订“帮教协议书”、定期谈话和听取思想汇报、落实责任田、对符合条件的刑释解教人员落实“低保”等措施，刑释解教人员安置帮教工作取得了一定成绩。90%以上乡镇的刑释解教人员没有重新违法犯罪现象发生。

通过调研我们也发现了一些存在的问题，主要是各成员单位相互协调配合还未完全到位，齐抓共管的局面还有待进一步提高：经费和从事刑释解教人员安置帮教工作的专职人员严重不足，县市以下办事机构均无配备微机，刑释解教人员信息化管理工作严重滞后。

2003年1月，为表彰我区1999年至2002年在刑释解教人员安置帮教工作中作出突出成绩的单位和个人，自治区综治委刑释解教人员安置帮教工作协调小组办公室下发了《关于做好表彰刑释解教人员安置帮教工作先进集体和个人推荐工作的通知》。

2003年3月31日，转发了中央综治委刑释解教人员安置帮教工作协调小组《2003年刑满释放解除劳教人员安置帮教工作要点的通知》。

2003年4月22日至29日，对乌鲁木齐市开展刑释解教人员安置帮教工作情况进行了调研，并针对存在的问题撰写了调研报告提出了解决的办法。

2003年5月8日，针对乌鲁木齐地区各监所寄发《刑释解教通知书》上存在一些不太协调的问题，协调小组办公室针对问题对第一、六监狱和乌鲁木齐劳教所寄发《刑释解教通知书》情况进行了检查和了解。

2003年5月,协调小组办公室对各地上报的刑释解教人员安置帮教工作先进集体(41个)和个人(65人)的先进材料进行了严格审查。

2003年6月,根据中央综治委刑释解教人员安置帮教工作协调小组下发的《关于做好全国刑释解教人员安置帮教工作先进集体和先进个人评选表彰工作的通知》精神,协调小组办公室从各地上报的自治区先进集体和个人中,严格筛选出3个先进集体和2个先进个人作为全国先进上报。先进集体为:克拉玛依市司法局、阿克苏地区库车县阿拉哈格镇人民政府、吐鲁番市恰特格勒乡安置帮教工作站。先进个人为:克拉玛依市新疆永升建设工程有限责任公司(民营)党委书记、董事长兼总经理张元清同志,伊犁州刑释解教人员安置帮教工作小组办公室柴伟同志。

2003年6月,针对乌鲁木齐地区各监所不寄、漏寄《刑释解教通知书》等问题,协调小组办公室领导组织召开了由自治区监狱局、劳教局主管管教的副局长,乌鲁木齐地区各监所主管管教的主要领导以及乌鲁木齐市司法局的领导参加的协调会议,对各监所的工作给予了充分肯定,并通报了存在的问题,提出了解决的办法,明确了进一步加强刑释解教人员衔接工作的重要性和任务。

2003年12月,自治区综治委刑释解教人员安置帮教工作协调小组及办公室更名为自治区综治委刑释解教人员安置帮教工作领导小组和自治区综治委刑释解教人员安置帮教工作领导小组办公室,同时调整了其成员。

2003年,对全区刑释解教回归社会人员进行了排查,截至年底,全区刑满释放人员4459人,解除劳教人员1385人,合计5844人。安置5045人,安置率86.3%。其中原单位安置1071人,安置率18.3%;落实责任田2110人,安置率36%;从事个体经营963人,占总数的16.5%;创建安置帮教基地73个,安置194人,安置率3.3%;创办安置帮教实体20个,安置38人,安置率0.7%;其他形式安置669人,安置率11.4%。各级安置帮教机构对4154名刑释解教人员进行了帮教,帮教率71%。其中入党、入团42人,受到党政机关表彰的9人,提干7人。重新违法犯罪119人,占总数的2%。脱管人员449人,占总数的7.7%。

预防青少年违法犯罪工作情况

经自治区党委副书记、政法委书记、综治委主任张秀明批准成立的《新疆维吾尔自治区社会治安综合治理研究会预防青少年违法犯罪讲师团》,2001年、2002年在全区13个地、州、市,29个县、市(区)的部分学校宣讲后,受到各族师生家长和社会各界的高度赞扬,在预防青少年违法犯罪中起到了积极的作用。为了进一步做好预防青少年违法犯罪工作,减少违法犯罪活动,自治区综治办决定,继续开展这项活动,对没有宣讲的县市中学以上学校全面进行预防青少年违法犯罪宣讲,并于2003年9月1日至9月21日对阿勒泰地区6县和昌吉回族自治州的3县1市的中学和部分小学进行宣讲,收到了很好的效果,达到了预期的目的。宣讲期间,通过讲师团全体人员的共同努力和各地政法综治部门、教育部门的大力配合,加班加点地完成了35场宣讲任务,受教育人数达43850人。其中学生39010人;教师350人;家长4440人。宣讲团的两位老师认真备课,紧紧围绕青少年犯罪的心理特点、行为方式和家庭教育应该注意的问题等方面进行分析论述,并就青少年中易发生的违法犯罪问题现场与同学们进行交流。同时,在分析未成年人犯罪成因的基础上,阐述未成年人违法犯罪的心理预防,即:针对未成年人法制观念淡薄的心理特点,加强对未成年的法制教育;根据未成年人情感不稳定的特点,加强对良好群体的培养;根据未成年人的个性特点开展健康人格教育以及必要的心理辅导与咨询等。老师们的精彩讲演,吸引着在场的每位听众,在师生家长中引起了强烈的反响。学生们说:听了老师的讲演,解除了我们的疑惑,并就人生成长道路上遇到的问题向老师进行咨询，寻求帮助；老师们说：听了讲演，我们找到了教学中的不足，你们的课既生动又形象，对我们的启发很大；很多家长听课后激动地说：感谢老师给我们指点了迷津，作为家长我们以前很多作法都不利于孩子的健康成长。老师们不辞辛苦，牺牲双休日，常常是上午到下午就开讲，晚上为了给学生家长讲好课，经常不顾蚊虫叮咬讲到深夜，带领团干部认真指导并亲自到场听课，对不规范的语言及时纠正，并明确要求老师讲课要观点正确，要符合教学要求，要和“三个代表”重要思想相统一。各地各族师生家长不但对老师们宣讲的内容所感动，同时也为讲师团的工作精神所感动。各地认为自治区党委政法委、综治办为基层办了一件好事，树立了一个真抓实干的好榜样，像这样从自治区一直抓到基层学校的事以前还没有过。木垒县的全体机关工作人员在听了老师为家长作的报告后对县综治办副主任黄玉琴同志说：“你们为我们木垒县办了一件大好事，以后像这样的好事应该多办一些。”并风趣地说，我们木垒县的人水平低，多听一些像这样高水平的报告，也可以把我们木垒县人的素质提高一些。哈巴河县李君霞副县长说：“自治区党委政法委、综治办这种务实精神很值得我们学习，希望能继续抓下去，为青少年的健康成长，为新疆的稳定与发展做出更大的贡献。”

这次宣讲活动得到了各地党政领导的高度重视。自治区党委政法委专门派一名副处长带团负责整个活动的开展；各地各级政法委、综治办和教育部门都抽调专门人员负责此项活动的开展，一些县市的主要领导亲自安排布置宣讲活动。如吉木乃县县委书记吴海跃亲自安排布置宣讲活动的开展，亲自到场听课，原计划讲一场，听课后立即布置晚上给全县机关干部和学生家长再讲一场，并一直在场听课。会后深有感慨地说：“改革开放需要稳定的社会治安环境，稳定的社会治安环境必须从预防青少年违法犯罪抓起，必须从学生抓起、从娃娃抓起，你们给我们带来了及时雨，真诚地感谢你们。”富蕴县第一场没有组织好，第二场陈秀峰副县长亲自到学校组织学生听讲。各级党政领导的重视和各有关部门的支持与配合是搞好这次全面开展预防青少年违法犯罪宣讲活动的保证。

综治委组织或参与的有关工作

(一)南昌会议后自治区综治委会同自治区党委政法委联合召开了全委会议，贯彻“南昌会议”精神，自治区综治委全体委员、政法委全体委员参加了会议。自治区党委副书记、政法委书记、综治委主任张秀明同志作了重要讲话。他说，中央综治委在南昌召开的全国社会治安综合治理工作会议是一次重要的会议。会议总结了过去一年全国社会治安综合治理工作，提出进一步完善“打防结合、预防为主”防控体系，任务非常明确。会议的文件都已下发了，还有一个中央综治委、中组部、人事部、公安部、中央编办等部门联合下发的关于在基层建立综治机构的文件近期将下发，我们一定要学习好、落实好。会议要求：

深入贯彻落实全国社会治安综合治理工作会议精神，认真抓好各项工作的落实。第一要认真研究社区建设中存在的问题，抓好社区建设。第二要重视民营企业的稳定工作，调动其参与维护稳定的积极性。第三是各职能部门和综合治理各成员单位要各司其职，认真履行在维护稳定工作中的职责任务。第四是搞社会治安综合治理工作，一定要结合新疆的实际。社会治安综合治理工作，必须和集中整治工作结合起来，必须和基层组织建设结合起来，必须和依法加强对宗教事务的管理结合起来。要结合本部门本单位本地区的实际和存在的具体问题，开展社会治安综合治理工作。第五是社会治安综合治理工作必须与时俱进。要不断适应变化的形势，不断适应变化的工作环境，不能机械照搬别人的办法。

(二)从1997年开始，我们在不放松维护稳定各项工作的基础上，按照中央的决策和部署，在部分重点地区开展集中整治专项斗争，重点打击民族分裂主义的骨干分子、暴力恐怖犯罪分子和宗教极端势力的为首分子，同时进一步加强基层政权建设，团结教育各族广大群众。每年都派出15000名以上的干部深入下去开展集中整治，坚持了7年，取得了明显的成效，保持了自治区现在这种比较稳定的社会治安环境。集中整治实际上就是新疆特色的社会治安综合治理，是维护新疆稳定的重要手段和即定方针，是教育引导群众，强化和巩固基层政权的有效方法，在这个过程中如果没有全党动员、全社会参与和各职能部门各司其职，各负其责，就不可能取得今天的这种稳定的局面。从97年到现在的7年来，我区不断总结经验、教训，不断完善集中整治的方式和内容，把集中整治和社会治安综合治理的各项措施紧密结合起来，取得了非常宝贵的经验。叶城县把基层的司法所、派出所、武装部、民兵治安联防队结合在一起，一个副书记专司其职，抓社会治安和社会稳定，使得在全疆社会治安形势最复杂的叶城县面貌大变；巴州创造了多方集资，政府出一点，各方面拿一点，共同维护社会治安的好做法；乌鲁木齐市委市政府每年从财政上拿出2000多万元，招收下岗待业人员参加社会治安综合治理工作，既解决了一部分人的就业问题，又增加了维护治安秩序的力量，一举两得。

（三）2003年3月上旬，自治区综治委、自治区党委政法委联合组成调研组，对全区11个地、州、市传达贯彻自治区政法工作会议情况及“严打”斗争、集中整治、综合治理、队伍建设等项工作进行督查调研。调查组共调查了解了除哈密、克拉玛依、阿勒泰地区之外的11个地、州、市的27个县（市）、29个乡（镇）、77个村（社区）和41个政法部门领导、基层干部和集中整治工作队员，就如何进一步采取有效措施加强各项维稳工作，巩固当前大好形势，确保我区长治久安广泛交流了意见和看法。

（四）为确保社会治安综合治理的各项措施落到实处，自治区综治办在调查研究的基础上及时总结推广先进经验，通过以点带面来推动全区社会治安综合治理工作的深入开展，先后在全区推广了乌鲁木齐市的《强化社区治安防范，营造良好治安环境》、叶城县的《夯实基础，强化责任，开创维护稳定新局面》、巴音郭楞蒙古自治州的《完善治安防控体系，强化群防群治工作，创造良好的社会治安环境》等好的经验与作法。巴音郭楞蒙古自治州的《完善治安防控体系，强化群防群治工作，创造良好的社会治安环境》经验，2003年9月24日至25日在江西南昌全国社会治安综合治理工作会议上发了言，叶城县和乌鲁木齐市的经验也在会上进行了交流，会后被中央综治办收入《社会治安防范策略与实践》第二辑。

实行社会治安综合治理领导责任制情况

各级党政领导自觉地把社会治安综合治理工作摆在重要的议事日程，用“三个代表”重要思想来统领，与党建工作、经济工作、精神文明建设等工作同部署、同检查、同落实，纳入到经济建设和社会发展的总体规划，作为维护社会政治稳定、促进改革与发展、全面建设小康社会的重要工作内容亲自抓，坚持层层签定责任书，加大投入，加强督查考核，促进了社会治安综合治理各项措施在基层的落实。博尔塔拉蒙古自治州党委书记同各县市和阿拉山口党委一把手签订责任书，各县、市和阿拉山口的一把手又同乡镇一把手签订责任书，乡镇又同村，村又同户层层签订责任书，各机关、企事业单位的责任书签到科室、车间、班组，在全州形成纵横交错的社会治安综合治理责任体系，把搞好社会治安综合治理，维护稳定的责任落实到每一个干部职工和农牧民。巴音郭楞蒙古自治州委在36次常委会上明确要求，要继续把社会治安综合治理工作作为事关全局的大事来抓，2003年投入开展综治工作经费312.889万元，对32个单位实施了一票否决，下达整改通知书223

份，通报批评167个单位，经济处罚金额22.805万元。阿勒泰、和田、喀什地委书记、专员在三级干部大会上与各县市一把手签定责任书并提出对社会治安综合治理工作排名末尾的县市实行公开警示制度。阿克苏地区对12个单位实施了一票否决，对存在治安隐患的52个单位下发了整改通知书。伊犁州在100%签定责任书的同时，严格检查考核制度，对144个单位下发了整改通知书，整改合格率达到98.2%，对9个单位实施了一票否决，111人被处以警告、罚款和降职降级。昌吉回族自治州在100%签订责任书的同时，明确作出党政"一把手"就是第一责任人，领导责任制就是考核领导者的责任的规定，进一步强化了领导责任。其他各地州市也都相继否决了一些单位，处罚了一些个人，有效地促进了综合治理各项措施在基层的落实。

综治委成员单位参与社会治安综合治理工作情况

自治区综治委各成员单位认真履行各自的职责任务，积极参与社会治安综合治理，从系统、部门入手，真抓实管，在搞好本职工作的同时，主动承担起保一方平安的政治责任。自治区党委组织部会同自治区综治委及时转发了《中央社会治安综合治理委员会、中共中央组织部关于党委组织部门在参与社会治安综合治理工作中进一步发挥好职能作用的意见》，使各级组织部门进一步明确了在社会治安综合治理工作中的职责任务；对健全各级政法、综治机构，配齐配强各级政法、综治领导力量认真负责。自治区党委宣传部充分发挥综治宣传主阵地作用，在报刊报道有关社会治安综合治理的消息、通讯等近千篇；新疆电视台汉、维、哈三种语言共播放各类社会治安综合治理的新闻90多条，《今日访谈》栏目播出节目45期，与乌鲁木齐市中级人民法院联办的《法庭内外》，与公安厅合办的《西域警视》播出后，均收到了很好的社会效果。在"扫黄打非"中以查处大要案为突破口，突出重点，抓住关键，集中整治，堵源截流，有力地打击了出版市场的违法犯罪活动，维护了正常的发行秩序。自治区劳动和社会保障厅建立街道(乡、镇)、社区劳动保障工作机构2137个，占应建数的100%，配备专(兼)职工作人员3093人，帮助1.85万名有求职愿望的"4050"人员实现再就业，有11.6万人领取再就业优惠证，为7.44万名失业人员支付失业保险金1.06亿元；接待群众来信来访3300人次，受理劳动争议案件199起，结案187起，结案率94%；追缴拖欠农民工工资1.04亿元，保证了7万多名农民工顺利返乡。自治区工商行政管理局出动执法人员17多万人，检查各类市场4418个，清理规范各类市场主体39万户，查办各类违法违章案件24389件，案值达24655.12万元，捣毁制假窝点613处，移交司法机关追究刑事责任案件15起，较好地维护了市场秩序。自治区文化厅、司法厅、公安厅、广播电影电视局、民航局、乌鲁木齐铁路局、武警新疆总队、乌鲁木齐海关、自治区人民检察院、自治区高级人民法院等综治委成员单位都认真履行了自己的职责任务，在抓好本系统社会治安综合治理工作的同时，按照属地管理的原则积极参与了所在地方综合治理工作。

中共新疆维吾尔自治区委员会办公厅 新疆维吾尔自治区人民政府办公厅 关于调整自治区社会治安综合治理委员会成员的通知 和省级综治委、办内设机构情况和负责人名单

（2003 年 10 月 16 日）

伊犁哈萨克自治州党委、政府，各地、州、市党委、政府（行署），自治区党委各部、委，自治区各委、办、厅、局、人民团体、大专院校，自治区大中型企业、中央驻疆单位，生产建设兵团：

由于人事变动，自治区党委、自治区人民政府决定对自治区社会治安综合治理委员会组成人员进行调整，现将调整后的成员名单通知如下：

主　任：张秀明（自治区党委副书记、政法委书记）

副主任：努尔·白克力（自治区党委副书记、政法委副书记）

马建国（自治区人大常委会副主任）

努尔兰·阿不都满金（自治区副主席）

康克俭（新疆生产建设兵团党委常委、副司令员、政法委书记）

委　员：买买提·肉孜（自治区高级人民法院院长）

买买提·玉素甫（自治区人民检察院检察长）

肉孜·司马义（自治区党委副秘书长）

杨肇季（自治区人民政府副秘书长、办公厅主任）

瓦哈甫·阿扎买提（自治区政协民族宗教和社会法制委员会主任）

阿不力孜·吾守尔（自治区党委政法委秘书长）

刘建星（新疆军区政治部副主任）

梅兴润（武警新疆总队总队长）

王　伟（自治区党委组织部副部长）

胡赛因·瓦里恰（自治区党委宣传部副部长）

周应斌（自治区党委统战部副部长）

王益先（自治区党委政法委副秘书长）

宋志义（自治区党委政法委副秘书长、自治区综治办主任）

戴和平（自治区综治办副主任）

满宗洲（自治区防范和处理邪教问题领导小组办公室主任）

阿不都热合曼·甫拉提（自治区纪检委副书记、监察厅厅长）

王永明（自治区主席助理、自治区经贸委党组书记、主任）

刘振强（自治区民委（宗教局）党组书记）

宋振亚（自治区教育工委副书记）

柳耀华（自治区公安厅厅长）

李　征（自治区安全厅党委书记、厅长）

贾帕尔·阿比布拉（自治区民政厅厅长）

哈斯木·马木提（自治区司法厅厅长）

李学军（自治区财政厅厅长）

尼加提·马合木提（自治区人事厅厅长）

艾拉提·艾山（自治区劳动和社会保障厅厅长）

李建新（自治区建设厅厅长）

蔡毅治（自治区交通厅党组书记）

祖农·库提鲁克（自治区文化厅厅长）

肖开提·依明（自治区广播电视局局长）

柯　丽（自治区卫生厅党组书记）

艾山·阿尤甫（自治区计划生育委员会主

任）

吐尔逊·阿不都热依木（自治区工商局局长）

米吉提·卡德尔（自治区新闻出版局局长）

乃衣木·牙生（自治区旅游局局长）

尼相·依不拉音（自治区人民政府外事（侨务）办公室主任）

买买提江·艾买提（自治区总工会主席）

张文全（自治区团委党组书记）

热孜万·艾拜（自治区妇联主席）

韩永义（乌鲁木齐铁路局党委书记、政法委书记）

关武平（民航新疆管理局党委书记、局长）

加帕尔·热西丁（自治区通信管理局副局长）

张砚甲（乌鲁木齐海关党委书记、关长）

刘伟建（中国人民银行乌鲁木齐中心支行党委书记、行长）

李建国（中国人民财产保险股份有限公司新疆分公司副总经理）

廖绍贵（中国人寿保险股份有限公司新疆分公司副总经理）

方　威（新疆军区动员处处长）

熊希海（新疆军区保卫处副处长）

赵士忠（自治区公安厅边防局局长）

廉　钰（自治区公安厅消防局局长）

郭连山（乌鲁木齐市委副书记、副市长）

新疆维吾尔自治区社会治安综合治理委员会

办公室主任：宋志义

副主任：戴和平　安　文

新疆维吾尔自治区社会治安综合治理委员会办公室内设秘书宣传处；业务指导处；流动人口管理办公室。

新疆维吾尔自治区禁毒委员会办公室
新疆维吾尔自治区社会治安综合治理委员会办公室
新疆维吾尔自治区精神文明建设指导委员会办公室
关于深入开展创建“无毒社区”、“无毒村”工作的通知

（2003年7月7日）

伊犁哈萨克自治州禁毒委员会办公室、社会治安综合治理委员会办公室、精神文明建设办公室，各州、市、地禁毒委员会办公室、社会治安综合治理委员会办公室、精神文明建设办公室：

近年来，我区各级禁毒部门在党委、政府的统一领导下，在社会各界和各族群众积极支持参与下，坚持“四禁并举，堵源截流，严格执法，标本兼治”的工作方针，广泛深入开展禁毒宣传和“无毒社区”创建工作，严厉打击各类毒品犯罪活动，有效遏制了毒品犯罪上升蔓延的势头，为自治区的政治稳定、社会安定、经济发展做出了贡献。

但是，我区禁毒形势依然严峻，禁毒工作任务十分艰巨。一是吸毒人员有增无减，队伍庞大。截至2002年底，全区共登记吸毒人员20675名（90%以上吸食海洛因），占全区人口的千分之一点四，大大高于全国平均水平。按现有的吸毒人数每人每天0.1克计算，一年需要消费海洛因约754公斤左右，而每年我区毒品海洛因的缴获量仅有30公斤左右，占消费市场的3.97%，由此产生了巨大的逆差，为此，打击毒品犯罪的力度有待进一步加强。二是涉毒区域广。据统计，全区96个县、市、区中，就有84个县、市、区存在涉毒问题，吸毒人员在千人以上县、市、区就有5个。三是吸毒人员感染艾滋病病毒情况日趋严重，疫情

发展速度居全国之首。截至2003年3月31日，全区发现艾滋病病毒感染者7326例，其中97%的感染者为静脉吸毒者，除以上之外还有新疆“三股势力”参与贩毒，染指毒品；“金新月”及周边国家地区毒品向我区渗透加剧；新疆籍外流贩毒情况愈演愈烈；以及区内部分地区非法种植毒品原植物，屡禁不止等。

面对我区严峻的毒情形势，根据自治区禁毒委第13次会议精神和国家禁毒办、中央综治办、中央文明办联合下发的《关于深入开展创建“无毒社区”、“无毒村”工作的通知》[2003]30号精神，结合我区实际情况，自治区禁毒委、综治委、文明委决定从2003年下半年起，以“千人县整治”（吸毒人员数在千人以上县、市、区）工作为重点，进一步深化“无毒社区”、“无毒村”创建工作，综合治理我区毒品问题。

一、目标和任务

“千人县整治”工作：要使吸毒人数得到有效控制，非法种植毒品原植物得到制止并无反弹；不断加大打击贩毒犯罪力度，破案数、缴获毒品量以及打击处理毒品违法犯罪分子人数逐年提高，从而有效地遏制吸、种、贩毒品违法犯罪活动的发展蔓延。

吸毒人员在千人以下县（市、区）：要继续深化“无毒社区”、“无毒村”的创建工作，按照国家禁毒委规定，分批达到“无毒社区”、“无毒村”标准。

已经创建成为“无毒社区”、“无毒村”的地方，要继续坚持“四禁并举”的工作方针，要在禁毒宣传以及重点人员、重点场所监控等方面建立长效机制，巩固成果，坚守阵地，防止反复。

没有毒品问题的地方，要以禁毒宣传和预防教育为创建工作的主要内容，总结推广并强化预防种、制、贩、吸几个环节上的成功经验，努力提高各族群众“保持一方净土”的自豪感和自觉性，真正成为始终不受毒品侵害的一片净土。

禁毒斗争既具紧迫性，又具长期性、反复性，无论是“千人县整治”工作还是“无毒社区”、“无毒村”的创建工作，都要从现在做起，着手于当前，着眼于长期，有计划、有步骤，扎扎实实地开展工作，力争通过三至五年的努力使全区创建“无毒社区”、“无毒村”工作取得明显成效，毒品问题的发展得到有效遏制。

二、主要工作措施

1．提高思想认识，加强组织领导。毒品问题的存在，不仅给个人、家庭、社会、国家乃至整个民族带来巨大的危害，而且严重地制约和影响着当地的经济发展和社会稳定。就我区而言，吸毒者每年用于吸食毒品需要消费人民币2亿多元，数额之大，令人震惊。其次禁毒工作在我区，还具有其特殊的政治意义，从近年来查获的毒品案件中发现，新疆“三股势力”已染指毒品，他们把贩毒敛财作为获取资金实施恐怖活动的重要手段，同时，利用毒品问题搞煽动宣传活动，恶意攻击党和政府的现行政策。为此，各级禁毒委、综治委、文明委要从实践“三个代表”重要思想和维护我国经济发展、政治稳定的大局高度，充分认识“千人县整治”和创建“无毒社区”、“无毒村”工作的重要性和紧迫性，尤其是要把解决好毒品问题当作反对“三股势力”，保持政治稳定，促进民族团结，保障经济发展的政治任务来抓。各级党委、政府要切实加强对创建、整治工作的组织和领导，加大对“无毒社区”、“无毒村”工作的支持力度，尤其是对“千人县整治”工作的支持力度，积极协调财政等部门，把禁毒经费纳入当地财政预算当中，保障经费投入，想方设法解决创建经费和“千人县整治”经费，确保创建、整治工作顺利进行。

2．因地制宜，强化“四禁”工作。要继续贯彻执行“四禁并举，堵源截流，严格执法，标本兼治”的工作方针，结合本地的实际情况，因地制宜地解决本地突出的毒品问题。乌鲁木齐市天山区、沙区、新市区、水磨沟区，伊宁市等吸毒人员在千人以上县（市、区）要立即制定“千人县整治”工作方案，明确整治目标和任务，并及时向当地党委、政府报告。迅速开展整治行动。在开展严打整治的同时，要加强禁吸戒毒和对吸毒人员的管理控制工作，提高戒毒率，降低复吸率，做到吸毒人员不漏管、不失控，社会面基本无失控吸毒人员；乌鲁木齐市、克拉玛依市、伊宁市、伊宁县、霍城县、阿克苏市、库车县、巴楚县、和田县、墨玉县等贩毒（包括外流贩毒）严重的地区要以打击为重点，开展专项行动，加强区内、区外禁毒合作，互通信息，积极挖掘各种贩毒情报线索，通过多破案、破大案，严惩毒品违法犯罪活动，有效地震慑犯罪分子，教育广大群众，净化社会环境；于田县、策勒县、皮山县、哈密市、托克逊县、木垒县等非法种植毒品原植物严重地区要以禁种为重点,一方面要加强国家有关禁种法律、法规的宣传工作,做到家喻户晓,人人皆知,另一方面要对非法种植毒品原植物的违法犯罪行为,依法予以坚决打击处理,决不姑息手软。

3. 加强协作,发挥职能部门作用。各级禁毒委、综治委、文明委要在党委、政府的统一领导下,加强协作,密切配合,积极协调各职能单位,在宣传、预防教育、打击等各个环节上充分发挥作用。要把禁毒工作纳入社会治安综合治理和精神文明的建设范畴之内,以"不让毒品进我家"活动和"社区青少年远离毒品"为载体,充分动员社会力量和社区资源参与禁毒工作,从而努力形成各职能部门各负其责,社会各界齐抓共管,人民群众广泛参与,人人关心毒品问题,人人支持禁毒事业的良好局面。

4. 广泛宣传,常抓不懈。禁毒宣传不仅要在"6·26"国际禁毒日期间开展宣传,更重要的是要注重平时经常性的开展宣传教育工作,要把禁毒宣传教育工作当作长期任务来抓。使禁毒宣传工作经常化、制度化。要善于采取形式多样,群众喜闻乐见的宣传形式开展宣传工作。在宣传广度上,要扩大宣传辐射面,做到人人皆知;深度上,要狠下功夫,做到深入人心。尤其要注重对青少年和高危人群的宣传教育工作,培养和提高其自觉抵御毒品侵害的能力和自觉性,有效地遏制新的吸毒人员滋生。

5. 要加大打击毒品犯罪的力度。在创建和整治工作当中,各级禁毒执法部门要认真履行职责,充分发挥主力军作用,以打为先导,严厉打击各类毒品犯罪活动。要始终保持高压打击态势,在大力查破"零包贩毒"案件的同时,重点打击毒品分销网络,将经常性的打击与重点整治,集中打击紧密结合起来,通过破获一批大案,打掉一批贩毒团伙,端掉一批制贩毒品的窝点,摧毁一批分销网络,有力震慑毒品犯罪,压缩毒品供应市场,为创建和整治工作铺平道路,创建良好的社会环境。

三、同步部署,认真检查,严格考核

创建"无毒社区"、"无毒村"工作,是社会治安综合治理和精神文明建设的一项重要内容和组成部分,在创建过程中,各地要把创建工作提到重要议事日程来安排部署。将创建"无毒社区"、"无毒村"工作与创建"安全小区"、"文明小区"同部署、同落实、同创建、同检查、同考核。各地党委、政府主要领导是创建工作的第一责任人,要拿出足够的时间和精力来抓禁毒工作,常抓不懈。将抓禁毒工作的实绩作为干部考核的重要内容,并将考核结果与干部晋级、晋职、奖惩直接挂钩。禁毒办、综治办、文明办要组成工作组经常对创建工作尤其是"千人县整治"工作进行检查指导。

对连续多年保持无毒状况或者创建成果得以巩固的要进行表彰奖励;对出现明显反复的要责令限期整改;对工作大幅度滑坡,丧失创建标准的要取消"无毒社区"、"无毒村"称号。今后,凡达不到"无毒社区"、"无毒村"创建标准的,一律不得评为安全、文明小区或安全、文明村镇。

自治区禁毒办、综治办、文明办每年要对"千人县整治"工作进行一次全面考核评估,并于每年年底将整治情况上报国家禁毒办。对整治成效明显或者整治先进地区要进行表彰奖励,对工作一般化没有明显起色的县(市、区)要责令其继续整治,直至整出成效;对于组织领导工作不力,措施不落实,毒情继续恶化等问题严重的要坚决行使社会治安综合治理一票否决权,取消各种与综合治理、精神文明、禁毒工作有关的评优、评先、评奖资格。国家禁毒办将把该县(市、区)作为"全国毒品问题严重地区"挂牌整治,今后新增加的实有吸毒人员超过千人的县(市、区)要按照本通知要求及时开展整治工作。

禁毒工作任重而道远,禁毒斗争长期而艰巨,禁毒事业光荣而神圣。我们坚信,在党的十六大精神鼓舞下,在各级党委、政府的领导和支持下,各部门齐心协力,相互协作,团结一心,开拓进取,我区"无毒社区"、"无毒村"创建工作和"千人县整治"工作必将取得更加辉煌的成绩!

强化社区治安防范 营造良好治安环境

新疆乌鲁木齐市综治委

2001年以来，乌鲁木齐市委、市人民政府以强化社区治安防控体系为重点，以加强基层基础建设为切入点，以深化社区安全创建活动为载体，以建立社会治安管理长效机制为目的，全面推进社会治安综合治理工作，有力地维护了首府的政治稳定和社会安定。我们的基本做法是：

一、加强社区防范力量，预防和减少违法犯罪

2001年以来，全市盗窃、抢劫、抢夺等侵财性案件占刑事案件85%左右，其主要原因是基层治安防范力量不足。市委、市政府根据全市治安防范工作的特点和基层治安防范工作的薄弱环节，本着既加强基层治安防范力量，又解决就业困难人员再就业的目的，决定从全市公益性岗位中拿出3000个指标，充实到各区(县)社区治安联防队伍之中，加强基层治安防范工作。

这3000个公益岗位补贴由市、区(县)两级财政共同承担，市再就业经费补贴350元，区(县)财政补50元。社会保险费(含个人缴纳部分)由区(县)财政补贴(2003年每人每月230元)。社会保险费基数按自治区公布的当年社会平均工资的60%确定(2003年583元)，费率按企业缴费费率确定，社会保险补贴原则与劳动合同执行期限一致，但不超过三年。仅此一项每年投入经费1890万元。

公益性岗位社区联防队员的选录以城镇大龄失业人员(男30岁以上，女25岁以上)、夫妻双方均未就业且无子女就业、家庭人均收入低于城镇居民最低生活保障线且失业一年以上，下岗失业人员(女性40周岁以上、男性50周岁以上)为主要对象。选录工作按照就地就近、统筹兼顾、有利工作、择优录用的原则，经各级综治办和劳动保障部门审定录用，由街道办事处公益性劳动服务中心与录用对象签订劳动合同(合同期限为3年，试用期为6个月)，进行培训后上岗。3000个公益性岗位联防队员充实到社区治安司法警务室，加强了基层治安防范力量，达到了预防和减少犯罪的目的。

二、加强基层基础工作，建立社区治安司法警务室

2002年4月，我们选择了3个治安问题较多的街道办事处的21个社区为切入点，进行社区治安防范工作试点。按照“每100户居民设2至3名联防队员”的要求，组建社区治安司法警务室。警务室主任由社区居委会主任兼任，副主任由责任区民警担任，成员从驻社区单位中经验丰富的综治专干、调委会干部、司法干部、楼(院)长、居民代表和下岗职工中挑选。社区工作人员及责任区民警共同合作，警务工作和社区建设紧密结合，营造了良好的社会治安环境，社区群众亲切的称之为“家门口的派出所”。

为巩固和提高社区治安司法警务室建设的成果，根据试点工作经验，市综治委对推广工作提出了三点要求。即：保证人员及时到位，办公经费纳入预算，有独立的办公场所。目前，全市所有社区达到了“一区一警”、“一区多警”、“一区一专干”；全市各区(县)已将社区治安司法警务室的办公经费列入财政预算；全市467个社区中有383个社区治安司法警务室有独立的办公场所，84个社区治安司法警务室有临时办公场所。

社区治安司法警务室的建立和治安联防队伍的加强，使全市实现了“打、防、控”一体化，“点、线、面”有效防控。目前，全市有群众治安联防总指挥部1个，下设办公室，11个指挥部分设在各区(县)和公共交通治安分局，各指挥部下设办公室、联防指挥所和报警点。截止2003年7月，全市共有群众治安联防队员38794人。通过有机整合各种治安防范力量，做到了大街有人巡逻，巷道有人联防，单位有人值班，楼院有人守望，加强了对社会面的控制，刑事案件有所下降，治安案件明显减少。

三、贯彻“预防为主”思想，深化社区创安工作

各区（县）、各部门、各单位按照“属地管理”的原则，从群众关心的治安问题入手，重点抓了防盗、防火、防爆、防破坏的预防工作。各级综治办不断加大检查、监督、指导工作力度，基层安全创建活动做到了规划、组织、宣传、管理、防范“五落实”。2002年，全市“市级治安模范单位”创建成功率达到90%，“市级治安模范单位”创建成功率达97%。

2003年上半年，我们在认真调查研究的基础上，对过去基层安全创建活动标准进行了重新修订，使社区安全创建活动标准更具针对性、操作性和实效性。如：在创建要求方面，规定新申报“市级治安模范单位”的必须是科级以上独立法人单位；在考核命名方面，实行公示制，规定被考核验收合格单位命名前先登报公示一周；在日常管理方面，实行工作报告制度、跟踪监督制度、工作倒查制度；在奖励惩处方面，规定“市级模范单位”职工可享受本单位当年在职职工平均一个月工资的奖励。对“市级治安模范单位”不报告治安防范工作的，进行通报批评；对发生各类刑事案件、发生重大责任事故、职工违法犯罪、发生重大群体性上访事件等有问题的单位，实行责任追究制度，并撤销其“市级治安模范单位”称号。

四、建立市、区（县）、街道（乡、镇、场）、社区、单位五位一体“属地管理”的治安防范网络

以社区治安司法警务室为依托，每个社区组建10至15人的治安防范队伍，负责社区巡逻和守护；街道（乡、镇、场）综治办和公安派出所根据本辖区治安状况，确定防范重点部位和地段，合理安排防范力量；各区（县）加强对治安防范工作的领导，建立各项管理制度，完善治安防范机制，定期对街道（乡、镇、场）、社区的治安防范工作进行考核；市容市政管理局、乌鲁木齐地区各报社、市煤气公司、市统管办等单位的环卫职工、送报员、送气员、出租车司机担任义务治安员，发现犯罪嫌疑，立即报告；市社会治安防控工作办公室定期对全市社会治安防范工作进行考评验收，并纳入目标管理考核之中。

五、建立以公安巡警、武警巡逻、治安联防等专门力量和保安队伍、单位门卫结合，五位一体，相互配合的治安防范体系

市社会治安防控工作办公室根据全市专群治安力量现状，对其防范任务按路段和区域进行划分。武警市支队巡逻中队负责主要路段及节假日社会面的巡逻；公安巡警支队负责解放路、胜利路等15条路段的巡逻，并深入到大联防巡查区域，对大联防工作进行检查指导；大联防负责武警、公安巡警以外的其他路段巡查，并深入到所在社区对小联防工作进行检查指导；保安队伍负责聘用单位的治安防范工作；各部门、各单位结合各自的实际，按照“看好自己的门，管好自己的人，办好自己的事”的总要求，充实治安防范力量，落实防范措施，严防案件发生。

夯实基础　强化责任　开创维护稳定新局面

中共叶城县委　叶城县人民政府

叶城县位于新疆喀什地区西南部，总人口37万，是新疆与西藏阿里地区的交通枢纽。近年来，县委、县政府深入开展“严打”整治斗争，在建立和完善维护稳定工作长效机制上狠下功夫，取得了阶段性成果。我们的基本做法和经验是：

一、切实加强对维护稳定工作的领导，进一步强化稳定压倒一切的思想认识

近年来，县委、县政府高度重视维护社会稳定工作,始终把维护稳定作为压倒一切的头等大事来抓,坚持用中央关于维护新疆稳定的一系列重要指示精神统一各族干部群众的思想。2001年3月,县委、县政府先后组织召开了两次维护稳定工作研讨会,专题研究如何结合叶城县实际贯彻落实中共中央、国务院《关于进一步加强社会治安综合治理的意见》,制定了具体实施意见。县委、县政府强调,在叶城“没有与稳定无关的领导,没有与稳定无关的单位,没有与稳定无关的人,没有与稳定无关的工作”,要求全县各乡(镇)、各单位的领导必须把稳定工作摆在一切工作的首位,切实抓紧抓好抓出成效。改变了过去那种认为抓稳定是政法部门的事的思想认识和被动的工作局面,提高了广大基层干部抓稳定工作的自觉性和责任感。越来越多的各族干部群众,特别是少数民族干部坚定地站到反对民族分裂和非法宗教活动斗争的最前列,全县逐步形成了人人关心、支持、参与维护社会稳定工作的良好氛围,打牢了各族干部群众反对民族分裂主义的思想基础。

二、积极探索建立和完善维护稳定的长效工作机制

(一)健全组织机构、强化组织保障。根据自治区综治委的要求,我县在各乡镇设立了社会治安综合治理委员会,下设办公室,统一协调乡镇派出所、武装部、统战办、司法所四个工作部门。人员由四个工作部门的干事和两名专职人员组成,实行专职专用,从而把维护稳定的力量凝聚起来,形成合力、齐抓共管。同时,要求由乡镇派出所长任综治办主任,武装部长任综治办副主任。在每个乡镇成立了一支30人以上的民兵应急分队和10人以上的治安防暴队,每晚必须有10人在乡镇值班、巡逻,充分发挥了乡镇武装部在维护稳定工作中的重要作用。全县共组建治安联防队342个5115人,使打击和防范有机地结合起来。

(二)完善维护稳定工作领导责任制和责任查究制,实行目标管理,奖惩挂钩。县委制定了乡镇(场)、村委会社会治安综合治理考核办法。积极推行维护稳定奖励制度,对维护稳定工作抓得好抓得实,有成效的,年底从生产奖励资金中提取10%~20%的奖金,对分管政法的领导和政法综治干部给予奖励。对村级干部,由县财政每年拿出36万元专项资金,为村支部书记和治保主任每月发放维护社会治安奖励工资50元和40元。对稳定工作任务完成好的乡镇、村组,作为奖励措施,免去民兵应急排和治安分队民兵当年的义务工和积累工。严格实行维护稳定工作责任查究制度,明确规定乡镇干部在一年内发现一次值班不在位,由县委政法委给予批评教育;两次值班不在位,由县委组织部记入个人档案,在年底考核时对工作实绩降低等次。

(三)切实加大对维护稳定工作的投入力度,不断改善基层组织的工作条件。在县财政非常困难的情况下,由县财政每年拨出36万元专项资金,保证村干部维护稳定奖励工资的按时足额发放;为政法部门拨出50万元专项资金,用于政法综治基层基础设施建设;针对乡镇、村每晚进行巡逻检查的实际,采取县财政出大头,乡镇出一部分的办法,由县财政一次性拿出90万元资金,为20个乡镇配备了专用治安巡逻车,并通过多方协调,每年解决车辆用油50吨,确保了乡、镇基层治安巡逻的正常运转。

(四)加强监督检查,确保工作措施落到实处。县委、县政府从县委、人大、政府、政协、纪委、法院、检察院机关抽调人员组成检查组,定期或不定期对各乡镇、村、组的治安防范工作进行巡回检查,促使基层干部自觉、主动地抓好稳定工作。

三、深入开展“严打”斗争和集中整治工作

在落实各项措施中始终把“严打”整治斗争作为维护社会稳定、净化社会环境的首要举措。按照“打现行、破大案、挖团伙、追逃犯”的工作思路,始终坚持“主动出击,露头就打”的斗争方针,严厉打击“三股势力”及各种刑事犯罪分子,有力地遏制了暴力恐怖和严重刑事犯罪案件上升的势头。在集中整治工作中,着重解决基层组织软弱涣散、班子凝聚力、战斗力和号召力不强的问题。几年来,我县对173个村级两委班子进行了重点整顿,共调整了55个村级两委班子,解决了软弱涣散的问题。由于基层党组织得到加强和巩固,广大党员干部和人民群众思想觉悟和法制观念普遍提高,明辨是非的能力明显增强,逐渐形成对民族分裂主义和非法宗教活动敢于抵制、敢于揭发的良好局面。

四、全面落实社会治安综合治理各项措施

一是加强了对刑释解教人员的教育和管理,

使安置帮教工作进一步规范化。两年来,共对500余名刑释解教人员进行了安置帮教,为50余人创造条件自谋职业。二是开展了集中整治校园及周边治安秩序的专项行动,消除各种社会不良现象对青少年的影响。三是加强了政法综治队伍建设和普法工作。四是积极开展基层安全创建活动。目前全县"创安"覆盖率已达90%以上。五是加强了信访接待工作,排查调处各类矛盾纠纷,认真解决群众关心的热点、难点问题,将矛盾解决在基层、化解在萌芽状态。

完善治安防控体系　强化群防群治工作
创造良好的社会治安环境

新疆自治区巴音郭楞蒙古自治州综治委

巴音郭楞蒙古自治州(简称巴州),位于新疆东南部,总面积48.27万平方公里,有"华夏第一大州"之称。我们按照"打防结合、预防为主"的方针,强化基层综治机构建设,全方位构建社会治安防范体系,采取各种行之有效的办法,把社会治安综合治理的各项措施落到实处,为经济的快速发展创造了良好的社会治安环境。

一、从综治机构建设入手,完善工作机制,确保综治工作层层有人抓、有人管

2001年,全州91个乡、镇、街道办事处全部成立了综治委(办),由1名专职党委副书记兼任综治办主任,至少配1至2名专职综治干部。全州共配乡、镇、街道办事处专职综治干部176名,并全部享受公安工资待遇。2002年,自治区进行机构改革,人员分流幅度比较大。由于各级党委、政府重视,全州乡、镇、街道办事处专、兼职综治干部非但没有减少,还比机构改革前增加了7名,达到183名,其中专职干部94名,兼职干部89名,从而保证了基层综治工作有人抓、有人管。同时,全州各级综治办不断强化制度建设,建立了目标责任考核制度、例会制度、定期分析形势制度、信息报送制度、督查制度、奖励制度。一个覆盖全州城乡、贯通上下的综治机构网络、综治信息体系已经基本形成。

二、从解决突出的治安问题入手,坚持开展多种形式的专项治理,把各类不稳定因素消除在萌芽状态

多年来,我们坚持每年年初开展治安混乱地区和突出治安问题的排查。由州、县市综治委派出工作组,对重点地区和突出的治安问题进行整治。2001年以来,我州每年确定的重点整治单位和区域都在80个左右。通过整治,治安秩序明显改善。近年来,一些企业,特别是建筑企业,拖欠民工工资已成为影响我州社会稳定的一个突出因素。州委、州政府专门召开会议,确定州综治委会同建设、劳动等部门进行专项整治,从建设工程招标开始抓起,制定建筑企业缴纳用工保证金制度,强化劳动仲裁,加大综治监督力度,使因拖欠民工工资而引发的群体性上访大幅度下降。通过长期开展集中整治和专项整治,及时化解矛盾,大幅度减少了各类群体性事件的发生,维护了社会稳定。

三、从强化治安防范上要平安,加强群众治安联防队建设

为了切实把可防性犯罪上升的势头压下去,州委、州政府于2002年6月制定了《关于进一步加强群防群治工作的意见》,要求全州各县市组建三级群众治安联防队。县市成立群众治安联防总队,在县市综治委的统一领导和公安局的业务指导下开展工作。联防总队设总指挥部。总指挥由分管政法工作的县市委副书记担任;副总指挥由人大、政府、人武部的有关领导担任。指挥部下设治安联防办公室,由综治办主任、公安局副局长任正副主任。办公室设在县市综治办,并配备2名工作人员。乡镇、街道办事处设群众治安联防大队，大队长、副大队长分别由乡镇、街道分管政法综治工作的副书记，派出所、人武部的领导担任，治安联防大队下设若干中队，中队长一般由部队复员军人中当过班长的党员担任。联防队员面向社会公开招聘，严格把好政审、体检关，优先从下岗职工、未就业的复员军人、大中专毕业生中招聘，坚持好中选优。目前，全州八县一市共建立了9个治安联防总队，50个联防大队，224个联防中队，有1228名联防队员，其中中专以上学历的占31%，复员转业军人占15%。

联防队建成后，经过短期训练，即在公安机关指导下开展巡逻执勤任务。为进一步增强巡逻快速反应能力，州、县市两级党委、政府在财政十分紧张的情况下，拨出专款100余万元，为联防队配备了34辆治安巡逻车。同时，全州还从环卫工人、出租车司机中聘请了769名义务治安信息员、巡逻员，加强了对社会面的控制。

治安联防队的经费采取地方财政、企事业单位和居民个人三方共同投入的办法来筹措：1. 各县市把治安联防费用纳入财政预算，以全县总人口人均1.5元由财政拨付；2. 辖区内的行政、企事业单位，按现有在职职工每人每年承担两个治安日，每个治安日10至15元的标准出资；3. 出租屋由租户按每间出租房面积每年承担1至10个治安日，每个治安日按10至15元的标准出资；4. 筹措的治安联防经费由县市治安联防办公室管理，在县市财政设立专户，接受财政监督，保证专款专用。

加强群众性治安防范队伍建设以后，整治社会治安秩序取得明显成效。2002年刑事发案与2001年同期相比下降20.9%，全年可防性案件下降4.5%。今年上半年，严重刑事案件与去年同期相比下降1.9%。

四、从履行领导责任制上严格进行考核，奖优罚劣，确保社会治安各项防范措施落到实处

我们坚持把维护社会稳定作为各级党委、政府和各级领导的一项政治责任，按照“谁主管、谁负责”的原则，层层签订综合治理领导责任书，坚持一级抓一级，层层抓落实。州委、州政府每年都要召开综治工作总结表彰大会，兑现领导责任书奖罚规定。每年的考核情况，由州综治委向州党委、政府写出专题汇报，奖励方案、处罚决定都要提交党委常委会议讨论通过。2000年至2002年，全州对613个综治工作先进单位、525名综治工作先进个人进行了表彰奖励。对单位领导不重视综治工作，不认真履行职责，发生影响社会稳定和社会安定的案件、事件的单位，坚决实行一票否决，严格追究领导责任。2000年至2002年，全州共一票否决115个单位。

（撰稿：景建中
审稿：张秀明　崔红星）

新疆生产建设兵团

兵　团　财　务　局
兵团社会治安综合治理委员会办公室
关于建立社会治安综合治理工作
经费保障机制的通知

（2003 年 10 月 30 日）

各师、院（校）财务局、社会治安综合治理委员会办公室：

为认真贯彻落实兵团党委、兵团《关于进一步加强兵团社会治安综合治理的意见》（新兵党发[2001]34 号）文件精神，保证社会治安综合治理工作必须的正常经费需要，遵照 2003 年 10 月 15 日兵团社会治安综合治理委员会第二次全委会会议精神，兵团各级都要建立社会治安综合治理经费保障机制，并列入年度财务预算。

从 2004 年起，各级社会治安综合治理工作经费均按总人口计算。即兵团本级按总人口每年人均 0.1 元的标准；各师分别为总人口 30 万人以上的师每年不少于 10 万元、总人口 10 万人以上的师每年不少于 5 万元、总人口不足 10 万人的师每年不少于 3 万元；各院（校）、事业单位及团场可根据实际情况自行确定，并列入预算，专款专用。

兵团社会治安综合治理委员会
关于印发《兵团农牧团场综治办建设
基本内容和标准》的通知

（2003 年 11 月 12 日）

各师、院（校）社会治安综合治理委员会，兵团各直属机构社会治安综合治理委员会，兵团社会治安综合治理委员会各成员单位：

现将《兵团农牧团场综治办建设基本内容和标准》印发你们，请结合实际，贯彻执行。

兵团农牧团场综治办建设基本内容和标准

为了贯彻落实中央[2001]14号和兵团党委[2001]34号文件精神，适应综治工作新任务、新要求，进一步健全组织，落实责任，规范工作，切实把社会治安综合治理各项措施落到实处，确保社会稳定，现制定兵团农牧团场综治办建设基本内容和标准，供各师参照执行。

一、职责任务

农牧团场社会治安综合治理委员会办公室是同级社会治安综合治理委员会常设的办事机构，负责协调本行政区域内的机关、学校、企业事业和民办非企业单位及其他组织开展社会治安综合治理工作。职责如下：

1. 贯彻中央和上级社会治安综合治理委员会的工作指示，研究、拟定本辖区的工作计划、阶段性工作方案和措施，提交社会治安综合治理委员会讨论决定，并负责组织实施。办理上级交办的有关社会治安综合治理的工作事项。

2. 组织各有关部门定期排查辖区内可能影响社会稳定的矛盾纠纷，建立排查机构和报告制度，明确有关部门的责任，共同做好矛盾纠纷的调处工作，预防和减少群体性事件及民转刑案件的发生。定期分析本团场的社会治安形势，组织各有关部门排查辖区内突出的治安问题和治安混乱的场所及影响辖区社会稳定的重大问题，研究制定社会治安综合治理工作措施，提出工作建议，提请社会治安综合治理委员会研究决定后，督促有关部门及时进行整治，限期解决。

3. 负责本辖区的社会治安综合治理检查、考核工作。指导、检查、督促基层党支部和辖区内的企事业等单位开展社会治安综合治理工作，对存在问题的单位提出整改意见，并视情况提出“一票否决”和实施领导责任查究的建议。

4. 指导基层治保会、调委会建设；协助有关部门指导基层群防群治队伍建设，加强管理和培训，落实人防、物防、技防措施，构建群防群治网络。

5. 组织协调辖区单位和部门开展基层安全创建活动。协助有关部门，加强以党支部为核心的基层组织建设，督促基层组织、辖区单位、责任区民警、物业管理公司等有关方面落实治安防范措施，开展企地共建安全社区、创建安全文明铁道线等活动，排查企业周边地区的治安隐患，落实铁路护路联防措施，督促有关部门及时打击和整治破坏企业生产秩序、侵害企业财产的违法犯罪活动，净化企业周边治安环境。

6. 组织协调公安派出所等有关部门，加强流动人口治安管理工作，加强对出租房屋、公共复杂场所等外来人员落脚点和活动场所的管理和服务工作，加强对暂住人口的道德、法制教育，保护外来人员的合法权益，防范和打击流窜犯罪活动。

7. 组织协调公安派出所、司法所等有关部门作好刑释解教人员安置帮教工作，落实帮教措施，重点做好有可能重新违法犯罪人员的管控工作；督促有关部门引导、扶持城镇中的刑释解教人员就业及解决生活出路问题。

8. 组织协调有关部门和社会各方面力量共同做好预防青少年违法犯罪工作，建立工作网络，健全工作制度。督促辖区内中小学校开设法制、德育课程，做好对有不良行为学生的教育、转化工作；督促、指导家庭、学校、单位(社区)等基层组织帮助、教育闲散青少年。

9. 组织协调有关部门共同做好学校及周边治安综合治理工作。配齐配强中小学校兼职法制副校长，管理、培训、考核法制副校长；净化学校及其周边地区的治安环境。

10. 组织协调公安、宣传(文化)等部门开展“扫黄打非”工作，铲除“黄、赌、毒”、封建迷信等社会丑恶现象。

11. 组织协调有关部门做好民族宗教工作，严防“三股势力”的渗透破坏。开展与“法轮功”等邪教组织的斗争，强化对“法轮功”等邪教组织顽固分子的监控措施，做好对“法轮功”练习者的教育、转化、挽救工作，打击和防范“法轮功”等邪教组织顽固分子的破坏活动。

12. 组织协调有关部门深入开展思想道德、法制和综治宣传教育,加强基层法律服务工作,满足群众日益增长的法律服务需求,增强群众的道德、法制意识。组织协调本辖区的见义勇为先进个人的申报、表彰、奖励、救助等工作。

13. 开展调查研究,总结推广社会治安综合治理工作的典型经验,鼓励先进,推动后进。

二、组织机构和领导配置

农牧团场均应设社会治安综合治理委员会及其办公室。综治委主任应由农牧团场的主要党政领导担任。综治委成员一般由农牧团场的组织、宣传、纪检、信访、劳动、民政、土管、计生、教育、公安派出所、司法所、法庭、人民武装及工会、共青团、残联等职能部门和行政区域内主要企事业单位的负责人组成。农牧团场社会治安综合治理委员会办公室应配备1名主任,也可由专抓社会治安综合治理工作的党(政)副职兼任,另配备1名专职副主任,并按团场大小和工作需要配备若干名专职工作人员,确保这项工作有人抓、有人管。

三、基本制度

1. 工作例会制度

农牧团场综治领导机构每季召开一次工作例会,根据上级有关文件精神和重大工作部署,总结交流开展综合治理工作的经验和做法,分析探讨存在的问题和原因,研究部署推进综治工作的思路和对策。重大情况及时召开会议,提出贯彻落实的具体意见和措施。

农牧团场综治领导机构每半年召开一次综治委成员单位联席会议,各综治成员单位根据职责分工,总结参与综合治理工作情况,对下步工作作出部署。

农牧团场综治办每月召开一次工作例会,传达学习上级有关文件精神,通报交流上月工作情况,安排下月工作任务。也可根据各个时期社会治安出现的新情况、新问题开展专题讨论,研究制定必要的工作措施。

2. 情况报告制度

农牧团场综治领导机构及其办公室应及时、准确、全面地向上一级综治领导机构报送贯彻上级部署、开展综合治理的情况,反映本地综治工作遇到的新情况、新问题,并提出相应的工作建议。报送的主要内容:

(1)综治工作的重大部署和主要工作措施;

(2)综治组织队伍建设情况;

(3)综治工作目标管理责任制落实和检查考评情况;

(4)综治工作的典型经验和成功做法;

(5)综治工作遇到的新情况、新问题及具体对策;

(6)影响社会治安和政治稳定的重大事件;

(7)见义勇为先进事迹,以及与犯罪分子作斗争的好人好事;

(8)上级综治办布置收集的各类资料和报表;

(9)其他有关综治工作的重要事项。

一般情况下,辖区内机关、团体和企事业单位一季一报,连队(车间)一月一报。

3. 综治成员单位联络员制度

每个成员单位确定一名联络员,负责本系统、本部门综治工作的组织、指导、协调,定期收集总结各种工作信息、动态,上传下达。

4. 成员单位联系点制度

根据各成员单位的工作性质,确定每个成员单位联系一个连队或企事业单位,负责对联系点的综治工作进行检查、指导,帮助联系点及时整治治安状况不好的地区和突出治安问题。

5. 检查考评制度

根据农牧团场以及农牧团场与连队和辖区内机关、团体、企事业单位签订的社会治安综合治理目标管理责任书,按照检查考评细则要求,每季度进行一次检查督促,每半年组织一次考核,年终全面进行检查考核评比,并兑现奖惩。

根据上级工作部署,检查辖区内的贯彻落实情况,并写出检查报告。一般情况下,每月应进行一次不安定因素的排查,及时发现隐患,落实整改措施。

6. 档案资料台账制度

农牧团场综治办应有的资料主要包括:农牧团场概况、基本社情、历年治安状况、年度综合治理工作的计划、工作意见、综治会议记录、各连队(车间)等基层单位“两会一员”(治保会、调委会、治安员)组织建设情况、重点人口底数及管理情况、流动人口底数及管理情况、重点治乱工作情况、重点部位安全防范情况、矛盾纠纷排查调处情况以及其他有关文件等。

农牧团场综治办内务建设应达到“六有”，即有牌子、有办公场所、有版面图表、有规章制度、有会议记录、有档案资料。

7. 治安联防队伍管理制度

农牧团场应建立治安联防队，连队应配备治安员，由农牧团场综治委统一领导，在公安机关的指导下开展工作。治安联防队的日常管理实行“四统一”，即统一发证、统一着装或标志、统一训练使用、统一行为规则。治安联防队及治安员应建立下列工作制度：(1)岗位责任和考勤考核制度；(2)巡逻执勤制度；(3)交接班登记和检查制度；(4)政策、法律和业务学习制度；(5)工作报告制度；(6)考核奖惩制度。

四、人员素质要求

农牧团场综治办工作人员一般应具备以下素质要求：

(1)应坚持四项基本原则，坚持改革开放的基本路线，有高度的政治敏锐性和政治鉴别力，热爱社会治安综合治理工作。

(2)应具备较强的组织协调能力、调查研究能力、文字写作和语言表达能力。

(3)一般应具有大专以上文化程度或同等学历。

(4)平均年龄一般不超过45周岁。

五、经费保障

(1)农牧团场应当把社会治安综合治理工作所需经费，列入同级财务预算，保证综治工作所需经费。

(2)农牧团场综治办应有独立的办公用房，配备必要的通讯、交通工具及办公自动化设备。

(3)按照“谁受益，谁出资”和“取之于民，用之于民”的原则，由受益单位和群众个人适当投入一定的人力、物力和财力，保证群防群治工作正常开展。

兵团综治委主任、副主任、委员名单

主　任：康克俭　兵团党委常委、副司令员、政法委书记

副主任：孙振同　兵团党委副秘书长、政法委副书记

李进广　兵团党委政法委常务副书记、秘书长

李一达　兵团党委政法委副秘书长、综治办主任

委　员：郑　怡　兵团党委政法委副秘书长、610办主任

杨　思　兵团公安局局长

肖明生　兵团检察院检察长

孙雪歧　兵团法院院长

李多仁　兵团司法局局长

翟宇新　兵团监狱管理局局长

张国民　兵团610办副主任

王文斌　武警兵团指挥部副政委

钢　材　兵团军事部副部长

周考斌　兵团组织部副部长

赵广勇　兵团宣传部副部长

刘　钢　兵团民政局局长

杨腾虎　兵团纪委常委、监察局副局长

高继宏　兵团教育局局长

肉孜·依不拉音　兵团民委主任

伍及孝　兵团编委办公室主任

刘翌浩　兵直党工委副书记

赵大法　兵团财务局局长

曲德林　兵团劳动和社会保障局副局长

刘戈玉　兵团计生委主任

钟　波　兵团建设局副局长

张顺帮　兵团土地管理局局长

雷　诚　兵团卫生局副局长

侯爱民　兵团信访局局长

王春晖　兵团工会主席

赵建东　共青团兵团团委书记

于占洋　中华联合财产保险公司纪委书记

王　卫　兵团农行行长

办公室主任：李一达

副主任：苗塔河　丁筱玲

兵团社会治安综合治理委员会办公室关于印发《兵团农牧团场治安联防队管理暂行规定》的通知

（2004年1月8日）

各师、院(校)社会治安综合治理委员会办公室、兵团直属机构社会治安综合治理委员会办公室、兵团机关有关部门：

为进一步贯彻落实《中央综治委关于加强社会治安防范工作的意见》，夯实兵团社会治安综合治理基层基础，加强农牧团场治安联防队规范化建设和日常管理，推进兵团社会治安防控体系建设，根据兵团社会治安综合治理委员会《关于兵团社会治安防控体系建设规划》，制定了《兵团农牧团场治安联防队管理暂行规定》，现印发给你们，请认真学习，贯彻执行。

兵团农牧团场治安联防队管理暂行规定

第一章 总 则

第一条 为了加强农牧团场治安联防队(以下简称“联防队”)规范化建设和日常管理，充分发挥联防队在协助公安机关维护社会治安秩序中的辅助作用，根据兵团社会治安综合治理委员会《关于兵团社会治安防控体系规划》，制定本规定。

第二条 联防队是在团场党委、团场的统一领导下，由综治委牵头组建，由综治办负责日常管理，在公安派出所的指导下开展治安防范工作的专业群防群治队伍。

第三条 联防队的职责：

(一)协助团场综治办向辖区单位、居民宣传党的路线、方针、政策和国家法律、法规；

(二)在公安民警的带领下，开展治安巡逻、盘查、堵截、守卡等工作，制止违法犯罪活动，抓获、扭送违法犯罪嫌疑人，并积极搜集、提供违法犯罪线索；

(三)积极参与社会治安综合治理工作，协助公安派出所落实防盗、防毒和防火灾、防爆炸等治安灾害事故措施，开展安全防范宣传教育和检查、监督，维护辖区治安秩序，保护国家、集体和居民群众的人身、财产安全；

(四)在团场综治办领导下，积极开展社会闲散青少年的教育、流动人口服务管理、刑释解教人员安置帮教、戒毒、治安乱点排查整治、矛盾纠纷排查调处及基层创安等工作；

(五)协助公安民警接受群众的报警、求助，保护刑事、治安案件现场，维护治安灾害事故和突发事件现场治安秩序；

(六)完成团场综治办布置的其他工作任务。

第二章 招聘、录用

第四条 联防队员由团场综治委通过公开招

聘的方式，主要从大中专院校毕业生、复退军人、企事业单位下岗职工、社会低保人员中聘用。中共党员，共青团员优先聘用。

第五条　联防队员的条件：

（一）热爱党，热爱祖国，热爱人民，热心治安工作；

（二）品行端正，为人正直，遵纪守法，无违法犯罪劣迹，未参加或从事“法轮功”等邪教组织及其活动；

（三）团场常住户，初中毕业以上文化程度，身体健康，身高165cm以上，年龄18至35周岁的男性公民，属下岗职工、社会低保人员的，年龄可放宽到45周岁。也可从团场机关分流的政治可靠、身体好、热心综治工作的干部中挑选。

第六条　团场综治办应当组织对应聘人员认真进行政审、面试和体检，按照择优录用的原则确定聘用人员。

第七条　联防队员上岗前，必须接受业务培训。培训工作由团场综治办组织培训内容包括政治思想、法律常识、联防业务、擒敌技术、队列及联防员操守规程。经培训和考试合格的，发给《聘用通知书》。

第八条　被聘用人员持《聘用通知书》到团场综治办报到，试用一个月。经试用期满合格的，由综治办与联防队员签订聘用合同，合同期一般为一至二年。

第三章　值勤、备勤

第九条　联防队员在公安民警的带领下开展巡逻防范工作，一般2至3人为一组，采取徒步、骑自行车、骑摩托车等巡逻方式，防卫器械应当佩带一致。

第十条　联防队员在执勤中，对可疑的人员、物品、车辆和存在治安、消防隐患的场所可以进行盘问和检查，盘问、检查时应当主动出示证件，说明理由。对盘问、检查中发现的可疑人员、物品及其他问题应交所属辖区公安机关依法处理。

第十一条　联防队员对各种违法犯罪活动和可能危及国家、集体和居民人身、财产安全的行为应当及时加以制止，当一时难以制止时，应当立即向当地公安机关报告，并积极采取措施控制事态发展，保护好现场。

第十二条　联防队员应严格遵守的“六个不准”：

（一）不准行使侦查、逮捕、拘留、关押、审讯、传讯、搜查、没收、罚款等权力；

（二）不准越权执法；

（三）不准侵犯住户权益；

（四）不准进入招待所、饭店、文化娱乐场所、居民住宅等进行检查；

（五）不准参与查处卖淫、赌博等治安案件和审讯犯罪嫌疑人等警务活动；

（六）不准公安派出所变相使用联防队员参加其他执法活动。

第十三条　联防队员在执勤时遇有下列情形之一的，可以使用防卫器械：

（一）在抓捕、扭送违法犯罪嫌疑人时遭到暴力抗拒的；

（二）犯罪嫌疑人正在实施杀人、抢劫、强奸、爆炸、绑架及其他严重暴力犯罪活动，不使用器械不足以制止的；

（三）遭到不法分子袭击的；

（四）其他需要使用防卫器械的情形。

使用防卫器械以制止违法犯罪行为为限度，违法犯罪活动已终止或被制止的，应当立即停止使用防卫器械。

第四章　日常管理

第十四条　联防队员行为规范；

（一）服从命令，听从指挥；

（二）忠于职守，保守秘密；

（三）机智勇敢，不怕牺牲；

（四）清正廉洁，办事公道；

（五）文明执勤，热情服务；

（六）团结协作，顾全大局。

第十五条　联防队员穿着或佩带统一的联防队员服装或标志，并应当保持着装整洁。

第十六条　联防队员应当注意仪容仪表，保持头发整洁，不得染彩发、纹身、留长发、大鬓角、卷发（自然卷除外）、剃光头或者蓄胡须。

第十七条　联防队员应当举止端庄，谈吐文明，精神振作，姿态良好。

(一)不得酗酒、赌博和打架斗殴,不得参加非法宗教、迷信活动;

(二)必须遵守公共秩序和交通规则,遵守社会公德,自觉维护联防队的声誉。

第十八条 公安派出所应由一名所领导分管、指导联防队工作。

第五章 辞职、解聘

第十九条 联防队员辞职,应当向团场综治办提出书面申请。综治办应自接到申请之日起,十五天内予以答复。申请期间,申请人不得离岗。

第二十条 联防队员构成犯罪的应依法追究刑事责任,有下列情形之一的予以解聘:

(一)有违法违纪行为,尚未构成犯罪,或者虽然构成犯罪,但情节显著轻微,依法不追究刑事责任的;

(二)非法行使侦查、逮捕、拘留、关押、审讯、传讯、搜查、没收、罚款等权力的;

(三)擅自以公安机关的名义在外活动,造成后果的;

(四)利用职权打击报复、索拿卡要和欺压群众的;

(五)擅离职守,造成严重后果的;

(六)泄露国家机密和工作秘密的;

(七)不胜任治安联防工作的;

(八)无故旷工或在年度考核中被评为不称职的;

(九)不履行义务,不遵守组织纪律和规章制度,屡教不改的;

(十)因疾病等原因不能继续履行职责的。

被解聘的联防队员不得再行录用。

第二十一条 联防队员辞职、解聘时,由团场综治办负责将其服装、标志、器械、工作证等予以收回。

第六章 表彰奖励和保障

第二十二条 团场综治办应当建立联防队员考核制度,坚持日常工作考核和年终综合考核相结合。

第二十三条 联防队员有下列情形之一的,应当给予奖励,并颁发荣誉证书和奖金:

(一)忠于职守,积极工作,成绩显著的;

(二)遵纪守法,廉洁奉公,作风正派,办事公道,起模范作用的;

(三)发现、抓获正在作案或作案后逃跑的重大犯罪嫌疑人的;

(四)发现、抓获通辑在案、越狱逃跑、正在追捕的重大犯罪分子的;

(五)预防、制止重大预谋案件的发生,使国家、集体和人民群众的生命、财产免遭重大损失的;

(六)对发生的重大案件及时保护好现场,提供重要线索,协助破案有显著成绩的;

(七)在抢险救灾中奋不顾身,做出突出贡献的;

(八)其他同违法犯罪分子作斗争或保护国家集体和人民群众生命、财产安全,做出特殊贡献的。

第二十四条 联防队员因与违法犯罪行为作斗争而致伤致残的,应当根据有关规定报请上级见义勇为基金会给予奖励,符合评残条件的,给予办理评残手续,并享受相应的伤残抚恤待遇;因与犯罪行为作斗争而牺牲的,应当按规定给予报评烈士,授予革命烈士称号,其家属享受革命烈属的有关抚恤和优待。

第二十五条 联防队员每月工资、奖金数额由各团场自行确定,并应按规定给予办理养老、医疗、人身意外伤害等保险。

第二十六条 联防队员的工资、奖金、各种保险、办公、培训及服装、交通、通讯等装备费用,列入团场财务预算,予以保障。

第七章 附　　则

第二十七条 团场基层连队治安员队伍的管理,可参照本规定制定办法或细则。

第二十八条 本规定由兵团综治办负责解释,自下发之日起执行。

社会治安防控体系建设

按照全国社会治安综合治理工作会议的安排,兵团综治委在充分调研的基础上,提出了以农牧团场为基本单位,以派出所和派出所民警和驻所刑警、巡警为指挥中枢和骨干,以协警力量为补充,以高危人群、危险物品管理和社区、责任区警务为切入点,以案件高发区域、行业和时间段为重点,以社会面、居民区和单位内部防范为基础,人防、物防、技防结合,点、线、面结合,专群结合,具有兵团特点的社会治安防控体系的总体思路。

各师综治委在总体思路的指导下,积极探索,抓点带面,基本构筑起了六大网络的治安防控体系架构。一是构建社区治安防控网络。在去年社区警务全面推开的基础上,今年着重加强对社区警务的规范化建设,充分发挥社区警务的职能作用,以小区域的社区警务的好转推动社会治安防控体系的整体好转。各师从实际出发,根据基层组织机构、依靠力量等基础情况的变化和不同团场社区的不同治安情况,实行"一区一警"或民警搭档联勤制。充分利用社区资源,加强社会面巡逻,发动群众开展群防群治,加强社区重点人口管控,努力提高社区治安的防范、控制能力和管理、服务水平。农七师、农八师在去年社区警务取得显著成效的基础上,今年继续加强规范化建设,社区警务为社会治安和社会稳定发挥了不可替代的作用。农五师结合全师11个团场的不同情况,因地制宜地开展工作。专门为83、90等团购置了面包车、摩托车,用于社区社会面巡逻。今年,辖区案件明显下降,群众满意率显著提高。目前,全兵团共设立社区警务室200个,社区民警454人,协警3000余人。二是构建社会面治安防控网络。有关部门针对商贸活动集中的街道、农贸市场、重点部位及易发事故区域,开展了民警、交、巡警以及治安辅助力量为主的治安巡逻,确保对社会面的有效管控。三是构建单位内部治安防控网络。各级以组织单位内部巡逻看护、安全检查等形式,发挥单位内部治保组织的作用,加强内部治安管理。四是构建治安防控信息化网络。各级通过计算机网络管理,资源共享,提升科技强警水平。社会治安防控体系在实际工作中,已经取得了明显成效。如农八师由治安支队牵头,协调刑警、交警、巡警、保安公司等部门,在市区四个出城要道设立出租车登记站,开展交通要道防控。1至11月,共登记出城出租车26119辆(次),提供破案线索30余条,破获案件11起。为侦破像"1·20"特大抢劫杀人案等案件,防止犯罪分子的外逃,创造了条件,赢得了时间,还充分利用卡点监控系统破获了多起交通肇事逃逸案。农二师在焉耆垦区21团召开构建社会治安防控体系建设现场交流会,研究探讨在新形势下如何构建农牧团场社会治安防控体系。会议之后,农二师三个垦区结合各自不同的地理环境、工作重点展开工作,取得成效,可防性案件同比明显下降。

社会治安管理情况

2003年,通过狠抓立案不实,以及继续落实《兵团公安机关办理治安案件简易程序》,治安案件如实立案及查处同比大幅提高。全兵团共立治安案件10220起,比上年同期增加2854起,上升38.75%;查处8191起,比上年同期增加2348起,上升40.18%;查处违法人员10545人,比上年同期增加2240人,上升26.97%。

积极开展收缴毒鼠强及危化品专项行动。按照公安部的统一部署,各级治安部门扎扎实实地开展了毒鼠强专项整治工作。共收缴毒鼠强329.25公斤,猫王拌料258公斤,猫王原药499.3公斤,拌药麦粒11570公斤,老鼠药(水剂)7桶160公斤,毒鼠强配剂6桶144公斤,气体三步倒1000毫升。其他危化物品氢化钠1970.5公斤,溴化钾烷1700公斤,氯气150公斤,砒霜60公斤,麻黄素50公斤以及亚硝酸钠、氰化物、甲醛等67.23公斤和气体麻醉毒剂1300毫升、高氯酸1000毫升。

继续开展打击制假售假专项行动。兵团各级公安机关共收缴假劣棉种960公斤,并协助有关部门扣押库存假棉种10吨,案值8万余元;查处假酒案件11起,查获假酒273箱,包装纸箱600个,手提袋500个,各种标识500套,酒瓶盖1000个,酒小碗3600个,其他各品牌包装材料550余件;查获假烟69条,造假工具10余套;抓获犯罪嫌疑人21名;缴获制假药商标40556枚,假药1123盒,防伪标签4000余张,制假空胶囊1公斤,干燥剂4公斤,各类化学药品37瓶,制假试剂30公斤,假标贴签2410张,外用膏剂空盒3400个,收缴国家管制精神药品50支,共扣押120余种假药及打码器打号机等制假工具。捣毁3个加工制售假冒伪劣食品的窝点,收缴过期火腿肠754件,价值8万余元。查扣饮料机1台及部分成品袋装饮料。成功破获了一批社会影响较大的大要案件。如农八师公安处治安支队经过4个多月的缜密侦察,破获了一起造成损失价值达300余万元的特大生产销售假棉种案件,造成144团56户农民4700余亩棉田近乎绝收,初步计算损失170余万元。农四师治安支队办理假酒案件18起,收缴伊力特等20380瓶,挽回经济损失1200余万元。农十师北屯垦区公安局治安大队侦破一起特大生产销售伪劣柴油案,为80余户农民挽回经济损失40余万元。

以公务用枪整治为主,继续开展治爆缉枪专项行动。借助年初派出所内部管理秩序整治为契机,认真开展了内部枪支管理整治工作。农一师治安部门对9个派出所枪库实行统一模式,统一枪柜,统一门窗,统一管理制度;农四师伊宁垦区加大对辖区派出所、金融等22个公务用枪单位配枪人员资格政审。同时,兵团各级治安部门乘胜追击,继续巩固和加强治爆缉枪成果。截至目前,收缴各类枪支19支,子弹20346枚,军用枪刺1只;各类炸药56公斤,拉火管整装2盒,散装39发,导火索10537.2米,爆炸物1个,手榴弹9枚,自制火箭炮600余头,纸制电雷管49枚,雷管15枚,炸药配制材料36公斤,烟花爆竹整箱612箱,散装鞭炮231880余头,烟花235个。

狠抓"防非"工作,严厉打击"防非"期间趁火打劫,进行假冒伪劣违法犯罪的各类案件。认真履行"防非"办公室成员职责,配合有关部门成立"防非"领导小组和相关组织机构,确定工作职责,结合各辖区实际情况,制定预案,积极工作,取得了"防非"期间阶段性重大胜利。据统计,"防非"期间,共发放传单2498份;清理暂住人员1631人,畜牧点657个,农资库房16个,公共场所139处,以及检查个体经营户、集贸市场、医院、个体诊所、监督单位1786余次;没收无照无证出售的"三无"散装消毒液150余公斤,抓获网上逃犯4人。同时,积极加强自身防范,各级公安机关共花费5万余元,购置防护服550套,手套135付,口罩320个,隔离帽300顶,背式喷雾器6个,购置过氧乙酸200公斤,84消毒液20公斤,中药675付。

"防非"期间,各级公安机关严厉打击利用"防非"名义进行趁火打劫的假冒伪劣案件,侦破了一批影响恶劣的案件。如农七师公安机关及时侦破利用"防非"名义骗取钱财一案。

另外,兵团各级治安部门共清查整顿网吧91家,歌舞厅11家,游戏厅6家,以及检查其他公共娱乐场所110余家。打掉赌场3个,规范清理收购站点18个,清查非法收购废旧物品人员38人。

暂住人口管理工作情况

国家取消收取暂住人口治安管理费用后，兵团各级综治办在公安部及兵团流动人口治安管理领导小组的指导下，以宣传和落实《兵团暂住人口管理办法》(2002 年司令员 1 号令)为契机，进一步加强了对暂住人口的管理。

一是加大宣传司令员 1 号令的力度。各师综治办结合本地情况，特别是春季大量暂住人口流入的特定时间，利用各种宣传媒体大张旗鼓地开展《兵团暂住人口管理办法》宣传教育活动，对广大职工群众进行了广泛的宣传教育。据各师报告不完全统计，全兵团共召开各种宣传会议 500 余次，利用电视媒体播放近 300 次，广播稿件 210 余篇，张贴标语 7900 余条，出板报累计 800 余期，并对暂住人口进行法制教育，受教育人数达 10 余万人次。不仅使辖区职工群众，也使暂住人口、出租房屋房主、业主受到了一次普遍而深刻的法制教育，增强了他们的守法意识和自觉性。

农七师综治办采取多种形式，分批分期对外来人员开展法制宣传教育。奎屯垦区为配合团场管理好外来季节工，印制了 500 份《外来民工须知》张贴到民工住房的门上，时刻提醒民工出门打工要遵纪守法，学会用法律武器保护自己的合法权益。民警们深入基层连队为民工上法制课 55 次，受教育人达 2000 人之多。车排子垦区为确保辖区治安秩序稳定，保证季节工的人身安全和利益不受侵害，利用外来人员刚到连队之际，会同团派出所、司法办有关人员对民工作进行法制宣传教育。并针对多年来季节工容易违反的法律条例，结合实际案例，给民工上法制课，并向他们宣传公安派出所服务承诺的有关内容，使外来人员深受教育。

农九师叶尔盖提垦区开展了广泛的宣传《兵团暂住人口管理办法》的活动，与各团党委达成共识，共召开各种会议 34 次，利用电视媒体播放 68 次，广播稿件 45 篇，张贴标语 900 余条，上法制课 8 次，受教育人数达 1 万 5 千余人次，收到良好的效果。并为团场保卫部门、司法办、计生办、边防派出所的同志举办了一期法制教育课，学习了《兵团暂住人口管理办法》、《租赁房屋治安管理规定》、《计划生育管理办法》、《边境管理法规》等有关的法律、法规，参加培训人员达 140 余人次。

二是加强对暂住人口的清理整顿工作，强化甄别混迹在流动人口中的违法犯罪人员，切实消除隐患。各师综治办结合秋季大量暂住人口涌入团场的情况，集中时间和警力，加大了专项清理整顿。据不完全统计，全兵团部开展了区域集中清查 550 次，清查新增暂住人口 3 万余人，办理暂住证 125849 人，并对身份难以查清的暂住人口上网比对或发涵调查，同时加强了对出租房屋清理。

农十三师在做好“打、防、管、控”的同时，针对春、秋两季大量涌入临时工和外来暂住人员的情况，加强与房屋出租户和辖区用工连队签订治安管理责任书，做到底数清，情况明，并对暂住人口、临时工进行定期或不定期的清查，在清查中发现的可疑人员，及时上网比对或发函调查，并将暂住人口信息纳入微机管理。

2003 年，全兵团共抓获在逃人员 32 人。阿拉尔垦区公安局塔北派出所和刑警大队通力合作，通过全国在逃人员网上比对，成功抓获了在北京市通州区抢劫作案的犯罪嫌疑人王栓锁。农一师阿拉尔派出所结合实际，适时调整工作措施，加大对社会面的管控力度，采取公开巡逻和秘密守候相结合的方法，抓获在阿拉尔市九团、十二团居民家属楼流窜盗窃作案 10 余起的余某、潘某。农七师伊犁路派出所在“非典”期间，抓获从石河子流窜到奎屯，冒充防疫人员消毒骗取钱财的 2 名违法人员。

三是加强对暂住人口的权益保护，加大维护暂住人口的合法权益，主动为暂住人口办好事、办实事。农五师综治办针对外来人员增多，在加强暂住人口登记、办证的同时，开展了未落户人员的考察、摸底登记，对符合落户条件的，加大了落户力度。在“非典”期间，他们还结合外来劳务工大量涌入，有些可能来自疫区，数量大，流动性强，聚集性强，防范意识差的特点，积极做好外来民工的“非典”防范工作。为切断非典型肺炎传播途径，有效控制疫情的扩散和蔓延，采取了一系列切实可行的预防措施。一是要求各团场派出所在团场党委的领导下，牢固树立大局意识和责任意识，切实做好各项预防工作。二是要求强化各项防范措施，迅速组织治安联防队，三老义务联防队摸清辖区外来农民工的分布情况及从何地、何时来疆等具体情况，做到责任到人，分片包干。三是积极主动并及时地向民工宣传预防非典型肺炎的有关知识，了解和掌握预防措施，培养民工良好的生活习惯，增强农民工自我防范意识和保护能力。四是提醒农民工在“非典”时期尽可能地稳定下来，不要到处流动，最大限度地降低感染非典型肺炎的可能性。

矛盾纠纷排查调处工作情况

在兵团党委的正确领导下，兵团各级综治组织加强了认真贯彻落实中共中央办公厅、国务院办公厅转发的《中央综治委关于进一步加强矛盾纠纷排查调处工作的意见》[中办法(2002)17号]精神，把矛盾纠纷排查调处作为实现稳定的治安工程来抓，把大量的矛盾纠纷解决在了基层，解决在了萌芽状态。据统计，近5年来，全兵团共排查调处各类纠纷60083件，防止民转刑案件314起，共依法调处各类民商事案件73271件，有效维护了社会治安稳定。

着重抓了四个方面的工作：

一是结合兵团实际，就加强矛盾纠纷排查调处工作提出并实施了《兵团关于进一步加强矛盾纠纷排查调处工作的意见》。按照“党政动手、各负其责、依靠群众、化解矛盾、维护稳定、促进发展”的基本精神，以加强基层基础工作为主线，强化领导责任，坚持标本兼治，实行综合治理，最大限度地把各类矛盾纠纷和问题解决在基层，努力做到小事不出连、大事不出团、矛盾不上交，并取得了实效。如2003年到兵师两级的群体性上访批次和人数明显下降，到团场的明显增加，而且有序上访(代表访)的比例也有明显增加。

二是完善矛盾纠纷排查调处工作的各项制度，建立了预防化解矛盾纠纷工作机制。各级普遍实行了矛盾纠纷定期排查制度、“零报告”制度、工作协调会议制度、重大矛盾纠纷领导包案督办制度等，建立了完善灵敏的矛盾纠纷预警机制、条块结合的排查机制、多管齐下的联调机制和高效规范的处置机制，使矛盾纠纷排查调处工作走上了规范有序的轨道，形成了“党政挂帅、综治协调、部门联动、依托基层、各方参与”的矛盾纠纷排查调处工作格局。

三是充分发挥综治组织网络优势，形成了预防化解矛盾纠纷工作合力。第一抓部门，充分发挥了团场派出所、法庭、司法所以及连队治保会、调委会、治安员在矛盾纠纷排查调处中的主体作用，形成了以基层党组织为核心、基层政权组织为基础，基层政法单位为骨干、群防群治组织为依托的基层预防化解矛盾纠纷的工作合力。尤其注重发挥基层人民法庭在矛盾纠纷调处中的积极作用，实行调解与诉讼的有效衔接，减少了调解反复，提高了调解效力。第二抓重点，在重点抓好婚姻、邻里等民间纠纷调解的同时，围绕职工增收、企业改制等热点、难点问题引发的矛盾纠纷开展调处，拓展了矛盾纠纷排查调处的领域。第三抓预测，主动排查调处矛盾纠纷。兵师团三级综治组织建立了社情民意分析、矛盾纠纷定期排查等预测预防制度。各师都建立了综治信息员队伍，二师、六师综治委还制定了《关于加强综治信息员队伍建设的意见》，以综治信息员为基础，构筑起了触角广泛的矛盾纠纷排查信息网络。第四抓责任，坚持“属地管理”与“谁主管谁负责”相结合，实行了重大矛盾纠纷部门负责制和领导包案督办责任制，对重大矛盾纠纷定任务、定人员、限期解决。

四是集中解决了一批涉法上访案件。根据中央政法委、综治委的统一部署，在兵团党委的领导下，兵团党委政法委从2月份开始，对全兵团涉法上访案件进行了排查，共排查涉法上访案件510件。在兵师两级政法委和政法机关的努力下。截止6月20日，已办结453件，办结率89%，其中有322件已息诉罢访，剩余57件正在办理之中。

综合治理基层基础建设情况和“创安”工作情况

2003年，兵团各级党委、综治委继续高度重视“安全文明小区、安全文明连队”活动的创建工作，把创建工作作为社会主义精神文明建设的一个重要组成部分。在实施过程中，加强领导，狠抓落实，真抓实干。各基层单位本着“硬件从实，软件从严”的原则，以治理脏、乱、差为突破口，以创建“安全文明队(小区)”为载体，把危旧房改造、小康连队建设、“十星级文明光荣户”的评选以及“兵地精神文明共建”等活动紧密结合在一起，共同创建、共同发展。通过一家一户小环境的改善，来实现大环境的改善。目前，全兵团已有1050个连队基本达标，约占连队总数的52%以上，驻城镇单位“安全文明小区”达标率为47%。这项工作较前几年有很大进展，基层连队已尝到了“甜头”，且呈现出很好的发展势头。

预防青少年违法犯罪工作情况

一、切实加强青少年法制教育

各级团组织结合青少年特点，以深入宣传贯彻《未成年人保护法》和《预防未成年人犯罪法》为重点，依托各类青少年法制教育阵地，采取组织参观青少年违法犯罪展览、开展模拟法庭活动、举办法律知识竞赛等青少年喜闻乐见的形式开展生动活泼的法制宣传教育和法律实践活动，帮助广大青少年知法、懂法、守法，不断增强法制观念和法律意识。农二、四、六师团委分别联合师政法委、教委、司法局等有关部门举办了“现身说法”青少年警示教育报告会，共有22所学校的35000余名中小学生受到了教育，并以此开展了以“走好人生第一步”为主题的大讨论，取得了良好的社会效果。农四师61团、64团、73团、76团团委利用寒暑假聘请法制辅导员深入基层连队为青少年上法制专题课，开展法律竞赛答题活动，自编自演文娱节目宣传法律知识，受到了广大青少年和学生家长的好评。农七师127团团委、派出所创办了《少年法制周刊》，使法制教育深入到青少年的学习生活之中。农八师石河子市团委、综治委联合举办了为期4个月的“预防青少年违法犯罪”展览活动。有30000多名青少年和社会各界人士参观了展览，受到了教育。

二、深化实施创建优秀“青少年维权岗”活动

各级团组织以制度为保障，以维权为主导，以法律学校为依托，以创建工作为联结，不断完善优秀“青少年维权岗”创建活动运行机制，在公安、检察、法院、司法、监狱管理等系统和城镇社区全面深化创建优秀“青少年维权岗”活动，并逐步向广播电视、新闻出版、质量技术监督、劳动和社会保障等系统拓展，扩大维权工作的覆盖面，创建活动呈现出整体推进的良好发展态势。各级团组织积极配合有关部门及时了解青少年的动态，认真排查青少年中存在的不稳定因素，正确处理青少年反映的各种问题，努力把矛盾和问题化解在萌芽状态，通过聘请青年卫士作青少年维权监督员，建立创建活动监督队伍。农一师阿拉尔市一中团委聘请法院、检察院、派出所的三名青年卫士担任法制副校长，开展了内容丰富的法制教育月活动，收到较好的效果。农五师各级团委共举办青少年维权学习班 103 期(次)，受教育青少年达 8702 人(次)。农九师团委制定实施了"五个一"创建工作机制，即上一堂法制课，签一份帮教责任书，发一份检察建议书，开展一次定期回访，开通一部维权电话。

三、深化实施创建"青年文明社区"活动

各级团组织围绕美化社区环境，动员广大青少年开展青年养护绿地，创建青少年绿色文明园活动。农六师团委组织师直中小学 4000 余名学生在五家渠市文化广场、军垦路、东开发区主要路段植绿护绿，赢得了广大市民的赞誉。围绕优化社区秩序，深化实施"青少年违法犯罪社区预防计划"，重点开展"社区青少年远离毒品"行动、"青春红丝带"——青少年预防艾滋病宣传教育活动。兵团团委与禁毒委在农六师五家渠市举行"6·26"国际禁毒日图片展。农二、六、十二师团委集中张贴禁毒宣传画 52 幅，制作板报 12 块，发放宣传教育手册 1110 册，张贴宣传标语 200 多条，发放宣传单 1.2 万余张，增强了青少年拒毒防毒意识，提高了青少年的自我保护意识和能力。农二师 24 团、30 团团委聘请法制辅导员，组织社区青年志愿者主动参与连队、社区治安防范工作，自觉维护社会治安秩序，在参与活动中培养青年的奉献意识，提高他们的综合素质。农十二师各级团组织以关心、解决贫困家庭未成年子女就学问题为重点，开展了社区团队组织"手拉手"扶贫助学活动，积极关心帮助贫困青少年，为他们捐款捐物，鼓励和帮助他们继续学业，仅三坪农场团委就协调落实资助金 7988 元，资助贫因学生 43 人。

四、积极优化青少年成长成才环境

一是不断优化青少年健康成长的社会环境。各级团组织深入开展"青少年维权岗在行动"，积极配合有关部门做好对非法"口袋书"、光碟、网吧的专项整治行动，净化文化环境。广泛开展青少年自我保护教育，创建规范"青少年法律学校"，通过举办自护培训班、训练营、开设讲座、开展咨询等方式，引导广大青少年更好地认识社会，拒绝诱惑，远离危险，防范侵害。农八师石河子市团委配合有关部门参与网吧联合检查治理工作，对 20 多家允许未成年人进入、超时营业的网吧进行了查处，有力地净化了青少年的网络环境。农九师团委、少工委认真宣传贯彻《全国青少年网络文明公约》，组织青少年开展了向"不文明行为告别"签约仪式。二是积极为青年建功成才创造有利条例。各级团组织以培养、扶持青年兴业领头人为重点，通过技能培训等方式深化实施青年创业行动，引导青年通过创业实施新发展。着力推进"助力行动"，帮助青年选准项目，科技致富，建功成才。农六师团委积极引导青年转变择业观念，扎根农场创业，为 46 名团场青年、下岗青工落实了 100 余万元的创业贷款，解决了青年创业资金匮乏的实际困难，实现了他们的致富之梦。

刑释解教人员安置帮教工作情况

根据 2002 年全国加强刑释解教人员安置帮教工作电视电话会议及康副司令在兵团分会场的指示精神，兵团综治委、司法局下发了《兵团关于在"严打"整治斗争中加强刑释解教人员排查和管理工作的实施方案》，基层各安帮办、司法所、派出所在全面排查的基础上，依靠有关组织、单位和治

一、组织建设

兵团、师成立了"安帮"工作领导和办事机构，129 个团级单位成立了"安帮"领导和办事机构，各级领导和办事机构共 1177 人，各农业连队和团场社区均成立了安置帮教机构，并落实了人员。

二、工作情况

安积极分子对刑释解教人员逐人建立帮教小组，并对人户分离的刑释解教人员采取“双列管、两头包”的办法落实安帮措施。在管理上根据统一思想，明确任务，理顺关系，建立机制，健全制度的要求，坚持“谁主管谁负责，以块为主，条块结合”的原则，定组织、定措施、订制度、包转变，并普遍签订帮教责任书。据统计，2003年兵团各级“安帮”机构对全兵团近三年来的1155名刑释人员和156名解教人员进行了摸底排查和帮教，其中通过各种形式安置了1090人，经帮教改造好入党的2人，提干的9人，受党政机关表彰的16人。农三师48团、农六师军户农场和农八师“安帮办”干部武立春同志被评为全国刑释解教人员安置帮教工作先进集体和先进个人。

铁路护路工作情况

2003年，兵团党委、综治委继续高度重视铁路护路联防工作，把维护铁路治安，确保国家经济大动脉的安全畅通，作为履行“屯垦戍边”使命、维护新疆大局稳定的一件大事来抓。兵团铁路护路联防领导小组、护路办狠抓铁路护路联防工作的检查指导和协调。继续把铁路护路联防工作纳入兵、师、团三级社会治安综合治理责任目标管理，层层签订责任书。做到把保一线平安与保一方稳定的政治责任紧密结合，把各项护路联防措施的落实与主管领导的经济利益紧密结合。把护路联防工作与社会治安综合治理各项工作同部署、同检查、同考核、同总结。团场与铁路沿线的单位领导、学校、连队、畜群放牧点都签订了《“爱路护路”协议书》。一级抓一级，把铁路护路联防工作落到了基层、落到了实处。

继续加大了爱路护路宣传。在方法上，集中宣传与经常性宣传相结合。在抓好每年3月份全兵团综治宣传月和6月份全国爱路护路宣传月及“12·4”全国法制宣传日活动的基础上，在铁路沿线单位、学校等，经常进行以《铁路法》、《铁路安全保护条例》、《治安管理处罚条例》和铁路安全常识等为主要内容的宣传活动，与综合治理经常性宣传活动一同进行。在形式上，宣传与教育相结合。利用电视、录像、法制讲座等进行教育，采取标语、板报、横幅、宣传单、广播等进行宣传。不仅宣传教育群众爱路护路，而且宣传教育护路民兵发扬兵团人热爱祖国、艰苦奋斗、无私奉献、开拓进取精神，讲政治、顾大局、强责任，全力以赴维护铁路运输安全畅通。在内容上，正面教育与反面教育相结合。在大力宣传综合治理方针、政策和创建安全文明铁道线典型经验、先进事迹的基础上，增加警示宣传的内容，教育群众、学生不仅要维护铁路治安，也要保护自身的安全。通过抓“三个结合”，铁路沿线团场、连队干部职工群众和学生的爱路护路意识大大增强。与此同时，根据全兵团开展的治安混乱地区和突出治安问题排查整治工作，对辖区铁路沿线单位、地段进行重点排查和整治，大大改善了铁路沿线的周边治安环境。

为确保辖区内铁路运输安全畅通，兵团护路办（综治办）深入各师，会同各师、团综治委、人武部到各护路分队和铁路沿线单位检查指导工作，督促各项措施落实。兵团党委政法委副书记李一达、综治办副主任苗塔河，利用检查严打整治工作3次下基层，对5个铁路护路联防分队的执勤、训练、学习、内务管理以及以劳养护等工作进行了检查指导。各师、团综治委对护路联防工作的检查已基本做到了经常化，有效地促进了各项护路工作的落实。

实行社会治安综合治理目标管理责任制和查究领导责任、行使“一票否决权”的情况

2003年兵团在继续落实社会治安综合治理领导责任制和目标管理责任制上取得了新的进展。一是对1999年12月24日签订的兵团社会治安综合治理第三轮承包责任书的履行情况进行检查。按照兵团综治委的统一部署，各师、各团场、各基层单位、各系统也层层分解指标，逐级签订了责任书，把责任落实到人，从2003年底各师自查的情况来看，各师第三轮责任书的执行情况良好。二是强化了责任制的检查监督和奖惩激励机制。兵团各师、各单位按照(兵团社会治安综合治理第二轮承包责任书)的要求，对2003年度的社会治安综合治理工作进行了检查和考评，在总结经验，表彰先进的同时坚决实行“一票否决权”制。2003年，兵团综治委改变了检查考核的方式，实行了自查和抽查相结合的方式，增强综治委成员单位的参与意识，在11月下旬开始的年终检查时，由兵团公安局、司法局、监狱管理局等部门的同志参与，采取听、看、查、议、评的方式，深入基层、深入实际，进行综合治理检查、考评。兵团还对2002年度社会治安综合治理工作取得优异成绩的农七师授予“兵团社会治安综合治理先进单位”光荣称号，给予综治一等奖，奖金4万元，奖励第一责任人1000元，第二责任人800元，对2002年度社会治安综合治理工作稳步发展，成绩显著的农八师授予“兵团社会治安综合治理先进单位”光荣称号，给予综治二等奖，奖金3万元，奖励第一责任人800元，第二责任人600元。授予农十师“兵团社会治安综合治理先进单位”称号，给予综治三等奖，奖金2万元，奖励第一责任人600元，第二责任人400元。据统计，全兵团各级党委、综治委2003年度共表彰综合治理先进单位2300个，甲级单位2900个，先进个人4200名，颁发奖金合计179万余元。同时，对39个单位进行了处罚，共计罚款34万元。一票否决了团级单位29个，各团级单位否决所属基层单位44个。三是五部委加强协作，形成了合力。兵团各级综治、纪检、监察、组织、人事部门继续完善联席会议制度、情况通报制度、工作检查制度，重大案件查究制度，在工作中互通情况，密切配合，扎实工作。

综治委成员单位参与社会治安综合治理工作情况

2003年，兵团各级综治委重新修改、充实了《社会治安综合治理委员会成员单位在参与综合治理维护社会治安、社会稳定中的职责任务》，进一步明确了各部门在综合治理工作中所应担负的责任和任务。在各级党政的领导下，各级综治委及综治办和公安、检察、法院、司法、民政、组织、宣传、纪检、监察、人事、编办、财政、教育、文化等部门和工、青、妇等群团组织，在维护社会稳定、打击和预防犯罪中充分发挥各自的职能作用，为维护全兵团的社会稳定、社会治安做出了重要贡献。组织部始终把做好社会治安综合治理工作，作为党的基层组织的重要职责，充分发挥党的基层组

织、广大党员和各级干部的作用，为搞好社会治安综合治理工作提供了坚强的组织保证。使广大基层党组织在密切联系群众、及时化解各种不稳定因素、组织群防群治、团结群众维护社会稳定等方面发挥了重要作用。民政局切实加强了社会救助工作，保障了贫困群众的基本生活，为维护社会稳定起到了重要作用。劳动和社会保障部门投入大量人力、财力、物力，着力整治劳动力市场，拓宽再就业门路，努力为下岗职工提供就业岗位，维护了社会稳定。春节期间，民政局在全兵团开展了包括“三老”建房、光荣院和敬老院建设的大规模献爱心送温暖扶贫帮困行动，很大程度上缓解了全兵团城乡贫困户的生产和生活困难。在全兵团内全面推进城市低保试点工作，积极落实保障资金，实现了全年保障100万人的目标。2003年，在各综治委成员单位的共同努力下，全兵团已初步形成了党政主要领导真抓实管，各部门齐抓共管，广大人民群众积极参与的社会治安综合治理工作格局。

根据“严打”整治斗争的需要，兵团综治委组织、协调有关部门在全兵团开展重点地区集中整治试点工作，及时深入地摸清了治安混乱的地区和单位，集中力量，采取坚决措施，进行了重点治理。同时，针对“严打”过程中发现的问题和漏洞，充分调动相关部门的积极性，协调相关部门进行整改，大力加强了各项防范和管理措施，形成了“严打”整治斗争中各部门协同作战的齐抓共管工作局面，巩固“严打”和重点整治的成果，逐步建立健全了维护社会治安持续稳定的工作机制。法院、检察院、公安局、司法局等部门，把“严打”整治斗争作为一项政治任务来完成。全兵团各级法院机关按照江总书记提出的两个基本的原则，加强对刑事犯罪案件的审理工作，审判了一批各类严重刑事犯。全兵团各级检察机关在加快对公安机关报送案卷批捕和起诉进度的同时，把打击黑恶势力犯罪、深挖其保护伞作为工作重点，加大对黑恶案件的批捕和起诉力度，及时批捕和起诉了一批黑恶犯罪集团。兵团公安局始终坚持把“严打”整治斗争放在首要位置，确定了2名局级领导直接负责“严打”整治斗争的相关工作，并派出60人组成的工作指导组，深入各师沉下去调研指导。对于重大涉黑线索、恶性犯罪案件都及时派出专门力量会同有关地区全力工作，充分发挥了公安机关在“严打”整治斗争中的重要作用。全兵团各级司法、监管机关把劳改、劳教场所作为“严打”整治斗争的第二战场，结合教育改造工作，大力度地对在押人员开展坦检攻势，不仅获取了几千条犯罪线索，同时还深挖破案上千起。

各级综治委充分调动综治委各成员单位的积极性，发挥它们在维护社会治安和社会稳定中的重要作用。按照“谁主管、谁负责”和“属地管理”的原则，有效地组织各部门和各人民团体、企事业单位积极参与社会治安综合治理，主动承担起减少违法犯罪、维护社会稳定的责任，并认真抓好本系统、本单位的治安管理和防范工作，切实做到了“管好自己的人，看好自己的门，办好自己的事”，确保了综合治理各项措施的落实。

综合治理理论研究情况

2003年，全兵团积极开展社会治安综合治理理论研究。各级社会治安综合治理领导机构和办事机构坚持理论和实践相结合的方向，从调查研究总结典型经验入手，推动了社会治安综合治理理论研究工作。2003年初，兵团综治委分别下发了社会治安综合治理理论研讨内容和课题，着重调研社会主义市场经济条件下的社会治安综合治理如何搞有偿服务、兵团在城区和团直地区如何搞社区建设等，并多次组织人员指导基层开展理论研究。在深入调查研究的基础上，形成了一批既有理论深度，又有可操作性的调研报告和理论文章。为配合兵团政法委召开的理论研讨会，兵团综治办及时发出通知，要求各师局、各团场、各企事业单位组织力量，进行社会治安综合治理理论调研和撰写理论文章。研讨会前共收到论文和理论文章79余篇。经过筛选，有12篇论文入选，有7篇论文获得了不同等次的奖励。同时，兵团各大报纸、政法杂志等积极开辟专刊，刊载社会治安综合治理理论研究成果。

社会治安综合治理宣传教育情况

2003年，兵团的社会治安综合治理宣传工作，在继续保持了原有宣传声势的基础上，进一步提高了宣传质量，扩大了宣传范围。各级综合治理部门和司法部门密切配合，做到了综治宣传工作和普法工作同步进行。并且将集中宣传教育和日常宣传教育、普遍教育和专门教育相结合，广泛开展宣传活动。在2003年纪念两个决定颁布十二周年之际，兵团综治办在兵团机关举办了板报展，并在“兵团日报”上办了专版。纪念活动期间，仅农二师就召开各基层动员大会200场次，专题新闻广播1000次，出板报、专栏300期，粘贴标语、横幅3000条。2003年以来，各级综治和司法部门一道除了在群众中开展综合治理基本知识宣传外，还加大了“四五”普法教育工作。通过以上活动，提高了广大干部、职工遵纪守法意识，学会了用法律维护自己的合法权益，为社会稳定打下了基础。同时，兵师两级综治委认真开展社会治安综合治理好新闻评选活动，2003年3月，按照全国社会治安综合治理好新闻评选办法，兵团综治委专门组织有关专家，对各师局选送、推荐的好新闻作品进行了初评、复评。通过评选，兵团有2篇报刊类作品和1件电视类作品获得了不同等次的奖励。

（撰稿：苗塔河　丁筱玲　艾克拜尔·阿不都克里木
审稿：李进广　崔红星）

图书在版编目(CIP)数据

中国社会治安综合治理年鉴.2003/中央社会治安综合治理委员会办公室编.—北京:中国长安出版社,2004.9

ISBN 7-80175-200-7

Ⅰ.中…　Ⅱ.中…　Ⅲ.治安管理-综合治理-中国-年鉴-2003

Ⅳ.D631.4-54

中国版本图书馆 CIP 数据核字(2004)第 099564 号

中国社会治安综合治理年鉴(2003年卷)

中央社会治安综合治理委员会办公室编

出版:中国长安出版社

社址:北京市东城区北池子大街 14 号(100006)

网址:http://www.ccapress.com

邮箱: cca@ccapress.com

发行: 中国长安出版社

电话: 010-65270593

印刷: 三河市紫恒印装有限公司

开本: 787×1092　1/16

印张: 67

字数: 1623 千字

版本: 2004 年 10 月第 1 版　　2004 年 10 月第 1 次印刷

书号: ISBN 7-80175-200-7/D·124

定价: 120.00 元(精装、附赠光盘)